COORDENADORES

MARCELO TADEU COMETTI
NATHALIA FERREIRA MASSON
FÁBIO VIEIRA FIGUEIREDO

PROFESSORES ESPECIALISTAS EM OAB
TEXTOS SELECIONADOS
QUESTÕES COMENTADAS DOS ÚLTIMOS EXAMES

2018 © Editora Foco

Coordenadores: Fabio Vieira Figueiredo, Marcelo Tadeu Cometti e Nathalia Masson
Autores: Adriano de Assis Ferreira, Antonio Carlos de Freitas Júnior, Bianca Carolina Monte Rey da Cunha, Carlos Eduardo Siqueira Abrão, Carlos Lopes Teixeira, Carolina de Souza Novaes Gomes Teixeira, Elisson Pereira da Costa, Fabiano Melo Gonçalves de Oliveira, Fábio Vieira Figueiredo, Georgios José Ilias Bernabé Alexandridis, Katiusca Melo Nogueira, Leonardo Cremasco Sartorio, Luara Grande Zanon, Luciana Russo, Marcelo Tadeu Cometti, Nathalia Ferreira Masson, Pedro Henrique Bonifácio de Sousa, Pedro Henrique Menezes Ferreira e Priscila Cristina Silva da Silveira
Diretor Acadêmico: Leonardo Pereira
Editor: Leonardo Moreira Pereira
Assistente Editorial: Paula Morishita
Revisora: Luciana Pimenta
Diagramação: Ladislau Lima
Capa Criação: Leonardo Hermano
Impressão miolo e capa: NAVEGAR GRÁFICA

Dados Internacionais de Catalogação na Publicação (CIP) de acordo com ISBD

D741

Doutrina unificada OAB / Luciana Russo ... [et al.] ; Marcelo Tadeu Cometti, Nathalia Ferreira Masson, Fábio Vieira Figueiredo (Coords.). – Indaiatuba, SP : Editora Foco, 2018.

640 p. ; 21cm x 28cm

ISBN: 978-85-8242-307-3

1. Direito. 2. Ordem dos Advogados do Brasil - OAB. 3. Doutrina. I. Cometti, Marcelo Tadeu. II. Masson, Nathalia Ferreira. III. Figueiredo, Fábio Vieira. IV. Título.

2018-826   CDD 340   CDU 34

Elaborado por Vagner Rodolfo da Silva – CRB-8/9410
Índices para Catálogo Sistemático:
1. Direito 340   2. Direito 34

DIREITOS AUTORAIS: É proibida a reprodução parcial ou total desta publicação, por qualquer forma ou meio, sem a prévia autorização da Editora FOCO, com exceção do teor das questões de concursos públicos que, por serem atos oficiais, não são protegidas como Direitos Autorais, na forma do Artigo 8º, IV, da Lei 9.610/1998. Referida vedação se estende às características gráficas da obra e sua editoração. A punição para a violação dos Direitos Autorais é crime previsto no Artigo 184 do Código Penal e as sanções civis às violações dos Direitos Autorais estão previstas nos Artigos 101 a 110 da Lei 9.610/1998. Os comentários das questões são de responsabilidade dos autores.

NOTAS DA EDITORA:

Atualizações e erratas: A presente obra é vendida como está, atualizada até a data do seu fechamento, informação que consta na página II do livro. Havendo a publicação de legislação de suma relevância, a editora, de forma discricionária, se empenhará em disponibilizar atualização futura.

Bônus ou Capítulo On-line: Excepcionalmente, algumas obras da editora trazem conteúdo no *on-line*, que é parte integrante do livro, cujo acesso será disponibilizado durante a vigência da edição da obra.

Erratas: A Editora se compromete a disponibilizar no site www.editorafoco.com.br, na seção Atualizações, eventuais erratas por razões de erros técnicos ou de conteúdo. Solicitamos, outrossim, que o leitor faça a gentileza de colaborar com a perfeição da obra, comunicando eventual erro encontrado por meio de mensagem para contato@editorafoco.com.br. O acesso será disponibilizado durante a vigência da edição da obra.

Impresso no Brasil (07.2018) – Data de Fechamento (07.2018)

2018
Todos os direitos reservados à
Editora Foco Jurídico Ltda.
Al. Júpiter 542 – American Park Distrito Industrial
CEP 13347-653 – Indaiatuba – SP
E-mail: contato@editorafoco.com.br
www.editorafoco.com.br

COORDENADORES E AUTORES

SOBRE OS COORDENADORES

Fabio Vieira Figueiredo

Doutor e Mestre em Direito Civil Comparado, pela PUC/SP. Especialista em Direito Contratual PUCSP. Especialista em Direito Empresarial pela USJT. Cofundador e diretor da EBRADI – Escola Brasileira de Direito. É professor de Direito Civil nos cursos preparatórios da EBRADI e CERS, nos cursos de graduação da USJT – Universidade São Judas Tadeu e Universidade Municipal de São Caetano do Sul e nos cursos de pós-graduação da EPD e ESA/SP. Foi coordenador pedagógico dos cursos preparatórios para concursos do Damasio Educacional (2007 – 2011). Foi coordenador dos cursos de Pos-graduação lato sensu do Damasio Educacional (2007/2011), onde também foi professor de cursos preparatórios, graduação e pós-graduação e professor do Curso FMB (2014 – 2016), dentre outros. Cofundador do escritório de Advocacia Cometti, Figueiredo, Cepêra, Pujol – Sociedade de Advogados. Autor e coordenador de diversas obras jurídicas.

Marcelo Tadeu Cometti

Doutor em Direito Comercial pela FDUSP. Mestre em Direito Comercial, especialista em Direito Empresarial é Bacharel em Direito pela PUCSP. Co-fundador e diretor da EBRADI – Escola Brasileira de Direito. É professor de Direito Empresarial nos cursos preparatórios da EBRADI e LFG, nos cursos de graduação da USJT – Universidade São Judas Tadeu e nos cursos de pós-graduação do COGEAE da PUCSP e da Escola Paulista de Direito da FGV. Foi coordenador pedagógico dos cursos preparatórios do Damasio Educacional (2007 – 2011). Foi também professor de direito empresarial nos cursos preparatórios para concursos e Exame da OAB do Damásio Educacional (2006 – 2013), do Curso FMB (2014 – 2016), dentre outros. Co-fundador do escritório de Advocacia Cometti, Figueiredo, Cepêra, Pujol – Sociedade de Advogados. Autor e coordenador de diversas obras jurídicas.

Nathalia Masson

Mestre em Teoria Geral do Estado e Direito Constitucional (PUC-RJ). Doutoranda em Direito Público (Universidade de Coimbra). Autora e coordenadora de diversas obras jurídicas. Professora de Direito Constitucional.

SOBRE OS AUTORES

Adriano Ferreira

Possui graduação em Direito pela Universidade de São Paulo (1999), mestrado em Direito Político e Econômico pela Universidade Presbiteriana Mackenzie (2004), mestrado em Letras (Teoria Literária e Literatura Comparada) pela Universidade de São Paulo (2004), doutorado em Ciências Sociais pela Pontifícia Universidade Católica de São Paulo (2012), doutorado em direito pela Faculdade de Direito da USP (2015) e doutorado em Literatura Brasileira pela Faculdade de Filosofia, Letras e Ciências Humanas – USP (2010). Atualmente é Diretor Acadêmico do Direito do Grupo Ânima Educação e professor associado da Universidade São Judas Tadeu.

Antonio Carlos de Freitas Júnior

Advogado, bacharel e mestrando em Direito Constitucional pela Faculdade de Direito da Universidade de São Paulo, pós-graduado em Direito e Processo Constitucional pelo IDP/SP e professor de Direito em cursos preparatórios para o Exame de Ordem. Foi presidente do Conselho Municipal de Juventude de São Paulo e assessor parlamentar na Assembleia Legislativa de São Paulo e na Câmara dos Deputados.

Bianca Carolina Monte Rey da Cunha

Graduada pela Pontifícia Universidade Católica de São Paulo – PUC-SP. Advogada. Analista de conteúdo na Escola Brasileira de Direito (EBRADI). Especialista em Cursos de OAB, Cursos de Extensão e Pós-Graduação. Pesquisadora.

Carlos Eduardo Siqueira Abrão

Professor de Direito da USJT. Diretor de Programas e Projetos do Cioeste. Ex-Assessor jurídico do Centro de Referência para atendimento a refugiados da CÁRITAS/ACNUR.

Carlos Lopes Teixeira

Pós graduando em Direito pela Pontifícia Universidade Católica de São Paulo – PUC-SP. Graduado pela Universidade São Judas Tadeu. Advogado. Analista de conteúdo da Escola Brasileira de Direito (EBRADI). Especialista em cursos da OAB, Extensão e Pós-graduação. Pesquisador.

Carolina Novaes

Doutoranda e Mestre em Direito Material e Processual do Trabalho pela PUC-MG. Professora de Direito do Trabalho e Processo do Trabalho na graduação, pós-graduação e em cursos preparatórios para concursos e OAB.

Elisson Pereira da Costa

Mestre em Direito pela Universidade Católica de Santos. Especialista em Direito pela FGV. Professor de Direito Administrativo em cursos de graduação, pós-graduação e preparatórios para o Exame da OAB com mais de 17 anos de experiência. Foi membro da Comissão de Direito da Energia da OAB/SP. Advogado concursado da Petrobras Transporte S/A.

Fabiano Melo

Professor dos cursos de graduação e pós-graduação em Direito e Administração da PUC/Minas. Professor de Direito Ambiental e Direitos Humanos da Rede LFG. Doutorando em Urbanismo e Mestre em Direito. Autor e coautor de obras preparatórias para concursos públicos e OAB.

Georgios Alexandridis

Advogado; Leiloeiro Público em São Paulo; Doutor e Mestre em Direito (PUC/SP); Especialista em Direito do Consumidor (PUC/SP); Coordenador do Curso de Prática Civil da EBRADI; Professor de Direito Processual Civil e Direito do Consumidor na Pós-Graduação na EBRADI e graduação da USJT.

Leonardo Cremasco

Advogado, Especialista em Direito e Processo do Trabalho pela Universidade Mackenzie, Professor de Ética Profissional e Direito do Trabalho em diversos cursos jurídicos, Autor e revisor de obras jurídicas voltadas ao exame de ordem, Membro atuante do Tribunal de Ética e Disciplina da OAB/SP, tendo desempenhado a função de Defensor Dativo e atualmente exercendo a função de Assessor da Presidência da VI Turma Disciplinar

Lílian Katiusca Melo Nogueira

Advogada. Graduada em Letras pela Universidade Federal de Minas Gerais (2006) e graduada em Direito pela Pontifícia Universidade Católica de Minas Gerais (2006). Mestre em Direito Material e Processual do Trabalho pela UFMG (2009). Professora da graduação e do programa de pós-graduação do Centro Universitário UniHorizontes. Professora do programa de pós-graduação da UNIGRAD – BA. Professora do Curso Ênfase. Professora da EBRADI – Escola Brasileira de Direito. Colunista do blog jurídico JOTA.

Luara Grande Zanon

Graduada pela Universidade São Judas Tadeu. Advogada. Analista de conteúdo da Escola Brasileira de Direito (EBRADI). Especialista em cursos da OAB, Extensão e Pós-graduação. Pesquisadora.

Luciana Russo

Procuradora do Município de São Paulo. Mestre em Direito Processual pela USP. Bacharel em Direito e História pela mesma instituição. Vasta experiência como professora dos maiores cursos preparatórios para o exame de ordem, no Brasil; Autora de obras jurídicas em coleções preparatórias para o exame de ordem e concursos públicos.

Pedro Bonifácio

Advogado, Mestrando em Direito Tributário Comparado pela UCA – Argentina, com especialização em Direito Tributário pela PUC/SP, professor nos cursos de Pós-Graduação em Direito Tributário e também em cursos preparatórios para o Exame de Ordem e Concursos Públicos para Analista e Auditor da Receita Federal do Brasil.

Pedro Henrique Menezes

Doutorando e Mestre em Direito Privado pela Pontifícia Universidade Católica de Minas Gerais. Especialista em Direito Processual Civil pela Faculdade de Direito Milton Campos. Bacharel em Direito pela Faculdade Mineira de Direito da Pontifícia Universidade Católica de Minas Gerais. Bolsista da Coordenação de Aperfeiçoamento de Pessoal de Nível Superior (CAPES/MEC). Gerente Acadêmico da EBRADI – Escola Brasileira de Direito – e Especialista da área de Direito na Vice-Presidência Acadêmica da Anima Educação. Professor do Curso de Direito do Centro Universitário Una e da Escola Brasileira de Direito.

Priscila Cristina Silva da Silveira

Advogada. Pós-Graduada em Direito Penal e Processo Penal pela Faculdade de Direito Damásio de Jesus-FDDJ. Mestre em Direito pela Universidade Metropolitana de Santos-UNIMES. Professora de Direito Penal e Processo Penal na graduação, pós-graduação e em cursos preparatórios para o Exame de Ordem e Concursos Públicos. Supervisora Acadêmica dos cursos preparatórios para a OAB da Escola Brasileira de Direito-EBRADI. Membro efetivo da Comissão de Ensino Jurídico da OAB/ São Bernardo do Campo/SP. Presidente da Comissão de Execução Penal da OAB/ Santo André/SP (triênio 2016/2018).

APRESENTAÇÃO

Este livro é o resultado de um trabalho coletivo realizado com muito empenho e dedicação por um grupo de professores que, com destacada expertise, há muitos anos atua na preparação de candidatos para o Exame da OAB.

Com base nesta vasta experiência docente e imenso conhecimento das particularidades da prova, esta obra foi organizada para lhe oferecer o melhor e mais completo material didático que o acompanhará até a sua aprovação!

Considerando sua necessidade de aprender e revisar um grande volume de informações em um espaço temporal limitado, desenvolvemos um livro que abarca todas as disciplinas que serão cobradas em sua prova, apresentadas a partir de seus pontos principais, em linguagem sempre clara e objetiva.

Cada autor, conhecedor indiscutível da matéria que leciona e do modo como ela é exigida no Exame da OAB, selecionou os pontos centrais que você deve estudar para ter um desempenho ótimo nessa empreitada, trazendo, de forma didática e muito planejada, exatamente os tópicos que você deve estudar.

Em suma, esta obra vai lhe proporcionar uma eficiente preparação para a 1ª etapa da OAB, sendo uma peça essencial para sua vitória!

Bons estudos e muito sucesso em seu Exame da OAB!

Estamos juntos nessa caminhada!

Fábio Vieira Figueiredo
Marcelo Tadeu Cometti
Nathalia Masson
Coordenadores

SUMÁRIO

| COORDENADORES E AUTORES | III |
| APRESENTAÇÃO | V |

| DIREITO CONSTITUCIONAL | 1 |

1. CONSTITUIÇÃO.. 1
2. PODER CONSTITUINTE... 3
3. CONTROLE DE CONSTITUCIONALIDADE... 3
4. PRINCÍPIOS FUNDAMENTAIS... 9
5. DIREITOS E GARANTIAS FUNDAMENTAIS... 9
6. DIREITO DE NACIONALIDADE.. 15
7. DIREITOS POLÍTICOS.. 16
8. ORGANIZAÇÃO DO ESTADO.. 18
9. DA DEFESA DO ESTADO E DAS INSTITUIÇÕES DEMOCRÁTICAS 21
10. ORGANIZAÇÃO DOS PODERES... 22
11. ORDEM ECONÔMICA 32
12. DIREITOS SOCIAIS 33
13. REFERÊNCIAS... 36
14. QUESTÕES 36

| DIREITO PENAL | 41 |

1. PARTE GERAL 41
2. TEORIA DO CRIME 46
3. DAS PENAS 52
4. EXTINÇÃO DE PUNIBILIDADE.. 54
5. PARTE ESPECIAL - DOS CRIMES CONTRA A PESSOA – ARTS. 121 AO 154-B DO CP 55
6. CRIMES CONTRA O PATRIMÔNIO- ARTS. 155 A 180 DO CÓDIGO PENAL 61
7. CRIMES CONTRA A DIGNIDADE SEXUAL - ARTS. 213 A 234-B DO CÓDIGO PENAL 66
8. CRIMES CONTRA A INCOLUMIDADE PÚBLICA 68
9. DOS CRIMES CONTRA A FÉ PÚBLICA- ARTS. 289 A 311-A, CP...................................... 69

DOUTRINA UNIFICADA OAB

10. CRIMES CONTRA A ADMINISTRAÇÃO PÚBLICA – ARTS. 312 A 359 DO CÓDIGO PENAL 74

11. REFERÊNCIAS 81

12. QUESTÕES 81

DIREITO PROCESSUAL PENAL — 85

1. NOÇÕES INTRODUTÓRIAS SOBRE O DIREITO PROCESSUAL PENAL 85

2. PRINCÍPIOS PROCESSUAIS PENAIS 85

3. APLICAÇÃO DA LEI PROCESSUAL PENAL 86

4. INQUÉRITO POLICIAL 88

5. AÇÃO PENAL 90

6. DENÚNCIA E QUEIXA 92

7. AÇÃO CIVIL EX DELICTO 93

8. JURISDIÇÃO E COMPETÊNCIA 94

9. SUJEITOS PROCESSUAIS 97

10. QUESTÕES E PROCESSOS INCIDENTES 99

11. DAS PROVAS 102

12. PRISÃO E LIBERDADE NO PROCESSO PENAL 105

13. RITOS PROCESSUAIS 107

14. NULIDADES 111

15. SENTENÇA 112

16. RECURSOS 113

17. REFERÊNCIAS 115

18. QUESTÕES 116

DIREITO EMPRESARIAL — 119

1. TEORIA GERAL DO DIREITO DE EMPRESA 119

2. ESTABELECIMENTO EMPRESARIAL 127

3. TEORIA GERAL DO DIREITO SOCIETÁRIO 129

4. FORMAS SOCIETÁRIAS 133

5. TÍTULOS DE CRÉDITO 144

6. FALÊNCIA E RECUPERAÇÃO DE EMPRESAS 149

7. QUESTÕES 159

DIREITO PROCESSUAL CIVIL — 161

1. TEORIA GERAL DO PROCESSO 161

2. JURISDIÇÃO 162

VIII

3. AÇÃO 163

4. PRESSUPOSTOS PROCESSUAIS 164

5. ATOS PROCESSUAIS 166

6. NULIDADES 170

7. FORMAÇÃO, SUSPENSÃO E EXTINÇÃO DO PROCESSO 171

8. COMPETÊNCIA 174

9. SUJEITOS DO PROCESSO 177

10. DO PROCESSO DE CONHECIMENTO 180

11. DAS PROVAS 183

12. DA SENTENÇA E DA COISA JULGADA 186

13. DA TUTELA PROVISÓRIA 187

14. DOS PRINCIPAIS PROCEDIMENTOS ESPECIAIS 188

15. PROCESSO NOS TRIBUNAIS 192

16. RECURSOS 195

17. CUMPRIMENTO DE SENTENÇA 202

18. PROCESSO DE EXECUÇÃO 202

19. QUESTÕES 204

DIREITO CIVIL — 207

1. PARTE GERAL 207

2. PARTE ESPECIAL – DIREITO DAS OBRIGAÇÕES 219

3. PARTE ESPECIAL – DIREITO CONTRATUAL 226

4. PARTE ESPECIAL – DIREITO DAS COISAS 247

5. DIREITOS REAIS 250

DIREITO DE FAMÍLIA 271

1. CONCEITO, OBJETO E PRINCÍPIOS DO DIREITO DE FAMÍLIA 271

2. DOS PRESSUPOSTOS E DOS MODOS DE CONSTITUIÇÃO DE FAMÍLIA 271

3. CASAMENTO: CONCEITO; CAPACIDADE, IMPEDIMENTOS, CAUSAS SUSPENSIVAS, HABILITAÇÃO, CELEBRAÇÃO E INVALIDADE. 272

4. REGIME DE BENS 274

5. DISSOLUÇÃO DA SOCIEDADE CONJUGAL 275

6. FILIAÇÃO E AUTORIDADE PARENTAL 276

7. ALIMENTOS 276

DIREITO DAS SUCESSÕES 277

1. INTRODUÇÃO AO ESTUDO DO DIREITO DAS SUCESSÕES 277

2. DOS HERDEIROS E LEGATÁRIOS 277

DOUTRINA UNIFICADA OAB

3. DA HERANÇA 279

4. DO OBJETO DA SUCESSÃO 279

5. ABERTURA DA SUCESSÃO 279

6. TRANSMISSÃO DO PATRIMÔNIO 279

7. CAPACIDADE PARA SUCEDER 280

8. TRANSMISSÃO OU DEVOLUÇÃO DA HERANÇA 280

9. ACEITAÇÃO DA HERANÇA 281

10. RENÚNCIA DA HERANÇA 281

11. CESSÃO DA HERANÇA 282

12. PETIÇÃO DE HERANÇA 283

13. CONCORRÊNCIA SUCESSÓRIA: CÔNJUGE X DESCENDENTES 283

14. CONCORRÊNCIA SUCESSÓRIA: CÔNJUGE X ASCENDENTES 284

15. CONCORRÊNCIA SUCESSÓRIA: COLATERAIS 284

16. SUCESSÃO TESTAMENTÁRIA 284

17. QUESTÕES 286

ESTATUTO DA CRIANÇA E DO ADOLESCENTE – ECA   289

1. INTRODUÇÃO 289

2. O REGIME JURÍDICO DO ESTATUTO DA CRIANÇA E DO ADOLESCENTE E SUA INCIDÊNCIA 289

3. O DIREITO À VIDA E À SAÚDE 289

4. O DIREITO À LIBERDADE, AO RESPEITO E À DIGNIDADE 291

5. O DIREITO À CONVIVÊNCIA FAMILIAR E COMUNITÁRIA 291

6. A GUARDA E A TUTELA 292

7. A ADOÇÃO 292

8. O DIREITO À EDUCAÇÃO, À CULTURA, AO ESPORTE E AO LAZER 294

9. O DIREITO À PROFISSIONALIZAÇÃO E À PROTEÇÃO AO TRABALHO 295

10. A PREVENÇÃO 295

11. A POLÍTICA DE ATENDIMENTO 296

12. AS MEDIDAS DE PROTEÇÃO 297

13. O ATO INFRACIONAL 298

14. O CONSELHO TUTELAR 299

15. O ACESSO À JUSTIÇA 300

16. OS CRIMES CONTRA AS CRIANÇAS E OS ADOLESCENTES 301

17. AS INFRAÇÕES ADMINISTRATIVAS 303

18. CONSIDERAÇÕES FINAIS 304

19. QUESTÕES 304

DIREITO DO CONSUMIDOR — 307

1. INTRODUÇÃO AO DIREITO DO CONSUMIDOR 307
2. DA PROTEÇÃO DO DIREITO DO CONSUMIDOR E A CONSTITUIÇÃO FEDERAL 307
3. O CÓDIGO DE DEFESA DO CONSUMIDOR 307
4. DA POLÍTICA NACIONAL DE RELAÇÕES DE CONSUMO 309
5. DIREITOS BÁSICOS DO CONSUMIDOR 311
6. PROTEÇÃO À SAÚDE E À SEGURANÇA DO CONSUMIDOR 313
7. RESPONSABILIDADE DOS FORNECEDORES PELO FATO DO PRODUTO 314
8. RESPONSABILIDADE PELO FATO DO SERVIÇO 315
9. VÍTIMAS DO ACIDENTE DE CONSUMO 315
10. VÍCIO DO PRODUTO 316
11. DIREITO DE ARREPENDIMENTO 317
12. VÍCIOS NA PRESTAÇÃO DE SERVIÇOS 317
13. DEMAIS REGRAS RELATIVAS AOS VÍCIOS DO PRODUTO E DO SERVIÇO 317
14. PRESCRIÇÃO E DECADÊNCIA 317
15. GARANTIA 318
16. DAS PRÁTICAS COMERCIAIS 319
17. PUBLICIDADE 320
18. CONTRAPROPAGANDA 320
19. DAS PRÁTICAS ABUSIVAS 321
20. VENDA CASADA 321
21. DA COBRANÇA DE DÍVIDAS 322
22. BANCO DE DADOS E CADASTRO DE CONSUMO 323
23. DA PROTEÇÃO CONTRATUAL 323
24. DAS CLÁUSULAS ABUSIVAS 324
25. DOS CONTRATOS DE ADESÃO 325
26. DAS SANÇÕES ADMINISTRATIVAS 325
27. DAS INFRAÇÕES PENAIS 325
28. DA DEFESA DO CONSUMIDOR EM JUÍZO 325
29. COISA JULGADA NAS AÇÕES COLETIVAS 327
30. SISTEMA NACIONAL DE DEFESA DO CONSUMIDOR (SNDC) 328
31. DA CONVENÇÃO COLETIVA DE CONSUMO 328
32. BIBLIOGRAFIA 328

DOUTRINA UNIFICADA OAB

33. QUESTÕES 329

DIREITO INTERNACIONAL — 331

1. HISTÓRICO DE DIREITO INTERNACIONAL PÚBLICO 331

2. FUNDAMENTOS DO DIREITO INTERNACIONAL PÚBLICO E EXECUTIBILIDADE DE SUAS NORMAS 331

3. FONTES DO DIREITO INTERNACIONAL PÚBLICO 333

4. CONFLITO ENTRE NORMAS INTERNAS E INTERNACIONAIS 340

5. OS ATORES DO DIREITO INTERNACIONAL PÚBLICO 344

6. DIREITO INTERNACIONAL PRIVADO 361

7. REFERÊNCIAS 369

8. QUESTÕES 369

FILOSOFIA DO DIREITO — 371

1. SURGIMENTO DA FILOSOFIA: DO MITO À RAZÃO 371

2. FILOSOFIA DO DIREITO NOS EXAMES DE ORDEM 371

3. FILOSOFIA ANTIGA E MEDIEVAL 373

4. FILOSOFIA MODERNA E CONTEMPORÂNEA 377

5. FILOSOFIA DO DIREITO NO SÉCULO XX 387

DIREITO DO TRABALHO — 397

PARTE I – DIREITO INDIVIDUAL DO TRABALHO 397

1. NOÇÕES GERAIS (CONCEITO, CARACTERÍSTICAS, NATUREZA, FUNÇÕES E AUTONOMIA) 397

2. FUNDAMENTOS E FORMAÇÃO HISTÓRICA DO DIREITO DO TRABALHO. 397

3. FLEXIBILIZAÇÃO E DESREGULAMENTAÇÃO: DELIMITANDO CONCEITOS 398

4. FONTES DO DIREITO DO TRABALHO 399

5. PRINCÍPIOS DO DIREITO DO TRABALHO. 401

6. DIREITOS CONSTITUCIONAIS ASSEGURADOS AOS TRABALHADORES URBANOS, RURAIS
   E DOMÉSTICOS: 405

7. COMISSÃO DE CONCILIAÇÃO PRÉVIA (CCP) 406

8. RELAÇÃO DE TRABALHO E RELAÇÃO DE EMPREGO 407

9. EMPREGADO DOMÉSTICO – LC 150/2015 409

10. RELAÇÕES DE TRABALHO LATO SENSU: TRABALHO AUTÔNOMO, EVENTUAL, TEMPORÁRIO
    E AVULSO 410

11. SUJEITOS DA RELAÇÃO DE EMPREGO: A FIGURA DO EMPREGADO 413

12. SUJEITOS DA RELAÇÃO DE EMPREGO: A FIGURA DO EMPREGADOR 415

13. TERCEIRIZAÇÃO NO DIREITO DO TRABALHO 419

SUMÁRIO

14. CONTRATOS DE EMPREGO 421

15. CONTRATOS DE EMPREGO A PRAZO DETERMINADO (A TERMO) 426

16. NORMAS DE PROTEÇÃO AO TRABALHO DO MENOR 427

17. DURAÇÃO DO TRABALHO 427

18. PERÍODOS DE DESCANSO: INTERVALOS INTRAJORNADA E INTERJORNADA 433

19. REMUNERAÇÃO E SALÁRIO 436

20. SALÁRIO ISONÔMICO/EQUIPARAÇÃO SALARIAL 439

21. INTERRUPÇÃO E SUSPENSÃO DO CONTRATO DE TRABALHO 442

22. CESSAÇÃO DO CONTRATO DE EMPREGO E PROPOCEDIMENTOS A SEREM ADOTADOS 444

23. AVISO PRÉVIO, MULTA DO ART. 477 E DEMAIS PARCELAS E ACERTO RESCISÓRIO 445

24. GARANTIAS PROVISÓRIAS DE EMPREGO 448

25. NORMAS DE PROTEÇÃO À MULHER 449

26. FGTS 450

27. PRESCRIÇÃO E DECADÊNCIA 451

28. SEGURANÇA E MEDICINA DO TRABALHO 451

29. DANO EXTRAPATRIMONIAL 451

30. COMISSÃO DE REPRESENTANTES DOS EMPREGADOS 453

PARTE II – DIREITO COLETIVO DO TRABALHO 454

1. DIREITO COLETIVO DO TRABALHO 454

2. ORGANIZAÇÃO SINDICAL BRASILEIRA 454

3. NEGOCIAÇÃO COLETIVA 457

4. PODER NORMATIVO DA JUSTIÇA DO TRABALHO 457

5. A GREVE NO DIREITO BRASILEIRO: LEI 7.783/1989 458

6. QUESTÕES 458

DIREITO PROCESSUAL DO TRABALHO — 463

1. INTEGRAÇÃO, FONTES E APLICAÇÃO DA LEI NO ESPAÇO E NO TEMPO 463

2. PRINCÍPIOS 464

3. ORGANIZAÇÃO DA JUSTIÇA DO TRABALHO 467

4. MINISTÉRIO PÚBLICO DO TRABALHO 468

5. COMPETÊNCIA TRABALHISTA 469

6. PARTES E PROCURADORES 472

7. ATOS PROCESSUAIS 475

8. NULIDADES PROCESSUAIS 477

9. PETIÇÃO INICIAL 478

DOUTRINA UNIFICADA OAB

10. AUDIÊNCIAS...480

11. RESPOSTA DO RÉU..482

12. DAS PROVAS..483

13. SENTENÇA, COISA JULGADA E LIQUIDAÇÃO...486

14. PROCEDIMENTO SUMÁRIO E SUMARÍSSIMO..487

15. RECURSOS TRABALHISTAS...487

16. EXECUÇÃO..491

17. PROCEDIMENTOS ESPECIAIS 494

18. QUESTÕES COMENTADAS..494

DIREITO ADMINISTRATIVO — 499

PRINCÍPIOS DA ADMINISTRAÇÃO PÚBLICA..499

1. CONCEITO...499

2. SUPRAPRINCÍPIOS..499

3. PRINCÍPIOS CONSTITUCIONAIS 499

4. OUTROS PRINCÍPIOS..500

PODERES ADMINISTRATIVOS...500

BENS PÚBLICOS...502

1. CONCEITO 502

2. CLASSIFICAÇÃO 502

3. CARACTERÍSTICAS 502

4. ALIENAÇÃO DOS BENS PÚBLICOS 502

ATO ADMINISTRATIVO...503

1. CONCEITO...503

2. ATRIBUTOS DO ATO ADMINISTRATIVO...503

3. ELEMENTOS DO ATO ADMINISTRATIVO..503

4. TEORIA DOS MOTIVOS DETERMINANTES 504

5. VÍCIOS DO ATO ADMINISTRATIVO E CONVALIDAÇÃO 504

6. EXTINÇÃO DOS ATOS ADMINISTRATIVOS 504

ORGANIZAÇÃO DA ADMINISTRAÇÃO PÚBLICA 504

1. INTRODUÇÃO..504

2. AS FORMAS DE PRESTAÇÃO DA ATIVIDADE ADMINISTRATIVA.......................................504

3. ADMINISTRAÇÃO PÚBLICA DIRETA OU CENTRALIZADA...505

4. ADMINISTRAÇÃO PÚBLICA INDIRETA OU DESCENTRALIZADA 505

5. ENTIDADES PARAESTATAIS OU DO TERCEIRO SETOR 506

RESPONSABILIDADE DO ESTADO 507

1. CONCEITO.........507

2. TEORIAS.........507

3. PESSOAS JURÍDICAS RESPONSÁVEIS.........508

4. RESPONSABILIZAÇÃO DAS CONCESSIONÁRIAS FRENTE AOS TERCEIROS NÃO USUÁRIOS DO SERVIÇO PÚBLICO.........508

5. A RESPONSABILIZAÇÃO DO ESTADO NAS RELAÇÕES DE CUSTÓDIA.........508

LICITAÇÃO 508

1. CONCEITO.........508

2. FASES 508

3. MODALIDADES DE LICITAÇÃO.........509

4. TIPOS DE LICITAÇÃO.........510

5. DISPENSA E INEXIGIBILIDADE 510

6. LICITAÇÃO DESERTA E LICITAÇÃO FRACASSADA 510

7. ANULAÇÃO E REVOGAÇÃO.........510

8. REGIME DIFERENCIADO DE CONTRATAÇÕES – LEI 12.462/2011 510

9. OAB E LICITAÇÃO.........511

10. MICROEMPRESAS E LICITAÇÃO.........511

11. LICITAÇÃO E PREVISÃO DE RECURSOS ORÇAMENTÁRIOS.........511

CONTRATOS ADMINISTRATIVOS 511

1. CONCEITO.........511

2. CARACTERÍSTICAS 511

3. CLÁUSULAS EXORBITANTES.........511

4. MUTABILIDADE DO CONTRATO.........512

5. ANULAÇÃO DO CONTRATO.........512

6. RESPONSABILIDADE SUBSIDIÁRIA DA ADMINISTRAÇÃO PÚBLICA 513

CONCESSÃO DE SERVIÇO PÚBLICO 513

1. CONCEITO.........513

2. CARACTERÍSTICAS DA CONCESSÃO.........513

3. EXTINÇÃO DA CONCESSÃO 513

PARCERIAS PÚBLICO-PRIVADAS 514

1. CONCEITO.........514

2. MODALIDADES 514

3. CARACTERÍSTICAS.........514

DOUTRINA UNIFICADA OAB

4. VEDAÇÕES 515

5. CONTRATOS 515

INTERVENÇÃO DO ESTADO NA PROPRIEDADE PRIVADA 515

1. INTRODUÇÃO 515

2. DESAPROPRIAÇÃO OU EXPROPRIAÇÃO 515

3. SERVIDÃO ADMINISTRATIVA 517

4. REQUISIÇÃO ADMINISTRATIVA 517

5. OCUPAÇÃO TEMPORÁRIA OU PROVISÓRIA 517

6. LIMITAÇÃO ADMINISTRATIVA 517

7. TOMBAMENTO 517

AGENTES PÚBLICOS 517

1. CONCEITO 517

2. CLASSIFICAÇÃO 518

3. ACUMULAÇÃO DE CARGOS, EMPREGOS E FUNÇÕES PÚBLICAS 518

4. ACESSIBILIDADE AOS CARGOS, FUNÇÕES E EMPREGOS PÚBLICOS 518

5. EXERCÍCIO DE MANDATO ELETIVO 519

6. PROVIMENTO DE CARGOS 519

7. REMUNERAÇÃO 520

8. RESPONSABILIDADES E PENALIDADES 520

9. CONCURSOS PÚBLICOS E CONTRATAÇÕES EXCEPCIONAIS 520

IMPROBIDADE ADMINISTRATIVA 520

1. CONCEITO 520

2. SUJEITOS DA IMPROBIDADE ADMINISTRATIVA 520

3. CLASSIFICAÇÃO DOS ATOS DE IMPROBIDADE ADMINISTRATIVA 521

4. SANÇÕES 521

SERVIÇOS PÚBLICOS 522

1. CONCEITO 522

2. PRINCÍPIOS 522

3. CLASSIFICAÇÃO 522

4. FORMAS DE PRESTAÇÃO DE SERVIÇOS 523

5. MEIOS DE PRESTAÇÃO 523

6. CONVÊNIOS 523

7. CONSÓRCIOS 523

8. REGISTRADORES E CARTÓRIOS 523

ESTATUTO DA CIDADE 524

1. INTRODUÇÃO 524

CONTROLE DA ADMINISTRAÇÃO PÚBLICA 525

1. CONCEITO DE CONTROLE 525

2. CONTROLE ADMINISTRATIVO 525

3. CONTROLE LEGISLATIVO OU PARLAMENTAR 525

PROCESSO ADMINISTRATIVO NO ÂMBITO DA ADMINISTRAÇÃO FEDERAL (LEI N. 9.784/1999) 526

1. OBJETIVO E ALCANCE DA LEI N. 9.784/1999.. 526

2. PRINCÍPIOS.. 526

3. DO PROCESSO ADMINISTRATIVO.. 526

4. DA MOTIVAÇÃO 527

5. DA ANULAÇÃO, REVOGAÇÃO E CONVALIDAÇÃO 527

6. DO RECURSO ADMINISTRATIVO E DA REVISÃO 527

7. RESPONSABILIDADES 528

8. PONTOS POLÊMICOS 528

INTERVENÇÃO DO ESTADO NO DOMÍNIO ECONÔMICO...529

1. CONCEITO... 529

2. MODALIDADES 529

3. MONOPÓLIO 529

4. REPRESSÃO AO ABUSO DO PODER ECONÔMICO... 529

5. CONTROLE DE ABASTECIMENTO.. 529

6. TABELAMENTO DE PREÇOS 530

7. CRIAÇÃO DE ESTATAIS 530

8. QUESTÕES.. 530

ÉTICA | 533

1. DA ADVOCACIA 533

2. DA PROCURAÇÃO 535

3. DA INSCRIÇÃO NA ORDEM DOS ADVOGADOS 536

4. DAS PRERROGATIVAS PROFISSIONAIS... 540

5. DAS INCOMPATIBILIDADES E DOS IMPEDIMENTOS... 544

6. DO ADVOGADO EMPREGADO... 546

7. DA SOCIEDADE DE ADVOGADOS... 547

8. DOS HONORÁRIOS ADVOCATÍCIOS 547

9. DOS ÓRGÃOS DA OAB... 549

DOUTRINA UNIFICADA OAB

12. DAS INFRAÇÕES E SANÇÕES 556

13. DA PUBLICIDADE 560

14. REFERÊNCIAS BIBLIOGRÁFICAS 560

15. QUESTÕES 560

DIREITOS HUMANOS — 565

1. TEORIA GERAL DOS DIREITOS HUMANOS 565

2. DIREITO INTERNACIONAL DOS DIREITOS HUMANOS 565

3. DECLARAÇÃO UNIVERSAL DOS DIREITOS HUMANOS 566

4. PACTOS INTERNACIONAIS DE DIREITOS CIVIS E POLÍTICOS E DE DIREITOS ECONÔMICOS, SOCIAIS
   E CULTURAIS 567

5. SISTEMA INTERAMERICANO DE DIREITOS HUMANOS 567

6. CONSTITUIÇÃO E DIREITOS HUMANOS 570

7. PESSOAS COM DEFICIÊNCIA 571

8. CONVENÇÃO INTERNACIONAL SOBRE A ELIMINAÇÃO DE TODAS AS FORMAS DE DISCRIMINAÇÃO RACIAL 574

9. CONVENÇÃO INTERNACIONAL CONTRA A TORTURA E OUTROS TRATAMENTOS OU PENAS CRUÉIS,
   DESUMANOS OU DEGRADANTES 574

10. CONVENÇÃO INTERNACIONAL SOBRE A ELIMINAÇÃO DE TODAS AS FORMAS DE DISCRIMINAÇÃO
    CONTRA A MULHER 575

11. CONVENÇÃO INTERNACIONAL SOBRE OS DIREITOS DAS CRIANÇAS 575

12. INDÍGENAS 576

13. DESAPARECIMENTO FORÇADO 576

14. IDOSOS 578

15. TRIBUNAL PENAL INTERNACIONAL 579

16. BIBLIOGRAFIA 579

17. QUESTÕES 579

DIREITO AMBIENTAL — 583

1. NOÇÕES INTRODUTÓRIAS 583

2. DIREITO AMBIENTAL INTERNACIONAL 583

3. PRINCÍPIOS DO DIREITO AMBIENTAL 584

4. A CONSTITUIÇÃO E O MEIO AMBIENTE 588

5. COMPETÊNCIAS CONSTITUCIONAIS EM MATÉRIA AMBIENTAL 590

6. SISTEMA NACIONAL DO MEIO AMBIENTE (SISNAMA) 591

7. POLÍTICA NACIONAL DE MEIO AMBIENTE 592

8. LICENCIAMENTO AMBIENTAL 592

XVIII

9. LEI COMPLEMENTAR 140/2011 594

10. RESPONSABILIDADE CIVIL AMBIENTAL 595

11. RESPONSABILIDADE PENAL AMBIENTAL 596

12. RESPONSABILIDADE ADMINISTRATIVA AMBIENTAL 597

13. CÓDIGO FLORESTAL 598

14. SISTEMA NACIONAL DE UNIDADES DE CONSERVAÇÃO 600

15. POLÍTICA NACIONAL DE RESÍDUOS SÓLIDOS 605

16. POLÍTICA NACIONAL DE RECURSOS HÍDRICOS 607

17. BIBLIOGRAFIA 608

18. QUESTÕES 608

DIREITO TRIBUTÁRIO — 611

1. CONCEITO DE TRIBUTO 611

2. ESPÉCIES TRIBUTÁRIAS 612

3. COMPETÊNCIA TRIBUTÁRIA 613

4. PRINCÍPIOS TRIBUTÁRIOS 615

5. IMUNIDADES TRIBUTÁRIAS 621

6. LEGISLAÇÃO TRIBUTÁRIA – ART. 96 A 112 CTN 625

7. OBRIGAÇÃO TRIBUTÁRIA – ARTS. 113 AO 138, CTN 626

8. SUJEITOS DA RELAÇÃO JURÍDICO TRIBUTÁRIA 626

9. RESPONSABILIDADE TRIBUTÁRIA 627

10. CRÉDITO TRIBUTÁRIO 630

11. DECADÊNCIA E PRESCRIÇÃO 631

12. SUSPENSÃO, EXTINÇÃO E EXCLUSÃO DO CRÉDITO TRIBUTÁRIO 631

13. QUESTÕES 632

DIREITO CONSTITUCIONAL

Luciana Russo

1. CONSTITUIÇÃO

1.1. Constitucionalismo

O constitucionalismo está relacionado com o movimento de limitação do poder estatal. Isso porque a ideia de instituir um documento que estruture e organize o Estado, ao mesmo tempo em que são fixados determinados direitos, tem justamente por finalidade impor parâmetros ao exercício do poder, assegurando aos indivíduos um mínimo de garantias.

1.2. Conceito de Constituição

A Constituição é a lei fundamental e suprema de um Estado, contendo normas e princípios relativos à estruturação do Estado, à forma de Estado, à forma e sistema do Governo, ao modo de aquisição e exercício do poder, aos direitos e garantias fundamentais da pessoa humana.

Destacam-se as seguintes acepções:

1.2.1. concepção sociológica: Ferdinand Lassalle, a Constituição significa a soma dos fatores reais de poder e, desse modo, não prevalece o "que está escrito", mas, sim, o próprio poder da sociedade.

1.2.2. concepção política: Carl Schmitt, considerada a "decisão política fundamental", a qual estabelece a própria estrutura do Estado e os Direitos Fundamentais, os demais dispositivos seriam apenas leis constitucionais.

1.2.3. concepção jurídica: Hans Kelsen, sendo a Constituição a "norma hipotética fundamental" (lei suprema), decorrente da vontade racional do homem, e não de qualquer lei natural. Seu fundamento não é sociológico, político ou filosófico, mas a própria racionalidade humana. Está no plano do dever ser, e não do ser (da realidade). Há o *plano lógico-jurídico*, correspondente à própria norma hipotética fundamental – sendo um plano suposto –, e o *plano jurídico-positivo*, que equivale à norma posta num dado ordenamento jurídico.

1.2.4. concepção normativa: Konrad Hesse, para quem a Constituição jurídica está condicionada pela realidade histórica, que deve ser levada em conta para que tenha eficácia. Mas, em razão de seu elemento normativo, ela não é mera expressão da realidade, pois ordena e conforma a realidade política e social. As possibilidades e limites da força normativa da Constituição resultam da correlação entre ser e dever ser. A Constituição jurídica converte-se em força ativa que influi e determina a realidade. A intensidade da força normativa da Constituição apresenta-se como uma questão de vontade normativa, de vontade de Constituição.

1.3. Classificação das Constituições

As Constituições podem apresentar-se de diferentes maneiras. Da análise das diversas constituições, sejam de épocas ou países diferentes, a doutrina elaborou uma classificação, vejamos.

1.3.1. Quanto ao conteúdo

Materiais: conjunto de regras materialmente constitucionais, codificadas num documento escrito ou não. São normas essencialmente constitucionais, na medida em que dispõem sobre a estrutura e os Poderes do Estado e estabelecem os direitos fundamentais da pessoa humana.

Formais: documento solenemente fixado pelo poder constituinte originário. Todas as regras estabelecidas nesse documento escrito são constitucionais.

1.3.2. Quanto à forma

Escritas: conjunto de regras codificado e sistematizado em um só documento, o qual contém todas as normas fundamentais.

Não escritas ou costumeiras: quando as normas constitucionais não constam de um único documento solene, baseando-se nos costumes, na jurisprudência e em leis escritas.

1.3.3. Quanto ao modo de elaboração

Dogmáticas: apresentam-se como produto escrito e sistematizado por um órgão constituinte, elaborada num momento determinado, reunindo as ideias fundamentais da teoria política e do direito dominante em determinada época, expressando os valores sociais prevalentes.

Históricas: resultado de lenta e contínua evolução das tradições e costumes de um determinado povo.

1.3.4. Quanto à origem

Promulgadas, democráticas ou populares: fruto de uma Assembleia Nacional Constituinte, eleita pelo povo para esse fim. São expressão da vontade popular e elaboradas por representantes eleitos pelos cidadãos.

Outorgadas: elaboradas sem participação popular, por imposição de uma pessoa ou grupo que seja detentor de poder do Estado.

1.3.5. Quanto à estabilidade

Imutáveis: aquelas que não preveem qualquer possibilidade de alteração de seu texto.

Rígidas: aquelas que só podem ser alteradas por um processo legislativo mais solene e complexo que o previsto para a edição das demais espécies normativas. A própria Constituição estabelece essas regras diferenciadas, as quais tornam mais difícil a alteração do texto constitucional.

Flexíveis: que podem ser alteradas pelo processo legislativo ordinário, ou seja, como qualquer outra norma. Assim, uma lei ordinária contrária à Constituição a revoga, na medida em que não há hierarquia entre a Constituição e as demais normas.

Semirrígidas: algumas regras são alteráveis pelo processo legislativo ordinário e outras apenas pelo mais solene e dificultoso. Assim, parte dessa Constituição é rígida e a outra é flexível.

1.3.6. Quanto à extensão

Sintéticas: simplificadas, resumidas, contendo tão somente os princípios fundamentais e estruturais do Estado.

Analíticas: regulamentam detalhadamente todos os assuntos considerados relevantes para a organização e funcionamento do Estado, também denominadas dirigentes ou prolixas.

Nota: A Constituição da República Federativa do Brasil de 1988 classifica-se como: formal, escrita, dogmática, promulgada (democrática ou popular), rígida (com um núcleo super-rígido) e analítica.

1.4. Normas constitucionais – aplicabilidade e eficácia

De acordo com José Afonso da Silva, as normas constitucionais classificam-se em:

1.4.1. Normas de EFICÁCIA PLENA e APLICABILIDADE IMEDIATA ou integral: aquelas que desde logo produzem todos os efeitos, não necessitando de qualquer atuação do legislador ou administrador para sua aplicabilidade. Ademais, não admitem qualquer tipo de restrição por parte das normas infraconstitucionais, as quais necessariamente devem ser compatíveis com o que foi estabelecido na Constituição. Ex.: arts. 2º; 19; 20 a 22.

1.4.2. Normas de EFICÁCIA CONTIDA (plena redutível ou restringível – termos de Michel Temer) e APLICABILIDADE IMEDIATA: aquelas que produzem efeitos desde logo, pois já contêm todos os elementos necessários para a sua aplicação imediata, mas que podem ter seu alcance reduzido por outra norma da Constituição ou pelo legislador infraconstitucional. Ex.: art. 5º, incs. VIII, XI, XII, XIII, XV e XXX.

1.4.3. Normas de EFICÁCIA LIMITADA e APLICABILIDADE MEDIATA: aquelas que NÃO produzem efeitos de imediato, dependendo de um comportamento legislativo infraconstitucional ou da ação dos administradores para o seu integral cumprimento. São normas pendentes de regulamentação. Ex.: arts. 7º, XXVII, 37, VII. É justamente no caso das normas de eficácia limitada que a inércia dos responsáveis por sua concretização equivale a uma omissão inconstitucional, sendo cabível mandado de injunção e ação direta de inconstitucionalidade por omissão. As normas de eficácia limitada subdividem-se em:

normas constitucionais DE PRINCÍPIO INSTITUTIVO – são traçados esquemas gerais para que o legislador os preencha por lei. Ex.: arts. 33; 125, § 3º; 131; 146;

normas constitucionais DE PRINCÍPIO PROGRAMÁTICO – são traçados princípios ou programas que servirão de diretriz para todos os órgãos estatais Ex.: arts. 3º; 196; 205.

Nota: As normas definidoras dos direitos e garantias fundamentais, de acordo com o § 1º do art. 5º, têm aplicação imediata.

1.5. Interpretação da Constituição

A interpretação é o método pelo qual se procura extrair o significado de uma determinada norma.

A interpretação da Constituição parte do próprio princípio da sua supremacia em relação às demais normas do ordenamento jurídico. Além das técnicas tradicionais de interpretação, especificamente no tocante à hermenêutica constitucional, destacam-se os seguintes princípios, conforme leciona Canotilho (2003: 1223-1226):

1.5.1. Da unidade da Constituição: esta deve ser sempre considerada como um todo, e não isoladamente. A interpretação jamais deve circunscrever-se a algum aspecto isolado, devendo sempre considerar a Constituição de forma sistemática, como um conjunto, afastando a possibilidade de contradições entre suas normas.

1.5.2. Da concordância prática ou da harmonização: não há hierarquia entre os bens supremos constitucionais e, diante de aparente conflito, deve-se procurar a prevalência de um sem, com isso, aniquilar o outro. É pertinente, portanto, lembrar que não há hierarquia entre as normas constitucionais, as quais devem sempre ser interpretadas em conjunto, pela combinação e coordenação dos bens jurídicos em conflito.

1.5.3. Do efeito integrador: ao solucionar questões jurídico-constitucionais, devem prevalecer os critérios que reforcem a unidade política e social, buscando, assim, a integração.

1.5.4. Da eficiência ou da máxima efetividade: deve-se sempre atribuir o sentido que dê a maior amplitude e eficácia aos dispositivos constitucionais, extraindo sua máxima abrangência e alcance. A norma constitucional jamais deve sofrer uma interpretação restritiva.

1.5.5. Da força normativa: na solução dos problemas jurídico-constitucionais, deve-se dar prevalência aos pontos de vista que contribuem para uma eficácia ótima da lei fundamental.

1.5.6. Da justeza ou conformidade funcional: os órgãos encarregados da interpretação não podem alterar e ignorar a repartição de funções, devendo respeitar-se mutuamente, nos limites da independência e harmonia traçados no texto constitucional.

1.6. Preâmbulo e Ato das Disposições Constitucionais Transitórias

O preâmbulo da Constituição não é considerado uma norma integrante da Lei Maior; desse modo, dele não podem ser extraídos direitos ou obrigações. Contudo, a doutrina e a jurisprudência entendem que o preâmbulo serve como uma fonte de interpretação da Constituição.

Quanto ao Ato das Disposições Constitucionais Transitórias, este tem, sim, natureza de norma constitucional, portanto é hierarquicamente superior às demais normas do ordenamento. Contudo, as matérias dispostas no ADCT são destinadas a se aplicarem e, após, esgotarem seu conteúdo (eficácia esgotada ou exaurida), ou seja, têm um caráter transitório. De observar que é possível por emenda constitucional alterar o ADCT, como, aliás, já ocorreu em diversas oportunidades.

2. PODER CONSTITUINTE

2.1. Conceito

O poder constituinte é o poder de criar, de estabelecer uma nova Constituição. Ele se divide em originário e derivado. Trata-se da expressão da vontade política suprema de um povo direcionada à elaboração ou alteração do texto constitucional. É, portanto, o poder de criar a Constituição ou reformá-la.

Nos regimes democráticos, esse poder, cujo titular é sempre o povo, é exercido por representantes eleitos, os quais formam uma Assembleia Nacional Constituinte.

2.2. Espécies

Poder Constituinte ORIGINÁRIO (inicial, inaugural): aquele que estabelece a Constituição, em virtude da formação de um novo Estado (histórico ou fundacional) ou porque houve alguma ruptura na ordem jurídica, e a reestruturação de um Estado (como decorrência de uma revolução ou reforma). Em ambas as hipóteses instaura-se uma nova ordem jurídica. Suas características são: inicial (inaugura uma nova ordem jurídica, revogando a anterior, se houver); ilimitado (não há limites, podendo ser estabelecido o que bem se entender, ou seja, não tem qualquer vínculo com a Constituição ou normas preexistentes); e incondicionado (não se submete a nenhuma forma preestabelecida para sua elaboração). O constituinte originário não tem qualquer vinculação com a ordem jurídica anterior, sendo um poder de fato.

Poder Constituinte DERIVADO (secundário, constituído): instituído pelo poder constituinte originário, para modificar a Constituição, adequando-se às transformações da realidade. É o próprio constituinte originário, portanto, que estabelece como a Constituição poderá ser alterada. São características do poder constituinte derivado: limitado juridicamente (há limitações no texto constitucional); secundário (derivando de uma ordem jurídica já instituída, pois é o poder constituinte originário que fixa como será o derivado); condicionado (o processo de alteração deve obedecer às condições fixadas pelo poder originário e, caso estas sejam descumpridas, a norma produzida será considerada inconstitucional).

2.3. Espécies de Poder Constituinte derivado estabelecidas na Constituição de 1988

2.3.1. Poder Constituinte DERIVADO REFORMADOR: é o poder de modificar a Constituição segundo o processo nela previsto. No Brasil é exercido pelo Congresso Nacional, quando elabora as EMENDAS à Constituição (art. 60).

2.3.2. Poder Constituinte DERIVADO DECORRENTE: é a competência que foi conferida aos Estados Federados para elaborar suas Constituições Estaduais, respeitados os princípios da Constituição Federal (art. 11 do ADCT c.c art. 25 da CF).

2.3.3. Poder Constituinte DERIVADO REVISOR ou REVISIONAL: nos termos do art. 3º do ADCT, a revisão da Constituição Federal de 1988 deveria ocorrer uma única vez, cinco anos após sua promulgação, pelo Congresso Nacional em composição unicameral, bastando para sua aprovação o *quorum* de maioria absoluta. Esse poder já foi exercido, sendo produzidas seis emendas de revisão em 1994.

2.4. Mutação constitucional

A Constituição possui um aspecto dinâmico, o qual vai se adequando à própria realidade. Deve-se observar que a realidade está em constante alteração, surgindo novas concepções sociais, políticas, econômicas e ideológicas, as quais influenciam não o texto formal da Constituição, mas seu significado. Nesse sentido, a mutação constitucional é o fenômeno de alteração da Constituição sem a necessidade de se recorrer à emenda de seu texto, derivando tal fenômeno de um redimensionamento da própria realidade normativa da Constituição, do seu significado, o que ocorre por meio da interpretação.

Trata-se, assim, de um processo informal de alteração da Lei Maior, que se faz de modo difuso, adaptando o significado do texto à própria realidade. Ex.: HC-QO86009/DF - STF.

2.5. Nova Constituição e a ordem jurídica anterior

2.5.1. Desconstitucionalização: quando da promulgação de uma nova Constituição, esta pode determinar que as normas da própria Constituição anterior, que forem compatíveis, continuem a fazer parte da ordem jurídica, mas com *status* de lei infraconstitucional. Desse modo, a antiga Constituição, ao invés de ser revogada, continua vigente, porém passa a ser considerada uma lei ordinária, desde que não seja conflitante com a nova Constituição, podendo ser revogada por leis infraconstitucionais. Esse fenômeno nunca ocorreu nas Constituições do Brasil.

2.5.2. Recepção: quando elaborada uma nova Constituição, as normas infraconstitucionais anteriormente editadas, desde que compatíveis, continuam em vigor. Já as incompatíveis são consideradas não recepcionadas. Importa ressaltar que as normas anteriores incompatíveis não poderão ser impugnadas por ação direta de inconstitucionalidade, porque quando foram produzidas eram harmônicas com a Constituição então vigente e não se tornaram inconstitucionais (não se admite a ideia de uma inconstitucionalidade superveniente). Atualmente, tais normas podem ser impugnadas tanto num caso concreto (sem necessidade de observância do art. 97, CF) como de modo abstrato, este segundo pela arguição de descumprimento de preceito fundamental.

3. CONTROLE DE CONSTITUCIONALIDADE

O controle de constitucionalidade é a verificação da compatibilidade das leis ou atos normativos com a Constituição, assegurando-se, com isso, a supremacia da Lei Maior. Isso porque a Constituição está hierarquicamente acima de todas as normas do ordenamento e deve também ser sempre observada quando da prática de qualquer ato administrativo.

A violação da Constituição pode ocorrer **por ação** ou **por omissão**. Será por ação quando a lei ou ato normativo for produzido em desconformidade com a Lei Maior. Será decorrência de omissão quando a Carta Constitucional determinar a produção de lei ou ato normativo (normas de eficácia limitada) e o Poder Legislativo ou a Administração ficarem inertes, ou seja, não produzirem a norma ou o ato.

A inconstitucionalidade será **formal** toda vez que houver o descumprimento de qualquer dos requisitos previstos no processo de elaboração normativo. Impõe-se, portanto, a necessária observância do **devido processo legislativo**. A inconstitucionalidade **formal** pode ser: 1) **orgânica**, se houver inobservância de competência legislativa (por exemplo, matéria de competência legislativa privativa da União disciplinada por lei estadual sem delegação; 2) **propriamente dita**, em razão do desrespeito ao *devido processo legislativo* (por exemplo, uma lei complementar aprovada por maioria relativa); e ainda 3) por **violação de pressupostos objetivos** (por exemplo, Medida Provisória editada sem relevância e urgência).

A inconstitucionalidade será **material** quando o próprio *conteúdo* da lei ou do ato normativo não for compatível com o disposto na Constituição.

Atenção: não é admitido o controle de constitucionalidade das normas originárias da Constituição, pois não se admite a ideia de inconstitucionalidade implícita. Contudo, as emendas à Constituição, as quais são fruto do poder constituinte derivado, podem, eventualmente, ser inconstitucionais.

Nota: Tem-se falado também em inconstitucionalidade por vício de decoro parlamentar, quando há compra de votos de parlamentares para que votem determinado projeto de lei.

3.1. Bloco de constitucionalidade

O parâmetro para realizar o controle de constitucionalidade é a própria Constituição. Mas tem-se sustentado que a Constituição não se reduz ao texto escrito, abrangendo também determinados valores e princípios, os quais formam o chamado bloco de constitucionalidade. Assim, para verificar se uma lei ou ato normativo está de acordo com a Constituição, não será analisado apenas o texto constitucional expresso, mas também a compatibilidade da lei ou ato normativo com os princípios e valores que informam a ordem constitucional global. Veja o voto do Ministro Celso de Mello na ADC-MC 12/DF - STF.

3.2. Espécies de controle

Quanto ao momento do controle

Preventivo: visa a impedir, durante o processo legislativo, que a norma inconstitucional ingresse no ordenamento jurídico. No âmbito do Poder Legislativo é realizado pelas Comissões Permanentes de Constituição e Justiça e pelo próprio Plenário, que analisam a constitucionalidade dos projetos de lei ou propostas de emenda à Constituição. Esse controle também se realiza nas esferas estadual, distrital e municipal. No Poder Executivo, o Presidente da República pode vetar por inconstitucionalidade (veto jurídico) projeto de lei aprovado pelo Congresso Nacional. O Supremo Tribunal Federal tem admitido mandado de segurança impetrado por parlamentar para exigir a observância do devido processo legislativo. O STF irá reprimir o ato inconstitucional, refletindo com isso na prevenção, ou seja, evitando que a norma constitucional ingresse no ordenamento jurídico.

Repressivo: tem por finalidade a exclusão de norma inconstitucional que já ingressou no ordenamento jurídico.

Em regra, é o Poder Judiciário que controla as leis ou atos normativos já editados, de modo concentrado ou difuso. Porém, há também previsão de controle repressivo pelo Poder Legislativo (art. 52, X; 49, V; 62, § 5º, todos da CF). Admite-se tal controle também pelo Tribunal de Contas da União (Súmula 347 do STF).

3.3. Controle difuso (via de defesa, via de exceção)

O controle difuso é uma modalidade de controle repressivo que pode ser exercido por todos os juízes ou tribunais. Existe no ordenamento brasileiro desde a Carta de 1891 e sua gênese está em uma decisão proferida em um caso concreto nos Estados Unidos em 1803 (Madison *versus* Marbury).

Todo e qualquer juiz ou tribunal pode analisar a compatibilidade das leis e atos normativos de todos os entes da Federação com a Constituição Federal. Essa verificação, porém, não constitui o objeto principal da lide. Trata-se de **questão incidental**, indispensável ao julgamento de mérito, ou seja, a declaração de inconstitucionalidade é necessária para a solução de um caso *concreto*. Tem-se, portanto, a verificação da constitucionalidade como uma questão prejudicial ao mérito, ou seja, que deverá ser decidida antes de o magistrado decidir o objeto principal da ação.

Esse controle não acarreta a anulação da norma impugnada, sendo o *efeito* da decisão restrito às *partes* litigantes no processo em que a questão sobre a inconstitucionalidade surgiu. Sua finalidade, portanto, é a declaração **incidental** da inconstitucionalidade da norma a fim de afastar sua incidência em um caso concreto, sendo, por isso, realizado *via defesa ou exceção*. A parte (autor ou réu), portanto, não ataca a norma, não busca uma declaração abstrata de que esta é inconstitucional, mas pretende que tal norma – por ser inconstitucional – seja afastada quando o caso concreto for apreciado, ou seja, ela "defende-se" da norma. É um controle concreto, pois é realizado no curso de um processo, cujo objeto não é a inconstitucionalidade, desse modo, não visa a atingir a norma em si, mas, sim, possibilitar a solução de um problema entre as partes, as únicas que serão alcançadas pela decisão.

Deve-se ressaltar que o art. 97 da Lei Maior estabelece a chamada "**cláusula de reserva de plenário**". Isso significa que somente pelo voto da *maioria absoluta* de seus *membros* ou dos *membros do respectivo órgão especial* poderão os *tribunais* declarar a inconstitucionalidade de lei ou ato normativo do Poder Público. Tal determinação aplica-se a todos os tribunais, atuando como condição de eficácia jurídica da declaração de inconstitucionalidade na via difusa. Não se aplica à declaração de constitucionalidade, à análise de recepção, nem aos juízes monocráticos.

Os arts. 948 a 950 do Código de Processo Civil disciplinam essa regra. Há também sobre o tema a Súmula Vinculante n. 10

É importante observar que quando o Supremo Tribunal Federal declara a inconstitucionalidade de uma norma no controle difuso, em regra, essa decisão terá efeito *ex tunc* para as partes. No entanto, algumas decisões recentes do STF têm aplicado o art. 27 da Lei 9.868/1999, o qual possibilita a modulação dos efeitos da decisão.

Nos termos do art. 52, inc. X, da Constituição da República, o *Senado Federal* tem competência privativa para *suspender a execução*, no todo ou em parte, de *lei declarada inconstitucional por decisão definitiva do Supremo Tribunal Federal*.

Desse modo, o Supremo Tribunal Federal, no exercício do *controle difuso* (em sede de Recurso Extraordinário ou outro recurso ou ação), ao declarar a inconstitucionalidade de lei (municipal, estadual, distrital ou federal), irá oficiar o Senado. Este, decidindo suspender a execução da lei, editará uma *Resolução*. O Senado não está vinculado à decisão do Supremo Tribunal Federal, podendo suspender ou não a norma (embora exista entendimento no sentido de o Senado estar, sim, vinculado).

Com a Resolução do Senado, a decisão passa a ter efeitos *erga omnes* (para todos) e, para grande parte dos doutrinadores, *ex nunc*. De ressaltar, contudo, que na esfera federal o Decreto 2.346/1997 estabelece efeito *ex tunc* após a suspensão da execução pelo Senado Federal.

Importante destacar que a reiteração de decisões no âmbito do controle difuso pode levar à edição da súmula vinculante, a qual terá, conforme está expresso na Constituição (art. 102, § 2º, da CF), efeito idêntico ao proferido na Ação Direta de Inconstitucionalidade (ADI) e na Ação Declaratória de Constitucionalidade (ADC).

3.3.1. Súmula vinculante (art. 103-A)

A súmula vinculante poderá ser aprovada, *após reiteradas decisões sobre matéria constitucional*, por decisão de *dois terços* dos membros do Supremo Tribunal Federal, de ofício ou por provocação daqueles que podem propor a ação direta de inconstitucionalidade, sem prejuízo de outros legitimados definidos em lei.

A Lei 11.417/2006, que regulamentou a súmula, dispõe que têm legitimidade para propor a edição, revisão ou o cancelamento, além daqueles que podem propor ação direta de inconstitucionalidade (art. 103, CF), o Defensor Público-Geral da União; os Tribunais Superiores, os Tribunais de Justiça de Estados ou do Distrito Federal e Territórios, os Tribunais Regionais Federais, os Tribunais Regionais do Trabalho, os Tribunais Regionais Eleitorais e os Tribunais Militares, bem como o Município, incidentalmente ao curso de processo em que seja parte, o que não autoriza a suspensão do processo.

A súmula terá efeito vinculante em relação aos *demais órgãos do Poder Judiciário* e à *Administração Pública direta e indireta, nas esferas federal, estadual e municipal*. Não vincula a função legislativa.

Seu objetivo será a **validade**, a **interpretação** e a **eficácia** dessas **normas determinadas**, acerca das quais haja **controvérsia atual** entre órgãos judiciários ou entre estes e a Administração Pública que acarrete **grave insegurança jurídica** e relevante **multiplicação** de **processos** sobre **questão idêntica**.

O próprio Supremo Tribunal Federal poderá proceder à sua **revisão** ou **cancelamento**, na forma estabelecida em lei, seja de ofício, seja por provocação dos legitimados supracitados.

Do ato administrativo ou decisão judicial que contrariar a súmula caberá reclamação ao Supremo Tribunal Federal que, julgando-a procedente, anulará o ato administrativo ou cassará a decisão judicial, determinando que outra seja proferida com ou sem a aplicação da súmula, conforme o caso. Desse modo, ao julgar a reclamação e reconhecer que a decisão ou o ato contrariou a súmula, o Supremo não adotará qualquer providência, apenas determinará que nova decisão seja proferida ou novo ato praticado.

Importante anotar que não se admite ação direta de inconstitucionalidade contra súmula vinculante. Caso se pretenda impugná-la, a medida cabível é o pedido de *cancelamento* ou *revisão*, pelos mesmos legitimados que podem propor sua edição, já mencionados.

Vale, por fim ressaltar, que nos termos do art. 8º da EC 45/04, as atuais súmulas do Supremo Tribunal Federal somente produzirão efeito vinculante após sua confirmação por dois terços de seus integrantes e publicação na imprensa oficial.

3.4. Controle concentrado (via ação)

Inspirado no modelo austríaco de Kelsen, de 1920, surge no Brasil por meio de uma emenda constitucional em 1965 (EC 16, de 6/12/65).

A competência para exercer esse controle concentra-se em um único órgão (no Brasil, é o Supremo Tribunal Federal em relação à Constituição Federal).

No controle concentrado busca-se a declaração da inconstitucionalidade da lei ou ato normativo em tese, ou seja, sem qualquer ligação com algum caso concreto. Pretende-se obter a invalidação da lei, restaurando a segurança jurídica. Por essa razão, trata-se de um controle abstrato. A declaração da inconstitucionalidade é o próprio objeto da ação.

A decisão de mérito proferida terá eficácia *erga omnes* e vinculante, destacando-se que não se aplica nesse caso o art. 52, X, CF, que prevê a suspensão da norma pelo Senado Federal. Assim, ao realizar o controle abstrato, o Supremo Tribunal Federal já profere uma decisão que deverá por todos ser observada e se a declaração for de inconstitucionalidade haverá a invalidação da norma, sendo que esta não poderá mais ser aplicada. É o que dispõe o art. 102, § 2º, CF. Nota-se, porém, que a decisão não vincula a função legislativa.

Na Constituição brasileira estão previstas as seguintes espécies de controle concentrado:

3.4.1. Ação direta de inconstitucionalidade (arts. 102, I, a, 103, I a IX, e 97, todos da CF/88; Lei 9.868/1999)

O objeto da ação direta de inconstitucionalidade genérica é a obtenção da *declaração de inconstitucionalidade* em tese de LEI ou ATO NORMATIVO FEDERAL ou ESTADUAL (em que se incluem as emendas constitucionais). Atenção com a LEI DISTRITAL, pois só poderá ser objeto de ação direta de inconstitucionalidade quando produzida no exercício da competência estadual. Isso porque não cabe ADI em face de norma municipal e, por consequência, inadmissível contra norma distrital no exercício da competência legislativa municipal.

Os atos de efeitos concretos não podem ser objeto de ADI.

De acordo também com a jurisprudência do STF, não se justifica o provimento jurisdicional declaratório da nulidade do ato (de sua inconstitucionalidade) quando se tratar de questão *interna corporis* do parlamento que não envolve desrespeito a direitos ou garantias de índole constitucional.

Inadmissível, igualmente, em face de normas da Constituição originária (pois não é aceita a ideia de inconstitucionalidade implícita) e das normas infraconstitucionais anteriores à atual Lei Maior (no segundo caso, cabe arguição de descumprimento de preceito fundamental, pois não ocorre a inconstitucionalidade superveniente, trata-se de recepção ou não da norma).

Por fim, não cabe contra enunciado de súmula, ainda que vinculante. De notar que essas observações aplicam-se também à ação declaratória de constitucionalidade e à arguição de descumprimento de preceito fundamental.

Os legitimados para propor essa ação estão elencados no art. 103, CF. Os legitimados dos incs. IV, V e IX deverão comprovar pertinência temática (relação entre o conteúdo da norma impugnada e o interesse que o legitimado representa); a legitimação dos demais é universal.

O procedimento da ação direta de inconstitucionalidade está estabelecido na Lei 9.868/99, cuja leitura é indispensável!

O órgão competente para julgar é o Supremo Tribunal Federal (art. 102, I, *a*, CF).

Admite-se a concessão de cautelar (art. 102, I, *p*, da CF; art. 10 da Lei 9.868/1999), a qual, salvo no período de recesso, será concedida por maioria absoluta dos membros do Tribunal, presentes, ao menos, oito ministros, após a audiência dos órgãos ou autoridades dos quais emanou a lei ou ato normativo impugnado, que deverão pronunciar-se no prazo de cinco dias. A medida cautelar tem eficácia *erga omnes* (contra todos) e tem efeito *ex nunc*, salvo se o Tribunal entender que deva conceder-lhe eficácia retroativa. Destaca-se ainda que, concedida a cautelar, torna-se aplicável a legislação anterior, acaso existente, salvo expressa manifestação em sentido contrário.

Ao Advogado-Geral da União incumbe a defesa da norma legal ou do ato normativo impugnado, atuando como curador especial do princípio da presunção de constitucionalidade das leis (art. 103, § 3º, CF). Porém, tem entendido o STF que o AGU não está obrigado a fazer defesa do ato questionado, especialmente se esta Corte já tiver se manifestado pela inconstitucionalidade.

O Procurador-Geral da República será ouvido após o AGU (art. 103, § 1º, CF).

Os efeitos da decisão de mérito são: vinculante (de observância obrigatória), para os demais órgãos do Poder Judiciário e da Administração direta e indireta das esferas federal, estadual e municipal (não vincula o Poder Legislativo em sua atuação típica de legislar, nem o Executivo quando exerce a função legislativa – para que não haja uma fossilização, uma petrificação social), e *erga omnes* (para todos), nos termos do já citado art. 102, § 2º, CF.

Proclamada a *constitucionalidade*, julgar-se-á *improcedente* a ação direta e, proclamada a *inconstitucionalidade*, julgar-se-á *procedente* a ação direta. É por essa razão que a ação direta de inconstitucionalidade é uma ação de natu-

reza dúplice, na medida em que será proferida uma decisão declarando a constitucionalidade ou a inconstitucionalidade.

A decisão é *irrecorrível*, ressalvada a interposição de *embargos declaratórios*, não podendo, igualmente, ser objeto de ação rescisória.

Quando *declarada a* constitucionalidade, o efeito será sempre *ex tunc*. *Ao declarar a* inconstitucionalidade, em regra, o efeito também será *ex tunc*. *Contudo, tendo em vista razões de* segurança jurídica ou de excepcional interesse social, poderá o Supremo Tribunal Federal, por maioria de dois terços de seus membros, restringir os efeitos daquela declaração ou decidir que ela só tenha eficácia a partir de seu trânsito em julgado (*ex nunc*) *ou de* outro momento que venha fixado. É a denominada modulação dos efeitos da decisão.

3.4.2. *Ação direta de inconstitucionalidade por omissão (art. 103, § 2º, da CF/88, e Lei 9.868/1999, com as modificações feitas pela Lei n. 12.063/2009)*

A ação direta de inconstitucionalidade por omissão tem por objeto obter a declaração de inconstitucionalidade por omissão e dar ciência ao órgão competente para adoção das providências cabíveis (sendo órgão administrativo, há prazo de 30 dias para cumpri-las, ou prazo razoável fixado pelo STF; sendo o legislativo, não há prazo).

É cabível sempre que o legislador ou administrador ficar inerte, deixando de dar cumprimento ao comando do constituinte, que, ao fixar as normas de eficácia limitada da Constituição, determinou que fosse realizada sua regulamentação. Isso porque quando o Poder Público não produz os atos legislativos e administrativos necessários à efetivação de direitos constitucionais, é possível exigir a sua ação positiva com fundamento no princípio da supremacia da Constituição e em sua força normativa.

Têm legitimidade ativa os mesmos que podem propor a ação direta de inconstitucionalidade genérica, nos termos do art. 103, I a IX (os legitimados dos incs. IV, V e IX deverão comprovar pertinência temática; a legitimação dos demais é universal).

O órgão competente para julgar é o Supremo Tribunal Federal. Em caso de excepcional urgência e relevância da matéria, por maioria absoluta de seus membros, o Supremo **poderá conceder medida cautelar**, após a audiência dos órgãos ou autoridades responsáveis pela omissão inconstitucional, a qual poderá consistir na suspensão da aplicação da lei ou do ato normativo questionado, no caso de omissão parcial, bem como na suspensão de processos judiciais ou de procedimentos administrativos, ou, ainda, em outra providência a ser fixada pelo Tribunal.

O Advogado-Geral da União pode ser ouvido, ao passo que o Procurador-Geral da República, quando não for autor da ação, será ouvido.

Quanto aos efeitos da decisão, esta tem caráter obrigatório ou mandamental. Ressalte-se que o Supremo Tribunal Federal não produzirá a norma regulamentadora, mas apenas dará ciência ao órgão competente, que, se for órgão administrativo, deverá fazê-lo em trinta dias ou em prazo razoável a ser estipulado excepcionalmente pelo STF, tendo em vista as circunstâncias específicas do caso e o interesse público envolvido (art. 12-H, § 1º, da Lei 9.868/1999).

3.4.3. Ação direta de inconstitucionalidade interventiva (arts. 34, VII – princípios constitucionais sensíveis; 36, III; 129, IV, c/c os arts. 1º, 18, 60, § 4º, I, todos da CF/88 e Lei 12.562/2011)

O objeto dessa ação, denominada pela Constituição como representação, é a obtenção do reconhecimento da atuação estadual contrária aos princípios constitucionais sensíveis (art. 34, VII, CF) da Constituição Federal (finalidade jurídica) para fins de intervenção federal no Estado-Membro ou no Distrito Federal (finalidade política). Trata-se de um controle concentrado de constitucionalidade (pois feito pelo STF) concreto (e não abstrato).

A legitimidade ativa foi conferida exclusivamente ao Procurador-Geral da República (art. 36, III, da CF), sendo o Supremo Tribunal Federal o órgão competente para julgar.

Não se admite concessão de cautelar, por se tratar de um controle direto para fins concretos.

Quanto aos efeitos da decisão, o Supremo comunicará a autoridade interessada e o Presidente da República, para que tomem as providências constitucionais (decretar a intervenção; se bastar para o restabelecimento da normalidade, o Decreto limitar-se-á a suspender a execução do ato impugnado, nos termos do art. 36, § 3º; nesse caso, fica dispensada a apreciação pelo Congresso Nacional). O Presidente da República deverá necessariamente decretar a intervenção (ato vinculado). Se não bastar, deve submeter o Decreto ao Congresso Nacional nos termos do art. 36, § 1º.

A Lei 12.562/2011 dispõe sobre o processo e julgamento da representação interventiva prevista no inciso III do art. 36 da Constituição Federal.

3.4.4. Ação declaratória de constitucionalidade (arts. 102, I, a; 103, I a IX, da CF/88; Lei 9.868/1999)

O objeto é obter a declaração de constitucionalidade em tese de LEI ou **ATO NORMATIVO FEDERAL** (em que se incluem as emendas constitucionais).

Seu escopo é pôr termo à insegurança jurídica ou estado de incerteza sobre a validade da norma. Transforma-se, assim, a presunção relativa de constitucionalidade em absoluta, obstando o controle difuso.

É requisito essencial a demonstração de *controvérsia jurídica* (art. 14, III, da Lei 9.868/1999). A controvérsia surge quando uma lei ou ato normativo federal é produzido e começa a ser questionado via controle difuso, havendo uma proliferação de ações, muitas das quais declaram a norma inconstitucional, afastando sua aplicação ao caso concreto.

A legitimidade ativa está prevista no art. 103, CF. Os legitimados dos incs. IV, V e IX deverão comprovar pertinência temática; a legitimação dos demais é universal.

O órgão competente para julgar é o Supremo Tribunal Federal (art. 102, I, *a*, CF).

O procedimento da ação declaratória de constitucionalidade está estabelecido na Lei 9.868/1999.

O Procurador-Geral da República será ouvido.

Quanto à possibilidade de cautelar, esta vem prevista nos arts. 102, I, *p*, da CF e 10 da Lei 9.868/1999. O Supremo, por decisão da maioria absoluta de seus membros, poderá deferir pedido de medida cautelar, consistente na determinação de que os juízes e os Tribunais suspendam o julgamento dos processos que envolvam a aplicação da lei ou do ato normativo objeto da ação até seu julgamento definitivo. O STF deve proceder ao julgamento da ação no prazo de cento e oitenta dias, sob pena de perda de sua eficácia (da cautelar, ou seja, as ações seguirão seu curso).

Não há defesa pelo Advogado-Geral da União.

Os efeitos da decisão são: vinculante e *erga omnes* (conforme o art. 102, § 2º, da CF).

Proclamada a *constitucionalidade*, julgar-se-á *procedente* a ação declaratória e, proclamada a *inconstitucionalidade*, julgar-se-á *improcedente* a ação declaratória. É por essa razão que também a ação declaratória de constitucionalidade é uma ação de natureza dúplice, na medida em que será proferida uma decisão declarando a constitucionalidade ou a inconstitucionalidade.

A decisão é *irrecorrível*, ressalvada a interposição de *embargos declaratórios*, não podendo, igualmente, ser objeto de ação rescisória.

Quando declarada a **constitucionalidade**, o efeito será **sempre *ex tunc***. Ao declarar a **inconstitucionalidade**, em **regra**, o efeito também será *ex tunc*. Contudo, tendo em vista razões de **segurança jurídica** ou de excepcional **interesse social**, poderá o Supremo Tribunal Federal, por maioria de dois terços de seus membros, restringir os efeitos daquela declaração ou decidir que ela só tenha eficácia a partir de seu trânsito em julgado (*ex nunc*) ou de **outro momento** que venha a ser fixado. É a denominada **modulação dos efeitos da decisão**.

3.4.5. Arguição de descumprimento de preceito fundamental (art. 102, § 1º, da CF/88; Lei 9.882/1999)

Deve-se ressaltar que na Constituição o único dispositivo que versa sobre essa ação é o art. 102, § 1º.

As hipóteses de cabimento estão previstas na Lei 9.882/1999: a) para *evitar ou reparar lesão a preceito fundamental*, resultante de ato do Poder Público, quando não houver outro meio eficaz de sanar a lesividade; b) quando for relevante o fundamento da *controvérsia constitucional* sobre LEI ou ATO NORMATIVO FEDERAL, ESTADUAL ou MUNICIPAL, *incluídos* os ANTERIORES à Constituição.

A lei não estabeleceu o que seriam preceitos fundamentais. A doutrina tem entendido que preceitos fundamentais são aqueles que informam a própria estrutura da Constituição, que servem para a interpretação do sistema constitucional, como os princípios fundamentais, as cláusulas pétreas, os princípios constitucionais sensíveis e os princípios que regem a Ordem Econômica.

Essa ação é subsidiária, pois, conforme art. 4º, § 1º, da lei, não será admitida arguição de descumprimento de preceito fundamental quando houver qualquer outro meio eficaz de sanar a lesividade.

Quanto à legitimidade ativa, nos termos do art. 2º da Lei 9.882/1999, podem propor a arguição de descumprimento de preceito fundamental os mesmos legitimados para a ação direta de inconstitucionalidade (que, por sua vez, são os mesmos que podem também propor ação declaratória de constitucionalidade).

O órgão competente para julgar é o Supremo Tribunal Federal (art. 102, § 1º, da CF).

O procedimento está previsto na Lei 9.882/1999.

O Procurador-Geral da República, quando não for autor da ação, será ouvido.

Há possibilidade de concessão de medida cautelar, prevista no art. 5º da Lei 9.882/1999, a qual será decidida por maioria absoluta dos membros do STF e poderá consistir na determinação de que juízes e tribunais *suspendam o andamento de processo* ou os efeitos de decisões judiciais, ou de *qualquer outra medida* que apresente relação com a matéria objeto da arguição de descumprimento de preceito fundamental, salvo se decorrentes da coisa julgada.

Não há defesa pelo Advogado-Geral da União.

Quanto aos efeitos da decisão, será *erga omnes* e vinculante para os órgãos do Poder Público (art. 10, § 3º, da Lei 9.882/1999).

A decisão que julgar procedente ou improcedente o pedido em arguição de descumprimento de preceito fundamental é *irrecorrível*, não podendo ser objeto de ação rescisória, cabendo *reclamação* em caso de descumprimento.

Ao declarar a **inconstitucionalidade** de lei ou ato normativo, no processo de arguição de descumprimento de preceito fundamental, por razões de segurança jurídica ou de excepcional interesse social, poderá o Supremo Tribunal Federal, por maioria de dois terços de seus membros, restringir os efeitos daquela declaração ou decidir que ela só tenha eficácia a partir de seu trânsito em julgado ou de outro momento que venha a ser fixado. Assim, também nesse caso é possível a modulação dos efeitos da decisão. De notar que, declarada a constitucionalidade, o efeito será sempre *ex tunc* e a declaração de inconstitucionalidade, em regra, tem efeito *ex tunc*.

Quadro comparativo entre o controle concentrado e o difuso:

CONCENTRADO	DIFUSO
STF	todos os juízes
legitimados (art. 103/CF)	qualquer pessoa
via ação	via defesa/exceção
abstrato (lei em tese)	concreto
principal	incidental
efeito *erga omnes* e vinculante	efeito só para as partes

3.5. Controle de constitucionalidade estadual

De acordo com o art. 125, § 2º, da Constituição Federal, cabe aos Estados a instituição de representação de *inconstitucionalidade de leis ou atos normativos estaduais ou municipais* em face da **CONSTITUIÇÃO ESTADUAL**, vedada a atribuição da legitimação para agir a um único órgão.

O órgão competente para julgar é o Tribunal de Justiça do Estado. Desse modo, é possível a propositura de ação direta de inconstitucionalidade em face de lei municipal ou estadual caso estas contrariem a Constituição Estadual, devendo a ação ser proposta no Tribunal de Justiça do Estado.

Interessa pontuar que, na hipótese de uma lei ou ato normativo municipal ou estadual, ao mesmo tempo, contrariar o disposto na Constituição Estadual e na Federal, o Tribunal de Justiça não pode manifestar-se quanto à constitucionalidade ou inconstitucionalidade na ação de controle concentrado dessa norma em face da Constituição Federal, o que só poderá ser feito pelo Supremo Tribunal Federal.

A ação direta de inconstitucionalidade em face de lei municipal que contrarie a Constituição Federal não é admissível; nesse caso, o controle via ação (concentrado) será feito por arguição de descumprimento de preceito fundamental. Além disso, a constitucionalidade ou não de lei municipal pode ser apreciada pelo Supremo Tribunal Federal em sede de controle difuso, via Recurso Extraordinário. No caso da lei estadual inconstitucional tanto em face da Constituição Federal quanto da Estadual cabe, além do controle difuso, ação direta de inconstitucionalidade no Tribunal de Justiça e também no Supremo Tribunal Federal. Mas o primeiro irá analisar a inconstitucionalidade estadual, e o segundo, a federal. Quando se tratar de lei distrital é necessário saber se esta disciplina matéria de competência estadual ou municipal, seguindo, então, as regras de uma ou outra.

3.6. Observações importantes

Ao julgar a ação direta de inconstitucionalidade genérica e a ação declaratória de constitucionalidade, pode o Supremo Tribunal Federal, consoante art. 28, parágrafo único, da Lei 9.868/1999, ao invés de declarar a constitucionalidade ou a inconstitucionalidade, realizar a **INTERPRETAÇÃO CONFORME A CONSTITUIÇÃO** *(técnica interpretativa) ou* **proferir a DECLARAÇÃO PARCIAL DE INCONSTITUCIONALIDADE SEM REDUÇÃO DE TEXTO (técnica de decisão judicial). Trata-se do denominado princípio da parcelaridade, segundo o qual se admite que o STF possa julgar parcialmente inconstitucional com ou sem redução de texto. Haverá redução de texto quando uma palavra, expressão, artigo, parágrafo, inciso ou alínea for considerado inconstitucional e, por tal razão, não puder mais ser aplicado.** *Interpretar conforme a Constituição significa selecionar e fixar, dentre as interpretações possíveis, aquela que for compatível com a Lei Maior (ou afastar uma determinada interpretação incompatível). Destaca Alexandre de Moraes (2006:14) que a declaração de inconstitucionalidade parcial sem redução de texto é utilizada como instrumento decisório para atingir a interpretação conforme. Nesta última, o Supremo afasta a aplicação da norma de uma determinada situação ou de certas pessoas, pois caso fosse aplicada estaria verificada a inconstitucionalidade, mas a norma continua íntegra e aplicável às demais situações.*

Desse modo, quando uma norma infraconstitucional contar com mais de uma interpretação possível, uma, no mínimo, pela constitucionalidade, e outra ou outras pela inconstitucionalidade, adota-se a técnica da interpretação conforme para determinar aquela(s) que melhor se conforme(m) à Constituição, sendo afastadas, por sua vez, as demais que sejam incompatíveis.

Como exemplo de declaração de inconstitucionalidade parcial sem redução de texto, pode-se citar a ADI 3685.

O Supremo Tribunal Federal tem adotado a **teoria da ATRAÇÃO (INCONSTITUCIONALIDADE POR ARRASTAMENTO ou CONSEQUENCIAL ou DERIVADA CONSEQUENTE DE PRECEITOS NÃO IMPUGNADOS), segundo a qual há um reconhecimento, independentemente de pedido, da inconstitucionalidade de norma não impugnada que seja dependente, ou seja, guarde relação de instrumentalidade com a norma declarada inconstitucional. Por exemplo, é proposta uma ação direta de inconstitucionalidade em face de um artigo "x" de uma determinada lei e o Supremo Tribunal Federal considera que realmente esse dispositivo legal é inconstitucional. Ocorre que há outro artigo na mesma lei, o "y", que complementa esse artigo "x", mas o legitimado não pediu a sua declaração de inconstitucionalidade. Então, o STF pode também declarar – por arrastamento – o artigo "y" inconstitucional (mesmo sem que tenha havido qualquer pedido nesse sentido). O mesmo ocorre quando uma lei é declarada inconstitucional, o decreto que a regulamentou não tem como subsistir no ordenamento jurídico, já que é uma norma derivada da outra. Os informativos 401 e 409 do STF trazem alguns exemplos de decisões aplicando essa teoria.**

Nota: É **fundamental** a leitura dos arts. 102 e 103 da CF e das Leis 9.868/1999 e 9.882/1999.

4. PRINCÍPIOS FUNDAMENTAIS

Os princípios fundamentais estão disciplinados nos arts. 1º a 4º da Constituição. Trata-se dos princípios político-constitucionais, verdadeiras normas-princípio que expressam as decisões políticas fundamentais e das quais derivam as demais normas.

No art. 1º está fixada a forma de Estado (federação), bem como a forma de governo (republicana), na expressão "República Federativa", formada pela união indissolúvel dos Estados, Municípios e Distrito Federal (entes da federação). Nesse mesmo dispositivo está estabelecido o regime de governo: o Estado Democrático de Direito. Ademais, traz os **fundamentos** da República Federativa do Brasil.

No art. 2º estão elencados os *Poderes* da União, o *Legislativo, o Executivo e o Judiciário*, os quais são independentes e harmônicos entre si.

Extrai-se da expressão "independentes e harmônicos" a teoria dos freios e contrapesos (*checks and balances*), de origem estadunidense, segundo a qual os Poderes, ao mesmo tempo em que estão impedidos de invadir a esfera de competência dos demais, devem atuar de forma integrada, inclusive controlando-se reciprocamente.

Temos no art. 3º os **objetivos fundamentais** da República Federativa do Brasil. E no art. 4º os *princípios* que devem reger a República Federativa do Brasil nas suas *relações internacionais*.

5. DIREITOS E GARANTIAS FUNDAMENTAIS

5.1. Conceito

Os direitos e garantias fundamentais estão disciplinados no Título II da Constituição de 1988 (arts. 5º a 17), abrangendo os direitos e deveres individuais e coletivos, os direitos sociais, a nacionalidade, os direitos políticos e os partidos políticos.

Os direitos fundamentais podem ser classificados em direitos de *primeira geração ou dimensão (direitos e garantias civis e políticos), de segunda geração ou dimensão (direitos sociais, econômicos e culturais) e de terceira geração ou dimensão (direitos transindividuais de solidariedade).* Tal classificação foi inicialmente proposta por Karel Vasak, em 1979, inspirando-se no lema da Revolução Francesa (liberdade, igualdade e fraternidade).

Os direitos fundamentais da Declaração de Virgínia e da Declaração Francesa de 1789 são de *primeira geração*, que se baseiam numa clara demarcação entre o Estado e o não Estado, fundamentada no contratualismo de inspiração individualista, assegurando as liberdades públicas.

Na evolução do liberalismo o individualismo ver-se-ia complementado pelo reconhecimento dos direitos individuais exercidos coletivamente. É a liberdade de associação, que permitiu o reconhecimento dos partidos políticos e dos sindicatos. Esses direitos de primeira geração são também denominados *direitos negativos*, pois o Estado deve abster-se de invadir sua esfera de proteção. De ressaltar, ainda, que o significado dado a esses direitos atualmente não é exatamente o mesmo que tinham quando de sua afirmação. Isso porque novos direitos foram surgindo e ampliando o rol dos direitos fundamentais – os direitos de segunda e terceira geração.

Assim, a primeira geração de direitos viu-se complementada historicamente pelo legado das reivindicações dos desprivilegiados a um direito de participar do bem-estar social.

Os direitos de *segunda geração* são, portanto, direitos de crédito do indivíduo em relação à coletividade. Tais direitos, como o direito ao trabalho, à saúde, à educação, têm como sujeito passivo o Estado porque, na interação entre governantes e governados, foi a coletividade que assumiu a responsabilidade de atendê-los. Daí serem denominados *direitos positivos*, pois se exige do Estado uma atuação, um fazer.

Os dois marcos da constitucionalização dos direitos de segunda geração são a Constituição Mexicana de 1917 (a primeira a atribuir aos direitos trabalhistas a qualidade de direitos fundamentais) e a Constituição de Weimar de 1919 (alemã).

O titular desse direito, no entanto, continua sendo, como nos de primeira geração, o homem na sua individualidade. Daí a complementaridade entre os direitos de primeira e segunda geração, pois estes últimos buscam assegurar as condições para o pleno exercício dos primeiros, eliminando ou atenuando os impedimentos ao pleno uso das capacidades humanas. Por isso, os direitos de crédito, denominados direitos econômicos sociais e culturais, podem ser encarados como direitos que tornam reais direitos formais: procuram garantir a todos o acesso aos meios de vida e de trabalho em um sentido amplo, para a efetivação da igualdade real.

De acordo com a doutrina majoritária, os direitos de segunda geração, ou direitos sociais, não constituem simples normas de natureza dirigente, sendo verdadeiros direitos subjetivos que impõem ao Estado um *facere*. Deve-se, contudo, atentar para o fato de que é a coletividade, por meio do Estado, enquanto o sujeito passivo desse crédito, que fixa, em função dos meios disponíveis e das prioridades estabelecidas, em que medida pode e pretende saldar os compromissos assumidos em relação aos indivíduos em matéria, por exemplo, de saúde, educação. Tem-se aqui a discussão da reserva do possível, pois as verbas públicas para o atendimento de tais direitos não são ilimitadas. Aqui, como ocorre com qualquer direito fundamental, de primeira ou segunda geração, havendo conflitos entre direitos ou princípios será apenas na análise do caso concreto que o magistrado poderá decidir qual deve prevalecer, sem com isso anular o outro. Isso porque todos os direitos, mesmo os fundamentais, não são absolutos, mas, sim, relativos.

Destaca-se que é da complementariedade entre as liberdades clássicas (primeira geração) e os direitos de crédito (segunda geração) que depende a viabilidade da democracia no mundo contemporâneo.

Os direitos de *terceira geração* têm como titular não o indivíduo na sua singularidade, mas, sim, em grupos humanos como a família, o povo, a nação, coletividades regionais ou étnicas e a própria humanidade. É o caso, por exemplo, dos direitos do consumidor, ao meio ambiente. Os direitos reconhecidos como do homem na sua singularidade, de primeira ou segunda geração, têm uma titularidade inequívoca: o indivíduo. Já os de terceira geração são transindividuais, pois pertencem, ao mesmo tempo, a todos (caráter difuso).

Importa, por fim, ressaltar o entendimento de que as violações aos direitos fundamentais não ocorrem somente no âmbito das relações entre o cidadão e o Estado (eficácia vertical dos direitos fundamentais), mas igualmente nas relações travadas entre pessoas físicas e jurídicas de direito privado. É a denominada eficácia horizontal dos direitos fundamentais. Essa pode ser indireta – por intermédio do legislador – ou direta. O STF tem admitido essa aplicação direta dos direitos fundamentais nas relações entre particulares, em casos em que entidades privadas exerçam atividades com caráter público e em situações de relevante desigualdade fática ou jurídica (nas quais haja uma relação de poder). Nesse sentido a decisão do Supremo Tribunal Federal no RE 201819/RJ.

Os direitos fundamentais caracterizam-se por serem: históricos, pois seu conteúdo altera-se com o passar dos tempos; inalienáveis, pois não são passíveis de valoração econômica; imprescritíveis, já que, independentemente de não serem exercitados, permanecem invocáveis; irrenunciáveis, porque são direitos fundamentais da própria existência humana, razão pela qual, ainda que se deseje, não será possível abrir mão de tais direitos; relativos pois são concorrentes entre si, podendo em certos casos concretos cederem uns em face de outros.

Por fim, é relevante notar que alguns doutrinadores já sustentam a existência de direitos de quarta e até quinta geração. Tais direitos estariam surgindo tanto para a tutela de grupos específicos, como "crianças", "idosos", "afrodescendentes", quanto para tutela de direitos relacionados aos avanços da tecnologia *e da engenharia genética. Contudo, não há ainda um consenso a esse respeito como o que existe em relação às três gerações ou dimensões de direitos.*

5.2. Direitos e deveres individuais e coletivos

Contemplados no art. 5º da Constituição de 1988, que estabelece: "Todos são iguais perante a lei, sem distinção de qualquer natureza, garantindo-se aos brasileiros e aos estrangeiros residentes no país a inviolabilidade do direito à vida, à liberdade, à igualdade, à segurança e à propriedade".

Embora haja referência aos "estrangeiros residentes no país", tal dispositivo não pode ser interpretado de modo a afastar sua aplicação aos estrangeiros não residentes.

Esses direitos e garantias individuais expressos no art. 5º são cláusulas pétreas, consoante o art. 60, § 4º, CF. Desse modo, não podem ser suprimidos.

A leitura integral do art. 5º é indispensável. Passa-se a destacar os pontos mais relevantes, agrupados em: direito à vida e à privacidade; direito de igualdade; direito de liberdade; direito de propriedade; princípio da legalidade; direito à segurança; remédios constitucionais.

5.2.1. Direito à vida e à privacidade

A vida deve ser compreendida em seu sentido mais amplo, pois é o bem mais relevante de todo ser humano. A dignidade da pessoa humana é um fundamento da República Federativa do Brasil e não há dignidade sem vida.

É por força da proteção à vida que se criminalizou a interrupção da gestação – o aborto. Contudo, admite-se o aborto para salvar a vida da gestante e quando decorrente a gestação de estupro.

Também relacionada à proteção da vida é a vedação da comercialização de órgãos (art. 199, § 4º, CF).

Importante destacar que o STF entendeu constitucional o art. 5º da Lei de Biossegurança (Lei 11.105/2005) no julgamento da ADI n. 3.510.

A tutela da vida e da privacidade abrange os seguintes direitos:

"**ninguém** será submetido a **tortura** nem a **tratamento desumano ou degradante**" (art. 5º, III);

"a lei considerará **crimes inafiançáveis** e insuscetíveis de graça ou anistia a prática da **tortura**" (art. 5º, XLIII);

"é assegurado aos **presos** o respeito à **integridade física e moral**" (art. 5º, XLIX);

"**não haverá penas**: a) de **morte**, *salvo em caso de guerra declarada*, nos termos do art. 84, XIX; b) de **caráter perpétuo**; c) de **trabalhos forçados**; d) de **banimento**; e) **cruéis**" (art. 5º, XLVII);

"é assegurado o **direito de resposta**, proporcional ao agravo, além da **indenização por dano material, moral ou à imagem**" (art. 5º, V);

"são **invioláveis** a **intimidade**, a **vida privada**, a **honra** e a **imagem** das pessoas, assegurado o **direito a indenização** pelo **dano material ou moral** decorrente de sua violação" (art. 5º, X);

DIREITO CONSTITUCIONAL

"a **casa é asilo inviolável** do indivíduo, **ninguém** nela podendo **penetrar sem consentimento do morador, salvo** em caso de **flagrante** delito ou **desastre**, ou para prestar **socorro**, ou, **durante o dia, por determinação judicial**" (art. 5º, XI);

"é **inviolável** o **sigilo** da **correspondência** e das **comunicações telegráficas, de dados e das comunicações telefônicas**, salvo, no último caso, **por ordem judicial**, nas hipóteses e na forma que a lei estabelecer para fins de **investigação criminal ou instrução processual penal**" (art. 5º, XII);

"é assegurado a todos o **acesso à informação** e resguardado o **sigilo da fonte**, quando necessário ao **exercício profissional**" (art. 5º, XIV);

"todos têm **direito a receber dos órgãos públicos informações de seu interesse particular**, ou de interesse coletivo ou geral, que serão prestadas no prazo da lei, sob pena de responsabilidade, **ressalvadas** aquelas cujo **sigilo** seja **imprescindível à segurança da sociedade e do Estado**" (art. 5º, XXXIII).

De ressaltar, com relação à casa, que esta deve ser considerada como qualquer compartimento habitado, ou seja, até mesmo um quarto de hotel que tenha um hóspede, uma barraca de acampamento, os escritórios profissionais (médico, contador, advogado) e os estabelecimentos comerciais na parte não aberta ao público.

5.2.2. Direito de igualdade

Consagrado no art. 5º, *caput*, e reforçado no inc. I, ao dispor sobre a igualdade em direitos e obrigações entre homens e mulheres.

Admite-se o tratamento desigual de pessoas que se encontram em situações diferentes, buscando-se, com isso, superar a igualdade meramente formal (perante a lei), e alcançar a igualdade material (real) e, com isso, a realização da efetiva justiça.

Para alcançar a igualdade real (material, substancial), é possível a utilização da denominada discriminação positiva, quando se introduz na norma o tratamento desigual dos formalmente iguais. Outro instrumento com o objetivo de eliminar desigualdades historicamente acumuladas, garantindo a igualdade de oportunidades e tratamento, bem como de compensar perdas provocadas pela discriminação e marginalização, decorrentes de motivos raciais, étnicos, religiosos, de gênero e outros, são as ações afirmativas – medidas especiais e temporárias, tomadas ou determinadas pelo Estado, espontânea ou compulsoriamente.

Em razão da igualdade, o racismo é rechaçado. Também se ligam à busca da igualdade substancial certos direitos atribuídos a pessoas que estão em situações desvantajosas, como o direito do consumidor e a gratuidade de certidões.

"**homens e mulheres** são **iguais em direitos e obrigações**, nos termos desta Constituição" (art. 5º, I);

"a **prática do racismo** constitui **crime inafiançável e imprescritível**, sujeito à pena de reclusão, nos termos da lei" (art. 5º, XLII);

"o Estado promoverá, na forma da lei, a **defesa do consumidor**" (art. 5º, XXXII);

"são **gratuitos** para os reconhecidamente **pobres**, na forma da lei: *a*) o registro civil de nascimento; *b*) a certidão de óbito" (art. 5º, LXXVI).

5.2.3. Direito de liberdade

As liberdades podem ser agrupadas, segundo José Afonso da Silva (2005: 235), em cinco grupos: *liberdade da pessoa física, liberdade de pensamento, liberdade de expressão coletiva, liberdade de ação profissional e liberdade econômica*. Asseguram o direito de liberdade os seguintes dispositivos:

"é **livre** a **manifestação do pensamento**, sendo vedado o anonimato" (art. 5º, IV);

"é **livre** o **exercício de qualquer trabalho, ofício ou profissão**, atendidas as qualificações profissionais que a lei estabelecer" (art. 5º, XIII);

"é inviolável a **liberdade de consciência e de crença**, sendo assegurado o **livre exercício dos cultos religiosos** e garantida, na forma da lei, a proteção aos locais de culto e a suas liturgias" (art. 5º, VI);

"ninguém será privado de direitos por motivo de **crença religiosa** ou de **convicção filosófica ou política, salvo se as invocar para eximir-se de obrigação legal a todos imposta e recusar-se a cumprir prestação alternativa**, fixada em lei" (art. 5º, VIII);

"é assegurada, nos termos da lei, a prestação de **assistência religiosa** nas entidades civis e militares de internação coletiva" (art. 5º, VII);

"é **livre a expressão da atividade intelectual, artística, científica e de comunicação**, independentemente de censura ou licença" (art. 5º, IX);

"é **livre a locomoção** no território nacional em tempo de paz, podendo qualquer pessoa, nos termos da lei, nele entrar, permanecer ou dele sair com seus bens" (art. 5º, XV);

"todos podem **reunir-se pacificamente**, sem armas, em locais abertos ao público, **independentemente de autorização**, desde que não frustrem outra reunião anteriormente convocada para o mesmo local, sendo apenas **exigido prévio aviso à autoridade competente**" (art. 5º, XVI);

"é plena a **liberdade de associação para fins lícitos**, vedada a de caráter paramilitar" (art. 5º, XVII);

"a **criação de associações** e, na forma da lei, a de **cooperativas independem de autorização**, sendo vedada a interferência estatal em seu funcionamento" (art. 5º, XVIII);

"as associações **só** poderão ser **compulsoriamente dissolvidas** ou ter suas atividades **suspensas** por **decisão judicial**, exigindo-se, no primeiro caso, o trânsito em julgado" (art. 5º, XIX);

"**ninguém** poderá ser **compelido a associar-se** ou a **permanecer associado**" (art. 5º, XX);

11

"as entidades associativas, quando expressamente autorizadas, têm legitimidade para representar seus filiados judicial ou extrajudicialmente" (art. 5º, XXI).

5.2.4. Direito à segurança e princípio da legalidade

Este direito tem íntima relação com o princípio da legalidade, na medida em que não é possível ao Poder Público impor qualquer exigência sem previsão legal. Desse modo, o princípio da legalidade é a base do direito à segurança.

Não se deve confundir a segurança jurídica (certeza de que nada poderá ser exigido sem a prévia existência da lei) com a segurança pública (direito social, art. 6º, CF).

Em relação à segurança jurídica destacam-se os seguintes dispositivos:

"**ninguém** será **obrigado a fazer ou deixar de fazer** alguma coisa **senão em virtude de lei**" (art. 5º, II);

"a **lei não prejudicará** o **direito adquirido**, o **ato jurídico perfeito** e a **coisa julgada**" (art. 5º, XXXVI).

5.2.5. Direito de propriedade

O direito à propriedade é expressamente garantido pelo art. 5º, *caput* e inc. XXI CF, porém, esse direito não é absoluto, devendo a propriedade atender à sua função social (art. 5º, XXIII, da CF).

São direitos concernentes à propriedade:

"é garantido o **direito de propriedade**" (art. 5º, XXII);

"a propriedade atenderá a sua **função social**" (art. 5º, XXIII);

"a lei estabelecerá o procedimento para **desapropriação** por necessidade ou utilidade pública, ou por interesse social, mediante justa e prévia indenização em dinheiro, ressalvados os casos previstos nesta Constituição" (art. 5º, XXIV);

"no caso de iminente perigo público, a **autoridade competente** poderá **usar de propriedade particular**, **assegurada** ao proprietário **indenização** ulterior, se houver dano" (art. 5º, XXV);

"a **pequena propriedade rural**, assim definida em lei, desde que **trabalhada pela família**, **não** será objeto de **penhora** para pagamento de **débitos decorrentes de sua atividade produtiva**, dispondo a lei sobre os meios de financiar o seu desenvolvimento" (art. 5º, XXVI);

"aos **autores** pertence o **direito exclusivo de utilização, publicação ou reprodução** de suas obras, transmissível aos herdeiros pelo tempo que a lei fixar" (art. 5º, XXVII);

"são assegurados, nos termos da lei: *a*) a **proteção às participações individuais** em obras coletivas e à reprodução da imagem e voz humanas, inclusive nas atividades desportivas; *b*) o direito de **fiscalização do aproveitamento econômico das obras** que criarem ou de que participarem aos criadores, aos intérpretes e às respectivas representações sindicais e associativas" (art. 5º, XXVIII);

"a lei assegurará aos **autores de inventos industriais privilégio temporário** para sua utilização, bem como **proteção às criações industriais**, à **propriedade das marcas**, aos **nomes de empresas e a outros signos distintivos**, tendo em vista o interesse social e o desenvolvimento tecnológico e econômico do país" (art. 5º, XXIX);

"é garantido o **direito de herança**" (art. 5º, XXX);

"a **sucessão de bens de estrangeiros situados no país** será regulada pela **lei brasileira em benefício do cônjuge ou dos filhos brasileiros**, sempre que não lhes seja mais favorável a lei pessoal do *de cujus*" (art. 5º, XXXI).

Destaca-se que, nos termos do § 2º do art. 5º da Constituição Federal, os direitos e garantias expressos não excluem outros decorrentes do regime e dos princípios por ela adotados ou dos tratados internacionais em que a República Federativa do Brasil seja parte.

O § 3º, acrescentado pela EC 45, determina que "os tratados e convenções internacionais sobre direitos humanos que forem aprovados, em cada Casa do Congresso Nacional, em dois turnos, por três quintos dos votos dos respectivos membros, serão equivalentes às emendas constitucionais" (ex. Decreto 6.949/2009). Caso não seja observado esse procedimento, tais tratados ingressarão no ordenamento jurídico como norma infraconstitucional.

Discute-se na doutrina e jurisprudência qual a hierarquia dos Tratados Internacionais sobre Direitos Humanos já incorporados, como é o caso da Convenção Americana sobre Direitos Humanos (Pacto de São José de Costa Rica) – Decreto Legislativo 27/1992. Após a edição da EC 45, o STF no RE 466.343-SP, estabeleceu a tese da supralegalidade dos tratados já incorporados ao ordenamento antes da edição da EC 45. Diante disso, já não é possível a prisão civil do depositário infiel, pois a norma constitucional que possibilita essa modalidade de privação de liberdade não terá como ser regulamentada, uma vez que o tratado é supralegal e o Pacto de São José da Costa Rica apenas admite a prisão civil do devedor de alimentos. O tratado, embora não revogue a Constituição, que continua admitindo essa modalidade de prisão, exerce um efeito paralisante da legislação infraconstitucional, sobre a qual a Convenção prevalece. Veja a Súmula Vinculante 25 do STF.

A mesma EC 45 inseriu o § 4º no art. 5º, segundo o qual o Brasil se submete à jurisdição de Tribunal Penal Internacional a cuja criação tenha manifestado adesão.

5.3. Remédios constitucionais

5.3.1. Habeas corpus (arts. 5º, LXVIII e LXXVII; 647 a 667 do CPP)

Trata-se de ação constitucional de caráter penal, gratuita, para a garantia individual do direito de locomoção, o direito de ir e vir. Será concedido toda vez que alguém estiver **sofrendo ou ameaçado de sofrer violência** ou **coação** na sua liberdade de locomoção, por **ilegalidade** ou **abuso de poder**. Importante ter em mente que a instauração de uma ação penal ou mesmo de um inquérito policial significa uma ameaça à liberdade de locomoção, razão pela qual é admissível a impetração de *habeas corpus* para trancar a ação ou o inquérito sempre que se tratar de situação de falta de justa causa.

Tem legitimidade ativa (**impetrante**) qualquer pessoa, em defesa de sua própria liberdade ou de terceiro. Admite-se que pessoa jurídica impetre *habeas corpus* em favor de pessoa física. Não é exigível o patrocínio por advogado. Os membros do Ministério Público podem impetrá-lo e os magistrados podem conceder a ordem de ofício, a qualquer tempo e em qualquer grau de jurisdição.

Denomina-se **paciente** aquele que sofre a ilegalidade ou abuso de poder, que será necessariamente pessoa física. Não é admissível em hipótese alguma a utilização desse remédio constitucional em favor de animais ou objetos. O próprio paciente pode ser também o impetrante.

Quanto à legitimidade passiva, pode ser uma *autoridade* (no caso de ilegalidade ou abuso de poder) ou *particular* (no caso de ilegalidade).

O art. 142, § 2º, afasta o cabimento desse remédio em relação às punições disciplinares militares.

As espécies são: **preventivo** (salvo-conduto) – no caso de ameaça; e **liberatório** ou repressivo – no caso de efetiva coação ou violência.

5.3.2. *Habeas data (art. 5º, LXXII e LXXVII; Lei 9.507/1997)*

Objetiva a *obtenção ou retificação de dados e informações pessoais*, constantes de *registros* ou *bancos de dados* de *entidades governamentais* ou de *caráter público*. Tem natureza jurídica de ação constitucional de caráter civil, sendo gratuita.

O direito do impetrante de receber as informações é considerado incondicionado; desse modo, não podem ser negadas as informações sobre **sua própria pessoa**.

Qualquer pessoa, física ou jurídica (com interesse próprio), poderá ser sujeito ativo, não se admitindo postulação por terceiros, já que se trata de ação personalíssima.

No polo passivo necessariamente estará *entidade governamental* ou de *caráter público*.

Há necessidade de esgotamento da via administrativa, caso contrário entende-se que falta uma condição da ação, o interesse de agir. Nesse sentido, a Súmula 2 do STJ. Desse modo, primeiro o interessado deve pedir a informação ou a retificação na entidade governamental ou de caráter público que possui o registro ou o banco de dados. Caso haja recusa surge o interesse em ingressar com o *habeas data*.

Esse remédio está disciplinado na Lei 9.507/1997, e segundo esta também pode ser utilizado para a anotação nos assentamentos do interessado, de contestação ou explicação sobre dado verdadeiro, mas justificável e que esteja sob pendência judicial ou amigável.

Importante ressaltar que o pedido de *habeas data* poderá ser renovado se a decisão denegatória não lhe houver apreciado o mérito.

Por fim, vale anotar que os processos de *habeas data* terão prioridade sobre todos os atos judiciais, exceto *habeas corpus* e mandado de segurança. Ademais, são gratuitos o procedimento administrativo para acesso a informações e retificação de dados e para anotação de justificação, bem como a ação de *habeas data*.

5.3.3. *Mandado de segurança (art. 5º, LXIX, LXX; Lei 12.016/2009)*

Protege-se com este remédio o *direito líquido e certo* de pessoa, não amparado por *habeas corpus* ou *habeas data*, direito esse lesado ou ameaçado por *ato de autoridade pública* ou *agente de pessoa jurídica no exercício de atribuições do Poder Público*, ato este praticado com *ilegalidade ou abuso de poder*. Tem natureza jurídica de ação constitucional de caráter civil.

Direito líquido e certo é aquele que pode ser comprovado documentalmente de plano, sem a necessidade de dilação probatória. Caso haja necessidade de produzir provas (ouvir testemunhas, realizar perícias etc.), deve-se ingressar com uma ação comum, ou seja, somente quando for possível provar documentalmente, desde o início, o direito líquido e certo é que será caso de mandado de segurança.

Tem legitimidade ativa a pessoa, física ou jurídica, que sofre ou está ameaçada de sofrer a ilegalidade ou o abuso de poder.

No caso do **MANDADO DE SEGURANÇA COLETIVO** são legitimados: *partido político com representação no Congresso Nacional* e *organização sindical, entidade de classe ou associação* legalmente constituída em funcionamento há pelo menos um ano, em defesa dos *interesses dos* **seus** *associados*.

Desse modo, se a associação, que é uma pessoa jurídica, defende interesse próprio, a via correta é o mandado de segurança individual, mas, se o interesse é de seus associados será o coletivo. A pertinência temática somente não é exigida no caso dos partidos políticos, devendo ser demonstrada pelos demais legitimados.

No polo passivo estará necessariamente uma *autoridade pública* ou um *agente de pessoa jurídica no exercício de atribuições do Poder Público*, que cometeu a ilegalidade ou abuso de poder. Tal autoridade é aquela que tem o poder para anular o ato ou suprir a omissão lesiva.

A Lei 12.016/2009 disciplina o mandado de segurança.

Não cabe mandado de segurança contra os atos de gestão comercial praticados pelos administradores de empresas públicas, de sociedade de economia mista e de concessionárias de serviço público.

Atenção, o direito de requerer mandado de segurança extinguir-se-á decorridos 120 (cento e vinte) dias, contados da ciência, pelo interessado, do ato impugnado.

Atenção, NÃO se concederá mandado de segurança quando se tratar de ato do qual caiba recurso administrativo com efeito suspensivo, independentemente de caução; de decisão judicial da qual caiba recurso com efeito suspensivo; bem como de decisão judicial transitada em julgado. Além disso, NÃO será concedida medida liminar que tenha por objeto a compensação de créditos tributários, a entrega de mercadorias e bens provenientes do exterior, a reclassificação ou equiparação de servidores públicos e a concessão de aumento ou a extensão de vantagens ou pagamento de qualquer natureza.

Vale pontuar que o pedido de mandado de segurança poderá ser renovado dentro do prazo decadencial, se a decisão denegatória não lhe houver apreciado o mérito.

Os processos de mandado de segurança e os respectivos recursos terão prioridade sobre todos os atos judiciais, salvo *habeas corpus*.

O mandado de segurança coletivo pode ser impetrado por partido político com representação no Congresso Nacional, na defesa de seus interesses legítimos relativos a seus integrantes ou à finalidade partidária, ou por organização sindical, entidade de classe ou associação legalmente constituída e em funcionamento há, pelo menos, 1 (um) ano, em defesa de direitos líquidos e certos da totalidade, ou de parte, dos seus membros ou associados, na forma dos seus estatutos e desde que pertinentes às suas finalidades, dispensada, para tanto, autorização especial. Nestes casos, a sentença fará coisa julgada limitadamente aos membros do grupo ou categoria substituídos pelo impetrante.

Os direitos protegidos pelo mandado de segurança coletivo podem ser coletivos (transindividuais, de natureza indivisível, de que seja titular grupo ou categoria de pessoas ligadas entre si ou com a parte contrária por uma relação jurídica básica) ou individuais homogêneos (decorrentes de origem comum e da atividade ou situação específica da totalidade ou de parte dos associados ou membros do impetrante).

Importante destacar que o mandado de segurança coletivo não induz litispendência para as ações individuais, mas os efeitos da coisa julgada não beneficiarão o impetrante a título individual se não requerer a desistência de seu mandado de segurança no prazo de 30 (trinta) dias a contar da ciência comprovada da impetração da segurança coletiva.

5.3.4. Mandado de injunção (art. 5º, LXXI e Lei 13.300/2016)

Visa a **suprir a falta total ou parcial de norma regulamentadora** que torne inviável o **exercício** de **direitos e liberdades constitucionais e prerrogativas** inerentes à **nacionalidade, à soberania e à cidadania**. Cabível, portanto, para as normas de eficácia limitada que não foram regulamentadas. Tem natureza jurídica de ação constitucional de caráter civil. Vislumbra-se nesse remédio constitucional a possibilidade do controle difuso da inconstitucionalidade por omissão.

São legitimados como impetrantes as pessoas naturais ou jurídicas titulares de direitos, liberdades ou prerrogativas. O impetrado é o poder, órgão ou autoridade com atribuição para editar a norma regulamentadora. O Ministério Público deve ser sempre ouvido. O órgão competente para julgar essa ação será determinado em razão do impetrado (pessoa ou ente omisso). Por exemplo, se a competência para a edição da norma for do Congresso Nacional, e este fica inerte, a competência para o julgamento do MI é do STF (art. 102, I, *q*).

Reconhecido o estado de mora legislativa, será deferida a injunção para: I - determinar prazo razoável para que o impetrado promova a edição da norma regulamentadora; II - estabelecer as condições em que se dará o exercício dos direitos, das liberdades ou das prerrogativas reclamados ou, se for o caso, as condições em que poderá o interessado promover ação própria visando a exercê-los, caso não seja suprida a mora legislativa no prazo determinado.

Será dispensada a determinação de prazo razoável para a edição da norma quando comprovado que o impetrado deixou de atender este prazo, em mandado de injunção anterior.

A decisão terá eficácia subjetiva limitada às partes e produzirá efeitos até o advento da norma regulamentadora. Transitada em julgado a decisão, efeitos poderão ser estendidos aos casos análogos por decisão monocrática do relator.

Poderá ser conferida eficácia ultra partes ou erga omnes à decisão, quando isso for inerente ou indispensável ao exercício do direito, da liberdade ou da prerrogativa objeto da impetração.

O indeferimento do pedido por insuficiência de prova não impede a renovação da impetração fundada em outros elementos probatórios.

Sem prejuízo dos efeitos já produzidos, a decisão poderá ser revista, a pedido de qualquer interessado, quando sobrevierem relevantes modificações das circunstâncias de fato ou de direito.

A norma regulamentadora superveniente produzirá efeitos *ex nunc* em relação aos beneficiados por decisão transitada em julgado, salvo se a aplicação da norma editada lhes for mais favorável.

O Mandado de Injunção coletivo pode ser promovido: I - pelo Ministério Público, em defesa da ordem jurídica, regime democrático, interesses sociais ou individuais indisponíveis; II - por partido político com representação no CN, em defesa de direitos, liberdades e prerrogativas seus integrantes ou relacionados a finalidade partidária; III - por organização sindical, entidade de classe ou associação legalmente constituída e em funcionamento há pelo menos 1 (um) ano, em defesa do exercício de direitos, liberdades e prerrogativas em favor da totalidade ou de parte de seus membros ou associados - na forma de seus estatutos e pertinentes suas finalidades - dispensada, para tanto, autorização especial; IV - pela Defensoria Pública, quando a tutela requerida for especialmente relevante para promoção dos direitos humanos e a defesa dos direitos individuais e coletivos dos necessitados.

Os direitos, liberdades e prerrogativas protegidos por MI coletivo são os pertencentes, indistintamente, a uma coletividade indeterminada de pessoas ou determinada por grupo, classe ou categoria e a sentença fará coisa julgada limitadamente às pessoas integrantes da coletividade, grupo, classe ou categoria substituídos.

5.3.5. Ação popular (art. 5º, LXXIII; Lei 4.717/65)

Ação que pode ser proposta por qualquer **cidadão** (quem está no gozo dos direitos políticos, o eleitor) para **anular** o **ato lesivo** ao **patrimônio público ou de entidade de que o Estado participe, à moralidade administrativa, ao meio ambiente** e ao **patrimônio histórico e cultural**. Trata-se de exercício da soberania popular (art. 1º, parágrafo único), possibilitando a fiscalização do Poder Público pelo povo.

A legitimidade ativa é exclusiva dos *cidadãos* (Súmula 365 do STF). Logo, não pode ser proposta pelo Ministério Público. Figuram no polo passivo a entidade lesada, os autores e responsáveis pelo ato e os beneficiários deste. Em caso de improcedência por insuficiência de provas, é cabível o ajuizamento de nova ação. Trata-se de ação isenta de custas e do ônus da sucumbência, salvo má-fé do autor popular.

A ação popular, embora possa ter objeto semelhante ao da Ação Civil Pública (Lei 7.347/1985), com esta não se confunde.

Primeiro porque os legitimados não são os mesmos. As ações civis públicas poderão ser propostas pelo Ministério Público, pelos entes da Administração direta e indireta, pela Defensoria Pública e por associação constituída há pelo menos um ano, nos termos da lei civil, e que inclua entre suas finalidades institucionais a proteção ao meio ambiente, ao consumidor, à ordem econômica, à livre concorrência, ou ao patrimônio artístico, estético, histórico, turístico e paisagístico. Segundo porque na ação civil são admissíveis outros pedidos além da anulação do ato lesivo. A ação civil poderá ter por objeto a condenação em dinheiro ou o cumprimento de obrigação de fazer ou não fazer. Por fim, a ação civil pública visa a tutelar a responsabilidade por danos morais e patrimoniais causados ao meio ambiente; ao consumidor; à ordem urbanística; a bens e direitos de valor artístico, estético, histórico, turístico e paisagístico; a qualquer outro interesse difuso ou coletivo; por infração da ordem econômica e à ordem urbanística. Já a ação popular limita-se à anulação do ato lesivo ao patrimônio público ou de entidade de que o Estado participe, à moralidade administrativa, ao meio ambiente e ao patrimônio histórico e cultural. Logo, o objeto da primeira é mais amplo.

A Lei 4.717/1965 regulamenta a ação popular. A prova da cidadania, para ingresso em juízo, será feita com o título eleitoral, ou com documento que a ele corresponda. A ação prevista nesta lei prescreve em 5 (cinco) anos. A ação será proposta contra as pessoas públicas ou privadas e as entidades referidas, contra as autoridades, funcionários ou administradores que houverem autorizado, aprovado, ratificado ou praticado o ato impugnado, ou que, por omissas, tiverem dado oportunidade à lesão, e contra os beneficiários diretos do ato impugnado. Interessante observar que a pessoa jurídica de direito público ou de direito privado, cujo ato seja objeto de impugnação, poderá abster-se de contestar o pedido, ou poderá atuar ao lado do autor, desde que isso se afigure útil ao interesse público, a juízo do respectivo representante legal ou dirigente.

O Ministério Público acompanhará a ação. Ademais, é facultado a qualquer cidadão habilitar-se como litisconsorte ou assistente do autor da ação popular.

Vale anotar que, se o autor desistir da ação ou der motivo à absolvição da instância, serão publicados editais, ficando assegurado a qualquer cidadão, bem como ao representante do Ministério Público, dentro do prazo de 90 (noventa) dias da última publicação feita, promover o prosseguimento da ação.

Por fim, das decisões proferidas contra o autor popular e suscetíveis de recurso poderão recorrer qualquer cidadão e o representante do Ministério Público.

5.3.6. Direito de petição (art. 5º, XXXIV, a)

Direito de peticionar ao Poder Público em defesa de direitos ou contra ilegalidade ou abuso do poder. Independe do pagamento de taxas. Qualquer pessoa, física ou jurídica, pode exercer esse direito.

5.3.7. Direito de certidão (art. 5º, XXXIV, b; Lei 9.051/1995)

Assegura-se, independentemente do pagamento de taxas, a obtenção de certidões em repartições públicas, para a defesa de direitos e esclarecimento de situações de interesse pessoal. Trata-se de direito líquido e certo. Deve haver legítimo interesse, devendo constar do pedido esclarecimentos relativos aos fins e razões do pedido. Caso a entidade pública recuse-se a fornecer a certidão, será cabível mandado de segurança.

6. DIREITO DE NACIONALIDADE

Nacionalidade é o *vínculo jurídico-político que relaciona um indivíduo a um Estado*, fazendo dele um componente do povo, da dimensão pessoal do Estado. Quando uma pessoa nasce em determinado Estado, embora seja "natural" deste, não necessariamente será considerada seu nacional. Isso porque é o Estado soberano que define quais pessoas terão essa qualidade.

Nacionalidade primária (originária ou de origem) é aquela adquirida por força do nascimento.

Nacionalidade secundária (adquirida ou derivada) é aquela obtida por meio de uma manifestação de vontade, uma opção (naturalização).

O termo "brasileiro" equivale ao nacional, nato ou naturalizado (art. 12).

Para a aquisição da nacionalidade primária, os Estados soberanos costumam utilizar um desses dois critérios: *jus soli* (da territorialidade) ou *jus sanguinis* (da ascendência).

Pelo primeiro critério (*jus soli*) são considerados nacionais os que nascem no território nacional, pouco importa se seus pais são nacionais ou estrangeiros. Ao nascer no território daquele Estado, a pessoa adquire automaticamente aquela nacionalidade.

Já o segundo (*jus sanguinis*) considera nacionais os filhos dos seus nacionais, pouco importando onde nasçam.

A Constituição brasileira de 1988 mesclou esses critérios e acrescentou outros requisitos.

São brasileiros **natos** (art. 12, I):

- **os nascidos na República Federativa do Brasil**, ainda que de pais estrangeiros, desde que estes não estejam a serviço de seu país. Deve-se lembrar que o território brasileiro abrange também o mar territorial e o espaço aéreo, os navios e aeronaves de guerra, os navios brasileiros mercantes em alto-mar ou de passagem em mar territorial estrangeiro. Importante ainda observar que a única exceção é o estrangeiro a serviço de seu próprio país, não de outro ou de uma empresa. Para que o filho de estrangeiros nascido no território nacional não seja considerado brasileiro basta que apenas um dos pais esteja a serviço do respectivo país de origem, mas ambos sejam estrangeiros.

- **os nascidos no estrangeiro**, de **pai brasileiro ou mãe brasileira**, desde que qualquer um deles esteja a **serviço da República Federativa do Brasil**. Nesse caso, além do critério do *jus sanguinis*, há o critério funcional, pois o genitor deve estar a serviço. Atenção, pois se o pai ou mãe estiver a serviço de uma empresa privada brasileira não será aplicável este critério. A serviço da República Federativa do Brasil significa estar a serviço de qualquer ente da Administração direta ou indireta (União, Estados-Membros, Municípios, Distrito Federal, incluídas suas autarquias, fundações, empresas públicas e sociedades de economia mista).

- os nascidos no estrangeiro de **pai brasileiro ou de mãe brasileira**, desde que sejam **registrados em repartição brasileira competente ou** venham a **residir na República Federativa do Brasil e optem**, em qualquer tempo, **depois** de atingida a **maioridade**, pela nacionalidade brasileira.

Nota: A terceira hipótese foi alterada pela EC 54/2007. Foi ainda acrescentado o art. 95 do ADCT.

Quanto à nacionalidade secundária, o art. 12, inc. II, enumera as formas de naturalização. Ressalte-se que esta sempre depende do requerimento do interessado, pois não existe no nosso ordenamento jurídico vigente a naturalização tácita. Poderá ser:

- Naturalização ordinária: estrangeiros residentes no país que preencham os requisitos previstos em lei (Estatuto do Estrangeiro – Lei 6.815/1980). Se originários de *países de língua portuguesa*, exige-se apenas a residência por um ano ininterrupto e idoneidade moral.

- Naturalização extraordinária: estrangeiros de qualquer *nacionalidade*: necessária a residência no Brasil há mais de quinze anos ininterruptos, sem condenação criminal, desde que requeiram a nacionalidade brasileira (há um direito público subjetivo de naturalizar-se se requerido).

Portugueses com residência permanente no Brasil: se houver reciprocidade em favor dos brasileiros, são atribuídos os direitos inerentes aos brasileiros naturalizados. Denomina-se quase-nacionalidade. Nesse caso, o português não se naturaliza, continuando na condição de estrangeiro, porém poderá adquirir direitos que os demais estrangeiros não possuem, na medida em que esse direito for conferido aos brasileiros residentes em Portugal (Decreto 3.927/2001.)

É vedado qualquer tratamento diferenciado, mesmo por lei, entre brasileiros natos ou naturalizados, salvo os casos previstos pela própria Constituição (art. 12, § 2º).

As únicas **diferenças entre brasileiros natos e naturalizados**, nos termos da Lei Maior são:

Cargos privativos de brasileiro nato: Presidente da República, Vice-Presidente da República, Presidente da Câmara dos Deputados, Presidente do Senado Federal, Ministro do Supremo Tribunal Federal, Ministro do Estado de Defesa, Oficial das Forças Armadas, Carreira Diplomática (art. 12, § 3º, da CF).

Função: os seis cidadãos que integram o Conselho da República, deverão ser brasileiros natos (art. 89, VII, da CF).

Extradição: o brasileiro nato jamais será extraditado. O naturalizado pode ser extraditado por crime comum praticado antes da naturalização ou por envolvimento em tráfico ilícito de entorpecente e drogas afins, na forma da lei (art. 5º, LI, da CF).

Propriedade de empresa jornalística e de radiodifusão de sons e imagens: é privativa de brasileiro nato ou naturalizado há mais de dez anos (art. 222 da CF).

As hipóteses de perda da nacionalidade brasileira são (art. 12, § 4º):

- Cancelamento de naturalização: por sentença judicial transitada em julgado, em razão de atividades nocivas ao interesse nacional. Tem-se aqui mais uma diferença entre o brasileiro nato e o naturalizado, já que o nato, ainda que

atue de forma nociva ao interesse nacional, não perderá a nacionalidade.

- Naturalização voluntária: quando brasileiro adquire *voluntária e espontaneamente* outra nacionalidade. Há duas exceções. O brasileiro **NÃO PERDERÁ**:

- se houver **reconhecimento** de **nacionalidade originária** pela lei estrangeira;

- caso haja **imposição de naturalização** pela norma estrangeira como **condição de permanência** ou para o **exercício de direitos civis**, do brasileiro residente em Estado estrangeiro.

Nota: Polipátridas são pessoas com mais de uma nacionalidade e **apátridas** ou **heimatlos** são pessoas sem nacionalidade.

7. DIREITOS POLÍTICOS

Os direitos políticos regulam a forma de intervenção popular no governo. São direitos públicos subjetivos que investem o indivíduo no *status* de cidadão, permitindo-lhe a participação concreta nos negócios políticos do Estado, conferindo-lhe os atributos da cidadania.

O art. 14 da Constituição Federal dispõe que "A soberania popular será exercida pelo sufrágio universal e pelo voto direto e secreto, com valor igual para todos e, nos termos da lei, mediante **plebiscito**, **referendo** e **iniciativa popular**". Ressalte-se que muitos doutrinadores entendem que também é forma de exercício da soberania popular a ação popular, vista anteriormente. O art. 14 da Constituição Federal foi regulamentado pela Lei 9.709/1998.

Importante conhecer esses três institutos:

I - Plebiscito é uma consulta ao povo sobre determinado tema. Dependendo da resposta será ou não adotada alguma medida legislativa ou administrativa (por exemplo, art. 2º, ADCT).

II - Referendo é a consulta ao povo sobre norma já aprovada, para que a ratifique (confirme) ou a rejeite (por exemplo, art. 35 da Lei 10.826/2003).

III - Iniciativa popular é a possibilidade que tem o povo de encaminhar um projeto de lei para ser apreciado pelo Legislativo (arts. 27, § 4º, 29, XIII e 61, § 2º, CF).

O **direito de sufrágio** constitui o núcleo dos direitos políticos e consiste na *capacidade de eleger e ser eleito*. Possui, assim, dois aspectos:

1. Capacidade eleitoral ativa: direito de votar – **ALISTABILIDADE** – direito de participação na democracia representativa por meio da escolha dos seus representantes. Adquire-se por *alistamento eleitoral*, o qual depende da iniciativa do nacional que preenche os requisitos legais. O alistamento eleitoral e o voto são:

Obrigatórios (art. 14, § 1º, I): *para os brasileiros maiores de 18 anos.*

Facultativos (art. 14, § 1º, II): *para os brasileiros maiores de 16 anos e menores de 18 anos, para os maiores de 70 anos e para os analfabetos.*

Nota: São **inalistáveis** (art. 14, § 2º): os menores de 16 anos, os estrangeiros e os conscritos durante o período de serviço militar obrigatório.

2. Capacidade eleitoral passiva: direito de ser votado – ELEGIBILIDADE – consiste na possibilidade do cidadão pleitear um mandato político. A elegibilidade adquire-se por etapas e, assim, não basta o alistamento.

Condições de Elegibilidade (art. 14, § 3º):

"I – nacionalidade brasileira;

II – pleno exercício dos direitos políticos;

III – alistamento eleitoral;

IV – domicílio eleitoral na circunscrição (lugar onde a pessoa possui vínculos políticos e sociais, e não o lugar onde ela reside com *animus* definitivo, como no domicílio civil);

V – filiação partidária;

VI – idade mínima de: 35 anos para Presidente e Vice- -Presidente da República e Senador; 30 anos para Governador e Vice-Governador de Estado e do Distrito Federal; 21 anos para Deputado Federal, Deputado Estadual e Distrital, Prefeito, Vice-Prefeito e juiz de paz; e. 18 anos para Vereador."

Nota 1: São **inelegíveis** aqueles impedidos de ser candidato. Tal vedação visa à proteção da normalidade e legitimidade das eleições. A inelegibilidade pode ser:

I - Absoluta (para qualquer cargo): os inalistáveis (estrangeiros e conscritos), os analfabetos e os que perderam seus direitos políticos.

II - Relativa (para determinados cargos):

a. por **motivo funcional** (art. 14, §§ 5º e 6º): o Presidente da República, os Governadores de Estado e do Distrito Federal, os Prefeitos e quem os houver sucedido, ou substituído no curso dos mandatos poderão ser reeleitos para um único período subsequente, depois disto serão inelegíveis. Para concorrerem a outros cargos, o Presidente da República, os Governadores de Estado e do Distrito Federal e os Prefeitos devem renunciar aos respectivos mandatos até seis meses antes do pleito (é a chamada desincompatibilização), caso contrário serão inelegíveis. Há entendimento fixado pela Justiça Eleitoral, no sentido de que o Presidente da Casa Legislativa permanece inelegível caso fique no exercício do executivo nos seis meses que antecederem o pleito (Resolução 19.537/96/TSE). O STF entende que o cidadão que já exerceu dois mandatos consecutivos de Prefeito, ou seja, foi eleito e reeleito, fica inelegível para um terceiro mandato, ainda que seja em município diferente ("prefeito itinerante" – RE 637.485). Essa mesma vedação seria aplicável para os Governadores.

b. por inelegibilidade reflexa (art. 14, § 7º): são inelegíveis, no território de jurisdição do titular, o cônjuge e os parentes consanguíneos ou afins, até o segundo grau ou por adoção, do Presidente da República, de Governador de Estado ou Território, do Distrito Federal, de Prefeito ou de quem os haja substituído dentro dos seis meses anteriores ao pleito, salvo se já titular de mandato eletivo e candidato à reeleição. A desincompatibilização do titular beneficia o cônjuge ou o parente, o qual fica liberado para concorrer aos cargos antes vedados, exceto ao mesmo do titular que já havia sido reeleito. Veja a Súmula Vinculante 18 do STF.

c. por **razões militares** (art. 14, § 8º): o militar alistável (aquele que não é conscrito) é elegível, mas se contar menos de dez anos de serviço deverá afastar-se da atividade; se contar mais de dez anos de serviço será agregado pela autoridade superior; e, se eleito, passará automaticamente, no ato da diplomação, para a inatividade.

d. por razões elencadas em **lei complementar** (art. 14, § 9º; LC 64/1990): lei complementar estabelecerá outros casos de inelegibilidade e os prazos de sua cessação, a fim de proteger a probidade administrativa, a moralidade para exercício de mandato considerada a vida pregressa do candidato e a normalidade e legitimidade das eleições contra a influência do poder econômico ou o abuso do exercício de função, cargo ou emprego na administração direta ou indireta.

A **desincompatibilização** é o ato pelo qual o candidato se desvencilha da inelegibilidade relativa a tempo de concorrer à eleição (art. 14, § 6º). Ocorre com os detentores de cargos do Poder Executivo, que para concorrer a outro cargo devem renunciar seis meses antes do pleito. Ressalte-se que no caso de reeleição para o mesmo cargo em um único período subsequente não é necessária a renúncia (art. 14, § 5º). A desincompatibilização também favorece o cônjuge e parentes (art. 14, § 7º).

O mandato eletivo pode ser impugnado ante a Justiça Eleitoral, no prazo de quinze dias contados da diplomação, instruída a ação com provas de abuso do poder econômico, corrupção ou fraude. Esta ação de impugnação de mandato tramitará em segredo de justiça, respondendo o autor, na forma da lei, se temerária ou de manifesta má-fé (art. 14, §§ 10 e 11).

7.1. Perda e suspensão dos direitos políticos

As hipóteses de perda e suspensão dos direitos políticos são taxativas (art. 15). Embora a Constituição não diferencie a perda da suspensão, uma análise sistemática do texto constitucional possibilita identificar cada uma das hipóteses previstas no art. 15. É pertinente destacar que a Constituição veda expressamente a cassação de direitos políticos.

Haverá a **perda** no caso de: *cancelamento de naturalização* por sentença transitada em julgado (e por perda da nacionalidade) ou recusa *em cumprir obrigação a todos imposta ou prestação alternativa*, nos termos do art. 5º, VIII. No primeiro caso porque passando à condição de estrangeira a pessoa será inalistável. No segundo, porque o próprio art. 5º, VIII, determina que aquele que se recusar a cumprir obrigação a todos imposta poderá ser privado de seus direitos, logo, perderá seus direitos políticos. De ressaltar que muitos doutrinadores de Direito Eleitoral têm considerado essa segunda hipótese como caso de suspensão dos direitos políticos, em razão do disposto no art. 4º, § 2º, da Lei 8.239/1991. Contudo, a pessoa apenas poderá readquirir os direitos políticos se decidir cumprir a prestação alternativa, razão pela qual a maioria dos doutrinadores de Direito Constitucional entendem tratar-se de hipótese de perda, mesmo porque a Constituição usa a expressão "ser privado de direitos", logo, perder direitos.

Os direitos políticos ficam **suspensos** em caso de: **incapacidade civil absoluta**; **condenação criminal** transitada em julgado, enquanto durarem seus efeitos; **improbidade administrativa** (art. 37, § 4º).

7.2. Partidos políticos

É livre a criação, fusão, incorporação e extinção de partidos políticos, resguardados a soberania nacional, o regime democrático, o pluripartidarismo, os direitos fundamentais da pessoa humana e observados alguns preceitos. São eles: ter caráter nacional; jamais receber recursos financeiros de entidade ou governo estrangeiros ou estar subordinado a estes; necessária prestação de contas à Justiça Eleitoral; e funcionamento parlamentar de acordo com a lei (art. 17).

Os partidos políticos têm autonomia para definir sua estrutura interna e estabelecer regras sobre escolha, formação e duração de seus órgãos permanentes e provisórios e sobre sua organização e funcionamento e para adotar os critérios de escolha e o regime de suas coligações nas eleições majoritárias, VEDADA a sua celebração nas eleições proporcionais, sem obrigatoriedade de vinculação entre as candidaturas em âmbito nacional, estadual, distrital ou municipal, devendo seus estatutos estabelecer normas de disciplina e fidelidade partidária

Os partidos políticos têm personalidade jurídica de direito privado e devem registrar seus estatutos no Tribunal Superior Eleitoral. É vedada a utilização pelos partidos políticos de organização paramilitar.

Somente terão direito a recursos do fundo partidário e acesso gratuito ao rádio e à televisão, na forma da lei, os partidos políticos que alternativamente: I - obtiverem, nas eleições para a Câmara dos Deputados, no mínimo, 3% (três por cento) dos votos válidos, distribuídos em pelo menos um terço das unidades da Federação, com um mínimo de 2% (dois por cento) dos votos válidos em cada uma delas; ou II - tiverem elegido pelo menos quinze Deputados Federais distribuídos em pelo menos um terço das unidades da Federação.

Ao eleito por partido que não preencher os requisitos acima é assegurado o mandato e facultada a filiação, sem perda do mandato, a outro partido que os tenha atingido, não sendo essa filiação considerada para fins de distribuição dos recursos do fundo partidário e de acesso gratuito ao tempo de rádio e de televisão.

7.3. Sistemas eleitorais

SISTEMA	CARGOS
MAJORITÁRIO SIMPLES (eleito quem obtiver mais votos – 1 só turno)	**Senador** e **Prefeito** dos Municípios com *até* 200 mil **eleitores**
MAJORITÁRIO ABSOLUTO (eleito quem obtiver mais da metade dos votos válidos, não computados os votos em branco e os nulos; se nenhum candidato obtiver a maioria absoluta no 1º turno, os dois mais votados disputam o 2º turno)	**Presidente da República**, **Governador** de **Estado**, **Governador** do **DF**, **Prefeito** dos Municípios com *mais de* 200 mil **eleitores**

PROPORCIONAL (o partido ou coligação deve atingir o coeficiente eleitoral para ter direito a uma cadeira na casa legislativa)	**Deputado Federal, Deputado Distrital, Deputado Estadual, Vereador**

8. ORGANIZAÇÃO DO ESTADO

Os três elementos do Estado são: povo, território e soberania.

Quanto à forma, o Estado pode ser classificado em Unitário e Federativo. No primeiro, há centralização político-administrativa. Já na Federação há descentralização, com repartição de competências entre a União (poder central) e os Estados-Membros. No caso brasileiro, foi conferida autonomia também aos Municípios e ao Distrito Federal.

A Constituição Federal de 1988 estabelece no art. 1º que a "República Federativa do Brasil é formada pela união indissolúvel dos Estados e Municípios e do Distrito Federal". Logo, é vedada a secessão (separação de um dos estados federados tornando-se independente).

O art. 18 da Lei Maior, por sua vez, determina: "A organização político-administrativa da República Federativa do Brasil compreende a UNIÃO, os ESTADOS, o DISTRITO FEDERAL e os MUNICÍPIOS, todos autônomos, nos termos desta Constituição". Estão aqui descritos os entes integrantes do ESTADO FEDERAL, o qual é pessoa jurídica de direito público internacional, dotada de soberania.

8.1. Vedações

O art. 19 da Constituição estabelece três vedações, aplicáveis a todos os entes da federação, ou seja, à União, aos Estados, ao Distrito Federal e aos Municípios. São elas:

- estabelecer cultos religiosos ou igrejas, subvenciotá-los, embaraçar-lhes o funcionamento ou manter com eles ou seus representantes relações de dependência ou aliança, ressalvada, na forma da lei, a colaboração de interesse público;
- recusar fé aos documentos públicos;
- criar distinções entre brasileiros ou preferências entre si.

A primeira vedação reforça que o Estado brasileiro é um Estado laico ou leigo, ou seja, um Estado separado da Igreja.

8.2. Novos Estados, Territórios e Municípios

Os Estados podem incorporar-se entre si (fusão), subdividir-se ou desmembrar-se para se anexarem a outros, ou formarem novos Estados ou Territórios Federais. Para tanto, é necessária a aprovação da *população diretamente interessada*, por meio de *plebiscito*, e do *Congresso Nacional, por lei complementar*. Para aprovar essa lei, o Congresso deve ouvir as Assembleias Legislativas envolvidas (art. 48, VI, da CF).

Já a criação, a incorporação, a fusão e o desmembramento de Municípios devem ser realizados *por lei estadual, dentro do período determinado por Lei Complementar Federal*, e dependerão de *consulta prévia*, mediante *plebiscito*, às *populações dos Municípios envolvidos*, após divulgação dos *Estudos de Viabilidade Municipal*, apresentados e publicados na forma da lei.

8.3. Entes da federação brasileira

Os entes da federação são dotados de autonomia, a qual se expressa na auto-organização, autolegislação, autogoverno e autoadministração. Fala-se numa tríplice capacidade: de organização e normatização, de administração e de governo.

A auto-organização relaciona-se à sua capacidade de organizar-se, estruturar-se, o que se dá pelas Constituições e Leis Orgânicas. A autolegislação corresponde às competências legislativas conferidas aos entes.

Quanto ao autogoverno, cada ente elege seus próprios governantes (por exemplo, é o povo do Município que elege seu Prefeito e os Vereadores, o povo do Distrito Federal que elege o Governador e os Deputados distritais).

No tocante à autoadministração, temos as competências tributárias e administrativas conferidas aos entes.

A Constituição de 1988 adotou como princípio geral, para fins de repartição de competências entre os entes da Federação, a predominância de interesses e como técnicas principais: a enumeração de poderes da União; o estabelecimento de poderes remanescentes para os Estados; e a definição, por indicação, dos poderes definidos dos Municípios.

8.3.1. União

A União, *internamente*, é a pessoa jurídica de direito público, componente da Federação Brasileira e autônoma, na medida em que possui capacidade de auto-organização (Constituição Federal), autolegislação, autogoverno e autoadministração. Exerce as competências atribuídas pela própria Constituição Federal. *Internacionalmente*, representa a República Federativa do Brasil, exercendo a soberania do Estado Federal.

Atenção: a União não se confunde com a República Federativa do Brasil. A União é ente da federação, dotado apenas de autonomia. A República Federativa é o Estado Federal soberano. Ocorre que a União representa o Estado Federal nos seus atos de soberania.

Bens: definidos no art. 20 da CF.

Competências administrativas (materiais):

Exclusiva – enumeradas no art. 21 da CF.

Comum – expressas no art. 23 da CF.

Competências legislativas:

Privativa – estabelecidas no art. 22 da CF. No parágrafo único deste artigo está previsto que uma lei complementar poderá autorizar os Estados a legislar sobre *questões específicas* das matérias relacionadas nesse artigo (por força do art. 32, § 1º, da CF, essa possibilidade estende-se ao Distrito Federal).

Concorrente – conforme o art. 24 da CF.

Nota: Conforme estabelecido nos §§ 1º a 4º, do art. 24, da CF, no âmbito da legislação concorrente, a competência da **UNIÃO** fica limitada a estabelecer **NORMAS GERAIS**, o que não exclui a **COMPETÊNCIA SUPLEMENTAR DOS ESTADOS**. *Inexistindo lei federal* sobre normas gerais, os *Estados* exercerão a *competência* legislativa *plena*, para atender a suas peculiaridades. Mas, a *superveniência de lei federal sobre normas gerais* **SUSPENDE A EFICÁCIA** da lei estadual, no que lhe for contrária. Caso essa lei federal com normas gerais seja revogada a lei estadual volta a ter plena eficácia. **ATENÇÃO: não inclui o Município**.

Impostos: art. 153 da CF.

8.3.2. Estados-Membros

Os Estados-Membros são pessoas jurídicas de direito público interno, autônomos. Organizam-se e regem-se pelas Constituições Estaduais (auto-organização – poder constituinte derivado decorrente) e leis que adotarem (autolegislação), observados os princípios da Constituição Federal. Ademais, possuem autogoverno (eleição de seu Governador e Deputados estaduais) e autoadministração (competências administrativas e tributos próprios).

Poder Executivo: Governador e Vice-Governador (art. 28 da CF).

Poder Legislativo: Assembleia Legislativa (Deputados estaduais) (art. 27 da CF).

Poder Judiciário: Justiça Estadual (arts. 125 e 126 da CF).

Bens: definidos no art. 26 da CF.

Competências administrativas (materiais)

Exclusiva – disciplinadas no art. 25 da CF. No § 1º, está consignada a competência administrativa estadual *residual ou remanescente*: "São reservadas aos Estados as competências que não lhes sejam vedadas por esta Constituição". No § 2º, há uma competência administrativa enumerada: "Cabe aos Estados explorar diretamente, ou mediante concessão, os serviços locais de gás canalizado, na forma da lei, vedada a edição de medida provisória para a sua regulamentação".

Comum – art. 23 da CF.

Competências legislativas

Delegada – art. 22, parágrafo único, da CF (lei complementar poderá autorizar os Estados a legislar sobre *questões específicas* das matérias cuja competência legislativa é privativa da União).

Concorrente – art. 24 da CF (suplementar, § 2º, e supletiva, § 3º).

Reservada – art. 25, § 1º, da CF.

Enumerada – art. 25, § 3º, da CF – "Os Estados poderão, mediante lei complementar, instituir regiões metropolitanas, aglomerações urbanas e microrregiões, constituídas por agrupamentos de municípios limítrofes, para integrar a organização, o planejamento e a execução de funções públicas de interesse comum".

Impostos: art. 155 da CF.

8.3.3. Municípios

Os Municípios são pessoas jurídicas de direito público interno, autônomos, regidos por Lei Orgânica Municipal, votada em dois turnos, com o interstício mínimo de dez dias, e aprovada por dois terços dos membros da Câmara Municipal, que a promulgará, atendidos os princípios estabelecidos na Constituição Federal, na Constituição do respectivo Estado e numa série de preceitos estabelecidos no art. 29 da Lei Maior (auto-organização). Possuem autolegislação (competências legislativas) autogoverno (eleição de seu Prefeito e Vereadores) e autoadministração (competências administrativas e tributos próprios).

Poder Executivo: Prefeito e Vice-Prefeito – art. 29 da CF.

Poder Legislativo: Câmaras Municipais (Vereadores) – arts. 29 e 29-A da CF.

Atenção: Estabelece o § 1º do art. 29-A da CF que a Câmara Municipal não gastará mais de 70% de sua receita com folha de pagamento, incluído o gasto com o subsídio de seus Vereadores, sendo crime de responsabilidade do Prefeito Municipal efetuar repasse que supere os limites definidos nesse artigo (alterados pela EC 58/2009), não enviar o repasse até o dia vinte de cada mês; ou enviá-lo a menor. Por sua vez, incorrerá em crime de responsabilidade o Presidente da Câmara Municipal se o gasto superar os 70% da receita com folha de pagamento.

Poder Judiciário: NÃO POSSUI.

Competências administrativas

Enumerado – art. 30 da CF.

Comum – art. 23 da CF.

Competências legislativas

Exclusiva – art. 30, I, da CF (legislar sobre assuntos de interesse local); art. 182, § 1º, da CF (plano diretor, aprovado pela Câmara Municipal, obrigatório para cidades com mais de vinte mil habitantes).

Suplementar – art. 30, II, da CF (suplementar à legislação federal e a estadual no que couber).

Impostos: art. 156 da CF.

Fiscalização do Município: conforme o art. 31 da CF, será exercida pelo Poder Legislativo Municipal, mediante controle externo, e pelos sistemas de controle interno do Poder Executivo Municipal, na forma da lei. O controle externo da Câmara Municipal será exercido com o auxílio dos Tribunais de Contas dos Estados ou do Município ou dos Conselhos ou Tribunais de Contas dos Municípios, onde houver. Destaca-se ser vedada a criação de Tribunais, Conselhos ou órgãos de Contas Municipais; assim, os Municípios que já possuíam tais órgãos permaneceram com eles e os que não tinham agora não podem criar. Há ainda previsão de um controle popular, pois as contas dos Municípios ficarão, durante sessenta dias, anualmente, à disposição de qualquer contribuinte, para exame e apreciação, o qual poderá questionar-lhes a legitimidade, nos termos da lei.

8.3.4. Distrito Federal

É também unidade federada dotada de autonomia, com capacidade de auto-organização (rege-se por Lei Orgânica – art. 32 da CF), autolegislação (competência para editar as leis distritais), autogoverno (eleição de seu Governador e Deputados da Câmara Legislativa) e autoadministração (competências administrativas e tributárias próprias).

O art. 32 da CF veda a divisão do Distrito Federal em Municípios.

Poder Executivo: Governador e Vice-Governador (art. 32, § 2º, da CF).

Poder Legislativo: Câmara Legislativa (Deputados Distritais) (art. 32, §§ 2º e 3º, da CF).

Poder Judiciário: organizado e mantido pela União, por lei federal (art. 48 da CF).

Bens: definidos por lei federal (art. 16, § 3º, do ADCT).

Competências

as competências legislativas *reservadas* aos Estados e Municípios (art. 32, § 1º, da CF);

comum (art. 23 da CF);

concorrente (art. 24 da CF);

delegada (art. 22, parágrafo único, da CF).

Impostos: arts. 155 e 156 da CF.

ATENÇÃO o Distrito Federal não é a Capital Federal, mas sim Brasília (art. 18, § 1º, da CF). Brasília não é um Município, distinguindo-se do Distrito Federal, que é ente da federação, ao qual foi vedada a divisão em Municípios. Brasília fica localizada no Distrito Federal, é uma cidade que foi designada para ser a capital federal. A capital, contudo, pode ter sua sede transferida temporariamente (art. 48, VII, da CF).

8.4. Territórios

São meras divisões administrativas da União, sendo também denominados como autarquias territoriais; desse modo, NÃO são entes da federação, por não possuírem a tríplice capacidade. Atualmente, não existe território no Brasil (ver arts. 14 e 15 do ADCT e 33 e 18, § 2º, da CF. Ressalta-se que os Territórios podem dividir-se em Municípios. Dispõe o art. 45, § 2º, da CF, que cada território elegerá quatro Deputados Federais, contudo, não haverá escolha de Senador.

8.5. Intervenção

A regra, consoante o art. 18 da Lei Maior, é a **autonomia dos entes federados** (União, Estados, Municípios e Distrito Federal). No entanto, **excepcionalmente**, a Constituição Federal estabelece situações nas quais será possível a intervenção, suprimindo-se, temporariamente, a aludida autonomia, com a finalidade de preservação efetiva do pacto federativo.

A intervenção será sempre uma medida excepcional. Isso porque acarreta uma supressão da autonomia de um ente federativo por um certo prazo. Por essa razão, somente é admissível se amparada em uma das hipóteses taxativamente previstas na Constituição, devendo sempre ter por objetivo a unidade e a preservação da soberania do Estado Federal e, ao mesmo tempo, das autonomias da União, dos Estados, do Distrito Federal e dos Municípios.

A União só poderá intervir nos Estados e no Distrito Federal (art. 34 da CF). Quanto aos Municípios, apenas se localizados em Território será admissível a intervenção da União (art. 35 da CF). Em Município localizado em um Estado, somente este último pode intervir e nunca a União.

8.5.1. Intervenção federal

A competência para decretar a intervenção federal foi atribuída à União (art. 21, V, da CF), o que se formaliza sempre por um Decreto do Presidente da República (art. 84, X, da CF). É importante frisar que as hipóteses previstas no art. 34 da CF que autorizam a intervenção são taxativas, e não exemplificativas. A regra é a não intervenção, já que os entes são autônomos.

A intervenção em algumas das hipóteses do art. 34 da CF será espontânea, ou seja, o Presidente da República, de ofício, decretará a intervenção. Já em outras situações descritas nesse dispositivo, o Presidente agirá porque foi provocado, sendo solicitado ou requisitado, e neste último caso sua atuação será vinculada, ou seja, ele não poderá recusar-se a decretar a intervenção.

O decreto de intervenção deve especificar a amplitude, o prazo e as condições de execução e, se couber, nomeará o interventor, o qual será submetido à apreciação do Congresso Nacional, no prazo de 24 horas (exceto nas hipóteses do art. 34, VI e VII, da CF, quando o Decreto sustar o ato impugnado e essa medida bastar para restabelecer a normalidade). Desse modo, não é obrigatória a nomeação de interventor.

Deve-se ainda destacar que não haverá restrição a qualquer direito individual. Se o Congresso Nacional não estiver funcionando, far-se-á convocação extraordinária, no mesmo prazo de 24 horas.

Conforme visto no Capítulo "Controle de Constitucionalidade", a violação dos princípios constitucionais sensíveis pelo Estado enseja propositura de ação direta de inconstitucionalidade interventiva pelo Procurador-Geral da República (legitimado exclusivo). Veja a seguir tabela com esses princípios.

Cessada a intervenção, as autoridades afastadas voltam a seus cargos, salvo impedimento legal.

Dispõe o art. 34 da CF que a intervenção federal será:

Espontânea	manter a integridade nacional (art. 34, I);	
	repelir invasão estrangeira ou entre unidades da Federação (art. 34, II);	
	pôr termo a grave comprometimento da ordem pública (art. 34, III);	
	reorganizar as finanças (art. 34, V).	
Provocada	por **solicitação**	Poder Legislativo ou Executivo local (art. 34, IV).
	por **requisição**	STF (art. 34, IV – Poder Judiciário);
		STF, STJ, TSE (art. 34, VI – desobediência ordem/decisão);
		STF (provimento representação PGR – art. 34, VI – *execução lei federal*; art. 34, VII princípios constitucionais sensíveis – *ADI interventiva*).

8.5.1.1 Procedimento

Sujeita à aprovação do Congresso Nacional (art. 34, I a V):

O Presidente da República (de ofício: incisos I, II, III e V; provocado: inciso IV por solicitação se Legislativo/Executivo ou por requisição do STF se Judiciário) DECRETA (36, § 1º) e em 24 horas submete ao CONGRESSO NACIONAL que rejeita ou aprova e nesse caso o Presidente da República EXECUTA.

Precedida de fase judicial – não sujeita, em regra, à aprovação do Congresso Nacional (art. 34, VI e VII e Lei 12.562/2011).

Há uma REQUISIÇÃO do STF, STJ ou TSE, no caso do inciso VI (ordem ou decisão judicial) ou do STF após representação PGR, no caso do inciso VI (lei federal) e VII (princípios constitucionais sensíveis). O Presidente da República DECRETA (art. 36, § 3º: "o decreto limitar-se-á a suspender a execução do ato impugnado se essa medida bastar ao estabelecimento da normalidade"). Se a suspensão do ato não bastar para restabelecer a normalidade, o decreto deve ser submetido ao Congresso Nacional nos termos do art. 36, § 1º.

8.5.2. Intervenção em Município

Prevista no art. 35, somente poderá ser efetivada por decreto do Governador do Estado, especificando a amplitude, o prazo e as condições de execução. Pode ou não indicar um interventor. Estando o Município localizado em um Estado, apenas este poderá intervir. No entanto, na hipótese de ser criado algum Território e este dividir-se em Municípios, a intervenção será efetivada pela União.

Submete-se ao controle político pela Assembleia Legislativa em 24 horas, nas situações definidas no art. 35, I a III. Fica dispensado tal controle na hipótese do art. 35, IV, sendo que, nesse caso, o decreto limitar-se-á a suspender a execução do ato impugnado, se essa medida bastar ao restabelecimento da normalidade (art. 36, § 3º).

9. DA DEFESA DO ESTADO E DAS INSTITUIÇÕES DEMOCRÁTICAS

9.1. Estado de defesa

O estado de defesa será sempre **decretado** pelo **Presidente da República**, após *ouvir* os *conselhos da República* e de *Defesa Nacional*, para **preservar** ou prontamente **restabelecer**, em **locais restritos e determinados**, a **ordem pública** ou a **paz social** ameaçadas: 1) por **grave** e iminente **instabilidade institucional**; ou 2) atingidas por **calamidades** de grandes proporções na **natureza**.

O **decreto** deve conter o *tempo de duração* (até 30 dias, prorrogáveis uma vez por igual período); a *área abrangida*; bem como as **medidas coercitivas** que poderão ser: restrições aos direitos de reunião (ainda que em associações); sigilo de correspondência, de comunicação telegráfica e telefônica; ocupação e uso temporário de bens e serviços públicos (em caso de calamidade – a União responde pelos danos/custos).

Tanto o decreto quanto sua prorrogação devem ser necessariamente submetidos à **apreciação do Congresso Nacional em 24 horas**.

O Congresso deverá decidir por maioria absoluta dentro de dez dias. Caso esteja em recesso, será convocado, extraordinariamente, no prazo de cinco dias. Enquanto vigorar o estado de defesa, deve manter-se em funcionamento.

Se o decreto for rejeitado, cessa imediatamente o estado de defesa.

Dispõe o § 3º, do art. 136, da CF sobre as regras aplicáveis à **prisão** por crime contra o Estado na vigência do estado de defesa, determinada pelo executor e estabelece ser **vedada a incomunicabilidade do preso**.

9.2. Estado de sítio

O **Presidente da República** pode, *ouvidos o Conselho da República* e o *Conselho de Defesa Nacional*, solicitar **autorização** ao **Congresso Nacional** (que decidirá por maioria absoluta) para **decretar** o estado de sítio nos casos de: 1) comoção grave de repercussão nacional; 2) ocorrência de fatos que comprovem a ineficácia das medidas tomadas no estado de defesa (art. 137, I, da CF); 3) declaração de estado de guerra ou resposta à agressão armada estrangeira (art. 137, II, da CF).

Solicitada a autorização durante o recesso parlamentar, o Presidente do Senado Federal convocará extraordinariamente o Congresso para se reunir em cinco dias, a fim de apreciar o ato. O Congresso Nacional permanecerá em funcionamento até o término das medidas coercitivas.

O **decreto** deve conter o *tempo de duração* (art. 137, I – 30 dias, prorrogáveis por igual período; II – durante a guerra); as *normas necessárias à sua execução;* o *executor das medidas específicas;* a *área abrangida;* e as garantias constitucionais suspensas.

Na vigência do estado de sítio decretado com fundamento no art. 137, I, somente poderão ser adotadas algumas **medidas restritivas**, por exemplo, obrigação de permanência em localidade determinada; suspensão da liberdade de reunião; busca e apreensão em domicílio (sem necessidade de mandado judicial – a qualquer hora).

Disposições comuns

Estão previstas nos arts. 140 e 141. Assim haverá uma Comissão para acompanhar e fiscalizar a execução das medidas. Cessado o estado, cessarão também seus efeitos, sem prejuízo de responsabilidade. As medidas aplicadas serão relatadas pelo Presidente da República, em mensagem ao Congresso Nacional, com especificação e justificação das providências adotadas, com relação nominal dos atingidos e indicação das restrições aplicadas.

9.3. Forças Armadas

Nos termos do art. 142 da Constituição Federal, as Forças Armadas são constituídas pela Marinha, pelo Exército e pela Aeronáutica. Estas são instituições nacionais permanentes e regulares, organizadas com base na hierarquia e na disciplina, sob a autoridade suprema do Presidente da República, e destinam-se à defesa da Pátria, à garantia dos poderes constitucionais e, por iniciativa de qualquer destes, da lei e da ordem.

Ao militar são proibidas a sindicalização e a greve. Enquanto em serviço ativo, não pode estar filiado a partidos políticos.

O serviço militar é obrigatório nos termos da lei, sendo que as mulheres e os eclesiásticos ficam isentos dele em tempo de paz, porém sujeitos a outros encargos que a lei lhes atribuir (art. 143 da CF).

9.4. Segurança pública

Estabelece o art. 144 da Lei Maior que a segurança pública é dever do Estado, direito e responsabilidade de todos, exercida para a preservação da ordem pública e da incolumidade das pessoas e do patrimônio.

São órgãos da segurança pública a polícia federal, a polícia rodoviária federal, a polícia ferroviária federal, as polícias civis, as polícias militares e corpos de bombeiros militares.

A polícia federal é instituída por lei como órgão permanente, organizado e mantido pela União e estruturado em carreira. Sua finalidade é apurar infrações penais contra a ordem política e social ou em detrimento de bens, serviços e interesses da União ou de suas entidades autárquicas e empresas públicas, assim como outras infrações cuja prática tenha repercussão interestadual ou internacional e exija repressão uniforme, segundo se dispuser em lei.

É também função da polícia federal prevenir e reprimir o tráfico ilícito de entorpecentes e drogas afins, o contrabando e o descaminho, sem prejuízo da ação fazendária e de outros órgãos públicos nas respectivas áreas de competência. Ainda, exercer as funções de polícia marítima, aeroportuária e de fronteiras e exercer, com exclusividade, as funções de polícia judiciária da União.

Incumbem às polícias civis, que serão dirigidas por delegados de polícia de carreira, ressalvada a competência da União, as funções de polícia judiciária e a apuração de infrações penais, exceto as militares.

Quanto às polícias militares, a elas são atribuídas as funções de polícia ostensiva e a preservação da ordem pública. Aos corpos de bombeiros militares, além das atribuições definidas em lei, incumbe a execução de atividades de defesa civil.

Os Municípios poderão constituir guardas municipais destinadas à proteção de seus bens, serviços e instalações, conforme dispuser a lei. Veja a Lei 10.826/2003.

No tocante à segurança viária, esta deve ser exercida para a preservação da ordem pública e da incolumidade das pessoas e do seu patrimônio nas vias públicas.

10. ORGANIZAÇÃO DOS PODERES

São Poderes da União, independentes e harmônicos entre si, o Legislativo, o Executivo e o Judiciário (art. 2º, CF). Em verdade o Poder do Estado é uno, sendo assim fala-se que cada um dos Poderes exerce funções típicas e atípicas do Estado. Típicas são aquelas que caracterizam aquele Poder, e atípicas quando é típica do outro, como se verá.

10.1.Poder Judiciário

A função típica do Poder Judiciário é a jurisdicional. Como atípicas, citam-se as funções executivo-administrativa (organização de suas secretarias) e de natureza legislativa (regimento interno).

São órgãos do Poder Judiciário:

Supremo Tribunal Federal;

Conselho Nacional de Justiça;

Superior Tribunal de Justiça;

Tribunal Superior do Trabalho;

Tribunais Regionais Federais e Juízes Federais;

Tribunais e Juízes do Trabalho;

Tribunais e Juízes Eleitorais;

Tribunais e Juízes Militares;

Tribunais e Juízes dos Estados e do Distrito Federal e Territórios.

O Supremo Tribunal Federal, os Tribunais Superiores e o Conselho Nacional de Justiça têm sede na Capital Federal. Os dois primeiros têm jurisdição em todo o território nacional.

Cabe à **Lei complementar**, de **iniciativa do Supremo Tribunal Federal**, dispor sobre o **Estatuto da Magistratura**, impondo-se a observância aos princípios enumerados nos incisos do art. 93.

Ressalte-se que a Emenda Constitucional 45 trouxe inúmeras modificações, por exemplo, a exigência de três anos de atividade jurídica para o ingresso na carreira; a determinação de que a atividade jurisdicional será ininterrupta; o número de juízes na unidade jurisdicional será proporcional à efetiva demanda judicial e à respectiva população; o juiz titular residirá na respectiva comarca, salvo autorização do tribunal; os servidores receberão delegação para a prática de atos de administração e atos de mero expediente sem caráter decisório; a distribuição de processos será imediata, em todos os graus de jurisdição; entre outros.

10.1.1. Regra do quinto constitucional

De acordo com o art. 94 da CF, um quinto dos lugares dos *Tribunais Regionais Federais*, dos *Tribunais dos Estados*, e do *Distrito Federal e Territórios* será composto de membros do **Ministério Público** com *mais de dez anos de carreira* e **advogados** de *notório saber jurídico* e de *reputação ilibada* com *mais de dez anos de efetiva atividade profissional.*

Os órgãos de representação das respectivas classes os indicam em lista sêxtupla. Dessa lista, o tribunal forma lista tríplice, enviando-a ao Poder Executivo, que, nos 20 dias subsequentes, escolhe um para nomeação.

Deve-se observar que o magistrado que é nomeado pelo quinto constitucional é desde logo vitalício, ou seja, não adquirirá a vitaliciedade após dois anos, o que se exige apenas no primeiro grau.

Essa regra também se aplica aos Tribunais Regionais do Trabalho (art. 115 da CF).

10.1.2. Garantias constitucionais da magistratura

Para assegurar a independência e a autonomia do Poder Judiciário, a Constituição estabeleceu uma série de garantias.

Há garantias institucionais, expressas na autonomia funcional, administrativa e financeira (art. 99 da CF) e na escolha dos dirigentes dos tribunais (art. 96, I, *a*, da CF).

Além disso, são atribuídas **garantias** aos membros, ou seja, aos **magistrados** (art. 95 da CF):

Vitaliciedade: só perde o cargo por sentença transitada em julgado (adquirida: após dois anos de estágio probatório – concurso público; ou na posse – quinto constitucional e Tribunais Superiores).

Inamovibilidade: promoção ou remoção somente por iniciativa própria (salvo interesse público, por voto da maioria absoluta do tribunal ou do CNJ, assegurada ampla defesa – art. 93, VIII, da CF).

Irredutibilidade de subsídios: o subsídio do magistrado não poderá ser reduzido (ressalvado o disposto nos arts. 37, X e XI; 39, § 4º; 150, II; 153, III; e 153, § 2º, I, todos da CF).

Para garantir a imparcialidade dos magistrados são impostas algumas **vedações**, como exercer, ainda que em disponibilidade, outro cargo ou função, salvo uma de magistério; receber, a qualquer título ou pretexto, custas ou participação em processo; dedicar-se à atividade político-partidária; receber, a qualquer título ou pretexto, auxílios ou contribuições de pessoas físicas, entidades públicas ou privadas, ressalvadas as exceções previstas em lei; *exercer a advocacia* no juízo ou tribunal do qual se afastou, *antes de* decorridos *três anos do afastamento do cargo por aposentadoria ou exoneração* (art. 95, parágrafo único, I a V, da CF).

Quanto à última vedação, deve-se atentar para o seguinte detalhe: o magistrado afastado não fica impossibilitado de advogar, apenas não pode fazê-lo no juízo ou tribunal do qual se afastou. Esse período tem sido denominado pela doutrina de "quarentena", com o sentido de isolamento.

10.1.3. Conselho Nacional de Justiça (art. 103-B da CF)

O Conselho Nacional de Justiça compõe-se de 15 membros com mandato de dois anos, admitida uma recondução, sendo:

- o *Presidente do Supremo Tribunal Federal;*

- um *Ministro do Superior Tribunal de Justiça*, indicado pelo respectivo tribunal;

- um *Ministro do Tribunal Superior do Trabalho*, indicado pelo respectivo tribunal;

- um *desembargador de Tribunal de Justiça*, indicado pelo Supremo Tribunal Federal;

um *juiz estadual*, indicado pelo Supremo Tribunal Federal;

- um *juiz de Tribunal Regional Federal*, indicado pelo Superior Tribunal de Justiça;

- um *juiz federal*, indicado pelo Superior Tribunal de Justiça;

- um *juiz de Tribunal Regional do Trabalho*, indicado pelo Tribunal Superior do Trabalho;

- um *juiz do trabalho*, indicado pelo Tribunal Superior do Trabalho;

- um *membro do Ministério Público da União*, indicado pelo Procurador-Geral da República;

- um *membro do Ministério Público estadual*, escolhido pelo Procurador-Geral da República dentre os nomes indicados pelo órgão competente de cada instituição estadual;

- *dois advogados*, indicados pelo Conselho Federal da Ordem dos Advogados do Brasil;

- *dois cidadãos*, de notável saber jurídico e reputação ilibada, indicados um pela Câmara dos Deputados e outro pelo Senado Federal.

Os membros do Conselho serão nomeados pelo Presidente da República, depois de aprovada a escolha pela maioria absoluta do Senado Federal, com exceção do Presidente do STF, que é membro nato.

O Presidente do Supremo Tribunal Federal presidirá o Conselho e, nas suas ausências e impedimentos, o Vice-Presidente do STF. O Ministro do Superior Tribunal de Justiça exerce a função de Ministro-Corregedor. Junto ao Conselho oficiarão o Procurador-Geral da República e o Presidente do Conselho Federal da OAB.

Compete ao Conselho o controle da atuação administrativa e financeira do Poder Judiciário e do cumprimento dos deveres funcionais dos juízes, cabendo-lhe, além de outras atribuições que lhe forem conferidas pelo Estatuto da Magistratura, as detalhadas no art. 103-B, § 4º, I a VII, da CF.

As *ações contra o Conselho Nacional de Justiça* são julgadas pelo *Supremo Tribunal Federal* (art. 102, I, *r*, da CF). Os *crimes de responsabilidade* praticados pelos *membros* do Conselho são julgados pelo Senado Federal (art. 52, II, da CF).

10.1.4. Supremo Tribunal Federal (arts. 101 a 103 da CF)

O Supremo Tribunal Federal compõe-se de 11 Ministros, escolhidos dentre cidadãos com mais de 35 e menos de 65 anos de idade, de notável saber jurídico e reputação ilibada. São nomeados pelo Presidente da República, depois de aprovada a escolha pela maioria absoluta do Senado Federal.

Sua função primordial é a guarda da Constituição. Possui competências originárias e recursais. Quanto à segunda, poderá ser ordinária ou extraordinária.

No recurso extraordinário o recorrente deverá demonstrar a *repercussão geral das questões constitucionais discutidas* no caso, nos termos da lei, a fim de que o Tribunal examine a admissão do recurso, somente podendo recusá-lo pela manifestação de dois terços de seus membros. (Vide arts. 1029-1042, Código de Processo Civil).

10.1.5. Superior Tribunal de Justiça (arts. 104 e 105 da CF)

O Superior Tribunal de Justiça compõe-se de, no mínimo, 33 Ministros, nomeados pelo Presidente da República, dentre brasileiros com mais de 35 e menos de 65 anos, de notável saber jurídico e reputação ilibada, depois de aprovada a escolha pela maioria absoluta do Senado Federal, sendo: um terço dentre juízes dos Tribunais Regionais Federais; um terço dentre desembargadores dos Tribunais de Justiça, indicados em lista tríplice elaborada pelo próprio Tribunal; um terço, em partes iguais, dentre advogados e membros do Ministério Público Federal, Estadual, Distrito Federal e Territórios, alternadamente, indicados na forma do art. 94.

O Superior Tribunal de Justiça tem competências originárias e recursais. Há previsão de recurso ordinário e especial. Quanto ao Especial, vale a leitura dos arts. 1029-1042, Código de Processo Civil.

10.1.6. Tribunais regionais federais e juízes federais (arts. 106 a 110 da CF e art. 27, §§ 6º e 11, do ADCT)

São órgãos da Justiça Federal os Tribunais Regionais Federais e os Juízes Federais.

Os Tribunais Regionais Federais compõem-se de, no mínimo, 7 juízes, recrutados, quando possível, na respectiva região e nomeados pelo Presidente da República dentre brasileiros com mais de 30 e menos de 65 anos, sendo: **um quinto** dentre **advogados** com mais de dez anos de efetiva atividade profissional e **membros do Ministério Público Federal** com mais de dez anos de carreira; os demais, mediante **promoção de juízes federais** com mais de cinco anos de exercício, por antiguidade e merecimento, alternadamente.

Destaca-se que, nas hipóteses de **grave violação de direitos humanos**, o Procurador-Geral da República, com a finalidade de assegurar o cumprimento de obrigações decorrentes de tratados internacionais de direitos humanos dos quais o Brasil seja parte, poderá suscitar, perante o STJ, em qualquer fase do inquérito ou processo, incidente de deslocamento de competência para a Justiça Federal (art. 109, § 5º). Tal regra tem sido denominada "federalização".

O art. 108 da CF estabelece a competência dos Tribunais Regionais Federais e o art. 109 da CF, dos juízes federais.

10.1.7. Tribunal Superior do Trabalho, Tribunais Regionais do Trabalho e juízes do trabalho (arts. 111 a 116 da CF)

São órgãos da Justiça do Trabalho: o Tribunal Superior do Trabalho, os Tribunais Regionais do Trabalho e os Juízes do Trabalho.

O Tribunal Superior do Trabalho compõe-se de 27 Ministros, escolhidos dentre brasileiros com mais de 35 e menos de 65 anos, de notável saber jurídico e reputação ilibada, nomeados pelo Presidente da República após aprovação pela maioria absoluta do Senado Federal, sendo: **um quinto** dentre **advogados** com mais de dez anos de efetiva atividade profissional e **membros do Ministério Público do Trabalho** com dez anos de efetivo exercício, observado o disposto no art. 94; os demais dentre **juízes dos Tribunais Regionais do Trabalho**, oriundos da magistratura da carreira, indicados pelo próprio Tribunal Superior.

O art. 114 delimita a competência da Justiça do Trabalho.

10.1.8. Tribunais e juízes eleitorais (arts. 118 a 121 da CF)

São órgãos da Justiça Eleitoral: o Tribunal Superior Eleitoral; os Tribunais Regionais Eleitorais; os Juízes Eleitorais; as Juntas Eleitorais.

O Tribunal Superior Eleitoral compor-se-á, no mínimo, de sete membros, escolhidos: **mediante eleição**, pelo voto secreto: três juízes dentre os Ministros do STF; dois juízes dentre os Ministros do STJ; **por nomeação do Presidente da**

República: dois juízes dentre **seis advogados** de notável saber jurídico e idoneidade moral, indicados pelo STF.

Os Tribunais Regionais Eleitorais compor-se-ão: **mediante eleição**, pelo voto secreto: de dois juízes dentre os desembargadores do TJ; de dois juízes, dentre juízes de direito, escolhidos pelo TJ; de **um juiz do Tribunal Regional Federal** com sede na Capital do Estado ou no DF, **ou**, não havendo, de **juiz federal**, escolhido, em qualquer caso, pelo Tribunal Regional Federal respectivo; por **nomeação**, pelo Presidente da República, de dois juízes dentre seis **advogados** de notável saber jurídico e idoneidade moral, indicados pelo Tribunal de Justiça.

10.1.9. Tribunais e juízes militares (arts. 122 a 124 da CF)

São órgãos da Justiça Militar o Superior Tribunal Militar e os Tribunais e Juízes Militares instituídos por lei.

O Superior Tribunal Militar compor-se-á de 15 Ministros vitalícios, nomeados pelo Presidente da República, depois de aprovada a indicação pelo Senado Federal, sendo: três dentre **oficiais-generais da Marinha** (da ativa e do posto mais elevado da carreira); quatro dentre **oficiais-generais do Exército** (da ativa e do posto mais elevado da carreira); três dentre **oficiais-generais da Aeronáutica** (da ativa e do posto mais elevado da carreira); cinco **civis** (escolhidos pelo Presidente da República dentre brasileiros maiores de 35 anos), sendo: três **advogados** (de notório saber jurídico, conduta ilibada e mais de dez anos de efetiva atividade profissional); dois, por escolha paritária, dentre **juízes auditores e membros do Ministério Público da Justiça Militar**.

Dispõe o art. 124 da CF que à Justiça Militar compete processar e julgar os crimes militares definidos em lei. A lei disporá sobre a organização, o funcionamento e a competência da Justiça Militar.

10.1.10. Tribunais e juízes dos Estados (arts. 125 e 126 da CF)

É atribuição dos Estados organizar sua Justiça, observados os princípios estabelecidos na Constituição Federal. A competência dos Tribunais de Justiça estaduais será definida na Constituição do Estado, sendo a lei de organização judiciária de iniciativa do Tribunal de Justiça.

A lei estadual pode criar, mediante proposta do Tribunal de Justiça, a Justiça Militar estadual, constituída, em primeiro grau, pelos juízes de direito e pelos Conselhos de Justiça e, em segundo grau, pelo próprio Tribunal de Justiça, ou por Tribunal de Justiça Militar nos Estados em que o efetivo militar seja superior a vinte mil integrantes.

Compete à Justiça Militar estadual processar e julgar os militares dos Estados, nos crimes militares definidos em lei, e as ações judiciais contra atos disciplinares militares, ressalvada a *competência do júri quando a vítima for civil*, cabendo ao tribunal competente decidir sobre a perda do posto e da patente dos oficiais e da graduação das praças.

A competência da Justiça Estadual é residual, ou seja, não sendo matéria de competência das justiças especializadas (Eleitoral, Trabalhista e Militar) nem da Justiça Federal, será Estadual.

10.2. Funções essenciais à justiça

10.2.1. Ministério Público (arts. 127 a 130 da CF)

O Ministério Público é instituição permanente, essencial à função jurisdicional do Estado, incumbindo-lhe a defesa da ordem jurídica, do regime democrático e dos interesses sociais e individuais indisponíveis (art. 127, CF). É assim composto:

- **Ministério Público da União**, que compreende:

Ministério Público Federal;

Ministério Público do Trabalho;

Ministério Público Militar;

Ministério Público do Distrito Federal e Territórios;

- **Ministérios Públicos dos Estados**.

São princípios institucionais do Ministério Público a unidade, a indivisibilidade e a independência funcional, sendo-lhe assegurada autonomia funcional e administrativa.

O Ministério Público da União tem por chefe o Procurador-Geral da República, nomeado pelo Presidente da República dentre integrantes da carreira, maiores de 35 anos, após a aprovação de seu nome pela maioria absoluta dos membros do Senado Federal, para mandato de dois anos, permitida a recondução. A destituição do Procurador-Geral da República, antes desse prazo, por iniciativa do Presidente da República, deverá ser precedida de autorização da maioria absoluta do Senado Federal.

Os Ministérios Públicos dos Estados e o do Distrito Federal e Territórios formarão lista tríplice dentre integrantes da carreira, na forma da lei respectiva, para escolha de seu Procurador-Geral, que será nomeado pelo Chefe do Poder Executivo, para mandato de dois anos, permitida uma recondução. Os Procuradores-Gerais de Justiça nos Estados e no Distrito Federal e Territórios poderão ser destituídos por deliberação da maioria absoluta do Poder Legislativo, na forma da lei complementar respectiva.

Asseguram-se aos membros do Ministério Público as mesmas garantias conferidas aos magistrados: vitaliciedade, inamovibilidade e irredutibilidade de subsídio. Além disso, sujeitam-se também a vedações (art. 128, § 5º, II, da CF). Aplica-se ao Ministério Público, no que couber, o disposto no art. 93 da CF, devendo a distribuição de processos ser imediata.

As funções institucionais do Ministério Público estão estabelecidas no art. 129.

O art. 130-A da CF estabelece o **Conselho Nacional do Ministério Público**.

10.2.2. Advocacia Pública (arts. 131 e 132 da CF)

A **Advocacia-Geral da União** é a instituição que, diretamente ou através de órgão vinculado, representa a União, judicial e extrajudicialmente, cabendo-lhe, nos termos da lei complementar que dispuser sobre sua organização e funcionamento, as atividades de consultoria e assessoramento jurídico do Poder Executivo.

O **Advogado-Geral da União**, de livre nomeação pelo Presidente da República dentre cidadãos maiores de 35 anos, de notável saber jurídico e reputação ilibada, exerce sua chefia. A competência para julgá-lo nos crimes de responsabilidade é do Senado Federal (art. 52, II, CF), e do STF nos crimes comuns (por ser equiparado a Ministro de Estado).

É importante pontuar que na execução da dívida ativa de natureza tributária, a representação da União cabe à **Procuradoria-Geral da Fazenda Nacional**, observado o disposto em lei.

A representação judicial e a consultoria jurídica das unidades federadas serão exercidas pelos **Procuradores dos Estados e do Distrito Federal,** organizados em carreira, na qual o ingresso dependerá de concurso público de provas e títulos, com a participação da Ordem dos Advogados do Brasil em todas as suas fases. Aos procuradores é assegurada estabilidade após três anos de efetivo exercício, mediante avaliação de desempenho perante os órgãos próprios, após relatório circunstanciado das corregedorias.

10.2.3. Advocacia (art. 133 da CF)

O advogado é indispensável à administração da justiça, sendo inviolável por seus atos e manifestações no exercício da profissão, nos limites da lei.

10.2.4. Defensoria Pública (art. 134 da CF)

A **Defensoria Pública** é instituição permanente, essencial à função jurisdicional do Estado, incumbindo-lhe, como expressão e instrumento do regime democrático, fundamentalmente, a orientação jurídica, a promoção dos direitos humanos e a defesa, em todos os graus, judicial e extrajudicial, dos direitos individuais e coletivos, de forma integral e gratuita, aos necessitados, na forma do inciso LXXIV do art. 5º da Constituição Federal.

Lei complementar *organizará a Defensoria Pública da União e do Distrito Federal e dos Territórios* e prescreverá *normas gerais para sua organização nos Estados*, em cargos de carreira, providos, na classe inicial, mediante concurso público de provas e títulos, assegurada a seus integrantes a **garantia de inamovibilidade**, sendo *vedado o exercício da advocacia* fora das atribuições institucionais.

Às Defensorias Públicas Estaduais, Distritais e da União são asseguradas autonomia funcional e administrativa e a iniciativa de sua proposta orçamentária dentro dos limites estabelecidos na Lei de Diretrizes Orçamentárias, subordinada ao disposto no art. 99, § 2º.

São princípios institucionais da Defensoria Pública a unidade, a indivisibilidade e a independência funcional.

Atenção: O número de defensores públicos na unidade jurisdicional será proporcional à efetiva demanda pelo serviço da Defensoria Pública e à respectiva população.

10.3. Poder Legislativo

As *funções típicas* do Poder Legislativo são *legislar* (arts. 59 a 69 da CF) e *fiscalizar* (arts. 58 e 70 a 75 da CF). Como *funções atípicas administrar*, por exemplo, dispondo sobre sua organização e operacionalidade interna, provimento de cargo e promoção de seus servidores, e *julgar*, por exemplo, julgamento do Presidente da República pelo Senado Federal em crimes de responsabilidade.

Conforme o art. 44 da CF, o Congresso Nacional se compõe da **Câmara dos Deputados** e do **Senado Federal**. Isso significa que o Brasil adota o **sistema bicameral** do tipo federativo. Bicameral, pois o legislativo se compõe de duas Casas, uma representando o povo (Câmara dos Deputados) e outra os Estados-Membros e o Distrito Federal (Senado Federal). Federativo, pois uma das Casas representa os entes da federação – Estados e Distrito Federal (Senado).

O Tribunal de Contas, composto por nove ministros, é órgão administrativo auxiliar do Poder Legislativo em sua função de fiscalização financeiro-orçamentária, não está subordinado ao Poder Legislativo, mas integra sua estrutura. Possui, entre outras atribuições, a de apreciar as contas dos Chefes do Poder Executivo e julgar as contas dos demais administradores. É importante notar que o Tribunal de Contas não é um órgão jurisdicional, ou seja, não se trata de um órgão do Poder Judiciário.

Importa pontuar que, nos termos do art. 70, **a fiscalização** contábil, financeira, orçamentária, operacional e patrimonial da União e das entidades da administração direta e indireta, quanto à legalidade, legitimidade, economicidade, aplicação das subvenções e renúncia de receitas, **será exercida pelo Congresso Nacional, mediante controle externo, e pelo sistema de controle interno de cada Poder**. Esse controle externo, a cargo do Congresso Nacional, será **exercido com o auxílio do Tribunal de Contas da União**, cujas atribuições estão expressas no art. 71.

Os Ministros do aludido Tribunal terão as mesmas garantias, prerrogativas, impedimentos, vencimentos e vantagens dos Ministros do Superior Tribunal de Justiça e somente poderão aposentar-se com as vantagens do cargo quando o tiverem exercido efetivamente por mais de cinco anos.

10.3.1. Congresso Nacional

O Congresso Nacional reunir-se-á, anualmente, na Capital Federal, em dois períodos legislativos: de 2 de fevereiro a 17 de julho e de 1º de agosto a 22 de dezembro (art. 57 da CF). Trata-se da sessão legislativa. As reuniões marcadas para essas datas serão transferidas para o primeiro dia útil subsequente, quando recaírem em sábados, domingos ou feriados.

Além de outros casos previstos na Constituição, a Câmara dos Deputados e o Senado Federal devem reunir-se em sessão conjunta para inaugurar a sessão legislativa; elaborar o regimento comum e regular a criação de serviços comuns às duas Casas; receber o compromisso do Presidente e do Vice-Presidente da República; conhecer do veto e sobre ele deliberar.

No primeiro ano da legislatura, a partir de 1º de fevereiro, cada uma das Casas deverá reunir-se em sessões preparatórias, para a posse de seus membros e para a eleição das respectivas Mesas, para mandato de dois anos, vedada a recondução para o mesmo cargo na eleição imediatamente subsequente.

A Mesa do Congresso Nacional é o órgão administrativo de direção (art. 57, § 5º, da CF), presidida pelo Presidente do Senado Federal, sendo os demais cargos exercidos, alternadamente, pelos ocupantes de cargos equivalentes na Câmara dos Deputados e no Senado Federal.

Cada legislatura terá a duração de quatro anos (art. 44, parágrafo único, da CF), compreendendo quatro sessões legislativas (cada qual com os dois períodos referidos). O lapso temporal entre os períodos chama-se **recesso parlamentar**, durante o qual o Congresso não funciona, salvo se convocado para uma **sessão legislativa extraordinária** (art. 57, § 6º, da CF).

O Congresso Nacional poderá ser convocado extraordinariamente:

pelo **Presidente do Senado Federal**, em caso de decretação de estado de defesa ou de intervenção federal, de pedido de autorização para a decretação de estado de sítio e para o compromisso e a posse do Presidente e do Vice-Presidente da República;

pelo **Presidente da República**, pelos **Presidentes da Câmara dos Deputados** e do **Senado Federal** ou a **requerimento da maioria dos membros de ambas as Casas**, em caso de urgência ou interesse público relevante, com a aprovação da maioria absoluta de cada uma das Casas do Congresso Nacional.

Nessa sessão legislativa extraordinária, o Congresso Nacional **somente deliberará** sobre a **matéria** para a qual foi convocado e, havendo **medidas provisórias** em vigor na data de convocação extraordinária, serão elas automaticamente incluídas na pauta da convocação. Em qualquer hipótese, é expressamente **vedado o pagamento de parcela indenizatória** em razão da convocação.

É de atribuição do Congresso deliberar – com sanção do Presidente da República – sobre as matérias de competência da União, especialmente aquelas disciplinadas no art. 48 da CF.

As matérias de **competência exclusiva** elencadas no art. 49 da Constituição Federal **não se submetem à sanção** do Presidente da República, sendo editadas sempre por **Decreto Legislativo**.

O art. 50 da Lei Maior disciplina a convocação de Ministros de Estado ou quaisquer titulares de órgãos diretamente subordinados à Presidência da República para prestarem informações sobre assunto previamente determinado, importando em crime de responsabilidade a ausência sem justificação adequada.

10.3.1.1. Câmara dos Deputados

Os **Deputados Federais** são **representantes do povo**, eleitos pelo **sistema proporcional**, em cada Estado, em cada Território e no Distrito Federal. O número total de Deputados, bem como a representação, será estabelecido por lei complementar, de maneira proporcional em relação à população (sendo no mínimo oito e no máximo 70 Deputados; e sempre quatro para os Territórios).

As **competências privativas** da Câmara dos Deputados estão definidas no art. 51 da CF. Essas competências são exercidas **sem a sanção do Presidente da República**, sempre por uma **Resolução** da Câmara dos Deputados.

10.3.1.2. Senado Federal

O **Senado Federal** compõe-se de **representantes dos Estados e do Distrito Federal**, eleitos segundo o sistema ou **princípio majoritário**. Cada Estado e o Distrito Federal elegerão três Senadores, com mandato de oito anos, havendo renovação da Casa de quatro em quatro anos, alternadamente, por um e dois terços. Por essa razão, numa legislatura há eleição de um senador, na próxima de dois, depois volta a ser um e assim por diante.

As **competências privativas** do Senado Federal são estabelecidas pelo art. 52 da CF. Tais competências são exercidas **sem a sanção do Presidente da República**, sempre por uma **Resolução** do Senado.

10.3.2. Comissões

Dispõe o art. 58 da CF que o **Congresso Nacional** e suas **Casas** terão comissões **PERMANENTES** e **TEMPORÁRIAS**, constituídas na forma e com as atribuições previstas no respectivo regimento ou no ato de que resultar sua criação. Deve ser assegurada a representação proporcional dos partidos ou dos blocos parlamentares na composição das comissões.

O art. 58, § 2º, da CF estabelece as competências das comissões em razão da matéria. O § 4º prevê a **Comissão Parlamentar Representativa** durante o recesso parlamentar, com atribuições definidas no regimento comum.

Dentre as comissões temporárias destacam-se as **Comissões Parlamentares de Inquérito** (art. 58, § 3º, da CF). Quanto a estas, é importante pontuar os seguintes aspectos:

- têm poderes de investigação próprios das autoridades judiciais;

- são criadas pela Câmara e pelo Senado (em conjunto ou separadamente), por requerimento de um terço de seus membros;

- formam-se para a apuração de fato determinado (e conexos) e por prazo certo;

- suas conclusões, se for o caso, são encaminhadas ao Ministério Público, para que promova a responsabilidade civil ou criminal dos infratores.

Quanto ao "poder de investigação próprio das autoridades judiciais", que mais propriamente são poderes instrutórios, está incluída a possibilidade de convocar testemunhas, determinar a realização de perícias, ordenar quebras de sigilo bancário, fiscal, financeiro e telefônico (acesso ao extrato da conta, aos registros telefônicos, mas não à conversa, que seria o sigilo das comunicações telefônicas).

Contudo, há certas garantias individuais que não poderão ser excepcionadas por ordem de parlamentares de uma CPI, pois estão acobertadas pela chamada "cláusula de reserva jurisdicional", ou seja, exige-se ordem judicial. Por exemplo: a inviolabilidade de domicílio, a decretação de qualquer prisão que não seja em flagrante e a interceptação telefônica (quebra do sigilo das comunicações telefônicas) são medidas que NÃO poderão ser adotadas pelos membros da CPI. Quanto ao sigilo das comunicações telefônicas, além da necessidade de ordem judicial, esse só pode ser determinado para fins de investigação criminal ou instrução processual penal e jamais para fins de um processo civil, administrativo ou de uma investigação parlamentar. Contudo, o STF admite que a interceptação já realizada, em inquérito ou processo penal, por ordem judicial, nos termos da lei, possa ser usada como prova emprestada pela CPI.

Finalmente, vale lembrar que as Assembleias Legislativas, a Câmara Legislativa do Distrito Federal e as Câmaras Municipais também podem formar CPI's para investigar questões relacionadas ao respectivo ente federativo.

10.3.3. Estatuto dos congressistas

Nome dado ao conjunto de regras que estabelecem prerrogativas e garantias (art. 53 da CF), vedações e incompatibilidades (art. 54 da CF) aos membros do Poder Legislativo, para que estes possam exercer suas funções com a mais ampla independência e liberdade. Aplicam-se aos Deputados estaduais (art. 27, § 1º, da CF).

Os parlamentares possuem **imunidade material**, na medida em que são invioláveis civil e penalmente, por quaisquer de suas opiniões, palavras e votos, desde a diplomação. Assim, os Deputados e Senadores não respondem a processo criminal nem a eventual ação de indenização por danos morais. O fato praticado pelo parlamentar jamais estará sujeito à responsabilização, mesmo após o mandato. Contudo, quando deixar o cargo não terá mais a imunidade para os atos que praticar a partir de então. Deve-se lembrar que imunidade material é a única que a Constituição atribuiu aos Vereadores, mas apenas na circunscrição do município.

Quanto às imunidades processuais ou formais, os Deputados e Senadores têm **prerrogativa de foro**, o que significa que, desde a expedição do diploma, serão submetidos a julgamento perante o Supremo Tribunal Federal.

Outra imunidade processual refere-se à **prisão**. Desde a expedição do diploma, não podem ser presos, salvo em flagrante de crime inafiançável. Havendo a prisão, os autos devem ser remetidos em 24 horas à Casa respectiva, para que, pelo voto da maioria de seus membros, resolva sobre a prisão.

Por fim, há uma **imunidade formal em relação ao processo**. Recebida a denúncia, por crime ocorrido **após** a diplomação, o Supremo Tribunal Federal deve dar ciência à Casa respectiva. Então, por iniciativa de partido político nela representado e voto da maioria de seus membros, poderá a Casa, até a decisão final, sustar o andamento da ação. Caso seja sustado o processo, fica suspensa a prescrição enquanto durar o mandato.

Há ainda **outras imunidades**. Os parlamentares não são obrigados a testemunhar sobre informações recebidas ou prestadas em razão do exercício do mandato nem sobre as pessoas que lhes confiaram ou deles receberam informações. A incorporação às Forças Armadas, ainda que em tempo de guerra, dependerá de prévia licença da Casa respectiva.

Ressalte-se que essas imunidades subsistirão durante o estado de sítio, só podendo ser suspensas mediante o voto de dois terços dos membros da Casa respectiva, nos casos de atos praticados fora do recinto do Congresso Nacional que sejam incompatíveis com a execução da medida.

Os Deputados e Senadores sujeitam-se a algumas vedações, dispostas no art. 54 da CF.

Não perderá o mandato o Deputado ou Senador investido no cargo de Ministro de Estado, Governador de Território, Secretário de Estado, do Distrito Federal, de Território, de Prefeitura de Capital ou chefe de missão diplomática temporária; e licenciado pela respectiva Casa por motivo de doença, ou para tratar, sem remuneração, de interesse particular,

desde que, nesse caso, o afastamento não ultrapasse cento e vinte dias por sessão legislativa. Nessas circunstâncias, ou seja, nos casos de vaga, de investidura nessas funções ou de licença superior a cento e vinte dias, o suplente será convocado. Porém, ocorrendo vaga e não havendo suplente, far-se-á eleição para preenchê-la se faltarem mais de 15 (quinze) meses para o término do mandato.

O art. 55 da CF trata das hipóteses de perda do mandato dos Deputados e Senadores.

A perda do mandato pode ocorrer por uma *decisão* da Casa ou por *mera declaração* da Mesa. Em todos os casos, deve ser assegurada a ampla defesa.

A perda será **decidida** pela Câmara dos Deputados ou pelo Senado Federal, por *maioria absoluta*, mediante *provocação* da respectiva Mesa ou de partido político representado no Congresso Nacional, **assegurada ampla defesa**, quando o parlamentar: infringir uma das proibições estabelecidas no art. 54 da CF; incorrer em procedimento declarado incompatível com o decoro parlamentar; sofrer condenação criminal em sentença transitada em julgado (quando não aplicado o art. 92 do Código Penal, nem se tratar de tipo penal equivalente a ato de improbidade administrativa).

Será, contudo, declarada pela Mesa da Casa respectiva, de ofício ou mediante provocação de qualquer de seus membros, ou de partido político representado no Congresso Nacional, quando: deixar de comparecer, em cada sessão legislativa, à terça parte das sessões ordinárias da Casa a que pertencer, salvo licença ou missão por esta autorizada; perder ou tiver suspensos os direitos políticos (art. 15, inclusive a condenação criminal, quando aplicado o art. 92 do Código Penal ou quando se tratar de tipo penal equivalente a ato de improbidade administrativa); for decretado pela Justiça Eleitoral.

Considera-se incompatível com o decoro parlamentar, além das situações que deverão ser definidas no regimento interno, o *abuso das prerrogativas asseguradas a membro do Congresso Nacional ou a percepção de vantagens indevidas.*

Caso haja renúncia do parlamentar submetido a processo que vise ou possa levar à perda do mandato, esta renúncia terá seus efeitos suspensos até as deliberações finais.

10.4. Processo legislativo

De acordo com o art. 59 da Constituição Federal, o **processo legislativo compreende a elaboração de:**

emendas à Constituição;

leis complementares;

leis ordinárias;

leis delegadas;

medidas provisórias;

decretos legislativos;

resoluções.

10.4.1. Leis Ordinárias e Complementares

A Constituição fixa determinadas matérias que apenas poderão ser disciplinadas por lei complementar (por exemplo, arts. 7º, I; 14, § 9º; 18, §§ 2º, 3º e 4º), as quais são denominadas matérias reservadas. Quando utilizada a expressão "lei", faz-se referência à lei ordinária.

Além dessa diferença, o quórum **de aprovação** das leis complementares é de **maioria absoluta** (art. 69 da CF). Quanto ao processo legislativo, é o mesmo previsto para as leis ordinárias, conforme será apresentado.

Há doutrinadores que sustentam que a lei complementar estaria hierarquicamente acima da lei ordinária. Outros consideram que não há hierarquia, mas esferas distintas de competência.

Por ser um processo, a elaboração das leis desenvolve-se em determinada sequência, dando lugar às denominadas fases do processo legislativo. São elas:

10.4.1.1. Iniciativa

Faculdade de apresentar um projeto de lei ao Congresso Nacional, atribuída pela Constituição a certas pessoas ou órgãos.

A iniciativa das **leis complementares** e **ordinárias** cabe a qualquer membro ou Comissão da Câmara dos Deputados, do Senado Federal ou do Congresso Nacional, ao Presidente da República, ao Supremo Tribunal Federal, aos Tribunais Superiores, ao Procurador-Geral da República e aos cidadãos (art. 61 da CF).

Há leis cuja iniciativa é privativa do Presidente da República (art. 61, § 1º, da CF, concorrente no caso do art. 128, § 5º) ou de órgãos do Judiciário (art. 93 da CF).

A iniciativa conferida aos cidadãos é a **iniciativa popular**, que pode ser exercida pela apresentação à Câmara dos Deputados de projeto de lei subscrito por, no *mínimo*, **1% do eleitorado nacional**, distribuído pelo menos por **cinco Estados**, com não menos de **três décimos dos eleitores de cada um deles** (art. 61, § 2º).

Sempre que a iniciativa for de Senadores, Comissão ou Mesa do Senado, o projeto começará a tramitar no Senado e depois seguirá para a Câmara dos Deputados. Sendo a iniciativa do Presidente da República, do Supremo Tribunal Federal, dos Tribunais Superiores e dos cidadãos, o início da tramitação será na Câmara dos Deputados (arts. 61, § 2º, e 64).

Quando a iniciativa for conferida de forma privativa a alguém, caso o projeto seja apresentado por outra pessoa, ainda que aprovado nas duas Casas do Congresso e sancionado pelo presidente, a lei produzida será inconstitucional, por vício de iniciativa. Tal inconstitucionalidade é formal, pois houve violação do processo legislativo.

10.4.1.2. Deliberação parlamentar (discussão e votação)

Todo projeto de lei deve ser **discutido e votado em ambas as Casas**. Haverá, em primeiro lugar, uma *análise da constitucionalidade* e, posteriormente, *do mérito*. Primeiro, o projeto passa pelas comissões e depois, se for o caso, será votado pelo Plenário.

A Comissão de Constituição e Justiça realiza o controle preventivo da constitucionalidade do projeto de lei.

Vale destacar que, nos termos do art. 58, § 2º, da CF, as comissões, em razão da matéria, têm competência para **discutir e votar projeto de lei** que dispensar, *na forma do regimento*, a competência do Plenário (salvo recurso de

um décimo dos membros da Casa). Tal regra aplica-se tão somente às leis ordinárias.

De acordo com o art. 47 da CF, salvo disposição constitucional em contrário, as deliberações de cada Casa e de suas Comissões serão tomadas por *maioria dos votos*, **presente a maioria absoluta de seus membros**. Desse modo, para dar início a uma votação é necessário, em primeiro lugar, verificar se estão presentes, no mínimo, a maioria absoluta dos membros daquela Casa (*quorum* para instalar a sessão). Se estiverem, então será iniciada a votação, sendo aprovado o projeto se obtiver o voto da maioria dos então presentes (*quorum* de aprovação).

Depois de o projeto ser *aprovado por uma Casa*, será *revisto pela outra*, em um só turno de discussão e votação (art. 65). A Casa revisora pode: **aprovar** – então envia à apreciação do Presidente para sanção ou veto; **rejeitar** – será arquivado; **emendar** – volta o projeto à Casa iniciadora.

O Presidente da República pode solicitar **urgência** na apreciação de projeto de lei de sua iniciativa, desencadeando o **processo sumário** (art. 64, §§ 1º a 4º, CF).

10.4.1.3. Emendas parlamentares

São modificações feitas ao projeto de lei. Quando feitas pela Casa revisora, o projeto retornará à Casa iniciadora para discussão e deliberação da parte emendada.

10.4.1.4. Sanção ou veto

Concluída a votação, a Casa envia o projeto de lei ao Presidente da República, que no prazo de 15 dias úteis, contados da data do recebimento, poderá sancionar ou vetar (art. 66 da CF).

A **sanção** pode ser *expressa* (quando há aquiescência do Presidente) ou *tácita* (quando decorridos os 15 dias sem manifestação do Presidente, ou seja, em caso de silêncio).

O **veto** pode ser *total* (abrangendo toda a lei) ou *parcial* (veto a alguns dispositivos da lei). O veto parcial não pode ser de palavras ou expressões. Ao contrário, deverá ser necessariamente de texto integral de artigo, parágrafo, inciso ou alínea.

O **veto** é denominado *jurídico*, quando fundado em *inconstitucionalidade* (é o controle preventivo da constitucionalidade do projeto de lei pelo Poder Executivo). Será considerado *político* quando o projeto for *contrário ao interesse público*.

Os motivos do veto devem ser comunicados em 48 horas ao Presidente do Senado Federal. O veto será apreciado em *sessão conjunta*, dentro de *30 dias* a contar do seu recebimento, só **podendo ser rejeitado** pelo voto da **maioria absoluta** dos Deputados e Senadores.

Sendo rejeitado (derrubado) o veto, o projeto é enviado ao Presidente da República para promulgação.

Nota: Matéria constante de projeto de lei rejeitado somente poderá constituir objeto de novo projeto, na mesma sessão legislativa, mediante proposta da maioria absoluta dos membros de qualquer das Casas do Congresso Nacional (art. 67 da CF).

10.4.1.5. Promulgação e publicação

O projeto torna-se lei com a sanção ou com a derrubada do veto pelo Congresso. Promulga-se a lei, constatando, com isso, sua existência.

Não promulgada a lei pelo Presidente da República em 48 horas, no caso de sanção tácita ou rejeição do veto pelo Congresso Nacional, o Presidente do Senado a promulgará e, se este não o fizer em igual prazo, caberá ao Vice-Presidente do Senado fazê-lo.

A publicação é a forma de comunicação aos destinatários da lei de sua existência. É condição de eficácia da lei.

Assim, o projeto é sancionado e a lei promulgada e publicada.

10.4.2. Emendas à Constituição

A Constituição de 1988 é rígida e, desse modo, para sua alteração é previsto um procedimento mais complexo, impondo-se a observância de uma série de requisitos. O Poder Constituinte derivado reformador foi conferido ao Congresso Nacional, sendo este limitado e condicionado.

Limitações (art. 60)	**Expressas**	Materiais	cláusulas pétreas (§ 4º)
		Circunstanciais	intervenção federal, estado de defesa/sítio (§ 1º)
		Formais	Procedimento (I a III; §§ 2º, 3º e 5º)
	Implícitas	Supressão das expressas	
		Alteração do titular do poder constituinte	

10.4.2.1. Limitações formais ou procedimentais

As limitações formais ou procedimentais expressam justamente a complexidade exigida para a alteração do texto constitucional, evidenciando que o poder constituinte derivado reformador está condicionado em sua atuação. O descumprimento de qualquer um desses requisitos resulta na inconstitucionalidade formal da emenda constitucional, que poderá ser objeto de ação direta de inconstitucionalidade. As limitações são:

Iniciativa: só pode ser proposta por *um terço dos membros da Câmara* dos Deputados ou do *Senado* Federal; *Presidente* da República; *mais da metade das Assembleias* Legislativas (manifestando-se, cada uma, pela *maioria relativa* de seus membros).

Quórum de votação: nas *duas Casas*, em *dois turnos*, *três quintos dos votos* para aprovação.

Promulgação: pelas *Mesas da Câmara* dos Deputados e do *Senado* Federal.

Rejeição: Proposta de emenda *rejeitada* ou havida por *prejudicada não* pode ser objeto de *nova proposta* na *mesma sessão* legislativa.

10.4.2.2. Limitações circunstanciais

A Constituição **não** poderá ser emendada na vigência de intervenção federal, de estado de defesa ou de estado de sítio. Nessas situações a Constituição fica imutável. Deve-se observar que uma das hipóteses de decretação do estado de sítio é a declaração de guerra; no entanto, se houver guerra sem a decretação de estado de sítio é admissível a aprovação de emendas à Constituição.

10.4.2.3. Limitações materiais

São as cláusulas pétreas, conteúdo intangível da Constituição. Consta expressamente do art. 60, § 4º, que não será objeto sequer de deliberação a proposta de emenda tendente a abolir: a forma *federativa* de Estado, o *voto* direto, secreto,

universal e periódico, a separação dos Poderes, os direitos e garantias individuais.

Notas:

É vedada a *dupla revisão*, ou seja, uma emenda revogar o art. 60, § 4º (rol das cláusulas pétreas), para depois abolir as normas lá protegidas. Trata-se de um limite implícito.

Além das emendas constitucionais previstas no art. 60, foram produzidas seis emendas de revisão nos termos do art. 3º do ADCT.

10.4.3. Lei delegada

Elaborada e editada pelo Presidente da República, após solicitar a delegação ao Congresso Nacional (art. 68 da CF).

Há limitação material prevista no art. 68, § 1º, da CF.

A delegação ao Presidente da República terá a forma de resolução do Congresso Nacional, que especificará seu conteúdo e os termos de seu exercício, podendo determinar a apreciação do projeto pelo Congresso (em votação única, vedada qualquer emenda). Não há veto presidencial, já que o próprio Presidente a elaborou.

Na hipótese em que o Congresso não determina o retorno do projeto para apreciação, se o Presidente exorbitar os limites da delegação, o Congresso sustará o ato (art. 49, V, da CF), exercendo, assim, um controle repressivo de constitucionalidade.

10.4.4. Medidas provisórias

Nos termos do art. 62 da CF, em caso **de relevância e urgência** poderá o **Presidente da República** editar medidas provisórias, com **força de lei**, que serão **imediatamente apreciadas pelo Congresso Nacional** (votação iniciada na Câmara).

É importante notar que "relevância e urgência" são requisitos constitucionais para a edição de medidas provisórias. Editada medida provisória fora dessas circunstâncias, ter-se-á uma norma inconstitucional, a qual não será suprida pela conversão em lei.

É vedada a edição de medidas provisórias sobre determinadas matérias, conforme disposto no art. 62, § 1º.

Também não se admite para regulamentar o serviço local de gás canalizado que deve ser prestado pelo Estado (art. 25, § 2º, da CF).

Se a medida implicar instituição ou majoração de impostos, exceto os previstos nos arts. 153, I, II, IV, V, e 154, II, da CF, só produzirá *efeitos no exercício financeiro seguinte, se convertida em lei até o último dia daquele em que foi editada (§ 2º). Logo, é admissível medida provisória sobre matéria tributária.*

As medidas provisórias **perdem eficácia, desde a edição, se não forem convertidas em lei em 60 dias,** *prorrogável uma vez por igual período (prazo contado da publicação da medida, suspendendo-se durante o recesso). Não apreciada em 45 dias, entra em* **regime de urgência (sobrestamento das demais deliberações). Desse modo, o prazo de vigência da medida provisória é de 60 dias, prorrogável uma única vez por igual período se, nesse prazo de 60 dias, contado de sua publicação, não tiver a sua votação encerrada nas duas Casas do Congresso Nacional. Esse prazo fica suspenso durante os períodos de recesso do Congresso Nacional, assim, nessas hipóteses a medida provisória poderá ter vigência por mais de 120 dias.**

Perdendo a eficácia ou sendo rejeitada a medida, deve o *Congresso Nacional* **disciplinar, por decreto legislativo, as relações jurídicas decorrentes. Não editado o decreto em até 60 dias após a rejeição ou perda de eficácia,** *as relações jurídicas constituídas e decorrentes de atos praticados durante sua vigência conservar-se-ão por ela regidas.*

A deliberação sobre o mérito das medidas depende de **juízo prévio sobre o atendimento de seus pressupostos constitucionais, dentre os quais, repita-se, a relevância e urgência. Inexistentes tais pressupostos, a medida será inconstitucional, vício este que não será sanado pela eventual conversão em lei (conforme já mencionado). Trata-se de uma forma de controle repressivo de constitucionalidade exercido pelo Poder Legislativo.**

É vedada a reedição, na mesma sessão legislativa, de *medida provisória rejeitada ou que tenha perdido eficácia por decurso de prazo.*

Aprovado projeto de lei de conversão alterando o texto original da medida provisória, esta manter-se-á em vigor até a sanção ou veto do projeto.

É vedada a adoção de medida provisória na regulamentação de artigo da Constituição cuja redação tenha sido alterada por meio de emenda promulgada entre 1º de janeiro de 1995 e 11 de setembro de 2001. Ademais, as medidas provisórias editadas em data anterior à da publicação da emenda 32 (11.09.2001) continuam em vigor até que medida provisória ulterior as revogue explicitamente ou até deliberação definitiva do Congresso Nacional (art. 2º da EC 32).

É possível a adoção de medidas provisórias por Governador de Estado, desde que previsto na respectiva Constituição Estadual.

10.4.5. *Decreto legislativo*

O decreto legislativo veicula matéria de **competência exclusiva do Congresso Nacional** (arts. 49 e 62, § 3º, da CF), não estando sujeito à sanção presidencial. É promulgado pelo Presidente do Senado Federal, na qualidade de Presidente do Congresso Nacional.

10.4.6. *Resolução*

A resolução é a espécie normativa utilizada para regular a matéria de competência do Congresso Nacional e de competência *privativa* do Senado Federal ou da Câmara dos Deputados (arts. 68, § 2º; 51; 52; 155, § 2º, IV, da CF). Não está sujeita à sanção presidencial e sua promulgação é feita pela Mesa da Casa Legislativa que a expedir.

10.5. Poder Executivo

A Constituição brasileira fixou como sistema de governo o presidencialista. Nesse sistema, as funções de chefe de Estado e chefe de governo são exercidas por uma única pessoa: o Presidente da República. Além disso, o Presidente é também chefe da Administração.

O Poder Executivo tem por *função típica* exercer as atribuições de chefia do Estado, de governo e da Administração. Desempenha também *funções atípicas*: legislativas (medidas provisórias e leis delegadas) e judiciárias (contencioso administrativo). Há ainda a, já mencionada, participação no processo legislativo.

Estabelece o art. 76 da CF que o Poder Executivo é exercido pelo Presidente da República, auxiliado pelos Ministros de Estado.

10.5.1. *Presidente da República*

10.5.1.1. *Eleição*

O Presidente da República é eleito com o Vice-Presidente – simultaneamente – no 1º domingo de outubro (primeiro turno) e no último domingo de outubro (segundo turno, se houver), do ano anterior ao do término do mandato presidencial vigente. O § 3º do art. 77 foi tacitamente derrogado na parte em que fala em segundo turno "em até vinte dias após a proclamação do resultado", em virtude da alteração do *caput* desse artigo pela EC 16/1997.

É necessária a obtenção da maioria absoluta dos votos, não computados os em branco e os nulos. Desse modo, quando nenhum candidato alcança maioria absoluta na primeira votação, há o segundo turno com os dois mais votados – eleito quem obtiver a maioria dos votos válidos (art. 77 da CF).

Antes de ser realizado o segundo turno, se ocorrer morte, desistência ou impedimento legal de candidato, convocar-se-á, dentre os remanescentes, o de maior votação. Caso exista, em segundo lugar, mais de um candidato com a mesma votação, qualificar-se-á o mais idoso.

10.5.1.2. *Posse*

A posse do Presidente ocorre com a do Vice em sessão do Congresso Nacional, devendo prestar o compromisso de manter, defender e cumprir a Constituição, observar as leis, promover o bem geral do povo brasileiro, sustentar a união, a integridade e a independência do Brasil.

Caso não assuma em dez dias, salvo força maior, o cargo será declarado vago (art. 78, parágrafo único, da CF).

O mandato é de quatro anos, com início em 1º de janeiro do ano seguinte ao da eleição; admitida a reeleição por um único período.

10.5.1.3. Substituição (impedimento) e sucessão (vaga)

O Vice-Presidente substitui o Presidente da República nos casos de impedimento, e o sucede na hipótese de vaga.

Havendo impedimento ou vacância dos cargos de Presidente e Vice-Presidente da República, são sucessivamente chamados ao exercício da Presidência: o Presidente da Câmara dos Deputados, o Presidente do Senado Federal e o Presidente do Supremo Tribunal Federal.

Se vagarem definitivamente os cargos de Presidente e Vice, serão realizadas eleições em 90 dias depois de aberta a última vaga – se isso ocorrer nos dois primeiros anos do mandato.

Se a vaga ocorrer nos últimos dois anos do período presidencial, a eleição para ambos os cargos será feita 30 dias depois da última vaga, **pelo Congresso Nacional**, na forma da lei, ou seja, de **forma indireta**. Em qualquer hipótese, os eleitos completam o período de seus antecessores.

O Presidente e o Vice-Presidente não podem, sem licença do Congresso Nacional, ausentar-se do país por mais de 15 dias, sob pena de perda do cargo.

10.5.1.4. Atribuições

A competência privativa do Presidente está disciplinada no art. 84.

O Presidente da República poderá delegar aos Ministros de Estado, ao Procurador-Geral da República ou ao Advogado-Geral da União as atribuições previstas no art. 84, VI, XII e XXV primeira parte, CF.

10.5.1.5. Responsabilidades

Foram atribuídas ao Presidente da República algumas imunidades e prerrogativas, seja em razão da relevância de sua função, seja para, com isso, assegurar a independência e a preservação da harmonia entre os Poderes.

É importante destacar que o Presidente da República, na vigência de seu mandato, não pode ser responsabilizado por atos estranhos ao exercício de suas funções (art. 86, § 4º, da CF).

Ademais, enquanto não sobrevier sentença condenatória, nas infrações comuns, o Presidente da República não estará sujeito à prisão. Logo, nem mesmo em flagrante pode o Presidente ser preso.

10.5.1.6. Crimes de responsabilidade

Os crimes de responsabilidade podem ser definidos como infrações político-administrativas, que sujeitarão o Presidente ao processo de *impeachment*. Estão indicados no art. 85 da CF. A definição desses crimes consta de lei especial, a qual estabelece as normas de processo e julgamento (Lei 1.079/1950).

Procedimento (art. 86 da CF): a **acusação** pode ser oferecida por qualquer **cidadão** à Câmara dos Deputados e deve ser **admitida** por **dois terços da Câmara** dos Deputados.

Admitida, o Presidente é submetido a **julgamento** perante o **Senado Federal**, que será **presidido pelo Presidente do STF** (art. 52, parágrafo único, da CF). Após a instauração do processo pelo Senado, o **Presidente** fica **suspenso** de suas funções, por, no máximo, 180 dias. A **condenação** somente pode ser proferida por **dois terços** dos votos, limitada à **perda do cargo e inabilitação por oito anos para o exercício de função pública**, sem prejuízo das demais sanções judiciais cabíveis (art. 52, parágrafo único, da CF).

10.5.1.7. Crimes comuns

Abrange as infrações penais cometidas durante o mandato e no exercício de suas funções (*propter officium*).

O procedimento está previsto no art. 86 da CF. A **denúncia** será oferecida pelo Procurador-Geral da República ou a **queixa-crime** pela vítima ou seu representante legal e deve ser **admitida** por **dois terços da Câmara** dos Deputados. Admitida, será **julgado** perante o **STF. Recebida a denúncia** ou **queixa-crime** pelo STF, o **Presidente da República** fica **suspenso** de suas funções (máximo de 180 dias). Enquanto não sobrevier sentença condenatória, nas infrações comuns, o Presidente da República não estará sujeito à prisão.

10.5.2. Vice-Presidente da República

São funções próprias do Vice: substituir e suceder o Presidente, participar dos Conselhos da República e de Defesa Nacional (arts. 89 e 91 da CF), além de outras atribuições que lhe forem conferidas por lei complementar.

É considerada função imprópria a de auxiliar o Presidente, sempre que por ele convocado para missões especiais (art. 79, parágrafo único, da CF).

10.5.3. Ministros de Estado

A escolha é feita pelo Presidente, dentre brasileiros maiores de 21 anos e no exercício dos direitos políticos, para atuarem como seus auxiliares (o Ministro do Estado de Defesa deve ser brasileiro nato).

As atribuições dos Ministros estão estabelecidas no art. 87 da CF.

10.5.4. Conselho da República

O Conselho da República é o órgão superior de consulta do Presidente da República. Compete ao Conselho pronunciar-se sobre intervenção federal, estado de defesa e estado de sítio; e questões relevantes para a estabilidade das instituições democráticas (arts. 89 e 90 da CF).

10.5.5. Conselho de Defesa Nacional

O Conselho de Defesa Nacional é o órgão de consulta do Presidente da República nos assuntos relacionados à soberania nacional e à defesa do Estado democrático (art. 91 da CF).

11. ORDEM ECONÔMICA

11.1. Princípios gerais da atividade econômica

Nos termos do art. 170 da Lei Maior, a ordem econômica é fundada na **valorização do trabalho humano** e na **livre-iniciativa**, e tem por fim assegurar a todos *existência digna*, conforme os ditames da justiça social. Importante a leitura dos arts. 170 a 181 da Constituição Federal.

11.2. Da política urbana

A política de desenvolvimento urbano deve ser executada pelo **Poder Público municipal**, mas conforme diretrizes gerais fixadas em lei (federal). Seu objetivo é ordenar o pleno desenvolvimento das **funções** sociais da **cidade** e garantir o **bem-estar** de seus **habitantes**.

Toda cidade com mais de **vinte mil habitantes** deve obrigatoriamente ter um **plano diretor**, aprovado pela Câmara Municipal. Este é o **instrumento básico** da **política** de **desenvolvimento** e de **expansão** urbana. Tal plano é importante pois a propriedade urbana cumpre sua função social justamente quando atende às exigências fundamentais de ordenação da cidade expressas no plano diretor.

As desapropriações de imóveis urbanos serão feitas com prévia e justa indenização em dinheiro, consoante o previsto inclusive no art. 5º, XXIV CF. Mas, o direito de propriedade não é absoluto, pois deve atender à função social. Por essa razão, é facultado ao **Poder Público municipal**, mediante lei específica para **área** incluída no **plano diretor, exigir**, nos termos da lei federal, do **proprietário** do **solo urbano não edificado, subutilizado ou não utilizado**, que promova seu **adequado aproveitamento**, sob pena, sucessivamente, de:

I - **parcelamento** ou **edificação compulsórios**;

II - **imposto** sobre a propriedade predial e territorial urbana **progressivo** no tempo;

III - **desapropriação** com pagamento mediante **títulos** da **dívida pública** de emissão previamente **aprovada** pelo **Senado Federal**, com prazo de resgate de até **dez** anos, em parcelas anuais, iguais e sucessivas, assegurados o valor real da indenização e os juros legais.

A Constituição ainda estabelece uma modalidade especial de **usucapião** (art. 183). Mas atenção: os imóveis **públicos** não serão adquiridos por usucapião.

11.3. Da política agrícola e fundiária e da reforma agrária

Compete à **União desapropriar** por interesse **social**, para **fins** de **reforma agrária**, o imóvel **rural** que **não** esteja cumprindo sua **função social**, mediante prévia e justa **indenização** em **títulos** da **dívida agrária**, com cláusula de preservação do valor real, resgatáveis no prazo de até vinte anos, a partir do segundo ano de sua emissão, e cuja utilização será definida em lei. Contudo, as **benfeitorias úteis** e **necessárias** serão indenizadas em **dinheiro**.

O decreto que declarar o imóvel como de interesse social, para fins de reforma agrária, autoriza a União a propor a ação de desapropriação, mas cabe à lei complementar estabelecer procedimento contraditório especial, de rito sumário, para o processo judicial de desapropriação.

Atenção: são **insuscetíveis** de **desapropriação** para **fins de reforma agrária:** a) a **pequena** e **média** propriedade rural, assim definida em lei, desde que seu **proprietário não** possua **outra**; e b) a propriedade **produtiva**.

A **função** social da propriedade rural é cumprida quando esta atende, simultaneamente, segundo critérios e graus de exigência estabelecidos em lei, aos **requisitos** previstos no art. 186.

Importa destacar que a alienação ou a concessão, a qualquer título, de terras públicas com área superior a dois mil e quinhentos hectares a pessoa física ou jurídica, ainda que por interposta pessoa, dependerá de prévia aprovação do Congresso Nacional, salvo se for para fins de reforma agrária.

Os beneficiários da distribuição de imóveis rurais pela reforma agrária receberão títulos de domínio ou de concessão de uso, inegociáveis pelo prazo de dez anos. Estes serão conferidos ao homem ou à mulher, ou a ambos, independentemente do estado civil, nos termos e condições previstos em lei.

Também há previsão de uma espécie de usucapião especial rural (art. 191, CF).

11.4. Da desapropriação sem qualquer indenização

De acordo com o art. 243 da Lei Maior, as **propriedades rurais e urbanas** de qualquer região do país onde forem localizadas **culturas ilegais de plantas psicotrópicas** ou a **exploração de trabalho escravo** na forma da lei serão **expropriadas** e **destinadas à reforma agrária** e a programas de **habitação popular**, **SEM** qualquer **indenização** ao proprietário e **sem prejuízo de outras sanções** previstas em lei, observado, no que couber, o disposto no art. 5º.

Ademais, todo e qualquer bem de valor econômico apreendido em decorrência do tráfico ilícito de entorpecentes e drogas afins e da exploração de trabalho escravo será confiscado e reverterá a fundo especial com destinação específica, na forma da lei.

12. DIREITOS SOCIAIS

São direitos sociais a educação, a saúde, a alimentação, o trabalho, a moradia, o transporte, o lazer, a segurança, a previdência social, a proteção à maternidade e à infância, a assistência aos desamparados, na forma da Constituição (art. 6º). Esses direitos, embora sejam apontados num dos capítulos do Título II, que traz os direitos e garantias fundamentais, vêm disciplinados no Título VII – Da ordem social.

A **ordem social** tem como **BASE** o primado do trabalho, e como **OBJETIVO** o bem-estar e a justiça sociais (art. 193). A seguir, serão apresentados, de forma esquemática, os principais pontos referentes a essa matéria, juntamente com outros direitos.

12.1. Seguridade social

A seguridade social compreende um conjunto integrado de ações de iniciativa dos PODERES PÚBLICOS e da SOCIEDADE, destinadas a assegurar os direitos relativos à **saúde, à previdência e à assistência social** (art. 194). Seus objetivos estão estabelecidos no parágrafo único do art. 194.

A **saúde** é direito de todos e dever do Estado, garantido mediante políticas sociais e econômicas que visem à redução do risco de doença e ao acesso universal e igualitário às ações e serviços para sua promoção, proteção e recuperação, nos termos do art. 196 da CF. De destacar que a assistência à saúde é livre à iniciativa privada. As instituições privadas poderão participar de forma complementar do sistema único de saúde, segundo diretrizes deste, mediante contrato de direito público ou convênio, tendo preferência as entidades filantrópicas e as sem fins lucrativos. É vedada a destinação de recursos públicos para auxílios ou subvenções às instituições privadas com fins lucrativos. Também é vedada a participação direta ou indireta de empresas ou capitais estrangeiros na assistência à saúde no país, salvo nos casos previstos em lei.

As competências do sistema único de saúde estão previstas no art. 200.

A **previdência social** está disciplinada nos arts. 201 e 202 da e a **assistência social** no art. 203.

12.2. Educação

A educação é **DIREITO DE TODOS E DEVER DO ESTADO E DA FAMÍLIA**. Será promovida e incentivada com a colaboração da sociedade, visando ao pleno desenvolvimento da pessoa, seu preparo para o exercício da **cidadania** e sua qualificação para o **trabalho** (art. 205 da CF).

O ensino, como a saúde, **é livre à iniciativa privada**, mas devem ser atendidas as seguintes condições (art. 209): "I – cumprimento das normas gerais da educação nacional; II – autorização e avaliação de qualidade pelo Poder Público".

As universidades gozam de autonomia didático-científica, administrativa e de gestão financeira e patrimonial, e obedecerão ao princípio de indissociabilidade entre ensino, pesquisa e extensão.

O ensino será ministrado com base nos princípios disciplinados no art. 206 da CF.

De ressaltar que, nos termos do art. 208 da CF, o dever do Estado com a educação será efetivado mediante uma série de garantias, destacando-se que a **educação básica obrigatória e gratuita** dos 4 (quatro) aos 17 (dezessete) anos de idade, assegurada inclusive sua oferta gratuita para todos os que a ela não tiveram acesso na idade própria (a ser implementado progressivamente, até 2016, nos termos do Plano Nacional de Educação, com apoio técnico e financeiro da União).

O acesso ao ensino **obrigatório** e **gratuito** é **direito público subjetivo** e seu não oferecimento pelo Poder Público, ou sua oferta irregular, importa responsabilidade da autoridade competente. Ademais, compete ao Poder Público recensear os educandos no ensino fundamental, fazer-lhes a chamada e zelar, junto aos pais ou responsáveis, pela frequência à escola.

Os conteúdos mínimos para o ensino fundamental devem ser fixados de maneira a assegurar formação básica comum e respeito aos valores culturais e artísticos, nacionais e regionais. Este será ministrado em língua portuguesa, assegurada às comunidades indígenas também a utilização de suas línguas maternas e processos próprios de aprendizagem. A Constituição prevê, ainda, que o ensino religioso, de matrícula facultativa, constituirá disciplina dos horários normais das escolas públicas de ensino fundamental. Na ADI 4439 o STF entendeu que o ensino religioso nas escolas públicas brasileiras pode ter natureza confessional, ou seja, vinculado às diversas religiões.

Na organização de seus sistemas de ensino, a União, os Estados, o Distrito Federal e os Municípios definirão formas de colaboração, de modo a assegurar a universalização do ensino obrigatório. Os recursos públicos serão destinados às escolas públicas, podendo ser dirigidos a escolas comunitárias, confessionais ou filantrópicas, definidas em lei, que comprovem finalidade não lucrativa e apliquem seus excedentes financeiros em educação; bem como que assegurem a destinação de seu patrimônio a outra escola comunitária, filantrópica ou confessional, ou ao Poder Público, no caso de encerramento de suas atividades. Esses recursos poderão ser destinados a bolsas de estudo para o ensino fundamental e médio, na forma da lei, para os que demonstrarem insuficiência de recursos, quando houver falta de vagas e cursos regulares da rede pública na localidade da residência do educando, ficando o Poder Público obrigado a investir prioritariamente na expansão de sua rede na localidade. Ademais, as atividades de pesquisa, de extensão e de estímulo e fomento à inovação realizadas por universidades e/ou por instituições de educação profissional e tecnológica poderão receber apoio financeiro do Poder Público.

Por fim, cabe à lei estabelecer o **plano nacional** de **educação**, de duração **decenal** (art. 214, CF).

12.3. Cultura

O Estado garantirá a todos o pleno exercício dos direitos culturais e acesso às fontes da cultura nacional, e apoiará e incentivará a valorização e a difusão das manifestações culturais. Deverá também proteger as manifestações das culturas populares, indígenas e afro-brasileiras, e das de outros grupos participantes do processo civilizatório nacional (art. 215 da CF).

Foram tombados todos os documentos e os sítios detentores de reminiscências históricas dos antigos quilombos.

A lei deve estabelecer o *Plano Nacional de Cultura*, de duração plurianual, visando ao desenvolvimento cultural do país e à integração de diversas ações do Poder Público elencadas no § 3º do art. 215, CF.

Constituem patrimônio cultural brasileiro os bens de natureza **material e imaterial,** individualmente ou em conjunto, portadores de referência à identidade, à ação, à memória dos **diferentes grupos formadores da sociedade brasileira**, nos quais se incluem: as formas de expressão; os modos de criar, fazer e viver; etc. (art. 216 da CF).

O Sistema Nacional de Cultura, organizado em regime de colaboração, de forma descentralizada e participativa, institui um processo de gestão e promoção conjunta de políticas públicas de cultura, democráticas e permanentes, pactuadas entre os entes da Federação e da sociedade, tendo por objetivo promover o desenvolvimento humano, social e econômico com pleno exercício dos direitos culturais. Fundamenta-se na política nacional de cultura e nas suas diretrizes, estabelecidas no Plano Nacional de Cultura, e rege-se pelos princípios disciplinados no art. 216-A, CF.

12.4. Desporto

Nos termos do art. 217 da Lei Maior, é **DEVER DO ESTADO** fomentar práticas desportivas formais e não formais, como direito de cada um. No entanto, devem ser observados: a autonomia das entidades desportivas dirigentes e associações, quanto a sua organização e funcionamento; a destinação de recursos públicos para a promoção prioritária do desporto educacional e, em casos específicos, para a do desporto de alto rendimento; o tratamento diferenciado para o desporto profissional e o não profissional; a proteção e o incentivo às manifestações desportivas de criação nacional.

O Poder Judiciário só admitirá ações relativas à disciplina e às competições desportivas após esgotarem-se as instâncias da justiça desportiva, regulada em lei. Ressalte-se que **a justiça desportiva não integra o Poder Judiciário**. A justiça desportiva terá o prazo máximo de 60 dias para proferir decisão final. O Poder Público incentivará o lazer, como forma de promoção social.

12.5. Ciência e tecnologia

O ESTADO PROMOVERÁ e incentivará o desenvolvimento científico, a pesquisa, a capacitação científica e tecnológica e a inovação, consoante arts. 218, 219, 219-A e 219-B da CF. Destaca-se que a pesquisa **científica básica** e **tecnológica** receberá **tratamento prioritário** do Estado, tendo em vista o bem público e o progresso da ciência, tecnologia e inovação. Quanto à pesquisa **tecnológica**, esta voltar-se-á preponderantemente para a solução dos **problemas brasileiros** e para o desenvolvimento do sistema produtivo nacional e regional.

Ainda, o Estado apoiará a formação de **recursos humanos** nas áreas de ciência, pesquisa, tecnologia e inovação, inclusive por meio do apoio às atividades de extensão tecnológica, e concederá aos que delas se ocupem meios e condições especiais de trabalho.

O **mercado interno** integra o **patrimônio nacional** e será incentivado de modo a viabilizar o desenvolvimento cultural e socioeconômico, o bem-estar da população e a autonomia tecnológica do país, nos termos de lei federal.

12.6. Comunicação social

A comunicação social está disciplinada nos arts. 220 a 224 da Constituição da República.

A manifestação do pensamento, a criação, a expressão e a informação, sob qualquer forma, processo ou veículo não sofrerão qualquer restrição, observado o disposto na Constituição. Desse modo, é **VEDADA** toda e qualquer censura de natureza política, ideológica e artística.

Os meios de comunicação social não podem, direta ou indiretamente, ser objeto de monopólio ou oligopólio.

No entanto, considerando que nenhum direito é absoluto, a programação das emissoras de rádio e televisão atenderão aos princípios dispostos no art. 221, CF.

Atenção, pois a propaganda comercial de tabaco, bebidas alcoólicas, agrotóxicos, medicamentos e terapias estará sujeita a restrições legais, e conterá, sempre que necessário, advertência sobre os malefícios decorrentes de seu uso.

Compete ao Poder Executivo outorgar e renovar concessão, permissão e autorização para o serviço de radiodifusão sonora e de sons e imagens, observado o princípio da **complementaridade** dos **sistemas privado, público e estatal**, com prazo de dez anos para as emissoras de rádio e de quinze para as de televisão. Compete exclusivamente ao Congresso Nacional apreciar os atos de concessão e renovação de emissoras de rádio e televisão (art. 19, XII, da CF). A não renovação da concessão ou permissão dependerá de aprovação de, no mínimo, dois quintos do Congresso Nacional, em votação

nominal. O ato de outorga ou renovação somente produzirá efeitos legais após deliberação do Congresso Nacional, e o cancelamento da concessão ou permissão, antes de vencido o prazo, depende de decisão judicial.

No entanto, a publicação de veículo impresso de comunicação independe de licença de autoridade. Quanto aos meios de comunicação social eletrônica, independentemente da tecnologia utilizada para a prestação do serviço, deverão observar os princípios enunciados no art. 221, na forma de lei específica, que também garantirá a prioridade de profissionais brasileiros na execução de produções nacionais.

12.7. Meio ambiente

Todos têm direito ao meio ambiente ecologicamente equilibrado, **bem de uso comum do povo** e essencial à sadia qualidade de vida, impondo-se ao **PODER PÚBLICO E À COLETIVIDADE O DEVER DE DEFENDÊ-LO E PRESERVÁ-LO** para as presentes e futuras gerações (art. 225 da CF).

Para assegurar a efetividade desse direito, foram estabelecidas algumas incumbências ao Poder Público no art. 225, § 1º, dentre as quais se destacam:

- exigir para instalação de obra ou atividade potencialmente causadora de significativa degradação do meio ambiente **estudo prévio de impacto ambiental**, a que se dará publicidade;

- **proteger a fauna e a flora***, vedadas as práticas que coloquem em risco sua função ecológica, provoquem a extinção de espécies ou submetam os animais à crueldade.

***Atenção:** Para fins do disposto na parte final do inciso VII do § 1º deste artigo ("submetam os animais à crueldade"), NÃO se consideram cruéis as práticas desportivas que utilizem animais, desde que sejam manifestações culturais, conforme o § 1º do art. 215 da Constituição Federal, registradas como bem de natureza imaterial integrante do patrimônio cultural brasileiro, devendo ser regulamentadas por lei específica que assegure o bem-estar dos animais envolvidos.

As condutas e atividades consideradas lesivas ao meio ambiente sujeitarão os infratores, pessoas físicas ou jurídicas, a sanções penais e administrativas, independentemente da obrigação de reparar os danos causados.

As usinas que operem com reator nuclear deverão ter sua localização definida em lei federal, sem a qual não poderão ser instaladas.

12.8. Família, criança, adolescente, jovem e idoso

Esta matéria é regulada pelos arts. 226 a 230 da Constituição Federal. A família, base da sociedade, tem especial proteção do Estado. Dispõe a Lei Maior que o **casamento** é civil e **gratuita a celebração**. Quanto ao casamento **religioso**, este tem **efeito civil**, nos termos da lei.

Foi reconhecida a união estável entre o homem e a mulher como entidade familiar, devendo a lei facilitar sua conversão em casamento. O Supremo Tribunal Federal entendeu possível o reconhecimento de união estável entre pessoas do mesmo sexo (ADI 4277 e ADPF 132)

Considera-se também entidade familiar a comunidade formada por **qualquer dos pais e seus descendentes**.

De ressaltar que os direitos e deveres referentes à sociedade conjugal são exercidos igualmente pelo homem e pela mulher.

Cabe ao **Estado assegurar a assistência à família** na pessoa de cada um dos que a integram, criando **mecanismos para coibir a violência** no âmbito de suas relações.

Quanto à proteção, é **DEVER DA FAMÍLIA, DA SOCIEDADE E DO ESTADO** assegurar à *criança, ao adolescente e ao jovem*, com absoluta prioridade, o *direito à vida, à saúde, à alimentação, à educação, ao lazer, à profissionalização, à cultura, à dignidade, ao respeito, à liberdade e à convivência familiar e comunitária*, além de colocá-los a *salvo* de toda forma de *negligência, discriminação, exploração, violência, crueldade e opressão*.

Os pais têm o dever de assistir, criar e educar os filhos menores. Por sua vez, os filhos maiores têm o dever de ajudar e amparar os pais na velhice, carência ou enfermidade.

A FAMÍLIA, A SOCIEDADE E O ESTADO TÊM O DEVER de amparar as pessoas idosas, assegurando sua participação na comunidade, defendendo sua dignidade e bem-estar e garantindo-lhes o direito à vida. Os programas de amparo aos idosos serão executados preferencialmente em seus lares. Aos maiores de 65 anos é garantida a gratuidade dos transportes coletivos urbanos.

12.9. Índios

Os arts. 231 e 232 da CF versam sobre os índios. São reconhecidos sua organização social, seus costumes, suas línguas, suas crenças e suas tradições, bem como seus direitos originários sobre as terras que tradicionalmente ocupam, competindo à União demarcá-las, proteger e fazer respeitar todos os seus bens. São terras tradicionalmente ocupadas pelos índios as por eles habitadas em caráter permanente, as utilizadas para suas atividades produtivas, as imprescindíveis à preservação dos recursos ambientais necessários ao seu bem-estar e as necessárias a sua reprodução física e cultural, segundo seus usos, costumes e tradições. Essas terras (que são inalienáveis e indisponíveis, e os direitos sobre elas, imprescritíveis) destinam-se a sua posse permanente, cabendo-lhes o usufruto exclusivo das riquezas do solo, dos rios e dos lagos nelas existentes.

É vedada a remoção dos grupos indígenas de suas terras, salvo, *ad referendum* do Congresso Nacional, em caso de catástrofe ou epidemia que ponha em risco sua população, ou no interesse da soberania do país, após deliberação do Congresso Nacional, garantido, em qualquer hipótese, o retorno imediato logo que cesse o risco.

Destaca-se, por fim, que os índios, suas comunidades e organizações são partes legítimas para ingressar em juízo em defesa de seus direitos e interesses, intervindo o Ministério Público em todos os atos do processo.

13. REFERÊNCIAS

BULOS, Uadi Lammêgo. *Curso de direito constitucional*. São Paulo: Saraiva, 2017.

CANOTILHO, J. J. Gomes. *Direito constitucional*. Coimbra: Almedina, 2003.

HESSE, Konrad. *A força normativa da Constituição*. Porto Alegre: Sergio A. Fabris, Ed., 1991.

LENZA, Pedro. *Direito constitucional esquematizado*. São Paulo: Saraiva, 2017.

MENDES, Gilmar Ferreira; BRANCO, Paulo Gustavo Gonet. *Curso de direito constitucional*. São Paulo: Saraiva, 2016.

MORAES, Alexandre de. *Direito constitucional*. São Paulo: Atlas, 2016.

SILVA, José Afonso da. *Curso de direito constitucional positivo*. São Paulo: Malheiros, 2015.

TAVARES, André Ramos. *Curso de direito constitucional*. São Paulo: Saraiva, 2016.

14. QUESTÕES

(XXIV EXAME DE ORDEM UNIFICADO – FGV) Considere a seguinte situação hipotética: Decreto Legislativo do Congresso Nacional susta Ato Normativo do Presidente da República que exorbita dos limites da delegação legislativa concedida.

Insatisfeito com tal Iniciativa do Congresso Nacional e levando em consideração o sistema brasileiro de controle de constitucionalidade, o Presidente da República pode

(A) deflagrar o controle repressivo concentrado mediante uma Arguição de Descumprimento de Preceito Fundamental (ADPF), pois não cabe Ação Direta de Inconstitucionalidade de decreto legislativo.

(B) recorrer ao controle preventivo jurisdicional mediante o ajuizamento de um Mandado de Segurança perante o Supremo Tribunal Federal.

(C) deflagrar o controle repressivo político mediante uma representação de inconstitucionalidade, pois se trata de um ato do Poder Legislativo.

(D) deflagrar o controle repressivo concentrado mediante uma Ação Direta de Inconstitucionalidade (ADI), uma vez que o decreto legislativo é ato normativo primário.

COMENTÁRIOS: **A:** Incorreta. O controle concentrado repressivo é possível, mas não por via de ADPF; afinal, em tendo a arguição natureza subsidiária, ela só pode ser manejada se a ADI não for cabível (e, na hipótese, a ADI pode ser ajuizada, já que estamos falando de um ato normativo federal que afronta a CF/88 de modo direto); **B:** Incorreta. O controle jurisdicional preventivo (realizado por meio do MS), é de legitimidade exclusiva do parlamentar, que está na defesa de seu direito líquido e certo ao devido processo legislativo. Incabível, portanto, o manejo de tal remédio na hipótese; **C:** Incorreta. A "representação de constitucionalidade" é o nome que anteriormente era utilizado para a ADI. Isso significa que manejar referida representação é fazer uso do controle repressivo jurídico de constitucionalidade (e não político, conforme afirma a questão); **D:** Correta, devendo ser assinalada. Decreto legislativo é uma espécie normativa primária que pode ser impugnada por via de ADI. Como o Presidente da República é um dos legitimados do art. 103, CF/88 (inciso I), é possível que ele ajuíze a ação direta perante o Supremo Tribunal Federal para impugnar o ato. Não custa lembrar que referido Decreto Legislativo editado pelo Congresso Nacional para sustar trecho da Lei Delegada em que o Presidente exorbitou de suas funções representa o exercício de uma atribuição descrita no art. 49, V, CF/88. Gabarito "D".

(XIX EXAME DE ORDEM UNIFICADO – FGV) O constitucionalismo brasileiro, desde 1824, foi construído a partir de vertentes teóricas que estabeleceram continuidades e clivagens históricas no que se refere à essência e à inter-relação das funções estatais, tanto no plano vertical como no horizontal, bem como à proteção dos direitos fundamentais. A partir dessa constatação, assinale a afirmativa correta.

(A) A Constituição de 1824 adotou, de maneira rígida, a tripartição das funções estatais, que seriam repartidas entre o Executivo, o Legislativo e o Judiciário.

(B) A Constituição de 1891 dispôs sobre o federalismo de cooperação e delineou um Estado Social e Democrático de Direito.

(C) A Constituição de 1937 considerou o Supremo Tribunal Federal o guardião da Constituição, detendo a última palavra no controle concentrado de constitucionalidade.

DIREITO CONSTITUCIONAL

(D) A Constituição de 1946 foi promulgada e reinaugurou o período democrático no Brasil, tendo contemplado um rol de direitos e garantias individuais.

COMENTÁRIO: Em 18 de setembro de 1946 foi promulgada a Constituição da República dos Estados Unidos do Brasil, que promoveu a redemocratização do Brasil após a deposição de Getúlio Vargas do cargo de Presidente e o fim do Estado Novo. O cenário político contemporâneo ao fim da Segunda Guerra Mundial (1945), assim como a decadência dos regimes totalitaristas europeus, inspirou a criação de uma nova Carta Constitucional que visava a acabar com instrumentos repressivos criados durante o Estado Novo. Nesse sentido, a assertiva correta a ser assinalada corresponde à letra "D". Vejamos os equívocos das demais.
A: Incorreta. Chamada de Constituição do Império, foi outorgada por D. Pedro I. Dentre outras particularidades, previa a existência um Poder Moderador que se prestava ao exercício de um poder quase absoluto pelo Monarca. Nesse sentido, a Carta Constitucional de 1824 repartiu o exercício do poder político em quatro (e não três, conforme afirmado), sendo o Poder Moderador um deles. Portanto, a assertiva em comento está errada; **B:** Incorreta. A afirmação de que nossa 1ª Constituição republicana (que foi a de 1891) trazia um federalismo de cooperação está incorreta, pois nesse documento constitucional o federalismo foi dual (somente com repartição de competências no plano horizontal, isto é, somente com divisão de tarefas exclusivas entre os entes federados, sem previsão de competências comuns ou concorrentes). Ademais, essa Constituição não trouxe um Estado Social e Democrático de Direito, o que foi feito apenas posteriormente pela Constituição de 1934, pioneira em enumerar direitos fundamentais sociais; **C:** Incorreta. A Carta Constitucional de 1937, outorgada por Getúlio Vargas, deu início ao período ditatorial denominado "Estado Novo". Possuía inspiração fascista, de caráter marcadamente autoritário e com forte concentração de poderes nas mãos do Presidente da República que, dentre outros poderes, poderia interferir nas decisões do Judiciário e submeter à apreciação do Parlamento as leis declaradas inconstitucionais, podendo o Parlamento desconstituir esta declaração de inconstitucionalidade por dois terços de seus membros. Por tais motivos, é incorreto afirmar que Supremo Tribunal Federal fosse considerado o guardião da Constituição no período de vigência da Constituição de 1937.
Gabarito "D".

(VI Exame de Ordem Unificado – FGV) A Constituição assegura, entre os direitos e garantias individuais, a inviolabilidade do domicílio, afirmando que "a casa é asilo inviolável do indivíduo, ninguém nela podendo penetrar sem o consentimento do morador" (art. 5º, XI, CRFB). A esse respeito, assinale a alternativa correta.

(A) O conceito de "casa" é abrangente e inclui quarto de hotel.
(B) O conceito de casa é abrangente, mas não inclui escritório de advocacia.
(C) A prisão em flagrante durante o dia é um limite a essa garantia, mas apenas quando houver mandado judicial.
(D) A prisão em quarto de hotel obedecendo a mandado judicial pode se dar no período noturno.

COMENTÁRIO: **A:** Correta. Para fins da proteção jurídica a que se refere o art. 5º, XI, da CF/1988, o conceito normativo de "casa" revela-se significativamente abrangente, estendendo-se a qualquer aposento de habitação coletiva, desde que ocupado (CP, art. 150, § 4º, II) – o que compreende os quartos de hotel.
Segundo a doutrina e a jurisprudência pacífica do STF, o conceito de "casa" abrange, também, o local onde alguém exerce profissão ou atividade (CP, art. 150, § 4º, III), compreendendo, portanto, os escritórios profissionais, inclusive os de advocacia (área interna não acessível ao público). Por isso as alternativas "**B**" e "**D**" são falsas. O erro da letra "**C**" decorre do fato de a prisão em flagrante poder ocorrer em qualquer hora do dia e sem necessidade de mandado judicial.
Gabarito "A".

(XXII EXAME DE ORDEM UNIFICADO – FGV) Carlos, contando com 59 (cinquenta e nove) anos de idade, resolve se inscrever em concurso público para o cargo de Agente de Polícia, dos quadros da Polícia Civil do Estado Beta. Todavia, sua inscrição é negada com base no edital, que reproduz a Lei Estadual X, segundo a qual o candidato, no momento da inscrição, deve ter entre 18 (dezoito) e 32 (trinta e dois) anos de idade. Inconformado, Carlos consulta um advogado a respeito de possível violação do direito fundamental à igualdade. Diante do caso concreto, assinale a opção que se harmoniza com a ordem jurídico-constitucional brasileira.

(A) Houve violação ao princípio da igualdade, pois o sistema jurídico-constitucional brasileiro veda, em caráter absoluto, que a lei estabeleça requisitos de ordem etária para o provimento de cargos públicos.

(B) Não houve violação ao princípio da igualdade, pois o sistema jurídico-constitucional brasileiro permite que a lei estabeleça limite de idade para inscrição em concurso público quando tal medida se justificar pela natureza das atribuições do cargo a ser preenchido.
(C) Houve violação ao princípio da razoabilidade, pois as atividades inerentes ao cargo a ser ocupado não justificam a previsão do critério etário como requisito para inscrição no concurso público que visa ao seu provimento.
(D) Não houve violação ao princípio da igualdade, pois o sistema jurídico-constitucional brasileiro concede aos administradores públicos poder discricionário para definir, por via editalícia, independentemente da lei, os limites etários para a participação em concursos.

COMENTÁRIO: **A:** Incorreta. O sistema jurídico-constitucional brasileiro admite as chamadas discriminações lícitas que estabelecem tratamentos desiguais baseados em critérios racionais desde que razoáveis e proporcionais. Não é vedado em absoluto o estabelecimento de limite de idade para a inscrição em concurso público, sendo tal prescrição válida apenas quando a restrição possa ser justificada pela natureza das atribuições do cargo a ser preenchido (Súmula 683, STF) e desde que haja previsão expressa permitindo a limitação etária; **B:** Correta, de acordo com o que dispõe o enunciado da súmula 683, STF: "o limite de idade para a inscrição em concurso público só se legitima em face do art. 7º, XXX, da Constituição, quando possa ser justificado pela natureza das atribuições do cargo a ser preenchido"; **C:** Incorreta. Não houve violação ao princípio da razoabilidade, pois as atividades inerentes ao cargo de Agente de Polícia exigem condições especiais de vigor e desempenho físicos (tais como realizar prisões e buscas, atender ocorrências policiais etc.); **D:** Incorreta. Com efeito, o princípio da igualdade não foi violado pelo edital, pois a jurisprudência do STF tem entendido, em casos semelhantes, que o estabelecimento de limite de idade para inscrição em concurso público apenas é legítimo quando justificado pela natureza das atribuições do cargo a ser preenchido (Súmula 683). Assim, embora os administradores públicos sejam dotados de poder discricionário ao definir o conteúdo do edital de um concurso para provimento de cargos públicos, seu exercício não é plenamente livre, devendo estar necessariamente amparado em norma jurídica. Assim, a imposição de limite de idade em concurso público deve estar expressamente prevista em lei, não podendo ser feita por ato administrativo.
Gabarito "B".

(EXAME DE ORDEM UNIFICADO 2010.3 – FGV) Pierre de Oliveira nasceu na França, filho de pai brasileiro (que à época se encontrava em viagem privada de estudos) e mãe francesa. Viveu até os 25 anos em Paris, onde se formou em análise de sistemas e se pós-graduou em segurança de rede. Em 2007, Pierre foi convidado por uma universidade brasileira para fazer parte de um projeto de pesquisa destinado a desenvolver um sistema de segurança para uso de instituições financeiras. Embora viajasse com frequência para a França, Pierre passou a residir no Brasil, optando, em 2008, pela nacionalidade brasileira. No início de 2010, uma investigação conjunta entre as polícias brasileira e francesa descobriu que Pierre fez parte, no passado, de uma quadrilha internacional de hackers. Detido em São Paulo, ele confessou que, entre 2004 e 2005, quando ainda vivia em Paris, invadiu mais de uma vez a rede de um grande banco francês, desviando recursos para contas localizadas em paraísos fiscais.

Com relação ao caso hipotético acima, é correto afirmar que

(A) se a França assim requerer, Pierre poderá ser extraditado, pois cometeu crime comum sujeito à jurisdição francesa antes de optar pela nacionalidade brasileira.
(B) a critério do Ministério da Justiça, Pierre poderá ser expulso do território nacional pelo crime cometido no exterior antes do processo de aquisição da nacionalidade, a menos que tenha filho brasileiro que, comprovadamente, esteja sob sua guarda e dele dependa economicamente.
(C) Pierre poderá ser deportado para a França, a menos que peça asilo político.
(D) Pierre não poderá ser extraditado, expulso ou deportado em qualquer hipótese.

COMENTÁRIO: Inicialmente, é importante destacar que Pierre é brasileiro nato, por força do art. 12, I, "c", 2.ª parte, da CF/1988. Para adquirir nossa nacionalidade primária (ou originária), Pierre cumpriu os requisitos constitucionais exigidos no dispositivo mencionado: é filho de pai brasileiro (critério sanguíneo), veio residir em território nacional (critério residencial) e fez a opção confirmativa (perante a Justiça Federal, art. 109, X, da CF/1988). Assim, por ser possuidor da nacionalidade brasileira primária, Pierre não pode ser extraditado, em hipótese

37

alguma. Também não serão cabíveis os institutos da expulsão ou deportação, inaplicáveis aos brasileiros. Nesse sentido, a assertiva "D" é verdadeira. Vale ressaltar que, se fosse brasileiro naturalizado, Pierre poderia ser extraditado, nos termos do art. 5º, LI: em caso de crime comum, praticado antes da naturalização.
Gabarito "D".

(XVI EXAME DE ORDEM UNIFICADO – FGV) Alessandro Bilancia, italiano, com 55 anos de idade, ao completar 15 anos de residência ininterrupta no Brasil, decide assumir a nacionalidade "*brasileira*", naturalizando-se. Trata-se de renomado professor, cuja elevada densidade intelectual e capacidade de liderança são muito bem vistas por um dos maiores partidos políticos brasileiros. Na certeza de que Alessandro poderá fortalecer os quadros do governo caso o partido em questão seja vencedor nas eleições presidenciais, a cúpula partidária já ventila a possibilidade de contar com o auxílio do referido professor na complexa tarefa de governar o País.

Analise as situações abaixo e assinale a única possibilidade idealizada pela cúpula partidária que encontra respaldo na Constituição Federal.

(A) Alessandro Bilancia, graças ao seu reconhecido saber jurídico e à sua ilibada reputação, poderá ser indicado para compor o quadro de ministros do Supremo Tribunal Federal.

(B) Alessandro Bilancia, na hipótese de concorrer ao cargo de deputado federal e ser eleito, poderá ser indicado para exercer a Presidência da Câmara dos Deputados.

(C) Alessandro Bilancia, na hipótese de concorrer ao cargo de senador e ser eleito, pode ser o líder do partido na Casa, embora não possa presidir o Senado Federal.

(D) Alessandro Bilancia, dada a sua ampla e sólida condição intelectual, pode ser nomeado para assumir qualquer ministério do governo.

COMENTÁRIO: **A:** Incorreta. Alessandro é brasileiro naturalizado e, por força do art. 12, § 3º, IV, CF/1988, não poderá ocupar o cargo de Ministro do Supremo Tribunal Federal (que é privativo de brasileiro nato); **B:** Incorreta. Como Alessandro é brasileiro naturalizado, poderá concorrer ao cargo de Deputado Federal, todavia, jamais poderá ocupar a presidência da Câmara dos Deputados, já que este cargo é privativo de brasileiro nato (art. 12, § 3º, II e III, CF/1988). Por esse motivo a alternativa "B" está equivocada; **C:** Correta, afinal, apesar de Alessandro poder ocupar o cargo de Senador e até mesmo liderar o partido na Casa, por ser brasileiro naturalizado ele jamais poderá ocupar a presidência do Senado Federal; **D:** Incorreta, pois Alessandro não pode ser nomeado para o cargo de Ministro de Estado da Defesa, visto que este é privativo de brasileiro nato (conforme art. 12, § 3º, VII, CF/1988). Vale lembrar que os demais Ministros de Estado podem ser brasileiros natos ou naturalizados (art. 87, CF/1988).
Gabarito "C".

(IX Exame de Ordem Unificado – FGV) José da Silva, prefeito do Município "X", integrante do Estado "Y", possui familiares que pretendem concorrer a cargos elegíveis nas próximas eleições. Sobre essa situação, assinale a afirmativa correta.

(A) José da Silva Junior, filho de José da Silva, que terá 18 anos completos na época da eleição, poderá se candidatar ao cargo de deputado estadual de "Y", desde que José da Silva tenha se desincompatibilizado seis meses antes do pleito.

(B) Maria da Silva, esposa de José da Silva, vereadora do município "X", só poderá concorrer novamente ao cargo de vereadora, se José da Silva se desincompatibilizar seis meses antes do pleito.

(C) José da Silva poderá concorrer ao cargo de governador do estado "Z", não sendo necessário que renuncie ao mandato até seis meses antes do pleito.

(D) Pedro Costa, sobrinho de José da Silva, poderá concorrer ao cargo de Vereador do Município "X" mesmo que José da Silva não tenha se desincompatibilizado seis meses antes do pleito.

COMENTÁRIO: A inelegibilidade prevista no art. 14, § 7º, da CF/1988 é conhecida como inelegibilidade reflexa, pois incide sobre terceiros; alcança (é "refletida" em) indivíduos em razão do parentesco, da afinidade ou da condição de cônjuge que possuem frente a um chefe do Poder Executivo. Vale destacar que referida inelegibilidade somente se aplica ao cônjuge (ou companheiro) e aos parentes do titular do cargo de chefe do Poder Executivo, e não aos parentes ou cônjuges de titulares de qualquer outro cargo eletivo.

A questão traz José da Silva como o Prefeito do Município "X", integrante do Estado "Y", por isso trata da inelegibilidade reflexa que a condição de José (Prefeito) vai gerar no cônjuge e nos parentes até segundo grau. O questionamento refere-se à possibilidade de alguns de seus parentes se candidatarem a cargos eletivos.
– seu filho, José da Silva Junior, não poderá se candidatar ao cargo de Deputado Estadual, mas não por conta da incidência da inelegibilidade reflexa do § 7º. Esta não incide, pois a circunscrição do pai, Prefeito, é o território do Município e o filho pretende se candidatar a cargo não abrangido por essa circunscrição. José da Silva Junior não poderá se candidatar ao cargo de Deputado Estadual porque só possui 18 anos e a idade mínima para exercer o referido cargo é 21 anos de idade (art. 14, § 3º, VI, "c", da CF/1988);
– Maria da Silva pode se candidatar à reeleição ao cargo de Vereadora, pela autorização constante da parte final do art. 14, § 7º, da CF/1988;
– para se candidatar a outro cargo, José da Silva deverá renunciar ao mandato até seis meses antes do pleito; é a chamada desincompatibilização do art. 14, § 6º, da CF/1988;
– Pedro Costa, sobrinho de José da Silva, poderá se candidatar por ser parente consanguíneo de terceiro grau de José da Silva, afinal, a inelegibilidade reflexa só se aplica aos parentes consanguíneos até o segundo grau.
Em conclusão, a assertiva correta está na alternativa "D".
Gabarito "D".

(IV Exame de Ordem Unificado – FGV) As alternativas a seguir apontam diferenças entre a ADI e a ADC, À EXCEÇÃO DE UMA. Assinale-a.

(A) Objeto da ação.
(B) Manifestação do Advogado-Geral da União.
(C) Rol de legitimados para a propositura da ação.
(D) Exigência de controvérsia judicial relevante.

COMENTÁRIO: A letra "C" é alternativa correta, afinal, os legitimados para propor a ADI e a ADC são os mesmos. Aliás, vale frisar que todas as quatro ações do controle concentrado abstrato (ADI, ADC, ADO e ADPF) possuem exatamente o mesmo rol de legitimados: os do art. 103 da CF/1988.
Nas demais alternativas temos erros.
A: Incorreta, porque o objeto das duas ações não é idêntico. Ambos estão previstos no art. 102, I, "a", da CF/1988, mas o objeto da ADC é mais restrito, qual seja, leis ou outros atos normativos federais (desde que pós-constitucionais), enquanto o objeto da ADI é mais amplo, abrangendo não só as leis e os demais atos normativos federais pós-constitucionais, mas também as leis e os atos normativos pós-constitucionais estaduais e distritais (quando o Distrito Federal estiver exercendo competência legislativa estadual – ver art. 32, § 1º, da CF/1988 e Súmula 642 do STF); **B:** Incorreta, haja vista o AGU somente atuar nas ações de inconstitucionalidade (art. 103, § 3º, da CF/1988), não participando da ADC (já que não há norma que necessite de defesa nessa ação que pretende declarar, com presunção absoluta, a constitucionalidade da norma objeto); **D:** Incorreta. A controvérsia judicial relevante é requisito previsto somente para a admissibilidade da ADC, conforme o art. 14, III, da Lei 9.868/1999.
Gabarito "C".

(VII Exame de Ordem Unificado – FGV) De acordo com entendimento consolidado do STF e da doutrina, qual, dentre os órgãos e entidades listados abaixo, NÃO precisa demonstrar pertinência temática como condição para ajuizar Ação Direta de Inconstitucionalidade?

(A) Mesa de Assembleia Legislativa ou Câmara Legislativa (DF).
(B) Conselho Federal da OAB.
(C) Entidade de Classe de âmbito nacional.
(D) Confederação Sindical.

COMENTÁRIO: A jurisprudência do STF dividiu os legitimados do art. 103 da CF/1988 em dois grupos: os universais e os especiais. Os primeiros (também chamados de neutros, elencados nos incisos I, II, III, VI, VII e VIII) não precisam demonstrar o interesse de agir, pois ele pode ser presumido em razão da função desempenhada pelo legitimado no ordenamento. Já para os especiais (também intitulados interessados, que estão inscritos nos incisos IV, V e IX), a Corte erigiu o vínculo de pertinência temática a requisito qualificador da própria legitimidade ativa *ad causam* do autor. Assim, as ações ajuizadas por confederações sindicais, por entidades de classe de âmbito nacional, por Mesas das Assembleias Legislativas estaduais ou da Câmara Legislativa do Distrito Federal e, finalmente, por Governadores dos Estados-membros e do Distrito Federal somente serão conhecidas se houver a demonstração da pertinência temática, isto é, do vínculo subjetivo que demonstra o interesse do autor em impugnar aquela norma. A questão exigia a identificação de legitimado que não demonstre o requisito, isto é, que seja universal: a resposta está na letra "B".
Gabarito "B".

DIREITO CONSTITUCIONAL

(XVI EXAME DE ORDEM UNIFICADO – FGV) Medida Provisória Z, embora tendo causado polêmica na data de sua edição, foi convertida, em julho de 2014, na Lei Y. Inconformado com o posicionamento do Congresso Nacional, o principal partido de oposição, no mês seguinte, ajuizou Ação Direta de Inconstitucionalidade (ADI) atacando vários dispositivos normativos da referida Lei. Todavia, no início do mês de fevereiro de 2015, o Presidente da República promulgou a Lei X, revogando integralmente a Lei Y, momento em que esta última deixou de produzir os seus efeitos concretos.

Nesse caso, segundo entendimento cristalizado no âmbito do Supremo Tribunal Federal,

(A) deverá a ADI seguir a sua regular tramitação, de modo que se possam discutir os efeitos produzidos no intervalo de tempo entre a promulgação e a revogação da Lei Y.

(B) deverá a ADI seguir a sua regular tramitação, de modo que se possam discutir os efeitos produzidos no tempo entre a edição da Medida Provisória Z e a revogação da Lei Y.

(C) deverá ser reconhecido que a ADI perdeu o seu objeto, daí resultando a sua extinção, independentemente de terem ocorrido, ou não, efeitos residuais concretos.

(D) em razão da separação de poderes, deverá ser reconhecida a impossibilidade de o Supremo Tribunal Federal avaliar as matérias debatidas, sob a ótica política, pelo Poder Legislativo.

COMENTÁRIO: **A** e **B:** Incorretas. A ação direta será considerada prejudicada, pois houve a perda superveniente do seu objeto em virtude da revogação da Lei Y. Os efeitos produzidos no intervalo de tempo entre a promulgação e a revogação da Lei Y (bem como os efeitos produzidos no intervalo de tempo entre a edição da medida provisória Z e a revogação da Lei Y), podem ser discutidos pelos interessados no controle difuso; **C:** Correta. A ação direta não se presta para a avaliação de normas já revogadas perante a Constituição Federal. No caso narrado pela questão, a perda do objeto se deu no curso da ação direta, o que certamente enseja sua prejudicialidade; **D:** Incorreta. O Supremo Tribunal Federal poderá verificar a constitucionalidade das matérias debatidas via controle de constitucionalidade.

Gabarito "C"

DIREITO PENAL

Priscila Silveira

1. PARTE GERAL

1.1. Conceito de Direito Penal

"É o corpo de normas jurídicas voltado para à fixação dos limites do poder punitivo do Estado, instituindo infrações penais e a sanções correspondentes, bem como regras atinentes à sua aplicação".

O conceito de Direito Penal pode ser subdividido em objetivo e subjetivo.

O Direito Penal subjetivo reflete o direito de punir (*jus puniendi*). O único detentor do direito de punir é o Estado. Com relação ao Direito Penal objetivo, trata-se de um conjunto de normas vigentes no país, as quais tratam da definição das infrações penais e a fixação de sanção penal correspondente (pena ou medida de segurança).

1.2. Fontes do Direito Penal

As fontes do direito são o nascedouro, de onde surgem as normas jurídicas. No Direito Penal, as fontes são materiais ou formais.

- **Material (substanciais ou de produção):** é a fonte de criação; no Brasil, somente a União tem competência para legislar a respeito de matéria penal (art. 22, I da CF). Mas de acordo com o art. 22, parágrafo único da CF, os Estados-membros também podem legislar sobre o assunto, desde que haja autorização por lei complementar (competência legislativa de ordem suplementar).

- **Formal (de conhecimento ou de cognição):** é a fonte de revelação, ou seja, é o modo pelo qual é dado conhecimento ao povo sobre a criação de uma norma; a fonte formal se subdivide em imediata e mediata:

formal imediata (ou primária): é a lei (em sentido estrito);

formal mediata (ou secundária): são os costumes e os princípios gerais de direito. Referidas fontes servem de supedâneo para as normas penais permissivas, vez que não poderão servir de base para as normas penais incriminadoras, de acordo com o art. 5º, XXXIX da CF.

1.2.1. Integração da lei penal

O sistema jurídico não pode ser lacunoso. Portanto, é utilizada a analogia (apenas *in bonam partem*), para evitar as lacunas. Analogia é a aplicação para fato não previsto em lei aplicada a caso semelhante. Pode ser prejudicial ao réu (*in malam partem*) ou benéfica ao réu (*in bonam partem*). Conforme mencionado, no Direito Penal, só pode ser aplicada quando for benéfica ao réu (*in bonam partem*).

1.3. Princípios do Direito Penal

- **Princípio da Legalidade:** Conforme preconiza o art. 5º, XXXIX da CF e art. 1º do CP, "não há crime sem lei que defina o fato como infração penal, e não há pena sem prévia cominação legal."

- **Princípio da Anterioridade:** O art. 1º do CP preceitua que: "Não há crime sem lei anterior que o defina. Não há pena sem prévia cominação legal". Nesse sentido, nada adiantaria garantir que o crime esteja previsto em lei se esta pode ser alterada a vontade. Assim, a lei penal, em regra, só é aplicada a fatos posteriores à sua vigência.

- **Princípio da Irretroatividade:** O art. 5º, LX da CF preceitua que a lei penal não atinge fatos pretéritos; lembre-se, porém, que a retroatividade é permitida quando for em benefício do agente.

- **Princípio da Intervenção Mínima:** por esse princípio o Direito Penal só deve intervir quando nenhum outro ramo do Direito puder dar resposta efetiva à sociedade, atuando, pois, como *ultima ratio*.

- **Princípio da Insignificância ou Bagatela:** "Condutas que produzam lesões insignificantes aos bens juridicamente tutelados são penalmente atípicas." Assim, o sujeito só pode ser punido se o ato causar lesão efetiva e relevante ao bem jurídico. O STF estabeleceu quatro vetores que devem ser avaliados no caso concreto para verificar se é cabível a aplicação do princípio da insignificância: mínima/baixa ofensividade do ato; ausência de periculosidade social; reduzida reprovabilidade da conduta; inexpressividade/ínfima lesão jurídica provocada.

- **Princípio da Responsabilidade Pessoal:** nenhuma pena passará da pessoa do condenado, nos moldes do art. 5º, XLV da CF.

1.4. Espécies de normas penais

a) Incriminadoras - são as que descrevem os delitos (preceito primário) e as respectivas sanções (preceito secundário);

b) Permissivas - podem ser justificantes (causas excludentes de ilicitude) ou exculpantes (causas excludentes de culpabilidade);

c) Em branco - são as que o preceito secundário (pena) está completo, dependente o preceito primário de complementação. Podem ser homogêneas, em sentido lato ou impróprias, quando o complemento surgir do mesmo órgão que elaborou a norma penal incriminadora (ver arts. 331 e 327 do CP); ou heterogêneas, em sentido estrito ou próprias, quando o complemento surgir de órgão distinto daquele que elaborou a lei penal (art. 33, da Lei 11.343/2006 e portaria 344 do Ministério da Saúde).

Atenção! Norma penal em branco ao avesso é aquela em que o preceito primário está completo, dependendo o preceito secundário de complementação (art. 304, CP). Essa norma penal em branco ao avesso só pode ser homogênea, pois só a lei pode criar penas.

1.5. Aplicação da lei penal

1.5.1. Princípio da legalidade

Não há crime sem lei anterior que o defina. Não há pena sem prévia cominação legal (art. 5º, LX da CF e art. 1º do CP). Contém, pois, dois princípios: o Princípio da Reserva Legal (art. 22, I, da CF) e o Princípio da Anterioridade.

1.5.2. Lei penal no tempo

Aplicação do princípio *tempus regit actum:* em matéria de eficácia da lei penal no tempo, o princípio aplicável é o *tempus regit actum.* Ou seja, a regra sobre a lei a ser aplicável é a lei vigente ao tempo do fato.

1.5.2.1.Vacatio legis

Ao período compreendido entre a publicação de uma lei e a sua vigência dá-se o nome de *vacatio legis.* Na falta de determinação expressa, a regra é a *vacatio legis* de 45 dias, conforme determina o art. 1º da Lei de Introdução às Normas de Direito Brasileiro.

1.5.2.2.Conflito intertemporal (ou conflito de leis penais no tempo)

Conflito intertemporal ocorre quando leis penais que tratam do mesmo assunto, mas de modo diverso, sucedem-se no tempo, havendo necessidade de se decidir qual a aplicável.

A questão é resolvida pela aplicação conjunta de dois princípios: o da **irretroatividade da lei mais severa** e o da **retroatividade da lei mais benéfica**. Em outras palavras, a lei mais benéfica sempre será aplicada ao réu.

No caso de conflito intertemporal, a doutrina entende que dever ser resolvida qual norma aplicar pelas seguintes hipóteses:

-***Abolitio criminis:*** Ocorre quando lei posterior descriminaliza conduta antes considerada crime. Portanto, um fato, que era criminoso, deixa de ser crime em razão de lei nova. Trata-se de causa extintiva de punibilidade (art. 2º do CP).

- ***Novatio legis* incriminadora:** Ocorre quando a lei nova tipifica uma situação como crime, ou seja, uma conduta, antes considerada lícita, passa a ser crime pela lei nova.

- ***Novatio legis in mellius:*** Algumas vezes, uma nova lei é editada e, embora mantenha o fato como crime, trata de forma mais benéfica a situação de seu autor. Nesse caso, por ser mais favorável, ela sempre retroage para beneficiar o réu (mesmo havendo sentença condenatória transitada em julgado). "Súmula 611 do STF: transitada em julgado a sentença condenatória, compete ao juízo das execuções a aplicação de lei mais benigna."

- ***Novatio legis in pejus:*** É uma nova lei que, mantendo o fato como crime, passa a tratar de forma mais grave a situação do infrator. Aplica-se o Princípio da Irretroatividade da Lei mais severa, devendo a primeira, então, continuar a ser aplicada (ela será ultra ativa, ou seja, será aplicada mesmo que já revogada). "Súmula 711 do STF: a lei penal mais grave aplica-se ao crime continuado ou ao crime permanente, se a sua vigência é anterior à cessação da continuidade ou da permanência."

1.5.2.3.Leis temporárias e leis excepcionais

Leis temporárias e leis excepcionais são espécies das denominadas leis intermitentes, feitas para durar por período de tempo determinado ou tipificar uma conduta criminosa por um determinado tempo. Elas são editadas para regular situações transitórias e, portanto, vigoram por período predeterminado. Impende destacar que os efeitos continuam mesmo com a cessação de sua vigência, conforme orientação do art. 3º do Código Penal.

1.5.3. Tempo do crime

Existem três teorias sobre o momento do crime:

- **atividade:** considera-se praticado o crime no momento da prática da conduta, não importando o resultado;

- **resultado:** considera-se praticado o crime no momento da produção do resultado;

- **mista ou ubiquidade:** momento do crime é tanto o da prática da conduta quanto o da produção do resultado.

Consoante se verifica no art. 4º, o Código Penal adotou a teoria da atividade.

Situações importantes:

I- Maioridade penal: Se o sujeito realiza uma conduta em janeiro e o resultado acontece em abril e o agente possuía 17 anos quando praticou a conduta e o resultado ocorreu quando já havia completado 18 anos, não responde criminalmente pelo ato, aplica-se o ECA.

II- Superveniência de lei gravosa: Se o sujeito pratica uma conduta em janeiro e o resultado acontece em abril, mas em fevereiro há superveniência de lei penal gravosa, esta lei não se aplica.

Atenção! O art. 4º do CP não interfere no termo inicial do prazo prescricional, eis que a prescrição submete-se aos critérios próprios do art. 111 do CP, qual seja, teoria do resultado (o marco inicial da prescrição é o momento da consumação do delito), assim como o período de decadência, que tem regras próprias que são estudadas na ação penal.

CUIDADO: crimes permanentes e crimes continuados: consideram-se consumados na data de encerramento da conduta criminosa (ex.: sequestro). Nesses casos, o agente responderá, segundo a Súmula 711 do STF, pela lei vigente ao término da privação da liberdade da vítima, mesmo que mais severa ao agente.

1.5.4. Lugar do crime

Existem três teorias acerca do lugar do crime:

- **atividade:** lugar do crime é aquele em que ocorreu a conduta;

- **resultado:** lugar do crime é aquele em que ocorreu a produção do resultado;

- **ubiquidade ou mista:** lugar do crime é aquele em que ocorreu qualquer dos momentos do *iter criminis* – conduta ou resultado –, ou seja, será tanto no lugar da prática dos atos executórios quanto no da consumação.

O Código Penal adotou a teoria da ubiquidade ou mista, de acordo com o art. 6º.

Para que serve e quando se aplica? Erro comum consiste em supor que serve para estabelecer o foro competente. Não interfere na competência territorial. O foro competente está previsto no art. 70 do Código de Processo Penal, e vale o princípio/teoria do resultado.

Tem relevância para os crimes à distância, quanto à aplicação da lei brasileira, pois quanto ao crime à distância o "iter criminis" atinge o território de dois ou mais países.

1.5.5. Lei penal no espaço

Em regra, aplica-se a lei brasileira, sem prejuízo de convenções, tratados e regras de direito internacional, ao crime cometido no território nacional. É o princípio da territorialidade.

O Brasil adotou o princípio da territorialidade temperada (mitigada), tendo em vista que nos crimes ocorridos dentro do território nacional se aplica a lei brasileira, exceto nos crimes previstos em Tratados e Convenções Internacionais.

O que afasta a incidência da lei penal brasileira é um aspecto pessoal, chamado imunidade.

I- **Imunidade diplomática**: atinge todas as pessoas vinculadas aos agentes diplomáticos. Abrange: agentes diplomáticos + familiares + séquito (funcionários que atuam diretamente na missão diplomática).

Quem pode ser considerado agente diplomático? Chefe de Estado; Chefe de Governo; Embaixadores; Representantes de organismos internacionais (ONU, OEA, OTAN); Papa (*é chefe de Estado do Vaticano); Núncio apostólico (Representante diplomático do Estado do Vaticano).

✓ Caraterísticas:

- Tem caráter absoluto: abrange toda e qualquer infração penal. Os crimes serão julgados pelo seu país de acordo com a sua lei;

- É possível renunciar à imunidade diplomática que é realizada pelo país que o agente representa (não é o portador quem pode renunciar, mas o país por ele representado).

II- **Imunidade consular**: é mais restrita. O cônsul e seus funcionários (seus familiares, portanto, estão excluídos) possuem imunidade relativa, pois a imunidade ocorre apenas nos delitos funcionais, respondendo pelos demais delitos praticados no Brasil pela lei brasileira.

CUIDADO!!! Para fins penais, dentro da embaixada de outro país no Brasil, o território é brasileiro, e, portanto, crime cometido dentro da embaixada por pessoa que não possui imunidade diplomática é julgado por lei brasileira.

Conceito de território nacional: todo o espaço em que o Brasil exerce a sua soberania. Pode ser: físico; marítimo – mar territorial compreende faixa de 12 milhas marítima de largura – e aéreo – espaço subjacente ao território físico;

Atenção: outras imunidades:

I) Imunidade parlamentar absoluta: os parlamentares possuem imunidades absolutas, que também são chamadas de penais ou materiais, eis que deputados federais e senadores são invioláveis civil e penalmente por quaisquer de suas opiniões, palavras e votos, desde que haja relação com a sua função, mesmo que fora do Congresso Nacional, não podendo sequer inquérito policial ser instaurado. Cuidado que terceira pessoa que pratica o delito conjuntamente, se não for parlamentar, responderá pelo crime (Súmula 245 do STF).

Essa imunidade se inicia com a diplomação e se estende até o término do mandato. Caso o parlamentar esteja afastado, por estar exercendo função de Ministro, por exemplo, perde a imunidade material e processual, que será abaixo estudada.

II) Imunidade Parlamentar Relativa: é também chamada de processual ou formal, pois diz respeito à prisão em flagrante e à ação penal.

Deputados federais e senadores só podem ser presos em flagrante por crime inafiançável, sendo que o auto de prisão em flagrante deve ser remetido à respectiva Casa no prazo de 24 horas, para que se decida se mantém ou não a prisão, pelo voto da maioria de seus membros.

Antes do trânsito em julgado, deputados federais e senadores não podem ser presos em flagrante por crime afiançável, tão pouco presos temporária ou preventivamente por crime afiançável ou inafiançável, não cabendo sequer prisão civil ou administrativa. A única prisão que podem sofrer é decorrente de sentença penal transitada em julgado, ou, como outrora mencionado, em flagrante por crime inafiançável.

Em relação à ação penal, poderá haver instauração de inquérito policial ou oferecimento de ação penal contra deputado federal ou senador pelo PGR, e o STF pode receber a denúncia independentemente de licença da Casa a qual pertence o parlamentar.

Porém, recebida a denúncia nos crimes praticados após a diplomação, o STF comunica a respectiva Casa que, a pedido de um partido político que tenha representação no Congresso Nacional, pode pedir a suspensão do processo pela maioria dos votos dos membros da Casa legislativa. Suspenso o processo, a prescrição penal também fica suspensa até o término do mandato.

Se o crime foi praticado antes da diplomação, o STF terá a competência para o julgamento, mesmo que se trate de contravenção Penal ou crime doloso contra a vida (o STF só não julga crimes eleitorais, que são julgados pelo TSE), devendo qualquer instância do Poder Judiciário enviar os autos ao STF, e o parlamentar não terá imunidade processual, quer no tocante à ação penal, quer no tocante à prisão.

Vale lembrar uma vez mais que as imunidades parlamentares não se estendem aos envolvidos. Se o mandato se encerrar antes do processo, o STF devolve os autos à Justiça Comum Estadual ou Federal, sem prejuízo dos atos praticados, que são considerados válidos.

III) Imunidade de Deputado Estadual: são as mesmas dos deputados federais. A única diferença é que o julgamento é proferido pelo TJ ou TRF de seu Estado e pelo TRE.

IV) Imunidade de Vereador: os vereadores só possuem imunidade material na circunscrição de seu Município. Fora dele, não há qualquer imunidade.

V) Imunidade do Presidente da República: o Presidente tem imunidade formal em relação à prisão e à ação penal.

Em relação à prisão, não pode ser preso cautelarmente (flagrante, preventiva ou temporária) em hipótese alguma, seja por crime afiançável ou inafiançável, pouco importando se o crime foi praticado antes ou depois da diplomação.

Só pode ser preso em caso de sentença penal condenatória transitada em julgado.

Em relação à ação penal, o Presidente não pode ser processado por crimes que cometeu antes do exercício do mandato, tão pouco pelos que cometer em seu exercício, e que não tenham relação com as suas funções de Presidente.

Porém, essa imunidade é temporária, e só dura enquanto perdurar o mandato, sendo processado posteriormente por crimes não funcionais.

Por crime de responsabilidade, que gera a perda do mandato e a proibição de exercer política no prazo de 8 anos, qualquer cidadão pode oferecer denúncia à Câmara dos Deputados, que pode recebê-la por 2/3 de seus membros e enviar ao Senado, responsável pelo julgamento do impeachment.

Nos crimes comuns, se funcionais e praticados no exercício do mandato, o julgamento é realizado pelo STF, que precisa de autorização de 2/3 dos membros da Câmara dos Deputados para receber ou não a denúncia ou a queixa. Recebida a denúncia, o presidente fica suspenso de seu mandato por 180 dias, e o processo continua tramitando.

VI) Imunidade dos Governadores: Se houver previsão na Constituição Estadual, terão imunidade processual, igual do Presidente, no tocante à ação penal. Porém, não tem imunidade referente à prisão!

1.5.5.1. Territorialidade por extensão

Está previsto no art. 5º, § 1º, do CP: "Para os efeitos penais, consideram-se como extensão do território nacional as embarcações e aeronaves brasileiras, de natureza pública ou a serviço do governo brasileiro onde quer que se encontrem, bem como as aeronaves e embarcações brasileiras, mercantes ou de propriedade privada, que se achem, respectivamente, no espaço aéreo correspondente ou em alto-mar".

1.5.6. Extraterritorialidade

Conforme explicado na exceção ao princípio da territorialidade, é possível que alguém, ainda que tenha praticado crime no território brasileiro, não responda pela lei penal brasileira (**intraterritorialidade**). Mas é também possível que alguém cometa o crime fora do território nacional e, nesse caso, poderá responder pela lei brasileira (**extraterritorialidade**).

Existem duas espécies de extraterritorialidade de acordo com o art. 7º do Código Penal:

a) **Incondicionada** (inciso I c.c. § 1º): aplica-se a lei brasileira sem que para isso tenha a exigência de qualquer requisito. Fora as quatro hipóteses do art. 7º, inciso I, do CP, a lei de tortura (Lei 9455/1997), em seu art. 2º, prevê também a hipótese de extraterritorialidade incondicionada, que ocorrerá quando o brasileiro for vítima de tortura fora do país ou quando o torturador, após o crime, estiver sob jurisdição brasileira;

b) **Condicionada** (inciso II c.c. § 2º e § 3º): para que a lei penal brasileira possa ser aplicada, necessário o preenchimento dos requisitos estampados no § 2º, do art. 7º, do CP.

Temos ainda a hipótese da extraterritorialidade hipercondicionada, assim chamada pois quando o estrangeiro comete crime contra brasileiro fora do território nacional, além das condições estabelecidas no art. 7º, § 2º do Código Penal, devemos somá-los aos requisitos preceituados no § 3º do art. 7º do CP.

1.5.6.1.Princípios para a aplicação da extraterritorialidade:

1º) Justiça Penal Universal ou Cosmopolita – em crimes de extrema gravidade, o agente deve ser punido em qualquer lugar em que ele se encontre, independentemente de sua nacionalidade ou do local do fato. Exemplo: crimes contra a humanidade, como o genocídio, por exemplo (art. 7º, I, "d" e II, "a").

2º) Real, da Proteção ou da Defesa – refere-se a violações a bens jurídicos nacionais de caráter público (art. 7º, I, "a", "b", "c").

3º) Nacionalidade ou Personalidade – a lei brasileira aplica-se quando o sujeito ativo ou passivo for brasileiro (art. 7º, II, "b", § 3º).

4º) Representação ou da Bandeira – refere-se a fatos ocorridos a bordo de embarcações ou aeronaves brasileiras em território estrangeiro, quando forem privadas, e no estrangeiro não forem julgados (art. 7º, II, "c").

1.5.7. Art. 8º do Código Penal – princípio do "non bis in idem"

"A pena cumprida no estrangeiro atenua a pena imposta no Brasil pelo mesmo crime, quando diversas, ou nela é computada, quando idênticas".

Para se evitar que o agente seja punido duas vezes pelo mesmo fato, como se observou na extraterritorialidade incondicionada, o CP adotou esse princípio. Portanto, até nesse caso, não haverá o "bis in idem".

As penas serão descontadas quando forem iguais ou semelhantes à pena brasileira, e atenuada quando for pena diferente da pena aplicada no Brasil. Nos dois casos, a pena deve ter sido cumprida no estrangeiro.

1.5.8. Art. 9º do Código Penal – eficácia da sentença penal estrangeira.

A sentença estrangeira, quando a aplicação da lei brasileira produz na espécie as mesmas consequências, pode ser homologada no Brasil para:

I - obrigar o condenado à reparação do dano, a restituições e a outros efeitos civis;

II - sujeitá-lo a medida de segurança.

Parágrafo único - A homologação depende:

a) para os efeitos previstos no inciso I, de pedido da parte interessada;

b) para os outros efeitos, da existência de tratado de extradição com o país de cuja autoridade judiciária emanou a sentença, ou, na falta de tratado, de requisição do Ministro da Justiça.

Desde a EC 45, a função de homologar sentença penal de natureza estrangeira é do STJ.

Efeitos para a sentença penal estrangeira ser homologada:

a) efeitos civis da condenação;

b) para que aqui seja executada medida de segurança, lembrando que aqui só cabe medida de segurança contra inimputável e semi-imputável (art. 26 do CP).

IMPORTANTE! Quando o outro país quiser que pessoas estrangeiras residentes aqui cumpram pena, deve pedir a extradição.

Para gerar reincidência no Brasil, a sentença penal estrangeira transitada em julgado em outro país não precisa de homologação (é necessário juntar documento comprovando a sentença transitada em julgado devidamente traduzido por tradutor juramentado).

Para o cumprimento da pena o país pede a extradição, lembrando que o Brasil não extradita brasileira nato.

1.5.9. Contagem de prazo

O art. 10 do CP estabelece a regra de contagem de prazo: "O dia do começo inclui-se no cômputo do prazo. Contam-se os dias, os meses e os anos pelo calendário comum".

Portanto:

a) computa-se o dia do começo como o primeiro dia do prazo;

b) exclui-se o dia do final.

c) o prazo penal não se prorroga – mesmo que termine em domingo ou feriado, não se estica ao primeiro dia útil subsequente. Portanto, esse prazo é fatal.

d) pode ser interrompido e suspenso. Exemplo: prescrição é prazo penal.

ATENÇÃO: Sujeito condenado a um mês de prisão: se foi preso em fevereiro, ficará preso 28 dias. Se foi preso em maio, ficará preso durante 31 dias.

No CPP, no art. 798, § 1º, e na súmula 310 do STF, utilizam-se as seguintes regras:

a) exclui-se o dia do começo – o primeiro dia do prazo processual é o primeiro dia útil seguinte ao dia do começo. Exemplo: a parte é intimada na quarta-feira, véspera de feriado prolongado. Segunda-feira será o 1º dia do prazo processual. Se fosse penal, a quarta-feira seria o 1º dia do prazo.

b) terminando em domingo ou feriado, prorroga-se para o próximo dia útil – se terminar no domingo, prorroga-se o prazo para segunda-feira.

Prazo penal é todo aquele cujo decurso acarreta a extinção da punibilidade. Não importa se está previsto no CPP ou no CP.

1.4.10. Art. 11 do CP – Frações não computáveis na pena

"Desprezam-se, nas penas privativas de liberdade e nas restritivas de direitos, as frações de dia, e, na pena de multa, as frações de cruzeiro".

Para penas privativas de liberdade e pecuniária não são consideradas (computadas) as frações de dia e de valor monetário.

1.4.11. Art. 12 do CP – Legislação especial: incorporação do princípio da especialidade

"As regras gerais deste Código aplicam-se aos fatos incriminados por lei especial, se esta não dispuser de modo diverso".

1.4.11.1. "Conflito aparente de normas"

Ocorre quando duas ou mais normas aparentemente se aplicam ao mesmo fato. Entretanto, na realidade, só uma delas tem incidência.

Pressupostos para a existência do conflito aparente de normas:

- Unidade de fato: o fato deve ser único, se não for haverá concurso de crimes;

- Incidência aparente de dois ou mais tipos penais: porque não pode ser real e efetiva, porque o mesmo fato não pode figurar duas vezes como mesmo crime – princípio do *non bis in idem*.

- Vigência simultânea das leis penais: se não ocorrer, ocorre o instituto de conflito de leis penais no tempo.

Para saber qual norma tem incidência, deve-se utilizar os princípios da especialidade, subsidiariedade, consunção e da alternatividade. Portanto, são quatro os princípios que vão nos dizer qual norma tem incidência. São eles:

A) **Especialidade**: Pressupõe uma relação gênero-espécie. Exemplo: relação que se desenvolve entre o tipo penal do art. 121 do CP e art. 123 do CP. Art. 121 é gênero. Art. 123 é espécie. A especialidade ocorre quando um tipo penal apresenta as mesmas elementares do outro, acrescido de elementos especializantes. Todo ato que configura o tipo especial também configura o geral, mas o inverso não é verdadeiro. Geralmente identificamos o princípio da especialidade pela existência do mesmo verbo núcleo do tipo penal nos dois delitos.

B) **Subsidiariedade**: Pressupõe relação continente-conteúdo. Um tipo estará contido no outro. Ocorre quando os tipos penais descrevem diferentes graus de violação do mesmo bem jurídico. O tipo que descreveu o maior grau de violação será o tipo primário, e aquele que contiver o menor grau de violação será o tipo subsidiário. Solução: o tipo primário prevalece sobre o tipo famulativo. Característica interessante: tipo primário é mais grave. Se por qualquer motivo o tipo primário não puder ser aplicado, incide o tipo subsidiário (soldado de reserva – expressão de Nelson Hungria).

A subsidiariedade divide-se em duas espécies:

I- Expressa: ocorre quando o tipo se autoproclama subsidiário. Referência está localizada no preceito secundário. Exemplo: art. 132 do CP – periclitação da vida ou saúde alheia. Ressalva: "quando o fato não constitui crime mais grave". Somente aplica se a conduta não configurar tipo penal mais grave.

II- Tácita ou implícita: é aquela em que se verifica mais claramente o conceito de continente e conteúdo. Ocorre quando um tipo penal figura como elementar (*caput* – dados essenciais) ou como circunstância de outro (acessório que reflete na pena).

C) **Consunção Ou Absorção**: pressupõe uma relação meio-fim, ou seja, o crime funciona como meio necessário, ato de preparação, ato de execução de conduta anterior ou posterior de outro delito.

O crime-fim absorve o crime-meio.

Exemplo: sujeito decide furtar objeto de interior de residência, para tanto realiza violação de domicílio. Furto absorverá o crime de violação de domicílio.

Ocorre a aplicação do princípio da consunção no crime progressivo, na progressão criminosa, no *ante factum* não punível, no *post factum* não punível e no crime complexo.

Qual a diferença entre o crime progressivo e a progressão criminosa? É o dolo.

Na progressão criminosa o sujeito muda a sua intenção. Objetivo inicial era o crime-meio, entretanto o que era fim torna-se meio para realizar outro crime.

D) **Alternatividade:** quando se aplica? É aplicado sempre que se está diante de um tipo misto alternativo ou crime de conduta mista.

Tipo misto alternativo – é aquele tipo penal que possui mais de um verbo nuclear alternativamente relacionado. Exemplos: Tráfico de drogas (art. 33, *caput* da Lei 11.343) e receptação (art. 180 do CP). O tipo é composto por vários verbos.

Se o sujeito incorre em mais de um verbo quantos crimes pratica? Sujeito pratica, como regra, um único crime. O sujeito que adquire um carro furtado, transporta o veículo e depois o oculta em uma determinada localidade comete apenas um único crime.

2. TEORIA DO CRIME

2.1. Infração penal

Infração penal é gênero, do qual são espécies: I) crime ou delito e II) contravenção penal.

De acordo com o art. 1º da Lei de Introdução ao Código Penal: "Considera-se crime a infração penal a que a lei comina pena de reclusão ou de detenção, quer isoladamente, quer alternativa ou cumulativamente com a pena de multa; contravenção, a infração penal a que a lei comina, isoladamente, pena de prisão simples ou de multa, ou ambas, alternativa ou cumulativamente".

2.2. Conceito de crime

Há três conceitos doutrinários sobre o crime: conceito material, formal e analítico de crime.

- **Conceito material:** é a lesão ou exposição a perigo de bens jurídicos fundamentais para a vida em sociedade.

- **Conceito formal:** é a conduta abstrata descrita no tipo.

- **Conceito analítico (ou estratificado):** enquanto alguns doutrinadores afirmam que crime é fato típico, antijurídico e culpável (teoria tricotômica ou tripartida), outros entendem que crime é fato típico e antijurídico, colocando a culpabilidade como pressuposto para a aplicação da pena (teoria dicotômica ou bipartida).

Para os que adotam a primeira teoria, se alguém que realiza a conduta típica e antijurídica não tiver culpabilidade, não praticou crime; já para os adeptos da segunda teoria, se o agente não foi culpável, ele não merece pena, embora tenha praticado crime.

2.3. Classificação doutrinária dos crimes

- **Comuns:** aqueles que podem ser praticados por qualquer pessoa. (Exemplo: homicídio, roubo, estupro).

- **Próprios:** exigem qualidade especial do sujeito ativo (sujeito ativo qualificado). (Exemplo: infanticídio, peculato).

- **De mão própria (de atuação pessoal ou conduta infungível):** só podem ser cometidos pelo sujeito em pessoa, não havendo coautor (Exemplo: falso testemunho).

- **De dano:** para a consumação, é necessária a efetiva lesão do bem jurídico.

- **De perigo:** a consumação se dá com a simples possibilidade do dano.

- **Materiais:** é imprescindível a ocorrência do resultado desejado pelo agente (exemplo: homicídio)

- **Formais (de consumação antecipada, de evento naturalístico cortado ou tipo penal incongruente):** consumam-se independentemente da ocorrência do resultado (se este ocorrer, haverá exaurimento) (Exemplos: sequestro, extorsão mediante sequestro).

- **De mera conduta:** são aqueles em que não há resultado naturalístico.

- **Comissivos:** praticados mediante ação. (Exemplos: roubo, furto, homicídio)

- **Omissivos:** praticados mediante omissão; podem ser próprios (basta a abstenção do ato, independente de resultado posterior) ou impróprios ou comissivos por omissão (em decorrência da omissão, há a produção de resultado posterior que o vincula). (Exemplos: omissão de socorro, abandono material).

- **Instantâneos:** consumam-se em um único momento.

- **Permanentes:** são aqueles em que o momento consumativo alonga-se, prolonga-se, protrai-se no tempo (Exemplo: extorsão mediante sequestro).

- **Instantâneos de efeitos permanentes:** são crimes que, embora instantâneos, têm suas consequências protraídas no tempo (Exemplo: bigamia).

- **Simples:** apresenta tipo penal único.

- **Complexos:** compõem-se de dois ou mais tipos penais (Exemplos: roubo, extorsão mediante sequestro).

- **Unissubsistentes:** são aqueles que se perfazem em um único ato (não admitem tentativa) (Exemplo: ameaça).

- **Plurissubsistentes:** são aqueles que se perfazem com vários atos (admitem tentativa).

- **Monossubjetivos ou unissubjetivos:** são aqueles que podem ser cometidos por um único agente.

- **Plurissubjetivos:** exigem mais de um autor.

- **Culposos:** o sujeito dá causa ao resultado (de forma involuntária) por imprudência, negligência ou imperícia.

- **Dolosos:** quando o agente quer ou assume o risco de produzir o resultado.

- **Preterdolosos:** a ação causa um resultado mais grave que o pretendido pelo agente; há dolo no antecedente e culpa no consequente.

- **Simples:** é o descrito na forma típica fundamental.

- **Privilegiados:** quando o legislador agrega ao tipo fundamental circunstâncias que diminuem a pena.

- **Qualificados:** quando o legislador agrega circunstâncias à figura típica que aumentam a pena.

- **Qualificados pelo resultado:** são aqueles aos quais o legislador acrescenta um resultado que aumenta a sanção abstratamente imposta no preceito secundário.

- De ação múltipla ou de conteúdo variado: o tipo penal descreve diversas modalidades de condutas.

- De forma livre: admite-se qualquer meio de execução.

- De forma vinculada: o modo de execução é descrito pela norma.

- Habitual: a conduta criminosa é praticada de forma reiterada.

- A distância (ou de espaço máximo): a execução do crime ocorre em um país e o resultado em outro.

2.4. Fato típico

Diante da teoria finalista, dividimos o fato típico para o crime doloso e para o crime culposo.

Os delitos dolosos materiais possuem os seguintes elementos no fato típico: conduta dolosa; resultado; nexo causal ou relação de causalidade (incluída a imputação objetiva); e tipicidade. Os delitos formais e de mera conduta não exigem resultado naturalístico, razão pela qual o fato típico é composto pela conduta e pela tipicidade.

Já os crimes culposos, possuem conduta voluntária, resultado involuntário, nexo causal, tipicidade, quebra do dever de cuidado e previsibilidade objetiva do resultado.

2.4.1. Conduta

É a ação ou omissão humana, voluntária e consciente, dolosa ou culposa, dirigida a uma finalidade.

2.4.1.1. Ação ou omissão

- Crimes praticados por ação: são aqueles em que a conduta é positiva, e que se manifesta por um movimento corpóreo. A maioria dos crimes tipificados no ordenamento penal pátrio descrevem condutas positivas, os chamados crimes comissivos.

- Crimes praticados por omissão: omissão consiste em "não fazer algo", ou comportamento negativo (tipificado por lei penal preceptiva – exige a ação). O agente "deixa de fazer algo que a lei determina" e "que deveria ser feito no caso concreto"; Consiste, assim, na abstenção de uma ação, punindo o legislador, aquele que se omite.

Os crimes praticados pela omissão se dividem em:

- crimes omissivos próprios ou puros – são as hipóteses em que o legislador descreve uma conduta omissiva, devendo o agente agir para não violar o tipo penal. Dessa forma, a lei pune o indivíduo apenas porque não cumpriu o comando da norma, sem atrelar qualquer resultado posterior lesivo;

- crimes omissivos impróprios (ou impuros, ou comissivos por omissão) – o agente se omite, mas há dever jurídico de agir de sua parte, e ocorre um resultado naturalístico (que deveria ser evitado pelo agente) que o vincula; o agente tem o dever jurídico de agir para evitar o resultado lesivo, respondendo por este se não o evitar. Os crimes omissivos impróprios estão descritos no art. 13, § 2º, do CP, incorrendo nas seguintes hipóteses:

a – quando o agente "tenha por lei obrigação de cuidado, proteção ou vigilância";

b – quando o agente "de outra forma, assumiu a responsabilidade de impedir o resultado";

c – quando o agente, "com o seu comportamento anterior, criou o risco da ocorrência do resultado".

2.4.1.2.Voluntariedade

A voluntariedade se dá naquela conduta que não ocorreu qualquer força exterior que tenha determinado essa ação ou omissão. É assim voluntária a conduta em que o agir ou o não agir tenha derivado da vontade do agente. Essa vontade, entretanto, não é a de causar um resultado, mas sim de poder ou não agir.

2.4.1.3. Consciência

Somente atos realizados de forma consciente merecem reprovação penal. Assim, a conduta de quem age sem consciência será penalmente irrelevante (atípica).

2.4.1.4.Dolo ou culpa

A conduta, para ser típica, deve ser dolosa ou culposa. Isso se deve à teoria finalista da ação, adotada pelo Código Penal. Dessa feita, se não há dolo ou culpa por parte do agente, a conduta será atípica.

- Fato típico doloso

O crime será doloso "quando o agente quis o resultado ou assumiu o risco de produzi-lo", de acordo com o art. 18, I do Código Penal.

✓ **Teorias:**

- teoria da representação: para existir dolo basta a antevisão do resultado;

- teoria do assentimento ou consentimento: para existir dolo é necessário que o agente, antevendo o resultado, assuma o risco de produzi-lo;

- teoria da vontade: somente há dolo quando o agente antevê e quer o resultado.

O Código Penal adotou a teoria da vontade para o dolo direto, e a teoria do assentimento ou do consentimento em relação ao dolo eventual.

✓ **Espécies de dolo**

O dolo pode ser direto (determinado) e indireto (indeterminado):

- dolo direto: ocorre quando o agente quer produzir um resultado determinado (teoria da vontade);

- dolo indireto: ocorre quando o agente quer produzir um ou outro resultado com a mesma intensidade (dolo alternativo) e quando o agente, embora não queira o resultado, aceita o risco de produzi-lo (dolo eventual);

- dolo de dano: ocorre quando o agente quer ou assume o risco de causar lesão a um bem jurídico;

- dolo de perigo: ocorre quando o agente quer ou assume o risco de expor o bem jurídico a um perigo de lesão.

✓ **Fato típico culposo**

O crime será culposo "... quando o agente deu causa ao resultado por imprudência, negligência ou imperícia", nos moldes do art. 18, II, do Código Penal.

O fato típico é culposo, portanto, quando o agente dá causa, involuntariamente, a um resultado, em razão de descumprimento, desatenção, por não observar o dever geral de cuidado (por negligência, imprudência ou imperícia).

A culpa só pode ser punida se houver previsão expressa.

✓ **Elementos do fato típico culposo**: conduta (sempre voluntária); resultado involuntário; nexo causal; tipicidade; previsibilidade objetiva (a antevisão do resultado por uma pessoa dotada de prudência e discernimento); ausência de previsão (cuidado: na culpa consciente inexiste esse elemento); inobservância do dever objetivo de cuidado.

✓ **Previsibilidade**

Lembre-se de que a previsibilidade pode ser objetiva ou subjetiva.

Na previsibilidade objetiva, a antevisão do resultado se dá por pessoa dotada de prudência e discernimento (aquela que se espera de um homem médio); a ausência de previsibilidade objetiva torna o fato atípico.

Quanto à previsibilidade subjetiva, diz respeito às aptidões pessoais do sujeito, analisando se tinha condições de antever o resultado. Impende destacar que a ausência de previsibilidade subjetiva exclui a culpabilidade.

✓ **Inobservância do dever objetivo de cuidado**

A inobservância do dever objetivo de cuidado pode se dar por imprudência, negligência e imperícia, sendo estas as modalidades de culpa (art. 18, II, do CP):

- imprudência: ocorre quando o agente age sem cautela (a culpa ocorre durante a prática da conduta);

- negligência: o agente omite a cautela exigida;

- imperícia: é a falta de conhecimento técnico, teórico ou prático para o exercício de profissão ou atividade.

✓ **Espécies de culpa**

Temos duas espécies de culpa: inconsciente (ou culpa sem previsão ou propriamente dita) e consciente (também denominada culpa com previsão).

- **culpa inconsciente**: é a culpa sem previsão. O agente age sem prever que o resultado possa ocorrer, embora fosse previsível;

- **culpa consciente**: é a culpa com previsão do resultado. Assim, o agente prevê o resultado, mas não o quer e nem assume o risco de produzi-lo, acreditando, que irá evitá-lo ou que o resultado não ocorrerá, pois confia na habilidade, mas produz o resultado por imprudência, negligência ou imperícia.

2.4.2. Resultado

Duas teorias são empregadas no que diz respeito ao resultado.

- **Teoria naturalística:** o resultado é a transformação que a conduta criminosa provoca no mundo exterior; para essa teoria, há crimes sem resultado.

- **Teoria jurídica ou normativa:** o resultado é a lesão (dano) ou ameaça de lesão a um bem jurídico penalmente tutelado pelo ordenamento, ou seja, o resultado é aferido pela ofensividade ou lesividade que a conduta apresenta a um bem jurídico.

Assim, **há crime sem resultado naturalístico**, todavia, **não há crime sem resultado jurídico**.

De acordo com a teoria naturalística (quanto ao resultado naturalístico), os crimes podem ser materiais, formais ou de mera conduta. E de acordo com a teoria jurídica ou normativa (quanto ao resultado jurídico ou normativo), os crimes podem ser de dano e de perigo.

2.4.3. Nexo de causalidade

É o vínculo que une a conduta e resultado naturalístico, estabelecendo nexo de causalidade.

2.4.3.1. Teoria da equivalência dos antecedentes causais

O Código Penal adotou, no art. 13, *caput*, 2ª parte, a **teoria da equivalência dos antecedentes causais** (ou *conditio sine qua non*): "...Considera-se causa a ação ou omissão sem a qual o resultado não teria ocorrido". Ou seja, é considerada causa de um crime toda conduta que contribui para a produção do resultado. Essa teoria é complementada pelo procedimento hipotético de eliminação.

2.4.3.2. Superveniência de causa relativamente independente – art. 13, § 1º, do Código Penal.

A superveniência de causa relativamente independente exclui a imputação quando, por si só, produziu o resultado; os fatos anteriores, entretanto, imputam-se a quem os praticou.

2.4.3.3. Causalidade na omissão

Conforme anteriormente aduzido, o estudo do nexo causal só tem importância nos crimes cuja consumação depende de resultado naturalístico: crimes materiais e crimes omissivos impróprios.

Nos crimes omissivos impróprios, o nexo de causalidade não se estabelece no plano físico, material, isso porque a omissão, fisicamente, nada produz. No plano omissivo, o nexo de causalidade é jurídico ou normativo, ou seja, o agente responde pelo resultado **não porque o causou**, e sim porque **não o evitou**, daí porque somente responde pelo resultado aquele que tinha o **dever jurídico** de impedir a sua produção.

2.4.4. Tipicidade

Trata-se de estabelecer a ligação de um fato concreto a um tipo penal (contido na norma penal incriminadora), ou seja, é ligar a conduta praticada por alguém ao tipo penal. Se isso ocorrer, o fato é típico; senão, o fato se revela atípico.

Assim, podemos conceituar tipicidade como o enquadramento da conduta praticada pelo sujeito ativo à definição típica legal (tipicidade formal), relacionando-a com a lesão ou perigo de lesão ao bem penalmente tutelado (tipicidade material). Esse processo, pelo qual se faz a ligação fato-tipo, denomina-se adequação típica.

2.5. Iter criminis

2.5.1. Crime consumado: De acordo com o art. 14, I, do CP, o crime estará consumado quando a conduta do agente encontra integral correspondência com o tipo penal. Realizando todos os elementos da definição típica legal, o crime atingiu a consumação.

2.5.2. Crime tentado

2.5.2. Crime tentado: De acordo com o art. 14, II, do CP, o crime se considera tentado quando, iniciada a execução, não se consuma por circunstâncias alheias à vontade do agente.

2.5.3. Espécies de tentativa

- Imperfeita ou propriamente dita: o agente, por circunstâncias alheias à sua vontade, não consegue realizar todos os atos executórios, sendo impedido de prosseguir na execução do crime.

- Perfeita ou crime falho: ocorre quando o agente pratica todos os atos de execução que tinha ao seu dispor; todavia, o crime não se consuma por circunstâncias alheias à sua vontade.

- Branca ou incruenta: ocorre quando a vítima não é atingida; pode ser perfeita ou imperfeita.

- Abandonada: é a denominação dada pela doutrina às hipóteses de desistência voluntária e arrependimento eficaz (art. 15 do CP).

- Inadequada, inidônea, impossível ou quase-crime: é a denominação dada pela doutrina às hipóteses de crime impossível (art. 17 do CP).

2.5.4. Infrações penais que não admitem tentativa

Contravenções penais, crimes culposos, crimes preterdolosos, crimes omissivos próprios, crimes habituais, crimes unissubsistentes e crimes de atentado.

2.5.5. Desistência voluntária e arrependimento eficaz

São denominadas, pela doutrina, tentativa abandonada ou qualificada, estando previstas no art. 15 do CP.

Ocorre a desistência voluntária quando o agente voluntariamente interrompe a execução do crime. Essa figura exige que a desistência ocorra em meio à prática dos atos executórios, não podendo ter finalizado a conduta. Nesse caso, como desistiu voluntariamente de prosseguir (desistiu porque quis, mas poderia prosseguir, se quisesse), não irá responder por tentativa do crime que estava praticando, mas apenas pelos atos já praticados, se puníveis.

Já no arrependimento eficaz, o agente esgota todos os meios executórios, mas antes da consumação, impede voluntariamente o resultado, evitando a sua produção, de acordo com o art. 15, 2ª parte do CP.

2.5.6. Arrependimento posterior

Nos crimes cometidos sem violência ou grave ameaça à pessoa, reparado o dano ou restituída a coisa, até o recebimento da denúncia ou da queixa, por ato voluntário do agente, a pena será diminuída de um a dois terços, conforme art. 16 do Código Penal. Trata-se de causa obrigatória de redução da pena que exige os seguintes requisitos:

- crimes sem violência ou grave ameaça à pessoa;

- reparação integral do dano ou restituição integral da coisa;

- ato voluntário do agente;

- até o recebimento da inicial pelo juiz (se posterior, incide a circunstância atenuante do art. 65, II, *b*, do CP).

2.5.7 Crime impossível: Trata-se da denominada tentativa inadequada, inidônea, impossível ou quase-crime. De acordo com o art. 17 do CP, não haverá tentativa (o fato será atípico) se, por ineficácia absoluta do meio empregado ou por impropriedade absoluta do objeto, for impossível consumar o delito.

2.6. Erro de tipo

O erro de tipo se divide em duas espécies: essencial e acidental.

✓ O erro de tipo essencial pode ser:

- Erro de tipo essencial incriminador: ocorre quando o agente pratica um fato tido como criminoso em razão de erro que versa sobre uma elementar do tipo conforme art. 20 do CP. O erro de tipo inevitável afasta dolo e culpa e o erro de tipo evitável afasta dolo, mas permite punição a título de culpa, se houver punição culposa.

- Erro de tipo essencial permissivo: ocorre quando o agente pratica um fato tido como criminoso por acreditar estar em situação legítima de excludente de ilicitude; trata-se das descriminantes putativas (legítima defesa putativa, estado de necessidade putativo, estrito cumprimento de dever legal putativo e exercício regular de direito putativo, consoante art. 20, § 1º do CP).

● O erro de tipo acidental pode ser:

- Erro sobre o objeto (*error in objecto*) – ocorre quando a conduta do agente recai sobre coisa diversa da pretendida; o erro, nesse caso, é irrelevante, devendo o agente responder pelo crime.

-Erro sobre a pessoa (*error in persona*) – ocorre quando o agente atinge pessoa diversa da que pretendia; nesse caso, para efeito de tipificação delitiva se leva em conta a vítima virtual (art. 20, § 3º do CP).

-*Aberratio ictus* – o agente, por acidente ou erro na execução, atinge pessoa diversa, e não quem realmente pretendia atingir, responde como se tivesse praticado o crime contra quem pretendia – **vítima virtual** – e não contra quem realmente praticou – **vítima real e efetiva**; no caso de também ser atingida a pessoa que pretendia, aplica-se a regra do concurso formal de delitos (art. 73 do CP).

-*Aberratio criminis* ou *aberratio delicti* – o agente, por acidente ou erro na execução, pratica crime diverso do que pretendia, responderá por culpa se houver previsão da hipótese culposa; no caso de também ocorrer o crime pretendido, aplica-se a regra do concurso formal de delitos (art. 74 do CP).

2.7. Antijuridicidade

2.7.1. Conceito

A ilicitude (ou antijuridicidade) é a contrariedade do fato com o ordenamento jurídico constituindo a lesão de um interesse penalmente protegido.

2.7.2. Excludentes de antijuridicidade

As principais causas legais de exclusão da antijuridicidade (excludentes de ilicitude) estão no art. 23 do CP. São elas:

estado de necessidade, legítima defesa, estrito cumprimento de dever legal e exercício regular de direito.

É importante destacar que não se trata de um rol taxativo, pois o Código traz outras causas que excluem a ilicitude, como se verifica, por exemplo, nos arts. 128, 150, § 3º ,156 do CP). Outras, ainda que não previstas em lei, são também admissíveis (causas supralegais).

Se há uma causa que exclui a ilicitude, embora o fato seja típico, não haverá crime pela ausência de antijuridicidade da conduta.

2.7.3. Estado de necessidade – art. 24 do CP

Ocorre o estado de necessidade quando, diante de uma situação de perigo que provoca colisão de interesses (bens) penalmente tutelados e não havendo como tutelar ambos, permite-se a proteção de um bem jurídico mediante a lesão de interesse juridicamente tutelado de outrem.

2.7.3.1. Requisitos

a) a ameaça a direito próprio ou alheio;

b) a existência de um perigo atual e inevitável;

c) a inexigibilidade do sacrifício do bem ameaçado;

d) uma situação não provocada voluntariamente pelo agente; e

e) o conhecimento da situação de fato justificante.

2.7.4. Legítima defesa – art. 25 do CP

Considera-se em legítima defesa quem, usando moderadamente dos meios necessários, repele injusta agressão, atual ou iminente, a direito seu ou de outrem.

2.7.4.1.Requisitos

Os requisitos para a configuração da legítima defesa são:

a) agressão injusta atual ou iminente;

b) agressão a direito próprio ou alheio;

c) utilização dos meios necessários para afastar a agressão ou ameaça dela; uso moderado dos meios necessários.

2.7.5. Estrito cumprimento de dever legal

A própria lei obriga um agente público a realizar condutas, momento em que lhe concede o direito de praticar fato típico que não será considerado crime, diante do dever legal. Nesse sentido, dever legal é toda obrigação direta ou indiretamente derivada de lei em sentido amplo. E se agem cumprindo estritamente esse dever legal, não poderão, evidentemente, responder por crime.

2.7.5.1.Requisitos

a) existência prévia de um dever legal;

b) conduta realizada nos estritos limites do dever;

c) conduta praticada, em regra, pelo funcionário público (admitindo-se excepcionalmente a conduta de particular).

2.7.6. Exercício regular de direito

Todo aquele que exerce um direito assegurado legalmente não pratica crime. Assim, se o ordenamento jurídico atribui determinado direito a alguém e este o exerce regularmente, o ato será lícito, excluindo-se a antijuridicidade da conduta.

2.7.7. Excesso punível

O art. 23, parágrafo único do CP, disciplina que o agente, no uso de qualquer das hipóteses de excludentes de ilicitude acima referidas, responderá pelo excesso culposo ou doloso. Assim, o uso desproporcional de força ou extrapolação de direito para evitar uma infração nos casos permitidos em lei não afastará a ilicitude do fato, devendo o autor responder pela conduta.

2.7.8. Descriminantes putativas

São excludentes de antijuridicidade imaginárias, e na maioria das vezes surgem a partir de erro que incide sobre a realidade fática, ou seja, alguém supõe, pela situação fática que está diante de legítima defesa, por exemplo.

Nesse caso, quando o erro versa sobre os pressupostos de fato de uma causa de justificação, há erro de tipo (se invencível, afasta dolo e culpa; se vencível, afasta o dolo, podendo ocorrer culpa, se prevista a modalidade culposa).

Caso a descriminante putativa surja por erro sobre a realidade jurídica, acreditando a pessoa estar abrigada por excludente de ilicitude por expressa permissão legal, haverá erro de proibição (é o denominado erro de proibição indireto), o qual, se invencível, afastará a culpabilidade, e, se vencível, operará redução de pena (art. 21, *caput*, do CP).

2.8. Culpabilidade
2.8.1. A culpabilidade

Funciona como "juízo de reprovação que recai sobre o sujeito culpado por um fato típico e antijurídico." Para a teoria bipartida, é pressuposto para a aplicação da pena, e somente haverá possibilidade de se impor pena se o fato praticado pelo agente for reprovável.

Já para a teoria tripartida do crime a culpabilidade é requisito para o crime. O Código Penal brasileiro adota a **teoria normativa pura (limitada) da culpabilidade**, que se relaciona com a teoria finalista da ação, onde dolo e culpa são alocados à conduta, e a culpabilidade é aferida verificando-se os seguintes elementos: **imputabilidade**, **potencial consciência de ilicitude** e **exigibilidade de conduta diversa**.

2.8.2. Imputabilidade

É a capacidade mental de compreender o caráter ilícito do fato e determinar-se de acordo com esse entendimento, conforme art. 26, *caput*, do Código Penal. Para que haja imputabilidade é necessário que o agente apresente as duas capacidades: intelectiva (entender o significado da conduta) e volitiva (autodeterminação).

2.8.2.1.Causas que excluem a imputabilidade

- **Inimputabilidade:** É isento de pena o agente que, por doença mental ou desenvolvimento mental incompleto ou retardado, era, ao tempo da ação ou omissão, inteiramente incapaz de entender o caráter ilícito do fato ou de determinar-se de acordo com esse entendimento.

O sistema adotado é o **biopsicológico**. Para a inimputabilidade não basta ter doença mental ou desenvolvimento mental incompleto ou retardado, é necessário que, em razão disso, o agente atue sem a capacidade intelectiva ou volitiva.

- Menoridade penal: O menor de 18 anos é considerado inimputável. Adota-se o sistema **biológico** e a presunção é absoluta. Os menores cometem atos infracionais e respondem perante a Vara da Infância e Juventude, estando sujeitos às medidas socioeducativas.

- Embriaguez acidental completa por caso fortuito ou força maior: É isento de pena o agente que, por embriaguez completa, proveniente de caso fortuito ou força maior, era, ao tempo da ação ou omissão, inteiramente incapaz de entender o caráter ilícito do fato ou de determinar-se de acordo com esse entendimento. O sistema adotado, portanto, é o **biopsicológico**.

2.8.2.2. Causas que reduzem a censurabilidade

Existem situações consideradas pelo Código Penal, que não consideram o agente inimputável, mas que terá a responsabilidade diminuída. São elas:

- Semi-imputabilidade: De acordo com o art. 26, parágrafo único, do CP, a pena pode ser reduzida de 1/3 a 2/3 se o agente, em virtude de perturbação da saúde mental ou por desenvolvimento mental incompleto ou retardado, não era inteiramente capaz de entender o caráter ilícito do fato ou de determinar-se de acordo com esse entendimento.

- Embriaguez acidental incompleta por caso fortuito ou força maior: Segundo o art. 28, § 2º, do CP, a pena pode ser reduzida de 1/3 a 2/3 se o agente, por embriaguez acidental incompleta (por caso fortuito ou de força maior), não possuía, ao tempo do crime, a plena capacidade de entender o caráter ilícito do fato ou de determinar-se de acordo com esse entendimento, aplicando-se novamente o sistema **biopsicológico**.

2.8.3. Potencial consciência de ilicitude

Para receber pena, o sujeito deve ter consciência do caráter ilícito de sua conduta. Assim, se o agente não tinha e nem poderia ter consciência de que fazia algo errado, não receberá pena, vez que estaremos diante de erro de proibição invencível, (escusável ou inevitável), que exclui a culpabilidade pela inexistência da potencial consciência de ilicitude (art. 21 do CP).

Porém, se o agente não tinha, mas podia ter, essa consciência, estaremos diante de erro de proibição vencível (inescusável ou evitável), que apenas diminui a pena (segundo o art. 21 do CP, de 1/6 a 1/3).

2.8.4. Exigibilidade de conduta diversa

Alguém somente pode ser punido se era exigível, de sua parte, conduta diversa da que adotou. Se a situação concreta espelhar inexigibilidade de conduta diversa (ou seja, qualquer pessoa, em seu lugar, adotaria idêntica conduta), não haverá culpabilidade. Em outras palavras, somente há culpabilidade do agente se este, diante da situação fática, pudesse realizar conduta diversa da que adotou.

O Código Penal brasileiro, no art. 22, traz duas situações que espelham inexigibilidade de conduta diversa, e que, portanto, isentarão o agente de pena:

a) coação moral irresistível – trata-se de coação moral irresistível, e não física (lembre-se que a coação física irresistível afasta a voluntariedade da conduta, e, portanto, nem sistível afasta a voluntariedade da conduta, e, portanto, nem haveria conduta, sendo o fato atípico). A coação moral ocorre quando uma pessoa é alvo de uma ameaça de aflição de um mal grave e injusto, desde que seja irresistível.

b) obediência a ordem não manifestamente ilegal de superior hierárquico – se a ordem é legal, não haverá crime. Se a ordem é ilegal ambos cometerão crime; se a ordem é não manifestamente ilegal, apenas o superior hierárquico responderá pelo crime, havendo isenção de culpabilidade para o inferior hierárquico.

2.9. Concurso de pessoas

É a denominação dada pelo Código Penal para definir a punição nas hipóteses em que duas ou mais pessoas se unam para a prática de uma infração penal. Insta declinar que na maioria das vezes, uma pessoa pode praticar uma infração penal sozinha. Todavia, por vezes, várias pessoas se reúnem de forma eventual para praticá-la (aqui está o concurso de pessoas, de agentes ou também chamado de codelinquência). Impende ainda esclarecer que alguns crimes só podem ser cometidos com a união dos infratores, os quais a doutrina denomina de crimes plurissubjetivos.

2.9.1. Teorias sobre o concurso de agentes

- teoria unitária, monista ou monística: todos os que contribuem para a integração de um crime respondem por ele.

- teoria dualista: os autores respondem por um crime, e os partícipes, por outro.

- teoria pluralista ou pluralística: a conduta de cada um, autor ou partícipe, deve ser analisada *de per si* e enquadrada tipicamente, havendo um crime diferente para cada um.

O Código Penal brasileiro adotou, como regra, a **teoria unitária, monista ou monística,** mas há exceções, consoante se verifica, por exemplo, nos arts. 29, § 2º, 124 e 126, 317 e 333 do CP.

2.9.2. Requisitos

- pluralidade de condutas;

- relevância causal de todas as condutas (causalidade física);

- liame subjetivo entre os agentes (causalidade psíquica) – não se exige acordo prévio, bastando que haja contribuição consciente de que contribui para a prática infracional;

- identidade de crimes para todos os envolvidos.

2.9.3. Formas do concurso de pessoas: coautoria e participação.

- Coautoria – é considerado coautor aquele que conjuntamente com o autor, realiza a conduta descrita no tipo, não havendo necessidade de praticarem a mesma conduta.

- Participação – todo aquele que concorre, de qualquer modo, para a prática do crime (sem que configure, logicamente, ato executório, porque, nesse caso, seria autor) é considerado partícipe, devendo responder pelo mesmo crime na medida da sua culpabilidade, de acordo com o art. 29 do CP. Assim, o partícipe presta auxílio material ou formal para a realização da conduta, mas em regra, não realiza a ação nuclear do tipo, vez que sua conduta é sempre acessória à do autor.

2.9.4. Teorias sobre autoria e participação

A teoria adotada pelo Código Penal brasileiro é a **teoria restritiva** (art. 29 do CP), para a qual autor é aquele que realiza a conduta descrita no tipo penal, sendo considerado partícipe todo aquele que concorre para o delito (induzindo, instigando ou auxiliando materialmente o autor) sem praticar, todavia, ato executório.

Além disso, doutrina e jurisprudência têm adotado, a par da teoria restritiva, a **teoria do domínio do fato**, a qual considera autor aquele que tem o domínio, o controle final do fato. Essa teoria considera autor também aquele que domina toda a realização delituosa, com plenos poderes para decidir sobre sua prática, interrupção e circunstâncias. Logo, adotada a teoria do domínio do fato, mandante e autor intelectual são autores, e não partícipes.

3. DAS PENAS

O art. 32 do Código Penal dispõe as seguintes espécies de penas:

I – privativas de liberdade; II – restritivas de direitos; III – multa.

3.1. Pena Privativa de Liberdade (PPL)

3.1.1. Espécies

São espécies de penas privativas de liberdade no sistema brasileiro: reclusão, detenção para os crimes (art. 33 do CP), e prisão simples para as contravenções penais (art. 5º, I, da LCP – Decreto-Lei 3.688/1941).

3.1.2. Regimes de cumprimento de pena

De acordo com os artigos 34 a 36, do CP, e artigos 110 a 119 da LEP (Lei de Execução Penal – Lei 7.210/1984), são três os regimes iniciais de cumprimento de pena: fechado, semiaberto e aberto.

3.1.2.1. Remição

O condenado que cumpre a pena em regime fechado ou semiaberto poderá remir parte do tempo de execução da pena pelo trabalho (art. 126, *caput*, da Lei 7.210/1984).

A contagem do tempo será para cada três dias de trabalho um dia de pena remida em favor do reeducando de acordo com art. 126, § 1º, II da Lei 7.210/1984.

Já a remição pelo estudo, é feita na proporção um dia de pena a cada doze horas de frequência escolar – atividade de ensino fundamental, médio, inclusive profissionalizante, ou superior, ou ainda de requalificação profissional – divididas, no mínimo, em três dias, consoante art. 126, § 1º, I da Lei 7.210/1984 e Súmula 341 do STJ.

3.1.3. Detração penal

É o abatimento do tempo de pena cumprida provisoriamente pelo réu, no Brasil ou no estrangeiro, sobre a pena privativa de liberdade ou medida de segurança, conforme estabelecido pelo art. 42 do Código Penal.

3.2. Penas Restritivas de Direitos (PRD)

As penas restritivas de direitos (PRD) são sanções autônomas (art. 44 do CP) e surgem em substituição da pena privativa de liberdade.

3.2.1. Requisitos

Os requisitos para a substituição estão previstos no art. 44 do Código Penal. São eles:

- **requisitos objetivos:** pena privativa de liberdade não superior a quatro anos (salvo crime culposo, em que não há limite); crime praticado sem violência ou grave ameaça a pessoa.

- **requisitos subjetivos:** não reincidência em crime doloso (segundo o art. 44, § 3º, do CP; todavia, ainda assim pode ocorrer a substituição se a medida for recomendável e não tiver ocorrido reincidência específica – prática do mesmo crime pelo agente); circunstâncias pessoais favoráveis.

3.2.2. Espécies de Penas Restritivas de Direitos

Se acordo com o artigo 43 do Código Penal: prestação pecuniária; perda de bens e valores; prestação de serviço à comunidade ou a entidades públicas; interdição temporária de direitos; e limitação de fim de semana.

3.3. Multa

O sistema adotado é o sistema do dia-multa (**art. 49 do CP). Por esse sistema, o juiz deve fixar primeiro** número de dias-**multa e, depois, o** valor de cada dia-**multa, atento aos seguintes parâmetros:**

- **número de dias-multa** – no mínimo, 10 e, no máximo, 360 dias-multa (utiliza-se os mesmos parâmetros usados para a fixação da pena-base, ou seja, o art. 59 do CP);

- **valor do dia-multa** – no mínimo 1/30 e, no máximo, 5 vezes o salário mínimo mensal; dependendo da situação econômica do condenado o juiz pode aumentar esse valor até o triplo (o parâmetro é a situação econômica do réu).

3.3.1. Pagamento

O pagamento da multa, segundo o art. 50 do CP, deve ser efetuado dentro de 10 dias, depois de transitada em julgado a sentença. A requerimento do condenado, poderá ser parcelado mensalmente, inclusive deduzido diretamente do salário ou vencimento do réu. É importante esclarecer que o desconto não deve incidir sobre os recursos indispensáveis ao sustento do condenado e de sua família (art. 50, § 2º, do CP).

3.4. Reincidência

Configura-se a reincidência "... quando o agente comete novo crime, depois de transitar em julgado a sentença que, no país ou no estrangeiro, o tenha condenado por crime anterior" (art. 63 do CP). Para efeitos de reincidência, "não se consideram os crimes militares próprios e políticos" (art. 64, II, do CP).

3.5. Concurso de crimes

Ocorre o concurso de crimes quando um ou mais agentes, por meio de uma ou mais condutas, pratica(m) dois ou mais delitos.

A importância do estudo desse instituto é estabelecer critérios para a aplicação das sanções. Para tanto, são utilizados dois sistemas: o do cúmulo material (acumulação ou acúmulo material), em que são somadas as penas de cada infração, e o da exasperação (aplica-se a pena da infração mais grave, ou uma delas, se iguais, acrescentando-se determinado percentual).

Há três espécies de concurso de crimes: material ou real, formal ou ideal e crime continuado.

3.5.1. Concurso material ou real de crimes

Dá-se o concurso material (ou real) quando o agente, mediante mais de uma conduta, pratica dois ou mais crimes, idênticos ou não. Nesse caso, aplica-se o sistema da cumulação ou cúmulo material de penas (as penas de cada infração serão somadas).

3.5.2. Concurso formal ou ideal

Dá-se o concurso formal (ou ideal), que tem previsão no art. 70 do Código Penal, quando o agente, mediante uma só conduta, pratica dois ou mais crimes, idênticos ou não.

3.5.2.1.Classificação ou espécies

- **Concurso formal próprio ou perfeito** – é aquele que o agente, com uma conduta, pratica dois ou mais crimes, idênticos ou não; nesse caso, aplica-se o sistema de exasperação de penas (toma-se a pena mais grave – se os crimes forem diferentes – ou uma delas – se forem iguais – aumentada, em qualquer caso, de 1/6 até 1/2).

- **Concurso formal impróprio ou imperfeito** – ocorre quando o agente, mediante uma conduta dolosa, pratica dois ou mais crimes, provenientes, porém, de desígnios autônomos; nesse caso, por exceção, o concurso continua a ser formal, mas as penas devem ser cumuladas (o sistema será o do cúmulo material).

3.5.3. Crime continuado

Previsto no art. 71 do CP, dá-se o crime continuado quando o agente, mediante mais de uma conduta, pratica dois ou mais crimes da mesma espécie e em condições semelhantes de tempo, lugar e modo de execução, de tal modo que os subsequentes devem ser havidos como continuação do primeiro (o CP adota a teoria da ficção, ou seja, presume que tenha ocorrido um crime só).

Nesse caso, o sistema aplicado é o da exasperação de penas, ou seja, toma-se a pena de um dos crimes (se idênticas) ou a mais grave (se diversos), aumentada, em qualquer caso, de 1/6 a 2/3.

3.6. Sursis

O *sursis* encontra-se preceituado nos arts. 77 a 82 do Código Penal e terá aplicação quando, em um processo em andamento, o juiz sentencia, e condena o réu à pena menor ou igual a dois anos e, presentes os requisitos, impõe o *sursis*.

Insta declinar que só é possível a aplicação do *sursis* se não for possível a substituição da pena (art. 44 do CP).

Assim, se cumpridas as condições impostas, sem revogação, considera-se extinta a pena privativa de liberdade (art. 82, CP); mas se o réu cometer novo crime, será considerado reincidente, pois recebeu pena, apenas não a cumpriu em estabelecimento prisional.

3.7. Livramento condicional

Consiste na antecipação da liberdade do condenado, visando à reinserção social, mediante certas condições, conferidas ao condenado que já cumpriu parte da pena imposta, após o preenchimento dos requisitos legais de ordem objetiva e subjetiva, ficando sujeito ao cumprimento de certas obrigações, devendo demonstrar que detém condições para viver em liberdade.

3.7.1. Requisitos – arts. 83 e 84 do Código Penal

✓ Objetivos:

- condenação à pena privativa de liberdade igual ou superior a dois anos;

- cumprimento de mais de 1/3 da pena se não for reincidente em crime doloso e tiver bons antecedentes;

- cumprimento de mais da metade (1/2) da pena se for reincidente em crime doloso; e cumprimento de mais de 2/3 da pena nos casos de condenação por crime hediondo, tortura, tráfico ilícito de drogas e terrorismo, se o apenado não for reincidente específico em crimes dessa natureza;

- reparação, salvo efetiva impossibilidade, do dano causado pela infração.

✓ Subjetivos:

- comprovação de comportamento satisfatório durante a execução da pena, bom desempenho no trabalho que lhe foi atribuído e aptidão para prover à própria subsistência mediante trabalho honesto;

- para o condenado por crime doloso cometido com violência ou grave ameaça à pessoa, a concessão ficará também subordinada à constatação de condições pessoais que façam presumir que o liberado não voltará a delinquir.

3.7.2. Revogação do benefício

O livramento condicional pode ser revogado pelo juízo das execuções, de ofício, em razão do requerimento do membro do Ministério Público, ou de representação do Conselho Penitenciário, devendo o juiz, antes de decidir, ouvir o condenado, conforme determina o art. 143 da Lei das Execuções Penais (Lei 7.210/1984).

A revogação pode ser obrigatória, consoante causas previstas no art. 86 do CP, e pode ser facultativa, de acordo com o art. 87 do CP.

Se até o término do período o livramento não for revogado ou prorrogado, será declarada extinta a pena privativa de liberdade pelo juiz, ouvindo antes o Ministério Público (art. 90 do CP).

3.8. Medida de segurança

É espécie de sanção penal a que são submetidos aqueles que praticam crimes e, por serem portadores de doenças mentais ou perturbação da saúde mental, mereçam internação ou tratamento ambulatorial.

São espécies de medida de segurança preceituadas no art. 96 do CP:

- internação em hospital de custódia e tratamento, ou, à falta, em outro estabelecimento adequado (I); e

- sujeição a tratamento ambulatorial (II).

4. EXTINÇÃO DE PUNIBILIDADE

4.1. Punibilidade

Punibilidade nada mais é que a possibilidade jurídica de o Estado de exercer o *jus puniendi*, e impor pena ao autor culpável de um crime. Muitas vezes, não será possível aplicar a pena ao agente. Isso porque, diante de uma causa extintiva da punibilidade, o Estado estará impedido de desempenhar seu papel de repressão à prática delitiva. Assim, podemos conceituar a causa extintiva de punibilidade como aquela que extingue o direito de punir estatal, impedindo a imposição de pena, e como a perda, por parte do Estado, do exercício do poder-dever de punir.

4.2. Causas extintivas de punibilidade

As causas extintivas de punibilidade tipificadas na Parte Geral do Código Penal estão descritas no art. 107 do CP. Trata-se de rol meramente exemplificativo, isso porque há outras causas fora desse dispositivo espalhadas pelo Código Penal (como, por exemplo, art. 312, § 3º do CP).

As hipóteses do art. 107 do Código Penal são:

4.2.1. Morte do agente

Art. 107, I, do CP: A morte do agente importa necessariamente na extinção da punibilidade. O fundamento para esta afirmação reside no Princípio da Pessoalidade da pena (personalidade da pena, Responsabilidade penal ou intranscendência da pena) que impede a punição por fato alheio.

4.2.2. Anistia, graça e indulto

Art. 107, II, do CP: configuram renúncia do Estado ao direito de punir. São cabíveis tanto nos crimes de ação penal pública quanto nos de ação penal privada. Todavia, de acordo com o art. 5º, XLIII, da CF, e art. 2º, I, da Lei 8.072/90, crimes hediondos e assemelhados são insuscetíveis de anistia, graça e indulto.

4.2.3. Abolitio criminis

Art. 107, III, do CP: Extingue-se a punibilidade, também, quando a lei não mais considera o fato como criminoso. Consoante o art. 2º, *caput*, do CP, "ninguém pode ser punido por fato que lei posterior deixa de considerar crime, cessando em virtude dela a execução e os efeitos penais da sentença condenatória".

Se o processo estiver em andamento, a apreciação da *abolitio criminis* caberá ao juiz de primeira instância (art. 61 do CPP); se estiver em grau de recurso, ao tribunal; se já houver trânsito em julgado, competente será o juiz das execuções (art. 66, II, da LEP). A *abolitio criminis* afasta somente os efeitos penais, subsistindo os civis.

4.2.4. Prescrição, decadência e perempção – art. 107, IV, do CP

4.2.4.1. Prescrição: É a perda do direito de punir do Estado pelo seu não exercício em determinado lapso de tempo. Insta destacar que existem crimes que são considerados imprescritíveis: racismo (art. 5º, XLII, da CF) e ação de grupo armado, civil ou militar, contra a ordem constitucional ou o Estado Democrático de Direito (art. 5º, XLIV, da CF). A prescrição pode ocorrer antes do trânsito em julgado da sentença (prescrição da pretensão punitiva) ou após o trânsito em julgado (prescrição da pretensão executória), levando em consideração a tabela de prazos prescricional preceituada no art. 109 do Código Penal.

Vale destacar que se a condenação for somente em multa, prescreverá, segundo o art. 114, I do Código Penal, em 2 (dois) anos.

Merece menção, ainda, o art. 115 do Código Penal, pois determina que o prazo prescricional seja reduzido à metade se o agente era, à época do fato, menor de 21 (vinte e um) anos, ou maior de 70 (setenta) anos, na data da sentença.

Impende ressaltar que os arts. 111 e 112 do CP estabelecem o termo inicial da prescrição, e o art. 116 trata das causas impeditivas da prescrição, ficando a cargo do art. 117 do Código Penal estabelecer as causas interruptivas da prescrição.

4.2.4.2. Decadência

Segundo o art. 103 do CP: "Salvo disposição expressa em contrário, o ofendido decai do direito de queixa ou de representação se não o exercer dentro do prazo de 6 meses, contado do dia em que veio a saber quem é o autor do crime, ou, em se tratando de ação penal privada subsidiaria da pública, do dia em que se esgota o prazo para manifestação do Ministério Público."

4.2.4.3. Perempção

Definida pelo art. 60 do CP: É a perda do direito de prosseguir na ação penal exclusivamente privada em razão de desídia do querelante, nas seguintes situações:

- quando, iniciada esta, o querelante deixa de promover o andamento do processo durante 30 (trinta) dias seguidos;

- quando, falecido o querelante, ou sobrevindo sua incapacidade, não comparecer em juízo, para prosseguir no processo, dentro do prazo de 60 (sessenta) dias, qualquer das pessoas a quem couber fazê-lo, ressalvado o disposto no art. 36;

- quando o querelante deixar de comparecer, sem motivo justificado, a qualquer ato do processo a que deva estar presente, ou deixar de formular o pedido de condenação nas alegações finais;

- quando, sendo o querelante pessoa jurídica, esta se extinguir sem deixar sucessor.

4.2.5. Renúncia ao direito de queixa ou perdão aceito, nos crimes de ação penal privada – art. 107, V, do CP

4.2.5.1. Renúncia ao direito de queixa

Art. 104 do CP: A renúncia é a desistência do querelante em iniciar a ação penal privada em face do querelado. Cabe na ação penal exclusivamente privada e na ação penal privada subsidiária da pública (nesse caso não impede o MP de oferecer denúncia). Insta ressaltar que a renúncia é ato unilateral, podendo ser exercida de forma expressa ou tácita.

4.2.5.2. Perdão do ofendido

Os arts. 105 e 106 do CP explicam sobre o perdão do ofendido, vez que trata-se de ato posterior à propositura da ação, cabível somente na ação penal exclusivamente privada e depois de iniciada a ação até o trânsito em julgado da sentença (art. 106, § 2º, do CP). De acordo com o art. 105 do CP, o perdão do ofendido obsta o prosseguimento da ação.

O perdão do ofendido pode ser dado durante o processo ou fora dele, de forma expressa ou tácita. Quando concedido a qualquer dos querelados, a todos aproveita. Mas, se concedido por um dos ofendidos, não prejudica o direito dos demais.

4.2.6. Perdão judicial

Art. 107, IX, do CP: Trata-se de direito subjetivo do acusado e consiste no poder-dever, deferido ao magistrado, de não aplicar a sanção penal em face de justificadas circunstâncias. Somente é possível a aplicação do perdão judicial nas hipóteses previstas expressamente em lei e, desde que tenham sido preenchidos os requisitos, o juiz deverá deixar de aplicar a pena. A natureza jurídica do perdão é causa extintiva de punibilidade e a sentença que concede o benefício é declaratória.

5. PARTE ESPECIAL - DOS CRIMES CONTRA A PESSOA – ARTS. 121 AO 154-B DO CP

5.1. Crimes contra a vida – arts. 121 ao 128 do CP

5.1.1. Homicídio

❖ **Homicídio simples** – art. 121, *caput*, do CP. Pena: reclusão de seis a vinte anos.

- Sujeito ativo – pode ser praticado por qualquer pessoa.

- Sujeito passivo – qualquer pessoa com vida extrauterina; pressupõe pessoa viva.

- Elemento subjetivo – o dolo exigido é a vontade de produzir a morte da vítima (*animus necandi* ou *animus occidendi*), podendo o agente agir com dolo direto ou eventual.

- Consumação – dá-se com a morte da vítima, constatada com a morte encefálica.

- Tentativa – é cabível.

❖ **Homicídio privilegiado** – art. 121, § 1º, do CP.

Trata-se de causa especial de diminuição de pena no importe de um sexto a um terço, a qual se afigura obrigatória, devendo o juiz levá-la em conta na fase da aplicação da pena.

As hipóteses presentes no art. 121, § 1º e que configuram o denominado homicídio privilegiado têm caráter subjetivo. São elas:

- ter o agente cometido o crime impelido por motivo de relevante valor social ou moral;

- ter o agente cometido o crime sob o domínio de violenta emoção, logo em seguida à injusta provocação da vítima.

❖ **Homicídio qualificado** – art. 121, § 2º, do CP. Pena: reclusão, de doze a vinte anos.

As qualificadoras são ligadas à motivação do crime, aos meios de execução, à forma de execução e à conexão com outro crime. Todas essas formas, segundo o art. 1º, I, da Lei 8.072/1990, são consideradas hediondas. São elas:

- Mediante paga ou promessa de recompensa, ou por outro motivo torpe – art. 121, § 2º, I, do CP. Entende-se por motivo torpe aquele que é moralmente reprovável, demonstrativo de depravação espiritual do sujeito. Torpe é o motivo abjeto, desprezível.

- Motivo fútil – art. 121, § 2º, II, do CP. É o crime cometido por motivo insignificante, desarrazoado, desproporcional à própria conduta do homicídio. Evidencia-se ele quando se destaca a desproporção da motivação em relação ao crime praticado.

- Emprego de meio insidioso, cruel ou que possa resultar perigo comum – art. 121, § 2º, III, do CP. O meio insidioso é o desleal, o desconhecido pela vítima, e o cruel é o que impõe a ela um sofrimento maior do que o necessário para a prática do crime. Já o meio que pode resultar em perigo comum pode ser a provocação de um desastre natural capaz de atingir terceiros, como inundação, contaminação de águas, envenenamento de alimentos entre outros.

- Emprego de recurso que dificulte ou torne impossível a defesa do ofendido – art. 121, § 2º, IV, do CP. A traição é o ataque inesperado, que não foi pressentido pela vítima. De outro lado, a emboscada é a tocaia, na qual o autor se oculta em determinado local à espera da vítima. Já na hipótese do meio dissimulado, a vítima encontra-se desprevenida porque ignora o propósito do agente.

- Conexão – art. 121, § 2º, V, do CP. É o homicídio praticado com o fim de garantir a execução, ocultação, impunidade ou a vantagem de outro crime. Tal circunstância se configura quando também comprovada a prática do crime fim, aquele cuja execução, ocultação, impunidade ou proveito se quer garantir.

- Feminicídio - art. 121, § 2º, VI, do CP. Praticado contra a mulher por razões do sexo feminino.

- Contra autoridade, agente descrito nos arts. 142 e 144 da CF, integrantes do sistema prisional e da Força Nacional de Segurança no exercício da função ou em decorrência dela e ainda contra seu cônjuge, companheiro, ou parente consanguíneo até terceiro grau, em razão dessa condição.

❖ Condições do sexo feminino para aplicação da qualificadora pelo feminicídio: quando o crime envolve violência doméstica e familiar e em circunstância de menosprezo ou discriminação à condição de mulher, nos moldes do art. 121, § 2º-A, do CP.

❖ **Homicídio culposo** – art. 121, § 3º, do CP – Pena: detenção de um a três anos. Diz-se que o homicídio é culposo quando o resultado morte é involuntário, tendo sido causado em razão de culpa (imprudência, negligência ou imperícia).

❖ Causas de aumento de pena – art. 121, § 4º, do CP.

A pena do homicídio doloso será aumentada em 1/3 se o crime for praticado contra pessoa menor de 14 ou maior de 60 anos. A pena do homicídio culposo será aumentada em 1/3 se o crime resulta de inobservância de regra técnica de profissão, arte ou ofício, se o agente deixa de prestar o mediato socorro à vítima, se não procura diminuir as consequências de seus atos ou se foge para evitar a prisão em flagrante.

❖ **Perdão judicial** – art. 121, § 5º, do CP.

Na hipótese de homicídio culposo, o juiz poderá deixar de aplicar a pena, concedendo o perdão judicial se as consequências da infração atingirem o próprio agente de forma tão grave que a sanção penal se torne desnecessária.

❖ **Outras causas de aumento de pena no caso de homicídio**

- Se o crime for praticado por milícia privada, sob o pretexto de prestação de serviço de segurança ou por grupo de extermínio a pena será aumentada de 1/3 até metade, de acordo com o art. 121, § 6º, do CP.

- No caso de feminicídio, a pena será aumentada de 1/3 até metade se o crime for praticado durante a gestação ou nos três meses após o parto, contra menor de 14 anos e maior de 60 anos ou com deficiência e ou se for cometido na presença de descendente ou de ascendente da vítima, conforme art. 121, § 7º, do CP.

5.1.2. Infanticídio – art. 123 do CP

É a conduta daquela pessoa que matar o próprio filho, durante o parto ou logo após, sob influência do estado puerperal.

- Sujeito ativo – trata-se de crime próprio: somente a "mãe" pode ser autora.

Atenção: Terceiro que ajuda a mãe, em estado puerperal, a matar o próprio filho, durante o parto ou logo após, ciente de todas as condições e circunstâncias, também responde por infanticídio; aplica-se o art. 30 do Código Penal, pois não se comunicam as circunstâncias de caráter pessoal, salvo se elementares do crime.

- Sujeito passivo – é o filho que está nascendo ou que acabou de nascer.

- Elemento subjetivo – somente existe infanticídio doloso, valendo o dolo direto e o eventual.

- Conduta típica: matar: crime de forma livre; o próprio filho; durante o parto: o parto começa com a dilatação do colo do útero, passando pela expulsão do feto, corte do cordão umbilical e expulsão da placenta (se o parto for cesáreo, tem início quando médico realiza a incisão); logo após: predomina o entendimento de que o "logo após" dure enquanto a mãe estiver em estado puerperal, devendo ser apurado caso a caso.

- Estado puerperal: é o conjunto de distúrbios físicos e psíquicos que toda mulher tem, em maior ou menor grau, durante o parto.

- Consumação e tentativa – consuma-se o delito com a morte do nascente ou do recém-nascido, sendo possível a tentativa.

5.1.3. Aborto

É a interrupção dolosa da gravidez com a morte do produto da concepção.

Espécies de aborto:

- Espontâneo ou natural – ocorre quando a mulher não tem condições de levar adiante a gravidez, pois apresenta particular condição fisiológica que a impede de mantê-la. Nesse caso, o fato é atípico.

- Acidental – é aquele proveniente de acidente, não havendo tipicidade.

- Criminoso ou provocado – é o aborto provocado dolosamente, hipótese em que haverá crime (arts. 124 a 127 do CP).

- Legal ou permitido – é aquele permitido legalmente, previsto no art. 128, I (aborto necessário ou terapêutico) e II (aborto ético, sentimental, piedoso ou humanitário), do CP, os quais, frente à permissão, não configuram crime.

- Aborto social ou econômico – é o motivado pela falta de condição econômica para manutenção da prole (também é considerado criminoso no Brasil).

- Aborto eugênico ou eugenésico – quando o feto tem má-formação hereditária e não consegue viver de forma independente fora do útero materno.

❖ Figuras do aborto que são tipificadas no ordenamento como crime:

- Autoaborto e aborto consentido – art. 124 do CP. Consiste crime na conduta da gestante que provoca aborto em si mesma ou consente que outrem o provoque. A consumação ocorre com a morte do feto, admitindo-se tentativa.

- Aborto provocado por terceiro - art. 125 do Código Penal. Ocorre quando um terceiro faz a manobra abortiva na gestante sem que haja seu consentimento.

- Aborto com o consentimento da gestante – art. 126 do Código Penal. É o aborto feito pelo terceiro, mas com a autorização da gestante. Trata-se de uma das hipóteses de aplicação da teoria pluralista (exceção) do concurso de agentes, tendo em vista que, muito embora seja um crime, a gestante que consentiu responderá pelo art. 124 do CP e o terceiro que fez o abortamento pelo art. 126 do CP. Nesse caso, o crime é comum, pois qualquer pessoa pode ser sujeito ativo.

❖ Afastamento do consentimento: o art. 126, parágrafo único, determina que em certas situações, mesmo que haja a autorização para o abortamento, não será considerado consentido, quando então o agente responderá pelo art. 125 do CP (aborto sem o consentimento da gestante), são eles:

- se a gestante não é maior de 14 anos;

- se a gestante é alienada ou débil mental;

- se o consentimento foi obtido com fraude, grave ameaça ou violência.

❖ Exclusão de crime: Aborto legal ou permitido – art. 128 do CP.

Existem duas hipóteses previstas no Código Penal em que o aborto é permitido, não configurando crime:

- Aborto necessário ou terapêutico – art. 128, I, do CP – o aborto deve ser praticado por médico e com a finalidade de salvar a vida da gestante.

- Aborto ético, sentimental, piedoso ou humanitário – art. 128, II, do CP – o aborto deve ser praticado por médico, e a gravidez deve resultar de estupro, devendo ser precedido do consentimento da gestante ou, se incapaz, do representante legal.

-Aborto de anencéfalo: a anencefalia consiste na malformação do tubo neural, caracterizando-se pela ausência parcial do encéfalo e do crânio, resultante de defeito no fechamento do tubo neural durante a formação embrionária. Em outras palavras, o coração bate, mas o cérebro está morto. Não desfruta de nenhuma função do sistema nervoso central. A morte é inexorável (de acordo com a ciência médica). Assim sendo, não existe vida. Logo, não existe o objeto material do delito (ser humano vivo), já que a morte se dá com a paralisação da atividade cerebral. (decisão do STF)

5.2. Das Lesões corporais – art. 129 do Código Penal

- Objeto material: O tipo do art. 129 do Código Penal acaba por tutelar a integridade corporal da pessoa, responsabilizando aquele que, por sua conduta, cause dano às funções biológicas, anatômicas, fisiológicas ou psíquicas de terceiro (da vítima).

- Sujeito ativo – O sujeito ativo do delito pode ser qualquer pessoa, já que a lei não exige alguma condição especial daquele que ofende a integridade corporal de outrem.

- Sujeito passivo – Qualquer pessoa física pode ser sujeito passivo do crime, excluindo-se, pelas razões já citadas, o autor que provoca lesões em si mesmo. O cadáver também não pode ser considerado vítima do crime de lesões corporais, por já não ser sujeito de direito.

- Elemento subjetivo – Vontade de agredir fisicamente, que resta demonstrada quando o autor do fato pratica conduta que resultará na ofensa à integridade corporal de terceiro, atuando conscientemente nesse sentido.

– Consumação – O crime se consuma quando a agressão do autor resulta na efetiva ofensa à integridade física ou à saúde da vítima, comprovando-se a lesão pelo exame das lesões corporais. Se a vítima não restar ofendida em sua integridade física ou em sua saúde, e também faltarem elementos para demonstrar o intuito do autor nesse sentido, a conduta pode caracterizar residualmente vias de fato, prevista no art. 21 da Lei das Contravenções Penais.

❖ **Lesões corporais graves** (§ 1º): São as consideradas em razão do resultado da ação do agressor, repreendidas com mais rigor que as lesões leves quando a vítima restar lesionada na forma dos incisos do § 1º do art. 129 do Código Penal:

• Inciso I – A incapacidade para as ocupações habituais, por mais de trinta dias. Não alcança apenas as atividades profissionais da vítima, mas também outras tarefas e rotinas de seu cotidiano, como o lazer, as ocupações domésticas, etc.

• Inciso II – O perigo de vida previsto no inciso II deve ser concreto, demonstrável mediante realização de prova técnica na situação de fato (o auto de exame de lesões corporais), que seja conclusivo pela efetiva exposição da vida da vítima a perigo.

• Inciso III – A debilidade contida no inciso III está relacionada à redução de uma capacidade atribuída aos membros, sentidos ou função da vítima, sendo que a permanência da debilidade, sua continuidade, estabelece-se em oposição às lesões curáveis.

• Inciso IV – A lesão corporal que resulta em aceleração de parto impõe o nascimento do feto com vida. Se por conta da lesão resultar natimorto, então a hipótese será de aborto, configurando-se lesão corporal gravíssima, na forma do inciso V do § 2º deste artigo.

❖ **Lesão corporal gravíssima** (§ 2º): As consequências arroladas aqui afetam mais severamente a vítima, pelo que entendeu o legislador em cominar penas mais graves nestas hipóteses.

• Inciso I – Trata da lesão corporal que resulta em incapacidade permanente para o trabalho, em que se considera a capaz de impedir o exercício de qualquer atividade profissional remunerada, não se limitando apenas àquela habitualmente exercida pela vítima.

• Inciso II – A enfermidade incurável se caracteriza justamente pela inexistência de terapia consagrada pela medicina, apta a reestabelecer a saúde da vítima.

• Inciso III – A hipótese deste inciso difere da prevista no inciso III do § 1º por se tratar, aqui, da efetiva perda ou inutilização do membro, sentido ou função, aplicando-se, assim, sanções mais severas que as previstas para os casos de redução funcional da vítima.

• Inciso IV – A deformidade permanente é a que causa alteração no aspecto físico da vítima, que pode lhe resultar em vexame ou desagrado. Sua constatação se dá por meio de exame pericial, seguido de confrontação entre imagens anteriores e posteriores à lesão.

• Inciso V – A lesão corporal que resulta em aborto impõe que o autor do fato tenha conhecimento do estado de gravidez da vítima. Por se tratar de conduta preterintencional, em tendo consciência da gravidez da vítima, pode se considerar que assumiu risco de causar a morte do feto, mesmo que não tenha pretendido isso diretamente.

❖ **Lesão corporal seguida de morte** – A doutrina destaca que o § 3º do art. 129 do Código Penal contém uma hipótese de homicídio preterintencional (preterdoloso), em que a lesão corporal causada pelo autor resulta na morte da vítima. Neste caso, embora a morte não tenha sido pretendida (não se conclua pela existência de dolo na morte da vítima), a responsabilidade por ela é imputada ao autor na forma deste parágrafo, desde que previsível em face das circunstâncias.

❖ **Lesão Corporal privilegiada** – O § 4.º do art. 129 repete, em seus fundamentos e no método de redução, as circunstâncias de privilégio contidas no § 1º do art. 121, ambos do Código Penal. As duas situações consideram que o crime motivado por relevante valor social ou moral, assim como aquele em que o agente atua mediante violenta emoção, quando seguida de injusta provocação da vítima, acomodam redução da pena, de um sexto (1/6) a um terço (1/3).

❖ **Substituição da pena** – Há no delito de lesões corporais leves (no qual as lesões não são graves) uma hipótese especial de substituição da pena privativa de liberdade por pena de multa, ela incide quando a lesão corporal for privilegiada (§ 4º do art. 129 do Código Penal) e também quando as lesões são recíprocas, conforme autoriza o art. 129, § 5º do Código Penal.

❖ **Lesão corporal culposa** – art. 129, § 6º do Código Penal – Ocorre quando da imprudência, da negligência ou da imperícia do autor advém apenas ofensa à integridade corporal da vítima. Independentemente da gravidade das lesões, por não terem sido pretendidas pelo autor do fato (já que ausente o dolo), a pena aplicável é apenas a privativa de liberdade de dois meses a dois anos.

❖ **Lesão corporal culposa qualificada ou decorrente da atuação de milícia de segurança ou grupo de extermínio** – O § 7º do art. 129 do Código Penal amplia a incidência da lesão corporal às hipóteses previstas nos §§ 4º e 6º do art. 121 do Código Penal, se o crime for praticado contra pessoa menor de 14 ou maior de 60 anos ou se o crime resulta de inobservância de regra técnica de profissão, arte ou ofício, se o agente deixa de prestar o mediato socorro à vítima, se não procura diminuir as consequências de seus atos ou se foge para evitar a prisão em flagrante e ainda, se o crime for praticado por milícia privada, sob o pretexto de prestação de serviço de segurança ou por grupo de extermínio .

❖ **Perdão judicial na lesão corporal culposa** – no caso de lesão corporal culposa quando a ação do autor resultar em tal sofrimento pessoal seu que, por si só, já implica em punição pela lesão causada a terceiro, em situações equivalentes àquelas previstas no § 5º do art. 121 do Código Penal.

❖ **Lesão corporal qualificada contra ascendente, descendente, irmão, cônjuge ou companheiro, ou com quem conviva ou tenha convivido, ou, ainda, na prevalência das relações domésticas, de habitação ou de hospitalidade** – destaca-se das lesões corporais leves do *caput* porque considera as condições pessoais da vítima, notadamente a proximidade do vínculo familiar entre ela e o autor do fato (qualquer parente dele em linha reta – ascendentes ou descendentes, colaterais até o segundo grau – irmãos e cônjuge ou companheiro), bem como nos casos em que se prevalece o delinquente das relações domésticas, de habitação ou de hospitalidade mantidas com a vítima, de acordo com o art. 129, § 9º do Código Penal.

❖ **Causa de aumento de pena** – Caso as lesões sejam qualificadas pelas hipóteses dos §§ 1º a 3º e as circunstâncias do § 9º coexistirem no caso concreto, estas já não incidirão como qualificadoras, mas como causas de aumento, em 1/3, na dosimetria da pena, conforme art. 129, § 10, do Código Penal.

❖ **Causa de aumento de pena na lesão corporal qualificada do § 9º** - na hipótese de lesão corporal qualificada do § 9º, a pena será aumentada de um terço quando a vítima for portadora de deficiência.

❖ **Aumento de pena de um a dois terços:** se a lesão for praticada contra autoridade, agente descrito nos arts. 142 e 144 da CF, integrantes do sistema prisional e da Força Nacional de Segurança no exercício da função ou em decorrência dela, e ainda contra seu cônjuge, companheiro, ou parente consanguíneo até terceiro grau, em razão dessa condição, consoante art. 129, § 12 do Código Penal.

5.3. Da periclitação da vida e da saúde

5.3.1. *Perigo de Contágio Venéreo - art. 130, CP. Atenção: neste crime o ato sexual é consentido, pois a vítima não tem ciência da doença*

- Sujeito passivo pode ser qualquer pessoa, inclusive as prostitutas. Se ambos os agentes estiverem a cometidos de moléstia venérea, não haverá crime.

- Elemento subjetivo do tipo é o dolo de manter a relação sexual, mesmo ciente de que poderá transmitir a doença (dolo de perigo). O dolo poderá ser direto (quando a pessoa sabe da doença) ou eventual (quando a pessoa ainda não sabe, mas deveria saber, pois já apresenta sintomas de contaminação).

- A tentativa é admissível, embora difícil de ocorrer na prática. Exemplo: antes de iniciar a relação sexual a vítima é avisada por alguém, via telefone, que o agente está cometido de doença venérea.

5.3.2. *Perigo de Contágio de Moléstia Grave - art. 131, CP*

- Sujeito ativo pode ser qualquer pessoa contaminada com moléstia grave (crime próprio, respeitada a divergência doutrinaria). Porém, cuidado: se a pessoa não contaminada aplica uma injeção na vítima com o vírus da moléstia grave, haverá crime de lesão corporal.

- Trata-se de crime formal, já que o crime se consuma com a prática do ato capaz de produzir o contágio, mesmo que este não ocorra. Agora, se ela efetivamente ocorrer, responderá por este delito se a lesão for leve, ou por lesão grave ou gravíssima se a moléstia puder ser enquadrada no art. 129, §§ 1º e 2º do Código Penal.

5.3.2.3. *Perigo para a Vida ou Saúde de Outrem - art. 132, CP*

- Sujeitos ativo e passivo podem ser qualquer pessoa.

- A consumação ocorre no momento em que é praticado o ato do qual resulte perigo concreto para a vítima. A tentativa é possível.

- Elemento subjetivo do tipo é o dolo de perigo, já que se o dolo for de dano e este não ocorrer haverá tentativa de lesão corporal ou de homicídio.

- Causa especial de aumento de pena no parágrafo único: a pena será aumentada de 1/6 a 1/3 se o perigo decorrer do transporte de pessoas para a prestação de serviços em estabelecimentos de qualquer natureza, como por exemplo o transporte de trabalhadores em uma carroceria de um caminhão. Nesse caso também será crime de perigo concreto.

5.3.2.4. *Abandono de Incapaz - art. 133, CP*

- Sujeito passivo é a pessoa que está sob essas condições, desde que esteja incapacitada de se defender dos riscos decorrentes do abandono.

- Formas qualificadas: §§ 1º e 2º, que ocorrem quando do abandono resultar lesão corporal de natureza grave ou morte.

- Causa especial de aumento de pena no § 3º, que possui rol taxativo.

5.3.2.5. *Exposição ou Abandono de Recém-Nascido - art. 134, CP*

- Ação nuclear: expor e abandonar o recém-nascido. Expor é a remoção do recém-nascido do local em que se encontra, deixando-o em local onde não terá assistência. Abandonar é deixar o recém-nascido no local em que já estava, afastando-se dele. Vejam que é um tipo especial em relação ao abandono de incapaz, pois aqui a finalidade é ocultar desonra própria.

- Sujeito passivo é o recém-nascido.

- Forma qualificada no § 1º, que ocorre com o resultado lesão corporal de natureza grave ou morte. São espécies de crimes preterdolosos, pois se o resultado ocorrer a título de dolo, seja direto ou eventual, ocorrerá o crime de lesão corporal grave ou homicídio.

5.3.2.6. *Omissão de Socorro - art. 135, CP*

O crime pode ocorrer em razão da falta de assistência imediata, que se verifica quando o agente pode prestar o

DIREITO PENAL

socorro pessoalmente e não o faz, sem que a prestação de socorro possa lhe causar risco de vida ou a sua incolumidade física. A outra forma de ocorrer o crime é a falta de assistência mediata, que ocorre quando a pessoa não pode prestar o socorro pessoalmente, deixando de solicitar ajuda às autoridades competentes. Exemplo: no caso da piscina, a pessoa não sabe nadar, mas também não chama o salva-vidas. Cuidado: se tiver garantido que salvaria, e a pessoa morre afogada, deverá responder pelo resultado, nos moldes do art. 13, § 2º do Código Penal.

5.3.2.7. Condicionamento de Atendimento Médico-Hospitalar Emergencial - art. 135-A, CP

Trata-se de crime próprio, pois só pode ser praticado por administradores e funcionários do hospital.

- Sujeito passivo é a pessoa em estado de emergência.

- Tipo objetivo: consiste em negar atendimento emergencial, exigindo do paciente ou de seus familiares, como condição para a execução dos procedimentos de socorro, cheque caução, nota promissória ou qualquer garantia, ou preenchimento prévio de formulários administrativos.

- Elemento subjetivo é o dolo e o crime se consuma com a indevida exigência. Atenção para as causas de aumento do parágrafo único.

5.3.2.8. Maus-Tratos - art. 136, CP

É crime de forma vinculada, pois sua configuração só pode ocorrer com a privação de alimentos, privação de cuidados indispensáveis, sujeição a trabalhos excessivos ou inadequados e abuso dos meios de disciplina e correção.

- Sujeito ativo: é crime próprio, pois exige uma vinculação entre o sujeito ativo e a vítima.

- A consumação se dá no momento da produção de perigo, que deve ser concreto.

- Formas qualificadas nos §§ 1º e 2º, se dos maus-tratos resultar lesão corporal grave ou morte.

- Causa especial de aumento de pena no § 3º, para o crime de maus-tratos praticados contra pessoa menor de quatorze anos.

5.4. Rixa - art. 137, CP

A rixa é uma luta desordenada, marcada pelo tumulto que envolve a troca de agressões por pelo menos três pessoas, em que os lutadores visam a todos os outros indistintamente.

- Sujeito ativo: trata-se de crime de concurso necessário de condutas contrapostas, pois se exige pelo menos três pessoas envolvidas, computando-se neste número os inimputáveis.

- Consuma-se no momento da troca de agressões, sendo crime de perigo abstrato, já que não há necessidade de que quaisquer dos envolvidos sofram lesões.

- Rixa qualificada no parágrafo único, no caso em que a vítima sofre lesão grave ou morte, podendo a vítima ser participante da rixa ou terceiro que passava pelo local.

Importante ressaltar que na rixa qualificada todos os envolvidos responderão pelo resultado agravador, mesmo que não tenham sido os responsáveis diretos pelo evento mais grave.

5.5. Dos crimes contra a honra

5.5.1. Calúnia: art. 138, CP

- Objetividade jurídica: o bem ou interesse protegido é a honra objetiva, que é o conceito que cada pessoa desfruta junto ao corpo social. Assim, calúnia nada mais é que imputar falsamente a alguém fato concreto definido como crime. É irrelevante para a configuração do crime a punibilidade do agente pelo fato que lhe foi imputado. Outrossim, conforme outrora aludido, o art. 138, § 2º, CP, determina que é punível a calúnia contra os mortos. Ao determinar essa hipótese, o legislador se refere aos parentes do morto, os quais são mencionados no art. 31, do CPP (cônjuge, ascendente, descendente e irmão). O § 1º do art. 138 trata de outra situação interessante, qual seja, daquele que, sabendo ser falsa a imputação, a propalar ou divulgar, possuindo a mesma pena da calúnia. Dessa forma, o § 1º exige que o autor possua efetivo conhecimento em torno da falsidade da imputação. O elemento subjetivo do tipo é o dolo específico (*animus caluniandi*).

❖ **Exceção da Verdade**: dispõe o art. 138, § 3º: Como regra, a exceção de verdade é admitida no crime de calúnia, com exceção das hipóteses contidas no art. 138, § 3º.

5.5.1.2. Difamação: art. 139, CP

O legislador fala em difamar alguém, imputando-lhe fato ofensivo a sua reputação. A reputação é a estima moral, intelectual ou profissional de que alguém goza no meio em que vive.

- Sujeito passivo pode ser qualquer pessoa, inclusive os desonrados, menores de idade e doentes mentais. Já em relação à pessoa jurídica, entende-se que a pessoa jurídica pode ser vítima de difamação, porque ela desfruta de um conceito na sociedade. Assim, se o agente atua com o propósito de desmerecer a empresa, ele poderá responder por crime de difamação.

❖ **Exceção da Verdade**: art. 139, parágrafo único - estabelece que o crime de difamação admite a exceção da verdade quando a vítima for funcionário público no exercício de suas funções.

5.5.1.3. Injúria: art. 140, CP

Dignidade não se confunde com decoro. A dignidade é o sentimento de honorabilidade ou de valor moral, sentimento esse que é atingido com termos como: estelionatário, ladrão, assassino, estuprador, etc. O decoro, por sua vez, diz respeito aos atributos físicos e intelectuais.

- Sujeito ativo: pode ser praticado por qualquer pessoa.

- Sujeito passivo: pode ser qualquer pessoa, inclusive os desonrados. Mortos e pessoas jurídicas não podem ser sujeito passivo por ausência de honra subjetiva.

❖ **Exceção da Verdade**: não é cabível em nenhuma hipótese no crime de injúria.

59

- ❖ **Perdão Judicial:** O § 1º, do art. 140 trabalha com duas hipóteses de perdão judicial em relação à injúria.

- ❖ **Injúria Real**: art. 140, § 2º. Cuida-se de figura qualificada do crime de injúria, em que o agente ofende a vítima por meio de uma agressão física (violência ou vias de fato).

- ❖ **Injúria Qualificada pelo Preconceito, também chamada de racial ou de preconceituosa**: art. 140, § 3º. A primeira parte trata da ofensa referente à raça, cor, etnia, religião ou origem. Importante frisar que esse crime é diferente do delito de racismo, previsto no art. 20 da Lei 7.716/1989. Na injúria real, a ofensa é destinada a pessoa ou grupo de pessoas determinadas, enquanto no crime de racismo ela é destinada a todos os integrantes de certa raça, cor, religião, etc., bem como em relação a atos discriminatórios, como proibir a matrícula de uma pessoa latina em um clube.

- ❖ **Disposições comuns em relação aos crimes contra a honra" - causas de aumento de pena**: art. 141, CP

A pena em relação aos crimes contra a honra é aumentada em 1/3 se o crime for praticado contra pessoa maior de 60 anos ou portadora de deficiência, exceto na hipótese de injúria. Isso porque, como vimos, a injúria é considerada como qualificada quando praticada contra pessoa idosa ou portadora de deficiência.

- ❖ **Hipóteses de Exclusão dos Crimes Contra a Honra:** art. 142, CP. São causas especiais de excludentes de ilicitude dos delitos de difamação e injúria, que não incidem sobre o crime de calúnia.

- ❖ **Retratação nos Crimes Contra a Honra:** art. 143, CP. A retratação é causa extintiva da punibilidade. Deve ser total, isto é, cabal, incondicional, englobando tudo o que foi dito.

- ❖ **Ação Penal Nos Crimes Contra A Honra**: Art. 145, CP.

Em regra, nos crimes contra a honra a ação penal será uma ação penal de iniciativa privada.

5.7 Dos crimes contra a liberdade individual
DOS CRIMES CONTRA A LIBERDADE PESSOAL

5.7.1. *Constrangimento Ilegal - art. 146, CP*

O sujeito ativo pode ser qualquer pessoa. Trata-se, pois, de crime comum. Para configurar o delito, é ainda necessário que o agente force a vítima a fazer ou a não fazer algo mediante violência, grave ameaça ou qualquer outro modo que reduza a capacidade de resistência da vítima, como no caso de uso de hipnose, bebida, drogas etc.

- Causas de aumento de pena: art. 146, § 1º do CP.

- ❖ **Excludentes de Tipicidade:** Art. 146, § 3º. É uma espécie de estado de necessidade. Há a exclusão da ilicitude mesmo na transfusão de sangue, ainda que os familiares não a aceitem por motivos religiosos, assim como ter que usar a força física para realizar um procedimento que salvará a vida da vítima. Da mesma forma, a coação ou violência utilizada para evitar a prática do suicídio não constitui crime.

5.7.2. *Ameaça (art. 147, CP)*

- Sujeito ativo: qualquer pessoa (crime comum).

- Tipo objetivo: a ameaça, ato de intimidar que é, pode ser cometida, nos termos da própria lei, de diversas formas: por palavras, gestos, escritos, ou por qualquer outra forma apta a amedrontar.

- Elemento subjetivo: trata-se de crime doloso. Apesar de se exigir que a ameaça tenha sido proferida em tom de seriedade, não é necessário que o sujeito tenha, em seu íntimo, intenção de concretizar o mal prometido.

- Consumação: ocorre no momento em que a vítima toma conhecimento do teor da ameaça, independentemente de sua real intimidação. Trata-se, pois, de crime formal. Basta que o agente queira intimidar e que a ameaça proferida tenha potencial para tanto.

- Tentativa: é possível, nos casos de ameaça escrita.

5.7.3. *Sequestro ou Cárcere Privado - art. 148, CP*

- Sujeito ativo: qualquer pessoa, mas, caso seja funcionário público no exercício da função, haverá crime de abuso de autoridade.

- Sujeito passivo: qualquer pessoa, inclusive aquelas impossibilitadas de se locomover, como no caso de paraplégicos ou com doentes graves.

- Tipo objetivo: no cárcere privado a vítima fica em local fechado, sem possibilidade de deambulação, ao contrário do sequestro, em que a vítima fica privada de sua liberdade, mas em local aberto, como uma chácara ou uma praia.

- Elemento subjetivo: é o dolo. Não se exige qualquer intenção específica que, se houver e se tratar de crime mais grave, absorverá o delito ora estudado.

5.7.4. *Redução à Condição Análoga à de Escravo – art. 149, CP*

- Tipo objetivo: trata-se de delito que se caracteriza quando uma pessoa sujeita outra totalmente à sua vontade, em situação similar àquela vivida pelos escravos em épocas passadas. Para a configuração da infração penal, entretanto, não é necessário que a vítima seja acorrentada, transportada de um local para outro, que seja açoitada etc.

- Consumação: quando a vítima perde sua liberdade de fazer o que bem entender, passando a estar subordinada à vontade do agente, de forma não transitória e não eventual, pois no caso de eventualidade haverá crime de maus-tratos. Trata-se de crime material e permanente, em que a consumação se prolonga no tempo enquanto a vítima estiver submetida ao agente.

- A tentativa é possível.

5.7.5. *Tráfico de Pessoas - artigo 149-A, CP*

É um crime de ação múltipla, conteúdo variado ou tipo misto alternativo, pois contempla vários núcleos verbais, sendo eles: agenciar, aliciar, recrutar, transferir, comprar, alojar ou acolher.

- Sujeito ativo do crime: qualquer pessoa, pois se trata de infração penal comum. Quanto ao sujeito passivo, também é qualquer pessoa. Em alguns casos que se verá mais adiante, a especial condição do sujeito ativo ou passivo ensejará aumentos de pena. A prática dos verbos deve se dar mediante meios especialmente elencados na norma: grave ameaça, violência, coação, fraude ou abuso. Não há previsão de conduta culposa, o que realmente seria um tanto quanto inimaginável. Quanto à conduta dolosa, é informada por dolo específico consoante uma das finalidades arroladas nos incisos I a V do artigo 149 – A, CP: I- remoção de órgãos, tecidos ou partes do corpo; II - submissão a trabalho em condições análogas à de escravo; III - submissão a qualquer tipo de servidão; IV - adoção ilegal; V - exploração sexual.

- Aumento de pena de um terço até a metade:

a) se o autor for funcionário público no exercício de suas funções ou a pretexto de exercê-las, o que equivale a dizer que sempre que a condição de funcionário público for utilizada para facilitar ou perpetrar o crime de tráfico de pessoas haverá incremento da reprimenda, ainda que o agente não esteja efetivamente no exercício da função;

b) se o crime for cometido contra criança, adolescente ou pessoa idosa ou com deficiência. Aqui o aumento da pena se deve à condição mais vulnerável dessas espécies de vítimas;

c) se o agente se prevalece de relações de parentesco, domésticas, de coabitação, de hospitalidade, de dependência econômica, de autoridade ou de superioridade hierárquica inerente ao exercício de emprego, cargo ou função;

d) se a vítima for retirada do território nacional.

- Causa de diminuição de pena no art. 149-A, § 2º do CP ("Tráfico de Pessoas Privilegiado"), oportunidade em que haverá redução de um a dois terços se o agente for primário e não integrar organização criminosa.

5.7.6. *Dos crimes contra a inviolabilidade do domicílio"*

5.7.6.1.*Violação de Domicílio: Art. 150, CP*

O art. 150, em seu § 4º, traz uma norma penal complementar, esclarecendo o que se compreende da expressão "casa": protege a lei, ainda, as dependências da casa, ou seja, quintal, garagem, terraço, telhado, etc. Por outro lado, o art. 150, § 5º, do Código Penal, estabelece o que não se incluem na expressão "casa".

- Consumação: ocorre quando o agente ingressa completamente na casa da vítima, ou, quando, ciente de que deve sair, não o faz por tempo juridicamente relevante.

- Tentativa: é admissível em ambas as hipóteses (entrada ou permanência).

❖ **Formas Qualificadas**: art. 150, § 1º. Noite: é o período em que não há presença da luz solar. Lugar ermo: é o local desabitado, onde não há circulação de pessoas. Violência: é tanto aquela empregada contra pessoas como contra coisa, já que a lei não fez distinção. Emprego de arma: pode ser a utilização de arma própria (instrumentos feitos com a finalidade específica de matar ou ferir – revólver, pistola, espingarda etc.) ou imprópria (feitas com outras finalidades mas que também podem matar ou ferir – navalha, faca, machado etc.).

❖ **Causas de aumento de pena**: Art. 150, § 2º, CP.

❖ **Excludentes de ilicitude**: Art. 150, § 3º, CP.

6. CRIMES CONTRA O PATRIMÔNIO- ARTS. 155 A 180 DO CÓDIGO PENAL

6.1. Furto

- Objetividade jurídica: Patrimônio. Protege-se não apenas a propriedade, mas a posse e a detenção legítimas.

- Tipo objetivo:

a) Verbo núcleo – subtrair – retirar a coisa de quem a detém.

b) Meio executório: forma livre, com exceção da violência ou grave ameaça.

c) Elementares:

- Coisa: coisa é tudo o que pode ser apreendido, com valor patrimonial relevante (sentido estrito).

- Princípio da insignificância: causa de exclusão da tipicidade material por inexistência de lesão intolerável ao bem jurídico protegido. Ao longo dos anos o STJ desenvolveu quatro requisitos para reconhecimento da insignificância:

* mínima ofensividade da conduta do agente;

* nenhuma periculosidade social da ação;

* reduzidíssimo grau de reprovabilidade do comportamento;

* inexpressividade da lesão jurídica provocada.

- Furto famélico: aquele praticado em estado de extrema penúria e com intenção de satisfazer a fome. Não se confunde com o princípio da insignificância. Se demonstrados os requisitos, restará configurado o estado de necessidade (CP, art. 24)

- Tipo subjetivo: dolo. Consciência e vontade subtrair coisa alheia móvel.

- Elemento subjetivo específico: *animus rem sibi habendi* – intenção de ter a coisa para si ou para outrem.

O "furto de uso" não é punido em razão da ausência do elemento subjetivo específico do tipo. Contudo, a jurisprudência exige que a devolução seja pronta (rápida), integral e no mesmo lugar. A intenção deve ser de uso momentâneo da coisa subtraída desde o início.

- Sujeitos:

a. Ativo – qualquer pessoa.

b. Passivo – qualquer pessoa.

- Consumação: prevaleceu por muito tempo que o crime se consumava com a inversão da posse do objeto, devendo ser mansa e pacífica (teoria *ilatio*). Hoje prevalece o entendimento jurisprudencial de que o crime de furto se consuma com a detenção da coisa, ainda que somente por um instante (*amotio*).

- Tentativa: admite-se.

❖ **Furto Circunstanciado** – repouso noturno. § 1º - A pena aumenta-se de um terço se o crime é praticado durante o repouso noturno. Repouso noturno é o período em que, de acordo com os costumes locais, as pessoas se recolhem para dormir.

❖ **Furto Privilegiado**: § 2º - Se o criminoso é primário e é de pequeno valor a coisa furtada, o juiz pode substituir a pena de reclusão pela de detenção, diminuí-la de um a dois terços, ou aplicar somente a pena de multa.

- Requisitos: primariedade – não reincidente, mesmo que tenha condenações pretéritas – e o pequeno valor da coisa – até um salário mínimo. Se não houver prova do valor coisa, deverá ser considerada de pequeno valor.

❖ **Furto qualificado**: § 4º - A pena é de reclusão de dois a oito anos, e multa, se o crime é cometido:

I – destruição ou rompimento de obstáculo – Obstáculo é tudo aquilo que tenha finalidade precípua de proteger a coisa, desde que não seja a ela inerente.

a) A violência deve ser praticada contra obstáculo entre a coisa e o agente. Se for praticada contra a coisa em si não qualifica o crime. Ex.: quebrar o vidro de um veículo. Se for para furtar o som, o crime será qualificado; se for para furtar o veículo todo, o furto será simples.

b) Rompimento ou destruição – Romper significa afastar o obstáculo, mesmo que o preserve intacto (ex.: desparafusar o cadeado); destruir significa eliminar, fazer desaparecer (ex.: arrebentar cadeado).

c) A mera remoção do obstáculo não qualifica o crime. Ex.: desligar o alarme da casa, remover as telhas sem quebrar, arrancar o vidro do carro, etc.

d) Momento da violência – a violência deve ser exercida antes, durante ou logo após o apoderar-se.

II – Abuso de confiança, fraude, escalada ou destreza – aumenta-se a pena com fundamento na diminuição da vigilância e na especialização do meio executório.

a) Abuso de confiança – o agente se vale de um confiança incomum nele depositada. Não basta a mera relação de emprego. Se houver relação empregatícia, mas não houver relação de confiança, incide a agravante genérica do art. 61, II, "f".

b) Fraude – o agente se utiliza de meio fraudulento para diminuir a vigilância sobre a coisa.

c) Escalada – entrada por via anormal no local em que se encontra a coisa. É necessário um esforço incomum do agente.

d) Destreza – peculiar habilidade física ou manual de modo a praticar o crime sem que a vítima perceba.

III – Chave falsa – todo instrumento, com ou sem forma de chave, destinado a abrir fechaduras.

IV – Concurso de duas ou mais pessoas.

❖ **Outras formas de Furto qualificado:**

❖ A pena é de reclusão de 4 (quatro) a 10 (dez) anos e multa, se houver emprego de explosivo ou de artefato análogo que cause perigo comum, conforme art. 155, §4º A do Código Penal.

❖ A pena é de reclusão de três a oito anos se a subtração for de veículo automotor que venha a ser transportado para outro Estado ou para o exterior. Para a incidência da qualificadora, é imprescindível que se ultrapasse a fronteira dos estados, conforme art. 155, § 5º do Código Penal.

❖ A pena é de reclusão de dois a cinco anos se a **subtração for de semovente domesticável de produção**, ainda que abatido ou dividido em partes no local da subtração, segundo art. 155, § 6º do Código Penal.

- Espécies de semoventes: animais selvagens, animais domesticados (ou domesticáveis), animais domésticos.

O animal semovente domesticável de produção é aquele que foi domesticado ou que pode ser domesticado para ser utilizado como rebanho e/ou produção. Em regra, incluem-se neste conceito os bovinos, ovinos, suínos, caprinos etc. O legislador, contudo, não fez restrições. Desta forma, ingressam no conceito de semovente domesticável de produção animais diversos, a exemplo de cães, gatos e aves, desde que contenham a finalidade de produção, é dizer, sejam idôneos a gerar algum retorno econômico ao seu titular, como se dá na criação de filhotes destinados à venda.

Não ingressam na nova proteção do Direito Penal: os animais selvagens. Exs.: leão, tigre, girafa, elefante etc. e os animais domésticos que não sejam voltados à produção.

❖ A pena é de reclusão de 4 (quatro) a 10 (dez) anos e multa, se a subtração for de substâncias explosivas ou de acessórios que, conjunta ou isoladamente, possibilitem sua fabricação, montagem ou emprego, de acordo com o art. 155, § 7º do Código Penal.

6.2. Roubo

- Objetividade jurídica: trata-se de crime complexo. Tutela-se, a um só tempo, o patrimônio e a liberdade Individual.

- Tipo objetivo:

a) Verbo núcleo – subtrair – retirar a coisa de quem a detém.

b) Meio executório: violência, grave ameaça ou qualquer outro meio que reduza ou impossibilite a defesa da vítima (roubo próprio).

- Violência – violência contra a pessoa. Não se exige lesão. Porém, as lesões leves e as vias de fato serão absorvidas.

- Grave ameaça – promessa de mal injusto, grave e possível. A ameaça deve ser objetiva; se a vítima se assusta com as circunstâncias, não configura roubo.

- Meio que reduza ou impossibilite a defesa da vítima – trata-se da chamada "violência imprópria". Ex.: narcóticos, hipnose, sonífero (...). Se a própria vítima se coloca na situação de incapacidade de resistência, o agente responderá por furto.

- Roubo próprio e roubo impróprio

a) Conduta equiparada (roubo impróprio ou roubo por aproximação): quem, logo depois de subtraída a coisa, emprega violência contra pessoa ou grave ameaça, a fim de assegurar a impunidade do crime ou a detenção da coisa para si ou para terceiro.

b) "Logo após" – a violência deve ser aplicada logo após se apoderar da coisa, mas antes de consumar o crime de furto. Do contrário, haverá furto consumado em concurso material com a lesão ou ameaça.

- Tipo subjetivo: Dolo. Consciência e vontade subtrair coisa alheia móvel.

• Elemento subjetivo específico: *animus rem sibi habendi* – intenção de ter a coisa para si ou para outrem.

- Sujeitos:

a. Ativo – qualquer pessoa.

b. Passivo – qualquer pessoa. A vítima do crime não será apenas o proprietário do bem subtraído, mas também a pessoa contra a qual a violência ou grave ameaça foi exercida.

- Consumação: o roubo próprio se consuma com a conduta de apoderar – retirada da coisa da disponibilidade da vítima; o roubo impróprio se consuma no momento em que se usa de violência ou grave ameaça contra a pessoa. Por muito tempo prevaleceu o entendimento jurisprudencial que o crime se consumava com a inversão da posse do objeto, devendo ser mansa e pacífica (teoria *ilatio*). Hoje prevalece o entendimento jurisprudencial de que o crime de furto se consuma com a detenção da coisa, ainda que somente por um instante (teoria *amotio*), consoante preceitua a Súmula 582 do STJ.

- Tentativa: admite-se.

❖ **Roubo Circunstanciado** - art. 157, § 2º, CP.

I – (revogado)

II – Concurso de agentes: computam-se os partícipes, coautores e inimputáveis.

III – Transporte de valores: prevalece o conceito amplo de valor, isto é, qualquer mercadoria transportada pode ser considerada "valor" e não apenas dinheiro.

IV – Veículo automotor transportado para outro estado ou para o exterior.

V – Restrição da liberdade da vítima: a privação da vítima deve ser essencial à prática do roubo e não pode exceder o tempo estritamente necessário para tanto, sob pena de se desclassificar o roubo circunstanciado para roubo simples em concurso com o crime de sequestro ou cárcere privado.

VI – se a subtração for de substâncias explosivas ou de acessórios que, conjunta ou isoladamente, possibilitem sua fabricação, montagem ou emprego.

❖ **Roubo Com aumento de pena**- art. 157, § 2º-A, CP.

A pena aumenta-se de 2/3 (dois terços):

I – se a violência ou ameaça é exercida com emprego de arma de fogo;   (Incluído pela Lei nº 13.654, de 2018)

II – se há destruição ou rompimento de obstáculo mediante o emprego de explosivo ou de artefato análogo que cause perigo comum.

❖ **Roubo qualificado**- art. 157, § 3º, CP.

- Se da violência resulta lesão corporal grave, a pena é de reclusão, de sete a dezoito anos, além da multa; se resulta morte, a reclusão é de vinte a trinta anos, sem prejuízo da multa.

- Se a intenção inicial for matar e, apenas depois da vítima estar morta, surge a intenção de subtrair seu patrimônio, haverá concurso material entre o homicídio e o furto.

- Consumação do latrocínio: Súmula 610 STF.

- Competência: Súmula 603 STF.

6.3. Extorsão - art. 158, CP

Configura-se a extorsão quando o agente constrange alguém, mediante violência ou grave ameaça, e com o intuito de obter para si ou para outrem indevida vantagem econômica, a fazer, tolerar que se faça ou deixar de fazer alguma coisa.

- Sujeitos:

a) ativo: cuida-se de crime comum; qualquer pessoa pode praticá-lo. Tratando-se de funcionário público, poderá cometer o crime de concussão com a simples exigência de vantagem indevida em razão da função (CP, art. 316). Importa distinguir algumas situações: a) se o agente é funcionário público e, sem empregar violência ou grave ameaça, exige vantagem indevida em razão dela, pratica concussão; b) se o funcionário público, em razão da função, além da exigência indevida, chega a empregar violência ou grave ameaça, haverá extorsão, crime este mais grave, em face dos meios empregados.

b) passivo: podem ser sujeitos passivos aquele que sofre a violência ou grave ameaça, aquele que faz, deixa de fazer ou tolera que se faça algo e aquele que sofre o prejuízo econômico.

- Consumação e tentativa: o crime de extorsão é crime formal, logo, verifica-se a consumação independentemente da obtenção da vantagem econômica. Admite-se a tentativa.

- Causa de aumento de pena: se o crime for cometido por duas ou mais pessoas, ou com emprego de arma, aumenta-se a pena de um 1/3 até metade.

❖ **"Sequestro relâmpago"** -art. 158, § 1º, CP. O crime em questão se aperfeiçoa quando o agente restringe a liberdade da vítima, por prazo razoável de tempo apto e suficiente a permitir a obtenção da vantagem econômica pretendida, e essa condição é necessária para tanto.

6.4. Extorsão mediante sequestro – art. 159, CP.

O crime de extorsão mediante sequestro (art. 159 do CP) estará configurado quando o agente sequestrar pessoa com o fim de obter, para si ou para outrem, qualquer vantagem, como condição ou preço do resgate. Crime de extorsão mediante sequestro é crime formal, logo, a consumação se verifica independentemente da obtenção da vantagem. Admite-se a tentativa.

❖ **Qualificadoras** (pena: reclusão de 12 a 20 anos)

O art. 159, § 1º, registra as seguintes qualificadoras: se o sequestro dura mais de 24 horas; se o sequestrado é menor de 18 anos ou maior de 60 anos; se o crime é cometido por associação criminosa.

Além disso, os §§ 2º e 3º trazem formas qualificadas pelo resultado:

§ 2º – se do fato resulta lesão corporal de natureza grave (pena: reclusão de 16 a 24 anos).

§ 3º – se do fato resulta a morte (pena: reclusão de 24 a 30 anos).

❖ **Delação premiada, delação eficaz ou colaboração premiada** - art. 159, § 4º do Código Penal. Se o crime for cometido em concurso, o concorrente que o denunciar à autoridade, facilitando a libertação do sequestrado, terá sua pena reduzida (obrigatoriamente) de 1/3 a 2/3.

6.5. Dano - art. 163, CP

- Conceito: "destruir, inutilizar ou deteriorar coisa alheia". Não há necessidade do locupletamento (lucro) para que haja a caracterização do delito, muito embora possa coexistir (ex.: destruir as máquinas do concorrente para obter maiores lucros).

- Objetividade jurídica: patrimônio, propriedade e posse. Trata-se de crime complexo.

- Elementos do tipo: destruir: exterminar, desfazer, destruir a coisa de modo que esta perca a sua essência; inutilizar: tornar a coisa inútil, de modo que perca a sua individualidade; deteriorar: quando há redução do valor da coisa. Coisa alheia é o objeto material do crime, no qual se inclui a coisa perdida, pois continua a ser alheia, mas o mesmo não se considera em relação a coisa abandonada, pois, neste caso, não é de ninguém.

- Sujeitos:

a) ativo: qualquer pessoa, exceto o proprietário (art. 346) – o condômino também poderá responder por este crime, mas desde que o dano ultrapasse a sua cota-parte.

b) passivo: proprietário ou possuidor da coisa.

- Tipo subjetivo: dolo (é o querer ou assumir o risco de atingir o resultado naturalístico), ou seja, destruir, inutilizar ou deteriorara coisa.

- Consumação e tentativa: trata-se de crime material e plurissubsistente, razão pela qual consuma-se no momento em que houver a destruição, inutilização ou deterioração da coisa, sendo, ainda, admissível o *conatus*, tendo em vista que admite fracionamento de condutas.

❖ Dano e o conflito aparente de normas: o agente só será responsabilizado por dano quando a ação for um fim em si mesmo, pois se for um meio para a prática de outro crime o delito fim absorverá o delito meio, conforme preceitua o princípio da consunção.

❖ Ação penal: privada propriamente dita, no caso de dano simples ou na hipótese do inciso IV do parágrafo único. Ação pública incondicionada nos demais casos. Art. 167, CP.

6.6. Apropriação Indébita - art. 168, CP

Dá-se o crime de apropriação indébita (art. 168 do CP) quando alguém, tendo a posse ou detenção legítima e desvigiada do bem, passa a se comportar "como se dono fosse", invertendo o ânimo da posse ou detenção, quando então se apropria desse bem.

- Objeto material: coisa alheia móvel.

- Requisitos:

a) apropriação de coisa móvel (a apropriação de coisa imóvel é atípica, em face da descrição legal);

b) que esteja na posse ou detenção do agente;

c) que haja dolo.

- Consumação e tentativa: a consumação ocorre no exato instante em que o agente inverte o seu ânimo sobre o bem, ou seja, de mero possuidor ou detentor que era passa a comportar-se como dono, praticando atos inequívocos de proprietário do objeto. A tentativa é possível.

❖ Causas de aumento de pena: o § 1º do art. 163 do CP disciplina as causas de aumento da pena de um terço da apropriação indébita, quais sejam:

I – em depósito necessário: é o chamado miserável, isto é, o que se faz por ocasião de alguma calamidade, como naufrágio, incêndio, inundação, saque etc.

II – na qualidade de tutor, curador, síndico, liquidatário, inventariante, testamenteiro ou depositário judicial.

III – em razão de ofício, emprego ou profissão: ofício, em geral, diz respeito a uma arte mecânica ou manual, v. g. sapateiro, alfaiate, artesão etc.; emprego caracteriza-se pela relação de subordinação entre o prestador de serviço e o beneficiário, como o vendedor, auxiliar administrativo, cobrador etc.; profissão, por sua vez, trata-se de atividade que exige certa qualificação técnica, como o dentista, engenheiro, médico, advogado, jornalista etc.

6.7. Estelionato - art. 171, CP

- Objetividade jurídica: tutela-se o patrimônio.

- Tipo objetivo:

a) Verbo núcleo – obter – receber da vítima. Há uma entrega da "vantagem ilícita" ao agente.

b) Elementares:

• Vantagem ilícita – é a vantagem que não possui respaldo no ordenamento. Não decorre de uma obrigação assumida, nem, tampouco, de lei.

• Prejuízo alheio – o prejuízo precisa ter natureza econômica.

• Indução ou manutenção da vítima em erro – erro significa a percepção equivocada da realidade (induzir – o agente cria a falsa percepção da realidade; manter – o agente aproveita-se do engano espontâneo da vítima).

• Fraude.

• Artifício – produto de arte. Haverá "artifício" quando o agente se usa de aparato, quando recorre à arte, para "mistificar alguém". Natureza eminentemente material.

• Ardil – astúcia, manha, sutileza. Não é tão material como o artifício.

• Qualquer outro meio fraudulento – cláusula genérica para interpretação analógica. Qualquer dissimulação ou até mesmo a reticência maliciosa, desde que suficiente a induzir ou manter a vítima em erro.

- Tipo subjetivo: Dolo. Consciência e vontade subtrair coisa alheia móvel.

- Elemento subjetivo específico: *animus rem sibi habendi* – intenção de ter a vantagem para si ou para outrem.

- Sujeitos:

a) Ativo – qualquer pessoa.

b) Passivo – qualquer pessoa.

- Consumação: consuma-se quando o agente consegue obter a vantagem ilícita em prejuízo da vítima.

- Tentativa: admite-se.

- Forma privilegiada: art. 171, § 1º do CP. Se o criminoso é primário, e é de pequeno valor o prejuízo, o juiz pode aplicar a pena conforme o disposto no art. 155, § 2º.

❖ **Condutas Equiparadas:**

Disposição de coisa alheia como própria:

I - vende, permuta, dá em pagamento, em locação ou em garantia coisa alheia como própria (praticado por quem não é proprietário da coisa).

Alienação ou oneração fraudulenta de coisa própria:

II - vende, permuta, dá em pagamento ou em garantia coisa própria inalienável, gravada de ônus ou litigiosa, ou imóvel que prometeu vender a terceiro, mediante pagamento em prestações, silenciando sobre qualquer dessas circunstâncias (praticado pelo dono da coisa, quando a coisa é inalienável, gravada de ônus ou litigiosa).

Defraudação de penhor:

III - defrauda, mediante alienação não consentida pelo credor ou por outro modo, a garantia pignoratícia, quando tem a posse do objeto empenhado (em regra, a coisa empenhada não fica na posse do devedor. Contudo, especialmente no penhor rural, as coisas ficam na posse do devedor. O consentimento do credor pignoratício afasta a tipicidade).

Fraude na entrega de coisa:

IV - defrauda substância, qualidade ou quantidade de coisa que deve entregar a alguém (alteração da natureza de coisa corpórea, seja pela qualidade ou quantidade).

Fraude para recebimento de indenização ou valor de seguro:

V - destrói, total ou parcialmente, ou oculta coisa própria, ou lesa o próprio corpo ou a saúde, ou agrava as consequências da lesão ou doença, com o intuito de haver indenização ou valor de seguro.

Fraude no pagamento por meio de cheque:

VI - emite cheque, sem suficiente provisão de fundos em poder do sacado, ou lhe frustra o pagamento.

O agente só será responsabilizado se tiver conhecimento prévio da falta de provisão de fundos ou se, emitido o cheque, pratica conduta para evitar que este seja pago (susta o cheque, esvazia ou encerra a conta). No primeiro caso, a ausência de provisão de fundos deve ocorrer no momento de emissão do cheque. O cheque pós-datado desnatura a natureza de pagamento a vista do cheque, de modo que não haverá fraude.

O delito se consuma no momento em que ocorre a recusa do sacado (banco) em efetuar o pagamento. Será competente o foro da agência onde foi recusado o pagamento.

❖ **Causa de aumento de pena** - art. 171, § 3º, CP.

A pena aumenta-se de um terço, se o crime é cometido em detrimento de entidade de direito público ou de instituto de economia popular, assistência social ou beneficência.

• Entidade de direito público – União, Estados, Municípios e DF, autarquias e paraestatais.

• Instituto de economia popular – aqueles que servem de interesse ao povo. Ex.: Bancos Populares, Cooperativas, etc.

• Instituto de assistência social ou de beneficência – aqueles com fim de filantropia, solidariedade, caridade, caráter altruístico em geral.

❖ **Idoso**: aplica-se a pena em dobro se o crime for cometido contra idoso. (art. 171, § 4º do CP).

6.8. Receptação - art. 180, CP

- Objetividade jurídica: tutela-se o patrimônio. Secundariamente, tutela-se a administração da justiça.

- Tipo objetivo:

a) Conduta:

- Receptação própria (incrimina-se a conduta do receptador): o agente que adquirir, receber, transportar, conduzir ou ocultar coisa que sabe ser produto de crime.

- Receptação imprópria (incrimina-se a conduta do intermediário): o agente que influir para que terceiro de boa fé adquira, receba ou oculte coisa que sabe ser produto de crime.

b) Elementares:

• Coisa – tudo o que pode ser apreendido, com valor patrimonial relevante (sentido estrito).

• Crime antecedente – a coisa adquirida deve ser fruto de crime. Se for produto de contravenção penal, não haverá receptação.

- Tipo subjetivo: Dolo. Nas condutas incriminadas no *caput* deve haver dolo direto, uma vez que o legislador exigiu que o agente tenha conhecimento da origem espúria da coisa.

• Elemento subjetivo específico: obter vantagem ilícita para si ou para outrem. Se o agente oculta o bem apenas para ajudar o autor do crime anterior, por exemplo, praticará o crime de favorecimento real, previsto no art. 349.

- Sujeitos:

a) Ativo – qualquer pessoa, salvo os autores e colaboradores do crime antecedente e o proprietário da coisa.

b) Passivo – a mesma vítima do crime antecedente.

- Consumação: a receptação própria é crime material, consumando-se no momento em que a coisa é incluída na esfera de disponibilidade do agente; já a receptação imprópria ;e crime formal, consumando-se com a influência sobre terceiro de boa fé.

- Tentativa: admite-se.

- **Receptação qualificada** - art. 180, § 1º, CP. Adquirir, receber, transportar, conduzir, ocultar, ter em depósito, desmontar, montar, remontar, vender, expor à venda, ou de qualquer forma utilizar, em proveito próprio ou alheio, no exercício de atividade comercial ou industrial, coisa que deve saber ser produto de crime: Pena - reclusão, de três a oito anos, e multa.

Trata-se de crime próprio, incriminando a conduta do comerciante que adquire (...) coisa que deveria saber ser produto de crime.

- Equiparação à atividade comercial: o § 2º equipara à atividade comercial (atividade econômica com profissionalismo e de modo organizado para a produção ou circulação de bens ou serviços) "qualquer forma de comércio irregular ou clandestino".

-O elemento subjetivo é composto pelo dolo direto ou eventual.

❖ **Receptação Culposa** - art. 180, § 3º do CP. Adquirir ou receber coisa que, por sua natureza ou pela desproporção entre o valor e o preço, ou pela condição de quem a oferece, deve presumir-se obtida por meio criminoso: Pena - detenção, de um mês a um ano, ou multa, ou ambas as penas.

- Único crime contra o patrimônio que admite a modalidade culposa.

- Punição: a receptação é punível, ainda que desconhecido ou isento de pena o autor do crime de que proveio a coisa, nos moldes do art. 180, § 4º do CP.

❖ **Perdão Judicial ou Privilégio**: art. 180, § 5º do CP. Na hipótese do § 3º, se o criminoso é primário, pode o juiz, tendo em consideração as circunstâncias, deixar de aplicar a pena. Na receptação dolosa aplica-se o disposto no § 2º do art. 155.

❖ **Aumento de Pena**: art. 180, § 6º do CP. Tratando-se de bens e instalações do patrimônio da União, Estado, Município, empresa concessionária de serviços públicos ou sociedade de economia mista, a pena prevista no *caput* deste artigo aplica-se em dobro.

❖ **Receptação de animal** - art. 180-A, CP

- Núcleos do tipo: adquirir, receber, transportar, conduzir, ocultar, ter em depósito, vender com a finalidade de produção ou de comercialização semovente domesticável de produção (ainda que abatido ou dividido em partes) que deve saber ser produto de crime (segundo o STF/STJ, "deve saber" abrange tanto o dolo eventual como o direto).

6.9. Disposições Gerais

- Escusas absolutórias – o legislador concedeu uma espécie de imunidade aos autores de crimes contra o patrimônio, desde que não haja violência ou grave ameaça em sua conduta, quando a vítima for uma das pessoas descrita nos arts. 181 e 182.

Art. 181 - É isento de pena quem comete qualquer dos crimes previstos neste título, em prejuízo:

I - do cônjuge, na constância da sociedade conjugal;

II - de ascendente ou descendente, seja o parentesco legítimo ou ilegítimo, seja civil ou natural.

Também chamada de imunidade absoluta, pois o legislador, visando a manter a unidade da família, tornou o fato impunível. Atenção, não deixa de ser crime! Apenas não se aplicará qualquer pena.

Art. 182 - Somente se procede mediante representação, se o crime previsto neste título é cometido em prejuízo:

I - do cônjuge desquitado ou judicialmente separado;

II - de irmão, legítimo ou ilegítimo;

III - de tio ou sobrinho, com quem o agente coabita.

No art. 182 temos a chamada de imunidade relativa, uma vez que o fato continua sendo punível, alterando-se apenas a natureza da ação penal, que deixa de ser pública incondicionada para ser pública condicionada à representação da vítima.

No que tange ao sobrinho ou tio, o CP exige a coabitação (morar junto, de forma duradoura).

Art. 183 - Não se aplica o disposto nos dois artigos anteriores:

I - se o crime é de roubo ou de extorsão, ou, em geral, quando haja emprego de grave ameaça ou violência à pessoa;

II - ao estranho que participa do crime;

III - se o crime é praticado contra pessoa com idade igual ou superior a 60 (sessenta) anos.

7. CRIMES CONTRA A DIGNIDADE SEXUAL - ARTS. 213 A 234-B DO CÓDIGO PENAL

7.1. Estupro - art. 213, CP

- Objeto jurídico: liberdade sexual – livre disposição do próprio corpo no aspecto sexual.

- Tipo objetivo:

a) Núcleo: constranger – tolher a liberdade, forçar (conjunção carnal/ato libidinoso).

- Sujeitos:

a. Ativo – qualquer um. Crime Comum.

b. Passivo – Qualquer pessoa. Antes da alteração, apenas mulher podia ser vítima.

- Consumação e tentativa:

a. Consumação: 1- penetração vagínica completa ou não. 2- prática do ato libidinoso.

b. Tentativa: possível, mas de difícil configuração. Trata-se de crime plurissubsistente.

❖ **Formas Qualificadas**: § 1º – se resulta lesão corporal de natureza grave ou se a vítima é menor de dezoito anos ou maior de catorze anos (pena: reclusão de oito a doze anos). § 2º – se resulta morte (pena: reclusão de doze a trinta anos).

7.2. Violação Sexual Mediante Fraude - art. 215, CP

- Tipo objetivo:

a. Verbo núcleo: ter conjunção carnal ou praticar outro ato libidinoso.

b. Elementares: 1- Emprego de fraude – engodo. 2- Meio que impeça ou dificulte a livre manifestação de vontade da vítima. 3- Conjunção carnal. 4- Ato libidinoso.

- Tipo subjetivo:

a. Dolo – não há elemento subjetivo específico.

- Consumação e tentativa:

a. Consumação: com a prática do primeiro ato libidinoso.

b. Tentativa: possível. Crime plurissubsistente.

Parágrafo único. Se o crime é cometido com o fim de obter vantagem econômica, aplica-se também multa.

7.3 Assédio Sexual - art. 216, CP.

- Tipo objetivo:

a. Verbo núcleo: constranger: insistência inoportuna de alguém em posição privilegiada, que usa dessa vantagem para obter favores sexuais de um subalterno.

b. Elementares: Condição de superior hierárquico ou ascendência.

1. A vantagem sexual é em benefício ao próprio agente, enquanto o favorecimento é em favor de terceiro.

- Tipo subjetivo

a. Dolo – vontade consciente.

b. Elemento subjetivo específico – intuito de obter vantagem ou favorecimento sexual.

- Consumação e tentativa:

a. Consumação: com o simples constrangimento (formal).

b. Tentativa: possível, desde que o constrangimento seja realizado por escrito.

❖ Causa de aumento: § 2º A pena é aumentada em até um terço se a vítima é menor de 18 (dezoito) anos.

7.4. Estupro de Vulnerável - art. 217-A, CP

- Tipo objetivo:

a. Verbo núcleo: ter conjunção carnal.

b. Elementares: Vulnerabilidade da vítima – menor de 14; deficiência ou doença mental implique na ausência do necessário discernimento para o ato; incapacidade de resistência.

- Tipo subjetivo:

a. Dolo – vontade consciente.

- Consumação e tentativa:

a. Consumação: com a realização do primeiro ato libidinoso.

b. Tentativa: possível.

❖ Formas Qualificadas

- Se da conduta resulta lesão corporal de natureza grave: Pena - reclusão, de 10 (dez) a 20 (vinte) anos.

- Se da conduta resulta morte: Pena - reclusão, de 12 (doze) a 30 (trinta) anos.

7.5. Lenocínio de Vulnerável- art. 218, CP

- Tipo objetivo:

a. Verbo núcleo: induzir – aliciar, persuadir, convencer.

b. Elementares: satisfação da lascívia alheia.

É essencial que não haja violência ou grave ameaça, do contrário restará configurado o estupro ou estupro de vulnerável.

- Tipo subjetivo:

a. Dolo e o elemento subjetivo do tipo – vontade livre e consciente de induzir pessoa à satisfação da lascívia alheia.

- Consumação e tentativa:

a. Consumação: consuma-se com a realização do primeiro ato libidinoso.

b. Tentativa: possível.

7.6. Satisfação de Lascívia Mediante Presença de Criança ou Adolescente - art. 218-A, CP

- Tipo objetivo:

a. Verbo núcleo: praticar ato sexual na presença de menor de 14; induzir menor de 14 a presenciar ato sexual.

b. Elementar: satisfação da lascívia.

- Tipo subjetivo:

a. Dolo – induzir pessoa à prática sexual.

b. Elemento subjetivo específico – satisfação da lascívia própria ou alheia.

- Consumação e tentativa: Consuma-se com a visualização do ato de libidinagem.

7.7. Favorecimento da Prostituição ou Outra Forma de Exploração Sexual de Vulnerável - art. 218-B, CP.

- Tipo objetivo:

a. Verbos núcleo: 1. submeter; 2. induzir; 3. atrair; 4. facilitar; 5. impedir que abandone – opor-se; 6. dificultar que abandone – criar obstáculos.

b. Elementares: prostituição/exploração sexual

- Consumação e tentativa:

a. Nas condutas de induzir, atrair e facilitar – momento em que a vítima passa a se dedicar à prostituição (ainda que sem clientes).

b. Nas condutas de impedir ou dificultar o abandono – com a prática do ato que impede ou dificulta.

❖ **Formas Qualificadas:** art. 228, CP.

❖ **Condutas Equiparadas:** art. 218-B, CP.

❖ **Ação Penal:** art. 225, CP.

❖ **Aumento de Pena:** art. 226, CP.

7.8. Induzir Alguém a Satisfazer a Lascívia de Outrem - art. 227, CP

- Tipo objetivo: a ação típica é induzir, significando incutir, persuadir, convencer, levar, mover.

- Consumação: com a efetiva satisfação da luxúria de outrem, independentemente do terceiro conseguir o "gozo genésico".

- Tentativa: admite-se a tentativa porém com muita cautela no seu reconhecimento.

Se a finalidade é levar a vítima à prostituição é o caso do art. 228, CP.

7.9. Favorecimento da Prostituição - art. 228, CP

- Tipo objetivo: a) induzir, persuadir, levar, mover ou atrair induzir de forma menos direta; b) facilitar, prestar auxílio; c) impedir que alguém abandone a prostituição. A lei não requer especial finalidade do agente para os comportamentos; todavia, caso ele seja movido pelo fim do lucro, o enquadramento será na figura qualificada do § 3º.

- Consumação: com o início da vítima na prostituição, nas condutas a e b; e com o prosseguimento na prostituição, na conduta c, em que a infração é de caráter permanente.

-Tentativa: é possível, sendo que na conduta c verifica-se pelo abandono, apesar do impedimento oposto pelo agente.

7.10.Casa de Prostituição - art. 229, CP.

- Tipo objetivo:

a. Verbos núcleo: manter.

b. Elementares: estabelecimento em que ocorra exploração sexual.

- Tipo subjetivo:

a. Dolo – vontade livre e consciente de manter estabelecimento destinado à exploração sexual.

- Consumação e tentativa: trata-se de crime habitual. Consuma-se com a configuração da habitualidade. Não é possível tentativa.

7.11.Rufianismo - art. 230, CP

- Tipo objetivo:

a. Verbos núcleo: i. Tirar proveito; ii. Fazer-se sustentar.

b. Elementares: estabelecimento em que ocorra exploração sexual

- Tipo subjetivo: Dolo – vontade livre e consciente de tirar proveito da prostituição alheia.

- Consumação e tentativa: trata-se de crime habitual. Consuma-se com a configuração da habitualidade. Não é possível tentativa.

7.12 Ato Obsceno - art. 233, CP

- Tipo objetivo:

a. Verbo núcleo: Praticar.

b. Elementares: I. Ato obsceno; II. Local público. III. Local aberto; iv. Local exposto ao público.

- Tipo subjetivo:

a. Dolo – vontade livre e consciente de praticar ato obsceno em local público.

b. Elemento subjetivo específico – vontade de ofender o pudor alheio (NUCCI).

- Consumação e tentativa: consuma-se com a prática do ato. Não precisa ter sido presenciado por ninguém.

❖ **Aumento de pena** - art. 234-A, CP

❖ **Art. 234-B**: os processos em que se apuram crimes definidos neste Título correrão em segredo de justiça."

8. CRIMES CONTRA A INCOLUMIDADE PÚBLICA

8.1. Incêndio - art. 250, CP

O crime de incêndio possui os seguintes elementos: a) a conduta de causar incêndio; b) expondo a perigo a vida, a integridade física ou o patrimônio de outrem.

O núcleo causar é utilizado no sentido de produzir, ocasionar, dirigir a conduta com a finalidade de ocasionar o incêndio. Além de provocar o incêndio, para que ocorra o delito deverá ser demonstrado que tal situação trouxe perigo à vida, à integridade física ou ao patrimônio de outrem, não sendo admitido o raciocínio de perigo em abstrato.

- Objeto jurídico tutelado é a incolumidade pública, posta em perigo pelo incêndio. Deve haver um risco aos bens materiais e à vida de outrem. O elemento subjetivo é o dolo, a conduta deve ser dirigida a causar incêndio, sendo o agente conhecedor de que com essa atitude poderá expor a vida, integridade ou o patrimônio.

- Bem juridicamente protegido é a incolumidade pública. Sendo crime de perigo concreto, consuma-se quando o incêndio provocado pelo agente, vier a expor a perigo a vida, a integridade ou o patrimônio. Como é um crime plurissub-

sistente, será possível a tentativa. Ocorrerá o crime impossível quando o meio ou objeto for totalmente incapaz de provocar o delito, conforme artigo 17 do Código Penal.

- Casos de aumento de pena no § 1º do art. 250 do Código Penal, que somente se aplicam ao caput, não se aplicando ao § 2º do mesmo artigo, que prevê a modalidade culposa. A primeira causa ocorre quando o crime é obtido com o intuito de obter lucro, exige-se o elemento do injusto, que é a finalidade de obter vantagem pecuniária. A segunda hipótese incidirá em virtude do objeto material que é dirigida a conduta do agente, que são:

II - se o incêndio é:

a) em casa habitada ou destinada a habitação;

b) em edifício público ou destinado a uso público ou a obra de assistência social ou de cultura;

c) em embarcação, aeronave, comboio ou veículo de transporte coletivo;

d) em estação ferroviária ou aeródromo;

e) em estaleiro, fábrica ou oficina;

f) em depósito de explosivo, combustível ou inflamável;

g) em poço petrolífico ou galeria de mineração;

h) em lavoura, pastagem, mata ou floresta.

8.2. Explosão – art. 251, CP

Como o crime de incêndio, trata-se de perigo comum e concreto, deve atingir um

número indeterminado de pessoas ou coisas. Ausente o perigo coletivo configurar-se-á outro crime como dano, quando somente o patrimônio individual é atingido.

Conforme a figura típica, consuma-se o delito em estudo com a explosão, arremesso ou simples colocação. A segunda modalidade é a do arremesso de engenho explosivo, feito a distância, com as mãos ou com a utilização de aparelhos. A terceira conduta é a colocação de engenho explosivo. Para se configurar basta que o agente ponha, disponha, arrume, arme o explosivo. O *caput* do art. 251, prevê a modalidade dolosa: a conduta do agente deve ser de agir com a finalidade de fazer explodir, arremessar ou colocar em determinado lugar engenho de dinamite ou substância de efeitos análogos

- A incolumidade pública é o bem juridicamente protegido pelo delito de explosão.

- O crime consuma-se no momento em que se instala a situação de perigo coletivo. Não basta a explosão, tem que trazer perigo concreto para a vida, integridade física ou ao patrimônio.

- O § 1º do art. 251 prevê a modalidade privilegiada. O legislador entende, que o uso de dinamite e a substância de efeitos análogos causam mais danos, por isso a pena é maior.

- A modalidade culposa é somente prevista no caso de explosão, conforme § 3º do art. 251. A pena varia conforme a substância culposamente detonada.

- Com relação às causas de aumento e diminuição de pena, o § 2º do art. 251 remete ao § 1º, I e II do art. 250, sendo adotado o mesmo critério em relação ao incêndio.

8.3. Uso de Gás Tóxico Ou Asfixiante - art. 252, CP

Podemos destacar os seguintes elementos: a) expor a perigo a vida, a integridade física ou o patrimônio de outrem; b) mediante a utilização de gás asfixiante.

O artigo em estudo está inserido no capítulo correspondente aos crimes contra a incolumidade pública. Trata-se de um crime de perigo comum e para sua configuração, deverá atingir um número indeterminado de pessoas.

- Sujeito ativo: qualquer pessoa, pois não exige nenhuma qualidade ou condição especial.

- Sujeito passivo: a sociedade e as pessoas que tiveram a vida, a integridade física ou o patrimônio exposto a perigo.

- O crime consuma-se após a utilização do gás tóxico ou asfixiante e houver a exposição de perigo à vida, integridade física ou patrimônio. Como se trata de um crime plurissubsistente é possível a tentativa.

- A modalidade culposa está prevista no parágrafo único do art. 252. Para que ocorra o agente deverá fazer o uso do gás deixando de observar o seu necessário cuidado com seu manuseio, expondo a perigo a vida a integridade física ou o patrimônio.

8.4. Fabrico, fornecimento, aquisição posse ou transporte de explosivos ou gás tóxico, ou asfixiante - art. 253, CP.

- Qualquer pessoa pode ser sujeito ativo do delito em estudo, não se exigindo nenhuma qualidade ou condição especial.

- Sujeito passivo é a sociedade, tratando-se de crime vago.

- A incolumidade pública é o bem juridicamente protegido.

- O objeto material é a substância ou engenho explosivo, gás tóxico ou asfixiante, bem como o material destinado a sua fabricação.

- O crime consuma-se com a simples prática de qualquer dos comportamentos previstos pelo tipo penal.

-O elemento subjetivo do tipo é somente o dolo, não havendo previsão para a modalidade culposa.

8.5. Inundação - art. 254 CP.

No delito de inundação, de acordo com a mencionada figura típica, podemos destacar os seguintes elementos: a conduta de causar inundação, e a integridade física ou o patrimônio de outrem.

- O núcleo causar é no sentido de produzir, ocasionar, dar causa. Crime de perigo concreto. O bem juridicamente protegido é a incolumidade pública.

- O crime consuma-se com a inundação, ou seja, no momento que as águas expandem de tal quantidade que expõe a uma situação de perigo um indeterminado número de pessoas ou coisas. Por se tratar de um crime plurissubsistente a tentativa é perfeitamente possível.

O delito de inundação pode ser praticado dolosa ou culposamente, conforme a redação do art. 254 que diz: "Pena - reclusão, de 3(três) a 6 (seis) anos, e multa, no caso de dolo, ou detenção, de 6 (seis) meses a 2 (dois) anos, no caso de culpa".

8.6. Perigo de Inundação - art. 255, CP.

- A incolumidade pública é o bem juridicamente protegido.

- O objeto material é o obstáculo natural ou obra destinada a impedir, contra qual recai a conduta do agente. O delito de perigo de inundação somente pode ser praticado dolosamente, não havendo previsão para a modalidade culposa.

- Consuma-se o delito com a efetiva remoção, destruição ou inutilização de obstáculo

natural ou obra destinada a impedir inundação, trazendo perigo à vida, à integridade física ou ao patrimônio de outrem.

8.7. Desabamento ou Desmoronamento - art. 256, CP.

No crime de desabamento ou desmoronamento podemos destacar os seguintes elementos:

a) a conduta de causar desabamento ou desmoronamento;

b) expondo a vida, a integridade física ou o patrimônio de outrem. A incolumidade pública é o bem juridicamente protegido.

- O objeto material é o morro, pedreira, prédios ou semelhantes.

- O crime consuma-se com o desabamento ou desmoronamento, expondo a vida a integridade física ou o patrimônio de um número indeterminado de pessoas. Por ser um crime plurissubsistente é possível o reconhecimento da tentativa.

- O parágrafo único do art. 256 prevê a modalidade culposa, que para se configurar deve o agente deixar de observar seu necessário dever objetivo de cuidado, e deverá ainda expor a perigo a vida a integridade física e o patrimônio de um número indeterminado de pessoas.

9. DOS CRIMES CONTRA A FÉ PÚBLICA- ARTS. 289 A 311-A, CP.

9.1. Da Moeda Falsa - art. 289, CP.

- Bem jurídico: Credibilidade da moeda circulante.

- Sujeito ativo: Qualquer pessoa.

- Sujeito passivo: Estado e, secundariamente, o particular lesado pela conduta do agente.

O tipo não exige o *animus lucrani*, mas para maioria dos autores só se configura com o enriquecimento ilícito. Ou seja, só se configura quando o agente repassa a moeda.

Moeda deve ter curso legal/ forçado no país ou no estrangeiro. Se tiver valor comercial, delito pode ser o de estelionato. A moeda deve estar em vigor. Se falsificar uma moeda antiga é estelionato.

- Competência para o processo é da justiça federal.

- Falso deve ter idoneidade para enganar. Sumula 73 do STJ: "Utilização de papel moeda grosseiramente falsificado configura em tese o crime de estelionato, de competência da justiça estadual".

- ❖ **§ 1º - Circulação de moeda falsa**:

Nas mesmas penas incorre, quem por contra própria ou alheia importa, exporta, adquire, vende, troca, empresta, guarda ou introduz em circulação moeda falsa.

- É indispensável a consequência da falsidade da moeda.

- Concurso entre falsificação e circulação? Não há.

- ❖ **§ 2º - Modalidade privilegiada**:

Quem, tendo recebido de boa-fé, como verdadeira, moeda falsa ou alterada, a restitui a circulação, depois de conhecer a falsidade.

- Quando alguém recebe de boa-fé, depois repassa a cédula.

- Detenção: 6 meses a 2 anos.

- Agente não inicia a circulação da moeda, apenas dá prosseguimento.

- Ânimo de evitar o prejuízo.

- ❖ **§ 3º** - É punido com reclusão de 3 a 15 anos + multa o funcionário público ou diretor, gerente ou fiscal de banco de emissão que fabrica, emite ou autoriza a fabricação de:

I - Moeda com título ou peso inferior ao determinado em lei;

II - De papel moeda em quantidade superior a autorizada.

- Crime próprio.

- ❖ **§ 4º - Desvio e circulação antecipada**:

Nas mesmas penas incorre quem desvia ou faz circular moeda, cuja circulação não estava ainda autorizada.

9.2. Crimes assimilados ao de moeda falsa - art. 290 CP

Formar cédula, nota ou bilhete representativo de moeda com fragmentos de cédulas, notas ou bilhetes verdadeiros, suprimir, em nota, cédula ou bilhete recolhidos para o fim de restituí-los a circulação, sinal indicativo de sua inutilização; restituir à circulação cédula/ nota em tais condições, ou já recolhidos para o fim de inutilização.

Reclusão de 2 a 8 anos + multa.

- ❖ Parágrafo único – Crime praticado por funcionário público que trabalha na repartição onde o dinheiro se acha recolhido, ou nela tem fácil ingresso, em razão do cargo.

- Tipo refere-se apenas as cédulas, não a moeda metálica.

- Adulteração de cédula mediante superposição de fragmentos de outros, para modificar-lhe o valor – art. 289, *caput*.

– Agente que recebe a moeda de boa-fé, nessas condições, e após conhecer a falsidade coloca de volta em circulação. É uma conduta privilegiada, responde, mas a pena é menor.

9.3. Petrechos para falsificação de moeda - art. 291, CP

- Delito pune atos preparatórios dos crimes dos artigos antecedentes.

- Tipo misto alternativo (vários verbos como núcleo do tipo: fabricar, adquirir, fornecer, possui, guardar)

DA FALSIDADE DE TÍTULOS E OUTROS PAPÉIS PÚBLICOS

9.4. Falsificação de papéis públicos - art. 293, CP

- Objeto material: papéis públicos indicados nos incisos do art. 293.

- Elemento subjetivo: dolo. Não admite modalidade culposa. A falsificação grosseira exclui o delito.

- Ação penal: pública incondicionada.

- Objetividade jurídica: o bem jurídico penalmente tutelado é a fé pública, no tocante à confiabilidade e legitimidade dos papéis públicos.

- Núcleo do tipo: é "falsificar", isto é, imitar, reproduzir ou modificar os papéis públicos indicados nos diversos incisos do art. 293, *caput*, do Código Penal. A falsificação pode ocorrer mediante fabricação ou alteração. Na fabricação, também denominada de contrafação, o agente procede à criação do papel público, o qual surge revestido pela falsidade. Por seu turno, na alteração opera-se a modificação de papel inicialmente verdadeiro, com a finalidade de ostentar valor superior ao real. Convém destacar que a falsificação somente resultará no reconhecimento do crime em apreço quando incidir nos papéis públicos taxativamente mencionados pelo art. 293 do Código Penal.

- Sujeito ativo: O crime é comum ou geral, podendo ser praticado por qualquer pessoa. Contudo, se o sujeito ativo for funcionário público, e cometer o crime prevalecendo-se do cargo, aumentar-se-á a pena de sexta parte, com fulcro no art. 295 do Código Penal. Para a incidência da causa de aumento da pena, não basta a condição funcional: é necessário seja o delito perpetrado em razão das facilidades proporcionadas pela posição de funcionário público.

- Sujeito passivo: É o Estado e, mediatamente, a pessoa física ou jurídica prejudicada pela conduta criminosa.

- Consumação: Trata-se de crime formal, de consumação antecipada ou de resultado cortado: consuma-se com a realização de qualquer das condutas legalmente descritas, prescindindo-se da efetiva circulação do papel público falsificado ou da causação de prejuízo a alguém.

- Tentativa: é possível, em face do caráter plurissubsistente do delito, permitindo o fracionamento do *iter criminis*.

- ❖ **Figura equiparada**: art. 293, § 1º.

Incorre na mesma pena prevista no *caput* – reclusão, de dois a oito anos, e multa – quem:

- **Supressão de carimbo ou sinal de inutilização de papéis públicos**: art. 293, § 2º A pena é de reclusão, de um a quatro anos, e multa, para quem "suprimir, em qualquer desses papéis, quando legítimos, com o fim de torná-los novamente utilizáveis, carimbo ou sinal indicativo de sua inutilização".

- ❖ **Uso de papéis públicos com carimbo ou sinal de inutilização suprimidos**: art. 293, § 3º.

- ❖ Incorre na mesma pena cominada ao art. 293, § 2º, do Código Penal aquele que usa, depois de alterado, qualquer dos papéis nele indicados. Se a lei comina igual pena, cuida-se de crime de médio potencial ofensivo.

- ❖ **Figura privilegiada**: art. 293, § 4.º A pena é de detenção, de seis meses a dois anos, para quem usa ou restitui à circulação, embora recebido de boa-fé, qualquer dos papéis falsificados ou alterados, a que se refere este artigo e o seu § 2º, depois de conhecer a falsidade ou alteração.

9.5. Petrechos de falsificação - Art. 294, CP

- Objeto material: objeto especialmente destinado à falsificação dos papéis públicos especificados art. 293 do CP.

- Elemento subjetivo: dolo. Não admite modalidade culposa.

- Crime não transeunte (deixam vestígios de ordem material).

- Objetividade jurídica: o bem jurídico penalmente protegido é fé pública, no que diz respeito à confiabilidade e legitimidade dos papéis públicos.

- Objeto material: é o objeto especialmente destinado à falsificação dos papéis públicos especificados art. 293 do Código Penal.

- Núcleos do tipo: o tipo penal possui cinco núcleos: "fabricar" (criar, montar, construir ou produzir), "adquirir" (comprar ou obter), "fornecer" (proporcionar, dar, vender ou entregar), "possuir" (ter a posse) e "guardar" (manter, conservar ou proteger). Todos os verbos se ligam ao objeto especialmente destinado à falsificação de papéis públicos.

- Sujeito ativo: o crime é comum ou geral, podendo ser praticado por qualquer pessoa. Entretanto, se o sujeito ativo for funcionário público, e cometer o crime prevalecendo-se do cargo, aumentar-se-á a pena da sexta parte, com fulcro no art. 295 do Código Penal. Para a incidência da causa de aumento da pena não basta a condição funcional: é imprescindível seja o delito executado em razão das facilidades proporcionadas pela posição de funcionário público.

- Sujeito passivo: é o Estado, interessado na preservação da fé pública no que diz respeito ao sistema de emissão de papéis públicos.

- Elemento subjetivo: é o dolo, independentemente de qualquer finalidade específica. Não se admite a modalidade culposa.

- Consumação: cuida-se de crime formal, de consumação antecipada ou de resultado cortado: consuma-se com a fabricação, aquisição, fornecimento, posse ou guarda dos objetos destinados à falsificação, independentemente da sua efetiva utilização pelo agente ou por qualquer outra pessoa. Nos núcleos "guardar" e "possuir" o crime é permanente, comportando a prisão em flagrante enquanto perdurar a situação de contrariedade ao Direito; nas demais variantes, o crime é instantâneo.

- Tentativa: não é cabível, pois o legislador incriminou de forma autônoma atos representativos da preparação do delito tipificado no art. 293 do Código Penal (falsificação de papéis públicos). Em outras palavras, o delito de petrechos de falsificação é classificado como crime obstáculo, logicamente incompatível com o *conatus*.

- Aumento de pena: Art. 295 - Se o agente é funcionário público, e comete o crime prevalecendo-se do cargo, aumenta-se a pena de sexta parte.

DA FALSIDADE DOCUMENTAL

9.6. Falsificação do selo ou sinal público - art. 296, CP

- Elementos que configuram o crime:

a) falsificar selo ou sinal público, fabricando-os ou alterando-os;

b) que o selo seja destinado autenticar atos oficiais da união, de Estado ou de Municípios, e por analogia do Distrito Federal;

c) que este selo ou sinal seja atribuído por lei a entidade de direito público, ou autoridade, ou sinal público de tabelião;

d) a conduta de usar selo ou sinal falsificado;

e) utilização indevida de selo ou sinal verdadeiro em prejuízo de outrem ou em proveito próprio ou alheio;

f) alteração, falsificação, ou uso indevido de marcas, logotipos, siglas ou quaisquer outros símbolos utilizados ou identificadores de órgãos da administração pública.

A falsificação poderá ser cometida de duas maneiras: no ato de fabricação ou ainda na alteração de selo ou sinal público. Não pode deixar de ser mencionado que a simples utilização do brasão, símbolos da União, Estados, Municípios em documentos e objetos de sociedade civis, por si só, não caracteriza nenhuma das hipóteses do artigo em estudo.

- Sujeitos do crime: sujeito ativo é qualquer pessoa, sendo que, caso o agente seja funcionário público, e comete o crime prevalecendo-se do cargo, incidirá uma pena mais severa para este (§ 2º do art. 296 do CP). Sujeito passivo é o Estado, a coletividade e a pessoa prejudicada pelo uso indevido do selo ou sinal público falsificados.

- Objetividade jurídica do delito de falsificação de documento público é a fé pública, ou seja, a credibilidade que todos depositam nos documentos

- Consumação e Tentativa: Consuma-se o crime quando nele se reúnem todos os elementos previstos na sua definição legal. Daí, de acordo com o *caput* do artigo em apreço, a consumação se dá na falsificação (fabricação ou alteração) de selos ou sinais públicos.

- Por se tratar de um crime em regra plurissubsistente, admite-se a forma tentada.

- Elemento subjetivo: é o dolo. Vale ressaltar que não há previsão para a modalidade culposa.

- Modalidades comissiva e omissiva: todos os verbos constantes do *caput*, bem como do § 1º do art. 296 do CP, pressupõem um comportamento comissivo por parte do agente.

❖ Forma majorada: no caso previsto no § 2º do art. 296 do Código Penal, onde traz que se o agente for funcionário público, e comete o crime prevalecendo-se do cargo, aumenta-se a pena de sexta parte. Neste caso, não é o simples fato de o agente ser funcionário público que terá sua pena aumentada. A pena só será aumentada caso o funcionário público cometa o crime prevalecendo-se do cargo que ocupa.

❖ Aumento de pena: se o agente for funcionário público, e comete o crime prevalecendo-se do cargo, aumenta-se a pena de sexta parte.

9.7. Falsificação de documento público - art. 297, CP

O tipo penal de falsificação de documento público, não exige, para a sua consumação, a efetiva produção de dano, logo, a simples ação do núcleo do tipo já caracteriza o crime.

- Sujeitos do crime: sujeito ativo pode ser qualquer pessoa, sendo que, caso o agente seja funcionário público, e comete o crime prevalecendo-se do cargo, incidirá uma pena mais severa para este (§ 1º do art. 297 do CP). Sujeito passivo é o Estado, bem como a pessoa prejudicada pelo ilícito penal.

- Objetividade jurídica: é a fé pública, ou seja, a credibilidade que todos depositam nos documentos.

- Consumação e tentativa: consuma-se o crime quando nele se reúnem todos os elementos previstos na sua definição legal. Daí, de acordo com o *caput* do artigo em apreço, a consumação se dá na falsificação ou alteração de documentos públicos verdadeiros. Por se tratar de um crime em regra plurissubsistente, admite-se a forma tentada.

- Elemento subjetivo: o elemento subjetivo no crime em estudo é o dolo. Vale ressaltar que não há previsão para a modalidade culposa.

- Modalidades comissiva e omissiva: todos os verbos constantes do *caput*, bem como do § 3º do art. 297 do CP, pressupõem um comportamento comissivo por parte do agente.

- Aumento de pena: se o agente for funcionário público, e comete o crime prevalecendo-se do cargo, aumenta-se a pena de sexta parte.

9.8. Falsificação de documento particular – art. 298, CP

- Sujeitos do crime: sujeito ativo pode ser qualquer pessoa. Vale lembrar que o art. 298 do Código Penal não exige nenhuma qualidade ou condição especial do agente. Sujeito passivo é o Estado, bem como a pessoa prejudicada pelo ilícito penal.

- Objeto material: é o documento particular falsificado, no todo ou em parte, ou o documento particular verdadeiro que foi alterado pelo agente.

- Consumação e tentativa: consuma-se o crime quando nele se reúnem todos os elementos previstos na sua definição legal. Daí, de acordo com o *caput* do artigo em apreço, a consumação se dá na falsificação (fabricação ou alteração), no todo ou em parte, de do documento particular. Por se tratar de um crime em regra plurissubsistente, admite-se a forma tentada.

- Elemento subjetivo: é o dolo. Vale ressaltar que não há previsão para a modalidade culposa.

- Modalidades comissiva e omissiva: todos os verbos constantes do *caput* do artigo art. 298 do CP pressupõem um comportamento comissivo por parte do agente.

9.9. Falsidade ideológica - art. 299, CP

- Sujeitos do crime: sujeito ativo pode ser qualquer pessoa. Vale lembrar que o art. 299 do Código Penal não exige nenhuma qualidade ou condição especial do agente. Sujeito passivo é o Estado, bem como a pessoa prejudicada pelo ilícito penal.

- Bem juridicamente tutelado: busca-se proteger com a tipificação deste delito de falsificação de selo ou sinal público, a fé pública.

- Consumação e tentativa: consuma-se o crime quando nele se reúnem todos os elementos previstos na sua definição legal. Daí, de acordo com o *caput* do artigo em apreço, a consumação se dá na omissão de declaração em documento público ou particular, que devia constar, ou nele inserir ou fazer inserir, com o intuito de prejudicar direito, bem como criar obrigação ou alterar a verdade sobre fato juridicamente relevante. Por se tratar de um crime em regra plurissubsistente, admite-se a forma tentada.

- Elemento subjetivo: é o dolo. Vale ressaltar que não há previsão para a modalidade culposa.

- Modalidades comissiva e omissiva: os verbos inserir e fazer inserir, constantes do *caput* do art. art. 299 do CP, pressupõem um comportamento comissivo por parte do agente. Já o núcleo do tipo omitir, "induz a uma conduta negativa por parte do agente, retratando neste caso, um crime omissivo próprio".

- Forma majorada: no caso previsto no parágrafo único do art. 299 do Código Penal, se o agente for funcionário público, e comete o crime prevalecendo-se do cargo, ou se a falsificação ou a alteração e de assentamento de registro civil, aumenta-se a pena de sexta parte. Neste caso, não é o simples fato de o agente ser funcionário público que terá sua pena aumentada. A pena só será aumentada caso o funcionário público cometa o crime prevalecendo-se do cargo que ocupa.

- Pena: a pena cominada ao crime de falsidade ideológica é de reclusão, de 1 (um) a 5 (cinco) anos, e multa, se o documento é público e de reclusão de 1 (um) a 3 (três) anos, e multa se o documento é particular.

- Aumento de pena: Vale lembrar que se o agente for funcionário público, e comete o crime prevalecendo-se do cargo, ou se a falsificação ou alteração é de assentamento de registro civil, aumenta-se a pena de sexta parte.

9.10. Falso reconhecimento de firma ou letra - art. 300, CP

- O objeto jurídico é fé pública.

- A ação nuclear descrita no tipo consubstancia-se em "reconhecer", como verdadeira, firma (assinatura ou abreviação) ou letra (sinal representativo) de alguém, quando não o seja.

- O sujeito ativo pode ser apenas o funcionário que possui, legalmente, a atribuição para reconhecer firma ou letra, portanto trata-se de crime próprio. O sujeito passivo é o Estado.

- O elemento subjetivo é o dolo.

- O momento de consumação se dá com o reconhecimento, independente da entrega do documento a quem dele possa fazer mau uso.

- Trata-se de crime formal. Não admite tentativa, isso porque o agente reconhece letra ou firma em um único ato, logo é crime unissubsistente.

9.11. Certidão ou atestado ideologicamente falso - art. 301, CP

- O objeto jurídico é fé pública.

- A ação nuclear descrita no tipo consubstancia-se em "falsificar" ou "certificar" falsamente fato ou circunstância que habilite alguém a obter cargo público, isenção de ônus ou serviço de caráter público ou qualquer outra vantagem, que não seja patrimonial. Caso a vantagem obtida seja patrimonial o crime passa a ser estelionato.

- O sujeito ativo pode ser apenas aquele que "em razão da função pública" tenha atribuição para expedir atestado ou certidão, portanto trata-se de crime próprio. O sujeito passivo é o Estado.

- O elemento subjetivo é o dolo. Entretanto, aplica-se multa caso o agente tenha fim de lucro.

❖ **Art. 301, § 2º** – Se o crime é praticado com o fim de lucro, aplica-se, além da pena privativa de liberdade, a de multa.

- O momento de consumação se dá com a realização das ações típicas, independente do resultado naturalístico.

-Trata-se de crime formal. Admite tentativa.

9.12. Falsidade material de atestado ou certidão - art. 301, § 1º, CP

- O objeto jurídico é fé pública.

- A ação nuclear descrita no tipo consubstancia-se em "falsificar" ou "alterar", atestado ou certidão para que habilite alguém a obter cargo público, isenção de ônus ou serviço de caráter público ou qualquer outra vantagem, que não seja patrimonial

- O sujeito ativo pode ser qualquer pessoa, uma vez que trata-se de crime comum. O sujeito passivo é o Estado.

-O elemento subjetivo é o dolo. Entretanto, aplica-se multa caso o agente tenha fim de lucro.

❖ **Art. 301, § 2º** – Se o crime é praticado com o fim de lucro, aplica-se, além da pena privativa de liberdade, a de multa.

- O momento de consumação se dá com a realização das ações típicas, independente do resultado naturalístico.

-Trata-se de crime formal. Admite tentativa.

9.13. Falsidade de atestado médico - art. 302, CP

- O objeto jurídico é fé pública.

- A ação nuclear descrita no tipo consubstancia-se em "dar" atestado falso. Este atestado deve versar, segundo a doutrina majoritária, sobre fato relevante, e não sobre opinião ou prognóstico do profissional.

- O sujeito ativo pode ser apenas o médico, portanto trata-se de crime próprio. O sujeito passivo é o Estado.

- O elemento subjetivo é o dolo. Entretanto, se aplica multa caso o agente tenha fim de lucro.

❖ **Art. 302, parágrafo único** – Se o crime é cometido com o fim de lucro, aplica-se também multa.

- O momento de consumação se dá com a efetiva entrega do atestado falso a alguém, independente do resultado naturalístico.

-Trata-se de crime formal. Admite tentativa.

9.14. Uso de documento falso - art. 304 CP

- Tipo objetivo: verbo núcleo: fazer aso – o agente deve utilizar o documento falso em sua específica destinação probatória como se fosse verdadeiro. A mera exibição do documento, entre amigos, não configura o crime. A simples alusão ao documento falso ou a exibição para vangloriar-se não configura o uso.

- Elementares: documento falso, apresentação voluntária e apresentação dentro da destinação específica do documento.

- Sujeitos:

a. Ativo – qualquer pessoa, menos a que falsificou o documento. O uso do documento falsificado pelo falsário configura mero exaurimento do delito de falsificação e será por ele absorvido. Se o falso se exaure no crime de estelionato, por ele será absorvido.

b. Passivo – Estado e, secundariamente, a pessoa lesada.

- Consumação: Crime de mera conduta e, em regra, unissubsistente. Consuma-se no momento em que o agente faz uso do documento. Dispensa a ocorrência do dano, sendo suficiente que o documento falso tenha potencialidade lesiva.

- Tentativa: em regra, inadmissível. Teoricamente, se o documento é enviado pelo correio, seria admissível a tentativa.

9.15. Destruir, suprimir ou ocultar, em benefício próprio ou de outrem, ou em prejuízo alheio, documento público ou particular verdadeiro, de que não podia dispor - art. 305, CP

- O objeto jurídico é fé pública.

- A ação nuclear descrita no tipo consubstancia-se em "fazer uso" de qualquer dos papéis falsificado do art. 296 a 302. São eles: o documento público ou particular; (falsidade material – art. 297 e 298 / falsidade ideológica – art. 299); o papel onde consta firma ou letra falsamente reconhecida; (art. 300), o atestado ou certidão pública; e (art. 301), o atestado médico. (art. 302).

- O sujeito ativo pode ser qualquer pessoa, uma vez que trata-se de crime comum. O sujeito passivo é o Estado.

- O momento de consumação se dá quando for feito o uso do documento, independente do resultado naturalístico.

- Trata-se de crime formal. Admite tentativa.

- Apresentação espontânea do documento: segundo a posição jurisprudencial majoritária, é irrelevante se o agente utiliza o documento falso em ato unilateral ou se faz porque qualquer autoridade assim exige. Utiliza-se muito o exemplo da carteira de habilitação falsa, em que a exigência é feita por policial rodoviário por estar em sua função fiscalizadora.

9.16. Falsa identidade - art. 307, CP

Identidade é termo mais abrangente que apenas nome e qualidade. Para Nucci é o conjunto de características peculiares de uma pessoa determinada, que permite reconhecê-la e individualizá-la.

- O objeto jurídico é fé pública.

- A ação nuclear descrita no tipo consubstancia-se em "atribuir" a si ou a outrem falsa identidade para obter vantagem ou causar dano.

- O sujeito ativo pode ser qualquer pessoa, uma vez que trata-se de crime comum. O sujeito passivo é o Estado.

- O momento de consumação se dá com a simples atribuição, independente do gozo de vantagem ou do efetivo prejuízo.

- Trata-se de crime formal. Admite tentativa.

9.17. Uso de documento alheio como próprio- Art. 308 CP

- O objeto jurídico é fé pública.

- A ação nuclear descrita no tipo consubstancia-se em "usar", como próprio, passaporte, título de eleitor, caderneta de reservista (documento que comprova a regularidade diante do serviço militar obrigatório) ou qualquer documento de identidade alheia; ou "ceder", a outrem esses documentos, seja próprio ou alheio.

- A alteração de fotografia do documento pode constituir o crime do art. 297 (falsificação de documento público), caso o intuito seja diverso da falsa identidade.

- O sujeito ativo pode ser qualquer pessoa, uma vez que trata-se de crime comum. O sujeito passivo é o Estado.

- O momento de consumação se dá com o uso ou com a cessão do documento, independente do resultado naturalístico.

- Trata-se de crime formal. Admite tentativa.

9.18. Adulteração de sinal de Adulteração de sinal identificador de veículo automotor- art. 311 do CP

-Sujeito ativo: pela ações nucleares descritas no "caput" (Adulterar ou remarcar) o crime pode ser praticado por qualquer pessoa. Mas as figuras preceituadas nos parágrafos 1° e 2° constituem crimes próprios, já que o agente deve ser funcionário público.

-Bem jurídico: proteger a autenticidade dos sinais que identificam os veículos automotores que desdobram na proteção à "fé pública").

- Elemento subjetivo: é o dolo. O tipo penal não exige elemento subjetivo especial ou alguma intenção específica do agente (não exige "dolo específico").

-Consumação: O delito se consuma quando agente efetivamente faz a adulteração do chassi ou qualquer sinal identificador de veículo automotor, de seu componente ou equipamento.

-A tentativa é admitida se o sujeito ativo for surpreendido antes de ver concluída a adulteração.

9.19.Fraudes em certames de interesse público - art. 311-A, CP

- Comete o crime em estudo o agente ativo que utiliza ou divulga, indevidamente, com o fim de beneficiar a si ou a outrem, ou de comprometer a credibilidade do certame,

conteúdo sigiloso de: I - concurso público; II - avaliação ou exame públicos; III - processo seletivo para ingresso no ensino superior; ou IV - exame ou processo seletivo previstos em lei.

❖ Forma equiparada: comete o mesmo crime quem permite ou facilita, por qualquer meio, o acesso de pessoas não autorizadas às informações mencionadas no *caput* do artigo 311-A.

❖ Forma Qualificada: o delito será qualificado se da ação ou omissão resulta dano à Administração Pública:

❖ Forma majorada: haverá majoração da pena se o fato é cometido por funcionário público.

- Objeto jurídico: proteger a fé pública.

- Sujeito ativo: qualquer pessoa.

- Sujeito Passivo: o Estado, bem como as instituições e pessoas prejudicadas.

- Da Pena:

1) Na forma simples (*caput*) e na forma equiparada (§ 1°) a pena é reclusão, de 1 (um) a 4 (quatro) anos, e multa;

2) Na forma qualificada (§ 2°) a pena é de reclusão, de 2 (dois) a 6 (seis) anos, e multa;

3) Na forma majorada (§ 3°) a pena será aumentada de 1/3 (um terço).

- Elemento subjetivo: é o dolo, que consiste na vontade livre e consciente de utilizar ou divulgar, indevidamente, com o fim de beneficiar a si ou a outrem, ou de comprometer a credibilidade, conteúdo sigiloso de certames de interesse público especificados nos incisos I, II, III e IV.

- Consumação: no tipo fundamental (*caput*), a consumação ocorre com efetiva utilização ou divulgação do conteúdo sigiloso. Não se exige que o beneficiário tenha tido proveito (formal); na forma equiparada (§ 1°), a consumação ocorre com a permissão ou facilitação, por qualquer meio, ao acesso às informações sigilosas. Não se exige que o beneficiário tenha tido proveito (formal). O dano à Administração Pública é mero exaurimento da conduta, punível na forma qualificada (§ 2°).

- Tentativa: é possível em todas as modalidades.

- Classificação doutrinária: comum; formal; livre.

10. CRIMES CONTRA A ADMINISTRAÇÃO PÚBLICA – ARTS. 312 A 359 DO CÓDIGO PENAL

10.1. Capítulo I - Crimes praticados por funcionário público contra a administração em geral

❖ Crimes funcionais próprios: aqueles cuja exclusão da qualidade de funcionário público torna o fato atípico. Exemplo: prevaricação – provado que o sujeito não é funcionário público, o fato torna-se atípico.

❖ Crimes funcionais impróprios: excluindo-se a qualidade de funcionário público, haverá desclassificação do crime de outra natureza. Exemplo: peculato – se provado que a pessoa não é funcionário público, desclassifica-se para furto ou apropriação indébita.

De outro lado, é possível que pessoa mesmo não sendo funcionário público responda por crime funcional como coautora ou partícipe. Isso porque o art. 30 do Código Penal preceitua que as condições e circunstâncias de caráter pessoal não se comunicam, mas se forem imprescindíveis para o crime, passarão àqueles que cometem o crime em concurso de pessoas.

Assim, importante nesse momento, delinear o conceito de funcionário público, que o Código Penal traz no art. 32, senão vejamos:

- Cargos: são criados por lei, com denominação própria, em número certo e pagos pelos cofres públicos.

- Emprego: para serviço temporário, com contrato em regime especial ou pela CLT.

- Função pública: abrange qualquer conjunto de atribuições públicas que não correspondam a cargo ou emprego público.

❖ Art. 327, § 1º – funcionário público por equiparação.

10.1.1. Peculato - art. 312, CP

- Bem jurídico: patrimônio público e probidade administrativa.

- Sujeitos.

a) Ativo: funcionário público, sendo admissível o concurso com o particular.

b) Passivos: União, Estados-membros, Distrito Federal, Municípios e demais pessoas jurídicas mencionadas no art. 327, § 1º.

- Tipo objetivo: apropriação ou desvio de bem móvel ou qualquer outro valor, público ou particular, de que o agente detenha a posse, em razão do cargo.

- Tipo subjetivo: o dolo e o elemento subjetivo do tipo, consistente no especial fim de obter proveito próprio ou alheio.

Peculato-Tipo: *Caput* do art. 312 do CP.

Análise do núcleo do tipo: são duas as condutas típicas previstas:

❖ **Peculato-Apropriação**: Apropriar-se é fazer sua a coisa de outra pessoa, invertendo o ânimo sobre o objeto. O funcionário tem a posse do bem, mas passa a atuar como se fosse seu dono. Ademais, o funcionário público deve ter a posse em razão do cargo. A expressão "posse", nesse crime, abrange também a detenção e a posse indireta. A posse deve ter sido obtida de forma lícita.

❖ **Peculato-Desvio**: "... ou desviá-lo, em proveito próprio ou alheio".

❖ **Peculato-Furto**: art. 312, § 1º do CP: também chamado de "peculato impróprio".

❖ **Peculato Culposo**: art. 312, § 2º do CP.

❖ **Causa de Extinção da Punibilidade Ou de Redução da Pena**: art. 312, § 3º do CP. Efeito da reparação do dano no peculato doloso: não extingue a punibilidade; se a reparação for feita antes da denúncia por ato voluntário do agente, a pena será reduzida de 1/3 a 2/3: hipótese de arrependimento posterior (art. 16 do C); se após o recebimento da denúncia e antes da sentença de 1ª Instância: atenuante genérica do art. 65, III, "b", do CP, se após a sentença e antes do acórdão – art. 66 do CP.

-Peculato-Uso: se for bem fungível, há peculato: funcionário que usa dinheiro público para comprar apartamento:

crime consumado, mesmo que depois reponha aos cofres públicos; se for infungível não há crime: funcionário que usa um trator público em sua casa e depois devolve.

- Agravante genérica da violação do dever funcional (art. 61, II, "g" do CP): não incide, tratando-se de elementar do tipo.

10.1.2. Peculato Mediante Erro de Outrem: art. 313 do CP

- Bem jurídico: tutela-se a Administração Pública, no aspecto material e moral.

- Sujeitos:

a) Ativo: é o funcionário público. Trata-se de crime próprio. O particular pode ser partícipe do fato, respondendo pelo crime. Exemplo de Noronha: se um funcionário, por um equívoco, recebe determinada quantia de um contribuinte e pensa restituí-la, no que, entretanto, é desaconselhado por um amigo – não funcionário – acabando por dividirem entre si o dinheiro, há concurso.

b) Passivo: direto é o Estado. De forma secundária, também o indivíduo que sofreu a lesão patrimonial.

10.1.3. Inserção de Dados Falsos em Sistema de Informações – art. 313-A, CP.

- Bem jurídico: interesse em preservar o patrimônio público e garantir o respeito à probidade administrativa.

- Sujeitos:

a) Ativo: funcionário público, sendo admissível o concurso com particular.

b) Passivos: União, Estados-membros, Distrito Federal, Municípios e as demais pessoas mencionadas no art. 327, § 1º. Secundariamente, o particular que sofreu o dano.

- Tipo objetivo: inserir ou facilitar a inserção de dados falsos, alterar ou excluir indevidamente dados corretos nos sistemas informatizados ou bancos de dados da Administração Pública com o fim de obter vantagem indevida para si ou para outrem ou para causar dano.

- Tipo subjetivo: o dolo e o elemento subjetivo especial do tipo – fim especial de agir – consubstanciado na expressão com o fim de obter vantagem indevida para si ou para outrem ou para causar dano.

- Consumação: por se tratar de crime formal, ocorre com a concreção de qualquer uma das condutas, não se exigindo a obtenção da vantagem indevida nem que haja o dano almejado (exaurimento).

-Tentativa: admissível, por ser o crime plurissubsistente.

- Pena e ação penal: a pena é de dois a doze anos de reclusão, além da multa, e a ação é pública incondicionada.

10.1.4. Modificação ou Alteração não Autorizada de Sistema de Informações – art. 313-B, CP

- Bem jurídico: o interesse em se preservar o normal funcionamento da Administração Pública, especialmente o seu patrimônio e o do administrado, bem como assegurar o prestígio que deve gravitar em torno dos atos daquela.

- Sujeitos.

a) Ativo: funcionário público, sendo admissível o concurso como particular.

b) Passivos: União, Estados-membros, Distrito Federal, Municípios e demais pessoas mencionadas no artigo 327, § 1º, bem como o particular que sofreu o dano.

- Tipo objetivo: modificar ou alterar sistema de informações ou programa de informática sem autorização ou solicitação de autoridade competente.

- Tipo subjetivo: o dolo.

- Consumação: por se tratar de crime formal, dá-se no momento da concreção de qualquer uma das condutas, não se exigindo a superveniência de dano, que, no caso, qualifica o crime.

- Tentativa: admissível, por ser o crime plurissubsistente.

10.1.5. Extravio, Sonegação ou Inutilização de Livro ou Documento - art. 314, CP

- Análise do núcleo do tipo. As condutas previstas são extraviar, sonegar e inutilizar e podem ser realizadas total ou parcialmente, o que torna mais difícil a configuração da tentativa, já que a inutilização parcial de um documento constitui delito consumado, em face da descrição típica.

- Sujeitos

a) Ativo: somente o funcionário público.

b) Passivo: o Estado e, secundariamente, a entidade de direito público ou outra pessoa prejudicada.

- Elemento subjetivo: dolo, não se exige elemento subjetivo nem se pune a forma culposa.

- Objetos material e jurídico: objeto material é o livro oficial ou outro documento e o objeto jurídico é a administração pública.

10.1.6. Emprego Irregular de Verbas ou Rendas Públicas - art. 315, CP

- Análise do núcleo do tipo: a conduta consiste em dar aplicação, e tem como objeto as verbas ou rendas públicas.

- Sujeitos:

a) ativo: funcionário público.

b) passivo: o Estado, secundariamente, a entidade de direito público prejudicada.

- Elemento subjetivo do tipo: dolo, não se exige elemento subjetivo específico, nem se pune a forma culposa.

- Objetos material e jurídico: objeto material é a verba ou a renda pública, objeto jurídico é a Administração Pública, em seus interesses patrimonial e moral.

10.1.7. Concussão – art. 316, CP

- Análise do núcleo do tipo: a conduta consiste em exigir, que significa ordenar ou demandar, havendo um aspecto nitidamente impositivo na conduta.

- Sujeitos

a) ativo: somente o funcionário público.

b) passivo: Estado e, secundariamente, a entidade de direito público ou a pessoa diretamente prejudicada.

- Elemento subjetivo do tipo: dolo, exige-se o elemento subjetivo específico, consistente em destinar a vantagem para si ou para outra pessoa. Não existe forma culposa.

- Objetos material e jurídico: objeto material é a vantagem indevida e objeto jurídico é a administração púbica (aspectos material e moral).

❖ **Excesso de Exação** – CP 316 §§ 1º e 2º

- Análise do núcleo do tipo: há duas formas para compor o excesso de exação: a) exigir o pagamento de tributo ou contribuição sindical indevidos; b) empregar meio vexatório na cobrança.

- Elemento subjetivo do tipo: dolo, nas modalidades direta e indireta. Não há elemento subjetivo do tipo, nem se pune a forma culposa.

- Elemento normativo do tipo: meio vexatório é o que causa vergonha ou ultraje; gravoso é o meio oneroso ou opressor.

- Norma em branco: é preciso consultar os meios de cobrança de tributos e contribuições, instituídos em lei específica, para apurar se está havendo excesso de exação.

- Objetos material e jurídico: o objeto material é o tributo ou a contribuição social. O objeto jurídico é a Administração Pública (interesses material e moral).

10.1.8. Corrupção Passiva - art. 317, CP

- Análise do núcleo do tipo: o tipo penal descrito no art. 317 do CP é composto por três verbos: solicitar, receber, aceitar. Diz respeito ao indivíduo que solicita, recebe ou aceita promessa de vantagem indevida.

- Causa de aumento de pena: está prevista no § 1º do art. 317 do CP, configura a chamada corrupção exaurida (a pena é aumentada de um terço, se, em consequência da vantagem ou promessa, o funcionário retarda ou deixa de praticar qualquer ato de ofício ou o pratica infringindo dever funcional).

- Tentativa: é admissível.

10.1.9. Da Facilitação de Contrabando Ou descaminho – art. 318 do CP

- Conduta típica: é a facilitação com violação do dever funcional do descaminho ou contrabando. Para configurar a prática do delito previsto no art. 318 do CP, é necessário que o funcionário público esteja investido na função de fiscalizar a entrada e a saída de mercadorias do território nacional.

- Contrabando: é a importação ou exportação de mercadorias cuja comercialização seja proibida.

- Descaminho: é a importação ou exportação de mercadorias cuja comercialização seja legalmente permitida com a ocorrência de fraude no pagamento de tributos.

- Tipo remetido: a facilitação de contrabando ou descaminho é considerado como tipo remetido porque remete ao delito do contrabando ou descaminho (art. 334 do CP).

- Exceção à teoria unitária: se alguém facilita a prática do delito previsto no art. 334 do CP deveria responder pelo delito previsto no art. 318 do CP (facilitação de contrabando ou descaminho) bem como pelo contrabando ou descaminho (art. 334 do CPB), entretanto, temos aqui mais uma vez a teoria pluralística sendo aplicada, configurando mais uma exceção à teoria unitária, vez que uma pessoa é quem facilita o contrabando ou descaminho e outra é quem pratica o contrabando ou descaminho.

10.1.10. Prevaricação - art. 319, CP

- Objeto jurídico: proteger o prestígio da Administração Pública

-. Sujeito

a) Ativo: funcionário público no exercício da função

b) Passivo: o Estado

- Análise do núcleo do tipo: o tipo penal tem seu núcleo composto por 3 verbos: retardar, deixar de praticar, praticar com a finalidade específica de satisfazer interesse ou sentimento pessoal.

10.1.11. Condescendência criminosa - art. 320, CP

- Definição jurídica: a condescendência criminosa consiste em "deixar o funcionário, por indulgência, de responsabilizar subordinado que cometeu infração no exercício do cargo ou, quando lhe falte competência, não levar o fato ao conhecimento da autoridade competente".

- Bem jurídico: a Administração Pública

- Sujeitos:

a) ativo: funcionário público.

b) passivo: o Estado.

- Tipo subjetivo: indulgência, benevolência ou tolerância; no Direito Penal Militar além disso, a negligência.

- Condutas típicas:

Deixar o funcionário, por indulgência, de responsabilizar subordinado que cometeu infração no exercício do cargo;

Deixar o funcionário, por indulgência, de levar ao conhecimento de autoridade competente para punir, o fato de que outro funcionário público tenha cometido infração no exercício do cargo, evitando assim que o infrator seja responsabilizado.

- Consumação: com a omissão

- Tentativa: inadmissível porque o delito é omissivo próprio.

10.1.12. Advocacia Administrativa – art. 321, CP

- Definição jurídica: o delito consiste em "patrocinar, direta ou indiretamente, interesse privado perante a administração pública, valendo-se da qualidade de funcionário; Se o interesse é ilegítimo a pena é de detenção, de 3 (três) meses a 1 (um) ano, além da multa".

- Análise do núcleo do tipo: o verbo núcleo do tipo é patrocinar, significa proteger ou beneficiar. É a figura do funcionário público relapso que relega seu serviço a um segundo plano e passa a defender interesses privados, legítimos ou ilegítimos, ante a Administração Pública.

- Sujeitos:

a) ativo: funcionário público

b) passivo: a Administração Pública

- Desnecessidade de ser advogado: tendo em vista que o funcionário público é impedido de exercer a advocacia, é desnecessária a qualidade de advogado ao autor para que o delito se configure.

10.1.13. Abandono de Função – art. 323 do CP.

- Definição jurídica: o delito consiste em "abandonar cargo público, fora dos casos permitidos em lei. Se do fato resulta prejuízo público a pena é de detenção, de 3 (três) meses a 1 (um) ano, e multa. Se o fato ocorre em lugar compreendido na faixa de fronteira a pena é de detenção, de 1 (um) a 3 (três) anos, e multa." É o cidadão que investido em cargo público, por nomeação ou contratação, abandona-o.

- O prazo do abandono: a lei não estabelece prazo mínimo para configuração do abandono, basta haver prova da probabilidade de dano que o delito está caracterizado. Se houver prova do dano ou se o delito tiver sido cometido em faixa fronteiriça (150 km de largura - Lei 6.634/1979, art. 1º), o crime será qualificado.

- Elemento normativo do tipo: a expressão "fora dos casos permitidos em lei" constitui o elemento normativo do tipo.

10.1.14. Exercício Funcional Ilegalmente Antecipado ou Prolongado – art. 324, CP

- Análise do núcleo do tipo: entrar no exercício significa iniciar o desempenho de determinada atividade; continuar a exercê-la quer dizer prosseguir no desempenho de determinada atividade. O objeto é a função pública.

- Sujeitos.

a) ativo: somente funcionário público nomeado, porém sem ter tomado posse; na segunda hipótese, há de estar afastado ou exonerado.

b) passivo: Estado.

- Elemento subjetivo do tipo: é o dolo. Não se exige elemento subjetivo específico, nem se pune a forma culposa. Na segunda figura, há apenas o dolo direto. Inexiste forma culposa.

- Elemento normativo do tipo: a expressão "sem autorização" indica a ilicitude da conduta, ao passo que a continuidade do exercício, devidamente permitida pela administração pública, não configura o tipo penal.

- Objetos material e jurídico: o objeto material é a função pública e o objeto jurídico é a Administração Pública, nos interesses material e moral.

10.1.15. Violação de Sigilo Funcional - art. 325, CP

- Análise do núcleo do tipo. Revelar significa fazer conhecer ou divulgar; facilitar a revelação quer dizer tornar sem custo ou esforço a descoberta. O objeto é o fato que deva permanecer em segredo.

- Sujeitos:

a) ativo: o funcionário público, abrangendo o aposentado ou em disponibilidade.

b) passivo: o Estado e, secundariamente, a pessoa prejudicada com a revelação.

- Elemento subjetivo do tipo: o dolo, não existe a forma culposa, nem se exige elemento subjetivo do tipo específico.

- Objetos material e jurídico: o objeto material é a informação sigilosa. O objeto jurídico é a administração pública, nos interesses material e moral.

10.2. Dos crimes praticados por particulares contra a administração em geral

10.2.1. Usurpação de Função Pública – art. 328, CP

- Análise do núcleo do tipo: o verbo usurpar significa alcançar algo sem o regular direito.

- Sujeito:

a) Ativo: qualquer pessoa, inclusive o funcionário público.

b) Passivo: a Administração Pública.

- Classificação: crime comum, formal, comissivo, instantâneo, unissubjetivo, plurissubsistente.

- Forma qualificada: a forma qualificada está prevista no parágrafo único do artigo e se refere ao fato de auferir vantagem da função pública usurpada.

10.2.2. Resistência – art. 329, CP.

- Conduta típica: opor-se à execução de ato legal, mediante violência ou ameaça a funcionário competente para executá-lo ou a quem lhe esteja prestando auxílio.

-. Análise do núcleo do tipo: é a oposição a um ato legal.

- Sujeito:

a) Ativo: qualquer pessoa, inclusive o funcionário público.

b) Passivo: a Administração Pública.

- Ato legal: para caracterizar a resistência o ato ao qual se opõe tem que ser legal.

- Resistência ativa/passiva: para configurar o delito a resistência tem que ser ativa contra o executor do ato legal ou contra quem lhe esteja prestando auxílio. Se a resistência for passiva, como, por exemplo, agarrar-se ao executor do ato implorando-lhe que não o leve a termo, não configura o delito de resistência. Posição minoritária na doutrina entende que a resistência passiva configura o crime de desobediência.

- Funcionário competente: não basta que a resistência seja contra funcionário público, tem que ser contra funcionário público competente para a execução do ato.

- Prestador de auxílio: é prestadora de auxílio a pessoa que está colaborando com o funcionário público na execução do ato.

- Forma qualificada: a forma qualificada ocorre quando a resistência é suficiente para impedir a execução do ato.

10.2.3. Desobediência - art. 330, CP.

- Tipo penal: desobedecer a ordem legal de funcionário público.

- Pena: detenção, de 15 dias a 6 meses, e multa.

- Sujeitos:

a) ativo: qualquer pessoa, inclusive funcionário público.

b) passivo: Estado.

- Elemento subjetivo do tipo: dolo, não se exige elemento subjetivo específico, nem se admite forma culposa.

- Objetos material e jurídico: o objeto material é a ordem dada e o objeto jurídico é a administração pública, nos interesses material e moral.

10.2.4. Desacato – art. 331, CP

- Tipo penal: delito bem comum no meio forense.

- Bem jurídico: a Administração Pública.

- Sujeito:

a) Ativo: qualquer pessoa, inclusive funcionário público.

b) Passivo: o Estado.

- Tipo objetivo: consiste em o particular ofender ou desprestigiar o funcionário público. O funcionário público por equiparação não sofre o desacato. As palavras difamatórias, injuriosas e/ou caluniosas por si caracterizam o desacato, assim como a agressão física e o riso irônico.

- Presença do ofendido: é necessário que o ofendido presencie direta ou indiretamente a ofensa. O ofendido deve estar cara a cara com o ofensor ou ao lado do ofensor quando este fala mal de si a outrem.

- Pluralidade de funcionários: se a ofensa for dirigida a mais de um funcionário público, ou seja, se houver pluralidade de funcionários, o crime é único.

- Consumação/tentativa: o crime consuma-se com a ofensa. A tentativa é cabível mas de difícil constatação.

10.2.5. Tráfico de Influência – art. 332, CP

- Conduta típica: quatro são os verbos componentes da conduta típica: solicitar, exigir, cobrar e obter. O verbo obter é importante no delito de concussão, capitulado no art. 316 do CP.

- Tipo de conteúdo variado: é tipo de conteúdo variado ou de ação múltipla porquanto quatro são os verbos constituintes da conduta típica.

- Ato do funcionário: o crime de tráfico de influência só se caracteriza se houver ato do funcionário público e o ato tem que ser futuro.

- Crime formal/material: parte da doutrina entende que as condutas de solicitar, cobrar e exigir são formais enquanto que a conduta de obter é material.

- Fraude. Decorre do fato de que o traficante de influência vende uma vantagem que o comprador não vai ter de fato.

- Causa de aumento de pena. A pena é aumentada da metade, se o agente alega ou insinua que a vantagem é também destinada ao funcionário (art. 332, parágrafo único).

10.2.6. Corrupção Ativa – art. 333, CP

- Tipo penal: oferecer ou prometer vantagem indevida a funcionário público. A pena é de reclusão de 2 a 12 anos, e multa.

- Sujeitos:

a) ativo: qualquer pessoa.

b) passivo: Estado.

- Elemento subjetivo do tipo: dolo, exige-se elemento subjetivo específico consistente na vontade de fazer o funcionário praticar, omitir ou retardar ato de ofício. Não há forma culposa.

- Objetos material e jurídico: o objeto material é a vantagem e o objeto jurídico é a administração pública, nos interesses material e moral.

10.3. Dos crimes contra a Administração da Justiça

10.3.1. Denunciação caluniosa - art. 339, CP

- Conduta típica: a conduta de denunciação caluniosa está tipificada no art. 339 do CPB e consiste em "dar causa a instauração de investigação policial ou de processo judicial contra alguém (pessoa determinada), imputando-lhe crime (contravenção penal não integra o presente tipo penal) de que o sabe inocente". Pena - reclusão, de 2 (dois) a 8 (oito) anos, e multa.

a) Investigação policial; b) Processo Judicial; c) Investigação administrativa; d) Inquérito civil; e) Ação de improbidade administrativa.

- Análise do tipo: o tipo previsto no art. 339 do CP é dar causa, ou fazer, causar a instauração de investigação policial ou de processo judicial contra alguém (pessoa determinada), imputando-lhe crime de que o sabe inocente.

- Sujeitos:

a) Ativo: qualquer pessoa.

b) Passivo:

b1) Principal: o Estado.

b2) Secundário: A pessoa prejudicada em face da falsa imputação.

- Autoridade que age de ofício: se a autoridade age de ofício e instaura investigação policial ou processo judicial contra alguém (pessoa determinada), imputando-lhe crime de que o sabe inocente, responderá criminalmente pela prática do delito capitulado no art. 339 do CP.

- Causa de aumento de pena: art. 339, § 1º. A pena é aumentada de sexta parte, se o agente se serve de anonimato ou de nome suposto.

- Causa de diminuição de pena. art. 339, § 2º. A pena é diminuída de metade, se a imputação é de prática de contravenção.

10.3.2. Comunicação Falsa de Crime Ou de Contravenção – art. 340, CP

- Conduta típica: "Provocar a ação de autoridade, comunicando-lhe a ocorrência de crime ou de contravenção que sabe não se ter verificado."

- Objeto jurídico: administração da justiça.

- Comunicação: a comunicação à autoridade pode ser por escrito, verbal, por telefone; o trote enquadra-se.

10.3.3. Autoacusação Falsa - art. 341, CP.

- Conduta típica: "Acusar-se, perante a autoridade, de crime inexistente ou praticado por outrem."

- Sujeito:

a) Ativo: qualquer pessoa, desde que não tenha sido autor, coautor ou partícipe; se estiver em qualquer dessas situações poderá ser beneficiado com a atenuante genérica da "confissão".

b) Passivo: a administração da justiça.

- Elemento subjetivo: dolo.

- Figura típica: a figura típica só comporta o crime, não configura o delito do art. 341 do CP nos casos de autoacusação falso de contravenção penal.

10.3.4. Falso Testemunho ou Falsa Perícia - art. 342, CP

- A figura da vítima: a vítima de qualquer ilícito penal não é ouvida da qualidade de testemunha, tendo em vista que possui interesse direto na causa. Assim, se prestar falsas declarações, não incorrerá no ilícito capitulado pelo art. 342 do CP, pois não tem a obrigação, por compromisso, de falar a verdade.

- As partes: no contexto do processo civil autor e réu não estão sujeitos à prática do falso testemunho pois, além do direto interesse na causa não têm a obrigação, por compromisso, de falar a verdade.

- Pessoas que não prestam compromisso ao serem ouvidas em juízo: os menores de 14 anos (CPP, arts. 203 e 206); os ascendentes e descendentes; os irmãos; o cônjuge do réu ou da vítima. Estes não prestam compromisso ao serem ouvidas em juízo. Quanto a essas pessoas, a doutrina atual se divide quanto ao fato de poderem ser sujeito ativo do delito de falso testemunho. Para parte da doutrina, os que não prestam compromisso incorrerão no delito do art. 342 do CP, para outra parte eles incorrerão sim no aludido delito.

- Concurso de pessoas: não existe o concurso de pessoas, cada pessoa que presta falso testemunho, mesmo as que forem ouvidas nos mesmos autos, praticará autonomamente o delito do art. 342.

- Participação: assim como é inadmissível o concurso de pessoas, também não existe a participação na figura típica do art. 342 do CP. A figura do partícipe também é inexistente no art. 343 do CP.

- Condutas típicas: três são as condutas típicas integrantes do tipo previsto no artigo 342 do Código Penal Brasileiro: afirmação falsa (proferir mentira); negar a verdade (dizer que não é verdade determinado fato quando se sabe que é); calar a verdade (deixar de dizer a verdade, omiti-la, permanecer calado quando se sabe qual é a verdade).

- Sujeitos:

a) Ativo: testemunha; perito; contador; tradutor e intérprete judiciais.

b) Passivo: a administração da justiça.

10.3.4. Coação no Curso do Processo - art. 344, CP

- Conduta típica: "Usar de violência ou grave ameaça, com o fim de favorecer interesse próprio ou alheio, contra autoridade, parte, ou qualquer outra pessoa que funciona ou é chamada a intervir em processo judicial, policial ou administrativo, ou em juízo arbitral".

- Objetividade jurídica: a administração da justiça

- Sujeitos:

a) Ativo: qualquer pessoa

b) Passivo: o Estado

- Elementos normativos do tipo:

a) Violência: a violência tem que ser contra a pessoa.

b) Grave ameaça: a ameaça tem ser capaz de intimidar o homem médio.

5. Contra autoridade: a vítima da ameaça ou da violência tem que ser delegado de polícia; promotor de justiça; juiz; partes (autor ou réu).

- Elemento subjetivo do tipo: dolo genérico mais a finalidade a alcançar favorecimento próprio ou alheio.

- Consumação: evidenciada pela prática da violência ou da grave ameaça.

10.3.5. Exercício Arbitrário das Próprias Razões - art. 345, CP

- Conduta típica: "Fazer justiça pelas próprias mãos, para satisfazer pretensão, embora legítima, salvo quando a lei o permite". Pena - detenção, de 15 (quinze) dias a 1 (um) mês, ou multa, além da pena correspondente à violência.

Parágrafo único - Se não há emprego de violência, somente se procede mediante queixa.

- Objetividade jurídica: a administração da justiça

- Elementos objetivos do tipo:

a) Conduta: satisfazer uma pretensão.

b) Pretensão: suposto direito do agente.

- Elementos subjetivos do tipo: dolo genérico (intenção de querer praticar a conduta típica) somado ao dolo específico (satisfação de uma conduta, ainda que legítima).

- Elemento normativo do tipo: evidencia-se na expressão "salvo quando a lei". Exemplo: direito de retenção e penhor legal.

- Consumação:

a) 1ª Corrente: o crime já está perfeito somente com a violência, independente da satisfação. É crime formal pois se consuma com a realização da conduta tendente à satisfação da pretensão (Luiz Régis Prado; Cezar Roberto Bittencourt; Noronha; Damásio e Nucci).

b) 2ª Corrente: por ser crime material, se perfaz com a satisfação da pretensão do agente (Nelson Hungria; Claudio Heleno Fragoso; Delmanto)

10.3.6. Fraude Processual - art. 347, CP

- Conduta típica: "Inovar artificiosamente, na pendência de processo civil ou administrativo, o estado de lugar, de coisa ou de pessoa, com o fim de induzir a erro o juiz ou o perito". Pena - detenção, de 3 (três) meses a 2 (dois) anos, e multa.

Parágrafo único - Se a inovação se destina a produzir efeito em processo penal, ainda que não iniciado, as penas aplicam-se em dobro.

A elementar do tipo acha-se presente no verbo inovar, que significa modificar, alterar ou substituir.

- Objeto jurídico: s administração da justiça.

- Sujeitos:

a) Ativo: qualquer pessoa.

b) Passivo: o Estado.

- Inovação artificiosa: a inovação artificiosa consiste em modificar, alterar substituir determinada situação referente ao estado de lugar de coisa ou de pessoa.

- Finalidade teleológica do tipo: induzir a erro juiz ou perito.

10.3.7. Favorecimento Pessoal - art. 348, CP

- Conduta típica: prestar auxílio que se destina à pessoa que praticou o crime, subtraindo-a à ação da autoridade.

§ 2º - Se quem presta o auxílio é ascendente, descendente, cônjuge ou irmão do criminoso, fica isento de pena.

- Objeto jurídico: a administração da justiça.

- Sujeitos

a) Ativo: qualquer pessoa, exceto o coautor ou partícipe do crime anterior.

b) Passivo: o Estado.

- A expressão "autor do crime" é utilizada em sentido lato, referindo-se também ao coautor e ou partícipe.

- Auxílio anterior ou concomitante ao crime: o auxílio não pode ser anterior ao cometimento do crime, nem concomitante. Se concomitante, o acusado responderia como partícipe. Desta forma o auxílio tem que ser posterior.

- Não há o favorecimento se no fato anterior se operou causa de exclusão da culpabilidade ou de ilicitude (art. 23 do CP), causa de extinção da punibilidade, ou escusa absolutória (art. 181 do CP).

- Contravenção penal: não é possível ocorrer o favorecimento tipificado no art. 348 do CP para a prática de contravenção penal.

- Autoridade pública: entende-se como autoridade pública para fins do art. 348 o juiz, o delegado de polícia, o policial ou a autoridade administrativa.

- Consumação: no momento em que o auxílio é efetivamente prestado ao autor do crime, ainda que breve o auxílio.

- Escusa absolutória: art. 348, § 2º - "Se quem presta o auxílio é ascendente, descendente, cônjuge ou irmão do criminoso, fica isento de pena".

10.3.8. Favorecimento Real - art. 349, CP

- Conduta típica. "Prestar a criminoso, fora dos casos de coautoria ou de receptação, auxílio destinado a tornar seguro o proveito do crime". Pena - detenção, de 1 (um) a 6 (seis) meses, e multa.

- Diferença entre os favorecimentos: no favorecimento real o sujeito visa a tornar seguro o proveito do delito; no favorecimento pessoal o sujeito visa a tornar seguro o autor do crime antecedente.

- Diferença entre favorecimento real e receptação: no favorecimento real o agente age exclusivamente em favor do autor do delito antecedente; na receptação age em proveito próprio ou de terceiro que não seja coautor ou partícipe. No favorecimento real a ação do sujeito visa ao autor do crime antecedente; na receptação a conduta incide sobre o objeto material do crime anterior. No favorecimento real o proveito pode ser econômico ou moral; na receptação age é única e exclusivamente econômico.

10.3.9. Do Patrocínio Infiel - art. 355, CP

- Conduta típica. "Trair, na qualidade de advogado ou procurador, o dever profissional, prejudicando interesse, cujo patrocínio, em juízo, lhe é confiado".

Pena: detenção, de 6 (seis) meses a 3 (três) anos, e multa.

- Sujeitos:

a) Ativo: advogado ou procurador judicial (defensor público, procuradores estaduais, municipais, federais, distritais, estagiários).

b) Passivo: o Estado.

- Verbo nuclear: o verbo nuclear é o verbo trair, que significa ser infiel, desleal, enganar os deveres profissionais.

- Prejuízos: são considerados como prejuízos os danos materiais e morais. A expressão "prejudicando interesse" significa a modificação do mundo exterior.

- Patrocínio: ocorre tanto nas causas cíveis quanto nas criminais. O patrocínio infiel em inquéritos policiais configura conduta atípica, e em procedimentos extrajudiciais também desconfigura a conduta típica do art. 355 do CP. O artigo é taxativo em mencionar o termo processo, portanto, o patrocínio infiel só pode acontecer na esfera dos processos judiciais.

❖ Patrocínio simultâneo ou tergiversação (parágrafo único). "Incorre na pena deste artigo o advogado ou procurador judicial que defende na mesma causa, simultânea ou sucessivamente, partes contrárias".

10.3.10. Exploração de Prestígio - art. 357, CP

- Tipo penal: solicitar ou receber dinheiro ou qualquer outra utilidade, a pretexto de influir em juiz, jurado, órgão do Ministério Público, funcionário da justiça, perito, tradutor, intérprete ou testemunha.

- Sujeitos:

a) ativo: qualquer pessoa.

b) passivo: Estado. Na modalidade receber exige o concurso de outra pessoa, que faz o pagamento.

- Elemento subjetivo do tipo: dolo, exige-se o elemento subjetivo específico, consistente na finalidade de influir nas pessoas descritas no tipo penal. Não há forma culposa.

- Objetos material e jurídico: o objeto material é o dinheiro ou a utilidade recebida ou solicitada e o objeto jurídico é a administração da justiça.

11. REFERÊNCIAS

BITENCOURT, Cezar Roberto. *Tratado de Direito Penal*. Parte Geral - Vol. 1 - 23ª ed. São Paulo: Saraiva, 2017.

_____. BITENCOURT, Cezar Roberto. *Tratado de Direito Especial*. Vol. 2 - 15ª ed. São Paulo: Saraiva, 2015.

_____. BITENCOURT, Cezar Roberto. *Tratado de Direito Especial*. Vol. 3 - 13ª ed. São Paulo: Saraiva, 2017.

_____. BITENCOURT, Cezar Roberto. *Tratado de Direito Especial*. Vol. 4 - 9ª ed. São Paulo: Saraiva, 2015.

_____. BITENCOURT, Cezar Roberto. *Tratado de Direito Especial*. Vol. 5 - 11ª ed. São Paulo: Saraiva, 2017.

DELMANTO, Celso; DELMANTO, Roberto; DELMANTO Jr., Roberto. *Código Penal Comentado.* - 9ª ed. São Paulo: Saraiva, 2016.

ESTEFAM, André; GONÇALVES, Victor Eduardo Rios. *Direito Penal Esquematizado*. Parte Geral. 2ª ed. São Paulo: Saraiva, 2013.

GONÇALVES, Victor Eduardo Rios. *Direito Penal Esquematizado*. Parte Especial. 3ª ed. São Paulo: Saraiva, 2013.

MASSON, Cleber. *Direito Penal* - Parte Geral - Vol. 1. 11ª ed. São Paulo: Gen, 2017.

_____. *Direito Penal.* Parte Especial - Vol.2. 10ª ed. São Paulo: Gen, 2017.

_____. *Direito Penal.* Parte Especial - Vol.3. 7ª ed. São Paulo: Gen, 2017.

MIRABETE, Julio Fabbrini; FABBRINI, Renato N. *Manual de Direito Penal.* Parte Geral - Arts. 1º A 120 do CP - Vol. 1 - 32ª ed. São Paulo: Gen,2016.

_____. *Manual de Direito Penal.* Parte Especial - Arts. 121 a 234-B do CP - Vol. 2 - 33ª ed. São Paulo: Gen,2016.

_____. *Manual de Direito Penal.* Parte Especial - Arts. 235 a 361-B do CP - Vol. 3 - 30ª ed. São Paulo: Gen,2016

NUCCI, Guilherme de Souza. *Manual de Direito Penal*. 13ª ed. São Paulo: Gen,2017.

PRADO, Luiz Regis. *Curso de Direito Penal Brasileiro*. Parte Geral - Vol. I - 15ª ed. Revista dos Tribunais, 2017.

SOUZA, Luiz Antônio de. *Direito Penal: Coleção OAB Nacional*. 1ª Fase - Vol. 4. 6ª ed. São Paulo: Saraiva, 2014.

12. QUESTÕES

1-(OAB /2017- Exame de Ordem Unificado - XXIV- Primeira Fase) Decidido a praticar crime de furto na residência de um vizinho, João procura o chaveiro Pablo e informa do seu desejo, pedindo que fizesse uma chave que possibilitasse o ingresso na residência, no que foi atendido. No dia do fato, considerando que a porta já estava aberta, João ingressa na residência sem utilizar a chave que lhe fora entregue por Pablo, e subtrai uma TV. Chegando em casa, narra o fato para sua esposa, que o convence a devolver o aparelho subtraído. No dia seguinte, João atende à sugestão da esposa e devolve o bem para a vítima, narrando todo o ocorrido ao lesado, que, por sua vez, comparece à delegacia e promove o registro próprio. Considerando o fato narrado, na condição de advogado(a), sob o ponto de vista técnico, deverá ser esclarecido aos familiares de Pablo e João **que**

(A) nenhum deles responderá pelo crime, tendo em vista que houve arrependimento eficaz por parte de João e, como causa de excludente da tipicidade, estende-se a Pablo.

(B) ambos deverão responder pelo crime de furto qualificado, aplicando-se a redução de pena apenas a João, em razão do arrependimento posterior.

(C) ambos deverão responder pelo crime de furto qualificado, aplicando-se a redução de pena para os dois, em razão do arrependimento posterior, tendo em vista que se trata de circunstância objetiva.

(D) João deverá responder pelo crime de furto simples, com causa de diminuição do arrependimento posterior, enquanto Pablo não responderá pelo crime contra o patrimônio.

COMENTÁRIOS: **A:** Incorreta. Não houve arrependimento eficaz, pois o crime foi consumado. Além disso, no arrependimento eficaz, não se exclui a tipicidade, uma vez que o agente responde pelos atos já praticados; **B:** Incorreta. Não houve furto qualificado, pois, a chave não foi utilizada (art. 155, § 4º, III) e não houve concurso de agentes; **C:** Incorreta. Não houve furto qualificado; **D:** Correta. João responderá por furto simples, com causa de diminuição do arrependimento posterior, conforme art. 16, CP. E Pablo não responderá pelo crime, pois sua participação, não foi suficiente para configurar o concurso de agentes, pois não houve a relevância causal da conduta.

Gabarito "D".

2-(OAB /2017- Exame de Ordem Unificado - XXIV- Primeira Fase) Bárbara, nascida em 23 de janeiro de 1999, no dia 15 de janeiro de 2017, decide sequestrar Felipe, por dez dias, para puni-lo pelo fim do relacionamento amoroso. No dia 16 de janeiro de 2017, efetivamente restringe a liberdade do ex-namorado, trancando-o em uma casa e mantendo consigo a única chave do imóvel. Nove dias após a restrição da liberdade, a polícia toma conhecimento dos fatos e consegue libertar Felipe, não tendo, assim, se realizado, em razão de circunstâncias alheias, a restrição da liberdade por dez dias pretendida por Bárbara. Considerando que, no dia 23 de janeiro de 2017, entrou em vigor nova lei, mais gravosa, alterando a sanção penal prevista para o delito de sequestro simples, passando a pena a ser de 01 a 05 anos de reclusão e não mais de 01 a 03 anos, o Ministério Público ofereceu denúncia em face de Bárbara, imputando-lhe a prática do crime do Art. 148 do Código Penal (Sequestro e Cárcere Privado), na forma da legislação mais recente, ou seja, aplicando-se, em caso de condenação, pena de 01 a 05 anos de reclusão. Diante da situação hipotética narrada, é correto afirmar que o advogado de Bárbara, de acordo com a jurisprudência do Supremo Tribunal Federal, deverá pleitear

(A) a aplicação do instituto da suspensão condicional do processo.

(B) a aplicação da lei anterior mais benéfica, ou seja, a aplicação da pena entre o patamar de 01 a 03 anos de reclusão.

(C) o reconhecimento da inimputabilidade da acusada, em razão da idade.

(D) o reconhecimento do crime em sua modalidade tentada.

COMENTÁRIOS: **A:** Correta. Art. 89. Nos crimes em que a pena mínima cominada for igual ou inferior a um ano, abrangidas ou não por esta Lei, o Ministério Público, ao oferecer a denúncia, poderá propor a suspensão do processo, por dois a quatro anos, desde que o acusado não esteja sendo processado ou não tenha sido condenado por outro crime, presentes os demais requisitos que autorizariam a suspensão condicional da pena.; **B:** Incorreta. Súmula 711 do STF: "A lei penal mais grave aplica-se ao crime continuado ou ao crime permanente, se a sua vigência é anterior à cessação da continuidade ou da permanência."; **C:** Incorreta. A menoridade resta afastada, pois o crime imputado à Bárbara é permanente e sua consumação se protrai com o tempo. Assim, a idade da autora do fato, para fins de aferição de imputabilidade penal, deve ser analisada no dia do fim da permanência (ela já contava com 18 anos completos no dia do término do sequestro); **D:** Incorreta. Não há se falar em tentativa, pois o crime de sequestro ou cárcere privado é formal e se consuma com a restrição da liberdade, tal como ocorreu no caso em tela.

Gabarito "A".

3-(OAB /2017- Exame de Ordem Unificado - XXIV- Primeira Fase) Cláudio, na cidade de Campinas, transportava e portava, em um automóvel, três armas de fogo, sendo que duas estavam embaixo do banco do carona e uma, em sua cintura. Abordado por policiais, foram localizadas todas as armas. Diante disso, o Ministério Público ofereceu denúncia em face de Cláudio pela prática de três crimes de porte de arma de fogo de uso permitido, em concurso material (Art. 14 da Lei nº 10.826/03, por três vezes, na forma do Art. 69 do Código Penal). Foi acostado nos autos laudo pericial confirmando o potencial lesivo do material, bem como que as armas eram de calibre .38, ou seja, de uso permitido, com numeração de série aparente. Considerando que todos os fatos narrados foram confirmados em juízo, é correto afirmar que o(a) advogado(a) de Cláudio deverá defender o reconhecimento

(A) de crime único de porte de arma de fogo.

(B) da continuidade delitiva entre os três delitos imputados.

(C) do concurso formal entre dois delitos, em continuidade delitiva com o terceiro.

(D) do concurso formal de crimes entre os três delitos imputados

COMENTÁRIOS: **A:** Correta. O art. 14, do Estatuto do Desarmamento, dispõe que: "Portar, deter, adquirir, fornecer, receber, ter em depósito, transportar, ceder, ainda que gratuitamente, emprestar, remeter, empregar, manter sob guarda ou ocultar arma de fogo, acessório ou munição, de uso permitido, sem autorização e em desacordo com determinação legal ou regulamentar." Trata-se, portanto, de um tipo penal misto alternativo (ou crime de ação múltipla), isto é, a realização de mais de uma conduta, no mesmo contexto fático, em relação ao mesmo objeto material, dará ensejo a apenas um crime; **B:** Incorreta. Como as armas foram apreendidas no mesmo contexto fático o crime será único. É a posição pacificada do STJ; **C:** Incorreta. O entendimento jurisprudencial é de que Cláudio cometeu um único crime, pois há uma só lesão ao bem jurídico tutelado; **D:** Incorreta. No caso em apreço há uma única conduta com pluralidade de resultados, e nesse sentido teríamos, em tese, concurso formal. Ocorre, no entanto, que o STJ entende o seguinte: "A jurisprudência desta Corte consolidou-se no sentido da existência de um delito único quando apreendidas mais de uma arma, munição, acessório ou explosivo em posse do mesmo agente, dentro do mesmo contexto fático, não havendo que se falar em concurso material ou formal entre as condutas, pois se vislumbra uma só lesão de um mesmo bem tutelado" (HC 362.157/RJ).

Gabarito "A".

3- (OAB /2017- Exame de Ordem Unificado - XXIII- Primeira Fase) Pedro, quando limpava sua arma de fogo, devidamente registrada em seu nome, que mantinha no interior da residência sem adotar os cuidados necessários, inclusive o de desmuniciá-la, acaba, acidentalmente, por dispará-la, vindo a atingir seu vizinho Júlio e a esposa deste, Maria. Júlio faleceu em razão da lesão causada pelo projétil e Maria sofreu lesão corporal e debilidade permanente de membro. Preocupado com sua situação jurídica, Pedro o procura para, na condição de advogado, orientá-lo acerca das consequências do seu comportamento. Na oportunidade, considerando a situação narrada, você deverá esclarecer, sob o ponto de vista técnico, que ele poderá vir a ser responsabilizado pelos crimes de

(A) homicídio culposo, lesão corporal culposa e disparo de arma de fogo, em concurso formal.

(B) homicídio culposo e lesão corporal grave, em concurso formal.

(C) homicídio culposo e lesão corporal culposa, em concurso material.

(D) homicídio culposo e lesão corporal culposa, em concurso formal.

COMENTÁRIOS: **A:** Incorreta. Não há se falar no crime de disparo de arma de fogo, pois não há punição a título de culpa; **B:** Incorreta. Não existe tipificação de lesão corporal grave culposa, apenas a título de dolo; **C:** Incorreta. Pedro teve apenas uma ação que produziu mais de um resultado. Para que pudesse aplicar a regra do concurso material, deveria ter tido duas ou mais ações com a produção de mais de um resultado, o que não ocorreu; **D:** Correta. Trata-se de concurso formal, pois Pedro disparou com a arma de fogo atingindo Júlio e Maria, ou seja, com uma só ação ele praticou dois crimes, e deverá ser responsabilizado pela regra do art. 70 do CP.

Gabarito "D".

4-(OAB /2017- Exame de Ordem Unificado - XXIII- Primeira Fase) Caio, Mário e João são denunciados pela prática de um mesmo crime de estupro (Art. 213 do CP). Caio possuía uma condenação anterior definitiva pela prática de crime de deserção, delito militar próprio, ao cumprimento de pena privativa de liberdade. Já Mário possuía uma condenação anterior, com trânsito em julgado, pela prática de crime comum, com aplicação exclusiva de pena de multa. Por fim, João possuía condenação definitiva pela prática de contravenção penal à pena privativa de liberdade. No momento da sentença, o juiz reconhece agravante da reincidência em relação aos três denunciados. Considerando apenas as informações narradas, de acordo com o Código Penal, o advogado dos réus

(A) não poderá buscar o afastamento da agravante, já que todos são reincidentes.

(B) poderá buscar o afastamento da agravante em relação a Mário, já que somente Caio e João são reincidentes.

(C) poderá buscar o afastamento da agravante em relação a João, já que somente Caio e Mário são reincidentes.

(D) poderá buscar o afastamento da agravante em relação a Caio e João, já que somente Mário é reincidente.

COMENTÁRIOS: **A:** Incorreta. Caio cometeu crime militar e, de acordo com o art. 64, II, do CP, não é reincidente; **B:** Incorreta. Mário é reincidente, pois a

DIREITO PENAL

reincidência se aplica em caso de condenação por crime anterior, não especificando qual a pena.; **C:** Incorreta. João não é reincidente, pois praticou crime depois de ter sido definitivamente condenado por contravenção penal. Nesse caso não há tipificação legal de reincidência; **D:** Correta. No caso apresentado, somente Mário é reincidente, pois as condenações anteriores por contravenção penal e crime militar próprio não geram reincidência.

Gabarito "D".

5-(OAB /2017- Exame de Ordem Unificado - XXII- Primeira Fase) Tony, a pedido de um colega, está transportando uma caixa com cápsulas que acredita ser de remédios, sem ter conhecimento que estas, na verdade, continham Cloridrato de Cocaína em seu interior. Por outro lado, José transporta em seu veículo 50g de Cannabis Sativa L. (maconha), pois acreditava que poderia ter pequena quantidade do material em sua posse para fins medicinais. Ambos foram abordados por policiais e, diante da apreensão das drogas, denunciados pela prática do crime de tráfico de entorpecentes. Considerando apenas as informações narradas, o advogado de Tony e José deverá alegar em favor dos clientes, respectivamente, a ocorrência de

(A) erro de tipo, nos dois casos.

(B) erro de proibição, nos dois casos.

(C) erro de tipo e erro de proibição.

(D) erro de proibição e erro de tipo.

COMENTÁRIOS: **A:** Incorreta. José sabe que a sua conduta pode ser considerada como crime, mas acredita estar dentro dos limites permissivos da norma, permitindo o reconhecimento do erro de proibição, nos termos do *caput* do art. 21 do Código Penal; **B:** Incorreta. Tony acreditava que a sua conduta não correspondia a crime tipificado no ordenamento, por não ser capaz de reconhecer elementares constitutivos do tipo penal do tráfico de drogas. Assim sendo, ocorreu erro de tipo essencial nos termos do *caput* do art. 20 do Código Penal Brasileiro; **C:** Correta. Erro de tipo é a falsa percepção da realidade, pois o sujeito erra sobre os elementos constitutivos do tipo penal, nos moldes do art. 20 do CP (não sabe o que faz) como ocorreu com Tony. Já no erro de proibição, há o erro sobre a ilicitude do fato, conforme art. 21 do CP (acredita que a conduta é permitida), como foi o entendimento de José; **D:** Incorreta. Ocorreu o inverso, conforme demostrado na explicação da assertiva c.

Gabarito "C".

6-(OAB /2017- Exame de Ordem Unificado - XXII- Primeira Fase) Acreditando estar grávida, Pâmela, 18 anos, desesperada porque inda morava com os pais e eles sequer a deixavam namorar, utilizando um instrumento próprio, procura eliminar o feto sozinha no banheiro de sua casa, vindo a sofrer, em razão de tal comportamento, lesão corporal de natureza grave. Encaminhada ao hospital para atendimento médico, fica constatado que, na verdade, ela não se achava e nunca esteve grávida. O Hospital, todavia, é obrigado a noticiar o fato à autoridade policial, tendo em vista que a jovem de 18 anos chegou ao local em situação suspeita, lesionada. Diante disso, foi instaurado procedimento administrativo investigatório próprio e, com o recebimento dos autos, o Ministério Público ofereceu denúncia em face de Pâmela pela prática do crime de "aborto provocado pela gestante", qualificado pelo resultado de lesão corporal grave, nos termos dos Art. 124 c/c o Art. 127, ambos do Código Penal. Diante da situação narrada, assinale a opção que apresenta a alegação do advogado de Pâmela.

(A) A atipicidade de sua conduta.

(B) O afastamento da qualificadora, tendo em vista que esta somente pode ser aplicada aos crimes de aborto provocado por terceiro, com ou sem consentimento da gestante, mas não para o delito de autoaborto de Pâmela.

(C) A desclassificação para o crime de lesão corporal grave, afastando a condenação pelo aborto.

(D) O reconhecimento da tentativa do crime de aborto qualificado pelo resultado.

COMENTÁRIOS: **A:** Correta. A conduta é atípica, em razão da absoluta impropriedade do objeto, nos termos do art. 17 do CP; **B:** Incorreta. Não há se falar em crime, muito menos em qualificadora, tendo em vista que o fato é atípico; **C:** Incorreta. Não há se falar em crime de lesão corporal grave, pelo princípio da lesividade, vez que a lesão foi provocada pela própria vítima, e o direito penal não pune a autolesão; **D:** Incorreta. Não há se falar em tentativa de aborto nesse caso, pois, em razão do crime ser impossível, não se pune a tentativa.

Gabarito "A".

7-(OAB /2017- Exame de Ordem Unificado - XXII- Primeira Fase) A Delegacia Especializada de Crimes Tributários recebeu informações de órgãos competentes de que o sócio Mário, da sociedade empresária "Vamos que vamos", possivelmente sonegou imposto estadual, gerando um prejuízo aos cofres do Estado avaliado em R$ 60.000,00. Foi instaurado, então, inquérito policial para apurar os fatos. Ao mesmo tempo, foi iniciado procedimento administrativo, não havendo, até o momento, lançamento definitivo do crédito tributário. O inquérito policial foi encaminhado ao Ministério Público, que ofereceu denúncia em face de Mário, imputando-lhe a prática do crime previsto no Art. 1º, inciso I, da Lei nº 8.137/90. Diante da situação narrada, assinale a afirmativa correta.

(A) Não se tipifica o crime imputado ao acusado antes do lançamento definitivo.

(B) Em razão da independência de instância, o lançamento definitivo é irrelevante para configuração da infração penal.

(C) O crime imputado a Mário é de natureza formal, consumando-se no momento da omissão de informação com o objetivo de reduzir tributo, ainda que a redução efetivamente não ocorra.

(D) O crime imputado a Mário é classificado como próprio, de modo que é necessária a presença de ao menos um funcionário público como autor ou partícipe do delito.

COMENTÁRIOS: **A:** Correta. Não se tipifica crime material contra a ordem tributária antes do lançamento definitivo do Tributo, Súmula Vinculante 24 do STF; **B:** Incorreta. Sem o lançamento definitivo do tributo, não existe crime. Portanto, é sim relevante, conforme Súmula Vinculante 24 do STF; **C:** Incorreta. Natureza material, sendo necessário que a redução efetivamente ocorra; **D:** Incorreta. Não se exige qualidade específica, pois pode ser praticado por qualquer pessoa, sendo, portanto, crime comum.

Gabarito "A".

8-(OAB /2016- Exame de Ordem Unificado - XXI- Primeira Fase) Felipe sempre sonhou em ser proprietário de um veículo de renomada marca mundial. Quando soube que uma moradora de sua rua tinha um dos veículos de seu sonho em sua garagem, Felipe combinou com Caio e Bruno de os dois subtraírem o veículo, garantindo que ficaria com o produto do crime e que Caio e Bruno iriam receber determinado valor, o que efetivamente vem a ocorrer. Após receber o carro, Felipe o leva para sua casa de praia, localizada em outra cidade do mesmo Estado em que reside. Os fatos são descobertos e o veículo é apreendido na casa de veraneio de Felipe. Considerando as informações narradas, é correto afirmar que Felipe deverá ser responsabilizado pela prática do crime de

(A) furto simples.

(B) favorecimento real.

(C) furto qualificado pelo concurso de agentes.

(D) receptação.

COMENTÁRIOS: **A:** Incorreta. Como Felipe é partícipe do crime de furto, deve incidir a qualificadora (pelo concurso de duas ou mais pessoas – art. 155, § 4º, IV, do CP); **B:** Incorreta. Não há se falar em favorecimento real, pois Felipe não prestou um simples auxílio ao criminoso para assegurar o proveito do crime, vez que foi partícipe do delito de furto; **C:** Correta. Nesse caso o agente praticou o crime de furto, qualificado em razão do concurso de pessoas, nos termos do art. 155, § 4º, IV do CPP (teoria monista - art. 29 do CP); **D:** Incorreta. Como Felipe atuou na subtração do veículo, o crime praticado foi o de furto, e não o de receptação.

Gabarito "C".

9-(OAB /2016- Exame de Ordem Unificado - XXI- Primeira Fase) Carlos presta serviço informal como salva-vidas de um clube, não sendo regularmente contratado, apesar de receber uma gorjeta para observar os sócios do clube na piscina, durante toda a semana. Em seu horário de "serviço", com várias crianças brincando na piscina, fica observando a beleza física da mãe de uma das crianças e, ao mesmo tempo, falando no celular com um amigo, acabando por ficar de costas para a piscina. Nesse momento, uma criança vem a falecer por afogamento, fato que não foi notado por Carlos. Sobre a conduta de Carlos, diante da situação narrada, assinale a afirmativa correta.

(A) Não praticou crime, tendo em vista que, apesar de garantidor, não podia agir, já que concretamente não viu a criança se afogando.

(B) Deve responder pelo crime de homicídio culposo, diante de sua omissão culposa, violando o dever de garantidor.

PRISCILA SILVEIRA

(C) Deve responder pelo crime de homicídio doloso, em razão de sua omissão dolosa, violando o dever de garantidor.

(D) Responde apenas pela omissão de socorro, mas não pelo resultado morte, já que não havia contrato regular que o obrigasse a agir como garantidor.

COMENTÁRIOS: **A:** Incorreta. Carlos podia e devia agir, e, em razão de seu dever de cuidado, deveria impedir o resultado, o que não ocorreu. Nesse sentido, responderá pelo resultado, nos moldes do art. 13, § 2º do CP; **B:** Correta. Carlos é garantidor, na forma do art. 13, § 2º, b, do CP. A questão deixa claro que o resultado morte ocorreu em razão de omissão culposa. Destarte, resta evidente o descumprimento do dever de cuidado pelo salva-vidas, o qual deve responder por homicídio culposo, que foi o resultado causado por não ter agido (omissão imprópria – ou crime comissivo por omissão); **C:** Incorreta. O enunciado deixa evidenciado que Carlos agiu com culpa, pois não quis o resultado ou até mesmo assumiu o risco de produzi-lo, conforme determina o art. 18, I, do CP; **D:** Incorreta. A conduta omissiva própria está descrita no próprio tipo penal incriminador, e, para que se configure, basta a sua desobediência, sendo, em princípio, irrelevante a ocorrência de resultado naturalístico, o que não é o caso do salva-vidas, pois este tinha a obrigação de impedir o resultado, não podendo responder pela simples omissão de sua conduta.

Gabarito "C".

10-(OAB /2016- Exame de Ordem Unificado - XX- Primeira Fase) Aproveitando-se da ausência do morador, Francisco subtraiu de um sítio diversas ferramentas de valor considerável, conduta não assistida por quem quer que seja. No dia seguinte, o proprietário Antônio verifica a falta das coisas subtraídas, resolvendo se dirigir à delegacia da cidade. Após efetuar o devido registro, quando retornava para o sítio, Antônio avistou Francisco caminhando com diversas ferramentas em um carrinho, constatando que se tratavam dos bens dele subtraídos no dia anterior. Resolve fazer a abordagem, logo dizendo ser o proprietário dos objetos, vindo Francisco, para garantir a impunidade do crime anterior, a desferir um golpe de pá na cabeça de Antônio, causando-lhe as lesões que foram a causa de sua morte. Apesar de tentar fugir em seguida, Francisco foi preso por policiais que passavam pelo local, sendo as coisas recuperadas, ficando constatado o falecimento do lesado. Revoltada, a família de Antônio o procura, demonstrando interesse em sua atuação como assistente de acusação e afirmando a existência de dúvidas sobre a capitulação da conduta do agente. Considerando o caso narrado, o advogado esclarece que a conduta de Francisco configura o(s) crime(s) de

(A) latrocínio consumado.

(B) latrocínio tentado.

(C) furto tentado e homicídio qualificado.

(D) furto consumado e homicídio qualificado.

COMENTÁRIOS: **A:** Incorreta. A morte da vítima não se deu no mesmo contexto da subtração dos bens; **B:** Incorreta. Ainda que a morte tivesse se desdobrado no mesmo contexto da subtração dos bens, não podemos falar em latrocínio tentado, pois houve resultado morte (art. 157, § 3º, CP e Súmula 610 do STF); **C:** Incorreta. O furto é consumado, pois houve a efetiva subtração das ferramentas, objeto do crime. Conforme entendimento STJ e STF, o momento de consumação do delito de furto se dá por ocasião da efetiva subtração *da res furtiva* (teoria da *apprehensio* ou *amotio*), tal como ocorreu no caso em tela; **D:** Correta. Os dois crimes (furto e homicídio qualificado) são consumados, conforme explicado nas assertivas anteriores.

Gabarito "D".

DIREITO PROCESSUAL PENAL

Priscila Silveira

1. NOÇÕES INTRODUTÓRIAS SOBRE O DIREITO PROCESSUAL PENAL.

O Direito Processual Penal é um ramo do Direito Público, eis que vinculado à própria atuação do Estado, tendo em vista que interfere como sujeito das relações por ele reguladas e principalmente porque as normas que o regem constituem a própria finalidade buscada pelo Estado.

Assim, o Estado tem o poder de formular as regras no sentido de se buscar a paz social, garantindo a proteção aos bens jurídicos por ele tutelados. No momento em que as normas penais são desrespeitadas pelo indivíduo, nasce para o Estado o direito de punir (*jus puniendi*).

Nesse sentido, o Direito Processual Penal é o instrumento estatal destinado a solucionar a violação à norma penal, e consiste no conjunto de normas e princípios que disciplinam a solução da lide penal.

Mas para se punir alguém é necessário que durante a persecução penal se apure a violação ao preceito penal, oportunizando ao acusado as hipóteses de defesa estampadas no ordenamento processual pátrio, pois no Brasil ninguém pode ser privado de sua liberdade ou de seus bens sem o devido processo legal (art. 5º, LIV da Constituição Federal).

Assim sendo, o processo é o instrumento adequado para o exercício da jurisdição, e tem como objeto a prestação jurisdicional visando à "solução do conflito entre o *jus puniendi* do Estado e o direito de liberdade do presumido autor do fato infringente da norma, vale dizer: objetiva-se com o Processo Penal a solução da lide posta em juízo" (Tourinho Filho, 2010. pág. 54).

É importante destacar que a finalidade do processo penal é constituída de *finalidade imediata,* que é a administração e solução do conflito de natureza penal, com a utilização da garantia jurisdicional, e *finalidade mediata,* que se confunde com a própria finalidade do Direito Penal, que é a de manter a paz social.

2. PRINCÍPIOS PROCESSUAIS PENAIS

Todo o processo penal pátrio está intimamente concatenado de maneira direta ou indireta aos princípios, e muitos deles, encontram-se fundamentados expressamente na Constituição Federal, de modo que não se pode falar em taxatividade na Carta Magna, tendo em vista que encontraremos outros princípios regulando a matéria processual penal em regras processuais propriamente ditas e outros diante do sistema adotado, sendo que os princípios são os pontos básicos e que servem de supedâneo para a elaboração e aplicação do direito.

O direito processual penal também não está alheio a essa regra geral, eis que, por se tratar de uma ciência, tem princípios que lhe dão base, sejam de ordem constitucional ou infraconstitucional, que informam todos os ramos do processo, ou até mesmo específicos do Direito Processual Penal.

2.1. Princípio da presunção de inocência

Previsto expressamente no art. 5º, LVII, da Constituição Federal, segundo o qual "ninguém será considerado culpado até o trânsito em julgado de sentença penal condenatória". Esse princípio é o corolário das garantias fundamentais inerentes ao acusado e instituto essencial ao exercício da jurisdição, tendo em vista que no processo penal ninguém deverá ser considerado culpado até o trânsito em julgado da sentença condenatória.

Assim, o princípio da Presunção de Inocência "consiste no direito de não ser declarado culpado senão mediante sentença transitada em julgado, ao término do devido processo legal, em que o acusado tenha se utilizado de todos os meios de prova pertinentes para sua defesa (ampla defesa) e para a destruição da credibilidade das provas apresentadas pela acusação (contraditório)" (Lima, 2012, p.11).

É cediço que as pessoas nascem inocentes, sendo esse o seu estado natural, razão pela qual para quebrar tal regra, torna-se indispensável que o Estado-acusação evidencie, com provas suficientes, ao Estado-juiz a culpa do réu. Por outro lado, confirma a excepcionalidade e a necessidade das medidas cautelares de prisão, já que indivíduos inocentes somente podem ser levados ao cárcere quando realmente for útil à instrução e à ordem pública.

Em respeito ao que estabelece referido princípio, a Súmula 444 do Superior Tribunal de Justiça preceitua que: "É vedada a utilização de inquéritos policiais e ações penais em curso para agravar a pena-base."

2.2. Princípio do contraditório

Esse princípio, estampado no art. 5º, LV, da Constituição Federal dispõe que "aos litigantes, em processo judicial ou administrativo, e aos acusados em geral são assegurados o contraditório e a ampla defesa, com os meios e recursos a ela inerentes", e todas as alegações e provas apresentadas por uma das partes em processo administrativo ou judicial, resultará para a outra o direito de manifestar e se defender, bem como a de produzir contraprova.

Já com relação à aplicação ou não do princípio do contraditório no Inquérito Policial, predomina o entendimento de que não que há se falar em direito de defesa, pois mesmo sendo um procedimento administrativo investigativo é inquisitivo, e visa apenas à apuração da conduta criminosa, não existindo acusação ou imposição de pena, afastando-se assim, a possibilidade de se rebater as provas eventualmente produzidas nessa fase de investigação preparatória.

2.3. Princípio da ampla defesa

A ampla defesa representa garantia constitucional prevista no art. 5º, LV, da Constituição Federal, e visa a assegurar a possibilidade total de defesa por parte do acusado, no sentido de se refutar as acusações formuladas. Sua concepção está intimamente ligada ao direito ao contraditório, segundo o qual ninguém pode ser condenado sem ser ouvido, consistindo na garantia das partes de utilizarem todos os meios permitidos em direito para que possam provar os fatos alegados.

Assim, no que tange à defesa técnica, é aquela que é feita por profissional habilitado, no caso, o advogado ou Defensor Público. É importante destacar que vários preceitos processuais penais nos remetem à obrigatoriedade do acusado ser defendido por advogado, como se verifica no art. 261, *caput*, do Código de Processo Penal: "Nenhum acusado, ainda que ausente ou foragido, será processado ou julgado sem defensor."

Percebe-se que referido princípio permite toda e qualquer a produção de provas pela Defesa, desde que não sejam proibidas, vinculando-o como o conhecimento completo sobre a acusação, para que possa refutá-la, acompanhar toda e qualquer produção de prova, impugnando-a se necessário, defesa por advogado e recorrer de decisão que lhe seja desfavorável.

2.4. Princípio da duração razoável do processo penal

O art. 5º, LXXVIII, da Constituição Federal garante que "a todos no âmbito judicial e administrativo, são assegurados a razoável duração do processo e os meios que garantam a celeridade de sua tramitação".

É possível conceituar a razoável duração do processo como o lapso temporal suficiente para adequada resolução do litígio, sem prejuízo do próprio direito e evitando a perda superveniente da utilidade do provimento final para os envolvidos, observados os trâmites inerentes ao devido processo legal (*due process of law*) e considerando as peculiaridades específicas de cada relação jurídico-processual.

Assim, toda pessoa que esteja respondendo a um processo, especialmente a que se encontra presa, tem o direito a ser julgada dentro de um prazo razoável ou de ser posta em liberdade sem prejuízo de que o processo prossiga.

Ademais disso, é imperioso esclarecer que, caso a duração do processo esteja além do esperado em virtude de pedidos feitos pela defesa, a Súmula 64 do Superior Tribunal de Justiça define que "Não constitui constrangimento ilegal o excesso de prazo na instrução, provocado pela defesa".

2.5. Princípio da imparcialidade do juiz

Para que o processo seja justo e válido, é preciso que o juiz atue de forma imparcial, ou seja, não julgue de forma tendenciosa para qualquer das partes, agindo sem qualquer interesse em relação às partes do processo na solução das causas que lhe são submetidas.

Assim, para assegurar a imparcialidade do juiz, a Constituição Federal determina algumas garantias (art. 95 da CF); prescreve vedações (art. 95, parágrafo único, da CF) e proíbe juízos e tribunais de exceção (art. 5º, XXXVII, CF). Nessa trilha, o Código de Processo Penal nos art. 252 e 254 elenca os motivos de impedimento e de suspeição do juiz.

2.6. Princípio da motivação das decisões judiciais

O princípio da motivação está fundamentando no art. 93, IX da Constituição Federal e determina que o juiz é livre para tomar a decisão que melhor lhe convier, mas todas as decisões judiciais necessitam ser motivadas, sob pena de nulidade, ou seja, os julgadores devem apresentar as razões que os levaram a tomar referida decisão.

Ainda, às partes interessa verificar na motivação se as suas razões foram objeto de exame pelo juiz. A este também importa a motivação, pois, por meio dela, evidencia a sua atuação imparcial e justa.

2.7. Princípio da publicidade

Este princípio estabelece que os atos judiciais devem ser públicos, salvo exceções, quando a autoridade entenda ser necessário o sigilo, como, por exemplo no caso do Inquérito Policial, que é regido pelo sigilo, pois se faz necessária a elucidação do fato, ou é exigido pelo interesse da sociedade (art. 20 do CPP) não se estendendo o sigilo ao Defensor, consoante preceitua ao art. 7º, XIV da Lei 8.906/1994 (Estatuto da OAB) e também o que aduz a Súmula Vinculante 14 do Supremo Tribunal Federal.

Quanto ao juiz, impõe o dever de tomar as "providências necessárias à preservação da intimidade, vida privada, honra e imagem do ofendido, podendo inclusive determinar o segredo de justiça em relação aos dados, depoimentos e outras informações", consoante tipificado no art. 201, § 6º, do CPP.

De igual forma, o art. 93, IX da Constituição Federal assegura que "todos os julgamentos dos órgãos do Poder Judiciário serão públicos, e fundamentadas todas as decisões, sob pena de nulidade, podendo a lei limitar a presença, em determinados atos, às próprias partes e a seus advogados, ou somente a estes, em casos nos quais a preservação do direito à intimidade do interessado no sigilo não prejudique o interesse público à informação."

3. APLICAÇÃO DA LEI PROCESSUAL PENAL

3.1. Eficácia da lei processual penal no espaço

O art. 1º do Código de Processo Penal adotou, como regra, o princípio da territorialidade para definir o alcance da aplicação das normas processuais, aplicando-se a lei processual pátria aos processos que vierem a ocorrer em território brasileiro, ou seja, em regra todo crime ocorrido no Brasil será aqui processado e julgado, definido então pelo *locus regit actum*.

Ocorre que existem situações elencadas nos incisos do art. 1º do Código de Processo Penal que não estarão abarcadas pela regra da aplicação da lei processual aos crimes ocorridos no território nacional, tendo em vista que dispositivo em comento traz em seu bojo ressalvas da aplicação da norma processual pátria.

Assim sendo, de acordo com o inciso I do art. 1º do Código de Processo Penal, não será aplicada a lei processual penal brasileira aos *tratados, convenções e as regras de direito internacional*, firmados pelo Brasil, e, mesmo que as infrações penais ocorram no território nacional, não serão aqui processadas, sendo, se o caso, julgados pelo país de origem, como é o caso dos diplomatas em missão no país, embaixadores, secretários da embaixada, e seus familiares que convivam sob o mesmo teto, que possuem **imunidade absoluta** positivada pela Convenção de Viena.

Já com relação ao cônsul, é importante destacar que, tendo em vista que exerce função administrativa, a **imunidade será apenas relativa**, respondendo pelas leis brasileiras caso venha a cometer crime no território nacional, desde que referida infração penal não esteja atrelada ao exercício da função, ocasião em que ficará sujeito às penalidades de seu país de origem, conforme determina o art. 43 da Convenção de Viena.

Ainda dentro do convencionado pelas regras de Direito Internacional, é necessário posicionar que os crimes cometidos a bordo de navios ou aeronaves públicas estrangeiras, em águas territoriais e espaço aéreo brasileiro, não se aplica a lei penal, e muito menos a lei processual penal do Brasil, ainda que tenha ocorrido em território brasileiro.

Com relação à ressalva feita diante das prerrogativas constitucionais do Presidente da República, dos ministros de Estado, nos crimes conexos com os do Presidente da República, e dos ministros do Supremo Tribunal Federal, nos crimes de responsabilidade (Constituição, arts. 86, 89, § 2º, e 100) indicada no art. 1º, II do Código de Processo Penal, é imperioso esclarecer que não se tratam de crimes comuns, não sendo julgados pelo Poder Judiciário, e as regras para o processamento e julgamentos dos crimes de responsabilidade, encontram-se espeque na Constituição Federal e em leis esparsas.

O mesmo acontece com os processos de competência da Justiça Militar, pois segundo o art. 1º, III do Código de Processo Penal, os crimes militares estarão excetuados da aplicação da norma processual penal, os quais deverão seguir o regramento inserido no Código de Processo Penal Militar (Decreto-lei 1.002/1969).

A exceção sobre a competência dos Tribunais especiais colacionada no inciso IV, art. 1º do Código de Processo Penal, não mais tem aplicação, eis que se referia à Constituição de 1937, mas estão extintos em nosso ordenamento jurídico.

De igual forma, o inciso V, art. 1º do Código de Processo Penal trazia a aplicação da lei processual penal pátria de forma subsidiária aos crimes de imprensa, que eram julgados pela justiça comum, mas com o procedimento estabelecido pela Lei 5.250/1967, a qual foi julgada inconstitucional pelo Supremo Tribunal Federal (ADPF 130/7).

3.2. Eficácia da lei processual no tempo

A lei processual sem reflexos penais é regida pelo Princípio da Aplicação Imediata das Normas Processuais Penais– *tempus regit actum* – e não possui efeito retroativo. Segundo o art. 2º do Código de Processo Penal, "a lei processual penal aplicar-se-á desde logo, sem prejuízo dos atos realizados, sob a vigência da lei anterior", ou seja, a lei processual penal passa a ter validade a partir de sua entrada em vigor no ordenamento pátrio, levando-se em conta a data da realização do ato e não da prática da infração penal.

Assim, segundo o princípio da imediata aplicação da lei processual penal, não importa se a nova lei é favorável ou prejudicial ao acusado, será imediatamente aplicada, e mais, se algum ato for realizado sob a égide da lei anterior será considerado válido, não necessitando ser repetido, respeitando-se o corolário constitucional do direito adquirido, ato jurídico perfeito e da coisa julgada declinado no art. 5º, XXXVI da Constituição Federal.

Há, contudo, uma ressalva no que concerne às normas mistas ou híbridas, que possuem conteúdo de direito penal e direito processual penal. Neste caso, prevalece o aspecto penal que beneficia o acusado, devendo, portanto, retroagir. Por exemplo, os institutos da decadência, a perempção, a suspensão condicional do processo (art. 89 da Lei 9.099/1995) possuem natureza penal e processual, e caso uma nova lei prejudique o direito do acusado, não poderá ser aplicada aos fatos que foram praticados antes da entrada em vigor.

3.3. Interpretação extensiva e interpretação analógica da lei processual penal

Dentro das espécies de interpretação da lei, o processo penal autoriza expressamente a interpretação extensiva e a interpretação analógica, conforme disposto no art. 3º do CPP que assim dispõe: "a lei processual penal admitirá interpretação extensiva e aplicação analógica, bem como o suplemento dos princípios gerais do direito".

Na interpretação extensiva, amplia-se o alcance da lei para atender situação aparentemente não regulada, extraindo-se de sua análise que o dispositivo deixou de contemplar outras situações ou conteúdo que o legislador pretendeu alcançar, e em razão disso a interpretação da norma deve ser estendida e ampliada.

A interpretação analógica, que também é admitida no ordenamento processual pátrio, não pode ser confundida com analogia. De acordo com Tourinho Filho, "A primeira é forma de interpretação; a segunda é integração. Quando se pode proceder à interpretação analógica? Quando a própria lei a determinar." (2010, p. 100).

3.4. Prazo processual penal

Nos termos do art. 798, *caput,* do Código de Processo Penal, "todos os prazos correrão em cartório e serão contínuos e peremptórios, não se interrompendo por férias, domingo ou dia feriado."

Do mesmo modo, o art. 798, § 1º, do CPP determina que "não se computará no prazo o dia do começo, incluindo-se, porém, o do vencimento."

Portanto, se a parte for intimada na data de hoje de uma decisão, seu prazo começará amanhã, a menos que não haja expediente forense. É o que explica a súmula 310 do STF: "Quando a intimação tiver lugar na sexta-feira, ou a publicação com efeito de intimação for feita nesse dia, o prazo judicial terá início na segunda-feira imediata, salvo se não houver expediente, caso em que começará no primeiro dia útil a seguir". Da mesma maneira, se ao término do prazo se der em domingo ou feriado, será prorrogado até o dia útil subsequente (art. 798, § 3º, do CPP).

Entretanto, é de suma importância esclarecer o que dispõe o art. 798, § 5º do Código de Processo Penal, mencionando que não há de se falar em contagem do prazo a partir da juntada de mandado "no processo penal, tendo em vista que contam-se os prazos da data da intimação e não da juntada dos autos do mandado ou da carta precatória ou de ordem", em consonância com a Súmula 710 do STF.

4. INQUÉRITO POLICIAL

4.1. Conceito

O inquérito policial está tipificado nos arts. 4º ao 23 do Código de Processo Penal, possuindo a definição de procedimento administrativo de caráter investigativo e preparatório realizado pela Polícia Judiciária (Civil e Federal) e instaurado em razão da violação a um bem jurídico tutelado pelo Estado, e tem como finalidade apurar a conduta delitiva, apontando a autoria e a materialidade com o objetivo de servir de base para uma futura ação penal.

Impende salientar que de acordo com o art. 4º do Código de Processo Penal, "A polícia judiciária será exercida pelas autoridades policiais no território de suas respectivas circunscrições e terá por fim a apuração das infrações penais e da sua autoria."

Já o art. 144, § 4º da Constituição Federal explica que "às polícias civis, dirigidas por delegados de polícia de carreira, incumbem, ressalvada a competência da União, as funções de polícia judiciária e a apuração de infrações penais, exceto as militares."

De igual forma, o art. 144, § 1º, IV da Constituição Federal, salienta que a polícia federal destina-se a "exercer, com exclusividade, as funções de polícia judiciária da União."

Cabe salientar que o **inquérito policial não é processo**, e sim procedimento administrativo informativo, que visa à colheita elementos para a descoberta da autoria e da materialidade delitiva com o intuito de viabilizar a propositura da ação penal, regendo-se pelas regras do ato administrativo em geral, e objetiva também a produção das provas consideras urgentes, que podem vir a desaparecer no decurso do tempo.

Portanto, como o inquérito policial é peça meramente informativa e não há o contraditório com relação a tudo que nele foi produzido, eventuais vícios que possam ocorrer no procedimento administrativo não poderão contaminar o processo penal a que der origem, e caso haja alguma irregularidade em ato praticado no curso do inquérito, não há se falar em anulação do processo, pois as nulidades constantes no Código de Processo Penal estão atreladas aos defeitos de ordem jurídica que afetam os atos praticados ao longo da ação penal.

Por outro lado, é necessário ressaltar que o inquérito policial visa a apurar os delitos que tenham pena superior a dois anos, tendo em vista que as infrações penais de menor potencial ofensivo (art. 61 da Lei 9.099/1995) são apuradas com a simples lavratura de termo circunstanciado. Entretanto, ensina Gonçalves que "se a infração de menor potencial ofensivo cometida revestir-se de alguma complexidade, inviabilizando sua apuração mediante termo circunstanciado, será, excepcionalmente, instaurado inquérito policial que, posteriormente, será encaminhado ao Juizado Especial Criminal" (2014, p.51).

E ainda, as infrações penais oriundas de violência doméstica e familiar contra a mulher serão apuradas mediante a instauração de inquérito policial, nos moldes do art. 41 da Lei 11.340/2006 que excetua a aplicação da Lei 9.099/1995 dos casos em tela.

Com relação a quem deve ser remetido o Inquérito Policial, temos dois destinatários:

a) *imediato,* representado pelo Ministério Público na ação penal pública (condicionada ou incondicionada), e o ofendido ou seu representante legal, na infração penal de ação privada

b) *mediato,* que é o juiz.

4.2. Características

O inquérito policial possui características que lhe são peculiares e bem delineadas que o diferenciam do processo, as quais são extraídas da Constituição Federal, bem como do Código de Processo penal, e são colacionadas desde a instauração até o encerramento do procedimento.

4.2.1. Escrito

O art. 9º do Código de Processo Penal determina que "todas as peças do inquérito policial serão, num só processado, reduzidas a escrito ou datilografadas e, neste caso, rubricadas pela autoridade."

É imprescindível que os elementos destinados a amparar a propositura de ação penal devam ser reduzidos a termo, principalmente porque o inquérito policial possui muitas diligências que podem ser realizadas e para que possa chegar ao destinatário tal como produzido, ideal que seja feito na forma escrita, ratificando tudo que foi investigado e apurado pela autoridade policial.

Ainda, é importante declinar que o mencionado art. determina que o inquérito policial deva ser feito na forma escrita ou datilografada, contudo, por meio da interpretação extensiva, devemos entender ser possível também a forma digitada, consoante realizada nos dias de hoje.

4.2.2. Sigiloso

Diferentemente do que ocorre no processo, o inquérito policial não é público, e segundo os termos do art. 20 do CPP, "a autoridade assegurará no inquérito o sigilo necessário à apuração do fato exigido pelo interesse da sociedade".

Importante que o inquérito policial seja sigiloso, pois a falta de publicidade das investigações tem como finalidade a vedação às provas produzidas ou até mesmo aquelas que se pretende produzir para não prejudicar a apuração dos fatos e a comprovação do ilícito.

Ademais disso, deve assegurar o direito à inviolabilidade da intimidade, da vida privada, da honra e da imagem do investigado, nos termos do art. 5º, X, da Constituição Federal. Não se deve esquecer que milita em favor de qualquer pessoa a presunção de inocência enquanto não sobrevier o trânsito em julgado de sentença penal condenatória (CF, art. 5º, LVII).

Contudo, referido sigilo não é absoluto, mas sim relativo, tendo em vista que não se aplica aos advogados, pois o art. 7º, XIV da Lei 8.906/1994 (Estatuto da OAB) permite aos advogados "examinar em qualquer repartição policial, mesmo sem procuração, autos de flagrante e de inquérito, findos ou em andamento, ainda que conclusos à autoridade, podendo copiar peças e tomar apontamentos". É o que também preceitua a Súmula Vinculante 14 do Supremo Tribunal Federal. Porém, referida súmula vinculante determina que o defensor só terá direito ao acesso às provas já efetivamente produzidas e encartadas aos autos do inquérito policial, e o mesmo ocorre com as provas que estão sendo produzidas.

4.2.3. Dispensável

O inquérito policial é um procedimento administrativo importante que visa à obtenção de provas e colheita de elementos indiciários da autoria e a prova da materialidade, que será destinado ao Ministério Público na ação penal pública para o oferecimento da denúncia, ou ao ofendido na ação penal privada para o oferecimento da queixa-crime, mas não é indispensável à propositura e início da ação penal.

Assim, caso o titular da ação penal possua qualquer outro documento que demonstre a existência de indício de autoria e materialidade do delito, poderá propor a ação penal sem que para tanto esteja fundamentada com base no inquérito policial, o que o torna dispensável e prescindível.

Nesse sentido, há diversos dispositivos no Código de Processo Penal permitindo que a ação penal seja proposta sem o inquérito policial, entre eles os arts. 27, 39, § 5º e 46, § 1º, todos do Código de Processo Penal.

Entretanto, caso o inquérito sirva de fundamento para a propositura da ação penal, este acompanhará a exordial acusatória nos termos do art. 12 do Código de Processo Penal.

4.2.4. Inquisitivo

Como o inquérito policial é procedimento administrativo, não há se falar em contraditório e ampla defesa, tendo em vista que os atos e a produção de provas estão concentrados na Autoridade Policial e também porque na fase de investigação não há acusado, e sim averiguado ou indiciado.

Impende esclarecer que, por não possuir o investigado a oportunidade de rebater diretamente as provas produzidas no inquérito policial, em virtude de seu caráter administrativo, estas não podem servir de supedâneo para a procedência da ação penal, as quais devem ser, se possível, repetidas e ratificadas em juízo nos moldes do que determina ao art. 155, *caput*, do Código de Processo Penal.

4.2.5. Indisponível

A indisponibilidade representa um desdobramento da oficiosidade, ou seja, uma vez iniciado, o inquérito deve chegar à sua conclusão final, não sendo lícito à autoridade policial determinar seu arquivamento (art. 17 do CPP). Mesmo quando o membro do Ministério Público requer o arquivamento de um inquérito policial, a decisão é submetida ao juiz, como fiscal do princípio da indisponibilidade, que, discordando das razões invocadas, deve remeter os autos ao chefe do Ministério Público, de acordo com o que estabelece o art. 28 do CPP.

4.3. Formas de início

A instauração do inquérito policial se inicia levando em consideração a espécie da ação penal. Isso porque, em regra, a titularidade da infração penal é pública, mas será de iniciativa privada, quando a lei assim determinar, segundo preconiza o art. 100 do Código Penal. Nesse sentido, se a ação penal for pública incondicionada, o inquérito policial poderá iniciar das seguintes formas:

a) De ofício (art. 5º, I, do CPP);

b) Por requisição do juiz ou do Ministério Público (art. 5º, II, CPP);

c) Por requerimento do ofendido (art. 5º, II, CPP);

d) Por terceiros (art. 5º, § 3º do CPP);

e) Flagrante delito (art. 8º CPP):

Já nos casos de ação penal pública condicionada ou de ação penal privada, o início do inquérito policial se dará pela:

a) Representação do ofendido (art. 5º, § 4º do CPP);

b) Por requisição do Ministro da Justiça (art. 7º, § 3º, b, e art. 141, I c/c art. 145, parágrafo único, todos do CP);

c) Requerimento do ofendido (art. 5º, § 5º, do CPP).

4.4. Providências

O inquérito policial não possui um regramento obrigatório que deve ser realizado pela autoridade policial, salvo em relação às formalidades exigidas por ocasião da lavratura do auto de prisão em flagrante (arts. 8º e 304 do CPP), cuja inobservância acarreta a nulidade do auto, com consequente relaxamento da prisão e soltura do preso.

Portanto, ressalta-se que não existe uma ordem para a realização das diligências, as quais deverão ser feitas de acordo com a discricionariedade da autoridade policial, trazendo os art. 6º e 7º, ambos do Código de Processo Penal, um rol exemplificativo de providências que poderão ser ordenadas assim que o Delegado de Polícia tomar conhecimento da prática do delito.

4.5. Conclusão do inquérito policial

Finalizadas as investigações, seja pelo esgotamento do prazo, seja porque a autoridade policial já realizou todas as diligências e linhas de apurações possíveis, a autoridade policial dará por encerrado o inquérito policial.

Se ao final das investigações não se vislumbrar a possibilidade de reunir elementos suficientes para a suspeita inicial, ou encontrar elementos que comprovem a inocência do investigado, o inquérito poderá, igualmente, ser relatado e encerrado.

Com a conclusão do relatório, os autos deverão se remetidos ao juiz competente, juntamente com os objetos e instrumentos apreendidos que interessam à prova, objetos esses que ficarão à disposição das partes e do juiz.

Sendo a ação penal pública incondicionada, o juiz remeterá os autos ao Ministério Público, que poderá oferecer denúncia, requerer o retorno dos autos do inquérito à delegacia para novas diligências, ou requerer o arquivamento. Importante frisar que a autoridade policial jamais poderá determinar o arquivamento do inquérito policial, nos termos do art. 17 do CPP.

A legitimidade para requerer o arquivamento do inquérito policial é do Ministério Público, pois o ato de arquivar é privativo do Magistrado.

Se o Ministério Público requerer o arquivamento e o juiz não concordar, deverá remeter os autos do inquérito policial ao procurador-geral de justiça que poderá, segundo o art. 28 do CPP, oferecer denúncia, designar outro membro do Ministério Público para fazê-lo ou insistir no pedido de arquivamento, devendo esta última ser então acatada pelo juiz.

Impende ainda destacar-se que concluídas as investigações nos crimes em que a ação depender de iniciativa privada, os autos do inquérito deverão ser remetidos ao juízo competente, ou ainda, poderão ser entregues à vítima ou seu representante legal, mediante traslado, se assim tiverem requerido, conforme determina o art. 19 do CPP.

4.6. Prazos

De acordo com o art. 10 do Código de Processo Penal, o prazo para conclusão do inquérito policial é de 10 (dez) dias se o réu estiver preso, contados do dia em que se verificou a prisão cautelar, e de 30 (trinta) dias se estiver solto, a contar da data de instauração do inquérito policial.

Com relação à possibilidade de prorrogação do prazo em comento, necessário se faz ressaltar que se o fato for de difícil elucidação e o indiciado estiver solto, excepcionalmente a autoridade policial poderá requerer a dilação do prazo, consoante art. 10, § 3º do CPP.

Na Justiça Federal, o prazo para conclusão é de 15 (quinze) dias para o réu que se encontra preso, podendo ser prorrogado por igual período, desde que o pedido da autoridade policial seja fundamentado, conforme indicado no art. 66 da Lei 5.010/1966.

A legislação especial traz ainda prazos diferentes, como na Lei 11.343/2006 (Lei de Drogas, art. 51), que determina o fim do inquérito policial em 90 dias para indiciado solto e 30 dias para indiciado preso, podendo ser duplicado mediante pedido justificado da autoridade policial, ouvindo o Ministério Público. A Lei 1.521/1951 (Crimes contra a Economia Popular, art. 10, §1º) acentua que o prazo para conclusão do procedimento administrativo será de 10 (dez) dias para indiciado preso ou solto.

5. AÇÃO PENAL

5.1. Conceito

A ação penal é um direito de apresentar em juízo pretensão acusatória, sob o fundamento de que art. 5º, XXXV da Constituição Federal, determina que "a lei não excluirá da apreciação do Poder Judiciário lesão ou ameaça a direito", corroborado com o princípio da inafastabilidade do poder jurisdicional ou direito fundamental de acesso à justiça.

5.2. Ação penal pública

Segundo o art. 100, *caput* do Código Penal "a ação penal é pública, salvo quando a lei expressamente a declara privativa do ofendido". Assim, o direito de ação pertence ao Ministério Público de forma privativa de acordo com o art. 129, I da Constituição Federal e também o art. 24 do Código de Processo Penal, que dispõe que: "... nos crimes de ação penal pública, esta será promovida por denúncia do Ministério Público". A ação penal pública, divide-se em incondicionada e condicionada à representação do ofendido ou de seu representante legal.

Seja qual for o crime, se ocorrer em desfavor do "patrimônio ou interesse da União, Estado e Município, a ação penal é pública" conforme determina o art. 29, § 2º do Código de Processo Penal.

5.2.1. Ação penal pública incondicionada

Quando a lei não dispuser sobre a titularidade ação penal, esta será pública incondicionada, que é a regra no ordenamento pátrio. A titularidade é do Ministério Público, que detém para si a possibilidade de propor a ação penal, a qual não exige qualquer condição para agir além das condições gerais de qualquer ação.

Impende ainda informar que alguns tipos penais não trazem a titularidade da ação penal em seu bojo, o que nos remete à errônea ideia de que a ação penal é pública incondicionada diante da falta de informação da titularidade.

5.2.2. Ação penal pública condicionada à representação do ofendido

O art. 100, § 1º do Código Penal diz que "a ação pública é promovida pelo Ministério Público, dependendo, quando a lei o exige, de representação do ofendido ou de requisição do Ministro da Justiça".

A **titularidade** para a propositura da ação penal é do Ministério Público, mas para que este possa ingressar com a inicial acusatória, dependerá da autorização da vítima, sendo a representação uma condição de procedibilidade para o início da ação penal. Quando a ação penal for condicionada, a lei o dirá expressamente, trazendo, em geral ao fim do artigo, o preceito de que somente proceder-se-á mediante representação.

É imprescindível apontar que nos crimes de lesão corporal de natureza leve e culposa oriundos de violência doméstica e familiar (Lei 11.340/2006) a titularidade para a propositura da ação penal pertence ao Ministério Público, segundo o julgamento no Supremo Tribunal Federal da ADI 4424/2012 e a Súmula 542 do STJ.

Portanto, de acordo com o artigo 38 do Código de Processo Penal, a representação, como regra, deve ser formulada pelo ofendido, ou caso a vítima seja menor de 18 anos, incapaz, doente mental ou retardado mentalmente enfermo, ou retardado mental, deverá ser apresentada pelo seu representante legal.

No caso de morte do ofendido ou caso seja declarado ausente mediante decisão judicial, o direito de representar pode ser exercido pelo cônjuge, companheiro, ascendente, descendente ou irmão, em conformidade com o art. 24, § 1º do Código de Processo Penal. Existindo mais de um legitimado, a solução mais adequada é a aplicação da ordem trazida no art. 36 do Código de Processo Penal, a qual determina que deva ser exercido primeiro pelo cônjuge, e, na ausência desse, pelos demais, seguindo-se a ordem de parentesco mais próxima.

A representação pode ser oferecida pessoalmente ou por procurador com poderes especiais, na forma oral (reduzida a termo) ou por escrito, dirigida ao juiz, ao Ministério Público ou à autoridade policial, e deverá conter todas as informações que possam servir de supedâneo para a apuração do fato criminoso, em consonância com a orientação capitulada no art. 39 do Código de Processo Penal.

O art. 38 da Legislação Processual Penal pátria combinado com o art. 103 do Código Penal exigem que a representação deva ser apresentada em 6 (seis) meses a partir da data em que a vítima ou seu representante legal tenham conhecimento do autor do fato criminoso, e não simplesmente da data do fato, e caso não seja oferecida no prazo legal, importará em extinção da punibilidade nos moldes do art. 107, IV do Código Penal.

Por fim, necessário se faz esclarecer que o art. 25 do Código de Processo Penal autoriza a possibilidade de que a representação do ofendido seja retratável antes do oferecimento da denúncia, impedindo assim, a propositura da ação penal.

5.2.3. Ação penal pública condicionada à requisição do Ministro da Justiça

Trata-se de ação penal pública que depende do pedido feito pelo Ministro da Justiça, eis que referida requisição é uma condição de procedibilidade para o início da ação penal.

A requisição é um ato com rigor formal, sendo necessária a observância de certas circunstâncias para o seu oferecimento. É destinada ao Ministério Público (na figura do Procurador-Geral de Justiça) e, com relação à legitimidade para a requisição, esta é privativa do Ministro da Justiça.

Com relação ao prazo para a requisição em comento, a lei não determina qualquer limite, e no silêncio da lei a interpretação é no sentido de que possa ser feito a qualquer tempo, respeitando-se, porém, a prescrição do crime que opera a extinção da punibilidade.

Quanto a seus efeitos, a requisição não vincula o Ministério Público no sentido da obrigatoriedade da propositura da ação, pois não se refere a uma ordem. Assim, mesmo havendo requisição, compete ao Ministério Público o exame da presença dos requisitos necessários ao oferecimento da denúncia, podendo propor a ação penal ou requerer seu arquivamento.

5.3. Princípios da ação penal pública

Os princípios, "constituem importantes instrumentos para que os julgadores balizem suas decisões e também para que o legislador atue dentro de determinados parâmetros na elaboração das leis. Trata-se de diretrizes genéricas e servem para definir limites, fixar paradigmas ou alcance das leis, bem como para auxiliar em sua interpretação" (GONÇALVES, 2014, P. 74).

A ação penal pública possui princípios que lhe são peculiares, quais sejam:

- **Princípio da Oficialidade:** A ação penal deve ser proposta pelo Ministério Público, que é o órgão oficial para ingressar com a inicial acusatória, conforme art. 129, I da Constituição Federal.

- **Princípio da Obrigatoriedade**: Também conhecido como Legalidade Processual, determina que verificada a apuração do fato criminoso, o Ministério Público, na ação penal pública, está obrigado a propor a exordial acusatória (denúncia) para que o processo seja iniciado, desde que exista justa causa (art. 24 do Código de Processo Penal).

Se a regra é a obrigatoriedade para a propositura da ação penal pelo Ministério Público, a esta cabe exceção, como é o caso do instituto da Transação Penal, aplicável às infrações penais de menor potencial ofensivo, intitulada no art. 76 da Lei 9.099/1995, a qual, obedecidas as regras a ela inerentes, permite ao Ministério Público não propor a denúncia, tendo em vista que ao invés da propositura da ação penal, o *Parquet* apresenta uma medida alternativa, diversa da pena privativa de liberdade, que caso seja aceita pelo acusado, obstará o oferecimento da denúncia.

- **Princípio da Indisponibilidade:** Como a ação penal pertence ao Estado, (salvo as exceções) e não ao Ministério Público, este não poderá dispor, para desistir, transigir, ou acordar, quer seja a ação penal pública incondicionada ou condicionada, de acordo com o que prescreve o art. 42 do Código de Processo Penal.

Existem situações em que haverá certa flexibilização traduzida pela exceção à aplicação do princípio em referência, como, por exemplo, nos casos das infrações de menor potencial ofensivo, como é o caso da suspensão condicional do processo, nos moldes do art. 89 da Lei 9099/1995

- **Princípio da Indivisibilidade:** Muito embora não seja um consenso na doutrina, prevalece o entendimento de que caso haja a apuração de infração penal que contenha mais de um acusado relacionado ao mesmo fato criminoso, a ação penal deve ser proposta contra todos os coautores conhecidos. Nesse sentido, o Ministério Público não poderá escolher contra quem ofertará a ação penal, devendo estender a ação contra todos aqueles que de fato praticaram a ação penal.

- **Intranscendência**: A ação penal não pode passar da pessoa do acusado, como determina ao art. 5º, XLV da Constituição Federal. Seguindo referida orientação, Tourinho Filho explica que "a ação penal é proposta apenas em relação à pessoa ou às pessoas a quem se imputa a prática da infração" (2010, p. 171).

5.4. Da ação penal privada

A regra é de que a ação penal é pública, cuja titularidade pertence ao Ministério Público. Mas existem situações que o Estado direciona a legitimidade de agir para o ofendido, ou seu representante legal, pois interessam diretamente à vítima, e nesses casos chamamos a ação penal de privada, de acordo com o que autoriza o art. 30 do Código de Processo Penal.

Os crimes de ação penal privada se procedem mediante o oferecimento de queixa-crime e encontram-se espalhados pelo Código Penal, onde, diante de sua excepcionalidade trazida pelo art. 100, *caput,* deverá constar no tipo penal de forma expressa que ação penal é promovida "mediante queixa."

O prazo para oferecimento da queixa-crime no caso de ação penal privada exclusiva e personalíssima é de 6 meses a contar da data do conhecimento do autor do fato, e com relação à ação penal privada subsidiária da pública, o prazo será de 6 meses a partir do dia em que se esgotar o limite para oferecimento da denúncia que deveria ter sido proposta pelo Ministério Publico, conforme determina o art. 29 do Código de processo Penal.

A **ação penal privada** se divide em três **espécies**. São elas:

- **Propriamente dita ou exclusiva**: é aquela que pode ser proposta pela vítima ou por seu representante legal. No caso de morte do ofendido ou declarada a sua ausência, o direito de propor a queixa-crime passará para qualquer uma das pessoas elencadas no art. 31 do Código de Processo Penal.

- **Personalíssima**: A ação penal só poderá ser proposta pelo ofendido de maneira restrita. Nesse caso, com a morte da vítima, o direito de ingressar com a queixa-crime não passa para outra pessoa de forma alguma, extinguindo-se a punibilidade do réu.

- **Subsidiária da pública ou supletiva**: De acordo com o art. 29 do CPP, se o Ministério Público não entrar com a ação penal que é pública, no prazo, cabe ao ofendido propor ação penal privada subsidiária da pública. Nesse caso, a ação penal é originariamente de iniciativa pública, mas o Ministério Público não promove a ação penal no prazo estabelecido pela lei, e, por isso, o ofendido ou o seu representante legal poderão de forma subsidiária ajuizá-la. A previsão está determinada no art. 5º, LIX da Constituição Federal.

5.4.1. Princípios da ação privada

-**Princípio da Oportunidade ou Conveniência:** a vítima não está obrigada a promover a ação penal, mesmo estando presentes as condições necessárias para a propositura da ação. Cabe ao ofendido optar por ingressar com a ação penal em desfavor daquele que violou seu bem jurídico tutelado pelo Estado. Insta esclarecer que caso não seja proposta a ação penal no prazo legal, haverá o instituto da decadência, que consiste na perda do direito de ingressar com a inicial acusatória em virtude de não tê-lo feito no limite temporal exigido pela lei, consoante determina o art. 38 do Código de processo Penal, operando-se a extinção da punibilidade do agente, com fulcro no art. 107, IV do Código Penal.

Pode ocorrer também a possibilidade do ofendido renunciar, dentro do prazo decadencial, ao direito de oferecer a queixa-crime em desfavor do infrator, que consiste na desistência do direito de ingressar com a ação penal privada antes do término para fazê-lo, podendo se dar de forma expressa ou tácita

A renúncia ocorre antes da propositura da ação penal e é irretratável, consistindo em ato unilateral do ofendido, tendo em vista que não exige a aceitação por parte do ofensor. Caso haja mais de um infrator, o art. 49 do Código de Processo Penal dispõe que "a renúncia ao direito de queixa, em relação a um dos autores do crime a todos se estenderá."

-**Princípio da Disponibilidade**: cabe ao ofendido decidir ingressar com uma ação penal contra o autor do fato, mas poderá a qualquer tempo desistir do prosseguimento do processo. Assim, a vítima que decide se quer prosseguir até o final da ação penal. A disponibilidade pode ocorrer de duas formas, quais sejam, pela perempção (art. 60, CPP) ou pelo perdão do ofendido (art. 51, CPP), sendo que os dois institutos são causas de extinção da punibilidade e aplicam-se a todos os tipos de ações privadas, com exceção da ação privada subsidiária da pública, uma vez que, nesta, o dever de agir cabe ao órgão do Ministério Público.

-**Princípio da Indivisibilidade**: possui previsão expressa no art. 48 do Código de Processo Penal: "A queixa contra qualquer dos autores do crime obrigará ao processo de todos, e o Ministério Público velará pela sua indivisibilidade." Portanto, a ação penal privada tem que ser proposta contra todos os coautores conhecidos, segundo preconiza o art. 48 do Código de Processo Penal.

6. DENÚNCIA E QUEIXA

Para iniciar a ação penal, é necessária a elaboração de uma petição inicial pela parte que possui a titularidade para propô-la, a qual deverá atender a todos os requisitos exigidos por lei como a exposição por escrito dos fatos que, em tese, constituem o ilícito penal. Deve conter ainda, de forma manifesta, o interesse de que seja aplicada a lei penal ao presumido autor da infração, bem como a indicação das provas em que se fundamenta a pretensão punitiva.

Nesse sentido, o Código de Processo Penal divide as espécies de exordial acusatória em denúncia ou queixa-crime. Chamamos de denúncia o petitório inaugural oferecida pelo Ministério Público nos crimes de ação penal pública (incondicionada ou condicionada à representação do ofendido ou requisição do Ministro da Justiça), nos moldes do art. 24 do Código de Processo Penal. E será denominada queixa-crime a inicial proposta pelo ofendido ou seu representante legal nos crimes de ação penal privada, consoante preceitua o art. 100, § 2º do Código Penal.

6.1. Requisitos

O art. 41 do Código de Processo Penal colaciona exigências de forma exemplificativa que deverão ser obedecidas no momento da formulação da denúncia ou queixa, sob pena da exordial acusatória ser rejeitada. São elas: endereçamento, qualificação do acusado ou fornecimento de dados que possibilitem sua identificação; descrição dos **fatos em todas as suas circunstâncias.**

6.1.4. Classificação jurídica do fato

A correta classificação da infração penal, embora seja necessária, não é requisito essencial da denúncia, já que o juiz, nos moldes dos arts. 383 e 384 do Código de Processo Penal, poderá dar classificação diversa àquela trazida na peça inaugural, ou seja, o juiz só está adstrito aos fatos narrados na exordial, e o acusado também se defende do que foi narrado quanto à sua pretensa conduta cometida e não da capitulação que dela resulta.

De qualquer forma, no que diz respeito ao dispositivo legal imputado ao réu, este deverá necessariamente restar expresso na peça acusatória, não bastando somente a menção da nomenclatura jurídica, já que é de fundamental importância para o encaminhamento para a vara competente, resultando na competência para o processamento do feito.

6.1.5. Pedido de condenação

O requerimento final é a conclusão lógica da causa de pedir apontado na peça inaugural, e aqui, é de rigor seja feito pedido de condenação do acusado. Assim, "a inicial acusatória não se presta à simples comunicação de um fato, de maneira que incumbe àquele que apresentá-la em juízo deduzir pedido juridicamente possível. Cabe ao autor da ação penal postular a prestação jurisdicional condenatória. Se, ao contrário, a petição não contiver pedido, não poderá ser recebida. Vale dizer: deve ser rejeitada". (MARCÃO, 2014, p. 266).

6.1.6. Rol de testemunhas

A apresentação das testemunhas é facultativa por ocasião da propositura do petitório inaugural, contudo, o momento de apresentá-las, caso o acusador considere necessário, é por ocasião do oferecimento da denúncia, e caso não seja apresentado nesta oportunidade, haverá preclusão da prova.

Impende esclarecer que, com fundamento no princípio da Busca da Verdade Real, havendo esquecimento ou até mesmo diante da impossibilidade de arrolá-las no momento em que a lei exige, e estas surgirem no curso do processo, é possível indicar ao juiz as testemunhas relevantes ao deslinde da causa e requerer a oitiva delas como sendo testemunhas do juízo (art. 209 do CPP).

6.2. Prazos

O art. 46 do Código de Processo Penal dispõe que o prazo para oferecimento da denúncia é, em regra de 15 dias, se o denunciado estiver solto, e de 5 dias, caso o acusado esteja preso, contados a partir do dia em que o Ministério Público receber os autos do inquérito policial. Segundo Renato Marcão, "caso o Ministério Público requeira diligências (CPP, art.16), o prazo de 15 (quinze) dias será restituído integralmente e voltará a correr da data em que referido órgão receber novamente os autos" (2014, p. 269).

A legislação extravagante possui prazos diversificados para o oferecimento da denúncia ou queixa, quais sejam: 02 dias, nos crimes contra a economia popular (art. 10 da Lei 1.521/1951); 10 dias crimes eleitorais (art. 357, Lei 4.737/1965); 48 horas, nos crimes de abuso de autoridade (art. 13 da Lei 4.898/1965); 10 dias, nos crimes de tráfico de drogas e assemelhados (art. 54 da Lei 11.343/2006).

Com relação ao oferecimento da queixa-crime, o prazo para o oferecimento é decadencial e será em regra de 06 (seis) meses, a contar da data do conhecimento da autoria da infração penal na ação penal privada propriamente dita e personalíssima.

No que tange ao prazo para a propositura da peça inaugural da ação penal privada subsidiária da pública, será de 06 meses a contar do término do prazo do Ministério Público para propor a ação penal.

6.3. Causas de rejeição da denúncia ou queixa

Se a petição inicial atender aos requisitos exigidos pela lei, será recebida determinando-se, assim, a citação do acusado para responder aos termos da acusação. Portanto, "o despacho do juiz, atestando a perfeição técnica da inicial acusatória, formaliza o início da do processo penal, que estará integra-

lizado com a realização da citação (art. 363, CPP). Contudo, impõe-se que a inicial atenda não só aos requisitos formais do art. 41 do CPP, como também não esteja maculada por uma daquelas hipóteses esboçadas no art. 395 do CPP, que levariam à sua rejeição" (TÁVORA, 2013, p.199).

Assim, o art. 395 do Código de Processo Penal determina as causas que farão o juiz rejeitar a denúncia ou queixa são: **inépcia da inicial, falta de pressuposto processual ou condição para o exercício da ação penal, falta de justa causa para o exercício da ação penal**.

7. AÇÃO CIVIL EX DELICTO

7.1. Cabimento

Segundo as regras do direito civil, quem causa danos a outrem tem o dever de indenizar, de acordo com o art. 186 do Código Civil que assim preceitua: "Aquele que, por ação ou omissão voluntária, negligência ou imprudência, violar direito e causar dano a outrem, ainda que exclusivamente moral, comete ato ilícito". E ainda, "Aquele que, por ato ilícito (arts. 186 e 187), causar dano a outrem fica obrigado a repará-lo" (CC, art. 927).

Contudo, a prática de uma conduta criminosa pode resultar em prejuízo que deva ser reparado civilmente, tendo em vista que o Código Penal no art. 91, I, enumera como um dos efeitos da sentença condenatória a obrigação de indenizar o dano causado pelo crime. Assim, trata-se a ação civil *ex delicto* de uma ação que visa à restituição, ressarcimento e reparação do dano em razão de um delito.

Portanto, a ação civil *ex delicto* envolve tanto a execução, no juízo cível, da sentença penal condenatória (art. 63 do CPP), a qual torna certa a obrigação de reparar o dano causado pelo crime (art. 91, I, do Código Penal), e servirá de título executivo judicial, como também a ação civil de conhecimento (ação para ressarcimento do dano), em que se pleiteia a reparação dos danos causados à vítima (art. 64 do CPP).

É importante declinar que a vítima pode propor a ação civil *ex delicto* mesmo que a apuração do crime esteja ainda em andamento na esfera penal (art. 64 CPP). Nesse caso, o juiz na esfera cível pode suspender o processo civil até que haja o julgamento definitivo da matéria no processo penal para que não exista conflito de julgados.

A **titularidade** para requerer a reparação civil é do ofendido ou de seu representante legal e seus sucessores, conforme art. 63 do Código de Processo Penal.

Com relação às hipóteses de **cabimento** da ação civil *ex delicto*, o art. 63 do Código de Processo Penal determina que existindo o trânsito em julgado da sentença condenatória, a vítima poderá propor a ação na esfera cível visando a reparar o dano causado pela infração penal.

O art. 67 do Código de Processo penal afirma que os casos de "despacho ou arquivamento de inquérito ou peças de informação, na decisão que julgar extinta a punibilidade e da sentença absolutória que decidir que o fato imputado não constitui crime" são hipóteses que também não impedirão a propositura de ação civil.

Nos casos de sentença condenatória, o juiz poderá fixar "valor mínimo para reparação dos danos causados pela infração, considerando os prejuízos sofridos pelo ofendido", consoante art. 387, IV do Código de Processo Penal, sem prejuízo da liquidação para a apuração do dano efetivamente sofrido.

8. JURISDIÇÃO E COMPETÊNCIA

8.1. Jurisdição

A jurisdição é una, entretanto, por razões óbvias, um único juiz não pode julgar todas as causas e conduzir todos os processos, razão pela qual a jurisdição é dividida por meio da competência para que cada julgador possa apreciar o processo que lhe é dirigido sem que para isso adentre na seara de outro juízo.

Nesse sentido, dentro da jurisdição, "a divisão de competências se revela imprescindível para o êxito de seu exercício; de sua realização e eficácia social, até porque evidente o caos que se implantaria se todo e qualquer juiz pudesse decidir, sem que existissem critérios objetivos de delimitação de seu poder, este ou aquele processo, conforme sua exclusiva opção e conveniência" (MARCÃO, 2014, p. 294).

8.1.1. Espécies

A jurisdição divide-se em:

- **Comum (ordinária)**: Consiste na justiça comum e seus órgãos (Tribunais de Justiça, Tribunais Regionais Federais, Superior Tribunal de Justiça e Supremo Tribunal Federal)

- **Especial (extraordinária)**: Possui caráter específico e restrito a uma determinada matéria. É o caso da Justiça Militar (Tribunais Militares e Superior Tribunal Militar), Justiça Eleitoral (Tribunais Regionais Eleitorais e Tribunal Superior Eleitoral) e Justiça do Trabalho (Tribunais Regionais do Trabalho e Tribunal Superior do Trabalho).

8.2. Competência

Competência é "a medida e o limite da jurisdição, é a delimitação do poder jurisdicional" (MIRABETE, 2006), ou seja, é verdadeira medida da extensão de julgar; é a porção de jurisdição que cabe a cada órgão do Poder Judiciário, na atividade de aplicar o caso concreto. É o poder que o magistrado tem de exercer a jurisdição, solucionado o conflito surgido entre Estado e indivíduo, pelo cometimento de uma infração ou contravenção penal.

8.2.1. Competência absoluta e relativa

Diz-se por "**absoluta**" a competência em razão da matéria e em razão da prerrogativa de função, visto que tais questões tratam-se de matéria de ordem pública, não podendo ser prorrogadas e nem modificadas pelas partes. Seu reconhecimento pode ocorrer em qualquer tempo ou grau de jurisdição gerando a nulidade absoluta do feito. Cite-se, como exemplo, se um crime comum for julgado pela Justiça Militar, este será absolutamente nulo, eis que decidido por juízo absolutamente incompetente.

Já com relação à competência **relativa,** esta diz respeito à competência territorial, sobre a qual prevalece o interesse da parte que a suscitou. Deve ser contestada por meio da Exceção de Incompetência em momento oportuno no processo (por ocasião da resposta à acusação) e caso não haja contestação, a competência não mais poderá ser alterada no decorrer do processo, de modo que o ato e ou julgamento se tornarão válidos, mesmo que exarados por quem não possuía a competência territorial.

8.2.2. Modificação da competência

É possível modificar-se a competência por meio de:

a) Prorrogação de foro: consiste na possibilidade de substituição da competência de um juízo por outro, no momento oportuno (caso em que ocorre a preclusão), ou nos casos de foro alternativo.

b) Delegação: é o ato pelo qual um juiz transfere para o outro a atribuição jurisdicional que é sua. Essa delegação pode ocorrer de duas formas: interna ou externa. A delegação interna ocorre nos casos de juízes substitutos e juízes auxiliares. Já a delegação externa é utilizada nos casos em que os atos são praticados em juízos diferentes, isto é, quando há o uso das cartas precatórias, rogatórias e de ordem.

c) Desaforamento: nada mais é do que o instituto privativo dos crimes de competência do Tribunal do Júri. Poderá ser proposto pela acusação (MP ou querelante, em casos de ação privada subsidiária), por representação do juiz, pelo assistente de acusação ou a requerimento do acusado. Neste sentido, a Súmula 712 do STF diz que "é nula a decisão que determina o desaforamento de processo da competência do júri sem audiência da defesa".

8.3. Critérios para a fixação de competência

Trata-se a competência de limitação do poder jurisdicional conforme dispõe o art. 69 do Código de Processo Penal. É a competência que determinará a abrangência da atuação jurisdicional de acordo com: I) o lugar da infração (competência ratione loci) ou "em razão do local"; II) pelo domicílio ou residência do réu (art. 72, CPP); III) pela natureza da infração; IV) distribuição; V) por conexão ou continência (arts. 76, 77 e ss. do CPP) e VI) por prevenção ou distribuição (art.69, IV, do CPP); VII) por prerrogativa de função, podendo ser em razão da pessoa ou de sua função (art.69, VII, do CPP).

8.3.1. Em razão do lugar da infração

A competência no processo penal adota como regra, a teoria do resultado, onde o lugar da infração será o local onde foi consumado o crime (*locus delicti commissi),* ou, se for tentado, o último ato da execução, conforme dispõe o art. 70, *caput*, do CPP.

Com esse critério fixa-se o foro (comarca) e não o juízo competente (vara). Portanto, "a regra geral é que o processo e o julgamento de toda infração penal ocorra no juízo da comarca em que esta se consumar, ou, no caso da tentativa, na comarca em que for praticado o último ato de execução. A competência pelo lugar da infração – competência *ratione loci* – leva em conta o espaço geográfico em que o delito se deu: o país, Estado, comarca ou circunscrição (conforme dispuser a lei de organização judiciária do estado). Está indicada no art. 69, I, e regulada nos arts. 70 e 71, todos do CPP" (MARCÃO, 2014, p.308).

Nas infrações penais de menor potencial ofensivo (art. 61 da Lei 9.099/1995), o art. 63 da Lei 9.099/1995 preceitua que "a competência do Juizado será determinada pelo lugar em que foi praticada a infração penal". Contudo, a doutrina diverge quanto ao termo "praticada", sendo que alguns a interpretam como sendo o local onde ocorreu a ação ou omissão e outros entendem ser a competência o local onde se deu o resultado, traduzindo o termo como consumada.

Mas caso o último ato da execução do delito seja praticado no exterior e produza resultado em território brasileiro, o art. 70, § 2º do CPP dispõe que a competência será o juiz do local onde se tenha produzido ou devia produzir o resultado.

8.3.2. Pelo domicílio ou residência do réu

O Código de Processo Penal fixou como regra para a competência o lugar onde a infração se consumou ou o local do último ato da execução na hipótese de tentativa (art. 69, I e 70, CPP). Contudo, caso não seja possível conhecer o lugar da infração, o art. 72, *caput*, CPP, determina que a competência será formada pelo local ou domicílio do acusado, tratando--se de critério subsidiário ou supletivo, tendo em vista que somente será utilizado quando não for possível saber qual o local da consumação da infração penal.

Mas se o réu possuir duas ou mais residências, o art. 72, § 1º do CPP autoriza que a ação penal seja intentada em qualquer dos lugares onde o acusado possua residência, firmando-se a competência por prevenção.

Entretanto, "se ele não tiver residência certa ou for ignorado seu paradeiro, a competência será do Juiz que primeiro tomar conhecimento do fato, nos termos § 2º do art. 72 do CPP" (TOURINHO FILHO, 2010, p. 306).

No que tange aos crimes de ação penal privada exclusiva, o foro é optativo, tendo em vista que, ainda que se conheça o lugar da infração penal, o querelado poderá escolher ao foro de domicílio ou residência do acusado para ingressar com a queixa-crime, não se aplicando referida competência à ação penal privada subsidiária da pública.

8.3.3. Pela natureza da infração

A competência determinada pelo lugar do delito tem como escopo fixar a comarca (foro) competente para julgar e processar determinadas infrações penais. Assim, após se delimitar qual a comarca será invocada para prestar a tutela jurisdicional, é importante definir qual juízo dentro da comarca será o competente para analisar a matéria penal.

Nesse sentido, "o próximo passo será descobrir a Justiça em que deverá se dar o julgamento naquela comarca, sendo que é a natureza da infração que dará a solução. Dependendo da espécie de crime cometido, o julgamento poderá estar afeto à Justiça Especial (eleitoral ou militar) ou à Comum (Estadual ou Federal). Além disso, após fixada a comarca e a Justiça, a natureza da infração indicará ainda o órgão do Poder Judiciário a quem caberá o julgamento: juízo singular, Júri, Juizado Especial Criminal. Juizado de Violência doméstica ou familiar contra a mulher" (GONÇALVES, 2014, p. 160).

No que diz respeito à **Justiça Especial** (Justiça Militar e Eleitoral):

- **Justiça Militar**: é competente para julgar os crimes militares cometidos por militares, e, em assim sendo, jamais será competente para julgar um civil. Existem os crimes militares próprios descritos no Código Penal Militar, e os impróprios que se encontram figuras semelhantes no Código Penal Militar e no Código Penal (roubo, homicídio).

Os crimes dolosos (tentados ou consumados) contra a vida de um civil praticado por um militar estadual em serviço serão de competência da Justiça Comum, mais especificamente do Tribunal do Júri, consoante art. 125, § 4º da Constituição Federal. Já o crime praticado por militar contra a vida de outro militar é de competência da Justiça Militar. Se o militar está em serviço e pratica crime não tipificado no Código Penal Militar, será julgado pela Justiça Comum (ex: crime de abuso de autoridade - Lei 4.898/1965).

- **Justiça Eleitoral** - é competente para julgar os crimes eleitorais e os conexos, conforme art. 121 da Carta Magna. Já o art. 109, IV, da Constituição Federal, exclui a competência da Justiça Federal quando se tratar de crime eleitoral.

Quanto à **Justiça Comum** (Justiça Federal e Estadual) temos que:

- **Justiça Federal**: a competência da Justiça Federal é expressamente descrita pela CF/88, em seu art. 109. Aquilo que não couber à ela, e nem às outras Justiças Especializadas, caberá, por exclusão, à Justiça Estadual. Eis os incisos IV, V, VI, VII, VII, IX e X do art. 109 da CF que tratam de matéria criminal afeta à Justiça Federal.

- **Justiça Estadual**: é de competência residual, ou seja, tudo que não for de competência da Justiça Especial e da Justiça Comum Federal, por exclusão, será da Justiça Estadual. Assim estabelecido o local da infração, é necessário consignar dentro da organização judiciária, qual será o juízo competente para apreciar o feito. Em assim sendo, haverá divisão de competência dentro da mesma esfera jurisdicional, conforme abaixo demonstrado:

Tribunal do Júri: é competente para julgar os crimes dolosos tentados ou consumados contra a vida e conexos, de acordo com o art. 5º, XXXVIII da Constituição Federal.

Juizados Especiais Criminais: estabelecidos pela Lei 9.099/1995 (Justiça Estadual) e Lei 10.259/2001 (Justiça Federal), julgam as infrações penais de menor potencial ofensivo (todas as contravenções penais e os crimes cuja pena máxima não ultrapasse 2 anos).

Juizados de violência doméstica e familiar contra a mulher: o art. 14 da Lei 11.340/2006 determina a competência para julgar as causas relativas à violência doméstica e familiar contra a mulher no âmbito da unidade doméstica ou qualquer relação íntima de afeto, consoante descrito nos art. 5º e 7º da Lei 11.340/2006. Na ausência da vara especializada, as infrações penais serão julgadas pela Vara Criminal Comum, e jamais pelo Juizado Especial Criminal, consoante determinado pelo art. 33 da referida Lei.

Varas criminais comuns: por exclusão, julgam todos os demais crimes que não possuem competência especial determinada em lei.

8.3.4. Pela distribuição

Fixado o foro competente, poderá haver mais de um juiz apto para julgar o processo, diante do que será pela distribuição que se fixará concretamente a competência para o caso. Dividir-se-ão a quantidade de processos existentes no foro entre os juízes que são previamente considerados competentes em razão do lugar, da matéria e da função.

Observemos que normas concernentes à distribuição de processos constituem-se em regras de organização judiciária e, diante disto, cabe tanto à União quanto aos Estados, relativamente a suas Justiças, disciplinar a matéria de acordo com suas peculiaridades, a teor do art. 125 da Carta Magna.

8.3.5. Por conexão ou continência

Ocorre quando há um liame entre vários crimes ou entre vários autores de crimes ligados pelo mesmo vínculo comum (conexão), e ainda quando uma conduta esteja contida na outra (continência). Nestes casos, a lei determina que deva existir um só processo, para facilitar a produção de provas e julgamento uniforme. A rigor, é critério de alteração ou modificação de competência e não de fixação. Encontra-se tipificada nos arts. 76 a 82 do Código de Processo Penal.

A doutrina traz três espécies de **conexão,** quais sejam:

1) Conexão Intersubjetiva: se divide em conexão por simultaneidade, por concurso e por reciprocidade.

a) Conexão intersubjetiva por simultaneidade (art. 76, I, 1ª parte do CPP): ocorre quando várias pessoas praticam vários crimes no mesmo momento.

b) Conexão Intersubjetiva por concurso (art. 76, II CPP): a ocorrência da infração penal se dá em razão do conluio anterior existente entre os agentes, não se levando em consideração se os delitos ocorreram ao mesmo tempo.

c) Conexão Intersubjetiva por reciprocidade (art. 76, I, última parte do CPP): quando duas ou mais pessoas praticam a ação criminosa, ao mesmo tempo, umas contra as outras, de maneira recíproca.

2) Conexão Objetiva: tipificada no art. 76, II do CPP, divide-se em conexão objetiva teleológica e consequencial.

a) Conexão Objetiva Teleológica: hipótese em que um crime é cometido para facilitar ou assegurar a execução de outro crime, existindo vinculação do primeiro delito com o segundo.

b) Conexão Objetiva consequencial: dividida em três espécies, são elas:

-**cometimento de uma infração para ocultar outra:** para que o crime não seja descoberto, o agente pratica outro crime.

-**infração realizada visando à impunidade de outra**: o agente pretende esquivar-se da aplicação da pena relativa ao crime anterior.

-**delito praticado para assegurar vantagem de outro**: visa a garantir o que foi auferido com a prática do crime.

3) Conexão Instrumental ou Probatória: situação elencada no art. 76, III do CPP, que se dá quando a prova de um crime é relevante para outro crime, devendo existir vínculo objetivo entre os vários fatos criminoso.

Já a **Continência** é regulada pelo art. 77 do CPP, e divide-se em:

1) Continência por Cumulação Subjetiva: o art. 77, I, do CPP explica que na situação em questão o crime será cometido em concurso de pessoas, seja em coautoria ou em participação (art. 29, CP).

2) Continência por Cumulação Objetiva: de acordo com o art. 77, II, do CPP, é aquela que resulta de concurso formal de crimes (art. 70, CP), onde o agente pratica uma só ação ou omissão, e resulta em duas ou mais infrações, idênticas ou não, inclusive nas hipóteses de erro na execução (*aberratio ictus - art. 73 do CP)* e também em caso de resultado diverso do pretendido (*aberratio criminis - art. 74 do Código Penal)*

8.3.5.1. Foro prevalente nos casos de conexão e continência

O art. 79, *caput* do Código de Processo Penal estabelece que "em casos de conexão e continência, deve haver um só processo para apuração dos crimes que se enquadrarem em suas hipóteses e, por isso, tornou-se necessário apontar no texto legal critérios para que um foro ou Justiça prevaleça sobre os demais quando os delitos forem de competências distintas" (Gonçalves, 2014, p.179).

Os critérios para determinar qual foro será o prevalente estão elencados no art. 78 do Código de Processo Penal, que adotou as seguintes regras:

- **No concurso entre Júri e outro órgão da jurisdição:** prevalece a competência do Júri (art. 78, I , CPP): se houver crime de homicídio doloso e um roubo com o mesmo vínculo objetivo, como são conexos, serão julgados pelo Tribunal do Júri.

- **No concurso entre jurisdições da mesma categoria**:

a) prevalece a do local da infração cuja pena for mais grave (art. 78,II, a, CPP);

b) sendo iguais as penas, prevalece o local onde foi praticado o maior número de crimes (art. 78, II, b, CPP);

c) se as penas forem idênticas e em igual número, a competência será determinada pela prevenção (art. 78, I, c, CPP);

- **No concurso entre jurisdições de categorias diversas**: prevalece, a de maior graduação (art. 78, III, CPP). Se houver concorrência entre a Justiça Federal e a Estadual, prevalecerá a Justiça Federal.

- **No concurso entre jurisdições comum e especial, prevalece a especial**: trata-se da hipótese de conexão entre crime eleitoral e crime comum, ocasião em que a Justiça Eleitoral julgará ambos (art. 78, IV, CPP). No caso de conexão com o crime militar, o art. 79, I, do CPP, determina a separação obrigatória dos processos, devendo o crime militar ser julgado pela Justiça Militar e o crime comum pela Justiça comum.

- **No concurso entre Justiça Federal e Justiça Estadual**: prevalece a Justiça Federal, regra determinada pela Súmula 122 do STJ que assim dispõe: "compete a Justiça Federal o processo de julgamento unificado dos crimes conexos de competência federal e estadual, não se aplicando a regra do art. 78, II, a, do Código de Processo Penal".

8.4. Separação de processos

Em regra, quando há conexão ou continência, impõe-se a junção dos processos, contudo, referida regra sofre exceções e os processos deverão ser separados de **forma obrigatória**, segundo o art. 79 do CPP, quando houver: concurso entre a

Justiça Militar e Justiça Comum (art.79, I,CPP); concurso entre Justiça Comum e do Juízo da Infância e da Juventude (art. 79, II, CPP); ocorrência de superveniência de doença mental a um dos acusados (art. 79, § 1º, CPP); no caso de réu foragido, quando não se permitir julgamento à revelia (art. 79, § 2º, CPP); nos processos de competência do Tribunal do Júri, se não for obtido número de 7 (sete) jurados para compor o Conselho de Sentença em razão da recusa, haverá separação de processos, conforme determina o art. 469, § 1º do CPP..

Por outro lado, haverá separação de processos de **forma facultativa**, de acordo com o art. 80 do CPP, nas seguintes hipóteses: caso de crimes ocorridos em tempo e lugar diferentes, podendo prejudicar o andamento do processo; em virtude do excessivo número de acusados; para não prolongar a prisão provisória de qualquer um dos réus; ou em razão de outro motivo relevante, que o juiz entenda como importante.

8.4.1. Por prevenção

Segundo o art. 83 do CPP, diz-se preventa a competência quando, concorrendo dois ou mais juízes competentes, um juiz se antecipa a outro, também competente, por haver praticado algum ato ou ordenado alguma medida do processo, mesmo antes do oferecimento da denúncia ou queixa.

A **prevenção** é utilizada nas seguintes situações: a) quando incerto o limite territorial entre duas ou mais jurisdições, ou quando incerta a jurisdição por ter sido a infração consumada ou tentada nas divisas de duas ou mais jurisdições (art. 70, § 3º, CPP); b) crime continuado ou permanente, praticada em território de duas ou mais jurisdições (art. 71, CPP); c) não sendo conhecido o lugar da infração, caso o réu possua mais de uma residência (art. 72, § 1º, CPP); e d) na determinação da competência pela continência ou conexão, nos casos de jurisdições da mesma categoria, caso os crimes sejam da mesma gravidade e tenham sido praticados em igual número (art. 78, II, "c", CPP)

8.4.2. Pela prerrogativa de função ou cargo acusado

É afixada levando em consideração o cargo ou função que a pessoa ocupa. É o chamado foro por prerrogativa de função, ou também conhecido como foro privilegiado. A competência é atribuída pela função que a pessoa exerce ou ocupa, tendo em vista a dignidade do cargo exercido e não a pessoa, consoante a regra estabelecidas nos arts 102, I, *b* e *c* da Constituição Federal e art. 86 do CPP (STF), art. 105, I, *a*, da Constituição Federal (STJ), art. 108 da Constituição Federal (TRF) e arts. 29, X e 96, III, ambos da Constituição Federal (TJ).

O foro por prerrogativa de função abrange, também, as pessoas que não possuem o foro especial, sempre que houver concurso de pessoas (art. 77, I, e 78, CPP), conforme entendimento da Súmula 704 do STF.

Contudo, cessada a função ou o cargo com foro privilegiado, se o crime fosse cometido durante o exercício funcional, a competência especial não se estende ao crime cometido após a cessação definitiva do exercício funcional, segundo o que preceitua a Súmula 451 STF, "a competência especial por prerrogativa de função não se estende ao crime cometido após a cessação definitiva do exercício funcional."

9. SUJEITOS PROCESSUAIS

A relação jurídica é triangular e para que se tenha um correto desenvolvimento do processo é necessária a atuação de pessoas que tenha interesse ou não na lide penal, que participam do processo. Portanto, sujeitos processuais, "são as pessoas que, de forma imprescindível ou mesmo acidental, participam da formação ou de outra maneira interferem no desenvolvimento do processo" (MARCÃO, 2014, p. 589). Divide-se em:

a) Sujeitos principais: são fundamentais para a existência da relação jurídica o juiz e as partes (acusador e acusado);

b) Sujeitos secundários: são pessoas que poderão atuar eventualmente ou ocasionalmente ora com determinado objetivo, ora para auxiliar a Justiça, como os peritos, assistente de acusação do Ministério Público, escrevente, oficial de justiça, dentre outros.

9.1. Juiz

O órgão jurisdicional (juiz) é a autoridade estatal investida de Jurisdição (competência para "dizer o direito"), incumbindo-lhe a solução pacífica da lide penal, por meio da substituição da vontade das partes.

O juiz é o detentor da função jurisdicional e é quem preside o processo. Isto vem previsto no art. 251 do CPP: "Ao juiz incumbirá prover à regularidade do processo e manter a ordem no curso dos respectivos atos, podendo, para tal fim, requisitar a força pública".

O Código de Processo Penal prevê três grupos de situações que afastam o juiz do processo, quais sejam:

a) voluntariamente, ou mediante apresentação de exceção;

b) os impedimentos e incompatibilidades: as hipóteses de **impedimento** estão relacionadas a fatos e circunstâncias de fato e de direito, e com condições pessoais do próprio julgador. Estão elencadas no art. 252 do CPP.

Já os casos de **incompatibilidades** relacionam-se com o vínculo de parentesco entre juízes em num mesmo órgão colegiado ou nos juízos coletivos. Não poderão servir no mesmo processo os juízes que forem entre si parentes, consanguíneos ou afins, em linha reta ou colateral, até terceiro grau (art. 253 do CPP).

c) as hipóteses de suspeição: a suspeição pode ser gerada por motivos que podem gerar a desconfiança acerca da isenção do juiz, tornando-o suspeito. Ressalte-se que o rol enumerado pelo Código é meramente exemplificativo. O art. 254 do CPP traz as situações em que o Magistrado será considerado suspeito para processar e julgar o feito.

9.2. Ministério Público

Ao instituir o Ministério Público, a Constituição Federal de 1988 possibilitou, definitivamente, o abandono da concepção privatista da ação penal, o que é fundamental quando se busca a mudança de um modelo de características inquisitivas para um modelo de estruturação acusatória, possibilitando que o Estado, sem perder a neutralidade, pudesse assumir a titularidade da ação penal.

Portanto, o Ministério Público é essencial à função jurisdicional do Estado dentro do Processo Penal, e, apesar de ser parte principal, sua atuação tem que ser revestida de imparcialidade, devendo, como órgão estatal, buscar a justa aplicação da lei. Em decorrência disso é que o MP, apesar de ser o órgão acusador, pode opinar pela absolvição do réu (art. 385 CPP), recorrer e impetrar *habeas corpus* em favor do acusado.

O art. 257 do Código de Processo Penal determina que é função do Ministério Público: promover, privativamente, a ação penal pública, na forma estabelecida neste Código; e (art. 129, I, CF) fiscalizar a execução da lei;

Assim, no Processo Penal, o Ministério Público é um órgão que atua ora como parte (promovendo a ação penal pública), ora como fiscal da lei (na ação penal privada).

Aos membros do Ministério Público são conferidas garantias similares às dos juízes, de acordo com o art. 128, I da Constituição Federal (vitaliciedade, inamovibilidade e irredutibilidade de subsídio).

São **princípios institucionais** estabelecidos pela Constituição Federal (art. 127, § 1º): a) **Unidade**: os membros do Ministério Público atuam em nome da instituição, e não em nome próprio; b) **Indivisibilidade:** os membros do Ministério Público podem ser substituídos uns pelos outros dentro do Processo Penal nas situações que a lei permitir, sem prejuízo do andamento da ação penal; e c) **Independência funcional**: assegura a não vinculação do membro do Ministério Público a qualquer manifestação anterior dele próprio ou de qualquer membro da instituição e a não sujeição a influências exercidas por órgãos superiores.

Para que o Ministério Público atue validamente no processo deverão se observado os impedimentos constantes no art. 258 do CPP: "Os órgãos do Ministério Público não funcionarão nos processos em que o juiz ou qualquer das partes for seu cônjuge, ou parente, consanguíneo ou afim, em linha reta ou colateral, até o terceiro grau, inclusive, e a eles se estendem, no que lhes for aplicável, as prescrições relativas à suspeição e aos impedimentos dos juízes".

9.3. Acusado

O acusado é a pessoa natural, maior de 18 anos, a quem se imputa a prática de uma infração penal. É a pessoa contra quem é proposta a ação penal, sendo a parte passiva da relação processual. É, em regra, pessoa física, pois de forma excepcional a pessoa jurídica poderá figurar como ré, nos casos de crimes ambientais (art. 225, § 3º da CF e art. 3º da Lei 9.605/1998).

Os menores de 18 anos não possuem legitimidade passiva, pois não podem ser acusados de crimes, visto que são considerados inimputáveis. Já os inimputáveis portadores de doenças mentais, desenvolvimento mental incompleto ou retardado possuem legitimidade passiva, pois a eles pode ser aplicada medida de segurança.

O acusado, ainda que ausente ou foragido, terá sempre defensor, cabendo ao juiz o dever de velar pela defesa técnica, que é necessária. A impossibilidade de identificação do acusado com o seu verdadeiro nome ou outros qualificativos não retardará a ação penal, quando certa a identidade física.

9.4. Defensor

Diante das garantias constitucionais colacionadas pelos princípios do contraditório e da ampla defesa, o art. 261 do CPP determina: "Nenhum acusado, ainda que ausente ou foragido, será processado ou julgado sem defensor".

O defensor (também denominado procurador) é o profissional habilitado (advogado, defensor público ou procurador do estado, onde não houver defensoria pública) com função indispensável à administração da justiça, dotado de conhecimento técnicos a serem utilizados no processo penal, para a defesa do acusado.

Existem quatro espécies de defensor, confira-se:

a) Defensor constituído – é aquele escolhido pelo próprio acusado (mesmo que seja revel), por meio da outorga de procuração (art. 36 e seguintes do CPP), para que promova a sua defesa técnica em juízo. A constituição de defensor pelo acusado poderá ser feita em qualquer momento do processo, inclusive na fase do inquérito policial, podendo o acusado constituir oralmente o defensor na ocasião do interrogatório, independentemente de instrumento de mandato (procuração), podendo, a todo tempo, substituí-lo por outro, consoante art. 266 do CPP.

b) Defensor Dativo – é aquele nomeado pelo juiz em virtude de o acusado não possuir ou não indicar um defensor técnico de sua confiança. Mas nada impede que o acusado, a qualquer tempo, nomeie outro de sua confiança, ou defenda-se sozinho, caso tenha habilitação (art. 263 do CPP).

c) Defensor ad hoc – é o nomeado pelo juiz para atos processuais determinados na hipótese de o defensor, constituído ou dativo, apesar de regularmente intimado, e ainda que motivadamente, não comparecer.

Também deverá o juiz nomear defensor *ad hoc* se entender que um ato é importante à defesa e não foi praticado pelo dativo ou pelo constituído, como, por exemplo, a elaboração de alegações finais ou de razões de recurso.

d) Defensor Público: "quando o réu é pobre será custeado pelo Estado, por meio das Defensorias Públicas, segundo determina ao art. 5º, LXXIV da CF, instituição essencial à função jurisdicional do Estado, à qual incumbe a orientação jurídica e a defesa, em todos os graus, dos necessitados (art. 134, *caput*, da CF)" (REIS, Alexandre Cebrian Araujo; GONÇALVES, Victor Eduardo Rios, 2014).

9.5. Assistente de acusação

O assistente é o ofendido, seu representante legal ou seu sucessor, auxiliar da acusação pública. Assim, na ação penal pública, em que o titular do direito de ação é o Ministério Público, é possível que o ofendido ou seu representante legal ou, na sua falta, os integrantes do art. 31 do CPP (CADI), intervenham em todas as fases da ação penal (portanto, após o recebimento da denúncia) ao lado do Ministério Público (art. 268 do CPP).

O fundamento da possibilidade de sua intervenção é o seu interesse na reparação civil, mas o assistente atua, também, em colaboração com a acusação pública no sentido da aplicação da lei penal.

No procedimento do tribunal do júri, a assistência será admitida, desde que requerida com, pelo menos, cinco dias (antes da reforma eram três dias) de antecedência em relação à data do julgamento (art. 430 do CPP).

Admite-se a participação do assistente no processo desde o recebimento da denúncia até antes do trânsito em julgado da sentença, recebendo o processo no estado em que se encontrar (art. 269 do CPP).

Não podem ser assistentes: o (a) companheiro (a) da vítima que não tenha deixado descendentes (em virtude da falta de previsão legal); o espólio, uma vez que o inventariante só o representa para os fins civis; quem não for vítima (em virtude da falta de interesse em obter a reparação dos danos decorrentes da conduta criminosa, finalidade essa da assistência); corréu no mesmo processo, salvo se absolvido por sentença transitada em julgado (art. 270 do CPP).

Admissão do assistente - o Ministério Público será sempre ouvido previamente sobre o pedido de admissão de assistente e, da decisão que o admitir ou não, fundada na falta dos requisitos legais, não caberá recurso (art. 273 do CPP).

O assistente de acusação pode, de acordo com o art. 271 do CPP, propor meios de prova, requerer perguntas às testemunhas, aditar as alegações finais do Ministério Público, participar dos debates orais (após o Ministério Público) e arrazoar os recursos interpostos pelo Ministério Público ou por ele próprio contra decisão de impronúncia, de extinção da punibilidade ou sentença absolutória (art. 584, § 1º e art. 598, ambos do CPP). É também o entendimento da Súmula 448 do STF.

O prazo para interposição dos recursos supletivos é de 15 dias, se ainda não estiver habilitado nos autos, após o término do prazo para o Ministério Público (art. 598, § 1º do CPP). Se já estiver habilitado, o prazo é o mesmo previsto para as partes, ou seja, de 5 dias para interposição do recurso (art. 586 e 593, CPP).

9.6. Auxiliares da justiça

A eficiência da tutela jurisdicional prestada pelo juiz depende do auxílio de algumas pessoas, estranhas à relação jurídico-processual, dotadas de fé pública e incumbidas da realização de diversas atividades destinadas a integrar o movimento processual. São os auxiliares do juiz.

Os órgãos auxiliares da Justiça classificam-se em:

a) **Permanentes**: cuja participação no processo é obrigatória (ex.: Oficial de Justiça e Escrivão); e

b) **Variáveis (ou eventuais)**: cuja participação será determinada em situações especiais (ex.: Peritos e intérpretes).

9.6.1. Os peritos

Dentre os auxiliares da justiça, são os peritos que exercem as funções mais complexas do processo. Em regra, a perícia é realizada durante a fase policial, em virtude do princípio da imediatidade (pois a eventual demora pode trazer prejuízos em virtude do desaparecimento dos vestígios deixados pelo crime). Mas nada impede a sua realização e ou ratificação durante a instrução processual. Pelo fato de a nomeação do perito ser ato exclusivo do juiz, as partes não poderão intervir na escolha do profissional nem na realização da perícia.

Quanto à classificação, os peritos podem ser;

- **oficiais:** quando integram os quadros de carreira da Polícia Judiciária ou;

- **não oficiais** (ou particulares, ou louvados): quando se tratarem de pessoas idôneas e portadoras de diploma de curso superior, que serão convocadas diante da ausência de perito oficial.

Os peritos, sejam oficiais ou não, estarão sujeitos à disciplina judiciária e se, uma vez nomeados recusarem o encargo, incorrerão na pena de multa.

Os peritos, assim como os juízes, também podem ser considerados suspeitos pelas partes, pelas mesmas razões que geram a suspeição dos juízes (art. 280, CPP).

Segundo o art. 279 do Código de Processo Penal, não poderão ser peritos os que estiverem sujeitos à interdição de direito mencionada no art. 47, I, II do Código Penal, bem como os que tiverem prestado depoimento no processo ou opinado anteriormente sobre o objeto da perícia e os analfabetos e os menores de 21 anos.

10. QUESTÕES E PROCESSOS INCIDENTES

Os arts. 92 a 154 do Código de Processo Penal denominam as questões prejudiciais e os processos considerados incidentes. São tidos como prejudiciais e incidentes, pois tratam-se de situações que interferem no regular andamento da ação penal prejudicando o julgamento do mérito, e que por tais razões devem ser resolvidas antes da lide principal. Nesse sentido, a legislação processual penal pátria divide-as em:

I) questões prejudiciais (arts. 92 a 94);

II) processos incidentes (arts. 95 a 154), que se dividem em: exceções (arts. 95 a 111); incompatibilidade e impedimentos (art. 112); conflito de jurisdição (arts. 113 a 117); restituição das coisas apreendidas (arts. 118 a 124); medidas assecuratórias (arts. 125 a 144); incidente de falsidade (arts. 145 a 148); e incidente de insanidade mental do acusado (arts. 149 a 154).

10.1. Questões prejudiciais

Estão tipificadas nos arts. 92 a 94 do CPP e são as relativas à existência do crime e, por se ligarem ao mérito da questão principal, estão condicionadas à decisão da situação prejudicial, isto é, pelo fato da existência de uma dependência lógica entre as duas questões, primeiramente resolve-se a prejudicial e, após, a principal.

São **espécies de questões prejudiciais**:

1) **Homogêneas**: quando devem ser decididas pelo próprio juízo penal (ex.: exceção da verdade no crime de calúnia – art. 138, § 3º);

2) **Heterogêneas**: nos termos do art. 92, CPP, devem ser resolvidas em outro ramo do direito, ou seja, a controvérsia tem caráter extrapenal (cível, trabalhista, administrativo etc.). Diante dessa hipótese, afasta-se de maneira absoluta a competência da instância criminal, devendo ser resolvidas unicamente pela instância cível, e dividem-se em:

a) **Obrigatória**: versa sobre o estado civil e torna imperativa a suspensão do processo, pois o juiz penal fica obrigado a aguardar a decisão sobre a questão discutida em outro Juízo (ex.:

ação de anulação de casamento para a configuração do crime de bigamia ou ainda a solução sobre a propriedade do bem para a tipificação do crime de furto ou apropriação indébita).

b) Facultativa: as questões prejudiciais facultativas dizem respeito à existência de infração penal que depende de resolução de questão também de natureza cível, mas diversa daquela referente ao estado civil das pessoas, hipótese do art. 93 do CPP. Neste caso, o trâmite processual penal não ficará sempre suspenso, a não ser que haja, previamente uma ação no juízo cível para a solução da questão ou quando a matéria seja de difícil solução e verse sobre direito cuja prova não seja limitada pela lei civil.

10.2. Processos incidentes

Enquanto as questões prejudiciais são de competência do juízo cível e como o próprio nome já diz são prejudiciais ao curso e desenrolar da ação penal, os processos incidentes são situações que podem aparecer no decorrer do processo e devem ser resolvidas no próprio juízo criminal.

10.2.1. Exceção

É um meio de defesa eminentemente processual. As exceções poderão ser reconhecidas de ofício pelo juiz ou arguidas pelas partes a qualquer tempo, quando tratar-se de exceção dirigida à incompetência relativa.

Constituindo matéria de defesa indireta, a serem autuadas em apartado, as exceções podem subdividir-se em peremptórias e dilatórias.

As exceções peremptórias são aquelas que se forem acolhidas colocam fim à ação penal, determinando a extinção do processo, caso em que se enquadram a coisa julgada, a litispendência e a ilegitimidade de parte *ad causam* (para a causa).

No que tange as exceções dilatórias, são aquelas que visam a prorrogar o processo retardando o seu desenvolvimento, e dividem-se em suspeição, incompetência e ilegitimidade de parte *ad processum* (para o processo).

10.2.1.1. Exceção de suspeição

Regulada nos arts. 96 a 107 do Código de Processo Penal, visa a afastar o juiz da causa, por suspeita de parcialidade. Conforme dispõe o art. 96 do CPP, a arguição de suspeição precederá a qualquer outra, salvo quando fundada em motivo superveniente. A exceção de suspeição pode ser conhecida de ofício ou por requerimento da parte, ocasião em que o magistrado deverá fundamentar sua decisão, e, ato contínuo os autos serão remetidos ao juiz competente, intimando-se os interessados da decisão, da qual não cabe recurso.

Caso o juiz não reconheça espontaneamente a suspeição, a parte interessada (acusado, querelado, querelante, Ministério Público e assistente de acusação) deverá, na primeira oportunidade arguir a suspeição, que geralmente deve ser apresentada no momento da resposta escrita.

Entretanto, caso seja apresentada a exceção e o juiz não a deferir, o art. 100 do CPP determina que o pedido deverá seu autuado em separado (autos apartados), e a parte contrária terá o prazo de 3 dias para oferecer resposta, apresentar provas e arrolar testemunhas, e, após, o processo será encaminhado em 24 horas para tribunal para ser julgado, podendo ser rejeitada liminarmente pelo relator caso seja manifestamente improcedente.

Mas se a exceção for julgada procedente, todos os atos do processo serão anulados. O art. 254 do CPP elenca as situações em que o juiz será considerado suspeito. Pode ser alegada exceção de suspeição em desfavor do promotor, peritos, intérpretes, jurados do Tribunal do Júri (arguição oral em plenário, momento em que o juiz presidente decidirá a questão incidente de plano) e também dos funcionários da justiça. Como as autoridades policiais não exercem atividade jurisdicional, a elas não se poderá opor suspeição nos atos do inquérito. No entanto, elas podem sempre se autodeclarar suspeitas.

10.2.1.2. Exceção de incompetência do juízo

É regulada nos arts. 108 e 109 do CPP, e refere-se à incapacidade do órgão julgador de conhecer e processar determinado feito. É também conhecida como *declinatoria fori* e tem como pressuposto uma ação penal proposta ou em curso em foro incompetente.

O magistrado pode arguir a incompetência de ofício, tanto a absoluta quanto a relativa, entendimento extraído do art. 109, do CPP, ocasião que será possível a interposição de Recurso em Sentido Estrito contra referida em decisão (art. 581, II, CPP). Se o juiz não se declina incompetente de plano, caberá às partes argui-la. No caso de incompetência relativa (em razão do lugar), a Defesa deve apresentar a exceção no momento da apresentação da resposta escrita, sob pena de reclusão. Já a competência absoluta (em razão da pessoa e da matéria) dispensa a arguição de exceção, pois poderá ser alegada em qualquer fase do processo, tendo em vista que resulta em nulidade absoluta do processo, consoante declina o art. 564, I do CPP.

Se for caso de incompetência caberá ao juiz autuá-la em apartado. Ouvirá o Ministério Público e em seguida proferirá a decisão (art. 108 do CPP), tendo em vista que o processo principal não ficará suspenso (art.111, CPP). Julgando procedente, os autos serão remetidos ao juízo competente, cuja decisão comporta interposição de Recurso em Sentido Estrito (art. 581, III, CPP).

10.2.1.3. Exceção de ilegitimidade de parte

Neste caso, o posicionamento majoritário da doutrina é de que a exceção de ilegitimidade de parte abrange não só a titularidade de ação (*ad causam*), quando o promotor oferece denúncia no caso em que só é cabível a queixa-crime, mas também a capacidade para o exercício (*ad processum*), isto é, a necessária para a prática dos atos processuais, como, por exemplo, no caso de queixa-crime oferecida por menor de 18 anos.

Nos termos do art. 110 do CPP, o pedido de exceção de ilegitimidade de parte se processa de forma idêntica ao pedido de exceção em razão da incompetência do juízo.

Na ilegitimidade de parte *ad causam,* a exceção acarreta a nulidade absoluta dos atos e o processo é anulado desde o início (*ab initio*). Entretanto, reconhecida a ilegitimidade *ad processum*, a nulidade pode ser sanada a qualquer tempo, mediante ratificação dos atos processuais já praticados (CPP, art. 568).

Assim sendo, "da decisão que reconhece a exceção de ilegitimidade provocada pela parte, cabe recurso em sentido estrito (do art. 581, III, do CPP). Porém, se o juiz reconhece de ofício a ilegitimidade de parte, não há específico recurso para combater a decisão, mercê da falta de previsão específica" (Távora, 2013, p. 340), podendo entretanto, a nosso ver, ser impetrado *habeas corpus* contra a decisão que rejeita a exceção.

10.2.1.4. Exceção de litispendência e coisa julgada

A exceção por litispendência ocorre quando há um litígio pendente de julgamento por um juiz. A exceção de litispendência impede a duplicação da ação, ou seja, não poderá ser intentada ação com as mesmas partes e sobre o mesmo fato. Assim, por meio da exceção de litispendência evita-se o *bis in idem*, sob o fundamento de que ninguém pode ser processado duas vezes pelas mesmas razões.

Com relação à exceção por coisa julgada, deve-se entender por coisa julgada aquela com decisão judicial que já tiver apreciado o fato principal, ou seja, aquele apontado na parte dispositiva da sentença.

Insta consignar que a exceção de litispendência seguirá o mesmo rito referente à incompetência do juízo (art. 110, *caput*, CPP), não havendo prazo para sua interposição e nem suspensão do processo.

10.2.3. Restituição de coisas apreendidas

Uma das primeiras providências da autoridade policial durante o inquérito é apreender os objetos relacionados com a infração penal, com o fim de elucidar o fato criminoso. Existe também a medida cautelar de busca e apreensão.

Três são as espécies de coisas que podem interessar ao processo penal: a) os instrumentos utilizados na execução do crime; b) os bens materiais havidos diretamente da prática de delitos; e c) os bens materiais de valor exclusivamente probatório

Ocorrida a apreensão de tais coisas ou objetos, estas, quando apreendidas, devem seguir o inquérito ou o processo enquanto tiverem relevância para investigação. Entretanto, só poderão ser restituídas após o trânsito em julgado, mas, não sendo mais importantes para o processo, e, não se tratando de coisa ilícita, esses bens devem ser restituídos aos donos ou a quem tenha legítimo direito sobre eles. Para isso, surge o pedido e o incidente de restituição de coisa apreendida.

Anote-se que o pedido de restituição pode ser feito na fase de inquérito policial ao delegado de polícia e em fase judicial, cuja petição deverá ser dirigida ao juiz, desde que preenchidas as condições legais e ouvido o Ministério Público.

10.2.4. Medidas assecuratórias

Os crimes além de lesar a coletividade, acarretam danos à vítima. Assim, a sentença condenatória gera, também, as seguintes consequências: impossibilitar o agente de ter lucro com a atividade criminosa, ressarcimento à vítima dos danos causados e, eventualmente, determinar ao condenado o pagamento de pena pecuniária.

Para isso, o Código de Processo Penal previu as medidas assecuratórias, que são providências tomadas no andamento do processo, com objetivo de assegurar o ressarcimento da vítima.

10.2.4.1. Sequestro

Consiste na retenção de bens móveis e imóveis do acusado quando adquiridos com proventos da infração penal. Está previsto nos arts. 125 a 133 do Código de Processo Penal.

Assim, o sequestro é a apreensão de coisa possivelmente adquirida com o produto da infração penal. Essa medida pode ocorrer tanto na fase policial como na fase judicial. Só quem pode ordenar o sequestro é a autoridade judiciária (de ofício pelo juiz, a requerimento do Ministério Público, a requerimento da vítima). O delegado precisa representar à autoridade judiciária competente (art. 127, CPP).

Se o sequestro recair sobre bens imóveis esta providência deverá ser inscrita no registro imobiliário competente (o juiz comunicará ao oficial de justiça para que este averbe o bem como "sequestrado").

O sequestro será levantado: se a ação penal não for intentada no prazo de 60 (sessenta) dias, contado da data em que ficar concluída a diligência; se o terceiro, a quem tiverem sido transferidos os bens, prestar caução suficiente; se for julgada extinta a punibilidade ou absolvido o réu, por sentença transitada em julgado. Após sentença condenatória transitada em julgado, os bens serão levados a leilão, retirando-se o que couber ao lesado/terceiro de boa-fé. O restante dos rendimentos serão transferidos ao Tesouro Nacional.

10.2.4.2. Hipoteca legal

É o direito real de garantia que torna indisponíveis os bens imóveis do acusado adquiridos legalmente, de acordo com os arts. 133 a 136 do CPP. A hipoteca legal é uma medida assecuratória e os bens imóveis hipotecados servem para garantir a satisfação do dano resultante de uma infração penal. Ela pode ocorrer em qualquer fase da persecução penal, desde o inquérito até o trânsito em julgado e pode ser requerida pelo ofendido, pelo Ministério Público (quando o ofendido for pobre e o requerer ou quando for de interesse da fazenda pública) ou até mesmo ser decretada de ofício pelo juiz.

A hipoteca legal tem como alvo unicamente o patrimônio do suposto autor do fato criminoso, em atenção a sua responsabilidade civil, podendo recair sobre quaisquer bens imóveis. A hipoteca legal sobre os imóveis do acusado poderá ser requerida pelo ofendido em qualquer fase do processo, desde que haja certeza da infração e indícios suficientes da autoria.

O valor auferido com a venda dos imóveis deve prioritariamente ressarcir o ofendido, depois pode ser utilizado para cobrir as custas processuais e as penas pecuniárias (multa). Se o réu for absolvido ou ocorrer a extinção da punibilidade, a hipoteca legal deve ser levantada (cancelada).

10.2.4.3. Arresto

Enquanto o sequestro recai necessariamente sobre bens relacionados à prática criminosa (adquiridos com os proventos da infração), o arresto, tipificado nos arts. 137 a 139 do CPP, consiste na constrição de bens móveis pertencentes ao agente, para garantir a satisfação da pretensão indenizatória do ofendido. Torna indisponível os bens móveis do acusado adquiridos legalmente.

10.2.4.4. Incidente de falsidade

O processo penal tem como função a busca da verdade dos fatos (tal como ocorreram), e para isso, é de suma importância que o juiz utilize provas verídicas, pois, caso contrário, poderá ocorrer o erro judiciário, absolvendo um culpado ou condenando um inocente.

Nestes moldes, o documento destaca-se por ser uma das mais importantes provas, pois expressa uma ideia a respeito de um fato de relevância para o processo. Destarte, havendo controvérsia a respeito de sua autenticidade, far-se-á o procedimento denominado incidente de falsidade preceituado nos arts. 145 a 148 do CPP.

Caso seja deferido o incidente de falsidade (proposto pelos legitimados), o juiz ordenará a autuação em apartado, assinando o prazo de 48 horas para a parte contrária oferecer resposta. Após, será aberto prazo, sucessivamente, para cada uma das partes se manifestarem, inclusive o Ministério Público (se atuar como fiscal da lei), para a produção de provas. Após, poderá o juiz determinar as diligências que entender necessárias e, posteriormente, decidirá acerca do incidente.

Reconhecida a falsidade por decisão irrecorrível, o juiz determina o desentranhamento do documento e remete-o, com os autos do incidente, ao Ministério Público. Qualquer que seja a decisão, não fará coisa julgada em prejuízo de ulterior processo penal ou civil (art. 148, CPP), haja vista ser aquela uma decisão declaratória positiva ou negativa, cujo único efeito é manter ou não o documento nos autos da ação principal.

10.2.5. Incidente de insanidade mental do acusado

Os arts. 149 a 154 do CPP dispõem que havendo fundada dúvida sobre a insanidade mental do acusado, o juiz, de ofício ou a requerimento do Ministério Público, do defensor, do curador, do ascendente, do descendente, cônjuge, ou irmão do acusado, deverá determinar a instauração do incidente de insanidade, afim de que seja o acusado submetido a exame médico-legal, com o objetivo de aferir sua imputabilidade.

A oportunidade da realização do exame de insanidade mental pode ser ordenada em qualquer fase do processo, até mesmo no curso do inquérito policial.

11. DAS PROVAS

Incialmente, necessário esclarecer o que se entende por prova. Segundo Tourinho Filho, "provar, é antes de mais nada, estabelecer a existência da verdade; e as provas são os meios pelos quais se procura estabelecê-la." (Manual de Processo Penal. São Paulo: Saraiva, 2010).

Assim, a **finalidade** das provas é formar a convicção do juiz, ou seja, convencer seu destinatário. Isso porque, o juiz "não presenciou o fato que é submetido à sua apreciação, é por meio das provas que o juiz poderá reconstruir o momento histórico em questão, para decidir se a infração, de fato, ocorreu e se o réu foi seu autor" (Gonçalves, 2014, p. 247).

Já o **objeto de prova** são as afirmações ou fatos primários ou secundários que devem ser comprovados. Mesmo que o fato não seja contestado, ele precisa ser comprovado.

Portanto, não necessitam de prova os fatos evidentes (ex.: réu preso em Santo André acusado de estupro que ocorreu na Bahia enquanto cumpria pena), os fatos notórios (ex.: que dia 07/09 é feriado); fatos que tenham presunção absoluta (ex:. que os menores de 18 anos são inimputáveis); fatos impossíveis (ex.: réu alega como álibi que estava em Marte) e os fatos irrelevantes (ex.: qual a cor preferida da vítima).

11.1. Ônus da prova

Cumpre registrar, que a prova não constitui uma obrigação, mais sim um ônus, que é a faculdade ou encargo que tem a parte de demonstrar no processo o que alegou em seu favor. Portanto, a prova é ônus processual de quem alega, buscando as partes a produção em seu próprio benefício, segundo preceitua o art. 156 do Código de Processo Penal.

Assim, "o ônus probatório, é, portanto, atribuído às partes, que repartem a incumbência de demonstrarem as respectivas alegações. Por isso reza o art. 156 do CPP que a prova da alegação é de quem alega" (Gonçalves, 2014, p. 253).

E nesse sentido, portanto, cabe ao acusador provar o fato constitutivo de sua pretensão punitiva e cabe à defesa provar fato impeditivo, modificativo ou excludente (como, por exemplo, as causas de exclusão de ilicitude ou culpabilidade) da pretensão punitiva do Estado.

É importante esclarecer que é facultado ao juiz de ofício ordenar a produção de provas que são urgentes e relevantes e ainda determinar a realização de diligências que entender cabíveis para dirimir eventuais dúvidas sobre o fato criminoso, consoante autorizado pelo art. 156, I e II do CPP.

11.2. Liberdade de prova

Em princípio, todo e qualquer meio de prova é admitido no ordenamento processual pátrio, ainda que não expressamente previsto em nosso Código. Esse é o princípio adotado pelo Código de Processo Penal brasileiro vigente: o sujeito que produzirá as provas não ficará atrelado às que estão previstas em lei (nominadas).

Entretanto, o princípio da liberdade probatória não é e nem pode ser absoluto, existindo limites consagrados, como, por exemplo, o disposto no art. 5º, LVI da CRFB/88, que determina a inadmissibilidade das provas obtidas por meios ilícitos. Assim, é importante esclarecer que a prova ilícita é aquela que viola uma regra de direito material.

O Código de Processo Penal dispõe sobre as provas ilícitas em seu art. 157 *caput,* aduzindo que "são inadmissíveis, devendo ser desentranhadas do processo, as provas ilícitas, assim entendidas as obtidas em violação a normas constitucionais ou legais." E o mesmo dispositivo em seu § 1º menciona que "são também inadmissíveis as provas derivadas das ilícitas, salvo quando não evidenciado o nexo de causalidade entre umas e outras, ou quando as derivadas puderem ser obtidas por uma fonte independente das primeiras."

Assim, se a prova for obtida com violação à norma legal ou constitucional será desentranhada do processo e o mesmo ocorre com as provas ilegítimas, que são aquelas onde há violação de uma regra de direito processual no momento em que é produzida no processo, como, por exemplo, interrogatório do acusado sem a presença de advogado.

11.3. Meios de prova

Meio de prova é todo fato, documento ou alegação que possa servir, direta ou indiretamente, à busca da verdade real dentro do processo. Na busca pela verdade real, podem as partes optar por meios de prova não especificados em lei. Assim, os meios de prova não são taxativos, ou seja, não precisam estar descritos pelo legislador de maneira exaustiva, bastando apenas que na lei não haja nenhum obstáculo ou restrição à produção daquela determinada prova.

11.3.1. Perícia

Etimologicamente, o termo "perícia" significa habilidade, saber, capacidade, característica esta que, com o decorrer do tempo passou a diferenciar a ação ou a investigação praticada por alguém e para a qual colocou seu conhecimento ou saber altamente especializado.

Assim, o exame pericial é importante, pois, embora o magistrado não esteja adstrito à perícia para julgar (art. 182, CPP), pode utilizar a perícia tendo em vista que não dispõe de conhecimento técnico, científico ou artístico sobre toda a matéria a ser julgada, e por tais razões, necessita dos peritos para elucidar pontos que lhe sejam obscuros para a definição da lide.

Portanto, o perito, seja ele oficial ou nomeado, deverá formular o laudo pericial descrevendo de forma minuciosa tudo que examinar, finalizando com a conclusão acerca das indagações formuladas pelas partes, consoante art. 160 do CPP. Apenas uma ressalva quanto a Súmula 361 do Supremo Tribunal Federal no sentido de que, processo penal, é nulo o exame realizado por um só perito, considerando-se impedido o que tiver funcionado, anteriormente, na diligência da apreensão.

O exame de corpo de delito pode ser **direito** quando for realizado sobre vestígios materiais que ainda existem, e **indireto** feito geralmente por intermédio de depoimentos de testemunhas, pois estão ausentes os vestígios materiais do crime, por uma série de fatores relacionados ao delito, de acordo com o que autoriza o art. 167 do CPP.

11.3.2. Interrogatório

O interrogatório é tratado nos arts. 185 a 196 do Código de Processo Penal e trata-se do momento em que o acusado é ouvido pelo juiz sobre as acusações que lhe estão sendo imputadas.

É, principalmente, a oportunidade que o investigado (durante a fase de investigação, pré-processual) ou réu (durante a ação penal) tem para se defender das suspeitas ou acusações. Com relação à **natureza jurídica**, diz-se que o interrogatório é **meio de defesa**, pois o investigado ou réu não pode ser prejudicado se decidir calar-se diante das perguntas que lhe sejam feitas. Essa garantia do cidadão decorre do princípio constitucional da proteção contra a autoincriminação, também conhecido pela frase em latim *nemo tenetur se detegere*.

É ainda considerado **meio de prova**, tendo em vista que faculta "ao réu que negue a conduta ou a explique, mas também possibilitar a colheita, pelo juiz, de elementos de convicção" (Gonçalves, 2014, p.276) e nada impede, contudo, que do interrogatório surjam provas importantes.

O interrogatório judicial deve ser sempre feito na presença do defensor (o advogado) do réu (art. 185 do CPP). O defensor pode ser escolhido pelo próprio acusado (o que se denomina de advogado constituído) ou designado pelo juiz, se o réu não puder ou não quiser contratar um (chamado de advogado nomeado ou dativo). Além disso, a pessoa a ser interrogada tem o direito à entrevista prévia e reservada com seu advogado (art. 185, § 5º).

Se o acusado estiver preso, o interrogatório pode ocorrer no próprio estabelecimento prisional, desde que haja condições adequadas de segurança. Se não, cabe ao juiz requisitar o réu, isto é, determinar à polícia que o traga à sua presença no momento designado para o interrogatório.

A depender do caso, o juiz pode autorizar, a pedido de uma das partes (Ministério Público ou defesa) ou ele próprio determinar, que o interrogatório se faça por sistema de videoconferência ou outro recurso tecnológico de transmissão de sons e imagens em tempo real, desde que haja o preenchimento dos requisitos preceituados no art. 185, § 2º do CPP.

Se houver mais de um réu, eles deverão ser interrogados separadamente (art. 191), a fim de que as informações prestadas por uns não influenciem os demais e para que uns não atemorizem os outros, a depender do caso.

O Código de Processo Penal prevê ainda regras especiais para o interrogatório de cidadãos surdos, mudos, surdos-mudos e analfabetos (art. 192). Se o réu não compreender o português, o interrogatório deverá ser feito por meio de intérprete (art. 193).

11.3.3. Confissão

A confissão é um meio de prova disciplinado especificamente nos arts. 197 a 200 Código de Processo Penal. É considerada uma admissão por parte do acusado da veracidade da imputação que lhe foi feita pelo acusador, na totalidade ou parcialmente. Assim, "confissão é a admissão da própria responsabilidade. Confessar, no processo pena, significa admitir como verdadeiros os fatos imputados na denúncia ou queixa-crime" (Marcão, 2014, p. 488).

O seu valor probatório é relativo, devendo ser corroborada por outros meios de prova também admitidos e avaliada em conformidade com o sistema do livre convencimento, de acordo com o art. 197 do CPP.

A confissão tem como **características** principais: **ato personalíssimo, forma oral, voluntária e espontânea, divisível e retratável.**

Insta declinar que o silêncio do acusado não pode trazer qualquer consequência prejudicial a sua defesa, e também não será considerado confesso caso silencie, nos moldes do art. 186, parágrafo único do CPP.

11.3.4. Declaração do ofendido

O ofendido é "o titular do interesse jurídico lesado pela conduta criminosa, ou seja, é a vítima, o sujeito passivo do delito" (Gonçalves, 2014, p. 287).

De acordo com o art. 201 do CPP: "Sempre que possível, o ofendido será qualificado e perguntado sobre as circunstâncias da infração, quem seja ou presuma ser o seu autor, as provas que possa indicar, tomando-se por termo as suas declarações".

O ofendido tem direito de ser comunicado dos atos processuais relativos ao ingresso e à saída do acusado da prisão, à designação de data para audiência e à sentença e respectivos acórdãos que a mantenham ou modifiquem (art. 201, § 2º, CPP), e a comunicação será feita no endereço por ele indicado, ou por meio eletrônico por este indicado (art.201, § 3º, CPP).

11.3.5. Testemunhas

No processo penal, testemunha é toda pessoa que tem conhecimento sobre algum fato relacionado à causa e que pode certificar sua ocorrência. Ela deve ser isenta, imparcial e equidistante das partes. Toda pessoa pode ser testemunha (art. 202, CPP) e deverá prestar compromisso de dizer a verdade, sob pena de cometer crime de falso testemunho (art. 342, CP). Todavia, não prestarão compromisso de dizer a verdade os menores de 14 anos e os deficientes mentais (art. 208, CPP). Podem se recusar a depor: ascendente, descendente, afim em linha reta, cônjuge e irmão do acusado.

São proibidos de depor: quem em razão da função (cargo público), do ministério (padre), ofício (qualquer outra atividade, ainda que não remunerada) ou da profissão deva guardar segredo, salvo se desobrigado pela parte interessada quiser dar o seu depoimento (art. 207, CPP). Testemunhas suspeitas: aquelas consideradas inidôneas, que transmitam descrédito ou que possuam óbices psíquicos. Nestes casos, o juiz tomará seus depoimentos e depois valorará de acordo com seu entendimento.

As testemunhas são classificadas segundo a sua relação com os fatos/partes nos seguintes termos:

a) numerárias: são aquelas arroladas pelas partes, de acordo com o número limitado em lei;

b) informantes: aquelas que não prestam compromisso, por não serem obrigadas (parentes, interesse na causa, etc.);

c) referidas: aquelas que foram mencionadas em outros depoimentos testemunhais, sendo convocadas pelo juiz;

d) de antecedentes: que depõem a respeito das informações da vida pregressa do acusado (que influem na dosagem da pena).

11.3.6. Reconhecimento de pessoas e coisas

Nos arts. 226 a 228, o Código de Processo Penal prevê as normas disciplinadoras do reconhecimento de pessoas e coisas. O reconhecimento é um meio probatório e ocorre quando uma pessoa, (vítima ou testemunha) reconhece a pessoa ou coisa que de alguma forma interesse ao fato. Tem como finalidade "verificar se o reconhecedor tem condições de afirmar que a pessoa ou coisa a ser reconhecida já foi vista por ele em ocasião pretérita". (Reis, Alexandre Cebrian Araujo / Lenza, Pedro / Goncalves, Victor Eduardo Rios. Direito Processual Penal Esquematizado - 6ª Ed. 2017. Editora Saraiva).

O procedimento no reconhecimento de pessoas e coisas está tipificado no art. 226 do CPP, e determina que a pessoa que fará o reconhecimento deverá descrever as características da pessoa que deva ser reconhecida, a qual deverá ser colocada, se possível, com mais pessoas com semelhança à da pessoa a ser reconhecida para que o reconhecedor o aponte. O ato deverá ser reduzido a termo e lavrado pela autoridade policial, com a assinatura de duas testemunhas que presenciaram o reconhecimento.

De acordo com o art. 228 do CPP, se mais de uma pessoa for chamada para fazer o reconhecimento, este será realizado de forma separada para que o reconhecimento de uma não influencie no da outra.

11.3.7. Acareação

A "acareação", também chamada de acareamento, careação ou confrontação, consiste no ato de colocar frente a frente (vis-à-vis) pessoas que prestaram seus depoimentos de forma divergente.

Dessa feita, para que acareação seja realizada, a doutrina enumera alguns pressupostos, quais sejam: deve ocorrer entre depoimentos que tenham sido prestados no mesmo processo, e que as pessoas já tenham prestado suas declarações, e exista divergência sobre fato ou circunstância relevante que seja manifesta e irreconciliável, de maneira que não se possa chegar à verdade pelas demais provas produzidas nos autos.

Assim, somente poderá ser realizada a acareação quando ocorra divergência entre depoimentos, isto é, entre pessoas físicas e não entre pessoa e documento ou pessoa e laudo pericial.

11.3.8. Documentos

O art. 232 do CPP conceitua os documentos como "quaisquer escritos, instrumentos ou papéis, públicos ou particulares". São documentos, portanto: escritos, fotos, fitas de vídeos e som, desenhos, gravuras, esquemas, cd's, dvd's, e-mails, entre outros que sirvam para expressar e provar um fato ou acontecimento juridicamente relevante.

A natureza jurídica dos documentos é de meio de prova, pois visa à comprovação de algo. A produção dos documentos no processo penal pode se dar em qualquer fase, de acordo com o art. 231 do CPP, ou seja, podem ser juntados na inicial acusatória, por ocasião da resposta escrita e durante a instrução criminal. Após a juntada do documento, o juiz deve intimar e oportunizar a parte contrária para que se manifeste quanto à prova produzida.

Entretanto, é importante declinar que quanto ao plenário do Júri, o art. 479 do Código de Processo Penal, de forma única no ordenamento processual pátrio, veda a produção de prova documental: "durante o julgamento não será permitida a leitura de documentos ou a exibição de objeto que não tiver sido juntado aos autos com a antecedência mínima de três dias úteis, dando-se ciência a outra parte".

11.3.9 . Indícios

Nos moldes do art. 239 do Código de Processo penal, "Considera-se indício a circunstância conhecida e provada, que, tendo relação com o fato, autorize, por indução, concluir-se a existência de outra ou outras circunstâncias."

Nesse sentido, "nenhum fato é tão isolado que não guarde relação, direta ou indireta, com outro fato ou circunstância. Nessa inter-relação inevitável é que o observador encontra o caminho, por meio do fato secundário, e por indução, para chegar ao principal que aquele remete" (Renato Marcão, 2014, p. 561).

11.3.10. Busca e apreensão

É um meio de prova, de natureza cautelar que objetiva a localização, remoção e conservação das provas importantes para os autos do processo.

Assim, "**busca** é o nome que se dá ao com junto de ações dos agentes estatais para a procura e descoberta daquilo que interessa ao processo, ao passo que a **apreensão** o ato consistente em retirar pessoa ou coisa do local em que esteja para fins de sua conservação" (Reis, Alexandre Cebrian Araujo / Lenza, Pedro / Goncalves, Victor Eduardo Rios. Direito Processual Penal Esquematizado - 6ª Ed. 2017. Editora Saraiva).

Quanto às **modalidades**, a **busca** pode ser:

a) **Domiciliar** (art. 240, §1º, CPP): é efetuada em residência ou em local de trabalho. Considera-se domicílio (art. 246, CPP e art. 150, § 4º CP) o compartimento habitado, mesmo que provisoriamente, não aberto ao público, destinado à atividade profissional, como, por exemplo, além de casa ou apartamento, o quarto de hotel, escritório.

b) **Pessoal** (art. 240, § 2º, CPP): também chamada geral, é realizada no corpo, nas vestes, ou nos objetos trazidos pela pessoa.

Caso a busca seja realizada em mulher, o art. 249 do CPP determina que a revista seja feita por outra mulher.

12. PRISÃO E LIBERDADE NO PROCESSO PENAL

12.1. Prisão e suas espécies

Inicialmente, conceituamos a prisão como a privação da liberdade de locomoção em virtude do recolhimento da pessoa ao cárcere.

Assim, sem prejuízo das demais espécies de prisão existentes no ordenamento pátrio, existem dois tipos que interessam ao processo penal, quais sejam:

1- Prisão Penal: é aquela decretada pelo juiz visando a direcionar uma sanção penal ao condenado, oriunda de sentença condenatória com trânsito em julgado, que impõe pena privativa de liberdade e é regulada pelos arts. 32 ao 42 do Código Penal, bem como pela Lei de Execuções Penais (Lei 7.210/1984).

2- Prisão Processual: é aquela imposta antes da sentença condenatória para assegurar a efetividade das investigações ou do processo. Divide-se em: **a) Prisão em Flagrante Delito; b) Prisão Preventiva e c) Prisão Temporária;**

Antes de adentramos no estudo da prisão processual propriamente dita, que é objeto do direito processual penal, é importante declinar que a prisão não pode se dar a qualquer modo, pois, de acordo com o art. 5º, LXI da Constituição Federal, "ninguém será preso senão em flagrante delito ou por ordem escrita e fundamentada de autoridade judiciária competente, salvo nos casos de transgressão militar ou crime propriamente militar, definidos em lei".

Portanto, para que o sujeito possa ter sua liberdade restringida, a prisão deve obedecer a algumas formalidades legais para sua decretação, no sentido de se evitar abusos ou excessos por parte de quem a executa, podendo ser efetuada apenas por mandado ou em flagrante delito.

Ainda de maneira geral é importante ressaltar que a prisão pode ser efetuada a qualquer momento, em caso de flagrante ou desastre, contudo, se o réu estiver na iminência de ser preso e estiver em casa, essa prisão só pode ser feita durante o dia ou à noite com o consentimento do morador, pois muito embora o CPP não traga limitação quanto a dia e hora para se cumprir o mandado, deve-se observar o art. 5º, XI da CF, que dispõe sobre a inviolabilidade da casa e domicílio.

12.1.1. Hipóteses de prisão processual

12.1.1.1. Prisão em flagrante

O Código de Processual Penal em seu art. 302, tipifica três espécies de flagrante, são eles:

Flagrante Próprio ou Verdadeiro – é o flagrante propriamente dito. É aquele que se dá quando o crime está ocorrendo ou quando acaba de acontecer (art. 302, I e II, CPP). Também é próprio o flagrante no caso de crime permanente (art. 303, CPP).

Flagrante Impróprio ou Quase-Flagrante: dá-se quando o agente é perseguido e logo após a prática da conduta criminosa vem a ser preso. A perseguição após ser iniciada tem que ser contínua, não podendo ser interrompida (art. 302, III, CPP).

Flagrante Presumido ou Ficto: dá-se quando o agente é encontrado logo depois de ter realizado a conduta criminosa com arma ou instrumentos do crime. Nesse caso, o agente não é perseguido, mas é encontrado na sequência com objetos que presumam ser ele o autor do fato criminoso.

Existem ainda outras espécies de flagrante trazidas pela doutrina, jurisprudência e legislação especial, quais sejam:

Flagrante Provocado ou Preparado: dá-se quando o agente é induzido ardilosamente a praticar o fato. No flagrante preparado o autor do fato age motivado por obra do provocador. Sem a provocação não haveria a prática daquela conduta, portanto, trata-se de flagrante ilegal. Esse é o entendimento da Súmula 145 do STF.

Flagrante Esperado: ocorre quando se sabe previamente do crime e espera-se a conduta para o flagrante. É reconhecido como plenamente lícito e válido, pois, ocorre quando aquele que vai efetuar a prisão não participa da cadeia fática que levou ao resultado, mas simplesmente aguarda o desenrolar dos acontecimentos para a situação de flagrante, que por ele não foi provocado, para que possa dar voz de prisão ao agente.

Flagrante Forjado: é o flagrante inventado. Nesse caso não existe a situação sustentada por quem deu voz de prisão. Trata-se de uma criação de ação criminosa para prejudicar o acusado. O flagrante forjado ocorre quando se inventa uma situação flagrancial que não ocorreu.

Flagrante Prorrogado ou Retardado: o art. 8º da Lei 12.850/2013 (Lei do Crime Organizado) e também no art. 53 da Lei 11.343/2006 (Lei de Drogas), tratam de situação em que a autoridade policial pode adiar ou atrasar o flagrante para o momento mais oportuno, no sentido de se colher melhores provas para a configuração do ilícito penal.

Quanto ao sujeito ativo, a prisão em flagrante pode ser realizada por qualquer um do povo (facultativa), mas a autoridade policial e seus agentes devem prender (obrigatório), de acordo com o art. 301 do CPP. Nesse sentido, devem ser observados para a prisão em flagrante os procedimentos colacionados pela lei, determinados pelo art. 304 do CPP:

Assim, o art. 306 do CPP impõe que "a prisão de qualquer pessoa e o local onde se encontre serão comunicados imediatamente ao juiz competente, ao Ministério Público e à família do preso ou à pessoa por ele indicada".

E ainda, de acordo com o art. 306, § 2º do CPP, deve ser entregue a **nota de culpa** ao preso, por ocasião de sua prisão em flagrante, no prazo de 24 horas, na qual a autoridade policial esclarece ao preso os motivos da sua prisão, o nome do seu condutor e das testemunhas. Caso o preso se recuse a assinar, duas testemunhas poderão fazê-lo. Portanto, a entrega da Nota de Culpa é obrigatória, sob pena de configurar prisão ilegal.

12.1.1.2. *Relaxamento da prisão*

Segundo art. 5º, LXV da CF, "a prisão ilegal será imediatamente relaxada pela autoridade judiciária", regra expressamente adotada no art. 310, I, do CPP.

É imperioso destacar que consoante determina o art. 5º, LXV, da CF, a prisão deverá ser comunicada imediatamente ao juiz, para que verifique a sua legalidade. E caso não seja, deverá ocorrer o relaxamento da prisão, eis que ilegal. Isso porque, com a comunicação ao juiz, o ato irá se aperfeiçoar. Portanto, a falta de um requisito torna a prisão ilegal, e o juiz deve relaxá-la.

Por fim, o auto de prisão em flagrante deve ser remetido ao juiz em 24 horas (art. 306, § 1º, CPP) e o art. 310 do CPP estabelece as providências que o juiz deve tomar no momento em que o recebe, devendo primeiramente relaxar a prisão ilegal, não sendo o caso, converter a prisão em flagrante em preventiva, e se o caso conceder a liberdade provisória ao acusado.

12.1.2. *Prisão Preventiva*

É uma modalidade de prisão de natureza cautelar, preceituada nos arts. 311 a 316 do CPP, a qual pode ser decretada de maneira excepcional pelo juiz, de ofício, ou a requerimento do Ministério Público, do ofendido e do assistente ou ainda pela representação da autoridade policial, na fase de inquérito policial ou no curso do processo, desde que estejam presentes os requisitos estampados em lei.

Portanto para que a prisão seja decretada é necessário o preenchimento dos pressupostos de prova da existência do crime doloso e indícios de autoria e materialidade, mais a observância dos motivos que a possibilitam, os quais estão elencadas no art. 312 do CPP.

São eles: garantia da ordem pública; garantia da ordem econômica, conveniência da instrução criminal; para assegurar a aplicação da lei penal; descumprimento de obrigações impostas por força de outras medidas cautelares.

Assim, além dos pressupostos e dos motivos que a autorizam, primordial que a prisão preventiva obedeça também as condições de admissibilidade estampadas no art. 313 do CPP.

Também será admitida a prisão preventiva quando houver dúvida sobre a identidade civil da pessoa ou quando esta não fornecer elementos suficientes para esclarecê-la,

devendo o preso ser colocado imediatamente em liberdade após a identificação, salvo se outra hipótese recomendar a manutenção da medida.

Por outro lado, não se admite a decretação da prisão preventiva nos casos em que o sujeito agiu em legítima defesa, estado de necessidade ou estrito cumprimento de dever legal (art. 314, CPP). De igual forma, não é possível a prisão preventiva nos crimes culposos e nas contravenções penais.

12.1.3. *Prisão Temporária*

É espécie de prisão provisória, uma vez que só é cabível a sua decretação de forma excepcional, no decorrer da fase policial, sem que a ação penal tenha sido iniciada. Assim sendo, só pode ser decretada pelo juiz por ordem escrita e fundamentada, mediante representação da autoridade policial, ou requerimento do Ministério Público.

O art. 1º da Lei 7.960/1989 menciona as hipóteses de cabimento da prisão temporária sendo elas: quando imprescindível para as investigações criminais; quando o indiciado não tiver residência fixa ou não fornecer elementos necessários ao esclarecimento de sua identidade; quando houver fundadas razões, de acordo com qualquer prova admitida na legislação penal, de autoria ou participação do indiciado nos crimes estampados no art. 1º, III da Lei 7.960/1989.

O prazo de duração da prisão temporária será, em regra de 5 dias, podendo ser prorrogados por igual período, nos casos de comprovada necessidade, exceto nos casos de crimes hediondos em que, segundo o art. 2º, § 4º da Lei 8.72/1990, tal prazo será de 30 dias prorrogáveis por igual período, em casos de extrema necessidade.

Assim, seguindo o art. 2º, § 7º da Lei 7.960/1989, decorrido o prazo de duração da prisão temporária, o acusado deverá ser posto imediatamente em liberdade, salvo se tiver sido decretada a sua prisão preventiva.

12.2. Liberdade Provisória

De acordo com o art. 5º, LXVI da Constituição Federal, "ninguém será levado à prisão ou nela mantido, quando a lei admitir a liberdade provisória, com ou sem fiança".

Portanto, a liberdade provisória é a possibilidade de alguém, que esteja sendo acusado de cometer uma infração penal, permanecer em liberdade enquanto aguarda o andamento do processo. Assim, trata-se de liberdade substituta da prisão cautelar, que pode ser condicionada ao cumprimento de certas obrigações. É possível a concessão nos seguintes casos:

-**Liberdade provisória sem medida cautelar diversa da prisão:** quando não estiverem presentes os requisitos autorizadores da prisão preventiva (art. 312, CPP);

- **Liberdade provisória sem fiança, mas vinculada com possibilidade de outra medida cautelar diversa da prisão:** nos casos em que o acusado tenha agido amparado pelas causas de excludente de ilicitude (art. 310, parágrafo único do CPP).

- **Liberdade provisória com fiança ou outra medida cautelar:** quando a infração penal não estiver no rol impeditivo da concessão da fiança estampado nos arts. 323 e 324 do CPP. No caso de réu pobre, sendo possível a fiança, o juiz poderá determinar outra medida cautelar (art. 350, CPP).

O Código de Processo Penal traz no bojo de seu art. 319 as hipóteses de **medidas cautelares** que poderão ser determinadas ao acusado em substituição à prisão quando a lei assim permitir.

Já a fiança é uma medida cautelar tão importante que possui regramentos próprios disciplinados nos arts. 322 a 350 do Código de Processo Penal.

Nesse sentido, o Código de Processo Penal não traz as hipóteses de cabimento da fiança, apenas menciona as situações em que não deverá ser concedida fiança, ou seja, só trata da inafiançabilidade e em sentido contrário se extraem as possibilidades da concessão. Portanto, se a infração penal não se encaixar nas hipóteses que a proíbem, ela será afiançável.

Segundo os arts. 323 e 324 do CPP **não se concederá fiança**: nos crimes de racismo; nos crimes de tortura, tráfico ilícito de entorpecentes e drogas afins, terrorismo e nos definidos como crimes hediondos; nos crimes cometidos por grupos armados, civis ou militares, contra a ordem constitucional e o Estado Democrático; aos que, no mesmo processo, tiverem quebrado fiança anteriormente concedida ou infringido, sem motivo justo, qualquer das obrigações a que se referem os arts. 327 e 328 do CPP; em caso de prisão civil ou militar; quando presentes os motivos que autorizam a decretação da prisão preventiva (art. 312, CPP).

A fiança é uma caução destinada a garantir o cumprimento das obrigações processuais do réu. Trata-se de um direito subjetivo e constitucional do acusado, pois, se presentes todos os requisitos exigidos por lei, a fiança deve ser concedida.

A fiança se destina ao pagamento das custas do processo, de uma eventual pena pecuniária (multa) ou a garantir o ressarcimento da vítima diante do crime que foi praticado. Pode ser concedida em qualquer fase do inquérito ou do processo, até o trânsito em julgado da sentença. Será arbitrada pela autoridade policial nos casos de infração punida com pena privativa de liberdade máxima não superior a 4 anos e concedida pelo juiz nos demais casos, que decidirá em 48 horas (art. 322 do CPP).

O arbitramento da fiança, nos termos do art. 326 do CPP, "deverá levar em consideração a natureza da infração, as condições pessoais de fortuna e vida pregressa do acusado, as circunstâncias indicativas de sua periculosidade, bem como a importância provável das custas do processo, até final julgamento", e os parâmetros para o arbitramento do valor estão instituídos no art. 325 do CPP.

O acusado que presta fiança deverá obedecer às obrigações de comparecer aos atos do processo e comunicar ao juiz mudança de residência ou ausência da comarca por mais de oito dias, de acordo com os arts. 327 e 328 do CPP.

Nos moldes do art. 341 do CPP, a fiança será considerada quebrada quando: regularmente intimado para ato do processo, deixar de comparecer, sem motivo justo; deliberadamente praticar ato de obstrução ao andamento do processo; descumprir medida cautelar imposta cumulativamente com a fiança; resistir injustificadamente a ordem judicial; praticar nova infração penal dolosa.

Por fim, nas hipóteses em que a fiança se tornar sem efeito, o réu for absolvido ou for julgada extinta a sua puni-

bilidade, o valor arbitrado será devolvido ao acusado sem qualquer desconto e acrescido da atualização legal (art. 337, CPP). Contudo, caso seja condenado, servirá o valor dado como fiança para pagamento das custas processuais, indenização do dano causado e pagamento da prestação pecuniária ou da multa determinada ao acusado (art. 336, CPP).

13. RITOS PROCESSUAIS

No processo penal o procedimento se divide em comum e especial (art. 394 do CPP). O procedimento comum por sua vez se subdivide em ordinário, sumário e sumaríssimo. Quanto aos procedimentos especiais, suas regras são colacionadas no Código de Processo Penal, bem como pela Legislação Penal Especial e serão objetos de estudo os crimes de competência do júri, os crimes de responsabilidade dos funcionários públicos, os crimes contra a honra, os crimes contra a propriedade imaterial e os crimes na lei de drogas (Lei 11.343/2006).

13.1. Rito ordinário

O processamento do rito ordinário está estabelecido nos arts. 394 a 405 do CPP, e está direcionado às infrações penais cuja pena máxima prevista seja igual ou superior a 4 anos de pena privativa de liberdade.

O rito ordinário possui as seguintes fases:

> Oferecimento da denúncia ou queixa-crime→ recebimento→ citação → resposta à acusação → despacho do juiz (absolvição sumária ou designação de audiência) → audiência de instrução, interrogatório e julgamento, em 60 dias (oitiva da vítima, oitiva das testemunhas de acusação e das testemunhas de defesa (8 testemunhas para cada um), esclarecimentos do peritos, reconhecimento e acareações, interrogatório do réu, requerimento de diligências, apresentação de alegações finais orais/ memorias e sentença).

Com o oferecimento da denúncia ou queixa-crime, o juiz poderá rejeitar a exordial acusatória liminarmente se verificar a ocorrência das hipóteses constantes no rol do art. 395 do CPP. Não sendo o caso de rejeição liminar, a inicial será recebida e o juiz ordenará a citação do acusado para responder aos termos da acusação.

No processo penal, a citação é o ato essencial para a validade do processo, conforme expressamente dispõe o art. 363 do Código de Processo Penal, e é o momento em que o réu é cientificado acerca da existência da ação penal, para que possa vir a juízo para se ver processar e realizar a sua defesa. A finalidade da citação é dar ciência do inteiro teor da imputação e o chamamento do acusado para que possa exercer o seu direito de defesa.

A citação pode ser real (pessoal) quando feita diretamente ao acusado, **por mandado**: por de oficial de justiça, quando o réu se encontra em local certo e sabido dentro da jurisdição do juízo processante (art. 351, CPP); **por carta precatória**: quando está em local conhecido, mas fora da jurisdição do juízo processante (art. 353, CPP); **por carta rogatória:** o réu está no exterior em local conhecido (art. 368, CPP), e o prazo prescricional ficará suspenso até o cumprimento.

Já a **citação ficta** será feita **por edital**: quando o acusado foi procurado mas não foi encontrado, encontrando-se em local incerto e não sabido.

Existe também no ordenamento processual pátrio a **citação por hora certa**, e ocorre nas situações em que o réu estiver se ocultando ou dificultando a citação (art. 362, CPP).

O art. 366 do CPP determina que se o réu for citado por edital e não comparecer e não constituir defensor, os prazos do curso do processo e da prescrição ficarão suspensos. E nesse sentido, a súmula 415 do STJ define o prazo que deve durar a suspensão em referência.

Ao determinar a suspensão, o juiz pode verificar se é caso da decretação da prisão preventiva do acusado, ou se existe a necessidade de produção antecipada de alguma prova considerada urgente, cuja decisão deverá ser motiva, consoante determina a súmula 455 do STJ.

Em todos os procedimentos, comuns e especiais, ressalvados o procedimento do júri e dos juizados especiais, haverá resposta escrita da defesa, após a citação do réu. O acusado terá o prazo de 10 dias para apresentar a defesa escrita (art. 396, CPP). Na resposta à acusação, o réu deverá arguir preliminares, alegar tudo que interesse a sua defesa, apresentar documentos e justificações, requerer a produção das provas que entenda relevantes e arrolar as testemunhas (no máximo 8), sob pena de preclusão.

Apresentada a resposta à acusação, o juiz verificará se é caso de absolvição sumária, estampada no art. 397 do CPP, podendo entender pela existência manifesta de causa excludente da ilicitude do fato; de causa excludente da culpabilidade do agente, salvo inimputabilidade; que o fato narrado evidentemente não constitui crime; ou pela extinção da punibilidade do agente

Não sendo o caso de absolvição sumária o juiz determinará o prosseguimento do feito, ordenará a intimação das partes, do defensor e, se for o caso, do querelante e do assistente (arts. 399 e 400 do CPP), e marcará a audiência de instrução debates e julgamento, que deverá ocorrer no prazo de 60 dias.

Nessa audiência, os atos instrutórios são concentrados em apenas uma audiência, na qual também será proferida a sentença, salvo quando houver a necessidade probatória complexa ou a quantidade excessiva de acusados demande exame mais cuidadoso, quando, então, será permitida a apresentação de memoriais pelas partes (acusação e defesa) no prazo de 5 dias sucessivamente para cada um, e se fixará novo prazo para a sentença (art. 403, § 3º, CPP).

13.2. Rito sumário

O rito sumário está preceituado nos arts. 531 a 538 do CPP e é destinado às infrações penais cuja pena máxima abstrata cominada ao delito seja inferior a 04 anos e superior a 2 anos de pena privativa de liberdade (art. 394, §1º, II, do CPP). Os atos processuais no rito em comento, serão realizados na seguinte ordem:

> Oferecimento da denúncia ou queixa → recebimento→ citação → resposta à acusação → despacho do juiz (absolvição sumária ou designação de audiência) → audiência de instrução em 30 dias (oitiva do ofendido, oitiva das testemunhas de acusação, oitiva das testemunhas de defesa, esclarecimentos dos peritos, reconhecimento e acareações, interrogatório do réu, apresentação de alegações finais orais e sentença).

No rito sumário o prazo para a designação de audiência em caso de recebimento da denúncia ou queixa-crime será de 30 dias, consoante preconiza o art. 530 do Código de Processo Penal. As partes poderão arrolar cada uma no máximo 5 testemunhas, consoante autoriza o art. 532 do CPP.

Não há previsão de requerimento de diligências e todas as provas deverão ser produzidas nessa audiência, pois nenhum ato será adiado, salvo quando imprescindível a prova faltante e o juiz a considerar relevante, segundo art. 535 do CPP.

13.3. Rito sumaríssimo

Segundo a Lei 9.99/1995, o rito sumaríssimo aplica-se às infrações de menor potencial ofensivo, que, nos termos do art. 61 da Lei, são todas as contravenções penais e os crimes cuja pena máxima não seja superior a 2 anos, cumulada ou não com multa, possuindo as seguintes fases:

> **1- Fase Preliminar**: Termo Circunstanciado - encaminhado para audiência de conciliação → composição civil dos danos (restando infrutífera) → transação penal → oferecimento da denúncia ou queixa.

> **2- Audiência de instrução e julgamento**: Defesa preliminar (oral) → rejeição ou recebimento da denúncia ou queixa-crime → instrução, debates e julgamento (oitiva da vítima, oitiva das testemunhas de acusação, oitiva das testemunhas de defesa, interrogatório do réu, debates orais e sentença)

O rito sumaríssimo está intimamente ligado aos princípios que o regem, quais sejam: celeridade, oralidade e informalidade e da não aplicação de pena privativa de liberdade.

É um rito peculiar e sua diferença para os outros ritos inicia-se já em sede policial, pois no procedimento sumaríssimo, em regra, não há inquérito policial e sim o termo circunstanciado (art. 69, Lei 9.099/1995). Elaborado o termo circunstanciado (descrição do fato criminoso e qualificação da vítima) a autoridade encaminhará este termo ao juizado especial criminal onde será marcada audiência preliminar, ocasião em que o juiz explicará sobre a possibilidade de composição civil dos danos e da aceitação da proposta de transação penal (aplicação de uma pena de imediato que não seja a restritiva de liberdade oferecida pelo Ministério Público - art. 76 da Lei 9.099/1995).

Feita a proposta de transação penal o autor do fato poderá aceitá-la ou não. Se esta não for aceita, então, será oferecida a denúncia ou queixa-crime e marcada data para audiência de instrução e julgamento, ocasião em que as partes sairão intimadas (art. 78 da Lei 9.099/1995)

Na referida audiência, se na audiência preliminar já tiver sido oportunizada a tentativa de conciliação, será apresentada defesa preliminar de forma oral, momento em que o juiz decidirá se rejeita a inicial acusatória ou a recebe. Não sendo o caso de rejeição, ato contínuo, o juiz de imediato procederá a oitiva das testemunhas (no máximo de 3 para cada parte) e, logo após, procederá o interrogatório do réu, passando aos debates orais da acusação e defesa nessa ordem, por 20 minutos prorrogáveis por mais 10 minutos, e após será proferida a sentença (art. 81 da Lei 9.099/1995).

13.4. Rito do Júri

O júri possui sua competência estabelecida expressamente na Constituição Federal (art. 5º, XXXVIII), sendo designado para a apuração e julgamento dos crimes dolosos contra a vida, tentados ou consumados e possuindo como princípios que norteiam o rito do Júri a plenitude de defesa, o sigilo das votações e a soberania dos veredictos. O processamento dos crimes de competência do júri está preceituado nos arts. 406 a 497 do CPP.

O rito do Júri tem a formatação bifásica ou escalonada, e se divide em duas fases: na primeira, estão abrangidos os atos praticados do oferecimento da denúncia até a decisão de pronúncia; e na segunda, estão contemplados os atos praticados entre a pronúncia e o julgamento pelo Tribunal do Júri. Confira-se:

1- **Fase de instrução preliminar**: Vara do Júri→ oferecimento da denúncia/queixa; →rejeição ou recebimento→ citação → resposta à acusação → vista ao MP para manifestação sobre documentos e preliminares → audiência de instrução (oitiva do ofendido, oitiva das testemunhas de acusação, oitiva das testemunhas de defesa, oitiva do perito, acareação e reconhecimento, interrogatório do réu, alegações finais orais, sentença (absolvição sumária/ impronúncia/ desclassificação de delito ou pronúncia)

2- **Fase do juízo da causa (*judicium causae*)**: Tribunal do Júri - se o réu for pronunciado → momento para arrolar testemunhas, juntar documentos, requer diligencias e rol testemunhas → relatório sucinto dos autos, determinando data para o julgamento → convocação dos jurados → formação do conselho de sentença → incomunicabilidade → entrega do relatório→ exortação → oitiva do ofendido → oitiva das testemunhas de acusação (5 testemunhas) → oitiva das testemunhas de defesa (5 testemunhas) → oitiva dos peritos → interrogatório do réu → debates orais (1h30min+1h) → réplica (1h +1h) → tréplica (1h+1h) → formulação dos quesitos → votação dos jurados → sentença (absolvição ou condenação.)

A primeira fase do júri, também denominada instrução preliminar, possui basicamente a mesma estrutura do procedimento comum ordinário. Há o oferecimento da denúncia (ou queixa-crime subsidiária), que pode ser rejeitada liminarmente nos casos de inépcia, falta de pressuposto processual, de condição da ação ou de justa causa.

Se o juiz receber, determina a citação do acusado para responder à acusação por escrito no prazo de 10 dias (art. 406, CPP). Não o fazendo no prazo designado, o juiz deverá nomear defensor dativo para apresentar defesa, no mesmo prazo de 10 dias (art. 407, CPP). Na resposta à acusação, o acusado poderá alegar tudo que interesse à sua defesa, oferecer documentos e justificações, especificar as provas que serão produzidas e arrolar no máximo 8 testemunhas (art. 406, § 2º, 3º CPP).

Após a defesa, o juiz deverá notificar o órgão de acusação para que se manifeste sobre a defesa apresentada no prazo de 05 dias (art. 409, CPP). Depois desta resposta, a audiência de instrução deverá ser designada em até 10 dias (art. 410, CPP), visando a que, em audiência uma, sejam ouvidos o ofendido (se possível), as testemunhas, peritos, feitas as acareações e, por fim, o interrogatório do acusado (art. 411, CPP).

Na mesma audiência, após a conclusão da instrução probatória, devem ter início os debates orais, por 20 (vinte) minutos para acusação e defesa, respectivamente, prorrogáveis por mais 10 (dez) minutos. A seguir, deverá o juiz exarar a decisão que poderá ser a de pronunciar o réu, impronunciá-lo, absolvê-lo sumariamente ou desclassificar a infração penal. Vejamos cada uma das possíveis decisões nessa fase do júri:

-**Pronúncia** (art. 413, CPP): a sentença será de pronúncia quando o magistrado ficar convencido da possibilidade de ter havido crime doloso contra a vida e da existência de indícios suficientes de autoria ou de participação do acusado; entretanto, como bem estabelece o art. 413, §1º do CPP: "A fundamentação da pronúncia limitar-se-á à indicação da materialidade do fato e da existência de indícios suficientes de autoria ou de participação, devendo o juiz declarar o dispositivo legal em que julgar incurso o acusado e especificar as circunstâncias qualificadoras e as causas de aumento de pena".

- **Impronúncia (art. 414, CPP)**: a sentença será de impronúncia quando o magistrado se convencer que não existam indícios suficientes que atribuam a autoria ao acusado. Entretanto, a impronúncia não forma coisa julgada, e não impede que, enquanto não ocorrer a extinção da punibilidade, possa ser formulada nova denúncia ou queixa se houver prova nova (art. 414, parágrafo único).

- **Absolvição sumária (art. 415, CPP)**: é sentença absolutória terminativa oriunda da inexistência do fato, ou por não ser o acusado autor ou partícipe do delito, ou o fato não constituir infração penal ou ainda ficar demonstrada causa de isenção de pena ou de exclusão de crime, afastada desse grupo a indagação de inimputabilidade por deficiência mental, como bem coloca o art. 415 do CPP.

- **Desclassificação (art. 419, CPP):** quando o juiz se convencer, em discordância com a acusação, da existência de crime diverso dos da competência do Tribunal do Júri, e não for competente para o julgamento, remeterá os autos a outro que o seja.

Nesse sentido, a primeira fase do júri deverá ser encerrada no prazo máximo de 90 dias, consoante determina o art. 412, CPP.

A segunda fase, também denominada *judicium causae* (juízo da causa) tem início a partir do momento em que ocorre a preclusão da decisão de pronúncia. Deve se atentar para o fato de que não se fala em trânsito em julgado, mas tão somente de preclusão, uma vez que a pronúncia não põe fim ao processo nem faz coisa julgada material, devendo o processo ser remetido ao juiz presidente do Tribunal do Júri (art. 421, CPP).

Esta fase tem, como objetivo, a preparação do processo para que seja julgado perante o Tribunal do Júri. O juiz deve então notificar o Ministério Público e depois o advogado do réu para que, em 05 dias, apresentem o rol de testemunhas que deverão ser ouvidas em plenário (máximo de 05). É possível também juntar documentos e requerer diligências (art. 422, CPP). O juiz então deverá deliberar sobre os requerimentos e eventualmente conduzir a realização das diligências solicitadas. Ao fim, deverá realizar um relatório do processo, fixando uma data para a realização da sessão de julgamento.

Existe uma possibilidade, nesta segunda fase, de que qualquer das partes, inclusive o juiz, requeiram ao Tribunal o **desaforamento**, que permite que o julgamento pelo júri seja feito em uma comarca diferente daquela em que correu o processo criminal (arts. 424, 427 e 428, CPP).

Insta declinar que qualquer documento só poderá ser juntado aos autos com antecedência de mínimo de 03 dias úteis ao Plenário do Júri, única restrição experimentada à possibilidade de se juntar documento em qualquer momento do processo.

Segundo o art. 447 do CPP, o Tribunal do Júri será composto por um juiz-presidente mais vinte e cinco jurados, sorteados aleatoriamente pelo juiz entre todos os candidatos alistados, sendo sete desses designados a participar do Conselho de Sentença, como bem informa o art. 433 do CPP.

No dia do julgamento, o juiz presidente, antes de iniciar os trabalhos, deve verificar a presença de no mínimo 15 jurados. Então anunciará o processo que deve ser julgado. Logo depois, serão sorteados os jurados, facultadas às partes a recusa imotivada de três jurados cada. Outras recusas podem ocorrer, desde que motivadas pelas partes.

Após o sorteio e formação do Conselho de Sentença, com 07 (sete) jurados, o juiz presidente deve fazer aos jurados uma exortação de julgar com imparcialidade e justiça (art. 472). Depois devem ser entregues aos jurados cópias da pronúncia, de decisões posteriores que julgaram admissível a acusação e do relatório feito pelo juiz presidente na segunda fase.

Após este procedimento, serão inquiridas as testemunhas, ocorrendo a inquirição de modo diverso daquele prevista no procedimento ordinário. Aqui não as partes, mas o juiz presidente começa a inquirição, facultando às partes, depois, a apresentação de questionamentos. O mesmo ocorre no interrogatório do acusado. Os jurados também podem formular perguntas, que serão intermediadas pelo juiz presidente.

Após estas providências que devem ser tomadas em plenário, serão iniciados os debates pelo Ministério Público, que tem uma hora e meia, e depois a defesa pelo mesmo tempo. Se for mais de um acusado, este tempo será de duas horas e meia para cada parte. O assistente falará sempre depois do Ministério Público, e este depois do querelante se for o caso de ação penal privada subsidiária da pública.

A acusação tem ainda a possibilidade de réplica, pelo prazo de uma hora, ao que se sucede a tréplica da defesa por igual período de tempo. Em caso de múltiplos réus, réplica e tréplica poderão durar até duas horas.

Durante as alegações em plenário, as partes não poderão fazer referência à decisão de pronúncia ou qualquer outra que a confirme, nem ao silêncio do acusado ou à ausência de interrogatório por falta de requerimento. Se qualquer menção for feita, cabe o registro em ata para, em caso de prejuízo, alegação da nulidade em recurso para o Tribunal (art. 478, CPP).

Concluídos os debates, o juiz pergunta aos jurados se estão em condições de julgar ou se necessitam de algum esclarecimento. Os jurados podem ter acesso aos autos ou mesmo aos instrumentos do crime se assim solicitarem ao juiz. A partir da dúvida de algum jurado, pode se originar a necessidade de proceder a alguma diligência, o que levará à dissolução do Conselho de Sentença para a realização das diligências.

O juiz então lerá os quesitos (art. 483, CPP) e os explicará (art. 484, CPP), conduzindo depois a votação. Os votos deverão ser, em sigilo, apurados, parando a contagem quando qualquer quesito receber 04 votos em um determinado sentido. Após a votação e vinculado ao seu resultado, o juiz presidente proferirá sentença, consoante determina o art. 492 do CPP.

13.5. Rito dos crimes de responsabilidade dos funcionários públicos

O procedimento especial dos crimes de responsabilidade dos funcionários públicos está previsto nos arts. 514 ao 518 do CPP e aplica-se aos crimes cometidos por funcionários públicos no exercício da função, bastando apenas que sejam afiançáveis.

O diferencial do rito em questão é que oferecida a denúncia ou queixa-crime, o juiz, antes de recebê-la, determinará não só a sua autuação, mas também mandará notificar o agente para apresentar a sua defesa preliminar no prazo de 15 dias, consoante determina o art. 514 do CPP. A matéria da resposta preliminar deve dizer respeito à existência do fato; à autoria; à tipicidade; à licitude; e à subsistência da punibilidade. Se o juiz se convencer da inexistência do crime ou da improcedência da ação, rejeitará a denúncia ou queixa-crime, conforme art. 516 do CPP.

Caso haja o recebimento da denúncia ou queixa, o procedimento passa a seguir o rito ordinário (art. 517, CPP). É importante esclarecer que a defesa preliminar não exclui o oferecimento de resposta à acusação (art. 396, CPP), a qual deverá ser apresentada seguindo-se os demais atos processuais do rito ordinário (art. 518, CPP).

13.6. Rito dos crimes contra a honra

Os crimes contra a honra são definidos como calúnia, injúria e difamação, tipificados nos arts. 138 a 145 do Código Penal. O rito que deverá ser seguido para o processamento de referidos crimes está estabelecido nos arts. 519 a 523 do Código de Processo Penal.

Trata-se de um rito especial, e inicia-se com o oferecimento da queixa-crime, conforme estabelece o art. 394, do CPP. O juiz antes de receber a queixa, determinará o cumprimento do disposto no art. 520 do CPP, que trata da audiência de reconciliação, ocasião em que as partes serão ouvidas separadamente pelo juiz. Primeiro o querelante; depois o querelado.

Havendo reconciliação, o querelante assinará um termo de desistência. Após sua juntada no processo, o juiz determinará o arquivamento do feito. Caso não haja conciliação, segue-se, então o procedimento comum sumário ou sumaríssimo, conforme a pena máxima cominada ao fato criminoso.

13.7. Rito dos crimes contra a propriedade imaterial

O rito dos crimes contra a propriedade imaterial (art. 184 e arts. 183 a 195 da Lei 9.279/1996) está tipificado nos arts. 524 a 530-I do CPP e seguem o procedimento comum, previsto para os crimes apenados com reclusão (rito ordinário), consoante determina o art. 524 do CPP, e como todo crime que deixa vestígios, o exame de corpo de delito é condição de procedibilidade para o exercício da ação penal, conforme exigência do art. 525 do CPP.

Após os procedimentos preliminares segue-se o rito ordinário, e em caso de condenação por crime de violação de direito autoral, nos termos do art. 530-G do CPP, o juiz poderá determinar a destruição dos bens ilicitamente produzidos ou reproduzidos e o perdimento dos equipamentos apreendidos.

13.8. Lei de Drogas (Lei 11.343/2006)

Os procedimentos a serem observados na Lei drogas encontram-se disciplinados nos arts. 48 a 59 da Lei 11.343/06 (Lei de Drogas). Insta declinar que os crimes que serão processados perante esse rito estão declinados nos arts. 33 ao 39 da Lei 11.343/2006, não se aplicando, portanto ao art. 28 da referida Lei (porte para consumo pessoal), o qual deverá ser processado pelo rito sumaríssimo.

Assim, o processamento do feito dos crimes em questão, será organizado da seguinte forma:

> Oferecimento da denúncia → notificação da parte → defesa preliminar (art. 55 da lei, prazo de 10 dias) → recebimento da denúncia→ citação pessoal do acusado→ audiência de instrução (interrogatório do réu, oitiva das testemunhas de acusação, oitiva de testemunha de defesa) debates orais → sentença.

De acordo com o determinado no art. 55 da Lei de Drogas, oferecida a denúncia, o juiz ordenará a notificação do acusado para oferecer defesa prévia, por escrito, no prazo de 10 (dez) dias. Na resposta, consistente em defesa preliminar e exceções, o acusado poderá arguir preliminares e invocar todas as razões de defesa, oferecer documentos e justificações, especificar as provas que pretende produzir e, até o número de 5 (cinco), arrolar testemunhas (§ 1º do art. 55). As exceções serão processadas em apartado, nos termos dos arts. 95 a 113 do Código de Processo Penal (§ 2º do art. 55).

Se a resposta não for apresentada no prazo, o juiz nomeará defensor para oferecê-la em 10 (dez) dias, concedendo-lhe vista dos autos no ato de nomeação (§ 3º do art. 55). Apresentada a defesa, o juiz decidirá em 5 (cinco) dias (§ 4º do art. 55). Se entender imprescindível, o juiz, no prazo máximo de 10 (dez) dias, determinará a apresentação do preso, realização de diligências, exames e perícias (§ 5º do art. 55).

Ao invés de receber a denúncia de plano (art. 396, *caput*, do CPP), caso não seja hipótese de rejeição, e desde logo mandar citar o réu para apresentar resposta escrita, no procedimento da Lei de Drogas o juiz, não sendo caso de rejeição liminar da peça acusatória, mandará notificar o denunciado para apresentação de resposta escrita, cujo ato antecede o recebimento da denúncia, ao contrário do que ocorre no procedimento comum.

No âmbito da Lei de Drogas, somente após a efetiva apresentação da resposta é que o juiz, não sendo caso de rejeição, avaliação mais uma vez pertinente após a resposta escrita, irá receber a acusação, designar audiência de instrução e julgamento, que será realizada dentro de 30 dias após o recebimento da denúncia, salvo se for determinada a realização de avaliação para atestar a dependência de drogas, ocasião em que ocorrerá em 90 dias (art. 56, § 2º da Lei 11.343/2006).

Na audiência de instrução e julgamento, primeiro procederá ao interrogatório do acusado (muito embora o entendimento jurisprudencial entenda que o interrogatório deva ser feito ao final), seguindo da inquirição das testemunhas de defesa e acusação, e após será dada a palavra à acusação e depois à defesa para alegações orais pelo prazo de 20 minutos cada um, prorrogáveis por 10 minutos a critério do juiz (art. 57 da Lei 11.343/06). Encerrados os debates, o magistrado proferirá a sentença no ato ou o fará no prazo de 10 dias (art. 58 da Lei 11.343/06).

13.9. Suspensão condicional do processo

A suspensão condicional do processo está estampada no art. 89 da Lei 9.099/1995 e é aplicável tanto para as infrações penais de menor potencial ofensivo (art. 61 da Lei 9.099/1995) quanto para os crimes cuja pena mínima abstrata não seja superior a um ano. Nesse sentido, vale esclarecer que, embora previsto na Lei dos Juizados Especiais, a suspensão condicional do processo figura como norma genérica, razão pela qual também é aplicável aos delitos que reclamam outros procedimentos, ressalvados os crimes militares que preveem expressa vedação quanto à aplicação da Lei 9.099/1995 no art. 90-A.

Para a concessão do benefício, a lei exige os seguintes **requisitos**: que o crime tenha pena mínima cominada igual ou inferior a um ano; que o acusado não esteja sendo processado ou não tenha sido condenado por outro crime; que estejam presentes os requisitos para a suspensão condicional da pena (art. 77, CP) – a culpabilidade, os antecedentes, a conduta social e a personalidade do agente, bem como os motivos e circunstâncias, autorizem a concessão do benefício; que tenha ocorrido a reparação do dano,

A suspensão condicional do processo é oferecida após a apresentação da exordial acusatória, e submete o acusado a um período de prova que pode variar entre dois a quatro anos, lapso temporal em que deverá cumprir as condições legais, ou outras que o Magistrado reputar convenientes (art. 89, § 1º, I, II, III, IV, Lei 9.099/1995), sendo que após o cumprimento integral sem qualquer revogação, será decretada a extinção da punibilidade do agente.

14. NULIDADES

Nulidade "é o vício, que impregna determinado ato processual, praticado sem a observância da forma prevista em lei, podendo levar à sua inutilidade e consequente renovação" (Nucci, 2012, p. 959). É também "uma sanção aplicada pelo juiz em razão da verificação de um ato processual defeituoso.

A sua imposição terá lugar toda vez que o desatendimento de norma processual penal cause prejuízo a direito das partes ou quando haja presunção legal de tal prejuízo por se cuidar de formalidade essencial" (Távora, 2013, p. 1079).

14.1. Nulidade absoluta

A nulidade absoluta deve ser reconhecida de ofício pelo juiz, pois o seu vício atinge interesse público e o prejuízo da parte é presumido. Em razão disso, pode ser arguida a qualquer tempo, ainda que haja sentença transitada em julgado, não existindo preclusão, pois produz um ato nulo que não admite convalidação.

As nulidades absolutas encontram-se estampadas de forma exemplificativa no art. 564, I, II e III, letras a, b, c, e (primeira parte), f, i, j, k, l, m, n, o, p do CPP, tendo em vista que o art. 572 e incisos refere-se especificamente às nulidades que podem ser sanadas, concluindo-se que as demais não são sanáveis, constituindo, por conseguinte, nas nulidades absolutas, ora explicitadas.

14.2. Nulidade relativa

A nulidade relativa é reversível, isto é, admite convalescimento, tendo em vista que é sanável, pois produz um ato anulável, e se não for arguida oportunamente, será considerada sanada (art. 571, CPP). É importante destacar que o prejuízo não é presumido, e em razão disso precisa ser comprovado. As nulidades relativas estão descritas no art. 572 do CPP, bem como nas situações sanáveis estampadas nos arts. 568, 569 e 570, CPP.

15. SENTENÇA

A sentença é "a decisão jurisdicional definitiva que aprecia o mérito da acusação contida na denúncia ou queixa, de modo a julgar procedente ou improcedente a pretensão punitiva deduzida, e assim resolver o processo" (Marcão, 2014, p. 815).

A decisão definitiva ou sentença em sentido estrito é classificada em:

a) Condenatória: acolhe, totalmente ou em parte, a pretensão punitiva, aplicando ao acusado uma pena, tal como na situação de furto, onde a ação é julgada procedente para condenar o acusado às penas do art. 155 do Código Penal.

b) Absolutória: julga improcedente a pretensão punitiva (art. 386, CPP).

- **Próprias**: não acolhem a pretensão punitiva, como, por exemplo, se o juiz absolve por improcedência da denúncia.

- **Imprópria**: quando, embora não acolhendo a pretensão punitiva, o juiz reconhece a existência de infração penal, absolve e aplica medida de segurança (art. 386, parágrafo único, III, CPP). Ex.: doentes mentais, menores, incapazes, e no caso de embriaguez completa, por caso fortuito ou força maior.

c) Terminativa de mérito: extingue o processo, mas não condena e muito menos absolve, pois, apesar de não julgar o mérito, prejudica-o, impossibilitando a sua discussão. São consideradas por alguns como interlocutórias com força de definitiva (art. 593, II, CPP). É o caso da sentença que declara extinta a punibilidade (art. 107 do CP).

O art. 381 do CPP elenca os requisitos intrínsecos que deverão fazer parte da sentença, são eles: I- os nomes das partes ou, quando não possível, as indicações necessárias para identificá-las; II - a exposição sucinta da acusação e da defesa; III - a indicação dos motivos de fato e de direito em que se fundar a decisão; IV - a indicação dos artigos de lei aplicados; V- o dispositivo; VI - a data e a assinatura do juiz.

15.1. Princípio da correlação

Este princípio estabelece que a condenação do acusado deve estar intimamente ligada à imputação que lhe foi dirigida na peça inaugural. Nesse diapasão, correlação é o liame existente entre a sentença e os termos da acusação, pois representa garantia ao direito de defesa, e qualquer distorção significa verdadeira violação ao direito constitucional dirigido ao acusado, o que acarreta a nulidade da decisão.

15.2. Emendatio Libelli

Dispõe o art. 383, do CPP que "O juiz, sem modificar a descrição do fato contida na denúncia ou queixa, poderá atribui-lhe definição jurídica diversa, ainda que, em consequência, tenha de aplicar pena mais grave."

A *emendatio libelli* é a correção da classificação do delito sobre o mesmo fato constante da denúncia ou queixa-crime. É a correção em face de erro na denúncia ou queixa-crime, podendo o juiz, por ocasião da sentença, dar nova definição jurídica ao fato, corrigindo a peça acusatória, ainda que para isso resulte em pena mais gravosa. Nesse caso, não há prejuízo para a defesa, pois a condenação é pelo mesmo fato criminoso contido na peça acusatória, e o acusado se defende dos fatos contidos na exordial acusatória e não da capitulação legal nela inserida.

Assim, se for possível a suspensão condicional do processo ao acusado após a correta tipificação do delito, o juiz, observando o procedimento do art. 89 da Lei 9.099/1995 (Súmula 337 do STJ), abrirá vistas ao Ministério Público para a oferta da suspensão condicional do processo, consoante autoriza o art. 383, § 1º do CPP. Se a correta definição jurídica resultar em delito que seja de competência de outro juízo, os autos serão então remetidos ao competente (art. 383, § 2º, CPP). Por fim, é interessante lembrar que a *emendatio libelli* pode acontecer tanto na ação penal pública quanto na ação penal privada.

15.3. Mutatio Libelli

Já na *mutatio libelli*, surge durante a instrução probatória uma nova prova de elemento ou circunstância da infração penal que não estava contida na exordial acusatória, que altera o fato criminoso. Assim ocorrendo, como o réu tem direito de conhecer a imputação que lhe é dirigida, o juiz, remete os autos ao Ministério Público para que adite a inicial no prazo de 5 dias, e diante do contraditório e da ampla defesa, abre vistas à defesa para que se manifeste em 5 dias, podendo produzir provas, e arrolar até três testemunhas (art. 384, *caput*, e § 2º do CPP).

É de suma importância declinar que a *mutatio libelli* não se aplica aos Tribunais, quando se tratar de processo de competência originária dos Tribunais, confira-se: "Não se aplicam à segunda instância o art. 384 e parágrafo único do Código de

Processo Penal, que possibilitam dar nova definição jurídica ao fato delituoso, em virtude de circunstância elementar não contida, explícita ou implicitamente, na denúncia ou queixa".

Por derradeiro, é necessário ressaltar que a *mutatio libelli* só se aplica aos crimes de ação pública e às ações penais privadas subsidiárias da pública, e não se aplica na ação penal privada porque são dirigidas pelo princípio da disponibilidade, cabendo ao querelante o andamento e oportuno aditamento.

16. RECURSOS

De acordo com Gonçalves, "recurso é um meio processual de impugnação, voluntário ou obrigatório, utilizado antes da preclusão, apto a propiciar um resultado mais vantajoso na mesma relação jurídica processual, decorrente da reforma, invalidação, esclarecimento ou confirmação" (2014, p.2014).

Assim, um recurso só poderá ser admitido se preenchidos os seguintes pressupostos recursais:

1) Pressupostos objetivos:

- Previsão legal: o cabimento tem que estar previsto em lei;

- Tempestividade: deve ser interposto no prazo legal;

- Formalidades legais: deve preencher devidamente, sob pena de não ser recebido;

2) Pressupostos subjetivos:

- Interesse em recorrer: está ligado ao prejuízo ocasionado pela sucumbência, a qual gera, em função do inconformismo, o desejo de reforma ou modificação da decisão judicial (art. 577, parágrafo único, do CPP).

- Legitimidade: somente quem possui interesse terá legitimidade para recorrer. Em regra, são as pessoas indicadas no art. 577 do CPP, mas também nas situações em que a lei autorize, como no caso do assistente de acusação.

Com relação aos **efeitos dos recursos**, dividem-se em:

a) Devolutivo: existe em todos os recursos. Ocorre quando o conhecimento da questão passa para uma instância superior para que esta faça o reexame da matéria.

b) Suspensivo: o recurso funciona como condição suspensiva da eficácia da decisão, que não pode ser executada até que ocorra o julgamento final. Porém, para que haja este efeito, a lei deve ser específica a respeito.

c) Extensivo: ocorre quando há concurso de agentes no crime e a decisão do recurso interposto por um dos réus aproveita os demais, desde que não fundada em questões pessoais.

Em regra, os recursos são voluntários e cabe à parte que se sentir prejudicada ou inconformada recorrer da decisão. Contudo, será obrigatória a interposição de recurso de ofício pelo juiz na decisão que concede *habeas corpus* (art. 574, I, CPP); da sentença que absolver sumariamente o réu no rito do Júri (art. 574, II, CPP); na decisão que concede reabilitação criminal (art. 746, CPP); e da rejeição da denúncia nos crimes contra a economia popular (art. 7º, Lei 1521/51).

16.1. Recurso em sentido estrito

É um recurso interposto, em regra, contra as decisões interlocutórias elencadas no Código de Processo Penal ou em leis esparsas, e excepcionalmente em decisões de mérito,

possibilitando assim, o reexame das seguintes matérias elencadas nos incisos do art. 581 do CPP, quais sejam: I - que não receber a denúncia ou a queixa; II - que concluir pela incompetência do juízo; III - que julgar procedentes as exceções, salvo a de suspeição; IV – que pronunciar o réu; VII - que julgar quebrada a fiança ou perdido o seu valor; VIII - que decretar a prescrição ou julgar, por outro modo, extinta a punibilidade; IX - que indeferir o pedido de reconhecimento da prescrição ou de outra causa extintiva da punibilidade; X - que conceder ou negar a ordem de habeas corpus; XI - que conceder, negar ou revogar a suspensão condicional da pena; XIII - que anular o processo da instrução criminal, no todo ou em parte; XIV - que incluir jurado na lista geral ou desta o excluir; XV - que denegar a apelação ou a julgar deserta; XVI - que ordenar a suspensão do processo, em virtude de questão prejudicial;

O inciso XXIV do art. 581 que trata da conversão da pena de multa em detenção ou em prisão simples encontra-se sem aplicação, em face da modificação do Código Penal que veda a conversão de multa em pena privativa de liberdade.

Já as matérias dos incisos XII, XVII,XIX, XX, XXI, XXII, XXIII, constantes do art. 581 do CPP passaram a ser de competência da Execução Penal em virtude da Lei 7.210/1984 (Lei de Execução Penal), e serão recorríveis por Agravo de Execução (art. 197 da Lei 7210/1984).

De acordo com o art. 586, *caput,* I, do CPP, o **prazo para interposição** do recurso em sentido estrito é de 5 dias, a contar da data da intimação da decisão (art. 591, CPP), com exceção da hipótese de inclusão ou exclusão do jurado na lista geral, ocasião em que o prazo para interpor referido recurso será de 20 dias (art. 586, parágrafo único do CPP).

E caso a parte inconformada não apresente as razões juntamente com a interposição no prazo de 5 dias, poderá após referido prazo juntar as razões de seu inconformismo no prazo de 2 dias, sendo este também o prazo da parte contrária para juntar as contrarrazões do recurso (art. 588, CPP).

É imperioso esclarecer que com a apresentação ou não das contrarrazões do recorrido, o juiz da causa poderá decidir se reforma a decisão anteriormente prolatada. A isto nomeamos de juízo de retratação, eis que o juiz pode modificar sua decisão sem que o recurso precise subir ao Tribunal *ad quem*, entabulado no art. 589 do CPP.

16. 2. Apelação

A apelação é o recurso interposto da sentença definitiva ou com força de definitiva para a segunda instância, com o fim de que se proceda ao reexame da matéria, com a consequente modificação parcial ou total da decisão seja ela condenatória ou absolutória, proferida por juiz singular (art. 593, I, CPP).

É cabível também quando tratar-se de decisão definitiva ou com força de definitiva, não impugnada por Recurso em Sentido Estrito (art. 593, II, CPP) e das decisões do Tribunal do Júri, quando houver nulidade posterior à pronúncia, quando houver erro ou injustiça na fixação da pena ou medida de segurança, quando a decisão do juiz presidente contrariar a decisão dos jurados e, por fim, quando a decisão dos jurados for manifestamente contrária à prova dos autos (art. 593, III, CPP).

Necessário se faz ressaltar ainda que em se tratando de sentença de impronúncia ou absolvição sumária, o art. 416 do CPP determina a interposição do recurso de apelação pela parte prejudicada. E nos casos de rejeição da denúncia ou queixa e das sentenças proferidas nas infrações de menor potencial ofensivo, caberá apelação, consoante autoriza o art. 82 da Lei 9.099/1995.

A apelação deve ser interposta no prazo de 5 dias (art. 593, *caput)*, e as razões do recorrente, bem como as contrarrazões da parte recorrida, serão apresentadas em 8 dias (art. 600, CPP). Já a apelação no caso de competência do Juizado Especial Criminal será interposta juntamente com as razões no prazo único de 10 dias (art. 82, § 1º da Lei 9.99/1995)

No que diz respeito ao assistente de acusação, o prazo para interposição da apelação será de 5 dias, se estiver habilitado, contados da data da intimação e de 15 dias caso não esteja habilitado, a contar do vencimento do prazo para o Ministério Público recorrer (art. 598, CPP e Súmula 448 do STF).

16.3. Embargos de declaração

Trata-se de recurso cabível no caso de sentença ou acórdão que contenha obscuridade, ambiguidade, contradição ou omissão.

Os embargos de declaração são cabíveis: das sentenças de primeira instância – art. 382 do Código de Processo Penal; de decisões de segunda instância (acórdãos) – art. 619 do Código de Processo Penal; das sentenças ou acórdão proferidos nos casos submetidos ao procedimento sumaríssimo – art. 83 da Lei 9.099/1995.

O prazo para a oposição dos embargos é de dois dias, a contar da intimação da sentença ou da publicação do acórdão e interrompe o prazo dos demais recursos. No caso da Lei 9.099/1995, o prazo para oposição é de cinco dias, contados da ciência da decisão, e haverá a interrupção dos outros prazos recursais.

Os embargos de declaração poderão ser opostos pela defesa e pela acusação, em petição única, perante o próprio juiz ou relator que prolatou a decisão.

16.4. Embargos infringentes e de nulidade

São oponíveis contra a decisão não unânime de 2ª instância e desfavorável ao réu (art. 609, parágrafo único de CPP). É um recurso privativo da defesa.

Recebe o nome de embargos de nulidade quando a divergência versar sobre matéria estritamente processual, capaz de tornar inválido todo o processo. Nesse caso, os embargos visam à anulação do feito, possibilitando a sua renovação. E serão embargos infringentes quando a divergência se fundamentar no mérito da imputação.

O prazo para oposição dos embargos infringente e de nulidade é de 10 dias, a contar da publicação do acórdão impugnado.

Nos embargos infringente e de nulidade, o embargante jamais poderá pleitear algo fora do que foi decidido no voto vencido, ficando restrito à matéria que foi objeto de divergência.

16.5. Carta testemunhável

A carta testemunhável é cabível da decisão que nega seguimento ao recurso em sentido estrito e ao agravo em execução e objetiva garantir o processamento do que foi obstado pelo juiz *a quo*.

Portanto, se for denegado seguimento do recurso em sentido estrito em 1ª instância, a carta testemunhável será requerida ao escrivão do cartório. O prazo é de 48 horas, possuindo interposição e razões. O pedido deve conter a indicação das peças a serem trasladas.

16.6. Recurso ordinário constitucional

O recurso ordinário constitucional está previsto nos arts. 102, II "a" e 105, II, "a" e "b" ambos da Constituição Federal e o seu procedimento se encontra disciplinado nos arts. 30 a 35 da Lei 8.038/2990.

Será interposto perante o Superior Tribunal de Justiça, de acordo com o art. 105, II, "a" e "b" da Constituição Federal das decisões denegatórias de "habeas corpus" proferidas em única ou última instância pelos Tribunais Estaduais ou Tribunais Regionais Federais e das decisões denegatórias de mandado de segurança proferidas em única instância pelos Tribunais Estaduais ou Tribunais Regionais Federais.

É interposto por meio de petição dirigida ao Presidente do Tribunal recorrido, junto com as razões do pedido de reforma no prazo de 5 dias (no caso de decisão denegatória de "habeas corpus" – art. 30 da Lei 8.038/1990), ou 15 dias (no caso de decisão denegatória do mandado de segurança - art. 33 da Lei 8.038/1990).

Já a interposição junto ao Supremo Tribunal Federal se dará de acordo com o art. 102, II, "a" da Constituição Federal nas decisões denegatórias de "habeas corpus" proferidas em única instância pelos Tribunais Superiores, das decisões denegatórias de mandado de segurança proferidas em única instância pelos Tribunais Superiores e nos crimes políticos.

A Lei 8.038/1990 não fez referência ao recurso ordinário constitucional para o STF. Porém, de acordo com o art. 310 do regimento interno do STF, no caso de decisão denegatória de *habeas corpus,* o prazo para interposição do recurso é de 5 dias. Com relação à decisão denegatória de mandado de segurança, tanto o regimento quanto a Lei 8.038/1990 são omissos e a questão foi tratada pela Súmula 319 do STF, que estabeleceu o prazo de 5 dias.

16.7. Agravo em execução

Das decisões proferidas pelo juiz no processo de execução caberá recurso de agravo de execução, sem efeito suspensivo, exceto no caso de decisão que determina a desinternação ou liberação de quem cumpre medida de segurança, quando neste caso se processará com duplo efeito – devolutivo e suspensivo.

O agravo é recurso utilizado para impugnar toda decisão proferida pelo juiz da Execução Criminal, que prejudique direito das partes envolvidas no processo.

Possui natureza de recurso em sentido estrito, devendo então seguir a disciplina que este orienta, pois não existe na Lei de Execução Penal referência do procedimento a ser seguido.

O prazo para interposição é de 5 dias, a contar da ciência da decisão, conforme orientação da súmula 700 do STF e art. 586 do Código de Processo Penal. A petição de interposição será endereçada ao juiz da Execução Criminal podendo vir acompanhada das razões, ou podem ser apresentadas as razões do agravo em execução no prazo de 2 dias, conforme regulamenta o art. 588 do CPP, e após, o mesmo prazo será dado para a juntada das contrarrazões da parte agravada

Após a resposta do agravado ou sem ela, o agravo será remetido ao juiz que, dentro de 2 dias, reformará ou sustentará sua decisão, possibilitando o juízo de retratação, conforme disciplina o art. 589 do CPP.

16.8.   Revisão criminal

Revisão criminal não é recurso, é ação autônima de impugnação, a ser proposta pelo acusado ou por alguém em seu nome com o fim de desconstituir uma sentença penal condenatória já transitada em julgado.

A revisão criminal é cabível durante o cumprimento de pena, ou seja, antes da extinção da pena, após a extinção da pena e, ainda, após a morte, hipótese esta de representatividade por seus legitimados objetivando o resgate da honra do condenado.

O art. 621 do CPP estabelece as hipóteses que fundamentam a revisão criminal, podendo ser proposta quando a sentença condenatória a ser desconstituída for contrária ao texto expresso da lei penal ou à evidência dos autos; se fundar em depoimentos, exames ou documentos comprovadamente falsos; quando, após a sentença, forem descobertas novas provas de inocência do condenado ou de circunstância que determine ou autorize diminuição da pena estabelecida.

Em regra, a competência para conhecer, processar e julgar a revisão criminal é dos Tribunais em segunda instância (Tribunal de Justiça ou Tribunal Regional Federal – competência da Justiça Federal). No entanto, pode ocorrer revisão criminal para as cortes superiores (STF, art. 102, I, "j" e STJ art. 105,I, "e", ambos da Constituição Federal).

De acordo com o art. 626 do CPP, a decisão pode alterar a classificação do da infração, absolver o condenado, reduzir a pena ou anular o processo. Em caso de absolvição, há o restabelecimento de todos os direitos perdidos em virtude da condenação. É vedado o agravamento de pena imposta pela decisão revista.

16.9.   Habeas corpus

O *habeas corpus* não é um recurso, é uma ação autônoma impugnativa, conceituado no art. 5º, LXVIII da Constituição Federal, e tem a finalidade de evitar ou de fazer cessar a violência ou a coação à liberdade de locomoção, decorrentes de ilegalidade ou de abuso de poder e possui duas espécies:

- liberatório – aquele utilizado para fazer cessar uma coação à liberdade de locomoção que se concretizou.

- preventivo – destinado a afastar uma ameaça ao direito de locomoção do indivíduo, e para isso, é expedido o salvo-conduto.

As hipóteses de cabimento estão previstas nos art. 647 e 648, todos do CPP:

a) sempre que alguém sofrer ou se achar na iminência de sofrer violência ou coação ilegal na sua liberdade de ir e vir, salvo nos casos de punição disciplinar; b) quando não houver justa causa; c) quando alguém estiver preso por mais tempo do que determina a lei; d) quando quem ordenar a coação não tiver competência para fazê-lo; e) quando houver cessado o motivo que autorizou a coação; f) quando não for a alguém admitido prestar fiança, nos casos em que a lei autoriza; g) quando o processo for manifestamente nulo; h) quando extinta a punibilidade.

Não existe prazo legal para se impetrar *habeas corpus*, que poderá ser feito por qualquer pessoa, não se exigindo capacidade postulatória para sua impetração. O órgão competente para julgar e processar a ordem de *habeas corpus* será a autoridade hierarquicamente superior à autoridade coatora.

16.10.   Mandado de segurança

O mandado de segurança é uma ação destinada a proteger direito líquido e certo, não amparado por *habeas corpus* ou *habeas data*, quando o responsável pela ilegalidade ou abuso de poder for autoridade pública ou agente de pessoa jurídica, no exercício de atribuições no Poder Público.

Insta salientar que o mandando de segurança possui caráter subsidiário, uma vez que ele só terá cabimento quando a ilegalidade ou abuso de poder, não puder ser tutelado pelo *habeas corpus* ou *habeas data*.

Na esfera penal, tem cabimento nos casos de denegação por parte do delegado de polícia ao direito de vista do inquérito policial ao advogado e do direito do advogado entrevistar seu cliente, entre outros.

A competência para julgar o mandado de segurança será da autoridade hierarquicamente superior à autoridade coatora, e o prazo a impetração do mandado de segurança será de 120 dias, contados a partir da ciência do ato a ser impugnado.

17.   REFERÊNCIAS

BADARÓ, Gustavo Henrique. **Direito Processual Penal**: tomo I, Rio de Janeiro: Elsevier, 2008.

BANDEIRA DE MELLO, Celso Antônio. **Curso de direito administrativo**. 16 ed. rev. e ampl. São Paulo: Malheiros, 2003.

FERNANDES, Antônio Scarance. **Processo Penal Constitucional**. 5 ed. rev. São Paulo: Revista dos Tribunais, 2007.

GRINOVER, Ada Pellegrini; ARAÚJO CINTRA, Antônio Carlos de; DINAMARCO, Cândido Rangel. **Teoria Geral do Processo**. 15 ed. São Paulo: Malheiros,1999.

JESUS, Damásio. **Código de processo Penal anotado**. 22. ed. atual. São Paulo: Saraiva, 2006.

LIMA, Renato Brasileiro de. **Manual de processo penal**. Niterói: Impetus, 2012.

LIMA, Renato Brasileiro de. **Manual de processo penal**. Volume único. 2 ed. Salvador: JusPodvm, 2014.

MARCÃO, Renato. **Curso de Processo Penal**. São Paulo: Saraiva, 2014.

MIRABETE, Julio Fabrini. **Processo Penal**. 7 ed. São Paulo: Atlas, 2006.

NUCCI, Guilherme de Souza. **Princípios Constitucionais Penais e Processuais Penais.** 2 ed. São Paulo: Revista dos Tribunais, 2012.

NUCCI, Guilherme de Souza. **Código Penal Comentado**. 11 ed. São Paulo: Revista dos Tribunais, 2012.

OLIVEIRA, Eugênio Pacelli de. **Curso de Processo Penal**. 11 ed. Rio de Janeiro: 2009.Editora: Lumen Juris..

PEREIRA E SILVA, Igor Luis. **Princípios Penais.** 1 ed. Salvador: Juspodivm, 2012.

RANGEL, Paulo. **Direito Processual Penal.** 21 ed. São Paulo: Atlas, 2013.

REIS, Alexandre Cebrian Araújo; GONÇALVES, Victor Eduardo Rios. **Direito Processual Penal Esquematizado.** 3 ed. São Paulo: Saraiva, 2014.

REIS, Alexandre Cebrian Araujo / Lenza, Pedro / Goncalves, Victor Eduardo Rios. Direito Processual Penal Esquematizado - 2017. Editora Saraiva

TÁVORA, Nestor; ALENCAR, Rosmar Rodrigues. **Curso de Direito Processual Penal.** 8 ed. Salvador: Juspodivm, 2013.

TOURINHO FILHO, Fernando da Costa. **Manual de Processo Penal**. 13 ed. São Paulo: Saraiva, 2010.

TUCCI, Rogério Lauria. **Do Corpo de Delito no Direito Processual Penal Brasileiro**. São Paulo: Saraiva, 1978.

18. QUESTÕES

1- (OAB /2017- Exame de Ordem Unificado XXIV- Primeira Fase) Na cidade de Angra dos Reis, Sérgio encontra um documento adulterado (logo, falso), que, originariamente, fora expedido por órgão estadual. Valendo-se de tal documento, comparece a uma agência da Caixa Econômica Federal localizada na cidade do Rio de Janeiro e apresenta o documento falso ao gerente do estabelecimento. Desconfiando da veracidade da documentação, o gerente do estabelecimento bancário chama a Polícia, e Sérgio é preso em flagrante, sendo denunciado pela prática do crime de uso de documento falso (Art. 304 do Código Penal) perante uma das Varas Criminais da Justiça Estadual da cidade do Rio de Janeiro. Considerando as informações narradas, de acordo com a jurisprudência do Superior Tribunal de Justiça, o advogado de Sérgio deverá

(A) alegar a incompetência, pois a Justiça Federal será competente, devendo ser considerada a cidade de Angra dos Reis para definir o critério territorial.

(B) alegar a incompetência, pois a Justiça Federal será competente, devendo ser considerada a cidade do Rio de Janeiro para definir o critério territorial.

(C) alegar a incompetência, pois, apesar de a Justiça Estadual ser competente, deverá ser considerada a cidade de Angra dos Reis para definir o critério territorial.

(D) reconhecer a competência do juízo perante o qual foi apresentada a denúncia.

COMENTÁRIOS: **A:** Incorreta. A Justiça Federal é competente, mas, para definir o critério territorial, deverá ser considerada a cidade do Rio de Janeiro; **B:** Correta. De acordo com a Súmula 546 STJ: "A competência para processar e julgar o crime de uso de documento falso é firmada em razão da entidade ou órgão ao qual foi apresentado o documento público, não importando a qualificação do órgão expedidor." E nesse sentido, o crime de uso de documento falso foi praticado em desfavor da Caixa Econômica Federal (empresa pública federal), destarte, a competência, nos termos do art. 109, IV, da Constituição Federal é da Justiça Federal; **C:** Incorreta. A Justiça será competente, e Sérgio deverá ser processado por uma das Varas Federais do Rio de Janeiro; **D:** Incorreta. Está evidenciada a incompetência, pois de fato deverá se processado no Rio de Janeiro, mas pela Justiça Federal.

Gabarito "B".

2-(OAB /2017- Exame de Ordem Unificado XXIV- Primeira Fase) Lívia, insatisfeita com o fim do relacionamento amoroso com Pedro vai até a casa deste na companhia da amiga Carla e ambas começam a quebrar todos os porta-retratos da residência nos quais estavam expostas fotos da nova namorada de Pedro. Quando descobre os fatos, Pedro procura um advogado, que esclarece a natureza privada da ação criminal pela prática do crime de dano. Diante disso, Pedro opta por propor queixa-crime em face de Carla pela prática do crime de dano (Art. 163, caput, do Código Penal), já que nunca mantiveram boa relação e ele tinha conhecimento de que ela era reincidente, mas, quanto a Lívia, liga para ela e diz que nada fará, pedindo, apenas, que o fato não se repita. Apesar da decisão de Pedro, Lívia fica preocupada quanto à possibilidade de ele mudar de opinião, razão pela qual contrata um advogado junto com Carla para consultoria jurídica. Considerando apenas as informações narradas, o advogado deverá esclarecer que ocorreu

(A) renúncia em relação a Lívia, de modo que a queixa-crime não deve ser recebida em relação a Carla.

(B) renúncia em relação a Lívia, de modo que a queixa-crime deve ser recebida apenas em relação a Carla.

(C) perempção em relação a Lívia, de modo que a queixa-crime deve ser recebida apenas em relação a Carla.

(D) perdão do ofendido em relação a Lívia, de modo que a queixa-crime deve ser recebida apenas em relação a Carla.

COMENTÁRIOS: **A:** Correta. Em razão do princípio da indivisibilidade, a renúncia manejada em relação a um dos autores do fato se estenderá a todos os outros, extinguindo-se a punibilidade, nesse caso, tanto de Lívia quanto de Carla, de acordo com os arts. 48 e 49 do Código Penal: "Art. 48. A queixa contra qualquer dos autores do crime obrigará ao processo de todos, e o Ministério Público velará pela sua indivisibilidade". "Art. 49. A renúncia ao exercício do direito de queixa, em relação a um dos autores do crime, a todos se estenderá"; **B:** Incorreta. Não é possível a divisão da propositura da ação penal privada, pois os fatos ocorreram dentro da mesma unidade fática, bem como com relação à renúncia, oportunidade em que se a queixa não for proposta contra um dos autores do crime obrigará à renúncia a todos; **C:** Incorreta. Não há se falar em perempção, tendo em vista que não há início de ação penal, já que referido instituto é causa extintiva da punibilidade, nos seguintes casos: quando já iniciada a ação penal, o querelante deixa de promover o andamento do processo durante trinta dias seguidos; , nos moldes do artigo 60 do Código de Processo Penal; **D:** Incorreta. Não é possível se falar em perdão do ofendido.

Gabarito "A".

3-(OAB /2017- Exame de Ordem Unificado XXIIII- Primeira Fase) Mateus foi denunciado pela prática de um crime de homicídio quaificado, sendo narrado na denúncia que a motivação do crime seria guerra entre facções do tráfico. Cinco dias antes do julgamento em plenário, o Ministério Público junta ao processo a Folha de Antecedentes Criminais (FAC) do acusado, conforme requerido quando da manifestação em diligências, em que, de fato, constavam anotações referentes a processos pela prática do crime da Lei de Drogas. Apenas três dias úteis antes do julgamento, a defesa de Mateus vem a tomar conhecimento da juntada da FAC. No dia do julgamento, após a manifestação oral da defesa em plenário, indagado pelo juiz presidente sobre o interesse em se manifestar em réplica, o promotor de justiça afirma negativamente, reiterando aos jurados que as provas estão muito claras e que o réu deve ser condenado, não havendo necessidade de maiores explanações. Posteriormente, o juiz presidente nega à defesa o direito de tréplica. Mateus é condenado. Diante da situação narrada, o(a) advogado(a) de Mateus, em sede de apelação, deverá buscar

(A) a nulidade do julgamento, pois foi juntada documentação sem a antecedência necessária exigida pela lei.

(B) o afastamento da qualificadora pelo Tribunal, pois foi juntada documentação que influenciou seu reconhecimento sem a antecedência necessária exigida pela lei.

(C) a nulidade do julgamento, pois o direito de tréplica da defesa independe da réplica do Ministério Público.

(D) a nulidade do julgamento, pois houve réplica por parte do Ministério Público, de modo que deveria ser deferido à defesa o direito de tréplica.

COMENTÁRIOS: **A:** Incorreta. A Ficha de antecedentes causais foi juntada com cinco dias de antecedência, ocasião em que foi dada ciência à defesa com três dias úteis antes do julgamento, portanto dentro do prazo previsto no art. 479 do

DIREITO PROCESSUAL PENAL

CPP; **B:** Incorreta. Não há se falar em afastar a qualificadora, pois a defesa tomou ciência no prazo estabelecido legalmente; **C:** Incorreta. Não restou caracterizada a nulidade, pois só há tréplica se houver eventual réplica, consoante art. 476, § 4º do CPP; **D:** Correta. No caso em tela, em tendo havido clara manifestação do promotor de justiça, no julgamento, houve réplica, ensejando o direito a tréplica, para a defesa. O indeferimento do direito à réplica constituiu nulidade do julgamento, nos termos do art. 564, IV do CPP.
Gabarito "D".

4- (OAB /2017- Exame de Ordem Unificado XXIIII- Primeira Fase) Paulo foi preso em flagrante pela prática do crime de corrupçã, sendo encaminhado para a Delegacia. Ao tomar conhecimento dos fatos, a mãe de Paulo entra, de imediato, em contato com o advogado, solicitando esclarecimentos e pedindo auxílio para seu filho. De acordo com a situação apresentada, com base na jurisprudência dos Tribunais Superiores, deverá o advogado esclarecer que

(A) diante do caráter inquisitivo do inquérito policial, Paulo não poderá ser assistido pelo advogado na delegacia.

(B) a presença da defesa técnica, quando da lavratura do auto de prisão em flagrante, é sempre imprescindível, de modo que, caso não esteja presente, todo o procedimento será considerado nulo.

(C) decretado o sigilo do procedimento, o advogado não poderá ter acesso aos elementos informativos nele constantes, ainda que já documentados no procedimento.

(D) a Paulo deve ser garantida, na delegacia, a possibilidade de assistência de advogado, de modo que existe uma faculdade na contratação de seus serviços

COMENTÁRIOS: **A:** Incorreta. O caráter inquisitivo do inquérito policial diz respeito à ausência de contraditório, o que não afasta o direito de Paulo de ser assistido por um defensor, art. 13, XIV e XXI do Estatuto da OAB; **B:** Incorreta. Deve ser oportunizado a Paulo o direito de ter um defensor, mas não terá a obrigação de contratar advogado, e caso não esteja presente, todo o procedimento será considerado válido, não podendo se falar em nulidade; **C:** Incorreta. A decretação do sigilo não pode impedir o advogado eventualmente contratado de ter acesso aos autos do inquérito policial, no que diz respeito aos elementos de prova já documentados nos autos, nos moldes da Súmula Vinculante 14 do STF; **D:** Correta. O inquérito policial é procedimento inquisitivo, não vigorando o princípio do contraditório. Por isso, a presença do advogado no curso do inquérito policial é facultativa, sendo direito de Paulo estar acompanhado por advogado, conforme se afere da leitura do art. 13, XXI, EOAB.
Gabarito "D".

5-2017 – OAB – XXIII EXAME DE ORDEM) Silva foi vítima de um crime de ameaça por meio de uma ligação telefônica realizada em 0 de janeiro de 2016. Buscando identificar o autor, já que nenhum membro de sua família tinha tal informação, requereu, de imediato, junto à companhia telefônica, o número de origem da ligação, vindo a descobrir, no dia 03 de julho de 2016, que a linha utilizada era de propriedade do ex-namorado de sua filha, Carlos, razão pela qual foi até a residência deste, onde houve a confissão da prática do crime. Quando ia ao Ministério Público, na companhia de Marta, sua esposa, para oferecer representação, Silva sofreu um infarto e veio a falecer. Marta, no dia seguinte, afirmou oralmente, perante o Promotor de Justiça, que tinha interesse em representar em face do autor do fato, assim como seu falecido marido. Diante do apelo de sua filha, Marta retorna ao Ministério Público no dia 06 de julho de 2016 e diz que não mais tem interesse na representação. Ainda assim, considerando que a ação penal é pública condicionada, o Promotor de Justiça ofereceu denúncia, no dia 07 de julho de 2016, em face de Carlos, pela prática do crime de ameaça. Considerando a situação narrada, o(a) advogado(a) de Carlos, em resposta à acusação, deverá alegar que

(A) ocorreu decadência, pois se passaram mais de 6 meses desde a data dos fatos.

(B) a representação não foi válida, pois não foi realizada pelo ofendido.

(C) ocorreu retratação válida do direito de representação.

(D) a representação não foi válida, pois foi realizada oralmente.

COMENTÁRIOS: **A:** Incorreta. O prazo para exercício do direito de representação é de 6 (seis) meses a partir do conhecimento da autoria delitiva, que, no caso apresentado, se deu em 03 de julho de 2016. Portanto, não ocorreu a decadência, já que a denúncia foi oferecida no dia 07 de julho de 2016; **B:** Incorreta. A retratação, no caso de morte do ofendido, pode ser feita pelo cônjuge, ascendente, descendente ou irmão, nos moldes do art. 24, §1º do CPP; **C:** Correta. O crime

de ameaça é de ação penal pública condicionada à representação (art. 147, parágrafo único, do CP), que deve ser feita num prazo de 6 meses, a contar do dia do conhecimento da autoria, conforme art. 38 do CPP. No caso de morte do ofendido, o direito de representação passa para os seus sucessores (cônjuge, ascendente, descente ou irmão – art. 24, § 1º, CPP). Por isso, em caso de morte de Silva, sua esposa tinha plena legitimidade para representar em seu lugar. Ocorre que Marta decidiu retratar-se de sua representação, o que pode ser feito até o oferecimento da denúncia (art. 25, CP). Assim, no caso em tela, a retratação foi válida, pois feita um dia antes (06/07/2016) do oferecimento da denúncia (07/07/2016); **D:** Incorreta. De acordo com o art. 39, § 1º do CPP, a representação poderá ser feita oralmente ou por escrito.
Gabarito "C".

6-(OAB /2017- Exame de Ordem Unificado XXII- Primeira Fase) Em 23 de novembro de 2015 (segunda feira), sendo o dia seguinte da útil em todo o país, Técio, advogado de defesa de réu em ação penal de natureza condenatória, é intimado da sentença condenatória de seu cliente. No curso do prazo recursal, porém, entrou em vigor nova lei de natureza puramente processual, que alterava o Código de Processo Penal e passava a prever que o prazo para apresentação de recurso de apelação seria de 03 dias e não mais de 05 dias. No dia 30 de novembro de 2015, dia útil, Técio apresenta recurso de apelação acompanhado das respectivas razões. Considerando a hipótese narrada, o recurso do advogado é

(A) intempestivo, aplicando-se o princípio do *tempus regit actum* (o tempo rege o ato), e o novo prazo recursal deve ser observado.

(B) tempestivo, aplicando-se o princípio do *tempus regit actum* (o tempo rege o ato), e o antigo prazo recursal deve ser observado.

(C) intempestivo, aplicando-se o princípio do *tempus regit actum* (o tempo rege o ato), e o antigo prazo recursal deve ser observado.

(D) tempestivo, aplicando-se o princípio constitucional da irretroatividade da lei mais gravosa, e o antigo prazo recursal deve ser observado.

COMENTÁRIOS: **A:** Incorreta. Não deverá ser observado o novo prazo recursal, pois tendo em vista o início do prazo recursal antes da lei nova, deverá ser mantido o prazo da lei anterior; **B:** Correta. A lei processual penal tem aplicação imediata aos processos em curso (*tempus regit actum),* mas só se aplica aos atos processuais que venham a ser realizados, ou seja, não se aplica àqueles que já foram feitos, nos termos do art. 2º do CPP. No caso apresentado, como o prazo recursal já havia se iniciado antes da entrada em vigor da lei nova, esse prazo será regido pela lei antiga; **C:** Incorreta. O prazo é tempestivo, pois deverá ser observado o prazo da lei antiga, já que quando a lei nova foi publicada, já tinha iniciado o prazo recursal para interposição do recurso; **D:** Incorreta. O princípio constitucional da irretroatividade se aplica à lei penal, e a lei que modificou o prazo é puramente processual, não se aplicando a regra da irretroatividade.
Gabarito "B".

7-(OAB /2016- Exame de Ordem Unificado XXI - Primeira Fase) Em uma mesma rua da cidade de Palmas, em dois imóveis diversos, oram Roberto e Mário. Roberto foi indiciado pela prática do crime de estelionato, razão pela qual o magistrado deferiu requerimento do Ministério Público de busca e apreensão de documentos em sua residência, sem estabelecer o horário em que deveria ser realizada. Diante da ordem judicial, a Polícia Civil compareceu à sua residência, às 04h da madrugada para cumprimento do mandado e ingressou no imóvel, sem autorização do indiciado, para cumprir a busca e apreensão. Após a diligência, quando deixavam o imóvel, policiais receberam informações concretas de popular, devidamente identificado, de que Mário guardava drogas para facção criminosa em seu imóvel e, para comprovar o alegado, o popular ainda apresentou fotografias. Diante disso, os policiais ingressaram na residência de Mário, sem autorização deste, onde, de fato, apreenderam 1 kg de droga. Sobre as diligências realizadas, com base na situação narrada, assinale a afirmativa correta.

(A) Nas residências de Roberto e Mário foram inválidas.

(B) Na residência de Roberto foi inválida, enquanto que, na residência de Mário, foi válida.

(C) Nas residências de Roberto e Mário foram válidas.

(D) Na residência de Roberto foi válida, enquanto que, na residência de Mário, foi inválida.

COMENTÁRIOS: **A:** Incorreta. Na residência de Mário foi válida, pois embora não tivesse mandado, restou evidenciada a hipótese de situação flagrancial, o que torna permitida a conduta dos policiais; **B:** Correta. O ingresso na residência de Roberto foi irregular porque, pois, a despeito de existir mandado judicial, este não

PRISCILA SILVEIRA

foi cumprido durante o dia. Na casa de Mário o ingresso foi correto porque o crime de tráfico de drogas na modalidade ter em depósito é permanente e, existindo situação de flagrância dentro do imóvel, comprovada por fotografias, a entrada é autorizada mesmo sem mandado e sem consentimento do morador, de acordo com a regra estabelecida pelo arts. 5º, XI da Constituição Federal e 150, § 3º, II, do Código Penal; **C:** Incorreta. A violação de domicílio no caso de Roberto foi inválida, tendo em vista que não observou os preceitos legais para o ingresso; **D:** Incorreta. A validade se dá exatamente de forma inversa, consoante depreende-se da resposta correta explicitada na assertiva C.

Gabarito "B".

8-(OAB /2016- Exame de Ordem Unificado XXI - Primeira Fase) Marlon, Wellington e Vitor foram denunciados pela prática de um cime de lesão corporal dolosa gravíssima em concurso de agentes. Após o recebimento da denúncia, o oficial de justiça compareceu ao endereço indicado no processo como sendo de residência de Marlon, mas não o encontrou, tendo em vista que estava preso, naquela mesma unidade da Federação, por decisão oriunda de outro processo. Marlon, então, foi citado por edital. Wellington, por sua vez, estava em local incerto e não sabido, sendo também citado por edital. Em relação a Vitor, o oficial de justiça foi à sua residência em quatro oportunidades, constatando que ele, de fato, residia no local, mas que estava se ocultando para não ser citado. Após certificar-se de tal fato, foi realizada a citação de Vitor com hora certa. Considerando a hipótese narrada, o(a) advogado(a) dos acusados deverá alegar ter sido inválida a citação de

(A) Marlon, apenas.

(B) Marlon e Vitor, apenas.

(C) Vitor, apenas.

(D) Marlon, Wellington e Vitor.

COMENTÁRIOS: **A:** Correta. A citação de Marlon é inválida, pois o acusado citado deve ser citado pessoalmente, conforme art. 360 do CPP: "Se o réu estiver preso, será pessoalmente citado". E ainda, como encontrava-se preso na mesma unidade da federação onde estava sendo processado, é orientação da Súmula 351 do STF: "É nula a citação por edital de réu preso na mesma unidade da federação em que o juiz exerce a sua jurisdição."; **B:** Incorreta. Apenas a de Marlon, já que Vitor foi citado por hora certa, de acordo com o art. 362 do CPP: "Verificando que o réu se oculta para não ser citado, o oficial de justiça certificará a ocorrência e procederá à citação com hora certa, na forma estabelecida nos arts. 227 a 229 da Lei no 5.869, de 11 de janeiro de 1973 - Código de Processo Civil." (*Artigos 252 a 254 do NCPC); **C:** Incorreta. A citação por hora certa de Vitor está de acordo com os ditames legais (art. 362 CPP); **D:** Incorreta. A citação de Wellington por edital é válida, tendo em vista que estava em lugar incerto e não sabido, de acordo com o art. 361 do CPP: "Se o réu não for encontrado, será citado por edital, com o prazo de 15 (quinze) dias."

Gabarito "A".

9-(OAB /2016- Exame de Ordem Unificado XXI - Primeira Fase) Victória e Bernadete entram em luta corporal em razão da disputa por um namorado, vindo Victória a desferir uma facada no pé da rival, que sofreu lesões graves. Bernadete compareceu em sede policial, narrou o ocorrido e disse ter intenção de ver a agente responsabilizada criminalmente. Em razão dos fatos, Victória é denunciada e pronunciada pela prática do crime de tentativa de homicídio. Em sessão plenária do Tribunal do Júri, os jurados entendem, no momento de responder aos quesitos, que Victória foi autora da facada, mas que não houve dolo de matar. Diante da desclassificação, será competente para julgamento do crime residual, bem como da avaliação do cabimento dos institutos despenalizadores,

(A) o Juiz Presidente do Tribunal do Júri.

(B) o corpo de jurados, que decidiu pela desclassificação.

(C) o Juiz Criminal da Comarca, a partir de livre distribuição.

(D) o Juiz em atuação perante o Juizado Especial Criminal da Comarca em que ocorreram os fatos.

COMENTÁRIOS: **A:** Correta. Como a desclassificação se deu no plenário do Tribunal do Júri, a competência para julgamento e avaliação do cabimento dos institutos despenalizadores será do Juiz Presidente, conforme reza o art. 492 do § 1º do CPP: "Se houver desclassificação da infração para outra, de competência do juiz singular, ao presidente do Tribunal do Júri caberá proferir sentença em seguida, aplicando-se, quando o delito resultante da nova tipificação for considerado pela lei como infração penal de menor potencial ofensivo, o disposto nos arts. 69 e seguintes da Lei no 9.099, de 26 de setembro de 1995."; **B:** Incorreta. Os jurados têm competência para julgar os crimes dolosos contra a vida, consoante dispõe o art. 5º, XXXIX, "d" da CF; **C:** Incorreta. Não, pois a desclassificação ocorreu no Plenário do Tribunal do Júri, e o Juiz Presidente deverá julgar; **D:** Incorreta. O rito do Júri é bifásico, e a desclassificação ocorreu na segunda fase do procedimento especial. Caso a desclassificação tivesse ocorrido na primeira fase do Rito do Júri, o processo seria remetido ao Juízo competente para julgamento, nos moldes do art. 419 do CPP.

Gabarito "A".

10-(OAB /2016- Exame de Ordem Unificado XX - Primeira Fase) José Augusto foi preso em flagrante delito pela suposta prática do crime de receptação (Art. 180 do Código Penal – pena: 01 a 04 anos de reclusão e multa). Em que pese seja tecnicamente primário e de bons antecedentes e seja civilmente identificado, possui, em sua Folha de Antecedentes Criminais, duas anotações pela prática de crimes patrimoniais, sem que essas ações tenham resultados definitivos. Neste caso, de acordo com as previsões expressas do Código de Processo Penal, assinale a afirmativa correta.

(A) Estão preenchidos os requisitos para decretação da prisão preventiva, pois as ações penais em curso demonstram a existência de risco para a ordem pública.

(B) A autoridade policial não poderá arbitrar fiança neste caso, ficando tal medida de responsabilidade do magistrado.

(C) Antes de decidir pela liberdade provisória ou conversão em preventiva, poderá a prisão em flagrante do acusado perdurar pelo prazo de 10 dias úteis, ou seja, até o oferecimento da denúncia.

(D) O juiz não poderá converter a prisão em flagrante em preventiva, mas poderá aplicar as demais medidas cautelares.

COMENTÁRIOS: **A:** Incorreta. Para a decretação da prisão preventiva, necessário que os pressupostos e requisitos estampados nos arts. 312 e 313, ambos do CPP, estejam presentes. Contudo, o crime imputado ao José Augusto não comporta prisão preventiva, pois a pena máxima não é superior a 4 anos; **B:** Incorreta. De acordo com o art. 322 do CPP, a autoridade policial poderá arbitrar fiança; **C:** Incorreta. A comunicação da prisão em flagrante deve ser feita imediatamente ao o juiz competente, ao Ministério Público e à família do preso ou à pessoa por ele indicada (art. 306, § 1º do CPP). Ao receber o auto de prisão em flagrante, o juiz deverá relaxar a prisão ilegal; converter a prisão em flagrante em preventiva, ou conceder liberdade provisória, com ou sem fiança (art. 310, CPP); **D:** Correta. De acordo com o que determina o art. 313 do CPP, não será possível decretar a prisão preventiva, cabendo ao magistrado aplicar outras medidas cautelares diversas da prisão cautelar em tela.

Gabarito "D".

DIREITO EMPRESARIAL

Marcelo T. Cometti

1. TEORIA GERAL DO DIREITO DE EMPRESA

1.1. Introdução

O Direito Comercial, hoje também chamado Direito Empresarial, consiste no complexo de normas jurídicas que regula e disciplina a exploração da empresa e os conflitos de interesses envolvendo empresários.

O direito comercial, como ciência jurídica, surge na Baixa Idade Média. É nesse período que a vida urbana na Europa renasce com o expressivo crescimento de sua população, resultante da cessação das invasões dos bárbaros. Surgem novos burgos e os antigos são expandidos. As linhas de comércio com o Oriente são plenamente restabelecidas, com a expulsão dos árabes do continente europeu. As corporações de comerciantes começam a se expandir, adquirindo poder e autonomia. Nesse cenário favorável ao desenvolvimento do comércio, surge um novo sistema econômico: o capitalismo comercial, e, com esse novo sistema, nasce um novo ramo autônomo do direito privado: o direito comercial.

Na Idade Média, as corporações comerciais surgem como organizações destinadas a defender os seus integrantes, dirimir conflitos entre os seus membros e auxiliá-los nas adversidades. Elas organizavam e presidiam as feiras e mercados; mandavam cônsules para o estrangeiro para proteger os seus membros; assistiam-lhes quando eram atingidos por infortúnios ou doenças; e dirimiam as questões que pudessem existir entre seus sócios.

Logo, integrar uma corporação de comércio era de grande valia para os mercadores, que, para tanto, deviam inscrever-se no livro de registros da corporação, também chamado de livro de matrículas, ou *liber mercatorum.*

Desse modo, uma vez inscrito em determinada corporação, o comerciante sujeitava-se às prerrogativas peculiares à sua classe, em conformidade com as normas estabelecidas nos estatutos da corporação, sendo os eventuais conflitos, surgidos entre esse comerciante e outro membro da corporação, seus caixeiros, aprendizes ou operários, dirimidos por tribunal composto por cônsules da própria corporação. Tratava-se da jurisdição consular, da qual o desenvolvimento autônomo do direito comercial recebeu considerável contribuição.

Nessa primeira fase, o direito comercial caracterizou-se como um direito: a) costumeiro, em que os usos e costumes geralmente observados pelos mercadores constituíam a sua principal fonte; b) internacional, uma vez que os usos e costumes mercantis eram aplicados geralmente em toda a Europa, nas grandes feiras; e c) corporativo, pois suas normas eram aplicadas pelo tribunal das corporações (juízo consular) no julgamento das controvérsias existentes entre os seus próprios membros. O direito comercial é, nesse momento, um direito de classe.

No século XVI, com a afirmação do Estado Moderno, tem início uma nova etapa na evolução do direito comercial, caracterizado por sua "desprofissionalização", ou seja, deixa de ser um direito corporativo. Nessa segunda fase, as corporações entram em decadência, não gozando mais dos antigos privilégios e monopólios. As leis e os editos promulgados pelos monarcas tornaram-se as principais fontes do direito comercial, em substituição aos estatutos das corporações.

Faltava, entretanto, a edição de uma norma que desvinculasse a aplicação das leis comerciais e a jurisdição do juízo comercial exclusivamente daquelas pessoas que, por estarem inscritas em determinada corporação do comércio, eram consideradas comerciantes. Essa desvinculação ocorrerá em 1808, com a entrada em vigor do Código Comercial francês. O Código Comercial francês inova quanto ao âmbito de aplicação do direito e da jurisdição comerciais, transformando o direito comercial de direito dos comerciantes em direito dos atos de comércio. O direito comercial deixa de ser o direito dos comerciantes para tornar-se o direito próprio das atividades comerciais, expandindo-se, desse modo, o âmbito de sua aplicação.

Finalmente surge, em 1942, na Itália, uma nova teoria que procurou alargar o âmbito de incidência das normas de direito comercial, submetendo as atividades de prestação de serviços e aquelas ligadas à terra às mesmas regras até então aplicáveis àqueles que exerciam habitualmente atos de comércio, ou seja, os comerciantes. Esse novo sistema foi denominado de Teoria da Empresa.

No Brasil, o Código Comercial de 1850 sofreu forte influência da Teoria dos Atos de Comércio, sendo a Teoria da Empresa incorporada definitivamente em nosso ordenamento jurídico com a entrada em vigor do novo Código Civil, em 10 de janeiro de 2003. Entretanto, não podemos negar que, mesmo antes da entrada em vigor do novo Código Civil, muitas das inovações surgidas com a Teoria da Empresa já inspiravam tanto o legislador pátrio na edição de leis esparsas, quanto os magistrados em seus julgamentos.

1.2. O empresário

O empresário, considerado o sujeito das regras que formam do Direito Empresarial, também chamado Direito Comercial, pode ser tanto uma **pessoa física**, hipótese em que será um **empresário individual**, como uma **pessoa jurídica**, hipótese em que poderá ser uma **empresa individual de responsabilidade limitada** ("EIRELI") ou uma **sociedade empresária**.

1.2.1. Empresário Individual

O empresário individual é a pessoa física que explora uma empresa, ou seja, é aquele que exerce profissionalmente atividade econômica organizada para a produção ou circulação de bens ou de serviços. Para melhor compreensão do tema, cumpre analisar o conceito das seguintes expressões que integram a referida definição legal:

PROFISSIONALISMO	consiste em explorar a atividade com habitualidade, ou seja, de forma não esporádica; e com pessoalidade, ou seja, exercer diretamente a atividade, ainda que por intermédio de empregados ou colaboradores.
ATIVIDADE ECONÔMICA	a atividade desenvolvida pelo empresário é econômica na medida em que busca gerar lucro para quem a explora, sendo, portanto, o lucro a finalidade última do empresário.
ORGANIZAÇÃO	a atividade explorada pelo empresário também deverá ser organizada, no sentido de que nela devem encontrar-se articulados os fatores necessários para exploração de qualquer atividade empresarial, quais sejam, o capital, a mão de obra e os insumos.
ATIVIDADES EMPRESARIAIS	consistem nas atividades próprias de empresário. São elas: a) **produção de bens** consiste na fabricação de produtos e mercadorias; b) **produção de serviços** consiste na prestação de serviços; c) **circulação de bens** é a atividade de intermediação na cadeia de escoamento de mercadorias, tanto na forma atacadista como na varejista; d) **circulação de serviços** se dá na intermediação da prestação de serviços.

> Atenção: Pela Teoria da Empresa, recepcionada pelo Código Civil de 2002, não é mais possível identificar o sujeito das normas do Direito Comercial utilizando, única e exclusivamente, o critério da atividade explorada, pois toda e qualquer atividade que possa ser exercida por uma pessoa está contida na definição de empresário, seja a produção de bens ou de serviços, seja a circulação de bens ou de serviços.

Ressalta-se, entretanto, que determinadas atividades, por não serem consideradas próprias de empresário, ou seja, atividades empresárias, não atribuíram ao sujeito que as explorem a qualidade de empresário. São elas:

a) Atividade Intelectual (CC, art. 966, parágrafo único): não é considerado empresário quem exercer uma profissão intelectual de natureza científica, literária ou artística, ainda que, para tanto, atue com profissionalismo (habitualidade e pessoalidade), fins lucrativos (atividade econômica) e de modo organizado (articulando os fatores necessários para exploração da atividade). É o caso, por exemplo, dos médicos, dentistas e veterinários que, mesmo produzindo serviços, não são empresários por exercerem uma atividade intelectual.

Ressalte-se, entretanto, que se o exercício da profissão intelectual constituir **elemento de empresa**, o profissional liberal passará a ser considerado um empresário, mesmo exercendo uma atividade intelectual. Em linhas gerais, isso ocorre quando a atividade intelectual se torna um mero elemento dentre outras atividades empresariais exercidas pelo sujeito. É o caso, por exemplo, do veterinário que, além de prestar serviços veterinários (atividade intelectual), também realiza a compra e vende ração para animais, prestação de serviços de banho e tosa, hospedagem de animais, dentre outras atividades próprias de empresário. Neste caso, portanto, fica evidente que a atividade intelectual terá se tornado um mero elemento dentre outras atividades por ele exercidas na forma

empresarial. O sujeito será aqui considerado um empresário e não um mero profissional liberal.

b) Atividade Rural (CC, art. 971): não será considerado empresário quem exercer uma atividade rural, salvo se houver optado por sua inscrição na Junta Comercial. Portanto, em regra, aquele que exerce uma atividade rural, ainda que com profissionalismo (habitualidade e pessoalidade), fins lucrativos (atividade econômica) e de modo organizado (articulando os fatores necessários para exploração da atividade), não está sujeito ao regime jurídico do Direito Empresarial. Entretanto, optando por sua inscrição na Junta Comercial, passa a ser considerado empresário para todos os efeitos.

1.2.1.1. Capacidade

O art. 972 do Código Civil estabelece que podem exercer a atividade de empresário os que estiverem em **pleno gozo da capacidade civil** e **não forem legalmente impedidos**. Atendem ao requisito da capacidade civil aquelas pessoas que não sejam consideradas absoluta ou relativamente incapazes, nos termos dos arts. 3º e 4º do Código Civil, respectivamente. É evidente que menor de 18 anos, devidamente emancipado, pode exercer a atividade empresarial.

Excepcionalmente o incapaz poderá, por meio de seu representante ou assistente, exercer a atividade empresarial, desde que previamente autorizado pelo juiz. Entretanto, nos termos do art. 974, do Código Civil, é requisito essencial, para a concessão da **autorização judicial**, tratar-se de continuação do exercício de atividade empresarial já explorada pelo incapaz, quando capaz ("**Incapacidade Superveniente**"), ou por seus pais, ou, ainda, por pessoa de quem o incapaz seja sucessor ("**Herança**").

Nos termos do artigo 975 do Código Civil, se o representante ou assistente do incapaz for pessoa que, por disposição de lei, não puder exercer atividade de empresário, nomeará, com a aprovação do juiz, um ou mais gerentes para a gestão da atividade. Nota-se que a aprovação do juiz não exime o representante ou assistente do incapaz da responsabilidade pelos atos dos gerentes por ele nomeados.

Além da capacidade civil, a pessoa física que deseje explorar uma atividade empresarial não pode ser legalmente impedida. Assim, são alguns exemplos de legalmente impedidos para o exercício da empresa: a) os funcionários públicos civis da União, Estados e Municípios (Lei 8.112/1990); b) os militares da ativa da Marinha, Aeronáutica e Exército, bem como os integrantes da polícia militar (Estatuto dos Militares); c) os membros auxiliares do comércio, tais como corretores, leiloeiros e despachantes aduaneiros; d) os cônsules, quando remunerados; e) os falidos, enquanto não reabilitados; e f) estrangeiros não residentes no País.

Ressalta-se, entretanto, que a pessoa legalmente impedida de exercer atividade própria de empresário, se a exercer, responderá pelas obrigações contraídas (CC, art. 973).

1.2.1.2. Empresário casado

O empresário casado pode, qualquer que seja o regime de bens adotado, alienar ou gravar de ônus real os imóveis que integrem o patrimônio da empresa, sem necessidade de outorga conjugal.

Ressalta-se que os pactos e declarações antenupciais do empresário, bem como o título de doação, herança, ou legado de bens clausulados de incomunicabilidade ou inalienabilidade, deverão ser arquivados, além de no Cartório de Registro Civil, no Registro Público de Empresas Mercantis, a cargo da Junta Comercial da Unidade Federativa em que esteja sediado.

Nos termos do art. 980 do Código Civil, a sentença que decretar ou homologar a separação judicial do empresário e o ato de reconciliação não podem ser opostos a terceiros, antes de arquivados e averbados no Registro Público de Empresas Mercantis, a cargo da Junta Comercial da Unidade Federativa em que esteja sediado.

1.2.2. Empresa Individual de Responsabilidade Limitada

A Empresa Individual de Responsabilidade Limitada - EIRELI, pessoa jurídica de direito privado unipessoal, foi introduzida em nosso ordenamento pela Lei 12.441/2011. Diferentemente da sociedade empresária, a EIRELI será constituída por uma única pessoa, titular todo o seu capital.

A EIRELI somente poderá ser constituída mediante a integralização de capital pelo seu titular não inferior a 100 (cem) salários mínimos. Ressalta-se que, conforme Enunciado 468 do Conselho da Justiça Federal – CJF, "a EIRELI somente poderá ter seu como único titular uma pessoa natural que, por sua vez, somente poderá participar de uma única EIRELI.

Destaca-se, ainda, que a Empresa Individual de Responsabilidade Limitada poderá adotar como nome empresarial, sempre formado pela inclusão da palavra "EIRELI", tanto a firma (ex.: Carvalho da Silva EIRELI), como a denominação (Couro Bom Indústria de Sapatos EIRELI).

Observa-se ainda que, apesar da EIRELI não ser sociedade, aplicam-se a ela, no que couber, as regras previstas para as sociedades limitadas.

1.2.3. Sociedade Empresária

A sociedade empresária é espécie de pessoa jurídica de direito privado que tem por objeto o exercício de uma atividade econômica própria de empresário (CC, art. 982), ou seja, a produção ou a circulação de bens ou de serviços. Ressalta-se, entretanto, que não são consideradas atividades empresariais a atividade intelectual, salvo se constituir elemento de empresa (CC, art. 966), e a atividade rural, salvo se optar por ter seus atos constitutivos arquivados no Registro Público de Empresas Mercantis (CC, art. 984).

A sociedade empresária para ser constituída deverá obrigatoriamente adotar uma das formas societárias disciplinadas pelo Código Civil, com exceção da Cooperativa, a saber: a) Nome Coletivo (CC, arts. 1039 a 1.044); b) Comandita Simples (CC, arts. 1.045 a 1.051), c) Limitada (CC, arts. 1.052 a 1.087); d) Anônima (CC, arts 1.088 e 1.089 e Lei 6.404/1976); e) Comandita por Ações (CC, arts. 1.090 a 1.092 e Lei 6.404/1976). A cooperativa, portanto, independentemente do seu objeto, jamais será uma sociedade empresária, sendo sempre da espécie simples (CC, art. 982, parágrafo único).

A sociedade empresária adquire personalidade jurídica com o arquivamento de seus atos constitutivos no Registro Público de Empresas Mercantis, a cargo da Junta Comercial da Unidade Federativa de sua respectiva sede (arts. 985 e 1.150 do Código Civil)

1.2.3.1. Sociedade entre cônjuges

Nos termos do art. 977 do Código Civil, faculta-se aos cônjuges contratar sociedade, exceto se casados no regime de comunhão universal ou no regime de separação obrigatória.

1.2.3.2. Sócio incapaz

Nos termos do art. 974, § 3º do Código Civil, o incapaz, desde que representado ou assistido, poderá ser sócio de sociedade cujo capital social esteja totalmente integralizado. Ressalta-se que o sócio incapaz JAMAIS poderá ser eleito administrador da sociedade.

1.3. Obrigações dos empresários

Todos os empresários estão sujeitos a três principais obrigações: a) registrar-se no registro de empresa antes de iniciar suas atividades (art. 967 do CC); b) escriturar regularmente os livros obrigatórios (art. 1.179 do CC); e c) levantar balanço patrimonial e de resultado econômico a cada ano (art. 1.179 do CC).

13.1. Registro

O empresário deve, antes mesmo de iniciar o exercício de sua atividade, registrar-se na Junta Comercial de sua respectiva sede social. O registro público de empresas mercantis e atividades afins está disciplinado na Lei 8.934, de 1994, e regulamentado pelo Decreto 1.800, de 1996.

Ressalta-se que o registro do empresário na Junta Comercial tem, como regra, **eficácia declaratória e não constitutiva**, pois não é a inscrição que torna o sujeito empresário, servindo apenas para conferir regularidade ao exercício de sua atividade profissional.

O registro, portanto, do empresário na Junta Comercial tem, em regra, eficácia declaratória, uma vez que o sujeito não se submete ao regime jurídico do direito empresarial pelo fato de estar ou não registrado na Junta Comercial, mas sim em função da forma pela qual ele se predispõe a exercer a uma atividade empresarial, ou seja, com profissionalismo, fins lucrativos e de modo organizado.

Todavia, no caso de o sujeito explorar uma atividade rural, a natureza do registro não será declaratória. Isso porque, ainda que o sujeito exerça a sua atividade com profissionalismo, fins lucrativos e de modo organizado, só irá se submeter ao regime jurídico do direito empresarial após optar pelo seu registro na Junta Comercial, nos termos do art. 971 do Código Civil. Logo, nesta hipótese, o registro terá natureza constitutiva.

> Atenção: De acordo com o art. 36 da Lei 8.934, de 1994, os documentos de interesse do empresário serão levados a arquivamento mediante requerimento formulado pelo próprio empresário, seu representante legal, sócio ou administrador no prazo máximo de 30 dias contados da data de sua assinatura. Caso o empresário apresente tais documentos após o referido prazo, os efeitos do ato não retroagirão à data de sua assinatura, sendo somente produzidos a partir da data do ato administrativo concessivo de seu registro.

O empresário que não cumpre com a obrigação do registro submete-se a sanções das mais diversas ordens, impostas por regras de direito público e privado. Na esfera do direito público, nos termos do art. 28, II e III, da Lei 8.666, de 1993, e do art. 195, III, da Constituição Federal, a irregularidade impossibilita a inscrição nos cadastros de contribuintes fiscais, tais como o cadastro nacional de pessoas jurídicas do Ministério da Fazenda, impedindo-o de participar de licitações públicas.

Por sua vez, de acordo com art. 48 da Lei 11.101, de 2005, o empresário irregular não terá acesso à recuperação de sua empresa caso venha a atravessar um momento de crise econômico-financeira, e segundo o art. 178 da Lei 11.101, de 2005, estará sujeito à pena de detenção, caso tenha a sua falência decretada, e não poderá requerer falência de outro empresário, tal como prevê a Lei11.101, de 2005, art. 97, IV, § 1º.

Destaca-se, ainda, a situação do empresário inativo. Assim, caso o empresário não proceda a qualquer arquivamento no período de 10 anos, contado da data do último arquivamento, segundo o artigo 60 da Lei 8.943, de 1994, e o art. 48 do Decreto 1.800, de 1996, deverá ele comunicar à Junta Comercial se deseja manter-se em funcionamento, sob pena de: ser considerado inativo; ter seu registro cancelado; e perder, automaticamente, a proteção de seu nome empresarial.

1.3.1.1 Finalidades e organização do registro público de empresas mercantis

O registro público de empresas mercantis tem, entre suas principais finalidades: a) dar garantia, publicidade, autenticidade, segurança e eficácia aos atos jurídicos praticados por empresários e demais pessoas sujeitas ao registro; b) cadastrar as empresas nacionais e estrangeiras em funcionamento no país e manter atualizadas as informações pertinentes; e c) proceder à matrícula dos agentes auxiliares do comércio, bem como ao seu cancelamento.

O registro público de empresas mercantis e atividades afins é um sistema integrado por dois órgãos de níveis diferentes. No âmbito federal, como órgão integrante do Ministério do Desenvolvimento, Indústria e Comércio Exterior, pelo Departamento Nacional de Registro do Comércio (DNRC); e no âmbito estadual, pela Junta Comercial.

O **Departamento Nacional de Registro do Comércio** (DNRC) é competente para, dentre outras atribuições previstas no art. 4º do Decreto 1.800, de 1996: a) **supervisionar e coordenar**, no plano técnico, a execução dos serviços de Registro Público de Empresas pelas Juntas Comerciais; b) estabelecer e consolidar, com exclusividade, as **normas e diretrizes gerais** do Registro Público de Empresas Mercantis, bem como estabelecer normas procedimentais de arquivamento de atos de empresários; c) solucionar dúvidas ocorrentes na interpretação das leis, regulamentos e demais normas relacionadas com o registro, editando instruções para essa finalidade; d) **prestar orientação às Juntas Comerciais**, com vistas à solução de consultas e à observância das normas legais e regulamentares, colaborando técnica e financeiramente para a melhoria dos serviços pertinentes ao Registro Público de Empresas Mercantis e Atividades Afins; e) **fiscalizar as Juntas Comerciais**, promovendo medidas tendentes a suprir ou corrigir as ausências, falhas ou deficiências na execução dos serviços de Registro Público de Empresas Mercantis; f) **organizar e manter atualizado o cadastro nacional das empresas mercantis** em funcionamento no país, com a cooperação das Juntas Comerciais; e g) instruir, examinar e encaminhar os processos e recursos a serem decididos pelo Ministro de Estado da Indústria, do Comércio e do Turismo, inclusive os pedidos de autorização para nacionalização ou instalação de filial, agência, sucursal ou estabelecimento no país, por sociedade estrangeira, sem prejuízo da competência de outros órgãos federais.

Por sua vez, cabe às **Juntas Comerciais**, dentre outras atividades previstas no art. 7º do Decreto 1.800, de 1996: a) **executar os serviços de registro** de empresas mercantis, neles compreendidos o arquivamento, a autenticação e a matrícula; b) **elaborar a tabela de preços de seus serviços**, observados os atos especificados em instrução normativa do DNRC; c) processar, em relação aos agentes auxiliares do comércio, suas **habilitações, nomeações, matrículas e cancelamentos**; d) **elaborar os respectivos Regimentos Internos** e suas alterações; e) expedir **carteiras de exercício profissional para agentes auxiliares do comércio**; e f) proceder ao **assentamento dos usos e práticas mercantis**.

Nota-se que a Junta Comercial tem sua jurisdição restrita à circunscrição territorial da Unidade Federativa em que se encontra localizada, sendo considerada um órgão de subordinação híbrido pois, no âmbito administrativo, submete-se ao Governo de sua Unidade Federativa, mas, tecnicamente, está sujeita ao Departamento Nacional de Registro do Comércio.

A Junta Comercial de cada Unidade Federativa apresenta a seguinte estrutura:

DIREITO EMPRESARIAL

ORGÃOS	PRINCIPAIS ATRIBUIÇÕES
PRESIDÊNCIA	é órgão diretivo e representativo da Junta Comercial, formado pelo Presidente e Vice-Presidente. Ao Presidente compete dirigir e representar a Junta Comercial, dar posse aos Vogais, convocar e dirigir as sessões do Plenário, superintender todos os serviços, zelando sempre pelo cumprimento das normas legais e regulamentares. Ao Vice-Presidente cabe substituir o Presidente em suas faltas ou impedimentos, bem como efetuar a correição permanente dos serviços executados pela Junta Comercial.
PLENÁRIO	é órgão deliberativo supremo da Junta Comercial, composto por, no mínimo, 11 (onze) e, no máximo, 23 (vinte e três) vogais, sendo competente para: a) julgar os recursos interpostos das decisões definitivas, singulares ou colegiadas; b) deliberar sobre a tabela de preços dos serviços da Junta Comercial; c) deliberar sobre o assentamento dos usos e práticas mercantis; d) aprovar o Regimento Interno e suas alterações; e) decidir sobre matérias de relevância, conforme previsto no Regimento Interno; f) deliberar, por proposta do Presidente, sobre a criação de Delegacias; g) deliberar sobre as proposições de perda de mandato de Vogal ou suplente; h) manifestar-se sobre proposta de alteração do número de Vogais e respectivos suplentes, dentre outras atribuições e atos que estiverem implícitos em sua competência.
TURMAS DE VOGAIS	é órgão deliberativo da Junta Comercial, sendo cada Turma composta por 03 (três) vogais e respectivos suplentes, com competência para: a) julgar, originariamente, os pedidos de arquivamento dos atos sujeitos ao regime de decisão colegiada; b) julgar os pedidos de reconsideração de seus despachos; e c) exercer as demais atribuições que forem fixadas pelo Regimento Interno da Junta Comercial.
SECRETARIA-GERAL	é órgão formado pelo Secretário-Geral, competente para: a) supervisionar, coordenar e fiscalizar a execução dos serviços de registro e de administração da Junta Comercial; b) exercer o controle sobre os prazos recursais e fazer incluir na pauta das sessões os processos de recursos a serem apreciados pelo Plenário, solicitando ao Presidente a convocação de sessão extraordinária, quando necessário; c) despachar com o Presidente e participar das sessões do Plenário; d) baixar ordens de serviço, instruções e recomendações, bem como exarar despachos para execução e funcionamento dos serviços a cargo da Secretaria-Geral; e) assinar as certidões expedidas ou designar servidor para esse fim; f) elaborar estudos sobre a viabilidade de criação de Delegacias e sobre a tabela de preços dos serviços da Junta Comercial, exercendo as demais atribuições e praticar os atos que estiverem implícitos em sua competência.
PROCURADORIA	é composta por um ou mais procuradores, a quem compete, internamente: a) fiscalizar o fiel cumprimento das normas legais e executivas em matéria de Registro Público de Empresas Mercantis e Atividades Afins; b) emitir parecer nos recursos dirigidos ao Plenário e nas demais matérias de sua competência; c) promover estudos para assentamento de usos e práticas mercantis; d) participar das sessões do Plenário e das Turmas, conforme disposto no Regimento Interno; e) requerer diligências e promover responsabilidades perante os órgãos e poderes competentes; f) recorrer ao Plenário de decisão singular ou de Turma, em matéria de Registro Público de Empresas Mercantis e Atividades Afins, exercendo as demais atribuições e praticando os atos que estiverem implícitos em sua competência. Ademais, compete aos procuradores, externamente: a) oficiar junto aos órgãos do Poder Judiciário, nas matérias e questões relacionadas com a prática dos atos de Registro Público de Empresas Mercantis e Atividades Afins; b) recorrer ao Ministro de Estado da Indústria, do Comércio e do Turismo das decisões do Plenário, em matéria de Registro Público de Empresas Mercantis e Atividades Afins; e c) colaborar na elaboração de trabalhos técnicos promovidos pelo Departamento Nacional de Registro do Comércio. As atribuições conferidas à Procuradoria, no caso da Junta Comercial do Distrito Federal, serão exercidas pelos Assistentes Jurídicos em exercício no Departamento Nacional de Registro do Comércio - DNRC.

As Juntas Comerciais poderão ter uma Assessoria Técnica, com a competência de examinar e relatar os processos de Registro Público de Empresas Mercantis a serem submetidos a sua deliberação, cujos membros deverão ser bacharéis em Direito, Economistas, Contadores ou Administradores.

As Juntas Comerciais, por seu Plenário, poderão criar Delegacias Regionais, órgãos subordinados, para exercerem, nas zonas de suas respectivas jurisdições, as atribuições de autenticar instrumentos de escrituração das empresas mer-

cantis e dos agentes auxiliares do comércio e de decidir sobre os atos submetidos ao regime de decisão singular.

1.3.1.2. Atos de registro e processo decisório

Os atos de registro de empresas praticados pelas Juntas Comerciais são a matrícula, o arquivamento e a autenticação. Nesse sentido, estabelece o artigo 32 do Decreto 1.800, de 1996, que os atos de registro executados pelas Juntas Comerciais de cada Unidade Federativa consistem:

123

ATOS DE REGISTRO	
MATRÍCULA	dos leiloeiros oficiais, tradutores públicos e intérpretes comerciais, administradores de armazéns-gerais e trapicheiros.
ARQUIVAMENTO	(i) dos documentos relativos à constituição, alteração, dissolução e extinção de firmas mercantis individuais, sociedades empresárias e cooperativas;
	(ii) dos atos relativos a consórcio e grupo de sociedade;
	(iii) dos atos concernentes a empresas mercantis estrangeiras autorizadas a funcionar no Brasil;
	(iv) das declarações de microempresa;
	(v) de atos ou documentos que, por determinação legal, sejam atribuídos ao Registro Público de Empresas Mercantis e Atividades Afins ou daqueles que possam interessar ao empresário e às empresas mercantis.
AUTENTICAÇÃO	dos instrumentos de escrituração das empresas mercantis registradas e dos agentes auxiliares do comércio, na forma da lei própria.

Processo Decisório: todo ato, documento ou instrumento apresentado a arquivamento será objeto de exame do cumprimento das formalidades legais pela Junta Comercial. Verificada a existência de vício insanável, o requerimento será indeferido; quando for sanável, o processo será colocado em exigência.

O julgamento dos atos submetidos a registro nas Juntas Comerciais pode se dar por decisão colegiada ou por decisão singular. As **decisões colegiadas** são proferidas pelo **Plenário** e pelas **Turmas de Vogais**. As **decisões singulares** são dadas pelo **Presidente**, por **Vogal** ou ainda por **Servidor** que possua comprovados conhecimentos jurídicos.

As **decisões colegiadas** proferidas pelo **Plenário da Junta Comercial** estão limitadas ao julgamento dos recursos interpostos das decisões singulares e das decisões colegiadas proferidas pela Junta Comercial.

As **decisões colegiadas** proferidas pelas **Turmas de Vogais da Junta Comercial** referem-se ao arquivamento dos seguintes atos: a) constituição de sociedades anônimas, bem como das atas de assembleias gerais; b) transformação, incorporação, fusão e cisão de sociedades empresárias; e c) constituição e alterações de consórcio e de grupo de sociedades.

As **decisões singulares** preferidas pelo **Presidente da Junta Comercial, Vogal ou Servidores** habilitados compreendem **todos os demais atos de registro que não estão sujeitos ao regime de decisão colegiada proferida pela Turma de Vogais** (art. 51 de Decreto 1.800/1996). Ressalta-se, ainda, que os Vogais e Servidores habilitados a proferir decisões singulares serão designados pelo Presidente da Junta Comercial.

Os pedidos de arquivamento sujeitos ao regime de **decisão colegiada serão decididos no prazo máximo de dez dias úteis** contados do seu recebimento e, os submetidos à **decisão singular, no prazo máximo de 03 (três) dias úteis**, sob pena de ter-se como arquivados os atos respectivos, mediante provocação dos interessados, sem prejuízo do exame das formalidades legais pela Procuradoria. Nesta hipótese, os pedidos não decididos nos referidos prazos legais e para os quais haja provocação pela parte interessada serão arquivados por determinação do Presidente da Junta Comercial, que dará ciência à Procuradoria para exame das formalidades legais, a qual, se for o caso, interporá o recurso ao Plenário.

As exigências formuladas pela Junta Comercial deverão ser cumpridas em até 30 (trinta) dias, contados da data da ciência pelo interessado ou da publicação do despacho.

Processo Revisional: o processo revisional pertinente ao Registro Público de Empresas Mercantis dar-se-á mediante: a) **Pedido de Reconsideração**; b) **Recurso ao Plenário**; e c) **Recurso ao Ministro de Estado** da Indústria, do Comércio e do Turismo.

O **Pedido de Reconsideração** terá por objeto obter a revisão de despachos proferidos em decisões singulares ou em decisões colegiadas pelas Turmas que formulem exigências para o deferimento do arquivamento. O Pedido de Reconsideração deverá ser apresentado para apreciação da própria autoridade que formulou a exigência, no prazo de 30 (trinta) dias, ou seja, dentro do prazo para o cumprimento da exigência formulada.

Das decisões definitivas de indeferimento, sejam elas singulares ou colegiadas proferidas pelas Turmas de Vogais, caberá **recurso ao plenário**, que deverá ser decidido no prazo máximo de 30 (trinta) dias, a contar da data do recebimento da peça recursal.

Das decisões colegiadas proferidas pelo Plenário da Junta Comercial cabe **recurso ao Ministro de Estado da Indústria, do Comércio e do Turismo**, como última instância administrativa.

1.3.2. Escrituração

O empresário também está obrigado a manter regularmente escriturados os livros de registro obrigatórios. Os empresários devem, portanto, escriturar seus livros ou fichas, por sistema mecanizado ou não, de forma uniforme, respeitando os requisitos intrínsecos, que dizem respeito ao modo de escriturar os livros, sempre em conformidade com as técnicas de ciência contábil, bem como os requisitos extrínsecos, tais como os termos de abertura e de encerramento devidamente assinados pelo empresário e por contabilista e a respectiva autenticação pela Junta Comercial competente.

Os **livros comerciais** podem ser classificados como **obrigatórios** e **facultativos**. Os **livros obrigatórios** são aqueles cuja escrituração é imposta por lei aos empresários, e a sua ausência ou irregularidade implica sanção. Os **livros obrigatórios** podem ser divididos **em comuns**, quando a sua escrituração é imposta a todos os empresários, tal como o **Livro Diário**; e **em especiais**, quando a escrituração é imposta apenas a uma determinada categoria de empresários, como o **Livro de Registro de Duplicatas**, obrigatório apenas aos empresários que emitam duplicatas (art. 19 da Lei 5.474/1968); e o **Livro de Registro de Ações Nominativas**, obrigatório apenas para as sociedades empresárias anônimas (art. 100 da Lei 6.404/1976).

O Livro Diário, cuja escrituração é imposta a todo e qualquer empresário, tem natureza contábil e nele serão lançadas, com individuação, clareza e caracterização do documento respectivo, dia a dia, por escrita direta ou reprodução, todas as operações relativas ao exercício da empresa. A escrituração será ainda feita em idioma e moeda corrente nacionais e em forma contábil, por ordem cronológica de dia, mês e ano, sem intervalos em branco, nem entrelinhas, borrões, rasuras, emendas ou transportes para as margens, sendo permitido o uso de código de números ou de abreviaturas, que constem de livro próprio, regularmente autenticado.

Ressalta-se que, nos termos do art. 1.184, § 1º primeiro do Código Civil, admite-se a escrituração resumida do Livro Diário, com totais que não excedam o período de trinta dias. Ademais, serão lançados no Livro Diário o balanço patrimonial e o de resultado econômico, devendo ser assinados por técnico em Ciências Contábeis legalmente habilitado e pelo empresário ou administrador de sociedade empresária. Neste sentido, estabelece o art. 1.182 do Código Civil que a escrituração ficará sob a responsabilidade de contabilista legalmente habilitado, salvo se nenhum houver na localidade.

No caso de escrituração mecanizada ou eletrônica, o Livro Diário poderá ser substituído pelo Livro de Balancetes Diários e Balanços, desde que o empresário adote o sistema de fichas de lançamentos. O Livro Balancetes Diários e Balanços será escriturado de modo que registre: a) a posição diária de cada uma das contas ou títulos contábeis, pelo respectivo saldo, em forma de balancetes diários; e b) o balanço patrimonial e o de resultado econômico, no encerramento do exercício.

> Atenção: O livro diário é o único livro mercantil cuja escrituração é imposta a todo e qualquer empresário. Trata-se de livro contábil em que o empresário deve lançar, dia a dia, diretamente ou por reprodução, os atos e operações da atividade empresarial, bem como os atos que modificam ou podem modificar o seu patrimônio.

Nos termos do art. 1.181 do Código Civil, os **livros obrigatórios** e, se for o caso, as fichas, antes de postos em uso, **devem ser autenticados no Registro Público de Empresas Mercantis**, salvo disposição diversa em lei especial.

> Atenção: O pequeno e o microempresário estão dispensados de escriturar os livros obrigatórios e de levantar balanço patrimonial e de resultado econômico. Todavia, se os pequenos empresários optarem por aderir ao sistema de tributação simplificado – SIMPLES, previsto na Lei 9.317, de 1996, terão a obrigatoriedade de escriturar o livro caixa e o livro registro de inventário.

Os **livros facultativos** são aqueles cuja escrituração tem por finalidade proporcionar ao empresário um melhor controle de suas atividades, auxiliando-o no planejamento e tomada de decisões. São exemplos de livros facultativos: o livro razão, o livro conta-corrente, o livro caixa, dentre outros.

1.3.3. Balanço Patrimonial e de Resultado Econômico

Nos termos do art. 1.188 do Código Civil, o balanço patrimonial deverá exprimir, com fidelidade e clareza, a situação real da empresa e, atendidas as peculiaridades desta, bem como as disposições das leis especiais, indicará, distintamente, o ativo e o passivo.

O balanço de resultado econômico, ou demonstração da conta de lucros e perdas, acompanhará o balanço patrimonial e dele constarão crédito e débito, na forma da lei especial.

1.3.4. Sigilo dos Livros e Documentos

O Código Civil Brasileiro prestigiou o Princípio do Sigilo dos Livros Empresariais, razão por que a exibição dos livros em juízo não pode ser feita por simples vontade das partes ou por decisão do juiz, salvo nas hipóteses expressamente previstas em lei.

Por essa razão, a exibição total dos livros empresariais só poderá ser determinada pelo juiz, a requerimento da parte, quando necessária para resolver questões de sucessão, comunhão ou sociedade, administração ou gestão à conta de outrem ou falência. Caso o empresário se recuse a cumprir a ordem judicial para exibição dos livros, estes serão apreendidos e serão considerados verdadeiros todos os fatos imputados judicialmente contra ele pela parte contrária, o que somente poderá ser elidido por prova documental.

Além da exibição judicial, nas hipóteses acima descritas, o Fisco e a Seguridade Social também poderão exigir a exibição total dos livros empresariais, sendo-lhes assegurado o acesso irrestrito à escrituração mercantil do empresário. É evidente que os agentes fiscais, por dever funcional, não poderão utilizar as informações obtidas para outros fins que não a satisfação do erário público.

Nos termos do art. 1.194, o empresário e a sociedade empresária são obrigados a conservar em boa guarda toda a escrituração, correspondência e mais papéis concernentes à sua atividade, enquanto não ocorrer prescrição ou decadência no tocante aos atos neles consignados.

1.4. Prepostos

Os prepostos são aqueles que irão auxiliar o empresário e a sociedade empresária na exploração da empresa. Os empresários individuais e os administradores das sociedades empresárias precisam de pessoas que os auxiliem na organização e no desenvolvimento da atividade econômica de produção ou circulação de bens ou de serviços. Esses auxiliares, denominados prepostos, estão vinculados ao empresário mediante contrato de trabalho ou de prestação de serviços. Os prepostos são, portanto, pessoas que atuam nos diversos setores do estabelecimento empresarial e exercem as funções necessárias à organização e desenvolvimento da empresa. Para surtir os efeitos esperados, o preposto não pode, sem autorização escrita, fazer-se substituir no desempenho da preposição, sob pena de responder pessoalmente pelos atos do substituto (ou preponente) e pelas obrigações por ele contraídas.

O Código Civil trata especificamente da relação entre o preposto e o preponente nos arts. 1.169 a 1.178. O Código Civil distingue três tipos de prepostos: a) gerentes; b) contabilistas; e c) outros auxiliares.

1.4.1. Gerente

Gerente é o preposto permanente no exercício da empresa, na sua sede ou em sucursal, filial ou agência (CC, art. 1.172), motivo pelo qual recebe a denominação de gerente geral, gerente de sucursal, gerente de filial ou gerente de agência. O gerente exerce funções típicas de administrador de empresa, porém, sob subordinação do empresário individual ou do representante legal da sociedade empresária.

O Gerente é o preposto permanente no exercício da empresa, na sede, filial ou sucursal. Quando a lei não exigir poderes especiais, considera-se o gerente autorizado a praticar todos os atos necessários ao exercício dos poderes que lhe foram outorgados. As limitações contidas na outorga de poderes, para serem opostas a terceiros, dependem do arquivamento e averbação do instrumento no Registro Público de Empresas Mercantis, salvo se provado serem conhecidas da pessoa que tratou com o gerente. Para o mesmo efeito e com idêntica ressalva, deve a modificação ou revogação do mandato ser arquivada e averbada no Registro Público de Empresas Mercantis.

O gerente preposto não se confunde com o sócio administrador da sociedade limitada ou com o diretor da sociedade anônima, são pessoas submetidas a regimes jurídicos distintos. O gerente preposto está vinculado ao empresário mediante contrato de trabalho, já o diretor e o sócio administrador são nomeados mediante deliberação em assembléia geral ou disposição em cláusula contratual. A natureza jurídica do vínculo do preposto gerente com o empresário preponente é trabalhista, portanto, o gerente preposto encontra-se sob a subordinação jurídica inerente à relação de emprego. A natureza jurídica do vínculo do diretor ou do sócio administrador com a sociedade empresária é societária ou estatutária, portanto, sem subordinação jurídica que caracteriza a relação de emprego.

A sociedade empresária não está obrigada a contratar gerente preposto. Geralmente o faz tendo em vista a otimização dos resultados do empreendimento. A sociedade, porém, é obrigada a nomear administrador ou eleger diretor para exercer as funções de representante legal da sociedade. Nestes termos, o gerente preposto é apenas um empregado que ocupa posição mais elevada no quadro funcional da sociedade empresária, destaca-se dos demais empregados pelo padrão mais elevado de seus vencimentos e pela função de chefia que exerce.

Tendo em vista a sua função de destaque na organização e desenvolvimento da atividade do empresário, são outorgados ao gerente preposto poderes para a prática de determinados atos relativos à gestão da empresa e à representação da sociedade.

1.4.2. Contabilista

O Contabilista é o preposto responsável pela escrituração dos livros do empresário. O contabilista deve ser profissional legalmente habilitado para o exercício da profissão, portanto, deve possuir inscrição regular no órgão de classe, que, no caso, é o Conselho Regional de Contabilidade (CRC).

O Código Civil (art. 1.179) estabelece que o empresário individual e a sociedade empresária são obrigados a seguir um sistema de contabilidade com base na escrituração uniforme de seus livros, em correspondência com a documentação respectiva, e a levantar anualmente o balanço patrimonial e o de resultado econômico. Todos os empresários (micro, pequeno, médio ou de grande porte) são, portanto, obrigados a contratar contabilista preposto. Mesmo os empresários que optaram pelos SIMPLES devem manter escrituração dos livros, ainda que simplificada.

O Código Civil (art. 1.182) estabelece que a escrituração do empresário ficará sob a responsabilidade de contabilista legalmente habilitado. Contudo, como já especificado acima, salvo na hipótese de procedimento de má-fé, a escrituração efetuada pelo contabilista preposto é tida como se fosse efetuada pelo próprio empresário preponente. Isso significa que o empresário preponente responde, perante terceiros, pelos lançamentos efetuados pelo contabilista.

O Código Civil, entretanto, não desonera o contabilista preposto de responsabilidade. Nesse sentido estabelece que, no exercício de suas funções, os prepostos são pessoalmente responsáveis: a) perante o preponente: pelos atos culposos; e b) perante terceiros: pelos atos dolosos, solidariamente com o preponente (art. 1.177, parágrafo único).

1.4.3. Outros Auxiliares

Além do gerente e do contabilista, o empresário depende, na organização e exploração da empresa, de outros auxiliares prepostos. O Código Civil apenas menciona, não nomeia esses prepostos, motivo pelo qual a construção doutrinária os classifica em três categorias: a) auxiliares dependentes internos; b) auxiliares dependentes externos; e c) auxiliares independentes externos.

Auxiliares Dependentes Internos: são os prepostos que exercem suas funções no estabelecimento empresarial, motivo pelo qual estão sujeitos ao controle direto do empresário preponente, que os mantém em subordinação hierárquica mediante contrato de trabalho regido pela CLT. Os atos praticados por estes prepostos dentro do estabelecimento e relativos à atividade da empresa obrigam o empresário, ainda que não autorizados por escrito. Quando tais atos forem praticados fora do estabelecimento, somente obrigarão o empresário preponente nos limites dos poderes conferidos por escrito (CC, art. 1.178).

Auxiliares Dependentes Externos: são os prepostos que exercem suas funções fora do estabelecimento empresarial, mas o empresário preponente os mantém em subordinação hierárquica mediante contrato de trabalho regido pela CLT. Segundo a doutrina esses auxiliares externos são: a) os viajantes: prepostos incumbidos de fazer visitas a clientes em lugares distantes e realizar negócios em proveito do empresário preponente; b) vendedores: prepostos incumbidos de efetuar vendas fora do estabelecimento empresarial; c) pracistas: prepostos incumbidos de realizar vendas em determinada zona pré-determinada (praça) pelo empresário preponente.

> **Atenção**: os auxiliares dependentes externos exercem suas funções fora do estabelecimento do empresário. Nesse sentido, o Código Civil estabelece que os atos dos prepostos praticados fora do estabelecimento somente obrigam o empresário proponente nos limites dos poderes conferidos por escrito, cujo instrumento pode ser suprido pela certidão ou cópia autêntica de inteiro teor (art. 1.178, parágrafo único). Assim, quem contrata com prepostos externos (viajantes, vendedores, pracistas), portanto, fora do estabelecimento do empresário preponente, deve exigir do preposto o documento que contenha os poderes outorgados pelo empresário preponente.

Auxiliares Independentes Externos: são os prepostos que exercem suas funções fora do estabelecimento empresarial e mediante contrato de prestação de serviço específico, portanto, sem vínculo de subordinação ou dependência que caracteriza o contrato de trabalho regido pela CLT. Esses prepostos geralmente são empresários, cuja atividade é regida por lei especial, motivo pelo qual as regras do Código Civil somente se aplicam de forma subsidiária. Dentre os prepostos considerados auxiliares independentes externos, a doutrina destaca: a) Representante comercial autônomo; b) Leiloeiro; c) Corretor; e d) Trapicheiro e administrador de armazém geral.

> **Atenção**: o corretor é o preposto auxiliar que se obriga a obter para o empresário preponente um ou mais negócios, conforme as instruções recebidas. O contrato de corretagem é disciplinado pelo Código Civil nos arts. 722 a 729. Há, entretanto, determinados corretores, cuja atividade é disciplinada por lei especial, nesse sentido: a) corretor de imóveis: a atividade é disciplinada pela Lei 6.530/1978; b) corretor de seguros: a profissão é disciplinada pela Lei 4.594/1964; c) corretor de valores mobiliários: a atividade é disciplinada pela Lei 4.728/1965.

Além dos auxiliares independentes externos acima especificados, a doutrina também cita o despachante aduaneiro (Decreto 646/1992), o tradutor público juramentado (Decreto 3.069/1943), o informante comercial (Decreto-lei 3.099/1957).

2. ESTABELECIMENTO EMPRESARIAL

O estabelecimento empresarial está regulamentado no Código Civil, nos arts. 1.142 a 1.149. Pode ser conceituado como o conjunto o conjunto de bens corpóreos e incorpóreos organizados pelo empresário para o exercício da sua atividade. Por exemplo, em uma pizzaria, o estabelecimento empresarial será composto não apenas pelo imóvel onde a atividade é explorada, mas também pelas mesas, cadeiras, pratos, talheres, nome empresarial, marca, nome de domínio, enfim, por todos os bens corpóreos e incorpóreos organizados pelo empresário no exercício de sua atividade.

A reunião organizada e funcional dos bens necessários para o exercício da atividade empresarial é um elemento indispensável na caracterização e valoração do estabelecimento empresarial.

O estabelecimento tem a natureza jurídica de **universalidade de fato** e, como objeto, não é sujeito de direitos. Trata-se, portanto, de uma pluralidade de bens singulares que, pertencentes ao empresário, são por eles organizados para uma destinação específica, qual seja, a exploração de sua atividade (CC, art. 90). Deste modo, estabelecimento empresarial não é sinônimo de empresário (que é o sujeito de direitos), nem de empresa (enquanto atividade econômica explorada pelo empresário), nem de aviamento.

Aliás, em relação ao aviamento, também chamado "goodwill", pode-se conceituá-lo como a valorização agregada ao estabelecimento empresarial, resultante da organização dos bens corpóreos e incorpóreos dada pelo empresário para a exploração de sua empresa.

2.1. Alienação do Estabelecimento

O estabelecimento empresarial integra o patrimônio do empresário, sendo, desse modo, uma garantia para os seus credores. O instrumento de compra e venda do estabelecimento empresarial é denominado **trespasse**. Por intermédio da celebração do trespasse, o empresário aliena a terceiro o seu estabelecimento empresarial.

O contrato de trespasse deve ser celebrado por escrito, levado a registro na Junta Comercial e devidamente publicado na imprensa oficial para que possa produzir seus efeitos (CC, art. 1.144). Ademais, não possuindo outros bens suficientes para a solvência de seu passivo, o empresário somente poderá alienar o seu estabelecimento empresarial se obtiver a anuência de todos os seus credores, de modo expresso ou tácito, decorrendo esse último do silêncio dos credores após 30 dias da data de suas respectivas notificações (CC, art. 1.146).

> **Atenção**: O credor, ao ser notificado, pode comportar-se de três formas: a primeira consiste em concordar com a alienação do estabelecimento, dando sua anuência expressa ao empresário alienante dentro do prazo de 30 dias, contado do recebimento de sua notificação. Trata-se da anuência expressa. A segunda é a não manifestação do credor dentro do prazo legal. Nesta hipótese, será considerada a anuência tácita, e o empresário também poderá alienar o seu estabelecimento. A última forma possível é a oposição expressa pelo credor à alienação, a efetivar-se em no máximo 30 dias, contado de sua notificação. Nesta hipótese, o empresário pode pagá-lo, restando livre para a alienação do estabelecimento, ou, ainda, desistir da transferência do estabelecimento.

Caso o empresário realize a alienação do estabelecimento empresarial sem a anuência de seus credores, quando esta necessária, estaremos diante da chamada **alienação irregular do estabelecimento empresarial**, o que acarretará duas principais consequências. A primeira é a **ineficácia do trespasse** perante os credores do empresário alienante, uma vez que a alienação não produzirá efeitos, conforme disposto no art. 1.145 do Código Civil. A segunda consequência é a possibilidade de **decretação**

da falência do empresário alienante, pois a alienação irregular do estabelecimento empresarial constitui um ato de falência, nos termos do art. 94, III, "c", da Lei 11.101, de 2005.

2.2. Sucessão

O **adquirente do estabelecimento empresarial responde por todas as dívidas relacionadas ao negócio explorado**, ainda que contraídas anteriormente à celebração do trespasse, mas desde que devidamente contabilizadas (exceto dívidas fiscais e trabalhistas, em que o adquirente poderá ser por elas cobrado, mesmo as não contabilizadas), permanecendo o alienante solidariamente responsável pelo prazo de 1 ano. O prazo de 1 ano em que o alienante permanecerá solidariamente responsável é contado, em relação aos créditos vencidos, da publicação do trespasse. Já em relação aos demais créditos, da data de seus respectivos vencimentos.

No entanto, é evidente que, caso o alienante seja cobrado por uma dívida devidamente contabilizada e de conhecimento do adquirente, ele se sub-rogará nos direitos de credor para cobrar em regresso daquele que tinha obrigação de pagar, ou seja, do adquirente.

Para facilitar a compreensão veja este exemplo: um determinado empresário, no dia 1º de fevereiro, adquire de uma Gráfica 10.000 apostilas, no valor de R$ 1.000,00. A Gráfica concede um prazo para o pagamento, emitindo um boleto com vencimento para 30 de março. No dia 20 de março, antes do vencimento dessa obrigação, o empresário aliena o seu estabelecimento a terceiro. O responsável pela dívida, neste caso, será o terceiro adquirente, desde que, no momento da aquisição, tenha sido informado da dívida existente, ou seja, desde que a dívida esteja devidamente contabilizada. O terceiro adquirente, tendo ciência da dívida com a Gráfica, adquire o estabelecimento. No entanto, na data do vencimento (30 de março), ele não realiza o pagamento, hipótese em que a Gráfica poderá cobrar o alienante, pois, muito embora a obrigação seja do terceiro adquirente, o alienante continuará responsável, como codevedor, durante o prazo de um ano contado do vencimento da obrigação. Uma vez realizado o pagamento pelo alienante, este se sub-roga nos direitos de credor para cobrar em regresso do devedor principal, qual seja, o terceiro adquirente.

Em relação aos créditos eventualmente existentes, **a transferência do estabelecimento acarretará na cessão dos créditos correspondentes ao adquirente**, produzindo efeitos em relação aos respectivos devedores, desde o momento da publicação do trespasse. Ressalta-se, entretanto, que ficará exonerado o devedor que, de boa-fé, pagar ao cedente (alienante do estabelecimento).

Ressalte-se ainda que a transferência do estabelecimento, salvo disposição em contrário, importa na **sub-rogação do adquirente nos contratos estipulados para a exploração do estabelecimento**, se não tiverem caráter pessoal, podendo os terceiros rescindir o contrato em 90 dias a contar da publicação da transferência (CC, art. 1.148).

Por fim, ressalta-se que, salvo autorização expressa, o **alienante do estabelecimento não poderá fazer concorrência** ao adquirente **nos 5 anos subsequentes à transferência** (CC, art. 1.147).

2.3. Ponto Empresarial

O ponto empresarial pode ser conceituado como o local utilizado pelo empresário para o exercício de sua atividade. Portanto, se o estabelecimento empresarial é o conjunto de bens corpóreos e incorpóreos organizados pelo empresário para a exploração de sua atividade, o **ponto comercial é um bem incorpóreo que integra o estabelecimento empresarial, ou seja, o local em que a atividade é explorada**.

Quando o empresário atua em imóvel de sua propriedade, a proteção jurídica do ponto empresarial é regida pelas normas que tutelam o direito de propriedade. Por outro lado, se o empresário se encontra estabelecido em imóvel locado, a proteção ao ponto empresarial será regulada pela Lei 8.245/1991, em especial as normas que disciplinam a locação não residencial.

A locação não residencial confere ao empresário-locatário a prerrogativa de pleitear a renovação compulsória do contrato de aluguel, uma vez atendidos os requisitos legais, estabelecidos no art. 51 da Lei de Locação, a saber: a) o contrato de locação a renovar deve ter sido celebrado por escrito e com prazo determinado; b) o prazo mínimo do contrato de locação a renovar, ou a soma dos prazos ininterruptos dos contratos escritos, deve ser de, no mínimo, 5 anos; e c) o locatário deve estar explorando a mesma empresa, à data da propositura da ação renovatória, pelo prazo mínimo e ininterrupto de 3 anos.

O exercício desse direito se faz por uma ação judicial própria denominada **ação renovatória**, cujo ajuizamento será em no mínimo 6 meses, e no máximo 1 ano, contado da data do término da vigência do contrato a ser renovado, sob pena de decair o direito.

O direito à renovação compulsória do aluguel não é absoluto, em face do direito de propriedade assegurado ao locador pela Constituição Federal. A própria Lei de Locação apresenta algumas hipóteses em que o direito à renovação compulsória do aluguel será inoperante, em razão do direito de propriedade assegurado ao locador. Trata-se das exceções de retomada. São elas:

Obras no prédio locado (art. 52, I, da Lei 8.245/1991): o locador poderá opor-se à renovação compulsória do aluguel sempre que o Poder Público determinar a realização de obras que importem em uma radical transformação do imóvel, ou quando desejar reformá-lo visando à valorização de seu patrimônio;

Uso próprio (art. 52, II, da Lei 8.245/1991): o locador poderá opor-se à renovação compulsória do aluguel sempre que desejar retomá-lo para uso próprio. Ressalta-se, entretanto, que o locador não poderá utilizar o imóvel para explorar a mesma atividade exercida anteriormente pelo locatário, salvo se a locação compreendia, além do imóvel, o estabelecimento empresarial nele existente;

Transferência de estabelecimento empresarial (art. 52, II, da Lei 8.245/1991): o locador poderá opor-se à renovação compulsória do aluguel sempre que desejar transferir para o imóvel locado estabelecimento empresarial (fundo de comércio) existente há mais de 1 ano e que seja titularizado por sociedade empresária controlada por ele próprio, ou ainda por seu ascendente, descendente ou cônjuge;

Insuficiência da proposta do locatário (art. 72, II, da Lei 8.245/1991): o locador pode opor-se à renovação compulsória do aluguel alegando em sua contestação que a proposta de renovação apresentada pelo locatário não atende ao valor locatício real do imóvel;

Proposta melhor de terceiro (art. 72, III, da Lei 8.245/1991): o locador poderá, ainda, alegar em sua contestação a realização de melhor proposta por terceiro, hipótese em que a locação não será renovada, a menos que o locatário concorde em pagar o equivalente que foi ofertado por terceiro.

> Atenção: Nas locações de espaço em "shopping centers", o locador não poderá recusar a renovação do contrato de aluguel sob a alegação de uso próprio ou transferência de estabelecimento empresarial.

O locatário terá direito à indenização para ressarcimento dos prejuízos e dos lucros cessantes decorrentes da mudança, perda do ponto e desvalorização do fundo de comércio nas seguintes hipóteses: a) quando a renovação não ocorrer em razão de melhor proposta apresentada por terceiro; ou b) sempre que o locador não der ao imóvel, no prazo máximo de 3 meses, o destino alegado em sua exceção de retomada.

3. TEORIA GERAL DO DIREITO SOCIETÁRIO

3.1. Classificação Doutrinária das Sociedades

Diversas são as formas de classificação das sociedades propostas por nossos doutrinadores. Apresentaremos aqui, para fins didáticos, as principais formas de classificação existentes em nossa doutrina.

3.1.1. Sociedades de Pessoas e Sociedades de Capital

As sociedades, considerando a relevância dos atributos subjetivos de cada sócio para a formação do vínculo social, podem ser classificadas em sociedade de pessoas ou sociedade de capital.

Nas **sociedades de pessoas**, os atributos subjetivos de cada sócio, ou seja, suas qualidades pessoais, são de extrema relevância para a formação do vínculo social. Trata-se de uma sociedade *intuitu personae*, em que os atributos individuais de cada sócio são mais relevantes para a formação da sociedade do que as suas contribuições materiais. Já nas **sociedades de capital**, os recursos conferidos à sociedade pelos sócios são mais relevantes do que as suas qualidades pessoais para a formação do vínculo social. Trata-se de uma sociedade *intuitu pecuniae*.

Essa classificação é relevante, uma vez que traz consequências diversas para a solução de importantes questões relacionadas ao direito societário, tais como a alienação de participação societária, a sua penhorabilidade por dívida particular do sócio, e a sucessão do sócio falecido.

Em relação à **alienação da participação societária** a terceiro que não participe da sociedade, entende-se que, sendo a **sociedade de pessoas**, tal negócio, salvo anuência de todos os demais sócios, não seria possível em razão da relevância dos atributos pessoais de cada um deles para a formação do vínculo social. Por sua vez, sendo a **sociedade de capital**, livre será a alienação da participação societária, pois os atributos pessoais do terceiro adquirente não são relevantes para a manutenção do vínculo existente entre os sócios da sociedade.

Em relação à **penhorabilidade de participação societária** por dívida particular de sócio, deve-se aplicar o mesmo entendimento acima exposto. Logo, sendo a **sociedade de pessoas**, a penhora da participação societária, com a sua posterior adjudicação, não parece ser possível. Isso porque a venda em hasta pública da participação societária implicará na consequente substituição do sócio devedor pelo terceiro arrematante. Por sua vez, sendo a **sociedade de capital**, é plenamente aceitável a penhora da participação societária do sócio devedor, uma vez que sua eventual substituição pelo adjudicatário não traria prejuízo algum aos interesses dos demais membros da sociedade.

Por fim, cumpre analisar se o **falecimento de sócio** pode ou não acarretar a dissolução parcial da sociedade. Ora, mais uma vez, a resposta irá variar conforme seja a sociedade classificada como de pessoas ou de capital. Considerando, portanto, que a morte do sócio acarretará na transferência de seus bens aos seus sucessores, entende-se que, em regra, sendo a **sociedade de pessoas**, a participação societária do *de cujos* deverá ser liquidada, com a consequente dissolução parcial da sociedade e pagamento dos respectivos haveres aos herdeiros do sócio falecido (CC, art. 1.028). Por outro lado, sendo a **sociedade de capital**, o falecimento de sócio não acarretará na dissolução parcial da sociedade, cabendo aos seus herdeiros tão somente suceder o *de cujos* no quadro social.

3.1.2. Sociedades de Responsabilidade Limitada, Ilimitada e Mista

As **sociedades de responsabilidade limitada** são aquelas em que a responsabilidade dos sócios pelas obrigações da sociedade é limitada ao valor de suas quotas ou ações. São classificadas como sociedades de responsabilidade limitada a sociedade anônima e a sociedade limitada.

As **sociedades de responsabilidade ilimitada** são aquelas em que os sócios respondem ilimitadamente pelas obrigações sociais, ou seja, os sócios, nessa espécie de sociedade, respondem com seus bens pessoais pelas dívidas sociais até a integral satisfação dos credores da sociedade. É classificada como sociedade de responsabilidade ilimitada a sociedade em nome coletivo.

Por fim, as **sociedades de responsabilidade mista** são aquelas em que determinados sócios respondem pelas obrigações sociais de forma limitada, enquanto outros sócios respondem de forma ilimitada com seus bens pessoais pelas obrigações da sociedade. São classificadas como sociedades de responsabilidade mista a sociedade em comandita simples e a sociedade em comandita por ações.

Ressalta-se que a responsabilidade dos sócios pode ser analisada quanto a outros aspectos não considerados pelo critério de classificação das sociedades aqui adotado. Assim, o estudo da responsabilidade dos sócios pelas obrigações da sociedade não se restringe à análise de sua extensão, ou seja, se ela é limitada ou ilimitada, devendo também ser analisada quanto ao momento em que o sócio pode ser cobrado pelas dívidas da sociedade, ou seja, se a sua responsabilidade é direta ou subsidiária.

Assim, considerando o momento em que o sócio pode ser cobrado pelas dívidas da sociedade, a sua responsabilidade é classificada como direta ou subsidiária. A responsabilidade é direta quando os credores da sociedade podem buscar a satisfação de seus créditos diretamente nos bens que integram o patrimônio pessoal dos sócios, sem a necessidade de cobrar previamente da sociedade. Por sua vez, a responsabilidade é subsidiária quando os credores da sociedade não podem buscar a satisfação de seus créditos junto ao patrimônio dos sócios, enquanto não exauridos os bens que integram o patrimônio da sociedade.

A regra, em nosso ordenamento jurídico, é a da subsidiariedade, ou seja, os bens particulares dos sócios não podem ser executados por dívidas da sociedade senão depois de executados os bens sociais (CC, art. 1.024). Excetua-se, entretanto, à regra da subsidiariedade, o sócio administrador da sociedade em comum, que responde diretamente pelas dívidas da sociedade (CC, art. 990).

A responsabilidade dos sócios pode ser classificada como sendo não solidária ou solidária entre si. A responsabilidade é solidária entre os sócios quando os credores da sociedade, após exaurido o patrimônio social, podem buscar a satisfação integral de seus créditos nos bens que integram o patrimônio de um determinado sócio, independentemente do percentual de sua participação societária. Por sua vez, sendo a responsabilidade não solidária, o sócio responderá pelas dívidas da sociedade observado o percentual de sua participação societária.

Vejamos o seguinte exemplo: José e Paulo são sócios e cada um detém 50% das quotas representativas do capital social de uma sociedade em nome coletivo. A sociedade, em razão de problemas financeiros, não paga seus credores, tornando-se inadimplente. Configurada essa situação, como respondem José e Paulo pelas dívidas da sociedade? Ora, como verificado acima, a responsabilidade dos sócios pelas obrigações sociais pode ser analisada sob três aspectos distintos. Deve-se primeiramente observar a regra da subsidiariedade existente em nosso ordenamento jurídico, não podendo os sócios ser cobrados pelas dívidas sociais, sem que antes seja exaurido o patrimônio da sociedade. Assim, José e Paulo só podem ser cobrados pelas dívidas sociais se o patrimônio da sociedade, uma vez exaurido, demonstrar-se insuficiente para a satisfação de seus credores. Sendo, entretanto, o patrimônio social exaurido e verificada a sua insuficiência para o pagamento de todos os credores da sociedade, eles poderão buscar a satisfação dos seus créditos junto aos bens que integram o patrimônio pessoal de José e Paulo, observado, para tanto, o grau de responsabilidade dos sócios pelas obrigações sociais. Ora, José Carlos e Paulo Paladino são sócios de uma sociedade em nome coletivo que, conforme verificado, atribui responsabilidade ilimitada aos seus sócios. Isso significa que José e Paulo respondem com os seus bens pessoais até a integral satisfação dos credores da sociedade, não podendo ser oposta qualquer limitação à responsabilidade dos sócios pelo pagamento das dívidas sociais. Por fim, é necessário verificar se os credores da sociedade podem cobrar toda a dívida de um único sócio, hipótese em que a responsabilidade dos sócios será entre si, ou se devem observar a proporção da participação detida por cada sócio, limitando-se a cobrar, no exemplo apresentado, 50% da dívida de José e 50% de Paulo, hipótese em que a responsabilidade dos sócios será não solidária. A resposta a essa questão também está no tipo societário adotado pelos sócios. Assim, sendo a sociedade em nome coletivo, os sócios respondem solidariamente entre si pelas obrigações sociais.

3.1.3. Sociedades Contratuais e Sociedades Institucionais

Considerando o regime de constituição e dissolução do vínculo societário, as sociedades podem ser classificadas em contratuais ou institucionais.

As **sociedades contratuais** são aquelas constituídas por um contrato celebrado entre os sócios, razão pela qual o vínculo estabelecido entre os membros da pessoa jurídica tem natureza contratual, e, consequentemente, os princípios do direito dos contratos explicam parte das relações existentes entre eles. São classificadas como contratuais a sociedade em nome coletivo, a sociedade em comandita simples e a sociedade limitada.

Já as **sociedades institucionais** são aquelas que também se constituem por um ato de manifestação de vontade dos sócios, que, no entanto, não é revestido de natureza contratual e, consequentemente, exclui a aplicação dos postulados da teoria dos contratos para a compreensão das relações existentes entre os sócios dessa espécie de sociedade. São classificadas como institucionais a sociedade anônima e a sociedade em comandita por ações.

3.2. As Sociedades e sua disciplina jurídica

De acordo com o Código Civil (Livro II da Parte Especial), as sociedades podem ser personificadas ou não personificadas, conforme tenha ou não a sociedade personalidade jurídica.

3.2.1. Sociedades Não Personificadas

As **sociedades não personificadas** são aquelas desprovidas de personalidade jurídica e podem ser de duas espécies, a saber: a) **sociedade em comum** (CC, arts. 986 a 990), denominação dada pelo Código Civil às antigas sociedades irregulares; e b) **sociedade em conta de participação** (CC, arts. 991 a 996).

3.2.1.1. Sociedade em comum (CC, arts. 986 a 990)

Enquanto não inscritos os atos constitutivos da sociedade empresária ou simples no órgão de registro competente, elas serão regidas pelas normas da sociedade em comum. Isso porque as sociedades somente adquirem personalidade jurídica com o arquivamento dos seus atos constitutivos no órgão de registro competente (CC, art. 985) e, portanto, enquanto não forem arquivados, a sociedade será considerada não personificada, submetendo-se às regras da sociedade em comum. Excetua-se dessa regra a sociedade por ações em organização (CC, art. 986).

Na sociedade em comum, os bens e dívidas sociais constituem patrimônio especial, do qual os sócios são titulares em comum. Ressalta-se que, nos termos do art. 989 do Código Civil, os bens sociais respondem pelos atos de gestão praticados por qualquer dos sócios, salvo pacto expresso limitativo de poderes, que somente terá eficácia contra o terceiro que o conheça ou deva conhecer.

Os sócios respondem de forma subsidiária, ilimitada e solidariamente entre si pelas obrigações sociais. No entanto, o sócio que houver contratado pela sociedade, ou seja, praticar atos de gestão em nome da sociedade, responderá diretamente com os seus bens pessoais pelas obrigações sociais (CC, art. 990).

3.2.1.2. Sociedade em conta de participação (CC, arts. 991 a 996)

A sociedade em conta de participação é aquela em que a atividade da sociedade é exercida unicamente pelo sócio ostensivo, em seu nome individual e sob sua própria e exclusiva responsabilidade (CC, art. 991).

Na sociedade em conta de participação, tão somente o sócio ostensivo obriga-se perante terceiros. Os demais sócios participantes obrigam-se exclusivamente perante o sócio ostensivo, nos termos estabelecidos pelo contrato social. Observa-se, no entanto, que o sócio participante não pode tomar parte nas relações do sócio ostensivo com terceiros, sob pena de responder solidariamente com este pelas obrigações em que intervier.

O arquivamento dos atos constitutivos da sociedade em conta de participação no órgão de registro competente é dispensável. Caso esse arquivamento seja realizado, no entanto, tal ato não conferirá personalidade jurídica a essa sociedade (CC, art. 993, *caput*).

A liquidação da sociedade em conta de participação é regida pelas normas relativas à prestação de contas (CC, art. 996).

3.2.2. Sociedades Personificadas

As sociedades personificadas são aquelas que, em razão do registro de seus atos constitutivos no órgão competente, possuem personalidade jurídica (CC, art. 985). As sociedades personificadas podem ser classificadas: a) quanto a sua espécie, como sociedade simples ou sociedade empresária; e b) quanto ao tipo ou forma societária, como sociedade simples (S/S), sociedade em nome coletivo (N/C), sociedade em comandita simples (C/S), sociedade limitada (Ltda.), sociedade anônima (S/A), sociedade comandita por ações (C/A) e cooperativa. A análise aprofundada de cada espécie e tipo societário será feita oportunamente nos tópicos seguintes.

3.2.2.1. A personificação das sociedades e seus efeitos

As sociedades têm existência distinta da dos seus sócios. Logo, os direitos e as obrigações das sociedades não se confundem, em princípio, com os direitos e as obrigações inerentes aos seus membros, uma vez que tais pessoas jurídicas são dotadas de personalidade jurídica própria.

As sociedades adquirem a sua personalidade jurídica com o arquivamento de seus atos constitutivos no órgão de registro competente (CC, art. 45 e art. 985). Em relação às sociedades empresárias, é competente, para o arquivamento de seus atos constitutivos, a Junta Comercial da Unidade Federativa (Estado ou Distrito Federal) em que se encontra localizada a sede da sociedade. Quanto às sociedades simples, o órgão competente para registro de seus atos constitutivos é o Cartório de Registro Civil de Pessoas Jurídicas.

A personalidade jurídica se extingue com a extinção da sociedade, ou seja, por meio de sua dissolução *lato sensu*, o qual compreende as seguintes fases: a) dissolução *stricto sensu*; b) liquidação; e c) partilha. A sociedade também poderá ser extinta, extrajudicialmente, por atos de cisão, incorporação e fusão, e, judicialmente, com a decretação de sua falência.

A atribuição de personalidade jurídica às sociedades produz certos efeitos jurídicos, dentre os quais se destacam: a) **titularidade obrigacional**, ou seja, a sociedade, ao adquirir personalidade jurídica, se torna sujeito de direitos e obrigações, podendo assim contratar com terceiros; b) **titularidade processual**, ou seja, a sociedade pode demandar ou ser demandada em juízo, razão pela qual somente uma sociedade personificada poderá ajuizar ações; e c) **titularidade patrimonial**, ou seja, o patrimônio da sociedade não mais se confunde com o patrimônio particular de seus sócios, razão pela qual a sociedade personificada é dotada de autonomia patrimonial.

3.2.2.2. O princípio da autonomia patrimonial e suas limitações

Pelo Princípio da Autonomia Patrimonial, a sociedade personificada possui patrimônio próprio, inconfundível e incomunicável com o patrimônio individual de cada um de seus sócios. Deste modo, a sociedade responde diretamente com os bens que integram o seu patrimônio pelas obrigações que tenha assumido perante terceiros. Somente, portanto, em hipóteses excepcionais o sócio de uma sociedade personificada poderá ser responsabilizado pelas dívidas sociais.

Como mencionado, pelas obrigações da sociedade não respondem, em regra, os seus sócios. Trata-se do princípio da autonomia patrimonial, que, apesar de prestigiado por nosso ordenamento jurídico, comporta certas limitações.

A legislação previdenciária, por exemplo, autoriza o Instituto Nacional da Seguridade Social (INSS) a cobrar as dívidas que as sociedades possuam junto a esta autarquia diretamente de seus sócios. A legislação tributária também atribui responsabilidade aos sócios que exerçam a administração de sociedades, na hipótese do não recolhimento de tributos. Por fim, observa-se que a Justiça do Trabalho, a despeito de norma expressa nesse sentido, muitas vezes determina que, pelas dívidas trabalhistas da sociedade, respondam os bens pessoais de seus sócios. Esses exemplos são evidentes limitações ao princípio da autonomia patrimonial.

O princípio da autonomia patrimonial também poderá sofrer limitações em razão do uso fraudulento ou abusivo da personalidade jurídica, a ser verificado em ação própria de conhecimento. Trata-se da desconsideração da personalidade jurídica, prevista no art. 50, do Código Civil.

A Teoria da Desconsideração da Personalidade Jurídica, criada pela doutrina a partir de decisões jurisprudenciais proferidas, sobretudo, pelos Tribunais dos Estados Unidos da América e da Inglaterra, permite, ao Poder Judiciário, desconsiderar a separação patrimonial existente entre a sociedade e seus sócios, sempre que a sociedade tiver sido utilizada como instrumento para a realização de fraude.

3.2.2.3. Espécies de sociedades personificadas

As sociedades personificadas poderão ser classificadas, quanto à sua espécie, como empresárias ou simples. Esse critério de classificação determina, em última análise, se a sociedade está ou não submetida ao regime jurídico do Direito Empresarial, ou seja, se a sociedade é ou não um empresário.

Neste sentido, a **sociedade é considerada da espécie empresária**, nos termos do art. 982 do Código Civil, quando tiver por **objeto o exercício de uma atividade econômica própria de empresário**, ou seja, uma atividade empresarial que, nos termos do art. 966 do Código Civil, pode ser tanto a **produção de bens ou de serviços**, como também a **circulação de bens ou de serviços**. Por sua vez, a **sociedade é considerada da espécie simples**, nos termos do art. 982 do Código Civil, nas demais hipóteses, isto é, quando a **sociedade não tiver por objeto exercer uma atividade empresarial**.

a) Sociedade Empresária

Como já analisado no Capítulo I, a sociedade empresária é uma espécie de empresário, submetendo-se, portanto, ao regime jurídico do Direito Empresarial. A sociedade empresária caracteriza-se por seu uma espécie de pessoa jurídica de direito privado, constituída, em regra, por duas ou mais pessoas e que exerce uma atividade econômica própria de empresário (CC, art. 982), ou seja, produz ou circula bens ou serviços.

Ocorre, entretanto, que algumas sociedades, mesmo produzindo ou circulando bens ou serviços não são consideradas da espécie empresária, pois exercem atividades que não são consideradas empresariais, a saber: a) atividade intelectual, salvo se constituído elemento de empresa (CC, art. 966, parágrafo único); e b) atividade rural, salvo se os atos constitutivos da sociedade estiver arquivado na Junta Comercial (CC, art. 984).

Formas Societárias: a sociedade empresária para ser constituída deverá obrigatoriamente adotar uma das formas societárias disciplinadas pelo Código Civil, com exceção da cooperativa, a saber: a) Nome Coletivo (CC, arts. 1039 a 1.044); b) Comandita Simples (CC, arts. 1.045 a 1.051), c) Limitada (CC, arts. 1.052 a 1.087); d) Anônima (CC, arts. 1.088 e 1.089 e Lei 6.404/1976); e) Comandita por Ações (CC, arts. 1.090 a 1.092 e Lei 6.404/1976). A cooperativa, portanto, independentemente do seu objeto, jamais será uma sociedade empresária, sendo sempre da espécie simples (CC, art. 982, parágrafo único).

Personificação: a sociedade empresária adquire personalidade jurídica com o arquivamento de seus atos constitutivos no Registro Público de Empresas Mercantis, a cargo da Junta Comercial da Unidade Federativa de sua respectiva sede (arts. 985 e 1.150 do Código Civil)

b) Sociedade Simples

Como visto no tópico acima, a sociedade simples é a espécie de sociedade personificada que explora uma atividade econômica não empresarial, ou seja, exerce uma atividade intelectual ou explora uma atividade rural. Consequentemente, a sociedade simples não se submete ao regime jurídico do direito empresarial, razão pela qual não está obrigada a ter seus atos constitutivos registrados na Junta Comercial, não tem acesso à recuperação judicial ou extrajudicial de sua atividade, e também não pode ter a falência decretada. Portanto, a sociedade simples, muito embora explore uma atividade econômica, ou seja, exerça uma atividade com fins lucrativos, não é considerada um empresário, pois não explora uma atividade própria de empresário (CC, art. 982).

Formas societárias: ao contrário do que ocorre com a sociedade empresária, a sociedade simples, para ser constituída, poderá adotar um dos tipos societários regulados pelo Código Civil, com exceção das sociedades por ações (Sociedade em Comandita por Ações e Anônima), que sempre serão da espécie empresária. Caso a sociedade simples opte por não adotar nenhum tipo societário específico, ela será regida pelas regras que lhe são próprias. Portanto, ao contrário das sociedades empresárias, a adoção de uma forma societária pela sociedade simples é mera faculdade e, não o fazendo, subordina-se às normas que são próprias à sociedade simples (CC, arts. 997 a 1.038), enquanto forma societária. Trata-se da chamada sociedade simples "pura", ou ainda sociedade simples em simples (S/S).

Personificação: a sociedade simples, como espécie de sociedade personificada, adquire personalidade jurídica com o registro de seus atos constitutivos no Cartório de Registro Civil de Pessoas Jurídicas do local de sua sede.

3.2.2.4. Formas ou tipos societários

A sociedade personificada pode ser classificada quanto ao seu tipo ou forma societária. São as regras da forma societária escolhida pela sociedade que irão determinar, por exemplo, a natureza do seu ato constitutivo (contrato ou estatuto social), o grau de responsabilidade dos sócios pelas obrigações sociais (limitada ou ilimitada), a espécie de nome empresarial que poderá ser adotado pela sociedade (razão social ou denominação), a forma de representação do seu capital social (quotas ou ações), dentre outros aspectos jurídicos e estruturais da sociedade.

Os tipos societários previstos no Código Civil são os seguintes: a) simples (arts. 998 a 1.038); b) nome coletivo (arts. 1.039 a 1.044); c) comandita simples (arts. 1.045 a 1.051); d) limitada (arts. 1.052 a 1.087); e) anônima (arts. 1.088 e 1.089); f) comandita por ações (arts. 1.090 a 1.092); e g) cooperativa (arts. 1.093 a 1.096).

Em razão da relevância do tema, trataremos das diversas formas societárias em capítulos específicos desta obra.

4. FORMAS SOCIETÁRIAS

Como já analisado, em função do objeto explorado, as sociedades personificadas podem ser tanto da espécie simples (não empresária), como da espécie empresária. Em ambos os casos, para serem constituídas, deverão adotar uma das formas societárias reguladas pelo Código Civil.

As formas societárias, como já estudado (item 3.3.2.4 supra), são determinantes para a disciplina jurídica da estrutura da sociedade (natureza do seu ato constitutivo, espécie de nome empresarial adotado, forma de representação do capital social, dentre outros aspectos estruturais), bem como a extensão de responsabilidade dos sócios pelas obrigações sociais (limitada ou ilimitada).

Ocorre, entretanto, que certas formas societárias são comuns, podendo ser adotadas por ambas as espécies de sociedades. São elas: a) sociedade em nome coletivo (CC, arts. 1.039 a 1.044); b) sociedade em comandita simples (CC, arts. 1.045 a 1.051); e c) sociedade limitada (CC, arts. 1.052 a 1.087). Outras formas societárias só poderão ser adotadas por sociedades de determinada espécie. É o que ocorre, por exemplo, com as formas simples e cooperativa que, independentemente do objeto, só poderão ser adotadas por sociedades não empresárias, ou seja, da espécie simples.

O Código Civil, de 2002, manteve a sociedade em nome coletivo e a sociedade em comandita simples, duas formas societárias disciplinadas pelo antigo Código Comercial, de 1850 e que já se encontravam em absoluto desuso no Direito Brasileiro, sobretudo por atribuírem aos seus sócios responsabilidade ilimitada pelas obrigações sociais. Em contrapartida, a sociedade limitada é uma das formas societárias mais adotadas no Brasil, seja por sociedades empresárias, seja por sociedades simples.

4.1. Sociedade Simples

4.1.1. Considerações Iniciais

A terminologia "sociedade simples" pode, muitas vezes, causar confusão para aqueles que não têm muita afinidade com a matéria societária, pois ora ela é aplicada como **espécie de sociedade personificada**, em contraposição à sociedade empresária (Capítulo 3, item 3.3.2.3 supra), ora como mais uma **forma societária**.

Enquanto forma societária, a sociedade simples encontra-se disciplinada pelos arts. 997 a 1.038 do Código Civil, podendo ser adotada exclusivamente por sociedades da espécie simples, ou seja, por sociedades não empresárias que não se submetem ao regime jurídico do Direito Empresarial. Nesta hipótese, a sociedade simples será considerada "pura", também chamada sociedade simples em simples (S/S), isto é, será uma sociedade da espécie simples que adota a forma societária simples.

As regras legais destinadas à disciplina jurídica desta forma societária simples (CC, arts. 997 a 1.038) servem como fonte supletiva para a regência das demais formas societárias de natureza contratual, tais como a sociedade em nome coletivo (CC, art. 1.040), em comandita simples (CC, art. 1.046) e limitada (CC, art. 1.053).

A sociedade simples, enquanto forma societária, é constituída mediante contrato escrito, por instrumento particular ou público, que, além das cláusulas estabelecidas pelas partes, deverá conter as seguintes, nos termos do art. 977 do Código Civil: a) nome, nacionalidade, estado civil, profissão e residência dos sócios, se pessoas naturais, e nome empresarial, nacionalidade e sede dos sócios, se pessoas jurídicas; b) denominação, objeto, sede e prazo de duração da sociedade; c) capital social, expresso em moeda corrente nacional; d) a participação de cada sócio no capital social e a forma de sua realização; e) as prestações a que se obriga o sócio, cuja contribuição consista em serviços; f) as pessoas naturais incumbidas da administração da sociedade, seus poderes e atribuições; g) a participação de cada sócio nos lucros e nas perdas; h) se os sócios respondem, ou não, subsidiariamente pelas obrigações sociais.

> Atenção: a alteração de qualquer uma das cláusulas contratuais que versem sobre as matérias previstas no art. 977 do Código Civil, acima apresentadas, dependerá da aprovação e consentimento de todos os sócios (unanimidade). Outras matérias serão aprovadas pela maioria absoluta de votos, se o contrato social não determinar a necessidade de deliberação unânime (CC, art. 999).

4.1.2. Denominação

A denominação é o elemento identificador da sociedade simples, enquanto sujeito de direitos e de obrigações, no exercício de suas atividades não empresariais. Nos termos do art. 1.155, parágrafo único do Código Civil, a denominação da sociedade simples, enquanto forma societária exclusiva de sociedades não empresárias (sociedades personificadas da espécie simples), equipara-se ao nome empresarial para fins de proteção legal. Para tanto, a sociedade simples deverá ter os seus atos constitutivos devidamente arquivados no Registro Civil de Pessoas Jurídicas (CC, art. 1.150).

A denominação é formada por qualquer expressão linguística (nome civil de um ou mais sócios ou mesmo o emprego de um "elemento fantasia"), acrescida da atividade exercida pela sociedade.

Ressalta-se que, nos termos do Enunciado 213 do Conselho de Justiça Federal, aprovado na III Jornada de Direito Civil, é permitido às sociedades simples a adoção da razão social, não se limitando apenas à denominação. A razão social, diferentemente da denominação, é composta exclusivamente pelo nome civil de um ou mais sócios que participem da sociedade.

O nome adotado pela sociedade simples também será regido pelos princípios da veracidade e da novidade (art. 34 da Lei 8.934/1994), princípios que norteiam a formação do nome empresarial adotado pelos empresários.

Pelo princípio da veracidade, o nome da sociedade simples não poderá induzir a erro aquele que com ela venha a contratar. É o caso, por exemplo, de uma denominação que contenha a indicação de uma atividade que não é de fato explorada pela sociedade.

Pelo princípio da novidade, o nome de determinada sociedade simples não poderá ser idêntico à denominação de outra sociedade simples já arquivada no Registro Civil de Pessoas Jurídicas.

4.1.3. Objeto Social

O objeto da sociedade simples deve compreender a **exploração de qualquer atividade econômica** não considerada própria de empresário (CC, art. 983), fato que limita consideravelmente as atividades possíveis de uma sociedade simples. Em linhas gerais, a sociedade simples, por ser uma forma societária exclusiva de sociedades não empresárias, só poderá exercer **atividades intelectuais**, como, por exemplo, a prestação de serviço médicos, odontológicos, contábeis; ou **atividades rurais**, como, por exemplo, o cultivo de soja, algodão, pecuária.

Ressalta-se que o objeto da sociedade deverá ser sempre lícito, ou seja, não contrário a lei, aos bons costumes, à ordem pública e à moral; e possível, física ou juridicamente (CC, art. 104).

4.1.4. Capital Social

O capital social, expresso em moeda corrente nacional, é o montante total de recursos a que os sócios se comprometem em transferir do seu patrimônio particular para a formação do patrimônio da sociedade. A contribuição do sócio para formação do capital social pode se dar mediante pagamento em dinheiro ou pela conferência de quaisquer bens (móveis, imóveis, corpóreos ou incorpóreos), desde que suscetíveis de avaliação em dinheiro.

Caso o sócio contribua para a formação do capital social com bens, responderá pela evicção; e, na hipótese de créditos, pela solvência do devedor (CC, art. 1.005)

Na sociedade simples, o sócio poderá também contribuir com serviços, hipótese em que o contrato social deverá indicar minuciosamente as prestações a que tal sócio se obriga (CC, art. 997, V). Ademais, nos termos do art. 1.006 do Código Civil, o sócio, cuja contribuição consista em serviços, não poderá, salvo convenção em contrário, empregar-se em atividade estranha à sociedade, sob pena de ser privado de seus lucros e dela excluído.

Antes de serem abordados outros relevantes aspectos acerca do capital social das sociedades limitadas, é imprescindível definir as expressões subscrição e integralização, diretamente relacionadas ao tema. A subscrição é o ato pelo qual determinada pessoa se compromete, perante os demais sócios e a sociedade, em contribuir para a formação do capital social, recebendo da sociedade, em contrapartida, uma participação societária. Por sua vez, a integralização é o ato pelo qual o sócio cumpre com a sua obrigação de contribuir para a formação do capital da sociedade.

Não há exigência legal quanto à integralização de um valor mínimo no ato da subscrição de quotas, tampouco um prazo máximo para a sua efetiva integralização. Tais matérias deverão ser livremente pactuadas pelos sócios quando da subscrição de quotas, por intermédio de cláusula contratual que as discipline expressamente.

4.1.4.1. Sócio remisso

A principal obrigação de um sócio é contribuir para a formação do capital social, ou seja, integralizar o capital por ele subscrito, na forma e prazo previstos no contrato social.

Caso, entretanto, o sócio deixe de cumprir com sua obrigação de contribuir para a formação do capital social, passará a ser considerado remisso. Nesta hipótese, a sociedade deverá notificá-lo para que, nos trinta dias subsequentes, cumpra com sua obrigação (CC, art. 1.004). Decorrido o referido prazo e, não sendo cumprida a obrigação, o sócio remisso responderá pelos danos emergentes de sua mora. Ressalta-se, entretanto, que a maioria dos demais sócios poderá preferir à indenização, a exclusão do sócio remisso da sociedade, ou ainda a redução de sua quota ao montante por ele eventualmente já integralizado.

4.1.4.2. Cessão de quotas

A cessão de quotas é o ato pelo qual se formalizará a transferência total ou parcial das quotas titularizadas por determinado sócio a outro sócio ou a terceiro não sócio.

Na sociedade simples, a cessão de quotas somente será possível se todos os demais sócios consentirem com a transferência. Daí sua natureza de sociedade de pessoas. Ademais, a cessão total ou parcial de quota, sem a correspondente modificação do contrato social, não terá eficácia quanto aos demais sócios e à sociedade (CC, art. 1.003).

Realizada a cessão de quotas, o sócio cedente permanecerá solidariamente responsável com o cessionário, perante a sociedade e terceiros, pelas obrigações que tinha como sócio, até 2 (dois) anos depois de averbada a modificação do contrato, responde o cedente solidariamente.

4.1.5. Administração

Os poderes de gestão de uma sociedade são atribuídos aos seus administradores a quem compete executar todos os atos regulares e necessários para a exploração do objeto pela sociedade, externando inclusive sua vontade perante terceiros.

A administração da sociedade simples será exercida por uma ou mais pessoas naturais, sócios ou não sócios, designados no contrato social ou em instrumento separado. Ressalta-se que, sendo nomeado em instrumento separado, este deverá ser registrado no competente Cartório de Registro Civil de Pessoas Jurídicas, antes da prática de qualquer ato de gestão pelo administrador, sob pena de responder pessoalmente e de forma solidária com a sociedade pelas obrigações contraídas (CC, art. 1.012).

Ressalta-se que, além dos impedidos por lei especial, tais como funcionários públicos e membros auxiliares do comércio (leiloeiros, tradutores públicos), não podem ser administradores os condenados a pena que vede, ainda que temporariamente, o acesso a cargos públicos, ou ainda aqueles condenados por crime falimentar, de prevaricação, suborno, concussão, peculato, contra a economia popular, contra o sistema financeiro nacional, contra as normas de defesa da concorrência, contra as relações de consumo, a fé pública ou a propriedade, enquanto perdurarem os efeitos da condenação (CC, art. 1.011, parágrafo primeiro).

Sendo o contrato social omisso, a administração da sociedade simples competirá a todos os sócios que poderão, inclusive, atuar isoladamente (CC, art. 1.013).

Se a administração competir separadamente a vários administradores, sócios ou não sócios, cada um poderá impugnar a operação pretendida pelo outro, cabendo a decisão aos sócios detentores da maioria do capital social (maioria dos votos). Na hipótese de empate, levar-se-á em conta o número de sócios, considerando a votação "por cabeça". Se o empate persistir, caberá ao juiz decidir sobre a matéria, considerando o interesse da sociedade.

O contrato social poderá estabelecer que a administração será exercida conjuntamente pelos administradores e os atos que venham a ser praticados, isoladamente, por um único administrador serão considerados nulos, salvo nos casos urgentes em que a omissão ou demora na prática do ato pudesse causar graves danos à sociedade (CC, art. 1.014).

O **administrador desempenha uma função pessoal, não podendo fazer-se substituir no exercício de suas funções**. Entretanto, lhe é permitido, dentro dos limites de seus poderes, constituir mandatários da sociedade, especificando no respectivo instrumento de mandato os atos ou operações que deverão ser praticados por eles em nome da sociedade.

Por fim, destaca-se que os **poderes de gestão atribuídos ao sócio designado administrador no contrato social são irrevogáveis,** salvo justa causa, reconhecida judicialmente a requerimento de qualquer um dos sócios. Por sua vez, sendo **o sócio designado administrador em instrumento separado, seus poderes poderão ser a qualquer tempo revogados**. Do mesmo modo, terceiro não sócio designado administrador da sociedade, seja no contrato social, seja em instrumento em separado, poderá ser destituído a qualquer momento.

4.1.5.1. Deveres e responsabilidade dos administradores

O administrador da sociedade deverá ter, no exercício de suas funções, o cuidado e a diligência que todo homem ativo e probo costuma empregar na administração de seus próprios negócios.

O administrador que praticar atos contrários ao interesse dos sócios detentores da maioria do capital social, responderá por perdas e danos perante a sociedade. Ademais, os **administradores respondem solidariamente perante a sociedade e os terceiros prejudicados**, por culpa no desempenho de suas funções.

Nos termos do art. 1.017 do Código Civil, o administrador que, sem consentimento escrito dos sócios, aplicar créditos ou bens sociais em proveito próprio ou de terceiros, terá de restituí-los à sociedade, ou pagar o equivalente, com todos os lucros resultantes, e, se houver prejuízo, por ele também responderá.

Por fim, os administradores são obrigados a prestar aos sócios as contas justificadas de sua administração, e apresentar-lhes o inventário anualmente, bem como o balanço patrimonial e o de resultado econômico.

4.1.5.2. Teoria ultra vires societatis

O contrato social poderá conter cláusula que estabelece certos limites aos poderes de gestão atribuídos aos administradores da sociedade. No entanto, sendo omisso o contrato, terão os administradores plenos poderes para executar todos os atos necessários à gestão da sociedade, observado o objeto social.

Ocorre que, muitas vezes, os administradores exorbitam seus poderes de gestão, praticando atos classificados pela doutrina como atos *ultra vires societatis*, ou seja, atos que ultrapassam os poderes conferidos pela sociedade. Em tais hipóteses, a sociedade poderia recusar-se a cumprir o contratado.

A **Teoria *Ultra Vires Societatis*** foi positivada em nosso ordenamento jurídico pelo art. 1.015, parágrafo único do Código Civil, de 2002, **podendo o excesso de poderes por parte do administrador ser oposto pela sociedade simples a terceiros**, quando verificada pelo menos uma das seguintes hipóteses: a) a limitação dos poderes do administrador constava de documento devidamente registrado no competente Cartório de Registro Civil de Pessoas Jurídicas; b) o excesso praticado pelo administrador era conhecida do terceiro, fato comprovado pela sociedade; ou c) a operação praticada pelo administrador era evidentemente estranha aos negócios da sociedade.

> Nos termos do Enunciado 219 do Conselho de Justiça Federal, aprovado na III Jornada de Direito Civil, está positivada a teoria *ultra vires* no Direito brasileiro, com as seguintes ressalvas: (a) o ato *ultra vires* não produz efeito apenas em relação à sociedade; (b) sem embargo, a sociedade poderá, por meio de seu órgão deliberativo, ratificá-lo; (c) o Código Civil amenizou o rigor da teoria *ultra vires*, admitindo os poderes implícitos dos administradores para realizar negócios acessórios ou conexos ao objeto social, os quais não constituem operações evidentemente estranhas aos negócios da sociedade; (d) não se aplica o art. 1.015 às sociedades por ações, em virtude da existência de regra especial de responsabilidade dos administradores (art. 158, II, Lei 6.404/1976).

4.1.6. Resultados Sociais

Entre os direitos assegurados aos sócios, destaca-se o de participar nos lucros sociais. Sem dúvida, a participação nos lucros é um dos principais fatores que motivam as pessoas a participar de uma sociedade, cujo objeto último será sempre o lucro.

A participação dos sócios nos lucros e nas perdas, salvo estipulação em contrário, ocorre na proporção de suas respectivas quotas. Entretanto, aquele sócio, cuja contribuição consiste em serviços, somente participa dos lucros na proporção da média do valor das quotas (CC, art. 1.007).

> **Cláusula leonina**: nos termos do art. 1.008 do Código Civil, é nula a estipulação contratual que exclua qualquer sócio de participar dos lucros e das perdas.

Ressalta-se que a distribuição de lucros ilícitos ou fictícios acarreta responsabilidade solidária dos administradores que a realizarem e dos sócios que os receberem, conhecendo ou devendo conhecer-lhes a ilegitimidade (CC, art. 1.009).

Nos termos do art. 1.027 do Código Civil, os herdeiros do cônjuge de sócio, ou o cônjuge do sócio que se separou judicialmente, não podem exigir desde logo a parte que lhes couber na quota social, mas concorrerá à divisão periódica dos lucros, até que se liquide a sociedade.

> Atenção: o credor particular de sócio pode, na insuficiência de outros bens do devedor, fazer recair a execução sobre o que a este couber nos lucros da sociedade, ou na parte que lhe tocar em liquidação.

4.1.7. Responsabilidade dos Sócios

A sociedade simples é uma forma societária destinada exclusivamente às sociedades não empresárias, ou seja, às sociedades personificadas da espécie simples. E, como forma de sociedade personificada, possui personalidade jurídica, gozando de autonomia patrimonial.

Deste modo, os **sócios de uma sociedade simples têm responsabilidade, em regra, subsidiária pelas dívidas sociais**. Logo, nos termos do art. 1.024 do Código Civil, os bens particulares dos sócios não podem ser executados por dívidas da sociedade, senão depois de executados os bens sociais. Trata-se da positivação do **Princípio da Autonomia Patrimonial**.

No entanto, exaurido os bens da sociedade e sendo eles insuficientes para a satisfação de seus credores, responderão os sócios com seus bens particulares pelo saldo devedor (CC, art. 1.023). Observa-se não haver qualquer limitação quando à extensão da responsabilidade dos sócios de uma sociedade simples. Exauridos os bens da sociedade, os sócios responderão com seus bens particulares até a integral satisfação dos credores da sociedade. Em princípio, portanto, **os sócios responderão pelas dívidas sociais de forma ilimitada, porém na proporção de suas respectivas participações, não havendo solidariedade entre eles.** No entanto, admite-se cláusula contratual que institua solidariedade entre os sócios da sociedade simples.

> Atenção: O sócio, admitido em sociedade já constituída, não se exime das dívidas sociais anteriores à admissão.

4.1.8. Resolução da Sociedade em Relação a um Sócio

Muito embora o Código Civil, ao disciplinar nos arts. 1.028 a 1.032 a dissolução parcial das sociedades simples por morte, retirada ou exclusão, trate o tema como resolução de sociedade em relação a um determinado sócio, a terminologia empregada pelo legislador não foi, tecnicamente, a mais adequada, pois a retirada é, na verdade, hipótese de resilição do contrato e não de resolução.

A retirada, exclusão ou morte do sócio não o exime, nem a seus herdeiros, da responsabilidade pelas obrigações sociais contraídas anteriormente à saída, permanecendo responsáveis por até 2 (dois) anos após o arquivamento do ato deliberativo da resolução da sociedade no competente Cartório de Registro Civil de Pessoas Jurídicas.

Ademais, nas hipóteses de dissolução parcial, as quotas do sócio falecido, retirante ou excluído serão liquidadas, em regra, com base na situação patrimonial da sociedade, à data da resolução, verificada em balanço especialmente levantado. Em tais hipóteses, o capital social sofrerá a correspondente redução, salvo se os demais sócios suprirem o valor da quota. Nos termos do art. 1.031, § 2º do Código Civil, a quota liquidada será paga em dinheiro, no prazo de 90 (noventa) dias, a partir da liquidação, salvo acordo, ou estipulação contratual em contrário.

4.1.8.1. Morte de sócio

O falecimento de determinado sócio não acarreta na extinção da sociedade (dissolução total), mas tão somente na sua desvinculação do quadro social com a consequente liquidação de suas quotas e pagamento dos respectivos haveres aos seus herdeiros. Trata-se de uma hipótese de dissolução parcial, isto é, de resolução da sociedade em relação ao sócio falecido.

Ressalta-se, entretanto, que nas seguintes hipóteses previstas no art. 1.028 do Código Civil, o falecimento de determinado sócio não implicará na dissolução parcial da sociedade com a consequente liquidação de suas quotas: a) se o contrato social dispuser de forma diversa, ou seja, estabelecer expressamente que, na hipótese de morte, as quotas do sócio falecido não serão liquidadas; b) se, por acordo com os herdeiros, regular-se a substituição do sócio falecido; c) se os sócios remanescentes optarem pela dissolução total da sociedade.

4.1.8.2. Retirada de sócio

Além dos casos previstos em lei ou no contrato social que levem à retirada de determinado sócio, o art. 1.029 do Código Civil estabeleceu hipóteses em que o sócio poderá retirar-se da sociedade simples. Em linhas gerais, as hipóteses previstas no citado artigo levam em consideração o fato da sociedade simples ter sido constituída por prazo determinado ou indeterminado.

a) **Sociedade por prazo indeterminado**: a sociedade simples tem natureza contratual, uma vez que tem como ato constitutivo um contrato social. Portanto, considerando que ninguém é obrigado a manter-se vinculado, por tempo indeterminado, a outra pessoa por meio de um contrato, **o sócio de uma sociedade simples que tenha sido constituída por prazo indeterminado poderá dela se retirar a qualquer tempo, mediante simples notificação, por escrito, encaminhada aos demais sócios, com antecedência mínima de 60 (sessenta) dias**. Ressalta-se que, nesta hipótese, a retirada se dará de **forma imotivada**, ou seja, o sócio retirante não precisará justificar as razões pelas quais ele deseja deixar a sociedade, bastando apenas notificar os demais, observada com a antecedência mínima legal a sua intenção de sair. Recebida a notificação, os demais sócios poderão aceitar a vontade do sócio retirante e tomar as providências necessárias para a liquidação de suas quotas e pagamento dos haveres que lhe são devidos, ou optar, nos trinta dias subsequentes à notificação, por extinguir a sociedade, isto é, promover a sua dissolução total.

DIREITO EMPRESARIAL

b) **Sociedade por prazo determinado**: solução diversa se verifica quando a sociedade simples tiver sido constituída por prazo determinado. Nesta hipótese, **o sócio que deseja deixar a sociedade deverá provar judicialmente a ocorrência de justa causa**. A exigência da justa causa se justifica na medida em que a sociedade foi constituída por um prazo determinado a ser obedecido pelos sócios que assim contrataram. A retirada, nesta hipótese, de forma imotivada poderia prejudicar a equação econômica sobre a qual a sociedade foi constituída.

4.1.8.3. Exclusão de sócio

Além da hipótese de exclusão do sócio remisso (item 4.4.1. supra), o sócio de uma sociedade que adote a forma societária simples **somente poderá ser excluído judicialmente**, mediante a **iniciativa da maioria dos demais sócios** e, tendo por fundamento: (i) a **falta grave** no cumprimento de suas obrigações; ou (ii) a **incapacidade superveniente**.

Ademais, sendo o sócio declarado falido ou tendo sido liquidadas as suas quotas para pagamento de credor particular, será ele excluído da sociedade de pleno direito (CC, art. 1.030, parágrafo único).

4.1.9. Dissolução

A dissolução, em sentido amplo, pode ser tomada como sendo o procedimento que tem por finalidade promover a extinção da sociedade e de sua personalidade jurídica. Para tanto, o procedimento de dissolução é composto pelas seguintes etapas principais:

a) **Dissolução em sentido estrito**: é a primeira etapa do procedimento de dissolução. Trata-se do fato jurídico que dá início ao procedimento de extinção da sociedade. Nos termos do art. 1.033 do Código Civil, a sociedade dissolve-se nas seguintes hipóteses: (i) o vencimento do prazo de duração, salvo se, vencido este e sem oposição de sócio, não entrar a sociedade em liquidação, caso em que se prorrogará por tempo indeterminado; (ii) o consenso unânime dos sócios; (iii) a deliberação dos sócios, por maioria absoluta, nas sociedades constituídas por prazo indeterminado; (iv) a falta de pluralidade de sócios, não reconstituída no prazo de cento e oitenta dias; e (v) a extinção, na forma da lei, de autorização para funcionar.

Ressalta-se que o contrato social poderá prever outras causas de dissolução da sociedade, a serem verificadas judicialmente, quando contestadas por qualquer um dos sócios.

Nos termos do art. 1.034 do Código Civil, a sociedade também pode ser dissolvida judicialmente, a requerimento de qualquer dos sócios, quando: (i) anulada a sua constituição; ou (ii) exaurido o fim social, ou verificada a sua inexequibilidade.

b) **Liquidação**: é a segunda etapa do procedimento de dissolução. Em linhas gerais, na liquidação se apura o patrimônio da sociedade, alienando os bens integrantes do ativo, encerrando os negócios pendentes e saldando as dívidas e demais obrigações da sociedade. Durante essa etapa, a sociedade não será mais representada por seus administradores, substituídos pelo liquidante. Caberá ao liquidante, além da representação da sociedade, a execução de todos os atos necessários para promover a extinção da sociedade.

O liquidante, consequentemente, não poderá realizar novas operações com a sociedade que, se realizadas, gerarão para ele responsabilidade solidária e ilimitadamente (CC, art. 1.035).

> Atenção: caso tenha sido extinta, na forma da lei, a autorização da sociedade para funcionar (CC, art. 1.033, V), o Ministério Público, tão logo lhe comunique a autoridade competente, promoverá a liquidação judicial da sociedade, se os administradores não o tiverem feito nos 30 (trinta) dias seguintes à perda da autorização, ou se o sócio não houver exercido a faculdade. Caso o Ministério Público não promova a liquidação judicial da sociedade nos 15 (quinze) dias subsequentes ao recebimento da comunicação, a autoridade competente para conceder a autorização nomeará interventor com poderes para requerer a medida e administrar a sociedade até que seja nomeado o liquidante.

O liquidante, caso não tenha sido designado previamente no contrato social, deverá ser eleito por deliberação dos sócios, exigindo-se para a sua escolha o voto favorável de sócios que titularizem a maioria do capital social (CC, art. 999). Por sua vez, a destituição do liquidando poderá ocorrer a qualquer tempo, desde que: a) ocorra deliberação dos sócios, sendo necessário o voto favorável de sócios que detenham a maioria do capital social; ou b) haja requerimento judicial apresentado por um ou mais sócios e fundado em justa causa que motive a destituição do liquidante (CC, art. 1.038, § 1º).

O liquidante poderá ser sócio, administrador da sociedade ou ainda qualquer terceiro. Caso o liquidante não seja administrador da sociedade, deverá ser primeiramente investido nas suas funções, através do arquivamento do ato deliberativo de sua nomeação no órgão de registro competente.

Nos termos do art. 1.103 do Código Civil, constituem deveres do liquidante: (i) averbar e publicar a ata, sentença ou instrumento de dissolução da sociedade; (ii) arrecadar os bens, livros e documentos da sociedade, onde quer que estejam; (iii) proceder, nos 15 (quinze) dias seguintes ao da sua investidura e com a assistência, sempre que possível, dos administradores da sociedade, à elaboração do inventário e do balanço geral do ativo e do passivo; (iv) ultimar os negócios da sociedade, realizar o ativo, pagar o passivo e partilhar o remanescente entre os sócios ou acionistas; (v) exigir dos quotistas, quando insuficiente o ativo à solução do passivo, a integralização de suas quotas e, se for o caso, as quantias necessárias, nos limites da responsabilidade de cada um e proporcionalmente à respectiva participação nas perdas, repartindo-se, entre os sócios solventes e na mesma proporção, o devido pelo insolvente; (vi) convocar assembleia de sócios a cada seis meses para apresentar relatório e balanço do estado da liquidação, prestando conta dos atos praticados durante o semestre, ou sempre que necessário; (vii) confessar a falência da sociedade empresária e requerer recuperação de empresas, hipótese que não se aplica à sociedade simples, uma vez que não tem natureza empresarial; (viii) finda a liquidação, apresentar aos sócios o relatório da liquidação e as suas contas finais; (ix) averbar a ata da reunião ou da assembleia, ou o instrumento firmado pelos sócios, que considerada encerrada a liquidação.

137

Durante a etapa de liquidação, em todos os atos, documentos ou publicações, o liquidante empregará denominação social sempre seguida da cláusula "em liquidação" e de sua assinatura individual, com a declaração de sua qualidade.

Conforme disposto no art. 1.106 do Código Civil, respeitados os direitos dos credores preferenciais, o liquidante pagará as dívidas sociais proporcionalmente, sem distinção entre vencidas e vincendas, mas, em relação a estas, com desconto. Sendo o ativo superior ao passivo, pode o liquidante, sob sua responsabilidade pessoal, pagar integralmente as dívidas vencidas.

> Atenção: os sócios podem resolver, por maioria de votos, antes de encerrada a liquidação, mas depois de pagos os credores, que o liquidante faça rateios por antecipação da partilha, à medida em que se apurem os haveres sociais.

c) **Partilha**: realizado o pagamento dos credores, o saldo remanescente será partilhado entre os sócios, observada a proporção de suas respectivas participações no capital da sociedade. Ato contínuo, o liquidante convocará assembleia de sócios para a prestação final de contas que, se aprovadas, encerrará o procedimento de dissolução, extinguindo-se a sociedade.

Encerrada a dissolução, o credor não satisfeito só terá direito a exigir dos sócios, individualmente, o pagamento do seu crédito, até o limite da soma por eles recebida em partilha, e a propor contra o liquidante ação de perdas e danos (CC, art. 1.110).

4.2. Sociedade em Nome Coletivo (N/C)

A Sociedade em Nome Coletivo, hoje disciplinada pelos arts. 1.039 a 1.044 do Código Civil, já era tratada no Código Comercial Brasileiro, nos arts. 315 e 316. Trata-se de uma das mais antigas formas societárias, tendo surgido na Itália, durante a Idade Média. Tais sociedades, inicialmente constituídas por artesãos e mercadores, eram fundadas por um dever de recíproca solidariedade de todos os seus membros, sendo dotadas de patrimônio comum, num regime de copropriedade.

A sociedade em nome coletivo é uma forma societária que, considerando o objeto por ela explorado, poderá ser tanto da espécie empresária, como da espécie simples (não empresária). Ademais, é classificada por nossa doutrina como sendo uma **sociedade de pessoas**, de **responsabilidade ilimitada** e de **natureza contratual**.

Regência Supletiva: a sociedade em nome coletivo será regida supletivamente pelas **regras da sociedade simples** (CC, arts. 997 a 1.038), nos termos do art. 1.040 do Código Civil.

Qualidade e responsabilidade dos sócios: somente pessoas físicas poderão ser sócios de uma sociedade em nome coletivo (CC, art. 1.039). Ademais, exauridos os bens sociais, os sócios responderão de forma ilimitada e solidariamente entre si pelas dívidas da sociedade. Ressalta-se que, sem prejuízo da responsabilidade ilimitada dos sócios perante terceiro, podem eles, no ato constitutivo da sociedade, ou por unânime convenção posterior, estabelecer, entre si, limites quanto à responsabilidade de cada um.

> **Atenção:** O **credor particular de sócio** não pode, antes de dissolver-se a sociedade, pretender a liquidação da quota do devedor, salvo se: a) a sociedade houver sido prorrogada tacitamente; b) tendo ocorrido prorrogação contratual, for acolhida judicialmente oposição do credor, levantada no prazo de noventa dias, contado da publicação do ato dilatório.

Nome empresarial: a sociedade em nome coletivo somente poderá adotar como nome empresarial a **razão social (firma)**, que será formada exclusivamente pelo nome civil de um ou mais sócios que participem da sociedade.

Administração: na sociedade em nome coletivo, a administração **compete exclusivamente aos seus sócios** que poderão ser designados no contrato social ou em instrumento separado.

Dissolução: a sociedade em nome coletivo se dissolve de pleno direito por qualquer das causas previstas no art. 1.033 do Código Civil e, se empresária, também pela declaração da falência.

4.3. Sociedade em Comandita Simples (C/S)

A sociedade em Comandita Simples, hoje disciplinada pelos arts. 1.045 a 1.051 do Código Civil, já era tratada no Código Comercial Brasileiro, nos arts. 311 a 314. Para Vera Helena de Mello Franco (Manual de Direito Empresarial, Revista dos Tribunais, 3ª edição, v. 1, p. 189), duas são as teses quanto à origem desta sociedade: para alguns decorreria da necessidade de limitar a responsabilidade de alguns sócios da sociedade em nome coletivo; para outros, teria surgido no final da Idade Média, como transformação do antigo contrato de "*commenda*" medieval, pelo qual se confiavam mercadorias ou dinheiro a mercadores ou ao capitão do navio, a fim de que fossem empregados no comércio ou em benefício comum, repartindo-se os lucros obtidos.

A sociedade em comandita simples, tal como ocorre com a sociedade em nome coletivo, é uma forma societária que, considerando o objeto por ela explorado, poderá ser tanto da espécie empresária como da espécie simples (não empresária).

É ainda classificada por nossa doutrina como sendo uma sociedade de pessoas, de responsabilidade mista e de natureza contratual.

Regência Supletiva: a sociedade em comandita simples será regida supletivamente pelas **regras da sociedade em nome coletivo** (CC, arts. 1.039 a 1.044), nos termos do arts. 1.046 do Código Civil.

Qualidade e responsabilidade dos sócios: na sociedade em comandita simples haverá duas categorias de sócios, cabendo ao contrato social discriminá-los. São eles: a) **sócios comanditados**, pessoas físicas que, após exauridos os bens sociais, respondem de forma ilimitada e solidariamente entre si pelas obrigações sociais; e b) **sócios comanditários**, pessoas físicas ou jurídicas que, após exauridos os bens sociais, têm sua responsabilidade limitada ao valor de suas quotas (CC, art. 1.045).

Nome empresarial: a sociedade em comandita simples somente poderá adotar como nome empresarial a **razão social (firma)**, que será formada exclusivamente pelo nome civil de um ou mais **sócios comanditados**.

Administração: na sociedade em comandita simples, a **administração compete exclusivamente aos sócios comanditados**. Na falta de sócio comanditado, os comanditários nomearão administrador provisório para praticar, durante o período máximo de 180 dias e sem assumir a condição de sócio, os atos de administração.

> **Atenção**: Sem prejuízo da faculdade de participar das deliberações da sociedade e de lhe fiscalizar as operações, **não pode o sócio comanditário praticar qualquer ato de gestão, nem ter o nome na firma social**, sob pena de ficar sujeito às responsabilidades de sócio comanditado. Pode, entretanto, ser constituído procurador da sociedade, para negócio determinado e com poderes especiais.

Dissolução: a sociedade em comandita simples se dissolve de pleno direito por qualquer das causas previstas no art. 1.033 do Código Civil e, se empresária, também pela declaração da falência. Ademais, a sociedade em comandita simples será dissolvida de pleno direito quando por mais de 180 dias perdurar a falta de uma das categorias de sócio.

> Atenção: No caso de morte de sócio comanditário, a sociedade, salvo disposição do contrato, continuará com os seus sucessores, que designarão quem os represente.

4.4. Sociedade Limitada (Ltda.)

4.4.1. Considerações iniciais

A sociedade limitada está disciplinada no Código Civil, arts. 1.052 a 1.087. A sociedade limitada rege-se, nas omissões desses artigos, pelas normas específicas da sociedade simples ou, caso previsto expressamente no contrato social, pelas normas da sociedade anônima (CC, art. 1.053).

Na sociedade limitada, a responsabilidade de cada sócio é restrita ao valor de suas quotas, mas todos respondem solidariamente pela integralização do capital social. Assim, os sócios da sociedade limitada respondem subsidiariamente, com seus bens pessoais, pelo total do capital subscrito e não integralizado.

Infere-se do exposto que, nas sociedades limitadas, há solidariedade entre os sócios, perante os credores da sociedade, quanto à integralização de todo o capital social. Uma vez, porém, integralizado todo o capital social, o patrimônio pessoal de qualquer um dos sócios não poderá, em princípio, ser atingido para a satisfação dos credores da sociedade.

4.4.2. Nome empresarial

O nome empresarial é o elemento identificador do empresário e, consequentemente, da sociedade empresária. Existem duas espécies de nome empresarial: a razão social (firma) e a denominação.

As sociedades limitadas podem adotar tanto a firma quanto a denominação, devendo necessariamente utilizar a expressão "limitada" por extenso, ou abreviadamente ("Ltda.").

Ademais, sendo adotada a denominação como nome empresarial, deverá ela designar a principal atividade explorada pela sociedade (CC, art. 1.158, § 2º).

4.4.3. Capital social

O capital da sociedade limitada divide-se em quotas iguais ou desiguais. A contribuição dos sócios na formação do capital social pode ser realizada em dinheiro, bens ou créditos. É expressamente vedada a integralização mediante prestação de serviços (CC, art. 1.055, § 2º).

Não há exigência legal quanto à integralização de um valor mínimo no ato da subscrição de quotas, tampouco um prazo máximo para a sua efetiva integralização. Tais matérias deverão ser livremente pactuadas pelos sócios quando da subscrição de quotas, por intermédio de cláusula contratual que as discipline expressamente.

Como mencionado, o sócio poderá integralizar o capital social por meio de dinheiro, créditos ou bens. Em relação à integralização do capital social mediante a conferência de bens, observa-se que, nas sociedades limitadas, a avaliação por empresa especializada ou por peritos técnicos não é obrigatória. Entretanto, todos os sócios respondem solidariamente pela exata estimação dos bens conferidos em até cinco anos, contados da data do registro do ato societário que deliberou sobre essa matéria (CC, art. 1.055, § 1º).

As quotas da sociedade limitada podem ser cedidas, total ou parcialmente, salvo disposição contratual em contrário, a qualquer outro sócio, independentemente da anuência dos demais, ou a terceiro, se não houver oposição de sócios detentores de mais de 1/4 do capital social (CC, art. 1.057). Pelo prazo de dois anos, o cedente responderá solidariamente com o cessionário, perante a sociedade e terceiros, pelo cumprimento de suas obrigações.

4.4.3.1. Aumento do capital social

O capital social somente poderá ser aumentado quando a totalidade das quotas subscritas tiver sido integralizada (CC, art. 1.081).

Em eventual aumento de capital, os demais sócios terão direito de preferência na subscrição das novas quotas, na proporção de suas respectivas participações no capital social. O direito de preferência deverá ser exercido em até 30 dias, contados da data da deliberação do aumento.

O direito de preferência na subscrição de novas quotas poderá ser cedido, total ou parcialmente, salvo disposição contratual em contrário, a qualquer outro sócio, independentemente da anuência dos demais, ou a terceiro, se não houver oposição de sócios detentores de 1/4 do capital social.

4.4.3.2. Redução de capital

O capital social poderá ser reduzido, mediante a correspondente modificação do contrato social, em duas hipóteses: depois de integralizado o capital, se houver perdas irreparáveis; e se excessivo em relação ao objeto da sociedade.

Somente na hipótese de o capital social ter sido reduzido em razão de sua excessividade, a sociedade estará obrigada a publicar o ato deliberativo da redução para que eventual credor quirografário possa opor-se, no prazo máximo de 90 dias da data da publicação, ao deliberado.

Nesse caso, a redução somente se tornará eficaz se não for impugnada no referido prazo legal, ou, sendo impugnada, se a sociedade provar o pagamento da dívida ou o depósito judicial do respectivo valor. Satisfeitas tais condições, proceder-se-á à averbação do ato deliberativo da redução de capital na Junta Comercial, no prazo de 30 dias.

4.4.4. Administração

A sociedade limitada deve ser administrada por uma ou mais pessoas físicas designadas no contrato social ou em instrumento apartado. O administrador designado em ato apartado somente será investido no cargo mediante assinatura do termo de posse, nos 30 dias seguintes à sua designação.

Ao contrário do Decreto 3.708/1919, o Código Civil prevê a possibilidade de a administração da sociedade ser exercida tanto por sócio quanto por terceiros, estranhos ao quadro social. Ademais, observa-se que o Código Civil não utiliza mais as expressões sócio-gerente ou gerente delegado para designar a pessoa responsável pela administração da sociedade. Tais expressões foram substituídas por administrador ou diretor.

Nos termos do art. 1.011, § 1º, do Código Civil, é expressamente vedada a eleição, para a administração de sociedades, de pessoas impedidas por lei especial; dos condenados a pena que vede, ainda que temporariamente, o acesso a cargos públicos; dos condenados por crime falimentar, prevaricação, peita ou suborno, concussão, peculato, por crime contra a economia popular, contra o sistema financeiro nacional, contra as normas de defesa da concorrência, contra as relações de consumo, a fé pública ou a propriedade, enquanto durarem os efeitos da condenação.

O exercício do cargo de administração cessa, a qualquer momento, pela renúncia ou destituição do administrador, ou pelo término do prazo do mandado, se fixado no contrato social, ou no ato separado de sua eleição (CC, art. 1.063).

Uma das mudanças mais relevantes introduzida pelo Código Civil foi a fixação de quórum de deliberação específico para nomeação e destituição dos administradores. O quórum de deliberação para designação ou destituição varia de acordo com a qualidade de sócio ou não do administrador e o instrumento de designação.

Em relação ao **quórum de eleição de sócios** para os cargos de administração da sociedade, observa-se a sua variação conforme o instrumento utilizado para a eleição. Assim, para que um determinado sócio seja designado administrador no contrato social, o quórum de eleição será de, no mínimo, 3/4 do capital social (CC, art. 1.071, V, c/c art. 1.076, V). Por outro lado, para que o sócio seja designado administrador em ato separado, o quórum de eleição será de mais da metade do capital social (CC, art. 1.071, II, c/c art. 1.076, II).

Em relação ao **quórum de eleição de não sócios** para os cargos de administração da sociedade, verifica-se a sua variação conforme esteja ou não integralizado o capital social. Assim, estando o capital social totalmente integralizado, o quórum para a eleição de não sócio, designado no contrato social ou em ato separado, será de 2/3 do capital social (CC, art. 1.061). Por outro lado, caso o capital social não esteja totalmente integralizado, o quórum para a eleição de não sócio, seja no contrato social ou em ato separado, será a unanimidade do capital social (CC, art. 1.061).

Em relação ao **quórum de destituição de administrador-sócio**, verifica-se a sua variação conforme tenha sido o administrador eleito no contrato social ou em ato apartado. Assim, tendo sido eleito no contrato social, o quórum de destituição de administrador sócio será de, no mínimo, 2/3 do capital social, salvo disposição contratual diversa (CC, art. 1.063, § 1º). Para a destituição de administrador sócio eleito em ato separado, será necessário quórum de mais da metade do capital social (CC, art. 1.071, III, c/c art. 1.076, II).

Por fim, o **quórum de destituição de administrador não sócio**, tendo sido eleito no contrato social ou em ato apartado, será sempre de mais da metade do capital social (CC, art. 1.071, III, c/c art. 1.076, II).

4.4.5. Conselho Fiscal

O Código Civil introduziu o conselho fiscal como **órgão de existência facultativa** nas sociedades limitadas.

O conselho fiscal deve ser composto por, no mínimo, três membros, sócios ou não, residentes no País, eleitos na assembleia anual da sociedade, ocasião em que serão fixadas as suas respectivas remunerações. Os sócios minoritários, detentores de pelo menos 1/5 do capital social, têm o direito de eleger, separadamente, um membro do conselho fiscal e seu respectivo suplente.

Além daqueles impedidos para o exercício de cargo de administração, nos termos do art. 1.011, § 1º, do Código Civil, não podem ser eleitos para o cargo de conselheiro fiscal: a) os administradores da sociedade, ou de sociedade por ela controlada; b) os empregados da sociedade, ou de sociedade por ela controlada; ou c) o cônjuge ou parente até terceiro grau dos administradores da sociedade.

Os membros do conselho fiscal tomarão posse em livro próprio, em até 30 dias seguintes à eleição, ficando investidos na função até a assembleia anual do ano seguinte.

4.4.6. Deliberações Sociais

As deliberações sociais serão tomadas em reunião ou assembleia, salvo quando todos os sócios decidirem, por escrito, sobre a matéria que seria objeto delas.

A assembleia é espécie de conclave obrigatório para as sociedades limitadas com mais de dez sócios (CC, art. 1.072, § 1º), cujas regras sobre competência e modo de convocação, quórum de instalação, organização dos trabalhos, dentre outras, estão expressamente previstas em lei, não cabendo ao contrato social dispor sobre tais matérias. Já a reunião é espécie de conclave que poderá ser adotado por sociedades limitadas com até dez sócios, desde que assim previsto expressamente no contrato social. Ademais, aplicam-se às reuniões de sócios, nas omissões do contrato social, as normas pertinentes à assembleia de sócios (CC, art. 1.072, § 6º).

4.4.6.1. Competência e modo de convocação do conclave

A convocação da assembleia ou reunião de sócios competirá ordinariamente aos administradores da sociedade. Entretanto, nas seguintes ocasiões excepcionais, outras pessoas serão competentes para realizar a convocação: a) quando os administradores retardarem a convocação, por mais de 60 dias, nos casos previstos em lei ou no contrato, qualquer sócio poderá realizá-la; b) quando os administradores não atenderem, no prazo de até oito dias, pedido de convocação fundamentado, com a indicação das matérias a serem tratadas, sócios detentores de mais de 1/5 do capital social serão competentes para convocá-la; e c) quando os administradores retardarem por mais de 30 dias a convocação da assembleia anual, ou sempre que motivos graves e urgentes ocorram, o conselho fiscal deverá realizar a convocação.

A convocação da assembleia ou reunião de sócios deverá ser realizada mediante a publicação de anúncio de convocação por, no mínimo, três vezes, devendo a primeira publicação do anúncio, para a primeira convocação, anteceder em oito dias, no mínimo, a data da realização da assembleia ou reunião; e, em cinco dias, no mínimo, para a segunda convocação (CC, art. 1.152, § 3º).

> Atenção: Dispensam-se, outrossim, as formalidades de convocação de assembleia geral pela imprensa quando todos os sócios comparecerem ou se declararem, por escrito, cientes do local, data, hora e ordem do dia.

4.4.6.2. Instalação do conclave

O **quórum de instalação da assembleia ou reunião de sócios** é, em primeira convocação, de sócios detentores de, no mínimo, 3/4 do capital social; e, em segunda convocação, de sócios detentores de qualquer número. O sócio poderá ser representado na assembleia por outro sócio ou por advogado, mediante outorga de mandato com especificação dos atos autorizados.

4.4.6.3. Deliberação das matérias no conclave

O Código Civil estabelece quórum específico para aprovação de certas matérias. Em resumo, prevê os seguintes: a) unanimidade; b) 3/4 do capital social; c) 2/3 do capital social; d) maioria do capital social; e) maioria dos presentes.

Os votos de sócios detentores da unanimidade do capital social serão necessários para a eleição de terceiro, não sócio, para o cargo de administrador de sociedade, cujo capital social não esteja totalmente integralizado.

Serão necessários os votos correspondentes a, no mínimo, 3/4 do capital social, para: a) a modificação do contrato social; b) incorporação, fusão, dissolução ou cessação do estado de liquidação da sociedade; e c) eleição de sócio, no contrato social, para o cargo de administrador da sociedade.

O quórum de, no mínimo, 2/3 do capital social será necessário para: a) eleição de terceiro, não sócio, para o cargo

de administrador da sociedade, cujo capital esteja totalmente integralizado; e b) destituição de administrador sócio nomeado no contrato social.

A maioria do capital social será necessária para a aprovação das seguintes matérias: a) a eleição de sócio realizada em ato separado para o cargo de administrador da sociedade; b) a destituição de sócio administrador eleito em ato separado; c) a destituição de terceiro, não sócio, eleito no contrato social, ou em ato separado; d) a fixação da remuneração dos administradores, quando não estabelecida no contrato social; e) o pedido de concordata.

Por fim, a maioria de votos dos sócios presentes em assembleia ou reunião bastará para aprovar as contas dos administradores, a nomeação e destituição dos liquidantes e julgamento de suas contas, bem como nos demais casos previstos em lei ou no contrato social, se este não exigir maioria mais elevada.

O Código Civil inovou ao impor a necessidade de ser realizada assembleia de sócios ao menos uma vez por ano, nos quatro primeiros meses seguintes ao término do exercício social, com o objetivo de: tomar as contas dos administradores e deliberar sobre o balanço patrimonial e de resultado, designar administradores, quando for o caso, e deliberar sobre outras matérias constantes na ordem do dia.

Como, na ocorrência de previsão contratual, não se aplicam as regras sobre convocação e realização das assembleias às reuniões, a obrigatoriedade dessa assembleia anual também não se aplica.

4.4.6.4. Lavratura da ata

A ata dos trabalhos e deliberações tomadas em assembleia ou reunião de sócios será lavrada no livro de registro de atas, devendo sua cópia ser encaminhada ao registro nos 20 dias subsequentes à data de sua realização.

4.4.6.5. Direito de recesso

O direito de recesso consiste na faculdade que o sócio possui de retirar-se da sociedade, mediante o reembolso compulsório de sua participação societária, uma vez verificada a ocorrência de certas causas previstas em lei.

Nos termos do art. 1.077, do Código Civil, o sócio que dissentir da deliberação tomada pelos demais, relativa à modificação do contrato social, fusão ou incorporação da sociedade, ou incorporação, pela sociedade, de outra, poderá retirar-se nos 30 dias subsequentes à data de realização do conclave.

O valor de reembolso a ser pago ao sócio dissidente será apurado, salvo disposição contratual em contrário, com base na situação patrimonial da sociedade, à data da deliberação, conforme balanço patrimonial especialmente levantado (CC, art. 1.031).

4.4.6.6. Resolução da sociedade em relação a um sócio

O Código Civil estabelece que os sócios titulares de mais da metade do capital social poderão deliberar a exclusão de um ou mais sócios que estejam pondo em risco a continuidade da empresa, em virtude de ato de inegável gravidade, desde que prevista expressamente, no contrato social, a exclusão por justa causa. A exclusão deverá ser determinada em reunião ou assembleia especialmente convocada, devendo ser convocado em tempo hábil, para o exercício de sua defesa, o sócio a ser excluído.

A exclusão de sócio, tal como ocorre na sua retirada, não o exime da responsabilidade pelas obrigações sociais anteriores, em até dois anos depois de averbado o ato deliberativo de sua exclusão. Caso o ato não tenha sido averbado, o sócio responde pelas obrigações sociais assumidas posteriormente.

4.4.6.7. Dissolução da sociedade

O Decreto 3.708/1919 não regulava a dissolução das sociedades limitadas, o que propiciou o surgimento de vasta jurisprudência sobre o tema. O conceito de dissolução parcial, na qual é preservada a continuidade da sociedade, passou a ser aplicado de forma intensa pelos tribunais, nos casos de dissolução por vicissitudes relativas aos sócios (isto é, falência, morte, recesso, exclusão de sócio etc.).

O Código Civil de 2002 prevê expressamente as hipóteses de dissolução judicial e extrajudicial das sociedades. A sociedade limitada será dissolvida se verificada qualquer uma das seguintes hipóteses: a) vencimento do prazo de duração, salvo se, vencido este e sem oposição de sócio, não entrar a sociedade em liquidação, caso em que se prorrogará por tempo indeterminado; b) consenso unânime dos sócios; c) deliberação dos sócios que titularizem, no mínimo, ¾ do capital social; d) falta de pluralidade de sócios, não reconstituída no prazo de 180 dias; e) extinção, na forma da lei, de autorização para funcionar; e f) decretação da falência, sendo a sociedade limitada da espécie empresária.

Por sua vez, a dissolução da sociedade limitada será judicial, a requerimento de qualquer um dos sócios, quando: a) anulada a sua constituição; ou b) exaurido o fim social, ou verificada a sua inexequibilidade.

4.5. Sociedade Anônima

4.5.1. Considerações iniciais

As sociedades anônimas, ou companhias, estão disciplinadas no Código Civil, nos arts. 1.088 e 1.089, bem como na Lei 6.404 e posteriores alterações.

A sociedade anônima é sempre uma sociedade empresária, independentemente do modo como explore o seu objeto. Logo, o órgão de registro público competente para realizar o arquivamento dos atos constitutivos da sociedade anônima é a Junta Comercial.

As sociedades anônimas podem ser abertas ou fechadas, conforme tenham ou não os seus valores mobiliários admitidos à negociação do mercado de valores mobiliários.

Na sociedade anônima, a responsabilidade de cada acionista é subsidiária e limitada à integralização do preço de emissão de suas respectivas ações, não havendo qualquer solidariedade entre os acionistas.

As sociedades anônimas, nos termos do art. 3º da Lei 6.404, deverão adotar obrigatoriamente, como espécie de nome empresarial, a denominação, sendo-lhes vedada a adoção da razão social. A denominação de uma sociedade anônima deve conter obrigatoriamente a palavra "companhia", ou a expressão "sociedade anônima", expressa por extenso ou abreviadamente, sendo vedada a utilização da palavra "companhia" ao final do nome empresarial.

4.5.2. Capital Social

O capital social das sociedades anônimas divide-se em ações com ou sem valor nominal, sendo fixado no estatuto social e expresso em moeda corrente nacional.

Formação do Capital Social: os acionistas de uma companhia podem contribuir para a formação do capital social mediante o pagamento do preço de emissão das ações por eles subscritas em dinheiro, em bens suscetíveis de avaliação em dinheiro, ou em créditos.

Contribuição em dinheiro: 10%, no mínimo, do preço de emissão das ações subscritas para integralização em dinheiro deve ser realizado no ato de constituição da companhia.

Conferência de bens: o sócio também pode integralizar o capital social por ele subscrito mediante a conferência de bens, hipótese em que, nas sociedades anônimas, será necessário que empresa especializada ou três peritos realizem a prévia avaliação desses bens, encaminhando à companhia laudo fundamentado, com a indicação dos critérios de avaliação (art. 8º da Lei 6.404).

Conferência de créditos: o acionista da sociedade anônima que contribuir com créditos permanece responsável tanto pela existência do crédito como pela solvência do devedor.

Modificação do Capital Social: o capital social de uma sociedade anônima pode ser modificado em razão do seu aumento ou de sua redução.

Aumento do capital social: em regra, o aumento do capital social de uma companhia se dá mediante a capitalização de lucros ou reservas, ou mediante a subscrição de novas ações emitidas pela companhia.

O preço de emissão das novas ações a serem emitidas pela companhia não poderá ser inferior ao seu valor nominal e deverá ser fixado, sem diluição injustificada da participação dos antigos acionistas, tendo em vista, alternativa ou conjuntamente, os seguintes parâmetros: a perspectiva de rentabilidade da companhia; o valor do patrimônio líquido da ação; o valor da cotação das ações em bolsa de valores, ou mercado de balcão organizado.

Em relação ao aumento de capital mediante a subscrição de novas ações, cumpre observar ainda que os antigos acionistas têm assegurado, na proporção do número de ações que possuírem, o direito de preferência para a subscrição das novas ações que forem emitidas em razão do aumento do capital.

Redução do capital social: o capital social pode ser reduzido, por deliberação da assembleia geral, em duas hipóteses: se houver perdas, até o montante dos prejuízos acumulados; ou se excessivo em relação ao objeto da sociedade.

A redução do capital social com restituição aos acionistas de parte do valor de suas ações, ou com a diminuição do valor destas, quando não integralizadas, à importância das entradas realizadas, somente se tornará efetiva 60 dias após a publicação da ata da assembleia geral que sobre ela tiver deliberado.

4.5.3. Constituição

A sociedade anônima, seja ela aberta ou fechada, deve preencher, para ser constituída, três requisitos obrigatórios estabelecidos no art. 80 da Lei 6.404.

O primeiro requisito consiste na subscrição por duas pessoas, no mínimo, de todas as ações que representem o capital social da companhia. Todavia, tal requisito pode ser excetuado em determinadas hipóteses, por exemplo, na subsidiária integral.

O segundo requisito consiste na integralização de 10%, no mínimo, do preço de emissão das ações subscritas para integralização em dinheiro, no ato da constituição da companhia. Certas companhias, tais como as instituições financeiras e as seguradoras, em razão das atividades por elas exercida, necessitam, no ato de sua constituição, da integralização de no mínimo 50% do preço de emissão das ações subscritas.

O terceiro e último requisito para constituição de uma sociedade anônima consiste no depósito do valor da integralização das ações no Banco do Brasil ou em qualquer outro estabelecimento bancário autorizado pela Comissão de Valores Mobiliários.

4.5.4. Valores Mobiliários

São títulos emitidos por uma sociedade anônima para a captação de recursos que representam um investimento para aqueles que os adquirem. As espécies de valores mobiliários mais recorrentes no Exame da OAB são aqueles disciplinados pela Lei 6.404, estudados separadamente a seguir.

Ação: é a espécie de valor mobiliário emitida por companhias de capital aberto e capital fechado, com ou sem valor nominal fixado no estatuto, e que representa uma parcela do capital social da companhia emissora. Trata-se de espécie de valor mobiliário que confere ao seu titular direitos de sócio da companhia.

Espécies de ações: as espécies de ações de uma companhia estão relacionadas aos direitos e vantagens que conferem aos seus titulares. Assim, quanto à sua espécie, as ações podem ser:

- ações ordinárias quando conferirem a seus titulares os direitos comuns de sócio, como o direito de participar dos lucros sociais, participar e votar nas assembleias da companhia;

- ações preferenciais, quando conferirem aos seus titulares vantagens ou restrições aos direitos comuns atribuídos a qualquer acionista, tais como a prioridade no recebimento dos dividendos fixos ou mínimos; a prioridade no reembolso do capital, com prêmio ou sem ele; supressão do direito de voto;

- ações de fruição, quando atribuídas aos acionistas em substituição das suas ações ordinárias ou preferenciais que tiveram o valor amortizado.

Forma das ações: a forma das ações de uma companhia varia conforme a natureza do ato de transferência de sua titularidade, podendo ser classificadas como:

- nominativas, quando as ações se transferirem mediante o registro no livro próprio da sociedade anônima emissora;

- escriturais, quando as ações se transferirem mediante registro nos assentamentos da instituição financeira depositária, a débito da conta de ações do alienante e a crédito da conta do adquirente. Em regra, as ações escriturais são as utilizadas por companhias de capital aberto.

Debênture: a debênture é a espécie de valor mobiliário, com valor nominal, representativa de empréstimo realizado pela companhia, de capital aberto ou fechado, junto a terceiros, e que assegura aos seus titulares um direito de crédito contra a sociedade emissora, nas condições constantes da escritura de emissão, ou, se houver, do certificado.

Estando relacionadas a um contrato de mútuo, nada mais natural que as modalidades de debêntures estejam associadas a algum tipo de garantia que a companhia emissora confere aos debenturistas como forma de tornar seus valores mobiliários mais atrativos ao público investidor. Temos, assim, quatro modalidades de debêntures. São elas: debênture com garantia real; debênture com garantia flutuante; debênture quirografária e debênture subordinada.

Partes Beneficiárias: as partes beneficiárias são valores mobiliários emitidos apenas por companhias de capital fechado, sem valor nominal, que conferem ao seu titular um direito de crédito eventual, consistente em uma participação de até 10% nos lucros anuais auferidos pela companhia. Trata-se de crédito eventual, pois nada poderá ser reclamado se a companhia não registrar lucro num determinado exercício. A emissão de partes beneficiárias é exclusiva das companhias fechadas.

Bônus de subscrição: o bônus de subscrição é a espécie de valor mobiliário emitido por companhias de capital fechado e aberto, que conferirá ao seu titular o direito de preferência na subscrição de novas ações a serem emitidas pela companhia em futuro aumento de capital. Ressalta-se que o bônus de subscrição deverá ser emitido dentro do limite de aumento do capital autorizado no estatuto social.

4.5.5. Direitos Essenciais

São aqueles que jamais poderão ser supridos dos acionistas, seja por deliberação de assembleia, seja por previsão estatutária. Nos termos do art. 109 da Lei 6.404, são essenciais os seguintes direitos: participar dos lucros sociais; participar do acervo da companhia em caso de liquidação; fiscalizar a gestão dos negócios sociais, na forma prevista em lei; preferência para subscrição de ações, bônus de subscrição e outros valores mobiliários conversíveis em ações; e retirar-se da sociedade, nos casos previstos no art. 137 da Lei 6.404.

4.5.6. Deliberações Sociais

As deliberações sociais serão tomadas em Assembleia Geral, convocada e instalada de acordo com a lei e o estatuto social. A assembleia geral é o órgão deliberativo supremo na estrutura organizacional de uma companhia, sendo competente para deliberar sobre qualquer assunto de interesse da sociedade.

Muito embora a Assembleia Geral possa deliberar sobre qualquer assunto de interesse da companhia, matérias de menor relevância acabam sendo decididas diretamente pelos órgãos de administração da sociedade. Todavia, certas matérias, em razão de sua relevância para a companhia, serão de competência privativa da Assembleia Geral, conforme disposto no art. 122 da Lei 6.404.

Espécies de Assembleia Geral: a Assembleia Geral poderá ser de duas principais espécies: Ordinária e Extraordinária. A **Assembleia Geral Ordinária** é a realizada anualmente, nos quatro primeiros meses seguintes ao término do exercício social, e tem competência para deliberar sobre: a prestação de contas dos administradores e as demonstrações financeiras do exercício; a destinação do lucro líquido do exercício e a distribuição de dividendos; a eleição, se necessário, dos administradores e membros do Conselho Fiscal. Por sua vez, a **Assembleia Geral Extraordinária** é realizada a qualquer tempo, sempre que os interesses da sociedade assim o exigirem, tendo competência para deliberar sobre qualquer assunto de interesse da sociedade, exceto as matérias de competência da Assembleia Geral Ordinária.

Convocação: a Assembleia Geral é, em regra, convocada pelo Conselho de Administração, se houver, ou pela Diretoria, mediante a publicação de no mínimo 3 (três) anúncios de convocação, em Jornal de Grande Circulação e no Diário Oficial do Estado ou da União.

Quórum de Instalação: em 1ª convocação, ressalvadas as exceções previstas em lei, a Assembleia Geral será instalada com a presença de acionistas titulares de no mínimo ¼ do capital social com direito de voto. Em 2ª convocação, a Assembleia Geral será instalada com qualquer número de acionistas presentes, ainda que a matéria colocada em votação seja a reforma do estatuto social.

Quórum de Deliberação: em regra, as matérias colocadas em votação em Assembleia Geral serão aprovadas pelo voto favorável de acionistas titulares de mais da metade (maioria absoluta) das ações com direito a voto presentes na Assembleia Geral, não se computando os votos em branco.

Todavia, certas matérias submetem-se a um quórum qualificado para sua aprovação, conforme previsto no art. 136 da Lei 6.404. As matérias previstas no citado artigo serão aprovadas apenas com o voto favorável de acionistas titulares de no mínimo metade da totalidade das ações com direito a voto representativas do capital social da companhia, se maior quórum não for exigido pelo estatuto social.

Direito de Recesso: o direito essencial de retirar-se da companhia, também chamado de direito de recesso ou direito de dissidência, consiste em assegurar a todo acionista de companhia contrário à aprovação de determinada matéria pela Assembleia Geral, desde que prevista no art. 137 da Lei 6.404, o direito de retirar-se da companhia, mediante o pagamento do valor de reembolso de suas ações.

4.5.7. Administração

A administração das sociedades anônimas pode ser exercida por dois órgãos: o conselho de administração e a diretoria.

Conselho de administração: é órgão deliberativo facultativo nas sociedades anônimas, composto por no mínimo três membros, pessoas físicas, acionistas, residentes no Brasil ou no exterior, e eleitos pela Assembleia Geral para mandato de até três anos, sendo admitida a reeleição.

Lembre-se que existem três espécies de companhia em que o Conselho de Administração é um órgão obrigatório, a saber: companhias abertas, companhias de capital autorizado e sociedades anônimas de economia mista.

Diretoria: é órgão obrigatório nas sociedades anônimas, competente para executar os atos regulares de gestão e representar a companhia junto a terceiros.

A Diretoria será composta por, no mínimo, dois membros, pessoas físicas, acionistas ou não, residentes no país e eleitos pelo Conselho de Administração, se houver, ou pela Assembleia Geral para mandato de até três anos, sendo admitida a reeleição.

Conselho fiscal: é órgão obrigatório nas sociedades anônimas, cabendo ao estatuto social dispor sobre o seu funcionamento. O conselho fiscal será composto de no mínimo três e no máximo cinco membros, e suplentes em igual número, pessoas físicas, acionistas ou não, residentes no Brasil, diplomadas em curso universitário, ou que tenham exercido, pelo prazo mínimo de três anos, cargo de administrador de empresa ou de conselheiro fiscal.

Além daqueles que são impedidos para o exercício de cargo de administração, nos termos do art. 147 da Lei 6.404, não podem ser eleitos para o cargo de conselheiro fiscal: os administradores da sociedade, ou de sociedade por ela controlada; os empregados da sociedade, ou de sociedade por ela controlada; ou, ainda, o cônjuge ou parente até terceiro grau dos administradores da companhia.

5. TÍTULOS DE CRÉDITO

5.1. Conceito

Título de crédito, na definição de César Vivante, é o documento necessário para o exercício do direito, literal e autônomo, nele mencionado.

5.2. Princípios Cambiais

5.2.1. Princípio da cartularidade

Conforme definição de Vivante, o título de crédito é um documento necessário para o exercício do direito de crédito. Desse modo, por ser um documento, os direitos representados pelo título de crédito deverão obrigatoriamente constar de uma cártula, ou seja, de um material palpável, corpóreo. Trata-se, ainda, de um documento necessário, ou seja, o direito de crédito constante da cártula somente poderá ser exercido por aquele que estiver legitimado na sua posse.

Observa-se que, em vista da informalidade que caracteriza os negócios comerciais, o nosso ordenamento jurídico tem criado exceções ao princípio da cartularidade. Assim, a Lei das Duplicatas admite a execução judicial de crédito representado por esse tipo de título sem a obrigatoriedade de sua apresentação (art. 15 da Lei das Duplicatas).

5.2.2. Princípio da literalidade

O direito de crédito expresso em um título é literal, na medida em que a extensão e os limites desse direito encontram-se nos atos lançados no próprio título.

5.2.3. Princípio da autonomia das obrigações cambiais

Segundo muitos doutrinadores, é o princípio cambial mais importante. Isso porque, sendo a negociabilidade decorrente da facilidade da circulação dos títulos de crédito uma de suas principais características, a autonomia das obrigações cambiais atribui ao título a segurança jurídica necessária àqueles que dele se utilizam para negociar seus créditos.

Ao entrar em circulação, inúmeros vínculos obrigacionais podem surgir e, para que o título de crédito seja efetivamente um instrumento seguro para as pessoas que dele se utilizam, é fundamental que eventuais vícios existentes em determinadas relações obrigacionais nele representadas não se estendam às demais.

Logo, são autônomos os direitos representados no título de crédito, conforme definição de Vivante, ou seja, a invalidade de uma ou mais obrigações cambiais não compromete as demais. As obrigações representadas por um mesmo título de crédito são independentes entre si. Assim, sendo nula ou anulável qualquer das obrigações constantes do título, as demais obrigações não terão sua validade ou eficácia comprometida por esse fato.

Decorrem do princípio da autonomia das obrigações cambiais dois outros subprincípios, quais sejam:

a) **Abstração das obrigações cambiais**: pelo princípio da abstração das obrigações cambiais entende-se que, posto o título de crédito em circulação, o direito de crédito nele representado se desvincula do negócio jurídico que lhe deu origem.

b) **Inoponibilidade das exceções pessoais**: o devedor de um título de crédito não pode recusar o pagamento ao portador de boa-fé alegando exceções pessoais em relação a outros obrigados do título. Assim, o devedor não poderá alegar, em sua defesa, matéria estranha à sua relação direta com o portador do título. Logo, somente será oponível a terceiros de boa-fé defesa fundada em vício do próprio título de crédito.

5.3. Características dos títulos de crédito

Muitos autores consideram como verdadeiros princípios dos títulos de crédito as seguintes características: a força executiva; o formalismo; e a circulabilidade.

a) **Força executiva:** a força executiva dos títulos de crédito decorre do disposto no art. 585, I, do CPC, que atribui a esses títulos a qualidade de título executivo extrajudicial.

b) **Formalismo:** é uma característica inerente aos títulos de crédito, uma vez que constitui condição para a sua existência, validade e eficácia. Assim, o título de crédito deve preencher certos requisitos formais e obrigatórios estabelecidos em lei, sem os quais estará descaracterizado.

c) **Circulabilidade:** é outra característica dos títulos de crédito, que são, geralmente, criados para facilitar a circu-

lação do crédito nas relações comerciais. Entretanto, o ato cambial que transfere a titularidade de um título de crédito de uma pessoa para outra poderá variar. Por essa razão, os títulos de crédito podem ser classificados como ao portador e nominativos.

Os **títulos de crédito ao portador** não ostentam o nome do credor e, por esse motivo, circulam por simples tradição, isto é, a entrega do documento consiste no ato de transmissão da titularidade do crédito nele representado.

Os **títulos de crédito nominativos**, por sua vez, ostentam o nome do beneficiário dos direitos creditórios expressamente na cártula, podendo ser classificados em "à ordem" e "não à ordem". Os títulos nominativos à ordem são transferidos de um titular para outro mediante endosso, enquanto os títulos nominativos não à ordem circulam por meio da cessão civil de direitos.

5.4. Estrutura dos títulos de crédito

Os títulos de crédito, conforme a estrutura adotada, podem ser classificados em ordem de pagamento ou promessa de pagamento.

O título de crédito é classificado como ordem de pagamento quando o emissor do título, também chamado sacador, ordena a terceiro, denominado sacado, que realize o pagamento do título ao beneficiário da ordem, denominado tomador. A letra de câmbio, a duplicata e o cheque são títulos que apresentam essa estrutura.

Por outro lado, o título de crédito será classificado como promessa de pagamento quando o emissor do título, também chamado de subscritor, comprometer-se a realizar diretamente o pagamento do título ao seu credor. A nota promissória é exemplo de título dessa categoria.

5.5. Principais atos cambiais

5.5.1. Aceite

O aceite é um instituto inerente aos títulos de crédito emitidos à ordem de pagamento, em que o sacador do título ordena ao sacado que pague determinada importância ao seu tomador.

O sacado, em razão da apresentação do título de crédito, poderá aceitar ou recusar a ordem de pagamento dada pelo sacador. Aceitando a ordem de pagamento, o sacado torna-se seu devedor principal, vinculando-se ao pagamento do título nas condições estabelecidas pelo sacador. Por outro lado, recusando-se a aceitar a ordem de pagamento, o sacado não se vincula ao título.

A recusa do aceite poderá ser total ou parcial. A lei prevê duas modalidades de recusa parcial, quais sejam, o aceite limitativo, em que o sacado reduz o valor da obrigação por ele assumida, e o aceite modificativo, em que o sacado introduz mudanças nas condições de pagamento do título.

A recusa do aceite, seja ela total, seja ela parcial, acarreta o vencimento antecipado do título. Para evitar esse efeito, muitas vezes prejudicial ao sacador, a Lei Uniforme das Letras de Câmbio e Notas Promissórias prevê a possibilidade de introduzir-se cláusula no título de crédito, especificamente na letra de câmbio, proibindo a sua apresentação ao sacado antes da data do seu vencimento. Trata-se da cláusula "não aceitável".

Conforme a espécie de título de crédito, o aceite apresentará características próprias. Portanto, considerando os principais títulos de crédito para o Exame da OAB, observa-se que em cada um deles o aceite terá uma particularidade, a saber:

Características do aceite – principais títulos de crédito	
Letra de câmbio aceite facultativo	Na letra de câmbio o aceite é facultativo, uma vez que o sacado poderá recusar ou aceitar a ordem de pagamento dada pelo sacador, desvinculando-se do título, sem que para tanto lhe seja exigida qualquer justificativa.
Nota promissória aceite inexistente	Considerando ser o aceite um ato cambiário inerente às ordens de pagamento, não existe aceite em nota promissória, uma vez que se trata de uma promessa de pagamento.
Duplicata aceite obrigatório	A duplicata mercantil é título de aceite obrigatório, ou seja, o seu aceite independe da vontade do sacado, que poderá recusá-la somente em determinadas hipóteses previstas em lei. Assim, ainda que o sacado não assine o título, estará vinculado ao seu pagamento, caso não haja motivos legais para sua recusa. Nos termos do art. 8º da Lei 5.474/1968, a recusa do aceite somente poderá ocorrer pelos seguintes motivos: a) avaria ou não recebimento de mercadorias, quando não expedidas ou não entregues por conta e risco do comprador; b) vícios na qualidade ou na quantidade das mercadorias; ou c) divergência nos prazos ou nos preços ajustados.
Cheque aceite vedado	Muito embora o cheque seja uma ordem de pagamento, o banco sacado jamais poderá aceitar ou recusar aceitar a ordem de pagamento dada por seu correntista, nos termos do art. 6º da Lei 7.357/1985. Portanto, cabe ao banco sacado tão somente pagar o cheque, se houver provisão de fundos na conta do emitente, ou devolvê-lo, caso não haja fundos disponíveis para a liquidação do título.

5.5.2. Endosso

Como já apresentado, uma das principais características dos títulos de crédito é a sua circulabilidade. Assim, é por meio do endosso que o credor de um título de crédito nominativo à ordem, também chamado de endossante, transmite os seus direitos de crédito a outra pessoa, denominada endossatária.

O endosso produz dois efeitos principais, a saber: a) transfere o título e o respectivo crédito do endossante para o endossatário; b) vincula o endossante ao seu pagamento

como codevedor. Entretanto, se não for intuito do endossante assumir a responsabilidade pelo pagamento do título, e com isso concordar o endossatário, operar-se-á a exoneração de sua responsabilidade pela cláusula "sem garantia", que é admitida apenas no endosso.

Modalidades de endosso	
Endosso "em branco"	Modalidade em que o endossatário não é identificado expressamente no título portador ("Pague-se" ou "Pague-se ao portador"), razão pela qual uma nova transferência se dará pela simples tradição.
Endosso "em preto"	Modalidade em que o endossatário é expressamente identificado no título pelo endossante ("Pague-se a José da Silva"), razão pela qual uma nova transferência só se dará mediante um novo endosso.

Ressalta-se que, no ordenamento jurídico brasileiro, é vedado o endosso parcial.

Endosso impróprio	
O endosso impróprio possibilita que a posse do título de crédito nominativo seja transferida a terceiro, sem que o crédito correspondente também o seja.	
Endosso-mandato	É a modalidade de endosso impróprio em que o endossatário é investido na condição de mandatário do endossante, podendo proceder, por exemplo, à cobrança do crédito representado pelo título.
Endosso-caução	É a modalidade de endosso impróprio em que o endossatário é investido na condição de credor pignoratício do endossante.

5.5.3. Aval

O aval é uma garantia pessoal em que terceiro (avalista) se obriga pelo pagamento do título de crédito em favor de determinado devedor (avalizado).

Características do aval	
Autonomia	O aval é autônomo em relação à obrigação avalizada, uma vez que eventuais vícios que acarretem a nulidade, anulabilidade ou ineficácia da obrigação garantida não contaminarão o aval prestado, que permanecerá plenamente válido e eficaz.
Equivalência	O avalista de uma obrigação cambial responde nas mesmas condições que o devedor por ele avalizado, não gozando do benefício de ordem.

A obrigação de determinado devedor constante do título de crédito poderá ser garantida por duas ou mais pessoas, ou seja, por dois ou mais avalistas. Quando esses avalistas garantirem diretamente o avalizado, haverá avais simultâneos. Por outro lado, quando a obrigação de determinado devedor for garantida diretamente por um avalista que, por sua vez, tem sua obrigação garantida por outra pessoa, ou seja, quando o avalista também for avalizado, haverá avais sucessivos.

5.6. Vencimento

Vencimento é o momento em que o crédito representado no título de crédito se torna exigível.

5.7. Pagamento

Pagamento é o ato jurídico que, dependendo de quem o pratica, extingue uma, algumas ou todas as obrigações representadas no título de crédito.

5.8. Protesto

Conforme o disposto no art. 1º da Lei 9.492/1997, protesto é ato formal e solene pelo qual se prova a inadimplência e o descumprimento de obrigação originada em títulos e outros documentos de dívida. Assim, o protesto é um ato praticado pelo credor, perante o competente cartório, para fins de incorporar ao título de crédito a prova de fato relevante para relações cambiais, por exemplo, a falta de aceite ou de pagamento.

Protesto dos principais títulos de crédito	
Letra de câmbio	**Protesto por falta de aceite:** é a modalidade de protesto que tem por finalidade provar que o título foi apresentado pelo tomador para aceite do sacado, que se recusou a aceitar a ordem de pagamento dada pelo sacador, acarretando o vencimento antecipado da letra de câmbio. O protesto por falta de aceite poderá ser realizado até o fim do prazo de apresentação da letra de câmbio, ou, excepcionalmente, até o dia seguinte ao término desse prazo, se o título é apresentado no último dia ao sacado, e este solicita prazo de respiro (art. 44 da Lei Uniforme).
Letra de câmbio	**Protesto por falta de pagamento:** é a modalidade de protesto que tem por finalidade provar que o título foi apresentado, quando do seu vencimento, para pagamento do devedor principal, que não cumpriu com a sua obrigação de pagar. Nesta hipótese, o portador poderá realizar o seu protesto por falta de pagamento, no prazo de até 2 dias úteis, contados da data do vencimento do título, para fins de assegurar sua exigibilidade perante eventuais codevedores.
Importante: *cumpre observar que há, ainda, duas modalidades de protesto de reduzida importância para as letras de câmbio. Trata-se do protesto por falta de data e protesto por falta de devolução do título.*	

Nota promissória	**Protesto por falta de pagamento:** é a única modalidade de protesto existente para as notas promissórias, uma vez que inexiste a figura do aceite nessa modalidade de título de crédito, devendo ser realizado no prazo de até 2 dias úteis contados da data do vencimento do título. Na hipótese da não observância do prazo previsto em lei para o protesto por falta de pagamento, o portador do título perderá o seu direito de crédito contra os coobrigados, quais sejam, os endossantes e os respectivos avalistas, podendo exigir o cumprimento da obrigação somente do subscritor do título e de seu avalista.
Duplicata	**Protesto por falta de aceite:** é a modalidade de protesto que tem por finalidade provar que o título foi apresentado pelo tomador para aceite do sacado, que se recusou a aceitar a ordem de pagamento dada pelo sacador, acarretando o vencimento antecipado da letra de câmbio. **Protesto por falta de devolução:** nos 30 dias seguintes à emissão da duplicata, o sacador deve remeter o título para aceite do sacado, que, por sua vez, deverá realizar o pagamento, sendo o título à vista, ou lançar seu aceite e restituí-la ao sacador em 10 dias. Na hipótese de o sacado não restituir o título de crédito ao sacador, o protesto por falta de devolução poderá ser feito por indicações do credor fornecidas ao cartório, conforme estabelecido no art. 13, § 1º, da Lei 5.474/1968.
Duplicata	**Protesto por falta de pagamento:** o portador da duplicata deverá realizar o protesto por falta de pagamento no prazo de até 30 dias contados da data do vencimento do título, para fins de assegurar sua exigibilidade perante eventuais codevedores.
Cheque	**Protesto por falta de pagamento:** é a única modalidade de protesto existente para os cheques, uma vez que inexiste a figura do aceite nessa modalidade de título de crédito. Nos termos do art. 48 da Lei 7.357/1985, o protesto por falta de pagamento deverá ser realizado durante o prazo de apresentação do cheque.
Importante: *para fins cambiais, a apresentação tempestiva do cheque ao banco-sacado, com a sua consequente devolução por falta de provisão de fundos do emitente, produz o mesmo efeito do protesto por falta de pagamento, qual seja, a possibilidade de executar os coobrigados do título (art. 47, II, da Lei 7.357/1985).*	

A cláusula "sem despesas", ou "sem protesto", quando lançada ao sacador, endossante ou avalista, dispensa o portador do título de realizar seu protesto por falta de aceite ou de pagamento para a conservação de seus direitos de ação.

5.9. Ação cambial

A ação cambial é o instrumento processual adequado para a cobrança do título de crédito em juízo.

Assim, desde que não prescrito o prazo legal, o titular de título de crédito vencido e não pago poderá ajuizar, em face dos respectivos devedores, a competente ação de execução, uma vez que os títulos de crédito são considerados, nos termos do art. 585, I, do CPC, títulos executivos extrajudiciais. Entretanto, uma vez prescrita a ação de execução, caberá ao credor ajuizar tão somente ação monitória ou de conhecimento, conforme o caso específico.

Títulos de crédito	Prazos prescricionais – Ação de execução
Letra de câmbio	3 anos a contar da data do vencimento da letra de câmbio, para o exercício do direito de crédito contra o devedor principal e seu avalista.
	1 ano a contar da data do protesto da letra de câmbio, ou de seu vencimento, na hipótese de cláusula "sem despesas", para o exercício do direito de crédito contra os coobrigados (sacador, endossantes e respectivos avalistas).
	6 meses a contar da data do pagamento, ou do ajuizamento da execução cambial, para o exercício do direito de regresso.
Nota promissória	3 anos a contar da data do vencimento da nota promissória, para o exercício do direito de crédito contra o devedor principal e seu avalista.
	1 ano a contar da data do protesto da nota promissória, ou de seu vencimento, na hipótese de cláusula "sem despesas", para o exercício do direito de crédito contra os coobrigados (endossantes e seus avalistas).
	6 meses a contar da data do pagamento, ou do ajuizamento da execução cambial, para o exercício do direito de regresso.
Duplicata	3 anos a contar do vencimento do título, para o exercício do direito de crédito contra o devedor principal e seu avalista.
	1 ano a contar do protesto para o exercício do direito de crédito contra os coobrigados (endossantes e respectivos avalistas).
	1 ano a contar do pagamento para o exercício do direito de regresso por qualquer um dos coobrigados.

Títulos de crédito	Prazos prescricionais – Ação de execução
Cheque	6 meses contados da data do término do prazo de apresentação. Para o ajuizamento da ação de execução contra os coobrigados, será necessário que o cheque tenha sido apresentado ao banco-sacado dentro do prazo legal, ou tenha sido realizado tempestivamente o seu protesto por falta de pagamento.

Importante: *nos termos do art. 61 da Lei 7.357/1985, prescrita a ação de execução, o portador do cheque poderá, nos 2 anos seguintes, promover ação de enriquecimento ilícito contra o emitente, endossantes e avalistas. Essa ação também é considerada uma ação cambial.*

5.10. Principais espécies de títulos de crédito

A doutrina destaca como principais espécies de títulos de crédito: a) a letra de câmbio; b) a nota promissória; c) o cheque; d) a duplicata mercantil; e) a duplicata de prestação de serviços; f) o conhecimento de transporte; g) o conhecimento de depósito; e h) o warrant.

5.10.1. Letra de câmbio (Dec. 57.663/1966, Anexo I)

A letra de câmbio é uma ordem de pagamento dada pelo emissor do título, também chamado de sacador, a determinada pessoa, denominada sacado, para que pague a importância do crédito, no prazo determinado, ao beneficiário indicado no título, denominado tomador.

5.10.2. Nota promissória (Dec. 57.663/1966, Anexo I)

A nota promissória é uma promessa incondicional dada pelo emissor do título, também chamado de subscritor, ao seu tomador, de realizar o pagamento da importância do crédito, no prazo e nas condições determinados no título.

5.10.3. Cheque (Lei 7.357/1985)

O cheque é uma ordem de pagamento à vista dada pelo emissor do título, também chamado de emitente, em favor próprio ou de terceiros, a determinado banco, em razão da provisão de fundos que aquele possui junto ao sacado.

O pagamento do cheque poderá ser sustado **por revogação ou contraordem** (art. 35 da Lei 7.357/1985); e **por oposição** (art. 36 da Lei 7.357/1985).

Modalidades de cheques	
Cheque visado	É aquele em que o banco sacado, a pedido do emitente ou do portador legítimo do cheque nominativo não endossado, lança e assina, no verso do título, declaração confirmando a existência de fundos suficientes para a liquidação do título.

Cheque administrativo	É aquele emitido pelo banco sacado em favor de terceiros, para liquidação por uma de suas agências.
Cheque cruzado	É o cheque que, contendo dois traços transversais no anverso do título, obriga o banco sacado a efetuar o seu pagamento a um banco, mediante liquidação em conta de titularidade do portador. O cruzamento pode ser "em branco", também denominado cruzamento geral, ou "em preto", também chamado de cruzamento especial (art. 44 da Lei 7.357/1985).
Cheque para se levar em conta	É aquele em que o emitente ou o portador proíbem o pagamento do título em dinheiro (art. 46 da Lei 7.357/1985).

5.10.4. Duplicata mercantil (Lei 5.474/1968)

A duplicata mercantil é uma ordem de pagamento emitida pelo sacador, com base em fatura ou nota fiscal-fatura, representativa de um crédito proveniente de compra e venda mercantil.

A duplicata mercantil é classificada pela doutrina pátria como um título de crédito causal, ou seja, a sua emissão apenas poderá ser realizada nas hipóteses previstas por lei. Portanto, a duplicata mercantil apenas poderá ser emitida para documentar crédito oriundo de compra e venda mercantil.

5.10.5. Duplicata de prestação de serviços (Lei 5.474/1968)

A duplicata de prestação de serviços pode ser emitida por pessoa, física ou jurídica, que se dedique a atividade econômica dessa natureza. Trata-se de título de crédito de regime jurídico idêntico ao da duplicata mercantil, com a exceção de ser a prestação do serviço, e não a compra e venda mercantil, a causa que autoriza a sua emissão.

5.10.6. Conhecimento de transporte ou frete (Dec. n. 19.473/1930)

O conhecimento de transporte é título cuja finalidade originária é a prova do recebimento da mercadoria pela empresa transportadora, que assume a obrigação de entregar essa mercadoria em certo destino. Entretanto, o conhecimento de transporte também permite ao proprietário da mercadoria despachada negociar com o valor dela. Para tanto, deverá endossar o título, transferindo, assim, a propriedade da mercadoria transportada.

5.10.7. Conhecimento de depósito e warrant (Dec.-Lei 1.102/1903)

O conhecimento de depósito e o warrant são títulos de emissão de armazéns gerais, representativos de mercadorias neles depositadas. A emissão desses títulos depende de solicitação do depositante e substitui o recibo de depósito.

6. FALÊNCIA E RECUPERAÇÃO DE EMPRESAS

6.1. Da Falência

6.1.1. Introdução

A falência encontra-se regulamentada em nosso ordenamento jurídico pela Lei 11.101, de 2005. Trata-se de um processo de execução coletiva, em que todos os bens do falido são arrecadados para uma venda judicial forçada, com a distribuição proporcional do ativo entre os seus credores.

6.1.2. Pressupostos da Falência

Como mencionado, são pressupostos para a instauração da falência: a) qualidade de empresário do devedor; b) insolvência jurídica; e c) sentença da falência.

6.1.2.1. Qualidade do devedor

Como primeiro pressuposto para a instauração da falência, é necessário que o devedor seja um empresário. Logo, somente o empresário, seja ele pessoa física – empresário individual – seja ele pessoa jurídica – sociedade empresária –, poderá ter a sua falência decretada (Lei 11.101/2005, art. 1º).

Nota-se do exposto que, sendo o empresário uma pessoa jurídica, deverá esta ser da espécie sociedade empresária. Logo, deve-se excluir do âmbito de aplicação da lei falimentar todas as pessoas jurídicas que não sejam sociedades empresárias, tais como as fundações, as associações, as sociedades simples e as cooperativas.

Ademais, certos empresários, por expressa determinação legal, jamais poderão ter a sua falência decretada. São eles, nos termos do art. 2º, I, da Lei 11.101/2005, as empresas públicas e as sociedades de economia mista.

Outros empresários somente poderão ser submetidos ao processo falimentar em determinadas circunstâncias: a) as instituições financeiras; b) as sociedades arrendadoras (Resolução do Banco Central 2.309/1996); c) as sociedades administradoras de consórcios, fundos mútuos e outras atividades assemelhadas (Lei 5.768/1971); d) as companhias de seguro; e) as sociedades de previdência privada aberta (Lei 10.190/2001); e f) as sociedades de capitalização (Dec.-Lei 261/1967).

6.1.2.2. Insolvência jurídica

A insolvência jurídica pode ser caracterizada: a) pela impontualidade injustificada no pagamento de obrigação líquida superior a 40 salários mínimos (Lei 11.101/2005, art. 94, I); b) pela execução frustrada (Lei 11.101/2005, art. 94, II); ou c) pela prática de atos de falência (Lei 11.101/2005, art. 94, III).

a) Impontualidade injustificada: verifica-se pelo não pagamento de obrigação líquida superior a 40 salários mínimos. A impontualidade no pagamento da obrigação líquida deve ser injustificada, ou seja, não poderá haver relevante razão de direito para o inadimplemento da obrigação por parte do empresário devedor. A prova da impontualidade é o protesto do título. Ainda que os títulos não estejam sujeitos ao protesto obrigatório, por exemplo, a sentença judicial, eles deverão ser protestados para a prova da impontualidade (Lei 11.101/2005, art. 94, § 3º).

> Atenção: Note-se, por fim, que os credores do empresário devedor podem reunir-se em litisconsórcio para que, através da somatória de seus créditos individuais, possam perfazer, em conjunto, o limite mínimo de 40 salários mínimos necessário para o pedido de falência (Lei 11.101/2005, art. 94, § 1º).

b) Execução frustrada: verifica-se sempre que o empresário devedor, ao ser executado por qualquer quantia, pratica tríplice omissão, ou seja, não paga, não deposita e não nomeia à penhora bens suficientes dentro do prazo legal. Note-se que, ao contrário da impontualidade injustificada, a caracterização da execução frustrada independe da quantia devida pelo empresário devedor.

c) Atos de falência: o empresário, ao incorrer em determinadas condutas previstas em lei, revela seu estado de insolvência jurídica. Assim, uma vez verificada a prática de tais condutas, também chamadas de atos de falência, o empresário poderá ter a sua falência decretada. A Lei 11.101/2005 descreve tais condutas em seu art. 94, III, como hábeis a caracterizar a insolvência jurídica do empresário devedor, possibilitando assim a decretação de sua falência.

6.1.2.3. Sentença da Falência

Uma vez caracterizada a insolvência jurídica, o Juiz proferirá sentença da falência do empresário devedor. Trata-se do último pressuposto da falência, que será estudado de forma mais detalhada adiante (item 6.3.1.3 infra).

6.1.3. Processo Falimentar

6.1.3.1. Etapa pré-falimentar

O processo falimentar pode ser dividido em duas grandes etapas. A primeira também chamada de etapa pré-falimentar, inicia-se com o pedido de falência e se encerra com a sentença da falência, que dará início à etapa falimentar do processo de falência.

6.1.3.1.1. Pedido de falência

Em relação ao pedido de falência, cumpre analisar os seguintes aspectos: a) legitimidade ativa; b) legitimidade passiva; e c) juízo falimentar.

Legitimidade ativa: a falência do devedor empresário pode ser requerida: a) pelo próprio empresário devedor (Lei 11.101/2005, art. 97, I); b) pelo cônjuge sobrevivente, por qualquer herdeiro, ou pelo inventariante do empresário individual (Lei 11.101/2005, art. 97, II); c) por sócio quotista ou acionista da sociedade empresária devedora (Lei 11.101/2005, art. 97, III); e d) por qualquer credor (Lei 11.101/2005, art. 97, IV).

Legitimidade passiva: somente o empresário devedor poderá ser submetido ao processo falimentar como instrumento para a execução concursal de seu patrimônio. Assim, a Lei 11.101/2005 disciplina a recuperação judicial, a recuperação extrajudicial e a falência do empresário individual e da sociedade empresária.

Juízo falimentar: em relação ao juízo falimentar, cumpre analisar dois aspectos: o juízo competente para declarar a falência do empresário devedor; e a universalidade do juízo falimentar.

Assim, considera-se competente para declarar a falência do empresário devedor o juízo do local onde se encontra o seu principal estabelecimento (Lei 11.101/2005, art. 3º). Havendo na mesma comarca mais de um juízo competente para a declaração da falência, a distribuição do primeiro pedido de falência, ou de recuperação judicial, torna-o prevento.

Em relação à universalidade do juízo falimentar, uma vez decretada a falência, todas as ações judiciais referentes a bens, interesses e negócios da massa falida serão processadas e julgadas pelo juízo em que tramita o processo falimentar, exceto: a) as ações não reguladas pela Lei de Falências em que a massa falida seja autora ou litisconsorte (Lei 11.101/2005, art. 76, *caput*); b) as reclamações trabalhistas (CF, art. 114; Lei 11.101/2005, art. 76, *caput*); c) as execuções fiscais (CTN, art. 187; Lei 11.101/2005, art. 76, *caput*); d) as ações de que seja parte a União, autarquias ou empresas públicas federais (CF, art. 109, I); e e) a ação que demanda obrigação ilíquida (Lei 11.101/2005, art. 6º, § 1º).

Assim, com a decretação da falência suspendem-se, observadas as exceções supramencionadas, todas as ações e execuções individuais relativas à massa falida, sendo o juízo universal o único competente para decidir questões que envolvam o empresário falido. O juízo universal possui a chamada "*vis atractiva*" (força atrativa), ou seja, atrairá para si quase todas as ações que correm contra o falido.

6.1.3.1.2. Citação e defesa do devedor

Após o recebimento do pedido de falência, o juiz determinará a citação do empresário devedor para que apresente contestação no prazo de 10 dias. Note-se que a Lei de Falências não prevê outra modalidade de defesa senão a contestação.

Caso o pedido de falência se tenha fundamentado nas hipóteses previstas no art. 94, I (impontualidade injustificada) ou II (execução frustrada) da Lei 11.101/2005, poderá o devedor, no prazo da contestação, realizar depósito elisivo.

O **depósito elisivo** é aquele que tem o poder de impedir a decretação da falência. Para tanto, o devedor deverá depositar, no prazo mencionado, o valor correspondente ao total do crédito, acrescido de correção monetária, juros e honorários advocatícios (Lei 11.101/2005, art. 98, parágrafo único).

6.1.3.1.3. Sentença da falência

Uma vez caracterizada a insolvência jurídica do empresário devedor, o juiz proferirá sentença decretando a falência. A sentença da falência irá decretar a quebra do empresário devedor, dando início à etapa falimentar do processo de falência.

A sentença da falência é de natureza constitutiva, pois, após ser proferida, a pessoa, os bens, os direitos e as obrigações do empresário falido passam a submeter-se a um regime jurídico próprio, diverso do regime obrigacional a que antes da sentença se encontravam submetidos.

Termo legal da falência: a sentença deverá fixar o termo legal da falência. Trata-se do lapso temporal fixado pelo juiz, quando da decretação da falência, que serve de parâmetro para a investigação dos atos praticados pelo falido. Durante esse período, certos atos praticados pelo falido poderão ser considerados ineficazes, ainda que o tenham sido sem o intuito de fraudar credores, conforme disposto no caput do art. 129 da Lei de Falências. O termo legal da falência poderá retroagir até 90 dias contados da data: a) do primeiro protesto por falta de pagamento do empresário devedor que não tiver sido cancelado; b) do pedido de falência; ou c) do pedido de recuperação judicial.

Sentença denegatória da falência: não estando o juiz convencido da caracterização da insolvência jurídica do empresário do devedor, ou entendendo, por razões de ordem processual, não ser possível decretar a falência do requerido, julgará improcedente o pedido de falência. Nessa hipótese, caberá ao juiz analisar o comportamento do requerente, devendo condená-lo ao pagamento de indenização por perdas e danos, se verificar dolo na sua conduta ao requerer a falência do devedor.

Observa-se ainda que a sentença denegatória da falência poderá decorrer: a) da realização do depósito elisivo, hipótese em que o ônus da sucumbência caberá ao requerido suportar; ou b) do acolhimento das alegações apresentadas pelo requerido em sua defesa, hipótese em que o ônus da sucumbência será atribuído ao requerente.

Recursos: da sentença que decreta a falência cabe agravo de instrumento, no prazo de 10 dias (Lei 11.101/2005, art. 100). Já em relação à sentença denegatória da falência, o recurso cabível é o de apelação, interposto no prazo de 15 dias.

6.1.3.2. Etapa falimentar

Com a sentença da falência, inicia-se a etapa falimentar do processo, que se encontra dividida em duas fases: a) fase cognitiva, cuja função é conhecer os bens, direitos e obrigações que integram o patrimônio do falido; e b) fase satisfativa, cuja função é proceder a liquidação dos bens que integram o patrimônio do falido, para o pagamento de seus credores.

6.1.3.2.1. Fase cognitiva

A fase cognitiva tem por finalidade conhecer os bens, direitos e obrigações que integram o patrimônio do falido. Assim, é nessa fase que irá proceder-se à mensuração do ativo e do passivo que compõem o patrimônio do falido.

Mensuração do ativo: consiste na apuração dos bens e direitos que integram o patrimônio do falido. Assim, a Lei de Falências irá regular determinados atos e medidas judiciais a serem praticadas para essa finalidade, a saber:

a) **arrecadação de bens** (Lei 11.101/2005, art. 108): caberá ao administrador judicial proceder à arrecadação e avaliação de todos os bens que se encontrarem na posse do falido, bem como de seus documentos e escrituração mercantil;

b) **pedido de restituição** (Lei 11.101/2005, art. 85): em razão de serem arrecadados pelo administrador judicial todos os bens que se encontram na posse do falido, pode ocorrer

que também sejam arrecadados bens que não sejam de sua propriedade. Nessa hipótese, o proprietário de bem arrecadado poderá pedir a sua restituição. Note-se que também é possível pedido de restituição de coisa vendida a crédito e entregue ao devedor nos 15 dias anteriores ao requerimento de sua falência (Lei 11.101/2005, art. 85, parágrafo único);

c) **embargos de terceiro** (Lei 11.101/2005, art. 93): trata-se, tal como o pedido de restituição, de medida judicial destinada à defesa do proprietário de bem arrecadado por se encontrar na posse de terceiro que teve a sua falência decretada.

Mensuração do passivo: consiste na apuração das dívidas do falido, ou seja, dos créditos detidos pelos credores do empresário falido. A verificação dos créditos será realizada pelo administrador judicial, com base nos livros contábeis, nos documentos comerciais e fiscais do devedor e nos documentos que lhe forem apresentados pelos credores.

A mensuração do passivo inicia-se com a apresentação da relação de credores pelo empresário falido. Na requerida pelo próprio empresário devedor, a relação de credores deverá instruir o próprio pedido de autofalência (Lei 11.101/2005, art. 105, II). Já nas demais hipóteses, o juiz determinará ao falido que apresente a relação de seus credores, no prazo máximo de 5 dias, sob pena de responder por crime de desobediência. Caso o falido não providencie a relação de seus credores, caberá ao administrador judicial providenciá-la. Após a apresentação da relação de credores do empresário falido, cumpre providenciar a sua publicação no Diário Oficial, a partir da qual os credores do falido terão o prazo de 15 dias para apresentar ao administrador judicial suas habilitações, quando seus créditos não constarem da publicação da relação de credores, ou suas divergências quanto aos créditos relacionados (Lei 11.101/2005, art. 7º, § 1º). Decorrido o prazo para as habilitações e divergências, terá o administrador judicial o prazo de 45 dias para, com base nas informações e documentos apresentados pelos credores, acolher as habilitações e divergências que considerar pertinentes e republicar o edital com a nova relação de credores. Nos 10 dias seguintes à republicação do edital, o Comitê de Credores, ou qualquer credor individualmente, o próprio falido, sócio ou acionista do falido, ou ainda o Ministério Público, poderá apresentar ao juiz impugnação à relação de credores, apontando, para tanto, a ausência de qualquer crédito ou manifestando-se contra a legitimidade, importância ou classificação de crédito relacionado. Da sentença que julgar a impugnação caberá recurso de agravo de instrumento (Lei 11.101/2005, art. 17).

6.1.3.2.2. Fase satisfativa

A fase satisfativa tem por finalidade proceder à realização do ativo, mediante a venda dos bens e cobrança dos créditos do falido, para o posterior pagamento de seus credores.

Realização do ativo: cumpre ressaltar inicialmente que, pela atual sistemática da Lei de Falências, a realização do ativo tem início tão logo arrecadados os bens do falido, ainda que não se tenha concluído a mensuração de seu passivo. Assim, tão logo sejam arrecadados os bens na posse do falido, o juiz deve determinar que seja procedida a sua venda, conjunta ou separadamente, observada uma das seguintes modalidades:

a) **leilão**: modalidade de venda realizada em hasta pública judicial, em que os interessados em adquirir os bens integrantes da massa falida apresentam, de viva voz, o preço que estão dispostos a pagar por esses bens;

b) **propostas fechadas**: modalidade de venda em que os interessados em adquirir os bens integrantes da massa falida apresentam, em cartório, envelopes lacrados com a proposta de preço que estão dispostos a pagar por esses bens; ou

c) **pregão**: modalidade de venda que resulta da combinação das duas modalidades anteriores. Nessa modalidade, a venda tem início com a apresentação de propostas em envelopes lacrados, cabendo àqueles que tiverem apresentado propostas não inferiores a 90% da maior proposta apresentada, a oportunidade de ofertar, de viva voz, lances com as novas propostas.

Observa-se ainda que a alienação dos bens integrantes da massa falida pode ser realizada, extraordinariamente, por outras modalidades de venda, nas seguintes hipóteses: a) havendo requerimento fundamentado do administrador judicial ou do Comitê de Credores, o juiz poderá autorizar modalidades de alienação judicial diversas do leilão, das propostas fechadas ou do pregão (Lei 11.101/2005, art. 144); ou b) havendo a aprovação pela Assembleia de Credores de qualquer outra modalidade de realização do ativo, caberá ao juiz homologá-la (Lei 11.101/2005, art. 145).

Satisfação do passivo: com a importância apurada com a venda dos bens e a cobrança dos devedores do falido, proceder-se-á ao pagamento dos credores que tiverem sido devidamente admitidos, conforme os procedimentos realizados durante a fase cognitiva de mensuração do passivo do falido. A falência compreende todos os credores do falido que formaram a massa falida subjetiva. No entanto, certos credores não poderão exigir do falido o pagamento de seus créditos, quando estes forem decorrentes: a) de obrigações gratuitas; ou b) de despesas individualmente feitas para ingresso na massa falida subjetiva, exceto as custas judiciais decorrentes de litígio com o devedor (Lei 11.101/2005, art. 5º, I e II).

No entanto, antes do pagamento dos credores, deve-se, com os recursos obtidos com a realização do ativo, realizar: a) o pagamento dos créditos trabalhistas de natureza estritamente salarial vencidos nos 3 meses anteriores à decretação da falência e limitados a 5 salários mínimos por empregado (Lei 11.101/2005, art. 151); b) as restituições previstas no art. 86 da Lei de Falências; e c) o pagamento dos créditos extraconcursais previstos no art. 84 da Lei de Falências.

Assim, uma vez realizados os referidos pagamentos, proceder-se-á aos pagamentos dos credores concursais do falido, que, agrupados de forma paritária, conforme a natureza de seus créditos, serão pagos observada a seguinte ordem de preferência:

CATEGORIA	EXEMPLOS
Créditos trabalhistas	Créditos trabalhistas vencidos nos 3 meses anteriores à decretação da falência e limitados a 5 salários mínimos por empregado (Lei 11.101/2005, art. 151).
Restituições	Créditos detidos por proprietários de bens arrecadados que não mais existam ao tempo do pedido de restituição (Lei 11.101/2005, art. 86, I).
	Créditos decorrentes de adiantamento a contrato de câmbio para exportação (Lei 11.101/2005, art. 86, II).
	Créditos decorrentes de importâncias entregues ao falido por contratantes de boa-fé na hipótese de revogação ou ineficácia de seus contratos (Lei 11.101/2005, art. 86, III).
Créditos extraconcursais Correspondem aos credores da massa falida, ou seja, àqueles créditos surgidos após a decretação da falência.	Créditos decorrentes da remuneração do administrador judicial e de seus auxiliares (Lei 11.101/2005, art. 84, I).
	Créditos decorrentes de acidente de trabalho relativos a serviços prestados após a decretação da falência (Lei 11.101/2005, art. 84, I).
	Créditos decorrentes de valores fornecidos à massa falida pelos credores (Lei 11.101/2005, art. 84, II).
	Créditos decorrentes de despesas suportadas com a arrecadação, administração e venda do ativo (Lei 11.101/2005, art. 84, III).
	Créditos decorrentes de custas judiciais relativas às ações e execuções em que a massa falida tenha sido vencida (Lei 11.101/2005, art. 84, IV).

DIREITO EMPRESARIAL

	CLASSES	EXEMPLOS
Créditos concursais Correspondem aos credores do falido, ou seja, àqueles créditos surgidos antes da decretação da falência.	Empregados e equiparados	Créditos derivados da legislação do trabalho limitados a 150 salários mínimos e créditos decorrentes de acidentes de trabalho.
	Credores com garantia real	Créditos garantidos com a hipoteca ou penhor de determinado bem.
	Fisco	Créditos de natureza tributária detidos pela União, Estados, Distrito Federal, Municípios, suas autarquias e credores parafiscais (INSS).
	Credores com privilégio especial	Créditos do comissário.
		Créditos por benfeitorias necessárias ou úteis.
		Créditos do autor de obra, pelos direitos do contrato de edição, na falência da editora.
		Créditos dos titulares de direito de retenção sobre a coisa retida.
		Créditos do promitente comprador sobre as quantias pagas ao incorporador falido.
	Credores com privilégio geral	Créditos detidos por debenturista titular de debêntures com garantia flutuante.
		Créditos por honorários de advogado na falência de seu devedor.
	Credores quirografários	Créditos que não gozem de qualquer garantia e não sejam considerados privilegiados.
		Créditos trabalhistas que excederem o limite de 150 salários mínimos.
	Credores subordinados	Créditos detidos por debenturista titular de debêntures subordinadas.
	Multas	Créditos decorrentes de multas contratuais e penas pecuniárias.

6.1.3.3. Sentença de encerramento da falência

Após a venda de todo o ativo e o consequente pagamento dos credores do falido com os recursos obtidos, o administrador judicial deverá apresentar a sua prestação de contas no prazo de 30 dias e, após o julgamento destas, o relatório final da falência.

O relatório final da falência elaborado pelo administrador judicial deverá ser apresentado no prazo de 10 dias, contado da data da sentença que julgar as suas contas.

Apresentado o relatório final, o juiz encerrará a falência proferindo sentença de encerramento, da qual caberá recurso de apelação (Lei 11.101/2005, art. 156).

Observa-se, assim, que para o empresário falido voltar a explorar determinada empresa, deverá promover posteriormente a sua reabilitação. A reabilitação compreende a extinção das responsabilidades civis e penais do falido. Nos termos do art. 158 da Lei de Falências, as obrigações civis do falido se extinguem com:

a) o pagamento de todos os créditos;

b) o pagamento, depois de realizado todo o ativo, de mais de 50% dos créditos quirografários, sendo facultado ao falido o depósito da quantia necessária para atingir essa porcentagem;

c) o decurso do prazo de 5 anos, contado do encerramento da falência, se o falido não tiver sido condenado por prática de crime falimentar; e

d) o decurso do prazo de 10 anos, contado do encerramento da falência, se o falido tiver sido condenado por prática de crime falimentar.

Verificada qualquer uma das hipóteses citadas, o falido poderá requerer ao juízo da falência que suas obrigações sejam declaradas extintas por sentença.

6.1.4. Principais efeitos da falência

A decretação da falência acarreta, em princípio, a paralisação da atividade econômica empresarial explorada pelo falido. Trata-se do principal efeito da decretação da falência. Entretanto, excepcionalmente, o juiz poderá autorizar, sempre que assim entender conveniente para a otimização dos recursos do falido, a continuação provisória das atividades do falido que serão geridas pelo administrador judicial.

6.1.4.1. Quanto à pessoa do falido

A sentença da falência inova a ordem jurídica criando novas situações para o empresário falido. A falência não acarreta a sua incapacidade civil, mas gera restrições aos seus direitos, sobretudo nos direitos patrimoniais. Desse modo, os principais efeitos da sentença da falência quanto à pessoa do falido estão relacionados à perda do direito de dispor e administrar os bens que compõem o seu patrimônio.

A sentença da falência gera também certas obrigações ao empresário falido, tais como depositar em cartório os livros obrigatórios; não se ausentar do lugar da falência sem motivo justo e comunicação expressa ao juiz, deixando, para tanto, procurador devidamente constituído; comparecer a todos os atos da falência, podendo ser representado por procurador, quando não for indispensável a sua presença, entre outras obrigações previstas no art. 104 da Lei 11.101/2005.

O empresário falido responderá por crime de desobediência sempre que faltar ao cumprimento de quaisquer dessas obrigações (Lei 11.101/2005, art. 104, parágrafo único).

6.1.4.2. Quanto aos bens do falido

A sentença da falência atinge todos os bens de propriedade do falido, inclusive aqueles que se achem na posse de terceiros.

Os bens do falido são arrecadados pelo administrador judicial, que os conserva e administra durante o processo falimentar. Assim, em razão da falência decretada, perde o falido o direito de dispor e administrar os seus bens, cabendo-lhe, tão somente, o direito de fiscalizar a administração da massa, podendo, para tanto, requerer providências conservatórias dos bens e pleitear o que for do seu direito e interesse.

Observa-se que a guarda e conservação dos bens arrecadados são de responsabilidade do administrador judicial, podendo, no entanto, ser o falido nomeado depositário (Lei 11.101/2005, art. 108, § 1º).

Destacam-se entre os bens que não poderão ser arrecadados pelo administrador judicial: a) os absolutamente impenhoráveis (CPC, arts. 649 e 650); e b) os gravados com cláusula de inalienabilidade.

6.1.4.3. Quanto aos credores do falido

Em relação aos credores do falido, os principais efeitos decorrentes da sentença da falência são os seguintes:

a) formação da massa de credores, também chamada de massa subjetiva;

b) suspensão das ações e execuções individuais dos credores, sobre direitos e interesses relativos à massa falida (Lei 11.101/2005, art. 6º);

c) vencimento antecipado de todas as dívidas do falido (Lei 11.101/2005, art. 77); e

d) suspensão da fluência dos juros contra a massa falida (Lei 11.101/2005, art. 124).

6.1.4.4. Quanto aos atos do falido

O empresário devedor pode, antes de ter a sua falência decretada, praticar certos atos, em razão de seu estado pré-falimentar, que possam vir a prejudicar seus credores. Assim, visando a proteger os interesses dos credores do empresário falido, a Lei de Falências considera certos atos praticados pelo empresário devedor ineficazes perante a massa falida.

Apesar de a Lei de Falências designar os atos descritos no art. 129 como ineficazes, e os atos descritos no art. 130

como revogáveis, deve-se entender que, em sentido amplo, os atos previstos em ambos os artigos citados não produzem quaisquer efeitos perante a massa falida, ou seja, são todos ineficazes.

A distinção terminológica utilizada pela lei justifica-se no fato de que os atos previstos no art. 129 da Lei de Falências poderão ser declarados ineficazes de ofício pelo juiz, uma vez que a ineficácia, nessas hipóteses, prescinde da caracterização da fraude. São eles:

a) o pagamento de dívidas não vencidas dentro do termo legal da falência, por qualquer meio extintivo do direito de crédito (Lei 11.101/2005, art. 129, I);

b) o pagamento de dívidas vencidas e exigíveis realizado dentro do termo legal da falência, por qualquer forma que não aquela prevista pelo contrato (Lei 11.101. 2005, art. 129, II);

c) a constituição de direito real de garantia dentro do termo legal da falência, em favor de obrigação anteriormente contraída (Lei 11.101/2005, art. 129, III);

d) a prática de atos a título gratuito nos 2 anos anteriores à decretação da falência (Lei 11.101/2005, art. 129, IV);

e) a renúncia de herança ou legado pelo empresário individual nos 2 anos anteriores à decretação da falência (Lei 11.101/2005, art. 129, V);

f) a alienação do estabelecimento empresarial, mediante a celebração do contrato de trespasse, sem a anuência expressa ou tácita de todos os credores, salvo se o empresário devedor conservar em seu patrimônio bens suficientes para o pagamento do seu passivo (Lei 11.101/ 2005, art. 129, VI); e

g) os registros de direitos reais e de transferência de propriedade entre vivos, por título oneroso ou gratuito, ou a averbação relativa a imóveis após a decretação da falência, salvo se tiver havido prenotação anterior (Lei 11.101/2005, art. 129, VII).

Já os atos previstos no art. 130 da Lei de Falências só poderão ser declarados ineficazes se tiverem sido praticados pelo falido com a intenção de fraudar seus credores. Para tanto, o conluio fraudulento entre o falido e o terceiro, bem como o prejuízo à massa falida decorrente de tal ato deverão ser comprovados em ação própria, qual seja, em ação revocatória.

Ação revocatória: a ação revocatória é o instrumento jurídico adequado para que seja declarada a ineficácia, objetiva ou subjetiva, do ato praticado pelo falido.

O administrador judicial, qualquer credor ou o Ministério Público têm legitimidade para propor a ação revocatória, no prazo de 3 anos, contado da decretação da falência (Lei 11.101/2005, art. 132). O juízo competente para processar e julgar a ação revocatória é o juízo falimentar. Da sentença proferida cabe recurso de apelação.

6.1.4.5. Quanto aos contratos do falido

A sentença da falência irá alterar o regime jurídico dos contratos do falido, que passarão a submeter-se a regras próprias e específicas do direito falimentar.

Os contratos bilaterais não são, em princípio, rescindidos em decorrência da decretação da falência do empresário devedor. Entretanto, caso o contrato ainda não tenha sido executado por nenhuma das partes, caberá ao administrador judicial, no interesse da massa falida, decidir sobre a sua execução ou rescisão. Nessa hipótese, o contratante poderá interpelar o administrador judicial para que declare, em até 10 dias, se há interesse em executar ou rescindir o contrato (Lei 11.101/2005, art. 117, § 1º).

Em relação aos contratos unilaterais, o administrador judicial, mediante autorização do Comitê de Credores, poderá dar cumprimento a eles, desde que tal fato venha a reduzir ou evitar o aumento do passivo da massa falida, ou, ainda, seja necessário para a manutenção ou preservação dos bens integrantes da massa.

Observa-se, entretanto, que a Lei de Falências submete alguns contratos bilaterais a um regime jurídico específico, conforme apresentado no quadro abaixo:

CONTRATOS DO FALIDO	
Espécie de contrato	Efeitos da falência
Compra e Venda Mercantil Falência do comprador (Lei 11.101/2005, art. 119, I)	O vendedor não poderá obstar a entrega das mercadorias expedidas e ainda em trânsito, se o falido, antes do requerimento de sua falência, as tiver revendido, sem fraude, por tradição simbólica, ou seja, à vista das faturas ou dos conhecimentos de transporte entregues ou remetidos pelo vendedor.
Compra e Venda Mercantil Falência do vendedor (Lei 11.101.2005, art. 119, II)	Na venda de coisas compostas, o administrador judicial poderá optar pela rescisão do contrato, hipótese em que o comprador terá o direito de pleitear perdas e danos, desde que coloque as coisas já recebidas à disposição da massa falida.
Compra e Venda Mercantil ou Prestação de Serviços com pagamento a prestação Falência do vendedor ou prestador de serviços (Lei 11.101/2005, art. 119, III)	Não tendo o devedor falido cumprido com o contratado, o administrador judicial poderá optar pela rescisão do contrato, cabendo ao credor habilitar seu crédito na classe própria.
Compra e Venda com Reserva de Domínio Falência do comprador (Lei 11.101/2005, art. 119, IV)	Na hipótese de o administrador judicial rescindir o contrato, o vendedor poderá recuperar a coisa vendida com reserva de domínio, observado o disposto nos arts. 1.070 e 1.071 do CPC.
Compra e Venda a Termo (Lei 11.101/2005, art. 119, V)	Na hipótese da não execução do contrato de compra e venda a termo de bens com cotação em bolsa de valores ou mercado, prestará o contratante ou a massa falida a diferença entre as cotações do dia do contrato e o da liquidação.

CONTRATOS DO FALIDO	
Espécie de contrato	Efeitos da falência
Compromisso de Compra e Venda *Falência do promitente vendedor ou do promitente comprador* (Lei 11.101/2005, art. 119, VI)	O administrador judicial não poderá rescindir o compromisso de compra e venda de bens imóveis, devendo, na falência do vendedor, o compromisso ser cumprido e, na falência do adquirente, os seus direitos serem arrecadados e liquidados, nos termos do art. 30 da Lei 6.766/79.
Locação Empresarial Falência do locador (Lei 11.101/2005, art. 119, VII)	A falência do locador não resolve o contrato de locação, devendo o locatário realizar o pagamento do aluguel à massa falida, enquanto o bem não for alienado.
Locação Empresarial Falência do locatário (Lei 11.101/2005, art. 119, VII)	Na falência do locatário, o administrador judicial poderá, a qualquer tempo, denunciar o contrato.
Mandato Falência do mandante (Lei 11.101/2005, art. 120)	O mandato conferido pelo devedor, antes da falência, cessará com a decretação de sua quebra, cabendo ao mandatário prestar contas de sua gestão.
Mandato Falência do mandatário (Lei 11.101/2005, art. 120)	O mandato conferido ao devedor, antes da sua falência, cessará com a decretação de sua quebra, salvo se versar sobre matéria estranha à atividade empresarial por ele explorada.
Conta Corrente (Lei 11.101/2005, art. 121)	As contas correntes do empresário falido serão encerradas no momento da decretação de sua falência, devendo-se apurar e arrecadar o saldo existente.

Cumpre ressaltar que é plenamente válida e eficaz a cláusula de rescisão contratual na hipótese da decretação da falência de um dos contratantes, afastando-se a aplicação das mencionadas normas de direito falimentar.

A decretação da falência não rescinde os contratos de trabalho celebrados entre o empresário falido e seus empregados, mas a cessação das atividades é causa resolutória desses contratos. Assim, salvo na hipótese de continuação provisória dos negócios do falido por determinação judicial, a cessação da atividade econômica explorada pelo empresário resolve a relação contratual existente entre o falido e seus empregados.

6.1.5. Administrador Judicial

A Lei 11.101. 2005 trouxe, em substituição ao síndico e ao comissário, a figura do administrador judicial, cuja principal função é auxiliar o juiz na administração da massa falida e fiscalizar o devedor. Para tanto, o administrador judicial deverá ser pessoa idônea, preferencialmente advogado, economista, administrador de empresas, contador, ou ainda pessoa jurídica especializada.

O art. 22 da Lei de Falências descreve detalhadamente as atribuições de competência do administrador judicial, que deverá desempenhá-las sob a fiscalização do juiz e do Comitê de Credores. Não obstante o fato de as atribuições do administrador judicial serem indelegáveis, ele poderá contratar profissionais para auxiliá-lo, mediante prévia aprovação do juiz, a quem caberá fixar as remunerações desses profissionais.

O administrador pode deixar suas funções por substituição ou destituição. No primeiro caso, não há sanção infligida ao administrador judicial, mas, apenas, uma providência prevista em lei, tendo em vista a melhor administração da falência. São causas para substituição a renúncia motivada, a morte, a incapacidade civil do administrador. Por sua vez, a destituição é uma sanção imposta ao administrador judicial que não cumpriu a contento com as suas obrigações ou tenha interesses conflitantes com os da massa falida. São causas para destituição a desobediência ou o descumprimento dos deveres impostos pela Lei de Falências, a negligência ou a prática de atos lesivos às atividades do devedor ou a terceiros.

O administrador judicial deve prestar contas de sua administração nas seguintes oportunidades: a) mensalmente, até o décimo dia de cada mês (Lei 11.101/2005, art. 22, III, *p*); b) no encerramento do processo (Lei 11.101/2005, art. 22, III, *r*); e c) na hipótese de sua renúncia ou destituição (Lei 11.101/2005, art. 22, III, *r*).

O administrador judicial responde civilmente, por dolo ou culpa, pelos prejuízos causados à massa falida, ao devedor ou aos credores. Ressalta-se que, até o encerramento do processo falimentar, somente a massa falida tem legitimidade para responsabilizar o administrador judicial pelos prejuízos que este estiver causando à massa. No entanto, uma vez encerrado o processo, qualquer prejudicado que tenha requerido a destituição do administrador, durante o processo falimentar, poderá promover a competente ação indenizatória.

6.1.6. Comitê de Credores

Sempre que o patrimônio do devedor comportar, os credores, reunidos em assembleia, poderão constituir um Comitê de Credores, que terá por principal função auxiliar o juiz na administração da falência, fiscalizando as atividades exercidas pelo administrador judicial.

O Comitê de Credores será composto: a) por 1 representante indicado pela classe de credores trabalhistas, com 2 suplentes; b) por 1 representante indicado pela classe de credores com direitos reais de garantia ou privilégios especiais, com 2 suplentes; e c) por 1 representante indicado pela classe de credores quirografários e com privilégios gerais, com 2 suplentes.

As principais atribuições do Comitê de Credores estão previstas no art. 27 da Lei de Falências, detalhadas no quadro abaixo:

Atribuições do Comitê de Credores	
Na Recuperação Judicial e na Falência	Fiscalizar as atividades e examinar as contas do administrador judicial.
	Zelar pelo bom andamento do processo e pelo cumprimento da lei.
	Comunicar ao juiz, caso detecte violação dos direitos ou prejuízos aos interesses dos credores.
	Apurar e emitir parecer sobre quaisquer reclamações dos interessados.
	Requerer ao juiz a convocação da Assembleia Geral de Credores.
Na Recuperação Judicial	Fiscalizar a administração das atividades do devedor, apresentando, a cada 30 dias, relatório de sua situação.
	Fiscalizar a execução do plano de recuperação judicial.
	Submeter à autorização do juiz, quando ocorrer o afastamento do devedor nas hipóteses previstas em lei, a alienação do ativo permanente, a constituição de ônus reais e outras garantias, bem como atos de endividamento necessários à continuação da atividade empresarial durante o período que antecede a aprovação do plano de recuperação judicial.

6.1.7. Assembleia Geral de Credores

A Assembleia Geral de Credores é órgão deliberativo por meio do qual a vontade predominante dos credores é manifestada. As matérias de competência da Assembleia Geral de Credores estão previstas no art. 35 da Lei de Falências.

Assim, no processo de recuperação judicial, a Assembleia Geral de Credores terá por atribuição deliberar sobre: a) a aprovação, rejeição ou modificação do plano de recuperação judicial apresentado pelo devedor; b) a constituição do Comitê de Credores, a escolha de seus membros e a sua substituição; c) o pedido de desistência da recuperação judicial apresentada pelo devedor; d) o nome do gestor judicial, quando do afastamento do devedor, e outras matérias que possam afetar os interesses dos credores.

Já no processo falimentar, a Assembleia Geral de Credores terá competência para deliberar sobre; a) a constituição do Comitê de Credores, a escolha de seus membros e a sua substituição; b) a adoção de modalidades extraordinárias para a venda dos bens integrantes da massa falida e outras matérias que possam afetar os interesses dos credores.

Competência para convocação: em regra, a Assembleia Geral de Credores será convocada pelo juiz, por edital publicado na imprensa oficial e em jornais de grande circulação, nas localidades da sede e das filiais.

Composição da assembleia: a Assembleia Geral de Credores é composta pelas seguintes classes de credores: a) titulares de créditos derivados da legislação do trabalho ou decorrentes de acidentes do trabalho; b) titulares de créditos com garantia real; c) titulares de créditos quirografários, com privilégio especial, com privilégio geral ou subordinados.

Quórum de deliberação: considerar-se-á aprovada a proposta que obtiver votos favoráveis de credores que representem mais da metade do valor total dos créditos presentes à Assembleia Geral de Credores, exceto nas deliberações sobre o plano de recuperação judicial, composição do Comitê de Credores3 ou a forma alternativa para realização do ativo4.

6.2. Da Recuperação Judicial

A recuperação judicial encontra-se disciplinada nos arts. 47 a 74 da Lei 11.101/2005. Trata-se de instituto jurídico que tem por objetivo sanear o estado de crise econômico-financeira em que se encontra o empresário devedor, preservando assim os interesses de toda a coletividade, como de seus empregados e credores. Trata-se de um benefício concedido pela Lei 11.101/2005 ao empresário devedor que se encontra em dificuldades financeiras e atende aos pressupostos e requisitos exigidos pela lei.

6.2.1. Requisitos para a Recuperação Judicial

Para que o empresário devedor tenha legitimidade ativa para requerer a recuperação judicial de sua empresa, deverá atender aos seguintes requisitos legais:

a) exercício regular da atividade empresarial há mais de 2 anos (Lei 11.101/2005, art. 48, caput);

b) não ser falido e, se o foi, estejam declaradas extintas, por sentença transitada em julgado, as responsabilidades daí decorrentes (Lei 11.101/2005, art. 48, I);

c) não ter, há menos de 5 anos, obtido concessão de recuperação judicial (Lei 11.101/2005, art. 48, II);

d) não ter, há menos de 8 anos, obtido concessão de recuperação judicial com base no plano especial para microempresas ou empresas de pequeno porte (Lei 11.101/2005, art. 48, III);

e) não ter sido condenado ou não ter, como administrador ou sócio controlador, pessoa condenada por crime falimentar (Lei 11.101/2005, art. 48, IV).

Observa-se, ainda, que determinados empresários, por não se submeterem à Lei 11.101/2005, não poderão beneficiar-se da recuperação judicial, tais como as empresas públicas, as sociedades de economia mista, as instituições financeiras, as cooperativas de crédito, os consórcios, as entidades de previdência complementar, as sociedades operadoras de plano de assistência à saúde, as sociedades seguradoras, as sociedades de capitalização e outras entidades legalmente equiparadas às anteriores (Lei 11.101/2005, art. 2º, I e II).

6.2.2. Créditos Sujeitos à Recuperação Judicial

A recuperação judicial abrange, em regra, todos os créditos existentes na data do pedido, ainda que não vencidos. No entanto, existem alguns créditos que, muito embora tenham sido constituídos antes da distribuição do pedido de recuperação judicial, dela estão excluídos. Assim, não estão sujeitos ao regime da recuperação judicial: a) os credores fiscais (Lei 11.101/2005, art. 6º, § 7º); b) o credor fiduciário, o arrendador mercantil, o proprietário ou promitente vendedor de imóvel cujo contrato contenha cláusula de irrevogabilidade ou irretratabilidade, ou ainda o titular de reserva de domínio (Lei 11.101/2005, art. 49, § 3º); e c) os credores por adiantamento a contrato de câmbio para exportação (Lei 11.101/2005, arts. 49, § 4º, e 86, II).

Nota-se ainda que os créditos constituídos após a distribuição do pedido de recuperação judicial não se submetem aos seus efeitos. Trata-se de medida indispensável para o sucesso da própria recuperação do empresário, pois, se assim não fosse, o devedor teria extrema dificuldade em obter novos créditos, inviabilizando, portanto, a própria recuperação.

6.2.3. Processo de Recuperação Judicial

A Lei de Falência divide o processo de recuperação judicial em 3 etapas, a saber: a) Do Pedido e Processamento da Recuperação Judicial (arts. 51 e 52 da Seção II, Capítulo III, da Lei 11.101/2005); b) Do Plano de Recuperação Judicial (arts. 53 e 54 da Seção III, Capítulo III, da Lei 11.101/2005); e c) Do Procedimento da Recuperação Judicial (arts. 55 e 69 da Seção IV, Capítulo III, da Lei 11.101/2005).

6.2.3.1. Do pedido e do processamento da recuperação judicial

A petição inicial de recuperação judicial deve conter, além dos requisitos para legitimação ativa do empresário devedor (Lei 11.101/2005, art. 48) e daqueles previstos no diploma processual civil exigidos para validade de qualquer petição inicial, a exposição das causas concretas da situação patrimonial do devedor e das razões de sua crise econômico--financeira. Ademais, a petição inicial deve ser instruída pelos documentos previstos no art. 51 da Lei 11.101/2005.

Estando a petição inicial devidamente instruída pela documentação exigida pela Lei de Falências, o juiz deferirá o processamento da recuperação judicial. Proferida a decisão, deve-se publicar, no órgão oficial, edital contendo resumo do pedido e da decisão que defere o processamento da recuperação judicial, a relação nominal dos credores indicados pelo empresário devedor e a advertência acerca da fluência dos prazos processuais para habilitações de créditos e para apresentação de objeções ao plano de recuperação judicial a ser apresentado pelo devedor, no prazo improrrogável de 60 dias, contado da data de publicação do edital.

Note-se que, uma vez deferido o processamento da recuperação judicial, o empresário devedor não poderá mais desistir de seu pedido, salvo se obtiver aprovação da desistência em Assembleia Geral de Credores.

Ressalte-se, por fim, que a decisão de processamento da recuperação judicial não se confunde com a decisão concessiva da recuperação judicial.

6.2.3.2. Do plano de recuperação judicial

O plano de recuperação judicial, contendo a discriminação dos meios a serem empregados para a recuperação da empresa, a demonstração de sua viabilidade econômica e laudo econômico-financeiro e de avaliação dos bens do ativo do empresário devedor, deve ser apresentado em juízo no prazo improrrogável de 60 dias, contado da publicação da decisão que deferir o processamento da recuperação judicial.

Apesar da liberdade conferida ao empresário devedor na elaboração do plano de recuperação judicial, podendo apresentar as alternativas que entender necessárias para recuperação de sua empresa, a Lei de Falências impõe os seguintes limites que deverão por ele ser observados: a) para créditos vencidos até a data do pedido de recuperação judicial, derivados da legislação do trabalho ou decorrentes de acidentes do trabalho vencidos, a proposta de pagamento não poderá exceder o prazo de 1 ano (Lei 11.101/2005, art. 54); e b) os créditos de natureza estritamente salarial, no limite de até 5 salários mínimos, vencidos nos 3 meses anteriores ao pedido de recuperação judicial, deverão ser pagos em até 30 dias (Lei 11.101/2005, art. 54, parágrafo único).

Recebido o plano de recuperação judicial, o juiz ordenará a publicação de edital contendo aviso aos credores para manifestação, no prazo de até 30 dias contados da publicação do referido edital, de eventual objeção ao plano de recuperação apresentado pelo empresário devedor.

6.2.3.3. Do procedimento da recuperação judicial

Conforme verificado, os credores do empresário devedor terão o prazo de 30 dias, contado da data de publicação do edital contendo o aviso de recebimento do plano de recuperação judicial, para manifestarem ao juiz eventuais objeções ao plano apresentado pelo devedor.

Na hipótese de não serem apresentadas objeções ao plano de recuperação judicial, o juiz concederá a recuperação judicial (Lei 11.101/2005, art. 58, *caput*). Por outro lado, havendo objeção de qualquer credor, o juiz convocará, dentro do prazo máximo de 150 dias contado do deferimento do processamento da recuperação judicial, a Assembleia Geral de Credores para deliberar sobre o plano de recuperação judicial6.

Conforme verificado, os credores do empresário devedor são reunidos na Assembleia Geral em 3 classes, a saber: a) titulares de créditos derivados da legislação do trabalho ou decorrentes de acidentes do trabalho (Lei 11.101/2005, art. 41, I); b) titulares de créditos com garantia real (Lei 11.101/2005, art. 41, II); e c) titulares de créditos quirografários, com privilégio especial, com privilégio geral ou subordinados (Lei 11.101/2005, art. 41, III).

Assim, o plano de recuperação judicial deverá ser submetido à apreciação, discussão e votação por cada uma das classes que integram a Assembleia Geral de Credores, sendo considerado aprovado se obtiver, de forma cumulativa:

a) a aprovação da maioria simples dos credores titulares de créditos derivados da legislação do trabalho ou decorrentes de acidentes do trabalho presentes à Assembleia, independentemente do valor de seus créditos (Lei 11.101/2005, art. 45, § 2º);

b) a aprovação por credores titulares de créditos com garantia real que representem mais da metade do valor total dos créditos com garantia real presentes a Assembleia e, cumulativamente, pela maioria simples dos credores presentes dessa categoria (Lei 11.101/2005, art. 45, § 1º); e

c) a aprovação por credores titulares de créditos quirografários, com privilégio especial, com privilégio geral e subordinados que representem mais da metade do valor total desses créditos presentes à Assembleia e, cumulativamente, pela maioria simples dos credores presentes dessa categoria (Lei 11.101/2005, art. 45, § 1º).

Observa-se que não terá direito a voto na Assembleia Geral o credor que não tiver sofrido, em razão do plano de recuperação judicial, alterações no valor ou nas condições originais de pagamento de seu crédito (Lei 11.101/2005, art. 45, § 3º).

O juiz poderá ainda conceder a recuperação judicial com base em plano que não obteve aprovação, nos termos acima mencionados (Lei 11.101/2005, art. 45), desde que, na mesma Assembléia Geral, tenha obtido, de forma cumulativa:

a) o voto favorável de credores que representem mais da metade do valor de todos os créditos presentes à Assembleia, independentemente de classes (Lei 11.101/2005, art. 58, § 1º, I);

b) a aprovação de duas das três classes de credores, nos termos do art. 45 da Lei de Falências ou, caso haja somente duas classes com credores votantes, a aprovação de pelo menos uma delas (Lei 11.101/2005, art. 58, § 1º, II); e

c) na classe em que o plano de recuperação houver sido rejeitado, o voto favorável de mais de 1/3 dos credores dessa classe presentes à Assembleia (Lei 11.101/2005, art. 58, § 1º, III).

Assim, uma vez aprovado o plano de recuperação judicial pela Assembleia Geral de Credores, ou não havendo nenhuma objeção ao plano, o juiz concederá a recuperação judicial (Lei 11.101/2005, art. 58). Caso contrário, havendo objeção ao plano e, sendo o ele rejeitado pela Assembleia Geral de Credores, o juiz decretará a falência do empresário devedor (Lei 11.101/2005, art. 56, § 4º). Caberá recurso de agravo de instrumento para atacar tanto a decisão que concede a recuperação judicial (Lei 11.101/2005, art. 59, § 2º) como aquela que decreta a falência do empresário devedor (Lei 11.101/2005, art. 100).

Durante toda a fase de execução do plano de recuperação judicial, o devedor agregará ao seu nome a expressão "em recuperação judicial", para o conhecimento de todos que com ele houver contratado.

Ademais, durante toda a recuperação judicial, a administração da atividade empresarial será exercida pelo empresário devedor ou seus administradores, sob a fiscalização do Comitê de Credores, se houver, e do administrador judicial.

A recuperação judicial encerra-se com o cumprimento de todas as obrigações previstas no plano de recuperação que se vencerem em até 2 anos da data da decisão que concedeu a recuperação. Ao término desse período e cumpridas as obrigações, o juiz decretará por sentença o encerramento da recuperação judicial.

6.2.4. Processo de Recuperação Judicial das Microempresas e das Empresas de Pequeno Porte

Os devedores empresários que se enquadrem nos conceitos de micro e pequeno empresário poderão ter acesso a um procedimento simplificado para a obtenção da recuperação

DIREITO EMPRESARIAL

de suas empresas, em que a aprovação ou rejeição do Plano de Recuperação cabe exclusivamente ao juiz. Trata-se do plano especial de recuperação judicial disciplinado pelos arts. 70 a 72 da Lei 11.101/2005.

O Plano Especial de Recuperação abrangerá exclusivamente os créditos quirografários, estando limitado à adoção de um único meio para a recuperação da empresa, qual seja, a dilação do prazo para pagamento de seus credores em até 36 parcelas mensais, iguais e sucessivas, devendo a primeira parcela ser paga no prazo máximo de 180 dias contado da distribuição do pedido de recuperação judicial.

6.2.5. Convolação da Recuperação Judicial em Falência

A convolação da recuperação judicial em falência ocorrerá nas seguintes hipóteses:

a) por decisão dos credores que representem mais da metade do valor total dos créditos presentes à Assembleia Geral, quando a situação de crise econômica, financeira ou patrimonial do empresário devedor demonstrar ser inviável a sua recuperação (Lei 11.101/2005, art. 73, I);

b) pela não apresentação do plano de recuperação no prazo improrrogável de 60 dias contado da publicação da decisão que deferiu o processamento da recuperação (Lei 11.101/2005, art. 73, II);

c) pela rejeição do plano de recuperação judicial em Assembleia Geral de Credores (Lei 11.101/2005, art. 73, III); ou

d) pelo descumprimento de qualquer obrigação assumida no plano de recuperação judicial (Lei 11.101/2005, art. 73, IV).

6.3. Da Recuperação Extrajudicial

A recuperação extrajudicial encontra-se disciplinada nos arts. 161 a 166 da Lei 11.101/2005. Trata-se de instituto jurídico que, tal como a recuperação judicial, tem por objetivo sanear o estado de crise econômico-financeira em que se encontra o empresário devedor, preservando assim os interesses de toda a coletividade, como, por exemplo, de seus empregados e credores.

No entanto, a recuperação extrajudicial difere da judicial, na medida em que a proposta e a negociação dos meios necessários para a recuperação da empresa se dá diretamente entre o empresário devedor e seus credores, cabendo ao juiz tão somente homologar o acordo celebrado entre as partes.

Para a homologação do plano de recuperação extrajudicial, o empresário devedor deve preencher, além daqueles exigidos para a concessão da recuperação judicial previstos no art. 48 da Lei 11.101/2005, os seguintes requisitos: a) não possuir nenhum pedido de recuperação judicial em tramitação (Lei 11.101/2005, art. 161, § 3º, 1ª parte); e b) não lhe ter sido concedida, há menos de 2 anos, recuperação judicial ou extrajudicial (Lei 11.101/2005, art. 161, § 3º, 2ª parte).

Ademais, para obter a homologação em juízo, o plano de recuperação extrajudicial não poderá

a) abranger titulares de créditos de natureza tributária, derivados da legislação do trabalho ou decorrentes de acidente de trabalho, ou ainda os créditos previstos nos arts. 49, § 3º, e 86, II, da Lei 11.101/2005 (Lei 11.101/2005, art. 161, § 1º); b) contemplar o pagamento antecipado de dívidas ou o tratamento desfavorável dos credores que não estejam sujeitos ao plano (Lei 11.101/2005, art. 161, § 2º); e c) estabelecer o afastamento da variação cambial nos créditos em moeda estrangeira sem contar com a anuência expressa do respectivo credor (Lei 11.101/2005, art. 163, § 5º).

Existem duas hipóteses de homologação em juízo do plano de recuperação extrajudicial, a saber:

a) **Homologação facultativa** – consiste na homologação do plano de recuperação extrajudicial que conta com a adesão da totalidade dos credores atingidos pelas medidas nele previstas; e

b) **Homologação obrigatória** – consiste na homologação de plano de recuperação extrajudicial que conta com a adesão de, pelo menos, 3/5 de todos os créditos de cada espécie por ele abrangidos.

7. QUESTÕES

(XXIII EXAME DE ORDEM UNIFICADO) Em 11 de setembro de 2016, ocorreu o falecimento de Pedro, sócio de uma sociedade simples. Nessa situação, o contrato prevê a resolução da sociedade em relação a um sócio. Na alteração contratual ficou estabelecida a redução do capital no valor das quotas titularizadas pelo ex-sócio, sendo o documento arquivado no Registro Civil de Pessoas Jurídicas, em 22 de outubro de 2016.

Diante da narrativa, os herdeiros de Pedro são responsáveis pelas obrigações sociais anteriores à data do falecimento, até dois anos após

(A) A data da resolução da sociedade e pelas posteriores e em igual prazo, a partir de 11 de setembro de 2016.

(B) A data do arquivamento da resolução da sociedade (22 de outubro de 2016).

(C) A data da resolução da sociedade em relação ao sócio Pedro (11 de setembro de 2016).

(D) A data do arquivamento da resolução da sociedade e pelas posteriores e em igual prazo, a partir de 22 de outubro de 2016.

No caso de morte de sócio, liquidar-se-á sua quota, salvo: (a) se o contrato dispuser diferentemente; (b) se os sócios remanescentes optarem pela dissolução da sociedade; ou (c) se, por acordo com os herdeiros, regular-se a substituição do sócio falecido. No entanto, nos termos do artigo 1.032 do Código Civil, a morte do sócio não exime seus herdeiros da responsabilidade pelas obrigações sociais anteriores, até dois anos após averbada a resolução da sociedade. Gabarito "B".

(XXIII EXAME DE ORDEM UNIFICADO) Marcel, durante a realização de seu estágio em um escritório de advocacia, devidamente autorizado por seu chefe, atendeu a uma consulta formulada por um cliente. O cliente desejava esclarecimentos sobre o direito de voto e seu exercício nas companhias.

Marcel respondeu, corretamente, que:

(A) Na eleição dos membros do Conselho Fiscal, o voto poderá ser múltiplo.

(B) Em caso de penhor da ação, somente o credor pignoratício exercerá o direito de voto.

(C) Independente da espécie ou da classe de ação, o voto é um direito essencial de todo e qualquer acionista.

(D) A qualquer espécie ou classe de ação, é vedado atribuir voto plural.

Nos termos da Lei 6.404/1976, art. 110, caput e § 2º, a cada ação ordinária corresponde um voto nas deliberações da assembleia-geral, sendo vedado atribuir voto plural a qualquer classe de ações. Gabarito "D".

MARCELO T. COMETTI

(XXIV EXAME DE ORDEM UNIFICADO) Miguel e Paulo pretendem constituir uma sociedade do tipo limitada porque não pretendem responder subsidiariamente pelas obrigações sociais. Na consulta a um advogado previamente à elaboração do contrato, foram informados de que, nesse tipo societário, todos os sócios respondem

(A) Solidariamente pela integralização do capital social.

(B) Até o valor da quota de cada um, sem solidariedade entre si e em relação à sociedade.

(C) Até o valor da quota de cada um, após cinco anos da data do arquivamento do contrato.

(D) Solidariamente pelas obrigações sociais.

A solidariedade não se presume e para o tipo de sociedade limitada está expressamente prevista no art. 1.052 do Código Civil, segundo o qual os sócios respondem de forma limitada ao valor de suas respectivas quotas, sendo solidários entre si pela integralização da totalidade do capital social.
Gabarito "A".

(XXIV EXAME DE ORDEM UNIFICADO) Um cliente apresenta a você um cheque nominal à ordem com as assinaturas do emitente no anverso e do endossante no verso. No verso da cártula, também consta uma terceira assinatura, identificada apenas como aval pelo signatário.

Com base nessas informações, assinale a afirmativa correta.

(A) O aval dado no título foi irregular, pois, para a sua validade, deveria ter sido lançado no anverso.

(B) A falta de indicação do avalizado permite concluir que ele pode ser qualquer dos signatários (emitente ou endossante).

(C) O aval dado no título foi na modalidade em branco, sendo avalizado o emitente.

(D) O aval somente é cabível no cheque não à ordem, sendo considerado não escrito se a emissão for à ordem.

Nos termos do art. 30 da Lei 7.357, o aval é lançado no cheque ou na folha de alongamento pelas palavras "por aval", ou fórmula equivalente, com a assinatura do avalista. Considera-se, ainda, como aval a simples assinatura do avalista, lançada no anverso do cheque, salvo quando se tratar da assinatura do emitente. Muito embora o aval deva indicar o avalizado, na sua falta, considera-se avalizado o emitente.
Gabarito "C".

(XXIV EXAME DE ORDEM UNIFICADO) A sociedade empresária Pará de Minas Veículos Ltda. pretende requerer sua recuperação judicial. Ao analisar a minuta de petição inicial, o gerente administrativo listou os impedimentos ao pedido de recuperação.

Assinale a opção que apresenta um desses impedimentos.

(A) O devedor ter patrimônio ou contra a fé pública.

(B) O devedor possuir ativo que não corresponda a, pelo menos, 50% (cinquenta por cento) do passivo quirografário.

(C) O devedor deixar de requerer sua autofalência nos 30 (trinta) dias seguintes ao vencimento de qualquer obrigação líquida.

(D) A sociedade ter como administrador pessoa condenada por crime contra o patrimônio ou contra a fé pública.

Nos termos do artigo 48 da Lei 11.101/2005, poderá requerer recuperação judicial o devedor que, no momento do pedido, exerça regularmente suas atividades há mais de 2 (dois) anos e que atenda aos seguintes requisitos, cumulativamente: (a) não ser falido e, se o foi, estejam declaradas extintas, por sentença transitada em julgado, as responsabilidades daí decorrentes; (b) não ter, há menos de 5 (cinco) anos, obtido concessão de recuperação judicial, tampouco concessão de recuperação judicial com base no plano especial de que trata a Seção V deste Capítulo; e (c) não ter sido condenado ou não ter, como administrador ou sócio controlador, pessoa condenada por qualquer dos crimes previstos na Lei 11.101/2005.
Gabarito "A".

DIREITO PROCESSUAL CIVIL

Georgios Alexandridis

1. TEORIA GERAL DO PROCESSO

1.1. Princípios

1.1.1. Princípio do Devido Processo Legal – (5º, LIV, CF) – ninguém será privado de sua liberdade ou de seus bens sem o devido processo legal. Abarca todas as garantias processuais constitucionais, como o princípio do *contraditório*, da ampla defesa, do juiz natural, decisão fundamentada e da isonomia, dentre outras. Assim, os jurisdicionados têm como garantia o direito de poder participar e influenciar o juiz na tomada de decisões.

1.1.2. Princípio da Isonomia – (5º, CF) – a igualdade não pode ser vista apenas sobre o plano do direito material, mas também no campo do direito processual, com vistas à garantia de uma igualdade substancial de tratamento das partes. Para que haja um reequilíbrio, o art. 7º assegura às parte paridade de tratamento em relação ao exercício de direitos e faculdades processuais, aos meios de defesa, aos ônus, aos deveres, e à aplicação de sanções processuais, competindo ao juiz zelar pelo efetivo contraditório. A igualdade de tratamento dever ser garantida pelo juiz (139, I). Pode-se identificar a isonomia em dispositivos como o art. 373, § 1º, também nas regras processuais do CDC – arts. 6º, VIII e art. 101, I, dentre outros.

1.1.3. Princípio do Contraditório e da Ampla Defesa – garantia constitucional ao contraditório (5º, LV, CF). Estabelece o direito da parte ter o conhecimento do processo, de promover a reação à demanda por meio da oportunidade de participar dela, ou seja, possibilidade de influenciar o julgador. Tal princípio é aplicado nos termos do art. 9º, sendo que traz como exceção ao prévio contraditório a prolação de decisões relativas à tutela provisórias de urgência, as de tutela de evidência quando possível a concessão de liminar (311, parágrafo único) e à decisão da expedição do mandado de pagamento, entrega de coisa ou para execução de obrigação de fazer ou de não fazer conferida na ação monitória (701).

O princípio da ampla defesa (5º, LV, CF) garante que as partes podem se valer de todos os meios e recursos inerentes à promoção da defesa de seus interesses, sendo um desdobramento do princípio do contraditório que garante a reação da parte, possibilitando a produção de provas e a participar da colheita das provas, por exemplo.

1.1.4. Princípio da Inafastabilidade da Jurisdição – (5º, XXXV, CF) é garantido o amplo e irrestrito acesso à justiça. Por meio do exercício do direito de ação é promovido o direito de provocar o Judiciário, de ser ouvido e obter uma resposta (140). O destinatário é o Poder Judiciário, que deve garantir a tutela das demandas que lhe são postas, inclusive as tutelas preventivas quando houver ameaça a direito. A jurisdição, por sua vez, pode ser privada quando a partes estabelecem a jurisdição arbitral como própria para resolução do conflito de interesses.

1.1.5. Princípio do Juiz e do Promotor Natural – ninguém será processado nem julgado senão pela autoridade competente (5º, LIII, CF) e não haverá juízo ou tribunal de exceção (5º, XXXVII, CF), o que garante que todos têm direito de se submeter ao julgamento por um juiz competente, constituído na forma da lei. Este juiz tem que ser imparcial (144 e 145), ninguém será processo por juízo ou tribunal constituído após o fato e é vedada a escolha do juiz pelo autor ou por qualquer sujeito do processo. O mesmo vale para o MP.

1.1.6. Princípio da Publicidade – (93, IX, CF) preconiza que todos os processos e julgamentos serão públicos, o que possibilita a livre consulta aos autos e aos documentos do processo, a publicidade e o livre acesso às audiências, sessões de julgamento dos recursos e demais ações nos tribunais, a livre consulta física ou online dos resultados e decisões e a transmissão televisiva. Encontra ressonância no CPC (11), contudo, a publicidade pode ser limitada (5º, LX) para a preservação da intimidade ou do interesse social, sendo que nas hipóteses de segredo de justiça o acesso aos autos será dado às partes, seus advogados, defensores públicos e o MP. São causas de segredo de justiça (189): I - em que o exija o interesse público ou social; II - que versem sobre casamento, separação de corpos, divórcio, separação, união estável, filiação, alimentos e guarda de crianças e adolescentes; III - em que constem dados protegidos pelo direito constitucional à intimidade; IV - que versem sobre arbitragem, inclusive sobre cumprimento de carta arbitral, desde que a confidencialidade estipulada na arbitragem seja comprovada perante o juízo. O direito de consultar os autos de processo que tramite em segredo de justiça e de pedir certidões de seus atos é restrito às partes e aos seus procuradores. O terceiro que demonstrar interesse jurídico pode requerer ao juiz certidão do dispositivo da sentença, bem como de inventário e de partilha resultantes de divórcio ou separação.

1.1.7. Princípio da Motivação – (93, IX, CF) – todas as decisões judiciais devem ser fundamentadas, sob pena de nulidade. O CPC foi bem específico ao estabelecer que não se considera fundamentada qualquer decisão judicial, seja ela interlocutória, sentença ou acórdão, (489, § 1º) que: I - se limitar à indicação, à reprodução ou à paráfrase de ato normativo, sem explicar sua relação com a causa ou a questão decidida; II - empregar conceitos jurídicos indeterminados, sem explicar o motivo concreto de sua incidência no caso; III - invocar motivos que se prestariam a justificar qualquer outra decisão; IV - não enfrentar todos os argumentos deduzidos no processo capazes de, em tese, infirmar a conclusão adotada pelo julgador; V - se limitar a invocar precedente ou enunciado de súmula - sem identificar seus fundamentos determinantes nem demonstrar que o caso sob julgamento se ajusta àqueles fundamentos; VI - deixar de seguir enunciado de súmula, jurisprudência ou precedente invocado pela parte, sem demonstrar a existência de distinção no caso em julgamento ou a superação do entendimento. Cabendo para suprir a falha, sob pena de nulidade, a oposição de embargos de declaração (1.022, II e parágrafo único, II).

1.1.8. Princípio da Duração Razoável do Processo – (5º, LXXVIII, CF) – direito fundamental de obter a prestação jurisdicional a tempo. Decorrência do pacto de San José da Costa Rica. O juiz controla o processo (370) com objetivo de alcançar o direito no prazo razoável (139, II). As partes também têm o dever processual de buscar a rápida solução do litígio (77, II), sob pena de configuração de litigância de má-fé (80, IV, VI e VII). As tutelas provisórias de urgência e de evidência têm um importante papel na efetividade do direito e do processo com relação à demora da prestação jurisdicional. Há prioridade na tramitação (1.048) aos processos em que figure como parte ou interessado pessoa com idade igual ou superior a 60 anos, sendo que, para as pessoas com idade igual ao superior a 80 anos a prioridade ainda é maior (Lei 13.466/2017).

1.1.9. Princípio da eficiência – o CPC busca de todas as formas que seja promovida de forma plena a jurisdição por meio da solução do conflito de interesses configurado pela lide. Assim, sempre que possível, o vício processual que ensejaria a extinção do processo sem resolução de mérito deve ser superado, concedendo-se a oportunidade para que tal vício seja corrigido (317). O mesmo ocorre com o sistema recursal, no qual compete ao relator, antes de considerar inadmissível o recurso, concederá prazo para que o recorrente sane o vício ou complemente a documentação exigível (932, parágrafo único).

1.1.10. Princípio da Boa-fé – (5º) – aquele que de qualquer forma participa do processo deve comportar-se de acordo com a boa-fé. A boa-fé é um dever de comportamento esperado, lastreado no dever de cooperação (6º), na lealdade processual, no não comportamento como litigante de má-fé (80).

1.1.11. Princípio da Cooperação – (6º) – todos os sujeitos do processo devem cooperar entre si para que se obtenha, em tempo razoável, decisão de mérito justa e efetiva. Tanto que se qualifica como conduta de litigante de má-fé aquele que opuser resistência injustificada ao andamento do processo (80, IV).

1.1.12. Princípio da Inércia – (2º) o processo começa por iniciativa da parte que, diante de uma lesão ou ameaça a um direito provoca o Poder Judiciário para que resolva o conflito de interesse, ou seja, é o princípio dispositivo que confere ao ato volitivo da parte a provocação do Judiciário, após o qual terá o processo sendo desenvolvido pelo impulso oficial até que seja obtida a prestação jurisdicional.

2. JURISDIÇÃO

O direito é um conjunto de normas voltado a resolver conflitos de interesses qualificado por uma pretensão resistida, ou seja, a lide. Na tripartição de poderes, o Poder Judiciário foi o braço estatal incumbido da função de solucionar este conflito

de interesses. Assim, ao assumir este papel de pacificador da sociedade, em dizer o direito, podem ser identificadas algumas características da jurisdição: a) **submissão à vontade do estado-juiz**; b) **resolução de qualquer conflito;** c) **imposição dos comandos pela força;** e d) **solucionar a lide de maneira definitiva**. Para tanto, para que a jurisdição exerça plenamente a sua função é imprescindível que ela possua: 1) **investidura** – do juiz em órgão jurisdicional previamente constituído ao conflito; 2) **imparcialidade** – do julgador que não pode ter qualquer situação de impedimento (144) ou de suspeição (145); 3) **substitutividade** – a vontade do Judiciário substitui a vontade das partes; 4) **inevitabilidade** – a vontade do juiz é imposta às partes, apesar da parte se reservar o direito de provocar o Judiciário; 5) **inafastabilidade** - alcança toda e qualquer situação litigiosa, com exceção da arbitragem (Lei 9.307/1996), segundo a qual as partes estabelecem a jurisdição privada do árbitro para a resolução do conflito, apesar de poderem abrir mão da arbitragem; 6) **imperatividade** – a decisão deve ser obedecida e cumprida pelas partes, sob pena de execução forçada; 7) **definitividade** – uma vez esgotada a jurisdição, a decisão prolatada está coberta pelo manto da coisa julgada e não pode ser discutida em outra ação (486, 502, 503), salvo nas hipóteses de ação rescisória (966).

2.1. Meios de solução de conflitos

A jurisdição confere ao Poder Judiciário o poder/dever de solucionar os conflitos de interesses que sejam a ele submetidos, sendo que existem, ainda, outros meios de solução de conflitos que podem ser manejados pelas partes.

2.1.1. A autotutela – o titular do direito, por meio da autotutela, poderá fazer valer o seu direito com o uso da própria força e sem a intervenção do Poder Judiciário. Contudo, tal possibilidade se se mostra apta quando houver expressa autorização legal para que seja promovida, sob pena de haver o cometimento do crime de exercício arbitrário das próprias razões (345, CP), ou seja, fazer justiça com as próprias mãos. Como exemplo, cite-se o art. 1.210, § 1º, do Código Civil, que autoriza expressamente que o possuidor turbado, ou esbulhado, poderá manter-se ou restituir-se por sua própria força, contanto que o faça logo. Os atos de defesa, ou de desforço, não podem ir além do indispensável à manutenção ou restituição da posse.

2.1.2. A autocomposição – as partes envolvidas no conflito de interesses, desde que o objeto admita a autocomposição, podem, extrajudicialmente ou judicialmente firmar um acordo, juridicamente conhecido como transação. Caso seja promovido de forma extrajudicial, a força dessa transação dependerá da forma como foi constituída, posto que as partes podem ter levado o acordo extrajudicial pode ser homologado judicialmente (515, III), dando ensejo a um título executivo extrajudicial ou esse acordo extrajudicial pode ter sido assinado pelo devedor e duas testemunhas (784, III) ou formalizado por escritura pública (784, II) para se tornar um título executivo extrajudicial ou, ainda, pode ter sido celebrado por escrito sem eficácia de título executivo, autorizando o manejo da ação monitória em caso de descumprimento ou, por fim, em caso de não cumprimento, ausente qualquer formalidade ter que ser objeto de um processo de conhecimento.

Caso a transação seja firmada entre as partes em juízo, no decorrer de uma demanda, o juiz por sentença irá homologar (487, III, "b") e estaremos diante de um título executivo judicial (515, II).

Quando a transação foi fruto da participação de um terceiro (conciliador ou mediador) diz-se, também, que se trata de um heterocomposição. Importante estabelecer que o CPC promove e muito a busca pela solução consensual do conflito de interesses, estabelecendo, como regra, antes de a contestação ser apresentada, a realização de audiência de conciliação ou mediação (334) e, também, nas lides que envolvem o direito de família esse objetivo é destacado (694).

Ainda, podem as partes pôr fim ao conflito de interesses posto em juízo, sem que o juiz acolha ou rejeite o pedido formulado. Trata-se da possibilidade do autor renunciar à pretensão formulada na petição inicial ou o réu-reconvinte renunciar à pretensão formulada na reconvenção (487, III, "c") e, também, poderá haver o reconhecimento da procedência do pedido formulado na ação ou na reconvenção (487, III, "a").

2.1.3. A Arbitragem – As pessoas capazes de contratar poderão valer-se da arbitragem para dirimir litígios relativos a direitos patrimoniais disponíveis (Lei 9.307/1996). Tal estabelecimento será promovido ou por meio de uma **cláusula compromissória**, que é a convenção por meio da qual as partes em um contrato comprometem-se a submeter à arbitragem os litígios que possam vir a surgir relativamente a tal contrato, ou por meio de um **compromisso arbitral**, que é a convenção por meio da qual as partes submetem um litígio à arbitragem de uma ou mais pessoas, podendo ser judicial ou extrajudicial.

A arbitragem é uma forma de jurisdição privada na qual as partes que a estabelecerem irão definir quem será o árbitro para resolver o conflito de interesses. Após o contraditório e a ampla defesa, o árbitro irá prolatar a chamada sentença arbitral, que resolve o conflito de forma definitiva, não cabendo recurso com vistas a reforma-la. É possível, após a prolação da sentença arbitral, que as partes solicitem que o árbitro: I - corrija qualquer erro material da sentença arbitral; II - esclareça alguma obscuridade, dúvida ou contradição da sentença arbitral, ou se pronuncie sobre ponto omitido a respeito do qual devia manifestar-se a decisão.

A sentença arbitral tem força de título executivo judicial (31 da Lei 9.307/1996 e 515, VII, do CPC).

Mesmo que as partes tenham estabelecido a arbitragem como forma de solução de seu conflito de interesse, não há óbice para o ingresso da demanda, contudo, o réu em contestação poderá arguir em preliminar (337, X) a convenção arbitral, que será então reconhecida pelo juiz e acarretará a extinção do processo sem resolução de mérito (485, VII). É vedado ao julgador conhecer de ofício a arbitragem (337, § 5º) e a ausência de alegação da existência de convenção de arbitragem pelo réu em preliminar de contestação implica na aceitação da jurisdição estatal e renúncia ao juízo arbitral (337, § 6º).

Importante estabelecer que sendo a relação de consumo é nula a cláusula contratual que determine a utilização compulsória da arbitragem (51, VII, do CDC).

3. AÇÃO

É o direito público (posto que é exigível do Estado), subjetivo (pois é conferido a cada um), autônomo (independe do direito material objeto da demanda), abstrato (existe independentemente do direito material) e instrumental (tem como fim possibilitar a tutela do direito material, servindo para que seja realizada a prestação jurisdicional). Assim, é o direito de provocar o Poder Judiciário a fim de se obter uma resposta jurisdicional apta a viabilizar a proteção do direito lesionado ou ameaçado de lesão.

3.1. Elementos da ação

Os elementos da ação têm o importante papel de promover a identificação da demanda. Por sua análise é possível determinar o grau de proximidade entre duas ou mais demandas que podem gerar consequências processuais relevantíssimas: a) litispendência (337, §§ 1º, 2º e 3º); b) coisa julgada (337, §§ 1º, 2º e 4º); c) perempção (486, § 3º); d) conexão (55) e, e) continência (56).

3.1.1. Partes – compõem um dos requisitos da petição inicial (319, II) e deve-se estabelecer aquele que está no polo ativo da ação e, também, aquele que está no polo passivo da demanda. Por essa razão, a qualificação das partes constante da petição inicial é relevante de ser feita para individuar exatamente quem são os litigantes de uma dada ação.

3.1.2. Causa de Pedir – a causa de pedir é um dos requisitos da petição inicial (319, III) e é formada pelos **fatos** e pelos **fundamentos jurídicos**. Os fatos são chamados de causa de pedir remota, posto que são o que por primeiro ocorre a fim de justificar a tutela jurisdicional, por exemplo: acidente de trânsito. Já os fundamentos jurídicos são chamados de causa de pedir próxima, posto que são a consequência jurídica dos fatos, ou seja, o que se extrai de consequência do ordenamento jurídico. Importante não confundir fundamentos jurídicos com os fundamentos legais, por exemplo: na ação que busca a reparação de danos decorrentes de um acidente de trânsito, o fundamento jurídico é a responsabilidade civil aquiliana e o dever de indenizar decorrente, sendo que a fundamentação legal, donde extrai-se a responsabilidade, são os arts. 186 c/c 927, ambos do CC.

3.1.3. Pedido – o pedido é a pretensão formulada na ação ou na reconvenção. Pode ser analisado sobre duas óticas: a) pedido imediato – tem natureza processual, formulado em face do Poder Judiciário e tem relação direta com a tutela pretendida (declaratória, condenatória, executiva, mandamental) e, b) pedido mediato –tem natureza material, na medida em que é o pedido que é formulado em face da parte contrária, é o bem da vida que está sendo tutelado.

Por regra, o pedido deve ser certo (322), ou seja, ser expressamente formulado, contudo, admite-se o pedido implícito que se compreendem no principal os juros legais, a correção monetária e as verbas de sucumbência, inclusive os honorários advocatícios (322, § 1º). Também na ação que tiver por objeto cumprimento de obrigação em prestações sucessivas, essas serão consideradas incluídas no pedido, independentemente de declaração expressa do autor, e serão incluídas na condenação, enquanto durar a obrigação, se o devedor, no curso do processo, deixar de pagá-las ou de consigná-las (323).

A interpretação do pedido considerará o conjunto da postulação e observará o princípio da boa-fé (322, § 2º).

O pedido além de certo também deve ser determinado, ou seja, deve ser formulado quanto a sua extensão inclusive. Por exemplo, no pedido de condenação em reparação de danos morais, o valor pretendido deve ser expresso na sua quantificação, tanto que comporá o valor da causa (292, V). Contudo, em algumas situações não é possível formular pedido determinado na ação ou na reconvenção. Assim, mostra-se autorizado o pedido genérico (324, § 1º): I - nas ações universais, se o autor não puder individuar os bens demandados; II - quando não for possível determinar, desde logo, as consequências do ato ou do fato; III - quando a determinação do objeto ou do valor da condenação depender de ato que deva ser praticado pelo réu.

É lícita a cumulação, em um único processo, contra o mesmo réu, de vários pedidos, ainda que entre eles não haja conexão (327). Para tanto são requisitos de admissibilidade da cumulação que (327, § 1º): I - os pedidos sejam compatíveis entre si – possibilitando a formulação do pedido subsidiário (326); II - seja competente para conhecer deles o mesmo juízo; III - seja adequado para todos os pedidos o tipo de procedimento.

Quando para cada pedido corresponder tipo diverso de procedimento, será admitida a cumulação se o autor empregar o procedimento comum, sem prejuízo do emprego das técnicas processuais diferenciadas previstas nos procedimentos especiais a que se sujeitam um ou mais pedidos cumulados, que não forem incompatíveis com as disposições sobre o procedimento comum (327, § 2º).

O pedido será alternativo quando, pela natureza da obrigação, o devedor puder cumprir a prestação de mais de um modo (325). Quando, pela lei ou pelo contrato, a escolha couber ao devedor, o juiz lhe assegurará o direito de cumprir a prestação de um ou de outro modo, ainda que o autor não tenha formulado pedido alternativo.

É lícito formular mais de um pedido em ordem subsidiária (sucessiva), a fim de que o juiz conheça do posterior quando não acolher o anterior (326). É lícito formular mais de um pedido, alternativamente, para que o juiz acolha um deles.

A cumulação também pode ser simples, ou seja, são firmados mais de um pedido simultaneamente em que todos podem ser acolhidos de forma concomitante.

Na obrigação indivisível com pluralidade de credores, aquele que não participou do processo receberá sua parte, deduzidas as despesas na proporção de seu crédito (328).

A formulação do pedido tem direta relação com a causa de pedir. Aliás, pode-se estabelecer que para cada pedido será identificada uma causa de pedir. Ambos são estabelecidos na petição inicial (319), ou na reconvenção (343), contudo, por qualquer motivo pode ser que seja querida ou necessária a alteração do pedido ou da causa de pedir, sendo que há um regramento próprio (329) para a estabilização da demanda: I - até a citação, aditar ou alterar o pedido ou a causa de pedir, independentemente de consentimento do réu; II - até o saneamento do processo, aditar ou alterar o pedido e a causa de pedir, com consentimento do réu, assegurado o contraditório mediante a possibilidade de manifestação deste no prazo mínimo de 15 dias, facultado o requerimento de prova suplementar. Após prolatado o despacho saneador não é mais possível alterar o pedido ou a causa de pedir, pois a demanda se mostra estabilizada.

3.2. Condições da ação

A par de ser o processo autônomo, as condições da ação são um ponto de contato entre o direito material e o direito processual e que, uma vez presentes, possibilitam que o juiz enfrente o mérito da demanda, pronunciando-se sobre o pedido.

3.2.1. Legitimidade – é a pertinência subjetiva para a ação, ou seja, tanto sobre o prisma do polo ativo da demanda, como também do polo passivo, deve ser analisada se aquela parte é, realmente, a que deve estar na demanda, ou seja, para o autor deve ser analisado se ele deve ser o titular do direito que alega possuir (legitimidade ordinária), ou seja, que ele está tutelando direito próprio em nome próprio. Ainda, pode ser que o ordenamento autorize que o autor promova a tutela de direito alheio em nome próprio, daí diz-se que tem legitimidade extraordinária, por exemplo: uma associação na defesa de interesses coletivos (82, IV, CDC). A legitimidade é um pressuposto processual de validade e a sua ausência acarreta sentença sem resolução de mérito (485, VII), sendo que deve se fazer presente em qualquer tempo e grau de jurisdição e por ser matéria de ordem pública pode ser reconhecida de ofício.

O CPC admite a legitimidade extraordinária também no polo passivo da demanda, em razão da propositura da reconvenção (343, § 5º), que entende que se o autor age em substituição processual tem este como promover a representação dos substituídos para defendê-los dos pedidos formulados na reconvenção.

3.2.2. Interesse de agir – também como condição da ação, ao lado da legitimidade, tem-se o interesse de agir, que denota que o provimento jurisdicional a ser alcançado por meio da demanda proposta deve ser útil ao autor. Assim, tem-se como uma de suas características a **utilidade**. Ainda, o interesse de agir se desdobra na **necessidade** da intervenção do Poder Judiciário com vistas a resolver determinado conflito de interesses, em razão da ameaça ou lesão a um direito. A ausência do interesse de agir impede a análise do mérito. Assim, a consequência é a prolação de sentença sem resolução de mérito (485, VI), também sendo matéria de ordem pública, reconhecível de ofício a qualquer tempo e grau de jurisdição.

4. PRESSUPOSTOS PROCESSUAIS

Para que seja promovida a tutela jurisdicional são estabelecidas regras e diretrizes que outorgam às partes o instrumento idôneo para a correta solução dos conflitos, assim, temos os **pressupostos processuais**, que servem de filtro com vistas a impedir a passagem de pretensões manifestamente infundadas. Desta forma, identifica-se que na ausência dos pressupostos de constituição e de desenvolvimento válido e regular do processo haverá a **extinção do processo sem resolução de mérito** (485, III), que pode ser reconhecida de ofício (485, § 3º). Contudo, o Novo Código de Processo Civil estabeleceu mecanismos de superação, assim, deve-se ser analisada, ainda, a instrumentalidade do processo (277), a primazia do enfrentamento do mérito (488), da ausência de prejuízo (282, § 1º) e a possibilidade de correção do vício (317).

Podemos classificar da seguinte forma os pressupostos processuais: **positivos**, uma vez que devem estar presentes, sendo que estes podem ser **de existência** (demanda, jurisdição e citação) e também **de desenvolvimento válido** (petição inicial apta, competência e imparcialidade, citação válida, capacidade postulatória e legitimidade processual). Os pressupostos processuais também podem ser **negativos**, ou seja, não devem se fazer presentes no processo, e são eles: perempção, litispendência, coisa julgada e compromisso arbitral.

4.1. Pressupostos processuais de existência

Para que se diga que o processo existe, devem ser evidenciados os pressupostos de existência, configurados pela **demanda** que, em razão da inércia da jurisdição, o processo começa por iniciativa da parte e se desenvolve por impulso oficial (2º.), será promovida por meio do exercício do direito de ação, formalizada através da petição inicial, ou seja, pela simples provocação do Poder Judiciário, para a existência não se analisa se a petição inicial é apta. Outro pressuposto processual de existência é a **jurisdição**, que se mostra uma vez que o desenvolvimento do processo deve ser promovido por órgão investido previamente de jurisdição. Para a existência ainda não se analisa a competência. Como último pressuposto de existência tem-se a **citação**, que é o ato pelo qual é formalizada a relação jurídica processual entre o Estado-Juiz X autor X réu, promovendo a triangularização (ou angularização) da relação processual, formando a tríade relação processual. Cumpre observar que existe a possibilidade do processo existir sem citação (239), uma vez que pode ocorrer o indeferimento da petição inicial (331) bem como o julgamento liminar de improcedência do pedido (332).

4.2. Pressupostos processuais de validade

Uma vez que o processo existe, necessário verificar se é válido, para que assim o processo se desenvolva de forma válida e regular. Por primeiro, identifica-se a **petição inicial apta**, tirado o Judiciário da inércia (pressuposto de existência). Agora, mostra-se necessário verificar se a petição inicial observa os requisitos essenciais para que seja possível a prolação de uma sentença de mérito. Não se promove apenas pela análise dos seus requisitos básicos (319) mas sua aptidão é demonstrada por exclusão às hipóteses de indeferimento da petição inicial (330, I e § 1º e § 2º). Para a validade do processo, mostra-se necessária a constatação da **competência**, que extraímos da máxima que "todo juiz possui jurisdição, mas nem todo juiz tem competência". O Judiciário é dividido em órgãos que têm funções distribuídas para melhor fluidez do processo. Assim, fixa-se as regras de competência – de natureza relativa ou absoluta – e que geram como consequência, se inobservada, a remessa dos autos ao juízo competente, observando-se que na Lei 9.099/1995 – JEC – a incompetência gera extinção (51, III, Lei 9.099/1995). A **imparcialidade** também é pressuposto de validade na medida em que as decisões devem ser emanadas por um juiz (independente do grau de jurisdição) que não possuía qualquer vício de parcialidade – impedimento (144) ou suspeição (145) – que comprometa a equidistância que o julgador deve manter das partes para a prolação do julgamento da demanda. Importa dizer que a quebra da imparcialidade gera o afastamento do julgador para que seu substituto legal – segundo as regras de organização judiciária – dê seguimento ao processamento e julgamento da demanda.

A formação da relação jurídico-processual (existência) deve ser promovida por meio de uma **citação válida**, ou seja, a citação deve ser realizada com base nas regras legais estabelecidas pelo CPC (238 e seguintes). Uma vez realizada conforme as formas preconizadas (246), tem-se a garantia de que o réu teve a oportunidade de tomar conhecimento da existência do processo para, querendo, promover a defesa de seus interesses em juízo. Importa estabelecer que o comparecimento espontâneo do réu ou do executado supre a falta ou nulidade de citação – instrumentalidade (239, § 1º).

Para a validade do processo, deve ser observada a **capacidade postulatória** que decorre de uma autorização legal para atuar em juízo que é conferida aos advogados (públicos ou privados), aos defensores públicos e aos membros do Ministério Público. Excepcionalmente, é estabelecido o direito ao próprio titular do direito de postulá-lo em juízo – "ius postulandi" – como ocorre nas demandas perante o Juizado Especial Cível (9º, Lei 9.099/1995 – causas de até 20 salários mínimo), Juizado Especial Federal (10, Lei 10.259/2001) e ação de alimentos (2º, Lei 5.478/1968). Em regra, o advogado não pode postular em juízo sem procuração, salvo para evitar a preclusão, propor demanda para evitar a decadência ou a prescrição e para praticar atos reputados urgentes (104). Nestas hipóteses deve haver a regularização por meio da exibição da procuração no prazo de 15 dias prorrogáveis por igual período por decisão do juiz (104, § 1º). O ato não ratificado será considerado ineficaz, respondendo o advogado pelas despesas e por perdas e danos (104, § 2º.). O Estatuto da OAB estabelece que são nulos os atos privativos de advogados praticados por pessoas não inseridas na OAB, sem prejuízo das sanções civis, penais e administrativas (4º, Lei 8.906/1994).

Como último pressuposto processual de validade temos a **legitimidade processual**. Trata-se de uma das condições da ação relacionada à pertinência subjetiva para a ação, ou seja, analisando-se o direito material será estabelecido quem pode ser o autor da demanda, bem como o correspondente réu. São dois os tipos de legitimidade: ordinária – tutela de direito próprio em nome próprio – e extraordinária – tutela de direito alheio em nome próprio. A ilegitimidade traz como consequência a extinção do processo sem resolução de mérito, contudo, há de ser observada a possibilidade de correção do polo passivo da ação. Assim, quando alegada ilegitimidade passiva, pode o autor promover a correção do polo passivo da ação, com base na arguição do réu e a indicação daquele que deve ser o réu (338 e 339).

4.3. Pressupostos processuais negativos

Para que seja possível o enfrentamento do mérito da lide posta perante o Judiciário, alguns pressupostos processuais não podem ser evidenciados no processo, posto que negativos, ou seja, a analise que se faz é de que a presença de um pressuposto processual negativo gerará a impossibilidade de enfrentamento do mérito da demanda, com a sua extinção sem resolução de mérito. Temos dentre eles a **perempção** (486, § 3º), que é identificada pela perda do direito de ação que decorre da situação em que o autor deixa o processo se extinguir por três outras oportunidades por abandono de causa (485, III). Assim, ocorrendo essa desídia, o autor perde o direito de repropor a demanda, contudo, não perde o direito, tanto que poderá alega-lo em defesa. A consequência da perempção é a extinção do processo sem resolução de mérito. O fenômeno da **litispendência** (337, VI e §§ 1º,

2º e 3º) é caracterizado quando se reproduz ação idêntica a outra que se encontra em andamento. Uma demanda é tida como idêntica a outra quando lhes for comum os elementos da ação (partes, causa de pedir e pedido). A consequência da configuração da litispendência é a extinção do processo sem resolução de mérito (485, V).

A **coisa julgada** (337, VI e §§ 1º, 2º e 4º) é configurada na medida em que se repete ação que já foi decidida por decisão transitada em julgado. Assim, os elementos da ação entre a demanda que teve a coisa julgada material formada e a que se repete devem ser idênticos. A consequência da configuração da coisa julgada é a extinção do processo sem resolução de mérito (485, V).

Como pressuposto processual negativo apresenta-se também o **compromisso arbitral** (Lei 9.307/1996), que institui uma forma de jurisdição privada em que as partes capazes cuja controvérsia seja oriunda de direitos patrimoniais disponíveis podem, por meio de uma cláusula de eleição de foro ou por meio de um compromisso arbitral, firmar que a resolução do conflito de interesses se dará pelo árbitro por elas eleito. Caso, mesmo com compromisso arbitral estabelecido, uma das partes resolva ingressar com ação perante o Judiciário, o réu terá na contestação (337, X) a oportunidade de alegar a convenção de arbitragem que, se válida, será reconhecida pelo juiz gerando prolação de sentença que extinguirá o processo sem resolução de mérito (485, VII). Importante destacar que o compromisso arbitral não pode ser reconhecido de ofício pelo juiz (337, § 6º).

4.4. Dinâmica dos pressupostos processuais

4.4.1. Arguição e momento - Os pressupostos processuais devem ser analisados com base em sua **arguição**, ou seja, se para a sua constatação deve haver a provocação do réu ou então se pode ser reconhecido de ofício pelo juiz. **Em regra, o seu reconhecimento se dá de ofício pelo julgador**, contudo, alguns dependem de provocação da parte, como ocorre com o pressuposto de validade relacionado a **competência relativa** (337, II – contestação). Este, se não alegado, gerará a prorrogação da competência (65), ressalvada a situação do juiz poder, de ofício, antes da citação, reconhecer como abusiva a cláusula de eleição de foro, reputando-a ineficaz e determinando a remessa dos autos para o foro de domicílio do réu (63, § 3º). Também ocorre com o pressuposto processual negativo **compromisso arbitral** (337, X), que, para ser reconhecido, deve ser alegado pelo réu em contestação, visto que a sua não alegação implica na aceitação da jurisdição estatal e renúncia ao juízo arbitral (337, §§ 5º e 6º).

Quando se pensa no **momento** em que devem ser analisados os pressupostos processuais, temos que observar que o juiz, quando despacha a petição inicial, irá analisá-la e, conforme o caso, indeferi-la por ser inepta (330, I e § 1º) ou diante da manifesta ilegitimidade de parte (330, II) – pressuposto de validade – , cumpre observar que, por força do princípio do CPC de enfrentamento do mérito e correção do vícios processuais, sendo a manifesta ilegitimidade passiva deverá o julgamento conceder prazo para correção do vício (317 e 321), lembrando que sempre o juiz deve evitar a prolação de decisões surpresa (9º) devendo possibilitar a manifestação do autor antes do indeferimento da petição inicial.

Mesmo nas hipóteses que podem ser reconhecidas de ofício pelo julgador, o réu poderá alegar a ausência de qualquer dos pressupostos processuais de existência ou de validade ou, ainda, a presença de um pressuposto processual negativo. O melhor momento para o réu alegar é a contestação (337, I, II, IV, V, VI, VII, IX, X e XI).

4.4.2. Decretação - Uma vez verificado o ferimento a um pressuposto processual, qual a consequência para o processo? A resolução a este questionamento deve ser promovida à luz da nova visão impressa pelo CPC, posto que, de maneira geral poder-se-ia afirmar que a consequência seria o **impedimento do enfrentamento do mérito do processo**, ou seja, a prolação de uma sentença sem resolução de mérito (485). Contudo, devemos observar que o novo CPC prima pela superação dos obstáculos processuais sempre que possível, daí porque, sendo possível a correção (317) ou a superação do vício processual, por força da instrumentalidade do processo, sendo uma atribuição do julgador (139, IX) a ser verificada de acordo com cada pressuposto processual, **é possível a continuidade do processo e o enfrentamento do seu mérito** (487). Caso insuperável ou não corrigido o vício relativo ao pressuposto processual, a consequência será a prolação de sentença sem resolução de mérito (485).

5. ATOS PROCESSUAIS

Ato processual é atividade realizada no curso de um processo que gera efeitos estabelecidos em lei. Tais atos são realizados pelas partes do processo, pelo juiz, pelo MP nas causas em que atua e pelos auxiliares da justiça. Desta forma, pode-se estabelecer que o **processo é uma soma de atos processuais concatenados de forma lógica ao longo do tempo do processo de forma a objetivar a resolução de um conflito de interesses**.

Os atos processuais só podem ser considerados quando praticados dentro do processo. Em regra, são de cunho voluntário, promovidos de forma a obter determinado efeito processual e, em princípio, são privativos dos sujeitos do processo, apesar de que alguns atos podem ser praticados por quem não faz parte da relação jurídico processual, por exemplo, a testemunha.

5.1. Princípios inerentes aos atos processuais

Identifica-se alguns princípios que regem os atos processuais de forma específica: a) **tipicidade** (188): podem ter pela lei um modelo (solenidade), por exemplo, a sentença (489), a petição inicial (319); b) **instrumentalidade das formas** (188 e 277): ao passo contrário à tipicidade, se o ato processual alcançar a sua finalidade, ainda que em inobservância à forma, será tido como válido em razão da "liberdade das formas". Assim, o processo não é um fim em si mesmo, ele serve à realização da justiça por meio da prestação jurisdicional com vistas a solucionar a lide posta em juízo; c) **publicidade** (189): em regra os atos processuais são públicos, como forma de haver uma fiscalização da sociedade perante a atividade desenvolvida pelo Judiciário. Contudo, existem exceções à regra, nas quais será decretado pela lei ou mesmo pelo juiz o segredo de justiça; d) **uso do português** (192): em todos os atos e termos do processo é obrigatório o uso da língua portuguesa, salvo expressões consagradas. Assim, o documento redigido em língua estrangeira somente poderá ser juntado aos autos quando vier acompanhado de versão em língua portuguesa

DIREITO PROCESSUAL CIVIL

tramitada por via diplomática ou pela autoridade central, ou firmada por tradutor juramentado (192, parágrafo único) e, e) **flexibilização procedimental** (190 e 191): as partes podem estabelecer por meio do negócio jurídico processual mudanças no procedimento. Para tanto, o processo deve versar sobre direitos que admitam a autocomposição e as partes precisam ser plenamente capazes. Assim, poderão estipular mudanças no procedimento para ajustá-lo às especificidades da causa e convencionar sobre os seus ônus, poderes, faculdades e deveres processuais, antes ou durante o processo (190). O juiz – de ofício ou a requerimento – controlará a validade das convenções recusando-lhes aplicação somente nos casos de nulidade ou de inserção abusiva em contrato de adesão ou em que alguma parte se encontre em manifesta situação de vulnerabilidade (190, parágrafo único). Também, de comum acordo, o juiz e as partes podem fixar calendário para a prática de atos processuais, quando for o caso (191). Esse calendário vincula as partes e o juiz e os prazos nele previstos somente serão modificados em casos excepcionais, devidamente justificados (191, § 1º). Tendo em vista a prévia fixação do calendário, dispensa-se a intimação das partes para a prática de ato processual ou a realização de audiências (191, § 2º).

5.2. Classificação dos atos processuais

Os atos processuais podem ser classificados como sendo os atos das partes ou os atos judiciais.

Atos das Partes – Os atos das partes podem ser **reais** – atos não postulatórios, ex.: pagamento de custas recursais; **instrutórios** – finalidade de produzir provas; **dispositivos** – atos de disposição que podem ser unilaterais (ex.: renúncia) ou bilaterais (ex.: transação) e, **postulatórios** – relacionados ao pedido (mérito) e aos requerimentos (pedidos processuais).

Com relação aos atos dispositivos das partes (200), estes produzem como efeitos imediatos a constituição, modificação ou extinção de direitos processuais. Contudo, a desistência da ação só produzirá efeitos após a homologação judicial (200, parágrafo único).

Atos judiciais – já os atos judiciais dizem respeito a todos os atos proferidos de forma **direta** pelo julgador, ou seja, são os **atos do juiz** que podem ser de dois tipos: a) **pronunciamentos** (203), que podem ser decisórios (sentença – 203, § 1º –, decisão interlocutória - 203, §2º – , acórdão – 204) ou não decisórios (despachos - 203, § 3º); b) **não pronunciamentos**, relativos aos atos do processo que não têm o condão de promover uma decisão ou determinar o andamento do processo nos termos da lei. Assim, temos por exemplo a tomada de depoimentos pessoais das partes, oitiva de testemunhas, inspeção judicial, dentre outras. Os atos judiciais também podem ser **indiretos**, que são todos os atos praticados pelos serventuários e auxiliares da justiça. Tais atos processuais podem ser de: a) movimentação; b) documentação; c) execução e, d) comunicação.

5.3. Do lugar dos atos processuais

Em regra, os atos processuais são realizados na sede do juízo (217), contudo, excepcionalmente poderão ser realizados em outro lugar em razão de deferência (ex.: 454 – oitiva de testemunhas), interesse da justiça (ex.: 464 – perícia – e 483 – inspeção judicial), da natureza do ato (ex.: 882 – leilão – e

260 – cartas precatórias, rogatórias e de ordem) e, também, por conta de obstáculo arguido pelo interessado e acolhido pelo juiz (ex.: enfermidade de um testemunha a ser ouvida).

5.4. Tempo dos atos processuais

Os atos processuais serão realizados em dias úteis das 6 horas às 20 horas (212). Podem ser concluídos os atos processuais após as 20 horas desde que já iniciados e o adiamento prejudicar a diligência ou causar grave dano (212, § 1º). Importante não confundir tais atos com a prática de atos dentro do foro (212, § 3º) o ato deve ser pratico dentro do expediente forense, ou seja, observando o horário de abertura e fechamento do fórum que é estabelecido conforme a lei de organização judiciária local, com os atos processuais praticados externamente, como por exemplo a citação. Os atos de citações, intimações e penhoras, independentemente de autorização judicial, poderão ser realizados no período de férias forenses, nos feriados, e nos dias úteis fora do horário estabelecido (212, § 2º), preservada a inviolabilidade da casa (art. 5º, XI, CF).

A prática de atos processuais quando se dá pela via eletrônica pode ser promovida em qualquer horário até as 24 horas do último dia do prazo (213). Tendo em vista a extensão continental do Brasil e os diferentes fusos horários existentes, será considerado o horário vigente perante o juízo o qual o ato deve ser praticado (213, parágrafo único).

Durante as férias forenses não são praticados atos processuais (214), salvo aqueles referentes à citação, penhora e intimação (212, § 2º) bem como os atos de tutela de urgência (214, II). Processam-se durante as férias forenses, e não se suspendem pela superveniência delas (215): I – os procedimentos de jurisdição voluntária e os necessários a conservação de direitos, quando puderem ser prejudicados pelo adiamento; II – a ação de alimentos e os processos de nomeação e remoção de tutor e curador; III – os processos que a lei determinar.

Além dos declarados em lei, são feriados, para efeito forense, os sábados, domingos e os dias em que não haja expediente forense (216).

5.5. Classificação dos prazos

Prazo é o lapso de tempo estabelecido para a prática de um ato processual. Os prazos podem ser classificados: a) **pela origem** – podem ser legais (quando o prazo é estabelecido em lei), judiciais (estabelecidos pelo julgador) ou convencionais (estabelecidos pelas partes). Inexistindo preceito legal ou prazo determinado pelo juiz, o prazo para a prática do ato processual será de 5 dias (218, § 3º); b) **pelos sujeitos que o praticam** – os prazos podem ser comuns, quando fixados para ambas as partes, particulares estabelecido para apenas uma das partes ou sucessivo, na medida que o prazo de uma parte começa a fluir quando finalizado o prazo da outra; c) **quanto à preclusão** – preclusão é a perda da prática de um ato processual, que pode ocorrer, dentre outros, pelo decurso do prazo. Assim, os prazos pode ser próprios, posto que sujeitos à preclusão, ou impróprios, não sujeitos à preclusão (ex. 226); d) **quanto à prorrogabilidade** – os prazos podem ser peremptórios, posto que não podem ser alterados, ou dilatórios, quando podem ser alterados pelas partes antes de seu vencimento; e, e) **quanto à contagem** - podem ser os prazos contados para frente no tempo, tidos

167

como progressivos ou os prazos podem ser contados de forma inversa, chamados de regressivos.

5.6. Dinâmica dos prazos

Os prazos podem ser estabelecidos em minutos/horas, dias, meses ou anos. Cumpre destacar que será considerado tempestivo o ato praticado antes do termo inicial do prazo (218, § 4º). O mais comum é a fixação dos prazos processuais em dias. Para tanto, na sua contagem serão computados apenas os dias úteis (219). Para a contagem dos prazos segue-se a regra da exclusão do dia do começo e a inclusão do dia do vencimento (224). Os dias do começo e do vencimento serão protraídos para o primeiro dia útil seguinte, se coincidirem com dia em que o expediente forense for encerrado antes ou iniciado depois da hora normal ou houver indisponibilidade da comunicação eletrônica (224, § 1º). Considera-se data da publicação o primeiro dia útil seguinte ao da disponibilização da informação no diário de justiça eletrônico (224, § 2º) e a contagem do prazo terá início no primeiro dia útil seguinte ao da publicação (224, §3º).

Decorrido o prazo, extingue-se o direito de praticar ou de emendar o ato processual, independentemente de declaração judicial (preclusão temporal), ficando assegurado, porém, à parte provar que não realizou o ato por justa causa (223). Será considerada justa causa o evento alheio à vontade da parte que a impediu de praticar o ato por si ou por mandatário (223, § 1º). Verificada a justa causa, o juiz permitirá à parte a prática do ato no prazo que assinar, ou seja, que fixar (223, § 2º).

Suspende-se o curso do prazo processual nos dias compreendidos entre 20 de dezembro e 20 de janeiro inclusive (220). Ressalvadas as férias individuais e os feriados instituídos por lei, os juízes, os membros do MP, da Defensoria Pública e os auxiliares da Justiça exercerão suas atribuições durante esse período (220, § 1º). Durante a suspensão do prazo não se realizarão audiências, nem sessões de julgamento (220, §2º).

Suspende-se o curso do prazo por obstáculo criado em detrimento da parte ou ocorrendo qualquer das hipóteses de suspensão do processo (313), devendo o prazo ser restituído pelo tempo igual ao que faltava para sua complementação (221). Também serão suspensos os prazos durante o programa instituído pelo Poder Judiciário para promover a autocomposição, incumbindo aos tribunais especificar, com antecedência, a duração dos trabalhos (221, parágrafo único).

Os litisconsortes que tiverem diferentes procuradores, de escritórios de advocacia distintos, não sendo os autos eletrônicos (229, § 2º), terão prazos contados em dobro para todas as suas manifestações, em qualquer juízo ou tribunal, independentemente de requerimento (229). Cessa a contagem em dobro do prazo se, havendo apenas dois réus, é oferecida defesa por apenas um deles (229, § 1º).

O prazo para a parte, o procurador, a Advocacia Pública, a Defensoria Pública e o Ministério Público será contado da citação, da intimação ou notificação. O MP (180), a Advocacia Pública (183 e § 1º) e a Defensoria Pública (186 e § 1º) terão prazo em dobro para se manifestarem, a contar da intimação pessoal a ser promovida por carga, remessa ou meio eletrônico.

Salvo disposição em sentido diverso, considera-se dia do começo do prazo (231): I - a data de juntada aos autos do aviso de recebimento, quando a citação ou a intimação for pelo correio; II - a data de juntada aos autos do mandado cumprido, quando a citação ou a intimação for por oficial de justiça, mesmo que a citação se deu com hora certa (231, § 4º); III - a data de ocorrência da citação ou da intimação, quando ela se der por ato do escrivão ou do chefe de secretaria; IV - o dia útil seguinte ao fim da dilação assinada pelo juiz, quando a citação ou a intimação for por edital; V - o dia útil seguinte à consulta ao teor da citação ou da intimação ou ao término do prazo para que a consulta se dê, quando a citação ou a intimação for eletrônica; VI - a data de juntada do comunicado noticiando o cumprimento da carta precatória, rogatória ou de ordem (232) ou, não havendo esse, a data de juntada da carta aos autos de origem devidamente cumprida, quando a citação ou a intimação se realizar em cumprimento de carta; VII - a data de publicação, quando a intimação se der pelo Diário da Justiça impresso ou eletrônico; VIII - o dia da carga, quando a intimação se der por meio da retirada dos autos, em carga, do cartório ou da secretaria.

Havendo mais de um intimado, o prazo para cada um é contado individualmente (231, § 2º).

Quando o ato tiver de ser praticado diretamente pela parte ou por quem, de qualquer forma, participe do processo, sem a intermediação de representante judicial, o dia do começo do prazo para cumprimento da determinação judicial corresponderá à data em que se der a comunicação (231, § 3º)

5.7. Atos de comunicação processual – citação

A citação é um pressuposto processual de existência e de validade que gera a garantia do contraditório, constituindo no ato pelo qual são convocados o réu, o executado ou o interessado para integrar a relação processual (238). Assim, tem como finalidade dar ciência da existência do processo e permitir que seja exercício o direito ao contraditório. É um requisito de validade do processo (239), o comparecimento espontâneo do réu ou do executado supre a nulidade ou a falta da citação fluindo a partir deste momento o prazo para a apresentação de contestação ou embargos à execução (239, § 1º). Pode ser arguida falta ou nulidade da citação em preliminar de contestação (337, I) ou em embargos à execução (915), sendo que rejeitada a alegação, tratando-se de processo de conhecimento o réu é considerado revel (239, §2º, I) e se for processo de execução, o feito terá seguimento (239, §2º, II).

5.7.1. Momento da citação – a citação poderá ser realizada em qualquer lugar em que se encontre o réu, o executado ou o interessado (243). Já o militar em serviço ativo será citado na unidade em que estiver servindo, se não for conhecida a sua residência ou nela não for encontrado (243, parágrafo único). Não se fará a citação, salvo para evitar o perecimento do direito (244): I - de quem estiver participando de ato de culto religioso; II - de cônjuge, de companheiro ou de qualquer parente do morto, consanguíneo ou afim, em linha reta ou na linha colateral em segundo grau, no dia do falecimento e nos 7 (sete) dias seguintes; III - de noivos, nos 3 (três) primeiros dias seguintes ao casamento; IV - de doente, enquanto grave o seu estado. Também não se fará citação quando se verificar que o citando é mentalmente incapaz ou está impossibilitado de recebê-la (245). Nesta situação o oficial de justiça descreverá e certificará minuciosamente a ocorrência (245, § 1º), sendo que o juiz irá nomear médico para examinar o citando, apresentando laudo no prazo de 5 (cinco) dias (245, § 2º). Será dispensada a nomeação de perito caso seja apresentada por pessoa da família declaração do médico do citando que ateste sua incapacidade (245, § 3º). Reconhecida a impossibilidade, o juiz nomeará curador ao citando, observando, quanto à sua escolha, a preferência estabelecida em lei e restringindo a nomeação à causa (245, § 4º). A citação será feita na pessoa do curador, a quem incumbirá a defesa dos interesses do citando (245, § 5º).

5.7.2. Efeitos da citação – a citação válida, ainda quando ordenada por juízo incompetente, induz litispendência (337, §§ 1º, 2º e 3º), torna litigiosa a coisa, ou seja, o bem jurídico objeto da ação fica atrelado ao deslinde da causa. Gera importantes efeitos como a de a) o objeto da demanda for alienado não altera a legitimidade (109), salvo se houver concordância (109, § 3º e 339), b) os efeitos da sentença estendem-se ao adquirente ou cessionário (109, §3º), c) arguição de evicção (457, CC), d) gera a fraude à execução (792, I) e e) configura ato atentatório à dignidade da justiça (774, I). O despacho que ordena a citação interrompe a prescrição (240, § 1º), ainda que proferido por juízo incompetente, e retroage ao momento da propositura da demanda. O mesmo ocorre com a decadência (240, § 4º), que também tem o efeito material de constituir em mora o devedor (240), ressalvado o disposto nos arts. 397 e 398 do CC.

5.7.3. Modalidades de citação (246): para que a citação seja válida, deve ser realizada dentro dos parâmetros estabelecidos no CPC observando as regras estabelecidas para cada tipo de citação. Temos as seguintes modalidades de citação:

A citação pelo **correio** (247 e 248) pode ser feita para qualquer comarca do país, com exceção: I - nas ações de estado, observado o disposto no art. 695, § 3º; II - quando o citando for incapaz; III - quando o citando for pessoa de direito público; IV - quando o citando residir em local não atendido pela entrega domiciliar de correspondência; V - quando o autor, justificadamente, a requerer de outra forma. Deferida a citação pelo correio, o escrivão ou o chefe de secretaria remeterá ao citando cópias da petição inicial e do despacho do juiz e comunicará o prazo para resposta, o endereço do juízo e o respectivo cartório (248). Sendo o citando pessoa jurídica, será válida a entrega do mandado à pessoa com poderes de gerência geral ou de administração ou, ainda, a funcionário responsável pelo recebimento de correspondências (248, §v2º). Nos condomínios edilícios ou nos loteamentos com controle de acesso, será válida a entrega do mandado a funcionário da portaria responsável pelo recebimento de correspondência, que, entretanto, poderá recusar o recebimento, se declarar, por escrito, sob as penas da lei, que o destinatário da correspondência está ausente (248, § 4º).

A citação será feita por meio de **oficial de justiça** nas hipóteses previstas no CPC ou em lei, ou quando frustrada a citação pelo correio (249). Incumbe ao oficial de justiça procurar o citando e, onde o encontrar, citá-lo (251): I - lendo-lhe o mandado e entregando-lhe a contrafé; II - portando por fé se recebeu ou recusou a contrafé; III - obtendo a nota de ciente ou certificando que o citando não a após no mandado.

Quando, por duas vezes, o oficial de justiça houver procurado o citando em seu domicílio ou residência sem o encontrar, deverá, havendo suspeita de ocultação, intimar qualquer pessoa da família ou, em sua falta, qualquer vizinho de que, no dia útil imediato, voltará a fim de efetuar a citação, na hora que designar, por isso se chama **citação por hora certa** (252). Nos condomínios edilícios ou nos loteamentos com controle de acesso, será válida a intimação a que se refere o *caput* feita a funcionário da portaria responsável pelo recebimento de correspondência (252, parágrafo único).

No dia e na hora designados, o oficial de justiça, independentemente de novo despacho, comparecerá ao domicílio ou à residência do citando a fim de realizar a diligência (253). Se o citando não estiver presente, o oficial de justiça procurará informar-se das razões da ausência, dando por feita a citação, ainda que o citando se tenha ocultado em outra comarca, seção ou subseção judiciárias (253, § 1º). A citação com hora certa será efetivada mesmo que a pessoa da família ou o vizinho que houver sido intimado esteja ausente, ou se, embora presente, a pessoa da família ou o vizinho se recusar a receber o mandado (253, § 2º). Da certidão da ocorrência, o oficial de justiça deixará contrafé com qualquer pessoa da família ou vizinho, conforme o caso, declarando-lhe o nome (253, § 3º). O oficial de justiça fará constar do mandado a advertência de que será nomeado curador especial se houver revelia (253, § 4º). Feita a citação com hora certa, o escrivão ou chefe de secretaria enviará ao réu, executado ou interessado, no prazo de 10 dias, contado da data da juntada do mandado aos autos, carta, telegrama ou correspondência eletrônica, dando-lhe de tudo ciência (254).

Nas comarcas contíguas de fácil comunicação e nas que se situem na mesma região metropolitana, o oficial de justiça poderá efetuar, em qualquer delas, citações, intimações, notificações, penhoras e quaisquer outros atos executivos (255).

A citação **por edital** será feita (256): I - quando desconhecido ou incerto o citando; II - quando ignorado, incerto ou inacessível o lugar em que se encontrar o citando; III - nos casos expressos em lei. Considera-se inacessível, para efeito de citação por edital, o país que recusar o cumprimento de carta rogatória (256, § 1º). No caso de ser inacessível o lugar em que se encontrar o réu, a notícia de sua citação será divulgada também pelo rádio, se na comarca houver emissora de radiodifusão (256, § 2º). O réu será considerado em local ignorado ou incerto se infrutíferas as tentativas de sua localização, inclusive mediante requisição pelo juízo de informações sobre seu endereço nos cadastros de órgãos públicos ou de concessionárias de serviços públicos (256, § 3º).

Serão publicados editais (259): I - na ação de usucapião de imóvel; II - na ação de recuperação ou substituição de título ao portador; III - em qualquer ação em que seja necessária, por determinação legal, a provocação, para participação no processo, de interessados incertos ou desconhecidos.

A citação **por meio eletrônico** será promovida na forma da regulamentação legal, tendo como base a realização de um cadastro. À exceção das microempresas e das empresas de pequeno porte, as empresas públicas e privadas são obrigadas a manter cadastro nos sistemas de processo em autos eletrônicos, para efeito de recebimento de citações e intimações, as quais serão efetuadas preferencialmente por esse meio (246, § 1º), sendo aplicável à União, aos Estados, ao Distrito Federal, aos Municípios e às entidades da administração indireta (246, § 2º).

Caso o citando compareça em cartório para ter acesso aos autos do processo, o **serventuário** escrivão ou chefe de secretaria promoverá a certificação de que o réu, executado ou interessado foi citado (246, III).

5.8. Das cartas

A realização de prática de atos processuais, tais como citações, intimações, penhoras, avaliação de bens, oitiva de testemunhas, dentre outros, pode ocorrer por meio de carta, quando o ato deva ser realizado fora dos limites territoriais do tribunal, da comarca, da seção ou da subseção judiciária (236, § 1º). Admite-se a prática de atos processuais por meio de videoconferência ou outro recurso tecnológico de transmissão de sons e imagens em tempo real (236, § 3º). Será expedida (237): a) **carta de ordem** pelo tribunal para juízo a ele vinculado, se o ato houver de se realizar fora dos limites territoriais do local de sua sede (236, § 2º); b) **carta rogatória** para que o órgão jurisdicional estrangeiro pratique ato de cooperação jurídica internacional relativo a processo em curso perante órgão jurisdicional brasileiro; c) **carta precatória** para que órgão jurisdicional brasileiro pratique ou determine o cumprimento, na área de sua competência territorial, de ato relativo a pedido de cooperação judiciária formulado por órgão jurisdicional de competência territorial diversa e, d) **carta arbitral**, para que órgão do Poder Judiciário pratique ou determine o cumprimento, na área de sua competência territorial, de ato objeto de pedido de cooperação judiciária formulado por juízo arbitral, inclusive os que importem efetivação de tutela provisória.

Se o ato relativo a processo em curso na justiça federal ou em tribunal superior houver de ser praticado em local onde não haja vara federal, a carta poderá ser dirigida ao juízo estadual da respectiva comarca (237, parágrafo único).

5.9. Das intimações

Intimação é o ato pela qual se dá ciência a alguém dos atos e dos termos do processo (269). Podem ser destinatários as partes, terceiros e auxiliares da justiça (perito, contador, leiloeiro). A intimação pode ser promovida por meio eletrônico (preferencialmente – 270), por meio de publicação no órgão oficial (272), pelo correio (273, II), por oficial de justiça (275), inclusive por hora certa (275, § 2º), por edital (275, §2º). Quando tiver procurador constituído nos autos, a parte será intimada por intermédio dele. Ao réu revel que não tenha advogado constituído nos autos os prazos fluirão da data de publicação do ato decisório no órgão oficial (346). Também, é facultado aos advogados promover a intimação do advogado da outra parte por meio do correio, juntando aos autos, a seguir, cópia do ofício de intimação e do aviso de recebimento (269, § 1º). O ofício de intimação deverá ser instruído com cópia do despacho, da decisão ou da sentença (269, § 2º).

A intimação da União, dos Estados, do Distrito Federal, dos Municípios e de suas respectivas autarquias e fundações de direito público será realizada perante o órgão de Advocacia Pública responsável por sua representação judicial (269, § 3º).

As intimações realizam-se, sempre que possível, por meio eletrônico, na forma da lei (270). Aplica-se ao Ministério Público, à Defensoria Pública e à Advocacia Pública o cadastro para recebimento de intimações eletrônicas de que trata do art. 246, § 1º. Quando não realizadas por meio eletrônico, consideram-se feitas as intimações pela publicação dos atos no órgão oficial (272).

5.10. Da preclusão

A preclusão liga-se à ideia da perda da possibilidade de praticar o ato processual (223), sendo que a preclusão pode ser: a) **temporal** – uma vez que o prazo para a prática do ato processual se escoou sem que houvesse a promoção do ato; b) **lógica** – o comportamento da parte no processo é antagônico ao ato processual a ser praticado, assim, sob o ponto de vista lógico deixará a parte de ter a oportunidade de praticá-lo, exemplo: a parte cumpre a decisão agindo de forma contrária ao exercício do seu direito de recorrer; c) **consumativa** – segundo a qual uma vez praticado o ato processual, este, em regra, não pode ser renovado ou complementado; d) **punitiva** – a não prática do ato processual enseja a aplicação de uma sanção, como ocorre, caso não seja promovida a devolução dos autos, a pena de não mais realizar a carga (234, §2º) e também na ausência da parte para o depoimento pessoal, pena de confissão (385, § 1º); e, por fim, e) **"pro judicato"** – que acontece como regra às decisões prolatadas que não podem ser revistas pelo mesmo juízo que a prolatou, salvo algumas hipóteses de retratação (por exemplo: 331, 332, §3º, 1.018, § 1º).

6. NULIDADES

O processo é um instrumento que visa à efetivação do direito material objeto da lide. Contudo, o ato processual pode ser nulo, comprometendo a prestação jurisdicional. Para que atinja o seu objetivo, o processo deve observar os pressupostos de validade, quais sejam: a) juiz – competente e imparcial; b) partes – capacidade (ser parte, estar em juízo e a postulatória) e, c) forma prescrita, uso do português ou tradução, respeito ao tempo e lugar dos atos processuais.

A classificação das nulidades leva em conta estabelecer se o vício é tamanho a ponto de impedir ou não o enfrentamento do mérito. A) **absoluta** – contamina o processo posto que é grave, deve ser decretada de ofício, a qualquer tempo e grau de jurisdição (278, parágrafo único, 279 e 280); e B) **relativa** – menos grave, deve ser arguida na primeira oportunidade (278), sob pena de preclusão e de se convalidar, não pode ser reconhecida de ofício, exemplo: ferimento à regra de competência relativa (65).

6.1. Decretação das nulidades

O ato nulo não implica – necessariamente – na decretação da sua anulação, tanto que quando a lei prescrever determinada forma, o juiz considerará válido o ato se, realizado de outro modo, lhe alcançar a finalidade (277), ou seja, ocorre o aproveitamento do ato pela instrumentalidade das formas. Ocorre também que o ato não será repetido nem sua falta será suprida quando não prejudicar a parte (282, § 1º) e quando o juiz puder decidir o mérito a favor da parte a quem aproveite a decretação da nulidade, o juiz não a pronunciará nem mandará repetir o ato ou suprir-lhe a falta (282, §2º). Também, deve ser verificado se o ato pode ser aproveitado mesmo contendo um erro de forma. Não o podendo, anulam-se os atos, devendo ser praticados os que forem necessários a fim de se observar as prescrições legais (283). Dar-se-á o aproveitamento dos atos praticados desde que não resulte prejuízo à defesa de qualquer parte (283, parágrafo único).

Antes de decidir sobre a nulidade do juiz deve observar: a) a nulidade beneficia a parte a quem deu causa (276); b) o ato atingiu a finalidade (277); c) o ato nulo não causou prejuízo às partes ou ao processo (282, § 1º); d) ausente prejuízo e atingido a finalidade, o ato será aproveitado.

A nulidade dos atos deve ser alegada na primeira oportunidade em que couber à parte falar nos autos, sob pena de preclusão (278). Não se aplica o disposto no *caput* às nulidades que o juiz deva decretar de ofício, nem prevalece a preclusão provando a parte legítimo impedimento (278, parágrafo único).

É nulo o processo quando o membro do Ministério Público não for intimado a acompanhar o feito em que deva intervir (279). Se o processo tiver tramitado sem conhecimento do membro do Ministério Público, o juiz invalidará os atos praticados a partir do momento em que ele deveria ter sido intimado (279, § 1º). A nulidade só pode ser decretada após a intimação do Ministério Público, que se manifestará sobre a existência ou a inexistência de prejuízo (279, §2º.).

As citações e as intimações serão nulas quando feitas sem observância das prescrições legais (280).

Caso o juiz decrete a nulidade do ato, deverá declarar quais são os atos atingidos (282), sendo que se consideram de nenhum efeito todos os atos subsequentes que dele dependam. Todavia, a nulidade de uma parte do ato não prejudicará as outras que dela sejam independentes (281) e o juiz ordenará as providências necessárias a fim de que sejam repetidos ou retificados (282).

7. FORMAÇÃO, SUSPENSÃO E EXTINÇÃO DO PROCESSO

7.1. Da formação do processo

Diante da inércia da jurisdição, aguarda-se a provocação do interessado em obter a tutela jurisdicional, que é promovida por meio da petição inicial, sendo que é considerada proposta a ação quando a petição inicial for protocolada (312), iniciando assim a formação da relação jurídica processual entre o autor e o Poder Judiciário, que deve ser integrada, ainda, com a participação do sujeito passivo da ação (réu ou executado). Esta se dá por meio da citação (238), sendo que os efeitos mencionados no art. 240 para o réu só serão produzidos após ser ele validamente citado (312).

Assim, com a citação temos a formação da tríade relação processual entre o autor, o Poder Judiciário e o réu.

Podemos destacar dois efeitos processuais da formação do processo: 1) a distribuição por dependência de um processo que irá ser proposto a outro já em andamento (286); 2) a estabiliza-

ção da demanda (329), pois o autor até a citação poderá aditar ou alterar o pedido ou a causa de pedir independentemente do consentimento do réu (329, I); após a citação até o saneamento do processo, o autor poderá aditar ou alterar o pedido ou a causa de pedir com o consentimento do réu, assegurado a este último o contraditório mediante a possibilidade de manifestação no prazo mínimo de 15 dias, facultado o requerimento de prova suplementar (329,II); e, após o saneamento, não é mais possível o aditamento ou a alteração do pedido ou da causa de pedir, posto que gera a estabilização da demanda.

7.2. Da suspensão do processo

O processo restará suspenso (313):

I - pela morte ou pela perda da capacidade processual de qualquer das partes, de seu representante legal ou de seu procurador. Neste caso será promovida a habilitação (689). Não ajuizada ação de habilitação, ao tomar conhecimento da morte, o juiz determinará a suspensão do processo e observará o seguinte (313, § 2º): I - falecido o réu, ordenará a intimação do autor para que promova a citação do respectivo espólio, de quem for o sucessor ou, se for o caso, dos herdeiros, no prazo que designar, de no mínimo 2 (dois) e no máximo 6 (seis) meses; II - falecido o autor e sendo transmissível o direito em litígio, determinará a intimação de seu espólio, de quem for o sucessor ou, se for o caso, dos herdeiros, pelos meios de divulgação que reputar mais adequados, para que manifestem interesse na sucessão processual e promovam a respectiva habilitação no prazo designado, sob pena de extinção do processo sem resolução de mérito. No caso de morte do procurador de qualquer das partes, ainda que iniciada a audiência de instrução e julgamento, o juiz determinará que a parte constitua novo mandatário, no prazo de 15 (quinze) dias, ao final do qual extinguirá o processo sem resolução de mérito, se o autor não nomear novo mandatário, ou ordenará o prosseguimento do processo à revelia do réu, se falecido o procurador deste (313, §3º).

II - pela convenção das partes. Nestas hipóteses o prazo de suspensão do processo nunca poderá exceder 6 meses (313, § 4º). Após este prazo, o juiz determinará o prosseguimento do feito (313, §5º);

III - pela arguição de impedimento ou de suspeição;

IV- pela admissão de incidente de resolução de demandas repetitivas;

V - quando a sentença de mérito: a) depender do julgamento de outra causa ou da declaração de existência ou de inexistência de relação jurídica que constitua o objeto principal de outro processo pendente; b) tiver de ser proferida somente após a verificação de determinado fato ou a produção de certa prova, requisitada a outro juízo. Nestas hipóteses, o prazo de suspensão do processo nunca poderá exceder 1 ano (313, §4º). Após este prazo, o juiz determinará o prosseguimento do feito (313, § 5º);

VI - por motivo de força maior;

VII - quando se discutir em juízo questão decorrente de acidentes e fatos da navegação de competência do Tribunal Marítimo;

VIII - nos demais casos regulados pelo CPC.

IX - pelo parto ou pela concessão de adoção, quando a advogada responsável pelo processo constituir a única patrona da causa (Lei 13.363/2016). Neste caso o período de suspensão será de 30 (trinta) dias, contado a partir da data do parto ou da concessão da adoção, mediante apresentação de certidão de nascimento ou documento similar que comprove a realização do parto, ou de termo judicial que tenha concedido a adoção, desde que haja notificação ao cliente (313, § 6º);

X - quando o advogado responsável pelo processo constituir o único patrono da causa e tornar-se pai (Lei 13.363/1206). Neste caso o período de suspensão será de 8 (oito) dias, contado a partir da data do parto ou da concessão da adoção, mediante apresentação de certidão de nascimento ou documento similar que comprove a realização do parto, ou de termo judicial que tenha concedido a adoção, desde que haja notificação ao cliente (313, § 7º).

Durante a suspensão é vedado praticar qualquer ato processual, podendo o juiz, todavia, determinar a realização de atos urgentes a fim de evitar dano irreparável, salvo no caso de arguição de impedimento e de suspeição (314).

Se o conhecimento do mérito depender de verificação da existência de fato delituoso, o juiz pode determinar a suspensão do processo até que se pronuncie a justiça criminal (315). Se a ação penal não for proposta no prazo de 3 (três) meses, contado da intimação do ato de suspensão, cessará o efeito desse, incumbindo ao juiz cível examinar incidentemente a questão prévia (315, § 1º). Proposta a ação penal, o processo ficará suspenso pelo prazo máximo de 1 (um) ano, ao final do qual ao juiz cível examinará incidentemente a questão prévia (315, § 2º).

7.3. Da extinção do processo

A atividade jurisdicional nasce pela provocação do interessado na obtenção de determinado provimento. Assim, o caminho natural de todo e qualquer processo é que seja prolatada uma sentença, pondo fim à lide posta em juízo. A sentença pela qual há decisão da lide posta em juízo, promovendo a pacificação social, diz que que **haverá resolução de mérito (487)**, sendo que suas hipóteses são: I - acolher ou rejeitar o pedido formulado na ação ou na reconvenção; II - decidir, de ofício ou a requerimento, sobre a ocorrência de decadência ou prescrição; III - homologar: a) o reconhecimento da procedência do pedido formulado na ação ou na reconvenção; b) a transação; c) a renúncia à pretensão formulada na ação ou na reconvenção.

O CPC busca, sempre que possível, ultrapassar qualquer barreira de natureza processual que possa impedir o enfrentamento do mérito da demanda (317, 321, 352), sendo que, quando possível, o juiz resolverá o mérito sempre que a decisão for favorável à parte a quem aproveitaria eventual pronunciamento sem resolução de mérito (488). Sobre a decisão de mérito recai o manto protetivo da autoridade da coisa julgada material (502).

De outro lado, pode ocorrer alguma hipótese que impeça a resolução do mérito. Assim, o juiz prolatará sentença onde **não resolverá o mérito (485)**. Tal sentença é chamada de terminativa, sendo que, em regra, não impede que seja reproposta a demanda (486), mas no caso de extinção em razão de litispendência e nos casos dos incisos I, IV, VI e VII do art.

485, a propositura da nova ação depende da correção do vício que levou à sentença sem resolução do mérito (486, § 1º) e a petição inicial, todavia, não será despachada sem a prova do pagamento ou do depósito das custas e dos honorários de advogado (486, § 2º).

O juiz não resolverá o mérito quando (485): I - indeferir a petição inicial (330); II - o processo ficar parado durante mais de 1 (um) ano por negligência das partes; antes, porém, a parte será intimada pessoalmente para suprir a falta no prazo de 5 dias (485, § 1º), e nesta hipótese as partes pagarão proporcionalmente as custas (485, §2º); III - por não promover os atos e as diligências que lhe incumbir, o autor abandonar a causa por mais de 30 dias; antes, porém, a parte será intimada pessoalmente para suprir a falta no prazo de 5 dias (485, § 1º). Nesta hipótese, o autor será condenado ao pagamento das despesas e dos honorários de advogado (485, § 2º) e, oferecida a contestação, a extinção do processo por abandono da causa pelo autor depende de requerimento do réu (485, § 6º); IV - verificar a ausência de pressupostos de constituição e de desenvolvimento válido e regular do processo; V - reconhecer a existência de perempção (ocorre quando o autor der causa, por três vezes, à sentença fundada em abandono da causa. Não poderá propor nova ação contra o réu com o mesmo objeto, ficando-lhe ressalvada, entretanto, a possibilidade de alegar em defesa o seu direito – 486, § 3º), de litispendência ou de coisa julgada; VI - verificar ausência de legitimidade ou de interesse processual; VII - acolher a alegação de existência de convenção de arbitragem ou quando o juízo arbitral reconhecer sua competência; VIII - homologar a desistência da ação. Oferecida a contestação, o autor não poderá, sem o consentimento do réu, desistir da ação. (485, § 4º). A desistência da ação pode ser apresentada até a sentença (485, §5º); IX - em caso de morte da parte, a ação for considerada intransmissível por disposição legal; e X - nos demais casos prescritos no CPC.

O juiz conhecerá de ofício da matéria constante dos incisos IV, V, VI e IX, do art. 485, em qualquer tempo e grau de jurisdição, enquanto não ocorrer o trânsito em julgado (485, § 3º).

Interposta a apelação em qualquer dos casos de que tratam os incisos deste artigo, o juiz terá 5 dias para retratar-se (485, § 7º).

7.4. Do momento de prolação da sentença

Apesar de ser natural pensar que a sentença será prolatada após a oportunidade plena do contraditório, ampla defesa e devido processo legal, com o esgotamento de toda a fase de instrução probatória, o CPC estabelece diversos outros momentos em que é possível que seja prolatada a sentença.

7.4.1. Do indeferimento da petição inicial – o juiz, ao despachar a petição inicial, antes de determinar a citação do réu, pode verificar que existe algum motivo de natureza processual a gerar a prolação de uma sentença, sendo que esta hipótese só se mostra viável se não for possível a correção do vício processual (317) ou, após a concessão de prazo para a correção do vício, este se mantém (321 e parágrafo único).

As hipóteses de indeferimento da petição inicial (330) são: I – quando a petição inicial for inepta - considera-se inepta a petição inicial quando (330, § 1º): I - lhe faltar pedido ou causa de pedir; II - o pedido for indeterminado, ressalvadas as hipóteses legais em que se permite o pedido genérico; III - da narração dos fatos não decorrer logicamente a conclusão; IV - contiver pedidos incompatíveis entre si. Também se considera inepta a petição inicial (330, § 2º) nas ações que tenham por objeto a revisão de obrigação decorrente de empréstimo, de financiamento ou de alienação de bens, nas quais o autor terá de, sob pena de inépcia, discriminar na petição inicial, dentre as obrigações contratuais, aquelas que pretende controverter, além de quantificar o valor incontroverso do débito.

Também haverá o indeferimento da petição inicial quando: II - a parte for manifestamente ilegítima; III - o autor carecer de interesse processual; IV - não atendidas as prescrições dos arts. 106 e 321.

Uma vez indeferida a petição inicial, o autor poderá apelar, facultado ao juiz, no prazo de 5 dias, retratar-se (331). Se não houver retratação, o juiz mandará citar o réu para responder ao recurso (331, § 1º). Sendo a sentença reformada pelo tribunal, o prazo para a contestação começará a correr da intimação do retorno dos autos (331, § 2º), observada a designação de audiência de conciliação ou mediação (334 e 335). Caso não seja interposta a apelação, o réu será intimado do trânsito em julgado da sentença (331, § 3º).

7.4.2. Da improcedência liminar do pedido– o CPC concede à jurisprudência uniformizada uma força vinculativa (927) que deve ser respeitada por todos os graus de jurisdição e, ao se depararem o juízos de primeiro grau com pedidos que contrariarem essa jurisprudência consolidada, evidenciando a desnecessidade de fase instrutória, hão de prolatar sentença com resolução de mérito (487, I), julgando liminarmente improcedente o pedido que contrariar (332): I - enunciado de súmula do Supremo Tribunal Federal ou do Superior Tribunal de Justiça; II - acórdão proferido pelo Supremo Tribunal Federal ou pelo Superior Tribunal de Justiça em julgamento de recursos repetitivos; III - entendimento firmado em incidente de resolução de demandas repetitivas ou de assunção de competência; IV - enunciado de súmula de tribunal de justiça sobre direito local.

Também poderá o juiz julgar liminarmente improcedente o pedido se verificar, desde logo, a ocorrência de decadência ou de prescrição (332, § 1º), prolatando sentença com resolução de mérito (487, II e parágrafo único).

Caso não seja interposta a apelação (332, § 2º), o réu será intimado do trânsito em julgado da sentença, nos termos do art. 241.

Caso interposta a apelação, o juiz poderá retratar-se em 5 dias (332, § 3º). Se houver retratação, o juiz determinará o prosseguimento do processo, com a citação do réu, e, se não houver retratação, determinará a citação do réu para apresentar contrarrazões, no prazo de 15 dias (332, § 4º).

7.4.3. Do Julgamento Conforme o Estado do Processo – em muitas situações não se mostra necessária a realização de uma instrução probatória. Assim, quando evidenciada a sua desnecessidade pode ser proferida pelo julgador sentença conforme o estado do processo.

Após a concretização do contraditório entre as partes e o fim da fase postulatória – que se dá com a apresentação da réplica –,

o julgador avaliará se é possível, independentemente de uma fase de instrução probatória, a prolação de uma sentença.

Esta sentença poderá ser extintiva do processo sem (485) ou com resolução de mérito (487), bem como também sobre toda a lide posta em juízo ou apenas parte dela. O CPC estabelece a possibilidade de ser proferida uma sentença parcial, ou seja, apenas uma parte da lide posta em juízo terá o seu deslinde pelo julgador de primeiro grau.

O art. 354 nos revela a possibilidade de ser o processo extinto quando ocorrer quaisquer das hipóteses previstas no artigo 485, ou quando evidenciada a ocorrência da prescrição ou da decadência (487, II), ou, ainda, na hipótese de autocomposição (487, III).

Já o art. 354, parágrafo único estabelece a possibilidade de a sentença dizer respeito apenas à parcela do processo, como, por exemplo, um litisconsórcio passivo em que o juiz entenda que um dos réus não é parte legítima, extinguindo a ação para este (485, VI) mas dando continuidade à demanda para os demais, ou, ainda, as partes transacionaram apenas em parte do objeto da demanda (487, III, b) e sobre o restante a ação terá o seu seguimento.

A sentença parcial poderá ser tanto objeto de embargos de declaração (1.022) como também de agravo de instrumento (354, parágrafo único e 1.015).

7.4.4. Do julgamento antecipado do mérito - ainda, é estabelecido no CPC o julgamento antecipado do mérito (355), cujas hipóteses estão relacionadas à prolação de uma sentença com resolução de mérito, ou seja, na qual o juiz decida qual a parte que tem razão (487, I), para tanto, basta que ocorra uma das duas hipóteses descritas no artigo: I – não houver a necessidade de produção de outras provas; ou II – o réu for revel, ocorrer os efeitos da revelia (344) e não houver o réu revel requerido a produção de provas (349).

Existe, ainda, a possibilidade de o julgamento antecipado do mérito ocorrer de forma parcial (356), ou seja, o juiz só tem condições de proferir sentença definindo o mérito da demanda (487, I) apenas sobre parte do objeto da ação, poderá ocorrer a sentença parcial de mérito quando um ou mais pedidos formulados ou parcelas deles se mostrar incontroverso (356, I), ou um ou mais pedidos formulados ou parcelas deles estiver em condições de imediato julgamento por não haver necessidade de outras provas (355, I), ou por conta da revelia e seus efeitos (355, II).

No caso do julgamento antecipado parcial do mérito, uma parte do objeto da ação é resolvida (487, I), podendo o juiz reconhecer nesta decisão a existência de obrigação líquida ou ilíquida (356, § 1º). A parte poderá liquidar ou executar, desde logo, a obrigação reconhecida na sentença parcial, independentemente de caução, ainda que haja recurso contra a decisão interposto (356, § 2º). Havendo o trânsito em julgado da decisão, a execução será definitiva (356, § 3º). O juiz poderá determinar, ou a parte requerer, que a liquidação e o cumprimento de sentença parcial sejam processados em autos suplementares (356, § 4º).

A decisão que gerar o julgamento antecipado parcial do mérito, além da possibilidade de oposição de embargos de declaração (1.022), será impugnável por meio do recurso de agravo de instrumento (356, § 5º e 1.015).

7.4.5. Do julgamento após a instrução probatória – caso seja evidenciado no curso do processo que a realização da instrução probatória se mostra imprescindível para que seja prolatada uma sentença, após a sua realização o juiz irá promover o julgamento da demanda. Caso tenha sido designada audiência de instrução e julgamento, está será realizada por último na colheita das demais provas e, após finda a instrução, o juiz dará a palavra ao advogado do autor e do réu, bem como ao MP, se intervir na causa, para pelo prazo de 20 minutos, prorrogáveis por mais 10 minutos, promover o debate oral (364). Caso a causa apresente questões complexas, o debate oral poderá ser substituído por razões finais escritas, que serão apresentadas no prazo sucessivo de 15 dias, assegurada vista dos autos (364, § 2º). Encerrado o debate oral ou oferecidas as razões finais escritas, o juiz proferirá sentença em audiência ou no prazo de 30 dias (366). Apesar de ser proferida após o esgotamento de todo o contraditório e ampla defesa, a sentença poderá resolver o processo com (487) ou sem (485) resolução de mérito, a depender da sua fundamentação.

8. COMPETÊNCIA

Pode-se definir competência como sendo o limite da jurisdição, na medida em que delimita as hipóteses em que o órgão jurisdicional pode atuar. Também conhecida como medida da jurisdição. A CF define a justiça competente, enquanto que o CPC define o foro competente e a leis de organização judiciária definem o juízo competente.

8.1. "Perpetuatio jurisdictionis"

Perpetuação da jurisdição (43) – a competência é determinada no momento do registro ou da distribuição (284), sendo que considera-se proposta a demanda quando a petição inicial é protocolada (312). Assim, a perpetuação da jurisdição (competência) – 43 – é a cristalização de dado juízo no momento da propositura da ação. Contudo, cumpre observar as exceções a esse fenômeno, como nos casos de supressão do órgão jurisdicional, alteração superveniente da competência absoluta (43) e perda da competência por critérios modificativos – conexão (54 e 55), continência (54 e 56), prorrogação (65), quando houver desmembramento da comarca.

8.2. Competência interna e internacional

Há de se estabelecer as causas em que a autoridade judiciária brasileira pode (ou deve) processar e julgar determinada demanda. Assim, deve ser estabelecida a competência interna, ou seja, os limites de atuação do Poder Judiciário brasileiro. A competência internacional se divide em concorrente e exclusiva.

A **competência internacional concorrente** (21 e 22), como o próprio nome estabelece, possibilita que a demanda seja processada e julgada perante o Poder Judiciário brasileiro, sem excluir a possibilidade de que, em qualquer outro pais, com base em suas regras internas, também seja possível ser promovido o ajuizamento de uma ação. As hipóteses (21 e 22) são: a) réu domiciliado no Brasil, qualquer que seja a sua nacionalidade – considera-se domiciliada no Brasil a pessoa jurídica estrangeira que tiver agência, filial ou sucursal; b) no Brasil tiver que ser cumprida a obrigação; c) o fundamento seja fato ocorrido ou ato praticado no Brasil; d) ações de alimentos quando o credor tiver domicílio ou residência no Brasil ou o réu mantiver vínculos com o Brasil, tais como posse ou propriedade de bens, recebimento de renda ou obtenção de benefícios econômicos; e) as ações decorrentes de relações de consumo, quando o consumidor tiver domicílio ou residência no Brasil; e, f) em que as partes, expressa ou tacitamente, se submeterem à jurisdição nacional.

Ação proposta perante tribunal estrangeiro não induz litispendência (24) e também não obsta que a autoridade brasileira conheça da causa e das ações conexas, ressalvados tratados internacionais ou acordos bilaterais. Também não impede a homologação de sentença estrangeira (24, parágrafo único).

A existência de cláusula de eleição de foro que estabeleça com exclusividade o foro estrangeiro (25) em contrato internacional impede que a ação seja processada no Brasil quando arguida pelo réu em contestação, salvo nas hipóteses de competência internacional exclusiva (23), sendo que também são aplicáveis as hipóteses do art. 63, §§ 1º a 4º que regem sobre as regras da validade da cláusula de eleição de foro.

Já nas hipóteses da **competência internacional exclusiva**, somente o Poder Judiciário brasileiro poderá resolver a lide promovida, posto que em razão da soberania estatal fixou-se a validade das decisões proferidas internamente. As hipóteses (23) são: a) conhecer de ações relativas a imóveis situados no Brasil; b) em matéria de sucessão hereditária, proceder a confirmação de testamento particular e ao inventário e à partilha de bens situados no Brasil, ainda que o autor da herança seja de nacionalidade estrangeira ou tenha domicílio fora do território nacional e, c) em divórcio, separação judicial ou dissolução de união estável, proceder à partilha de bens situados no Brasil, ainda que o titular seja de nacionalidade estrangeira ou tenha domicílio fora do território nacional.

8.3. Critérios de fixação da competência

Uma vez definida que a demanda é de **competência interna**, ou seja, poderá ou deverá ser processada perante a autoridade judiciária brasileira, deve ser evidenciada qual a **competência da justiça**, ou seja, qual a justiça competente para processar e julgar essa demanda. A CF estabelece a competência para as justiças – do trabalho, eleitoral, penal militar –, sendo que o não é absorvido pelas justiças especializadas será de competência da justiça comum. Sendo a competência da justiça comum, também pela CF deve ser observada se a competência é da justiça federal ou se a competência é da justiça estadual – chamada de residual, posto que o que sobra será de sua competência. Uma vez observada a competência da justiça, deve ser verificado se há ou não alguma regra de **competência originária**, qual seja, dentro da justiça competente o conhecimento da causa cabe ao juízo de primeiro grau (regra) ou a algum órgão superior. Definida a competência como sendo a de primeiro grau, deve-se observar a fixação da **competência de foro** com vistas a estabelecer qual a comarca (justiça estadual) ou seção judiciária (justiça federal) é a competente para processar e julgar aquela demanda. Ultrapassadas estas análises e verificando-se que há mais de um órgão de primeiro grau, deve ser analisada a **competência de juízo**, ou seja, qual a vara competente para aquela demanda específica, posto que, com base na organização do Judiciário, para melhor tramitação das demandas são estabelecidas varas especializadas (tais como: família e sucessões, registros públicos, falências e recuperações judiciais, dentre outros). Ainda, pode ser que exista mais de um juiz competente após todas essas análises. Neste caso, deve ser analisada a **competência interna** com vistas a definir qual o competente, por exemplo, na comarca de Caraguatatuba/SP existem duas varas cíveis, ou seja, definido que a competência é da justiça estadual e da referida comarca, terá que ser definido o juiz competente, definição que será promovida pela **distribuição** da demanda (284), com base na regra de ser alternada e aleatória, obedecendo-se rigorosamente a igualdade e podendo ser eletrônica (285).

A competência pode ser fixada também em razão de uma relação de dependência entre a demanda a ser ingressada e outra que já estiver em andamento. Chama-se de **distribuição por dependência** (286) e ocorre: I – quando se relacionarem, por conexão (54 e 55) ou continência (54 e 56), com outra já ajuizada; II – quando, tendo sido extinto o processo sem resolução de mérito (485), for reiterado o pedido, ainda que em litisconsórcio com outros autores ou que sejam parcialmente alterados os réus da demanda; III – quando houver ajuizamento de ações nos termos do art. 55, § 3º, ao juízo prevento – processos que mesmo sem conexão possam causar risco de gerar a prolação de decisões conflitantes ou contraditórias caso decididas separadamente.

8.4. Critérios de fixação da competência de juízo

Existem cinco critérios que devem ser observados para a fixação da competência, que levam em consideração particularidades da demanda, a saber: a) **em razão da matéria** – o objeto da demanda e a relação material estabelecida nela devem ser analisados para a fixação da competência, uma vez que o Judiciário tende a estabelecer varas especializadas na resolução de determinados conflitos de interesse, como, por exemplo: varas de família e sucessões, varas de registros públicos, dentre outras, absorvendo competência de natureza absoluta; b) **em razão da pessoa** – a qualidade dos sujeitos litigantes ou de eventuais terceiros interessados que venham a intervir nos autos pode gerar a fixação de determinada competência, também de natureza absoluta, como ocorre nas hipóteses da justiça federal (109, CF); c) **funcional** – a depender das funções exercidas no processo, resta estabelecida determinada competência, de natureza absoluta, por exemplo, a execução fiscal e varas especializadas criadas para o desempenho desta função; d) **em razão do lugar** – também conhecida como competência **territorial** ou **"rationi loci"**, na qual a competência é estabelecida por um fator territorial, em regra ligado ao domicílio do réu (46) ou ao lugar da situação da coisa para ações fundadas em direitos reais sobre imóveis (47) e, e) **em razão do valor da causa** – um dos requisitos da petição inicial é o valor da causa e este pode ser o fator a estabelecer (ou não) a competência relacionada aos juizados especiais, dos quais temos os Juizados Especiais Cíveis (Lei 9.099/1995) para causas com valor de até 40 salários mínimos, competência relativa; Juizados Especiais Federais (Lei 10.259/2001), para causas com valor de até 60 salários mínimos, competência absoluta e; Juizados da Fazenda Pública (Lei 12.153/2009), para causas com valor de até 60 salários mínimos, competência absoluta. Caso a demanda seja de valor superior a estes limites estabelecidos, a ação será processada e julgada perante a justiça comum, quer seja a estadual ou a federal respectivamente.

8.5. Competência absoluta e relativa

Os critérios de fixação da competência analisados acima podem ter duas distintas naturezas, quais sejam, **absoluta** ou **relativa**, cada uma com características e consequências próprias para o processo. São suas características:

Competência Absoluta	Competência Relativa
Deve ser declarada de ofício (64, § 1º.)	Depende de alegação (65) –Obs.: Cláusula de eleição de foro, se abusiva, pode ser reconhecida de ofício antes da citação (63, §3º).
Pode ser reconhecida a qualquer tempo e grau de jurisdição (64, § 1º.)	Se não arguida em preliminar de contestação ocorre a sua prorrogação (65).
Caso não seja observada, é passível de ser arguida por meio de ação rescisória (966, II).	Não cabe ação rescisória.
Pode ser arguida a qualquer tempo e grau de jurisdição pelo réu, mas o melhor momento é em preliminar de contestação (64 e 337, II).	Pelo réu só cabe sua arguição em preliminar de contestação (64 e 337, II). O MP pode alegar nas causas em que atuar (65, parágrafo único).
Critérios: Pessoa/Matéria/ Hierarquia/Funcional	Critérios: Valor da causa*/ Território**
* 1. JEF – Lei 10.259/2001 e JFP – Lei 12.153/2009: o critério valor da causa é de natureza absoluta; **2. Ações fundadas em direitos reais sobre imóveis: competência absoluta (47), salvo se não recair sobre o direito real de propriedade, vizinhança, servidão, divisão e demarcação de terras e de nunciação de obra nova e ações possessórias (47, §§ 1º e 2º)	

É possível, também, identificar pontos comuns entre os critérios de competência de natureza relativa e de natureza absoluta, são eles: a) ambos podem ser alegados em preliminar de contestação (64 e 337, II); b) após o contraditório (réplica) o juiz decide sobre a alegação de incompetência (64, § 2º); c) o acolhimento da alegação de incompetência ou o seu reconhecimento de ofício acarreta a remessa dos autos ao juízo competente (64, §3º); d) salvo decisão judicial em sentido contrário, conservar-se-ão os efeitos da decisão proferida pelo juízo incompetente até que outra seja proferida, se for o caso pelo juízo competente (64, § 4º).

Importante destacar que sempre que o juiz puder reconhecer a sua incompetência de ofício por conta da natureza absoluta do critério, deverá, antes de proferir decisão, para evitar decisão surpresa, intimar as partes para manifestação (9º).

8.6. Modificação da competência

Determina-se a competência no momento do registro ou da distribuição (43), contudo, é possível que haja algum fator que gere a modificação da competência estabelecida, como nos casos de supressão do órgão jurisdicional, alteração superveniente da competência absoluta (43) ou perda da competência por critérios modificativos – conexão (54 e 55), continência (54 e 56), prorrogação (65), quando houver desmembramento da comarca.

8.6.1. Convenção das Partes (63) – as partes podem estabelecer previamente à instalação no Judiciário do conflito de interesses disposição acerca da competência, trata-se de um verdadeiro negócio jurídico processual (190). É a conhecida **cláusula de eleição de foro** que pode ser fixada em lugar de uma regra de competência relativa. Para a sua validade, deve constar de instrumento escrito e aludir expressamente a determinado negócio jurídico (63, § 1º), uma vez estabelecido obriga os herdeiros e sucessores das partes (63, § 2º). Caso antes da citação identifique ser abusiva a cláusula de eleição de foro, o juiz, de ofício, reputará a cláusula como ineficaz e determinará a remessa dos autos ao juízo do foro do domicílio do réu (63, §3º). Após a citação, a abusividade da cláusula poderá ser alegada pelo réu em contestação, sob pena de preclusão (63, § 4º).

8.6.2. Conexão (55) – este fenômeno processual busca a preservação da coerência entre as decisões proferidas em demandas distintas, mas que possuem um grau de proximidade, a consequência será a reunião para julgamento conjunto, salvo se um deles já tiver sido sentenciado (55, § 1º). Esta proximidade é verificada nas hipóteses do art. 55 que são: a) quando duas ou mais ações tiverem em comum o pedido ou a causa de pedir (55); b) execução de título extrajudicial e a ação de conhecimento relativo ao mesmo ato jurídico (55, §2º, I); c) execuções fundadas no mesmo título (55, §2º, II) e, d) processos que possam gerar risco de prolação de decisões conflitantes ou contraditórias caso decididos separadamente, mesmo sem conexão entre eles (55, § 3º). O critério para a determinação de qual o juízo competente para reunir as ações conexas é o da prevenção (58 e 59) é o registro ou a distribuição da petição inicial, que torna o juízo prevento. No caso de imóvel que se ache situado em mais de um Estado, comarca, seção ou subseção judiciária, a competência territorial do juízo prevento estender-se-á sobre a totalidade do imóvel.

8.6.3. Continência (56) –a configuração da continência parte da análise dos elementos da ação entre duas ou mais demandas, sendo que há a identidade de partes e também da causa de pedir, contudo, o pedido de uma das demandas, por ser mais abrangente (continente), acaba por englobar o das demais (contida). A consequência do fenômeno da continência dependerá do momento do ingresso da ação continente e da ação contida (57). Caso a ação continente tenha sido proposta em primeiro lugar, a ação contida será extinta sem resolução de mérito. Caso a ação contida tenha sido primeiramente proposta e depois fora ingressada a ação continente, haverá a reunião das ações para julgamento conjunto. O critério para a determinação de qual o juízo competente para reunir as ações em razão da continência é o da prevenção (58 e 59) é o registro ou a distribuição da petição inicial, que torna o juízo prevento.

8.6.4. Prorrogação – nos casos de ausência de alegação de incompetência relativa pelo réu em contestação (337, II) ou pelo MP (65, parágrafo único) bem como o não reconhecimento de ofício pelo juiz, antes da citação, da ineficácia da cláusula de eleição de foro quando abusiva (63, §3º), aquele juízo que era relativamente incompetente para processar e julgar a demanda passa a ser competente.

8.6.5. Interesse da União (45) – tramitando o processo perante outro juízo, os autos serão remetidos ao juízo federal competente se nele tiver que intervir a União, suas empresas públicas, entidades autárquicas e fundações, ou conselhos de fiscalização de atividade profissional, na qualidade de parte ou de interveniente. Contudo existem algumas exceções: a) recuperação judicial, falência, insolvência civil e acidente do trabalho (45, I); b) as ações sujeitas à justiça eleitoral e à justiça do trabalho (45, II). Caso o pedido seja de competência do juízo perante o qual foi proposta a ação, ou seja, competência em razão da matéria, por ser de natureza absoluta, os autos não serão remetidos ao juízo federal (45, § 1º). Nesta hipótese, o juiz, ao não admitir cumulação de pedidos em razão da incompetência para apreciar qualquer deles, não examinará o mérito daquele em que exista interesse da União, de suas entidades autárquicas ou de suas empresas públicas (45, § 2º). Caso cesse a participação do ente federal cuja presença ensejou a remessa, por conta de sua exclusão do processo, o juízo federal restituirá os autos ao juízo estadual sem suscitar conflito de competência (45, § 3º).

8.7. Impugnação da competência

Inicialmente, a competência é fixada pelo autor quando do ingresso da demanda (319, I). Assim, pode ocorrer do autor não estabelecer de forma correta a competência, que pode gerar, desta forma, a sua impugnação. Como já visto, é cediço que existem dois tipos de competência, as de natureza absoluta e as de natureza relativa. Foi evidenciado alhures que as regras de **natureza absoluta**, se infringidas, devem ser reconhecidas de ofício pelo juiz (desde que seja evitada a decisão surpresa – 9º), mas também podem ser alegadas em preliminar de contestação (64 e 337, II), bem como pode ser alegada e reconhecida a qualquer tempo e grau de jurisdição (64, § 1º) e também ensejam sua alegação por meio da ação rescisória (966, II). Já quando se trata de regra de **natureza relativa**, sua discussão depende de alegação em preliminar de contestação pelo réu (64 e 337, II), podendo também ser alegada pelo MP nas causas em que atuar (65, parágrafo único) e também, de forma excepcional, de ofício pelo juiz quando, antes da citação, reputar ineficaz cláusula de eleição de foro por ser abusiva (63, § 3º).

Após o contraditório (64, § 2º) o juiz decidirá imediatamente sobre a alegação de incompetência e, em caso de acolhimento da impugnação, remeterá os autos ao juízo competente (64, § 3º).

No tocante à alegação de incompetência, quer absoluta quer relativa, pelo réu em preliminar de apelação (64 e 337, II), pode ser observada a regra do art. 340, segundo o qual a contestação poderá ser protocolada no foro do domicílio do réu, fato que será imediatamente comunicado ao juiz da causa, preferencialmente por meio eletrônico. A contestação será submetida a livre distribuição ou, se o réu houver sido citado por meio de carta precatória, juntada aos autos dessa carta, seguindo-se a sua imediata remessa para o juízo da causa (340, § 1º). Reconhecida a competência do foro indicado pelo réu, o juízo para qual for distribuída a contestação ou a carta precatória será considerado prevento (340, § 2º). Caso o réu se utilize do protocolo da contestação no foro de seu domicílio, será suspensa a realização da audiência de conciliação ou mediação (334), se tiver sido designada (340, § 3º). Uma vez definida a competência, o juízo competente

DIREITO PROCESSUAL CIVIL

designará nova data para a audiência de conciliação ou de mediação (340, § 4º).

8.8. Conflito de competência (66)

Há conflito de competência quando: a) dois ou mais juízes se declararem competentes (66, I); b) dois ou mais juízes se consideram incompetentes, atribuindo um ao outro a competência (66, II); e, c) entre dois ou mais juízes surge controvérsia acerca da reunião ou separação de processos (66, III). O juiz que não acolher a competência declinada deverá suscitar o conflito, salvo se a atribuir a outro juízo (66, parágrafo único).

9. SUJEITOS DO PROCESSO

A relação jurídico-processual é formada entre as partes e o Poder Judiciário, ou seja, o autor que provoca o Judiciário para que promova a análise da lesão ou ameaça a um direito que alega ser seu em face do réu. Além desses sujeitos do processo, outras pessoas acabam auxiliando a prestação jurisdicional, sendo eles os auxiliares permanentes (escrivão ou chefe de secretaria, os escreventes, o oficial de justiça – 150/155 – e os conciliadores e mediadores – 165/175), outros são tidos como auxiliares eventuais, posto que podem ou não vir a atuar no curso do processo (perito – 156/158 –, depositário e o administrador – 159/161 –, intérprete e tradutor – 162/164).

Também, pode ser que a demanda exija a participação do MP (178) como fiscal da ordem jurídica, quando não for parte, como nas causas que envolvam: I – interesse público ou social (a participação da fazenda Pública não configura, por si só, hipótese de intervenção do MP – 178, parágrafo único); II – interesse do incapaz; e, III – litígios coletivos pela posse de terra rural ou urbana.

9.1. Do juiz

O juiz assume um importante papel na prestação jurisdicional após ser provocado pela parte que retirou da inércia o Judiciário. Assim, não só como aplicador do direito na resolução do conflito, o juiz tem a incumbência (139) de: I - assegurar às partes igualdade de tratamento; II - velar pela duração razoável do processo; III - prevenir ou reprimir qualquer ato contrário à dignidade da justiça e indeferir postulações meramente protelatórias; IV - determinar todas as medidas indutivas, coercitivas, mandamentais ou sub-rogatórias necessárias para assegurar o cumprimento de ordem judicial, inclusive nas ações que tenham por objeto prestação pecuniária; V - promover, a qualquer tempo, a autocomposição, preferencialmente com auxílio de conciliadores e mediadores judiciais; VI - dilatar os prazos processuais e alterar a ordem de produção dos meios de prova, adequando-os às necessidades do conflito de modo a conferir maior efetividade à tutela do direito; VII - exercer o poder de polícia, requisitando, quando necessário, força policial, além da segurança interna dos fóruns e tribunais; VIII - determinar, a qualquer tempo, o comparecimento pessoal das partes, para inquiri-las sobre os fatos da causa, hipótese em que não incidirá a pena de confesso; IX - determinar o suprimento de pressupostos processuais e o saneamento de outros vícios processuais; X - quando se deparar com diversas demandas individuais repetitivas, oficiar o Ministério Público, a Defensoria Pública e, na medida do possível, outros legitimados,

para, se for o caso, promover a propositura da ação coletiva respectiva (Leis 7.347/1985 e 8.078/1990).

O juiz responderá, civil e regressivamente, por perdas e danos quando (143): I - no exercício de suas funções, proceder com dolo ou fraude; II - recusar, omitir ou retardar, sem justo motivo, providência que deva ordenar de ofício ou a requerimento da parte.

A atuação do juiz deve ser de imparcialidade e equidistância das partes, ou seja, não pode ele estar sujeito a nenhuma causa de impedimento (144) – situações objetivas que, naturalmente, revelam uma influência na condução do processo e na tomada das decisões – ou de suspeição (145) – situações subjetivas cujo reconhecimento da quebra da imparcialidade ocorrerá no caso a caso.

9.2. Das partes

Toda pessoa que se encontre no exercício de seus direitos tem capacidade para estar em juízo (70), sendo que o incapaz será representado ou assistido por seus pais, por tutor ou por curador. O juiz nomeará curador especial (72) ao: I - incapaz, se não tiver representante legal ou se os interesses deste colidirem com os daquele, enquanto durar a incapacidade; II - réu preso revel, bem como ao réu revel citado por edital ou com hora certa, enquanto não for constituído advogado. A curatela especial será exercida pela Defensoria Pública.

O cônjuge (ou companheiro) necessitará do consentimento do outro para propor ação que verse sobre direito real imobiliário, salvo quando casados sob o regime de separação absoluta de bens (73). Ambos os cônjuges serão necessariamente citados para a ação: I - que verse sobre direito real imobiliário, salvo quando casados sob o regime de separação absoluta de bens; II - resultante de fato que diga respeito a ambos os cônjuges ou de ato praticado por eles; III - fundada em dívida contraída por um dos cônjuges a bem da família; IV - que tenha por objeto o reconhecimento, a constituição ou a extinção de ônus sobre imóvel de um ou de ambos os cônjuges. Nas ações possessórias, a participação do cônjuge do autor ou do réu somente é indispensável nas hipóteses de composse ou de ato por ambos praticado.

São deveres das partes, de seus procuradores e de todos aqueles que de qualquer forma participem do processo (77): I - expor os fatos em juízo conforme a verdade; II - não formular pretensão ou de apresentar defesa quando cientes de que são destituídas de fundamento; III - não produzir provas e não praticar atos inúteis ou desnecessários à declaração ou à defesa do direito; IV - cumprir com exatidão as decisões jurisdicionais, de natureza provisória ou final, e não criar embaraços à sua efetivação; V - declinar, no primeiro momento que lhes couber falar nos autos, o endereço residencial ou profissional onde receberão intimações, atualizando essa informação sempre que ocorrer qualquer modificação temporária ou definitiva; VI - não praticar inovação ilegal no estado de fato de bem ou direito litigioso.

Responde por perdas e danos aquele que litigar de má-fé como autor, réu ou interveniente (79), sendo considerado litigante de má-fé aquele que (80): I - deduzir pretensão ou defesa contra texto expresso de lei ou fato incontroverso; II - alterar a verdade dos fatos; III - usar do processo para conseguir objetivo ilegal; IV - opuser resistência injustificada ao andamento do processo; V - proceder de modo temerário em qualquer incidente ou ato do processo; VI - provocar incidente manifestamente infundado; VII - interpuser recurso com intuito manifestamente protelatório.

O litigante de má-fé será condenado a pagar multa, que deverá ser superior a um por cento e inferior a dez por cento do valor corrigido da causa, a indenizar a parte contrária pelos prejuízos que esta sofreu e a arcar com os honorários advocatícios e com todas as despesas que efetuou.

Salvo as disposições concernentes à gratuidade da justiça, incumbe às partes prover as despesas dos atos que realizarem ou requererem no processo, antecipando-lhes o pagamento, desde o início até a sentença final ou, na execução, até a plena satisfação do direito reconhecido no título (82). Incumbe ao autor adiantar as despesas relativas a ato cuja realização o juiz determinar de ofício ou a requerimento do Ministério Público, quando sua intervenção ocorrer como fiscal da ordem jurídica. A sentença condenará o vencido a pagar ao vencedor as despesas que antecipou bem como a pagar honorários ao advogado do vencedor (85). São devidos honorários advocatícios na reconvenção, no cumprimento de sentença, provisório ou definitivo, na execução, resistida ou não, e nos recursos interpostos, cumulativamente. Os honorários serão fixados entre o mínimo de dez e o máximo de vinte por cento sobre o valor da condenação, do proveito econômico obtido ou, não sendo possível mensurá-lo, sobre o valor atualizado da causa, atendidos: I - o grau de zelo do profissional; II - o lugar de prestação do serviço; III - a natureza e a importância da causa; IV - o trabalho realizado pelo advogado e o tempo exigido para o seu serviço.

Nas causas em que a Fazenda Pública for parte, a fixação dos honorários observará seguintes percentuais: I - mínimo de dez e máximo de vinte por cento sobre o valor da condenação ou do proveito econômico obtido até 200 salários-mínimos; II - mínimo de oito e máximo de dez por cento sobre o valor da condenação ou do proveito econômico obtido acima de 200 salários-mínimos até 2.000 salários-mínimos; III - mínimo de cinco e máximo de oito por cento sobre o valor da condenação ou do proveito econômico obtido acima de 2.000 salários-mínimos até 20.000 salários-mínimos; IV - mínimo de três e máximo de cinco por cento sobre o valor da condenação ou do proveito econômico obtido acima de 20.000 salários-mínimos até 100.000 salários-mínimos; V - mínimo de um e máximo de três por cento sobre o valor da condenação ou do proveito econômico obtido acima de 100.000 salários-mínimos.

Caso a decisão transitada em julgado seja omissa quanto ao direito aos honorários ou ao seu valor, é cabível ação autônoma para sua definição e cobrança. Se cada litigante for, em parte, vencedor e vencido, serão proporcionalmente distribuídas entre eles as despesas. Se um litigante sucumbir em parte mínima do pedido, o outro responderá, por inteiro, pelas despesas e pelos honorários.

A pessoa natural ou jurídica, brasileira ou estrangeira, com insuficiência de recursos para pagar as custas, as despesas processuais e os honorários advocatícios tem direito à gratuidade da justiça (98). A gratuidade da justiça compreende: I - as taxas ou as custas judiciais; II - os selos postais; III - as despesas com publicação na imprensa oficial, dispensando-se a publicação em outros meios; IV - a indenização devida à testemunha que, quando empregada, receberá do empregador salário integral, como se em serviço estivesse; V - as despesas com a realização de exame de código genético - DNA e de outros exames considerados essenciais; VI - os honorários do advogado e do perito e a remuneração do intérprete ou do tradutor nomeado para apresentação de versão em português de documento redigido em língua estrangeira; VII - o custo com a elaboração de memória de cálculo, quando exigida para instauração da execução; VIII - os depósitos previstos em lei para interposição de recurso, para propositura de ação e para a prática de outros atos processuais inerentes ao exercício da ampla defesa e do contraditório; IX - os emolumentos devidos a notários ou registradores em decorrência da prática de registro, averbação ou qualquer outro ato notarial necessário à efetivação de decisão judicial ou à continuidade de processo judicial no qual o benefício tenha sido concedido.

A concessão de gratuidade não afasta a responsabilidade do beneficiário pelas despesas processuais e pelos honorários advocatícios decorrentes de sua sucumbência, contudo, sua exigibilidade fica suspensa e somente poderão ser executadas se, nos 5 (cinco) anos subsequentes ao trânsito em julgado da decisão que as certificou, o credor demonstrar que deixou de existir a situação de insuficiência de recursos que justificou a concessão de gratuidade, extinguindo-se, passado esse prazo, tais obrigações do beneficiário.

9.3. Intervenção de terceiros

Quando do ingresso da ação, o autor estabelece quem são as partes na relação jurídico processual. Contudo, em diversas situações terceiros, que não são partes na demanda, podem ou devem agir em juízo. Estas situações são caracterizadas pelas formas de intervenção de terceiros, que podem ser: a) a assistência (119 a 124); b) a denunciação da lide (125 a 129); c) o chamamento ao processo (130 a 132); d) o incidente de desconsideração da personalidade jurídica; e, e) o "amicus curiae".

9.3.1. Assistência – é uma forma de intervenção de terceiro **espontânea** pela qual o terceiro **juridicamente interessado** em que a sentença seja favorável a uma das partes da relação processual poderá intervir para assisti-la (119). Para que seja possível a assistência, o terceiro deve demonstrar **interesse jurídico**, ou seja, que a decisão de forma direta ou indireta atinja sua esfera jurídica. A assistência será admitida em qualquer procedimento e em todos os graus de jurisdição, recebendo o assistente o processo no estado em que se encontre (119, parágrafo único).

Não havendo impugnação no prazo de 15 dias, o pedido do assistente será deferido, salvo se for caso de rejeição liminar (120). Se qualquer parte alegar que falta ao requerente interesse jurídico para intervir, o juiz decidirá o incidente, sem suspensão do processo.

A assistência pode ser: a) **assistência simples** – segundo a qual o direito discutido no processo não pertence ao assistente, mas ele mantém uma relação coligada com a parte que quer que saia vitoriosa, assim, o terceiro assistente jamais poderia ser parte na ação. É o que ocorre, por exemplo, na ação cujo objeto seja a locação e o terceiro é um sublocatário.

O assistente simples atuará como auxiliar da parte principal, exercerá os mesmos poderes e sujeitar-se-á aos mesmos ônus processuais que o assistido (121). Sendo revel ou, de qualquer outro modo, omisso o assistido, o assistente será considerado seu substituto processual (121, parágrafo único). Quanto aos atos dispositivos, o assistente simples fica subordinado à vontade do assistido, uma vez que não obsta a que o assistido reconheça a procedência do pedido, desista da ação, renuncie ao direito sobre o que se funda a ação ou transija sobre direitos controvertidos (122).

A assistência também pode ser b) **assistência litisconsorcial** (124) – segundo a qual o direito discutido também pertence ao assistente, ou seja, o terceiro assistente mantém relação jurídica também com a parte contrária, desta forma, o terceiro poderia ser parte na ação, por exemplo: a ação de anulação de testamento em que um dos herdeiros quer ser assistente. Desta maneira o assistente litisconsorcial quando admitido se torna litisconsorte (117).

Os efeitos da sentença abrangem o assistente (123), posto que transitada em julgado a sentença no processo em que interveio o assistente, este não poderá, em processo posterior, discutir a justiça da decisão, salvo se alegar e provar que: I - pelo estado em que recebeu o processo ou pelas declarações e pelos atos do assistido, foi impedido de produzir provas suscetíveis de influir na sentença; II - desconhecia a existência de alegações ou de provas das quais o assistido, por dolo ou culpa, não se valeu.

9.3.2. Denunciação da lide – é uma forma de intervenção de terceiros **provocada** ou pelo autor ou pelo réu da demanda, com vistas à garantia do **direito de regresso** em razão do risco envolvido na demanda, uma vez que, por lei ou por contrato, pode haver um garantidor da obrigação. O CPC (125) estabelece duas possibilidades de promoção da denunciação da lide: I - ao alienante imediato, no processo relativo à coisa cujo domínio foi transferido ao denunciante, a fim de que possa exercer os direitos que da evicção lhe resultam; II - àquele que estiver obrigado, por lei ou pelo contrato, a indenizar, em ação regressiva, o prejuízo de quem for vencido no processo.

A facilidade da promoção da denunciação da lide é a de promover na mesma sentença, caso o denunciante seja vencido, o direito que tem de ter seu prejuízo regredido em face do denunciado, valendo como título executivo judicial (129). Se o denunciante for vencedor, a ação de denunciação não terá o seu pedido examinado, sem prejuízo da condenação do denunciante ao pagamento das verbas de sucumbência em favor do denunciado (129, parágrafo único).

A promoção da denunciação da lide não se mostra obrigatória, assim, o direito regressivo será exercido por ação autônoma quando a denunciação da lide for indeferida, deixar de ser promovida ou não for permitida (125, § 1º).

Admite-se uma única denunciação sucessiva, promovida pelo denunciado, contra seu antecessor imediato na cadeia dominial ou quem seja responsável por indenizá-lo, não podendo o denunciado sucessivo promover nova denunciação, hipótese em que eventual direito de regresso será exercido por ação autônoma (125, §2º).

O autor que promover a denunciação da lide a requererá na petição inicial (126), promovendo-se a citação do denunciado que poderá assumir a posição de litisconsorte do denunciante e acrescentar novos argumentos à petição inicial, procedendo-se em seguida a citação do réu (127).

A denunciação da lide realizada pelo réu é promovida na contestação (126), promovendo-se a citação do denunciado que poderá (128): I - se o denunciado contestar o pedido formulado pelo autor, o processo prosseguirá tendo, na ação principal, em litisconsórcio, denunciante e denunciado; II - se o denunciado for revel, o denunciante pode deixar de prosseguir com sua defesa, eventualmente oferecida, e abster-se de recorrer, restringindo sua atuação à ação regressiva; III - se o denunciado confessar os fatos alegados pelo autor na ação principal, o denunciante poderá prosseguir com sua defesa ou, aderindo a tal reconhecimento, pedir apenas a procedência da ação de regresso.

No caso da denunciação da lide promovida pelo réu, sendo procedente o pedido da ação principal, pode o autor, se for o caso, requerer o cumprimento da sentença também contra o denunciado, nos limites da condenação deste na ação regressiva (128, parágrafo único).

9.3.3. Chamamento ao processo – é uma modalidade de intervenção de terceiros **provocada** pelo réu para fazer valer o seu **direito de regresso** em face dos demais codevedores de uma obrigação (130), sendo as hipóteses legais: I - do afiançado, na ação em que o fiador for réu; II - dos demais fiadores, na ação proposta contra um ou alguns deles; III - dos demais devedores solidários, quando o credor exigir de um ou de alguns o pagamento da dívida comum.

O objetivo é que o juiz, na mesma sentença, já determine o direito de regresso do réu em face dos demais codevedores da obrigação, constituindo título executivo judicial (132) em favor do réu que satisfizer a obrigação, a fim de que possa exigi-la, por inteiro, do devedor principal, ou, de cada um dos codevedores, a sua quota, na proporção que lhes tocar.

O processamento do chamamento ao processo é promovido por meio de requerimento do réu na contestação (131) e a citação do terceiro deverá ser promovida no prazo de 30 dias, sob pena de ficar sem efeito o chamamento. Se o chamado residir em outra comarca, seção ou subseção judiciárias, ou em lugar incerto, o prazo para citação será de 2 meses (131, parágrafo único).

Denunciação da Lide	Chamamento ao Processo
Arts. 125/129	Arts. 130/132
Intervenção de terceiro provocada	Intervenção de terceiro provocada
Promovida pelo Autor ou pelo Réu	Promovida apenas pelo Réu
Direito de Regresso – garantidor da obrigação	Direito de Regresso – codevedor da obrigação
Garantidor por lei ou por contrato	Codevedor solidário

9.3.4. Incidente de Desconsideração da Personalidade Jurídica – a figura da personalidade jurídica e de sua distinção com relação a seus sócios pode gerar a insatisfação do direito. Desta forma, com base na teoria da "Disregard of the legal entity" de maneira provisória será tornada ineficaz a estrutura formal de uma sociedade, tendo como objetivo coibir fraudes e abusos de direito com vistas à garantia da solvência das obrigações contraídas. No direito material existem dois fundamentos básicos que justificação a desconsideração: o art. 50, do Código Civil e o art. 28, do Código de Defesa do Consumidor. As teorias aplicáveis à desconsideração são: a) **teoria maior** – segundo a qual o sócio responde desde que haja: i) insolvência (prejuízo ao credor) e ii) desvio de finalidade ou confusão patrimonial (abuso da personalidade jurídica); e, b) **teoria menor** – basta a insolvência da sociedade prejudicando o credor.

Também é possível a ocorrência da **desconsideração da personalidade jurídica inversa**, pela qual a dívida do sócio atingirá a pessoa jurídica da qual faça parte, uma vez que tenha se valido da pessoa jurídica para ocultar ou desviar bens pessoais, com prejuízo a terceiros (133, § 2º).

O CPC cuida de regular o procedimento que promoverá a desconsideração, sendo que este será instaurado a pedido da parte ou do MP, quando lhe couber intervir no processo (133). O incidente de desconsideração é cabível em todas as fases do processo de conhecimento, no cumprimento de sentença e na execução fundada em título executivo extrajudicial (134). A instauração do incidente será imediatamente comunicada ao distribuidor para as anotações devidas (134, § 1º). Será dispensada a instauração do incidente se a desconsideração da personalidade jurídica for requerida na petição inicial, hipótese em que será citado o sócio ou a pessoa jurídica (134, § 2º).

Promovida a instauração do incidente haverá a suspensão do processo (134, § 3º) – salvo se for requerida a desconsideração na petição inicial – sendo promovida a citação do sócio ou da pessoa jurídica para se manifestar e requerer as provas cabíveis no prazo de 15 dias (135). Concluída a instrução, se necessária, o incidente será resolvido por decisão interlocutória (136). Se a decisão for proferida pelo relator, cabe agravo interno (136, parágrafo único).

Acolhido o pedido de desconsideração, a alienação ou a oneração de bens, havida em fraude de execução, será ineficaz em relação ao requerente (137).

9.3.5. Do "amicus curiae" – É uma forma de intervenção de terceiro em que um terceiro irá participar da demanda manifestando a sua opinião técnica e jurídica sobre a controvérsia, sem que tenha interesse jurídico próprio da assistência para tanto. O juiz ou o relator, considerando a relevância da matéria, a especificidade do tema objeto da demanda ou a repercussão social da controvérsia, poderá, por decisão irrecorrível, de ofício ou a requerimento das partes ou de quem pretenda manifestar-se, solicitar ou admitir a participação de pessoa natural ou jurídica, órgão ou entidade especializada, com representatividade adequada, no prazo de 15 dias de sua intimação (138).

Essa intervenção não implica alteração de competência (138, § 1º) nem autoriza a interposição de recursos, ressalvadas a oposição de embargos de declaração e o recurso em face da decisão que julgar o incidente de resolução de demandas repetitivas (138, § 3º). Caberá ao juiz ou ao relator, na decisão que solicitar ou admitir a intervenção, definir os poderes do amicus curiae (138, § 2º), como no IRDR – incidente de resolução de demandas repetitivas, pode promover sustentação oral (984, II, "b"). Tem previsão de participação nos recursos especial e no recurso extraordinário repetitivos (1.038, I), bem como em diversos outros processos, tais como: ação direta de inconstitucionalidade e ação declaratória de constitucionalidade (Lei 9.868/1999, art. 7º, § 2º), incidente de declaração de inconstitucionalidade, controle difuso (948/950), análise da repercussão geral (1.035, § 4º), dentre outros.

10. DO PROCESSO DE CONHECIMENTO

A prestação jurisdicional requerida na petição inicial pode ter pretensão de natureza declaratória, condenatória, constitutiva ou desconstitutiva e, após o devido processo legal, garantindo o contraditório e a ampla defesa às partes, seguindo o **procedimento comum**, será proferida sentença pelo julgador.

Assim, o procedimento comum é o caminho que o processo irá seguir na prestação jurisdicional por parte do Estado. Tal procedimento se aplica à todas as causas, salvo disposição em contrário do CPC ou de lei (318), como também o procedimento comum aplica-se subsidiariamente aos demais procedimentos especiais e ao processo de execução.

10.1. Da petição inicial

O Poder Judiciário é tirado de sua inércia por meio da provocação do interessado em obter a tutela estatal e o faz por meio do ingresso da **petição inicial**. Assim, o processo começa por iniciativa da parte e se desenvolve por impulso oficial, salvo as exceções previstas em lei (art. 2º, do CPC).

O demandante (autor ou requerente), quando formula a sua petição inicial, deve obedecer aos requisitos (319), que obrigatoriamente deverão constar da peça vestibular, sob pena de ser determinada a emenda ou a complementação da petição inicial (321).

A petição inicial indicará (319):

I - o juízo a que é dirigida – com base nas regras de **competência** estabelecidas para o caso concreto, quer de natureza absoluta ou relativa, para direcionar a inicial ao juízo competente (42 a 53).

II - os nomes, os prenomes, o estado civil, a existência de união estável, a profissão, o número de inscrição no Cadastro de Pessoas Físicas ou no Cadastro Nacional da Pessoa Jurídica, o endereço eletrônico, o domicílio e a residência do autor e do réu – **qualificação das partes** – imprescindível que a petição inicial identifique com o maior detalhamento possível as partes que compõe a lide. Assim, tanto aquele que está no polo ativo da demanda, bem como no polo passivo da ação devem ser identificados com as informações exigidas. Por certo, o demandante tem sempre como se identificar perfeitamente, contudo, a qualificação daquele(s) que figura(m) no polo passivo da demanda nem sempre se mostra possível de realizar de forma completa. Assim, na forma do art. 319, § 1º, caso não disponha das informações, poderá o autor, na petição inicial, requerer ao juiz diligências necessárias a sua

DIREITO PROCESSUAL CIVIL

obtenção, com a expedição, por exemplo, de ofícios à órgãos públicos que possam contribuir com a complementação da qualificação do réu. A par dessa possibilidade, continuando a incompletude da qualificação do réu, o juiz irá verificar se é possível, mesmo assim, a citação do réu, ou seja, se é possível identificar o réu para que ele seja validamente citado (319, § 2º).Caso a ausência da qualificação completa do réu não viabilizar a citação, mesmo com a realização das diligências, o juiz não indeferirá a petição inicial se a obtenção de tais informações tornar impossível ou excessivamente oneroso o acesso à justiça (319, § 1º).

III - o fato e os fundamentos jurídicos do pedido – **causa de pedir** – outro requisito da petição inicial é a construção pelo autor da demonstração da causa de pedir remota – fatos – e da causa de pedir próxima – fundamentos jurídicos – com que o autor lastreia os seus pedidos.

IV - o pedido com as suas especificações – **pedido** – o autor deverá demonstrar a sua pretensão em juízo, observando as regras dos arts. 322 a 329, do CPC.

V - o **valor da causa** – toda causa, ainda que seja incerto o seu conteúdo econômico, deverá ter um valor atribuído (291). O valor da causa constará da petição inicial ou da reconvenção (292) e será: I - na ação de cobrança de dívida, a soma monetariamente corrigida do principal, dos juros de mora vencidos e de outras penalidades, se houver, até a data de propositura da ação; II - na ação que tiver por objeto a existência, a validade, o cumprimento, a modificação, a resolução, a resilição ou a rescisão de ato jurídico, o valor do ato ou o de sua parte controvertida; III - na ação de alimentos, a soma de 12 (doze) prestações mensais pedidas pelo autor; IV - na ação de divisão, de demarcação e de reivindicação, o valor de avaliação da área ou do bem objeto do pedido; V - na ação indenizatória, inclusive a fundada em dano moral, o valor pretendido; VI - na ação em que há cumulação de pedidos, a quantia correspondente à soma dos valores de todos eles; VII - na ação em que os pedidos são alternativos, o de maior valor; VIII - na ação em que houver pedido subsidiário, o valor do pedido principal. Quando se pedirem prestações vencidas e vincendas, considerar-se-á o valor de umas e outras. O valor das prestações vincendas será igual a uma prestação anual, se a obrigação for por tempo indeterminado ou por tempo superior a 1 (um) ano, e, se por tempo inferior, será igual à soma das prestações. Caso a causa não se encaixe em qualquer dos critérios acima, o autor irá fixar o valor da causa por estimativa.

O juiz corrigirá, de ofício e por arbitramento, o valor da causa quando verificar que não corresponde ao conteúdo patrimonial em discussão ou ao proveito econômico perseguido pelo autor, caso em que se procederá ao recolhimento das custas correspondentes (292, § 3º).

O réu poderá impugnar, em preliminar da contestação, o valor atribuído à causa pelo autor, sob pena de preclusão, e o juiz decidirá a respeito, impondo, se for o caso, a complementação das custas (293).

VI - as **provas** com que o autor pretende demonstrar a verdade dos fatos alegados. O autor indicará na petição inicial as provas que pretende produzir com vistas a promover o convencimento motivado do julgador. As provas que serão colhidas

na fase de instrução probatória serão especificadas em momento posterior que é o despacho saneador (357); na petição inicial deverá o autor produzir a prova documental (320 e 434).

VII - a **opção do autor pela realização ou não de audiência de conciliação ou de mediação** – o procedimento comum estabeleceu como regra que o juiz irá designar audiência de conciliação ou mediação e determinará a citação do réu para comparecimento à esta audiência, para a sua realização, nos termos do artigo 334.

A petição inicial será instruída com os documentos indispensáveis à propositura da ação (320), assim, este é um requisito da petição inicial e refere-se a prova documental a ser realizada já quando do ingresso da ação (434).

O autor deve observar esses requisitos (319 e 320) para a propositura da demanda, sendo que o juiz ao despachar a petição inicial – ou seja, ao analisar pela primeira vez a demanda –, observando que existem falhas sanáveis na petição inicial, ou seja, se a petição inicial não preenche os seus requisitos ou apresenta defeitos e irregularidades capazes de dificultar o julgamento de mérito, determinará que o autor, no prazo de 15 (quinze) dias, a emende ou a complete, indicando com precisão o que deve ser corrigido ou completado.

A determinação pelo juiz da emenda da petição inicial é medida obrigatória sempre que o vício na petição inicial puder ser corrigido (317).

Caso o autor não cumpra a diligência, o juiz indeferirá a petição inicial (321, parágrafo único).

Estando em termos a petição inicial, ou seja, não sendo o caso de nenhuma das hipóteses de indeferimento (330), tampouco caso de julgamento liminar de improcedência do pedido (332), o juiz irá designar a audiência de conciliação (334) e ordenar que o réu seja citado para comparecimento à audiência.

10.2. Da audiência de conciliação ou de mediação

A designação da audiência de conciliação ou de mediação, conforme o caso, será promovida com antecedência mínima de 30 (trinta) dias, devendo ser citado o réu com pelo menos 20 (vinte) dias de antecedência (334). A intimação do autor será promovida na pessoa de seu advogado (334, § 3º). Somente não se realizará a audiência (334, § 4º): I - se ambas as partes manifestarem, expressamente, desinteresse na composição consensual; II - quando não se admitir a autocomposição.

O autor deverá indicar, na petição inicial, seu desinteresse na autocomposição, sendo que mesmo assim o juiz irá designá-la, e o réu deverá fazê-lo, por petição, apresentada com 10 (dez) dias de antecedência, contados da data da audiência. Ocorrendo tal hipótese o prazo para o réu contestar a demanda se inicia a partir do dia do protocolo do pedido de cancelamento da audiência de conciliação ou mediação pelo réu (335, II). Havendo litisconsórcio, o desinteresse na realização da audiência deve ser manifestado por todos os litisconsortes (334, § 6º).

A audiência de conciliação ou de mediação pode realizar-se por meio eletrônico, nos termos da lei (334, §7º).O não comparecimento injustificado do autor ou do réu à audiência

181

de conciliação é considerado ato atentatório à dignidade da justiça e será sancionado com multa de até dois por cento da vantagem econômica pretendida ou do valor da causa, revertida em favor da União ou do Estado (334, § 8º) e na audiência as partes devem estar acompanhadas por seus advogados ou defensores públicos (334, § 9º). A parte poderá constituir representante, por meio de procuração específica, com poderes para negociar e transigir (334, § 10). A autocomposição obtida será reduzida a termo e homologada por sentença (487, III, "b").

A pauta das audiências de conciliação ou de mediação será organizada de modo a respeitar o intervalo mínimo de 20 minutos entre o início de uma e o início da seguinte.

10.3. Contestação

O réu poderá oferecer contestação, por petição, no prazo de 15 dias a contar (335): I - da audiência de conciliação ou de mediação, ou da última sessão de conciliação, quando qualquer parte não comparecer ou, comparecendo, não houver autocomposição; II - do protocolo do pedido de cancelamento da audiência de conciliação ou de mediação apresentado pelo réu, quando o autor tiver optado na petição inicial pela sua não realização; III - prevista no art. 231, de acordo com o modo como foi feita a citação, nos casos em que não houver sido designada audiência de conciliação ou de mediação.

Importante observar que no caso de litisconsórcio passivo, todos promovendo a manifestação de desinteresse da realização da audiência de conciliação (334, § 6º), o termo inicial para contestar, para cada um dos réus, será a data de apresentação de seu respectivo pedido de cancelamento da audiência.

Diante do princípio da concentração e da eventualidade da contestação (336), a defesa é dividida em a) **processual** – onde são levantadas as questões preliminares (337), que podem ser de duas grandezas: I – dilatórias, cujo acolhimento acarreta apenas um retardo de alguma forma na análise do processo (por exemplo: preliminar de incompetência ou de conexão) ou, II – peremptórias, cujo acolhimento acarreta a extinção do processo sem resolução de mérito (485) – (por exemplo nas preliminares de perempção, litispendência, coisa julgada). As preliminares processuais (337) são: I - inexistência ou nulidade da citação; II - incompetência absoluta e relativa; III - incorreção do valor da causa; IV - inépcia da petição inicial; V - perempção; VI - litispendência; VII - coisa julgada; VIII - conexão; IX - incapacidade da parte, defeito de representação ou falta de autorização; X - convenção de arbitragem - a ausência de alegação da existência de convenção de arbitragem implica aceitação da jurisdição estatal e renúncia ao juízo arbitral (337, § 6º); XI - ausência de legitimidade ou de interesse processual; XII - falta de caução ou de outra prestação que a lei exige como preliminar; XIII - indevida concessão do benefício de gratuidade de justiça. Excetuadas a convenção de arbitragem e a incompetência relativa, o juiz conhecerá de ofício das demais matérias (337, § 5º).

Após a promoção da defesa processual é promovida a defesa de b) **mérito** – na qual o réu preliminarmente alegará a ocorrência da prescrição ou da decadência (487, II) e, posteriormente passará a promover a defesa de mérito propriamente dita onde arguirá fatos modificativos, extintivos ou impeditivos do direito do autor.

Incumbe também ao réu manifestar-se precisamente sobre as alegações de fato constantes da petição inicial, presumindo-se verdadeiras as não impugnadas (341), salvo se: I - não for admissível, a seu respeito, a confissão; II - a petição inicial não estiver acompanhada de instrumento que a lei considerar da substância do ato; III - estiverem em contradição com a defesa, considerada em seu conjunto. O ônus da impugnação especificada dos fatos não se aplica ao defensor público, ao advogado dativo e ao curador especial (341, parágrafo único).

Ante o princípio da eventualidade, depois da contestação só é lícito ao réu deduzir novas alegações quando (342): I - relativas a direito ou a fato superveniente; II - competir ao juiz conhecer delas de ofício; III - por expressa autorização legal, puderem ser formuladas em qualquer tempo e grau de jurisdição.

10.4. Da reconvenção

O réu poderá formular pedidos em face do autor, propondo a reconvenção, que será promovida na contestação, desde que a pretensão própria seja conexa com a ação principal ou com o fundamento da defesa (343). Proposta a reconvenção, o autor será intimado, na pessoa de seu advogado, para apresentar resposta no prazo de 15 dias (343, § 1º). A desistência da ação ou a ocorrência de causa extintiva que impeça o exame de seu mérito não obsta ao prosseguimento do processo quanto à reconvenção (343, § 2º). A reconvenção pode ser proposta contra o autor e terceiro (343, § 3º). A reconvenção pode ser proposta pelo réu em litisconsórcio com terceiro (343, § 4º). Se o autor for substituto processual, o reconvinte deverá afirmar ser titular de direito em face do substituído, e a reconvenção deverá ser proposta em face do autor, também na qualidade de substituto processual (343, § 5º). O réu pode propor reconvenção independentemente de oferecer contestação (343, § 6º).

10.5. Da revelia

Revelia é a ausência de contestação pelo réu no momento adequado. O principal efeito da revelia é que há uma presunção relativa de veracidade das alegações de fato formuladas pelo autor (344). Contudo, não haverá esse efeito de presunção de veracidade (345) quando I - havendo pluralidade de réus, algum deles contestar a ação; II - o litígio versar sobre direitos indisponíveis; III - a petição inicial não estiver acompanhada de instrumento que a lei considere indispensável à prova do ato; IV - as alegações de fato formuladas pelo autor forem inverossímeis ou estiverem em contradição com prova constante dos autos.

Os prazos contra o revel que não tenha patrono nos autos fluirão da data de publicação do ato decisório no órgão oficial (346). O revel poderá intervir no processo em qualquer fase, recebendo-o no estado em que se encontrar (346, parágrafo único).

Caso o seu seja revel e não haja a incidência dos efeitos da revelia (344), o juiz ordenará que o autor especifique as provas que pretenda produzir, se ainda não as tiver indicado (348).

Ao réu revel será lícita a produção de provas (349), contrapostas às alegações do autor, desde que se faça representar nos autos a tempo de praticar os atos processuais indispensáveis a essa produção, ou seja, desde que requeira antes da prolação da sentença (355, II).

10.6. Da réplica (350 e 351)

A réplica é a manifestação do autor quanto à contestação apresentada pelo réu, sendo verificada na hipótese em que o réu alegar fato modificativo, impeditivo ou extintivo do direito do autor, bem como caso o réu alegue qualquer preliminar processual (337), permitindo em qualquer situação a produção de prova. Importante observar sobre a preliminar de ilegitimidade passiva, a aplicação dos arts. 338 e 339, em que o autor poderá promover a correção do polo passivo da ação.

O juiz, após a apresentação da contestação, verificando a existência de irregularidades ou de vícios sanáveis, determinará sua correção em prazo nunca superior a 30 dias (352).

Caso o juiz identifique que é desnecessária a instrução probatória para proferir sentença, será proferido o julgamento conforme o estado do processo, que pode ser sobre toda a demanda (354 e 355) ou pode ser sobre parte do objeto da ação (354, parágrafo único e 356), nessa hipótese a parte que não for julgada terá o curso da demanda prosseguido com a prolação do despacho saneador.

10.7. Do despacho saneador

Uma vez promovida a réplica à contestação apresentada e, não sendo o caso de julgamento conforme o estado do processo (extinguindo totalmente à demanda – arts. 354, *caput* e 355, CPC), será proferido pelo juiz o chamado despacho saneador (357), com vistas a preparar o processo para a próxima fase que é a da instrução probatória.

Neste momento o juiz passará a resolver, por primeiro, as questões processuais pendentes, se houver (357, I), e, posteriormente irá delimitar as questões de fato sobre as quais recairá a atividade probatória, especificando os meios de provas admitidos (357, II). Também irá definir a distribuição do ônus da prova (357, III e 373), bem como delimitar as questões de direito relevantes para a decisão de mérito (357, IV) e, por fim, se necessário, irá designar audiência de instrução e julgamento.

O CPC estabelece a possibilidade de uma maior participação das partes na condução do processo, assim, poderão as partes apresentar ao juiz, para homologação, a delimitação consensual das questões de fato e de direito que, se homologada, vincula as partes e o juiz (357, § 2º).

Ainda, por conta da cooperação das partes no deslinde da demanda, apresentando a causa complexidade em matéria de fato ou de direito, deverá o juiz designar audiência para que o saneamento seja realizado, oportunidade em que o juiz, se o caso, convidará as partes a integrar ou esclarecer suas alegações (357, § 3º). Neste caso o rol de testemunhas será apresentado na própria audiência (357, § 5º).

O despacho saneador não pode ser impugnável por recurso, salvo quanto à definição da distribuição do ônus da prova (373, § 1º e 1015, XI), sendo que realizado o saneamento, as partes têm o direito de pedir esclarecimentos ou solicitar ajustes, no prazo comum de 5 dias, findo o qual a decisão se torna estável (357, § 1º).

Caso tenha sido determinada a produção de prova testemunhal, o juiz fixará prazo não superior a 15 dias para a apresentação do rol de testemunhas pelas partes (357, § 4º).

O número de testemunhas arroladas não pode ser superior a 10, sendo 3, no máximo, para a prova de cada fato (357, § 6º). Contudo, o juiz poderá limitar o número de testemunhas levando em conta a complexidade da causa e dos fatos individualmente considerados (357, § 7º). A designação da audiência de instrução e julgamento deverá obedecer um intervalo mínimo de 1 hora entre as audiências (357, § 9º).

Determinada a produção da prova pericial, o juiz nomeará perito especializado no objeto da perícia e fixará de imediato o prazo para a entrega do laudo (465), estabelecendo, desde logo, se possível, o calendário para sua realização (357, § 8º).

11. DAS PROVAS

As partes têm o direito de empregar todos os meios legais, bem como os moralmente legítimos, ainda que não especificados neste Código, para provar a verdade dos fatos em que se funda o pedido ou a defesa e influir eficazmente na convicção do juiz (369).

Caberá ao juiz, de ofício ou a requerimento da parte, determinar as provas necessárias ao julgamento do mérito. O juiz indeferirá, em decisão fundamentada, as diligências inúteis ou meramente protelatórias.

O juiz apreciará a prova constante dos autos, independentemente do sujeito que a tiver promovido, e indicará na decisão as razões da formação de seu convencimento (371). A fundamentação é imprescindível para toda e qualquer decisão (489, § 1º).

O juiz poderá admitir a utilização de prova produzida em outro processo, chamada de prova emprestada (372), atribuindo-lhe o valor que considerar adequado, observado o contraditório.

A produção probatória é promovida pelas partes – e pelo juiz de ofício – com vistas à formação do livre convencimento motivado do juiz para que, quando da apreciação do mérito da causa, o julgamento de improcedência ou procedência dos pedidos seja lastreado na convicção do juiz frente a parte que tem razão nos autos. Assim, naturalmente, as partes da lide têm interesse na promoção da produção probatória com vistas a comprovar os fatos alegados.

Em razão de ser ao juiz defeso deixar de julgar sobre o argumento de não estar convencido de qual das alegações se mostra verdadeira, estabeleceu-se o sistema de ônus da prova. Inicialmente o ônus da prova compete à parte que alega, assim, caso o juiz tenha dúvida de qual parte possui razão quando do julgamento da lide, por não estar convencido à luz das provas produzidas, irá proferir sentença contra o interesse da parte que tinha o ônus da prova e não se desincumbiu do mesmo.

O CPC estabelece inicialmente de forma estática a carga do ônus da prova (373), ao estabelecer que o ônus da prova incumbe: I - ao autor, quanto ao fato constitutivo de seu direito; II - ao réu, quanto à existência de fato impeditivo, modificativo ou extintivo do direito do autor.

A par dessa regra inicial da carga probatória que recai à parte, estabeleceu o CPC a chamada carga dinâmica do ônus da prova (373, § 1º), que possibilita nos casos previstos em lei

– como ocorre no Código de Defesa do Consumidor (6, VIII, CDC) – ou diante de peculiaridades da causa relacionadas à impossibilidade ou à excessiva dificuldade de cumprir o encargo nos termos do *caput* ou à maior facilidade de obtenção da prova do fato contrário, poderá o juiz atribuir o ônus da prova de modo diverso, desde que o faça por decisão fundamentada, caso em que deverá dar à parte a oportunidade de se desincumbir do ônus que lhe foi atribuído.

Tal decisão que altera o ônus da prova da parte será proferida no despacho saneador (357, III) e não pode gerar situação em que a desincumbência do encargo pela parte seja impossível ou excessivamente difícil (373, § 2º).

Ainda, a distribuição diversa do ônus da prova também pode ocorrer por convenção das partes (373, § 3º), e estabelecida antes ou durante o processo (373, §4), salvo quando: I - recair sobre direito indisponível da parte; II - tornar excessivamente difícil a uma parte o exercício do direito.

Já não dependem de prova os fatos (374): I - notórios; II - afirmados por uma parte e confessados pela parte contrária; III - admitidos no processo como incontroversos; IV - em cujo favor milita presunção legal de existência ou de veracidade.

A cooperação das partes e de quaisquer terceiros que tenham qualquer grau de influência para a resolução da demanda é obrigatória para o descobrimento da verdade (378).

Ao terceiro, em relação a qualquer causa (380), incumbe: I - informar ao juiz os fatos e as circunstâncias de que tenha conhecimento; II - exibir coisa ou documento que esteja em seu poder. Poderá o juiz, em caso de descumprimento, determinar, além da imposição de multa, outras medidas indutivas, coercitivas, mandamentais ou sub-rogatórias.

11.1. Da produção antecipada da prova

O momento usual para a produção a prova, quando for documental é para o autor a petição inicial e para o réu a contestação (434). As demais provas serão colhidas na fase instrutória.

Ocorre que, por diversos fatores, não se mostra possível aguardar todo o trâmite processual com observância do contraditório e da ampla defesa para que a prova possa ser produzida na fase de instrução probatória. Assim, o CPC estabelece hipóteses em que a prova poderá ser produzida em momento anterior, de forma antecipada (381), nos casos em que: I - haja fundado receio de que venha a tornar-se impossível ou muito difícil a verificação de certos fatos na pendência da ação; II - a prova a ser produzida seja suscetível de viabilizar a autocomposição ou outro meio adequado de solução de conflito; III - o prévio conhecimento dos fatos possa justificar ou evitar o ajuizamento de ação.

O arrolamento de bens observará o disposto na produção antecipada de prova quando tiver por finalidade apenas a realização de documentação e não a prática de atos de apreensão (381, § 1º).

A produção antecipada da prova é da competência do juízo do foro onde esta deva ser produzida ou do foro de domicílio do réu (381, § 2 º), contudo, não previne a competência do juízo para a ação que venha a ser proposta (381, § 3º).O juízo estadual tem competência para produção antecipada de prova requerida em face da União, de entidade autárquica ou de empresa pública federal se, na localidade, não houver vara federal (381, § 4º).

Aplica-se a produção antecipada de prova àquele que pretender justificar a existência de algum fato ou relação jurídica para simples documento e sem caráter contencioso, que exporá, em petição circunstanciada, a sua intenção (357, § 5º).

O requerente na petição apresentará as razões que justificam a necessidade de antecipação da prova e mencionará com precisão os fatos sobre os quais a prova há de recair (382).

A prova será colhida sob o crivo do contraditório com determinação do juiz, de ofício ou a requerimento da parte, da citação de interessados na produção da prova ou no fato a ser provado, salvo se inexistente caráter contencioso (382, § 1º).

O juiz não se pronunciará sobre a ocorrência ou a inocorrência do fato, nem sobre as respectivas consequências jurídicas (382, § 2º), o procedimento limita-se à produção da prova.

Neste procedimento, não se admitirá defesa ou recurso, salvo contra decisão que indeferir totalmente a produção da prova pleiteada pelo requerente originário (382, § 4º).

Os autos permanecerão em cartório durante 1 (um) mês para extração de cópias e certidões pelos interessados. Findo o prazo, os autos serão entregues ao promovente da medida (383).

11.2. Da ata notarial

A existência e o modo de existir de algum fato podem ser atestados ou documentados, a requerimento do interessado, mediante ata lavrada por tabelião (384). Dados representados por imagem ou som gravados em arquivos eletrônicos poderão constar da ata notarial.

11.3. Da audiência de Instrução e Julgamento

A audiência de instrução e julgamento tem por objetivo a colheita de provas orais (361) que são: I – perito e os assistentes técnicos das partes; II – o depoimento pessoal das partes e III – as testemunhas arroladas pelas partes. No início da audiência, porém, o juiz tentará conciliar as partes (359).

A audiência é uma e contínua, podendo ser excepcional e justificadamente cindida na ausência de perito ou de testemunha, desde que haja concordância das partes. Diante da impossibilidade de realização da instrução, do debate e do julgamento no mesmo dia, o juiz marcará seu prosseguimento para a data mais próxima possível, em pauta preferencial.

11.4. Do depoimento pessoal

Cabe à parte requerer o depoimento pessoal da outra parte, a fim de que esta seja interrogada na audiência de instrução e julgamento, sem prejuízo do poder do juiz de ordená-lo de ofício (385). Se a parte, pessoalmente intimada para prestar depoimento pessoal e advertida da pena de confesso, não comparecer ou, comparecendo, se recusar a depor, o juiz aplicar-lhe-á a pena. É vedado a quem ainda não depôs assistir ao interrogatório da outra parte.

DIREITO PROCESSUAL CIVIL

Quando a parte, sem motivo justificado, deixar de responder ao que lhe for perguntado ou empregar evasivas, o juiz, apreciando as demais circunstâncias e os elementos de prova, declarará, na sentença, se houve recusa de depor (386).

A parte responderá pessoalmente sobre os fatos articulados, não podendo servir-se de escritos anteriormente preparados, permitindo-lhe o juiz, todavia, a consulta a notas breves, desde que objetivem completar esclarecimentos (387).

A parte não é obrigada a depor sobre fatos (388): I - criminosos ou torpes que lhe forem imputados; II - a cujo respeito, por estado ou profissão, deva guardar sigilo ;III - acerca dos quais não possa responder sem desonra própria, de seu cônjuge, de seu companheiro ou de parente em grau sucessível; IV - que coloquem em perigo a vida do depoente ou das pessoas referidas no inciso III. Estas disposições não se aplicam às ações de estado e de família.

11.5. Da confissão

Há confissão, judicial ou extrajudicial, quando a parte admite a verdade de fato contrário ao seu interesse e favorável ao do adversário (389).

A confissão judicial pode ser espontânea ou provocada (390). A confissão espontânea pode ser feita pela própria parte ou por representante com poder especial. A confissão provocada constará do termo de depoimento pessoal.

A confissão judicial faz prova contra o confitente, não prejudicando, todavia, os litisconsortes. Nas ações que versarem sobre bens imóveis ou direitos reais sobre imóveis alheios, a confissão de um cônjuge ou companheiro não valerá sem a do outro, salvo se o regime de casamento for o de separação absoluta de bens.

Não vale como confissão a admissão, em juízo, de fatos relativos a direitos indisponíveis (392). A confissão será ineficaz se feita por quem não for capaz de dispor do direito a que se referem os fatos confessados. A confissão feita por um representante somente é eficaz nos limites em que este pode vincular o representado.

A confissão é irrevogável, mas pode ser anulada se decorreu de erro de fato ou de coação (393). A legitimidade para a ação prevista no *caput* é exclusiva do confitente e pode ser transferida a seus herdeiros se ele falecer após a propositura.

11.6. Da exibição de documento ou coisa

O juiz pode ordenar que a parte exiba documento ou coisa que se encontre em seu poder (396).

O pedido formulado pela parte conterá (397): I - a individuação, tão completa quanto possível, do documento ou da coisa; II - a finalidade da prova, indicando os fatos que se relacionam com o documento ou com a coisa; III - as circunstâncias em que se funda o requerente para afirmar que o documento ou a coisa existe e se acha em poder da parte contrária.

O requerido dará sua resposta nos 5 (cinco) dias subsequentes à sua intimação. Se o requerido afirmar que não possui o documento ou a coisa, o juiz permitirá que o requerente prove, por qualquer meio, que a declaração não corresponde à verdade (398).

O juiz não admitirá a recusa se: I - o requerido tiver obrigação legal de exibir; II - o requerido tiver aludido ao documento ou à coisa, no processo, com o intuito de constituir prova; III - o documento, por seu conteúdo, for comum às partes.

Ao decidir o pedido, o juiz admitirá como verdadeiros os fatos (400) que, por meio do documento ou da coisa, a parte pretendia provar se: I - o requerido não efetuar a exibição nem fizer nenhuma declaração no prazo do art. 398; II - a recusa for havida por ilegítima. Sendo necessário, o juiz pode adotar medidas indutivas, coercitivas, mandamentais ou sub-rogatórias para que o documento seja exibido.

11.7. Da prova testemunhal

A prova testemunhal é sempre admissível, não dispondo a lei de modo diverso (442). A não admissibilidade da prova testemunhal deve ser analisada à luz do direito material.

O juiz indeferirá a inquirição de testemunhas sobre fatos (443): I - já provados por documento ou confissão da parte; II - que só por documento ou por exame pericial puderem ser provados.

Nos casos em que a lei exigir prova escrita da obrigação, é admissível a prova testemunhal quando houver começo de prova por escrito, emanado da parte contra a qual se pretende produzir a prova (444).

Também se admite a prova testemunhal quando o credor não pode ou não podia, moral ou materialmente, obter a prova escrita da obrigação, em casos como o de parentesco, de depósito necessário ou de hospedagem em hotel ou em razão das práticas comerciais do local onde contraída a obrigação (445).

É lícito à parte provar com testemunhas (446): I - nos contratos simulados, a divergência entre a vontade real e a vontade declarada; II - nos contratos em geral, os vícios de consentimento.

Podem depor como testemunhas todas as pessoas, exceto as incapazes, impedidas ou suspeitas (447).

11.8. Da prova pericial

A prova pericial consiste em exame, vistoria ou avaliação. O juiz indeferirá a perícia quando: I - a prova do fato não depender de conhecimento especial de técnico; II - for desnecessária em vista de outras provas produzidas; III - a verificação for impraticável.

De ofício ou a requerimento das partes, o juiz poderá, em substituição à perícia, determinar a produção de prova técnica simplificada, quando o ponto controvertido for de menor complexidade.

11.9. Da inspeção judicial

O juiz, de ofício ou a requerimento da parte, pode, em qualquer fase do processo, inspecionar pessoas ou coisas, a fim de se esclarecer sobre fato que interesse à decisão da causa (481). Ao realizar a inspeção, o juiz poderá ser assistido por um ou mais peritos (482).

As partes têm sempre direito a assistir à inspeção, prestando esclarecimentos e fazendo observações que considerem de interesse para a causa. Concluída a diligência, o juiz

185

12. DA SENTENÇA E DA COISA JULGADA

12.1. Dos elementos e dos efeitos da sentença

A sentença conterá (489): I - o relatório, que conterá os nomes das partes, a identificação do caso, com a suma do pedido e da contestação, e o registro das principais ocorrências havidas no andamento do processo; II - os fundamentos, em que o juiz analisará as questões de fato e de direito; III - o dispositivo, em que o juiz resolverá as questões principais que as partes lhe submeterem.

O CPC confere uma importância muito grande à fundamentação das decisões, tanto que estabelece (489, § 1º) que não se considera fundamentada qualquer decisão judicial, seja ela interlocutória, sentença ou acórdão, que: I - se limitar à indicação, à reprodução ou à paráfrase de ato normativo, sem explicar sua relação com a causa ou a questão decidida; II - empregar conceitos jurídicos indeterminados, sem explicar o motivo concreto de sua incidência no caso; III - invocar motivos que se prestariam a justificar qualquer outra decisão; IV - não enfrentar todos os argumentos deduzidos no processo capazes de, em tese, infirmar a conclusão adotada pelo julgador; V - se limitar a invocar precedente ou enunciado de súmula, sem identificar seus fundamentos determinantes nem demonstrar que o caso sob julgamento se ajusta àqueles fundamentos; VI - deixar de seguir enunciado de súmula, jurisprudência ou precedente invocado pela parte, sem demonstrar a existência de distinção no caso em julgamento ou a superação do entendimento.

Deve haver um vínculo lógico entre o conteúdo da demanda e a decisão judicial (princípio da congruência/correlação), tanto que é vedado ao juiz proferir decisão de natureza diversa da pedida, bem como condenar a parte em quantidade superior ou em objeto diverso do que lhe foi demandado (492), sendo que a decisão deve ser certa, ainda que resolva relação jurídica condicional (492, parágrafo único).

Se, depois da propositura da ação, surgir algum fato constitutivo, modificativo ou extintivo do direito influir no julgamento do mérito, caberá ao juiz tomá-lo em consideração, de ofício ou a requerimento da parte, no momento de proferir a decisão (493). Se constatar de ofício o fato novo, o juiz ouvirá as partes sobre ele antes de decidir (493, parágrafo único).

O princípio da inalterabilidade da sentença estabelece que o juiz, em regra, não pode alterar a sua decisão, salvo (494): I - para corrigir-lhe, de ofício ou a requerimento da parte, inexatidões materiais ou erros de cálculo; II - por meio de embargos de declaração. Contudo, observamos ainda as hipóteses de ser proferido o juízo de retratação (331, 332, § 3º e 485, § 7º) quando da interposição do recurso de apelação.

A decisão que condenar o réu ao pagamento de prestação consistente em dinheiro e a que determinar a conversão de prestação de fazer, de não fazer ou de dar coisa em prestação pecuniária valerão como título constitutivo de hipoteca judiciária (495). A decisão produz a hipoteca judiciária: I - embora a condenação seja genérica; II - ainda que o credor possa promover o cumprimento provisório da sentença ou

esteja pendente arresto sobre bem do devedor; III - mesmo que impugnada por recurso dotado de efeito suspensivo.

12.2. Da remessa necessária

A sentença proferida contra a União, os Estados, o Distrito Federal, os Municípios e suas respectivas autarquias e fundações de direito público, assim como nos casos de procedência, no todo ou em parte, dos embargos à Execução Fiscal, geram a necessidade de confirmação em obrigatório duplo grau de jurisdição, não produzindo efeitos senão depois de confirmada pelo tribunal (496).

Se não houver apelação no prazo legal, o juiz ordenará a remessa dos autos ao tribunal e, se não o fizer, o presidente do respectivo tribunal poderá avocá-los (496, § 1º).

A remessa necessária deixa de ser obrigatória (496, § 3º) quando a condenação ou o proveito econômico obtido na causa for de valor certo e líquido inferior a: I - 1.000 (mil) salários-mínimos para a União e as respectivas autarquias e fundações de direito público; II - 500 (quinhentos) salários-mínimos para os Estados, o Distrito Federal, as respectivas autarquias e fundações de direito público e os Municípios que constituam capitais dos Estados; III - 100 (cem) salários-mínimos para todos os demais Municípios e respectivas autarquias e fundações de direito público.

Também não se aplica a remessa necessária (496, § 4º) quando a sentença estiver fundada em: I - súmula de tribunal superior; II - acórdão proferido pelo Supremo Tribunal Federal ou pelo Superior Tribunal de Justiça em julgamento de recursos repetitivos; III - entendimento firmado em incidente de resolução de demandas repetitivas ou de assunção de competência; IV - entendimento coincidente com orientação vinculante firmada no âmbito administrativo do próprio ente público, consolidada em manifestação, parecer ou súmula administrativa.

12.3. Da coisa julgada

Denomina-se coisa julgada material a autoridade que torna imutável e indiscutível a decisão de mérito não mais sujeita a recurso (502).

A decisão que julgar total ou parcialmente o mérito tem força de lei nos limites da questão principal expressamente decidida. Também se aplica a coisa julgada à resolução de questão prejudicial, decidida expressa e incidentemente no processo, se: I - dessa resolução depender o julgamento do mérito; II - a seu respeito tiver havido contraditório prévio e efetivo, não se aplicando no caso de revelia; III - o juízo tiver competência em razão da matéria e da pessoa para resolvê-la como questão principal.

Não se aplica a coisa julgada à questão prejudicial analisada se no processo houver restrições probatórias ou limitações à cognição que impeçam o aprofundamento da análise da questão prejudicial (503, § 2º).

Não fazem coisa julgada (504): I - os motivos, ainda que importantes para determinar o alcance da parte dispositiva da sentença; II - a verdade dos fatos, estabelecida como fundamento da sentença.

Nenhum juiz decidirá novamente as questões já decididas relativas à mesma lide (505), salvo: I - se, tratando-se de relação jurídica de trato continuado, sobreveio modificação no estado de fato ou de direito, caso em que poderá a parte pedir a revisão do que foi estatuído na sentença; II - nos demais casos prescritos em lei.

A sentença faz coisa julgada às partes entre as quais é dada, não prejudicando terceiros (506). É vedado à parte discutir no curso do processo as questões já decididas a cujo respeito se operou a preclusão (507). Transitada em julgado a decisão de mérito, considerar-se-ão deduzidas e repelidas todas as alegações e as defesas que a parte poderia opor tanto ao acolhimento quanto à rejeição do pedido (508).

13. DA TUTELA PROVISÓRIA

O CPC reuniu todas as disposições relativas à concessão da tutela provisória, cuja ideia básica está ligada à efetividade do direito (por meio da tutela antecipada ou da tutela de evidência) e à efetividade do processo (tutela cautelar) em detrimento da segurança jurídica das decisões a serem executadas apenas após o trânsito em julgado ou de forma provisória, pendente de recurso não dotado de efeito suspensivo. A tutela provisória é constituída pela tutela provisória de urgência (cautelar e antecipada) e, de outro lado, a tutela provisória de evidência. A diferença básica entre ambas é que na tutela de evidência (311) a concessão da tutela provisória não depende do perigo de dano ou risco ao resultado útil do processo, quando configurada uma de suas possíveis situações. Já a tutela provisória de urgência (cautelar ou antecipada) é lastreada na presença de dois requisitos (300) quais sejam: a) a probabilidade do direito; e, b) o perigo de dano ou risco ao resultado útil do processo.

A tutela provisória de urgência, cautelar ou antecipada, pode ser concedida em caráter antecedente ou incidental (294, parágrafo único). A tutela provisória requerida em caráter incidental independe do pagamento de custas (295).

A tutela provisória conserva sua eficácia na pendência do processo, mas pode, a qualquer tempo, ser revogada ou modificada (296). Salvo decisão judicial em contrário, a tutela provisória conservará a eficácia durante o período de suspensão do processo (296, parágrafo único).

Com vistas à efetivação da tutela provisória, o juiz poderá determinar medidas que considerar adequadas, ou seja, os mecanismos para que seja efetivada a tutela provisória podem ser determinados de ofício pelo juiz (297), sendo aplicadas as normas referentes ao cumprimento provisório da sentença, no que couber (297, parágrafo único).

Como toda e qualquer decisão que deve estar fundamentada (11 e 489, § 1º), na decisão que conceder, negar, modificar ou revogar a tutela provisória, o juiz motivará seu convencimento de modo claro e preciso (298).

A tutela provisória será requerida ao juízo da causa e, quando antecedente, ao juízo competente para conhecer do pedido principal (299). Ressalvada disposição especial, na ação de competência originária de tribunal e nos recursos a tutela provisória será requerida ao órgão jurisdicional competente para apreciar o mérito (299, parágrafo único).

13.1. Da tutela provisória de urgência

Como dito acima a tutela provisória de urgência pode ser: a) de **natureza antecipada** (ou antecipatória) – uma vez que tem como objeto a promoção da efetividade do direito alegado pela parte – e, b) de **natureza cautelar** – quando o que se busca efetivar é o processo, ou seja, o seu resultado final.

Os requisitos para a concessão da tutela de urgência – quer de natureza antecipada ou cautelar – são (300): a) houver elementos que evidenciem a **probabilidade do direito** e, b) **o perigo de dano ou o risco ao resultado útil do processo**.

Para a concessão da tutela de urgência, o juiz pode, conforme o caso, exigir caução real ou fidejussória idônea para ressarcir os danos que a outra parte possa vir a sofrer, podendo a caução ser dispensada se a parte economicamente hipossuficiente não puder oferecê-la (300, § 1º). A tutela de urgência pode ser concedida liminarmente ou após justificação prévia (300, § 2º).

A tutela de urgência de natureza antecipada não será concedida quando houver perigo de irreversibilidade dos efeitos da decisão (300, § 3º).

A tutela de urgência de natureza cautelar pode ser efetivada mediante arresto, sequestro, arrolamento de bens, registro de protesto contra alienação de bem e qualquer outra medida idônea para asseguração do direito (301).

Independentemente da reparação por dano processual, a parte responde pelo prejuízo que a efetivação da tutela de urgência causar à parte adversa (302), se: I - a sentença lhe for desfavorável; II - obtida liminarmente a tutela em caráter antecedente, não fornecer os meios necessários para a citação do requerido no prazo de 5 (cinco) dias; III - ocorrer a cessação da eficácia da medida em qualquer hipótese legal; IV - o juiz acolher a alegação de decadência ou prescrição da pretensão do autor. A indenização será liquidada nos autos em que a medida tiver sido concedida, sempre que possível (302, parágrafo único).

13.1.1. Da tutela antecipada requerida em caráter antecedente – nos casos em que a urgência for contemporânea à propositura da ação, a petição inicial pode limitar-se ao requerimento da tutela antecipada e à indicação do pedido de tutela final, com a exposição da lide, do direito que se busca realizar e do perigo de dano ou do risco ao resultado útil do processo (303), indicando de forma expressa na inicial que está promovendo a propositura da tutela antecipada antecedente (303, § 5º).

Valendo-se dessa faculdade, uma vez concedida a tutela antecipada (303, § 1º): I - o autor deverá aditar a petição inicial, com a complementação de sua argumentação, a juntada de novos documentos e a confirmação do pedido de tutela final, em 15 (quinze) dias ou em outro prazo maior que o juiz fixar; II - o réu será citado e intimado para a audiência de conciliação ou de mediação na forma do art. 334; III - não havendo autocomposição, o prazo para contestação será contado na forma do art. 335.

Caso não seja promovido o aditamento, o processo será extinto sem resolução do mérito (303, § 2º). O referido aditamento será feito nos próprios autos, sem incidência de novas custas processuais (303, § 3º), uma vez que na fixação do valor da causa quando do ingresso da ação, apesar de inicialmente limitar a promoção do pedido de tutela antecipada, tem que ser levada em consideração na fixação do valor da causa o pedido de tutela final (303, § 4º).

Caso entenda que não há elementos para a concessão de tutela antecipada, o órgão jurisdicional determinará a emenda da petição inicial em até 5 dias, sob pena de ser indeferida e de o processo ser extinto sem resolução de mérito (303, § 6º).

A tutela antecipada concedida em caráter antecedente torna-se estável se da decisão que a conceder não for interposto o respectivo recurso (304). Nesta hipótese o processo será extinto (304, § 1º). Contudo, não há formação da coisa julgada material (304, § 6º), posto que qualquer das partes poderá demandar a outra com o intuito de rever, reformar ou invalidar a tutela antecipada estabilizada (304, § 2º), sendo que a tutela antecipada estabilizada conservará seus efeitos enquanto não revista, reformada ou invalidada por decisão de mérito proferida na ação que pode ser proposta (304, § 3º). Para o ajuizamento da referida ação qualquer das partes poderá requerer o desarquivamento dos autos em que foi concedida a medida que se tornou estabilizada para instruir a petição inicial, sendo prevento o juízo em que a tutela antecipada foi concedida (304, § 4º.).O direito de rever, reformar ou invalidar a tutela antecipada estabilizada extingue-se após 2 anos, contados da ciência da decisão que extinguiu o processo (304, § 5º).

13.1.2. Da tutela cautelar requerida em caráter antecedente – a petição inicial da ação que visa à prestação de tutela cautelar em caráter antecedente indicará a lide e seu fundamento, a exposição sumária do direito que se objetiva assegurar e o perigo de dano ou o risco ao resultado útil do processo (305). Tendo em vista que, em muitos casos, não se mostra possível claramente identificar se a tutela pretendida tem natureza cautelar (efetivação do processo) ou natureza antecipatória (efetividade do direito), resta estabelecida a fungibilidade entre as medidas (305, parágrafo único).

Despachada a inicial, o réu será citado para, no prazo de 5 dias, contestar o pedido e indicar as provas que pretende produzir (306). Não sendo contestado o pedido, os fatos alegados pelo autor presumir-se-ão aceitos pelo réu como ocorridos, caso em que o juiz decidirá dentro de 5 dias (307). Contestado o pedido no prazo legal, observar-se-á o procedimento comum (307, parágrafo único).

Efetivada a tutela cautelar, o pedido principal terá de ser formulado pelo autor no prazo de 30 dias, caso em que será apresentado nos mesmos autos em que deduzido o pedido de tutela cautelar, não dependendo do adiantamento de novas custas processuais. O pedido principal pode ser formulado conjuntamente com o pedido de tutela cautelar (tornando a cautelar incidente ao processo). A causa de pedir poderá ser aditada no momento de formulação do pedido principal (308, § 2º). Apresentado o pedido principal, as partes serão intimadas para a audiência de conciliação ou de mediação, na forma do art. 334, por seus advogados ou pessoalmente, sem necessidade de nova citação do réu (308, § 3º). Não havendo autocomposição, o prazo para contestação será contado nos termos do art. 335 (308, § 4º).

Cessa a eficácia da tutela concedida em caráter antecedente (309), se: I - o autor não deduzir o pedido principal no prazo legal; II - não for efetivada dentro de 30 (trinta) dias; III - o juiz julgar improcedente o pedido principal formulado pelo autor ou extinguir o processo sem resolução de mérito. Se por qualquer motivo cessar a eficácia da tutela cautelar, é vedado à parte renovar o pedido, salvo sob novo fundamento (309, parágrafo único).

O indeferimento da tutela cautelar não obsta a que a parte formule o pedido principal, nem influi no julgamento desse, salvo se o motivo do indeferimento for o reconhecimento de decadência ou de prescrição (310).

13.2. Da tutela de evidência

A tutela de evidência é uma novidade no CPC na medida em que possibilita que o direito objeto da demanda seja efetivado antes mesmo do trânsito em jugado da demanda, sem que para isso seja necessária a demonstração de perigo de dano ou de risco ao resultado útil do processo (311).

Não é qualquer situação que se mostra ensejadora da concessão desta medida, tendo o juiz, assim, quatro hipóteses bem definidas (311) a saber: I - ficar caracterizado o abuso do direito de defesa ou o manifesto propósito protelatório da parte – tendo em vista que se mostra necessária a análise do comportamento da parte contrária, não se mostra possível a concessão da tutela de evidência liminarmente nesta hipótese; II - as alegações de fato puderem ser comprovadas apenas documentalmente e houver tese firmada em julgamento de casos repetitivos ou em súmula vinculante – nesta hipótese, pode ser concedida a tutela de evidência liminarmente (311, parágrafo único); III - se tratar de pedido reipersecutório fundado em prova documental adequada do contrato de depósito, caso em que será decretada a ordem de entrega do objeto custodiado, sob cominação de multa – nesta hipótese, pode ser concedida a tutela de evidência liminarmente (311, parágrafo único) ;IV - a petição inicial for instruída com prova documental suficiente dos fatos constitutivos do direito do autor, a que o réu não oponha prova capaz de gerar dúvida razoável – tendo em vista que se mostra necessária a análise do comportamento da parte contrária, não se mostra possível a concessão da tutela de evidência liminarmente nesta hipótese

14. DOS PRINCIPAIS PROCEDIMENTOS ESPECIAIS

Os procedimentos especiais foram estabelecidos no CPC uma vez que, em razão com sua proximidade com determinados direitos materiais, com vistas a sua maior efetividade e recorrência nos tribunais, foram estabelecidos ritos diferenciados que alteram a base do rito comum observado no processo de conhecimento, mas que, diante da omissão quanto a qualquer dispositivo especial no procedimento, serão observadas as regras do rito comum. Assim, os procedimentos especiais são diferenciados apenas na parte que os torna mais efetivo e adequado à tutela de um determinado direito material.

14.1. Ação de consignação em pagamento

O de uma obrigação se dá pelo cumprimento da parte que toca ao devedor. Assim, o Código Civil estabeleceu diversas formas de pagamento, dentre eles o pagamento em consignação (334 a 345, do Código Civil), cuja disciplina processual é estabelecida por esta ação de rito especial.

A ação de consignação em pagamento tem lugar (335, CC): I – se o credor não puder ou, sem justa causa, recusar receber o pagamento, ou dar quitação na devida forma; II – se o credor não for, nem mandar receber a coisa no lugar, tempo e condições devidos; III – se o credor for incapaz de receber, for desconhecido, declarado ausente, ou residir em lugar incerto ou de acesso perigoso ou difícil; IV – se ocorrer dúvida sobre quem deva legitimamente receber o objeto do pagamento e, V – se pender litígio sobre o objeto do pagamento.

Nestas hipóteses, poderá o devedor ou terceiro requerer, com efeito de pagamento, a consignação da quantia ou da coisa devida (539). Tratando-se de obrigação em dinheiro, poderá o valor ser depositado em estabelecimento bancário, oficial onde houver, situado no lugar do pagamento, cientificando-se o credor por carta com aviso de recebimento, assinado o prazo de 10 dias para a manifestação de recusa (539, § 1º). Decorrido o referido prazo, contado do retorno do aviso de recebimento, sem a manifestação de recusa, considerar-se-á o devedor liberado da obrigação, ficando à disposição do credor a quantia depositada (539, §2º). Ocorrendo a recusa, manifestada por escrito ao estabelecimento bancário, poderá ser proposta, dentro de 1 mês, a ação de consignação, instruindo-se a inicial com a prova do depósito e da recusa (539, §3º). Não proposta a ação ficará sem efeito o depósito, podendo levantá-lo o depositante (539, §4º).

Requerer-se-á a consignação no lugar do pagamento, cessando para o devedor, à data do depósito, os juros e os riscos, salvo se a demanda for julgada improcedente (540).

Tratando-se de prestações sucessivas, consignada uma delas, pode o devedor continuar a depositar, no mesmo processo e sem mais formalidades, as que se forem vencendo, desde que o faça em até 5 dias contados da data do respectivo vencimento (541).

Se o objeto da prestação for coisa indeterminada e a escolha couber ao credor, será este citado para exercer o direito dentro de 5 dias, se outro prazo não constar de lei ou do contrato, ou para aceitar que o devedor a faça, devendo o juiz, ao despachar a petição inicial, fixar lugar, dia e hora em que se fará a entrega, sob pena de depósito (543).

Na contestação, o réu poderá alegar que (544) :I - não houve recusa ou mora em receber a quantia ou a coisa devida; II - foi justa a recusa; III - o depósito não se efetuou no prazo ou no lugar do pagamento; IV - o depósito não é integral – nesta hipótese o réu deverá indicar o montante que entende devido (544, parágrafo único), sendo lícito ao autor completá-lo, em 10 dias, salvo se corresponder a prestação cujo inadimplemento acarrete a rescisão do contrato (545). Nesta hipótese, poderá o réu levantar, desde logo, a quantia ou a coisa depositada, com a consequente liberação parcial do autor, prosseguindo o processo quanto à parcela controvertida (545, § 1º). A sentença que concluir pela insuficiência do depósito determinará, sempre que possível, o montante devido e valerá como título executivo, facultado ao credor promover-lhe o cumprimento nos mesmos autos, após liquidação, se necessária (545, § 2º).

Julgado procedente o pedido, o juiz declarará extinta a obrigação e condenará o réu ao pagamento de custas e honorários advocatícios (546). O mesmo ocorre se o credor receber e der quitação.

Se ocorrer dúvida sobre quem deva legitimamente receber o pagamento, o autor requererá o depósito e a citação dos possíveis titulares do crédito para provarem o seu direito

(547), neste caso (548): I - não comparecendo pretendente algum, converter-se-á o depósito em arrecadação de coisas vagas; II - comparecendo apenas um, o juiz decidirá de plano; III - comparecendo mais de um, o juiz declarará efetuado o depósito e extinta a obrigação, continuando o processo a correr unicamente entre os presuntivos credores, observado o procedimento comum.

Aplica-se a consignação em pagamento, no que couber, ao resgate do aforamento (549).

14.2. Ação de exigir contas

Aquele que afirmar ser titular do direito de exigir contas requererá a citação do réu para que as preste ou ofereça contestação no prazo de 15 dias (550). Na petição inicial, o autor especificará, detalhadamente, as razões pelas quais exige as contas, instruindo-a com documentos comprobatórios dessa necessidade, se existirem. Prestadas as contas, o autor terá 15 dias para se manifestar, prosseguindo-se o processo pelo rito comum.

A impugnação das contas apresentadas pelo réu deverá ser fundamentada e específica, com referência expressa ao lançamento questionado. Se o réu não contestar o pedido, observar-se-á o julgamento antecipado do mérito (355).

A decisão que julgar procedente o pedido condenará o réu a prestar as contas no prazo de 15 dias, sob pena de não lhe ser lícito impugnar as que o autor apresentar (550, § 5º). Se o réu apresentar as contas o autor terá 15 dias para se manifestar, caso contrário, o autor apresentá-las-á no prazo de 15 dias. Nessa hipótese, as contas serão apresentadas na forma adequada, já instruídas com os documentos justificativos, especificando-se as receitas, a aplicação das despesas e os investimentos, se houver, bem como o respectivo saldo, podendo o juiz determinar a realização de exame pericial, se necessário.

As contas do réu serão apresentadas na forma adequada, especificando-se as receitas, a aplicação das despesas e os investimentos, se houver (551). Havendo impugnação específica e fundamentada pelo autor, o juiz estabelecerá prazo razoável para que o réu apresente os documentos justificativos dos lançamentos individualmente impugnados (551, § 1º).

A sentença apurará o saldo e constituirá título executivo judicial (552).

As contas do inventariante, do tutor, do curador, do depositário e de qualquer outro administrador serão prestadas em apenso aos autos do processo em que tiver sido nomeado (553). Havendo condenação a pagar o saldo e não o fizer no prazo legal, o juiz poderá destituí-lo, sequestrar os bens sob sua guarda, glosar o prêmio ou a gratificação a que teria direito e determinar as medidas executivas necessárias à recomposição do prejuízo (553, parágrafo único).

14.3. Ações possessórias

A posse é o exercício de fato de um dos poderes inerentes à propriedade, assim, eventual ameaça ou perda da posse é passível de ser tutelada, tanto extrajudicialmente, por meio do exercício da autotutela (1.210, § 1º), como também por meio das clássicas ações possessórias (1.210) – reintegração de posse, manutenção da posse e o interdito proibitório, cujo procedimento é regulado no CPC (554 a 568).

As ações possessórias são manejadas em razão da agressão sofrida da posse, uma vez que ocorrendo o **esbulho – perda total da posse – se dá o manejo da ação de reintegração de posse, no caso de turbação – perda parcial da posse – é promovida a ação de manutenção na posse e, no caso de ameaça de esbulho ou de turbação a ação será a de interdito proibitório**.

Tendo em vista a dinâmica fática dos atos de ameaça, turbação e esbulho possessórios a característica fundamental entre as ações possessórias é a **fungibilidade** das medidas, visto que a propositura de uma ação possessória em vez de outra não obstará a que o juiz conheça do pedido e outorgue a proteção legal correspondente àquela cujos pressupostos estejam provados (554).

É possível que o ato de esbulho ou de turbação praticados, ou em vias de o ser, sejam promovidos por um grande número de pessoas. Nesta situação, estas deverão figurar no polo passivo da ação e serão feitas as citações pessoais dos ocupantes que forem encontrados no local e a citação por edital dos demais, determinando-se, ainda, a intimação do Ministério Público e, se envolver pessoas em situação de hipossuficiência econômica, da Defensoria Pública (554, § 1º). Nesta hipótese o oficial de justiça procurará os ocupantes no local por uma vez, citando-se por edital os que não forem encontrados (554, §2º). O juiz deverá determinar que se dê ampla publicidade da existência da ação e dos respectivos prazos processuais, podendo, para tanto, valer-se de anúncios em jornal ou rádio locais, da publicação de cartazes na região do conflito e de outros meios (554, § 3º).

É lícito ao autor cumular ao pedido possessório o de (555): I - condenação em perdas e danos; II - indenização dos frutos. Pode o autor requerer, ainda, imposição de medida necessária e adequada para: I - evitar nova turbação ou esbulho; II - cumprir-se a tutela provisória ou final.

É lícito ao réu, na contestação, alegando que foi o ofendido em sua posse, demandar a proteção possessória e a indenização pelos prejuízos resultantes da turbação ou do esbulho cometido pelo autor (556), daí porque se diz que as ações possessórias possuem um caráter dúplice.

Na pendência de ação possessória é vedado, tanto ao autor quanto ao réu, propor ação de reconhecimento do domínio, exceto se a pretensão for deduzida em face de terceira pessoa (557). Não obsta a manutenção ou a reintegração de posse a alegação de propriedade ou de outro direito sobre a coisa, uma vez que todo proprietário é possuidor, mas nem todo possuidor é proprietário e, a ação possessória pode ter como réu o proprietário do imóvel, quando este esbulha, turba ou ameaça a posse de um legítimo possuidor, como, por exemplo, o locatário.

O procedimento especial referente às ações possessórias é promovido por conta da chamada ação de força nova, ou seja, a ocorrência do esbulho ou da turbação estão ocorrendo a menos de ano e dia. Caso o esbulho ou a turbação já estejam ocorrendo em tempo superior, a ação possessória seguirá o rito comum, não perdendo o caráter possessório e, ainda, sendo possível o manejo da tutela provisória.

Se o réu provar, em qualquer tempo, que o autor provisoriamente mantido ou reintegrado na posse carece de idoneidade financeira para, no caso de sucumbência, responder por perdas e danos, o juiz designar-lhe-á o prazo de 5 dias para requerer caução, real ou fidejussória, sob pena de ser depositada a coisa litigiosa, ressalvada a impossibilidade da parte economicamente hipossuficiente (559).

14.3.1. Da Manutenção e da Reintegração de Posse - o possuidor tem direito a ser mantido na posse em caso de turbação e reintegrado em caso de esbulho (560). Incumbe ao autor provar (561): I - a sua posse; II - a turbação ou o esbulho praticado pelo réu; III - a data da turbação ou do esbulho; IV - a continuação da posse, embora turbada, na ação de manutenção, ou a perda da posse, na ação de reintegração.

Estando a petição inicial devidamente instruída, o juiz deferirá, sem ouvir o réu, a expedição do mandado liminar de manutenção ou de reintegração, caso contrário, determinará que o autor justifique previamente o alegado, citando-se o réu para comparecer à audiência que for designada (562). Contra as pessoas jurídicas de direito público não será deferida a manutenção ou a reintegração liminar sem prévia audiência dos respectivos representantes judiciais (562, parágrafo único). Considerada suficiente a justificação, o juiz fará logo expedir mandado de manutenção ou de reintegração (563).

Concedido ou não o mandado liminar de manutenção ou de reintegração, o autor promoverá, nos 5 dias subsequentes, a citação do réu para, querendo, contestar a ação no prazo de 15 dias (564). Quando for ordenada a justificação prévia, o prazo para contestar será contado da intimação da decisão que deferir ou não a medida liminar (564, parágrafo único).

No litígio coletivo pela posse de imóvel, quando o esbulho ou a turbação afirmado na petição inicial houver ocorrido há mais de ano e dia, o juiz, antes de apreciar o pedido de concessão da medida liminar, deverá designar audiência de mediação, a realizar-se em até 30 dias, com intimação do MP e também a Defensoria Pública sempre que houver parte beneficiária de gratuidade da justiça. Também poderá intimar os órgãos responsáveis pela política agrária e pela política urbana da União, de Estado ou do Distrito Federal e de Município onde se situe a área objeto do litígio, a fim de se manifestarem sobre seu interesse no processo e sobre a existência de possibilidade de solução para o conflito possessório.

Concedida a liminar, se essa não for executada no prazo de 1 (um) ano, a contar da data de distribuição, caberá ao juiz designar audiência de mediação.

14.3.2. Do Interdito Proibitório- O possuidor direto ou indireto que tenha justo receio de ser molestado na posse poderá requerer ao juiz que o segure da turbação ou esbulho iminente, mediante mandado proibitório em que se comine ao réu determinada pena pecuniária caso transgrida o preceito (567). Assim, a ação de interdito proibitório é uma ação cominatória de obrigação de não fazer.

14.4. Dos embargos de terceiro

Quem, não sendo parte no processo, sofrer constrição ou ameaça de constrição sobre bens que possua ou sobre os quais tenha direito incompatível com o ato constritivo, poderá requerer seu desfazimento ou sua inibição por meio de embargos de terceiro (674). Os embargos podem ser de terceiro proprietário, inclusive fiduciário, ou possuidor. Considera-se terceiro, para ajuizamento dos embargos: I - o cônjuge ou companheiro, quando defende a posse de bens próprios ou de sua meação, ressalvado quando do produto da expropriação tiver sido reservada a sua meação (843); II - o adquirente de bens cuja constrição decorreu de decisão que declara a ineficácia da alienação realizada em fraude à execução; III - quem sofre constrição judicial de seus bens por força de desconsideração da personalidade jurídica, de cujo incidente não fez parte; IV - o credor com garantia real para obstar expropriação judicial do objeto de direito real de garantia, caso não tenha sido intimado, nos termos legais dos atos expropriatórios respectivos.

Os embargos podem ser opostos a qualquer tempo no processo de conhecimento enquanto não transitada em julgado a sentença e, no cumprimento de sentença ou no processo de execução, até 5 dias depois da adjudicação, da alienação por iniciativa particular ou da arrematação, mas sempre antes da assinatura da respectiva carta (675). Caso identifique a existência de terceiro titular de interesse em embargar o ato, o juiz mandará intimá-lo pessoalmente (675).

Os embargos serão distribuídos por dependência ao juízo que ordenou a constrição e autuados em apartado (676). Nos casos de ato de constrição realizado por carta, os embargos serão oferecidos no juízo deprecado, salvo se indicado pelo juízo deprecante o bem constrito ou se já devolvida a carta (676, parágrafo único).

Na petição inicial, o embargante fará a prova sumária de sua posse ou de seu domínio e da qualidade de terceiro, oferecendo documentos e rol de testemunhas (677). É facultada a prova da posse em audiência preliminar designada pelo juiz. O possuidor direto pode alegar, além da sua posse, o domínio alheio. A citação será pessoal, se o embargado não tiver procurador constituído nos autos da ação principal. Será legitimado passivo o sujeito a quem o ato de constrição aproveita, assim como o será seu adversário no processo principal quando for sua a indicação do bem para a constrição judicial.

A decisão que reconhecer suficientemente provado o domínio ou a posse determinará a suspensão das medidas constritivas sobre os bens litigiosos objeto dos embargos, bem como a manutenção ou a reintegração provisória da posse, se o embargante a houver requerido (678). O juiz poderá condicionar a ordem de manutenção ou de reintegração provisória de posse à prestação de caução pelo requerente, ressalvada a impossibilidade da parte economicamente hipossuficiente.

Os embargos poderão ser contestados no prazo de 15 dias, findo o qual se seguirá o procedimento comum (679).

Contra os embargos do credor com garantia real, o embargado somente poderá alegar que (680): I - o devedor comum é insolvente; II - o título é nulo ou não obriga a terceiro; III - outra é a coisa dada em garantia.

Acolhido o pedido inicial, o ato de constrição judicial indevida será cancelado, com o reconhecimento do domínio, da manutenção da posse ou da reintegração definitiva do bem ou do direito ao embargante (681).

14.5. Da oposição

Quem pretender, no todo ou em parte, a coisa ou o direito sobre que controvertem autor e réu poderá, até ser proferida a sentença, oferecer oposição contra ambos (682). O opoente deduzirá o pedido em observação aos requisitos exigidos para propositura da ação. Distribuída a oposição por dependência,

serão os opostos citados, na pessoa de seus respectivos advogados, para contestar o pedido no prazo comum de 15 dias.

Se um dos opostos reconhecer a procedência do pedido, contra o outro prosseguirá o opoente (684). Admitido o processamento, a oposição será apensada aos autos e tramitará simultaneamente à ação originária, sendo ambas julgadas pela mesma sentença (685). Se a oposição for proposta após o início da audiência de instrução, o juiz suspenderá o curso do processo ao fim da produção das provas, salvo se concluir que a unidade da instrução atende melhor ao princípio da duração razoável do processo (685, parágrafo único).

Cabendo ao juiz decidir simultaneamente a ação originária e a oposição, desta conhecerá em primeiro lugar (686).

14.6. Ação monitória

A ação monitória pode ser proposta por aquele que afirmar, com base em prova escrita sem eficácia de título executivo, ter direito de exigir do devedor capaz (700): I - o pagamento de quantia em dinheiro; II - a entrega de coisa fungível ou infungível ou de bem móvel ou imóvel; III - o adimplemento de obrigação de fazer ou de não fazer. A prova escrita pode consistir em prova oral documentada, produzida antecipadamente nos termos do art. 381. Desta forma, a ação monitória é cabível quando a obrigação constante de prova escrita não chegar a constituir um título executivo extrajudicial (784), mas possui mais do que seria necessário para um processo de conhecimento de cunho condenatório.

Na petição inicial, incumbe ao autor explicitar, conforme o caso: I - a importância devida, instruindo-a com memória de cálculo; II - o valor atual da coisa reclamada; III - o conteúdo patrimonial em discussão ou o proveito econômico perseguido. Sob pena de indeferimento da petição inicial (700, § 4º). Tais fatores serão levados em consideração na fixação do valor da causa. Havendo dúvida quanto à idoneidade de prova documental apresentada pelo autor, o juiz intimá-lo-á para, querendo, emendar a petição inicial, adaptando-a ao procedimento comum. É admissível ação monitória em face da Fazenda Pública. Na ação monitória, admite-se citação por qualquer dos meios permitidos para o procedimento comum.

Sendo evidente o direito do autor, o juiz deferirá a expedição de mandado de pagamento, de entrega de coisa ou para execução de obrigação de fazer ou de não fazer, concedendo ao réu prazo de 15 dias para o cumprimento e o pagamento de honorários advocatícios de cinco por cento do valor atribuído à causa (701). O réu será isento do pagamento de custas processuais se cumprir o mandado no prazo.

Constituir-se-á de pleno direito o título executivo judicial, independentemente de qualquer formalidade, se não realizado o pagamento e não apresentados os embargos previstos no art. 702, observando-se, no que couber, as regras do cumprimento de sentença, neste caso é cabível ação rescisória.

Sendo a ré Fazenda Pública, não apresentados os embargos previstos no art. 702, aplicar-se-á a remessa necessária.

Aplica-se à ação monitória, se possível, a possibilidade de parcelamento judicial do débito (916).

Independentemente de prévia segurança do juízo, o réu poderá opor, nos próprios autos, no prazo de 15 dias da citação ou embargos à ação monitória (702), que podem se fundar em matéria passível de alegação como defesa no procedimento comum. Quando o réu alegar que o autor pleiteia quantia superior à devida, cumprir-lhe-á declarar de imediato o valor que entende correto, apresentando demonstrativo discriminado e atualizado da dívida. Não apontado o valor correto ou não apresentado o demonstrativo, os embargos serão liminarmente rejeitados, se esse for o seu único fundamento, e, se houver outro fundamento, os embargos serão processados, mas o juiz deixará de examinar a alegação de excesso.

A oposição dos embargos suspende a eficácia da decisão referida no caput do art. 701 até o julgamento em primeiro grau. O autor será intimado para responder aos embargos no prazo de 15 dias. Na ação monitória admite-se a reconvenção, sendo vedado o oferecimento de reconvenção à reconvenção.

Rejeitados os embargos, constituir-se-á de pleno direito o título executivo judicial, prosseguindo-se o processo em observância as regras do cumprimento de sentença.

O juiz condenará o autor de ação monitória proposta indevidamente e de má-fé ao pagamento, em favor do réu, de multa de até dez por cento sobre o valor da causa. O juiz condenará o réu que de má-fé opuser embargos à ação monitória ao pagamento de multa de até dez por cento sobre o valor atribuído à causa, em favor do autor.

15. PROCESSO NOS TRIBUNAIS

15.1. Da uniformização da jurisprudência

Os tribunais devem uniformizar sua jurisprudência e mantê-la estável, íntegra e coerente (926). Na forma estabelecida e segundo os pressupostos fixados no regimento interno, os tribunais editarão enunciados de súmula correspondentes a sua jurisprudência dominante (926, § 1º). Ao editar enunciados de súmula, os tribunais devem ater-se às circunstâncias fáticas dos precedentes que motivaram sua criação (926, § 2º).

Será de observância e aplicação obrigatória aos juízes e tribunais (927) das: I - as decisões do Supremo Tribunal Federal em controle concentrado de constitucionalidade; II - os enunciados de súmula vinculante; III - os acórdãos em incidente de assunção de competência ou de resolução de demandas repetitivas e em julgamento de recursos extraordinário e especial repetitivos; IV - os enunciados das súmulas do Supremo Tribunal Federal em matéria constitucional e do Superior Tribunal de Justiça em matéria infraconstitucional; V - a orientação do plenário ou do órgão especial aos quais estiverem vinculados.

Na aplicação da jurisprudência uniformizada devem ser garantidos as partes a manifestação prévia (art. 10, do CPC) e a fundamentação adequada das decisões (489, § 1º)

Na hipótese de alteração de jurisprudência dominante do Supremo Tribunal Federal e dos tribunais superiores ou daquela oriunda de julgamento de casos repetitivos, pode haver modulação dos efeitos da alteração no interesse social e no da segurança jurídica (927, §3º).

15. 2. Dos poderes do relator

O relator nos processos e recursos que tramitam no tribunal, possui inúmeras atribuições (932), que vão desde a **dirigir e ordenar** o processo no tribunal, inclusive em relação à produção de prova, até, quando for o caso, homologar autocomposição das partes, como também o de apreciar o **pedido de tutela provisória** nos recursos e nos processos de competência originária do tribunal.

Ainda, o relator no tocante aos recursos analisará a sua admissibilidade, podendo, em **decisão monocrática**, não conhecer de recurso inadmissível, prejudicado ou que não tenha impugnado especificamente os fundamentos da decisão recorrida, sendo que **antes de considerar inadmissível o recurso, o relator concederá o prazo de 5 (cinco) dias ao recorrente para que seja sanado vício ou complementada a documentação exigível**.

Também o relator poderá, monocraticamente, **negar provimento a recurso** que for contrário a: a) súmula do Supremo Tribunal Federal, do Superior Tribunal de Justiça ou do próprio tribunal; b) acórdão proferido pelo Supremo Tribunal Federal ou pelo Superior Tribunal de Justiça em julgamento de recursos repetitivos; c) entendimento firmado em incidente de resolução de demandas repetitivas ou de assunção de competência;

O relator, se o caso, poderá, **depois de facultada a apresentação de contrarrazões, dar provimento ao recurso** se a decisão recorrida for contrária a: a) súmula do Supremo Tribunal Federal, do Superior Tribunal de Justiça ou do próprio tribunal; b) acórdão proferido pelo Supremo Tribunal Federal ou pelo Superior Tribunal de Justiça em julgamento de recursos repetitivos; c) entendimento firmado em incidente de resolução de demandas repetitivas ou de assunção de competência;

Ao relator também compete: decidir o incidente de desconsideração da personalidade jurídica, quando este for instaurado originariamente perante o tribunal; determinar a intimação do Ministério Público, quando for o caso; exercer outras atribuições estabelecidas no regimento interno do tribunal.

Das decisões monocráticas proferidas pelo relator caberá o recurso de agravo interno (1.021).

Antes de considerar inadmissível o recurso, o relator concederá o prazo de 5 dias ao recorrente para que seja sanado vício ou complementada a documentação exigível (932, parágrafo único).

Caso o relator constate a ocorrência de fato superveniente à decisão recorrida ou a existência de questão apreciável de ofício ainda não examinada que devam ser considerados no julgamento do recurso, intimará as partes para que se manifestem no prazo de 5 dias (933). Se a constatação ocorrer durante a sessão de julgamento, esse será imediatamente suspenso a fim de que as partes se manifestem especificamente (933, § 1º). Se a constatação se der em vista dos autos, deverá o juiz que a solicitou encaminhá-los ao relator, que tomará as providências previstas e, em seguida, solicitará a inclusão do feito em pauta para prosseguimento do julgamento, com submissão integral da nova questão aos julgadores (933, §2 º).

Em seguida, os autos serão apresentados ao presidente, que designará dia para julgamento, ordenando a publicação

DIREITO PROCESSUAL CIVIL

da pauta no órgão oficial (934). Entre a data de publicação da pauta e a da sessão de julgamento decorrerá, pelo menos, o prazo de 5 dias, incluindo-se em nova pauta os processos que não tenham sido julgados, salvo aqueles cujo julgamento tiver sido expressamente adiado para a primeira sessão seguinte (935). Às partes será permitida vista dos autos em cartório após a publicação da pauta de julgamento (935, § 1º). Ressalvadas as preferências legais e regimentais, os recursos, a remessa necessária e os processos de competência originária serão julgados na seguinte ordem (936): I - aqueles nos quais houver sustentação oral, observada a ordem dos requerimentos; II - os requerimentos de preferência apresentados até o início da sessão de julgamento; III - aqueles cujo julgamento tenha iniciado em sessão anterior; e IV - os demais casos.

15.3. Assunção de competência

É admissível a assunção de competência quando o julgamento de recurso, de remessa necessária ou de processo de competência originária envolver relevante questão de direito, com grande repercussão social, sem repetição em múltiplos processos (947). Ocorrendo a hipótese de assunção de competência, o relator proporá, de ofício ou a requerimento da parte, do Ministério Público ou da Defensoria Pública, que seja o recurso, a remessa necessária ou o processo de competência originária julgado pelo órgão colegiado que o regimento indicar (947, § 1º). O órgão colegiado julgará o recurso, a remessa necessária ou o processo de competência originária se reconhecer interesse público na assunção de competência (947, § 2º). O acórdão proferido em assunção de competência vinculará todos os juízes e órgãos fracionários, exceto se houver revisão de tese (947, § 3º). Aplica-se a assunção de competência quando ocorrer relevante questão de direito a respeito da qual seja conveniente a prevenção ou a composição de divergência entre câmaras ou turmas do tribunal (947, § 4º).

15.4. Do incidente de arguição de inconstitucionalidade

Arguida, em controle difuso, a inconstitucionalidade de lei ou de ato normativo do poder público, o relator, após ouvir o Ministério Público e as partes, submeterá a questão à turma ou à câmara à qual competir o conhecimento do processo (948). Se a arguição (949) for: I - rejeitada, prosseguirá o julgamento; II - acolhida, a questão será submetida ao plenário do tribunal ou ao seu órgão especial, onde houver. Os órgãos fracionários dos tribunais não submeterão ao plenário ou ao órgão especial a arguição de inconstitucionalidade quando já houver pronunciamento destes ou do plenário do Supremo Tribunal Federal sobre a questão (949, parágrafo único).

15.5. Da ação rescisória

A decisão de mérito, transitada em julgado, pode ser rescindida quando (966):

I - se verificar que foi proferida por força de prevaricação, concussão ou corrupção do juiz;

II - for proferida por juiz impedido ou por juízo absolutamente incompetente;

III - resultar de dolo ou coação da parte vencedora em detrimento da parte vencida ou, ainda, de simulação ou colusão entre as partes, a fim de fraudar a lei;

IV - ofender a coisa julgada;

V - violar manifestamente norma jurídica - nesta hipótese, cabe ação rescisória contra decisão baseada em enunciado de súmula ou acórdão proferido em julgamento de casos repetitivos que não tenha considerado a existência de distinção entre a questão discutida no processo e o padrão decisório que lhe deu fundamento. (966, § 5º). Neste caso caberá ao autor, sob pena de inépcia, demonstrar, fundamentadamente, tratar-se de situação particularizada por hipótese fática distinta ou de questão jurídica não examinada, a impor outra solução jurídica (966, § 6º);

VI - for fundada em prova cuja falsidade tenha sido apurada em processo criminal ou venha a ser demonstrada na própria ação rescisória;

VII - obtiver o autor, posteriormente ao trânsito em julgado, prova nova cuja existência ignorava ou de que não pôde fazer uso, capaz, por si só, de lhe assegurar pronunciamento favorável;

VIII - for fundada em erro de fato verificável do exame dos autos. Há erro de fato quando a decisão rescindenda admitir fato inexistente ou quando considerar inexistente fato efetivamente ocorrido, sendo indispensável, em ambos os casos, que o fato não represente ponto controvertido sobre o qual o juiz deveria ter se pronunciado (966, § 1º).

Nas hipóteses previstas nos incisos do art. 966, será rescindível a decisão transitada em julgado que, embora não seja de mérito, impeça: I - nova propositura da demanda; ou II - admissibilidade do recurso correspondente. (966, § 2º).

A ação rescisória pode ter por objeto apenas um capítulo da decisão (966, § 3º).

Os atos de disposição de direitos, praticados pelas partes ou por outros participantes do processo e homologados pelo juízo, bem como os atos homologatórios praticados no curso da execução, estão sujeitos à anulação, nos termos da lei (966, § 4º).

Têm legitimidade para propor a ação rescisória (967): I - quem foi parte no processo ou o seu sucessor a título universal ou singular; II - o terceiro juridicamente interessado; III - o Ministério Público: a) se não foi ouvido no processo em que lhe era obrigatória a intervenção; b) quando a decisão rescindenda é o efeito de simulação ou de colusão das partes, a fim de fraudar a lei; c) em outros casos em que se imponha sua atuação; IV - aquele que não foi ouvido no processo em que lhe era obrigatória a intervenção. Nas hipóteses de intervenção obrigatória do Ministério Público (178) será intimado para intervir como fiscal da ordem jurídica quando não for parte (967, parágrafo único).

A petição inicial será elaborada (968) com observância dos requisitos essenciais (319), devendo o autor: I - cumular ao pedido de rescisão, se for o caso, o de novo julgamento do processo; II - depositar a importância de cinco por cento sobre o valor da causa, que se converterá em multa caso a ação seja, por unanimidade de votos, declarada inadmissível ou improcedente.

O depósito não se aplica à União, aos Estados, ao Distrito Federal, aos Municípios, às suas respectivas autarquias e fundações de direito público, ao Ministério Público, à Defensoria Pública e aos que tenham obtido o benefício de gratuidade da justiça (968, § 1º). O depósito, quando devido, não será superior

193

a 1.000 (mil) salários-mínimos (968, § 2º). Além dos casos previstos no art. 330, a petição inicial será indeferida quando não efetuado o depósito exigido (968, § 3º). Aplica-se à ação rescisória o julgamento liminar de improcedência do pedido (332).

Reconhecida a incompetência do tribunal para julgar a ação rescisória, o autor será intimado para emendar a petição inicial, a fim de adequar o objeto da ação rescisória, quando a decisão apontada como rescindenda (968, § 5º): I - não tiver apreciado o mérito e não se enquadrar na situação prevista no § 2º do art. 966; II - tiver sido substituída por decisão posterior. Nesta hipótese, após a emenda da petição inicial, será permitido ao réu complementar os fundamentos de defesa, e, em seguida, os autos serão remetidos ao tribunal competente (968, § 6º).

A propositura da ação rescisória não impede o cumprimento da decisão rescindenda, ressalvada a concessão de tutela provisória (969).

O relator ordenará a citação do réu, designando-lhe prazo nunca inferior a 15 dias nem superior a 30 dias para, querendo, apresentar resposta, ao fim do qual, com ou sem contestação, observar-se-á, no que couber, o procedimento comum (970). A escolha de relator recairá, sempre que possível, em juiz que não haja participado do julgamento rescindendo (971, parágrafo único). Se os fatos alegados pelas partes dependerem de prova, o relator poderá delegar a competência ao órgão que proferiu a decisão rescindenda, fixando prazo de 1 a 3 meses para a devolução dos autos (972). Concluída a instrução, será aberta vista ao autor e ao réu para razões finais, sucessivamente, pelo prazo de 10 dias (973). Em seguida, os autos serão conclusos ao relator, procedendo-se ao julgamento pelo órgão competente (973, parágrafo único). Julgando procedente o pedido, o tribunal rescindirá a decisão, proferirá, se for o caso, novo julgamento e determinará a restituição do depósito caso tenha sido efetivado (974). Considerando, por unanimidade, inadmissível ou improcedente o pedido, o tribunal determinará a reversão, em favor do réu, da importância do depósito, sem prejuízo da sucumbência (974, parágrafo único).

O direito à rescisão se extingue em 2 (dois) anos contados do trânsito em julgado da última decisão proferida no processo (975). Prorroga-se até o primeiro dia útil imediatamente subsequente o prazo a que se refere o caput, quando expirar durante férias forenses, recesso, feriados ou em dia em que não houver expediente forense (975, § 1º). Se fundada a ação no inciso VII do art. 966, o termo inicial do prazo será a data de descoberta da prova nova, observado o prazo máximo de 5 (cinco) anos, contado do trânsito em julgado da última decisão proferida no processo (975, § 2º). Nas hipóteses de simulação ou de colusão das partes, o prazo começa a contar, para o terceiro prejudicado e para o Ministério Público, que não interveio no processo, a partir do momento em que têm ciência da simulação ou da colusão (975, § 3º).

15.6. Do incidente de resolução de demandas repetitivas

É cabível a instauração do incidente de resolução de demandas repetitivas (976) quando houver, simultaneamente: I - efetiva repetição de processos que contenham controvérsia sobre a mesma questão unicamente de direito; II - risco de ofensa à isonomia e à segurança jurídica.

A desistência ou o abandono do processo não impede o exame de mérito do incidente (976, § 1º.).

Se não for o requerente, o Ministério Público intervirá obrigatoriamente no incidente e deverá assumir sua titularidade em caso de desistência ou de abandono (976, § 2º.).

Não serão exigidas custas processuais no incidente de resolução de demandas repetitivas (976, §5º).

O pedido de instauração do incidente será dirigido ao presidente de tribunal (977): I - pelo juiz ou relator, por ofício; II - pelas partes, por petição; III - pelo Ministério Público ou pela Defensoria Pública, por petição. O ofício ou a petição será instruído com os documentos necessários à demonstração do preenchimento dos pressupostos para a instauração do incidente (977, parágrafo único).

Após a distribuição, o órgão colegiado competente para julgar o incidente procederá ao seu juízo de admissibilidade. Admitido o incidente (982), o relator: I - suspenderá os processos pendentes, individuais ou coletivos, que tramitam no Estado ou na região, conforme o caso; II - poderá requisitar informações a órgãos em cujo juízo tramita processo no qual se discute o objeto do incidente, que as prestarão no prazo de 15 dias; III - intimará o Ministério Público para, querendo, manifestar-se no prazo de 15 dias. A suspensão será comunicada aos órgãos jurisdicionais competentes (982, § 1º). Durante a suspensão, o pedido de tutela de urgência deverá ser dirigido ao juízo onde tramita o processo suspenso (982, § 2º). Visando à garantia da segurança jurídica, qualquer legitimado mencionado no art. 977, incisos II e III, poderá requerer, ao tribunal competente para conhecer do recurso extraordinário ou especial, a suspensão de todos os processos individuais ou coletivos em curso no território nacional que versem sobre a questão objeto do incidente já instaurado (982, § 3º). Independentemente dos limites da competência territorial, a parte no processo em curso no qual se discuta a mesma questão objeto do incidente é legitimada para requerer a suspensão de todos os processos em território nacional (982, § 4º). Cessa a suspensão (982, I) se não for interposto recurso especial ou recurso extraordinário contra a decisão proferida no incidente (982, § 5º).

O relator ouvirá as partes e os demais interessados, inclusive pessoas, órgãos e entidades com interesse na controvérsia, que, no prazo comum de 15 dias, poderão requerer a juntada de documentos, bem como as diligências necessárias para a elucidação da questão de direito controvertida, e, em seguida, manifestar-se-á o Ministério Público, no mesmo prazo (983). Para instruir o incidente, o relator poderá designar data para, em audiência pública, ouvir depoimentos de pessoas com experiência e conhecimento na matéria (983, § 1º). Concluídas as diligências, o relator solicitará dia para o julgamento do incidente (983, §2º).

No julgamento do incidente (984), observar-se-á a seguinte ordem: I - o relator fará a exposição do objeto do incidente; II - poderão sustentar suas razões, sucessivamente: a) o autor e o réu do processo originário e o Ministério Público, pelo prazo de 30 minutos; b) os demais interessados, no prazo de 30 minutos, divididos entre todos, sendo exigida inscrição

DIREITO PROCESSUAL CIVIL

com 2 (dois) dias de antecedência. Considerando o número de inscritos, o prazo poderá ser ampliado. O conteúdo do acórdão abrangerá a análise de todos os fundamentos suscitados concernentes à tese jurídica discutida, sejam favoráveis ou contrários (984, §2º).

Julgado o incidente, a tese jurídica será aplicada: I - a todos os processos individuais ou coletivos que versem sobre idêntica questão de direito e que tramitem na área de jurisdição do respectivo tribunal, inclusive àqueles que tramitem nos juizados especiais do respectivo Estado ou região; II - aos casos futuros que versem idêntica questão de direito e que venham a tramitar no território de competência do tribunal, salvo revisão na forma do art. 986. Não observada a tese adotada no incidente, caberá reclamação.

A revisão da tese jurídica firmada no incidente (986) far-se-á pelo mesmo tribunal, de ofício ou mediante requerimento dos legitimados mencionados no art. 977, III.

Do julgamento do mérito do incidente (987) caberá recurso extraordinário ou especial, conforme o caso. O recurso tem efeito suspensivo, presumindo-se a repercussão geral de questão constitucional eventualmente discutida. Apreciado o mérito do recurso, a tese jurídica adotada pelo Supremo Tribunal Federal ou pelo Superior Tribunal de Justiça será aplicada no território nacional a todos os processos individuais ou coletivos que versem sobre idêntica questão de direito.

15.7. Da reclamação

Caberá reclamação da parte interessada ou do Ministério Público (988) para: I - preservar a competência do tribunal; II - garantir a autoridade das decisões do tribunal; III – garantir a observância de enunciado de súmula vinculante e de decisão do Supremo Tribunal Federal em controle concentrado de constitucionalidade; IV – garantir a observância de acórdão proferido em julgamento de incidente de resolução de demandas repetitivas ou de incidente de assunção de competência.

A reclamação pode ser proposta perante qualquer tribunal, e seu julgamento compete ao órgão jurisdicional cuja competência se busca preservar ou cuja autoridade se pretenda garantir (988, § 1º). A reclamação deverá ser instruída com prova documental e dirigida ao presidente do tribunal (988, § 2º). Assim que recebida, a reclamação será autuada e distribuída ao relator do processo principal, sempre que possível (988, § 3º). As hipóteses dos incisos III e IV, do art. 988 compreendem a aplicação indevida da tese jurídica e sua não aplicação aos casos que a ela correspondam (988, § 4º).

É inadmissível a reclamação (988, § 5º): I – proposta após o trânsito em julgado da decisão reclamada; II – proposta para garantir a observância de acórdão de recurso extraordinário com repercussão geral reconhecida ou de acórdão proferido em julgamento de recursos extraordinário ou especial repetitivos, quando não esgotadas as instâncias ordinárias.

16. RECURSOS

O sistema recursal surge como mecanismo para que a prestação jurisdicional seja mais justa, possibilitando ao recorrente demonstrar o seu inconformismo na busca de correção de decisões, mas também é de interesse do próprio Estado na realização da justiça. O CPC também ressalta a busca pela segurança jurídica por meio da uniformização da jurisprudência dos tribunais.

O objetivo dos recursos são basicamente três: a) reforma de decisões; b) a anulação de decisões em razão de vícios processuais e, c) integração da decisão.

Destaca-se dentre outros os seguintes princípios recursais: a) **duplo grau de jurisdição** (5º, LV, CF) – garantia conferida aos jurisdicionados de poderem rever a decisão proferida pelo juízo de primeiro grau por um órgão colegiado, com vistas a efetivar a justiça da decisão; b) **taxatividade** (994) os recursos estão previstos em lei; c) **singularidade** – para cada objetivo diante da decisão será utilizado um único recurso cabível e adequado; d) **fungibilidade recursal** – o aproveitamento do recurso equivocadamente interposto como sendo o correto, desde que não se trate de erro grosseiro (a dúvida precisa ser objetiva quanto ao recurso a ser interposto), bem como desde que preenchidos os requisitos de admissibilidade, notadamente a tempestividade, por exemplo 1.024, § 3º; e) **dispositivo** – em regra o recurso será interposto por ato de vontade de quem detém a legitimidade recursal. Contudo, admite-se a exceção da remessa necessária (496); e, f) **proibição da "reformatio in pejus"** – a situação do recorrente não pode ser agravada em razão da interposição de seu recurso, salvo se houver o reconhecimento de matéria que pode ser conhecida de ofício, garantido o contraditório (10).

16.1. Pressupostos recursais

Todos os recursos passam por duas análises, sendo a primeira delas de natureza processual, onde se verifica a admissibilidade do recurso, ou seja, o preenchimento dos pressupostos recursais de admissibilidade. Caso não estejam presentes, o recurso será "não conhecido", ou seja, não será enfrentado o mérito do recurso. Contudo, caso estejam presentes os pressupostos de admissibilidade recursal, o recurso será "conhecido" e passará a ser analisado em sua segunda etapa que é a de mérito, na qual será objeto de julgamento o tema de fundo do recurso, para que seja "provido", "parcialmente provido" ou "improvido".

Os pressupostos recursais podem ser: a) **subjetivos** – a análise do requisito de admissibilidade subjetivo abrange: i) a **legitimidade recursal** – (996) – que estabelece que o recurso pode ser interposto pelas partes, pelo MP (como parte ou como fiscal da ordem jurídica) – Súmula 99 e 226 do STJ – e pelo terceiro prejudicado. O advogado pode recorrer em nome próprio em razão dos honorários de sucumbência fixados (23, EOAB – Lei 8.906/1994) e pela multa do 234, § 2º; e, ii) **interesse recursal** – (996) – pelo qual se verifica o proveito que a interposição do recurso pode gerar. Assim, a parte vencida terá interesse (necessidade e utilidade) no manejo do recurso, assim como o terceiro prejudicado pela decisão, sendo que o terceiro precisa demonstrar a possibilidade de a decisão sobre a relação jurídica submetida à apreciação judicial atingir direito de que afirme ser titular ou que possa discutir em juízo como substituto processual (996, parágrafo único).

Também existem os pressupostos processuais b) **objetivos** – cuja análise envolve:

i) a **recorribilidade** – deve ser analisada a decisão para a verificação de que ela pode ser objeto de recurso, posto que os despachos (203, § 3º) são irrecorríveis (1.001). Assim, deve ser verificado se a decisão tem natureza de decisão interlocutória (203, § 2º), de sentença (203, § 1º) ou de acórdão (204) para ser objeto de recurso;

ii) **tempestividade** – o recurso deve ser interposto dentro do prazo estabelecido, que tem natureza peremptória, sendo que, excetuados os embargos de declaração cujo prazo é de 5 dias (1.023), o prazo para a interposição de recursos e para a sua resposta é de 15 dias (1.003, § 5º). O prazo para interposição de recurso conta-se da data em que os advogados, a sociedade de advogados, a Advocacia Pública, a Defensoria Pública ou o Ministério Público são intimados da decisão (1.003). São considerados intimados em audiência quando nesta for proferida a decisão (1.003, § 1º). Para o réu interpor recurso de decisão proferida antes de ser citado, o cômputo do prazo observará o art. 231, I a VI (1.003, § 2º). No prazo para interposição de recurso, a petição será protocolada em cartório ou conforme as normas de organização judiciária, ressalvado o disposto em regra especial (1.003, § 3º). Para aferição da tempestividade do recurso remetido pelo correio, será considerada como data de interposição a data de postagem (1.003, § 4º). O recorrente comprovará a ocorrência de feriado local no ato de interposição do recurso (1.003, § 6º). Se, durante o prazo para a interposição do recurso, sobrevier o falecimento da parte ou de seu advogado ou ocorrer motivo de força maior que suspenda o curso do processo, será tal prazo restituído em proveito da parte, do herdeiro ou do sucessor, contra quem começará a correr novamente depois da intimação (1.004). É considerado tempestivo o recurso interposto antes do início da contagem de seu prazo (218, § 4º.). O prazo para a fazenda pública (183), para o MP (180), para a Defensoria Pública (186) e para os litisconsortes (229) é contado em dobro.

iii) **preparo** - No ato de interposição do recurso, o recorrente comprovará, quando exigido pela legislação pertinente, o respectivo preparo, inclusive porte de remessa e de retorno, sob pena de deserção (1.007). São dispensados de preparo, inclusive porte de remessa e de retorno, os recursos interpostos pelo Ministério Público, pela União, pelo Distrito Federal, pelos Estados, pelos Municípios, e respectivas autarquias, e pelos que gozam de isenção legal (1.007, § 1º). A insuficiência no valor do preparo, inclusive porte de remessa e de retorno, implicará deserção se o recorrente, intimado na pessoa de seu advogado, não vier a supri-lo no prazo de 5 dias (1.007, § 2º). É dispensado o recolhimento do porte de remessa e de retorno no processo em autos eletrônicos (1.007, § 3º). O recorrente que não comprovar, no ato de interposição do recurso, o recolhimento do preparo, inclusive porte de remessa e de retorno, será intimado, na pessoa de seu advogado, para realizar o recolhimento em dobro, sob pena de deserção (1.007, § 4º). É vedada a complementação se houver insuficiência parcial do preparo, inclusive porte de remessa e de retorno, no recolhimento realizado em dobro (1.007, § 5º). Provando o recorrente justo impedimento, o relator relevará a pena de deserção, por decisão irrecorrível, fixando-lhe prazo de 5 dias para efetuar o preparo (1.007, § 6º). O equívoco no preenchimento da guia de custas não implicará a aplicação da pena de deserção, cabendo ao relator, na hipótese de dúvida quanto ao recolhimento, intimar o recorrente para sanar o vício no prazo de 5 dias (1.007, § 7º).

iv) **cabimento** – o recorrente deverá analisar qual o recurso adequado e correspondente ao "ataque" que busca promover em face da decisão proferida. Assim, diante da natureza da decisão e o quanto estabelecido no CPC, deverá o recorrente utilizar o recurso apropriado para o objetivo proposto. Caso haja equívoco na escolha do recurso, não se tratando de erro grosseiro e observados os demais requisitos de admissibilidade, notadamente a tempestividade, poderá ser aplicada a fungibilidade recursal.

v) **inexistência de fato que obsta a interposição do recurso** – a parte que aceitar expressa ou tacitamente a decisão não poderá recorrer (1.000). Considera-se aceitação tácita a prática, sem nenhuma reserva, de ato incompatível com a vontade de recorrer (1.000, parágrafo único).

16.2. Do recurso adesivo

Cada parte interporá o recurso independentemente, no prazo e com observância das exigências legais (997). Sendo vencidos autor e réu, ao recurso interposto por qualquer deles poderá aderir o outro (997, § 1º). O recurso adesivo fica subordinado ao recurso independente, sendo-lhe aplicáveis as mesmas regras deste quanto aos requisitos de admissibilidade e julgamento no tribunal, salvo disposição legal diversa, observado, ainda, o seguinte: I - será dirigido ao órgão perante o qual o recurso independente fora interposto, no prazo de que a parte dispõe para responder; II - será admissível na apelação, no recurso extraordinário e no recurso especial; III - não será conhecido, se houver desistência do recurso principal ou se for ele considerado inadmissível.

16.3. Efeitos dos recursos

Os recursos possuem, em regra, dois efeitos: a) **devolutivo** – que propicia a análise da matéria objeto do recurso; e, b) **suspensivo** – que, uma vez atribuído, paralisa a eficácia da decisão prolatada que não poderá ser objeto de execução provisória por não ser geradora de efeitos. Em regra, os recursos não impedem a eficácia da decisão, salvo disposição legal ou decisão judicial em sentido diverso (995). Assim, deve ser analisado para cada recurso a presença ou não do efeito suspensivo, como, por exemplo, o recurso de apelação (1.012), que possui em regra efeito suspensivo, o agravo de instrumento não possui (1.019, I), os embargos de declaração em regra não possuem efeito suspensivo (1.026), os recursos extraordinário e especial também, em regra, não possuem efeito suspensivo (1.029, § 5º). Quando o recurso não é dotado de efeito suspensivo pelo texto legal, tal efeito poderá ser obtido por decisão judicial. Como regra, a eficácia da decisão recorrida poderá ser suspensa por decisão do relator, se da imediata produção de seus efeitos houver risco de dano grave, de difícil ou impossível reparação, e ficar demonstrada a probabilidade de provimento do recurso (995, parágrafo único), contudo, deverá ser obser-

DIREITO PROCESSUAL CIVIL

vado para cada recurso específico a regra contida para o requerimento e a concessão do efeito suspensivo, como pode ser observado para o recurso de apelação (1.012, §§ 3º e 4º), recurso de agravo de instrumento (1.019, I e 995, parágrafo único), embargos de declaração (1.026, § 1º), agravo interno (995, parágrafo único), recursos extraordinário e especial (1.029, §§ 4º e 5º).

16.4. Do recurso de apelação

Da sentença cabe apelação (1.009), contudo, há se ser observado que para as sentenças tidas por parciais (354, parágrafo único e 356) o recurso cabível será o agravo de instrumento (354, parágrafo único e 356, §5º). Importante observar que as questões resolvidas na fase de conhecimento, se a decisão a seu respeito não comportar agravo de instrumento, não são cobertas pela preclusão e devem ser suscitadas em preliminar de apelação, eventualmente interposta contra a decisão final, ou nas contrarrazões (1.009, § 1º). Caso sejam estas questões não preclusas suscitadas em contrarrazões, o recorrente será intimado para, em 15 dias, manifestar-se a respeito delas (1.009, § 2º). É cabível a apelação mesmo quando as questões mencionadas no art. 1.015 integrarem capítulo da sentença (1.009, § 3º).

A apelação, interposta por petição dirigida ao juízo de primeiro grau, conterá (1.010): I - os nomes e a qualificação das partes; II - a exposição do fato e do direito; III - as razões do pedido de reforma ou de decretação de nulidade; IV - o pedido de nova decisão. Uma vez interposta a apelação o apelado será intimado para apresentar contrarrazões no prazo de 15 dias (1.010, § 1º). Se o apelado interpuser apelação adesiva, o juiz intimará o apelante para apresentar contrarrazões (1.010, § 2º). Após a oportunidade de resposta do recurso, sem a análise da admissibilidade recursal, os autos serão remetidos ao tribunal pelo juiz (1.010, § 3º).

Recebido o recurso de apelação no tribunal e distribuído imediatamente, o relator (1.011): I - decidi-lo-á monocraticamente apenas nas hipóteses do art. 932, incisos III a V; II - se não for o caso de decisão monocrática, elaborará seu voto para julgamento do recurso pelo órgão colegiado.

A apelação terá efeito suspensivo (1.012) como regra, contudo, além de outras hipóteses previstas em lei, começa a produzir efeitos imediatamente após a sua publicação a sentença que (1.012, § 1º): I - homologa divisão ou demarcação de terras; II - condena a pagar alimentos; III - extingue sem resolução do mérito ou julga improcedentes os embargos do executado; IV - julga procedente o pedido de instituição de arbitragem; V - confirma, concede ou revoga tutela provisória; VI - decreta a interdição. Nestas hipóteses o apelado poderá promover o pedido de cumprimento provisório depois de publicada a sentença (1.012, § 2º). Nas hipóteses que o recurso de apelação não possui o efeito suspensivo por força da lei, poderá tal efeito ser concedido por decisão judicial, cujo requerimento será dirigido ao (1.012, § 3º): I - tribunal, no período compreendido entre a interposição da apelação e sua distribuição, ficando o relator designado para seu exame prevento para julgá-la; II - relator, se já distribuída a apelação.

Para tanto, a eficácia da sentença poderá ser suspensa pelo relator se o apelante demonstrar a probabilidade de provimento do recurso ou se, sendo relevante a fundamentação, houver risco de dano grave ou de difícil reparação (1.012, § 4º).

A apelação devolverá ao tribunal o conhecimento da matéria impugnada (1.013). Serão, porém, objeto de apreciação e julgamento pelo tribunal todas as questões suscitadas e discutidas no processo, ainda que não tenham sido solucionadas, desde que relativas ao capítulo impugnado (1.013, § 1º). Quando o pedido ou a defesa tiver mais de um fundamento e o juiz acolher apenas um deles, a apelação devolverá ao tribunal o conhecimento dos demais (1.013, § 2º).

Se o processo estiver em condições de imediato julgamento, o tribunal deve decidir desde logo o mérito quando (1.013, § 3º): I - reformar sentença fundada no art. 485; II - decretar a nulidade da sentença por não ser ela congruente com os limites do pedido ou da causa de pedir; III - constatar a omissão no exame de um dos pedidos, hipótese em que poderá julgá-lo; IV - decretar a nulidade de sentença por falta de fundamentação.

Quando reformar sentença que reconheça a decadência ou a prescrição, o tribunal, se possível, julgará o mérito, examinando as demais questões, sem determinar o retorno do processo ao juízo de primeiro grau (1.013, § 4º).

O capítulo da sentença que confirma, concede ou revoga a tutela provisória é impugnável na apelação (1.013, § 5º).

As questões de fato não propostas no juízo inferior poderão ser suscitadas na apelação, se a parte provar que deixou de fazê-lo por motivo de força maior (1.014).

16.5. Do agravo de instrumento

O recurso de agravo de instrumento no NCPC tem como objetivo a reforma ou a anulação de decisões judiciais que se encontram no rol do art. 1.015, CPC, ou seja, para que seja cabível o recurso de agravo de instrumento em face de uma decisão se mostra necessário verificar se a mesma é uma **decisão agravável**, ante o rol taxativo de hipóteses estabelecidas.

A ideia básica a ser desenvolvida é: **após a prolação da sentença, as decisões interlocutórias prolatadas são agraváveis** – decisões na fase de liquidação de sentença, na fase de cumprimento de sentença, incluindo as decisões prolatadas no processo de execução e, também no processo de inventário (1.015, parágrafo único).

Antes da prolação da sentença, somente as decisões estabelecidas no art. 1.015 são agraváveis. Assim, a decisão que não é recorrível pelo recurso de agravo de instrumento, será objeto de ataque por meio do recurso de apelação (1.009, § 1º).

Assim, cabe agravo de instrumento contra as decisões interlocutórias que versarem sobre:

I - **tutelas provisórias** – diante da natural necessidade de discussão de seus termos antes da sentença e da apelação, sob pena de ineficácia do instituto;

II - mérito do processo;

III - **rejeição da alegação de convenção de arbitragem** – tal decisão afasta a preliminar de contestação alegada (337, X) e, assim, estabelece o Judiciário como competente

197

para processar e julgar a lide. Assim, como é importante a definição da jurisdição para a validade das decisões, rápido deve ser o processamento do recurso em face desta decisão. Verifica-se que, de outro lado, o acolhimento da convenção de arbitragem não enseja o recurso de agravo de instrumento.

IV - **incidente de desconsideração da personalidade jurídica** – a modalidade de intervenção de terceiros possibilita a ampliação do limite subjetivo da demanda. Assim, dada a sua relevância e reflexos para o processo, mostra-se necessário que a decisão que julga do incidente seja agravável para que mais rapidamente seja definida a sua ocorrência ou não.

V - **rejeição do pedido de gratuidade da justiça ou acolhimento do pedido de sua revogação**–uma das formas de se garantir o acesso a justiça é por meio da concessão da gratuidade da justiça àqueles que não têm condição de arcar com as custas processuais, honorários de sucumbência e despesas processuais sem prejuízo de seu sustento e de sua família. Assim, a discussão quanto a este benefício se mostra urgente de ser apreciada por meio de recurso quando rejeita ou revoga a concessão da benesse. Oportuno lembrar que a decisão que concede o benefício não é agravável, terá que ser objeto de recurso de apelação.

VI - **exibição ou posse de documento ou coisa** – a realização da justiça perseguida pelas partes é alcançada por meio do exercício da ampla defesa. Assim, tudo o quanto possa influenciar o julgamento da lide deve ser analisado a tempo para o julgamento. Desta forma, a decisão proferida quanto exibição ou posse de documento ou coisa é agravável.

VII - **exclusão de litisconsorte** – a exclusão do litisconsorte pode ser promovida quando da prolação da sentença, contudo, o caso deste dispositivo é o da prolação da sentença parcial (354 e parágrafo único) em que a demanda prosseguirá com relação aos demais litisconsortes que não foram excluídos da lide. Assim, quer seja pelo 1.015, XIII, quer seja pelo 354, parágrafo único, essa decisão será agravável.

VIII - **rejeição do pedido de limitação do litisconsórcio** – na hipótese de ocorrência do litisconsórcio multitudinário (113, § 1º), ou seja, uma quantidade muito grande de litigantes que possa comprometer a rápida solução do litígio ou dificultar a defesa ou o cumprimento da sentença, poderá o juiz limitar o litisconsórcio facultativo, a requerimento do réu, promovido no prazo da defesa (113, § 2º). Assim, a não limitação, por conta de seus potenciais reflexos negativos para a demanda ensejará a necessidade de uma rápida análise do recurso, por meio do agravo de instrumento. Cumpre destacar que, a decisão que limitar o litisconsórcio não é agravável.

IX - **admissão ou inadmissão de intervenção de terceiros** – as modalidades de intervenção de terceiros (assistência – 119; denunciação da lide – 125, chamamento ao processo – 130, incidente de desconsideração da personalidade jurídica – 133), dada a influência de sua análise no decorrer do processo, dependem de uma rápida solução recursal. Assim, será objeto de agravo de instrumento a decisão que as admitem ou não. Com relação ao *amicus curiae* (138) há expressa disposição na lei que a decisão é irrecorrível do juiz ou relator que solicita ou admite a participação de terceiro nessa qualidade.

X - **concessão, modificação ou revogação do efeito suspensivo aos embargos à execução**;

XI - **redistribuição do ônus da prova** nos termos do art. 373, § 1º e,

XIII - **outros casos expressamente referidos em lei**.

Também caberá agravo de instrumento contra decisões interlocutórias proferidas na fase de liquidação de sentença ou de cumprimento de sentença, no processo de execução e no processo de inventário (1.015, parágrafo único).

O agravo de instrumento será dirigido diretamente ao tribunal competente, por meio de petição com os seguintes requisitos (1.016):I - os nomes das partes; II - a exposição do fato e do direito; III - as razões do pedido de reforma ou de invalidação da decisão e o próprio pedido; IV - o nome e o endereço completo dos advogados constantes do processo.

Tendo em vista que o agravo de instrumento é interposto diretamente ao tribunal, enquanto o processo está tramitando perante o juízo de 1º grau de jurisdição, a petição de agravo de instrumento será instruída (1.017) com peças tidas como: I – obrigatórias (cópias da petição inicial, da contestação, da petição que ensejou a decisão agravada, da própria decisão agravada, da certidão da respectiva intimação ou outro documento oficial que comprove a tempestividade e das procurações outorgadas aos advogados do agravante e do agravado); II - com declaração de inexistência de qualquer dos documentos obrigatórios, feita pelo advogado do agravante, sob pena de sua responsabilidade pessoal; III –facultativas, com outras peças que o agravante reputar úteis.

Na falta da cópia de qualquer peça ou no caso de algum outro vício que comprometa a admissibilidade do agravo de instrumento, deve o relator conceder prazo de 5 dias para sua correção (932, parágrafo único e 1.017, § 3º).

Sendo eletrônicos os autos do processo, dispensam-se as a juntada das referidas peças, facultando-se ao agravante anexar outros documentos que entender úteis para a compreensão da controvérsia (1.017, § 5º).

Acompanhará a petição o comprovante do pagamento das respectivas custas e do porte de retorno, quando devidos, conforme tabela publicada pelos tribunais (1.017, § 1º).

Interposto o agravo de instrumento, o agravante poderá requerer a juntada, aos autos do processo, de cópia da petição do agravo de instrumento, do comprovante de sua interposição e da relação dos documentos que instruíram o recurso (1.018). Tal comunicação possibilitará ao juiz o exercício do juízo de retratação que, caso ocorra, fará com que o relator considere prejudicado o agravo de instrumento (1.018, § 1º). Não sendo eletrônicos os autos, o agravante deverá informar o juízo "a quo", no prazo de 3 (três) dias a contar da interposição do agravo de instrumento (1.018, § 2º), sob pena de, se arguido e provado pelo agravado, importar inadmissibilidade do agravo de instrumento (1.018, § 3º).

Recebido o agravo de instrumento no tribunal e distribuído imediatamente, se não for o caso de julgamento monocrático (932, III e IV), o relator, no prazo de 5 dias (1.019): I - poderá atribuir efeito suspensivo ao recurso ou deferir, em antecipação de tutela, total ou parcialmente, a pretensão recursal, comunicando ao juiz sua decisão, com a aplicação dos requisitos do 995, parágrafo único; II - ordenará a intimação do agravado pessoalmente, por carta com aviso de recebimento, quando não tiver procurador constituído, ou pelo Diário da Justiça ou por carta com aviso de recebimento dirigida ao seu advogado, para que responda no prazo de 15 dias, facultando-lhe juntar a documentação que entender necessária ao julgamento do recurso; III - determinará a intimação do Ministério Público, preferencialmente por meio eletrônico, quando for o caso de sua intervenção, para que se manifeste no prazo de 15 dias, após o recurso será julgado (1.020).

16.6. Agravo interno

Objetiva a reforma ou a anulação da decisão proferida pelo relator que será analisado pelo respectivo órgão colegiado, observadas, quanto ao processamento, as regras do regimento interno do tribunal (1.021). Na petição de agravo interno, o recorrente impugnará especificadamente os fundamentos da decisão agravada, sob pena de não conhecimento do recurso (1.021, § 1º).

O agravo será dirigido ao relator, que intimará o agravado para manifestar-se sobre o recurso no prazo de 15 dias, ao final do qual, não havendo retratação, o relator levá-lo-á a julgamento pelo órgão colegiado, com inclusão em pauta (1.021, § 2º).

É vedado ao relator limitar-se à reprodução dos fundamentos da decisão agravada para julgar improcedente o agravo interno (1.021, §3º.).

Quando o agravo interno for declarado manifestamente inadmissível ou improcedente em votação unânime, o órgão colegiado, em decisão fundamentada, condenará o agravante a pagar ao agravado multa fixada entre um e cinco por cento do valor atualizado da causa (1.021, § 4º).A interposição de qualquer outro recurso está condicionada ao depósito prévio do valor da multa fixada, à exceção da Fazenda Pública e do beneficiário de gratuidade da justiça, que farão o pagamento ao final (1.021, § 5º).

16.7. Embargos de declaração

Cabem embargos de declaração contra qualquer decisão judicial para (1.022):

I - esclarecer obscuridade ou eliminar contradição;

II - suprir omissão de ponto ou questão sobre o qual devia se pronunciar o juiz de ofício ou a requerimento, sendo que considera-se omissa a decisão que: I - deixe de se manifestar sobre tese firmada em julgamento de casos repetitivos ou em incidente de assunção de competência aplicável ao caso sob julgamento; II - incorra em qualquer das condutas descritas no art. 489, § 1º;

III - corrigir erro material.

Os embargos serão opostos, no prazo de 5 (cinco) dias, em petição dirigida ao juiz, com indicação do erro, obscuridade, contradição ou omissão, e não se sujeitam a preparo (1.023), sendo computado o prazo em dobro aos litisconsortes na forma do art. 229.

Em regra, o recurso de embargos de declaração não possui contraditório, posto que o recurso não tem o caráter de modificar a decisão, contudo, caso seu eventual acolhimento implique na modificação da decisão embargada, o juiz intimará o embargado para, querendo, manifestar-se, no prazo de 5 dias (1.023, § 2º).

O juiz julgará os embargos em 5 dias (1.024). Nos tribunais, o relator apresentará os embargos em mesa na sessão subsequente, proferindo voto, e, não havendo julgamento nessa sessão, será o recurso incluído em pauta automaticamente (1.024, § 1º). Quando os embargos de declaração forem opostos contra decisão de relator ou outra decisão unipessoal proferida em tribunal, o órgão prolator da decisão embargada decidi-los-á monocraticamente (1.024, § 2º).

Com base no princípio da fungibilidade o órgão julgador conhecerá dos embargos de declaração como agravo interno (1.024, § 3º) se entender ser este o recurso cabível, desde que determine previamente a intimação do recorrente para, no prazo de 5 dias, complementar as razões recursais, de modo a ajustá-las às exigências do agravo interno.

Caso o acolhimento dos embargos de declaração implique modificação da decisão embargada, o embargado que já tiver interposto outro recurso contra a decisão originária tem o direito de complementar ou alterar suas razões, nos exatos limites da modificação, no prazo de 15 dias, contado da intimação da decisão dos embargos de declaração (1.024, § 4º).

Se os embargos de declaração forem rejeitados ou não alterarem a conclusão do julgamento anterior, o recurso interposto pela outra parte antes da publicação do julgamento dos embargos de declaração será processado e julgado independentemente de ratificação (1.024, § 5º).

Consideram-se incluídos no acórdão os elementos que o embargante suscitou, para fins de pré-questionamento, ainda que os embargos de declaração sejam inadmitidos ou rejeitados, caso o tribunal superior considere existentes erro, omissão, contradição ou obscuridade (1.025).

Os embargos de declaração interrompem o prazo para a interposição de recurso, ou seja, o prazo para a interposição de outro recurso recomeça do zero quando as partes forem intimadas da decisão dos embargos de declaração (1.026), sendo que o recurso não possui efeito suspensivo (1.026), mas a eficácia da decisão monocrática ou colegiada poderá ser suspensa pelo respectivo juiz ou relator se demonstrada a probabilidade de provimento do recurso ou, sendo relevante a fundamentação, se houver risco de dano grave ou de difícil reparação (1.026, § 1º).

Quando manifestamente protelatórios os embargos de declaração, o juiz ou o tribunal, em decisão fundamentada, condenará o embargante a pagar ao embargado multa não excedente a dois por cento sobre o valor atualizado da causa (1.026, §2º). Na reiteração de embargos de declaração manifestamente protelatórios, a multa será elevada a até dez por cento sobre o valor atualizado da causa, e a interposição de qualquer recurso ficará condicionada ao depósito prévio do valor da multa, à exceção da Fazenda Pública e do beneficiário de gratuidade da justiça, que a recolherão ao final (1.026, § 3º). Não serão admitidos novos embargos de declaração se os 2 anteriores houverem sido considerados protelatórios (1.026, § 4º).

16.8. Recurso ordinário

Serão julgados em recurso ordinário (1.027): I - pelo Supremo Tribunal Federal, os mandados de segurança, os habeas data e os mandados de injunção decididos em única instância pelos tribunais superiores, quando denegatória a decisão; II - pelo Superior Tribunal de Justiça: a) os mandados de segurança decididos em única instância pelos tribunais regionais federais ou pelos tribunais de justiça dos Estados e do Distrito Federal e Territórios, quando denegatória a decisão; b) os processos em que forem partes, de um lado, Estado estrangeiro ou organismo internacional e, de outro, Município ou pessoa residente ou domiciliada no País, sendo que nestes casos, contra as decisões interlocutórias caberá agravo de instrumento dirigido ao Superior Tribunal de Justiça, nas hipóteses do art. 1.015, seguindo-se também o Regimento Interno do STJ. Nesta hipótese, ainda, aplicam-se, quanto aos requisitos de admissibilidade e ao procedimento, as disposições relativas à apelação e o Regimento Interno do STJ (1.028).

O recurso previsto no art. 1.027, incisos I e II, alínea "a", deve ser interposto perante o tribunal de origem, cabendo ao seu presidente ou vice-presidente determinar a intimação do recorrido para, em 15 dias, apresentar as contrarrazões (1.028, § 2º.). Findo esse prazo os autos serão remetidos ao respectivo tribunal superior, independentemente de juízo de admissibilidade (1.028, § 3º).

16.9. Recurso extraordinário e especial

O recurso especial (105, III, CF) e do recurso extraordinário (102, III, CF) têm o seu processamento promovido segundo o CPC e serão interpostos perante o presidente ou o vice-presidente do tribunal recorrido, em petições distintas que conterão (1.029): I - a exposição do fato e do direito; II - a demonstração do cabimento do recurso interposto; III - as razões do pedido de reforma ou de invalidação da decisão recorrida.

O Supremo Tribunal Federal ou o Superior Tribunal de Justiça poderá desconsiderar vício formal de recurso tempestivo ou determinar sua correção, desde que não o repute grave (1.029, § 3º).

O pedido de concessão de efeito suspensivo a recurso extraordinário ou a recurso especial poderá ser formulado por requerimento dirigido (1.029, §5º): I – ao tribunal superior respectivo, no período compreendido entre a publicação da decisão de admissão do recurso e sua distribuição, ficando o relator designado para seu exame prevento para julgá-lo; II - ao relator, se já distribuído o recurso; III – ao presidente ou ao vice-presidente do tribunal recorrido, no período compreendido entre a interposição do recurso e a publicação da decisão de admissão do recurso, assim como no caso de o recurso ter sido sobrestado, nos termos do art. 1.037.

Recebida a petição do recurso pela secretaria do tribunal, o recorrido será intimado para apresentar contrarrazões no prazo de 15 dias, findo o qual os autos serão conclusos ao presidente ou ao vice-presidente do tribunal recorrido, que deverá (1.030):

I – negar seguimento: a) a recurso extraordinário que discuta questão constitucional à qual o Supremo Tribunal Federal não tenha reconhecido a existência de repercussão geral ou a recurso extraordinário interposto contra acórdão que esteja em conformidade com entendimento do Supremo Tribunal Federal exarado no regime de repercussão geral; b) a recurso extraordinário ou a recurso especial interposto contra acórdão que esteja em conformidade com entendimento do Supremo Tribunal Federal ou do Superior Tribunal de Justiça, respectivamente, exarado no regime de julgamento de recursos repetitivos;

II – encaminhar o processo ao órgão julgador para realização do juízo de retratação, se o acórdão recorrido divergir do entendimento do Supremo Tribunal Federal ou do Superior Tribunal de Justiça exarado, conforme o caso, nos regimes de repercussão geral ou de recursos repetitivos;

III – sobrestar o recurso que versar sobre controvérsia de caráter repetitivo ainda não decidida pelo Supremo Tribunal Federal ou pelo Superior Tribunal de Justiça, conforme se trate de matéria constitucional ou infraconstitucional;

IV – selecionar o recurso como representativo de controvérsia constitucional ou infraconstitucional;

V – realizar o juízo de admissibilidade e, se positivo, remeter o feito ao Supremo Tribunal Federal ou ao Superior Tribunal de Justiça, desde que: a) o recurso ainda não tenha sido submetido ao regime de repercussão geral ou de julgamento de recursos repetitivos; b) o recurso tenha sido selecionado como representativo da controvérsia; ou c) o tribunal recorrido tenha refutado o juízo de retratação.

O Supremo Tribunal Federal, em decisão irrecorrível, não conhecerá do recurso extraordinário quando a questão constitucional nele versada não tiver **repercussão geral** (1.035). Para efeito de repercussão geral, será considerada a existência ou não de questões relevantes do ponto de vista econômico, político, social ou jurídico que ultrapassem os interesses subjetivos do processo (1.035, § 1º). O recorrente deverá demonstrar a existência de repercussão geral para apreciação exclusiva pelo Supremo Tribunal Federal (1.035, § 2º). Haverá repercussão geral sempre que o recurso impugnar acórdão que (1.035, § 3º): I - contrarie súmula ou jurisprudência dominante do Supremo Tribunal Federal; III - tenha reconhecido a inconstitucionalidade de tratado ou de lei federal, nos termos do art. 97 da CF.

O relator poderá admitir, na análise da repercussão geral, a manifestação de terceiros, subscrita por procurador habilitado, nos termos do Regimento Interno do Supremo Tribunal Federal (1.035, § 4º).

Reconhecida a repercussão geral, o relator no Supremo Tribunal Federal determinará a suspensão do processamento de todos os processos pendentes, individuais ou coletivos, que versem sobre a questão e tramitem no território nacional (1.035, § 5º).

Negada a repercussão geral, o presidente ou o vice-presidente do tribunal de origem negará seguimento aos recursos extraordinários sobrestados na origem que versem sobre matéria idêntica (1.035, § 8º).

A súmula da decisão sobre a repercussão geral constará de ata, que será publicada no diário oficial e valerá como acórdão (1.035, § 11.).

16.9.1. Julgamento dos recursos extraordinário e especial repetitivos - sempre que houver multiplicidade de recursos extraordinários ou especiais com fundamento em idêntica questão de direito, haverá afetação para julgamento de acordo com as disposições desta Subseção, observado o disposto no Regimento Interno do Supremo Tribunal Federal e no do Superior Tribunal de Justiça (1.036). O presidente ou o vice-presidente de tribunal de justiça ou de tribunal regional federal selecionará 2 (dois) ou mais recursos representativos da controvérsia, que serão encaminhados ao Supremo Tribunal Federal ou ao Superior Tribunal de Justiça para fins de afetação, determinando a suspensão do trâmite de todos os processos pendentes, individuais ou coletivos, que tramitem no Estado ou na região, conforme o caso (1.036, § 1º). O relator em tribunal superior também poderá selecionar 2 (dois) ou mais recursos representativos da controvérsia para julgamento da questão de direito independentemente da iniciativa do presidente ou do vice-presidente do tribunal de origem (1.036, § 5º). Somente podem ser selecionados recursos admissíveis que contenham abrangente argumentação e discussão a respeito da questão a ser decidida (1.036, § 6º).

Selecionados os recursos, o relator, no tribunal superior, constatando ser caso de recursos repetitivos, proferirá decisão de afetação, (1.037) na qual: I - identificará com precisão a questão a ser submetida a julgamento; II - determinará a suspensão do processamento de todos os processos pendentes, individuais ou coletivos, que versem sobre a questão e tramitem no território nacional; III - poderá requisitar aos presidentes ou aos vice-presidentes dos tribunais de justiça ou dos tribunais regionais federais a remessa de um recurso representativo da controvérsia.

Demonstrando distinção entre a questão a ser decidida no processo e aquela a ser julgada no recurso especial ou extraordinário afetado, a parte poderá requerer o prosseguimento do seu processo (1.037, § 9º).

Da decisão que resolver o requerimento de distinção caberá (1.037, § 13): I - agravo de instrumento, se o processo estiver em primeiro grau; II - agravo interno, se a decisão for de relator.

O relator dos recursos repetitivos poderá (1.038) :I - solicitar ou admitir manifestação de pessoas, órgãos ou entidades com interesse na controvérsia, considerando a relevância da matéria e consoante dispuser o regimento interno; II - fixar data para, em audiência pública, ouvir depoimentos de pessoas com experiência e conhecimento na matéria, com a finalidade de instruir o procedimento; III - requisitar informações aos tribunais inferiores a respeito da controvérsia e, cumprida a diligência, intimará o Ministério Público para manifestar-se, no prazo de 15 dias, e os atos serão praticados, sempre que possível, por meio eletrônico.

Publicado o acórdão paradigma (1.040): I - o presidente ou o vice-presidente do tribunal de origem negará seguimento aos recursos especiais ou extraordinários sobrestados na origem, se o acórdão recorrido coincidir com a orientação do tribunal

superior; II - o órgão que proferiu o acórdão recorrido, na origem, reexaminará o processo de competência originária, a remessa necessária ou o recurso anteriormente julgado, se o acórdão recorrido contrariar a orientação do tribunal superior; III - os processos suspensos em primeiro e segundo graus de jurisdição retomarão o curso para julgamento e aplicação da tese firmada pelo tribunal superior; IV - se os recursos versarem sobre questão relativa a prestação de serviço público objeto de concessão, permissão ou autorização, o resultado do julgamento será comunicado ao órgão, ao ente ou à agência reguladora competente para fiscalização da efetiva aplicação, por parte dos entes sujeitos a regulação, da tese adotada.

A parte poderá desistir da ação em curso no primeiro grau de jurisdição, antes de proferida a sentença, se a questão nela discutida for idêntica à resolvida pelo recurso representativo da controvérsia (1.040, § 1º). Se a desistência ocorrer antes de oferecida contestação, a parte ficará isenta do pagamento de custas e de honorários de sucumbência. A desistência apresentada independe de consentimento do réu, ainda que apresentada contestação.

Mantido o acórdão divergente pelo tribunal de origem, o recurso especial ou extraordinário será remetido ao respectivo tribunal superior. Realizado o juízo de retratação, com alteração do acórdão divergente, o tribunal de origem, se for o caso, decidirá as demais questões ainda não decididas cujo enfrentamento se tornou necessário em decorrência da alteração (1.041, § 1º).

16.9.2. Do agravo em recurso especial e em recurso extraordinário (1.042) – cabe agravo contra decisão do presidente ou do vice-presidente do tribunal recorrido que inadmitir recurso extraordinário ou recurso especial, salvo quando fundada na aplicação de entendimento firmado em regime de repercussão geral ou em julgamento de recursos repetitivos (Lei 13.256/2016). A petição de agravo será dirigida ao presidente ou ao vice-presidente do tribunal de origem e independe do pagamento de custas e despesas postais, aplicando-se a ela o regime de repercussão geral e de recursos repetitivos, inclusive quanto à possibilidade de sobrestamento e do juízo de retratação (1.042, § 2º). O agravado será intimado, de imediato, para oferecer resposta no prazo de 15 dias (1.042, § 3º). Após o prazo de resposta, não havendo retratação, o agravo será remetido ao tribunal superior competente (1.042, § 4º).

O agravo poderá ser julgado, conforme o caso, conjuntamente com o recurso especial ou extraordinário, assegurada, neste caso, sustentação oral, observando-se, ainda, o disposto no regimento interno do tribunal respectivo (1.042, § 5º).

16.10. Embargos de Divergência

Os embargos de divergência são cabíveis de acórdão de órgão fracionário (1.043) que: I - em recurso extraordinário ou em recurso especial, divergir do julgamento de qualquer outro órgão do mesmo tribunal, sendo os acórdãos, embargado e paradigma, de mérito; III - em recurso extraordinário ou em recurso especial, divergir do julgamento de qualquer outro órgão do mesmo tribunal, sendo um acórdão de mérito e outro que não tenha conhecido do recurso, embora tenha apreciado a controvérsia;

Poderão ser confrontadas teses jurídicas contidas em julgamentos de recursos e de ações de competência originária (1.043, § 1º). A divergência que autoriza a interposição de embargos de divergência pode verificar-se na aplicação do direito material ou do direito processual (1.043, § 2º). Cabem embargos de divergência quando o acórdão paradigma for da mesma turma que proferiu a decisão embargada, desde que sua composição tenha sofrido alteração em mais da metade de seus membros (1.043, § 3º).

17. CUMPRIMENTO DE SENTENÇA

O título executivo judicial (515) terá a sua execução promovida por meio das normas do cumprimento de sentença, com a complementação, no que couber das regras do processo de execução, sendo que, a depender do tipo de obrigação estabelecida no título executivo judicial, haverá um caminho para o seu cumprimento, como ocorre nos casos da obrigação de prestar alimentos (528/533), da obrigação de pagar quantia certa pela fazenda pública (534/535), da obrigação de fazer, não fazer ou de entrega de coisa (536/538). Já o cumprimento de sentença que reconhece a exigibilidade de obrigação de pagar quantia certa (523/527).

O cumprimento da sentença efetuar-se-á perante (516): I - os tribunais, nas causas de sua competência originária; II - o juízo que decidiu a causa no primeiro grau de jurisdição; III - o juízo cível competente, quando se tratar de sentença penal condenatória, de sentença arbitral, de sentença estrangeira ou de acórdão proferido pelo Tribunal Marítimo.

São títulos executivos judiciais (515): I - as decisões proferidas no processo civil que reconheçam a exigibilidade de obrigação de pagar quantia, de fazer, de não fazer ou de entregar coisa; II - a decisão homologatória de autocomposição judicial; III - a decisão homologatória de autocomposição extrajudicial de qualquer natureza; IV - o formal e a certidão de partilha, exclusivamente em relação ao inventariante, aos herdeiros e aos sucessores a título singular ou universal; V - o crédito de auxiliar da justiça, quando as custas, emolumentos ou honorários tiverem sido aprovados por decisão judicial; VI - a sentença penal condenatória transitada em julgado; VII - a sentença arbitral; VIII - a sentença estrangeira homologada pelo Superior Tribunal de Justiça; IX - a decisão interlocutória estrangeira, após a concessão do exequatur à carta rogatória pelo Superior Tribunal de Justiça;

Inicialmente o executado será intimado para promoção do pagamento da dívida (523) no prazo de 15 dias. Importante destacar que nos casos em que a formação do título executivo judicial (515) não se deu perante o Poder Judiciário e no órgão que está promovendo o cumprimento de sentença o devedor deverá ser citado (sentença penal condenatória transitada em julgado – 515, VI – sentença arbitral – 515, VII – sentença estrangeira – 515, VIII – decisão interlocutória estrangeira – 515, IX).

Com a intimação ou a citação, o executado terá 15 dias para cumprimento da obrigação, salvo se for necessário previamente a realização da liquidação de sentença (509). Promovido o pagamento o cumprimento de sentença será extinto, não havendo o pagamento, o débito será acrescido de multa de 10% e de honorários advocatícios de 10% (523,

§ 1º), seguindo-se a promoção de atos de constrição de bens para que sejam expropriados.

Transcorrido o prazo de 15 dias para pagamento – contados da intimação ou da citação (523) – independe de penhora ou de nova intimação, inicia-se o prazo de 15 dias para que o executado apresente, nos próprios autos, a sua impugnação (525), podendo alegar: I - falta ou nulidade da citação se, na fase de conhecimento, o processo correu à revelia; II - ilegitimidade de parte; III - inexequibilidade do título ou inexigibilidade da obrigação; IV - penhora incorreta ou avaliação errônea; V - excesso de execução ou cumulação indevida de execuções; VI - incompetência absoluta ou relativa do juízo da execução; VII - qualquer causa modificativa ou extintiva da obrigação, como pagamento, novação, compensação, transação ou prescrição, desde que supervenientes à sentença.

A apresentação de impugnação não impede a prática dos atos executivos, inclusive os de expropriação, podendo o juiz, a requerimento do executado e desde que garantido o juízo com penhora, caução ou depósito suficientes, atribuir-lhe efeito suspensivo, se seus fundamentos forem relevantes e se o prosseguimento da execução for manifestamente suscetível de causar ao executado grave dano de difícil ou incerta reparação. A concessão de efeito suspensivo não impedirá a efetivação dos atos de substituição, de reforço ou de redução da penhora e de avaliação dos bens

18. PROCESSO DE EXECUÇÃO

A ação de execução tem lugar quando a obrigação contida num título executivo extrajudicial (784) for certa, líquida e exigível, sob pena de nulidade (803). A obrigação é certa por estar contida num título que a lei atribui força executiva extrajudicial. A liquidez da obrigação se dá pelo fato de que o devedor sabe exatamente o que deve cumprir para satisfazer a obrigação, ou seja, na obrigação de pagar quantia sabe-se o valor exato (824 e seguintes), na obrigação de fazer ou de não fazer sabe-se qual a conduta deve ser pratica ou deve ser desfeita (814/823), na obrigação de entrega de coisa o devedor sabe qual o bem a ser objeto da entrega (806/813). Ainda, a obrigação tem que ser exigível, ou seja, já deve ter sido implementada a condição ou termo que dependia a exigibilidade da obrigação.

São títulos executivos extrajudiciais (784): I - a letra de câmbio, a nota promissória, a duplicata, a debênture e o cheque; II - a escritura pública ou outro documento público assinado pelo devedor; III - o documento particular assinado pelo devedor e por 2 (duas) testemunhas; IV - o instrumento de transação referendado pelo Ministério Público, pela Defensoria Pública, pela Advocacia Pública, pelos advogados dos transatores ou por conciliador ou mediador credenciado por tribunal; V - o contrato garantido por hipoteca, penhor, anticrese ou outro direito real de garantia e aquele garantido por caução; VI - o contrato de seguro de vida em caso de morte; VII - o crédito decorrente de foro e laudêmio; VIII - o crédito, documentalmente comprovado, decorrente de aluguel de imóvel, bem como de encargos acessórios, tais como taxas e despesas de condomínio; IX - a certidão de dívida ativa da Fazenda Pública da União, dos Estados, do Distrito Federal e dos Municípios, correspondente aos créditos inscritos na forma da lei; X - o crédito referente às contribuições ordinárias ou extraordinárias de condomínio edilício, previstas na respectiva convenção ou aprovadas em assembleia geral, desde que documentalmente comprovadas; XI - a certidão expedida por serventia notarial ou de registro relativa a valores de emolumentos e demais despesas devidas pelos atos por ela praticados, fixados nas tabelas estabelecidas em lei; XII - todos os demais títulos aos quais, por disposição expressa, a lei atribuir força executiva. A existência de título executivo extrajudicial não impede a parte de optar pelo processo de conhecimento, a fim de obter título executivo judicial (785).

A execução fundada em título extrajudicial será processada perante o juízo competente, observando-se o seguinte (781): I - a execução poderá ser proposta no foro de domicílio do executado, de eleição constante do título ou, ainda, de situação dos bens a ela sujeitos; II - tendo mais de um domicílio, o executado poderá ser demandado no foro de qualquer deles; III - sendo incerto ou desconhecido o domicílio do executado, a execução poderá ser proposta no lugar onde for encontrado ou no foro de domicílio do exequente; IV - havendo mais de um devedor, com diferentes domicílios, a execução será proposta no foro de qualquer deles, à escolha do exequente; V - a execução poderá ser proposta no foro do lugar em que se praticou o ato ou em que ocorreu o fato que deu origem ao título, mesmo que nele não mais resida o executado.

Na obrigação de pagamento de quantia o objetivo do processo de execução é iniciado com a citação para dar a oportunidade para que o executado cumpra a obrigação (827). Despachando a petição inicial, o juiz fixará os honorários de sucumbência em 10% e determinará a citação do executado que, se pagar em 3 dias terá o benefício da redução dos honorários de sucumbência em 50%. Quando da citação para cumprimento da obrigação, nasce o prazo de 15 dias para que o executado possa promover a sua defesa por meio dos embargos à execução (914/920), independentemente de penhora, caução ou depósito, podendo arguir qualquer matéria que lhe seria lícito argumentar no processo de conhecimento.

No prazo dos embargos, poderá o executado requerer o parcelamento judicial do débito (916), no qual, somada toda a dívida (principal, juros, correção monetária, despesas processuais e honorários de sucumbência), o executado, reconhecendo que a dívida é legítima, depositará 30% do débito e o restante parcelará em até 6 vezes, com juros legais e correção monetária. Caso o executado deixe de pagar qualquer das prestações, é tida como vencida a obrigação, com imposição de multa de 10% e a continuidade da execução, vedada a possibilidade de opor embargos à execução.

De outro lado, quando o exequente ingressa com a ação de execução, como o objetivo é a constrição de bens pela penhora, para após a avaliação serem expropriados para satisfação do débito, tão logo a petição inicial seja despachada o exequente poderá obter certidão de que a execução foi admitida pelo juiz (828), com identificação das partes e do valor da causa para fins de averbação no registro de imóveis, de veículos ou de outros bens sujeitos a penhora, arresto ou indisponibilidade. Tal ato apenas garante a publicidade a todos de que aquele bem pode vir a ser utilizado para a satisfação do débito exequendo e a eventual alienação do bem configura fraude à execução (792).

Promovida a penhora do bem que pode ser objeto de constrição – 833: bens impenhoráveis –, será procedida a sua avaliação, que será promovida pelo Oficial de Justiça (870) salvo se não possuir conhecimento para a promoção da avaliação do bem. Nesta hipótese, comunicará ao juiz para que seja promovida a avaliação por um perito avaliador.

Realizada a avaliação, será promovida a expropriação (825) do bem que pode ser feita por meio da adjudicação (876/878) ou então pela alienação por iniciativa particular (879, I e 880), por meio de leilão que pode ser eletrônico ou presencial (879, II), ou então pela apropriação de frutos e rendimentos de empresa ou de estabelecimentos e de outros bens (825, III).

A satisfação do crédito exequendo far-se-á (904): I - pela entrega do dinheiro; II - pela adjudicação dos bens penhorados.

Extingue-se a execução quando (924): I - a petição inicial for indeferida; II - a obrigação for satisfeita; III - o executado obtiver, por qualquer outro meio, a extinção total da dívida; IV - o exequente renunciar ao crédito; V - ocorrer a prescrição intercorrente. A extinção só produz efeito quando declarada por sentença (925).

18.1. Da execução contra a Fazenda Pública

Na execução fundada em título extrajudicial, a Fazenda Pública será citada para opor embargos em 30 (trinta) dias (910). Não opostos embargos ou transitada em julgado a decisão que os rejeitar, expedir-se-á precatório ou requisição de pequeno valor em favor do exequente, observando-se o disposto no art. 100 da Constituição Federal. Nos embargos, a Fazenda Pública poderá alegar qualquer matéria que lhe seria lícito deduzir como defesa no processo de conhecimento.

18.2. Da execução de alimentos

Na execução fundada em título executivo extrajudicial que contenha obrigação alimentar, o juiz mandará citar o executado para, em 3 (três) dias, efetuar o pagamento das parcelas anteriores ao início da execução e das que se vencerem no seu curso, provar que o fez ou justificar a impossibilidade de fazê-lo (911). Aplicam-se, no que couber, os §§ 2º a 7º do art. 528.

Quando o executado for funcionário público, militar, diretor ou gerente de empresa, bem como empregado sujeito à legislação do trabalho, o exequente poderá requerer o desconto em folha de pagamento de pessoal da importância da prestação alimentícia. Ao despachar a inicial, o juiz oficiará à autoridade, à empresa ou ao empregador, determinando, sob pena de crime de desobediência, o desconto a partir da primeira remuneração posterior do executado, a contar do protocolo do ofício.

Caso não seja requerida a execução nesses termos serão observadas as regras para a execução de obrigação de pagamento de quantia, com a ressalva de que, recaindo a penhora em dinheiro, a concessão de efeito suspensivo aos embargos à execução não obsta a que o exequente levante mensalmente a importância da prestação.

19. QUESTÕES

(OAB/FGV – XX Exame de Ordem Unificado) distribuída a ação, Antônia (autora) é intimada para a audiência de conciliação na pessoa de seu advogado. Explicado o objetivo desse ato pelo advogado, Antônia informa que se recusa a participar da audiência porque não tem qualquer possibilidade de conciliação com Romero (réu). Acerca da audiência de conciliação ou de mediação, com base no CPC/15, assinale a afirmativa correta.

(A) Romero deverá ser citado para apresentar defesa com, pelo menos, 15 (quinze) dias de antecedência.

(B) A audiência não será realizada, uma vez que Antônia manifestou expressamente seu desinteresse pela conciliação.

(C) ainda que ambas as partes manifestem desinteresse na conciliação, quando a matéria não admitir autocomposição, a audiência de conciliação ocorrerá normalmente.

(D) Antônia deve ser informada que o seu não comparecimento é considerado ato atentatório à dignidade da justiça, sob pena de multa.

COMENTÁRIO: O CPC estabeleceu para o processo de conhecimento o rito comum em que, em regra, ainda que o autor na petição inicial manifeste seu desinteresse pela audiência de conciliação – salvo a hipótese em que o direito não admite a autocomposição – a audiência de conciliação será designada pelo juiz (334). A simples recusa ao não comparecimento da parte à audiência configura ato atentatório à dignidade da justiça (334, § 8º) sendo imposta à parte que não comparece injustificadamente multa de até 2% da vantagem econômica pretendida ou do valor da causa, revertida em favor da União ou do Estado.
A: Incorreta, pois o conteúdo da citação do réu será para comparecer à audiência de conciliação, sendo que o prazo para contestar somente nasce após ser infrutífera a sua realização (335, I); **B:** Incorreta pois, somente não seria realizada a audiência caso a autora na petição inicial tivesse manifestado o seu desinteresse pela audiência de conciliação e o réu, com pelo menos 10 dias da realização da audiência de , também manifestasse o seu desinteresse (334, §4º, I e §5º); **C:** Incorreta, posto que a audiência de conciliação não será realizada em duas situações (334, §4º): I – se ambas as partes manifestarem, expressamente, desinteresse na composição consensual e, II – quando não se admitir a autocomposição (neste caso nem será designada a audiência de conciliação; **D:** Correta.
Gabarito "D".

(OAB/FGV – XX Exame de Ordem Unificado) Davi ajuizou ação em face de Heitor, cumulando pedido de cobrança no valor de R$ 70.000,00 (setenta mil reais) e pedido indenizatório de dano material no valor de R$ 30.000,00 (trinta mil reais). Ultrapassada a fase inicial conciliatória, Heitor apresentou contestação contendo vários fundamentos - dentre eles, preliminar de impugnação ao valor da causa. O Juiz proferiu decisão saneadora, rejeitando a impugnação ao valor da causa e determinando o prosseguimento do processo.

Com base no caso apresentado, assinale a afirmativa correta.

(A) Heitor deveria ter apresentado incidente processual autônomo de impugnação ao valor da causa.

(B) Heitor poderá formular pedido recursal de modificação da decisão que rejeitou a impugnação ao valor da causa, em suas razões recursais de eventual apelação.

(C) O valor da causa deverá ser de R$ 70.000,00 (setenta mil reais), pois existem pedidos cumulativos.

(D) A impugnação ao valor da causa somente poderia ser decidida por ocasião da prolatação da sentença de mérito.

COMENTÁRIO: O CPC estabeleceu uma nova sistemática no procedimento comum, concentrando na contestação, como preliminar (337), várias discussões que anteriormente eram tratadas em incidentes processuais, dentre elas, a impugnação ao valor da causa (337, III). Após o contraditório promovido pela réplica (351), caberá ao juiz a promoção da decisão quando do despacho saneador (357, I), sendo que, pela nova disciplina recursal, não caberá recurso de agravo de instrumento em face dessa decisão (1.015), mas sobre ela não haverá preclusão, podendo o réu em sede de recurso de apelação (1.009, §1º.) formular em preliminar de suas razões recursais (ou contrarrazões) pedido recursal para modificação da decisão.
A: Incorreta posto que a alegação deve ser feita mesmo em preliminar de recurso de apelação (337, III); **B:** Correta; **C:** Incorreta, posto que em sendo os pedidos cumulativos a regra é de que os seus valores devam ser somados (292, VI); **D:** Incorreta, posto que a impugnação ao valor da causa não depende de ser julgada apenas quando da sentença for prolatada, sendo que extraímos que, como a

consequência à adequação do valor da causa e a complementação das custas (293), será ela objeto de análise no despacho saneador (357, I).
Gabarito "B".

(OAB/FGV – XX Exame de Ordem Unificado) Rafael e Paulo, maiores e capazes, devidamente representados por seus advogados, celebraram um contrato, no qual, dentre outras obrigações, havia a previsão de que, em eventual ação judicial, os prazos processuais relativamente aos atos a serem praticados por ambos seriam, em todas as hipóteses, dobrados.

Por conta de desavenças surgidas um ano após a celebração da avença, Rafael ajuizou uma demanda com o objetivo de rescindir o contrato e, ainda, receber indenização por dano material. Regularmente distribuída para o juízo da 10a Vara Cível da comarca de Porto Alegre/RS, o magistrado houve por reconhecer, de ofício, a nulidade da cláusula que previa a dobra do prazo.

Sobre os fatos, assinale a afirmativa correta.

(A) O magistrado agiu corretamente, uma vez que as regras processuais não podem ser alteradas pela vontade das partes.

(B) Se o magistrado tivesse ouvido as partes antes de reconhecer a nulidade, sua decisão estaria correta, uma vez que, embora a cláusula fosse realmente nula, o princípio do contraditório deveria ter sido observado.

(C) O magistrado agiu incorretamente, uma vez que, tratando-se de objeto disponível, realizado por partes capazes, eventual negócio processual, que ajuste o procedimento às especificidades da causa, deve ser respeitado.

(D) O juiz não poderia ter reconhecido a nulidade do negócio processual, ainda que se tratasse de contrato de adesão realizado por partes em situações manifestamente desproporcionais, uma vez que deve ser respeitada a autonomia da vontade.

COMENTÁRIO: O CPC estabeleceu maiores poderes de disposição de normas processuais às partes, por conta do chamado negócio jurídico processual (190). Versando o processo sobre direitos que admitam autocomposição, é lícito às partes plenamente capazes estipular mudanças no procedimento para ajustá-lo às especificidades da causa. O controle da validade do negócio jurídico processual pode ser feito pelo juiz somente quando se tratar de nulidade ou de inserção abusiva em contrato de adesão ou que alguma das partes se encontre em situação de vulnerabilidade (190, parágrafo único), o que não é o caso narrado.
A: Incorreta, pois ignora a possibilidade das partes capazes celebrarem o negócio jurídico processual (190); **B:** Incorreta, pois, muito embora não se possa ter decisão "surpresa" no processo (9º), é possível às partes o estabelecimento de alteração da norma processual; **C:** Correta; **D:** Incorreta, posto que a autonomia da vontade encontra limitação em razão de uma das partes se mostrar vulnerável ou a disposição estiver contida em contrato de adesão (190, parágrafo único).
Gabarito "C".

(OAB/FGV – XX Exame de Ordem Unificado – Reaplicação Bahia) Abílio, advogado competente, recebe duas citações de processos de seus clientes. Ao analisar as petições iniciais, bem como a distribuição dos processos, percebe que o processo A, que deveria ter sido ajuizado na Comarca de Maré de Cima, o foi na Comarca de Cipó do Mato, e que o processo B, que deveria correr em uma Vara de Família, foi distribuído para uma Vara Cível. Abílio promete aos seus clientes que irá solucionar esses problemas.

De acordo com o regramento do CPC/15, assinale a opção que indica o procedimento que ele deverá adotar.

(A) Acrescentar uma preliminar de incompetência na contestação, em ambos os casos.

(B) Redigir, no processo A, uma exceção de incompetência e, no processo B, uma preliminar de incompetência da contestação.

(C) Acrescentar, ao processo A, uma preliminar de incompetência na contestação e, ao processo B, uma exceção de incompetência.

(D) Redigir uma exceção de incompetência, em ambos os casos.

COMENTÁRIO: O CPC estabelece que a alegação de incompetência, quer seja de natureza relativa – como ocorre no processo "A" que se refere a uma regra de competência territorial – quer seja de natureza absoluta – como ocorre no processo "B" por se tratar de competência em razão da matéria –, deve ser alegada em preliminar de contestação (64 e 337, II).
As alternativas "**B**", "**C**" e "**D**" estão incorretas, pois o novo CPC aboliu a figura da exceção de incompetência, consolidando todas as alegações de incompetência em

DIREITO PROCESSUAL CIVIL

preliminar de contestação. Assim, basta saber que a discussão sobre competência deve ser promovida pelo réu em preliminar de contestação e não por exceção de incompetência, lembrando que a incompetência absoluta pode ser alegada a qualquer tempo e grau de jurisdição (64, §1°).

Gabarito "A".

(OAB/FGV – XXI Exame de Ordem Unificado) Cristina não foi autorizada por seu plano de saúde a realizar cirurgia de urgência indicada por seu médico. Tendo em vista a necessidade de pronta solução para seu caso, ela procura um(a) advogado(a), que afirma que a ação a ser ajuizada terá como pedido a realização da cirurgia, com pedido de tutela antecipada para sua efetivação imediata, sem a oitiva do Réu. O(A) advogado(a) ainda sustenta que não poderá propor a ação sem que Cristina apresente toda a documentação que possui para a instrução da inicial, sob pena de impossibilidade de juntada posterior.

A respeito do caso, assinale a afirmativa correta.

(A) O advogado equivocou-se. Trata-se de tutela cautelar e não antecipada, de modo que o pedido principal terá de ser formulado pela autora no prazo de 30 (trinta) dias nos mesmos autos.

(B) O advogado equivocou-se. A urgência é contemporânea à propositura da ação, pelo que a tutela antecipada pode ser requerida em caráter antecedente, com a possibilidade de posterior aditamento à petição inicial.

(C) O advogado agiu corretamente. A petição inicial é o momento correto para a apresentação de documentos.

(D) O advogado agiu corretamente. Somente a tutela cautelar e não a antecipada pode ser requerida em caráter antecedente.

COMENTÁRIO: O CPC possibilita que a tutela provisória de urgência antecipada, que visa a garantir a efetividade da tutela pretendida, no caso, a cobertura por parte de seu plano de saúde de uma cirurgia de emergência, seja promovida tanto de forma incidental, como também de forma antecedente (294, parágrafo único). Assim, o advogado se equivocou, pois, sendo a urgência contemporânea à propositura da ação, a petição inicial pode limitar-se ao requerimento da tutela antecipada e à indicação do pedido de tutela final, com a exposição da lide, do direito que se busca realizar e do perigo de dano ou risco ao resultado útil do processo (303), para que depois seja aditada a petição inicial com a complementação da argumentação, juntada de novo documentos e a confirmação do pedido de tutela final (303, §1°, I).
A: Incorreta, pois no caso, tendo em vista que a busca é da efetividade do direito que a autora possui de ter a cobertura de seu plano de saúde, a tutela é antecipada; **B:** Correta; **C:** Incorreta, posto que pode ser requerida a tutela antecipada em caráter antecedente (303); **D:** Incorreta, posto que o novo CPC garante que tanto a tutela cautelar como a antecipada podem ser requeridas incidentalmente ou em caráter antecedente (294, parágrafo único).

Gabarito "B".

(OAB/FGV – XXI Exame de Ordem Unificado) Mariana propôs ação com pedido condenatório contra Carla, julgado improcedente, o que a levou a interpor recurso de apelação ao Tribunal de Justiça, objetivando a reforma da decisão. Após a apresentação de contrarrazões por Carla, o juízo de primeira instância entendeu que o recurso não deveria ser conhecido, por ser intempestivo, tendo sido certificado o trânsito em julgado.

Intimada dessa decisão mediante Diário Oficial e tendo sido constatada a existência de um feriado no curso do prazo recursal, não levado em consideração pelo juízo de primeira instância, Mariana deverá

(A) interpor Agravo de Instrumento ao Tribunal de Justiça, objetivando reverter o juízo de admissibilidade realizado em primeiro grau.

(B) ajuizar Reclamação ao Tribunal de Justiça, sob o fundamento de usurpação de competência quanto ao juízo de admissibilidade realizado em primeiro grau.

(C) interpor Agravo Interno para o Tribunal de Justiça, objetivando reverter o juízo de admissibilidade realizado em primeiro grau.

(D) interpor nova Apelação ao Tribunal de Justiça reiterando as razões de mérito já apresentadas, postulando, em preliminar de apelação, a reforma da decisão interlocutória, que versou sobre o juízo de admissibilidade.

COMENTÁRIO: O CPC estabelece que o juízo de admissibilidade do recurso de apelação, dentre os quais a tempestividade, não será realizado pelo juízo de primeira instância, mas, sim, pelo relator (1.010, §3° e 932, III). Assim, não há de ser cabível qualquer recurso em face dessa decisão, desta feita, as alternativas "A", "C" e "D" estão incorretas. Tendo em vista que o juiz de primeira instância

usurpou a competência do tribunal, é cabível a reclamação (988, I).

Gabarito "B".

(OAB/FGV – XXII Exame de Ordem Unificado) Carlos ajuizou, em 18/03/2016, ação contra o Banco Sucesso, pelo procedimento comum, pretendendo a revisão de determinadas cláusulas de um contrato de abertura de crédito.

Após a apresentação de contestação e réplica, iniciou-se a fase de produção de provas, tendo o Banco Sucesso requerido a produção de prova pericial para demonstrar a ausência de abusividade dos juros remuneratórios. A prova foi indeferida e o pedido foi julgado procedente para revisar o contrato e limitar a cobrança de tais juros.

Sobre a posição do Banco Sucesso, assinale a afirmativa correta.

(A) Ele deve interpor recurso de agravo de instrumento contra a decisão que indeferiu a produção de prova. Não o tendo feito, a questão está preclusa e não admite rediscussão.

(B) Ele deve apresentar petição de protesto contra a decisão que indeferiu a produção de prova, evitando-se a preclusão, com o objetivo de rediscuti-la em apelação.

(C) Ele deve permanecer inerte em relação à decisão de indeferimento de produção de prova, mas poderá rediscutir a questão em preliminar de apelação.

(D) Ele deve interpor recurso de agravo retido contra a decisão que indeferiu a produção de prova, evitando-se a preclusão, com o objetivo de rediscuti-la em apelação.

COMENTÁRIO: O enunciado da questão insere o candidato num momento processual específico, qual seja: a prolação de sentença ante o indeferimento da produção da prova pericial requerida e o acolhimento do pedido para revisar o contrato e limitar a cobrança de juros.
Assim, a prolação da sentença, como narrado neste caso, remete à interposição do recurso de apelação com vistas a sua reforma ou invalidação – artigo 1009, CPC –, exigindo do candidato, ainda, ter em mente que não cabe no atual sistema processual o agravo retido – que foi substituído pela não preclusão da discussão da decisão não agravável por instrumento pela preliminar em recurso de apelação – artigo 1009, §1°, do CPC – bem como que só seria passível a interposição de agravo de instrumento se a decisão estivesse lastreada na redistribuição do ônus da prova – artigo 1015, XI, CPC – o que não se aplica ao enunciado.
A: Incorreta pois a decisão prolatada não está no rol das decisões agraváveis (1.015), por tal razão não incide a preclusão sobre ela (1.009, §1°) e pode ser discutida em preliminar de apelação; **B:** Incorreta, pois, tendo em vista que por força de lei (1.009, §1°) não há a incidência da preclusão sobre a decisão, não se mostra necessária qualquer "petição de protesto"; **C:** Correta; **D:** Incorreta, pois o novo CPC eliminou a figura do agravo retido, substituindo-o pela preliminar em recurso de apelação (1.009, §1°).

Gabarito "C".

(OAB/FGV – XXIII Exame de Ordem Unificado) Carolina, vítima de doença associada ao tabagismo, requereu, em processo de indenização por danos materiais e morais contra a indústria do tabaco, a inversão do ônus da prova, por considerar que a parte ré possuía melhores condições de produzir a prova.

O magistrado, por meio de decisão interlocutória, indeferiu o requerimento por considerar que a inversão poderia gerar situação em que a desincumbência do encargo seria excessivamente difícil.

Sobre a hipótese apresentada, assinale a afirmativa correta.

(A) A decisão é impugnável por agravo interno.

(B) A decisão é irrecorrível.

(C) A decisão é impugnável por agravo de instrumento.

(D) A parte autora deverá aguardar a sentença para suscitar a questão como preliminar de apelação ou nas contrarrazões do recurso de apelação.

COMENTÁRIO: O enunciado identifica a prolação de uma decisão e, em razão dela, coloca o candidato na análise de qual o recurso cabível. Pois bem, para essa análise, inicialmente identifica-se que se trata de uma decisão interlocutória (203, §2°), contudo, deve-se identificar que esta decisão foi a respeito do pedido de inversão do ônus da prova que foi indeferido, assim, verifica-se que a decisão foi prolatada no despacho saneador (357, III) com base nas hipóteses de inversão (373, §1°). Para que seja cabível o recurso de agravo de instrumento, a decisão deve estar inserida no art. 1.015 e as decisões a respeito da inversão do ônus da prova são passíveis de agravo de instrumento (1.015, XI).
A: Incorreta pois somente é cabível agravo interno de decisões prolatadas pelo

relator (1.021); **B:** Incorreta, pois a decisão não é um despacho para ser irrecorrível (1.001), visto que tem conteúdo decisório; **C:** Correta; **D:** Incorreta, pois para que a decisão seja objeto de recurso em preliminar de apelação ou nas contrarrazões não poderia ser objeto de agravo de instrumento.

Gabarito "C".

(OAB/FGV – XXIV Exame de Ordem Unificado) O Sr. João, pessoa idosa e beneficiária de plano de saúde individual da sociedade "ABC Saúde Ltda.", começa a sentir fortes dores no peito durante a madrugada e, socorrido por seus familiares, é encaminhado para a unidade hospitalar mais próxima.

O médico responsável pelo atendimento inicial constata um quadro clínico grave, com risco de morte, sendo necessário o imediato encaminhamento do Sr. João para a Unidade de Terapia Intensiva (UTI) do hospital. Ao ser contatado, o plano de saúde informa que não autoriza a internação, uma vez que o Sr. João ainda não havia cumprido o período de carência exigido em contrato.

Imediatamente, um dos filhos do Sr. João, advogado, elabora a ação cabível e recorre ao plantão judicial do Tribunal de Justiça do estado em que reside.

A partir do caso narrado, assinale a alternativa correta.

(A) A tutela de urgência a ser requerida deve ser deferida, tendo em vista os princípios da cooperação e da não surpresa que regem a codificação processual vigente, após a prévia oitiva do representante legal do plano de saúde "ABC Saúde Ltda.", no prazo de 5 (cinco) dias úteis.

(B) Uma vez demonstrado o perigo de dano ou de risco ao resultado útil do processo, o magistrado poderá conceder tutela de evidência em favor do Sr. João, autorizando sua internação provisória na Unidade de Terapia Intensiva do hospital.

(C) Diante da urgência do caso, contemporânea à propositura da ação, a petição inicial redigida poderia limitar-se ao requerimento da tutela antecipada e à indicação do pedido final. Concedida a tutela antecipada, o autor deverá aditar a petição inicial em 15 (quinze) dias ou em outro prazo maior que o juiz fixar.

(D) Concedida a tutela provisória requerida em favor do Sr. João, ela conserva sua eficácia na pendência do processo, apenas podendo vir a ser revogada ou modificada com a prolação da sentença definitiva de mérito.

COMENTÁRIO: A tutela antecipada é uma tutela provisória de urgência que visa à garantia da efetividade do direito objeto da demanda, ou seja, visa a adiantar a efetividade do pedido formulado. A tutela antecipada pode ser requerida em caráter incidental ou em caráter antecedente (294, parágrafo único), sendo que esta ocorre

nos casos em que a urgência for contemporânea à propositura da ação. A petição inicial pode limitar-se ao requerimento da tutela antecipada e à indicação do pedido de tutela final, com a exposição da lide, do direito que se busca realizar e do perigo de dano ou risco ao resultado útil do processo (303), sendo que nesta hipótese, concedida a tutela antecipada o autor deverá aditar a petição inicial no prazo de 15 dias ou em outro prazo que o juiz fixar (303, §1º, I).
A: Incorreta, posto que é possível a concessão de tutela de urgência sem a oitiva da parte contrária "inaudita altera parte" (9º, I); **B:** Incorreta, posto que o caso não se figura em nenhuma das hipóteses de tutela de evidência (311), mas sim de tutela provisória de urgência antecipada, cujos requisitos são a probabilidade do direito e o perigo de dano ou risco ao resultado útil do processo (300); **C:** Correta; **D:** Incorreta, pois a revogação ou modificação da tutela provisória apesar de conservar sua eficácia na pendência do processo, mas pode a qualquer tempo ser alterada ou modificada (296).

Gabarito "C".

(OAB/FGV – XXIV Exame de Ordem Unificado) Marcos se envolveu em um acidente, abalroando a motocicleta de Bruno, em razão de não ter visto que a pista estava interditada. Bruno ajuizou, em face de Marcos, ação de indenização por danos materiais, visando receber os valores necessários ao conserto de sua motocicleta.

Marcos, ao receber a citação da ação, entendeu que a responsabilidade de pagamento era da Seguradora Confiança, em virtude de contrato de seguro que havia pactuado para seu veículo, antes do acidente.

Diante de tal situação, assinale a afirmativa correta.

(A) Marcos pode promover oposição em face de Bruno e da seguradora.

(B) Marcos pode promover denunciação da lide à seguradora.

(C) Marcos pode pedir a instauração de incidente de desconsideração da personalidade jurídica em face da seguradora.

(D) Marcos pode promover o chamamento ao processo da seguradora.

COMENTÁRIO: O que se discute no enunciado é o direito de regresso de Marcos em face da seguradora e como processualmente ele pode vir a obtê-lo. Nas situações em que o direito de regresso é garantido por lei ou por contrato será promovida a sua fixação por meio da intervenção de terceiros denunciação da lide (125, II). **A:** Incorreta, uma vez que a promoção da ação de rito especial oposição (682) tem lugar quando um terceiro quer para si, no todo ou em parte, o objeto litigioso entre as partes, o que não é o caso do direito de regresso; **B:** Correta; **C:** Incorreta, posto que o incidente de desconsideração da personalidade jurídica (133) se mostra necessário quando, segundo os requisitos legais, a personalidade jurídica se torna impedimento para a efetivação de direitos; **D:** Incorreta, posto que, muito embora o chamamento ao processo também vise a garantir o direito de regresso, ocorre quando há uma situação de codevedores solidários de uma obrigação e é demandado apenas um deles (130).

Gabarito "B".

DIREITO CIVIL

Fábio Vieira Figueiredo[1] e Pedro Henrique Menezes Ferreira[2]

1. PARTE GERAL

Fábio Vieira Figueiredo

Princípios que regem o Código Civil

1) Eticidade: significa a superação do formalismo jurídico, primando pela objetividade, fazendo-se, assim, um modelo jurídico hermenêutico que privilegie efetivamente a boa-fé.

2) Socialidade: advém do princípio social de justiça. A verdadeira igualdade está no tratamento desigual aos desiguais na proporção e medida de sua desigualdade.

3) Operabilidade: apresenta soluções interpretativas que pragmatizam a aplicação da norma. Ex.: a distinção entre prescrição e decadência.

1.1. Das pessoas

Conceito: Pessoa é o sujeito de direitos e deveres, ente capaz, portanto, de adquirir direitos e contrair deveres, podendo, ainda, ser física (ente físico) ou jurídica (ente moral, ficção jurídica).

1.1.1. Pessoa física

1.1.1.1.Personalidade jurídica

O Código Civil estabelece que a personalidade jurídica começa com a presença de ar nos pulmões (nascimento com vida); contudo a lei põe a salvo, desde a concepção, os direitos do nascituro. *Nascituro* é o ser já concebido, mas que ainda se encontra no ventre materno; será ele, então: a) titular de direitos personalíssimos (como o direito à vida); b) donatário (pode receber doação, desde que haja aceitação de seu representante legal – art. 542 do CC); c) legatário ou herdeiro (art. 1.798 do CC); d) titular de direito a alimentos. "As teorias sobre o início da personalidade podem ser sumariamente descritas como a de que se inicia com o nascimento; a que se inicia na concepção; e a do nascimento com vida viável" (LOTUFO, Renan. Curso

avançado de direito civil. Parte Geral. 2. ed. São Paulo: Revista dos Tribunais, 2003, p. 89). O Código Civil deixou claro que optou pelo nascimento com vida, eis que conforme o art. 2º: "A personalidade civil da pessoa começa do nascimento com vida". Desse modo, a personalidade civil, ou seja, a aptidão genérica para ser sujeito de direitos e deveres, a efetiva proteção da pessoa, se dá com o nascimento com vida, que é, por sua vez, evidenciado pela presença de ar nos pulmões, ainda que por pouquíssimo tempo. É o nascimento com vida que determina o início da personalidade civil e, portanto, da existência da pessoa natural.

1.1.1.2.Capacidade civil

Todo ser humano é dotado de personalidade jurídica. A personalidade está intimamente ligada à capacidade das pessoas. São elementos que se completam. Portanto, a capacidade de gozo ou de direito confunde-se com a personalidade jurídica e é inerente a qualquer ser humano, não podendo ser-lhe recusada.

A regra, portanto, é a capacidade. A incapacidade, a exceção. A primeira exprime poderes ou faculdades, sendo a personalidade resultante desses poderes. A incapacidade civil é a restrição ao poder de agir e, pela característica de restrição, vem expressamente prevista em lei, podendo ser absoluta ou relativa. É importante ressaltar que a matéria foi substancialmente alterada pela Lei 13.146/2015 (Estatuto da Pessoa com Deficiência).

1.1.1.3.Incapacidade absoluta

A incapacidade será *absoluta* quando houver proibição total do exercício do direito, acarretando a nulidade do ato praticado pelo próprio incapaz. Nos termos do art. 3º do CC/02 - Redação dada pela Lei 13.146, de 2015 – "são absolutamente incapazes de exercer pessoalmente os atos da vida civil os menores de 16 (dezesseis) anos". Os questionamentos sobre capacidade são muito comuns, recomendo veementemente que o candidato vá para prova com o art. 3º do CC

---

1. Doutor e Mestre em Direito das Relações Sociais, subárea de Direito Civil Comparado, pela PUC/SP. Pós-graduado em Direito Empresarial e Contratual. Diretor e Professor de Direito Civil da Escola Brasileira de Direito - EBRADI. Leciona na graduação e pós-graduação das seguintes instituições: Universidade São Judas Tadeu - USJT e Universidade Municipal de São Caetano do Sul - USCS. É autor de várias obras jurídicas e coordenador de coleções preparatórias para concursos. Advogado e consultor jurídico. Sócio Fundador do Cometti, Figueiredo, Cepera e Pujol – Sociedade de Advogados. Responsável, nesta obra, por parte geral, obrigações, contratos, responsabilidade civil e coisas.

2. Mestre e Doutorando em Direito Privado pela PUC/MG. Pós-graduado em Direito Processual Civil pela Faculdade de Direito Milton Campos. Coordenador Acadêmico e Professor de Direito Civil da Escola Brasileira de Direito – EBRADI. Professor do curso de Direito do Centro Universitário Una. Advogado. Responsável, nesta obra, por direito de família e das sucessões.

(redação original e redação após a alteração acima referenciada) em mente, pois no mais das vezes os examinadores questionam sobre este tema a letra da lei. Vejamos o quadro comparativo abaixo.

Art. 3º do CC/02: Redação Original	Art. 3º do CC/02: Redação dada pela Lei 13.146/2015
Art. 3º São absolutamente incapazes de exercer pessoalmente os atos da vida civil: I - os menores de dezesseis anos; II - os que, por enfermidade ou deficiência mental, não tiverem o necessário discernimento para a prática desses atos; III - os que, mesmo por causa transitória, não puderem exprimir sua vontade.	Art. 3º São absolutamente incapazes de exercer pessoalmente os atos da vida civil os menores de 16 (dezesseis) anos.

1.1.1.4.Incapacidade relativa

A incapacidade será *relativa* quando a pessoa afetada puder praticar certos atos da vida civil, ainda que estes sejam praticados por terceiros. São incapazes relativamente os sujeitos arrolados no art. 4º do CC (que também foi objeto de alteração pela Lei 13.146/2015).

Art. 4º do CC/02: Redação Original	Art. 4º do CC/02: Redação dada pela Lei 13.146/2015
Art. 4º São incapazes, relativamente a certos atos, ou à maneira de os exercer: I - os maiores de dezesseis e menores de dezoito anos; II - os ébrios habituais, os viciados em tóxicos, e os que, por deficiência mental, tenham o discernimento reduzido; III - os excepcionais, sem desenvolvimento mental completo; IV - os pródigos. Parágrafo único. A capacidade dos índios será regulada por legislação especial.	Art. 4º São incapazes, relativamente a certos atos ou à maneira de os exercer: I - os maiores de dezesseis e menores de dezoito anos; II - os ébrios habituais e os viciados em tóxico; III - aqueles que, por causa transitória ou permanente, não puderem exprimir sua vontade; IV - os pródigos. Parágrafo único. A capacidade dos indígenas será regulada por legislação especial.

Já a capacidade dos indígenas será regulada por legislação especial, diz o parágrafo único do art. 4º do CC, remetendo, portanto, a situação para o art. 9º da Lei 6.001/1973 (Estatuto do Índio). Dentre os incapazes encontra-se a figura do pródigo. O pródigo é aquele que dilapida seu patrimônio. Até mesmo o nosso direito anterior já restringia a capacidade daquele que, desordenadamente, dilapidava os seus bens ou patrimônio, fazendo gastos excessivos ou anormais, mandando que fosse apregoado o seu estado, para que ninguém fizesse qualquer negócio com ele (DINIZ, 1, 2007, p. 167-168). Nos termos do art. 1.782 do Código Civil, "a interdição do pródigo só o privará de, sem curador, emprestar, transigir, dar quitação, alienar, hipotecar, demandar ou ser deman-

dado, e praticar, em geral, os atos que não sejam de mera administração".

1.1.1.5.Dos atos de registro e averbação

Grosso modo, a distinção entre os institutos do registro e da averbação é que, respectivamente, fazem constituir e declarar direitos.

Os registros, conforme disposição expressa do art. 9º do Código Civil, ocorrerão nos casos de: I - os nascimentos, casamentos e óbitos; II - a emancipação por outorga dos pais ou por sentença do juiz; III - a interdição por incapacidade absoluta ou relativa; IV - a sentença declaratória de ausência e de morte presumida.

Nos termos do art. 10 do Código Civil, a sentença de divórcio é objeto de averbação, eis que faz declarar novo estado individualizador familiar da pessoa natural, vejamos: "Art. 10. Far-se-á averbação em registro público: I – das sentenças que decretarem a nulidade ou anulação do casamento, o divórcio, a separação judicial e o restabelecimento da sociedade conjugal; II – dos atos judiciais ou extrajudiciais que declararem ou reconhecerem a filiação; III (Revogado pela Lei 12.010, de 2009)".

1.1.1.6.Cessação da incapacidade

Em regra, cessa a incapacidade quando cessar sua causa. O art. 5º do CC prevê as formas de *cessação da incapacidade*:

Voluntária – os pais emancipam o menor entre 16 e 18 anos (art. 5º, parágrafo único, I). Pela emancipação cessa a incapacidade do menor entre 16 e 18 anos, pois passa ele a ter capacidade de fato para os atos da vida civil. A emancipação pode ocorrer de maneira voluntária, judicial ou legal (todas previstas no art. 5º do Código Civil). De maneira voluntária dependerá da vontade dos pais, que obrigatoriamente deverão valer-se do registro público para que o ato seja válido. Para a emancipação voluntária de que trata a vertente questão, há a exigência de instrumento público, independentemente de homologação judicial, conforme art. 5º do Código Civil: "Art. 5º A menoridade cessa aos dezoito anos completos, quando a pessoa fica habilitada à prática de todos os atos da vida civil. Parágrafo único. Cessará, para os menores, a incapacidade: I – pela concessão dos pais, ou de um deles na falta do outro, mediante instrumento público, independentemente de homologação judicial, ou por sentença do juiz, ouvido o tutor, se o menor tiver dezesseis anos completos; II – pelo casamento; III – pelo exercício de emprego público efetivo; IV – pela colação de grau em curso de ensino superior; V – pelo estabelecimento civil ou comercial, ou pela existência de relação de emprego, desde que, em função deles, o menor com dezesseis anos completos tenha economia própria".

Judicial – cessa a incapacidade do tutelado a pedido do tutor. O pedido deve ser formulado em via judicial.

Legal – casamento, emprego público, colação de grau em nível superior, estabelecimento comercial ou emprego que lhe deem a possibilidade de economia própria.

1.1.1.7.Individualização da pessoa natural

São três as formas de individualização da pessoa natural: nome, estado e domicílio.

1) Nome. É um dos mais importantes atributos da pessoa natural, pois individualiza o ser humano. Constitui-se por dois *elementos necessários*:

a) prenome – "nome" próprio do indivíduo, que pode ser *simples* (ex.: Pedro) ou *composto* (ex.: Pedro Paulo); e

b) sobrenome – apelido da família. Indica a procedência da pessoa e a sua filiação. Pode decorrer de sobrenome materno, sobrenome paterno ou da conjunção dos dois.

Facultativamente, o nome poderá ser composto pelo *agnome* e pela inserção de *alcunha*.

Agnome: terminação distintiva do sobrenome. O agnome individualiza a pessoa dentro de seu grupo familiar. Ex.: Filho, Júnior, Neto.

Alcunha: designação dada a alguém levando em consideração determinadas situações particulares; é um apelido. Ex.: Gugu, Xuxa, Zico.

O nome é um direito da personalidade e, sendo assim, é, em regra, imutável; mas a imutabilidade do nome comporta algumas exceções e *será possível a alteração do nome* quando ocorrer:

Exposição ao ridículo: são situações em que a pessoa passa por constrangimento ou tem abalos emocionais por força do nome que utiliza.

Erro gráfico evidente. O erro gráfico evidente também é admitido pela Lei de Registros Públicos para fins de alteração do nome.

Uso prolongado e constante de nome diverso daquele que figura no registro. Pode ser que a pessoa seja conhecida e reconhecida por nome diverso daquele constante em seu registro.

Primeiro ano após a maioridade. A Lei de Registros Públicos – LRP (6.015/1973) é expressa ao possibilitar que toda e qualquer pessoa no primeiro ano após a maioridade civil altere o nome, desde que não prejudique os apelidos de família, averbando-se a alteração que será publicada pela imprensa.

Inclusão de alcunha. Temos diversos casos conhecidos, como Xuxa e Pelé. Trata-se de situações em que a alcunha compõe a personalidade da pessoa, situações em que, portanto, o nome poderá ser alterado com a inclusão da alcunha.

Homonímia. É possível, para a prevenção de dissabores, danos ou prejuízos a interesses personalíssimos que visem à preservação da integridade moral e intelectual da pessoa que, quando exposta a situações vexatórias por ter um homônimo, tenha a prerrogativa, por meio da tutela jurisdicional, de modificar seu nome, com fulcro na cláusula geral do art. 12 do CC, com vistas a espancar a possibilidade de lesões aos seus interesses pessoais.

Adoção. Nos casos de adoção há disposição expressa.

Tradução.

Mudança de estado familiar individualizador (casamento, separação, divórcio e união estável). Conforme as regras diversas previstas no Código Civil.

2) Estado. É o modo particular de existir de cada um. Divide-se em estado individualizador individual, familiar e político.

Individual: idade, sexo, saúde.

Familiar: vínculo conjugal, parentesco por consanguinidade, parentesco por afinidade.

Político: nacional (nato ou naturalizado), estrangeiro.

3) Domicílio. É o local onde se permanece com ânimo definitivo. Seu conceito reúne dois elementos: o psicológico (vontade) e o físico (residência). Pode ser:

- **voluntário,** o fixado de maneira livre;

- **de eleição ou especial,** o estabelecido em contrato;

- **necessário ou legal,** é aquele estabelecido por lei ou judicialmente; terão domicílio necessário: o incapaz, o servidor público, o militar, o marítimo e o preso, consoante o art. 76 do CC. Conforme parágrafo único do art. 76, do Código Civil: "O domicílio do incapaz é o do seu representante ou assistente; o do servidor público, o lugar em que exercer permanentemente suas funções; o do militar, onde servir, e, sendo da Marinha ou da Aeronáutica, a sede do comando a que se encontrar imediatamente subordinado; o do marítimo, onde o navio estiver matriculado; e o do preso, o lugar em que cumprir a sentença."

- **plural,** quando a pessoa tem várias residências onde alternadamente viva, conforme disposição expressa do art. 71 do CC.

Do domicílio do diplomata: as questões sobre domicílio do diplomata são muito comuns nas provas. Em que pese as inúmeras discussões que a questão possa demandar, há disposição legal expressa sobre o tema, o que facilita a resposta para o candidato. O art. 77 do Código Civil, assim dispõe: "O agente diplomático do Brasil, que, citado no estrangeiro, alegar extraterritorialidade sem designar onde tem, no país, o seu domicílio, poderá ser demandado no Distrito Federal ou no último ponto do território brasileiro onde o teve".

Extinção da personalidade **jurídica da pessoa natural**

A personalidade se extingue com a morte.

Um profissional de medicina deve atestar a morte, ficando ressalvada a possibilidade de duas pessoas qualificadas o fazerem como testemunhas, verificando a morte, se faltar o especialista, sendo o fato levado ao registro cuja prova se faz por meio da certidão extraída do assento de óbito.

Em alguns casos, o Código Civil cria uma ficção jurídica visando a não prejudicar os direitos de terceiros; nesses casos, a morte poderá ser presumida e, assim, extinta a personalidade. O art. 7º do CC elenca as situações e condições para que seja lícita a presunção de morte.

Assim, temos duas hipóteses de *morte presumida*. A primeira trata da probabilidade extrema de morte daquele que se encontre em perigo de vida (art. 7º, I, do CC) e a segunda trata do desaparecido em campanha de guerra ou feito prisioneiro, caso não seja encontrado até 2 anos após o término da guerra (art. 7º, II, do CC). A sentença declaratória de morte presumida deverá ser inscrita em registro público, de forma a dar publicidade ao acontecimento (art. 9º, IV, do CC).

Temos, ainda, a hipótese de morte simultânea ou comoriência (art. 8º do CC). Cuida-se de uma presunção *juris tantum*, segundo a qual se determina a morte simultânea daqueles que falecem na mesma ocasião, podendo ser ilidida por prova que estabeleça a precedência da morte de um dos envolvidos.

Insta relevar a importância da morte presumida que independe de decretação de ausência. Em diversas provas pudemos notar uma verdadeira perseguição do examinador por este tema. A determinação consta do art. 7º do Código Civil: "Art. 7º Pode ser declarada a morte presumida, sem decretação de ausência: I - se for extremamente provável a morte de quem estava em perigo de vida; II - se alguém, desaparecido em campanha ou feito prisioneiro, não for encontrado até dois anos após o término da guerra. Parágrafo único. A declaração da morte presumida, nesses casos, somente poderá ser requerida depois de esgotadas as buscas e averiguações, devendo a sentença fixar a data provável do falecimento".

1.1.1.8.Ausência das pessoas naturais

Qualquer interessado poderá formular o pedido: "Art. 22. Desaparecendo uma pessoa do seu domicílio sem dela haver notícia, se não houver deixado representante ou procurador a quem caiba administrar-lhe os bens, o juiz, a requerimento de qualquer interessado ou do Ministério Público, declarará a ausência, e nomear-lhe-á curador." Diferentemente do tutor que, quando nomeado, fica responsável pelo tutelado, ao curador apenas caberá gerir os bens do curatelado, sendo certo que o magistrado ao determinar a curadoria dos bens traçará os limites de atuação do curador. Os herdeiros têm o privilégio da curadoria. O art. 26 do Código Civil determina: "Art. 26. Decorrido um ano da arrecadação dos bens do ausente, ou, se ele deixou representante ou procurador, em se passando três anos, poderão os interessados requerer que se declare a ausência e se abra provisoriamente a sucessão." Mas, nestes casos, não tratamos de quaisquer interessados, eis que: "Art. 27. Para o efeito previsto no artigo anterior, somente se consideram interessados: I - o cônjuge não separado judicialmente; II - os herdeiros presumidos, legítimos ou testamentários; III - os que tiverem sobre os bens do ausente direito dependente de sua morte; IV - os credores de obrigações vencidas e não pagas. Depois da ausência poderá inclusive ser declarada a sucessão definitiva." Tratamos aqui da dicção expressa do art. 37 do Código Civil: "Art. 37. Dez anos depois de passada em julgado a sentença que concede a abertura da sucessão provisória, poderão os interessados requerer a sucessão definitiva e o levantamento das cauções prestadas." E, neste caso, levamos em consideração a sucessão provisória concedida em sentença judicial, contudo, mesmo sem a sentença de sucessão provisória, por vezes será possível a declaração de sucessão definitiva, como prescreve o art. 38 do Código Civil: "Art. 38. Pode-se requerer a sucessão definitiva, também, provando-se que o ausente conta oitenta anos de idade, e que de cinco datam as últimas notícias dele."

Ausente, portanto, é aquele que desaparece de seu domicílio sem se ter notícias de seu paradeiro.

Desse modo, as fases da situação de ausente são as seguintes:

Declaração da ausência e curadoria dos bens: o patrimônio do desaparecido não pode restar *acéfalo*. Desse modo, a requerimento dos interessados (cônjuge, companheiro, parente sucessível) ou do Ministério Público, o Poder Judiciário reconhecerá tal circunstância. Com isso serão arrecadados os bens do ausente e nomeada para estes bens uma curadoria. O cônjuge do ausente, desde que não separado judicialmente ou de fato por mais de dois anos antes da declaração de ausência, será, preferencialmente, o seu legítimo curador.

Sucessão provisória: decorrido 1 ano da arrecadação dos bens do ausente (art. 26 do CC), ou se ele deixou representante ou procurador, hipótese que se limita à previsão do art. 23 do mesmo diploma, passados 3 anos, poderão os interessados requerer que se abra provisoriamente a sucessão.

Sucessão definitiva: 10 anos depois de passada em julgado a sentença que concede a abertura da sucessão provisória, poderão os interessados requerer a sucessão definitiva e o levantamento das cauções prestadas. Além disso, pode-se requerer a sucessão definitiva, também, provando-se que o ausente conta 80 anos de idade, e que de 5 datam as últimas notícias dele.

1.1.1.9.Direitos da personalidade

Os direitos da personalidade constituem o mínimo existencial, estão previstos nos arts. 11 a 21 do CC e tomam fundamento no princípio da dignidade da pessoa humana (art. 1º, III, da CF). O tema dos direitos de personalidade é sempre perseguido pelos examinadores da área de direito civil, eis que tratamos, neste caso, dos direitos essenciais à condição humana. A previsão legal sobre os direitos de personalidade é vasta, dentre outros dispositivos, podemos fundamentar tais direitos com os arts. 1º, III da CF (dignidade humana), art. 5º da CF (direitos e garantias individuais e coletivos fundamentais) e arts. 11 a 21 do Código Civil. A experiência tem mostrado que por conformarem situações mais específicas, em regra os examinadores buscam esteio neste último grupo legislativo para as arguições, o tema em tela obedece a esta regra.

Dois temas que têm sido corriqueiramente cobrados no Exame de Ordem são a possibilidade ou impossibilidade de disposição do corpo, em partes, da pessoa viva ou morta e a possibilidade de se estabelecer limitações ou restrições voluntárias sobre os direitos de personalidade.

Quanto ao primeiro caso, a situação é expressamente disposta no art. 14 do Código Civil: *Art. 14. É válida, com objetivo científico, ou altruístico, a disposição gratuita do próprio corpo, no todo ou em parte, para depois da morte. Parágrafo único. O ato de disposição pode ser livremente revogado a qualquer tempo.*

Renan Lotufo destaca que referido artigo contempla a disposição do próprio corpo para depois da morte, para fins científicos e altruísticos e o legislador deixou a cargo da Lei especial estabelecer as regras de conduta para tal disposição. Realça, ainda, que quanto à disposição para fins científicos não haverá de se tratar de um simples experimento científico, mas sim uma experiência ou um estudo que vise à preservação da vida e dignidade da pessoa humana (LOTUFO, Renan. Código Civil Comentado: parte geral - artigos: 1º à 232. São Paulo: Saraiva. 2003).

No que concerne à limitação voluntária sobre direitos de personalidade temos que de maneira alguma o exercício dos direitos de personalidade poderá sofrer limitação voluntária.

Dentre os direitos da personalidade, destacam-se a vida, a liberdade, a honra, o nome e a imagem. São, portanto, faixas de proteção dos direitos da personalidade:

integridade física (compreendendo: vida; alimentos; o próprio corpo (vivo ou morto); o corpo alheio e partes separadas do corpo);

integridade intelectual (compreendendo: liberdade de pensamento; autoria científica, literária e artística);

integridade moral (compreendendo: honra; segredo profissional; segredo doméstico; identidade familiar, pessoal e social; imagem; recato, privacidade, intimidade e tudo o que for extrapatrimonial).

É de notar que o rol apresentado é meramente exemplificativo, uma vez que os direitos da personalidade não se esgotam em positivação.

1.1.1.10. Caracteres dos direitos da personalidade

O art. 11 do Código Civil, assim dispõe: *Com exceção dos casos previstos em lei, os direitos da personalidade são intransmissíveis e irrenunciáveis, não podendo o seu exercício sofrer limitação voluntária.* Contudo, é de suma importância frisar, como bem lembra Maria Helena Diniz, que embora o novo Código Civil tenha feito referência apenas a três características, os direitos de personalidade comportam, ainda, outros caracteres: são inatos, absolutos, intransmissíveis, indisponíveis, irrenunciáveis, ilimitados, imprescritíveis (apesar da omissão legal, assim tem entendido a doutrina), impenhoráveis e inexpropriáveis (ver: DINIZ, Maria Helena. Código civil anotado. 10ª ed. São Paulo: Saraiva. 2004, p. 19-30).

São, então, em nosso entendimento, os direitos de personalidade: absolutos, pois devem ser respeitados por todos (FERRARA, Francesco. Trattato di diritto civile italiano. vol I, p. 382); extrapatrimoniais, pois não se reduzem a dimensionamento de interesses nem avaliações econômicas; intransmissíveis, pois por serem inerentes à pessoa não se admite transmissão (Orozimbo Nonato: Personalidade, p. 70), nem causa mortis; imprescritíveis, posto que o exercício do direito para a preservação pode se dar a qualquer momento; indisponíveis, pois o titular não pode privar-se de tais direitos (LOTUFO, Renan. Código civil comentado: parte geral, p. 49); vitalícios, pois, enquanto persiste a vida do titular, os direitos persistem também, tendo, alguns, inclusive, efeitos post mortem; gerais, pois são concedidos a todos pelo simples fato de se estar vivo (TEPEDINO, Gustavo. "A tutela da personalidade no ordenamento civil-constitucional brasileiro". In: Temas de direito civil constitucional, p. 36) e, por fim, necessários, por serem imprescindíveis à própria vida.

Os direitos da personalidade são:

absolutos, pois devem ser respeitados por todos;

extrapatrimoniais, pois não se reduzem a dimensionamento de interesses nem a avaliações econômicas;

intransmissíveis, uma vez que, por serem inerentes à pessoa, não se admite transmissão, nem *causa mortis*;

imprescritíveis, já que o exercício do direito para a preservação pode dar-se a qualquer momento;

indisponíveis, pois o titular não pode privar-se de tais direitos;

vitalícios, pois, enquanto vivo o titular, os direitos persistem, tendo alguns, inclusive, efeitos *post mortem*;

gerais, visto que são concedidos a todas as pessoas, pelo simples fato de estarem vivas; e, por fim,

necessários, por serem imprescindíveis à própria vida.

Há possibilidade de incidência da autonomia privada quanto aos direitos de personalidade e ela decorre da possibilidade de tutela positiva dos direitos da personalidade que vence a antiga disposição doutrinária no sentido de que os direitos de personalidade correspondiam a uma liberdade negativa. Giovanni Ettore Nanni esclarece que existe autonomia privada também, de modo que a pessoa pode dar a destinação que lhe aprouver, em vida ou *post mortem*, desde que cumpridas as normas legais (NANNI, Giovanni Ettore. "A autonomia privada sobre o próprio corpo, o cadáver, os órgãos e tecidos diante da lei federal 9.434/97 e da Constituição Federal". In: Direito civil constitucional – Cadernos I. São Paulo: Max Limonad, 1999).

Podemos compreender melhor a situação quando observamos uma cessão de direitos de imagem de um jogador de futebol, a cessão de direitos de exploração econômica que faz o compositor musical e, até mesmo, os contratos de edição literária. O que ocorre, contudo, é que em nenhum destes casos o direito é transmitido ou renunciado, mas sim há disposição, nos termos da Lei de uma fração do direito sem que o direito seja apartado da pessoa como ocorreria, por exemplo, quando João vende seu carro ao Manuel, hipótese em que o direito de propriedade sobre o veículo será completamente apartado de João.

Da cláusula geral de proteção dos direitos da personalidade

Referida cláusula está prevista no art. 12 do Código Civil: Art. 12. *Pode-se exigir que cesse a ameaça, ou a lesão, a direito da personalidade, e reclamar perdas e danos, sem prejuízo de outras sanções previstas em lei. Parágrafo único. Em se tratando de morto, terá legitimação para requerer a medida prevista neste artigo o cônjuge sobrevivente, ou qualquer parente em linha reta, ou colateral até o quarto grau.*

É de se notar que referido artigo goza da condição de cláusula geral dos direitos da personalidade, eis que protege de maneira genérica a personalidade e, por corolário, a dignidade humana, consoante preconizado pelo art. 1º, III da Carta Constitucional brasileira.

Anote-se, ainda que estes mesmos legitimados para a defesa da personalidade do morto são aqueles parentes dispostos em sua ordem de vocação hereditária para suceder seus bens, consoante disposto no art. 1829 do Código Civil.

1.1.2. Pessoa jurídica

É o ente fictício formado por pessoas naturais ou por patrimônios e reconhecido como sujeito de direitos e deveres. A teoria da *realidade técnica* é a que melhor se acomoda para as pessoas jurídicas. Tal teoria posiciona a pessoa jurídica como produto da técnica jurídica, rejeitando a tese ficcional para considerar os entes coletivos uma realidade que não seria objetiva, uma vez que a personificação dos grupos se opera por construção jurídica, ou seja, o ato de atribuir personalidade não seria arbitrário, mas à vista de uma situação concreta.

1.1.2.1.Personalidade jurídica

É adquirida mediante o registro da pessoa jurídica no órgão competente. É importante destacar que muito embora a personalidade jurídica da pessoa jurídica não se confunda com a da pessoa física, incide a disposição do art. 52 do Código Civil: *Art. 52. Aplica-se às pessoas jurídicas, no que couber, a proteção dos direitos da personalidade.*

A inscrição do ato constitutivo é a providência administrativa da autorização para funcionamento e é indispensável para que se constitua regularmente a pessoa jurídica de direito privado, consoante se depreende do art. 45 do Código Civil: *Art. 45. Começa a existência legal das pessoas jurídicas de direito privado com a inscrição do ato constitutivo no respectivo registro, precedida, quando necessário, de autorização ou aprovação do Poder Executivo, averbando-se no registro todas as alterações por que passar o ato constitutivo.*

Contudo, é mister marcar, aqui que tais registros não são necessários para a responsabilização da pessoa jurídica sempre que causar quaisquer danos a outrem, pois para tanto aplicaremos a teoria da constituição de fato.

Grosso modo, então, estamos a asseverar que caso uma pessoa jurídica não constituída formalmente, por assim dizer, venha a causar dano a outrem será responsabilizada independentemente de sua regular constituição. Ou seja, a sociedade, entre os sócios, somente poderá ser provada por escrito, mas perante terceiros existe independentemente de atos constitutivos (*Art. 987. Os sócios, nas relações entre si ou com terceiros, somente por escrito podem provar a existência da sociedade, mas os terceiros podem prová-la de qualquer modo*).

1.1.2.2.Natureza jurídica

Quanto à sua natureza, as pessoas jurídicas podem ser:

de direito público externo: países e organizações internacionais;

de direito público interno: consoante o disposto no art. 41 do CC. As pessoas jurídicas de direito público interno estão elencadas no Código Civil da maneira que segue: "Art. 41. São pessoas jurídicas de direito público interno: I - a União; II - os Estados, o Distrito Federal e os Territórios; III - os Municípios; IV - as autarquias, inclusive as associações públicas (Redação dada pela Lei 11.107, de 2005); V - as demais entidades de caráter público criadas por lei. Parágrafo único. Salvo disposição em contrário, as pessoas jurídicas de direito público, a que se tenha dado estrutura de direito privado, regem-se, no que couber, quanto ao seu funcionamento, pelas normas deste Código."

de direito privado: vêm elencadas pelo art. 44 do CC. Conforme expressa disposição do Código Civil: Art. 44. *São pessoas jurídicas de direito privado: I - as associações; II - as sociedades; III - as fundações; IV - as organizações religiosas; (Incluído pela Lei 10.825, de 22.12.2003) V - os partidos políticos. (Incluído pela Lei 10.825, de 22.12.2003); VI - as empresas individuais de responsabilidade limitada.*

1.1.2.3.Espécies

As pessoas jurídicas de direito privado podem ser corporações ou fundações, sendo as *corporações* reuniões de pessoas (*universitas personarum*) e as *fundações*, reuniões de patrimônio (*universitas bonorum*). O que distingue essas duas formas são os seus objetivos.

Grosso modo, as corporações têm objetivos internos, ou seja, visam ao benefício de seus membros, enquanto as fundações têm objetivos externos, visando, portanto, ao bem comum pelo estabelecimento de determinados objetivos.

Corporações: as corporações podem ser associações ou sociedades. As sociedades podem ser simples ou empresárias. *Sociedade empresária*: é a junção de duas ou mais pessoas com o mesmo objetivo. Poderá ser uma sociedade de fato ou uma sociedade de direito. Possui finalidade de lucro. Há, ainda, sob a denominação *corporação*, a *associação*: não visa a fim lucrativo.

Fundações: nas fundações, o elemento patrimonial é ínsito. Há, portanto, nesse modelo, uma destinação de patrimônio para a consecução de determinado fim. São criadas por escritura pública ou testamento, nos quais são especificados os fins a que se destinam. Esse fim é permanente, não podendo ser alterado, até mesmo porque não existe a figura do poder do sócio para deliberar. São aprovadas e fiscalizadas pelo Ministério Público, em decorrência do papel social que geralmente exercem. Além disso, sua aprovação submete-se, também, ao Ministério Público.

1.1.2.4.Desconsideração da personalidade jurídica

Dá-se a desconsideração da personalidade jurídica quando ocorre abuso de personalidade. O abuso de personalidade pode dar-se por desvio de finalidade ou confusão patrimonial. Trataremos de desvio de finalidade sempre que a atuação da pessoa jurídica vier em desacordo com o que prevê, de maneira expressa, seu contrato social; por outro lado, a confusão patrimonial consiste em confundir o bem da pessoa física do sócio com o patrimônio societário ou empresarial.

Com a desconsideração da pessoa jurídica o sócio passa a responder pessoalmente pelas obrigações assumidas pela empresa. Ocorre que o sócio não responderá de maneira geral, eis que tal situação afrontaria a antiga cisão entre pessoa natural e pessoa jurídica. Desse modo, nos termos da discussão judicial havida entre as partes, o magistrado determinará a responsabilidade pessoal do sócio em certas e determinadas obrigações quando restar, na situação específica, caracterizado o abuso de personalidade que será identificado pela confusão patrimonial entre os bens da pessoa natural e da pessoa jurídica (empresa) ou pelo desvio de finalidade que são as situações em que o sócio passa a gerir sua empresa em confronto ao disposto como objeto social no ato constitutivo, consoante preconiza o art. 50 do Código Civil, senão vejamos: *Art. 50. Em caso de abuso da personalidade jurídica, caracterizado pelo desvio de finalidade, ou pela confusão patrimonial, pode o juiz decidir, a requerimento da parte, ou do Ministério Público quando lhe couber intervir no processo, que os efeitos de certas e determinadas relações de obrigações sejam estendidos aos bens particulares dos administradores ou sócios da pessoa jurídica.*

1.1.2.5.Domicílio da pessoa jurídica

O domicílio das pessoas jurídicas é determinado por lei. Determina-o o art. 75 do Código Civil. *Art. 75. Quanto às pessoas jurídicas, o domicílio é: I - da União, o Distrito Federal; II - dos Estados e Territórios, as respectivas capitais; III - do Município, o lugar onde funcione a administração municipal;*

IV - das demais pessoas jurídicas, o lugar onde funcionarem as respectivas diretorias e administrações, ou onde elegerem domicílio especial no seu estatuto ou atos constitutivos. § 1º Tendo a pessoa jurídica diversos estabelecimentos em lugares diferentes, cada um deles será considerado domicílio para os atos nele praticados. § 2º Se a administração, ou diretoria, tiver a sede no estrangeiro, haver-se-á por domicílio da pessoa jurídica, no tocante às obrigações contraídas por cada uma das suas agências, o lugar do estabelecimento, sito no Brasil, a que ela corresponder.

1.1.2.6.Extinção da pessoa jurídica

A dissolução das pessoas jurídicas poderá ser:

• **convencional:** por convenção dos sócios;

• **administrativa:** por exemplo, a autorização para o funcionamento da pessoa jurídica é cancelada por órgão público;

• **judicial:** a iniciativa para a dissolução da pessoa jurídica, em primeiro lugar, é dos administradores, que dispõem do prazo de 30 dias, contado da perda da autorização, ou de sócio que tenha exercitado o direito de pedi-la na forma da lei;

• **fato natural:** ocorrendo a morte dos membros de uma sociedade, e não prevendo o seu ato constitutivo o prosseguimento das atividades por intermédio dos herdeiros, o resultado será a extinção da pessoa jurídica.

1.1.2.7.Bens

São valores materiais ou imateriais que podem ser objeto de uma relação de direito, tendo, portanto, valor econômico. O tema dos bens é sempre bastante explorado pelos examinadores. Nestes domínios a classificação de mobilidade, fungibilidade e quanto aos bens reciprocamente considerados, ganha destaque.

1.1.2.8.Classificação

I – Quanto à mobilidade

A) Bens considerados em si mesmos:

a) móveis: podem ser transportados de um lugar para outro sem perder a sua essência (semoventes: animais);

b) imóveis (ou *bens de raiz*)**:** não podem ser transportados sem prejuízo de sua substância ou destruição.

Bens móveis

Por natureza: são móveis os bens suscetíveis de movimento próprio, ou de remoção por força alheia, sem alteração da substância ou da destinação econômico-social.

Por determinação legal: segundo prevê o art. 83 do CC, são móveis: as energias que tenham valor econômico; os direitos reais sobre objetos móveis e as ações correspondentes; os direitos pessoais de caráter patrimonial e respectivas ações. Os materiais destinados a alguma construção, enquanto não forem empregados, conservam sua qualidade de móveis e readquirem essa qualidade os provenientes da demolição de algum prédio (art. 84 do CC). Além disso, são também móveis, por determinação da lei, as propriedades intelectuais: os direitos de autor (Lei 9.610/1998) e a propriedade industrial (Lei 9.279/1969).

Por antecipação: vontade humana em função da finalidade econômica. A plantação que será colhida.

Bens imóveis

São bens imóveis o solo e tudo quanto se lhe incorporar natural ou artificialmente (art. 79 do CC):

Por natureza: é o solo.

Por acessão natural: são as árvores (as plantações).

Por destinação do proprietário ou possuidor (ficção legal): o art. 81 determina: "Não perdem o caráter de imóveis: I – as edificações que, separadas do solo, mas conservando a sua unidade, forem removidas para outro local; II – os materiais provisoriamente separados de um prédio, para nele se reempregarem". Assim, a depender da destinação dada ao bem, ele poderá, ainda que sendo móvel por natureza, ser considerado bem imóvel.

Por acessão física ou justaposição: são as construções.

Por determinação legal: direitos reais sobre imóveis e ações que os asseguram, direito à sucessão aberta. Reza o art. 80: "Consideram-se imóveis para os efeitos legais: I – os direitos reais sobre imóveis e as ações que os asseguram; II – o direito à sucessão aberta". A imobilidade por disposição legal, aliás, já foi objeto de diversas provas, por isso é tema de alta relevância. Com relação à esta disposição, assevero que os examinadores sempre questionam os candidatos sobre o direito à sucessão aberta. Ora, o direito à sucessão aberta é considerado bem imóvel. Sendo assim, não importa se constituem objeto da sucessão dois veículos, ou nove relógios ou dez casas. Seja como for, em qualquer dos casos, por uma ficção criada pela lei, sejam ou não imóveis por natureza, os bens que compõem o monte partível sucessório até o momento da partilha serão considerados um todo indivisível e imóvel. Conforme o Código Civil: "Art. 80. Consideram-se imóveis para os efeitos legais: (...) II - o direito à sucessão aberta." Além disso, os objetos separados de um bem imóvel destinados a serem reempregados, de algum modo a ele também são imóveis. Assim, as telhas que são separadas da construção para uma reforma no imóvel e depois serem reempregadas: as telhas são matérias que serão reempregadas no bem imóvel, sendo, portanto, bens imóveis, vez que os materiais retirados do bem imóvel para serem nele reempregados são considerados, por ficção da Lei, como bens imóveis. Conforme: "Art. 81. Não perdem o caráter de imóveis: I - as edificações que, separadas do solo, mas conservando a sua unidade, forem removidas para outro local; II - os materiais provisoriamente separados de um prédio, para nele se reempregarem."

II – Quanto à materialidade

a) corpóreos: possuem existência física, material, são tangíveis;

b) incorpóreos: possuem existência abstrata (são direitos).

III – Quanto à fungibilidade

a) fungíveis: podem ser substituídos por outro do mesmo gênero, espécie, qualidade e quantidade;

b) infungíveis: não podem ser substituídos, em razão de sua peculiaridade.

IV – Quanto à durabilidade

a) consumíveis: são móveis e se destroem à medida que são utilizados ou que são postos à alienação. Ex.: combustíveis, mantimentos;

b) inconsumíveis: proporcionam reiterada utilização, sem prejuízo da essência do bem. Ex.: automóvel, casa.

É possível, no entanto, que os bens sejam considerados como inconsumíveis pelo fato de não poderem ser alienados, este é o critério de consuntibilidade jurídica de um bem. Sob este aspecto o bem será consumível sempre que puder ser livremente alienado e inconsumível quando for inalienável. Desse modo as coisas que estão fora do comércio duráveis ou não serão sempre consideradas como inconsumíveis

V – Quanto à divisibilidade

a) divisíveis: podem ser repartidos em frações distintas, sem prejuízo de seu valor econômico, substância e utilidade;

b) indivisíveis: não se repartem, pois, caso se repartissem, perderiam a possibilidade de prestar os serviços ou a utilidade que o todo anteriormente oferecia. Os bens divisíveis podem ser repartidos em frações distintas, sem que com isso reste prejudicada sua substância ou finalidade. Já os indivisíveis não podem sofrer fracionamento, pois caso isto ocorra perdem a possibilidade de prestar os serviços ou a utilidade que o todo anteriormente oferecia. Este é o conceito clássico que atende de maneira ordinária a classificação de divisibilidade da coisa. Contudo, uma coisa pode ser naturalmente divisível e se tornar indivisível por razão de lei ou vontade humana. Explico: o Módulo Rural é o tamanho mínimo de uma gleba de terra rural, ou seja, quando uma propriedade atinge o dado tamanho mínimo, não poderá mais ser fracionada, não porque seja fisicamente impossível seu fracionamento, mas por se tornar socialmente improdutiva e, neste caso, estar-se-á, diante da indivisibilidade legal ou por força de lei. Já o proprietário de uma grande fazenda que se vê às vésperas da morte pode não desejar que seus quatro filhos loteiem sua fazenda depois de sua morte e grava, desse modo, o bem, com cláusula de indivisibilidade, trazendo, dessa guisa, a indivisibilidade por sua vontade, e não pela natureza da coisa. Senão vejamos as competentes disposições de lei: "Art. 87. Bens divisíveis são os que se podem fracionar sem alteração na sua substância, diminuição considerável de valor, ou prejuízo do uso a que se destinam". E, ainda: "Art. 88. Os bens naturalmente divisíveis podem tornar-se indivisíveis por determinação da lei ou por vontade das partes".

VI – Quanto à singularidade

a) singulares: são considerados em sua individualidade; são aqueles que, considerados de per si, constituem um bem, mas que, quando unidos a outros bens, conformam um todo que dá origem a um novo bem, que será coletivo. Assim, os bens singulares são aqueles que considerados de per si constituem um bem, mas que, quando unidos a outros bens conformam um todo que dá origem a um novo bem que será coletivo. Desse modo, imaginemos uma obra literária composta por 50 volumes. Da análise do 14º volume, por exemplo, teremos um bem. Contudo quando tal volume é colocado juntamente com os outros 49 volumes temos um todo que forma a obra coletiva. Sendo assim, conforme prescreve o Código Civil em seu art. 89: "Art. 89. São singulares os bens que, embora reunidos, se consideram de per si, independentemente dos demais."

b) coletivos: são os que, embora constituídos de duas ou mais coisas singulares, consideram-se agrupados em um único bem.

B) Bens reciprocamente considerados

1) principais: existem por si sós;

2) acessórios: dependem da existência do principal;

3) pertenças: são os bens que, não constituindo partes integrantes, destinam-se, de modo duradouro, ao uso, ao serviço ou ao aformoseamento de outro. Assim, as pertenças, também denominadas bens imóveis por acessão intelectual, não fazem parte de outro bem. O que importa, aqui, outra vez, é a destinação humana que é dada à coisa, para classificá-la ou não como uma pertença. Além disso, é de ressaltar que o negócio jurídico havido com o bem principal, em regra, não abrange as pertenças.

1.1.2.9. Bens acessórios

benfeitorias, que podem ser: a) úteis – dizem respeito a melhorias, ou seja, destinam-se ao melhor aproveitamento da coisa – ex.: a construção de um novo banheiro na casa ou a construção de uma cobertura para a garagem da casa; b) necessárias – são as indispensáveis à manutenção da coisa ou de sua destinação – ex.: a reparação de uma infiltração no telhado de uma casa; c) voluptuárias – são aquelas que se destinam ao mero deleite ou adorno – ex.: a instalação de uma banheira de hidromassagem ou de uma piscina;

frutos (renováveis): civis (rendimentos), naturais (desenvolvimento orgânico) e industriais (manufaturas);

produtos (não renováveis);

rendimentos: equivalem ao fruto civil.

C) Bens públicos e particulares

1) públicos: são os de domínio estatal. Consoante expressa disposição legal: Art. 99. *São bens públicos: I - os de uso comum do povo, tais como rios, mares, estradas, ruas e praças; II - os de uso especial, tais como edifícios ou terrenos destinados a serviço ou estabelecimento da administração federal, estadual, territorial ou municipal, inclusive os de suas autarquias; III - os dominicais, que constituem o patrimônio das pessoas jurídicas de direito público, como objeto de direito pessoal, ou real, de cada uma dessas entidades. Parágrafo único. Não dispondo a lei em contrário, consideram-se dominicais os bens pertencentes às pessoas jurídicas de direito público a que se tenha dado estrutura de direito privado.* Importa realçar que, consoante disposição legal expressa: *Art. 103. O uso comum dos bens públicos pode ser gratuito ou retribuído, conforme for estabelecido legalmente pela entidade a cuja administração pertencerem.* Os bens públicos podem ser de uso especial ou de uso comum do povo. Assim é que os prédios em que estão instalados os arquivos dos tribunais estão ocupados e têm destinação certa para o órgão e, nestes casos, tratamos de bens de uso especial. Quanto às ruas em que os prédios se localizam, estas são bens de uso comum do povo, pois não constam afetações ou utilizações específicas.

2) particulares: por exceção, são aqueles que não são públicos;

3) alienáveis: podem ser vendidos, trocados, alugados, doados, emprestados, enfim, negociáveis; bens que estão dentro do comércio;

4) inalienáveis: inegociáveis; bens que estão fora do comércio (praça, rua, água, praia etc.).

1.2. Teoria dos fatos, atos e negócios jurídicos

1.2.1. Conceito

Considera-se **fato jurídico** (*lato sensu*) todo e qualquer acontecimento da vida que seja relevante para o mundo do Direito. Dentro desse gênero, encontramos duas espécies: o **fato jurídico** (*stricto sensu*) e o **ato jurídico** (*lato sensu*).

Pois bem. *Fato jurídico em sentido estrito é todo acontecimento relevante para o mundo do Direito que independe da vontade humana* (ex.: nascimento, morte – ordinários; vendaval, furacão, terremoto – extraordinários). Já aquele que depende da vontade humana é ato jurídico. Sob a classificação de atos jurídicos em sentido amplo, encontramos: o *ato jurídico em sentido estrito*, o *negócio jurídico* e o *ato ilícito*.

Os atos jurídicos em sentido estrito são aquelas situações gerais movidas pela conduta humana *sem estrutura negocial* (ex.: notificação não receptícia ou mudança de domicílio). Já negócios jurídicos são os atos jurídicos em sentido amplo que importam em condutas que visam a modificar, ou adquirir, ou resguardar, ou transmitir ou extinguir direitos, ou seja, *que têm estrutura negocial* (ex.: compra e venda, locação, casamento etc.). Os atos podem ser ainda ilícitos, quando reprimidos pela lei.

O negócio jurídico é modalidade de ato jurídico lícito. Consiste em manifestação de vontade humana que visa a modificar, ou adquirir, ou resguardar, ou transmitir, ou extinguir direitos, sendo as consequências da referida vontade humana, bem como a forma de praticá-la, elencadas em lei, mas as partes podem controlar os seus efeitos.

1.2.2. Elementos do negócio jurídico

Os elementos do negócio jurídico podem ser *essenciais* ou *acidentais*. Os essenciais são da essência do negócio. Desse modo, não estando presentes, o negócio padecerá de algum defeito.

Na visão tricotômica acolhe-se a possibilidade de inexistência, e a análise do negócio deve ser feita, então, sobre existência, validade e eficácia.

1.2.3. Existência, validade, eficácia

Desse ponto de vista, o negócio conta com elementos *essenciais*, que são os elementos de *existência* (que determinam sua existência) e os requisitos de *validade* (que determinam sua validade – é de lembrar a possibilidade de defeito de nulidade absoluta ou relativa), e elementos *acidentais*, que regularão sua eficácia Há, pois, elementos de existência, requisitos de validade e fatores de eficácia do negócio jurídico.

1.2.3.1.Existência

São elementos essenciais à existência do negócio jurídico: a declaração de vontade, a finalidade negocial e a idoneidade do objeto à forma que se contrata.

Validade

São requisitos de validade do negócio jurídico: agente capaz, forma prescrita ou não defesa em lei e objeto lícito, possível, determinado ou determinável, consoante o art. 104 do CC.

1.2.3.2.Elementos acidentais

São elementos denominados impropriamente acidentais, tendo em vista que, ao contrário dos elementos essenciais, podem ou não marcar presença nos negócios jurídicos:

Condição: é um evento **futuro** e **incerto** a que, por vontade das partes, se subordina o efeito do negócio jurídico. Ela pode ser suspensiva ou resolutiva, conforme o caso (art. 121 do CC). **Suspensiva:** quando a aquisição de um direito fica condicionada à ocorrência de um evento futuro e incerto; **resolutiva:** quando o direito se desfaz no momento da ocorrência do evento futuro e incerto. Para que a condição efetivamente ocorra são necessárias a aceitação voluntária, a futuridade do evento e a incerteza do acontecimento, eis que a condição relaciona-se a acontecimento incerto (DINIZ, Maria Helena. Código civil anotado. 11ª ed. São Paulo: Saraiva. 2005, p. 140).

Importa destacar que há situações em que as condições são inadmissíveis, por serem fisicamente impossíveis, por exemplo. Uma condição é fisicamente impossível quando o seu advento contraria as regras naturais (v.g.: SE José colocar 1l de água em um copo que comporte 250ml). As condições fisicamente impossíveis apenas invalidam o negócio jurídico quando são suspensivas, da forma como disposto pelo Código Civil:

Art. 123. Invalidam os negócios jurídicos que lhes são subordinados: I - as condições física ou juridicamente impossíveis, quando suspensivas; II - as condições ilícitas, ou de fazer coisa ilícita; III - as condições incompreensíveis ou contraditórias. Por outro lado, as condições impossíveis quando forem resolutivas não invalidam o negócio, apenas são tidas, as condições, como inexistentes.

Art. 124. Têm-se por inexistentes as condições impossíveis, quando resolutivas, e as de não fazer coisa impossível.

A condição suspensiva é aquela que suspende a aquisição de um direito, já a condição resolutiva é aquela que resolve um direito ou uma relação jurídica. De conformidade com o entendimento de Caio Mário da Silva Pereira:

No estado de pendência da condição, o direito já é, contudo, objeto de tutela jurídica, que pode variar em razão da natureza do ato e da qualidade da condição, indo desde a ação para garantir a existência jurídica da prestação, até a indenização por perdas e danos, contra quem tiver atingindo a esfera do titular, embora seja este o de uma spes e não de um direito subjetivo. Mas, pendente conditione, o titular do direito suspenso não pode praticar os atos que interfiram propriamente com o seu exercício. Há, é bem de notar-se, sensível diferença entre a pendência da condição suspensiva e da resolutiva. Se é suspensiva, o direito ainda não se adquire, ou não nasce, enquanto se não realiza: aquele que alienou, continua proprietário; o que adquiriu, não tem ainda nenhum direito nascido e atual; não se constitui senão uma obligatio incerta, mas como algo existe mais do que o nada, pois que a eventualidade futura converterá de plano este estado de incerteza em uma obligatio pura, considera-se a situação imanente como um direito e obrigação em germe, uma situação em que no momento nada é devido, mas vigora a esperança de vir a ser: 'nihil adhuc debetur, sed spes debitum iri'. Se é resolutiva, e como esta subordina ao evento a extinção do direito, este nasce desde logo e produz seus efeitos, o adquirente torna-se proprietário e o alienante deixa de o ser; constitui-se desde logo uma obrigação como se fosse pura e simples, porém sujeita a morrer: 'obligatio pura est, sed sub conditione resolvitur'. (PEREIRA, Caio Mario da Silva. Instituições de direito civil. Vol. I, 18ª ed. Rio de Janeiro: Forense, 1997, p. 357).

Termo: é o evento **futuro** e **certo**. Diferentemente da condição suspensiva, o termo inicial suspende o exercício, mas não a aquisição do direito (art. 131 do CC).

Modo ou encargo: é o indicador do modo de cumprimento de determinada obrigação na aquisição de direitos por liberalidade. O encargo não suspende a aquisição nem o exercício do direito, salvo quando expressamente imposto no negócio jurídico, pelo disponente, como condição suspensiva (art. 136 do CC).

As obrigações (ou negócios jurídicos) entabuladas sob condição são ditas "condicionais"; quando entabuladas sob modo ou encargo, são ditas "modais" ou "com encargo"; e com termos são ditas "a termo".

1.2.2.3.Defeitos dos negócios jurídicos

No plano da invalidade *lato sensu*, encontramos a inexistência, a nulidade e a anulabilidade (frise-se que nulidade e anulabilidade são espécies do gênero invalidade *stricto sensu*).

O ato será inexistente quando lhe faltar um dos elementos essenciais de existência; será nulo quando agredir preceito de ordem pública; e anulável quando agredir preceito de ordem privada.

O negócio jurídico pode contar com vícios que maculem sua existência (por lhe faltarem elementos essenciais de existência) ou requisitos para sua validade (art. 104 do CC).

No primeiro caso, ele será inexistente e, no segundo, nulo ou anulável, conforme o vício.

A consequência da inexistência é, *grosso modo*, a mesma que a da nulidade, ou seja, o ato negocial é tido como jamais ocorrido, pois ele nunca produziu, de direito, qualquer efeito.

Sendo assim, cumpre-nos tratar dos defeitos em espécie.

1.2.3.4.Inexistência

O negócio jurídico será inexistente sempre que restar maculado um de seus elementos essenciais de existência. Relembremos que os elementos essenciais à existência de todo e qualquer negócio jurídico são a vontade humana (declaração de vontade), a idoneidade objetiva e a finalidade negocial.

Vontade humana

O elemento volitivo é a base de sustentação do negócio; sem ele, o negócio jurídico simplesmente não existe, não gera qualquer efeito e deve ser reprimido de fato e de direito.

Idoneidade objetiva

O objeto deve ser idôneo à forma de contratação. Assim, o empréstimo de coisa fungível é feito por mútuo e o de coisa infungível, por comodato, bem como não se pode querer transmitir direitos autorais por compra e venda (dado o caráter dúplice do direito – art. 24 da Lei 9.610/1998), o que deve ser feito por cessão da fração patrimonial de direito de autor.

Finalidade negocial

Para que exista o negócio, ele deve visar a:

M	odificar
A	dquirir
R	esguardar
T	ransmitir
E	xtinguir

direitos ou relações jurídicas. Por esse motivo, a simples mudança de endereço não é negócio, pois não visa a uma finalidade negocial, sendo, assim, classificada

1.2.3.5.Invalidade

Sob a égide da invalidade, o negócio poderá ser *nulo* (nulidade absoluta) ou *anulável* (nulidade relativa).

Os vícios, por exemplo, geram a nulidade relativa ou absoluta consoante agridam a ordem pública ou a ordem privada. Duas são as grandes espécies de vícios que encontramos no negócio jurídico – os *vícios de consentimento* e os *vícios sociais*.

1.2.3.6.Nulidade relativa (anulabilidade)

A nulidade relativa de um negócio jurídico ocorre, *grosso modo*, havendo incapacidade relativa do agente ou por vícios que maculem o seu consentimento ou a ordem social (ver art. 171 do CC). Com relação à incapacidade relativa do agente insta destacar que dispõe o Código Civil: *Art. 105. A incapacidade relativa de uma das partes não pode ser invocada pela outra em benefício próprio, nem aproveita aos co-interessados capazes, salvo se, neste caso, for indivisível o objeto do direito ou da obrigação comum.* Como bem asseverado por Maria Helena Diniz: "Por ser a incapacidade relativa uma exceção pessoal, ela somente poderá ser formulada pelo próprio incapaz ou pelo seu representante" (DINIZ, Maria Helena. Código civil anotado. 11ª ed. São Paulo: Saraiva, 2005, p. 130).

Os vícios de consentimento são:

Erro (art. 138 do CC): trata-se de uma falsa percepção da realidade, ao passo que a ignorância é um estado de espírito negativo, o total desconhecimento do declarante a respeito das circunstâncias do negócio. O erro, entretanto, só é considerado causa de anulabilidade do negócio jurídico se for (art. 139 do CC): a) essencial (substancial), ou seja, a falsa cognição da situação deve influenciar para que o negócio seja entabulado; e b) escusável (perdoável), pois os negócios jurídicos são anuláveis quando as declarações de vontade emanarem de *erro substancial* que poderia ser percebido por pessoa de *diligência normal*, em face das circunstâncias do negócio. O falso motivo só vicia a declaração de vontade quando expresso como razão determinante (art. 140 do CC). É de ressaltar que o erro poderá ser *in res*, quando se tratar de erro sobre o objeto negociado, ou *intuitu personae*, quando se tratar de erro sobre uma qualidade essencial de certo sujeito do negócio (para negócios jurídicos personalíssimos). O erro consiste, assim, na *falsa cognição do agente negociante* sobre circunstância essencial do negócio praticado. Desse modo, o erro sobre o qual incide o sujeito gera a nulidade relativa do negócio jurídico entabulado, na forma e casos dos arts. 138

e 139 do Código Civil: "Art. 138. São anuláveis os negócios jurídicos, quando as declarações de vontade emanarem de erro substancial que poderia ser percebido por pessoa de diligência normal, em face das circunstâncias do negócio"; "Art. 139. O erro é substancial quando: I – interessa à natureza do negócio, ao objeto principal da declaração, ou a alguma das qualidades a ele essenciais; II – concerne à identidade ou à qualidade essencial da pessoa a quem se refira a declaração de vontade, desde que tenha influído nesta de modo relevante; III – sendo de direito e não implicando recusa à aplicação da lei, for o motivo único ou principal do negócio jurídico".

Dolo (art. 145 do CC): artifício empregado para enganar alguém. O dolo, para que gere a anulação do ato, deverá ser principal; o dolo acidental não gera a anulação, e, sim, perdas e danos (art. 146 do CC), já que são os negócios jurídicos anuláveis por dolo, quando este for a sua causa. O *dolo acidental* é aquele que verte sobre circunstância periférica ou secundária do negócio, daí porque não pode gerar a nulidade relativa, não tem esta potência, eis que dolo principal consiste em vício de consentimento e dolo acidental consiste em ato ilícito que gera dever de reparação. Silvio de Salvo Venosa destaca que: "A essencialidade é um dos requisitos para a tipificação do dolo (*dolus causam dans* - dolo como causa de dano). O dolo principal ou essencial torna o ato anulável. O dolo acidental, este definido no Código (art. 146), <só obriga à satisfação das perdas e danos> (antigo, art. 93). No dolo essencial há vício do consentimento, enquanto no dolo acidental há ato ilícito que gera responsabilidade para o culpado, de acordo com o art. 186 (antigo 159) do Código Civil. Tanto no dolo essencial como no dolo acidental (*dolus incidens*), há propósito de enganar. Neste último caso, o dolo não é a razão precípua da realização do negócio; o negócio apenas surge ou é concluído de forma mais onerosa para a vítima". Consoante disposição do Código Civil: Art. 146. "O dolo acidental só obriga à satisfação das perdas e danos, e é acidental quando, a seu despeito, o negócio seria realizado, embora por outro modo." Poderá haver, ainda, o *dolo de terceiro*: nas situações em que um terceiro, portanto, sujeito estranho ao negócio, age dolosamente contra uma das partes, e a outra parte (aquela a quem o dolo aproveita) teria ou deveria ter conhecimento da conduta dolosa. Neste caso, haverá situação de dolo. Por outro lado, se a parte a quem aproveita não sabia ou não tinha o dever de saber, ainda que subsista o negócio jurídico, o terceiro responderá por todas as perdas e danos em face de quem ludibriou (art. 148 do CC). Além disso: "O *dolo do representante legal* de uma das partes só obriga o representado a responder civilmente até a importância do proveito que teve; se, porém, o dolo for do representante convencional, o representado responderá solidariamente com ele por perdas e danos" (art. 149 do CC). O *dolo recíproco* não gera nulidade nos negócios; assim, se ambas as partes agirem com dolo, nenhuma poderá alegá-lo para anular o negócio ou reclamar indenização. Distintamente do direito penal, em que o dolo é um elemento adjetivo de conduta (conduta culposa: não intencional e conduta dolosa: intencional), no direito civil o dolo é uma figura típica, um vício de consentimento que consiste no emprego de artifício ardil para enganar alguém e obter, desse modo, vantagem negocial. Quando o sujeito do negócio age dolosamente, portanto, deve indenizar a vítima do dolo. Contudo, a questão verte sobre a possibilidade de responsabilização do representado quando o representante, atuando em nome do representado, age dolosamente gerando prejuízo a outrem. A distinção entre representante legal e representante convencional é a seguinte: o representante legal é aquele que tem o dever legal de representar a parte, como, por exemplo, o pai faz com o filho menor de 16 anos de idade; o representante convencional é o procurador da parte, ou seja, aquele que tem um mandato, uma procuração para a representação e, consoante o art. 149 do Código Civil, a responsabilidade do representante legal é distinta da responsabilidade do representante convencional, eis que aquele que tem por dever a representação, quando atuar de maneira dolosa, fará restar a responsabilidade de o representado arcar com o prejuízo da vítima até o proveito que teve. Já no caso do representante convencional, a responsabilidade será solidária, o que significa que representante e representado são, perante a vítima do dolo, responsáveis pelo todo do prejuízo causado, mas deverão apurar, entre eles, quem teve a responsabilidade efetiva: "Art. 149. O dolo do representante legal de uma das partes só obriga o representado a responder civilmente até a importância do proveito que teve; se, porém, o dolo for do representante convencional, o representado responderá solidariamente com ele por perdas e danos."

Coação (art. 151 do CC): é a violência empregada contra a pessoa e que impede alguém de proceder livremente. Deve ser uma violência injusta e que cause efetivo temor e não mero temor reverencial. A coação pode dizer respeito à própria pessoa, a seus bens ou à pessoa de sua família, mas, se disser respeito a uma pessoa não pertencente à família do paciente (um amigo, por exemplo), o juiz, com base nas circunstâncias, decidirá se houve coação. A apreciação da ocorrência de coação deverá ser objetiva. A coação poderá ser exercida por terceiro, situação em que o negócio fica viciado se a parte a que aproveita sabe ou deveria saber, mas subsistirá o negócio jurídico se a coação decorrer de terceiro, sem que a parte a que aproveite dela tivesse ou devesse ter conhecimento. Contudo, ainda que a parte a quem aproveita a coação exercida por terceiro dela não saiba, o terceiro responderá por todas as perdas e danos que houver causado ao coacto. Trata-se de disposição expressa do Código Civil: Art. 155. "Subsistirá o negócio jurídico, se a coação decorrer de terceiro, sem que a parte a que aproveite dela tivesse ou devesse ter conhecimento; mas o autor da coação responderá por todas as perdas e danos que houver causado ao coacto."

Estado de perigo (art. 156 do CC): prática de ato jurídico mediante uma necessidade urgente de se salvar ou de salvar a sua família, sendo esta necessidade conhecida pela outra parte e a obrigação muito onerosa. Tratando-se de pessoa não pertencente à família do declarante, o juiz decidirá segundo as circunstâncias (art. 156, parágrafo único, do CC).

Lesão (art. 157 do CC): trata-se de situação em que um dos sujeitos explora a premente necessidade ou inexperiência do outro, fazendo com que este entabule obrigação demasiadamente onerosa. Dessa forma, a lesão, para restar caracterizada, necessita da desproporção das prestações avençadas e da premente necessidade ou inexperiência daquele que assume a obrigação excessivamente onerosa. Importa realçar que a lesão não pode restar confundida com a onerosidade excessiva (cláusula *rebus sic stantibus*), pois, na figura de lesão, a desproporção é marcada no nascimento do negócio jurídico, e, na onerosidade excessiva, a desproporção das prestações inicia-se depois do nascimento do negócio (LOTUFO, 2004, p. 443). Contudo, é de notar o Enunciado 149 do CJF (III Jornada de Direito Civil): "Art. 157: Em atenção ao princípio da conservação dos contratos, a verificação da lesão deverá conduzir, sempre que possível, à revisão judicial do negócio jurídico e não à sua anulação, sendo dever do magistrado incitar os contratantes a seguir as regras do art. 157, § 2º, do Código Civil de 2002". Importa ressaltar que a figura da lesão é um vício de consentimento que gera desproporção entre o valor da prestação e a prestação oposta, vez que haverá desigualdade entre os contratantes. Note-se que na figura da lesão, diferentemente do que ocorre com o estado de perigo, o dano causado é estritamente econômico e não importa se a outra parte sabe ou não da premente necessidade da outra, consoante dispõe o Código Civil: "Art. 157. Ocorre a lesão quando uma pessoa, sob premente necessidade, ou por inexperiência, se obriga a prestação manifestamente desproporcional ao valor da prestação oposta." É de se ressaltar, ainda que a figura da lesão não se confunde com a possibilidade de revisão contratual por onerosidade excessiva que se extrai da combinação dos arts. 317 e 478 a 480 do Código Civil, pois, neste último caso, a excessiva onerosidade é superveniente e ocorre por motivo imprevisível e na lesão o negócio jurídico já nasce viciado. Assim, as duas situações estão dispostas expressamente no Código Civil, respectivamente nos arts. 156 e 157. O estado de perigo é a situação em que se encontra alguém que está premido da necessidade de salvar a si mesmo ou a pessoa de sua família de grave dano pessoal que é de conhecimento da outra parte. Segundo Maria Helena Diniz, no caso em análise, tratamos de dano moral ou material indireto (DINIZ, Maria Helena. Código Civil anotado. 11. ed. São Paulo: Saraiva, 2005, p. 170). Desse modo, aquele que assume uma obrigação excessivamente onerosa para salvar a si ou pessoa de sua família, nos termos do Código Civil, poderá, mais tarde, nulificar a obrigação entabulada. Vale ressaltar que, se a pessoa que está exposta ao dano não for o próprio sujeito do negócio ou pessoa de sua família, ainda assim haverá a possibilidade de nulificação do negócio, mas, neste caso, o magistrado analisará a relação socioafetiva ou a conduta do sujeito do negócio: "Art. 156. Configura-se o estado de perigo quando alguém, premido da necessidade de salvar-se, ou a pessoa de sua família, de grave dano conhecido pela outra parte, assume obrigação excessivamente onerosa. Parágrafo único. Tratando-se de pessoa não pertencente à família do declarante, o juiz decidirá segundo as circunstâncias". Quanto ao instituto da lesão, está disciplinado no art. 157 do Código Civil, da maneira que segue: "Art. 157. Ocorre a lesão quando uma pessoa, sob premente necessidade, ou por inexperiência, se obriga a prestação manifestamente desproporcional ao valor da prestação oposta. § 1º Aprecia-se a desproporção das prestações segundo os valores vigentes ao tempo em que foi celebrado o negócio jurídico. § 2º Não se decretará a anulação do negócio, se for oferecido suplemento suficiente, ou se a parte favorecida concordar com a redução do proveito".

Além destes casos, há o vício social de **fraude contra credores**. A fraude contra credores consiste na prática maliciosa, pelo devedor, de atos que desfalcam o seu patrimônio com o escopo de colocá-lo a salvo de uma eventual e futura execução por dívidas. Deve haver a presença da má-fé. Resta configurada a fraude contra credores quando o devedor em estado de insolvência se desfaz de seus bens, intentando, assim, frustrar a possibilidade de excussão de seus bens. A fraude contra credores é denunciada na ação pauliana, que visa a nulificar o ato que foi praticado em fraude. Nesses casos, vale ressaltar que o litisconsórcio entre o devedor e aquele que adquiriu o bem é imperativo (necessário). É um vício social que se apóia na possibilidade de o devedor se desfazer de todo o seu patrimônio frustrando, desse modo, os créditos que outros sujeitos eventualmente tenham contra ele. Quando o devedor se desfaz de todos os seus bens, torna-se insolvente, impossibilitando o recebimento dos créditos contra ele existentes. Nestes casos, o que a lei quer preservar é a possibilidade de recebimento dos créditos pelo credor ou pelos credores do insolvente. Assim, caso o devedor consiga vender seus bens fazendo dinheiro vivo para esconder de seus credores, a lei traz a possibilidade de nulificação das alienações estabelecidas pelo devedor. Contudo, se o adquirente dos bens do devedor insolvente ainda não tiver pago o preço e este for, aproximadamente, o corrente, desobrigar-se-á depositando-o em juízo, com a citação de todos os interessados, consoante disposição do Código: "Art. 160. Se o adquirente dos bens do devedor insolvente ainda não tiver pago o preço e este for, aproximadamente, o corrente, desobrigar-se-á depositando-o em juízo, com a citação de todos os interessados. Parágrafo único. Se inferior, o adquirente, para conservar os bens, poderá depositar o preço que lhes corresponda ao valor real."

Prazos para alegação de nulidade relativa

Os prazos para alegação da nulidade relativa são decadenciais:

a) ordinário: 2 anos – quando a lei não estabelecer prazo distinto, nos termos do art. 179 do CC, o prazo será de 2 anos;

b) maior parte dos casos: 4 anos (para casos de incapacidade relativa, erro, dolo, coação, estado de perigo e lesão, bem como fraude contra credores), conforme o art. 178 do CC;

c) vício de consentimento na partilha de bens (art. 2.027, parágrafo único, do CC): 01 (um) ano.

Nulidade absoluta (ou, simplesmente, nulidade)

São nulos os atos que agridem a ordem pública e que estão previstos como absolutamente nulos pela lei.

O negócio jurídico será nulo, consoante disposição do art. 166 do CC, quando:

a) for celebrado por pessoa absolutamente incapaz;

b) ilícito, impossível ou indeterminável o seu objeto;

c) o motivo determinante, comum a ambas as partes, for ilícito;

d) desprovido da forma prescrita em lei. A forma é maneira utilizada para a externalização da vontade e sempre que a lei não exija forma especial o negócio pode ser livremente entabulado entre as partes. Ou seja, quando a lei não é expressa ao dizer que certo e determinado negócio de ser celebrado de maneira escrita significa que o negócio poderá se dar de maneira verbal, por exemplo, consoante dispõe o Código Civil: "Art. 107. A validade da declaração de vontade não dependerá de forma especial, senão quando a lei expressamente a exigir." Por vezes, portanto, a lei impõe formalidades para o negócio jurídico. É o caso da fiança, que só se admite por escrito. Mas quando a lei não impuser qualquer formalidade, os meios de prova do negócio são: "Art. 212. Salvo o negócio a que se impõe forma especial, o fato jurídico pode ser provado mediante: I - confissão; II - documento; III - testemunha; IV - presunção; V - perícia."

e) preterida alguma solenidade que a lei considere essencial para a sua validade;

f) seu objetivo fraudar lei imperativa;

g) for taxativamente declarado nulo pela lei, ou a lei proibir-lhe a prática, sem cominar sanção.

Além disso, o art. 167 do CC dispõe sobre a nulidade do negócio jurídico simulado. Consoante disposição do art. 167 do Código Civil: "Art. 167. É nulo o negócio jurídico simulado, mas subsistirá o que se dissimulou, se válido for na substância e na forma. § 1º Haverá simulação nos negócios jurídicos quando: I - aparentarem conferir ou transmitir direitos a pessoas diversas daquelas às quais realmente se conferem, ou transmitem; II - contiverem declaração, confissão, condição ou cláusula não verdadeira; III - os instrumentos particulares forem ante-datados, ou pós-datados. § 2º Ressalvam-se os direitos de terceiros de boa-fé em face dos contraentes do negócio jurídico simulado."

Trata-se de um defeito insanável do negócio jurídico. Desse modo, o negócio jurídico nulo é **insuscetível** de confirmação, e não convalesce pelo decurso do tempo (art. 169 do CC). É de asseverar, contudo, a possibilidade de conversão do negócio jurídico, conforme dispõe o art. 170 do CC: "O instituto da conversão reflete o princípio da conservação do negócio jurídico, o qual estabelece a manutenção da atividade negocial para a consecução do fim prático perseguido pelos envolvidos"

Faz-se possível, assim, aferirmos algumas distinções entre nulidade absoluta (nulidade) e nulidade relativa (anulabilidade).

> **Ato nulo:** nasce juridicamente inválido. O efeito da sentença que o declara é *ex tunc*, pois retroage à data da gênese do ato.
> **Ato anulável:** eivado de vício, será invalidado por decisão judicial. Produz efeito até ser desconstituído.
> A sentença que declara a nulidade relativa tem, portanto, efeito *ex nunc*, ou seja, não retroage. A invalidade ocorre da data da sentença em diante.

Nulidade absoluta	Nulidade relativa
A) O ato nulo agride a ordem pública.	A) O ato anulável agride a ordem privada.
B) A ação de nulidade é declaratória, e, portanto, a sentença é de natureza declaratória. A nulidade dá-se de pleno direito. Desse modo, na nulidade, a sentença não desconstitui o ato, mas declara a situação de nulidade.	B) A ação anulatória é decidida por sentença de natureza desconstitutiva, pois o ato é válido até que seja desconstituído por sentença judicial (art. 177 do CC).

Nulidade absoluta	Nulidade relativa
C) Não convalesce pelo decurso do tempo, pois não há decadência para arguição (art. 169 do CC).	C) Há prazo decadencial para arguição, convalescendo, portanto, pelo decurso do tempo.
D) Pode ser arguida pelas partes, por terceiro interessado, pelo Ministério Público e deve ser pronunciada pelo juiz de ofício (art. 166 do CC).	D) Somente pode ser arguida pelos legítimos interessados (art. 177 do CC).
E) Opera efeitos *erga omnes*.	E) Opera efeitos somente a quem alegar, salvo caso de solidariedade ou indivisibilidade (art. 177 do CC).
F) Não pode ser confirmada por vontade das partes, mas é passível de conversão (art. 170 do CC).	F) Poderá ser confirmada por vontade das partes, desde que não reste prejuízo a terceiros, sendo, assim, sanado o defeito (art. 172 do CC).
G) O efeito material da sentença que declara a nulidade absoluta é *ex tunc*, pois retroage desde a data da gênese do ato, visto que o ato nasce nulo de pleno direito.	G) O efeito material da sentença que desconstitui o ato por nulidade relativa é *ex nunc*, pois a nulidade relativa contamina o ato a partir da sentença, visto que a situação era, antes, de possível nulidade, mas não nulidade absoluta.

1.2.3.7.Ineficaz

O negócio jurídico ineficaz é existente e válido, mas não produz efeitos. Duas são, assim, as situações em que pode ocorrer a ineficácia: a) por influência dos elementos acidentais no negócio ou b) por agressão à ordem pública não prevista em lei como causa de nulidade.

Assim, é ineficaz o negócio que, entabulado, deve aguardar até certa data para a produção de efeitos (em caso de termo inicial do negócio). Do mesmo modo, será judicialmente declarado ineficaz o ato que agride a função social do contrato, pois se trata de agressão à ordem pública não disposta em lei como caso de nulidade.

2. PARTE ESPECIAL – DIREITO DAS OBRIGAÇÕES

Fábio Vieira Figueiredo

2.1. Conceito

Obrigação é a relação jurídica, de caráter transitório, estabelecida entre devedor e credor e cujo objeto consiste em uma prestação pessoal econômica, positiva ou negativa, devida pelo primeiro ao segundo, garantindo-lhe o adimplemento por meio de seu patrimônio. O conceito pode até ser abreviado como o direito do credor contra o devedor, tendo por objeto determinada prestação

2.1.1. Elementos constitutivos da obrigação

• **Objetivo** (objeto obrigacional e objeto prestacional): o *elemento objetivo* da obrigação subdivide-se em objeto obrigacional e objeto prestacional. O *objeto obrigacional* ou *imediato* é o comportamento. Tal elemento sempre consistirá ou em **dar** algo, em **fazer** algo ou em **não fazer** algo. O *objeto prestacional* ou *objeto mediato* é o núcleo do interesse creditício a ser satisfeito, ou seja, é aquilo que tem o dever de dar, fazer ou não fazer o devedor da obrigação.

• **Subjetivo** (sujeito ativo e passivo): o *elemento subjetivo* de uma obrigação é composto pelos sujeitos. A relação obrigacional é formada por uma elipse de crédito e débito. Desse modo, em toda e qualquer obrigação encontraremos o credor (sujeito ativo ou *accipiens*) e o devedor (sujeito passivo ou *solvens*).

• **Vínculo jurídico** (relação que une os sujeitos): o *vínculo jurídico* resulta de diversas fontes e sujeita o devedor a determinada prestação em favor da satisfação do interesse do credor. O *vínculo jurídico* perfaz-se em débito e responsabilidade. O *débito (schuld)* é o vínculo pessoal que forma o liame entre o credor e o devedor. A *responsabilidade (haftung)* corresponde diretamente ao *facultas agendi*, ou direito subjetivo, que tem o credor de exigir, inclusive judicialmente, a satisfação de seu interesse, submetendo o patrimônio do devedor a essa satisfação.

2.1.1.1. Características

O objeto das relações obrigacionais é uma prestação positiva (de dar alguma coisa ou de fazer algo) ou negativa (de não fazer algo).

O regime legal das obrigações é a autonomia da vontade, ou seja, a norma assegura determinado período para a manifestação da vontade das partes, desde que não contrarie os princípios de ordem pública, a moral, os bons costumes e a boa-fé.

Quanto à sua oponibilidade, o direito pessoal é relativo, já que o seu cumprimento pode ser exigido apenas da parte devedora.

Os direitos pessoais são sempre temporários, pois o cumprimento da obrigação coincide com o fim da relação jurídica.

2.2. Modalidades das obrigações

2.2.1. Obrigação de dar

É o **comprometimento** de dar alguma coisa, seja esta *certa* ou *incerta*. A obrigação de dar pode ser adimplida por *entrega* ou por *restituição*.

A *entrega* consiste no dar originário de algo a alguém. Na *entrega*, seguindo a regra geral, até a tradição, a coisa pertence ao devedor, com os seus melhoramentos e acréscimos, pelos quais poderá exigir aumento no preço. Se o credor não anuir, poderá o devedor resolver a obrigação (art. 237 do CC). Na *restituição*, o devedor da coisa somente poderá cobrar do credor os acrescidos ou a valorização se esta ocorreu por seu trabalho, caso em que serão aplicadas as regras para o possuidor de boa ou má-fé (art. 241 c/c os arts. 1.219 e 1.220 do CC).

Obrigação de dar coisa certa (arts. 233 a 242 do CC): o objeto prestacional é definido por gênero, quantidade e

qualidade. Ex.: duas canetas da marca e modelo "X".

Assim, a coisa certa é absolutamente especificada, ou seja, aquele certo e determinado relógio. Quando o objeto da obrigação de dar coisa certa perece, o que se deve preliminarmente examinar é se houve ou não hipótese que exclua ou que afaste a incidência da culpa por parte do devedor. Por que? Ora, havendo hipótese excludente da culpabilidade do devedor (caso fortuito ou força maior, ex.: maremoto, furacão, greve, motim), a obrigação resolver-se-á com a simples devolução dos valores eventualmente pagos. Se não houve hipótese excludente da culpa, o devedor será culpado pelo perecimento e deverá devolver os valores eventualmente já pagos, acrescidos das perdas e danos ao credor.

Pois bem, ocorre que na obrigação de dar coisa incerta a situação não é a mesma, conforme se verá. Analisemos a hipótese em que Rodrigo, fazendeiro, foi até a fazenda de seu vizinho Cláudio, criador de gado com mais de 200.000 (duzentas mil) cabeças no pasto, e, lá estando, comprou 1.000 (mil) cabeças de gado, deixando claro que no dia seguinte iria buscá-las. Atente-se: Rodrigo comprou 1.000 (mil) cabeças, dentre as 200.000 (duzentas mil) que Cláudio possui e, sendo assim, não houve concentração objetiva da obrigação. Pois bem, no momento em que Rodrigo deixa a fazenda de Cláudio, este solicita que um de seus sequazes separe, no pasto, 1.000 (mil) cabeças de gado para Rodrigo e, durante a noite, por sucessivas ondas de raios, todas as mil cabeças apartadas por Cláudio perecem. No dia seguinte, Cláudio procura Rodrigo para devolver-lhe o dinheiro, pois o objeto pereceu sem culpa sua. Será que Cláudio tem razão? Estaríamos diante de um caso de resolução obrigacional? A resposta é negativa. Neste caso, não estamos diante de obrigação concentrada, ou seja, quaisquer das 200.000 (duzentas mil) cabeças de gado da fazenda de Cláudio abrangem as 1.000 (mil) cabeças compradas por Rodrigo. A alegação de Cláudio só seria cabível se todo o seu gado tivesse perecido, eis que Rodrigo comprou 1.000 (mil) cabeças de sua criação. Desse modo, vale concluir que a obrigação de dar coisa incerta é definida por gênero e o gênero nunca perece (*genus non perit*) (conforme: FIGUEIREDO, Fábio Vieira. Coleção de direito. São Paulo: Rideel).

1) Quando há perda da coisa: até a tradição (meio de transmissão não solene) ou registro (meio de transmissão solene), a coisa é do devedor, devendo ser ele responsabilizado pelo inadimplemento. Diante disso: a) *sem culpa* (situações em que há hipótese de não incidência da culpa – caso fortuito ou força maior, desde que a parte não tenha convencionado a responsabilidade, independentemente da hipótese de não incidência da culpa) – resolve-se a obrigação, ocorrendo a devolução dos valores eventualmente pagos pela coisa; b) *com culpa* (situação em que não há hipótese de não incidência da culpa ou em que a parte se obrigou à responsabilidade mesmo em tal hipótese): paga-se o equivalente, acrescido das perdas e danos.

2) Quando há deterioração da coisa: o credor ainda pode aceitar a coisa deteriorada. Diante disso:

a) sem culpa – resolve-se a obrigação ou então o credor aceita a coisa com o devido abatimento no preço;

b) com culpa – o credor aceita a coisa deteriorada, mas exige perdas e danos ou, então, exige o equivalente ao preço pago em dinheiro, acrescido das perdas e danos.

Querendo o credor o abatimento no preço e não aceitando o devedor, caberá a ação estimatória para que o devedor seja forçado à entrega da coisa, com abatimento no preço.

Obrigação de dar coisa incerta (arts. 243 a 246 do CC): a coisa incerta consiste em *objeto indeterminado*. O objeto será indeterminado, mas determinável.

Na obrigação de dar coisa incerta, para que o objeto prestacional seja concentrado, há de operar a *escolha* (arts. 244 e 245 do CC), que, em regra, é do devedor, mas pode ser convencionada como sendo do credor ou ficar a cargo de terceiro. Depois de aperfeiçoada a escolha, dada a *concentração objetiva*, portanto, temos uma obrigação de dar coisa certa que será regida pelos ditames dos arts. 233 e s. do Código Civil. Na *escolha*, não importando quem a ela proceda (credor ou devedor – regra geral), deverá ser observado o meio-termo, não podendo escolher a melhor nem a pior coisa à disposição. Para que a escolha se aperfeiçoe, é indispensável a *cientificação do credor*, ou seja, cabendo a escolha ao devedor, esta só se aperfeiçoa depois que o credor é notificado e, do mesmo modo, se ficar a cargo do credor, deverá este notificar o devedor. O ponto de fundamental marca no descumprimento da obrigação de dar coisa certa é a escolha. Assim:

1) Quando há perda ou deterioração antes da escolha da coisa: tem de ser substituída a coisa, pois é, ainda, fungível, mesmo nas hipóteses de caso fortuito ou força maior, já que a coisa incerta é um gênero e o gênero nunca perece. Assim, antes da escolha, *não há possibilidade* de alegação, por parte do devedor, *de perecimento não culposo da coisa* (art. 246 do CC).

2) Quando há perda ou deterioração depois da escolha da coisa: uma vez ocorrida a escolha, a coisa tornou-se certa, devendo seguir as regras supracitadas para os casos em que há perda ou deterioração culposa ou não.

2.2.2. Obrigação de fazer

É o **comprometimento** que consiste em fazer alguma coisa a alguém. O devedor se compromete a realizar, a prestar determinado ato; trata-se, portanto, de obrigação positiva. Essa obrigação poderá ser personalíssima, ou seja, dada a peculiaridade da situação, o efetivo objeto prestacional devido, pode ser que a obrigação só possa ser cumprida por certa e determinada pessoa (ex.: um artista plástico ou um cantor determinado). Nesse caso, "incorre na obrigação de indenizar perdas e danos o devedor que recusar a prestação a ele só imposta, ou só por ele exequível" (art. 247 do CC). O descumprimento da obrigação de fazer pode dar-se:

1) sem culpa: resolve-se a obrigação pela devolução de valores eventualmente pagos (art. 248 do CC), *desde que não haja o devedor se responsabilizado pelo inadimplemento não culposo*;

2) com culpa: ocorre a devolução de valores pagos, acrescida do pagamento de perdas e danos.

Da execução específica da obrigação de fazer

As obrigações de fazer estão sujeitas à execução específica e à autotutela (desde que não sejam personalíssimas), conforme o art. 249 do CC.

2.2.3. Obrigação de não fazer

É o **comprometimento** que consiste em não fazer alguma coisa. O devedor se compromete a abster-se da prática de determinado ato, sendo, portanto, uma obrigação negativa. O descumprimento da obrigação de não fazer pode ocorrer:

1) sem culpa: resolve-se a obrigação com a devolução de valores eventualmente já pagos (art. 250 do CC), *desde que não haja o devedor se responsabilizado pelo inadimplemento não culposo*;

2) com culpa: o devedor desfará o ato quando possível, responsabilizando-se por eventuais perdas e danos.

Essas obrigações são negativas e também estão sujeitas à execução específica e à autotutela. O art. 251 do CC dispõe sobre os temas.

2.3. Classificação das obrigações

Simples e complexas

Uma obrigação que tenha um objeto, um sujeito ativo e um sujeito passivo será *simples*; e será *complexa* ou *composta* a obrigação que tiver mais de um objeto ou mais de um sujeito em qualquer dos polos (ativo-crédito ou passivo-débito). A complexidade pode ser, portanto: objetiva, subjetiva ativa, subjetiva passiva, subjetiva mista ou integral.

Cumulativas, alternativas e facultativas

As obrigações *cumulativas* ou *conjuntivas* são aquelas que têm mais de um objeto – são, portanto, complexas –, os quais devem ser cumpridos conjuntamente, sob pena de inadimplemento da obrigação.

As obrigações *alternativas* ou *disjuntivas* são aquelas que, tendo mais de um objeto e, sendo, portanto, complexas, o devedor terá de cumprir apenas um ou alguns, efetuando-se, assim, escolha para a *concentração objetiva da obrigação*. Com o perecimento não culposo do objeto, restando apenas um, antes da escolha, opera-se a concentração compulsória do objeto prestacional. Situação especial se apresenta nos casos de obrigações de execução periódica ou de trato sucessivo. A obrigação sob forma de prestações periódicas é aquela obrigação que se executa em parcelas. Nestes casos, em cada ponto de execução (v.g.: todo dia 10 de cada mês), poderá haver a escolha para a concentração objetiva da obrigação: "Art. 252. Nas obrigações alternativas, a escolha cabe ao devedor, se outra coisa não se estipulou. § 1º Não pode o devedor obrigar o credor a receber parte em uma prestação e parte em outra. § 2º Quando a obrigação for de prestações periódicas, a faculdade de opção poderá ser exercida em cada período. § 3º No caso de pluralidade de optantes, não havendo acordo unânime entre eles, decidirá o juiz, findo o prazo por este assinado para a deliberação. § 4º Se o título deferir a opção a terceiro, e este não quiser, ou não puder exercê-la, caberá ao juiz a escolha se não houver acordo entre as partes."

A *obrigação facultativa* ou obrigação com faculdade alternativa trata-se de obrigação *simples*. Nessa modalidade, temos um único objeto; contudo, o devedor guarda para si uma faculdade de desoneração da obrigação. Ou seja, fica acordado com o credor que o devedor, se assim desejar, poderá desonerar-se da obrigação com outro objeto prestacional. Nesse caso, não haverá hipótese de concentração compulsória, tendo em vista que a obrigação é simples.

Instantâneas, diferidas e de trato sucessivo ou execuções periódicas

Obrigações de execução *instantânea* são aquelas em que a prestação e a contraprestação ocorrem em um único momento. A obrigação será, porém, diferida, se o pagamento vier em um único ato, mas em momento posterior (em uma semana, por exemplo). A obrigação de trato sucessivo ou execução periódica se dá quando o pagamento se protrai no tempo, mediante parcelas sucessivas (compra e venda a prazo).

Líquidas e ilíquidas

Considera-se *líquida* a obrigação certa quanto à sua existência e determinada quanto ao seu objeto. A obrigação *ilíquida* depende de prévia apuração, pois, apesar de saber qual é a obrigação, não podemos avaliar o seu *quantum,* ou seja, o exato montante devido.

Fungíveis e infungíveis

O objeto de uma obrigação pode ser fungível ou infungível, consoante seja possível substituir o objeto prestacional por outro de mesmo gênero, quantidade e espécie ou qualidade.

Personalíssimas e não personalíssimas

A obrigação é personalíssima quando se dá *intuitu personae*, ou seja, apenas certa e determinada pessoa poderá cumpri-la para que seja satisfeito o crédito (confecção de uma obra de arte, com a escolha de determinado artista, um *show* por um intérprete, um livro por determinado autor).

Divisíveis e indivisíveis

A indivisibilidade ou não de dada obrigação reside na indivisibilidade ou não de seu objeto prestacional. Assim, a indivisibilidade poderá ocorrer, em regra, pela natureza do objeto, que pode também ser indivisível por vontade humana (cláusula de indivisibilidade) ou por disposição legal (módulo rural, por exemplo). Por ser indivisível o objeto, havendo pluralidade de sujeitos, todos são obrigados pelo objeto prestacional de maneira integral.

Convertendo-se em perdas e danos, a obrigação indivisível perderá seu caráter de indivisibilidade. Sendo assim, o objeto prestacional será dividido entre os sujeitos, não havendo mais que falar em obrigação pelo todo, nem para devedores nem para credores.

Solidárias e não solidárias

Do mesmo modo que a divisibilidade da obrigação, a solidariedade só tem razão de ser analisada quando tratamos de obrigações com complexidade subjetiva, ou seja, quando temos mais de um sujeito no polo ativo ou passivo ou nos dois polos da obrigação. A solidariedade, como resulta do art. 265 do CC, não se presume, pois resulta da lei ou da vontade das partes, podendo ser ativa (credores), passiva (devedores) ou mista (credores e devedores).

Na *solidariedade ativa*, qualquer dos cocredores solidários pode exigir isoladamente o crédito por inteiro (art. 267 do CC). O devedor, enquanto não for demandado por algum dos cocredores, poderá pagar a qualquer deles, e o pagamento feito a qualquer deles extingue a dívida até o montante que foi pago (arts. 268 e 269 do CC). No caso de falecimento de credores solidários, cada um dos herdeiros só terá direito a exigir e receber a quota do crédito que corresponder ao seu quinhão hereditário, salvo se a obrigação for indivisível.

Na obrigação solidária, convertendo-se a prestação em perdas e danos, subsiste, para todos os efeitos, a solidariedade (art. 271 do CC). É importante frisar, todavia, que na obrigação indivisível, convertendo-se esta em perdas e danos, a indivisibilidade acaba. *A questão é bastante explorada em exames de habilitação profissional do advogado.*

As exceções pessoais que, porventura, o devedor tenha contra um dos credores solidários não podem ser objeto de oposição contra os demais, e o julgamento contrário a um dos credores solidários não atinge os demais. Contudo, o julgamento favorável aproveita-lhes, a menos que se funde em exceção pessoal ao credor que o obteve (arts. 273 e 274 do CC).

Na *solidariedade passiva*, o credor pode exigir de qualquer dos devedores o pagamento integral. Ressalte-se que não importa em renúncia à solidariedade a propositura de ação pelo credor contra um ou alguns dos devedores (art. 275 do CC). Do mesmo modo que na solidariedade ativa, *a contrario sensu*, se um dos devedores solidários falecer deixando herdeiros, nenhum destes será obrigado a pagar senão a quota que corresponder ao seu quinhão hereditário, salvo se a obrigação for indivisível. No entanto, todos os herdeiros reunidos serão considerados um devedor solidário em relação aos demais devedores (art. 276 do CC).

Em que pese qualquer dos devedores poder negociar condições especiais para a quitação do débito, as disposições havidas isoladamente com um dos devedores solidários não poderão, em hipótese alguma, agravar a situação dos demais (art. 278 do CC). Ocorrida a interrupção da prescrição contra o devedor solidário ou reconhecida a dívida por este, restarão envolvidos os demais coobrigados e seus herdeiros, mas a interrupção operada contra um dos herdeiros do devedor solidário não prejudica os outros herdeiros ou devedores senão quando se trate de obrigações indivisíveis (art. 204, §§ 1º e 2º, do CC).

Atendida a regra geral, na impossibilidade da prestação *por culpa* de um dos devedores solidários, subsiste, para todos, o encargo de pagar o equivalente, mas pelas perdas e danos só responde o culpado (art. 279 do CC). Esta disposição já foi inúmeras vezes objeto de arguição pelas bancas examinadoras.

Obrigação *propter rem*

São as obrigações próprias da coisa, também denominadas *ob rem* (em vista da coisa). As obrigações reais, ou *propter rem*, passam a pesar sobre quem se torna titular da coisa. Logo, sabendo-se quem é o titular, sabe-se quem é o devedor. A obrigação *propter rem*, portanto, é aquela própria da coisa que, em regra, deriva de um direito real e nasce junto com ele. Os vizinhos, por exemplo, dado o caráter solidarista que deve permear as relações de vizinhança, não podem perturbar uns aos outros. Não é necessário que, em uma comunidade, por exemplo, haja uma norma emanada do Estado a dizer que o vizinho não poderá fazer seus treinos de bateria nas madrugadas. É óbvio que ele prejudicará o descanso dos demais, e, sendo assim, há uma obrigação *propter rem*. Ela nasce com o direito real ou com a posse sobre a coisa.

2.4. Transmissão das obrigações

2.4.1. Cessão de crédito

É o negócio jurídico bilateral pelo qual o credor transfere a outrem seus direitos na relação obrigacional (cedente – aquele que transfere; cessionário – aquele que recebe). Em regra, a cessão é onerosa, pode ser parcial ou total e, para que se aperfeiçoe, é indispensável que haja a notificação ao devedor nos termos do art. 290 do CC. O cedente apenas se responsabiliza perante o cessionário se tiver agido de má-fé. Desse modo, se a relação jurídica for inexistente ou o crédito for inexigível ou, ainda, se, sabendo do estado de insolvência do devedor, procedeu à cessão do crédito (má-fé), haverá responsabilidade do cedente. Não há falar, portanto, em responsabilidade do cedente pela mera inadimplência do devedor ao cessionário.

2.4.2. Assunção de dívida

Por anuência do credor, outra pessoa assume a dívida. Salvo disposição expressa em contrário, com a assunção todas as garantias dadas pelo devedor anterior são extintas. A assunção pode ocorrer com o consentimento ou sem o consentimento do devedor (expromissão). No caso de restar silente o credor, considera-se renúncia à assunção, exceto no caso de adquirente de imóvel hipotecado, que poderá notificar o credor para impugnação em 30 dias e, não havendo impugnação, nesse único caso, considerar-se-á dado o consentimento para a assunção (art. 303 do CC).

Nos casos de assunção de dívida, a parte interessada é sempre o credor, pois ele é o *dominus* do crédito e, desse modo, poderá ou não sair prejudicado com a assunção da dívida por outrem, eis que pode acontecer que o novo devedor seja insolvente. Desse modo, quando o credor aceita a assunção está renunciando ao antigo devedor e a renúncia deve, sempre, ser interpretada de maneira estrita, conforme art. 114 do Código Civil: "Art. 114. Os negócios jurídicos benéficos e a renúncia interpretam-se estritamente. Além disso, no concernente à assunção de dívida o silencio, por expressa disposição interpreta-se como recusa." E, ainda: "Art. 299. É facultado a terceiro assumir a obrigação do devedor, com o consentimento expresso do credor, ficando exonerado o devedor primitivo, salvo se aquele, ao tempo da assunção, era insolvente e o credor o ignorava. Parágrafo único. Qualquer das partes pode assinar prazo ao credor para que consinta na assunção da dívida, interpretando-se o seu silêncio como recusa." A única exceção se dá na compra de imóvel hipotecado, em que é assinalado prazo de 30 dias ao credor e, se este se mantiver silente poder-se-á interpretar como aceita a assunção, consoante art. 303 do Código Civil.

2.5. Adimplemento e extinção das obrigações

2.5.1. Do pagamento

É o meio direto de extinção da obrigação. A obrigação resta extinta naturalmente pelo pagamento efetuado. A prova do pagamento se dá pela quitação, e a quitação admite qualquer forma, devendo ser escrita nos casos em que o valor da prestação for superior ao décuplo do maior salário mínimo (conforme o art. 401 do CPC, contudo, a regra de tal dispositivo não pode tomar ares absolutos, devendo ela ser relativizada para atendimento ao que dispõe o art. 402 do CPC). O pagamento, para que seja considerado válido, deverá obedecer a certas regras. Em diversas oportunidades os examinadores questionaram sobre a possibilidade de quitação por instrumento particular. Sempre é possível oferecer quitação em instrumento particular: "Art. 320. A quitação, que sempre poderá ser dada por instrumento particular, designará o valor e a espécie da dívida quitada, o nome do devedor, ou quem por este pagou, o tempo e o lugar do pagamento, com a assinatura do credor, ou do seu representante. Parágrafo único. Ainda sem os requisitos estabelecidos neste artigo valerá a quitação, se de seus termos ou das circunstâncias resultar haver sido paga a dívida."

Consoante disposição expressa do Código Civil: "Art. 939. O credor que demandar o devedor antes de vencida a dívida, fora dos casos em que a lei o permita, ficará obrigado a esperar o tempo que faltava para o vencimento, a descontar os juros correspondentes, embora estipulados, e a pagar as custas em dobro." "Art. 940. Aquele que demandar por dívida já paga, no todo ou em parte, sem ressalvar as quantias recebidas ou pedir mais do que for devido, ficará obrigado a pagar ao devedor, no primeiro caso, o dobro do que houver cobrado e, no segundo, o equivalente do que dele exigir, salvo se houver prescrição." "Art. 941. As penas previstas nos arts. 939 e 940 não se aplicarão quando o autor desistir da ação antes de contestada a lide, salvo ao réu o direito de haver indenização por algum prejuízo que prove ter sofrido."

2.5.1.1. Quem deve pagar

O pagamento deve ser executado pelo devedor da obrigação. No entanto, em situações excepcionais, pode ser que um terceiro, portanto estranho à relação obrigacional, venha a solver o débito. Nesses casos, o referido terceiro poderá ser: a) **terceiro interessado:** ex.: avalista, fiador (qualquer um que tenha interesse jurídico no pagamento) – no momento do pagamento, opera-se a sub-rogação do *solvens* (aquele que quita a obrigação) nos direitos do credor (art. 346 do CC); b) **terceiro não interessado:** qualquer um que tenha interesse moral (pai, filho, amigo etc.) – nesse caso, em regra, não haverá sub-rogação, mas aquele que quitou poderá cobrar do devedor original o pagamento feito, exceto se o devedor tinha meios de ilidir o pagamento (art. 306 do CC). É de salientar, ainda, que, *salvo expressa previsão em contrário ou obrigação personalíssima, não pode o credor recusar o pagamento feito por terceiro.*

Haverá possibilidade de sub-rogação quando a quitação se der pelo terceiro não interessado desde que haja um acordo de vontades, que será feito com o credor ou com o devedor da obrigação (denominando-se, respectivamente, sub-rogação convencional *ativa* e sub-rogação convencional *passiva*), conforme o art. 347 do CC.

2.5.1.2. A quem se deve pagar (art. 308 do CC)

O pagamento é feito ao credor ou a quem o represente, sendo válido, em regra, o pagamento feito à pessoa que porta a quitação, salvo se as circunstâncias contrariarem a presunção daí resultante (art. 311 do CC). Pode ocorrer que o devedor pague ao credor putativo, ou seja, aquele que aparentava ser o credor, e, nesse caso, o pagamento é válido (art. 309 do CC). O pagamento feito ao credor que era evidentemente incapaz de quitar só será válido se o *solvens* provar que a prestação foi revertida em proveito do incapaz (art. 310 do CC). *O devedor que paga mal paga duas vezes*; assim, não será legítimo o pagamento feito pelo devedor intimado da penhora do crédito (art. 312 do CC) ou em qualquer outra circunstância em que o pagamento seja erroneamente direcionado.

2.5.1.3. Objeto da prestação

O objeto prestacional é aquele convencionado, e o credor não precisa aceitar outro, ainda que mais valioso (art. 313 do CC). É lícito ao juiz corrigir o valor se, por motivo imprevisível, tornou-se excessivamente oneroso para qualquer das partes (art. 317 do CC – Enunciado 17 do CEJ/JF: "Art. 317: a interpretação da expressão 'motivos imprevisíveis', constante do art. 317 do novo Código Civil, deve abarcar tanto causas de desproporção não previsíveis como também causas previsíveis, mas de resultados imprevisíveis" – Enunciado aprovado pela *I Jornada de Direito Civil do Centro de Estudos Judiciários do Conselho de Justiça Federal* – set. 2002).

2.5.1.4. Do lugar do pagamento

No silêncio das partes ou da lei, o pagamento será realizado no domicílio do devedor. A dívida poderá ser, portanto, *quérable (quesível)* – o credor procura o devedor para receber –, ou *portable (portável)* – o pagamento é realizado no domicílio do credor ou no local em que este indicar.

2.5.1.5. Do tempo do pagamento

O pagamento deve ser efetuado quando convencionado. No entanto, o art. 333 do CC estabelece situações especiais em que o pagamento deverá ser efetuado antecipadamente: no caso de falência do devedor, ou de concurso de credores; se os bens, hipotecados ou empenhados, forem penhorados em execução por outro credor; se cessarem, ou se se tornarem insuficientes, as garantias do débito, fidejussórias, ou reais, e o devedor, intimado, negar-se a reforçá-las. Nesses casos, se houver, no débito, solidariedade passiva, não se reputará vencido quanto aos outros devedores solventes. Serão, ainda, causas de vencimento antecipado da obrigação as hipóteses do art. 1.425 do CC (a deterioração e o perecimento da coisa dada em garantia).

2.5.2. Dos meios indiretos de extinção das obrigações

2.5.2.1. Pagamento em consignação (art. 334 do CC)

É o depósito da dívida pelo devedor para evitar a mora. Pode ser *judicial* ou *extrajudicial*.

2.5.2.2. Pagamento com sub-rogação (art. 346 do CC)

Na sub-rogação, nada se altera para o devedor, que apenas terá de pagar para outro. Pode dar-se por força de lei, quando ocorre a transferência do crédito ao pagador de dívida alheia (art. 346 do CC), ou por força de contrato ou de recibo com tal fim (art. 347 do CC).

2.5.2.3. Imputação ao pagamento (art. 352 do CC)

Quando houver mais de uma dívida (não importa se mais de uma obrigação ou mais de uma prestação na mesma obrigação) exigível entre o mesmo credor e o mesmo devedor e este último oferece quantia para pagamento que não é suficiente para todos os seus débitos, ter-se-á de se fazer a imputação do pagamento.

Em regra, o devedor imputa o que está pagando, mas, se ele não o faz, o credor o fará na quitação, sem que haja possibilidade de impugnação do devedor. Se o credor também não o fizer, a imputação será legal e, desse modo, será procedida primeiro sobre os juros e depois sobre o capital (art. 354 do CC); dar-se-á na seguinte sequência: primeiro os juros, então a dívida vencida há mais tempo, depois a mais onerosa ou, na falta dos requisitos anteriores, imputar-se-á proporcionalmente.

2.5.2.4. Dação em pagamento (art. 356 do CC)

O pagamento deve dar-se na exata prestação avençada pelas partes. O credor não é obrigado, mas pode aceitar coisa diversa da que lhe é devida (art. 356 do CC). Quando a entrega de coisa diversa se dá com *animus solvendi*, temos a *datio in solutum* (dação em pagamento).

2.5.2.5. Novação (arts. 360 e ss. do CC)

A novação consiste na criação de nova obrigação para extinguir outra preexistente. Para que se dê a novação é indispensável o *animus novandi* (intenção de novar a obrigação, criar nova obrigação em substituição à primeira). Essa intenção pode ser expressa ou tácita, mas deve ser inequívoca, pois caso contrário a obrigação existente será apenas confirmada, não se operando, portanto, a novação (art. 361 do CC).

A novação poderá ser *objetiva* ou *real*, quando o novo elemento é o objeto. Não há que se confundir, nesse caso, com a dação em pagamento, pois a dação é satisfativa, ou seja, o devedor dá, no exato momento, algo para que reste satisfeito o credor; já na novação objetiva uma nova obrigação é formada, não havendo, portanto, quitação, e sim novação.

Poderá ser, ainda, *subjetiva*, nas situações em que a nova obrigação comporte novos sujeitos, podendo, assim, ser *subjetiva ativa* (quando um novo credor é tido na nova obrigação) ou *subjetiva passiva* (quando um novo devedor surge, em substituição ao primeiro, na nova obrigação). A *novação subjetiva passiva* poderá dar-se, ainda, com (*novação subjetiva passiva por delegação*) ou sem (*novação subjetiva passiva por expromissão*) o consentimento do devedor original.

Em diversas provas já pudemos observar o questionamento sobre a situação da fiança que fora prestada, quando ocorre novação acordada entre o credor e o devedor. A novação consiste na extinção de uma obrigação para a criação de outra. Quando o devedor principal traça uma novação com o credor, para que se mantenha a fiança, é absolutamente indispensável que o fiador dê seu assentimento expresso. Isso ocorre porque a nova obrigação assumida pelo devedor não foi objeto de garantia pelo fiador, pois se ele não a conhece não poderá garanti-la. É situação expressa no Código Civil a exoneração do fiador no caso de novação assinada pelo devedor, conforme disposto no art. 366: "Importa exoneração do fiador a novação feita sem seu consenso com o devedor principal".

2.5.2.6. Compensação (arts. 368 e ss. do CC)

O art. 368 do CC dispõe que, "se duas pessoas forem ao mesmo tempo credor e devedor uma da outra, as duas obrigações extinguem-se, até onde se compensarem". A compensação é, assim, o meio pelo qual restam extintas obrigações recíprocas. Pela compensação há, portanto, desfazimento de obrigação em razão da equivalência de débitos entre as partes. A compensação poderá ser legal ou convencional. Sendo legal, hão de ser observados os seguintes requisitos: a) *reciprocidade dos créditos*, ou seja, não se pode compensar "o nada". Para que as partes possam compensar seus créditos, deverá haver créditos recíprocos; b) *exigibilidade dos créditos*, ambos os créditos devem ser exigíveis, não se podendo, assim, compensar dívida já vencida com dívida vincenda (art. 369 do CC); e, por fim, c) *fungibilidade dos débitos* ou *homogeneidade das prestações*: o art. 370 do CC dispõe expressamente que, ainda que sejam "do mesmo gênero as coisas fungíveis, objeto das duas prestações, não se compensarão, verificando-se que diferem na qualidade, quando especificada no contrato".

2.5.2.7. Confusão (art. 381 do CC)

É o desfazimento de obrigação pelo fato de credor e devedor terem se tornado a mesma pessoa (art. 381 do CC). A confusão pode ser *parcial* ou *total* (art. 382 do CC). É total quando importa na extinção da obrigação e parcial quando tão somente uma parte do crédito se extingue pela confusão. Dada a confusão, extinguem-se a obrigação principal e as obrigações acessórias. Importa salientar que a confusão na obrigação acessória (entre fiador e credor) não importa em extinção da obrigação principal (art. 384 do CC).

2.5.2.8. Remissão (art. 385 do CC)

É a liberação do devedor por liberalidade do credor. Assim, o credor abre mão dos seus direitos em relação ao devedor.

2.6. Inadimplemento e mora

O inadimplemento absoluto de uma obrigação é o seu não cumprimento. Enquanto for possível, ainda, o cumprimento, tratamos de mora. Quando não for mais possível o cumprimento pelo devedor, dizemos que está absolutamente inadimplente.

A mora é, assim, o retardamento no cumprimento ou o cumprimento defeituoso de uma obrigação. Podemos aferir a situação de mora sempre que, não tendo sido cumprida a obrigação no seu tempo e forma devidos, ainda é possível ao devedor, pelo critério de utilidade da prestação ao credor, cumprir com a sua obrigação (*mora solvendi*). Doutra forma, a situação é de inadimplemento.

A mora poderá ser, também, do credor (*mora accipiendi*). O credor por vezes é chamado à atividade na relação obrigacional; se, nessas situações, vemos a abstenção do credor, estaremos diante de caso de *mora creditoris* ou mora do credor. É o caso, por exemplo, do credor que, tendo avençado que escolherá o objeto em obrigação de dar coisa incerta, não

o faz. Esse credor está em mora. Os efeitos da *mora accipiendi* interrompem o curso dos juros (art. 400 do CC) e importam em transferir a responsabilidade pela conservação da coisa ao credor (que está em mora). O devedor será ressarcido, assim, pelo credor, das despesas que teve, depois da mora, para conservação do bem.

Quanto à constituição em mora, realizar-se-á de pleno direito nas situações em que houver avença do prazo para cumprimento, segundo o princípio *dies interpellat pro homine*. É a chamada *mora ex re* (art. 397 do CC). Não havendo, todavia, prazo previsto para o cumprimento, caberá ao interessado interpelar a parte para que reste constituída em mora, a chamada mora *ex personae*.

2.7. Cláusula penal

Consiste em obrigação acessória, pecuniária ou não, fixada pelos contratantes, que deve ser cumprida caso haja inadimplemento da obrigação principal. Tem por finalidade assegurar o fiel cumprimento da obrigação, bem como estabelecer antecipadamente perdas e danos. Pode ser, portanto: a) *moratória*: fixada para o caso de retardamento no cumprimento da obrigação; b) *compensatória*: estabelecida para o caso de inadimplemento completo da obrigação ou de uma das cláusulas do contrato.

Quanto ao valor da cláusula penal, salvo disposição em contrário não poderá exceder o valor da obrigação principal. Além disso, o magistrado pode diminuir tal valor, quando cumprida parcialmente a obrigação.

2.8. Arras

"É quantia em dinheiro, ou outra coisa fungível, entregue por um a outro contratante, a fim de assegurar o pontual cumprimento da obrigação" As arras podem ser *confirmatórias* (art. 417 do CC) ou *penitenciais* (art. 420 do CC). Havendo consenso para a resolução do contrato, caso fortuito ou força maior, não há falar em pagamento de arras. As *funções das arras confirmatórias* são: a) confirmação do contrato, que se torna obrigatório; b) antecipação da prestação; c) prévia determinação mínima de perdas e danos pelo descumprimento das obrigações. O arrependimento implica perda do valor das arras ou sua devolução em dobro (art. 418 do CC). A parte inocente pode pedir perdas e danos suplementares ou exigir o cumprimento do contrato acrescido de perdas e danos (art. 419 do CC). As arras penitenciais somente existem quando forem expressas (art. 420 do CC). Distinguem-se da cláusula penal porque são dadas no início do contrato, enquanto a cláusula penal deve ser exigida em eventual caso de inadimplemento. No caso das arras, a consequência também é a perda das arras ou a devolução em dobro (art. 420 do CC). Não há possibilidade de indenização suplementar ou exigência de conclusão do contrato (art. 420 do CC).

2.9. Da responsabilidade civil

Em apertada síntese e, portanto, a grosso modo, a responsabilidade civil pode ser analisada sob dois enfoques: 1) situações em que se levará em consideração a culpa; e 2) situações em que não se tem como centro de gravidade a culpa do agente para o dever de indenizar.

Sob tal viés, haverá culpa sempre que não houver excludente de culpabilidade ou hipótese de não incidência da culpa (caso fortuito ou motivo de força maior). Nestes casos, havendo culpa haverá responsabilidade e, por via de consequência, o dever de devolução dos valores eventualmente já pagos, mais perdas e danos (incluindo os danos emergentes, o lucro cessante, a perda de uma chance e os danos morais) e, não havendo culpa, a obrigação se resolve com a devolução dos valores eventualmente já pagos. Mas, por outro lado, poderá ocorrer a responsabilidade não sem a culpa, mas, mais do que isto, sem a discussão de culpa e é o que ocorre nos casos da responsabilidade objetiva e na teoria do risco. Duas situações são expressas na codificação pelo parágrafo único do art. 927: "Haverá obrigação de reparar o dano, independentemente de culpa, nos casos especificados em lei, ou quando a atividade normalmente desenvolvida pelo autor do dano implicar, por sua natureza, risco para os direitos de outrem." Nestes casos, haverá responsabilidade pela reparação de danos quando a lei expressamente a fixar (responsabilidade objetiva) ou quando a atividade normalmente desenvolvida pelo autor do dano implicar, por sua natureza, risco para os direitos de outrem (teoria do risco). No caso em tela, conforme disposição do diploma civil, estamos diante de situação de responsabilidade objetiva em que o empregador ou comitente é responsável, independentemente de culpa pelos atos de seus empregados, serviçais e prepostos, no exercício do trabalho que lhes competir, ou em razão dele, consoante art. 932 do Código Civil: "Art. 932. São também responsáveis pela reparação civil: I - os pais, pelos filhos menores que estiverem sob sua autoridade e em sua companhia; II - o tutor e o curador, pelos pupilos e curatelados, que se acharem nas mesmas condições; III - o empregador ou comitente, por seus empregados, serviçais e prepostos, no exercício do trabalho que lhes competir, ou em razão dele; IV - os donos de hotéis, hospedarias, casas ou estabelecimentos onde se albergue por dinheiro, mesmo para fins de educação, pelos seus hóspedes, moradores e educandos; V - os que gratuitamente houverem participado nos produtos do crime, até a concorrente quantia." "Art. 933. As pessoas indicadas nos incisos I a V do artigo antecedente, ainda que não haja culpa de sua parte, responderão pelos atos praticados pelos terceiros ali referidos."

3. PARTE ESPECIAL – DIREITO CONTRATUAL

Fábio Vieira Figueiredo

3.1. Elementos dos contratos

O contrato é uma convenção estabelecida entre duas ou mais pessoas para constituir, regular ou extinguir uma relação jurídica. O centro gravitacional do contrato é o *elemento volitivo*, ou acordo de vontades entre as partes. Sendo assim, seus elementos são subjetivos e objetivos.

3.1.1. Subjetivo

O elemento subjetivo de todo e qualquer contrato são as partes contratantes, que devem ter capacidade para contratar ou ser assistidas ou representadas, conforme a situação de incapacidade relativa ou absoluta.

3.1.2. Objetivo

O objeto disposto entre as partes deve ser lícito, possível (física e juridicamente) e determinável; além disso, não poderá atentar contra a ordem pública. A forma não pode ser defesa, ou seja, proibida por lei.

3.2. Princípios que regem o direito contratual

3.2.1. Autonomia da vontade

A autonomia da vontade é o mais importante princípio do direito contratual. A ampla liberdade das partes para contratar abrange a possibilidade de contratar ou não, a escolha de contratantes e a disposição das cláusulas. A estipulação de um contrato pode ir para além dos contratos previstos na lei, desde que as disposições gerais do Código Civil sejam respeitadas (art. 425). Note-se que a noção exata, aqui, é de *autonomia privada de contratação*, ou seja, a autonomia da vontade não pode ser confundida com o voluntarismo contratual A autonomia está limitada pelos comandos da moral, da boa-fé, da ordem pública, do solidarismo, da função social (equilíbrio intrínseco e estabilidade extrínseca do contrato) e da igualdade substancial.

3.2.2. Supremacia da ordem pública

A supremacia da ordem pública é que limita a autonomia da vontade. É a supremacia da ordem pública que faz com que o Estado intervenha nas relações contratuais colocando freios aos desmandos dos particulares. Desse modo, por meio desse princípio, regulam-se as situações de hipossuficiência, como as relações contratuais de consumo, o controle da economia popular e outros aspectos sociais que devem ser respeitados pelos contratos entre particulares.

3.2.3. Obrigatoriedade do contrato (pacta sunt servanda)

O contrato faz lei entre as partes, e essa é uma premissa inarredável que decorre do princípio maior da segurança jurídica. Assim, o contrato entabulado dentro dos limites da lei, da moral, dos bons costumes e da ordem pública é regra que deve ser cumprida entre as partes que o dispuseram. Há que se fazer referência, aqui, ao fato de que, em contratos bilaterais, comutativos, as partes têm direitos e deveres recíprocos. Nos referidos casos, vigora a possibilidade de alegação da *exceção do contrato não cumprido*. A *exceptio non adimpleti contractus* – fundamento do princípio da igualdade – só se aplica em contratos bilaterais (art. 476 do CC); em regra, é matéria de defesa que incumbe à parte que alega provar. Contudo, não adimplindo uma das partes com a sua prestação, a outra poderá ajuizar ação para que não lhe seja imputado o inadimplemento. Se o contrato foi apenas parcialmente adimplido, a forma que se usa é a da exceção do contrato parcialmente não cumprido: *exceptio non rite adimpleti contractus*.

3.2.4. Consensualismo

O contrato é um consenso entre as partes, e é assim que se perfaz: mediante o consenso. Há contratos, porém, que necessitam, para restarem aperfeiçoados, da entrega efetiva da coisa. Nesses casos, tratamos de exceções em que chamamos o contrato de *contrato real*.

3.2.5. Relatividade contratual

Pelo princípio da relatividade contratual, o contrato só gera efeitos para as partes que se obrigam a ele. Constituem, contudo, exceções a esse princípio: a promessa por fato de terceiro, a estipulação em favor de terceiro e a sucessão *mortis causae* em obrigação não personalíssima.

3.2.6. Função social

O art. 421 do CC dispõe que a liberdade de contratar será exercida em razão e nos limites da função social do contrato. É de analisar, para a função social do contrato, minimamente dois aspectos. A função social pode ser vista como princípio entre as partes e, nesse caso, visa a afastar a possibilidade de uma contratação injusta, ou seja, a relação contratual deverá ser equilibrada entre as partes (função social intrínseca) para que se evite que um dos contratantes venha a submeter o outro, até mesmo porque, na moderna tônica da relação contratual, há que se falar em cooperação entre os contratantes, e não em submissão. Por outro lado, a função social pode ser analisada do ponto de vista da sociedade, e, nesse caso, devemos atentar para o fato de que o contrato não poderá, ainda que justo entre as partes e equilibrado, prejudicar a coletividade (função social extrínseca). Este princípio deve ser entendido sob dois aspectos: a) o contrato bilateral deve encerrar trocas úteis e justas (Enunciado 22 da *I Jornada de Direito Civil* do CJF); b) minimização do princípio da relatividade contratual (Enunciado 21 da *I Jornada de Direito Civil* do CJF).

Sob esses aspectos, podemos entender que a função social dos contratos limita o voluntarismo ou liberdade ampla e irrestrita de contratação, combatendo abusos contratuais em relações desiguais.

A liberdade de contratar, desse modo, não pode ser instrumento de fomento das desigualdades ou opressões. Quando tratamos da liberdade de contratar nos ditames da função social do contrato, tratamos, em verdade de disposições que contratuais que atendam aos interesses da sociedade, e, assim, estabeleçam equilíbrio de prestações e o mínimo risco à coletividade. Como bem ensina Roberto Senise Lisboa: "A consagração da dignidade da pessoa como princípio fundamental inerente a todas as relações jurídicas públicas e privadas, assim como da solidariedade social como objetivo a ser alcançado, nos termos do que preceitua a constituição vigente, viabilizam o preenchimento do conteúdo da expressão função social, permitindo-se uma aplicabilidade em consonância com o direito pós-moderno. Buscando-se um significado para a expressão função social, pode-se chegar à conclusão de que a coisa que possui função social é aquela que serve de instrumento para a satisfação dos interesses da sociedade" (LISBOA, Roberto Senise. *Manual de Direito Civil* – vol. 3. São Paulo: Revista dos Tribunais. 2005, p. 129). Trata-se, ainda, a questão de disposição expressa no Código Civil: "Art. 421. A liberdade de contratar será exercida em razão e nos limites da função social do contrato."

3.2.7. Boa-fé

O princípio da boa-fé deve ser observado antes, durante e depois da efetiva formação e execução do contrato. A boa-fé pode ser subjetiva (intenção das partes) ou objetiva. O art. 422 do CC é uma cláusula geral de aplicação da boa-fé; ele deve ser entendido como vetor da boa-fé objetiva. A interpretação de um contrato sempre se dará, objetivamente, com base na boa-fé (art. 113 do CC). Os contratantes devem, assim, pautar-se nos ditames da probidade e da boa-fé. Da boa-fé decorrem os chamados deveres anexos, laterais ou secundários na relação contratual. Tais deveres são explanados por Clóvis do Couto e Silva. O autor destaca que os deveres secundários comportam tratamento que abranja toda a relação jurídica. Podem ser examinados durante o curso ou o desenvolvimento da relação jurídica e, em certos casos, inclusive, diz o autor, posteriormente ao adimplemento da obrigação principal (o dever de afastar danos, vigilância, guarda, cooperação, assistência). Destaca, inclusive, que, em alguns casos, o dever secundário pode ser acionado independentemente do primário (COUTO E SILVA, Clóvis do. *A obrigação como processo*. São Paulo: José Bushatsky Editor, 1976, p. 71-142). Tais deveres, por óbvio, como bem destaca Cláudio Luiz Bueno de Godoy, nascem com a relação contratual e perduram para depois dela, vejamos: "Importante notar, porém, que esses deveres anexos – de resto como a boa fé, em si –, quaisquer que sejam suas classificações, sempre de índole exemplificativa, nascem antes e perduram até depois do contrato". (GODOY, Cláudio Luiz Bueno de. *Função Social do Contrato*. São Paulo: Saraiva, 2004, p. 81).

3.2.8. Revisão contratual

Pelo princípio da revisão contratual, o contrato que, por motivo imprevisível, torna-se excessivamente oneroso a uma das partes deverá ser revisto. Desse modo, serão requisitos da revisão a onerosidade excessiva e a imprevisão (art. 317 c/c os arts. 478 e ss. do CC). Como é preciso velar pela equivalência das prestações das partes contratantes, a revisão do contrato é possível para não onerar excessivamente uma delas. A teoria da imprevisão, como também é chamada, ou cláusula *rebus sic stantibus*, tem como requisitos: excessiva onerosidade contratual; que o contrato não esteja totalmente cumprido; que o motivo turbador tenha sido estranho às partes. Além disso, a revisão do contrato só é possível em contratos de execução diferida ou trato sucessivo, visto que na execução instantânea não é mais possível a revisão do contrato por já restar findo. É de ressaltar, ainda, que a imprevisão será exigível apenas nas relações civis puras, pois nas relações regidas pelo Código de Defesa do Consumidor (CDC) basta a onerosidade excessiva.

Somente os contratos de execução diferida ou trato sucessivo podem ser objeto de resolução por onerosidade excessiva, eis que tal figura exige o motivo imprevisível que torne a obrigação excessivamente onerosa para a parte e isto não é possível nos contratos em que a execução é instantânea. A revisão ou resolução contratual por onerosidade excessiva deve sempre ser interpretada com o equacionamento entre os arts. 317 e 478 a 480, devendo sempre o magistrado intentar manter, ao máximo, o pacto entre as partes: "Art. 478. Nos contratos de execução continuada ou diferida, se a prestação de uma das partes se tornar excessivamente onerosa, com extrema vantagem para a outra, em virtude de acontecimentos extraordinários e imprevisíveis, poderá o devedor pedir a resolução do contrato. Os efeitos da sentença que a decretar retroagirão à data da citação."

3.3. Requisitos de validade

São requisitos de validade do contrato:

• acordo de vontades;

• agente capaz;

• objeto lícito, possível, determinado ou determinável;

• forma prescrita ou não defesa em lei;

• ausência de defeitos que podem ser causadores de sua nulidade ou anulabilidade.

3.4. Classificação dos contratos

a) Quanto aos deveres das partes:

Unilaterais – criam deveres apenas para uma das partes.

Bilaterais – criam deveres para ambas as partes.

b) Quanto ao benefício das partes:

Onerosos – ambas as partes se beneficiam.

Gratuitos – apenas uma das partes se beneficia juridicamente do contrato (ex.: doação pura).

c) Quanto aos riscos no contrato:

Comutativos – prestações determinadas.

Aleatórios – prestações indeterminadas. Há incerteza quanto à prestação obtida. Neste contrato, há risco (*alea*). O contrato poderá ser aleatório quanto à:

a) existência da coisa (*emptio spei*) (art. 458 do CC);

b) quantidade da coisa (*emptio rei speratae*) (art. 459 do CC);

c) sujeição ao perecimento da coisa (art. 460 do CC).

É importante que em qualquer dos casos, não poderá o alienante *agravar o risco do adquirente*, pois é este o elemento que rompe a disposição de contrato aleatório. Ou seja, se Daniel comprou um bezerro que ainda estava no ventre da vaca na fazenda de João, assumindo os riscos de a coisa vir a existir ou não, não poderá João deixar de alimentar o animal, tendo em vista que já está alienado o bezerro. Do mesmo modo, se Daniel adquiriu a próxima safra de café de João, não poderá João deixar de irrigá-la e tratá-la por já ter alienado a safra. No concernente ao bem sujeito ao perecimento, a sua alienação aleatória poderá ser anulada como dolosa pelo prejudicado se restar provado que o outro contratante não ignorava a consumação do risco a que, no contrato, considerava-se exposta a coisa (art. 461 do CC).

d) Quanto à previsão legal:

Típicos ou nominados – previstos e regulamentados por lei. O modo de desenvolvimento do contrato é previsto pela lei; daí decorre sua tipicidade.

Atípicos ou inominados – não há designação em lei; estão dentro da esfera de liberdade das partes (art. 425 do CC).

Os contratos típicos são aqueles que vêm determinados no Código Civil, ou seja, aqueles que estão tipicamente dispostos no Código. São exemplos: compra e venda, locação, mútuo, comodato e etc. Contudo, ainda que um contrato não esteja determinado pelo Código, ou seja, ainda que o Código Civil não preveja certa e determinada forma contratual, as partes podem, a seu exclusivo critério de criatividade e necessidade, estipular contratos que atendam às suas necessidades, desde que as suas disposições não agridam a ordem pública instalada, a moral, os bons costumes e as disposições gerais sobre contratos constantes do Código Civil: "Art. 425. É lícito às partes estipular contratos atípicos, observadas as normas gerais fixadas neste Código."

e) Quanto à forma de aperfeiçoamento:

Consensuais – formam-se com a manifestação de vontade.

Reais – formam-se com a entrega da coisa.

f) Quanto à consideração recíproca:

Principais – existem *per se* (ex.: locação).

Acessórios – dependem do contrato principal (ex.: fiança da locação).

g) Quanto ao momento de execução:

De execução instantânea – consuma-se em um só ato, após a execução (pagamento à vista).

De execução diferida – consuma-se em um só ato, mas no futuro (pagamento postergado para data única).

De trato sucessivo – consuma-se por meio de atos reiterados (pagamento fracionado).

h) Quanto à discussão das cláusulas:

Adesão – não há liberdade de discussão de cláusulas. Em que pese haver a vontade de ambas as partes, não há fase de punctuação contratual.

Paritários – permitem a discussão de cláusulas, na fase de punctuação contratual.

Contrato-tipo – é o contrato de formulário que não se confunde com o contrato de adesão, pois há fase de punctuação e são acrescentadas cláusulas à mão ou por procedimento mecânico.

i) Quanto à formalidade:

Formais – possuem forma prescrita em lei que, quando não observada, gera a nulidade do contrato (ex.: a compra e venda de bem imóvel deve dar-se de forma escrita).

Informais – não há forma prevista na lei.

j) Quanto à solenidade:

Solenes – a lei prevê solenidade para que se aperfeiçoe (ex.: registro).

Não solenes – a lei não prevê solenidade para que se aperfeiçoe.

k) Quanto à definitividade:

Preliminares – antecedem o definitivo. Implica a confecção do contrato principal.

Definitivos – o contrato propriamente dito.

3.5. Formação dos contratos

O contrato é um acordo de vontades. Nasce, portanto, de uma proposta aceita. Situações de sondagens, conversas prévias, debates e até minutas, projeções, simulações e orçamentos não vinculam as partes.

Dessa forma, a *proposta* firme, com dados suficientes, quando havida, em regra, obriga o proponente se o contrário não resultar dos termos dela, da natureza do negócio ou das circunstâncias do caso (art. 427 do CC). Conforme disposição do art. 428 do CC: "**Deixa de ser obrigatória a proposta:** I – se, feita sem prazo a pessoa presente, não foi imediatamente aceita. Considera-se também presente a pessoa que contrata por telefone ou por meio de comunicação semelhante; II – se, feita sem prazo a pessoa ausente, tiver decorrido tempo suficiente para chegar a resposta ao conhecimento do proponente; III – se, feita a pessoa ausente, não tiver sido expedida a resposta dentro do prazo dado; IV – se, antes dela, ou simultaneamente, chegar ao conhecimento da outra parte a retratação do proponente".

Outra forma de propor é policitar. A *policitação*, assim, é a oferta feita ao público e, desde que constem dela os requisitos essenciais, como objeto e preço, também obrigam o policitante. A oferta sempre poderá ser revogada pela mesma via eleita para a oferta (jornal, por exemplo), *desde que ressalvada a faculdade de revogação na oferta realizada.*

Caso a aceitação seja procedida fora do prazo, com adições, restrições ou modificações, importará em nova proposta. Em regra, a aceitação, para a formação do contrato, deve ser expressa, mas o art. 432 do CC determina que, "se o negócio for daqueles em que não seja costume a aceitação expressa, ou o proponente a tiver dispensado, reputar-se-á concluído o contrato, não chegando a tempo a recusa". A aceitação só será válida se não chegar antes dela, ou junto com ela, o arrependimento do oblato.

Se o contrato é celebrado com *declarações intervaladas* (entre ausentes), torna-se perfeito desde que a aceitação é expedida, exceto: se antes da aceitação ou junto com ela chegar a informação de arrependimento do oblato (aceitante); se o proponente se houver comprometido a esperar resposta; ou se a resposta (aceitação) não chegar no prazo convencionado.

No caso dos contratos **entre ausentes**, duas são as teorias que contemplam sua formação:

1ª) Teoria da informação ou cognição: segundo essa teoria, o contrato considera-se perfeito no momento que o ofertante tem ciência da aceitação do aceitante, pois se torna impossível a formação do vínculo contratual sem que o aceitante e o proponente conheçam um a vontade do outro. Existe um sério inconveniente na referida teoria, já que ela deixa ao desejo do proponente conhecer a aceitação ou não. Essa teoria não foi abarcada pelo Código Civil de 2002.

2ª) Agnição ou declaração: segundo essa teoria, o contrato aperfeiçoa-se no momento que o aceitante manifesta a sua aceitação. Essa teoria conta com subteorias:

• Subteoria da declaração da vontade propriamente dita: segundo essa teoria, a manifestação de vontade, e, portanto, o aperfeiçoamento do contrato, ocorre no momento de redação da aceitação. A falha dessa subteoria fica evidente se imaginarmos a possibilidade de uma aceitação redigida, mas não enviada. Ora, por óbvio que é, em hipótese alguma o contrato estará aperfeiçoado enquanto o proponente não tiver ciência ao menos da existência da aceitação.

• Subteoria da expedição: reputa-se perfeito esse contrato no exato momento da expedição da aceitação. Desse modo, não existe apenas a redação da aceitação; também é absolutamente necessária a sua expedição.

• Subteoria da recepção: segundo essa subteoria, reputa-se perfeito o contrato no exato momento que o proponente tem em suas mãos a aceitação de sua proposta, ainda que não proceda à sua leitura.

O Código Civil, por absurdo que seria a adoção da teoria da informação, *adotou a teoria da agnição na subteoria da expedição*. Entende-se, por conseguinte, que, com a expedição da epístola de aceitação, o aceitante fez tudo o que poderia para a conclusão do negócio jurídico.

Há situações em que a proposta formulada deixa de ser obrigatória. "Art. 428. Deixa de ser obrigatória a proposta: I - se, feita sem prazo a pessoa presente, não foi imediatamente aceita. Considera-se também presente a pessoa que contrata por telefone ou por meio de comunicação semelhante; II - se, feita sem prazo a pessoa ausente, tiver decorrido tempo suficiente para chegar a resposta ao conhecimento do proponente; III - se, feita a pessoa ausente, não tiver sido expedida a resposta dentro do prazo dado; IV - se, antes dela, ou simultaneamente, chegar ao conhecimento da outra parte a retratação do proponente."

3.6. Estipulação em favor de terceiro

Dá-se a estipulação em favor de terceiro quando uma pessoa (o estipulante) conveciona com outra (o promitente) uma obrigação em que a prestação será cumprida em favor de outra pessoa (beneficiário). Trata-se de exceção ao princípio da relatividade dos contratos. O consentimento do beneficiário não é necessário para a constituição do contrato. Além disso, o beneficiário pode recusar-se a receber a estipulação feita em seu favor. O estipulante e o promitente devem suprir os requisitos subjetivos da capacidade para contratar, pois o beneficiário é terceiro. Qualquer pessoa pode ser indicada como beneficiária, desde que seja sujeito de direitos e determinável. É o caso do pai (estipulante) que estabelece com a seguradora (promitente) um seguro de vida em favor do seu fillho (beneficiário). O filho é terceiro estranho, portanto, à relação contratual, mas terá os efeitos do contrato.

3.7. Promessa por fato de terceiro

A inexecução não acarreta ônus para o terceiro obrigado. Tal ônus só será levado ao terceiro quando ele efetivamente aceitar o fato prometido. A partir desse momento, o promitente já não terá qualquer responsabilidade ou obrigação com relação àquele contrato. As formas de aceitação do prometido podem ser a) *expressa* (assinado) ou b) *tácita* (simplesmente cumprindo), mas jamais sua aceitação será presumida. Ocorre a distinção da aceitação da promessa por fato de terceiro e da novação: na novação, um dos indivíduos sai da relação para ser substituído por uma outra pessoa que não fazia parte da relação, extingue-se uma e cria-se uma nova, e a promessa por fato de terceiro já nasce com a terceira pessoa mencionada na relação.

3.8. Contrato com pessoa a declarar

Uma das partes tem a faculdade de indicar outra pessoa que irá adquirir os direitos ou assumir os deveres previstos no contrato (arts. 467 e ss. do CC). Entretanto, caso não haja indicação de terceira pessoa, a indicação não seja aceita por ela ou, ainda, se a pessoa indicada for insolvente ou incapaz no momento da indicação, o contrato somente produzirá efeitos entre os contratantes originários (arts. 470 e 471, ambos do CC).

3.9. Garantias contratuais

Os contratos estabelecem um vínculo entre as partes, garantindo a confecção perfeita do negócio jurídico. Para tanto, quem realiza um contrato possui algumas garantias, inerentes ao próprio documento. Assim, o alienante terá de zelar para que a coisa e o direito transmitidos sejam gozados pelo alienatário (adquirente). No que concerne à coisa, a garantia se dá acerca dos vícios redibitórios; no que concerne ao direito, no que tange à evicção.

3.9.1. Vícios redibitórios

São defeitos ocultos da coisa que a tornam imprópria ao fim a que se destina ou lhe diminuem o valor de tal forma que o contrato não se teria realizado. A previsão legal encontra-se no art. 441 do CC, e, para relações de consumo, nos arts. 18 e ss. do Código de Defesa do Consumidor – Lei 8.078/1990. Os requisitos para que se dê a garantia pelos vícios redibitórios são:

1) contrato comutativo;

2) defeito oculto: aquele que não é perceptível aos olhos de uma pessoa de diligência média mediante exame elementar da coisa;

3) desconhecimento do vício pelo adquirente;

4) preexistência do vício à alienação;

5) que o vício torne a coisa completamente imprópria ao uso a que se destina ou lhe reduza o valor.

Não há, portanto, necessidade de culpa do alienante; basta, para que se verifique a garantia, que ocorra o vício na coisa (art. 443 do CC). Como consequência, o adquirente terá o direito de rejeitar a coisa e exigir a devolução dela e do valor pago ou pedir abatimento no preço.

Prazos: o art. 445 do CC determina que o prazo será de 30 dias para bens móveis e de 1 ano para imóveis, contado à metade se o adquirente já estava na posse da coisa, e de até 180 dias para móveis e 1 ano para imóveis, quando o vício for oculto, de difícil percepção. Nos casos, de vício oculto de difícil percepção, o prazo começará a fluir depois de detectado o vício.

Ações cabíveis
Ação redibitória: por meio da qual o adquirente rejeita a coisa, rescindindo o contrato, e recobra o preço pago.
Ação estimatória ou *quanti minoris*: o adquirente conserva a coisa e reclama abatimento do preço.

3.9.2 Evicção

Ocorre a evicção quando o adquirente de uma coisa se vê total ou parcialmente privado dela, em virtude de sentença judicial ou decisão administrativa.

Trata-se, assim, da perda *total* ou *parcial* da coisa, em mão do adquirente , por força de ato de império do Estado, que a defere a outrem baseado em causa preexistente ao contrato. Repousa, tal qual a garantia pelo vício redibitório, no déver geral de garantia que tem o alienante sobre as coisas e direitos que transmite. Essa garantia prevalece ainda que a coisa tenha sido adquirida por hasta pública ou por meio de dação em pagamento.

São, portanto, requisitos para que se dê a evicção:

• que o contrato seja oneroso;

• que a perda da coisa decorra de ato estatal;

• a anterioridade do direito do terceiro. Nos casos de perda parcial, mas considerável, poderá o evicto optar entre a rescisão do contrato e a restituição da parte do preço correspondente ao desfalque sofrido.

No que se refere ao reforço da cláusula prevista nos arts. 447 e ss. do CC, deve ele ser limitado, a fim de que não se torne o negócio extremamente vantajoso e se tenha presente o enriquecimento sem causa. Qualquer alteração contratual que envolva a responsabilidade do alienante pelos efeitos jurídicos da evicção deve ser apreciada pelo Poder Judiciário, evitando-se abusos, de acordo com a boa-fé.

A matéria tratada como responsabilidade na evicção pode ser objeto de disposição por autonomia privada entre as partes. Desse modo, nada obsta o reforço ou a redução da garantia de responsabilidade ou, até mesmo, sua supressão por força de contrato entre as partes. No entanto, frise-se que, mesmo havendo cláusula expressa que exclua o alienante da responsabilidade, ocorrendo a evicção sem que o evicto tenha sido informado desse risco ou não o tenha assumido, o alienante será obrigado a devolver o valor pago (**art. 449 do CC**). Desse modo, é de ressaltar que a cláusula *non praestanda evictione* não elimina de maneira absoluta os efeitos da garantia. A exclusão ou diminuição da proteção devem ser expressas com assunção do risco pelo adquirente: "Art. 448. Podem as partes, por cláusula expressa, reforçar, diminuir ou excluir a responsabilidade pela evicção." "Art. 449. Não obstante a cláusula que exclui a garantia contra a evicção, se esta se der, tem direito o evicto a receber o preço que pagou pela coisa evicta, se não soube do risco da evicção, ou, dele informado, não o assumiu."

Assim, não obstante haver cláusula que exclui a garantia contra a evicção, se esta se der, tem direito o evicto a receber o preço que pagou pela coisa evicta, se não soube do risco da evicção ou, dele informado, não o assumiu.

SUJEITOS DA EVICÇÃO
Evicto: é o adquirente que vem a perder a coisa adquirida. **Alienante:** é aquele que a transfere ao evicto pelo contrato. **Evictor:** é o terceiro que move a ação e vem a ganhar total ou parcialmente o objeto do contrato.

3.10. Extinção e rescisão dos contratos

A extinção do contrato, em regra, ocorre com o pagamento da prestação. No entanto, outras causas que não o pagamento podem extinguir a relação contratual. São elas, segundo Maria Helena Diniz anteriores ou contemporâneas à formação do contrato, ou posteriores à formação do contrato.

1) Causas anteriores ou contemporâneas à formação do contrato:

1.1) Nulidade relativa (arts. 171 e ss. do CC) e nulidade absoluta (arts. 166 e 167, ambos do CC).

1.2) Cláusula resolutiva expressa ou tácita. A cláusula resolutiva expressa é convencionada pelas partes, de maneira que, com sua ocorrência, a rescisão do avençado independe de interpelação judicial. A cláusula resolutiva tácita dá-se pela presunção legal de que o lesado pode, quando houver inadimplemento, requerer, se lhe aprouver, a rescisão do ajuste com perdas e danos. O pronunciamento da rescisão da avença deverá ser judicial. Portanto, o contrato não se rescinde de pleno direito, como ocorre na cláusula resolutiva expressa.

1.3) Direito de arrependimento: as partes podem convencionar um prazo para se arrepender do contrato havido ou em que não pode haver arrependimento.

2) Causas posteriores ou supervenientes à formação do contrato (geram a dissolução do contrato):

2.1) Resolução (causas de resolução contratual):

a) inexecução voluntária – ex.: a não entrega de um boi porque o animal pereceu por falta de alimentação;

b) inexecução involuntária – hipótese de não incidência da culpa (caso fortuito ou força maior);

c) onerosidade excessiva – *rebus sic stantibus*; teoria da imprevisão; revisão dos contratos – art. 317 c/c os arts. 478 a 480 do CC.

2.2) Resilição – dissolução do contrato:

2.2.1) Distrato – dissolução contratual por vontade livre de ambas as partes.

2.2.2) Denúncia – dissolução unilateral do contrato. Só ocorre se estiver prevista em contrato ou nos casos de exceções expressas na lei. Formas de denúncia:

a) renúncia – efetuada por aquele que recebe direitos;

b) revogação – efetuada por aquele que confere direitos.

2.3) Morte de uma das partes em contratos *intuitu personae*.

Considerações:

1) O distrato é acordo em sentido contrário ao disposto no contrato: art. 472 do CC.

2) A resilição unilateral (denúncia) – art. 473 do Código Civil – difere do distrato por não advir de acordo de vontades entre as partes. **Se houve grande investimento para a avença, a denúncia só ocorrerá após prazo razoável.**

3) A resolução – cláusula resolutiva tácita: necessita de interpelação judicial; cláusula resolutiva expressa: basta mera notificação extrajudicial (art. 474 do CC). É facultado à parte lesada requerer a execução contratual ou sua resolução, cabendo, em qualquer caso, perdas e danos.

4) Na resilição, há dissolução dos contratos pela vontade de uma ou de ambas as partes, e, na resolução, não há vontade humana.

3.11. Contratos em espécie

3.11.1. Compra e venda

A compra e venda é a espécie contratual em que uma pessoa qualificada de **vendedora** transfere à outra, denominada **compradora**, o **domínio** de uma **coisa** corpórea ou incorpórea mediante o **pagamento** do **preço** (valor monetário ou fiduciário passível de conversão em pecuniário).

É, pois, o grande instrumento contratual que viabiliza a **transferência** e a **aquisição** da **propriedade**, desde que,

evidentemente, sobrevenha a **tradição** para os **bens móveis** e o **registro** para os **bens imóveis**. Dentro da classificação dos contratos, a compra e venda é considerada como contrato **bilateral**, **oneroso** ou **comutativo**, mas também poderá ser aleatório, consensual **ou** formal , translativo do domínio.

No cotidiano da vida negocial, é comum que seja realizada de maneira informal, com o simples ajuste verbal dos interessados, mas poderá também ser revestida de formalidades se, por exemplo, versar sobre a aquisição de bem imóvel acima de trinta salários mínimos – art. 108 do CC.

As regras relativas à compra e venda serão aplicadas também aos contratos de **troca** ou **permuta** – art. 533 do CC. A troca ou permuta é a espécie contratual que se caracteriza pela entrega recíproca de coisas entre os contratantes, os quais apresentam valores econômicos similares sem que diretamente se envolvam no negócio valores monetários ou fiduciários passíveis de conversão pecuniária.

São **elementos essenciais** específicos da compra e venda o **consentimento**, o **preço** e a **coisa** (objeto).

O **consentimento** é resultado da declaração de vontade como fim negocial.

O **preço** deve ser pago em dinheiro ou em instrumento que o represente, como é o caso de um título de crédito. Compra e venda realizada sem preço será considerada inexistente ou se revestirá em tipo contratual, como é o caso da troca ou permuta ou da doação. Além disso, deve ser pactuado pelas duas partes, sob pena de nulidade (art. 489 do CC).

São requisitos do preço: **a)** expressão de um valor pecuniário ou valor fiduciário passível de ser convertido em valor monetário, em papel-moeda corrente (reais) ou por meio de um bem fiduciário; **b)** seriedade, pois não pode o preço, valor monetário, ser pago de maneira jocosa; **c)** certeza: o preço deve ser certo, indicado com valores específicos, fixado pelas partes envolvidas no contrato – ex.: é nula a cláusula em que o preço fique em aberto.

A coisa ou objeto da prestação contratual deve: **a)** existir – ainda que potencialmente, de forma corpórea ou incorpórea; ex.: um apartamento comprado em fase de préconstrução (imóvel na planta); **b)** ser individuado – indicação das características que lhe sejam próprias e capazes de diferenciá-lo das demais; ex.: compra e venda de um relógio *Cartier* de ouro branco; **c)** ser coisa no comércio – o bem deve estar no comércio jurídico, pois coisa fora do comércio não poderá ser objeto de compra e venda; ex.: direito da personalidade, bens públicos de uso comum, bens clausulados com inalienabilidade; **d)** ser um bem passível de alienação por parte do vendedor – o bem vendido deve integrar o patrimônio do vendedor no momento da alienação.

Importante observar que até o momento da tradição a responsabilidade pelo perecimento da coisa será do vendedor, e os riscos do preço por conta do comprador, segundo o art. 492 do CC.

3.11.1.1. Compra e venda entre ascendente e descendente

A compra e venda entre **ascendente** e **descendente** deve contar com a prévia concordância dos demais descendentes e do cônjuge, exceto em regime de separação obrigatória – arts.

496 e 1.829 do CC. Da mesma maneira ocorre no contrato de troca entre eles quando a coisa do ascendente é mais valiosa que a do descendente. A inobservância da regra gerará a anulabilidade do pacto.

3.11.1.2. Aquisição por aqueles que devem zelar pelo interesse do devedor

Não podem adquirir, quando envolvidos pela função com a coisa ou com o vendedor, os tutores, curadores, testamenteiros, administradores, servidores públicos, juízes, secretários de tribunal, arbitradores, peritos, auxiliares da justiça e leiloeiros, conforme o art. 497 do CC.

3.11.1.3. Compra e venda entre cônjuges

Se o regime matrimonial do casal foi o da comunhão universal, os cônjuges não poderão efetivar compra e venda entre si, já que a ninguém é dado adquirir algo que já lhe pertence. Mas se outro for o regime matrimonial, **lícita** será a realização do negócio sobre **bens excluídos** da **comunhão** – art. 499 do CC.

3.11.1.4. Venda ad mensuram

A coisa vendida deverá ter as **mesmas qualidades** e especificações da amostra, do protótipo ou do modelo, sob pena de considera-se comprada a amostra, de acordo com o art. 484 do CC.

3.11.1.5. Venda à vista de amostra

É a venda feita em função da **quantidade de área** que está sendo vendida. Se a **área** for **menor** que a pactuada, cabe ao comprador ingressar com a ação *ex empto* para ver complementada a área. Se a complementação for impossível, deverá pedir diminuição no preço, *quanti minoris*. se a área for maior, o vendedor poderá exigir do comprador a escolha consistente em devolver o excedente ou pagar o valor da área que excedeu. No entanto, o **vendedor** deverá **provar** que não sabia que a área era maior, pois se presume que quem vende sabe o que está vendendo – art. 500 do CC.

A presunção é de que a venda seja feita *ad corpus*, ou seja, que a referência de área seja simplesmente enunciativa quando a diferença não exceder a 1/20 (um vigésimo) – 5% da área –, ressalvado ao comprador o direito de provar que, se soubesse, não teria praticado o negócio. O prazo para reclamação do adquirente é decadencial de um ano (para as duas partes), a contar do registro do título. Se há atraso na imissão de posse no imóvel pelo alienante, começa-se a contar a partir da referida imissão – arts. 500 e 501 do CC.

3.11.1.6. Cláusulas especiais de compra e venda

3.11.1.6.1. Retrovenda

A **cláusula** de **retrovenda** permite ao **vendedor**, por meio do implemento da condição resolutiva, reaver o imóvel vendido no prazo máximo de decadência de três anos, restituindo ao comprador o preço que lhe foi pago, mais as despesas de transferência; ex.: o indivíduo **A** é proprietário de um imóvel e, por atravessar uma difícil situação financeira, oferece-o a **B**, que realiza a compra com a cláusula de que o restituirá para **A** no prazo de dois anos. Findo o prazo, **B**

poderá recobrar o imóvel alienado para **A**, restituindo a este o preço recebido e reembolsando as despesas do comprador.

Constitui, assim, **condição resolutiva expressa**, ou seja, resolve-se a propriedade do atual proprietário, voltando ao antigo. O direito é plenamente cessível e pode ser exercido contra terceiro, uma vez que este adquiriu propriedade resolúvel – arts. 507 e 1.359 do CC. O **prazo** para o exercício do direito, que se chama **resgate** ou retrato, é de **três anos** e se dá com o depósito do valor pelo antigo proprietário, levando-se em conta as benfeitorias úteis e necessárias implementadas pelo atual proprietário.

Se o comprador **recusar** a retrovenda, o **vendedor** poderá **depositar** em **juízo** o valor, exigindo a entrega da coisa, na forma do art. 506 do CC: "Se o comprador se recusar a receber as quantias a que faz jus, o vendedor, para exercer o direito de resgate, as depositará judicialmente".

Pode ocorrer que mais de uma pessoa tenha direito à retrovenda. Neste caso, se apenas uma o exercer, poderá o comprador intimar as outras para nele acordarem, prevalecendo o pacto em favor de quem haja efetuado o depósito, contanto que seja integral (art. 508 do CC).

3.11.1.6.2. Preempção ou preferência

É o **direito** que tem determinado sujeito de relação jurídica de dizer ao alienante se **compra** ou **não** a **coisa antes** que ela seja **vendida a outrem**. Pode ser **legal** ou **convencional**. Também é conhecida como **prelação**.

3.11.1.6.3. Venda com reserva de domínio

A reserva do domínio consiste na prerrogativa que tem o vendedor de **não transferir** ao comprador a propriedade da coisa móvel alienada até que o **preço** seja **integralmente pago**.

Ao **comprador** somente se **transmite** a **posse** da coisa, devendo o contrato de **compra e venda** com a reserva de domínio ser **registrado** no **domicílio** do **adquirente** do bem, a fim de que possa valer contra terceiros.

Suponha-se que Gustavo adquira um automóvel de Paulo pelo preço de R$ 40.000,00, a serem pagos em quatro parcelas de R$ 10.000,00. No contrato de compra e venda, as partes incluem a cláusula de reserva de domínio. Somente quando Gustavo pagar integralmente o preço a Paulo este terá a propriedade do bem. Caso não pague, poderá Paulo pedir reintegração de posse.

No caso acima, verifica-se uma **venda sob condição suspensiva**, ou seja, até o implemento da condição (evento futuro e incerto), o negócio não se aperfeiçoa, pois o vendedor (alienante) só transmite ao futuro adquirente a posse da coisa; a propriedade só será transmitida depois do pagamento.

Para que tal direito seja **oposto a terceiros**, o contrato deve ser **registrado** no **Cartório de Títulos e Documentos** do **domicílio do comprador**, conforme o art. 522 do CC.

3.11.2. Contrato estimatório

É a espécie contratual que se caracteriza pela **transferência** de uma **coisa móvel** por parte do **consignante** ao **consignatário** por um **prazo predeterminado**, a **fim** de que o bem seja **vendido** pelo **valor ajustado** ou **devolvido** ao **consignante** antes de exaurido o prazo avençado. Exaurido o prazo e não sendo devolvido o bem, o valor ajustado será pago (art. 534 do CC).

Destaca o **Enunciado n. 32 do CJF** (*I Jornada de Direito Civil*): "No contrato estimatório (art. 534), o consignante transfere ao consignatário, temporariamente, o poder de alienação da coisa consignada com opção de pagamento do preço de estima ou sua restituição ao final do prazo ajustado".

Veja-se o seguinte caso ilustrativo: **A** firma com **B** contrato estimatório transferindo a posse da cadeira para **B** pelo prazo ajustado de um ano, ficando acordado que o preço mínimo acertado é de R$ 2.000,00. O indivíduo **B** deixa a cadeira na loja, aguardando o comprador.

Podem ser extraídas quatro hipóteses do caso acima:

Hipótese 1: B pode vender a cadeira ao terceiro interessado, repassando ao indivíduo **A** o preço mínimo ajustado.

Hipótese 2: B, dentro do prazo contratual, paga do próprio bolso os R$ 2.000,00, tornando-se proprietário da cadeira.

Hipótese 3: Antes de expirar o prazo contratual, o indivíduo **B** devolve a cadeira para **A**.

Hipótese 4: O prazo contratual se exaure, a coisa não é restituída por **B** ao indivíduo **A**, sendo o preço ajustado devido pelo consignatário pelo consignante.

O **consignatário** recebe, portanto, do **consignante** determinada coisa para vendê-la, auferindo um lucro específico ao produto da venda. Se a coisa, por qualquer motivo, não for vendida nem restituída, é de **inteira responsabilidade** do **consignatário** pagar ao consignante o preço da coisa, **ainda** que esta tenha **perecido** por **caso fortuito** ou **força maior** – art. 535 do CC.

Contudo, o consignante **não** poderá dispor da **coisa** até que seja ela **restituída** (art. 537, CC). Além disso, a **coisa consignada** não pode ser objeto de **penhora** ou **sequestro** pelos **credores do consignatário** enquanto não for pago integralmente o preço.

3.11.3. Doação

Já se estudou que os contratos são verdadeiros instrumentos representativos dos negócios jurídicos. A realização de um contrato cria, modifica, conserva, transfere e extingue direitos.

A compra e venda é o contrato mais conhecido pelas pessoas e o mais utilizado no dia a dia negocial. Sua marca registrada é a onerosidade e a bilateralidade.

Em contrapartida, existe uma figura contratual que, ao contrário da compra e venda e da quase totalidade dos contratos, **não** contém **obrigação alguma para uma das partes**, sendo que **toda** a **carga obrigacional** é suportada por apenas **um dos contratantes**. Trata-se do **contrato de doação**.

No campo dos direitos reais, já é de rigor que o proprietário tem sobre a coisa (móvel ou imóvel) os mais amplos direitos: usar, gozar, dispor e reavê-la de quem a possua ou detenha indevidamente (art. 1.228 do CC).

Segundo Pablo Stolze Gagliano e Rodolfo Pamplona Filho (2006, p. 96), a doação reforça exatamente esse amplo poder que o titular do domínio tem sobre o objeto de seu direito. Trata-se do grau máximo do exercício da faculdade

do direito real de disposição. O proprietário transfere a coisa gratuitamente para outra pessoa por ato de liberalidade, sem nada exigir em troca.

O art. 538 do CC define a doação como o contrato em que **uma** das **partes**, por **liberalidade**, **transfere bens** ou **vantagens** do seu patrimônio para **terceiro**, mediante sua **aceitação**. O elemento motivador desse tipo contratual é, na maioria dos casos, a realização de ato de beneficência ou de simples e pura liberalidade. Do dispositivo legal, destacam-se as feições que são próprias desse instituto:

A) liberalidade – A doação decorre de um ato de liberalidade. Trata-se de um contrato que é realizado, em regra, sem a exigência de uma contraprestação da outra parte. A carga contratual será suportada pelo doador.

Mas atenção! nem todo ato de liberalidade será considerado uma doação, como é o caso, por exemplo, do testamento.

B) transferência de bens – A transferência deve ser entendida como o ato translativo da titularidade de direito de propriedade sobre uma coisa móvel ou imóvel. Lembrando que, em nosso sistema jurídico, o domínio das coisas se transfere pela tradição, para bens móveis, mediante a simples entrega da coisa (art. 1.267 do CC); já para bens imóveis, por meio da solenidade de transcrição do título aquisitivo no Registro de Imóveis competente (arts. 1.227 e 1.245 do CC).

C) transferência de vantagens – Poderá ser objeto de doação, neste caso, um direito. A designação comumente utilizada para a transferência de vantagens é "cessão gratuita de direitos".

O nosso Código Civil considerou expressamente a doação como um contrato, exigindo para sua formação a intervenção do doador e do donatário. Dessa maneira, temos a distinção do testamento, que é uma liberalidade *causa mortis*, ato unilateral. A doação é um ato bilateral, um contrato, o qual dependerá, para seu aperfeiçoamento, da aceitação do donatário. É um ato *inter vivos*. De se observar que, na doação, existe um **caractere de unilateralidade**, uma vez que a carga contratual fica apenas com uma das partes. A doação é um **contrato bilateral na origem** e **unilateral nos efeitos**.

Destaca-se que mesmo a estipulação de um encargo na doação não desvirtua sua natureza unilateral, já que a existência de encargo não significa que haverá uma contraprestação do donatário, mas, sim, um elemento acidental que condiciona a eficácia do negócio jurídico ao seu cumprimento. O art. 136 diz que o encargo não suspende a aquisição nem o exercício do direito pelo seu titular.

Assim, se alguém recebe a doação de um lote de terra de larga extensão com a o encargo de edificar em 1/4 do bem uma escola para alfabetização de adultos, desde logo já se investe na sua propriedade. Contudo, deverá cumprir com o encargo imposto, sob pena de revogação da doação (art. 562, CC).

O *animus donandi* é a vontade do doador de fazer uma liberalidade, que proporciona ao donatário vantagem à custa do patrimônio daquele. O ato do doador deve ser **espontâneo**. São atos de entrega de uma coisa que não se caracterizam como doação: comodato, depósito, mandato gratuito e serviços gratuitos, ocorrência de usucapião por desídia do proprietário em defender a sua propriedade e a renúncia de herança.

A doutrina moderna afasta da doação os presentes que são dados por ocasião de aniversário, casamento e comemoração de bodas, assim como as gorjetas e esmolas. A existência de encargo não desvirtua a liberalidade.

Não se deve confundir o *animus donandi* com a **renúncia abdicativa** ou com a **renúncia translativa**. Na renúncia abdicativa, a pessoa realiza a renúncia da titularidade de um direito; por exemplo: o credor que faz a remissão da dívida em favor do devedor não havendo uma transferência patrimonial por liberalidade a uma pessoa. Na renúncia, conhecida impropriamente como translativa, o herdeiro renuncia o direito à sua parte na herança em favor de outro herdeiro. Trata-se, em verdade, da hipótese de extinção de um direito. Nesta, uma pessoa renuncia seu direito em favor de outra. Por exemplo, Caio renuncia a sua cota-parte na herança deixada por seu pai em favor de seu irmão Tício.

Em que pese seja a figura do doador a que mais se revele neste tipo contratual, mister se faz o ato de aceitação do donatário como elemento de integração do negócio jurídico. É a necessidade da aceitação pelo donatário que confere ao ato o seu traço contratual (bilateralidade).

3.11.3.1. Formas de aceitação

A aceitação poderá ser realizada de forma **escrita** ou **verbal**. O doador poderá fixar um prazo para que o donatário manifeste se aceitará ou não a doação. É possível, ainda, que a lei considere que houve aceitação tácita do donatário, conforme o art. 539 do CC.

A aceitação também poderá ser **tácita**. Neste caso, sua caracterização dependerá da **prática** de **ato incompatível** com a vontade de não aceitar (por força das circunstâncias). A lei não indica essa espécie de aceitação. Entretanto, será possível considerar que o doador aceitou a doação pela interpretação de sua conduta; exemplo: **A** compra um carro zero quilômetro em uma concessionária de veículos e o doa para **B**. Embora **B** não manifeste o seu interesse em aceitar o carro, este se dirige até a concessionária e, após o registro do bem em seu nome, retira o automóvel e o conduz para a sua garagem.

De outro turno, a doação será **presumida** quando o donatário, ciente do prazo conferido pelo doador, silenciar a respeito da aceitação (por força da lei), mas essa hipótese é restrita para os casos de **doação pura**.

O art. 541 do CC exige a escritura pública ou o instrumento particular para o aperfeiçoamento da doação. A doação verbal só é válida para bens móveis de pequeno valor, desde que a tradição seja imediata.

3.11.3.2. Requisitos da doação

A doação deverá atender – como é curial nos negócios jurídicos – certos requisitos subjetivos, objetivos e formais.

Para a realização da doação, é necessária capacidade civil; tanto o **relativamente** como o **absolutamente** incapaz **não** podem doar, ainda que por meio de seus representantes. Se o fizerem, tal doação é **nula** de **pleno direito**. No que se refere à aceitação da doação, admite-se a condição de donatário para o absolutamente incapaz, desde que a doação seja pura, conforme determina o art. 543 do CC.

O art. 542 do CC menciona que o **nascituro** pode receber doação, desde que esta seja **aceita** pelos **pais**. Lembre-se de que, embora não seja sujeito de direito e não tenha ainda personalidade, a lei assegura, desde a concepção, os direitos do nascituro, por meio do art. 2º do CC.

De se observar que o **nascituro**, para receber a doação, deverá **nascer vivo**. Caso venha a nascer morto (natimorto), o contrato de **doação** irá **caducar**. Se tiver apenas um segundo de vida, receberá a doação, que será transferida, por decorrência de sua morte, aos seus sucessores. Neste caso, seus pais receberão a doação (art. 1.829, II, do CC). Trata-se de uma condição suspensiva (art. 125 do CC), que condiciona o recebimento da doação ao nascimento com vida.

Algumas espécies de doação, além da capacidade civil das partes envolvidas, exigem também uma capacidade especial, denominada **legitimação**, em razão de uma situação peculiar; por exemplo, é absolutamente necessário, como critério de legitimação da doação, que o cônjuge que doa obtenha a outorga do outro.

Desse modo, nos casos de doação feita por pessoa casada, com exceção dos casos de matrimônios realizados sob regime de separação absoluta, separação obrigatória ou participação final nos aquestos (neste último caso, desde que conste em pacto antenupcial a possibilidade de livre alienação de bens imóveis), sendo o regime matrimonial da **comunhão universal** de bens, fica vedada a doação de coisas entre os cônjuges, na medida em que a propriedade dos bens de ambos é comum, não sendo, portanto, possível o proprietário de um bem ser donatário desse próprio bem. Também proibida a doação de bens que integrem o patrimônio do falecido ou do insolvente, uma vez que a doação em questão pode caracterizar fraude contra credores, permitindo ao credor prejudicado propor ação pauliana e requerer a nulidade da doação feita a terceiro pelo falecido ou insolvente.

3.11.3.3. Principais espécies de doação

As principais espécies de doação estão apresentadas no seguinte quadro:

ESPÉCIES DE DOAÇÃO	EFEITOS
PURA E SIMPLES	Transferência do patrimônio, de um bem ou de uma vantagem do doador para o donatário, sem qualquer contraprestação deste.
ONEROSA	Contém um modo ou encargo. O donatário recebe o bem ou vantagem em seu patrimônio, mas, em contrapartida, deve desenvolver uma conduta a favor do doador, de terceiro ou de si próprio.
REMUNERATÓRIA	Realizada em razão de pagamento de dívida já inexigível. Neste caso, ela perderá o conteúdo de liberalidade se não exceder o valor da prestação do serviço que se tem em mira remunerar, tendo em vista que, diante dessa situação, haverá *animus solvendi* e não *donandi*.

MISTA	Resulta de um contrato oneroso; ex.: o devedor da quantia de R$ 1.000,00 paga ao credor R$ 1.500,00. A doação recai, portanto, sobre a diferença.
SOB CONDIÇÃO	Realizada com condição suspensivaou resolutiva.
COM CLÁUSULA DE REVERSÃO	A cláusula de reversão somente poderá dar-se em benefício do donatário, jamais de terceiros ou herdeiros daquele.
CONJUNTIVA	Tem como donatários uma pluralidadede sujeitos.

3.11.3.4. Restrições à doação

A realização da doação sofre restrições nos casos em que for feita: por pessoa já insolvente – art. 158 do CC; sobre todos os bens do doador, sem deixar nada que garanta sua subsistência – art. 548 do CC; recaindo sobre parte indisponível do patrimônio do doador em testamento, conhecida como doação inoficiosa – art. 549 do CC; pelo cônjuge adúltero ao seu cúmplice (a anulação pode ser proposta até 2 anos após a dissolução do casamento, cabendo a qualquer herdeiro ou ao cônjuge inocente propugnar).

3.11.3.5. Invalidade do contrato de doação

A **invalidade** põe fim à doação, seja por **nulidade** – art. 166 do CC – seja por causa de **anulabilidade**.

A nulidade poderá ser declarada por **motivos pecuniários**, nos termos do arts. 548, 549 e 550 do CC, em decorrência de: **a)** doação de todos os bens sem reserva de parte ou renda suficiente para a subsistência do doador; **b)** doação quanto à parte que exceder à de que o doador, no momento da liberalidade, poderia dispor em testamento; **c)** doação do cônjuge adúltero ao seu cúmplice, a qual pode ser anulada pelo outro cônjuge ou por seus herdeiros necessários até 2 anos depois de dissolvida a sociedade conjugal.

Não se olvide que os **vícios de consentimento** ou **vícios de ordem social** afetam a lisura do negócio. Assim, o erro, o dolo, a coação, a lesão, o estado de perigo e, ainda, a fraude contra credores e a simulação poderão eivar de nulidade a doação realizada.

3.11.3.6. Revogação da doação

O ato gratuito de disposição patrimonial poderá ser revogado pelo doador nas seguintes hipóteses: **a)** por ingratidão do donatário; ou **b)** por inexecução do encargo.

Ingratidão do donatário – O art. 557 do CC dispõe que podem ser revogadas por ingratidão as doações: **I** – se o donatário atentou contra a vida do doador ou cometeu crime de homicídio doloso contra ele; **II** – se cometeu contra ele ofensa física; **III** – se o injuriou gravemente ou o caluniou; **IV** – se, podendo ministrá-los, recusou ao doador os alimentos de que este necessitava. Em todos os casos, ainda que o ofendido seja cônjuge, ascendente, descendente, ainda que adotivo ou irmão do doador, haverá a figura da ingratidão.

Em todos estes casos, ainda, a **revogação** deverá ser **pleiteada** dentro de **um ano**, a contar de quando chegue ao conhecimento do doador o fato que a autorizar, e ter sido o donatário o seu autor.

O direito à revogação é **personalíssimo**, assim, **não** será passível de **transmissão** aos **herdeiros** do doador; contudo, caso o doador já tenha iniciado a manifestação de exercício do direito, seus herdeiros poderão dar continuidade à sua vontade de revogar a doação anteriormente feita.

Mas se a morte do doador se deu por homicídio doloso praticado pelo donatário, os herdeiros do doador terão o direito ao exercício da ação para ver revogada a doação feita pelo *de cujus*. O **Enunciado n. 33 do CJF** (*I Jornada de Direito Civil*) assim dispõe: "O novo Código Civil estabeleceu um novo sistema para a revogação da doação por ingratidão, pois o rol legal previsto no art. 557 deixou de ser taxativo, admitindo, excepcionalmente, outras hipóteses".

Em caso de **crime doloso contra a vida do doador**, **ofensa física**, **injúria** (art. 140 do CP – ofensa ao decoro ou dignidade), **calúnia** (art. 138 do CP – imputação de fato definido como crime) ou **negativa de alimentos** pelo donatário ao doador quando este poderia prestá-los, o art. 563 do CC dispõe que "A revogação por ingratidão não prejudica os direitos adquiridos por terceiros, nem obriga o donatário a restituir os frutos percebidos antes da citação válida; mas o sujeita a pagar os posteriores, e, quando não possa restituir em espécie as coisas doadas, a indenizá-la pelo meio termo do seu valor".

Inexecução do encargo – Havendo encargo determinado, este deve ser cumprido (art. 555 do CC). O art. 562 do CC prescreve que a doação onerosa poderá ser revogada por inexecução do encargo, desde que o donatário incorra em mora; não havendo prazo para seu cumprimento, o doador poderá notificar judicialmente o donatário, assinando-lhe prazo razoável para que cumpra a obrigação assumida.

Se o **donatário** estiver em **mora**, não cumprindo o encargo que lhe foi imposto, o **doador** poderá **reclamar** a **restituição da coisa doada**, sem responsabilização por perdas e danos.

Importante frisar que a revogação por ingratidão **não prejudica os direitos adquiridos por terceiros**, nem obriga o **donatário** a **restituir os frutos percebidos antes da citação válida**. Contudo, obriga este a pagar os posteriores e, quando não possa restituir em espécie as coisas doadas, a indenizar pelo meio-termo do seu valor – art. 563 do CC.

Vale ressaltar que não se **revogam** por ingratidão: **I** – as doações puramente remuneratórias; **II** – as oneradas com encargo já cumprido; **III** – as que se fizerem em cumprimento de obrigação natural; e **IV** – as feitas para determinado casamento.

Por fim, acrescenta-se que não se pode renunciar antecipadamente ao direito de revogar a liberalidade por ingratidão do donatário.

3.11.4. Locação de coisas

O Projeto do Código Civil de 1916, elaborado por Clóvis Beviláqua, repetiu a formulação da locação concebida no direito romano: a) *locatio conductio rei* (**locação de coisa**); b) *locatio conductio operarum* (**locação de serviço**); e c) *locatio conductio operis* (**locação de obra**).

A Lei Federal **8.245/1991**, Lei de Locação Predial Urbana (LLPU), tem por objetivo regular as locações de imóveis urbanos para fins residenciais e não residenciais. A locação de bens móveis e de imóveis rurais é regulada pelo Código Civil de 2002 e pelo Estatuto da Terra (Lei 4.504/1964).

A lei do inquilinato foi objeto de alteração legislativa com a edição da Lei 12.112/2009.

O Código Civil de 2002 não revogou a Lei 8.245/1991. Existem situações em que a locação poderá ser regida tanto pelo Código Civil como por leis especiais, nos termo do parágrafo único do art. 1º da LLPU c/c com a art. 2.036 do CC: **a)** locação de coisa móvel; **b)** imóvel rural para exploração de atividade produtiva ou não; **c)** imóveis de propriedade da União (Decreto-lei n. 9.760/46), dos Estados, dos Municípios e de suas autarquias e fundações públicas; **d)** vagas autônomas de garagens ou espaços para estacionamentos de veículos; **e)** espaços destinados à publicidade; **f)** locação em apart-hotéis, hotéis, residência ou equiparados, assim considerados aqueles que prestam serviços regulares a seus usuários e, como tais, sejam autorizados a funcionar; e **g)** arrendamento mercantil em qualquer de suas modalidades.

A locação é um contrato que tem por objeto a **cessão temporária** do **uso** e o **gozo** de bem **infungível** mediante **remuneração** (aluguel).

São partes do contrato de locação o **locador**, senhorio ou arrendador e o **locatário**, também conhecido popularmente como inquilino ou arrendatário.

Somente poderá ser **locador** aquele que for titular do direito de uso e gozo do bem infungível. Assim, o proprietário da coisa terá a prerrogativa de locá-la a quem bem entender por decorrência dos direitos inerentes à propriedade (art. 1.228 do CC). Além do proprietário, poderão ser locadores: **usufrutuário** – art. 1.394, CC; **credor anticrético** – art. 1.506, CC; **locatário** de imóvel urbano com contrato por escrito **que permita a sublocação** – art. 13 da LLPU; e **todos** aqueles, salvo vedação expressa, que **detiverem** o **poder de administração** do bem.

Já o **locatário** poderá ser qualquer pessoa que tenha o **poder de cessão** de uso da coisa. O próprio ente estatal poderá ser locatário de bem pertencente a particular, fato este que dará ensejo à aplicação dos princípios norteadores da lei do inquilinato.

Nos termos do art. 2º da LLPU, na hipótese de diversidade de locadores e locatários, aplicar-se-ão os dispositivos relativos à solidariedade na regência de seus direitos e obrigações, conforme os arts. 264 a 285 do CC.

O **objeto da locação** poderá ser a cessão do uso de bem infungível ou de seu uso e gozo. O locatário passa a ter o direito de usar a coisa, extraindo dela todas as suas utilidades. A locação pode ser realizada para uso próprio do inquilino ou, indiretamente, para o uso de sua família. Já o direito de gozo tem o significado de exploração econômica da coisa pela fruição de seus frutos ou produtos. Ex.: o locatário de um imóvel rural que o utiliza tanto para a sua moradia quanto para o plantio de milho.

A doutrina, em geral, afirma que são **elementos essências** da locação:

Onerosidade – pagamento de aluguel em retribuição à cessão de uso e gozo sob pena de se caracterizar contrato de comodato.

Temporalidade – a duração temporária da cessão de uso e gozo é um caractere imanente à locação. A transferência definitiva do uso e fruição é peculiar da compra e venda. O art. 3º da LLPU dispõe que o contrato de locação poderá ser ajustado por qualquer prazo, dependendo de autorização conjugal (da esposa ou do marido) do locador ou do locatário se for igual ou superior a dez anos.

Infungibilidade – O objeto da locação deve ser bem infungível. Se fungível o bem, a figura contratual será a do mútuo. A cessão de uso temporário poderá abranger a totalidade ou uma parte do imóvel. Ao término do contrato de locação, o locatário deverá restituir o bem para o locador. Neste ponto, aplicam-se também as disposições do Código Civil que vertem sobre a obrigação de restituir e a responsabilidade pela perda ou deterioração da coisa (arts. 238 e 239), bem como pelos acréscimos nela experimentados com ou sem obra do locatário (arts. 241 e 242).

A locação é um contrato **oneroso**, visto que cada contratante busca obter para si determinada vantagem, havendo propósito especulativo. Para que a locação tenha validade, não é necessário o preenchimento de qualquer formalidade pelos contratantes, sendo, assim, um contrato **não solene**.

É **consensual** o contrato porque se aperfeiçoa pelo simples consentimento das partes; e de **trato sucessivo** ou **execução continuada** porque a relação jurídica locatícia se prolonga no curso do tempo. O locador cede para o locatário o bem para ser este usado por tempo **determinado** ou **indeterminado**.

Quando em contrato por escrito (de 30 meses ou mais de prazo de locação), a resolução opera-se com o fim do prazo (art. 46 da Lei de Locação); esta é a denúncia vazia. No entanto, continuando, o locatário, sem oposição do locador, no imóvel por mais de trinta dias, opera-se a prorrogação contratual por tempo indeterminado. Operada tal prorrogação, só haverá retomada do imóvel com notificação prévia a 30 dias da data da pretensa retomada.

O Código Civil trata da locação da coisa móvel; a locação urbana de imóveis é regulamentada, por sua vez, pela Lei 8.245/1991, e a locação rural pelo estatuto da terra – Lei 4.505/64. A locação é também chamada de arrendamento, e as partes envolvidas são denominadas locador ou arrendador, locatário ou arrendatário ou, ainda, inquilino.

Vigente o contrato de locação de coisa móvel por prazo determinado, pela regra geral, o locador não poderá exigir a devolução da coisa locada, nem o locatário poderá devolver antes de exaurido o prazo contratual avençado.

Podem, no entanto, tanto o locador quanto locatário pôr fim à locação por prazo determinado. Deverá qualquer um dos interessados pagar uma indenização como forma de compensação à parte prejudicada (a indenização deve ser proporcional ao tempo de existência do contrato). O locatário pode exercer o seu direito de retenção e não restituir a coisa locada ao locador até que a indenização devida lhe seja paga (ver, em efeitos particulares do contrato: direito de retenção). Nestes casos, o locatário terá direito à retenção por benfeitorias necessárias e também à retenção por benfeitorias úteis, se estas foram concluídas com a autorização do locador (art. 578 do CC).

Caso haja alienação durante a locação, o que ocorre? Se, por exemplo, o indivíduo A, locador pelo prazo de 30 meses, cede ao indivíduo B, locatário, uma coisa (móvel ou imóvel) firmando um contrato de locação, nos 20 meses de vigência do contrato a coisa é vendida pelo indivíduo A para o indivíduo C.

A rigor, o terceiro não é obrigado a manter a locação, podendo denunciar o contrato e obrigar o indivíduo B locatário a devolver a coisa. Neste caso, deverá notificar o locatário e respeitar prazo de 90 dias. Contudo, se o contrato estiver, no caso de bem móvel, registrado no cartório de títulos e documentos e, no caso de bem imóvel, no cartório de registro de imóveis, e houver cláusula expressa no contrato de locação resguardando o locatário no caso de alienação, o comprador da coisa será obrigado a respeitar referida locação.

Diz a **Súmula 442 do STF**: "A inscrição do contrato de locação no Registro de Imóveis, para a validade da cláusula de vigência contra o adquirente do imóvel, ou perante terceiros, dispensa a transcrição no Registro de títulos e Documentos".

3.11.5. Empréstimo

O Código Civil designa com o vocábulo empréstimo dois contratos: o comodato e o mútuo. Ambos têm por objeto a entrega de uma coisa, para ser usada e depois restituída. Diferenciam-se, todavia, profundamente, sendo o primeiro empréstimo para uso apenas, e o segundo para consumo.

3.11.5.1 Comodato

O comodato é o contrato de empréstimo em que uma pessoa, denominada **comodante**, transfere a outra, qualificada de **comodatária**, a posse de **coisa infungível**, de maneira **gratuita** e **temporária**, com o dever de **restituição** do bem ao comodante pelo comodatário quando exaurido o prazo contratual ou, ainda, quando o comodante exigir. Ex.: empréstimo de um carro, de um imóvel ou de dinheiro estampado em moedas antigas não mais em circulação. Consoante o art. 579 do CC: "O comodato é o empréstimo gratuito de coisas não fungíveis. Perfaz-se com a tradição do objeto".

O comodato é empréstimo para **uso**, portanto, ao final da relação, deve ser devolvida a mesma coisa emprestada, e não outra (coisa infungível). É **contrato real**, pois se torna perfeito no momento da entrega da coisa. Pode ocorrer, contudo, em situações específicas, que se dê o **comodato de coisa fungível** ou **consumível**. Dá-se nas situações em que uma coisa fungível é emprestada, mas deverá ser ela mesma restituída, sem a possibilidade de se restituir outra de mesmo gênero, quantidade e qualidade; são exemplos o empréstimo de frutas ornamentais para decoração ou o empréstimo de garrafas de uísque de marcas raras para ornamentação. Nestes casos, diz-se que houve *comodatum ad pompam vel ostentationem*.

O comodante deverá ser titular do direito para que possa emprestar a coisa. O art. 580 do CC dispõe sobre a possibilidade de comodato firmado por aqueles que têm os bens confiados à sua guarda: "Os tutores, curadores e em geral todos os administradores de bens alheios não poderão dar em comodato, sem autorização especial, os bens confiados à sua guarda".

O contrato de comodato poderá ser firmado com **prazo determinado** ou **indeterminado**. Se o comodato não tiver prazo convencional, presumir-se-á o necessário para o uso concedido, não podendo o comodante, salvo necessidade imprevista e urgente, reconhecida pelo juiz, suspender o uso e gozo da coisa emprestada antes de findo o prazo convencional ou o que se determine pelo uso outorgado (art. 581 do CC). Além disso, se duas ou mais pessoas forem simultaneamente comodatárias de uma coisa, ficarão solidariamente responsáveis para com o comodante (art. 585 do CC).

As obrigações do comodatário estão descritas no art. 582 do CC: **a)** conservar a coisa como se fosse sua; **b)** usá-la de forma adequada; **c)** restituí-la, quer seja pelo termo (futuro e certo) pactuado, quer seja pelo esgotamento do uso a que esta se destina (não restituindo, passará o comodatário a pagar aluguel arbitrado pelo comodante sobre a coisa, já que estará em mora, com posse injusta). O comodante, ante a mora do comodatário, poderá propor ação de reintegração da posse acumulada com o pedido do pagamento de aluguéis durante o prazo do exercício possessório injusto do comodatário; e **d)** indenizar o comodante. O comodatário será obrigado a indenizar o comodante no caso de perecimento, ainda que não culposo, quando antepuser ao salvamento suas coisas à coisa emprestada, conforme o art. 583 do CC.

Exemplificando: ocorre um alagamento na casa de João, e este, por contrato de comodato, tinha uma motocicleta de José emprestada, sob termo de comodato. Neste caso, se João salvar todas as suas coisas ou parte de suas coisas, antepondo estas ao salvamento da coisa emprestada, ainda que haja excludente de culpabilidade (caso fortuito ou força maior), se houver perecimento da coisa emprestada, ele deverá indenizar José.

O comodato é um **contrato unilateral**, pois apenas o comodante tem um dever contratual a cumprir, qual seja: restituir ao comodante aquilo que lhe foi emprestado no momento da formação do contrato. Não se pode cogitar de prestação e contraprestação, pois a entrega da coisa pelo comodante não é prestação, e sim condição de aperfeiçoamento do negócio. Assim, temos também que se trata de **contrato real**, pois este só se perfaz com a entrega efetiva da coisa.

O dever de restituição, nos contratos de prazo determinado, surge no momento em que se exaure o termo.

É **contrato gratuito**, pois, no contrato de comodato, apenas o comodatário aufere vantagens na relação contratual estabelecida, uma vez que o comodatário, durante a vigência do contrato, poderá usar e gozar da coisa emprestada.

Pode ser *intuitu personae*, ou seja, personalíssimo. Neste caso, não haverá sucessão *mortis causa* da posição contratual.

Pode restar extinto quando firmado por prazo determinado, por advento do termo. Ou pelo término do uso, nos casos de contrato firmado por prazo determinado ou indeterminado. Poderá haver resolução por uso indevido da coisa. A extinção também poderá ocorrer por sentença, provada a necessidade do comodante, ou, ainda, pela morte do comodatário, se foi instituído *intuitu personae*.

3.11.5.2. Mútuo

A definição jurídica do contrato de mútuo está descrita no art. 586 do CC, que diz que o mútuo é o empréstimo de coisas fungíveis pelo qual o **mutuário** é obrigado a **restituir** ao **mutuante** o que dele recebeu em coisa do mesmo gênero, qualidade e quantidade.

A transferência da propriedade fungível é realizada a título gratuito, com ou sem determinação de prazo. Não se admite, contudo, que seja perpétuo, sob pena de se caracterizar doação. Quando for **prazo determinado,** o vínculo contratual se exaure no instante em que o prazo contratual se esgota, isto é, no momento em que ocorre o termo do contrato.

No entanto, quando o mútuo for por **prazo indeterminado**, o fim do vínculo contratual ocorrerá quando da observância de algumas das hipóteses do art. 592 do CC: **a)** até a próxima colheita, se for de produtos agrícolas, tanto para o consumo como para semeadura; **b)** de trinta dias, pelo menos, se for de dinheiro; e **c)** do espaço de tempo que declarar o mutuante, se for de qualquer outra coisa fungível.

Findo o empréstimo, o mutuário é obrigado a restituir a coisa recebida; ex.: empréstimo de certa quantia em dinheiro ou de certa quantidade de um gênero alimentício.

A característica marcante dessa espécie contratual é, portanto, a **translatividade do domínio** dessa espécie contratual – art. 587 do CC. O contrato de mútuo viabiliza a transferência da coisa.

O mútuo realizado a **menor**, em consonância com os arts. 588 e 589 do CC, **não** poderá ser reavido nem do mutuário e nem de seus fiadores, exceto:

1) se ratificado posteriormente pelo responsável de cuja autorização necessitava para contrair o empréstimo ou, se ausente essa pessoa, o menor tenha se visto obrigado a realizá--lo para aquisição de seus alimentos habituais;

2) se o menor tiver bens ganhos com o seu trabalho, desde que a execução não ultrapasse o valor desses bens;

3) se o empréstimo reverteu em benefício do menor; ou

4) se o menor obteve o empréstimo maliciosamente.

Além disso, o mutuante, caso o mutuário sofra notória diminuição de patrimônio, poderá exigir garantia para a restituição da coisa emprestada.

O mútuo, assim como o comodato, é um **contrato real**, visto que a formação desta espécie contratual depende necessariamente da proposta e da aceitação, bem como da transferência efetiva da coisa objeto do contrato, residindo no fato da entrega efetiva da coisa o caráter real do contrato.

É **unilateral** porque gera dever contratual apenas para uma das partes envolvidas no contrato. Apenas o mutuário tem dever contratual a cumprir, qual seja: restituir ao mutuante a coisa que lhe foi emprestada findo o prazo contratual.

É **gratuito**, pois apenas o mutuante aufere vantagem. Apesar de ser este um traço marcante do mútuo, atente-se para a **exceção** nos casos de celebração de **mútuo feneratício**.

O mútuo feneratício consiste em **empréstimo de dinheiro** com **cobrança de juros**. Neste caso, o contrato de mútuo passa a ser oneroso, na medida em que ambas as partes envolvidas na avença auferem vantagens patrimoniais. O mutuário, o dinheiro emprestado e o mutuante, os juros pagos pelo mutuário, ex.: indivíduo **José** empresta R$ 100.000,00 ao indivíduo **João** pelo prazo determinado de um ano, com a

cobrança de 12% de juros; findo o prazo **João** vai restituir R$ 112.000,00 a José (vantagens recíprocas para ambas as partes).

É de se ressaltar, assim, que tanto o mútuo gratuito quanto o oneroso são contratos unilaterais.

O **Enunciado n. 34 do CJF** (*I Jornada de Direito Civil*) assim determina: "No novo Código Civil, quaisquer contratos de mútuo destinados a fins econômicos presumem-se onerosos (art. 591), ficando a taxa de juros compensatórios limitada ao disposto no art. 406, com capitalização anual".

O mútuo é, em regra, um contrato **não solene**, podendo inclusive ser firmado de forma verbal. No entanto, **quando oneroso**, este deve ser **firmado** por **escrito**, entendendo parte da doutrina que esse fato torna-o, nessa hipótese, um **contrato de natureza solene**, conforme se pode extrair do aduzido art. 591 do CC: "Destinando-se o mútuo a fins econômicos, presumem-se devidos juros, os quais, sob pena de redução, não poderão exceder a taxa a que se refere o art. 406, permitida a capitalização anual".

3.11.6. Prestação de serviços

As partes da prestação de serviços são o **prestador** e o **tomador**. Nessa espécie contratual, uma pessoa, mediante **retribuição pecuniária**, **desenvolve** uma **atividade material** ou **imaterial** temporariamente a favor de outra, com a finalidade de atender a uma necessidade requerida.

O art. 593 do CC é taxativo ao dizer que não estarão compreendidos no regramento do contrato de prestação civil os **contratos de trabalho** (individual ou avulso) regulados pela legislação trabalhista e demais leis especiais.

O **prazo máximo** de duração do contrato é de **4 anos** – art. 598 do CC –, ainda que não esteja o serviço contratado concluído. Assim, decorridos 4 anos, o contrato findará.

Salienta-se que não se computa no prazo do contrato o tempo em que o prestador de serviços, por sua culpa, deixou de prestar seus serviços. Se o contrato não dispuser de maneira clara a especificidade do serviço a ser prestado, a presunção é de que prestará todo serviço que tiver compatibilidade com suas forças e condições, conforme art. 601 do CC.

O serviço tem de ser prestado por quem tenha **habilitação** para tanto, pois, se este for realizado por quem não possua título de habilitação ou não satisfaça requisitos outros estabelecidos em lei, não poderá quem os prestou cobrar a retribuição normalmente correspondente ao trabalho executado.

Mas, se do serviço prestado resultar benefício para a outra parte, o juiz atribuirá a quem o prestou uma compensação razoável, desde que tenha agido com boa-fé, exceto nas situações em que a proibição da prestação de serviço resultar de lei ou da ordem pública (ex.: prestação de serviços médicos por pessoa não habilitada).

Se o contrato for de **prazo indeterminado** e não se puder inferir, da natureza do contrato ou do costume do lugar, o prazo de duração, qualquer das partes, a seu arbítrio, mediante prévio aviso, pode resolver o contrato. Neste caso, o aviso dar-se-á: I – com antecedência de 8 dias, se o salário se houver fixado por tempo de um mês ou mais; II – com antecipação de 4 dias, se o salário se tiver ajustado por semana ou quinzena; ou III – de véspera, quando se tenha contratado por menos de 7 dias.

É de se ressaltar, no entanto, que se o prestador de serviço é contratado por tempo certo ou por obra determinada, não pode se ausentar ou pedir demissão sem justa causa antes de preenchido o tempo ou concluída a obra.

No caso de dispensa sem justa causa, este terá direito à retribuição vencida, mas responderá por perdas e danos. O mesmo dar-se-á se despedido por justa causa, conforme art. 602 do CC. Mas se o prestador de serviço for despedido sem justa causa, a outra parte será obrigada a pagar-lhe por inteiro a retribuição vencida e por metade a que lhe tocaria de então ao termo legal do contrato – art. 603 do CC.

O contrato de prestação de serviços denota a incidência de deveres laterais ou de contorno perante terceiros, visto que aquele que aliciar pessoas obrigadas em contrato escrito a prestar serviço a outrem pagará a este a importância que ao prestador de serviço, pelo ajuste desfeito, houvesse de caber durante 2 anos – art. 608 do CC.

O contrato de prestação de serviços é **bilateral**, pois gera deveres a ambas as partes contratantes. É também **oneroso**, pois ambas as partes auferem vantagens. Perfaz-se por simples acordo de vontades, sendo, assim, **consensual** e pode ser **verbal**, não requerendo, portanto, solenidade ou formalidade específica.

São motivos de extinção do contrato de prestação de serviços:

a) a morte de qualquer das partes;

b) o escoamento do prazo;

c) a conclusão da obra;

d) a rescisão do contrato mediante aviso prévio; e

e) o inadimplemento de qualquer das partes ou a impossibilidade da continuação do contrato, motivada por força maior.

É de se destacar que a alienação do prédio agrícola, na qual a prestação dos serviços se opera, não importa a rescisão do contrato, ressalvada ao prestador a opção entre continuá-lo com o adquirente da propriedade ou com o primitivo contratante, conforme o art. 609 do CC.

3.11.7. Empreitada

A empreitada se caracteriza pela **entrega** de uma **obra** por parte do **empreiteiro**, mediante **retribuição monetária** paga pelo outro contratante denominado **dono da obra**, que determina as instruções para a construção que é realizada pelo empreiteiro ou terceiro por ele designado sob sua inteira responsabilidade. Ex.: construção de uma casa, prédio ou estádio de futebol.

Diferencia-se da construção por administração, pois, ao contrário, aqui o empreiteiro assume todos os encargos técnicos e riscos econômicos da obra, custeando-a por preço previamente combinado, que não poderá ser reajustado (exceto convenção em contrário), ainda que as condições de trabalho se modifiquem (ex.: preço do material).

O empreiteiro de uma obra pode contribuir para ela só com seu trabalho (empreitada de mão de obra ou de lavor) ou com ele e os materiais (empreitada mista), consoante dispõe o art. 610 do Código Civil.

Na empreitada, o empreiteiro pode invocar o direito de retenção, desde que tenha cumprido com todas as suas obrigações contratuais.

O contrato de empreitada é diferente do contrato de prestação de serviços, no tocante:

a) à subordinação: na prestação de serviço, o prestador está subordinado à outra parte, cumprindo suas ordens para a realização do serviço, sem, no entanto, manter vínculo empregatício. Na empreitada, não há subordinação, tendo o empreiteiro plena autonomia para realizar a obra, mediante mera instrução;

b) à responsabilidade por danos: na prestação de serviço, se a atividade prestada gerar dano a alguém, a responsabilidade civil, a rigor, não é do prestador de serviço, mas, sim, do tomador, o que, em geral, não acontece na empreitada, em que a responsabilidade civil é inteiramente do empreiteiro;

c) ao objeto: o objeto da prestação de serviços refere-se a atividade material ou imaterial, sendo, em regra, uma obrigação de meio, enquanto a empreitada tem como objeto a realização de uma obra, sendo, portanto, uma obrigação de resultado;

d) à remuneração: na prestação de serviço, a remuneração é uma retribuição pecuniária, paga de acordo com a atividade desenvolvida. Na empreitada, a remuneração é qualificada como preço, devendo ser paga de uma vez só quando finda a obra objeto do contrato ou por etapa alcançada.

Em regra, o contrato de empreitada é **bilateral**, pois gera deveres para ambas as partes. É um contrato **oneroso**, pois ambas as partes auferem vantagens advindas da contratação. É **comutativo**, pois, em regra, a empreitada não envolve riscos; uma vez que o preço é pago para conclusão de atividade certa e determinada, as partes envolvidas já sabem o que têm de cumprir; não há incerteza. Perfaz-se pelo simples **consenso** entre as partes, sendo, assim, um contrato consensual. Além disso, **não há solenidade** tida como essencial em lei sendo, portanto, **não solene**; e, por fim, é de **execução continuada**, pois seu cumprimento se protrai no tempo.

3.11.8. Depósito

As partes do contrato de depósito são o depositante e o depositário. **O depósito** é o contrato em que uma pessoa qualificada de **depositante transfere temporariamente**, de forma **gratuita** (em regra), uma **coisa móvel** e **infungível** a outra pessoa, qualificada de **depositário**, a fim de que ela tome a custódia do bem e o **restitua** quando findo o prazo contratual avençado ou quando o depósito assim o exigir.

Há, contudo, **exceção** à necessidade de restituição imediata da coisa pelo depositário. O art. 643 do CC dispõe que o **depositante** é obrigado a **pagar** ao **depositário** as **despesas** feitas com a coisa e os prejuízos advindos do depósito.

Desse modo, é direito do depositário cobrar do depositante as **despesas com a conservação** da coisa. Caso o depositante exija de volta a coisa e não pague tais despesas, o depositário poderá **reter a coisa** consigo até que tais verbas lhe sejam pagas (art. 644 do CC).

No contrato de depósito, há **desmembramento possessório** em linha vertical (verticalização possessória): o depositante será possuidor indireto, e o depositário será possuidor direto.

Trata-se de **contrato unilateral**, pois apenas uma das partes assume dever. É, em regra, **gratuito**, pois apenas uma das partes aufere vantagem. Mas nada obsta que venha a ser oneroso por convenção das partes, resultante de atividade negocial, ou se o depositário o praticar por profissão.

Nestes casos, se a retribuição do depositário **não constar de lei** ou **não resultar de ajuste**, será **determinada** pelos **usos do lugar**, e, na falta destes, por arbitramento, conforme art. 628 do CC.

A exemplo do mútuo e do comodato, o depósito, para sua formação, depende do consentimento do depositante e do depositário, bem como da transferência da posse da coisa objeto do contrato por parte do depositante ao depositário. Só se perfaz com a entrega efetiva da coisa, sendo, portanto, considerado como um **contrato real**.

O depositário deve **guardar** e **conservar** o bem dado em depósito. Diferentemente do comodato, no caso do depósito, o uso não é o objeto central do objeto. O depositante pode até utilizar a coisa emprestada, mas isso não é o objeto principal do contrato. O **principal é a guarda**.

Além disso, o **objeto** do depósito deve ser **infungível** porque o depositário deve restituir ao depositante o que lhe foi conferido, e não outra coisa. A doutrina e a jurisprudência têm admitido a possibilidade de depósito de bem imóvel.

O depósito comporta as seguintes espécies: voluntário e necessário

Destaca-se que o art. 649 do CC equipara os **depósitos voluntários** e **necessários** ao das **bagagens** dos viajantes ou hóspedes nas hospedarias onde estiverem.

O hospedeiro responderá não somente pela guarda da bagagem dos hóspedes, mas também pelos furtos e roubos que eventualmente forem realizados por seus empregados. Mas essa responsabilidade é limitada a certos tipos de bens que o turista ou viajante costume levar consigo, tais como peças de roupa e miudezas de uso pessoal. Os demais objetos de valor (como joias preciosas ou altas somas em dinheiro) não estão compreendidos no âmbito de responsabilidade do hospedeiro, salvo por ato culposo deste último.

Nas **relações hoteleiras**, aplicam-se o **Código Civil** e o **Código de Defesa do Consumidor** – e, portanto, a responsabilidade do hoteleiro é objetiva. Além disso, o art. 51 do CDC anula de pleno direito as cláusulas que eventualmente o estabelecimento hoteleiro disponha para que não haja responsabilidade sua pela guarda dos bens do hóspede.

É de se realçar que o dispositivo em tela aplica-se ao contrato de hospedagem, estendendo-se aos internatos, colégios, hospitais e outros locais que forneçam leito, e não apenas comida e bebida.

No **depósito irregular**, aplicam-se regras do contrato de mútuo (admite-se bem fungível); em que pese no mútuo, em regra, o mutuante deva aguardar o lapso temporal do contrato para exigir a coisa de volta, no depósito, o depositante poderá exigi-la a qualquer momento. Quando o **depositário não restituir** ao depositante a coisa, caso o prazo tenha exau-

rido, este passa a praticar o chamado esbulho possessório, conforme arts. 1.210 a 1.213 do CC, cumulados com os arts. 920 a 933 do CPC.

Por exemplo: o indivíduo **A** cede em depósito para **B** 100 toneladas de café tipo "c", que devem ficar armazenadas na fazenda de **B** pelo prazo de 2 anos; findo o prazo ou quando o indivíduo **A** exigir, **B** deverá devolver para **A** outras 100 toneladas de café tipo "c".

O art. 652 do CC diz que: "Seja o depósito voluntário ou necessário, o **depositário** que **não o restituir** quando exigido será **compelido** a fazê-lo **mediante prisão** não excedente a um ano, e ressarcir os prejuízos".

O dispositivo encontra fundamento constitucional no art. 5º, LXVII, da CF, que textualmente assevera: "Não haverá prisão civil por dívida, salvo a do responsável pelo inadimplemento voluntário e inescusável da obrigação alimentícia e a do depositário infiel".

Segundo Nelson Rosenvald (2005, p. 642), "a relação de confiança que se estabelece entre depositante e depositário indica que aquele pretenderá reaver o objeto dado em depósito assim que o reclamar ou superado o termo contratual (art. 633 do CC). Destarte, obrigação de restituir é algo ínsito ao contrato de depósito e o que o particulariza em relação a outros modelos negociais".

A prisão do depositário infiel, que sempre apresentou discussões tormentosas na doutrina e jurisprudência, parece estar, nos dias atuais, pacificada. De maneira geral, tínhamos que o depositário infiel de depósito contratual poderia ser preso, mas, para tanto, seria necessário que o interessado fosse a juízo. Quanto aos casos de depositário infiel judicial, a prisão seria pedida nos próprios autos do processo, conforme a Súmula 619 do STF.

Mas o Tribunal Pleno do **STF**, no julgamento do RE 466.343, modificou a posição da Corte e firmou o entendimento de que é ilícita a prisão do depositário infiel:

"Interpretação do art. 5º, inc. LXVII e §§ 1º, 2º e 3º, da CF, à luz do art. 7º, § 7º, da Convenção Americana de Direitos Humanos (Pacto de San José da Costa Rica). Recurso improvido. Julgamento conjunto do RE n. 349.703 e dos HCs n. 87.585 e n. 92.566. É ilícita a prisão civil de depositário infiel, qualquer que seja a modalidade do depósito (STF, RE n. 466343, Rel. Min. Cezar Peluso, Tribunal Pleno, j. 3.12.2008)."

3.11.9. *Mandato*

Espécie contratual típica, que se caracteriza pela **transferência do poder** de **representação** por parte de uma pessoa denominada de **mandante** para outra qualificada de **mandatária**, a fim de que esta última **pratique** em nome daquele um **ato específico** ou lhe **administre interesse**. O mandato, desse modo, poderá ser conferido para ato específico ou administração de interesses gerais do mandante pelo mandatário.

O mandante é também chamado de representado, e o mandatário, de representante. Conforme dispõe o art. 653 do CC: "Opera-se o mandato quando alguém recebe de outrem poderes para, em seu nome, praticar atos ou administrar interesses. A procuração é o instrumento do mandato".

Conforme ensina Silvio Rodrigues (2004, p. 285), a "circunstância de o mandatário receber poderes para agir em nome de outrem, ou seja, a ideia de representação, mais do que qualquer outra, distingue o contrato de mandato dos outros contratos, principalmente do de locação de serviços. É verdade que a doutrina aponta, como diferença básica entre os dois institutos, o fato de a locação de serviços ter por objeto um fato material, enquanto o mandato tem por escopo a realização de um fato jurídico".

É, portanto, o contrato pelo qual alguém recebe de outrem poderes para, em seu nome, praticar atos ou administrar interesses. Os **atos** do **mandatário vinculam** o **outorgante** se praticados dentro dos poderes conferidos; caso contrário, dependem de ratificação do mandante. Poderá haver **cláusula expressa** permitindo o **substabelecimento** dos **poderes** do mandatário; neste caso, o **mandante se responsabiliza** pela **insolvência** ou **incapacidade** do **substabelecido**.

O mandato pode ser conferido por qualquer pessoa capaz, por **instrumento público** ou **particular**, e, ainda, quando se outorgue mandato por instrumento público, pode substabelecer-se mediante instrumento particular. Nesse sentido o **Enunciado n. 182 do CJF** (III Jornada de Direito Civil): "O mandato outorgado por instrumento público previsto no art. 655 do CC somente admite substabelecimento por instrumento particular quando a forma pública for facultativa e não integrar a substância do ato".

Interessa ressaltar que o maior de 16 e menor de 18 anos não emancipado pode ser mandatário, mas o mandante não tem ação contra ele senão de conformidade com as regras gerais, aplicáveis às obrigações contraídas por menores, conforme art. 666 do CC.

O mandato pode ser estabelecido a uma só pessoa ou a mais de uma ao mesmo tempo.

Neste caso, sendo dois ou mais os mandatários nomeados no mesmo instrumento, qualquer um deles poderá exercer os poderes outorgados, desde que: **a)** não sejam expressamente declarados conjuntos; **b)** não sejam especificamente designados para atos diferentes; e **c)** não sejam subordinados a atos sucessivos. Caso os mandatários sejam declarados conjuntos, não terá eficácia o ato praticado sem interferência de todos, salvo havendo ratificação, que retroagirá à data do ato. Além disso, o mandato poderá ser outorgado por duas ou mais pessoas e para negócio comum; nestes casos, cada um dos mandantes ficará solidariamente responsável ao mandatário por todos os compromissos e efeitos do mandato, salvo direito regressivo pelas quantias que pagar contra os outros mandantes.

O terceiro com quem o mandatário tratar poderá exigir que a procuração traga a firma reconhecida – art. 654, § 2º, do CC. É de se realçar que o mandato pode ser expresso ou tácito, verbal ou escrito; da mesma maneira poder-se-á dar a aceitação.

A **consecução** do mandato dependerá do **mandatário**, visto que o mandante transmite-lhe direito de atuar em seu nome. Assim é que o mandatário será **obrigado** a **aplicar** toda sua **diligência habitual** na **execução do mandato** e a **indenizar** qualquer **prejuízo causado** por **culpa** sua. Por óbvio que é o mandatário é obrigado a dar contas de sua gerência ao mandante, transferindo-lhe as vantagens provenientes do mandato, por qualquer título que seja.

Será também responsável o mandatário perante o mandante, se substabelecer, sem autorização, poderes que devia exercer pessoalmente.

Caso a situação seja de **proibição expressa** do mandante para substabelecimento, e o mandatário substabelece, ainda assim, os poderes que lhe foram conferidos, restaremos diante de situação em que o mandatário será responsável, ainda que o substabelecido gere prejuízos ao mandante em hipótese excludente de culpabilidade civil (caso fortuito ou força maior). Ainda nesta situação de proibição expressa de substabelecimento pelo mandante: se a proibição constar do instrumento de mandato, nenhum ato do substabelecido obrigará o mandante, exceto se for por este ratificado.

Quando houver **poder de substabelecer**, só serão imputáveis ao mandatário os danos causados pelo substabelecido se este tiver agido com culpa na escolha deste ou nas instruções dadas a ele. Nos casos em que a **procuração for omissa** quanto ao substabelecimento, o **procurador será responsável** se o **substabelecido** proceder **culposamente**.

Em qualquer um dos casos de responsabilidade do mandatário, em hipótese alguma poderá este compensar os prejuízos a que deu causa com os proveitos que porventura tenha granjeado ao seu constituinte (art. 669 do CC).

Além disso, o mandatário é responsável pela conclusão do negócio já iniciado, ainda que ciente da morte, interdição ou mudança de estado do mandante, se houver perigo na demora.

O **mandante** tem o **dever** de **satisfazer as obrigações assumidas** pelo **mandatário** dentro dos **poderes conferidos** no **mandato** e **adiantar** a **importância** das **despesas necessárias** à **execução** dele, quando o mandatário lhe pedir – art. 675 do CC. Sob esse aspecto, às somas adiantadas pelo mandatário, para a execução do mandato, vencem juros desde a data do desembolso.

Exceto em situação de **culpa** do mandatário, ainda que o negócio não surta o esperado efeito, será o mandante obrigado ao pagamento do mandatário. E o mandatário tem sobre a coisa de que tenha a posse, em virtude do mandato, direito de retenção até se reembolsar do que no desempenho do encargo despendeu, conforme art. 681 do CC.

Caso o mandatário desatenda a alguma instrução do mandante, tem este o dever de cumprir o contrato, se não foram excedidos os limites do mandato, só lhe restando ação regressiva contra o mandatário desobediente, de acordo com o art. 679 do CC.

Portanto, se o mandante, por meio de ato separado, dá ao mandatário instruções específicas de como proceder ao negócio e o mandatário não age daquela maneira, caberá ação de perdas e danos do mandante contra o mandatário, mas, se as instruções constavam expressamente do instrumento de mandato, os atos do mandatário não obrigam o mandante, pois o terceiro com quem se entabulou o negócio deveria conhecê-las.

Desse modo, se o terceiro é contratante, de boa-fé, os atos que com este forem ajustados em nome do mandante pelo mandatário, enquanto este ignorar a morte daquele ou a extinção do mandato, por qualquer outra causa, serão eficazes em relação ao terceiro.

Maria Helena Diniz (2010, v. 3, p. 372) aponta o caráter de **revogabilidade do mandato**, uma vez que qualquer um dos contratantes poderá, *ad nutum*, pôr fim à avença, sem anuência do outro, sem qualquer justificativa, mediante simples manifestação volitiva unilateral, conforme art. 687 do CC: "Tanto que for comunicada ao mandatário a nomeação de outro, para o mesmo negócio, considerar-se-á revogado o mandato anterior".

Denote-se que a revogação do mandato **não poderá prejudicar** os **terceiros de boa-fé** que tiverem contratado com o mandatário. Além disso, a renúncia do mandato será comunicada ao mandante, que, se for prejudicado, pela sua inoportunidade ou pela falta de tempo, a fim de promover à substituição do procurador, será indenizado pelo mandatário, salvo se este provar que não podia continuar no mandato sem prejuízo considerável e que não lhe era dado substabelecer – art. 688 do CC.

O mandante deverá pagar perdas e danos ao mandatário quando o mandato contiver a cláusula de irrevogabilidade e o mandante o revogar.

Nos casos em que a cláusula de irrevogabilidade for condição de um negócio bilateral ou tiver sido estipulada no exclusivo interesse do mandatário, a revogação do mandato será ineficaz.

Em regra, o mandato é **gratuito** ou **benéfico,** podendo ser **oneroso**. É gratuito porque só o mandante auferiu vantagens no contrato oriundo do poder de representação fielmente cumprida pelo mandatário. Contudo, poderá ser oneroso se o mandatário auferiu uma vantagem, por exemplo: nos casos em que o mandato é remunerado. Aqui, a vantagem do mandatário será o acréscimo patrimonial resultante do pagamento (art. 658 do CC).

Consiste em ato preparatório de **execução continuada**, uma vez que a prestação e a contraprestação, em regra, não se dão ao mesmo tempo.

É **contrato consensual**, na medida em que é firmado a partir de um acordo de vontade, sendo, ainda, em regra, **não solene**, podendo ser **verbal** ou **escrito**, conforme art. 656 do CC. Mas a regra da não solenidade admite exceções, ex.: um portador de deficiência visual deve firmar o contrato por escrito, sendo necessário, ainda, ser este público.

É, ainda, por fim, um contrato eminentemente **personalíssimo**, uma vez que é estabelecido *intuitu personae* pela especial relação de fidúcia que envolve o relacionamento entre mandante e mandatário.

O mandato judicial fica subordinado às normas que lhe dizem respeito, constantes da legislação processual, e, supletivamente, às estabelecidas no Código Civil, no art. 692 do CC.

O mandato cessa: **I** – pela revogação ou pela renúncia (hipóteses de resilição); **II** – pela morte ou interdição de uma das partes (salvo exceções já mencionadas); **III** – pela mudança de estado que inabilite o mandante a conferir os poderes ou o mandatário de os exercer; **IV** – pelo término do prazo ou pela conclusão do negócio.

3.11.10. Comissão

Nesta modalidade contratual, um dos contratantes (**comissário**) obriga-se a realizar negócios em favor do outro, denominado **comitente**, segundo instruções deste, porém em nome do primeiro. O **comissário obriga-se perante terceiros** em seu **próprio nome**. Ao contrato de comissão, aplicam-se, no que couberem, as regras referentes ao mandato. O contrato de comissão tem por **objeto**, portanto, a **aquisição** ou a **venda de bens** pelo comissário, em seu próprio nome, à conta do comitente.

A comissão poderá ser **simples** ou *del credere*. O comissário, no desempenho das suas incumbências, deverá agir com cuidado e diligência, não só para evitar qualquer prejuízo ao comitente, mas, ainda, para lhe proporcionar o lucro que razoavelmente se podia esperar do negócio. Responderá, contudo, perante o comitente, salvo motivo de força maior, por qualquer prejuízo que, por ação ou omissão, ocasionar.

A cláusula *del credere* prevê que, quando o comissário não tiver incorrido em culpa – ou mesmo quando não houver discussão de culpa –, será solidariamente responsável perante o comitente, no caso de inadimplementos contratuais. Neste caso, o comissário terá direito à remuneração mais elevada pelo risco ser maior. Assim dispõe o art. 698 do CC: "Se do contrato de comissão constar a cláusula *del credere*, responderá o comissário solidariamente com as pessoas com que houver tratado em nome do comitente, caso em que, salvo estipulação em contrário, o comissário tem direito a remuneração mais elevada, para compensar o ônus assumido".

Trata-se de **contrato bilateral**, **oneroso**, **consensual**, **não solene** e de **execução continuada**.

3.11.11. Agência e distribuição

O **contrato de agência** se configura quando uma pessoa assume, em caráter **não eventual** e **sem vínculos de dependência**, a **obrigação** de **promover**, à conta de outra, a **realização** de **determinados negócios** em **delimitada zona**. O agente ou distribuidor tem direito à remuneração de negócios feitos em sua zona, mesmo sem sua interferência, salvo estipulação em contrário. O mesmo diga-se dos negócios não fechados por culpa do proponente sem justa causa – arts. 714, 715 e 716 do CC – sob certa remuneração.

O contrato de distribuição dá-se quando o agente tiver à sua disposição a coisa a ser negociada. Se o proponente conferir poderes ao agente para que este o represente na conclusão dos negócios, estaremos diante da relação de representação autônoma regida pela Lei 4.886/1965, que, frise-se, não foi nem tacitamente revogada pelo novo Código.

3.11.12. Corretagem

Pelo contrato de **corretagem**, uma **pessoa não ligada à outra** por qualquer vínculo (**corretor**) dispõe-se a, mediante determinadas instruções, **obter** um ou mais negócios para a outra. Fará jus, portanto, referida pessoa a uma **retribuição** se o negócio se concretizar.

Ainda que as partes se arrependam, se o corretor conseguiu aproximá-las, mas o negócio não ocorreu única e exclusivamente pelo arrependimento, a comissão ou remuneração é devida (art. 725 do CC).

O corretor deve ser habilitado no Conselho Regional de Corretores de imóveis (Creci), no entanto, em que pese o fato de não ser assim habilitado, nos termos da Lei 6.530/1978, gere sanções administrativas, isso não inibe o comitente de lhe remunerar, sob pena de enriquecimento ou locupletamento indevido por parte desse último.

3.11.13 Transporte

As partes do contrato de transporte são: transportador e transportado, passageiro (no caso de pessoas) ou contratante.

Consiste na obrigação assumida por um **transportador** de transportar **pessoas** ou **coisas** de um lugar para outro. A obrigação do transportador é **de resultado**, ou seja, a coisa ou pessoa deverá chegar ao seu destino, sob pena de inadimplemento contratual.

A **Súmula 187 do STF** diz que "A responsabilidade contratual do transportador, pelo acidente como o passageiro, não é ilidida por culpa de terceiro, contra o qual tem ação regressiva"; já conforme a **Súmula 161 do STF**, "Em contrato de transporte, é inoperante a cláusula de não indenizar".

O **transporte gratuito** não se subordina às regras do transporte; em contrapartida, não será o transporte gratuito quando, em que pese não remunerado, a pessoa atinja com ele vantagens indiretas – art. 736, parágrafo único, do CC. A **Súmula 145 do STJ** assentou que "No transporte desinteressado, de simples cortesia, o transportador só será civilmente responsável por danos causados ao transportado quando incorrer em dolo ou culpa grave".

O passageiro pode ser negado se for caso específico, previsto em regulamentos, ou se suas condições de higiene ou saúde justificarem (art. 739 do CC), bem como quando, em transporte de coisas, a embalagem for inadequada; neste caso poderá ser o transporte negado – art. 746, CC. A responsabilidade do transportador de coisas é limitada ao montante descrito no conhecimento (documento que acompanha a coisa com todas as suas descrições).

Veja-se o **Enunciado n. 369 do CJF** (*IV Jornada de Direito Civil*) "Diante do preceito constante no art. 732 do Código Civil, teleologicamente e em uma visão constitucional de unidade do sistema, quando o contrato de transporte constituir uma relação de consumo, aplicam-se as normas do Código de Defesa do Consumidor que forem mais benéficas a este".

3.11.14. Seguro

Pelo contrato de seguro, uma das partes, o **segurador**, obriga-se a **garantir interesse legítimo** da outra, intitulada **segurada**, relativo à **pessoa** ou à **coisa**, contra riscos predeterminados.

A doutrina admite, em regra, que o **risco** é o objeto do contrato; quando ocorre o **fato aleatório** (objeto do risco), este terá o nome de sinistro. Para que o segurador garanta o prejuízo do segurado, este último paga, ao segurador, prestações, que se consubstanciam no **prêmio**.

O contrato de seguro é, portanto, bilateral, oneroso, consensual, de adesão e aleatório. Podemos dividir, de plano, duas espécies: os **seguros privados** e os **seguros sociais**.

Estes últimos são de cunho obrigatório; tutelam determinadas classes de pessoas, como os idosos, inválidos, acidentados de trabalho etc. Os privados são, em regra, facultativos e tratam de coisas e pessoas.

Ernesto Tzirulnik (2003, p. 29) destaca que formam o contrato de seguro cinco elementos, a saber:

É um **contrato bilateral**, uma vez que gera obrigações para ambas as partes, pois o segurado tem por obrigação pagar o prêmio, enquanto a seguradora tem por obrigação garantir a cobertura do sinistro, pagando a indenização necessária se o sinistro ocorrer.

É um **contrato oneroso**, pois há uma relação recíproca entre vantagem e sacrifício, gerando vantagens recíprocas para as partes; há vantagem do segurado pela cobertura dada ao evento futuro e incerto, que é a garantia de uma eventual indenização, caso venha ocorrer o sinistro. A vantagem da seguradora é a de auferir um valor oriundo do prêmio pago pelo segurado.

É um **contrato consensual**, na medida em que se forma pelo simples acordo de vontades. Aproxima-se, ainda, da figura dos **contratos de adesão**, devendo o segurado aprovar ou não, em bloco, as suas cláusulas, não havendo, portanto, fase de punctuação das cláusulas contratuais. É, ainda, considerado, *pela maioria da doutrina,* como aleatório, pelo risco de ocorrência ou não do sinistro.

Em que pese a já cediça doutrina majoritária encarar o contrato de seguro como contrato aleatório, entendemos pela comutatividade do contrato. **Dado o compromisso com o leitor, examinando, não classificaremos o contrato como comutativo, mas exporemos a seguir os motivos pelos quais entendemos tal contrato como comutativo.**

Para Vera Helena de Mello Franco (2002, p. 23 e ss.), do ponto de vista da teoria geral, o contrato de seguro é classificado como sinalagmático, consensual, não solene, oneroso e de execução sucessiva.

Destaca que o contrato de seguro não é aleatório. Explica a autora que, em decorrência da exploração em massa do seguro pelas empresas seguradoras e das bases técnicas da sua exploração, a *alea*, no sentido de vantagem ou desvantagem para o segurado, é suprimida.

Ressalta também que é necessário ter-se em vista o conjunto dos contratos celebrados, pois as desvantagens de um contrato são compensadas com as vantagens do outro, e a exploração total é realizada com base em cálculos precisos.

Humberto Theodoro Junior (2005, p. 70) destaca que o contrato de seguro não pode ser analisado isoladamente, sob pena de desnaturá-lo em simples negócio de jogo ou aposta e tendo-se, neste caso, negócio puramente aleatório. Inserido na mutualidade global do sistema, o seguro corresponde a uma atividade empresarial, cujo exercício nada tem de aleatório e que se desenvolve técnica e profissionalmente em clima de comutatividade, estabelecido à base da comunhão dos riscos e dos respectivos custos. Não há especulação sobre sorte ou azar. As prestações dos diversos participantes – segurador e segurados – aparecem de plano determinadas, desde o momento da celebração do contrato.

No mesmo sentido, Calmon de Passos muito bem demonstra a natureza jurídica da atividade securitária, destacando sua correlação com o terreno dos interesses coletivos e transindividuais. A doutrina contemporânea já precisou a natureza peculiar do contrato de seguro. É ele um contrato comutativo, em verdade, um negócio jurídico coletivo, integrado pelos muitos atos individuais que aportam para o fundo comum os recursos tecnicamente exigidos para segurança de todos em relação às incertezas do futuro. A massa comum dos recursos financeiros a ninguém pertence, em termos de propriedade individual, sendo algo em aberto e permanentemente disponível para atender às necessidades que surjam e para cuja satisfação foi constituída (Calmon de Passos, 1999).

Ernesto Tzirulnik (2003, p. 10), no mesmo sentido, ou seja, pela comutatividade do contrato de seguro, denota que a comutatividade do contrato encontra base justamente no reconhecimento de que a prestação do segurador não se restringe ao pagamento de uma eventual indenização, já que essa apenas será verificada no caso de sobrevir a lesão ao interesse que foi garantido em virtude da realização do risco predeterminado. Apoia, por conseguinte, a comutação entre o prêmio e a garantia, que seriam os elementos de prestação e contraprestação do contrato.

À evidência, pode-se notar que a aleatoriedade não pode ser vista como elemento componente da classificação do contrato de seguros, e isso se dá com base no sinalagma constituído entre prêmio e garantia, e não entre prêmio e eventual indenização, visto que a indenização é consequência da garantia prestada como contraprestação da seguradora.

Os **seguros privados** podem ser **marítimos**, **aéreos** ou **terrestres**. O seguro de saúde está excluído do Código Civil, conforme art. 802 do CC.

O seguro de pessoas pode ser: **a)** *seguro de vida* (pagamento do prêmio para recebimento do capital estipulado no caso de morte – "seguro de vida propriamente dito"); ou **b)** *seguro de sobrevivência* (recebimento do capital pelo próprio segurado ou por terceiro no caso de sobreviver o segurado ao prazo estipulado em contrato). A soma paga pelo seguro não pode ser alcançada pelas obrigações do segurado e não se considera herança, para todos os efeitos (art. 794, CC), podendo o seguro ser feito sobre a própria vida ou sobre a de outrem – devendo, neste caso, justificar-se o interesse pela preservação da vida do outro –, bem como *contra acidentes pessoais*, que pode ser feito com quantos seguradores entender necessário o segurado.

No seguro de vida, o segurado não tem direito ao pagamento do capital estipulado quando se suicida nos dois primeiros anos de vigência do contrato, pois, salvo referida hipótese, será nula a cláusula que dispuser sobre o não pagamento. Em caso de suicídio do segurado (art. 798, parágrafo único, do CC), deve haver prova da seguradora quanto à tese de premeditação do suicídio.

O segurado tem os seguintes deveres: **a)** pagar o prêmio – art. 764 do CC –, não podendo eximir-se por não ter se verificado o risco, uma vez que o contrato é aleatório; **b)** comunicar qualquer incidente suscetível de agravamento do risco – art. 769 do CC; **c)** abster-se de ato que agrave o risco voluntariamente, sob pena de perder o direito – art. 768 do CC; **d)** comunicar imediatamente o sinistro; **e)** comunicar o segurador caso queira fazer novo seguro sobre o mesmo interesse – arts. 778 e 782 do CC.

Já o segurador terá os seguintes deveres: **a)** pagar o prejuízo em dinheiro (se outra forma não foi convencionada) – nos seguros pessoais, o valor a ser pago deve ser o da apólice; já nos materiais, o segurador pode eximir-se do valor atribuído, alegando que a coisa não tem aquele valor, devendo ser apurado o real prejuízo (art. 778 do CC); e **b)** responder por todos os riscos assumidos e particularizados na apólice.

3.11.15. Constituição de renda

A constituição de renda está prevista nos arts. 803 e ss. do CC. É uma espécie contratual que se caracteriza pela **transferência** de um **capital** ou de um **bem móvel** ou **imóvel** por uma pessoa qualificada como **instituidora** (ou censuísta) a outra, denominada **rendeira** (ou censuária), recebendo como **contraprestação** o excedente do bem ou um terceiro qualificado de beneficiário uma renda temporária ou vitalícia; ex.: indivíduo **A** passa para **B** ações de uma grande empresa, ficando acordado que o indivíduo **C**, filho de **A**, receberá uma renda mensal e vitalícia de R$ 10.000,00, a ser paga pelo indivíduo **B**.

Note-se que a constituição de renda é nula quando o instituidor morre nos 30 dias subsequentes à instituição de doença de que já sofria ao tempo da punctuação. Quando a constituição for feita a terceiro, esta pode ser gravada com cláusula de inalienabilidade e impenhorabilidade.

Trata-se de contrato **bilateral**, por gerar obrigações recíprocas, oneroso ou gratuito. Será **oneroso** quando o instituidor e o rendeiro auferirem vantagens recíprocas, podendo ser **gratuito** quando o beneficiário da renda for um terceiro, e não o instituidor, pois, a rigor, quem faz parte do contrato são o instituidor e o rendeiro, e a renda é destinada a terceiro.

É, ainda, contrato **comutativo**, e **não aleatório**; tanto o instituidor quanto o rendeiro sabem quais serão seus deveres e direitos.

Perfaz-se por escritura pública, sendo, portanto, **formal** e **solene**, conforme dispõe o art. 807 do CC: "O contrato de constituição de renda requer escritura pública".

3.11.16. Jogo e aposta

São dois contratos distintos.

No **jogo**, há a **participação** dos contratantes; na **aposta**, a **dependência** está em **fato alheio** e **incerto**. Assim, exemplificativamente: duas pessoas podem jogar futebol, mas podem também realizar uma **aposta** sobre qual time ganhará a partida em que não jogam. O ponto que os distingue, portanto, é a interação, que só ocorre no jogo.

As dívidas de jogo ou aposta não obrigam ao pagamento (obrigação natural). No entanto, não se pode recobrar o valor voluntariamente pago, salvo se realizado por meio de dolo ou se o pagante (perdente) é menor ou interdito, conforme arts. 814 e 882 do CC.

O *caput* do art. 814 do CC clarifica hipótese de bipartição dos elementos do vínculo jurídico (*schuld e haftung* – débito e responsabilidade).

Ainda que transformada a quantia objeto do jogo ou aposta em título de crédito, o cobrador será carecedor da ação (objeto de discussão em sede de embargos); no entanto, se o portador do título for terceiro, de boa-fé, poderá fazer a cobrança – art. 814, § 1º, do CC; excetua-se, ou seja, exclui-se do rol daqueles providos de boa-fé aquele que faz empréstimo para o jogo (no ato de jogar ou apostar), pois aquele que empresta assume o integralmente o risco, consoante entendimento do art. 815 do CC.

É de se salientar os **jogos permitidos**, que, por terem caráter de recompensa, podem ser cobrados – art. 814, § 2º, do CC. É o caso dos vencedores de competições esportivas, intelectuais, artísticas ou científicas, do turfe e das várias loterias.

Além disso, é de se frisar também que o Código não trata, neste capítulo, do mercado de capitais (apostas de bolsa ou especulação), como fazia antes, e que o sorteio, sob todas as suas formas, será considerado plano de partilho ou transação, conforme o caso.

3.11.17. Fiança

O contrato de **fiança** é um **pacto acessório** de **garantia fidejussória** (pessoal). O **fiador** se compromete, perante o credor, a garantir o eventual não pagamento do devedor.

É, assim, a espécie contratual em que uma pessoa qualificada como fiadora é garante da dívida de outro, denominado devedor ou afiançado, perante o credor, podendo ser responsabilizada pelo inadimplemento obrigacional do devedor no contrato principal, sendo a fiança um contrato acessório, gratuito, unilateral e subsidiário; ex.: o indivíduo **A**, locador, firma contrato com **B**, locatário, locando um imóvel urbano pelo prazo de 30 meses, e um contrato de fiança com indivíduo **C**, como garantia do contrato de locação firmado. **A** é o credor, **C** é o fiador e **B** o devedor afiançado.

A fiança consiste em uma garantia a favor do credor; desse modo, poderá ser estabelecida sem o consentimento do devedor e até mesmo contra a sua vontade, conforme art. 820 do CC. Por este motivo é que, quando o devedor oferecer fiador, o credor não pode ser obrigado a aceitá-lo se não for pessoa idônea, domiciliada no município onde tenha de prestar a fiança e caso não possua bens suficientes para cumprir a obrigação. Além disso, se o fiador se tornar insolvente ou incapaz, poderá o credor exigir que seja substituído, assinalando prazo ao devedor.

O contrato de fiança poderá ser estabelecido de maneira parcial, o que significa que a fiança pode ser de valor inferior ao da obrigação principal e contraída em condições menos onerosas. Mas, quando exceder o valor da dívida ou for mais onerosa que ela, não valerá senão até ao limite da obrigação afiançada.

Em regra, a fiança é um contrato **unilateral**, porque, a rigor, só gera obrigações a cumprir ao fiador, o qual se compromete, perante o credor, a pagar eventual dívida inadimplida pelo devedor afiançado.

Trata-se de contrato **gratuito** ou **benéfico**, pois só gera vantagens para o credor, que é a própria garantia que a fiança propicia, caso venha a ocorrer o inadimplemento obrigacional por parte do devedor afiançado. No entanto, excepcionalmente, a fiança pode se apresentar **onerosa**; tal fato ocorre quando o contrato firmado é remunerado, como no caso da fiança bancária, auferindo, nessa hipótese, vantagem não só o credor como também o fiador, por conta da remuneração referida. O fato de ser onerosa não altera a substância da fiança.

É um contrato **acessório** porque não existe por si só, e sim depende de um contrato principal, o qual o garantirá. É de se notar que o acessório segue o principal e, desse modo, qualquer defeito que contamine o contrato principal contaminará, também, a fiança. O acessório segue o principal, porém a recíproca não é a mesma; se nulo o principal, nula a fiança, e se nula a fiança, não o será o principal necessariamente.

É contrato **formal**, pois requer forma escrita e solene. Sua validade depende dessa forma do contrato, conforme o art. 819 do CC: "A fiança dar-se-á por escrito, e não admite interpretação extensiva".

Já a **Súmula 214** do **STJ determina**: "O fiador na locação não responde por obrigações resultantes de aditamento ao qual não anuiu".

O fato é que a fiança deve ser **escrita** se o fiador for casado, exceto se o for pelo regime de separação de bens ou da participação final dos aquestos, com cláusula de livre alienação de bens imóveis, em pacto antenupcial. O indivíduo fiador, para que a fiança seja válida, deverá ter a outorga uxória ou marital.

O fiador terá, em regra, o **benefício de ordem**, podendo, desse modo, quando demandado pela dívida, exigir, até a contestação da lide, que sejam primeiro executados os bens do devedor. Mas, para tanto, deverá nomear bens do devedor, sitos no mesmo município, livres e desembargados, quantos bastem para solver o débito.

Nesse sentido o **Enunciado n. 364 do CJF** (IV Jornada de Direito Civil): "No contrato de fiança é nula a cláusula de renúncia antecipada ao benefício de ordem quando inserida em contrato de adesão".

O benefício de ordem, como é conhecido esse direito do fiador, por dar ao garante o benefício de que a ordem de excussão do patrimônio recaia, em primeiro lugar, sobre os bens do devedor, pode ser objeto de renúncia por parte do fiador, o que, aliás, é bem comum em contratos de fiança. Tal benefício, portanto, comportaria as seguintes exceções: **a)** renúncia expressa do fiador; **b)** situações em que o fiador obrigou-se como principal pagador ou devedor solidário e; **c)** se o devedor for insolvente ou falido. Perceba, portanto, que, em regra, a fiança gera *responsabilidade subsidiária* por parte do fiador, mas poderá este obrigar-se de maneira solidária com o devedor perante o credor.

Se a fiança foi **conjuntamente prestada** a um só débito por mais de uma pessoa, denominam-na cofiança (situações em que, para a mesma dívida, dá-se uma mesma garantia fidejussória com dois ou mais fiadores, sendo feito um só contrato com os cofiadores; ex.: **A** e **B** firmam contrato principal em que **A** é o credor e **B** o devedor afiançado; como garantia desse contrato, firma-se outro de fiança entre **A** e os cofiadores, **C**, **B** e **E**, não sendo, ao final, três contratos, e sim um único contrato, com três garantias da mesma dívida.

Tal situação importará o compromisso de solidariedade entre os cofiadores, desde que, declaradamente, não se reservar o benefício de divisão. Portanto, cada fiador pode fixar no contrato a parte da dívida que toma sob sua responsabilidade, caso em que não será mais obrigado no que exceder ao seu montante de responsabilidade preestabelecido.

A cofiança, portanto, admite três espécies: fracionária, solidária ou subsidiária.

Seja como for, a responsabilidade do fiador se transmite aos seus herdeiros, mas a limita-se ao tempo decorrido até a morte do fiador, não podendo, em qualquer caso, ultrapassar as forças da herança.

O fiador poderá **opor** ao **credor** as **exceções** que lhe forem **pessoais** e as **extintivas da obrigação** que competem ao devedor principal, se não provierem simplesmente de incapacidade pessoal, salvo o caso do mútuo feito a pessoa menor. Se, por exemplo, o credor tem dívida com o fiador, este poderá opor exceção consistente em compensação com o débito do devedor; neste caso, temos exceção pessoal do fiador contra o credor, situação em que, de qualquer forma, o fiador poderá mover ação contra o devedor para reaver seu crédito.

A **extinção** da fiança dá-se também com a **morte do fiador** (respondendo apenas a herança até os limites de sua força); quando o credor concede moratória, ele frustra a sub--rogação do fiador (ex.: abrindo mão de hipoteca) quando há dação em pagamento (ou qualquer outro acordo feito entre credor e devedor sem a anuência expressa do fiador); pelas exceções (nulidades, prescrição etc.) ou *pela mera notificação*, no caso de *fiança por tempo indeterminado*, exonerando-se o fiador em 60 dias da notificação – art. 835 do CC (a lei não exige que tal notificação seja judicial).

Restará, ainda, extinta a fiança e, portanto, desobrigado o fiador, ainda que solidário: **a)** se, sem consentimento seu, o credor conceder moratória ao devedor; **b)** se, por fato do credor, for impossível a sub-rogação nos seus direitos e preferências; **c)** se o credor, em pagamento de dívida, aceitar amigavelmente do devedor objeto diverso do que este era obrigado a lhe dar, ainda que depois venha a perdê-lo por evicção.

3.11.18. Transação e compromisso

Tais figuras foram retiradas dos modos de extinção de obrigações e trazidas para o título das várias espécies de contrato.

Na transação, por meio de **concessões mútuas**, as partes **previnem** ou **terminam** relações jurídicas litigiosas. É, portanto, um negócio bilateral, que se caracteriza pela concessão mútua das partes envolvidas, as quais têm a intenção de dirimir um conflito, por força de um acordo. São, assim, elementos constitutivos da transação:

- Existência de conflito de interesse ou lide entre as partes cujos interesses estão em rota de colisão;

- Intenção das partes em pôr fim ao conflito de interesse, sem a necessidade de prolação de sentença judicial. As partes envolvidas recebem o nome de transigentes ou transatores;

- O acordo de vontades: este é da essência do ato e dá origem ao negócio jurídico bilateral, determinando a natureza de contrato, para esse fenômeno judicial; e

- A concessão recíproca das partes envolvidas.

Seja como for, as partes poderão fixar **cláusula penal** para o caso de descumprimento da transação havida, consoante o art. 847 do CC.

A transação é **indivisível**, ou seja, uma nulidade em determinada cláusula contamina o ato todo; por se tratar essencialmente de ato de renúncia, deve ter, nos termos da lei, interpretação completamente restrita, conforme os arts. 114 e 843 do CC.

Só podem ser **objeto de transação** os direitos **patrimoniais disponíveis**; afastam-se, de plano, portanto, os direitos da personalidade (arts. 11 a 21 do CC), os bens fora do comércio, os direitos alimentares e os direitos concernentes ao estado individualizador, podendo haver, contudo, a limitação que não seja permanente e que não implique alienação. A transação que antes estava disposta no capítulo das obrigações não é meio de extinção de obrigações, mas de extinção de litígio.

O art. 844 do CC dispõe que a transação não aproveita nem prejudica senão aos que nela intervierem, ainda que diga respeito a coisa indivisível.

Desse modo, se for concluída entre o credor e o devedor, desobrigará o fiador; se ocorrer entre um dos credores solidários e o devedor, extingue a obrigação deste para com os outros credores; e, se entre um dos devedores solidários e seu credor, extingue a dívida em relação aos codevedores.

O **compromisso** é regido pelos arts. 851 a 853 do CC e pela Lei 9.307/1996, que disciplina a arbitragem.

O compromisso hoje é **tipificado** como contrato, e não como forma indireta de pagamento, como disposto no Código Civil de 1916. O compromisso é a espécie contratual que resulta de uma decisão tomada por um árbitro ou pelo colégio arbitral escolhido pelas partes envolvidas no conflito de interesse ou em uma lide, visando a solucionar a questão sem pronunciamento judicial.

Diferentemente da transação, as partes não fazem acordo, mas colocam um árbitro para tratar da questão, a fim de evitar decisão judicial.

O **compromisso arbitral**, assim, não poderá se confundir com uma cláusula compromissória.

A **cláusula compromissória** determina previamente no contrato que, na hipótese de conflito oriundo do contrato, os contratantes devem indicar um árbitro para solução do conflito, diferentemente do compromisso árbitro que, independentemente de um contrato, pode surgir pela vontade espontânea das partes envolvidas em uma contenda, visando a solucionar a questão por meio da presença de um árbitro.

A exemplo da transação, o objeto do compromisso arbitral deve necessariamente dizer respeito a direito de natureza patrimonial, excluindo os direitos indisponíveis ou extrapatrimoniais.

Quanto à constitucionalidade da arbitragem, é de se notar que esta não ataca o preceito contido no art. 5º, XXXV da CF (acesso à justiça), pois é escolhida entre as partes, podendo a sentença arbitral ser posta à apreciação do juiz togado quando pretensa for a sua nulidade e devendo, para execução coativa, ser posta ao magistrado, oportunidade na qual, em sede de embargos, terá o descontente executado oportunidade de defesa ou até propungação pela nulidade da decisão arbitral, nos termos do art. 741, § 3º, do CPC.

3.12. Dos atos unilaterais de vontade

ATOS UNILATERAIS DE VONTADE
Promessa de recompensa (arts. 854 a 860 do CC)
Gestão de negócios (arts. 861 a 875 do CC)
Do pagamento indevido (arts. 876 a 883 do CC)
Enriquecimento sem causa (arts. 884 a 886 do CC)
Dos títulos de crédito (arts. 887 a 926 do CC)

4. PARTE ESPECIAL – DIREITO DAS COISAS

Fábio Vieira Figueiredo

4.1. Direito das coisas - conceito

O direito das coisas é o ramo do direito civil que estuda dois grandes temas: a posse e os direitos reais, ou seja, as relações jurídicas que se desenvolvem entre o homem e os bens, que podem ser objeto de sua apropriação.

É o conjunto de normas que estabelece a relação potestativa entre as pessoas e os bens; é o estudo da dinâmica da propriedade (o cerne do direito real é a propriedade). De um lado, estudamos os direitos reais; de outro, estuda-se a posse (não é direito real e, sim, uma situação de fato, protegida, por se enxergar no possuidor a pretensão da propriedade).

Assim, é objeto de estudo a aquisição, o exercício, a conservação e a perda pelo homem dos bens materiais e imateriais que possuam utilização econômica, que sejam úteis e/ou necessárias ou mesmo raras. Já os bens que não podem ser apropriados pelo homem, como a luz solar, a água do mar, o ar atmosférico, diante da ausência de interesse econômico no seu controle, não são objeto desse estudo.

4.1.1. Distinção entre os direitos reais e pessoais

Importante estabelecer a diferença entre os direitos pessoais e os direitos reais, com base na teoria clássica ou realista adotada pelo CC/2002, pela qual o direito pessoal estabelece relações entre pessoas, cujos elementos de sua constituição são divididos em elemento subjetivo – são os sujeitos da relação (ativo e passivo) – e o elemento objetivo – o objeto da relação que é a obrigação devida.

A relação no direito real é estabelecida entre a pessoa e a coisa, ou seja, a relação é estabelecida sem qualquer intermediação de outra pessoa, já que o titular da posse ou do direito real, exerce o seu direito diretamente sobre a coisa.

Contudo, apesar de clara a distinção entre os direitos pessoais e os direitos reais, existem figuras que são consideradas híbridas ou intermediárias, ou seja, possuem características de direitos pessoais, já que se equivalem a satisfação de uma obrigação e, por outro lado, características de direito real, já que vinculam o titular da coisa, ao cumprimento daquela obrigação. São elas: a) as obrigações *propter rem*; b) os ônus reais e, c) obrigações com eficácia real.

As **obrigações *propter rem*** têm como base a obrigação que recai sobre uma pessoa por força de determinado direito real (GONÇALVES, 2010), são direitos advindos das coisas, o titular do direito real, diante desse fato, é obrigado a satisfazer certa prestação, Ex.1: Direito de vizinhança pela qual o proprietário ou possuidor de um prédio devem utilizá-lo de forma a não intervir no sossego, saúde ou segurança dos vizinhos (CC, 1.277). Ex. 2: O direito de indenização devida pelas benfeitorias promovidas pelo possuidor de boa-fé e de má-fé (CC, 1.219 e 1.220).

Os **ônus reais** são obrigações que recaem sobre uma coisa, restringindo o direito do seu titular, sendo a sua responsabilidade limitada ao bem onerado, contudo, responde o titular pelas obrigações mesmo que advindas antes da aquisição de seu direito, como Ex.: a obrigação do adquirente em responder pelos débitos do alienante de unidade em condomínio edilício (CC, 1.345).

Importante tratar das distinções que existem entre as obrigações *propter rem* e os ônus reais, uma vez que a responsabilidade decorrente do ônus real é limitada a coisa, não respondendo o titular por importância superior ao do bem, enquanto na obrigação *propter rem* esta responsabilidade é ilimitada; perecendo o objeto o ônus real desaparece, enquanto que a obrigação *propter rem* pode permanecer; os ônus reais referem-se a obrigações positivas, enquanto que as obrigações *propter rem* podem ser positivas ou negativas; a ação é de natureza real nos ônus reais, enquanto que nas obrigações *propter rem* as ações são de natureza pessoal.

Já nas **obrigações com eficácia real,** a relação obrigacional estabelecida terá eficácia de direito real, sendo oponíveis a terceiros, assim, teremos obrigações decorrentes de contratos, que, por força de lei, alcançam o patamar de direito real, como Ex.: o direito do promitente comprador que tendo pactuado promessa de compra e venda em que não foi estabelecido o arrependimento e, tenha sido registrado no Cartório de Registro de Imóveis, adquire este o direito real à aquisição do imóvel (CC, 1417 e 1.418).

4.1.2. Características inerentes aos Direitos Reais

Os direitos reais possuem características próprias que os distinguem dos direitos pessoais, assim, podemos destacar:

a) **Oponibilidade *erga omnes*** – os direitos reais são opostos a todos, ou seja, a relação do seu titular promovida diretamente para com a coisa, pode ser utilizada contra qualquer terceiro;

b) **Aderência imediata ao bem** – a relação do titular do direito real é promovida diretamente sobre a coisa, sem a necessidade de intermediários;

c) **Obedece a *numerus clausus*** – os direitos reais não podem ser objeto de livre convenção, diferentemente do que ocorre com o direito obrigacional. A lei estabelece e regula expressamente o seu conteúdo;

d) **É passível de abandono** – o titular do direito real que não queira arcar com os ônus decorrentes de seu direito pode promover o abandono de seu direito, como, por exemplo, quando o dono do prédio serviente tiver que promover as obras necessárias a conservação da servidão, poderá exonerar-se, abandonando, total ou parcialmente, a propriedade ao dono do dominante (CC, 1.382 e 1.380);

e) **É suscetível de posse** – sobre o objeto do direito real pode ser exercido de fato um dos poderes inerentes a propriedade;

f) **A usucapião é um dos meios aquisitivos** – o tempo de exercício de posse, bem como suas características, podem acarretar a aquisição do direito real (propriedade, servidão).

4.1.3. Classificação dos direitos reais

Os direitos reais podem ser classificados da seguinte forma:

a) **Sobre a própria coisa** – é o que o titular da coisa exerce sobre o seu próprio bem. Assim temos o **direito de propriedade**, que gera ao seu titular o direito de usar, gozar, dispor da coisa e reavê-la com quem quer que injustamente a possua ou a detenha (CC, 1.228) e a **posse** que é a exteriorização do domínio, ou seja, o exercício de fato de um dos poderes inerentes a propriedade (CC, 1.196).

b) **Sobre a coisa alheia** – o exercício do direito real recai sobre o bem cujo direito real de propriedade pertence a outra pessoa. Podem ser de **gozo ou fruição**, nas quais existe a faculdade de uso pelo seu titular (enfiteuse, superfície, servidões prediais, usufruto, uso e habitação), ou de **garantia**, modalidade de segurança para o cumprimento de um obrigação (penhor, anticrese, hipoteca e a alienação fiduciária). Além disso, pode se dar, também, o direito real de aquisição, no caso do direito real do promitente comprador, regulamentado nos arts. 1.417 e 1.418, do CC.

4.2. Posse

Duas são as principais teorias aplicáveis à posse: a **teoria subjetiva de *Savigny*** e a **teoria objetiva de *Ihering***.

Savigny evidencia como posse a possibilidade de disposição física da coisa com ânimo de tê-la como sua e de defendê-la contra agressões de terceiros. Para Ihering a posse é a exteriorização do domínio, a aparência de domínio sobre a coisa, portanto, sob o aspecto da teoria objetivista dá-se relevo à situação fática possessória, da qual só se faz necessário a presença do elemento objetivo ***corpus***.

O Código Civil brasileiro dispõe que considera-se possuidor todo aquele que tem, de fato, o exercício, pleno ou não, de algum dos poderes inerentes à propriedade (CC, 1.196).

A teoria possessória adotada no direito brasileiro foi a objetiva de *Ihering*. Perceba, portanto, que a posse é um fato que pode até desembocar em uma situação de direito, como ocorre, por exemplo, e veremos mais a frente, no instituto da usucapião.

A posse constitui direito autônomo em relação à propriedade e deve expressar o aproveitamento dos bens para o alcance de interesses existenciais, econômicos e sociais merecedores de tutela (Enunciado 491 aprovado na V Jornada de Direito Civil, do Conselho da Justiça Federal e do Superior Tribunal de Justiça, realizada em novembro de 2.011)

4.2.1. Natureza jurídica da posse

A natureza jurídica da posse é dos temas mais controvertidos dentro do direito civil, eis que não se pode afirmar com absoluta segurança que a posse é um direito real nem que é um direito pessoal. Desse modo, por comportar características de direito pessoal e real é que a posse, no direito brasileiro, é considerada um instituto de natureza jurídica "*sui generis*".

4.2.2. Classificação da posse:

A posse pode ser classificada consoante: a) a efetiva apreensão física da coisa; b) a existência de vícios possessórios; c) o conhecimento sobre a existência de vícios possessórios; d) a origem; e) a divisibilidade fática, e, por fim, f) quanto à degradação.

Assim:

a) Quanto à *efetiva apreensão física da coisa* a posse poderá ser classificada como **posse direta** e **posse indireta**. Será **direta** a posse em que o possuidor detém a efetiva apreensão física da coisa e será **indireta** a posse em que o possuidor está mais distante da coisa, mas mesmo assim conserva para si atributo possessório.

b) Quanto à existência de vícios possessórios a posse poderá ser **justa** ou **injusta**. Será justa a posse que não tiver qualquer vício possessório e, por outro lado, injusta aquela que é eivada de vício. São possíveis vícios da posse: a *violência*, a *clandestinidade* e a *precariedade*.

c) Quanto ao conhecimento sobre a existência de vícios possessórios a posse poderá ser de **boa** ou **má-fé**. Será de *boa-fé* a posse quando o possuidor não tem conhecimento da existência de vícios que inquinem a sua posse e, por outro lado, será de *má-fé* quando o possuidor souber da existência de um vício.

d) Quanto à origem a posse pode decorrer de fato ou de lei. Deste modo, é que classificamos a posse em posse **natural** ou **civil**. Posse *natural* é aquela que decorre da relação material entre a pessoa e a coisa. Posse *civil* é aquela que decorre de lei. A posse civil pode se dar por três formas: d1) *constituto possessório*: é uma forma de aquisição e de perda da posse em que o possuidor pleno passa a ser apenas possuidor direto da coisa. Exemplo caricato desta situação é o caso de alienação de um imóvel em que o alienante continua neste imóvel como comodatário ou locatário. O constituto possessório jamais pode ser presumido, devendo vir expressamente disposto, por meio da "*cláusula constituti*", no contrato havido entre as partes; d2) "*Traditio brevi manu*": é aquela situação em que o possuidor direto passa a ser possuidor pleno da coisa, como ocorre nos contratos de alienação fiduciária em garantia quando o adquirente quita sua dívida; d3) "*Traditio longa manu*": o possuidor da coisa, apesar de não ter tido disponibilidade material plena, por ficção, passa a tê-la. O exemplo é, na verdade, bem corriqueiro: quando uma pessoa adquire uma propriedade de vasta extensão, por vezes, fica difícil, em pouco tempo, de maneira efetiva a tomada de posse de toda a extensão do terreno. Assim é que ao adquirir uma fazenda de muitos alqueires; presume-se que, se o adquirente tomar posse de apenas uma pequena área, estará tomando posse de toda a área, por uma ficção jurídica.

É possível, ainda, que a posse decorra de direitos reais limitados sobre a coisa. Neste caso, dizemos que se trata de quase-posse. Assim, a posse, quanto à sua origem, ainda poderá ser classificada como posse ou quase-posse. Quase-posse é aquela que decorre dos direitos reais limitados sobre coisa alheia (exemplo: posse do superficiário, posse do usufrutuário, posse do credor pignoratício, posse do usuário etc.).

e) Quanto à divisibilidade fática da posse a posse poderá ser: **posse *pro diviso*** ou **posse *pro indiviso***. A posse *pro diviso* é aquela exercida sobre parte específica da coisa. Posse *pro indiviso* é aquela exercida sobre parte ideal, ou seja, será possuidor *pro indiviso* aquele herdeiro que recebeu percentual da coisa indivisível.

f) Quanto à degradação da posse temos a **posse** e a **detenção**. Como já vimos, a posse é uma situação de fato, mas em alguns casos, como ocorre nos arts. 1.198 e 1.208 do Código Civil, poderá haver a degradação possessória por subordinação ou por vícios que inquinem a posse, situação em que a posse será degradada para mera detenção. Assim é que o caseiro de um sítio em que pese utilize o sítio e, por isso, seja efetivamente possuidor tem sua relação de posse degradada para mera detenção tendo em vista a relação de subordinação com o patrão.

Nessa hipótese por conta da situação de dependência econômica ou de vínculo de subordinação a uma outra pessoa, é exercida a chamada *detenção*, sendo que o detentor possui o *fâmulo da posse*. Por isso, caso o detentor seja demandado em nome próprio em razão do exercício do fâmulo da posse, deverá promover a nomeação à autoria ao proprietário ou ao possuidor (CPC, 62).

O detentor (art. 1.198 do Código Civil) pode, no interesse do possuidor, exercer a autodefesa do bem sob seu poder (Enunciado 492 aprovado na V Jornada de Direito Civil, do Conselho da Justiça Federal e do Superior Tribunal de Justiça, realizada em novembro de 2.011)

Por óbvio que é o tema possessório abrange largas vastidões e outras formas de classificação podem ser encontradas na doutrina. Mas estas são reputadas as mais importantes porque são classificações comuns a toda a doutrina.

4.3. Aquisição da posse

Adquire-se a posse desde o momento em que se torna possível o exercício, em nome próprio, de qualquer dos poderes inerentes à propriedade (CC, 1.204). Assim, podemos visualizar vários modos pelos quais a posse é adquirida:

a) **Modos originais de aquisição da posse** – não há relação de causalidade entre o atual possuidor e o anterior, surge uma nova situação de fato da posse, independentemente do consentimento do possuidor anterior. Temos assim:

i. A apreensão da coisa – apropriação unilateral de coisa "sem dono" quando esta tiver sido abandonada, ou quando esta não for de ninguém, ou ainda, quando é retirada de outrem sem a sua permissão. Para os bens móveis a apreensão ocorre com o deslocamento do bem a sua esfera de influência (poder físico), já para os bens imóveis a apreensão ocorre com a ocupação, com o uso da coisa.

ii. O exercício do direito – o exercício de direito pode ser objeto da relação possessória e, pelo seu exercício pode ser adquirido. Ex.: a passagem constante de água por um terreno vizinho, pode ser capaz de gerar a servidão de água (CC, 1379).

iii. A disposição da coisa ou do direito – aquele que dispõe da coisa ou do direito sobre ela, que caracteriza conduta normal do titular da posse ou do domínio, evidencia que está no exercício da posse. Assim, podemos dizer que a pessoa adquiriu a posse uma vez que desfruta dela. Ex.: o aluno que empresta (dá em comodato) a caneta de um colega.

b) **Modos derivados de aquisição da posse** – são aquelas que decorrem de um negócio jurídico. Nessas situações a posse é transmitida pelo antecessor possuidor ao novo, mantendo-se o mesmo caráter com que foi adquirida, ou seja, os mesmos vícios (CC, 1.203). Temos assim:

i. A tradição é a entrega ou a transferência da coisa ao novo possuidor. Esta tradição pode ser: **1) real** – é a que se manifesta pela entrega efetiva e material do bem e seus requisitos são: a entrega da coisa fática e materialmente realizada, a intenção das partes em transferir a posse da coisa e a justa causa, ou seja, o fundamento da transferência, o negócio jurídico; **2) simbólica ou ficta** – na qual substitui-se a entrega material do bem por atos indicativos de sua transmissão. Ex.: entrega das chaves de um imóvel emprestado; e, **3) consensual** – por esta forma de aquisição da posse não é preciso que o adquirente a receba de forma real ou simbólica, mas pela simples disposição do bem já decorre a tradição, temos assim, a *traditio longa manu*, a *traditio brevi manu* e o constituto possessório.

2.4. Perda da posse

A partir do momento em que a pessoa não mais exterioriza os poderes inerentes a propriedade sobre um determinado bem (CC, 1.196), denota-se que ocorreu a perda da posse, mesmo que contra a sua vontade (CC, 1.223), podemos ter como espécies dessa perda da posse, de uma forma geral, todas as formas de aquisição da posse por outrem, uma vez que quando um adquire a posse, um outro a perde.

Assim temos: **a) o abandono** – intenção do possuidor de não mais exercer a posse; **b) a tradição** – que é um meio aquisito para um, com a transferência, ocorre a perda da posse ao outro; **c) perda da própria coisa** – desaparecimento do objeto da posse; **d) pela destruição da coisa** – o perecimento do bem, sua inutilização definitiva, não importando o seu fundamento; **e) pela sua inalienabilidade** – a coisa colocada fora do comércio. Esta não é sempre uma forma de perda da posse, uma vez que a mesma pode ser objeto de cessão, sendo possível o seu exercício; **f) pela posse de outrem** – ainda que contra a vontade do possuidor (CC. 1.223) e, **g) pelo constituto possessório** – uma vez que ocorre a mudança do título da posse, já que aquele que possuía em nome próprio, passa a possuir em nome alheio.

4.4. Efeitos da posse

Os efeitos da posse, fundamentalmente são: a) a autotutela; b) o direito à indenização por benfeitorias; c) a retenção da coisa; d) a percepção dos frutos; e) tempo de posse; f) as ações possessórias e, por fim; f) a usucapião.

a) **Autotutela**: dá-se a *autotutela possessória* como meio de proteção à posse. Assim, a qualquer um é dada a possibilidade de, com o uso da própria força, proteger a sua posse. Mas, como se sabe, a autotutela é uma situação excepcional em direito, ou seja, em regra, os particulares devem levar suas contendas ao Estado sem utilização da força própria para proteção de seus direitos. Estamos, portanto, diante de situação excepcional. A autotutela poderá ocorrer, desde que se dê pelo uso da força mensurada e imediatamente diante da violação do direito.

b) **Indenização por benfeitorias**: o possuidor tem direito de ser indenizado pelas benfeitorias que empregar no imóvel. Aqui é indispensável o emprego da classificação da posse de boa-

-fé já estudado. Outro ponto indispensável é a noção da distinção entre benfeitorias *necessárias, úteis* e *voluptuárias*. As benfeitorias **necessárias** são aquelas indispensáveis à manutenção da existência ou funcionalidade da coisa. Desse modo, é necessária a benfeitoria que, por exemplo, conserta o telhado da casa que está prestes a ruir. Será **útil** a benfeitoria que aumenta o valor, sob critério de utilidade efetiva, da coisa, assim: a construção de uma laje de cobertura na garagem de uma casa, bem como a construção de uma suíte para a casa. E, por fim, será **voluptuária** a benfeitoria de mero deleite, como a construção de uma piscina a colocação de uma banheira de hidromassagem ou uma sauna numa casa. Mas, note que o local em que tais benfeitorias são empregadas faz com que o caráter da benfeitoria havida possa ser alterado. Assim é que todo este rol de benfeitorias voluptuárias de uma casa será considerado como exemplo de benfeitorias úteis em um hotel, por exemplo.

Pois bem, diante da classificação das benfeitorias podemos, de maneira mais confortável, entender a dinâmica da indenização por benfeitorias da maneira como determina nossa lei civil. Alertamos, mais uma vez para o fato de que o possuidor de boa-fé tem prerrogativas que diferem das do possuidor de má fé. O possuidor de boa-fé terá direito à indenização pelas benfeitorias necessárias, úteis e voluptuárias, podendo, sempre que possível, sem detrimento da coisa, extrair as benfeitorias voluptuárias e levá-las consigo, o que se denomina *levantamento das benfeitorias voluptuárias*.

Por sua vez e por critério de justiça, o possuidor de má fé somente terá direito à indenização por benfeitorias necessárias e aquele que paga as benfeitorias escolhe se paga o valor do custo ou o valor atual das benfeitorias, eis que o possuidor de má fé exercia a posse com a ciência de existência de um vício. Os critérios de indenização por benfeitorias estão dispostos no art. 1.219 do Código Civil.

c)   *A retenção da coisa*: o direito à indenização de que goza o possuidor é efetivamente protegido pela lei que lhe confere, inclusive, o direito de retenção sobre a coisa. Desse modo, se o legítimo possuidor ou proprietário da coisa não arca com as indenizações devidas ao possuidor que está deixando a coisa estamos diante de uma situação que enseja a retenção da coisa pelo possuidor que a está deixando. Mas, cuidado! Somente terá direito à retenção da coisa pelo não pagamento de benfeitorias o possuidor de boa fé.

d)   *A percepção dos frutos*: quanto aos frutos o possuidor de boa-fé terá direito aos frutos percebidos e colhidos, direito aos frutos pendentes, e direito à indenização pela produção e custeio de tais frutos. Contudo, o possuidor de má-fé, ao contrário, tem o dever de devolução dos frutos percebidos e colhidos, perderá os frutos pendentes e tem o direito de ser indenizado pela produção e custeio.

e)   Quanto ao **tempo de posse:** refere-se à sua idade, ao tempo de exercício da posse. Assim, pode ser a *posse nova*, se o seu exercício for inferior a ano e dia ou pode ser a *posse velha*, nesta o exercício da posse supera o ano e dia. A origem desse prazo está nas colheitas que geralmente levam um ano, constituindo uma presunção de propriedade. Importante não confundir com *ação de força nova* e *ação de força velha*, que estão dentro dos efeitos processuais da posse, item abaixo, e que se relacionam com o tempo de turbação ou de esbulho (CPC, 924).

f)   *As **ações possessórias***: as ações possessórias constituem os chamados *efeitos processuais da posse*. Assim, é questão afeta ao direito processual civil. Desse modo, caberá apenas um breve comentário quanto às características das ações possessórias. As ações possessórias não se confundem com as ações petitórias. O juízo possessório trata de uma situação de fato que é a posse, enquanto que o juízo petitório trata de uma situação de direito que é a propriedade. O Código Civil no art. 1.210, § 2.º, dispõe que: "Não obsta à manutenção ou reintegração na posse a alegação de propriedade, ou de outro direito sobre a coisa". Temos, portanto, por disposição legal a impossibilidade de confusões entre ações que tenham por objetivo o resguardo da posse e ações que tenham por objetivo o resguardo da propriedade.

Quando a perda da posse possibilita o manejo das ações possessórias, a posse é conhecida como *posse "ad interdicta"*.

As ações possessórias, no Código de Processo Civil, obedecem a pelo menos quatro características:

*i) **Duplicidade***: significa que a ação possessória dá cognição plena ao juiz, independentemente da reconvenção. Imagine que João invadiu a propriedade de José e este, então, promove ação de reintegração de posse contra o invasor. Ora, nesta situação, caberia, pela regra processual geral, uma reconvenção de João contra José, visando a sua manutenção na posse, mas nas ações possessórias não existe reconvenção: a contestação tem caráter de reconvenção, pois as ações possessórias têm caráter dúplice. Caberá, diante desta regra a João uma contestação com um pedido contra-posto ao de José;

*ii) **Fungibilidade***: a ação possessória pode ter seu pedido alterado no curso da demanda, entretanto, somente no que diz respeito à tutela possessória. Assim, se, por exemplo, ocorre situação de ameaça contra posse, o que fundamentaria uma ação de interdito proibitório e, no curso da demanda, aqueles que ameaçavam a posse efetivamente invadem a terra, a ação a ser proposta seria não o interdito proibitório, mas sim a ação de reintegração de posse. Ante o caráter da fungibilidade, nada obsta que o magistrado receba e comece a processar o interdito proibitório como uma ação de reintegração de posse;

*iii) **Cumulatividade***: o pedido não precisa ser exclusivamente possessório, poderá, assim, o autor da demanda, cumular seu pedido com o pleito indenizatório a que tiver direito, e, por fim;

*iv) **Rito** próprio*: eis que as ações possessórias obedecem a um rito específico regido pela lei processual civil.

g)   *A **usucapião***: a usucapião será mais bem analisada quando tratarmos das formas de aquisição da propriedade, mas cabe-nos ressaltar que é um efeito possessório. O decurso do tempo em uma relação de posse pode desembocar em uma situação de aquisição de propriedade que é a usucapião. Quando o exercício da posse possibilita a usucapião esta posse é conhecida como *posse "ad usucapionem"*.

5. DIREITOS REAIS

Fábio Vieira Figueiredo

5.1. Conceito e classificação

Ao conjunto de regras que estabelece a relação de direitos entre as pessoas e as coisas denominamos direitos reais. No estudo dos direitos reais estudamos as possibilidades do desmembramento e vicissitudes do direito de propriedade. A propriedade é o mais completo dentre todos os direitos reais. Os direitos reais se dividem em direitos reais sobre coisa própria, quando tratamos de direito de propriedade e direitos reais sobre coisas alheias quando tratamos dos direitos reais que as pessoas podem ter sobre bens de outras pessoas. Temos, aqui, três subclassificações: a) *Direito real de fruição*: é o desmembramento em relação ao uso da coisa. Pode ser servidão, usufruto, uso e habitação; b) *Direito real de garantia*: é o desmembramento que limita o direito de disposição, podendo se consolidar em: hipoteca, penhor e anticrese; c) *Direito real de aquisição*: é o desmembramento da propriedade que dá a outrem o direito à adquiri-la, poderá se dar por compromisso irretratável de compra e venda, e alienação fiduciária em garantia. Cabe mencionar que em decorrência do *princípio da elasticidade*, ainda que fracionadas as prerrogativas proprietárias a tendência é sempre que em dado momento reorganizem-se tais prerrogativas para que sejam atributos contidos em direito concentrados em única pessoa.

O art. 1.225 do Código Civil disciplina que os direitos reais são: a propriedade; a superfície; as servidões; o usufruto; o uso; a habitação; o direito do promitente comprador do imóvel; o penhor; a hipoteca; a anticrese; a concessão de uso especial para fins de moradia; a concessão de direito real de uso. Além destes previstos no art. 1.225 do Código Civil, temos ainda a alienação fiduciária em garantia.

Destaca-se, ainda que não caberá a criação de novos direitos reais, não previstos em lei, por convenção entre as partes, eis que os direitos reais são têm como característica a *taxatividade* (pois só são direitos reais aqueles previstos em lei) e a *tipicidade* (pois serão desenvolvidas única e exclusivamente da maneira como consta de lei).

5.2. DOS DIREITOS REAIS EM ESPÉCIE

Abordaremos sob este título todos os direitos reais e relações adjacentes mais importantes para provas e concursos em geral.

5.2.1. Propriedade

O direito de propriedade não pode ser tido como absoluto e estritamente privado. Ao fazermos uma análise mais aprofundada, percebemos que o regime jurídico da propriedade tem sede constitucional, ou seja, é matéria abordada em nossa Carta Magna. Devemos, pois, estudar as normas do Direito Privado sobre propriedade, sempre à luz da Constituição Federal. A partir desse estudo sincronizado, transformamos a desgastada noção de propriedade absoluta em um conceito muito mais amplo, que incorpora a chamada função socioambiental da propriedade. Assim o titular do direito de propriedade é, também, sujeito de deveres proprietários.

Características da propriedade: A propriedade é tida como um direito a) absoluto; b) exclusivo; c) perpétuo e d) aderente.

a) *absoluto*: porque desde que exercida nos moldes legais estabelecidos para o cumprimento de sua função social a propriedade é oponível *erga omnes*, ou seja, contra todos;

b) *exclusivo*: é um direito exclusivo por não conceber a existência de dois ou mais direitos proprietários conflitantes sobre o mesmo bem (CC, 1.231). Importante esclarecer que tal característica não é afastada no condomínio, uma vez que como será visto, pelo condomínio existe a copropriedade;

c) *perpétuo*: pois a relação dominial não se extingue pelo não uso ou não exercício do direito de propriedade, além da mesma ser transmissível *causa mortis*. Contudo, há possibilidade de incidência de, pelo menos, duas exceções a esta característica. São elas a figura da *propriedade resolúvel* e da *propriedade revogável*. A propriedade resolúvel está disposta no art. 1.359 do Código Civil. Trata-se de uma causa anterior ou contemporânea à transmissão da propriedade que gera, por parte do terceiro o poder de reivindicar a coisa do novo titular. É uma limitação ao princípio da perpetuidade, a situação poderá ocorrer, por exemplo, por pacto de retrovenda, situação em que se estabelece em contrato de compra e venda a possibilidade de o alienante recomprar a coisa do alienatário em determinado espaço de tempo. A *propriedade revogável* está prevista no art. 1.360 do Código Civil e consiste em uma causa superveniente, não prevista pelas partes, na qual a propriedade se consolida nas mãos de terceiro de boa-fé, não cabendo reivindicação por parte do legítimo titular, a não ser em caso excepcional como, por exemplo, a revogação da doação por ingratidão que se dá depois da alienação do bem doado;

d) *aderente*: pois a coisa sempre pode ser buscada pelo proprietário de quem quer que a possua indevidamente, justificando o direito de sequela, próprio aos poderes inerentes da propriedade.

5.2.1.1. Aquisição da propriedade

As formas de aquisição da propriedade mobiliária e da propriedade imobiliária são distinguidas pelo Código Civil, conforme as peculiaridades de cada um destes modelos proprietários. Desse modo, analisaremos primeiro a aquisição da propriedade mobiliária e depois a aquisição da propriedade imobiliária.

Aquisição da propriedade mobiliária: a aquisição da propriedade móvel pode se dar de nove formas distintas:

a) *tradição*: corresponde à entrega do bem do alienante ao alienatário, com o ânimo de transferir-lhe o domínio; em regra, ocorre sem formalidades e a tradição efetuada por quem não é proprietário do bem não implica em transmissão da propriedade. Importante estabelecer que o contrato, por si só, não transfere a propriedade, apenas cria direito (CC, 481), sendo assim, faz-se necessária a tradição (CC, *caput*, 1.267).

Da mesma forma como vimos na aquisição da posse, a tradição da propriedade pode ocorrer com base no constituto possessório (CC, parágrafo único, 1.267), pela *traditio brevi manu* e pela *traditio longa manu*.

b) *especificação*: esta forma de aquisição ocorre quando o sujeito trabalha em determinada matéria-prima e faz resultar espécie nova. Assim, a transformação da coisa móvel em espécie nova, em virtude do trabalho do especificador, desde que não seja possível retorná-la a espécie primitiva, nessa situação, prevalece o trabalho humano – criação – sobre a matéria-prima.

Para que gere seus efeitos, a matéria prima (coisa móvel) não deve pertencer no todo ou em parte ao especificador.

Assim, a norma deve estabelecer a quem pertence o domínio da coisa nova criada, assim, temos 6 (seis) possibilidades:

1. Matéria prima em parte pertence ao especificador, não sendo possível retornar a forma anterior: a propriedade da coisa nova é do especificador (CC, 1269).

2. Matéria prima em parte pertence ao especificador, é possível o retorno a forma anterior: o dono não perde a sua propriedade (CC, 1.269).

3. Toda a matéria prima for alheia ao especificador, não seja possível reduzir a forma anterior: se o especificador estiver de boa-fé, a coisa nova lhe pertencerá (CC, *caput*, 1.270)

4. Toda a matéria prima for alheia ao especificador, não seja possível reduzir a forma anterior: se o especificador estiver de má-fé, a coisa nova pertencerá ao dono da matéria prima (CC, § 1º, 1.270)

5. Toda a matéria prima for alheia ao especificador, sendo possível o retorno a forma anterior: a coisa nova é do dono da matéria prima (CC, § 1º, 1.270)

6. Em qualquer caso, ou seja, a matéria prima não pertença ao especificador, reduzindo-se ou não a forma anterior: estando o especificador de boa-fé ou má-fé, a espécie nova será do especificador se o seu valor exceder consideravelmente o da matéria prima, Ex.: Um pintor famoso que utiliza a tela de outra pessoa e cria uma obra de arte.

Passado o problema da definição da propriedade da coisa nova, criada com a matéria prima pertencente a outrem, surge a necessidade de determinar a responsabilidade pelos prejuízos advindos, uma vez que o proprietário da matéria prima quando a perde ao especificador, deve ser indenizado, assim como o especificador deve ser indenizado quando a propriedade da coisa nova pertencer ao dono da matéria prima, salvo se estava o especificador de má-fé, quando irredutível a especificação (CC, 1.271).

c) *confusão* é a mistura de coisas líquidas.

d) *comistão* é a mistura de coisas sólidas ou secas.

e) *adjunção* é a justaposição de uma coisa à outra, como, por exemplo, nos casos em que peças distintas são utilizadas para a formação de uma nova coisa.

Para estas três situações distintas – confusão, comistão e adjunção – o nosso ordenamento resolve da mesma forma. Assim, se as coisas pertencerem a diversos donos, e forem confundidas, misturadas ou adjuntadas sem o consentimento de seus proprietários e for possível separá-las sem deterioração das mesmas, as coisas continuam a pertencer-lhes (CC, *caput*, 1.272)

Contudo, não sendo possível a separação das coisas, ou esta separação exigir dispêndio excessivo, subsistirá indiviso o todo, e estará estabelecido o condomínio entre os proprietários, com base no quinhão proporcional ao valor da coisa com que entrou para a mistura ou agregado (CC, § 1º, 1.272).

Agora, caso uma das coisas confundidas, misturadas ou adjuntadas, puder ser considerada como principal, pela regra de que o acessório segue a sorte do principal, o dono da coisa principal, será o dono das demais, devendo, no entanto, indenizar os outros, para evitar o enriquecimento sem causa (CC, § 2º, 1.272).

Caso a confusão, comissão ou adjunção tenha se operado de má-fé, aquele que não agiu desta forma poderá escolher entre adquirir a propriedade do todo, pagando o que não for seu, abatida a indenização que lhe for devida, ou renunciar ao que lhe pertencer, caso em que será indenizado (CC, 1.273).

As mesmas regras serão aplicadas se a união tiver matérias de natureza diversa e forem formadas espécie nova.

f) *usucapião*: "a usucapião constitui uma situação de aquisição do domínio, ou mesmo de outro direito real (caso do usufruto ou da servidão), pela posse prolongada, permitindo a lei que uma determinada situação de fato alongada por certo intervalo de tempo se transforme em uma situação jurídica: a aquisição originária da propriedade" (RIBEIRO, Benedito Silvério. Tratado..., 2006, p. 169-172).

g) *ocupação:* consiste no assenhoreamento de bem móvel abandonado, sem dono, com a intenção de lhe adquirir o domínio. É um modo originário da aquisição. Podemos estabelecer dois fundamentos para a ocupação: a de coisa sem dono, que nunca foi objeto de assenhoreamento – *res nullius* – e, de coisa sem dono, porque abandonada (CC, 1.275, III) – *res derelicta* –, pelo seu proprietário, tem que ter o propósito inequívoco do dono em abandonar o bem. Ex.: jogar uma caneta na cesta do lixo.

h) *achado de tesouro*: tem-se por tesouro o depósito antigo de coisas preciosas, oculto e de cujo dono não haja memória (CC, 1.264, primeira parte), sendo que a propriedade será dividida entre o proprietário do prédio em que foi localizado o tesouro e aquele que o achou casualmente (CC, 1.264, segunda parte).

Caso o proprietário do prédio achar o tesouro, ou este for localizado em pesquisa ordenada pelo mesmo, ou por terceiro não autorizado, o tesouro pertencerá por inteiro ao proprietário do predito (CC, 1.265).

Achando-se o tesouro em terreno aforado, será o tesouro dividido igualmente entre o descobridor e o enfiteuta ou, caso este seja o descobridor, caberá por inteiro o tesouro (CC, 1.266)

Importante esclarecer que a **descoberta** – achado de coisa móvel perdida pelo proprietário –, a princípio, não é modo de aquisição da propriedade, uma vez que o descobridor tem a obrigação de restituir a coisa a seu proprietário (CC, 1.233). Aquele que restituir a coisa achada terá direito a uma recompensa, chamada de achádego, que não pode ser inferir a cinco por cento do seu valor, bem como à indenização pelas despesas que houver feito com a conservação e transporte da coisa, se o dono não preferir abandoná-la (CC, 1.234). Para a determinação do valor do achádego, será considerado o esforço do descobridor para encontrar o dono ou o possuidor legítimo, as possibilidades deste de encontrar a coisa e a situação econômica de ambos (CC, 1.234, parágrafo único).

O descobridor responde pelos prejuízos causados ao proprietário ou possuidor legítimo, quando tiver procedido com dolo (CC, 1.235).

Não sendo localizado o dono ou o legítimo possuidor pelo descobridor, este entregará a coisa achada a autoridade competente, que dará conhecimento da descoberta através da imprensa e outros meios de informação e editais, se o valor da coisa achada os comportar (CC, 1.236). Passados 60

DIREITO CIVIL

(sessenta) dias da divulgação, não havendo a apresentação do dono ou legítimo possuidor, a coisa será vendida em hasta pública, sendo que o valor obtido será usado para pagamento das despesas e do achádego, e o remanescente será revertido ao Município em que a coisa móvel foi achada (CC, 1.237).

Sendo diminuto o valor da coisa achada, ao invés de promover a venda em hasta pública da coisa, poderá o Município abandonar a coisa em favor do descobridor (CC, 1.237, parágrafo único).

i) *casamento*: situação em que um dos nubentes poderá receber copropriedade de bens móveis do outro, a depender do regime de bens pelo qual forem casados. Neste caso será dispensada qualquer formalidade, bastando que o casamento se realize como válido para gerar a co-propriedade entre os nubentes que persistirá até que seja realizada a partilha dos mesmos com o fim do casamento. O mesmo raciocínio é estabelecido para os bens adquiridos na constância do casamento.

Importante destacar que a mesma regra valerá para a **união estável**, cuja aquisição da propriedade dependerá de seu regime de bens.

j) *sucessão hereditária*: ocorre quando o herdeiro recebe o bem móvel por força da morte de outrem. Ressaltamos que quanto a este último modo de aquisição há por parte da doutrina o entendimento de ser meio exclusivo de aquisição dos bens imóveis, eis que o art. 80, II do Código Civil imobiliza o direito à sucessão aberta, sejam móveis ou imóveis os bens objeto da partilha. Resta observar que, pelo princípio de Saisine, a titularidade dos bens é transmitida de forma imediata com a ocorrência da morte.

Aquisição da propriedade imobiliária: a propriedade imobiliária poderá ser adquirida por: a) transcrição do título; b) acessão; c) usucapião; d) casamento; e) sucessão. Pois bem, analisemos cada uma das formas:

a) *Transcrição do título*: é forma de aquisição da propriedade regulada pela Lei de Registros Públicos, Lei 6.015/1973, nos arts. 197 e seguintes. Trata-se de forma ordinária, mas derivada de aquisição, eis que é comum e há relação entre o novo proprietário e o antigo. Assim é que o indivíduo que adquire a propriedade, em regra, depois do contrato de compra e venda havido entre as partes, lavra, no tabelionato de notas, a escritura pública de compra e venda e depois transcreve o título de propriedade na matrícula do imóvel que se encontra no cartório de registro de imóveis registrando, portanto, sua propriedade. Importante destacar que para a aquisição da propriedade imóvel não basta o contrato de compra e venda (CC, 481), a transferência do domínio ocorre pelo registro do título translativo (CC, 1.245), assim, enquanto não se registrar o título translativo, o alienante continua a ser havido como dono do imóvel (CC, 1.245, §1º).

Os efeitos do registro do título são: *i) constitutivo* – faz surgir o direito de propriedade; *ii) publicidade* – torna conhecido o direito de propriedade, efeito *erga omnes*; *iii) legalidade* - do direito do proprietário, o registro é feito quando não há qualquer irregularidade nos documentos apresentados; *iv) força probante* – goza de fé pública, presunção relativa do direito real pertencer à pessoa constante do registro (CC, 1.245, §2º) – é relativa a presunção de propriedade decorrente do registro imobiliário, ressalvado o

sistema Torrens (Enunciado 502 aprovado na V Jornada de Direito Civil, do Conselho da Justiça Federal e do Superior Tribunal de Justiça, realizada em novembro de 2.011); *v) continuidade* – modo derivado de aquisição da propriedade, liga-se ao registro anterior, sem esta relação de continuidade não o registro não se dará; *vi) obrigatoriedade* - o registro é indispensável à aquisição da propriedade imobiliária (CC, 1.227 e 1.245) e, *viii) retificação ou anulação* – o registro não é imutável (Lei 6.015/1973, 213 a 216 e CC, 1.247), tanto que se cancelado o registro, poderá o proprietário reivindicar o imóvel, independentemente da boa-fé ou do título do terceiro adquirente (CC, 1.247, parágrafo único).

b) *Acessão*: tudo o que adere ao bem imóvel, por ato volitivo ou por força da natureza poderá ser considerado como acessão. No primeiro caso, por ato volitivo, teremos as chamadas acessões artificiais ou industriais, no segundo caso as chamadas acessões naturais.

As **acessões artificiais** são as plantações e as construções. Assim, tudo o que for plantado ou construído no prédio que for de propriedade de João será, por acessão artificial, propriedade de João. Ressalto que há quem entenda que as acessões artificiais devem ser denominadas industriais e que as plantações são acessões mistas, porque envolvem a atividade humana e da natureza.

As **acessões naturais** ocorrem às margens de rios não navegáveis e temos:

b.1) a **aluvião** que poderá ser própria ou imprópria. A *aluvião será própria* quando consistir no depósito de matérias trazidas pelas águas que vão se acumulando, sem que se possa discernir o acúmulo num só ato, aumentando, assim, a porção de terra do imóvel do indivíduo. A *aluvião imprópria* ocorre quando há o afastamento das águas da zona ribeirinha, aumentando, desse modo, a porção de terra do imóvel que está à margem do rio;

O acréscimo pertence aos donos dos terrenos marginais, sem que haja o pagamento de qualquer indenização, pela forma vagarosa do aluvião (CC, 1.250, *caput*). O terreno aluvial, que se formar em frente de prédios de proprietários diferentes dividir-se-á entre eles, na proporção da testada de cada um sobre a antiga margem (CC, 1.250, parágrafo único).

b.2) **a avulsão** ocorre quando há arrancamento de uma parte da propriedade por força das águas, arremessando-a à outra propriedade, a qual esta grande porção de terra adere. Vale mencionar que esta situação tem de ocorrer de maneira abrupta, repentina e com grande quantidade de terra, pois, caso contrário, não se trata de avulsão, mas sim de aluvião própria.

Note, ainda, que este é o único meio de aquisição da propriedade imóvel por acessão natural em que o dono do prédio beneficiado para adquirir a propriedade deverá indenizar o dono do prédio desfalcado, exatamente porque estamos tratando de situação em que se pode, com facilidade, denotar de onde a porção de terra saiu e para onde ela foi. Mas, o dono do prédio desfalcado terá prazo de um ano para cobrar os valores do dono do prédio beneficiado, depois disso, opera-se a decadência sobre o direito à indenização e o dono do prédio beneficiado adquire a propriedade do bem independentemente de pagamento ao dono do prédio beneficiado (CC, 1.251, *caput*), caso haja recusa no pagamento de

253

indenização o dono do prédio beneficiado deverá aquiescer a que se remova a parte acrescida (CC, 1.251, parágrafo único).

b.3) álveo abandonado ou leito abandonado: ocorre quando o leito do rio fica seco, sendo que álveo é a superfície que as águas cobrem sem transbordar para a parte do solo naturalmente enxuto. Nestas situações todos os proprietários de terrenos ribeirinhos adquirem uma cota do terreno que antes era o curso do rio. A divisão ocorre da seguinte maneira: traça-se uma linha divisória no meio do leito do rio e cada um dos confrontantes estendem a linha divisória da testada de seu terreno em proporção perpendicular à linha imaginária que se encontra cortando o meio do leito do rio em todo o seu curso (CC, 1252).

Pode ser resultante da mudança do curso do rio para outra localidade, nesse caso, os donos dos terrenos por onde as águas abrirem novos cursos não serão indenizados em razão da força maior, contudo, se a alteração ocorrer por ato humano, caberá indenização.

Se a mudança da corrente se fez por utilidade pública, o prédio ocupado pelo novo álveo deve ser indenizado, e o álveo abandonado passa a pertencer ao expropriante para que compense da despesa feita (Decreto-Lei 24.643/1934, 27). Nesse caso não há acessão porque o abandono foi artificial.

Retomado o rio ao seu antigo leito, o abandonado voltará aos seus antigos proprietários, salvo se na hipótese da mudança da corrente ter sido por utilidade pública, a não ser que esses donos indenizem ao Estado (Decreto-Lei 24.643/1934, 26, parágrafo único).

b.4) formação de ilhas: o Código Civil soluciona o problema da atribuição do domínio das ilhas surgidas em rios particulares, ou seja, em rios não navegáveis. Caso a formação da ilha ocorra em um rio navegável ou que banhe mais de um Estado, são consideradas correntes públicas (CF, inciso IV, 20): *i)* as ilhas que se formarem no meio do rio consideram-se acréscimos sobrevindos aos terrenos ribeirinhos fronteiros de ambas as margens, na proporção de suas testadas, até a linha que dividir o álveo em duas partes iguais; *ii)* as ilhas que se formarem entre a referida linha e uma das margens consideram-se acréscimos aos terrenos ribeirinhos fronteiros desse mesmo lado e, *iii)* as ilhas que se formarem pelo desdobramento de um novo braço do rio continuam a pertencer aos proprietários dos terrenos à custa dos quais se constituíram.

c) Usucapião: A posse *ad usucapionem* é uma posse especial, tendo em vista que possui as seguintes características principais:

a) Posse com intenção de dono (*animus domini*).

b) Posse mansa e pacífica.

c) Posse contínua e duradoura, em regra, e com determinado lapso temporal. Acerca do lapso temporal é importante ressaltar o conteúdo do enunciado na V Jornada de Direito Civil que estabelece que "O prazo, na ação de usucapião, pode ser completado no curso do processo, ressalvadas as hipóteses de má-fé processual do autor" (Enunciado 497).

d) Posse justa.

e) Posse de boa-fé e com justo título (regra). Importante: Para a usucapião ordinária, a lei exige a boa-fé e o justo título (arts. 1.242 e 1.260 do CC). Para outras modalidades de usucapião, tais requisitos podem ou serem exigidos.

São sete as formas de usucapião previstas em lei: c.1) usucapião ordinária; c.2) usucapião extraordinária; c.3) usucapião especial urbana; c.4) usucapião especial rural e, por fim; c.5) usucapião coletiva ou estatutária c.6) usucapião por abandono de lar; c.7) Da usucapião extrajudicial incluída pelo Novo Código de Processo Civil.

Temos, então:

1) *usucapião ordinária*: a posse *ad usucapionem*, o justo título, a boa-fé, e o lapso temporal de dez anos na posse. Forma reduzida com lapso temporal de cinco anos se o imóvel houver sido adquirido, onerosamente, com base no registro constante do respectivo cartório e tenha sido posteriormente cancelado o registro, desde que os possuidores tenham estabelecido a sua moradia no imóvel, ou realizado investimentos de interesse social e econômico;

2) *usucapião extraordinária*: a posse *ad usucapionem* por quinze anos, independentemente de justo título e boa-fé. Há modalidade reduzida desta forma de usucapir com prazo de dez anos se o possuidor houver estabelecido no imóvel a sua moradia habitual, ou nele realizado obras ou serviços de caráter produtivo, a chamada posse trabalho;

3) *usucapião especial rural*: a posse *ad usucapionem*, que o possuidor não seja proprietário de imóvel rural ou urbano, lapso temporal de cinco anos, em área rural e, por fim, que o imóvel reivindicado não tenha dimensões superiores a cinquenta hectares, e que a terra tenha se tornado produtiva pelo trabalho do reivindicante ou de sua família, sendo o suporte de moradia;

4) *usucapião especial urbana*: a posse *ad usucapionem*, que o possuidor não seja proprietário de imóvel rural ou urbano, lapso temporal de cinco anos, em área urbana e, por fim, que o imóvel reivindicado não tenha dimensões superiores a duzentos e cinquenta metros quadrados, e que se preste à sua moradia ou de sua família;

5) *usucapião coletiva ou estatutária*: é denominada de estatutária porque está disposta no estatuto da cidade, a Lei 10.257 de 2001. O art. 10 de referida lei, disciplina que as áreas urbanas com mais de duzentas e cinquenta metros quadrados, ocupadas por população de baixa renda para sua moradia, por cinco anos, ininterruptamente e sem oposição, onde não for possível identificar os terrenos ocupados por cada possuidor, são suscetíveis de serem usucapidas coletivamente, desde que os possuidores não sejam proprietários de outro imóvel urbano ou rural.

6) *usucapião especial familiar* (por abandono de lar): foi estabelecida por conta da Lei 12.424 de 2011, que acresceu o art. 1.240 – A, ao Código Civil, estabelecendo que aquele que exercer, por 2 (dois) anos ininterruptamente e sem oposição, posse direta, com exclusividade, sobre imóvel urbano de até 250m² (duzentos e cinquenta metros quadrados) cuja propriedade divida com ex-cônjuge ou ex-companheiro que abandonou o lar, utilizando-o para sua moradia ou de sua família, adquirir-lhe-á o domínio integral, desde que não seja proprietário de outro imóvel urbano ou rural.

c.7) Da usucapião extrajudicial incluída pelo Novo Código de Processo Civil: o art. 1.071 do Código de Processo Civil de 2015 (Lei 13.105/2015) introduziu a possibilidade da usucapião extrajudicial, em qualquer uma de suas modalidades, criando o art. 216-A na Lei de Registros Públicos (Lei 6.015/1973). Vejamos:

"Art. 1.071. O Capítulo III do Título V da Lei no 6.015, de 31 de dezembro de 1973 (Lei de Registros Públicos), passa a vigorar acrescida do seguinte art. 216-A:

"Art. 216-A. Sem prejuízo da via jurisdicional, é admitido o pedido de reconhecimento extrajudicial de usucapião, que será processado diretamente perante o cartório do registro de imóveis da comarca em que estiver situado o imóvel usucapiendo, a requerimento do interessado, representado por advogado, instruído com:

I - ata notarial lavrada pelo tabelião, atestando o tempo de posse do requerente e seus antecessores, conforme o caso e suas circunstâncias;

II - planta e memorial descritivo assinado por profissional legalmente habilitado, com prova de anotação de responsabilidade técnica no respectivo conselho de fiscalização profissional, e pelos titulares de direitos reais e de outros direitos registrados ou averbados na matrícula do imóvel usucapiendo e na matrícula dos imóveis confinantes;

III - certidões negativas dos distribuidores da comarca da situação do imóvel e do domicílio do requerente;

IV - justo título ou quaisquer outros documentos que demonstrem a origem, a continuidade, a natureza e o tempo da posse, tais como o pagamento dos impostos e das taxas que incidirem sobre o imóvel.

§ 1º O pedido será autuado pelo registrador, prorrogando--se o prazo da prenotação até o acolhimento ou a rejeição do pedido.

§ 2º Se a planta não contiver a assinatura de qualquer um dos titulares de direitos reais e de outros direitos registrados ou averbados na matrícula do imóvel usucapiendo e na matrícula dos imóveis confinantes, esse será notificado pelo registrador competente, pessoalmente ou pelo correio com aviso de recebimento, para manifestar seu consentimento expresso em 15 (quinze) dias, interpretado o seu silêncio como discordância.

§ 3º O oficial de registro de imóveis dará ciência à União, ao Estado, ao Distrito Federal e ao Município, pessoalmente, por intermédio do oficial de registro de títulos e documentos, ou pelo correio com aviso de recebimento, para que se manifestem, em 15 (quinze) dias, sobre o pedido.

§ 4º O oficial de registro de imóveis promoverá a publicação de edital em jornal de grande circulação, onde houver, para a ciência de terceiros eventualmente interessados, que poderão se manifestar em 15 (quinze) dias.

§ 5º Para a elucidação de qualquer ponto de dúvida, poderão ser solicitadas ou realizadas diligências pelo oficial de registro de imóveis.

§ 6º Transcorrido o prazo de que trata o § 4º deste artigo, sem pendência de diligências na forma do § 5º deste artigo e achando-se em ordem a documentação, com inclusão da concordância expressa dos titulares de direitos reais e de outros direitos registrados ou averbados na matrícula do imóvel usucapiendo e na matrícula dos imóveis confinantes, o oficial de registro de imóveis registrará a aquisição do imóvel com as descrições apresentadas, sendo permitida a abertura de matrícula, se for o caso.

§ 7º Em qualquer caso, é lícito ao interessado suscitar o procedimento de dúvida, nos termos desta Lei.

§ 8º Ao final das diligências, se a documentação não estiver em ordem, o oficial de registro de imóveis rejeitará o pedido.

§ 9º A rejeição do pedido extrajudicial não impede o ajuizamento de ação de usucapião.

§ 10. Em caso de impugnação do pedido de reconhecimento extrajudicial de usucapião, apresentada por qualquer um dos titulares de direito reais e de outros direitos registrados ou averbados na matrícula do imóvel usucapiendo e na matrícula dos imóveis confinantes, por algum dos entes públicos ou por algum terceiro interessado, o oficial de registro de imóveis remeterá os autos ao juízo competente da comarca da situação do imóvel, cabendo ao requerente emendar a petição inicial para adequá-la ao procedimento comum."

Restou então admitido no Direito Brasileiro o pedido de reconhecimento extrajudicial de usucapião, que será processado diretamente perante o Cartório do Registro de Imóveis da Comarca em que estiver situado o imóvel usucapiendo. É importante ressaltar que a via extrajudicial é uma faculdade e não uma imposição legal.

d) **Casamento**: a depender do regime de bens pelo qual os cônjuges se casam esta pode ser uma forma de aquisição de propriedade imobiliária, independentemente de qualquer registro.

e) **Sucessão**: com a morte todos os bens são transmitidos, por força do art. 1.784 do Código Civil aos herdeiros do falecido e esta é uma forma de aquisição de propriedade imóvel.

3.2.1.2. Perda da propriedade: O Código Civil elenca expressamente no art. 1.275 os casos de perda de propriedade e são eles: alienação; renúncia; abandono; perecimento da coisa; desapropriação.

a) Alienação: pela alienação o titular do direito real de propriedade, por ato volitivo, transmite o seu direito sobre a coisa a outra pessoa, assim, teremos ao mesmo tempo a perda da propriedade para um e, em contrapartida, a aquisição da propriedade por outro. Importante destacar que o contrato apenas cria a obrigação (CC, 481), sendo que a alienação de bens móveis se concretiza por conta da tradição (CC, 1.226), sendo relativo a bens imóveis, será concretizada mediante o assento do título aquisitivo no cartório de registro de imóveis (CC, 1.227 e parágrafo único, 1.275).

b) Renuncia: pela renúncia, o titular do direito real de propriedade, por ato unilateral de vontade, abre mão de seu direito sobre a coisa, acarretando, assim, a perda do direito real de propriedade, em favor de terceira pessoa. A renúncia será válida desde que não cause prejuízos a terceiros, como por exemplo, credores do renunciante, os efeitos deste ato dependem do registro desse título no cartório de registro de imóveis (CC, 1.227 e parágrafo único..

c) Abandono: por meio do abandono o titular do domínio, voluntariamente, por não querer mais continuar sendo o proprietário do mesmo, se desfaz de seu direito. Se mostra imprescindível que haja a intenção de abdicar do direito. O imóvel urbano que o proprietário abandonar, com a intenção de não mais o conservar em seu patrimônio, e que se não encontrar na posse de outrem, poderá ser arrecadado, como bem vago, e passar, três anos depois, à propriedade do

Município ou à do Distrito Federal, se se achar nas respectivas circunscrições (CC, 1.276, *caput*), já o imóvel situado na zona rural, abandonado nas mesmas circunstâncias, poderá ser arrecadado, como bem vago, e passar, três anos depois, à propriedade da União, onde quer que ele se localize (CC, 1.276, §1º), para fins de reforma agrária e da política habitacional urbana.

Para que seja caracterizado o abandono, segundo interpretação do Conselho da Justiça Federal, aprovado na III Jornada de Direito Civil, no enunciado 242: "A aplicação do art. 1.276 depende do devido processo legal, em que seja assegurado ao interessado demonstrar a não cessação da posse.", sendo que será presumida de forma absoluta a intenção de abandono, quando, cessados os atos de posse, deixar o proprietário de satisfazer os ônus fiscais (CC, 1.276, §2º), sendo que a interpretação dessa presunção foi dada pelo Conselho da Justiça Federal, aprovado na III Jornada de Direito Civil, no enunciado 243: "A presunção de que trata o § 2º do art. 1.276 não pode ser interpretada de modo a contrariar a norma-princípio do art. 150, IV, da Constituição da República".

d) Perecimento da coisa: pode a coisa objeto do direito real de propriedade perecer, assim, como não há direito sem o seu objeto, o direito restará extinto. Esse perecimento pode decorrer de acontecimentos naturais como terremoto, incêndio, mas, também pode decorrer de ato voluntário do titular do domínio, por meio da destruição da coisa, ou também de fato de terceiro.

e) Desapropriação: por conta de uma necessidade pública, utilidade pública ou interesse social, pode o Poder Público, por meio de um procedimento administrativo, de forma compulsória, retirar a propriedade de alguém, mediante o pagamento de indenização prévia (antes de adquirir a propriedade) e justa (por contemplar o valor correspondente ao bem, dano emergente, lucro cessante, juros e correção monetária, despesas judiciais e honorários advocatícios).

5.2.1.2. Relação de vizinhança

O direito de vizinhança trata do complexo de direitos, obrigações e ônus que se estabelecem entre os titulares de imóveis vizinhos. As relações de vizinhança são obrigações *propter rem* ou próprias da coisa. São direitos de vizinhança as regulamentações sobre:

a) *uso anormal da propriedade*

b) *árvores limítrofes*

c) *passagem forçada*

d) *da passagem de cabos e tubulações*

e) *das águas*

f) *limites entre prédios*

g) *direito de construir*

h) *uso do prédio vizinho*

Do condomínio

Uma coisa pode pertencer a duas ou mais pessoas simultaneamente, dividindo a titularidade do domínio do bem, assim, temos a copropriedade, ordinariamente conhecida como condomínio. Importante esclarecer que não há no condomínio o ferimento do caráter de exclusividade próprio do direito de propriedade, uma vez que não há a existência de dois ou mais direitos de propriedade mas, sim, um único direito de propriedade pertencente ao mesmo tempo a mais de uma pessoa.

Existem duas teorias explicativas do condomínio: *a) teoria das propriedades plúrimas parciais* – pela qual cada condômino é dono de apenas sua parte ideal, cuja reunião origina o condomínio e; *b) teoria da propriedade integral* – o condomínio é um só direito, cada condômino tem a propriedade sobre toda a coisa, limitada ao direito dos demais condôminos. Esta é a teria adotada pelo CC/2002, bem como por nós.

Várias são as possíveis causas para a formação do condomínio, podendo ter origem no direito da sucessão, quando um bem é deixado pelo *de cujus*, tendo como herdeiros mais de uma pessoa; pode surgir pela alienação do bem a mais de um adquirente ou venda de parte da coisa; ocupação de uma coisa sem dono por mais de uma pessoa, ou seja, sempre que os direitos elementares da propriedade (usar, gozar, dispor e reaver) pertencerem a mais de um titular, cada condômino possuirá uma cota ou fração ideal da coisa, que pode ou não ser igual a dos demais coproprietários.

O condomínio pode ser divido em dois grandes tipos: *a) condomínio geral* (CC, 1.314 a 1.330) – que se subdivide em condomínio voluntário (CC, 1.314 a 1.326) e o necessário ou chamado de legal (CC, 1.327 a 1.330) e; *b) condomínio edilício* – ou em edificações (CC, 1.331 e seguintes).

Podemos, ainda, classificar o condomínio:

i) *quanto à origem* – pode ser o condomínio *1)* convencional ou voluntário, visto que se origina pela vontade dos condôminos; *2)* eventual, decorrente da vontade de terceiro (ex.: doador, testador); e *3)* legal ou necessário, imposto pela vontade da lei (ex.: árvores limítrofes)

ii) quanto à forma – pode ser o condomínio *1) pro diviso* – mera aparência de condomínio, é possível estabelecer sobre a coisa a parte que cada condômino é proprietário, sendo apenas uma comunhão de direito; e, *2) pro indiviso* – comunhão de direito e de fato, não é possível determinar sobre a coisa a parte que cada condômino é proprietário.

iii) quanto à extinção – pode ser o condomínio *1)* transitório – pode ser extinto a qualquer tempo por convenção dos condôminos; e, *2)* permanente – perdura enquanto persistir a situação que os determinou, confunde-se com o condomínio legal (paredes, muros, cercas)

iv) quanto ao objeto – o condomínio pode ser *1)* universal – abrange todos os bens, inclusive frutos e rendimentos (ex.: direitos hereditários) e, *2)* singular – incide apenas sobre uma determinada coisa.

5.2.1.3. Do condomínio geral voluntário

Como visto, o condomínio geral pode ser estabelecido sobre qualquer bem cujo direito real de propriedade recaia, simultaneamente, a mais de uma pessoa, possuindo cada uma delas uma quota ideal. Assim, nosso ordenamento estabelece para essa forma geral de condomínio direitos e deveres entre os seus titulares, ditos de condôminos.

O fato do direito real de propriedade ser partilhado entre mais de uma pessoa faz com que seja necessário compreender no que consiste a parte ideal de cada condômino, que nada mais é do que o fracionamento do direito real de propriedade na medida de cada um dos condôminos, que será expressada de forma matemática. Assim, é o elemento que possibilita estabelecer a quantidade de vantagens e ônus a serem atribuídos a cada um dos condôminos (DINIZ, 2.011).

Contudo, importante que se estabeleça que o direito de cada condômino não se limita a sua fração de propriedade, uma vez que seu direito se estende à coisa toda. Com relação à sua parte possui uma certa autonomia, enquanto que com relação à coisa comum, os atos a serem praticados dependem do consentimento dos demais coproprietários ou de sua maioria.

5.2.1.4. Dos direitos e deveres dos condôminos no condomínio geral voluntário

Podemos estabelecer direitos e deveres dos condôminos em suas relações uns com os outros:

a) *cada condômino pode usar a coisa conforme sua destinação e sobre ela exercer todos os direitos compatíveis com a indivisão* (CC, 1.314)

b) *Cada condomínio pode reivindicá-la de terceiro e defender a sua posse* (CC, 1.314)

c) *Cada condômino pode alhear a respectiva parte ideal* (CC, 1.314)

d) *Cada condômino tem o direito de gravar a respectiva parte ideal* (CC, 1.314)

e) *Nenhum dos condôminos pode alterar a destinação da coisa comum, nem dar posse, uso ou gozo dela a estranhos, sem o consenso dos outros* (CC, 1.314)

f) *Cada condômino é obrigado, na proporção de sua parte, a concorrer para as despesas de conservação ou divisão da coisa, e a suportar os ônus a que estiver sujeita* (CC, 1.315)

5.2.1.5. Da administração do condomínio voluntário

Em razão da existência de mais de um proprietário sobre o mesmo bem, há necessidade de deliberação sobre a administração da coisa comum, que sempre será promovida com base na vontade da maioria absoluta, calculada com base no valor dos quinhões (CC, 1.325, *caput* e §1º,).

Tendo em vista a possibilidade de não alcance da maioria absoluta para a toma de decisões na administração da coisa comum, quer seja por conta de empate (ex.: dois condôminos com mesma fração de propriedade), quer seja por falta de *quorum* (ex.: ausência de condôminos na tomada de decisões), qualquer condômino poderá levar a resolução da questão ao poder judiciário, cabendo ao juiz decidir (CC, 1.325, §2º).

Pode ocorrer, ainda, dúvida com relação ao valor dos quinhões de cada condômino, será promovida a sua avaliação judicial (CC, 1.325, §3º).

Com a deliberação da maioria absoluta, ou decidindo o juiz, será escolhido o administrador da coisa, que poderá ser estranho ao condomínio, contudo, pode ocorrer a situação de que um dos condôminos passe, por iniciativa própria, a administrar a coisa sem oposição dos demais, presumindo-se, assim, ser representante comum de todos. Importante que

sejam estabelecidos os poderes do administrador, que serão delineados, também, pela maioria absoluta dos quinhões dos condôminos.

Pode ser promovida a locação da coisa comum, neste caso, terá preferência em igualdade de condições o condômino ao estranho (CC, 1.323, 2ª parte), a deliberação pela locação da coisa comum, também irá definir o preço da locação,

Os frutos obtidos da coisa comum deverão ser partilhados entre os condôminos, a partilha obedecerá a proporção dos quinhões de propriedade cada condômino, contudo, poderão os condôminos estabelecer de forma diversa, como, por exemplo, podem os condôminos deliberar que os frutos serão revertidos para unicamente para a ampliação da coisa comum, ou por disposição de última vontade quando da instituição do condomínio por terceiro.

5.2.1.6. Da extinção do condomínio voluntário

A todo tempo será lícito ao condômino exigir a divisão da coisa comum (CC, 1.320) – no condomínio voluntário, como decorrente de sua própria formação por ato volitivo, dos próprios condôminos ou de terceiro, nenhum dos condôminos pode ser ver obrigado a continuar na qualidade de co-proprietário, assim, poderá exigir a divisão da coisa comum, ou seja, a extinção do condomínio, caso em que cada condômino responderá pela sua parte nas despesas da divisão. Tal ação de divisão é imprescritível, pois a qualquer tempo pode ser promovida.

Apesar desse caráter de não obrigatoriedade de continuar vinculado ao condomínio, podem os condôminos acordar que fique indivisa a coisa comum por prazo não maior de cinco anos, suscetível de prorrogação ulterior (CC, 1.320, §1º). Assim, impedida estará a extinção do condomínio, contudo, não há impedimento para que o condômino promova a venda de sua quota parte a qualquer outro condômino, ou a terceiros (desde que respeitado o disposto no art. 1.314, visto acima).

O condomínio voluntário estabelecido por terceiro, como no caso do doador ou do testador, se for estabelecida a indivisão esta não poderá exceder a cinco anos (CC, 1.320, §2º), situação lógica uma vez que ocorrendo a doação ou aberta a sucessão, aquele terceiro que estabeleceu o condomínio, não mais terá qualquer influência na copropriedade formada, não podendo promover a renovação da indivisão, contudo, nada impede que os próprios condôminos estabeleçam a indivisão.

A indivisão estabelecida quer pelos próprios condôminos, quer pelo terceiro no momento do estabelecimento do condomínio, não é absoluta, uma vez que demonstradas graves razões a requerimento de qualquer interessado, através da promoção de ação de divisão de coisa comum, com observância do contraditório e da ampla defesa, poderá o juiz determinar a divisão da coisa comum antes de findo o prazo (CC, 1.320, §3º).

Sendo promovida a divisão do condomínio, serão aplicados no que couber, as regras relativas a partilha de herança, estabelecidas nos arts. 2.012 a 2.022, do Código Civil (CC, 1.321).

Sendo a coisa indivisível – não passível de ser partilhada entre os condôminos – pode um dos coproprietários adjudicar a parte dos demais, promovendo o pagamento respectivo de suas frações ideais, contudo, caso não seja adjudicada a um só, a coisa será vendida e e repartido o valor apurado. Na venda, preferirá na aquisição o condômino ao estranho e, entre os condôminos, aquele que tiver na coisa benfeitorias mais valiosas, e, não as havendo, preferirá o condômino de quinhão maior (CC, 1.322).

Caso nenhum dos condôminos tenha benfeitorias na coisa comum e participam todos do condomínio em partes iguais, realizar-se-á licitação entre estranhos e, antes de adjudicada a coisa àquele que ofereceu maior lanço, proceder-se-á à licitação entre os condôminos, a fim de que a coisa seja adjudicada a quem afinal oferecer melhor lanço, preferindo, em condições iguais, o condômino ao estranho (CC, 1.322, parágrafo único).

5.2.1.7.Do condomínio necessário

A determinação legal da formação do condomínio o torna necessário, assim, aquele formado por meação de paredes, cercas, muros e valas regula-se pelo disposto no Código Civil com base no direito de tapagem, acima estudado e regulado nos arts. 1.297 e 1.298, bem como pelos arts. 1.304 a 1.307.

O proprietário que tiver direito a estremar um imóvel com paredes, cercas, muros, valas ou valados, tê-lo-á igualmente a adquirir meação na parede, muro, valado ou cerca do vizinho, embolsando-lhe metade do que atualmente valer a obra e o terreno por ela ocupado, uma vez que deverá ser partilhado entre ambos os proprietários as despesas com a construção da divisa, segundo o art. 1.297, do Código Civil.

A fixação do preço da obra, em não havendo consenso entre os dois confinantes, será arbitrado por peritos, cujas expensas serão partilhadas entre ambos (CC, 1.329).

Independentemente do valor da meação, enquanto aquele que pretender a divisão não o pagar ou depositar, nenhum uso poderá fazer na parede, muro, vala, cerca ou qualquer outra obra divisória (CC, 1.330)

5.2.1.8.Do condomínio edilício

Com o desenvolvimento das cidades e a consequente valorização do imóvel urbano, visando a um melhor aproveitamento do solo, surgiu a necessidade de erguer construção verticais, que corroborou com uma forma mais econômica de moradia, contribuindo com a fixação dos seus donos mais próximos aos seus locais de trabalho, surgindo, assim, a necessidade de regulamentar tais edificações, inicialmente com base na Lei 4.591/1964 e, posteriormente, com o CC/2002, arts. 1.331 a 1358.

Diversamente do condomínio geral, na qual o bem é partilhado em frações ideais (não necessariamente iguais) entre os condôminos, o condomínio edilício possui características diferenciadas que o distingue, uma vez que sua caracterização se apresenta pela propriedade comum, ao lado de uma propriedade privada.

Assim, o condomínio edilício possui uma parte de propriedade exclusiva, tida como unidade autônoma (apartamento, escritório, sala, loja e sobreloja) e, ao mesmo tempo áreas que são consideradas comuns (terreno, estrutura do prédio, telhado, rede de água, esgoto, corredores, acesso à unidades autônomas), conforme estabelece a disciplina do *caput*, do art. 1.331, do Código Civil. Importante é verificar que a Lei 12.607 de 2012 estabeleceu que "as partes suscetíveis de utilização independente, tais como apartamentos, escritórios, salas, lojas e sobrelojas, com as respectivas frações ideais no solo e nas outras partes comuns, sujeitam-se a propriedade exclusiva, podendo ser alienadas e gravadas livremente por seus proprietários, **exceto os abrigos para veículos, que não poderão ser alienados ou alugados a pessoas estranhas ao condomínio, salvo autorização expressa na convenção de condomínio**".

5.2.1.8.1. Natureza jurídica

Inúmeras são as teorias que visam estabelecer a natureza jurídica do condomínio edilício, visto que há um necessário afastamento do que se tem por condomínio geral, frente à presença, simultânea, de áreas comuns e de propriedades privadas.

Assim, uma das teorias é a de que o condomínio edilício seria uma *comunhão de bens*, contudo, não há como explicar essa comunhão ante a coexistência entre unidades autônomas e áreas comuns. Outra teoria é a da *sociedade imobiliária*, que não revela ser adequada uma vez que não há o *affectio societatis* (afeição para a sociedade) próprio a caracterizar a sociedade, já que não há necessidade de qualquer vínculo mais forte entre os condôminos (GONÇALVES, 2.010).

Também, existente a teoria da *personalização do patrimônio comum*, contudo, não há pessoa jurídica que seja titular das unidades autônomas e das partes comuns do edifício (LOPES, 2.003). Assim, diante do fato da coexistência de inúmeros proprietários sobre as áreas comuns e, ao mesmo tempo, sobre as unidades privadas no condomínio edilício, justifica a teoria, por nós adotada, de que o condomínio edilício não tem personalidade jurídica, tendo no entanto, capacidade para estar em juízo, ou seja, de ser parte como autor, réu, assistente ou oponente, representado por seu síndico.

5.2.1.8.2. Instituição e constituição do condomínio

A instituição do condomínio edilício depende de ato de vontade que pode ser oriundo de ato *inter vivos* (por destinação do proprietário do edifício ou por incorporação) ou *causa mortis* (por meio de testamento), com a inscrição obrigatória junto ao Cartório de Registro de Imóveis competente.

A escritura declaratória de instituição e convenção firmada pelo titular único de edificação composta por unidades autônomas é título hábil para registro da propriedade horizontal no competente registro de imóveis, nos termos dos arts. 1.332 a 1.334 do Código Civil (Enunciado 503 aprovado na V Jornada de Direito Civil, do Conselho da Justiça Federal e do Superior Tribunal de Justiça, realizada em novembro de 2.011).

No ato de instituição obrigatoriamente deverá constar:

a) *A discriminação e individualização das unidades de propriedade exclusiva, estremadas uma das outras e das partes comuns;*

b) *A determinação da fração ideal atribuída a cada unidade, relativamente ao terreno e partes comuns;*

c) *O fim a que as unidades se destinam.*

Os condôminos, quando criam a convenção condominial, estão edificando uma verdadeira lei interna, que irá reger a vida naquela microssociedade, estabelecendo regras de conduta e de comportamento, dentre outras, devendo estabelecer, da mesma forma que na instituição do condomínio, a discriminação e individualização das unidades de propriedade exclusiva, estremadas uma das outras e das partes comuns; a determinação da fração ideal atribuída a cada unidade, relativamente ao terreno e partes comuns e o fim a que as unidades se destinam, bem como:

a) *a quota proporcional e o modo de pagamento das contribuições dos condôminos para atender às despesas ordinárias e extraordinárias do condomínio;*

b) *sua forma de administração;*

c) *a competência das assembleias, forma de sua convocação e quorum exigido para as deliberações;*

d) *as sanções a que estão sujeitos os condôminos, ou possuidores;*

e) *o regimento interno.*

A convenção condominial pode ser alterada, contudo a norma prevê a necessidade de quorum específico para a validade das alterações. Assim, somente pela deliberação de dois terços das frações ideais, em assembleia constituída para este fim, é que serão promovidas alterações na convenção do condomínio (CC, 1.351), contudo, o mesmo dispositivo legal estabelece que a mudança da destinação do edifício, ou da unidade imobiliária, depende da aprovação pela unanimidade dos condôminos.

A convenção poderá ser feita por escritura pública ou por instrumento particular, sendo que são equiparados aos proprietários, para o exercício dos direito e deveres oriundos da convenção condominial, salvo disposição em contrário, os promitentes compradores e os cessionários de direitos relativos às unidades autônomas.

5.2.1.8.3. Estrutura interna do condomínio edilício

O condomínio edilício é formado por unidades autônomas, nas quais os condôminos exercem de forma exclusiva os poderes inerentes à propriedade. Assim, é o que ocorre com os apartamentos, lojas, salas comerciais, sendo que cada unidade terá a designação especial, para distingui-la das demais, por meio de números ou letras (Lei 4.591/1964, arts. 1º, §1º e 2º), bem como não poderão ser privadas do acesso à via pública (CC, 1.331, §4º).

A vaga de garagem vinculada a unidade autônoma constitui uma parte acessória, assim, poderá alienar essa parte acessória de sua unidade imobiliária a outro condômino, só podendo fazê-lo a terceiro se essa faculdade constar do ato constitutivo do condomínio, e se a ela não se opuser a respectiva assembleia geral (CC, 1.339, §2º,), contudo, os direitos dos condôminos às partes comuns são inseparáveis de sua propriedade exclusiva, assim como são inseparáveis das frações ideais correspondentes as unidades imobiliárias, com suas partes acessórias, sendo proibido alienar os gravar os bens em separado (CC, 1.339, *caput* e §1º).

No tocante à locação da área de abrigo para veículos, o condômino pode promover desde que respeite a preferência em igualdade de condições dos condôminos a estranhos e, entre todos, os possuidores da unidade autônoma respectiva (CC, 1.338).

Importante destacar que as unidades autônomas para fins tributários, serão tratadas como prédios isolados, contribuindo o respectivo condômino, diretamente, com as importâncias relativas aos impostos e taxas, federais, estaduais e municipais, na forma dos respectivos lançamentos (Lei 4.591/1964, 11).

De outra parte, o condomínio edilício é formado por áreas comuns, que estão estabelecidas nos termos do §2º, do art. 1.331, CC, como sendo o solo, a estrutura do prédio, o telhado, a rede geral de distribuição de água, esgoto, gás e eletricidade, a calefação e refrigeração centrais, e as demais partes comuns, inclusive o acesso ao logradouro público, são utilizados em comum pelos condôminos, não podendo ser alienados separadamente, ou divididos, assim como dispõe o §5º, do mesmo artigo que, o terraço de cobertura é parte comum, salvo disposição contrária da escritura de constituição do condomínio.

Pode, eventualmente, por deliberação de todos os condôminos, ter o uso exclusivo de áreas comuns a um dos condôminos, como no caso da utilização do corredor (área comum), que dá acesso a unidade autônoma do condômino que a ira usufruir, desde que não prejudique o acesso as demais unidades. Assim, por conta desse uso exclusivo, continua a área ser comum, ou seja, não haverá a integração da área a unidade autônoma. Assim, o condômino que se serve de forma exclusiva dessa área comum, deverá arcar com as despesas relativas, com acréscimo em suas contribuições condominiais de forma proporcional ao percentual de uso da área comum (CC, 1.340), devendo ser mantida ante as expectativas criadas no condômino beneficiário e da boa-fé (REsp 214.680, REsp 356.821, REsp 281.290)

5.2.1.8.4. Direitos e deveres dos condôminos

Com base no texto do Código Civil, podemos evidenciar os seguintes direitos aos condôminos:

a) *usar, fruir e livremente dispor das suas unidades* (CC, I, 1.335);

b) *usar das partes comuns, conforme a sua destinação, e contanto que não exclua a utilização dos demais compossuidores* (CC, II, 1.335);

c) *votar nas deliberações da assembleia e delas participar, estando quite* (CC, III, 1.335).

O direito conferido aos condôminos faz surgir o cumprimento de diversas obrigações, assim, também são estabelecidos inúmeros deveres aos condôminos, com o fito de promover a harmonia entre os seus pares, sem prejuízo de inúmeros outros deveres estabelecidos na convenção condominial e no regulamento interno, vejamos:

a) *contribuir para as despesas do condomínio na proporção das suas frações ideais, salvo disposição em contrário na convenção* (CC, I, 1.336).

b) *não realizar obras que comprometam a segurança da edificação* (CC, II, 1.336);

c) *não alterar a forma e a cor da fachada, das partes e esquadrias externas* (CC, III, 1.336);

d) *dar às suas partes a mesma destinação que tem a edificação, e não as utilizar de maneira prejudicial ao sossego, salubridade e segurança dos possuidores, ou aos bons costumes* (CC, IV, 1.336).

5.2.1.8.5. Da realização de obras no condomínio nas áreas comuns

Antes de adentrar especificamente no tema das obras nas áreas comuns do condomínio edilício, importante reavivar, nos termos do art. 96, CC, as benfeitorias possíveis de serem realizadas, temos, assim, as benfeitorias voluptuárias que são as de mero deleite ou recreio, que não aumentam o uso habitual do bem, ainda que o tornem mais agradável ou sejam de elevado valor, já as benfeitorias úteis são as que aumentam ou facilitam o uso do bem e as benfeitorias necessárias são as que têm por fim conservar o bem ou evitar que se deteriore.

A realização de obras no condomínio depende do tipo de benfeitoria que será realizada, exigindo a lei quórum diferenciado para cada uma delas. As benfeitorias voluptuárias, dependem do voto de no mínimo dois terços dos condôminos (CC, 1.341, I). As benfeitorias úteis necessitam do voto da maioria dos condôminos (CC, 1.341, II). Já as obras ou reparações necessárias podem ser realizadas, independentemente de autorização, pelo síndico, ou, em caso de omissão ou impedimento deste, por qualquer condômino, contudo, dentre as benfeitorias necessárias, devem ser destacadas ainda a diferenciação que se faz com relação ao valor das mesmas e sua urgente necessidade.

Se as obras ou reparos necessários forem urgentes e importarem em despesas excessivas, determinada sua realização, o síndico ou o condômino que tomou a iniciativa delas dará ciência à assembleia, que deverá ser convocada imediatamente. Note-se que, a assembleia será convocada para que se tome ciência, não para deliberar pela aprovação ou não da realização da mesma, contudo, a ciência se mostra necessária uma vez que diante do elevado valor pode gerar a necessidade de deliberação de rateio extra frente a despesa extraordinária ou saque do fundo de reserva.

Já não sendo urgentes, as obras ou reparos necessários, que importarem em despesas excessivas, somente poderão ser efetuadas após autorização da assembleia, especialmente convocada pelo síndico, ou, em caso de omissão ou impedimento deste, por qualquer dos condôminos, assim, por não serem urgentes haverá a necessidade de aprovação assemblear, bem como provisão da dotação orçamentária para a realização da obra, com o rateio extra ou a utilização do fundo de reserva.

O condômino que realizar obras ou reparos necessários será reembolsado das despesas que efetuar, não tendo direito à restituição das que fizer com obras ou reparos de outra natureza, embora de interesse comum (CC, 1.341, §4º). Com relação as benfeitorias uteis ou voluptuárias realizadas por apenas um dos condôminos, não terá direito a qualquer restituição, tampouco levantamento da benfeitoria, uma vez que realizada de má-fé, ante a não aprovação em assembleia pelo quórum especial.

A realização de obras, em partes comuns, em acréscimo às já existentes, a fim de lhes facilitar ou aumentar a utili-

zação, depende da aprovação de dois terços dos votos dos condôminos, não sendo permitidas construções, nas partes comuns, suscetíveis de prejudicar a utilização, por qualquer dos condôminos, das partes próprias, ou comuns (CC, 1.342). Assim, no tocante aos acréscimos, o benefício da coletividade de condôminos não se sobrepõe ao prejuízo particular do condômino.

A construção de outro pavimento, ou, no solo comum, de outro edifício, destinado a conter novas unidades imobiliárias, depende da aprovação da unanimidade dos condôminos (CC, 1.343).

5.2.1.8.6. Da administração do condomínio

A administração do condomínio será exercida por meio do síndico, eleito em assembleia, cujo mandato outorgado por período estabelecido na convenção condominial que não poderá ser superior a dois anos, permitida a reeleição. O síndico pode ser remunerado pelo exercício de suas funções, contudo, desde que prevista na convenção condominial, a remuneração pode ser promovida de várias formas, como no caso de o síndico ser condômino e ter a isenção no pagamento das contribuições condominiais enquanto do exercício de seu cargo, ou mesmo, uma remuneração direta, em espécie.

O síndico não precisa ser necessariamente condômino, podendo ser pessoa física ou jurídica estranha ao condomínio. Geralmente, diante do tamanho do condomínio, são eleitos síndicos profissionais ou empresas especializadas em administração de condomínios para atuar como síndicos, mas, é claro, desde que eleitos em assembleia.

O síndico no exercício de seus poderes de administração do condomínio edilício tem competência, nos termos do art. 1.348, para:

a) *convocar a assembleia dos condôminos* (CC, I, 1.348);

b) *representar, ativa e passivamente, o condomínio, praticando, em juízo ou fora dele, os atos necessários à defesa dos interesses comuns* (CC, II, 1.348);

c) *dar imediato conhecimento à assembleia da existência de procedimento judicial ou administrativo, de interesse do condomínio* (CC, III, 1.348);

d) *cumprir e fazer cumprir a convenção, o regimento interno e as determinações da assembleia* (CC, IV, 1.348);

e) *diligenciar a conservação e a guarda das partes comuns e zelar pela prestação dos serviços que interessem aos possuidores* (CC, V, 1.348);

f) *elaborar o orçamento da receita e da despesa relativa a cada ano* (CC, VI, 1.348);

g) *cobrar dos condôminos as suas contribuições, bem como impor e cobrar as multas devidas* (CC, VII, 1.348);

h) prestar contas à assembleia, anualmente e quando exigidas (CC, VIII, 1.348);

i) realizar o seguro da edificação (CC, IX, 1.348) – a edificação do condomínio edilício deve estar segurada para garantir indenização de prejuízos à estrutura do prédio, com cobertura contra risco de incêndio, queda de raio e explosões de qualquer natureza ou outros riscos que provoquem destruição total ou parcial do condomínio.

O síndico também terá a possibilidade de transferir a uma outra pessoa, no todo ou em parte, os poderes de representação ou as suas funções administrativas, desde que haja aprovação assemblear e não havendo disposição em contrário na convenção condominial (CC, 1.348, §2º).

O síndico inicialmente é eleito para desempenhar o seu *mister* durante o período estabelecido na convenção condominial, que, como visto no *caput* do art. 1.348, do CC, não poderá o mandato ser superior a dois anos, apesar de ser possível a reeleição. Contudo, ocorrendo o desvio de suas funções, poderá ser especialmente convocada assembleia geral para que seja votada a destituição do síndico, ante a irregularidades praticadas, ante a não apresentação das contas anualmente ou quando solicitadas ou, ainda, se não administrar convenientemente o condomínio. Para que ocorra a sua destituição, serão necessários os votos da maioria absoluta dos condôminos.

A assembleia é o órgão deliberativo do condomínio que é formada pela oportunidade de todos os condôminos dela participarem, aliás, é eivada de nulidade a assembleia promovida sem que todos os condôminos tenham sido convocados para a reunião (CC, 1.354). A forma da convocação estará estabelecida na convenção condominial, mas, independentemente da forma de convocação é imprescindível que todos tenham a oportunidade de participar – desde que em dia com as suas despesas condominiais (CC, III, 1.335) – apesar de não haver obrigatoriedade de participação.

Tanto assim que as deliberações tomadas em assembleia irão vincular a todos, ainda que tenham sido contrários e vencidos quando da votação, ou que por qualquer motivo não tenham participado da assembleia (falta de vontade ou impossibilidade frente a inadimplência).

A assembleia geral ordinária será convocada anualmente pelo síndico, na forma prevista na convenção, a fim de serem prestadas as contas de sua administração, apresentados o orçamento das despesas para o ano anterior, para a definição, na própria assembleia das contribuições dos condôminos e, se o caso, ser eleito o seu substituto e promover a alteração do regimento interno (CC, 1.350).

Caso o síndico não convoque a assembleia, um quarto dos condôminos poderá fazê-lo e, caso a assembleia não se reúna, o juiz decidirá, a requerimento de qualquer condômino.

Serão estabelecidas duas convocações para a assembleia, no mesmo dia, em razão do atingimento ou não do *quorum* para sua instalação.

Em primeira convocação, há necessidade de um *quorum* mínimo para a abertura dos trabalhos da assembleia que representem pelo menos metade das frações ideais, sendo as deliberações tomadas por maioria dos votos presentes, salvo *quorum* qualificado exigido (CC, 1.352, *caput*). Contudo, caso esse *quorum* para a instalação da assembleia não seja atingido, será instalada em segunda convocação independentemente do número de condôminos, deliberando-se pela maioria dos presentes, salvo a exigência de *quorum* especial para a aprovação de temas (CC, 1.353).

Os votos serão proporcionais às frações ideais no solo e nas outras partes comuns pertencentes a cada condômino,

salvo disposição diversa da convenção de constituição do condomínio (CC, 1.352, parágrafo único).

Como visto, algumas deliberações a serem tomadas em assembleia dependem de *quorum* qualificado, não podendo ser tomadas por maioria simples, Assim, depende da aprovação de dois terços dos votos dos condôminos a alteração da convenção; a mudança da destinação do edifício, ou da unidade imobiliária, depende da aprovação pela unanimidade dos condôminos (CC, 1.351).

Pode ser necessária a realização de assembleias gerais extraordinárias, para deliberação de temas pontuais e que, por seu caráter excepcional, não podem aguardar a convocação da assembleia geral ordinária. Assim, as assembleias gerais extraordinárias serão convocadas pelo síndico ou por um quatro dos condôminos (CC, 1.355).

Para auxiliar a fiscalização pelo condomínio da atividade desenvolvida pelo síndico, poderá haver no condomínio um conselho fiscal, composto de três membros, eleitos pela assembleia, por prazo não superior a dois anos, ao qual compete dar parecer sobre as contas do síndico (CC, 1.356).

5.2.1.8.7. Da extinção do condomínio

Diferentemente do que ocorre no condomínio geral voluntário, é proibido aos condôminos por ato volitivo ou por meio do poder judiciário, promoverem a extinção do condomínio edilício. O Código Civil estabeleceu, assim, situações de extinção do condomínio que irão eliminar a coexistência própria para a manutenção do condomínio edilício, são elas:

a) *Destruição total ou considerável da edificação, ou ameaça de ruína* (CC, 1.357);

b) *Desapropriação* (CC, 1.358);

c) *Caso todas as unidades autônomas sejam adquiridas pela mesma pessoa.*

5.2.2. *Da propriedade resolúvel*

A propriedade é, em regra, absoluta, exclusiva e perpétua, não se submetendo a termo final nem a condição resolutiva (irrevogável). Não obstante, a irrevogabilidade da propriedade, o sistema civil brasileiro admite em seus arts. 1.359 e 1.360 do Código Civil a possibilidade de resolução proprietária, o que poderá ocorrer por força de lei ou da vontade entre as partes. Poderá, assim, restar resolvida a propriedade por: fideicomisso, retrovenda, condição resolutiva negocial, doação com cláusula de reversão e alienação fiduciária em garantia.

A propriedade é resolúvel, assim, nos casos em que o título de aquisição está subordinado a uma condição resolutiva ou ao advento do termo. Nestes casos, portanto, os elementos acidentais estipulados pelas partes na avença podem colocar fim ao direito de propriedade existente em favor de certa e determinada pessoa. É certo que nestas condições a condição inserida será resolutiva e o termo também marcará o fim da propriedade.

Trata-se de uma limitação ao princípio da perpetuidade. Referida situação poderá ocorrer, por exemplo, quando as partes entabulam pacto de retrovenda, situação em que se estabelece em contrato de compra e venda a possibilidade de o alienante recomprar a coisa do alienatário em determinado espaço de tempo.

Contudo, também analisamos pela égide da propriedade resolúvel a figura da propriedade revogável que está prevista no art. 1.360 do Código Civil e consiste em uma causa superveniente, não prevista pelas partes, na qual a propriedade se consolida nas mãos de terceiro de boa-fé, não cabendo reivindicação por parte do legítimo titular, a não ser em caso excepcional como, por exemplo, a revogação da doação por ingratidão que se dá depois da alienação do bem doado.

5.2.2.1.Natureza jurídica

Há aqueles que entendem que a natureza jurídica da propriedade resolúvel, em verdade, trata de domínio de natureza especial. Neste caso, aplicam-se, os princípios especiais do direito de propriedade, sendo considerada um de seus institutos, colocado na parte do direito civil que sistematiza os direitos reais. De modo mais simples, há quem entenda que se trata de um caso aplicação das regras gerais relativas à condição e ao termo, previstas na Parte Geral do Código Civil, e dos princípios concernentes à dissolução dos contratos.

5.2.3. Direitos reais sobre coisas alheias

Os direitos reais de gozo e fruição nascem da transferência temporária a um terceiro, de alguma faculdade inerente à propriedade e podem ser:

5.2.3.1.Direito de superfície

É um direito real sobre coisa alheia, definido pelo Código Civil como o direito de plantar ou de construir em terreno alheio. Tal instituto vigorou na época do Brasil Colônia e, posteriormente, fora substituído pela enfiteuse, não se confundindo, portanto, este com aquele. Atualmente, também, podemos encontrar o direito de superfície elencado na Lei 10.257/2001 – Lei do Estatuto da Cidade. O direito de superfície consiste na concessão, onerosa ou gratuita, do solo, subsolo e espaço aéreo de uma determinada propriedade (no Código Civil há limitações) a um terceiro que, apesar de não ter a plenitude da propriedade, terá seu domínio útil, desdobrando-se, assim, o direito de propriedade.

O art. 1.369 do Código Civil dispõe que: "O proprietário pode conceder a outrem o direito de construir ou de plantar em seu terreno, por tempo determinado, mediante escritura pública devidamente registrada no Cartório de Registro de Imóveis". Nos termos do Código Civil o direito de superfície não autoriza obra no subsolo, "salvo se for inerente ao objeto da concessão".

O pagamento da concessão de superfície (denominado *solarium* ou *canon* superficiário – quando esta for onerosa) poderá se dar por execução instantânea ou subvenção periódica, a depender da avença entre as partes. Evidentemente, a cargo do superficiário ficarão os encargos tributários que incidirem sobre o imóvel. Já que não se trata de direito estipulado "intuitu personae", poderá ser cedido por ato inter vivos ou transmitido aos herdeiros do superficiário. O proprietário, nestes casos, não terá direito a qualquer pagamento pela transferência.

Note-se, portanto que o direito de superfície não autoriza obra no subsolo, salvo se for inerente ao objeto da concessão. Além disso, trata-se de direito plenamente cessível, de modo que pode transferir-se a terceiros e, por morte do superficiário, aos seus herdeiros. À evidência, extinta a concessão, o proprietário passará a ter a propriedade plena sobre terreno, construção ou plantação, independentemente de indenização, se as partes não houverem estipulado o contrário.

O que importa nesta modalidade de direito real é a destinação que é dada ao imóvel. Constitui condição resolutiva do direito de superfície o fato de o superficiário dar ao terreno destinação diversa daquela que tenha sido pactuada entre as partes.

5.2.3.2.Servidão predial

É o direito real que recai sobre o prédio serviente em proveito do prédio dominante. A servidão é perpétua, indivisível e inalienável. Quanto à sua exteriorização, pode ser classificada em aparente e não aparente. Será aparente quando for visível e não aparente quando não houver a visibilidade. Quanto ao modo de exercício, a servidão pode ser contínua ou descontínua. No primeiro caso, o direito é exercido independente de ato humano. No segundo caso, para o direito ser exercido há a necessidade de ação humana direta. A servidão pode ser adquirida por acordo entre as partes, por disposições legais inerentes às relações de vizinhança ou, ainda por usucapião, conforme previsto no art. 1.379 do Código Civil.

O art. 1.378 do Código Civil estabelece que a servidão proporciona utilidade para o prédio dominante, e grava o prédio serviente, que pertence a diverso dono, e constitui-se mediante declaração expressa dos proprietários, ou por testamento, e subsequente registro no Cartório de Registro de Imóveis. Sendo assim nota-se que à evidência é uma limitação voluntariamente estabelecida do direito de propriedade do indivíduo. A doutrina, por isso assevera que ela não se confunde com as servidões legais ou direito de passagem forçada estabelecidos pelo direito de vizinhança.

Esclarece Carlos Roberto Gonçalves (Gonçalves, 2010, 454) que as servidões podem tomar as mais variadas formas, sendo a mais conhecida dentre elas a de trânsito, qua assegura ao proprietário de um imóvel o direito de transitar pelo imóvel de outrem, mas que a servidão poderá se de aquaeduto (canalização), por força da qual o proprietário do imóvel dominante terá o direito de fazer com que a agua seja canalizada do modo como necessário, de iluminação, de ventilação, de pastagem, etc. Todas estas constituições de servidões evidentemente geram limitações ao prédio serviente que suportará a passagem de pessoas, de coisas, não poderá construir em determinado local ou a certa altura, tudo conforme contar do pacto havido entre as partes. Contudo, por ser direito real, uma vez constituída a servidão ela não gerará qualquer aderência às pessoas que a convencionaram, mas sim aos imóveis em questão. Sendo assim, a servidão se mantém com relação aos imóveis, mesmo que os proprietários sejam substituídos, quer seja por alienação, quer seja por sucessão *mortis causae*.

A servidão se dá em relação a prédios vizinhos, não havendo que se falar em servidão sobre a própria coisa. O proprietário do imóvel serviente, assim, naturalmente tem o dever de tolerar as limitações ao exercício de seu direito de propriedade. Haverá, contudo, uma relação de equilíbrio que deverá ser observada, ou seja, a servidão não poderá onerar em tal monta o prédio serviente que este deixe de cumprir sua função social. Sendo sempre constituída de modo expresso, a servidão é inalienável e deve ter interpretação restritiva.

5.2.3.2.1. Objetivo da servidão

O escopo da servidão é bastante claro e evidente: é o meio mais eficaz para que se possa estabelecer o melhor aproveitamento da utilização do prédio dominante que resta valorizado com a servidão. Contudo, por outro lado, ao restar estabelecida a servidão o prédio serviente, em regra, restará desvalorizado, eis que o direito real consubstanciado pela servidão sempre implica em alguma espécie de restrição do direito de propriedade que se pode exercer sobre o prédio serviente.

5.2.3.2.2. Natureza jurídica

Constitui um direito real conforme previsão expressa do art. 1225, III, do CC.

5.2.3.2.3. Classificação das Servidões

01 – Quanto à natureza dos prédios:

Rústica: é a servidão rural; e **urbana** a servidão estabelecida em área urbana.

02 – Quanto ao modo de exercício:

a) **Contínuas:** a servidão contínua é aquela exercida independentemente de atos humanos. Por exemplo, uma servidão de aquaeduto em que a canalização já está disposta e uma vez instalada a tubulação a servidão para a canalização se mantém independente de qualquer ato humano. **Descontínuas:** são servidões que só se mantém por conduta humana. O caso clássico é o da servidão de trânsito.

b) **Positiva ou ativa:** se dá nos casos em que preponderantemente o exercício da servidão exige um ato do titular de direitos sobre o prédio dominante (como no caso da servidão de trânsito) e **Negativa ou passiva:** circunstância em que prepondera a obrigação de não fazer por parte do titular de direitos sobre o prédio serviente é o caso da servidão de iluminação ou ventilação que impede construções.

03 – Quanto a sua exteriorização:

a) **Aparente:** é aquela servidão que resta manifesta por obras exteriores que qualquer um pode constatar. **Não aparente:** será a servidão que não se manifesta por obras exteriores, não restando, portanto, de pronto evidenciada.

5.2.3.2.4. Modos de constituição das servidões

Há meios variados de constituição da servidão, são eles: a) o ato negocial; b) usucapião; c) sentença judicial e d) destinação do proprietário.

a) **Ato negocial**: o ato negocial é a principal fonte de constituição de uma servidão, seja ela da espécie que for. Sob este viés a servidão poderá ser constituída por ato *inter vivos* ou *mortis causae.*

b) **Usucapião**: é disposição literal do art. 1.379, do Código Civil, a possibilidade de aquisição da servidão por usucapião, da forma que segue: "O exercício incontestado e contínuo de uma servidão aparente, por dez anos, nos termos do art. 1.242, autoriza o interessado a registrá-la em seu nome no Registro de Imóveis, valendo-lhe como título a sentença que julgar consumado a usucapião". Estabelece, ainda, o parágrafo único de referido artigo que "se o possuidor não tiver título, o prazo da usucapião será de vinte anos".

c) **Sentença**: nos casos de constituição por sentença, não se tem propriamente a servidão, mas figuras próximas, relativas ao direito de vizinhança é o que ocorre quando para o bom uso do imóvel depois da sentença de divisão (arts. 979, II e 980, § 2º, III, CPC) ou de extinção de condomínio o magistrado estabelece uma servidão de trânsito, por exemplo por ter restado absolutamente encravado o imóvel.

d) **Destinação do proprietário**: sendo o indivíduo, por exemplo, proprietário de duas glebas unidas pela vizinhança poderá estabelecer entre elas a servidão, que somente se efetivará no momento em que uma das glebas passar à titularidade de outrem.

5.2.3.2.5. Da Extinção da servidão

Há circunstâncias que extinguem a servidão de pleno direito. Nestes casos, caberá ao dono do prédio serviente fazer provar a extinção da servidão, o que poderá ocorrer: a) pela reunião dos dois prédios no domínio da mesma pessoa; b) pela supressão das respectivas obras por efeito de contrato, ou de outro título expresso; c) pelo não uso, durante dez anos contínuos.

5.2.3.3.Usufruto

É o direito que confere ao usufrutuário os direitos de uso e gozo sobre a coisa alheia. O usufruto pode recair sobre bens móveis ou imóveis, alguns bens específicos ou universalidades. O usufrutuário permanece com a posse direta do bem, enquanto o nú-proprietário permanece com a posse indireta. Trata-se de um direto temporário, que se extingue com a morte do usufrutuário, não se transmitido aos seus herdeiros. Todavia, é facultado ao usufrutuário transmitir o exercício do seu direito. Por fim, o usufruto pode ser legal ou convencional.

Assim, temos que o usufruto é um direito real sobre coisa alheia conferido a alguém de extrair, temporariamente, da coisa alheia os frutos e utilidades que ela produza, sem que isso possa alterar-lhe a substância. Por isso é que o proprietário perde, temporariamente, o direito ao uso e aos frutos. Não perde, entretanto, a substância, conservando a condição de senhorio.

Ocorre, em verdade, que dentre os caracteres da propriedade de usar, gozar, fruir, dispor e reaver a coisa, o proprietário fica despido dos direitos de uso e gozo ou fruição da coisa, daí porque ser denominado de nu-proprietário. É que uma fração das circunstâncias inerentes à propriedade são transmitidas ao usufrutuário gerando, inclusive desmembramento da posse em linha vertical, sendo possuidor direto o usufrutuário e possuidor indireto o nu-proprietário.

O direito de usufruto, poderá recair sobre bens móveis ou imóveis, ou ainda, sobre um patrimônio inteiro. Podendo inclusive recair sobre títulos de crédito.

5.2.3.3.1. Principais características do usufruto

- Intransferível e inalienável: não se transfere por herança ou por alienação. Todavia, de acordo como o art. 1.393 do Código Civil é possível ceder o exercício a título gratuito (ex.: comodato) ou oneroso (ex.: locação e arrendamento).

- Impenhorável: não pode ser objeto de penhora, mas seu exercício sim, desde que tenha expressão econômica. A penhora recai sobre os frutos e utilidades do bem. Por ser direito real que grava a coisa alheia nem a aquisição do imóvel em hasta pública será capaz de derrubar o usufruto.

- Temporário: é um direito que se destina à vigência temporária. O seu término dependerá de determinado termo ou condição, mas em qualquer hipótese, diante de seu caráter personalíssimo, extinguir-se-á com a morte do usufrutuário. Importante é ressaltar que o usufruto não pode exceder a vida do usufrutuário (art. 1.410, I, do CC) ou trinta anos se for pessoa jurídica (art. 1.410, III, do CC). Além disso, nada obsta que seja constituído por prazo certo ou sob condição resolutiva.

5.2.3.3.2. Classificação do instituto

1) Quanto à origem pode ser o usufruto:

Legal: estabelecido por lei em benefício de determinadas pessoas.

a) Usufruto estabelecido por lei

b) Usufruto dos pais sobre os bens dos filhos, conforme disposição expressa do art. 1689, I, do CC.

c) Usufruto do cônjuge sobre os bens do outro, conforme disposição expressa do art. 1652, I, do CC.

Convencional: resultante de acordo entre as partes.

Resultante de usucapião: o usufruto poderá ser adquirido por usucapião do mesmo modo que a propriedade. Sendo assim, ordinariamente em 10 anos e extraordinariamente em 15 anos. A maior parte da doutrina destaca esta possibilidade, ao menos em tese, no entanto, o que se nota é que na prática a possibilidade é remotíssima.

2) Quanto à extensão do usufruto:

Usufruto de bens individualizados.

Usufruto sobre universalidades (ou parte dela).

3) Quanto à duração:

- Usufruto temporário: aquele com prazo preestabelecido.

- Usufruto vitalício: estabelecido até a morte do usufrutuário.

5.2.3.3.3. Dos Direitos do Usufrutuário

A constituição do usufruto faz nascer diversos direitos ao usufrutuário. São direitos do usufrutuário:

a) Assumir a posse, uso, administração e percepção dos frutos da coisa objeto do usufruto constituído (1.394, do CC);

b) Legitimar-se para a cobrança das dívidas oriundas de títulos de crédito sobre os quais recaia usufruto (1.395, do CC). Neste caso, determina o parágrafo único do art. 1.395, do CC: "cobradas as dívidas, o usufrutuário aplicará, de imediato, a importância em títulos da mesma natureza, ou em títulos da dívida pública federal, com cláusula de atualização monetária segundo índices oficiais regularmente estabelecidos";

c) Apropriar-se, salvo direito adquirido por outrem, dos frutos naturais, pendentes ao começar o usufruto, sem encargo de pagar as despesas de produção (1.396, do CC);

d) Apropriar-se das crias de semoventes a partir do momento em que se iniciar o usufruto, deduzidas quantas bastem para inteirar as cabeças de gado existentes ao começar o usufruto (1.397, do CC);

e) Os frutos civis, vencidos na data inicial do usufruto, pertencem ao proprietário, e ao usufrutuário os vencidos na data em que cessa o usufruto (1.398, do CC);

f) Obter caução do nu-proprietário com relação aos frutos da coisa, sempre que este lhe exigire caução do usufruto e por estar impossibilitado de prestar-lhe a administração do usufruto passar ao nu-proprietário nos termos do art. 1.400, do CC;

g) Reestabelecimento do usufruto sempre que o valor da indenização pago pelo seguro na destruição da coisa objeto do usufruto for empregado na reconstrução da coisa. Determina expressamente o art. 1.408, do CC que: "Se um edifício sujeito a usufruto for destruído sem culpa do proprietário, não será este obrigado a reconstruí-lo, nem o usufruto se restabelecerá, se o proprietário reconstruir à sua custa o prédio; mas se a indenização do seguro for aplicada à reconstrução do prédio, restabelecer-se-á o usufruto".

5.2.3.3.4. Dos Deveres do Usufrutuário

A relação de usufruto gera diversos deveres ao usufrutuário. São deveres do usufrutuário:

a) Inventariar os bens que recebeu em usufruto, declarando o estado em que se encontram e prestando caução idônea, caso assim exija o nu-proprietário (se o doador reservou para si o direito de usufruto, não estará sujeito à caução nem por exigência do donatário, nu-proprietário) (conforme art. 1.400, do CC);

b) Entregar os bens livres e desembaraçados ao nu-proprietário ao final do usufruto (conforme art. 1.400, do CC);

c) Arcar com as despesas ordinárias de conservação dos bens no estado em que os recebeu;

d) Arcar com as prestações e os tributos devidos pela posse ou rendimento da coisa usufruída;

e) Realizar as obras que são indispensáveis à conservação da coisa, não executadas pelo dono da coisa, cobrando do nu-proprietário a importância despendida;

f) Pagar ao nu proprietário os juros do capital despendido com as reparações que forem necessárias à conservação, ou aumentarem o rendimento da coisa usufruída e que tiverem valor superior a dois terços do líquido rendimento em um ano (conforme art. 1.404, do CC);

g) Arcar com os juros da dívida que onerar o patrimônio ou a parte dele (conforme art. 1.405, do CC);

h) Informar ao nu-proprietário imediatamente sobre qualquer lesão produzida contra a posse da coisa, ou os direitos deste;

i) Arcar, durante a vigência do usufruto, com as despesas do prêmio do seguro, caso a coisa esteja segurada.

5.2.3.3.5. Da extinção do usufruto

A extinção do usufruto, de acordo com o art. 1.410 do Código Civil, ocorre pela:

a) renúncia ou morte do usufrutuário. Não ocorre com a morte do nu-proprietário (aqui a nua-propriedade é transmitida aos herdeiros); Conforme disposição do art. 1.411, do CC, constituído o usufruto em favor de duas ou mais pessoas, extinguir-se-á a parte em relação a cada uma das que falecerem, salvo se, por estipulação expressa, o quinhão desses couber ao sobrevivente;

b) termo de sua duração;

c) extinção da pessoa jurídica ou decurso do prazo de trinta anos;

d) cessação do motivo de origem;

e) destruição da coisa;

f) consolidação: nos casos em que o usufrutuário adquire a coisa consolidando para si o direito proprietário;

g) por culpa do usufrutuário, quando aliena, deteriora, ou deixa arruinar os bens, não lhes acudindo com os reparos de conservação, ou quando, no usufruto de títulos de crédito, não dá às importâncias recebidas a aplicação prevista no parágrafo único do art. 1.395, do CC;

h) pelo não uso, ou não fruição, da coisa em que o usufruto recai.

5.2.3.4.Uso

É o direito real que confere ao usuário a faculdade de retirar da coisa as suas utilidades, visando a atender as suas necessidades pessoais e de sua família. Distingue-se do usufruto pelo fato do uso da coisa estar limitado as necessidades da pessoa e de sua família. É um direito temporário que não se transmite aos herdeiros do usuário. Podem ser objeto do uso tanto coisas móveis, quanto imóveis.

5.2.3.5.Habitação

Consiste no direito de residir, gratuitamente, em residência alheia. É por isso que se trata de um direito extremamente restrito, diz a doutrina, ainda mais restrito do que o uso. Trata-se de direito que não comporta cessão já que é estabelecido "intuitu personae". Poderá, contudo, ser conferido a mais de uma pessoa, circunstância em que todos poderão igualmente exercê-lo.

3.2.5.6. Concessão de uso especial para fins de moradia: a especificidade aqui é que a concessão se dá pela União. Trata-se de bem da União.

3.2.5.7. Concessão de direito real de uso: mais uma vez, a especificidade aqui é que a concessão se dá pela União. Trata-se de bem da União.

5.2.3.6 Do direito real à aquisição do imóvel

O Código de 2002 trata do assunto nos arts. 1.225, VII, 1.417 e 1.418. Dispõe que o promitente comprador tem direito real de aquisição do imóvel, desde que registrada a promessa no cartório de registro de imóveis e que não tenha sido pactuado o arrependimento, garantindo ao titular do direito real, o direito de exigir do promitente vendedor, ou de terceiros, a quem os direitos forem cedidos, a outorga da escritura definitiva e, no caso de recusa, o ajuizamento da ação de adjudicação compulsória.

Desse modo, é de se concluir que os arts. 1.417 e 1.418 do Código Civil não constituem propriamente uma novidade, vez que a figura já era prevista desde o ano de 1937, para imóveis loteados, no Decreto-Lei 58 e, sucessivamente, dentro do mesmo contexto de loteamentos, na Lei 6.766/1979, alterada pela 9.785/1999, a chamada *Lei do Parcelamento do Solo*. Além disso, é de se frisar, que a Lei 649/1949 estendeu os efeitos do Decreto-Lei 58 aos contratos entre particulares. Note-se, ainda, que o Decreto 58/1937 trata de imóveis rurais loteados, a Lei 6.766/1978 de imóveis urbanos loteados e o Código Civil de imóveis não loteados.

Temos, então, duas situações jurídicas distintas, ou seja, dois regimes jurídicos distintos. O primeiro o do Decreto-Lei 58 que regula imóveis loteados e trata de uma tentativa de aplicação da isonomia substancial, dispõe em favor do adquirente do imóvel que é, na relação jurídica, em regra, hipossuficiente.

O segundo, aquele inicialmente regulado pelo alargamento que emprestou ao Decreto-Lei 58/1937 a Lei 649/1949, tratando de relações civis puras em que não há, em regra, hipossuficiência do comprador, e, por fim, o regime do Código Civil.

A orientação sumulada do mesmo Superior Tribunal de Justiça (Súmula 239), é a seguinte: "*O direito à adjudicação compulsória não se condiciona ao registro do compromisso de compra e venda no cartório de imóveis*.". Corroborando o entendimento sumulado, temos, ainda, o Enunciado 95 da Jornada de Direito Civil do Centro de Estudos Judiciários da Justiça Federal: "*O direito à adjudicação compulsória (art. 1.418 do novo Código Civil), quando exercido em face do promitente vendedor, não se condiciona ao registro da promessa de compra e venda no cartório de registro imobiliário (Súmula n. 239 do STJ)*".

Será, contudo, necessário que o promitente comprador, para o ajuizamento da ação de adjudicação compulsória notifique constituindo em mora o promitente vendedor. A notificação poderá se dar por via judicial ou pelo cartório de títulos e documentos (com prazo de quinze dias para imóveis não loteados – art. 22 do Decreto-Lei 58/1937 c.c. Decreto 745 de 07.08.69), ou de registro de imóveis para que no prazo de trinta dias seja purgada a mora (no caso de imóveis loteados, art. 32 da Lei 6.766/1979).

5.2.4. DIREITOS REAIS DE GARANTIA

5.2.4.1.Generalidades e Características

Os direitos reais de garantia (assim entendidos, em sentido *stricto*) são: o penhor, a hipoteca e a anticrese.

Têm, em regra, como características ou efeitos evidentes (v. Diniz, Maria Helena. *Curso de Direito Civil Brasileiro*. Direito das coisas. v. 4, p. 443 e ss.):

a) acessórios, eis que têm por escopo garantir uma obrigação, seu adimplemento. São a garantia de resgate de uma obrigação;

b) preferencialidade, vez que criam um vínculo real, pois o próprio bem garante a dívida conferindo, desse modo, direito de preferência ao credor, excetuando-se os créditos mais privilegiados assim tratados pela legislação especial (art. 1.422 e parágrafo único do Código Civil);

c) são dotados de sequela, pois o credor poderá exercer seu direito ainda que a coisa já não esteja mais em poder do devedor. Além disso, havendo leilão do bem o produto da arrematação fica preferencialmente com o credor real (*res ubicunque sit pro domino suo clamat* – a coisa, onde quer que esteja, roga pelo seu dono), aproveitando o credor quirografáio o que exceder do crédito real. São, assim, oponíveis erga omnes;

d) indivisíveis, pois o pagamento parcial não obriga o credor titular de direito real de garantia à liberação parcial do objeto dado em garantia;

e) seguem o princípio da publicidade. O direito real de garantia não se constitui fora dos ditames da necessária publicidade, em regra teremos: para bens imóveis o registro no Cartório de Registro de Imóveis e para bens móveis a tradição ou registro no Cartório de Títulos e Documentos;

f) seguem o princípio da especialização. Para a constituição de um direito real de garantia deve haver: enumeração pormenorizada dos elementos que caracterizam a obrigação garantida e do bem dado em garantia.

5.2.4.2.Requisitos subjetivos

Além disso, algumas peculiaridades devem ser observadas sobre os aspectos ou requisitos subjetivos de constituição dos direitos reais de garantia, como generalidades: terceiros, alheios, portanto, à relação obrigacional, podem oferecer a coisa em garantia; a pessoa casada somente poderá oferecer a garantia real com a outorga uxória ou marital à exceção do casamento celebrado sob o regime da separação total de bens (v. art. 1.647 do Código Civil).

Não poderão, assim, empenhar, dar em anticrese ou hipotecar (v. MONTEIRO, Washington de Barros. *Curso de direito civil*, p. 342 e 343): os pródigos, quando atuam sozinhos; os menores de 16 anos, sem representação; os menores de 18 e maiores de 16 anos, sem assistência; os menores sob tutela, salvo se assistidos pelo tutor e autorizados pelo juiz; os interditos em geral, salvo se representados e autorizado pelo juiz; as pessoas casadas, salvo no regime de separação total de bens; o falido, eis que resta distanciado da efetiva administração de seus bens; o inventariante, sem autorização judicial e, por fim, o mandatário sem poderes especiais.

5.2.4.3.Do pacto comissório

Ponto de grande relevância e comum aos direitos reais de garantia é a vedação expressa do *pacto comissório real*.

O pacto comissório real é o que permite ao credor de direito real de garantia ficar com o objeto se a dívida não for paga no vencimento. Referido pacto é vedado por lei e se for convencionado é nulo.

Importa, contudo, salientar que a nulidade, por força do princípio da conservação contratual, atinge somente a cláusula e não o contrato como um todo (v. art. 1.428 do Código Civil), no entanto, será válido o pacto comissório contratual, por força do qual o contrato restará resolvido em eventual hipótese de inadimplemento.

Desta feita, os credores: pignoratício, hipotecário ou anticrético, não poderão apoderar-se da coisa como forma de saldar seu crédito. Ocorre que, em regra o valor do bem oferecido em garantia supera o valor da dívida e o apossamento pelo credor equivaleria à cobrança de juros usurários (v. COELHO, Fábio Ulhoa. *Curso de direito civil*. v. 04, p. 216 e ss). Não bastasse isso, o negócio restaria subvertido em verdadeira dação em pagamento compulsória.

5.2.4.4.Do vencimento antecipado da dívida

Os direitos reais de garantia, em alguns casos, dão azo ao vencimento antecipado da dívida, são tais casos: diminuição ou ausência de garantia por deterioração ou perecimento da coisa oferecida seguidas, respectivamente da recusa da reposição ou reforço de garantia (v. art. 1.425 do Código Civil c.c art. 333 do mesmo diploma legal – é de se realçar que quando um terceiro oferece a coisa e ocorre depreciação ou deterioração não ficará obrigado ao reforço ou reposição a menos que tenha agido culposamente ou tenha se obrigado a isso expressamente, sobre, ver: PEREIRA, Caio Mario da Silva. *Instituições de direito civil*, v. IV, p. 334); quando for o caso, a ausência de pagamento pontual; havendo desapropriação do bem dado em garantia sem a consequente substituição e, por fim, nos casos de insolvência ou falência do devedor.

5.2.4.5.Direitos reais de garantia em espécie: penhor, hipoteca e anticrese

Nestes três casos temos direito real limitado de garantia, eis que consistentes em sujeitar determinado bem, por vínculo real, ao cumprimento de certa obrigação. No Código Civil, as disposições genéricas acerca de tais institutos encontram-se nos arts. 1.419 a 1.430.

I. Do Penhor: disposições gerais

Preliminarmente cumpre destacar a distinção entre o instituto penhor e o instituto penhora. O penhor é instituto de direito material que visa garantir uma situação obrigacional por meio de convenção ou por disposição legal. Logo, a coisa oferecida em penhor é empenhada. A penhora é instituto de direito processual. É, assim, ato de constrição judicial de bens para a garantia da excussão e, além disso, a coisa que é objeto de penhora é penhorada.

Podemos dizer, dessa guisa, que o penhor é o direito real que consiste na tradição de uma coisa móvel, suscetível de alienação, realizada pelo devedor ou por terceiro ao credor, em garantia do débito (ver: PEREIRA, Caio Mario da Silva. Instituições de direito civil, v. IV, p. 338).

O penhor atende, assim, a todas as disposições genéricas já denotadas para os direitos reais de garantia e mais as específicas que passamos a tratar.

São, portanto, sujeitos do penhor: o *credor pignoratício* (que fica, geralmente, com a posse da coisa – diz-se geralmente, pois há modalidades especiais que, como veremos, não implicam na transmissão da posse) e o *devedor pignoratício* (que, em regra, oferece a coisa para ser empenhada – diz-se em regra, pois poderá ser constituído de forma legal). O *devedor pignoratício* poderá ser o devedor da obrigação garantida ou terceiro que tenha empenhado a coisa para garantir o crédito na obrigação e, doutro lado, o *credor pignoratício* é o credor da obrigação.

O penhor é constituído por contrato solene (escrito), mas para ter eficácia *erga omnes* deve ser registrado no Cartório de Títulos e Documentos e, no caso do penhor rural, no Cartório de Registro de Imóveis.

Dentre os direitos conferidos ao *credor pignoratício* está a posse da coisa empenhada (*cf.* art. 1433, I do Código Civil). Importa, o penhor, assim, na efetiva tradição do objeto que é garante da obrigação, não se admitindo, assim, a transmissão por tradição simbólica ou constituto possessório (tendo em vista ser o penhor, por sua natureza, um contrato real. Sobre, ver: Diniz, Maria Helena. *Curso de Direito Civil Brasileiro*: direito das coisas, p. 461), disposição esta que se coaduna com o art. 1.435, II do mesmo diploma legal, na medida em que, pelo fato de ter o credor direito à posse da coisa, poderá defendê-la, até mesmo, por meio das ações possessórias (a efetividade da tradição não é exigida no penhor rural, industrial, mercantil e de veículos, segundo art. 1.431 do Código Civil e Lei 2.666/1955, art. 1º).

Além disso, o credor tem direito a se apropriar dos frutos da coisa empenhada que se encontra em seu poder, disposição esta que não se encontrava na codificação anterior. Contudo, a esses frutos aos quais o credor passou a ter direito devem ser imputados o valor das despesas de guarda e conservação do objeto do penhor, nos juros e no capital da obrigação garantida (*cf.* art. 1.435, III do Código Civil).

As formas de extinção do penhor são elencadas pelo art. 1.436 do Código Civil. São elas: a) a extinção da obrigação principal: tendo em vista que o penhor é um contrato acessório que segue a sorte do principal; b) perecimento da coisa dada em garantia: eis que com o perecimento da coisa não há mais garantia é de se ressalvar, neste caso, que havendo perecimento parcial a coisa continua garantindo a obrigação principal pelo valor que tiver; c) renúncia do credor; d) superveniência de confusão, na mesma pessoa, das qualidades de credor e dono da coisa, e) pela adjudicação, remição (pagamento), remissão (perdão) ou venda da coisa feita pelo credor ou por ele autorizada.

Os efeitos da extinção se operam após a averbação do cancelamento do registro, à vista da respectiva prova (*cf.* art. 1.437 do Código Civil).

O Código Civil traz uma série de penhores especiais: penhor rural (agrícola e pecuário), arts. 1.444 a 1.446; penhor industrial e mercantil, arts. 1.447 a 1.450; penhor de direitos e de títulos de créditos, arts. 1.451 e seguintes e, ainda, importante inovação consistente no tratamento do penhor de veículos: arts. 1.461 a 1.466.

Classificação do Penhor

O penhor poderá ser *convencional ou contratual*. Em referida modalidade as partes estabelecem mediante instrumento público ou privado a garantia real. Neste caso, poderá o penhor terá como subespécies: *civil ou mercantil e rural*. O civil e o mercantil são distinguidos pela natureza da obrigação que visam garantir. O penhor *rural*, por sua vez, se divide em *agrícola e pecuário*. O penhor pode se dar para veículos terrestres e de maneira legal. Passemos à análise.

Do penhor rural – (*agrícola e pecuário*)

O penhor rural é uma garantia real cuja especificidade é assinalada em função do modelo operacional financeiro que está sendo garantido. Tratamos, assim, do crédito rural.

A sistemática disciplinadora do penhor rural é instrumento hábil e de louvável iniciativa do legislador para fazer valer a disposição do art. 23, VIII da Constituição Federal que visa o fomento da produção agrícola e agropecuária.

O Código Civil de 1916 já contemplava essa modalidade específica, sob a denominação de penhor agrícola, mas acabou na nova legislação adotando a nomenclatura utilizada pela Lei 492/1937 que trata, respectivamente, em seus arts. 6º e 10, do penhor agrícola e do penhor pecuário.

Sendo assim, o penhor rural "*compreende o penhor agrícola e o pecuário, conforme a natureza da coisa dada em garantia...*" (Lei 492/1937, art. 1º).

A constituição do penhor rural se faz por instrumento público ou particular, mas exige registro no cartório de registro de imóveis em que estiverem situadas as coisas empenhadas, o que diverge da regra geral do penhor comum, constante do art. 1.432 do Código Civil, que prevê dever ser o contrato registrado no cartório de títulos e documentos.

Avulta, à evidência, então, o principal e mais nítido elemento de distinção do penhor rural para o penhor comum, ou seja, o penhor rural não se constitui por um contrato real, não exige, dessa guisa, a transmissão efetiva da posse do bem para a efetivação da garantia.

No título constitutivo do penhor, além disso, deve constar o valor da dívida garantida, prazo para pagamento, taxa de juros e demais dados que venham a individualizar as coisas empenhadas, a designação dos animais, lugar onde se encontram, grau de mestiçagem, marca, sinal e demais caracteres, sendo necessária a inclusão de qualquer alteração, como, por exemplo, a substituição de animais, para que gere eficácia conta terceiros (Decreto-Lei 2.612/40. Sobre, ver: Diniz, Maria Helena. *Curso de Direito Civil Brasileiro*. v. 4: direito das coisas, p. 473).

É possível, ainda, de acordo com o art. 1.440 do Código Civil, constituir penhor rural se o prédio estiver hipotecado. Nestes casos, o penhor, de nenhum modo, prejudicará a preferência nem restringirá a extensão da hipoteca a ser executada pelo credor hipotecário. Feita a inscrição do contrato de penhor rural o oficial expedirá a cédula rural pignoratícia para comprovar a inscrição, com todas as informações de especificação do penhor (podendo ser transmitida por endosso).

O *penhor agrícola* visa garantir créditos da agricultura, podendo tomar como objetos garantes: máquinas e instrumentos de agricultura; colheitas pendentes, ou em via de formação (neste caso, frustrada a colheita pendente ou sendo ela insuficiente para a garantia a colheita vindoura restará compulsoriamente garantidora do crédito – o que ressalta a possibilidade do penhor de coisa futura para a espécie em comento – art. 1.443 do Código Civil, v. tb. parágrafo único); frutos condicionados ou armazenados; lenha cortada e carvão vegetal; animais de serviço ordinário de estabelecimento agrícola (art. 1.442 do Código Civil). O prazo máximo de convenção do penhor agrícola é de três anos prorrogáveis por igual período.

O *penhor pecuário*, por seu turno, é aquele que visa garantir créditos pecuários e pode tomar como objetos garantes: os animais que integram a atividade pastoril, agrícola ou de lacticínios (art. 1.444 do Código Civil).

Os objetos garantes do penhor pecuário não podem ser objeto de alienação sem o expresso consentimento do credor (aí uma legítima disposição, tendo em vista que nessa modalidade de penhor os objetos não ficam sob a posse direta do credor, mas sim do devedor que passa a ser seu legítimo depositário), sendo certo que a exposição dos objetos que possa vir a prejudicar o credor ou a tentativa de alienação pelo devedor sem a efetiva autorização legitimam o credor à exigência de entrega das coisas à guarda de terceiro ou pagamento imediato da dívida. Quando forem comprados animais, da mesma espécie, em substituição dos mortos, serão sub-rogados no penhor, sendo que para a eficácia contra terceiros deverá haver averbação à margem do registro (ressalte-se, neste mister, que o credor terá sempre o direito de inspecionar as coisas empenhadas – ver: VENOSA, Silvio de Salvo. *Direito Civil: direitos reais*, p. 533).

Os *prazos* de convenção do penhor rural são regulados pelo art. 1.439 do Código Civil, sendo: para o penhor agrícola 03 (três) anos e para o penhor pecuário 04 (quatro) anos, ambos prorrogáveis por limite de igual tempo, sendo certo que, em todo caso em que pese vencidos os prazos, permanece a garantia enquanto subsistirem os bens que a constituem (art. 1.439, §1º do Código Civil), e a prorrogação deverá ser averbada à margem do registro da garantia em pedido formulado pelo credor e pelo devedor.

Do penhor mercantil e industrial

Na vigência do Código de 1916 havia grande discussão no concernente ao penhor mercantil. A dúvida que se aventava era sobre a necessidade de configuração de atividade comercial (hoje empresarial) das partes envolvidas ou a qualidade mercantil da obrigação garantida.

Era tormentosa a discussão, eis que o rol dos bens passíveis de serem garantes no penhor mercantil (disciplina do art. 273 do Código Comercial revogado pela nova codificação civil), era extremamente amplo fazendo recair a possibilidade sobre todo e qualquer bem móvel. O Código Civil de 2002 dirimiu a contenda, vez que delimitou no art. 1.447 os possíveis objetos de garantia no penhor.

O penhor industrial ou mercantil constitui-se mediante instrumento público ou particular, registrado no cartório de registro de imóveis da circunscrição onde estiverem situadas as coisas empenhadas.

Podem ser objetos garantes no penhor industrial ou mercantil: máquinas, aparelhos, materiais, instrumentos, instalados e em funcionamento, com os acessórios ou sem eles; animais, utilizados na indústria; sal e bens destinados à exploração das salinas; produtos de suinocultura, animais destinados à industrialização de carnes e derivados; matérias-primas e produtos industrializados.

As coisas empenhadas podem ser inspecionadas pelo credor pignoratício e o devedor não poderá alterar ou alienar as coisas objeto do empenho sem o consentimento do credor. Ainda que anuente o credor pignoratício com a alienação das coisas deverá haver reposição pelo devedor para a sub-rogação no penhor.

Do penhor de direitos e títulos de crédito

Podem ser objeto de penhor os direitos, suscetíveis de cessão, sobre coisas móveis.

O art. 1.452 do Código Civil dispõe que para que se constitua o penhor de direito é necessário instrumento público ou particular devidamente registrado no Cartório de Registro de Títulos e Documentos, enquanto que na sistemática da codificação anterior bastava a tradição do título para a configuração do penhor.

Os títulos são bens incorpóreos que podem ser gravados com ônus pignoratício. O credor pode, assim, oferecer o seu direito como garantia real de débito que contrai.

A caução de título de crédito tem por objeto o próprio título que documenta o direito, pois o direito incorpora-se ao documento, materializando-se. Tratando-se de títulos da dívida pública, a caução constitui-se mediante registro na repartição competente (neste caso, dispensa, a lei, a tradição), mas noutro caso, ou seja, se o penhor incidir sobre obrigações ao portador, a tradição é necessária e deve ser averbado nas repartições competentes ou na sede da associação emissora, quando emitidos por bolsa.

O Código traz disposições específicas sobre o penhor do título de crédito estabelecendo que o penhor, que recai sobre título de crédito, constitui-se mediante instrumento público ou particular ou endosso pignoratício, com a tradição do título ao credor.

O credor pignoratício terá o direito de: conservar a posse do título e recuperá-la de quem quer que o detenha; usar dos meios judiciais convenientes para assegurar os seus direitos, e os do credor do título empenhado; fazer intimar ao devedor do título que não pague ao seu credor, enquanto durar o penhor (neste caso, se o devedor do título empenhado, devidamente intimado ou se dando por ciente do penhor, pagar ao credor originário responderá solidariamente com este, por perdas e danos, perante o credor pignoratício); receber a importância consubstanciada no título e os respectivos juros, se exigíveis, restituindo o título ao devedor, quando este solver a obrigação. Além disso, se o credor der quitação ao devedor do título empenhado, deverá saldar imediatamente a dívida, em cuja garantia se constituiu o penhor (v. art. 1.460, parágrafo único do Código Civil).

O art. 1.456 trata do direito de preferência no penhor de direitos e de títulos de crédito, não fica expresso qual dos credores pignoratícios tem direito a receber em primeiro lugar. O Projeto 6.960/2002 estabelece, para tanto, critérios ao exercício do direito de preferência, com a inclusão de um parágrafo único, que afirma que tal direito se dá em razão da antecedência do registro do instrumento público ou particular de penhor no Cartório Registro de Títulos e Documentos do domicílio do credor pignoratício. Entretanto, parece óbvio que o critério a ser seguido é mesmo o da pretensa emenda ao Código, ou seja, o da anterioridade.

O art. 1.457 do Código Civil dispõe que o penhor se extingue somente se o titular primígeno do crédito empenhado receber o pagamento, com a anuência do credor pignoratício. Contudo, a práxis denota que, em regra, o titular o crédito empenhado continua a efetuar a cobrança junto ao devedor originário, daí a pretensão de inclusão pelo Projeto 6.960/2002 da expressão: "salvo disposição contratual em contrário".

Do penhor de veículos

O penhor de veículos pode ser constituído por um prazo de dois anos prorrogável por igual período. Não se poderá, contudo, fazer penhor do veículo que não estiver segurado, inclusive por danos contra terceiros. O credor tem o direito de inspecionar o bem (v. art. 1.464 do Código Civil), e a alienação ou mudança do bem, sem a prévia comunicação ao credor, importa no vencimento antecipado.

Do Penhor Legal

Pelo instituto do *penhor legal* certas e determinadas pessoas, em certas e determinadas situações obrigacionais podem apossar-se dos bens do devedor, estabelecendo o penhor real.

Ou seja, determinados credores, pela natureza da obrigação, pela dificuldade de posterior cobrança e por absoluta falta de garantia podem tomar bens do devedor como forma de garantir seu crédito.

São credores pignoratícios do penhor legal e, portanto, independentemente de convenção, nos termos do art. 1.467 do Código Civil: os hospedeiros, ou fornecedores de pousada ou alimento, sobre as bagagens, móveis, jóias ou dinheiro que os seus consumidores ou fregueses tiverem consigo nas respectivas casas ou estabelecimentos, pelas despesas ou consumo que aí tiverem feito; o dono do prédio rústico ou urbano, sobre os bens móveis que o rendeiro ou inquilino tiver guarnecendo o mesmo prédio, pelos aluguéis ou rendas.

Além das hipóteses apresentadas, também serão credores pignoratícios tomando para si, material de produção, cenográfico e etc. os artistas e auxiliares cênicos pela paga que lhes for devida pelo empregador (v. Lei 6.533/78, art. 31).

No caso do locador, este poderá tomar a posse das coisas e depois requerer a homologação judicial do penhor. Se deixar de requerer a homologação o locador estará cometendo esbulho. Importa ressaltar, em referido caso, que havendo, ao mesmo tempo, penhor industrial sobre as máquinas e penhor legal sobre o imóvel, aquele terá preferência sobre este. Ou seja, ante a dualidade de direito reais de garantia, o penhor industrial terá preferência sobre o penhor legal (v. Dec.-lei 413/69, art. 46 e (v. Diniz, Maria Helena. *Curso de Direito Civil Brasileiro*. v. 4: direito das coisas, p. 471)

II. Da Hipoteca

A hipoteca é o direito real de garantia destinado aos bens imóveis (como regra). A coisa é gravada por um ônus real, podendo pertencer ao devedor ou a terceiro.

Generalidades

Diferentemente do penhor comum em que a solenidade se evidencia com a tradição, na hipoteca a solenidade se dá com o registro. Desta feita, o devedor hipotecário continuará na posse direta da coisa, podendo, portanto, aproveitar os frutos, mais do que isso, qualquer cláusula que confira ao credor hipotecário a posse direta é nula por fraude à lei imperativa (v. art. 166, VI do Código Civil). O devedor hipotecante só perde, por conseguinte, a posse com a excussão, no caso do inadimplemento.

Além disso, a hipoteca abrange todas as acessões, melhoramentos ou construções do imóvel, subsistindo, em todos os casos, os ônus reais constituídos e registrados, anteriormente à hipoteca, sobre o mesmo imóvel (v. art. 1.474 do Código Civil).

Sujeitos e Caracteres

Os sujeitos na hipoteca são o *credor hipotecário* e o *devedor hipotecante*. As características do instituto não refogem àquelas já explanadas, em gênero, para os direitos reais de garantia.

A hipoteca tem, assim: natureza acessória, eis que a dívida é o principal; é indivisível; exige publicidade, pois deverá ser registrada no Cartório de Registro de Imóveis (esse, aliás, seu modo de constituição); exige especialização, ou seja, descrição pormenorizada a hipoteca e da dívida; os casados deverão ter autorização para hipotecar, salvo no regime de separação total de bens; os menores devem ter autorização judicial; o ascendente pode hipotecar ao descendente independentemente do consentimento dos outros e, por fim, o condômino poderá hipotecar sua parte ideal se a coisa é indivisível.

No que concerne à hipoteca pouco importam os sujeitos ou a natureza da obrigação garantida, ela sempre terá natureza civil.

Objeto

O art. 1.473 do Código Civil traz o rol dos bens que podem ser objeto de hipoteca:

a) os imóveis e os acessórios dos imóveis conjuntamente com eles;

b) o domínio direto;

c) o domínio útil;

d) as estradas de ferro (os direitos relativos a esse bem, serão registrados na comarca do início da linha – v. art. 171 da Lei 6.015/1973);

e) os recursos naturais a que se refere o art. 1.230, independentemente do solo onde se acham;

f) os navios (v. Dec. 18.871/1929. Código de Bustamante, art. 278 e Lei 7.652/1988, arts. 12 a 14 – registro da hipoteca naval);

g) as aeronaves (v. art. 138 a 147 do Código Brasileiro de Aeronáutica – Lei 7.565/1986).

É de se notar que o art. 1.473 do Código Civil substitui a expressão: "minas e pedreiras independentemente do solo onde se acham", encontrada na codificação de 1916 por: "recursos naturais", ampliando, dessa guisa, o alcance da garantia real.

Vale ressaltar, quanto aos navios e as aeronaves que, em que pese sejam móveis por natureza, eis que são suscetíveis de movimento sem prejuízo de substância, valor econômico e utilidade, há hipoteca por conveniência econômica. Mas, para a validade exige-se a outorga marital ou uxória, exceto para aqueles que são casados em regime de separação total de bens (v. art. 1.647 do Código Civil). Há quem diga, portanto, que a hipoteca pode ser móvel ou imóvel. Porém, quanto aos dois últimos itens do rol trazido pelo art. 1.473 do Código Civil entendemos tratar-se de uma situação de imobilização ficta para os fins da hipoteca.

O projeto 6.960/2002 propõe alteração do Código Civil para inclusão do direito de superfície como objeto de hipoteca.

O Código Civil permite a sub-hipoteca, mas, nestes casos, o credor primígeno terá sempre preferência (v. art. 1.476 do Código Civil).

O prazo de vigência é de trinta anos podendo se renovar somente mediante novo registro.

Do Registro da Hipoteca

As hipotecas serão registradas no cartório do lugar do imóvel, ou no de cada um deles, se o título se referir a mais de um, competindo aos interessados, exibido o título, requerer o registro da hipoteca.

Os registros e as averbações devem seguir a ordem em que forem requeridos. Havendo mais de uma hipoteca sobre o mesmo bem é o número de ordem que determina a prioridade e, portanto, preferência entre elas. Além disso, com o escopo de evitar uma possível fraude ou confusão na constituição de registros hipotecários ou de direitos reais de garantia em geral, o art. 1.494 do Código Civil dispõe que não se registrarão no mesmo dia duas hipotecas, ou uma hipoteca e outro direito real, sobre o mesmo imóvel, em favor de pessoas diversas, salvo se as escrituras, do mesmo dia, indicarem a hora em que foram lavradas para que se possa estabelecer com exatidão a preferência.

Efeitos da hipoteca

Surge como efeito da hipoteca a possibilidade de emissão da cédula hipotecária (v. art. 1.486 do Código Civil), que, a exemplo do que ocorre com a cédula rural hipotecária (Lei 3.253/1957) e a cédula hipotecária habitacional (Decreto-lei 70/1966), será regida por lei especial.

Quanto ao d*evedor hipotecante* o principal efeito da hipoteca é a impossibilidade de alteração da substância da coisa. Poderá, contudo, o devedor hipotecante, alienar o bem, defender a posse e hipotecar mais de uma vez, mesmo que seja à mesma pessoa.

O art. 1.475 do Código Civil é expresso ao consignar que é nula a cláusula que proíbe ao proprietário alienar o imóvel hipotecado.

No entanto, o parágrafo único do artigo mencionado acrescenta que poderá ser convencionado que o crédito hipotecário ter-se-á por vencido, no caso de alienação. Em referida situação, o adquirente saberá que, ao adquirir o bem, deverá, imediatamente, liquidar a dívida que o onera (consta, aliás, referida situação, como uma das hipóteses de exceção da necessidade de espera da anuência expressa do credor para a assunção de dívida, pois, em referido caso, qual seja, a aquisição de imóvel hipotecado, há clara assunção de dívida e mantendo-se silente o credor notificado, ter-se-á como aceita, por ele, a assunção – v. art. 303 do Código Civil).

Contudo, pode ocorrer que o adquirente do imóvel hipotecado não se tenha obrigado *pessoalmente* ao pagamento da dívida ao credor hipotecário, neste caso, poderá, o adquirente, exonerar-se da hipoteca, abandonando-lhe o imóvel (v. art. 1.479 do Código Civil). Ressalte-se que o projeto 6.960/2002 propõe alteração do Código Civil para previsão de um parágrafo único no art. 1.479, visando a permitir a extensão da faculdade exoneração da hipoteca pelo devedor hipotecante abandonando o imóvel, desde que o compromissário comprador assuma a obrigação de liquidar o saldo devedor na forma originariamente pactuada entre o devedor hipotecante e o credor hipotecário, esclarecendo, assim, a situação do *caput* do artigo.

Além disso, o direito à remição ou resgate da hipoteca, mediante a quitação da dívida, poderá ser feito pelo devedor hipotecante ou por terceiro, independentemente do consentimento do credor.

O credor sub-hipotecário poderá resgatar a primeira hipoteca sub-rogando-se nos direitos do credor.

Quanto ao *credor hipotecário* urge como principal efeito ou direito exigir a conservação do bem e ingressar com ação de excussão de hipoteca que sempre que advier o vencimento e inadimplemento. Poderá, ainda, consoante a regra geral dos direitos reais de garantia exigir o reforço da garantia, sob pena de vencimento antecipado da dívida.

A hipoteca, uma vez inscrita, opera efeito "erga omnes", ou seja, contra todos. Sendo assim, ninguém poderá alegar ignorância quanto ao ônus hipotecário.

A *perempção da hipoteca* se dá em trinta anos, podendo ser prorrogada por igual prazo (art. 1.485 do Código Civil, modificado pela Lei 10.931/2004), por simples averbação requerida pelas partes (v. art. 276 da Lei 6.015/1973). O prazo não comporta interrupção nem suspensão e sendo convencionado prazo superior será lido como o máximo limitado. A perempção, vale dizer, só se aplica para a hipoteca convencional.

Espécies de hipoteca:

A hipoteca poderá ser *convencional* ou por acordo de vontades, legal ou por disposição de lei ou, ainda, como denomina a doutrina, judicial quando a sentença condena no pagamento consistente em entrega de soma pecuniária ou coisa. Em qualquer um dos casos só valerá depois de especializada e devidamente registrada.

O Código Civil dispõe sobre os casos de hipoteca legal, será, por conseguinte, conferida a hipoteca legal: às pessoas de direito público interno sobre os imóveis pertencentes aos encarregados da cobrança, guarda ou administração dos respectivos fundos e rendas; aos filhos, sobre os imóveis do pai ou da mãe que passar a outras núpcias, antes de fazer o inventário do casal anterior; ao ofendido, ou aos seus herdeiros, sobre os imóveis do delinquente, para satisfação do dano causado pelo delito e pagamento das despesas judiciais; ao co-herdeiro, para garantia do seu quinhão ou torna da partilha, sobre o imóvel adjudicado ao herdeiro reponente e, por fim, ao credor sobre o imóvel arrematado, para garantia do pagamento do restante do preço da arrematação.

O credor da hipoteca legal, ou, quem o represente, poderá, provando a insuficiência dos imóveis especializados à hipoteca, exigir do devedor que seja reforçado com outros. A hipoteca legal poderá, ainda, ser substituída por caução de títulos da dívida pública federal ou estadual, recebidos pelo valor de sua cotação mínima no ano corrente; ou por outra garantia, a critério do juiz, a requerimento do devedor.

Ainda que legal a hipoteca deve obedecer aos ditames da especialização e da publicidade para sua efetiva constituição.

Da Extinção da Hipoteca

Os arts. 1.499 e seguintes do Código Civil dispõem que se extingue a hipoteca: a)pela extinção da obrigação principal; b) pelo perecimento da coisa; c) pela resolução da propriedade; d) pela renúncia do credor; e) pela remição; f) pela arrematação ou adjudicação; g) com a averbação, no Registro de Imóveis, do cancelamento do registro, à vista da respectiva prova.

Contudo, a hipoteca, devidamente registrada, não se extinguirá com a simples arrematação ou adjudicação, sem que tenham sido notificados judicialmente os respectivos credores hipotecários, que não forem, de qualquer modo, partes na execução.

III. Da Anticrese

Não obstante as severas críticas acerca do instituto o Código Civil de 2002 continuou a tratar dele. Ressalte-se que é um instituto de pouca aplicação prática.

Pelo instituto da anticrese o *credor anticrético* ou o *anticresista* recebe a posse da coisa imóvel que é oferecida pelo *devedor anticrético*, restando autorizado à percepção dos frutos e desconto dos frutos para pagamento da dívida. Não há o direito de promover a venda do bem dado em garantia.

Os sujeitos de tal relação são, assim, o credor anticrético ou anticresista e o devedor anticrético (que, v. g. recebe o dinheiro e cede a posse do imóvel).

Para constituição a anticrese depende de escrituração e registro imobiliário. Não pode se dar sem outorga uxória ou marital (exceção da separação absoluta, v. art. 1.647 do Código Civil). O bem deverá ser alienável e só quem tem o domínio pode constituir anticrese.

Características

A anticrese é um direito real de garantia que não confere preferência ao anticresista quanto ao produto de venda do bem, eis que só lhe é conferida a retenção do bem para a percepção de seus frutos até que reste saldada a dívida. Requer, portanto, tradição da coisa (v. Diniz, Maria Helena. *Curso de Direito Civil Brasileiro*. v. 4: direito das coisas, p. 493 e ss.)

O credor ou anticresista poderá reter a coisa por até 15 anos, sendo-lhe facultado arrendar a terceiros ou fruir pessoalmente. O devedor anticrético permanece como proprietário, podendo vender a coisa, exigirá a conservação do bem, poderá pedir contas ao anticresista e irá reaver o imóvel.

Extinção

A anticrese será extinta pelo pagamento da dívida; pelo termo legal; pelo perecimento da coisa; pela desapropriação; pela renúncia do anticresista; pela excussão de outros credores (quando não houver oposição do direito de retenção pelo anticresista), e, por fim, pelo resgate efetuado.

DIREITO DE FAMÍLIA
Pedro Henrique Menezes Ferreira

1. CONCEITO, OBJETO E PRINCÍPIOS DO DIREITO DE FAMÍLIA

O Direito de Família, enquanto ramo do Direito Civil, tem por objetivo regular as relações jurídicas decorrentes do estabelecimento de família e, para tanto, se ocupa dos seguintes institutos: a) casamento; b) união estável; c) parentesco; d) poder familiar; e) alimentos; f) bem de família; g) tutela, curatela e guarda. Suas normas, que são essencialmente de ordem pública ou cogentes, estão tipificadas no Código Civil (art. 1.511 ao 1.873) e na Legislação Ordinária (dentre às quais merecem destaque Lei 5.478/1968 - Alimentos; Lei 8.069/1990 - Estatuto da Criança e do Adolescente; Lei 13.146/2015 - Estatuto da Pessoa com Deficiência). Em que pese a prevalência das normas de direito público, é de se ressaltar que existem também normas de direito de família de natureza privada. É o que ocorre, por exemplo, no caso das normas relacionadas ao regime de bens do casamento ou da união estável.

A contemporaneidade trouxe profundas e significativas mudanças para o Direito de Família, transformando, sobre-tudo nas duas últimas décadas, o conceito e a abrangência do termo 'família'. Para além de um rol fechado e categorizado nas páginas de um Código, a família, enquanto instituto juridicamente tutelado pelo art. 226 da Constituição Federal de 1988, deve ser compreendida como: *"meio de promoção pessoal de seus membros e o único requisito para sua constituição deixa de ser jurídico (como era o casamento) e passa a ser fático, ou seja, o afeto. A entidade familiar atualmente é reconhecida como uma comunidade de afeto, de ajuda mútua, de realização da dignidade como ser humano"* (CARVALHO, 2017, P. 46)[3].

A transformação da família está alicerçada em uma base principiológica que assegura o livre da pessoalidade de seus integrantes, dentre os quais, destacam-se:

a) Princípio de proteção da dignidade da pessoa humana (art. 1º, III, da CF/1988).

b) Princípio da solidariedade familiar (art. 3º, I, da CF/1988).

c) Princípio da igualdade entre filhos (art. 227, § 6º, da CF/1988 e art. 1.596 do CC).

d) Princípio da igualdade entre cônjuges e companheiros (art. 226, § 5º, da CF/1988 e art. 1.511 do CC).

e) Princípio da igualdade entre cônjuges e companheiros na condução da entidade familiar (arts. 226, § 5º, e 226, § 7º, da CF/1988 e arts. 1.566, III e IV, 1.631 e 1.634 do CC).

f) Princípio da não intervenção pública ou privada nas entidades familiares (art. 1.513 do CC).

g) Princípio da Liberdade na forma de constituição de família (art. 226, § 3º e § 4º da CF/1988).

h) Princípio do melhor interesse da criança ou do adolescente (art. 227, caput, da CF/1988 e arts. 1.583 e 1.584 do CC).

i) Princípio da afetividade (trata-se de princípio que, embora implícito, é largamente empregado pela doutrina e jurisprudência como origem e elemento fundamente das relações familiares. Conforme afirmado acima a família é, antes de tudo, uma união de pessoas que nutrem um afeto recíproco).

2. DOS PRESSUPOSTOS E DOS MODOS DE CONSTITUIÇÃO DE FAMÍLIA

A Constituição Federal de 1988, ao contrário das Constituições anteriores que estabeleciam o casamento como única via para a constituição de família, reconhece expressamente três modos para a constituição de família: casamento, união estável e família monoparental.

O referido rol é meramente exemplificativo, ou seja, tanto a doutrina quanto a jurisprudência reconhecem outros arranjos familiares, conferindo-lhes igual proteção jurídica. Nenhum doutrinador, por mais criativo que seja, conseguirá elencar com segurança todos os arranjos familiares possíveis e, desse modo, o que se deve analisar é a presença, ou não, dos pressupostos necessários para a constituição de família, são eles: a) afetividade; b) estabilidade; c) ostentabilidade (também designado por parte da doutrina como publicidade);

---
3. CARVALHO, Dimas Messias de. Direito das famílias / Dimas Messias de Carvalho. – 5. ed. – São Paulo: Saraiva, 2017.

d) vontade. Presentes os referidos pressupostos, estaremos diante de uma entidade familiar.

Dentre os arranjos familiares comumente indicados pela doutrina, merecem destaque:

a) **Família matrimonial**: decorrente do casamento que poderá ser celebrado entre pessoas de sexo oposto – heterossexual – ou entre pessoas de mesmo sexo – homoafetivo. A possibilidade jurídica do casamento entre pessoas de mesmo sexo está amparada na decisão proferida pelo STF no julgamento da Ação Direta de Inconstitucionalidade (ADI) 4277 e da Arguição de Descumprimento de Preceito Fundamental (ADPF) 132 e também na Resolução 175 de 14/05/2013 do CNJ que dispõe sobre a habilitação, celebração de casamento civil, ou de conversão de união estável em casamento, entre pessoas de mesmo sexo.

b) **Família informal**: decorrente da união estável que, assim como no casamento, poderá ser constituída por pessoas de sexo oposto – união estável heterossexual – ou por pessoas de mesmo sexo – união estável homoafetiva.

c) **Família monoparental**: constituída por um dos genitores e por seus filhos.

d) **Família anaparental**: a expressão família anaparental foi criada pelo professor Sérgio Resende de Barros para designar o arranjo familiar *"que se baseia no afeto familiar, mesmo sem contar com pai, nem mãe. De origem grega, o prefixo 'ana' traduz ideia de privação. Por exemplo, 'anarquia' significa 'sem governo'. Esse prefixo me permitiu criar o termo 'anaparental' para designar a família sem pais"* (BARROS, 2007)[4].

3. CASAMENTO: CONCEITO; CAPACIDADE, IMPEDIMENTOS, CAUSAS SUSPENSIVAS, HABILITAÇÃO, CELEBRAÇÃO E INVALIDADE.

De acordo com Flávio Tartuce[5] "o casamento pode ser conceituado como a união de duas pessoas, reconhecida e regulamentada pelo Estado, formada com o objetivo de constituição de uma família e baseado em um vínculo de afeto" (2017, p. 47).

Para que o casamento seja válido exige-se que nubentes ostentem a 'capacidade para o casamento', isto é, a aptidão jurídica para contrair matrimônio. Em que pese a importância da matéria, o CC/2002 não trouxe um rol específico a respeito dos sujeitos que são capazes (ou incapazes) de casar, tendo se ocupado tão somente de estabelecer a idade mínima para o casamento – dezesseis anos – no art. 1.517.

De uma forma geral, para efeito de verificação da capacidade para o casamento aplicam-se as normas gerais estabelecidas na Lei para validade dos negócios jurídicos. Ocorre que a matéria em questão foi substancialmente alterada pela Lei 13.146/2015, que instituiu o Estatuto da Pessoa com Deficiência. O Estatuto revogou, dentre outras normas, todos os incisos do art. 3º do CC/2002 que estabeleciam o rol de absolutamente incapazes.

Trata-se de alteração legislativa relativamente recente, de suma importância e que não pode passar despercebida pelo candidato ao Exame de Ordem. É que até a aprovação da Lei 13.146/2015 os 'absolutamente incapazes para os atos da vida civil' também o eram para o casamento, ou seja, todo aquele que não podia celebrar um negócio jurídico também não poderia casar (salvo na exceção prevista no art. 1.520 do CC/2002).

Na atualidade apenas o menor de dezesseis anos (vide exceção do art. 1.520 do CC/2002) é incapaz para o casamento. É importante observar que, nos termos do art. 6º da Lei 13.146/2015: "*a deficiência não afeta a plena capacidade civil da pessoa, inclusive para: I - casar-se e constituir união estável; II - exercer direitos sexuais e reprodutivos; III - exercer o direito de decidir sobre o número de filhos e de ter acesso a informações adequadas sobre reprodução e planejamento familiar; IV - conservar sua fertilidade, sendo vedada a esterilização compulsória; V - exercer o direito à família e à convivência familiar e comunitária; e VI - exercer o direito à guarda, à tutela, à curatela e à adoção, como adotante ou adotando, em igualdade de oportunidades com as demais pessoas*".

Os impedimentos para o casamento estão previstos no art. 1.521 do CC/2002 (que constitui um rol taxativo) e estabelecem verdadeiras proibições para a celebração do casamento das pessoas que se encontrem nas seguintes situações:

I - os ascendentes com os descendentes, seja o parentesco natural ou civil;

II - os afins em linha reta;

III - o adotante com quem foi cônjuge do adotado e o adotado com quem o foi do adotante;

IV - os irmãos, unilaterais ou bilaterais, e demais colaterais, até o terceiro grau inclusive: acerca dos parentes colaterais em terceiro grau (tios e sobrinhas, tias e sobrinhos) é importante ressaltar que continua em vigor o Decreto-lei 3.200/1941 que autoriza o casamento se não houver risco à prole, o que deve ser provado mediante atestado médico.

V - o adotado com o filho do adotante;

VI - as pessoas casadas;

VII - o cônjuge sobrevivente com o condenado por homicídio ou tentativa de homicídio contra o seu consorte.

Superados os impedimentos matrimoniais, deve-se analisar a ocorrência de alguma das causas suspensivas do casamento previstas no art. 1.523 do CC/2002. Via de regra, as causas suspensivas são estabelecidas com o objetivo de evitar confusão patrimonial e seu descumprimento não gera a nulidade do casamento, acarretando a imposição do regime da separação obrigatória de bens (art. 1.641 do CC/2002). São causas suspensivas do casamento, isto é, não devem casar:

I - o viúvo ou a viúva que tiver filho do cônjuge falecido, enquanto não fizer inventário dos bens do casal e der partilha aos herdeiros;

II - a viúva, ou a mulher cujo casamento se desfez por ser nulo ou ter sido anulado, até dez meses depois do começo da viuvez, ou da dissolução da sociedade conjugal;

III - o divorciado, enquanto não houver sido homologada ou decidida a partilha dos bens do casal;

IV - o tutor ou o curador e os seus descendentes, ascendentes, irmãos, cunhados ou sobrinhos, com a pessoa

---

4. BARROS, Sérgio Resende de. Direitos humanos..., Disponível em: <http://www.srbarros.com.br/artigos.php?TextID=86>. Acesso em: 08 jan. 2018.

5. Tartuce, Flávio. Direito civil, v. 5 : Direito de Família / Flávio Tartuce. – 12. ed. rev., atual. e ampl. – Rio de Janeiro: Forense, 2017.

tutelada ou curatelada, enquanto não cessar a tutela ou curatela, e não estiverem saldadas as respectivas contas.

Nos termos do art. 1.525 do CC/2002 o requerimento de habilitação para o casamento será firmado por ambos os nubentes, de próprio punho, ou, a seu pedido, por procurador, e deverá ser instruído com os seguintes documentos: a) certidão de nascimento ou documento equivalente; b) autorização por escrito das pessoas sob cuja dependência legal estiverem, ou ato judicial que a supra; c) declaração de duas testemunhas maiores, parentes ou não, que atestem conhecê-los e afirmem não existir impedimento que os iniba de casar; d) declaração do estado civil, do domicílio e da residência atual dos contraentes e de seus pais, se forem conhecidos; e) certidão de óbito do cônjuge falecido, de sentença declaratória de nulidade ou de anulação de casamento, transitada em julgado, ou do registro da sentença de divórcio.

Estando em conformidade a documentação, o oficial extrairá o edital, que se afixará durante quinze dias nas circunscrições do Registro Civil de ambos os nubentes, e, obrigatoriamente, se publicará na imprensa local, se houver. Havendo urgência o oficial poderá dispensar a publicação do edital.

Cumpridas as formalidades dos arts. 1.526 e 1.527 e verificada a inexistência de impedimento ou de causa suspensiva, o oficial do registro extrairá o certificado de habilitação que, por sua vez, possuirá validade de noventa dias a contar da data em que foi extraído.

A celebração do casamento se dará no dia, hora e local devidamente designados pela autoridade encarregada do ato, mediante requerimento previamente firmado pelos nubentes que se mostrem aptos ao casamento com a certidão de habilitação.

É importante ressaltar que conforme estabelece o art. 1.538 do CC/2002, a celebração do casamento será imediatamente suspensa se algum dos contraentes: a) recusar a solene afirmação da sua vontade; b) declarar que esta não é livre e espontânea; c) manifestar-se arrependido. Em qualquer das três situações não se admitirá a retratação no mesmo dia.

Para além da celebração tradicional, é importante lembrar que o Código Civil de 2002 prevê formas especiais de celebração do casamento. Vejamos:

Casamento nos casos de moléstia grave: "No caso de moléstia grave de um dos nubentes, o presidente do ato irá celebrá-lo onde se encontrar o impedido, sendo urgente, ainda que à noite, perante duas testemunhas que saibam ler e escrever. A falta ou impedimento da autoridade competente para presidir o casamento suprir-se-á por qualquer dos seus substitutos legais, e a do oficial do Registro Civil por outro ad hoc, nomeado pelo presidente do ato. O termo avulso, lavrado pelo oficial ad hoc, será registrado no respectivo registro dentro em cinco dias, perante duas testemunhas, ficando arquivado" (art. 1.539 do CC/2002).

Casamento nuncupativo ou in extremis: "Quando algum dos contraentes estiver em iminente risco de vida, não obtendo a presença da autoridade à qual incumba presidir o ato, nem de seu substituto, poderá o casamento ser celebrado na presença de seis testemunhas, que com os nubentes não tenham parentesco em linha reta, ou, na colateral, até segundo grau (art. 1.540 do CC/2002). Realizado o casamento, devem as testemunhas comparecer perante a autoridade judicial mais próxima, dentro em dez dias.

Casamento por procuração: "O casamento pode celebrar-se mediante procuração, por instrumento público, com poderes especiais" (art. 1.542 do CC/2002).

Casamento religioso com efeitos civis: ""O casamento religioso, que atender às exigências da lei para a validade do casamento civil, equipara-se a este, desde que registrado no registro próprio, produzindo efeitos a partir da data de sua celebração" (art. 1.515 do CC/02).

Casamento perante autoridade consular: "O casamento de brasileiro, celebrado no estrangeiro, perante as respectivas autoridades ou os cônsules brasileiros, deverá ser registrado em cento e oitenta dias, a contar da volta de um ou de ambos os cônjuges ao Brasil, no cartório do respectivo domicílio, ou, em sua falta, no 1º Ofício da Capital do Estado em que passarem a residir." (art. 1.544 do CC/02).

Em se tratando o casamento de um negócio jurídico especial (sui generis), a análise da sua validade e, em consequência, da sua invalidade, deve observar necessariamente os requisitos que lhe são próprios. Aplicando a teoria da escada ponteana para o casamento, é possível identificar três situações:

a) casamento inexistente: O ato inexistente é considerado um *nada para o direito*, pois não gera efeitos no âmbito jurídico (TARTUCE, 2017). **Hipóteses:** I – Completa a*usência de vontade de um ou de ambos nubentes; II) Quando o casamento celebrado por autoridade totalmente incompetente (incompetência em razão da matéria);*

b) casamento nulo: É aquele que contraria os impedimentos legais do art. 1.523 do CC/2002.

c) casamento anulável: O casamento será anulável nas hipóteses previstas no art. 1.550, ou seja, nos casos em que o casamento for contraído: I – por quem não completou a idade mínima para casar; II - por menor em idade núbil, quando não autorizado por seu representante legal (art. 1.551. Não se anulará, por motivo de idade, o casamento de que resultou gravidez); III - por vício da vontade, nos termos dos arts. 1.556 a 1.558; IV - por incapaz de consentir ou manifestar, de modo inequívoco, o consentimento; V – quando for realizado pelo mandatário, sem que ele ou o outro contraente soubesse da revogação do mandato, e não sobrevindo coabitação entre os cônjuges; VI - por incompetência da autoridade celebrante.

Apresentados os principais pontos da teoria das nulidades do casamento, é importante ressaltar que o casamento nulo ou anulável pode gerar efeitos em relação ao cônjuge que o contraiu de boa-fé, ou seja, que no momento da celebração desconhecia a causa de nulidade absoluta ou relativa, bem como e aos filhos, sendo denominado casamento putativo que está previsto no art. 1.651 do CC/02, *in verbis*: "*Art. 1.561. Embora anulável ou mesmo nulo, se contraído de boa-fé por ambos os cônjuges, o casamento, em relação a estes como aos filhos, produz todos os efeitos até o dia da sentença anulatória. § 1º Se um dos cônjuges estava de boa-fé ao celebrar o casamento, os seus efeitos civis só a ele e aos filhos aproveitarão. § 2.º Se ambos os cônjuges estavam de má-fé ao celebrar o casamento, os seus efeitos civis só aos filhos aproveitarão*".

4. REGIME DE BENS

O Código Civil de 2002 disciplina nos arts. 1.639 a 1.652 os direitos patrimoniais decorrentes do casamento e da união estável. Além de tratar especificamente do **pacto antenupcial** (arts. 1.653 a 1.657) a Lei estabelece ainda o regramento específico dos quatro regimes típicos previstos: a) **comunhão parcial** (arts. 1.658 a 1.666); b) **comunhão universal** (arts. 1.667 a 1.671), c) **participação final nos aquestos** (arts. 1.672 a 1.686); d) **separação de bens** (arts. 1.687 e 1.688).

Poderão os nubentes, no momento da habilitação do casamento, escolher livremente o regime de bens que disciplinará o aspecto patrimonial do casamento (art. 1.639). Trata-se de uma aplicação prática do '**princípio da autonomia privada**'. A liberdade na escolha do regime de bens não é absoluta, haja vista que nas hipóteses previstas no art. 1.641 do CC/2002 prevalecerá, por determinação da Lei, o regime da separação obrigatória de bens. Vejamos: "*Art. 1.641. É obrigatório o regime da separação de bens no casamento: I - das pessoas que o contraírem com inobservância das causas suspensivas da celebração do casamento; II – da pessoa maior de 70 (setenta) anos (Redação dada pela Lei 12.344, de 2010); III - de todos os que dependerem, para casar, de suprimento judicial*".

Além dos regimes típicos mencionados acima é lícito aos nubentes optarem por outro regime de bens, que não seja um dos quatro regimes tipificados pela legislação em vigor, ou mesmo combinar as regras dos regimes típicos de modo a estabelecer as regras patrimoniais da forma como lhes parecer conveniente, criando aquilo que a doutrina denomina como **regime misto ou regime híbrido**.

Uma vez escolhido o regime e celebrado o casamento é lícito aos cônjuges, desde que observados os critérios do art. 1.639, § 2º do CC/2002, buscar a **mutabilidade do regime de bens**. A alteração do regime de bens na constância do casamento, que era expressamente vedada na vigência do CC/1916, será deferida mediante autorização judicial, em pedido motivado de ambos os cônjuges, apurada a procedência das razões invocadas e desde que ressalvados os direitos de terceiros.

Ao conceituar o **pacto antenupcial** o professor Paulo Luiz Netto Lôbo nos ensina que se trata "*do negócio jurídico bilateral de direito de família mediante o qual os nubentes têm autonomia para estruturarem, antes do casamento, o regime de bens distinto da comunhão parcial*" (Código Civil..., 2003, p. 270).

Nos termos do art. 1.653 do CC/2002 o **pacto antenupcial** deve ser elaborado mediante escritura pública lavrada perante o Cartório de Notas. Será nulo o documento que não observar a forma prescrita e ineficaz se, após a sua celebração, não acontecer o casamento. Como se pode observar, trata-se de negócio jurídico celebrado sob condição suspensiva, uma vez que somente produzirá efeitos com o casamento.

O **regime da comunhão parcial** é o *regime legal ou supletório* – tanto para o casamento quanto para a união estável -, isto é, trata-se do regime de bens que prevalecerá nas hipóteses em que os cônjuges não indicarem o regime de bens ou, tendo optado, o pacto for considerado nulo ou ineficaz (art. 1.640 do CC/2002).

Regra Geral: comunicam-se os bens que sobrevierem ao casal, na constância do casamento, com as exceções do art. 1.659 e 1.661.

Serão objeto de partilha, ou seja, entram na comunhão (art. 1.660):

I - os bens adquiridos na constância do casamento por título oneroso, ainda que só em nome de um dos cônjuges;

II - os bens adquiridos por fato eventual, com ou sem o concurso de trabalho ou despesa anterior;

III - os bens adquiridos por doação, herança ou legado, em favor de ambos os cônjuges;

IV - as benfeitorias em bens particulares de cada cônjuge;

V - os frutos dos bens comuns, ou dos particulares de cada cônjuge, percebidos na constância do casamento, ou pendentes ao tempo de cessar a comunhão.

Bens Excluídos da Comunhão (art. 1.659):

I - os bens que cada cônjuge possuir ao casar, e os que lhe sobrevierem, na constância do casamento, por doação ou sucessão, e os sub-rogados em seu lugar;

II - os bens adquiridos com valores exclusivamente pertencentes a um dos cônjuges em sub-rogação dos bens particulares;

III - as obrigações anteriores ao casamento;

IV - as obrigações provenientes de atos ilícitos, salvo reversão em proveito do casal;

V - os bens de uso pessoal, os livros e instrumentos de profissão;

VI - os proventos do trabalho pessoal de cada cônjuge;

VII - as pensões, meios-soldos, montepios e outras rendas semelhantes.

Ressalte-se que, nos termos do art. 1.661, no regime da comunhão parcial são incomunicáveis os bens cuja aquisição tiver por título uma causa anterior ao casamento.

O regime da **comunhão universal de bens**, por sua vez, caracteriza-se pela comunicação tanto dos bens anteriores/contemporâneos ao casamento quanto daqueles posteriores à celebração, ou seja, o casamento faz surgir uma massa única e universal que contemplará todo o patrimônio dos cônjuges, com as ressalvas do art. 1.668.

Desse modo, em regra, todos os bens adquiridos durante a união, por um ou ambos os cônjuges, são comunicáveis na comunhão universal. Também se comunicam os bens recebidos a título de herança ou doação na constância do casamento.

Conforme previsto no art. 1.668, **são excluídos da comunhão:**

I - os bens doados ou herdados com a cláusula de incomunicabilidade e os sub-rogados em seu lugar;

II - os bens gravados de fideicomisso e o direito do herdeiro fideicomissário, antes de realizada a condição suspensiva;

III - as dívidas anteriores ao casamento, salvo se provierem de despesas com seus aprestos, ou reverterem em proveito comum;

IV - as doações antenupciais feitas por um dos cônjuges ao outro com a cláusula de incomunicabilidade;

V - os bens referidos nos incisos V a VII do art. 1.659.

É de se observar, no entanto, que a incomunicabilidade dos bens enumerados no art. 1.668 não se estende aos frutos, quando se percebam ou vençam durante o casamento.

O regime da **participação final nos aquestos**, introduzido no ordenamento jurídico nacional pelo CC/2002, caracteriza-se pela comunicação dos eventuais ganhos/vantagens econômicas obtidas por qualquer dos cônjuges na constância do casamento. Recorrente ao prof. Walsir Rodrigues Júnior tem-se que *"no regime de comunhão parcial, os bens adquiridos na constância do casamento comunicam-se no ato da aquisição formando um patrimônio comum cuja administração pode ser comum ou de qualquer dos cônjuges; já no regime da participação final nos aquestos não são os bens que se comunicam, mas os eventuais ganhos"* (Código..., 2011, p. 418).

Ocorrendo a dissolução da sociedade conjugal deverá ser apurado o montante dos aquestos (parte comunicável), excluindo-se da soma dos patrimônios próprios: a) Os bens anteriores ao casamento e os que em seu lugar se sub-rogaram; b) Os bens que sobrevieram a cada cônjuge por sucessão ou liberalidade; c) As dívidas relativas a esses bens.

O regime da **separação de bens** pode ser convencional (origem em pacto antenupcial) ou legal (nas hipóteses do art. 1.641).

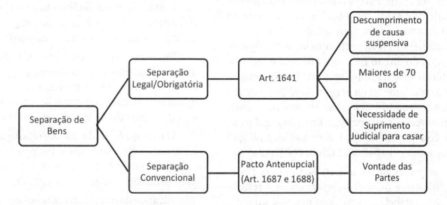

Seja no regime da separação obrigatória ou na separação convencional, ambos os cônjuges são obrigados a contribuir para as despesas do casal na proporção dos rendimentos de seu trabalho e de seus bens (salvo estipulação em contrário no pacto antenupcial).

5. DISSOLUÇÃO DA SOCIEDADE CONJUGAL

Conforme estabelece o art. 1.571 do Código Civil, são hipóteses de dissolução da sociedade conjugal: **morte, invalidade do casamento, separação judicial e divórcio**. Com exceção da 'separação judicial' que gera como consequência apenas a dissolução da sociedade conjugal, as demais hipóteses dissolvem tanto o vínculo quanto a sociedade conjugal. De todas as formas previstas no art. 1.571 o **divórcio** é a que merece maior atenção. Para relembrar as principais regras acerca do procedimento do **divórcio** analise o esquema abaixo.

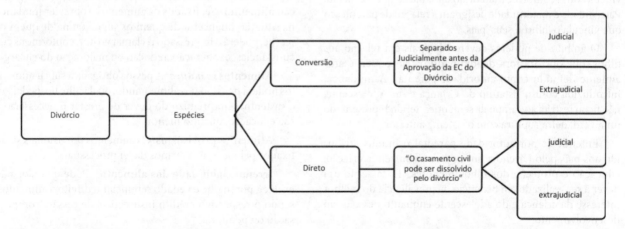

Acerca dos efeitos do divórcio, é importante ressaltar que o referido pode ser concedido sem que haja prévia partilha de bens. Neste caso, vale lembrar da causa suspensiva prevista no art. 1.523.

No que se refere propriamente ao exercício da autoridade parental pelos pais divorciados, é importante ressaltar que o art. 393 do CC/1916 estabelecia a perda do pátrio poder pela mulher que contraísse novas núpcias em relação aos filhos do casamento anterior. Esse dispositivo era coerente com a situação da mulher casada que constava do rol dos relativamente incapazes. Foi somente em 1962, com o Estatuto da Mulher Casada, que a mulher casada adquiriu capacidade civil plena. Assim, a referida norma alterou o conteúdo do art. 396 do CC/1916 assegurando à mulher que contraísse novo casamento a manutenção do pátrio poder em relação aos filhos do casamento anterior, sem qualquer interferência do novo marido. O art. 1639 do CC/2002 "assegura ao cônjuge divorciado a manutenção dos direitos em relação aos filhos do casamento anterior, sem qualquer interferência do novo cônjuge"

6. FILIAÇÃO E AUTORIDADE PARENTAL

A filiação deve ser entendida em sentido amplo, haja vista que a possibilidade de estabelecer o parentesco vai além do ato de concepção natural. Se na antiguidade o conceito básico de filiação se relacionava intimamente com laços biológicos, é certo que o avanço do direito permitiu que essa relação se originasse de critérios além da consanguinidade, isso porque: "o estado de filiação desligou-se da origem biológica e de seu consectário, a legitimidade, para assumir dimensão mais ampla que abranja aquela e outra origem. Em outras palavras, o estado de filiação é gênero do qual são espécies a filiação biológica e a filiação não biológica" (LÔBO, 2003, p.2).

Recorrendo ao professor Paulo Luiz Neto Lôbo, pode-se afirmar que "filiação é o conceito relacional; é a relação de parentesco que se estabelece entre duas pessoas, uma das quais é considerada filha da outra, ou adotada, ou vinculada mediante posse de estado de filiação ou por concepção derivada de inseminação artificial heteróloga" (LOBÔ, 2017, p. 195).

Trata-se de uma conjugação de uma série de fatores. A presença da afetividade e da convivência familiar duradoura dentre esses fatores é suficiente para sustentar o vínculo e determinar a paternidade e a maternidade de um ser.

Resta esclarecer que, sendo resultado do estabelecimento de laços subjetivos, o estado de filiação não é perpétuo. O vínculo varia conforme a alteração da situação que o ensejou. Paternidade e maternidade designam a relação de parentesco que vincula o 'filho' a seus 'pais'.

O âmbito de poderes-deveres dos pais em relação aos filhos, que outrora fora denominado pátrio poder, é atualmente definido como autoridade parental. A mudança, introduzida com o Estatuto da Criança e do Adolescente, não ficou restrita ao campo da semântica, tendo representado uma verdadeira ruptura com o sistema anterior.

Entende-se por autoridade parental o múnus atribuído aos pais pelo Direito a fim de que viabilizem a criação, educação e proteção dos filhos menores. Trata-se de um dever a ser realizado em benefício da prevalência do melhor interesse da criança e do adolescente enquanto pessoas em desenvolvimento.

Conforme ensinam Maria de Fátima Freire de Sá e Taisa Maria Macena de Lima "a autoridade familiar não é absoluta, ao contrário, deve ser exercida, em primeiro lugar, no interesse do filho tendo por finalidade assegurar o desenvolvimento harmonioso de sua personalidade" (2016, p. 41).

7. ALIMENTOS

Estabelece o art. 22 do E.C.A que "aos pais incumbe o dever de sustento, guarda e educação dos filhos menores, cabendo-lhes ainda, no interesse destes, a obrigação de cumprir e fazer cumprir as determinações judiciais".

O dever de prestar alimentos encontra-se também previsto também nos arts.1.694 a 1.710, que estabelecem, em síntese:

Quem poderá pleitear alimentos: Podem os parentes, os cônjuges ou companheiros pedir uns aos outros os alimentos de que necessitem para viver de modo compatível com a sua condição social, inclusive para atender às necessidades de sua educação.

Critério para deferimento e fixação dos alimentos: Os alimentos devem ser fixados na proporção das necessidades do reclamante e dos recursos da pessoa obrigada.

Situação em que os alimentos são devidos: São devidos os alimentos quando quem os pretende não tem bens suficientes, nem pode prover, pelo seu trabalho, à própria mantença, e aquele, de quem se reclamam, pode fornecê-los, sem desfalque do necessário ao seu sustento.

Da reciprocidade da obrigação alimentar: O direito à prestação de alimentos é recíproco entre pais e filhos, e extensivo a todos os ascendentes, recaindo a obrigação nos mais próximos em grau, uns em falta de outros.

Alcance da obrigação alimentar: Na falta dos ascendentes cabe a obrigação aos descendentes, guardada a ordem de sucessão e, faltando estes, aos irmãos, assim germanos como unilaterais.

Obrigação subsidiária: Se o parente, que deve alimentos em primeiro lugar, não estiver em condições de suportar totalmente o encargo, serão chamados a concorrer os de grau imediato; sendo várias as pessoas obrigadas a prestar alimentos, todas devem concorrer na proporção dos respectivos recursos, e, intentada ação contra uma delas, poderão as demais ser chamadas a integrar a lide.

Revisão, redução, exoneração ou majoração da obrigação alimentar: Se, fixados os alimentos, sobrevier mudança na situação financeira de quem os supre, ou na de quem os recebe, poderá o interessado reclamar ao juiz, conforme as circunstâncias, exoneração, redução ou majoração do encargo.

Alimentos *in natura*: A pessoa obrigada a suprir alimentos poderá pensionar o alimentando, ou dar-lhe hospedagem e sustento, sem prejuízo do dever de prestar o necessário à sua educação, quando menor.

Alimentos provisórios: Os alimentos provisionais serão fixados pelo juiz, nos termos da lei processual.

Irrenunciabilidade dos alimentos: Pode o credor não exercer, porém lhe é vedado renunciar o direito a alimentos, sendo o respectivo crédito insuscetível de cessão, compensação ou penhora.

Cessação do dever de prestar alimentos: Com o casamento, a união estável ou o concubinato do credor, cessa o dever de prestar alimentos. Com relação ao credor cessa, também, o direito a alimentos, se tiver procedimento indigno em relação ao devedor. O novo casamento do cônjuge devedor não extingue a obrigação constante da sentença de divórcio.

DIREITO DAS SUCESSÕES
Pedro Henrique Menezes Ferreira

1. INTRODUÇÃO AO ESTUDO DO DIREITO DAS SUCESSÕES

O Direito das Sucessões tem por objeto regulamentar a transmissão do patrimônio de uma pessoa que morre para seus herdeiros e legatários. Transmissão essa que se encontra normatizada nos arts. 1.784 a 2.027 do CC/2002.

O termo "**Sucessão**" designa a continuação de uma pessoa em uma relação jurídica, que cessou para o sujeito anterior e continua para outro sujeito que é chamado a suceder. A sucessão, quanto à sua causa, pode ser de dois tipos:

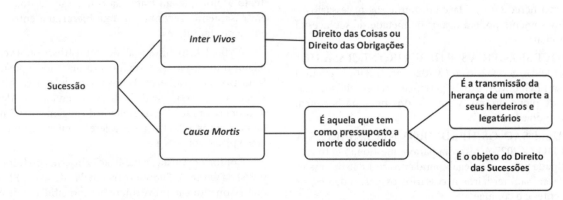

Conforme o ângulo que se analisa o negócio jurídico pode existir outras modalidades de **SUCESSÃO**. Desse modo, levando-se em consideração a **ABRANGÊNCIA** a sucessão será **SINGULAR** ou **UNIVERSAL**.

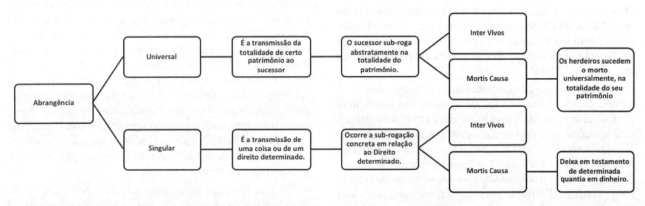

No que se refere agora à sua **REGULAMENTAÇÃO**, a sucessão **CAUSA MORTIS** poderá ser **LEGÍTIMA** ou **TESTAMENTÁRIA**.

SUCESSÃO LEGÍTIMA: É a que ocorre segundo a determinação legal. Prevalecerá nos casos em que o sujeito morre *ab intestato*, ou seja, sem deixar testamento. A sucessão legítima será sempre **UNIVERSAL** (o que não quer dizer que todos os direitos do defunto serão necessariamente transmitidos, isso porque os direitos personalíssimos não se transmitem).

SUCESSÃO TESTAMENTÁRIA: É a que ocorre por ato de vontade manifestado em **TESTAMENTO**. O testamento é manifesto da vontade, destinado a produzir efeitos jurídicos com a morte do testador. Se o testador deixar seus bens de forma indivisa a todos os seus herdeiros e beneficiários, teremos **sucessão testamentária a título universal**. Se, porém, o testador especificar qual bem se destina a cada pessoa teremos **sucessão testamentária a título singular**.

2. DOS HERDEIROS E LEGATÁRIOS

É quem recebe os bens, ou seja, é o sujeito beneficiado pela sucessão causa mortis. Ele poderá ser **LEGÍTIMO** ou **TESTAMENTÁRIO**.

Os Herdeiros Legítimos foram previstos na norma legal do art. 1.829 e seguintes do CC/02. **SÃO HERDEIROS LEGÍTIMOS**:

I - os descendentes, em concorrência com o cônjuge sobrevivente (ou com o companheiro em razão da decisão do STF), salvo se casado este com o falecido no regime da comunhão universal, ou no da separação obrigatória de bens (art. 1.640, parágrafo único); ou se, no regime da comunhão parcial, o autor da herança não houver deixado bens particulares;

II - os ascendentes, em concorrência com o cônjuge (ou com o companheiro em razão da decisão do STF);

III - o cônjuge sobrevivente (ou o companheiro em razão da decisão do STF);

IV - os colaterais até o quarto grau (vide art. 1.839).

Os **HERDEIROS** podem ser **NECESSÁRIOS** (art. 1845 CC/02) e com isso possuirão direito à **LEGÍTIMA** (metade do acervo hereditário). Havendo herdeiros necessários o Testador somente poderá dispor de metade de seu acervo patrimonial.

O QUE SIGNIFICA SER HERDEIRO NECESSÁRIO?

Aos herdeiros necessários o CC/02 – art. 1.846 – atribui o direito a LEGÍTIMA, isto é, "pertence aos herdeiros necessários, de pleno direito, **a metade dos bens da herança**, constituindo a legítima".

QUEM SÃO OS HERDEIROS NECESSÁRIOS A TEOR DO CC/02? A resposta para o questionamento está disciplinada pela norma legal contida no art. 1.845 que assim estabelece: "são herdeiros necessários os descendentes, os ascendentes e o cônjuge".

Uma questão de singular importância acerca do tema está na concessão, ou não, para o **COMPANHEIRO SOBREVIVENTE** da condição jurídica de **HERDEIRO NECESSÁRIO**. O que estamos a indagar é: **com fundamento no disposto no art. 226, §3º da CF/88 o companheiro deve ser considerado como herdeiro necessário e com isso possuirá direito à legítima em detrimento do que consta expressamente no art. 1845 do CC/02?**

Embora se trate de questionamento antigo – posto datar da aprovação do texto do CC/02 – ainda não temos uma posição uniforme. Até o dia 10 de maio de 2017 a doutrina e a jurisprudência se dividiam em duas posições antagônicas: I) a dos autores/ juristas que entendiam pela inconstitucionalidade do art. 1790 do CC/02 que conferiu tratamento diferenciado para o companheiro sobrevivente se comparado com o cônjuge; II) a dos autores/ juristas que entendiam pela constitucionalidade o art. 1.790 do CC/02 por entenderem que, em suma, casamento e união estável, embora possuam o propósito comum de assegurar a constituição de família, são institutos diferentes e que admitem assim normas próprias inclusive para regular o direito sucessório.

A questão ganhou nova repercussão com a retomada do julgamento do recurso extraordinário 878.694/MG (Tema 809), que teve como relator o ministro Luís Roberto Barroso, e do recurso extraordinário 646.721/RS, que tratava da sucessão de companheiro homoafetivo, do qual era relator o ministro Marco Aurélio.

O julgamento do RE 878.694/MG teve início em agosto de 2016, já havendo desde então sete votos pela inconstitucionalidade da norma, na linha do proposto pela relatoria. Votaram nesse sentido os ministros Luiz Edson Fachin, Teori Zavascki, Rosa Weber, Luiz Fux, Celso de Mello e Cármen Lúcia, além do próprio ministro Barroso. Após a concessão de vista para o ministro Dias Toffili, que votou pela constitucionalidade do art. 1.790, o ministro Marco

Aurélio pediu novas vistas, unindo também o julgamento do recurso extraordinário 646.721/RS. Em seu voto o ministro Marco Aurélio entendeu não haver razão para a distinção entre a união estável homoafetiva e a união estável heteroafetiva, na linha do que fora decidido pela Corte quando do julgamento da ADPF 132/RJ, em 2011. Porém, no que concerne ao tratamento diferenciado da união estável diante do casamento, asseverou não haver qualquer inconstitucionalidade, devendo ser preservado o teor do art. 1.790 do Código Civil, na linha do que consta do art. 226, § 3º do Texto Maior que, ao tratar da conversão da união estável em casamento, reconheceu uma hierarquia entre as duas entidades familiares.

Ao final da manifestação dos ministros, restou vencido o relator ministro Marco Aurélio, prevalecendo a posição dos Ministros Luís Roberto Barroso, Luiz Edson Fachin, Rosa Weber, Luiz Fux, Celso de Mello, Cármen Lúcia e Alexandre de Moraes. Em síntese, o resultado do julgamento (Tema 498) foi de 8 votos a 2. No que se refere ao julgamento do Tema 809 o placar foi de 8 a 3.

Conforme consta da publicação inserida no Informativo n. 864 da Corte, "o Supremo Tribunal Federal (STF) afirmou que a Constituição prevê diferentes modalidades de família, além da que resulta do casamento. Entre essas modalidades, está a que deriva das uniões estáveis, seja a convencional, seja a homoafetiva. Frisou que, após a vigência da Constituição de 1988, duas leis ordinárias equipararam os regimes jurídicos sucessórios do casamento e da união estável (Lei 8.971/1994 e Lei 9.278/1996). O Código Civil, no entanto, desequiparou, para fins de sucessão, o casamento e as uniões estáveis. Dessa forma, promoveu retrocesso e hierarquização entre as famílias, o que não é admitido pela Constituição, que trata todas as famílias com o mesmo grau de valia, respeito e consideração. O art. 1.790 do mencionado código é inconstitucional, porque viola os princípios constitucionais da igualdade, da dignidade da pessoa humana, da proporcionalidade na modalidade de proibição à proteção deficiente e da vedação ao retrocesso".

A tese final aprovada, para fins de repercussão geral, é no sentido de que: "*no sistema constitucional vigente, é inconstitucional a diferenciação de regimes sucessórios entre cônjuges e companheiros, devendo ser aplicado, em ambos os casos, o regime estabelecido no art. 1.829 do Código Civil*".

Questionamentos decorrentes da decisão do STF: O companheiro passa a ser herdeiro necessário? A decisão nada expressa a respeito da dúvida. Consequências da concessão da condição jurídica de herdeiro necessário para o companheiro: a) incidência das regras previstas entre os arts. 1.846 e 1.849 do CC/2002 para o companheiro; b) o companheiro passa a ser incluído no art. 1.974 do Código Civil, para os fins de rompimento de testamento; c) o convivente tem o dever de colacionar os bens recebidos em antecipação (arts. 2.002 a 2.012 do CC), sob pena de sonegados (arts. 1.992 a 1.996).

O **LEGATÁRIO** é aquele a quem o testador deixa uma coisa determinada, individualizada ou quantia certa a título de **LEGADO**. Os legatários sucedem a título SINGULAR, ao passo que os herdeiros sucedem a título UNIVERSAL.

3. DA HERANÇA

A herança é o conjunto patrimonial transmitido causa mortis. É também denominada de acervo hereditário, massa, monte ou de "espólio". Constitui-se de ativo e passivo, ou seja, de bens e de débitos.

É correta a utilização do termo espólio para designar herança? Em termos técnicos **SIM**, no entanto, na prática forense utiliza-se o termo "espólio" para designar a herança inventariada, ou seja, a herança em processo de inventário. A expressão espólio é ainda utilizada no direito brasileiro para designar o coletivo de herdeiros em conjunto com a massa inventariada. *Exemplo: "o inventariante representa o espólio"; "a dívida será cobrada do espólio".*

A prática representada pelos exemplos acima não é tecnicamente adequada, isso porque o "espólio" não é pessoa e, portanto, não pode ser representado. Assim o inventariante, a bem da verdade, representa os herdeiros.

Assim o art. 75, VII, do CPC ao conferir ao "espólio" legitimidade ad causam, na verdade está a conceder legitimidade para os herdeiros, representados pelo inventariante.

E O INVENTÁRIO? É um procedimento judicial ou extrajudicial pela qual se apuram o ativo e o passivo da herança a fim de se chegar à herança líquida. Essa herança líquida que se apura após o pagamento das dívidas e recebimento dos créditos, será, então, partilhada entre os herdeiros.

4. DO OBJETO DA SUCESSÃO

O objeto da sucessão é o **PATRIMÔNIO** do finado. Como sabemos, esse patrimônio é constituído pelo **ATIVO** (Bens e Créditos) e pelo **PASSIVO** (Dívidas).

> *Art. 1.792. O herdeiro não responde por encargos superiores às forças da herança; incumbe-lhe, porém, a prova do excesso, salvo se houver inventário que a escuse, demostrando o valor dos bens herdados*

Somente os bens que pertenciam ao autor da herança serão objeto do inventário e ulterior partilha. Desse modo, sendo o autor da herança casado ou tendo vivido em união estável, antes de se efetivar a partilha deve ser excluída a meação do cônjuge ou do companheiro sobrevivente conforme o regime de bens.

5. ABERTURA DA SUCESSÃO

Quando se considera aberta a sucessão? A morte é a ideia central, é o elemento motor que nos permite afirmar a abertura da sucessão. Desse modo, não há falar em "herança de pessoa viva", sendo totalmente nulo o contrato que tenha como objeto a herança de uma pessoa que ainda não morreu.

> *Art. 426. Não pode ser objeto de contrato a herança de pessoa viva.*

Antes da morte não existe direito adquirido à herança, mas tão somente **EXPECTATIVA DE DIREITO.** Como exceção à regra a lei civil admite a sucessão nos bens do ausente, de início provisória e depois definitiva. Aberta a sucessão definitiva o ausente se presumirá morto.

> *Art. 22. Desaparecendo uma pessoa do seu domicílio sem dela haver notícia, se não houver deixado representante ou procurador a quem caiba administrar-lhe os bens, o juiz, a requerimento de qualquer interessado ou do Ministério Público, declarará a ausência, e nomear-lhe-á curador.*
>
> *Art. 26. Decorrido um ano da arrecadação dos bens do ausente, ou, se ele deixou representante ou procurador, em se passando três anos, poderão os interessados requerer que se declare a ausência e se abra provisoriamente a sucessão.*
>
> *Art. 28. A sentença que determinar a abertura da sucessão provisória só produzirá efeito cento e oitenta dias depois de publicada pela imprensa; mas, logo que passe em julgado, proceder-se-á à abertura do testamento, se houver, e ao inventário e partilha dos bens, como se o ausente fosse falecido.*
>
> *Art. 37. Dez anos depois de passada em julgado a sentença que concede a abertura da sucessão provisória, poderão os interessados requerer a sucessão definitiva e o levantamento das cauções prestadas.*
>
> *Art. 38. Pode-se requerer a sucessão definitiva, também, provando-se que o ausente conta oitenta anos de idade, e que de cinco datam as últimas notícias dele.*

A morte deve provar-se autêntica. Provas da morte: Plano Biológico: atestada pela medicina através da declaração de óbito firmada por médico. Plano Jurídico: pela certidão de óbito passada pelo Oficial do Registro Civil.

6. TRANSMISSÃO DO PATRIMÔNIO

No Direito Romano, os herdeiros necessários (dentre eles os descentes e os escravos contemplados em testamento), adquiriam a herança no momento da morte, independentemente de qualquer ato. A herança não ficava sem dono em nenhum momento. No exato momento da morte os herdeiros necessários, mesmo sem saber, já herdavam, tornando condóminos do espólio. Os demais herdeiros, que não eram tidos como necessários, eram chamados de voluntários e só herdavam depois de aceitarem a herança.

Com a morte a sucessão ficava aberta e só com a aceitação da herança é que os bens seriam transmitidos para os herdeiros voluntários. Entre a abertura e aceitação, a herança ficava jacente.

Posteriormente, na Idade Média, segundo o Direito Franco ("Relativo aos Francos, ao povo de origem germânica que invadiu a Gália, atual França, nos séculos III e IV"), com a morte do servo, os bens voltavam ao suserano, que exigia pagamento dos herdeiros para dar-lhes a possa da herança.

O período subsequente foi caracterizado pelo "*droit de saisine*" (pronuncia-se "druá dê cesíni") – direito de posse imediata -, segundo o qual os herdeiros do servo entravam na posse imediata dos bens. O *droit de saisine* se fixou no século XIII.

O direito brasileiro, à época regido pelas ordenações do reino, adotou o sistema romano até 1754, quando o alvará de 9 de novembro de 1754 adotou o *droit de saisine*. A norma em questão foi reafirmada pelo CC/1916 e pelo CC/02.

No Direito Brasileiro prevalece o *droit de saisine* (**art. 1.784. Aberta a sucessão, a herança transmite-se, desde** logo, aos herdeiros legítimos e testamentários), do qual decorrem os seguintes efeitos:

1º - A abertura da herança não comporta fases (abertura, jacência e aceitação). Ocorrendo a morte os herdeiros passam a ser automaticamente titulares da herança;

2º - A imissão dos herdeiros na posse independe de qualquer ato. Os herdeiros, mesmo sem saber, já serão donos da herança, tendo, quando pouco a posse indireta;

3º - Qualquer herdeiro possui legitimidade para defender todo o acervo hereditário contra o esbulho, ainda que só tenha uma fração desse monte.

4º - Aberta a sucessão, falecendo o herdeiro, sucedem-lhe seus próprios herdeiros, ainda que o herdeiro falecido não tivesse manifestado a aceitação da herança;

5º - O herdeiro, mesmo antes de individuado seu quinhão, poderá transmitir para terceiro seu quinhão.

Art. 1.793. O direito à sucessão aberta, bem como o quinhão de que disponha o co-herdeiro, pode ser objeto de cessão por escritura pública.

7. CAPACIDADE PARA SUCEDER

Nem toda pessoa possui os requisitos mínimos para suceder, ou seja, existem indivíduos incapazes para tal ato. A capacidade sucessória é a capacidade negocial específica, não se confundindo com a capacidade de exercício (capacidade de fato) estabelecida de forma genérica pelo CC/02.

Qual lei regerá a capacidade sucessória? Regula a capacidade sucessória a lei vigente no momento da abertura da sucessão.

Art. 1.787. Regula a sucessão e a legitimação para suceder a lei vigente ao tempo da abertura daquela.

Art. 2.041. As disposições deste Código relativas à ordem da vocação hereditária (arts. 1.829 a 1.844) não se aplicam à sucessão aberta antes de sua vigência, prevalecendo o disposto na lei anterior

São dois os pressupostos que definem a capacidade sucessória: EXISTÊNCIA e VOCAÇÃO HEREDITÁRIA.

1º Pressuposto – Existência: o herdeiro tem que existir no momento da abertura da sucessão. Se o herdeiro não existir no momento da abertura da sucessão nada herdará, sendo a herança transmitida aos demais herdeiros **(Observação: veremos à frente o instituto do Direito de Representação).**

Nascituro: possui capacidade sucessória embora não possua ainda personalidade jurídica, mas caso venha a nascer morto, considera-se como nunca tendo existido.

Prole eventual: é juridicamente possível a estipulação testamentária em favor de prole eventual de certa pessoa. O testador pode beneficiar pessoa ainda não concebida ou fundação que também não tenha sido devidamente instituída no momento da abertura da sucessão. Nos dois casos a disposição testamentária é condicional, isto é, caso a criança não venha a ser concebida no prazo de até dois anos a contar da abertura da sucessão, a herança se devolverá aos demais herdeiros, ou a substituto indicado pelo próprio testador. O mesmo raciocínio se aplica à fundação ainda não constituída,

se não vier a ser constituída no prazo estabelecido no testamento, ou em sua falta, no prazo de seis meses (art. 65), a herança será distribuída aos demais herdeiros ou a substituto indicado pelo testador.

Art. 1.798. Legitimam-se a suceder as pessoas nascidas ou já concebidas no momento da abertura da sucessão.

Art. 1.799. Na sucessão testamentária podem ainda ser chamados a suceder:

I - os filhos, ainda não concebidos, de pessoas indicadas pelo testador, desde que vivas estas ao abrir-se a sucessão;

II - as pessoas jurídicas;

III - as pessoas jurídicas, cuja organização for determinada pelo testador sob a forma de fundação.

Art. 1.800. No caso do inciso I do artigo antecedente, os bens da herança serão confiados, após a liquidação ou partilha, a curador nomeado pelo juiz.

§ 1º Salvo disposição testamentária em contrário, a curatela caberá à pessoa cujo filho o testador esperava ter por herdeiro, e, sucessivamente, às pessoas indicadas no art. 1.775.

§ 2º Os poderes, deveres e responsabilidades do curador, assim nomeado, regem-se pelas disposições concernentes à curatela dos incapazes, no que couber.

§ 3º Nascendo com vida o herdeiro esperado, ser-lhe-á deferida a sucessão, com os frutos e rendimentos relativos à deixa, a partir da morte do testador.

§ 4o Se, decorridos dois anos após a abertura da sucessão, não for concebido o herdeiro esperado, os bens reservados, salvo disposição em contrário do testador, caberão aos herdeiros legítimos.

Pessoas Jurídicas? Herdam apenas quando forem contempladas em testamento.

Animais, coisas ou "seres abstratos"? Jamais serão herdeiros ou legatários. Se forem beneficiados em testamento a disposição em questão não será levada em conta, sendo os bens distribuídos aos herdeiros legítimos. Em relação aos animais, é possível a deixa testamentária em favor de determinada pessoa com a vinculação de um encargo de cuidar e zelar pelo bem-estar do animal.

2º pressuposto – Vocação hereditária: É o chamamento à sucessão. Quando o autor da herança morre seus herdeiros serão convocados a herdar. Quais herdeiros? Aqueles beneficiados em testamento e, na ausência destes, os que foram indicados pela Lei na ordem de sucessão legítima.

8. TRANSMISSÃO OU DEVOLUÇÃO DA HERANÇA

É a transferência do acervo aos herdeiros e legatários. Três questões se impõem: quando, onde e a quem se devolve a herança?

Quando? Art. 1.784. Aberta a sucessão, a herança transmite-se, desde logo, aos herdeiros legítimos e testamentários.

Onde? Art. 1.785. A sucessão abre-se no lugar do último domicílio do falecido.

Art. 48. O foro de domicílio do autor da herança, no Brasil, é o competente para o inventário, a partilha, a arrecada-

ção, o cumprimento de disposições de última vontade, a impugnação ou anulação de partilha extrajudicial e para todas as ações em que o espólio for réu, ainda que o óbito tenha ocorrido no estrangeiro.

Parágrafo único. Se o autor da herança não possuía domicílio certo, é competente:

I - o foro de situação dos bens imóveis;

II - havendo bens imóveis em foros diferentes, qualquer destes;

III - não havendo bens imóveis, o foro do local de qualquer dos bens do espólio.

A quem se devolve a herança? Art. 1.788. Morrendo a pessoa sem testamento, transmite a herança aos herdeiros legítimos; o mesmo ocorrerá quanto aos bens que não forem compreendidos no testamento; e subsiste a sucessão legítima se o testamento caducar, ou for julgado nulo.

Devolução é, pois, transmissão da herança aos herdeiros e legatários.

9. ACEITAÇÃO DA HERANÇA

Para que essa situação patrimonial se consolide é necessário que o herdeiro aceite a herança que já lhe foi deferida. A transmissão automática que ocorre com a morte é meramente abstrata, só se consolidando com a aceitação.

Na verdade, são três as espatas da transmissão ou devolução da herança.

1ª Etapa – Abertura da Sucessão.

2ª Etapa – Delação: é o momento em que se oferece o acervo aos herdeiros. É concomitante com o momento da abertura da sucessão. A delação ocorre no mesmo momento da abertura da sucessão.

3º Etapa – Aceitação: negócio jurídico unilateral com o qual a herança já deferida é aceita. O ato aquisitivo da herança não é a aceitação. A aquisição propriamente dita se dá com a morte. A aceitação apenas a consolida.

A **ACEITAÇÃO** pode se dar das seguintes formas:

Expressa: resulta de declaração escrita.

Tácita: quando o herdeiro pratica atos compatíveis com a vontade de aceitar.

Presumida: quando instado pelo Juiz a manifestar se aceita ou não a herança o herdeiro permanece em silêncio.

No que se refere ao sujeito que manifesta, ou não, a ACEITAÇÃO ela poderá ser:

Direta: quando provier do próprio herdeiro.

Indireta: quando outra pessoa manifestar a aceitação pelo herdeiro. Será possível em 4 situações:

a) Os sucessores do herdeiro podem aceitar por ele quando ele já for falecido no momento da abertura da sucessão.

b) O mandatário ou o gestor de negócios também pode aceitar a herança, representando o herdeiro.

c) Os credores, até o montante do crédito, podem aceitar a herança pelo devedor herdeiro.

d) O cônjuge também pode aceitar a herança.

10. RENÚNCIA DA HERANÇA

A renúncia corresponde ao direito assegurado ao herdeiro de rechaçar a herança. Trata-se de ato jurídico formal, manifestado mediante instrumento público lavrado perante o Cartório de Notas de qualquer localidade, ou por termos nos autos do processo de inventário ou de qualquer outra ação judicial que diga respeito a herança.

A manifestação escrita, seja por instrumento público ou por manifestação em processo judicial, é requisito substancial para a renúncia, sem a qual não produzirá efeito.

Qual é a natureza jurídica da renúncia? Trata-se de declaração unilateral de vontade que produzirá efeito independentemente da homologação em juízo. A renúncia, observada a forma, basta por si mesma e já será suficiente para produzir efeitos.

Requisito de validade da renúncia:

Forma: *"Art. 1.806. A renúncia da herança deve constar expressamente de instrumento público ou termo judicial".*

Capacidade do Agente: Para que se considere válida e produza os efeitos necessários é essencial que se observem a CAPACIDADE DO AGENTE (não basta a capacidade para a prática dos atos da vida civil, é essencial que o renunciante possua também a capacidade para alienar os seus bens). Pode-se renunciar mediante representante? Sim, desde que o mandatário possua poderes especiais e expressos para tanto. E se o agente for incapaz? Em sendo incapaz o herdeiro renunciante a renúncia não será válida, ainda que realizada pelo representante legal, salvo se a renúncia for autorizada pelo magistrado ouvido previamente o Ministério Público.

Qual é o momento apropriado para a manifestação da renúncia? Tal como acontece com a aceitação a renúncia também somente poderá ser manifestada após a abertura da sucessão. Jamais poderá ser manifestada após a aceitação (seja expressa, tácita ou presumida), isso ocorre porque a teor do art. 1.812 os atos de aceitação e renúncia são irretratáveis e irrevogáveis.

Art. 1.812. São irrevogáveis os atos de aceitação ou de renúncia da herança.

Dos efeitos decorrentes da renúncia: Manifestada a renúncia o herdeiro será tido como inexistente, ou seja, é como se ele nunca tivesse existido na sucessão. Desse modo, a parte que caberia ao herdeiro renunciante será partilhada igualmente entre os herdeiros da mesma classe. Sendo o renunciante o único herdeiro da classe, serão chamados à sucessão os herdeiros das classes subsequentes.

Art. 1.810. Na sucessão legítima, a parte do renunciante acresce à dos outros herdeiros da mesma classe e, sendo ele o único desta, devolve-se aos da subsequente.

Conforme consta do art. 1.808 A RENÚNCIA DEVE SER PURA E SIMPLES, ou seja, não admite a vinculação a termo ou condições impostas pelo renunciante. Conforme ensina César Fiuza: *"o herdeiro deve apenas renunciar, não podendo impor condições para tanto, nem renunciar até certa época, depois aceitando".*

A renúncia admite retratação? Não. Após a manifestação da renúncia, do mesmo modo que ocorre com a aceitação, o herdeiro não poderá se retratar, tornando-se definitiva (vide art. 1.812).

A única possibilidade em que se admite retratação ou que se observará o afastamento dos efeitos da renúncia acontece quando forem constados vícios na manifestação da vontade. Podemos deparar com vícios graves (incapacidade absoluta da parte; impossibilidade do objeto ou inadequação da forma), ou vícios leves (incapacidade relativa, fraude contra credores, estado de perigo, lesão, erro, dolo, coação). Como se sabe, os atos jurídicos viciados podem ser anulados.

Existe viabilidade jurídica para a chamada renúncia translativa? Em que pese uma pequena parte da doutrina defender a ideia da renúncia translativa no direito nacional, a tese em questão não se sustenta juridicamente em razão do disposto no art. 1.808 do CC/02.

> *Art. 1.808. Não se pode aceitar ou renunciar a herança em parte, sob condição ou a termo.*
>
> *§ 1º O herdeiro, a quem se testerem legados, pode aceitá--los, renunciando a herança; ou, aceitando-a, repudiá-los.*
>
> *§ 2º O herdeiro, chamado, na mesma sucessão, a mais de um quinhão hereditário, sob títulos sucessórios diversos, pode livremente deliberar quanto aos quinhões que aceita e aos que renuncia.*

A renúncia translativa – também chamada de renúncia de nome – seria a possibilidade de o herdeiro renunciar em favor de outrem, isto é, renunciar indicando a pessoa que seria beneficiada pelo ato. A renúncia translativa é, a bem da verdade, a aceitação translativa, ou seja, a aceitação seguida da cessão do direito de herança.

Falecendo o herdeiro renunciante na pendência do processo de inventário os seus herdeiros poderão aceitar em seu lugar? Não. Se o herdeiro renunciante falecer, seus sucessores nada recebem, a não ser que ele seja o único de sua classe, situação em que seus sucessores serão chamados a aceitar a herança por direito próprio.

> *Art. 1.811. Ninguém pode suceder, representando herdeiro renunciante. Se, porém, ele for o único legítimo da sua classe, ou se todos os outros da mesma classe renunciarem a herança, poderão os filhos vir à sucessão, por direito próprio, e por cabeça.*

Admite-se renúncia *pro parte*? Não. Nos termos do art. 1.808 "Não se pode aceitar ou renunciar a herança em parte, sob condição ou a termo".

No entanto, da mesma forma como ocorre na aceitação, caso o herdeiro tenha sido chamado na sucessão a mais de um título (como herdeiro legítimo e como legatário), poderá aceitar um dos títulos e renunciar ao outro. Resumo: quem renuncia à herança não está impedido de aceitar legado.

> *"Art. 1.808 ...*
>
> *§ 1º O herdeiro, a quem se testerem legados, pode aceitá--los, renunciando a herança; ou, aceitando-a, repudiá-los.*
>
> *§ 2º O herdeiro, chamado, na mesma sucessão, a mais de um quinhão hereditário, sob títulos sucessórios diversos, pode livremente deliberar quanto aos quinhões que aceita e aos que renuncia".*

11. CESSÃO DA HERANÇA

É a alienação gratuita ou onerosa da herança a terceiro, estranho ou não, ao inventário. A cessão poderá ser total ou parcial quando envolver todo o quinhão do cedente ou parte dele.

Alcance da Cessão da Herança.

Total: A cessão será total quando o herdeiro ceder todo seu quinhão hereditário. **Parcial**: O herdeiro indica, de forma abstrata, o percentual do seu quinhão que será objeto da cessão.

Nos dois casos o herdeiro deverá efetuar a cessão de forma abstrata, ou seja, não poderá indicar concretamente o bem ou o direito que é objeto da cessão. Isso ocorre pelo simples motivo de que, antes de efetuada a partilha, os herdeiros não podem afirmar com convicção qual bem tocará a cada um dos beneficiados pela sucessão, uma vez que são condóminos do monte.

Momento: A cessão somente será possível após a aceitação da herança, salvo quando se tratar de cessão gratuita e a um dos coerdeiros.

Requisitos de validade da Cessão da Herança:

A-Capacidade do Cedente: O cedente deve ser capaz de alienar seus bens;

B-Momento: Como visto acima, a cessão somente pode ocorrer após a abertura da sucessão. A cessão de herança de pessoa viva é ineficaz.

C-Forma: A cessão deve ser manifestada por instrumento público que será juntado nos autos do processo de inventário.

D - Direito de Preferência: Em se tratando de cessão de herança onerosa os herdeiros possuem direito de preferência. Não sendo observado o direito de preferência – decorrente das regras oriundas do condomínio – os coerdeiros poderão anular a cessão onerosa operada em favor de terceiro.

Direitos do Cessionário: O cessionário recebe a herança no estado em que se encontrar, correndo por sua conta os riscos de seu quinhão ser mais ou menos absorvido pelo passivo deixado pelo autor da herança.

Responsabilidade do Cedente pela Evicção: O cedente não responde pela evicção. O cessionário responderá pelos eventuais prejuízos decorrentes da evicção, mas, por sua vez, poderá cobrar o prejuízo de quem tenha alienado o bem objeto da evicção para o autor da herança.

O que é a evicção? É a perda da coisa, em decorrência de sentença judicial, a favor de quem possuía direito anterior sobre ela.

> *Art. 1.793. O direito à sucessão aberta, bem como o quinhão de que disponha o co-herdeiro, pode ser objeto de cessão por escritura pública.*
>
> *§ 1º Os direitos, conferidos ao herdeiro em consequência de substituição ou de direito de acrescer, presumem-se não abrangidos pela cessão feita anteriormente.*
>
> *§ 2º É ineficaz a cessão, pelo co-herdeiro, de seu direito hereditário sobre qualquer bem da herança considerado singularmente.*
>
> *§ 3º Ineficaz é a disposição, sem prévia autorização do juiz da sucessão, por qualquer herdeiro, de bem componente do acervo hereditário, pendente a indivisibilidade.*

Art. 1.794. O co-herdeiro não poderá ceder a sua quota hereditária a pessoa estranha à sucessão, se outro co-herdeiro a quiser, tanto por tanto.

Art. 1.795. O co-herdeiro, a quem não se der conhecimento da cessão, poderá, depositado o preço, haver para si a quota cedida a estranho, se o requerer até cento e oitenta dias após a transmissão.

Parágrafo único. Sendo vários os co-herdeiros a exercer a preferência, entre eles se distribuirá o quinhão cedido, na proporção das respectivas quotas hereditárias.

12. PETIÇÃO DE HERANÇA

O Código Civil de 2002 trata da ação de petição de herança no art. 1.824/1.828, que é a demanda que visa a incluir um herdeiro na herança mesmo após a sua divisão.

Conforme o prof. Zeno Veloso, "a ação de petição de herança (petitio hereditatis) é a que utiliza o herdeiro para que se reconheça e torne efetiva esta sua qualidade, e, consequentemente, lhe sejam restituídos, total ou parcialmente, os bens da herança, com os frutos, rendimentos e acessórios. Nesta ação, o réu é a pessoa que não tem título legítimo de herdeiro e, não obstante, possui bens da herança, total ou parcialmente".

Feitas essas considerações gerais, estabelece o art. 1.824 da codificação privada que pode o herdeiro, em ação de petição de herança, demandar a tutela de seu direito sucessório, para obter a restituição da herança, ou de parte dela, contra quem, na qualidade de herdeiro, ou mesmo sem título, a possua.

Qual é o prazo para a propositura da ação de petição de herança? A questão sempre esteve na pauta dos Tribunais brasileiros. Conforme a antiga Súmula 149 do Supremo Tribunal Federal "é imprescritível a ação de investigação de paternidade, mas não o é a de petição de herança".

O fundamento da prescrição é relacionado ao fato de a herança envolver direitos subjetivos de cunho patrimonial, que são submetidos aos prazos prescricionais.

O entendimento sumulado é considerado majoritário, para todos os fins, teóricos e práticos, inclusive na doutrina brasileira. Nesse contexto, na vigência do CC/1916, a ação de petição de herança estaria sujeita ao prazo geral de prescrição, que era de vinte anos, conforme o seu art. 177.

Na vigência do Código Civil Brasileiro de 2002, para os fatos ocorridos a partir de 11.03.2003, segundo a posição majoritária, a jurisprudência entende que deve incidir o prazo geral de dez anos, do art. 205 da atual codificação material.

Qual é o marco temporal da contagem da prescrição para o ajuizamento da ação de petição de herança? Entende-se desde os tempos remotos que o prazo tem início da abertura da sucessão, como regra, que se dá pela morte.

Todavia, a questão não é pacífica, pois alguns arestos mais recentes trazem o julgamento de que o prazo deve ter início do reconhecimento do vínculo parental, o que parece ser mais justo.

Em 2016, surgiu julgamento do Superior Tribunal de Justiça no mesmo sentido, considerando como termo inicial o trânsito em julgado da ação de reconhecimento de paternidade.

Conforme publicação constante do Informativo n. 583 do Tribunal da Cidadania, "na hipótese em que ação de investigação de paternidade post mortem tenha sido ajuizada após o trânsito em julgado da decisão de partilha de bens deixados pelo de cujus, o termo inicial do prazo prescricional para o ajuizamento de ação de petição de herança é a data do trânsito em julgado da decisão que reconheceu a paternidade, e não o trânsito em julgado da sentença que julgou a ação de inventário. A petição de herança, objeto dos arts. 1.824 a 1.828 do CC, é ação a ser proposta por herdeiro para o reconhecimento de direito sucessório ou a restituição da universalidade de bens ou de quota ideal da herança da qual não participou. Trata-se de ação fundamental para que um herdeiro preterido possa reivindicar a totalidade ou parte do acervo hereditário, sendo movida em desfavor do detentor da herança, de modo que seja promovida nova partilha dos bens. A teor do que dispõe o art. 189 do CC, a fluência do prazo prescricional, mais propriamente no tocante ao direito de ação, somente surge quando há violação do direito subjetivo alegado. Assim, conforme entendimento doutrinário, não há falar em petição de herança enquanto não se der a confirmação da paternidade. Dessa forma, conclui-se que o termo inicial para o ajuizamento da ação de petição de herança é a data do trânsito em julgado da ação de investigação de paternidade, quando, em síntese, confirma-se a condição de herdeiro" (STJ, REsp 1.475.759/DF, Rel. Min. João Otávio de Noronha, j. 17.05.2016, DJe 20.05.2016).

13. CONCORRÊNCIA SUCESSÓRIA: CÔNJUGE X DESCENDENTES

"Art. 1.829. A sucessão legítima defere-se na ordem seguinte:

I – aos descendentes, em concorrência com o cônjuge sobrevivente, salvo se casado este com o falecido no regime da comunhão universal, ou no da separação obrigatória de bens (art. 1.640, parágrafo único); ou se, no regime da comunhão parcial, o autor da herança não houver deixado bens particulares".

Da redação do inciso I do art. 1.829 resta claro que os DESCENDENTES e o CÔNJUGE SOBREVIVENTE são HERDEIROS de 1ª Classe.

A concorrência, ou não, do CÔNJUGE com os DESCENDENTES será determinada pelo regime de bens adotado no casamento com o falecido.

REGIMES EM QUE O CÔNJUGE HERDA EM CONCORRÊNCIA	REGIMES EM QUE O CÔNJUGE NÃO HERDA EM CONCORRÊNCIA
1-Separação de Convencional de Bens	1-Comunhão Universal
2- Participação final nos Aquestos	2-Separação Obrigatória de Bens
3-Comunhão Parcial de Bens quando o cônjuge falecido deixou bens particulares.	3-Comunhão Parcial de Bens quando o cônjuge falecido NÃO deixou bens particulares.

E QUANDO SE TRATA DE REGIME HÍBRIDO/ MISTO? Flávio Tartuce: "deve-se verificar qual a correspondência que se faz em relação aos regimes para constatar se haverá a concorrência sucessória ou não. Isso abre a possibilidade de uma concorrência fracionada de bens".

DA RESERVA DA QUARTA PARTE DA HERANÇA PARA O CÔNJUGE NA CONCORRÊNCIA COM OS DESCENDENTES.

"Art. 1.832. Em concorrência com os descendentes (art. 1.829, inciso I) caberá ao cônjuge quinhão igual ao dos que sucederem por cabeça, não podendo a sua quota ser inferior à quarta parte da herança, se for ascendente dos herdeiros com que concorrer"

A norma consagra a reserva de 1/4 da herança ao cônjuge, se ele for ascendente dos descendentes com quem concorrer. Em se tratando de sucessão híbrida o cônjuge sobrevivente terá direito à reserva legal da quarta parte da herança? **Havendo sucessão híbrida, não se deve fazer a reserva da quarta parte ao cônjuge, tratando-se todos os descendentes como exclusivos do autor da herança.**

"Na concorrência entre o cônjuge e os herdeiros do de cujus, não será reservada a quarta parte da herança para o sobrevivente no caso de filiação híbrida" (Enunciado n. 527 - V Jornada de Direito Civil).

Art. 1.833. Entre os descendentes, os em grau mais próximo excluem os mais remotos, salvo o direito de representação.

Art. 1.834. Os descendentes da mesma classe têm os mesmos direitos à sucessão de seus ascendentes.

Art. 1.835. Na linha descendente, os filhos sucedem por cabeça, e os outros descendentes, por cabeça ou por estirpe, conforme se achem ou não no mesmo grau.

14. CONCORRÊNCIA SUCESSÓRIA: CÔNJUGE X ASCENDENTES

Art. 1.836. Na falta de descendentes, são chamados à sucessão os ascendentes, em concorrência com o cônjuge sobrevivente.

§ 1º Na classe dos ascendentes, o grau mais próximo exclui o mais remoto, sem distinção de linhas.

§ 2º Havendo igualdade em grau e diversidade em linha, os ascendentes da linha paterna herdam a metade, cabendo a outra aos da linha materna.

Art. 1.837. Concorrendo com ascendente em primeiro grau, ao cônjuge tocará um terço da herança; caber-lhe-á a metade desta se houver um só ascendente, ou se maior for aquele grau.

Art. 1.838. Em falta de descendentes e ascendentes, será deferida a sucessão por inteiro ao cônjuge sobrevivente.

15. CONCORRÊNCIA SUCESSÓRIA: COLATERAIS

Art. 1.839. Se não houver cônjuge sobrevivente, nas condições estabelecidas no art. 1.830, serão chamados a suceder os colaterais até o quarto grau.

Art. 1.840. Na classe dos colaterais, os mais próximos excluem os mais remotos, salvo o direito de representação concedido aos filhos de irmãos.

Art. 1.841. Concorrendo à herança do falecido irmãos bilaterais com irmãos unilaterais, cada um destes herdará metade do que cada um daqueles herdar.

Art. 1.842. Não concorrendo à herança irmão bilateral, herdarão, em partes iguais, os unilaterais.

Art. 1.843. Na falta de irmãos, herdarão os filhos destes e, não os havendo, os tios.

§ 1º Se concorrerem à herança somente filhos de irmãos falecidos, herdarão por cabeça.

§ 2º Se concorrem filhos de irmãos bilaterais com filhos de irmãos unilaterais, cada um destes herdará a metade do que herdar cada um daqueles.

§ 3º Se todos forem filhos de irmãos bilaterais, ou todos de irmãos unilaterais, herdarão por igual.

Art. 1.844. Não sobrevivendo cônjuge, ou companheiro, nem parente algum sucessível, ou tendo eles renunciado a herança, esta se devolve ao Município ou ao Distrito Federal, se localizada nas respectivas circunscrições, ou à União, quando situada em território federal.

16. SUCESSÃO TESTAMENTÁRIA

Para compreender o sentido, significado e a importância do Testamento para o Direito das Sucessões é essencial recorrer à conceituação do instituto pela doutrina nacional.

Para Pontes de Miranda: "testamento (diz-se) é o ato pelo qual a vontade de um morto cria, transmite ou extingue direitos. Porque 'vontade de um morto cria', e não 'vontade de um vivo, para depois da morte'? Quando o testador quis, vivia. Os efeitos, sim, por serem dependentes da morte, somente começam a partir dali. Tanto é certo que se trata de querer de vivo, que direitos há (excepcionalíssimos, é certo), que podem partir do ato testamentário e serem realizados desde esse momento. Digamos, pois, que o testamento é o ato pelo qual a vontade de alguém se declara para o caso de morte, com eficácia de reconhecer, criar, transmitir ou extinguir direitos" (Tratado..., 1972, t. LVI, p. 59).

Maria Helena Diniz conceitua o testamento como "o ato personalíssimo e revogável pelo qual alguém, de conformidade com a lei, não só dispõe, para depois da sua morte, no todo ou em parte (CC, art. 1.857, caput), do seu patrimônio, mas também faz outras estipulações" (Curso..., 2007, v. 6, p. 175).

Flávio Tartuce: "o testamento é um negócio jurídico unilateral, personalíssimo e revogável pelo qual o testador faz disposições de caráter patrimonial ou extrapatrimonial, para depois de sua morte. Trata-se do ato sucessório de exercício da autonomia privada por excelência".

Dos requisitos de validade do testamento: capacidade de testar.

Para que o testamento seja válido e produza os efeitos jurídicos pretendidos o CC/2002 exige que o testador possua, no ato da elaboração do documento, a capacidade geral prevista para os atos e negócios jurídicos, com as particularidades que são próprias da capacidade para testar. Vejamos:

Art. 1.857. Toda pessoa capaz pode dispor, por testamento, da totalidade dos seus bens, ou de parte deles, para depois de sua morte.

§ 1º A legítima dos herdeiros necessários não poderá ser incluída no testamento.

§ 2º São válidas as disposições testamentárias de caráter não patrimonial, ainda que o testador somente a elas se tenha limitado.

Art. 1.858. O testamento é ato personalíssimo, podendo ser mudado a qualquer tempo.

No sistema atual, com as alterações decorrentes do Estatuto da Pessoa com Deficiência, quem não poderá testar? Em suma, deve ser reconhecida a incapacidade testamentária ativa daqueles que estão expressos no art. 3º - atualmente apenas os menores de 16 anos, além das pessoas que não apresentaram um discernimento específico para a manifestação de última vontade.

Art. 1.860. Além dos incapazes, não podem testar os que, no ato de fazê-lo, não tiverem pleno discernimento.

Parágrafo único. Podem testar os maiores de dezesseis anos.

O pródigo pode testar? Entendemos que sim, haja vista que a sua interdição somente atinge os atos de alienação direta de bens, praticados em vida.

Em qual momento deve ser aferida a capacidade do testador? Somente no momento da elaboração do testamento e, por isso, a incapacidade superveniente do testador, manifestada após a sua elaboração, não invalida o testamento (art. 1.861 do CC). Isso porque, quanto ao plano da validade, deve ser analisada a realidade existente quando da constituição ou celebração do negócio. Além disso, pelo mesmo comando, o testamento do incapaz não se valida com a superveniência da capacidade.

Art. 1.861. A incapacidade superveniente do testador não invalida o testamento, nem o testamento do incapaz se valida com a superveniência da capacidade.

A legislação brasileira admite a possibilidade de testamento conjuntivo? Não. O testamento é ato personalíssimo por excelência (intuitu personae), porque ninguém poderá testar conjuntamente em um mesmo instrumento ou por procuração. Se mais de uma pessoa testar em um mesmo instrumento, o testamento será nulo, pela proibição expressa do testamento conjuntivo, prevista nos artigos 1.858 e 1.863 do CC/2002.

Art. 1.858. O testamento é ato personalíssimo, podendo ser mudado a qualquer tempo.

Art. 1.863. É proibido o testamento conjuntivo, seja simultâneo, recíproco ou correspectivo.

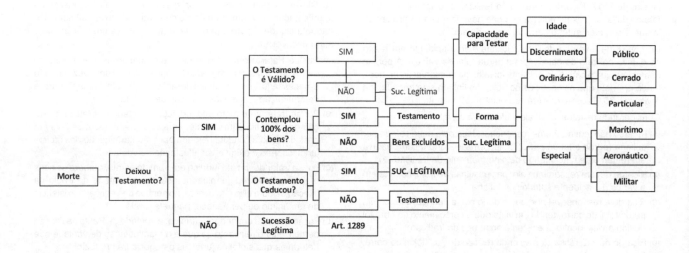

i. LIMA, Taísa Maria Macena de; SÁ, Maria de Fátima Freire de. Ensaios sobre a infância e a adolescência. Belo Horizonte, MG: Arraes, 2016.

17. QUESTÕES

1) Exame XXIII

Arlindo e Berta firmam pacto antenupcial, preenchendo todos os requisitos legais, no qual estabelecem o regime de separação absoluta de bens. No entanto, por motivo de saúde de um dos nubentes, a celebração civil do casamento não ocorreu na data estabelecida. Diante disso, Arlindo e Berta decidem não se casar e passam a conviver maritalmente. Após cinco anos de união estável, Arlindo pretende dissolver a relação familiar e aplicar o pacto antenupcial, com o objetivo de não dividir os bens adquiridos na constância dessa união.

Nessas circunstâncias, o pacto antenupcial é:

(A) válido e ineficaz.

(B) válido e eficaz.

(C) inválido e ineficaz.

(D) inválido e eficaz.

COMENTÁRIOS: A questão exige do examinando o conhecimento quanto ao disposto no artigo 1.653 do Código Civil que reza: "é nulo o pacto antenupcial se não for feito por escritura pública, e ineficaz se não lhe seguir o casamento".

Gabarito "A".

2) Exame XXIII

Juliana, por meio de contrato de compra e venda, adquiriu de Ricardo, profissional liberal, um carro seminovo (30.000km) da marca Y pelo preço de R$ 24.000,00. Ficou acertado que Ricardo faria a revisão de 30.000km no veículo antes de entregá-lo para Juliana no dia 23 de janeiro de 2017. Ricardo, porém, não realizou a revisão e omitiu tal fato de Juliana, pois acreditava que não haveria qualquer problema, já que, aparentemente, o carro funcionava bem.

No dia 23 de fevereiro de 2017, Juliana sofreu acidente em razão de defeito no freio do carro, com a perda total do veículo. A perícia demostrou que a causa do acidente foi falha na conservação do bem, tendo em vista que as pastilhas do freio não tinham sido trocadas na revisão de 30.000km, o que era essencial para a manutenção do carro.

Considerando os fatos, assinale a afirmativa correta.

(A) Ricardo não tem nenhuma responsabilidade pelo dano sofrido por Juliana (perda total do carro), tendo em vista que o carro estava aparentemente funcionando bem no momento da tradição.

(B) Ricardo deverá ressarcir o valor das pastilhas de freio, nada tendo a ver com o acidente sofrido por Juliana.

(C) Ricardo é responsável por todo o dano sofrido por Juliana, com a perda total do carro, tendo em vista que o perecimento do bem foi devido a vício oculto já existente ao tempo da tradição

(D) Ricardo deverá ressarcir o valor da revisão de 30.000km do carro, tendo em vista que ela não foi realizada conforme previsto no contrato.

COMENTÁRIOS: A problemática exige a aplicação dos arts. 443 e 444 do Código Civil, cuja redação impõe, respectivamente: 1) que se o alienante conhecia o vício ou defeito da coisa, restituirá o que recebeu com perdas e danos; se o não conhecia, tão somente restituirá o valor recebido, mais as despesas do contrato; 2) que a responsabilidade do alienante subsiste ainda que a coisa pereça em poder do alienatário, se perecer por vício oculto já existente ao tempo da tradição.

Gabarito "C".

3) Exame XXIII

Paulo, viúvo, tinha dois filhos: Mário e Roberta. Em 2016, Mário, que estava muito endividado, cedeu para seu amigo Francisco a quota--parte da herança a que fará jus quando seu pai falecer, pelo valor de R$ 1.000.000,00 (um milhão de reais), pago à vista.

Paulo falece, sem testamento, em 2017, deixando herança líquida no valor de R$ 3.000.000,00 (três milhões de reais). Sobre a partilha da herança de Paulo, assinale a afirmativa correta.

(A) Francisco não será contemplado na partilha porque a cessão feita por Mário é nula, razão pela qual Mário e Roberta receberão, cada um, R$ 1.500.000,00 (um milhão e quinhentos mil reais).

(B) Francisco receberá, por força da partilha, R$ 1.000.000,00 (um milhão de reais), Mário ficará com R$ 500.000,00 (quinhentos mil reais) e Roberta com R$ 1.500.000,00 (um milhão e quinhentos mil reais).

(C) Francisco e Roberta receberão, cada um, por força da partilha, R$ 1.500.000,00 (um milhão e quinhentos mil reais) e Mário nada receberá.

(D) Francisco receberá, por força da partilha, R$ 1.000.000,00 (um milhão de reais), Roberta ficará com R$ 2.000.000,00 (dois milhões de reais) e Mário nada receberá.

COMENTÁRIOS: O item "A" encontra fulcro nos arts. 426 e 166 do Código Civil. Note-se:

Art. 426. Não pode ser objeto de contrato a herança de pessoa viva.

Art. 166. É nulo o negócio jurídico quando:

VII - a lei taxativamente o declarar nulo, ou proibir-lhe a prática, sem cominar sanção.

Gabarito "A".

4) Exame XXIII

Em ação judicial na qual Paulo é réu, levantou-se controvérsia acerca de seu domicílio, relevante para a determinação do juízo competente. Paulo alega que seu domicílio é a capital do Estado do Rio de Janeiro, mas o autor sustenta que não há provas de manifestação de vontade de Paulo no sentido de fixar seu domicílio naquela cidade. Sobre o papel da vontade nesse caso, assinale a afirmativa correta.

(A) Por se tratar de um fato jurídico em sentido estrito, a vontade de Paulo na fixação de domicílio é irrelevante, uma vez que não é necessário levar em consideração a conduta humana para a determinação dos efeitos jurídicos desse fato.

(B) Por se tratar de um ato-fato jurídico, a vontade de Paulo na fixação de domicílio é irrelevante, uma vez que, embora se leve em consideração a conduta humana para a determinação dos efeitos jurídicos, não é exigível manifestação de vontade.

(C) Por se tratar de um ato jurídico em sentido estrito, embora os seus efeitos sejam predeterminados pela lei, a vontade de Paulo na fixação de domicílio é relevante, no sentido de verificar a existência de um ânimo de permanecer naquele local.

(D) Por se tratar de um negócio jurídico, a vontade de Paulo na fixação de domicílio é relevante, já que é a manifestação de vontade que determina quais efeitos jurídicos o negócio irá produzir.

COMENTÁRIOS: O entendimento da questão passa pela análise do art. 70 do Código Civil: o domicílio da pessoa natural é o lugar onde ela estabelece a sua residência com ânimo definitivo.

Gabarito "C".

5) Exame XXIII

Em um bazar beneficente, promovido por Júlia, Marta adquiriu um antigo faqueiro, praticamente sem uso. Acreditando que o faqueiro era feito de prata, Marta ofereceu um preço elevado sem nada perguntar sobre o produto. Júlia, acreditando no espírito benevolente de sua vizinha, prontamente aceitou o preço oferecido.

Após dois anos de uso constante, Marta percebeu que os talheres começaram a ficar manchados e a se dobrarem com facilidade. Consultando um especialista, ela descobre que o faqueiro era feito

DIREITO CIVIL

de uma liga metálica barata, de vida útil curta, e que, com o uso reiterado, ele se deterioraria. De acordo com o caso narrado, assinale a afirmativa correta.

(A) A compra e venda firmada entre Marta e Júlia é nula, por conter vício em seu objeto, um dos elementos essenciais do negócio jurídico.

(B) O negócio foi plenamente válido, considerando ter restado comprovado que Júlia não tinha qualquer motivo para suspeitar do engano de Marta.

(C) O prazo decadencial a ser observado para que Marta pretenda judicialmente o desfazimento do negócio deve ser contado da data de descoberta do vício.

(D) De acordo com a disciplina do Código Civil, Júlia poderá evitar que o negócio seja desfeito se oferecer um abatimento no preço de venda proporcional à baixa qualidade do faqueiro.

COMENTÁRIOS: A assertiva impõe o conhecimento acerca dos arts. 138 e 178, II do Código Civil:
Art. 138. São anuláveis os negócios jurídicos, quando as declarações de vontade emanarem de erro substancial que poderia ser percebido por pessoa de diligência normal, em face das circunstâncias do negócio.
Art. 178. É de quatro anos o prazo de decadência para pleitear-se a anulação do negócio jurídico, contado: II - no de erro, dolo, fraude contra credores, estado de perigo ou lesão, do dia em que se realizou o negócio jurídico;
Gabarito "B".

6) Exame XXIV

André, Mariana e Renata pegaram um automóvel emprestado com Flávio, comprometendo-se solidariamente a devolvê-lo em quinze dias. Ocorre que Renata, dirigindo acima do limite de velocidade, causou um acidente que levou à destruição total do veículo.

Assinale a opção que apresenta os direitos que Flávio tem diante dos três.

(A) Pode exigir, de qualquer dos três, o equivalente pecuniário do carro, mais perdas e danos.

(B) Pode exigir, de qualquer dos três, o equivalente pecuniário do carro, mas só pode exigir perdas e danos de Renata.

(C) Pode exigir, de cada um dos três, um terço do equivalente pecuniário do carro e das perdas e danos.

(D) Pode exigir, de cada um dos três, um terço do equivalente pecuniário do carro, mas só pode exigir perdas e danos de Renata.

COMENTÁRIOS: O problema encontra solução na exegese do art. 279 do Código Civil que impõe: impossibilitando-se a prestação por culpa de um dos devedores solidários, subsiste para todos o encargo de pagar o equivalente; mas pelas perdas e danos só responde o culpado.
Gabarito "B".

7) Exame XXIV

Laurentino constituiu servidão de vista no registro competente, em favor de Januário, assumindo o compromisso de não realizar qualquer ato ou construção que embarace a paisagem de que Januário desfruta em sua janela. Após o falecimento de Laurentino, seu filho Lucrécio decide construir mais dois pavimentos na casa para ali passar a habitar com sua esposa.

Diante do exposto, assinale a afirmativa correta.

(A) Januário não pode ajuizar uma ação possessória, eis que a servidão é não aparente.

(B) Diante do falecimento de Laurentino, a servidão que havia sido instituída automaticamente se extinguiu.

(C) A servidão de vista pode ser considerada aparente quando houver algum tipo de aviso sobre sua existência.

(D) Januário pode ajuizar uma ação possessória, provando a existência da servidão com base no título.

COMENTÁRIOS: O item "D" está em consonância com os arts. 1.378 e 1.383 do Código Civil. Note-se:
Art. 1.378. A servidão proporciona utilidade para o prédio dominante, e grava o prédio serviente, que pertence a diverso dono, e constitui-se mediante declaração expressa dos proprietários, ou por testamento, e subsequente registro no Cartório de Registro de Imóveis.
Art. 1.383. O dono do prédio serviente não poderá embaraçar de modo algum o exercício legítimo da servidão.
Gabarito "D".

8) Exame XXIV

Eduardo comprometeu-se a transferir para Daniela um imóvel que possui no litoral, mas uma cláusula especial no contrato previa que a transferência somente ocorreria caso a cidade em que o imóvel se localiza viesse a sediar, nos próximos dez anos, um campeonato mundial de surfe. Depois de realizado o negócio, todavia, o advento de nova legislação ambiental impôs regras impeditivas para a realização do campeonato naquele local.

Sobre a incidência de tais regras, assinale a afirmativa correta.

(A) Daniela tem direito adquirido à aquisição do imóvel, pois a cláusula especial configura um termo.

(B) Prevista uma condição na cláusula especial, Daniela tem direito adquirido à aquisição do imóvel.

(C) Há mera expectativa de direito à aquisição do imóvel por parte de Daniela, pois a cláusula especial tem natureza jurídica de termo.

(D) Daniela tem somente expectativa de direito à aquisição do imóvel, uma vez que há uma condição na cláusula especial.

COMENTÁRIOS: O examinando deve se atentar ao que dispõe o art. 121 do Código Civil, in verbis: considera-se condição a cláusula que, derivando exclusivamente da vontade das partes, subordina o efeito do negócio jurídico a evento futuro e incerto.
Gabarito "D".

9) Exame XXIV

Caio, locador, celebrou com Marcos, locatário, contrato de locação predial urbana pelo período de 30 meses, sendo o instrumento averbado junto à matrícula do imóvel no RGI. Contudo, após seis meses do início da vigência do contrato, Caio resolveu se mudar para Portugal e colocou o bem à venda, anunciando-o no jornal pelo valor de R$ 500.000,00.

Marcos tomou conhecimento do fato pelo anúncio e entrou em contato por telefone com Caio, afirmando estar interessado na aquisição do bem e que estaria disposto a pagar o preço anunciado. Caio, porém, disse que a venda do bem imóvel já tinha sido realizada pelo mesmo preço a Alexandre. Além disso, o adquirente do bem, Alexandre, iria denunciar o contrato de locação e Marcos teria que desocupar o imóvel em 90 dias.

Acerca dos fatos narrados, assinale a afirmativa correta.

(A) Marcos, tendo sido preterido na alienação do bem, poderá depositar o preço pago e as demais despesas do ato e haver para si a propriedade do imóvel.

(B) Marcos não tem direito de preferência na aquisição do imóvel, pois a locação é por prazo determinado.

(C) Marcos somente poderia exercer direito de preferência na aquisição do imóvel se fizesse oferta superior à de Alexandre.

(D) Marcos, tendo sido preterido na alienação do bem, poderá reclamar de Alexandre, adquirente, perdas e danos, e poderá permanecer no imóvel durante toda a vigência do contrato, mesmo se Alexandre denunciar o contrato de locação.

COMENTÁRIOS: A Lei 8.245, em seus arts. 27 e 33 oferece solução ao problema exposto nos seguintes termos:
Art. 27. No caso de venda, promessa de venda, cessão ou promessa de cessão de direitos ou dação em pagamento, o locatário tem preferência para adquirir o imóvel

FÁBIO VIEIRA FIGUEIREDO E PEDRO HENRIQUE MENEZES FERREIRA

locado, em igualdade de condições com terceiros, devendo o locador dar-lhe conhecimento do negócio mediante notificação judicial, extrajudicial ou outro meio de ciência inequívoca. Parágrafo único. A comunicação deverá conter todas as condições do negócio e, em especial, o preço, a forma de pagamento, a existência de ônus reais, bem como o local e horário em que pode ser examinada a documentação pertinente. Art. 33. O locatário preterido no seu direito de preferência poderá reclamar do alienante as perdas e danos ou, depositando o preço e demais despesas do ato de transferência, haver para si o imóvel locado, se o requerer no prazo de seis meses, a contar do registro do ato no cartório de imóveis, desde que o contrato de locação esteja averbado pelo menos trinta dias antes da alienação junto à matrícula do imóvel. Parágrafo único. A averbação far-se-á à vista de qualquer das vias do contrato de locação desde que subscrito também por duas testemunhas.
Gabarito "A".

10) Exame XXIV

Quincas adentra terreno vazio e, de forma pública, passa a construir ali a sua moradia. Após o exercício ininterrupto da posse por 17 (dezessete) anos, pleiteia judicialmente o reconhecimento da propriedade do bem pela usucapião. Durante o processo, constatou-se que o imóvel estava hipotecado em favor de Jovelino, para o pagamento de numerários devidos por Adib, proprietário do imóvel.

Com base nos fatos apresentados, assinale a afirmativa correta.

(A) A hipoteca existente em benefício de Jovelino prevalece sobre eventual direito de Quincas, tendo em vista o princípio da prioridade no registro.

(B) A hipoteca é um impeditivo para o reconhecimento da usucapião, tendo em vista a função social do crédito garantido.

(C) Como a usucapião é modo originário de aquisição da propriedade, a hipoteca não é capaz de impedir a sua consumação.

(D) Quincas pode adquirir, pela usucapião, o imóvel em questão, porém ficará com o ônus de quitar o débito que a hipoteca garantia.

COMENTÁRIOS: O examinando deveria, para a solução favorável do caso, ter conhecimento quanto ao teor do art. 1.238 do Código Civil que reza: aquele que, por quinze anos, sem interrupção, nem oposição, possuir como seu um imóvel, adquire-lhe a propriedade, independentemente de título e boa-fé; podendo requerer ao juiz que assim o declare por sentença, a qual servirá de título para o registro no Cartório de Registro de Imóveis.
Gabarito "C".

Estatuto da Criança e do Adolescente – ECA

Antonio Carlos

1. INTRODUÇÃO

A "Constituição Cidadã" impôs à família, à sociedade e ao Estado o dever de assegurar à criança e ao adolescente, com absoluta prioridade, o direito à vida, à saúde, à alimentação, à educação, ao lazer, à profissionalização, à cultura, à dignidade, ao respeito, à liberdade e à convivência familiar e comunitária, além de colocá-los a salvo de toda forma de negligência, discriminação, exploração, violência, crueldade e opressão.

A preocupação do Constituinte do 1988 inseriu a criança e o adolescente em outros dispositivos e dedicou a eles um capítulo no Título da Ordem Social, conjuntamente com a família e idoso, bem como o jovem com a Emenda Constitucional 65/2010.

A prioridade constitucionalizada desdobrou-se em um importante diploma legal: o Estatuto da Criança e do Adolescente – ECA. A Lei 8.069/1990 revogou o Código de Menores editado na época da ditadura militar e trouxe ao tema os novos ares da Constituição Federal de 1988, adequando o regime jurídico e regulando o regime de proteção integral das crianças e dos adolescentes.

Esse importante marco legal teve, conforme constou da justificativa do projeto de lei 193 do Senado, dois pilares básicos: a concepção da criança e do adolescente como sujeitos de direitos e a afirmação de sua condição peculiar de pessoa em desenvolvimento.

De lá para cá, o texto normativo foi aprimorado por inovações legislativas e houve substancial incremento nos instrumentos de defesa dos direitos das crianças e dos adolescentes na sociedade brasileira. Não sem razão, a Ordem dos Advogados prioriza no Edital do Exame de Ordem esse texto legal cujo conhecimento deve ser difundido não somente entre os operadores do direito como também em toda a população e cujos efeitos devem transbordar das letras do papel e tornar-se eficaz em todo o território nacional, fazendo verdadeira e concreta a rede de proteção da criança e do adolescente.

2. O REGIME JURÍDICO DO ESTATUTO DA CRIANÇA E DO ADOLESCENTE E SUA INCIDÊNCIA

O ECA impõe o regime jurídico de proteção integral à criança e ao adolescente e a compreensão destes sob a ótica da peculiar condição de pessoa em desenvolvimento.

Para fins do ECA, considera-se como criança a pessoa até doze anos de idade incompletos e adolescente aquela entre doze e dezoito anos de idade.

Há aplicação excepcional do ECA a pessoas entre dezoito e vinte e um anos de idade na perspectiva penal, em especial quando permanecem cumprindo medida socioeducativa após a maioridade.

A criança e o adolescente gozam de todos os direitos fundamentais inerentes à pessoa humana, devendo ser asseguradas todas as oportunidades e facilidades, a fim de lhes facultar o desenvolvimento físico, mental, moral, espiritual e social, em condições de liberdade e de dignidade, sem qualquer discriminação de nascimento, situação familiar, idade, sexo, raça, etnia ou cor, religião ou crença, deficiência, condição pessoal de desenvolvimento e aprendizagem, condição econômica, ambiente social, região e local de moradia ou outra condição que diferencie as pessoas, as famílias ou a comunidade em que vivem.

O ECA impõe à família, à comunidade, à sociedade em geral e ao poder público o dever de assegurar, com absoluta prioridade, a efetivação dos direitos referentes à vida, à saúde, à alimentação, à educação, ao esporte, ao lazer, à profissionalização, à cultura, à dignidade, ao respeito, à liberdade e à convivência familiar e comunitária.

Essa prioridade consiste em:

a) primazia de receber proteção e socorro em quaisquer circunstâncias;

b) precedência de atendimento nos serviços públicos ou de relevância pública;

c) preferência na formulação e na execução das políticas sociais públicas;

d) destinação privilegiada de recursos públicos nas áreas relacionadas com a proteção à infância e à juventude.

3. O DIREITO À VIDA E À SAÚDE

O ECA assegura à criança e ao adolescente a proteção do direito à vida e à saúde, mediante a efetivação de políticas sociais públicas que permitam o nascimento e o desenvolvimento sadio e harmonioso, em condições dignas de existência.

A preocupação do ECA em relação à saúde pode ser dividida em duas ênfases: a primeira dedicada aos cuidados próprios do nascimento e a segunda com os cuidados específicos da criança e do adolescente.

O ECA é muito dedicado em regular os direitos pertinentes ao nascimento, assegurando expressamente a todas as mulheres o acesso aos programas e às políticas de saúde da mulher e de planejamento reprodutivo e, às gestantes, nutrição adequada, atenção humanizada à gravidez, ao parto e ao puerpério e atendimento pré-natal, perinatal e pós-natal integral no âmbito do Sistema Único de Saúde.

O atendimento pré-natal deve ser realizado por profissionais de atenção primária e no último trimestre de gestação deverão garantir a sua vinculação ao estabelecimento em que será realizado o parto, garantido o direito de opção da mulher. Esse estabelecimento assegurará às mulheres e aos recém-nascidos alta hospitalar responsável e contrarreferência na atenção primária, bem como o acesso a outros serviços e a grupos de apoio à amamentação.

O Poder Público deverá proporcionar à gestante e à mãe a assistência psicológica no pré-natal e no pós-natal. Tal assistência também funcionará como prevenção às consequências do estado puerperal e deverá ser prestada também para as gestantes e mães que manifestem interesse em entregar seus filhos para adoção, bem como àquelas se encontrem em situação de privação de liberdade.

Os profissionais da atenção primária à saúde farão a busca ativa da gestante que não iniciar ou que abandonar as consultas de pré-natal, bem como da puérpera que não comparecer às consultas pós-parto.

Durante o pré-natal, o trabalho de parto e o pós-parto imediato, a mulher terá direito a 1 (um) acompanhante de sua preferência.

A gestante tem o direito de receber orientação sobre aleitamento materno, alimentação complementar saudável e crescimento e desenvolvimento infantil, bem como sobre formas de favorecer a criação de vínculos afetivos e de estimular o desenvolvimento integral da criança.

A gestante tem direito a acompanhamento saudável durante toda a gestação e a parto natural cuidadoso, estabelecendo-se a aplicação de cesariana e outras intervenções cirúrgicas por motivos médicos.

Incumbe ao poder público garantir, à gestante e à mulher com filho na primeira infância que se encontrem sob custódia em unidade de privação de liberdade, ambiência que atenda às normas sanitárias e assistenciais do Sistema Único de Saúde para o acolhimento do filho, em articulação com o sistema de ensino competente, visando ao desenvolvimento integral da criança.

O poder público, as instituições e os empregadores propiciarão condições adequadas ao aleitamento materno, inclusive aos filhos de mães submetidas a medida privativa de liberdade.

Os profissionais das unidades primárias de saúde desenvolverão ações sistemáticas, individuais ou coletivas, visando ao planejamento, à implementação e à avaliação de ações de promoção, proteção e apoio ao aleitamento materno e à alimentação complementar saudável, de forma contínua.

As gestantes ou mães que manifestem interesse em entregar seus filhos para adoção serão obrigatoriamente encaminhadas, sem constrangimento, à Justiça da Infância e da Juventude.

Os serviços de unidades de terapia intensiva neonatal deverão dispor de banco de leite humano ou unidade de coleta de leite humano.

Os hospitais e demais estabelecimentos de atenção à saúde de gestantes, sejam eles públicos ou particulares, têm as seguintes obrigações:

a) manter registro das atividades desenvolvidas, por prontuários individuais, pelo prazo de dezoito anos;

b) identificar o recém-nascido mediante o registro de sua impressão plantar e digital e da impressão digital da mãe, sem prejuízo de outras formas normatizadas pela autoridade administrativa competente;

c) proceder a exames visando ao diagnóstico e terapêutica de anormalidades no metabolismo do recém-nascido, bem como prestar orientação aos pais;

d) fornecer declaração de nascimento onde constem necessariamente as intercorrências do parto e do desenvolvimento do neonato;

e) manter alojamento conjunto, possibilitando ao neonato a permanência junto à mãe; e

f) acompanhar a prática do processo de amamentação, prestando orientações quanto à técnica adequada, enquanto a mãe permanecer na unidade hospitalar, utilizando o corpo técnico já existente.

Já quanto aos cuidados da criança e do adolescente, o ECA assegura de plano o acesso integral às linhas de cuidado voltadas à saúde da criança e do adolescente, por intermédio do Sistema Único de Saúde, devendo ser observado o princípio da equidade no acesso a ações e serviços para promoção, proteção e recuperação da saúde.

A criança e o adolescente com deficiência serão atendidos, sem discriminação ou segregação, em suas necessidades gerais de saúde e específicas de habilitação e reabilitação.

As crianças e adolescentes têm o direito de receber gratuitamente do Poder Público medicamentos, órteses, próteses e outras tecnologias relativas ao tratamento, habilitação ou reabilitação, de acordo com as linhas de cuidado voltadas às suas necessidades específicas.

Os profissionais que atuam no cuidado diário ou frequente de crianças na primeira infância receberão formação específica e permanente para a detecção de sinais de risco para o desenvolvimento psíquico, bem como para o acompanhamento que se fizer necessário.

Os estabelecimentos de atendimento à saúde, inclusive as unidades neonatais, de terapia intensiva e de cuidados intermediários, deverão proporcionar condições para a permanência em tempo integral de um dos pais ou responsável, nos casos de internação de criança ou adolescente.

Quando o profissional de saúde tiver alguma suspeita ou confirmação de castigo físico, de tratamento cruel ou degradante e de maus-tratos contra criança ou adolescente deverá obrigatoriamente comunicar ao Conselho Tutelar da respectiva localidade, sem prejuízo de outras providências legais.

É obrigatória a vacinação das crianças nos casos recomendados pelas autoridades sanitárias.

O Sistema Único de Saúde deve promover a atenção à saúde bucal das crianças e das gestantes, de forma transversal, integral e intersetorial com as demais linhas de cuidado direcionadas à mulher e à criança, sendo que a atenção odontológica à criança terá função educativa protetiva e será prestada, inicialmente, antes de o bebê nascer, por meio de aconselhamento pré-natal, e, posteriormente, no sexto e no décimo segundo anos de vida, com orientações sobre saúde bucal.

É obrigatória a aplicação a todas as crianças, nos seus primeiros dezoito meses de vida, de protocolo ou outro instrumento construído com a finalidade de facilitar a detecção, em consulta pediátrica de acompanhamento da criança, de risco para o seu desenvolvimento psíquico.

4. O DIREITO À LIBERDADE, AO RESPEITO E À DIGNIDADE

Com o entendimento da criança e do adolescente como sujeito de direitos, o ECA reconhece direitos fundamentais inerentes à dignidade da pessoa humana.

Assim, prescreve que a criança e o adolescente têm direito à liberdade, ao respeito e à dignidade como pessoas humanas em processo de desenvolvimento e como sujeitos de direitos civis, humanos e sociais garantidos na Constituição e na legislação.

Quanto ao direito à liberdade, o ECA apresenta sete desdobramentos concretos a ser observados, a saber: a) ir, vir e estar nos logradouros públicos e espaços comunitários, ressalvadas as restrições legais; b) opinião e expressão; c) crença e culto religioso; d) brincar, praticar esportes e divertir-se; e) participar da vida familiar e comunitária, sem discriminação; f) participar da vida política, na forma da lei; e g) buscar refúgio, auxílio e orientação.

Já quanto ao direito ao respeito, o ECA esclarece que este compreende a inviolabilidade da integridade física, psíquica e moral da criança e do adolescente, abrangendo a preservação da imagem, da identidade, da autonomia, dos valores, ideias e crenças, dos espaços e objetos pessoais.

Quanto à dignidade, o ECA se dirige a todos no sentido de impor o dever de velar pela dignidade da criança e do adolescente, pondo-os a salvo de qualquer tratamento desumano, violento, aterrorizante, vexatório ou constrangedor.

No esteio da defesa intransigente da dignidade das crianças e dos adolescentes, inovação legislativa de 2014 introduziu preocupação quanto a castigos físicos e psicológicos levados a efeito sob o argumento de educação ou disciplina.

Nesse sentido, ficou expresso o direito da criança e do adolescente de serem educados e cuidados sem o uso de castigo físico ou de tratamento cruel ou degradante, como formas de correção, disciplina, educação ou qualquer outro pretexto.

O próprio ECA explica o significado das condutas elencadas contra a qual a criança e o adolescente devem ser protegidos, a saber: a) castigo físico: ação de natureza disciplinar ou punitiva aplicada com o uso da força física sobre a criança ou o adolescente que resulte em sofrimento físico ou lesão; b) tratamento cruel ou degradante: conduta ou forma cruel de tratamento em relação à criança ou ao adolescente que humilhe, ameace gravemente ou ridicularize.

Quando os pais, os integrantes da família ampliada, os responsáveis, os agentes públicos executores de medidas socioeducativas ou qualquer pessoa encarregada de cuidar de crianças e de adolescentes, ao tratá-los, educá-los ou protegê-los utilizarem tais procedimentos estarão sujeitos a uma séria de medidas, a saber: a) encaminhamento a programa oficial ou comunitário de proteção à família; b) encaminhamento a tratamento psicológico ou psiquiátrico; c) encaminhamento a cursos ou programas de orientação; d) obrigação de encaminhar a criança a tratamento especializado; e e) advertência.

Tais medidas devem ser aplicadas pelo Conselho Tutelar, de acordo com a gravidade do caso, e não excluem outras medidas legais.

5. O DIREITO À CONVIVÊNCIA FAMILIAR E COMUNITÁRIA

A criança e o adolescente têm o direito de serem criados e educados no seio de sua família, sendo medida excepcional a colocação em família substituta, sendo assegurada, sempre, a convivência familiar e comunitária, em ambiente que garanta seu desenvolvimento integral.

Os pais têm o dever de sustento, guarda e educação dos filhos menores, cabendo-lhes ainda, no interesse destes, a obrigação de cumprir e fazer cumprir as determinações judiciais.

A mãe e o pai, ou os responsáveis, têm direitos iguais e deveres e responsabilidades compartilhados no cuidado e na educação da criança.

Importante salientar que a falta ou a carência de recursos materiais não constitui motivo suficiente para a perda ou a suspensão do poder familiar. Não existindo outro motivo que por si só autorize a decretação da medida, a criança ou o adolescente será mantido em sua família de origem, a qual deverá obrigatoriamente ser incluída em serviços e programas oficiais de proteção, apoio e promoção.

A família natural consiste na comunidade formada pelos pais ou qualquer deles e seus descendentes.

A família extensa ou ampliada compreende aquela que se estende para além da unidade pais e filhos ou da unidade do casal, formada por parentes próximos com os quais a criança ou adolescente convive e mantém vínculos de afinidade e afetividade.

Os pais poderão reconhecer os filhos havidos fora de casamento, conjunta ou separadamente, no próprio termo de nascimento, por testamento, mediante escritura ou outro documento público, qualquer que seja a origem da filiação, precedendo o nascimento do filho ou sucedendo-lhe ao falecimento, se deixar descendentes. Tal reconhecimento é direito personalíssimo, indisponível e imprescritível, podendo ser exercitado contra os pais ou seus herdeiros, sem qualquer restrição.

A família substituta é aquela que ocorre mediante guarda, tutela ou adoção, independentemente da situação jurídica da criança ou adolescente.

Para colocação em família substituta, a criança ou o adolescente será previamente ouvido por equipe interprofissional, respeitado seu estágio de desenvolvimento e grau de compreensão sobre as implicações da medida, e terá sua opinião devidamente considerada, sendo que, se maior de 12 (doze) anos de idade, será necessário seu consentimento, colhido em audiência.

Os grupos de irmãos serão colocados na mesma família substituta, salvo comprovada existência de risco de abuso ou outra situação que justifique plenamente a excepcionalidade de solução diversa, buscando-se, em qualquer caso, evitar o rompimento definitivo dos vínculos fraternais.

Para colocação em família substituta, haverá preparação gradativa e acompanhamento posterior, realizados pela equipe interprofissional a serviço da Justiça da Infância e da Juventude, preferencialmente com o apoio dos técnicos responsáveis pela execução da política municipal de garantia do direito à convivência familiar.

No caso de criança ou adolescente indígena ou proveniente de comunidade remanescente de quilombo, deverão ser observadas as seguintes especificidades:

a) que sejam consideradas e respeitadas sua identidade social e cultural, os seus costumes e tradições, bem como suas instituições, desde que não sejam incompatíveis com os direitos fundamentais reconhecidos pelo ECA e pela Constituição Federal;

b) que a colocação familiar ocorra prioritariamente no seio de sua comunidade ou junto a membros da mesma etnia;

c) intervenção e oitiva de representantes do órgão federal responsável pela política indigenista, no caso de crianças e adolescentes indígenas, e de antropólogos, perante a equipe interprofissional ou multidisciplinar que irá acompanhar o caso.

A colocação em família substituta não pode ser realizada se formada por pessoa que revele, por qualquer modo, incompatibilidade com a natureza da medida ou não ofereça ambiente familiar adequado. Não se admite, com a colocação em família substituta, a transferência da criança ou adolescente a terceiros ou a entidades governamentais ou não governamentais, sem autorização judicial.

A perda e a suspensão do poder familiar ou da tutela somente ocorrerão mediante determinação judicial, observado o direito ao contraditório.

6. A GUARDA E A TUTELA

A guarda tem como função a regularização da posse de fato e pode ser deferida, liminar ou incidentalmente nos procedimentos de tutela e adoção, bem como, em caráter excepcional, fora desses procedimentos, para atender a situações peculiares ou suprir a falta eventual dos pais ou responsável. A guarda pode ser revogada a qualquer tempo, por decisão judicial fundamentado, ouvido o Ministério Público.

A autoridade judiciária pode, também, deferir estritamente o direito de representação para a prática de atos determinados, em razão de falta eventual dos pais ou responsáveis, sem qualquer efeito sobre sua guarda.

A guarda implica no dever de prestar assistência material, moral e educacional à criança ou adolescente, conferindo a seu detentor o direito de opor-se a terceiros, inclusive aos pais e conferindo à criança ou adolescente a condição de dependente para todos os fins legais, inclusive previdenciários.

Quando deferida a guarda em preparação para adoção, não ficam impedido o exercício de direito de visitação dos pais, salvo determinação judicial em sentido contrário, nem o dever de prestar alimentos, que são regulados especificamente.

Quanto à tutela, o seu deferimento pressupõe a prévia decretação da perda ou suspensão do poder familiar e implica necessariamente o dever de guarda. Sua destituição somente poderá ocorrer mediante procedimento judicial com observância do direito ao contraditório.

O tutor nomeado por testamento ou qualquer documento autêntico, deve, no prazo de 30 (trinta) dias após a abertura da sucessão, ingressar com pedido destinado ao controle judicial do ato, somente sendo deferida a tutela à pessoa indicada na disposição de última vontade, se restar comprovado que a medida é vantajosa ao tutelando e que não existe outra pessoa em melhores condições de assumi-la.

A guarda e a tutela não podem ser concedidas a pessoas residentes no estrangeiro.

7. A ADOÇÃO

A adoção é medida excepcional, irrevogável, personalíssima, plena, definitiva e judicial.

É excepcional pois somente pode ocorrer após esgotados todos os recursos de manutenção da criança ou adolescente na família natural ou extensa. É irrevogável, não podendo o adotante desfazer a adoção. É personalíssima pois não pode ser realizada por procuração. É plena na medida em que atribui a condição de filho ao adotado, com os mesmos direitos e deveres, inclusive sucessórios, desligando-o de qualquer vínculo com pais e parentes, salvo os impedimentos matrimoniais. É definitiva, tanto que a morte dos adotantes não restabelece o poder familiar dos pais naturais. E é judicial pois o vínculo da adoção ocorre por meio de sentença judicial constitutiva, com efeitos não retroativos e a partir de seu trânsito em julgado.

A adoção somente é deferida quando apresentar reais vantagens para o adotando e fundar-se em motivos legítimos. Sendo que em caso de conflito entre direitos e interesses do adotando e de outras pessoas, inclusive seus pais biológicos, devem prevalecer os interesses do adotando.

Para ser adotado, o adotando precisa ter no máximo 18 (dezoito) anos de idade na data da formulação do pedido, exceto se já estiver sob a guarda ou tutela dos adotantes. Os adotantes precisam ser necessariamente maiores de 18 (dezoito) anos e é indispensável que haja entre adotante e adotado uma diferença de idade de no mínimo 16 (dezesseis) anos.

Uma criança ou adolescente não pode ser adotado por seus ascendentes ou por seus irmãos, nem o tutor ou curador poderá adotar o pupilo ou curatelado enquanto não der conta de sua administração e saldar o seu alcance.

Para a adoção, não é relevante o estado civil do adotando. No entanto, para a adoção conjunta, é necessário que os adotantes sejam casados civilmente ou mantenham união estável, comprovada a estabilidade da família.

Se houver divórcio, separação judicial ou dissolução da união estável no curso do procedimento, os divorciados, os judicialmente separados e os ex-companheiros poderão adotar conjuntamente, desde que acordem sobre a guarda e o regime de visitas e que o estágio de convivência tenha sido iniciado na constância do período de convivência e que seja comprovada a existência de vínculos de afinidade e afetividade com aquele não detentor da guarda, que justifiquem a excepcionalidade da concessão. Nesse caso, será assegurada a guarda compartilhada desde que demonstrado efetivo benefício ao adotando.

Há outro caso peculiar de prosseguimento da adoção mesmo com a existência de um evento inesperado e que poderia afastar sua conclusão. É a chamada adoção "post mortem" ou póstuma. Mesmo que o adotante venha a falecer no curso do procedimento e antes de prolatada a sentença, a adoção poderá ser deferida, desde que tenha manifestado inequivocamente a vontade de adotar. Nesse caso, os efeitos da sentença de adoção retroagirão à data do óbito, em exceção à regra de efeitos a partir da sentença.

Importante trazer, também, outro tipo especial de adoção, denominada adoção unilateral. Ela ocorre se um dos cônjuges ou companheiro adota o filho do outro, mantendo-se, assim, os vínculos de filiação entre o adotado e o cônjuge ou companheiro do adotante e os respectivos parentes.

A adoção somente poderá ocorrer com o consentimento dos pais ou do representante legal do adotando. No entanto, se os pais forem desconhecidos ou tiverem sido destituídos do poder familiar, tal consentimento será dispensado. Se o adotando for maior de 12 (doze) anos, será necessário o seu consentimento.

Antes da adoção, deve haver um estágio de convivência com a criança ou adolescente, observando-se a idade da criança ou adolescente e as peculiaridades do caso, podendo ser dispensado se o adotando já estiver sob a tutela ou guarda legal do adotante durante tempo suficiente para que seja possível avaliar a conveniência da constituição do vínculo.

Importante esclarecer que tal dispensa somente ocorre no caso da adoção nacional, na medida em que não existe a figura da tutela ou da guarda para residentes no exterior, apenas a figura da adoção internacional é permitida.

Outro ponto a clarificar é que a guarda que legitima a dispensa é a guarda legal. A mera guarda de fato não permite, por si só, a dispensa do estágio de convivência.

No caso da adoção nacional, o prazo máximo do estágio de convivência é de 90 (noventa) dias, podendo ser prorrogado por igual período por decisão judicial fundamentada, não havendo prazo mínimo.

Já no caso da adoção internacional o prazo mínimo do estágio de convivência é de 30 (trinta) dias e o máximo de 45 (quarenta e cinco) dias, também prorrogável por igual período por decisão judicial fundamentada.

Em ambos os tipos, o estágio de convivência é cumprido em território nacional, de preferência na comarca de residência da criança ou adolescente, ou, a critério do juiz da comarca de residência da criança, em município limítrofe.

Este estágio de convivência é acompanhado por uma equipe interprofissional a serviço da Justiça da Infância e da Juventude, preferencialmente com apoio dos técnicos responsáveis pela execução da política de garantia do direito à convivência familiar.

Após o estágio de convivência essa equipe interprofissional apresentará relatório minucioso acerca da conveniência da adoção, recomendando ou não o deferimento da medida.

Haverá um registro de crianças e adolescentes em condições de serem adotados e outro de pessoas interessadas na adoção mantido pela autoridade judiciária.

O Ministério Público será ouvido e órgãos técnicos serão consultados para deferimento de inscrição que será negada se não cumpridos os requisitos legais.

Além disso, a inscrição de postulantes à adoção será precedida de um período de preparação psicossocial e jurídica, orientado pela equipe técnica da Justiça da Infância e da Juventude, preferencialmente com apoio dos técnicos responsáveis pela execução da política municipal de garantia do direito à convivência familiar.

A adoção será concedida a pessoa não cadastrada previamente se: a) trata-se de adoção unilateral; b) for formulada por parente com o qual a criança ou adolescente mantenha vínculos de afinidade e afetividade; e c) for formulada por quem detenha a tutela ou guarda legal de criança maior de 3 (três) anos ou adolescente, desde que o lapso de tempo de convivência comprove a fixação de laços de afinidade e afetividade, e não seja constatada a ocorrência de má-fé.

O prazo máximo para conclusão da ação de adoção é de 120 (cento e vinte) dias, prorrogável uma única vez por igual período por decisão fundamentada da autoridade judiciária, sendo que, em sendo o adotando pessoa com deficiência ou doença crônica, o seu processo de adoção terá prioridade de tramitação.

Como conclusão do procedimento, a autoridade judiciária prolatará sentença constitutiva do vínculo de adoção. Também será expedido um mandado para a inscrição da sentença no registro civil, consignando o nome dos adotantes como pais e nome de seus ascendentes, não podendo se fornecer certidão sobre o referido mandado, que será arquivado, cancelando o registro original do adotado.

A sentença conferirá ao adotado o nome do adotante. O prenome poderá ser modificado a pedido do adotado ou do adotante, com a oitiva do adotado, colhida em audiência se for maior de 12 (doze) anos.

O ECA tem grande preocupação em preservar a informação da adoção, sobretudo, com vistas a evitar possíveis discriminações. Nesse sentido, a origem do ato de registro não poderá constar em qualquer certidão.

Por óbvio, tal preocupação quanto ao sigilo não tem efeito contra o próprio adotado, que tem direito de conhecer sua origem biológica, bem como acessar irrestritamente o processo no qual a medida foi aplicada e seus eventuais incidentes, após completar 18 (dezoito) anos, ou antes disso, se a seu pedido e asseguradas a orientação e assistência jurídica e psicológica adequadas.

Importante esclarecer que tal acesso é possível na medida em que o processo relativo à adoção, assim como outros a ele relacionados, serão mantidos em arquivo, admitindo-se seu armazenamento em microfilme ou por outros meios, garantida a sua conservação para consulta a qualquer tempo.

Um tema muito importante no que se refere à adoção e regulado com exaustão pelo ECA é a Adoção Internacional. O critério para qualificar uma adoção como internacional não é a nacionalidade dos adotantes, e sim a residência deles. Assim, até um casal brasileiro poderá adotar como adoção internacional se tiver residência no estrangeiro.

Conforme o próprio ECA preconiza, é considerada adoção internacional aquela na qual o pretendente possui residência habitual em país-parte da Convenção de Haia (de 29 de maio de 1993, relativa à Proteção das Crianças e à Cooperação em Matéria de Adoção Internacional, promulgada pelo Decreto no 3.087, de 21 junho de 1999) e deseja adotar criança em outro país-parte da Convenção.

No caso, para fins do ECA, trata-se da adoção na qual o pretendente, independentemente de sua nacionalidade, tem residência em país estrangeiro e parte da Convenção de Haia de 1993 e pretende adotar criança ou adolescente brasileiro.

Somente ocorrerá a adoção internacional se presente três requisitos fundamentais: a) a medida for a solução adequada ao caso concreto; b) forem comprovadamente esgotadas todas as possibilidades de adoção nacional, conforme certidão nos autos sobre a inexistência de adotantes habilitados residentes no Brasil com perfil compatível com a criança ou adolescente, após consulta aos cadastros legais; e c) se for adolescente, ele foi consultado pelos meios adequados ao seu estágio de desenvolvimento, e que se encontra preparado para a medida, mediante parecer elaborado por equipe interprofissional.

Como visto, somente será realizado o encaminhamento da criança ou adolescente à adoção internacional após consultados os cadastros e verificada a ausência de pretendentes habilitados residentes no país com perfil compatível e interesse manifesto pela adoção de criança ou adolescente inscrito nos cadastros existentes.

O procedimento de adoção internacional observa os mesmos procedimentos pertinentes à colocação em família substituta, com algumas peculiaridades, a saber:

a) O procedimento se inicial com a formulação de pedido de habilitação à adoção perante a Autoridade Central em matéria de adoção internacional no país de acolhida, assim entendido aquele onde está situada sua residência habitual.

b) Com a habilitação pela Autoridade Central do país de acolhida será emitido um relatório que contenha informações sobre a identidade, a capacidade jurídica e adequação dos solicitantes para adotar, sua situação pessoal, familiar e médica, seu meio social, os motivos que os animam e sua aptidão para assumir uma adoção internacional.

c) Autoridade Central do país de acolhida enviará o relatório à Autoridade Central Estadual, com cópia para a Autoridade Central Federal Brasileira.

d) O referido relatório será instruído com toda a documentação necessária, incluindo estudo psicossocial elaborado por equipe interprofissional habilitada e cópia autenticada da legislação pertinente, acompanhada da respectiva prova de vigência.

e) Com a compatibilidade da legislação estrangeira com a nacional, verificada, após estudo realizado pela Autoridade Central Estadual, além do preenchimento por parte dos postulantes à medida dos requisitos objetivos e subjetivos necessários ao seu deferimento, tanto à luz do que dispõe o ECA como da legislação do país de acolhida, será expedido laudo de habilitação à adoção internacional, que terá validade por, no máximo, 1 (um) ano.

f) Com a referida habilitação, o interessado será autorizado a formalizar pedido de adoção perante o Juízo da Infância e da Juventude do local em que se encontra a criança ou adolescente, conforme indicação efetuada pela Autoridade Central Estadual.

Na adoção internacional, os brasileiros residentes no exterior têm preferência aos estrangeiros.

8. O DIREITO À EDUCAÇÃO, À CULTURA, AO ESPORTE E AO LAZER

O ECA reconhece à criança e ao adolescente o direito à educação, com vistas ao pleno desenvolvimento de sua pessoa, seu preparo para o exercício da cidadania e qualificação para o trabalho, sendo assegurado: a) igualdade de condições para o acesso e permanência na escola; b) direito de ser respeitado por seus educadores; c) direito de contestar critérios avaliativos, podendo recorrer às instâncias escolares superiores; d) direito de organização e participação em entidades estudantis; e e) acesso à escola pública e gratuita próxima de sua residência.

Os pais ou responsável têm o direito de tomar conhecimento sobre o processo pedagógico participando da definição das propostas educacionais.

O Estado deve garantir o pleno exercício do direito à educação pela criança e pelo adolescente, assegurando: a) ensino fundamental, obrigatório e gratuito, inclusive para os que a ele não tiveram acesso na idade própria; b) progressiva extensão da obrigatoriedade e gratuidade ao ensino médio; c) atendimento educacional especializado aos portadores de deficiência, preferencialmente na rede regular de ensino; d) atendimento em creche e pré-escola às crianças de zero a cinco anos de idade; e) acesso aos níveis mais elevados do ensino, da pesquisa e da criação artística, segundo a capacidade de cada um; f) oferta de ensino noturno regular, adequado às condições do adolescente trabalhador; e g) atendimento no ensino fundamental, através de programas suplementares de material didático-escolar, transporte, alimentação e assistência à saúde.

O acesso ao ensino obrigatório e gratuito é direito público subjetivo podendo ser postulado em Juízo e o seu não oferecimento pelo poder público ou sua oferta irregular implicará em responsabilidade da autoridade competente.

Os pais ou responsável têm a obrigação de matricular seus filhos ou pupilos na rede regular de ensino e zelar por sua frequência escolar.

O poder público deverá recensear os educandos no ensino fundamento, fazendo a chamada e, também, zelando pela frequência escolar. Sendo que os dirigentes de estabelecimentos de ensino fundamental deverão comunicar ao Conselho Tutelar os casos de maus-tratos envolvendo seus alunos, elevados níveis de repetência e reiteração de faltas injustificadas e de evasão escolar, esgotados os recursos escolares.

Por fim, importante salientar que os municípios, com apoio dos estados e da União, devem estimular e facilitar a destinação de recursos e espaços para programações culturais, esportivas e de lazer voltadas para crianças e adolescentes.

9. O DIREITO À PROFISSIONALIZAÇÃO E À PROTEÇÃO AO TRABALHO

Compreendidos como pessoa em desenvolvimento, o ECA e a própria Constituição Federal imprimem regime diferenciado no que diz respeito à profissionalização e ao trabalho de criança e de adolescente.

É proibido o trabalho a menores de 14 (quatorze) anos de idade, sendo que, a partir dessa idade, apenas podem ser contratados na condição de aprendiz, sendo assegurada a bolsa aprendizagem. Poderão trabalhar somente a partir dos 16 (dezesseis) anos de idade.

A condição de aprendiz é a formação técnico-profissional ministrada segundo as diretrizes e bases da legislação de educação em vigor que obedece aos seguintes princípios: a) garantia de acesso e frequência obrigatória ao ensino regular; b) atividade compatível com o desenvolvimento do adolescente; e c) horário especial para o exercício das atividades.

O adolescente tem direito à profissionalização e à proteção no trabalho respeitando-se a sua condição peculiar de pessoa em desenvolvimento e objetivando sua capacitação profissional adequada ao mercado de trabalho. O adolescente que for pessoa com deficiência tem assegurado pelo ECA trabalho protegido.

Todo o adolescente que trabalhe, independentemente em qual condição, empregado, se aprendiz, em regime familiar de trabalho, aluno de escola técnica, assistido em entidade governamental ou não governamental, não poderá exercer o trabalho: a) noturno, compreendido como aquele realizado entre as vinte e duas horas de um dia e as cinco horas do dia seguinte; b) perigoso, insalubre ou penoso; c) em locais prejudiciais à sua formação e ao seu desenvolvimento físico, psíquico, moral e social; e d) em horários e locais que não permitam a frequência à escola.

10. A PREVENÇÃO

Com o entendimento sobre a criança e o adolescente como pessoa em desenvolvimento, o ECA busca prevenir situações que prejudiquem a sua formação. Assim, o ECA imputa como dever a todos a prevenção da ocorrência de qualquer ameaça ou violação dos direitos da criança e do adolescente.

Uma das principais preocupações do ECA é a coibição do uso de castigo físico ou de tratamento cruel ou degradante com crianças e adolescentes, bem como difundir formas não violentas de educação.

Nesse sentido, o ECA impôs à União, aos estados, ao Distrito Federal e aos municípios o dever de atuar de forma articulada, tendo como principais ações:

a) A promoção de campanhas educativas permanentes para a divulgação do direito da criança e do adolescente de serem educados e cuidados sem o uso de castigo físico ou de tratamento cruel ou degradante e dos instrumentos de proteção aos direitos humanos.

b) Integração com os órgãos do Poder Judiciário, do Ministério Público e da Defensoria Pública, com o Conselho Tutelar, com os Conselhos de Direitos da Criança e do Adolescente e com as entidades não governamentais que atuam na promoção, proteção e defesa dos direitos da criança e do adolescente.

c) A formação continuada e a capacitação dos profissionais de saúde, educação e assistência social e dos demais agentes que atuam na promoção, proteção e defesa dos direitos da criança e do adolescente para o desenvolvimento das competências necessárias à prevenção, à identificação de evidências, ao diagnóstico e ao enfrentamento de todas as formas de violência contra a criança e o adolescente.

d) O apoio e o incentivo às práticas de resolução pacífica de conflitos que envolvam violência contra a criança e o adolescente.

e) A inclusão, nas políticas públicas, de ações que visem a garantir os direitos da criança e do adolescente, desde a atenção pré-natal, e de atividades junto aos pais e responsáveis com o objetivo de promover a informação, a reflexão, o debate e a orientação sobre alternativas ao uso de castigo físico ou de tratamento cruel ou degradante no processo educativo

f) A promoção de espaços intersetoriais locais para a articulação de ações e a elaboração de planos de atuação conjunta focados nas famílias em situação de violência, com participação de profissionais de saúde, de assistência social e de educação e de órgãos de promoção, proteção e defesa dos direitos da criança e do adolescente.

Importante salientar que as famílias com crianças e adolescentes que sejam pessoas com deficiência têm prioridade nas ações e políticas públicas de prevenção e proteção.

A criança e o adolescente têm direito a informação, cultura, lazer, esportes, diversões, espetáculos e produtos e serviços que respeitem sua condição peculiar de pessoa em desenvolvimento, devendo as entidades que atuem nessas áreas contar em seus quadros com pessoas capacitadas a reconhecer e comunicar ao Conselho Tutelar suspeitas ou casos de maus-tratos praticados contra crianças e adolescentes.

A criança e o adolescente têm direito ao acesso a diversões e espetáculos públicos classificados como adequados à sua faixa etária, devendo o poder público regula-las informando sobre a natureza deles, as faixas etárias a que não se recomendem, locais e horários em que sua apresentação se mostre inadequada, bem como os seus responsáveis devem afixar, em lugar visível e de fácil acesso, à entrada do local de exibição, informação destacada sobre a natureza do espetáculo e a faixa etária especificada no certificado de classificação.

A criança menor de 10 (dez) anos, no entanto, somente poderá ingressar e permanecer nos locais de apresentação ou exibição acompanhada dos pais ou responsável.

Quanto a emissoras de rádio e televisão, durante o horário recomendado para o público infanto-juvenil, somente exibirão programas com finalidades educativas, artísticas, culturais e informativas.

No que se refere a revistas e publicações, as que contenham material impróprio ou inadequado a crianças e adolescentes deverão ser comercializadas em embalagem lacrada, com a advertência de seu conteúdo e as capas que contenham mensagens pornográficas ou obscenas sejam protegidas com embalagem opaca.

Já as revistas ou publicações que sejam destinadas a crianças e adolescentes não podem conter ilustrações, fotografias, legendas, crônicas ou anúncios de bebidas alcoólicas, tabaco, armas e munições, devendo respeitar os valores éticos e sociais da pessoa e da família.

Um ponto interessante a salientar é a proibição de entrada de qualquer criança ou adolescente, independentemente de acompanhamento ou autorização, em estabelecimento de que explorem comercialmente bilhar, sinuca ou congênere ou por casas de jogos de apostas, devendo, inclusive, ser afixado aviso de orientação.

Não é permitida, também a venda para criança ou adolescente de: a) armas, munições e explosivos; b) bebidas alcoólicas; c) produtos cujos componentes possam causar dependência física ou psíquica ainda que por utilização indevida; d) fogos de estampido e de artifício, exceto aqueles que pelo seu reduzido potencial sejam incapazes de provocar qualquer dano físico em caso de utilização indevida; e) revistas e publicações impróprias; e f) bilhetes lotéricos e equivalentes.

Uma outra situação bem regulada pelo ECA é a viagem realizada por crianças ou adolescentes.

Para viajar para fora da comarca onde reside, a criança ou adolescente precisa estar acompanhada dos pais ou responsável. Na ausência deste acompanhamento, deverá haver expressa autorização judicial, que poderá ser concedida com validade de até dois anos.

A autorização judicial para viajar é dispensada quando tratar-se de comarca contígua à da residência da criança, se na mesma unidade da Federação, ou incluída na mesma região metropolitana, bem como quando a criança estiver acompanhada de ascendente ou colateral maior, até o terceiro grau, comprovado documentalmente o parentesco; ou de pessoa maior, expressamente autorizada pelo pai, mãe ou responsável.

Se a viagem for internacional, ou seja, para o estrangeiro, a regulação é mais complexa, podendo ser dispensada a autorização judicial apenas se estiver acompanhado de ambos os pais ou responsável ou viajar na companhia de um dos pais, autorizado expressamente pelo outro através de documento com firma reconhecida.

Cumpre frisar que no caso de viagem internacional, é impossível que a criança ou adolescente viaje em companhia de estrangeiro residente ou domiciliado no exterior sem prévia e expressa autorização judicial.

11. A POLÍTICA DE ATENDIMENTO

A multiplicidade de direitos fundamentais reconhecidos a crianças e adolescentes exige uma complexa rede de políticas públicas e órgãos suficientemente estruturados e organizados para sua efetivação concreta.

Para tanto, o próprio ECA já previu uma política de atendimento dos direitos da criança e do adolescente que é levado a efeito por meio de um conjunto articulado de ações governamentais e não governamentais, da União, dos estados, do Distrito Federal e dos municípios e tem como diretrizes:

a) municipalização do atendimento;

b) criação de conselhos municipais, estaduais e nacional dos direitos da criança e do adolescente, órgãos deliberativos e controladores das ações em todos os níveis, com participação

popular paritária, sendo o exercício da função de membro considerado de interesse público relevante e sem qualquer remuneração;

c) criação e manutenção de programas específicos, observada a descentralização político-administrativa;

d) manutenção de fundos nacional, estaduais e municipais vinculados aos respectivos conselhos;

e) integração operacional de órgãos do Judiciário, Ministério Público, Defensoria, Segurança Pública e Assistência Social, preferencialmente em um mesmo local, para atendimento inicial de ato infracional;

f) integração operacional de órgãos do Judiciário, Ministério Público, Defensoria, Conselho Tutelar e encarregados da execução das políticas sociais básicas e de assistência social;

g) mobilização da opinião pública para a indispensável participação dos diversos segmentos da sociedade;

h) especialização e formação continuada dos profissionais da atenção à primeira infância;

i) formação profissional que favoreça a intersetorialidade no atendimento da criança e do adolescente e seu desenvolvimento integral; e

j) realização e divulgação de pesquisas sobre desenvolvimento infantil e sobre prevenção da violência.

A política de atendimento tem as seguintes linhas de atendimento: a) políticas sociais básicas; b) serviços, programas, projetos e benefícios de assistência social de garantia de proteção social e de prevenção e redução de violações de direitos, seus agravamentos ou reincidências; c) serviços especiais de prevenção e atendimento médico e psicossocial às vítimas de negligência, maus-tratos, exploração, abuso, crueldade e opressão; d) serviço de identificação e localização de pais, responsável, crianças e adolescentes desaparecidos; e) proteção jurídico-social por entidades de defesa dos direitos da criança e do adolescente; f) políticas e programas destinados a prevenir ou abreviar o período de afastamento do convívio familiar e a garantir o efetivo exercício do direito à convivência familiar de crianças e adolescentes; e g) campanhas de estímulo ao acolhimento sob forma de guarda de crianças e adolescentes afastados do convívio familiar e à adoção, especificamente inter-racial, de crianças maiores ou de adolescentes, com necessidades específicas de saúde ou com deficiências e de grupos de irmãos.

Para colaborar com a política de atendimento, há entidades responsáveis pela manutenção de unidades, assim como pelo planejamento e execução de programas de proteção e socioeducativos destinados a crianças e adolescentes, em regime de: a) orientação e apoio sócio familiar; b) apoio socioeducativo em meio aberto; c) colocação familiar; d) acolhimento institucional; e) prestação de serviços à comunidade; f) liberdade assistida; g) semiliberdade; e h) internação.

Essas entidades, sejam públicas ou privadas, terão que inscrever seus programas juntos ao Conselho Municipal dos Direitos da Criança e do Adolescente, o qual manterá registro das inscrições e de suas alterações, do que fará comunicação ao Conselho Tutelar e à autoridade judiciária.

As entidades privadas terão que ser registradas no Conselho Municipal dos Direitos da Criança e do Adolescente,

ESTATUTO DA CRIANÇA E DO ADOLESCENTE – ECA

o qual comunicará o registro ao Conselho Tutelar e à autoridade judiciária da respectiva localidade. E somente após o referido registro, que tem validade por 4 (quatro) anos, é que a entidade poderá funcionar.

Interessante constar que deverá ser negado o registro a entidade que: a) não ofereça instalações físicas em condições adequadas de habitabilidade, higiene, salubridade e segurança; b) não apresente plano de trabalho compatível com os princípios do ECA; c) esteja irregularmente constituída; d) tenha em seus quadros pessoas inidôneas; e e) não se adequar ou deixar de cumprir as resoluções e deliberações relativas à modalidade de atendimento prestado expedidas pelos Conselhos de Direitos da Criança e do Adolescente, em todos os níveis.

Importante salientar que as entidades de acolhimento institucional e de acolhimento familiar devem observar os seguintes princípios: a) preservação dos vínculos familiares e promoção da reintegração familiar; b) integração em família substituta, quando esgotados os recursos de manutenção na família natural ou extensa; c) atendimento personalizado e em pequenos grupos; d) desenvolvimento de atividades em regime de coeducação; e) não desmembramento de grupos de irmãos; f) evitar, sempre que possível, a transferência para outras entidades de crianças e adolescentes abrigados; g)participação na vida da comunidade local; h) preparação gradativa para o desligamento; e i) participação de pessoas da comunidade no processo educativo.

Todas as entidades de atendimento devem ter em seus quadros, profissionais capacitados a reconhecer e reportar ao Conselho Tutelar suspeitas ou ocorrências de maus-tratos, sob pena de responsabilização e aplicação de medidas.

12. AS MEDIDAS DE PROTEÇÃO

Com a preocupação em prover à criança e ao adolescente a sua proteção integral, o ECA criou medidas aplicáveis quando os seus direitos forem ameaçados ou violados por ação ou omissão da sociedade, do Estado, dos pais ou responsável e de si mesmos. São as chamadas medidas de proteção.

As medidas de proteção podem ser aplicadas de maneira isolada ou cumulativa e devem observar as necessidades pedagógicas com preferência àquelas que visem ao fortalecimento dos vínculos familiares e comunitários, podendo ser substituídas a qualquer momento.

A aplicação dessas medidas deve obedecer a 12 (doze) princípios:

a) condição da criança e do adolescente como sujeitos de direitos: crianças e adolescentes são os titulares dos direitos previstos no ECA e na legislação, bem como na Constituição Federal;

b) proteção integral e prioritária: a interpretação e aplicação de toda e qualquer norma contida no ECA deve ser voltada à proteção integral e prioritária dos direitos de que crianças e adolescentes são titulares;

c) responsabilidade primária e solidária do poder público: a plena efetivação dos direitos assegurados a crianças e a adolescentes pelo ECA e pela Constituição Federal,

salvo nos casos por esta expressamente ressalvados, é de responsabilidade primária e solidária das 3 (três) esferas de governo, sem prejuízo da municipalização do atendimento e da possibilidade da execução de programas por entidades não governamentais;

d) interesse superior da criança e do adolescente: a intervenção deve atender prioritariamente aos interesses e direitos da criança e do adolescente, sem prejuízo da consideração que for devida a outros interesses legítimos no âmbito da pluralidade dos interesses presentes no caso concreto;

e) privacidade: a promoção dos direitos e proteção da criança e do adolescente deve ser efetuada no respeito pela intimidade, direito à imagem e reserva da sua vida privada;

f) intervenção precoce: a intervenção das autoridades competentes deve ser efetuada logo que a situação de perigo seja conhecida;

g) intervenção mínima: a intervenção deve ser exercida exclusivamente pelas autoridades e instituições cuja ação seja indispensável à efetiva promoção dos direitos e à proteção da criança e do adolescente;

h) proporcionalidade e atualidade: a intervenção deve ser a necessária e adequada à situação de perigo em que a criança ou o adolescente se encontram no momento em que a decisão é tomada;

i) responsabilidade parental: a intervenção deve ser efetuada de modo que os pais assumam os seus deveres para com a criança e o adolescente;

j) prevalência da família: na promoção de direitos e na proteção da criança e do adolescente deve ser dada prevalência às medidas que os mantenham ou reintegrem na sua família natural ou extensa ou, se isso não for possível, que promovam a sua integração em família adotiva;

k) obrigatoriedade da informação: a criança e o adolescente, respeitado seu estágio de desenvolvimento e capacidade de compreensão, seus pais ou responsável devem ser informados dos seus direitos, dos motivos que determinaram a intervenção e da forma como esta se processa; e

l) oitiva obrigatória e participação: a criança e o adolescente, em separado ou na companhia dos pais, de responsável ou de pessoa por si indicada, bem como os seus pais ou responsável, têm direito a ser ouvidos e a participar nos atos e na definição da medida de promoção dos direitos e de proteção, sendo sua opinião devidamente considerada pela autoridade judiciária competente.

Há 9 (nove) medidas de proteção possíveis de serem aplicadas, a saber: a) encaminhamento aos pais ou responsável, mediante termo de responsabilidade; b) orientação, apoio e acompanhamento temporários; c) matrícula e frequência obrigatórias em estabelecimento oficial de ensino fundamental; d) inclusão em serviços e programas oficiais ou comunitários de proteção, apoio e promoção da família, da criança e do adolescente; e) requisição de tratamento médico, psicológico ou psiquiátrico, em regime hospitalar ou ambulatorial; f) inclusão em programa oficial ou comunitário de auxílio, orientação e tratamento a alcoólatras e toxicômanos; g) acolhimento institucional; h) inclusão em programa de acolhimento familiar; e i) colocação em família substituta.

297

Importante salientar que o acolhimento institucional e o acolhimento familiar não podem ser compreendidos como privação de liberdade. Em verdade, são medidas provisórias e excepcionais que devem ser utilizadas como transição para reintegração familiar ou colocação em família substituta, não implicando privação de liberdade.

O acolhimento institucional de criança ou adolescente somente será realizado mediante Guia de Recolhimento expedida pela autoridade judiciária que contém: a) sua identificação e a qualificação completa de seus pais ou de seu responsável, se conhecidos; b) o endereço de residência dos pais ou do responsável, com pontos de referência; c) os nomes de parentes ou de terceiros interessados em tê-los sob sua guarda; e d) os motivos da retirada ou da não reintegração ao convívio familiar.

Referida regra comporta a exceção no sentido de que poderá haver o acolhimento sem a referida guia, em caráter excepcional e de urgência, fazendo comunicação do fato em até 24 (vinte e quatro) horas ao Juiz da Infância e da Juventude, sob pena de responsabilidade.

Após o acolhimento da criança ou do adolescente, a entidade responsável elaborará um plano individual de atendimento, visando à reintegração familiar, ressalvada a existência de ordem escrita e fundamentada em contrário de autoridade judiciária competente, caso em que também deverá contemplar sua colocação em família substituta.

13. O ATO INFRACIONAL

Crianças e adolescentes são inimputáveis perante a legislação penal e não podem, portanto, ser responsabilizadas pelas suas condutas nessa esfera do direito. Assim, mesmo que incorram em condutas descritas como crime ou contravenção penal não serão submetidos ao direito penal. Do ponto de vista técnico-jurídico, essas condutas não são sequer denominadas crimes ou contravenção penal.

Quando uma criança ou um adolescente realiza conduta descrita como crime ou contravenção penal, há, na verdade, o cometimento de um ato infracional. Para configuração do ato infracional é considerada a idade à data do fato.

Quando uma criança realiza ato infracional, deve ser encaminhada ao Conselho Tutelar para aplicação de uma medida de proteção.

Quando um adolescente realiza ato infracional, estará sujeito à aplicação de medidas socioeducativas.

São medidas socioeducativas passíveis de serem aplicadas:

a) Advertência.

b) Obrigação de reparar o dano.

c) Prestação de serviços à comunidade.

d) Liberdade assistida.

e) Inserção em regime de semiliberdade.

f) Internação em estabelecimento educacional.

g) Medidas de Proteção de: (i) encaminhamento aos pais ou responsável, mediante termo de responsabilidade; (ii) orientação, apoio e acompanhamento temporários; (iii) matrícula e frequência obrigatórias em estabelecimento oficial de ensino fundamental; (iv) inclusão em serviços e programas oficiais ou comunitários de proteção, apoio e promoção da família, da criança e do adolescente; (v) requisição de tratamento médico, psicológico ou psiquiátrico, em regime hospitalar ou ambulatorial; e (vi) inclusão em programa oficial ou comunitário de auxílio, orientação e tratamento a alcoólatras e toxicômanos;

A advertência consiste em admoestação verbal, que é reduzida a termo e assinada.

A obrigação de reparar o dano se refere à determinação de que o adolescente restitua a coisa, promova o ressarcimento do dano, ou, por outra forma, compense o prejuízo da vítima, em se tratando de ato infracional com reflexos patrimoniais.

A prestação de serviços à comunidade significa a realização de tarefas gratuitas de interesse geral, por período não excedente a seis meses, junto a entidades assistenciais, hospitais, escolas e outros estabelecimentos congêneres, bem como em programas comunitários ou governamentais que serão atribuídas conforme as aptidões do adolescente, devendo ser cumpridas durante jornada máxima de oito horas semanais, aos sábados, domingos e feriados ou em dias úteis, de modo a não prejudicar a frequência à escola ou à jornada normal de trabalho.

A liberdade assistida é adotada quando for mais adequada para o fim de acompanhar, auxiliar e orientar o adolescente, oportunidade na qual será designada pessoa capacitada para acompanhar o caso, a qual poderá ser recomendada por entidade ou programa de atendimento. O prazo mínimo é de seis meses, podendo a qualquer tempo ser prorrogada, revogada ou substituída por outra medida, ouvido o orientador, o Ministério Público e o defensor.

O orientador da liberdade assistida deverá, dentre outros encargos: a) promover socialmente o adolescente e sua família, fornecendo-lhes orientação e inserindo-os, se necessário, em programa oficial ou comunitário de auxílio e assistência social; b) supervisionar a frequência e o aproveitamento escolar do adolescente, promovendo, inclusive, sua matrícula; c) diligenciar no sentido da profissionalização do adolescente e de sua inserção no mercado de trabalho; e d) apresentar relatório do caso.

A semiliberdade é regime que pode ser determinado desde o início ou como forma de transição para o meio aberto, possibilitada a realização de atividades externas, independentemente de autorização judicial, sendo obrigatória a escolarização e a profissionalização, bem como não comportando prazo determinado aplicando-se, no que couber, as regras relativas à internação.

A internação consiste em medida privativa da liberdade, sujeita aos princípios de brevidade, excepcionalidade e respeito à condição peculiar de pessoa em desenvolvimento. A internação não comporta prazo determinado, devendo sua manutenção ser reavaliada, por decisão fundamentada, no máximo a cada seis meses. No entanto, não poderá exceder a três anos, momento a partir do qual o adolescente será colocado em semiliberdade ou liberdade assistida. Atingida a idade de 21 (vinte e um) anos haverá liberdade compulsória. Em todos os casos, a liberação do adolescente deve ser precedida de autorização judicial, com oitiva do Ministério Público.

A internação somente poderá ser aplicada quando:

a) tratar-se de ato infracional cometido mediante grave ameaça ou violência a pessoa;

b) por reiteração no cometimento de outras infrações graves; e

c) por descumprimento reiterado e injustificável da medida anteriormente imposta.

O adolescente internado deve ter assegurado os seguintes direitos:

a) Entrevistar-se pessoalmente com o representante do Ministério Público;

b) Peticionar diretamente a qualquer autoridade;

c) Avistar-se reservadamente com seu defensor;

d) Ser informado de sua situação processual, sempre que solicitada;

e) Ser tratado com respeito e dignidade;

f) Permanecer internado na mesma localidade ou naquela mais próxima ao domicílio de seus pais ou responsável;

g) Receber visitas, ao menos, semanalmente;

h) Corresponder-se com seus familiares e amigos;

i) Ter acesso aos objetos necessários à higiene e asseio pessoal;

j) Habitar alojamento em condições adequadas de higiene e salubridade;

k) Receber escolarização e profissionalização;

l) Realizar atividades culturais, esportivas e de lazer;

m) Ter acesso aos meios de comunicação social;

n) Receber assistência religiosa, segundo a sua crença, e desde que assim o deseje;

o) Manter a posse de seus objetos pessoais e dispor de local seguro para guardá-los, recebendo comprovante daqueles porventura depositados em poder da entidade;

p) Receber, quando de sua desinternação, os documentos pessoais indispensáveis à vida em sociedade.

A autoridade judiciária poderá suspender temporariamente a visita, inclusive de pais ou responsável, se existirem motivos sérios e fundados de sua prejudicialidade aos interesses do adolescente. No entanto, não poderá haver incomunicabilidade.

A aplicação da medida socioeducativa observará capacidade do adolescente em cumpri-la, bem como as circunstâncias e a gravidade da infração.

Importante frisar que não é admitida qualquer hipótese de prestação de trabalho forçado como medida socioeducativa, bem como que se o adolescente for pessoa com deficiência receberá tratamento individual e especializado, em local adequado às suas condições.

O adolescente somente será privado de sua liberdade em flagrante de ato infracional ou por ordem escrita e fundamentada da autoridade judiciária competente, respeitado o devido processo legal, tendo direito em sua apreensão à identificação de seus responsáveis e à informação de seus direitos. E lhe serão asseguradas as seguintes garantias processuais: a) pleno e formal conhecimento da atribuição de ato infracional, mediante citação ou meio equivalente; b) igualdade na relação processual, podendo confrontar-se com vítimas e testemunhas e produzir todas as provas necessárias à sua defesa; c) defesa técnica por advogado; d) assistência judiciária gratuita e integral aos necessitados, na forma da lei; e) direito de ser ouvido pessoalmente pela autoridade competente; e f) direito de solicitar a presença de seus pais ou responsável em qualquer fase do procedimento.

No que se refere à apuração do ato infracional, pode haver a concessão de remissão pelo Ministério Público antes de iniciado o procedimento judicial como forma de evitá-lo ou depois de iniciado como forma de suspendê-lo ou extingui-lo.

A concessão da remissão atenderá às circunstâncias e consequências do fato, ao contexto social, bem como à personalidade do adolescente e sua maior ou menor participação no ato infracional, podendo ser revista judicialmente, a qualquer tempo, mediante pedido expresso do adolescente ou de seu representante legal, ou do Ministério Público.

14. O CONSELHO TUTELAR

Na defesa dos direitos da criança e do adolescente, o ECA criou um importante órgão chamado: Conselho Tutelar. Este órgão é permanente, autônomo e não jurisdicional, sendo que deve haver pelo menos 1 (um) em cada município e em cada região administrativa do Distrito Federal, composto por 5 (cinco) membros, escolhidos pela população local para mandato de 4 (quatro) anos, permitida 1 (uma) recondução, mediante novo processo de escolha.

Para a postulação de candidatura ao Conselho Tutelar são exigidos: a) reconhecida idoneidade moral; b) idade superior a vinte e um anos; e c) residência no município. Uma vez escolhidos, exercerão a função de conselheiro que se constituiu serviço público relevante e estabelece presunção de idoneidade moral. No referido processo eleitoral é vedado ao candidato doar, oferecer, prometer ou entregar ao eleitor bem ou vantagem pessoal de qualquer natureza, inclusive brindes de pequeno valor. Ficam, também, impedidos de servir no mesmo Conselho Tutelar os cônjuges, ascendentes e descendentes, sogro e genro ou nora, irmãos, cunhados, durante o cunhadio, tio e sobrinho, padrasto ou madrasta e enteado.

Os detalhes do funcionamento do Conselho, o processo de escolha de seus membros e a remuneração de seus membros serão regulados por lei municipal ou distrital e serão garantidos aos membros: a) cobertura previdenciária; b) gozo de férias anuais remuneradas, acrescidas de 1/3 (um terço) do valor da remuneração mensal; c) licença-maternidade; d) licença-paternidade; e e) gratificação natalina.

O processo de escolha dos membros do Conselho Tutelar será realizado sob a responsabilidade do Conselho Municipal dos Direitos da Criança e do Adolescente e a fiscalização do Ministério Público e ocorrerá em data unificada em todo o território nacional a cada 4 (quatro) anos, no primeiro domingo do mês de outubro do ano subsequente ao da eleição presidencial, sendo a posse no dia 10 de janeiro do ano subsequente ao processo de escolha.

É competência do Conselho Tutelar:

a) Atender crianças e adolescentes que necessitem de medidas de proteção e crianças que tenham praticado ato infracional, todas para aplicação das medidas de proteção: (i) encaminhamento aos pais ou responsável, mediante termo de responsabilidade; (ii) inclusão em serviços e programas oficiais ou comunitários de proteção, apoio e promoção da família, da criança e do adolescente; (iii) orientação, apoio e acompanhamento temporários; (iv) matrícula e frequência obrigatórias em estabelecimento oficial de ensino fundamental; (v) requisição de tratamento médico, psicológico ou psiquiátrico, em regime hospitalar ou ambulatorial; (vi) inclusão em programa oficial ou comunitário de auxílio, orientação e tratamento a alcoólatras e toxicômanos; e (viii) acolhimento institucional.

b) Atender e aconselhar os pais ou responsável, aplicando as medidas de: (i) encaminhamento a serviços e programas oficiais ou comunitários de proteção, apoio e promoção da família; (ii) inclusão em programa oficial ou comunitário de auxílio, orientação e tratamento a alcoólatras e toxicômanos; (iii) encaminhamento a tratamento psicológico ou psiquiátrico; (iv) encaminhamento a cursos ou programas de orientação; (v) obrigação de matricular o filho ou pupilo e acompanhar sua frequência e aproveitamento escolar; (vi) obrigação de encaminhar a criança ou adolescente a tratamento especializado; e (vii) advertência.

c) Promover a execução de suas decisões, podendo para tanto requisitar serviços públicos nas áreas de saúde, educação, serviço social, previdência, trabalho e segurança; bem como representar junto à autoridade judiciária nos casos de descumprimento injustificado de suas deliberações.

d) Encaminhar ao Ministério Público notícia de fato que constitua infração administrativa ou penal contra os direitos da criança ou adolescente;

e) Encaminhar à autoridade judiciária os casos de sua competência;

f) Providenciar a medida estabelecida pela autoridade judiciária para o adolescente autor de ato infracional, que pode ser: (i) encaminhamento aos pais ou responsável, mediante termo de responsabilidade; (ii) orientação, apoio e acompanhamento temporários; (iii) matrícula e frequência obrigatórias em estabelecimento oficial de ensino fundamental; (iv) inclusão em serviços e programas oficiais ou comunitários de proteção, apoio e promoção da família, da criança e do adolescente.

g) Expedir notificações.

h) Requisitar certidões de nascimento e de óbito de criança ou adolescente quando necessário.

i) Assessorar o Poder Executivo local na elaboração da proposta orçamentária para planos e programas de atendimento dos direitos da criança e do adolescente.

j) Representar, em nome da pessoa e da família, contra a violação dos direitos de se defender de programas ou programações de rádio e televisão.

k) Representar ao Ministério Público para efeito das ações de perda ou suspensão do poder familiar, após esgotadas as possibilidades de manutenção da criança ou do adolescente junto à família natural.

l) Promover e incentivar, na comunidade e nos grupos profissionais, ações de divulgação e treinamento para o reconhecimento de sintomas de maus-tratos em crianças e adolescentes.

Se o Conselho Tutelar em algum caso entender necessário o afastamento do convívio familiar, deverá comunicar o membro do Ministério Público, com informações sobre os motivos de tal entendimento e as providências tomadas para a orientação, o apoio e a promoção social da família.

A competência do Conselho Tutelar será definida pelo domicílio dos pais ou responsável ou pelo lugar onde se encontre a criança ou adolescente, à falta dos pais ou responsável e suas decisões somente poderão ser revistas pela autoridade judiciária mediante provocação de quem tenha legítimo interesse.

15. O ACESSO À JUSTIÇA

O ECA possui normas de direito processual que garantem a criança e ao adolescente pleno acesso ao Poder Judiciário, ao Ministério Público e à Defensoria Pública.

Em necessitando de assistência judiciária gratuita, esta será prestada por defensor público ou advogado nomeado.

São isentas de custas e emolumentos as ações de competência da Justiça da Infância e da Juventude, salvo litigância de má-fé.

Em juízo, os menores de dezesseis anos serão representados e os maiores de dezesseis e menores de vinte e um anos assistidos por seus pais, tutores ou curadores. No entanto, a autoridade judiciária dará curador especial à criança ou adolescente, sempre que os interesses destes colidirem com os de seus pais ou responsável, ou quando carecer de representação ou assistência legal ainda que eventual.

O ECA determina que qualquer notícia a respeito do fato não poderá identificar a criança ou adolescente, vedando-se fotografia, referência a nome, apelido, filiação, parentesco, residência e, inclusive, iniciais do nome e sobrenome, sendo que a expedição de cópia ou certidão de atos a que se refere o artigo anterior somente será deferida pela autoridade judiciária competente, se demonstrado o interesse e justificada a finalidade.

A competência do Juízo da Infância e da Juventude é determinada pelo domicílio dos pais ou responsável ou pelo lugar onde se encontre a criança ou adolescente, à falta dos pais ou responsável. Em se tratando de ato infracional, a competência se dará com o lugar da ação ou omissão, observadas as regras de conexão, continência e prevenção.

O Juízo da Infância e da Juventude é competente para:

a) Conhecer de representações promovidas pelo Ministério Público, para apuração de ato infracional atribuído a adolescente, aplicando as medidas cabíveis;

b) Conceder a remissão, como forma de suspensão ou extinção do processo;

c) Conhecer de pedidos de adoção e seus incidentes;

d) Conhecer de ações civis fundadas em interesses individuais, difusos ou coletivos afetos à criança e ao adolescente;

e) Conhecer de ações decorrentes de irregularidades em entidades de atendimento, aplicando as medidas cabíveis;

f) Aplicar penalidades administrativas nos casos de infrações contra norma de proteção à criança ou adolescente;

ESTATUTO DA CRIANÇA E DO ADOLESCENTE – ECA

g) Conhecer de casos encaminhados pelo Conselho Tutelar, aplicando as medidas cabíveis;

h) Em se tratando de medida de proteção: (i) conhecer de pedidos de guarda e tutela; (ii) conhecer de ações de destituição do poder familiar, perda ou modificação da tutela ou guarda; (iii) suprir a capacidade ou o consentimento para o casamento; (iv) conhecer de pedidos baseados em discordância paterna ou materna, em relação ao exercício do poder familiar; (v) conceder a emancipação, nos termos da lei civil, quando faltarem os pais; dentre outros.

Os procedimentos pertinentes à defesa dos direitos das crianças e dos adolescentes têm prioridade absoluta, sob pena de responsabilidade.

Os recursos interpostos não precisam de preparo e submetem-se ao sistema recursal do Código de Processo Civil. Os recursos terão como prazo, exceto os embargos declaratórios, para a defesa e para o Ministério Público, 10 (dez) dias e terão preferência de julgamento e dispensarão revisor.

O Ministério Público tem participação ímpar na defesa dos direitos da criança e do adolescente, motivo pelo qual importante apresentar as suas competências outorgadas pelo ECA, a saber:

a) Conceder a remissão como forma de exclusão do processo;

b) Promover e acompanhar os procedimentos relativos às infrações atribuídas a adolescentes;

c) Promover e acompanhar as ações de alimentos e os procedimentos de suspensão e destituição do poder familiar, nomeação e remoção de tutores, curadores e guardiães, bem como oficiar em todos os demais procedimentos da competência da Justiça da Infância e da Juventude;

d) Promover, de ofício ou por solicitação dos interessados, a especialização e a inscrição de hipoteca legal e a prestação de contas dos tutores, curadores e quaisquer administradores de bens de crianças e adolescentes;

e) Promover o inquérito civil e a ação civil pública para a proteção dos interesses individuais, difusos ou coletivos relativos à infância e à adolescência;

f) Instaurar procedimentos administrativos e instruí-los;

g) Instaurar sindicâncias, requisitar diligências investigatórias e determinar a instauração de inquérito policial, para apuração de ilícitos ou infrações às normas de proteção à infância e à juventude;

h) Zelar pelo efetivo respeito aos direitos e garantias legais assegurados às crianças e adolescentes, promovendo as medidas judiciais e extrajudiciais cabíveis;

i) Impetrar mandado de segurança, de injunção e habeas corpus, em qualquer juízo, instância ou tribunal, na defesa dos interesses sociais e individuais indisponíveis afetos à criança e ao adolescente;

j) Representar ao juízo visando à aplicação de penalidade por infrações cometidas contra as normas de proteção à infância e à juventude, sem prejuízo da promoção da responsabilidade civil e penal do infrator, quando cabível;

k) Inspecionar as entidades públicas e particulares de atendimento e os programas de que trata o ECA, adotando

de pronto as medidas administrativas ou judiciais necessárias à remoção de irregularidades porventura verificadas;

l) Requisitar força policial, bem como a colaboração dos serviços médicos, hospitalares, educacionais e de assistência social, públicos ou privados, para o desempenho de suas atribuições.

Importante frisar que o membro do Ministério Público terá livre acesso a todo local onde se encontre criança ou adolescente.

16. OS CRIMES CONTRA AS CRIANÇAS E OS ADOLESCENTES

O ECA também contém parte de natureza penal, prescrevendo tipos penais referentes à defesa dos direitos da criança e do adolescente, sendo que as normas gerais do Código Penal e as normas processuais do Código de Processo Penal são aplicadas.

São 22 (vinte e dois) crimes tipificados pela ECA, devidamente cominados de pena e outros complementos penais. Todos passíveis de persecução penal por meio de ação penal pública incondicionada.

1) Registro do parto e negativa de informação à parturiente

Tipo Penal: Deixar o encarregado de serviço ou o dirigente de estabelecimento de atenção à saúde de gestante de manter registro das atividades desenvolvidas, no prazo de 18 (dezoito) anos, bem como de fornecer à parturiente ou a seu responsável, por ocasião da alta médica, declaração de nascimento, onde constem as intercorrências do parto e do desenvolvimento do neonato.

Pena: Doloso - detenção de seis meses a dois anos.

Culposo - detenção de dois a seis meses, ou multa

2) Falta de identificação do neonato e da parturiente

Tipo Penal: Deixar o médico, enfermeiro ou dirigente de estabelecimento de atenção à saúde de gestante de identificar corretamente o neonato e a parturiente, por ocasião do parto, bem como deixar de proceder aos exames visando ao diagnóstico e terapêutica de anormalidades no metabolismo do recém-nascido.

Pena: Doloso - detenção de seis meses a dois anos.

Culposo - detenção de dois a seis meses, ou multa.

3) Privação de liberdade de criança ou adolescente

Tipo Penal: Privar a criança ou o adolescente de sua liberdade, procedendo à sua apreensão sem estar em flagrante de ato infracional ou inexistindo ordem escrita da autoridade judiciária competente ou sem observância das formalidades legais.

Pena: detenção de seis meses a dois anos.

4) Deixar de realizar as comunicações necessárias em apreensão de menor

Tipo Penal: Deixar a autoridade policial responsável pela apreensão de criança ou adolescente de fazer imediata comunicação à autoridade judiciária competente e à família do apreendido ou à pessoa por ele indicada.

Pena: detenção de seis meses a dois anos.

5) Vexame ou constrangimento de criança ou adolescente

Tipo Penal: Submeter criança ou adolescente sob sua autoridade, guarda ou vigilância a vexame ou a constrangimento:

Pena: detenção de seis meses a dois anos.

6) Deixar de liberar criança ou adolescente apreendido

Tipo Penal: Deixar a autoridade competente, sem justa causa, de ordenar a imediata liberação de criança ou adolescente, tão logo tenha conhecimento da ilegalidade da apreensão.

Pena: detenção de seis meses a dois anos.

7) Descumprimento de prazo do ECA

Tipo Penal: Descumprir, injustificadamente, prazo fixado no ECA em benefício de adolescente privado de liberdade.

Pena: detenção de seis meses a dois anos.

8) Atrapalhar membro do Conselho Tutelar ou do Ministério Público

Tipo Penal: Impedir ou embaraçar a ação de autoridade judiciária, membro do Conselho Tutelar ou representante do Ministério Público no exercício de função.

Pena: detenção de seis meses a dois anos.

9) Subtrair criança ou adolescente

Tipo Penal: Subtrair criança ou adolescente ao poder de quem o tem sob sua guarda em virtude de lei ou ordem judicial, com o fim de colocação em lar substituto.

Pena: reclusão de dois a seis anos, e multa.

10) Promessa de entrega ou a entrega de filho ou pupilo

Tipo Penal: Prometer entregar ou efetivar a entrega de filho ou pupilo a terceiro, mediante paga ou recompensa, bem como oferecer ou efetivar paga ou recompensa para entrega de filho ou pupilo.

Pena: reclusão de um a quatro anos, e multa.

11) Envio de criança ou adolescente ao exterior

Tipo Penal: Promover ou auxiliar a efetivação de ato destinado ao envio de criança ou adolescente para o exterior com inobservância das formalidades legais ou com o fito de obter lucro.

Pena: reclusão de quatro a seis anos, e multa.

Com emprego de violência, grave ameaça ou fraude - reclusão, de seis a oito anos, além da pena correspondente à violência.

12) Sexo explícito ou pornografia envolvendo criança ou adolescente

Tipo Penal: Produzir, reproduzir, dirigir, fotografar, filmar ou registrar, por qualquer meio, cena de sexo explícito ou pornográfica, envolvendo criança ou adolescente, bem como agenciar, facilitar, recrutar, coagir ou de qualquer modo intermediar a participação de criança ou adolescente nessas cenas e com ainda quem com ela contracena.

Pena: reclusão, de quatro a oito anos e multa.

Causa de Aumento de um terço: Se o agente comete o crime no exercício de cargo ou função pública ou a pretexto de exercê-la; ou prevalecendo-se de relações domésticas, de coabitação ou de hospitalidade; ou prevalecendo-se de relações de parentesco consanguíneo ou afim até o terceiro grau, ou por adoção, de tutor, curador, preceptor, empregador da vítima ou de quem, a qualquer outro título, tenha autoridade sobre ela, ou com seu consentimento.

13) Venda de imagem de cena de sexo explícito ou pornografia envolvendo criança ou adolescente

Tipo Penal: Vender ou expor à venda fotografia, vídeo ou outro registro que contenha cena de sexo explícito ou pornográfica envolvendo criança ou adolescente.

Pena: reclusão, de quatro a oito anos e multa.

14) Divulgação de imagem de cena de sexo explícito ou pornografia envolvendo criança ou adolescente

Tipo Penal: Oferecer, trocar, disponibilizar, transmitir, distribuir, publicar ou divulgar por qualquer meio, inclusive por meio de sistema de informática ou telemático, fotografia, vídeo ou outro registro que contenha cena de sexo explícito ou pornográfica envolvendo criança ou adolescente. Bem como assegurar os meios ou serviços para o armazenamento e o acesso por rede de computadores às cenas quando, após oficialmente notificado, não cessar a conduta.

Pena: reclusão, de três a seis anos e multa.

15) Aquisição ou posse de imagem de cena de sexo explícito ou pornografia envolvendo criança ou adolescente

Tipo Penal: Adquirir, possuir ou armazenar, por qualquer meio, fotografia, vídeo ou outra forma de registro que contenha cena de sexo explícito ou pornográfica envolvendo criança ou adolescente.

Pena: reclusão, de um a quatro anos e multa.

Causa de diminuição de um a dois terços: pequena quantidade de material.

Observação importante: Não é crime se ocorrer com a finalidade de comunicar às autoridades competentes a ocorrência de condutas típicas e mantido o sigilo sobre o material quando a comunicação for feita por: agente público no exercício de suas funções; membro de entidade, legalmente constituída, que inclua, entre suas finalidades institucionais, o recebimento, o processamento e o encaminhamento de notícia dos crimes referidos neste parágrafo; representante legal e funcionários responsáveis de provedor de acesso ou serviço prestado por meio de rede de computadores, até o recebimento do material relativo à notícia feita à autoridade policial, ao Ministério Público ou ao Poder Judiciário.

16) Simulação de cena de sexo explícito ou pornográfica envolvendo criança ou adolescente

Tipo Penal: Simular a participação de criança ou adolescente em cena de sexo explícito ou pornográfica por meio de adulteração, montagem ou modificação de fotografia, vídeo ou qualquer outra forma de representação visual. Bem como, vender, expor à venda, disponibilizar, distribuir, publicar ou divulgar por qualquer meio, adquirir, possuir ou armazenar o referido material.

Pena: reclusão, de um a três anos, e multa

17) Aliciamento de menor

Tipo Penal: Aliciar, assediar, instigar ou constranger, por qualquer meio de comunicação, criança, com o fim de com ela praticar ato libidinoso ou de induzir criança a se exibir de forma pornográfica ou sexualmente explícita. Bem como, facilitar ou induzir o acesso à criança de material contendo cena de sexo explícito ou pornográfica com o fim de com ela praticar ato libidinoso.

Pena: reclusão, de um a três anos e multa.

18) Venda de explosivo ou munição a criança ou adolescente

Tipo Penal: Vender, fornecer ainda que gratuitamente ou entregar, de qualquer forma, a criança ou adolescente arma, munição ou explosivo.

Pena: reclusão, de três a seis anos.

19) Venda de bebida alcoólica a criança ou adolescente

Tipo Penal: Vender, fornecer, servir, ministrar ou entregar, ainda que gratuitamente, de qualquer forma, a criança ou a adolescente, bebida alcoólica ou, sem justa causa, outros produtos cujos componentes possam causar dependência física ou psíquica.

Pena: detenção de dois a quatro anos e multa, se o fato não constitui crime mais grave.

20) Venda de fogos de artifício a criança ou adolescente

Tipo Penal: Vender, fornecer ainda que gratuitamente ou entregar, de qualquer forma, a criança ou adolescente fogos de estampido ou de artifício, exceto aqueles que, pelo seu reduzido potencial, sejam incapazes de provocar qualquer dano físico em caso de utilização indevida.

Pena: detenção de seis meses a dois anos e multa.

21) Submissão de criança ou adolescente a prostituição

Tipo Penal: Submeter criança ou adolescente à prostituição ou à exploração sexual, responsabilizando-se, também, o gerente ou responsável do estabelecimento no qual ocorreu a conduta.

Pena: reclusão de quatro a dez anos e multa, além da perda de bens e valores utilizados na prática criminosa em favor do Fundo dos Direitos da Criança e do Adolescente da unidade da Federação em que foi cometido o crime, ressalvado o direito de terceiro de boa-fé.

Observação Importante: A condenação implica obrigatoriamente a cassação da licença de localização e de funcionamento do estabelecimento.

22) Corrupção de menores

Tipo Penal: Corromper ou facilitar a corrupção de menor de 18 (dezoito) anos, com ele praticando infração penal ou induzindo-o a praticá-la, inclusive por meios eletrônicos, como salas de bate-papo da internet.

Pena: reclusão, de um a quatro anos.

Causa de aumento: um terço no caso de a infração cometida ou induzida for crime hediondo.

Como se pode observar, há vários tipos penais que se referem à expressão "cena de sexo explícito ou pornográfica" que pode ser entendido, para os fins do ECA, como qualquer situação que envolva criança ou adolescente em atividades sexuais explícitas, reais ou simuladas, ou exibição dos órgãos genitais de uma criança ou adolescente para fins primordialmente sexuais.

17. AS INFRAÇÕES ADMINISTRATIVAS

Há infrações administrativas previstas no ECA relacionadas à defesa dos direitos da criança e do adolescente que implicam em multa ou sanção administrativa.

O médico, professor ou responsável por estabelecimento de atenção à saúde e de ensino fundamental, pré-escola ou creche, poderá incorrer em multa de três a vinte salários mínimos se deixar de comunicar à autoridade competente os casos de que tenha conhecimento, envolvendo suspeita ou confirmação de maus-tratos contra criança ou adolescente. A multa será aplicada em dobro no caso de reincidência.

O responsável ou funcionário de entidade de atendimento sofrerá a sanção de três a vinte salários mínimos de multa se impedir o exercício pelo adolescente dos direitos de (i) peticionar diretamente a qualquer autoridade; (ii) avistar-se reservadamente com seu defensor; (iii) receber visitas, ao menos, semanalmente; (iv) corresponder-se com seus familiares e amigos; e (v) receber escolarização e profissionalização. A multa será aplicada em dobro no caso de reincidência.

A divulgação total ou parcial sem autorização devida, por qualquer meio de comunicação, nome, ato ou documento de procedimento policial, administrativo ou judicial relativo a criança ou adolescente a que se atribua ato infracional, é infração administrativa passível de multa de três a vinte salários de mínimos, aplicando-se o dobro em caso de reincidência.

É punido com a mesma pena a pessoa que que exibe, total ou parcialmente, fotografia de criança ou adolescente envolvido em ato infracional, ou qualquer ilustração que lhe diga respeito ou se refira a atos que lhe sejam atribuídos, de forma a permitir sua identificação, direta ou indiretamente.

Se o fato for praticado por órgão de imprensa ou emissora de rádio ou televisão, além da pena, a autoridade judiciária poderá determinar a apreensão da publicação. Importante esclarecer que embora conste do ECA a possibilidade da autoridade judicial suspender a programação da emissora por até dois dias e o periódico por até dois números, tais hipóteses foram declaradas inconstitucionais em decisão do Supremo Tribunal Federal em sede de ação do controle abstrato de constitucionalidade.

Quando adolescente for trazido de outra comarca para prestação de serviço doméstico, mesmo que autorizado por pais ou responsável, deve ser apresentado à autoridade judiciária de seu domicílio para regularização da guarda sob pena de multa de três a vinte salários mínimos, aplicando-se em dobro em caso de reincidência, independentemente de qualquer tipo de despesa de retorno do mesmo, se for o caso.

Qualquer pessoa que descumpra, de maneira dolosa ou culposa, deveres decorrentes do poder familiar, da tutela, da guarda, de determinação judicial ou de decisão do Conselho Tutelar incorrerá em multa de três a vinte salários mínimos, dobrando-se em caso de reincidência.

O hotel, a pensão, o motel ou o estabelecimento congênere será sancionado com multa se hospedar criança ou adolescente desacompanhado dos pais ou responsável, ou sem sua autorização escrita ou da autoridade judiciária. Em caso de reincidência, a autoridade judiciária poderá determinar o fechamento do estabelecimento por até 15 (quinze) dias. Em havendo reincidência em período inferior a 30 (trinta) dias, a autoridade judiciária poderá fechar definitivamente o estabelecimento e cassar sua licença

Quem transportar criança ou adolescente violando as regras do ECA de autorização para viajar incorrerá em multa de multa de três a vinte salários mínimos, dobrando-se em caso de reincidência.

Caso, em diversão ou espetáculo público, não conste fixado em lugar em lugar visível e de fácil acesso, à entrada do local de exibição, informação destacada sobre a natureza da diversão ou espetáculo e a faixa etária especificada no certificado de classificação o responsável será punido com multa de três a vinte salários mínimos, dobrando-se em caso de reincidência.

Os anúncios de peças teatrais, filmes ou quaisquer representações ou espetáculos, deverão indicar os limites de idade a que não se recomendem, sob pena de multa de três a vinte salários mínimos, dobrando-se em caso de reincidência e aplicável, separadamente, à casa de espetáculo e aos órgãos de divulgação ou publicidade.

A transmissão por rádio ou televisão de espetáculo em horário diverso do autorizado ou sem aviso de sua classificação implicará em multa de vinte a cem salários mínimos; dobrando-se em caso de reincidência e podendo ser determinada a suspensão da programação da emissora por até dois dias.

A exibição de filme, trailer, peça, amostra ou congênere classificado pelo órgão competente como inadequado às crianças ou adolescentes admitidos ao espetáculo, incorrerá em multa de vinte a cem salários mínimos, sendo que em reincidência poderá ser determinada a suspensão do espetáculo ou o fechamento do estabelecimento por até 15 (quinze) dias.

A venda ou locação a criança ou adolescente fita de programação em vídeo, em desacordo com a classificação atribuída pelo órgão competente será sancionada com multa de três a vinte salários mínimos, sendo que em reincidência poderá ser determinada a suspensão do espetáculo ou o fechamento do estabelecimento por até 15 (quinze) dias.

Revistas e publicações contendo material impróprio ou inadequado a crianças e adolescentes comercializadas em embalagem deslacrada ou sem advertência de seu conteúdo, bem como revistas e publicações destinadas ao público infanto-juvenil que contenham ilustrações, fotografias, legendas, crônicas ou anúncios de bebidas alcoólicas, tabaco, armas e munições ou não respeitem os valores éticos e sociais da pessoa e da família serão objeto de sanção de multa de três a vinte salários mínimos podendo ser apreendida a revista ou publicação e dobrando-se em caso de reincidência.

O responsável por estabelecimento ou empresário que não observar as regras do ECA sobre o acesso de criança ou adolescente a local de diversão ou sobre sua participação em espetáculo será punido com multa de três a vinte salários mínimos e em caso de reincidência poderá ser determinado o fechamento do estabelecimento por até 15 (quinze) dias.

A autoridade competente que deixar de providenciar a instalação, operacionalização e efetuação dos cadastros de crianças e de adolescentes em condições de serem adotadas, de pessoas ou casais habilitados à adoção e de crianças e adolescentes em regime de acolhimento institucional ou familiar será punido com multa de R$ 1.000,00 (mil reais) a R$ 3.000,00 (três mil reais).

Caso o médico, enfermeiro, dirigente de estabelecimento de atenção à saúde de gestante ou funcionário de programa oficial ou comunitário destinado à garantia do direito à convivência familiar tenha conhecimento de mãe ou gestante interessada em entregar seu filho para adoção deverá encaminhar imediatamente à autoridade judiciária sob pena de multa de R$ 1.000,00 (mil reais) a R$ 3.000,00 (três mil reais).

Vender bebidas alcoólicas para criança ou adolescente implica em multa de R$ 3.000,00 (três mil reais) a R$ 10.000,00 (dez mil reais), podendo ser interditado o estabelecimento comercial até o recolhimento da multa aplicada.

18. CONSIDERAÇÕES FINAIS

Há dois diplomas legais recentes que merecem atenção para fins do Exame de Ordem e que concorrem em certa medida com o Estatuto da Criança e do Adolescente.

O primeiro diploma legal é a Lei 12.852/2013 denominada Estatuto da Juventude que abrange a pessoas com idade entre 15 (quinze) e 29 (vinte e nove) anos de idade

Já o segundo diploma é a Lei 13.257/2018, denominada Lei da Primeira Infância que abrange as pessoas nos primeiros 6 (seis) anos completos ou 72 (setenta e dois) meses de vida da criança.

Ambas, em verdade, apenas vêm para aglutinar e enrobustecer uma rede de proteção diferenciada à uma população com índices preocupantes de vulnerabilidades e demandas específicas e urgentes.

Quanto a possível divergência, o próprio Estatuto da Juventude prescreve que aos adolescentes com idade entre 15 (quinze) e 18 (dezoito) anos aplica-se o Estatuto da Criança e do Adolescente, e, excepcionalmente, o Estatuto da Juventude, quando não conflitar com as normas de proteção integral do adolescente. Já quanto à Lei da Primeira Infância, há dispositivos que implicaram na mudança do próprio Estatuto da Criança e do Adolescente e seus dispositivos próprios são mais voltadas para a formulação de políticas públicas.

Desse modo, servem, como observado, de complemento, não gerando preocupações quanto a eventuais colisões.

19. QUESTÕES

(XVIII EXAME) J., com 11 anos, L., com 12 anos, e M., com 13 anos de idade, são alunos do 8º ano do ensino fundamental de uma conceituada escola particular. Os três, desde que foram estudar na mesma turma, passaram a causar diversos problemas para o transcurso normal das aulas, tais como: escutar música; conversar; dormir; colocar os pés nas mesas e não desligar o aparelho celular. O professor de matemática, inconformado com a conduta desrespeitosa dos alunos, repreende-os, avisando que os encaminhará para a direção da escola. Ato contínuo, os alunos reagem da seguinte forma: J. chama o professor de "velho idiota"; L. levanta e sai da sala no meio da aula; e M. ameaça matá-lo. Diante dos atos de indisciplina dos três alunos, a direção da escola entra em contato com o seu departamento jurídico para, com base no Estatuto da Criança e do Adolescente, receber a orientação de como

ESTATUTO DA CRIANÇA E DO ADOLESCENTE – ECA

proceder. Com base na hipótese apresentada, assinale a opção que apresenta a orientação recebida pela direção escolar.

(A) Os atos de indisciplina praticados por J., L. e M. deverão ser coibidos pela própria direção escolar.

(B) J. e M. praticaram atos infracionais. J. deverá ser encaminhado ao Conselho Tutelar e M. para a autoridade policial. A indisciplina de L. deverá ser coibida pela própria direção escolar.

(C) J., L. e M. praticaram atos infracionais e deverão ser encaminhados para a autoridade policial.

(D) J. e M. praticaram atos infracionais. Ambos deverão ser encaminhados para a autoridade policial. A indisciplina de L. deverá ser coibida pela própria direção escolar.

COMENTÁRIOS: **A:** Incorreta. Os atos praticados por J. e M. não se configuram mera indisciplina. Em verdade, houve a prática de ato infracional na medida em que as condutas estão descritas como crime, conforme, art. 103 do ECA; **B:** Correta. J. ao chamar o professor de "velho idiota" cometeu ato infracional na medida em que a conduta pode ser descrita como crime de injúria. M. ao ameaçar matar o professor cometeu ato infracional na medida em que a conduta pode ser descrita como crime de ameaça. L. ao levantar e sair da sala no meio da aula não cometeu ato infracional na medida em que a conduta não pode ser descrita como crime ou contravenção penal, tratando-se de mera indisciplina. Essas conclusões têm fundamento no art. 103 do ECA. J. é criança pois tem apenas 11 (onze) anos, devendo quando da prática de ato infracional ser encaminhado ao Conselho Tutelar, conforme art. 136, I do ECA. M. é adolescente pois tem 12 anos, devendo quando da prática de ato infracional ser encaminhado à Autoridade Policial, conforme art. 172 do ECA; **C:** Incorreta. L. não cometeu ato infracional. Apenas mera indisciplina a ser coibida pela própria direção escolar; **D:** Incorreta: J., por ser criança, não deve ser encaminhado à autoridade policial e, sim, ao Conselho Tutelar, conforme art. 136, I do ECA.
Gabarito "B".

(XXI EXAME) Marcelo e Maria são casados há 10 anos. O casal possui a guarda judicial de Ana, que tem agora três anos de idade, desde o seu nascimento. A mãe da infante, irmã de Maria, é usuária de crack e soropositiva. Ana reconhece o casal como seus pais. Passados dois anos, Ana fica órfã, o casal se divorcia e a criança fica residindo com Maria. Sobre a possibilidade da adoção de Ana por Marcelo e Maria em conjunto, ainda que divorciados, assinale a afirmativa correta.

(A) Apenas Maria poderá adotá-la, pois é parente de Ana.

(B) O casal poderá adotá-la, desde que acorde com relação à guarda (unipessoal ou compartilhada) e à visitação de Ana.

(C) O casal somente poderia adotar em conjunto caso ainda estivesse casado.

(D) O casal deverá se inscrever previamente no cadastro de pessoas interessadas na adoção.

COMENTÁRIOS: **A:** Incorreta. A possibilidade de adoção sem o devido cadastramento incide tanto em relação à Maria, por ter parentesco com Ana, nos termos do art. 50, § 13, II do ECA, como em relação à Marcelo por ter a guarda judicial, por Ana ter mais que 3 (três) anos e o lapso de convivência comprova laços de afinidade e afetividade, conforme art. 50, §13, III do ECA. Assim, não é possível afirmar que apenas Ana poderá adotar Maria; **B:** Correta: É como determina o art. 42, § 4º do ECA, a saber: "Os divorciados, os judicialmente separados e os ex-companheiros podem adotar conjuntamente, contanto que acordem sobre a guarda e o regime de visitas e desde que o estágio de convivência tenha sido iniciado na constância do período de convivência e que seja comprovada a existência de vínculos de afinidade e afetividade com aquele não detentor da guarda, que justifiquem a excepcionalidade da concessão"; **C:** Incorreta. Conforme explicação acima, o ECA permite a adoção conjunta por casal divorciado, cumpridos os requisitos do seu art. 42, § 4º; **D:** Incorreta. A adoção em favor de candidato domiciliado no Brasil não cadastrado poderá ser feita se for formulada por parente com o qual a criança ou adolescente mantenha vínculos de afinidade e afetividade, nos termos do art. 50, §13, II do ECA ou por quem detenha a tutela ou guarda legal de criança maior de 3 (três) anos ou adolescente, desde que o lapso de tempo de convivência comprove a fixação de laços de afinidade e afetividade, e não seja constatada a ocorrência de má-fé, nos termos do art. 50, §13, III do ECA.
Gabarito "B".

(XXII EXAME) João, maior, e sua namorada Lara, com 14 anos de idade, são capturados pela polícia logo após praticarem crime de roubo, majorado pelo emprego de arma de fogo. O Juízo da Infância e da Juventude aplicou a medida socioeducativa de internação para Lara, ressaltando que a adolescente já sofrera a medida de semiliberdade pela prática de ato infracional análogo ao crime de tráfico de drogas. O Juízo Criminal condenou João pelo crime de roubo em concurso com corrupção de menores. João apela da condenação pelo crime de corrupção de menores, sob o argumento de Lara não ser mais uma criança, bem como alegando que ela já está corrompida. Com base no caso apresentado, assiste razão à defesa de João?

(A) Não, pois é irrelevante o fato de Lara já ter sofrido medida socio-educativa.

(B) Não, pois Lara ainda é uma criança.

(C) Sim, já que o crime de corrupção de menores exige que o menor não esteja corrompido.

(D) Sim, visto que no crime de corrupção de menores, a vítima tem que ser uma criança.

COMENTÁRIOS: **A:** Correta. Para configuração do crime de corrupção de menores exige-se apenas que o corrompido tenha menos de 18 anos de idade, sem qualquer outra condição ou exceção, conforme art. 244-B do ECA. Assim, é juridicamente irrelevante o cumprimento de medida anterior pela menor; **B:** Incorreta. Lara é adolescente, nos termos do art. 2º do ECA; **C:** Incorreta. O crime de corrupção de menores não exige que o menor "não esteja corrompido". Basta que seja menor. É o como se lê dos termos do art. 244-B do ECA; **D:** Incorreta. A vítima do crime de corrupção de menores tem que ser menor de 18 (dezoito) anos, incluindo, assim, crianças e adolescente.
Gabarito "A".

(XXIII EXAME) Os irmãos Fábio (11 anos) e João (9 anos) foram submetidos à medida protetiva de acolhimento institucional pelo Juízo da Infância e da Juventude, pois residiam com os pais em área de risco, que se recusavam a deixar o local, mesmo com a interdição do imóvel pela Defesa Civil. Passados uma semana do acolhimento institucional, os pais de Fábio e João vão até a instituição para visitá-los, sendo impedidos de ter contato com os filhos pela diretora da entidade de acolhimento institucional, ao argumento de que precisariam de autorização judicial para visitar as crianças. Os pais dos irmãos decidem então procurar orientação jurídica de um advogado. Considerando os ditames do Estatuto da Criança e do Adolescente, a direção da entidade de acolhimento institucional agiu corretamente?

(A) Sim, pois o diretor da entidade de acolhimento institucional é equiparado ao guardião, podendo proibir a visitação dos pais.

(B) Não, porque os pais não precisam de uma autorização judicial, mas apenas de um ofício do Conselho Tutelar autorizando a visitação.

(C) Sim, pois a medida protetiva de acolhimento institucional foi aplicada pelo Juiz da Infância, assim somente ele poderá autorizar a visita dos pais.

(D) Não, diante da ausência de vedação expressa da autoridade judiciária para a visitação, ou decisão que os suspenda ou os destitua do exercício do poder familiar.

COMENTÁRIOS: **A:** Incorreta. As entidades de acolhimento institucional devem observar o princípio da preservação dos vínculos familiares e promoção da reintegração familiar e da preparação gradativa para o desligamento, conforme art. 92, I e VIII do ECA. Além disso, até para o adolescente privado de liberdade há o direito expresso de visitas semanais conforme art. 124, VII do ECA, somente podendo ser suspenso mediante decisão judicial, conforme art. 124, §2º do ECA. Ademais, é garantida a convivência da criança e do adolescente com a mãe ou o pai privado de liberdade, por meio de visitas periódicas promovidas, no caso de acolhimento insitucional, pela entidade responsável, independentemente de autorização judicial. Dessa forma não há como concluir pela possibilidade de a entidade violar tal direito das crianças; **B:** Incorreta. Conforme tratado na assertiva A, sequer de ofício do Conselho Tutelar os pais precisam para visitar seus filhos; **C:** Incorreta. Conforme tratado na assertiva A, não é necessária a intervenção da autoridade judiciária para tanto; **D:** Correta. Conforme tratado na assertiva A, a regra é a visitação e a exceção de sua vedação teria que emanar da autoridade judiciária.
Gabarito "D".

(XXIV EXAME) Os irmãos órfãos João, com 8 anos de idade, e Caio, com 5 anos de idade, crescem juntos em entidade de acolhimento institucional, aguardando colocação em família substituta. Não existem pretendentes domiciliados no Brasil interessados na adoção dos irmãos de forma conjunta, apenas separados. Existem famílias estrangeiras com interesse na adoção de crianças com o perfil dos irmãos e uma família de brasileiros domiciliados na Itália, sendo esta a última inscrita no cadastro. Considerando o direito à convivência

ANTONIO CARLOS

familiar e comunitária de toda criança e de todo adolescente, assinale a opção que apresenta a solução que atende aos interesses dos irmãos.

(A) Adoção nacional pela família brasileira domiciliada na Itália.

(B) Adoção internacional pela família estrangeira.

(C) Adoção nacional por famílias domiciliadas no Brasil, ainda que separados.

(D) Adoção internacional pela família brasileira domiciliada na Itália

COMENTÁRIOS: A: Incorreta. O critério para enquadramento da adoção como internacional é a residência habitual dos adotantes e não sua nacionalidade, conforme dispõe o art. 51 do ECA; **B:** Incorreta. Os brasileiros residentes no exterior têm preferência aos estrangeiros, nos casos de adoção internacional de criança ou adolescente brasileiro, conforme art. 51, § 2º do ECA; **C:** Incorreta. Os grupos de irmãos devem ser colocados sob adoção da mesma família substituta, nos termos do art. 28, § 4º do ECA; **D:** Correta. Na ausência de pretendentes habilitados residentes no país com perfil compatível e interesse manifesto pela adoção será realizado o encaminhamento da criança ou adolescente à adoção internacional, nos termos do art. 50, § 10 do ECA e têm preferência brasileiros residentes no exterior, conforme art. 51, § 2º do ECA.

Gabarito "D".

Direito do Consumidor

Carlos Lopes Teixeira

1. INTRODUÇÃO AO DIREITO DO CONSUMIDOR

A criação do Código de Defesa do Consumidor vem da necessidade de se regulamentar as relações de consumo. Tem por objetivo proteger os interesses do consumidor, sua saúde, segurança, dignidade, bem como reprimir as inúmeras abusividades advindas dos contratos de adesão estipulados pelos fornecedores e os riscos provocados pelas práticas no fornecimento de produtos e serviços considerados perigosos ou nocivos.

Surge, assim, o dever do Estado de proteger e garantir a efetivação de um direito fundamental, não só com a intenção de proteger o consumidor, ora vulnerável, mas de viabilizar o desenvolvimento da ordem econômica, assegurando a concretização dos princípios constitucionais e a dignidade da pessoa humana.

2. DA PROTEÇÃO DO DIREITO DO CONSUMIDOR E A CONSTITUIÇÃO FEDERAL

A proteção dos direitos do consumidor foi instituída pelo constituinte originário de forma expressa como um **direito fundamental**. Mais do que isso, transformou-a em uma cláusula pétrea, conforme dispõe o art. 5º, XXXII da CF, sendo imposto ao Estado o dever de proteção ao consumidor. Por sua vez, a defesa do consumidor, também, encontra-se prevista no art. 170 da Carta Maior como um dos princípios que regem a atividade econômica.

Diante destes dois artigos, chega-se à conclusão que a Constituição impõe o **dever de se proteger** o consumidor tanto para o Estado quanto aos empresários que exploram atividade econômica, sobrepondo os direitos da pessoa humana a qualquer outro de cunho patrimonial.

2.1. Competência legislativa

O **art. 24, V e VIII** da Constituição Federal trata da competência concorrente (União, Estados e Distrito Federal) para legislar acerca da matéria de consumo.

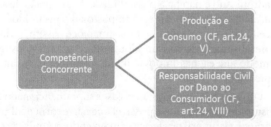

Referida competência faz com que a União estabeleça normas de caráter **geral**, cabendo ao Estado a suplementação quanto a assuntos específicos (art. 24, § 2º CF). O mesmo é válido para o Distrito Federal por tratar-se de ente híbrido que atrai as competências municipais e estaduais.

No entanto, importante dizer que quando a União permanece inerte e não edita normas gerais, os Estados passam a deter **competência legislativa plena**. Sobrevindo lei federal, a lei estadual terá sua eficácia **suspensa**, no que lhe for contrária (art. 24, § 3º e 4º, CF).

2.2. Normas de ordem pública e interesse social

O art. 1º do CDC é expresso ao estabelecer que suas normas são de **ordem pública** e **interesse social**. Ou seja, em regra, são aplicáveis de **ofício** pelo magistrado.

3. O CÓDIGO DE DEFESA DO CONSUMIDOR

3.1. Da relação de consumo

A relação de consumo possui elementos caracterizadores constituídos por meio de elementos subjetivos e objetivos. Os elementos subjetivos equivalem às figuras do consumidor e fornecedor. Por sua vez, os elementos objetivos são os bens e os serviços.

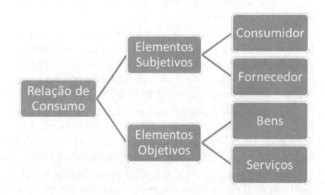

3.1.2. Elementos subjetivos: consumidor e fornecedor

3.1.2.1. Consumidor

Muito embora o *caput* do art. 2º apresente o conceito de consumidor, é de suma importância a análise de suas diversas formas, vez que também é tido como consumidor aquele que não adquiriu o produto ou serviço, mas, de forma equiparada, usufrui da proteção oferecida pelo diploma legal.

3.1.2.2. Consumidor stricto sensu

O conceito de consumidor *stricto sensu* está estampado no *caput* do **art. 2º da Lei 8.078 de 1990**:

> "Consumidor é toda pessoa FÍSICA ou JURÍDICA que adquire ou utiliza produto ou serviço como destinatário final".

O CDC expressa que tanto a **pessoa física**, quanto a **pessoa jurídica**, **seja ela privada ou pública**, podem ser consideradas **consumidores**. No entanto, ao incluir a pessoa jurídica como uma potencial consumidora, esta será considerada como tal apenas se vier a adquirir produtos ou utilizar serviços ocupando o patamar de **destinatária final**.

Podemos considerar como destinatário final aquele indivíduo que **coloca fim na cadeia de produção**, ou seja, realiza um ato de consumo na medida que retira do mercado um produto ou serviço. Por outro lado, aquele que figura apenas como **intermediário do ciclo de produção** não é considerado consumidor e, portanto, não faz jus à proteção consumerista. Veja o exemplo didático fornecido por *Georgios Alexandridis*:

> "Desta forma, quando uma concessionária compra veículos da montadora para revendê-los, não será considerada consumidora, uma vez que não é destinatária final do produto e, portanto, essa relação não estará sob a proteção da Lei 8.078/90."[1]

No exemplo, supramencionado, em caso de eventual conflito entre concessionária e montadora, será aplicável para dirimi-lo o Código Civil e não o CDC.

Importante mencionar a dificuldade no entendimento da figura do destinatário final vez que sua definição decorre tão somente da doutrina e não da lei. Surge, por consequência, uma dúvida: e aqueles que adquirem ou utilizam um produto, não como intermediário do ciclo produtivo, mas como um **bem de produção** (produto necessário para o desempenho da atividade econômica)?

Com a finalidade de colocar fim a este questionamento, surgem três correntes:

Teoria Maximalista: Segundo ela, **todo aquele** que **realiza um ato de consumo**, colocando **fim a cadeia de produção e fornecimento** é consumidor. Neste caso, a destinação final do produto ou serviço é irrelevante. Essa teoria equipara o destinatário final ao destinatário fático.

Aplicando essa teoria para definir a figura do destinatário final, serão abrangidas o maior número possível de relações consumeristas. Sob esse aspecto, não importa se a pessoa, física ou jurídica, adquiriu o produto ou serviço visando ao lucro.

Teoria Finalista: de acordo com esta corrente, o destinatário final é o destinatário fático e econômico, ou seja, é aquele que vai colocar fim na cadeia de produção, não o reutilizando ou o reempregando. Esta é a teoria adotada pela Lei 8.078/1990.

Teoria Finalista Mitigada: Teoria adotada pelo STJ. Segundo esta teoria, consumidor é aquele que ocupa uma posição de **vulnerabilidade dentro da relação de consumo**, o que somente é possível de ser verificado por meio da análise do caso concreto. Com isso, em determinadas hipóteses, a pessoa ainda que não venha ser destinatária final de um produto ou serviço será equiparada à consumidora por apresentar certa vulnerabilidade frente ao fornecedor. Como exemplo, o microempreendedor, os profissionais liberais, entre outros.

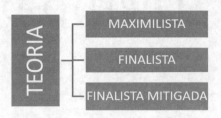

3.1.2.3. Consumidores por equiparação

O Código Consumerista preocupou-se também com aqueles que não tiveram contato direto com o produto ou serviço, sendo considerados terceiros afetados, de alguma forma, pela relação de consumo. São os chamados consumidores por equiparação.

O conceito é encontrado no parágrafo único do art. 2º do CDC:

> "Equipara-se a consumidor a coletividade de pessoas, ainda que indetermináveis, que haja intervindo nas relações de consumo".

Nessa gama indicada pelo CDC, ainda é possível encontrar as vítimas de consumo previstas no art. 17, bem como as pessoas que são expostas às práticas comerciais e contratuais (art. 29).

Preceitua o art. 17 do CDC:

> "Para os efeitos desta Seção, equiparam-se aos consumidores todas as vítimas do evento".

Para esta situação temos como exemplo típico os acidentes aéreos em relação às pessoas que não se encontravam dentro da aeronave, mas de alguma forma acabaram atingidas, perdendo suas casas, comércio ou até mesmo seus entes queridos. Por serem vítimas de um acidente intrínseco ao consumo, podem invocar o Código de Defesa do Consumidor para proteger seus interesses.

A outra hipótese consta no art. 29 do CDC:

> "Para os fins deste Capítulo e do seguinte, equiparam-se aos consumidores, todas as pessoas determináveis ou não, expostas às práticas nele previstas".

O legislador, por meio deste dispositivo, procurou extirpar as práticas abusivas da sociedade de consumo. São exemplos as pessoas expostas a qualquer tipo de publicidade enganosa ou abusiva.

Em relação às práticas contratuais, basta analisar o exemplo dos chamados **contratos de adesão**. Esse tipo de contrato é padronizado e não há a possibilidade de discussão de suas cláusulas, sendo praticamente imposto ao consumidor que o aceita ou o rejeita como se fosse um bloco. Assim, nítida a **vulnerabilidade** do consumidor nesta relação de consumo, de modo que ele fica impossibilitado de impor sua vontade frente ao fornecedor.

Observe que em todos estes casos supramencionados de consumidor equiparado é possível que não ocorra nenhuma relação consumerista efetiva, envolvendo a aquisição ou utilização de produtos ou serviço.

---

1. FIGUEIREDO, Fábio; ALEXANDRIDIS, Georgios; FIGUEIREDO, Simone Carvalho. *Mini Código de Defesa do Consumidor anotado*. São Paulo: Saraiva, 2011, p.26-27.

DIREITO DO CONSUMIDOR

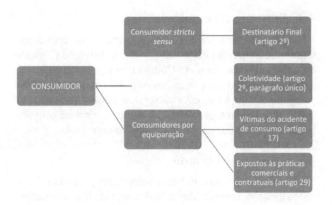

3.1.3. Fornecedor

O art. 3º do CDC traz a definição do conceito de **fornecedor** da seguinte forma:

"Fornecedor é toda pessoa física ou jurídica, pública ou privada, nacional ou estrangeira bem como os entes despersonalizados, que desenvolvem atividades de produção, montagem, criação, construção, transformação, importação, exportação, distribuição ou comercialização de produtos ou prestação de serviços".

Em conjunto com a pessoa física e jurídica, o legislador tem como fornecedor também os chamados **entes despersonalizados**. Isto porque, a falta da regularização da pessoa jurídica não a afasta de suas responsabilidades. É o caso típico dos vendedores ambulantes da Rua 25 de Março localizada em São Paulo.

Vale destacar alguns aspectos da **pessoa jurídica de direito público** quando fornecedora. Será considerada como tal na medida em que há uma **contraprestação do cidadão** frente ao serviço que será prestado pelo Poder Público. O exemplo mais concreto é a utilização do transporte público: neste caso, o cidadão figura como consumidor e o Poder Público como fornecedor.

Resumindo, os elementos que caracterizam a definição do fornecedor podem ser agrupados da seguinte forma:

3.2. Elementos objetivos da relação de consumo: produtos e serviços.

A relação de consumo, como já vimos, se estabelece entre consumidor e fornecedor e possui uma prestação como seu objeto. Essa prestação envolve a aquisição ou utilização de um produto ou de um serviço.

Analisaremos *prima facie* o que é efetivamente o "produto". Produto nada mais é do que aquilo que compõe um resultado final de todo um ciclo produtivo, podendo este ser móvel ou imóvel, material ou imaterial (art. 3º, § 1º do CDC).

Lembrando que bens materiais são os **tangíveis**, que podem ser tocados, como um carro, uma bolsa ou um computador e os **imateriais** (intangíveis) seriam os direitos autorais.

Quanto ao "serviço", o § 2º do art. 3º traz sua definição:

"Serviço é qualquer atividade fornecida no mercado de consumo, mediante remuneração, inclusive as de natureza bancária, financeira, de crédito e securitária, salvo as decorrentes das relações de caráter trabalhista".

Importante frisar o elemento da **remuneração**. Os trabalhos voluntários, por exemplo, estão excluídos deste conceito e não fazem jus à proteção das normas consumeristas.

No exame da OAB fique atento apenas com perguntas relativas àquele tipo de serviço que se revela gratuito, mas que, na verdade, possui uma **remuneração indireta**. É o caso, por exemplo, dos estacionamentos de shoppings e supermercados. Daí cabível mencionar a Súmula **130 do STJ**, que possui a seguinte redação:

"A empresa responde, perante o cliente, pela reparação de dano ou furto de veículo ocorridos em seu estabelecimento".

No tocante aos serviços o STJ já editou as seguintes súmulas, vejamos:

> Súmula 297: "O CDC é aplicável as instituições financeiras".
> Súmula 321: "O CDC é aplicável à relação jurídica entre entidade de previdência privada e seus participantes".

Recentemente, foi editada a Súmula 608 do STJ com a seguinte redação:

"Aplica-se o Código de Defesa do Consumidor aos contratos de plano de saúde, salvo os administrados por entidades de autogestão".

Consequentemente, tivemos o cancelamento da Súmula 469 do STJ que garantia a aplicação do CDC em todas as relações consumeristas que envolviam planos de saúde.

4. DA POLÍTICA NACIONAL DE RELAÇÕES DE CONSUMO

Os princípios do direito do consumidor estão elencados no art. 4º do Código de Defesa do Consumidor. A seguir trataremos dos mais importantes.

4.1. Princípio da vulnerabilidade

No inciso I do art. 4º do CDC fica estabelecido o **reconhecimento da vulnerabilidade** do consumidor perante o fornecedor. A vulnerabilidade é **imposta por lei** (*ope legis*) e não admite prova em contrário.

No mercado de consumo não há uma igualdade entre fornecedor e consumidor. É nítido o desequilíbrio existente entre essas duas figuras. A legislação consumerista visa a equacionar essa relação, buscando um equilíbrio.

O consumidor não é livre para manifestar a sua vontade dentro do mercado de consumo, uma vez que o fornecedor é detentor do conhecimento técnico, aparato jurídico, poder econômico e de todas as informações sobre o produto ou o serviço disponibilizado para consumo.

A doutrina subdivide a vulnerabilidade em técnica, jurídica, econômica e informacional.

Importante não confundir os conceitos de **vulnerabilidade** com a chamada **hipossuficiência** tratada no art. 6º, inciso VIII do CDC.

A **vulnerabilidade** é um elemento **objetivo** reconhecido em **toda** relação de consumo. A **hipossuficiência**, por sua vez, é analisada dentro do **aspecto processual** que envolve a defesa do consumidor em juízo e a inversão do ônus da prova. Sua análise é **subjetiva**, verificada pelo magistrado dentro do caso concreto e depende de requerimento das partes (**não é automático**). A hipossuficiência encontra respaldo na dificuldade que o consumidor apresenta de provar aquilo que alega em juízo.

É preciso gravar a seguinte frase: **Todo consumidor é vulnerável, mas nem todo consumidor é hipossuficiente**.

VULNERABILIDADE	HIPOSSUFICIÊNCIA
Análise Objetiva	Análise Subjetiva.
Aspecto Material	Aspecto Processual (inversão do ônus da prova).
Automática	Depende da análise da verossimilhança das alegações e da capacidade do consumidor aprovar o que alega em juízo.

4.2. Princípio da ação governamental

O art. 4º, II exige por parte do Estado "ação governamental no sentido de proteger efetivamente o consumidor". Ou seja, compete ao Estado promover a efetiva proteção do consumidor por meios legislativos e administrativos, uma vez reconhecida a sua vulnerabilidade dentro do sistema consumerista.

4.3. Princípio da harmonia

O art. 4º, III, do CDC dispõe sobre o chamado **Princípio da Harmonização**. Tal dispositivo é resumido na **compatibilização dos interesses** das partes que integram uma relação consumerista. Visa à proteção do consumidor, uma vez reconhecida a sua vulnerabilidade dentro do mercado de consumo, e, ao mesmo tempo, concede ao fornecedor o direito de se desenvolver nos âmbitos econômico e tecnológico.

4.4. Princípio do equilíbrio

A proteção trazida pelo CDC visa a superar um abismo existente entre fornecedor e consumidor, diante do reconhecimento da vulnerabilidade deste. O Código tem por objetivo igualar as posições assumidas por ambos os polos em uma relação de consumo. Assim, tendo em vista ser o consumidor a parte mais frágil, é preciso protegê-lo para que alcance o patamar ocupado pelo fornecedor, colocando-os em um mesmo nível.

4.5. Princípio da boa-fé

A relação de consumo deve sempre ser pautada em elementos como a **honestidade**, **lealdade, retidão, honradez**.

Esse princípio abrange os consumidores e fornecedores. No ordenamento jurídico existem dois tipos de boa-fé:

✓ **Boa-fé Subjetiva**: Analisa-se a intenção, os motivos que levaram à prática do ato. No íntimo da pessoa sua ação está de acordo com o direito, embora a realidade seja outra. Esta não é contemplada pelo CDC.

✓ **Boa-fé Objetiva**: Analisa-se aquele comportamento esperado e respeitado pelo senso comum. É uma regra de conduta que há de ser seguida diante das relações recíprocas, deve-se analisar o jeito que você espera que o outro se comporte.

Assim, é um **padrão de comportamento** que deve ser respeitado por consumidores e fornecedores em todas as fases do consumo.

4.6. Princípio da informação e educação

Está disposto no **art. 4º, IV** do CDC.

Por meio da educação dos consumidores e da sociedade como um todo, estes conseguem atingir um patamar cada vez maior ao ponto de conhecer seus direitos e exigi-los. Desta forma, o consumidor ficará menos propício a ceder àquilo que é imposto pelos fornecedores, exercendo sua livre manifestação de vontade. Sendo assim menos abusos serão cometidos.

Quanto ao aspecto da **informação** é importante destacar que a sua falta ou insuficiência pode gerar a responsabilidade civil.

4.7. Princípio da garantia da adequação

Dispõe o **inciso V, art. 4º do CDC** sobre o incentivo para a criação de **meios eficientes** de controle de **qualidade e segurança**, bem como mecanismos alternativos de solução de conflitos consumeristas.

O fornecedor deve manter meios que sejam eficientes para controlar a segurança e a qualidade dos produtos que insere dentro do mercado de consumo. Além disso, o fornecedor deve criar ferramentas para melhorar cada vez mais sua relação com o consumidor, compondo, de forma amigável, eventuais conflitos que surjam, sem precisar bater às portas do Poder Judiciário. É a chamada **autocomposição**.

4.8. Princípio da proibição e repressão de práticas abusivas

O **inciso VI do art. 4º** prevê a coibição e a repressão de todos os abusos que sejam praticados no mercado de consumo e que, de alguma maneira, possam acarretar prejuízos aos consumidores.

O CDC é claro ao citar como práticas abusivas a concorrência desleal e a utilização indevida de inventos, criações industriais, marca e nomes comerciais e signos distintivos. Todo esse aparato permite que os consumidores atuem de maneira livre e consciente dentro do mercado de consumo.

4.9. Princípio da racionalização e melhoria do serviço público

Tal princípio irá reger os casos em que o Estado intervém na economia de forma direta, explorando atividade econômica e recebendo uma contraprestação pelo serviço prestado. Exige-se do Poder Público que execute os serviços visando sempre à qualidade, à presteza, à pontualidade e à adequação. No mesmo sentido é a previsão do **art. 22 da Lei 8.078/1990**.

4.10. Princípio da modificação constante do mercado de consumo

Dispõe o CDC como princípio em seu art. 4º, VIII, o estudo constante do mercado, com vistas a evitar que normas protetivas se transformem em dispositivos ultrapassados e inócuos, perdendo sua função com o passar dos anos.

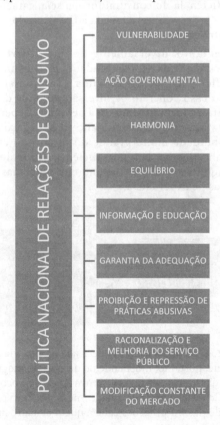

5. DIREITOS BÁSICOS DO CONSUMIDOR

Os **direitos básicos do consumidor** nada mais são do que um patamar mínimo de direitos que possuem a finalidade de servir de guia nas relações de consumo. Esses direitos devem ser respeitados em todas as hipóteses e em todas as relações de consumo e estão previstos no art. 6º do CDC.

5.1. Proteção da vida, saúde e segurança do consumidor

Tal direito básico visa à proteção integral da **vida**, **saúde** e **segurança** dos consumidores contra todos os riscos que sejam provocados pelo fornecedor ao colocar no mercado de consumo produtos ou serviços que sejam considerados **perigosos** ou **nocivos**. A mera exposição do consumidor a tais riscos já é suficiente para ensejar providências como, por exemplo, a retirada dos produtos das prateleiras.

5.2. Direito à educação

A educação do consumidor está diretamente relacionada com a **liberdade de escolha do fornecedor e a igualdade de contratação**. Apenas com a educação o consumidor conseguirá obter a **conscientização de seus direitos**, garantindo a igualdade de contratação no âmbito das relações consumeristas, finalmente, sendo atingido o objetivo visado pelas normas de proteção ao consumidor.

5.3. Direito de informação clara e adequada em relação aos produtos e serviços

O art. 6º, III dispõe ser direito básico do consumidor a informação **adequada** e **clara** sobre os produtos e serviços inseridos no mercado de consumo, esse conjunto de informações prestadas deve versar sobre:

✓ Quantidade;
✓ Características do produto ou do serviço;
✓ Composição;
✓ Qualidade;
✓ Tributos incidentes;
✓ Preço;
✓ Riscos.

A informação clara e adequada é aquela veiculada de maneira que qualquer pessoa consiga entendê-la, é a informação objetiva.

A finalidade deste direito, assim como o direito à educação, é tornar o consumo mais **consciente**, de modo que o consumidor expresse livremente a sua escolha por meio do uso de **critérios racionais**, não apenas por mero impulso.

A **Lei 13.146 de 2015** acrescentou o parágrafo único do art. 6º do Código de Defesa do Consumidor e estabeleceu que todas as informações, de que trata o referido inciso, devem ser acessíveis à pessoa com deficiência, sem exceções.

5.4. Proteção do consumidor contra publicidade enganosa e abusiva

O art. 37, § 1º do CDC conceitua a publicidade **ENGANOSA** como qualquer informação veiculada pelo fornecedor, de caráter publicitário, inteira ou parcialmente **FALSA**. Vale lembrar, também, que a publicidade pode ser **enganosa por omissão** nos casos em que o fornecedor, ao apresentar o produto ou o serviço, omite **dado essencial** a respeito do produto (art. 37, § 3º do CDC).

Por sua vez, o art. 37, § 2º do código consumerista nos mostra o que é publicidade **ABUSIVA**. É a que ofende **valores sociais. A lei dispõe sobre o modo por meio do qual a mensagem publicitária deve ser vinculada ao consumidor (art. 31 do CDC).

5.5. Revisão contratual

Prevê o inciso V do art. 6º do CDC ser direito do consumidor a possibilidade de revisão contratual quando as prestações tornarem-se excessivamente onerosas ao consumidor, por conta de fatos **supervenientes.** Esse direito resume-se em: *pacta sunt servanda* se *rebus sic stantibus*.

Podemos falar que um dos principais princípios que regem os contratos é a máxima *pacta sunt servanda*, isto quer dizer que os pactos celebrados devem ser cumpridos (força obrigatória dos contratos). Tal premissa garante certa segurança dentro das relações jurídicas, pois impede que aquilo que foi avençado entre as partes seja modificado a todo tempo e a toda hora.

No entanto, a partir da entrada em vigor do Código Civil de 2002, surge **a função social do contrato**. Tal princípio impõe balizas quanto à manifestação da autonomia privada.

A revisão contratual permite que a obrigatoriedade dos contratos seja afastada para garantir às partes condições mais humanas, podendo o consumidor exigir a alteração de uma ou várias cláusulas por intermédio do Poder Judiciário, desde que ocorra a modificação das circunstâncias que tornem a obrigação excessivamente onerosa ao consumidor. Ademais, é importante lembrar que a anulação de apenas uma cláusula não gera a anulação de todo contrato (Princípio da Preservação dos Contratos).

É aí que entra em cena a chamada **Teoria da Base Objetiva do Negócio Jurídico (ou Teoria da Onerosidade Excessiva)**. Abaixo, segue quadro explicativo diferenciando-a da Teoria da Imprevisão prevista no Código Civil.

TEORIA DA IMPREVISÃO (CÓDIGO CIVIL)	TEORIA DA BASE OBJETIVA DO NEGÓCIO JURÍDICO (CÓDIGO DE DEFESA DO CONSUMIDOR)
Exige que o fato superveniente seja IMPREVISÍVEL e EXTRAORDINÁRIO.	Exige apenas um fato superveniente que modifique as condições dentro das quais o contrato foi celebrado.
Exige uma vantagem para o credor, um enriquecimento ilícito.	Exige apenas que as prestações tornem-se excessivamente onerosas para o consumidor, independentemente de ocasionar uma vantagem para o fornecedor.

5.6. A efetiva prevenção e reparação de danos patrimoniais, morais, individuais, coletivos e difusos.

Com a previsão deste direito, evita-se a ocorrência do dano ou a sua proliferação, afastando a ocorrência dos prejuízos. Caso eles sejam experimentados, deve o fornecedor promover a integral e efetiva reparação dos danos ocasionados.

5.7. Direito ao acesso aos órgãos judiciários e administrativos

O CDC ao prever esse direito contempla o princípio constitucional do **acesso à justiça** (CF, art.5º, XXXV). Garante, portanto, uma facilitação para que o consumidor acesse os referidos órgãos afim de que ocorra a efetiva observância dos direitos e garantias que lhe são conferidos.

5.8. Facilitação da defesa do consumidor em juízo

Estabelece o inciso VIII do art. 6º como direito básico do consumidor a facilitação da sua defesa, principalmente por meio da **inversão do ônus da prova.**

O Código de Processo Civil prevê em seu **art. 373** a regra de distribuição do ônus da prova, ou seja, quem deve provar aquilo que alega, sob pena de serem considerados verdadeiros os fatos alegados pela parte contrária. Assim, cabe ao **autor** provar os **fatos constitutivos de seu direito**, enquanto ao **réu** cabe produzir prova dos fatos que sejam **modificativos, impeditivos ou extintivos** em relação aos direitos invocados pelo autor.

Ocorre que o CDC, como **lei especial**, prevê uma distribuição diversa do **ônus da prova** que prevalece sobre o CPC que é lei geral. Isso se dá devido à chamada **hipossuficiência do consumidor**, ou seja, característica de cunho processual relacionada ao consumidor quando se encontra em juízo.

No entanto, diversamente do que ocorre com o reconhecimento da vulnerabilidade do consumidor, **a hipossuficiência não é presumida** e deve ser analisada diante do caso concreto. A inversão do ônus da prova **não é feita de forma automática pelo juiz**, dependendo da constatação da verossimilhança das alegações (isto é, probabilidade muito grande do direito do autor) e do reconhecimento da hipossuficiência (dificuldade de provar aquilo que alega), segundo as chamadas regras ordinárias de experiência.

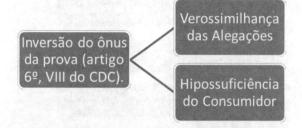

Existe uma única **exceção**, derivada da própria lei (*ope legis*) e que, portanto, independe de decisão do magistrado. Trata-se da inversão do ônus da prova no caso de ocorrência de publicidade enganosa ou abusiva, nestes casos, a prova da veracidade das informações cabe à quem as patrocina (art. 38 do CDC).

HIPOSSUFICIÊNCIA	VULNERABILIDADE
Art. 6º, VIII do CDC.	Art. 4º, I do CDC.
Critério de inversão do ônus probatório.	Princípio.

DIREITO DO CONSUMIDOR

HIPOSSUFICIÊNCIA	VULNERABILIDADE
Análise subjetiva.	Análise Objetiva/ Presumido.
Ope Judicis (seu reconhecimento depende de decisão do magistrado).	*Ope Legis* (decorre de lei).
Dificuldade de provar em juízo aquilo que alega.	Inferioridade técnica, jurídica, científica e informacional do consumidor diante da supremacia do fornecedor dentro do mercado de consumo.

5.9. Adequada e eficaz prestação dos serviços públicos em geral

Direito previsto nas **hipóteses em que o Poder Público intervém na economia de forma direta**, exercendo uma função atípica e atuando como se empresário fosse. Com isso, os serviços públicos em geral devem ser prestados de maneira **adequada e eficiente** e, em relação aos essenciais, o Poder Público, garantirá sua **continuidade**.

5.10. Outros direitos consumeristas estabelecidos em tratados e convenções

O art. 7º do CDC estabelece que todos os direitos elencados pelo art. 6º do mesmo diploma não excluem outros, tais como acordos e tratados internacionais dos quais o Brasil seja signatário.

O parágrafo único do referido artigo impõe a **responsabilidade solidária** de todos aqueles que são participantes da cadeia produtiva em caso de violação dos direitos básicos estabelecidos pelo artigo precedente.

6. PROTEÇÃO À SAÚDE E À SEGURANÇA DO CONSUMIDOR

De acordo com o art. 8º do CDC, os produtos e serviços colocados no mercado de consumo jamais poderão trazer riscos à segurança ou à saúde dos consumidores. No entanto, o próprio artigo estipula uma **exceção**, isto é, é permitida a colocação no mercado de consumo de produtos que possuam **riscos considerados normais e previsíveis**, mas, nesta hipótese, o **fornecedor encontra-se obrigado a dar as informações que sejam necessárias a seu respeito**.

Regra: Não inserir produtos que possam causar prejuízos à saúde ou integridade física do consumidor

Exceção: Colocação de produtos que possuam riscos considerados normais e previsíveis

Apenas se o fornecedor der informações que sejam necessárias a seu respeito

O Código não exige a segurança absoluta, mas um grau de segurança mínimo, dentro daquilo que o consumidor legitimamente espera. Podemos citar os medicamentos como exemplo típico destes produtos.

O art. 9º do CDC trata de produtos que apresentam um risco de maior gravidade, que não é aceito comumente pela sociedade em geral. Por conta da potencialidade em causar maiores prejuízos, a informação fornecida por parte daquele que colocou o produto no mercado de consumo deve ser **latente e ostensiva**.

O art. 10 do CDC trata de produtos e serviços que possuem um **alto grau de nocividade ou periculosidade** à saúde ou segurança. Desta forma, diferente do que ocorre

nos casos em que o perigo é latente, **nem a informação clara e ostensiva permite sua comercialização**.

Para a hipótese do produto ou serviço eivado de periculosidade, o CDC prevê que o fornecedor, tendo conhecimento deste fato, comunique as autoridades competentes e os consumidores por meio de anúncios publicitários. Tal se dá por meio do chamado *RECALL*, que nada mais é do que a ação de retirar o produto do mercado de consumo assim que o fornecedor tomar conhecimento dos riscos.

O *Recall* constitui um **dever acessório** de prestar a informação e promover o chamamento do consumidor para alertá-lo sobre os riscos apresentados pelo produto. Trata-se de uma **preocupação pós-contratual**.

313

Lembre-se:

Periculosidade Inerente	Periculosidade Adquirida	Periculosidade Exagerada
O risco é esperado pelo consumidor, é previsível e aceito socialmente. No entanto, o fornecedor deve conceder as informações necessárias para eximir-se de eventual responsabilidade.	É aquela que passa a ser conhecida depois que o produto é inserido no mercado de consumo. Não exime o fornecedor de responsabilidade e, além disso, deve promover o Recall informando o consumidor e o Poder Público, promovendo as medidas adequadas para afastar o risco que o produto oferece.	Gera responsabilidade do fornecedor, o produto não pode ser inserido no mercado de consumo tamanho o grau de periculosidade.

7. RESPONSABILIDADE DOS FORNECEDORES PELO FATO DO PRODUTO

Segundo *Fábio Henrique Podestá*:

"O sentido da palavra *responsabilidade* envolve a ideia de que, não sendo cumprida a obrigação primária - aquela que originou o vínculo -, haverá necessariamente conversão daquela prestação, que se transforma, para estabelecer o elo não mais entre as partes originárias, mas entre o credor e o patrimônio do devedor. Logo, o credor fica munido do direito de ingressar no patrimônio do devedor para buscar os bens necessários à satisfação de seu crédito."[2]

A obrigação primária do fornecedor é inserir no mercado de consumo produtos que atendam à expectativa do consumidor e não sejam capazes de causar dano à sua saúde física, psíquica ou à sua segurança. Quando o fornecedor não cumpre seu dever surge a responsabilidade no sentido de atingir seu patrimônio para reparar os prejuízos experimentados pela outra parte integrante da relação consumerista.

São elementos essenciais da responsabilidade:

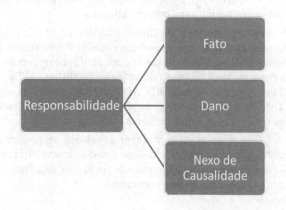

---
2. PODESTÁ, F.H. **Direito das Obrigações**. Teoria Geral e Responsabilidade Civil. 6ª ed. São Paulo: Atlas, 2008, p.74.

1. Fato: o acontecimento.

2. Dano: os efeitos negativos decorrentes do acontecimento mencionado anteriormente.

3. Nexo de causalidade: a interligação existente entre o acontecimento e o dano.

A responsabilidade pode ser **objetiva** ou **subjetiva**, segundo a configuração ou não da existência de dolo ou culpa.

No art. 12 do CDC o legislador é minucioso e tomou cuidado para dispor sobre a responsabilidade de quase todos os possíveis fornecedores que possam integrar uma cadeia de produção. O artigo deixa claro que a responsabilidade de todos é **objetiva**, isto é, independentemente de culpa. Além disso, eles são **solidariamente responsáveis**, ou seja, a obrigação pode ser cobrada de qualquer um deles.

Referido artigo fala em produtos defeituosos e o seu § 1º traz o conceito: **produto defeituoso** é aquele que não possui a segurança que dele se espera.

Importante ressaltar que o produto defeituoso (**Fato do Produto**) coloca em risco a **vida**, a **saúde** e a **segurança** do consumidor, levando-se em consideração circunstâncias relevantes, entre as quais:

✓ Sua apresentação.
✓ Uso e riscos que razoavelmente dele se esperam.
✓ A época em que foi colocado em circulação.

O art. 13 prevê a **responsabilidade objetiva e solidária do comerciante** nos termos do art. 12. Tal se dá apenas em determinadas hipóteses, conforme demonstrado abaixo:

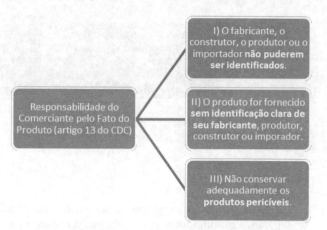

7.1. Direito do comerciante ao regresso

Quanto à solidariedade, aquele que efetivamente desembolsar quantia para reparar os danos causados ao consumidor possui o direito de promover a **ação de regresso** contra aquele que é o verdadeiro causador dos prejuízos. Neste caso, a **responsabilidade é subjetiva** e, por isso, sempre ocorrerá a apuração e quantificação da sua participação para a causação do dano (art. 13, parágrafo único do CDC).

7.2. Responsabilidade objetiva mitigada

O art.; 12, § 3º traz um tipo de responsabilidade objetiva, mas mitigada, pois há um certo abrandamento em relação à aplicação da regra prevista no *caput*. Há três hipóteses elencados por lei que podem ser consideradas como **excludentes do dever de indenizar**. São elas:

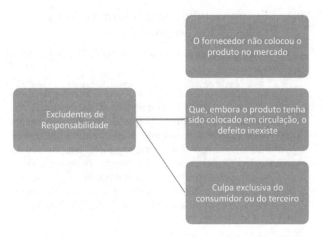

Nestes casos ocorrerá a **quebra do nexo de causalidade** entre o acontecimento e os danos, tendo por resultado a isenção da responsabilidade daqueles que integram a linha produtiva.

7.3. Produto não defeituso: evolução tecnológica

Nos termos do art. 12, § 2º do CDC o produto não pode ser considerado defeituoso pelo fato de outro, de melhor qualidade, ter sido inserido no mercado consumerista.

O mercado evolui, bem como a tecnologia e as técnicas de produção. Não pode o consumidor alegar defeito do produto apenas pelo fato de um de melhor qualidade passar a integrar o mercado consumerista. Se o contrário fosse possível isso levaria ao engessamento do desenvolvimento industrial e tecnológico, o que poderia ser desastroso para a sociedade como um todo.

8. RESPONSABILIDADE PELO FATO DO SERVIÇO

O art. 14, *caput* do CDC prevê regra similar à responsabilidade dos fornecedores pelo fato do produto. Estabelece, portanto, que o fornecedor que presta serviços responde **independentemente de culpa** pela reparação dos danos gerados ao consumidor e que surgem de problemas existentes na prestação dos serviços. Responde igualmente pela falta de informações ou pela veiculação de informações inadequadas sobre a utilização e riscos. Conclui-se, portanto, que a responsabilidade pelo defeito do serviço é **solidária e objetiva.**

Importante destacar que o legislador diz também que *"o serviço não será considerado defeituoso pela adoção de novas técnicas"* (art. 14, § 2º CDC).

8.1. Excludentes de responsabilidade na prestação de serviços

Na prestação de serviços, o CDC mais uma vez prevê excludentes da responsabilidade, conforme art. 14, § 3º. São elas:

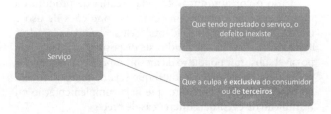

De suma importância ressaltar que ainda que haja culpa de terceiro, em determinadas situações, o fornecedor ainda responde perante prejuízos causados ao consumidor. Tal se dá no serviço bancário e transporte coletivo.

Nesse sentido dispõe as **Súmulas 479 do STJ e 187 do STF:**

> Súmula 479 STJ. As instituições financeiras respondem OBJETIVAMENTE pelos danos gerados por fortuito interno relativo à fraudes e delitos praticados por terceiros no âmbito de OPERAÇÕES BANCÁRIAS.
> Súmula 187 STF. A responsabilidade contratual do transportador, pelo acidente com passageiro, não é elidida por culpa de terceiro, contra o qual tem ação regressiva.

8.2. Responsabilidade pelos defeitos na prestação de serviços dos profissionais liberais

A regra, como já vimos, é a responsabilidade **objetiva e solidária** no que tange à reparação dos danos experimentados pelo consumidor e que são decorrentes da prestação de serviço defeituosa.

Ocorre que o § 4º do art. 14 do CDC traz uma **exceção**. Sendo assim, quando apurada a **responsabilidade dos profissionais liberais** deve ocorrer a discussão sobre a existência de **culpa. Para condená-lo à reparação do dano exigem-se quatro elementos, quais sejam:**

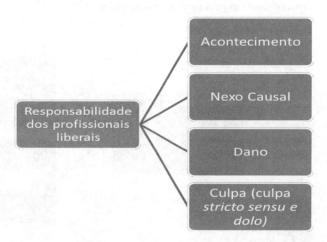

São exemplos de profissionais liberais os médicos, dentistas, advogados. Na maioria das vezes, a atividade por eles desenvolvida é uma atividade de **meio** e **não** de **resultado**. Nestes casos, a responsabilidade será **subjetiva**. Afinal, não seria plausível impor uma responsabilização **objetiva** já que nem sempre, pela própria natureza dos serviços prestados, alcança-se do resultado almejado.

9. VÍTIMAS DO ACIDENTE DE CONSUMO

Por derradeiro, o art. 17 do CDC equipara com o consumidor todas as vítimas do evento, ou seja, **vítimas de acidentes de consumo.**

Imagine, por exemplo, que determinado equipamento eletrônico explode deixando uma casa em chamas e, além disso, atinge imóveis contíguos. Todos que, de algum modo, foram afetados pelo evento danoso poderão valer-se do CDC para sua proteção, usando, dentre outros, o benefício da inversão do ônus da prova.

10. VÍCIO DO PRODUTO

Os arts. 18 e 19 da Lei 8.078 de 1990 tratam da responsabilidade do fornecedor pelo **vício do produto**. Não podemos confundir, nestes casos, vício e defeito. Devemos ter em mente que são conceitos distintos, que fogem do senso comum e, portanto, recebem tratamento jurídico diferenciado.

O vício do produto pode ser analisado sob duas perspectivas:

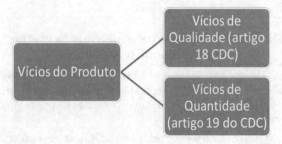

Enquanto o defeito afeta a integridade física, a saúde e a segurança do consumidor, o vício é um problema relativo à qualidade ou a quantidade, tornando-o **impróprio ao fim a que se destina**, **tendo como consequência a sua desvalia e frustração da expectativa do consumidor**.

10.1. Responsabilidade dos fornecedores pelos vícios do produto

Encontra-se no *caput* do art. 18 do CDC, segundo o dispositivo:

"Os fornecedores de produtos de consumo duráveis ou não duráveis respondem SOLIDARIAMENTE pelos vícios de qualidade ou quantidade que os tornem impróprios ou inadequados ao consumo a que se destina ou lhes diminuam o valor, assim como por aqueles decorrentes da disparidade, com as indicações constantes do recipiente, da embalagem, rotulagem ou mensagem publicitária, respeitadas as variações decorrentes de sua natureza, podendo o consumidor EXIGIR A SUBSTITUIÇÃO DAS PARTES VICIADAS".

Mais uma vez o CDC traz a **responsabilidade solidária**, todos os partícipes da cadeia produtiva são considerados responsáveis **diretos** pelo vício do produto e, assim o consumidor poderá escolher qualquer um deles para reparar o vício, exigindo, em primeiro lugar, a **substituição das partes viciadas**.

Diferentemente do que estabelece o art. 13 do CDC, o **comerciante**, na análise do *caput* do art. 18, também será **igualmente responsável** em todas as hipóteses. Lógico que terá o direito regressivo quanto ao verdadeiro responsável pelo vício e, neste caso, a responsabilidade sempre será **subjetiva** e o diploma regente será o Código Civil.

A **exceção** fica por conta do § 5º do art. 18 que prevê as regras de responsabilidade em relação ao chamado produto *in natura*, ou seja, aqueles que são vendidos da forma como foram retirados da natureza, não passando por nenhum processo de industrialização. São exemplos as frutas e verduras vendidas em feiras livres ou aquelas comercializadas na sessão de hortifrúti do supermercado.

Nestes casos, o fornecedor imediato é diretamente responsável pelos vícios apresentados. Por *fornecedor imediato* deve-se entender o comerciante, a menos que seja possível identificar de forma nítida quem é seu produtor. Nesta hipótese não há de se falar em responsabilidade solidária.

10.2. Da correção do vício do produto

Ocorrendo o vício e não sanado em 30 dias, o § 1º do art. 18 do CDC permite que o consumidor possa optar entre uma das opções elencadas a baixo, independente da vontade do fornecedor:

✓ A **substituição do produto**, por outro da mesma espécie, em perfeitas condições de uso;

✓ A **restituição imediata da quantia paga**, monetariamente atualizada, sem prejuízo de eventuais perdas e danos;

✓ O **abatimento** proporcional do preço.

Caso o consumidor opte pela escolha de produto da mesma espécie, porém, em perfeitas condições de uso e ocorra de não existir outro idêntico, ele será amparado pelo § 4º do art. 18 do CDC. Segundo este dispositivo, caso não seja possível substituir por outro da mesma espécie, o consumidor poderá escolher outro produto que seja de marca, modelo ou espécie diversa, contanto que haja complementação ou restituição de eventuais diferenças de preço.

A terceira hipótese é a única em que o consumidor permanece com o produto, **ainda que viciado** desde que ocorra o abatimento do preço proporcional ao vício existente. Cabe mencionar que o § 2º do art. 18 permite que as partes alterem o prazo previsto pelo *caput,* desde que não seja **inferior a sete dias ou superior a cento e oitenta dias**.

10.3. Vícios de grande extensão ou produtos essenciais

O § 3º do art. 18 do CDC contempla as hipóteses em que não é plausível aguardar a substituição das partes viciadas dentro do prazo de 30 dias porque se trata de **produto essencial ou o vício é de grande extensão** de forma que a substituição das partes viciadas poderá comprometer ainda mais o produto, não sendo necessário aguardar o prazo do § 1º do art. 18 do CDC.

10.4. Vícios de quantidade do produto

Observe a redação do *caput* do art. 19 do CDC:

"Os fornecedores respondem solidariamente pelos vícios de quantidade do produto sempre que, respeitadas as variações decorrentes de sua natureza, seu conteúdo líquido for inferior às indicações constantes do recipiente, da embalagem, rotulagem ou de mensagem publicitária (...)".

Caso haja vício na **quantidade do produto** o consumidor pode **imediatamente** pleitear uma dentre as seguintes alternativas:

✓ O **abatimento** proporcional do preço;

✓ **Complementação** do peso ou da medida;

✓ **Substituição** do produto por outro que seja da mesma espécie, marca ou modelo;

✓ **Restituição** da quantia eventualmente paga, com atualização monetária e sem prejuízo de eventuais perdas e danos.

Observe que no caso dos vícios de quantidade, por razões óbvias, o consumidor não pode esperar o prazo de 30 dias para que o vício seja sanado, podendo de pronto optar por uma das hipóteses elencadas acima. Isso se dá porque o vício de quantidade não precisa de reparo, mas de **complementação**.

O § 1º do art. 19 prevê a aplicação da regra prevista no artigo anterior que permite que, ao escolher a substituição do produto viciado por outro da mesma marca, espécie e modelo e esta não for possível, o consumidor pode optar por outro diverso, mas mediante a complementação ou restituição de eventuais quantias pagas.

O § 2º do art. 19, por sua vez, prevê a regra de **responsabilidade do comerciante**, ou, segundo estipulado pela lei, do fornecedor imediato. Ocorre a responsabilidade do comerciante por vícios de quantidade quando:

✓ Ele é responsável por fazer a **pesagem** do produto;

✓ O instrumento utilizado **não** está **auferido** conforme os **padrões oficialmente estabelecidos**.

11. DIREITO DE ARREPENDIMENTO

Nenhuma das hipóteses previstas até então se confundem com o chamado **direito de arrependimento**. Em regra, o CDC não protege o consumidor que compra algo por impulso, sem avaliar as suas reais necessidades e depois pretende o retorno da quantia paga, mesmo o produto estando em perfeito estado.

No entanto, o art. 49 do diploma consumerista garante o direito de arrependimento quando o produto é adquirido **fora do estabelecimento comercial**, pois o consumidor apenas terá contato com o produto após a sua efetiva entrega e não de forma imediata.

Esta hipótese não é incomum nos dias atuais, basta verificar o crescente aumento das compras virtuais ou por telefone. Assim, é dado ao consumidor o prazo de reflexão de **7 dias** contados da **assinatura do contrato** ou **da efetiva entrega do produto**, para que ele desista da compra retornando as partes ao *status quo ante* (parágrafo único).

12. VÍCIOS NA PRESTAÇÃO DE SERVIÇOS

Prevê *caput* do art. 20 CDC:

"O fornecedor de serviços responde pelos vícios de qualidade que os tornem impróprios ao consumo ou lhes diminuam o valor, assim como por aqueles decorrentes de disparidade com as indicações constantes da oferta ou mensagem publicidade (...)".

O próprio artigo em comento no § 2º dispõe o que são serviços impróprios, estabelecendo serem aqueles que se mostrem inadequados para os fins a que se destinam, bem como aqueles que deixam de atender as normas de prestabilidade.

Nestes casos, mais uma vez, o consumidor para quem o serviço viciado foi prestado poderá exigir:

✓ A **reexecução dos serviços**, sem custo adicional e quando cabível;

✓ **A restituição imediata da quantia paga**, somada à atualização monetária, sem prejuízo de eventuais perdas e danos.;

✓ O **abatimento** proporcional do preço.

13. DEMAIS REGRAS RELATIVAS AOS VÍCIOS DO PRODUTO E DO SERVIÇO

Ainda de acordo com o art. 21 do CDC, quando o fornecedor presta qualquer tipo de serviço que tenha como intuito a reparação de vícios, existe a obrigação implícita de sempre usar componentes originais, adequados e novos, salvo quando existir autorização do consumidor em sentido contrário.

O art. 23 do CDC dispõe que a **ignorância** do fornecedor quanto aos vícios existentes no produto **não o exime de responsabilidade**. Por fim, o art. 25 do CDC **veda** a existência de **cláusula contratual** que vise a **atenuar** ou **suprimir** a responsabilidade do fornecedor por vício ou defeito do produto ou serviço.

14. PRESCRIÇÃO E DECADÊNCIA

São dois institutos também previstos e regulados no âmbito do direito civil, que garantem que as relações jurídicas não se prolonguem no tempo trazendo instabilidade e insegurança para as partes e para a sociedade como um todo.

14.1. Decadência

A decadência é a **perda do direito material** do autor. O art. 26 do CDC estabelece o prazo decadencial para que o consumidor reclame dos vícios chamados **aparentes** ou de **fácil constatação**.

Vício de fácil constatação é aquele detectado pela simples análise do produto. É um vício óbvio. Como, por exemplo, um ventilador com a hélice quebrada ou uma televisão faltando um botão com a função liga\desliga.

Já o vício **aparente** é aquele que exige uma análise mais apurada, um maior esforço mental por parte do adquirente. Além da visualização exige-se também a experimentação do produto. Podemos citar como exemplo um secador queimado, o consumidor não testa antes de comprá-lo e, ao utilizá-lo constata o vício.

O prazo, portanto, também varia de acordo com a natureza do produto, podendo ser:

✓ Bem durável.
✓ Bem não durável.

O primeiro é aquele tipo de produto que permite sua **reutilização** sem que isso altere sua qualidade. O simples uso não altera sua substância. Temos como exemplo as roupas, os sapatos, os eletrônicos. Já o bem **não durável** é aquele que se esvai com a primeira utilização, com considerável mudança em sua essência, como o caso de produtos alimentícios.

Sendo assim, quando estamos tratando de vício de produto **durável** o prazo é de **30 dias**, já para os **não duráveis**, **90 dias**. O **termo inicial** é contado a partir da efetiva entrega do produto ou do término da prestação dos serviços (CDC, art. 26, § 1º).

> Vício Aparente → Termo Inicial→ entrega do produto ou término do serviço

Diferentemente do Código Civil, que prevê que os prazos decadenciais não podem ser interrompidos, suspensos ou impedidos, o CDC cria duas hipóteses que obstam a decadência em seu § 2º do art. 26, quais sejam:

✓ A reclamação do consumidor ao fornecedor e a resposta negativa, mas prestada de modo inequívoco.

✓ Instauração de inquérito civil pelo Ministério Público até o seu encerramento.

Por outro lado, o § 3º do art. 26 traz uma regra sobre o **termo inicial** do prazo decadencial em relação aos chamados **vícios ocultos**. São considerados vícios ocultos aqueles que já **existiam desde a época de aquisição do produto, mas são constatados apenas algum tempo depois**.

Nestes casos, o prazo decadencial começa a ser contado no momento em que fica **evidenciado o defeito**.

> Vício Oculto → Termo Inicial→ Começa a correr o prazo a partir de quando ficar evidenciado o defeito

Por fim, no tocante ao tema de decadência, vale destacar o conteúdo da súmula 477 do STJ:

> "A decadência do artigo 26 do CDC não é aplicável à prestação de contas para obter esclarecimentos sobre cobrança de taxas, tarifas e encargos bancários".

Assim, nas situações em que o banco não apresente as tarifas cobradas, por exemplo, em um contrato de empréstimo, é possível o consumidor exigir a apresentação destas contas sem que seja contado prazo decadencial para tanto.

14.2. Prescrição

A prescrição implica na **perda do direito de ação**, pois o autor permaneceu inerte durante o lapso temporal previsto em lei e que dentro do qual poderia movê-la. O art. 27 do Código de Defesa do Consumidor trata deste instituto que é aplicável apenas quando estamos tratando de **prejuízos decorrentes do fato do produto ou do serviço**, ou seja, quando o problema apresentado pelo produto afeta a saúde, vida e a segurança do consumidor.

Nestes casos, o prazo para propor a ação de reparação de danos é de **5 anos** e seu termo inicial é a **partir do conhecimento do dano e de sua autoria**.

15. GARANTIA

A garantia legal, prevista no art. 26 do CDC, prevê que o consumidor possui **30 dias** para os bens não duráveis e

90 dias para os bens duráveis para reclamar de vícios.

Segundo o art. 24 do CDC, a garantia legal do produto ou do serviço **independe de termo expresso**, sendo proibida a exoneração contratual do fornecedor.

Vale ressaltar que o consumidor **não** pode dispor dessa garantia, ainda que expresso no contrato. A cláusula contratual que contrariar essa norma é considerada prática abusiva pelo art. 51, I do CDC e **nula de pleno direito**.

Temos também a garantia contratual que é aquela dada pelo fornecedor, inclusa no preço e não obrigatória. Sendo assim, imagine um computador que apresenta um vício na tela do monitor. O consumidor terá o prazo de **90 dias** para reclamar a partir da entrega efetiva do produto concedido à título legal (vício aparente e produto durável). Se houver uma garantia contratual estabelecida pelas partes pelo prazo de 2 anos, esta passa a ser contada a partir do termo final do primeiro prazo, apenas depois de escoado o prazo já concedido pela lei.

O art. 50 do CDC, por fim, prevê que a **garantia contratual sempre será complementar à legal**, ou seja, um *plus* em benefício do consumidor e sendo sempre conferida mediante **termo escrito**.

15.1. Desconsideração da personalidade jurídica

A pessoa jurídica é um ente abstrato, criado pela lei, e pode ser entendido como um conjunto de pessoas que se associam para alcançar finalidades previstas no instrumento constitutivo que, sozinhas, não seria possível (*affectio societatis*).

A lei atribui a esse ente personalidade jurídica própria e diversa da dos sócios, bem como também lhe confere autonomia patrimonial de modo que o patrimônio dos sócios não responde, em regra, pelas dívidas da empresa.

No entanto, a possibilidade de um patrimônio único, autônomo e diverso, abriu margem para que os sócios utilizassem da pessoa jurídica para beneficiar-se e cometer abusos. Criou-se, então, a chance de se ultrapassar o véu da personalidade jurídica e atingir patrimônio particular dos sócios, responsabilizando-os. Para tanto, a doutrina e a jurisprudência, trazem duas teorias: a **Teoria Maior** prevista no art. 50 do CC e a **Teoria Menor** no art. 28 do CDC e, portanto, aplicável às relações de consumo.

A Teoria Menor de aplicação ampla é a mais benéfica ao consumidor, tendo em vista que a mera insolvência, falência do fornecedor ou até mesmo violação do contrato permitem a aplicação do instituto. Percebe-se que diferentemente do que ocorre no Código Civil, o CDC prevê diversas hipóteses:

A desconsideração da personalidade jurídica é uma exceção e apenas poderá ocorrer diante das hipóteses elencadas pela lei, sendo importante ressaltar que a desconsideração não implica em dissolução da sociedade, o que ocorre é o afastamento momentâneo da personalidade jurídica da empresa e de sua autonomia patrimonial.

16. DAS PRÁTICAS COMERCIAIS

As práticas comerciais podem ser entendidas como uma série de instrumentos, mecanismos e ferramentas utilizadas pelos fornecedores para incentivar o consumo e, assim, sustentar o capitalismo e a permanência deste modelo de Estado.

Analisaremos a seguir as disposições que o legislador consumerista disciplinou quanto às práticas comerciais.

16.1. Vinculação da oferta

Dispõe o art. 30 do CDC:

"Toda informação ou publicidade, SUFICIENTEMENTE PRECISA, veiculada por qualquer forma ou meio de comunicação com relação a produtos e serviços oferecidos ou apresentados, OBRIGA o fornecedor que a fizer vincular ou dela se utiliza e INTEGRA o contrato que vier a ser celebrado".

Podemos dizer que a oferta é uma declaração que parte do fornecedor ainda na fase pré-contratual e que, uma vez sendo transmitida por qualquer forma, gera um vínculo entre fornecedor e consumidor, ainda que potencial, surgindo o direito de exigir o seu cumprimento.

O termo oferta não se restringe a mera promoção e abrange quaisquer informações ou publicidades. A **informação** pode ser definida como uma oferta promovida de **forma individual**, enquanto que a **publicidade** é um meio massificado de atrair o consumidor, ou seja, atinge um **grande número de pessoas**.

Nos casos em que o fornecedor se recusa a cumprir a oferta, publicidade ou informação, poderá o consumidor exigir, nos termos do art. 35 do CDC, de forma alternativa:

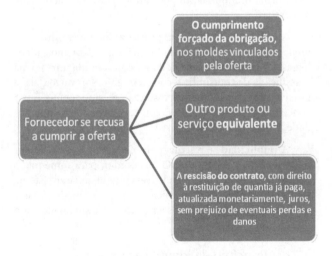

16.2. Princípio da veracidade da oferta

Segundo o art. 31 do CDC, a oferta e a apresentação de produtos e serviços devem ser corretas, claras, precisas, ostensivas e escritas em língua portuguesa. Além disso, deve apresentar informações que digam respeito às suas características, qualidades, composição, preço, garantia, validade, origem e riscos que podem apresentar e que são potencialmente causadores de prejuízo à vida ou à segurança dos consumidores.

O parágrafo único traz complemento para produtos refrigerados, caso em que as informações deverão ser grafadas na embalagem de **forma indelével**, ou seja, permanente.

16.3. Oferta de componentes e peças de reposição

Prevê o art. 32 do CDC a obrigação dos fabricantes e importadores em **assegurar a oferta de componentes** e peças usadas para reposição de outras que se encontram viciadas **enquanto não cessada a fabricação** ou a **importação do produto**. É obrigação dos fornecedores manter a oferta desses componentes, **ainda que cessada a fabricação ou importação**, por determinado período conforme a lei.

Lembrando que a continuação da oferta dessas peças de reparo perdura de acordo com a chamada **vida útil** do produto, não se exigindo o cumprimento desta obrigação pela eternidade.

17. PUBLICIDADE

17.1. Noções gerais

Antes de iniciar análise dos artigos do CDC que tratam de publicidade, vamos traçar um panorama geral e definir alguns conceitos.

Quando o art. 30 do CDC trata de oferta, ele deixa claro que abrange tanto as informações que são repassadas ao consumidor de forma individualizada, quanto a publicidade que tem a finalidade de veicular esse mesmo conteúdo, mas de uma forma muito mais ampla, para uma maior quantidade de pessoas.

A etimologia da palavra **propaganda** advém do latim *propagare*, que significa difundir ideias, pensamentos, ideologias. Podemos dizer que pode ser considerada uma forma massificada de transmitir o conhecimento. Por meio dela, é possível alcançar inúmeras pessoas ao mesmo tempo. É um conceito muito mais amplo se comparado com o de publicidade, como veremos a seguir.

A **publicidade** é restrita, pois visa apenas a uma finalidade: atrair o consumidor. O fornecedor, para fomentar o consumo e, como consequência, servir de alicerce ao sistema capitalista, utiliza-se da publicidade com o objetivo maior que é divulgar os produtos e serviços que inseriu no mercado de consumo.

17.2. Princípio da identificação

O art. 36 do CDC traz a ideia de que a publicidade deve ser **objetiva**, ou seja, o consumidor deve ter a perfeita noção de que o fornecedor está tentando vender um produto, tendo consciência e identificando de pronto.

O intuito deste dispositivo é que o consumidor use a sua razão e manifeste sua livre vontade dentro do mercado de consumo. Ademais, prevê o parágrafo do art. 36 do CDC que o fornecedor tem a obrigação de manter todas as informações a respeito do produto dando sustentação à mensagem transmitida.

17.3. Publicidade enganosa x publicidade abusiva

O art. 37 do CDC é enfático ao estabelecer a **proibição** de toda publicidade que seja **enganosa ou abusiva**. O *caput* é complementado por seus parágrafos que trazem a definição de uma e de outra.

A **publicidade enganosa** é caracterizada como aquela que induz o consumidor ao erro, trazendo uma falsa percepção das reais condições do produto ou do serviço, sem a qual o contrato não seria entabulado. O CDC proíbe, também, a publicidade enganosa **por omissão**, ou seja, quando a publicidade veiculada deixa de informar dado essencial sobre o produto ou serviço (art. 37, § 3º, CDC).

Já a **publicidade abusiva**, disposta no § 2º do art. 37, é capaz de gerar comportamentos ofensivos nos consumidores e que devem ser reprimidos frente aos riscos a eles inerentes, podendo ser caracterizada, também, como a publicidade que explora o medo, se aproveita do julgamento e inexperiência de criança ou desrespeite valores ambientais. O legislador consumerista, por meio desta previsão, teve o objetivo maior de proteger a sociedade como um todo.

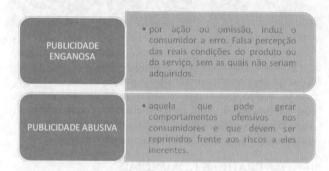

Em relação à **distribuição do ônus da prova**, quando o assunto é publicidade enganosa ou abusiva, o art. 38 do CDC prevê que o ônus de provar a veracidade das informações de caráter publicitário será sempre do fornecedor, de forma objetiva, independente da análise da verossimilhança das alegações. É *ope legis* e independe de decisão do magistrado. Assim, o ônus de provar que a publicidade não é enganosa ou abusiva será sempre do fornecedor.

18. CONTRAPROPAGANDA

No âmbito **administrativo** encontramos a figura da **contrapropaganda**. Este instituto visa a esclarecer o engano ou o abuso vinculado por meio da propaganda. A ideia é amenizar os efeitos nocivos da publicidade prejudicial.

A figura da contrapropaganda encontra-se prevista no art. 60 do CDC:

> "A imposição de contrapropaganda será cominada quando o fornecedor incorrer na prática de publicidade enganosa ou abusiva, nos termos do artigo 36 e seus parágrafos, SEMPRE ÀS EXPENSAS DO INFRATOR".

Note que o artigo possui um equívoco. Onde se lê "*artigo 36 e parágrafos*" deve-se entender "*artigo 37 e parágrafos*", porque este é o dispositivo responsável pela proibição de qualquer forma de publicidade enganosa ou abusiva, além de trazer os conceitos de cada qual.

A contrapropaganda deverá ser divulgada pelo fornecedor da mesma forma, com a mesma frequência e dimensão e, de preferência, utilizando o mesmo meio de comunicação, local e horário de modo que ela seja realmente capaz de desfazer os malefícios da publicidade enganosa ou abusiva.

19. DAS PRÁTICAS ABUSIVAS

O art. 39 traz em seu bojo inúmeras condutas que são consideradas abusivas e, portanto, devem ser reprimidas gerando responsabilidade na esfera cível, penal e administrativa. O rol trazido pelo art. 39 é meramente exemplificativo, mas traz a noção de que diante da vulnerabilidade do consumidor dentro do mercado consumerista, o fornecedor não pode aproveitar-se dessa situação de modo a impor a sua contratação ou tentar obter algum tipo de vantagem indevida diante das circunstâncias.

No entanto, vale destacar o teor da **Súmula 381 do STF**, que exterioriza entendimento majoritário dos nossos tribunais: em casos que envolvem **contratos bancários**, não será possível que o magistrado ou o tribunal reconheça a nulidade de cláusulas abusivas presentes no contrato, **sem** que haja expresso **requerimento do consumidor** neste sentido.

20. VENDA CASADA

O inciso I do art. 39 do CDC dispõe que consiste em prática abusiva o fato do fornecedor:

> ✓ **Condicionar** a aquisição de um produto ou serviço à aquisição de um segundo produto ou serviço.
>
> ✓ Impor limites à aquisição do produto ou do serviço, **sem justa causa**.

Em ambas o legislador visa a proteger a liberdade de escolha do consumidor dentro do mercado de consumo. Exceção à regra é a Súmula 356 STJ, que trata da cobrança de **tarifa mínima** relativa à prestação de **serviços de telefonia fixa**. O STJ entende não ser uma limitação sem justa causa devido à existência de toda estrutura que precisa ser mantida para possibilitar o oferecimento do serviço, sendo, portanto, legítima.

20.1. Recusa à demanda de consumidores

É prática abusiva o fato do fornecedor *"recusar atendimento às demandas dos consumidores, na exata medida de suas disponibilidades de estoque, e, ainda, de conformidade com usos e costumes"* (art. 39, II do CDC).

Neste artigo impõe-se o dever de atender a todos aqueles que procuram seus produtos e serviços, não criando obstáculos para sua aquisição, salvo as hipóteses que contrariem sua capacidade de prestar o serviço, disponibilidade de estoque ou aquelas que sejam devidamente justificáveis.

20.2. Entregar produto ou fornecer serviços sem solicitação prévia

O inciso III do art. 39 do CDC, por sua vez, prevê a prática abusiva adotada pelo fornecedor de *"enviar ou entregar ao consumidor, sem solicitação prévia, qualquer produto ou fornecer qualquer serviço"*.

Ademais, complementa o parágrafo único relativo ao dispositivo que tais produtos ou serviços entregues ou realizados sem requerimento do consumidor são equiparados à **amostra grátis** e, sendo assim, não geram a obrigação de efetuar o pagamento.

Com isso, o fornecedor está proibido de, unilateralmente, estabelecer uma relação consumerista sem prévio consentimento do consumidor. E, se assim ocorrer, este não é obrigado ao pagamento, podendo optar entre ficar com o produto (amostra grátis), ou, simplesmente, recusá-lo.

Importante ressaltar a previsão da **Súmula 532 do STJ**, que considera prática abusiva o ato de enviar **cartões de crédito** sem prévio e expresso consentimento do consumidor, sem prejuízo da responsabilidade civil e aplicação de multa de cunho administrativo.

20.3. Prevalecer-se da fraqueza ou ignorância do consumidor

O inciso IV do art. 39 do CDC prevê como prática abusiva o fato do fornecedor *"prevalecer-se da fraqueza ou ignorância do consumidor, tendo em vista sua idade, saúde, conhecimento ou condição social, para impingir-lhe seus produtos ou serviços"*. Desta forma, busca-se evitar que o fornecedor se aproveite das condições do consumidor para lhe impor a aquisição de um produto ou o fornecimento de um serviço, procedendo com a manipulação do consumidor diante da debilidade apresentada.

Um exemplo muito comum é a exigência de pagamento de quantia para proceder a internação de pacientes em hospitais, enquanto aguardam a autorização fornecida pelo convênio médico. Tal cobrança é inadmissível.

20.4. Exigência de vantagem excessiva

O inciso V do art. 39 do CDC reprime a prática de exigir do consumidor vantagem manifestamente excessiva. Independe da concretização da obtenção de tal vantagem, bastando a sua simples exigência.

Por exemplo, aproveitando-se das condições de um consumidor, após a ingestão de muita bebida alcoólica, o dono do bar cobra o dobro do valor que ele realmente deve.

20.5. Realizar serviços sem prévia realização de orçamento

O inciso VI do art. 39 do CDC reprime a realização de serviços sem a elaboração prévia de um orçamento e autorização do consumidor. Esse dispositivo também protege a liberdade de escolha do consumidor. Assim, o consumidor deve de antemão ter a ciência exata dos valores que deverão ser pagos pelos serviços prestados.

A única exceção fica por conta das práticas anteriores entre as partes, ou seja, o fornecedor já realizou outros serviços gerando um sentimento de confiança. A formação de relações de consumo caracterizadas por serem recorrentes afasta a abusividade da prática de não elaboração do orçamento.

Quanto ao orçamento, vamos analisar o art. 40 do CDC:

"O fornecedor de serviços será obrigado a entregar ao consumidor orçamento prévio discriminado o valor da mão de obra, dos materiais e equipamentos a serem utilizados, as condições de pagamento, bem como as datas de início e término dos serviços".

O § 1º do citado artigo estabelece o prazo de **10 dias** para a validade do orçamento, tendo como termo inicial o seu **recebimento pelo consumidor.**

O § 2º estabelece que, uma vez aprovado pelo consumidor, o orçamento é obrigatório e somente poderá ser alterado se livremente negociado pelas partes.

O§ 3º, por sua vez, estabelece que *"o consumidor não responde por quaisquer ônus ou acréscimos decorrentes da contratação de serviços de terceiros não previstos no orçamento prévio".*

Cabe destacar que não é abusiva a prática do fornecedor cobrar pela realização do orçamento. Perceba que, muitas vezes, é necessário realizar um profundo estudo para esclarecer o preço que será efetivamente cobrado pelo fornecedor, pode ser que tenha que ocorrer a montagem e remontagem, averiguação de peças, análise minuciosa do produto demandando significativo período de tempo. Sempre é necessária a **prévia informação**, deixando claro ao consumidor o preço do orçamento.

20.6. Divulgação de informação depreciativa por ato praticado pelo consumidor que exerce seus direitos

O inciso VII do art. 39 classifica como abusiva a prática do fornecedor *"repassar informação depreciativa, referente a ato praticado pelo consumidor no exercício de seus direitos".*

Esse dispositivo protege o consumidor para que ele não se iniba em garantir, de forma efetiva, o respeito dos direitos que lhe são dados pela legislação consumerista.

20.7. Inserir no mercado produtos ou serviços em desacordo com as normas expedidas por órgãos oficiais

A redação do inciso VIII do art. 39 estipula ser prática abusiva o fato do fornecedor colocar no mercado de consumo produtos ou serviços que contrariem normas técnicas expedidas por órgãos competentes. Existem produtos que para serem inseridos no mercado precisam atender padrões que são estabelecidos por órgãos que fazem parte do Poder Público e assim garantir todos os direitos básicos do consumidor elencados pelo art. 6º do CDC.

20.8. Recusar a venda de bens ou a prestação de serviços mediante pagamento à vista

É prática abusiva a conduta do fornecedor consistente em *"recusar a venda de bens ou apresentação de serviços, diretamente a quem se disponha a adquiri-los mediante pronto pagamento, ressalvados os casos de intermediações regulados em lei específica"* (art. 39, IX do CDC).

Esse inciso deve ser interpretado e combinado com o inciso II, do mesmo artigo, que considera abusiva a prática do fornecedor recusar a demanda de consumidores. O objetivo é garantir que o consumidor possa de forma direta adquirir o produto, sem a necessidade da mediação de uma figura intermediária, responsável por onerar o preço.

20.9. Elevar preços injustificadamente

O inciso X do art. 39 prevê ser prática abusiva a elevação injustificada de preços relativos aos produtos e serviços que circulam no mercado de consumo. Veja que isso não significa que os preços não podem ser alterados obedecendo à lei da oferta e da demanda, o que o código consumerista visa a reprimir é o aumento abusivo desses preços.

O art. 41 estipula que no caso do fornecimento de produtos ou de serviços sujeitos a um regime de tabelamento de preços o fornecedor tem a obrigação de respeitar os índices oficiais sob pena de, procedendo de forma diversa, responder pela devolução da quantia recebida de forma excessiva e o consumidor pode optar pelo desfazimento do negócio, sem prejuízo das demais sanções cabíveis.

20.10. Aplicação de fórmula ou índice de reajuste diverso daquele previsto em lei ou no contrato

Conforme o inciso XI do art. 39 do CDC, é prática abusiva estabelecer um índice de reajuste que seja diverso do legal ou daquele previsto contratualmente. Por óbvio, os fornecedores sempre possuem a tendência de optar por um índice de reajuste que lhe beneficie em detrimento dos direitos garantidos ao consumidor, parte vulnerável da relação de consumo.

20.11. Não estabelecer prazo para o cumprimento de suas obrigações

O inciso XII do artigo prevê como abusiva a conduta do fornecedor em *"deixar de estipular prazo para o cumprimento da obrigação ou deixar a fixação do seu termo inicial ao seu exclusivo critério".* Todo contrato deve fazer constar o prazo de início e término do serviço, não podendo deixar ao livre arbítrio do fornecedor.

Por fim, importante salientar que a Lei 13.425/2017 acrescentou o inciso XIV ao art. 39 do CDC. Segundo ele, "permitir o ingresso em estabelecimentos comerciais ou de serviços de um número maior de consumidores que o fixado pela autoridade administrativa como máximo" também constitui uma prática abusiva.

21. DA COBRANÇA DE DÍVIDAS

O consumidor inadimplente **não será exposto ao ridículo**, nem sofrerá constrangimentos ou ameaças quando for cobrado por suas dívidas. Perceba que o problema não se encontra na cobrança, mas na forma como ela é efetuada. Caso o consumidor sofra algum tipo de constrangimento é cabível mover ação de reparação de danos.

Quando o Código consumerista prevê o termo **ameaça** ele quis se referir àquelas que são consideradas **ilícitas** (por exemplo, ameaçar a vida do inadimplente ou de sua família). Há casos de ameaças lícitas em que o fornecedor está em seu direito, como, por exemplo, a ameaça de inserir o nome do consumidor nos cadastros de proteção ao crédito ou de mover uma ação de cobrança.

O parágrafo único do art. 42 do CDC estipula o direito à devolução dos valores cobrados, **indevidamente** e em **dobro**. O artigo excepciona o **engano justificável**, isto é, quando o fornecedor não age de má-fé, caso em que só poderá ocorrer a restituição simples daquilo que foi cobrado indevidamente.

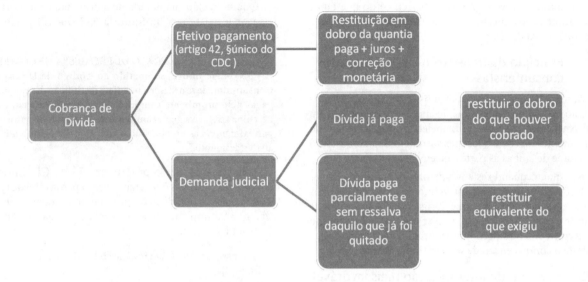

Ressalte-se que a **Súmula 412 do STJ** prevê que *"a ação de repetição de indébito de tarifas de água e esgoto sujeita-se ao prazo prescricional estabelecido no Código Civil"*. Portanto, nesses casos, o prazo prescricional é de **10 anos** (art. 205 do Código Civil).

22. BANCO DE DADOS E CADASTRO DE CONSUMO

Os bancos de dados e os cadastros de consumo possuem a função de possibilitar que o **fornecedor** tenha acesso às informações sobre os consumidores visando a conhecer com quem está contratando. O art. 43 do CDC estabelece que o consumidor sempre terá acesso às informações sobre ele existentes, bem como às respectivas fontes. Caso seja negado acesso a elas o remédio constitucional cabível é o *habeas data* disciplinado pela Lei 9.507 de 1997.

Conforme o § 1º temos que os cadastros deverão ser *"objetivos, claros, verdadeiros e em linguagem de fácil compreensão, não podendo conter informações negativas referentes a período superior a CINCO ANOS"*.

Tal previsão ainda é complementada pela **Súmula 323 do STJ**. Segundo ela a inscrição do consumidor inadimplente nos cadastros de proteção ao crédito pode ser mantida até o prazo máximo de **cinco anos**, ainda que já tenha ocorrido a prescrição da execução.

Com isso, ocorrendo a prescrição da dívida, nos moldes do § 5º do art. 43, *"não serão fornecidas, pelos respectivos sistemas de proteção ao crédito, quaisquer informações que possam impedir ou dificultar o novo acesso ao crédito junto aos fornecedores"*.

O § 2º do art. 43 exige que a abertura de cadastro, ficha ou registro seja informada **por escrito** ao consumidor, sendo que a obrigação de avisar antecipadamente sobre a inscrição negativa será do **órgão mantenedor** do Cadastro de Proteção ao Crédito (**Súmula 359 STJ**).

A não comunicação prévia do consumidor sobre a negativação de seu nome pode ensejar a propositura de uma ação de indenização por danos morais. Além disso, a **Súmula 404 do STJ** estabelece a dispensa de aviso de recebimento na carta responsável pela comunicação do consumidor sobre a inscrição nos cadastros de proteção ao crédito.

O § 3º do art. 43, por sua vez, garante ao consumidor o direito de exigir a imediata correção quando encontrar inexatidão relativa aos seus dados e cadastros. O arquivista deverá proceder a correção no **prazo de 5 dias úteis**, além de comunicar as modificações aos interessados que receberam a informação errônea sobre o consumidor.

Lembrando-se que será o credor da dívida que deverá providenciar o cancelamento da anotação negativa do nome do devedor no prazo de 5 dias úteis, a contar do efetivo pagamento (**Súmula 548 STJ**).

22.1. Da inscrição indevida

A inscrição indevida do nome do consumidor que honra suas obrigações enseja ação de indenização para exigir a reparação do dano moral sofrido, pois tal procedimento viola sua honra, sua imagem, reputação, credibilidade além de prejudicar seu acesso ao crédito no mercado de consumo. É fácil verificar o nítido caráter vexatório da cobrança indevida e o constrangimento enfrentado pelo consumidor.

No entanto, observe o que estipula a **Súmula 385 do STJ**:

> "Da anotação irregular em cadastro de proteção de crédito, NÃO cabe indenização por dano moral, quando preexistente legítima inscrição, ressalvado o direito ao cancelamento".

Ou seja, aquele que já possui o nome negativado não será indenizado pelo fato de existir uma inscrição indevida, ressalvado o **direito de obter o cancelamento daquela que se mostra irregular**. Ora, o consumidor mau pagador não pode reclamar dano moral sendo que sua reputação dentro do mercado de consumo já está atingida por outras inscrições derivadas da falta cumprimento de suas obrigações.

23. DA PROTEÇÃO CONTRATUAL

Diante do reconhecimento da vulnerabilidade do consumidor dentro do mercado de consumo, o Código de Defesa do Consumidor prevê regramento específico no que tange aos contratos consumeristas com a finalidade de proteger a parte mais fraca da relação.

23.1. Princípio da transparência dos contratos consumeristas

Antes de analisarmos os contratos de consumo, devemos tratar do mais importante princípio aplicável aos contratos em geral: *pacta sunt servanda*. Tal estabelece a obrigatoriedade do cumprimento dos contratos que, por meio da manifestação de vontade de ambas as partes, fazem lei entre elas.

No entanto, quando estamos diante de contratos relativos às relações de consumo este princípio pode ser mitigado. A lei estabelece que não se impõe a obrigação ao consumidor de cumprir o contrato se ele não obtiver **prévio conhecimento de seu conteúdo** ou se o contrato for redigido de maneira que **dificulte a compreensão de seu sentido e alcance.**

23.2. Emprego de interpretação mais favorável ao consumidor

De acordo com o art. 47 do CDC, sempre que as cláusulas contratuais não forem claras, objetivas ou de difícil compreensão deverá ser aplicada a interpretação mais **benéfica** ao consumidor.

24. DAS CLÁUSULAS ABUSIVAS

Segundo o *caput* do art. 51 do CDC, cláusulas abusivas são **nulas de pleno direito**, vez que afetam o equilíbrio da relação de consumo.

Por ser matéria de ordem pública (art. 1º do CDC), a nulidade das cláusulas abusivas poderá ser declarada em qualquer momento processual e, inclusive, de ofício. Exceção daquelas que envolvem contratos bancários conforme Súmula 381 do STJ:

> **"Nos contratos bancários, é vedado ao julgador conhecer, de ofício, da abusividade das cláusulas."**

Importante ressaltar que o reconhecimento da abusividade de uma das cláusulas contratuais não afeta o contrato como um todo, salvo quando houver cláusula essencial, ou seja, sem a qual não é possível cumpri-lo. Com isso, poderá o juiz, a requerimento ou de ofício, substituir a referida cláusula e, assim, preservar o contrato celebrado (CDC, § 2º do art. 51).

Qualquer consumidor ou entidade que o represente é parte legítima para requerer ao Ministério Público que ajuíze ação buscando a nulidade das cláusulas abusivas, conforme o § 4º do art. 51 do Código de Defesa do Consumidor.

Veja as cláusulas enumeradas pelo *caput* do art. 51:

> ✓ Aquelas **que impossibilitem, atenuem ou exonerem a responsabilidade** do fornecedor por vícios de qualquer natureza. Essa previsão pode ser mitigada nas hipóteses em que o consumidor é **pessoa jurídica** (CDC, art. 51, I).
>
> ✓ As que impliquem em **renúncia** ou disposição de direitos garantidos pelo Código de Defesa do Consumidor (CDC, art. 51, inciso I).
>
> ✓ As que subtraiam do consumidor a opção de **reembolso** da quantia já paga (CDC, art.51, II).

Quanto à cláusula dotada de abusividade é importante destacar a existência da **Súmula 543 do** STJ, visto que segundo ela:

> **"Na resolução de CONTRATO DE PROMESSA DE COMPRA E VENDA de imóvel submetido ao Código de Defesa do Consumidor, deve ocorrer a imediata restituição das quantias pagas pelo promitente comprador - integralmente em caso de culpa exclusiva for promitente vendedor\construtor, ou parcialmente, caso tenha sido o comprador quem deu caso ao desfazimento."**

Vale ressaltar que o próprio art. 53 do CDC prevê a nulidade das cláusulas que estabelecem a perda total das prestações pagas em benefício do promitente vendedor, que, em razão do inadimplemento contratual deseja reaver o imóvel e resolver o contrato.

> ✓ Cláusulas que **transfiram responsabilidade a terceiros** (CDC, art. 51, III).
>
> ✓ Estabeleçam obrigações que coloquem o consumidor em manifesta posição de desvantagem, sendo incompatíveis com a boa-fé e o equilíbrio. (CDC, art. 51, IV).
>
> ✓ Estabeleçam inversão do ônus da prova em prejuízo do consumidor (CDC, art. 51, VI).
>
> ✓ Cláusulas que determinem a utilização **compulsória** de arbitragem (CDC, art. 51, VII).

Lembrando que, nos termos da **Lei da Arbitragem** (Lei 9.307 de 1196), a utilização da arbitragem para compor eventual conflito surgido das relações de consumo **não é vedada**, mas diante da vulnerabilidade do consumidor ela não pode ser imposta de forma obrigatória.

> ✓ São abusivas e, portanto nulas, aquelas que imponham **representante para realizar outro negócio jurídico**, obrigando o consumidor (CDC, art. 51, VIII).

Por fim, o Código de Defesa do Consumidor enumera algumas cláusulas que criam **vantagens especiais** apenas em relação ao fornecedor, prejudicando o equilíbrio contratual:

> ✓ São abusivas as cláusulas que **deixem ao fornecedor a opção de concluir ou não o contrato**, mas que obrigam o consumidor (CDC, art. 51. IX), além daquelas que permitem o fornecedor estipular a variação de preço de forma unilateral (CDC, art. 51, X).
>
> ✓ Cláusulas que autorizem o fornecedor a cancelar o contrato **unilateralmente**, sem que o mesmo direito seja conferido ao consumidor (CDC, art. 51, XI), as que permitem que o fornecedor **modifique o conteúdo e a qualidade do contrato**, de forma unilateral (CDC, art.51, XIII) e as que permitem a modificação unilateral da **variação de preço** (CDC, art. 51, X).
>
> ✓ Cláusulas que impõem ao consumidor o dever de **restituir os custos de cobrança**, sem que tal direito também seja conferido ao consumidor.
>
> ✓ Cláusulas que violem normas do **Direito Ambiental** (CDC, art. 51, XIV).
>
> ✓ Todas aquelas cláusulas que estão em **desacordo com o sistema de proteção do consumidor** (CDC, art. 51, XV).
>
> ✓ Por fim, são abusivas as cláusulas que retiram do consumidor a possibilidade de ser indenizado por **benfeitorias necessárias** (CDC, art. 51, XVI).

25. DOS CONTRATOS DE ADESÃO

Do aumento desenfreado do incentivo ao consumo e da produção em massa surge o chamado **contrato de adesão** que se contrapõe ao contrato paritário, isto é, aquele em que as partes discutem de forma livre todas as suas disposições.

Diante da impossibilidade de discussão das cláusulas constantes em um contrato de adesão, o Código de Defesa do Consumidor prevê algumas regras específicas para que o consumidor seja protegido e não saia prejudicado.

O art. 54 do CDC também define o que é o contrato de adesão e logo em seguida (§ 2º) impõe ao fornecedor a obrigação de redigi-lo sempre utilizando termos que sejam claros, de forma legível e ostensiva. Tudo isso serve para facilitar a compreensão do consumidor e impedir eventuais abusos.

Nos moldes do art. 54, § 1º do CDC a simples inserção de uma cláusula não descaracteriza o contrato, ele continua sendo de adesão. Para ser considerado paritário precisa ocorrer a ampla discussão de suas cláusulas pelas partes transformando substancialmente o seu conteúdo.

Nos termos do § 2º do art. 54, é permitida a chamada **cláusula resolutória nos contratos de adesão**, dando poderes para que uma das partes resolva o contrato caso a outra parte não cumpra com as suas obrigações previstas contratualmente. No entanto, no Direito do Consumidor esse tipo de cláusula se impõe como uma alternativa ao consumidor: ou ele aceita a resolução do contrato ou opta por pagar o que está devendo (purgar a mora) e, assim, o contrato será mantido.

Já o § 4º do art. 54 permite a inclusão de cláusulas que impliquem a limitação dos direitos do consumidor, mas com a condição de que elas sejam escritas em destaque.

26. DAS SANÇÕES ADMINISTRATIVAS

O fornecedor de produtos e serviços responde pelos prejuízos causados ao consumidor em três âmbitos que são distintos e independentes:

✓ Esfera cível (ação de reparação de danos);

✓ Esfera penal (crimes elencados pelos arts. 63 a 74 do CDC);

✓ Esfera administrativa.

O art. 55 em seu *caput* dispõe sobre a competência **concorrente** da União, dos Estados e do Distrito Federal para expedirem normas relativas à produção, consumo, industrialização e distribuição de produtos e serviços, sempre observando seu âmbito de atuação respectivo.

Na esfera administrativa as sanções serão impostas pelas autoridades no âmbito de sua competência, de forma cumulada ou não. Como exemplo, a existência de um produto viciado em que se aplica multa ao fornecedor, além de impedir que o produto continue sendo utilizado no mercado de consumo (parágrafo único, art. 56 CDC).

No que tange à **pena de multa**, que será atribuída conforme a gravidade da infração, vantagem auferida e condição econômica do fornecedor, sua aplicação ocorrerá sempre mediante o trâmite de processo administrativo e o valor arrecadado será revertido ao **Fundo previsto pela Lei da Ação Civil Pública** (Lei 7.347 de 1985), quando tratar-se de multa imposta pela **União**, vez que em relação aos outros entes o valor recolhido será destinado aos **Fundos de Proteção ao Consumidor**.

27. DAS INFRAÇÕES PENAIS

Os tipos penais estão previstos a partir do art. 61 do Código Consumerista.

Com relação às regras gerais, o CDC não deixa de lado a previsão do **concurso de agentes**, onde aquele que concorrer, de qualquer modo para a prática do crime, incide nas penas a este culminadas, mas levando-se em consideração a medida de sua culpabilidade (art. 75 do CDC). Vale ressaltar, que este artigo também prevê a responsabilidade penal do **diretor, administrador ou gerente da pessoa jurídica** que contribuir para a prática da infração.

No tocante às infrações penais, a depender do crime, haverá a incidência das chamadas **circunstâncias agravantes** (art. 76 do CDC).

Além das penas privativas de liberdade e da aplicação de multa, poderão ser impostas, cumulativamente ou não, ao infrator penas restritivas de direito, a saber (art. 78 do CDC):

✓ A interdição temporária de direitos;

✓ A comunicação, às expensas do fornecedor condenado, da notícia sobre o fato e consequente condenação.

✓ Prestação de serviços à comunidade.

Lembre-se que nos crimes consumeristas, cujas ações penais serão propostas pelo Ministério Público, poderão intervir como assistentes do *parquet* os legitimados do art. 82, incisos III e IV do CDC. Tais pessoas também serão legitimadas a ingressar com ação penal subsidiária, caso a denúncia não seja oferecida dentro do prazo estipulado pela lei (art. 80 do CDC).

28. DA DEFESA DO CONSUMIDOR EM JUÍZO

A consagração de direitos pertencentes aos consumidores teve como consequência a necessidade da criação de mecanismos processuais para manejá-los e, assim, garantir sua efetividade.

Importante salientar, no âmbito processual, que aquele que efetuou o pagamento do dano causado ao consumidor terá direito à ação de regresso em processo autônomo, vedando-se, no entanto, a denunciação a lide nos ditames do Código de Defesa do Consumidor (art. 88 do CDC).

28.1. Ações coletivas – disposições gerais

O *caput* do art. 81 do CDC deixa claro que os direitos dos consumidores e das vítimas de acidente de consumo poderão ser exercidos, em juízo, **de forma individual ou coletiva**.

No ajuizamento das ações coletivas o legislador garantiu ao consumidor a possibilidade de **se afastar o adiantamento das custas**, bem como o pagamento dos chamados **emolumentos**, **honorários periciais** e **despesas**. Todavia, ocorrendo comprovada má-fé, o art. 87 do CDC determina que a associação autora, bem como os diretores que tenham sido responsáveis pela propositura da ação serão **solidariamente** condenados em **honorários advocatícios** e ao **décuplo das custas**, sem prejuízo de eventuais perdas e danos.

Em linhas gerais, na defesa do consumidor em juízo é permitida a **aplicação subsidiária da Lei da Ação Civil Pública** (Lei 7,347 de 1985) a fim de buscar a efetivação dos direitos consumeristas (art. 90 do CDC).

28.2. Direitos difusos, coletivos stricto sensu e individuais homogêneos

A ação coletiva traz as seguintes categorias de direito coletivo:

✓ **Direitos Difusos** - São os direitos **transindividuais**, de natureza **indivisível**, e que lhe sejam titulares pessoas **indeterminadas**, mas ligadas por uma **circunstância de fato** (CDC, art.81, parágrafo único, I).

Direitos **transindividuais** são aqueles que transcendem a esfera individual pertencendo não só ao indivíduo, como também a uma coletividade de pessoas. Um exemplo de direito transindividual, além do âmbito consumerista, é o direito ao meio ambiente. Perceba que ao mesmo tempo que pertence ao indivíduo isoladamente considerado, também é um direito da sociedade como um todo.

Direitos de natureza **indivisível**, por sua vez, são aqueles que pertencem a mais de uma pessoa de maneira **uniforme**, sendo garantido na mesma proporção para todos os seus titulares. A defesa de um indivíduo implica, ao mesmo tempo, a defesa da coletividade.

Assim, podemos dar como exemplo de direito difuso a proteção contra a publicidade enganosa ou abusiva. Perceba que esta proteção implica na defesa de toda coletividade de indivíduos que foram expostos à prática abusiva, caso em que não é possível a determinação de quantas pessoas sofreram os efeitos negativos da enganosidade ou abusividade.

✓ **Direitos Coletivos *stricto sensu*** - São os direitos pertencentes a pessoas que são ligadas entre si por uma **relação jurídica base** (CDC, art.81, parágrafo único II).

Esses direitos também são **transindividuais e indivisíveis.** No entanto, são mais **restritos** se comparados aos primeiros, ou seja, pertencem a um **grupo de pessoas**, **classe** ou **categoria** que estão interligados por uma **relação jurídica base**. Esta última, portanto, é uma relação de cunho jurídico que surge da lei ou de um contrato.

Podemos citar como exemplo uma cláusula abusiva integrante de um contrato de plano de saúde. A abusividade da cláusula atinge um grupo de pessoas determinadas, ou seja, aquelas que assinaram o contrato e, simultaneamente, ultrapassa os limites do indivíduo. Quando um pleiteia a nulidade desta cláusula, ela será reconhecida para todos os demais que integram a chamada relação jurídica base (a defesa de um implica na defesa dos demais).

✓ **Direitos Individuais Homogêneos** - São aqueles decorrentes de **origem comum** (CDC, art. 81, parágrafo único, III). Esse direito é **individual**, mas cuja **postulação** pode ocorrer de forma **coletiva**. Enquanto os dois primeiros podem ser considerados **essencialmente coletivos** porque sua defesa apenas será possível mediante a propositura de ação coletiva, neste último sua coletividade é **acidental**, pois permite que se mova a ação de forma individual ou coletiva.

Em casos de defesa coletiva, o pedido será genérico, bem como a sentença. A execução será exercida de forma individual, pois cada indivíduo terá direito ao recebimento de um *quantum* diferente.

Esses direitos são perfeitamente **divisíveis**. Há algum tempo houve discussões a respeito dos anticoncepcionais feitos de farinha. A mulher que o comprou e acabou engravidando, pode mover uma ação de reparação de danos de forma individual ou coletiva. Perceba que o *quantum* da indenização será diverso e apurado conforme os prejuízos causados em cada uma das mulheres que se habilitaram na ação coletiva.

DIFUSOS	COLETIVOS	INDIVIDUAIS HOMOGÊNEOS
• Direitos **transindividuais**, de natureza **indivisível**, e que lhe sejam titulares pessoas **indeterminadas**, mas ligadas por uma **circunstância de fato**	• Direitos **transindividuais** e **indivisíveis**, no entanto, são mais **retritos** se comparados aos primeiros, isto é, porque pertencem à um **grupo de pessoas**, **classe** ou **categoria** que estão interligados por uma relação jurídica base	• São aqueles decorrentes de **origem comum** e divisíveis.

28.3. Legitimidade para ingressar com a ação coletiva

São legitimados **concorrentes**, na forma do art. 82 do CDC:

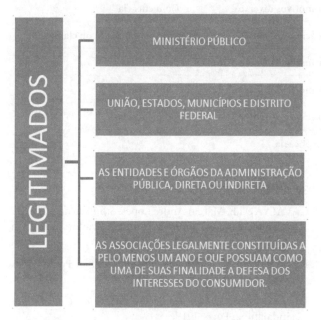

Lembrando que o requisito da **pré-constituição** da associação pode ser dispensado, a critério do juiz, nas hipóteses que envolvam direitos individuais homogêneos (art. 82, § 1º CDC).

28.4. Ações coletivas de direitos individuais homogêneos

O Código de Defesa do Consumidor traz um regramento específico no que tange às ações coletivas de direitos individuais homogêneos.

O objetivo da ação coletiva que protege os direitos individuais homogêneos é a reparação dos danos sofridos pelas vítimas de forma individual, por isso, quando for de seu interesse, poderão ingressar na ação conquistando a qualidade de **litisconsortes**.

Os legitimados para a propositura da respectiva ação são os mesmos elencados pelo art. 82 do CDC, com importante papel desempenhado pelo Ministério Público, que atuará como fiscal da lei (arts. 91 e 92 do CDC). A ação deverá ser proposta no foro do lugar onde ocorreu ou deva ocorrer o dano ou no foro da Capital do Estado ou no Distrito Federal para os danos de âmbito nacional ou regional, devendo aplicar-se aos casos de competência concorrente as regras do Código de Processo Civil (art. 93 do CDC).

Além da liquidação e execução individual, existe a possibilidade destas ações serem promovidas **coletivamente** (arts. 97 e 98 do CDC), sendo que, se dentro do prazo de um ano não ocorrerem as execuções individuais em número proporcional à extensão do dano, far-se-á a execução coletiva que será promovida pelos legitimados elencados pelo art. 82 (art. 100 do CDC).

Importante dizer que o valor resultante dos atos executórios será revertido em favor do **Fundo de Reparação** criado pela Lei da Ação Civil Pública e, após o escoamento do referido prazo, desde que o direito não esteja prescrito, os interessados poderão reclamar a parcela que lhe diz respeito. Os valores permanecerão inertes e disponibilizados tão somente para ressarcir os consumidores lesados.

29. COISA JULGADA NAS AÇÕES COLETIVAS

A **coisa julgada** pode ser conceituada como a **imutabilidade dos efeitos da sentença**. É consagrada sob o manto da **segurança jurídica**, vez que impede que os conflitos sejam rediscutidos a todo momento, prolongando-se *ad eternum*. Está prevista no art. 5º, XXXVI da Constituição Federal como um Direito Fundamental.

Dentro da seara consumerista, o art. 103 do CDC fez por bem elencar os **efeitos** produzidos pela **coisa julgada quando** estamos tratando das ações coletivas.

Assim, o efeito será *erga omnes* nas ações coletivas que visam à proteção de **Direitos Difusos, salvo** se julgado **improcedente por insuficiência de provas.** Nestes casos, qualquer legitimado pode ingressar com uma **nova ação**, até com fundamento e pedidos idênticos, mas baseado em uma prova nova e inovadora (CDC, art. 103, I).

Vale destacar que se a ação coletiva for julgada **improcedente**, mas fundamentada em outro motivo que não a falta de provas, torna-se impossível a propositura de uma nova ação coletiva. A improcedência da ação afetará a todos. Perceba que as ações coletivas **não** prejudicam o direito do consumidor de ingressar com uma ação individual (CDC, art. 103, § 1º).

O efeito será *ultra partes*, mas limitadamente ao grupo, classe ou categoria, unidos por uma relação jurídica base. Aqui, as **ações coletivas visam à proteção de Direitos Coletivos** *stricto sensu*, salvo a **improcedência por falta de provas**. Desta forma, será possível ingressar com nova ação coletiva, nos mesmos termos da primeira, mas baseada em novas provas.

Assim, mais uma vez, se a **improcedência** decorrer de **outro fundamento**, que não a insuficiência de provas, a coisa julgada irá atingir o grupo, a classe ou a categoria e a questão decidida não poderá mais ser rediscutida.

Por último, o inciso III do art. 103 do CDC prevê os efeitos da coisa julgada em relação aos direitos **Individuais Homogêneos**. Segundo o dispositivo, será *erga omnes*, mas **somente em casos de procedência da ação coletiva**.

Complementa o § 2º do art. 103 que *"em caso de improcedência do pedido os interessados que não tiverem intervindo no processo como litisconsortes poderão propor ação de indenização a título individual"*. Observe que ao consumidor que ingressar na ação coletiva assumindo a posição de litisconsorte, qualquer que seja o resultado irá atingi-lo, seja a ação julgada procedente ou improcedente.

	Sentença de Procedência	Eficácia *erga omnes*	
DIFUSOS	Sentença de Improcedência	Por insuficiência de provas	Sem eficácia
		Por motivos diversos	Com eficácia
COLETIVOS	Sentença de Procedência	Eficácia *ultra partes* – limitada ao grupo, categoria ou classe	
	Sentença de Improcedência	Por insuficiência de provas	Sem eficácia
		Por motivos diversos	Com eficácia
INDIVIDUAIS HOMOGÊNEOS	Sentença de Procedência	Eficácia *erga omnes*	Com eficácia
	Sentença de Improcedência	Sem eficácia	

29.1. Litispendência e suspensão das ações individuais

As ações coletivas movidas para defender direitos **difusos** e **coletivos** *stricto sensu* **NÃO** induzem litispendência para as ações individuais (art. 104 do CDC).

Quanto aos **efeitos da coisa julgada**, *erga omnes* ou *ultra partes* (inciso II e III do art. 103, respectivamente) os autores das **ações individuais**, **não** serão beneficiados, **salvo** se eles requererem a **suspensão** (das ações individuais em trâmite) no prazo de **30 dias**, possuindo como termo inicial **a ciência nos autos do ajuizamento da ação coletiva**.

Se a **ação coletiva** for julgada **improcedente**, a **ação individual** continuará em trâmite. Observe que se o particular permanecer inerte quanto ao requerimento de suspensão da ação, ele **não** será afetado pelos efeitos da decisão da **ação coletiva** e, assim, terá que aceitar eventual **contradição nos julgamentos**.

30. SISTEMA NACIONAL DE DEFESA DO CONSUMIDOR (SNDC)

O SNDC é integrado pelos os órgãos federais, estaduais, do Distrito Federal, municipais e as entidades privadas de defesa do consumidor (art. 105 do CDC). Já o Departamento Nacional de Defesa do Consumidor é organismo de coordenação do SNDC cujas atribuições estão previstas no art. 106 do CDC.

31. DA CONVENÇÃO COLETIVA DE CONSUMO

Por meio do art. 107 do CDC, o legislador consumerista permite que as entidades civis de consumidores em conjunto com as associações de fornecedores ou sindicatos de categoria econômica regulem, utilizando uma **convenção escrita**, as relações de consumo e, assim, estabeleçam condições quanto ao preço, qualidade, garantias, entre outras matérias. Conforme o § 1º do mencionado artigo, a obrigatoriedade da convenção inicia-se a partir do **registro do instrumento** no **Cartório de Títulos e Documentos**.

32. BIBLIOGRAFIA

CAVALVANTE, Márcio André Lopes. *Súmulas do STJ e STF anotadas e organizadas por assunto*. Salvador: JusPodvm, 2017.

DENSA, Roberta. *Direito do consumidor*. São Paulo: Atlas, 2005.

DENSA, Roberta. *Mini Código de Defesa do Consumidor*. Indaiatuba: Foco, 2017.

FIGUEIREDO, Fábio Vieira; FIGUEIREDO, Simone Diogo Carvalho. *Código de Defesa do Consumidor anotado*. São Paulo: Rideel, 2009.

FIGUEIREDO, Fábio Vieira; FIGUEIREDO, Simone Diogo Carvalho; ALEXANDRIDIS, Georgios José Ilias Barnabé. *Mini Código de Defesa do Consumidor Anotado*. São Paulo: Saraiva, 2011.

FILOMENO, José Geraldo Brito. *Curso Fundamental de Direito do Consumidor*. 3ª ed. São Paulo: Atlas, 2014. GONÇALVES, Carlos Roberto. *Direito Civil Brasileiro*. Volume IV. São Paulo: Saraiva, 2016.

MARQUES, Claudia Lima. *Contratos no Código de Defesa do Consumidor: o novo regime das relações contratuais*. 6ª ed. rev, atual e ampl. São Paulo: Revista dos Tribunais, 2011.

NUNES, Rizzato. *Manual de Direito do Consumidor para concursos*. 1ª ed. São Paulo: Saraiva, 2016 NUNES, Rizzato. *Curso de Direito do Consumidor*. 10 ª ed. São Paulo: Saraiva, 2015.

OLIVEIRA, Júlio Moraes. *Curso de Direito do Consumidor Completo*. 2ª ed. Belo Horizonte: D´Plácido, 2015.

PODESTÁ, Fábio Henrique. *Direito das Obrigações: Teoria Geral e Responsabilidade Civil*. 6ª ed. São Paulo: Atlas, 2008.

TARTUCE, Flávio; NEVES, Daniel Assumpção Amorim. *Manual de Direito do Consumidor: Direito Material e Processual*. Volume único. 5ª ed. São Paulo: Método, 2015.

DIREITO DO CONSUMIDOR

33. QUESTÕES

Academia de ginástica veicula anúncio assinalando que os seus alunos, quando viajam ao exterior, podem se utilizar de rede mundial credenciada, presente em 60 países e 230 cidades, sem custo adicional. Um ano após continuamente fazer tal divulgação, vários alunos reclamam que, em quase todos os países, é exigida tarifa de uso da unidade conveniada. A academia responde que a referência ao "sem custo adicional" refere-se à inexistência de acréscimo cobrado por ela, e não de eventual cobrança, no exterior, de terceiro. Acerca dessa situação, assinale a afirmativa correta.

(A) A loja veicula publicidade enganosa, que se caracteriza como a que induz o consumidor a se comportar de forma prejudicial ou perigosa a sua saúde ou segurança.

(B) A loja promove publicidade abusiva, pois anuncia informação parcialmente falsa, a respeito do preço e qualidade do serviço.

(C) Não há irregularidade, e as informações complementares podem ser facilmente buscadas na recepção ou com as atendentes, sendo inviável que o ordenamento exija que detalhes sejam prestados, todos, no anúncio.

(D) A loja faz publicidade enganosa, que se configura, basicamente, pela falsidade, total ou parcial, da informação veiculada.

A questão trata da vinculação do fornecedor à oferta, bem como sobre as diferenças entre publicidade enganosa e abusiva.

COMENTÁRIOS: **A:** Incorreta. A academia vinculou publicidade enganosa, ou seja, trouxe informações falsas que induziram o consumidor a erro (CDC, art. 37, § 1º). Aquela que induz o consumidor a se comportar de forma prejudicial é a publicidade abusiva (CDC, art. 37, § 2º); **B:** Incorreta. Mais uma vez a alternativa confunde os conceitos de publicidade enganosa e publicidade abusiva. Publicidade enganosa é aquela que vincula uma informação falsa que induz o consumidor a erro, por sua vez, a publicidade abusiva é aquela que contraria valores sociais importantes ou induz o consumidor a comportar-se de forma perigosa e nociva (CDC, art. 37, §§ 1º e 2º); **C:** Incorreta. De acordo com o art. 31 do CDC, é obrigação do fornecedor apresentar informações corretas, claras, precisas, ostensivas e em língua portuguesa. É a incidência do princípio da transparência; **D:** Correta, nos termos do art. 37, § 1º do CDC. Perceba que houve uma omissão da academia em relação à cobrança extra que ocorre no exterior, mas a omissão de informação essencial (ou seja, sem a qual o negócio não teria sido entabulado) também caracteriza a publicidade como enganosa (§ 3º do art. 37 do CDC).
Gabarito "D".

EXAME XII

O Banco XYZ, com objetivo de aumentar sua clientela, enviou proposta de abertura de conta corrente com cartão de crédito para diversos estudantes universitários. Ocorre que, por desatenção de um dos encarregados pela instituição financeira da entrega das propostas, o conteúdo da proposta encaminhada para a estudante Bruna, de dezoito anos, foi furtado. O cartão de crédito foi utilizado indevidamente por terceiro, sendo Bruna surpreendida com boletos e ligações de cobrança por compras que não realizou. O episódio culminou com posterior inclusão do seu nome em um cadastro negativo de restrições ao crédito. Bruna nunca solicitou o envio do cartão ou da proposta de abertura de conta, e sequer celebrou contrato com o Banco XYZ, mas tem dúvidas acerca de eventual direito à indenização. Na qualidade de Advogado, diante do caso concreto, assinale a afirmativa correta.

(A) A conduta adotada pelo Banco XYZ é prática abusiva à luz do Código do Consumidor, mas como Bruna não é consumidora, haja vista a ausência de vínculo contratual, deverá se utilizar das regras do Código Civil para fins de eventual indenização.

(B) A pessoa exposta a uma prática abusiva, como na hipótese do envio de produto não solicitado, é equiparada a consumidor, logo Bruna pode postular indenização com base no Código do Consumidor.

(C) A prática bancária em questão é abusiva segundo o Código do Consumidor, mas o furto sofrido pelo preposto do Banco XYZ configura culpa exclusiva de terceiro, excludente da obrigação da instituição financeira de indenizar Bruna.

(D) O envio de produto sem solicitação do consumidor não é expressamente vedado pela lei consumerista, que apenas considera o produto como mera amostra grátis, afastando eventual obrigação do Banco XYZ de indenizar Bruna.

A questão trata das práticas abusivas nas relações consumeristas.

COMENTÁRIOS: **A:** Incorreta. Podemos perceber que a conduta do fornecedor é abusiva, nos termos do art. 39, III do CDC. No entanto, a alternativa diz que Bruna não é consumidora, caso em que a questão encontra-se equivocada. Bruna é considerada consumidora por equiparação, segundo o art. 29 do CDC, já que está exposta às práticas comerciais; **B:** Correta. Bruna é consumidora por equiparação, pois está exposta às práticas abusivas, nos termos do art. 29 do CDC, portanto, ainda que não tenha adquirido ou utilizado o produto ou o serviço, poderá fazer jus à proteção das normas consumeristas; **C:** Incorreta. A prática é abusiva, assim como prevê o art. 39, III do CDC. Porém, o fato de ter ocorrido o furto não exclui a responsabilidade do banco, visto que ela assume a responsabilidade uma vez que enviou o cartão via correio; **D:** Incorreta, nos termos do art. 39, III do CDC. O envio de produto sem solicitação do cliente é considerado uma prática abusiva.
Gabarito "B".

EXAME XII

Maria e Manoel, casados, pais dos gêmeos Gabriel e Thiago que têm apenas três meses de vida, residem há seis meses no Condomínio Vila Feliz. O fornecimento do serviço de energia elétrica na cidade onde moram é prestado por uma única concessionária, a Companhia de Eletricidade Luz S.A. Há uma semana, o casal vem sofrendo com as contínuas e injustificadas interrupções na prestação do serviço pela concessionária, o que já acarretou a queima do aparelho de televisão e da geladeira, com a perda de todos os alimentos nela contidos. O casal pretende ser indenizado. Nesse caso, à luz do princípio da vulnerabilidade previsto no Código de Proteção e Defesa do Consumidor, assinale a afirmativa correta.

(A) Prevalece o entendimento jurisprudencial no sentido de que a vulnerabilidade no Código do Consumidor é sempre presumida, tanto para o consumidor pessoa física, Maria e Manoel, quanto para a pessoa jurídica, no caso, o Condomínio Vila Feliz, tendo ambos direitos básicos à indenização e à inversão judicial automática do ônus da prova.

(B) A doutrina consumerista dominante considera a vulnerabilidade um conceito jurídico indeterminado, plurissignificativo, sendo correto afirmar que, no caso em questão, está configurada a vulnerabilidade fática do casal diante da concessionária, havendo direito básico à indenização pela interrupção imotivada do serviço público essencial.

(C) É dominante o entendimento no sentido de que a vulnerabilidade nas relações de consumo é sinônimo exato de hipossuficiência econômica do consumidor. Logo, basta ao casal Maria e Manoel demonstrá-la para receber a integral proteção das normas consumeristas e o consequente direito básico à inversão automática do ônus da prova e a ampla indenização pelos danos sofridos.

(D) A vulnerabilidade nas relações de consumo se divide em apenas duas espécies: a jurídica ou científica e a técnica. Aquela representa a falta de conhecimentos jurídicos ou outros pertinentes à contabilidade e à economia, e esta, à ausência de conhecimentos específicos sobre o serviço oferecido, sendo que sua verificação é requisito legal para inversão do ônus da prova a favor do casal e do consequente direito à indenização.

A questão trata dos princípios (art. 4º do CDC) e direitos básicos (art. 6º do CDC), principalmente o reconhecimento da vulnerabilidade do consumidor no mercado consumerista (art. 4º, I do CDC).

COMENTÁRIOS: **A:** Incorreta. Realmente a **vulnerabilidade** do consumidor é presumida, diante da supremacia técnica, informacional, econômica e jurídica do fornecedor, nos termos do art. 4º, I do CDC. No entanto, a alternativa a confunde com a hipossuficiência, que é critério de inversão do ônus da prova, no sentido de facilitar a defesa do consumidor em juízo, já que nem sempre ele tem condições de provar aquilo que alega (art. 6º, VIII do CDC). Além disso, a inversão do ônus da prova não é automática, depende da análise da verossimilhança das alegações, bem como da hipossuficiência do consumidor. Perceba que a hipossuficiência é discutida de forma subjetiva. Lembre-se da seguinte premissa: todo consumidor é vulnerável, mas nem todo consumidor é hipossuficiente; **B:** Correta. De acordo com o art. 4º, I do CDC, todo consumidor é presumidamente vulnerável quanto às relações consumeristas; **C:** Incorreta. Não podemos atribuir o mesmo significado à vulnerabilidade e hipossuficiência pois estas palavras não podem ser tratadas como sinônimas. A vulnerabilidade é reconhecida de forma objetiva em relação a todos os consumidores (art. 4º, I do CDC). A hipossuficiência, por sua vez, é um

329

CARLOS LOPES TEIXEIRA

critério de inversão do ônus da prova e será verificada dentro do caso concreto nas hipóteses em que o consumidor não tem condições de provar aquilo que alega em juízo (art. 6º, VIII do CDC). A vulnerabilidade do consumidor é presumida e, portanto, independe de prova de forma que, nas relações de consumo, sempre gozará da proteção oferecida pelo Código consumerista; **D:** Incorreta. A vulnerabilidade pode ser econômica, técnica, informacional, jurídica e científica. A vulnerabilidade é presumida e a verificação da hipossuficiência é que seria requisito legal para a inversão do ônus da prova em conjunto com a existência da verossimilhança das alegações.

Gabarito "B".

EXAME XV

Carmen adquiriu veículo zero quilômetro com dispositivo de segurança denominado airbag do motorista, apenas para o caso de colisões frontais. Cerca de dois meses após a aquisição do bem, o veículo de Carmen sofreu colisão traseira, e a motorista teve seu rosto arremessado contra o volante, causando-lhe escoriações leves. A consumidora ingressou com medida judicial em face do fabricante, buscando a reparação pelos danos materiais e morais que sofrera, alegando ser o produto defeituoso, já que o airbag não foi acionado quando da ocorrência da colisão. A perícia constatou colisão traseira e em velocidade inferior à necessária para o acionamento do dispositivo de segurança. Carmen invocou a inversão do ônus da prova contra o fabricante, o que foi indeferido pelo juiz. Analise o caso à luz da Lei nº 8.078/90 e assinale a afirmativa correta.

(A) Cabe inversão do ônus da prova em favor da consumidora, por expressa determinação legal, não podendo, em qualquer hipótese, o julgador negar tal pleito.

(B) Falta legitimação, merecendo a extinção do processo sem resolução do mérito, uma vez que o responsável civil reparação é o comerciante, no caso, a concessionária de veículos.

(C) A responsabilidade civil do fabricante é objetiva e independe de culpa; por isso, será cabível indenização à vítima consumidora, mesmo que esta não tenha conseguido comprovar a colisão dianteira.

(D) O produto não poderá ser caracterizado como defeituoso, inexistindo obrigação do fabricante de indenizar a consumidora, já que, nos autos, há apenas provas de colisão traseira.

A questão trata da responsabilidade do fornecedor pelo fato do produto.

COMENTÁRIOS: **A:** Incorreta. A inversão do ônus da prova não é automática, dependendo da análise de dois critérios: verossimilhança das alegações e hipossuficiência, ou seja, a dificuldade do consumidor em provar aquilo que alega em juízo (art. 6º, VIII do CDC); **B:** Incorreta. Estamos tratando de fato do produto, ou seja, quando este não fornece a segurança que dele se espera e acaba gerando danos à integridade física, saúde ou segurança do consumidor. Nestes casos, o comerciante responderá apenas nos casos elencados pelo art. 13 do CDC. O contrário ocorre em casos de vícios, isto é, quando o produto possui um problema que afeta a sua qualidade ou quantidade, mas sem colocar em risco a vida, saúde ou segurança do consumidor. Nestas hipóteses, o comerciante responderá de forma solidária, nos moldes do art. 18 a 20 do CDC; **C:** Incorreta. Apesar da responsabilidade do fornecedor ser solidária (parágrafo único do art. 7º e § 1º do art. 25 ambos do CDC) e objetiva (art. 12), quando ocorre o fato do produto significa que ele não apresenta a segurança mínima esperada. No entanto, o *airbag* servia apenas para colisões frontais e, no caso em concreto, a colisão foi traseira. O produto,

portanto, não pode ser considerado defeituoso; **D:** Correta. Assim como prevê o art. 12, *caput* e § 1º do CDC.

Gabarito "D".

EXAME XXIV

Osvaldo adquiriu um veículo zero quilômetro e, ao chegar a casa, verificou que, no painel do veículo, foi acionada a indicação de problema no nível de óleo. Ao abrir o capô, constatou sujeira de óleo em toda a área. Osvaldo voltou imediatamente à concessionária, que realizou uma rigorosa avaliação do veículo e constatou que havia uma rachadura na estrutura do motor, que, por isso, deveria ser trocado. Osvaldo solicitou um novo veículo, aduzindo que optou pela aquisição de um zero quilômetro por buscar um carro que tivesse toda a sua estrutura "de fábrica". A concessionária se negou a efetuar a troca ou devolver o dinheiro, alegando que isso não descaracterizaria o veículo como novo e que o custo financeiro de faturamento e outras medidas administrativas eram altas, não justificando, por aquele motivo, o desfazimento do negócio.

No mesmo dia, Osvaldo procura você, como advogado, para orientá-lo. Assinale a opção que apresenta a orientação dada.

(A) Cuida-se de vício do produto, e a concessionária dispõe de até trinta dias para providenciar o reparo, fase que, ordinariamente, deve preceder o direito do consumidor de pleitear a troca do veículo. CORRETA.

(B) Trata-se de fato do produto, e o consumidor sempre pode exigir a imediata restituição da quantia paga, sem prejuízo de pleitear perdas e danos em juízo.

(C) Há evidente vício do produto, sendo subsidiária a responsabilidade da concessionária, devendo o consumidor ajuizar a ação de indenização por danos materiais em face do fabricante.

(D) Trata-se de fato do produto, e o consumidor não tem interesse de agir, pois está no curso do prazo para o fornecedor sanar o defeito.

A questão trata de uma situação clara da responsabilidade do fornecedor pelo vício do produto, disposto no art. 18 do Código de Defesa do Consumidor.

COMENTÁRIOS: **A:** Correta. O caso apresentado demonstra a configuração de responsabilidade por vício do produto, visto que o carro adquirido por Osvaldo apresentou vício de qualidade, tornando sua utilização inadequada. O fornecedor, por sua vez, possui o prazo máximo de 30 dias para sanar o vício apresentado e, não sendo resolvido neste período, Osvaldo poderá, sim, exigir a sua substituição. (art. 18 *caput*, §1º e inciso I do CDC); **B:** Incorreta. Não há que falar em responsabilidade pelo fato do produto nesta situação, visto que não houve qualquer dano à incolumidade física ou psíquica de Osvaldo. Ademais, o fornecedor possui o prazo máximo de 30 dias para sanar o vício; **C:** Incorreta. Não há que se falar em subsidiariedade por parte da concessionária, visto que o Código de Defesa do Consumidor disciplina que a responsabilidade será **solidária** pelos vícios de qualidade ou quantidade que tornem os produtos ou serviços impróprios ou inadequados ao consumo a que se destinam. (art. 18 do CDC); **D:** Incorreta. Conforme explanado acima, cuida-se de vício do produto e Osvaldo poderá exigir a substituição do produto após transcorrido o prazo de 30 dias do fornecedor para sanar o vício apresentado.

Gabarito "A".

Direito Internacional

Carlos Abrão

1. HISTÓRICO DE DIREITO INTERNACIONAL PÚBLICO

A história do Direito Internacional Público, remonta o início da própria humanidade, haja vista que centros de poder sempre tiveram de fazer acordos visando à autossustentação.

Um dos primeiros eventos que podem ser considerados como uma "semente" do Direito Internacional Público foi o acordo ocorrido entre as cidades de Umma e Lagash, mediado pelo Rei Mesilin, soberano de Kish.

Note-se que temos nesse evento quase todas as características de um acordo internacional: dois centros de poder políticos isonômicos, buscando um acordo, construído na vontade recíproca e mediados por um terceiro soberano.

No entanto, o surgimento do Direito Internacional Público apenas se deu com os Tratados de Münster e Osnabrück, ou a chamada paz ou Tratados da Westfália que pôs fim à guerra dos 30 anos.

Isso porque esses tratados, além de serem firmados consensualmente, reconheceram conceitos como o de Estado e Soberania. Esse marco é importante, porque atribuiu ao Estado a *personalidade jurídica* e, por consequência, a *capacidade* para firmar atos legalmente válidos.

Logicamente que entre a antiga Mesopotâmia e a Westfália, várias ocorrências históricas contribuíram para o surgimento do Direito Internacional Público, ou, como então era chamado, "Direito das Gentes".

Podemos citar como exemplo o respeito à integridade dos mensageiros do poder inimigo durante as batalhas (que foi o início do que hoje conhecemos como imunidade de jurisdição, prevista nas Convenções de Viena sobre Relações Diplomáticas e Consulares) ou a contribuição de juristas como Francisco de Vitória, que reconheceu uma sociedade internacional orgânica em sua concepção e solidária para sua manutenção. Daí a ideia da limitação da soberania do Estado, limite esse que é a própria soberania do outro Estado.

Também, Hugo Grócio que via a necessidade da criação, pelos Estados, de uma instituição que tivesse por finalidade fiscalizar e uniformizar o "Direito das Gentes", o que, muitos anos mais tarde deu ensejo à criação das Organizações Internacionais.

E a evolução posterior aos Tratados da Westfália que, de acordos muito parecidos com negócios jurídicos do direito civil e caracterizados por sua bilateralidade, vão evoluindo a documentos mais sofisticados de criação de Organizações Internacionais a proteção do ser humano e do meio ambiente, passando a ser multilaterais.

De fato, o fim da 1ª Guerra Mundial ensejou a criação de uma Organização Internacional em sentido amplo, cujo objetivo maior era o de ser um foro permanente de Estados, com a finalidade de preservar a paz mundial.

Com o advento da 2ª Guerra e a falência da Liga ou Sociedade das Nações, o mundo mergulhou em um período de gravíssimas violações aos Direitos Humanos em um morticínio sem precedentes na História mundial.

Assim, com o encerramento dos conflitos, a ideia da criação de uma Organização Internacional multilateral renasceu com mais força que seu esboço do período entre guerras. Em seu âmbito, e buscando evitar o horror vivenciado nas guerras, foram celebrados diversos acordos multilaterais de Direitos Humanos.

Nesse sentido, o Direito Internacional Público surge com a atribuição de *personalidade* e *capacidade* aos Estados, embora acordos entre nações, tribos, reinados sempre tenham havido e sido estudados, no âmbito do Direito das Gentes.

A partir de seu surgimento, a evolução se deu de acordos bilaterais e que impunham obrigações recíprocas, concretas e individuais em acordos multilaterais que estabelecem regras gerais e abstratas, tendo como objeto normativo a proteção ao ser humano.

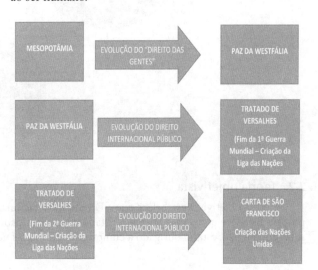

2. FUNDAMENTOS DO DIREITO INTERNACIONAL PÚBLICO E EXECUTIBILIDADE DE SUAS NORMAS

2.1. Teoria voluntarista (subjetivista)

Tenta-se explicar os fundamentos do Direito Internacional Público por meio de duas teorias, a voluntarista (*subjetivista*) e a *objetivista*.

A teoria subjetivista do Direito Internacional Público configura-se por um agrupamento de diversas teorias, cujo elemento principal é a *vontade*. Ou seja, um Estado soberano apenas estará obrigado a cumprir uma norma internacional por sua vontade.

Isso porque a sociedade internacional é composta de Estado soberanos, em outras palavras, por entes que possuem, sob o ponto de vista jurídico, isonomia. A submissão de um Estado pelo outro, substituindo a vontade pela imposição, quebra a isonomia jurídica entre os Estados e, por decorrência, o próprio Direito Internacional Público.

Logicamente que, de acordo com a teoria subjetivista, o Estado não está obrigado a aceitar uma norma. Mas, uma vez que a aceite como o Direito, estará obrigado a cumpri-la.

Dentre as várias teorias que têm como norte a *vontade* como fundamento do Direito Internacional, destacamos as seguintes:

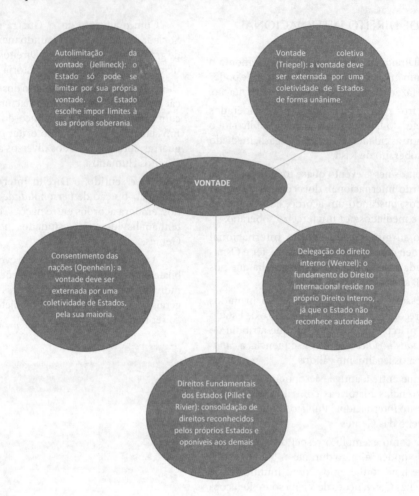

2.2. Teoria objetivista

A teoria objetivista estabelece que o Direito Internacional Público está baseado em uma norma que antecede a criação do próprio Estado e que a essa norma o Estado estaria obrigado, apesar de sua vontade. Em outras palavras, querendo ou não, soberano ou não, estaria obrigado a cumprir determinadas normas de Direito Internacional.

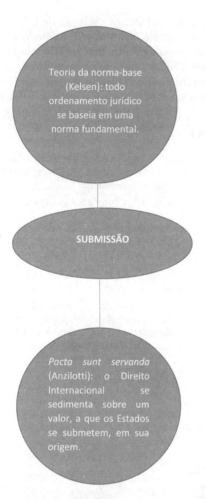

Qual teoria prevalece? Se observarmos as Relações Internacionais, verificaremos que existem ocasiões em que ora uma, ora outra doutrina prevalece. Os Estados Unidos, ao denunciar o Acordo de Paris (2015) manifestou a sua vontade soberana em não mais se submeter às metas de redução na emissão de gases que influem no aumento da temperatura do planeta. Apesar de contrariada e crítica, a comunidade internacional respeitou a *vontade* daquele país em não cumprir com as obrigações assumidas no referido acordo. Temos aqui, portanto, a aplicação da teoria voluntarista nas Relações Internacionais.

Já o autoproclamado Estado Islâmico não é reconhecido como tal pela sociedade internacional, porque surge em frontal violação à soberania de outros Estados e aos Direitos Humanos. Ou seja, esse novo candidato a Estado surge, mas no seu exercício de poder viola a norma base ou o contrato em que estão assentadas as bases da sociedade internacional. Assim sendo, a sua vontade de se tornar independente e soberano não será levada em conta, em face das violações ao direito internacional posto (ou objetivo) a que deveria obedecer, independente da sua vontade.

2.3. Execução das normas internacionais

Se o Direito Internacional Público respeita a soberania do Estado, seja pela teoria voluntarista, seja pela objetivista, uma coisa é certa: não existe uma "soberania" internacional.

Dessa forma, como se executam as normas internacionais?

As normas internacionais são executadas de duas formas: pela *reciprocidade* ou pela obrigação *erga omnes*.

A *reciprocidade* é o direito que o Estado tem de responder à altura, a uma ofensa a seu direito, baseado nas normas internacionais. É uma espécie de "bateu levou", aceito pelo Direito Internacional Público se proporcional à ofensa (retorsão).

O exagero na resposta será considerado ilegal (represália).

Dessa forma, se um Estado passa a exigir visto de cidadãos oriundos de um país, o que antes não fazia, o país prejudicado poderá passar a estabelecer a mesma exigência em reciprocidade.

Ocorre que, em determinadas situações, uma atuação recíproca é ineficaz ou até mesmo impossível. Nessas hipóteses a sociedade internacional deve se unir e punir o Estado violador do Direito Internacional Público. Essa aliança surge como forma não somente de execução do Direito Internacional Público, como também de autopreservação. Pois tolerar ou permitir a violação de um direito em relação a um Estado pode significar que os Estados, futuramente, tolerem ou permitam a violação do seu direito enquanto Estado.

Daí que é obrigação de todos os Estados se unirem contra um inimigo comum, aquele que viola do Direito Internacional Público. Essa é a razão pela qual esse tipo de execução da norma internacional é chamado de obrigação *erga omnes*; todos os Estados (*erga omnes*) têm por obrigação impor o respeito ao Direito Internacional Público. Até para a sua autopreservação.

Um bom exemplo disso se deu na 1º Guerra do Golfo. O Iraque invadira o Kuwait, suprimindo sua soberania. A sociedade internacional, autorizada pelo Conselho de Segurança, se uniu para invadir o território ocupado e devolver ao Kuwait a sua soberania.

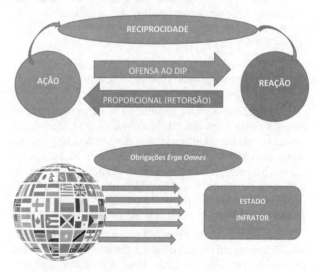

Sociedade Internacional

3. FONTES DO DIREITO INTERNACIONAL PÚBLICO

As Fontes do Direito Internacional constituem os modos pelos quais o Direito se manifesta, isto é, a base, ou fundamento de uma decisão judicial. A fonte significa a prova de existência de consenso entre os Estados no que diz respeito às normas ou práticas concretas.

As Fontes de Direito Internacional Público estão expressamente previstas no art. 38 dos Estatutos da Corte Internacional de Justiça (CIJ). No entanto, em que pese o fato de que o referido artigo contenha a maior parte delas, ele não engloba algumas outras Fontes de Direito Internacional Público, tais como as decisões proferidas pelas Organizações Internacionais e as decisões unilaterais dos Estados que influam nas relações internacionais.

A doutrina aponta no art. 38 dos Estatutos da CIJ as chamadas fontes primárias e secundárias. E, muito importante, divergem sobre a hierarquia das referidas fontes, como veremos abaixo.

3.1. As Fontes de Direito Internacional previstas no art. 38 dos Estatutos da CIJ

Como visto, o art. 38 do Estatuto da Corte Internacional de Justiça é considerado como sendo o enunciado das fontes do DIP e tem a seguinte redação:

"A Corte, cuja função é decidir de acordo com o direito internacional as controvérsias que lhe forem submetidas, aplicará:

as convenções internacionais, quer gerais, quer especiais, que estabeleçam regras expressamente reconhecidas pelos Estados litigantes;

o costume internacional, como prova de uma prática geral aceita como sendo direito

os princípios gerais de direito, reconhecidos pelas nações civilizadas;

sob reserva da disposição do art. 59, as decisões judiciárias e a doutrina dos juristas mais qualificados das diferentes nações, como meio auxiliar para a determinação das regras de direito.

A presente disposição não prejudicará a faculdade da Corte de decidir uma questão ex aequo et bono, se as partes com isso concordarem."

A primeira pergunta levantada é se há uma hierarquia entre as fontes, segundo a disposição do art. 38. Ou seja, se, em uma controvérsia internacional, deve-se decidir primeiramente com a aplicação de um tratado ou convenção. Apenas em não havendo tratado (ou use uma das partes ou todas não o tiverem ratificado) é que se pode utilizar os costumes. E, por derradeiro, só será possível a utilização de um princípio se não houver tratado e costume para a resolução do litígio.

Essa interpretação é possível em razão da disposição do art. 38, pois, se em primeiro lugar estão previstos os tratados, eles devem prevalecer em relação às demais fontes e assim por diante.

No entanto, para outra parte da doutrina, essa disposição em nada influi no que concerne à utilização das fontes previstas no art. 38. Assim, o litígio poderia ser resolvido pelo costume, ainda que houvesse um tratado ratificado pelas partes.

Isso porque, em geral, não existe hierarquia entre fontes de Direito Internacional Público.

Importante ressaltar que se trata de uma controvérsia doutrinária bastante dividida, não havendo um consenso entre os doutrinadores. Todavia, o Tribunal Internacional das Nações Unidas (que substituiu a Corte) entende que não há hierarquia entre as Fontes e pode usar livremente de quaisquer delas para julgar um caso posto à sua apreciação.

TESE 1

"A Corte, cuja função é decidir de acordo com o direito internacional as controvérsias que lhe forem submetidas, aplicará:

as convenções internacionais, quer gerais, quer especiais, que estabeleçam regras expressamente reconhecidas pelos Estados litigantes;

o costume internacional, como prova de uma prática geral aceita como sendo direito;

os princípios gerais de direito, reconhecidos pelas nações civilizadas;

sob reserva da disposição do art. 59, as decisões judiciárias e a doutrina dos juristas mais qualificados das diferentes nações, como meio auxiliar para a determinação das regras de direito.

A presente disposição não prejudicará a faculdade da Corte de decidir uma questão ex aequo et bono, se as partes com isso concordarem."

TESE 2

Como visto, não foram inseridas as "decisões judiciais" e a "doutrina". A razão disso é que, como aponta o próprio texto, são fontes *auxiliares*. Isso significa que não podem ser usadas de maneira independente, mas *como meio auxiliar para a determinação das regras de direito*.

Em outras palavras, não se pode resolver um litígio com fundamento apenas na jurisprudência e/ou na doutrina; é necessária a utilização de outra fonte (ex.: tratados) e, para fundamentar a utilização do tratado como fonte que embasa a solução da controvérsia, utiliza-se a jurisprudência e/ou a doutrina internacionalista.

Daí porque a doutrina costuma nomear os tratados, os costumes e os princípios como fontes primárias (ou principais) e a doutrina e a jurisprudência como fontes secundárias (ou acessórias, ou subsidiárias).

Analisemos com mais vagar cada uma das fontes estabelecidas no art. 38.

3.1.1. Tratados internacionais

O art. 38 menciona Convenções e Tratados. Na verdade, está fazendo referência a qualquer documento que contenha *força normativa*.

DIREITO INTERNACIONAL

De fato, a confusão conceitual dos vários nomes que são atribuídos a documentos internacionais com força normativa (tratados, convenções, cartas, declarações, dentre outros) fez com que a Convenção de Viena Sobre o Direito dos Tratados estabelecesse, em seu art. 2, item 1, alínea *a* que: *"tratado" significa um acordo internacional concluído por escrito entre Estados e regido pelo Direito Internacional, quer conste de um instrumento único, quer de dois ou mais instrumentos conexos, qualquer que seja sua denominação específica; (...).*

Em suma, os tratados são acordos formais (sempre escritos), concluídos por Estados e/ou organizações internacionais com o intuito de normatizar de temas conflituosos de interesse comum.

Atualmente, vêm ganhando importância gradualmente em relação aos costumes internacionais, em função da objetividade, clareza das obrigações e facilidade de sua prova. Muitos costumes hoje já estão incorporados em tratados internacionais.

Um importante exemplo disso é a própria Convenção de Viena sobre o Direito dos Tratados, que estabelece, dentre outras regulações, as condições de validade, as nulidades, os efeitos em relação ao direito interno, a terceiros Estados etc.

Pelas peculiaridades e importância do tema, a abordagem que faremos a seguir será extremamente resumida para não se fugir ao propósito da presente obra.

As condições de validade de um Tratado são:

a) capacidade das partes: um tratado somente poderá ser firmado por Estados e/ou Organizações Internacionais;

b) habilitação do agente signatário: a assinatura de um tratado é um ato deveras importante, pois encerra as negociações e põe termo ao texto. Assim sendo, é ato que deve ser assinado por um agente estatal devidamente habilitado, seja por normas internas (no caso do Brasil, a autoridade habilitada para o ato é o Presidente da República – CF, art. 84, VIII), ou por documento que dá ao signatário, plenos poderes para o ato (Carta de Habilitação ou do Plenipotenciário);

c) formalidade: não há tratado tácito. Os tratados necessitam de um documento formal que seja aprovado de acordo com as regras de direito internacional e de direito nacional, pois alguns Estados (como o Brasil), preveem mecanismos de aprovação por seus órgãos domésticos;

d) objeto lícito e possível: um tratado não pode regular a exploração dos minérios de Plutão, pois, de acordo com a tecnologia atual isso é impossível. Também não se pode pactuar a supressão da soberania de terceiro Estado ou derrogar normas consideradas *jus cogens*, pois o objeto pactuado seria ilícito (sobre *jus cogens*, ver item 3.4 abaixo)

Por outro lado, são condições de *nulidade* simples e autoexplicativas: o erro, o dolo, a corrupção ou a coação do agente habilitado, coação do Estado pela ameaça do uso da força, revogação de norma imperativa (*jus cogens*), tudo isso de acordo com os arts. 48 a 53, segundo o quadro resumo abaixo:

ARTIGO	CONDIÇÃO DE NULIDADE	DEFINIÇÃO LEGAL
48	ERRO	1. Um Estado pode invocar erro no tratado como tendo invalidado o seu consentimento em obrigar-se pelo tratado se o erro se referir a um fato ou situação que esse Estado supunha existir no momento em que o tratado foi concluído e que constituía uma base essencial de seu consentimento em obrigar-se pelo tratado. 2. O acima descrito não se aplica se o referido Estado contribui para tal erro pela sua conduta ou se as circunstâncias foram tais que o Estado devia ter-se apercebido da possibilidade de erro. 3. Um erro relativo à redação do texto de um tratado não prejudicará sua validade; neste caso, aplicar-se-á o artigo 79[1].

---

1. 1. Quando, após a autenticação do texto de um tratado, os Estados signatários e os Estados contratantes acordarem em que nele existe erro, este, salvo decisão sobre diferente maneira de correção, será corrigido:
a) mediante a correção apropriada no texto, rubricada por representantes devidamente credenciados;
b) mediante a elaboração ou troca de instrumento ou instrumentos em que estiver consignada a correção que se acordou em fazer; ou
c) mediante a elaboração de um texto corrigido da totalidade do tratado, segundo o mesmo processo utilizado para o texto original.
2. Quando o tratado tiver um depositário, este deve notificar aos Estados signatários e contratantes a existência do erro e a proposta de corrigi-lo e fixar um prazo apropriado durante o qual possam ser formulados objeções à correção proposta. Se, expirado o prazo:
a) nenhuma objeção tiver sido feita, o depositário deve efetuar e rubricar a correção do texto, lavrar a ata de retificação do texto e remeter cópias da mesma às partes e aos Estados que tenham direito a ser partes no tratado;
b) uma objeção tiver sido feita, o depositário deve comunicá-la aos Estados signatários e aos Estados contratantes.
3. As regras enunciadas nos parágrafos 1 e 2 aplicam-se igualmente quando o texto, autenticado em duas ou mais línguas, apresentar uma falta de concordância que, de acordo com os Estados signatários e os Estados contratantes, deva ser corrigida.
4. O texto corrigido substitui ab initio o texto defeituoso, a não ser que os Estados signatários e os Estados contratantes decidam de outra forma.
5. A correção do texto de um tratado já registrado será notificado (*sic*) ao Secretariado das Nações Unidas.
6. Quando se descobrir um erro numa cópia autenticada de um tratado, o depositário deve lavrar uma ata mencionando a retificação e remeter cópia da mesma aos Estados signatários e aos Estados contratantes.

49	**DOLO**	Se um Estado foi levado a concluir um tratado pela conduta fraudulenta de outro Estado negociador, o Estado pode invocar a fraude como tendo invalidado o seu consentimento em obrigar-se pelo tratado.
50	**CORRUPÇÃO**	Se a manifestação do consentimento de um Estado em obrigar-se por um tratado foi obtida por meio da corrupção de seu representante, pela ação direta ou indireta de outro Estado negociador, o Estado pode alegar tal corrupção como tendo invalidado o seu consentimento em obrigar-se pelo tratado.
51	**COAÇÃO (DO AGENTE)**	Não produzirá qualquer efeito jurídico a manifestação do consentimento de um Estado em obrigar-se por um tratado que tenha sido obtida pela coação de seu representante, por meio de atos ou ameaças dirigidas contra ele.
52	**COAÇÃO (DO ESTADO)**	É nulo o tratado cuja conclusão foi obtida pela ameaça ou o emprego da força em violação dos princípios de Direito Internacional incorporados na Carta das Nações Unidas.
53	*JUS COGENS*	É nulo um tratado que, no momento de sua conclusão, conflite com uma norma imperativa de Direito Internacional geral. Para os fins da presente Convenção, uma norma imperativa de Direito Internacional geral é uma norma aceita e reconhecida pela comunidade internacional dos Estados como um todo, como norma da qual nenhuma derrogação é permitida e que só pode ser modificada por norma ulterior de Direito Internacional geral da mesma natureza.

Outra questão importante diz respeito à *reserva*. A reserva é a possibilidade de um Estado ratificar um tratado internacional, abstendo-se do cumprimento de algumas disposições nele estabelecidas, desde que não seja o objeto principal do que for pactuado. Ou, nas letras da Convenção: *"'reserva' significa uma declaração unilateral, qualquer que seja a sua redação ou denominação, feita por um Estado ao assinar, ratificar, aceitar ou aprovar um tratado, ou a ele ade-*

rir, com o objetivo de excluir ou modificar o efeito jurídico de certas disposições do tratado em sua aplicação a esse Estado" (art. 2, item 1, alínea *d*).

Como se vê, a Convenção de Viena sobre o Direito dos Tratados dá bastante ênfase à teoria voluntarista, pois estabelece condições de nulidade que violam a vontade do Estado, ao mesmo tempo que atribui aos Estados a possibilidade de se oporem a algumas de suas disposições. No entanto, a Convenção também abraça a teoria objetivista, dado que em seu preâmbulo, estabelece que: essa interpretação é possível em virtude da redação de um de seus preâmbulos: *"Constatando que os princípios do livre consentimento e da boa fé e a regra pacta sunt servanda são universalmente reconhecidos"* (...).

Ou seja, ao mesmo tempo que estabelece o "livre consentimento", não deixa de reconhecer o *pacta sunt servanda* como um elemento essencial ao Direito Internacional Público.

Extinção dos tratados internacionais

Um tratado internacional poderá ser extinto:

a) por disposição própria (termo ou condição);

b) por denúncia das partes

c) no caso de um tratado multilateral, pela redução das partes aquém de sua própria estipulação: supondo que um tratado somente entre em vigor mediante a ratificação de um número de 50 Estados. Se o tratado for denunciado até que sobrem, por exemplo, 40 Estados fazendo parte do pacto, o tratado será extinto, tendo em vista que ficou com um número aquém daquele que previa para começar a surtir os seus efeitos.

d) pela sua revogação em virtude de um tratado posteriormente convencionado com o mesmo objeto (princípio do *lex posterior derrogat priori*);

e) pela violação dos seus preceitos;

f) pela impossibilidade (superveniente) de sua execução.

Tratados internacionais e normas internas

Em princípio, um Estado não pode se apoiar em suas normas internas para deixar de cumprir um tratado internacional. Nesse sentido, é bem claro o art. 27 da Convenção de Viena sobre o Direito dos Tratados: *"Uma parte não pode invocar as disposições de seu direito interno para justificar o inadimplemento de um tratado"*.

A exceção está contida no próprio art. 27, que permite que um Estado não cumpra as disposições do tratado com base em suas normas internas se verificada a hipótese contida no art. 46 da mesma Convenção, que dispõe:

1. Um Estado não pode invocar o fato de que seu consentimento em obrigar-se por um tratado foi expresso em violação de uma disposição de seu direito interno sobre competência para concluir tratados, a não ser que essa violação fosse manifesta e dissesse respeito a uma norma de seu direito interno de importância fundamental.

2. Uma violação é manifesta se for objetivamente evidente para qualquer Estado que proceda, na matéria, de conformidade com a prática normal e de boa fé.

Ou seja, o Estado só pode invocar as suas normas internas no descumprimento de um tratado internacional se a referida norma for de importância fundamental (a nossa Constituição

Federal, por exemplo). No entanto, a recusa em cumprir só será válida se, além disso, se demonstrar que a assinatura do tratado se deu com boa-fé, ou seja, no momento da ratificação, diante do senso comum, não se tinha como perceber que o tratado estava violando norma fundamental.

Tratados Internacionais no Direito Brasileiro

Um tratado internacional, para ser válido segundo a Convenção de Viena sobre o Direito dos Tratados, enseja a assinatura por agente habilitado e sua posterior ratificação, pouco importando, para o Direito Internacional Público, os mecanismos internos que serão necessários acessar depois da assinatura até a ratificação.

O Brasil prevê que um tratado somente poderá ser ratificado após a assinatura pelo Presidente da República (CF/88, art. 84, VIII) e *referendado* pelo Congresso Nacional (CF/88, art. 49, I),

Sobre o art. 49, I da Constituição é preciso uma breve análise. Eis a redação do mencionado dispositivo:

> Art. 49. É da competência exclusiva do Congresso Nacional:
>
> I - resolver definitivamente sobre tratados, acordos ou atos internacionais que **acarretem encargos ou compromissos gravosos ao patrimônio nacional**;

A expressão por nós grifada "(...) acarretem encargos ou compromissos gravosos ao *patrimônio* nacional", pode induzir o intérprete em erro, pois, tal como está redigida, leva à conclusão que que tratados que envolvam recursos financeiros que o Brasil teria de investir, ou abrir mão, é que seriam objeto do referendo legislativo.

Isso não é verdade. Todo tratado internacional deve passar pelo referendo junto ao Congresso Nacional (sobre a possibilidade do Brasil firmar "tratados executivos", veremos mais abaixo). A redação do inciso em comento é infeliz, pois dá a impressão de uma questão financeira/patrimonial.

A correta interpretação é que todo acordo ou tratado internacional interfere no espectro de ação do Estado brasileiro. Ao assumir um compromisso internacional, o Brasil reduz as suas opções de ação livre e desembaraçada.

Ao assinar o Tratado sobre a não Proliferação de Armas Nucleares, o Brasil reduziu as suas possibilidades de ação militar. Não estamos defendendo ou condenando a postura nacional, apenas constatando um fato: o Brasil está impedido, por norma internacional, de desenvolver armamentos nucleares.

Qual a gravidade disso em relação ao *patrimônio* nacional? Se pensarmos em *patrimônio* sob uma ótica civilista, não acharemos essa *gravidade* e poderíamos ser levados a pensar que um tratado dessa natureza não necessitaria do referendo pelo Congresso nacional. Ledo engano.

A assinatura desse tratado diminuiu, significativamente, as possibilidades de estratégia militar do Brasil. Esse é, portanto, um compromisso gravoso que o nosso país assumiu perante a sociedade internacional. É nesse sentido que deve ser interpretado o art. 49, I, da CF/88.

Outro exemplo disso está no § 3º, do art. 5º, da CF/88, onde consta a possibilidade de um tratado internacional de direitos humanos ser incorporado à Constituição Federal.

Se apenas os tratados que ocasionassem ônus ao *patrimônio* nacional fossem objeto de referendo, qual a necessidade de um tratado internacional de direitos humanos ser referendado pelo legislativo? Essa interpretação faria com que a norma contida no § 3º, do art. 5º, da CF/88 se transformasse em letra morta, o que não é o caso.

Depois do referendo legislativo, que, na maioria das vezes, exige aprovação por maioria simples, emite-se um Decreto legislativo, para então fazer com que o tratado seja ratificado.

A ratificação é um mecanismo pelo qual um país comunica o outro, ou os outros que, tendo o processo de aprovação sido cumprido de acordo com a sua própria legislação, o tratado passa a ser válido.

Em um tratado bilateral, os instrumentos de ratificação são trocados pelas partes. Em tratados multilaterais, um dos Estados é escolhido para ser o depositário das ratificações, ou, ainda, em tratados celebrados sob os auspícios das Nações Unidas, a Secretaria-Geral das Nações Unidas é quem fica responsável pelo depósito das ratificações.

Assim sendo, o mecanismo de aprovação de um tratado internacional no Brasil passa, necessariamente, pelas seguintes fases:

Importante ressaltar que a subscrição dos atos internacionais é de competência *privativa* do Presidente da República, ou seja, trata-se de uma competência que pode ser delegada. Assim, por exemplo, alguns atos internacionais do MERCOSUL, cuja responsabilidade é dos Ministros da Economia (ou seus congêneres) dos países membros.

Já o referendo é de competência *exclusiva* do Congresso Nacional, ou seja, é indelegável.

Tratados Internacionais e cláusulas de reserva.

A liberdade de negociação em um tratado internacional é tão ampla, que o Estado pode concordar/discordar inteiramente com o tratado, ou concordar parcialmente com suas disposições e a elas se obrigar, eximindo-se de cumprir as demais.

A isso dá se o nome de cláusula de *reserva*, que é um instrumento pelo qual o Estado obriga-se *parcialmente* a um tratado, *reservando-se* o direito de não cumprir determinadas disposições contidas no tratado.

É de se ressaltar que a reserva não pode recair sobre o objeto principal do tratado, sob pena de se tornar um ato inútil.

Classificação dos Tratados

Em geral, a doutrina costuma classificar os tratados da seguinte forma:

QUANTO AO NÚMERO DE PARTES	QUANTO AO MATERIAL OU OBJETO PACTUADO	QUANTO AO INGRESSO DE NOVOS ESTADOS	QUANTO AOS EFEITOS
Bilaterais	Executivos (comerciais)	Aberto a ingresso de novos Estados	Restrito ao universo de Estados Pactuantes
Multilaterais	Normativos	Fechado para o ingresso de novos Estados	Extensivos a terceiros Estados

Tratados Executivos

O Direito norte-americano, principalmente, utiliza-se da figura dos tratados executivos, de finalidade estritamente comercial para o qual bastaria apenas a assinatura do Presidente da República (ou a autoridade designada pelo sistema do país) para sua validade, dispensando-se o referendo legislativo.

A aceitação dessa modalidade de acordo é polêmica na doutrina nacional. De um lado prevalece a tradição de que todos os atos internacionais sejam de fato objeto de discussão legislativa. De outro, a necessidade, tão premente nos dias de hoje, de que os processos sejam ágeis, notadamente quando se trata de questões comerciais.

Entendemos ser possível a estipulação de um tratado executivo, sem a necessidade de referendo legislativo, quando o objeto pactuado é de competência unilateral do Presidente da República (ou do Poder Executivo). Assim, por exemplo, compete ao Poder Executivo subir ou baixar as alíquotas de imposto de importação, sem necessidade de lei ou referendo legislativo. Nesse caso, entendemos não haver empecilho se uma eventual baixa de imposto de importação se der por meio de um tratado executivo, já que se trata de uma medida que poderia ser tomada unilateralmente pelo Estado brasileiro.

Gentelmen's agreement

Pactos de conteúdo moral (como, por exemplo, o compromisso entre as partes em aprimorar e promover auxílio mútuo no conhecimento da cultura dos Estados) que duram apenas pelo período de mandato das autoridades subscritoras.

3.1.2. Costume internacional

Definido pelo art. 38, "uma prática geral aceita como sendo o direito", estabelece, em verdade uma prática geral, uniforme e reiterada dos sujeitos de Direito Internacional (porque têm *personalidade* e *capacidade* para criar normas), juridicamente exigível.

Isso porque há práticas gerais, uniformes e reiteradas que não se tornam juridicamente exigíveis.

Peguemos, por exemplo, a forma pela qual a sociedade internacional costuma reagir quando desastres naturais atingem os países, notadamente os mais pobres. É comum (costumeiro, portanto) que os Estados socorram o país atingido enviando remédios, alimentos, cobertores etc. Todavia, o país

atingido por uma catástrofe natural não tem como *exigir* dos outros Estados essa ajuda, ainda que o socorro em situações semelhantes seja o costume. Nesse sentido, temos uma prática costumeira que *não é juridicamente exigível*, o que escapa à definição de costume estabelecida no art. 39 dos Estatutos da CIJ.

Dois elementos são essenciais à formação de uma norma costumeira: a *inverterata consuetudo*, que nada mais é do que a prática generalizada, reiterada, uniforme e constante de uma ação entre Estados nas suas relações internacionais. O segundo elemento a, *opinio juris*, é a crença de que a prática generalizada deve ser obedecida, ou seja, é juridicamente exigível. Assim, é necessária uma valoração própria e subjetiva de que a prática seja exigível sob o ponto de vista jurídico.

É por isso que a doutrina denomina tais critérios como objetivos (*inverterata consuetudo*), pois são atos externos e verificáveis e subjetivos (*opinio juris*), pois trata-se do convencimento próprio de que a prática é obrigatória.

Assim sendo, o normal é que a prática reiterada anteceda a opinião sobre a exigência jurídica de seu cumprimento. Pode ser, e o exemplo que demos acima trata justamente disso, que exista um uso que não seja consolidado como costume. Em regra, o processo de consolidação de uma prática costumeira antecede à *opinio juris*.

É importante ressaltar a questão do *tempo*. Em geral, uma prática passa a ser considerada costume juridicamente exigível se a prática for reiterada por um tempo razoável. Mas, com a aceleração da vida moderna, o critério *tempo* vem perdendo o seu valor, bastando que à prática generalizada seja adicionada a *opinio juris*.

Não se deve misturar, *prática generalizada* com *prática unânime*. Um costume pode ser formado se um grupo representativo de Estados adotar a prática e lhe conferir valor normativo.

Alguns doutrinadores defendem, todavia, que se um Estado se opõe expressamente em aceitar uma prática como costume juridicamente exigível, essa ação não poderá ser exigida dele, por faltar, em relação ao referido Estado, a *opinio juris*, ou seja, a valorização normativa da prática. Essa é uma tese polêmica que se fundamenta na teoria voluntarista. Mas, segundo a teoria subjetivista, essa recusa seria juridicamente impossível, pois o Estado estaria vinculado ao *pacta sunt servanda* da origem das relações internacionais.

Outro ponto importante é que o costume pode ser global ou regional. Por suas características próprias, regionalmente alguns Estados costumam se relacionar de uma determinada maneira e agir consoante essas práticas. Esse costume não poderá ser exigido de um Estado que, por não compor a região, não aceita (ou desconhece) a prática regional.

Dada a dificuldade em se provar o costume, bem como se a oposição de um Estado obrigá-lo-ia ou não a cumprir a norma, o Direito Internacional vem continuamente incorporando regras costumeiras aos tratados internacionais, como o fez na Convenção de Viena sobre Relações Diplomáticas ou na Convenção de Viena sobre o Direito dos Tratados, que consolidaram regras ancestrais e que eram objeto do costume internacional.

Mesmo assim, o costume continua sendo muito importante na construção do Direito Internacional.

3.1.3. Princípios gerais do direito

Os princípios gerais do direito a que se refere o art. 38 não divergem da definição geral.

No entanto, algumas considerações específicas são necessárias.

Nos termos do art. 38, devem ser usados princípios gerais de direito das *nações civilizadas*. A locução nações civilizadas, nos dias atuais, é um descalabro.

Devemos ter em vista que os Estatutos da CIJ são do Século passado, da década de 1920, ocasião em que a visão era ainda eurocentrista e de manutenção de muitos territórios como colônias.

Nos dias atuais é inadmissível uma separação entre nações *civilizadas* e *incivilizadas*. Para o reconhecimento de um Estado pela sociedade internacional, parte-se do pressuposto de que ele seja "civilizado".

Dessa forma, a leitura que se deve fazer em relação à alínea *c* é que devem ser usados os princípios gerais de direito dos Estados membros das Nações Unidas. Não porque esses Estados sejam mais civilizados do que os que não sejam membros da ONU. Mas porque os Estados que se integram à ONU se submetem à jurisdição do Tribunal de Justiça Internacional.

Outro ponto importante é que se o art. 38 faz referência a princípios de Estados, está se referindo a princípios de *direito interno e não internacional*.

3.1.4. Decisões judiciárias

Para a doutrina majoritária, a expressão "decisões judiciárias" nada mais é do que a jurisprudência internacional, que não escapa da definição geral de jurisprudência, ou seja, um conjunto de decisões reiteradas e uniformes proferidas em casos semelhantes.

Em regra, a jurisprudência internacional é criada a partir das decisões tiradas dos Tribunais Internacionais.

Embora o art. 38 estabeleça que a jurisprudência internacional seja uma ferramenta auxiliar (fonte secundária), a jurisprudência internacional vem crescendo em importância, uma vez que influi cada vez mais em novos julgados, haja vista a celeridade e a complexidade das relações internacionais no mundo contemporâneo.

3.1.5. Doutrina

Mais uma vez, a fonte ora analisada não escapa da definição geral. Como particularidade, é bom recordar que se trata de fonte secundária.

3.1.6. Equidade

Para os fins estabelecidos nos Estatutos da CIJ, equidade significa a realização do valor justo, sinônimo de justiça *ex aequo et bono*.

No entanto, a equidade somente pode ser utilizada se tiver sido expressamente autorizada pelos Estados litigantes, ou a decisão será anulada por excesso de poderes.

**QUADRO RESUMO DAS FONTES
DO ART. 38 DOS ESTATUTOS DA CIJ**

FONTE	CLASSIFICAÇÃO	USO	AUTORIZAÇÃO PELOS ESTADOS
TRATADO	PRIMÁRIA	INDEPENDENTE	NÃO
COSTUME	PRIMÁRIA	INDEPENDENTE	NÃO
PRINCÍPIOS	PRIMÁRIA	INDEPENDENTE	NÃO
JURISPRUDÊNCIA	SECUNDÁRIA (AUXILIAR)	DEPENDE DA UTILIZAÇÃO DE FONTE INDEPENDENTE	NÃO
DOUTRINA	SECUNDÁRIA (AUXILIAR)	DEPENDE DA UTILIZAÇÃO DE FONTE INDEPENDENTE	NÃO
EQUIDADE	PRIMÁRIA	INDEPENDENTE	SIM

3.2. Fontes não previstas no art. 38 dos estatutos da CIJ

3.2.1. Atos unilaterais do Estado

Os Atos Unilaterais do Estado são as manifestações de vontade de um único sujeito de Direito Internacional, que produzem efeitos jurídicos nas relações internacionais.

Os Estados reconhecem fatos, ou normas internacionais, fazem declarações solenes, como declaração de independência, secessão, fixação de novas fronteiras terrestres ou marítimas, reconhecimento de um novo Estado ou governo, estado de beligerância, declaração de guerra, cessação de hostilidade etc.

Um grande exemplo é o embargo econômico unilateral que os EUA impuseram a Cuba. Dentre as várias disposições, destacamos a que as empresas americanas ficam proibidas de exportar componentes para outras empresas (de qualquer lugar do mundo) que venham a negociar do o Estado Cubano.

Esse impedimento às empresas americanas faz com que as empresas situadas em outros países não negociem com Cuba, o que, indiretamente, afeta a política dos Estados que queiram se aproximar da Ilha. Isso porque, se as empresas americanas ficam impossibilitadas de vender componentes às empresas situadas em outros países, essas últimas correm o risco de não mais conseguirem produzir, caso não encontrem no mercado componente similar de outros países, com o preço compatível.

3.3. Decisões das organizações internacionais

São decisões proferidas por organizações internacionais multilaterais que inovam ou modificam o Direito Internacional, pois são obrigatórias para os Estados membros.

Assim, por exemplo, uma decisão do Conselho de Segurança (como a que deu o ultimato ao então ditador Saddam Hussein para retirar suas tropas do Kuwait sob pena de intervenção militar – o ultimato não foi cumprido e a intervenção aconteceu no incidente conhecido com a 1ª Guerra do Golfo), ou, ainda, nas convenções internacionais do trabalho da OIT; nas convenções em matéria sanitária da OMS; nas decisões provenientes da União Europeia; na adoção de padrões de segurança e eficiência da aviação civil da OACI.

3.4. Normas imperativas (jus cogens)

Existem certos princípios fundamentais de Direito Internacional que formam um corpo imperativo no Direito Internacional Público, pois se tratam de questões essenciais à sobrevivência da sociedade internacional e dos próprios Estados. São chamadas de *Jus Cogens*.

A principal característica de tais regras é a sua *impossibilidade de derrogação*. São regras de Direito consuetudinário que não podem ser afastadas por tratado ou aquiescência, mas apenas pela formação de uma regra consuetudinária subsequente de efeito contrário.

Como exemplos, é possível citar a proibição do uso da força, as regras sobre o genocídio, o princípio da não discriminação racial, os crimes contra a humanidade, as regras que proíbem o comércio de escravos e a pirataria, o princípio da soberania permanente sobre os recursos naturais e o princípio da autodeterminação dos povos.

O conceito de *Jus Cogens* foi aceito pela Comissão do Direito Internacional e incorporado em 1966 no projeto final da Convenção sobre o Direito dos Tratados que dispõe em seu art. 53 estabelecendo que *jus cogens* é "...uma norma aceita e reconhecida pela comunidade internacional dos Estados no seu conjunto, como norma da qual nenhuma derrogação é permitida e que só pode ser modificada por nova norma de direito internacional geral da mesma natureza".

Assim sendo, será nulo o tratado que, no momento de sua conclusão, conflitar com uma norma imperativa de direito internacional geral.

É importante ressaltar que se sobrevier uma norma imperativa de direito internacional geral, qualquer tratado existente em conflito com essa norma torna-se nulo e extingue-se (art. 64 da Convenção de Viena sobre Direito dos Tratados).

4. CONFLITO ENTRE NORMAS INTERNAS E INTERNACIONAIS

Polêmica e divergente é a questão relativa aos eventuais conflitos entre normas produzidas interna e externamente. Se um tratado conflita com uma lei, qual deve prevalecer? Como vimos acima, o Direito Internacional Público tenta dar a resposta de acordo com os arts. 27 e 49 da Convenção de Viena sobre o Direito dos Tratados:

> 1. Um Estado não pode invocar o fato de que seu consentimento em obrigar-se por um tratado foi expresso em violação de uma disposição de seu direito interno sobre competência para concluir tratados, a não ser que essa violação fosse manifesta e dissesse respeito a uma norma de seu direito interno de importância fundamental.
>
> 2. Uma violação é manifesta se for objetivamente evidente para qualquer Estado que proceda, na matéria, de conformidade com a prática normal e de boa fé.

Mas, o que se encontra estabelecido na referida Convenção, não é suficiente para responder a questão em sua totalidade. Assim é que duas teorias tentam explicar e dar a solução adequada para esses eventuais conflitos, o dualismo e o monismo.

De acordo com a teoria dualista, existem dois sistemas jurídicos distintos, um de direito interno e outro de direito internacional, autônomos e independentes. Nesse sentido, em princípio, não há que se falar em conflito entre normas internas e externas, uma vez que esses sistemas não se comunicam. Se existir a necessidade de que uma norma internacional seja internalizada, ela deve ser aprovada internamente, momento em que ela será absorvida pelo sistema jurídico de direito interno, com o mesmo status das normas internas, aplicando-se o princípio do *lex priori derrogat posteriori*.

DIREITO INTERNACIONAL

Para Kelsen, não havia que se falar em "sistemas" jurídicos. O sistema jurídico na visão do autor era único, independente da origem da produção das normas jurídicas. Estava inaugurada a corrente *monista*, para explicar os conflitos normativos entre normas internas e internacionais.

Kelsen defendia, ante a sua visão de distribuição de poderes e funções no Estado que dava primazia ao Tribunal Constitucional e às atribuições da Chefia de Estado, a quem competia as Relações Internacionais, que as normas produzidas externamente eram hierarquicamente superiores às normas produzidas internamente (exceção feita à Constituição). Esse monismo é chamado de internacionalista, porque defende que as normas internacionais estão em grau de superior hierarquia às normas internas.

Alguns autores passaram a adotar a premissa do monismo, mas discordavam da primazia dada às normas de direito internacional, em relação às de direito interno, sob o argumento que as últimas, sendo objeto de aprovação parlamentar, traduzem-se na vontade soberana do povo, razão pela qual superiores deveriam ser as normas internas e não as internacionais. Assim, um eventual conflito entre tais normas deveria ser solucionado mediante a aplicação das normas internas. Essa corrente foi chamada de *monismo interno* e, ainda, de *monismo radical*.

Uma terceira corrente monista surgiu, estabelecendo que tanto as normas internacionais como as internas teriam a mesma hierarquia, razão pela qual a superação de eventuais conflitos deveria se dar pela aplicação do princípio *lex posteriori derrogat lex priori*. Essa corrente ficou conhecida como *monismo moderado*.

IMPORTANTE: quanto aos efeitos, o monismo moderado se assemelha ao dualismo, uma vez que em ambos os casos a norma posterior revogará a norma anterior. Mas, as semelhanças acabam aí. Isso porque enquanto o dualismo parte da premissa que existem **DOIS SISTEMAS JURÍDICOS AUTÔNOMOS**, o monismo enxerga **APENAS UM SISTEMA JURÍDICO.**

Podemos exemplificar o monismo, portanto, da seguinte forma:

Uma terceira corrente monista surgiu, estabelecendo que tanto as normas internacionais como as internas teriam a mesma hierarquia, razão pela qual a superação de eventuais conflitos deveria se dar pela aplicação do princípio *lex posteriori derrogat lex priori*. Essa corrente ficou conhecida como *monismo moderado*.

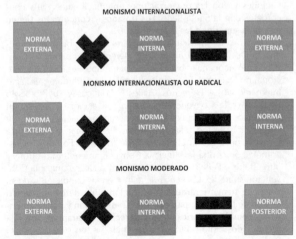

341

NOTA IMPORTANTE: afirmar que existem normas internas e externas, as primeiras produzidas pelos mecanismos de direito interno e as segundas nas relações internacionais, não significa concordar com o dualismo. Uma coisa é a origem das normas jurídicas e outra, completamente diferente é se reconhecer que após a sua produção elas se inserem em um de dois sistemas jurídicos autônomos ou em um único sistema jurídico.

Todavia, como já reconhecido doutrinariamente, não são as normas internacionais ou teorias internacionalistas que irão conseguir superar o conflito normativo que eventualmente se dê entre normas internas e internacionais. Essa resposta deve ser obtida junto ao direito interno, que muitas vezes estipula as variadas hierarquias das normas.

Exemplo claro disso encontramos na Constituição argentina. Aquele país estabeleceu de forma objetiva e simples a hierarquia normativa: em primeiro lugar a Constituição, seguida dos tratados internacionais e, por fim, as leis internas.

Além disso, a Constituição argentina cuidou especialmente dos Direitos Humanos, ao estabelecer que todos os tratados internacionais sobre a matéria ratificados até a promulgação da Constituição têm hierarquia normativa constitucional. Os tratados ratificados após a promulgação da CF argentina poderão ser normas de hierarquia constitucional, caso venham a ser referendados com o quórum necessário. Caso não atinja o quórum necessário, o tratado entrará na hierarquia dos tratados internacionais sobre qualquer outra matéria (em suma, logo abaixo da Constituição), conforme estipula o item 22 do art. 75 daquela Constituição[2].

Conflito normativo entre normas internas e internacionais no Brasil

No Brasil, como muito bem falado pela doutrina, a adoção de uma ou outra teoria permanece um "segredo dentro de um enigma".

Alguns doutrinadores afirmam que o Brasil adota a teoria dualista. Outros, que o Brasil adota o monismo moderado. E ambos os defensores de cada uma dessas correntes apoiam seus raciocínios, ao menos em parte, no mesmo acórdão.

Em 1977, no julgamento do Rext 80.004, o STF consagrou o entendimento de que a norma posterior deveria revogar a anterior, independentemente de sua fonte. Esse conflito se deu entre a Convenção de Genebra sobre Letras de Câmbio e Notas Promissórias e o Decreto 427/1979.

O STF entendeu que, sendo equivalentes as normas, aplicar-se-ia o princípio da *lex posteriori derrogat priori*. E manteve a validade do Decreto.

Como dito linhas atrás, os efeitos práticos das correntes dualista e monista moderada são idênticos. Essa é a razão da confusão.

Para sustentar as suas premissas, os dualistas se baseiam também na necessidade de que o Brasil, para ratificar um tratado, tenha que referendá-lo junto ao Congresso Nacional que expede um decreto legislativo, o que, de acordo com os dualistas, teria o efeito de inserir na norma produzida no sistema jurídico internacional no sistema jurídico de direito interno.

Já para os monistas, essa necessidade de referendo não passa de um ato *fiscalizatório* do Poder Legislativo em relação às ações do Poder Executivo, calcado na teoria dos freios e contrapesos, com suporte no art. 2º da CF/88[3].

O que se infere do Rext 80.004/77 é que o STF considerou que as normas internas e internacionais se equivalem. E, em princípio, não poderia ser diferente, uma vez que o quórum para o referendo de um tratado é o mesmo de uma lei ordinária (maioria simples).

Assim, e novamente destacamos, *em princípio*, as normas e os tratados internacionais no Brasil se equivalem, aplicando-se, em eventuais conflitos, o princípio do *lex priori derrogat posteriori*.

Insistimos no "em princípio" haja vista a situação dos tratados internacionais de direitos humanos, como veremos abaixo.

Os Tratados Internacionais de Direitos Humanos

Em relação aos tratados internacionais de direitos humanos, a situação é diferente, pois eles não são equivalentes às normas internas.

A discussão sobre essa equivalência se originou em um debate entre a possibilidade de prisão civil por dívida do depositário infiel, prevista na legislação interna, e o Pacto de San Jose da Costa Rica que aboliu as prisões civis como forma de adimplemento de obrigações pecuniárias, mantendo, apenas, a possibilidade da prisão civil do alimentante nas obrigações de caráter alimentício.

Isso porque, o § 2º, do art. 5º da CF/88 estabelece que: "*Os direitos e garantias expressos nesta Constituição não excluem outros decorrentes do regime e dos princípios por ela adotados, ou dos tratados internacionais em que a República Federativa do Brasil seja parte*".

---

2. Artículo 75.- Corresponde al Congreso:
(…)
22- Aprobar o desechar tratados concluidos con las demás naciones y con las organizaciones internacionales y los concordatos con la Santa Sede. **Los tratados y concordatos tienen jerarquía superior a las leyes** (grifamos).
La Declaración Americana de los Derechos y Deberes del Hombre; la Declaración Universal de Derechos Humanos; la Convención Americana sobre Derechos Humanos; el Pacto Internacional de Derechos Económicos, Sociales y Culturales; el Pacto Internacional de Derechos Civiles y Políticos y su Protocolo Facultativo; la Convención sobre la Prevención y la Sanción del Delito de Genocidio; la Convención Internacional sobre la Eliminación de todas las Formas de Discriminación Racial; la Convención sobre la Eliminación de todas las Formas de Discriminación contra la Mujer; la Convención contra la Tortura y otros Tratos o Penas Crueles, Inhumanos o Degradantes; la Convención sobre los Derechos del Niño; en las condiciones de su vigencia, **tienen jerarquía constitucional, no derogan artículo alguno de la primera parte de esta Constitución y deben entenderse complementarios de los derechos y garantías por ella reconocidos.** Sólo podrán ser denunciados, en su caso, por el Poder Ejecutivo Nacional, previa aprobación de las dos terceras partes de la totalidad de los miembros de cada Cámara.
Los demás tratados y convenciones sobre derechos humanos, luego de ser aprobados por el Congreso, requerirán del voto de las dos terceras partes de la totalidad de los miembros de cada Cámara para gozar de la jerarquía constitucional (grifamos).

3. Art. 2º São Poderes da União, independentes e harmônicos entre si, o Legislativo, o Executivo e o Judiciário.

Essa disposição levou alguns doutrinadores a defender a tese de que, se os direitos e garantias expressos na Constituição incluíam os tratados internacionais de direitos humanos, tais tratados, portanto, teriam status de norma constitucional.

Em síntese, de acordo com essa teoria, os tratados internacionais de direitos humanos estariam no mesmo plano hierárquico que a Constituição Federal.

No entanto essa tese foi derrubada pelo decidido no acórdão do STF, proferido nos autos do *Habeas Corpus* 72.131/RJ, no qual aquele Tribunal entendeu que, se os tratados internacionais de direitos humanos eram referendados por maioria simples, eles equivaliam às leis ordinárias e não à Constituição Federal.

Assim sendo, permaneceu válida a prisão civil por dívida do depositário infiel.

Todavia, essa decisão provocou uma verdadeira celeuma. E, com a chamada "Reforma do Judiciário", contida na EC 45/2004, foi inserido ao art. 5º, o § 3º, que permite que um tratado internacional de direitos humanos tenha hierarquia de norma constitucional se for referendado com maioria necessária à aprovação de uma emenda à constituição (três quintos em dois turnos)[4].

Assim, naquela ocasião, havia duas hipóteses de hierarquia de tratados internacionais de direitos humanos: os referendados antes da EC 45/2004, que tinham força de lei ordinária, em razão do decidido nos autos do *habeas corpus* 72.131/RJ e os que teriam hierarquia de norma constitucional, caso fossem referendados nos termos do art. 5º, o § 3º, da CF/88.

Essa situação perdurou até julho de 2007, pois no julgamento do RE 466.343, o STF se posicionou de forma que os tratados internacionais de direitos humanos, ainda que referendados com maioria simples não poderiam ter a mesma hierarquia das leis ordinárias, em função de seu conteúdo ser de importância fundamental.

Dessa forma, ficou consagrado que os tratados internacionais de direitos humanos referendados com maioria simples deveriam estar *acima* das leis ordinárias. De outro lado, e tendo em vista a rigidez da Constituição Federal, que só pode ser alterada por via de Emendas à Constituição, esses tratados, aprovados por maioria simples, deveriam estar *abaixo* da CF/88. Daí o entendimento de que os tratados internacionais de direitos humanos, referendados por maioria simples têm status de norma **supralegal** e **infraconstitucional**.

A situação fica melhor exemplificada no quadro abaixo:

HIERARQUIA NORMATIVA BRASILEIRA

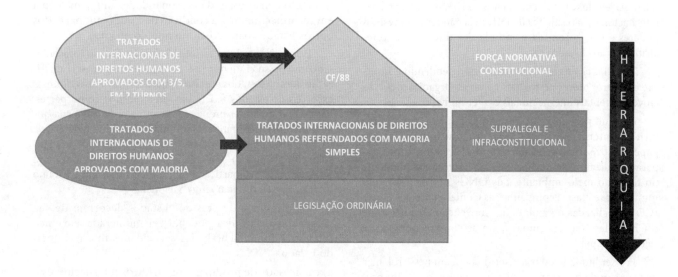

---

4. § 3º Os tratados e convenções internacionais sobre direitos humanos que forem aprovados, em cada Casa do Congresso Nacional, em dois turnos, por três quintos dos votos dos respectivos membros, serão equivalentes às emendas constitucionais.

Hoje, portanto, temos a seguinte situação:

a) Tratados internacionais de Direitos Humanos referendados *antes* da EC 45/2004: supralegais e infraconstitucionais;

b) Tratados Internacionais de Direitos Humanos referendados *depois* da EC 45/2004 com quórum de 3/5 em dois turnos: normas constitucionais

c) Tratados Internacionais de Direitos Humanos referendados *depois* da EC 45/2004 com quórum simples: supralegais e infraconstitucionais;

5. OS ATORES DO DIREITO INTERNACIONAL PÚBLICO

Para a doutrina internacionalista clássica, os atores de Direito Internacional Público são aqueles que podem criar normas internacionais. Estariam inseridos nesse rol aqueles que têm *personalidade* jurídica de direito internacional, e, por decorrência lógica, *capacidade* para inovar no sistema jurídico. Em resumo, seriam atores do Direito Internacional Público os Estados e as Organizações Internacionais.

Isso porque, de acordo com essa doutrina, tais atores são aqueles que têm personalidade jurídica em direito internacional, segundo regras e critérios exclusivos. Não se confundem com os destinatários das normas, nem entidades, ou fenômenos mencionados nas normas. Assim os conceitos de sujeito ativo e passivo em DIP não são adequados. Conceitos como "humanidade" e "comunidade internacional" também não são passíveis de se tornarem sujeitos de DIP. As organizações internacionais são sujeitos de DIP, mas não têm os mesmos poderes e não gozam da plenitude dos direitos e deveres atribuídos aos Estados.

Todavia, já surgem doutrinadores defendendo a inserção de outros atores no rol, tais como as Organizações Não Governamentais internacionais e o ser humano.

Em que pesem o fato de não possuírem *capacidade* jurídica internacional, as ONGs internacionais têm um papel cada vez mais relevantes como elementos de pressão para a realização de normas internacionais. Notadamente no tema do meio ambiente, tais ONGs se destacam com muita ênfase. Basta acompanhar as Conferências das Partes (COP), realizadas no âmbito da Convenção Quadro sobre o Clima das Nações Unidas, para se compreender o seu relevante papel.

Já o ser humano estaria inserido também nesse rol, haja vista que pode figurar no polo ativo ou passivo de um processo internacional. Ou seja, ele tanto pode ser *autor*, como *réu* de uma ação internacional. Quanto ao primeiro caso, vide a possibilidade de pessoas se socorrerem de Tribunais Internacionais de Direitos Humanos para terem cessada/compensada uma eventual violação de seus direitos.

Como réu, o ser humano pode figurar no polo passivo de uma ação junto ao Tribunal Penal Internacional, por exemplo.

Visto isso, examinemos mais detidamente aqueles que podem efetivamente *inovar* no sistema jurídico, dada a sua *capacidade* jurídica de direito internacional.

5.1. O Estado

Ente soberano por excelência, o Estado é quem inaugurou a própria criação do direito internacional. Para que exista, segundo a doutrina da Teoria Geral do Estado, é necessário que possua soberania, povo e território. Alguns autores ainda incluem a *finalidade* e a *capacidade de estabelecer relações internacionais*.

Não pretendemos formular aqui conceitos afetos à Teoria Geral do Estado, mas usar esses elementos, mais especificamente quatro deles (soberania, povo território e capacidade de estabelecer relações internacionais), para entender o papel do Estado na construção do Direito Internacional Público.

Em resumo, para o direito internacional interessam quatro elementos constitutivos do Estado

a) soberania (ou governo): relativa autonomia dentro do território pela nação, exercida por um governo independente, tem-se a ideia de um governo não subordinado a qualquer autoridade exterior e cujos únicos compromissos sejam pautados pelo próprio Direito Internacional;

b) território: uma porção de espaço terrestre, marítimo e aéreo, delimitada por fronteiras;

c) nação: população relativamente homogênea, é a expressão demográfica;

d) capacidade de entrar em relação com os demais Estados – é possível afirmar que a capacidade de entrar em relação com outros Estados é mais uma consequência do que um elemento constitutivo da personalidade. Também se fala em reconhecimento da condição de Estado por parte dos outros Estados para existir no mundo jurídico.

Para o Direito Internacional Público, o Estado apresenta-se como pessoa indivisa, independentemente de sua organização interna (estados unitários ou federados), salvo algumas exceções de estados federados serem aceitos como partes. Para evitar qualquer problema quanto à ordem interna dos Estados, surgia a prática denominada "cláusula federativa": os Estados signatários de tratados, em virtude desta cláusula, comprometem-se a aplicar as normas avençadas, para qualquer eventual partição política ou jurídica que exista no interior de seu ordenamento nacional.

Os direitos e deveres dos Estados decorrem de sua personalidade jurídica, podendo ser enumeradas em cinco categorias fundamentais das capacidades internacionais do Estado:

a) capacidade de produzir atos jurídicos internacionais;

b) capacidade de verem-se imputados fatos ilícitos internacionais – os Estados como partes das obrigações internacionais de reparação de danos originadas de um ilícito internacional;

c) capacidade de acesso aos procedimentos contenciosos internacionais, sejam diplomáticos ou jurisdicionais;

d) capacidade de os Estados tornarem-se membros e de participarem plenamente da vida das organizações internacionais (direito de voto e de voz);

e) capacidade de estabelecer relações diplomáticas e consulares com outros Estados.

5.1.1. Estado e Soberania

A soberania é característica *exclusiva* do Estado. As Organizações Internacionais **não são soberanas**. Possuem apenas e tão somente personalidade jurídica de direito internacional.

Portanto, a soberania é atributo exclusivo do Estado. E tal atributo é de suma importância, porque dele decorre a *isonomia jurídica internacional*.

Sem essa isonomia um Estado poderia impor, juridicamente, a sua vontade em relação a outro Estado, o que violaria a *vontade*, que, como sabemos, é requisito fundamental para a validade da norma internacional.

Dessa forma, o respeito à soberania alheia é a grande "regra geral" do Direito Internacional Público, pois sem ela não haveria Estados e tampouco direito internacional.

Assim sendo, um Estado não pode submeter outro à sua soberania. As regras internacionais são construídas por consenso e não por imposição. Desse preceito, surge o princípio do *par in parem non habet imperium* (que, em uma tradução livre significa que *entre iguais não há imposição*) ou, ainda *par in parem non habet judicium*, que, também em tradução livre, significa que eu não posso submeter à *minha* jurisdição aquele que é *igual* a mim.

Dessa forma, de um lado *par in parem non habet judicium* estabelece o respeito ao estatuto de igualdade inerente ao Estado soberano, isto é: *as pessoas jurídicas internacionais de igual posição não podem ver os seus litígios resolvidos pelos tribunais de uma delas.*

Outro princípio importante em que se baseia a imunidade é o da não ingerência nos assuntos internos dos outros Estados.

Esses princípios são de fundamental importância nas relações internacionais porque estabelecem a imunidade de jurisdição que hoje está estabelecida nas Convenções de Viena sobre Relações Diplomáticas e sobre Relações Consulares.

É de se ressaltar que tanto na Convenção de Viena de 1961 (sobre relações diplomáticas) quanto na Convenção de Viena de 1963 (sobre relações consulares) não se encontram normas que disponham sobre a *imunidade do Estado*, como pessoa jurídica de direito público externo, à jurisdição local (de índole cível).

Aplica-se aos Estados, porém, a **notória regra costumeira** *par in parem non habet judicium*

Assim sendo, o Estado, seus bens e pessoal diplomático ou consular *estão imunes* à legislação (e à jurisdição) de outro Estado – *par in parem non habet judicium*.

De se ver que a imunidade é, em primeiro lugar, a imunidade da jurisdição dos tribunais territoriais, mas esta não é a sua única faceta. O fundamento da imunidade jurisdicional assenta igualmente na dignidade da nação estrangeira, dos seus órgãos e representantes, e na necessidade funcional de não lhes colocar entraves à prossecução de sua missão.

Logicamente que, para evitar abusos, essa é uma regra que comporta exceção. Estão protegidos os bens e o pessoal, bem como as ações que sejam consideradas *atos de império*. Em outras palavras, aquelas ações que são a razão e a finalidade da existência de uma embaixada ou consulado.

Os atos de *gestão* não se inserem nessa proteção. É por isso que se faz possível processar um Estado estrangeiro pelo não pagamento de aluguel (muitas embaixadas e consulados estão em imóveis locados), ou promover uma reclamação trabalhista em face de Estado estrangeiro.

> **NOTA IMPORTANTE:** ao processar um Estado estrangeiro, só é possível promover a *fase de conhecimento*. **JAMAIS** será possível promover a execução de um julgado, pois os bens do Estado estrangeiro estão fora da soberania e da jurisdição brasileira.

Isso porque a imunidade de jurisdição (imunidade processual) é distinta da imunidade quanto às medidas coercitivas consequentes ao exercício da jurisdição (art. 32, § 4º da Convenção de Viena sobre Relações Diplomáticas de 1961).

As medidas coercitivas compreendem todas as medidas dirigidas contra os bens do Estado estrangeiro (incluindo depósitos bancários), quer para o efeito de executar decisões judiciais, quer para o efeito de arresto preventivo.

É possível que o Estado acreditante (e somente ele) renuncie à imunidade de medidas coercitivas (executórias).

As Convenções de Viena de 1961 e 1963 dispõem que os detentores do privilégio estão obrigados a respeitar as leis e regulamentos do Estado territorial. Assim sendo, em todas as suas relações com o meio local deve o Estado estrangeiro, por norma costumeira, e seus agentes diplomáticos e consulares, por disposição expressa dos textos de Viena, conformar-se com as prescrições do direito local.

É por isso que os atos de gestão podem ser objeto de submissão à jurisdição local, porque tais atos estão submetidos ao princípio do primado (primazia) da legislação local. Isso tem particular importância no que se refere à celebração e à execução de contratos, como os de empreitada para construção imobiliária, os de prestação de serviços, e sobretudo os contratos individuais de trabalho.

5.1.1.1. Diplomatas e cônsules: privilégios e imunidades

Existem duas convenções celebradas em Viena sobre o tema: Convenção de Viena sobre relações diplomáticas de 1961 e Convenção de Viena sobre relações consulares de 1963.

Além dos privilégios, as duas convenções apresentam normas de administração e protocolo diplomáticos e consulares, como, por exemplo:

a) a necessidade de que o governo do Estado local, por meio de seu ministério responsável pelas relações exteriores, tenha a notícia da nomeação de agentes estrangeiros de qualquer natureza ou nível para exercer funções em seu território (art. 10 da Convenção de Viena sobre Relações Diplomáticas de 1961);

b) da respectiva chegada (e retirada) ao país e da de seus familiares; e

c) do recrutamento de súditos ou residentes locais para prestar serviços à missão.

Essa informação completa é necessária para que a chancelaria estabeleça a lista de agentes estrangeiros beneficiados por privilégio diplomático ou consular, e a mantenha atualizada.

> **NOTA IMPORTANTE:** Ambas as convenções disciplinam o que pode ocorrer quando o Estado local deseja impor a retirada de um agente estrangeiro – *PERSONA NON GRATA* (**TÍTULO IMPRÓPRIO DE "EXPULSÃO"**) – trata-se de uma disciplina sumária: sem necessidade de fundamentar seu gesto, o Estado local pode declarar persona non grata o agente e, o Estado acreditante (o Estado de origem) **DEVE IMEDIATAMENTE CHAMÁ-LO DE VOLTA** (art. 9 da Convenção de Viena sobre Relações Diplomáticas de 1961).

Diplomacia e Serviço Consular

O diplomata representa o Estado de origem junto à soberania local, e para o trato bilateral dos assuntos de Estado. A diplomacia compreende todos os meios pelos quais os Estados estabelecem ou mantêm relações mútuas, comunicam uns com os outros ou interagem política ou juridicamente, sempre por meio dos seus representantes autorizados.

O cônsul representa o Estado de origem para o fim de cuidar, no território onde atue, de interesses privados – os de seus compatriotas que ali se encontrem a qualquer título, e os de elementos locais que tencionem, por exemplo, visitar aquele país, de lá importar bens, ou para lá exportar (art. 5º da Convenção de Viena sobre Relações Diplomáticas de 1961).

> **NOTA IMPORTANTE:** é indiferente ao direito internacional o fato de que inúmeros países – entre os quais o Brasil – tenham unificado as duas carreiras (diplomática e consular), e que cada profissional da diplomacia, nesses países, transite constantemente entre funções consulares e funções diplomáticas. A exata função desempenhada em certo momento e em certo país estrangeiro é o que determina a pauta de privilégios.

Imunidades Diplomáticas

O Estado receptor deve tomar medidas que permitam ao Estado acreditante (o Estado que enviará a missão diplomática e/ou consular) beneficiar do conteúdo da autorização. O processo que atribui "fé total e crédito" à autorização resulta num conjunto de "privilégios e imunidades".

IMUNIDADES DIPLOMÁTICAS

Imunidade de jurisdição penal	Art. 31, § 1º, 1, da Convenção de Viena sobre Relações Diplomáticas de 1961	1. O agente diplomático gozará de imunidade de jurisdição penal do Estado acreditado. Gozará também da imunidade de jurisdição civil e administrativa (...)
Imunidade de jurisdição civil	Art. 31, § 1º, 1, da Convenção de Viena sobre Relações Diplomáticas de 1961	1. O agente diplomático gozará de imunidade de jurisdição penal do Estado acreditado. Gozará também da imunidade de jurisdição civil e administrativa (...)
Imunidade tributária	Art. 23, 1, da Convenção de Viena sobre Relações Diplomáticas de 1961	1. O Estado acreditante e o Chefe da Missão estão isentos de todos os impostos e taxas, nacionais, regionais ou municipais, sobre os locais da Missão de que sejam proprietários ou inquilinos, excetuados os que representem o pagamento de serviços específicos que lhes sejam prestados.

Além disso, os agentes diplomáticos possuem inviolabilidade física e não podem ser obrigados a prestar testemunho (art. 31, § 2 da Convenção de Viena sobre Relações Diplomáticas de 1961[5]).

Essas imunidades são atribuídas aos membros do quadro diplomático de carreira (do embaixador ao terceiro secretário), aos membros do quadro administrativo e técnico (tradutores, contabilistas, etc., desde que oriundos do Estado acreditante, e não recrutados *in loco*). Tais agentes gozam de ampla imunidade de jurisdição penal e civil e tributária. São, ademais, fisicamente invioláveis, não podem ser obrigados a depor como testemunhas.

Quanto à imunidade de jurisdição penal, os diplomatas e integrantes do pessoal administrativo e técnico da missão diplomática gozam de imunidade penal ilimitada. Assim,

mesmo que cometam um homicídio passional, uma agressão, um furto comum, eles estarão isentos de processo local.

> **NOTA IMPORTANTE - NÃO CONFUNDIR IMUNIDADE DE JURISDIÇÃO COM IMPUNIDADE:** os textos de Viena determinam que a imunidade de jurisdição não livra o agente de responder pela infração penal em seu Estado de origem. O que se espera é que retornando, o diplomata responda pelo delito praticado no Estado acreditante, desde que o delito também seja considerado crime em seu Estado de origem. A imunidade não impede a polícia local de investigar o crime, preparando a informação sobre a qual se presume que a Justiça do Estado de origem processará o agente beneficiado pelo privilégio diplomático.

Embora determine ampla imunidade civil, A Convenção de Viena sobre Relações Diplomáticas de 1961 estabelece algumas exceções (art. 31):

a) não há imunidade no caso do feito sucessório em que o agente esteja envolvido a título estritamente privado;

---

5. O agente diplomático não é obrigado a prestar depoimento como testemunha.

b) assim como na ação real relativa a imóvel particular;

c) também não pode invocar a imunidade o agente que, havendo proposto ele próprio certa ação cível, enfrenta uma reconvenção;

d) não há imunidade no caso de feito relativo a uma profissão liberal ou atividade comercial exercida pelo agente (apesar do próprio texto da Convenção de 1961 proibir as atividades paralelas à diplomacia).

No mesmo sentido, há uma série de exceções quanto à imunidade tributária (art. 34 da Convenção de Viena sobre Relações Diplomáticas de 1961):

a) impostos indiretos, normalmente incluídos no preço de bens ou serviços;

b) tarifas correspondentes a serviços;

c) e ainda, se possuir imóvel particular no território local, pagará os impostos sobre ele incidentes.

As imunidades em matéria penal, civil e tributária estendem-se aos membros das respectivas famílias, desde que vivam sob a dependência do agente diplomático e tenham sido incluídos na lista diplomática (art. 37, § 1 da Convenção de Viena sobre Relações Diplomáticas de 1961).

O pessoal subalterno ou pessoal de serviços da missão diplomática, custeado pelo Estado acreditante, só tem imunidades no que concerne a seus atos de ofício, à sua estrita atividade funcional.

Os locais das missões diplomáticas são fisicamente invioláveis, com todos os bens ali situados (art. 22, § 1 e § 3 da Convenção de Viena sobre Relações Diplomáticas de 1961), bem como, os imóveis residenciais utilizados pelo quadro diplomático e pelo quadro administrativo e técnico. Não podem ser objeto de busca, requisição, penhora ou medida qualquer de execução (art. 30 da Convenção de Viena sobre Relações Diplomáticas de 1961).

Os arquivos e documentos da missão diplomática são invioláveis onde quer que se encontrem (art. 24 da Convenção de Viena sobre Relações Diplomáticas de 1961).

Imunidades Consulares

Em razão do exercício da função, as imunidades consulares são bem mais reduzidas do que as relacionadas aos diplomatas. Os cônsules gozam dos seguintes privilégios:

a) inviolabilidade física;

b) imunidade ao processo – penal ou cível – mas, apenas no tocante aos atos de ofício.

Tais privilégios não se estendem aos membros da família nem às instalações residenciais.

Quanto à imunidade penal, no caso dos cônsules, visto que a imunidade só alcança os atos de ofício, os crimes comuns podem ser processados e punidos *in loco*. Crimes não puníveis pelo Estado local, porque cobertos pela estreita faixa de imunidade, são os diretamente relacionados com a função consular, como a outorga fraudulenta de passaportes, a falsidade na lavratura de guias de exportação etc.

Em matéria processual, as concessões que a Convenção de 1963 faz aos cônsules são modestas: quando processados, deve-se zelar para que o processo seja breve e perturbe o mínimo possível os trabalhos consulares; a prisão preventiva é permitida, desde que autorizada por juiz; e em caso de crime grave, a prestação de depoimento como testemunha é obrigatória, devendo ser programada de modo a não causar prejuízo ao serviço.

O imóvel onde se exerce a missão consular é inviolável na medida estrita de sua utilização funcional e gozam de imunidade tributária. Os arquivos e documentos consulares são invioláveis em qualquer circunstância e onde quer que se encontrem.

Renúncia à Imunidade (art. 32 da Convenção de Viena sobre Relações Diplomáticas de 1961)

O Estado acreditante – e somente ele – pode renunciar, se entender conveniente, às imunidades de índole penal e civil de que gozam seus representantes diplomáticos e consulares.

De acordo com as Convenções de Viena, no foro cível, a renúncia referente ao processo de conhecimento não alcança a execução, para a qual nova renúncia se faz necessária. **Em nenhum caso, o beneficiário da imunidade dispõe de um direito de renúncia.**

5.1.1.2. Resolução de conflitos internacionais

Tendo em vista que um Estado não pode ser submetido à jurisdição de outro, porque são *iguais* em direitos e obrigações, as formas de solução de conflito internacionais devem acompanhar essa realidade. Assim, a solução pode ser pacífica: diplomática, quando negociada entre as partes; judicial quando submetida a um Tribunal Internacional do qual os Estados *reconheçam e se submetam à jurisdição*; ou ainda coercitiva, quando o Estado busca, de forma não negociada, fazer valer a sua vontade e, por fim, os meios políticos que é o recurso à organizações internacionais não jurisdicionais, para a resolução política de um conflito.

Soluções Diplomáticas

As soluções diplomáticas são as preferidas. Para o Direito Internacional, o *consenso* é a pedra de toque.

Dentre as soluções diplomáticas, podemos destacar, dentre outras:

a) Negociação Direta: o nome é autoexplicativo. Os Estados envolvidos diretamente no conflito negociam e, por si, encontram uma solução satisfatória para ambos.

b) Mediação: não conseguindo encontrar uma solução por si próprios, os Estados litigantes convidam um mediador, que terá, como função *auxiliar os Estados a encontram uma solução: o mediador nunca "julga" a causa.*

c) Bons-Ofícios: não deixa de ser uma espécie de mediação. A diferença está na origem. Enquanto na mediação os Estados litigantes convidam um mediador, nos Bons-Ofícios um Estado *se oferece* para fazer a mediação.

d) Conciliação: na conciliação, um órgão internacional, convidado pelos Estados litigantes, apresenta *conclusões* sobre a controvérsia, propondo um acordo. Difere da mediação e dos Bons-Ofícios porque na conciliação se emite opiniões valorativas e se faz sugestões aos Estados.

É de se ressaltar que o relatório é *opinativo* e os Estados não são obrigados a aceitarem a solução proposta. Todavia, pela simples emissão de um relatório com *conclusões* sobre o tema litigioso, alguns doutrinadores classificam a *conciliação* como um meio jurídico de solução de controvérsias.

e) Convenção: ocorre quando o assunto em litígio interessa a diversos Estados, ou, ainda, nas hipóteses em que a solução abrangerá um conjunto de questões sobre as quais existem divergências multilaterais. Os tratados oriundos das convenções de direito internacional sobre o meio ambiente são o grande exemplo disso.

f) Sistema de Consultas: é uma troca prévia de opiniões ou informações entre dois ou mais Estados, no sentido de se antecipar à formação de um litígio internacional.

g) Inquérito: as comissões internacionais de inquérito (ou de investigação) têm como objetivo esclarecer fatos controvertidos. O relatório é opinativo (não obrigatório). Todavia, como o inquérito muitas vezes é utilizado para instruir um futuro processo internacional (como, por exemplo, os inquéritos realizados antes da aceitação de um painel junto à OSD – Órgão de Solução de Controvérsias da Organização Mundial do Comércio), alguns doutrinadores classificam esse modo de solução de controvérsias como judicial.

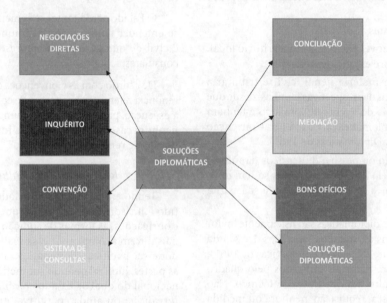

Soluções Judiciais

As soluções judiciais são aquelas onde será proferida uma *decisão*, fundamentada no Direito Internacional Público, que *obrigará* as partes litigantes, porque ambas se *submetem* à jurisdição do prolator da sentença. Os meios jurídicos abrangem os Tribunais Internacionais (tais como o Tribunal Internacional de Justiça da ONU, o Tribunal do Mar, o Órgão de Solução de Controvérsias da OMC) e a Arbitragem Internacional.

Essa *submissão à jurisdição* não se trata de *submissão* de um Estado ao Judiciário de *outro* Estado. Trata-se do reconhecimento da jurisdição de um Tribunal Internacional, instituído por tratado, do qual os Estados litigantes fazem parte.

No mesmo sentido, a *arbitragem* internacional, cujo compromisso arbitral deve preencher todos os requisitos de validade consubstanciados na vontade do Estado. Deve conter também, minimamente, o objeto do litígio e o compromisso de acatar a decisão.

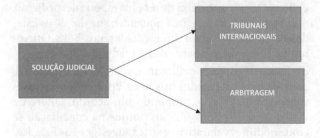

Soluções Coercitivas.

As soluções coercitivas, são, como o próprio nome diz, as adotadas pelos Estados, ou organizações internacionais, como mecanismos de pressão para fazer valer a sua vontade. A doutrina em geral destaca as seguintes:

a) Retorsão/Represália: são os mecanismos usados na reciprocidade. Supondo que o Estado 1 comece a exigir que os nacionais do Estado 2 portem visto de entrada para ingressar em seu território, exigência essa que não existia antes. O Estado 2, em reciprocidade pode determinar, então, que os nacionais do Estado 1 também sejam obrigados a obter visto para ingressar em seu território. Nessa hipótese, o Estado 2 está agindo dentro do princípio da reciprocidade, na proporção da *ofensa* sentida. Assim, aplicou para o caso a *retorsão*. No entanto, se o Estado 2 entendesse por bem agir em reciprocidade deportando todos os nacionais do Estado 1, em função da exigência do visto, tal gesto seria classificado como *represália*. Dessa forma, em síntese, agir em *retorsão* é aplicar o princípio da reciprocidade dentro de limites proporcionais e razoáveis. A *represália* configura o excesso que é considerado ilegal.

b) Bloqueio: é a utilização de forças militares para evitar o acesso ao país bloqueado.

c) Boicote: a definição de boicote depende do autor consultado. Alguns definem boicote como a interrupção de relações comerciais de um Estado para com outro, como, por exemplo, o boicote à carne bovina brasileira, quando há casos de febre aftosa no gado nacional. Outros entendem boicote como uma "ausência sentida"; um Chefe de Estado ou uma delegação que não compareçam *propositalmente* a um evento internacional, como forma de protesto à postura de um determinado Estado. Era muito comum, na época da guerra fria, que a delegação americana *boicotasse* os Jogos Olímpicos que se realizassem em países alinhados com a antiga URSS e vice-versa.

d) Embargo: é o sequestro de navios mercantes de um Estado, pelo outro.

e) Ruptura das Relações Diplomáticas: como diz o próprio nome, trata-se da finalização das relações entre os Estados. Os embaixadores são chamados de volta e, a partir de então, os Estados não mais se relacionam internacionalmente.

f) Guerra: é o ataque militar, a agressão armada, para impor a vontade. A Guerra foi proscrita do Direito Internacional como exercício de um direito; a Carta da ONU autoriza o uso militar em apenas duas circunstâncias: a de defesa à soberania do Estado ou mediante autorização do Conselho de Segurança das Nações Unidas. Assim, as ações de *agressão* unilateral são consideradas ilícitas e os agentes responsáveis pela investida militar podem responder por crime de agressão, cuja competência é do Tribunal Penal Internacional. Ainda sobre a Guerra, é necessário dizer que as ações militares devem estar pautadas pela "humanidade", ou seja, em estrita obediência às Convenções de Genebra sobre Direito Humanitário. O desrespeito a essas Convenções pode punir os agentes militares, ainda que a guerra seja lícita (como em defesa da soberania, por exemplo). São violações às Convenções de Genebra e crimes tipificados pelo Estatuto de Roma, dentre outras, o ataque à população civil não beligerante, a execução sumária de militares do exército inimigo, o ataque a posições da Cruz ou do Crescente Vermelho.

NOTA IMPORTANTE: alguns autores preferem diferenciar os métodos "pacíficos" de resolução de conflitos internacionais de métodos "violentos" ou "não pacíficos", de resolução de conflitos internacionais. Para esses autores, são métodos pacíficos são: os meios diplomáticos, judiciais e coercitivos, **com exceção da Guerra,** que estaria inserida como solução violenta ou não-pacífica de resolução de conflitos internacionais

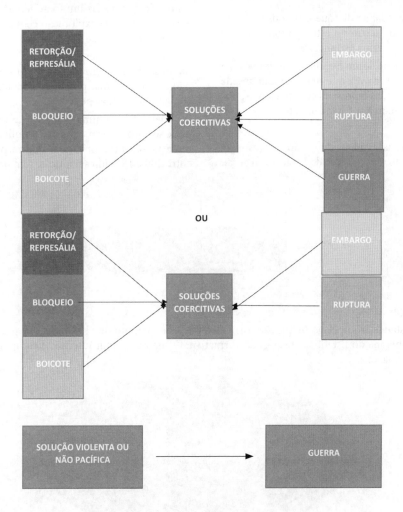

Soluções Políticas

São o apelo a instâncias internacionais não judiciais, com o fito de provocar na sociedade internacional, apoio a uma demanda isolada. Esse apoio pode tentar ser obtido junto à Assembleia Geral da ONU, ou da OEA, por exemplo.

5.1.2. Estado e território

Sobre o território o Estado tem jurisdição geral e exclusiva. A generalidade da jurisdição significa que o Estado exerce no seu domínio territorial todas as competências de ordem legislativa, administrativa e jurisdicional. A exclusividade significa que, no exercício de tais competências, o Estado local não enfrenta a concorrência de qualquer outra soberania.

O estabelecimento das linhas limítrofes entre os territórios de dois ou mais Estados pode eventualmente resultar de uma decisão arbitral ou judiciária. Na maioria das vezes, porém, isso resulta de tratados bilaterais, celebrados desde o momento em que os países vizinhos têm conhecimento da fronteira e pretendem conferir-lhe, formalmente, o exato traçado.

A relação do Estado com seu território é chamada de *soberanista*, pela doutrina atualmente aceita como válida. Isso significa que no território do Estado há *incidência* de sua soberania.

Essa é a razão pela qual se diz que um consulado ou embaixada fazem parte do *território* estrangeiro. É porque em tais imóveis *incide* soberania estrangeira.

Assim sendo, o território de um Estado não se limita à sua circunscrição geográfica, uma vez que sua soberania incide nos imóveis onde fiquem suas representações nacionais, nos aviões e navios que possuam a sua bandeira etc.

Espaço aéreo

O Direito Internacional Público ainda não tem resposta quanto o limite vertical do espaço aéreo do Estado. Em geral, costuma-se estabelecer que o espaço aéreo está limitado à atmosfera do planeta, sendo o espaço sideral área pertencente à sociedade internacional como um todo.

No espaço aéreo, o Estado é soberano para determinar as regras que entender necessárias à proteção de sua soberania, permitindo, inclusive, o abate de aeronaves que julgue violadoras de seu espaço.

No entanto, o Estado está obrigado a permitir a passagem inocente de aeronaves civis. As aeronaves militares estrangeiras devem obter permissão para cruzar o espaço aéreo de um Estado.

Mar territorial

Chama-se mar territorial o espaço de água marítima, traçado a partir do limite da costa, onde incida a soberania do Estado.

Esse espaço pode advir de decisão unilateral de uma Estado, mas o Direito Internacional Público tenta regular essa possibilidade por meio da Convenção das Nações Unidas sobre o Direito do Mar (Convenção de Montego Bay), que foi ratificada pelo Brasil.

Naquela convenção fica estabelecido que o mar territorial deve ter no máximo 18 milhas náuticas. Entre 18 e 200 milhas (o que perfaz um total de 182 milhas) o Estado tem a exclusividade de exploração econômica. São as chamadas Zonas de Exploração Econômica Exclusiva (ZEE).

Assim, a incidência de soberania se dá em 18 milhas náuticas. Das 18 em diante, até o limite de 200, o Estado não é soberano, mas possui exclusividade na exploração das riquezas oferecidas pelo mar.

Dessa forma, uma embarcação militar estrangeira não pode se aproximar menos de 18 milhas náuticas da costa de um Estado, sem autorização. Todavia, pode navegar no espaço entre 200 e 18 milhas náuticas, sem problemas.

Estados arquipélagos

O problema dos Estados arquipélagos é que são formados por um conjunto de ilhas rodeados pelo mar. Esse mar, seria objeto de incidência soberana do Estado? A resposta é afirmativa. O chamado "mar interno" é componente do território do Estado, como na figura abaixo

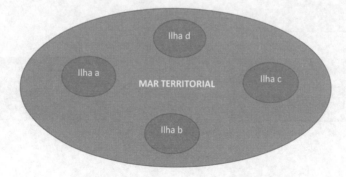

Canais e Istmos

Canais e Istmos são ligações, as primeiras artificiais, feitas pelo ser humano e as segundas naturais, que ligam um mar ou um oceano a outro, reduzindo as distâncias a serem percorridas pelas embarcações.

Como exemplo, cite-se o Canal do Panamá. Obras de engenharia criada para facilitar o acesso de embarcações entre os Oceanos Atlântico e Pacífico. Não fosse o Canal do Panamá, as embarcações teriam de dar a volta pela parte sul da América do Sul, para realizar a travessia entre os dois oceanos.

Dada, portanto, a importância de um istmo ou canal, o Estado não pode se negar a permitir a passagem inocente de embarcações civis. Logicamente que poderá explorar comercialmente essa passagem, mas não pode vedá-la.

5.1.3 Estado e povo (nação)

População do Estado soberano é o conjunto das pessoas domiciliadas em caráter permanente sobre seu território, constituindo-se por uma maioria de nacionais e uma minoria de estrangeiros residentes.

Nacionalidade: princípios gerais, normas costumeiras e a nacionalidade brasileira

Nacionalidade é um vínculo jurídico entre o Estado soberano e o indivíduo, que faz deste indivíduo um elemento constitutivo do Estado. Esse vínculo, entretanto, é determinado pelo direito interno: a cada Estado incumbe legislar sobre sua própria nacionalidade.

A nacionalidade tende a apontar apenas o ser humano como seu titular. É por extensão que se costuma falar em nacionalidade das pessoas jurídicas, e até mesmo em nacionalidade das coisas; quanto ao Direito Internacional Público, o Estado soberano é o único outorgante possível da nacionalidade. Nenhuma província federada, titular de autonomia, porém carente de soberania, pode fazer valer no plano internacional uma pretensa competência de atribuição de nacionalidade.

São listados pela doutrina em geral, os seguintes princípios gerais relativos à nacionalidade:

a) O Estado não pode se privar de uma dimensão pessoal, pois, caso contrário, estaria carente de um de seus elementos de formação – o povo. Em outras palavras, o Estado está obrigado a outorgar nacionalidade o que o faz distinguir entre seus nacionais e os estrangeiros;

b) O Estado não pode arbitrariamente privar o indivíduo de sua nacionalidade, nem do direito de mudar de nacionalidade (art. 15 da Declaração Universal dos Direitos Humanos, 1948);

c) Toda pessoa tem direito a uma nacionalidade;

d) Princípio da efetividade – o vínculo de nacionalidade não deve se basear na pura formalidade, mas na existência de laços sociais entre o indivíduo e o Estado.

Já o costume internacional estabelece que não se atribui nacionalidade *jus soli* aos filhos de agentes de Estados estrangeiros (diplomatas, cônsules, membros de missões especiais), pois há a presunção de que o filho dos agentes estrangeiros terá por certo outro vínculo de nacionalidade, possivelmente resultante da nacionalidade de seus pais (*jus sanguinis*) e da respectiva função pública[6].

O costume internacional também estabelece, em favor dos nacionais, a proibição do banimento e do desterro, que são formas de expulsão do próprio nacional para outro Estado ou para espaço de uso comum. Há, pelo contrário, uma obrigação, para o Estado, de acolher seus nacionais em qualquer circunstância, incluída a hipótese de que tenham sido expulsos de onde se encontravam.

Modos de aquisição de nacionalidade

A nacionalidade pode ser adquirida mediante um *fato jurídico* (nascimento) ou por um *ato jurídico* (requerimento, manifestação de vontade). Na primeira hipótese, tem-se o surgimento de um nato; na segunda de um naturalizado.

A nacionalidade atribuída em razão do nascimento é chamada de nacionalidade primária ou originária. A nacionalidade adquirida em razão da vontade do requerente é denominada derivada ou secundária.

A nacionalidade originária/primária, repita-se, atribuída quando a pessoa nasce, resulta da consideração, em grau variado, do lugar do nascimento (*jus soli*) ou da nacionalidade dos ascendentes: pais, avós, bisavós, a depender do sistema (*jus sanguinis*).

A nacionalidade derivada/secundária, que é aquela que se obtém mediante a naturalização, implica na ocorrência de certos requisitos como alguns anos de residência no país, o domínio do idioma, tipo de profissão exercida pelo requerente etc.

Apátridas e Polipátridas

Os apátridas são aqueles para quem, quando do *fato jurídico* nascimento, não houve incidência de nenhuma norma jurídica atribuindo-lhes nacionalidade. Assim, não são nacionais de país nenhum. Esse fenômeno ocorre geralmente quando a pessoa nasce em um território que não reconhece a nacionalidade pelo critério do *ius solis* e é filho de pais estrangeiros, cujo país não reconhece a nacionalidade pelo critério *ius sanguinis*.

Dessa forma, não incidirá a norma do local do nascimento, tampouco a norma do Estado de origem dos pais. Em suma, nenhum Estado outorgará nacionalidade. Sem nacionalidade = apátrida.

A hipótese inversa faz gerar um polipátrida, ou seja, uma pessoa a quem, no momento do *fato* jurídico nascimento, foi reconhecida mais de uma nacionalidade.

Ou seja, se alguém nasce em um território que reconhece a nacionalidade pelo *ius soli* e é filho de estrangeiros, cujo país de origem atribui nacionalidade pelo *ius sanguinis*, ele será agraciado, no momento de seu nascimento, com a nacionalidade do território onde nasceu e *também* com a nacionalidade de seus pais.

---

6. A CF/88 incorporou esse costume ao determinar no art. 12, inciso I, alínea *a* que não são brasileiros, ainda que nascidos no território nacional, os filhos de pais estrangeiros que estejam no Brasil a serviço do seu país de origem. De outro lado, o art. 12, inciso I, alínea *b* estabelece que são brasileiros natos os nascidos no estrangeiro, filho de pai ou mãe brasileira que esteja a serviço da República Federativa do Brasil.

É muito comum, principalmente da região sudeste do Brasil, onde foi bastante intensa a imigração italiana, a ocorrência de ítalo-brasileiros, pessoas nascidas no Brasil e reconhecidas brasileiras em razão do nascimento no território e descendentes de italianos e reconhecidas italianas por aquele país em razão da ascendência (*ius sanguinis*).

Isso porque, no Brasil, o reconhecimento de nacionalidade originária pela lei de outro país, além da CF/88, não é causa de perda da nacionalidade brasileira (art. 12, § 4º, I).

Dessa forma:

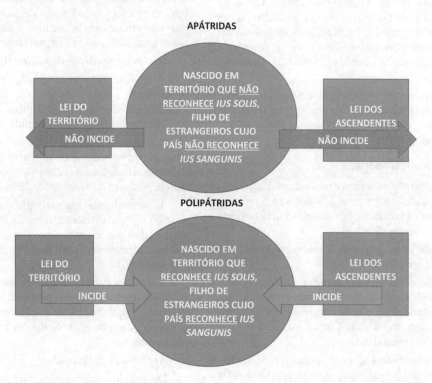

Ainda sobre os apátridas é necessário considerar que, ante a ausência de nacionalidade, em princípio não teriam direito à entrada, à permanência e poderiam ser objeto de saída compulsória a qualquer tempo, além do que não fariam jus a qualquer documento, o que os impediria de exercer os mais básicos direitos.

Daí porque os apátridas estão protegidos pelo Direito Internacional Público. O Estatuto dos Apátridas foi complementado pela Convenção de 30/08/1961 pela qual as partes se comprometem, em certas condições, a atribuir a sua nacionalidade a pessoas que de outro modo seriam apátridas e, em princípio, nunca privar um indivíduo de sua nacionalidade se esta medida puder torná-lo apátrida.

Além disso, a Convenção prevê a possibilidade de expedição de documentos de identificação e passaporte, bem como a facilitação dos procedimentos de naturalização, tendo em vista que um apátrida não pode ser nato.

Nacionalidade brasileira

A nacionalidade brasileira é matéria de ordem constitucional, considerada, embora fora do rol do art. 5º, da CF/88, tema de direitos fundamentais, haja vista que a Declaração dos Direitos Humanos em seu art. 15º[7], reconhece a nacionalidade como tema de direitos humanos.

O Brasil admite reconhecimento da nacionalidade originária/primária tanto pelo critério do *ius soli* (art. 12, I, *a*), quanto do *ius sanguinis* (art. 12, I, *b* e *c* – lembrando que a alínea *b* admite uma conjugação entre o critério da ascendência: filho de pai ou mãe brasileira; com um critério *funcional*: a serviço da República Federativa do Brasil).

São brasileiros natos de acordo com o critério do *ius soli* (art. 12, I, *a*, da CF):

a) os nascidos em território brasileiro, filho de pais brasileiros ou estrangeiros, desde que estes últimos não estejam a serviço de seu país de origem (conforme o costume internacional visto acima).

Vale lembrar que a relação do Estado com seu território é de incidência de soberania. Assim sendo, incide soberania brasileira não só no território geográfico do Brasil, como também nos imóveis onde tenha embaixadas e consulados, navios e aviões de bandeira brasileira etc.

> **Importante:** são brasileiros natos os nascidos a bordo de navios ou aeronaves de bandeira brasileira quando trafeguem por espaços neutros. Todavia, isso não ocorre com pessoas nascidas em navios ou aeronaves brasileiras que se encontrem em espaços pertencentes à soberania de outro Estado, ainda que o transporte no qual se opere o nascimento for público.

---

7. Artigo 15º
   1. Todo o indivíduo tem direito a ter uma nacionalidade.
   2. Ninguém pode ser arbitrariamente privado da sua nacionalidade nem do direito de mudar de nacionalidade.

São brasileiros natos, de acordo com o critério do *ius sanguinis* (art. 12, I, *b* e *c,* das CF):
a) Os nascidos no estrangeiro, de pai ou mãe brasileiros, desde que qualquer dos pais esteja a serviço do Brasil.
b) Os nascidos no estrangeiro, filhos de pai ou mãe brasileiros, embora desvinculados do serviço público, desde que:
   b1) sejam registrados na repartição pública competente (consulados brasileiros no exterior);
   b2) venham a residir no território nacional e optem, a partir dos 18 anos de idade, pela nacionalidade brasileira.
Assim:

Brasileiros naturalizados

A previsão da naturalização está contida nas alíneas *a* e *b*, do inciso II, do art. 12, da CF/88 e era dividida pela doutrina em naturalização *ordinária* (alínea *a*) e *extraordinária* (alínea *b*).

O atual estatuto dos estrangeiros (Lei 13.445/2006) reconheceu a divisão doutrinária e estabeleceu em seus art. 64, I e II, criando, ainda, mais duas formas de naturalização, a *especial* e a *provisória*.

A naturalização prevista na alínea *a*, do inciso II, do art. 12, da CF/88 é chamada *ordinária*, porque suas condições estão previstas em lei ordinária, embora a Constituição assegure aos nacionais de países de Língua Portuguesa um favor temporal, reduzindo para 1 ano o tempo de residência que o torna apto a requerer a naturalização.

São requisitos para requerer a nacionalidade brasileira ordinária (arts. 65 e 66 da Lei 13.445/2006):

> Art. 65. Será concedida a naturalização ordinária àquele que preencher as seguintes condições:
> I - ter capacidade civil, segundo a lei brasileira;
> II - ter residência em território nacional, pelo prazo mínimo de 4 (quatro) anos;
> III - comunicar-se em língua portuguesa, consideradas as condições do naturalizando; e
> IV - não possuir condenação penal ou estiver reabilitado, nos termos da lei.

> Art. 66. O prazo de residência fixado no inciso II do caput do art. 65 será reduzido para, no mínimo, 1 (um) ano se o naturalizando preencher quaisquer das seguintes condições:
> I - (VETADO);
> II - ter filho brasileiro;
> III - ter cônjuge ou companheiro brasileiro e não estar dele separado legalmente ou de fato no momento de concessão da naturalização;
> IV - (VETADO);
> V - haver prestado ou poder prestar serviço relevante ao Brasil; ou
> VI - recomendar-se por sua capacidade profissional, científica ou artística.
> Parágrafo único. O preenchimento das condições previstas nos incisos V e VI do caput será avaliado na forma disposta em regulamento.

Interessante constatar que, no geral, a naturalização é considerada um ato unilateral e discricionário do Estado. Assim, o Estado não está obrigado a concedê-la mesmo quando o requerente preenche todos os requisitos estabelecidos pelo legislador.

No Brasil, durante a vigência do antigo Estatuto dos Estrangeiros (Lei 6.815/1980), o art. 121 da lei revogada dispunha: *"A satisfação das condições previstas nesta lei não assegura ao estrangeiro o direito à naturalização"*.

A lei atual (13.445/2006) não possui disposição semelhante. Em razão desse fato, aliada a constatação de que o espírito da Lei 13.445/2006 ser muito mais inclusivo do que a legislação revogada (que era basicamente uma lei de segurança nacional), somado ainda ao tempo verbal contido no *caput* do art. 66 (*Será* concedida...), que estabelece uma *imposição* ao intérprete, entendemos que essa discricionariedade não mais existe.

Nesse sentido, preenchidas as condições o Brasil está *obrigado* (ato vinculado) a conceder a naturalização.

A naturalização *extraordinária* está prevista na alínea *b*, do inciso II, do art. 12, da CF/88. É assim chamada por ser uma norma de eficácia plena e aplicabilidade imediata, ou seja, todos os seus requisitos estão previstos na Constituição. São eles: a residência ininterrupta no Brasil por ao menos 15 anos e ausência de condenação penal, desde que o estrangeiro assim requeira.

A nova lei também inovou ao prever a modalidade de naturalização *especial*, cujos requisitos estão contidos nos arts. 68 e 69 da Lei 13.445/2006:

Art. 68. A naturalização especial poderá ser concedida ao estrangeiro que se encontre em uma das seguintes situações:

I - seja cônjuge ou companheiro, há mais de 5 (cinco) anos, de integrante do Serviço Exterior Brasileiro em atividade ou de pessoa a serviço do Estado brasileiro no exterior; ou

II - seja ou tenha sido empregado em missão diplomática ou em repartição consular do Brasil por mais de 10 (dez) anos ininterruptos.

Art. 69. São requisitos para a concessão da naturalização especial:

I - ter capacidade civil, segundo a lei brasileira;

II - comunicar-se em língua portuguesa, consideradas as condições do naturalizando; e

III - não possuir condenação penal ou estiver reabilitado, nos termos da lei.

Interessante é a outra nova modalidade de naturalização, a *provisória*, atribuída às crianças e adolescentes menores de 10 anos de idade, que venham fixar residência no Brasil. Para que se mantenha naturalizado, transformando a situação provisória em definitiva, o beneficiado terá o prazo de dois anos a partir do momento que atingir a maioridade, para se naturalizar definitivamente, sob pena de perda da nacionalidade brasileira[8].

_____
8.   Art. 70. A naturalização provisória poderá ser concedida ao migrante criança ou adolescente que tenha fixado residência em território nacional antes de completar 10 (dez) anos de idade e deverá ser requerida por intermédio de seu representante legal. Parágrafo único. A naturalização prevista no caput será convertida em definitiva se o naturalizando expressamente assim o requerer no prazo de 2 (dois) anos após atingir a maioridade.
Art. 71. O pedido de naturalização será apresentado e processado na forma prevista pelo órgão competente do Poder Executivo, sendo cabível recurso em caso de denegação.
§ 1º No curso do processo de naturalização, o naturalizando poderá requerer a tradução ou a adaptação de seu nome à língua portuguesa.
§ 2º Será mantido cadastro com o nome traduzido ou adaptado associado ao nome anterior.

O brasileiro naturalizado tem todos os direitos do brasileiro nato. As exceções a essa regra só podem estar previstas na CF/88.

Perda da nacionalidade brasileira

Tanto o nato, quanto o naturalizado podem perder a nacionalidade brasileira.

A primeira hipótese de perde de nacionalidade prevista na CF/88 é exclusiva do brasileiro *naturalizado*. Trata-se do *cancelamento* da naturalização "*por sentença judicial, em virtude de atividade nociva ao interesse nacional*" (um ato de terrorismo, ou a tentativa de promover um golpe de Estado podem exemplificar a situação), nos termos do art. 12, § 4º, I, da CF/88.

Se um brasileiro nato promover um ato nocivo ao interesse nacional, obviamente ele responderá nas esperas competentes (cível, penal etc.), mas não perderá a condição de nacional. O naturalizado, sim, em processo específico, após o trânsito em julgado da sentença.

Isso significa dizer que durante o período em que foi reconhecida a naturalização, até o trânsito em julgado da sentença, a condição de brasileiro naturalizado mantém todos os seus efeitos. Em outras palavras, os efeitos da decisão são *ex nunc*.

Perdem a nacionalidade brasileira, tantos os *natos* como os *naturalizados*, se requererem (e tiverem deferido o pedido) outra nacionalidade. Esse ato deve ser voluntário, pois, ainda que se naturalizem estrangeiros, tanto os *natos* quanto os *naturalizados* permanecerão brasileiros, caso sejam *forçados* a se naturalizarem estrangeiros em casos de "*imposição da naturalização, pela norma estrangeira, ao brasileiro residente em Estado estrangeiro, como condição para permanência em seu território ou para o exercício de direitos civis*" (art. 12, § 4º, II, da CF/88).

Os Brasileiros *natos* que sejam polipátridas, **não** perdem a nacionalidade brasileira (art. 12, § 4º, inciso II, da CF/88: "*salvo nos casos de reconhecimento de nacionalidade originária pela lei estrangeira*").

Condição jurídica do estrangeiro: admissão discricionária, variedade dos vistos, diversidade dos direitos

Nenhum Estado soberano é obrigado a admitir estrangeiros em seu território. Entretanto, a partir do momento em que os admite, tem o Estado, perante eles, deveres resultantes do direito internacional costumeiro.

Em alguns países, mais liberais com a recepção de estrangeiros, há uma série de normas internas que regulam essa relação. O Brasil é um desses países e estabelece desde logo, no art. 5º *caput*, da CF/88, a isonomia entre brasileiros e estrangeiros no gozo dos direitos fundamentais.

Essa asserção estava em total desacordo com o antigo Estatuo do Estrangeiro que era uma lei de proteção à segurança nacional. A legislação atual é muito mais inclusiva e deve promover não apenas a proteção dos estrangeiros em nosso país como o estímulo às visitas, seja para lazer, seja para negócios, o que muito interessa ao país.

_____
Art. 72. No prazo de até 1 (um) ano após a concessão da naturalização, deverá o naturalizado comparecer perante a Justiça Eleitoral para o devido cadastramento.

DIREITO INTERNACIONAL

Curioso destacar a redação do *caput* do art. 5º, da CF/88. Diz aquela norma que: "*Todos são iguais perante a lei, sem distinção de qualquer natureza, garantindo-se aos brasileiros e aos **estrangeiros residentes no País** a inviolabilidade do direito à vida, à liberdade, à igualdade, à segurança e à propriedade, nos termos seguintes*" (destacamos).

É uma redação infeliz, para dizer o mínimo, pois interpretada em sua literalidade poderia induzir em erro o intérprete, que poderia concluir que apenas os estrangeiros *residentes* fariam jus aos direitos fundamentais, como a vida, por exemplo.

Logicamente que assim não é. Mas, a Lei 13.445/2006 consertou o despropósito da redação do art. 5º, *caput*, da CF/88 estabelecendo no *caput* do art. 4º, a condição de igualdade entre o estrangeiro e o nacional, quanto a inviolabilidade dos direitos fundamentais[9].

De qualquer sorte, é atribuída a competência aos Estados em *favorecerem* os seus nacionais diante da relação que tenha com estrangeiros, sem que isso seja considerado racismo, se, logicamente, essa discriminação estiver nos limites dos tratados e dos costumes internacionais.

Assim, por mais liberal que um Estado seja com um estrangeiro, sempre haverá diferença de tratamento entre aqueles e os nacionais, com o favorecimento destes últimos.

---

9   Art. 4º Ao migrante é garantida no território nacional, em condição de igualdade com os nacionais, a inviolabilidade do direito à vida, à liberdade, à igualdade, à segurança e à propriedade, bem como são assegurados:
I - direitos e liberdades civis, sociais, culturais e econômicos;
II - direito à liberdade de circulação em território nacional;
III - direito à reunião familiar do migrante com seu cônjuge ou companheiro e seus filhos, familiares e dependentes;
IV - medidas de proteção a vítimas e testemunhas de crimes e de violações de direitos;
V - direito de transferir recursos decorrentes de sua renda e economias pessoais a outro país, observada a legislação aplicável;
VI - direito de reunião para fins pacíficos;
VII - direito de associação, inclusive sindical, para fins lícitos;
VIII - acesso a serviços públicos de saúde e de assistência social e à previdência social, nos termos da lei, sem discriminação em razão da nacionalidade e da condição migratória;
IX - amplo acesso à justiça e à assistência jurídica integral gratuita aos que comprovarem insuficiência de recursos;
X - direito à educação pública, vedada a discriminação em razão da nacionalidade e da condição migratória;
XI - garantia de cumprimento de obrigações legais e contratuais trabalhistas e de aplicação das normas de proteção ao trabalhador, sem discriminação em razão da nacionalidade e da condição migratória;
XII - isenção das taxas de que trata esta Lei, mediante declaração de hipossuficiência econômica, na forma de regulamento;
XIII - direito de acesso à informação e garantia de confidencialidade quanto aos dados pessoais do migrante, nos termos da Lei no 12.527, de 18 de novembro de 2011;
XIV - direito a abertura de conta bancária;
XV - direito de sair, de permanecer e de reingressar em território nacional, mesmo enquanto pendente pedido de autorização de residência, de prorrogação de estada ou de transformação de visto em autorização de residência; e
XVI - direito do imigrante de ser informado sobre as garantias que lhe são asseguradas para fins de regularização migratória.
§ 1º Os direitos e as garantias previstos nesta Lei serão exercidos em observância ao disposto na Constituição Federal, independentemente da situação migratória, observado o disposto no § 4º deste artigo, e não excluem outros decorrentes de tratado de que o Brasil seja parte.

Em geral, um estrangeiro deve obter autorização para ingressar no território. Essa autorização será dada por algum motivo (lazer, negócios etc.). Além disso, o estrangeiro pode ser submetido a meios de saída compulsória do Estado onde se encontre. Nada disso será imputado ao nacional.

Vistos de entrada

O visto é a autorização para o estrangeiro ingressar em outro país.

> **NOTA IMPORTANTE:** o visto é uma expectativa de direito e deve ser confirmado pela autoridade migratória local. Assim, a concessão de visto no consulado, não *garante* a entrada do estrangeiro no território, podendo a polícia de fronteira **negar** a entrada ao estrangeiro, ainda que ele porte o visto

No Brasil, como nos demais países, são diversos os títulos sob os quais o estrangeiro pode ser admitido. A distinção fundamental é a que deve fazer-se entre o chamado imigrante (aquele que se instala no país com ânimo de permanência definitiva) e o forasteiro temporário (turistas, estudantes, missionários, homens de negócios, desportistas). Distingue-se ainda do visto permanente, que se lança no passaporte dos imigrantes, o visto diplomático, concedido a representantes de soberanias estrangeiras, cuja presença no território nacional é também temporária (embora não tão efêmera).

Diversos são os países que, mediante tratado bilateral ou mero exercício de reciprocidade, dispensam a prévia aposição de um visto – por suas autoridades consulares no exterior – nos passaportes de cidadãos. O ingresso de um estrangeiro com passaporte não visado faz presumir que sua presença no país será temporária.

A qualquer estrangeiro que se encontra em seu território deve o Estado proporcionar o exercício de direitos elementares: a vida, a integridade física, a prerrogativa eventual de peticionar administrativamente ou requerer em juízo, o tratamento isonômico em relação a pessoas de idêntico estatuto. Na maioria dos países, a lei costuma reconhecer aos estrangeiros, mesmo quando temporários, o gozo dos direitos civis – com poucas exceções, das quais a mais importante é o exercício de trabalho remunerado, acessível tão só ao estrangeiro residente.

A regulamentação sobre o acesso de estrangeiros aos cargos públicos foi alterada pela Emenda Constitucional 19/1998, segundo a qual "*os cargos públicos, empregos e funções públicas são acessíveis aos brasileiros que preencham os requisitos estabelecidos em lei, assim como aos estrangeiros, na forma da lei*" (art. 37, I, da CF/88).

Já o acesso de estrangeiros a cargos universitários está previsto no art. 207 da CF/88, em parágrafo acrescentado pela Emenda Constitucional 11/1996: "*É facultado às universidades admitir professores, técnicos e cientistas estrangeiros na forma da lei*".

O estrangeiro não tem direitos políticos (exceção feita aos portugueses residentes no Brasil, em havendo tratado de reciprocidade com Portugal – art. 12, § 1º, da CF/88[10]), ainda que residentes em caráter definitivo no Brasil.

---

10. § 1º Aos portugueses com residência permanente no País, se houver reciprocidade em favor de brasileiros, serão atribuídos os direitos inerentes ao brasileiro, salvo os casos previstos nesta Constituição.

Refugiados e Asilados Políticos

São refugiados os estrangeiros que se encontram em outro país, que gozam de proteção de um Estado de acolhimento que lhes concede proteção por causa de perseguição de que são vítimas no seu próprio país, em razão de suas opiniões políticas, religião, nacionalidade, raça ou por integrarem um grupo social de risco (Convenção sobre Refugiados de 28 de julho de 1951, que entrou em vigor em 21 de abril de 1954). Em todo o planeta, refugiados e asilados são tratados como sinônimos. Exceção feita à América Latina.

De fato, a construção da proteção internacional em nossa região se deu exclusivamente por problemas políticos. Assim, enquanto na Europa o surgimento da proteção se deu por questões ligadas a opiniões políticas, religiosas e de grupo social (vide a criação do escritório para acolhimento de refugiados russos) e de nacionalidade (quando o referido escritório passou a trabalhar o acolhimento de armênios), na América Latina se iniciou um sistema de proteção a perseguidos políticos.

Assim são asilados, nos termos do instituto latino americano, a proteção, mediante a concessão de asilo territorial ou diplomático, pelo acolhimento por parte do Estado, de estrangeiro perseguido por causa de dissidência política e delitos de opinião, que não sejam crimes de direito penal comum. Como o conflito é ideológico, não há dever de cooperação como na extradição.

Saída compulsória do estrangeiro e medidas de cooperação internacional

> **NOTA IMPORTANTE**
> Pelo sistema antigo, o estrangeiro era forçado pelas autoridades nacionais a sair do país mediante a deportação, a expulsão e a extradição.
> No entanto, isso foi modificado pela Lei 13.445/2006. As modalidades de saída compulsória previstas na lei atual são: Repatriação, Expulsão e Deportação.
> A extradição não é mais considerada como forma de saída compulsória do estrangeiro do território nacional, mas sim, como medida de cooperação internacional, nos termos de seu art. 81 e seguintes.

Repatriação

Também conhecida como "deportação imediata" é a medida que impede, desde logo, a entrada do estrangeiro no território nacional e promove sua devolução ao país de procedência.

Deportação

É a forma de exclusão do território nacional daquele estrangeiro que se encontra depois de uma entrada irregular (geralmente clandestina) ou que sua estada se tenha tornado irregular – em geral por excesso de prazo.

Não é medida punitiva; o deportado pode retornar ao país desde o momento em que tenha promovido documentação regular para o ingresso.

Expulsão

É aplicada ao estrangeiro que sofre condenação criminal em nosso país ou cujo procedimento o torne nocivo à convivência e aos interesses nacionais. Para que seja aplicada se faz necessário um inquérito no âmbito do Ministério da Justiça, direito de defesa e posterior decreto do Presidente da República.

Tendo em vista que pressupostos da expulsão são graves, essa forma de saída compulsória tem, como consequência, a impossibilidade do retorno ao país.

Extradição

Tendo em vista o princípio da territorialidade do direito penal, um estrangeiro processado ou condenado criminalmente deve responder por seus atos no território onde se verificou a prática delituosa.

Assim sendo, por meio da extradição um Estado entrega a outro um indivíduo que deva responder a processo penal ou cumprir pena.

A extradição pressupõe a existência de um processo penal ou de uma sentença penal condenatória e de um tratado bilateral. A falta do tratado pode ser suprida com a promessa de reciprocidade, hipótese em que o governo brasileiro tem a discricionariedade de dar uma recusa sumária.

Não havendo a recusa sumária, ou havendo tratado bilateral, o pedido de extradição será analisado pelo STF que abrirá um processo de extradição, com a prisão do extraditando.

> **NOTA IMPORTANTE:** Nenhum brasileiro nato pode ser extraditado, os naturalizados, apenas por crime anterior à naturalização ou por tráfico de drogas (art. 5º, inciso LI, CF/88). Todavia, brasileiro não extraditado deve responder perante a Justiça Brasileira.

No Brasil, o STF não analisa o mérito da extradição. A decisão se cingirá à legalidade e procedência, não cabendo recurso da decisão.

Compete ao STF analisar principalmente, não se concedendo a extradição:

a) quando a lei brasileira não considerar o fato imputado pelo Estado estrangeiro como crime ou quando a lei brasileira impuser ao crime a pena de prisão igual ou inferior a 1 ano.

b) Quando o fato constituir crime político.

c) Quando a extradição ensejar aplicação de pena de morte, hipótese em que poderá haver extradição se o Estado se comprometer a aplicar a pena máxima prevista na legislação brasileira.

d) Nos casos de contravenção. Ainda que a conduta seja tipificada no Estado estrangeiro, se no Brasil a conduta for de contravenção a extradição será indeferida.

e) Se já ocorreu prescrição da pretensão punitiva de acordo com a legislação do Estado de origem.

Essencial também é constatar se há pedido do Estado estrangeiro e a regularidade desse pedido (não existe extradição de ofício).

Se o STF entender pelo indeferimento do pedido, o processo será arquivado. Todavia, se o pedido for deferido, a extradição somente se consumará com a concordância do Presidente da República, que não está vinculado à decisão do STF, podendo confirmá-la, hipótese em que o estrangeiro será extraditado, ou contrariá-la, hipótese em que, mesmo com o deferimento do pedido pelo STF, a extradição não ocorrerá.

No entanto, se o STF indeferir o pedido, os autos não serão remetidos ao Presidente da República, que não terá, nesse caso, competência para autorizar a extradição.

Quanto aos crimes políticos, não se concede a extradição porque há a justificativa de que ao praticar o crime o indivíduo tinha um fim altruísta, como a luta pela Democracia ou o reconhecimento de direitos fundamentais por parte do extraditando (art. 5º, LII, da CF/88).

A qualificação do delito como político cabe ao Brasil. Todavia, o motivo político não impedirá a extradição quando o fato constituir infração penal comum, ou quando o crime comum, conexo ao delito político, constituir o fato principal.

O STF poderá conceder a extradição se o crime político envolver os atentados contra Chefes de Estado ou quaisquer autoridades (bem-sucedidos ou não), bem como os atos de anarquismo, terrorismo, sabotagem, sequestro de pessoa, ou que importem propaganda de guerra ou de processos violentos para subverter a ordem política ou social.

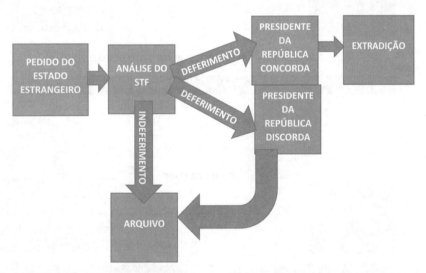

NOTA IMPORTANTE: se o Brasil também for competente para julgar o caso, não será concedida a extradição (arts. 5º e 7º do Código Penal)

5.1.4. O Estado e as relações internacionais

Surgimento e reconhecimento (de Estado e de governo)

O reconhecimento de um Estado, embora seja um ato jurídico que importe em consequências jurídicas é, a bem da verdade, uma ação de natureza política, pois se trata de aceitar uma outra entidade, dotada de poder, povo e território, como um ente soberano, um igual, em outras palavras, um Estado reconhece essa outra entidade como, também, um Estado.

Por ser um ato unilateral por excelência, poucas normas jurídicas internacionais estabelecem regulações sobre essa questão. Todavia, existem normas internacionais nesse sentido, como constam da Carta da Organização dos Estados Americanos (OEA):

> *Art. 12: A existência política de um estado é independente do seu reconhecimento pelos outros Estados. Mesmo antes de ser reconhecido, o Estado tem o direito de defender sua integridade e independência, de promover sua conversação e prosperidade, e, por conseguinte, de se organizar como melhor entender, de legislar sobre seus interesses, de administrar os seus serviços e determinar a jurisdição e a competência de seus tribunais. O exercício desses direitos não tem outros limites senão o de exercício dos direitos de outros Estados, conforme o Direito Internacional.*

> *Art. 13: O reconhecimento significa que o Estado que o outorga aceita a personalidade do novo Estado com todos os direitos e deveres que, para um e outro, determina o Direito Internacional.*

NOTA: é importante salientar, portanto, que mesmo sem o reconhecimento internacional o Estado tem o direito de se auto organizar, de acordo com o princípio da autodeterminação dos povos e defender sua soberania. O limite de suas ações é o limite das ações de qualquer Estado: o respeito ao direito internacional. Por autodeterminação dos povos entenda-se: *"Todos os povos têm direito à autodeterminação. Em virtude desse direito, determinam livremente seu estatuto político e asseguram livremente seu desenvolvimento econômico, social e cultural"* (Pacto dos Direitos Civis Políticos e Pacto dos Direitos Sociais, Econômicos e Culturais – ambos de 1966).

Duas teorias buscam explicar a natureza jurídica do reconhecimento internacional:

a) o reconhecimento seria um ato meramente declaratório, independeria de fatores jurídicos, mas sim de fatos políticos ou sociológicos. Nessa hipótese, o reconhecimento teria efeitos *ex tunc* (por ser um ato declaratório).

b) o reconhecimento é um ato constitutivo e o novo Estado passaria a ser considerado uma pessoa jurídica de direito internacional. Nessa hipótese (constitutiva), os efeitos são *ex nunc*.

Ressalte-se que em ambos os casos, o reconhecimento não implica na existência real e política de um novo Estado, mas na possibilidade de ele em estabelecer relações internacionais, inserindo-se na órbita do exercício de direitos e deveres internacionais, como a possibilidade de estabelecer tratados internacionais multilaterais, estabelecer relações diplomáticas com outros Estados, participar de organizações intergovernamentais como membro pleno.

RECONHECIMENTO DO ESTADO ENQUANTO ATO DECLARATÓRIO

EFEITO *EX NUNC*

ANO DE SURGIMENTO DO ESTADO

ANO DE RECONHECIMENTO INTERNACIONALDO ESTADO

RECONHECIMENTO DO ESTADO ENQUANTO ATO CONSTITUTIVO

EFEITO *EX NUNC*

ANO DE SURGIMENTO DO ESTADO

ANO DE RECONHECIMENTO INTERNACIONAL DO ESTADO

O reconhecimento de um Estado pode se dar de maneira tácita ou expressa. Tacitamente, por exemplo, se um Estado, sem manifestação prévia, começa a aceitar a entrada de nacionais de um outro Estado que antes não reconhecia, validando os seus passaportes. Expresso, por meio de nota diplomática exarada especialmente para esse fim.

Já o reconhecimento de governo ocorre nas hipóteses em que a mudança de um governo se dá pelas vias não institucionais, como revoluções ou golpes de Estado. Isso não altera a personalidade jurídica internacional do Estado, mas os governos pedem reconhecimento pelos governos estrangeiros para manter suas relações com eles.

NOTA: o reconhecimento de governos não deve ser confundido com o de Estados. Se a forma de governo muda, isto não altera o reconhecimento do Estado: só o governo terá necessidade de novo reconhecimento.

Em princípio, o reconhecimento de governos obedece às conveniências políticas; entretanto, a doutrina procura submeter o ato a princípios, tais como:

a) a existência real de um governo aceito e obedecido pelo povo;

b) a estabilidade desse governo.

c) a aceitação, por parte do novo governo, da responsabilidade pelas obrigações internacionais do respectivo Estado.

Responsabilidade internacional: responsabilidade objetiva, responsabilidade por atos ilícitos, responsabilidade por atos de órgãos do Estado e de funcionários

O Estado responsável pela prática de um ato ilícito segundo o direito internacional deve ao Estado a que tal ato tenha causado o referido dano uma reparação adequada (o conceito se aplica igualmente às organizações internacionais).

Existem dois grandes campos para a responsabilidade no Direito Internacional:

a) responsabilidade tradicional dos Estados (responsabilidade subjetiva, ou por culpa) derivada de ilícitos internacionais, onde inexiste a possibilidade da presença do indivíduo ou empresa privada como um dos polos de relacionamento com os Estados, presente em normas variadas como nos tratados, nos usos e costumes, na doutrina, nas decisões judiciárias e de árbitros, nos princípios gerais de direito etc.);

b) responsabilidade objetiva ou por risco – criação recente de tratados multilaterais de proteção do meio ambiente a partir de 1960, presente em tratados sobre assuntos típicos (como, por exemplo, atividades nucleares e espaciais). Essa responsabilidade teve como importante fonte a decisão arbitral de litígio entre EUA e Canadá, no caso que ficou conhecido como *trail smelter case* (1941): "Nenhum estado tem o direito de usar ou permitir o uso de seu território de maneira tal que emanações de gases ocasionem danos dentro do território de outro estado ou sobre as propriedades ou pessoas que aí se encontrem, quando se trata de consequências graves e o dano seja determinado mediante prova certa e conclusiva".

O Estado também é responsável por atos culposos ou dolosos de seus representantes, agentes e/ou funcionários.

5.2. Organizações internacionais

As Organizações Internacionais (OIs) são formadas por uma associação entre Estados. É sempre constituída por meio de um Tratado (não há OIs costumeiras). Têm como finalidade, a busca de interesses comuns por meio de uma permanente cooperação entre seus membros.

Essa associação de Estados é sempre voluntária. O Tratado que a constitui deve prever uma organização institucional permanente e uma *personalidade jurídica distinta* dos Estados que a compõem.

Nesse sentido, as OIs são sujeitos mediatos ou secundários de direito internacional, uma vez que dependem da vontade dos Estados para a sua criação e para a realização dos objetivos que lhes são estabelecidos nos tratados.

NOTA IMPORTANTE: as OIs têm *personalidade jurídica distinta* dos Estados que a compõem, MAS JAMAIS SERÃO TITULARES DE SOBERANIA, ATRIBUTO EXCLUSIVO DOS ESTADOS.

Classificação das OIs

A doutrina propõe várias formas de classificação das OIs, sendo as mais constantes as que as classificam segundo a natureza de seus propósitos, suas funções e sua composição.

a) Pela natureza de seus propósitos:

a1) OIs de Natureza Política – predomina o caráter político-diplomático das suas atividades. Seu objetivo é a manutenção da paz e da segurança internacionais (ONU, OEA, OUA – Organização da Unidade Africana).

a2) OIs de Cooperação Técnica (Organizações Especializadas) – têm como finalidade aproximar posições dos Estados e tomar iniciativas conjuntas em áreas específicas (OMS, FAO, UNESCO, OIT).

b) De acordo com suas funções (ou "OIs de concertação"): classificação referente aos objetivos das OIs.

b1) OIs para aproximar e/ou uniformizar posturas dos Estados (OMC, OCDE – Organização de Cooperação e Desenvolvimento Econômico).

b2) OIs com a função de adotar normas comuns de comportamento, como na área de direitos humanos, em questões trabalhistas ou de saúde pública internacional (OIT, OMS).

b3) OIs de ação operacional: para solução de crises internacionais como na área nuclear.

b4) OIs de gestão - prestam serviços aos Estados Membros na área de cooperação financeira e do desenvolvimento (BID, BIRD e FMI).

c) Segundo sua composição:

c1) OIs Regionais: integrada por países de um mesmo bloco geográfico (MERCOSUL, OEA).

c2) OIs de objetivos comuns e específicos (OPEP).

c3) OIs de caráter universal (ONU).

Processo de Tomada de Decisões

A depender de sua estrutura criada mediante tratado, vários podem ser os processos de tomada de decisões por uma OI. Em geral são encontrados os seguintes: consenso, maioria ou por compartilhamento de soberania.

a) Consenso: exige que todos os Estados aprovem a medida. Qualquer voto em contrário faz com que a medida não seja aprovada.

b) Maioria: exige que a maior parte dos países votantes aprovem a medida.

c) Compartilhamento de soberania: forma de tomada de decisão exclusiva da União Europeia. Os países não perdem a sua soberania, mas, no interesse regional, resolvem compartilhar a sua soberania, remetendo competências, antes estatais, para órgãos comuns, como o Parlamento Europeu ou o Banco Central Europeu.

NOTA IMPORTANTE: alguns autores consideram o processo de tomada de decisões das OIs, como uma forma de classificação dessas organizações.

Imunidades concedidas às OIs

Às OIs (e aos seus agentes) são concedidas as mesmas imunidades que são concedidas às Embaixadas e aos seus agentes, tais como: imunidade de execução, imunidade tributária, interdição de expropriação ou confisco, inviolabilidade de sua sede etc.

Organização das Nações Unidas - ONU

Em que pese o fato de que o objeto de estudo do presente texto seja a "Teoria Geral", do Direito Internacional Público, achamos por bem detalhar, ainda que sucintamente, três organizações internacionais: a ONU, a União Europeia e o MERCOSUL.

As Nações Unidas foram criadas em razão das Grandes Guerras, com os propósitos principalmente de:

a) Promover a *segurança Internacional*: primeiro e principal objetivo da ONU (Cap. VII). A ONU tem a competência de promover ações preventivas e repressivas no sentido de manter, restaurar e tomar iniciativas que impeçam a ruptura da paz.

b) *Desenvolver relações amistosas entre as nações*, baseadas no respeito ao princípio de igualdade de direito e de autodeterminação dos povos.

c) *Cooperação internacional para resolver os problemas internacionais de caráter econômico, social, cultural ou humanitário, e para promover e estimular o respeito aos direitos humanos e às liberdades fundamentais.*

Organograma

O organograma original das Nações Unidas prevê sua Assembleia Geral, Conselho de Segurança, Secretaria Geral, Tribunal Internacional de Justiça, Conselho de Desenvolvimento Econômico e Social e Conselho de Tutela.

A *Assembleia Geral* é formada por todos os Estados Membros, com direito a um voto e é considerada o órgão central e pleno da ONU. A Assembleia Geral ordinária ocorre uma vez ao ano, mas Assembleias Extraordinárias podem ser convocadas, tanto pela maioria de seus membros quanto pelo Conselho de Segurança.

É importante salientar que a Assembleia geral expede **Resoluções** e não decisões. As *resoluções* são recomendações, sem caráter coercitivo ou risco de sanções internacionais caso não sejam acatadas pelos Estados.

O *Conselho de Segurança* tem como competência a manutenção da paz. Diferentemente da Assembleia Geral, emite *decisões* que são impositivas, e todos os Estados-membros devem acatá-las. Caso não fizerem, correrão o risco de sofrerem sanções por parte da ONU. O *Conselho de Segurança* pode definir e executar sanções militares contra Estados, nos casos de ameaça contra a paz, ruptura da paz ou ato de agressão.

É composto por 15 países, dos quais 5 são membros permanentes (China, Estados Unidos, França, Inglaterra e Rússia), com direito de veto, meio pelo qual podem bloquear todas as decisões do Conselho, além de 10 não permanentes que são escolhidos dentre os membros das Nações Unidas pela Assembleia Geral.

O Secretariado das Nações Unidas é composto por um Secretário eleito pela Assembleia Geral e além das funções administrativas, exerce grande influência dentro da ONU, pois tem iniciativa diplomática para mediar ou conciliar conflitos.

O *Tribunal Internacional de Justiça* é o órgão judiciário das Nações Unidas. Pode resolver conflitos entre Estados, mas não possui competência executiva. É composto por 15 juízes de alta consideração moral e com notável conhecimento de Direito Internacional, cujos nomes são aprovados pela Assembleia Geral. As decisões são tomadas por maioria de juízes presentes, com quórum mínimo de 9 juízes. Os juízes possuem mandato de 9 anos, podendo ser reeleitos. O *Tribunal Internacional de Justiça* também tem competência consultiva, que pode ser exercida a pedido da Assembleia Geral e/ou Conselho de Segurança das Nações Unidas[10].

O **Conselho Econômico e Social** tem como função formular recomendações nas suas áreas de competência e implantar objetivos de desenvolvimento globais. É composto por 54 membros que são escolhidos pela Assembleia Geral para um mandato de 3 anos.

Uma série de organizações e agências estão sob sua responsabilidade, tais como a FAO (Organização das Nações Unidas para a Alimentação e a Agricultura), a OIT (Organização Internacional do Trabalho), a OMS (Organização Mundial da Saúde), a UNESCO (Organização das Nações Unidas para a Educação, Ciência e Cultura).

O *Conselho de Tutela* foi criado com o propósito específico de ajudar a promover a independência de colônias ultramarinas. Com o seu objetivo atingido, ainda compõe o organograma da ONU, mas não está mais em atividade.

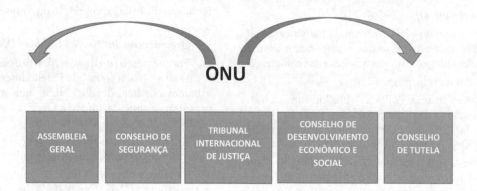

Organizações Internacionais de Integração Regional

Têm como principal objetivo a promoção da cooperação e da integração política e econômica, bem como o diálogo entre Estados que se encontrem em um limite geográfico ou geopolítico. Em regra, têm como finalidade precípua a integração econômica e, em geral, são implantadas de acordo com as seguintes fases:

a) Sistema de preferências tarifárias: estabelece a *preferência* tarifária para determinados países comerciarem *determinados* produtos.

b) Zona de livre comércio: tem como finalidade a eliminação das taxas alfandegárias incidentes sobre os produtos produzidos nos Estados que a compõem.

c) União aduaneira: além da eliminação das taxas alfandegárias, promove uma Tarifa Externa Comum (TEC) ou Tarifa Aduaneira Comum (TAC), a qual os Estados integrantes do bloco deverão aplicar a todos os países que se encontrem fora da organização de integração.

d) Mercado comum: vai para além da comercialização de produtos em União Aduaneira, permitindo também a prestação de serviços e o livre trânsito e permanência de pessoas que tenham a nacionalidade dos países integrantes.

e) União econômica: busca a uniformização e integração das políticas econômicas e o estabelecimento de uma moeda comum entre os países integrantes do bloco.

---

11. Carta das Nações Unidas, art. 96, item 1.

f) Integração total: além da moeda comum e da uniformização das políticas fiscais, estabelece que as decisões econômicas devem ser tomadas por órgãos em comum por soberania compartilhada.

A União Europeia

Em que pese o grande golpe sofrido pela União Europeia com a saída da Inglaterra, a União Europeia segue como o maior exemplo de integração regional do Planeta. É composta pelos seguintes órgãos:

a) Conselho Europeu: define as orientações políticas gerais da UE;

b) Parlamento Europeu: diretamente eleito, representa os cidadãos da UE;

c) Conselho da União Europeia: representa os governos nacionais;

d) Comissão Europeia: que vela pela defesa dos interesses da UE no seu todo.

Em conjunto, estas instituições adotam as políticas e a legislação que se aplicam em toda a UE.

MERCOSUL

O MERCOSUL surge como uma proposta bem mais modesta que da União Europeia, uma vez que seu objetivo é se transformar em um Mercado Comum, não indo além nas fases de União Econômica e Integração Total. Atualmente é considerado como uma "União Aduaneira Imperfeita", tendo em vista não conseguir estabelecer uma TEC para todos os produtos que importa ou comercializa para fora do Bloco.

É composto pelos seguintes órgãos:

a) Conselho do Mercado Comum: tem como finalidade a condução do processo de integração sob o viés político.

b) Grupo Mercado Comum: órgão executivo que tem a atribuição de estabelecer tanto o programa de trabalho interno, como negociar com outros países fora do Bloco.

c) Comissão de Comércio: órgão técnico que tem como competência dar subsídio para as decisões do Grupo Mercado Comum.

d) Parlamento do MERCOSUL: criado em substituição à Comissão Parlamentar Conjunta, tem como atribuição legislar sobre matérias comuns à integração regional. Essas normativas não vinculam os Estados-membros, que devem aprová-las pelos seus Legislativos internos.

e) Foro Consultivo Econômico e Social: emite recomendações ao Grupo Mercado Comum; propõe normas sobre políticas econômicas e sociais que busquem a integração; realiza estudos, eventos e seminários sobre o tema; dentre outras atribuições similares.

f) Secretaria Administrativa: é a assessoria técnico--administrativa dos órgãos do MERCOSUL e tem como competências, dentre outras, arquivar os documentos oficiais, publicar as decisões, organizar questões logísticas para as reuniões etc.

g) Tribunal Permanente de Revisão: tem competência para revisar em "segunda instância", a decisão de árbitros escolhidos pelos Estados membros para julgar litígios entre si. Ainda, compete ao Tribunal Permanente de Revisão do MERCOSUL, de acordo com o Protocolo de Olivos, a reso-

lução de litígios em grau de revisão (art. 21), diretamente se assim preferirem as partes (art. 23), estabelecer medidas de urgência (art. 15), ou exarar opiniões consultivas a pedido do Grupo Mercado Comum (art. 3).

h) Comissão de Representantes Permanentes do MERCO-SUL: órgão integrante do Conselho do Mercado Comum, tem como objetivo apresentar àquele órgão ações sobre processos de integração regional.

6. DIREITO INTERNACIONAL PRIVADO

6.1. Objeto de estudo do Direito Internacional Privado

Muitos doutrinadores criticam o nome da disciplina e a sua abrangência. Há quem diga, que o Direito Internacional Privado não é Internacional, posto que regido por normas internas; muito menos privado, haja vista que as determinações sobre as regras de conexão estão fixadas, em sua maioria, em normas internas.

O estudante da ciência do direito está obrigado a entender que determinadas teorias trazem opiniões justapostas entre si. O que diz um doutrinador sobre determinado tema é justamente o contrário do que afirma outro. Ambos buscam defender seus pontos de vista com base em sólidos fundamentos científicos.

O objeto de estudo do direito internacional privado se restringiu para alguns doutrinadores com a evolução do direito público. Para a antiguidade o direito era privado. A distinção entre nacionais e estrangeiros era necessária em função de suas relações interpessoais.

Hoje a nacionalidade é previsão de ordem constitucional na maioria dos sistemas e estabelece uma relação entre as pessoas e os Estados, assim como na relação entre os Estados e os estrangeiros.

Dessa maneira, parte da doutrina entende que o estudo do Direito Internacional Privado deve se restringir aos conflitos espaciais normativos, atribuindo-se o estudo da nacionalidade ao Direito Constitucional.

Já, a relação Estado/estrangeiro, para essa mesma doutrina, deve ser objeto de estudo do Direito Internacional Público e do Direito Administrativo.

Ao Direito Internacional Privado restaria, então, o estudo do conflito espacial de normas em relações interpessoais. Essa é a visão, por exemplo, da escola alemã. É essa acepção que adotaremos para fins do texto em exame[12].

Conflito de leis no espaço

Em geral, dados os elementos do Estado (se pensarmos em povo, território, soberania), as normas jurídicas só operam efeitos nos territórios soberanos. A isso, chamamos princípio da territorialidade.

Todavia, quando uma situação envolve pessoas oriundas de diferentes lugares, em uma situação transnacional,

---

12. Já para a escola francesa, o Direito Internacional Privado deve ter no seu objeto, além dos conflitos espaciais de normas em relações interpessoais, o estudo da nacionalidade e da relação do Estado com os estrangeiros.

a utilização do princípio da territorialidade, que é a regra geral, não se mostra a mais conveniente para o caso em questão.

Essa situação, embora seja muito mais palpável no mundo atual, onde negócios e contratos são firmados virtualmente entre pessoas situadas a centenas de quilômetros de distância, preocupa juristas desde sempre. Tanto é verdade que uma das primeiras regras sobre o tema se deu por volta de 1.200d.C., e teve como autor um jurista chamado Aldricus.

Portanto, em situações de exceção e expressamente previstas em normas jurídicas, tais como tratados internacionais e leis é possível deixar de aplicar a lei territorial para aplicar uma lei que tenha relação com o fato. A isso os doutrinadores chamam de "Estatuto Pessoal", pois a norma aplicada não á a do território, e sim a da "pessoa" que nele se encontra.

Assim, o Direito Internacional Privado, nessa ótica restrita, cuida das relações humanas que envolvem dois ou mais sistemas jurídicos, cujas normas materiais não coincidem, sendo imperioso, assim, determinar qual dos sistemas deve ser aplicado, por meio do elemento (ou regras) de conexão. Isso pode envolver tanto um conflito *jurisdicional*, ou seja, qual justiça é competente para resolver o litígio quanto um conflito normativo espacial; estabelecida a justiça competente, qual regra de direito material o juiz está obrigado a aplicar para solucionar o problema.

O exemplo a seguir deve ajudar a elucidar a questão: supondo que uma empresa brasileira e uma empresa nigeriana, assim em Paris um contrato para fabricar produtos na Coreia do Sul e vende-los na Austrália:

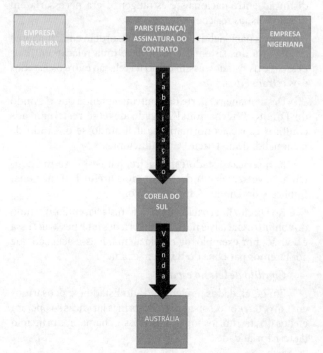

Em havendo um problema no cumprimento desse contrato, qual a jurisdição competente para julgá-lo? Em se estabelecendo a jurisdição competente, a lei de qual país deve ser aplicada para solucionar o litígio?

Se partirmos do pressuposto de que a *ré* da ação fosse a empresa brasileira, a jurisdição nacional seria competente para julgar a ação, nos termos do art. 12[13], *caput*, da LINDB e do art. 21, inciso I, do CPC[14].

Fixada a competência da Justiça Brasileira, superando-se o conflito de jurisdições, o segundo passo é estabelecer com que lei deve ser julgada a ação, dados os sistemas jurídicos envolvidos.

Ora, de acordo com o art. 9º da LINDB, as obrigações devem ter aplicadas a lei do local onde se efetuarem. Se o contrato foi assinado na França é a lei daquele local que deve ser utilizada para superar o conflito[15].

Nesse sentido, o Direito Internacional Privado se presta a solucionar tanto o *conflito de jurisdições* como o conflito de direito material, apontando a norma mais adequada, de acordo com as normas vigentes que estabeleçam uma *regra de conexão* (tratados internacionais, leis internas), ou demais fontes do direito, tais como a jurisprudência, os princípios gerais do direito, os costumes, a doutrina etc., para solucionar um litígio estabelecido por um *fato jurídico anormal*.

Note que da pequena definição acima, surgem locuções que precisam estar estabelecidas para que se entenda melhor o tema. Vamos analisá-las.

Conflito de jurisdições

Situa a competência do Poder Judiciário na solução de conflitos que superem os limites de soberania, bem como, o reconhecimento e execução de sentenças proferidas no estrangeiro no caso da chamada "competência da jurisdição internacional".

Fato jurídico anormal

As relações humanas, em regra, se dão sob o mesmo poder soberano; os litígios, em geral sob a mesma jurisdição. Em outras palavras, um fato que tenha conteúdo jurídico *normalmente* interessará apenas a *um sistema jurídico*.

Sobre o tema, Amílcar de Castro é claro e objetivo:

> Os indivíduos, conquanto súditos de Estados diferentes, não deixam de estabelecer entre si relações de fato, e por falta de governo universal, não podem haver critérios universais de apreciação dessas relações[16] (...)

Assim se uma pessoa domiciliada no Brasil descumprir uma obrigação contratual efetivada em território nacional, com outra pessoa domiciliada no Brasil, a jurisdição competente para julgar a causa será a brasileira, bem como a matéria será resolvida pela incidência da Lei 10.406 de 10 de janeiro de 2002 (Código Civil). Esse é o comum o ordinário e por isso é qualificado de *normal*.

Entretanto, e ainda mais nos dias de hoje aonde as fronteiras vão ficando cada vez mais difusas frente à exis-

---

13. Art. 12. É competente a autoridade judiciária brasileira, quando for o réu domiciliado no Brasil ou aqui tiver de ser cumprida a obrigação.
14. Compete à autoridade judiciária brasileira processar e julgar as ações em que:
I - o réu, qualquer que seja a sua nacionalidade, estiver domiciliado no Brasil;
15. Para qualificar e reger as obrigações, aplicar-se-á a lei do país em que se constituírem.
16. CASTRO, Amílcar de. Direito Internacional Privado. 6ª ed. Rio de Janeiro: Forense, 2008.

tência desse admirável mundo novo digital, pode ocorrer que um único fato interesse a mais de um poder soberano e a mais de uma jurisdição. O exemplo acima demonstra bem isso.

Ora, se é qualificado de *normal* o fato jurídico que interessa apenas a um sistema jurídico, *anormal é o fato jurídico que interessará a mais de um poder soberano/jurisdição, tanto no que concerne à fixação da competência jurisdicional, como no que tange à incidência normativa para a resolução do mérito litigioso.*

Em outras palavras: os *fatos jurídicos anormais* por interessarem a mais de um sistema jurídico deverão ser enfrentados, primeiramente, na fixação do sistema apto a resolvê-lo. Apenas com a satisfação desse problema é que o litígio em si será resolvido.

A ocorrência de um fato jurídico *anormal* pode abrir uma perspectiva que soa, no início, muito estranha ao estudante de direito: um juiz brasileiro resolvendo um litígio com a lei estrangeira.

Voltando ao exemplo em questão, em que o contrato fora firmado em Paris, temos que a obrigação surgiu e se aperfeiçoou em solo francês, razão pela qual o juiz *brasileiro* terá de solucionar o litígio com a lei *francesa*.

Essa é, portanto, a consequência de um *fato jurídico anormal*: a possibilidade de um juiz de determinada jurisdição (no caso do exemplo, um juiz brasileiro) se ver obrigado pela norma jurídica a utilizar regras jurídicas de outro poder soberano (no caso do exemplo, a lei francesa).

Elemento (ou regra) de conexão

A regra de conexão é a norma indicativa do direito aplicável. Ou seja, é uma norma jurídica que conecta dois sistemas jurídicos distintos em decorrência de um fato anormal. Assim, por meio da regra de conexão é possível determinar qual o sistema jurídico que deve ser utilizado para a solução da controvérsia.

Dessa maneira, se quero a resposta para saber se um indivíduo é capaz ou não para firmar um negócio jurídico, devo recorrer ao *caput* do art. 7º da LINDB. Tal artigo determina que a capacidade se regula pelo *domicílio* da pessoa. Muito bem. Se a pessoa é maior de 18 anos e é domiciliada no Brasil, o negócio será valido.

Mas, suponhamos que a pessoa em questão seja domiciliada no Estado estrangeiro "X", cujo sistema jurídico estipule que a capacidade se atinge aos 21 anos de idade. Na hipótese, em que pese ser o indivíduo capaz de acordo com a lei brasileira, não o é de acordo com a lei de seu domicílio.

Ora, a conexão, neste caso, determina que deva ser aplicada a regra do domicílio, razão pela qual o negócio não deve ser firmado, sob pena de nulidade.

Nesse sentido, a regra de conexão permite que a norma jurídica de um Estado seja aplicada em outro Estado, sem que isso incorra em violação de soberania.

O diagrama abaixo pode elucidar melhor a matéria em questão:

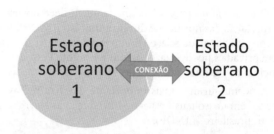

Em outras palavras, a regra de conexão (prevista na lei brasileira) permitiu que a norma estrangeira fosse aplicada no território nacional, solucionando um conflito normativo espacial, decorrente de um fato jurídico anormal. Assim, o fato jurídico anormal é resolvido pela regra de conexão que permitirá (ou impedirá) a aplicação de direito estrangeiro em território nacional.

Estatuto Pessoal (Extraterritorialidade) e Princípio da Territorialidade. A Lei de Introdução às Normas do Direito Brasileiro (LINDB)

Pelo *estatuto pessoal*, aplica-se a regra de origem da pessoa, que passou, com o evoluir do Direito Internacional Privado, da *nacionalidade* para o *domicílio*.

Já, o *princípio da territorialidade* (*lex fori* – lei do foro) determina que, em determinada situação caracterizada pelo *fato anormal* deva ser aplicada a regra do território em que a pessoa se encontra, independentemente de seu *estatuto pessoal*.

As normas penais se caracterizam pela *territorialidade*. Determina o art. 5º do Código Penal Brasileiro:

> Aplica-se a lei brasileira, sem prejuízo de convenções, tratados e regras de direito internacional, ao crime cometido no território nacional.

Assim sendo, independente do *estatuto pessoal* a regra a ser aplicada a um estrangeiro que cometa crime em território nacional, será a brasileira (excepcionando-se questões estabelecidas no Direito Internacional Público, como prevê o próprio art. 5º do Código Penal).

Portanto, um americano domiciliado em Las Vegas, preso em um cassino clandestino no Brasil não poderá utilizar as regras de seu domicílio para se eximir de uma condenação no Brasil pela prática do ilícito previsto no art. 50, § 2º da Lei das Contravenções Penais[17].

No sentido contrário, um brasileiro no exterior não pode alegar o seu *estatuto pessoal* para se eximir de crime ou de pena aplicada em país estrangeiro. Daí porque existem brasileiros que foram condenados à morte ou já foram executados por condenações dessa natureza em território estrangeiro, em que pese a proibição da pena de morte estabelecida no art. 5º, XLVII, a[18] da Constituição de 88.

---

17. Art. 50. Estabelecer ou explorar jogo de azar em lugar público ou acessível ao público, mediante o pagamento de entrada ou sem ele:
(...)
§ 2º Incorre na pena de multa, de R$ 2.000,00 (dois mil reais) a R$ 200.000,00 (duzentos mil reais), quem é encontrado a participar do jogo, ainda que pela internet ou por qualquer outro meio de comunicação, como ponteiro ou apostador.

18. XLVII - não haverá penas:

O *princípio da territorialidade* também deve nortear a interpretação das normas de direito administrativo, tributário, constitucional, ou seja, o Direito Público em geral. Já, na esfera privada é possível fazer incidir o Estatuto Pessoal ou o Princípio da Extraterritorialidade.

A norma jurídica mais importante que fixa regras de conexão em nosso país é a Lei de Introdução às Normas do Direito Brasileiro (LINDB).

Na esteira do Estatuto Pessoal ou extraterritorialidade, temos que o art. 7º da LINDB[19] estabelece quase que completamente a extraterritorialidade da incidência das normas. De fato, determina que a capacidade, o nome, a personalidade e os direitos de família se deem em razão do domicílio (*lex domicilli*). Seus parágrafos ainda determinam a incidência da norma do local da celebração do matrimônio (*lex loci celebrationis*), para os casos de invalidade e do primeiro domicílio do casal, para o desfazimento de vínculo matrimonial válido (divórcio).

O art. 8º também estabelece a extraterritorialidade ao determinar que a qualificação dos bens se dê de acordo com o local onde estejam situados[20], ou de acordo com o domicílio do proprietário, nos casos de bens que ele trouxer ao país, com destino a outros lugares (*mobilia sequuntur personam*).

Já o art. 9º cuida das obrigações, estabelecendo que deve ser aplicado o sistema do local de sua origem; no contrato entre ausentes, o do local do proponente, verificado sempre, quando necessário, se as formalidades estão de acordo com o direito brasileiro[21].

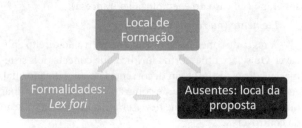

O art. 10º impõe que, no direito das sucessões, a regra geral é a do último domicílio do falecido, enquanto que, em havendo herdeiros brasileiros, deve ser aplicada a lei que mais os beneficie[22]:

---

a) de morte, salvo em caso de guerra declarada, nos termos do art. 84, XIX;

19 Art. 7º A lei do país em que domiciliada a pessoa determina as regras sobre o começo e o fim da personalidade, o nome, a capacidade e os direitos de família.
§ 1º Realizando-se o casamento no Brasil, será aplicada a lei brasileira quanto aos impedimentos dirimentes e às formalidades da celebração.
§ 2º O casamento de estrangeiros poderá celebrar-se perante autoridades diplomáticas ou consulares do país de ambos os nubentes. (Redação dada pela Lei nº 3.238, de 1957)
§ 3º Tendo os nubentes domicílio diverso, regerá os casos de invalidade do matrimônio a lei do primeiro domicílio conjugal.
§ 4º O regime de bens, legal ou convencional, obedece à lei do país em que tiverem os nubentes domicílio, e, se este for diverso, a do primeiro domicílio conjugal.
§ 5º - O estrangeiro casado, que se naturalizar brasileiro, pode, mediante expressa anuência de seu cônjuge, requerer ao juiz, no ato de entrega do decreto de naturalização, se apostile ao mesmo a adoção do regime de comunhão parcial de bens, respeitados os direitos de terceiros e dada esta adoção ao competente registro. (Redação dada pela Lei nº 6.515, de 1977)
§ 6º O divórcio realizado no estrangeiro, se um ou ambos os cônjuges forem brasileiros, só será reconhecido no Brasil depois de 1 (um) ano da data da sentença, salvo se houver sido antecedida de separação judicial por igual prazo, caso em que a homologação produzirá efeito imediato, obedecidas as condições estabelecidas para a eficácia das sentenças estrangeiras no país. O Superior Tribunal de Justiça, na forma de seu regimento interno, poderá reexaminar, a requerimento do interessado, decisões já proferidas em pedidos de homologação de sentenças estrangeiras de divórcio de brasileiros, a fim de que passem a produzir todos os efeitos legais. (Redação dada pela Lei nº 12.036, de 2009).
§ 7º Salvo o caso de abandono, o domicílio do chefe da família estende-se ao outro cônjuge e aos filhos não emancipados, e o do tutor ou curador aos incapazes sob sua guarda.
§ 8º Quando a pessoa não tiver domicílio, considerar-se-á domiciliada no lugar de sua residência ou naquele em que se encontre.

20. Art. 8º Para qualificar os bens e regular as relações a eles concernentes, aplicar-se-á a lei do país em que estiverem situados.
§ 1º Aplicar-se-á a lei do país em que for domiciliado o proprietário, quanto aos bens moveis que ele trouxer ou se destinarem a transporte para outros lugares.
§ 2º O penhor regula-se pela lei do domicílio que tiver a pessoa, em cuja posse se encontre a coisa apenhada.

21. Art. 9º Para qualificar e reger as obrigações, aplicar-se-á a lei do país em que se constituírem.
§ 1º Destinando-se a obrigação a ser executada no Brasil e dependendo de forma essencial, será esta observada, admitidas as peculiaridades da lei estrangeira quanto aos requisitos extrínsecos do ato.
§ 2º A obrigação resultante do contrato reputa-se constituída no lugar em que residir o proponente.

22. Art. 10. A sucessão por morte ou por ausência obedece à lei do país em que domiciliado o defunto ou o desaparecido, qualquer que seja a natureza e a situação dos bens.
§ 1º A sucessão de bens de estrangeiros, situados no País, será regulada pela lei brasileira em benefício do cônjuge ou dos

DIREITO INTERNACIONAL

Mesmo no âmbito do Direito Internacional Privado brasileiro, há momentos em que a norma internacional fica impedida de gerar efeitos em território nacional. Nesse sentido, o § 1º, do art. 11 da LINDB:

> Art. 11. As organizações destinadas a fins de interesse coletivo, como as sociedades e as fundações, obedecem à lei do Estado em que se constituírem.
>
> **§ 1º Não poderão, entretanto, ter no Brasil, filiais, agências ou estabelecimentos antes de serem os atos constitutivos aprovados pelo Governo brasileiro, ficando sujeitas à lei brasileira.**

Note que uma sociedade, uma empresa, uma pessoa jurídica enfim, é considerada nacional do Estado em que se constituir, submetendo-se, em princípio, à legislação do local de sua constituição.

Suponhamos, no entanto, que uma empresa constituída em território estrangeiro, em razão de um número crescente de negócios com o Brasil, resolva abrir um escritório em território nacional. Nessa hipótese, em havendo um litígio, ela teria de se submeter à lei brasileira, uma vez que assim determina o § 1º do art. 11.

Perceba-se que a incidência do art. 11, o § 1º *proíbe* a aplicação de qualquer outra norma que não seja a nacional, em razão de fato aqui ocorrido, mas que pode interessar a uma empresa multi ou transnacional, o que tornaria o ocorrido em um *fato jurídico anormal*, resolvido com a aplicação da "*lei do foro (lex fori)*".

Lei do Foro ou *Lex Fori*, portanto, é a lei do território em que se deu a referida situação como regra apta a solucionar o fato jurídico anormal, rejeitando, assim, a incidência da lei estrangeira.

O art. 12 cuida do conflito de jurisdições, e deve ser interpretado conjuntamente com o art. 21 do CPC, conforme também já explanamos.

O art. 13 permite que sejam utilizadas no Brasil provas obtidas no exterior, de acordo com a lei processual que vigore no outro Estado, excetuando-se provas que a legislação brasileira desconheça, cuja apresentação fica vedada[23].

O art. 14 estabelece uma exceção ao princípio "o juiz conhece o direito". De fato, um juiz não pode ser obrigado a conhecer a lei de todos os países com os quais as regras de conexão eventualmente apontem a lei para a solução de um litígio. Assim, cabe a quem suscitar a regra de outro país para solucionar uma controvérsia em trâmite perante a justiça brasileira a prova do texto e da vigência[24].

Já o art. 15 determina os critérios necessários para a homologação (e posterior execução) de uma sentença estrangeira. Ora, as normas passíveis de aplicação no país tanto podem advir de lei como de sentenças judiciais, desde que observados os critérios estipulados no artigo em comento. São eles:

a) haver sido proferida por juiz competente: de acordo com a lei processual estrangeira;

b) terem sido as partes citadas ou haver-se legalmente verificado à revelia: no Brasil, a relação processual se completa com a citação do réu, ou com a constatação legal de sua revelia. Daí a importância da alínea *b*, do art. 15;

c) ter passado em julgado e estar revestida das formalidades necessárias para a execução no lugar em que foi proferida;

d) estar traduzida por intérprete autorizado;

e) ter sido homologada pelo Supremo Tribunal Federal **(hoje, pelo Superior Tribunal de Justiça, de acordo com a EC 45/2004, que mudou a competência do STF para o STJ – CF/88, art. 115, I, *i*).**

Reenvio

O reenvio é um fenômeno no qual se verifica que a norma estrangeira, para a qual a solução é enviada, possui uma regra de conexão que que envia a controvérsia para um terceiro sistema jurídico.

O reenvio dificulta, quando não impede, a solução do problema jurídico. Como podemos exemplificar abaixo:

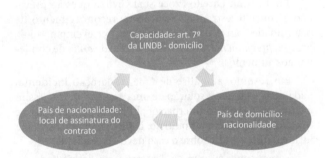

Imagine-se a situação. Para fixar a capacidade de alguém, a lei brasileira remete (envia), para a lei do domicílio da pessoa. Ocorre que a lei do domicílio dessa pessoa a quem se pretende verificar a capacidade *reenvia* o problema para a lei de sua nacionalidade. Supondo que essa pessoa seja estrangeira no país de seu domicílio, não fosse a proibição do reenvio, haveria uma nova conexão. Todavia, nossa hipótese vai além e parte do pressuposto que a lei de nacionalidade reenvia à lei do local onde o contrato fora assinado. Como nossa hipótese estabelece que esse contrato foi assinado no Brasil, a terceira norma *reenvia* o problema a ser solucionado pela lei brasileira, que o *reenviará* para a de domicílio, que a *reenviará* para a lei de nacionalidade.

---

filhos brasileiros, ou de quem os represente, sempre que não lhes seja mais favorável a lei pessoal do de cujus. (Redação dada pela Lei nº 9.047, de 1995)

§ 2º A lei do domicílio do herdeiro ou legatário regula a capacidade para suceder.

23. A prova dos fatos ocorridos em país estrangeiro rege-se pela lei que nele vigorar, quanto ao ônus e aos meios de produzir-se, não admitindo os tribunais brasileiros provas que a lei brasileira desconheça.

24. Não conhecendo a lei estrangeira, poderá o juiz exigir de quem a invoca prova do texto e da vigência.

Assim é que, por força do art. 16 da LINDB o reenvio está proibido. Deve se aplicar a lei do país para onde a LINDB faz o envio e desprezar qualquer nova conexão estabelecida pela lei estrangeira[25].

Questão prévia

Entendendo-se o que é o *fato jurídico anormal*, fica fácil compreender, também a *questão prévia*.

Como dito acima, em razão de um *fato jurídico anormal*, dois ou mais sistemas jurídicos competem para solucionar um mesmo caso (conflito especial normativo positivo).

Todavia, apenas um sistema poderá incidir e solucionar o litígio.

Assim sendo, **antes** de resolver o mérito da questão, o intérprete terá que, forçosamente, eleger o sistema jurídico cujo conjunto de normas indicará como o competente para determinar a pretendida solução.

É óbvio que a escolha do sistema jurídico indicado para solucionar o caso deve se dar em momento anterior à solução do caso em si. Essa escolha anterior tem, portanto, o nome de *questão prévia*, ou seja, a questão de qual sistema indicado deve ser resolvida antes do litígio em si.

Não é um conceito difícil de entender, tampouco é algo exclusivo no Direito Internacional Privado. No Direito Constitucional, o controle de constitucionalidade também se utiliza do conceito de questão prévia, posto que, antes de decidir pela não incidência de uma norma em relação ao postulante, o juiz precisa *previamente* resolver se a norma é ou não constitucional.

Da mesma forma, o STF, antes de retirar a efetividade de uma norma tida por inconstitucional, precisa, previamente, declarar a sua inconstitucionalidade.

Também no Direito Processual Civil, a questão prévia não é conceito estranho. Na ação de reconhecimento de paternidade com pedido de alimentos, por exemplo, o juiz precisa, *previamente*, declarar a paternidade *antes* de condenar aos alimentos.

Em resumo, a análise de uma declaração incidental nada mais é do que a solução de uma *questão prévia*. Assim é também no Direito Internacional Privado. O que difere é que, *antes* de solucionar o litígio, a *questão* de qual sistema jurídico deve incidir sobre o caso deve ser resolvida.

Vamos supor que um casal de franceses, domiciliado em território nacional, case-se perante o Cônsul de seu país, no Consulado da França e continuem domiciliado no Brasil.

Algum tempo depois do casamento, resolvem se divorciar. O divórcio e a partilha dos bens devem se dar mediante o que determina a lei francesa ou a lei brasileira?

Percebe-se que, em momento *prévio* a decidir sobre a partilha, a *questão* a ser enfrentada é qual a o sistema jurídico incidente (francês ou brasileiro).

No caso em análise, a solução da *questão prévia*, encontra-se no art. 7º, § 4º da LINDB, que determinará a utilização do sistema jurídico brasileiro:

"Art. 7º (...)

§ 4º O regime de bens, legal ou convencional, obedece à lei do país em que tiverem os nubentes domicílio, e, se este for diverso, a do primeiro domicílio conjugal".

Todavia, se o caso não fosse relativo a divórcio, mas a *invalidade* do casamento, a solução está no § 2º do mesmo artigo:

"Art. 7º (...)

§ 2º O casamento de estrangeiros poderá celebrar-se perante autoridades diplomáticas ou consulares do país de ambos os nubentes".

Assim, o litígio seria decidido mediante a incidência do sistema jurídico francês, o que seria decidido *antes* de se resolver se o casamento é o não válido.

Portanto, *questão prévia* é a escolha do sistema jurídico apto a resolver o mérito de um conflito jurídico, por meio de norma jurídica que aponte qual o sistema competente para tanto. É a chamada *regra de conexão*, conceito que enfrentaremos a seguir.

Qualificação

Trata-se de um processo técnico-jurídico, que não é exclusivo do Direito Internacional Privado. Por intermédio dessa técnica se estabelece uma classificação ordenada de fatos jurídicos correlacionados com as referentes normas jurídicas, com o objetivo de enquadrar o fato na norma e solucionar a controvérsia da forma mais adequada.

Pode parecer difícil de entender, mas, visto de uma maneira concreta, a compreensão se torna simples. Senão, vejamos.

O casamento é um negócio jurídico, assim como a união estável. Todavia a regulação do casamento e da união estável se dá pelo direito de família e não pelo direito das obrigações, uma vez que tanto o casamento como a união estável, por constituírem a família, que é a base da sociedade (CF/88, art. 226, *caput*[26]), devem ter proteção especial, e não o tratamento como um negócio jurídico para o qual o sistema jurídico dá menos importância.

Nessa toada, é possível afirmar que em uma tratativa contratual existam previstos direitos reais e direitos pessoais. Para o exercício de um ou de outro, faz-se necessário qualificar as diversas cláusulas contratuais para saber em qual das duas categorias devam ser enquadradas.

Um contrato de venda e compra de bem imóvel prevê a transmissão do direito de propriedade. Supondo que o direito real avençado seja objeto de parcelas em dinheiro, a possibilidade de o credor das parcelas cobrar correção monetária e juros sobre quantia em atraso é direito pessoal do credor.

O Direito Internacional Privado passa a se interessar no tema a partir da ocorrência de um conflito de qualificações, pois nem sempre a qualificação dada a um instituto jurídico é a mesma nos sistemas jurídicos incidentes na questão jurídica.

Daí surge, além do *conflito espacial normativo*, um *conflito de qualificações*, o que se apresenta como nova dificuldade

---

25. Quando, nos termos dos artigos precedentes, se houver de aplicar a lei estrangeira, ter-se-á em vista a disposição desta, sem considerar-se qualquer remissão por ela feita a outra lei.

26. Art. 226. A família, base da sociedade, tem especial proteção do Estado.

a ser solucionada. Isso porque, para um país (como o Brasil) o casamento tem trato jurídico no Direito de Família, mas pode ser objeto do Direito das Obrigações em outro estado. Ou, para o Brasil, determinado bem é qualificado como imóvel, mas outro país o identifica como móvel.

Sobre a qualificação de bens, o Brasil estabelece que os direitos reais sobre bens imóveis ou a sucessão aberta são bens imóveis (CC, art. 80 I e II[27]). Também estabelece que as embarcações e aeronaves, embora sejam bens móveis, são tratados, de várias formas, como bens imóveis (demandam registro, admitem hipoteca etc.).

Ora, nada impede que os bens acima enunciados (imóveis por determinação legal) sejam tratados como bens móveis em outros sistemas jurídicos. Assim, qual o trato, ou seja, qual a qualificação que devo atribuir a tais bens?

Note-se que o assunto não é desprovido de importância. Se existe uma embarcação registrada no Brasil, mas que se encontra ancorada em outro país, questões jurídicas a ela referentes devem ser tratadas em foro nacional, já que em relação aos bens imóveis a justiça brasileira é exclusiva[28]?

Sendo positiva a resposta acima, o juiz deverá qualificar o bem (a embarcação) de acordo com a lei brasileira ou a do local onde se encontra ancorado?

É interessante perceber que, a depender do sistema utilizado para a qualificação do bem, podem haver soluções diferentes quanto à competência e quanto à comprovação de propriedade, já que no Brasil as embarcações têm de ser objeto de registro, o que não necessariamente ocorre em outros países.

Ordem Pública

Em um sentido geral, a Ordem Pública representa toda a construção e a interpretação de um sistema jurídico que, em maior ou menor medida, reflete o sentimento de uma nação.

Assim sendo, o sentido de Ordem Pública costuma variar de acordo com a mentalidade da sociedade em determinada época.

Ora, se a Ordem Pública é espelho de uma sociedade tanto na construção de um sistema jurídico como de sua hermenêutica, ela se consubstancia em dois pilares ou características: a relatividade (ou instabilidade) e a contemporaneidade.

É relativa (ou instável) porque varia no tempo e no espaço, assim como variam no tempo e no espaço os ideais de uma sociedade; é contemporânea porque obriga a análise de um fato em conflito com o sistema jurídico de acordo com o tempo da análise e não da ocorrência do fato em si. Dessa forma, só é possível negar a incidência de uma lei estrangeira (ou homologação de uma sentença estrangeira) se for ofensiva à Ordem Pública nacional no momento de sua efetiva aplicação e não do surgimento do ato.

Assim sendo, os seus efeitos serão produzidos em dois planos, a saber: na solução do conflito espacial normativo a Ordem Pública atuará como elemento impeditivo da incidência de normas jurídicas de outros Estados ou reconhecimento de suas sentenças judiciais; quanto a vontade das partes a Ordem Pública impede a escolha de certas normas jurídicas pelos interessados quando isso é possível.

Suponhamos que para solucionar um litígio a regra de conexão indicada pela LINDB preveja pena de prisão para um devedor inadimplente de uma obrigação pecuniária. Essa pena viola a Ordem Pública brasileira, tendo em vista que em nosso país a prisão civil por dívida apenas se dá no caso da obrigação alimentar.

Quanto aos direitos adquiridos no exterior, a ordem pública proíbe o seu reconhecimento quando tais entram em rota de colisão com o sistema jurídico nacional. Assim, em que pese o direito de propriedade, o Brasil estaria impedido de reconhecer o direito adquirido da propriedade sobre uma pessoa, posto que isso viola toda a construção de direitos fundamentais.

Em resumo, a Ordem Pública tem como objetivo impedir a aplicação do direito estrangeiro, quando há um efeito inconciliável com os princípios fundamentais do sistema jurídico nacional.

Um novo exemplo facilitará o entendimento da ordem pública: suponhamos que em um caso de divórcio deva ser adotada a lei do domicílio do casal para partilhar bens que se encontram no Brasil, nos termos do § 4º, do art. 7º, da LINDB, devendo-se, assim, adotar a lei do país "X".

Todavia, no sistema jurídico do país "X", a mulher é tratada de forma a ter muito menos direitos que o homem. E, em caso de divórcio, a mulher, pelo singelo fato de ser mulher, não faz jus a nenhum bem do casal.

Ora, em que pese o fato de a norma jurídica contida na LINDB determinar que se deva fazer incidir a lei do país "X", a resolução do conflito privando a mulher de ter acesso aos bens pela questão de gênero ofende um dos mais caros princípios do sistema jurídico brasileiro: a igualdade (*perante* e *na* lei).

Dessa forma, a ordem pública afastará a aplicação da lei estrangeira ou, se for o caso, o reconhecimento de atos realizados no exterior e a execução de sentenças proferidas por tribunais de outros países.

Assim, se a lei estrangeira viola a Ordem Pública, o nosso diagrama de conexão acima exemplificado ficaria da seguinte forma, e a solução do problema teria como resolução a incidência da lei brasileira:

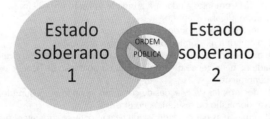

---

27. Art. 80. Consideram-se imóveis para os efeitos legais:
    I - os direitos reais sobre imóveis e as ações que os asseguram;
    II - o direito à sucessão aberta.
28. LINDB:
    Art. 12.(...)
    § 1º Só à autoridade judiciária brasileira compete conhecer das ações relativas a imóveis situados no Brasil.
    Novo CPC:
    Art. 23. Compete à autoridade judiciária brasileira, com exclusão de qualquer outra:
    I - conhecer de ações relativas a imóveis situados no Brasil;

Fraude à Lei

Considera-se fraude à lei a alteração dolosa do elemento (ou regra) de conexão com a finalidade de tirar vantagem que eventualmente um dado sistema jurídico lhe permita usufruir.

Por exemplo, se é sabido que no nosso país existe um cabedal jurídico que protege as relações de consumo, o fraudador interessado na não incidência de tais regras altera seu domicílio para outro país, com o fito de que sua situação seja apreciada sem a aplicação dos princípios e normas do CDC, pois isso lhe seria mais favorável.

Processo Civil Internacional

O CPC e LINDB estabelecem os limites à jurisdição brasileira. Em outras palavras, estabelecem quando, em uma relação transnacional (fato jurídico anormal), a ação poderá ou deverá tramitar perante a Justiça Brasileira.

Nesse sentido, tanto o CPC quanto a LINDB estabelecem uma competência processual *concorrente*, ou seja, quando o a Justiça Brasileira *também* é competente, e a competência processual é exclusiva, hipótese em que *apenas* a Justiça Brasileira é competente.

Nas hipóteses de competência concorrente, em que a ação também poderá tramitar na Justiça Brasileira, temos as previsões estabelecidas nos arts. 12, *caput*[29], da LINDB e 21 e 22, do CPC[30].

É importante ressaltar que nas hipóteses de competência concorrente, nas quais o Justiça Brasileira também é competente para conhecer ações, não há que se falar em litispendência com a justiça estrangeira. Assim, se antes do ingresso com a ação no Brasil, já houver outra ação tramitando em foro estrangeiro, com as mesmas partes, mesma causa de pedir e mesmo pedido, a ação estrangeira não extinguirá a brasileira por força da litispendência[31].

Isso porque, se assim fosse possível, a Justiça Brasileira estaria *submetida* à justiça estrangeira, o que importaria na violação da soberania brasileira e no princípio *par in parem non habet judicium*.

No entanto, não se pode admitir que alguém seja executado duas vezes por ações que tenham a mesma parte, a mesma causa de pedir e o mesmo pedido. Dessa forma, caso a execução tenha de ocorrer no Brasil, será executada a que primeiro alcançar a possibilidade legal de execução; o trânsito em julgado da ação brasileira ou a homologação da sentença estrangeira.

Já, nas hipóteses em que a competência da Justiça Brasileira é exclusiva, (LINDB, art. 12, § 1º[32] e CPC, art. 23[33]), não serão possíveis a homologação e a execução da sentença estrangeira em território nacional.

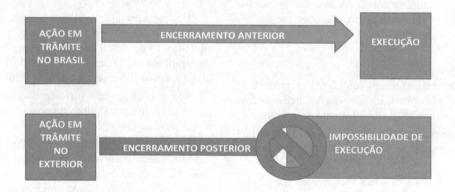

---

29. Art. 12. É competente a autoridade judiciária brasileira, quando for o réu domiciliado no Brasil ou aqui tiver de ser cumprida a obrigação.
30. Art. 21. Compete à autoridade judiciária brasileira processar e julgar as ações em que:
   I - o réu, qualquer que seja a sua nacionalidade, estiver domiciliado no Brasil;
   II - no Brasil tiver de ser cumprida a obrigação;
   III - o fundamento seja fato ocorrido ou ato praticado no Brasil.
   Parágrafo único. Para o fim do disposto no inciso I, considera-se domiciliada no Brasil a pessoa jurídica estrangeira que nele tiver agência, filial ou sucursal.
   Art. 22. Compete, ainda, à autoridade judiciária brasileira processar e julgar as ações:
   I - de alimentos, quando:
   a) o credor tiver domicílio ou residência no Brasil;
   b) o réu mantiver vínculos no Brasil, tais como posse ou propriedade de bens, recebimento de renda ou obtenção de benefícios econômicos;
   II - decorrentes de relações de consumo, quando o consumidor tiver domicílio ou residência no Brasil;
   III - em que as partes, expressa ou tacitamente, se submeterem à jurisdição nacional.
31. Art. 24. A ação proposta perante tribunal estrangeiro não induz litispendência e não obsta a que a autoridade judiciária brasileira conheça da mesma causa e das que lhe são conexas, ressalvadas as disposições em contrário de tratados internacionais e acordos bilaterais em vigor no Brasil.
   Parágrafo único. A pendência de causa perante a jurisdição brasileira não impede a homologação de sentença judicial estrangeira quando exigida para produzir efeitos no Brasil.
32. Art. 12. (...)
   § 1º Só à autoridade judiciária brasileira compete conhecer das ações relativas a imóveis situados no Brasil.
33. Art. 23. Compete à autoridade judiciária brasileira, com exclusão de qualquer outra:
   I - conhecer de ações relativas a imóveis situados no Brasil;
   II - em matéria de sucessão hereditária, proceder à confirmação de testamento particular e ao inventário e à partilha de bens situados no Brasil, ainda que o autor da herança seja de nacionalidade estrangeira ou tenha domicílio fora do território nacional;
   III - em divórcio, separação judicial ou dissolução de união estável, proceder à partilha de bens situados no Brasil, ainda que o titular seja de nacionalidade estrangeira ou tenha domicílio fora do território nacional.

7. REFERÊNCIAS

ACCIOLY, Hildebrando; NASCIMENTO E SILVA, G. E. do; CASELLA, Paulo Borba. *Manual de direito internacional público*. São Paulo: Saraiva, 2009.

ARAÚJO, Luís Ivani de Amorim. *Curso de direito internacional público*. Rio de Janeiro: Forense, 1995.

CASTRO, Amílcar de. *Direito Internacional Privado*. 6ª ed. Rio de Janeiro: Forense, 2008.

DEL'OLMO, Florisbal de Souza. *Curso de Direito Internacional Privado*. 9ª ed. JusPodivm: Salvador, 2011.

DOLINGER, Jacob. *Direito Internacional Privado*. 8ª ed., v.1. Parte Geral. Rio de Janeiro: Renovar, 2005.

MELLO, Celso D. A. *Direito internacional público*. 14ª ed., vols. I-II,. Rio de Janeiro: Renovar, 2002.

RECHSTEINER, Beat Walter. *Direito internacional privado: teoria e prática*. 12ª ed. São Paulo: Saraiva, 2009.

REZEK, Francisco. *Direito internacional público: curso elementar*. São Paulo: Saraiva, 2005.

http://europa.eu/about-eu/institutions-bodies/index_pt.htm

https://www.cidh.oas.org/basicos/portugues/c.convencao_americana.htm

http://www.planalto.gov.br/ccivil_03/_ato2015-2018/2015/lei/l13105.htm

http://www.planalto.gov.br/ccivil_03/_ato2004-2006/2004/decreto/d4982.htm

http://www.planalto.gov.br/ccivil_03/_ato2015-2018/2017/lei/L13445.htm

http://www.planalto.gov.br/ccivil_03/decreto/d3413.htm

http://www.planalto.gov.br/ccivil_03/decreto/d3413.htm

http://www.planalto.gov.br/ccivil_03/_ato2007-2010/2009/decreto/d6891.htm

http://www.planalto.gov.br/ccivil_03/decreto/Antigos/D56435.htm

http://www.planalto.gov.br/ccivil_03/decreto/1930-1949/d19841.htm

http://www.stf.jus.br

8. QUESTÕES

11. (Exame I. 2010.1)

1 - Com relação à ONU, assinale a opção correta.

(A) Poderão ser admitidos como membros da ONU todos os Estados que o desejarem, independentemente de condições de natureza política ou de qualquer outro teor.

(B) Principal órgão da ONU, a Assembleia Geral é composta de todos os membros da organização, tendo cada Estado-membro direito a apenas um representante e um voto.

(C) O secretário-geral da ONU, eleito pelo Conselho de Segurança mediante recomendação dos seus membros permanentes, tem o dever de atuar em todas as reuniões da Assembleia Geral, do Conselho de Segurança, do Conselho Econômico e Social e do Conselho de Tutela, além de desempenhar outras funções que lhe forem atribuídas por esses órgãos.

(D) O Conselho de Segurança da ONU compõe-se de cinco membros permanentes e de dez membros não permanentes, todos indicados pelo próprio Conselho, devendo estes últimos cumprir mandato de dois anos.

COMENTÁRIOS: **A:** Incorreta, porque só poderão fazer parte das Nações Unidas Estados que se comprometam a aceitar os princípios estabelecidos na Carta de São Francisco (art. 4.1); **B:** Incorreta. Em que pese cada Estado ter direito a um voto, pode ter mais de um representante atuando junto à Assembleia Geral (número máximo de 05, art. 9, item 2); **C:** Correta, pois tais são as atribuições do Secretário--Geral, de acordo com a Carta das Nações Unidas; **D:** Incorreta. Os membros não permanentes do Conselho de Segurança são indicados pela Assembleia Geral e são no número de 10, perfazendo um total de 15 integrantes.
Gabarito "C".

93. (Exame II. 2010.2).

2 - Jogador de futebol de um importante time espanhol e titular da seleção brasileira é filmado por um celular em uma casa noturna na Espanha, em avançado estado de embriaguez. O vídeo é veiculado na internet e tem grande repercussão no Brasil. Temeroso de ser cortado da seleção brasileira, o jogador ajuíza uma ação no Brasil contra o portal de vídeos, cuja sede é na Califórnia, Estados Unidos. O juiz brasileiro:

(A) não é competente, porque o réu é pessoa jurídica estrangeira.

(B) terá competência porque os danos à imagem ocorreram no Brasil.

(C) deverá remeter o caso, por carta rogatória, à justiça norte--americana.

(D) terá competência porque o autor tem nacionalidade brasileira.

COMENTÁRIOS: **A:** Incorreta. A CPC estabelece, em seu art. 21, III, que a Justiça brasileira é competente em ações em que o fato ocorra no Brasil. Em que pese o vídeo ter sido feito na Espanha, o fato em discussão é a sua repercussão em território brasileiro. O fato de o réu ser pessoa jurídica estrangeira não impede, portanto, que o trâmite da ação se dê em território nacional; **B:** Correta. Como dito acima, o fundamento da ação é a divulgação do fato em território nacional, o que acarretou o dano à imagem do autor, razão pela qual a autoridade judiciária brasileira é competente, nos termos do art. 21, III, do CPC; **C:** Incorreta. Se a Justiça brasileira é competente, não há que se falar em Carta Rogatória para qualquer outro país. Aliás, no caso em questão, não há previsão legal de remessa de processo brasileiro à Justiça estrangeira, pelo fato de o juiz brasileiro se julgar incompetente; **D:** Incorreta. A nacionalidade brasileira não é requisito para a propositura de ações no Brasil.
Gabarito "B".

96. (Exame III. 2010.3)

3 - Pierre de Oliveira nasceu na França, filho de pai brasileiro (que à época se encontrava em viagem privada de estudos) e mãe francesa. Viveu até os 25 anos em Paris, onde se formou em análise de sistemas e se pós-graduou em segurança de rede. Em 2007, Pierre foi convidado por uma universidade brasileira para fazer parte de um projeto de pesquisa destinado a desenvolver um sistema de segurança para uso de instituições financeiras. Embora viajasse com frequência para a França, Pierre passou a residir no Brasil, optando, em 2008, pela nacionalidade brasileira. No início de 2010, uma investigação conjunta entre as polícias brasileira e francesa descobriu que Pierre fez parte, no passado, de uma quadrilha internacional de hackers. Detido em São Paulo, ele confessou que, entre 2004 e 2005, quando ainda vivia em Paris, invadiu mais de uma vez a rede de um grande banco francês, desviando recursos para contas localizadas em paraísos fiscais. Com relação ao caso hipotético acima, é correto afirmar que:

(A) se a França assim requerer, Pierre poderá ser extraditado, pois cometeu crime comum sujeito à jurisdição francesa antes de optar pela nacionalidade brasileira.

(B) a critério do Ministério da Justiça, Pierre poderá ser expulso do território nacional pelo crime cometido no exterior antes do processo de aquisição da nacionalidade, a menos que tenha filho brasileiro que, comprovadamente, esteja sob sua guarda e dele dependa economicamente.

(C) Pierre poderá ser deportado para a França, a menos que peça asilo político.

(D) Pierre não poderá ser extraditado, expulso ou deportado em qualquer hipótese.

COMENTÁRIOS: **A:** Incorreta. Pierre é brasileiro nato, nos termos do art. 12, I, *c*. Assim sendo, não pode sofrer nenhuma medida de saída compulsória; **B:** Incorreta. Pierre é brasileiro nato, nos termos do art. 12, I, *c*. Assim sendo, não pode sofrer nenhuma medida de saída compulsória; **C:** Incorreta. Pierre é brasileiro nato, nos termos do art. 12, I, *c*. Assim sendo, não pode sofrer nenhuma medida de saída compulsória; **D:** Correta. Pierre é brasileiro nato, nos termos do art. 12, I, *c*. Assim sendo, não pode sofrer nenhuma medida de saída compulsória.

Gabarito "D".

23 – (FGV / XXII Exame de Ordem – 2017)

Walter, estrangeiro, casou-se com Lúcia, por quem se apaixonou quando passou as férias em Florianópolis. O casal tem um filho, Ricardo, de 2 anos.

Residente no Brasil há mais de cinco anos, Walter é acusado de ter cometido um crime em outro país. Como o Brasil possui promessa de reciprocidade com o referido país, este encaminha ao governo brasileiro o pedido de extradição de Walter. Nesse caso, o governo brasileiro:

(A) não pode conceder a extradição, porque Walter tem um filho brasileiro.

(B) pode conceder a extradição, por meio de ordem expedida por um juiz federal.

(C) pode conceder a extradição, desde que cumpridos os requisitos legais do Estatuto do Estrangeiro.

(D) não pode conceder a extradição, pois esta só seria possível se houvesse tratado com o país de origem de Walter.

COMENTÁRIOS: **A:** Incorreta. O fato de ter filhos ou cônjuge no Brasil não é elemento impeditivo à extradição, ao menos no regime do estatuto revogado, que fundamentava a questão (Lei 6.815/1980). No regime atual, a situação proposta pela questão não consta do rol de impedimentos à extradição (art. 82, Lei 13.107/2017); **B:** Incorreta. A competência para julgar pedidos de extradição é do Supremo Tribunal Federal (CF/88, art. 102, I, *g*); **C:** Correta. Como dito linhas atrás o fato de ter filhos ou cônjuge no Brasil não é elemento impeditivo à extradição, ao menos no regime do estatuto revogado, que fundamentava a questão (Lei 6.815/1980). No regime atual, a situação proposta pela questão não consta do rol de impedimentos à extradição (art. 82, Lei 13.107/2017); **D:** Incorreta. A promessa de reciprocidade elimina a necessidade de tratado bilateral de extradição.

Gabarito "C".

16. (Exame V. 2011.2).

5 - A embaixada de um estado estrangeiro localizada no Brasil contratou um empregado brasileiro para os serviços gerais. No final do ano, não pagou o 13º salário, por entender que, em seu país, este não era devido. O empregado, insatisfeito, recorreu à Justiça do Trabalho. A ação foi julgada procedente, mas a embaixada não cumpriu a sentença. Por isso, o reclamante solicitou a penhora de um carro da embaixada. Com base no relatado acima, o Juiz do Trabalho decidiu:

(A) deferir a penhora, pois a Constituição atribui competência à justiça brasileira para ações de execução contra Estados estrangeiros.

(B) indeferir a penhora, pois o Estado estrangeiro, no que diz respeito à execução, possui imunidade, e seus bens são invioláveis.

(C) extinguir o feito sem julgamento do mérito por entender que o Estado estrangeiro tem imunidade de jurisdição.

(D) deferir a penhora, pois o Estado estrangeiro não goza de nenhuma imunidade quando se tratar de ações trabalhistas.

COMENTÁRIOS: **A:** Incorreta. A Justiça do Trabalho tem competência constitucional (art. 114, I) para julgar o litígio em questão, mas não tem competência para efetivar nenhum ato de execução contra governo estrangeiro; **B:** Correta. Como visto acima, é possível a fase de conhecimento, por expressa disposição constitucional e, até porque se trata de um ato de gestão e não de império. Todavia, os bens estrangeiros estão imunes à soberania nacional; **C:** Incorreta. Trata-se de um ato de gestão. Além disso a competência para o julgamento da ação advém de expressa disposição constitucional (art. 114, I); **D:** Incorreta. Não há imunidade quanto à fase de conhecimento das ações trabalhistas (ato de gestão, mais expressas disposição constitucional).

Gabarito "B".

FILOSOFIA DO DIREITO

Adriano Ferreira

1. SURGIMENTO DA FILOSOFIA: DO MITO À RAZÃO

Durante os séculos VII e VI a.C. surge um novo modo de pensar, chamado Filosofia, que substitui o Mito, então dominante.

O Mito era a forma como os gregos explicavam os fenômenos naturais e sociais. Essa explicação recorria a seres sobrenaturais, como deuses, para justificar a existência do mundo e de todas as coisas. Quando se afirma, por exemplo, que o universo foi criado por Deus, essa explicação é mitológica.

A filosofia surge, basicamente, quando as explicações mito*lógicas* tornam-se explicações *lógicas*.

A palavra *logos* significa explicação racional sobre algo. Na mitologia, a razão está submetida a narrativas sobrenaturais; na filosofia, ela se liberta e passa a ter valor por si, independente dos deuses. Os filósofos, portanto, têm o desafio de explicar todas as coisas apenas usando a razão, sem recorrer a elementos sobrenaturais.

Os filósofos passam, assim, a buscar um conhecimento específico. Querem encontrar a verdade *racional* sobre os seres, derivada de um raciocínio lógico, que revele os conceitos dos objetos.

Nesse sentido, há "inimigos" que produzem o falso conhecimento, chamado de "aparência" ou "ilusão", como os sentidos, as paixões e os preconceitos. Cabe aos filósofos enfrentar tais inimigos em busca da verdade racional.

E o Direito? Nesse ambiente, ele deixa de ser fruto do pensamento mítico e torna-se, também, racional. Os gregos não mais supõem que as leis eram criadas pelos deuses, mas as concebem como atos humanos.

A Filosofia do Direito surge nesse momento: enquanto o Direito é criado pelos deuses, sua justiça é pressuposta. Os deuses são mais justos que os humanos e não podem ser julgados por eles. Quando um deus cria uma lei, não cabe aos humanos afirmar se ela é justa ou injusta.

Porém, se o Direito é criado pelos seres humanos, estes são falhos e podem errar, podem criar normas injustas.

A Filosofia do Direito, então, vai buscar critérios para determinar a justiça das normas humanas. Quando uma norma jurídica pode ser considerada justa? Eis sua indagação fundamental que levará a outras ao longo da história.

2. FILOSOFIA DO DIREITO NOS EXAMES DE ORDEM

As provas do Exame de Ordem cobram um conteúdo variado de Filosofia do Direito. São duas questões por prova, desde o X Exame. Ao todo, até o XXV Exame, existiam 32 questões da disciplina.

A principal característica dessas questões é o fato de elas tratarem do pensamento de um filósofo. Apenas três questões, nos três primeiros Exames em que caiu Filosofia, trataram de um tema geral, sem enunciar um pensador.

Todas as demais 30 questões mencionam, expressamente, o nome desse filósofo. Podemos citar o exemplo da questão 12, do caderno branco do XIX Exame, cujo enunciado transcrevemos:

"Segundo o filósofo **Immanuel Kant**, em sua obra Fundamentação da Metafísica dos Costumes, a ideia de dignidade humana é entendida."

Cabe ao aluno, assim, como primeiro procedimento para resolver as questões de Filosofia, identificar o pensador. Em virtude disso, optamos por estruturar os capítulos deste texto em torno dos filósofos e não dos temas.

Falamos, assim, primeiro do filósofo e depois dos temas de que ele trata. Analisando as questões da OAB, podemos identificar Norberto Bobbio, com 6 questões, e Kant, com 3, como os autores mais cobrados. Fora isso, há uma pulverização de autores:

Autor	Questões
Bobbio	6
Kant	3
Aristóteles	2
Dworkin	2
Hart	2
Miguel Reale	2
Bentham	2
Hobbes	1
Ihering	1
Kelsen	1
Larenz	1
Locke	1
Montesquieu	1
Perelman	1
Radbruch	1
Rousseau	1
Stuart Mill	1

Também existe uma grande quantidade de temas diferentes que foram avaliados. Podemos destacar apenas a hermenêutica (5 questões), a discussão sobre a justiça (4 questões) e o utilitarismo (4 questões). Fora isso, conforme tabela abaixo, podemos elencar outros 16 temas (consideramos que algumas questões trataram de mais de um tema):

Tema	Vezes
hermenêutica	5
justiça	4
utilitarismo	4
lacuna	3
antinomia	2
conceito de direito	2
contratualismo	2
direito e moral	2
positivismo	2
analogia	1
dignidade	1
direito de resistência	1
igualdade	1
liberdade	1
princípios	1
razão prática	1
textura aberta	1
tridimensionalismo	1

Essa soma, muitos autores e muitos temas, torna difícil o estudo para a Filosofia do Direito. Sendo bem direto: qualquer autor, de qualquer época, tratando de qualquer tema pode ser objeto de uma questão do Exame de Ordem.

2.1. Estrutura das questões

Considerando o universo de 32 questões cobradas pela OAB até o XXIV Exame, podemos constatar que existem duas estruturas básicas de questões.

Em primeiro lugar, correspondendo a 12 questões, temos a **questão com citação do autor**. Ela apresenta o filósofo e cita um trecho curto de texto de sua autoria, pedindo que o aluno escolha a alternativa correta. Algumas vezes, antes ou após a citação, existe um breve esclarecimento sobre o tema tratado.

Tipo 1: Questão com citação do autor
Trecho de texto do filósofo, cujo nome é citado
(Esclarecimento sobre o tema)
Comando
4 alternativas

Um bom exemplo é a questão 12, da prova branca do XXI Exame, cujo enunciado transcrevemos, indicando a estrutura.

Trecho citado:

"Há um limite para a interferência legítima da opinião coletiva sobre a independência individual, e encontrar esse limite, guardando-o de invasões, é tão indispensável à boa condição dos negócios humanos como a proteção contra o despotismo político."

John Stuart Mill

Esclarecimento

A consciência jurídica deve levar em conta o delicado balanço entre a liberdade individual e o governo das leis. No livro A Liberdade. Utilitarismo, John Stuart Mill sustenta que um dos maiores problemas da vida civil é a tirania das maiorias.

Comando

Conforme a obra citada, assinale a opção que expressa corretamente a maneira como esse autor entende o que seja tirania e a forma de proteção necessária.

O segundo tipo de questão, também com 12 incidências, é a **questão com esclarecimento**. Indica o nome do filósofo e apresenta um esclarecimento sobre tema de que ele trata. Diferentemente do tipo anterior, não há citação direta.

Tipo 2: Questão com esclarecimento
Esclarecimento sobre o tema, com indicação do nome do filósofo
Comando
4 alternativas

Podemos exemplificar com a questão 12, do caderno branco do XXII Exame de Ordem, cujo enunciado transcrevemos, indicando a estrutura:

Esclarecimento

A principal tese sustentada pelo paradigma do positivismo jurídico é a validade da norma jurídica, independentemente de um juízo moral que se possa fazer sobre o seu conteúdo. No entanto, um dos mais influentes filósofos do direito juspositivista, Herbert Hart, no seu pós-escrito ao livro O Conceito de Direito, sustenta a possibilidade de um positivismo brando, eventualmente chamado de positivismo inclusivo ou soft positivism.

Comando

Assinale a opção que apresenta, segundo o autor na obra em referência, o conceito de positivismo brando.

O terceiro tipo de questão, já cobrada 6 vezes, mas sem incidência desde o XIX Exame, é a **questão direta**, com nome do filósofo, comando e alternativas. No exame mencionado acima, indicamos a questão 12 do caderno branco, cujo enunciado transcrevemos:

Segundo o filósofo Immanuel Kant, em sua obra Fundamentação da Metafísica dos Costumes, a ideia de dignidade humana é entendida

Nos exames XVI e XIX (questão 11 do caderno branco em ambos), houve uma questão com estrutura similar ao tipo 2. No lugar de um esclarecimento sobre o tema, contudo, elas apresentaram o artigo de uma lei (XVI Exame) e um caso (XIX Exame).

Podemos indicar que os exames XXIII e XIV possuíram apenas questões do tipo 1. Em comum, as quatro questões citaram uma frase do filósofo, trouxeram um esclarecimento curto e o comando. Já o Exame XXV apresentou uma questão do tipo 1 e uma questão do tipo 2, na qual tratava do tema lacuna e mencionava o filósofo Norberto Bobbio.

3. FILOSOFIA ANTIGA E MEDIEVAL

3.1. Platão (428 a.C. – 348 a.C.)

Haveria dois planos ou "mundos" em nossa existência: um plano superior, onde estão as ideias, e um plano inferior, onde está o real. Nós viveríamos no plano da realidade, rodeados por coisas e fenômenos aparentes, aos quais podemos detectar por meio dos sentidos. Nesse plano, todavia, obtemos apenas um conhecimento deformado, ilusório, que afasta da verdade.

A **verdade situar-se-ia no plano das ideias**, sendo compreendida pelo intelecto, por meio de um processo, chamado de dialética. Os seres humanos, portadores da capacidade intelectual, deveriam afastar-se da ilusão trazida pelos sentidos e pelas opiniões consensuais, compreendendo racionalmente a ideia e chegando, assim, à verdade.

Verdade = ideia racional

Assim como Sócrates, Platão acredita que **o conhecimento verdadeiro leva ao Bem**, pois faz com que as pessoas ajam de maneira correta. Em última instância, os sábios tornam-se felizes, pois não se iludem e não agem de modo errado.

Conhecimento da verdade permite a boa ação

De modo específico, todas as pessoas possuiriam uma alma com três funções:

1. Apetitiva – esta parte da alma cuidaria da manutenção e da reprodução do corpo vivo, causando as sensações apetitivas de fome, de sede e de desejo sexual, por exemplo.

2. Colérica – esta parte da alma cuidaria da segurança do corpo vivo, causando as sensações de medo e de fúria ou coragem.

3. Racional – esta parte da alma, situada na cabeça, corresponderia à capacidade intelectual, colocando a pessoa em contato direto com o mundo das ideias e permitindo a descoberta da verdade.

O ideal, para Platão, seria que a parte racional da alma governasse as outras duas, impedindo que o indivíduo agisse motivado pela função colérica ou pela apetitiva. Os homens deveriam ser moderados nos apetites e prudentes na cólera, permitindo à parte racional investigar o mundo das ideias em busca do conhecimento e governar a ação.

Ética = controle dos apetites e da cólera pela razão

3.1.1. A política e o direito

No texto República, Platão discorre sobre a política, ou seja, a organização ideal das cidades. Sua análise parte da constatação de que existem grupos de pessoas responsáveis por funções similares àquelas que vislumbra na alma humana.

Haveria, pois, um paralelo entre as funções da alma e da cidade:

1. função apetitiva – função econômica;
2. função colérica – função militar;
3. função racional – função legislativa.

Do mesmo modo como na alma, as funções urbanas não estariam em harmonia. Haveria constante disputa entre elas, para controlar a cidade. A maioria da população exerceria atividades econômicas-apetitivas: artesãos, comerciantes e agricultores. Outra parcela exerceria a função militar, sendo composta pelos guerreiros, em menor número. Por fim, haveria uma classe de legisladores, responsáveis pela feitura das leis.

Segundo Platão, o ideal seria que os legisladores fossem filósofos e pudessem criar livremente as leis, que seriam prudentes e moderadas. Uma cidade assim organizada, tornar-se-ia **justa**. Para o pensador, portanto, a **ideia de justiça seria natural e racional**. Os filósofos, usando a função racional, descobririam a ideia de justiça, governando em nome do bem comum.

Cidade justa = leis racionais organizando a economia e o exército

Ainda na República, Platão questiona a ideia dos sofistas, pensadores rivais de sua época, que diziam ser o medo da sanção de uma lei o verdadeiro fundamento dos atos justos. Para eles, as pessoas somente agiam de modo justo para evitar a punição. Platão nega essa tese e reforça a noção de justiça como ideia racional, acessível aos humanos, capaz de, por si, fundamentar seus atos.

Justiça = ideia natural e racional

3.2. Aristóteles (384 a.C. – 322 a.C.)

3.2.1. A justiça universal

Há, em Aristóteles, uma complementaridade entre a política, o direito e a ética. Estudar uma dessas instâncias, assim, exige a referência às demais.

A ética consiste na conduta humana que busca o bem do indivíduo. O bem máximo a que as pessoas aspiram é a felicidade, segundo Aristóteles. Trata-se de um bem perfeito, pois buscado por si próprio, transformando outros bens em meios para se chegar a ele.

Os seres humanos seriam compostos por duas forças: a vontade racional, que permite agir conforme o conhecimento, e a paixão (páthos), que impulsiona para a prática de atos que causam prazer e evitam a dor. Como a paixão nem sempre conduz a prazeres duradouros ou verdadeiros, a missão da ética seria educar as pessoas para que ajam com a dose certa de paixão, que não impeça a vontade racional de se manifestar.

Ética = usar a razão para agir com a dose certa de paixão

A ação ética, ou seja, virtuosa, deve ser governada pela vontade racional, que traz moderação para a paixão. A razão permite ao agente identificar quais atos levam à dose desejável de prazer passional sem desviar do fim último da conduta, qual seja, o bem individual, que causa felicidade. Os homens devem, portanto, agir movidos por um desejo racional.

Se o homem age com moderação, se deseja racionalmente as coisas, agirá com virtude. A virtude é a moderação de uma paixão, que estará presente no ato em sua justa medida. Ora, aqui chegamos à primeira noção aristotélica de justiça, a justiça universal.

Trata-se de uma noção que o ser humano desenvolve, graças a sua vontade racional, e traz o equilíbrio necessário para alcançar a medida de paixão que deve existir em cada ato. A justiça universal é a virtude de todas as virtudes. Graças a ela, as pessoas atingem as demais virtudes.

Justiça universal = noção racional que nos permite encontrar a dose equilibrada de paixão

Podemos, por exemplo, agir motivados pela busca do prazer que um objeto nos causa. Graças à justiça universal, podemos encontrar a justa medida de prazer que deve nortear nossa escolha, que fará de nós pessoas temperantes. Se a vontade racional não impuser a justa medida à busca do prazer, podemos agir de modo libertino, valorizando excessivamente essa paixão, ou de modo insensível, eliminando o prazer de nossa conduta. Nessas duas situações, nossa ação não será virtuosa e não nos levará à felicidade.

Nesse sentido, a questão 12, do caderno branco do XI Exame de Ordem, afirma que "**para Aristóteles a justiça deve sempre ser entendida como espécie de meio termo**".

3.2.2. A política e o direito

Ser virtuoso, portanto, exige que as pessoas guiem suas decisões pela vontade racional, a qual estabelece a justa medida (conforme a justiça universal) de paixão.

Para que cada indivíduo tenha a condição de agir racionalmente, encontrando a justiça universal e moderando suas paixões, há a necessidade de que ele viva em um ambiente no qual possui todas as coisas que o mantém vivo. Há a necessidade de que outra justiça se concretize, a justiça particular. Cabe à política organizar a cidade para sua concretização.

Se a justiça, no seu sentido universal, é a medida de todas as virtudes que derivam da paixão, existe uma outra noção de justiça, em seu sentido particular, que é, em si, uma virtude: a virtude da distribuição, a virtude de "dar a cada um o seu". A justiça particular consiste numa ação distributiva, na qual se descobre o que é de cada um e se consuma tal distribuição, concretizando-a.

Justiça particular = Justiça distributiva, dar a cada um o seu, equilibrando a sociedade

A justiça particular se materializa, inicialmente, como **justiça distributiva**, organizando a cidade. Sua finalidade é consumar o ideal de "dar a cada um o seu", distribuindo, para os cidadãos, os benefícios, as honrarias e as riquezas.

Se uma cidade pretende distribuir benefícios públicos a cidadãos, irá compará-los conforme os méritos que possuem para distribuí-los àqueles mais meritosos. Por outro lado, caso sejam distribuídos alimentos, o critério de comparação passa a ser a necessidade: aquele que possuir maior necessidade receberá mais alimentos. Em ambos os casos, a justiça distributiva se concretiza.

Ora, a justiça distributiva, como mencionado, pressupõe a política. Aristóteles instaura paradigmas filosóficos políticos que perduram até o presente. Afirma que o Estado justo deve buscar o bem comum e que os governantes devem ser pessoas virtuosas, jamais exercendo o governo em busca de bens particulares.

Governo justo = busca do bem comum, dando a cada um o seu

Nesse sentido, um governo de um, de alguns ou de todos, pode ser bom ou mau, conforme o caráter desses governantes. Uma pessoa pode governar procurando o bem comum, numa realeza, ou corromper-se e afastar-se desse ideal, transformando-se em um tirano. O mesmo se aplica à aristocracia, que pode corromper-se na oligarquia (governos de alguns) e no governo popular que pode corromper-se na "democracia" (governo de todos).

Para atingir o bem comum, a política deve enfrentar um grande problema: a distribuição dos bens na Pólis, conforme os critérios da justiça distributiva. Sua finalidade pode ser vista como a criação dos iguais, tratando desigualmente os desiguais, na medida de suas desigualdades. Para tanto, estabelece os critérios, por meio de leis, que trazem os parâmetros de distribuição dos bens.

Leis estabelecem os parâmetros de distribuição dos bens

O fato de a cidade estabelecer a proporção para a distribuição de bens por meio de leis não significa que isso ocorra sem falhas. Aqui surge a **justiça corretiva**, cuja finalidade é corrigir os desequilíbrios persistentes mesmo após a distribuição política dos bens.

Justiça corretiva = Justiça comutativa e Justiça judiciária

Sua primeira vertente é a **justiça comutativa**, que norteia o processo de troca. Os cidadãos, que já foram politicamente igualados conforme os padrões da justiça distributiva, podem trocar entre si produtos que possuam em excesso por outros que faltem. Como esses cidadãos são iguais, a proporção da troca deve respeitar a equivalência, sob pena de gerar uma desigualdade. Assim, o valor de um produto trocado deve ser equivalente ao do outro produto trocado, mantendo-os na igualdade e satisfazendo as necessidades de ambos.

Justiça comutativa = equivalência nas trocas de bens

Mas outra vertente de justiça corretiva pode se fazer necessária: a **justiça judiciária**. Em alguns casos, a igualdade criada pela política pode ser rompida pela ação voluntária ou culposa de alguém. Então, o Estado deve intervir, por meio de um julgamento que leve ao restabelecimento da igualdade, condenando o responsável à indenização dos danos causados e, eventualmente, punindo-o.

Justiça judiciária = restabelecimento do equilíbrio pela punição daquele que causou o desequilíbrio na sociedade

A concepção Aristotélica, assim, é louvável. O bem individual, ético, somente será plenamente realizado em uma sociedade que, politicamente, concretize, por meio de normas gerais, a justiça distributiva, tornando os cidadãos iguais. Tal condição permitirá a felicidade de todos e levará ao bem comum. Eventuais desequilíbrios podem ser corrigidos pela justiça corretiva comutativa ou judiciária.

Destacamos que a questão 11, da prova branca do XX Exame de Ordem, citou uma passagem de Aristóteles que trata da justiça distributiva: "... uma espécie é a que se manifesta nas distribuições de honras, de dinheiro ou das outras coisas que são divididas entre aqueles que têm parte na constituição (pois aí é possível receber um quinhão igual ou desigual ao de um outro)...".

3.2.3. Equidade

O pensamento de Aristóteles suscita uma questão: se o fim último da justiça distributiva é, em concreto, dar a cada um o seu, consumando a igualdade material, será que as normas gerais e abstratas das leis permitem ao Estado identificar critérios válidos para os casos particulares? Como uma norma pode ser geral e resolver todos os problemas particulares de seu gênero ao mesmo tempo?

O problema é sério e pode inviabilizar todo o projeto político aristotélico de distribuir os bens na sociedade. Para resolvê-lo, o filósofo propõe ao funcionário responsável pela aplicação ou concretização da norma geral o uso da **equidade**.

Precisamos tomar cuidado com o uso dessa palavra. Hoje, é comum associarmos equidade ao julgamento realizado conforme o "bom senso" de um juiz, sem o recurso à lei, pois há uma lacuna. Para Aristóteles, não se trata de uma lacuna. Apenas a norma é genérica demais e sua interpretação literal causaria ou perpetuaria uma desigualdade.

Assim, equidade, nesse sentido, transforma-se na adaptação, pelo membro do Estado, da norma geral ao caso particular, respeitando a proporção que estabelece e permitindo, efetivamente, "dar a cada um o seu".

Equidade = adaptação da norma geral e abstrata ao caso individual e concreto, respeitando a justiça distributiva perseguida por ela

3.3. Marco Túlio Cícero (106 a.C. – 43 a.C.)

O pensador romano Cícero pode ser visto como eclético, pois concilia tendências e ideias diversas em seus pensamentos. Suas obras filosóficas adotam a forma platônica dos diálogos e seus pensamentos políticos congregam influências múltiplas.

Em sua obra Sobre a República, o filósofo traz os fundamentos da vida civil, apresentando a ideia de que a *Res publica* (coisa pública, ou simplesmente "república") pertence ao povo, sendo *res populis* (coisa do povo). Isso inaugura a perspectiva de **soberania popular**.

Além disso, Cícero diferencia o **povo** de um aglomerado qualquer de pessoas. Para que um conjunto de homens seja um povo, haveria a necessidade de se associarem por dois consensos: o direito e o bem comum. Assim, quando um grupo define quais serão suas regras fundamentais e quais valores correspondem ao bem comum, transforma-se em um povo.

Povo = grupo com um direito e uma noção de bem comum

Definidos os dois consensos acima, o povo cria um órgão deliberativo, que é o **Estado**, ao qual atribui o poder de zelar pelos consensos fundamentais. Enquanto o povo estiver de acordo quanto a suas regras jurídicas e ao seu bem comum, o Estado continuará a existir e a ser respeitado.

Mas, para que o sistema funcione, há a necessidade de o Estado submeter-se às leis que limitam seus atos e preservam a liberdade do povo. Em Sobre as leis, Cícero afirma que a **lei** é

fonte de virtude para os cidadãos e mecanismo que consolida as forças do Estado.

Ela é vista, ao mesmo tempo, como instrumento valorativo que define o justo e o injusto, por um lado, e ato de poder, que manda e proíbe, por outro. Sua autoridade colocar-se-ia, de modo inovador, acima do direito, num modelo novamente parecido com o nosso, obrigando o juiz a julgar conforme seus preceitos.

Lei = definição do justo + ato de poder

Sua força decorre de ela derivar do direito natural, sendo expressão racional da vontade dos deuses e, por isso, colocando-se num patamar acima dos homens. Mas quem seria capaz de fazer leis que correspondam à vontade dos deuses? Numa resposta platônica, Cícero afirma que os sábios são capazes de identificar a vontade divina, pois essa vontade se manifesta pela razão.

3.4. Santo Agostinho (354 – 430)

A partir do século IV, o cristianismo deixa de ser clandestino no Império Romano, sendo reconhecido e tolerado, e, em seguida, tornando-se a religião oficial de Roma. As lutas do período anterior renderam frutos e a filosofia patrística vive o momento de apogeu. O grande nome do período é Santo Agostinho (354-430).

Um dos problemas que atormenta Agostinho é o da existência do mal. Como justificar que Deus, a suprema bondade e perfeição, tenha criado o mal? A justificativa agostiniana é bastante interessante: não existiria o mal em si, que nunca fora criado propriamente.

Quando Deus cria algo, esse novo ser passa a ter existência autônoma em relação a Ele, afastando-se de Sua perfeição. Se Deus criasse coisas que compartilham, na plenitude, de sua perfeição, então criaria novos deuses, o que, em termos lógicos, seria impossível, posto Deus ser único. Assim, toda a obra de Deus padece de um grau de imperfeição.

Mal = grau de imperfeição das coisas

Com essa explicação, Agostinho refuta a tese, também, de que Deus teria dado ao ser humano a opção de escolher entre o "bem" e o "mal", como coisas equivalentes. Afirma duvidar que fosse desígnio divino dotar as pessoas da capacidade plena de fazer coisas ruins, disseminando, assim, a maldade.

Na verdade, os seres humanos estariam no nível mais distante da criação divina, situando-se entre os seres que padecem do maior grau de imperfeição. Com isso, tornam-se incapazes de agir de modo plenamente correto ou de fazer o bem movidos pela razão. Dada a imperfeição humana, torna-se suscetível de praticar o mal.

Seres humanos praticam o mal por serem imperfeitos, incapazes de agir apenas racionalmente

3.4.1. A política e o direito

Politicamente, Agostinho estabelece uma distinção marcante: a Cidade dos Homens e a Cidade de Deus. A primeira é real, construída por homens, marcada por instituições imperfeitas, incompletas e injustas. Seus moradores são pessoas pecadoras, viciosas, que amam mais a si do que a Deus. Os atos coletivos, como as leis e os julgamentos, padecem das mesmas imperfeições humanas, sendo injustos e não levando ao bem comum.

Cidade dos Homens é imperfeita e injusta

A Cidade de Deus é a obra do Criador mais próxima de si. Nela estão os santos e as pessoas salvas, que, durante suas vidas, amaram mais Deus do que a si. As instituições possuem o grau máximo de perfeição, dada a proximidade do Criador, sendo suas leis justas e imutáveis.

Algumas questões surgem dessas concepções. As pessoas que vivem em meio às calamidades da Cidade dos Homens deveriam fazer algo? Sabendo que a imperfeição da humanidade a impede de fazer coisas realmente boas, haveria a necessidade de uma ação política?

Agostinho considera a fé fundamental na vida humana. Somente aqueles que norteiam seus atos pela fé podem ser salvos. Assim, a resposta às questões acima passa por ela.

Ainda que os humanos sejam incapazes e seus atos sempre imperfeitos, Deus escolheria alguns para governar. O objetivo dessa escolha é garantir um mínimo de segurança para os escolhidos poderem viver com fé. Desse modo, caberia a todos respeitarem integralmente essa autoridade que, claro, passaria pela Igreja Católica.

Governantes devem garantir segurança para as pessoas poderem exercer a fé

Aqueles escolhidos por Deus para exercerem o poder político deveriam elaborar leis inspirados naquelas existentes na Cidade de Deus. O modelo de legislação e também de justiça torna-se transcendente, devendo ser encontrado pela fé. Mas, dada a falibilidade humana, essas leis sempre seriam imperfeitas, por maior que fosse o esforço dessas autoridades. Mesmo nesse caso, em nome da segurança, as pessoas deveriam curvar-se, pois não podem compreender e julgar a escolha inicial, de Deus. Somente uma ampla obediência à autoridade traria o grau de segurança necessário para uma vida repleta de fé na Cidade dos Homens.

Leis feitas pelos humanos devem copiar as leis perfeitas e justas da Cidade de Deus

As leis humanas, temporais, devem tratar de questões ligadas à concretização da justiça nas imperfeitas instituições da Cidade dos Homens. As leis divinas, naturais ou eternas, tratam das almas que vivem na Cidade de Deus.

3.5. São Tomás de Aquino (1225-1274)

O século XIII pode ser considerado de apogeu da filosofia medieval e de grande brilho na história filosófica. Diversos filósofos de renome consagram-se no momento: Santo Alberto Magno (1206-1280), S. Boaventura (1221-1274), R. Bacon (1210-1292), J. Duns Scot (1266-1308). O principal deles foi S. Tomás de Aquino (1225-1274).

São Tomás elabora um pensamento que possibilita a reabilitação da capacidade humana e de seus atos, reintroduzindo a razão como fundamento para a ética, ao lado da fé. Sua obra sistematiza o conhecimento cristão, elaborando uma ciência teológica. Além disso, realiza uma adaptação da filosofia aristotélica ao cristianismo, reabilitando definitivamente seu pensamento na cultura ocidental.

Um ponto interessante no pensamento tomista é a relação que estabelece entre a razão e a fé. Ambas originam-se de Deus, mas referem-se a um campo existencial próprio: à razão pertencem as verdades naturais, conhecidas por experiência ou por demonstração; à fé pertencem as verdades decorrentes da autoridade divina revelada. Embora autônomas, fé e razão não se podem contradizer, pois, como dito, derivam de Deus, que não se contradiz.

Verdade natural = razão / verdade divina = fé

Se o ser humano é visto, agora, de modo positivo, seus atos também o serão. Uma das essências da filosofia tomista é a crença na liberdade humana e em sua capacidade de fazer as escolhas corretas. As pessoas conseguiriam, pela razão, apreender a universalidade natural do bem e desejá-la, repudiando o mal. A partir de então, seriam livres para escolherem os meios que levariam ao fim desejado. E perceberiam que a suprema perfeição do bem e a total ausência do mal é Deus, que passaria a ser desejado e buscado, por meio da prática de atos bons.

3.5.1. O direito e as leis

Ao usar a razão de modo livre os seres humanos perceberiam que alguns atos tornam-se essenciais para levar a Deus e ao bem pleno, pois correspondem à Sua vontade no momento da criação. Tornam-se, portanto, obrigatórios e ganham a força de leis. No sentido mais amplo, consistem nas leis divinas ou eternas, correspondentes à vontade pura de Deus e inacessíveis à nossa razão. Essas leis, por seu lado, podem ser demonstradas pela razão na forma de leis naturais, que correspondem às essências criadas por Deus, numa adaptação das leis divinas à natureza.

Existiriam, conforme exposto, criadas por Deus, duas ordens do direito: a divina, inacessível aos homens, e a natural, racionalmente demonstrável e, portanto, acessível aos homens. A ordem natural corresponde às leis que governam a natureza e, entre elas, as que governam o ser humano.

Lei eterna = criada por Deus para governar suas criaturas

Lei natural = criada por Deus para governar os seres humanos (geral, abstrata e racional)

A criatura humana, por escolha de Deus ao estruturar a natureza, seria deficiente se vivesse de modo individual; é, assim, um ser naturalmente social. Com isso, as leis naturais passam a conter regras gerais que delimitam as condutas humanas em sociedade, de um modo abstrato (o direito natural). As pessoas, por seu turno, deveriam criar leis humanas ou positivas, adaptando tais leis naturais às sociedades concretas. Haveria uma autoridade natural, em cada sociedade, com essa incumbência, instaurando uma terceira ordem do direito.

Leis humanas = criadas pelos cidadãos para adequar as cidades concretas à lei natural, abstrata

São Tomás constrói uma filosofia que devolve ao ser humano o ofício de criar boas leis. Graças à sua capacidade racional, conseguiria compreender as leis do direito natural e perceber a necessidade de, prudentemente, adaptá-las às sociedades concretas. Tudo isso sem recorrer diretamente à fé.

4. FILOSOFIA MODERNA E CONTEMPORÂNEA

4.1. Nicolau Maquiavel (1469 – 1527) e Thomas Morus (1478 – 1535)

O **humanismo** leva à constatação de que a vontade do indivíduo isolado é a fonte de todo poder social. Assim, todas as pessoas possuem poder, podendo aumentá-lo ou perdê-lo conforme seus méritos ou a falta desses. Abre-se espaço para uma fundamentação moderna da política.

Nicolau Maquiavel (1469-1527) costuma ser apontado como o responsável por trazer, pela primeira vez, essa fundamentação. Ao escrever seu célebre livro O Príncipe (ou "O Governante"), registra logo no início que toda sociedade possui homens que querem mandar e homens que não querem obedecer.

Se compararmos com Aristóteles, por exemplo, o fundamento do poder modificou-se completamente: para o filósofo grego, os homens nascem para mandar ou para obedecer. Note-se: o fundamento do poder está num fato natural, o mero nascimento; portanto, o poder deriva de uma causa natural. São Tomás escreve que Deus criou o ser humano para viver em sociedade e respeitar as autoridades. Aqui, o fundamento da política deriva de Deus.

Em Maquiavel, a política decorre de atos voluntários humanos – não deriva de Deus ou da natureza

Ao afirmar que os homens querem mandar e não querem obedecer, Maquiavel funda o poder em atos voluntários humanos. A política passa a ser apenas a aquisição do poder e sua manutenção. O bom político não é aquele que realiza valores superiores como a Justiça ou o Bem Comum, mas aquele que mantém o poder em suas mãos por longo tempo. Ele usa sua *virtú* (suas qualidades pessoais) para entender as circunstâncias, aproveitar-se da *fortuna* (destino), a fim de obter e conservar o poder. Para conquistar o poder e mantê-lo, todos os meios podem ser úteis e são justificáveis (os fins justificam os meios).

Bom governante = *virtú* + *fortuna* = *conquista e mantém o poder*

Maquiavel desmascara a política e deixa claro seu objeto exclusivo: o poder. Um bom governante deve ter em mente que se deparará com homens que não querem obedecer. Conforme seus méritos, deverá convencê-los a obedecer. Esse convencimento pode dar-se pela prática de atos bons ou maus, conforme as circunstâncias. Se for necessário realizar obras públicas para convencer as pessoas à obediência, que sejam realizadas; se for necessário praticar atos de violência, que sejam praticados.

Num sentido quase oposto, podemos citar **Thomas Morus (1478-1535)**, que escreve seu famoso livro Utopia, descrevendo uma ilha imaginária na qual predomina a igualdade entre os homens, a política é racional e não existe a propriedade privada. Note-se que u-topia, do grego, significa "sem-lugar", ou seja, a ilha não possui um lugar no mundo real, apenas no imaginário.

Thomas Morus escreve o livro Utopia = lugar imaginário perfeito que permite criticar a realidade

A obra de Morus transforma-se numa crítica ao contexto político da Inglaterra e do restante da Europa e a palavra dissemina-se como sinônimo de um novo mundo e de novas esperanças de construção de uma sociedade melhor. O ser humano, individual, pode aperfeiçoar sua sociedade, desde que assim o deseje e dê um lugar concreto para a ilha imaginária.

4.2. Thomas Hobbes (1588-1679)

Thomas Hobbes (1588-1679) é um filósofo de transição para a modernidade. Sua teoria política é comumente destacada como consolidadora do Absolutismo.

Para ele, as pessoas seriam, naturalmente, más, mesquinhas, egoístas, somente buscando a satisfação dos próprios interesses e, muitas vezes, entrando em conflito com outros. Até mesmo as pessoas mais fracas ameaçariam os mais fortes, podendo maquinar contra eles ou reunirem-se para matá-los.

A vida humana na natureza resultaria na guerra de todos contra todos. Hobbes afirma que o "homem é o lobo do homem", numa perspectiva pessimista quanto à índole de nossa espécie.

Ser humano, na natureza, é mau e gera a perspectiva da guerra de todos contra todos

Mesmo que as pessoas tentassem manter-se vivas e lutassem contra as ameaças dos outros, a situação levaria a uma generalização do medo, tornando insuportável a vida natural. Em virtude desse medo de ser destruído pelo próximo, os humanos associar-se-iam, voluntariamente, celebrando um contrato coletivo e fundando a sociedade.

Medo e busca de segurança levam ao contrato social

Nesse processo, todo indivíduo abriria mão, integralmente, de seus poderes (e direitos), transferindo-os para uma pessoa, que se tornaria o Soberano. Logo, o Estado criado por essa pessoa seria portador de todos os poderes sociais, sendo capaz de definir os limites da conduta dos indivíduos e de, eventualmente, reconhecer direitos. Por outro lado, as pessoas não conservariam qualquer direito inato, esperando apenas que houvesse, por parte do Estado, a garantia da segurança que minimizasse o medo.

Hobbes compara o Estado criado a um monstro mitológico, o Leviatã. Possuindo inúmeros tentáculos, o Estado-Leviatã deveria projetá-los sobre cada indivíduo, exercendo um controle total sobre a vida privada, impedindo que o caráter maléfico das pessoas se manifestasse. Tal visão é compreensível, pois, para o filósofo, se o ser humano não fosse supervisionado pelo Estado, faria coisas ruins para o próximo.

Estado torna-se absolutista; ser humano transfere todos seus direitos naturais a ele

O objetivo máximo da transferência absoluta de poderes para o Soberano é a garantia da paz e da segurança. Manter a sociedade livre da ameaça da guerra, impedindo que o homem devore a si próprio, coloca-se acima da preservação da liberdade, sacrificada em nome desse intuito.

Notamos que Hobbes não mais justifica o poder real como decorrente da vontade divina. Sua explicação é contratualista, demonstrando que houve uma voluntária transferência de poderes individuais para o monarca. Essa transferência somente é possível porque os seres humanos conheceriam a noção natural de cumprimento dos contratos.

Nesse sentido, a questão 11, da prova branca do XXI Exame de Ordem, afirma "De acordo com o contratualismo proposto por Thomas Hobbes em sua obra Leviatã, o contrato social só é possível em função de uma lei da natureza que expresse, segundo o autor, a própria ideia de justiça". Essa ideia de justiça seria "que os homens cumpram os pactos que celebrem".

Muitos, por fim, consideram Hobbes um precursor do positivismo jurídico, ou seja, da ideia de que o direito e a justiça derivam exclusivamente das leis. Essa associação é possível porque, para ele, os direitos naturais desaparecem no instante em que são transferidos para o Estado. Os direitos dos indivíduos passam a derivar, então, apenas da lei estatal, não mais da natureza.

4.3. John Locke (1632-1704)

John Locke (1632-1704) não admite a origem divina do poder real. Deus não conferira poderes especiais a qualquer ser humano, nem escolhera um governante para agir em seu nome. O poder político seria uma construção humana, derivado de um ato voluntário e consensual, pelo qual as pessoas celebrariam um contrato e fundariam a sociedade.

Sociedade fundada pelo contrato social

Haveria, portanto, uma escolha humana de abandonar a natureza e viver em sociedade. Novamente devemos perguntar: qual a razão dessa escolha? Por que as pessoas prefeririam viver na sociedade a viver na natureza?

Locke não é pessimista como Hobbes quanto ao caráter natural do ser humano. Graças ao conhecimento empírico, as pessoas, por meio de suas experiências, conseguiriam perceber, já na natureza, que existem direitos naturais e, inclusive, tenderiam a respeitá-los. Haveria, portanto, paz e harmonia.

Ser humano, na natureza, descobre e respeita direitos naturais

Todavia, como um lobisomem (a metáfora não é do filósofo), os seres humanos, às vezes, teriam surtos de egoísmo e maldade, tornando-se maus e desrespeitando os direitos naturais, levando à guerra. A vida natural, assim, correria o risco de oscilar entre momentos de paz e momentos de guerra. Para evitar essa instabilidade, as pessoas fundariam a sociedade e o Estado.

Possibilidade de rompimento da paz na natureza leva à celebração do contrato social

Agora, os direitos naturais já foram reconhecidos na natureza e chegam a ser respeitados, diferentemente do que ocorria em Hobbes. O Estado deve preservá-los, colocando-se como um continuador dos mesmos, pois seu papel é aperfeiçoar o que já havia antes de sua existência, e não suprimir os direitos. As leis devem reconhecer os direitos naturais, positivando-os.

Na própria natureza o indivíduo perceberia que precisa de um espaço para projetar sua personalidade e realizar-se, reconhecendo a propriedade privada como um direito natural. Além disso, a espécie humana seria capaz de modificar seu destino, modificando a natureza por meio do trabalho, outro direito natural. Por fim, ao modificar a natureza as pessoas tornar-se-iam livres, sendo a liberdade mais um direito natural. Propriedade, trabalho e liberdade deveriam

ser respeitados e protegidos pelo Estado, que ainda evitaria as guerras que os ameaçam.

Estado deve respeitar os direitos naturais

Podemos constatar que a obrigação política passa a ser vista de modo bilateral. Até então, quando se falava nela, pensava-se exclusivamente no dever de obediência dos súditos ao rei. No caso de Locke, surge uma dupla obrigação: os súditos devem obedecer ao Estado, mas este deve respeitar os direitos naturais.

Caso o Estado rompa essa obrigação e desrespeite direitos naturais, surge o direito de resistência do povo. Tal foi o tema da questão 09, da prova branca do XXIV Exame de Ordem, citando frase do autor: "O povo maltratado em geral, e contrariamente ao que é justo, estará disposto em qualquer ocasião a livrar-se do peso que o esmaga".

Locke, ainda, é o fundador do paradigma liberal na política, considerando que o papel do Estado é promover o respeito aos direitos naturais. Seu papel não é apenas garantir a segurança, mas garanti-la sem violar injustamente a liberdade. Inaugura-se o paradoxo liberal: o mesmo Estado que comanda, determina, limita, deve fazê-lo para garantir o máximo possível de liberdade. Ora, em outras palavras, o Estado deve limitar a liberdade (criando leis) para garantir a liberdade (eis o paradoxo).

4.4. Montesquieu (1689-1755)

Nos séculos XVII e XVIII forma-se um movimento que contribui para o delineamento da modernidade: o **Iluminismo**. Podemos catalogar sob essa conceituação pensadores muito diversos, unidos pela preocupação de recolocar a razão no centro do pensamento ocidental.

Afirmando que as crenças religiosas (a fé irracional), as tradições costumeiras e os preconceitos levavam a humanidade às trevas e à escuridão da ignorância, propõem-se a iluminar a sabedoria da humanidade com as luzes da razão. Assim, consideram que a razão é universal, imutável e única fonte do verdadeiro conhecimento.

Iluminismo = conhecimento deriva da razão

Na vertente puramente filosófica, os iluministas franceses (Les Philosophes), como Voltaire (1694-1778), Diderot (1713-1784) e Montesquieu (1689-1755) destacam-se, criando condições intelectuais que levarão à Revolução Francesa.

A obra mais famosa de **Montesquieu** é Do Espírito das Leis (1748). Seu objeto de estudo é, como o nome indica, a lei e sua importância para estabelecer um governo racional sobre a sociedade. Em outras palavras, conforme o filósofo, todo o universo é regido por regras racionais; a forma de submeter a sociedade à razão seria submetê-la e submeter o Estado às leis.

Sociedade e Estado devem ser regidos por leis

Nesse sentido, podemos compreender a noção de **liberdade** do autor. Se as leis consagram a razão, o homem livre, que deve ser racional, será livre se obedecer às leis. A questão 10, da prova branca do XXIV Exame de Ordem tratou desse tema. Seu enunciado citou a seguinte passagem: "É verdade que nas democracias o povo parece fazer o que quer, mas a liberdade política não consiste nisso". Em seguida, o aluno deveria assinalar a definição de liberdade de Montesquieu: liberdade é o direito de fazer tudo o que as leis permitem.

Ainda no livro Do Espírito das Leis, o filósofo consagra um dos princípios fundamentais do Estado Moderno: a **Separação de Poderes**. Seu pressuposto é o de que, se uma mesma pessoa criar leis, executá-las e julgar, essa pessoa se tornaria um tirano. Para evitar isso, propõe que as três funções do Estado (Legislativa, Executiva e Judiciária) estejam separadas; para garantir o equilíbrio estatal, sugere que cada Poder fiscalize o outro.

Separação de Poderes e Equilíbrio entre eles evitam a tirania

4.5. Jean-Jacques Rousseau (1712 – 1778)

Jean-Jacques Rousseau (1712-1778) difere de outros pensadores contratualistas em muitos aspectos. Não considera, por exemplo, a sociedade humana como melhor do que a vida na natureza. Ao contrário, ele a responsabiliza pela degeneração moral da humanidade: ela desperta paixões artificiais, como a ganância, a ambição, a vaidade, a cobiça, a luxúria, entre outras. Seu pensamento é crítico e propõe mecanismos para corrigir a civilização, restaurando o contrato social.

Também de modo inusitado, Rousseau considera o ser humano como essencialmente bom, inaugurando a perspectiva do **bom selvagem**, ou seja, de que as pessoas seriam, na natureza, puras, incapazes da maldade, dotadas de amor próprio e de amor pelo próximo, respeitando-se, portanto, mutuamente. Valorizando, por vezes de modo excessivo, os sentimentos humanos e a íntima ligação com a natureza, chega a inspirar a escola romântica, que se forma na metade final do século XVIII.

Ser humano no estado natural é bom

A questão que novamente deve ser levantada, agora com outros contornos: se o ser humano é tão bom, se vive de modo tão harmônico na natureza, por que fundaria a sociedade? Segundo Rousseau, a explicação deriva de uma outra característica humana, a perfectibilidade, ou a busca pelo aperfeiçoamento, pela melhoria.

Vivendo na natureza, as pessoas padecem de limitações decorrentes das oscilações climáticas e da falta de controle sobre a produção alimentar, podendo passar fome ou frio, ou ainda correndo riscos ao se deparar com outras espécies animais. Para aperfeiçoar sua existência, os seres humanos celebrariam o contrato social, fundando a sociedade e dividindo o trabalho.

Mas, durante esse processo, as pessoas dariam um "passo em falso", cometendo um erro: num momento, alguém teria demarcado um pedaço de terra no chão e dito "é meu!", instaurando a **propriedade privada**. A partir daí, começariam as desigualdades entre os homens e a consequente corrupção de seus caracteres.

Propriedade privada não é natural e instaura uma sociedade baseada na desigualdade

O filósofo critica as sociedades existentes, constatando que não cumpriram as duas promessas básicas que as justificariam: não teria ocorrido a abolição da guerra, nem os direitos naturais seriam respeitados ou garantidos. Propõe, então, uma **refundação da sociedade**, de tal modo a garantir, plenamente, a liberdade individual.

Um dilema inaugurado por Locke é retomado por Rousseau: como garantir a ordem social sem violar a liberdade? Sua solução é extraordinária e passa pela definição da lei como manifestação da vontade geral e da liberdade individual como respeito à própria vontade.

Segundo o pensador, **ser livre significa agir conforme sua vontade**, seguindo as normas criadas por si mesmo. Dito doutro modo, ser livre é obedecer-se. Para que uma sociedade pudesse ser, ao mesmo tempo, ordenada e livre em sua plenitude, haveria a necessidade de as pessoas criarem as regras que limitariam seus comportamentos, obedecendo-se sempre ao cumprir tais regras.

Sendo assim, a lei deve ser a expressão da vontade de todas as pessoas, devendo ser elaborada de modo diretamente democrático, consistindo em um texto com o qual todas as pessoas possam concordar, pois verificam que sua vontade individual está, de algum modo, nela materializada. Quando alguém obedece a uma lei geral como essa, obedece a sua própria vontade que autorizou a sua criação. Resolve-se o problema de ordenar-se com liberdade: **ser livre é obedecer à lei geral** (que é feita conforme a vontade de todos).

Lei, para garantir a liberdade, deve derivar da vontade geral

Há uma dupla generalidade que marca a lei proposta por Rousseau: 1. no sentido formal, a lei deriva de um processo de democracia direta, sendo aprovada somente após a concordância geral de todos; 2. no sentido material, a gênese da lei leva à busca de valores com os quais todos concordam, sendo a expressão, portanto, de interesses gerais ou comuns.

Esse modelo não admite qualquer modalidade de representação da vontade popular, pois haveria o risco de sua corrupção. Somente o povo possui a soberania e a exerce diretamente, criando a lei. Haveria a necessidade de todos os cidadãos participarem dos processos de discussão para a delimitar o texto legal, sendo, como dito, sua aprovação condicionada à aceitação de toda a sociedade.

O segundo ponto é essencial para o projeto de Rousseau. A partir do momento em que o povo pode manifestar sua vontade sem intermediários que a distorçam, terá condições de discutir suas diferenças e criar uma lei expressando os interesses efetivamente comuns que comporão a vontade geral. Assim, sempre irá concordar com as leis que regem sua sociedade.

A questão 09, da prova branca, do XXIII Exame de Ordem, tratou desse tema. Seu enunciado citou a seguinte passagem do filósofo: "...só a vontade geral pode dirigir as forças do Estado de acordo com a finalidade de suas instituições, que é o bem comum... ". Em seguida, solicitou que o candidato assinalasse a alternativa com a noção de vontade geral do autor: o interesse em comum ou o substrato em comum das diferenças.

4.6. Immanuel Kant (1724-1804)

Immanuel Kant (1724-1804) nasceu e morreu em Köenigsberg, na Alemanha. Passou praticamente toda sua vida nessa pequena cidade, sendo professor da Universidade local.

4.6.1. Crítica da Razão Pura (1781)

Na **Crítica da Razão Pura (1781)** enfrenta, de modo único, o grande problema teórico do fundamento para o verdadeiro conhecimento: a experiência (sensibilidade) ou o intelecto (racionalidade)? Sua solução mesclará o materialismo e o idealismo, revelando a forma pura do conhecimento.

Kant admite que as coisas têm existência material, independentemente dos sujeitos e de sua racionalidade. Essa existência material é percebida pelas pessoas por meio da sensibilidade (audição, olfato, paladar, tato e visão).

Ocorre que nós não conseguimos, todavia, captar toda a existência do objeto por meio dos sentidos. A parte do objeto que captamos chama-se fenômeno; a totalidade do objeto, sua essência, não apreensível pelos sentidos, chama-se número.

Objeto = fenômeno (parte que vemos ou sentimos de algo) + número (parte que não vemos ou sentimos)

O fenômeno é percebido pelos sentidos, como dito. Cada um de nós percebe o fenômeno de um modo muito particular, que depende de nossas experiências pessoais. Por exemplo: uma pessoa sente que algo é quente enquanto outra não o reputa assim; uma pessoa acha que o ambiente está claro e outra acha que está escuro.

Fenômeno = percebido pelos sentidos (audição, olfato, tato, visão)

Seu entendimento, porém, exige um esforço intelectual do sujeito, que recorre a "ferramentas" racionais: as formas da sensibilidade. Essas ferramentas são as mesmas para todas as pessoas e, graças a elas, podemos comunicar, compartilhar, nossa percepção.

As duas formas da sensibilidade mais importantes são o espaço e o tempo. Assim, todas as nossas sensações dos objetos são apreendidas de forma espacial e temporal. Nós recebemos, por exemplo, pela visão, as informações de uma coisa; graças à noção espacial, podemos organizá-las em relação de altura, largura e profundidade, estabelecendo um entendimento espacial do fenômeno; graças à noção temporal, podemos perceber o fenômeno enquanto duração, verificando sua persistência no tempo.

Formas de sensibilidade (noção de espaço e de tempo) permitem entender o fenômeno sentido

Devemos ressaltar, pois, que o entendimento de um fenômeno, na perspectiva kantiana, já congrega elementos do materialismo e do idealismo puros, exigindo uma simultânea participação dos órgãos do sentido, por um lado, e da capacidade intelectual humana, por outro. A soma desses dois elementos, sensoriais e racionais, permite uma primeira compreensão do fenômeno.

Entender um fenômeno = sentidos + intelecto (formas de sensibilidade)

A questão kantiana, contudo, vai mais além. Ele deseja desvendar a forma não apenas do entendimento, mas do conhecimento verdadeiro. Como é o verdadeiro conhecimento? Ora, o mero entendimento ainda não seria esse conhecimento.

Para conhecer verdadeiramente algo, o ser humano deve fazer um julgamento sobre os fenômenos entendidos. Pensar, assim, é realizar julgamentos. Julgar, por seu turno, significa aplicar uma categoria a algo, pois as pessoas, além das formas da sensibilidade, já nasceriam dotadas de categorias apriorísticas. O verdadeiro conhecimento, portanto, une a percepção sensorial transformada em entendimento à aplicação dessas categorias.

Conhecimento verdadeiro = julgamento sobre o fenômeno entendido

Podemos sintetizar a forma do conhecimento verdadeiro para Kant: primeiro, ocorre a percepção do fenômeno, que é entendido por meio das formas espaço e tempo; depois, o sujeito recorre às categorias apriorísticas e as aplica ao fenômeno. O resultado é um juízo sintético apriorístico, ou um pensamento verdadeiro. Note-se que tal pensamento pode ser demonstrado faticamente, pois requer a participação dos sentidos e pressupõe a existência fenomênica da coisa.

4.6.2. Crítica da Razão Prática (1788)

Em 1788, o filósofo publica outra obra inigualável: **Crítica da Razão Prática**. Se inicialmente desvendou o segredo do conhecimento, agora busca encontrar a forma pura da ação. Existe uma ação que, pela sua forma, será necessariamente livre, ética e desejável? Vejamos a abordagem kantiana à questão.

Kant busca conhecer a ação livre

O ser humano é, ao mesmo tempo, número, em sua existência espiritual, e fenômeno, em sua existência sensorial. Enquanto fenômeno, o ser humano está condicionado a uma existência regida pela causalidade: os fenômenos determinam os limites físicos das pessoas. Enquanto número, porém, o ser humano transcende os fenômenos e pode ser livre, não havendo condicionantes sobre sua essência espiritual.

Ser humano é fenômeno (condicionado pela matéria) e número (espiritualmente livre)

A ação concreta humana, para libertar-se do determinismo dos fenômenos, deve ser regida exclusivamente por sua alma, independente enquanto número. A forma da boa ação, assim, será dada por essa liberdade espiritual. Nenhuma outra força, estranha ao querer interno da alma do sujeito, pode interferir nela.

Liberdade humana = agir conforme a alma (número), independentemente dos fenômenos

Como garantir que a ação não seja determinada por fenômenos? Primeiro, o sujeito deve agir motivado apenas por seu próprio desejo, por sua vontade absoluta. Isso significa descartar interesses externos ao querer puro, como, por exemplo, o intuito de agradar a alguém ou o intuito de obter vantagens (pois essas significam submissão às coisas).

Em segundo lugar, a ação deve ser praticada de boa vontade, ou seja, as pessoas devem realmente desejar fazer aquilo que fazem ou farão. Uma ação praticada de má vontade não é sincera, pois não obedece ao íntimo desejo do sujeito. Logo, não seria livre pois sofreria a determinação de fatores externos ao próprio querer.

Por fim, a ação deve buscar, sempre, concretizar o imperativo categórico. Trata-se de uma máxima universal que, se respeitada, funciona como uma garantia de que a ação foi praticada de modo puro e, portanto, livre. A regra é: agir somente de um modo que possa ser universalizável.

Ação livre respeita o imperativo categórico

Em outras palavras, antes de agir a pessoa precisa pensar: será que meu ato poderia ser praticado por todas as demais pessoas? Seria desejável essa universalização? Se a resposta for positiva, o ato pode ser praticado, pois o imperativo categórico será respeitado. Se a resposta for negativa, isso significa que a vontade que norteia o ato não é plenamente livre, pois não pode ser transformada em regra geral de conduta.

Imperativo categórico = apenas agir se sua ação puder ser praticada por qualquer pessoa

Podemos pensar num exemplo: uma pessoa questiona se deve mentir numa ocasião. Para saber a resposta, deve investigar a natureza de sua vontade. Para ter a certeza de que ela é pura, deve submetê-la ao imperativo categórico: seria desejável que todas as pessoas mentissem na sociedade? Seria desejável que alguém mentisse para si? A resposta é não. Logo, uma pessoa nunca deve mentir. Se mentir, estará agindo contrariamente a sua vontade pura, determinada pelas circunstâncias fenomênicas.

Como decorrência do imperativo categórico, seguindo a reflexão kantiana, temos a impossibilidade de agir utilizando outros seres humanos como instrumentos ou meios para atingirmos, com a ação, os fins que pretendemos. Segundo Kant, os seres humanos não são meros objetos, sendo únicos e portadores de **dignidade**.

A questão 12, do caderno branco do XIX Exame de Ordem, solicitou que o candidato assinalasse a alternativa contendo a um entendimento de dignidade, para o filósofo: "algo que está acima de todo o preço, pois quando uma coisa tem um preço pode-se pôr em vez dela qualquer outra como equivalente; mas quando uma coisa está acima de todo o preço, e portanto não permite equivalência, então ela tem dignidade".

4.6.3. O Direito

A vida moral, na perspectiva kantiana, seria plena a partir do momento em que as pessoas fossem livres e somente agissem respeitando essa liberdade. Um ser humano jamais encararia outro como um meio para concretizar seus anseios, pois não desejaria que essa conduta se tornasse universal, sendo simples meio da vontade de outro. Todavia, o estágio evolutivo da humanidade ainda não permitiria esse grau de maturidade na ação coletiva, havendo a necessidade de imposição de regras jurídicas para conduzir externamente as pessoas.

Como as pessoas ainda não conseguem agir movidas internamente pelo imperativo categórico, devem ser forçadas a isso pelo Direito

A questão 12, do caderno branco do X Exame de Ordem, tratou desse tema. Seu enunciado cita o filósofo: "Manter os próprios compromissos não constitui dever de virtude, mas dever de direito, a cujo cumprimento pode-se ser forçado. Mas prossegue sendo uma ação virtuosa (uma demonstração de virtude) fazê-lo mesmo quando nenhuma coerção possa ser aplicada. A doutrina do direito e a doutrina da virtude não são, consequentemente, distinguidas tanto por seus diferentes deveres, como pela diferença em sua legislação, a qual relaciona um motivo ou outro com a lei"

O texto citado mostra que, para Kant, há uma correspondência entre o conteúdo de uma lei e o conteúdo da virtude (ou moral). Porém, o foco do direito e o da moral seriam diferentes, conforme alternativa a ser assinalada: "a conduta moral refere-se à vontade interna do sujeito, enquanto o direito é imposto por uma ação exterior e se concretiza no seu cumprimento, ainda que as razões da obediência do sujeito não sejam morais".

Kant parte da constatação que o imperativo categórico permite criar algumas regras que devem ser universalizadas. Essas regras correspondem a sua visão de direito natural. É interessante notar que ele descobre tais regras sem recorrer a uma natureza humana, sem partir da noção de indivíduo, comum a outros pensadores modernos. Sua perspectiva rompe com o raciocínio antropológico ao encarar o direito natural como uma abstração racional que deriva do imperativo categórico, não da essência individual humana.

Além disso, o direito natural não corresponde a uma situação anterior à sociedade, na qual os seres humanos viviam isolados e sem a presença do Estado. Essa análise é irrelevante para a perspectiva kantiana. A ele, interessa que os Estados existentes aperfeiçoem-se ao positivar as regras racionalmente descobertas pelo direito natural, derivadas do imperativo categórico. O direito natural é apenas um guia para o Estado e serve para julgar suas leis (nesse sentido, há uma semelhança com Locke e Rousseau, mas os dois ainda falam em estado de natureza).

Direito natural deriva do imperativo categórico e serve para aperfeiçoar os Estados

O direito é necessário apenas porque a maioria das pessoas não é capaz de escolher corretamente a melhor ação, respeitando-se mutuamente. Seu objeto é o comportamento externo dos seres humanos, independentemente de sua vontade interna (objeto da moral). Dada essa faceta externa, Kant conclui que a forma do direito legal é a publicação. Uma norma moral rege o interior de um indivíduo; ele cria a norma para si mesmo, não a divulgando. Uma norma jurídica, porém, rege o comportamento externo das pessoas; o Estado a cria para os cidadãos, devendo ser publicada.

Para uma norma ser jurídica, deve estabelecer entre as pessoas relações universalizáveis. Jamais uma norma que não possa ser universalizada seria jurídica, pois não derivaria da liberdade numênica dos seres humanos. Somente normas publicadas que estabeleçam relações livres e iguais podem ser universalizadas; jamais uma norma que estabeleça relações subordinadas e desiguais poderia ser universalizada, pois ninguém desejaria estar na condição de inferioridade.

Normas do direito devem estabelecer relações livres e iguais para todos os seres humanos

Desse modo, Kant desvenda a forma pura do direito legal: normas públicas que estabelecem relações livres e iguais.

Qualquer conteúdo pode ser disseminado por tais normas pois, por respeitar a liberdade e a igualdade das pessoas, seria jurídico, respeitando o direito natural (e o imperativo categórico).

A questão 11, do caderno branco do XV Exame de Ordem, apresentou, em seu enunciado, esse tema: "na Doutrina do Direito, Kant busca um conceito puramente racional e que possa explicar o direito independentemente da configuração específica de cada legislação. Mais precisamente, seria o direito entendido como expressão de uma razão pura prática, capaz de orientar a faculdade de agir de qualquer ser racional".

O candidato deveria assinalar a lei universal do direito, que corresponde ao imperativo categórico: "age exteriormente, de modo que o livre uso de teu arbítrio possa se conciliar com a liberdade de todos, segundo uma lei universal".

Ao agir, uma pessoa deve pensar e buscar a forma pura da ação. Ao fazê-lo, concluirá que essa ação corresponde ao previsto nas leis. Nem todos, todavia, possuem tal capacidade, agindo de modo contrário ao direito e exigindo que o Estado se imponha mediante recurso à força. Tal situação estabelece limites à liberdade de certas pessoas que não agem motivadas pelo imperativo categórico.

Esse problema seria resolvido quando a humanidade atingisse um grau máximo de maturidade, havendo a coincidência generalizada entre as normas jurídicas e as ações dos indivíduos. Assim, todos seriam livres, pois sempre escolheriam praticar atos em conformidade com as leis.

Enquanto isso não ocorre, a lei é fundamental e resolve o problema dentro de um país. As pessoas, seja por livre escolha moral, seja por imposição estatal, respeitam-se. Porém, e no ambiente internacional? Se a paz é mantida no interior de um território, nada garante que um Estado não declarará guerra a outro.

Kant considera, em 1795, no **Projeto à Paz Perpétua**, que entre Estados haveria um "estado de natureza", uma guerra de todos contra todos. Para evitar isso, propõe o respeito a três regras básicas:

1. os Estados devem ser republicanos;

2. o direito internacional deve fundar-se em uma federação de Estados livres;

3. todos os Estados devem respeitar a hospitalidade universal.

Podemos dizer que o filósofo cria uma espécie de imperativo categórico internacional, ao sugerir que os Estados tratem a si e aos cidadãos alheios como se fossem seus hospedeiros. Com isso, jamais agiriam de modo intolerante, nem declarariam guerra, pois estariam respaldados pela promessa recíproca de se respeitarem. Sua perspectiva, embora um tanto otimista, não deixa de ser extraordinária, sugerindo uma existência universalmente harmoniosa e pacífica.

Vimos, assim, a grandeza de Kant. Sem sair de sua pequena cidade natal, reformulou a filosofia e ainda sugeriu um ambiente de paz mundial que viria, em 1945, a inspirar a criação da ONU e suas linhas mestras de atuação. Notamos que ele busca a forma pura do verdadeiro conhecimento, da ação, do contrato, do direito legal e das relações internacionais. Após suas reflexões, a filosofia precisaria reinventar-se.

4.7. Jeremy Bentham (1748-1832)

Jeremy Bentham (1748-1832) é um dos maiores expoentes do *utilitarismo*, corrente filosófica derivada de concepções empiristas. Conforme essa corrente, o bem é aquilo que é útil e o mal, aquilo que é nocivo. Nesse sentido, é bom moralmente todo ato capaz de nos assegurar o maior grau de felicidade.

Bem é útil; mal é nocivo

Para Bentham, os seres humanos buscam o prazer (a felicidade) em seus atos e fogem da dor. Quando agem, fazem cálculos morais, buscando o maior grau de vantagens que geraria o máximo de prazer.

Como vivem em sociedade, as pessoas não teriam o máximo de prazer se suas escolhas fossem a partir de cálculos meramente individuais. A maior felicidade seria obtida se o prazer pudesse ser usufruído pela maior quantidade de pessoas. Portanto, quanto mais pessoas fossem beneficiadas, mais útil o ato.

Utilidade de um ato depende do número de pessoas beneficiadas por ele

A questão 11, do caderno branco do XIV Exame de Ordem, tratou desse tema. Cobrou do candidato a noção, para Bentham, do princípio de utilidade: "aquele que aprova ou desaprova qualquer ação, segundo a tendência que tem a aumentar ou diminuir a felicidade das pessoas cujos interesses estão em jogo".

O direito ganha enorme importância em seu pensamento. Por meio das leis, deveria criar um grande sistema de recompensas e punições. Atos considerados úteis, por trazerem benefícios aos outros, devem ser recompensados; atos considerados nocivos, causando prejuízo aos outros, devem ser punidos (consequencialismo).

Criando esse sistema disciplinar por meio das leis, Bentham acreditava que as pessoas utilizariam as sanções punitivas e as premiais como fatores no cálculo moral de seus atos. Com isso, seriam estimuladas a praticar atos úteis e desestimuladas a praticar atos inúteis.

Leis devem estimular atos úteis e punir atos inúteis

É importante acrescentar que, para o filósofo, a sociedade não deriva de qualquer concepção abstrata, nem existem direitos naturais ou princípios racionais imanentes (antifundacinalismo). Todas as coisas na sociedade derivam da opinião e da convenção dos seres humanos, sendo boas ou ruins conforme a mencionada utilidade. As leis, derivadas exclusivamente da vontade humana (convencionalismo), serviriam para assegurar ou aumentar o prazer social.

O utilitarismo é criticado por, muitas vezes, permitir a busca ilimitada da felicidade da maioria, propiciando o desrespeito a indivíduos ou às minorias. Como não haveria direitos inatos, uma pessoa ou um grupo, em tese, não teria direitos se isso prejudicasse a felicidade da maioria. Por outro lado, ele traz uma noção concreta de beneficiamento da maioria: um direito só faz sentido se puder contribuir para o bem comum.

4.8. Georg Wilhelm Friedrich Hegel (1770-1831)

Georg Wilhelm Friedrich Hegel (1770-1831) atesta que todos os seres estão em constante transformação e o presente nada mais é que um processo que conduz do passado para o futuro. Entender a realidade, então, torna-se entender esse processo e desvendar sua lógica própria, explicando-o por meio da dialética.

A história, fenômeno que instigou os primeiros estudos do filósofo, também está sujeita à lógica dialética. É sobretudo nela que as contradições se manifestam. Cada período corresponde à superação de um par de contradições, cuja síntese durará até a próxima negação que instaurará outro período. No curso da história, a cada nova síntese, o grau de consciência da humanidade aumenta.

Evolução histórica significa que contradições são superadas e o grau de consciência das pessoas aumenta

Na primeira fase de conscientização, o sujeito apenas percebe a si, não compreendendo exatamente os objetos e o mundo em que está. Sua liberdade corresponde a seus interesses individuais e se materializa na propriedade privada dos bens, por meio do Direito em seu estágio inicial (volitivo).

Primeira fase do direito = vontade individual e propriedade privada

Conforme o grau de consciência aumenta, mais o mundo em que o sujeito está é percebido e compreendido. O indivíduo egoísta verifica que existe em meio a uma família, transformando seus interesses em interesses familiares. É o momento em que surgem os "pais de família" e a propriedade privada transforma-se em patrimônio. Sua concretização ocorre por meio do direito objetivo, em sua fase patrimonial.

Segunda fase do direito = vontade familiar e patrimônio

Mas a família não está sozinha e sua vontade não pode se universalizar, pois esbarra na vontade de outras famílias. Os "pais de família" defendem seus interesses e negociam reciprocamente, celebrando contratos e criando a sociedade civil. O direito patrimonial transforma-se no direito contratual e permite a concretização dos interesses dos grupos de famílias.

Terceira fase do direito = sociedade civil (conjunto de famílias) e contratos

O passo seguinte ocorre no instante em que o grau de consciência coincide com a nação. A negação dos interesses das famílias reunidas é a vontade nacional que se materializa no Estado e requer o direito nacional, manifesto na legislação. As leis concretizam a vontade universal da nação.

Quarta fase do direito = nação e Estado nacional

É importante salientar que não há, para Hegel, liberdade sem direito. Ao contrário, o direito é a concretização da liberdade. Quanto mais desenvolvida a consciência, maior a liberdade. O grau máximo de consciência de um povo é a consciência nacional. Portanto, a lei que expressa essa consciência, se cumprida, é o máximo de liberdade que um cidadão pode possuir. Ela permite a concretização de potencialidades muito maiores do que aquelas decorrentes apenas da vontade de um indivíduo ou de uma ou algumas famílias.

Liberdade requer o direito

Nesse sentido, é inimaginável qualquer grau de liberdade no estado de natureza. Se a liberdade é a concretização da vontade humana, sua materialização exige o direito, que transforma a natureza em cultura e a suplanta. O primeiro

nível de liberdade exige a propriedade privada; o nível mais avançado exige o Estado nacional e as leis. Um ser humano, assim, é escravizado pela natureza, não sendo livre.

A legislação de um Estado corresponde, portanto, à vontade de sua sociedade nacional. Ela supera dialeticamente as vontades individuais e familiares e corresponde ao grau de contradições do momento da sociedade. A lei, por essa correspondência, é a razão social, permitindo a superação dessas contradições. Sua obediência impõe-se a todos. Violar à lei corresponde a violar à vontade social. Obedecer a ela significa ser mais livre do que viver de acordo com sua vontade meramente individual, bastante limitada e pouco consciente.

Lei nacional expressa o grau máximo de liberdade

4.9. John Stuart Mill (1806 – 1873)

John Stuart Mill (1806 – 1873) segue os princípios básicos do utilitarismo, acreditando, por exemplo, que a sociedade deveria ser organizada para propiciar o máximo possível de felicidade aos seres humanos.

Analisando os atos humanos, o filósofo afirma que existem motivações para atos acima da capacidade de controle de um ser humano, como a fome. A liberdade estaria em controlar as motivações que podem ser controladas, buscando racionalmente atos que concretizem o prazer a longo prazo.

Liberdade seria controlar racionalmente motivações que podem ser controladas

Defende Stuart Mill que as pessoas poderiam usar sua liberdade e escolher modos de vida diferentes, desde que não prejudiquem os demais, sustentando direitos para as minorias. Relativamente à liberdade de pensamento e de gosto, deveriam ser irrestritas; a liberdade de agir e de expressar opiniões sofreriam algumas restrições em nome do bem coletivo.

Pessoas podem usar sua liberdade para escolher modos de vida diferentes

No geral, sua perspectiva é liberal, protegendo o indivíduo das intervenções do Estado. Nesse sentido, a questão 12, do caderno branco do XXI Exame de Ordem, cita uma passagem do autor: "Há um limite para a interferência legítima da opinião coletiva sobre a independência individual, e encontrar esse limite, guardando-o de invasões, é tão indispensável à boa condição dos negócios humanos como a proteção contra o despotismo político".

O desrespeito à liberdade individual poderia gerar a tirania da sociedade: "A sociedade, quando faz as vezes do tirano, pratica uma tirania mais temível do que muitas espécies de opressão política, pois penetra nos detalhes da vida e escraviza a alma. Por isso é necessária a proteção contra a tirania da opinião e do sentimento dominantes".

Sua perspectiva de governo representativo admite a restrição do voto a pessoas que não conseguem cuidar de si, mas defende o direito de voto às mulheres (novidade para sua época). Além disso, ele é contra o voto secreto, defendendo que o voto deve ser expresso a todos.

4.10. Karl Marx (1818-1883)

A obra de Karl Marx (1818-1883) influencia de modo significativo o pensamento desde meados do século XIX.

Seu impacto é profundo em diversas áreas do conhecimento, promovendo rupturas que ampliam e diversificam o alcance de nossas perspectivas.

Até Marx, o ponto de partida da filosofia e das ciências humanas é o indivíduo, considerado a célula que forma a sociedade. Diversos autores, por exemplo, filiam-se às correntes contratualistas, preconizando que a sociedade e o Estado são formados por meio de um pacto social entre os seres humanos, transmitindo poderes decorrentes da vontade individual para a soberania estatal. A própria noção de representação política parte da ideia de que o indivíduo, ser autônomo e consciente, pode escolher seus representantes por meio do voto.

Marx rompe com essa crença ao negar a existência do ser humano em si ou na natureza, fora das relações sociais. O ser humano, pois, é social desde que nasce, nas mãos de um médico ou de um parteiro. Qualquer consideração a respeito de sua essência individual não passa de mera especulação, sem fundamento científico.

Olhando para a sociedade capitalista, Marx vê, antes de indivíduos, relações de produção e de circulação de mercadorias. Tais relações segregam as pessoas em classes, conforme a posição que ocupam. De modo genérico, duas grandes classes formam essa sociedade: burgueses e trabalhadores. Fazer parte de uma ou de outra faz toda a diferença na caracterização do indivíduo, que será, ao invés de "humano" em abstrato, burguês ou trabalhador em concreto. Seu modo de ser e de pensar será fortemente influenciado por essa condição classista.

Sociedade composta por classes sociais, não por indivíduos isolados

Marx também rompe com a ideia de racionalidade consciente e espiritual movimentando a história e determinando os passos da humanidade. Sua perspectiva é materialista, partindo da constatação de que toda sociedade enfrenta um problema básico, cuja solução repercute em todas as demais instâncias: a produção de bens que permitam sua continuidade. Sem alimentos, casas, roupas, eventualmente armas, nenhuma sociedade subsiste; observar como seus membros se organizam para produzir essas coisas é entender o que há de fundamental, inclusive o significado concreto de suas crenças e valores.

Problema básico de toda sociedade: produzir bens

Todavia, essa solução ao problema de produzir seus bens não se dá de modo pacífico, mas gera conflitos, tensões, que, por sua vez, terminam fazendo com que a sociedade venha a se modificar. Em outras palavras, as sociedades produzem seus bens de modo dialético, havendo conflitos entre classes sociais ou entre forças produtivas e relações de produção que movimentam suas histórias. A evolução histórica, portanto, não deriva de escolhas racionais e conscientes dos indivíduos e seus representantes, mas das contradições irracionais nas formas como os bens são produzidos.

Para entendermos um pouco melhor essa perspectiva materialista e a própria visão de sociedade, precisamos apresentar algumas noções fundamentais para o seu pensamento. O problema da produção de bens é resolvido pela articulação das forças produtivas e das relações de produção.

Produção = forças produtivas + relações de produção

As primeiras correspondem aos meios utilizados para a produção: trabalho, tecnologia (máquinas e conhecimentos) e matérias-primas. A capacidade de uma sociedade produzir depende desses três elementos: quanto mais deles possuir, mais pode produzir. Um país com muitos trabalhadores, quase todos qualificados, portador de tecnologia avançada e com muitos recursos naturais disponíveis tem tudo para ser uma grande potência.

Forças produtivas = trabalho + tecnologia + matérias-primas

Mas a capacidade de produção é posta à prova pelas relações de produção, as relações que se estabelecem entre as pessoas que participam do processo produtivo. As possibilidades são muitas. Imaginemos uma comunidade em que todos trabalhem juntos, transformando os recursos naturais que não pertencem a ninguém individualmente em bens que serão de todos, com poucos recursos tecnológicos. Num dado momento, alguns se apropriam das matérias-primas, outros dos recursos tecnológicos e a maioria dispõe apenas de seu tempo de trabalho que precisará ser negociado a fim de obterem bens indispensáveis à manutenção da vida. Entre ambas as situações, não há diferenças quanto às forças produtivas, que são rigorosamente as mesmas; a diferença reside nas relações de produção, havendo, no segundo caso, proprietários dos meios produtivos.

Relações de produção = relações entre as pessoas e as forças produtivas na produção

Ao estudar as sociedades existentes e seus modos de produção, Marx constata que nenhuma delas articula os meios de produção (trabalho, tecnologia e matéria-prima) de modo racional ou a privilegiar a concretização máxima da potencialidade humana de seus membros. Ao contrário: sempre surgem pessoas que passam a compor uma classe que controla a produção e deixa à maioria apenas a condição de ser trabalhador e levar uma vida miserável. Em outras palavras, desenvolvem-se relações produtivas que beneficiam os próprios proprietários dos meios de produção em detrimento da maioria da população. As sociedades são, assim, marcadas pela alienação.

Nas sociedades, uma classe controla a produção em benefício próprio, prejudicando a maioria

4.10.1. Ideologia, superestrutura e direito

No caso do capitalismo, a classe burguesa controla os recursos naturais e a tecnologia, direcionando o trabalho alheio para seu benefício próprio. A classe trabalhadora, composta pela esmagadora maioria da população, é alienada.

Uma questão atormenta Marx: como explicar que a maioria da sociedade aceite a alienação e as relações de produção que a causam? Se estão em maior número e são fundamentais para a sobrevivência da sociedade, por que não se unem e derrubam a minoria, rearticulando as relações de produção em benefício geral? A ideologia explica isso.

As relações de produção não são responsáveis apenas pelos bens materiais produzidos na sociedade, mas também pelos seus valores e pela sua visão de mundo. As sociedades alienadas produzem concepções ideais de si diferentes do que são na verdade. O conjunto dessas concepções distorcidas é chamado ideologia. Elas ocultam a essência das relações de produção, impedindo que a injustiça fundamental e a possibilidade de mudança sejam vistas.

Ideologia é a falsa percepção da realidade que oculta a exploração de uma classe por outra

A ideologia é composta pelas crenças religiosas, pelos valores morais, pelas concepções políticas e pela perspectiva do direito. Assim, numa primeira aproximação, para Marx, o direito é apenas uma ideologia. Suas ideias, como o respeito aos direitos humanos ou à dignidade da pessoa humana, são distorções que impedem a percepção da verdade concreta que se passa no modo de produção.

Direito é ideologia pois oculta que a sociedade capitalista não pode beneficiar a maioria

Juntamente com a ideologia, surge a noção de superestrutura: sobre a base econômica das relações de produção e das forças produtivas, surgem instituições que buscam, acima de tudo, a preservação da sociedade. Entre elas, podemos citar o Estado, o Poder Judiciário, os estabelecimentos educacionais. A atuação dessas instâncias é legitimada pelos valores ideológicos, preconizando que buscam o bem comum, quando, na verdade, apenas buscam o bem da classe dominante.

Superestrutura é o conjunto de instituições que buscam controlar a sociedade

Como o direito e o Poder Judiciário aparecem no pensamento de Marx ligados à ideologia e à superestrutura, não despertam seu interesse em termos de estudo. Depois de uma fase juvenil, sua obra madura não se aprofunda sobre esses temas, focando, preferencialmente, aspectos do modo de produção capitalista: suas relações e o desenvolvimento das forças produtivas que podem levar a seu colapso. Assim, a análise do direito no capitalismo será feita por autores marxistas que pensam após sua morte.

4.11. Escolas da Exegese e da Evolução Histórica

Em 1789 eclode a Revolução Francesa. Logo no início do processo revolucionário, os líderes proclamam a Declaração dos Direitos do Homem e do Cidadão. Em seu artigo 1º. consagra-se a liberdade e a igualdade enquanto fundamentos do direito: "Os homens nascem e são livres e iguais em direitos".

O artigo 2º. estabelece que "a finalidade de toda associação política é a conservação dos direitos naturais", destacando a liberdade, a propriedade, a segurança e a resistência à opressão. Em outras palavras, fica proclamado que os franceses somente reconhecerão estados que protegerem os direitos naturais.

A partir do início do século XIX, ocorre o fenômeno chamado "positivação dos direitos naturais". Dissemina-se a ideia de que o novo Estado francês, sobretudo a partir do movimento codificador napoleônico, estaria criando leis (no formato de códigos) que reconheciam os direitos naturais, tornando-os positivos.

Revolução Francesa > positivação dos direitos naturais

Dissemina-se a crença no *legalismo*. A lei é vista, simultaneamente, como a manifestação da vontade do povo, por meio de seus representantes que as elaboram, e a consagração dos direitos naturais. O legislador, dessa forma, representando a vontade do povo, é considerado o verdadeiro soberano, manifestando essa soberania em suas leis.

Lei = vontade do povo + direitos naturais

Legalismo – direito = lei

Há, todavia, um problema: se o legislador elabora a lei, cabe ao juiz aplicá-la. Ao decidir um conflito, o juiz não poderia distorcer o significado original da lei, pois se o fizesse, colocaria sua vontade pessoal acima da vontade do povo. Para evitar isso, a doutrina jurídica pressiona os juízes para apenas interpretarem as leis de modo literal, não ampliando ou reduzindo seu alcance social.

Montesquieu, por exemplo, já afirmava que os juízes deveriam ser "bocas da lei", comportando-se de modo inanimado. Em sua visão, pois, o juiz somente poderia falar as palavras da lei, limitando-se a julgar de modo mecânico e automático, decidindo estritamente nos termos das normas legais.

Essa busca pelo controle da decisão judicial chega ao extremo com a publicação, em 1790, de uma lei proibindo os juízes de interpretarem as leis. Embora isso seja impossível, pois qualquer leitura de um texto é, ao mesmo tempo, uma interpretação, a regra revela a força do medo de que a vontade de um juiz se colocasse acima da vontade do legislador e do povo que representa.

Interpretação da lei deve ser literal

Nesse contexto, forma-se a **Escola da Exegese**. Dentro da perspectiva legalista, prega que os juristas deveriam apenas analisar e interpretar as leis positivas. A ciência do direito converter-se-ia no mero estudo das leis estatais, sem questionamentos filosóficos mais profundos.

Entre as crenças preconizadas pela escola, podemos destacar:

1. Interpretação literal da lei – o juiz não poderia fazer interpretações extensivas ou restritivas, pois alteraria o alcance da vontade do povo;

2. Completude legal – os membros da Escola da Exegese acreditam que o direito é completo, ou seja, sempre haverá uma norma escrita em uma lei para julgar qualquer conflito social, inexistindo as lacunas;

3. Vontade do legislador – quando o juiz aplica uma lei, deve buscar sentenciar conforme a vontade do legislador, fazendo uma interpretação, portanto, *ex tunc*, ou seja, retroativa.

Alguns representantes dessa corrente de pensamento: Melville, Blondeau, Delvincourt, Huc, Aubry, Rau, Laurent, Marcadé, Demolombe, Troplong, Pothier, Baudry-Lacantinerie, Duraton.

Escola da Exegese = interpretação literal

A questão 12, do caderno branco do XV Exame de Ordem, tratou da Escola da Exegese. Em seu enunciando, menciona: "ao explicar as características fundamentais da Escola da Exegese, o jusfilósofo italiano Norberto Bobbio afirma que tal Escola foi marcada por uma concepção rigidamente estatal de direito. Como consequência disso, temos o princípio da onipotência do legislador". Conforme solicitado, a alternativa correta seria: "a lei não deve ser interpretada segundo a razão e os critérios valorativos daquele que deve aplicá-la, mas, ao contrário, este deve submeter-se completamente à razão expressa na própria lei".

Na Inglaterra, **John Austin (1790-1859)** elabora um pensamento similar ao da Escola da Exegese. Sua perspectiva é imperativista: a norma é um comando superior que impõe deveres e sanções a um inferior.

Como o Estado é o poder soberano, suas normas são as superiores de uma sociedade, sendo consideradas jurídicas. Assim, o direito limita-se às normas criadas pelo Estado, sendo Austin um positivista. Caberia à ciência do direito estudar e interpretar apenas as leis, sem se preocupar com sua "bondade ou maldade".

Austin – direito = leis criadas pelo Estado (positivista)

Durante o século XIX, entretanto, algumas transformações históricas abalam as crenças legalistas. Ocorre uma explosão populacional, aumentando o número de nascimentos e diminuindo a mortalidade infantil. Além disso, a população rural, no início do capitalismo, torna-se faminta e miserável, precisando migrar para as cidades. No ambiente urbano, a vida é instável, sendo comum o desemprego e o acidente de trabalho, inexistindo programas de assistência social. Por fim, desenvolve-se o mercado interno de consumo nos países europeus, em sintonia com o surgimento da produção massificada.

Tais transformações repercutem nas leis francesas, que se tornam, em certa medida, obsoletas. Para minimizar essa desatualização dos códigos, juristas como **Gabriel Saleilles** defendem que a interpretação da lei deveria seguir as diretrizes de interpretação de qualquer texto escrito, tratado de modo autônomo em relação ao seu autor. Cria-se a **Escola da Evolução Histórica do Direito**.

Entre suas ideias básicas, destacamos:

1. Interpretação literal/extensiva da lei – caso a interpretação literal não permita a resolução do conflito, o jurista deveria fazer a interpretação extensiva, ampliando e atualizando o significado de seus conceitos;

2. Completude legal – essa interpretação atualizadora permitiria que os códigos continuassem a existir sem perder sua importância, impedindo o surgimento de lacunas;

3. Vontade da lei – quando o juiz aplica uma lei, deve, agora, buscar a vontade do próprio texto legal, independentemente da vontade do legislador, fazendo uma interpretação *ex nunc*, ou seja, no presente.

Escola da Evolução Histórica = interpretação atualizadora

Podemos finalizar com um exemplo: imagine uma lei antiga que proíba o trânsito de carroças em um local. O adepto da Escola da Exegese concluiria que a lei, por não ser vontade do legislador, não proibiria que carros transitassem pelo local. O adepto da Escola da Evolução Histórica, por sua vez, faria uma interpretação atualizadora, concluindo que seria vontade da lei proibir também o trânsito de carros.

4.12. Pensamento Jurídico na Alemanha (século XIX)

Na França, no início do século XIX, há um movimento de identificação do direito com a lei estatal, chamado de "positivação do direito natural". Dissemina-se a crença legalista de que o Poder Legislativo, representante do povo, criava as leis, de modo soberano, inspirado nos princípios do direito natural.

Caberia, assim, aos juízes franceses o papel de aplicar as leis de modo literal, buscando encontrar a vontade do legislador durante a interpretação, conforme a Escola da Exegese. Ao aplicar a lei de modo dedutivo, os juízes aplicariam a vontade do próprio povo, nela materializada.

Essa crença no legalismo, todavia, requeria um pressuposto: o território de um povo deveria estar unificado em torno de um Estado. Após a Revolução Francesa, o estado francês representava seu povo, sendo o único em seu território.

Na Alemanha, porém, isso não ocorria. Durante os três primeiros quartos do século XIX, seu território estava dividido em vários reinos, cada um com seus reis e imperadores, sendo a Prússia o mais importante. Não havia, assim, um Parlamento que pudesse materializar a vontade de todos os alemães, nem reduzir seu direito a uma única legislação.

A **Escola Histórica** é o conjunto de pensadores alemães que questionam fundamentos da Escola da Exegese, principalmente, que a lei estatal represente verdadeiramente a vontade popular e seja a manifestação do direito.

Para seus defensores, o direito seria uma criação popular e espontânea, derivado de práticas costumeiras. As práticas costumeiras expressariam o espírito do povo, cabendo ao jurista descobrir o direito investigando a história concreta e não a razão abstrata ou as leis. Os Códigos, conforme o modelo francês, tornar-se-iam rígidos e imutáveis, não acompanhando as transformações reais do direito, comportamentais.

Direito não deriva de leis abstratas, mas dos costumes de um povo

Juristas alemães, assim, estudam a fundo a história de seu povo, em busca dos costumes que expressassem o verdadeiro direito germânico. Nessa investigação, percebem que alguns princípios jurídicos se repetem, sendo considerados os conceitos fundamentais do direito. De modo curioso, portanto, a Escola Histórica termina na chamada **"jurisprudência dos conceitos"**, chamada de Escola Pandectista.

Jurisprudência dos conceitos = princípios fundamentais do direito

Georg Friedrich Puchta (1798-1846) é um de seus grandes representantes. Seguindo o movimento germânico, procura estruturar cientificamente o direito a partir dos conceitos que descobriu na investigação histórica. Esse processo leva ao positivismo científico, tipo de positivismo similar ao legalista.

Enquanto os positivistas legalistas reduzem todo o direito existente às leis criadas pelo Estado, os positivistas científicos reduzem o direito aos conceitos criados pelos cientistas do direito. No primeiro caso, portanto, um juiz deveria julgar um conflito unicamente conforme as leis; no segundo caso, o julgamento deveria ser conforme os princípios ou conceitos fundamentais do direito.

Positivismo jurídico científico – todo direito deriva dos conceitos fundamentais

FILOSOFIA DO DIREITO

A jurisprudência dos conceitos leva a uma abstração similar àquela criticada pela Escola Histórica. **Rudolf von Ihering (1818-1892)** critica essa postura, desenvolvendo a chamada **jurisprudência dos interesses**. Na sua visão, o direito corresponde ao conjunto de interesses juridicamente protegidos. A norma jurídica concilia interesses sociais antagônicos, sendo fruto de constante disputa entre os grupos sociais.

A questão 12, do caderno branco do XVI Exame de Ordem, tratou do conceito de direito para Ihering: "O Direito de uma sociedade é a expressão dos conflitos sociais desta sociedade, e ele resulta de uma luta de pessoas e grupos pelos seus próprios direitos subjetivos. Por isso, o Direito é uma força viva e não uma ideia".

Desse modo, o direito consiste em algo vivo, derivando diretamente da sociedade. Há, assim, a necessidade de uma hermenêutica teleológica, ou seja, a interpretação das normas deve ser feita em busca da concretização de suas finalidades. Quando um juiz julga um conflito, deve proteger o interesse resguardado pela norma, decidindo a favor da parte que detenha esse interesse.

Jurisprudência dos interesses – direito = interesse juridicamente protegido

Podemos resumir as três escolas aqui apresentadas:

1. Escola Histórica: direito deriva dos hábitos históricos que materializam o espírito do povo;

2. Jurisprudência dos Conceitos: direito deriva dos princípios jurídicos fundamentais (positivismo científico);

3. Jurisprudência dos Interesses: direito protege interesses sociais e a norma deve ser interpretada teleologicamente.

5. FILOSOFIA DO DIREITO NO SÉCULO XX

5.1. Teoria Geral do Direito

5.1.1. Hans Kelsen (1881-1973)

O jurista Hans Kelsen (1881-1973) é dos mais importantes filósofos do direito do século XX. Sua análise delineia, de modo mais bem-acabado, o paradigma jurídico positivista. A descrição que realiza do direito permitirá um desenvolvimento extraordinário de sua ciência, atingindo limites que somente agora começam a ser transpostos.

Em 1934, publica a primeira edição de seu livro *Teoria Pura do Direito*. Propondo-se a estudar o direito de modo "puro", pretende afastar-se de juízos de valores e noções abstratas como o jusnaturalismo. Em sua perspectiva, o a essência do direito é sua estrutura normativa: trata-se de um conjunto de normas jurídicas.

Teoria Pura do Direito – direito deve ser descrito sem interferência de valores morais

O papel da ciência jurídica, desse modo, seria descrever o direito. O cientista do direito criaria **proposições** que descreveriam as normas jurídicas. Essas proposições podem ser consideradas verdadeiras ou falsas; são verdadeiras se correspondem às normas descritas, são falsas se não correspondem a elas.

Analisando a **interpretação do direito**, o autor classifica-a como autêntica ou doutrinária. A diferença entre elas não seria propriamente de qualidade; nenhuma seria, cientificamente, melhor ou pior. A interpretação doutrinária seria feita pelos estudiosos do direito; a interpretação autêntica, pelos juízes.

Interpretação autêntica ou doutrinária

O ato interpretativo é a soma de dois momentos: o conhecimento e a vontade. Primeiro, o juiz procura conhecer o significado da norma, encontrando vários possíveis. Depois, procura conhecer os comportamentos que devem se adequar à norma, descobrindo aqueles que são permitidos, proibidos ou obrigatórios.

Uma vez identificados os significados que a norma pode ter, sem contrariar o direito, o juiz finaliza a interpretação com um ato de vontade, escolhendo aquele significado que reputa o mais adequado. Essa escolha seria arbitrária, não podendo ser perfeitamente descrita pela ciência do direito.

Interpretação = conhecimento + vontade

Nesse sentido, a questão 11, do caderno branco do XVII Exame de Ordem, traz a visão de Kelsen: "A interpretação cognoscitiva combina-se a um ato de vontade em que o órgão aplicador efetua uma escolha entre as possibilidades reveladas por meio da mesma interpretação cognoscitiva."

O estudo de Kelsen sobre o **ordenamento jurídico** é impressionante. Considerando que as normas estão hierarquicamente distribuídas, existem normas superiores e inferiores. Cada norma pode ordenar, permitir ou habilitar comportamentos.

Ordenamento é conjunto hierárquico de normas

A validade, para Kelsen, é um conceito que analisa normas entre si. Em sua visão, uma norma será válida se não contrariar o significado de outras normas superiores. Assim, as normas superiores conferem validade às inferiores. A Constituição dá validade às leis e a norma fundamental valida a Constituição.

Validade é relação entre normas – superior valida a inferior

Surge uma dúvida: o que é a norma fundamental? Ela, segundo o autor, seria um pressuposto lógico, sem existência real. Seria o princípio fundamental do direito, estabelecendo simplesmente que a Constituição é válida e deve ser obedecida. Nenhuma norma superior a ela existiria. Além disso, a norma fundamental não precisaria ser validada por nenhuma outra, derivando ela simplesmente da necessidade de o sistema jurídico se estruturar.

Norma fundamental é pressuposto lógico

Por fim, convém destacar que Kelsen adota a **separação do direito e da moral**. O autor é um relativista moral: nenhuma moral, na sociedade, é superior a outra. Existem várias morais sociais, todas em pé de igualdade. Noutras palavras, nenhuma religião ou perspectiva cultural de um grupo seria superior à de outros.

Partindo desse relativismo, nenhuma moralidade poderia colocar-se acima do direito, para lhe conferir validade, nem mesmo noções de justiça social ou de direito natural. O direito seria apenas o conjunto de normas derivadas do Estado, sendo jurídicas todas as leis criadas respeitando a Constituição.

Podemos, assim, considerar Kelsen um positivista: para ele, o direito limita-se às normas criadas pelo Estado.

Direito = conjunto de normas estatais (positivista)

5.1.2. Herbert Hart (1907-1992)

O filósofo de direito Herbert Hart (1907-1992) **"inverte" a pirâmide Kelseniana**: para ele, a norma fundamental, ou "norma de reconhecimento do ordenamento", não é um pressuposto lógico, mas um fato social. Ela decorreria do comportamento dos juristas, que respeitariam a Constituição, tendo o hábito social de fundamentar suas peças na Constituição, considerando-a válida e superior.

Norma de reconhecimento do ordenamento é um hábito social

Isso abre espaço para um positivismo brando, chamado de *soft positivism*. A questão 12, do caderno branco do XXII Exame de Ordem, tratou desse tema. Seu enunciado explicou o seguinte: "A principal tese sustentada pelo paradigma do positivismo jurídico é a validade da norma jurídica, independentemente de um juízo moral que se possa fazer sobre o seu conteúdo. No entanto, um dos mais influentes filósofos do direito juspositivista, Herbert Hart, no seu pós-escrito ao livro O Conceito de Direito, sustenta a possibilidade de um positivismo brando, eventualmente chamado de positivismo inclusivo ou soft positivism."

O candidato deveria assinalar o conceito de positivismo brando: "A possibilidade de que a norma de reconhecimento de um ordenamento jurídico incorpore, como critério de validade jurídica, a obediência a princípios morais ou valores substantivos".

Positivismo brando – norma de reconhecimento do ordenamento incorpora princípios e valores

Hart é um **antivoluntarista**. Os juristas voluntaristas defendiam que a norma era uma criação de uma autoridade, estando essa autoridade sempre acima da norma. Para Hart, a autoridade somente existiria porque antes uma norma lhe teria conferido poder; primeiro existiria a norma; depois, dela decorrendo, surgiria a autoridade.

O pensador, oriundo da tradição inglesa, divide os **casos em fáceis e difíceis**. Os casos fáceis seriam aqueles em que a aplicação das normas jurídicas não deixaria espaço a dúvidas. Dentro de seus contextos, essas normas poderiam ser consideradas claras, permitindo uma resolução quase automática do conflito.

Os casos difíceis, por seu lado, decorreriam de situações nas quais as normas demonstrariam uma *textura aberta*, ou seja, revelariam uma margem, mais ou menos ampla, de dúvidas quanto a seu significado. Nesses casos, o aplicador do direito utilizaria seu poder discricionário no caso concreto, dando um sentido real e específico para a norma.

A questão 11 do caderno branco do XII Exame de Ordem apresentou essa análise. Seu enunciado citou o seguinte trecho do filósofo: "Seja qual for o processo escolhido, precedente ou legislação, para a comunicação de padrões de comportamentos, estes, não obstante a facilidade com que atuam sobre a grande massa de casos correntes, revelar-se-ão como indeterminados em certo ponto em que a sua aplicação esteja em questão".

Conforme a alternativa a ser assinalada: "Trata-se da textura aberta do direito, expressa por meio de regras gerais de conduta, que deve ganhar um sentido específico dado pela autoridade competente, à luz do caso concreto".

Casos fáceis e casos difíceis

Uma classificação das normas jurídicas de Hart é bastante utilizada por doutrinadores: **primárias e secundárias**. As normas primárias determinam comportamentos, estabelecendo-os como permitidos, proibidos ou obrigatórios e, eventualmente, determinando sanções em caso de violações.

As normas secundárias surgiriam para impedir que o direito manifestasse alguns problemas:

1.   As normas secundárias de identificação ou reconhecimento permitem a descoberta do significado das normas jurídicas e a determinação de sua validade, eliminando o problema da incerteza;

2.   As normas secundárias de câmbio ou mudança regulam a criação de novas normas jurídicas, permitindo que o direito se transforme, eliminando o problema da obsolescência;

3.   As normas secundárias de aplicação ou adjudicação regulam a produção de decisões judiciais, como as normas processuais, eliminando o problema da ineficácia.

Normas primárias e normas secundárias (identificação, câmbio e reconhecimento)

5.1.3. Norberto Bobbio (1909-2004)

Norberto Bobbio (1909-2004) escreveu alguns textos de grande importância para o direito. **Teoria da Norma Jurídica**, por exemplo, é um livro em que estuda a norma, especialmente a norma do direito. Nele, indica critérios de valoração de uma norma: validade, existência, eficácia e justiça. Também apresenta os requisitos habituais que caracterizam uma norma jurídica: imperatividade, estatismo e coatividade.

Em **Teoria do Ordenamento Jurídico**, seu foco deixa de ser a norma isolada e passa ao conjunto, chamado ordenamento. O direito, de modo similar à perspectiva kelseniana, é identificado ao ordenamento, que se torna o objeto da ciência jurídica. Suas características principais são: unidade, coerência e completude.

Ordenamento jurídico = unidade + coerência + completude

A **unidade do ordenamento jurídico** decorre de sua estrutura e de suas fontes. Para Bobbio, as fontes do direito são os fatos ou atos dos quais o ordenamento faz depender a produção das normas jurídicas. Em outras palavras, para o autor, o ordenamento, por meio de suas fontes, regula a própria produção de novas normas. Para tanto, existiriam, no direito, as normas de estrutura, que definem requisitos formais como os procedimentos para criação de leis, por exemplo.

Normas de estrutura determinam requisitos para criação de outras normas

A unidade seria trazida, também, pela existência de uma única norma fundamental, no topo do conjunto. Essa norma o unificaria e distribuiria as demais normas de modo escalonado, em níveis hierárquicos sucessivos. Nessa estrutura, ocorreria uma distribuição de competências, havendo sempre um órgão superior que atribui poder normativo a outro inferior, estabelecendo limites materiais e formais a essa transmissão.

Norma fundamental unifica o ordenamento

No ordenamento brasileiro, por exemplo, a norma fundamental determinaria a competência do Poder Constituinte para criar a Constituição. O Constituinte, por seu lado, atribuiria competência ao Poder Legislativo para criar as leis. Para as leis serem válidas, o Legislativo precisaria respeitar os limites materiais impostos pelo Constituinte e precisaria seguir os procedimentos formais por ele determinados.

Hierarquia do ordenamento = distribuição de competências

Voltando à norma fundamental, ela estabeleceria que as normas constitucionais são obrigatórias e seria o fundamento de validade de todas as normas do sistema jurídico. Em específico, diferindo de Kelsen, Bobbio não a considera um mero pressuposto lógico, mas a deriva do poder originário. A norma fundamental, pois, seria criada pelo conjunto das forças políticas hegemônicas em determinado contexto histórico, impondo à sociedade a obediência a seu ordenamento.

Norma fundamental criada pelas forças políticas hegemônicas

Quanto à **coerência do ordenamento jurídico**, Bobbio afirma que ele é um conjunto sistemático, ou seja, que não tolera antinomias. A antinomia é o conflito entre duas normas, uma incompatibilidade entre ambas. Por exemplo, uma norma obriga e outra proíbe a mesma coisa.

Antinomia = conflito entre normas incompatíveis

Para ocorrer uma antinomia, haveria a necessidade de preenchimento de alguns requisitos:

1. As normas devem pertencer ao mesmo ordenamento jurídico (o brasileiro, por exemplo);

2. As normas devem ter o mesmo âmbito de validade temporal (devem ser contemporâneas), espacial (devem ser destinadas a produzir efeitos no mesmo território), pessoal (devem ter o mesmo grau de generalidade) e material (devem tratar do mesmo assunto).

Requisitos para a antinomia = normas do mesmo ordenamento + mesmo âmbito de validade (temporal, espacial, pessoal e material)

A questão 11, do caderno branco do XXII Exame de Ordem, abordou a questão dos requisitos para ocorrer uma antinomia: "As duas normas em conflito devem pertencer ao mesmo ordenamento; as duas normas devem ter o mesmo âmbito de validade, seja temporal, espacial, pessoal ou material".

Haveria antinomias de dois tipos: as solúveis (aparentes) e as insolúveis (reais). No primeiro caso, o conflito seria resolvido revogando-se uma das normas conflitantes, utilizando-se um dos critérios: hierárquico, especialidade e cronológico. Uma norma conflitante superior revoga a inferior (hierarquia); uma norma conflitante mais recente revoga a mais antiga (cronologia); uma norma especial revoga a geral em seu âmbito (especialidade).

Antinomias aparentes são solúveis (hierarquia, cronologia e especialidade)

Quando os conflitos envolvem não apenas normas, mas também os critérios, haveria uma antinomia real. Também poderia ocorrer a insuficiência de critérios, nenhuma deles permitindo resolver o conflito. Ainda assim, o juiz deverá escolher uma norma para resolver um conflito.

Antinomia real = conflito de critérios ou falta de critérios

Esse tema foi abordado na questão 11, do caderno branco do XVIII Exame de Ordem: "Para o jusfilósofo Norberto Bobbio, uma antinomia real se caracteriza quando estamos diante de normas colidentes e o intérprete é abandonado a si mesmo pela falta de um critério ou pela impossibilidade de solução do conflito entre os critérios existentes".

Por fim, o **ordenamento jurídico é completo**. Isso significa, conforme Bobbio, que todo conflito social deve estar previsto em uma norma jurídica, não podendo haver lacunas. Haveria, portanto, o *dogma da completude*, ou seja, a obrigatoriedade de o juiz julgar todos os conflitos, sempre com base em uma norma pertencente ao ordenamento jurídico. Se uma lacuna for constatada, deve ser prontamente eliminada.

Completude do ordenamento – juiz deve julgar todos os conflitos com norma do ordenamento

Não obstante esse dogma da completude, pode ocorrer uma *lacuna ideológica*. Nesse caso, não faltaria uma lei para julgar um caso, mas essa lei seria considerada rigorosa demais ou injusta.

Lacuna ideológica = existe lei, mas é considerada inadequada pelo juiz

A questão 11, do caderno branco do XVI Exame de Ordem, solicitou do candidato a definição, para Bobbio, de lacuna ideológica: "a falta de uma norma justa, que enseje uma solução satisfatória ao caso concreto".

Caso o juiz precise julgar um caso para o qual não encontre uma lei, constatando a existência da lacuna, deve realizar seu preenchimento pois, como dito, o ordenamento não a tolera. Esse preenchimento pode ocorrer de duas formas:

1. Autointegração: a lacuna é resolvida por recurso a elementos do próprio ordenamento (por analogia ou pelos princípios gerais do direito);

2. Heterointegração: a lacuna é resolvida por recurso a outros ordenamentos (por exemplo, o direito natural) ou a elementos externos ao ordenamento (costumes, equidade).

Lacuna deve ser preenchida por autointegração (analogia ou princípios) ou heterointegração (direito natural, costumes, equidade)

A questão 12, do caderno branco do XX Exame de Ordem, solicitou do candidato o conceito de analogia, enquanto método de autointegração do direito: "Existindo relevante semelhança entre dois casos, as consequências jurídicas atribuídas a um caso já regulamentado deverão ser atribuídas também a um caso não-regulamentado".

5.2. Positivistas éticos e não-positivistas

Durante o século XX, ao mesmo tempo em que Kelsen elaborava sua teoria do direito, estruturando o positivismo, diversas correntes jusfilosóficas surgem para ampliá-lo ou questioná-lo. O **positivismo** reduz o direito às leis e, por conseguinte, o papel do juiz a interpretá-las conforme a doutrina e a jurisprudência para produzir suas sentenças.

Positivismo – direito = leis

5.2.1. Gustav Radbruch (1878-1949)

Gustav Radbruch (1878-1949) era positivista até o final da Segunda Guerra Mundial. As atrocidades ocorridas durante o evento fazem emergir intenso debate entre juristas. Uma questão discutida foi se os juízes deveriam aplicar o direito simplesmente por ter sido criado por uma autoridade competente, ou se deveriam respeitar, antes, valores fundamentais.

Radbruch muda de opinião e abandona o positivismo, defendendo que as normas jurídicas, para serem válidas, deveriam respeitar valores superiores, ligados à dignidade da pessoa humana e a regras morais fundamentais. Uma norma que desrespeitasse tais preceitos deveria ser descartada pelo juiz, não sendo utilizada numa sentença.

Validade das normas jurídicas exige respeito a valores superiores (dignidade e preceitos morais fundamentais)

Ele escreve um pequeno texto, chamado **Cinco minutos de Filosofia do Direito**. Nesse texto:

1. Culpa o positivismo pelo nazismo, pois ele teria ensinado os juristas a aplicarem leis ainda que injustas;

2. Critica a identificação nazista entre direito e utilidade para o povo, que justificaria a criação de normas úteis ao povo, mas violadoras de direitos individuais;

3. Repudia leis contrárias à noção de justiça, violadoras de direitos humanos;

4. Constata que leis nem sempre conseguem atingir o desejável objetivo de combinar valores bem comum, segurança e justiça;

5. Busca um direito supralegal, com princípios fundamentais para orientar o direito positivo.

Esse texto foi objeto da questão 12, do caderno branco do XIV Exame de Ordem. Afirma-se que, "de acordo com a fórmula de Radbruch, embora as leis injustas sejam válidas e devam ser obedecidas, as leis extremamente injustas perderão a validade e o próprio caráter de jurídicas, sendo, portanto, dispensada sua obediência".

5.2.2. Realismo

O **realismo norte-americano** teve como precursor **Oliver Wendell Holmes Jr (1841-1935)**. Conforme seu pensamento, o direito não deriva de leis abstratas, mas de julgamentos concretos. As leis, vagas e imprecisas, dariam ampla margem de apreciação aos julgadores no momento da aplicação, inviabilizando o uso de um raciocínio lógico-formal ou matemático.

Direito deriva de julgamentos concretos

Seu pensamento antecipa o realismo porque começa a colocar a decisão judicial como verdadeira realidade do direito. Autores como Karl N. Llewellyn, Jerome Frank e Felix S. Cohen desenvolverão tal noção, questionando a longa tradição científica de situar a norma jurídica como elemento fundamental do direito. Assim, desviam o objeto da ciência do direito para as decisões judiciais do passado, inclusive em busca da compreensão das decisões do futuro.

Decisão, no lugar da norma, colocada no centro da ciência do direito

Em a verdadeira existência do direito derivando das decisões judiciais, as normas e os conceitos passam a ser vistos como meros modelos para elas. Tanto as regras quanto os precedentes judiciais, por serem vagos, permitiriam leituras contraditórias ou interpretações extensivas e restritivas. O fundamental não estaria no texto desses modelos, mas no momento individual em que o juiz decide. Aqui, os realistas americanos dividem-se: alguns dirão que o fundamental para entender a decisão é compreender a psicologia pessoal do juiz; outros dirão que as relações sociais nas quais o juiz esteve envolvido em sua vida são determinantes.

Outra vertente foi o **realismo escandinavo**, congregando autores como Axel Hägerström (1868-1939), Vilhelm Lundstedt (1882-1955), Karl Olivecrona (1897-1980) e Alf Ross (1899-1979). Todos defendem que a validade de uma norma não pode ser um conceito meramente técnico, que relaciona a norma inferior à norma superior (como Kelsen), mas sim um conceito sociológico.

Validade da norma é conceito sociológico

Alf Ross (1899-1979) afirma, nesse sentido, que o ordenamento jurídico seria composto pelas normas verdadeiramente operacionais no espírito do juiz, percebidas como socialmente obrigatórias e carecedoras de obediência. Assim, para ele, a validade de uma norma jurídica decorreria de sua aplicação concreta pelos tribunais: uma norma não utilizada pelos juízes em julgamentos de casos por ela previstos seria inválida.

5.2.3. Carl Schmitt (1888-1985)

Carl Schmitt (1888-1985) afirma que não existe norma sem autoridade que a tenha criado. Toda norma seria fruto de uma decisão. Assim, primeiro haveria uma pessoa com poder; depois, essa pessoa tomaria uma decisão e imporia uma norma a alguém.

Do mesmo modo, não haveria direito sem autoridade soberana que o tenha criado. Todo ordenamento jurídico deriva de uma autoridade que, em determinado território, é soberana, e passa a impor suas normas jurídicas à população. Para Schmitt, portanto, a política determina o direito.

Sua perspectiva é denominada *decisionista*. A decisão da autoridade é considerada o começo soberano. Antes da decisão, haveria o vazio normativo e a desordem concreta; após a decisão, uma ordem jurídica seria instaurada.

Decisionismo – norma é fruto de uma decisão que deriva de uma autoridade

Ordenamento jurídico deriva de decisão de autoridade soberana

O autor defende sua posição relatando haver inconsistências no ordenamento jurídico capazes de revelar que, por detrás de sua aparente unidade e completude, haveria ainda presente a autoridade soberana, chamada a se manifestar em momentos decisivos. Isso ocorreria em casos de lacunas, quando a autoridade soberana surgiria para julgar mesmo na inexistência de leis, e de antinomias, quando a autoridade soberana escolheria uma das normas em conflito. Também essa autoridade seria revelada nos chamados *estados de exceção*, nos quais a ordem constitucional é suspensa e o verdadeiro poder por detrás do direito ficaria explícito.

FILOSOFIA DO DIREITO

Em determinados momentos, a autoridade que criou o ordenamento aparece para decidir (lacunas, antinomias, estados de exceção)

Em sua perspectiva, o Chefe do Estado deve dirigir a sociedade, buscando a unidade política do povo. Para tanto, deveria discriminar entre o amigo e o inimigo do povo, dirigindo a vontade coletiva para auxiliar o primeiro e lutar contra o segundo. No horizonte surgiria, pois, a guerra.

Durante a década de 1930, Schmitt forneceu uma ideologia jurídica interessante ao nazismo, ficando por toda a vida marcado por essa colaboração.

5.2.4. Recasens Siches (1903-1977)

Recasens Siches (1903-1977) critica a ideia de que a interpretação do direito possa corresponder à lógica matemática. A norma jurídica, para ele, não seria uma essência universal, abstrata e imutável. Como o ser humano é axiológico, ou seja, usa valores em sua vida, e histórico, modificando-se ao longo do tempo, a interpretação que ignorasse essas características se afastaria de nossa humanidade.

Enquanto as leis físicas, matemáticas e naturais permitem descrever fenômenos, elas não permitiriam compreender seu sentido histórico e valorativo. As leis do direito, por sua vez, não descrevem apenas, mas indicam um sentido evolutivo e valorativo para os fenômenos, não podendo ser compreendidas pela lógica físico-matemática.

Interpretação = lógica + valores + história

Siches, assim, propõe a utilização de uma nova lógica para compreender o direito, a *lógica do razoável*. Como o ser humano busca sentidos nos atos, avalia com base em meios e fins, tornando-se, muitas vezes, ambíguo, vivendo paradoxos e sendo dialético, suas normas estariam repletas dessas características. O juiz, ao julgar um conflito, não poderia buscar uma solução única e abstrata para todos os casos, mas deveria buscar soluções razoáveis aos conflitos.

Lógica do razoável – permite ao juiz encontrar a melhor solução para o caso

A lógica matemática traria certeza, segurança, imparcialidade e estabilidade às decisões. Porém, seria insuficiente. Para o direito ser completo, sua lógica do razoável buscaria ainda outros valores, como a justiça e a equidade. Ao interpretar uma lei, assim, o juiz não estaria preso a um único método correto. Deveria ser razoável, utilizando vários métodos para encontrar uma decisão, antes de tudo, justa e equitativa.

Interpretação razoável vai além da lógica matemática, buscando valores como a justiça e a equidade

5.2.5. Miguel Reale (1910-2006)

O jurista brasileiro Miguel Reale (1910-2006) é o criador da **teoria tridimensional do direito**. Segundo ele, o direito seria composto por três dimensões: axiológica (valorativa), fática (fenômenos sociais e históricos) e normativa (regras e ordenamentos).

Teoria tridimensional do direito – direito = fato + valor + norma

Sua perspectiva busca uma análise mais completa do direito e critica abordagens unidimensionais, que enxergariam apenas uma das três dimensões, como o positivismo (focando apenas na norma).

Destaca, ainda, que dentro da ciência jurídica, tradicionalmente haveria disciplinas voltadas para cada uma delas: a dimensão fática seria estudada pela sociologia jurídica; a dimensão valorativa, pela filosofia do direito; a dimensão normativa, pela teoria geral do direito e pelas disciplinas dogmáticas.

Reale afirma existir uma **relação dialética de "implicação e polaridade"** entre as dimensões. A norma jurídica integraria em si fatos e valores. O fato corresponderia à tese, levando ao valor, que seria a antítese. Da tensão entre fatos, que são, e valores que avaliam, surgiria a norma, síntese de ambos. No momento em que o juiz aplica a norma, funde os três elementos em sua solução. A sentença, portanto, derivaria de uma norma para impor uma solução valorativa ao fato.

Decisão funde os polos tensos do fato, do valor e da norma

A questão 12, do caderno branco do XVII Exame de Ordem, tratava do pensamento de Miguel Reale. Seu enunciado citou a seguinte passagem do jurista: "Mister é não olvidar que a compreensão do direito como 'fato histórico-cultural' implica o conhecimento de que estamos perante uma realidade essencialmente dialética, isto é, que não é concebível senão como 'processus', cujos elementos ou momentos constitutivos são fato, valor e norma (...)".

Em sua visão, o direito seria dinâmico. A norma nunca poderia ser reduzida a um modelo lógico-matemático composto por regras abstratas. Na verdade, ela seria um modelo ético-funcional, cuja interpretação exigiria a prudência, virtude derivada da análise valorativa dos fatos.

Para Reale, portanto, o direito é um fenômeno cultural (ele é **culturalista**). Para ser compreendido, por exigir conhecimento dos fatos e dos valores, requer o estudo da história e da sociedade. O direito derivaria, pois, de fenômenos econômicos, políticos, geográficos, cujos valores culturais interfeririam no processo de criação e interpretação das normas. O juiz precisaria sempre interpretar as normas jurídicas e os fatos com base na evolução histórica dos valores.

Interpretação não se limita à lógica, exige prudência e análise histórica dos valores

A questão 11, da prova branca do XIX Exame de Ordem, apresentando mudança de interpretação do STF, reconhecendo união estável a pessoas do mesmo sexo, recorreu a Miguel Reale para entender o caso. Conforme sua Teoria Tridimensional do Direito, "uma norma jurídica, uma vez emanada, sofre alterações semânticas pela superveniência de mudanças no plano dos fatos e valores".

A **nomogênese jurídica** seria o processo de criação das normas jurídicas. Imaginemos um fato; sobre ele, vários valores podem incidir. Cada um desses valores pode justificar a criação de uma norma diferente sobre o mesmo fato. Aparece uma autoridade que escolhe os valores mais desejáveis e cria uma norma especificamente para protegê-los. Assim surge a norma jurídica.

Nomogênese = processo de criação da norma jurídica

Em meio às três dimensões (fato, valor e norma), notemos o surgimento de uma quarta, o poder da autoridade. É esse poder que permite a escolha e a imposição da norma. Ele, todavia, não seria ilimitado. O próprio direito estabeleceria, por meio de outras normas, limites e diretrizes ao poder e a sua escolha.

Poder é o quarto elemento, que impõe a norma

Pensemos num fato: alunos em uma sala de aula. Vários valores incidem sobre ele. O legislador, dotado de poder, pensa em consagrar o valor *ensino e aprendizagem*. Cria uma norma legal: proibido conversar. Essa escolha está dentro dos limites de seu poder, estabelecidos pela Constituição. A norma será válida.

5.2.6. *John Rawls (1921 – 2002)*

Johns Rawls (1921-2002) parte do contratualismo de John Locke para desenvolver uma teoria liberal baseada na democracia e no conceito de igualdade, buscando uma noção social de justiça que supere o utilitarismo e sua possível ditadura da maioria.

Conforme seu ponto de vista, os bens deveriam ser distribuídos na sociedade de forma a minimizar os efeitos da desigualdade. Assim, a Justiça Política exigiria a Justiça Social e a Justiça Distributiva. Porém, conforme o filósofo, não se poderiam desrespeitar as liberdades da cidadania de alguns em nome dessa justiça.

Bens deveriam ser distribuídos para minimizar a desigualdade

O primeiro objeto para concretizar a justiça seria aplicar seus princípios à estrutura básica da sociedade, procurando minimizar as injustiças decorrentes de seu sistema político e de seu sistema econômico. Essas desigualdade seriam injustas porque não decorrem dos méritos dos indivíduos ou dos valores coletivos.

A grande proposta de Rawls é vestir os seres humanos com um "véu da ignorância", ou seja, supor o que as pessoas fariam se todas acreditassem ser iguais, não vendo as desigualdades geradas pelas posições sociais. Os acordos sociais derivados desse pressuposto buscariam a promoção dos interesses mais adequados a todos, sendo justos por não sofrerem as influências da organização social.

Véu da ignorância – pessoas agiriam pressupondo a igualdade de todos

Dois princípios, conforme o filósofo, decorreriam dessa situação hipotética:

1. Liberdade igual – atribuição equitativa de direitos e deveres básicos;

2. Igualdade democrática – desdobra-se na noção de diferença (a sociedade deve assegurar o máximo de liberdade a cada indivíduo) e de oportunidade justa (a sociedade deve assegurar um mínimo de benefícios aos menos favorecidos e oportunidades equitativas de acesso a cargos e posições)

Justiça = liberdade igual + igualdade democrática (diferença + oportunidade)

5.2.7. *Ronald Dworkin (1931-2013)*

Ronald Dworkin (1931-2013) critica a postura positivista, que ele denomina de abordagem profissional do direito. Segundo ele, os juristas profissionais aprenderiam a analisar fatos a partir de leis, doutrinas e jurisprudências, desconsiderando os princípios. Sua perspectiva alarga o positivismo para incorporá-los.

Juristas profissionais atuariam desconsiderando os princípios

O direito, portanto, passa a ser visto como um conjunto de leis e princípios. O juiz, ao produzir suas sentenças, não precisaria limitar-se à interpretação das leis, mas também poderia interpretar e aplicar diretamente os princípios gerais do direito.

Direito = leis + princípios

Tal perspectiva aparece na questão 12, do caderno branco do XIII Exame de Ordem: "regras e princípios são normas com características distintas e em certos casos os princípios poderão justificar de forma mais razoável a decisão judicial, pois a tornam também moralmente aceitável".

Conforme Dworkin, haveria casos fáceis e casos difíceis. Os casos fáceis permitiriam a aplicação das normas jurídicas sem margem a dúvidas, pois seriam consideradas claras. Os casos difíceis, porém, deixariam uma margem de dúvidas na resolução dos conflitos. Para sanar tais dúvidas, os juristas recorreriam aos princípios, em especial a justiça, a equidade e a moralidade.

Casos difíceis – juízes recorrem a princípios para resolvê-los

O processo de interpretação e aplicação das leis ocorreria em dois momentos:

1. Conveniência: primeiro, o juiz faria uma lista de leis e princípios a partir dos quais poderia solucionar o caso, catalogando tais possíveis decisões;

2. Valor: recorrendo ao valor justiça e à moral coletiva, o juiz escolheria a decisão reputada mais razoável entre as listadas, utilizando-a na resolução do caso.

Interpretação = valor + conveniência

Dworkin também reflete sobre a igualdade, criticando o utilitarismo. Fundamentalmente, defende uma igualdade de recursos, não de resultados (de bem-estar) ou direitos básicos: a sociedade deve oferecer às pessoas os recursos para satisfazer suas vidas.

Igualdade – sociedade oferece às pessoas os recursos de que necessitam

Exatamente o conceito de igualdade distributiva do autor foi abordado na questão 10, do caderno branco do XXIII Exame de Ordem: "Circunstâncias segundo as quais as pessoas não são iguais em bem-estar, mas nos recursos de que dispõem".

5.2.8. *John Finnis (1940)*

Após a Segunda Guerra Mundial, ressurge a **corrente jusnaturalista**. Atrocidades praticadas pelo governo alemão, amparadas pelo seu direito estatal, revelam limites ao direito positivo. Fruto desse renascer será o movimento internacional pelos direitos humanos, materializado na ONU e suas declarações de direitos.

Na França, **Michel Villey (1914-1988)** assume uma postura crítica à modernidade e procura voltar às origens de nossa civilização, resgatando noções jusnaturalistas da Antiguidade.

John Finnis (1940) talvez seja o jusnaturalista mais influente do presente. Em sua visão, os seres humanos, ao agir, identificam seus fins e somente depois buscam meios razoáveis para obtê-los. Tais fins e tais meios deveriam ser limitados pelo direito. Os fins deveriam ser estabelecidos entre os bens humanos básicos e os meios deveriam ser limitados pelas exigências da justiça e do bem comum.

Direito deve limitar os fins e os meios das ações humanas

Os bens humanos básicos assemelhar-se-iam a direitos naturais, sendo objetivos, pré-morais, autoevidentes e fins em si, nunca meios. Finnis elenca esses bens:

- Vida;
- Conhecimento;
- Jogo (aspecto lúdico da existência);
- Experiência estética;
- Sociabilidade e amizade;
- Razoabilidade prática;
- Religiosidade.

O Direito, para ele, deveria assegurar o bem comum, garantindo as condições para que os indivíduos atingissem seus objetivos, buscando os bens humanos básicos. Cada indivíduo buscaria por si seus fins, cabendo ao direito apenas regular essa busca.

Direito assegura o bem comum se garante aos indivíduos os bens humanos básicos

Além disso, o direito positivo derivaria do direito natural de duas formas:

1. Por conclusão: alguns direitos decorreriam dos princípios fundamentais, como a proibição de matar;

2. Por determinação: outros direitos seriam criados pelos seres humanos, não decorrendo de situações jusnaturalistas, por serem amorais (por exemplo, normas técnicas).

5.3. Pluralistas

Desde o final do século XIX, acentuando-se no século XX, discute-se a questão das fontes do direito. Duas correntes defendem perspectivas opostas:

1. **Monismo:** para tal corrente, a lei estatal é a única fonte do direito. Isso significa que apenas o Poder Legislativo pode criar normas jurídicas e Poder Judiciário deve limitar-se a aplicar as leis.

2. **Pluralismo:** as correntes pluralistas defendem que existem outras fontes do direito além da lei estatal. Haveria outras fontes dentro do próprio Estado (como, por exemplo, normas do Poder Executivo) e fontes externas ao Estado (direito natural, normas sociais). Nesse caso, um juiz poderia julgar conflitos com base de regras de um grupo social, afastando-se da lei.

Monismo – lei estatal é única fonte do direito

Pluralismo – existem várias fontes do direito além da lei estatal

Apresentaremos alguns autores que podem ser situados no segundo grupo, buscando, portanto, ampliar o alcance das fontes do direito.

5.3.1. Maurice Hauriou (1856-1929)

Maurice Hauriou (1856-1929) é um dos pais da teoria institucionalista. Para ele, uma organização social tornar-se-

-ia durável, conservando suas estruturas e formas apesar de renovar seus quadros humanos, ao se tornar uma instituição.

A instituição seria composta pelos seguintes elementos:

1. Ideia diretriz;

2. Organização do poder: separação de órgãos e competências;

3. Adesão dos membros da comunidade (consentimento).

Instituição = ideia + poder organizado + consentimento de membros

Haveria várias instituições sociais e todas comporiam o direito de um país. Elas seriam fontes do direito disciplinar, decidindo, ordenando e reprimindo. Também seriam fontes do direito estatutário, definindo o estado de órgãos e pessoas, suas competências, seus poderes e deveres, além de objetivos.

Instituições seriam fontes do direito

5.3.2. Léon Duguit (1859-1928)

Léon Duguit (1859-1928) acredita que o direito é produzido pela ação social. Haveria direito quando houvesse uma norma social e a compreensão de que ela possuiria uma sanção socialmente organizada. Com isso, não seria essencial ao direito ser derivado do Estado, mas a compreensão social de sua força. Claro que o Estado permitiria a pressuposição da força.

Direito = norma social + sanção juridicamente organizada

Para o autor, além disso, a ideia de soberania estatal estaria superada. O Estado não seria mais o único poder ou o poder soberano de um território. Haveria vários poderes, cabendo apenas ao Estado organizar o espaço para permitir a ação social interdependente. Caberia a ele, assim, permitir aos grupos e aos indivíduos o exercício de suas atividades sem impedimentos, dentro dos limites da convivência.

Estado não é único poder soberano – deve coordenar as forças sociais

5.3.3. François Geny (1861-1959)

François Geny (1861-1959) defende que a lei estatal é insuficiente para tratar de todas as questões sociais. Como as leis são feitas no passado e a sociedade se transforma, elas tornar-se-iam, em alguma medida, limitadas.

Transformações sociais tornam as leis estatais insuficientes

Em sua visão, para julgar um conflito, primeiro o juiz deveria buscar uma lei estatal que previsse o fato. Caso a encontrasse, realizaria uma interpretação literal, resolvendo a disputa. Porém, em não encontrando a lei, deveria admitir a existência de uma lacuna e, portanto, a mencionada insuficiência legal.

Lacuna = falta de lei para resolver caso

Constatada a lacuna, o juiz então poderia recorrer a outras fontes do direito, como a analogia e os costumes. Se não houvesse situações parecidas que permitissem uma analogia, nem costumes consolidados, então deveria partir para uma livre pesquisa científica do direito.

Essa livre pesquisa consistiria em um estudo doutrinário do fato. Com base em seus conhecimentos da teoria do direito, o juiz extrairia sua sentença do próprio fato social, resolvendo, desse modo, o conflito e preenchendo a lacuna.

Preenchimento da lacuna – analogia, costumes ou livre pesquisa científica do direito

5.3.4. Eugen Ehrlich (1862-1922)

Eugen Ehrlich (1862-1922) é considerado um dos pais da sociologia do direito. Em sua visão, a fonte do direito deveria ser buscada diretamente nos fatos sociais, pois o ordenamento jurídico seria insuficiente ou conteria soluções socialmente indesejáveis.

Fonte do direito está nos fatos sociais

O pensador defende, assim, a busca de um *direito vivo*, na realidade, para solucionar conflitos. A sociedade estaria repleta de normas sociais que regulariam as diversas relações, desde as normas costumeiras até as normas institucionais. Nem sempre essas normas corresponderiam àquelas contidas nas leis. Caso fossem uma norma social fundamental, deveriam ser utilizadas pelos juízes ainda que contrariando a lei.

Direito vivo – norma social fundamental pode ser utilizada ainda que contrarie a lei

5.3.5. Hermann Kantorowicz (1877-1940)

Hermann Kantorowicz (1877-1940) defende que o papel do juiz é buscar o direito justo, que nem sempre poderia ser encontrado na lei. Assim, se a lei trouxer uma solução justa para o caso, deve ser utilizada; se sua solução for injusta, o juiz deveria descartá-la e criar uma decisão efetivamente justa.

Juiz deve julgar de modo justo

Kantorowicz se inspira no famoso *bom juiz Magnaud (1848-1926)*, célebre juiz francês que conseguiu manter algumas decisões *contra legem* inspiradas no valor justiça. Entre elas, podemos destacar uma decisão que reconheceu, pela primeira vez na França, o furto famélico, ou seja, a descaracterização de furto quando o objeto roubado fosse um alimento utilizado para evitar a fome. Também afastou a lei para proferir decisões que protegiam crianças, mulheres e trabalhadores.

Julgamento justo pode contrariar a lei

Portanto, em resumo, podemos dizer que para o jusfilósofo, poderiam ocorrer julgamentos contrários às leis, desde que as decisões fossem justas. Claro, a crítica sempre possível é a insegurança que tal posição pode trazer: se não a lei, quem pode definir o justo?

5.3.6. Georges Gurvitch (1894-1965)

Georges Gurvitch (1894-1965) reconhece os fatos normativos, aqueles vividos e experimentados como tal pelos membros da sociedade ou de grupos sociais. Eles ocorreriam por toda a sociedade, estando na base do direito. Seriam exemplos de fatos normativos: Estado, comunidade internacional, associações profissionais...

Para existir um fato normativo, haveria alguns requisitos: a existência de uma autoridade qualificada e impessoal, encarnando um valor e possuindo eficiência real para efetivar suas regras e procedimentos, além de estruturar seus órgãos.

Fato normativo = autoridade qualificada e impessoal + valor + força para efetivar regras e estruturar órgãos

O Direito seria a coordenação de relações entre os indivíduos, por meio dos contratos, e entre os grupos. Para tanto, a soberania social estaria dividia entre pessoas como a Igreja, o Estado e outros grupos econômicos. A justiça, nesse ambiente, seria o equilíbrio dos interesses contrários, permitindo a vida coletiva.

5.3.7. Direito Alternativo

Partindo dos autores pluralistas, podemos apresentar o movimento do Direito Alternativo. Surgido na Itália durante a década de 1960, de inspiração marxista, os juízes alternativos defendiam que a luta de classes deveria ocorrer dentro do Estado. Colocando-se ao lado da classe trabalhadora italiana, esses juízes passam a tomar decisões contrárias à lei, mas favoráveis ao povo.

Juízes alternativos pregam a luta de classes no direito

Na América Latina, e no Brasil, o movimento penetra a partir da década de 1980. Especialmente no sul do país, preconiza quatro níveis de luta:

1. Dar eficácia a direitos sociais sonegados às classes populares;

2. Interpretar o direito, em suas contradições, de modo favorável às classes populares e em sintonia com a democracia;

3. Aceitar o direito criado pela sociedade em caso de lacuna;

4. Aplicar de modo irrestrito direitos fundamentais.

Juiz deve se posicionar do lado das classes trabalhadoras e populares

Destacamos que, ao menos no último nível, houve algumas decisões contrárias à lei em nosso país. Essas decisões, contudo, terminaram, em sua quase totalidade, por ser reformadas nos Tribunais.

5.4. Argumentação e retórica

Durante o século XX, o direito positivo passa a buscar um novo fundamento valorativo para sua validade, após o enfraquecimento da crença no direito natural. A questão é: uma norma jurídica é válida independentemente de seu conteúdo? Os jusnaturalistas respondiam que essa validade dependia do respeito ao direito natural, mas essa resposta deixa de ser aceita pelos juristas.

Nesse momento, dissemina-se a crença da relatividade e da pluralidade moral. Acredita-se que existem várias morais na sociedade, nenhuma superior às demais. Como todas as moralidades teriam a mesma qualidade, emergem teorias argumentativas e retóricas que tentam privilegiar a discussão, sem impor verdades definitivas.

5.4.1. Viehweg (1907-1988)

Viehweg (1907-1988) afirma que o pensamento jurídico não pode ser considerado um pensamento matemático, adotando uma lógica dedutiva. Ao contrário, seria um pensamento:

1. Problemático, pois raciocinaria a partir de alternativas de resolução a problemas;

2. Dogmático, pois teria por objetivo justamente a resolução dos problemas práticos e não a mera reflexão teórica.

FILOSOFIA DO DIREITO

Direito é pensamento problemático e dogmático; não é matemático

Para ele, o problema central do raciocínio jurídico seria conhecer o justo em um caso concreto. A resolução desse problema partiria de *tópicos*, ou seja, de pontos de vista socialmente aceitos. O ordenamento jurídico, por meio das leis, forneceria ao jurista alguns desses pontos de vista, mas não todos.

Lei é apenas um tópico de onde pode partir a decisão

O autor sugere, assim, que o juiz olhe para o problema, que é o caso concreto, e não apenas para o sistema de leis, em busca da decisão de um modo mais inventivo. A partir da análise do fato, deveria chegar às premissas da solução, não necessariamente limitadas às legais. Em outras palavras, o juiz poderia julgar conforme o ponto de vista das leis, mas não precisaria fazer apenas isso.

Juiz deve encarar o fato como um problema e buscar a decisão para resolvê-lo

5.4.2. Chaïm Perelman (1912-1984)

Chaïm Perelman (1912-1984) é um filósofo que também reflete sobre o direito. Entre outras coisas, ele refunda a teoria da Retórica, afirmando que, numa discussão, um argumento será válido de for aceito por um auditório. Além disso, existiriam técnicas para convencer o auditório da validade desse argumento. Nesse sentido, a verdade está relativizada, sendo apenas questão de se aceitar um ponto de vista.

Verdade relativa – deriva da aceitação um ponto de vista

O direito seria um ótimo exemplo de retórica. Envolve argumentos e raciocínios utilizados por um juiz para convencer o auditório jurídico. Esse auditório seria composto pelos profissionais, pelas partes e pela sociedade como um todo.

Direito = argumentos para convencer auditório jurídico (juristas + partes + sociedade)

Nas discussões judiciais, as partes apresentam provas e argumentos para convencer o juiz. Este decide a partir de normas jurídicas e princípios, recorrendo, em sua fundamentação, aos métodos de interpretação. A decisão, portanto, deveria convencer o complexo auditório jurídico recorrendo a técnicas reconhecidas e aceitas pelo direito.

A questão 11, da prova branca do XIII Exame de Ordem, tratou do pensamento do filósofo. Seu enunciado afirmou: "Segundo Chaïm Perelman, ao tratar da argumentação jurídica na obra Lógica Jurídica, a decisão judicial aceitável deve satisfazer três auditórios para os quais ela se destina". A alternativa a ser assinalada indicava tais auditórios: "As partes em litígio, os profissionais do direito e a opinião pública".

5.4.3. Tércio Sampaio Ferraz Júnior (1940)

Tércio Sampaio Ferraz Júnior (1940) é um jurista brasileiro que desde a década de 1970 analisa o direito do ponto de vista do discurso jurídico. O conflito é visto como um problema comunicacional: as partes conflitantes não conseguem chegar a um consenso. O juiz é um terceiro comunicador buscado para impor esse consenso, ou seja, a solução do conflito, às partes.

Conflito é problema comunicacional

Quando o juiz é procurado, a comunicação que estava interrompida pelo conflito precisa ser restabelecida em um processo judicial, tornando-se obrigatória (pense na revelia). As partes comunicam ao juiz versões dos fatos; o juiz comunica às partes sua versão do direito, por meio da decisão que encerra a discussão.

Processo restabelece a comunicação interrompida

Além disso, Tércio fala do *desafio kelseniano*: Kelsen afirmaria que a interpretação do direito é arbitrária e não científica. Para o jurista brasileiro, isso seria verdade em parte. A interpretação feita por um juiz estaria presa à necessidade de ser válida, adequada aos valores do direito e útil para resolver o conflito. Ela seria obtida mediante o recurso aos métodos de interpretação.

Interpretação jurídica deve ser válida, conforme os valores e útil para resolver o conflito

O juiz, assim, aplicando os métodos de interpretação poderia chegar a alguns resultados para o conflito, mas não a resultados ilimitados. Depois disso, ele escolheria o resultado mais adequado. Note-se: há arbítrio na interpetação, mas esse arbítrio é limitado pelo próprio direito. Não é qualquer interpretação que seria juridicamente aceita.

Por fim, o autor enfrenta a questão do raciocínio jurídico. No momento de aplicar o direito, o juiz não chegaria à decisão de modo meramente dedutivo ou matemático. Para poder decidir, ele precisaria primeiro construir um significado para a norma, num processo valorativo nada automático. Na construção desse significado, recorreria aos citados métodos de interpretação e também aos argumentos jurídicos.

Interpretação não é meramente lógica, mas valorativa

5.4.5. Neil MacCormick (1941-2009)

Neil MacCormick (1941-2009) pensa a partir da contraposição entre casos fáceis e casos difíceis. Os casos fáceis seriam decididos de modo quase automático, não havendo dificuldades para o conhecimento dos fatos nem para a interpretação das normas, consideradas claras. Os juízes podem usar uma lógica matemática, operando por deduções.

Casos fáceis decididos de modo lógico e automático

Já os casos difíceis não seriam claros quanto aos fatos ou ao significado das normas, exigindo uma interpretação e uma justificação mais complexas. Podemos estar diante de uma lacuna (inexistência de normas), de uma antinomia (conflito de normas) ou de uma ambiguidade normativa.

Casos difíceis são mais complexos – lacuna, antinomia, ambiguidade

A resolução desses casos exigiria o recurso a uma argumentação mais refinada, a justificação de segunda ordem. O juiz precisaria demonstrar a consequência da decisão que pretende tomar, indicando que os resultados seriam aceitáveis, além de demonstrar sua coerência/consistência com o ordenamento, ou seja, o respeito aos princípios gerais do direito. Essas decisões não seriam dedutivas como a dos casos fáceis, requerendo um trabalho maior de reflexão do intérprete.

Casos difíceis requerem justificação de segunda ordem (demonstrar aceitabilidade da decisão e respeito aos princípios)

DIREITO DO TRABALHO

Lilian Katiusca

PARTE I –
DIREITO INDIVIDUAL
DO TRABALHO

1. NOÇÕES GERAIS (CONCEITO, CARACTERÍSTICAS, NATUREZA, FUNÇÕES E AUTONOMIA)

Denomina-se Direito do Trabalho o conjunto de normas, regras e princípios especiais que são criados, aplicados, interpretados e adaptados para regulamentar uma relação jurídica específica: a relação de trabalho. O trabalho foi inserido, pelo legislador constituinte, no rol dos chamados Direitos Sociais e, portanto, deve ser garantido que seja ele realizado dentro das condições mínimas de dignidade.

Por possuir regras e princípios próprios, pode-se afirmar que o Direito do Trabalho é dotado de autonomia. Vale destacar que referida autonomia não se confunde com "independência" normativa, pois, embora dotado de regras e princípios próprios, não raro se torna necessária a utilização de fontes subsidiárias para suprir lacunas e garantir a harmonia desta área específica do Direito junto às demais: Direito Civil, Direito Penal, Direito Constitucional, Direito Administrativo, dentre outras.

Em relação à finalidade do Direito do Trabalho, cabe a ele proteger a parte mais fraca da relação que se constrói por meio da dicotomia capital x trabalho, sendo esta a causadora na desigualdade que permeia toda e qualquer situação em que se tem, de um lado, o detentor dos meios de produção (capital) e de outro a figura do explorado – aquele que se submete a ordens definidas pelo detentor do capital.

Por defender interesses individuais e coletivos, o Direito do Trabalho se divide em Direito Individual do Trabalho e Direito Coletivo. Naquele, são definidos instrumentos de proteção da figura do trabalhador, reconhecendo-lhe direitos básicos ("patamar civilizatório mínimo") que limitam o exercício da autonomia das partes. Significa dizer que, embora tenha natureza jurídica de Direito Privado, alguns direitos são considerados de indisponibilidade absoluta e servem como parâmetros básicos de reconhecimento de garantias mínimas a favor do trabalhador.

Além de definir direitos e obrigações a serem observadas na perspectiva individual – relação entre empregado e empregador –, são definidas também regras referentes à organização do sistema sindical brasileiro, aos instrumentos coletivos, ao exercício do direito de greve e à organização das categorias. Assim, tem-se, ao lado do Direito Individual do Trabalho, o Direito Coletivo do Trabalho, a partir do qual se identificam mecanismos para garantir de interesses mais abrangentes que não se restringem a um sujeito individualizado, mas à coletividade de sujeitos pertencentes à mesma categoria e carecedores de proteção também sob o viés coletivo.

Além do Direito Individual e do Direito Coletivo, são identificadas na CLT regras de natureza processual, ou seja, regras a serem observadas em âmbito judicial que possibilitarão a eficácia das garantias constitucionais que permeiam o direito de ação e o acesso à justiça. São, pois, regras estudadas em outro viés do Direito do Trabalho: o Direito Processual do Trabalho.

Quanto à natureza jurídica, é possível enquadrar os sistemas normativos que integram o Ordenamento Jurídico brasileiro como sendo pertencentes ao Direito Público (supremacia do interesse coletivo sobre o direito privado), Direito Privado (valorização do exercício da autonomia das partes – poder negocial acentuado e respeitado como cláusulas contratuais) e Direito Misto (parte das normas é de Direito Privado, uma vez que respeita o que foi negociado, e parte de Direito Público, em que se destacam as chamadas normas de caráter imperativo.

Em relação ao Direito do Trabalho, a doutrina majoritária considera como tendo ele natureza jurídica de direito privado, uma vez que, no seu processo de surgimento histórico, destacaram-se regras inaugurais que foram construídas pelas próprias partes, característica esta que se preservou durante muito tempo. Com a Reforma Trabalhista, proveniente da promulgação da Lei 13.467/2017, acentuou-se o caráter privado do Direito do Trabalho, já que o legislador reformista definiu mecanismos que possibilitam a negociação direta entre empregado e empregador sobre condições que, até então, apenas poderiam ser definidas mediante intervenção sindical ou do Ministério do Trabalho e Emprego.

Em detrimento do caráter imperativo do art. 7º, da CR/88, há defensores da natureza jurídica mista – público e privada – do Direito do Trabalho. Porém, prevalece seu caráter privado, tendo sido ele intensificado pela Reforma Trabalhista.

A função protetiva do Direito laboral perpassa as três esferas de conjuntos normativos que o compõem: individual, coletivo e processual, sendo ela a marca central desta área autônoma do Direito, caracterizada pelo exercício preponderante da autonomia das partes (valorização do poder negocial – direito privado) tanto individual quanto coletiva. A função protetiva das regras trabalhistas está associada ao seu processo de surgimento e construção, estudado no capítulo a seguir.

2. FUNDAMENTOS E FORMAÇÃO HISTÓRICA DO DIREITO DO TRABALHO.

Antes de se estudar cada um dos institutos que integram o conjunto normativo trabalhista, é imprescindível compreender o seu processo de formação no mundo e no Brasil.

A) Surgimento do Direito do Trabalho no mundo

Até a Revolução Industrial, predominava o trabalho escravo, marcado pela sujeição pessoal do trabalhador tido como objeto de comercialização e plenamente desprotegido, pois sequer era considerado pessoa dotada de dignidade. Ainda, destacavam-se as corporações de ofício, integradas por mestres, aprendizes e companheiros, e o trabalho autônomo, cujo contrato era amparado pelo Código Civil napoleônico.

A Revolução Industrial inaugurou a produção em escala e industrializada, substituindo a manufatura. A adoção da linha de produção industrializada fez surgir o excedente de produtos no mercado, não absorvidos pelas práticas mercantilistas. Associada à necessidade de se aumentar o número de operários, destacou-se, assim, a necessidade também de se aumentar o mercado consumidor. Dessa forma, a escravidão foi abolida e substituída pelo trabalho livre e assalariado.

Para este trabalho livre e assalariado não existia, naquele contexto, qualquer tipo de regulamentação. Os trabalhadores eram submetidos a jornadas extenuantes, trabalho em extrema condição de precariedade sem o mínimo controle e proteção.

O ambiente de degradação humana e superexploração da mão de obra fez surgir, no âmbito das empresas, a identidade coletiva dos trabalhadores, ou seja, eles se uniram na luta pela melhoria das condições de trabalho e promoveram os primeiros movimentos coletivos de paralisação das atividades como forma de forçar os detentores dos meios de produção a implementarem regras de proteção ao trabalhador.

Estes movimentos de paralisação coletiva foram denominados, posteriormente, de greve, considerado o principal mecanismo que impulsionou, mediante a força coletiva, a construção das primeiras regras trabalhistas em instrumentos coletivos.

Paralelamente ao movimento dos trabalhadores no âmbito das empresas, destaca-se a expansão dos ideais socialistas (Manifesto Comunista, Karl Marx) associados à igualdade material plena e à queda do Estado Liberal e capitalista. Visto como o mal causador da extrema exploração e desigualdade, os trabalhadores, já fortalecidos pela formação da identidade coletiva, ampliaram os ideais do movimento coletivo e se rebelaram contra o próprio Estado visto, por eles, como o grande incentivador das tantas atrocidades laborais.

Para garantir a pacificação social e manter a hegemonia do capitalismo, o Estado interviu nas relações de trabalho (até então integralmente privadas) e definiu regras mínimas de proteção ao trabalhador, ao menor e à mulher.

Por este breve percurso histórico do surgimento do Direito do Trabalho, pode-se afirmar que surgiu no contexto da Revolução Industrial, responsável pela concentração de um número elevado de trabalhadores nos polos industriais. Tal concentração possibilitou que se formasse a identidade coletiva, a partir das qual foram realizados os primeiros movimentos grevistas. A partir destes movimentos, os empregadores se viram obrigados a acatar algumas das exigências da categoria, formalizadas em instrumentos coletivos. Portanto, as primeiras regras trabalhistas surgiram mediante a participação direta dos próprios destinatários das regras, sem intervenção estatal.

Na sequência, os operários se rebelaram contra o Estado Liberal e capitalista, exigindo a implementação do socialismo. O Estado, ameaçado por aqueles que formavam grande parte da sociedade europeia, promulgou as primeiras leis de proteção do trabalho e conseguiu, assim, preservar a hegemonia do capital.

Merece destaque, no contexto internacional, a concepção constitucional de direito social atribuída ao trabalho, pela Constituição mexicana de 1917, e também o nascimento da Organização Internacional do Trabalho, em 1919, com a finalidade de definir princípios essenciais para a realização do trabalho como valor humano.

B) Surgimento do Direito do Trabalho no Brasil

No Brasil, tem-se como marco de surgimento do Direito do Trabalho a CLT – Consolidação das Leis do Trabalho – publicada em 1943. Foi um processo marcado pelo agrupamento de leis específicas adaptadas para torná-las mais abrangentes. Foi um processo atropelado e imaturo, motivo pelo qual fez com que nascesse um instrumento cheio de lacunas e já insuficiente para regulamentar as mais variadas espécies de relações de trabalho. Embora seja denominada Consolidação das Leis do Trabalho, se restringe à regulamentação da relação de emprego, ficando as demais espécies submetidas a regras específicas provenientes de outros instrumentos.

Além de ser um instrumento bastante restrito, o atropelo do processo legislativo, dissociando o Direito do Trabalho que ali se formava da realidade na qual estaria inserido, fez com que fosse submetido a vários processos de flexibilização/adaptação e desregulamentação, tópicos a serem conceituados no capítulo que segue.

3. FLEXIBILIZAÇÃO E DESREGULAMENTAÇÃO: DELIMITANDO CONCEITOS.

Para fins de acompanhar o dinamismo das relações que regulamenta, o Direito do Trabalho sofre constantes processos de adaptação de forma a garantir a máxima eficácia e abrangência do conjunto de regras que o compõem. São, pois, processos denominados flexibilização trabalhista, cuja proposta é estimular a maleabilidade jurídica associada à base principiológica que a fundamenta.

Tal processo pode ocorrer mediante alterações legislativas, jurisprudências, negociações coletivas e, inclusive, mediante intervenções doutrinárias que se esforçam no sentido de alterar e adaptar conceitos que favoreçam o equilíbrio do sistema normativo brasileiro.

No Brasil, a flexibilização das normas trabalhistas é medida corriqueira desde o seu efetivo nascimento – 1943, com a CLT, uma vez que houve, na implementação do Direito do Trabalho, um atropelo bastante significativo em sua construção, pois não houve um processo de amadurecimento necessário à formação de regras condizentes com o real cenário trabalhista. Assim, trata-se de uma área do Direito que, embora dotada de autonomia, depende de constantes intervenções e esforços doutrinários, legislativos e jurisprudenciais para que se preserve a sua essência e seus valores, essenciais à proteção do trabalho como direito social, nos termos do art. 6º da CR/88, à medida que se alteram as relações abrangidas por ela.

DIREITO DO TRABALHO

Vale destacar que nos processos de flexibilização trabalhista, preserva-se a base de proteção mínima assegurada pela CR/88, ou seja, a intervenção do Estado se faz presente na medida em que devem ser respeitadas as normas de caráter imperativo, tidas como base de sustentação para as adaptações jurídicas provenientes dos mais variados processos.

Já a desregulamentação trabalhista é conhecida como o total distanciamento do Estado como garantidor de condições básicas de proteção à parte hipossuficiente. Não existiriam parâmetros legais ou constitucionais de limitação do exercício da autonomia das partes, cabendo-lhes definirem regras próprias sem limites mínimo e máximo legalmente definidos.

No percurso de formação, aplicação e adaptação do Direito do Trabalho considerando, especialmente, a promulgação da Lei 13.467/2017, percebe-se que são processos de efetiva flexibilização trabalhista, já que os direitos básicos definidos no art. 7º da CR/88 devem ser preservados e servir de parâmetros para a autonomia individual e coletiva.

4. FONTES DO DIREITO DO TRABALHO

4.1. Fontes do Direito do Trabalho

A) Conceito:

O tema "fontes do Direito do Trabalho" se mostra como sendo de compreensão bastante tortuosa e de difícil conceituação. Para facilitar, o tema será estudado a partir de duas perspectivas/conceitos:

- fontes como mecanismos de construção e adaptação do Direito (classificação doutrinária);

- fontes como instrumentos a serem utilizados para supressão de lacunas da Lei (art. 8º, da CLT).

B) Classificação:

As fontes do Direito do Trabalho, associadas aos processos de construção e adaptação, são classificadas como sendo materiais ou formais.

Fontes materiais do Direito do Trabalho são aquelas identificadas em um contexto pré-jurídico, ou seja, a regra ainda não existe. São, pois, instrumentos que impulsionam a construção de um conjunto normativo específico para regulamentar determinada relação. São exemplos de fontes materiais do Direito do Trabalho os movimentos grevistas, abolição da escravidão, revolução industrial, socialismo bem como qualquer outro movimento social, histórico, filosófico que influencie a construção de regras até então inexistentes. Em síntese: fontes materiais correspondem à matéria prima do Direito do Trabalho; será tudo aquilo que deu e dá suporte para sua construção.

Já as fontes formais são aquelas identificadas na fase jurídica, já construídas, e servirão de suporte para a adaptação do Direito do Trabalho. São autônomas ou heterônomas.

I – Fontes Formais Autônomas: são aquelas marcadas pela participação direta dos destinatários das regras no seu processo de adaptação. São, pois, provenientes de AUTOrregulamentação (AUTOnomia). São exemplos: costumes, acordo coletivo de trabalho e convenção coletiva de trabalho.

II – Fontes Formais Heterônomas: são aquelas provenientes da intervenção de um "terceiro", ou seja, alguém (em regra, o Estado) que não possui interesse direto nas regras adaptadas por estar de fora da relação sobre a qual incidirá o comando normativo. São exemplos: CR/88, CLT, Leis, Decretos, Portarias, Tratados e Convenções Internacionais ratificados no Brasil e qualquer outra manifestação do Poder Legislativo; sentenças NORMATIVAS[1] (cuidado com as provas da FGV!!! Apenas as sentenças normativas possuem força de fonte formal. As demais sentenças, não); laudo ou sentença arbitral (proferida pelo árbitro na solução extrajudicial de conflito trabalhista); Súmulas VINCULANTES (atenção nas provas da FGV!!! As Súmulas que não tenham força vinculante e OJs não são fontes do Direito do Trabalho).

Percebe-se, pois, que enquanto as fontes materiais servem de matéria prima para a construção do Direito do Trabalho, as fontes formais servem de suporte para a sua adaptação, uma vez que a FORMA (fonte FORMAL) já existe.

C) Hierarquia:

Dentre as particularidades do Direito do Trabalho, destaca-se a rejeição à pirâmide normativa proposta por Kelsen segundo o qual, em regra, a lei hierarquicamente superior prevalece em relação à inferior. Para o Direito do Trabalho, a relevância para definir a preponderância de uma regra sobre outra, quando vigoram simultaneamente e aptas a regulamentar o mesmo caso concreto, não é o nível que ocupam na pirâmide normativas, mas sim os reflexos causados em prol do trabalhador.

Assim, para solucionar o conflito proveniente da hierarquia das leis, aplica-se o princípio da norma mais favorável, segundo o qual aplica-se o instrumento jurídico que, no seu conjunto, for mais favorável ao trabalhador. A doutrina trabalhista adota a Teoria do Conglobamento[2] para definir a melhor forma de aplicação do princípio, e rejeita a Teoria da Acumulação[3].

Merece destaque (atenção para as próximas provas da FGV!!!) a nova redação do art. 620, da CLT, abaixo transcrito:

> Art. 620, CLT: As condições estabelecidas em acordo coletivo de trabalho sempre prevalecerão sobre as estipuladas em convenção coletiva de trabalho.

Antes da Reforma Trabalhista, o art. 620, da CLT, determinava que a Convenção Coletiva de Trabalho, quando mais favorável, prevaleceria sobre o Acordo Coletivo. Com a nova

---

1. Sentenças normativas são decisões colegiadas proferidas em ações de Dissídio Coletivo ajuizadas, regra geral, nos Tribunais Regionais do Trabalho. São consideradas fonte formal do Direito do Trabalho por substituírem, na prática, o instrumento coletivo que não foi amigavelmente negociado, sendo este o motivo pelo qual referida ação fora ajuizada. É reflexo do exercício do Poder Normativo da Justiça do Trabalho.

2. Diante de instrumentos conflitantes, aplica-se aquele que, NO SEU CONJUNTO, na sua totalidade, for mais favorável ao trabalhador, mesmo que ele contenha uma ou outra cláusula menos favorável.

3. Pela Teoria da Acumulação, os benefícios de cada instrumentos conflitante seriam reunidos e aplicados a favor do trabalhador, acumulando vantagens e exacerbando o princípio da proteção. Foi rejeitado pela doutrina pelo fato de criar um novo instrumento excessivamente benéfico ao trabalhador, contrariando a ótica de equilíbrio promovida pela aplicação racional do princípio da proteção.

399

redação, o Acordo Coletivo SEMPRE prevalecerá, independentemente de ser ele mais favorável ou não.

Portanto, para a prova da FGV – OAB, primeira etapa, deve-se estar atento à supressão da condicionante "desde que mais favorável" da redação do art., que passou a reconhecer a prevalência incondicional do ACT sobre a CCT. Houve, diante desta alteração legislativa, flexibilização do princípio da norma mais favorável.

4.2. Fontes do Direito do Trabalho como instrumentos de supressão de lacunas da Lei.

A Lei 13.467/2017, que trouxe importantes adaptações para o cenário jurídico brasileiro, se destaca quanto à temática "Fontes do Direito do Trabalho".

Especificamente em relação ao art. 8°, *caput*, da CLT, são consideradas fontes, nos termos das CLT, os mecanismos por meio dos quais será possível sanar lacunas da lei ou, até mesmo, solucionar conflitos de interpretação e aplicação da lei trabalhista, no tempo e no espaço, pela jurisprudência, por analogia, por equidade e outros princípios e normas gerais de direito, principalmente do Direito do Trabalho, e, ainda, de acordo com os usos e costumes, o direito comparado, mas sempre de maneira que nenhum interesse de classe ou particular prevaleça sobre o interesse público.

Vale ressaltar que, nesse tópico, as fontes não serão classificadas a partir das funções de construção e adaptação do Direito do Trabalho (fontes materiais e formais, respectivamente), mas serão estudadas como critérios de supressão de lacunas da lei com a finalidade de garantir a segurança jurídica aos destinatários das regras e harmonizar o sistema jurídico aos ditames principiológicos, jurisprudenciais, conceituais, constitucionais e, ainda, sob a ótica do direito comparado, harmonizá-lo a tratados e convenções internacionais.

Assim é que, pela amplitude de recursos garantidores da supressão de lacunas na lei e do contrato, o legislador reformista manteve, integralmente, o *caput* do art. 8°, da CLT, embora não tenha mantido as demais disposições, conforme será estudado a seguir.

São, pois, fontes do Direito do Trabalho:

- jurisprudência;

- analogia (método de integração da Lei);

- equidade;

- princípios de normas gerais de Direito, principalmente do Direito do Trabalho;

- usos e costumes;

- direito comparado.

A manutenção integral do *caput* do art. 8°, da CLT, não trouxe qualquer prejudicialidade para as Súmulas 229, 301 e 346, todas do TST, que demonstram a importância da analogia como forma de integração do Direito.

Quanto ao parágrafo único, foi convertido em parágrafo primeiro com uma alteração bastante expressiva. Na CLT pré-Reforma, o direito comum poderia ser usado como fonte subsidiária do Direito do Trabalho desde que compatível com os princípios especiais deste.

Com a Reforma Trabalhista, foi retirada, do texto do parágrafo primeiro (antes parágrafo único) a expressão "naquilo em que não for incompatível com os princípios fundamentais deste". **Significa dizer que, para uso do direito comum como fonte subsidiária do Direito do Trabalho, não se faz necessária a compatibilidade daquele com os princípios especiais deste. Ou seja: existindo lacuna, recorre-se ao direito comum sem que se faça qualquer consideração sobre a compatibilidade deste com a base principiológica trabalhista.**

Quanto ao § 2°, do art. 8°, da CLT, tem-se aí uma novidade trazida pelo legislador reformista ao texto da CLT: a Justiça do Trabalho, ao exercer sua função de edição de Súmulas e outros critérios de uniformização de jurisprudência, não poderá restringir direitos legalmente previstos e, tampouco, criar obrigações que não estejam previstas em lei.

Portanto, é possível afirmar que, com a vigência da Lei 13.467/2017, houve uma expressiva limitação quanto às matérias tratadas em Súmulas e Orientações Jurisprudenciais, uma vez que estas não poderão restringir direitos ou criar obrigações que não decorram de previsão legal.

Além de restringir a matéria a ser tratada em Súmulas e Orientações Jurisprudenciais, o legislador reformista também restringiu a atuação da Justiça do Trabalho em relação à análise de instrumentos coletivos. Tal restrição ocorre na medida em que esta só poderá intervir na análise de validade do instrumento a partir da avaliação da presença dos chamados pressupostos jurídico-formais de validade do negócio, quais sejam: capacidade das partes, licitude do objeto, forma prescrita ou não defesa em lei e livre manifestação de vontade das partes.

Percebe-se, pois, que a Justiça do Trabalho restringirá sua atuação apenas quanto à estrutura formal do Acordo Coletivo ou da Convenção Coletiva, sob o fundamento do "princípio da intervenção mínima na autonomia da vontade coletiva".

Conclui-se, em detrimento das alterações realizadas no art. 8°, da CLT, que embora mantidas as fontes do Direito do Trabalho – neste tópico trabalhadas como instrumentos de supressão de lacunas na Lei -, não se faz mais necessária a compatibilidade do direito comum com os princípios justrabalhista que lhe são especiais. Ainda, Súmulas e outros mecanismos de uniformização de jurisprudência não podem restringir direitos legalmente previstos ou criar obrigações que não estejam previstas em lei. Por fim, à Justiça do Trabalho, tendo por base o princípio da intervenção mínima na autonomia da vontade coletiva, competirá a análise apenas da estrutura formal dos instrumentos coletivos, avaliando a adequação destes ao pressupostos jurídico-formais do Código Civil de 2002.

A limitação da Justiça do Trabalho frente à análise dos instrumentos coletivos reforça a natureza de direito privado do Direito do Trabalho, pautada na liberdade negocial em âmbito individual e coletivo a partir da qual se constroem e se adaptam as diretrizes da matéria.

5. PRINCÍPIOS DO DIREITO DO TRABALHO.

5.1. Conceito e funções

Princípios são proposições genéricas e abstratas integrantes de um sistema normativo e exercem três importantes funções (função tripartite ou tripé principiológico):

- orientar o legislador no processo de elaboração da lei;

- orientar pensadores do Direito no processo de interpretação da Lei;

- garantir a supressão de lacunas da Lei, de forma a possibilitar o movimento circular e complementar do que se chama de Ordenamento Jurídico (ordem normativa promovida por meio da aplicação harmônica dos princípios).

Afirma-se que, pelo fato de o Direito do Trabalho possuir regras e princípios próprios, lhe foi reconhecida sua autonomia, embora não deva ser pensando ou interpretado dissociado das demais áreas do Direito.

Em detrimento da importância dos princípios dentro do Ordenamento Jurídico, torna-se necessário o estudo do que chama de base justrabalhista principiológica, a seguir estudada.

5.2. Princípios do Direito do Trabalho

A) Princípio da Proteção:

De acordo com a doutrina trabalhista, o princípio da proteção é considerado o princípio central do Direito do Trabalho e visa a assegurar uma igualdade ou superioridade jurídica do empregado em relação ao seu empregador. Segundo tal princípio, cabe ao Direito do Trabalho proteger a parte hipossuficiente da relação de trabalho, qual seja, o trabalhador. Do princípio da proteção, derivam outros três importantes princípios: "in dubio pro operario"; princípio da norma mais favorável; princípio da condição mais benéfica.

O princípio do "in dubio pro operario" orienta que, no caso de dúvidas quanto à melhor interpretação da norma, deve-se interpretá-la de forma a favorecer o trabalhador. Cuidado, pois a aplicação deste princípio não abrange possíveis dúvidas do magistrado no exercício do seu poder decisório, pois violaria o princípio da imparcialidade do juiz.

Já o princípio da norma mais favorável tem importantíssima função dentro do Direito do Trabalho, pois é a ferramenta utilizada para solucionar conflito de regras trabalhistas no espaço (várias regras que vigoram, ao mesmo tempo, para regulamentar o mesmo caso concreto). Como visto anteriormente, a pirâmide normativa kelseniana não é aplicada no Direito do Trabalho. Assim, segundo a Teoria do Conglobamento (a que melhor traduz a aplicação do princípio da norma mais favorável), deve-se aplicar o instrumento jurídico que, no seu conjunto de regras, seja mais favorável ao trabalhador. Importante lembrar que a CR/88 define regras básicas ("patamar civilizatório mínimo") a serem aplicadas nos contratos de emprego, com limites a serem obrigatoriamente observados em detrimento do seu caráter imperativo.

Vale destacar que a Reforma Trabalhista flexibilizou de forma bastante significativa o princípio da norma mais favorável. Esta afirmativa se fundamenta em dois relevantes

dispositivos provenientes da promulgação da Lei 13.467/2017: art. 611-A, da CLT, segundo o qual o negociado prevalecerá sobre o legislado; e o art. 620, com nova redação (já citado), segundo o qual o Acordo Coletivo SEMPRE prevalecerá em detrimento da Convenção Coletiva. Na redação do *caput*, não foi feita a ressalva no sentido de que esta prevalência ocorrerá apenas se for o ACT mais favorável que a CCT.

Quanto ao princípio da condição mais benéfica, está ele atrelado à concepção constitucional de direito adquirido. É importante mecanismo para solucionar conflito de leis trabalhistas no tempo. Ou seja: quando uma regra é substituída por outra, aplica-se aquela que for mais benéfica para o trabalhador.

Importante lembrar que norma mais favorável e condição mais benéfica não são princípios sinônimos. O primeiro é aplicado diante de regras que vigoram ao mesmo tempo sobre o mesmo caso concreto. O segundo é aplicado quando uma regra deixa de existir e é substituída por outra, alterando/criando uma nova condição de trabalho.

Por força do princípio da condição mais benéfica, há defensores da irretroatividade da Lei 13.467/2017 (Reforma Trabalhista) para os contratos celebrados antes da sua vigência, já que esta cria condições mais flexíveis e, em grande medida, menos benéficas ao trabalhador. Ainda não há posicionamento do TST nesse sentido.

Sobre o princípio da condição mais benéfica, merece destaque a Súmula 51, do TST, não prejudicada pela Reforma:

> Súmula 51, TST: NORMA REGULAMENTAR. VANTAGENS E OPÇÃO PELO NOVO REGULAMENTO. ART. 468 DA CLT (incorporada a Orientação Jurisprudencial nº 163 da SBDI-1) - Res. 129/2005, DJ 20, 22 e 25.04.2005
>
> I - As cláusulas regulamentares, que revoguem ou alterem vantagens deferidas anteriormente, só atingirão os trabalhadores admitidos após a revogação ou alteração do regulamento. (ex-Súmula nº 51 - RA 41/1973, DJ 14.06.1973)
>
> II - Havendo a coexistência de dois regulamentos da empresa, a opção do empregado por um deles tem efeito jurídico de renúncia às regras do sistema do outro. (ex-OJ nº 163 da SBDI-1 - inserida em 26.03.1999)

B) Princípio da Imperatividade:

Existem regras trabalhistas que servem de base para a construção e adaptação das demais. Sobre elas, recaem o caráter imperativo por serem normas de ordem pública. Assim, não podem ser alteradas. Por isso, há quem defenda a natureza jurídica mista – público e privado – do Direito do Trabalho. Ainda assim, prevalece o caráter privado característico do exercício da vontade das partes. Aos direitos constitucionais no art. 7º, da CR/88, é atribuída referida característica.

C) Princípio da primazia da realidade sobre a forma:

De acordo com o princípio da primazia da realidade sobre a forma, para o Direito do Trabalho importa o que de fato aconteceu no caso concreto, desde que provado, e não o que tenha sido contratualmente definido ou o que consta em determinado documento. Por esse princípio, é possível descaracterizar uma relação civil contratualmente formalizada para reconhecimento de uma relação de emprego (desde que presentes os requisitos necessários). É possível também reconhecer horas suplementares, mesmo que não identificadas no registro de controle de ponto. Frisa-se que, para que a realidade se sobreponha à forma, é necessário prová-la. Fato alegado e não provado será considerado inexistente.

D) Princípio da inalterabilidade contratual lesiva:

Os contratos de emprego só podem ser alterados para beneficiar o trabalhador. Mesmo que as alterações ocorram no sentido de o beneficiar, devem ser feitas por mútuo consentimento. Para as provas da FGV – OAB, merece destaque o art. 468, da CLT, alterado pela Reforma Trabalhista:

Art. 468, CLT: Nos contratos individuais de trabalho só é lícita a alteração das respectivas condições por mútuo consentimento, e ainda assim desde que não resultem, direta ou indiretamente, prejuízos ao empregado, sob pena de nulidade da cláusula infringente desta garantia.

§ 1º Não se considera alteração unilateral a determinação do empregador para que o respectivo empregado reverta ao cargo efetivo, anteriormente ocupado, deixando o exercício de função de confiança.

§ 2º A alteração de que trata o § 1º deste artigo, com ou sem justo motivo, não assegura ao empregado o direito à manutenção do pagamento da gratificação correspondente, que não será incorporada, independentemente do tempo de exercício da respectiva função.

Pela interpretação do *caput*, fica clara a regra de que, mesmo que as alterações ocorram no sentido de beneficiar o trabalhador, é necessário que haja mútuo consentimento. Portanto, sobre as alterações contratuais, em geral, incidem duas importantes características: realizadas em benefício do trabalhador e por mútuo consentimento (bilaterais).

Porém, a própria Lei reconhece ao empregador, em circunstâncias bastante específicas, a possibilidade de alterar as condições de trabalho sem que se tenha a concordância do trabalhador. É o que a doutrina chama de "Jus Variandi" – poder reconhecido ao empregador, pela Lei, para alterar as condições de trabalho.

São exemplos de "jus variandi":

- Alteração do horário noturno de trabalho para o diurno, com a supressão do respectivo adicional;

- Mudança da data de pagamento do salário, desde que não ultrapasse ao 5º dia útil do mês subsequente;

- Transferência do empregado, desde que observados os requisitos necessários (para que o empregado seja transferido, não é necessária sua autorização. Logo, anuência não se confunde com autorização. É o mero conhecimento do empregado sobre a possibilidade de ser transferido);

- Conversão do teletrabalho em trabalho presencial (regra inaugurada na CLT pela Reforma Trabalhista);

- Reversão.

Sobre a reversão, embora enquadrada pela doutrina como exemplo de "Jus Variandi", não pode ser considerada como alteração unilateral, conforme definida na regra do §1º, do art. 468, da CLT. A reversão será estudada dentro do tópico "Alto empregado", por se tratar de efeito proveniente da promoção ao exercício de cargo ou função de confiança. Para as provas da OAB – FGV, não se esqueça: A REVERSÃO NÃO É ALTERAÇÃO UNILATERAL DO CONTRATO.

Percebe-se que a inalterabilidade contratual lesiva é regra dentro da qual há exceções reconhecidas pela própria legislação trabalhista, o que faz com que tal princípio não tenha aplicação absoluta e irrestrita.

E) Princípio da continuidade da relação de emprego:

Para este princípio, em regra as relações de emprego serão a prazo indeterminado. Por esta orientação, afirma-se que cabe ao empregador provar a determinação do prazo de vigência do contrato – os contratos de emprego temporário devem ser escritos e, também, caberá ao empregador comprovar a extinção do contrato – aviso prévio escrito.

Ainda, pode-se afirmar que o princípio da continuidade exerceu importante influência no processo de alteração das regras trabalhistas pela Lei 13.467/2017, em que se destacam as seguintes orientações:

- contrato intermitente: escrito;

- contrato entre empresa de trabalho temporário e tomadora de serviços: escrito;

- teletrabalho: escrito;

- aviso prévio escrito e obrigatoriedade de anotação na CTPS do momento da extinção do contrato como requisitos indispensáveis para recebimento do Seguro Desemprego e movimentação do FGTS.

Para as provas da OAB-FGV, merece destaque a Súmula 212, do TST, mantida pela Reforma Trabalhista:

Súmula 212, TST: DESPEDIMENTO. ÔNUS DA PROVA (mantida) - Res. 121/2003, DJ 19, 20 e 21.11.2003: O ônus de provar o término do contrato de trabalho, quando negados a prestação de serviço e o despedimento, é do empregador, pois o princípio da continuidade da relação de emprego constitui presunção favorável ao empregado.

F) Princípio da irrenunciabilidade/ indisponibilidade trabalhista:

Dentre os princípios que permeiam o Direito do Trabalho, destaca-se o princípio da indisponibilidade dos direitos, segundo o qual alguns direitos não podem ser objeto de renúncia ou transação. Porém, pela necessidade de se adaptar as regras trabalhistas ao dinamismo das relações sobre as quais recaem, o princípio da indisponibilidade se divide em indisponibilidade relativa e absoluta.

Assim, são direitos de indisponibilidade relativa aqueles que podem ser alterados pelas partes, em acordos individuais, ou mediante instrumentos coletivos. Já os direitos de indisponibilidade absoluta são aqueles que não podem ser renunciados e, caso negociados, que seja para definir parâmetros mais benéficos ao trabalhador, tendo por base os limites mínimo e máximo definidos em Leis ou na CR/88.

Pelos novos artigos 611-A e 611-B, da CLT, os direitos de indisponibilidade relativa e absoluta podem ser assim organizados, respectivamente:

✓ INDISPONIBILIDADE RELATIVA: PODEM SER ALTERADOS POR ACT E CCT.

- Os instrumentos coletivos prevalecerão em detrimento das leis quando dispuserem sobre: (art. 611-A, CLT)

• pacto quanto à jornada de trabalho, observados os limites constitucionais;

DIREITO DO TRABALHO

- banco de horas anual;

- intervalo intrajornada, respeitado o limite mínimo de trinta minutos para jornadas superiores a seis horas;

- adesão ao Programa Seguro-Emprego (PSE), de que trata a Lei 13.189, de 19 de novembro de 2015;

- plano de cargos, salários e funções compatíveis com a condição pessoal do empregado, bem como identificação dos cargos que se enquadram como funções de confiança;

- regulamento empresarial;

- representante dos trabalhadores no local de trabalho;

- teletrabalho, regime de sobreaviso, e trabalho intermitente;

- remuneração por produtividade, incluídas as gorjetas percebidas pelo empregado, e remuneração por desempenho individual;

- modalidade de registro de jornada de trabalho;

- troca do dia de feriado;

- enquadramento do grau de insalubridade;

- prorrogação de jornada em ambientes insalubres, sem licença prévia das autoridades competentes do Ministério do Trabalho;

- prêmios de incentivo em bens ou serviços, eventualmente concedidos em programas de incentivo;

- participação nos lucros ou resultados da empresa.

✓ **INDISPONIBILIDADE ABOSLUTA: "patamar civilizatório mínimo"** - DIREITOS QUE NÃO PODEM SER SUPRIMIDOS. Caso sejam eles negociados, é obrigatória a observância dos limites mínimo e máximos definidos em Lei ou na CR/88 (art. 611-B, CLT):

- normas de identificação profissional, inclusive as anotações na Carteira de Trabalho e Previdência Social;

- seguro-desemprego, em caso de desemprego involuntário;

- valor dos depósitos mensais e da indenização rescisória do Fundo de Garantia do Tempo de Serviço (FGTS);

- salário mínimo;

- valor nominal do décimo terceiro salário;

- remuneração do trabalho noturno superior à do diurno;

- proteção do salário na forma da lei, constituindo crime sua retenção dolosa;

- salário-família;

- repouso semanal remunerado;

- remuneração do serviço extraordinário superior, no mínimo, em 50% (cinquenta por cento) à do normal;

- número de dias de férias devidas ao empregado;

- gozo de férias anuais remuneradas com, pelo menos, um terço a mais do que o salário normal;

- licença-maternidade com a duração mínima de cento e vinte dias;

- licença-paternidade nos termos fixados em lei;

- proteção do mercado de trabalho da mulher, mediante incentivos específicos, nos termos da lei;

- aviso prévio proporcional ao tempo de serviço, sendo no mínimo de trinta dias, nos termos da lei;

- normas de saúde, higiene e segurança do trabalho previstas em lei ou em normas regulamentadoras do Ministério do Trabalho;

- adicional de remuneração para as atividades penosas, insalubres ou perigosas;

- aposentadoria;

- seguro contra acidentes de trabalho, a cargo do empregador;

- ação, quanto aos créditos resultantes das relações de trabalho, com prazo prescricional de cinco anos para os trabalhadores urbanos e rurais, até o limite de dois anos após a extinção do contrato de trabalho;

- proibição de qualquer discriminação no tocante a salário e critérios de admissão do trabalhador com deficiência;

- proibição de trabalho noturno, perigoso ou insalubre a menores de dezoito anos e de qualquer trabalho a menores de dezesseis anos, salvo na condição de aprendiz, a partir de quatorze anos;

- medidas de proteção legal de crianças e adolescentes;

- igualdade de direitos entre o trabalhador com vínculo empregatício permanente e o trabalhador avulso;

- liberdade de associação profissional ou sindical do trabalhador, inclusive o direito de não sofrer, sem sua expressa e prévia anuência, qualquer cobrança ou desconto salarial estabelecidos em acordo coletivo ou convenção coletiva de trabalho;

- direito de greve, competindo aos trabalhadores decidir sobre a oportunidade de exercê-lo e sobre os interesses que devam por meio dele defender;

- definição legal sobre os serviços ou atividades essenciais e disposições legais sobre o atendimento das necessidades inadiáveis da comunidade em caso de greve;

- tributos e outros créditos de terceiros;

- as disposições previstas nos arts. 373-A, 390, 392, 392-A, 394, 394-A, 395, 396 e 400 da CLT.

ATENÇÃO!!!! Regras sobre duração do trabalho e intervalos não são consideradas normas de saúde, higiene e segurança do trabalho, ou seja, PODEM SER ALTERADAS, de acordo com o art. 611-A, da CLT.

G) Princípio da irredutibilidade salarial:

Princípio de natureza constitucional – art. 7º, VI, segundo o qual os salários não podem ser reduzidos, SALVO acordo coletivo ou convenção coletiva de trabalho.

Uma vez autorizada, por instrumento coletivo, a redução dos salários, altera-se a base de cálculo das parcelas de natureza trabalhista.

H) Princípio da intangibilidade salarial:

Princípio de natureza celetista – art. 462 – segundo o qual os salários não podem ser objeto de redução, salvo acordo entre as partes, previsão em lei, acordo coletivo, convenção coletiva ou, ainda, nos casos de prejuízo causado pelo empregado ao seu empregador. Se o prejuízo for causado por conduta culposa (negligência, imprudência ou imperícia do empregado), o desconto depende de previsão no contrato de trabalho. Se o desconto for provocado por conduta dolosa, o desconto Independe de previsão contratual.

403

Uma vez autorizado o desconto, a base de cálculo das parcelas trabalhistas não será alterada, diferentemente do que ocorre quando autorizada a redução salarial. Por isso, reduzir e descontar não são sinônimos!

5.3. Tópicos que merecem atenção especial – como os princípios são cobrados nas provas da OAB-FGV

- o princípio da proteção assegura uma igualdade ou superioridade jurídica do empregado em relação ao seu empregador (assertiva CORRETA);

- princípio da irredutibilidade salarial é um princípio de natureza constitucional segundo o qual os salários não podem ser reduzidos, salvo acordo COLETIVO ou convenção coletiva de trabalho (cuidado!!! é obrigatório definir o tipo de acordo que autoriza a redução salarial. Se colocarem apenas "Acordo ou Convenção coletiva", a assertiva fica errada. Só Acordo COLETIVO e Convenção Coletiva podem autorizar a redução salarial).

- Em detrimento do princípio da continuidade, segundo o qual o contrato de emprego será, em regra, indeterminado, o aviso prévio e o contrato de emprego temporário devem ser escritos. O referido princípio gera presunção favorável ao empregado.

5.4. Quadro esquematizado dos princípios do Direito do Trabalho

PRINCÍPIOS DO DIREITO DO TRABALHO	
1. Princípio da proteção	Cabe ao Direito do trabalho assegurar uma igualdade ou superioridade jurídica do empregado em relação ao seu empregador (proteção da parte hipossuficiente. Subdivide-se em:
	in dubio pro operario: no caso de dúvida quanto à melhor interpretação da lei/regra, deve-se interpretá-la a favor do trabalhador.
	norma mais favorável: conflito de regras que vigoram ao mesmo tempo e regulamentam o mesmo caso concreto – Teoria do Conglobamento: aplica-se o instrumento jurídico que, no seu conjunto, for mais favorável ao trabalhador.
	ATENÇÃO!!! A Lei 13.467/2017 alterou o art. 620, da CLT. Assim, o Acordo Coletivo SEMPRE prevalecerá em detrimento da Convenção Coletiva, independentemente de ser mais favorável ou não.
	condição mais benéfica: conflito de regras no cespaçoe – uma regra foi substituída por outra. Prevalecerá a que for mais favorável ao trabalhador.
2. Imperatividade das normas trabalhistas	As normas contidas no art. 7º, da CR/88, são consideradas de ordem pública e devem ser rigorosamente observadas.
3. Primazia da realidade sobre a forma	O real prevalece sobre aquilo que foi pactuado pelas partes. A realidade, para o Direito do Trabalho, é mais importante que o documento, desde que provada.
4. Inalterabilidade contratual lesiva	Os contratos só podem ser alterados de forma a beneficiar o trabalhador e, ainda, por mútuo consentimento. EXCEÇÕES: *jus variandi* (alterações unilaterais): mudança da data de pagamento do salário, desde que não ultrapasse ao 5º dia útil; transferência do empregado, desde que observados os requisitos exigidos em lei; mudança do horário de trabalho do empregado – noturno para diurno, com a supressão do adiciona. Cuidado: REVERSÃO não é alteração unilateral do contrato; é bilateral.
5. Princípio da continuidade da relação de emprego	Em regra, os contratos de emprego serão a prazo indeterminado. Obs.: contrato de emprego temporário devem ser escritos; o aviso prévio deve ser escrito; o princípio da continuidade gera presunção favorável ao empregado (Súmula 212, TST).
6. Indisponibilidade ou irrenunciabilidade dos direitos	Os direitos trabalhistas não podem ser objeto de renúncia ou transação. **ATENÇÃO!!!** A Lei 13.467/2017 incorporou no texto da CLT os arts. 611-A e 611-B, que definem direitos que podem ser negociados via instrumento coletivo – indisponibilidade relativa – e direitos que não podem ser suprimidos e/ou negociados, salvo, neste caso, para definir percentual maior que o definido em lei – indisponibilidade absoluta.
7. Irredutibilidade salarial	Princípio de natureza constitucional segundo o qual os salários não podem ser objeto de redução, salvo Acordo Coletivo ou Convenção Coletiva de Trabalho (art. 7º, VI, CR/88)
8. Intangibilidade salarial	Princípio de natureza celetista segundo o qual os salários não podem ser objeto de desconto, salvo acordo individual, acordo coletivo, convenção coletiva, previsão em lei, decisão judicial ou, ainda, no caso de prejuízos causados pelo empregado ao seu empregador. Nesse caso, se houver culpa, o desconto só poderá ser realizado se houver previsão expressa no contrato individual de trabalho. No caso de dolo, o desconto independe de previsão contratual. **ATENÇÃO!** O empregado deverá receber, pelo menos, 30% do seu salário em dinheiro.

DIREITO DO TRABALHO

6. DIREITOS CONSTITUCIONAIS ASSEGURADOS AOS TRABALHADORES URBANOS, RURAIS E DOMÉSTICOS:

O art. 7º, da CR/88, assegura direitos mínimos – patamar civilizatório mínimo – a serem assegurados aos empregados urbanos e rurais – totalidade dos direitos – e aos empregados domésticos – parágrafo único do art. 7º, da CR/88.

Em função da recorrência do tema nas provas da OAB-FGV, é necessária a análise atenta do referido dispositivo constitucional, especialmente quanto aos direitos assegurados aos empregados domésticos, ampliados por força da EC/72, de 2013.

Vale destacar, ainda, que os trabalhadores avulsos correspondem à única espécie de trabalhadores não empregados detentores da totalidade dos direitos constitucionais enumerados no art. 7º, da CR/88, sendo necessária a intermediação da prestação de serviços de tais trabalhadores pelo Órgão Gestor de Mão de Obra, vinculado ao MTE, ou do sindicato da categoria, para fins de garantir a eficácia de tais direitos.

6.1. Como os direitos constitucionais são cobrados nas provas da OAB – FGV – tópicos que merecem atenção especial

- base de cálculo do 13º salário: REMUNERAÇÃO integral ou valor da aposentadoria.

- seguro-desemprego: devido no caso de desemprego INvoluntário.

- vedação à dispensa arbitrária ou imotivada: depende de regulamentação em lei COMPLEMENTAR.

- sistema de compensação de jornada previsto em ACORDO ou convenção coletiva (o art. 7º, XIII, não especifica o tipo de acordo que pode autorizar sistema de compensação de jornada. Nesse caso, afirma-se que pode ser tanto coletivo quanto individual – ideia reforçada pelas alterações implementadas no art. 59, da CLT, pela Reforma Trabalhista.

- trabalhador avulso: única espécie de trabalhador não empregado que possui a totalidade dos direitos previstos no art. 7º, da CR/88.

6.2. Quadro esquematizado: direitos constitucionais – urbanos, rurais e domésticos

DIREITOS CONSTITUCIONAIS DOS TRABALHADORES URBANOS, RURAIS E DOMÉSTICOS	
URBANOS E RURAIS	DOMÉSTICOS
- relação de emprego protegida contra despedida arbitrária ou sem justa causa, nos termos de lei complementar, que preverá indenização compensatória, dentre outros direitos; - seguro-desemprego, em caso de desemprego involuntário; -fundo de garantia do tempo de serviço; -salário-mínimo, fixado em lei, nacionalmente unificado, capaz de atender a suas necessidades vitais básicas e às de sua família com moradia, alimentação, educação, saúde, lazer, vestuário, higiene, transporte e previdência social, com reajustes periódicos que lhe preservem o poder aquisitivo, sendo vedada sua vinculação para qualquer fim; - <u>piso salarial proporcional à extensão e à complexidade do trabalho;</u> - irredutibilidade do salário, salvo o disposto em convenção ou acordo coletivo; - garantia de salário, nunca inferior ao mínimo, para os que percebem remuneração variável; - décimo terceiro salário com base na remuneração integral ou no valor da aposentadoria; - remuneração do trabalho noturno superior à do diurno; - proteção do salário na forma da lei, constituindo crime sua retenção dolosa; - <u>participação nos lucros, ou resultados, desvinculada da remuneração, e, excepcionalmente, participação na gestão da empresa, conforme definido em lei;</u> - salário-família para os seus dependentes; - salário-família pago em razão do dependente do trabalhador de baixa renda nos termos da lei; - duração do trabalho normal não superior a oito horas diárias e quarenta e quatro semanais, facultada a compensação de horários e a redução da jornada, mediante acordo ou convenção coletiva de trabalho; - <u>jornada de seis horas para o trabalho realizado em turnos ininterruptos de revezamento, salvo negociação coletiva;</u>	- relação de emprego protegida contra despedida arbitrária ou sem justa causa, nos termos de lei complementar, que preverá indenização compensatória, dentre outros direitos; - seguro-desemprego, em caso de desemprego involuntário; - fundo de garantia do tempo de serviço; - salário mínimo, fixado em lei, nacionalmente unificado, capaz de atender a suas necessidades vitais básicas e às de sua família com moradia, alimentação, educação, saúde, lazer, vestuário, higiene, transporte e previdência social, com reajustes periódicos que lhe preservem o poder aquisitivo, sendo vedada sua vinculação para qualquer fim; - irredutibilidade do salário, salvo o disposto em convenção ou acordo coletivo; - garantia de salário, nunca inferior ao mínimo, para os que percebem remuneração variável; - décimo terceiro salário com base na remuneração integral ou no valor da aposentadoria; - remuneração do trabalho noturno superior à do diurno; - proteção do salário na forma da lei, constituindo crime sua retenção dolosa; - salário-família pago em razão do dependente do trabalhador de baixa renda nos termos da lei; (Redação dada pela Emenda Constitucional 20, de 1998) - duração do trabalho normal não superior a oito horas diárias e quarenta e quatro semanais, facultada a compensação de horários e a redução da jornada, mediante acordo ou convenção coletiva de trabalho; (vide Decreto-Lei 5.452, de 1943) - repouso semanal remunerado, preferencialmente aos domingos; - remuneração do serviço extraordinário superior, no mínimo, em cinquenta por cento à do normal; (Vide Decreto-Lei 5.452, art. 59, § 1º) - gozo de férias anuais remuneradas com, pelo menos, um terço a mais do que o salário normal;

405

- repouso semanal remunerado, preferencialmente aos domingos; - remuneração do serviço extraordinário superior, no mínimo, em cinquenta por cento à do normal; - gozo de férias anuais remuneradas com, pelo menos, um terço a mais do que o salário normal; - licença à gestante, sem prejuízo do emprego e do salário, com a duração de cento e vinte dias; - licença-paternidade, nos termos fixados em lei; - <u>proteção do mercado de trabalho da mulher, mediante incentivos específicos, nos termos da lei;</u> - aviso prévio proporcional ao tempo de serviço, sendo no mínimo de trinta dias, nos termos da lei; - redução dos riscos inerentes ao trabalho, por meio de normas de saúde, higiene e segurança; - <u>adicional de remuneração para as atividades penosas, insalubres ou perigosas, na forma da lei;</u> - aposentadoria; - assistência gratuita aos filhos e dependentes desde o nascimento até seis anos de idade em creches e pré-escolas; - reconhecimento das convenções e acordos coletivos de trabalho; - <u>proteção em face da automação, na forma da lei;</u> - seguro contra acidentes de trabalho, a cargo do empregador, sem excluir a indenização a que este está obrigado, quando incorrer em dolo ou culpa: - <u>ação, quanto aos créditos resultantes das relações de trabalho, com prazo prescricional de cinco anos para os trabalhadores urbanos e rurais, até o limite de dois anos após a extinção do contrato de trabalho;</u> - proibição de diferença de salários, de exercício de funções e de critério de admissão por motivo de sexo, idade, cor ou estado civil; - proibição de qualquer discriminação no tocante a salário e critérios de admissão do trabalhador portador de deficiência; - <u>proibição de distinção entre trabalho manual, técnico e intelectual ou entre os profissionais respectivos;</u> - proibição de trabalho noturno, perigoso ou insalubre a menores de dezoito e de qualquer trabalho a menores de dezesseis anos, salvo na condição de aprendiz, a partir de quatorze anos; - <u>igualdade de direitos entre o trabalhador com vínculo empregatício permanente e o trabalhador avulso.</u>	- licença à gestante, sem prejuízo do emprego e do salário, com a duração de cento e vinte dias; - licença-paternidade, nos termos fixados em lei; - aviso prévio proporcional ao tempo de serviço, sendo no mínimo de trinta dias, nos termos da lei; - redução dos riscos inerentes ao trabalho, por meio de normas de saúde, higiene e segurança; - aposentadoria; - assistência gratuita aos filhos e dependentes desde o nascimento até 5 (cinco) anos de idade em creches e pré-escolas; (Redação dada pela Emenda Constitucional 53, de 2006) - reconhecimento das convenções e acordos coletivos de trabalho; - seguro contra acidentes de trabalho, a cargo do empregador, sem excluir a indenização a que este está obrigado, quando incorrer em dolo ou culpa; - proibição de diferença de salários, de exercício de funções e de critério de admissão por motivo de sexo, idade, cor ou estado civil; - proibição de qualquer discriminação no tocante a salário e critérios de admissão do trabalhador portador de deficiência; - proibição de trabalho noturno, perigoso ou insalubre a menores de dezoito e de qualquer trabalho a menores de dezesseis anos, salvo na condição de aprendiz, a partir de quatorze anos; ATENÇÃO!! Os incisos V, XI, XIV, XX, XXIII, XXVII, XXIX, XXXII, XXXIV não foram estendidos aos empregados domésticos. Tais direitos foram destacados na coluna ao lado (grifados), por serem exclusivos dos empregados urbanos e rurais.

7. COMISSÃO DE CONCILIAÇÃO PRÉVIA (CCP)

7.1. Conceito e regras básicas

Regulamentada nos arts. 625-A a 625-H, da CLT, a Comissão de Conciliação Prévia é a organização instituída no âmbito dos sindicatos ou das empresas com a finalidade de solucionar, extrajudicialmente, conflitos individuais do trabalho, de forma a satisfazer o interesse das partes envolvidas em tempo hábil e sem que seja necessária a intervenção do Estado – Justiça do Trabalho. Se organizadas em âmbito sindical, as regras de composição – número de integrantes, atribuições e etc. – serão definidas no próprio estatuto sindical. Se organizadas no âmbito das empresas, determina a CLT que terão composição paritária com, no mínimo 02 e, no máximo, 10 membros. Destes, metade representa o empregador, sendo por ele indicada, e a outra metade representa os empregados, tendo sido por estes eleita. Uma vez eleito, o membro da CCP – e

seu suplente – terá garantia de emprego até um ano após o término do mandato.

Quando necessária a participação dos empregados na CCP – seja como indicado pelo empregador, seja como membro eleito – o contrato de emprego será interrompido, ou seja, embora ele não trabalhe na execução cotidiana nas suas atividades, receberá o salário normalmente.

Vale destacar que, embora seja importante mecanismo de solução extrajudicial de conflitos trabalhistas, a existência de uma CCP não obriga as partes a utilizá-la e não restringe a garantia constitucional de exercício do direito de ação. É apenas facultado às partes utilizarem a CCP. Mas, uma vez utilizada, o termo ali assinado será título executivo extrajudicial e terá eficácia liberatória geral em relação às parcelas não ressalvadas.

Uma vez acionada, a CCP terá o prazo de 10 dias para atuar, contados da provocação da parte interessada. Haverá, enquanto submetido o conflito à análise da CCP, suspensão dos prazos prescricionais.

7.2. Quadro esquematizado

COMISSÕES DE CONCILIAÇÃO PRÉVIA

1. Conceito	- são organizações instituídas no âmbito das empresas ou dos sindicatos para fins de solucionar, extrajudicialmente, conflitos individuais.
2. Regulamentação	- art. 625-A a 625-H, da CLT.
3. Composição	Intersindical: a critério do estatuto sindical. Empresarial: paritária (mínimo 2 e, no máximo, 10 membros); Cada membro terá suplente; Metade representa empregados (são eleitos); metade representa empregadores (escolhidos).
4. Efeitos no contrato	- durante o período em que o empregado, na condição de membro da CCP, participar das reuniões e demais atividades relacionadas à comissão, o seu contrato de emprego será interrompido.
5. Estabilidade	- apenas para os empregados eleitos membros das CCPs e seus respectivos suplentes. A garantia vigorará durante o mandato, até um ano após o seu exercício. A CLT não deixa claro o momento em que referida estabilidade se inicia.
6. Termo de Conciliação	- título executivo extrajudicial; - eficácia liberatória geral.
7. Prazo para atuar	- 10 dias, contados a partir da provocação do interessado.
8. Contagem do prazo prescricional	- haverá suspensão da contagem do prazo prescricional (após a manifestação da CCP, será retomada a contagem do prazo prescricional de onde parou).

8. RELAÇÃO DE TRABALHO E RELAÇÃO DE EMPREGO

8.1. Conceito de relação de trabalho

Sempre que uma pessoa física assume uma obrigação de fazer a favor de outrem, tem-se aí a relação de trabalho. É, pois, um conceito amplo e geral dentro do qual é possível a inserção de várias espécies de trabalhadores: servidor, autônomo, avulso, cooperado, voluntário, estagiário, aprendiz, empregado, eventual, dentre outros, sendo todos eles pessoas físicas que assumem obrigação de fazer. Por este conceito simplificado de relação de trabalho, é possível identificar os dois requisitos essenciais para sua caracterização:

- pessoa física;

- obrigação de fazer a favor de outrem.

Dentre todas as espécies de relação de trabalho, serão estudadas as de maior relevância para o Direito do Trabalho, considerando as provas da OAB – FGV, a começar pela relação de emprego, no item a seguir.

8.2. Relação de Emprego

8.2.1. Pressupostos gerais

Para que a relação de emprego – espécie de relação de trabalho na medida em que se tem uma pessoa física assumindo obrigação de fazer – é necessária a observância cumulativa dos chamados pressupostos fático-jurídicos (requisitos exigidos em lei a serem observados no caso concreto). São eles:

- pessoa física: o trabalho deve ser executado por pessoa física. Por ser elemento essencial de toda e qualquer relação de trabalho, este pressuposto não é exclusivo da relação de emprego. É comum, na prática, os contratantes tentarem dificultar a caracterização de uma relação de emprego ao formalizarem contratos com pessoa jurídica. Mas se na prática forem identificados todos os pressupostos fático-jurídicos de forma cumulativa, o contrato com pessoa jurídica será descaracterizado e será reconhecida a relação de emprego (princípio da primazia da realidade sobre a forma).

- Pessoalidade: as características pessoais do empregado foram relevantes para justificar a contratação. Por isso, só poderá ser substituído dentro das hipóteses previstas em lei (suspensões e interrupções contratuais) ou mediante autorização do empregador. Importante destacar que esta característica também se aplica ao empregador doméstico. Portanto, uma vez substituído, o contrato de emprego será automaticamente extinto (não é possível aplicar sucessão trabalhista na relação de emprego doméstico).

- Onerosidade: a cada prestação corresponderá uma contraprestação pecuniária – pelo menos 30% do salário deverá ser pago em dinheiro. É o pressuposto que difere o trabalho voluntário da relação de emprego.

- Subordinação: elemento central da relação de emprego que faz o contraponto com a autonomia. Segundo este pressuposto, cabe ao empregador definir as regras específicas quanto à forma de prestação dos serviços para cada empregado. É resultante do poder diretivo do empregador e, também, da alteridade: cabe a ele assumir os riscos da atividade econômica. Logo, será o responsável por dirigir a prestação pessoal dos serviços. Ser subordinado é ser dirigido. Destaca-se que a subordinação do empregado em relação ao seu empregador é exclusivamente jurídica, sendo esta a única classificação adequada. Vale ressaltar, ainda, que a CLT não menciona, nos arts. e 2º e 3º, o vocábulo subordinação, mas sim "dependência". Esta é, pois, sinônimo daquela. Assim como a subordinação é jurídica (o poder diretivo do empregador se restringe aos limites dos contratos, princípios e leis trabalhistas), a dependência também será exclusivamente jurídica. Cuidado!!! Não é adequado falar em dependência econômica do empregado em relação ao seu empregador!

- Não eventualidade: pressuposto de conceituação e limitação complicada, uma vez que apenas para os empregados domésticos há limitação temporal expressa e objetiva para sua caraterização: trabalho mais de duas vezes por semana será considerado não eventual. Logo, a não eventualidade, para o emprego doméstico, é sinônimo de continuidade. Para o emprego rural e urbano, é sinônimo de habitualidade. Pode-se afirmar que a Reforma Trabalhista, por meio da Lei 13.467/2017, flexibilizou este pressuposto, pois considera o contrato intermitente, cuja prestação de serviços está condicionada à demanda do empregador, como contrato de emprego, fugindo das diretrizes doutrinárias relacionadas à habitualidade da prestação de serviços.

- Alteridade: considerada também uma característica do empregador, cabe a ele assumir os riscos da atividade econômica. Pela prevalência deste elemento nas relações de emprego, não existe, no Brasil, regulamentação para a cogestão, prevista no art. 7º da CR/88, condicionada à regulamentação para sua eficácia.

8.2.2 Espécies de empregados

A) Urbano:

Regulamentada pela CLT, para que a relação de emprego urbana (ou clássica) seja reconhecida, é necessária a observância cumulativa dos pressupostos fático-jurídicos gerais:

- pessoa física;
- pessoalidade;
- onerosidade;
- não eventualidade (como sinônimo de habitualidade);
- subordinação (jurídica!);
- alteridade.

Uma vez presentes tais requisitos, haverá a incidência da totalidade dos direitos do art. 7º, da CR/88, regulamentados pela CLT.

B) Rural:

Para o reconhecimento da relação de emprego rural é necessário associar TODOS os pressupostos gerais da relação de emprego a dois pressupostos especiais, quais sejam:

- empregador rural: é aquele que exerce atividade agroeconômica sem alterar a natureza de matéria prima do produto. Curtos processos de industrialização não descaracterizam o empregador rural;

obs.: Caso o empregador exerça várias atividades, considera-se a que for economicamente predominante para enquadrá-lo ou não no conceito de empregador rural.

- Local da prestação de serviços: propriedade rural (localizado no meio rural) ou prédio rústico (localizado no meio urbano).

Presentes os oito pressupostos fático-jurídicos de forma cumulativa, haverá incidência da totalidade dos direitos do art. 7º, da CR/88, regulamentados pela Lei 5.889/1973. Vale lembrar que há igualdade constitucional plena dos direitos constitucionais para os empregados urbanos e rurais. Aplica-se a CLT como fonte subsidiária da Lei 5.889/1973.

C) Doméstico:

Assim como ocorre com a relação de emprego rural, para que a relação de emprego doméstico seja reconhecida é necessário conciliar os pressupostos fático-jurídicos gerais a três pressupostos especiais, quais sejam:

- empregador doméstico: só pode ser pessoa física, família ou grupo unitário (lembrando: exige-se pessoalidade também do empregador doméstico);

- trabalho em âmbito residencial e nas extensões da residência (casa de praia, casa de campo, carro da família, entre outras);

- ausência de finalidade lucrativa para o empregador. As atividades desenvolvidas pelo empregado doméstico não podem contribuir para as atividades econômicas do empregador.

Presentes todos os pressupostos gerais e especiais, haverá aplicação do art. 7º, parágrafo único, da CR/88, cujos direitos foram regulamentados pela LC 150/2015, estudada no capítulo subsequente.

8.3. Tópicos de maior relevância para a 1ª fase da OAB – FGV

- Subordinação é sinônimo de dependência. A única classificação adequada para esse pressuposto é JURÍDICA. Significa dizer que o empregado está juridicamente subordinado ao seu empregador. A subordinação é jurídica; a dependência é jurídica, e não econômica!!!!

- A subordinação é o elemento central da relação de emprego que faz contraponto com a autonomia.

- Empregado doméstico não pode contribuir para a atividade lucrativa do empregador.

- Pessoalidade: é exigida tanto do empregado quanto do empregador doméstico (por isso que, em relação ao empregador doméstico, não se aplica a sucessão trabalhista).

- Onerosidade: pelo menos 30% do salário deverá ser pago em dinheiro.

- Não eventualidade: para a relação de emprego doméstico, é sinônimo de continuidade; para a relação de emprego urbana e rural, é sinônimo de habitualidade.

DIREITO DO TRABALHO

8.4. Quadro esquematizado: pressupostos gerais e especiais

REQUISITOS E DISTINÇÃO		
Trabalhador urbano (CLT)	Trabalhador doméstico Lei Complementar 150/2015	Trabalhador rural Lei 5.889/1973
Pessoa Física (empregado)	Pessoa Física (empregado)	Pessoa Física (empregado)
Pessoalidade	Pessoalidade	Pessoalidade
Onerosidade	Onerosidade	Onerosidade
Não eventualidade – Teorias *Evento *Descontinuidade *Fins da Empresa *Fixação Jurídica ao Tomador de Serviços	Continuidade (trabalho prestado a partir de 3 vezes por semana)	Não eventualidade
Subordinação (= dependência).	Subordinação	Subordinação
	Finalidade não lucrativa dos serviços (para o empregador)	Prestação de serviços a empregador rural
	Prestação laboral à pessoa ou família	Trabalho prestado em imóvel rural ou prédio rústico
	Âmbito residencial da prestação laborativa	
ATENÇÃO! A subordinação, como elemento central da relação de emprego, só pode ser classificada como sendo jurídica! É sinônimo de dependência e esta só pode ser classificada, da mesma forma, como sendo jurídica.		

9. EMPREGADO DOMÉSTICO – LC 150/2015

9.1. Conceito da LC 150/2015

Quanto ao conceito de empregado doméstico, assim dispõe o art. 1º, LC 150/2015:

"Ao empregado doméstico, assim considerado aquele que presta serviços de forma contínua, subordinada, onerosa e pessoal e de finalidade não lucrativa à pessoa ou à família, no âmbito residencial destas, por mais de 2 (dois) dias por semana, aplica-se o disposto nesta Lei".

9.2. Direitos

• Vedação à contratação de menor de 18 anos para relação de emprego doméstico;

• Controle de jornada: máximo 8h diárias e 44h semanais;

• Hora extra: mínimo 50%;

• Possibilidade de adoção do regime de compensação de jornada, mediante acordo escrito entre empregado e empregador;

OBS.: As primeiras 40 horas extras serão pagas com o adicional de, no mínimo, 50%. A compensação recairá em relação às horas que excederem as 40, tendo o empregador o prazo de até um ano para compensá-las, conforme for estipulado no acordo escrito.

• Trabalho prestado em domingos e feriados: adicional de 100% (hora em dobro);

• Possibilidade de contratação de empregado doméstico por contrato de experiência (mesmas regras do urbano e rural) e para atender necessidades familiares de natureza transitória e para substituição temporária de empregado doméstico com o contrato de trabalho interrompido ou suspenso (máximo 2 anos). Rescisão antecipada sem motivo: indenização a ser paga a favor da parte contrária;

• Possibilidade de adoção, mediante acordo escrito assinado pelas partes, do regime de 12x36;

• Possibilidade de adoção do regime de tempo parcial;

OBS.: no regime de tempo parcial adotado na relação de emprego doméstico será permitida até uma hora extra por dia (hora suplementar), desde que não ultrapasse ao limite máximo de 06 horas por dia. Por possuir regras próprias, não se aplicam, para os domésticos, as regras de trabalho a tempo parcial previstas na CLT (art. 58-A) e alteradas pela Reforma Trabalhista. São regras específicas para os domésticos:

Art. 3º Considera-se trabalho em regime de tempo parcial aquele cuja duração não exceda 25 (vinte e cinco) horas semanais.

§ 1º O salário a ser pago ao empregado sob regime de tempo parcial será proporcional a sua jornada, em relação ao empregado que cumpre, nas mesmas funções, tempo integral.

§ 2º A duração normal do trabalho do empregado em regime de tempo parcial poderá ser acrescida de horas suplementares, em número não excedente a 1 (uma) hora diária, mediante acordo escrito entre empregador e empregado, aplicando-se-lhe, ainda, o disposto nos §§ 2º e 3º do art. 2º, com o limite máximo de 6 (seis) horas diárias.

§ 3º Na modalidade do regime de tempo parcial, após cada período de 12 (doze) meses de vigência do contrato de trabalho, o empregado terá direito a férias, na seguinte proporção:

409

I - 18 (dezoito) dias, para a duração do trabalho semanal superior a 22 (vinte e duas) horas, até 25 (vinte e cinco) horas;

II - 16 (dezesseis) dias, para a duração do trabalho semanal superior a 20 (vinte) horas, até 22 (vinte e duas) horas;

III - 14 (quatorze) dias, para a duração do trabalho semanal superior a 15 (quinze) horas, até 20 (vinte) horas;

IV - 12 (doze) dias, para a duração do trabalho semanal superior a 10 (dez) horas, até 15 (quinze) horas;

V - 10 (dez) dias, para a duração do trabalho semanal superior a 5 (cinco) horas, até 10 (dez) horas;

VI - 8 (oito) dias, para a duração do trabalho semanal igual ou inferior a 5 (cinco) horas.

• Acompanhamento do empregador pelo empregado:

- Prévia existência de acordo escrito entre as partes;

- Remuneração-hora do serviço em viagem será, no mínimo, 25% superior ao valor do salário-hora normal;

- O pagamento do adicional será dispensado se essas horas integrarem o banco de horas.

• Intervalo intrajornada:

- mínimo 1 hora e no máximo 2. Poderá ser reduzido para 30 minutos mediante prévio acordo escrito entre empregado e empregador;

- Se o empregado residir no local de trabalho, o intervalo poderá ser fracionado em dois períodos, desde que nenhum deles seja inferior a 1 hora, até o limite de 4 horas ao dia;

• Trabalho noturno (mesmas regras do urbano);

• Intervalo de, no mínimo, 11 horas entre uma jornada de trabalho e outra;

• Férias anuais remuneradas (mesmas regras do urbano, exceto: fracionamento em no máximo dois períodos, desde que um deles não seja menor que 14 dias);

• Vedação a descontos referentes a alimentação, vestuário, higiene, moradia, despesas com transporte, hospedagem e alimentação no caso de viagem com a família;

OBS.: moradia poderá ser descontada se for local diverso daquele em que ocorre a prestação dos serviços.

• FGTS: 8% ao mês, a favor do empregado, e 3,2% ao mês destinado ao pagamento da indenização compensatória tendo em vista a perda do emprego sem justa causa ou por culpa do empregador;

• Aviso prévio (mesmas regras do empregado urbano);

• Licença maternidade de 120 dias;

• Seguro desemprego:

- 1 salário mínimo, pelo período de no máximo 3 meses, contínuos ou alternados;

- Deverá ser requerido de 07 a 90 dias contados da dispensa;

- Documentos: CTPS (comprovar emprego em, pelo menos, 15 meses dos últimos 24); TRTC; declaração de que não possui renda própria; declaração de não estar em gozo de benefício previdenciário de prestação continuada, exceto auxílio-acidente e pensão por morte.

9.3. Tópicos de maior relevância para a 1ª fase da OAB – FGV

- Empregado doméstico, para que preserve as características da relação regida pela LC 150/2015, não pode contribuir para a atividade econômica do empregador;

- É possível adotar sistema de compensação de jornada para emprego doméstico;

- Contrato de experiência foi regulamentado;

- Motorista da família pode ser considerado empregado doméstico;

- Para a relação de emprego doméstico, não eventualidade é sinônimo de continuidade. Para que a relação de emprego seja contínua, é necessário que a prestação de serviços ocorra por mais de 2 dias na semana.

10. RELAÇÕES DE TRABALHO LATO SENSU: TRABALHO AUTÔNOMO, EVENTUAL, TEMPORÁRIO E AVULSO

Além das relações de emprego como espécie de relação de trabalho, merecem destaque também o trabalho autônomo, eventual, temporário e avulso, estudados nos tópicos a seguir.

10.1. Trabalho autônomo

Trabalho autônomo é aquele prestado por pessoa física, com ou sem pessoalidade, com onerosidade, com ou sem eventualidade, cujos riscos serão assumidos por ele próprio ou pelo contratante. O que, de fato, difere o autônomo do empregado é o elemento da subordinação. Ele está livre das ordens definidas pelo empregador, ou seja, cabe ao próprio autônomo definir as regras específicas da sua prestação de serviços. É remunerado pelo resultado/produto do seu trabalho, e não pelo trabalho em si. O contrato será regido pelo Código Civil e tem como marca o exercício bastante acentuado da autonomia das partes, não aplicando, portanto, o conjunto de direitos trabalhistas básicos previstos na CR/88 e na CLT.

Uma das grandes novidades provenientes da Lei 13.467/2017 foi a inserção, no texto da CLT, de orientações básicas sobre contrato de prestação de serviços celebrado com trabalhador autônomo, que atualmente vigora com a seguinte redação (com o término do prazo de vigência da MP 808/2017, volta-s à redação "originária" implementada pela Lei 13.467/2017):

> Art. 442-B. . A contratação do autônomo, cumpridas por este todas as formalidades legais, com ou sem exclusividade, de forma contínua ou não, afasta a qualidade de empregado prevista no art. 3º desta Consolidação. (Incluído pela Lei nº 13.467, de 2017)

10.2. Trabalho eventual

Trabalho eventual é aquele realizado de forma esporádica pelo trabalhador. Mesmo que presente a subordinação, a relação de emprego não será caracterizada por lhe falta o pressuposto da não eventualidade. A doutrina trabalhista, diante da subjetividade do conceito de eventualidade, desenvolveu algumas teorias que, na prática, devem ser observadas em conjunto para verificar a natureza eventual ou não da prestação de serviço:

DIREITO DO TRABALHO

- Teoria do Evento;

- Teoria da Fixação Jurídica ao Tomador de Serviços;

- Teoria do Fins do Empreendimento.

A ausência de critérios temporais objetivos definidos em lei faz com que a caracterização da natureza eventual do vínculo dependa de cada caso. Fato é que, para os empregados urbanos e rurais, o trabalho uma vez por semana já pode ser suficiente para caracterizar a não eventualidade. Será, pois, sinônimo de habitualidade.

Para os empregados domésticos, a eventualidade será caracterizada quando o trabalhador exercer suas atividades até duas vezes por semana. Acima desse parâmetro, será considerado não eventual (contínua) a prestação de serviços. A Teoria da Descontinuidade se aplica apenas para os empregados domésticos.

Atenção!!! O trabalho uma vez por semana pode ser habitual, mas não é contínuo!

10.3. Voluntário

O trabalho voluntário é aquele marcado pela ausência, por parte do empregado, do *animus* contraprestativo, ou seja, ao exercer suas atividades, o empregado não tem interesse em receber salário, sendo este o ponto que o difere do empregado.

Está regulamentado pela Lei 9.068/1998, que autoriza a contratação de trabalhador voluntário apenas para objetivos cívicos, culturais, educacionais, científicos, recreativos ou de assistência social.

10.4. Cooperado

Resultante dos ideais da economia solidária, inaugurada no Brasil na década de 60, o sistema cooperativista brasileiro nada mais é que a organização de trabalhadores autônomos que, unidos, alcançam benefícios e ordenam de melhor forma a prestação de serviços de cada um. Possui regulamentação específica na Lei 5.764/1970, cujo ponto central está nos princípios que fundamentam o instituto:

- dupla qualidade: o trabalhador, na condição de cooperado, presta serviços a favor de outros trabalhadores cooperados e, em contrapartida, se beneficia da prestação de serviços dos demais, em uma verdadeira relação de troca de benefícios.

- Retribuição pessoal diferenciada: uma vez inserido em uma cooperativa, a retribuição a que terá direito está associada ao desempenho das suas atividades em benefício dos demais cooperados e de terceiros. Respeita-se a retribuição conforme atuação individual de cada trabalhador. Além disso, por ter sua prestação de serviços organizada pela cooperativa, terá benefícios provenientes de convênios feitos por ela, tais como descontos em oficinas, planos de saúde, seguro de vida, dentre outros.

Vale lembrar que, embora constituída, inicialmente, para que os trabalhadores construíssem uma rede de benefícios mútuos, não houve impedimento legal para que as cooperativas oferecessem seus serviços a terceiros, na condição de prestadora de serviços. Devido à importância desta dinâmica, assim determinou o art. 442, parágrafo único, da CLT:

Art. 442 – (...)

Parágrafo único - Qualquer que seja o ramo de atividade da sociedade cooperativa, não existe vínculo empregatício entre ela e seus associados, nem entre estes e os tomadores de serviços daquela.

Ressalta-se que, para defender a inexistência de relação de emprego entre cooperado e cooperativa e entre cooperado e tomadora de serviços, é necessário que, em relação àquela, haja observância rigorosa dos dois princípios que fundamentam a organização do sistema cooperativo. Entre cooperado e tomadora de serviços, é necessário que estejam ausentes os pressupostos fático-jurídicos da relação de emprego.

Sendo cooperado, não será empregado da mesma cooperativa em que atua nesta condição, mas pode ter vínculo de emprego com outras organizações. Por fim, vale lembrar que a cooperativa pode ser empregadora e que a ausência dos princípios, associada à presença dos pressupostos, fará com que o trabalhador seja empregado daquela organização.

10.5. Estagiário

O estagiário é também considerado trabalhador por ser pessoa física que assume obrigação de fazer. Embora possa reunir, no caso concreto, todos os requisitos necessários para o reconhecimento da relação de emprego, aplicam-se as disposições especiais previstas na Lei 11.788/2008. Descumpridas as regras e presentes os requisitos do vínculo de emprego, o contrato de estágio será descaracterizado e incidirão os direitos correspondentes ao contrato real (emprego).

Como regras incidentes ao contrato de estágio, merecem destaque:

- deve ser sempre supervisionado;

- pode ser obrigatório (pode ser não remunerado) ou não obrigatório (obrigatoriamente remunerado);

- para os estágios não obrigatórios, será devido ao estagiário um valor em pecúnia ("bolsa") que não possui natureza salarial;

- não há previsão na Lei de ser devido o valor correspondente a, pelo menos, um salário mínimo;

- serão concedidos intervalos para descanso e refeição;

- não será devido seguro-desemprego;

- a jornada de atividade em estágio será definida de comum acordo entre a Instituição de Ensino, a Parte Concedente e o Aluno estagiário ou seu representante legal, devendo constar do Termo de Compromisso, ser compatível com as atividades escolares e não ultrapassar:

• 4 (quatro) horas diárias e 20 (vinte) horas semanais, no caso de estudantes de educação especial e dos anos finais do ensino fundamental, na modalidade profissional de educação de jovens e adultos.

• 6 (seis) horas diárias e 30 (trinta) horas semanais, no caso de estudantes do ensino superior, da educação profissional de nível médio e do ensino médio regular;

• o estágio relativo a cursos que alternam teoria e prática, nos períodos em que não estão programadas aulas presenciais, poderá ter jornada de até 40 (quarenta) horas semanais,

411

desde que isso esteja previsto no projeto pedagógico do curso e da instituição de ensino;

- não se aplicam as regras de horas extras e sistema de compensação da jornada para estagiários (não há previsão na Lei especial);

- Provas escolares: nos dias de provas e exames de avaliação, a carga horária do estágio será reduzida à metade, segundo estipulado no Termo de Compromisso de Estágio, de forma a possibilitar o bom desempenho do Aluno no curso acadêmico. As horas não estagiadas poderão ser deduzidas do valor da bolsa estágio pactuada;

- o contrato de estágio terá duração de, no máximo, 02 anos em relação ao mesmo contratante, exceto se for pessoa com deficiência;

- estagiários têm direito assegurado ao recesso remunerado *(férias sem o abono de 1/3)* de trinta dias a cada doze meses de estágio na mesma Empresa ou, o proporcional ao período estagiado se menos de um ano, independentemente de o Contrato de Estágio ser ou não rescindido antecipadamente, por qualquer das partes *(art. 13º, caput e § 2º, da Lei 11.788/2008)*.;

- a Lei não assegura direito ao 13º salário a favor do estagiário;

- não há previsão legal para estabilidade da gestante em contratos de estágio;

- por não ser relação de emprego, legislação que regulamenta o contrato de estágio não determina multas ou indenizações a serem pagas no momento da extinção do contrato.

10.6. Trabalho temporário

Trabalho temporário é modalidade especial de contrato de trabalho em que uma pessoa física, contratada por uma empresa de trabalho temporário, é colocada à disposição de outra empresa (tomadora de serviços) para atender a demanda complementar de serviços ou para substituição transitória de pessoal regular permanente.

O contrato é regido pela Lei 6.019/1974, alterado pela Lei 13.429/2017 e, posteriormente, pela Lei 13.467/2017. É conhecida também como terceirização temporária, já que é marcada pela dissociação da relação jurídica contratual da prestação de serviços que lhe é inerente, ou seja, embora contratado pela empresa A, o trabalhador exerce suas atividades, de forma temporária, para a empresa B (tomadora de serviços).

A própria Lei cuidou de conceituar o trabalho temporário e seu art. 2º, a seguir transcrito:

Art. 2º Trabalho temporário é aquele prestado por pessoa física contratada por uma empresa de trabalho temporário que a coloca à disposição de uma empresa tomadora de serviços, para atender à necessidade de substituição transitória de pessoal permanente ou à demanda complementar de serviços. (Redação dada pela Lei nº 13.429, de 2017)

§ 1º É proibida a contratação de trabalho temporário para a substituição de trabalhadores em greve, salvo nos casos previstos em lei. (Incluído pela Lei nº 13.429, de 2017)

§ 2º Considera-se complementar a demanda de serviços que seja oriunda de fatores imprevisíveis ou, quando decorrente de fatores previsíveis, tenha natureza intermitente, periódica ou sazonal. (Incluído pela Lei nº 13.429, de 2017).

Sobre as principais regras definidas na Lei 6.019/1974, destacam-se:

- A empresa de trabalho temporário só pode ser PESSOA JURÍDICA;

- REQUISITOS PARA FUNCIONAMENTO:

• Inscrição do CNPJ no Ministério da Fazenda;

• Registro na Junta Comercial;

• Capital Social de, no mínimo, R$100.000,00.

- Contrato entre empresa de trabalho temporário e tomadora de serviços: ESCRITO!

• OBS.: Cláusula de reserva: NULA!!!

- Podem ser contratadas atividades-meio ou atividades-fim;

- Prazo de vigência do contrato: 180 dias, consecutivos ou não;

- Prorrogação: por mais até 90 dias, consecutivos ou não (INDEPENDE DE AUTORIZAÇÃO DO MTE);

- Contrato de experiência entre empresa de trabalho temporário e seu empregado: NÃO SE APLICA!

ATENÇÃO!!! ART. 10 (…):

§ 5º O trabalhador temporário que cumprir o período estipulado nos §§ 1º e 2º deste artigo somente poderá ser colocado à disposição da mesma tomadora de serviços em novo contrato temporário, após noventa dias do término do contrato anterior.

- Se descumprida a regra: vínculo empregatício diretamente com a tomadora de serviços;

- RESPONSABILIDADE DA CONTRATANTE:

• Subsidiária – REGRA;

• SOLIDÁRIA: falência da empresa de trabalho temporário.

- DIREITOS:

a) remuneração equivalente à percebida pelos empregados de mesma categoria da empresa tomadora ou cliente calculados à base horária, garantida, em qualquer hipótese, a percepção do salário mínimo regional;

b) jornada de oito horas, remuneradas as horas extraordinárias não excedentes de duas, com acréscimo de 20% (vinte por cento);

c) férias proporcionais, nos termos do art. 25 da Lei 5.107, de 13 de setembro de 1966;

d) repouso semanal remunerado;

e) adicional por trabalho noturno;

f) indenização por dispensa sem justa causa ou término normal do contrato, correspondente a 1/12 (um doze avos) do pagamento recebido;

g) seguro contra acidente do trabalho;

h) proteção previdenciária nos termos do disposto na Lei Orgânica da Previdência Social, com as alterações introduzidas pela Lei 5.890, de 8 de junho de 1973 (art. 5º, item III, letra "c" do Decreto 72.771, de 6 de setembro de 1973).

11. SUJEITOS DA RELAÇÃO DE EMPREGO: A FIGURA DO EMPREGADO

11.1. Empregado: conceito e requisitos

De acordo com o art. 3º, da CLT, empregado é a pessoa física que assume obrigação de fazer a favor de outrem, com pessoalidade, onerosidade, subordinação e não eventualidade, cabendo ao empregador assumir os riscos da atividade que desenvolve. Reitera-se que empregado só pode ser pessoa física, sendo esta, inclusive, uma característica de toda e qualquer relação de trabalho. A dependência do empregado, em relação ao seu empregador, é jurídica e sinônima de subordinação.

11.2. Altos empregados: trabalhadores intelectuais, exercentes de cargos de confiança

Já que é o empregador quem assume os riscos da atividade econômica (alteridade), cabe a ele exercer poderes de forma a minimizar tais riscos. Assim, são considerados poderes do empregador o diretivo, regulamentar, fiscalizatório e disciplinar.

Em detrimento da complexidade das relações de emprego e da própria estrutura do espaço empresarial, nem sempre é possível que o empregador se faça presente para acompanhar, de perto, a execução das atividades definidas a cada empregado. Assim, poderá repassar parcela desses poderes a determinados empregados. Estes empregados são chamados "altos empregados" por exercerem cargos ou funções de confiança. Recebem, pois, uma carga de responsabilidade maior (parcela dos poderes do empregador) e, por isso, recebem tratamento jurídico diferenciado, consequente da promoção ao exercício da função de confiança. Destacam-se as seguintes particularidades:

A) Adicional de, no mínimo 40%: de acordo com o art. 62, da CLT, ao empregado que exerce função de confiança será devido o adicional de, no mínimo, 40% do seu salário contratual, já que assume uma carga de responsabilidade maior.

B) Ausência de controle de jornada: uma vez observado o percentual mínimo de 40%, não haverá controle de jornada, ou seja, não haverá incidência de horas extras. Caso o percentual seja inferior a 40%, o controle de jornada será obrigatório.

C) Reversão: é o retorno ao exercício do cargo ou função ocupada antes da promoção. É um efeito inerente à promoção do empregado e pode ocorrer a qualquer tempo. Ressalta-se que não é ato unilateral (art. 468, § 1º, da CLT) e não pode ser confundida com rebaixamento. Este é a determinação, pelo empregador, ao exercício de função hierarquicamente inferior sem que o empregado a tenha exercido. Pode ser causa para rescisão indireta do contrato de trabalho. Sobre a reversão, merecem destaque as regras do art. 468, da CLT, por terem sido alteradas pela Lei 13.467/2017 (Reforma Trabalhista):

Art. 468. CLT: (...)

§ 1º Não se considera alteração unilateral a determinação do empregador para que o respectivo empregado reverta ao cargo efetivo, anteriormente ocupado, deixando o exercício de função de confiança (Redação dada pela Lei nº 13.467, de 2017)

§ 2º A alteração de que trata o § 1º deste artigo, com ou sem justo motivo, não assegura ao empregado o direito à manutenção do pagamento da gratificação correspondente, que não será incorporada, independentemente do tempo de exercício da respectiva função. (Incluído pela Lei nº 13.467, de 2017)

Até a entrada em vigor da Lei 13.467/2017, que ocorreu no dia 11 de novembro do mesmo ano, predominou a regra segundo a qual a reversão poderia ocorrer a qualquer tempo. Porém, se o empregado tivesse exercido a função de confiança por 10 anos ou mais, adquiriria estabilidade financeira. Significa dizer que poderia sofrer reversão, porém, a gratificação de função seria incorporada de forma definitiva no seu salário.

Com a regra do novo § 2º, do art. 468, da CLT, o empregado poderá sofrer a reversão a qualquer tempo e perderá a gratificação de função também a qualquer tempo; esta não se incorporará, de forma definitiva, no seu salário. Afirma-se, portanto, que terá sempre natureza de salário condição.

D) Transferência sem anuência – art. 469, §1º, da CLT.

Outra particularidade associada ao exercício da função de confiança está prevista no art. 469, § 1º, da CLT: o empregado poderá ser transferido para outro local de prestação de serviços (com a respectiva mudança do seu domicílio) sem sua anuência. As demais regras da transferência devem ser obrigatoriamente observadas.

Ainda sobre alto empregado, merecem destaque as regras específicas atribuídas ao <u>alto empregado do segmento bancário (art. 224, da CLT, c/c Súmula 102, do TST)</u>, assim definidas:

- Gratificação de, no mínimo, 1/3;

- Controle obrigatório de jornada – 8 horas de trabalho (caso não seja possível controlar sua jornada, aplica-se a regra geral do art. 62, da CLT: adicional de, no mínimo, 40%, com ausência de controle);

- Reversão e transferência: mesmas regras já estudadas.

Para as provas da OAB-FGV, merece destaque a Súmula 102, do TST:

I - A configuração, ou não, do exercício da função de confiança a que se refere o art. 224, § 2º, da CLT, dependente da prova das reais atribuições do empregado, é insuscetível de exame mediante recurso de revista ou de embargos. (ex-Súmula nº 204 - alterada pela Res. 121/2003, DJ 21.11.2003)

II - O bancário que exerce a função a que se refere o § 2º do art. 224 da CLT e recebe gratificação não inferior a um terço de seu salário já tem remuneradas as duas horas extraordinárias excedentes de seis. (ex-Súmula nº 166 - RA 102/1982, DJ 11.10.1982 e DJ 15.10.1982)

III - Ao bancário exercente de cargo de confiança previsto no artigo 224, § 2º, da CLT são devidas as 7ª e 8ª horas, como extras, no período em que se verificar o pagamento a menor da gratificação de 1/3. (ex-OJ nº 288 da SBDI-1 - DJ 11.08.2003)

IV - O bancário sujeito à regra do art. 224, § 2º, da CLT cumpre jornada de trabalho de 8 (oito) horas, sendo extraordinárias as trabalhadas além da oitava. (ex-Súmula nº 232- RA 14/1985, DJ 19.09.1985)

V - O advogado empregado de banco, pelo simples exercício da advocacia, não exerce cargo de confiança, não se enquadrando, portanto, na hipótese do § 2º do art. 224 da CLT. (ex-OJ nº 222 da SBDI-1 - inserida em 20.06.2001)

VI - O caixa bancário, ainda que caixa executivo, não exerce cargo de confiança. Se perceber gratificação igual ou superior a um terço do salário do posto efetivo, essa remunera apenas a maior responsabilidade do cargo e não as duas horas extraordinárias além da sexta. (ex-Súmula nº 102 - RA 66/1980, DJ 18.06.1980 e republicada DJ 14.07.1980)

VII - O bancário exercente de função de confiança, que percebe a gratificação não inferior ao terço legal, ainda que norma coletiva contemple percentual superior, não tem direito às sétima e oitava horas como extras, mas tão somente às diferenças de gratificação de função, se postuladas. (ex-OJ nº 15 da SBDI-1 - inserida em 14.03.1994)

11.3. Os diretores e os sócios

No caso dos empregados eleitos/nomeados diretores, se, ao exercerem as atribuições, não for possível caracterizar a subordinação, o contrato de emprego será suspenso e serão tratados como trabalhadores autônomos. Caso, ainda que na função de direção, estejam subordinados a um conselho ou organização superior, serão tratados como alto empregados.

Em relação aos sócios, é plenamente possível que sejam eles empregados da empresa na qual figuram como sócios. Esta condição não faz deles empregados que exerçam cargo de confiança. Dependerá do conjunto de atribuições assumidas em nome da pessoa jurídica/empregadora.

11.4. Mãe social

A relação de trabalho da Mãe Social é regulamentada pela Lei 7.644/1987, que assim a define, em seu art. 2º:

Art. 2º - Considera-se mãe social, para efeito desta Lei, aquela que, dedicando-se à assistência ao menor abandonado, exerça o encargo em nível social, dentro do sistema de casas-lares.

Apenas instituições sem fins lucrativos ou de utilidade pública, que prestam serviços de assistência ao menor abandonado poderão utilizar as "mães sociais" com a finalidade de propiciar ao menor condições familiares ideais para o seu desenvolvimento e reintegração social.

Para que seja contratada, a mulher deverá atender alguns requisitos: a) idade mínima de 25 (vinte e cinco) anos; b) boa sanidade física e mental; c) curso de primeiro grau, ou equivalente; d) ter sido aprovada em treinamento e estágio exigidos por esta Lei; e) boa conduta social; f) aprovação em teste psicológico específico.

Pode-se afirmar que é uma relação de emprego especial cujo contrato é intermitente. Serão assegurados os seguintes direitos a favor da Mãe-Social, conforme definido no art. 5º, da Lei 7.644/87:

Art. 5º - À mãe social ficam assegurados os seguintes direitos:

I - anotação na Carteira de Trabalho e Previdência Social;

II - remuneração, em valor não inferior ao salário mínimo;

III - repouso semanal remunerado de 24 (vinte e quatro) horas consecutivas;

IV - apoio técnico, administrativo e financeiro no desempenho de suas funções;

V - 30 (trinta) dias de férias anuais remuneradas nos termos do que dispõe o capítulo IV, da Consolidação das Leis do Trabalho;

VI - benefícios e serviços previdenciários, inclusive, em caso de acidente do trabalho, na qualidade de segurada obrigatória;

VII - gratificação de Natal (13º salário);

VIII - Fundo de Garantia do Tempo de Serviço ou indenização, nos termos da legislação pertinente.

Além do Mãe-social, como modalidade especial de relação de emprego (há doutrinadores que defendem a característica predominante de relação de trabalho, e não de relação de emprego), também merece destaque o Regime de Aprendizagem, cujas regras foram destacadas no tópico subsequente.

11.5. Aprendizagem

O contrato de aprendizagem é modalidade especial de contrato de trabalho previsto nos art. 428 a 433, da CLT. Dentre os direitos que lhe são assegurados, destacam-se:

- delimitação de faixa etária para contratação: entre 14 e 24 anos, exceto se pessoa com deficiência;

- contrato escrito;

- comprovar matrícula e frequência na escola;

- inscrição em programa de aprendizagem;

- prazo do contrato: 2 anos, exceto se pessoa com deficiência;

- FGTS: 2%;

- obrigatoriedade na contratação: mínimo 5% e máximo 15% (exceto: entidades sem fins lucrativos, pequenas e microempresas);

- jornada: 6 horas, exceto se concluiu o ensino fundamental (8 horas);

- salário mínimo-hora, salvo condição mais favorável, conforme reconhecido pela Lei 13.420/2017 (nova redação do art. 428, § 2º, da CLT).

11.6. Lei Geral do Desporto

Regido pela Lei 9.615/1998, o contrato desportivo será considerado como contrato de empregado se o atleta tiver sido contratado em caráter profissional, e não lúdico, com o reconhecimento dos direitos constitucionais da relação de emprego clássica. Destaca-se, ainda, a possibilidade de o empregador definir, como cláusula contratual, cláusula indenizatória/multa a ser paga pelo atleta no caso de prática de condutas incondizentes com o contrato. Portanto, além de pode advertir e suspender o empregado, como forma de exercício do poder disciplinar, o empregador poderá também multá-lo, conforme regras definidas no contrato e em observância à Lei do Desporto.

11.7. Tópicos de maior relevância para a 1ª fase da OAB – FGV

- alto empregado – regra geral: adicional de, no mínimo, 40%; ausência de controle de jornada (gera uma presunção relativa de não incidência de horas extras – CESPE); reversão a qualquer momento (após 10 anos exercendo a função de confiança, o emprego poderá ser revertido. COM A REFORMA, ele perderá a gratificação de função independentemente de quanto tempo tenha exercido o cargo de confiança. NÃO SE APLICA MAIS O PRINCÍPIO DA ESTABILIDADE FINANCEIRA DO ALTO EMPREGADO); transferência sem a anuência.

- alto empregado do segmento bancário: adicional de, no mínimo, 1/3; controle de jornada (passa a ser de 8 horas, e não mais 6 horas ao dia): reversão e transferência: regra geral.

- reversão: retorno ao exercício da função ocupada anteriormente; rebaixamento: exercício de função hierarquicamente inferior, sem que o empregado nunca a tenha exercido.

- pagamento de adicional e reversão: efeitos provenientes da promoção do empregado.

- qualquer um pode ser empregador (pessoa física, jurídica ou organização sem personalidade jurídica).

12. SUJEITOS DA RELAÇÃO DE EMPREGO: A FIGURA DO EMPREGADOR

12.1. Conceito e características do empregador

A) Conceito:

Art. 2º - Considera-se empregador a empresa, individual ou coletiva, que, assumindo os riscos da atividade econômica, admite, assalaria e dirige a prestação pessoal de serviço.

§ 1º - Equiparam-se ao empregador, para os efeitos exclusivos da relação de emprego, os profissionais liberais, as instituições de beneficência, as associações recreativas ou outras instituições sem fins lucrativos, que admitirem trabalhadores como empregados.

De forma simplificada, pode-se afirmar que qualquer um pode ser empregador, ou seja, pessoas físicas, jurídicas ou organizações sem personalidade jurídica podem contratar de pessoa física a prestação de serviços a ser feita com pessoalidade, onerosidade, não eventualidade e subordinação, cabendo ao empregador assumir os riscos da atividade econômica.

B) Características:

• Alteridade: cabe ao empregador responder pelos riscos da atividade econômica;

• Ausência de pessoalidade: o empregador pode ser substituído sem que haja a extinção do contrato de trabalho, exceto se for empregador doméstico. A pessoalidade é uma característica que recai sobre a figura do empregado e sobre o empregador doméstico. Quanto ao empregado, só poderá ser substituído dentro das hipóteses previstas em Lei. Para o empregador doméstico, não se aplica a sucessão trabalhista, ou seja, alterada a figura do empregador, haverá a extinção do contrato de trabalho.

12.2. Poderes do empregador

Já que é o empregador quem assume os riscos da atividade econômica, cabe a ele exercer os poderes diretivo, regulamentar, fiscalizatório e disciplinar, estudados a seguir.

A) Poder diretivo:

Cabe ao empregador dirigir a prestação pessoal de serviços dos seus empregados. Tal poder se manifesta na definição de ordens referentes à forma de execução das atividades e gestão da atividade econômica. Para exercê-lo, o empregador deverá observar os limites definidos em contrato, em lei e nos princípios que orientam o Direito do Trabalho. É, portanto, juridicamente limitado.

É do poder diretivo do empregador que nasce a subordinação do empregado. Logo, ser subordinado é ser dirigido. Sendo este poder juridicamente limitado, a subordinação dele proveniente será também jurídica, não lhe cabendo outra classificação.

B) Poder regulamentar:

Cabe ao empregador definir ordens de organização do espaço empresarial e da prestação de serviços do empregado de forma a garantir o melhor funcionamento da atividade empresarial. É possível que cláusulas integrantes do regulamento de empresa se incorporem nos contratos individuais de trabalho, definindo o conjunto de direitos e obrigações recíprocas que perpassam o contrato de emprego.

C) Poder fiscalizatório:

Não existe regulamentação expressa que oriente o empregador quanto à forma e limites do exercício do poder fiscalizatório. É necessária a observância dos princípios da proporcionalidade e da razoabilidade para fins de identificar o melhor instrumento de fiscalização das relações de trabalho de forma a garantir a preservação da integridade dos seus empregados. Em regra, o empregador deverá avisar aos seus empregados sobre os mecanismos de fiscalização a serem adotados no espaço de trabalho.

D) Poder disciplinar:

O poder disciplinar do empregador é exercido considerando três formas de punir o empregado:

- advertência (pode ser verbal ou escrita);

- suspensão do contrato de emprego por, no máximo, 30 dias (acima de 30 dias ficará caracterizada a rescisão indireta do contrato de trabalho – empregador abusa do poder disciplinar);

- extinção do contrato por justa causa.

Assim como ocorre em relação ao poder fiscalizatório, não existe, na CLT, regulamentação específica sobre a forma do exercício do poder disciplinar. Depende, também, da observância dos princípios da proporcionalidade e da razoabilidade no sentido de garantir a compatibilidade entre a conduta praticada pelo empregado e a sanção que lhe for aplicada.

Sobre o poder disciplinar do empregador, dois pontos merecem especial atenção, considerando as provas da OAB – FGV:

- princípio da vedação ao "*bis in idem*": não pode o empregado ser punido duas vezes pela mesma conduta e na mesma oportunidade;

- momento de exercício do poder disciplinar – momento em que o empregador, ou aquele que exerce o poder disciplinar representando-o, toma conhecimento da conduta praticada pelo empregado. Caso não exercido nesta oportunidade, restará configurado o perdão tácito.

Vale lembrar que as condutas que motivam o exercício do poder disciplinar do empregador estão previstas no art. 482, da CLT, que sofreu alteração mediante Reforma Trabalhista: foi inserida mais uma conduta que, se praticada pelo empregado, pode vir a motivar a extinção do contrato por justa causa, qual seja: "perda da habilitação ou dos requisitos estabelecidos em lei para o exercício da profissão, em decorrência de conduta dolosa do empregado".

12.3. Grupo econômico

Sobre o grupo econômico, a Reforma Trabalhista trouxe uma importante mudança ao permitir a ampliação do seu conceito.

Antes da mudança, são considerados requisitos:

- organização de duas ou mais empresas;

- cada uma delas deverá ter personalidade jurídica própria;

- é necessário que exerçam atividade econômica;

- uma ou mais empresas devem exercer poderes de direção, controle ou administração em relação às demais empresas.

Uma vez presentes, de forma cumulativa, tais requisitos, haveria a caracterização do grupo para fins de aplicação da responsabilidade solidária das empresas dele integrantes em relação aos créditos de natureza trabalhista.

Significa dizer que, sendo a responsabilidade solidária, nos termos da parte final do § 2º, do art. 2º, da CLT, o empregado contratado por uma empresa integrante do grupo econômico poderá cobrar a dívida de natureza trabalhista de qualquer outra empresa integrante do grupo, sem que exista uma ordem de cobrança. Dessa forma, qualquer empresa assume a obrigação de pagar, integralmente, o valor da dívida, caso lhe seja exigido.

Em detrimento da exigência de ser necessário que uma ou mais empresas exerçam poderes de direção, controle ou administração em relação às demais empresas é que o grupo econômico do segmento urbano é conhecido como grupo por subordinação. Assim, mediante a aplicação da Teoria Vertical do grupo, a existência, no caso concreto, nessa relação de subordinação interempresarial é elemento essencial para caracterização do grupo.

Com a Reforma Trabalhista, têm-se como requisitos, a partir da nova redação do art. 2º, parágrafo 2º, da CLT:

- duas ou mais empresas (não se faz grupo de uma empresa só – interpretação da expressão "tendo, cada uma delas, personalidade jurídica própria);

- personalidade jurídica própria;

- uma ou mais empresas exercem sobre os demais poderes de direção, controle ou administração;

- **ou, ainda, quando autônomas (ausência de direção, ou controle ou administração comuns), demonstrem interesse integrado, a efetiva comunhão de interesses e a atuação conjunta das empresas dele integrantes**.

Percebe-se, pelo texto da Reforma, que se tornou dispensado o requisito "subordinação interempresarial", uma vez ser possível a caracterização do grupo mesmo que cada empresa mantenha sua autonomia diretiva, administrativa e de controle. Porém, embora autônomas, é necessário que as empresas demonstrem interesse integrado, efetiva comunhão de interesses ou atuação conjunta. Adotou-se, portanto, no novo requisito de grupo econômico (empresas autônomas) a Teoria Horizontal do grupo.

Embora tenha havido, pelo texto da Lei 13.467/2017, retirada da expressão "mesma atividade econômica", entende-se que a exclusão de entidades beneficentes, ONGs, Fundações e demais organizações que não exercem atividade econômica foi mantida. Ou seja: já que o art. 2º, § 2º, trata do grupo econômico, o exercício de atividade econômica é requisito básico e inerente às empresas, sendo desnecessária sua menção de forma expressa do texto da Lei.

A responsabilidade solidária, para efeitos dos créditos trabalhistas, foi mantida.

Ademais, o legislador reformista complementou a regra do art. 2º, § 2º, da CLT, com a determinação expressa de que o fato de as empresas terem os mesmos sócios não é critério suficiente para concluir pela existência de grupo econômico. Ainda, é desnecessária, na prática, a existência de um contrato entre as empresas demonstrando a existência do grupo. Nesse aspecto, ganha força o princípio da primazia da realidade sobre a forma, uma vez que basta que estejam presentes, no caso concreto, todos os requisitos, para que o empregado se beneficie da responsabilidade solidária entre elas.

A flexibilização dos requisitos para caracterização do grupo econômico (manutenção da autonomia empresarial) permite que, na prática, seja possível caracterizar um número maior de organizações que responderão, solidariamente, pelos créditos resultantes da relação de trabalho. Foi, nesse aspecto, uma alteração interessante sob a perspectiva do trabalhador.

Já que a CLT reconhece a responsabilidade solidária das empresas integrantes do grupo, assumindo estas o risco de pagar integralmente crédito trabalhista originado junto a outra empresa do mesmo grupo, o TST cuidou de estimular as empresas a se organizarem em grupo.

Conforme o texto da Súmula 129, do TST, poderá qualquer empresa integrante do grupo explorar a mão de obra de empregado contratado por outra empresa integrante do mesmo grupo, sem celebrar com ele novo vínculo de emprego.

Assim, já que qualquer empresa poderá assumir a totalidade da dívida, o TST permitiu que qualquer empresa explore a mão de obra desse emprego. Pela redação da referida Súmula, a doutrina afirma que o grupo econômico tem força de empregador único.

A Súmula 129, do TST, diante das alterações do art. 2º, § 2º, na sofreu qualquer prejuízo. Permanece válida a possibilidade de as empresas participarem de um "intercâmbio" de empregados. Não se pode perder de vista que deve haver compatibilidade de salário, função e obediência aos parâmetros de jornada, já que o grupo tem força de empregador único.

12.4. Sucessão trabalhista e sócio retirante

A sucessão trabalhista, também conhecida como sucessão de empresas ou alteração subjetiva do contrato, corresponde à alteração da figura do empregador mantidos os contratos de emprego já pactuados bem com os direitos adquiridos pelos empregados.

DIREITO DO TRABALHO

A possibilidade de substituir o empregador tendo, como efeito, a permanência do vínculo está em plena consonância com o princípio da continuidade e, também, com o princípio da condição mais benéfica e da inalterabilidade contratual lesiva. Tal afirmação decorre do próprio texto celetista que, ao reconhecer a possibilidade de alterar a estrutura jurídica da empresa, determina que sejam respeitados os contratos já pactuados e os direitos adquiridos dos empregados.

Além de se ter como fundamento da sucessão trabalhista princípios do Direito do Trabalho, é também fundamento uma importante característica que permeia a figura do empregador, qual seja: ausência de pessoalidade. Regra geral, a pessoalidade é uma característica que recai sobre os empregados, uma vez que estes não podem ser substituídos (salvo hipóteses legais ou consentimento do empregador) sem que haja a extinção do contrato de emprego. Em detrimento das peculiaridades da relação de emprego doméstico, afirma-se que esta característica também recai sobre o empregador, motivo pelo qual não se admite a sucessão trabalhista nesta relação.

Embora ausente previsão legal na CLT pré-Reforma, uma vez processada a sucessão em detrimento de fusão, incorporação e compra e venda entre empresas, a sucessora assume os riscos passados, presentes e futuros. É, portanto, o que se chama de responsabilidade total do sucessor. A responsabilidade solidária só seria invocada, conforme entendimento jurisprudencial, quando comprovada fraude entre sucessora e sucedido.

O legislador reformista, no intuito de esclarecer as regras específicas sobre a responsabilidade do sucessor, acrescentou o art. 448-A ao texto celetista, que determina:

- As obrigações trabalhistas, inclusive as contraídas à época em que os empregados trabalhavam para a empresa sucedida, são de responsabilidade do sucessor.

- A empresa sucedida responderá solidariamente com a sucessora quando ficar comprovada fraude na transferência.

Percebe-se, pelo novo dispositivo legal, que o legislador absorveu no texto da CLT as regras já adotadas pela jurisprudência quanto às responsabilidades total do sucessor e solidária.

Diferentemente do que ocorre quando caracterizado o grupo econômico, em que a responsabilidade solidária é um efeito natural, para sucesso só se invoca referida responsabilidade quando comprovada fraude entre sucessor e sucedido. Portanto, a solidariedade, como efeito sucessório, só se faz presente quando houver fraude entre as partes que participaram da operação. A regra é, portanto, responsabilidade total do sucessor: responde pelas dívidas passadas, presentes e futuras.

Além de definir regras mais específicas sobre a sucessão trabalhista, a Lei 13.467/2017 inseriu, no texto da CLT, a nova figura no sócio retirante. É possível que este assuma, em caráter subsidiário, créditos de natureza trabalhista do período em que figurou como sócio. Para tanto, é necessário que a ação trabalhista tenha sido ajuizada até dois anos após a alteração do contrato social da empresa. Sendo subsidiária a responsabilidade, cobra-se a dívida, em um primeiro momento, da própria pessoa jurídica. Se esta não pagar, cobra-se dos atuais sócios. Em um terceiro momento, a dívida será cobrada do sócio retirante, caso ainda não tenha sido satisfeita.

12.5. Tópicos de maior relevância para as provas da OAB – FGV

- Os poderes fiscalizatório e disciplinar devem ser exercidos com observância dos princípios da proporcionalidade e razoabilidade.

- Consequências do poder disciplinar: advertência (verbal ou escrita – não há previsão expressa na CLT); suspensão do contrato (máximo 30 dias. Caso ultrapasse ao prazo máximo, poderá haver rescisão indireta do contrato – para FCC, nesse caso, rescisão indireta é sinônimo de rescisão injusta); rescisão do contrato por justa causa.

- O poder disciplinar deverá ser exercido no momento em que o empregador toma conhecimento da conduta praticada pelo empregado. Caso contrário, será caracterizado perdão tácito.

- O empregador não pode punir o empregado duas vezes, pela mesma conduta, na mesma oportunidade – ou puni-lo novamente por conduta pela qual já tenha sido punido – vedação ao "*bis in idem*".

- Embora a Lei 13.467/2017 tenha retirado do conceito de grupo econômico a expressão "exerçam atividade econômica", permanece o requisito implícito no próprio nome do instituto: grupo Econômico.

- ONGs, Fundações, Igrejas e outras organizações que não exercem atividade econômica podem ser empregadoras, mas não podem fazer parte de grupo econômico.

- Solidariedade: DUAL: ativa e passiva ao mesmo tempo.

- Empregado contratado por uma empresa integrante de grupo econômico poderá trabalhar para qualquer outra empresa do grupo, sem celebrar com elas novo contrato de emprego (Súmula 129, TST).

- Não é necessário que as empresas tenham os mesmos sócios ou acionistas.

- Não é necessário que as empresas façam um contrato entre elas para o reconhecimento do grupo.

- Grupo econômico urbano: grupo por subordinação ou por autonomia (Pós-Reforma).

- Grupo econômico rural: grupo por coordenação.

- Sucessão Trabalhista: a cláusula de não responsabilidade: não gera efeitos para fins trabalhistas – previsão expressa pós-Reforma;

- Não se aplica sucessão trabalhista na relação de emprego doméstico.

- O sucessor responde pelas dívidas passadas, presentes e futuras (responsabilidade total) – previsão expressa pós-Reforma.

- Fraude entre sucessor e sucedido: responsabilidade solidária – previsão expressa pós-Reforma.

- A responsabilidade do sócio retirante será subsidiária desde que o crédito trabalhista lhe seja cobrado até dois anos após a alteração do contrato social da empresa.

- Por ser subsidiária, para que o sócio retirante assuma a responsabilidade, é necessária a observância da seguinte "ordem de cobrança":

• Pessoa Jurídica;

• Atuais sócios;

• Sócio retirante.

417

12.6. Quadros esquematizados

GRUPO ECONÔMICO

1 - Requisitos	união entre duas ou mais empresas; cada uma delas deve possuir personalidade jurídica própria; devem exercer atividade econômica (não precisa ser a mesma!!!); uma ou mais empresas exerce(m) sobre os demais poderes de direção, controle ou administração – grupo econômico por subordinação – TEORIA VERTICAL DO GRUPO. ATENÇÃO!!! Pela Reforma Trabalhista, mesmo que cada empresa preserve sua autonomia, é possível que haja caracterização do grupo, mas desde que haja interesse integrado, efetiva comunicação de interesses e atuação conjunta das empresas integrantes. ATENÇÃO 02!!! Embora a expressão "que exerçam atividade econômica" tenha sido suprimida do texto do art. 2º, § 2º, da CLT, é obrigatório que haja exercício de atividade econômica para que seja possível a inserção da empresa no grupo. É uma característica inerente à esta organização para fins de responsabilidade solidária. ATENÇÃO 03!!! Por previsão expressa (alteração feita pela Lei 13.467/2017), não é necessário que as empresas tenham os mesmos sócios para fins de caracterização do grupo.
2 - Responsabilidade	Solidária (qualquer empresa responde, integralmente, pelos créditos de natureza trabalhista, sem que exista uma "ordem de cobrança").
3 - Tipo de solidariedade	Dual: passiva: todas as empresas respondem, integralmente, pela dívida trabalhista. Não existe uma ordem de cobrança. ativa: qualquer empresa poderá explorar a mão de obra de um empregado contratado por outra empresa integrante do mesmo grupo, sem celebrar com ele novo vínculo empregatício, desde que haja compatibilidade de salário, função e jornada.

SUCESSÃO TRABALHISTA

1 - Conceito	Alteração na estrutura jurídica da empresa, mantendo contínuos os vínculos empregatícios já existentes bem como os direitos adquiridos dos empregados. Fundamentos: princípio da continuidade; inalterabilidade contratual lesiva; ausência de pessoalidade do empregador. ATENÇÃO! Não se aplica sucessão trabalhista para a relação de emprego doméstico.
2 - Responsabilidade	TOTAL: o sucessor responder pelas dívidas passadas, presentes e futuras. **ATENÇÃO!!!** A Lei 13.467/2017 incorporou, no texto celetista, o art. 448-A. Desta forma, tem-se como previsão expressa a responsabilidade solidária no caso de fraude entre sucessor e sucedido.
3 – Cláusula de não responsabilização	Não gera efeitos para fins trabalhistas.

SÓCIO RETIRANTE – art. 10-A, da CLT.

1 - Conceito	A figura do sócio retirante foi criada pelo Legislador Reformista (Lei 13.467/2017), de forma a possibilitar que, mesmo aquele que não mais integre o quadro societário da empresa, assuma responsabilidade pelo crédito decorrente das relações de trabalho.
2 - Responsabilidade e requisito	SUBSIDIÁRIA. Para que a responsabilidade do sócio retirante seja subsidiária, é necessária a observância do seguinte requisito: - a ação deverá ser ajuizada até dois anos depois de averbada a modificação do contrato.
3 - Ordem de cobrança	Por ser subsidiária, é necessária a observância da seguinte "ordem de cobrança", definida pelo próprio legislador no art. 10-A, da CLT: empresa devedora; sócios atuais; sócios retirantes. Percebe-se, portanto, que a responsabilidade subsidiária do sócio retirante se realiza em terceiro plano.

RESPONSABILIDADE SOLIDÁRIA	RESPONSABILIDADE SUBSIDIÁRIA
Aplicada em:	Aplicada em:
grupo econômico; falência da prestadora de serviços temporários, a tomadora assume solidariamente os créditos resultantes da relação de trabalho (Lei 6.019/1974). fraude entre sucessor e sucedido. - Não existe ordem de cobrança (o empregado pode cobrar a totalidade da dívida de qualquer empresa integrante do grupo econômico). - a qualquer momento, a empresa integrante do grupo econômico pode ser inserida na ação trabalhista, inclusive na fase de execução, pois a solidariedade se sobrepõe a qualquer requisito de natureza processual.	- terceirização trabalhista; - empreitada; - sócio retirante. - primeiro o empregado deverá cobrar a dívida da empresa prestadora de serviços (empregadora). Caso esta não realize o pagamento, cobra-se da empresa tomadora de serviços. Existe, pois, uma ordem de cobrança. - A empresa tomadora só pode ser responsabilizada subsidiariamente se fizer parte da ação trabalhista desde o seu momento inicial. Deve, pois, integrar o polo passivo da petição inicial ao lado da prestadora de serviços. Não será permitida a sua inserção em momento posterior. Percebe-se, pois, que requisito processual se sobrepõe à responsabilidade subsidiária.

13. TERCEIRIZAÇÃO NO DIREITO DO TRABALHO

13.1. Conceito

A palavra "terceirização" é um neologismo derivado da palavra terceiro. Em detrimento das várias mudanças quanto à forma de organização das empresas e da linha produtiva, foi proposto, pela empresa automobilista Toyota, um modelo marcado pela horizontalização da produção. Significa dizer que cada setor da empresa, antes com estrutura vertical (a mesma empresa se responsabilizava por todas as etapas de desenvolvimento do produto), foi convertido em uma empresa especializada para desenvolvimento de determinado produto ou fornecimento de mão de obra especializada para executar atividades específicas.

Assim surgiu a terceirização trabalhista, também denominada modelo japonês, em que se tem a dissociação do vínculo empregatício do vínculo jurídico de trabalho que lhe seja correspondente. Há, dessa forma, 3 partes envolvidas na dinâmica da terceirização: empregadora (empresa de trabalho temporário ou empresa prestadora de serviços), empregado e empresa tomadora de serviços ou contratante.

Considerando a dinâmica contratual proveniente da terceirização, pode-se conceituá-la como relação jurídica marcada pela participação de três partes, em que se tem a figura de uma empresa que fornece produtos ou mão de obra a favor de outrem. Assim, o fruto do trabalho, ou o trabalho em si, do empregado da empresa prestadora será absorvido pela empresa tomadora/contratante dos serviços.

Em 2017, o instituto sofreu alterações bastante expressivas. A Lei 6.019/1974, que até então regulamentava a terceirização temporária (trabalho temporário, cujas regras já foram abordadas na presente obra), passou a regulamentar também a terceirização permanente. Esta, até então, era precariamente delimitada na Súmula 331, do TST, que se encontra atualmente prejudicada em detrimento da Reforma Trabalhista.

Acirrando ainda mais as alterações referentes à dinâmica terceirizante, a Lei 13.467/2017. Assim, considerando todas as alterações realizadas na Lei 6.019/1974, tem-se como hipóteses de terceirização:

A) Temporária:

- necessidade de substituição transitória de pessoal permanente;

- demanda complementar de serviços.

B) Permanente:

Qualquer atividade pode ser terceirizada de forma permanente. A Lei 6.019/1974 foi alterada pela Lei 13.467/2017, cuja entrada em vigor ocorreu no dia 11 de novembro do mesmo ano. Até então, discutia-se o fato de se poder terceirizar ou não qualquer atividade – meio ou fim – de forma permanente. Para sanar o conflito, o legislador reformista alterou a redação do art. 4º-A, da Lei 6.019/1974:

> Art. 4º-A. Considera-se prestação de serviços a terceiros a transferência feita pela contratante da execução de quaisquer de suas atividades, inclusive sua atividade principal, à pessoa jurídica de direito privado prestadora de serviços que possua capacidade econômica compatível com a sua execução. (Redação dada pela Lei nº 13.467, de 2017)

De fato, pela redação d0 art. 4º-A, da CLT, é válida a terceirização permanente de qualquer atividade da empresa contratante, mesmo que seja sua atividade principal. Entende-se, pois, atividade principal como sendo a atividade-fim desta empresa.

Embora o TST ainda não tenha se manifestado em relação à Súmula 331, afirma-se que está nitidamente prejudicada, pois permitia a terceirização permanente em apenas três circunstâncias:

- conservação e limpeza;

- vigilância;

- atividade-meio.

As alterações feitas na Lei 6.019/1974 são reflexos da intensa flexibilização trabalhista à qual o Direito do Trabalho foi submetido, tornando-o mais permissivo e vulnerável, sob a ótica da terceirização.

13.2. Terceirização lícita e ilícita: consequências

A tomadora de serviços ou empresa contratante, ao se inserir na dinâmica da terceirização, pode vir a assumir responsabilidade quanto aos créditos decorrentes da relação jurídica trabalhista pactuada. Os efeitos pertinentes à responsabilidade da tomadora dependem da licitude ou ilicitude da terceirização.

Já que a Lei 6019/74, alterada pela Lei 13.467/2017, permite a terceirização permanente de qualquer atividade, o critério analisado para identificar a licitude será a ausência de subordinação ou pessoalidade do trabalhador com a empresa contratante ou tomadora de serviços. O tipo de atividade terceirizada deixou de ser critério relevante para identificar a licitude do contrato, exceto para terceirização temporária, uma vez que o art. 2º preserva a restrição ao trabalho temporário para substituição transitória de pessoal permanente ou à demanda complementar de serviço.

Portanto, para a licitude da terceirização permanente, não pode haver pessoalidade ou subordinação do trabalhador com a empresa contratante.

Para a licitude da terceirização temporária, além da restrição quanto à pessoalidade ou subordinação do trabalhador com a tomadora de serviços, é necessária a observância das hipóteses de contratação e, ainda, do prazo máximo de vigência do contrato – 180 dias, prorrogáveis por mais até 90 dias. Vale lembrar que, para esta prorrogação, não se faz necessária a intervenção do Ministério do Trabalho e Emprego para autorizá-la.

Uma vez sendo lícita, a responsabilidade será subsidiária, ou seja: cobra-se a dívida trabalhista, em um primeiro momento, da empresa de trabalho temporário ou da empresa prestadora de serviços. Em um segundo momento, cobra-se da empresa tomadora ou contratante. Para que esta seja atingida, é necessário que conste no título executivo judicial, ou seja, deverá fazer parte da ação trabalhista desde o seu momento inicial.

Se a tomadora de serviços/contratante for órgão da Administração Pública, a responsabilidade subsidiária será aplicada apenas se comprada culpa do órgão.

Sendo ilícita a terceirização, por ter sido realizada fora dos critérios permissivos pela Lei 6.019/1974, haverá vínculo de emprego reconhecido diretamente com a empresa tomadora/contratante.

Se for órgão da Administração Pública, tal solução seria inconstitucional, uma vez que, para validade do contrato, o art. 37, da CR/88, exige concurso público de provas ou de provas e títulos, exceto para cargos de confiança ou atendimento a excepcional interesse público.

Nesse caso, o contrato será declarado nulo e haverá incidência dos efeitos conforme Súmula 363, do TST: saldo de salário e depósitos correspondentes ao FGTS. O saque do FGTS também será autorizado.

13.3. Tópicos de maior relevância para a 1ª fase da OAB – FGV

- Responsabilidade da tomadora – segmento privado – no caso de terceirização lícita: subsidiária.

- Responsabilidade da tomadora – Administração Pública – no caso de terceirização lícita: subsidiária, desde que comprovada culpa do órgão da AP.

- Terceirização ilícita – segmento privado: vínculo de emprego diretamente com a tomadora de serviços.

- Terceirização ilícita – Administração Pública: contrato será declarado nulo e o trabalhador terá direito ao saldo de salário, depósitos e saque do FGTS.

- Terceirização temporária – falência da prestadora de serviços: a tomadora assume, SOLIDARIAMENTE, as dívidas de natureza trabalhista.

- ATENÇÃO PARA AS ALTERAÇÕES FEITAS NA LEI 6.019/1974: podem ser terceirizadas, de forma permanente, QUALQUER TIPO DE ATIVIDADE, inclusive a atividade principal.

- Para a terceirização temporária, o contrato entre empresa de trabalho temporário e empresa tomadora será de, no máximo, 180 dias, e podem ser prorrogados por mais até 90 dias, independentemente de autorização do MTE.

13.4. Quadro esquematizado

TERCEIRIZAÇÃO TRABALHISTA

1. Conceito	Fragmentação da relação empregatícia clássica para uma forma de exploração do trabalho trilateral. São 3 partes envolvidas: prestadora dos serviços; tomadora dos serviços (toma para si o trabalho alheio); trabalhador (empregado da prestadora de serviços cujo trabalho ou resultado do trabalho – produto – favorece a tomadora. Cabe à tomadora de serviços concentrar seus esforças nas atividades-fim. Há o enxugamento da estrutura empresarial e "horizontalização" da produção.
2. Hipóteses para contratação de empresa prestadora de serviços	ATENÇÃO!!! A Lei 6.019/1974 foi alterada de forma bastante expressiva e passou a regulamentar também a terceirização permanente. Assim, pode-se afirmar que será permitida a terceirização temporária ou permanente de QUALQUER ATIVIDADE, meio ou fim, ideia esta que foi intensificada pela Reforma Trabalhista, que deixou clara a regra de expansão das hipóteses de terceirização permanente não mais restritas à Súmula 331, do TST – atividade-meio, vigilância e limpeza.
3. Responsabilidade	- Terceirização lícita: segmento privado: subsidiária; Segmento público: subsidiária, desde que comprovada culpa do órgão da Administração Pública. - Terceirização ilícita: Segmento privado: vínculo empregatício diretamente com a empresa tomadora dos serviços; Segmento público: contrato será declarado nulo (trabalhador terá direito a: saldo de salário, depósitos e saque do FGTS).

14. CONTRATOS DE EMPREGO

14.1. Contrato de emprego: conceito e classificação

De acordo com o art. 442, da CLT (mantido pela Reforma Trabalhista), o "Contrato individual de trabalho é o acordo tácito ou expresso, correspondente à relação de emprego".

Como instrumento jurídico definidor de direitos e obrigações às partes envolvidas, a serem observados reciprocamente (sinalagma), os contratos de emprego podem ser pactuados de forma tácita ou expressa.

Contratos tácitos são contratos "silenciosos", que correspondem à real relação jurídica existente entre as partes. Embora não seja necessária a forma expressa, para que a realidade seja reconhecida, torna-se necessário prová-la. É uma modalidade e contrato de grande relevância para o Direito do Trabalho, sobre o qual se aplica o princípio da primazia da realidade sobre a forma (pode ser que o contrato expresso não corresponda à realidade, pactuada tacitamente).

Contratos expressos podem ser verbais ou escritos. Vale destacar que, em detrimento da Reforma Trabalhista, os contratos especiais, ou condições especiais pactuadas pelas partes, devem ser realizados de forma escrita. É o que ocorre, por exemplo, com os contratos intermitentes, teletrabalho regime de 12x36.

14.2. Pressupostos jurídico-formais de validade dos contratos

Sendo existente a relação de emprego, em detrimento da presença cumulativa de todos os pressupostos fático-jurídicos, é imprescindível que se avalie a validade do contrato. Para tanto, devem estar presentes os pressupostos jurídico-formais do contrato, previstos no art. 104, do CC/02, quais sejam:

- Capacidade das partes;

- Licitude do objeto;

- Livre manifestação de vontade das partes;

- Forma prescrita ou não defesa em Lei.

A capacidade das partes está definida no art. 7º, XXXIII, segundo o qual é proibido trabalho noturno, insalubre ou perigoso a menores de 18 anos, e de qualquer trabalho a menores de 16 anos, salvo na condição de aprendiz, a partir dos 14 anos. Para o emprego doméstico, será permitida a contratação de empregados maiores de 18 anos, independentemente do tipo de atividade que será exercida.

Quanto ao objeto, para a validade do contrato de emprego é necessário que ele seja lícito; o empregado não pode exercer atividades proibidas por lei, tais como venda de apostas para jogo do bicho, comercialização de maconha, cocaína, entre outras atividades.

Por esses dois pressupostos jurídico-formais, é possível identificar a distinção entre trabalho proibido e trabalho ilícito:

- trabalho proibido – está associado à não observância da capacidade para o trabalho;

- trabalho ilícito – está associado ao objeto do contrato (tipo de atividade desenvolvida pelo trabalhador).

14.3. Alteração do contrato de trabalho

Para que se proceda à alteração dos contratos de emprego, não se pode perder de vista o princípio da proteção, do qual derivam o princípio do "in dubio pro operario", da norma mais favorável e da condição mais benéfica. Também é essencial a observância do princípio da inalterabilidade contratual lesiva, cujas diretrizes estão previstas no art. 468, *caput*, da CLT. São elas:

- as alterações só podem ser feitas para beneficiar o trabalhador;

- mesmo que em benefício do trabalhador, devem ser consensuais.

Porém, existem situações que fogem à regra geral disposta no mencionado artigo. Por serem permitidas pela própria lei, são consideradas juridicamente válidas. Para estas alterações, a doutrina atribui o nome de "jus variandi": poder reconhecido ao empregador, pela própria lei, para alterar as condições de trabalho. O "jus variandi" se apresenta, dessa forma, como exceção ao princípio da inalterabilidade contratual lesiva.

São exemplos desse poder do empregador:

• Transferência do horário noturno para o diurno (perda do adicional noturno);

• Alteração da data do pagamento do salário, desde que não ultrapasse ao quinto dia útil;

• Transferência do empregado, desde que observados os limites impostos pela lei;

• Reversão (NÃO É CONSIDERADA ALTERAÇÃO UNILATERAL);

• Teletrabalho – conversão para presencial.

Especificamente em relação à transferência, está ela prevista nos arts. 469 e 470, da CLT, e tem como regras:

- para que seja reconhecida, é necessária a mudança do domicílio do empregado;

- só poderá ser realizada quando houver real necessidade dos serviços ou extinção das atividades da empresa ou estabelecimento no qual trabalhava o empregado;

- as despesas da transferência correrão por conta do empregador;

- para transferência provisória, será devido o adicional de 25% do salário contratual ao mês, enquanto durar a transferência;

- é necessária anuência do empregado (exceto se for alto empregado – empregado que exerce cargo de confiança).

Por fim, intensificando a onda de flexibilização trabalhista, vale lembrar que o art. 611-A, da CLT (fruto da Reforma), determina que alguns direitos negociados prevalecerão sobre os legislados. Isso permite constantes alterações nas condições de trabalho já que as regras dos instrumentos coletivos não mais se incorporam aos contratos de trabalho (vedação à ultratividade do instrumento).

14.4. Contratos especiais de trabalho

A) Contrato intermitente.

Dentre as alterações implementadas no corpo da CLT, mediante Lei 13.467/2017, merece também destaque o art.

443. Isso porque, dentre as espécies de contrato de emprego classificados quanto ao prazo e à forma de pactuação, foi inserido o contrato intermitente.

Trata-se de uma nova modalidade de contrato de emprego em que se tem a indeterminação do contrato e a transitoriedade da prestação de serviços. Significa dizer que o contrato será pactuado sem que haja um prazo máximo de vigência. Porém, o empregado executará as atividades de acordo com a demanda do empregador, ou seja, apenas quando necessário.

Assim é que o próprio legislador reformista cuidou de conceituar contrato intermitente, no novo § 3º, do art. 443, da CLT:

> Considera-se como intermitente o contrato de trabalho no qual a prestação de serviços, com subordinação, não é contínua, ocorrendo com alternância de períodos de prestação de serviços e de inatividade, determinados em horas, dias ou meses, independentemente do tipo de atividade do empregado e do empregador, exceto para os aeronautas, regidos por legislação própria.

Pode-se afirmar que, ao considerar o contrato intermitente como vínculo de emprego, flexibiliza-se o pressuposto fático-jurídico da não eventualidade. Isso porque, mesmo que a prestação de serviços ocorra de forma intermitente, ainda assim será reconhecida a relação de emprego, desde que presentes os demais pressupostos dos art. 2º e 3º da CLT.

Vale ressaltar que é possível adotar o contrato intermitente para qualquer categoria, independentemente das atividades do empregado e do empregador, exceto para os aeronautas, regidos por legislação própria.

Reiterando: embora o legislador o tenha inserido no art. 443, *caput*, e conceituado no § 3º, da CLT, não se pode afirmar que é contrato de emprego temporário (prazo determinado). **O contrato é indeterminado, e a prestação de serviços é intermitente.** Dentro do contrato indeterminado, o empregado executará suas atividades apenas quando convocado pelo seu empregador (caso aceite). Logo, só executará suas atividades quando houver demanda, conforme necessidade do empregador. Por esta razão, afirma-se que o contrato é intermitente. Na verdade, **a intermitência é da prestação de serviços, e não propriamente do contrato, já que este é indeterminado.**

Por se tratar de uma nova modalidade de contrato de emprego, cujo prazo de vigência é indeterminado, embora a prestação de serviços seja determinada (por demanda), o legislador reformista cuidou de definir as particularidades que incidirão sobre as partes inseridas nesta nova modalidade contratual, tanto quanto à forma, quanto em relação aos efeitos jurídicos dele provenientes.

Embora tenha prevalecido, até a Reforma, a regra segundo a qual para reconhecimento da validade jurídica dos contratos não era necessária forma escrita, para os contratos intermitentes, por se tratar de nova modalidade de contrato de emprego sobre o qual recaem características específicas, o legislador reformista cuidou de exigir forma escrita para sua pactuação.

No instrumento escrito, é necessário que contenha o valor da hora do trabalho, tendo por parâmetro o valor do salário mínimo-hora ou o salário devido aos demais empregados, mesmo que não tenham sido contratados como intermitentes. Para tanto, é necessário apenas que exerçam a mesma função.

Assim, de acordo com a Lei 13.467/2017, o valor da hora de trabalho "não pode ser inferior ao valor horário do salário mínimo ou àquele devido aos demais empregados do estabelecimento que exerçam mesma função em contrato intermitente ou não."

Como dito anteriormente, embora o contrato intermitente seja a prazo indeterminado, a prestação de serviços ocorrerá apenas quando o empregado for demandado pelo seu empregador. Neste caso, o empregador deverá convocar o empregado por qualquer meio de comunicação eficaz, para a prestação de serviços, informando a jornada, com, pelo menos, 3 dias corridos de antecedência.

De acordo com a Lei 13.467/2017, o empregado terá um dia útil para responder ao chamado.

Ainda de acordo com a referida Lei, **ao final de cada período de prestação de serviços**, o empregado receberá:

- remuneração;

- férias proporcionais com acréscimo de um terço;

- décimo terceiro salário proporcional;

- repouso semanal remunerado; e

- adicionais legais.

Merecem destaque, ainda, as seguintes regras:

- O recibo de pagamento deverá conter a discriminação dos valores pagos relativos a cada uma das parcelas devidas na data de pagamento acordada entre as partes;

- O empregador efetuará o recolhimento da contribuição previdenciária e o depósito do Fundo de Garantia do Tempo de Serviço, na forma da lei, com base nos valores pagos no período mensal e fornecerá ao empregado comprovante do cumprimento dessas obrigações;

- A cada doze meses, o empregado adquire direito a usufruir, nos doze meses subsequentes, um mês de férias, período no qual não poderá ser convocado para prestar serviços pelo mesmo empregador.

B) Teletrabalho

Destaca-se, dentre todas as transformações e adaptações feitas no texto celetista, uma nova forma de exploração da mão de obra de pessoa física: o teletrabalho.

De acordo com o art. 75-B, da CLT, "considera-se teletrabalho a prestação de serviços preponderantemente fora das dependências do empregador, com a utilização de tecnologias de informação e de comunicação que, por sua natureza, não se constituam como trabalho externo".

Embora a execução das atividades ocorra, de forma preponderante, fora do espaço empresarial, ainda assim é considerado como relação de emprego. Na prática, para incidência das novas regras celetistas, é necessária a observância cumulativa dos pressupostos fático-jurídicos gerais essenciais para a caracterização do vínculo de emprego, quais sejam: pessoa física, pessoalidade, onerosidade, não eventualidade, subordinação e alteridade.

A definição do teletrabalho como vínculo de emprego decorre da flexibilização do conceito de subordinação.

Originariamente, a subordinação se faz presente a partir da relação diretiva direta que ocorre, no espaço empresarial, entre empregado e empregador. Com a evolução dos meios tecnológicos e expansão dos meios de comunicação, tornou-se possível se submeter ao poder de direção do empregador sem a necessidade da presença física do empregado no espaço empresarial.

A partir desta possibilidade, já era reconhecido como contrato de emprego as atividades realizadas no próprio domicílio do empregado, desde que presentes todos os requisitos dos arts. 2º e 3º da CLT (pressupostos fático-jurídicos). Percebe-se, pois, que o reconhecimento de contrato de emprego não condicionado à execução das atividades no espaço empresarial não é uma novidade.

Em 2011, o art. 06º da CLT foi alterado de forma a reconhecer o trabalho realizado no domicílio do empregado e o executado a distância como passíveis de aplicação de todos os direitos a garantias pertinentes aos empregados. A subordinação, nessas relações de emprego, será reconhecida pela relação que se estabelece entre empregado e empregador com a utilização dos meios telemáticos e informatizados de comando, controle e supervisão. Em detrimento da importância do art. 6º, da CLT, vale destacá-lo a seguir:

> Art. 6º Não se distingue entre o trabalho realizado no estabelecimento do empregador, o executado no domicílio do empregado e o realizado a distância, desde que estejam caracterizados os pressupostos da relação de emprego.
>
> Parágrafo único. Os meios telemáticos e informatizados de comando, controle e supervisão se equiparam, para fins de subordinação jurídica, aos meios pessoais e diretos de comando, controle e supervisão do trabalho alheio.

Ao fazer referência ao trabalho à distância, o legislador celetista já deixou espaço para o reconhecimento de outras modalidades – mais flexíveis, portanto – de subordinação, não se restringindo à clássica, caracterizada pela relação direta entre empregado e empregador, no espaço de trabalho.

Considerando a evolução dos meios tecnológicos, o legislador reformista definiu, dentre as formas de execução dos serviços à distância, o teletrabalho, determinando requisitos formais para seu reconhecimento e validação.

Assim é que, de acordo com o art. 75-C, a prestação de serviços na modalidade de teletrabalho deverá constar expressamente em contrato individual de trabalho. Logo, pela interpretação do dispositivo, afirma-se que a contratação de empregado nesta modalidade independe de previsão em instrumento coletivo.

O mesmo dispositivo reconhece a possibilidade de conversão do trabalho presencial para o teletrabalho. Neste caso, será necessário mútuo acordo entre as partes, registrado em aditivo contratual. Ao exigir mútuo acordo entre empregado e empregador para o processamento da alteração, o legislador reformista compatibilizou o novo dispositivo à regra geral básica de alteração dos contratos, prevista no art. 468, *caput*, da CLT:

> Art. 468 - Nos contratos individuais de trabalho só é lícita a alteração das respectivas condições por mútuo consentimento, e ainda assim desde que não resultem, direta

ou indiretamente, prejuízos ao empregado, sob pena de nulidade da cláusula infringente desta garantia.

A conversão do trabalho presencial em teletrabalho será considerada mais benéfica ao trabalhador, de forma a compatibilizar a nova regra aos princípios da inalterabilidade contratual lesiva e condição mais benéfica. Caso tais princípios não sejam considerados, poder-se-ia afirmar que esta possibilidade de alteração do contrato não é compatível com a base principiológica do Direito do Trabalho brasileiro.

Na sequência do mesmo art. 75-C, da mesma forma que foi reconhecida a possibilidade de conversão do trabalho presencial em teletrabalho, foi reconhecida a possibilidade de ocorrência de ato inverso: conversão do teletrabalho para presencial. Para tanto, basta a determinação do empregador, registrada em aditivo contratual, sendo garantido ao empregado o prazo de transição de, no mínimo, 15 dias.

Nesse aspecto, a arguição de violação dos princípios é sustentável, uma vez que não condicionou a alteração a mútuo acordo e, ainda, pode haver prejudicialidade ao empregado. Porém, considerando as hipóteses de alteração das condições do contrato, reconhecida pela própria lei ao empregador – *jus variandi* – é possível definir esta liberdade que lhe foi reconhecida pelo legislador reformista como resultado do seu poder de comando, ao lado de outras hipóteses de exercício desse poder:

- reversão (embora não seja esta alteração unilateral do contrato – art. 468, § 1º, da CLT, com as alterações da Lei 13.467/2017);

- alteração do turno noturno de trabalho para o diurno, com a supressão do respectivo adicional;

- alteração da data de pagamento do salário, desde que não ultrapasse ao 5º dia útil do mês subsequente;

- transferência do emprego, desde que observados os requisitos previstos em lei.

Assim é que, também como exemplo de *jus variandi*, enquadra-se o direito reconhecido ao empregador para alterar o teletrabalho para trabalho presencial, sem mútuo consentimento, e desde que observado o prazo de transição de, no mínimo, 15 dias.

Em síntese:

- trabalho presencial para teletrabalho: mútuo consentimento, de forma expressa em aditivo de contrato;

- teletrabalho para trabalho presencial: determinação do empregador, de forma expressa em aditivo de contrato, com período de transição de, no mínimo, 15 dias.

Quanto aos instrumentos necessários à execução dos serviços, a Lei 13.467/2017 condiciona à previsão contratual as regras referentes à responsabilidade pela aquisição, manutenção ou fornecimento dos equipamentos tecnológicos e da infraestrutura necessária e adequada à prestação do trabalho remoto, bem como ao reembolso de despesas arcadas pelo empregado, serão previstas em contrato escrito.

Deixa claro, ainda, que essas utilidades, por serem consideradas essenciais à execução dos serviços, não integram a remuneração do empregado. Fogem, portanto, do conceito de salário utilidade (ou *in natura*, do *caput* do art. 458, *caput*, da CLT) por lhe faltarem o requisito da contraprestatividade, essencial para caracterização da natureza salarial de um valor ou utilidade fornecida pelo empregador de forma habitual.

Ademais, importante lembrar que, em relação ao teletrabalho, o art. 62, da CLT, que define rol de empregados não sujeitos ao controle de jornada, também sofreu alterações em detrimento da promulgação da Lei 13.467/2017, e passou a vigorar com a seguinte redação:

> Art. 62 - Não são abrangidos pelo regime previsto neste capítulo:
>
> I - os empregados que exercem atividade externa incompatível com a fixação de horário de trabalho, devendo tal condição ser anotada na Carteira de Trabalho e Previdência Social e no registro de empregados;
>
> II - os gerentes, assim considerados os exercentes de cargos de gestão, aos quais se equiparam, para efeito do disposto neste artigo, os diretores e chefes de departamento ou filial.
>
> **III - os empregados em regime de teletrabalho. (grifado)**
>
> Parágrafo único - O regime previsto neste capítulo será aplicável aos empregados mencionados no inciso II deste artigo, quando o salário do cargo de confiança, compreendendo a gratificação de função, se houver, for inferior ao valor do respectivo salário efetivo acrescido de 40% (quarenta por cento).

Embora os teletrabalhadores tenham sido incluídos no rol do art. 62, da CLT, pela Reforma Trabalhista, não se pode considerar a aplicação absoluta desta regra. Em conformidade com o princípio da primazia da realidade sobre a forma e em respeito à garantia constitucional de controle de jornada e pagamento de hora extra, pode ser que a utilização de tecnologias de informação e de comunicação possibilitem a realização do controle. Assim, a nova regra do art. 62 gera presunção apenas relativa de não incidência de horas extras a favor do teletrabalhador.

Por fim, quanto à proteção da saúde do trabalhador e prevenção de acidentes do trabalho e doenças ocupacionais, o empregador se obriga a instruir os empregados, de maneira expressa e ostensiva, quanto às precauções a serem tomadas pelo empregado. Ao empregado, recai a obrigação de assinar termo de responsabilidade comprometendo-se a seguir as regras preventivas definidas pelo empregador (art. 75-E, da CLT). Ainda assim, o empregador não se eximirá de responsabilização para fins indenizatórios em detrimento da ocorrência de acidente do trabalho ou doença ocupacional.

14.5. Tópicos de maior relevância para a 1ª fase da OAB – FGV

- Os contratos de emprego podem ser: tácitos ou expressos.

- Os contratos expressos podem ser: verbais ou escritos.

- Modalidade de contrato mais importante para o Direito do Trabalho: contrato tácito (contrato "silencioso"). É aquele que, efetivamente, corresponde à realidade (primazia da realidade sobre a forma).

- Contratos de emprego temporário: devem ser expressos e escritos.

- As alterações só podem ser feitas para beneficiar o trabalhador e, ainda assim, devem ser consensuais.

- Reversão NÃO é hipótese de alteração unilateral.

- Independentemente de quanto tempo o empregado tenha exercido o cargo de confiança, ao sofrer a reversão ele perderá o direito à gratificação de função. Não se aplica mais a regra da estabilidade financeira, segundo a qual caso o empregado exerça o cargo de confiança por 10 anos ou mais, fracionados ou consecutivos, ele poderia sofrer a reversão, mas a gratificação não poderia ser retirada.

- São consideradas alterações unilaterais, permitidas pela própria legislação: mudança da data de pagamento do salário (desde que não ultrapasse o 5º dia útil do mês subsequente); transferência (desde que observados os requisitos previstos em lei); mudança do turno de trabalho: noturno para diurno, o que implica a perda do adicional noturno pago ao empregado; alteração do teletrabalho para trabalho presencial.

- Teletrabalho:

• é o trabalho realizado fora das dependências da empresa, mediante a utilização de equipamentos tecnológicos e meios de comunicação que permitam o contato do empregado com seu empregador;

• é relação de emprego;

• o fato de o empregado ter que comparecer na empresa algumas vezes não descaracteriza do teletrabalho;

• é possível converter o trabalho presencial em teletrabalho, desde que haja concordância das partes e registro da alteração em aditivo contratual;

• é possível converter o teletrabalho para trabalho presencial, desde que o empregador queira, sendo assegurado ao empregado o prazo de, no mínimo, 15 dias de transição. É necessário registro em aditivo de contrato.

- Contrato intermitente:

• É relação de emprego marcada pela indeterminação do contrato e intermitência da prestação de serviços;

• O empregador poderá convocar o empregado com até 3 dias corridos de antecedência para comparecer ao serviço;

• O empregado tem o prazo de 24 horas para atender ao chamado;

• O silêncio do empregado pressupõe recusa ao chamado;

• A recusa não descaracteriza a subordinação;

• O pagamento das parcelas correspondentes à prestação de serviços não poderá ultrapassar ao limite de um mês;

• Caso o empregado fique um ano sem executar atividades, haverá extinção do seu contrato.

DIREITO DO TRABALHO

14.6. Quadros esquematizados

CONTRATO INDIVIDUAL DE TRABALHO

1. Conceito	"Contrato individual de trabalho é o acordo tácito ou expresso, correspondente à relação de emprego". **ATENÇÃO!!! O art. 443, da CLT, teve alteração no *caput*, de forma que o contrato intermitente passou a ser reconhecido como espécie de contrato de emprego.**
2. Classificação	- Quanto ao prazo: • determinado; • Indeterminado. - Quanto à forma: • Tácitos; • Expressos: • Verbais; • Escritos. - Quanto ao número de empregados contratados: • Individuais: • Plúrimos:
3. Características	- Bilateral ou sinalagmático; - Consensual; - Trato sucessivo; - Oneroso; - Comutativo; - Personalíssimo ou *intuito personae;* - De direito privado.
4. Elementos do contrato:	- Capacidade das partes: "é proibido trabalho noturno, insalubre ou perigoso a menores de 18 anos, e de qualquer trabalho a menores de 16 anos, salvo na condição de aprendiz, a partir dos 14 anos". - Licitude do objeto; - Livre manifestação de vontade das partes; - Forma prescrita ou não defesa em lei. **ATENÇÃO!** Trabalho proibido: é aquele cuja capacidade deixou de ser observada. Trabalho ilícito: é aquele cujo objeto do contrato (atividade desenvolvida pelo trabalhador) é ilícito.

DA ALTERAÇÃO DO CONTRATO DE TRABALHO

ALTERAÇÃO BILATERAL	ALTERAÇÃO UNILATERAL
É a regra. As alterações só podem ser feitas no sentido de beneficiar ao trabalhador e, ainda assim, é necessário que haja mútuo consentimento. ATENÇÃO: a reversão é considerada alteração bilateral do contrato!	- É exceção. São realizadas por autorização expressa da própria lei. - *JUS VARIANDI*: É um direito, reconhecido ao empregador por força de lei, de alterar, unilateralmente, condições de trabalho dos seus empregados. Exemplos: • mudança do turno noturno de trabalho para o diurno; • transferência do empregado, desde que observados os requisitos previstos em lei; • mudança na data de pagamento do salário, desde que não ultrapasse o 5º dia útil do mês subsequente; • mudança do regime de teletrabalho para trabalho presencial; • fracionamento das férias do empregado doméstico. **ATENÇÃO!** A reversão do alto empregado (exerce cargo ou função de confiança) não é considerada alteração unilateral do contrato.

CONTRATOS ESPECIAIS DE EMPREGO: CONTRATO INTERMITENTE

1 - Conceito	"Considera-se como intermitente o contrato de trabalho no qual a prestação de serviços, com subordinação, não é contínua, ocorrendo com alternância de períodos de prestação de serviços e de inatividade, determinados em horas, dias ou meses, independentemente do tipo de atividade do empregado e do empregador, exceto para os aeronautas, regidos por legislação própria"(art. 443, § 3º, da CLT)
2 – Classificação do contrato quanto à forma	Expresso escrito (OBRIGATORIAMENTE!)
3 – Prazos de convocação e aceite/recusa	- Convocação do empregado para o trabalho: até 3 dias corridos antes da data de início das atividades. - Recusa: um dia útil para responder ao chamado Obs.: o silêncio presume recusa do empregado. Obs. 2: a recusa não caracteriza falta de subordinação do empregado. Obs. 3: o período de inatividade não será considerado tempo à disposição do empregador (O CONTRATO SERÁ SUSPENSO!).
4 – Parcelas pagas ao término de cada prestação de serviços	- férias proporcionais com acréscimo de 1/3; - décimo terceiro salário proporcional; - repouso semanal remunerado; - adicionais legais.

CONTRATOS ESPECIAIS DE EMPREGO: TELETRABALHO (art. 75-A a 75-E, da CLT)

1 - Conceito	"Considera-se teletrabalho a prestação de serviços preponderantemente fora das dependências do empregador, com a utilização de tecnologias de informação e de comunicação que, por sua natureza, não se constituam como trabalho externo". (art. 75-B, da CLT)
2 – Regras gerais	- o contrato deve ser, obrigatoriamente, escrito; - o comparecimento nas dependências do empregador, para realização de atividades específicas, não descaracteriza o teletrabalho; - é possível a conversão do trabalho presencial em teletrabalho desde que haja mútuo acordo e termo aditivo de contrato; - é possível a conversão do teletrabalho para trabalho presencial por vontade do empregador e termo aditivo do contrato, sendo assegurado ao empregado o prazo de 15 dias de transição; - não está sujeito a controle de jornada; - o empregador deverá instruir os empregados sobre as medidas de saúde e segurança no trabalho, com a finalidade de prevenir acidentes e doenças ocupacionais.
3 – Fornecimento dos equipamentos	O teletrabalho se faz possível mediante a utilização de equipamentos tecnológicos de informação e comunicação. Desta forma, todos os instrumentos associados ao exercício das atividades dos empregados serão considerados instrumentos de trabalho. Portanto, são fornecidos PARA o trabalho, e não PELO trabalho. NÃO POSSUEM NATUREZA SALARIAL (art. 75-D, da CLT).

15. CONTRATOS DE EMPREGO A PRAZO DETERMINADO (A TERMO)

15.1. Hipóteses de contratação

No sentido de restringir a contratação de empregados temporários, já que se trata de um contrato que foge à regra da indeterminação contratual, o legislador celetista definiu, no art. 443, três hipóteses de contratação:

- transitoriedade das atividades da empresa – a atividade a ser exercida pelo empregado temporário é transitória, ou seja, não faz parte das atividades empresariais exercidas de forma cotidiana. Neste contrato, o empregador deverá comprovar que a atividade a ser exercida pelo empregado é transitória, motivo pelo qual houve a contratação temporária;

- transitoriedade da prestação de serviços – o empregado pode ser contratado para exercer qualquer atividade da empresa, transitória ou não, desde que o seu contrato seja temporário. Esta hipótese acabou por acobertar a primeira, pois não há necessidade de o empregador justificar a contratação temporária do empregado à duração da atividade a ser desenvolvida por ele;

- contrato de experiência – modalidade de contrato a prazo determinado mais comum na prática trabalhista. É relação de emprego temporária que pode ser realizada, inclusive, no vínculo de emprego doméstico.

15.2. Prazos, prorrogação e sucessividade contratuais

A) Prazos:

- máximo 2 anos: para transitoriedade das atividades da empresa ou da prestação dos serviços;

- 90 dias: para os contratos de experiência.

B) Prorrogação:

É possível que haja prorrogação dos contratos de emprego temporário em qualquer das hipóteses de contratação. Porém, devem ser observadas, cumulativamente, as seguintes regras:

- será permitida apenas UMA prorrogação (não precisa ser por igual período);

- a prorrogação deve ser realizada dentro do prazo de 2 anos ou dos 90 dias. Se, por exemplo, o contrato de experiência foi celebrado já tendo prazo de vigência de 90 dias, não será permitida a prorrogação, pois o período de duração desta hipótese de emprego temporário foi esgotado.

A não observância das regras da prorrogação contratual acarretará a indeterminação contratual automática.

C) Sucessividade:

Entende-se por sucessividade contratual a repetição do contrato a prazo determinado entre mesmo empregado e mesmo empregador. Para tanto, é necessária a observância do prazo de, no mínimo, 6 meses entre um contrato e outro. Caso não observado, haverá indeterminação contratual automática. Porém, a regra da sucessividade comporta exceção, motivo pelo qual merece destaque o art. 452, da CLT (mantido pela Reforma Trabalhista):

> Art. 452 - Considera-se por prazo indeterminado todo contrato que suceder, dentro de 6 (seis) meses, a outro contrato por prazo determinado, salvo se a expiração deste dependeu da execução de serviços especializados ou da realização de certos acontecimentos (grifado).

15.3. Garantias provisórias de emprego

Para os contratos de emprego temporário, são expressamente reconhecidas duas hipóteses de garantia provisória no emprego (estabilidade):

- empregado que sofre acidente do trabalho – Súmula 378, do TST: a garantia será de um ano contado do término do benefício previdenciário. Lembrando que, para o recebimento do benefício, é necessário que seu contrato tenha sido suspenso, ou seja, licença médica maior que 15 dias – contada do 16º dia em diante.

- gestante – Súmula 244, do TST: em qualquer contrato de emprego temporário, inclusive no contrato de experiência, a gestante terá garantia provisória de emprego desde a confirmação da gravidez até 5 meses após o parto.

Para as demais hipóteses de garantia provisória (estudadas em capítulo posterior), não há previsão expressa que beneficie o empregado temporário.

15.4. Rescisão antecipada do contrato: indenização ou aviso prévio?

Por ser tratar de um contrato que já nasce com as partes tendo pleno conhecimento sobre o momento da extinção, em regra não haverá aviso prévio. Se, por ventura, ocorrer a rescisão antecipada do contrato, a parte prejudicada receberá da outra o valor correspondente ao somatório dos salários do restante do período dividido pela metade.

Porém, se houver previsão no contrato da chamada cláusula assecuratória do Direito Recíproco de rescisão antecipada, os efeitos rescisórios do contrato de emprego temporário se equiparam aos efeitos dos contratos a prazo indeterminado, ou seja, haverá aviso prévio.

Vale destacar que, uma vez presente a cláusula, a multa devida em detrimento da rescisão antecipada será substituída pelo aviso prévio. Ou seja: não são cumulativos. A possibilidade de inserção da cláusula encontra previsão expressa no art. 481, da CLT, mantido pelo legislador reformista.

16. NORMAS DE PROTEÇÃO AO TRABALHO DO MENOR

É inegável a preocupação dos legisladores constituinte e celetista frente à necessária proteção do trabalhador menor, seja na definição da capacidade para o trabalho – art. 7º, XXXIII da CR/88 –, que tem como objetivo preservar a formação da higidez física e mental do trabalhador, seja na especificação de condições de trabalho previstas nos arts. 402 a 441, da CLT.

Dentre os direitos, e considerando o perfil das provas da primeira fase da OAB – FGV, merecem especial destaque:

- Trabalho a partir dos 16 anos, exceto: jornada noturna, trabalho insalubre ou perigoso (a partir dos 18 anos);

Obs.: é proibido o trabalho doméstico para menores de 18 anos.

- A partir dos 14 anos: somente como aprendiz (até 24 anos);

- Proibido trabalhar em horas extras, exceto:

• Compensação (máximo duas horas diárias);

• Força maior (até 12 horas).

- Trabalho em mais de uma empresa: a jornada será somada e não poderá ultrapassar 8 horas;

- Representante legal: assistência na quitação das verbas rescisórias;

- Férias:

• Direito de coincidir férias escolares com as férias no trabalho.

Obs.: a regra segundo a qual as férias dos menores de 18 anos não poderiam ser fracionadas foi revogada pelo legislador reformista.

17. DURAÇÃO DO TRABALHO

17.1. Delimitação de conceitos: duração do trabalho, jornada de trabalho e duração diária de trabalho

O art. 7º da CR/88 define dois importantes critérios de duração do trabalho: o semanal de, no máximo, 44 horas, e o diário de, no máximo, 08 horas. Duração diária de trabalho é sinônimo de jornada. A partir do critério constitucional, são definidas regras de composição e reconhecidas as chamadas jornadas especiais, estudadas nos itens a seguir.

17.2. Critérios de composição da jornada

A) Regra Geral:

Regra geral, o critério de composição da jornada, a partir do qual se identifica a observância ou não dos parâmetros constitucionais para incidências das regras das horas suplementares, é o de tempo à disposição do empregador. Neste tópico, merece destaque o art. 4º, § 2º, da CLT, que define referido critério, com importantes alterações implementadas pelo legislador reformista:

ART. 4º (...)

§ 2º Por não se considerar tempo à disposição do empregador, não será computado como período extraordinário o que exceder a jornada normal, ainda que ultrapasse o limite de cinco minutos previsto no § 1º do art. 58 desta Consolidação, quando o empregado, por escolha própria, buscar proteção pessoal, em caso de insegurança nas vias públicas ou más condições climáticas, bem como adentrar ou permanecer nas dependências da empresa para exercer atividades particulares, entre outras:

I - práticas religiosas;

II - descanso;

III - lazer;

IV - estudo;

V - alimentação;

VI - atividades de relacionamento social;

VII - higiene pessoal;

VIII - troca de roupa ou uniforme, quando não houver obrigatoriedade de realizar a troca na empresa.

Assim, o critério geral de identificação da jornada continua sendo o tempo à disposição do empregador, restando claro que, se a permanência do empregado na empresa é decorrente de atendimento a interesses pessoais, tal período não integrará a sua jornada.

B) Tempo residual:

Consideram-se tempo residual as pequenas variações ocorridas no registro de ponto do empregado que não serão consideradas para pagamento de horas extras ou desconto no salário do empregado.

De acordo com o art. 58, da CLT, § 1º, tais variações não podem ultrapassar a 05 minutos por registro, e o somatório das variações não pode ultrapassar a 10 minutos diários.

C) Horas *in itinere*:

Quanto ao tempo de deslocamento entre residência e trabalho, não existe mais a possibilidade da sua integração na jornada de trabalho do empregado, pois as regras foram revogadas (art. 58, §§ 2º e 3º, da CLT).

D) Empregados não sujeitos a controle de jornada:

O art. 62, da CLT, também foi alterado pela Reforma Trabalhista, de forma que não estão sujeitos a controle de jornada:

- empregado que exerce cargo ou função de confiança;

- empregado que exerce atividade externa incompatível com o controle;

- teletrabalhador.

17.3. Trabalho noturno

A jornada noturna (art. 73, da CLT, c/c Súmula 265, TST), conforme exigência constitucional, recebe tratamento jurídico diferenciado. Assim, para os empregados urbanos e rurais, aplicam-se as seguintes regras:

A) Empregados urbanos: 22h às 05h; hora ficta noturna de 52'30".

ADICIONAL: 20%

B) Empregados rurais:

✓ Lavoura: 21h às 05h;

✓ Pecuária: 20h às 04h.

ADICIONAL: 25%; não tem direito à hora ficta noturna.

Obs. 1: horários mistos: haverá pagamento de adicional noturno apenas em relação às horas inseridas dentro do parâmetro especial.

Obs. 2: mudança de turno – perda do direito ao adicional: é um exemplo de "jus variandi". É permitida alteração do horário de trabalho com a supressão do respectivo adicional, pois este é considerado salário condição (só será devido se o empregado exercer suas atividades dentro do parâmetro noturno).

Obs. 3: prolongamento dos efeitos da jornada noturna: haverá prolongamento da jornada noturna quando houver horas extras trabalhadas, tendo sido a última hora normal integrante do parâmetro noturno.

17.4. Horas suplementares e sistema de compensação de jornada

A) Horas suplementares/horas extras:

Como garantia constitucional, assim determinou a CR/88, no rol de direitos dos trabalhadores urbanos, rurais e domésticos:

Art.7º São direitos dos trabalhadores urbanos e rurais, além de outros que visem a melhoria da sua condição social:

(...)

XVI - remuneração do serviço extraordinário superior, no mínimo, em cinquenta por cento à do normal;

Uma vez definidos pelo legislador constituinte os parâmetros máximos de duração diária e semanal de trabalho e, ainda, o adicional de horas extras no importe de, no mínimo, 50% calculado sobre o valor da hora normal, coube ao legislador celetista definir demais critérios de limitação das horas extras, cujas regras se encontram previstas no art. 59, da CLT.

Antes da Reforma, as horas suplementares estavam limitadas a, no máximo, duas por dia. Para que fossem realizadas, era necessária previsão em acordo escrito entre empregado e empregador, ou mediante contrato coletivo de trabalho (art. 59, *caput*, CLT).

Esta regra foi ajustada quanto aos instrumentos que as autorizam. Assim, a expressão "acordo escrito entre empregado e empregador, ou mediante contrato coletivo de trabalho" foi substituída pela expressão "por acordo individual, convenção coletiva ou acordo coletivo de trabalho". Desta forma, o *caput* do art. 59, da CLT, passou a vigorar com a seguinte redação:

Art. 59. A duração diária do trabalho poderá ser acrescida de horas extras, em número não excedente de duas, por acordo individual, convenção coletiva ou acordo coletivo de trabalho. (Redação dada pela Lei nº 13.467, de 2017)

Na sequência, foi alterada também a redação do parágrafo primeiro do mesmo art. 59, da CLT, de forma a compatibilizar o adicional de hora extra com o percentual mínimo definido na CR/88. Assim, o percentual mínimo de 20% foi alterado para 50%. Assim ficou a nova redação do dispositivo mencionado:

§ 1º A remuneração da hora extra será, pelo menos, 50% (cinquenta por cento) superior à da hora normal. (Redação dada pela Lei nº 13.467, de 2017)

Ainda sobre o art. 59, da CLT, merece destaque especial a revogação do seu § 4º, segundo o qual era proibida a realização de horas suplementares na modalidade de trabalho a tempo parcial. Esta proibição ocorria pelo fato de o art. 58-A, da CLT, pré-Reforma, proibir a prestação de serviços em caráter extraordinário (acima, portanto, da duração máxima de 25 horas semanais).

Com a Lei 13.467/2017, foram definidos dois novos parâmetros de duração do trabalho a tempo parcial:

- máximo 30 horas semanais;

- máximo 26 horas semanais, sendo permitidas até 06 horas suplementares.

Afirma-se, pois, que o legislador reformista autorizou a prestação de serviços em jornada suplementar. Neste caso, será devido o adicional de, no mínimo, 50% do valor da hora normal. Uma vez possível o trabalho em jornada suplementar, passou a ser admitida a possibilidade de adoção de sistema de compensação de jornada para esta modalidade especial de duração do trabalho.

Vale ressaltar que foi mantida a exigência de licença prévia, concedida por autoridades competentes em matéria de higiene do trabalho, para quaisquer prorrogações de jornada nas atividades insalubres. Porém, o legislador reformista inseriu o parágrafo único ao art. 60, da CLT, excluindo desta exigência as jornadas de 12x36 (parágrafo único, art. 60, da CLT).

B) Sistema de compensação de jornada:

Inaugurado pela Constituição da República de 1988, o sistema de compensação de jornada nada mais é que um sistema substitutivo do pagamento do adicional de horas extras ou, ainda, sistema impeditivo de realização de descontos referentes a horas devidas pelo empregado a seu empregador.

Embora se tenha o pagamento do adicional de horas extras como regra, é plenamente possível que, mesmo trabalhando além do horário normal, não seja devido o adicional de hora extra, pois as horas serão acumuladas para compensação posterior.

Afirma-se que dito sistema foi inaugurado pela CR/88 uma vez que, na segunda parte do art. 7º, XIII, tem-se a previsão expressa da possibilidade de se adotá-lo:

Art. 7º: (...)

XIII - duração do trabalho normal não superior a oito horas diárias e quarenta e quatro semanais, *facultada a compensação de horários e a redução da jornada, mediante acordo ou convenção coletiva de trabalho*; (grifado)

Portanto, mesmo sendo o adicional de horas extras uma garantia constitucional, o legislador constituinte, dentro do mesmo art. 7º, trouxe a possibilidade de se adotar, mediante acordo ou convenção coletiva, um regime substitutivo do pagamento do adicional, sem que, todavia, houvesse definição de prazo máximo para compensação. Diante desse cenário de indefinição quanto ao prazo para compensação, o legislador celetista alterou o definiu no art. 59, § 2º, da CLT, que assim dispunha:

Art. 59 (...)

Parágrafo 2º: Poderá ser dispensado o acréscimo de salário se, por força de acordo ou convenção coletiva de trabalho, o excesso de horas em um dia for compensado pela correspondente diminuição em outro dia, de maneira que não exceda, no período máximo de 1 (um) ano, à soma das jornadas semanais de trabalho previstas, nem seja ultrapassado o limite máximo de 10 (dez) horas diárias.

Previsto no texto da CR/88, e também na CLT, o sistema de compensação recebeu da doutrina e da jurisprudência tratamento diferenciado, o que será estudado no tópico a seguir. Para facilitar a compreensão das mudanças, as regras referentes ao instituto serão estudadas em tópicos separados, considerando-as antes e após a Reforma.

A.a) Sistema de compensação de jornada pré-Reforma:

Antes da vigência da Lei 13.467/2017, existiam dois sistemas de compensação de jornada: o constitucional e o celetista (conhecido também como Banco de Horas ou sistema anual de compensação de jornada).

I - Sistema Constitucional de Compensação:

Ao usar a expressão "acordo e convenção coletiva", afirmava-se que o legislador constituinte permitiu, de forma intencional, a adoção do sistema de compensação de jornada encetado mediante acordo individual, acordo coletivo ou convenção coletiva. Isso porque, caso fosse o acordo aquele exclusivamente derivado de instrumento coletivo, o legislador teria feito exigência expressa nesse sentido, como o fez em outros incisos do mesmo art. 7º:

VI – irredutibilidade salarial, salvo convenção ou acordo <u>coletivo</u> de trabalho;

(...)

XIV – turnos ininterruptos de revezamento, com jornada de 06 horas, salvo <u>negociação coletiva</u>. (grifados)

Em ambos, a exceção à regra contida no próprio inciso está condicionada à negociação coletiva, ou seja, acordo coletivo ou convenção coletiva como instrumentos permissivos da redução do salário ou da mudança da jornada do empregado contratado na modalidade de turno ininterrupto de revezamento (passa-se de 6 para 8 horas).

A partir desta intepretação dos dispositivos constitucionais, doutrina e jurisprudência pacificaram entendimento no sentido de que o sistema constitucional poderia ser autorizado em acordo individual, coletivo ou convenção coletiva.

Porém, além do dilema sobre o tipo de acordo que poderia autorizar a implementação de tal sistema, surgiu outro: qual o prazo máximo para esta compensação, já que pode ser autorizada em acordo individual? Por esforço doutrinário e jurisprudencial, foi definido como prazo máximo para compensação, pela doutrina majoritária, o prazo de até um mês. A restrição do prazo ocorreu para fins de se proteger o trabalhador hipossuficiente da imposição, mediante negociação individual, de período extenso para que se procedesse à compensação, o que lhe seria de grande prejudicialidade.

Assim, sanados os dilemas referentes ao tipo de instrumento autorizativo e prazo máximo para compensação, a doutrina majoritária se posicionava no seguinte sentido:

- Sistema constitucional de compensação:

- Instrumentos autorizativos:

✓ Acordo Individual;

✓ Acordo Coletivo;

✓ Convenção Coletiva.

- Prazo para compensação: máximo um mês.

Para sanar qualquer discussão sobre a possibilidade de se autorizar a compensação por acordo individual, o TST assim definiu nos itens I e II da Súmula 85:

Súmula 85, TST: COMPENSAÇÃO DE JORNADA (inserido o item VI) - Res. 209/2016, DEJT divulgado em 01, 02 e 03.06.2016

I. A compensação de jornada de trabalho deve ser ajustada por acordo individual escrito, acordo coletivo ou convenção coletiva.

II. O acordo individual para compensação de horas é válido, salvo se houver norma coletiva em sentido contrário.

(...)

Portanto, pacificando o entendimento, o sistema de compensação constitucional poderia ser, seguramente, autorizado em acordo individual escrito, cabendo à doutrina e jurisprudência se esforçarem para firmar entendimento de que, mediante a fragilidade do instrumento autorizativo, a compensação não poderia ultrapassar ao prazo de um mês.

II - Sistema Celetista de Compensação (Banco de Horas):

Diante da ausência de previsão constitucional que esclarecesse o prazo máximo para compensação da jornada, o legislador celetista definiu, no art. 59, § 2º, que a compensação deveria ocorrer no prazo de, no máximo, 1 (um) ano.

Definiu, ainda, como instrumentos autorizados do sistema anual, o "acordo ou convenção coletiva de trabalho", usando exatamente a mesma redação do texto constitucional:

Art. 59 (...)

Parágrafo 2º: Poderá ser dispensado o acréscimo de salário se, por força de acordo ou convenção coletiva de trabalho, o excesso de horas em um dia for compensado pela correspondente diminuição em outro dia, de maneira que não exceda, no período máximo de 1 (um) ano, à soma das jornadas semanais de trabalho previstas, nem seja ultrapassado o limite máximo de 10 (dez) horas diárias.

Porém, mais uma vez por esforço da doutrina e da jurisprudência, sobre a expressão "acordo e convenção coletiva" recaiu uma intepretação restritiva. Tal interpretação foi feita

para impedir a adoção, por acordo individual, de um sistema de compensação excessivamente prejudicial ao trabalhador, já que o período para compensação era de até um ano.

Assim, junto ao sistema constitucional de compensação, coexistia o sistema celetista de compensação, para o qual foram definidas as seguintes regras:

- Sistema Celetista de compensação (Banco de Horas):

o Instrumentos Autorizativos:

✓ Acordo COLETIVO;

✓ Convenção coletiva.

o Prazo para compensação: máximo 1 ano.

Diante destas regras, existiam, dentro das propostas gerais do sistema de compensação, dois tipos de sistema: o constitucional e o celetista. Em ambos, aplicava-se a limitação de horas extras (máximo duas por dia). Ainda, caso não houvesse a compensação dentro do prazo definido, seriam devidos os adicionais de horas extras correspondentes, aplicando-se o mesmo efeito caso houvesse a extinção do contrato de emprego antes da compensação.

Além dos itens I e II supramencionados, a Súmula 85 do TST trazia outras importantes orientações sobre o sistema, todas merecedoras de destaque:

Súmula 85, TST:

(...)

II. O mero não atendimento das exigências legais para a compensação de jornada, inclusive quando encetada mediante acordo tácito, não implica a repetição do pagamento das horas excedentes à jornada normal diária, se não dilatada a jornada máxima semanal, sendo devido apenas o respectivo adicional.

IV. A prestação de horas extras habituais descaracteriza o acordo de compensação de jornada. Nesta hipótese, as horas que ultrapassarem a jornada semanal normal deverão ser pagas como horas extraordinárias e, quanto àquelas destinadas à compensação, deverá ser pago a mais apenas o adicional por trabalho extraordinário.

V. As disposições contidas nesta súmula não se aplicam ao regime compensatório na modalidade "banco de horas", que somente pode ser instituído por negociação coletiva.

VI. Não é válido acordo de compensação de jornada em atividade insalubre, ainda que estipulado em norma coletiva, sem a necessária inspeção prévia e permissão da autoridade competente, na forma do art. 60 da CLT.

Merece destaque o item IV, da Súmula 85, segundo o qual as horas extas habituais descaracterizam o sistema de compensação de jornada. A seguir, serão estudadas as alterações provenientes da Reforma Trabalhista, prejudicando as regras da referida Súmula.

A.b) Sistema de Compensação de jornada pós-Reforma:

O art. 59, da CLT, sofreu significativa mudança quanto à forma de se autorizar o sistema de compensação e quanto aos prazos.

Partindo da junção dos dois sistemas – constitucional e celetista – o legislador reformista adaptou a redação do dispositivo legal e flexibilizou as regras para compensação. Assim prevê o art. 59, §§ 2º a 6º, pós-Reforma Trabalhista:

DIREITO DO TRABALHO

Art. 59: (...)

§ 2º Poderá ser dispensado o acréscimo de salário se, por força de acordo ou convenção coletiva de trabalho, o excesso de horas em um dia for compensado pela correspondente diminuição em outro dia, de maneira que não exceda, no período máximo de um ano, à soma das jornadas semanais de trabalho previstas, nem seja ultrapassado o limite máximo de dez horas diárias.

§ 3º Na hipótese de rescisão do contrato de trabalho sem que tenha havido a compensação integral da jornada extraordinária, na forma dos §§ 2º e 5º deste artigo, o trabalhador terá direito ao pagamento das horas extras não compensadas, calculadas sobre o valor da remuneração na data da rescisão. (Redação dada pela Lei nº 13.467, de 2017)

§ 4º REVOGADO

§ 5º O banco de horas de que trata o § 2º deste artigo poderá ser pactuado por acordo individual escrito, desde que a compensação ocorra no período máximo de seis meses. (Incluído pela Lei nº 13.467, de 2017)

§ 6º É lícito o regime de compensação de jornada estabelecido por acordo individual, tácito ou escrito, para a compensação no mesmo mês. (Incluído pela Lei nº 13.467, de 2017)

Pelas novas regras, pode-se afirmar que existem 3 sistemas de compensação cujos prazos estão condicionados à maior ou menor rigidez do instrumento que os tenha autorizado. Assim, tem-se que:

- para compensação dentro de, no máximo, um ano: previsão em acordo ou convenção coletiva de trabalho. Pela redação do art. 59, § 2º, da CLT, afirma-se que as regras do Banco de Horas anual foram mantidas. Portanto, embora o legislador reformista não tenha especificado o tipo de acordo que autoriza a compensação anual, por se tratar de prazo extenso e prejudicial ao empregado, só pode ser o coletivo. Ou seja: para a compensação anual, acordo coletivo ou convenção coletiva de trabalho;

- para compensação dentro de, no máximo, 6 meses: previsão em acordo individual escrito. Houve, no § 5º, absorção da regra do sistema de compensação constitucional segundo a qual é válido o acordo individual escrito que a preveja. Porém, foi definido o prazo máximo para compensação, já que silente a CR/88: prazo de, no máximo, 6 (seis) meses. Ao definir este prazo, contrariou-se a doutrina e jurisprudência que se afirmavam dentro de um viés mais protetivo ao reconhecer o prazo de até um mês;

- para compensação dentro do mesmo mês: acordo tácito ou escrito: trata-se de regra nova e flexível no sentido de reconhecer a validade do acordo tácito (acordo "silencioso") que autorize a compensação das horas. Na verdade, o legislador intencionou legitimar as pequenas compensações que ocorrem diariamente entre empregado e empregador, em detrimento da própria dinâmica da relação de emprego e da possibilidade de definir pequenos ajustes sem a necessidade de critérios formais de validação.

Ademais, merece destaque também a possibilidade de adoção do sistema de compensação de jornada para empregados contratados na modalidade de trabalho a tempo parcial, tendo sido revogado § 4º, do art. 59, da CLT. Uma vez sendo possível fazer horas suplementares (empregados contratados para trabalhar até 26 horas semanais, na modalidade de trabalho a tempo parcial, poderão fazer até 6 horas suplementares por semana – art. 58-A, da CLT), torna-se possível a adoção dos critérios de compensação conforme as possibilidades previstas no art. 59, da CLT.

Para finalizar, merece destaque o art. 59-A, da CLT,

Art. 59-B. O não atendimento das exigências legais para compensação de jornada, inclusive quando estabelecida mediante acordo tácito, não implica a repetição do pagamento das horas excedentes à jornada normal diária se não ultrapassada a duração máxima semanal, sendo devido apenas o respectivo adicional. (Incluído pela Lei nº 13.467, de 2017)

Parágrafo único. A prestação de horas extras habituais não descaracteriza o acordo de compensação de jornada e o banco de horas. (Incluído pela Lei nº 13.467, de 2017)

Percebe-se que o legislador, embora tenha absorvido o item II, da Súmula 85, do TST, no *caput* do novo dispositivo, contrariou o item IV, da mesma Súmula, determinando que as horas extras habituais (horas extras "planejadas", que fazem parte do cotidiano no empregado) não descaracterizam o sistema de compensação. Portanto, a Súmula deve ser adaptada frente às novas regras incorporadas na CLT.

17.4. Jornadas especiais

A) Turnos ininterruptos de revezamento:

Forma especial de organização do trabalho e do trabalhador marcada pela ininterruptariedade das atividades da empresa associada à alteração dos horários de trabalho dos empregados em escalas de revezamento. Trata-se de jornada especial em detrimento da definição, no texto constitucional, da jornada de, no máximo, 6 horas, salvo negociação coletiva (art. 7º, XIV, da CR/88).

Se houver negociação coletiva autorizando o acréscimo de duas horas na jornada do turno ininterrupto, pelas 7ª e 8ª horas não será devido o adicional de horas extras (Súmula 423, do TST).

B) Trabalho a tempo parcial:

Trabalho a tempo parcial, ao lado do turno ininterrupto de revezamento, é uma modalidade especial de duração do trabalho, pois há definição de duração semanal máxima sem vinculação à duração diária máxima – 8 horas – prevista no art. 7º, XIII, da CR/88.

Antes da Reforma Trabalhista, o trabalho a tempo parcial era aquele cuja duração semanal máxima do trabalho era de 25 horas, não sendo permitidas a realização de horas suplementares/horas extras. Ainda, o salário pago era proporcional à jornada, tendo como parâmetros empregados que exerciam, na empresa, as mesmas funções em tempo integral.

Em relação às férias, aplicavam-se as seguintes particularidades:

- não podiam ser vendidas (abono pecuniário – venda de até 1/3);

- não podiam ser fracionadas;

- eram concedidas de acordo com o art. 130-A, da CLT.

Assim determinava o art. 130-A, da CLT:

Art. 130-A. Na modalidade do regime de tempo parcial, após cada período de doze meses de vigência do contrato de trabalho, o empregado terá direito a férias, na seguinte proporção:

I - dezoito dias, para a duração do trabalho semanal superior a vinte e duas horas, até vinte e cinco horas

II - dezesseis dias, para a duração do trabalho semanal superior a vinte horas, até vinte e duas horas;

III - quatorze dias, para a duração do trabalho semanal superior a quinze horas, até vinte horas;

IV - doze dias, para a duração do trabalho semanal superior a dez horas, até quinze horas;

V - dez dias, para a duração do trabalho semanal superior a cinco horas, até dez horas;

VI - oito dias, para a duração do trabalho semanal igual ou inferior a cinco horas.

Parágrafo único. O empregado contratado sob o regime de tempo parcial que tiver mais de sete faltas injustificadas ao longo do período aquisitivo terá o seu período de férias reduzido à metade.

Pela regra do artigo supracitado, os dias de férias a serem concedidos ao empregado contratado na modalidade de trabalho a tempo parcial dependiam do número de horas trabalhadas por semana, e não do número de ausências injustificadas ocorridas no curso do período aquisitivo. Pela regra do parágrafo único, as ausências injustificadas afetavam o número de dias de férias apenas de superiores a 7. Se ultrapassado este limite, o período de férias seria reduzido pela metade.

Porém, com a Reforma Trabalhista, o trabalho a tempo parcial, regulamentado no art. 58-A, da CLT, sofreu expressivas alterações tanto em relação ao parâmetro de duração semanal quanto em relação às férias. Quanto à duração semanal, com a nova redação do *caput* do art. 58-A, da CLT, vigoram dois parâmetros:

- máximo 30 horas semanais, sem possibilidade de horas suplementares/horas extras;

- máximo 26 horas semanais, com a possibilidade de até 6 horas suplementares/extras por semana;

- no caso de prestação de serviços em caráter extraordinário (horas suplementares para quem for contratado para trabalhar até 26 horas semanais), será devido o adicional de, no mínimo, 50% do valor da hora normal de trabalho;

- com a possibilidade de prestação de serviços extraordinários (para quem for contratado para trabalhar até 26

horas semanais), tornou-se possível a adoção do sistema de compensação de jornada, desde que com a observância das regras definidas no art. 59, da CLT.

Em relação às férias, destacam-se as seguintes mudanças:

- possibilidade de venda de até 1/3 do período (abono pecuniário);

- podem ser fracionadas;

- serão concedidas de acordo com o art. 130, da CLT, uma vez que o art. 130-A foi revogado pela Lei 13.467/2017. O número de ausências injustificadas ocorridas no curso do período aquisitivo é requisito essencial para determinar o número de dias de férias a ser concedido ao empregado, e não mais o número de horas trabalhadas por semana. Assim determina o art. 130, da CLT, aplicado, pós-Reforma, também para os empregados contratados na modalidade de trabalho a tempo parcial:

Art. 130 - Após cada período de 12 (doze) meses de vigência do contrato de trabalho, o empregado terá direito a férias, na seguinte proporção:

I - 30 (trinta) dias corridos, quando não houver faltado ao serviço mais de 5 (cinco) vezes;

II - 24 (vinte e quatro) dias corridos, quando houver tido de 6 (seis) a 14 (quatorze) faltas;

III - 18 (dezoito) dias corridos, quando houver tido de 15 (quinze) a 23 (vinte e três) faltas;

IV - 12 (doze) dias corridos, quando houver tido de 24 (vinte e quatro) a 32 (trinta e duas) faltas.

§ 1º - É vedado descontar, do período de férias, as faltas do empregado ao serviço.

§ 2º - O período das férias será computado, para todos os efeitos, como tempo de serviço.

Reiterando: independentemente do número de horas trabalhadas por semana, se o empregado tiver até 5 ausências injustificadas no curso do período aquisitivo, serão garantidos a ele 30 dias corridos de férias, que podem ser fracionados, mediante acordo entre empregado e empregador, em até 3 períodos, um dos quais não poderá ser inferior a 14 dias corridos e os outros dois não poderão ser inferiores a 5 dias corridos cada um (art. 134, da CLT, pós-Reforma).

Considerando as regras referentes ao trabalho a tempo parcial antes e após a Reforma, merece destaque o quadro comparativo a seguir:

TRABALHO A TEMPO PARCIAL - ART. 58-A, CLT		
	ANTES DA REFORMA	**APÓS A REFORMA**
Forma de autorização	Opção manifestada perante a empresa, conforme regras definidas em instrumento coletivo.	Regra mantida
Duração semanal	Máximo 25 horas, não sendo permitida a realização de horas suplementares.	Máximo 30 horas ou, no máximo, 26 horas, sendo permitidas, neste caso, até 6 horas suplementares semanais.
Possibilidade de ocorrência de horas suplementares	Não.	Sim, no máximo 6 horas, desde contratado para trabalhar até 26 horas semanais.

Adoção do Sistema de Compensação de Jornada	Não.	Sim, já que permitidas até 6 horas suplementares para o empregado contratado para trabalhar até 6 horas semanais
Abono pecuniário das férias	Não.	Sim.
Fracionamento das férias	Não.	Sim.
Dias de férias a serem concedidos	Art. 130-A, da CLT	Art. 130, da CLT (critério: número de ausências injustificadas por período aquisitivo). O art. 130-A foi revogado.

C) Regimes de 12x36:

Ao lado do trabalho e tempo parcial (alterado pela Reforma Trabalhista) e dos turnos ininterruptos de revezamento (art. 7º, XIV, da CR/88 – regras mantidas pelo legislador reformista), destaca-se o regime de 12x36. Trata-se de modalidade especial de composição de jornada por ultrapassar ao parâmetro diário de 8 horas definido como regra geral pela CR/88 (art. 7º, XIII).

As 12 horas de jornada serão seguidas por 36 horas ininterruptas de descanso. Até a Reforma Trabalhista, não havia previsão expressa na CLT sobre os critérios referentes à forma de autorização e demais particularidades associadas ao regime.

Com a incorporação do art. 59-A ao texto celetista, foram definidas as seguintes regras básicas ao regime de 12x36:

- o regime de 12x36 pode ser previsto em acordo individual escrito, acordo coletivo ou convenção coletiva de trabalho;

- os intervalos para repouso e alimentação serão observados ou indenizados;

- a remuneração mensal pactuada abrange os valores referentes ao descanso semanal remunerado e o descanso remunerado em feriados;

- os feriados e as prorrogações de trabalho noturno serão considerados compensados, quando houver.

Pelas novas regras do art. 59-A, da CLT, a Súmula 444, do TST, restou inteiramente prejudicada, contrariando toda a sistemática protetiva que fundamenta o Direito do Trabalho brasileiro.

Com o término do prazo de vigência da MP 808/2017, afirma-se que o referido regime poderá ser autorizado em acordo individual escrito pactuado entre empregado e empregador. Significa dizer que tal regra não restringe a organizações do setor de saúde, mas à qualquer categoria. A adoção do sistema de de 12x36 não está condicionada à negociação coletiva. Assim, retornou-se à redação originária (proveniente da Lei 13.467/2017), que assim determina:

> Art. 59-A. Em exceção ao disposto no art. 59 desta Consolidação, é facultado às partes, mediante acordo individual escrito, convenção coletiva ou acordo coletivo de trabalho, estabelecer horário de trabalho de doze horas seguidas por trinta e seis horas ininterruptas de descanso, observados ou indenizados os intervalos para repouso e alimentação
>
> Parágrafo único. A remuneração mensal pactuada pelo horário previsto no **caput** deste artigo abrange os pagamentos devidos pelo descanso semanal remunerado e pelo descanso

em feriados, e serão considerados compensados os feriados e as prorrogações de trabalho noturno, quando houver, de que tratam o art. 70 e o § 5º do art. 73 desta Consolidação.

18. PERÍODOS DE DESCANSO: INTERVALOS INTRAJORNADA E INTERJORNADA

18.1. Intervalos intrajornada

A) Comuns:

Ao empregado submetido a controle de jornada serão concedidos intervalos dentro e entre as jornadas, de forma a lhe possibilitar pausas menores ou maiores para alimentação e descanso.

Dentre estas pausas, destacam-se os intervalos intrajornadas, ou seja, intervalos concedidos dentro das jornadas de trabalho para descanso e, principalmente, alimentação. Tais intervalos podem ser classificados como sendo comuns ou especiais.

Intervalos comuns são aqueles concedidos a qualquer empregado, independentemente do tipo de atividade que executa, não sendo eles remunerados (não integram a jornada de trabalho). Porém, a concessão do intervalo intrajornada comum depende da duração diária de trabalho. Assim, têm-se as seguintes regras, todas mantidas pelo legislador reformista:

- Jornadas maiores que 6 horas: intervalos de, no mínimo, 1 (uma) hora para repouso e alimentação, salvo acordo escrito ou contrato coletivo em contrário, não podendo exceder a 2 (duas) horas (art. 71, *caput*, da CLT);

- Jornadas superiores a 4 horas e inferiores a 6 horas: intervalos de 15 minutos (art. 71, parágrafo 1º, da CLT);

- O intervalo de no mínimo 1 hora poderá ser reduzido mediante autorização do MTE, desde que a empresa tenha um refeitório conforme exigências também do MTE e desde que os empregados não estejam submetidos a regime de horas suplementares (art. 71, § 2º, da CLT).

Especificamente em relação ao art. 71, § 2º, da CLT, embora a regra tenha sido mantida pelo legislador reformista, não se pode perder de vista o art. 611-A, III, da CLT, introduzido pela Lei 13.467/2017, que assim determina:

> Art. 611-A. A convenção coletiva e o acordo coletivo de trabalho têm prevalência sobre a lei quando, entre outros, dispuserem sobre:
>
> (...)
>
> III - intervalo intrajornada, respeitado o limite mínimo de trinta minutos para jornadas superiores a seis horas;
>
> (...)

Até a promulgação da Lei 13.467/2017, a redução do intervalo intrajornada de, no mínimo 1 hora, apenas poderia ser autorizada mediante intervenção do Ministério do Trabalho e Emprego. Após a Reforma, embora mantida a redação do art. 71, § 2º, o *caput* do art. 611-A determina que o negociado prevalecerá sobre o legislado, dentre outras circunstâncias, quando for autorizada a redução do referido intervalo, respeitado o limite mínimo de 30 minutos.

Houve, pois, flexibilização da regra referente à possibilidade de redução do intervalo intrajornada para empregados contratados para trabalhar acima de 6 horas por dia. Não se faz necessária autorização do MTE e, tampouco, refeitório conforme exigências do próprio MTE, pois, neste caso, o negociado prevalecerá sobre o legislado.

Interpretando o art. 71, § 4º, da CLT, combinado com a Súmula 437, do TST, afirma-se que, caso o empregador não concedesse o intervalo intrajornada ou, ainda, o concedesse parcialmente, seria devido ao empregado o valor correspondente à totalidade da duração do intervalo a título de horas extras (valor da hora normal de trabalho acrescido do adicional de, no mínimo, 50%).

Com a Reforma Trabalhista, o art. 71, § 4º, foi alterado de forma bastante expressiva. Assim determina a nova regra:

§ 4º A não concessão ou a concessão parcial do intervalo intrajornada mínimo, para repouso e alimentação, a empregados urbanos e rurais, implica o pagamento, de natureza indenizatória, apenas do período suprimido, com acréscimo de 50% (cinquenta por cento) sobre o valor da remuneração da hora normal de trabalho.

Trata-se de uma alteração prejudicial ao empregado em dois aspectos: I) o empregado receberá o valor correspondente apenas à parte do intervalo que não tenha sido concedido, e não mais o valor referente ao tempo do total; II) antes da alteração, o valor recebido era pago a título de horas extras. Portanto, o valor teria natureza salarial e serviria de base de cálculo para outras parcelas de natureza salarial. Após a Reforma, o valor pago pela não observância da duração do intervalo terá natureza meramente indenizatória.

Portanto, pela nova regra, a Súmula 437, do TST, restou plenamente prejudicada, tanto pela redação do art. 71, § 4º, da CLT, quanto pelo novo art. 611-A, III, da CLT.

Sobre a possibilidade de reduzir ou fracionar o intervalo intrajornada dos motoristas, cobradores, fiscalização de campo e afins nos serviços de operação de veículos rodoviários, empregados no setor de transporte coletivo de passageiros, conforme previsão em instrumento coletivo, a regra foi integralmente mantida pelo legislador reformista (art. 71, § 5º, da CLT).

B) Especiais:

Intervalos especiais são aqueles concedidos a determinados empregados e fazem parte da jornada de trabalho, ou seja, são remunerados. Assim como acontece com os intervalos intrajornada, a não concessão ou a concessão parcial dará ao empregado o direito de receber valor indenizatório. Caso o intervalo não tenha sido integralmente concedido, a indenização será calculada considerando apenas o tempo do intervalo que não tenha sido concedido.

Como principais intervalos interjornada especiais, destacam-se:

- mecanografia/digitação: a cada 90 minutos de digitação, 10 minutos de intervalo – art. 72, CLT.

- frigoríficos: a cada 1 hora e 40 minutos trabalhados, 20 minutos de intervalo – art. 253, CLT;

- minas de subsolo: a cada 3 horas de trabalho contínuo, 15 minutos de intervalo – art. 298, CLT;

- amamentação: 2 intervalos de 30 minutos cada até que a criança complete 6 meses de vida – art. 396, CLT;

- telefonia, radiotelefonia, radiotelegrafia: a cada período de trabalho superior a 3 horas, 20 minutos de intervalo – art. 229, CLT.

18.2. Intervalos interjornada

A) Diários:

São intervalos concedidos entre um dia de trabalho e outro e terão a duração de, no mínimo, 11 horas. A não concessão dá ao empregado o direito de receber o valor da hora normal acrescido do percentual de 50% (art. 66, da CLT). É a única modalidade de intervalo interjornada não remunerado. É, pois, exemplo de suspensão do contrato de trabalho.

B) Semanal e feriados:

O descanso semanal remunerado terá duração mínima de 24 horas, a ser concedido preferencialmente aos domingos, em conformidade com os arts. 67 e 68, CLT; Lei 605/1949; Súmula 146, TST; OJ 410 da SDI – I, do TST.

No caso de não cumprimento, pelo empregador, do descanso remunerado semanal e feriados, será devido ao empregado o valor na hora normal acrescido do adicional de 100% (hora em dobro).

Vale destacar que, para os regimes especiais de 12x36, os valores devidos pelo descanso semanal remunerado e feriado estarão embutidos na folha de pagamento do empregado.

18.3. Férias

18.3.1. *Regras gerais sob a ótica da Lei 13.467/2017*

Dentre os intervalos interjornada concedidos, destacam-se as férias como sendo o intervalo mais importante por assegurar aos empregados urbanos, rurais, domésticos e aos trabalhadores avulsos, nos termos da CR/88, um efetivo período de descanso e desligamento temporário das suas atribuições cotidianas. O período de descanso será de, pelo menos, 30 dias, observadas as ausências injustificadas ocorridas no curso do período aquisitivo.

A seguir, serão a analisadas as alterações implementadas pela Lei 13.467/2017 acerca do instituto.

A) Período aquisitivo:

Para que o empregado adquira o direito às férias, é necessário que ele cumpra o chamado período aquisitivo. Este corresponde a cada conjunto de 12 meses de vigência do contrato de trabalho que tenham sido trabalhados. Importante lembrar que os períodos interruptivos serão contabilizados para fins de contagem do referido período. Assim, a cada período aquisitivo cumprido, o empregado terá direito a um período de férias.

DIREITO DO TRABALHO

B) Período concessivo:

De acordo com a regra do *caput* do art. 134, da CLT, as férias simples serão concedidas, por ato do empregador, dentro dos 12 meses subsequentes ao término do período aquisitivo (período concessivo), considerando a época que melhor atenda aos interesses dele.

Como exceções à regra geral de concessão das férias simples, para menores de 18 anos que sejam estudantes, as férias deverão ser concedidas, obrigatoriamente, no mesmo período das férias escolares e para membros da mesma família que trabalharem para o mesmo empregador, as férias devem ser concedidas no mesmo período desde que eles queiram e desde que esta concessão não traga risco de prejuízo para o empregador (art. 136, da CLT).

Estas regras básicas de concessão das férias foram mantidas pelo legislador reformista. Porém, devem ser associadas a mais uma: embora seja o empregador quem escolha o momento de concessão (observando as duas exceções do art. 136, da CLT), a Reforma Trabalhista introduziu mais uma exceção: o empregador não poderá conceder as férias dentro de dois dias que antecedam ao repouso semanal remunerado ou ao descanso remunerado em feriados.

Por exemplo: se o repouso semanal do empregado começa no sábado, o início das férias não pode ocorrer na quinta ou na sexta que antecedam a referido repouso. Se for feriado na quinta, as férias não podem começar na terça ou na quarta (o início das férias deverá ocorrer na segunda). Se for feriado na quarta, as férias não podem ser concedidas na segunda ou na terça que o antecedam. Neste caso, sendo repouso semanal remunerado no sábado e domingo, o início deverá ocorrer até a quarta feira da semana anterior.

Significa dizer que, embora o legislador reformista tenha mantido a regra geral de concessão das férias simples, determinou que, dentro do período concessivo, embora seja o empregador quem define o momento de início das férias, houve uma restrição especificamente ao dia de início das férias.

Portanto, destaca-se, aqui, a primeira alteração implementada pela Lei 13.467/2017, com a inserção do § 3º no art. 134, da CLT, que assim determina:

Art. 134

(...)

§ 3º É vedado o início das férias no período de dois dias que antecede feriado ou dia de repouso semanal remunerado.

Portanto, sobre o momento de concessão das férias, em resumo: o empregador escolherá o melhor período, dentro do prazo concessivo, mas o início não poderá ocorrer dentro dos dias que antecedam a feriados e repouso semanal remunerado.

C) Fracionamento das férias.

Por ser considerado o intervalo interjornada mais importante concedido aos empregados, o período das férias, de acordo com a CLT pré-Reforma (§ 1º, do art. 134, da CLT), só poderia ser fracionado em circunstâncias excepcionais em, no máximo, dois períodos, um dos quais não poderiam ser menor que 10 dias.

Com a promulgação da Lei 13.467/2017, a regra sobre fracionamento foi alterada de forma bastante significativa, passando a vigorar da seguinte forma: mediante acordo entre empregado e empregador, as férias podem ser fracionadas em até três períodos, um dos quais deverá ter, pelo menos, 14 dias corridos, e os outros dois deverão ter, pelo menos, 5 dias corridos cada.

Ainda, a regra que determinada a impossibilidade de fracionamento para menores de 18 anos e maiores de 50 foi revogada.

Vale destacar que a nova regra permissiva do fracionamento não se aplica para férias coletivas. Tal afirmativa decorre do fato de que o legislador reformista manteve as orientações do art. 139, da CLT, segundo o qual poderão ser fracionadas em no máximo 2 períodos desde que nenhum deles seja menor que 10 dias.

D) Férias e empregado doméstico – LC 150/2015

Em relação aos empregados domésticos, vale lembrar que o direito às férias foi regulamentado de forma específica pela LC 150/2015. Quanto à possibilidade de fracionamento das férias, merece destaque o art. 17, que assim dispõe:

Art. 17. O empregado doméstico terá direito a férias anuais remuneradas de 30 (trinta) dias, salvo o disposto no § 3º do art. 3º, com acréscimo de, pelo menos, um terço do salário normal, após cada período de 12 (doze) meses de trabalho prestado à mesma pessoa ou família.

§ 1º Na cessação do contrato de trabalho, o empregado, desde que não tenha sido demitido por justa causa, terá direito à remuneração relativa ao período incompleto de férias, na proporção de um doze avos por mês de serviço ou fração superior a 14 (quatorze) dias.

§ 2º O período de férias poderá, a critério do empregador, ser fracionado em até 2 (dois) períodos, sendo 1 (um) deles de, no mínimo, 14 (quatorze) dias corridos.

§ 3º É facultado ao empregado doméstico converter um terço do período de férias a que tiver direito em abono pecuniário, no valor da remuneração que lhe seria devida nos dias correspondentes.

§ 4º O abono de férias deverá ser requerido até 30 (trinta) dias antes do término do período aquisitivo.

§ 5º É lícito ao empregado que reside no local de trabalho nele permanecer durante as férias.

§ 6º As férias serão concedidas pelo empregador nos 12 (doze) meses subsequentes à data em que o empregado tiver adquirido o direito.

Portanto, as regras específicas definidas na LC, especialmente quanto ao fracionamento – feito a critério do empregador em, no máximo, dois períodos, um dos quais não poderá ser inferior a 14 dias – devem ser respeitadas. Aplica-se a CLT, de forma subsidiária, a favor dos empregados domésticos, apenas em relação a dispositivos omissos pela referida Lei Complementar.

18.3.2. Férias e trabalho a tempo parcial

Além das alterações referentes ao início do período das férias, à possibilidade de fracionamento em até 3 períodos, podendo aplicá-lo também para menores de 18 anos e maiores de 50, o legislador reformista também alterou a sistemática de férias para os empregados contratados na modalidade de trabalho a tempo parcial.

O art. 58-A, da CLT, que define as regras específicas sobre o trabalho a tempo parcial, foi alterado e passou a admitir a conversão de até um terço do período das férias em abono pecuniário (venda das férias).

Além da possibilidade de venda de parte do período das férias, serão estas concedidas observando a proporcionalidade do art. 130 da CLT, segundo o qual os dias de férias a serem concedidos dependem do número de ausências injustificadas computadas no curso de cada período aquisitivo. Significa dizer que o art. 130-A, da CLT, não subsiste, tendo sido revogado pela Reforma Trabalhista.

Portanto, **ao empregado contratado na modalidade de trabalho a tempo parcial (tema estudado no capítulo anterior), as férias serão concedidas não mais de acordo com o número de horas trabalhadas por semana, mas de acordo com o número de ausências injustificadas contabilizadas em cada período aquisitivo.**

19. REMUNERAÇÃO E SALÁRIO

19.1. Conceito e composição

A Lei 13.467, em relação ao conceito de remuneração, não trouxe qualquer novidade, uma vez que a redação do *caput* do art. 457 foi mantida. Assim, pode-se afirmar que os conceitos que distinguem remuneração e salário foram mantidos.

Remuneração é o complexo de parcelas que o empregado recebe, ou seja, é o somatório de parcelas contraprestativas, pagas pelo empregador ao empregado e de forma habitual, com as parcelas pagas por terceiros (gorjetas).

Já o salário é o somatório de parcelas contraprestativas, pagas pelo empregador ao empregado e de forma habitual. Salário é, pois, parte integrante da remuneração do empregado. Só será igual ao valor da remuneração para empregados que não recebam gorjetas. Caso recebam gorjetas, o valor da remuneração será superior ao valor do salário.

A construção do conceito de salário decorre de um esforço interpretativo que se faz do próprio art. 457, *caput*, da CLT, associado ao teor do art. 76, *caput*, também da CLT (conceito de salário mínimo), que assim dispõe:

> Art. 76 - Salário mínimo é a contraprestação mínima devida e paga diretamente pelo empregador a todo trabalhador, inclusive ao trabalhador rural, sem distinção de sexo, por dia normal de serviço, e capaz de satisfazer, em determinada época e região do País, as suas necessidades normais de alimentação, habitação, vestuário, higiene e transporte.

Importante lembrar que as gorjetas possuem natureza remuneratória, embora não possuam natureza salarial.

Antes da promulgação da Lei 13.467/2017, o salário do empregado tinha como partes integrantes: parcela fixa, comissões, percentagens, gratificações ajustadas, diárias para viagens e abonos pagos pelo empregador.

Quanto às diárias para viagens, o art. 2º do art. 457, da CLT, determinava que só seriam destituídas de natureza salarial caso o percentual não ultrapassasse a 50% do valor do salário. Significa dizer que, quando observado esse percen-

tual, o valor pago não serviria de base de cálculo para outras parcelas de natureza trabalhista, tais como férias, FGTS, 13º salário, horas extras e demais reflexos.

Após a Reforma Trabalhista, houve um verdadeiro enxugamento das parcelas salariais, ou seja: a base de cálculo das parcelas trabalhistas sofreu expressiva alteração/redução, na medida em que "as importâncias, ainda que habituais, pagas a título de ajuda de custo, auxílio-alimentação, vedado seu pagamento em dinheiro, diárias para viagem, prêmios e abonos não integram a remuneração do empregado, não se incorporam ao contrato de trabalho e **não constituem base de incidência de qualquer encargo trabalhista e previdenciário**" (redação dada pela Lei 13.467/2017, grifado).

Afirma-se, pois, que, pela nova regra, **não possuem natureza salarial:**

- ajudas de custo;

- **auxílio-alimentação (vedado seu pagamento em dinheiro);**

- **diárias para viagem (independentemente do valor!);**

- **prêmios;**

- **abonos.**

Vale lembrar que o próprio texto da Reforma Trabalhista cuidou de conceituar Prêmios, no mesmo art. 457, da CLT, § 4º:

> § 4º Consideram-se prêmios as liberalidades concedidas pelo empregador em forma de bens, serviços ou valor em dinheiro a empregado ou a grupo de empregados, em razão de desempenho superior ao ordinariamente esperado no exercício de suas atividades.

Mesmo que pagos com habitualidade, os prêmios não terão natureza salarial. Logo, não servem de base de cálculo para qualquer outra parcela de natureza trabalhista e previdenciária e, ainda, não se incorporam no contrato de trabalho do empregado. A mesma regra se aplica às ajudas de custo, diárias para viagens (independentemente do valor), auxílio alimentação (vedado seu pagamento em dinheiro) e abonos.

Diante desse novo cenário trabalhista, marcado pelo enxugamento da composição salarial, pode-se afirmar que a Súmula 101, do TST, segundo a qual as diárias para viagens pagas no percentual maior que 50% do salário do empregado possuem natureza salarial, SERÁ CANCELADA. Isso porque, de acordo com a Reforma Trabalhista, os valores pagos a título de diárias para viagens não possuem natureza salarial, INDEPENDENTEMENTE do percentual.

Considerando o texto da Lei 13.467/2017, merece destaque o quadro a seguir, **referente às parcelas destituídas de natureza salarial:**

LEI 13.467/2017
ajudas de custo;
auxílio-alimentação (vedado seu pagamento em dinheiro);
diárias para viagem;
prêmios;
abonos.

19.2. Gorjetas

Comparando as redações pré-Reforma e pós-Reforma, verifica-se que **a regra geral incidente sobre as gorjetas, quanto à sua "origem", foi mantida.**

Vale ressalvar que a redação do § 3º considera que gorjetas "controladas" (cobradas em nota de serviço/adicional nas contas) e "não controladas" (pagas espontaneamente pelo cliente do estabelecimento) integram a remuneração do empregado. Destaca-se que a espontaneidade a que se refere o texto celetista está associada ao valor que se paga a título de gorjeta, e não à sua obrigatoriedade ou facultatividade no pagamento dessa quantia.

Importante lembrar que, atualmente, encontra-se mantida a Súmula 354, do TST, segundo a qual as gorjetas (independentemente da sua "origem" – pagas espontaneamente ou cobradas como adicional na conta) – NÃO servem de base de cálculo para pagamento de aviso prévio, adicional noturno, horas extras e repouso semanal remunerado.

Discute-se, atualmente, a incorporação do valor das gorjetas na remuneração do empregado para todos os fins, em detrimento das alterações implementadas pela Lei 13.419/2017. Porém, apesar das discussões, o TST ainda não se posicionou no sentido de alterar ou, até mesmo, cancelar a referida Súmula 354 deste Tribunal, o que reforça o entendimento de que **a exclusão do valor das gorjetas como base de cálculo do aviso prévio, adicional noturno, horas extras e repouso semanal remunerado, permanece em vigor.**

Considerando o texto celetista antes e após a Reforma Trabalhista, percebe-se que as regras referentes às gorjetas foram mantidas, com a ressalva do § 4º, da CLT, conforme demonstrado no quadro anterior.

Dessa forma, respeitadas referidas regras, tem-se que, quanto às gorjetas:

- as formas de custeio e rateio serão definidas em instrumento coletivo;

- caso não haja previsão em acordo coletivo ou convenção coletiva definidora desses critérios, serão eles determinados em assembleia geral de trabalhadores;

- empresas inscritas no regime de tributação federal diferenciado, poderão reter até 20% do valor arrecadado a título de gorjetas, desde que autorizado em acordo coletivo ou convenção coletiva, para custear encargos sociais, trabalhistas e previdenciários derivados na sua integração na remuneração do empregado;

- empresas NÃO inscritas no regime de tributação federal diferenciado, poderão reter até 33% do valor arrecadado a título de gorjetas, desde que autorizado em acordo coletivo ou convenção coletiva, para custear encargos sociais, trabalhistas e previdenciários derivados na sua integração na remuneração do empregado;

- o empregador se obrigada a anotar na CTPS e no contracheque de seus empregados o salário contratual fixo e o percentual correspondente às gorjetas;

- o empregador deverá anotar na CTPS de seus empregados o salário fixo e a média das gorjetas referentes aos últimos 12 meses (tal regra tem como finalidade facilitar, para empregado, a identificação da base de cálculo do valor pago a título de férias e 13º salário);

- caso a empresa opte pela não adoção do sistema de gorjetas, alterando as condições remuneratórias de seus empregados, para aqueles que as receberam por mais de 12 meses, haverá a incorporação da média na base salarial desses empregados, salvo o estabelecido em instrumento coletivo;

- para as empresas com mais de 60 empregados, será constituída uma comissão de empregados, conforme definido em instrumento coletivo, com a finalidade de acompanhar e fiscalizar todas as operações referentes às gorjetas, inclusive à verificação dos percentuais retidos pelas empresas;

- os empregados eleitos para integrarem a comissão fiscalizadora das gorjetas terão garantia provisória de emprego (o § 10 não deixa claro o prazo de início e término desse período estabilitário).

Importante destacar que, embora o § 6º permita que empresas retenham parte dos valores arrecadados a título de gorjetas, em detrimento da sua integração à remuneração do empregado, a Súmula 354 do TST se encontra mantida. Apesar da regulamentação detalhada da Lei 13.419/2017, as gorjetas NÃO servem de base de cálculo para o aviso prévio, adicional noturno, horas extras e repouso semanal remunerado.

19.3. Salário *in natura* ou utilidade

Embora o art. 457, da CLT, tenha sofrido expressiva alteração quanto às suas parcelas, fazendo com que sejam consideradas partes integrantes do salário o valor fixo estipulado, as comissões e as gratificações legais, **o conceito de salário utilidade ou *in natura* foi integralmente mantido.** Significa dizer que é possível o pagamento de parte do salário (pelo menos 30% o empregado deverá receber em dinheiro) com o fornecimento de bens e utilidades pelo empregador ao empregado, de forma habitual e contraprestativa, tais como alimentação, moradia e vestuário.

Nos termos do *caput* do art. 458, é proibido o pagamento de parte do salário do empregado com o fornecimento de bebidas alcóolicas ou drogas nocivas.

Vale destacar que, em conformidade com a Súmula 367, do TST (NÃO PREJUDICADA PELA LEI 13.467/2017), a habitação, energia elétrica e veículo fornecidos pelo empregador não serão considerados salário utilidade quando essenciais à prestação dos serviços.

Percebe-se, pois, pela referida Súmula 467, do TST, que o *caput* do art. 458, segundo o qual a alimentação, moradia e vestuário possuem natureza salarial, não é absoluto. Deve-se analisar, no caso concreto, as utilidades das quais se destaca a característica da contraprestatividade, ou seja, a utilidade deverá ser fornecida PELOS serviços prestados, e não PARA prestar serviços. Nesse caso, elas serão consideradas instrumento do trabalho e, como tal, serão custeadas pelo empregador.

Segundo o art. 457, § 2º, da CLT, pós Reforma, o auxílio alimentação não terá natureza salarial, vedado seu pagamento em dinheiro. Pode-se interpretar a regra, comparando-a à manutenção do *caput* do art. 458 da CLT, em análise, da seguinte forma:

- auxílio-alimentação, vedado seu pagamento em dinheiro (entra como cartão alimentação, ticket, vale alimentação, etc.): não tem natureza salarial; PREJUDICIALIDADE DA SÚMULA 241, DO TST e da OJ 133, da SDI-I, uma vez que é vedado o pagamento em dinheiro;

- auxílio-alimentação pago em dinheiro: fraude à nova regra implementada pela Lei 13.467/2017: o valor terá natureza salarial;

- alimentação "em espécie" recebida pelo empregado do empregador, de forma contraprestativa e habitual: tem natureza de salário-utilidade, nos termos do art. 458, *caput*, da CLT, sendo permitido o desconto de até 20% do salário do empregado urbano em detrimento do seu fornecimento.

As excludentes do art. 458. § 2º, da CLT, foram todas mantidas pelo texto da Reforma. Percebe-se, pois, um extenso rol de benefícios a serem fornecidos pelo empregador, a favor dos seus empregados, cujos valores não terão natureza salarial. Significa dizer que, mesmo que fornecidas com habitualidade e de forma contraprestativa, não servirão como base de cálculo para parcelas trabalhistas e previdenciárias.

O não reconhecimento de natureza salarial destas utilidades tem como objetivo estimular o empregador a oferecê-las aos seus empregados, já que não causam uma majoração na base de cálculo das parcelas trabalhistas.

Importante ressaltar que o rol de utilidades não salariais do art. 458, § 2º, da CLT, não pode ser considerado taxativo após a promulgação da Lei 13.467/2017. Em detrimento desta, os equipamentos tecnológicos e infraestrutura fornecidos para o teletrabalhador, bem como a manutenção destes, não integra a remuneração do empregado, ou seja, não possuem natureza salarial.

O legislador reformista considerou que os equipamentos e infraestrutura são considerados instrumentos de trabalho e, como tais, o fornecimento é obrigação do empregador para possibilitar a execução das atividades pelo empregador em regime de teletrabalho. Nesse sentido, assim determina o novo art. 75-D, da CLT (introduzido pela Lei 13.467/2017):

> Art. 75-D. As disposições relativas à responsabilidade pela aquisição, manutenção ou fornecimento dos equipamentos tecnológicos e da infraestrutura necessária e adequada à prestação do trabalho remoto, bem como ao reembolso de despesas arcadas pelo empregado, serão previstas em contrato escrito.
>
> Parágrafo único. As utilidades mencionadas no *caput* deste artigo não integram a remuneração do empregado. (grifado)

Portanto, ao lado das utilidades não salariais previstas no art. 458, § 2º, é essencial inserir também os equipamentos e infraestrutura fornecidos pelo empregador ao empregado em regime de teletrabalho, uma vez que são considerados essenciais PARA a prestação de serviços.

Vale lembrar que, de acordo com a Súmula 342, do TST, embora destituídos de natureza salarial, é possível que haja desconto no salário do empregado em detrimento da sua inclusão a seu benefício e de seus dependentes, em planos de assistência odontológica, médico-hospitalar, seguro e previdência privada, ou de entidade cooperativa, cultural ou recreativo-associativa. Porém, para validade do referido desconto, é necessário que haja autorização prévia e por escrito do empregado.

A Súmula 342, do TST, não sofreu qualquer prejuízo em relação à Reforma Trabalhista. Tais benefícios permanecem destituídos de natureza salarial, sendo permitido o desconto do salário do empregado mediante previsão expressa escrita nesse sentido.

Uma vez fornecidas como salário utilidade, a alimentação e a moradia deverão atender aos fins a que se destinam e os valores correspondentes a cada uma não poderão exceder a 20% e 25%, respectivamente, do salário contratual do empregado. Significa dizer que, para tais utilidades, o legislador limitou o valor salarial a que se atribui a cada uma.

Em relação aos empregados rurais, a Lei 5.889/1973 estabelece regra específica em relação aos descontos da alimentação e moradia, sendo estes de 25% e 20%, respectivamente, do salário mínimo, e não do salário contratual do empregado. Tal regra se encontra prevista no art. 9º da referida Lei:

> Art. 9º Salvo as hipóteses de autorização legal ou decisão judiciária, só poderão ser descontadas do empregado rural as seguintes parcelas, calculadas sobre o salário mínimo:
>
> a) até o limite de 20% (vinte por cento) pela ocupação da morada;
>
> b) até o limite de 25% (vinte por cento) pelo fornecimento de alimentação sadia e farta, atendidos os preços vigentes na região;
>
> c) adiantamentos em dinheiro.

Para os empregados domésticos, de acordo com o art. 18 da LC 15/2015, em regra é vedado o empregador descontar despesas referentes ao fornecimento de alimentação, vestuário, moradia, bem como despesas com transporte hospedagem e alimentação em caso de acompanhamento em viagem. Porém, se a moradia for em local diverso do que ocorre a prestação de serviços, as despesas provenientes do seu fornecimento poderão ser descontadas desde que tal possibilidade tenha sido acordada pelas partes.

Quanto à inclusão do empregado doméstico em planos de assistência médico-hospitalar e odontológica, de seguro e de previdência privada, o desconto no salário do empregado não poderá ultrapassar 20% do seu salário.

Vale a ressalva no sentido de que, diferentemente do que ocorre com os empregados urbanos e rurais, a alimentação e a moradia, para o empregado doméstico, não terão natureza salarial.

Sobre a composição do salário dos empregados domésticos, em relação à temática "salário in natura, merece destaque o art. 18, da LC 150/2015, a seguir:

> Art. 18. É vedado ao empregador doméstico efetuar descontos no salário do empregado por fornecimento de alimentação, vestuário, higiene ou moradia, bem como por despesas com transporte, hospedagem e alimentação em caso de acompanhamento em viagem.
>
> § 1º É facultado ao empregador efetuar descontos no salário do empregado em caso de adiantamento salarial e, mediante acordo escrito entre as partes, para a inclusão do empregado

em planos de assistência médico-hospitalar e odontológica, de seguro e de previdência privada, não podendo a dedução ultrapassar 20% (vinte por cento) do salário.

§ 2º Poderão ser descontadas as despesas com moradia de que trata o caput deste artigo quando essa se referir a local diverso da residência em que ocorrer a prestação de serviço, desde que essa possibilidade tenha sido expressamente acordada entre as partes.

§ 3º As despesas referidas no caput deste artigo não têm natureza salarial nem se incorporam à remuneração para quaisquer efeitos.

§ 4º O fornecimento de moradia ao empregado doméstico na própria residência ou em morada anexa, de qualquer natureza, não gera ao empregado qualquer direito de posse ou de propriedade sobre a referida moradia.

Quanto ao art. 458, § 4º, a regra também foi mantida pela Reforma Trabalhista. Portanto, permanece a obrigatoriedade de individualização da moradia quando se tratam de famílias distintas. Destaca-se, pois, que tal individualização se faz por família, e não por sexo.

Complementando a regra do art. 458, IV, segundo a qual "assistência médica, hospitalar e odontológica, prestada diretamente ou mediante seguro-saúde", o legislador reformista esclareceu que, sendo tal assistência prestada por serviço próprio ou de terceiro, o valor destinado a estas despesas não terá natureza salarial.

Também não terá natureza salarial o reembolso de despesas com medicamentos, óculos, aparelhos ortopédicos, próteses, órteses, despesas médico-hospitalares e outras similares, mesmo quando concedidos em diferentes modalidades de planos e coberturas.

Assim, considerando as alterações da Lei 13.467/2017 referentes à inserção do art. 75-D e do § 5º do art. 458, na CLT, bem como as regras mantidas pela Reforma, pode-se afirmar que não serão consideradas salário utilidade:

- Vestuários, equipamentos e outros acessórios fornecidos aos empregados e utilizados no local de trabalho, para a prestação dos serviços;

- Educação, em estabelecimento de ensino próprio ou de terceiros, compreendendo os valores referentes à matrícula; mensalidade, anuidade, livros e material didático;

- Transporte destinado ao deslocamento para o trabalho e retorno, em percurso servido ou não por transporte público;

- Assistência médica, hospitalar e odontológica;

- Seguros de vida e de acidentes pessoais;

- Previdência privada;

- Valor referente ao vale cultura;

- Equipamentos e infraestrutura fornecidas ao empregado em regime de teletrabalho, bem como as despesas de manutenção realizadas pelo empregador;

- O valor relativo à assistência prestada por serviço médico ou odontológico, próprio ou não, inclusive o reembolso de despesas com medicamentos, óculos, aparelhos ortopédicos, próteses, órteses, despesas médico-hospitalares e outras similares, mesmo quando concedido em diferentes modalidades de planos e coberturas.

20. SALÁRIO ISONÔMICO/EQUIPARAÇÃO SALARIAL

20.1. Salário isonômico e requisitos para a equiparação salarial.

Salário isonômico é denominação salarial própria correspondente ao valor contraprestativo, pago pelo empregador ao empregado, quando presentes, de forma cumulativa, os requisitos essenciais à equiparação salarial.

Antes de promulgada a Lei 13.467/2017, integravam os requisitos equiparatórios:

- mesmo empregador;

- mesma localidade;

- mesma função;

- trabalho de igual valor.

Tendo em vista a subjetividade da expressão "trabalho de igual valor", o próprio legislador celetista cuidou de conceituá-lo, no § 1º do mesmo artigo, segundo o qual são necessários três requisitos para o cumprimento desse critério:

- mesma produtividade;

- mesma perfeição técnica;

- diferença de tempo de serviço não superior a 2 anos.

Em detrimento da ausência de critérios objetivos e limitação de conceitos do legislador celetista, o TST cuidou de defini-los na Súmula 06, segundo a qual tem-se como mesma localidade o mesmo município ou região metropolitana; mesma função como sendo o exercício da mesma atividade, independentemente da denominação que lhe seja atribuída (cargo e função não são, portanto, sinônimos); diferença de tempo de serviço **na função** não superior a 2 anos.

Percebe-se, pois, que o art. 461, da CLT, pré-Reforma, era traduzido conforme Súmula 6, do TST, sendo imprescindível sua aplicação para interpretar os critérios definidores do salário isonômico.

Porém, tal dispositivo celetista sofreu expressiva alteração. No novo *caput*, têm-se como requisitos da equiparação salarial, a serem observados cumulativamente, os seguintes:

- mesmo empregador;

- **mesmo estabelecimento empresarial;**

- mesma função;

- trabalho de igual valor.

Quanto a referidos requisitos, afirma-se que houve um verdadeiro retrocesso, sob a perspectiva do trabalhador, na medida em que **se restringiu a possibilidade de o trabalhador requerer a equiparação salarial sob a perspectiva de que é necessário que trabalhador e paradigma tenham executado as atividades no mesmo local de trabalho. Alterou-se, portanto, a concepção de mesma localidade de que trata a Súmula 6, do TST. Dessa forma, não se considera mesma localidade como sendo mesmo município ou região metropolitana. A referida Súmula foi prejudicada pela nova redação do *caput* do art. 461, da CLT. O novo requisito, em substituição à expressão mesma localidade, é "mesmo estabelecimento empresarial".**

Como exemplo, pode-se pensar no seguinte caso: empregado A trabalha para a Loja Fantasia LTDA, no Bairro dos Funcionários, na cidade de BH, e recebe R$ 8.000,00. Empregado B trabalha também para a Loja Fantasia LTDA, no Bairro Floresta, na cidade de Belo Horizonte, e recebe R$ 4.000,00. Considerando que ambos exercem a mesma função e como sendo o trabalho deles de igual valor, pergunta-se: Empregado B pode pedir equiparação salarial tendo o empregado A como paradigma? **A resposta, em conformidade com Lei 13.467/2017, é NÃO, pois não se trata de mesmo estabelecimento empresarial.**

Portanto, restringiu-se a possibilidade de incidência da equiparação salarial pela restrição do conceito de "mesma localidade", pelo Reforma Trabalhista, alterando-se referido requisito para "mesmo estabelecimento empresarial". Espera-se a aplicação prática da garantia constitucional ao salário isonômico, nos termos do art. 7º, XXX ("proibição de diferença de salários, de exercício de funções e de critério de admissão por motivo de sexo, cor ou estado civil").

Quanto à regra do § 1º, definidora dos critérios que caracterizam o "trabalho de igual valor", também houve expressiva alteração implementada pela Lei 13.467/2017. Antes da Reforma, para caracterização do trabalho de igual valor entre trabalhador de paradigma, é necessária a observância cumulativa de três requisitos, quais sejam:

- mesma produtividade;

- mesma perfeição técnica;

- diferença de tempo de serviço não superior a 02 anos.

Para compreensão do requisito temporal, o TST contribuiu, mediante Súmula 6 (item II), ao determinar que referida diferença deve ser considerada como tempo de serviço na função, e não no emprego: Para efeito de equiparação de salários em caso de trabalho igual, conta-se o tempo de serviço na função e não no emprego". Significa dizer que, antes da Reforma, não era relevante o tempo de contratação (existência de vínculo empregatício) entre o emprego e seu paradigma, uma vez que o critério temporal estava associado ao exercício da função.

Com a promulgação da Lei 13.467/2017, houve a inclusão de mais um requisito temporal para caracterizar o trabalho como sendo de igual valor. Dessa maneira, devem ser considerados, após a Reforma Trabalhista, os seguintes requisitos:

- mesma produtividade;

- mesma perfeição técnica;

- **diferença de tempo de serviço para o mesmo empregador não superior a 4 anos;**

- diferença de tempo de serviço na função não superior a 2 anos.

Percebe-se que o legislador, além de absorver a regra do item II da Súmula 6, do TST (diferença de tempo de serviço **na função** não superior a 2 anos), ainda criou um novo critério temporal, considerando o tempo de existência de vínculo de emprego entre trabalhador e paradigma: **diferença de tempo de serviço para o mesmo empregador não superior a 4 anos.**

É, portanto, necessária, para caracterização do trabalho como sendo de igual valor, a observância de dois critérios temporais associados ao tempo de serviço na função e tempo de serviço para o mesmo empregador.

A seguir, serão analisados os §§ 2º e 3º, que também sofreram reflexos da Reforma Trabalhista.

20.2. O quadro de carreira como excludente do direito à equiparação

A princípio, conforme redação pré-Reforma dos §§ 2º e 3º, do art. 461, da CLT, os requisitos definidos no *caput* do próprio artigo não se aplicam para fins equiparatórios quando a diferença salarial se justificar em quadro de carreira, cujas promoções tenham obedecido aos critérios de antiguidade e merecimento, de forma alternada, dentro de cada categoria profissional.

Para complementar a regra, o item I da Súmula 6 do TST determina que, para que o quadro de pessoal organizado em carreira seja válido, para fins de afastar o direito à equiparação salarial, é necessário que seja ele homologado junto ao Ministério do Trabalho e Emprego, excluindo-se, apenas, dessa exigência o quadro de carreira das entidades de direito público da administração direta, autárquica e fundacional aprovado por ato administrativo da autoridade competente.

Porém, mais uma vez, sobre o direito ao salário isonômico como valor salarial devido uma vez presentes os requisitos necessários à equiparação, a Reforma trouxe mais uma grande flexibilização do Direito do Trabalho.

Tal afirmativa decorre do fato de que os requisitos, mesmo que presentes de forma cumulativa em determinado caso concreto, não serão considerados caso exista quadro de pessoal organizado em carreira ou o empregador adotar, **por meio de norma interna da empresa ou de negociação coletiva, plano de cargos e salários, dispensada qualquer forma de homologação ou registro em órgão público.**

Houve um total afastamento da Administração Pública (representada pelo Ministério do Trabalho e Emprego ou outro órgão competente) no sentido de que não é mais necessária a homologação do plano de cargos para que tenha validade. Pode ser definido em uma simples norma interna da empresa (em grande parte, são elaboradas pelo próprio empregador, sem a participação dos empregados) ou por negociação coletiva. Percebe-se, nesse caso, que não só a autonomia coletiva foi valorizada, mas também a individual, refletida em norma interna da empresa para a qual é dispensada a participação das entidades representativas das categorias.

Dessa forma, perde força o item I da Súmula 6, do TST, já que a própria CLT, considerando o novo texto do § 2º, do art. 461, proveniente da Lei 13.467/2017, dispensa formalidades para reconhecimento do quadro de pessoal organizado em carreira.

Em relação ao § 3º, do art. 461, pré-Reforma, o critério de promoção dos empregados deveria observar, alternadamente, o merecimento e a antiguidade, dentro de cada categoria profissional.

Como a nova redação do § 3º (Lei 13.467/2017), as promoções poderão ser feitas por merecimento e por antiguidade, ou por apenas um destes critérios. Foi, portanto, suprida a regra da aplicação em alternância dos critérios merecimento e antiguidade. Ademais, tornou-se possível promover empregados ou só por merecimento, ou só por antiguidade, não sendo mais necessária a aplicação dos dois critérios.

20.3. Trabalhador readaptado e equiparação salarial

De acordo com o art. 461, § 4º, da CLT, o trabalhador readaptado não pode servir de paradigma. Considera-se como readaptado aquele trabalhador que, por deficiência física ou mental atestada em órgão competente, não tenha, em detrimento do quadro clínico, condições de exercer as atividades desenvolvidas antes da concessão da licença médica. Nesse caso, ele será considerado, mediante perícia médica, apto para o trabalho, porém no exercício de novas atividades.

O empregador, neste caso, deverá readaptá-lo garantindo-lhe o pagamento do salário (com os reajustes respectivos) pago em correspondência às atividades exercidas anteriormente, se for esta a condição que mais lhe beneficie. Se o salário devido para a nova atividade lhe for mais benéfico, ser-lhe-á garantido este.

O legislador reformista manteve a regra. Nesse caso, o trabalhador readaptado não pode ser paradigma, mesmo que presentes todos os requisitos, cumulativamente. Mas nada impede que ele possa pedir equiparação salarial, tendo como paradigma outro empregado e que não seja este readaptado.

20.4. Equiparação salarial e contemporaneidade no exercício das funções

A Lei 13.467/2017 trouxe, como uma grande novidade referente aos requisitos do pedido equiparatório salarial, a regra segundo a qual "a equiparação salarial só será possível entre empregados contemporâneos no cargo ou na função, ficando vedada a indicação de paradigmas remotos, ainda que o paradigma contemporâneo tenha obtido a vantagem em ação judicial própria".

Pode-se interpretar referida novidade como uma restrição ao direito ao salário isonômico, uma vez que, por força da própria lei, o requisito "contemporaneidade" no exercício das funções se tornou "absoluto" por não mais se admitir a indicação de paradigmas remotos, ainda que o paradigma contemporâneo tenha obtido vantagem em ação judicial própria.

Ademais, merece atenção a primeira parte do § 5º: "A equiparação salarial só será possível entre empregados **contemporâneos no cargo ou na função (...)". Embora se tenha como um dos critérios da equiparação salarial o exercício da mesma função, tem como critério para o exame da contemporaneidade o exercício do mesmo cargo ou função, e não apenas o exercício simultâneo da mesma função. Lembrando que esta corresponde ao exercício da mesma atividade, independentemente da denominação que lhe seja atribuída.**

Diante do novo § 5º, o item VI, da Súmula 6, do TST, resta prejudicado.

20.5. Direito equiparatório não reconhecido pelo empregador: incidência de multa

Além da inclusão do § 5º no art. 461, da CLT, a Reforma se destaca também pelo novo parágrafo 6º, antes sem qualquer correspondência no texto celetista.

Trata-se de possibilidade de aplicação de multa se, uma vez reconhecido direito à equiparação salarial, ficar comprovada que as diferenças salariais decorreram não de um descumprimento de regras trabalhistas por parte do empregador, mas também por uma questão associada à tratamentos desiguais provenientes de sexo ou etnia. Nesse caso, o legislador reformista teve, como pretensão, desestimular a prática de desigualdade de gênero e outras formas de tratamento desigual, aqui associadas também à etnia.

Tal novidade reforça o direito ao salário isonômico como garantia constitucional.

Vale destacar, ainda, que a multa a ser aplicada será convertida a favor do trabalhador que tenha se submetido a tratamento desigual, e não a fundos vinculados à administração pública como, por exemplo, o FAT (Fundo de Amparo ao Trabalhador). Terá, pois, natureza de indenização no sentido de suprir, mesmo que apenas financeiramente, o dano sofrido pelo trabalhador durante o contrato.

20.6. Quadro esquematizado

EQUIPARAÇÃO SALARIAL

Requisitos (devem ser observados de forma cumulativa)	A Reforma Trabalhista alterou o art. 461, da CLT, referente aos requisitos da equiparação salarial. A partir da referida alteração, têm-se como requisitos: - mesmo empregador; - mesma função (exercício da mesma atividade, independentemente da denominação que lhe seja atribuída); - prestação de serviços no mesmo estabelecimento (não se aplica mais a regra de "mesma localidade = mesmo município ou região metropolitana); - trabalho de igual valor – para que seja considerado como sendo trabalho de igual valor, é necessária a observância cumulativa dos seguintes requisitos: • mesma produtividade; • mesma perfeição técnica; • diferença de tempo de serviço NA FUNÇÃO não superior a 2 anos. • diferença de tempo de existência de relação de emprego, considerando o mesmo empregador, NÃO superior a 4 anos. **ATENÇÃO!** 1) É desnecessário o registro do quadro de carreira no Ministério do Trabalho e Emprego, ou outro órgão competente, para que tenha validade; 2) Empregado readaptado não pode servir de paradigma, mas pode pedir equiparação salarial; 3) Não é necessário que, ao tempo da reclamação trabalhista, empregado e paradigma estejam a serviço da empresa; 4) É necessário que haja concomitância no exercício das funções; 5) Salário de substituição não se confunde com isonomia ou equiparação salarial. Aquele será devido enquanto durar a substituição, sendo esta uma circunstância transitória; 6) O desvio de função pode ser motivo ensejador do pedido equiparatório salarial; 7) NÃO É PERMITIDA A EQUIPARAÇÃO MEDIANTE USO DE PARADIGMA REMOTO.

21. INTERRUPÇÃO E SUSPENSÃO DO CONTRATO DE TRABALHO

21.1. Conceito e caracterização

A) Interrupção do contrato de trabalho:

É a paralisação parcial do principal efeito do contrato, ou seja, o empregado não trabalha, embora receba salário e o período interruptivo seja considerado para contagem de tempo de serviço para fins previdenciários e demais efeitos trabalhistas.

B) Suspensão do contrato de trabalho:

É a paralisação total dos principais efeitos do contrato, ou seja: o empregado não trabalha, não recebe salário, e o período suspensivo não será considerado para efeitos trabalhistas e previdenciários.

A Reforma Trabalhista trouxe importante regra na nova redação do §1º, do art. 4º, que assim determina:

> § 1º Computar-se-ão, na contagem de tempo de serviço, para efeito de indenização e estabilidade, os períodos em que o empregado estiver afastado do trabalho prestando serviço militar e por motivo de acidente do trabalho.

São, pois, condições especiais que podem estar associadas à suspensão do contrato de trabalho. Porém, pelo fato de produzir efeitos para contagem de tempo de serviço, fala-se de suspensão atenuada.

21.2. Tópicos de maior relevância para a 1ª fase da OAB – FGV

- greve: hipótese de suspensão do contrato;

- suspensão disciplinar: máximo 30 dias;

- período em que o empregado permanece preso respondendo à ação criminal: suspensão;

- empregado eleito diretor de sociedade anônima: suspensão;

- licença-maternidade: interrupção;

- mulher: dois intervalos, de 30 minutos cada, para amamentação: interrupção;

- homem: dois dias de interrupção para acompanhar esposa ou companheira em consultas médicas e exames complementares durante o período da gravidez; 1 dia por ano para acompanhar filho de até 6 anos em consulta médica.

DIREITO DO TRABALHO

21.3. Quadro esquematizado

HIPÓTESES – SUSPENSÃO	HIPÓTESES – INTERRUPÇÃO
Doença após o 15º dia de afastamento (16º dia em diante).	Doença ou acidente do trabalho até o 15º dia de afastamento (incluindo o 15º dia).
	Férias.
	Repouso semanal remunerado.
Licença não remunerada concedida pelo empregador.	Licença remunerada (se mais de 30 dias perde o direito às férias).
	Falta não prevista em lei, abonada pelo empregador.
Desempenho de cargo público/político eletivo/conselho, mandato sindical, etc.	
Suspensão para ajuizamento de inquérito para apuração de falta grave julgado procedente **OU** com determinação de readmissão (decorrente de culpa concorrente).	Suspensão para ajuizamento de inquérito para apuração de falta de grave julgado improcedente.
Suspensão disciplinar não cancelada.	Suspensão disciplinar relevada ou cancelada por sentença transitada em julgado.
Greve, quando não for acordado o pagamento de salários.	Greve, quando for acordado o pagamento de salários.
Aposentadoria por invalidez (art. 475 e Súmula 160, TST).	Falecimento do cônjuge, ascendente, descendente irmão ou pessoa que viva sob sua dependência econômica (CADID), assim declarada na CTPS (2 dias).
Programa de qualificação profissional – 2 a 5 meses. Vide art. 476-A, CLT.	Casamento (3 dias); professor (art. 320, § 3º - 9 dias).
	Nascimento de filho (5 dias – art. 7º, XIX, da CR/88).
	Doação de sangue (1 dia por ano).
	Alistamento eleitoral (2 dias).
	Tempo necessário para comparecimento a juízo (parte ou testemunha – Súmula 155, TST).
	Ocupação de cargos honoríficos (júri, mesário, etc.).
Prestação de serviço militar obrigatório.	No período de tempo em que tiver de cumprir as exigências do serviço militar (alistamento).
Empregado eleito Diretor, embora seja facultativo o recolhimento do FGTS (art. 16 da Lei 8.036/1990); Súmula 269, TST.	
	Vestibular: o tempo necessário.
Cessação temporária da empresa por *factum principis* (art. 486, CLT).	Intervalos dados pelo empregador de forma espontânea (Súmula 118, TST).
Acidente do trabalho após 15º dia, embora haja recolhimento do FGTS (art. 15, § 5º, da Lei 8.036/1990) e contagem do tempo de serviço (art. 4º, da CLT), exceto quanto às férias, as quais são perdidas se o empregado faltar por mais de 6 meses durante o período aquisitivo (art. 133, CLT).	Intervalos para repouso durante a jornada, quando não deduzidas desta. Exemplos: **Digitadores**: 10 minutos após 90 minutos trabalhados - art. 72, CLT e Súmula 346, TST; **Frigoríficos**: 20 minutos após 1 h e 40 minutos (100 minutos); **Mineiros**: 15 minutos após 3 horas de trabalho.
ATENÇÃO! No contrato intermitente, entre o término de uma prestação de serviços e o início de outra, o contrato de emprego será suspenso! O contrato é a prazo indeterminado, mas a prestação de serviços é transitória/intermitente.	Licença gestante de 120 dias, embora o "salário" seja pago pelo INSS – art. 7º, XVIII, CF/88 c/c arts. 396 e 396-A, CLT.
	Aborto não criminoso: 2 semanas art. 395, da CLT.
	Período de amamentação – meia hora, duas vezes ao dia, durante 6 meses – art. 396, da CLT.
	Consultas médicas – no mínimo 6 vezes durante a gestação – art. 392, da CLT.
	Até dois dias para acompanhar consultas médicas e exames complementares durante o período de gravidez da sua esposa ou companheira.
	Por um dia por ano para acompanhar filho de até 6 anos em consulta médica.

443

22. CESSAÇÃO DO CONTRATO DE EMPREGO E PROPOCEDIMENTOS A SEREM ADOTADOS

22.1. Resilição, Resolução e Rescisão: conceitos

- Resilição: manifestação unilateral;

- Resolução: ato faltoso;

- Rescisão: nulidade do contrato.

22.2. Extinção por acordo

Quanto às modalidades de extinção do contrato, inaugurou-se, pela Reforma Trabalhista, a extinção por acordo. Trata-se de uma extinção híbrida, em que se associam características da dispensa arbitrária e do pedido de demissão.

Assim é que, a partir desta associação, o legislador reconheceu como efeitos rescisórios;

- pagamento pela metade do aviso prévio, se indenizado (logo, pela interpretação do art. 484-A, I, "a", entende-se que, se for trabalhado, haverá cumprimento do período total, considerando a proporcionalidade ao tempo de serviço);

- pagamento pela metade da indenização do FGTS. Com esta novidade, altera-se a regra do art. 18, da Lei 8.036/1990. Dessa forma, a indenização do FGTS será devida pela metade na culpa recíproca, na extinção do contrato por força maior e na extinção por acordo entre as partes;

- saque de até 80% dos valores mensalmente depositados a título de FGTS (alteração do art. 20, da Lei 8.036/1990);

- não receberá seguro-desemprego (nos termos do art. 7º, II, da CR/88, o benefício só é reconhecido nos casos de desemprego involuntário. Por ser consequente de acordo entre empregado e empregador, nessa hipótese não haverá reconhecimento do benefício em conformidade com a regra constitucional);

- as demais parcelas – saldo de salário, horas extras, férias simples, vencidas e proporcionais, 13º, entre outras, serão devidas integralmente.

Vale lembrar que a extinção por acordo, fruto da Reforma Trabalhista, não pode ser confundida com a culpa recíproca. Esta é fruto da associação da rescisão indireta e da justa causa do empregado, ou seja, ambos praticam condutas faltosas que, se analisadas isoladamente, seriam suficientes para ensejar a extinção do contrato.

Na culpa recíproca, por força da Súmula 14, do TST, serão devidos pela metade:

- férias proporcionais;

- 13º salário;

- aviso prévio.

De acordo com os arts. 18 e 20, da Lei 8.036/1990, o trabalhador poderá sacar integramente os depósitos referentes ao FGTS e a indenização será devida pela metade. O trabalhador não terá direito ao recebimento do seguro-desemprego. As demais parcelas serão devidas integralmente.

Em síntese, pode-se distinguir as duas modalidades de extinção do contrato da seguinte forma:

- **Culpa recíproca:**

- aviso prévio pela metade;
- férias proporcionais pela metade;
- 13º salário pela metade;
- indenização do FGTS pela metade;
- saque integral do FGTS.
- **NÃO RECEBE SEGURO-DESEMPREGO.**

- **Extinção por acordo entre as partes:**

- aviso prévio, SE INDENIZADO, pela metade;
- indenização do FGTS pela metade;
- saque de até 80% do FGTS.
- **NÃO RECEBE SEGURO-DESEMPREGO.**

22.3. Programa de Demissão Voluntária – PDV

O Plano de Demissão Voluntária ou Incentivada é uma estratégia adotada por empresas e organizações do segmento público ou privado para estimular trabalhadores, especialmente aqueles que acumulam maiores períodos de vigência do contrato, a pedirem demissão. Embora não sejam amparados pelo recebimento de seguro-desempego e saque do FGTS, a empresa lhes apresenta proposta de pagamento de parcelas indenizatórias que, à primeira vista, se mostram economicamente interessantes.

De acordo com o novo art. 477-B, da CLT, uma vez feita a adesão, pelo trabalhador (PDV individual) ou por um grupo de trabalhadores (PDV plúrimo ou coletivo) ao PDV previsto em convenção coletiva ou acordo coletivo de trabalho, haverá a quitação plena e irrevogável dos direitos decorrentes da relação empregatícia, salvo previsão em contrário estipulada entre as partes.

Tal dispositivo, à luz da base principiológica do Direito do Trabalho brasileiro, merece reflexão. Conforme os princípios da proteção, da imperatividade das normas trabalhistas e da indisponibilidade dos direitos (definida sob a perspectiva da indisponibilidade relativa e absoluta pelo próprio texto da Reforma – art. 611-A e 611-B), existem direitos básicos – *patamar civilizatório mínimo* (Maurício Godinho Delgado) – que devem ser respeitados tanto na vigência quanto na extinção do contrato de emprego, independentemente de qual seja sua modalidade.

A simples previsão em instrumento coletivo, associada à adesão do trabalhador ao Programa, não podem ser suficientes para dotar o termo de rescisão de quitação plena e irrevogável dos direitos decorrentes da relação de trabalho, impedindo que sejam tais parcelas discutidas em momento posterior (eficácia liberatória geral).

Tal regra é preocupante quando associada à revogação do § 1º do art. 477, da CLT, já analisado, que exigia a participação do sindicato representativo da categoria ou autoridade do Ministério do Trabalho e Emprego na homologação do termo de quitação da extinção do contrato.

Dispensada tal formalidade, o termo de extinção, em detrimento da adesão do trabalhador ao PDV, poderá ser instrumento frágil marcado por irregularidades trabalhistas e violação a direitos constitucionais.

Espera-se, portanto, sensatez da doutrina e jurisprudência, especialmente quanto aos essenciais critérios de

DIREITO DO TRABALHO

ponderação de princípios, para fins de resguardar direitos e garantias constitucionais em qualquer forma de extinção de contrato, afastando de tais direitos a eficácia liberatória geral a que pretende o legislador reformista dotar o termo de rescisão proveniente dos PDVs.

22.4. Dispensas imotivadas individuais, plúrimas e coletivas

Também considerada uma grande novidade implementada pela Lei 13.467/2017, tem-se a inclusão, no texto celetista, da regra segundo a qual não é necessária a intervenção sindical, seja no âmbito das negociações coletivas ou, até mesmo, na concessão de autorização prévia para fins de validar as dispensas individuais imotivadas, plúrimas ou coletivas.

Em relação às dispensas imotivadas (também denominadas arbitrárias ou sem justa causa), afirma-se que são elas provenientes do exercício da autonomia do empregador em contratar e dispensar seus empregados. É uma liberdade que lhe é reconhecida que tem como limite (mas não impedimento) as garantias provisórias de emprego. Por não haver, nos termos do art. 7º, I, da CR/88, Lei Complementar que a proíba, pode-se dizer que não existem impedimentos legais que restrinjam o empregador a exercer referida liberdade.

Em relação às dispensas plúrimas ou coletivas, embora tenham como marca grande repercussão social e econômica em determinado contexto, o legislador reformista também esclareceu ser dispensada a intervenção sindical no sentido de autorizá-las. É dispensada também Convenção ou Acordo Coletivo no sentido de efetivá-las.

Portanto, pelo texto da Reforma Trabalhista, especificamente em relação ao art. 477-A, da CLT, tem-se a liberdade de dispensa arbitrária em âmbito individual ou coletivo, para as quais não serão exigidas formalidades no sentido de autorizá-las ou efetivá-las.

22.5. Termo de quitação anual das obrigações trabalhistas

Outra inovação trazida pela Lei 13.467/2017 é a possibilidade de o empregado, na vigência ou não do contrato de trabalho, firmar, junto ao seu empregador, termo de quitação anual das obrigações trabalhistas.

Embora tenho havido a dispensa, pelo legislador reformista, da intervenção sindical na homologação da extinção do contrato (§ 1º do art. 477, da CLT), aqui a participação do sindicato dos empregados se faz obrigatória.

De forma simplificada:

- extinção definitiva do contrato: dispensa do sindicato na homologação do termo de quitação das parcelas;

- extinção "parcial" dos contratos – quitação anual das obrigações trabalhistas – obrigatoriedade de participação dos sindicatos.

O termo discriminará as obrigações de dar e fazer cumpridas mensalmente e terá eficácia liberatória geral em relação às parcelas nele especificadas. Nesse ponto, vale lembrar que tal efeito também se aplica aos termos de extinção do contrato provenientes da adesão do empregado ao Programa de Demissão Voluntária, conforme art. 477-B, da CLT, já analisado. Significa dizer que, em relação às parcelas anualmente quitadas, constantes do termo de quitação anual, não será admitida discussão posterior para fins de regularização, a não ser que tenham sido feitas ressalvas no próprio termo.

23. AVISO PRÉVIO, MULTA DO ART. 477 E DEMAIS PARCELAS E ACERTO RESCISÓRIO

23.1. Aviso prévio: conceito e regulamentação

A) Conceito:

É o direito reconhecido à parte de ser avisada com, no mínimo, 30 dias de antecedência sobre o momento da extinção do contrato. O prazo do aviso prévio será proporcional ao tempo de serviço, regra esta regulamentada pela Lei 12.506/2011: a cada ano, serão acrescidos 3 dias ao período do aviso prévio. Assim, terá no mínimo 30 dias e no máximo 90 dias.

Ressalta-se que, caso a mulher confirme gravidez no curso do aviso prévio trabalhado ou indenizado, terá direito a ser reintegrada, já que a garantia provisória de emprego será reconhecida em tal período.

Vale lembrar que a ocorrência de justa causa no curso do aviso prévio retira do emprego o direito às parcelas indenizatórias, salvo se a justa causa for a de abandono de emprego (ausência injustificada por, pelo menos, 30 dias corridos).

B) Regulamentação:

- Art. 7, XXI, CR/88;
- Lei 12.506/2011;
- Arts. 487 a 491, CLT.

23.1.1. Quadro esquematizado do aviso prévio

TIPO DE AVISO/ modalidades de extinção	Dispensa arbitrária, rescisão indireta e falência da empresa (direito do empregado)	Pedido de demissão (direito do empregador)	Justa Causa	Culpa recíproca (prejuízo dividido entre as partes)
1. Trabalhado - até 10 dias contados do término do contrato.	URBANO: redução de 2 horas por dia ou de 7 dias consecutivos durante o período do aviso. RURAL: redução de um dia por semana durante todo o período do aviso.	SEM REDUÇÃO, tanto para o empregado urbano quanto para o empregado rural.	NÃO TEM AVISO.	Não tem.
2. Indenizado - até 10 dias contados do término do contrato.	PROJEÇÃO DO CONTRATO DE TRABALHO: o prazo do aviso prévio será considerado para todos os fins, como se o empregado tivesse, efetivamente, trabalhado durante esse período.	SEM PROJEÇÃO. a indenização será devida a favor do empregador. Desconta-se o valor correspondente no acerto rescisório.	NÃO TEM AVISO.	Pela metade (Súmula 14, TST

ATENÇÃO!

1) Quem decide a modalidade do aviso – trabalhado ou indenizado – é aquele que o concede. Ex.: dispensa arbitrária: direito do empregado. Portanto, cabe ao empregador concedê-lo. É ele, pois, quem decidirá se será trabalhado ou indenizado.

2) A confirmação da gravidez, no curso do aviso prévio trabalhado ou indenizado, dá à empregada o direito à reintegração.

3) A redução de duas horas por dia, durante o período do aviso, não está condicionada à duração diária do trabalho.

4) O empregado não pode fazer horas extras durante o período do aviso prévio.

5) A dispensa, pelo empregador, do cumprimento do aviso prévio trabalhado pelo empregado, no caso de pedido de demissão, não faz com que ele seja convertido em indenizado a favor desse empregador.

6) A ocorrência de falta grave, salvo a de abandono de emprego, no curso do aviso prévio, faz com que o empregado perca o direito em receber as parcelas indenizatórias.

7) Para o empregado doméstico, serão consideradas as mesmas regras do aviso prévio do empregado urbano.

8) **O legislador reformista padronizou o prazo para realização do acerto rescisório: até 10 dias contados da extinção do contrato.**

ATENÇÃO! O prazo do aviso prévio será de no mínimo 30 dias e, no máximo, 90 dias, aplicando a regra da proporcionalidade ao tempo de serviço.

23.2. Multa dos arts. 477 e 467 da CLT.

Quanto aos contratos de emprego, a Lei 13.467/2017 trouxe alterações muito expressivas relacionadas aos procedimentos de extinção contratual e, ainda, inaugurou uma nova modalidade extintiva: a por acordo entre as partes.

De acordo com o art. 477, *caput*, da CLT, pré-Reforma, é assegurado ao empregado contratado a prazo indeterminado, que não tenha dado motivo para a extinção do vínculo, uma indenização correspondente ao valor da maior remuneração paga ao empregado durante a vigência do contrato de emprego.

Tal regra, com a Lei 13.467/2017, foi substituída pela determinação de formalidades a serem adotadas pelo empregador referentes ao reconhecimento e declaração de extinção da relação de emprego. Passaram a ser exigidas, de forma expressa, no novo *caput* do art. 477, da CLT, a anotação na Carteira de Trabalho e Previdência Social sobre o momento da extinção, a comunicação da dispensa aos Órgãos competentes e a realização do pagamento das verbas rescisórias no prazo e na forma definidos no mesmo artigo (§§ 4º e 6º, estudados a seguir).

Diante de tamanha mudança na redação do *caput* do art. 477, da CLT, afirma-se que, de fato, houve a extinção da multa rescisória aplicada nas dispensas em que o empregado não tenha contribuído para sua ocorrência.

Outra grande mudança proveniente da Reforma Trabalhista está associada à revogação do § 1º, do art. 477, da CLT. Segundo esse dispositivo, para empregados que tenham exercido suas atividades, para mesmo empregador, por período superior a um ano, a extinção do contrato deveria ser homologada junto ao Sindicato da categoria ou Ministério do Trabalho e Emprego, formalizando, portanto, a extinção contratual junto à entidade representativa do trabalhador, de forma a resguardar seus direitos trabalhistas e rescisórios.

Porém, a Lei 13.467/2017 revogou tal dispositivo. Portanto, não será exigida a intervenção do Sindicato ou, na ausência deste, do Ministério do Trabalho, a homologação do pedido de demissão ou recibo de quitação da rescisão do contrato. Trata-se, pois, de mais um exemplo marcado pela retirada de órgão de proteção das relações de trabalho (MTE), ou de sindicato representativo da categoria, no resguardo de direitos e observância da legalidade nas extinções de contrato de emprego, que serão homologadas pela simples assinatura entre empregado e empregador. Foi uma forma de se reconhecer o exercício da autonomia das partes também no momento de ruptura do vínculo obrigacional.

O § 2º, que determina a especificação das parcelas pagas a título de acerto rescisório, foi mantido pelo texto da Reforma. Assim é que, apesar de dispensada a homologação, é necessária a existência do instrumento de rescisão ou recibo de quitação. A quitação incidirá apenas sobre as parcelas e valores que constem no documento, sendo permitida e discussão, em vias judiciais e extrajudiciais, de valores a que as partes considerem ter direito.

23.3. Acerto rescisório: forma de pagamento e prazo

Em relação ao momento e forma de pagamento do acerto rescisório, merecem destaque duas outras grandes alterações provenientes da Lei 13.467/2017: houve supressão, na redação da primeira parte do § 4º, do art. 477, da CLT, da expressão "no ato da homologação da rescisão do contrato de trabalho". Tal supressão decorre do fato de ser dispensada referida homologação, consequente da revogação do § 1º, feita pelo legislador reformista, no mesmo dispositivo legal. Portanto, se a homologação foi dispensada, não poderia sobreviver a regra que determinava o pagamento do acerto rescisório ao momento de homologação da extinção do vínculo.

Quanto à forma de pagamento do acerto, o legislador reconheceu a possibilidade de ser feito mediante depósito bancário tanto para empregados alfabetizados quanto analfabetos. Foi, nada mais, que uma alteração legislativa proveniente de condutas já efetivadas na prática trabalhista, principalmente por critérios de segurança.

Dessa forma, diante das alterações legislativas implementadas no § 4º, pode-se afirmar que:

- o pagamento das parcelas rescisórias não está condicionado à homologação do termo de extinção, uma vez que esta foi dispensada, independentemente do tempo de existência de relação de emprego;

- forma de pagamento do acerto rescisório: dinheiro, depósito bancário ou cheque visado. Para empregados analfabetos, será permitido o pagamento com cheque visado; apenas dinheiro ou depósito bancário.

Quanto à regra de compensação, definida no § 5º, do art. 477, da CLT, foi mantida a limitação ao valor correspondente a um 01 mês de remuneração do empregado. Portanto, não houve qualquer alteração neste dispositivo legal.

Quanto à data de pagamento das parcelas constantes do instrumento de rescisão ou recibo de quitação do contrato, também aqui merecem destaque as novas regras implementadas pela Lei 13.467/2017. Pode-se afirmar, a partir das mudanças, que houve uma padronização em relação aos prazos, antes condicionados à modalidade de aviso prévio, assim especificados:

- aviso prévio trabalhado: primeiro dia útil seguinte ao término do aviso;

- aviso prévio indenizado, ausência ou dispensa do seu cumprimento: até 10 dias contados da data da notificação da demissão.

Com a nova regra, tem-se, como dito anteriormente, a uniformização do prazo para entrega ao empregado de documentos que comprovem a comunicação da extinção contratual aos órgãos competentes bem como o pagamento dos valores constantes do instrumento de rescisão ou recibo de quitação, qual seja: até dez dias contados a partir do término do contrato.

Caberá à doutrina e à jurisprudência definirem, de forma mais objetiva, o real significado da expressão "término do contrato", especialmente quando se trata de aviso prévio indenizado com projeção dos seus efeitos no contrato de emprego.

Assim é que, pensando nas modalidades de aviso prévio e suas implicações quanto aos contratos de emprego, é possível que se tenham como efeitos práticos relacionados à nova regra:

- aviso prévio trabalhado: até dez dias contados a partir do último dia trabalhado;

- aviso prévio indenizado, com projeção: até dez dias contados do último dia correspondente ao prazo do aviso;

- aviso prévio indenizado, a favor do empregador (sem projeção): até dez dias contados da data do pedido de demissão;

- ausência de aviso prévio: até dez dias contados do último dia de trabalho (término do contrato).

Percebe-se, pois, que o prazo é o mesmo: até dez dias a partir do término do contrato. Porém, na prática, o término do contrato corresponderá a momentos diferentes em detrimento do tipo de aviso prévio concedido e seus efeitos no contrato de trabalho (com ou sem projeção). Portanto, a expressão "término do contrato de trabalho" está associada ao tipo de aviso prévio.

Quanto ao § 7º, do art. 477, da CLT, uma vez tendo sido dispensada a assistência pelo sindicato ou autoridade do Ministério do Trabalho e Emprego para homologar pedido de demissão ou recibo de quitação de rescisão de contrato a empregado contratado há mais de um ano, não há razão para prosperar a regra do referido dispositivo, segundo o qual tal assistência ocorreria sem ônus para o trabalhador e empregador. Dessa forma, o § 7º, do art. 477, da CLT, foi revogado pela Lei 13.467/2017.

23.4. Quadro esquematizado: efeitos da extinção do contrato de trabalho

PARCELAS E EFEITOS DA EXTINÇÃO DO CONTRATO	Dispensa arbitrária	Rescisão indireta	Falência da empresa	Pedido de demissão	Justa Causa	Culpa recíproca	EXTINÇÃO POR ACORDO
Saldo de salário	SIM	SIM	SIM	SIM	SIM	SIM	SIM
Horas extras	SIM	SIM	SIM	SIM	SIM	SIM	SIM
Férias simples e vencidas	SIM	SIM	SIM	SIM	SIM	SIM	SIM
Férias proporcionais	SIM	SIM	SIM	SIM	NÃO	SIM – PELA METADE!	SIM
13º salário integral	SIM	SIM	SIM	SIM	SIM	SIM – 13º Salário será devido pela metade	SIM
13º salário proporcional	SIM	SIM	SIM	SIM	NÃO		SIM
Aviso Prévio	SIM	SIM	SIM	SIM (será um direito do empregador)	NÃO	SIM – PELA METADE	SIM – PELA METADE APENAS SE INDENIZADO
Saque FGTS	SIM	SIM	SIM	NÃO	NÃO	SIM	ATÉ 80%
Indenização do FGTS	SIM	SIM	SIM	NÃO	NÃO	SIM – PELA METADE (20%)	PELA METADE (20%)
Seguro-Desemprego	SIM	SIM	SIM	NÃO	NÃO	NÃO	NÃO
Termo de Rescisão (TRCT)	SIM	SIM	SIM	SIM	SIM	SIM	SIM

ATENÇÃO!

1) Nos termos da Súmula 14, do TST, tratando-se de culpa recíproca, serão devidos pela metade: aviso prévio, férias proporcionais e 13º salário. A Súmula não especificou se é o 13º integral ou o proporcional devido pela metade. Para provas objetivas, considere a literalidade da Súmula 14. A indenização do FGTS também será devida pela metade, conforme Lei 8.036/1990.

2) TRCT é documento que formaliza a extinção do contrato. NÃO É NECESSÁRIA A HOMOLOGAÇÃO DO TRCT junto ao sindicato da categoria para os empregados que trabalharam por mais de um ano para o mesmo empregador.

3) É obrigatório identificar, no TRCT, a modalidade rescisória, bem como as parcelas que foram pagas como acerto rescisório.

4) O empregador deverá dar baixa na CTPS e avisar as autoridades competentes sobre a extinção do contrato de trabalho.

24. GARANTIAS PROVISÓRIAS DE EMPREGO

24.1. Hipóteses de garantia (estabilidade) provisória de emprego

A) Contratos a prazo indeterminado:

- Gestante (art. 10, "b", ADCT; art. 391-A, CLT; Lei Complementar 146/2014; Súmula 244, TST): desde a confirmação da gravidez até 5 meses após o parto.

- Acidente do trabalho (art. 118, Lei 8.213/1991; Súmula 378, TST): será de um ano contado do término do benefício previdenciário.

- CIPAs – Comissões Internas de Prevenção de Acidentes (art. 10, alínea "a", ADCT e Súmula 339, TST): o empregado ELEITO membro da CIPA terá garantia pr0visória de emprego de um ano contado do término do benefício previdenciário.

- Dirigente Sindical (art. 8, VIII, CR/88; Súmulas 369 e 379, TST): a garantia vai desde o registro da candidatura até um ano após o término do mandato.

Obs.: Delegado sindical não possui garantia provisória de emprego (OJ 369, SDI – I, TST)

- Empregado membro da Comissão de Conciliação Prévia (art. 625-B, § 1º, CLT) – a garantia se estende a até um ano contado do término do mandato.

Obs.: a CLT não deixa claro o momento de início da estabilidade.

- Empregados nomeados membros do Conselho Curador do FGTS: desde a nomeação até um ano após o término do mandato.

- Empregados eleitos diretores de sociedades cooperativas (art. 55, Lei 5.764/1971 e OJ 253, SDI – I, TST);

Obs.: não abrange os suplentes.

- Empregados eleitos membros da "comissão de empregados" (empresas com mais de 60 empregados poderão constituir referida comissão para fiscalizar as formas de rateio e demais operações que recaem sobre as gorjetas).

- Empregados eleitos membros da "Comissão de Empregados" de que trata os arts. 510-A a 510-D (Empresas com mais de 200 empregados com a finalidade de promover o entendimento direto destes com o empregador). A garantia vai desde o registro da candidatura até um ano após o término do mandato. Mandato será de um ano.

B) Contratos a prazo determinado:

- Gestante (art. 10, "b", ADCT; art. 391-A, CLT; Lei Complementar 146/2014; Súmula 244, TST): desde a confirmação da gravidez até 5 meses após o parto.

- Acidente do trabalho (art. 118, Lei 8.213/1991; Súmula 378, TST): será de um ano contado do término do benefício previdenciário.

25. NORMAS DE PROTEÇÃO À MULHER

25.1. A gestante e os intervalos legalmente reconhecidos

Dentre os direitos constitucionais assegurados aos empregados urbanos, rurais e domésticos, destaca-se a "proteção do mercado de trabalho da mulher, mediante incentivos específicos, nos termos da lei"(art. 7º, XX, da CR/88), proibição de diferença de salários, de exercício de funções e de critério de admissão por motivo de sexo, idade, cor ou estado civil (art. 7º, XXX, da CR/88), e, ainda, a licença à gestante, "sem prejuízo do emprego e do salário, com duração de 120 dias (art. 7º, XVIII, CR/88).

Quanto aos direitos especiais assegurados à mulher, de maneira a resguardar a igualdade e prevenir práticas abusivas e discriminatórias, o legislador celetista definiu uma série de medidas especiais e protetivas a seu favor, previstas no Capítulo 3: Da proteção do trabalho da mulher (arts. 372 a 401).

Assim como outros tantos dispositivos da CLT foram alterados pelo legislador reformista, também as normas referentes à proteção da mulher sofreram alterações referentes ao exercício de atividade insalubre e a regra do intervalo especial concedido, para fins de amamentação, até que a criança complete 6 meses de vida.

De acordo com a regra celetista pré-Reforma, a empregada gestante ou lactante deveria ser afastada de quaisquer atividades, operações ou locais insalubres, enquanto durasse a condição impeditiva (gestação ou lactação). Era, pois, importante medida de proteção à saúde da mulher e, principalmente, de proteção à saúde e preservação da vida do bebê, já que é indiscutível a afetação sofrida nos processos de desenvolvimento do feto e amamentação conforme os tipos de substâncias absorvidas pela mulher.

Porém, a Lei 13.467/2017 alterou a redação do *caput* do art. 394-A, da CLT, condicionando o afastamento imediato da gestante ou lactante ao grau de insalubridade da atividade. Ainda, para as atividades insalubres nos graus médio e mínimo, ficou permitido o exercício de referidas atividades condicionado a mero atestado médico emitido por médico de confiança da empregada. Assim determinou o dispositivo reformista:

> Art. 394-A. Sem prejuízo de sua remuneração, nesta incluído o valor do adicional de insalubridade, a empregada deverá ser afastada de: (Redação dada pela Lei nº 13.467, de 2017)
>
> I - atividades consideradas insalubres em grau máximo, enquanto durar a gestação; (Incluído pela Lei nº 13.467, de 2017)
>
> II - atividades consideradas insalubres em grau médio ou mínimo, quando apresentar atestado de saúde, emitido por médico de confiança da mulher, que recomende o afastamento durante a gestação; (Incluído pela Lei nº 13.467, de 2017)
>
> III - atividades consideradas insalubres em qualquer grau, quando apresentar atestado de saúde, emitido por médico de confiança da mulher, que recomende o afastamento durante a lactação. (Incluído pela Lei nº 13.467, de 2017)

Foram feitas críticas severas em relação ao art. 394-A, da CLT, pelo fato de ter condicionado a permissão para o exercício de atividades insalubres a simples atestado médico de confiança da empregada, sem que se submetesse à realização de perícia por médico vinculado ao Ministério do Trabalho e Emprego. De um lado, tem-se a liberdade conferida à mulher para decidir pela pertinência ou não de se permanecer no trabalho, mesmo que seja em ambiente insalubre, prevalecendo, neste caso, a escolha dela pela sua manutenção no mercado de trabalho.

Por outro lado, tem-se a obrigatoriedade de se prezar pela vida e saúde tanto da mulher quanto do feto/bebê, especialmente durante o período de gestação. Se a empresa possui condições de remanejar a mulher para exercício de atividade salubre, esta mudança de funções deveria ocorrer de forma automática, independentemente de laudo médico e do grau de insalubridade, realizando o direito constitucional a um meio ambiente de trabalho saudável.

Em relação ao aborto criminoso, de acordo com a regra do art. 395, da CLT, caso ocorra, será assegurada licença remunerada de duas semanas. Importante lembrar que será considerado aborto o nascimento sem vida até o 6º mês de gestação. Acima deste período, mesmo diante do nascimento sem vida – natimorto – será concedida licença maternidade de 120 dias.

Por fim, dentre as alterações implementadas pela Lei 13.467/2017, merece destaque a regra do art. 396, da CLT. Antes da Reforma, era assegurado à mulher o direito a dois intervalos especiais (remunerados), de meia hora cada um, para fins de amamentação. Tais intervalos seriam concedidos até que a criança completasse 6 meses de idade. Se necessário, o período de 6 meses poderia ser dilatado, a critério da autoridade competente.

Tais regras foram integralmente mantidas pelo legislador reformista. A novidade é que o momento de concessão dos dois intervalos especiais de meia hora cada será definido em acordo individual entre a mulher e o empregador, de forma a melhor atender aos interesses das partes.

Sobre o intervalo especial pós-reforma, vigoram as seguintes regras:

- são dois intervalos especiais de 30 minutos cada (remunerados);

- serão concedidos até que a criança complete 6 meses de vida;

- a idade da criança (até 6 meses) pode ser alterada, considerando período maior para concessão do intervalo especial, mediante determinação da autoridade competente;

- o momento de concessão dos dois intervalos especiais (se concedidos fracionados dentro da jornada, ou de forma cumulativa antes ou ao final da jornada, por exemplo), poderá ser definido em acordo individual entre empregada e empregador.

25.2. Quadro esquematizado: demais normas de proteção à mulher

PROTEÇÃO AO TRABALHO DA MULHER

1. Proteção à maternidade	• Dispensa do horário para realização de, no mínimo, 6 consultas médicas; • Transferência de função por motivo de saúde; • 2 intervalos de 30 minutos cada, para amamentação, até que a criança complete 6 meses de idade; Os horários de descanso concedidos à empregada deverão ser definidos em acordo individual escrito entre a mulher e o empregador. • Aborto não criminoso: 2 semanas de licença.
2. Licença maternidade	• 120 dias; • Prorroga-se por 60 dias: •Pessoa jurídica que aderiu ao Programa Empresa Cidadã; • Pedido de prorrogação até o final do primeiro mês após o parto. • Bebês com microcefalia: a licença maternidade será de 180 dias. • Pode ser "transferida" a outro(a) responsável legal; • Adoção: 120 dias, inclusive para um(a) integrante de casal homoafetivo; • Interrupção do contrato de trabalho; • Poderá começar até o 28º dia antes do parto.
3. Garantia provisória de emprego	• Prazo: desde a confirmação da gravidez até 5 meses após o parto. • Aviso prévio trabalhado ou indenizado: reintegração. • Contrato de emprego temporário: tem garantia provisória de emprego, inclusive no contrato de experiência; • Empregado doméstico: em garantia provisória de emprego.

ATENÇÃO!!!

Art. 394-A. Sem prejuízo de sua remuneração, nesta incluído o valor do adicional de insalubridade, a empregada deverá ser afastada de: (Redação dada pela Lei nº 13.467, de 2017)

I - atividades consideradas insalubres em grau máximo, enquanto durar a gestação; (Incluído pela Lei nº 13.467, de 2017)

II - atividades consideradas insalubres em grau médio ou mínimo, quando apresentar atestado de saúde, emitido por médico de confiança da mulher, que recomende o afastamento durante a gestação; (Incluído pela Lei nº 13.467, de 2017)

III - atividades consideradas insalubres em qualquer grau, quando apresentar atestado de saúde, emitido por médico de confiança da mulher, que recomende o afastamento durante a lactação. (Incluído pela Lei nº 13.467, de 2017)

§ 1º (VETADO) (Redação dada pela Lei nº 13.467, de 2017)

§ 2º Cabe à empresa pagar o adicional de insalubridade à gestante ou à lactante, efetivando-se a compensação, observado o disposto no art. 248 da Constituição Federal, por ocasião do recolhimento das contribuições incidentes sobre a folha de salários e demais rendimentos pagos ou creditados, a qualquer título, à pessoa física que lhe preste serviço. (Incluído pela Lei nº 13.467, de 2017)

§ 3º Quando não for possível que a gestante ou a lactante afastada nos termos do **caput** deste artigo exerça suas atividades em local salubre na empresa, a hipótese será considerada como gravidez de risco e ensejará a percepção de salário-maternidade, nos termos da Lei nº 8.213, de 24 de julho de 1991, durante todo o período de afastamento. (Incluído pela Lei nº 13.467, de 2017)

26. FGTS

FGTS – FUNDO DE GARANTIA POR TEMPO DE SERVIÇO

1. Conceito	"Poupança forçada"
2. Direito	Empregados urbanos, rurais, domésticos e trabalhadores avulsos.
3. FGTS facultativo	Diretor não empregado
4. Percentual	8% sobre a remuneração. Aprendiz: 2% Obs.: empregador doméstico: além de depositar, mensalmente, 8%, depositará, também mensalmente, 3,2%, que será sacado pelo empregado no momento da extinção do contrato por dispensa arbitrária ou rescisão indireta. Caso o empregado peça demissão, o valor será sacado pelo próprio empregador que o depositou durante a relação de emprego.

DIREITO DO TRABALHO

5. Prazo para depósito	Até o dia 07 de cada mês
6. Indenização de 40%	Dispensa sem justa causa, falência da empresa, rescisão indireta
7. Indenização de 20%	Culpa recíproca, força maior e extinção do contrato por acordo.
8. Parcelas Indenizatórias	Não servem de base de cálculo para o FGTS, exceto aviso prévio indenizado
9. Prescrição	2 anos e 5 anos
10. Hipóteses de saque	- Contrato nulo (Súmula 363, TST); - Aposentadoria pela Previdência Social; - Compra da casa própria; - Doenças graves do trabalhador e de seus dependentes (terminal, Aids e câncer); - Compra de ações (disponíveis para esse fim); - 70 anos ou mais; - Calamidades públicas (para recuperar bens); - Término do contrato, exceto se ocorrer por justa causa ou pedido de demissão; - Término do contrato a termo, inclusive o dos trabalhadores temporários.

27. PRESCRIÇÃO E DECADÊNCIA

PRESCRIÇÃO E DECADÊNCIA

1. Conceito	- Prescrição: perda da pretensão (é contada a partir da violação do direito). - Decadência: perda do direito (é contada a partir do nascimento do direito). Obs.: adota-se, na Justiça do Trabalho, a prescrição extintiva (perda da exigibilidade do direito/ pretensão) ATENÇÃO!!! A PRESCRIÇÃO INTERCOR-RENTE É ADMITIDA NA JUSTIÇA DO TRABALHO – processo ou fase de execução – E SERÁ DE 2 ANOS (Lei 13.467/2017)
2. Prazos	Art. 7, XXIX: ação, quanto aos créditos resultantes das relações de trabalho, com prazo prescricional de cinco anos para os trabalhadores urbanos e rurais, até o limite de dois anos após a extinção do contrato. SÚMULA 308, I, TST: Respeitado o biênio subsequente à cessação contratual, a prescrição da ação trabalhista concerne às pretensões imediatamente anteriores a cinco anos, contados da data do ajuizamento da reclamação e, não, às anteriores ao quinquênio da data da extinção do contrato (ex-OJ 204 da SBDI-1 - inserida em 08.11.2000)
ATENÇÃO! 1) Menor e assinatura da CTPS – imprescritibilidade; 2) CCPs – suspende prazo prescricional; 3) FGTS – 2 anos e 5 anos (e não mais prescrição trintenária).	

28. SEGURANÇA E MEDICINA DO TRABALHO

DA SEGURANÇA E MEDICINA DO TRABALHO

1. PERICULOSIDADE	2. INSALUBRIDADE
- Devido diante de atividades que colocam em risco iminente a vida do trabalhador, tais como o trabalho com: • inflamáveis; • explosivos; • energia elétrica; • motociclistas; • trabalhadores sujeitos a roubos e violência física, como ocorre com os seguranças e vigilantes. - base de cálculo: REGRA GERAL: 30% sobre o salário base (desconsidera o valor dos adicionais). ATENÇÃO! Para os eletricitários, não vigora mais a regra segundo a qual a base de cálculo do adicional de periculosidade correspondia ao valor total da remuneração. A parte final da Súmula 191, do TST, foi cancelada.	- Devido quando o empregado exercer atividades prejudiciais à sua saúde. Os agentes nocivos podem ser: • químicos; • biológicos; • físicos. - cabe o Ministério do Trabalho e Emprego definir o quadro de atividades consideradas insalubres. - base de cálculo: salário mínimo, conforme Informativo do TST – ainda não houve definição, em lei específica, sobre a base de cálculo (Súmula Vinculante 4, do STF, não permite a utilização do salário mínimo). • 10%; • 20%; • 40%.
ATENÇÃO! 1) Se a atividade for insalubre e periculosa ao mesmo tempo, caberá ao empregado escolher o adicional que lhe seja mais vantajoso. 2) O percentual do adicional de insalubridade devido ao empregado (risco mínimo, médio e máximo) será definido pelo perito vinculado ao MTE. 3) O fornecimento do EPI pode reduzir os riscos, mas não, necessariamente, neutralizá-los. Caberá ao perito a avaliação do caso concreto. 4) Aos tripulantes que permanecerem na aeronave, durante o abastecimento, não será devido o adicional de periculosidade.	

CAPÍTULO 29: DANO EXTRAPATRIMONIAL

29.1. Conceito e regulamentação

Dentre os grandes destaques da legislação reformista, encontra-se a tentativa de positivação do chamado dano extrapatrimonial. Segundo o próprio legislador, "causa dano de natureza extrapatrimonial a ação ou omissão que ofenda a esfera moral ou existencial da pessoa física ou jurídica, as quais são as titulares exclusivas do direito à reparação" (art. 223-B). Considerando as regras provenientes da Reforma Trabalhista, são bens juridicamente tutelados da pessoa natural:

BENS JURIDICAMENTE TUTELADOS INERENTES À PESSOA NATURAL
Honra
Imagem
Intimidade
Liberdade de ação
Autoestima
Sexualidade
Saúde
Lazer
Integridade física

Para a pessoa jurídica, os bens a serem juridicamente tutelados são, nos termos do art. 223-D, a imagem, a marca, o nome, o segredo empresarial e o sigilo da correspondência.

Assim, pode-se afirmar que haverá dano de natureza extrapatrimonial quando os valores e direitos inerentes à pessoa natural e à pessoa jurídica forem violados, lhes causando dor moral ou existencial.

Sobre a positivação do dano extrapatrimonial, merecem destaque as seguintes regras:

- responsáveis pelo dano: aqueles que tenham colaborado para a ofensa ao bem jurídico tutelado, na proporção da ação ou da omissão;

- o reconhecimento e regulamentação do dano extrapatrimonial não exclui a possibilidade de condenação por danos materiais, podendo os pedidos serem feitos de forma cumulativa, cabendo ao juiz, na decisão, especificar valores devidos em relação a cada um;

- os lucros cessantes e os danos emergentes integram o conjunto de danos materiais (perdas e danos) e o valor que lhes seja atribuído não interfere no valor do dano extrapatrimonial. A possibilidade de se reconhecer valores distintos, a título de perdas e danos e danos extrapatrimoniais se justifica pelo fato de os bens jurídicos tutelados serem diversos.

Outro grande ponto que merece destaque foi a tentativa de quantificação do valor a ser pago a título de indenização, limitando a arbitrariedade do magistrado que definia, de acordo com as particularidades de cada caso analisado, o valo devido. Embora não possa o magistrado definir o valor da indenização, cabe a ele definir o "grau" ou natureza da ofensa. Para tanto, deverá considerar, de acordo com art. 223-G, da CLT:

- a natureza do bem jurídico tutelado;

- a intensidade do sofrimento ou da humilhação;

- a possibilidade de superação física ou psicológica;

- os reflexos pessoais e sociais da ação ou da omissão;

- a extensão e a duração dos efeitos da ofensa;

- as condições em que ocorreu a ofensa ou o prejuízo moral;

- o grau de dolo ou culpa;

- a ocorrência de retratação espontânea;

- o esforço efetivo para minimizar a ofensa;

- o perdão, tácito ou expresso;

- a situação social e econômica das partes envolvidas;

- o grau de publicidade da ofensa.

A partir destes critérios, a ofensa pode ser caracterizada como sendo de natureza leve, média, grave e gravíssima. O legislador reformista, na quantificação do valor da indenização (fato que, por si só, já é suficiente para levantar inúmeras discussões), definiu como base de cálculo o último salário contratual do ofendido.

Ainda, o legislador definiu parâmetro valorativo para quantificação do valor do dano moral, que terá como base de cálculo o salário do ofendido associado à gravidade da ofensa. Assim, destacam-se as seguintes regras:

- ofensa de natureza leve: até três vezes o último salário contratual do ofendido;

- ofensa de natureza média: até cinco vezes o último salário contratual do ofendido;

- ofensa de natureza grave: até vinte vezes o último salário contratual do ofendido;

- ofensa de natureza gravíssima: até cinquenta vezes o último salário contratual do ofendido.

Para ofensas praticadas em face de pessoa jurídica, merece destaque o § 2º, do art. 223-G, da CLT:

§ 2º Se o ofendido for pessoa jurídica, a indenização será fixada com observância dos mesmos parâmetros estabelecidos no § 1º deste artigo, mas em relação ao salário contratual do ofensor.

Para finalizar, a regulamentação do dano extrapatrimonial não prejudica a Súmula 392, do TST, que, em consonância com o art. 114, da CR/88, reconhece como sendo da Justiça do Trabalho a competência para processar e julgar ações de indenização por dano moral e material, decorrentes da relação de trabalho, mesmo que ajuizadas por dependentes ou sucessores do trabalhador falecido.

29.2. Quadro esquematizado

DANO EXTRAPATRIMONIAL

1. Conceito e competência	- É aquele causado mediante a ação ou omissão que ofenda a esfera moral ou existencial da pessoa física ou jurídica, as quais são as titulares exclusivas do direito à reparação. A indenização por dano extrapatrimonial pode ser pedida cumulativamente com a indenização por danos materiais decorrentes do mesmo ato lesivo. - A competência será da Justiça do Trabalho.
2. Regulamentação	- Art. 223-A a 223-G, da CLT.
3. Dano extrapatrimonial de pessoa física e de pessoa jurídica	- De pessoa física: violação à honra, imagem, intimidade, liberdade de ação; autoestima, sexualidade, saúde, lazer, integridade física. - De pessoa jurídica: imagem, marca, nome, segredo empresarial e sigilo de correspondência.

4. Quantificação da indenização	- Ofensa de natureza leve, até três vezes o último salário contratual do ofendido; - Ofensa de natureza média, até cinco vezes o último salário contratual do ofendido; - Ofensa de natureza grave, até vinte vezes o último salário contratual do ofendido; - Ofensa de natureza gravíssima, até cinquenta vezes o último salário contratual do ofendido. Obs. 1: Se o ofendido for pessoa jurídica, a indenização será fixada com observância dos mesmos parâmetros estabelecidos no § 1º deste artigo, mas em relação ao salário contratual do ofensor. Obs. 2: Na reincidência entre partes idênticas, o juízo poderá elevar ao dobro o valor da indenização.
5. Critérios a serem considerados para quantificação do dano	- A natureza do bem jurídico tutelado; - A intensidade do sofrimento ou da humilhação; - A possibilidade de superação física ou psicológica; - Os reflexos pessoais e sociais da ação ou da omissão; - A extensão e a duração dos efeitos da ofensa; - As condições em que ocorreu a ofensa ou o prejuízo moral; - O grau de dolo ou culpa; - A ocorrência de retratação espontânea; - O esforço efetivo para minimizar a ofensa; - O perdão, tácito ou expresso; - A situação social e econômica das partes envolvidas; - O grau de publicidade da ofensa.

30. COMISSÃO DE REPRESENTANTES DOS EMPREGADOS

Considerada um dos grandes marcos da Reforma Trabalhista, o legislador inaugurou a chamada Comissão de Representação dos Empregados, para a qual definiu regras específicas quanto ao número de componentes, finalidades, duração do mandato dos empregados eleitos, garantia provisória de emprego e, principalmente, quanto à forma de atuação.

30.1. Número de integrantes

De acordo com o art. 510-A, da CLT, será permitida a composição da comissão representativa dos empregados para empresas com mais de 200 empregados, com a finalidade de promover o entendimento direto destes com o empregador.

O número de empregados eleitos dependerá do número de empregados que a empresa possui. Seguirá, portanto, a seguinte proporção:

- mais de 200 até 3.000 empregados: 3 membros;
- mais de 3.000 até 5.000 empregados: 5 membros;
- mais de 5.000 empregados: 7 membros.

Caso a empresa tenha filiais em vários Estados e no Distrito Federal, será assegurada a formação de uma comissão por Estado ou no Distrito Federal, observada a proporcionalidade do número de empregados para membros eleitos.

30.2. Atribuições e forma de atuação

O legislador reformista, além de definir o número de empregados eleitos em conformidade com o número de empregados na empresa, definiu, de forma expressa, as atribuições da comissão, quais sejam:

- Representar os empregados perante a administração da empresa;

- Aprimorar o relacionamento entre empresa e seus empregados com base nos princípios da boa-fé e do respeito mútuo;

- Promover o diálogo e o entendimento no ambiente de trabalho com o fim de prevenir conflitos;

- Buscar soluções para os conflitos decorrentes da relação de trabalho, de forma rápida e eficaz, visando à efetiva aplicação das normas legais e contratuais;

- Assegurar tratamento justo e imparcial aos empregados, impedindo qualquer forma de discriminação por motivo de sexo, idade, religião, opinião política ou atuação sindical;

- Encaminhar reivindicações específicas dos empregados de seu âmbito de representação;

- Acompanhar o cumprimento das leis trabalhistas, previdenciárias e das convenções coletivas e acordos coletivos de trabalho.

Além das atribuições e, ainda, com a finalidade de demonstrar sua atuação desvinculada dos sindicatos representativos das categorias, o legislador reformista definiu, de forma expressa (§ 2º do art. 510-B), que a atuação da Comissão será independente, ou seja, não será permitida qualquer intervenção em seu funcionamento.

Porém, apesar de atuar de forma independente, os documentos referentes ao processo eleitoral devem ser emitidos em duas vias, que permanecerão sob a guarda da empresa e dos empregados pelo prazo de 5 anos, podendo ser tais documentos consultados por qualquer trabalhador interessado, pelo Ministério Público do Trabalho e pelo Ministério do Trabalho.

30.3. Eleição, posse, mandato e garantia provisória de emprego

Quanto à eleição dos empregados integrantes da Comissão, foram definidas as seguintes regras:

- Será convocada com antecedência mínima de 30 dias, contados do término do mandato anterior;

- Necessário edital de convocação, que deverá ser fixado na empresa, com ampla publicidade, para que os empregados se inscrevam como candidatos;

- Será formada comissão eleitoral formada por 5 empregados não candidatos;

- Empresa e sindicato não podem intervir nas eleições/comissão eleitoral;

- Empregados podem se candidatar à membro da comissão, EXCETO: contratos a prazo determinado; contrato suspenso; empregados que estejam cumprindo o aviso prévio, ainda que indenizado;

- Serão considerados eleitos aqueles que tiveram maior número de votos;

- A votação será secreta;

- É proibido o voto por representação.

A posse ocorrerá no primeiro dia útil seguinte à eleição ou ao término do mandato anterior.

No caso de insuficiência de candidatos, a comissão poderá ser formada com número de membros inferior. Se houver ausência de registro de candidatura, será lavrada ata e convocada nova eleição no prazo de 1 ano. Enquanto isso, os trabalhadores ficarão destituídos de comissão.

O mandato terá o prazo de um ano. O empregado eleito, tendo exercido a função de representante, não poderá ser candidato nos dois períodos seguintes. Terá garantia provisória de emprego desde o registro da candidatura até um ano após o término do mandado (mesmo prazo de garantia provisória do dirigente sindical e do membro da CIPA).

Importante destacar que, embora tenha regulamentado a comissão de empregados para empresas com mais de 200 empregados, assegurando aos eleitos garantia provisória de emprego, não houve previsão de eleição para suplente com a referida estabilidade.

Por fim, em relação aos efeitos do contrato, o legislador reformista deixou claro que a eleição para membro da comissão de representantes dos empregados não implica em suspensão ou interrupção do contrato de emprego. Significa dizer que o empregado executará, normalmente, suas atividades, mesmo sendo membro eleito da comissão.

PARTE II – DIREITO COLETIVO DO TRABALHO

1. DIREITO COLETIVO DO TRABALHO

1.1. Definição, conteúdo, função

O Direito do Trabalho brasileiro subdivide-se, de acordo com a finalidade das normas que o integram, em Direito Individual do Trabalho, dentro do qual se encontram regras referentes ao conjunto obrigacional que atingem as partes envolvidas em uma relação de trabalho; o Direito Processual do Trabalho, integrante pelo conjunto de regras essenciais para o exercício constitucional do direito de ação, considerado mecanismo essencial à realização dos direitos não observados no caso concreto; e o Direito Coletivo do Trabalho.

Quanto ao Direito Coletivo, é a parte do Direito do Trabalho dentro da qual se encontram importantes regras referentes à organização sindical brasileira, categorias, instrumentos coletivos (considerados fontes formais autônomas), bem como ao exercício constitucional do direito de greve. Não se restringe, pois, à realização do comando protetivo do Direito do Trabalho na esfera individual, mas sim em uma perspectiva mais abrangente: a coletiva.

Assim, afirma-se que a função essencial do conjunto normativo que integra o Direito Coletivo do Trabalho é a defesa de interesses que envolvem categorias, na defesa de direitos difusos e coletivos como medida essencial para realizar os ditames constitucionais do trabalho como direito social.

1.2. Os conflitos coletivos de trabalho e mecanismos para sua solução

A existência de conflitos coletivos é inerente ao Direito do Trabalho. Foi o motivo maior do surgimento dos sindicatos e, consequentemente, das primeiras regras trabalhistas definidas em instrumentos coletivos.

Como meios de solução de conflitos coletivos, destacam-se a autotutela, a autocomposição e a heterocomposição.

Autotutela está associada à adoção de medidas que deixam clara a insatisfação da coletividade em relação a determinadas condições que lhe são impostas. Destaca-se, como exemplo de autotutela, o exercício da greve. Não se trata, pois, de um mecanismo por meio do qual será solucionado o conflito, mas de uma fase inicial que mostra a necessidade de se adotarem medidas para solucioná-lo. Destaca-se que, em relação à autotutela, será ela exercida apenas pelos trabalhadores, já que o *lockout* (paralisação das empresas) foi proibido pela Lei de Greve (7.783/1989).

Além da autotutela, destaca-se a autocomposição também como mecanismo de resolução de conflitos. Nesta, as partes negociam interesses de forma a tornar a relação coletiva mais harmoniosa e condizente com os interesses específicos dos envolvidos. Quando exitosa, a autocomposição, viabilizada pela negociação coletiva, tem como resultado o Acordo Coletivo de Trabalho ou a Convenção Coletiva de Trabalho, sobre as quais recai grande importância normativa, especialmente pós Reforma Trabalhista.

Por fim, destaca-se a heterocomposição também como mecanismo de resolução de conflitos. Frustrada a negociação coletiva, podem as partes eleger árbitro ou ajuizarem dissídio coletivo de natureza econômica, nos termos do art. 114, §§ 1º e 2º, da CR/88.

2. ORGANIZAÇÃO SINDICAL BRASILEIRA

2.1. Princípios

A representação das categorias, cuja função é garantir a observância do princípio da proteção em âmbito coletivo, ocorre a partir de uma estrutura hierarquizada formada por sindicatos, Federações e Confederações. Sindicatos são formados dentro dos Estados, com área de atuação definida no Estatuto Sindical. As federações são constituídas por, no mínimo, 5 sindicatos representativos da mesma categoria, também com funções representativa e negocial. Já as Confederações são as instâncias máximas de representação de categorias e são formadas por, no mínimo, 3 Federações. Também possuem funções representativa e negocial.

Afirma-se, portanto, que o sistema sindical é composto por uma estrutura tripartite, formada por sindicatos, federações e confederações, todos com funções representativas

DIREITO DO TRABALHO

– podem ajuizar ações como substitutos processuais – e negociais – podem negociar acordo coletivo ou convenção coletiva de trabalho. As Centrais Sindicais, apesar do nome, NÃO fazem parte do sistema sindical brasileiro. São organizações que possuem como única finalidade mobilizar trabalhadores (só podem ser formadas centrais sindicais de trabalhadores) para participarem de movimentos sociais de luta por causas comuns. Não podem negociar instrumentos coletivos.

O sistema sindical brasileiro tem sua forma de organização, funcionamento e atuação delineadas por princípios próprios, previstos no art. 8º, da CR/88. São eles:

A) Liberdade sindical

De acordo com o princípio da liberdade sindical, podem as partes criarem sindicatos a qualquer momento, desde que observados os demais princípios informadores, como podem também ser ou deixar de ser membro do sindicato a qualquer momento.

B) Autonomia sindical

A CR/88 define a autonomia como sendo um dos princípios que informam a maneira de organização e atuação das entidades sindicais. Assim, não será permitida a intervenção de órgãos de natureza administrativa ou judiciária no funcionamento e fiscalização das condutas praticadas por tais entidades. Trata-se de um princípio amplamente criticado, embora previsto na CR/88. Para que se tenha qualquer intervenção nas organizações, é necessário o ajuizamento de ação específica para esse fim, cuja competência será da Justiça do Trabalho.

C) Unidade ou singularidade sindical

O princípio da unidade ou singularidade sindical informa que será permitido o registro e funcionamento de apenas uma entidade sindical por base territorial, de forma que não haja concorrência entre elas. Vale destacar que a Convenção 87, da Organização Internacional do Trabalho, NÃO foi ratificada no Brasil. Portanto, permanece em vigor o referido princípio. A Convenção 87, da OIT, em sentido contrário ao texto da Constituição brasileira, defende a pluralidade sindical – existência de vários sindicatos representativos de uma mesma categoria em uma mesma base territorial.

2.2. A contribuição sindical e a facultatividade inaugurada pela Lei 13.467/2017

Tem-se, aqui, uma das maiores e mais discutidas questões inauguradas pela Reforma Trabalhista: término da obrigatoriedade de pagamento da contribuição sindical, independentemente de autorização dos trabalhadores.

O art. 8º, da CR/88, coloca a contribuição sindical, ao lado dos princípios da liberdade sindical, unicidade territorial e autonomia dos sindicatos, como uma das marcas da organização do sistema sindical brasileiro. Assim dispõe o mencionado dispositivo constitucional:

Art. 8º É livre a associação profissional ou sindical, observado o seguinte:

I - a lei não poderá exigir autorização do Estado para a fundação de sindicato, ressalvado o registro no órgão competente, vedadas ao Poder Público a interferência e a intervenção na organização sindical;

II - é vedada a criação de mais de uma organização sindical, em qualquer grau, representativa de categoria profissional ou econômica, na mesma base territorial, que será definida pelos trabalhadores ou empregadores interessados, não podendo ser inferior à área de um Município;

III - ao sindicato cabe a defesa dos direitos e interesses coletivos ou individuais da categoria, inclusive em questões judiciais ou administrativas;

IV - a assembleia geral fixará a contribuição que, em se tratando de categoria profissional, será descontada em folha, para custeio do sistema confederativo da representação sindical respectiva, independentemente da contribuição prevista em lei;

V - ninguém será obrigado a filiar-se ou a manter-se filiado a sindicato;

VI - é obrigatória a participação dos sindicatos nas negociações coletivas de trabalho;

VII - o aposentado filiado tem direito a votar e ser votado nas organizações sindicais.

VIII - é vedada a dispensa do empregado sindicalizado a partir do registro da candidatura a cargo de direção ou representação sindical e, se eleito, ainda que suplente, até um ano após o final do mandato, salvo se cometer falta grave nos termos da lei.

Parágrafo único. As disposições deste artigo aplicam-se à organização de sindicatos rurais e de colônias de pescadores, atendidas as condições que a lei estabelecer.

Embora haja previsão expressa no texto constitucional acerca do pagamento da Contribuição, em momento algum foi mencionada a obrigatoriedade do seu recolhimento e, tampouco, está ela condicionada ao tal ato para extensão dos benefícios negociados em prol da categoria.

Diante desta intepretação, o legislador reformista alterou dispositivos da CLT determinado a facultatividade do pagamento, analisada no tópico a seguir.

A) A facultatividade do pagamento como destaque da Lei 13.467/2017

Pela redação do art. 545, *caput*, da CLT, pré-Reforma, o desconto da contribuição sindical (também denominada imposto sindical), é o montante pago aos sindicatos correspondentes ao valor de um dia de trabalho por ano de cada empregado, independentemente de autorização do trabalhador. São descontadas diretamente do salário dos empregados e repassadas ao sindicato da categoria. Para as demais contribuições, a autorização dos trabalhadores se faz necessária, ou, ainda, estão condicionadas à sua associação, conforme entendimento da Súmula Vinculante 40, STF, da Súmula 666 do STF e da OJ 17, SDC-TST.

Especificamente em relação à OJ 17, da SDC-TST, entende-se ser inconstitucional a cobrança de contribuição a trabalhadores não sindicalizados prevista em instrumento coletivo e, portanto, será passível de devolução ao trabalhador por violar o direito de livre associação e sindicalização.

Pela leitura e interpretação da OJ 17, da SDC-TST, pode-se afirmar que a regra celetista pré-Reforma também constitui óbice à realização dos princípios constitucionais da liberdade sindical, vez que não facultava aos trabalhadores a opção pelo desconto, mas obrigava, independentemente de associação.

O legislador reformista, neste ponto, buscou adequar a redação do *caput* do art. 545, da CLT, aos princípios constitucionais da organização sindical brasileira, suprimindo a parte final da "antiga" redação, qual seja: "(...) salvo quanto à contribuição sindical, cujo desconto independe dessas formalidades".

Em detrimento desta alteração, entende-se que foi extinta a obrigatoriedade de pagamento de contribuição sindical, estando esta, a partir da vigência da Lei 13.467/2017, condicionada à opção a ser feita pelo próprio trabalhador.

Quanto à data do repasse dos valores referentes à contribuição, uma vez feita a opção pelo empregado, a regra foi mantida pelo legislador reformista, permanecendo sem alterações a redação do parágrafo único do art. 545, da CLT: "O recolhimento à entidade sindical beneficiária do importe descontado deverá ser feito até o décimo dia subsequente ao do desconto, sob pena de juros de mora no valor de 10% (dez por cento) sobre o montante retido, sem prejuízo da multa prevista no art. 553 e das cominações penais relativas à apropriação indébita".

Os arts. 578 e 579, ambos da CLT, alterados pelo legislador reformista, mantiveram a mesma linha interpretativa atribuída à nova redação do *caput* do art. 545, da CLT, ou seja, reforçaram a regra segundo a qual a contribuição sindical (a expressão "imposto sindical" foi substituída pela expressão contribuição sindical – *caput* do art. 578, da CLT) é facultativa. O desconto do valor correspondente à contribuição, para repasse a favor dos sindicatos da categoria econômica (sindicato patronal ou de empresas) e da categoria profissional (sindicato dos trabalhadores), está condicionado a autorização prévia expressa do representado.

Portanto, reitera-se: a Reforma Trabalhista trouxe mudança bastante expressiva sobre a temática da contribuição sindical no sentido de se determinar, para a validade do seu recolhimento mediante desconto na folha de pagamento do trabalhador, autorização prévia e expressa. A finalidade da alteração da referida regra foi a de adequar o texto celetista aos princípios constitucionais da organização sindical, especialmente do da liberdade sindical.

A nova regra está em plena conformidade com o Precedente Normativo 119, do TST, tendo sido esta compreensão ampliada no sentido de que, para o recolhimento da contribuição sindical, será sempre necessária autorização prévia e expressa dos trabalhadores.

B) Época de desconto/repasse aos sindicatos

De acordo com a Lei 13.467/2017, as regras referentes ao mês de desconto – março, para empregadores; abril, para empregados e trabalhadores avulsos; fevereiro, para agentes ou trabalhadores autônomos e profissionais liberais – foram mantidas. Tem-se, pois, com alteração dos arts. 582 e 583, da CLT, a reiteração da regra segundo a qual o desconto da contribuição sindical só poderá ser realizado mediante prévia e expressa autorização do trabalhador, qualquer que seja ele, empregado ou não.

Importante lembrar que, nos termos no Precedente Normativo 111, do TST, o empregador é obrigado a informar o sindicato profissional a relação de empregados pertencentes à categoria. Tal exigência se justifica no fato de o sindicato identificar a regularidade no repasse das contribuições a seu favor.

Com a Reforma Trabalhista, tal exigência se faz desnecessária, uma vez que caberá ao próprio sindicato ter o controle direto dos trabalhadores que fizerem, facultativamente (e de forma prévia e expressa), a opção pelo pagamento da contribuição sindical.

C) A Facultatividade do pagamento da contribuição como direito dos empregados e dos empregadores.

Da mesma forma que os empregados/trabalhadores poderão optar pelo recolhimento ou não da contribuição sindical a favor dos sindicatos da categoria respectiva, também os empregadores poderão optar pelo seu recolhimento ou não a favor da categoria econômica que os represente.

Portanto, o pagamento da contribuição sindical é faculdade a ser exercida pelos trabalhadores e também pelos empregadores, mantidas as demais regras referentes à época de desconto e data de repasse às entidades sindicais.

Quanto à regra do art. 602, da CLT, referente aos empregados que não estiverem trabalhando no mês do desconto da contribuição sindical, esta será descontada no primeiro mês subsequente ao do reinício do trabalho, desde que prévia e expressamente autorizada pelo trabalhador.

Percebe-se que legislador reformista cuidou de reiterar, nos dispositivos celetistas reiterados, que o desconto da contribuição sindical a ser paga pelos trabalhadores e empregadores está condicionado a autorização prévia e expressa do interessado.

2.3. Conceito de categoria

Para que seja determinada a forma de identificação das partes de forma a reconhecê-las como integrantes de um mesmo grupo com interesses em comum, é imprescindível que sejam traçados os conceitos de categoria econômica, profissional e profissional diferenciada, delineados pelo próprio legislador celetista – art. 511:

> Art. 511. É lícita a associação para fins de estudo, defesa e coordenação dos seus interesses econômicos ou profissionais de todos os que, como empregadores, empregados, agentes ou trabalhadores autônomos ou profissionais liberais exerçam, respectivamente, a mesma atividade ou profissão ou atividades ou profissões similares ou conexas.
>
> § 1º A solidariedade de interesses econômicos dos que empreendem atividades idênticas, similares ou conexas, constitue o vínculo social básico que se denomina categoria econômica.
>
> § 2º A similitude de condições de vida oriunda da profissão ou trabalho em comum, em situação de emprego na mesma atividade econômica ou em atividades econômicas similares ou conexas, compõe a expressão social elementar compreendida como categoria profissional.
>
> § 3º Categoria profissional diferenciada é a que se forma dos empregados que exerçam profissões ou funções diferenciadas por força de estatuto profissional especial ou em consequência de condições de vida singulares. (Vide Lei nº 12.998, de 2014)
>
> § 4º Os limites de identidade, similaridade ou conexidade fixam as dimensões dentro das quais a categoria econômica ou profissional é homogênea e a associação é natural.

O enquadramento sindical dos trabalhadores dar-se-á de acordo com a atividade econômica preponderante da empresa para a qual trabalha, salvo se se tratar de categoria profissional diferenciada. Nesse caso, respeita-se a categoria especial da qual o empregado faz parte conforme definido em lei, com direitos e particularidades próprias definidas em instrumentos coletivos específicos.

3. NEGOCIAÇÃO COLETIVA

3.1. Função

Para que se possa flexibilizar o Direito do Trabalho no sentido de harmonizar os interesses das partes envolvidas no contrato de trabalho com suas "reais" necessidades, torna-se de fundamental importância desenvolver medidas negociais e definidoras de direitos e obrigações mais abrangentes, que atinjam determinada coletividade – categoria. Estas medidas são denominadas negociações coletivas e visam à defesa de interesses coletivos, e não individuais. Destas negociações coletivas, são constituídos os Acordos Coletivos e as Convenções Coletivas de Trabalho, estudadas no tópico a seguir.

Destaca-se que, acompanhando a tendência flexibilizante do Direito do Trabalho, o legislador reformista inseriu o §3º, no art. 8º, da CLT, atribuindo uma grande força ao que se chama de princípio da intervenção mínima na autonomia da vontade coletiva. Assim dispõe:

Art. 8º (...)

§3º No exame de convenção coletiva ou acordo coletivo de trabalho, a Justiça do Trabalho analisará exclusivamente a conformidade dos elementos essenciais do negócio jurídico, respeitado o disposto no art. 104 da Lei nº 10.406, de 10 de janeiro de 2002 (Código Civil), e balizará sua atuação pelo princípio da intervenção mínima na autonomia da vontade coletiva.

Sendo os acordos coletivos e as convenções coletivas derivadas de negociações coletivas, a Justiça do Trabalho analisará, em relação a estes instrumentos, a validade sob a ótica dos chamados pressupostos jurídico-formais do contrato, previstos no art. 104, do CC/02, quais sejam: capacidade das partes, licitude do objeto, forma prescrita ou não defesa em lei e livre manifestação de vontade das partes.

3.2. Instrumentos normativos negociados: acordo coletivo e convenção coletiva de trabalho

Resultantes de uma negociação coletiva exitosa, destacam-se os Acordos Coletivos de Trabalho e as Convenções Coletivas de Trabalho, ambos definidos pelo próprio legislador celetista. Diferem-se, entre si, não quanto à matéria que cada um regulamenta, mas às partes que participaram da negociação coletiva.

Considerando que é obrigatória a participação do sindicato dos trabalhadores (categoria profissional) nas negociações, tanto nos ACTs quanto nas CCTs se fazem presentes. Portanto, a distinção está na participação do sindicato patronal (de empresas – categoria econômica) na negociação coletiva. Quando esta ocorre diretamente com a empresa ou empresas, tem-se o Acordo Coletivo de Trabalho. Quando a negociação ocorre entre SINDICATO dos trabalhadores e SINDICATO das empresas, tem-se uma CCT.

3.3. Prazo de vigência e incorporação das cláusulas nos contratos de emprego

O legislador reformista, além de flexibilizar regras do Direito Individual do Trabalho, também trouxe expressivas mudanças para o Direito Coletivo, especialmente em relação à valorização do exercício da autonomia da vontade coletiva (art. 8º), sobreposição do Acordo Coletivo em detrimento da Convenção Coletiva (sem que se tenha feito a ressalva acerca do princípio da norma mais favorável) e, ainda, prevalência do negociado sobre o legislado (art. 611-A, da CLT).

Além destas mudanças, o legislador reforçou o prazo de vigência dos instrumentos coletivos – 2 anos – e o associou a uma nova regra: vedação à ultratividade do instrumento coletivo, conforme destaque do § 3º, do art. 614, da CLT:

Art. 614 - Os Sindicatos convenentes ou as empresas acordantes promoverão, conjunta ou separadamente, dentro de 8 (oito) dias da assinatura da Convenção ou Acordo, o depósito de uma via do mesmo, para fins de registro e arquivo, no Departamento Nacional do Trabalho, em se tratando de instrumento de caráter nacional ou interestadual, ou nos órgãos regionais do Ministério do Trabalho e Previdência Social, nos demais casos.

§ 1º As Convenções e os Acordos entrarão em vigor 3 (três) dias após a data da entrega dos mesmos no órgão referido neste artigo.

§ 2º Cópias autênticas das Convenções e dos Acordos deverão ser afixados de modo visível, pelos Sindicatos convenentes, nas respectivas sedes e nos estabelecimentos das empresas compreendidas no seu campo de aplicação, dentro de 5 (cinco) dias da data do depósito previsto neste artigo.

§ 3º Não será permitido estipular duração de convenção coletiva ou acordo coletivo de trabalho superior a dois anos, sendo vedada a ultratividade. (grifado).

Uma vez vedada a ultratividade, as regras do instrumento coletivo perdem força na medida em que o prazo de vigência se encerra. Significa dizer que a perda de eficácia da regra NÃO mais está condicionada a nova negociação coletiva.

4. PODER NORMATIVO DA JUSTIÇA DO TRABALHO

De acordo com o art. 114, § 2º, da CR/88, caso a negociação coletiva seja frustrada, podem as partes, de comum acordo, ajuizar dissídio coletivo de natureza econômica. Trata-se de uma ação de competência originária, regra geral, dos Tribunais Regionais do Trabalho.

Para esta ação, será proferido um acórdão denominado sentença normativa. Embora seja uma decisão colegiada, recebe o nome de sentença pela doutrina e jurisprudência trabalhista. É conhecida por ser manifestação expressa do chamado Poder Normativo da Justiça do Trabalho, já que, neste acórdão, serão definidas regras que atendam a interesses das categorias envolvidas no conflito. Faz, na prática, o que faria o Acordo Coletivo ou a Convenção Coletiva, se negociados: definem e regulamentam interesses coletivos.

LILIAN KATIUSCA

Importante lembrar que APENAS em sentenças NORMATIVAS a Justiça do Trabalho exerce seu poder normativo, já que substituem, na prática, os instrumentos coletivos que não foram amigavelmente negociados.

5. A GREVE NO DIREITO BRASILEIRO: LEI 7.783/1989

A) Conceito:

Considera-se como greve a "suspensão coletiva, temporária e pacífica, total ou parcial, da prestação pessoal de serviços ao empregador" (art. 2º, Lei 7.783/1989), sendo um direito constitucionalmente assegurado aos trabalhadores, conforme art. 9º, da CR/88:

Art. 9º, CR/88: É assegurado o direito de greve, competindo aos trabalhadores decidir sobre a oportunidade de exercê-lo e sobre os interesses que devam por meio dele defender.

§ 1º A lei definirá os serviços ou atividades essenciais e disporá sobre o atendimento das necessidades inadiáveis da comunidade.

§ 2º Os abusos cometidos sujeitam os responsáveis às penas da lei.

Regulamentada pela Lei 7.783/1989, é um movimento de caráter coletivo que tem como objetivo negociar interesses típicos do contrato de trabalho, salvo greves políticas e solidárias. Embora seja um direito constitucional, será exercido de forma limitada em relação às atividades essenciais, quais sejam (art. 11):

- tratamento e abastecimento de água;

- produção e distribuição de energia elétrica, gás e combustíveis;

- assistência médica e hospitalar;

- distribuição e comercialização de medicamentos e alimentos;

- funerários;

- transporte coletivo;

- captação e tratamento de esgoto e lixo;

- telecomunicações;

- guarda, uso e controle de substâncias radioativas, equipamentos e materiais nucleares;

- processamento de dados ligados a serviços essenciais;

- controle de tráfego aéreo;

- compensação bancária.

Tem como requisitos:

- ocorrência de real tentativa de negociação antes de deflagrar o movimento (art. 3º - desde que frustrada a negociação coletiva ou verificada a impossibilidade de recurso à via arbitral);

- aprovação da respectiva assembleia de trabalhadores, conforme definido no próprio estatuto sindical;

- aviso prévio à parte contrária sobre a paralisação: 48 horas, regra geral, e 72h para atividades essenciais. Nesse caso, o aviso será dado aos empregadores e também aos usuários dos serviços essenciais;

- respeito ao atendimento às necessidades inadiáveis da comunidade no caso de greve em atividades essenciais.

Para evitar arbitrariedades, a Lei 7.783/1989 cuidou de definir uma série de atribuições, a serem observadas pelos trabalhadores, no exercício do direito. Caso não cumpridas, poderá ser declarada como greve ilícita, passível de punição. São deveres dos trabalhadores:

- assegurar a prestação de serviços indispensáveis às necessidades inadiáveis da comunidade (por entendimento jurisprudencial, pelo menos 30% das atividades devem ser mantidas);

- organizar equipes para manutenção de serviços cuja paralisação provoque prejuízos irreparáveis ou que sejam essenciais à posterior retomada das atividades;

- não fazer greve após a celebração de acordo ou convenção coletiva, a não ser que seja referente à não observância dos instrumentos negociados;

- respeitar direitos fundamentais de outrem;

- não produzir atos de violência;

- avisar ao empregador e usuários, com o mínimo 48 horas de antecedência, sobre a realização do movimento. Para atividades essenciais, este aviso deverá ser feito com 72 horas de antecedência.

Por fim, vale lembrar que durante o período de paralisação do empregado, enquanto participante do movimento, o seu contrato será SUSPENSO. É possível que o instrumento coletivo que determine o fim da greve preveja o pagamento dos dias de paralização. Nesse caso, serão tratados como interrupção do contrato.

6. QUESTÕES

01. (EXAME DE ORDEM UNIFICADO 2010/02) Com relação ao regime de férias, é correto afirmar que:

(A) as férias devem ser pagas ao empregado com adicional de 1/3 até 30 dias antes do início do seu gozo.

(B) salvo para as gestantes e os menores de 18 anos, as férias podem ser gozadas em dois períodos.

(C) o empregado que pede demissão antes de completado seu primeiro período aquisitivo faz jus a férias proporcionais.

(D) as férias podem ser convertidas integralmente em abono pecuniário, por opção do empregado.

COMENTÁRIOS: As férias correspondem à principal modalidade de intervalo interjornada a ser concedida aos empregados, regulamentadas nos arts. 129 a 149, da CLT. Sobre o instituto, merecem destaque as seguintes alterações provenientes da promulgação da Lei 13.467/2017:
não podem ser concedidas dentro de dois dias que antecedam ao repouso semanal remunerado e ao descanso remunerado em feriados;
foi revogada a regra que proibia o fracionamento das férias individuais aos menores de 18 anos e maiores de 50 anos;
podem ser fracionadas em, no máximo, 3 períodos, um dos quais não pode ser menor que 14 dias consecutivos e os demais não podem ser inferiores a 05 dias consecutivos cada;
para trabalho a tempo parcial: podem ser fracionadas, será permitida a venda de até 1/3 do período e serão concedidas conforme regra do art. 130, da CLT: o número de ausências injustificadas ocorridas no curso do período aquisitivo altera o número de dias de férias a ser concedido.
Feitas estas considerações, passa-se à análise das alternativas da questão:
A: Incorreta. As férias devem ser pagas ao empregado até dois dias antes do início do período. Caso esta regra não seja observada, o pagamento será devido em dobro, mesmo que concedidas no período concessivo correspondente; **B:** Incorreta. A Lei 13.467/2017 alterou a regra correspondente ao fracionamento das férias individuais, de forma que passou a ser permitida a adoção de tal medida para

DIREITO DO TRABALHO

qualquer empregado, independentemente da idade. Antes, considerada a regra celetista PRÉ-REFORMA, as férias não podiam ser fracionadas para menores de 18 anos e maiores de 50 anos. Não havia restrição ao fracionamento das férias para as gestantes. Sobre o tema, vide art. 134, da CLT, cujo § 2º foi revogado pela Lei 13.467/17; **C:** Correta. Nos termos na Súmula 171, do TST, as férias proporcionais serão devidas em qualquer modalidade rescisória, salvo na justa causa do empregado. Vale lembrar que, de acordo com a Súmula 14, também do TST, na extinção do contrato por culpa recíproca, as férias proporcionais serão devidas pela metade; **D:** Incorreta. Será permitida a conversão de apenas 1/3 do período das férias em abono pecuniário. Vale destacar que se aplica a mesma regra aos empregados contratados na modalidade de trabalho a tempo parcial, conforme alteração feita pela Lei 13.467/17 no art. 58-A, § 6º, da CLT.

Gabarito "C".

02. (EXAME DE ORDEM UNIFICADO 2010/03) Relativamente à alteração do contrato de trabalho, é correto afirmar que

(A) é considerada alteração unilateral vedada em lei a determinação ao empregador para que o empregado com mais de dez anos na função reverta ao cargo efetivo.

(B) o empregador pode, sem a anuência do empregado exercente de cargo de confiança, transferi-lo, com mudança de domicílio, para localidade diversa da que resultar do contrato, independentemente de real necessidade do serviço.

(C) o empregador pode, sem a anuência do empregado cujo contrato tenha como condição, implícita ou explícita, transferi-lo, com mudança de domicílio, para localidade diversa da que resultar do contrato, no caso de real necessidade do serviço.

(D) o adicional de 25% é devido nas transferências provisórias e definitivas.

COMENTÁRIOS: **A:** Incorreta. De acordo com o art. 468, § 1º, da CLT, a reversão NÃO é modalidade de alteração unilateral do contrato. Pode ocorrer a qualquer momento e é um efeito inerente à promoção do empregado. Vale ressaltar que a Lei 13.467/2017 acrescentou o §m2º ao art. 468: o empregado, uma vez revertido, perderá o direito à gratificação de função. Esta não se incorpora ao salário, mesmo que tenha ele exercido o cargo de confiança por 10 anos ou mais; **B:** Incorreta. De acordo com o art. 469, da CLT, é necessária, para a legalidade da transferência, que se tenha a anuência do empregado, exceto se for alto empregado; **C:** Correta. A existência de previsão contratual faz com que a anuência do empregado seja presumida; **D:** Incorreta. O adicional de transferência, nos termos do art. 469, § 3º, só é devido no caso de transferência PROVISÓRIA. Não será devido nas transferências definitivas.

Gabarito "C".

03. (IV EXAME DE ORDEM UNIFICADO) Paulo, empregado da empresa Alegria Ltda., trabalha para a empresa Boa Sorte Ltda., em decorrência de contrato de prestação de serviços celebrado entre as respectivas empresas. As atribuições por ele exercidas inserem-se na atividade-meio da tomadora, a qual efetua o controle de sua jornada de trabalho e dirige a prestação pessoal dos serviços, emitindo ordens diretas ao trabalhador no desempenho de suas tarefas.

Diante dessa situação hipotética, assinale a alternativa correta.

(A) A terceirização é ilícita, acarretando a nulidade do vínculo de emprego com a empresa prestadora e o reconhecimento do vínculo de emprego diretamente com a empresa tomadora.

(B) A terceirização é ilícita, acarretando a responsabilidade subsidiária da empresa tomadora pelas obrigações trabalhistas inadimplidas pela empresa prestadora.

(C) A terceirização é lícita, acarretando a responsabilidade subsidiária da empresa tomadora pelas obrigações trabalhistas inadimplidas pela empresa prestadora.

(D) A terceirização é lícita, não acarretando a responsabilidade subsidiária da empresa tomadora pelas obrigações trabalhistas inadimplidas pela empresa prestadora.

COMENTÁRIO: Até abril de 2017, as hipóteses de terceirização estavam todas reunidas na Súmula 331, do TST: terceirização temporária, da Lei 6.019/74, conservação e limpeza, vigilância e atividades-meio da empresa. Além das hipóteses de terceirização, a mesma súmula define que, para que seja lícita, é necessário que seja ela realizada com a observância das hipóteses de contratação e, ainda, que não haja pessoalidade ou subordinação do trabalhador com a empresa tomadora de serviços.

Porém, a Lei 6019/1974 foi alterada de forma bastante significativa e passou a regulamentar a terceirização permanente também. As alterações foram acirradas pela Lei 13.467/2017 que definiu, de forma expressa, a possibilidade de se terceirizar qualquer atividade da empresa tomadora/contratante – inclusive a principal – de forma permanente. Porém, foi mantida a orientação de que não pode haver pessoalidade ou subordinação do trabalhador com a empresa tomadora/contratante. Foi mantida também a regra referente à responsabilidade: será subsidiária, desde que a empresa tomadora faça parte do título executivo judicial. Assim, sobre terceirização, destacam-se como principais mudanças:

terceirização temporária: contrato terá validade de, no máximo, 180 dias e poderá ser prorrogado por mais até 90 dias;

não é necessária autorização do MTE para autorizar a prorrogação do contrato;

qualquer atividade da empresa contratante pode ser terceirizada, inclusive a principal, de forma permanente;

responsabilidade da empresa tomadora/contratante: subsidiária (regra mantida). Quanto à questão, seguem comentários:

A: Correta. Mesmo com as alterações da Lei 6019/1974, permanece a regra segundo a qual não pode haver pessoalidade ou subordinação do trabalhador com a empresa tomadora/contratante. Caso aconteça, será caracterizada como terceirização ilícita e o contrato de emprego será diretamente com a tomadora de serviços.; **B:** Incorreta. Sendo ilícita, a consequência é o reconhecimento do vínculo de emprego. A responsabilidade subsidiária é aplicada na terceirização lícita; **C:** Incorreta. É ilícita, em decorrência da subordinação do trabalhador; **D:** Incorreta. É ilícita, em decorrência da subordinação do trabalhador.

Gabarito "A".

04. (V EXAME UNIFICADO) A respeito do pagamento das verbas rescisórias, assinale a alternativa correta.

(A) No caso de pedido de demissão em contrato por prazo indeterminado, o prazo para pagamento das verbas rescisórias é de 10 dias contados da data da notificação da demissão, quando dispensado o empregado do cumprimento do aviso prévio pelo empregador.

(B) O empregador que descumpre o prazo de pagamento das verbas rescisórias deverá pagá-las posteriormente acrescidas de 50% de multa, nos termos do artigo 467 da Consolidação das Leis do Trabalho.

(C) O pagamento das verbas rescisórias ocorrerá no primeiro dia útil imediato ao término do contrato de trabalho quando o empregador indenizar o aviso prévio.

(D) As verbas rescisórias devidas após decurso normal de prazo de contrato a termo deverão ser pagas até o décimo dia contado do término, em face da inexistência do aviso prévio.

COMENTÁRIO: **A:** Correta. Antes da Reforma Trabalhista, o prazo para pagamento das verbas rescisórias, quando indenizado o aviso, era, de fato, até dez dias após a comunicação da extinção do contrato. Porém, a Lei 13.467/2017 alterou o art. 477, da CLT, e padronizou o prazo para pagamento do acerto: até 10 dias contados da extinção do contrato; **B:** Incorreta. O empregador é obrigado a pagar o valor da parte incontroversa na data de comparecimento na Justiça do Trabalho. Caso não o faça, incidirá multa de 50% sobre este valor (art. 467, da CLT); **C:** Incorreta. No art. 477 da CLT, pré-reforma, o pagamento das parcelas ocorreria no primeiro dia útil imediato ao término do contrato apenas no caso de aviso prévio trabalhado. O artigo foi afetado pela Reforma e houve padronização do prazo do aviso: até dez dias contados do término do contrato; **D:** Incorreta. As verbas rescisórias deverão ser pagas até um primeiro dia útil seguinte ao término do contrato.

Gabarito "A".

05. (V EXAME UNIFICADO) Para equiparação salarial, é necessário que:

(A) haja identidade de funções, trabalho de igual valor para o mesmo empregador, na mesma localidade, com contemporaneidade na prestação dos serviços na mesma função e a qualquer tempo, inexistindo quadro de carreira organizado.

(B) haja identidade de funções, trabalho com a mesma produtividade e perfeição técnica, para o mesmo empregador, na mesma região metropolitana, com contemporaneidade na prestação de serviços na mesma função e a qualquer tempo, e quadro de carreira homologado pelo Ministério do Trabalho e Emprego.

(C) haja identidade de funções, trabalho de igual valor para o mesmo empregador, na mesma região metropolitana, sendo a prestação de serviços entre o empregado e o modelo contemporânea na mesma função, mas com diferença não superior a 2 anos, inexistindo quadro de carreira organizado.

(D) os empregados comparados tenham a mesma função, pois todo trabalho deve ser igualmente remunerado de acordo com o princípio da isonomia consagrado constitucionalmente.

459

COMENTÁRIO: Dentre as alterações provenientes da Reforma Trabalhista, merece atenção especial o art. 461, da CLT. Tal dispositivo, interpretado em conjunto com a Súmula 06, do TST, foi alterado de maneira bastante expressiva, e passou a definir como regras para a equiparação salarial:
trabalho para mesmo empregador;
exercício da mesma função;
execução das atividades no mesmo estabelecimento;
trabalho de igual valor:
mesma produtividade;
mesma perfeição técnica;
diferença de tempo de serviço na função não superior a dois anos;
diferença de tempo de contrato de emprego com o mesmo empregador não superior a 04 anos;
quadro de carreira afasta o direito à equiparação salarial e não precisa ser homologado junto ao MTE ou outra autoridade administrativa competente;
é necessária concomitância na execução dos serviços;
é vedada a utilização de paradigma remoto.
empregado readaptado não pode servir de paradigma, mas pode pedir equiparação salarial.
Com a alteração do art. 461, da CLT, a questão restou inteiramente prejudicada e desatualizada. Prejudicada, da mesma forma, a Súmula 06, do TST.
Gabarito "C".

06. (VI EXAME UNIFICADO) Determinada empresa encontra-se instalada em local de difícil acesso, não servida por transporte público regular. Em razão disso, fornece condução para o deslocamento dos seus empregados, da residência ao trabalho e vice-versa, mas cobra deles 50% do valor do custo do transporte. Na hipótese, é correto afirmar que:

(A) o tempo de deslocamento será considerado hora in itinere.

(B) o tempo de deslocamento não será considerado hora in itinere porque é custeado pelo empregado, ainda que parcialmente.

(C) o empregado tem direito ao recebimento do vale transporte.

(D) metade do tempo de deslocamento será considerada hora in itinere porque é a proporção da gratuidade do transporte oferecido.

COMENTÁRIO: Em detrimento da Reforma Trabalhista, a questão foi integralmente prejudicada. Não há mais a possibilidade, pós promulgação da Lei 13.467/2017, de considerar o tempo gasto no percurso residência – trabalho – residência como sendo integrante da jornada de trabalho. Isso porque o legislador reformista revogou as regras das chamadas horas *in itinere*, antes previstas no art. 58, §§ 2º e 3º, da CLT. Portanto, não se fala mais em horas itinerantes.
Gabarito "A".

07. (VI EXAME UNIFICADO) Com relação às normas de duração do trabalho, assinale a alternativa correta. :

(A) A concessão de intervalos para repouso e alimentação durante a jornada de seis horas descaracteriza o regime de turno ininterrupto de revezamento.

(B) Considera-se de "prontidão" o empregado que permanecer em sua própria casa, aguardando a qualquer momento o chamado para o serviço, com escala de, no máximo, vinte e quatro horas, sendo contadas as respectivas horas à razão de 1/3 (um terço) do salário normal.

(C) A compensação de jornada de trabalho pode ser ajustada por acordo individual escrito, acordo coletivo ou convenção coletiva.

(D) A mera insuficiência de transporte público regular enseja o pagamento de horas in itinere.

COMENTÁRIO: **A:** Incorreta. De acordo com a Súmula 675, do STF, e 360, do TST, a concessão de intervalos NÃO descaracteriza o turno ininterrupto; **B:** Incorreta. Prontidão é o tempo que o empregado permanece na empresa, após o encerramento da sua jornada normal, aguardando ordens do empregador. Durará no máximo 12 horas e o empregado, enquanto permanece aguardando ordens, receberá 2/3 do valor da hora normal. Caso venha a executar atividades, receberá o valor da hora normal acrescido do adicional de horas extras; **C:** Correta. A assertiva está em plena conformidade com o item I da Súmula 85, do TST. Destaca-se que o sistema de compensação de jornada foi alterado pela Lei 13.467/17 (Reforma Trabalhista) - art.58, da CLT, prejudicando referida Súmula. Diante das alterações, têm-se as seguintes hipóteses de autorização do sistema de compensação: - acordo coletivo ou convenção coletiva, para compensação dentro do prazo de, no máximo, 01 ano; - acordo individual escrito, para compensação dentro do prazo de, no máximo, 06 meses;- acordo tácito ou escrito, para compensação dentro do mesmo mês; **D:** Incorreta. Na CLT pré-Reforma trabalhista – art. 58 c/c Súmula 90, do TST – era possível inserir o tempo gasto no deslocamento residência-trabalho-residência como integrante da jornada de trabalho do empregado. Dentre as regras, a Súmula 90 determinava que a insuficiência do transporte NÃO era

critério para caracterização das horas itinerantes, mas sim a incompatibilidade de horários. Com a Reforma Trabalhista, não se aplicam mais as regras referentes ao tempo de deslocamento por terem sido revogadas. Resta, portanto, prejudicada a Súmula 90, do TST.
Gabarito "C".

08. (IX EXAME UNIFICADO) Maria foi contratada pela empresa Bolos S.A. para exercer a função de copeira, cumprindo jornada de trabalho de segunda à sexta-feira das 13:00 h às 17:00 h, sem intervalo alimentar. Decorridos dois anos do início do pacto contratual, foi a empregada dispensada, recebendo as parcelas da ruptura. Contudo, inconformada porque jamais lhe foi permitido usufruir de intervalo para descanso e alimentação, Maria ajuíza reclamação trabalhista postulando o pagamento do período correspondente ao intervalo alimentar não concedido. Diante da hipótese relatada, assinale a afirmativa correta.

(A) A ex-empregada faz jus ao pagamento de uma hora extraordinária diária, haja vista a supressão do intervalo intrajornada, na forma do Art. 71, § 4º, da CLT.

(B) A ex-empregada faz jus ao pagamento de apenas 15 minutos diários a título de horas extraordinárias, haja vista a supressão do intervalo intrajornada, na forma do Art. 71, § 4º, da CLT.

(C) A ex-empregada não faz jus ao pagamento de horas extraordinárias, porquanto diante da carga horária cumprida, não lhe era assegurada a fruição de intervalo intrajornada.

(D) A ex-empregada faz jus ao pagamento de indenização correspondente ao valor de uma hora extraordinária diária, haja vista a supressão do intervalo intrajornada.

COMENTÁRIO: Intervalos intrajornada são pausas concedidas aos empregados DENTRO das jornadas de trabalho. Podem ser comuns ou especiais. São comuns os intervalos concedidos a qualquer empregado, dependendo da sua jornada, ou seja, dependendo da duração diária do seu trabalho. De acordo com o art. 71, da CLT, terá direito ao intervalo de 15 minutos os empregados que tenham sido contratados para trabalhar ACIMA de 04 horas até 06 horas. Para os contratados para trabalhar ACIMA de 06 horas, será concedido um intervalo de, no mínimo 01 hora e, no máximo, 02 horas, mediante previsão expressa.
De acordo com o enunciado da questão, a empregada foi contratada para trabalhar 04 horas por dia. Em observância à regra do art. 71, ela NÃO terá direito ao intervalo intrajornada de 15 minutos, pois só possui tal direito quem tenha sido contratado para trabalhar ACIMA de 04 horas, estando correta a letra **C**.
Sobre intervalos intrajornada e considerando as alterações provenientes da Reforma Trabalhista, duas novas regras merecem destaque:
a redução do intervalo intrajornada de no mínimo 01 hora poderá ser feita mediante negociação coletiva, desde que respeitado o limite de, no mínimo, 30 minutos – art. 611-A, da CLT (antes da alteração, a redução apenas poderia ser realizada mediante autorização do MTE).
caso seja concedido parcialmente, o empregado fará jus, à título de indenização e com acréscimo de 50%, ao valor correspondente ao tempo não concedido, e não mais à totalidade da duração do intervalo (art. 71, §4º, da CLT).
Gabarito "C".

09. (VIII EXAME UNIFICADO) João, após completar 21 anos e dois meses de vínculo jurídico de emprego com a empresa EGEST ENGENHARIA, foi injustificadamente dispensado em 11/11/2011. No mesmo dia, seu colega de trabalho José, que contava com 25 anos completos de vínculo de emprego na mesma empresa, também foi surpreendido com a dispensa sem justo motivo, sendo certo que o ex-empregador nada pagou a título de parcelas resilitórias a ambos. Um mês após a rescisão contratual, João e José ajuízam reclamação trabalhista, postulando, dentre outras rubricas, o pagamento de aviso prévio.

À luz da Lei n. 12.506/2011, introduzida no ordenamento jurídico em 11/10/2011, que regula o pagamento do aviso prévio proporcional ao tempo se serviço, assinale a afirmativa correta.

A) João é credor do pagamento de aviso prévio na razão de 93 dias, enquanto que José fará jus ao pagamento de aviso prévio de 105 dias.

B) Tanto João quanto José farão jus ao pagamento de aviso prévio na razão de 90 dias.

C) Uma vez que ambos foram admitidos em data anterior à publicação da Lei n. 12.506/2011, ambos farão jus tão somente ao pagamento de aviso prévio de 30 dias.

DIREITO DO TRABALHO

D) João é credor do pagamento de aviso prévio na razão de 63 dias, enquanto José fará jus ao pagamento de aviso prévio de 75 dias, uma vez que o aviso prévio é calculado proporcionalmente ao tempo de serviço.

COMENTÁRIO: **A:** Incorreta. De acordo com o a Lei 12.506/2011, o aviso prévio será de no mínimo 30 dias e no máximo 90 dias. **B:** Correta. A contagem da proporcionalidade do aviso prévio – 03 dias a cada ano – se limita ao alcance de 90 dias; **C:** Incorreta. De acordo com o princípio da condição mais benéfica, a Lei, por ser mais benéfica aos empregados, retroage aos contratos realizados antes da sua promulgação; **D:** Incorreta. O aviso prévio, em detrimento da forma de extinção do contrato, é direito de ambos e, para ambos, em detrimento do tempo de serviço de cada um, será de 90 dias.

Gabarito "B".

10. (EXAME DE ORDEM UNIFICADO – 2010/02) Com relação ao Direito Coletivo do Trabalho, assinale a alternativa correta.

(A) Acordo coletivo do trabalho é o acordo de caráter normativo pelo qual dois ou mais sindicatos representativos de categorias econômicas e profissionais estipulam condições de trabalho aplicáveis, no âmbito das respectivas representações, às relações individuais de trabalho.

(B) Na greve em serviços ou atividades essenciais, ficam as entidades sindicais ou os trabalhadores, conforme o caso, obrigados a comunicar a decisão aos empregadores e aos usuários com antecedência mínima de 72 (setenta e duas) horas da paralisação.

(C) As centrais sindicais, por força de lei, podem celebrar acordos e convenções coletivos de trabalho.

(D) O recolhimento da contribuição sindical obrigatória ("imposto sindical") somente é exigido dos empregados sindicalizados, em face do princípio da liberdade sindical.

COMENTÁRIOS: **A:** Incorreta. De acordo com o art. 611, da CLT, o acordo de caráter normativo proveniente da negociação entre dois ou mais sindicatos representantes de categorias econômicas e profissionais corresponde à CONVENÇÃO COLETIVA. O Acordo Coletivo é a negociação entre Sindicato do Trabalhadores com empresa ou empresas (art. 611, §1°, da CLT); **B:** Correta. . De acordo com o art. 13, da Lei 7.783/1989, para a legalidade da greve em atividades essenciais, é necessário o aviso aos empregadores e usuários com, no mínimo, 72 horas de antecedência. Para as demais atividades, o aviso deverá ser realizado com, no mínimo, 48 horas de antecedência (art. 3°, parágrafo único); **C:** Incorreta. De acordo com o § 2°, do art. 611, da CLT, apenas sindicatos, Federações e Confederações podem negociar instrumentos coletivos. Tal prerrogativa. não se aplica às Centrais Sindicais; **D:** Incorreta. Uma vez integrante de determinada categoria representada por uma organização sindical, a obrigatoriedade do pagamento independe de ser o empregado membro ou não do sindicato, uma vez que a sindicalização é automática. Vale destacar que, pós Reforma Trabalhista, a contribuição sindical passou a ser FACULTATIVA,. Sobre referida alteração, vide artigos 578 e seguintes da CLT, alterados pela Lei 13.467/2017.

Gabarito "B".

Direito Processual do Trabalho

Carolina de Souza Novaes Gomes Teixeira[1]

1. INTEGRAÇÃO, FONTES E APLICAÇÃO DA LEI NO ESPAÇO E NO TEMPO

O direito processual do trabalho tem como objetivo regular os processos individuais e coletivos submetidos à Justiça do Trabalho. Em regra, para a solução de conflitos que envolvam relações entre empregado e empregador far-se-á o uso da CLT. Na hipótese de insuficiência das disposições trabalhistas, em caso de lacuna, utilizar-se-á as normas processuais civis, de forma subsidiária, quando as estas forem compatíveis com os princípios fundantes do direito do trabalho.

1.1. Aplicação do direito comum ao processo do trabalho

- Requisitos: omissão e compatibilidade

Art. 769 - Nos casos omissos, o direito processual comum será fonte subsidiária do direito processual do trabalho, exceto naquilo em que for incompatível com as normas deste Título.

Saliente-se que não se trata apenas da aplicação do CPC de forma subsidiária, mas da legislação processual comum, como um todo, isto é, além do CPC, o CDC, a Lei de Ação Civil Pública, Lei do Mandado de Segurança etc.

Exemplo: prescrição declarada de ofício – CLT é omissa, porém a doutrina trabalhista entende que não é compatível porque esbarra no Princípio do Proteção ao Hipossuficiente.

✓ Fase de conhecimento: aplica-se o CPC – art. 769.

✓ Fase de execução: aplica-se a Lei de Execução Fiscal – LEF (Lei 6830) e, apenas na omissão desta, aplica-se o CPC.

Art. 889 - Aos trâmites e incidentes do processo da execução são aplicáveis, naquilo em que não contravierem ao presente Título, os preceitos que regem o processo dos executivos fiscais para a cobrança judicial da dívida ativa da Fazenda Pública Federal.

• Quando a CLT impuser a aplicação direta do CPC, aí não aplica-se a LEF. Isso ocorre no art. 882 que trata da ordem da penhora.

✓ E o NCPC? Art.15 – traz que o CPC será aplicável de forma subsidiária, não exigindo o requisito da compatibilidade. Eu entendo que, sendo o processo do trabalho autônomo, aplica-se o art. 769 em detrimento do art. 15 NCPC.

O art. 15 possui duas diferenças em relação ao art. 769:

1 permite a aplicação do NCPC quando houver omissão na CLT, nada versando sobre a necessidade de compatibilidade.

2 permite a aplicação do NCPC em caráter supletivo e subsidiário à legislação trabalhista, enquanto a CLT fala apenas da subsidiariedade.

Subsidiário: quando não há na CLT artigo que disciplina determinado instituto ou situação.

A supletividade corresponde à aplicação do NCPC quando, apesar de a legislação trabalhista disciplinar determinado instituto, não o faz de modo completo. Ex.: suspeição e impedimento. A CLT no art. 801 disciplina apenas a suspeição. O NCPC permitiria essa aplicação supletiva.

Diante dessas diferenças é possível indagar: existe o conflito entre o art. 15 e o 769 da CLT? Há três correntes:

A. existe sim o conflito, devendo ser solucionado pelo critério da especialidade, ou seja, dessa forma aplica-se apenas a CLT.

B. existe o conflito, mas deverá ser aplicado o NCPC, haja vista que o art. 15 é norma de sobredireito. Além disso o NCPC, pela ordem cronológica, deve prevalecer.

C. não existe conflito entre esses dispositivos, havendo necessidade de harmonização entre as normas do ordenamento jurídico e não de sua exclusão. É o que se chama de diálogo das fontes possibilitando uma aplicação simultânea, coerente e coordenada das plúrimas fontes legislativas convergentes.

Doutrina majoritária a favor da 3ª corrente, assim como o art. 1º da instrução normativa 39 do TST.

1.2. Fontes

• Fontes Formais: são as formas de exteriorização do Direito. Obs.: Miguel Reale prefere trocar a expressão Fonte Formal por Teoria do Modelo Jurídico. Constituição, Leis, Atos do Poder Executivo, Sentença Normativa, Acordos e Convenções Coletivas, Regulamento da Empresa, Súmulas (quando vinculantes, pois têm força obrigacional a todos).

✓ Fontes Secundárias: não possuem caráter obrigacional a todos: princípios, equidade, jurisprudência, analogia, doutrina, usos e costumes.

✓ Fontes Formais Autônomas: são as elaboradas pelos próprios interessados, não sofrendo qualquer ingerência estatal ou de terceiros: costume, convenção e acordo

---

1. Possui graduação em DIREITO pela Universidade Federal de Ouro Preto (2011). Especialista em Direito Privado pela Universidade Candido Mendes - RJ e em Direito da Propriedade Intelectual pela Justus LiebigUniversitat - Giessen, Alemanha. Professora concursada da Pontifícia Universidade Católica de Minas Gerais. Professora convidada de cursos preparatórios para concursos e pós-graduações. Mestre e Doutoranda em Direito Material e Processual do Trabalho pela PUC - Minas.

coletivo, regulamento de empresa, contrato individual de trabalho.

✓ Fontes Formais Heterônomas: São aquelas impostas por um agente externo. O Estado participa da elaboração da norma: CF, Leis, Decretos, Sentenças Normativas.

✓ Fontes Materiais: é a pressão exercida pelos trabalhadores sobre um estado capitalista, reivindicando melhores condições de trabalho. São o complexo de fatores que ocasionam o surgimento de normas, compreendendo fatos e valores. São analisados fatores sociais, psicológicos, econômicos, históricos etc.; ou seja, fatores reais que irão influenciar na criação da norma jurídica, valores que o Direito procura realizar. Ex.: GREVE

• **Distinção entre Convenção e Acordo Coletivo**

As Convenções Coletivas são pactos firmados entre dois ou mais sindicatos, estando de um lado, obrigatoriamente, o Sindicato Patronal. Abrange toda uma classe de trabalhadores, signatários ou não. MAIOR ABRANGENCIA!

Os Acordos Coletivos são os pactos celebrados entre uma ou mais de uma empresa e o sindicato da categoria profissional a respeito das condições de trabalho. Abrange somente os signatários. MENOR ABRANGÊNCIA!!

> Art. 611 - Convenção Coletiva de Trabalho é o acordo de caráter normativo, pelo qual dois ou mais Sindicatos representativos de categorias econômicas e profissionais estipulam condições de trabalho aplicáveis, no âmbito das respectivas representações, às relações individuais de trabalho.
>
> § 1º É facultado aos Sindicatos representativos de categorias profissionais celebrar Acordos Coletivos com uma ou mais empresas da correspondente categoria econômica, que estipulem condições de trabalho, aplicáveis no âmbito da empresa ou das acordantes respectivas relações de trabalho.

1.3. Aplicação da Lei Processual no Espaço e no Tempo

Com a promulgação da Lei 13.467/2017, mais conhecida como Reforma Trabalhista, surge a necessidade de estudar como será a sua aplicação aos processos que já se encontram em andamento na esfera trabalhista.

Recorrendo subsidiariamente ao Código de Processo Civil temos:

> Art. 14. A norma processual não retroagirá e será aplicável imediatamente aos processos em curso, respeitados os atos processuais praticados e as situações jurídicas consolidadas sob a vigência da norma revogada.

O art. 14 do CPC adota a "Teoria do Isolamento dos Atos Processuais", que determina que a lei processual entra em vigor e passa a reger todos os atos processuais praticados a partir da sua vigência. Dessa forma, se a reforma trabalhista entrou em vigor na data de hoje, todos os atos praticados a partir de hoje serão regidos apenas por ela, não retroagindo, para qualquer fim, a norma processual.

Porém, todos os atos processuais já praticados, sob a égide da legislação anterior, deverão ser respeitados, pois são atos jurídicos perfeitos,

2. PRINCÍPIOS

Os princípios são "as **ideias fundamentais** sobre a organização jurídica de uma comunidade, emanados da consciência social, que cumprem funções **fundamentadoras, interpretativas e supletivas**, a respeito de seu total ordenamento jurídico".[2]

São fontes subsidiárias, incluídas entre as fontes a que a Justiça do Trabalho deve recorrer para sanar omissões no campo das relações de trabalho, exercendo papel fundamental também na elaboração e na interpretação das normas.

Os princípios dependem do contexto social, político e econômico e jurídico em que se inserem, sobretudo em ciências sociais, uma vez que este contexto influencia a percepção da realidade.

No campo do direito do trabalho, especificamente, por ser o trabalhador hipossuficiente, os princípios exercem papel fundamental, dando aos dispositivos legais uma interpretação muitas vezes diversa daquela que seria natural pela sua simples leitura, ocorrendo uma flexibilidade em busca de uma maior proteção.

✓ Princípios Gerais de Direito Processual

1. Princípio da Igualdade ou Isonomia: está presente no NCPC como princípio da paridade de armas, no art. 7º, que determina: "É assegurada às partes paridade de tratamento em relação ao exercício de direitos e faculdades processuais, aos meios de defesa, aos ônus, aos deveres e à aplicação de sanções processuais, competindo ao juiz zelar pelo efetivo contraditório."

Há de ser entendido no seu sentido amplo, buscando tanto a igualdade material quanto a formal. Há casos em que a própria lei, buscando a igualdade substancial, determina exceções a esse princípio.

No processo do trabalho podemos mencionar alguns exemplos da aplicação do princípio da igualdade:

A. Intimação do MP no caso de interesses de incapazes.

B. Isenção de custas para os beneficiários da justiça gratuita.

C. Tramitação prioritária do feito que envolva idosos e portadores de doença grave.

2. Princípio do Contraditório: presente nos arts. 9º e 10 NCPC:

O contraditório passa a ser a garantia de efetiva participação das partes no desenvolvimento de todo o litígio, mediante a possibilidade de influírem, em igualdade de condições, no convencimento do magistrado. Garante o direito às partes de se manifestarem sobre qualquer questão relevante do processo, mesmo que o juiz possa conhecer de ofício.

> Art. 9º Não se proferirá decisão contra uma das partes sem que ela seja previamente ouvida.
>
> Art. 10. O juiz não pode decidir, em grau algum de jurisdição, com base em fundamento a respeito do qual não se tenha dado às partes oportunidade de se manifestar, ainda que se trate de matéria sobre a qual deva decidir de ofício.

---

2. **FLÓREZ-VALDÉS apud BASTOS, Celso Ribeiro.** Hermenêutica e Interpretação Constitucional - 4ª Ed. 2014 , p.06

A IN. 39 deixa claro a aplicabilidade dos artigos acima ao processo do trabalho no seu art. 4º.

3. Princípio da Ampla Defesa: também previsto no art. 7º, porque não faria sentido permitir que a parte comparecesse a juízo, mas ficasse impedida de defender-se ou deduzir prova do seu interesse. Presente na CLT, no momento da contestação:

> Art. 847 - Não havendo acordo, o reclamado terá vinte minutos para aduzir sua defesa, após a leitura da reclamação, quando esta não for dispensada por ambas as partes

4. Princípio da Imparcialidade do Juiz: neutralidade é diferente de imparcialidade. Não há pessoa neutra, pois cada um tem sua própria vivência, visão do mundo, opiniões. Porém, ao julgar, o juiz deve agir de forma imparcial, sem tendências que possam macular o devido processo legal.

5. Princípio da Fundamentação das Decisões: o NCPC no art. 489 adota o princípio da fundamentação exaustiva ou exauriente, ao prescrever os casos em que não será considerada fundamentada a decisão. Entendo que o art. 489 não é aplicável ao processo do trabalho, haja vista não haver omissão, já que o art. 832 da CLT determina:

> Art. 832 - Da decisão deverão constar o nome das partes, o resumo do pedido e da defesa, a apreciação das provas, os fundamentos da decisão e a respectiva conclusão.

6. Princípio do Juiz Natural: apenas aquele investido de função jurisdicional pode processar e julgar, afastando, desse modo, a criação de tribunais de exceção.

7. Princípio Dispositivo/ Demanda/ Inércia da Jurisdição e do Impulso Oficial: o poder de provocar a tutela jurisdicional é da parte interessada, que, sentindo-se lesada por comportamento alheio, pode vir a juízo apresentar sua pretensão, assim como dela desistir, respeitadas as exigências legais. O processo começa por iniciativa da parte e se desenvolve por impulso oficial. Art. 2º NCPC. Após o ajuizamento da ação, o juiz assume o dever de prestar a jurisdição de acordo com os poderes que o ordenamento jurídico lhe confere. Presente no art. 765 CLT.

O processo do trabalho traz algumas exceções a esse princípio:

a. Execução de ofício – art. 878

8. Princípio da eventualidade: as partes devem alegar, na oportunidade própria prevista em lei, ou por ocasião de faculdade processual, todas as matérias de defesa ou de seu interesse.

> Art. 336. Incumbe ao réu alegar, na contestação, toda a matéria de defesa, expondo as razões de fato e de direito com que impugna o pedido do autor e especificando as provas que pretende produzir.

✓ Princípios do Direito Processual do Trabalho

1. Princípio da Proteção: aplicável ou não ao processo do trabalho, já que no processo incide também o princípio da igualdade entre as partes. Ao falar no princípio da proteção deve-se tomar cuidado em como aplicaremos esse princípio. Os princípios podem ser aplicados de três formas: como função informativa, interpretativa e normativa:

I. Função informativa: é destinada ao legislador, inspirando a atividade legislativa em sintonia com os princípios e valores éticos e sociais. Atuam, portanto, impondo sugestões para a adoção de regras jurídicas mais atualizadas, em consonância com a justiça e com os anseios da sociedade.

II. Função interpretativa: destinada ao aplicador do direito, pois os princípios se prestam à compreensão dos significados e sentidos das normas que compõem o ordenamento jurídico. É ler a norma de acordo com o princípio.

III. Função normativa: também destinada ao aplicador do direito, decorre da constatação de que os princípios podem ser aplicados tanto de forma direta (solução de casos concretos mediante a derrogação de uma norma por um princípio – aplicação da norma mais favorável ao empregado) quanto de forma indireta, diante de lacunas.

Ao meu ver, usa-se o princípio da proteção no momento da criação da norma. Isso é perceptível no depósito recursal e no arquivamento da ação. Mas o que é o princípio da proteção? Busca-se, por meio dele, compensar a desigualdade existente na realidade socioeconômica entre empregado e empregador com uma desigualdade jurídica em sentido oposto. Busca neutralizar a inferioridade de natureza econômica e técnica do trabalhador em relação ao empregador. Não se trata de o juiz do trabalho instituir privilégios processuais ao trabalhador, conferindo tratamento não isonômico ente as partes, mas sim de respeitar as normas vigentes, uma vez que a própria lei trabalhista é recheada de dispositivos que visam a proteger o obreiro hipossuficiente. É a aplicação da igualdade material.

a. Doutrina minoritária: não é aplicável haja vista o princípio da igualdade

b. Doutrina majoritária: aplica-se, haja vista que o processo é reflexo do direito material, é a aplicação do direito material. Se o princípio da proteção é aplicável ao direito do trabalho, nada mais lógico que seja aplicável também em sua instrumentalização.

i. Humberto Teodoro Junior ainda entende que do princípio da proteção decorre o Princípio da Finalidade Social do Processo, sendo a diferença básica entre eles que, no primeiro, a própria lei confere a desigualdade no plano processual, enquanto no segundo, permite-se que o juiz tenha uma atuação mais ativa, na medida em que auxilia o trabalhador, em busca de uma solução justa, até chegar o momento de proferir a sentença.

Ônus da prova: não aplica-se o princípio da proteção, a norma aqui é estática. O máximo que pode ocorrer é a inversão do ônus da prova como veremos adiante na teoria da distribuição dinâmica do ônus da prova.

2. Princípio da busca da verdade real: deriva do princípio de direito material conhecido como primazia da realidade sobre a forma. Confere ao juiz ampla liberdade na direção do processo, podendo determinar as provas necessárias à instrução do feito, buscando conduzir o processo com o objetivo de apurar a verdade real.

3. Princípio da conciliação: busca-se a todo instante a conciliação. Os juízes e tribunais de trabalho empregarão sempre os seus bons ofícios e persuasão no sentido de uma solução conciliatória dos conflitos (art. 764). La no NCPC essa também é a tendência, assemelhando-se bastante ao

processo do trabalho. O acordo, na Justiça do Trabalho, equivale a coisa julgada, determinando o art. 831 da CLT que: "no caso de conciliação, o termo que for lavrado valerá como decisão irrecorrível, salvo para a Previdência Social quanto às contribuições que lhe forem devidas". Importante destacar que a conciliação deve ser feita com observância das normas de proteção ao trabalhador, podendo o magistrado recusar a homologação do acordo quando este representar renúncia de direitos. Dessa recusa não cabe MS (Súmula 418). Embora a todo instante o juiz deva procurar a conciliação, existem dois momentos em que é obrigatória a **proposta da conciliação**, sob pena de nulidade – arts. 846 e 850 CLT

a. Abertura da audiência e antes da apresentação da contestação

b. Depois das razões finais e antes da sentença

O art. 165 do NCPC não é aplicável ao DPT.

4. Princípio do *jus postulandi*: estabelece que as próprias partes (empregado e empregador) podem postular em juízo sem advogado. A capacidade postulatória é das próprias partes. Art. 791, CLT.

Súmula nº 425 do TST - JUS POSTULANDI NA JUSTIÇA DO TRABALHO. ALCANCE

O *jus postulandi* das partes, estabelecido no art. 791 da CLT, limita-se às Varas do Trabalho e aos Tribunais Regionais do Trabalho, não alcançando a ação rescisória, a ação cautelar, o mandado de segurança e os recursos de competência do Tribunal Superior do Trabalho.

Após a EC 45/2004, que ampliou a competência material da JT para processar e julgar qualquer lide envolvendo relação de trabalho, alguns doutrinadores entendem que o *jus postulandi* seria restrito às ações que envolvem lides de emprego, não se aplicando às demais demandas referentes a relação de trabalho.

5. Princípio da oralidade: os atos processuais tendem a ser orais. Esse princípio materializa-se na realização de atos processuais pelas partes e pelo próprio magistrado na própria audiência, de forma verbal, oral. Podemos mencionar os seguintes exemplos: leitura da reclamação (847); defesa oral (847); razões finais (850); protesto em audiência (795); Esse princípio é subdividido em três subprincípios:

a. Princípio da identidade física do juiz: quando o juiz terminar a instrução, é ele quem deve julgar o processo. Para esse princípio, o juiz que colhe as provas é quem deve proferir a sentença. Isso ocorre porque é aquele juiz que ouviu as partes que possui conhecimento dos fatos e se aproximou das partes. Antigamente (Súm. 136) não aplicava-se esse princípio ao processo do trabalho porque o sistema era colegiado (juntas de conciliação – um juiz titular e dois classistas).

i. EC 24 exclui-se os juízes classistas o que facilitou a aplicação do princípio da identidade física do juiz e o cancelamento da Súm. 136 do TST.

ii. De forma minoritária alguns ainda entendem que esse princípio não é aplicável – Godinho. No NCPC não há esse princípio de forma expressa, como ocorria no CPC antigo (art. 132), o que, provavelmente, reavivará discussões. Saraiva entende que como o art. 132 não foi reproduzido esse princípio não mais existe.

iii. Princípio da Imediatidade: aproximação do juiz com as partes, com as testemunhas, para que se possa obter os elementos necessários ao esclarecimento dos fatos alegados pelas partes, e, em consequência, decidir fundamentadamente o processo. Art. 820, CLT. Atenção: no DPT não se aplica o art. 459 do NCPC, que permite a inquirição das testemunhas de forma direta pela parte ou seus advogados. Exemplo da conversão de audiência em diligência.

b. Princípio da concentração dos atos processuais: o maior número de atos deve ocorrer dentro de uma única audiência ou de poucas audiências. Isso objetiva a celeridade. Por isso, no processo sumaríssimo temos a audiência una, e no procedimento comum, raras as vezes, ultrapassa-se duas audiências. Arts. 849 e 852 CLT.

c. Princípio da irrecorribilidade imediata das decisões interlocutórias: decisão interlocutória é todo pronunciamento judicial de natureza decisória que não se encaixe no conceito de sentença, ou seja, que não põe fim à fase cognitiva. O NCPC (955 e 1015) estabelece como regra agora a irrecorribilidade das decisões interlocutórias, mas o Agravo de Instrumento ainda existe para certos casos. Aqui no processo do trabalho, já de longa data, o art. 893, § 1º estabelece que das decisões interlocutórias não se recorre **imediatamente.** Isso não quer dizer que elas não são recorríveis, elas o são, mas apenas após a decisão final, por meio de Recurso Ordinário. No entanto o TST, trouxe três exceções:

Súmula nº 214 do TST - DECISÃO INTERLOCUTÓRIA. IRRECORRIBILIDADE

Na Justiça do Trabalho, nos termos do art. 893, § 1º, da CLT, as decisões interlocutórias não ensejam recurso imediato, salvo nas hipóteses de decisão:

a) de Tribunal Regional do Trabalho contrária à Súmula ou Orientação Jurisprudencial do Tribunal Superior do Trabalho; costumo dar o exemplo da Súmula 382 TST que estabelece que a mudança do regime celetista para o estatutário, em um órgão publico, provoca a extinção do contrato de trabalho. Suponhamos que tenhamos essa mudança no dia 20/11/2010. O trabalhador que sofre essa alteração ajuíza uma ação no dia 20/11/2013. Nesse caso o juiz vem e extingue o processo com resolução do mérito alegando a prescrição. Nesse caso o trabalhador apresenta um RO e o TRT modifica a decisão, falando que se ele continuou trabalhando esses três anos, não há prescrição. Determina então a volta dos autos a comarca de origem para julgamento do mérito propriamente dito. O tribunal, por uma decisão interlocutória, determina a volta ao juiz de origem, que julga o mérito. A empresa reclamada recorre e o processo acaba indo parar no TST, obviamente. Para evitar toda essa andança, como o processo já ia parar no TST mesmo, permite-se o RR da decisão interlocutória imediatamente. Atenção: cabe de decisão do TRT e jamais da Vara.

b) suscetível de impugnação mediante recurso para o mesmo Tribunal; Exemplos: agravo regimental, agravo interno. Quando há decisão de um juiz monocrático em um órgão colegiado.

c) que acolhe exceção de incompetência territorial, com a remessa dos autos para Tribunal Regional distinto daquele a que se vincula o juízo excepcionado, consoante o disposto no art. 799, § 2º, da CLT. Alega exceção de incompetência e a decisão interlocutória manda o processo para outro tribunal. Cabe RO para o TRT que proferiu a sentença. Aqui eu não posso esperar porque o processo já estaria extinto na vara de origem.

6. Princípio da extrapetição: nada mais é que o pedido implícito. Significa que, embora aplique-se o princípio da inércia da jurisdição, por vezes a própria lei admite que o juiz julgue sem ser provocado. Admite que o juiz julgue, sem ter o pedido, desde que a lei autorize. Ex.: inclusão de juros e correção monetária (súm. 211), aplicabilidade de astreintes etc. Na legislação trabalhista, temos outros diversos exemplos: férias (art.137, § 2°); parte incontroversa (art. 467); reintegração (art. 496)

7. Princípio da simplicidade ou da instrumentalidade das formas: o processo do trabalho não é formalista, aplica-se a ideia da instrumentalidade de formas. Mesmo que haja uma forma específica, se for aplicável outra forma, mas atingindo-se o resultado, o ato não será considerado nulo. O processo não é um fim em si mesmo, nada mais é que um caminho para se alcançar o direito material.

Art. 154. Os atos e termos processuais não dependem de forma determinada senão quando a lei expressamente a exigir, reputando-se válidos os que, realizados de outro modo, lhe preencham a finalidade essencial.

3. ORGANIZAÇÃO DA JUSTIÇA DO TRABALHO

Desde a CF/46 toda a organização e instituição da Justiça do Trabalho e dos seus órgãos estão na CF, mais especificamente no art. 111.

✓ Órgão de cúpula ou 3° grau: TST

✓ 2° Grau: TRT

✓ 1° grau: vara do trabalho ou juízes do trabalho

Tribunal Superior do Trabalho: O STF é o órgão de cúpula do Poder Judiciário como um todo, e o TST é o órgão de cúpula da Justiça do Trabalho, portanto o STF não é órgão integrante da Justiça do Trabalho. Art. 111-A.

✓ **Composição**: 27 ministros, escolhidos dentre brasileiros com mais de 35 anos e menos de 65 anos, de notável saber jurídico e reputação ilibada, nomeados pelo Presidente da República após aprovação por maioria absoluta do SF. Presença dos freios e contrapesos, figura dos três poderes para fazer uma nomeação.

I. um quinto dentre advogados com mais de dez anos de efetiva atividade profissional e membros do Ministério Público do Trabalho com mais de dez anos de efetivo exercício, observado o disposto no art. 94. 6 VAGAS – 3 membros do MPT E **3 PARA MEMBROS DA ADVOCACIA**

II. os demais dentre juízes dos Tribunais Regionais do Trabalho, oriundos da magistratura da carreira, indicados pelo próprio Tribu**nal Superior.**

Aquele que entrou pelo quinto constitucional no TRT não pode subir para o TST, porque ele não é oriundo da magistratura de carreira. No STJ não se aplica isso.

✓ TST é divido da seguinte forma:

• Tribunal Pleno: função administrativa que cria as súmulas

• Órgão Especial: função administrativa que analisa os processos contra os magistrados e expede precatórios

• SDI: buscar julgar dissídios individuais e é dividida em duas. SDI 1 julga recursos que têm como origem processos que nasceram na vara do trabalho, julgam em regra os embargos de divergência. SDI 2 julga processos de competência originária dos tribunais como exemplo ações rescisórias ou mandados de segurança. Dessa decisão cabe RO que vai para a SDI-2.

• SDC: julga os dissídios coletivos, quer os de competência originária do TST ou os do TRT submetidos a recurso.

• Turmas: 8 – porta de entrada do TST e têm como competência julgar os RR e os agravos de instrumento destinados a destrancar esses RR/

• Escola Nacional de Formação e Aperfeiçoamento dos Magistrados do Trabalho: criado pela EC/45, tem como objetivo promover os cursos de ingresso e também de promoção dos juízes. Não é promover concurso público, mas o curso de formação.

• Conselho Superior da Justiça do Trabalho: órgão que tem como incumbência supervisionar a parte administrativa, orçamentária, financeira patrimonial da Justiça do Trabalho de primeiro e segundo graus, como órgão central do sistema, cujas decisões terão efeito vinculante. Atenção: não tem incumbência jurisdicional.

• Corregedor Geral da Justiça do Trabalho: órgão do TST, função de fiscalizar e orientar administrativamente os TRTs. Já os TRTs também têm uma corregedoria que atuará nas varas. O corregedor geral é escolhido entre os ministros mais antigos do TST e tem mandato de dois anos.

Tribunal Regional do Trabalho: art. 115

• Composição: mínima de 7 juízes, recrutados, quando possível, na respectiva região, e nomeados pelo Presidente da República dentre brasileiros com mais de **trinta** e menos de sessenta e cinco anos:

• I. um quinto dentre advogados com mais de dez anos de efetiva atividade profissional e membros do Ministério Público do Trabalho com mais de dez anos de efetivo exercício, observado o disposto no art. 94.

• II. os demais, mediante promoção de juízes do trabalho por antiguidade e merecimento, alternadamente

• Justiça Itinerante Câmaras Regionais: fracionamento do próprio Tribunal Regional do Trabalho buscando aproximar o tribunal da sociedade. Como regra os tribunais ficam na capital, é a forma de destacar uma turma/câmara no interior. É o que acontece em BH. Na sede de BH temos o Tribunal e em Juiz de Fora temos a câmara regional que é competente para julgar os recursos de competência daquela esfera territorial.

Varas do Trabalho ou Juízes do Trabalho: composta tão somente por juiz togado. Não existe mais juiz presidente (togado) nem tampouco juízes classistas. Na CLT então quando lemos junta de conciliação e julgamento hoje em dia não existe mais, entende-se Vara do Trabalho.

• Onde não existir Vara do Trabalho: nesses locais, o juiz de direito estará investido de jurisdição trabalhista. Nesse caso o juiz de direito julgará as causas trabalhistas, aplicando a CLT. Da decisão desse juiz, porém, cabe RO para o Tribunal Regional do Trabalho, e não para o TJ.

Art. 112. A lei criará varas da Justiça do Trabalho, podendo, nas comarcas não abrangidas por sua jurisdição, atribuí-la aos juízes de direito, com recurso para o respectivo Tribunal Regional do Trabalho.

4. MINISTÉRIO PÚBLICO DO TRABALHO

√ O MPT é parte do Ministério Público da União, tendo como função tutelar os direitos difusos, coletivos, individuais homogêneos e individuais indisponíveis quando concernentes à relação de trabalho. É uma instituição permanente, essencial à função jurisdicional do Estado, incumbindo-lhe a defesa da ordem jurídica e do regime democrático.

√ Atenção: para quem ainda tem dúvida em diferenciar cada um desses direitos, eu sugiro que dê uma olhada no art. 81 CDC

DIFUSOS	COLETIVOS	INDIVIDUAIS HOMOGÊNEOS
Transindividuais	Transindividuais	Individuais
Indivisíveis	Indivisíveis	Divisíveis
Pessoas indeterminadas	Classe, categoria ou grupo	Origem comum
Ligadas por circunstância de fato. **Ação e Direito coletivo**	Ligadas entre si ou com a parte contrária por uma relação jurídica base. **Ação e Direito coletivo**	Desnecessária uma ligação. Direito individual que poderia ser buscado pela própria parte, mas, tendo em vista a celeridade e a efetividade, é feito coletivamente. **Aqui apenas a ação é coletiva**
MPT ajuíza ACP para que determinada empresa pública contrate trabalhadores somente por meio de concurso público.	MPT ajuíza ACP para impor obrigação de fazer à determinada empresa para que instale Equipamentos de Proteção Coletiva.	MPT ajuíza ACP requerendo a condenação da empresa ao pagamento do adicional de insalubridade a todos os trabalhadores do setor X.
Atinge toda uma coletividade infinita de pessoas. Todos aqueles que algum dia venham a fazer o concurso.	Nesse caso a instalação atinge todos os empregados da empresa.	Direito individual que poderia ser buscado pela própria parte, mas, tendo em vista a celeridade e a efetividade, é feito coletivamente.

- Chefe: Procurador-Geral do Trabalho nomeado pelo Procurador-Geral de República, dentre integrantes da instituição com mais de 35 anos de idade e 5 anos de carreira, para um mandato de dois, permitida uma recondução.

- Competência: tem como foco principal a tutela coletiva, agindo para defender diversos trabalhadores a um só tempo.

Busca também proteger o empregado, despersonalizando-o. Ex.: MPT entra com ACP para que determinada empresa forneça EPI a todos seus empregados.

√ Excepcionalmente poderá tutelar **direitos individuais**, quando tratar-se de menores, incapazes e índios.

√ Possui as seguintes metas institucionais:

- Combater as fraudes nas relações de trabalho;

- Preservar o meio ambiente do trabalho;

- Erradicar o trabalho infantil e o trabalho análogo ao de escravo;

- Combater as práticas discriminatórias e eliminar as irregularidades trabalhista no âmbito da Administração Pública;

- Garantir a liberdade sindical;

- Buscar a solução pacífica dos conflitos.

- Atuação: busca atingir essas metas por meio de uma atuação que pode ser judicial ou extrajudicial:

√ Extrajudicial: Termo de Ajustamento de Conduta (compromisso com o infrator de se ajustar aos comandos legais) e Inquérito Civil (investigativo, pode levar a um TAC ou a uma ACP);

√ Judicial: ACP, Dissídio Coletivo de Greve, Ação Rescisória etc.

Pode atuar também como **fiscal da lei.**

Cargos

Subprocurador geral do trabalho: TST

Procurador Regional do Trabalho: TRT – Dissídio Coletivo

Procurador do Trabalho: Varas

- Princípios Institucionais: os Princípios Institucionais que regem a carreira de Procurador do Trabalho são os mesmos que regem o Ministério Público em geral.

√ Unidade: significa que todo o MP possui a mesma finalidade, qual seja, defender os interesses da coletividade. Não significa que não pode haver uma divisão administrativa, o que ocorre, tendo em vista a efetividade.

√ Indivisibilidade: quem age é o MP, e não seus membros, o que permite que os membros do MP possam ser substituídos em sua atuação por outros membros sem a necessidade de substabelecimento.

√ Independência Funcional: o membro do MP é independente no exercício de suas funções, não dependendo da anuência do chefe da instituição para decidir quando, como e quem investigar. Não há hierarquia funcional. Existe sim uma hierarquia administrativa, por exemplo, para aplicabilidade de sanções.

Colisão entre princípios: unidade e independência funcional

Pode ocorrer de os membros do MP decidirem investigar determinada empresa e ao informarem um procurador desta necessidade de investigação, este entender que essa empresa não precisa ser investigada, recusando-se e alegando que possui independência funcional para tanto. Diante desta situação, no caso de colisão deverá ocorrer uma ponderação de interesses no caso concreto, sendo a investigação transferida a outro membro. Tem-se, portanto, o respeito aos dois princípios.

- Garantias do MP: ligadas à própria pessoa do membro, destinadas a assegurar o livre exercício das suas atividades. Idênticas as estabelecidas para a magistratura.

✓ Vitaliciedade: diferente da estabilidade, ocorre após dois anos do exercício de suas atividades. Esse prazo decorre pelo simples transcurso do tempo, não é necessário um relatório que diga que houve aprovação no estágio probatório. A estabilidade ocorre após três anos. A vitaliciedade significa que a perda do cargo pode ocorrer apenas por processo judicial.

✓ Inamovibilidade: não pode ser removido de um local para o outro sem ser por sua vontade própria, salvo quando o próprio interesse público exigir que haja a remoção de ofício, sendo que essa decisão deverá ser por maioria absoluta de seus membros.

✓ Irredutibilidade dos subsídios.

- Atribuições do MPT

Art. 83. Compete ao Ministério Público do Trabalho o exercício das seguintes atribuições junto aos órgãos da Justiça do Trabalho:

I - promover as ações que lhe sejam atribuídas pela Constituição Federal e pelas leis trabalhistas;

II - manifestar-se em qualquer fase do processo trabalhista, acolhendo solicitação do juiz ou por sua iniciativa, quando entender existente interesse público que justifique a intervenção;

III - promover a ação civil pública no âmbito da Justiça do Trabalho, para defesa de interesses coletivos, quando desrespeitados os direitos sociais constitucionalmente garantidos;

IV - propor as ações cabíveis para declaração de nulidade de cláusula de contrato, acordo coletivo ou convenção coletiva que viole as liberdades individuais ou coletivas ou os direitos individuais indisponíveis dos trabalhadores;

V - propor as ações necessárias à defesa dos direitos e interesses dos menores, incapazes e índios, decorrentes das relações de trabalho;

VI - recorrer das decisões da Justiça do Trabalho, quando entender necessário, tanto nos processos em que for parte, como naqueles em que oficiar como fiscal da lei, bem como pedir revisão dos Enunciados da Súmula de Jurisprudência do Tribunal Superior do Trabalho;

VII - funcionar nas sessões dos Tribunais Trabalhistas, manifestando-se verbalmente sobre a matéria em debate, sempre que entender necessário, sendo-lhe assegurado o direito de vista dos processos em julgamento, podendo solicitar as requisições e diligências que julgar convenientes;

VIII - instaurar instância em caso de greve, quando a defesa da ordem jurídica ou o interesse público assim o exigir;

IX - promover ou participar da instrução e conciliação em dissídios decorrentes da paralisação de serviços de qualquer natureza, oficiando obrigatoriamente nos processos, manifestando sua concordância ou discordância, em eventuais acordos firmados antes da homologação, resguardado o direito de recorrer em caso de violação à lei e à Constituição Federal;

X - promover mandado de injunção, quando a competência for da Justiça do Trabalho;

XI - atuar como árbitro, se assim for solicitado pelas partes, nos dissídios de competência da Justiça do Trabalho;

XII - requerer as diligências que julgar convenientes para o correto andamento dos processos e para a melhor solução das lides trabalhistas;

XIII - intervir obrigatoriamente em todos os feitos nos segundo e terceiro graus de jurisdição da Justiça do Trabalho, quando a parte for pessoa jurídica de Direito Público, Estado estrangeiro ou organismo internacional.

✓ Colisão entre princípios: unidade e independência funcional

Pode ocorrer de os membros do MP decidirem investigar determinada empresa e ao informaram um procurador este entender que essa empresa não precisa ser investigada e se recusar alegando a independência funcional. E aí? No caso de colisão deve-se haver uma ponderação de interesses no caso concreto, e nesse caso esta investigação será passada a outro membro, ou seja, os 2 princípios são respeitados.

- Autonomia do MP

✓ Autonomia Funcional: o MP não está ligado a nenhum outro órgão ou Poder, mas sim é criado para fiscalizar os demais poderes.

✓ Autonomia Financeira e Administrativa: autogestão, organização interna das suas atividades administrativas.

5. COMPETÊNCIA TRABALHISTA

Competência é a delimitação do exercício legítimo da jurisdição. É uma divisão artificial do Poder Judiciário afim de facilitar, organizar e dar mais celeridade e efetividade aos julgamentos.

A definição de qual juízo é competente ocorre por meio de cinco critérios, que devem conviver em determinados casos, não sendo, portanto, excludentes:

1. Em razão da matéria;
2. Em razão da pessoa;
3. Em razão da função (funcional);
4. Em razão do lugar (territorial);
5. Em razão do valor da causa – não aplicável ao DPT para delimitar competência, mas apenas para definir rito processual.

CLASSIFICAÇÕES
COMPETÊNCIA ORIGINÁRIA E DERIVADA

A competência originária corresponde à competência atribuída ao órgão que irá analisar a causa em primeiro lugar. Em regra, pertence às varas do trabalho, ou seja, aos juízos de 1º grau, mas, quando determinado por lei, pode ser dos tribunais, como no caso da Ação Rescisória e do Dissídio Coletivo (TRT).

Competência em Razão da Matéria e da Pessoa

O art. 114 trata tanto da competência material, quanto da competência funcional. A primeira é identificada pela **causa de pedir e pelos pedidos.** Estando eles relacionados à relação de trabalho, serão de competência da Justiça do Trabalho. Já a competência funcional **é definida levando-se e conta a qualidade das partes envolvidas naquela relação jurídica.**

ART. 114. COMPETE À JUSTIÇA DO TRABALHO PROCESSAR E JULGAR:

I - AS AÇÕES ORIUNDAS DA RELAÇÃO DE TRABALHO, ABRANGIDOS OS ENTES DE DIREITO PÚBLICO EXTERNO E DA ADMINISTRAÇÃO PÚBLICA DIRETA E INDIRETA DA *UNIÃO, DOS ESTADOS, DO DISTRITO FEDERAL E DOS MUNICÍPIOS;*

A relação de trabalho pode ser conceituada como qualquer vinculo jurídico por meio do qual uma pessoa natural presta serviços a outrem, mediante o pagamento de uma contraprestação. Relação de trabalho é gênero que inclui as espécies trabalho autônomo, trabalho eventual, avulso, voluntário, estágio e a relação de emprego.

✓ Atenção: **relação de consumo e ações penais não estão abrangidas na competência da Justiça do Trabalho. Mas como diferenciar a primeira?** Tese majoritária entende que há uma distinção entre o consumidor e o tomador de serviços. Consumidor é a pessoa física que adquire ou utiliza o produto ou serviço como destinatário final. Já o tomador dos serviços não é destinatário final, mas intermediário. Súm. 363 STJ

Entes de Direito Público Externo – Estados Estrangeiros e Organismos ou Organizações internacionais: Os primeiros não possuem imunidade de jurisdição quanto aos atos de gestão, apenas quanto aos atos de império, sendo aplicada a eles a jurisdição trabalhista. Possuem, porém, imunidade de execução, a não ser que a renunciem ou que haja no território brasileiro bens que não tenham vinculação com as atividades essenciais das relações diplomáticas. Já os organismos possuem imunidade absoluta de jurisdição (OJ 416).

Servidores da Adm. Pública: a competência trabalhista abrange apenas os celetistas e aqueles que entraram no serviço público antes de 1988, sem concurso, e que não tiveram seu regime alterado para estatutário por meio de lei específica (Súmulas 137 e 218, STJ e 382, TST).

II - AS AÇÕES QUE ENVOLVAM EXERCÍCIO DO DIREITO DE GREVE;

Entre elas, as ações possessórias (reintegração de posse, interdito proibitório); as ações indenizatórias (quebra de mobiliário durante a greve); ações de obrigação de fazer (garantir serviços indispensáveis durante a greve). Cabível apenas para julgar greves da iniciativa privada – Súmula Vinculante 23.

III - AS AÇÕES SOBRE REPRESENTAÇÃO SINDICAL, ENTRE SINDICATOS, ENTRE SINDICATOS E TRABALHADORES, E ENTRE SINDICATOS E EMPREGADORES;

Competente para julgar todas as ações que envolvam os sindicatos ou discutam questões sindicais: representação sindical; sindicato-sindicato; sindicato-empregador; sindicato- empregado.

✓ Atenção: extensível também as confederações. Federações e até mesmo contrais sindicais.

✓ Não abrange sindicatos de servidores estatutários

IV - OS MANDADOS DE SEGURANÇA, HABEAS CORPUS E HABEAS DATA, QUANDO O ATO QUESTIONADO ENVOLVER MATÉRIA SUJEITA À SUA JURISDIÇÃO;

Mandado de Segurança: direito líquido e certo trabalhista quando o responsável pela ilegalidade ou abuso de poder for uma autoridade pública. Ex.: contra ato do auditor fiscal que interdita estabelecimento em perfeitas condições (art. 161).

Habeas Corpus – manutenção ilegal de trabalhadores na fábrica durante movimento grevista, trabalho análogo ao de escravo.

V - OS CONFLITOS DE COMPETÊNCIA ENTRE ÓRGÃOS COM JURISDIÇÃO TRABALHISTA, RESSALVADO O DISPOSTO NO ART. 102, I, O;

a. Conflito positivo: dois ou mais juízes se declaram competentes.

b. Conflito negativo: dois ou mais juízes se declaram incompetentes,

c. Quando entre dois ou mais juízes surgir controvérsia acerca da reunião ou separação de processos.

Competência para julgamento do conflito foi disciplinada no art. 808 CLT.

TRT: Vara do Trabalho X Vara do Trabalho ou juiz de direito investido de jurisdição trabalhista (= tribunal).

TST: TRT X TRT; TRT X Vara do Trabalho de região distinta; Vara do Trabalho X Vara do Trabalho ou juiz de direito investido de jurisdição trabalhista (tribunal diferente).

STJ: TRT ou Vara do Trabalho X juiz de direito, TJ, Juiz Federal, TRF.

STF:**TST X juiz de direito, TJ, Juiz Federal, TRF.**

ATENÇÃO: não existe conflito de competência entre varas do trabalho e TRT a ele vinculado. Há hierarquia. Súm. 420 TST

VI - AS AÇÕES DE INDENIZAÇÃO POR DANO MORAL OU PATRIMONIAL, DECORRENTES DA RELAÇÃO DE TRABALHO;

Seja dano moral ou material, decorrente da relação de trabalho, inclusive nas fases pré e pós contratual, a competência é da Justiça do Trabalho. Alcança inclusive as indenizações decorrentes de acidente do trabalho, que pode ser ajuizado pelo próprio trabalhador, ou por seus herdeiros, e, caso da morte deste (Súmula 392, TST).

VII - AS AÇÕES RELATIVAS ÀS PENALIDADES ADMINISTRATIVAS IMPOSTAS AOS EMPREGADORES PELOS ÓRGÃOS DE FISCALIZAÇÃO DAS RELAÇÕES DE TRABALHO;

Inclui também a execução da multa. Registra-se que as penalidades administrativas impostas por órgãos de fiscalização profissional são de competência da justiça comum.

VIII - A EXECUÇÃO, DE OFÍCIO, DAS CONTRIBUIÇÕES SOCIAIS PREVISTAS NO ART. 195, I, A, E II, E SEUS ACRÉSCIMOS LEGAIS, DECORRENTES DAS SENTENÇAS QUE PROFERIR;

As verbas de natureza condenatória sujeitam-se a contribuições sociais que, como não recolhidas ao longo do contrato de trabalho, podem ser executadas de ofício. Quando a ação trabalhista, porém, tiver apenas cunho declaratório, o STF, em Súmula Vinculante 53, entendeu que a Justiça do Trabalho não tem competência para execução de ofício. A súmula 368 do TST reproduziu esse entendimento.

IX - OUTRAS CONTROVÉRSIAS DECORRENTES DA RELAÇÃO DE TRABALHO, NA FORMA DA LEI.

Súmula 300 – PIS.

Súmula 389: não fornecimento de guias de seguro desemprego.

Complementação de aposentadoria: RE 586453 e 583050 decidiram que é competência da justiça comum julgar as ações de complementação de aposentadoria.

Competência Funcional

É aquela fixada em decorrência de distribuição interna de atribuições (funções) dos órgãos judiciais da Justiça do Trabalho. A competência aqui poderá ser da Vara do Trabalho, do TRT ou do TST.

As competências dos tribunais podem ser divididas em competência originária e recursal.

O TRT possui em sua maioria competência recursal, porém julga originariamente MS, Ação Rescisória e Dissídios coletivos de sua região. O TST julga originariamente dissídios coletivos de abrangência nacional. As Varas do Trabalho têm competência apenas para dissídios individuais.

Competência Territorial

Prevista no **art. 651 CLT.** Esse critério delimita como base nos limites geográficos em que parte do território nacional deverá ser ajuizada a ação.

Art. 651 - A competência das Juntas de Conciliação e Julgamento é determinada pela localidade onde o empregado, reclamante ou reclamado, prestar serviços ao empregador, ainda que tenha sido contratado noutro local ou no estrangeiro.

§ 1º - Quando for parte de dissídio agente ou viajante comercial, a competência será da Junta da localidade em que a empresa tenha agência ou filial e a esta o empregado esteja subordinado e, na falta, será competente a Junta da localização em que o empregado tenha domicílio ou a localidade mais próxima.

§ 2º - A competência das Juntas de Conciliação e Julgamento, estabelecida neste artigo, estende-se aos dissídios ocorridos em agência ou filial no estrangeiro, desde que o empregado seja brasileiro e não haja convenção internacional dispondo em contrário.

§ 3º - Em se tratando de empregador que promova realização de atividades fora do lugar do contrato de trabalho, é assegurado ao empregado apresentar reclamação no foro da celebração do contrato ou no da prestação dos respectivos serviços.

Pela análise do art. 651 é possível estabelecer que há uma regra e três exceções:

✓ **Regra: local de prestação de serviços.**

✓ **1ª exceção: agente ou viajante comercial;**

✓ **2ª exceção: empregado brasileiro que trabalha no exterior;**

✓ **3ª exceção: empregador que promove a prestação dos serviços fora do lugar da celebração do contrato.**

1.1   Local da prestação de serviços

A regra é o ajuizamento da ação trabalhista no local de prestação dos serviços. Mesmo que a contratação tenha ocorrido em outro local ou no estrangeiro, a competência será do local da prestação de serviços.

✓ E quando o empregado prestou serviços em mais de uma localidade? Nesse caso a tese majoritária entende que é competente o último local de prestação de serviços.

1.2   Agente ou viajante comercial

O §1º do art. 651 traz a 1ª exceção, definindo duas regras sucessivas:

a. Regra principal: competência da Vara do Trabalho em que a empresa tenha agência ou filial e a esta o empregado esteja subordinado.

b. Regra secundária e subsidiária: caso não haja agência ou filial à qual o empregado esteja subordinado, ele poderá optar por ajuizar no seu domicílio ou na localidade mais próxima.

1.3   Empregado brasileiro que trabalha no exterior

A segunda exceção é do empregado brasileiro que trabalha no exterior, de modo que, embora a prestação de serviços tenha ocorrido no exterior, a reclamação poderá ser ajuizada na justiça brasileira. Nesse caso, prevê-se a competência internacional desde que haja prestação de serviços em agência ou filial no exterior, o empregado seja brasileiro e não haja convenção internacional dispondo em contrário.

✓ Mas onde ajuizar? O §2º não é claro, porém a doutrina e a jurisprudência têm entendido que o local será aquele em que a empresa tenha sede ou filial no Brasil. Parte minoritária defende também o local da contratação ou o domicílio do empregado.

✓ Essa regra trata apenas de competência, ou seja, onde ajuizar, e não do direito material. De acordo com a Lei 7.064/1982, o direito material aplicável será aquele mais favorável ao trabalhador no conjunto de normas em relação a cada matéria (teoria do conglobamento mitigado).

1.4   Empregador que promove a prestação de serviços fora do lugar da celebração do contrato

Esse paragrafo é aplicável quando o empregador exercer suas atividades em locais incertos, transitórios ou eventuais. São as atividades circenses, artísticas, feiras etc., que acabam se desenvolvendo em diversos locais.

Nessas hipóteses a legislação dá duas opções de ajuizamento:

✓ Vara do trabalho da celebração do contrato;

✓ Vara do trabalho do local de prestação dos serviços.

✓ Tese moderna: há uma tese atual, que determina que queo paragrafo 3º deve ser interpretado de modo a facilitar o acesso á justiça. Essa tese, embora crie um conflito com a regra do *caput*, tem o objetivo de facilitar o acesso ao Judiciário daquelas pessoas que foram contratadas para prestar serviços em localidades muito distantes do local da contratação e de seu domicílio, o que acabaria inviabilizando o acesso a justiça. Tal tese foi abrangida pelo Enunciado nº 7:

ACESSO À JUSTIÇA. CLT, ART. 651, § 3º. INTER-PRETAÇÃO CONFORME A CONSTITUIÇÃO. ART. 5º, INC. XXXV, DACONSTITUIÇÃO DA REPÚBLICA. Em se tratando de empregador que arregimente empregado domiciliado em outro município ou outro Estado da federação, poderá o trabalhador optar por ingressar com a reclamatória na Vara do Trabalho de seu domicílio, na do local da contratação ou na do local da prestação dos serviços.

Foro de eleição

É a possibilidade de as próprias partes, de comum acordo, elegerem um local para dirimir futuras questões judiciais. No processo do trabalho, o entendimento majoritário é pela inaplicabilidade do foro de eleição, sendo inclusive posicionamento do art. 2º, I da Instrução Normativa 39/2016.

6. PARTES E PROCURADORES

6.1. Partes da demanda X partes no Processo

Partes da **demanda** são aquele que pede e aquele em face de quem se pede a tutela jurisdicional. No processo do trabalho o reclamante é aquele que pede. E o reclamado, em face de quem se pede. As partes no **processo**, porém, são mais amplas, envolvendo outros autores, como os terceiro, chamados a lide.

6.2. Capacidade de ser parte X capacidade processual X capacidade postulatória

a. Capacidade de ser parte

É a aptidão de ser titular de direitos e deveres. Está intimamente relacionada aos direitos da personalidade, lembrando que o art. 2º do CC/02 determina que a pessoa física adquire essa capacidade com o nascimento. Já a pessoa jurídica passa a ter capacidade de ser parte com a inscrição de seus atos constitutivos no respectivo registro (art. 45 CC/02). Alguns entes despersonalizados, como condomínio, massa falida, espólio, também têm capacidade para ser parte.

b. Capacidade Processual

Também chamada de capacidade para estar em juízo, está relacionada à capacidade de exercício dos seus direitos, capacidade de praticar todos os atos da vida civil e administrar seus bens. **É, então, a aptidão para a prática de atos processuais sem a necessidade de assistência ou representação.**

Desse modo, os incapazes têm capacidade para ser parte, mas não capacidade processual, razão pela qual são assistidos ou representados em juízo.

✓ Representação do menor

Na seara trabalhista a capacidade plena dos empregados ocorre aos 18 anos de idade. Art. 402, CLT. A CLT não diferencia representação de assistência, utilizando de forma indiscriminada o termo representação. A representação do menor de 18 anos é feita de forma sucessiva nos termos do art. 793:

> Art. 793. A reclamação trabalhista do menor de 18 anos será feita por seus representantes legais e, na falta destes, pela Procuradoria da Justiça do Trabalho, pelo sindicato, pelo Ministério Público estadual ou curador nomeado em juízo

✓ Representação da pessoa jurídica

As pessoas jurídicas, por não conseguirem manifestar sua vontade sem a atuação da pessoa física, são "presentadas" em juízo, por meio de seus representantes designados nos estatutos, ou, se não, designados por seus diretores.

> Art. 75. Serão representados em juízo, ativa e passivamente:
>
> VIII - a pessoa jurídica, por quem os respectivos atos constitutivos designarem ou, não havendo essa designação, por seus diretores;
>
> IX - a sociedade e a associação irregulares e outros entes organizados sem personalidade jurídica, pela pessoa a quem couber a administração de seus bens;

O art. 75 do CPC também trata da representação das pessoas jurídicas de direito público juntamente com a OJ 318 da SDI-1, dizendo que as autarquias devem ser representadas por seus próprios procuradores e não pelos procuradores dos municípios e Estados.

✓ • Representação em audiência

Como se verá adiante, a Justiça do Trabalho é uma justiça pessoal, exigindo-se, como regra, a presença obrigatória das próprias partes. A CLT, porém, cria quatro exceções, presentes no art. 843:

✓ **Representação do empregado pelo sindicato nas reclamações plúrimas**:

Nos casos em que existe mais de um reclamante no polo ativo há um litisconsórcio ativo, surgindo a possibilidade de os trabalhadores serem representados pelo sindicato da categoria. Essa representação, porém, é meramente fática, já que o sindicato não possui poderes para transigir, confessar e etc.

✓ **Representação do empregado pelo sindicato nas ações de cumprimento**

A ação de cumprimento tem como objetivo fazer cumprir o estabelecido no dissídio coletivo, nas ACT e CCT. Na verdade, embora a lei fale de representação, o que ocorre é uma verdadeira substituição processual, porque o sindicato ajuíza em nome próprio para defender direito dos trabalhadores.

✓ **Representação do empregador pelo preposto**

O empregador poderá ser representado na audiência por gerente ou preposto, que deve, nos moldes do art. 843 §1º, **ter conhecimento do fato.** Salienta-se que com a inclusão do § 3º ao art. 843, o preposto não precisa ser empregado da parte reclamada, de forma geral.

> § 1º É facultado ao empregador fazer-se substituir pelo gerente, ou qualquer outro preposto que tenha conhecimento do fato, e cujas declarações obrigarão o proponente.

✓ **Representação do empregado por outro empregado**

O art. 843, § 2º da CLT admite que o empregado possa ser representado por outro empregado **que pertença a mesma profissão ou pelo sindicato na audiência, nos casos de doença ou qualquer outro motivo poderoso.**

Nesse caso, aquele que comparece tem apenas a função de impedir o arquivamento do processo, não podendo praticar qualquer ato processual. A parte que representa vai apenas para informar o motivo da ausência do empregado, com o objetivo de impedir o arquivamento e adiar a audiência.

C. Capacidade Postulatória e *Jus Postulandi*

Capacidade postulatória é a capacidade de postular em juízo. No processo civil essa capacidade, em regra, é restrita aos advogados. Já no processo do trabalho, admite-se que o empregado e o empregador postulem em juízo pessoalmente, sem a necessidade de serem acompanhadas por advogado:

> Art. 791 - Os empregados e os empregadores poderão reclamar pessoalmente perante a Justiça do Trabalho e acompanhar as suas reclamações até o final.

Salienta-se que o *jus postulandi* estende-se também à pequena empreitada e ao dissídio coletivo (art. 791 § 2º).

Contudo, como já visto, a Súmula 425 não permite o *jus postulandi* em alguns casos. Além do disposto na súmula, entende-se que é indispensável a presença de advogados nos embargos de terceiro, recursos de peritos e depositários. Quanto às relações de trabalho, parte majoritária da doutrina entende pela inaplicabilidade do *jus postulandi*.

• Representação por advogado:

A representação da parte pelo advogado é conhecida como representação técnica. Para que o advogado possa atuar em juízo, exige-se o instrumento do mandato, isto é, a procuração *ad judicia*, por meio da qual a parte lhe outorga os poderes. Súmula 456, TST –

Ao advogado não é permitido postular em juízo sem procuração, salvo para evitar preclusão, decadência ou prescrição, ou para praticar atos urgentes, lembrando-se que a interposição de recursos não é considerada ato urgente pelo TST:

Súmula 383 do TST

RECURSO. MANDATO. IRREGULARIDADE DE REPRESENTAÇÃO. CPC DE 2015, ARTS. 104 E 76, § 2º (nova redação em decorrência do CPC de 2015) –

I – É inadmissível recurso firmado por advogado sem procuração juntada aos autos até o momento da sua interposição, **salvo mandato tácito**. Em caráter excepcional (art. 104 do CPC de 2015), admite-se que o advogado, independentemente de intimação, exiba a procuração no prazo de 5 (cinco) dias após a interposição do recurso, prorrogável por igual período mediante despacho do juiz. Caso não a exiba, considera-se ineficaz o ato praticado e não se conhece do recurso.

II – Verificada a irregularidade de representação da parte em fase recursal, em procuração ou substabelecimento já constante dos autos, o relator ou o órgão competente para julgamento do recurso designará prazo de 5 (cinco) dias para que seja sanado o vício. Descumprida a determinação, o relator não conhecerá do recurso, se a providência couber ao recorrente, ou determinará o desentranhamento das contrarrazões, se a providência couber ao recorrido (art. 76, § 2º, do CPC de 2015).

Quanto às condições de validade do mandato, a Súmula 395 determina:

Súmula 395 do TST

MANDATO E SUBSTABELECIMENTO. CONDIÇÕES DE VALIDADE (nova redação dos itens I e II e acrescido o item V em decorrência do CPC de 2015) - Res. 211/2016, DEJT divulgado em 24, 25 e 26.08.2016

I - Válido é o instrumento de mandato com prazo determinado que contém cláusula estabelecendo a prevalência dos poderes para atuar até o final da demanda (§ 4º do art. 105 do CPC de 2015). (ex -OJ nº 312 da SBDI-1 - DJ 11.08.2003)

II – Se há previsão, no instrumento de mandato, de prazo para sua juntada, o mandato só tem validade se anexado ao processo o respectivo instrumento no aludido prazo. (ex-OJ nº 313 da SBDI-1 - DJ 11.08.2003)

III - São válidos os atos praticados pelo substabelecido, ainda que não haja, no mandato, poderes expressos para substabelecer (art. 667, e parágrafos, do Código Civil de 2002). (ex-OJ nº 108 da SBDI-1 - inserida em 01.10.1997)

IV - Configura-se a irregularidade de representação se o substabelecimento é anterior à outorga passada ao substabelecente. (ex-OJ nº 330 da SBDI-1 - DJ 09.12.2003)

V – Verificada a irregularidade de representação nas hipóteses dos itens II e IV, deve o juiz suspender o processo e designar prazo razoável para que seja sanado o vício, ainda que em instância recursal (art. 76 do CPC de 2015).

Admite-se ainda o chamado mandato *apud acta*, outorgado expressamente pela parte, mas nos próprios autos do processo judicial, constado de termo ou, de forma mais comum, na ata de audiência.

Art.791

§ 3º A constituição de procurador com poderes para o foro em geral poderá ser efetivada, mediante simples registro em ata de audiência, a requerimento verbal do advogado interessado, com anuência da parte representada.

A jurisprudência também admite o chamado **mandato tácito,** caso em que o advogado comparece em audiência com o cliente e não apresenta procuração, nem tampouco faz constar de forma expressa em ata essa representação. A diferença do mandato *apud acta* para o mandato tácito é que o primeiro é mais formal, registrado em ata de audiência, enquanto o segundo é formado em função apenas do comparecimento do advogado com a parte em audiência.

Atenção: quando se tratar de mandato tácito não será permitido o substabelecimento. OJ 200, SDI-1.

Estagiário: No processo do trabalho o estagiário pode receber procuração e substabelecimento, porém somente pode atuar em conjunto com um advogado, pois lhe falta a capacidade postulatória para atuar sozinho. Contudo, a OJ 319 determina que, uma vez que esse estagiário torna-se advogado, não há necessidade de se conferir nova procuração ou substabelecimento.

6.3. Honorários advocatícios

A Lei 13.467/2017 trouxe os honorários sucumbenciais como inovação legislativa. De forma sucinta, o *ius postulandi* continua a existir, porém, caso a parte decida ser representada por um advogado, a parte que perder o processo pagará honorários advocatícios sucumbenciais para a outra parte, a parte contrária.

Os critérios que o juízo trabalhista observará ao fixar os honorários advocatícios sucumbenciais, previstos no § 2º do art. 791-A da CLT, já vinham no § 2º do art. 50 do NCPC:

Art. 719, § 2º: Ao fixar os honorários, o juízo observará: (Incluído pela Lei 13.467, de 13/07/2017)

I - o grau de zelo do profissional; (Incluído pela Lei 13.467, de 13/07/2017)

II - o lugar de prestação do serviço; (Incluído pela Lei 13.467, de 13/07/2017)

III - a natureza e a importância da causa; (Incluído pela Lei 13.467, de 13/07/2017)

IV - o trabalho realizado pelo advogado e o tempo exigido para o seu serviço. (Incluído pela Lei 13.467, de 13/07/2017)

Dessa forma, tem-se que a parte vencida deverá pagar ao advogado da parte vencedora um valor a ser fixado pelo juiz, entre cinco e quinze por cento, calculado sobre o valor que resultar da liquidação da sentença, do proveito econômico obtido ou, não sendo possível mensurá-lo, sobre o valor atualizado da causa.

Art. 791-A. Ao advogado, ainda que atue em causa própria, serão devidos honorários de sucumbência, fixados entre o mínimo de 5% (cinco por cento) e o máximo de 15% (quinze por cento) sobre o valor que resultar da liquidação da sentença, do proveito econômico obtido ou, não sendo possível mensurá-lo, sobre o valor atualizado da causa.

A reforma trabalhista também trouxe, no § 3º do art. 791-A, a chamada "sucumbência recíproca", que ocorre no caso de procedência parcial dos pedidos:

§ 3º Na hipótese de procedência parcial, o juízo arbitrará honorários de sucumbência recíproca, vedada a compensação entre os honorários. (Incluído pela Lei 13.467, de 13/07/2017)

A sucumbência recíproca ocorre quando o reclamante é vencedor apenas em parte de sua demanda. Como exemplo, imagine que Joãozinho em Reclamação Trabalhista requereu o pagamento de horas extras e adicional de insalubridade, tendo reconhecido pelo juiz apenas o seu pedido de horas extras. Dessa forma, Joãozinho foi vencedor quanto ao pedido de horas extras, mas vencido no que se refere ao adicional de insalubridade. Sendo assim, os honorários referentes às horas extras deverão ser pagos pelo reclamado, seu antigo empregador. Porém, os honorários referentes ao adicional de insalubridade serão de responsabilidade de Joãozinho, pois ele foi vencido neste pedido.

Importante destacar, que da leitura do § 3º, percebe-se que não se pode compensar honorários advocatícios sucumbenciais do advogado do reclamante ou do reclamado. Ambos têm que pagar honorários advocatícios sucumbenciais para o advogado da outra parte no caso de sucumbência recíproca. Um tem que pagar para o advogado do outro nesta situação.

Beneficiário da Justiça Gratuita e os Honorários Sucumbenciais

Caso o beneficiário da justiça gratuita for vencido, fica suspensa, por dois anos, a exigibilidade de suas obrigações decorrentes de sua sucumbência nos moldes do § 4º do art. 791-A da CLT):

§ 4º Vencido o beneficiário da justiça gratuita, desde que não tenha obtido em juízo, ainda que em outro processo, créditos capazes de suportar a despesa, as obrigações decorrentes de sua sucumbência ficarão sob condição suspensiva de exigibilidade e somente poderão ser executadas se, nos dois anos subsequentes ao trânsito em julgado da decisão que as certificou, o credor demonstrar que deixou de existir a situação de insuficiência de recursos que justificou a concessão de gratuidade, extinguindo-se, passado esse prazo, tais obrigações do beneficiário.

Isso significa dizer que caso o reclamante seja condenado a pagar honorários advocatícios sucumbenciais no valor de R$ 3.000,00 (três mil reais) para o advogado do reclamado, sendo ele beneficiário da justiça gratuita, esta exigibilidade fica suspensa durante dois anos. Dessa forma, o advogado do reclamado (vencedor) não poderá cobrar seus honorários advocatícios sucumbenciais do reclamante nestes dois anos, a não ser que o reclamante tenha obtido em juízo, ainda que em outro processo, créditos capazes de suportar os honorários, ou ao menos que surjam novos bens e que se deixe de existir a situação de escassez de recursos do reclamante.

Benefício da Justiça Gratuita

O benefício da justiça gratuita consiste na possibilidade de a parte postular em juízo sem ter que arcar com as despesas processuais. Está tratado no art. 790 § 3º e § 4º da CLT.

Embora o art. 790 dê a ideia de que o benefício da justiça gratuita é concedido apenas aos empregados, a Súmula 481 do TST e o art. 98 do CPC estendem esse benefício às pessoas jurídicas que demonstrem a impossibilidade de arcar com os encargos processuais.

§ 3º É facultado aos juízes, órgãos julgadores e presidentes dos tribunais do trabalho de qualquer instância conceder, a requerimento ou de ofício, o benefício da justiça gratuita, inclusive quanto a traslados e instrumentos, **àqueles que perceberem salário igual ou inferior a 40% (quarenta por cento) do limite máximo dos benefícios do Regime Geral de Previdência Social. Pela CLT, pós Reforma,**

§ 4º O benefício da justiça gratuita será concedido à parte que comprovar insuficiência de recursos para o pagamento das custas do processo

Deste modo, o trabalhador precisa receber um salário igual/inferior a 40% do teto do INSS para que possa ser beneficiário da justiça gratuita, não havendo mais a necessidade, pelo menos não de forma expressa na CLT, da apresentação de declaração de hipossuficiência.

Da leitura do § 4º infere-se que caso a parte receba mais de 40% do teto do INSS, precisará comprovar, e não apenas declarar, que não possui condições de pagar as custas do processo.

7- ATOS PROCESSUAIS

Ato processual é todo o comportamento humano, voluntário, que visa à criação, à modificação ou à extinção da relação jurídica processual. É, portanto, ato jurídico considerado pelo Direito como relevante para o processo, produzindo efeitos jurídicos na relação processual.

7.1. Características

✓ Públicos: em regra. Exceto quando envolver segredo de justiça para preservar o interesse social (identidade das partes).

> Art. 770 - Os atos processuais serão públicos salvo quando o contrário determinar o interesse social, e realizar-se-ão nos dias úteis das 6 (seis) às 20 (vinte) horas.
>
> Parágrafo único - A penhora poderá realizar-se em domingo ou dia feriado, mediante autorização expressa do juiz ou presidente.

✓ Praticados no decorrer do processo pelo Estado-juiz, partes ou auxiliares da justiça.

✓ Realização: dias úteis de 06:00 às 20:00. Como sábado não é feriado, podem ser praticados atos processuais nesse dia, porém, para efeito de contagem de prazo, sábado não é dia útil.

✓ Deverão ser assinados pelas partes interessadas. Quando estas não possam faze-lo, serão firmados a rogo com duas testemunhas.

> Art. 771 - Os atos e termos processuais poderão ser escritos a tinta, datilografados ou a carimbo.
>
> Art. 772 - Os atos e termos processuais, que devam ser assinados pelas partes interessadas, quando estas, por motivo justificado, não possam fazê-lo, serão firmados a rogo, na presença de 2 (duas) testemunhas, sempre que não houver procurador legalmente constituído

7.2. Comunicação dos atos processuais

A regra geral é que os atos e termos processuais não precisam de forma específica para terem validade, a não ser quando a lei exigir especificamente. O processo é regido pelos princípios da inércia e do impulso oficial, sendo impulsionado por iniciativa das partes e de ofício pelo juiz. Dessa forma, as partes devem ter ciência dos atos processuais praticados pelo juiz, para que possam se manifestar, exercendo seu direito à ampla-defesa de forma plena. Essa forma de comunicação entre juízos e entre o juízo e as partes é feita da seguinte forma:

- Entre juízos:

✓ Subordinados hierarquicamente: cartas de ordem.

✓ Entre juízes brasileiros, sem hierarquia: carta precatória

✓ Comunicados a juízo estrangeiro: carta rogatória.

- Entre o juízo e as partes:

✓ **Citação:** ato pelo qual se chama a juízo o réu ou o interessado a fim de se defender.

✓ **Intimação:** ato pelo qual se dá ciência à alguém dos atos e termos do processo, para que faça ou deixe de fazer alguma coisa.

✓ Atenção: a CLT não diferencia citação de intimação, usa-se a expressão notificação que abrange ambas.

- Formas de Notificação:

o Notificação Postal: em regra, na fase de conhecimento a notificação será feita em registro postal com franquia. No processo do trabalho não constitui ato pessoal, podendo ser recebida por pessoa diversa das partes, sendo válida com a simples entrega do registro postal no endereço da parte. O TST já se manifestou diversa vezes no sentido de que se considera válida a entrega no endereço da reclamada – recebido por qualquer empregado da empresa, ao porteiro ou zelador do edifício ou até mesmo depositada na caixa do correio, haja vista a desnecessidade de pessoalidade.

> Art. 841, CLT:
>
> § 1º - A notificação será feita em registro postal com franquia. Se o reclamado criar embaraços ao seu recebimento ou não for encontrado, far-se-á a notificação por edital, inserto no jornal oficial ou no que publicar o expediente forense, ou, na falta, afixado na sede da Junta ou Juízo.
>
> § 2º - O reclamante será notificado no ato da apresentação da reclamação ou na forma do parágrafo anterior.

- Presunção de Recebimento: o recebimento da notificação postal pelo reclamado é assunto pacificado pelo TST por meio da súmula 16, sendo que presume-se recebida a notificação no prazo de 48 horas de sua postagem. Trata-se de uma presunção relativa ou "iuris tantum" (admite prova em contrário), onde o não recebimento ou a entrega após o decurso do prazo constitui ônus da prova do destinatário.

> *Súmula nº 16 do TST*
>
> Presume-se recebida a notificação 48 (quarenta e oito) horas depois de sua *postagem*. O seu não recebimento ou a entrega após o decurso desse prazo constitui ônus de prova do destinatário.
>
> Art. 774 - Salvo disposição em contrário, os prazos previstos neste Título contam-se, conforme o caso, a partir da data em que for feita pessoalmente, ou recebida a notificação, daquela em que for publicado o edital no jornal oficial ou no que publicar o expediente da Justiça do Trabalho, ou, ainda, daquela em que for afixado o edital na sede da Junta, Juízo ou Tribunal.
>
> Parágrafo único - **Tratando-se de notificação postal, no caso de não ser encontrado o destinatário ou no de recusa de recebimento, o Correio ficará obrigado, sob pena de responsabilidade do servidor, a devolvê-la, no prazo de 48 (quarenta e oito) horas, ao Tribunal de origem**

- Oficial de Justiça: a citação pessoal no Processo do Trabalho é uma exceção, ocorrendo apenas no caso de execução, situação na qual a citação deverá ser feita por Oficial de Justiça.

> Art. 880. Requerida a execução, o juiz ou presidente do tribunal mandará expedir mandado de citação do executado, a fim de que cumpra a decisão ou o acordo no prazo, pelo modo e sob as cominações estabelecidas ou, quando se tratar de pagamento em dinheiro, inclusive de contribuições sociais devidas à União, para que o faça em 48 (quarenta e oito) horas ou garanta a execução, sob pena de penhora.

§ 1º - O mandado de citação deverá conter a decisão exequenda ou o termo de acordo não cumprido.

§ 2º - A citação será feita pelos oficiais de diligência.

- Edital: a CLT traz a possibilidade de citação por edital quando a parte não for encontrada ou criar embaraço para o recebimento da notificação. Na execução há esta possibilidade quando o executado é procurado por duas vezes, no prazo de 48 horas, e não for encontrado.

§ 3º - Se o executado, procurado por 2 (duas) vezes no espaço de 48 (quarenta e oito) horas, não for encontrado, far-se-á citação por edital, publicado no jornal oficial ou, na falta deste, afixado na sede da Junta ou Juízo, durante 5 (cinco) dias.

Atenção: no procedimento sumaríssimo não há citação por edital.

São formas de intimação dos atos processuais:

I. Diário Oficial: em regra, as intimações serão feitas no Diário Oficial ou no Diário de Justiça Eletrônico.

Súmula nº 427 do TST - INTIMAÇÃO. PLURALIDADE DE ADVOGADOS. PUBLICAÇÃO EM NOME DE ADVOGADO DIVERSO DAQUELE EXPRESSAMENTE INDICADO. NULIDADE Havendo pedido expresso de que as intimações e publicações sejam realizadas exclusivamente em nome de determinado advogado, a comunicação em nome de outro profissional constituído nos autos é nula, salvo se constatada a inexistência de prejuízo.

II. Postal ou Oficial de Justiça: nos casos de *jus postulandi* e por oficial nos casos em que a justiça determinar.

III. Intimação eletrônica

IV. Intimação em Audiência:

Art. 834 - Salvo nos casos previstos nesta Consolidação, a publicação das decisões e sua notificação aos litigantes, ou a seus patronos, consideram-se realizadas nas próprias audiências em que forem as mesmas proferidas.

Art. 852 - Da decisão serão os litigantes notificados, pessoalmente, ou por seu representante, na própria audiência. No caso de revelia, a notificação far-se-á pela forma estabelecida no § 1º do art. 841

V. Intimação de Testemunhas:

Art. 825 - As testemunhas comparecerão à audiência independentemente de notificação ou intimação.

Parágrafo único - As que não comparecerem serão intimadas, ex officio ou a requerimento da parte, ficando sujeitas à condução coercitiva, além das penalidades do art. 730, caso, sem motivo justificado, não atendam à intimação.

7.3. Prazos processuais

Com a alteração trazida pela Reforma Trabalhista (Lei 13.467/2017), os prazos trabalhistas serão contados em dias úteis, com exclusão do dia do começo e inclusão do dia do vencimento.

Os prazos podem ser prorrogados, pelo tempo estritamente necessário quando o juízo entender necessário ou em virtude de força maior, devidamente comprovada. Incumbe também ao juízo dilatar os prazos processuais e alterar a ordem de produção dos meios de prova, adequando-os às necessidades do conflito de modo a conferir maior efetividade à tutela do direito.

A Lei 13.467/2017 também tratou da suspensão dos prazos processuais, disciplinando as chamadas "férias do advogado". Deste modo, suspende-se o curso do prazo processual nos dias compreendidos entre 20 de dezembro e 20 de janeiro, inclusive. Ressalvadas as férias individuais e os feriados instituídos por lei, os juízes, os membros do Ministério Público, da Defensoria Pública e da Advocacia Pública e os auxiliares da Justiça exercerão suas atribuições durante o período de suspensão. Salienta-se que durante a suspensão do prazo, não se realizarão audiências nem sessões de julgamento.

7.4. Despesas processuais

As custas processuais decorrem dos atos judiciais praticados pelo Poder Judiciário. É o pagamento por estes atos. O art. 789, CLT possui por redação:

Art. 789. Nos dissídios individuais e nos dissídios coletivos do trabalho, nas ações e procedimentos de competência da Justiça do Trabalho, bem como nas demandas propostas perante a Justiça Estadual, no exercício da jurisdição trabalhista, as custas relativas ao processo de conhecimento incidirão à base de 2% (dois por cento), observado o mínimo de R$ 10,64 (dez reais e sessenta e quatro centavos) e o máximo de quatro vezes o limite máximo dos benefícios do Regime Geral de Previdência Social, e serão calculadas: (...)

Qual o valor das custas? Depende da fase do processo.

Fase de conhecimento: 2% sobre:

I. Sobre o respectivo valor, quando houver acordo ou condenação.

II. Sobre o valor da causa, quando houver extinção do processo sem resolução do mérito, improcedência ou procedência de pedido declaratório

III. Sobre o valor que o juiz fixar, quando o valor for indeterminado.

Fase de execução: Verificar art. 789 – Na execução não há incidência de percentuais, mas sim de valores fixos presentes no art. 789-A. Não precisa decorar, este artigo não cai na OAB, devendo o examinando apenas saber que na fase de execução incidem custas e que o valor não é a base de 2%.

- O que são emolumentos? Decorrem de atos não judiciais e os valores também são fixos. São despesas para xerox, autenticação e etc. Quem paga é quem requer.

Quem paga as custas? **O vencido**, pois foi ele quem movimentou indevidamente a Justiça do Trabalho. Na seara trabalhista, tratando-se de relação de emprego, não existe sucumbência parcial: se o reclamante ganhar ao menos um pedido, quem pagará é o reclamado. Nas relações de trabalho a divisão é proporcional, como ocorre no CPC.

No caso de acordo, as custas processuais são pagas de forma igual – distribuição entre as partes, salvo se estabelecerem de forma distinta.

Quando o empregado não é isento do pagamento das custas, seus pedidos são julgados improcedentes e ele está assistido pelo sindicato, o sindicato responderá solidariamente pelas custas. Vejam o que dispõe o art. 789 da CLT:

§ 1º As custas serão pagas pelo vencido, após o trânsito em julgado da decisão. No caso de recurso, as custas serão pagas e comprovado o recolhimento dentro do prazo recursal.

§ 2º Não sendo líquida a condenação, o juízo arbitrar-lhe-á o valor e fixará o montante das custas processuais.

§ 3º Sempre que houver acordo, se de outra forma não for convencionado, o pagamento das custas caberá em partes iguais aos litigantes.

§ 4º Nos dissídios coletivos, as partes vencidas responderão solidariamente pelo pagamento das custas, calculadas sobre o valor arbitrado na decisão, ou pelo Presidente do Tribunal.

ATENÇÃO: Na fase de execução quem paga é o executado.

Quando paga? **Após o trânsito em julgado. Caso haja recurso, as custas deverão ser recolhidas no prazo recursal.**

Havendo recurso, as custas passam a ser um pré-requisito para recorrer. Se não pagar, não recorre. Deverá pagar dentro do prazo recursal. Tenha como exemplo o Recurso Ordinário: como o prazo para interposição é de 8 (oito) dias, as custas deverão ser pagas no prazo de oito dias.

Quem não paga? Algumas pessoas são isentas do pagamento das custas processuais. São elas:

- Beneficiários da justiça gratuita;

- União, Estados, Distrito Federal, Municípios e respectivas autarquias que não explorem atividade econômica;

- MPT;

- Correios e Hospital das Clínicas de Porto Alegre;

- Estados estrangeiros, missões diplomáticas e consulados.

Atenção: não possuem isenção as entidades fiscalizadoras do exercício profissional – CREA/OAB, de acordo com a CLT. O TST, porém, tem entendido que essas são autarquias especiais e por isso são isentas de custas.

Também não possuem isenção as Empresas Públicas e Sociedade de Economia Mista, porém o TST também vem admitindo que as empresas que prestem serviço público essencial em modalidade não concorrencial terão isenção.

7.5. Honorários periciais

Honorários periciais são aqueles devidos ao perito pela realização de uma prova técnica. A parte sucumbente na pretensão objeto da perícia é quem paga os honorários periciais, ou seja, aquele que perde no pedido que exige produção de perícia, é quem paga os honorários periciais, pouco importando quem ganhou em outro eventual pedido.

Art. 790-B. A responsabilidade pelo pagamento dos honorários periciais é da parte sucumbente na pretensão objeto da perícia, ainda que beneficiária da justiça gratuita. (Redação dada pela Lei 13.467, de 13/07/2017)

§ 1º Ao fixar o valor dos honorários periciais, o juízo deverá respeitar o limite máximo estabelecido pelo Conselho Superior da Justiça do Trabalho. (Incluído pela Lei 13.467, de 2017)

§ 2º O juízo poderá deferir parcelamento dos honorários periciais. (Incluído pela Lei 13.467, de 2017)

§ 3º O juízo não poderá exigir adiantamento de valores para realização de perícias. (Incluído pela Lei 13.467, de 2017)

A novidade trazida pela Reforma Trabalhista, e, portanto, passível de ser cobrada em OAB, é a possibilidade de compensação do crédito que o trabalhador tenha para receber com o débito de honorários periciais. Caso, na mesma ação em que foi sucumbente no objeto da perícia, a parte tiver recebido algum crédito proveniente de outros pedidos, esse valor poderá ser usado para o pagamento dos honorários periciais.

§ 4º Somente no caso em que o beneficiário da justiça gratuita não tenha obtido em juízo créditos capazes de suportar a despesa referida no **caput**, ainda que em outro processo, a União responderá pelo encargo.

ATENÇÃO: No processo do trabalho não há antecipação de despesas, sendo que se o juiz determinar o adiantamento do pagamento de honorários periciais caberá Mandado de Segurança.

8. NULIDADES PROCESSUAIS

No Direito Material é possível ter uma nulidade de pleno direito, no processo não. No processo só há nulidade quando ela for declarada!

Ao nos depararmos com a nulidade, devemos saber se é caso de nulidade ou de inexistência, uma vez que temos vícios de quatro espécies:

I. ato inexistente: aquele que não tem condição de compor os elementos mínimos para a sua formação. Ex.: sentença assinada por um advogado, falta o elemento da competência.

II. Nulidade absoluta: ocorre quando houver violação de uma norma de direito público, de interesse público propriamente dito. Um exemplo de nulidade absoluta é a incompetência absoluta, que pode ser provocada a qualquer tempo e grau de jurisdição, podendo ser conhecida de ofício pelo juiz.

a. ORIENTAÇÃO JURISPRUDENCIAL Nº 62. PREQUESTIONAMENTO. PRESSUPOSTO DE ADMISSIBILIDADE EM APELO DE NATUREZA EXTRAORDINÁRIA. NECESSIDADE, AINDA QUE SE TRATE DE INCOMPETÊNCIA ABSOLUTA (republicada em decorrência de erro material) - DEJT divulgado em 23, 24 e 25.11.2010. É necessário o prequestionamento como pressuposto de admissibilidade em recurso de natureza extraordinária, ainda que se trate de incompetência absoluta.

III. Nulidade relativa: quando houver violação de uma norma de interesse privado. Depende de provocação das partes, que deverão se manifestar na primeira oportunidade que tiverem nos autos, sob pena de preclusão.

IV. Mera irregularidade

I. Princípios das nulidades – arts. 794 e seguintes

b. Princípio da Transcendência ou do Prejuízo: somente haverá nulidade se houver prejuízo. A doutrina majoritária tem entendido que esse princípio é aplicável somente nas nulidades relativas, já que nas nulidades absolutas já se presume que há um prejuízo.

Art. 794 - Nos processos sujeitos à apreciação da Justiça do Trabalho só haverá nulidade quando resultar dos atos inquinados manifesto prejuízo às partes litigantes.

c. Princípio da Convalidação/Presunção: uma vez ocorrida a nulidade a parte deverá se manifestar na primeira oportunidade que tiver de falar nos autos. Esse princípio só se aplica na nulidade relativa.

Art. 795 - As nulidades não serão declaradas senão mediante provocação das partes, as quais deverão argui-las à primeira vez em que tiverem de falar em audiência ou nos autos.

§ 1º - Deverá, entretanto, ser declarada ex officio a nulidade fundada em incompetência de foro. Nesse caso, serão considerados nulos os atos decisórios.

§ 2º - O juiz ou Tribunal que se julgar incompetente determinará, na mesma ocasião, que se faça remessa do processo, com urgência, à autoridade competente, fundamentando sua decisão.

c. Princípio da economia processual: só se declara uma nulidade se não se puder suprir a irregularidade ou refazer o ato.

Art. 796 - A nulidade não será pronunciada:

a) quando for possível suprir-se a falta ou repetir-se o ato;

b) quando arguida por quem lhe tiver dado causa.

d. Princípio do interesse: está ligado à alegação da sua própria torpeza. Aquele que deu origem à nulidade não pode postular a sua declaração.

e. Princípio da utilidade: estabelece que só haverá uma declaração de nulidade se for útil às partes, se houver uma utilidade nessa declaração da nulidade.

i. Aproveitamento dos atos processuais: a nulidade apenas atingirá aqueles atos nulos e os atos dependentes dele. Os atos independentes não serão atingidos. É por isso que o juiz tem que declarar e demonstrar quais os atos que serão atingidos.

✓ Princípio da instrumentalidade das formas: mesmo quando a norma estabelecer uma forma para a execução do ato, se ao realizá-lo, mesmo que de forma incorreta, o resultado final for alcançado com o conteúdo do ato, não há que se falar em nulidade. Dá-se mais importância ao conteúdo que a forma.

9. PETIÇÃO INICIAL

A partir de agora começaremos a falar do procedimento. O primeiro ato é a petição inicial, é o que dará início ao processo. Também denominada Reclamação Trabalhista, pode ser ajuizada pessoalmente, pelas partes (*jus postulandi*) ou por seus representantes, e pelos sindicatos de classe.

A petição inicial pode ser verbal (oral) ou escrita.

Quando oral, a parte vai à Justiça do Trabalho, reclama, e após o prazo máximo de 5 dias tem que retornar para reduzir a termo essa reclamação. No ato da reclamação já ocorre a distribuição e, após 5 dias, a redução a termo. Importante salientar que caso o reclamante não compareça para reduzir a termo, é aplicada a pena de perempção, impossibilitando este reclamante de ajuizar qualquer outra Reclamação Trabalhista pelo prazo de 6 (seis) meses.

Art. 786 - A reclamação verbal será distribuída antes de sua redução a termo.

Parágrafo único - Distribuída a reclamação verbal, o reclamante deverá, salvo motivo de força maior, apresentar-se no prazo de 5 (cinco) dias, ao cartório ou à secretaria, para reduzi-la a termo, sob a pena estabelecida no art. 731.

A reclamação escrita é uma mera faculdade da parte, mas quando se tratar de inquérito para Apuração de Falta Grave e Dissídio Coletivo, necessariamente a petição inicial será escrita.[3]

• Requisitos da Reclamação Escrita: Pautado pelo princípio da simplicidade, em regra o processo do trabalho exige menos requisitos para a provocação da jurisdição do que o NCPC (art. 319). Porém, com a recente alteração do art. 840 pela Lei 13.467/2017, a informalidade com que era tratada a Reclamação Trabalhista foi substituída por alguns requisitos legais, trazendo um equilíbrio no que tange aos pedidos e aumentando as chances de inépcia da inicial quando não observados os incisos do § 1º do art. 840 da CLT:

Art. 840 - A reclamação poderá ser escrita ou verbal.

§1º Sendo escrita, a reclamação deverá conter a designação do juízo, a qualificação das **partes**, a breve exposição dos fatos de que resulte o dissídio, o **pedido, que deverá secreto, determinado e com indicação de seu valor**, a data e a assinatura do reclamante ou de seu representante.

§2º Se verbal, a reclamação será reduzida a termo, em duas vias datadas e assinadas pelo escrivão ou secretário, observado, no que couber, o disposto no § 1º deste artigo.

§3º Os pedidos que não atendam ao disposto no § 1º deste artigo serão julgados extintos sem resolução do mérito

Portanto, são requisitos da petição inicial trabalhista:

• Designação do juízo a quem for dirigida;

• Qualificação das partes;

---

3. Art. 787 - A reclamação escrita deverá ser formulada em 2 (duas) vias e desde logo acompanhada dos documentos em que se fundar.

Art. 788 - Feita a distribuição, a reclamação será remetida pelo distribuidor à Junta ou Juízo competente, acompanhada do bilhete de distribuição.

Art. 853 - Para a instauração do inquérito para apuração de falta grave contra empregado garantido com estabilidade, o empregador apresentará reclamação por escrito à Junta ou Juízo de Direito, dentro de 30 (trinta) dias, contados da data da suspensão do empregado.

Art. 856 - A instância será instaurada mediante representação escrita ao Presidente do Tribunal. Poderá ser também instaurada por iniciativa do presidente, ou, ainda, a requerimento da Procuradoria da Justiça do Trabalho, sempre que ocorrer suspensão do trabalho.

DIREITO PROCESSUAL DO TRABALHO

- Uma breve exposição dos fatos que resulte o dissídio;
- O pedido determinado e com valor;
- A data;
- Assinatura do reclamante ou de seu representante.

A grande novidade trazida pela Lei 13.467/17 é a necessidade de pedido certo, determinado e com valor, o que já era exigido das Reclamações Trabalhistas interpostas sobre o rito sumaríssimo (art. 852- B). Ressalta-se que esses valores terão influência não apenas no caso de condenação do reclamado, mas também em possível condenação do reclamante por litigância de má-fé. Não havendo o valor do pedido, será ele (o pedido sem valor) extinto sem apreciação do mérito.

Atenção: a doutrina diverge em relação ao valor da causa, porém ele é capaz de determinar o rito do procedimento. Além do mais, a IN 39 do TST entendeu que o art. 292, V do NCPC é aplicável ao processo do trabalho, entendimento este que nos leva, de forma indireta, à conclusão de que o TST passou a exigir o valor da causa na reclamação trabalhista.

Art. 292. O valor da causa constará da petição inicial ou da reconvenção e será:

V - na ação indenizatória, inclusive a fundada em dano moral, o valor pretendido;

Observação: Na Reclamação Trabalhista, ao contrário do CPC, não se exige a especificação de provas nem tampouco a opção do autor pela realização ou não de audiência de conciliação.

Princípio da Congruência ou Adstrição: O juiz fica vinculado aos pedidos formulados na inicial, devendo interpretá-los de forma restritiva, sob pena de proferir julgamento *ultra petita*, *citra petita* (deixa de julgar algum pedido) ou *extra petita*.

O pedido deve ser certo e determinado e, no Procedimento Sumaríssimo, deverá constar o valor da causa, sob pena de arquivamento da Reclamação e condenação ao pagamento de custas sob o valor da causa.

Art. 852-B. Nas reclamações enquadradas no procedimento sumaríssimo:

I - o pedido deverá ser certo ou determinado e indicará o valor correspondente;

✓ Cumulação de Pedidos: admite-se a cumulação de pedidos num único processo, ainda que entre eles não haja conexão, nos termos do art. 324 NCPC, aplicável subsidiariamente ao processo do trabalho.[4]

- Aditamento e Emenda da Inicial

✓ Aditamento é a possibilidade de se alterar o pedido ou a causa de pedir.

- No processo civil é possível alterar-se o pedido sem a anuência do réu até a citação (art.329, I, NCPC). Após a citação do réu e até o saneamento do processo, só será permitida a alteração com a concordância do réu (art. 329, II, NCPC). A CLT é omissa em relação ao aditamento da inicial, porém, com o advento do art. 841 § 3º, entende-se que, após oferecida a contestação pelo reclamado, não é possível o aditamento da inicial sem a autorização deste.

§ 3º Oferecida a contestação, ainda que eletronicamente o reclamante não poderá, sem o consentimento do reclamado, desistir da ação.

✓ Emenda à inicial: busca corrigir vícios sanáveis da petição inicial, como demonstra o art. 321 do NCPC, aplicável subsidiariamente.[5]

Na seara trabalhista temos a Súmula 263:

PETIÇÃO INICIAL. INDEFERIMENTO. INSTRUÇÃO OBRIGATÓRIA DEFICIENTE (nova redação em decorrência do CPC de 2015) – Res. 208/2016, DEJT divulgado em 22, 25 e 26.04.2016

Salvo nas hipóteses do art. 330 do CPC de 2015 (art. 295 do CPC de 1973), o indeferimento da petição inicial, por encontrar-se desacompanhada de documento indispensável à propositura da ação ou não preencher outro requisito legal, somente é cabível se, após intimada para suprir a irregularidade em 15 (quinze) dias, mediante indicação precisa do que deve ser corrigido ou completado, a parte não o fizer (art. 321 do CPC de 2015).

Pela referida súmula percebe-se que, ocorrendo uma das hipóteses do art. 330[6] do NCPC, deverá a inicial ser indeferida liminarmente, por entender o TST que é vicio formal insanável. Por outro lado, admitiu sua emenda apenas quando faltar documento indispensável à propositura da ação ou não preencher outro requisito legal, o que seria então um vício sanável, devendo o juiz indicar de forma precisa o que deve ser corrigido.

---

4. Art. 324. O pedido deve ser determinado.
§ 1º É lícito, porém, formular pedido genérico:
I - nas ações universais, se o autor não puder individuar os bens demandados;
II - quando não for possível determinar, desde logo, as consequências do ato ou do fato;
III - quando a determinação do objeto ou do valor da condenação depender de ato que deva ser praticado pelo réu.
§ 2º O disposto neste artigo aplica-se à reconvenção.

5. Art. 321. O juiz, ao verificar que a petição inicial não preenche os requisitos dos arts. 319 e 320 ou que apresenta defeitos e irregularidades capazes de dificultar o julgamento de mérito, determinará que o autor, no prazo de 15 (quinze) dias, a emende ou a complete, indicando com precisão o que deve ser corrigido ou completado.
Parágrafo único. Se o autor não cumprir a diligência, o juiz indeferirá a petição inicial.

6. Art. 330. A petição inicial será indeferida quando:
I - for inepta;
II - a parte for manifestamente ilegítima;
III - o autor carecer de interesse processual;
IV - não atendidas as prescrições dos arts. 106 e 321.
§ 1º Considera-se inepta a petição inicial quando:
I - lhe faltar pedido ou causa de pedir;
II - o pedido for indeterminado, ressalvadas as hipóteses legais em que se permite o pedido genérico;
III - da narração dos fatos não decorrer logicamente a conclusão;
IV - contiver pedidos incompatíveis entre si.
§ 2º Nas ações que tenham por objeto a revisão de obrigação decorrente de empréstimo, de financiamento ou de alienação de bens, o autor terá de, sob pena de inépcia, discriminar na petição inicial, dentre as obrigações contratuais, aquelas que pretende controverter, além de quantificar o valor incontroverso do débito.
§ 3º Na hipótese do § 2º, o valor incontroverso deverá continuar a ser pago no tempo e modo contratados.

Consigna-se que o indeferimento liminar da inicial é pronunciado por sentença, provocando a extinção do processo sem resolução de mérito, cabendo RO no prazo de 8 dias[7]

• Indeferimento Liminar do Pedido

O art. 332 do NCPC prevê algumas hipóteses em que o processo será extinto com resolução do mérito antes mesmo da citação da parte contrária. Nesses casos dispensa-se fase instrutória, independentemente da citação do réu, julgando liminarmente o pedido que contrariar. Nesse caso, não havendo interposição de RO, o reclamado será intimado do trânsito em julgado da decisão. Havendo, é facultado ao juiz o juízo de retratação no prazo de 05 dias, tal como ocorre no indeferimento da inicial (art. 332, NCPC).[8]

10. AUDIÊNCIAS

A regra é que todos os atos processuais ocorram em audiência.

A audiência segue a regra da publicidade, salvo quando houver segredo de justiça.

✓ Horário de realização: 08h às 18h nos dias úteis – Art. 813, porém quando se tratar de sessão no tribunal o art. 701 determina que as sessões serão das 14h às 17h, podendo haver prorrogação. As audiências podem durar no máximo 5 horas, salvo nos casos de urgência.

✓ Atraso: Art. 815, parágrafo único – é possível que o juiz atrase para iniciar uma audiência, mas as partes devem esperar apenas 15 minutos. Caso atrase mais, as partes poderão certificar e ir embora. **Atenção: essa regra é aplicada apenas para a primeira audiência da pauta.**

✓ **As partes podem atrasar?** Não é possível que as partes atrasem sob pena de incidirem os efeitos do não comparecimento.

---

7. Atenção: na hipótese de Mandado de Segurança, por se exigir na petição inicial a presença de prova documental pré-constituída, é inaplicável o artigo acima, quando verificável a ausência de documento indispensável ou sua autenticação.
   Súmula nº 415 - TST - Mandado de Segurança - Justiça do Trabalho - Aplicabilidade dos Requisitos da Petição Inicial do CPC
   Exigindo o mandado de segurança prova documental pré-constituída, inaplicável se torna o art. 284 do CPC quando verificada, na petição inicial do "mandamus", a ausência de documento indispensável ou de sua autenticação.

8. Art. 7º, IN.39
   Aplicam-se ao Processo do Trabalho as normas do art. 332 do CPC, com as necessárias adaptações à legislação processual trabalhista, cumprindo ao juiz do trabalho julgar liminarmente improcedente o pedido que contrariar:
   I – enunciado de súmula do Supremo Tribunal Federal ou do Tribunal Superior do Trabalho (CPC, art. 927, inciso V);
   II - acórdão proferido pelo Supremo Tribunal Federal ou pelo Tribunal Superior do Trabalho em julgamento de recursos repetitivos (CLT, art. 896-B; CPC, art. 1046, § 4º); III - entendimento firmado em incidente de resolução de demandas repetitivas ou de assunção de competência;
   IV - enunciado de súmula de Tribunal Regional do Trabalho sobre direito local, convenção coletiva de trabalho, acordo coletivo de trabalho, sentença normativa ou regulamento empresarial de observância obrigatória em área territorial que não exceda à jurisdição do respectivo Tribunal (CLT, art. 896, "b", a contrario sensu). Parágrafo único. O juiz também poderá julgar liminarmente improcedente o pedido se verificar, desde logo, a ocorrência de decadência.

Audiências unas: a maioria dos atos serão realizados em uma única audiência, seguindo a seguinte ordem lógica: proposta de conciliação - apresentação de defesa - instrução de provas - razões finais - outra proposta de conciliação - sentença. Porém, na prática, em virtude das pautas abarrotadas de audiências e da ausência de tempo hábil para a realização de audiências longas, tem-se preferido o fracionamento das audiências quando as ações tramitam sobre o rito ordinário.

Ressalta-se que a própria CLT no art. 849 permite o fracionamento da audiência em **caso de força maior.**

Com o fracionamento, surge a possibilidade de três audiências:

A. Audiência inaugural: primeira proposta de conciliação e apresentação de resposta do réu. Ressalta-se que com o advento do processo eletrônico, as contestações deverão ser apresentadas por escrito com no mínimo uma hora de antecedência da hora designada para a audiência.

B. Audiência de instrução: momento de apresentação das provas tais como depoimento pessoal, testemunhas e perito. Momento também de elaboração das razões finais e da última proposta de conciliação.

C. Audiência de julgamento: quando será proferida a sentença.

10.1. Ausência das partes em audiência

Tema bastante relevante e recorde de cobrança em provas da Ordem, o não comparecimento de uma das partes em audiência gera penalidades para a parte ausente, pagamento de custas, além de algumas implicações para o decorrer do processo.

O primeiro artigo a ser destacado é o art. 843 da CLT, que versa sobre o comparecimento obrigatório das partes em audiência:

> Art. 843 - Na audiência de julgamento deverão estar presentes o reclamante e o reclamado, independentemente do comparecimento de seus representantes salvo, nos casos de Reclamatórias Plúrimas ou Ações de Cumprimento, quando os empregados poderão fazer-se representar pelo Sindicato de sua categoria. (Redação dada pela Lei 6.667, de 3.7.1979)
>
> § 1º É facultado ao empregador fazer-se substituir pelo gerente, ou qualquer outro preposto que tenha conhecimento do fato, e cujas declarações obrigarão o proponente.
>
> § 2º Se por doença ou qualquer outro motivo poderoso, devidamente comprovado, não for possível ao empregado comparecer pessoalmente, poderá fazer-se representar por outro empregado que pertença à mesma profissão, ou pelo seu sindicato.
>
> § 3º O preposto a que se refere o § 1º deste artigo não precisa ser empregado da parte reclamada.

Já o artigo 844 traz as consequências do não comparecimento das partes à audiência trabalhista:

> Art. 844. O não comparecimento do reclamante à audiência importa o arquivamento da reclamação, e o não comparecimento do reclamado importa revelia, além de confissão quanto à matéria de fato.
>
> §1º Ocorrendo motivo relevante, poderá o juiz suspender o julgamento, designando nova audiência.

DIREITO PROCESSUAL DO TRABALHO

§2º Na hipótese de ausência do reclamante, este será condenado ao pagamento das custas calculadas na forma do art. 789 desta Consolidação, ainda que beneficiário da justiça gratuita, salvo se comprovar, no prazo de quinze dias, que a ausência ocorreu por motivo legalmente justificável.

§3º O pagamento das custas a que se refere o § 2º é condição para a propositura de nova demanda.

§4º A revelia não produz o efeito mencionado no caput deste artigo se:

I - havendo pluralidade de reclamados, algum deles contestar a ação;

II - o litígio versar sobre direitos indisponíveis;

III - a petição inicial não estiver acompanhada de instrumento que a lei considere indispensável à prova do ato;

IV- as alegações de fato formuladas pelo reclamante forem inverossímeis ou estiverem em contradição com prova constante dos autos.

§5º Ainda que ausente o reclamado, presente o advogado na audiência, serão aceitos a contestação e os documentos eventualmente apresentados.

Em detida análise do art. 844, tem-se que a ausência das partes gerará os seguintes efeitos:

- Ausência do Reclamante: quando ausente à primeira audiência, haverá o **arquivamento** da Reclamação Trabalhista. Quando o reclamante provocar dois arquivamentos, haverá também a perempção temporária, ou seja, o reclamante terá que ficar 6 meses sem poder ajuizar qualquer outra reclamação trabalhista. Salienta-se que no caso de desistência não é aplicável a pena de perempção temporária.

O § 2º inova legislativamente ao possibilitar a cobrança de custas do reclamante ausente, mesmo que este seja beneficiário da justiça gratuita.

Porém, não serão devidas tais custas pela ausência na audiência se comprovar no prazo de 15 dias que a ausência se deu por motivo legalmente justificável.

Salienta-se que o valor das custas deverá incidir sobre o valor da causa, haja vista que o mérito do processo não foi julgado, e que o reclamante fica impossibilitado de ajuizar nova Reclamação Trabalhista antes de comprovar o pagamento das custas da ação anterior.

Se ausente à audiência de instrução, o reclamante será penalizado com a confissão quanto a matéria de fato, já que esse era o momento do depoimento pessoal.[9]

- Ausência do reclamado: em caso de ausência do reclamado este será penalizado com a revelia mais a confissão quanto a matéria de fato, aplicando-se esse efeito inclusive para as pessoas jurídicas de Direito Público.[10]

Revelia para o Processo do Trabalho é o não comparecimento da parte em audiência, ao contrário do Processo Civil em que a revelia se dá quando não há a apresentação de defesa. O § 4º do art. 844 traz, porém, quatro hipóteses em que os efeitos da revelia não serão aplicados:

I.   Havendo pluralidade de reclamados, algum deles contestar a ação: neste caso, se uma das partes compareceu à audiência, a defesa desta auxiliará a parte ausente.

II.   O litígio versar sobre direitos indisponíveis.

III.   A petição inicial não estiver acompanhada de instrumento que a lei considere indispensável à prova do ato.

IV.   As alegações de fato formuladas pelo reclamante forem inverossímeis ou estiverem em contradição com prova constante dos autos.

Uma dúvida muito recorrente é se a presença do advogado, munido de procuração e portando a defesa do reclamado, poderia ilidir a revelia deste. Com a inclusão do § 5º ao art. 844 tem-se que:

§5º Ainda que ausente o reclamado, presente o advogado na audiência, serão aceitos a contestação e os documentos eventualmente apresentados.

Tal redação choca-se, claramente, com o conteúdo da súmula 122 do TST, que na prática já não vinha sendo muito respeitada, além de colocar em duelo o dever de comparecimento das partes x o *animus* de defesa do reclamado e os princípios do contraditório e da ampla defesa.[11] [12]

Súmula nº 122 do TST
REVELIA. ATESTADO MÉDICO (incorporada a Orientação Jurisprudencial nº 74 da SBDI-1) - Res. 129/2005, DJ 20, 22 e 25.04.2005

A reclamada, ausente à audiência em que deveria apresentar defesa, é revel, ainda que presente seu advogado munido de procuração, podendo ser ilidida a revelia mediante a apresentação de atestado médico, que deverá declarar, expressamente, a impossibilidade de locomoção do empregador ou do seu preposto no dia da audiência. (primeira parte - ex-OJ nº 74 da SBDI-1 - inserida em 25.11.1996; segunda parte - ex-Súmula nº 122 - alterada pela Res. 121/2003, DJ 21.11.2003)

- Ausência de ambas as partes: gerará o arquivamento da reclamação trabalhista, caso ocorra na audiência inaugural. Se for na audiência de instrução, o juiz julgará com base nas provas produzidas nos autos. Ocorrendo a confissão, as partes não terão a possibilidade de produzir novas provas. A confissão não gera procedência do pedido, pois pode ser afastada por provas pré-constituídas nos autos.[13]

---

9. **Súmula nº 9 do TST**
    AUSÊNCIA DO RECLAMANTE (mantida) - Res. 121/2003, DJ 19, 20 e 21.11.2003
    A ausência do reclamante, quando adiada a instrução após contestada a ação em audiência, não importa arquivamento do processo.

10. **152. REVELIA. PESSOA JURÍDICA DE DIREITO PÚBLICO. APLI-CÁVEL. (ART. 844 DA CLT) (inserido dispositivo) - DJ 20.04.2005**
    Pessoa jurídica de direito público sujeita-se à revelia prevista no artigo 844 da CLT.

11. Tese Jurídica proferida pelo TRT da 2ª Região: Tese jurídica prevalecente n. 1 - Ausência da parte reclamada em audiência. Consequência processual. Confissão. A presença de advogado munido de procuração revela animus de defesa que afasta a revelia. A ausência da parte reclamada à audiência na qual deveria apresentar defesa resulta apenas na sua confissão.

12. Inserir Sum 122 TST

13. Súm. 74. CONFISSÃO I - Aplica-se a confissão à parte que, expressamente intimada com aquela cominaçãoo, não comparecer à audiência em prosseguimento, na qual deveria depor.
    II - A prova pré-constituída nos autos pode ser levada em conta para

O §1º do art. 844 traz um conceito jurídico indeterminado constando que, em caso de "motivo relevante", o juiz poderá suspender o julgamento determinando nova audiência. Nesse caso não são aplicadas as penalidades às partes ausentes, mas sim designada uma nova data para a realização da audiência.

10.2. Acordo judicial trabalhista

O acordo judicial ocorre quando as partes decidem conciliar em audiência, ambas fazendo concessões, para que o resultado final seja de agrado de ambos, e retirando a necessidade de o juiz proferir uma sentença. É considerado como uma decisão irrecorrível, havendo o trânsito imediato na homologação. Ressalta-se, porém, que esse trânsito não atinge a União quanto as contribuições previdenciárias.[14]

As partes só poderão rediscutir esse acordo por meio de ação rescisória. Já a União poderá recorrer de forma comum.

• Quitação Geral do Contrato de Trabalho: se não houver ressalva expressa, o acordo funciona como quitação geral, ou seja, as partes não poderão questionar outros direitos, em uma nova ação, com base no mesmo contrato de trabalho.[15]

• Acordo após o trânsito em julgado: é possível que mesmo após a sentença proferida pelo juiz, e seu posterior trânsito em julgado, as partes decidam pelo não cumprimento da decisão magistral e optem por realizar um acordo. Neste caso, deverá ser feita uma análise, preservando a proporcionalidade da sentença. Pense que um acordo seja de 5000 reais, nessa hipótese um valor x deverá ser de verba salarial e o valor y de verba indenizatória. A proporcionalidade deverá ser mantida.

Atenção: é uma mera faculdade do juiz homologar o acordo, não cabendo Mandado de Segurança no caso de recusa deste.

11. RESPOSTA DO RÉU

A CLT é bem sucinta ao tratar da Defesa do Réu, também conhecida como Contestação, limitando-se a dizer, no art. 847,[16] que será a contestação escrita ou verbal (20 minutos), e que a entrega se fará em audiência. A Lei 13.467, acompanhando a modernização trazida pelo peticionamento eletrônico, incluiu neste artigo o parágrafo único que dispõe que no caso de tramitação por PJe a defesa deverá ser apresentada até a audiência.

Art. 847.

Parágrafo único. A parte poderá apresentar defesa escrita pelo sistema de processo judicial eletrônico até a audiência

11.1. Formas de defesa do réu

São três formas de resposta do réu:

I. **Contestação:** é a principal forma de resposta do réu, tendo como objetivo se insurgir contra a pretensão do autor. O reclamado pode se insurgir contra matéria de fato ou matéria de ordem processual. Na defesa, pode-se negar o próprio fato constitutivo (defesa direta) ou reconhecer o fato constitutivo e alegar um fato impeditivo, modificativo ou extintivo do direito do reclamante (defesa indireta).

a. Princípios aplicáveis:

i. Princípio da impugnação específica: estabelece que o réu na sua contestação deve, detalhadamente, impugnar todos os pedidos da inicial, sob pena de serem admitidos verdadeiros. Excepcionalmente, admite-se impugnação genérica: quando não for admissível a confissão; quando a petição inicial não estiver acompanhada de documento público indispensável a propositura do ato; quando os fatos estiverem em contradição com a defesa.

Este princípio não é aplicável quando se tratar de Ministério Público, curador especial ou advogado dativo.

ii. Princípio da eventualidade: todas as matérias de defesa devem ser levantadas na contestação, ainda que contraditórias. O réu pode vir e falar que o empregado nunca trabalhou para ele, mas que se trabalhou não era empregado e sim autônomo. Este princípio não se aplica se se tratar de:

1. Matéria de direito superveniente;

2. Matéria que compete ao juiz conhecer de ofício;

3. Matérias que por expressa disposição legal puderem ser formuladas a qualquer tempo e juízo.

Lembre-se que a revelia no processo do trabalho não se dá com ausência de contestação, mas sim com a ausência do reclamado em audiência, como vimos anteriormente.

II. **Exceção:** são três as modalidades de exceção, sendo que são opostas com suspensão do feito apenas as exceções de suspeição ou incompetência. Das decisões sobre exceções de suspeição e incompetência, salvo, quanto a estas, se terminativas do feito, não caberá recurso, podendo, no entanto, as partes alegá-las novamente no recurso que couber da decisão final.

b. Exceção de suspeição: ligada à própria parcialidade do juiz. O juiz deve ser parcial não podendo ter nenhuma influência na causa. Quando se fala em suspeição pensa-se em aspectos subjetivos, impõe-se a demonstração da influência do juiz na causa.[17] Os casos de suspeição

---

confronto com a confissão ficta (art. 400, I, CPC), não implicando cerceamento de defesa o indeferimento de provas posteriores.

III- **A vedação à produção de prova posterior pela parte confessa somente a ela se aplica, não afetando o exercício, pelo magistrado, do poder/dever de conduzir o processo.**

14. Art. 831 - A decisão será proferida depois de rejeitada pelas partes a proposta de conciliação.
Parágrafo único. No caso de conciliação, o termo que for lavrado valerá como decisão irrecorrível, salvo para a Previdência Social quanto às contribuições que lhe forem devidas.

15. **132. AÇÃO RESCISÓRIA. ACORDO HOMOLOGADO. ALCANCE. OFENSA À COISA JULGADA (DJ 04.05.2004)**
Acordo celebrado - homologado judicialmente - em que o empregado dá plena e ampla quitação, sem qualquer ressalva, alcança não só o objeto da inicial, como também todas as demais parcelas referentes ao extinto contrato de trabalho, violando a coisa julgada, a propositura de nova reclamação trabalhista.

16. Art. 847 - Não havendo acordo, o reclamado terá vinte minutos para aduzir sua defesa, após a leitura da reclamação, quando esta não for dispensada por ambas as partes.

---

17. **A CLT não difere suspeição de impedimento, dizendo no art. 801** Art. 801 - O juiz, presidente ou vogal, é obrigado a dar-se por suspeito, e pode ser recusado, por algum dos seguintes motivos, em relação à pessoa dos litigantes:
a) inimizade pessoal;

aplicam-se também ao Ministério Público e aos serventuários da justiça.

c. Exceção de impedimento: fala-se de critérios objetivos. Uma vez demonstrado aquele critério estabelecido na norma, não é necessário demonstrar a influência do juiz. A influência é presumida. Ex.: cônjuge.

Embora **a CLT não difira suspeição de impedimento, essas apresentam algumas consequências diversas.**

A suspeição trata-se de nulidade relativa, devendo a parte lega-la em sede de defesa. Há casos, porém, em que a suspeição só ocorre após a apresentação de defesa, e nesses casos o reclamado deverá alegar no primeiro momento em que tiver oportunidade de falar nos autos.

O impedimento por tratar de matéria de ordem pública poderá ser alegado a qualquer tempo e em qualquer grau, sendo inclusive motivo para ação rescisória.

Aplica-se o art. 313 e 314 do CPC, podendo as partes cobrarem que o juiz tem 48 horas para julgar.

c. Exceção de incompetência: só existe em incompetência relativa, já que a absoluta é alegada em preliminar de contestação e é uma defesa processual. Também pode ser alegada no bojo da contestação, não sendo necessária peça apartada. A exceção de incompetência territorial foi amplamente modificada pela Lei 13.467/2017, razão pela qual faz-se necessário um detido estudo sobre o tema.

> Art. 800. Apresentada exceção de incompetência territorial no **prazo de cinco dias a contar da notificação**, antes da audiência e em peça que sinalize a existência desta exceção, seguir-se-á o procedimento estabelecido neste artigo. (Redação dada pela Lei nº 13.467, de 13/07/2017)
>
> § 1º Protocolada a petição, **será suspenso o processo** e não se realizará a audiência a que se refere o art. 843 desta Consolidação até que se decida a exceção. (Incluído pela Lei nº 13.467, de 13/07/2017)
>
> § 2º Os autos serão imediatamente conclusos ao juiz, que intimará o **reclamante e, se existentes, os litisconsortes, para manifestação no prazo comum de cinco dias**. (Incluído pela Lei nº 13.467, de 13/07/2017)
>
> § 3º Se entender necessária a produção de prova oral, o juízo designará audiência, garantindo o direito de o excipiente e de suas testemunhas serem ouvidos, por carta precatória, no juízo que este houver indicado como competente. (Incluído pela Lei nº 13.467, de 13/07/2017)
>
> § 4º Decidida a exceção de incompetência territorial, o processo retomará seu curso, com a designação de audiência, a apresentação de defesa e a instrução processual perante o juízo competente. (Incluído pela Lei nº 13.467, de 13/07/2017)

---

b) amizade íntima;

c) parentesco por consanguinidade ou afinidade até o terceiro grau civil;

d) interesse particular na causa. Parágrafo único - Se o recusante **houver praticado algum ato pelo qual haja consentido na pessoa do juiz**, não mais poderá alegar exceção de suspeição, salvo sobrevindo novo motivo. A suspeição não será também admitida, se **do processo constar que o recusante deixou de alegá-la anteriormente**, quando já a conhecia, ou que, depois de conhecida, **aceitou o juiz recusado** ou, finalmente, se **procurou de propósito o motivo de que ela se originou.**

A exceção de incompetência territorial deve ser necessariamente provocada pela parte, senão haverá prorrogação da competência.

O novo regramento trouxe alterações positivas ao reclamado, permitindo que este possa apresentar a exceção de incompetência sem a necessidade de comparecer a audiência, ou seja, sem a necessidade do deslocamento até o juízo que crê ser incompetente. A interposição da exceção deve ser feita no prazo de 5 (cinco) dias, a contar do recebimento da notificação. Ressalta-se que o § 4º do art. 800 da CLT assegura a prerrogativa de o reclamado arguir a incompetência territorial em peça autônoma ou não.

Quem julgará a exceção de incompetência territorial é o juízo para o qual a reclamação trabalhista foi distribuída. Declarando-se competente ou incompetente, será hipótese de decisão interlocutória não cabendo, em regra, recurso, salvo se a incompetência encaminhar os autos para outro tribunal diverso.

Há possibilidade também de recurso imediato quando os autos forem enviados para outra justiça.

III. **Reconvenção:** trata-se de uma ação ajuizada no prazo de resposta. Tem natureza jurídica de ação que tem como objetivo respeitar o princípio da economia processual. Apresenta-se uma nova ação no próprio prazo de resposta. **Reconvenção é uma mera faculdade,** devendo obedecer a quatro requisitos:

a. A existência de uma demanda originária;

b. Identidade de partes;

c. Que o juiz da causa originária também posso julgar a reconvenção;

d. Conexão com a ação originária ou com os próprios fundamentos da defesa.

Uma vez apresentada a reconvenção, que ocorre na audiência, o reclamante toma ciência dela, sendo redesignada a audiência para um prazo mínimo de 05 dias para apresentação da contestação do reclamante.

A reconvenção é uma ação autônoma, havendo desistência do processo principal, essa permanece. A reconvenção e a ação serão julgadas simultaneamente.

12. DAS PROVAS

A prova tem como objetivo a comprovação dos fatos controvertidos e pertinentes ao esclarecimento do processo. Não se busca a comprovação do Direito, pois pressupõe-se que o juiz já o conhece.

Excepcionalmente admitir-se-á a prova do Direito em casos de comprovação de direito municipal, estadual, estrangeiro ou consuetudinário, **quando exigidos pelo juiz.** A necessidade de comprovação não é automática, depende de solicitação do juiz.

Alguns fatos não dependem de provas, tais como:

a) Fatos notórios: de conhecimento de todos e não apenas da parte

b) Fatos confessados: alegados por uma parte e admitidos pela outra.

c) Fatos incontroversos: alegados por uma parte e não negados pela outra.

d) Fatos em cujo favor milita presunção legal de veracidade ou existência.

- Juiz é o destinatário da prova, que, por meio de livre convencimento motivado, deverá analisá-las. Os juízos e tribunais terão, ainda, ampla liberdade na direção do processo, podendo determinar qualquer diligência necessária ao esclarecimento delas.

12.1 Ônus da Prova: a relevância do ônus da prova pressupõe a **inexistência de provas nos autos**, já que, havendo prova no processo, não há que falar em ônus probatório, pois, com base no princípio da comunhão das provas, estas pertencem ao processo, e não às partes, sendo indiferente quem as produziu.

O art. 818 da CLT, com redação dada pela Lei 13.467/17, dispõe sobre a quem cabe o ônus de comprovação:

Art. 818. O ônus da prova incumbe: (Redação dada pela Lei nº 13.467, de 13/07/2017)

I - ao reclamante, quanto ao fato constitutivo de seu direito; (Incluído pela Lei nº 13.467, de 13/07/2017)

II - ao reclamado, quanto à existência de fato impeditivo, modificativo ou extintivo do direito do reclamante. (Incluído pela Lei nº 13.467, de 13/07/2017)

§ 1º Nos casos previstos em lei ou diante de peculiaridades da causa relacionadas à impossibilidade ou à excessiva dificuldade de cumprir o encargo nos termos deste artigo ou à maior facilidade de obtenção da prova do fato contrário, poderá o juízo atribuir o ônus da prova de modo diverso, desde que o faça por decisão fundamentada, caso em que deverá dar à parte a oportunidade de se desincumbir do ônus que lhe foi atribuído. (Incluído pela Lei nº 13.467, de 13/07/2017)

§ 2º A decisão referida no § 1º deste artigo deverá ser proferida antes da abertura da instrução e, a requerimento da parte, implicará o adiamento da audiência e possibilitará provar os fatos por qualquer meio em direito admitido. (Incluído pela Lei nº 13.467, de 13/07/2017)

§ 3º A decisão referida no § 1º deste artigo não pode gerar situação em que a desincumbência do encargo pela parte seja impossível ou excessivamente difícil. (Incluído pela Lei nº 13.467, de 13/07/2017)

O art. 818 traz como regra geral a aplicação do "ônus estático da prova" em que cabe a prova das alegações à parte que as fizer, sendo o reclamante responsável por comprovar o seu direito constitutivo e o reclamado responsável por apresentar provas que obstem o direito do reclamante (fatos impeditivos, modificativos ou extintivos).

Em algumas situações, porém, a aplicação do "ônus estático da prova" pode acabar impossibilitando a sua realização. Há alguns fatos que são impossíveis de serem comprovados pelo reclamante, e que, por outro lado, são de fácil acesso ao reclamado. Visando sempre a buscar a verdade real dos fatos e concreção do direito material, diante da impossibilidade ou da excessiva dificuldade de comprovação do alegado ou da maior facilidade de obtenção da prova do fato contrário, nestas situações permite-se a distribuição "dinâmica" do ônus da prova. Trata-se da chamada inversão do ônus da prova *ope judicis*, que significa inversão do ônus da prova por decisão judicial.

O juiz, para inverter o ônus da prova, deve fundamentar a sua decisão nos termos do § 1º do art. 818, devendo esta decisão ser proferida antes da abertura da instrução e, a requerimento da parte, implicará o adiamento da audiência.

Ou seja:

PARTE	Ônus da prova
Reclamante	Fatos constitutivos: aqueles que dão origem à relação jurídica deduzida em juízo
Reclamado	Fatos extintivos: aqueles que põem fim à relação jurídica deduzida em juízo. Fatos modificativos: alteram a relação deduzida. Ex.: pagamento parcial. Fatos Impeditivo: alegações de fato que impedem a formação válida da relação jurídica deduzida em juízo.

• Meios de Prova: o ordenamento admite todos os meios de prova, desde que legal/moralmente legítimos. São eles:

✓ Interrogatório e depoimento pessoal:

Ao contrário do CPC, a CLT não difere interrogatório de depoimento. Entende parte da doutrina que na seara trabalhista não haveria o depoimento pessoal. Ocorre que o TST admitiu o depoimento pessoal na Súmula 74, aplicando a pena de confissão àquele que não comparecer para depor.[18] A confissão é aplicável tanto ao reclamante, quanto ao reclamado. Recomenda-se a leitura atenta dos arts. 819 em diante da CLT, pois tal matéria já foi objeto de prova.

Na hipótese de audiência em prosseguimento, somente haverá confissão se a parte for, expressamente, intimada da cominação de presunção de veracidade dos fatos alegados.

A confissão é aplicável tanto ao reclamante, quanto ao reclamado.

A parte será interrogada na forma descrita para a inquirição de testemunhas.

A confissão pode decorrer da própria parte ou de representante com poderes especiais, inclusive pelo preposto. Porém, é ato pessoal, prejudicando apenas quem a realizou ou está representando, não prejudicando os litisconsortes. É também indivisível, não podendo a parte que a quiser invocar como prova aceitá-la na parte que a beneficiar e rejeitá-la no que lhe for desfavorável.

É irrevogável, exceto quando decorrer de erro, dolo ou coação, hipóteses em que poderá ser revogada por ação anulatória ou por meio de ação rescisória.

✓ Prova Testemunhal: consiste no depoimento prestado por um terceiro sobre a veracidade ou não dos fatos deduzidos em juízo, servindo ainda para prestar certos esclarecimentos sobre tais fatos.

O ato de testemunhar é considerado uma obrigação, vez

---

18. Art. 848 - Terminada a defesa, seguir-se-á a instrução do processo, podendo o presidente, ex officio ou a requerimento de qualquer juiz temporário, interrogar os litigantes.
§ 1º - Findo o interrogatório, poderá qualquer dos litigantes retirar-se, prosseguindo a instrução com o seu representante.
§ 2º - Serão, a seguir, ouvidas as testemunhas, os peritos e os técnicos, se houver.

DIREITO PROCESSUAL DO TRABALHO

que a testemunha tem o dever de colaborar com o Estado na busca da verdade.

Podem depor como testemunhas todas as pessoas, exceto as incapazes, impedidas ou suspeitas. Se for estritamente necessário, o juiz poderá ouvir os impedidos e suspeitos como meros informantes, atribuindo-lhes o valor que entender merecido. Nesse caso o depoente não prestará compromisso. A CLT elencou três hipóteses em que não será prestado o compromisso:

a) For parente até o terceiro grau civil;

b) Amigo íntimo;

c) Inimigo de qualquer das partes.

Caso a parte pretenda alegar a incapacidade, impedimento ou suspeição da testemunha, fará por meio de contradita, que deverá ser arguida após a qualificação da testemunha e antes do seu compromisso.

TST Enunciado nº 357 - Suspeição Trabalhista - Testemunha Litigando ou Litigado Contra o Mesmo Empregador

Não torna suspeita a testemunha o simples fato de estar litigando ou de ter litigado contra o mesmo empregador.

Número máximo de testemunhas: apesar do limite abaixo, poderá o juiz, na condução do processo, determinar a intimação de testemunhas referidas nos depoimentos das partes ou das testemunhas, desde que necessárias ao esclarecimento dos fatos e do convencimento do juiz.

Ordinário	3
Sumaríssimo	2
Inquérito para Apuração de Falta Grave	6
Litisconsórcio ativo	Mantém o número de testemunhas
Litisconsórcio Passivo	Cada litisconsorte terá direito ao número máximo de testemunhas, já que a inclusão de vários reclamados foi opção do reclamante.

No processo do trabalho as testemunhas comparecerão a juízo independente de intimação, não havendo, portanto, necessidade de rol de testemunhas como no CPC. Porém, não comparecendo, serão intimadas, de ofício ou a requerimento das partes, sob pena de condução coercitiva.

No procedimento sumaríssimo não basta o não comparecimento das testemunhas, deve-se comprovar também que esta foi convidada e não compareceu.

√ Prova Documental: é um meio de prova que abrange não somente os escritos, como também gravações magnéticas, fotografias, desenhos, gravações sonoras, reproduções digitalizadas e etc.

A CLT permite que o advogado apresente cópia simples do documento, declarando a autenticidade sob sua responsabilidade pessoal. [19]Pessoas jurídicas de direito público também são dispensadas da exigência de autenticar cópias. [20]O mesmo ocorre quando o documento for comum às partes.[21]

Quanto ao momento de apresentação das provas, há duas correntes, entendendo a 1ª que as provas podem ser apresentadas até o encerramento da instrução processual. Já a 2ª diz que o reclamante deve apresentar as provas com a inicial, e o reclamado junto com a contestação, sob pena de preclusão. Ocorre que, mesmo após esses prazos, poderão as partes juntar documentos novos, desde que destinados a fazer prova de fatos novos.

ATENÇÃO: No rito sumaríssimo todas as provas serão produzidas em audiência.

√ Prova Pericial: será utilizada quando a prova do fato depender de conhecimento técnico ou cientifico. Pode ser designada de ofício (adicional de periculosidade e insalubridade) ou a requerimento das partes.

O perito será designado pelo juiz, devendo prestar compromisso, e estando sujeito aos mesmos impedimentos e suspeições dos magistrados. É permitida também a indicação de assistentes pelas partes no prazo de 5 dias. No mesmo prazo as partes deverão apresentar seus quesitos. Ao contrário do perito, os assistentes não prestam compromisso.

O juiz poderá indeferir a realização da perícia quando a prova do fato não depender de conhecimento especial de técnico; quando for desnecessária em vista de outras provas produzidas; ou quando a verificação for impraticável.

No rito sumaríssimo somente haverá a produção de prova pericial quando a prova do fato o exigir, ou for legalmente imposta.

Importante ressaltar que o juiz não está adstrito ao laudo pericial, podendo formar a sua convicção com outros elementos constantes dos autos. O juiz também poderá determinar, de ofício ou a requerimento das partes, a realização de nova perícia, quando a matéria não lhe parecer suficientemente esclarecida, afim de corrigir eventual omissão ou inexatidão dos resultados a que esta conduziu. A segunda perícia, porém, não substitui a primeira, cabendo ao juiz valorá-las.

Em regra, a perícia é realizada na fase de conhecimento, porém admite-se a sua realização na fase de liquidação, na hipótese de liquidação por artigos.

√ Inspeção Judicial: A CLT é omissa, aplicando-se o CPC de forma subsidiária. Ocorre quando o juiz se desloca até o local onde se encontra a pessoa ou coisa, desde que:

Parágrafo único. Impugnada a autenticidade da cópia, a parte que a produziu será intimada para apresentar cópias devidamente autenticadas ou o original, cabendo ao serventuário competente proceder à conferência e certificar a conformidade entre esses documentos

20. OJ-SDI1-134 AUTENTICAÇÃO. PESSOA JURÍDICA DE DIREITO PÚBLICO. DISPENSADA.

São válidos os documentos apresentados, por pessoa jurídica de direito público, em fotocópia não autenticada, posteriormente à edição da Medida Provisória nº 1.360/96 e suas reedições.

21. OJ-SDI1-36 INSTRUMENTO NORMATIVO. CÓPIA NÃO AUTENTICADA. DOCUMENTO COMUM ÀS PARTES. VALIDADE

O instrumento normativo em cópia não autenticada possui valor probante, desde que não haja impugnação ao seu conteúdo, eis que se trata de documento comum às partes.

---

19. Art. 830. O documento em cópia oferecido para prova poderá ser declarado autêntico pelo próprio advogado, sob sua responsabilidade pessoal.

a) julgue necessário para a melhor verificação ou interpretação dos fatos que deva observar; b) a coisa não puder ser apresentada em juízo, sem consideráveis despesas ou graves dificuldades; c) determinar a reconstituição dos fatos.

Pode ser realizada em qualquer fase do processo, tendo as partes sempre o direito de assistir à inspeção, prestando esclarecimentos e fazendo observações. O juiz poderá realizar a inspeção direta assistido por um ou mais peritos.

13. SENTENÇA, COISA JULGADA E LIQUIDAÇÃO

A sentença é o ato do juiz que implica alguma das situações previstas nos arts. 485 e 487 do CPC. Antes de 2005, sentença era aquilo que punha fim ao processo, porém, com o advento Lei 11.232/2005, agora sentença tipifica as hipóteses de extinção do processo sem resolução do mérito (sentença terminativa) ou com resolução do mérito (sentença definitiva).

A sentença deve observar alguns requisitos, conjugando os arts. 489 do CPC e 832, *caput*, da CLT:

✓ Relatório: tem por objetivo registrar os acontecimentos importantes no processo, contendo o nome das partes, a identificação do caso, suma do pedido e da contestação. Registro das principais ocorrências processuais.

✓ Atenção: no procedimento **sumaríssimo**, dispensa-se o relatório na elaboração da sentença.

✓ Fundamentação: é a exposição do raciocínio ou das razões de decidir do magistrado. Analisa as questões de fato e de direito

✓ Dispositivo/Conclusão: resolve as questões principais que lhe foram submetidas, ou seja, proclama o resultado acerca das questões litigiosas.

Além desses, os parágrafos do art. 832 da CLT impõem mais requisitos, determinando que quando a decisão concluir pela procedência do pedido, deverá determinar o prazo e as condições para o seu cumprimento, além de mencionar as custas que devam ser pagas pela parte vencida.

• Princípio da Congruência:

Também chamado de Princípio da Correlação ou Adstrição, significa que o juiz somente poderá emitir provimento jurisdicional sobre o que foi pleiteado, ou seja, a decisão deve se limitar ao que foi proposto. Desse modo não pode o magistrado proferir sentença além (*extra petita),* fora (*ultra petita)* ou aquém (*citra petita)* do pedido. Há algumas exceções ao Princípio da Congruência, também conhecido como Princípio da Extrapetição, que permite ao juiz, em situações expressamente previstos em lei, a condenação em pedidos não contidos na petição inicial. Este princípio permite que o juiz conceda mais do que o pleiteado, ou mesmo vantagem diversa da que foi requerida.[22]

A sentença será proferida na mesma audiência, oportunidade em que as partes ou seus representantes já saem intimados. Embora não previsto pela CLT, pode ocorrer do juiz não designar audiência de julgamento e proferir a sentença do seu gabinete, juntando-a, posteriormente, aos autos. Nesse caso, as partes deverão ser intimadas da decisão.

13.1. Coisa julgada

Ocorre quando não há mais recurso a ser interposto da decisão, ou quando a parte deixa ultrapassar o prazo sem interpor. A sentença faz coisa julgada somente entre as partes, não atingindo terceiros.

Apenas parte da sentença esta sujeita à coisa julgada:

Não fazem coisa julgada: os motivos; a verdade dos fatos; a apreciação da questão prejudicial, decidida incidentemente no processo.

13.2. Liquidação de sentença

A liquidação de sentença consiste na apuração do *quantum debeatur*. Após reconhecido o direito, deve-se averiguar o seu valor monetário. A liquidação poderá ser feita por cálculo, por arbitramento ou por artigos.

A liquidação por artigos é utilizada quando há a necessidade de comprovação de um fato complementar, que embora tenha sido discutido na fase de conhecimento, necessita de complementação probatória.

Já a liquidação por arbitramento consiste na realização de uma perícia para se alcançar o *quantum debeatur*, enquanto a liquidação por cálculos, mais comum na esfera trabalhista, é a mais simples, feita por intermédio das provas apesentadas no processo e por meio de planilhas.

Na liquidação, não se poderá modificar, ou inovar, a sentença liquidanda nem discutir matéria pertinente à causa principal, devendo abranger, também, o cálculo das contribuições previdenciárias devidas.

A reforma trabalhista inovou legislativamente dispondo que após a liquidação da sentença o juízo deverá abrir às partes prazo comum de oito dias para impugnação fundamentada com a indicação dos itens e valores objeto da discordância, sob pena de preclusão. Ou seja, se não for discutido o cálculo neste momento, destaque-se que não se poderá discutir depois, por meio de embargos.

13.3. Protesto de sentença

Trazido pelo NCPC, e aplicável subsidiariamente ao Processo do Trabalho,[23] a decisão judicial transitada em julgado poderá ser levada a protesto, nos termos da lei, depois de transcorrido o prazo para pagamento voluntário.

O protesto é realizado em cartório e em um primeiro momento não visa ao pagamento do crédito, mas configura-se mais em uma medida coercitiva, que "estimulará" o inadimplente ao pagamento do débito.

---

22. São exemplos de extrapetição: o deferimento de salário quando o pedido for apenas de reintegração; a inclusão de juros de mora e a correção monetária na liquidação; a concessão do adicional de hora extra quando não houver o pedido expresso de pagamento do adicional.

23. Instrução Normativa nº 39 TST: Art. 17. Sem prejuízo da inclusão do devedor no Banco Nacional de Devedores Trabalhistas (CLT, art. 642-A), aplicam-se à execução trabalhista as normas dos artigos 495, 517 e 782, §§ 3º, 4º e 5º do CPC, que tratam respectivamente da hipoteca judiciária, do protesto de decisão judicial e da inclusão do nome do executado em cadastros de inadimplentes.

DIREITO PROCESSUAL DO TRABALHO

Nos termos da legislação trabalhista, a decisão judicial transitada em julgado somente poderá ser levada a protesto, e gerar inscrição do nome do executado em órgãos de proteção ao crédito ou no Banco Nacional de Devedores Trabalhistas (BNDT), nos termos da lei, depois de transcorrido o **prazo de quarenta e cinco dias a contar da citação do executado**, se não houver garantia do juízo.

Há ainda a possibilidade de outras medidas coercitivas como a inclusão do nome do executado em órgãos de proteção ao crédito (SPC/Serasa) ou no Banco Nacional de Devedores Trabalhistas (BNDT).[24]

14. PROCEDIMENTO SUMÁRIO E SUMARÍSSIMO

O procedimento sumaríssimo é definido tão somente pelo valor da causa, e não pela complexidade da causa. As ações com valores de até **40 salários mínimos na data de ajuizamento da ação** serão processadas pelo procedimento sumaríssimo.

É matéria de ordem pública, não tendo a parte possibilidade de alterar o rito processual. Não se submetem ao rito sumaríssimo, independentemente do valor da causa, ações em que figurem como parte a Administração direta, autárquica e fundacional; dissídio coletivo; ação civil pública

A reclamação trabalhista proposta sobre o rito sumaríssimo deverá ser apreciada em 15 dias da sua distribuição, devendo a inicial conter pedido certo determinado e líquido e indicar o endereço correto do réu e suas mudanças. Salienta-se que é proibida a citação por edital, cabível apenas na fase de execução. Não cumpridos esses requisitos há o arquivamento da ação.

O processamento da Reclamação ocorrerá em audiência una, devendo todos os incidentes serem resolvidos dentro da própria audiência. Interrompida a audiência, por qualquer motivo, a audiência de prosseguimento deverá ocorrer no prazo máximo de 30 dias, salvo motivo relevante justificado nos autos.

Todas as provas serão produzidas em audiência, ainda que não requeridas antecipadamente. Na prova testemunhal,

poderão ser ouvidas apenas duas testemunhas para cada parte, as quais deverão comparecer independentemente de intimação, e não comparecendo, somente será intimada se for comprovado o convite.

Quanto à prova pericial, esta é excepcional, somente quando houver necessidade ou quando a própria norma determinar (insalubridade/periculosidade). **Lembre-se que** apresentado o laudo as partes terão o prazo comum de 5 dias para se manifestar. Este prazo não é sucessivo.

Na sentença dispensa-se o relatório. Da decisão cabem recursos, com algumas exceções. Tem-se que o recurso de revista **somente será admitido por contrariedade à súmula do TST e violação direta da CF. Nesse rito não cabe RR por ofensa à OJ.**[25]

14.1. Procedimento sumário

Adotado nas causas com valor de até dois salários mínimos. Ressalta-se que não houve revogação do rito sumário com o advento do sumaríssimo.

Em sentença, dispensa-se o resumo dos depoimentos, devendo constar da ata a conclusão da junta quanto à matéria de fato. A interposição de recursos é extremamente restritiva: somente admite recursos quando a matéria versar sobre dispositivo constitucional, ou seja, apenas é cabível o REX ao STF.

15. RECURSOS TRABALHISTAS

Recurso é o remédio voluntário idôneo a ensejar, dentro do mesmo processo, a reforma, a invalidação, o esclarecimento ou a integração de decisão judicial que se impugna. É a possibilidade de reexame de uma decisão proferida, a aplicação do princípio do Duplo Grau de Jurisdição. Segundo Sérgio Pinto Martins significa "a possibilidade de provocar o reexame de determinada decisão, pela autoridade hierarquicamente superior visando à obtenção de sua reforma ou modificação".

O recurso depende de ato da parte, de terceiro interessado ou do MP, em virtude da inércia da Jurisdição e ocorre dentro da mesma relação processual, retardando o trânsito em julgado.

15.1. Classificação

Os recursos podem ser classificados:

a) Quanto ao objeto imediato do Recurso:

- Recurso de natureza ordinária: visa à tutela do direito subjetivo, permitindo a ampla rediscussão da matéria. Podem estar fundamentados no mero inconformismo com a decisão judicial. Ex.: agravo de petição, RO, embargos de declaração,

---

24. Art. 642-A. É instituída a Certidão Negativa de Débitos Trabalhistas (CNDT), expedida gratuita e eletronicamente, para comprovar a inexistência de débitos inadimplidos perante a Justiça do Trabalho.

§1º - O interessado não obterá a certidão quando em seu nome constar:

I – o inadimplemento de obrigações estabelecidas em sentença condenatória transitada em julgado proferida pela Justiça do Trabalho ou em acordos judiciais trabalhistas, inclusive no concernente aos recolhimentos previdenciários, a honorários, a custas, a emolumentos ou a recolhimentos determinados em lei; ou

II – o inadimplemento de obrigações decorrentes de execução de acordos firmados perante o Ministério Público do Trabalho ou Comissão de Conciliação Prévia.

§2º - Verificada a existência de débitos garantidos por penhora suficiente ou com exigibilidade suspensa, será expedida Certidão Positiva de Débitos Trabalhistas em nome do interessado com os mesmos efeitos da CNDT.

§3º - A CNDT certificará a empresa em relação a todos os seus estabelecimentos, agências e filiais.

§4º - O prazo de validade da CNDT é de 180 (cento e oitenta) dias, contado da data de sua emissão.

---

25. SUM442-TST-PROCEDIMENTO SUMARÍSSIMO. RECURSO DE REVISTA FUNDAMENTADO EM CONTRARIEDADE A ORIENTAÇÃO JURISPRUDENCIAL. INADMISSIBILIDADE. ART. 896, § 6º, DA CLT, ACRESCENTADO PELA LEI Nº 9.957, DE 12.01.2000 Nas causas sujeitas ao procedimento sumaríssimo, a admissibilidade de recurso de revista está limitada à demonstração de violação direta a dispositivo da Constituição Federal ou contrariedade a Súmula do Tribunal Superior do Trabalho, não se admitindo o recurso por contrariedade a Orientação Jurisprudencial deste Tribunal (Livro II, Título II, Capítulo III, do RITST), ante a ausência de previsão no art. 896, § 6º, da CLT.

agravo interno/regimental, pedido de revisão e agravo de instrumento.

- Recurso de natureza extraordinária: funda-se na tutela do direito objetivo (a lei), buscando sua exata aplicação. Impedem a verificação tática, inclusive o reexame de provas, ficando restritos à análise do direito. Súmula 126. Ex.: RR e embargos para a SDI

b) Quanto à fundamentação:

- Livre: aquela que a lei não exige que o recurso aponte, especificamente, determinado vício, havendo necessidade apenas de que a parte não se conforme com a decisão. Ex.: RO.

- Vinculada: a lei exige que o recorrente indique algum vício específico na decisão impugnada, não se podendo alegar qualquer matéria, mas apenas aquelas expressamente descritas na lei. Ex.: ED e RR.

c) Quanto à extensão da matéria impugnada:

- Recurso Total: quando o recurso abrange toda a parcela em que a parte foi sucumbente.

- Parcial: impugna somente parte do objeto em que foi sucumbente na decisão.

d) Quanto à independência:

- Independente: está condicionado somente aos seus pressupostos de admissibilidade para que seja alcançado o mérito do recurso.

- Adesivo/Subordinado:[26] recurso que se subordina a outro recurso, dependendo da admissibilidade desse para que seja conhecido. Na realidade não é uma modalidade de recurso, mas forma diferenciada de interposição. É apresentado no prazo das contrarrazões, no entanto, a Fazenda Pública e MP, em virtude dos prazos em dobro, terão o prazo de 16 dias. Contudo, não é em qualquer hipótese que se admite a sua interposição, sendo necessária a presença dos seguintes requisitos: sucumbência recíproca; interposição do recurso principal por apenas uma das partes; aceitação tácita da decisão: não pode ser interposto por quem apresentou recurso principal; observar todos os requisitos de admissibilidade do recurso principal.

15.2. Princípios recursais

* Duplo Grau de Jurisdição: consiste na possibilidade de reexame da decisão, buscando outra opinião sobre a decisão da causa. A CF não reconheceu o duplo grau como garantia constitucional, colocando-o como regra de organização judiciária, podendo inclusive ser afastado ou mitigado em casos específicos.

* Taxatividade (tipicidade): impõe que somente serão considerados recursos aqueles descritos na legislação federal, uma vez que é da União a competência legislativa para regular matéria processual. A lei prevê de forma exaustiva os recursos cabíveis.

* Consumação: declina que uma vez interposto o recurso, ele não poderá ser repetido ou alterado. Trata-se de preclusão consumativa, de modo que, interposto o recurso, o ato está consumado, não se admitindo novamente a realização desse ato processual. Há uma exceção no tocante ao Embargos de Declaração com efeito modificativo, em que deve ser concedido à parte que já tenha interposto o RO a possibilidade de complementá-lo, complementação esta limitada ao objeto modificado na decisão.

* Unirrecorribilidade (singularidade): significa que cada decisão somente admite uma espécie recursal, vedando-se a interposição simultânea de mais de uma espécie de recurso da mesma decisão. Há exceções:

- DPC: permite a interposição de Recurso Especial e Recurso Extraordinário quando a decisão tiver, respectivamente, violação legal e constitucional.

- DPT: admite-se a interposição simultânea de embargos para a SDI e Recurso Extraordinário ao STF, da decisão proferida na turma do TST.

* Dialeticidade: declina que o recorrente deve motivar suas razões recursais. Mesmo que o art. 899 da CLT decline que os recursos trabalhistas são interpostos por meio de mera petição, tal regramento não afasta a fundamentação dos recursos.

* **Irrecorribilidade imediata das Decisões Interlocutórias:** ou seja, somente será levantada a divergência no recurso da decisão que resolve ou não o mérito.

A Súmula 214[27] criou três exceções que admitem o recurso imediato de decisões interlocutórias de:

- TRT contrária à Súmula ou a OJ do TST;

- Suscetível de impugnação mediante recurso para o mesmo Tribunal;

- Que acolhe exceção de incompetência territorial, com a remessa dos autos para TRT distinto ou a outra Justiça, que não a trabalhista.

* Voluntariedade: decorre do princípio do dispositivo, o qual impõe a provocação da parte para que o judiciário possa se manifestar.

* Proibição da *Reformatio in Pejus*: impede que seja piorada a situação do recorrente no julgamento do recurso. Atenção: não atinge as matérias de ordem pública, porém aplica-se tal princípio ao reexame necessário.

* Fungibilidade/Conversibilidade: á a possibilidade de se admitir um recurso pelo outro, sendo, portanto, exceção ao pressuposto da admissibilidade recursal, devendo ser admi-

---

26. **TST Enunciado nº 283 - Recurso Adesivo - Processo Trabalhista - Cabimento**
O recurso adesivo é compatível com o processo do trabalho e cabe, no prazo de 8 (oito) dias, nas hipóteses de interposição de recurso ordinário, de agravo de petição, de revista e de embargos, sendo desnecessário que a matéria nele veiculada esteja relacionada com a do recurso interposto pela parte contrária.

27. **TST Enunciado nº 214 Decisão Interlocutória - Justiça do Trabalho - Recurso**
Na Justiça do Trabalho, nos termos do art. 893, § 1º, da CLT, as decisões interlocutórias não ensejam recurso imediato, salvo nas hipóteses de decisão:
a) de Tribunal Regional do Trabalho contrária à Súmula ou Orientação Jurisprudencial do Tribunal Superior do Trabalho;
b) suscetível de impugnação mediante recurso para o mesmo Tribunal;
c) que acolhe exceção de incompetência territorial, com a remessa dos autos para Tribunal Regional distinto daquele a que se vincula o juízo excepcionado, consoante o disposto no art. 799, § 2º, da CLT.

tido em casos excepcionais. Para sua aplicação são exigidos os seguintes requisitos:

- Dúvida objetiva;

- Inexistência de erro grosseiro;

- Observância do prazo do recurso correto: o recurso deve ser interposto no prazo do recurso que seria correto, não podendo o recorrente se beneficiar de um prazo maior, sob pena de ser caracterizada sua má-fé.

15.3. Juízo de admissibilidade e juízo de mérito

* Juízo de Admissibilidade – Pressupostos Recursais:

- **Extrínsecos:** dizem respeito ao modo de exercício do poder de recorrer. São eles:

a) Tempestividade: expirado o prazo, sem que tenha se interposto o recurso, tem-se a preclusão temporal, ou seja, a parte não pode mais interpor recurso após o vencimento do prazo.

b) Representação: O *jus postulandi* permite que as partes postulem em juízo pessoalmente, ou seja, sem necessidade de representação por advogado, exceto quando se tratar de recursos no STF e TST, onde a presença do advogado é indispensável.

c) Preparo (custas e depósito recursal): o preparo engloba as custas e o depósito recursal. A ausência de preparo gera a deserção recursal.

I. Custas Processuais: dizem respeito ao custo financeiro do processo, e são devidas ao Estado em razão da realização da jurisdição. Sua ausência torna o recurso deserto. Portanto, o pagamento e a comprovação do recolhimento das custas devem ocorrer dentro do prazo recursal.

II. Depósito Recursal: consiste em pressuposto extrínseco. Como se trata de garantia de execução, somente terá cabimento nas ações condenatórias em pecúnia, sendo descabido nas ações declaratórias ou que consistam em uma obrigação de fazer.

Somente é exigido do empregador, porém, na hipótese de não envolver relação de emprego, o depósito é sempre exigível, seja do tomador seja do prestador, quando reclamados.

O depósito recursal deve ser recolhido e comprovado no prazo alusivo ao recurso, de modo que a interposição antecipada do recurso não prejudica a dilação legal. Atenção: no caso de interposição de Agravo de Instrumento, o recolhimento deverá ser efetuado no ato de interposição do recurso.

Teto máximo: o depósito recursal possui um teto máximo, que pode ser legal, ou o valor da condenação:

✓ Teto legal: somente é invocado se o valor da condenação for superior ao valor estabelecido anualmente por ato do Presidente do TST. Nesse caso, a cada recurso interposto exige-se o depósito recursal, até que se alcance o valor da condenação.

✓ Valor da condenação: caso o valor da condenação seja inferior ao teto legal, o depósito recursal será no valor da condenação, não se considerando o valor do teto legal.

✓ Não se exige o depósito recursal no Agravo de Petição, exceto se houver majoração do débito depois da garantia do juízo. No caso de exceção (majoração), o depósito recursal é no valor total da majoração.

✓ No litisconsórcio, o depósito recursal de uma empresa beneficia as demais, exceto se pleitear sua exclusão da lide:

d) Regularidade Formal: o TST estabelece que, ao menos os recursos interpostos no TST, devem ser fundamentados. O recurso deverá ser assinado pelo subscritor, sob pena de ser considerado inexistente. No entanto, será considerado válido o recurso assinado, ao menos, na petição de apresentação ou nas razoes recursais.

e) **Intrínsecos:** aqueles ligados à própria existência do poder de recorrer. São eles:

a) Cabimento: há que se conjugar dois requisitos: recorribilidade (se o ato impugnável é recorrível) e adequação (se o recurso interposto é o adequado).

b) Legitimidade: têm legitimidade as partes, o terceiro prejudicado (desde que demonstre nexo de interdependência entre seu interesse e a relação jurídica) e o MP (como parte ou fiscal da lei). Atenção: os Estados e Municípios não têm legitimidade para recorrer em nome das autarquias detentoras de personalidade jurídica própria.

c) Interesse em recorrer: haverá interesse recursal quando a parte for vencida ou quando o terceiro for prejudicado com a decisão.

d) Inexistência de fato impeditivo ou extintivo do poder de recorrer: não podem estar presentes fatos extintivos – aceitação e renúncia - ou impeditivos – desistência – do direito de recorrer.

15.4. Efeitos recursais

* Efeito Obstativo: consiste no impedimento do trânsito em julgado da decisão. Sendo interposto o recurso, o trânsito em julgado fica postergado. No entanto, recurso intempestivo ou manifestamente incabível não gera esse efeito.

* Efeito Devolutivo: é a transferência ao juízo *ad quem* do conhecimento das matérias julgadas no juízo *a quo*. Busca-se nova manifestação do Poder Judiciário sobre a matéria decidida. Todos os recursos são dotados do efeito devolutivo.

* Efeito Translativo: é entendido como a possibilidade de o Tribunal julgar matérias de ordem pública, que, por serem conhecidas de ofício, independem de manifestação da parte. Não tem incidência nos recursos extraordinários, tal como RR, Embargos para a SDI e Recurso Extraordinário para o STF, já que, se exige o prequestionamento.

o Efeito Regressivo: é a possibilidade de o juízo se retratar da decisão, nos casos previstos em lei. Ocorre no Agravo de Instrumento e no Recurso Ordinário, quando interposto contra deferimento de inicial.

✓ Efeito Expansivo: consiste na possibilidade de a decisão do recurso atingir matérias não impugnadas e/ou sujeitos que não recorreram.

✓ Efeito substitutivo: estabelece que a decisão proferida no recurso (juízo *ad quem*) substituirá a decisão recorrida (juízo *a quo*). Esse efeito pressupõe decisão meritória.

15.5. Reexame Necessário/Remessa Necessária/Recurso Obrigatório/Recurso *ex officio*

Sendo pessoa jurídica de direito público que não explore atividade econômica, o ordenamento prevê o reexame necessário, consistente na obrigatoriedade de que as decisões, total ou parcialmente, desfavoráveis a tais entes, sejam submetidas ao duplo grau de jurisdição, ainda que não haja provocação do ente público.

Impede o trânsito em julgado da decisão, a produção dos seus efeitos e a formação da coisa julgada até que seja realizado o duplo grau.

É dispensado nos seguintes casos:

a) Quando a condenação não ultrapassar o valor correspondente a 60 salários mínimos.

b) Quando a decisão estiver em consonância com decisão plenária do STF ou súmula ou OJ do TST.

c) Sentenças proferidas contra a União, suas autarquias e fundações públicas, quando a respeito da controvérsia o AGU ou outro órgão administrativo houver editado súmula ou instrução normativa determinando a não interposição do recurso voluntário.

Atenção: o reexame necessário não impede a interposição voluntária do RO pelo ente público, porém, optando por não interpor o recurso, ou, caso interposto, não seja conhecido, será realizado o reexame necessário. Nesse caso, será incabível o RR de ente público que não interpôs RO voluntário da decisão de 1ª instância, ressalvada a hipótese de ter sido agravada, na 2ª instância, a condenação imposta.

Embora não seja recurso, aplica-se a proibição do *reformatio in pejus* também ao Reexame Necessário.

15.6. Desistência do recurso

Pode o recorrente a qualquer tempo e sem a anuência do recorrido, ou dos litisconsortes, desistir do recurso. Também a renúncia ao direito de recorrer independe da aceitação da outra parte.

15.7. Recursos em espécie

A) Embargos de Declaração: são cabíveis para suprir os vícios de omissão, contradição, obscuridade e manifesto equívoco no exame dos pressupostos extrínsecos do recurso –nesse último caso somente se a declaração for do juízo *ad quem,* já que da decisão do juízo *a quo* cabe Agravo de Instrumento.

Possui prazo para interposição de 05 (cinco) dias contados da publicação da decisão, gerando o efeito de interromper os prazos dos recursos posteriores. A competência para seu julgamento é do próprio juízo que prolatou a decisão embargada.

* Embargos de Declaração com Efeito Modificativo: em regra, este recurso não possui a função de anular ou reformar a decisão impugnada, sendo destinado somente a esclarecer ou integrar o julgado. Porém, por vezes, pode alterar substancialmente o julgado, e, neste caso, é obrigatória a concessão de vista à parte contrária, exceto quando opostos contra a sentença, por força de efeito devolutivo.

* Embargos de Declaração Protelatórios: o embargante será condenado a pagar multas no caso de embargos meramente protelatórios:

- Não excedente a 1% sobre o valor da causa.

- Até 10% do valor da causa, na hipótese de reiteração dos embargos protelatórios. Nesse caso, o pagamento da multa passa a ser pressuposto recursal, ficando condicionada a interposição de qualquer outro recurso ao depósito do valor respectivo.

* Embargos de Declaração com efeitos prequestionatórios: não havendo manifestação expressa no acórdão a respeito da matéria que se pretende recorrer, deve a parte interpor embargos de declaração para suprir tal omissão, com a finalidade de preencher o requisito do prequestionamento.[28] Se interpostos neste caso, o recurso não será considerado protelatório.

B) Recurso Ordinário: é o meio pelo qual se pode rediscutir, amplamente, a matéria decidida na 1ª instância, seja pela Vara do Trabalho ou pelo Tribunal Regional, seja de direito, seja de fato. Deve ser interposto no prazo de 08 (oito) dias, possuindo, em regra, efeito meramente devolutivo. Para que se possa obter o efeito suspensivo, o recorrente deverá ajuizar ação cautelar com tal propósito.

O RO no rito sumaríssimo possui procedimento diferenciado do rito ordinário, devendo ser imediatamente distribuído. Uma vez recebido no Tribunal, deve o relator liberá-lo no prazo máximo de dez dias, e a Secretaria do Tribunal ou Turma colocá-lo imediatamente em pauta para julgamento, sem revisor. Terá parecer oral do representante do Ministério Público presente à sessão de julgamento, se este entender necessário o parecer, com registro na certidão. Terá também acórdão consistente unicamente na certidão de julgamento, com a indicação suficiente do processo e parte dispositiva, e das razões de decidir do voto prevalente. Se a sentença for confirmada pelos próprios fundamentos, a certidão de julgamento, registrando tal circunstância, servirá de acórdão.

C) Recurso de Revista: é um recurso de natureza extraordinária e vinculada.

Os recursos de natureza extraordinária fundam-se na tutela do direito objetivo, buscando sua exata aplicação. Impedem a verificação fática, inclusive o reexame de provas, ficando restritos à análise de direito.

Já os recursos de fundamentação vinculada são aqueles em que a lei exige que o recorrente indique algum vício específico na decisão impugnada, como ocorre no RR, que está vinculado à demonstração de divergência ou de violação literal de dispositivo de lei federal, ou afronta direta e literal à Constituição Federal.

Cabível quando a decisão atacada violar literalmente dispositivo de lei federal ou estadual ou que dê interpretação divergente à lei, convenção coletiva de trabalho, acordo coletivo, sentença normativa ou regulamento de empresa de observância obrigatória em área territorial que exceda a jurisdição do TRT prolator.

---

28. *Súmula nº 184 do TST* - EMBARGOS DECLARATÓRIOS. OMISSÃO EM RECURSO DE REVISTA. PRECLUSÃO
Ocorre preclusão se não forem opostos embargos declaratórios para suprir omissão apontada em recurso de revista ou de embargos.

Possui efeito meramente devolutivo, é interposto perante o TRT prolator do acórdão mediante petição e com razões endereçadas ao TST, no prazo de oito dias.

✓ Pressupostos específicos de admissibilidade: além de preencher todos os pressupostos genéricos direcionados aos demais recursos, deve conter ainda prequestionamento e transcendência.

Prequestionamento consiste em prévia manifestação pelo Tribunal sobre tópico questionado pela parte. Ou seja, somente caberá Recurso de Revista se a matéria nele impugnada já tiver sido discutida e decidida nas instâncias ordinárias. Consiste na obrigatoriedade de que haja decisão prévia acerca do direito objetivo supostamente violado ou aplicado de forma divergente.

Tem-se prequestionada a matéria ou questão quando na decisão impugnada haja sido adotada, explicitamente, tese a respeito. Em não havendo, incumbe à parte interessada, desde que a matéria haja sido invocada no recurso principal, opor embargos declaratórios objetivando o pronunciamento sobre o tema, sob pena de preclusão. Considera-se prequestionada a questão jurídica invocada no recurso principal sobre a qual se omite o Tribunal de pronunciar tese, não obstante opostos embargos de declaração. Ressalta-se que a parte deve transcrever na peça recursal, quando suscitar preliminar de nulidade de julgado por negativa de prestação jurisdicional, o trecho dos embargos declaratórios em que foi pedido o pronunciamento do Tribunal sobre a questão veiculada no recurso ordinário e o trecho da decisão regional que rejeitou os embargos quanto ao pedido, para cotejo e verificação, de plano, da ocorrência da omissão.

Transcendência: o Tribunal Superior do Trabalho, no Recurso de Revista, examinará previamente se a causa oferece transcendência com relação aos reflexos gerais de natureza econômica, política, social ou jurídica. Significa que a causa não pode produzir reflexos apenas para as partes, mas deve ultrapassar aquela relação processual, aproximando-se da repercussão geral do recurso extraordinário para o STF. Art. 896-A § 1º, CLT. São indicadores de transcendência, entre outros: econômica, o elevado valor da causa; política, o desrespeito da instância recorrida à jurisprudência sumulada do Tribunal Superior do Trabalho ou do Supremo Tribunal Federal; social, a postulação, por reclamante-recorrente, de direito social constitucionalmente assegurado; jurídica, a existência de questão nova em torno da interpretação da legislação trabalhista.

Importante ressaltar que a Lei 13.467/2017 trouxe a possibilidade de o relator, monocraticamente, denegar seguimento ao Recurso de Revista que não demonstrar transcendência, cabendo agravo desta decisão para o colegiado, com sustentação oral do recorrente sobre a questão da transcendência, durante cinco minutos em sessão. Porém, mantido o voto do relator quanto à não transcendência do recurso, será lavrado acórdão com fundamentação sucinta, que constituirá decisão irrecorrível no âmbito do tribunal. É também irrecorrível a decisão monocrática do relator que, em agravo de instrumento em Recurso de Revista, considerar ausente a transcendência da matéria.

Ressalta-se que o juízo de admissibilidade do Recurso de Revista exercido pela Presidência dos Tribunais Regionais do Trabalho não abrange o critério da transcendência, limitando-se à análise dos pressupostos intrínsecos e extrínsecos do apelo.

D) Agravo de Petição: na fase executiva o recurso será o Agravo de Petição, destinador a impugnar as decisões proferidas na execução trabalhista. Cabível também no prazo de 08 dias, nesse recurso exige-se a delimitação das matérias e valores impugnados, o que tem como finalidade tornar incontroversa a parte não impugnada, podendo ser executada de forma definitiva. Não sendo cumprido esse requisito, a execução prosseguirá de forma definitiva, não podendo se falar em violação do direito líquido e certo do executado.

E) Agravo de Instrumento: é cabível no processo do trabalho para destrancar recurso ordinário, de revista, extraordinário e de agravo de petição, e, ainda, contra decisões que negam seguimento ao recurso de embargos ou de embargos infringentes. Prazo de interposição, em geral, de 08 dias (10 dias para despacho denegatório de RE). Efeito devolutivo, em regra, podendo em alguns casos ter efeito suspensivo.

Uma vez interposto, poderá o juízo *a quo*, competente para o recebimento do Agravo, retratar-se, ou seja, modificar seu entendimento e dar seguimento ao recurso trancado. Não exige o recolhimento de custas recursais, porém o depósito recursal, no valor do 50% do depósito do recurso que se pretende destrancar, é exigido

16. EXECUÇÃO

Quando se trata de **sentença condenatória**, caso o réu não a cumpra espontaneamente, há necessidade de uma fase posterior para que haja a efetivação do direito material. Tem se aqui a denominada Execução.

Ao contrário do processo comum, em caso de omissão na CLT, o processo de execução será regido primeiramente pela Lei de Execuções Fiscais, e somente na lacuna desta, pelo Código de Processo Civil. Essa ordem, porém, não será observada quando a própria norma celetista impuser qual a norma deverá ser aplicada.

A execução pressupõe a existência de título que contenha obrigação **certa, líquida e exigível**. Poderão ser judiciais (decisões passadas em julgado ou das quais não tenha havido recurso com efeito suspensivo; os acordos, quando não cumpridos) ou extrajudiciais (os termos de ajuste de conduta firmados perante o Ministério Público do Trabalho e os termos de conciliação firmados perante as Comissões de Conciliação Prévia; certidão de dívida ativa da União referente às penalidades administrativas impostas ao empregador pelos órgãos de fiscalização do trabalho).

A execução definitiva é a que decorre de sentença transitada em julgado, podendo ir até a satisfação integral do exequente. A execução provisória, por outro lado, é aquela consubstanciada em título provisório, ou seja, quando é passível de modificação a sentença ou acórdão **submetido a recurso sem efeito suspensivo.** A execução fundada em título extrajudicial será sempre definitiva. Será provisória enquanto pendente recurso da sentença de improcedência dos embargos do executado, quando recebidos com efeito suspensivo.

Nos termos 878 da CLT, modificado pela Lei 13.467/2017, a execução será promovida pelas partes, permitida a execução de ofício pelo juiz ou pelo Presidente do Tribunal apenas nos casos em que as partes não estiverem representadas por advogado. Dessa forma, tanto a execução provisória quanto a execução definitiva somente poderão ser iniciadas de ofício pelo magistrado quando as partes estiverem desassistidas.

A CLT permite a execução provisória até a Penhora. A doutrina, porém, tem entendido pela aplicação subsidiária do art. 521 do CPC na seara trabalhista, de modo que a execução provisória poderá prosseguir até o levantamento do dinheiro ou atos de alienação de propriedade, desde que, nesses casos, haja caução suficiente e idônea prestado pelo exequente. Em alguns casos, poderá até mesmo dispensar-se a necessidade de caução.

Ressalta-se que a execução provisória **ficará sem efeito sobrevindo acórdão que modifique o anule sentença objeto de execução**, restituindo-se as partes ao estado anterior e liquidados eventuais prejuízos, nos mesmos autos, por arbitramento. Entretanto, se a sentença que embasa a **execução provisória for modificada ou anulada apenas em parte**, **somente nesta ficará sem efeito a execução.**

No que couber, a execução provisória seguirá o mesmo procedimento da definitiva, porém entende o TST que fere direito líquido e certo do impetrante a determinação de penhora em dinheiro, quando nomeados outros bens à penhora, pois o executado tem direito a que a execução seja realizada do modo menos gravoso.[29]

16.1. Competência: a competência para a fase de execução é de natureza absoluta

No caso de títulos judiciais, é competente para a execução das decisões o **juiz ou presidente do tribunal que tiver conciliado ou julgado originariamente o dissídio.** Sendo os títulos extrajudiciais, é competente o **juiz que teria competência para o processo de conhecimento relativo à matéria.**

A competência, portanto, já está definida, não cabendo ao exequente escolher entre o foro, seja este do local de expropriação de bens do executado, ou da residência deste.

16.2. Responsabilidade patrimonial

✓ A responsabilidade primária recairá sempre sobre o devedor, porém, pode ocorrer de outros sujeitos ficarem responsáveis pelo pagamento da dívida, sem que sejam devedores. Surge aqui a denominada responsabilidade secundária, que ocorre quando o responsável pelo pagamento é o sucessor trabalhista, o tomador de serviços na terceirização lícita, o sócio e etc.[30]

✓ Responsabilidade do Sócio: possui responsabilidade secundária, ou seja, seu patrimônio poderá ser atingido para arcar com o pagamento de dívida da pessoa jurídica. Surge aqui a desconsideração da personalidade jurídica, que consiste no afastamento da empresa devedora inadimplente e na condenação dos sócios para que estes promovam o pagamento da dívida. No processo do trabalho, para que o sócio seja atingido basta a constatação de que a pessoa jurídica não possui bens suficientes para o pagamento da dívida, adotando-se a teoria objetiva, também conhecida como Teoria Menor.

Ocorrendo a desconsideração, tem o sócio direito a invocar o **benefício de ordem**, requisitando que primeiro sejam conscritos os bens da sociedade, devendo nomear à penhora bens que estejam livres e desembargados.

---

29. *Súmula nº 417 do TST*-MANDADO DE SEGURANÇA. PENHORA EM DINHEIRO

I - Não fere direito líquido e certo do impetrante o ato judicial que determina penhora em dinheiro do executado, em execução definitiva, para garantir crédito exequendo, uma vez que obedece à gradação prevista no art. 655 do CPC.

II - Havendo discordância do credor, em execução definitiva, não tem o executado direito líquido e certo a que os valores penhorados em dinheiro fiquem depositados no próprio banco, ainda que atenda aos requisitos do art. 666, I, do CPC.

III - Em se tratando de execução provisória, fere direito líquido e certo do impetrante a determinação de penhora em dinheiro, quando nomeados outros bens à penhora, pois o executado tem direito a que a execução se processe da forma que lhe seja menos gravosa, nos termos do art. 620 do CPC.

---

30. OJ-SDI1-411 SUCESSÃO TRABALHISTA. AQUISIÇÃO DE EMPRESA PER-TENCENTE A GRUPO ECONÔMICO. RESPONSABILIDADE SOLI-DÁRIA DO SUCESSOR POR DÉBITOS TRABALHISTAS DE EMPRESA NÃO ADQUIRIDA. INEXISTÊNCIA. (DEJT divulgado em 22, 25 e 26.10.2010)

O sucessor não responde solidariamente por débitos trabalhistas de empresa não adquirida, integrante do mesmo grupo econômico da empresa sucedida, quando, à época, a empresa devedora direta era solvente ou idônea economicamente, ressalvada a hipótese de má-fé ou fraude na sucessão.

OJ-SDI1-225 CONTRATO DE CONCESSÃO DE SERVIÇO PÚBLICO. RES-PONSABILIDADE TRABALHISTA (nova redação) - DJ 20.04.2005

Celebrado contrato de concessão de serviço público em que uma empresa (primeira concessionária) outorga a outra (segunda concessionária), no todo ou em parte, mediante arrendamento, ou qualquer outra forma contratual, a título transitório, bens de sua propriedade:

I - em caso de rescisão do contrato de trabalho após a entrada em vigor da concessão, a segunda concessionária, na condição de sucessora, responde pelos direitos decorrentes do contrato de trabalho, sem prejuízo da responsabilidade subsidiária da primeira concessionária pelos débitos trabalhistas contraídos até a concessão;

II - no tocante ao contrato de trabalho extinto antes da vigência da concessão, a responsabilidade pelos direitos dos trabalhadores será exclusivamente da antecessora.

OJ-SDI1-92 DESMEMBRAMENTO DE MUNICÍPIOS. RESPONSABILI-DADE TRABALHISTA (inserida em 30.05.1997)

Em caso de criação de novo município, por desmembramento, cada uma das novas entidades responsabiliza-se pelos direitos trabalhistas do empregado no período em que figurarem como real empregador.

OJ-SDI1-185 CONTRATO DE TRABALHO COM A ASSOCIAÇÃO DE PAIS E MESTRES - APM. INEXISTÊNCIA DE RESPONSABILIDADE SO-LIDÁRIA OU SUBSIDIÁRIA DO ESTADO (inserido dispositivo) - DJ 20.04.2005

O Estado-Membro não é responsável subsidiária ou solidariamente com a Associação de Pais e Mestres pelos encargos trabalhistas dos empregados contratados por esta última, que deverão ser suportados integral e exclusivamente pelo real empregador.

OJ-SDI1-191 CONTRATO DE EMPREITADA. DONO DA OBRA DE CONS-TRUÇÃO CIVIL. RESPONSABILIDADE (nova redação) - Res. 175/2011, DEJT divulgado em 27, 30 e 31.05.2011

Diante da inexistência de previsão legal específica, o contrato de empreitada de construção civil entre o dono da obra e o empreiteiro não enseja responsabilidade solidária ou subsidiária nas obrigações trabalhistas contraídas pelo empreiteiro, salvo sendo o dono da obra uma empresa construtora ou incorporadora.

Ao incidente de Desconsideração da Personalidade Jurídica no Processo do Trabalho aplicam-se praticamente as mesmas regras atinentes ao Processo Civil, presentes nos arts. 133 a 137 do CPC, com poucas exceções. Aplicando o princípio da irrecorribilidade das decisões interlocutórias, tem-se que da decisão interlocutória que acolher ou rejeitar o incidente na fase de cognição não cabe recurso de imediato. Já na fase de execução, é cabível o agravo de petição, independentemente de garantia do juízo.

Ressalta-se que a instauração do incidente suspenderá o processo, sem prejuízo de concessão da tutela de urgência de natureza cautelar.

16.3. Execução por quantia certa contra devedor solvente

Tem por objetivo expropriar bens do devedor, a fim de satisfazer o direto do credor. Nesse caso, sendo o patrimônio do devedor superior à quantidade de dívidas contraídas, chamamos de devedor solvente. São etapas da execução:

✓ Citação para o pagamento (880 e 881 CLT);

✓ Constrição de bens (882 e 883);

✓ Defesa do Executado (884 a 886);

✓ Expropriação de Bens (888).

✓ Citação: requerida a execução, o juiz mandará expedir o mandado de citação, a fim de que **cumpra a decisão ou o acordo no prazo, pelo modo e sob as cominações estabelecidas**, ou, quando se tratar de pagamento em dinheiro, para que **o faça em 48 horas ou garanta a execução sob pena de penhora**. O mandado de citação deverá conter a decisão exequenda ou o termo de acordo não cumprido. Recorde-se que na fase de execução a citação é **ato pessoal, por oficial de justiça.**

Será possível a citação por edital caso **o executado seja procurado duas vezes no espaço de 48 horas e não seja encontrado.** Nesse caso, o edital será publicado no jornal oficial, e na falta deste, afixado na vara ou juízo, por 5 dias.

✓ Realizada a citação cabe ao devedor, no prazo de 48 horas, as seguintes alternativas:

1) Pagar a dívida;

2) Garantir a execução, mediante depósito da quantia atualizada e acrescida das despesas processuais;

3) Nomear bens à penhora, observada a ordem preferencial estabelecida no art. 835 do Código Processual Civil;

4) Manter-se inerte, caso em que será realizada a penhora pelo Oficial de Justiça, de tantos bens quantos bastem ao pagamento da importância da condenação, acrescida de custas e juros de mora, sendo estes, em qualquer caso, devidos a partir da data em que for ajuizada a reclamação inicial. A penhora é ato do Estado que se **introduz no patrimônio do devedor, vinculando determinados bens que serão destinados a satisfazer o crédito do exequente;** Será efetuada onde que se encontrem os bens, ainda que sob a posse, detenção ou guarda de terceiros.

Realizada a penhora, esta produz os seguintes efeitos: individualiza determinados bens do devedor; garante o juízo; gera direito de preferência ao credor, ou seja, havendo mais de uma penhora sobre o bem, o credor que, primeiramente, obteve a penhora tem preferência quanto aos demais; retira do executado a posse direta do bem; torna ineficaz os atos de alienação e oneração dos bens penhorados.

Atenção: O juiz suspenderá o curso da execução enquanto não for localizado o devedor ou encontrados bens sobre os quais possa recair a penhora, e, nesses casos, não correrá o prazo de prescrição. Decorrido o prazo máximo de 1 ano, sem que seja localizado o devedor ou encontrados bens penhoráveis, o juiz ordenará o arquivamento dos autos. Encontrados que sejam, a qualquer tempo, o devedor ou os bens, serão desarquivados os autos para prosseguimento da execução. Não entendo que no caso de inexistência de bens penhoráveis possa ser aplicada a prescrição intercorrente, haja vista que prescrição intercorrente, a prescrição na execução, acontece quando o exequente, o credor trabalhista, precisa tomar uma providência, mas fica inerte. Neste caso, não haveria atitude a ser tomada pelo exequente.

16.4. Defesa na execução

✓ **Embargos à Execução:** ficam restritos à execução contra a Fazenda Pública e à execução de títulos extrajudiciais. São destinados a desconstituir o título executivo, declarar a inexigibilidade da obrigação ou a nulidade da execução. Garantida a execução ou penhorados os bens, terá o executado 5 (cinco) dias para apresentar embargos, cabendo igual prazo ao exequente para impugnação.

Salienta-se que somente será possível a interposição dos Embargos se a penhora for suficiente para garantir integralmente a execução.

A competência para julgamento dos embargos cabe ao juízo de execução. Porém, pode ocorrer dos bens do executado não se encontrarem no local da execução, sendo a penhora feita por carta precatória. Neste caso o julgamento dos embargos será feito pelo juízo deprecado, onde se encontram os bens, quando os embargos tiverem por objeto vícios ou irregularidades de atos do próprio juízo deprecado; e pelo juízo deprecante nos demais casos.

As matérias passíveis de alegação estão restritas às alegações de cumprimento da decisão ou do acordo, quitação ou prescrição da divida. Da decisão nos embargos à execução cabe agravo de petição.

✓ Embargos de Terceiros

O processo do trabalho não estabelece os embargos de terceiro, aplicando subsidiariamente o CPC. Trata-se de ação autônoma de conhecimento destinada a eliminar ou evitar a constrição de bens de terceiro que não participa do processo ou não responde patrimonialmente pela dívida. É cabível então quando quem, não sendo parte no processo, sofrer turbação ou esbulho na posse de seus bens por ato de apreensão judicial, em casos como o de penhora, depósito, arresto, sequestro, alienação judicial, arrecadação, arrolamento, inventário, partilha. Poderá requerer lhe sejam manutenidos ou restituídos por meio de embargos.

O cônjuge do executado tem legitimidade para opor embargos de terceiro para defesa de sua meação. No que tange aos sócios, o TST entende que, caso tenha ocorrido a desconsideração da personalidade jurídica, o sócio deverá opor embargos à execução, já que foi incluído no polo da execução, porém, se apenas a empresa tiver sendo executada, poderá opor embargos de terceiros.

✓ Remissão da Execução: é o pagamento da dívida pelo executado. Só será deferida se o executado oferecer preço igual ao valor da condenação. Ou seja, pressupõe o pagamento integral de dívida, devidamente atualizada, mais juros, custas e honorários. Pode ocorrer a todo tempo, desde que antes de adjudicados ou alienados os bens.

✓ Execução de prestações sucessivas: é aquela que pressupõe uma relação continuativa, de trato sucessivo, ou seja, envolve parcelas futuras. Nas prestações sucessivas por tempo determinado, a execução pelo não pagamento de uma prestação compreenderá as que lhe sucederem. Tratando-se de prestações sucessivas por tempo indeterminado, a execução compreenderá inicialmente as prestações devidas até a data do ingresso na execução.

✓ **Execução de Obrigação de Fazer e de Não Fazer:**

✓ Busca uma tutela específica, que determinado ato específico seja praticado ou não praticado pelo devedor.

✓ A CLT não estabelece regramento, sendo aplicável o CPC nos termos do art. 461 e seguintes, quando for título judicial, e 632 e seguintes, quando se tratar de título extrajudicial. No processo do trabalho são frequentes, tais como: reintegração de emprego com garantia de emprego; anotação da CTPS; fornecimento das guias de seguro desemprego; não transferência do empregado; não alteração das condições de trabalho; não discriminação dos empregados na contratação e etc.

17. PROCEDIMENTOS ESPECIAIS

I. INQUÉRITO PARA APURAÇÃO DE FALTA GRAVE

Alguns empregados, para que possam ser dispensados, dependem de demonstração de falta grave, a ser apurada e declarada pelo Poder Judiciário, por meio do denominado Inquérito para Apuração de Falta Grave. É cabível para extinguir o contrato de trabalho de determinados empregados detentores de estabilidade ou garantia de emprego.

* Quem se submete ao inquérito?

- 1ª Corrente: dirigente sindical e estável decenal.

- 2ª Corrente: dirigente sindical, estável decenal, diretor de sociedade cooperativa e membros do Conselho Nacional de Previdência Social.

Atenção: parte minoritária da doutrina também inclui membros da CCP.

* Prazo: o empregador tem a faculdade de suspender o empregado de suas funções afim de apurar a falta grave, mas a sua despedida só se tornará efetiva após o inquérito em que se verifique a procedência da acusação. A suspensão perdurará até a decisão final do processo, mas não poderá ser superior a trinta dias. Trinta dias também é o prazo que o empregador possui para ajuizar o inquérito, contados da suspensão do empregado. É de decadência o prazo de trinta dias para instauração do inquérito judicial, a contar da suspensão, por falta grave, de empregado estável. O inquérito será ajuizado na Vara do Trabalho. A petição inicial deverá ser obrigatoriamente escrita, e poderão ser ouvidas até seis testemunhas.

A despedida só se tornará efetiva após o inquérito, e quando se verifique a procedência da acusação. Reconhecida a inexistência de falta grave praticada pelo empregado, fica o empregador obrigado a readmiti-lo no serviço e a pagar-lhe os salários a que teria direito no período da suspensão. Quando a reintegração do empregado estável for desaconselhável, dado o grau de incompatibilidade resultante do dissídio, especialmente quando for o empregador pessoa física, o Tribunal do Trabalho poderá converter aquela obrigação em indenização devida nos termos do art. 497 da CLT.

18. QUESTÕES COMENTADAS

(Exame de Ordem Unificado - XXIV - Primeira Fase)

1) Contra ato de Juiz do Trabalho que determinou a antecipação de honorários periciais do seu cliente, mesmo não tendo ele condições financeiras para arcar com esse custo, você, na defesa dos interesses do cliente, impetrou mandado de segurança contra o ato judicial, mas, por unanimidade, não teve a segurança concedida.

De acordo com a CLT, assinale a opção que indica o procedimento a ser adotado para tentar reverter a decisão.

(A) Interpor Recurso Ordinário para o TST.

(B) Interpor Agravo de Instrumento para o STF.

(C) Interpor Agravo Interno para o próprio TRT.

(D) Nada mais pode ser feito, porque se trata de decisão irrecorrível.

COMENTÁRIOS: Os honorários periciais representam a remuneração do perito judicial em razão dos laudos entregues durante o processo. O Art. 790-B da CLT determina que "A responsabilidade pelo pagamento dos honorários periciais é da parte sucumbente na pretensão objeto da perícia, ainda que beneficiária da justiça gratuita. (Redação dada pela Lei nº 13.467, de 2017)". Desse modo, como só é possível saber quem é a parte sucumbente na pretensão objeto da perícia após o julgamento do processo, o **§ 3º**, do mesmo art. 790-B, dispõe que: "O juízo **não poderá exigir adiantamento de valores para realização de perícias.** Este também é o entendimento da **OJ n. 98 da SDI-I/TST – "É** ilegal a exigência de depósito prévio para custeio dos honorários periciais, dada a incompatibilidade com o processo do trabalho, sendo cabível o mandado de segurança visando à realização da perícia, independentemente do depósito." Desse modo, sendo a parte requerente da perícia obrigada pelo juiz a antecipar os honorários periciais será cabível mandado de segurança, diante de direito líquido e certo disposto no art. 790-B, § 3º, da CLT. Caso o mandado de segurança tenha sua segurança denegada, é possível a interposição de Recurso Ordinário no prazo de 8 dias.

Súmula 201 do TST. Recurso ordinário em mandado de segurança.
Da decisão de Tribunal Regional do Trabalho em mandado de segurança cabe recurso ordinário, no prazo de 8 (oito) dias, para o Tribunal Superior do Trabalho, e igual dilação para o recorrido e interessados apresentarem razões de contrariedade. Ressalta-se que os arts. 82 e 95 do NCPC determinam que as despesas processuais, incluídos os honorários periciais, devem ser antecipadas por aqueles que requerem, cabendo ao autor nas hipóteses de requerimento por ambas as partes, pelo juiz ou pelo Ministério Público. A CLT, por ter regramento específico a respeito da antecipação dos honorários periciais, não aplica os artigos do CPC, que são incompatíveis com o processo do trabalho, afastando-se assim sua aplicação subsidiária (CLT, art. 769). Atenção, porém, quanto à indicação de assistente técnico. No caso da contratação de um assistente técnico, por ser mera faculdade da parte que a indica, deverá ter seus honorários custeados por aquele que o contratou. Essa é a inteligência da Súmula 341 do TST: "A **indicação do perito assistente é faculdade da parte, a qual deve responder** pelos respectivos **honorários**, ainda que vencedora no objeto da perícia".

Gabarito "A".

(FGV/ OAB - Exame de Ordem Unificado - XXIV - Primeira Fase)

2) Em sede de processo trabalhista, após o trânsito em julgado da sentença e elaborada a conta de liquidação, foi aberto prazo de 08 dias para que as partes se manifestassem sobre a mesma. Contudo, o réu não se manifestou, e o autor concordou com a conta do juízo, que foi homologada.

Considerada essa hipótese, em sede de embargos à execução do réu, interposto 05 dias após a garantia do juízo, este pretende discutir a conta de liquidação, aduzindo incorreção nos valores. (**questão modificada para se ajustar a Lei 13.467/2017**)

DIREITO PROCESSUAL DO TRABALHO

Você, como advogado(a) do autor deverá, em resposta,

(A) suscitar a preclusão do direito aos embargos à execução e expor as razões pelas quais entende pela validade dos cálculos do juízo.

(B) suscitar apenas que a conta está correta.

(C) suscitar a intempestividade dos embargos.

(D) suscitar apenas que a conta está correta e requerer o levantamento dos valores incontroversos.

COMENTÁRIOS: Pedro Paulo Teixeira Manus (2005, p. 25)[31] entende que liquidação de sentença é: [...] "conjunto de atos processuais necessários para aparelhar o título executivo, que possui certeza, mas não liquidez, à execução que se seguirá. Com efeito, tratando-se de condenação do reconhecimento de obrigação de dar quantia certa, quase sempre a decisão que se executa, embora certa quanto ao seu objeto, não traz os valores devidos de forma líquida." Desse modo tem-se que a liquidação tem lugar quando a sentença proferida pelo juiz não fixa o valor da condenação ou não individualiza o objeto da execução, não fixando o valor devido. Sendo ilíquida a sentença exequenda, ordenar-se-á, previamente, a sua liquidação, que poderá ser feita por cálculo, por arbitramento ou por artigos. Determina o art. 879 da CLT que elaborada a conta e tornada líquida, o juízo deverá abrir às partes prazo comum de oito dias para impugnação fundamentada com a indicação dos itens e valores objeto da discordância, **sob pena de preclusão.** Desse modo, caso o réu não se manifeste neste momento, seu direito preclui, não podendo discutir o valor da liquidação em sede de embargos à execução. Você, como advogado da parte autora, deverá arguir a preclusão e manifestar pela veracidade dos cálculos apresentados em fase de liquidação.
Gabarito "A".

(FGV/ OAB - Exame de Ordem Unificado - XXIII - Primeira Fase)

3) A sociedade empresária Arco Íris Limpeza Ltda. foi citada para pagar o valor de uma dívida trabalhista homologada pelo juiz e, sem apresentar guia de pagamento ou arrolar bens, apresentou embargos de devedor, nos quais aponta diversas inconsistências nos cálculos.

Diante disso, de acordo com a CLT, assinale a afirmativa correta.

(A) A Justiça do Trabalho passou a adotar o sistema do CPC, pelo qual não há necessidade de garantir o juízo para embargar, de modo que os embargos serão apreciados.

(B) A CLT prevê que, para o ajuizamento de embargos de devedor, é necessário garantir o juízo com 50% do valor da dívida exequenda, o que não aconteceu na espécie.

(C) Sem a garantia do juízo, o executado não poderá ajuizar embargos de devedor, de modo que as matérias por ele trazidas não serão apreciadas naquele momento.

(D) A CLT determina quem, havendo ajuizamento de embargos de devedor, o executado é obrigado a declarar, o valor que entende devido e a depositar essa quantia à disposição do juízo.

COMENTÁRIOS: A CLT determina no art. 884 que para apresentar embargos deverá o executado garantir a execução ou nomear bens à penhora. A garantia do juízo significa que o Reclamado, para discutir os valores que entende indevidos, apresentando o recurso cabível, deverá proceder ao depósito do valor homologado pelo juiz. A Lei 6.830/1980, Lei de Execuções Fiscais aplicada de forma subsidiária à execução trabalhista, dispõe no art. 9º que o executado poderá oferecer a garantia do juízo de quatro modos, quais sejam: a) depósito em dinheiro; b) fiança bancária; c) nomeação de bens à penhora; d) seguro garantia. Vale lembrar que, em fase de execução, aplica-se subsidiariamente a Lei de Execução Fiscal, e apenas depois o Código de Processo Civil. O §6º do art. 884 da CLT retira a necessidade de garantia do juízo apenas das entidades filantrópicas e/ou daqueles que compõem ou compuseram a diretoria dessas instituições. Sem a garantia do juízo, o executado não preenche o pressuposto de admissibilidade específico dos embargos de devedor, de modo que as matérias por ele trazidas não serão apreciadas naquele momento. O CPC, por outro lado, não exige esta garantia, porém, o regramento cível não é aplicável ao Processo do Trabalho, que possui regramento próprio nesta situação.
Gabarito "C".

FGV/ OAB - Exame de Ordem Unificado - XXIII - Primeira Fase

4) Rita é engenheira e trabalhou na empresa Irmãos Construtores Ltda. por 3 anos. Ao ser dispensada, ajuizou ação trabalhista em face da ex-empregadora. Como tinha experiência na área de recursos humanos de empregos anteriores, decidiu ela própria fazer sua defesa jurídica,

não buscando, portanto, a assistência de advogado ou sindicato. Elaborou a petição inicial, compareceu à audiência e formulou perguntas para testemunhas e para a parte ré.

Ao término da instrução o juiz prolatou sentença de improcedência do petitório de Rita, a qual, inconformada, interpôs recurso ordinário, que teve provimento negado, sendo mantida a sentença de primeiro grau. Ainda inconformada, adotando o mesmo sistema, entendendo ter havido violação literal de dispositivo constitucional tanto na sentença de primeiro grau como no acórdão, Rita, da mesma forma e desacompanhada de advogado, interpõe o competente recurso de revista para o TST.

Com base na jurisprudência consolidada do TST acerca da postulação em causa própria, assinale a afirmativa correta.

(A) O recurso deverá ser conhecido e provido.

(B) O recurso deveria ser endereçado ao STF, em razão da alegada violação constitucional.

(C) Não cabe mais recurso do julgado.

(D) O recurso deverá ter o seguimento negado por irregularidade de representação.

COMENTÁRIOS: O *jus postulandi* previsto no art. 791 da CLT determina que os empregados e os empregadores poderão reclamar pessoalmente perante a Justiça do Trabalho e acompanhar as suas reclamações até o final. Isso significa que as partes podem ajuizar uma demanda trabalhista sem a assistência e representação de um advogado. O TST, porém, **adequa-se à realidade do processo**, entendendo que, **mesmo com a informalidade do direito processual do trabalho,** a tecnicidade do processo atual exige o acompanhamento de um advogado legalmente habilitado para a atuação nos procedimentos mais complexos, bem como os recursos extraordinários e a proteção do direito material em litígio. Dessa forma, a Súmula 425 do TST determina que o *jus postulandi* das partes, estabelecido no art. 791 da CLT, limita-se às Varas do Trabalho e aos Tribunais Regionais do Trabalho, **não alcançando a ação rescisória, a ação cautelar, o mandado de segurança e os recursos de competência do Tribunal Superior do Trabalho.** Rita, ao se valer do instituto do *jus postulandi*, ao interpor o competente recurso de revista para o TST, deverá ter o seguimento negado por irregularidade de representação, pois esta desacompanhada de advogado.
Gabarito "D".

FGV/ OAB - Exame de Ordem Unificado - XXIII - Primeira Fase

5) Reinaldo, Wilma e Teodoro trabalharam no restaurante Fino Paladar Ltda.

Todos procuraram o mesmo advogado para apresentar reclamação trabalhista: Reinaldo diz que não recebeu horas extras, Wilma informa que não recebeu as verbas resilitórias e Teodoro diz que não recebeu a participação nos lucros.

Diante da situação retratada, e de acordo com a CLT, assinale a afirmativa correta.

(A) Não é possível o ajuizamento de reclamação plúrima, porque os pedidos são distintos.

(B) A CLT não traz os requisitos para o litisconsórcio ativo e, por isso, ficará a critério do juiz aceitar o ingresso conjunto.

(C) Cabe manejo da reclamação plúrima, porque o empregador é o mesmo.

(D) No caso apresentado, caberá o ajuizamento de dissídio coletivo.

COMENTÁRIOS: O litisconsórcio tem como principal característica a pluralidade de pessoas, seja no polo ativo, seja no polo passivo. Determina Carlos Henrique Bezerra Leite que "É possível, no entanto, que haja pluralidade de pessoas no polo ativo ou no polo passivo da relação processual, ou em ambos. Dá-se, em tais situações, o fenômeno do litisconsórcio, que é a cumulação de lides que se ligam no plano subjetivo". Dispõe o artigo 842 da CLT que se forem várias as reclamações e havendo identidade de matéria, podem ser acumuladas em um só processo, se se tratar de empregados da mesma empresa ou estabelecimento. Exige-se, então, que a causa de pedir e o pedido sejam vinculados, que haja identidade de matéria, bem como que os autores sejam empregados do mesmo empregador. No caso em tela, embora o empregador seja o mesmo, os pedidos são distintos, não cabendo a reclamação plúrima. Vale lembrar que, no processo do trabalho, ainda que haja mais de um autor, o número de testemunhas continua limitado a três por processo, no caso de procedimento ordinário. Tal número não será contado por autor ou por fatos distintos, considerando que reclamatória individual plúrima é uma faculdade conferida às partes que figuram no polo ativo da demanda.
Gabarito "A".

---

31. MANUS, Pedro Paulo Teixeira. *Execução de sentença no processo do trabalho.* 2 ed. São Paulo: Atlas, 2005. P 25.

FGV/ OAB - Exame de Ordem Unificado - XXII - Primeira Fase

6) Lucas é vigilante. Nessa condição, trabalhou como terceirizado durante um ano em um estabelecimento comercial privado e, a seguir, em um órgão estadual da administração direta, no qual permaneceu por dois anos.

Dispensado, ajuizou ação contra o ex-empregador e contra os dois tomadores dos seus serviços (a empresa privada e o Estado), pleiteando o pagamento de horas extras durante todo o período contratual e a responsabilidade subsidiária dos tomadores nos respectivos períodos em que receberam o serviço. A sentença julgou procedente o pedido e os réus pretendem recorrer.

Em relação às custas, com base nos ditames da CLT, assinale a afirmativa correta.

(A) Cada réu deverá recolher 1/3 das custas.
(B) Havendo participação do Estado, ninguém pagará custas.
(C) Somente o Estado ficará dispensado das custas.
(D) Cada réu deverá recolher a integralidade das custas.

COMENTÁRIOS: O pagamento das custas é pressuposto recursal extrínseco que engloba o preparo. Para recorrer, o recorrente deve realizar o pagamento e comprovar o recolhimento das custas dentro do prazo recursal, do contrário seu recurso será considerado deserto e não será admitido pelo Tribunal. Cada recorrente deverá pagar as custas em sua integralidade para que tenha o direito de recorrer. Ocorre que o art.790-A determina que são **isentos** do pagamento de custas a União, os **Estados**, o Distrito Federal, os Municípios e respectivas autarquias e fundações públicas federais, estaduais ou municipais que não explorem atividade econômica. Deste modo, na questão acima, apenas o Estado ficará dispensado das custas, devendo o outro tomador recolhê-las em sua integralidade, caso queira interpor algum recurso. As custas são tratadas no artigo 789 da CLT e no processo de conhecimento incidirá à base de 2% (dois por cento), observado o mínimo de R$ 10,64 (dez reais e sessenta e quatro centavos) e o máximo de quatro vezes o limite máximo dos benefícios do Regime Geral de Previdência Social. Os 2% incidirão sobre o respectivo valor quando houver acordo ou condenação. Quando houver extinção do processo, sem julgamento do mérito, ou quando julgado totalmente improcedente o pedido, incidirão sobre o valor da causa, assim como no caso de procedência do pedido formulado em ação declaratória e em ação constitutiva. Ressalta-se que quando o valor for indeterminado, os 2% incidirão sobre o que o juiz fixar. As custas serão pagas pelo vencido, após o trânsito em julgado da decisão. No caso de recurso, as custas serão pagas e comprovado o recolhimento dentro do prazo recursal. Sempre que houver acordo, se de outra forma não for convencionado, o pagamento das custas caberá em partes iguais aos litigantes. Nos dissídios coletivos, as partes vencidas responderão solidariamente pelo pagamento das custas, calculadas sobre o valor arbitrado na decisão, ou pelo Presidente do Tribunal.
Gabarito "C".

FGV/ OAB - Exame de Ordem Unificado - XXII - Primeira Fase

7) Expedida carta precatória executória numa demanda trabalhista, o juízo deprecante cita o devedor para pagamento, mas ele permanece inerte. Então, o oficial de justiça retorna e penhora um dos imóveis do executado, avaliando-o e garantindo o juízo.

Imediatamente o executado ajuíza embargos de devedor, alegando que o bem penhorado foi subavaliado, apresentando a documentação que entende provar que o valor de mercado do bem é muito superior àquele lançado no auto pelo oficial de justiça.

Sobre a hipótese apresentada, de acordo com a legislação em vigor e o entendimento consolidado do TST, assinale a opção que, justificadamente, indica o juízo competente para apreciar os embargos.

(A) O juízo deprecante é competente, pois dele se origina a execução.
(B) O julgamento poderá competir aos juízos deprecante ou ao deprecado, porque a Lei não traz previsão.
(C) O juízo deprecado será competente, porque a matéria se refere a suposto vício na penhora.
(D) A Lei e a jurisprudência são omissas a respeito, daí porque a parte poderá escolher qual dos juízos apreciará os embargos.

COMENTÁRIOS: A regra geral é que os embargos sejam julgados pelo juízo deprecante, porém se versarem sobre defeitos ou vícios da penhora, da avaliação ou alienação dos bens o juízo competente será o deprecado. É o que menciona **o art. 20 da Lei 6.830/1980 (Lei de Execução Fiscal) e o** art.914, § 2º do NCPC: "Na execução por carta, os embargos serão oferecidos no juízo deprecante ou no juízo deprecado, mas a **competência para julgá-los é do juízo deprecante,**

salvo se versarem unicamente sobre vícios ou defeitos da penhora, da avaliação ou da alienação dos bens efetuadas **no juízo deprecado." Juiz deprecante** é o juiz da comarca por onde tramita um processo e que, nessa condição, expede carta precatória para outra comarca, a fim de que outro juiz (**juiz deprecado**), execute atos a serem praticados na comarca deste último. **Juiz deprecado**, por conseguinte, é juiz da outra comarca, a quem o juiz deprecante envia carta precatória para cumprimento dos atos processuais acima descritos. No caso em tela, o executado ajuíza embargos de devedor alegando defeito na avaliação da penhora, razão pela qual os embargos deverão ser apreciados por aquele juízo que realizou a penhora, ou seja, juízo deprecado.
Gabarito "C".

FGV/ OAB - Exame de Ordem Unificado - XXII - Primeira Fase

08) Jorge foi dispensado e, no dia designado para homologação da ruptura contratual, a empresa informou que não tinha dinheiro para pagar a indenização. O TRCT estava preenchido, com o valor total de R$ 5.000,00 que Jorge deveria receber.

Diante da situação narrada pela empresa e da extrema necessidade de Jorge, o sindicato concordou em fazer a homologação apenas para liberar o FGTS e permitir o acesso ao seguro-desemprego, lançando no TRCT um carimbo de que nada havia sido pago. Jorge, então, ajuizou ação monitória na Justiça do Trabalho, cobrando a dívida de R$ 5.000,00.

Sobre a situação narrada, assinale a afirmativa correta.

(A) O comportamento de Jorge é viável, sendo que, nesse caso, o juiz expedirá mandado de pagamento, nos moldes do CPC.
(B) Na Justiça do Trabalho, a ação monitória somente é possível em causas de até dois salários mínimos, sendo que da sentença não caberá recurso, o que não é a hipótese retratada.
(C) Jorge deveria ajuizar ação de execução de título extrajudicial, que é a natureza jurídica do TRCT preenchido, mas não quitado.
(D) Jorge agiu mal, porque não cabe ação monitória na Justiça do Trabalho, em razão da incompatibilidade de procedimentos.

COMENTÁRIOS: Termo de Rescisão de Contrato de Trabalho, TRCT, é um documento formal com os dados do trabalhador e do contrato de trabalho, em que ficam registradas todas as verbas que devem ser pagas por ocasião da rescisão do contrato. Esse documento é necessário para o saque do FGTS. O TRCT não é um título executivo extrajudicial. O entendimento a respeito do cabimento da ação monitória no processo do trabalho não é pacífico, mas é majoritário. A ação monitória é uma ação de conhecimento de rito especial compatível com o processo do trabalho, cujo objetivo é propiciar ao autor a satisfação de um crédito certo, líquido e exigível, porém sem força de título executivo, desde que apresente prova escrita representativa suficiente para comprovação. Nelson Nery Junior entende que 'É comum a existência de documento escrito onde a empresa reclamada faz os cálculos das verbas rescisórias, mas não efetua o pagamento. Como se trata de documento escrito, sem eficácia de título executivo, cabe a ação monitória para que, expedido o mandado monitório, a empresa pague, querendo." (NERY JUNIOR, 2015, p. 519). Neste caso, o TRCT valeria como documento hábil a ensejar uma ação monitória.
Gabarito "A".

FGV/ OAB - Exame de Ordem Unificado - XXII - Primeira Fase

09) Em reclamação trabalhista que se encontra na fase de execução, o executado apresentou exceção de pré-executividade. Após ser conferida vista à parte contrária, o juiz julgou-a procedente e reconheceu a nulidade da citação e de todos os atos subsequentes, determinando nova citação para que o réu pudesse contestar a demanda.

Considerando essa situação e o que dispõe a CLT, assinale a opção que indica o recurso que o exequente deverá apresentar para tentar reverter a decisão.

(A) Apelação.
(B) Agravo de Petição.
(C) Recurso de Revista.
(D) Recurso Ordinário.

COMENTÁRIOS: O **agravo de petição** está previsto no art. 897, *a*, da CLT, sendo utilizado para **impugnar as decisões judiciais proferidas no curso do processo de execução**. Em regra, o agravo de petição será interposto **em face das decisões definitivas ou terminativas proferidas em processo de execução trabalhista**, como na decisão que julga eventuais embargos à execução, embargos de terceiros, exceções de pré-executividade, ou ainda extingue, total ou parcialmente, a execução. Ressalta-se que o agravo de petição é cabível apenas das decisões que

DIREITO PROCESSUAL DO TRABALHO

acolhem a exceção de pré-executividade. O pronunciamento judicial que rejeita a **exceção** de **pré-executividade** ostenta natureza jurídica de **decisão** interlocutória, porquanto não extingue a execução e não obsta a reapreciação da matéria em ulteriores embargos à execução, após seguro o juízo pela penhora. Submete-se, assim, à regra da irrecorribilidade imediata das **decisões** interlocutórias no processo do trabalho, insculpido no art. 893, § 1º, da CLT. Sergio Pinto Martins, ao comentar o dispositivo legal: "**Das decisões interlocutórias não cabe recurso, podendo a parte renovar a questão em preliminar de seu recurso quanto for proferida a sentença. A CLT usa a expressão decisão definitiva, que quer dizer a sentença que julgar a questão.**"[32]

Gabarito "B".

FGV/ OAB - Exame de Ordem Unificado - XXI - Primeira Fase

10) Um empregado ajuizou reclamação trabalhista postulando o pagamento de vale transporte, jamais concedido durante o contrato de trabalho, bem como o FGTS não depositado durante o pacto laboral.

Em contestação, a sociedade empresária advogou que, em relação ao vale transporte, o empregado não satisfazia os requisitos indispensáveis para a concessão; no tocante ao FGTS, disse que os depósitos estavam regulares.

Em relação à distribuição do ônus da prova, diante desse panorama processual e do entendimento consolidado pelo TST, assinale a afirmativa correta.

(A) O ônus da prova, em relação ao vale transporte, caberá ao reclamante e, no tocante ao FGTS, à reclamada

(B) O ônus da prova para ambos os pedidos, diante das alegações, será do reclamante.

(C) O ônus da prova, em relação ao vale transporte, caberá ao reclamado e, no tocante ao FGTS, ao reclamante.

(D) O ônus da prova para ambos os pedidos, diante das alegações, será da sociedade empresária.

COMENTÁRIOS: O art. 818 traz como regra geral a aplicação do "ônus estático da prova", em que cabe a prova das alegações à parte que as fizer, sendo o reclamante responsável por comprovar o seu direito constitutivo e o reclamado responsável por apresentar provas que obstem o direito do reclamante (fatos impeditivos, modificativos ou extintivos). No caso em tela, a reclamada apresentou fatos que obstavam o direito do autor, sendo então responsável por comprová-los. Além do mais, há entendimento sumulado sobre o tema que determina: **Súmula 461- FGTS. DIFERENÇAS. RECOLHIMENTO. ÔNUS DA PROVA** - É do empregador o ônus da prova em relação à regularidade dos depósitos do FGTS, pois o pagamento é fato extintivo do direito do autor. **Súmula 460. Vale-transporte. Ônus da prova.** É do empregador o ônus de comprovar que o empregado não satisfaz os requisitos indispensáveis para a concessão do vale-transporte ou não pretenda fazer uso do benefício.

Gabarito "D".

---

32 *Comentários à CLT*. 14ª ed. São Paulo: Atlas, 2010, p. 962)

Direito Administrativo

Elisson Pereira

PRINCÍPIOS DA ADMINISTRAÇÃO PÚBLICA

1. CONCEITO

O Direito Administrativo pode ser definido como o ramo do Direito Público que dispõe sobre a função administrativa, sendo um conjunto de princípios jurídicos que regem os órgãos, os agentes e as atividades públicas tendentes a realizar concreta, direta e imediatamente os fins desejados pelo Estado.

A Constituição de 1988 determina que a competência para legislar em Direito Administrativo é concorrente, conforme dispõe o art. 24, todavia existem matérias que são de competência privativa da União, como, por exemplo, desapropriação, normas gerais de licitação, serviço postal, dentre outras.

Os **princípios** são normas que orientam a aplicação de outras normas, ou seja, estabelecem as **diretrizes** e norteiam, no caso específico, o sistema administrativo. Eles possuem uma alta carga axiológica (valor) e um baixo teor normativo. Esquematizando:

2. SUPRAPRINCÍPIOS

Essa classificação em **supraprincípios** tem como referência a doutrina de Celso Antônio Bandeira de Mello. Assim, os supraprincípios são considerados **essenciais** e servem de fundamento para todos os demais princípios.

2.1. Supremacia do interesse público

Esse princípio significa que para satisfazer o interesse público será necessário, em determinadas situações, a Administração Pública onerar o interesse privado. Isso não significa que essa supremacia é absoluta. Pelo contrário: é relativa, pois deve ser exercida com observância dos princípios da Administração Pública. Como exemplo da supremacia do interesse público, podemos citar a **desapropriação**, requisições administrativas, exercício do poder de polícia, rescisão unilateral do contrato administrativo.

2.2. Indisponibilidade do interesse público

Segundo esse princípio, os agentes públicos não podem abrir mão do interesse público. Os agentes públicos são apenas os gestores desses interesses, por isso não podem dele dispor. Como exemplo, pode-se citar o impedimento colocado à Administração para renúncia de receitas, multas, tributos, renúncia essa que só pode dar-se por meio de lei. É um **princípio implícito** e dele decorrem diversos princípios expressos como a legalidade, impessoalidade, moralidade e eficiência.

Duas são as **exceções** que podem ser consideradas acerca desse princípio. A primeira está na Lei 11.029/2011 que trata dos Juizados Especiais da Fazenda Pública ao permitir, no art. 10, parágrafo único, aos representantes da Fazenda Pública transigirem e celebrarem conciliação. A outra seria a possibilidade de uso de arbitragem nas concessões e parcerias público-privadas.

3. PRINCÍPIOS CONSTITUCIONAIS

A) Legalidade

O princípio da **legalidade** significa que o administrador público, no exercício da função administrativa, deve seguir os ditames da **lei**. A função administrativa é aquela exercida pelo Estado com base na lei, visando a atingir o interesse público.

O princípio da l**egalidade,** no Direito Administrativo, apresenta **exceções**:

— *medidas provisórias*
— *estado de sítio e estado de defesa.*

B) Impessoalidade

Esse princípio estabelece que o administrador público não pode beneficiar nem prejudicar pessoas determinadas. É ele que **veda** a **promoção pessoal** do administrador público, impondo que a publicidade dos atos, programas, obras, serviços e campanhas dos órgãos públicos deverá ter caráter educativo, informativo ou de orientação social, dela não podendo constar nomes, símbolos ou imagens. O princípio da impessoalidade é conhecido como **princípio da finalidade pública**.

C) Moralidade

A moralidade pode ser entendida como o conjunto de **costumes**, **deveres** e modo de proceder dos homens para com os seus semelhantes, os preceitos e regras para dirigir as ações humanas segundo a **justiça** e a **equidade** natural. A moralidade compreende o conjunto de **valores** inerentes à existência humana.

D) Publicidade

O princípio da publicidade determina que o administrador público divulgue amplamente os seus atos. A **restrição** à publicidade de um ato só poderá ocorrer por razões de **interesse público** e em razão de **imperativos da segurança nacional**, desde que devidamente justificados. São instrumentos constitucionais utilizados para assegurar o recebimento de informações o **habeas data** (art. 5º, LXXII, da CF) e o **mandado de segurança** (art. 5º, LXIX e LXX, da CF).

A regra é a publicidade; a exceção é o sigilo. Por isso, a **Lei 12.527/2011** regula o **acesso a informações** previsto no inciso XXXIII do art. 5º, no inciso II do § 3º do art. 37 e no § 2º do art. 216 da Constituição Federal.

E) Eficiência

O princípio da eficiência dispõe que o administrador público deve sempre buscar o **melhor resultado**, já que visa à satisfação do interesse público. Esse princípio foi introduzido pela Emenda Constitucional 19/1998, obrigando a Administração Pública a aperfeiçoar os serviços e as atividades que presta, por meio da otimização dos resultados.

4. OUTROS PRINCÍPIOS

A **Lei 9.784/1999** estabelece em seu art. 2º que a Administração Pública obedecerá, dentre outros, aos princípios da legalidade, finalidade, motivação, razoabilidade, proporcionalidade, moralidade, ampla defesa, contraditório, segurança jurídica, interesse público e eficiência.

A) Razoabilidade

Significa que o administrador público deve atuar de forma compatível com os fins que deseja atingir. É conhecido como princípio da **proibição do excesso**.

B) Motivação

O art. 50 da Lei 9.784/1999 estabelece que os atos administrativos deverão ser motivados, com indicação dos **fatos** e dos fundamentos **jurídicos**. Motivar significa mencionar o dispositivo legal aplicável ao caso concreto e relacionar os fatos que concretamente levaram à aplicação daquele dispositivo legal.

D) Autotutela

Esse princípio significa que a Administração Pública exerce controle sobre os seus próprios atos, facultando-se-lhe **anular** os **ilegais** e **revogar** os **inconvenientes** e **inoportunos**.

A Súmula 473 STF traduz a autotutela: "A administração Pública pode anular os seus próprios atos quando eivados de vícios que os tornem ilegais porque deles não se originam direitos ou revogá-los por motivo de conveniência ou oportunidade, respeitados os direitos adquiridos e ressalvada em todos os casos a apreciação judicial".

Esquematizando a autotutela, temos a seguinte situação:

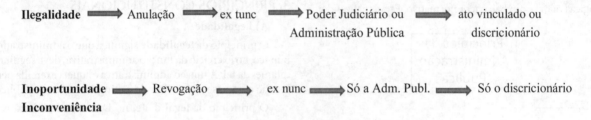

PODERES ADMINISTRATIVOS

1.1. Conceito

Os poderes administrativos são instrumentos que, utilizados dentro da lei, servem para que a Administração alcance sua única finalidade, qual seja, o atendimento do bem comum. Diversamente dos poderes do Estado, que são *estruturais*, os poderes da Administração são *instrumentais*. Esquematizando:

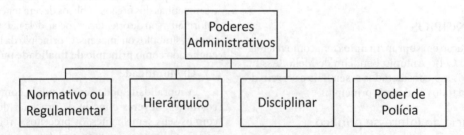

2.2. Poder normativo ou regulamentar

O poder normativo ou regulamentar é o exercido pela Administração Pública mediante a edição de atos veiculadores de normas expedidos pelo Chefe do Poder Executivo. Consubstancia-se por meio dos decretos, regulamentos etc. São atos que têm como objetivo orientar os órgãos públicos na aplicação correta da lei. Seus destinatários são os agentes públicos.

2.3. Poder hierárquico

O poder hierárquico, segundo difundido pela maioria da doutrina, possibilita ao superior distribuir, escalonar, ordenar e rever a atuação de seus órgãos e agentes subordinados.

Maria Sylvia Zanella Di Pietro emprega a nomenclatura "poder decorrente da hierarquia", elencando como faculdades desse poder:

✓ dar ordens aos subordinados;

✓ fiscalizar o trabalho dos subordinados;

✓ delegar atribuições;

✓ avocar atribuições de subordinados;

✓ rever atos dos subordinados.

2.4. Poder disciplinar

Esse poder pode ser conceituado como a faculdade de que dispõe o administrador público para punir internamente a conduta funcional de seus servidores e demais pessoas sujeitas à disciplina administrativa, tais como licitantes e contratados (pessoas que possuem uma relação específica com a Administração Pública). O poder disciplinar é discricionário, ou seja, dentre as várias sanções, o administrador aplica aquela que considerar cabível (advertência; suspensão; demissão).

Ao aplicar a sanção, o administrador deve levar em conta os seguintes elementos: atenuantes e agravantes do caso concreto; natureza e gravidade da infração; prejuízos causados para o interesse público; antecedentes do agente público. Sempre que o administrador aplicar uma sanção, deverá motivá-la, de modo que se possa controlar a regularidade de seu ato. Da mesma forma, o administrador que deixar de impor uma penalidade deverá apresentar as razões de fato e de direito que servem de fundamento para sua decisão.

A motivação do ato administrativo tem dupla função: mencionar o dispositivo legal aplicado e relacionar os fatos que concretamente levaram o administrador a alicerçar-se em determinado dispositivo de lei naquele caso concreto.

2.5. Poder de polícia

A) Conceito

A definição de poder de polícia está no art. 78 do Código Tributário Nacional: "Considera-se poder de polícia atividade da administração pública que, limitando ou disciplinando direito, interesse ou liberdade, regula a prática de ato ou a abstenção de fato, em razão de interesse público concernente à segurança, à higiene, à ordem, aos costumes, à disciplina da produção e do mercado, ao exercício de atividades econômicas dependentes de concessão ou autorização do Poder Público, à tranquilidade pública ou ao respeito à propriedade e aos direitos individuais ou coletivos".

O poder de polícia restringe e condiciona bens e atividades individuais em benefício do bem comum ou do Poder Público.

B) Atributos do poder de polícia

1. Discricionariedade: a discricionariedade é a margem de liberdade que a lei outorga ao administrador público para que ele, mediante critérios de oportunidade (momento) e conveniência (adequação), possa, dentre as várias alterna-

tivas previstas, escolher a mais adequada ao caso concreto. Por exemplo, quando da prática de uma infração, o órgão da vigilância sanitária poderá aplicar: advertência, multa, suspensão da atividade e fechamento do estabelecimento infrator. Caberá ao administrador verificar o que mais se amolda à hipótese concreta.

2. Autoexecutoriedade: é o poder conferido à Administração Pública de, com os próprios meios, colocar em execução suas decisões sem precisar recorrer previamente ao Judiciário.

Assim, se a lei estipula que o administrador pode lacrar o estabelecimento infrator, não há necessidade de ordem judicial.

Vale dizer que a cobrança de uma multa aplicada pela Administração Pública configura exceção à autoexecutoriedade do poder de polícia, pois só é efetivada mediante processo por inscrição na dívida ativa.

A aplicação de penalidade representa exercício do poder de polícia, mas não autoriza a apreensão de bens para a quitação da dívida, pois as multas só podem ser executadas por via judicial.

Destaca-se que o exercício do poder de polícia não pode ser delegado a particulares. O que pode ser delegado é a execução de determinados atos materiais, como no caso das empresas que fornecem radares eletrônicos colocados em vias públicas. Essas empresas não exercem poder de polícia.

3. Coercibilidade: consiste na possibilidade da utilização de medidas coativas quando, na situação concreta, o particular resiste.

Obs.: o **abuso de poder** é gênero das espécies excesso e desvio de poder. Caracteriza-se o excesso quando o agente que expede o ato extrapola os limites de sua competência. Já o desvio de poder ocorre quando o ato é por ele expedido com finalidade diversa daquela para a qual deveria ser emitido.

2.6. Poder vinculado e poder discricionário

O **poder vinculado** é aquele exercido pelo agente público, sem margem de liberdade, tendo em vista que a lei disciplina exaustivamente a conduta do administrador. Nesse caso a lei não deixa opções para o agente público, que deverá expedir o ato de acordo com o que ela determina. Como exemplo, pode-se citar a licença para construir. Se o particular preenche todos os requisitos legais para sua obtenção, o administrador não pode negá-la, pois se trata de ato vinculado.

Já o **poder discricionário** é aquele praticado com margem de liberdade, outorgada pela lei ao administrador público para que este, dentro de critérios de oportunidade e conveniência, possa adotar a solução mais adequada no caso concreto.

Por exemplo, no caso de uma autorização concedida a um estabelecimento comercial para colocação de cadeiras e mesas na via pública (calçada). A Administração verificando que não é mais oportuno (momento) e nem conveniente (adequação) pode revogar a autorização anteriormente concedida.

O mérito do ato discricionário é a conveniência (adequação) e a oportunidade (momento). Ambas não são passíveis de controle do Poder Judiciário.

BENS PÚBLICOS

1. CONCEITO

O Código Civil, art. 98, define bens públicos como bens do domínio nacional pertencentes às pessoas jurídicas de direito público interno. Esclarece que todos os outros são particulares, seja qual for a pessoa a que pertencerem. A disciplina constitucional acerca do tema está nos arts. 20 a 26.

2. CLASSIFICAÇÃO

Os bens públicos podem ser classificados quanto à titularidade e à destinação. No primeiro caso, são federais, estaduais, distritais e municipais. No segundo, uso comum do povo, uso especial e dominiais/dominicais. Esquematizando:

1) Quanto à titularidade

São públicos, os bens do domínio nacional pertencentes às pessoas jurídicas de direito público interno.

a) federais: art. 20 da CF (o rol não é taxativo);

b) estaduais e distritais: art. 26 da CF (o rol não é taxativo);

c) municipais: não há disciplina constitucional.

2) Quanto a sua destinação

Essa classificação dos bens públicos é encontrada no art. 99 do Código Civil.

Bens de uso comum do povo – podem ser utilizados por todas as pessoas em igualdade de condições. Para seu uso não há necessidade de consentimento individualizado por parte da Administração. Ex.: mares, rios, praças, ruas e estradas.

Bens de uso especial – são os pertencentes ao patrimônio administrativo e que possuem destinação pública específica. Estão afetados, ou seja, consagrados à execução dos serviços públicos. Esses bens são chamados de bens patrimoniais indisponíveis enquanto possuem a finalidade pública. Ex.: edifícios das repartições públicas, veículos, matadouros, mercados, terrenos aplicados ao serviço público, cemitérios, vestiários, hotel municipal.

Bens dominiais ou dominicais – são aqueles do patrimônio disponível da Administração, ou seja, que não possuem destinação pública específica. Podem ser utilizados para qualquer fim ou até alienados, se convier à Administração. Ex.: terrenos de marinha e terras devolutas.

O art. 99 do Código Civil dispõe que são bens públicos "os dominicais, que constituem o patrimônio das pessoas jurídicas de direito público, como objeto de direito pessoal, ou real, de cada uma dessas entidades". Importante consignar que o parágrafo único do artigo citado determina que, "não dispondo a lei em contrário, consideram-se dominicais os bens pertencentes às pessoas jurídicas de direito público a que se tenha dado estrutura de direito privado".

Observe-se que os bens de empresas públicas e sociedades de economia mista que desenvolvem atividades econômicas que não estejam afetados à prestação de serviços públicos são passíveis de usucapião. No caso daquelas que exploram serviços públicos e estão destinados a prestação de tais serviços, embora sejam considerados privados não podem ser penhorados.

3. CARACTERÍSTICAS

Os bens públicos possuem três atributos especiais:

1) Inalienabilidade: os bens públicos não podem ser vendidos livremente. Para isso eles devem ser desafetados ou desconsagrados, ou seja, é preciso transformá-los em bens dominicais. O art. 100 do Código Civil estabelece que "os bens públicos de uso comum do povo e os de uso especial são inalienáveis enquanto conservarem a sua qualificação, na forma que a lei determinar" e o art. 101 dispõe: "Os bens públicos dominicais podem ser alienados, observadas as exigências da lei".

2) Impenhorabilidade: os bens públicos não podem ser dados em garantia judicial. É importante consignar que na ADPF 46 ficou decidido pelo STF que os bens da ECT (Empresa de Correios e Telégrafos) são impenhoráveis e no HC-105542 o STF também se manifestou no sentido de que para os fins do crime de receptação os bens da ECT recebem o mesmo tratamento que os da União e, por isso, cabível a majoração da pena ao crime contra ela praticado.

3) Imprescritibilidade: os bens públicos não estão sujeitos a usucapião (arts. 183, § 3º, 191, parágrafo único, e 102 do CC.

4. ALIENAÇÃO DOS BENS PÚBLICOS

Apesar da inalienabilidade ser uma das características dos bens públicos, isso não significa que eles nunca podem ser vendidos. Na verdade, dizer que um bem é inalienável implica em afirmar que eles não podem ser vendidos livremente.

A alienação consiste no repasse da propriedade, remunerado ou gratuito, sob a forma de venda, permuta, doação, dação em pagamento, investidura, legitimação de posse ou concessão de domínio.

Toda alienação depende de **lei autorizadora, licitação** e **avaliação** prévia do bem a ser alienado.

A *investidura*, prevista legalmente no art. 17, § 3º, da Lei 8.666/1993, consiste na incorporação de área pública a terreno particular, em razão de novo alinhamento do traçado urbano.

Já a *legitimação de posse* disciplinada pela Lei 6.383/1976 é a outorga de uma licença de ocupação, pelo prazo máximo de 4 anos, ao posseiro que ocupa determinada área pública por razões de moradia, cultura efetiva ou exploração direta.

A Lei 8.666/1993, nos arts. 17 ao 19, prevê o procedimento de alienação de bens na Administração Pública.

ATO ADMINISTRATIVO

1. CONCEITO

Segundo Maria Sylvia Zanella Di Pietro, "Ato administrativo é a declaração do Estado ou de quem o represente que produz efeitos jurídicos imediatos com observância da **lei** sob regime jurídico de direito público e sujeito a controle do Poder Judiciário" (DI PIETRO, 2003, p. 189).

2. ATRIBUTOS DO ATO ADMINISTRATIVO

O ato administrativo está sujeito ao regime jurídico de direito público, e para que isso aconteça ele precisa apresentar determinados atributos ou características, que serão vistas adiante. Esquematizando:

1. **Presunção de legitimidade:** esse atributo determina que os atos da Administração são presumivelmente legais. Tal presunção é decorrência lógica do princípio da legalidade para a Administração Pública; a presunção de legitimidade é relativa e serve para conferir execução imediata dos atos da Administração Pública.

2. **Imperatividade:** é o atributo pelo qual os atos administrativos se impõem a terceiros independentemente de sua concordância. Decorre da prerrogativa que tem a Administração de editar atos que interferem na ordem jurídica dos cidadãos.

3. **Autoexecutoriedade:** consiste na possibilidade que a Administração Pública tem de, com os próprios meios, pôr em execução suas decisões sem necessidade de recorrer previamente ao Poder Judiciário. A autoexecutoriedade não se presume; tem de estar prevista na lei. Ex.: multa de trânsito.

4. **Tipicidade:** por esse atributo o ato administrativo deve corresponder às figuras previamente definidas pela lei como aptas a produzir efeitos determinados. É uma decorrência do princípio da legalidade.

3. ELEMENTOS DO ATO ADMINISTRATIVO

Enquanto os atributos do ato referem-se a suas características, os elementos ou requisitos dizem respeito a sua estrutura. O art. 2º da Lei 4.717/1965 (Lei da Ação Popular) indica os elementos do ato administrativo.

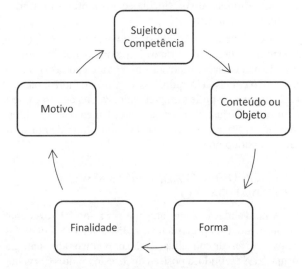

1. **Sujeito ou competência**: *sujeito* é aquele a quem a lei atribui a prática do ato. A competência consiste no conjunto de atribuições de determinado sujeito. Assim, a incompetência fica caracterizada quando o ato não se inclui nas atribuições legais do agente que o praticou.

2. **Objeto ou conteúdo**: o objeto consiste no efeito jurídico imediato que cada ato deve produzir. Ex.: demissão – o efeito imediato é o desligamento do servidor dos quadros da Administração. A ilegalidade do objeto ocorre quando o resultado do ato importa em violação de lei, regulamento ou outro ato normativo.

3. **Forma:** em sentido amplo, a forma corresponde à exteriorização do ato, ou seja, a maneira pela qual a declaração da Administração Pública se exterioriza. O vício de forma consiste na omissão ou na observância incompleta ou irregular de formalidades indispensáveis à existência ou seriedade do ato. Ex.: forma escrita, forma de decreto. Em sentido estrito, são todas as formalidades a que o ato deve obedecer. Ex.: o edital de licitação deve conter preâmbulo, definição do objeto, prazos etc.

4. **Finalidade:** em sentido amplo, finalidade significa que o ato administrativo sempre deve buscar atingir o interesse público; em sentido restrito, finalidade é o resultado específico que cada ato deve produzir, conforme definido em lei. O desvio de finalidade se verifica quando o agente

pratica o ato visando a fim diverso daquele previsto, explícita ou implicitamente, na regra de competência.

5. Motivo: o motivo é a fundamentação fática e jurídica do ato. O ato deve apresentar as razões de fato e de direito que servem de fundamento para sua expedição. O *motivo de fato* corresponde aos fatos que a Administração Pública invoca ou considera como razão de seus atos. O motivo de direito é o dispositivo legal que autoriza a conduta administrativa. A inexistência dos motivos se verifica quando a matéria de fato ou de direito em que se fundamenta o ato é materialmente inexistente ou juridicamente inadequada ao resultado obtido.

4. TEORIA DOS MOTIVOS DETERMINANTES

A teoria dos motivos determinantes impõe que a validade dos atos administrativos vincula-se aos motivos indicados como seu fundamento.

Dessa forma, se a Administração declarar o motivo que determinou a prática de um ato discricionário que, em princípio, não precisaria ser motivado, ficará vinculada à existência do motivo por ela declarado. Nesse caso, se o motivo não for verdadeiro, o ato pode ser invalidado. Ex.: na demissão, se a Administração justificar o ato com fundamento na inassiduidade do servidor, é possível este anular o ato se demonstrar que era assíduo no serviço.

5. VÍCIOS DO ATO ADMINISTRATIVO E CONVALIDAÇÃO

A convalidação é um ato que supre o vício existente em outro ato. Está prevista no art. 55 da Lei 9.784/1999. Os vícios passíveis de convalidação são os relativos ao sujeito e à forma. Nesse sentido, a posição de José dos Santos Carvalho Filho, para quem são convalidáveis os atos que tenham vício de competência e de forma, nesta se incluindo os aspectos formais do procedimento administrativo (CARVALHO FILHO, 2007, p.150).

6. EXTINÇÃO DOS ATOS ADMINISTRATIVOS

Os atos administrativos extinguem-se nos seguintes casos: cumprimento dos efeitos; desaparecimento do sujeito ou do objeto; retirada.

A retirada comporta as seguintes modalidades:

1. Anulação: extinção do ato administrativo por motivos de ilegalidade.

2. Revogação: extinção do ato administrativo em razão de inoportunidade ou inconveniência.

3. Cassação: extinção do ato administrativo, que ocorre quando o destinatário do ato descumpre condições que deveriam ser atendidas a fim de poder continuar desfrutando de determinada situação jurídica. Ex.: construir diferentemente do previsto em licença concedida.

4. Caducidade: extinção do ato administrativo que se dá quando há superveniência de norma jurídica que tornou inadmissível a situação antes permitida pelo direito e outorgada pelo ato precedente. Ex.: permissão para explorar parque de diversões em local que, em face da nova lei de zoneamento, tornou-se incompatível com aquele tipo de uso (DI PIETRO, 2003, p. 226).

5. Contraposição: também conhecida como derrubada, ocorre quando um ato deixa de ser válido em razão de outro ato cujos efeitos lhe são contrapostos. Ex.: ato de exoneração, que possui efeitos contrapostos à nomeação.

6. Renúncia: retirada de ato administrativo eficaz, por seu beneficiário, por não mais desejar a continuidade dos seus efeitos. Ex.: alguém que tem permissão de uso de bem público e não a quer mais.

ORGANIZAÇÃO DA ADMINISTRAÇÃO PÚBLICA

1. INTRODUÇÃO

A organização administrativa consiste na estruturação das entidades e órgãos que exercem a função administrativa, por meio de seus agentes.

A base legislativa para o enfrentamento do tema é a Constituição Federal, nos arts. 37 a 41, e o Decreto-Lei 200/1967, que dispõe sobre a organização da Administração Federal e estabelece diretrizes para a reforma administrativa.

Atenção: Os órgãos públicos são centros especializados de competência instituídos para o desempenho de funções estatais. São parte da pessoa jurídica e não possuem personalidade jurídica.

2. AS FORMAS DE PRESTAÇÃO DA ATIVIDADE ADMINISTRATIVA

A atividade administrativa pode ser prestada pelo Estado de três formas: centralizada ou diretamente, descentralizada ou indiretamente ou desconcentrada. Essas maneiras pelas quais a atividade administrativa é exercida refletem na forma pela qual o serviço público é prestado.

A prestação da atividade administrativa de forma centralizada ou direta ocorre quando a função administrativa é exercida pelo próprio Estado, por meio das pessoas políticas, União, Estado, Distrito Federal e Municípios.

Descentralizada ou indireta é o exercício de atividade administrativa por meio de pessoas jurídicas distintas da pessoa política. Nessa hipótese, há a transferência da titularidade do serviço para uma nova pessoa jurídica ou para empresas particulares.

A desconcentração administrativa decorre do Poder hierárquico e consiste na distribuição de competências entre os diversos órgãos da Administração Pública. Esquematizando:

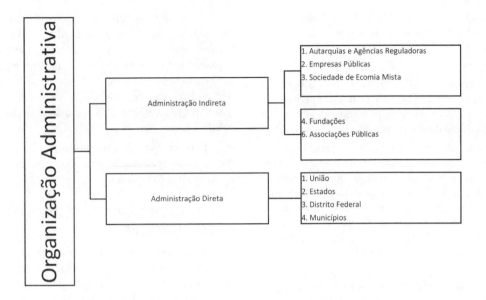

3. ADMINISTRAÇÃO PÚBLICA DIRETA OU CENTRALIZADA

O exercício da atividade administrativa pelos órgãos da própria pessoa política (União, Estados, Distrito Federal e Municípios) é realizado pela Administração Pública centralizada. Assim, quando determinado serviço público, por exemplo, o transporte coletivo, é prestado diretamente pelo Município, diz-se que é um serviço centralizado.

A Constituição Federal, no art. 61, § 1º, dispõe que a criação e a extinção de cargos no âmbito da União dependem de lei de iniciativa do Presidente da República.

Quanto à organização e funcionamento da Administração direta, o art. 84, VI, da Constituição Federal estabelece a regulamentação por decreto, também de iniciativa do Chefe do Executivo.

4. ADMINISTRAÇÃO PÚBLICA INDIRETA OU DESCENTRALIZADA

A descentralização consiste no exercício da função administrativa por pessoa distinta da pessoa política. Nesse caso duas situações podem ser evidenciadas: a outorga e a delegação.

Ocorre outorga quando há a transferência da titularidade do serviço público para uma nova entidade administrativa, por exemplo, para uma autarquia.

A delegação se verifica quando é repassada para determinado particular somente a execução de um serviço específico, sem a transferência da titularidade deste, que permanece nas mãos do Estado. Nessa hipótese a transferência dá-se por contrato ou ato unilateral. É o caso da concessão e da permissão de serviço público, em que o particular presta o serviço por sua conta e risco.

Descentralização difere de desconcentração. Esta consiste na distribuição interna de competência dentro dos diversos órgãos com o objetivo de facilitar a prestação dos serviços.

A Administração indireta compreende:

A) Autarquias e Agências Reguladoras

São pessoas jurídicas de direito público, criadas por lei e que exercem atribuições estatais específicas. Ex.: Instituto Nacional do Seguro Social (INSS), Conselho Administrativo de Defesa Econômica (CADE); Banco Central (BC); Instituto Brasileiro do Meio Ambiente e dos Recursos Naturais Renováveis (IBAMA); Comissão de Valores Mobiliários (CVM).

As **agências reguladoras** são autarquias sob regime especial. Caracterizam-se por possuírem mandato fixo de seus dirigentes, autonomia financeira e de gestão e poder normativo (regulamentação das matérias de sua competência).

Não confundir com agência executiva que é uma qualificação que o Poder Executivo confere a uma autarquia ou fundação pública que acerta, com seu respectivo ministério supervisor, metas e objetivos. O intuito é a fixação de metas para a melhoria da gestão e redução de custos. Não é um novo ente da Administração Indireta.

B) Empresas públicas

São pessoas jurídicas de direito privado, instituídas sob qualquer forma jurídica (S/A, Ltda.) e autorizadas por lei, com capital exclusivamente público, que prestam serviço público ou exploram atividade econômica. Ex.: Empresa de Correios e Telégrafos (ECT), Caixa Econômica Federal (CEF), BNDES e a Infraero.

C) Sociedades de economia mista

São pessoas jurídicas de direito privado, autorizadas por lei, sob a forma exclusiva de Sociedade Anônima, com participação do Poder Público e Privado em seu capital que prestam serviço público ou exploram atividade econômica. Ex.: Petrobras, Banco do Brasil etc.

O regime jurídico das empresas públicas e sociedades de economia mista é híbrido, pois se aplicam em regra as normas de direito privado, sendo derrogadas pelas normas de direito público naquilo que a Constituição Federal e a lei dispuserem. Assim, tanto as empresas públicas como as sociedades de economia mista são obrigadas a realizar licitação, concurso público, prestação de contas perante o Tribunal de Contas e etc.

ATENÇÃO: Lei 13.303/2016 trata do Estatuto Jurídico das empresas estatais, trazendo regras de governança e novas regras de licitação.

D) Fundações

Fundação é a pessoa jurídica composta por um patrimônio personalizado, destacado pelo seu instituidor para atingir uma finalidade específica. As fundações poderão ser tanto de direito público quanto de direito privado.

Essa definição serve para qualquer fundação, inclusive aquelas que não integram a Administração indireta. No caso das fundações que a integram, quando forem dotadas de personalidade de direito público, serão regidas integralmente por regras de direito público (alguns autores as consideram autarquias fundacionais). Quando as fundações forem dotadas de personalidade de direito privado, serão regidas por regras de direito público e direito privado.

Tanto uma quanto outra são compostas por patrimônio personalizado. No caso da fundação pública, é destacado pela Administração direta, que é o instituidor para definir a finalidade pública. Como exemplo de fundações, temos: Instituto Brasileiro de Geografia e Estatística (IBGE); Universidade de Brasília (UNB); Fundação Nacional do Índio (FUNAI).

E) Consórcios públicos

A Lei 11.107/2005 estabelece essas normas de forma geral para a União, os Estados, o Distrito Federal e os Municípios contratarem consórcios públicos para a realização de objetivos de interesse comum.

Os consórcios públicos poderão ser constituídos como associação pública ou pessoa jurídica de direito privado. No primeiro caso, a personalidade jurídica será de direito público, assumindo a feição de uma autarquia. Como pessoas jurídicas de direito privado, os consórcios devem atender aos requisitos da lei civil com a necessidade de inscrição do ato constitutivo no respectivo registro para início de sua existência legal (art. 45 do CC).

Portanto, quando o consórcio público é constituído como associação pública, pode ser considerado um ente da Administração indireta.

5. ENTIDADES PARAESTATAIS OU DO TERCEIRO SETOR

A palavra "paraestatal" significa paralela ao Estado. Assim, as entidades paraestatais são aquelas instituídas por particulares com personalidade jurídica de direito privado e que caminham paralelamente ao Estado, colaborando com este para a realização de atividades, obras ou serviços de interesse coletivo.

São chamadas de entidades do terceiro setor (o primeiro setor é o Estado, segundo é o mercado), pois não são enquadradas inteiramente como privadas e também não integram a Administração Pública direta ou indireta. São sociedades civis de fins públicos e não lucrativos e não novos entes da Administração Pública. Esquematizando:

a) Serviços sociais autônomos: são pessoas jurídicas de direito privado, sem fins lucrativos, que ministram ensino ou dão assistência a um grupo ou categoria profissional. Ex.: Serviço Social do Comércio (SESC) e Serviço Social da Indústria (SESI).

b) Organizações sociais (Lei 9.637/1998): são pessoas jurídicas de direito privado, sem fins lucrativos, cujas atividades estatutárias sejam dirigidas ao ensino, pesquisa, desenvolvimento tecnológico, proteção ao meio ambiente. Celebram com o Estado **contrato de gestão**. Gozam de dispensa de licitar (art. 24, XXIV, da Lei 8.666/1993).

c) Organizações da sociedade civil de interesse público (Lei n. 9.790/1999): são pessoas jurídicas de direito privado que desempenham atividades não exclusivas do Estado e celebram com este **termo de parceria**. A outorga de sua **qualificação** é **ato vinculado**. Não há dispensa de licitação expressamente prevista em lei.

Sindicatos, associações de classe, instituições religiosas etc.

ATENÇÃO:

A Lei 9.790/1999 foi alterada pela Lei 13.019/2014 (alterada pela 13.204/2015) e estabelece no art. 1º que podem qualificar-se como Organizações da Sociedade Civil de Interesse Público as pessoas jurídicas de direito privado sem fins lucrativos que tenham sido constituídas e se encontrem em funcionamento regular há, no mínimo, 3 (três) anos, desde que os respectivos objetivos sociais e normas estatutárias atendam aos requisitos instituídos pela lei.

A Lei 13.019/2014 trata do regime jurídico das parcerias entre a administração pública e **organizações da sociedade civil (OSC)** em regime de mútua cooperação, para a consecução de finalidades de interesse público e recíproco, mediante a execução de atividades ou de projetos previamente estabelecidos em planos de trabalho inseridos em **termos de colaboração**, em **termos de fomento** ou em acordos de cooperação; define diretrizes para a política de fomento, de colaboração e de cooperação com organizações da sociedade civil.

O art. 2º da Lei 13.019/2014 define o que é organização da sociedade civil, incluindo aí as organizações religiosas.

A Lei 13.019/2014 também indica como instrumento a ser celebrado entre a organização da sociedade civil e a administração pública o termo de colaboração ou de fomento.

O art. 18 da Lei 13.019/2014 institui o Procedimento de Manifestação de Interesse Social como instrumento por meio do qual as organizações da sociedade civil, movimentos sociais e cidadãos poderão apresentar propostas ao poder público para que este avalie a possibilidade de realização de um **chamamento público** objetivando a celebração de parceria.

A Lei 13.019/2014 estabelece a partir do art. 63 a necessidade de prestação de contas no âmbito do termo de colaboração ou fomento com a possibilidade de aplicação de sanções para a entidade que não as preste de forma adequada.

d) Entidades de Apoio: pessoas jurídicas que executam atividades não exclusivas de Estado, direcionadas à saúde, educação e pesquisa científica, conjuntamente com órgãos ou entidades públicas que atuam nessas áreas. Celebram **convênio** com o Poder Público. Podem ser constituídas sob a forma de fundações privadas, associações, cooperativas, sempre sem fim lucrativo. Ex.: FUSP (Fundação de apoio a USP).

RESPONSABILIDADE DO ESTADO

1. CONCEITO

A responsabilidade extracontratual do Estado pode ser definida como aquela que impõe ao Estado a **obrigação** de **indenizar** os danos causados aos particulares pelos agentes públicos, no exercício de suas funções ou a pretexto de exercê-las.

A base constitucional para o estudo do tema será o art. 37, § 6º, da Constituição Federal, que impõe ao Estado a obrigação de compor os danos causados aos terceiros pelos agentes públicos no exercício de suas funções.

No âmbito da legislação ordinária, o art. 43 do Código Civil estabelece que as pessoas jurídicas de direito público interno são civilmente responsáveis por atos dos seus agentes que nessa qualidade causem danos a terceiros, ressalvado direito regressivo contra os causadores do dano, se houver, por parte destes, culpa ou dolo.

A responsabilidade atinge tanto atos lícitos como ilícitos.

2. TEORIAS

A) Teoria da Irresponsabilidade

Essa teoria, baseada na época dos Estados soberanos, adota o entendimento de que o Estado **nunca** erra, logo nunca deve ser responsabilizado. Fundamenta-se na ideia de soberania do Estado e nos princípios do *the king can do wrong* e *le roi ne peut mal fairei*, ou seja, o rei não pode errar e não pode fazer mal.

Por razões práticas, essa teoria deixou de existir, haja vista a amplitude dos danos causados pela Administração, crescente com o desenvolvimento de sua ação e o poder de seus meios, o que tornou a reparação do dano uma necessidade social.

B) Teoria da culpa civil ou subjetiva

A teoria subjetiva baseia-se na culpa civil e para sua configuração no Direito Administrativo são necessários os seguintes requisitos: omissão do Estado, dano, nexo causal e culpa ou dolo. Boa parte da doutrina entende que essa é a teoria aplicada em caso de **omissão** do Estado na prestação de serviços públicos, como, por exemplo, a queda de uma árvore infectada por cupins, causando dano a um veículo de particular.

C) Teoria objetiva

A teoria objetiva, conhecida também como teoria do risco, exclui o elemento subjetivo (culpa ou dolo) de seus requisitos, sendo que para sua caracterização não há a necessidade de verificar se o serviço funcionou mal, foi retardado o não funcionou. Essa teoria comporta duas modalidades:

C1) Teoria do risco integral

Por essa teoria o Estado responderá em todas as hipóteses possíveis, inclusive nos casos de força maior, culpa exclusiva da vítima e caso fortuito. Sua aplicação leva a ideia do Estado como **segurador universal.**

Há quem sustente que essa teoria é aplicável nas hipóteses de dano ambiental e de dano nuclear. No entanto, perfilhamos do entendimento daqueles que consideram que nesses casos a responsabilidade é objetiva na modalidade do risco administrativo, consoante veremos a seguir.

Em regra, essa teoria não é aplicável no Brasil, porém em **caráter excepcional** pode ser aplicada, como no caso da Lei 10.309/2001 e 10.744/2003 (no caso de atentados terroristas ou atos de guerra contra aeronaves de empresas aéreas brasileiras a União responderá).

C2) Teoria do risco administrativo

A teoria do risco administrativo impõe a responsabilização do Estado quando causar danos a terceiros, independentemente de culpa, exceto nas hipóteses de caso fortuito, força maior e culpa exclusiva da vítima. O Estado responde objetivamente, sendo-lhe assegurada ação de regresso contra o agente público causador do dano, tanto para atos lícitos quanto ilícitos.

Essa é a teoria atualmente adotada pelo Texto Constitucional brasileiro. Anota-se que a FGV, em exames de 2ª fase de Direito Administrativo (Exame 2010.2 e IV Exame de Ordem Unificado), tem adotado essa teoria tanto para ação quanto para omissão estatal, embora, como dito anteriormente, parte da doutrina entenda que nas situações de omissão do Estado a teoria a ser aplicada seja a subjetiva.

OBS.: As excludentes de responsabilidade são o caso fortuito, força maior e a culpa exclusiva da vítima.

3. PESSOAS JURÍDICAS RESPONSÁVEIS

O art. 37, § 6º, faz menção às pessoas jurídicas de direito público e as pessoas jurídicas de direito privado, prestadoras de serviço público.

O Código Civil, no art. 41, considera pessoas jurídicas de direito público interno: a União; os Estados, o Distrito Federal e os Territórios; os Municípios; as autarquias, inclusive as associações públicas e as demais entidades de caráter público, criadas por lei.

Para efeito do previsto no Texto Constitucional, quanto às pessoas jurídicas de direito público são responsáveis a União; os Estados, o Distrito Federal e os Territórios; os Municípios; as autarquias e as fundações públicas de natureza autárquica, bem como demais entidades de caráter público, criadas por lei.

No que diz respeito às pessoas jurídicas de direito privado prestadoras de serviço público, devem ser consideradas as empresas públicas e sociedades de economia mista, desde que prestadoras de serviço público, além de concessionários e permissionários de serviço público.

Para as atividades de tabelionato e cartórios de notas e registros, o art. 22 da Lei 8.935/1994 foi alterado pela Lei 13.286/2016 e dispõe que os notários e oficiais de registro são civilmente responsáveis por todos os prejuízos que causarem a terceiros, por culpa ou dolo, pessoalmente, pelos substitutos que designarem ou escreventes que autorizarem, assegurado o direito de regresso. Logo, a responsabilização não é mais objetiva e sim subjetiva.

No caso de empresas públicas e sociedades de economia mista exploradoras de atividade econômica, não há incidência da regra do art. 37, § 6º, da CF/88. Essas entidades respondem pelos danos causados por seus agentes de forma subjetiva, ou seja, é preciso demonstrar a culpa.

Os serviços sociais autônomos, organizações sociais e organizações da sociedade civil de interesse público respondem de forma subjetiva, não se aplicando a regra do art. 37, § 6º, da CF/88.

4. RESPONSABILIZAÇÃO DAS CONCESSIONÁRIAS FRENTE AOS TERCEIROS NÃO USUÁRIOS DO SERVIÇO PÚBLICO

A concessão de serviço público está definida no art. 2º, III, da Lei 8.987/1995, como a delegação de sua prestação, feita pelo poder concedente, mediante licitação, na modalidade de concorrência, à pessoa jurídica ou o consórcio de empresas que demonstre capacidade para seu desempenho, por sua conta e risco e por prazo determinado.

O concessionário presta o serviço por sua conta e risco e em caso de dano assume a responsabilização de forma objetiva, nos moldes do art. 37, § 6º, da CF/88. O Estado, nessa situação, responde de forma subsidiária.

Questão que suscita polêmica refere-se à responsabilização da concessionária quanto aos terceiros não usuários do serviço público. Imaginemos o caso do motorista de veículo particular que vem a ser abalroado por ônibus pertencente a uma concessionária. Como se dá essa res-

ponsabilização, já que o motorista não era usuário direto do serviço?

No que diz respeito à posição do STF, dois foram os momentos. Em 2005, o STF, no RE 262.651/SP, reformou decisão do então Tribunal de Alçada de São Paulo, excluindo a responsabilidade objetiva em face de terceiros não usuários do serviço público.

Em 2009, instado novamente o STF, no RE 591.874/MS, manifestou entendimento no sentido de que a responsabilização objetiva de concessionárias de serviço público atinge tanto os usuários diretos quanto os indiretos.

5. A RESPONSABILIZAÇÃO DO ESTADO NAS RELAÇÕES DE CUSTÓDIA

As relações de custódia estabelecidas entre o Estado e o particular são aquelas de caráter especial, caso do detento em uma penitenciária, da criança em uma escola pública e do paciente no hospital público.

Nessas hipóteses, o Estado deve ser responsabilizado na forma objetiva, na modalidade do risco administrativo com incidência das excludentes de caso fortuito, força maior e culpa exclusiva da vítima.

Na situação de detento morto na cadeia, o STF, no RE 215.981/ RJ, decidiu, em ação de indenização proposta por familiares do preso, que o consagrado princípio da responsabilidade objetiva do Estado resulta da causalidade do ato comissivo ou omissivo e não só da culpa do agente.

LICITAÇÃO

1. CONCEITO

É o **procedimento** administrativo em que a Administração Pública convoca, mediante condições estabelecidas em ato próprio, pessoas físicas ou jurídicas interessadas na apresentação de propostas para o oferecimento de bens e serviços.

No âmbito **constitucional** o assunto é disciplinado nos arts. 22, XXVII, 37, XXI, 173, § 1º, III, e 175. Já na legislação ordinária destacamos: Lei 8.666/1993 (norma geral que regulamenta o art. 37, XXI, da CF), Lei 10.520/2002 (Lei do Pregão) e Decretos 3.555/2000 e 5.450/2005 (pregão eletrônico).

A União tem **competênci**a privativa para **legislar** sobre normas gerais de licitação e contratação, em todas as modalidades, para as Administrações Públicas diretas, autárquicas e fundacionais da União, Estados, Distrito Federal e Municípios, obedecido o disposto no art. 37, XXI, e para as empresas públicas e sociedades de economia mista, nos termos do art. 173, § 1º, III.

2. FASES

A licitação é um conjunto de atos administrativos lógica e cronologicamente ordenados.

a) Audiência pública

O art. 39 da Lei 8.666/1993 estabelece que, "sempre que o valor estimado para uma licitação ou para um conjunto de licitações simultâneas ou sucessivas for superior a 100 (cem) vezes o limite previsto no art. 23, I, c, desta Lei, o processo licitatório será iniciado, obrigatoriamente, com uma audiência pública."

b) Edital

É o ato pelo qual a Administração Pública divulga a abertura do certame; fixa os **requisitos** para participação; define o objeto e as condições básicas do contrato e convida todos para a apresentação das propostas.

c) Habilitação

A habilitação ou **qualificação** é a fase em que há a abertura dos envelopes contendo a **documentação** dos interessados e a apreciação dessa documentação (arts. 27 a 33 da Lei 8.666/1993). Nas licitações exige-se dos interessados documentação relativa à habilitação jurídica, fiscal, técnica, econômico-financeira, trabalhista e a comprovação do cumprimento da proibição de utilizar trabalhador menor de 18 anos de idade, salvo na condição de aprendiz (art. 7º, XXXIII, da CF).

d) Julgamento das propostas

Encerrada a fase de habilitação, passa-se à abertura dos envelopes contendo as propostas, com a consequente classificação e julgamento segundo os critérios previstos no edital. O processamento e o julgamento do certame estão previstos no **art. 43** da Lei 8.666/1993. O julgamento será feito com base em **critérios objetivos.**

e) Homologação

É o ato pelo qual a autoridade competente para abertura do certame **confirma** o procedimento licitatório realizado pela comissão de licitação (art. 43, VI, da Lei 8.666/1993).

f) Adjudicação

É o ato de **entrega** do objeto da licitação ao vencedor.

3. MODALIDADES DE LICITAÇÃO

As modalidades de licitação estão relacionadas com o procedimento a ser realizado pela Administração Pública. A Lei 8.666/1993 em seu art. 22 elenca e define as modalidades de licitação. Alertamos para o fato de que as modalidades consulta e pregão possuem previsão em lei específica, conforme veremos adiante. Além disso, o § 8º do art. 22 **veda** a **combinação** das modalidades a seguir analisadas. Esquematizando:

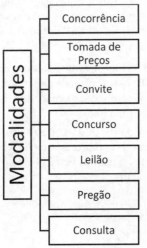

A) Concorrência

A concorrência, segundo o art. 23, § 3º, da Lei 8.666/2003, "é a modalidade de licitação cabível, qualquer que seja o valor de seu objeto, tanto na compra ou alienação de bens imóveis, ressalvado o disposto no art. 19, como nas concessões de direito real de uso e nas licitações internacionais, admitindo-se neste último caso, observados os limites deste artigo, a tomada de preços, quando o órgão ou entidade dispuser de cadastro internacional de fornecedores ou o convite, quando não houver fornecedor, do bem ou serviço no País".

B) Tomada de preços

"Modalidade de licitação entre interessados devidamente cadastrados ou que atenderem a todas as condições exigidas para cadastramento até o terceiro dia anterior à data do recebimento das propostas, observada a necessária qualificação". Serve para os contratos de **médio vulto.**

C) Convite

"Modalidade de licitação entre interessados do ramo pertinente ao seu objeto, cadastrados ou não, escolhidos e convidados em número mínimo de 3 (três) pela unidade administrativa, a qual afixará, em local apropriado, cópia do instrumento convocatório e o estenderá aos demais cadastrados na correspondente especialidade que manifestarem seu interesse com antecedência de até 24 (vinte e quatro) horas da apresentação das propostas." Tem como objetivo os contratos de **pequeno vulto.**

D) Concurso

"Modalidade de licitação entre quaisquer interessados para escolha de trabalho **técnico, científico** ou **artístico**, mediante a instituição de prêmios ou remuneração aos vencedores, conforme critérios constantes de edital publicado na imprensa oficial com antecedência mínima de 45 (quarenta e cinco) dias."

E) Leilão

"Modalidade de licitação entre quaisquer interessados para a **venda** de bens **móveis inservíveis** para a Administração ou de produtos legalmente apreendidos ou penhorados, ou para a alienação de bens imóveis prevista no art. 19, a quem oferecer o maior lance, igual ou superior ao valor da avaliação."

F) Pregão

Nova modalidade de licitação, instituída pela Lei 10.520/2002 e regulamentada pelos Decretos 3.555/2000 e 5.450/2005, utilizada para a aquisição de **bens** e **serviços comuns**, que são aqueles cujos padrões de desempenho e qualidade possam ser objetivamente definidos pelo edital, por meio de especificações usuais no mercado, independentemente dos valores. Pode ser presencial ou eletrônico.

G) Consulta pública

Essa modalidade foi introduzida pela Lei 9.472/1997, que criou a Agência Nacional de Telecomunicações (ANATEL). Trata-se de uma modalidade prevista apenas para as agências reguladoras e serve para aquisição de bens e serviços não comuns na qual as propostas serão julgadas por um júri, segundo critérios de custo e benefício.

Na consulta pública, ao menos 5 pessoas, físicas ou jurídicas, de elevada qualificação, serão chamadas a apresentar propostas para fornecimento de bens ou serviços não comuns. É de constitucionalidade duvidosa, uma vez que foi criada de forma genérica pela Lei 9.472/1997, e seu esquema normativo está definido no regulamento de contratações da ANATEL.

4. TIPOS DE LICITAÇÃO

Os tipos de licitação estão relacionados com os **critérios de julgamento** do procedimento licitatório e previstos no art. 45 da Lei 8.666/1993. Esses critérios não se aplicam ao concurso, uma vez que, nessa modalidade, há a estipulação prévia de prêmio ou remuneração.

Os critérios de julgamento são:

– menor preço;

– melhor técnica;

– técnica e preço;

– maior lance ou oferta (para a modalidade leilão).

No **pregão**, a Lei 10.520/2002, no art. 4º, X, somente admite como critério de julgamento o **menor preço.**

5. DISPENSA E INEXIGIBILIDADE

A regra geral para a contratação de qualquer serviço é a instauração do procedimento licitatório. No entanto, existe a possibilidade legal prevista para a chamada **contratação direta**, que comporta duas modalidades: a **dispensa** e a **inexigibilidade** de licitação.

A contratação direta é um instituto que veio para viabilizar a contratação naqueles casos em que a competição entre licitantes não é necessária ou não é possível. Trata-se, portanto, de medida excepcional, que não deve ser tida como regra e só se deve aplicar nas hipóteses legais cabíveis.

A) Dispensa

A licitação dispensável é aquela em que a **lei dá margem de liberdade** para o Administrador Público realizar ou não a contratação direta, ou seja, ele pode contratar diretamente quando lhe convier.

É por isso que a dispensa, prevista no art. 24 da Lei 8.666/1993 contempla hipóteses **taxativas** em que a licitação seria possível juridicamente, porém o legislador permite a não realização do procedimento.

B) Inexigibilidade

Diferentemente da dispensa de licitação, a inexigibilidade contempla hipóteses em que a competição é **inviável jurídica** ou **faticamente**. As hipóteses estão previstas no art. 25 da Lei 8.666/1993 cujo rol é **exemplificativo**. Esse artigo traz hipóteses relativas à contratação de artistas, serviços técnicos e aquisição de materiais fornecidos com exclusividade.

6. LICITAÇÃO DESERTA E LICITAÇÃO FRACASSADA

Deserta é a licitação em que não comparecem interessados em participar do certame. Diz-se *fracassada* a licitação em que todos os licitantes são inabilitados ou desclassificados do procedimento.

7. ANULAÇÃO E REVOGAÇÃO

O procedimento licitatório pode padecer de vícios de irregularidade ou **ilegalidade**. Nesses casos, a autoridade competente deverá promover a anulação do certame, mediante parecer escrito e devidamente fundamentado (arts. 38, IX, e 49 da Lei 8.666/1993).

A **anulação** gera efeitos **retroativos** (*ex tunc*), atingindo toda a licitação, inclusive o contrato. Importante frisar que a anulação não gera obrigação de indenizar, conforme dispõe o art. 49, § 1º, da Lei 8.666/1993, com a ressalva do parágrafo único do art. 59 do mesmo diploma, qual seja, no caso da declaração de nulidade do contrato administrativo, esta "não exonera a Administração do dever de indenizar o contratado pelo que este houver executado até a data em que ela for declarada e por outros prejuízos regularmente comprovados, contanto que não lhe seja imputável, promovendo-se a responsabilidade de quem lhe deu causa".

Já a **revogação** da licitação é facultada por razões de **interesse público** decorrente de **fato superveniente** devidamente comprovado, conforme prevê o art. 49 da Lei 8.666/1993. De maneira semelhante à anulação, a revogação deverá instrumentalizar-se por despacho fundamentado circunstanciadamente. Os efeitos operados pela revogação são *ex nunc*, ou seja, a partir da decisão revocatória.

8. REGIME DIFERENCIADO DE CONTRATAÇÕES – LEI 12.462/2011

A Lei 12.462/2011 instituiu o Regime Diferenciado de Contratações Públicas (RDC), sendo regulamentada pelo Decreto 7581/2011.

O RDC é aplicável exclusivamente às licitações e contratos necessários à realização dos Jogos Olímpicos e Paraolímpicos de 2016, da Copa das Confederações da Federação Internacional de Futebol Associação – Fifa 2013 e da Copa do Mundo Fifa 2014 e ações no âmbito da Segurança Pública.

Segundo a Lei, o RDC tem como objetivos ampliar a eficiência nas contratações públicas e a competitividade entre os licitantes; promover a troca de experiências e tecnologias em busca da melhor relação entre custos e benefícios para o setor público; incentivar a inovação tecnológica; e assegurar tratamento isonômico entre os licitantes e a seleção da proposta mais vantajosa para a Administração Pública.

ATENÇÃO:

A Lei 13.303/2016 dispõe sobre o estatuto jurídico da empresa pública, da sociedade de economia mista e de suas subsidiárias, no âmbito da União, dos Estados, do Distrito Federal e dos Municípios.

A partir do art. 28 da Lei está disciplinado o regime de contratação das empresas estatais. O art. 51 estabelece as seguintes fases para as licitações de obras e serviços de engenharia e aquisição de bens:

Art. 51. As licitações de que trata esta Lei observarão a seguinte sequência de fases:

I - preparação;

II - divulgação;

DIREITO ADMINISTRATIVO

III - apresentação de lances ou propostas, conforme o modo de disputa adotado;

IV - julgamento;

V - verificação de efetividade dos lances ou propostas;

VI - negociação;

VII - habilitação;

VIII - interposição de recursos;

IX - adjudicação do objeto;

X - homologação do resultado ou revogação do procedimento.

Para a aquisição de bens e serviços comuns pelas Estatais a Lei indica a necessidade de utilização do pregão (art. 32, IV).

9. OAB E LICITAÇÃO

O STF já decidiu que a OAB é entidade sui generis (STF – ADIN 3026-4/DF). Trata-se de um serviço público independente, de categoria ímpar. Não é uma pessoa jurídica de direito público no que diz respeito às restrições impostas a Administração indireta (concurso, licitação etc.). Mas, no que diz respeito às vantagens, é considerada uma pessoa jurídica de direito público (imunidade tributária, prazos em dobro, privilégios da Fazenda Pública). Dessa forma, as determinações atinentes à licitação não alcançam a OAB.

10. MICROEMPRESAS E LICITAÇÃO

A Lei Complementar 123/2006 consagrou o tratamento preferencial para microempresas, empresas de pequeno porte e cooperativas. O TCU já se manifestou que esse tratamento não ofende a isonomia, pois a CF também garante tratamento diferenciado para as empresas de pequeno porte no art. 170, IX e 179 (acórdão 1231/2008).

A Lei Complementar 123/2006 assegura dois benefícios genéricos: regularização fiscal tardia, ou seja, podem participar da licitação sem dispor dos documentos comprobatórios de sua regularidade fiscal e caso vençam podem apresentar documentação por ocasião da celebração do contrato. Outro benefício é a preferência em caso de empate.

11. LICITAÇÃO E PREVISÃO DE RECURSOS ORÇAMENTÁRIOS

O art. 14 da Lei 8.666/1993 determina que nenhuma compra será feita sem a adequada caracterização de seu objeto e a indicação de recursos orçamentários para seu pagamento, sob pena de nulidade do ato e responsabilidade de quem lhe tiver dado causa. O art. 55, V, do mesmo diploma legal determina ser cláusula essencial do contrato a que estabeleça o crédito pelo qual correrá despesa, com a indicação da classificação funcional programática e da categoria econômica.

A análise desses dois dispositivos leva a concluir que há necessidade de o administrador indicar os recursos apropriados, mas isso não significa que os recursos estejam disponíveis financeiramente antes do início da licitação. Portanto, não há a imposição pela lei da necessidade de prévia liberação dos recursos para dar início à licitação. Basta existir a previsão de recursos orçamentários.

O STJ, recentemente, no Informativo 502, expressou o entendimento de que a lei de Licitações exige previsão de recursos orçamentários que assegurem o pagamento das obrigações decorrentes de obras ou serviços a serem executados no exercício financeiro em curso, de acordo com o respectivo cronograma. Ou seja, a lei não exige a disponibilidade financeira (fato de a Administração dispor do recurso antes do início da licitação), mas tão somente que haja previsão desses recursos na lei orçamentária (REsp 1.141.021-SP).

CONTRATOS ADMINISTRATIVOS

1. CONCEITO

Os contratos administrativos podem ser definidos como aqueles que a Administração Pública, figurando como parte, celebra com o particular, ou outro ente público, sob o **regime jurídico de direito público**, para a consecução de interesse coletivo.

Os contratos administrativos regulam-se por suas cláusulas e pelos preceitos de direito público, aplicando-se-lhes, **supletivamente**, os princípios da teoria geral dos contratos e as disposições de **direito privado**.

A legislação aplicável ao assunto encontra-se nos arts. 22, XXVII, e 37, XXI, da CF/88; nos arts. 54 a 80 da Lei 8.666/1993; na Lei 8.987/1995 (trata dos contratos de concessão e permissão de serviços públicos); e na Lei 11.079/2004 (trata das parcerias público-privadas).

Há contratos nos quais a Administração Pública é parte, mas que são celebrados sob normas do direito privado, por exemplo, o contrato de locação.

2. CARACTERÍSTICAS

2.1. Presença da Administração Pública no ajuste como Poder Público

2.2. Finalidade Pública

2.3. Obediência a forma prescrita em lei

3. CLÁUSULAS EXORBITANTES

As cláusulas exorbitantes são aquelas que conferem **prerrogativas** para a Administração Pública no ajuste, razão pela qual há um desequilíbrio em favor do Poder Público, tendo em vista o interesse público tutelado.

Dentre as várias cláusulas exorbitantes previstas na Lei 8.666/1993, destacam-se as seguintes: exigência de garantia; alteração unilateral do contrato; rescisão unilateral; fiscalização; aplicação de penalidades; e restrições à exceção do contrato não cumprido.

3.1. Exigência de garantia

A exigência de garantia está prevista no art. 56 da lei e tem como objetivo garantir a Administração em caso de inadimplemento do contrato por parte do contratado. Assim, nesse caso a Administração tem como ser ressarcida.

A lei elenca as **modalidades** de garantia, sendo facultada ao particular a escolha daquela que melhor lhe convier. As modalidades de garantia previstas na lei são:

511

I - caução em dinheiro ou em títulos da dívida pública

II - seguro-garantia

III - fiança bancária.

3.2. Alteração Unilateral

A alteração unilateral do contrato tem previsão nos arts. 58, I, §§ 1º e 2º, art. 65, §§ 1º e 6º da Lei 8666/1993 e significa que a Administração pode mudar o contrato no curso de sua execução, desde que haja **interesse público** e se observe o **equilíbrio econômico-financeiro** do contrato. Essa alteração refere-se às **cláusulas regulamentares** e de **serviço** que disciplinam sobre modo e execução do contrato. Essa é uma das razões que nos permite afirmar que o contrato administrativo é instável.

3.3. Rescisão Unilateral

Os arts. 58, II, 79, I, e 78, I a XII e XVII da Lei 8.666/1993 possibilitam a rescisão unilateral do contrato que poderá dar-se por razões de **interesse público** ou por conta de **inadimplemento do contratado** (caducidade). Como exemplo de rescisão unilateral pode-se citar a lentidão no cumprimento do contrato, atraso injustificado no início da obra ou a sua paralisação dentre outros.

3.4. Restrições a exceção do contrato não cumprido

A exceção do contrato não cumprido, em linhas gerais, nos contratos de direito privado, implica o descumprimento do contrato por uma das partes por conta do inadimplemento da outra, ou seja, se a obrigação de Fulano era de entregar a obra e a de Beltrano pagar o preço, sendo Fulano inadimplente Beltrano não pagará o preço, pois invocará a exceção do contrato não cumprido.

No contrato administrativo essa regra possui restrições, pois, segundo o art. 78, XV da Lei 8.666/1993 o contratado **só** poderá invocar a exceção do contrato não cumprido quando houver atraso, de parte da Administração, por um prazo superior a 90 (noventa) dias.

4. MUTABILIDADE DO CONTRATO

O contrato administrativo pode ser mudado no curso de sua execução em razão da ocorrência de determinados eventos. A mutabilidade deve ser analisada com observância do equilíbrio econômico-financeiro do contrato, pois nenhuma das partes pode enriquecer ilicitamente à custa da outra.

4.1. Álea Administrativa

A álea administrativa engloba:

4.1.1. Alteração Unilateral

A alteração unilateral do contrato será possível nas hipóteses de modificação do projeto ou das especificações para melhor adequação às finalidades de interesse público. Além disso, a alteração será viável quando necessária a modificação do valor contratual em virtude de acréscimo ou diminuição quantitativa de seu objeto.

A regra geral para a alteração unilateral é de até 25% para acréscimos ou supressões. No caso de contratos de reforma de equipamentos ou de edifícios a alteração unilateral para os acréscimos pode ser de até 50%, conforme os art. 65, II, §2º da Lei 8.666/93.

4.1.2. Fato do Príncipe

O **fato do príncipe**, previsto no art. 65, II, d, da Lei 8.666/1993, consiste em determinações estatais de ordem **geral** e **imprevisíveis**, não relacionadas diretamente ao contrato, mas que incidem sobre ele, causando desequilíbrio econômico-financeiro, por exemplo, o aumento imprevisto de um tributo que incida sobre determinados bens que a parte contratada deva fornecer.

4.1.3. Fato da Administração

O **fato da Administração**, diferentemente do fato do príncipe, configura-se quando a **própria Administração** contratante adota medidas que repercutem de forma diretamente sobre o contrato, desequilibrando a relação inicialmente pactuada (por exemplo, o atraso na entrega do local da obra).

4.2. Álea econômica

Os riscos econômicos decorrem de situações **excepcionais** e **extraordinárias** que ensejam a aplicação da **teoria da imprevisão**. Esta possibilita que, na hipótese da ocorrência desses eventos, o contrato seja revisto a fim de ser executado sem ruína para as partes. A imprevisão tem aplicação nas hipóteses de força maior, caso fortuito e nas interferências imprevistas.

4.2.1. Força Maior

A **força maior** pode ser considerada como o **evento humano** que, por sua imprevisibilidade, cria para a parte contratada uma impossibilidade intransponível, por exemplo, uma greve.

4.2.2. Caso Fortuito

O **caso fortuito** consiste no **evento da natureza**, por exemplo, uma inundação imprevisível que cubra o local da obra.

4.2.3. Interferências Imprevistas

As interferências imprevistas são **ocorrências materiais** que surgem **surpreendentemente** quando da execução do contrato, onerando seu cumprimento, como no exemplo dado por Hely Lopes Meirelles do encontro de um terreno rochoso, e não arenoso, como indicado pela Administração, na execução de uma obra pública (MEIRELLES, 2000, p. 228).

5. ANULAÇÃO DO CONTRATO

O art. 49 da Lei 8.666/1993 determina que a autoridade competente para a aprovação do procedimento somente poderá revogar a licitação por razões de interesse público decorrente de fato superveniente, devidamente comprovado, pertinente e suficiente para justificar tal conduta, devendo anulá-la por ilegalidade, de ofício ou por provocação de terceiros, mediante parecer escrito e devidamente fundamentado.

De modo geral, a anulação do procedimento licitatório por motivo de ilegalidade não gera obrigação de indenizar, mas o parágrafo único do art. 59 da Lei 8.666/1993 estabelece que a nulidade não exonera a Administração do dever de indenizar o contratado pelo que este houver executado até a data em que ela for declarada e por outros prejuízos regularmente comprovados, contanto que não lhe seja imputável, promovendo-se a responsabilidade de quem lhe deu causa.

Por fim, a declaração de nulidade do contrato administrativo opera retroativamente, impedindo os efeitos jurídicos que ele, ordinariamente, deveria produzir, além de desconstituir os já produzidos (art. 59).

6. RESPONSABILIDADE SUBSIDIÁRIA DA ADMINISTRAÇÃO PÚBLICA

O STF julgou constitucional (ADC 16-DF) o art. 71, § 1º, da Lei 8.666/1993 e manifestou entendimento no sentido da impossibilidade jurídica de transferência automática dos encargos trabalhistas, fiscais e comerciais à Administração Pública.

Esse assunto foi objeto de repercussão geral no RE 603.397 e fez com que o TST alterasse a Súmula 331 (súmula da terceirização, que responsabiliza a Administração Pública em caso de inadimplência do contratado).

Pela nova redação, o TST, segundo nosso entendimento, contrariando a orientação do STF, manteve a responsabilidade da Administração Pública quando evidenciada sua conduta culposa, especialmente na fiscalização do contrato.

CONCESSÃO DE SERVIÇO PÚBLICO

1. CONCEITO

A Lei 8.987/1995 dispõe sobre o regime de concessão e permissão da prestação de serviços públicos, previsto no art. 175 da Constituição Federal.

O art. 2º da lei define a **concessão de serviço público** como a **delegação** de sua prestação, feita pelo Poder concedente, mediante licitação, na modalidade concorrência, à pessoa jurídica ou consórcio de empresas que demonstre capacidade para seu desempenho, por sua conta e risco e por prazo determinado.

Na concessão a Administração Pública confere ao particular a execução remunerada de um serviço público para que o explore por sua conta e risco pelo prazo e nas condições regulamentares e contratuais, sendo remunerado pela tarifa paga pelos usuários. Esquematizando:

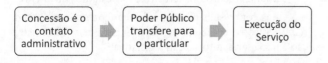

2. CARACTERÍSTICAS DA CONCESSÃO

2.1. Obrigatoriedade de licitação

A CF/88, no art. 175, estabelece que a concessão de serviços públicos será sempre realizada através de licitação.

O art. 14 da Lei 8.987/1995 estabelece que toda concessão de serviço público será objeto de prévia licitação e observará os princípios da legalidade, moralidade, publicidade, igualdade, do julgamento por critérios objetivos e da vinculação ao instrumento convocatório. A modalidade de licitação prevista na Lei 8.987/1995 é a concorrência (art. 18).

2.2. Tarifa

A principal remuneração do concessionário se dá pelo pagamento da tarifa, que é paga pelo usuário. Toda a política tarifária é definida no momento da licitação, por exemplo, os índices de reajuste da tarifa, o prazo de reajuste e as hipóteses de revisão. Além disso, é possível, a existência de receitas alternativas, conforme determina o art. 11 da Lei 8.987/1995. Essas receitas têm por objetivo reduzir o valor do serviço, e para tanto há necessidade de autorização legal e previsão no contrato. Por exemplo, a publicidade nos ônibus coletivos ou em bilhetes de metrô.

2.3. Responsabilidade objetiva do concessionário

O concessionário será responsabilizado nos termos do art. 37, § 6º da Constituição Federal. O STF (RE 591.874) firmou entendimento de que a **concessionária** responde **objetivamente** na modalidade do risco administrativo tanto se o dano for causado a **usuário direto** como a **usuário indireto** do serviço. Por exemplo, no caso de atropelamento de ciclista por ônibus de concessionária.

3. EXTINÇÃO DA CONCESSÃO

O art. 35 da Lei 8.987/1995 estabelece as hipóteses de extinção da concessão de serviço público: advento do termo contratual; encampação; caducidade; rescisão, anulação; falência ou extinção da empresa concessionária e falecimento ou incapacidade do titular, no caso de empresa individual. Esquematizando:

3.1. Advento do termo contratual

No caso de extinção, haverá a imediata assunção do serviço pelo poder concedente, procedendo-se aos levantamentos, avaliações e liquidações necessários. A assunção do serviço autoriza a ocupação das instalações e a utilização, pelo poder concedente, de todos os bens reversíveis.

3.2. Reversão

O art. 36 prevê que a reversão no advento do termo contratual far-se-á com a indenização das parcelas dos investimentos vinculados a bens reversíveis, ainda não amortizados ou depreciados, que tenham sido realizados com o objetivo de garantir a continuidade e atualidade do serviço concedido.

3.3. Encampação ou resgate

De acordo com o art. 37 da Lei 8.987/1995, considera-se encampação a retomada do serviço pelo Poder concedente durante o prazo da concessão, por motivo de interesse público, mediante lei autorizativa específica e após o prévio pagamento da indenização. Essa indenização deve abranger danos emergentes e lucros cessantes, mas a lei não determina como será o pagamento dessa indenização, se em dinheiro ou em títulos. Entendemos que deve ser em dinheiro, por analogia com a desapropriação.

3.4. Caducidade ou decadência

A inexecução total ou parcial do contrato acarretará, a critério do Poder concedente, a declaração de caducidade da concessão ou a aplicação das sanções contratuais (art. 38).

A declaração da caducidade da concessão deverá ser precedida da verificação da inadimplência da concessionária em processo administrativo, assegurado o direito de ampla defesa. Instaurado o processo administrativo e comprovada a inadimplência, a caducidade será declarada por decreto do Poder concedente, independentemente de indenização prévia, calculada no decurso do processo.

3.5. Rescisão Judicial

O contrato de concessão, segundo o art. 39, poderá ser rescindido por iniciativa da concessionária, no caso de descumprimento das normas contratuais pelo poder concedente, mediante ação judicial especialmente intentada para esse fim.

3.6. Anulação

A anulação da concessão ocorre por motivos de **ilegalidade** e seus efeitos são retroativos. É evidente que para declaração de anulação há a necessidade de assegurar ao concessionário o direito de **ampla defesa**.

3.7. Falência ou extinção da pessoa jurídica

O art. 35 da Lei 8.987/1995 determina que a concessão se extingue pela falência ou extinção da empresa concessionária e, em se tratando de empresa individual, pelo falecimento ou incapacidade do titular. É uma extinção de pleno direito.

Essa norma é reproduzida pela Lei de Falência, que, em seu art. 195 (Lei 10.101/2005), determina que a decretação de falência das concessionárias de serviço público implica a extinção da concessão, na forma da lei.

PARCERIAS PÚBLICO-PRIVADAS

1. CONCEITO

O conceito de parceria público-privada está delineado no art. 2º da Lei 11.079/2004, que a define como o contrato administrativo de concessão, na modalidade patrocinada ou administrativa.

A legislação aplicável é a Lei 11.079/2004, sendo possível a utilização subsidiária das Leis 8.987/1995 e 8.666/1993. A Lei 11.079 é ao mesmo tempo nacional e federal. Nacional porque suas normas gerais sobre licitação e contratação são aplicáveis a todos os entes da Federação; federal porque existem disposições de aplicação específica para a União (arts. 14 a 22).

2. MODALIDADES

A lei apresenta duas modalidades: concessão patrocinada e administrativa.

2.1. Concessão patrocinada

A concessão patrocinada é a concessão de serviços públicos ou de obras públicas de que trata a Lei 8987/1995, quando houver **adicionalmente** a tarifa paga pelos usuários, **contraprestação** pecuniária do parceiro público ao privado.

2.2. Concessão administrativa

A concessão administrativa é o contrato de prestação de serviços de que a administração seja a usuária direta ou indireta, ainda que envolva a execução de obra ou financiamento e instalação de bens.

A diferenciação entre ambas é a relativa à contraprestação pecuniária do parceiro público ao privado paga na patrocinada. Na concessão administrativa a remuneração é feita exclusivamente pelo parceiro público.

3. CARACTERÍSTICAS

São traços comuns tanto à patrocinada quanto à administrativa:

- licitação na modalidade concorrência;

- contraprestação do parceiro público ao privado;

- técnicas para garantir o equilíbrio econômico financeiro, como por exemplo a repartição dos riscos;

- compartilhamento de ganhos;

- presença de três tipos de garantia: parceiro privado ao público, parceiro público ao privado e contragarantia prestada pelo parceiro público à entidade financiadora do projeto;

- constituição de sociedade com propósito específico;

- financiamento por terceiros. Ex.: estádios de futebol;

- nas concessões patrocinadas em que mais de 70% da remuneração do parceiro privado for paga pela Administração é necessária autorização legislativa.

4. VEDAÇÕES

A lei 11.079/2004 estabelece em seu texto algumas vedações, quais sejam:

- impossibilidade de PPP com valor inferior a 10 milhões de reais (**Valor**);

- impossibilidade de PPP com o prazo inferior a 05 anos e ou superior a 35, incluindo eventual prorrogação (**Prazo**);

- impossibilidade de PPP que tenha por objeto único o fornecimento de mão de obra, o fornecimento e a instalação de equipamentos ou a execução de obra pública (**Matéria**).

5. CONTRATOS

O contrato de PPP apresenta algumas cláusulas essenciais, referentes a:

- fixação do prazo de vigência;
- previsão de penalidades aplicáveis à Administração;
- estabelecimento dos fatos que caracterizem a inadimplência do parceiro público;
- forma de acionamento das garantias;
- repartição dos riscos;
- mecanismos de atualidade da prestação dos serviços;
- garantias;
- compartilhamento dos ganhos econômicos.

INTERVENÇÃO DO ESTADO NA PROPRIEDADE PRIVADA

1. INTRODUÇÃO

O Estado pode intervir na propriedade privada em razão da supremacia do interesse público sobre o privado e também como fundamento no poder de polícia. Por certo, qualquer intervenção tem que ser baseada no disposto na Constituição e na lei.

A Constituição Federal em diversos artigos assegura o direito de propriedade, como por exemplo nos arts. 5º, 170, 182 e 186, além do 524 do Código Civil.

As modalidades de intervenção do Estado na propriedade privada são: a desapropriação, a requisição, a ocupação temporária, a limitação administrativa, a servidão e o tombamento. Esquematizando:

2. DESAPROPRIAÇÃO OU EXPROPRIAÇÃO

2.1. Conceito

A desapropriação ou expropriação pode ser definida como um procedimento administrativo pelo qual se opera o transpasse da propriedade particular ou pública para o Poder Público ou seus delegados, por motivos de utilidade pública, interesse social ou necessidade pública, mediante prévia e justa indenização em dinheiro.

Vale lembrar que a Constituição Federal traz exceções quanto à indenização prévia, justa e em dinheiro quando se tratar de desapropriação para política urbana, em que o pagamento será em títulos da dívida pública, e nas hipóteses de desapropriação para reforma agrária, em que o pagamento será em títulos da dívida agrária.

Quanto aos requisitos para a desapropriação destacam-se: comprovação da necessidade ou utilidade pública ou de interesse social; pagamento de indenização prévia ao ato de imissão na posse pelo Poder Público, e que seja justa e em dinheiro; e observância de procedimento administrativo, com respeito ao contraditório e ampla defesa por parte do proprietário.

A legislação aplicável para o estudo do assunto é a seguinte:

– Constituição Federal: arts. 5º, XXIV, 182 a 186;

– Decreto-Lei 3.365/1941;

– Lei 4.132/1962 (dispõe sobre a desapropriação por interesse social);

– Lei 4.505/1964, Leis Complementares 76/1993 e 88/1996 e Lei 8.629/1993 (disciplinam as expropriações de imóveis rurais para fins de reforma agrária);

– Decreto-Lei 1.075/1970 (regula a imissão de posse *initio litis* em imóveis residenciais urbanos).

– Decreto-Lei 25 de 1937.

O Decreto-Lei 3.365/1941 determina em seu art. 2º, §2º, que os bens do domínio dos Estados, Municípios, Distrito Federal e Territórios poderão ser desapropriados pela União, e os dos Municípios pelos Estados. Por outro lado, Estados e Municípios não podem desapropriar bens da União.

2.2. A justa indenização

A justa indenização inclui o valor do bem, suas rendas, danos emergentes, lucros cessantes, além dos juros compensatórios e moratórios, despesas judiciais, honorários advocatícios e correção monetária.

Benfeitorias: antes da decretação, todas são indenizadas; após a decretação, as necessárias serão sempre indenizadas; as úteis, desde que haja autorização do expropriante, e as voluptuárias não.

Fundo de Comércio: deve ser incluído na indenização se o expropriado for seu proprietário; porém, se pertencer a terceiro, deverá este pleitear em ação própria, como no caso do locatário.

Os bens públicos são passíveis de desapropriação pelas entidades estatais superiores desde que haja autorização legislativa.

Cumpre anotar que o Estado não pode desapropriar bens de outro Estado, nem bens de Município localizado em outro

ELISSON PEREIRA

Estado. Além disso, os bens federais são inexpropriáveis, já que Estados e Municípios não podem desapropriar bens da União.

2.3. Espécies

2.3.1. Desapropriação para reforma agrária

A desapropriação para reforma agrária é competência da União. Incide sobre propriedades que não atendem à função social. A indenização é em títulos da dívida agrária resgatáveis em até 20 anos.

É importante anotar que o art. 243 da CF/88 denomina "desapropriação" a tomada de glebas onde forem localizadas culturas ilegais de plantas psicotrópicas, sem qualquer indenização ao proprietário. Isso não é desapropriação e sim confisco.

Essa hipótese é chamada de desapropriação confiscatória (Lei 8.257/2001). Esse artigo traz duas situações: plantação e bens móveis de valor econômico destinados a tráfico de entorpecentes.

O imóvel para plantio é destinado a assentamento de colonos, para plantação de alimentícios e medicamentosos.

O art. 243 trata também da hipótese de bens móveis destinados ao tráfico ilícito de entorpecentes, por exemplo, veículos. Esses bens serão utilizados para implementar a investigação e fiscalização ou destinados a casa de recuperação de viciados.

2.3.2. Desapropriação para política urbana

A desapropriação para política urbana é de competência dos Municípios e incide sobre imóveis que não atendem ao plano diretor. A indenização é em títulos de dívida pública, de emissão aprovada pelo Senado Federal, com prazo de resgate de até 10 anos. Tem sua previsão também no Estatuto da Cidade.

2.3.3. Desapropriação por zona

A desapropriação por zona consiste na ampliação da expropriação às áreas que se valorizem extraordinariamente em consequência da obra ou realização do serviço público (art. 4º do Decreto Lei 3.365/1941).

2.3.4. Desapropriação ordinária ou comum

A desapropriação ordinária ou comum está prevista no Decreto-Lei 3.365/1941, sendo realizada pela União, Estados, Distrito Federal e Municípios. Essa desapropriação possui as seguintes fases:

2.3.4.1. Fases da desapropriação

2.3.4.1.1. Fase administrativa

Essa fase inicia-se com a expedição do decreto expropriatório ou por meio de lei (arts. 6º e 8º do Decreto Lei 3.365/1941).

O art. 5º do Decreto traz o rol dos casos de utilidade pública, como por exemplo, a segurança nacional; defesa do Estado; socorro público em caso de calamidade; salubridade pública; criação e melhoramento de centros de população,

dentre outros. Esse Decreto é um ato do chefe do Executivo, que manifesta interesse no bem.

Prazo de caducidade (máximo para que se efetue a desapropriação): utilidade pública – 5 anos; interesse social – 2 anos.

Desde a declaração expropriatória ficam as autoridades expropriantes autorizadas a penetrar no imóvel.

Após a decretação, há a oferta pelo bem; se aceita, consuma-se a desapropriação. A transferência do bem dá-se por escritura pública. Caso não haja acordo passa-se à fase judicial.

O Poder Executivo e o Poder Legislativo possuem competência para a prática do ato expropriatório que dá início ao processo de desapropriação, e o fazem com instrumentos diferentes: *o chefe do Executivo*, por intermédio de decreto, e *o chefe do Legislativo* (art. 8º do Decreto-Lei 3.365/1941), por meio de lei.

2.3.4.1.2. Fase judicial

Esta fase inicia-se com a propositura da ação de desapropriação em que será discutido o valor da indenização e eventuais ilegalidades no procedimento (arts. 11 a 30 do Decreto-Lei 3.365/1941). A imissão na posse só pode ser autorizada com o depósito do valor apurado em avaliação prévia. Feito o depósito, o expropriado poderá levantar 80%, ainda que discorde de seu montante.

2.4. Direito de extensão

Esse direito assiste ao proprietário de exigir que se inclua no plano de desapropriação a parte remanescente do bem, que se tornou inútil ou de difícil utilização. O pedido de extensão deve ser formulado pelo réu na contestação da ação expropriatória, sendo inviável a sua formulação por meio de reconvenção ou ação direta (art. 12 do Decreto 4.956/2003).

Esse pedido poderá ser feito administrativamente e judicialmente, na contestação. Assim, o pedido de extensão formulado na contestação não ofende a norma contida no art. 20 do Decreto 3.365/1941 (Resp. 986.386/SP).

2.5. Desvio de finalidade

O desvio de finalidade ocorre quando o bem expropriado para um fim é empregado noutro sem utilidade pública ou interesse social. A isso chama-se tresdestinação. Por exemplo, o Poder Público desapropria um imóvel com a justificativa de construção de uma escola pública e acaba ao final cedendo o terreno para um particular construir um Shopping Center. Essa é a tresdestinação ilícita.

Na hipótese do Poder Público desapropriar um imóvel para construção de um hospital, porém decide construir uma escola pública, não se vislumbra ilegalidade. Essa é a chamada tresdestinação lícita.

2.6. Desapropriação indireta

Desapropriação indireta é aquela realizada sem observância do procedimento legal (art. 35 do Decreto-Lei 3.365/1941). O proprietário não pode reaver o bem, deverá ajuizar ação, visando a perdas e danos. Ex.: apropriação de áreas privadas para abertura de estradas.

3. SERVIDÃO ADMINISTRATIVA

Conforme a definição de Hely Lopes Meirelles (MEIRELLES, 2000, p. 586), trata-se de um ônus real de uso imposto pelo Poder Público à propriedade particular para assegurar a realização e conservação de obras e serviços públicos, mediante indenização dos prejuízos efetivamente suportados pelo proprietário. Pode ser instituída por lei, sentença judicial ou acordo entre as partes. Ex.: passagem de dutos, fios elétricos ou telefônicos.

4. REQUISIÇÃO ADMINISTRATIVA

Consiste na utilização coativa de bens ou serviços particulares pelo Poder Público por ato de execução imediata e direta da autoridade requisitante e indenização ulterior, para atendimento de necessidades coletivas, urbanas, urgentes e transitórias (art. 5º, XXV, da CF). Por exemplo, em um acidente aéreo de grandes proporções é possível requisitar ambulâncias de hospitais privados para atender os feridos.

5. OCUPAÇÃO TEMPORÁRIA OU PROVISÓRIA

É a utilização transitória remunerada ou gratuita de bens particulares pelo Poder Público para fins de interesse público (art. 36 do Decreto-Lei 3.365/1941). Ex.: a ocupação de um terreno particular para depósito de materiais de obra pública.

Importante ressaltar que tanto a ocupação temporária como a requisição são modalidades de intervenção quanto ao uso. A diferença básica entre ambas está em que, para a requisição, é necessário o iminente perigo público, enquanto para a ocupação temporária, que só pode ocorrer em imóvel não edificado, não é necessário o iminente perigo público, bastando o interesse público. A ocupação gera indenização, caso exista prejuízo decorrente do uso do bem pela Administração Pública.

6. LIMITAÇÃO ADMINISTRATIVA

Trata-se de medida de ordem geral, unilateral e que não gera indenização pela qual o Poder Público condiciona o exercício de direitos e atividades particulares. Ex.: recuo de alguns metros das construções urbanas; proibição de desmatamento de parte da área florestada em cada propriedade rural; limite de altura dos prédios.

7. TOMBAMENTO

O Decreto-Lei n. 25, de 1937, organiza a proteção do patrimônio histórico e artístico nacional, e dele se depreende que o tombamento consiste na declaração feita pelo Poder Público acerca do valor histórico, artístico, paisagístico, turístico, cultural ou científico de coisas ou locais.

As coisas tombadas não poderão, em caso nenhum, ser destruídas, demolidas ou mutiladas, nem, sem prévia autorização especial do Serviço do Patrimônio Histórico e Artístico Nacional, ser reparadas, pintadas ou restauradas, sob pena de multa de 50% do dano causado (art. 17 do Decreto-Lei n. 25/37).

O tombamento, em regra, não obriga a indenização, salvo se as condições impostas para a conservação do bem acarretarem despesas extraordinárias para o proprietário, ou resultarem na interdição do seu uso, ou prejudicarem sua normal utilização, suprimindo ou depreciando seu valor econômico.

AGENTES PÚBLICOS

1. CONCEITO

São todos os agentes que se vinculam à Administração Pública, direta e indireta, do Estado, sob regime estatutário regular, celetista ou agentes políticos. A Legislação aplicável ao tema é a Constituição Federal (arts. 37 a 41) e a Lei 8.112/1990 que dispõe sobre o regime jurídico dos servidores públicos civis da União, das autarquias e das fundações públicas federais. Esquematizando:

2. CLASSIFICAÇÃO

A) Agentes políticos

São aqueles que ingressam na função por meio de **eleições** para exercício de mandato fixo. Ex.: presidente, prefeito, governador, senador, deputados e vereadores. A doutrina entende que os auxiliares diretos desses agentes também são enquadrados nessa categoria, tais como os Ministros de Estado e Secretários Municipais.

Quanto aos membros da Magistratura e Ministério Público, o STF (RE 228977/SP) manifestou entendimento de que são enquadrados como agentes políticos.

B) Servidores públicos

1) Estatutários: São os titulares de **cargo público**, com regime jurídico estatutário.

Os servidores estatutários adquirem estabilidade após 3 anos de efetivo exercício (art. 41 da CF). No caso de membros da Magistratura e do Ministério Público, há a aquisição de vitaliciedade após 2 anos de estágio probatório.

Os servidores efetivos, após o estágio, só perdem o cargo:
– em virtude de sentença judicial transitada em julgado;
– por processo administrativo (ampla defesa);
– em virtude de avaliação negativa de desempenho;
– em caso de diminuição de despesas com pessoal (art. 169, § 3º, da CF).

2) Empregados públicos: São os titulares de empregos públicos, sujeitos ao regime da **CLT** (são os celetistas). Não adquirem estabilidade. Ex.: empregados das empresas públicas e sociedades de economia mista.

3) Servidores temporários: São contratados por tempo determinado em razão de necessidade temporária de excepcional **interesse público** (art. 37, IX, da CF). Ingressam mediante seleção pública simplificada. Ex.: contratação para combate de epidemias. (Lei 8.745/1993, 9.849/1994; 10.677/2003)

C) Particulares em colaboração com o Poder Público:

são pessoas físicas que prestam serviço ao Estado, sem vínculo empregatício, com ou sem remuneração. Isso ocorre por:

– delegação: empregados das concessionárias, permissionárias. Leiloeiros e tradutores;

– requisição, nomeação, designação, exercício de funções relevantes: jurados e mesários;

– gestores de negócio.

Cargos em comissão são os que só admitem provimento em caráter provisório. São declarados em lei, de livre nomeação (sem concurso público) e exoneração, destinando-se apenas a atribuições de direção, chefia e assessoramento. Esquematizando:

3. ACUMULAÇÃO DE CARGOS, EMPREGOS E FUNÇÕES PÚBLICAS

O art. 37, XVI, da CF/88 estabelece que a acumulação é **vedada, exceto** quando houver compatibilidade de horários, para os seguintes casos:

– dois cargos de professor;

– um cargo de professor com outro técnico ou científico;

– dois cargos ou empregos privativos de profissionais de saúde, com profissões regulamentadas.

Essa proibição abrange as autarquias, fundações, empresas públicas, sociedade de economia mista e suas subsidiárias.

4. ACESSIBILIDADE AOS CARGOS, FUNÇÕES E EMPREGOS PÚBLICOS

O acesso é a todos os brasileiros, natos ou naturalizados, e aos estrangeiros, na forma da lei (art. 207, § 1º, da CF/88 e art. 5º, § 3º, da Lei 8.112/1990 – universidades e instituições de pesquisa podem admitir estrangeiros como professores, técnicos e cientistas).

O art. 37, I, da CF/88 dispõe que os brasileiros e estrangeiros que preencham os requisitos estabelecidos em lei terão acesso aos cargos, aos empregos e às funções públicas.

A Constituição Federal permitiu, assim, o amplo acesso aos cargos, empregos e funções públicas, excepcionada, porém, a relação trazida pelo § 3º do art. 12 da Lei Máxima, que define os cargos **privativos** de brasileiros **natos**:

– Presidente da República e Vice;

– Presidente da Câmara dos Deputados;

– Presidente do Senado;

– Ministros do Supremo Tribunal Federal;

– Carreira diplomática;

– Oficial das Forças Armadas.

5. EXERCÍCIO DE MANDATO ELETIVO

Não é vedado o exercício de mandato eletivo por servidor público.

As regras estabelecidas no art. 38 da CF/88 são:

– Prefeito: deve afastar-se do cargo e pode optar entre a remuneração de servidor e o subsídio de prefeito.

– Vereador: caso não haja incompatibilidade de horários, pode acumular a remuneração de servidor e o subsídio de vereador;

– Outros cargos: não é possível optar nem acumular.

6. PROVIMENTO DE CARGOS

A Lei 8.112/1990 disciplina o regime jurídico dos servidores públicos da União, e no art. 8º traz as formas de provimento de cargo público. O ingresso aos cargos públicos será por meio de concurso público, que terá validade de até 2 anos, podendo ser prorrogado uma única vez, por igual período (art. 37, III, da CF/88 e 12 da Lei 8.112/1990).

Provimento é o ato pelo qual o servidor público é investido no cargo, emprego ou função. As formas de provimento são:

A) Nomeação

Segundo o art. 9º da Lei 8.112/1990, a nomeação far-se-á em caráter efetivo, quando se tratar de cargo isolado de provimento efetivo ou de carreira ou em comissão, inclusive na condição de interino, para cargos de confiança vagos.

A nomeação para cargo de carreira ou cargo isolado de provimento efetivo depende de prévia habilitação em concurso público de provas ou de provas e títulos, obedecidos a ordem de classificação e o prazo de sua validade.

B) Promoção

É a forma de provimento pela qual o servidor passa a um cargo de maior grau de responsabilidade dentro da carreira a que pertence. O art. 39, § 2º, da CF/88 exige como requisito a participação em cursos de aperfeiçoamento.

C) Readaptação

É a investidura do servidor em cargo de atribuições e responsabilidades compatíveis com a **limitação** que tenha sofrido em sua capacidade física ou mental verificada em inspeção médica. Por exemplo, o caso de um servidor ocupante do cargo de motorista que sofre um acidente perdendo um dos braços. Se ele não conseguir mais dirigir deverá ser adaptado em outra função.

D) Reversão

A reversão está disciplinada nos arts. 25 a 27 da Lei 8.112/1990 sendo o retorno à atividade de servidor **aposentado** por **invalidez**, quando junta médica oficial declarar insubsistentes os motivos da aposentadoria **ou** no **interesse** da Administração.

No caso de interesse da Administração são necessários os seguintes requisitos:

a) que o servidor tenha solicitado a reversão;

b) que a aposentadoria tenha sido voluntária;

c) que o servidor era estável quando na atividade;

d) que a aposentadoria tenha ocorrido nos cinco anos anteriores à solicitação;

e) que haja cargo vago.

E) Reintegração

Nos termos do art. 28 da Lei 8.112/1990, é a reinvestidura do servidor estável no cargo anteriormente ocupado, ou no cargo resultante de sua transformação, quando **invalidada** sua **demissão** por decisão administrativa ou judicial, com ressarcimento de todas as vantagens. Se outra pessoa ocupava o cargo, e também já foi estável, será reconduzida ao cargo de origem, sem direito a indenização, aproveitada em outro cargo ou posta em disponibilidade, com remuneração proporcional ao tempo de serviço.

O § 2º do artigo citado determina que, encontrando-se provido o cargo, seu eventual ocupante será reconduzido ao cargo de origem, sem direito a indenização, ou aproveitado em outro cargo, ou, ainda, posto em disponibilidade.

F) Recondução

Prevista no art. 29, é definida como o retorno do servidor estável ao cargo anteriormente ocupado, e decorre de: **inabilitação** em estágio probatório relativo a outro cargo e **reintegração** do anterior ocupante (art. 41, § 1º, da CF).

G) Aproveitamento

Aproveitamento, de acordo com o art. 30 da Lei 8.112/1990 é o retorno à atividade do servidor que estava em **disponibilidade** e far-se-á mediante aproveitamento obrigatório em cargo de atribuições e vencimentos compatíveis com o anteriormente ocupado.

Observação: A **remoção** e a **redistribuição** não são formas de provimento. **Remoção** é o deslocamento do servidor, a pedido ou de ofício, no âmbito do mesmo quadro, com ou sem mudança de sede. Por exemplo, para acompanhar cônjuge ou companheiro, também servidor público civil ou militar, de qualquer dos Poderes da União, dos Estados, do Distrito Federal e dos Municípios, que foi deslocado no interesse da Administração. A **redistribuição** é o deslocamento de cargo de provimento efetivo, ocupado ou vago no âmbito do quadro geral de pessoal, para outro órgão ou entidade do mesmo Poder.

7. REMUNERAÇÃO

Vencimento é a retribuição pecuniária pelo exercício de cargo público, com valor fixado em lei (art. 40 da Lei 8.112/1990).

Remuneração é o vencimento do cargo efetivo, acrescido das vantagens pecuniárias estabelecidas em lei (art. 41 da Lei 8.112/1990).

A disciplina desses institutos está descrita nos arts. 40 a 48 da Lei 8.112/1990.

O art. 49 da Lei 8.112/1990 estabelece que, além do vencimento, poderão ser pagas ao servidor as seguintes vantagens:

✓ Indenizações;

✓ Gratificações;

✓ Adicionais.

O teto remuneratório dos servidores públicos está definido no art. 37, XI da CF/88, sendo o limite máximo os subsídios pagos aos Ministros do STF. Esse limite aplica-se às empresas públicas e sociedades de economia mista e suas subsidiárias que recebem recursos da União, Estados, Distrito Federal ou dos Municípios para pagamento de despesas de pessoal ou custeio geral. Logo, os empregados dessas entidades poderão receber acima do teto, caso elas não recebam recursos de nenhum ente federativo para despesas de pessoal ou de custeio em geral.

Vale lembrar que, é vedada a remuneração inferior ao salário mínimo, nos termos do art. 39, § 3º c/c 7º, IV da CF/88. Na verdade, o vencimento básico do servidor até pode ser inferior ao salário mínimo, mas a remuneração total não, conforme determina o art. 41, § 5º da lei 8112/90. Portanto, a somatória do vencimento com as vantagens não pode ser inferior ao salário mínimo.

Esse é o entendimento da Súmula Vinculante 16: Os artigos 7º, IV, e 39, § 3º (redação da EC 19/98), da Constituição, referem-se ao total da remuneração percebida pelo servidor público.

8. RESPONSABILIDADES E PENALIDADES

O servidor responde civil, penal e administrativamente, pelo exercício irregular de suas atribuições (arts. 121 a 126). A responsabilidade civil decorre de ato omissivo ou comissivo, doloso ou culposo, que resulte em prejuízo ao erário ou a terceiros. Tratando-se de dano causado a terceiros, responderá o servidor perante a Fazenda Pública, em ação regressiva.

A obrigação de reparar o dano estende-se aos sucessores, e contra eles será executada, até o limite do valor da herança recebida.

As sanções civis, penais e administrativas poderão cumular-se, mas são independentes entre si. A responsabilidade administrativa do servidor será afastada no caso de absolvição criminal que negue a existência do fato ou sua autoria.

As penalidades estão descritas nos arts. 127 ao 142, e resumem-se em: advertência; suspensão; demissão; cassação de aposentadoria ou disponibilidade; destituição de cargo em comissão; e destituição de função comissionada.

9. CONCURSOS PÚBLICOS E CONTRATAÇÕES EXCEPCIONAIS

O art. 37, II, da CF estabelece que, para a investidura em cargo ou emprego público, é necessária a aprovação prévia em concurso público de provas ou de provas e títulos, de acordo com a natureza e a complexidade do cargo ou emprego.

A exigência de concurso é válida apenas para os cargos de provimento efetivo – aqueles preenchidos em caráter permanente.

Os cargos preenchidos em caráter temporário não precisam ser precedidos de concurso, pois a situação excepcional e de temporariedade, que fundamenta sua necessidade, é incompatível com a criação de um concurso público.

Para os cargos em comissão também não se exige concurso público (art. 37, V), desde que as atribuições não sejam de direção, chefia e assessoramento. Estes devem ser preenchidos nas condições e nos percentuais mínimos previstos em lei.

Também para as funções de confiança não se impõe concurso público; no entanto, a mesma norma acima mencionada estabelece que essa função será exercida exclusivamente por servidores ocupantes de cargo efetivo.

O prazo de validade do concurso público é de 2 anos, prorrogável uma vez por igual período (art. 37, III, da CF). Durante o prazo do concurso, o aprovado não tem direito adquirido à contratação.

IMPROBIDADE ADMINISTRATIVA

1. CONCEITO

A temática do ato de improbidade administrativa foi introduzida no Texto Constitucional no capítulo referente à Administração Pública, mais especificamente no art. 37, § 4º, que determina que os atos de improbidade importarão na perda da função pública, na indisponibilidade dos bens do indiciado e no ressarcimento ao erário na forma da lei.

O ato de improbidade administrativa pode ser definido como todo aquele praticado por agente público, contrário às normas da moral, à lei e aos bons costumes, mediante o qual este se enriquece ilicitamente, obtém vantagem indevida, para si ou para outrem, ou causa dano ao erário. A improbidade é a má qualidade na gestão da coisa pública e prestação de serviços públicos.

A Lei 8.429/1992, que trata dos atos de improbidade, não traz a definição de improbidade, ficando essa tarefa a cargo da doutrina. De forma singela, pode-se dizer que improbidade significa má qualidade; logo, o agente público que pratica ato de improbidade o faz porque exerce sua função com má qualidade.

2. SUJEITOS DA IMPROBIDADE ADMINISTRATIVA

A Lei de Improbidade, nos seus arts. 1º, 2º e 3º, indica quem são os sujeitos ativo e passivo do ato de improbidade:

a) **Sujeito passivo:** o sujeito passivo do ato de improbidade é **qualquer** entidade pública ou particular que tenha participação de dinheiro público em seu patrimônio ou receita anual.

Dessa forma, são sujeitos passivos a Administração direta e indireta (autarquias, sociedades de economia mista e fundações); a empresa incorporada ao patrimônio público; entidade para cuja criação ou custeio o erário haja concorrido ou concorra com mais de 50% do patrimônio ou da receita anual; entidade para cuja criação ou custeio o erário haja concorrido ou concorra com menos de 50% do patrimônio ou da receita anual; entidade que receba subvenção, benefício ou incentivo, fiscal ou creditício, de órgão público.

b) **Sujeito ativo:** é o **agente público**, assim entendido (conceito dado pelo art. 2º da Lei 8.429/1992) como todo aquele que exerce, ainda que transitoriamente, ou sem remuneração, por eleição, nomeação, designação, contratação ou qualquer outra forma de investidura ou vínculo, mandato, cargo, emprego ou função nas entidades mencionadas no art. 1º da lei em epígrafe.

Nesse sentido, é sujeito ativo aquele que, **mesmo não sendo agente público**, induza ou concorra para a prática do ato de improbidade ou dele se beneficie sob qualquer forma direta ou indireta. Vale salientar que "a expressão 'no que couber' deixa claro que, ao terceiro, não se aplicará a sanção da perda de função pública, desde que não a tenha".

3. CLASSIFICAÇÃO DOS ATOS DE IMPROBIDADE ADMINISTRATIVA

A Lei 8.429/1992 estabelece três modalidades de atos de improbidade administrativa: os que importam em enriquecimento ilícito, os que causam prejuízo ao erário e os que atentam contra os princípios da Administração Pública.

Importante frisar que os casos previstos expressamente na Lei de Improbidade Administrativa são ***numerus apertus***, isto é, meramente **exemplificativos**. Essa interpretação decorre da expressão "notadamente" presente no *caput* dos artigos em questão.

Os atos que importam em **enriquecimento ilícito** estão previstos no art. 9º. Como exemplo, cita-se a possibilidade de utilizar, em obra ou serviço particular, veículos, máquinas, equipamentos ou material de qualquer natureza, de propriedade ou à disposição de qualquer das entidades mencionadas no art. 1º desta Lei, bem como o trabalho de servidores públicos, empregados ou terceiros contratados por essas entidades.

Os atos que importam em **prejuízo ao erário** estão previstos no art. 10, como por exemplo aquele que frustra a licitude de processo licitatório.

Os atos que atentam contra os **princípios** da Administração Pública estão previstos no art. 11. Como exemplo cita-se aquele que frustra a licitude de concurso público. Esquematizando:

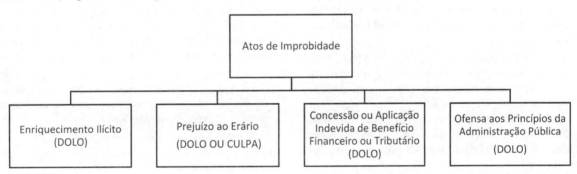

4. SANÇÕES

A Lei 8.429/1992 **não** tipificou **crimes**, porquanto as condutas nela descritas constituem sanções de natureza **civil** e **política.**

Os atos de improbidade administrativa que importam em enriquecimento ilícito estão sujeitos às seguintes penas: perda dos bens ou valores acrescidos ilicitamente ao patrimônio, ressarcimento integral do dano, perda da função pública, suspensão dos direitos políticos (8 a 10 anos), pagamento de multa civil (até três vezes o valor do dano), proibição de contratar com o Poder Público (10 anos).

Os atos de improbidade que causem dano ao erário são apenáveis com: ressarcimento integral do dano, perda de bens ou valores acrescidos ilicitamente ao patrimônio, perda de função pública e suspensão dos direitos políticos (5 a 8 anos), pagamento de multa civil (até duas vezes o valor do dano) e proibição de contratar com o Poder Público (5 anos).

Por fim, os atos atentatórios aos princípios da Administração Pública sujeitam-se às penas de: ressarcimento integral do dano, perda da função pública, suspensão dos direitos políticos por 3 a 5 anos, pagamento de multa civil até cem vezes o valor da remuneração percebida pelo agente e proibição de contratar com o Poder Público pelo prazo de 3 anos. Esquematizando:

ATENÇÃO:

As cominações anteriormente mencionadas podem ser aplicadas isolada ou cumulativamente, de acordo com a gravidade do fato. Além disso, a aplicação dessas sanções independe da efetiva ocorrência de dano, salvo quanto à pena de ressarcimento.

A perda da função pública e a suspensão dos direitos políticos só se efetivam com o trânsito em julgado da sentença condenatória.

Tanto o STF (AI 556727 AgR/SP) quanto o STJ (REsp 1.569.811) já se manifestaram no sentido de que não existe foro por prerrogativa de função em ações de improbidade administrativa, razão pela qual a ação de improbidade, por exemplo, contra o Prefeito deve ser proposta perante o juízo de 1º grau. De acordo com o art. 23 da Lei 8.429/92, as ações destinadas a levar a efeitos as sanções previstas nesta lei podem ser propostas:

I - até cinco anos após o término do exercício de mandato, de cargo em comissão ou de função de confiança;

II - dentro do prazo prescricional previsto em lei específica para faltas disciplinares puníveis com demissão a bem do serviço público, nos casos de exercício de cargo efetivo ou emprego.

III - até cinco anos da data da apresentação à administração pública da prestação de contas final pelas entidades referidas no parágrafo único do art. 1º da Lei

SERVIÇOS PÚBLICOS

1. CONCEITO

Os serviços públicos podem ser definidos como aqueles prestados pela Administração ou por seus delegados, em razão de necessidades essenciais da coletividade ou simples conveniência do Estado.

A titularidade da prestação de um serviço público sempre será da Administração Pública, somente podendo ser transferida a um particular a sua execução. As regras serão sempre fixadas unilateralmente pela Administração, independentemente de quem esteja executando o serviço público.

2. PRINCÍPIOS

No tocante ao tema serviços públicos podemos elencar os seguintes princípios:

a) princípio da adaptabilidade: impõe a atualização e modernização na prestação do serviço público;

b) princípio da universalidade: significa que os serviços devem ser estendidos a todos administrados;

c) princípio da impessoalidade: determina a vedação de discriminações entre os usuários;

d) princípio da continuidade: impossibilidade de interrupção;

e) princípio da modicidade das tarifas: impõe tarifas módicas aos usuários;

f) princípio da cortesia: prevê que os usuários devem ser tratados com urbanidade;

g) princípio da eficiência: estabelece que o serviço público deve ser prestado de maneira satisfatória ao usuário;

h) princípio da segurança: o serviço não pode ser prestado de forma que coloque em risco a vida dos usuários.

O serviço público deve ser prestado de forma **adequada** de acordo com o estabelecido no art. 6º da Lei 8.987/1995. Serviço adequado é o que satisfaz as condições de regularidade, continuidade, eficiência, segurança, atualidade, generalidade, cortesia na sua prestação e modicidade das tarifas.

Nesse mesmo artigo a lei faz referência à atualidade do serviço que compreende a modernidade das técnicas, do equipamento e das instalações e a sua conservação, bem como a melhoria e expansão do serviço.

Quando o serviço é interrompido fala-se em **descontinuidade** que não se caracteriza em situação de **emergência** ou aviso prévio, quando:

I – motivada por razões de ordem técnica ou de segurança das instalações; e,

II – por inadimplemento do usuário, considerado o interesse da coletividade.

3. CLASSIFICAÇÃO

Não existe uma uniformidade entre os autores quanto a classificação dos serviços públicos. Sendo assim, utilizaremos a proposta de Hely Lopes Meirelles (MEIRELLES, 2000, p. 307).

1) Serviços públicos propriamente ditos: são aqueles prestados diretamente pela Administração para a comunidade, por reconhecer a sua essencialidade e necessidade de grupo social. São privativos do Poder Público. Ex.: defesa nacional; polícia.

2) Serviços de utilidade pública: são os que a Administração, reconhecendo a sua conveniência para a coletividade, presta-os diretamente ou aquiesce que sejam prestados por terceiros. Ex.: transporte coletivo, energia elétrica, gás, telefone.

3) Serviços gerais ou "*uti universi*": são aqueles que a Administração presta sem ter usuários determinados para atender à coletividade no seu todo. Ex.: polícia, iluminação pública. São indivisíveis, isto é, não mensuráveis. Daí por que devem ser mantidos por tributo, e não por taxa ou tarifa.

4) Serviços individuais ou *uti singuli*: são os que possuem usuários determinados e utilização particular e mensurável para cada destinatário. São remunerados por taxa ou tarifa. Ex.: energia elétrica.

4. FORMAS DE PRESTAÇÃO DE SERVIÇOS

1) Serviços centralizados: são aqueles que o Poder Público presta por seus próprios órgãos, em seu nome e sob sua exclusiva responsabilidade. É o serviço prestado pela Administração Pública direta.

2) Serviços descentralizados: são aqueles que o Poder Público transfere a sua titularidade ou, simplesmente, sua execução, por outorga ou delegação, às autarquias, fundações, empresas estatais, empresas privadas.

– outorga: o Estado cria uma entidade, e a ela transfere, por lei, determinado serviço (definitividade).

– delegação: o Estado transfere por contrato (concessão) ou ato unilateral (permissão ou autorização) a execução do serviço, para que o delegado o preste ao público em seu nome e por sua conta e risco (transitoriedade).

3) Serviços desconcentrados: Para esses serviços é melhor utilizar a expressão **"desconcentração administrativa"**, consistente na distribuição de competência (plexos de competência) entre os vários órgãos da Administração Pública, para facilitar a prestação do serviço ao usuário. É fruto do poder hierárquico. Exemplo: subprefeituras, ministérios, superintendências etc.

5. MEIOS DE PRESTAÇÃO

1. Serviços concedidos: aqueles que o particular executa em seu nome, por sua conta e risco, remunerados por tarifa. A concessão dá-se por meio de contrato.

2. Serviços permitidos: a Administração estabelece os requisitos para sua prestação ao público e, por ato unilateral (termo de permissão), comete sua execução aos particulares que demonstrarem capacidade para seu desempenho. A permissão é unilateral, precária e discricionária. Ex.: transporte coletivo. Serviços de utilidade pública.

3. Serviços autorizados: o Poder Público, por ato unilateral, precário e discricionário, consente em sua execução pelo particular para atender a interesses coletivos instáveis ou a emergência transitória. Ex.: táxi.

6. CONVÊNIOS

São os acordos administrativos firmados por entidades públicas de qualquer espécie, ou entre estas e organizações particulares, para a realização de objetivos de interesse comum dos partícipes. Por exemplo, convênio celebrado entre uma ONG para defesa do meio ambiente e determinado Município localizado em área de proteção aos mananciais.

7. CONSÓRCIOS

São **acordos** firmados entre entidades estatais, autárquicas, fundacionais ou paraestatais, sempre da mesma espécie, para a realização de objetivos de interesse comum dos partícipes. Ex.: autarquia com autarquia; consórcio de Municípios.

Diferentemente da doutrina, a **Lei 11.107/2005**, que dispõe sobre normas gerais de contratação de consórcios públicos, estabelece que os consórcios podem ser constituídos como **associação pública** ou **pessoa jurídica de direito privado** (art. 1º) e são celebrados entre entes da mesma espécie ou não.

No caso de serem constituídos como pessoas jurídicas de direito público, **integram a Administração** indireta e assumem a feição de uma autarquia; como pessoas de direito privado, assumem a forma de associação civil (art. 6º).

Os consórcios possuem **natureza contratual** e dependem previamente de um protocolo de intenções (art. 3º).

Estão sujeitos à fiscalização do Tribunal de Contas (art. 9º, parágrafo único).

Para cumprimento de seus objetivos, os consórcios poderão firmar convênios, contratos, promover desapropriações e ser contratados pela Administração direta ou indireta com dispensa de licitação (art. 2º).

Os entes consorciados celebrarão **contrato de rateio** (art. 8º) e **contrato de programa** (art. 13). Contrato de rateio é aquele por meio do qual os entes consorciados se comprometem a fornecer os recursos financeiros para a realização das despesas do consórcio; contrato de programa é o que estabelece as obrigações que um ente consorciado assume em relação ao outro ou com o consórcio no âmbito da prestação do serviço.

8. REGISTRADORES E CARTÓRIOS

Os serviços notariais e de registro são exercidos em caráter privado, por **delegação** do Poder Público (art. 236 da CF). Importante destacar que a função notarial e de registro é serviço público, sendo passível de delegação o seu exercício, organização e estrutura (ADIn 1378/95 e ADI 2602/2005-MG).

A lei que rege esse serviço é a Lei 8.935/1994. O ingresso na atividade depende de **concurso**, realizado pelo Poder Judiciário.

Quanto à responsabilidade, os notários (ou tabelião) e oficiais de registro **respondem subjetivamente** pelos danos que eles e seus prepostos causarem a terceiros (arts. 22 e 23 da lei).

O cartório é tão somente um arquivo público gerenciado por particular escolhido por meio de concurso público, por isso não é titular de direitos ou deveres na ordem jurídica, privada ou pública. A responsabilidade civil decorrente da má prestação dos serviços cartoriais é imputada ao tabelião, titular do cartório, e, objetivamente, ao Estado.

ESTATUTO DA CIDADE

1. INTRODUÇÃO

A Lei 10.257/2001, conhecida como o Estatuto da Cidade, regulamenta os arts. 182 e 183 da Constituição Federal, estabelecendo diretrizes gerais da política urbana.

Na execução da política urbana, o Estatuto da Cidade, prescreve normas de ordem pública e interesse social que regulam o uso da propriedade urbana em prol do bem coletivo, da segurança e do bem-estar dos cidadãos, bem como do equilíbrio ambiental.

O art. 2º da Lei prevê que a política urbana tem como objetivo ordenar o pleno desenvolvimento das funções sociais da cidade e da propriedade urbana, mediante diretrizes gerais de garantia do direito a cidades sustentáveis; gestão democrática por meio da participação da população; cooperação entre os governos, dentre outras.

2. Instrumentos da política urbana

O art. 4º elenca os principais instrumentos da política urbana, quais sejam:

A) IPTU progressivo

O Município procederá à aplicação do imposto sobre a propriedade predial e territorial urbana (IPTU) progressivo no tempo mediante a majoração da alíquota pelo prazo de 5 anos consecutivos, em caso de não utilização ou subutilização do solo urbano (art. 7º).

B) Desapropriação com pagamento em títulos

Decorridos 5 anos de cobrança do IPTU progressivo sem que o proprietário tenha cumprido a obrigação de parcelamento, edificação ou utilização, o Município poderá proceder à desapropriação do imóvel, com pagamento em títulos da dívida pública (art. 8º). Os títulos da dívida pública terão prévia aprovação pelo Senado Federal e serão resgatados no prazo de até 10 anos, em prestações anuais, iguais e sucessivas, assegurados o valor real da indenização e os juros legais de 6% ao ano.

C) Usucapião de imóvel urbano

Aquele que possuir como sua área ou edificação urbana de até 250 m², por 5 anos, ininterruptamente e sem oposição, utilizando-a para sua moradia ou de sua família, adquirir-lhe-á o domínio, desde que não seja proprietário de outro imóvel urbano ou rural (art. 9º).

D) Direito de superfície

O proprietário urbano poderá conceder a outrem o direito de superfície do seu terreno, por tempo determinado ou indeterminado, mediante escritura pública registrada no Cartório de Registro de Imóveis. O direito de superfície abrange o direito de utilizar o solo, o subsolo ou o espaço aéreo relativo ao terreno, na forma estabelecida no contrato respectivo, atendida a legislação urbanística. A concessão do direito de superfície poderá ser gratuita ou onerosa. O superficiário responderá integralmente pelos encargos e tributos que incidirem sobre a propriedade superficiária, arcando, ainda, proporcionalmente à sua parcela de ocupação efetiva, com os encargos e tributos sobre a área objeto da concessão do direito de superfície, salvo disposição em contrário do contrato respectivo. O direito de superfície pode ser transferido a terceiros, obedecidos os termos do contrato respectivo. Por morte do superficiário, os seus direitos transmitem-se a seus herdeiros (art. 21).

E) Direito de preempção

O direito de preempção confere ao Poder Público municipal preferência para aquisição de imóvel urbano objeto de alienação onerosa entre particulares (art. 25). Será exercido sempre que o Poder Público necessitar de áreas para: regularização fundiária; execução de programas e projetos habitacionais de interesse social; constituição de reserva fundiária; ordenamento e direcionamento da expansão urbana; implantação de equipamentos urbanos e comunitários; criação de espaços públicos de lazer e áreas verdes; criação de unidades de conservação ou proteção de outras áreas de interesse ambiental; proteção de áreas de interesse histórico, cultural ou paisagístico.

Anota-se que lei municipal, baseada no plano diretor, delimitará as áreas em que incidirá o direito de preempção, fixando prazo, não superior a cinco anos, renovável a partir de um ano após o decurso do prazo inicial de vigência.

F) Da outorga onerosa do direito de construir

O plano diretor poderá fixar áreas nas quais o direito de construir poderá ser exercido acima do coeficiente de aproveitamento básico adotado, mediante contrapartida a ser prestada pelo beneficiário (art. 28). A outorga onerosa é também denominada de solo criado.

G) Operações urbanas consorciadas

Considera-se operação urbana consorciada o conjunto de intervenções e medidas coordenadas pelo Poder Público municipal, com a participação dos proprietários, moradores, usuários permanentes e investidores privados, com o objetivo de alcançar em uma área transformações urbanísticas estruturais, melhorias sociais e valorização ambiental (art. 32).

H) Transferência do direito de construir

Lei municipal, baseada no plano diretor, poderá autorizar o proprietário de imóvel urbano, privado ou público, a exercer em outro local, ou alienar, mediante escritura pública, o direito de construir previsto no plano diretor ou em legislação urbanística dele decorrente, quando o referido imóvel for considerado necessário para fins de (art. 35):

"I – implantação de equipamentos urbanos e comunitários;

II – preservação, quando o imóvel for considerado de interesse histórico, ambiental, paisagístico, social ou cultural;

III – servir a programas de regularização fundiária, urbanização de áreas ocupadas por população de baixa renda e habitação de interesse social".

I) Estudo do impacto de vizinhança

Lei municipal definirá os empreendimentos e atividades privados ou públicos em área urbana que dependerão de elaboração de estudo prévio de impacto de vizinhança (EIV) para obter as licenças ou autorizações de construção, ampliação ou funcionamento a cargo do Poder Público municipal (art. 36).

CONTROLE DA ADMINISTRAÇÃO PÚBLICA

1. CONCEITO DE CONTROLE

Segundo Hely Lopes Meirelles, controle, em tema de Administração Pública, é a faculdade de vigilância, orientação e correção que um Poder, órgão ou autoridade exerce (MEIRELLES, 2000, p. 610). Esquematizando:

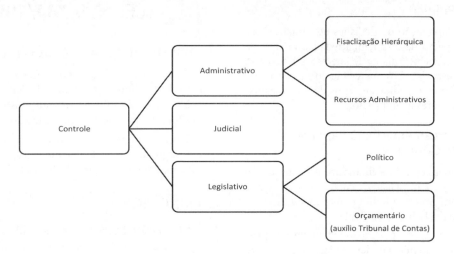

2. CONTROLE ADMINISTRATIVO

Controle administrativo é aquele realizado pela Administração sobre suas próprias atividades, sendo ilimitado, pois relacionado com a legalidade e com o mérito dos atos praticados.

A Administração controla os atos praticados pelos agentes públicos por meio da fiscalização hierárquica e dos recursos administrativos.

A *fiscalização hierárquica* é decorrente do poder hierárquico; é a possibilidade de a verificação do ato praticado pelo inferior ser fiscalizado, orientado e coordenado pelo superior hierárquico; já os *recursos administrativos* são os meios utilizados pelos administrados para provocar o reexame dos atos praticados pela Administração.

Os recursos administrativos podem ter efeito devolutivo e suspensivo (nos casos previstos em lei). Na hipótese de um recurso possuir efeito suspensivo, as consequências serão: impedimento da fluência do prazo prescricional e impossibilidade de utilização das vias judiciais para ataque ao ato pendente de decisão administrativa.

As modalidades de recursos administrativos são:

a) *Representação*: consiste na denúncia de irregularidades internas ou de abuso de poder na prática de atos administrativos. Pode ser feita por qualquer pessoa à autoridade competente para conhecer e coibir tal irregularidade. Tratando-se de representação contra abuso de autoridade, aplica-se o disposto na Lei 4.898/1965.

b) *Reclamação administrativa*: consiste no ataque a atos que afetem interesses e direitos legítimos do reclamante. Ex.: a impugnação a débitos tributários.

c) *Pedido de reconsideração*: consiste no requerimento, pelo interessado, de reexame de determinado ato administrativo à mesma autoridade que o emitiu, para que ele seja invalidado ou modificado, nos termos do pedido do requerente.

d) *Recurso hierárquico*: consiste no pedido de reexame do ato dirigido à autoridade superior àquela que proferiu o ato, sobre todos os seus aspectos.

Podem ser próprios ou impróprios.

– *próprios*: são os dirigidos pela parte à autoridade ou instância imediatamente superior, dentro do mesmo órgão em que o ato foi praticado; são uma decorrência da hierarquia e, por isso mesmo, independem de previsão legal;

– *impróprios*: são os dirigidos à autoridade de outro órgão de hierarquia diversa daquela que proferiu o ato. Só são cabíveis se previstos expressamente em lei. Ex.: o recurso contra ato praticado por dirigentes de autarquia, interposto perante o Ministério a que esta se acha vinculada ou perante o chefe do Poder Executivo.

e) *Revisão*: é recurso previsto para reexame da decisão de que se utiliza o servidor público punido pela Administração, em caso de surgirem fatos novos suscetíveis de demonstrar a sua inocência. Está prevista nos arts. 174 a 182 da Lei 8.112/1990. Pode ser requerida a qualquer tempo.

3. CONTROLE LEGISLATIVO OU PARLAMENTAR

O controle legislativo ou parlamentar é aquele exercido pelo Poder Legislativo (Congresso Nacional, Senado Federal, Câmara dos Deputados, Assembleias Legislativas, Câmara de Vereadores e Câmara Distrital), tendo em vista a administração desempenhada pelos Poderes Executivo e Judiciário.

É um controle limitado às hipóteses previstas na Constituição Federal

Existem duas espécies de controle pelo Poder Legislativo: o controle político e o controle financeiro.

3.1. Controle Político

Consiste na apreciação de decisões administrativas, inclusive sob o aspecto da discricionariedade, ou seja, da oportunidade e conveniência diante do interesse público. Ex.: convocação de ministros para comparecimento nas comissões do Senado e da Câmara; pedidos escritos de informações; comissões parlamentares de inquérito.

3.2. Controle Orçamentário: O papel do Tribunal de Contas

O Controle orçamentário e financeiro é conferido ao Legislativo e refere-se à prestação de contas de todo aquele que administra bens, valores ou dinheiros públicos. É exercido com o auxílio do Tribunal de Contas.

O *Tribunal de Contas* é um órgão independente de qualquer dos Poderes que auxilia o Poder Legislativo e colabora com o Poder Executivo. Age no controle externo da administração financeira, orçamentária e da gestão fiscal.

O controle exercido pelo Tribunal de Contas consiste na avaliação da legalidade, legitimidade, economicidade, fidelidade funcional e controle de programas e metas da Administração Pública. Esse controle atinge todos aqueles que utilizam, arrecadam, guardam, gerenciam ou administram dinheiros, bens e valores públicos ou pelos quais a União responda, ou que, em nome desta, assumam obrigações de natureza pecuniária.

As principais funções dos Tribunais Contas estão destacadas no art. 71 da CF/88, dentre as quais a apreciação e julgamento de contas prestadas pelo Presidente da República.

3.4. Controle jurisdicional

É aquele exercido pelo Poder Judiciário, acerca dos aspectos de legalidade, sobre os atos praticados pela Administração Pública. Trata-se de um controle limitado, pois circunscrito aos aspectos de legalidade do ato praticado.. O mérito do ato administrativo, ou seja, os aspectos de oportunidade e conveniência, não estão sujeitos a controle pelo Poder Judiciário.

Os principais meios de controle jurisdicional dos atos administrativos, sem prejuízo das demais ações judiciais, são: mandado de segurança, ação popular, ação civil pública, mandado de injunção, *habeas data*, *habeas corpus*, reclamação constitucional, ação direta de inconstitucionalidade, ação declaratória de constitucionalidade e arguição de descumprimento de preceito fundamental.

PROCESSO ADMINISTRATIVO NO ÂMBITO DA ADMINISTRAÇÃO FEDERAL (LEI N. 9.784/1999)

1. OBJETIVO E ALCANCE DA LEI N. 9.784/1999

A Lei 9.784/1999 regula o processo administrativo no âmbito da Administração Pública Federal direta e indireta. Visa à proteção dos direitos dos administrados e ao melhor cumprimento dos fins da Administração.

O previsto nesta Lei também se aplica aos órgãos do Poder Legislativo e do Poder Judiciário da União, quando no desempenho de função administrativa.

2. PRINCÍPIOS

A Lei, no art. 2º, estabelece que a Administração Pública obedecerá, entre outros, aos seguintes princípios: legalidade, finalidade, motivação, razoabilidade, proporcionalidade, moralidade, ampla defesa, contraditório, segurança jurídica, interesse público e eficiência.

É importante destacar que a lei determina a observância do critério de interpretação da norma administrativa da forma que melhor garanta o atendimento do fim público a que se dirige, vedada aplicação retroativa de nova interpretação.

3. DO PROCESSO ADMINISTRATIVO

O processo administrativo pode iniciar-se de ofício ou a pedido de interessado. Enuncia o art. 9º da Lei que são legitimados como interessados no processo administrativo:

I – pessoas físicas ou jurídicas que o iniciem como titulares de direitos ou interesses individuais ou no exercício do direito de representação;

II – aqueles que, sem terem iniciado o processo, têm direitos ou interesses que possam ser afetados pela decisão a ser adotada;

III – as organizações e associações representativas, no tocante a direitos e interesses coletivos;

IV – as pessoas ou as associações legalmente constituídas quanto a direitos ou interesses difusos.

Para fins de processo administrativo, são capazes os maiores de 18 anos, ressalvada previsão especial em ato normativo próprio.

3.1. Da competência

A competência (arts. 11 a 17) para apreciação dos processos é irrenunciável e se exerce pelos órgãos administrativos a que foi atribuída como própria, exceto os casos de delegação e avocação legalmente admitidos. Inexistindo competência legal específica, o processo administrativo deverá ser iniciado perante a autoridade de menor grau hierárquico para decidir.

Um órgão administrativo e seu titular poderão, se não houver impedimento legal, delegar parte da sua competência a outros órgãos ou titulares, ainda que estes não lhe sejam hierarquicamente subordinados, quando for conveniente, em razão de circunstâncias de índole técnica, social, econômica, jurídica ou territorial.

Não podem ser objeto de delegação: a edição de atos de caráter normativo; a decisão de recursos administrativos e as matérias de competência exclusiva do órgão ou autoridade.

O ato de delegação especificará as matérias e poderes transferidos, os limites da atuação do delegado, a duração e os objetivos da delegação e o recurso cabível, podendo conter ressalva de exercício da atribuição delegada. O ato de delegação é revogável a qualquer tempo pela autoridade delegante.

O art. 15. dispõe que será permitida, em caráter excepcional e por motivos relevantes devidamente justificados, a avocação temporária de competência atribuída a órgão hierarquicamente inferior.

Atente-se também à previsão do art. 17, ao prescrever que, inexistindo competência legal específica, o processo administrativo deverá ser iniciado perante a autoridade de menor grau hierárquico para decidir.

3.2. Forma, tempo e lugar dos atos do processo

Os atos do processo administrativo não dependem de forma determinada senão quando a lei expressamente a exigir. Devem ser realizados em dias úteis, no horário normal de funcionamento da repartição na qual tramitar o processo. Inexistindo disposição específica, os atos do órgão ou autoridade responsável pelo processo e dos administrados que dele participem devem ser praticados no prazo de 5 dias, salvo motivo de força maior.

No prosseguimento do processo, será garantido direito de ampla defesa ao interessado. Devem ser objeto de intimação os atos do processo que resultem para o interessado em imposição de deveres, ônus, sanções ou restrição ao exercício de direitos e atividades e os atos de outra natureza, de seu interesse.

3.3. Da instrução

As atividades de instrução destinadas a averiguar e comprovar os dados necessários à tomada de decisão realizam-se de ofício ou mediante impulsão do órgão responsável pelo processo, sem prejuízo do direito dos interessados de propor atuações probatórias.

São inadmissíveis no processo administrativo as provas obtidas por meios ilícitos.

Poderá o interessado, na fase instrutória e antes da tomada da decisão, juntar documentos e pareceres, requerer diligências e perícias, bem como aduzir alegações referentes à matéria objeto do processo. Somente poderão ser recusadas, por decisão fundamentada, as provas propostas pelos interessados quando sejam ilícitas, impertinentes, desnecessárias ou protelatórias.

Quando deva ser obrigatoriamente ouvido um órgão consultivo, o parecer deverá ser emitido no prazo máximo de 15 dias, salvo norma especial ou comprovada necessidade de maior prazo. Se um parecer obrigatório e vinculante deixar de ser emitido no prazo fixado, o processo não terá seguimento até a respectiva apresentação, responsabilizando-se quem der causa ao atraso. Todavia, se um parecer obrigatório e não vinculante deixar de ser emitido no prazo fixado, o processo poderá ter prosseguimento e ser decidido com sua dispensa, sem prejuízo da responsabilidade de quem se omitiu no atendimento.

Encerrada a instrução, o interessado terá direito de manifestar-se no prazo máximo de 10 dias, salvo se outro prazo for legalmente fixado.

Concluída a instrução de processo administrativo, a Administração tem o prazo de até 30 dias para decidir, salvo prorrogação, por igual período expressamente motivada.

4. DA MOTIVAÇÃO

A motivação é necessária tanto nos atos vinculados como nos discricionários. No processo administrativo a Lei determina que a motivação deve ser explícita, clara e congruente. Pode consistir em declaração de concordância com fundamentos de anteriores pareceres, informações, decisões ou propostas, que, neste caso, serão parte integrante do ato.

5. DA ANULAÇÃO, REVOGAÇÃO E CONVALIDAÇÃO

Os arts. 54 e 55 da lei tratam desse assunto. A Administração deve anular seus próprios atos quando eivados de vício de legalidade, e pode revogá-los por motivo de conveniência ou oportunidade, respeitados os direitos adquiridos.

O direito da Administração de anular os atos administrativos de que decorram efeitos favoráveis para os destinatários decai em 5 anos, contados da data em que foram praticados, salvo comprovada má-fé. Essa possibilidade está baseada no princípio da segurança jurídica.

Em decisão na qual se evidencie não acarretarem lesão ao interesse público nem prejuízo a terceiros, os atos que apresentarem defeitos sanáveis poderão ser convalidados pela própria Administração.

6. DO RECURSO ADMINISTRATIVO E DA REVISÃO

Das decisões administrativas cabe recurso, em face de razões de legalidade e de mérito. O recurso será dirigido à autoridade que proferiu a decisão, a qual, se não a reconsiderar no prazo de 5 dias, o encaminhará à autoridade superior.

Em regra, o prazo para interposição de recurso administrativo é de 10 dias, contado a partir da ciência ou divulgação oficial da decisão recorrida. A decisão deverá ser no prazo máximo de 30 dias, a partir do recebimento dos autos pelo órgão competente.

O recurso interpõe-se por meio de requerimento no qual o recorrente deverá expor os fundamentos do pedido de reexame, podendo juntar os documentos que julgar convenientes. Salvo disposição legal em contrário, o recurso não tem efeito suspensivo.

Têm legitimidade para interpor recurso administrativo: os titulares de direitos e interesses que forem parte no processo; aqueles cujos direitos ou interesses forem indiretamente afetados pela decisão recorrida; as organizações e associações representativas, no tocante a direitos e interesses coletivos; e os cidadãos ou associações, quanto a direitos ou interesses difusos.

O recurso não será conhecido quando interposto: fora do prazo; perante órgão incompetente; por quem não seja legitimado e após exaurida a esfera administrativa. O não conhecimento do recurso não impede a Administração de rever de ofício o ato ilegal, desde que não ocorrida preclusão administrativa.

O art. 64, parágrafo único da Lei determina que o órgão competente para decidir o recurso poderá confirmar, modificar, anular ou revogar, total ou parcialmente, a decisão recorrida, se a matéria for de sua competência. Se dessa decisão puder decorrer gravame à situação do recorrente, este deverá ser cientificado para que formule suas alegações antes da decisão. Trata-se da possibilidade da *reformatio in pejus*.

Os processos administrativos de que resultem sanções poderão ser revistos a qualquer tempo, a pedido ou de ofício, quando surgirem fatos novos ou circunstâncias relevantes suscetíveis de justificar a inadequação da sanção aplicada. Da revisão do processo não poderá resultar agravamento da sanção.

7. RESPONSABILIDADES

O servidor responde civil, penal e administrativamente, pelo exercício irregular de suas atribuições. As sanções civis, penais e administrativas poderão cumular-se, mas são independentes entre si.

A sentença penal condenatória e as absolutórias por negativa de autoria e inexistência do fato têm repercussão na esfera administrativa, ou seja, se o réu no processo penal for condenado no processo administrativo também o será. O mesmo ocorrerá quando o juiz na esfera penal absolver o réu com base na inexistência do fato e na negativa de autoria.

Já as absolutórias por ausência de provas e não correspondência entre fato e crime não repercutem no âmbito administrativo.

Esquematizando a repercussão da decisão na esfera penal no âmbito administrativo, temos a seguinte situação:

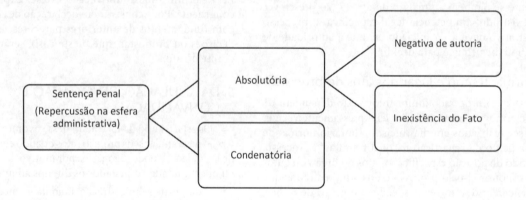

8. PONTOS POLÊMICOS

8.1. Presença de advogado em processo administrativo disciplinar

No que se refere à necessidade de presença de advogado no processo administrativo disciplinar, o Supremo Tribunal Federal por meio da Súmula Vinculante 5 decidiu que:

Súmula Vinculante 5: A falta de defesa técnica por advogado no processo administrativo disciplinar não ofende a Constituição.

8.2. Recurso Administrativo e depósito

A Súmula Vinculante 21 dispõe que: É inconstitucional a exigência de depósito ou arrolamento prévios de dinheiro ou bens para admissibilidade de recurso administrativo.

A Súmula 21 trata sobre a exigência de depósito prévio ou arrolamento de bens para a interposição de recurso administrativo. A CF/88 trouxe um novo modelo de processo administrativo com contraditório e ampla defesa. O direito a interposição de recurso administrativo é a garantia de defesa.

O recurso não pode ficar prejudicado por exigência de depósito prévio, pois isso significa impedir o direito. O STJ já havia se manifestado nesse sentido por meio da Súmula 373.

INTERVENÇÃO DO ESTADO NO DOMÍNIO ECONÔMICO

1. CONCEITO

A CF/88 assegura à iniciativa privada a exploração de atividade econômica. Com relação ao Estado, a atuação nessa atividade somente será permitida quando necessária aos imperativos da segurança nacional ou a relevante interesse coletivo, conforme disposto no art. 173 da Constituição Federal. Portanto, a atuação do Estado no domínio econômico consiste na exploração direta de atividade econômica pelo Estado.

A competência para atuação no domínio econômico é, em regra, da União, todavia há certas medidas que podem ser adotadas pelos Estados-Membros, Distrito Federal e Municípios (art. 23, VI, VIII e art. 24, V e VI da CF).

2. MODALIDADES

Seguindo a doutrina de Hely Lopes Meirelles, (MEIRELLES, 2000, p. 589) os principais meios de atuação na ordem econômica são: monopólio, repressão ao abuso do poder econômico, controle do abastecimento, tabelamento de preços e criação de empresas estatais. Esses meios variam segundo o objeto, motivo e interesse público. Esquematizando:

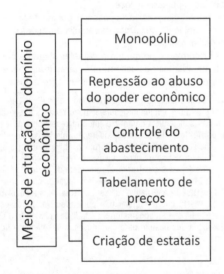

3. MONOPÓLIO

O monopólio consiste na atribuição conferida ao Estado para o desempenho exclusivo de certa atividade do domínio econômico, tendo em vista as exigências do interesse público.

O art. 177 da CF/88 traz as hipóteses de monopólio, dentre as quais se destacam: o refino de petróleo nacional; a pesquisa e a lavra das jazidas de petróleo e gás natural, dentre outras.

Ponto importante para o estudo do tema é a diferenciação entre monopólio e exclusividade. Monopólio serve para atividade econômica e a exclusividade deve ser utilizada para prestação de serviços públicos, é uma situação de privilégio. Dessa forma, a Empresa de Correios e Telégrafos (ECT) tem exclusividade (e não monopólio) na prestação do serviço postal. Esse assunto foi amplamente discutido na ADPF 46 em que o STF reconheceu a exclusividade da ECT.

4. REPRESSÃO AO ABUSO DO PODER ECONÔMICO

O art. 173, § 4º da CF/88 dispõe que a lei reprimirá o **abuso** do poder econômico que vise à dominação dos mercados, à eliminação da concorrência e ao aumento arbitrário dos lucros.

A Lei 12.529/2011 estrutura o Sistema Brasileiro de Defesa da Concorrência – SBDC e dispõe sobre a **prevenção** e a **repressão** às **infrações** contra a ordem econômica, orientada pelos ditames constitucionais de liberdade de iniciativa, livre concorrência, função social da propriedade, defesa dos consumidores e repressão ao abuso do poder econômico.

O titular dos bens jurídicos protegidos pela lei é a coletividade. O SBDC é formado pelo Conselho Administrativo de Defesa Econômica – CADE e pela Secretaria de Acompanhamento Econômico do Ministério da Fazenda.

O **CADE** é entidade judicante com jurisdição em todo o território nacional, que se constitui em **autarquia federal**, **vinculada** ao **Ministério da Justiça**, com sede e foro no Distrito Federal.

A Lei 12.529/2011 aplica-se às pessoas físicas ou jurídicas de direito público ou privado, bem como a quaisquer associações de entidades ou pessoas, constituídas de fato ou de direito, ainda que temporariamente, com ou sem personalidade jurídica, mesmo que exerçam atividade sob regime de monopólio legal.

De acordo com o art. 32. as diversas formas de infração da ordem econômica implicam a responsabilidade da empresa e a responsabilidade individual de seus dirigentes ou administradores, solidariamente. Serão solidariamente responsáveis as empresas ou entidades integrantes de grupo econômico, de fato ou de direito, quando pelo menos uma delas praticar infração à ordem econômica (art. 33).

Dentre as formas de dominação abusiva dos mercados podemos destacar:

- **Truste:** imposição de grandes empresas sobre os concorrentes menores, com intuito de afastá-los do mercado ou impor concordância com política de preços do maior vendedor.

- **Cartel:** ocorre quando os concorrentes estabelecem a composição dos preços e outras condições com objetivo de eliminar a concorrência, aumentando de forma arbitrária seus lucros.

- **Dumping:** prática abusiva em que uma empresa recebe subsídio oficial de seu país para baratear de maneira excessiva o custo do produto.

5. CONTROLE DE ABASTECIMENTO

Trata-se de meio de domínio econômico pelo Estado com vistas a manter no mercado de consumo produtos e serviços necessários para atender a demanda da coletividade.

6. TABELAMENTO DE PREÇOS

Os preços podem ser classificados como privados (próprios do mercado) e públicos (fixados por meio de tarifa ou preço público). A atuação do Estado no tabelamento de preços refere-se aos preços privados quando o preço formado no mercado não atende ao interesse público.

7. CRIAÇÃO DE ESTATAIS

Tanto as empresas públicas como as sociedades de economia mista são consideradas de forma genérica de empresas estatais. Nessas entidades tanto as que prestam serviço público como as que exploram atividade econômica há a geração de lucro que, no entanto, não é o objetivo principal do empreendimento, ainda que explore atividade econômica, uma vez que a atuação do Estado somente se justifica por razões de interesse público ou imperativos da segurança nacional, conforme disciplina o art. 173 da CF/88. (Meirelles, Hely Lopes, p. 335).

Em 30 de junho de 2016 foi publicada a Lei 13.303/2016 que dispõe sobre o estatuto jurídico da empresa pública, da sociedade de economia mista e de suas subsidiárias, no âmbito da União, dos Estados, do Distrito Federal e dos Municípios. A abrangência da referida lei é toda e qualquer empresa pública e sociedade de economia mista da União, dos Estados, do Distrito Federal e dos Municípios que explore atividade econômica de produção ou comercialização de bens ou de prestação de serviços, ainda que a atividade econômica esteja sujeita ao regime de monopólio da União, ou seja, de prestação de serviços públicos.

A Lei 13.303/2016 institui um regime licitatório específico para as empresas estatais que se afasta da Lei nº 8.666 e se aproxima do Regime Diferenciado de Contratação (RDC), eliminando as modalidades convite, concorrência, tomada de preços em favor de um procedimento com apresentação de propostas pelos modos de disputa aberto (na qual são apresentados lances sucessivos) e fechado (na qual as propostas são entregues de forma definitiva na seção de abertura).

8. QUESTÕES

1. (OAB FGV XXIV) Um fiscal de posturas públicas municipais verifica que um restaurante continua colocando, de forma irregular, mesas para os seus clientes na calçada. Depois de lavrar autos de infração com aplicação de multa por duas vezes, sem que a sociedade empresária tenha interposto recurso administrativo, o fiscal, ao verificar a situação, interdita o estabelecimento e apreende as mesas e cadeiras colocadas de forma irregular, com base na lei que regula o exercício do poder de polícia correspondente. A partir da situação acima, assinale a afirmativa correta.

(A) O fiscal atuou com desvio de poder, uma vez que o direito da sociedade empresária de continuar funcionando é emanação do direito de liberdade constitucional, que só pode ser contrastado a partir de um provimento jurisdicional.

(B) A prática irregular de ato autoexecutório pelo fiscal é clara, porque não homenageou o princípio do contraditório e da ampla defesa ao não permitir à sociedade empresária, antes da apreensão, a possibilidade de produzir, em processo administrativo específico, fatos e provas em seu favor.

(C) O ato praticado pelo fiscal está dentro da visão tradicional do exercício da polícia administrativa pelo Estado, que pode, em situações

extremas, dentro dos limites da razoabilidade e da proporcionalidade, atuar de forma autoexecutória.

(D) A atuação do fiscal é ilícita, porque os atos administrativos autoexecutórios, como mencionado acima, exigem, necessariamente, autorização judicial prévia.

COMENTÁRIO: A alternativa "a" está incorreta, pois não há desvio de poder na conduta do fiscal que atuou dentro da legalidade, razoabilidade e proporcionalidade princípios que pautam o exercício do poder de polícia. A alternativa "b" está errada, pois a sociedade empresária teve oportunidade para exercer seu direito de defesa, mas se quedou inerte. A alternativa "c" está correta, pois a autoexecutoriedade é o poder conferido à Administração Pública de, com os próprios meios, colocar em execução suas decisões sem precisar recorrer previamente ao Judiciário. No caso, o fiscal atuou dentro dos limites de legalidade, razoabilidade e proporcionalidade que justificam a medida adotada. A alternativa "d" está incorreta, pois a atuação do fiscal é lícita, não havendo necessidade de autorização judicial prévia, uma vez que atuou no exercício do poder de polícia. Gabarito "C".

2) (OAB FGV XXIV) Em ação civil pública por atos de improbidade que causaram prejuízo ao erário, ajuizada em desfavor de José, servidor público estadual estável, o Juízo de 1º grau, após os devidos trâmites, determinou a indisponibilidade de todos os bens do demandado, cujo patrimônio é superior aos danos e às demais imputações que constam na inicial. Apresentado o recurso pertinente, observa-se que a aludida decisão

(A) não merece reforma, na medida em que José deve responder com todo o seu patrimônio, independentemente do prejuízo causado pelos atos de improbidade que lhe são imputados.

(B) deve ser reformada, considerando que somente podem ser objeto da cautelar os bens adquiridos depois da prática dos atos de improbidade imputados a José.

(C) deve ser reformada, pois não é possível, por ausência de previsão legal, a determinação de tal medida cautelar em ações civis públicas por ato de improbidade.

(D) deve ser reformada, porquanto a cautelar somente pode atingir tantos bens quantos bastassem para garantir as consequências financeiras dos atos de improbidade imputados a José.

COMENTÁRIO: A alternativa "a" está incorreta, pois o art. 7º da Lei 8.429/1992 estabelece que a indisponibilidade cautelar deve recair sobre o patrimônio do réu de modo suficiente a garantir o integral ressarcimento de eventual prejuízo ao erário, levando-se em consideração, ainda, o valor de possível multa civil como sanção autônoma. A alternativa "b" está incorreta, porque a indisponibilidade recairá sobre bens que assegurem o integral ressarcimento do dano ou sob o acréscimo patrimonial resultante do enriquecimento ilícito. A alternativa "c" está incorreta, pois a previsão legal da cautelar está no art. 7º da Lei 8.429/1992. A alternativa "d" está correta, pois a decisão deve ser reformada, haja vista que a cautelar não pode bloquear todos os bens do réu, devendo obedecer ao mandamento do art. 7º da Lei 8.429/1992, ou seja, atingir tantos bens que bastem para garantir as consequências dos atos de improbidade cometidos. Gabarito "D".

3. (OAB FGV XXIV) Determinado município é proprietário de um extenso lote localizado em área urbana, mas que não vem sendo utilizado pela Administração há anos. Em consequência do abandono, o imóvel foi ocupado por uma família de desempregados, que deu à área uma função social. O poder público teve ciência do fato, mas, como se tratava do final da gestão do então prefeito, não tomou qualquer medida para que o bem fosse desocupado. A situação perdurou mais de trinta anos, até que o município ajuizou a reintegração de posse. Sobre a questão apresentada, assinale a afirmativa correta.

(A) O terreno não estava afetado a um fim público, razão pela qual pode ser adquirido por usucapião.

(B) O terreno é insuscetível de aquisição por meio de usucapião, mesmo sendo um bem dominical.

(C) O poder público municipal não poderá alienar a área em questão, dado que todos os bens públicos são inalienáveis.

(D) O bem será classificado como de uso especial, caso haja a reintegração de posse e o município decida construir uma grande praça no local anteriormente ocupado pela família.

DIREITO ADMINISTRATIVO

COMENTÁRIO: A alternativa "a" está errada, pois o art. 183 da CF/88 estabelece que os imóveis públicos não serão adquiridos por usucapião, independentemente de estarem afetados a uso comum do povo ou uso especial, ou mesmo que sejam dominicais. A alternativa "b" está correta, por força do art. 183 da CF/88 que veda a aquisição de bens públicos (uso comum, especial ou dominicais) pela usucapião. A alternativa "c" está incorreta, pois existe possibilidade de alienação de bens, desde que obedecidos os requisitos previstos no art. 17 da Lei 8.666/1993 (autorização legislativa, avaliação prévia, licitação e interesse público). A alternativa "d" está incorreta, pois na hipótese da construção da praça o bem será classificado como bem de uso comum do povo, nos termos do art. 99 do Código Civil.

Gabarito "B".

4. (OAB FGV XXIV) Determinado município é proprietário de um extenso lote localizado em área urbana, mas que não vem sendo utilizado pela Administração há anos. Em consequência do abandono, o imóvel foi ocupado por uma família de desempregados, que deu à área uma função social. O poder público teve ciência do fato, mas, como se tratava do final da gestão do então prefeito, não tomou qualquer medida para que o bem fosse desocupado. A situação perdurou mais de trinta anos, até que o município ajuizou a reintegração de posse. Sobre a questão apresentada, assinale a afirmativa correta.

(A) O terreno não estava afetado a um fim público, razão pela qual pode ser adquirido por usucapião.

(B) O terreno é insuscetível de aquisição por meio de usucapião, mesmo sendo um bem dominical.

(C) O poder público municipal não poderá alienar a área em questão, dado que todos os bens públicos são inalienáveis.

(D) O bem será classificado como de uso especial, caso haja a reintegração de posse e o município decida construir uma grande praça no local anteriormente ocupado pela família.

COMENTÁRIO: A alternativa "a" está errada, pois o art. 183 da CF/88 estabelece que os imóveis públicos não serão adquiridos por usucapião, independentemente de estarem afetados a uso comum do povo ou uso especial, ou mesmo que sejam dominicais. A alternativa "b" está correta, por força do art. 183 da CF/88 que veda a aquisição de bens públicos (uso comum, especial ou dominicais) pela usucapião. A alternativa "c" está incorreta, pois existe possibilidade de ali enação de bens, desde que obedecidos os requisitos previstos no art. 17 da Lei 8666/93 (autorização legislativa, avaliação prévia, licitação e interesse público). A alternativa "d" está incorreta, pois na hipótese da construção da praça o bem será classificado como bem de uso comum do povo, nos termos do art. 99 do Código Civil.

Gabarito "B".

5. (OAB FGV XXIV) Marcelo é médico do Corpo de Bombeiros Militar do Estado Beta e foi aprovado em concurso público para o cargo de médico civil junto a um determinado hospital da União, que é uma autarquia federal. A partir do fato apresentado, acerca da acumulação de cargos públicos, assinale a afirmativa correta.

(A) Por exercer atividade militar, Marcelo não pode acumular os cargos em comento.

(B) Marcelo pode acumular os cargos em questão, pois não existe, no ordenamento pátrio, qualquer vedação à acumulação de cargos ou de empregos públicos em geral.

(C) A acumulação de cargos por Marcelo não é viável, sendo cabível somente quando os cargos pertencerem ao mesmo ente da Federação.

(D) É possível a acumulação de cargos por Marcelo, desde que haja compatibilidade de horários.

COMENTÁRIO: A alternativa "a" está errada, pois o STJ (AgInt no RMS 43.680/GO) já decidiu que "diante da interpretação sistemática do art. 37, XVI, alínea 'c', c/c os arts. 42, § 1°, e 142, § 3°, II, da Constituição de 1988, é possível acumular dois cargos privativos na área de saúde, no âmbito das esferas civil e militar, desde que o servidor público não desempenhe as funções tipicamente exigidas para a atividade castrense, e sim atribuições inerentes a profissões de civis. A alternativa "b" está errada, pois existem vedações à acumulação de cargos previstas no art. 37, XVI da CF/88. A alternativa "c" é incorreta pois a acumulação é viável, independentemente dos cargos pertencerem a entes diversos da federação. A alternativa "d" está correta, porque baseada no art. 37, XVI, c, da CF/88 que possibilita a acumulação de dois cargos ou empregos privativos de profissionais de saúde, com profissões regulamentadas.

Gabarito "D".

6. (OAB FGV XXIII) Ao realizar uma auditoria interna, certa entidade administrativa federal, no exercício da autotutela, verificou a existência de um ato administrativo portador de vício insanável, que produz efeitos favoráveis para a sociedade Tudobeleza S/A, a qual estava de boa fé. O ato foi praticado em 10 de fevereiro de 2012. Em razão disso, em 17 de setembro de 2016, a entidade instaurou processo administrativo, que, após o exercício da ampla defesa e do contraditório, culminou na anulação do ato em 05 de junho de 2017. Com relação ao transcurso do tempo na mencionada situação hipotética, assinale a afirmativa correta.

(A) Não há decadência do direito de anular o ato eivado de vício, considerando que o processo que resultou na invalidação foi instaurado dentro do prazo de 5 (cinco) anos.

(B) Consumou-se o prazo prescricional de 5 (cinco) anos para o exercício do poder de polícia por parte da Administração Pública federal.

(C) O transcurso do tempo não surte efeitos no caso em questão, considerando que a Administração pode anular seus atos viciados a qualquer tempo.

(D) Consumou-se a decadência para o exercício da autotutela, pois, entre a prática do ato e a anulação, transcorreram mais de 5 (cinco) anos.

COMENTÁRIO: A alternativa "a" está correta, pois a Administração exerceu seu direito de anular o ato dentro do prazo de 5 anos, previsto no art. 54 da Lei 9.784/1999 de modo que não ocorreu a decadência, ainda que a efetiva anulação do ato somente tenha se consumado posteriormente. Isto porque a lei considera que o exercício do direito de anular é exercido pela Administração quando for adotada qualquer medida no sentido de impugnar a validade do ato. A alternativa "b" está incorreta, pois não houve a ocorrência de prescrição, nos termos do art. 54 da Lei 9.784/1999. A alternativa "c" está incorreta, pois a Administração tem prazo decadencial de 05 anos para anular os atos que decorram efeitos favoráveis ao particular de boa-fé, nos termos do art. 54 da Lei 9.784/1999. A alternativa "d" está errada, porque, em 17 de setembro de 2016, a entidade instaurou processo administrativo visando à anulação do ato praticado em 10 de fevereiro de 2012. Portanto, a Administração exerceu seu direito de anular dentro do prazo de 5 anos, razão pela qual não ocorreu a decadência.

Gabarito "A".

7. (OAB FGV XXIII) O Ministério Público estadual ajuizou ação civil pública por improbidade em desfavor de Odorico, prefeito do Município Beta, perante o Juízo de 1° grau. Após os devidos trâmites e do recebimento da inicial, surgiram provas contundentes de que Odorico se utilizava da máquina administrativa para intimidar servidores e prejudicar o andamento das investigações, razão pela qual o Juízo de 1° grau determinou o afastamento cautelar do chefe do Poder Executivo municipal pelo prazo de sessenta dias. Nesse caso, o Juízo de 1° grau

(A) não poderia ter dado prosseguimento ao feito, na medida em que Odorico é agente político e, por isso, não responde com base na lei de improbidade, mas somente na esfera política, por crime de responsabilidade.

(B) não tem competência para o julgamento da ação civil pública por improbidade ajuizada em face de Odorico, ainda que o agente tenha foro por prerrogativa junto ao respectivo Tribunal de Justiça estadual.

(C) não poderia ter determinado o afastamento cautelar de Odorico, pois a perda da função pública só se efetiva com o trânsito em julgado da sentença condenatória.

(D) agiu corretamente ao determinar o afastamento cautelar de Odorico, que, apesar de constituir medida excepcional, cabe quando o agente se utiliza da máquina administrativa para intimidar servidores e prejudicar o andamento do processo.

COMENTÁRIO: A alternativa "a" está incorreta, pois o Prefeito, agente político, responde por improbidade administrativa, nos termos do art. 2° da Lei 8.429/1092. A alternativa "b" está incorreta, pois tanto o STF (AI 556727 AgR/SP) quanto o STJ (REsp 1.569.811) já se manifestaram no sentido de que não existe foro por prerrogativa de função em ações de improbidade administrativa, razão pela qual a ação de improbidade contra o Prefeito, de fato, deveria ser impetrada perante o juízo de 1° grau. A alternativa "c" está errada, pois o art. 20, parágrafo único da Lei 8.429/1992, estabelece que "a autoridade judicial ou administrativa competente poderá determinar o afastamento do agente público do exercício do cargo, emprego ou função, sem prejuízo da remuneração, quando a medida se fizer necessária à instrução processual". A alternativa "d" está correta de acordo com o art. 20, parágrafo único da Lei 8.429/1992, anteriormente aludido.

Gabarito "D".

531

8. (OAB FGV XXIII) O Estado "X" pretende fazer uma reforma administrativa para cortar gastos. Com esse intuito, espera concentrar diversas secretarias estaduais em um mesmo prédio, mas não dispõe de um imóvel com a área necessária. Após várias reuniões com a equipe de governo, o governador decidiu desapropriar, por utilidade pública, um enorme terreno de propriedade da União para construir o edifício desejado. Sobre a questão apresentada, assinale a afirmativa correta.

(A) A União pode desapropriar imóveis dos Estados, atendidos os requisitos previstos em lei, mas os Estados não podem desapropriar imóveis da União.

(B) Para que haja a desapropriação pelo Estado "X", é imprescindível que este ente federado demonstre, em ação judicial, estar presente o interesse público.

(C) A desapropriação é possível, mas deve ser precedida de autorização legislativa dada pela Assembleia Legislativa.

(D) A desapropriação é possível, mas deve ser precedida de autorização legislativa dada pelo Congresso Nacional.

COMENTÁRIO: A alternativa "a" está correta, pois como determina o Decreto-lei 3.365/1941 em seu art. 2º, § 2º, os bens do domínio dos Estados, Municípios, Distrito Federal e Territórios poderão ser desapropriados pela União, e os dos Municípios pelos Estados. Por outro lado, Estados e Municípios não podem desapropriar bens da União. A alternativa "b" está incorreta, pois o Estado não pode desapropriar bem da União. A alternativa "c" está incorreta, uma vez que a desapropriação não é possível juridicamente. A alternativa "d" está errada, porque não existe possibilidade do Estado desapropriar bem da União.

Gabarito "A".

9. (OAB FGV XXIII) O Estado Alfa, mediante a respectiva autorização legislativa, constituiu uma sociedade de economia mista para o desenvolvimento de certa atividade econômica de relevante interesse coletivo. Acerca do Regime de Pessoal de tal entidade, integrante da Administração Indireta, assinale a afirmativa correta.

(A) Por se tratar de entidade administrativa que realiza atividade econômica, não será necessária a realização de concurso público para a admissão de pessoal, bastando processo seletivo simplificado, mediante análise de currículo.

(B) É imprescindível a realização de concurso público para o provimento de cargos e empregos em tal entidade administrativa, certo que os servidores ou empregados regularmente nomeados poderão alcançar a estabilidade mediante o preenchimento dos requisitos estabelecidos na Constituição da República.

(C) Deve ser realizado concurso público para a contratação de pessoal por tal entidade administrativa, e a remuneração a ser paga aos respectivos empregados não pode ultrapassar o teto remuneratório estabelecido na Constituição da República, caso sejam recebidos recursos do Estado Alfa para pagamento de despesas de pessoal ou de custeio em geral.

(D) A entidade administrativa poderá optar entre o regime estatutário e o regime de emprego público para a admissão de pessoal, mas, em qualquer dos casos, deverá realizar concurso público para a seleção de pessoal.

COMENTÁRIO: A alternativa "a" está errada, pois o art. 37, II da CF/88 determina que a investidura em cargo ou emprego público, depende da aprovação prévia em concurso público. Assim, como a sociedade de economia mista é um ente da administração indireta, independentemente de exercer atividade econômica, está sujeita à regra do concurso público. A alternativa "b" é incorreta, pois o regime dos empregados da sociedade de economia mista é o do emprego público, disciplinado pela CLT, logo não há que se falar em estabilidade. A alternativa "c" está correta, pois o art. 37, § 9º da CF/88 estabelece que as empresas públicas e sociedades de economia mista e subsidiárias somente são alcançadas pelo teto se receberem recursos do ente federado para pagamento de despesas de pessoal ou de custeio em geral. A alternativa "d" está errada, uma vez que o regime de pessoal da sociedade de economia mista é o da CLT (celetista).

Gabarito "C".

10. (OAB FGV XXI) José, acusado por estupro de menores, foi condenado e preso em decorrência da execução de sentença penal transitada em julgado. Logo após seu recolhimento ao estabelecimento prisional, porém, foi assassinado por um colega de cela. Acerca da responsabilidade civil do Estado pelo fato ocorrido no estabelecimento prisional, assinale a afirmativa correta.

(A) Não estão presentes os elementos configuradores da responsabilidade civil do Estado, porque está presente o fato exclusivo de terceiro, que rompe o nexo de causalidade, independentemente da possibilidade de o Estado atuar para evitar o dano.

(B) Não estão presentes os elementos configuradores da responsabilidade civil do Estado, porque não existe a causalidade necessária entre a conduta de agentes do Estado e o dano ocorrido no estabelecimento estatal.

(C) Estão presentes os elementos configuradores da responsabilidade civil do Estado, porque o ordenamento jurídico brasileiro adota, na matéria, a teoria do risco integral.

(D) Estão presentes os elementos configuradores da responsabilidade civil do Estado, porque o poder público tem o dever jurídico de proteger as pessoas submetidas à custódia de seus agentes e estabelecimentos.

COMENTÁRIO: A alternativa "a" está incorreta, pois nas relações de custódia, a jurisprudência do STF (RE 841526) tem se manifestado favorável à responsabilização do Estado já que esse tem o dever de guarda e segurança dos detentos em estabelecimentos prisionais públicos. Trata-se de uma omissão específica que impõe a responsabilização objetiva do Estado, nos termos do art. 37, § 6º da CF/88. A alternativa "b" está errada, pois há nexo de causalidade entre a conduta omissiva de agentes do Estado e o dano ocorrido no estabelecimento estatal. A alternativa "c" está errada, pois, no caso, o ordenamento jurídico brasileiro adota a teoria do risco administrativo, que conduz à responsabilidade civil objetiva do Estado. A alternativa "d" está correta, uma vez que presentes os elementos configuradores da responsabilidade civil do Estado, que são a conduta do agente público (falha dos agentes na proteção do detento), o dano a terceiro (homicídio do detento) e o nexo de causalidade (o detento foi morto dentro da cela, onde o Poder Público deveria garantir a sua segurança).

Gabarito "D".

ÉTICA

Leonardo Cremasco

INTRODUÇÃO

A presente obra tem o objetivo de abordar os principais pontos explorados nos exames de ordem, sendo que, para tanto, elaboramos esse curso de Ética Profissional, baseado no novo Código de Ética e Disciplina, Estatuto da Advocacia, Regulamento Geral, Súmulas, Provimentos e Resoluções da OAB.

O curso de Ética se mostra de extrema importância ante a exigência que atualmente se observa nos exames aplicados pela OAB, ao passo que objetivamos, com a presente obra, abordar os principais e mais exigidos temas.

A abordagem da obra visou a garantir uma discussão atual dos assuntos mais importantes, objetivando representar uma visão moderna e completa do curso de Ética Profissional.

Para tanto, destacamos os princípios éticos aplicáveis aos advogados, que devem ser observados para o exercício da advocacia em todas as esferas do Direito, assim como comentamos as atividades em que a atuação do profissional será necessária e aquelas em que não há tal necessidade.

Da mesma forma, discorremos sobre as prerrogativas dos profissionais inscritos na OAB, tema essa de fundamental importância para a vida profissional e para exames de ordem, dada a variedade de questões que são abordadas sobre o assunto. E, quanto à inscrição e demais fatores correlatos, fizemos uma abordagem técnica a respeito dos requisitos necessários para se inscrever na OAB, formas de cancelamento e licença da inscrição, assim como no que diz respeito à atuação do profissional quando fora do seu domicílio profissional.

Não menos importante, também trouxemos as questões aplicáveis ao advogado empregado, sociedade de advogados e as características dos honorários advocatícios, que são assuntos de grande abrangência das provas da OAB.

No que diz respeito aos órgãos da OAB, focamos nas principais competências de cada um deles, assim como no que diz respeito às eleições para o preenchimento dos cargos em tais órgãos.

Quanto às infrações e sanções, trouxemos uma síntese do processo disciplinar para que o leitor tenha uma visão acerca dos procedimentos, antes da efetiva aplicação de penalidade, por parte da OAB. Isso explica o motivo pelo qual tratamos o processo disciplinar em capítulo anterior ao das infrações e sanções.

No que tange à publicidade, abordamos pontos importantes e que deverão ser respeitados para os anúncios porventura realizados pelo profissional.

Em que pese termos abordado os principais elementos exigidos no exame de ordem, certo é que os campos do conhecimento não serão esgotados nesta obra, mas servirão de base para que o leitor busque seus aprofundamentos.

1. DA ADVOCACIA

1.1. Dos princípios éticos aplicáveis aos advogados

O Código de Ética e Disciplina destaca, logo no seu primeiro capítulo, os princípios fundamentais que deverá respeitar, para o exercício da profissão. Para tanto, deverá o advogado agir de acordo com o Código de Ética, o Estatuto da Advocacia, o Regulamento Geral da OAB, os Provimentos e os princípios da moral individual, social e profissional.

São, pois, deveres do advogado, segundo o art. 2º, do Código de Ética e Disciplina:

"I - preservar, em sua conduta, a honra, a nobreza e a dignidade da profissão, zelando pelo caráter de essencialidade e indispensabilidade da advocacia;

II - atuar com destemor, independência, honestidade, decoro, veracidade, lealdade, dignidade e boa-fé;

III - velar por sua reputação pessoal e profissional;

IV - empenhar-se, permanentemente, no aperfeiçoamento pessoal e profissional;

V - contribuir para o aprimoramento das instituições, do Direito e das leis;

VI - estimular, a qualquer tempo, a conciliação e a mediação entre os litigantes, prevenindo, sempre que possível, a instauração de litígios;

VII - desaconselhar lides temerárias, a partir de um juízo preliminar de viabilidade jurídica;

VIII - abster-se de:

a) utilizar de influência indevida, em seu benefício ou do cliente;

b) vincular seu nome ou nome social a empreendimentos sabidamente escusos;

c) emprestar concurso aos que atentem contra a ética, a moral, a honestidade e a dignidade da pessoa humana;

d) entender-se diretamente com a parte adversa que tenha patrono constituído, sem o assentimento deste;

e) ingressar ou atuar em pleitos administrativos ou judiciais perante autoridades com as quais tenha vínculos negociais ou familiares;

f) contratar honorários advocatícios em valores aviltantes.

IX - pugnar pela solução dos problemas da cidadania e pela efetivação dos direitos individuais, coletivos e difusos;

X - adotar conduta consentânea com o papel de elemento indispensável à administração da Justiça;

XI - cumprir os encargos assumidos no âmbito da Ordem dos Advogados do Brasil ou na representação da classe;

XII - zelar pelos valores institucionais da OAB e da advocacia;

XIII - ater-se, quando no exercício da função de defensor público, à defesa dos necessitados."

O advogado deve sempre agir com lealdade e boa-fé, sendo proibido expor fatos em juízo ou administrativamente, falseando deliberadamente a verdade.

Nas relações com o seu cliente, o advogado deverá sempre agir com clareza, expondo os riscos da sua pretensão e as consequências que poderão surgir em sua demanda, eis que a relação entre estes deve sempre se pautar na confiança recíproca.

Da mesma forma, incumbe, ao advogado dispensar tratamento condigno para com os seus colegas de profissão, autoridades, agentes políticos, servidores públicos e terceiros, cabendo-lhe exigir igual tratamento de todos com quem se relacione.

1.2. Das atividades privativas de advogados, segundo a lei 8.906/94

A OAB, ao promulgar a Lei 8.906/94 (Estatuto da Advocacia da Ordem dos Advogados), logo em seu art. 1º elencou as atividades privativas de advogados, as quais são objetos de inúmeras questões em exames de ordem.

Por conta disso, devemos, logo de início, pensar se a atuação do advogado é ou não necessária, para todas e quaisquer situações do nosso ordenamento jurídico, dada a afirmação constante do próprio EAOAB, que assim define:

Art. 1º São atividades privativas de advocacia:

I - a postulação a <u>qualquer</u> *órgão do Poder Judiciário e aos juizados especiais;*

II – as atividades de consultoria, assessoria e direção jurídica.

Em que pese o EAOAB dispor que é uma atividade privativa de advogado postular perante o Poder Judiciário, sabemos, que a atuação do profissional, em algumas circunstâncias, não se fará obrigatória, ao passo que a própria parte poderá pleitear seu direito e requerer a efetiva tutela jurisdicional para satisfazer seus interesses.

Partindo desse pressuposto, o próprio Supremo Tribunal Federal, quando do julgamento da ADI 1.127/8, entendeu que a expressão "qualquer", do inciso I, do art. 1º, do EAOAB, era inconstitucional, em razão da dispensabilidade do advogado em algumas questões, onde o interessado pode postular sozinho.

Com isso, de fato houve o reconhecimento da inconstitucionalidade da expressão "qualquer", o que hoje motiva a OAB a formular as mais variadas questões sobre o tema, as quais, na maioria das vezes, pretendem auferir se o(a) candidato(a) reconhece a existência das excepcionalidades.

Portanto, para melhor elucidar a questão e facilitar o estudo, apontaremos, no quadro abaixo, as questões em que a atuação do advogado não será necessária:

Situações em que a atuação do advogado será dispensável

a) Nas causas cujo valor não exceda vinte salários mínimos, conforme art. 9º, da Lei 9.099/1995 (juizados especiais cíveis);

Obs.: Conforme o art. 41, § 2º, da Lei 9.099/9595, no recurso, as partes deverão ser representadas por advogado, sendo que o mesmo entendimento deve ser considerado para os juizados especiais federais, conforme destacado no item abaixo descrito.

b) Nas causas cujo valor não exceda sessenta salários mínimos, conforme art. 10, da Lei 10.25920/01 (juizados especiais federais);

c) Na impetração de *Habeas Corpus*, conforme arts. 5º, LXVIII, da CRFB e 654, do CPP;

d) Na justiça do trabalho, conforme art. 791, da CLT;

Obs.: Na Justiça do Trabalho, as partes podem demandar sem advogado, conforme artigo acima mencionado. Contudo, *o jus postulandi* das partes demandantes ficará limitado ao primeiro e ao segundo graus de jurisdição, ou seja, varas do trabalho e Tribunais Regionais do Trabalho.

Portanto, na Justiça do Trabalho a parte que demandou sem advogado poderá ainda fazê-lo perante o TRT, mas, quando a questão for decidida por este, haverá necessidade de contratação de advogado, caso queira recorrer ao Tribunal Superior do Trabalho.

Demais disso, a Súmula 425, do Tribunal Superior do Trabalho, destaca que a atuação do advogado se fará totalmente necessária em mandados de segurança, ação rescisória e ações cautelares, ou seja, nesses casos, a representação processual deverá ser feita por profissional devidamente habilitado e inscrito nos quadros da OAB.

e) Na ação revisional penal, onde o pedido poderá ser feito pelo próprio réu, conforme art. 623, do CPP.

O próprio CPC, consagrou a possibilidade da parte postular em causa própria, quando tiver habilitação legal para tanto. Nesse sentido, dispõe o art. 103:

Art. 103. A parte será representada em juízo por advogado regularmente inscrito na Ordem dos Advogados do Brasil.

Parágrafo único. É lícito à parte postular em causa própria **quando tiver habilitação legal.** (grifos nossos)

Continuando nossos estudos sobre o tema, há que se ressaltar, ainda, que o inciso II, do art. 1º define que as atividades de assessoria, consultoria e direção jurídica, somente poderão ser realizadas por advogado.

Não há, pois, como se admitir que o bacharel que ainda não tenha inscrição na OAB venha a exercer tais atribuições, ou seja, ele não pode confeccionar, por exemplo, cartões de visita com os dizeres: "assessor jurídico", "consultor jurídico" e/ou "diretor jurídico".

Tais atribuições são privativas de advogados, ou seja, de pessoas que possuam regular inscrição na OAB.

Destaca-se, ainda, que a função de diretor jurídico comporta cargos de gestão jurídica em qualquer empresa pública, privada ou paraestatal, inclusive em instituições financeiras, conforme dispõe o art. 7º do Regulamento Geral da OAB.

Por fim, devemos lembrar que serão nulos os atos privativos de advogado, quando praticados por pessoa não inscrita na OAB, sujeitando-lhes, ainda, às sanções civis, penais e administrativas cabíveis.

São também nulos os atos praticados por advogado impedido – no âmbito do impedimento – suspenso, licenciado ou que passar a exercer atividade incompatível com a advocacia, conforme art. 4º, parágrafo único, do EAOAB.

1.3. Do estagiário

O estágio profissional de advocacia pode ser realizado por graduados ou não e se mostra como requisito necessário para os que almejam a inscrição no quadro estagiários da OAB.

É, pois, o meio adequado para a aprendizagem prática do estagiário, podendo ser realizado na instituição de ensino superior, caso esta tenha autorização e credenciamento junto à OAB. Nesse caso, a carga horária mínima a ser observada é de 300 (trezentas) horas, que poderão ser distribuídas em dois ou mais anos.

Muito se pergunta, em exame de ordem, se o estagiário de advocacia pode praticar algum ato jurídico, de forma isolada.

A resposta é positiva, desde que o ato em questão seja limitado à retirada e devolução de cargas de processos, obtenção de certidões de processos findos ou em andamento e sua assinatura em petições de juntada.

Mas não podemos deixar de considerar que o art. 29, do Regulamento Geral da OAB também faculta ao estagiário a subscrição dos atos de advocacia previstos no art. 1º, do Estatuto da Advocacia, desde que em conjunto com o advogado ou o defensor público.

Importante ressaltar, também, que o estagiário também poderá praticar atos extrajudiciais, de forma isolada, quando houver substabelecimento ou autorização do advogado, conforme define o art. 29, § 2º, do Regulamento Geral da OAB.

2. DA PROCURAÇÃO

2.1. Do instrumento de mandato para representação do cliente

É certo dizer que o advogado poderá representar o seu cliente, quer seja em juízo ou até mesmo fora dele. Porém, necessário ressaltar que, para tanto, deverá o profissional estar devidamente constituído, por meio do instrumento de mandato, que é a procuração.

Mas se o advogado necessitar praticar algum ato em que afirme urgência, poderá atuar sem procuração, podendo apresentá-la no prazo de quinze dias, o qual poderá ser prorrogado, uma única vez, por igual período.

O Código de Ética e Disciplina, em seu art. 14, dispõe que o advogado não deverá aceitar procuração de quem já tenha patrono constituído, excepcionando, somente, se houver motivo plenamente justificável ou se houver necessidade de adoção de medidas judiciais urgentes e inadiáveis.

Vemos, ainda, que a própria CLT sobre o tema assim define:

Art. 791 - Os empregados e os empregadores poderão reclamar pessoalmente perante a Justiça do Trabalho e acompanhar as suas reclamações até o final.

(...)

§ 3º A constituição de procurador com poderes para o foro em geral poderá ser efetivada, mediante simples registro em ata de audiência, a requerimento verbal do advogado interessado, com anuência da parte representada.

Merece ser também destacado que, no caso do cliente desejar contratar uma sociedade de advogados, deverá outorgar procurações individuais aos advogados que a compõem, indicando, ainda, a sociedade da qual fazem parte.

Isso é motivo de bastante confusão entre os candidatos que prestam o exame de ordem, pois, na prática, quando um cliente pretende contratar uma sociedade de advogados, geralmente lhe é fornecida uma única procuração, contendo o nome de todos os sócios do escritório. Mas, para efeitos de exame de ordem, há que ser respeitado o art. 15, § 3º, cuja definição é a constante do parágrafo anterior.

2.2. Da renúncia e da revogação de poderes

A relação entre advogado e cliente é de extrema confiança, posto que, ao profissional, é confiado o patrocínio dos interesses do seu constituinte, na esperança de que a sua atuação resulte numa decisão favorável.

Por óbvio que, não obstante esse anseio por parte do cliente, o advogado jamais poderá garantir o resultado da demanda, nem tampouco fazer promessas quanto ao tempo de duração da causa. Ao contrário disso, deve o profissional explicar os riscos da demanda e demonstrar que, de sua parte, haverá todo o "empenho" possível para buscar a tutela dos interesses do seu cliente, mas que a decisão sempre competirá ao julgador, segundo o entendimento deste.

É muito comum, infelizmente, ouvirmos algumas pessoas dizendo que o advogado lhe garantiu o ganho de causa, que o valor seria bem expressivo, que o tempo de duração seria bem curto etc.

Todas essas falsas promessas, podem acarretar sérios desgastes entre o cliente e o profissional, uma vez que a advocacia não é uma ciência exata e tudo pode acontecer num cenário processual.

Demais disso, numa relação advogado-cliente, poderá ocorrer problemas de toda monta, como desentendimentos, desrespeito entre ambos, enfim, várias são as situações em que a confiança entre ambos resta abalada por algum motivo.

Por conta de tais fatores, o legislador previu, ao advogado, o direito de renunciar o patrocínio de uma causa, ou seja, o profissional poderá deixar de atuar para aquele cliente, caso entenda que não há mais sentido em manter o vínculo com este.

Contudo, caso o advogado queira de fato renunciar o patrocínio de uma demanda em que atue, continuará responsável pela causa durante os dez dias seguintes à notificação da renúncia, salvo se for substituído antes de findar esse prazo.

> **Importante:** Para que a renúncia seja devidamente concretizada, o advogado deverá notificar seu cliente "preferencialmente" mediante carta com aviso de recepção, comunicando, após, o juízo, conforme disposto no art. 6º, do Regulamento Geral da OAB.
>
> É de se observar, que o legislador deixou claro que o advogado deve formalizar sua intenção junto ao cliente, para, após, comunicar o juízo responsável. Porém, em que pese o Regulamento Geral dispor que o profissional deve <u>preferencialmente</u> encaminhar uma carta com aviso de recepção, certo é que essa se trata de uma recomendação legal, mas, que pode ser suprida por outros meios de formalização, tais como, por exemplo, envio de e-mails, telegramas etc.

Outras importantes observações sobre o instituto da renúncia podem ser verificadas no Código de Ética e Disciplina, que assim dispõe:

> *Art. 10. As relações entre advogado e cliente baseiam-se na confiança recíproca. Sentindo o advogado que essa confiança lhe falta, é recomendável que externe ao cliente sua impressão e, não se dissipando as dúvidas existentes, promova, em seguida, o substabelecimento do mandato ou a ele renuncie.*
>
> *Art. 15. O advogado não deve deixar ao abandono ou ao desamparo as causas sob seu patrocínio, sendo recomendável que, em face de dificuldades insuperáveis ou inércia do cliente quanto a providências que lhe tenham sido solicitadas, renuncie ao mandato.*
>
> *Art. 16. A renúncia ao patrocínio deve ser feita sem menção do motivo que a determinou, fazendo cessar a responsabilidade profissional pelo acompanhamento da causa, uma vez decorrido o prazo previsto em lei (EAOAB, Art. 5º, § 3º).*
>
> *§ 1º A renúncia ao mandato não exclui responsabilidade por danos eventualmente causados ao cliente ou a terceiros.*
>
> *§ 2º O advogado não será responsabilizado por omissão do cliente quanto a documento ou informação que lhe devesse fornecer para a prática oportuna de ato processual do seu interesse.*

Merece ser também abordado que, quando o cliente não quiser mais a atuação do seu advogado, poderá revogar os poderes que lhe foram concedidos por intermédio da procuração. Porém, se o cliente o fizer, deverá regularizar sua representação nos autos, de forma imediata, uma vez que o seu antigo patrono não ficará mais responsável pela causa.

Nesse instituto, o advogado não permanece responsável pela causa por dez dias e, caso o cliente não regularize sua representação processual, será intimado para fazê-lo, sob pena do feito ser extinto.

2.3. Do substabelecimento com e sem reserva de poderes

O advogado, quando constituído por intermédio da procuração que lhe é conferida pelo seu cliente, terá poderes para representá-lo, seja em questões judiciais, ou, até mesmo, nas extrajudiciais.

Poderá, pois, após a sua contratação, substabelecer poderes para que outros advogados também atuem em prol daquele cliente. Nesse caso, o substabelecimento a que nos referimos é o "com reserva de poderes", onde o profissional que recebeu a procuração continua vinculado ao cliente e estende poderes para que outros advogados também possam atuar na causa.

Com relação aos honorários advocatícios do advogado substabelecido com reserva de poderes, dispõe o Estatuto da Advocacia:

> *Art. 26. O advogado substabelecido, com reserva de poderes, não pode cobrar honorários sem a intervenção daquele que lhe conferiu o substabelecimento.*

No que diz respeito ao substabelecimento "sem reserva" de poderes, entendemos que haverá uma transferência de poderes para outro profissional, sendo, que, o anteriormente constituído, não terá mais qualquer ingerência na causa.

Por conta disso, o substabelecimento "sem reserva", exige o prévio e inequívoco conhecimento do cliente.

Nesses termos, assim dispõe o Código de Ética e Disciplina:

> *Art. 26. O substabelecimento do mandato, com reserva de poderes, é ato pessoal do advogado da causa.*
>
> *§ 1º O substabelecimento do mandato sem reserva de poderes exige o prévio e inequívoco conhecimento do cliente.*

3. DA INSCRIÇÃO NA ORDEM DOS ADVOGADOS

3.1. Dos requisitos necessários

Para exercer a profissão e atuar como advogado, necessária se faz a inscrição, perante a Ordem dos Advogados do Brasil. Temos, pois, que a inscrição é um processo de avaliação, onde a OAB analisará se o requerente preenche os requisitos necessários e indispensáveis, para o exercício profissional.

Os requisitos avaliados pela OAB quando do pedido de inscrição estão elencados no art. 8º, do Estatuto da Advocacia, sendo, que, o não preenchimento de qualquer dos requisitos ali dispostos, impossibilitará a inscrição do requerente e, consequentemente, este não poderá atuar na qualidade de advogado.

Todavia, se o requerente conseguir suprir o requisito que lhe faltava, poderá requerer novamente a sua inscrição na OAB.

De acordo com o art. 8º, do Estatuto da Advocacia, para inscrição como advogado é necessário:

I – capacidade civil;

Uma vez atingida a maioridade, certo é que haverá a presunção da capacidade civil plena. De toda sorte, o Código Civil (art. 5º, IV) dispôs que a graduação universitária também deve ser considerada como causa de maioridade civil.

Aqueles que sejam reputados incapazes para os atos da vida civil (arts. 3º e 4º do Código Civil) não poderão se inscrever na OAB.

ÉTICA

Aqui devemos considerar que, com a maioridade, há, no art. 5°, CAPUT, do Código Civil, a presunção da capacidade civil plena. Porém, o próprio inciso IV do mencionado artigo, também considerou a graduação universitária como causa de maioridade civil.

II – diploma ou certidão de graduação em direito, obtido em instituição de ensino oficialmente autorizada e credenciada;

O bacharel deverá comprovar sua condição para poder se inscrever como advogado, sendo, que a mencionada comprovação dar-se-á com a apresentação do diploma ou certidão de graduação.

Necessário observarmos que, na falta do diploma, o requerente poderá apresentar sua certidão de graduação em direito, acompanhada de cópia autenticada do respectivo histórico escolar, conforme prevê o art. 23, do Regulamento Geral da OAB.

Ao estrangeiro ou brasileiro não graduado em direito no Brasil, necessário que faça prova do título de graduação obtida em instituição estrangeira devidamente revalidado, além de atender aos demais requisitos para inscrição.

Destaca-se, que, com relação aos advogados portugueses, o Provimento 129/2008, do Conselho Federal da OAB, dispensou a necessidade de aprovação no exame de ordem, cabendo a referido órgão fiscalizar se o princípio da reciprocidade de tratamento também será observado pela Ordem dos Advogados Portugueses.

III - título de eleitor e quitação do serviço militar, se brasileiro;

De maneira simples, o requerente à inscrição na OAB deverá estar em dia com as questões eleitorais e militares (para o homem), pois, do contrário, não conseguirá se inscrever.

IV - aprovação em Exame de Ordem;

Aqui, podemos perceber que a aprovação em exame de ordem é um dos requisitos necessários para a inscrição no quadro de advogados da OAB, mas não o único.

O exame de ordem se encontra regulamentado pelo Provimento 144/2011, do Conselho Federal da OAB, que estabelece a realização do certame em três vezes ao ano.

Há, ainda, vedação para que qualquer órgão da OAB promova, patrocine ou ofereça cursos de preparação para o exame, conforme disposto no Provimento 142/2011, da OAB

Merece ser destacado, ainda, que o Provimento 156/2013, do Conselho Federal da OAB, permitiu ao candidato não aprovado na segunda fase o direito de reaproveitar o resultado da primeira fase, dispensando a necessidade de repeti-la, no exame de ordem imediatamente subsequente.

No recente Provimento 167/2015, do Conselho Federal da OAB, restou devidamente consignado que ficam dispensados do Exame de Ordem os postulantes oriundos da Magistratura e do Ministério Público e os bacharéis alcançados pelo art. 7° da Resolução n. 02/1994, da Diretoria do CFOAB, que assim prevê:

Art. 7°. Estão dispensados do Exame de Ordem:

I - os bacharéis em direito que realizaram o estágio profissional de advocacia (Lei n° 4.215/63) ou o estágio de prática forense e organização judiciária (Lei n° 5.842/72),

no prazo de dois anos, com aprovação nos exames finais perante banca examinadora integrada por representante da OAB, até 04 de julho de 1994;

II - os inscritos no quadro de estagiários da OAB, até 04 de julho de 1994, desde que realizem o estágio em dois anos de atividades e o concluam, com aprovação final, até 04 de julho de 1996;

III - os matriculados, comprovadamente, nos cursos de estágio referidos no inciso I, antes de 05 de julho de 1994, desde que requeiram inscrições no Quadro de Estagiários da OAB, e o concluam com aprovação final, juntamente com o curso, até 04 de julho de 1996;

IV - os que preencheram os requisitos do art. 53, § 2°, da Lei n° 4.215/63, e requereram suas inscrições até 04 de julho de 1994.

V - os que, tendo suas inscrições anteriores canceladas em virtude do exercício, em caráter definitivo, de cargos ou funções incompatíveis com advocacia, requererem novas inscrições, após a desincompatibilização.

Parágrafo único. Os bacharéis em direito que exerceram cargos ou funções incompatíveis com a advocacia, inclusive em carreira jurídica, sem nunca terem obtido inscrição na OAB, se a requererem, serão obrigados a prestar Exame de Ordem.

Ainda com relação ao mencionado Provimento 167/2015, do Conselho Federal da OAB, também ficaram dispensados do Exame de Ordem os advogados públicos aprovados em concurso público de provas e títulos realizado com a efetiva participação da OAB, e que estejam há mais de 05 (cinco) anos no exercício da profissão. Nesse caso, referidos advogados tinham o prazo de 06 (seis) meses, contados a partir da data da publicação do Provimento, para regularização de suas inscrições perante a Ordem dos Advogados do Brasil, sob pena de decadência do direito.

Por fim, destacamos que, ao bacharel em direito aprovado no exame de ordem, não haverá a estipulação de prazo para o requerimento de sua inscrição na OAB. O requerimento pode ou não ser feito, até mesmo pelo fato de ninguém ser obrigado a se inscrever na OAB.

Todavia, como já abordado anteriormente, somente o inscrito poderá praticar os atos privativos de advogados, constantes do art. 1°, do Estatuto da Advocacia, e gozar das prerrogativas profissionais aplicáveis à classe.

V - não exercer atividade incompatível com a advocacia;

Incompatibilidade é a proibição total para o exercício da advocacia e, sobre o assunto, remetemos o leitor ao capítulo 5, que discorre sobre as atividades incompatíveis.

VI - idoneidade moral;

Esse requisito poderá ser avaliado de duas formas pela OAB, posto que poderá qualquer pessoa suscitar a inidoneidade moral de um requerente à inscrição, o que deverá ser declarado mediante decisão que obtenha no mínimo dois terços dos votos de todos os membros do conselho competente, em procedimento que observe os termos do processo disciplinar (art. 8°, § 3°, do EAOAB), ou para aquele que tiver sido condenado por crime infamante, salvo reabilitação judicial, conforme disposto no § 4°, do art. 8°, do EAOAB.

537

VII - prestar compromisso perante o conselho.

O compromisso perante o conselho é a solenidade essencial para a formalização da inscrição, sendo ato obrigatório para a entrega da credencial que habilita o requerente à atuação na advocacia.

> **Importante: A solenidade na OAB é indelegável e personalíssima, ou seja, se o requerente não puder comparecer em razão de doença ou por qualquer motivo, deverá aguardar uma próxima sessão e comparecer pessoalmente. Concluímos, pois, que o requerente não poderá outorgar poderes para que outra pessoa firme o compromisso em seu lugar.**

Vimos, pois, que somente será admitido, como advogado, aquele que preencher todos os requisitos acima destacados e, para os que almejarem se inscrever como estagiário, deverão ser admitidos em estágio profissional de advocacia e preencher os requisitos dos incisos I, III, V, VI e VII do art. 8º, do EAOAB.

3.2. Da inscrição suplementar

Uma vez obtida a inscrição no quadro de advogados da OAB, poderá, o profissional, exercer as suas atividades em todo o território nacional, conforme dispõe o art. 7º, I, do Estatuto da Advocacia.

Todavia, sua atuação, quando em estados diversos de onde possua sua inscrição originária, será limitada, ao passo que o Estatuto da Advocacia e o Regulamento Geral da OAB, destacam a forma que o profissional deverá respeitar, quando de sua atuação em outros estados.

O Estatuto da Advocacia assim prevê:

*"**Art. 10.** A inscrição principal do advogado deve ser feita no Conselho Seccional em cujo território pretende estabelecer o seu domicílio profissional, na forma do Regulamento Geral:*

(...)

*§ 2º Além da principal, o advogado deve promover a inscrição suplementar nos Conselhos Seccionais em cujos territórios passar a exercer habitualmente a profissão, **considerando-se habitualidade a intervenção judicial que exceder de cinco causas por ano.**"*

O Regulamento Geral assim dispõe:

*"**Art. 5º** Considera-se efetivo exercício da atividade de advocacia a participação anual mínima em cinco atos privativos previstos no artigo 1º do Estatuto, em causas ou questões distintas.*

Parágrafo único. A comprovação do efetivo exercício faz-se mediante:

a) certidão expedida por cartórios ou secretarias judiciais;

b) cópia autenticada de atos privativos;

c) certidão expedida pelo órgão público no qual o advogado exerça função privativa do seu ofício, indicando os atos praticados.

*"**Art. 26.** O advogado fica dispensado de comunicar o exercício eventual da profissão, até o total de cinco causas por ano, acima do qual obriga-se à inscrição suplementar".*

Na inscrição suplementar, o advogado terá um novo número de inscrição por cada estado em que exceder o número de causas judiciais definidas pelo art. 10, § 2º, do Estatuto da Advocacia, além de pagar anuidade também no estado onde requerer referida inscrição.

Não há que se falar na necessidade de prestar o exame de ordem para o advogado que requerer uma inscrição suplementar em outro estado.

No caso de sociedade que constitui filial em outro estado, tornará obrigatória a inscrição suplementar dos sócios, independentemente se algum deles não exercer a profissão naquele estado, conforme dispõe o 15, § 5º, do EAOAB e do Provimento 126/2008, do Conselho Federal da OAB.

> **Importante: caso o advogado exceda o limite de causas em estado diverso de onde possui a inscrição originária, cometerá infração ética passível de punição, por parte da OAB. Como o Estatuto da Advocacia não estipula aplicação de penalidade diversa, há que ser defendido, que, no caso de o advogado exceder o limite legal de causas e não promover a inscrição suplementar, responderá disciplinarmente perante a OAB e poderá ser punido com a sanção de censura.**
>
> **Portanto, numa situação como a acima narrada, a atitude do advogado terá reflexos na via administrativa, posto que, ainda que constatado que o profissional atuou em número de causas maior do que o permitido, não há que se falar em nulidade dos atos por ele praticados, eis que não lhe falta capacidade postulatória.**

Em tempo, o advogado também poderá requerer a transferência da sua inscrição, a qual, segundo ensina PAULO LÔBO: *"Se o advogado transferir de fato a sede principal da atividade de advocacia para o território onde tenha ou não inscrição suplementar, deverá promover a transferência da inscrição originária. O dever de informar a mudança é dever ético e legal, correspondente do direito pessoal de escolha da sede principal. De acordo com o Provimento n.148/2012, o Conselho Seccional que acolher o pedido de transferência manterá a data da inscrição originária."*

3.3. Do cancelamento da inscrição

Num primeiro momento, pensamos no instituto do cancelamento da inscrição para aquele advogado que, de forma definitiva, decidiu que não pretende mais exercer a profissão.

Poderá, pois, em virtude desse fato, requerer, pessoalmente, o cancelamento da sua inscrição na OAB, não havendo que se falar na necessidade de apresentar um motivo para tanto, conforme dispõe o art. 11, I, do Estatuto da Advocacia.

Mas, se, num segundo momento o advogado desejar retornar ao exercício da profissão, poderá promover um novo pedido de inscrição, devendo, para tanto, fazer prova do preenchimento dos requisitos dos incisos I, V, VI e VII do art. 8º, do Estatuto da Advocacia.

Frisa-se, que, uma vez cancelada a inscrição, não há que se falar em restabelecimento do número de inscrição

ÉTICA

anterior, caso o advogado requeira o seu retorno ao quadro de profissionais da OAB. Também não há que se falar em pagamento de anuidade, após o efetivo cancelamento da inscrição na OAB.

Ponderamos, ainda, que o cancelamento gera a incompatibilidade para o exercício da advocacia, ou seja, se após cancelada a inscrição houver a prática de algum ato privativo do art. 1º, do Estatuto da Advocacia, este será nulo, conforme art. 4º, do mesmo diploma legal.

Nessa mesma esteira de raciocínio, assim já foi decidido pela nossa jurisprudência:

"PROCESSUAL CIVIL. CANCELAMENTO DA INSCRIÇÃO DO ADVOGADO NOS QUADROS DA OAB. AUSÊNCIA DE CAPACIDADE POSTULATÓRIA. NULIDADE ABSO-LUTA DOS ATOS PRATICADOS NO PROCESSO. I - Se o advogado da parte, ao tempo do ajuizamento da ação, já não se apresentava legalmente habilitado, nos autos, em face do cancelamento de sua inscrição nos quadros da OAB, afiguram-se nulos os atos praticados por ele, no processo, de nada valendo procuração posterior a profissional habilitado, posto que sua intervenção em fase processual ulterior, não convalida, por si só, os atos nulos anteriormente praticados, devendo, assim, extinguir--se o processo sem julgamento do mérito, nos termos do art. 267, IV, do CPC. II - Voto vencido, sem qualquer fundamentação, não tem validade jurídica, nos termos do art. 93, inciso IX, da Constituição Federal e, por isso, não merece ser prestigiado, no caso. III - Embargos infringentes, a que se nega provimento. PROCESSUAL CIVIL. CANCELAMENTO DA INSCRIÇÃO DO ADVOGADO NOS QUADROS DA OAB. AUSÊNCIA DE CAPACIDADE POSTULATÓRIA. NULIDADE ABSOLUTA DOS ATOS PRATICADOS NO PROCESSO. I - Se o advogado da parte, ao tempo do ajuizamento da ação, já não se apresentava legalmente habilitado, nos autos, em face do cancelamento de sua inscrição nos quadros da OAB, afiguram-se nulos os atos praticados por ele, no processo, de nada valendo procuração posterior a profissional habilitado, posto que sua intervenção em fase processual ulterior, não convalida, por si só, os atos nulos anteriormente praticados, devendo, assim, extinguir-se o processo sem julgamento do mérito, nos termos do art. 267, IV, do CPC. II - Voto vencido, sem qualquer fundamentação, não tem validade jurídica, nos termos do art. 93, inciso IX, da Constituição Federal e, por isso, não merece ser prestigiado, no caso. III - Embargos infringentes, a que se nega provimento. (EIAC 1999.01.00.031105-9/DF, Rel. Desembargador Federal Souza Prudente, Terceira Seção, DJ p.46 de 20/06/2002)".

(TRF-1 - EIAC: 31105 DF 1999.01.00.031105-9, Relator: DESEMBARGADOR FEDERAL SOUZA PRUDENTE, Data de Julgamento: 04/05/2001, TERCEIRA SEÇÃO, Data de Publicação: 20/06/2002 DJ p.46)

O inciso II, do art. 11, do Estatuto da Advocacia, também define que haverá o cancelamento da inscrição para o advogado que sofrer a penalidade de exclusão, o que será feito de ofício, pela OAB, após o trânsito em julgado da decisão.

As hipóteses de exclusão do profissional estão elencadas no art. 38, do Estatuto da Advocacia, quais sejam: a) aplicação, por três vezes, da penalidade de suspensão; b) infrações

disciplinares previstas nos incisos XXVI a XXVIII, do art. 34, do EAOAB.

A exclusão poderá, pois, ser motivada por processos disciplinares que o advogado responder perante a OAB, assim como pela sua condenação quando da prática de crime infamante.

Se a exclusão do advogado estiver vinculada a processos disciplinares perante a OAB, deverá este aguardar um ano do trânsito em julgado da decisão, para, após esse período, se submeter a provas de reabilitação. Porém, se o que motivou a exclusão do advogado foi a prática de um crime infamante, este terá que se submeter a duas reabilitações, uma judicial e uma administrativa (OAB).

De acordo com o art. 41, do EAOAB:

"É permitido ao que tenha sofrido qualquer sanção disciplinar requerer, um ano após seu cumprimento, a reabilitação, em face de provas efetivas de bom comportamento.

Parágrafo único. Quando a sanção disciplinar resultar da prática de crime, o pedido de reabilitação depende também da correspondente reabilitação criminal."

Importante: Quando falamos em reabilitação perante a OAB, não nos referimos à realização de novo exame de ordem, mas, sim, à comprovação, por parte do advogado excluído, de que, contra si, não houve motivação de nenhum processo criminal ou inquérito, ou seja, serão avaliadas questões comportamentais da pessoa no meio social.

Sobre o assunto, assim dispõe o Regulamento Geral da OAB:

"Art. 22. O advogado, regularmente notificado, deve quitar seu débito relativo às anuidades, no prazo de 15 dias da notificação, sob pena de suspensão, aplicada em processo disciplinar.

Parágrafo único. Cancela-se a inscrição quando ocorrer a terceira suspensão, relativa ao não pagamento de anuidades distintas."

O cancelamento da inscrição também ocorrerá, no caso de falecimento do advogado. De acordo com HÉLIO VIEIRA e ZÊNIA CERNOV: *"O falecimento do advogado opera o imediato cancelamento de sua inscrição, que deve ser promovido de ofício pela OAB, quando dele tomar conhecimento por qualquer meio. O cancelamento tem efeitos a partir da data do falecimento, ainda que a Seccional não seja comunicada de imediato. O óbito do advogado implica a extinção, por perda de objeto, de eventuais processos disciplinares que esteja em curso."*

A inscrição deverá ser cancelada, ainda, no caso do advogado passar a exercer, em caráter definitivo, atividade incompatível com a advocacia, tal como, por exemplo, o advogado que passou num concurso público da magistratura, Ministério Público, delegado de polícia etc.

Caso haja a perda de qualquer um dos requisitos do art. 8º, do Estatuto da Advocacia, a inscrição também será cancelada.

3.4. Do licenciamento da inscrição

O advogado também poderá requerer o licenciamento do exercício da profissão, desde que, para tanto, indique o motivo para o seu pedido, conforme dispõe o art. 12, I, do Estatuto da Advocacia.

Enquanto licenciado, o advogado ficará desobrigado do pagamento das anuidades, mas, para tanto, deverá se manifestar expressamente nesse sentido, conforme dispõe a Súmula 03/2012, do Conselho Pleno do Conselho Federal da Ordem dos Advogados do Brasil.

Caso o advogado esteja licenciado do exercício da profissão, também não poderá praticar nenhum ato privativo de advogado, pois, se o fizer, este será nulo, conforme disposto no art. 4º, do Estatuto da Advocacia.

Conforme abordamos no tópico anterior, a incompatibilidade permanente determina o cancelamento da inscrição, ao passo que a temporária determina o licenciamento do advogado. Como exemplo, podemos citar o caso do advogado que toma posse em cargos eletivos, tais como presidente, governador, prefeito.

A última hipótese de licenciamento é a doença mental curável, a qual irá perdurar até que o advogado apresente provas de condições para o seu retorno a profissão. Caso o advogado seja acometido com doença mental incurável, a inscrição deverá ser cancelada por perda de um dos requisitos do art. 8º, do Estatuto da Advocacia, que é a capacidade civil.

Tanto para o advogado requerer o cancelamento, como a licença, deverá estar em dia com as suas obrigações perante a OAB.

> **Importante:** O licenciamento, apesar de possuir natureza provisória, permite que o profissional fique nessa condição por prazo indeterminado. Além disso, o advogado, quando desejar retornar ao exercício profissional, o fará com o seu número de inscrição existente quando do seu licenciamento.

4. DAS PRERROGATIVAS PROFISSIONAIS

4.1. Dos direitos dos advogados

O Estatuto da Advocacia contemplou, nos arts. 6º e 7º, os principais direitos dos advogados, os quais são de extrema importância, tanto para o profissional militante, quanto para o candidato que prestará o exame de ordem.

É, pois, um dos temas mais exigidos no certame, dada a proximidade que guarda com o dia a dia do advogado, cabendo a este ter domínio sobre o assunto para, se preciso for, invocar e fazer respeitar suas prerrogativas profissionais.

Importante observar, que já no art. 6º, do Estatuto da Advocacia, consta, expressamente, a inexistência de hierárquica e/ou subordinação entre advogado, magistrados e membros do Ministério Público, os quais devem se tratar com respeito e consideração recíprocos. Assim, certo é dizer que todos eles estarão em pé de igualdade, devendo sempre prevalecer o respeito mútuo.

Por ser um dos temas mais importantes, abordaremos, nas linhas a seguir, as disposições contidas nos incisos do art. 7º, do Estatuto da Advocacia. Em referido artigo, temos:

Art. 7º São direitos do advogado:

I – exercer, com liberdade, a profissão em todo o território nacional;

O advogado tem liberdade para exercer a sua profissão em todo o território nacional, seja de forma judicial ou extrajudicial. Na mesma esteira de entendimento, a própria CRFB garantiu que é livre o exercício de qualquer trabalho, ofício ou profissão, quando atendidas as qualificações profissionais que a lei estabelecer.

II – a inviolabilidade de seu escritório ou local de trabalho, bem como de seus instrumentos de trabalho, de sua correspondência escrita, eletrônica, telefônica e telemática, desde que relativas ao exercício da advocacia;

Embora o direito a inviolabilidade esteja consagrado no inciso acima citado, certo é que, com o advento da Lei 11.767/2008, tivemos a inclusão de duas exceções no art. 7º, do Estatuto da Advocacia, as quais se encontram dispostas nos §§ 6º e 7º, que assim dispõem:

> *§ 6º Presentes indícios de autoria e materialidade da prática de crime por parte de advogado, a autoridade judiciária competente poderá decretar a quebra da inviolabilidade de que trata o inciso II do caput deste artigo, em decisão motivada, expedindo mandado de busca e apreensão, específico e pormenorizado, a ser cumprido na presença de representante da OAB, sendo, em qualquer hipótese, vedada a utilização dos documentos, das mídias e dos objetos pertencentes a clientes do advogado averiguado, bem como dos demais instrumentos de trabalho que contenham informações sobre clientes.*
>
> *§ 7º A ressalva constante do § 6º deste artigo não se estende a clientes do advogado averiguado que estejam sendo formalmente investigados como seus partícipes ou coautores pela prática do mesmo crime que deu causa à quebra da inviolabilidade.*

Importante registrar, que a OAB, POR MEIO do Provimento 127/2008, disciplinou a sua participação nas hipóteses de quebra de inviolabilidade do advogado, inclusive no que diz respeito à ação de medidas penais e administrativas, quando não sejam atendidos os requisitos legais.

III – comunicar-se com seus clientes, pessoal e reservadamente, mesmo sem procuração, quando estes se acharem presos, detidos ou recolhidos em estabelecimentos civis ou militares, ainda que considerados incomunicáveis;

O art. 5º, LXIII, da CRFB, dispõe que a assistência do advogado é garantia fundamental do preso, sendo que o Estatuto da Advocacia, veio no mesmo sentido e consagrou esse importante direito de comunicação, ainda que sem procuração.

Observamos, inclusive, que mesmo que o preso se encontre em regime disciplinar diferenciado, a garantia ao advogado deverá ser mantida.

IV – ter a presença de representante da OAB, quando preso em flagrante, por motivo ligado ao exercício da advocacia, para lavratura do auto respectivo, sob pena de nulidade e, nos demais casos, a comunicação expressa à seccional da OAB;

Esse inciso deve ser analisado conjuntamente com o § 3º, do mesmo artigo, que assim dispõe:

§ 3º O advogado somente poderá ser preso em flagrante, por motivo de exercício da profissão, em caso de crime inafiançável, observado o disposto no inciso IV deste artigo.

Portanto, após análise de tais fatores, concluímos que **a prisão em flagrante** do advogado somente poderá ocorrer com a junção dos demais fatores dispostos na lei, quais sejam: **estar no exercício da advocacia e ter cometido crime inafiançável.**

> **Importante:** *O advogado também contará com a assistência de representante da OAB nos inquéritos policiais ou nas ações penais em que figurar como indiciado, acusado ou ofendido, sempre que o fato a ele imputado decorrer do exercício da profissão ou a este vincular-se, conforme disposto no art. 16, do Regulamento Geral da OAB.*

V – não ser recolhido preso, antes de sentença transitada em julgado, senão em sala de Estado-Maior, com instalações e comodidades condignas, assim reconhecidas pela OAB, e, na sua falta, em prisão domiciliar;

De início, convém salientar que o STF, quando do julgamento da ADI 1.127-8, declarou ser inconstitucional a expressão "assim reconhecidas pela OAB", mantendo inalterado o restante do inciso.

A partir de então, não é uma exigência que a sala de Estado-Maior seja previamente reconhecida pela OAB como adequada. Contudo, como o restante do inciso permaneceu inalterado, concluímos que referida sala deverá possuir instalações e comodidades condignas, tais como, por exemplo, no que diz respeito às questões de higiene e segurança para o advogado que nela será recolhido.

VI – ingressar livremente:

a) nas salas de sessões dos tribunais, mesmo além dos cancelos que separam a parte reservada aos magistrados;

b) nas salas e dependências de audiências, secretarias, cartórios, ofícios de justiça, serviços notariais e de registro, e, no caso de delegacias e prisões, mesmo fora da hora de expediente e independentemente da presença de seus titulares;

c) em qualquer edifício ou recinto em que funcione repartição judicial ou outro serviço público onde o advogado deva praticar ato ou colher prova ou informação útil ao exercício da atividade profissional, dentro do expediente ou fora dele, e ser atendido, desde que se ache presente qualquer servidor ou empregado;

d) em qualquer assembleia ou reunião de que participe ou possa participar o seu cliente, ou perante a qual este deve comparecer, desde que munido de poderes especiais;

Nas lições de Hélio Vieira e Zênia Cernov:

"A prerrogativa de livre acesso dos advogados nos tribunais, fóruns, repartições públicas, assembleias e reuniões decorre da liberdade de exercício de sua profissão, pois que o acesso a todos os atos e meios necessários a tal mister devem lhes ser disponibilizados. Mostram-se ilegais quaisquer formas de violação dessas prerrogativas.

VII – permanecer sentado ou em pé e retirar-se de quaisquer locais indicados no inciso anterior, independentemente de licença;

Como já mencionamos anteriormente, inexiste hierarquia ou subordinação, entre advogados, juízes e membros do Ministério Público. Em decorrência desse fator, ao advogado deve ser assegurado, além do direito de ingresso nas localidades mencionadas no inciso anterior, o direito de permanecer nestas, sentado ou em pé e o de retirar-se, independentemente de licença.

VIII – dirigir-se diretamente aos magistrados nas salas e gabinetes de trabalho, independentemente de horário previamente marcado ou outra condição, observando-se a ordem de chegada;

O direito constante neste inciso, estende-se a todas as esferas do Poder Judiciário, não podendo, pois, um Tribunal editar Portarias que estabelecem horários de atendimento de advogados pelo juiz.

IX – sustentar oralmente as razões de qualquer recurso ou processo, nas sessões de julgamento, após o voto do relator, em instância judicial ou administrativa, pelo prazo de quinze minutos, salvo se prazo maior for concedido.

O STF, quando do julgamento da ADI 1.127, declarou inconstitucional esse inciso, assim destacando: "*A sustentação oral pelo advogado, após o voto do Relator, afronta o devido processo legal, além de poder causar tumulto processual, uma vez que o contraditório se estabelece entre as partes.*" (STF, Pleno, ADI 1127-DF, Rel. p/acórdão, Min. RICARDO LEWANDOWSKI, publ. DJE 10.06.2010)

Por certo que, em razão da decisão acima mencionada, a inconstitucionalidade observada reside na expressão "após o voto do relator", ou seja, não foi retirado o direito do advogado em realizar sustentações orais na esfera judicial, desde que o faça no momento oportuno, **que é antes do voto do relator.**

> **Importante: Em se tratando de julgamentos perante a OAB, a sustentação é feita após o voto, conforme preceituam os arts. 60, § 4º, do Código de Ética e Disciplina e 94, II, do Regulamento Geral da OAB. Assim, recomendamos que o candidato tenha especial atenção dessa excepcionalidade quando da realização do certame.**

X – usar da palavra, pela ordem, em qualquer juízo ou tribunal, mediante intervenção sumária, para esclarecer equívoco ou dúvida surgida em relação a fatos, documentos ou afirmações que influam no julgamento, bem como para replicar acusação ou censura que lhe forem feitas;

Ao advogado, compete o dever de vigilância sobre a causa que lhe foi conferida, razão pela qual poderá fazer uso deste direito, inclusive para exercer defesa própria no caso de lhe ser atribuída alguma censura ou acusação.

X – reclamar, verbalmente ou por escrito, perante qualquer juízo, tribunal ou autoridade, contra a inobservância de preceito de lei, regulamento ou regimento;

Caso ocorra o descumprimento de uma norma legal, caberá, ao advogado, o direito de reclamar esse fato, seja de forma verbal ou escrita.

XII – falar, sentado ou em pé, em juízo, tribunal ou órgão de deliberação coletiva da Administração Pública ou do Poder Legislativo;

Aqui remetemos ao leitor às mesmas considerações que fizemos nos comentários do inciso VII, observando, somente, as localidades tratadas neste inciso.

XIII – examinar, em qualquer órgão dos Poderes Judiciário e Legislativo, ou da Administração Pública em geral, autos de processos findos ou em andamento, mesmo sem procuração, quando não estejam sujeitos a sigilo, assegurada a obtenção de cópias, podendo tomar apontamentos;

Para que o advogado possa exercer amplamente sua profissão, lhe é garantido o acesso a qualquer processo, judicial ou administrativo, findo ou em andamento, não podendo ser exigida procuração para tanto.

Hoje, com a realidade da implantação dos processos eletrônicos, referido direito deverá ser resguardado ao advogado também nas causas que tramitam por essa nova modalidade.

Mas, vale reforçar que o direito constante deste inciso não será concedido, quando os autos tramitarem sob segredo de justiça, ocasião em que, não sendo o advogado o patrono devidamente constituído da causa, não poderá acessá-la, face à necessidade de se proteger os interesses das partes demandantes.

XIV – examinar, em qualquer instituição responsável por conduzir investigação, mesmo sem procuração, autos de flagrante e de investigações de qualquer natureza, findos ou em andamento, ainda que conclusos à autoridade, podendo copiar peças e tomar apontamentos, em meio físico ou digital;

Esse inciso teve sua redação alterada pela Lei 13.245/2016, fazendo constar, que a prerrogativa profissional deve ser garantida, em meio físico ou **digital**. Entendemos ser um passo acertado do legislador, eis que, conforme comentamos no inciso anterior, é uma realidade atual do nosso país a implementação de sistemas digitais para o trâmite de processos judiciais e até mesmo de procedimentos administrativos.

Portanto, não poderá haver ressalvas para o direito de acesso do advogado, devendo lhe ser garantidos os meios necessários para a melhor defesa dos interesses do seu cliente.

Observação: A Lei 13. 245/2016, incluiu, no art. 7º, do Estatuto da Advocacia, os §§ 10º, 11º e 12º, que assim dispõem:

"§ 10. Nos autos sujeitos a sigilo, deve o advogado apresentar procuração para o exercício dos direitos de que trata o inciso XIV.

§ 11. No caso previsto no inciso XIV, a autoridade competente poderá delimitar o acesso do advogado aos elementos de prova relacionados a diligências em andamento e ainda não documentados nos autos, quando houver risco de comprometimento da eficiência, da eficácia ou da finalidade das diligências.

§ 12. A inobservância aos direitos estabelecidos no inciso XIV, o fornecimento incompleto de autos ou o fornecimento de autos em que houve a retirada de peças já incluídas no caderno investigativo implicará responsabilização criminal e funcional por abuso de autoridade do responsável que impedir o acesso do

advogado com o intuito de prejudicar o exercício da defesa, sem prejuízo do direito subjetivo do advogado de requerer acesso aos autos ao juiz competente."

XV – ter vista dos processos judiciais ou administrativos de qualquer natureza, em cartório ou na repartição competente, ou retirá-los pelos prazos legais;

Segundo Hélio Vieira e Zênia Cernov: *"O termo denominado 'vista' dos autos, previsto neste dispositivo, diferencia-se do direito de examinar os autos, previstos no inc. XIII deste mesmo art. 7º. Naquele caso, independentemente de procuração, o advogado apenas examina os autos em cartório, faz apontamentos pessoais ou extrai cópias (para a extração de cópias existe o procedimento de 'carga rápida', pelo prazo máximo de seis horas). Já o direito de vista confere ao advogado a opção de retirar os autos do cartório e com eles permanecer pelo prazo legal da contestação, recurso, especificação de provas e todos os demais atos processuais. A vista dos autos, com carga fora da secretaria, exige que o advogado tenha sido constituído pela parte mediante procuração, e a este não se opõe o sigilo: a vedação à carga ou vista dos autos sigilosos só se aplica ao advogado sem procuração."*

XVI – retirar autos de processos findos, mesmo sem procuração, pelo prazo de dez dias;

Embora o advogado tenha o direito de retirar autos de processos findos, mesmo sem procuração, devemos analisar as exceções constantes do § 1º, deste mesmo artigo, que assim prevê:

§ 1º Não se aplica o disposto nos incisos XV e XVI:

1) aos processos sob regime de segredo de justiça;

2) quando existirem nos autos documentos originais de difícil restauração ou ocorrer circunstância relevante que justifique a permanência dos autos no cartório, secretaria ou repartição, reconhecida pela autoridade em despacho motivado, proferido de ofício, mediante representação ou a requerimento da parte interessada;

3) até o encerramento do processo, ao advogado que houver deixado de devolver os respectivos autos no prazo legal, e só o fizer depois de intimado.

XVII – ser publicamente desagravado, quando ofendido no exercício da profissão ou em razão dela;

O advogado que for ofendido no exercício da profissão, tem direito ao desagravo público promovido pelo Conselho competente, podendo ocorrer de ofício, a seu pedido, ou de qualquer pessoa.

O relator responsável poderá propor ao presidente do Conselho que solicite informações ao ofensor (autoridade ou não), no prazo de 15 dias, salvo se urgente.

Se a ofensa não estiver relacionada com o exercício da profissão, ou com as prerrogativas do advogado, o relator poderá propor seu arquivamento. Porém, se o relator se convencer da procedência da ofensa, emitirá parecer ao Conselho, o qual, se acatado, designará sessão de desagravo e a divulgará amplamente.

De acordo com o art. 18, § 7º, do Regulamento Geral da OAB:

ÉTICA

"§ 7º O desagravo público, como instrumento de defesa dos direitos e prerrogativas da advocacia, não depende de concordância do ofendido, que não pode dispensá-lo, devendo ser promovido a critério do Conselho."

Em tempo, importante destacar o entendimento do § 5º, do próprio art. 7º, do Estatuto da Advocacia, que assim define:

"§ 5º No caso de ofensa a inscrito na OAB, no exercício da profissão ou de cargo ou função de órgão da OAB, o conselho competente deve promover o desagravo público do ofendido, sem prejuízo da responsabilidade criminal em que incorrer o infrator."

Importante: Se a ofensa for dirigida a Conselheiro Federal, Presidente do Conselho Seccional ou violar as prerrogativas com repercussão nacional, o desagravo será promovido pelo Conselho Federal.

XVIII – usar os símbolos privativos da profissão de advogado;

Quanto aos símbolos privativos da profissão, interessante destacarmos o entendimento exarado pelo próprio Conselho Federal da OAB, que assim decidiu:

"I - Os símbolos privativos da profissão de advogado a que se refere o art. 7º, inciso XVIII, da Lei 8.906/94, são as vestes talares e as insígnias, cujos modelos estão estabelecidos no Provimento nº 08/64. II - Os cartões de visita e os papéis timbrados dos advogados não podem conter o logotipo da OAB, ante à expressa vedação do art. 31, caput, do Código de Ética e Disciplina." (Proc. 000115/96/OE, Rel. Carlos Mário da Silva Velloso Filho, j. 19.8.97, DJ 02.10.97, p. 49221)

XIX – recusar-se a depor como testemunha em processo no qual funcionou ou deva funcionar, ou sobre fato relacionado com pessoa de quem seja ou foi advogado, mesmo quando autorizado ou solicitado pelo constituinte, bem como sobre fato que constitua sigilo profissional;

Esse direito é um dos verdadeiros pilares da advocacia brasileira, pois, caso inexistisse, deixaria o profissional e o seu cliente à mercê da própria sorte. Tivesse o juiz o poder de obrigar o advogado a prestar depoimento em causas que atuou ou de que tenha obtido conhecimento prévio, não haveria qualquer sustentabilidade para o regular exercício da advocacia.

Além disso, o sigilo profissional seria integralmente desrespeitado, o que certamente prejudicaria os interesses do cliente.

Destacamos, que o advogado pode prestar depoimento, se assim entender viável. No entanto, o que não é correto é o juiz obrigá-lo a fazê-lo e aqui entra o direito consagrado pelo inciso acima destacado, razão pela qual a recusa será legítima.

Nessa mesma esteira de entendimento, define o art. 38, do Código de Ética e Disciplina:

"Art. 38. O advogado não é obrigado a depor, em processo ou procedimento judicial, administrativo ou arbitral, sobre fatos a cujo respeito deva guardar sigilo profissional."

Importante: Ainda sobre o tema em comento, reforçamos que o advogado tem o dever de guardar sigilo sobre os fatos de que tome conhecimento no exercício da profissão, inclusive aqueles que tenha tido conhecimento em virtude de funções desempenhadas na OAB.

Mesmo no caso de o cliente não ter solicitado ao profissional que respeite o sigilo profissional, caberá ao profissional resguardá-lo, por ser de ordem pública.

O Código de Ética e Disciplina inclusive estendeu essa obrigação para os advogados que atuam como mediadores, conciliadores e árbitros, os quais, quando do exercício de tais funções, deverão resguardar o respectivo sigilo profissional. Vale mencionarmos que, de acordo com o art. 37, do Código de Ética e Disciplina: "O sigilo profissional cederá em face de circunstâncias excepcionais que configurem justa causa, como nos casos de grave ameaça ao direito à vida e à honra ou que envolvam defesa própria."

XX – retirar-se do recinto onde se encontre aguardando pregão para ato judicial, após trinta minutos do horário designado e ao qual ainda não tenha comparecido a autoridade que deva presidir a ele, mediante comunicação protocolizada em juízo.

O direito acima consagrado está condicionado ao não comparecimento da autoridade no prazo acima estipulado. Caso a autoridade esteja presente e com a pauta de audiências atrasada, caberá, ao advogado, aguardar na localidade.

Claro que se houver atraso excessivo poderá o advogado comunicar a Corregedoria do Tribunal, para as providências cabíveis.

XXI - assistir a seus clientes investigados durante a apuração de infrações, sob pena de nulidade absoluta do respectivo interrogatório ou depoimento e, subsequentemente, de todos os elementos investigatórios e probatórios dele decorrentes ou derivados, direta ou indiretamente, podendo, inclusive, no curso da respectiva apuração:

a) apresentar razões e quesitos;

Esse direito foi incluído ao Estatuto da Advocacia pela Lei 13.245/2016, consagrando importante prerrogativa ao advogado no que diz respeito à sua necessária participação durante a apuração das infrações, contrapondo-se, inclusive, àquela ideia de que o inquérito tem característica tipicamente inquisitiva.

O próprio projeto que originou a Lei 13.245/2016 destacou ser fundamental o direito à ampla defesa e contraditório do investigado, entendendo que o advogado é indispensável à administração da justiça.

Importante destacarmos, ainda no campo das prerrogativas, que o advogado tem imunidade profissional, não constituindo injúria ou difamação puníveis qualquer manifestação de sua parte, no exercício de sua atividade, em juízo ou fora dele, sem prejuízo das sanções disciplinares perante a OAB pelos excessos que cometer. Portanto, temos que ter em mente que apesar de existir a imunidade quanto aos tipos penais acima destacados, esta não abrange a competência disciplinar da OAB, caso o advogado aja com excessos.

Para que seja garantido o regular exercício da profissão ao advogado, o Poder Judiciário e o Poder Executivo, devem instalar, em todos os juizados, fóruns, tribunais, delegacias de polícia e presídios, salas especiais permanentes para os advogados, com uso assegurados à OAB.

4.2. Dos direitos da advogada, segundo a Lei 13.363/2016:

A lei 13.363/2016, consagrou importantes direitos para a advogada gestante, lactante, adotante ou que der à luz, os quais serão abordados abaixo. Para melhor compreensão do tema e facilitação do estudo, faremos um detalhamento destacando quais direitos se aplicam à advogada gestante, adotante ou que der à luz em quadros respectivos.

Direitos da advogada gestante:
Entrada em tribunais sem ser submetida a detectores de metais e aparelhos de raios X;
Reserva de vaga em garagens dos fóruns dos tribunais;
Preferência na ordem das sustentações orais e das audiências a serem realizadas a cada dia, mediante comprovação de sua condição.

Direitos da advogada lactante, adotante ou que der à luz:
Acesso a creche, onde houver, ou a local adequado ao atendimento das necessidades do bebê;
Preferência na ordem das sustentações orais e das audiências a serem realizadas a cada dia, mediante comprovação de sua condição;

Direitos da advogada adotante ou que der à luz:
Suspensão de prazos processuais quando for a única patrona da causa, desde que haja notificação por escrito ao cliente.
Importante: Nesse caso, há que se aplicar o disposto no § 6°, do art. 313, do CPC, que dispõe que o período de suspensão será de 30 (trinta) dias, contado a partir da data do parto ou da concessão da adoção, mediante apresentação de certidão de nascimento ou documento similar que comprove a realização do parto, ou de termo judicial que tenha concedido a adoção, desde que haja notificação ao cliente."

É de fundamental importância destacarmos que a Lei 13.363/2016, que acrescentou o art. 7°-A, na CLT, assim definiu que os direitos previstos à advogada gestante ou lactante aplicam-se enquanto perdurar, respectivamente, o estado gravídico ou o período de amamentação.

No que diz respeito aos direitos da adotante ou que der à luz, serão concedidos pelo prazo previsto no art. 392 do Decreto-Lei n. 5.452, de 1° de maio de 1943 (Consolidação das Leis do Trabalho), que assim define:

> *"Art. 392. A empregada gestante tem direito à licença-maternidade de 120 (cento e vinte) dias, sem prejuízo do emprego e do salário.*
> *Art. 392-A. À empregada que adotar ou obtiver guarda judicial para fins de adoção de criança será concedida licença-maternidade nos termos do art. 392."*

A Lei 13.363/2016 também acresceu, ao CPC, a hipótese de suspensão de prazo processual ao advogado, quando este tornar-se pai e for o único patrono da causa (art. 313, X e § 7°). Nesse caso, o período de suspensão será de 8 (oito)

dias, contado a partir da data do parto ou da concessão da adoção, mediante apresentação de certidão de nascimento ou documento similar que comprove a realização do parto, ou de termo judicial que tenha concedido a adoção, desde que haja notificação ao cliente.

5. DAS INCOMPATIBILIDADES E DOS IMPEDIMENTOS

5.1. Das incompatibilidades para o exercício da advocacia

Incompatibilidade nada mais é do que a proibição total para o exercício da profissão, sendo que esta tanto poderá existir antes do pedido de inscrição junto à OAB, como, posteriormente.

As atividades incompatíveis com a advocacia estão inseridas no art. 28, do Estatuto da Advocacia, sendo que, se o bacharel exerce atividade incompatível com a advocacia, não poderá se inscrever na OAB, por existir vedação expressa no art. 8°, V, do mesmo diploma legal. Todavia, se a incompatibilidade surgir em momento posterior à inscrição na OAB, será o caso de cancelamento da inscrição, se o advogado passar a exercer função incompatível em caráter definitivo, ou licenciamento da inscrição, se a atividade incompatível a ser desempenhada for de caráter temporário.

De acordo com o art. 28, do Estatuto da Advocacia:

> *Art. 28. A advocacia é incompatível, mesmo em causa própria, com as seguintes atividades:*
>
> *I – chefe do Poder Executivo e membros da Mesa do Poder Legislativo e seus substitutos legais;*

Quanto aos chefes do Poder Executivo, podemos citar o Presidente da República, o governador estadual ou distrital e os prefeitos. Já no que diz respeito aos membros da Mesa do Poder Legislativo, devemos pensar nos membros integrantes da Mesa Diretora do Senado Federal, Câmara dos Deputados, Assembleia Legislativa ou Câmara de Vereadores, assim como no que tange aos seus vices ou substitutos legais.

> *II – membros de órgãos do Poder Judiciário, do Ministério Público, dos tribunais e conselhos de contas, dos juizados especiais, da justiça de paz, juízes classistas, bem como de todos os que exerçam função de julgamento em órgãos de deliberação coletiva da administração pública direta ou indireta;*

O dispositivo acima mencionado abrange todos os que possuam função de julgamento, não se limitando apenas aos magistrados e membros do Ministério Público.

Importante: Não haverá incompatibilidade para os juízes eleitorais e seus suplentes, conforme decidido pelo STF no julgamento da ADIn 1.127-8.

Necessário observar que, no que diz respeito aos Conselhos e órgãos julgadores da OAB, não serão incompatíveis com o exercício da advocacia, pois não integram a Administração Pública direta ou indireta.

ÉTICA

É de extrema importância citarmos a Súmula 02/2009, do Órgão Especial do Conselho Pleno do Conselho Federal da OAB, que assim definiu:

"EXERCÍCIO DA ADVOCACIA POR SERVIDORES DO MINISTÉRIO PÚBLICO. IMPOSSIBILIDADE. INTELIGÊNCIA DO ART. 28, INC. II, DO EAOAB.

A expressão "membros" designa toda pessoa que pertence ou faz parte de uma corporação, sociedade ou agremiação (De Plácido e Silva, Vocabulário Jurídico, Forense, 15ª ed.).

Dessa forma, todos os servidores vinculados aos órgãos e instituições mencionados no art. 28, inc. II, do Estatuto da AOAB são incompatíveis para o exercício da advocacia. Cada uma das três categorias – Magistratura, Advocacia e Ministério Público – embora atuem, todas, no sentido de dar concretude ao ideal de Justiça, tem, cada qual, um campo definido de atribuições, em cuja distinção se verifica, justamente, o equilíbrio necessário para que esse ideal seja atingido, não devendo, pois, serem misturadas ou confundidas, deixando a cargo de uma só pessoa o exercício simultâneo de tais incumbências.

São incompatíveis, portanto, para o exercício da advocacia, quaisquer servidores vinculados ao Ministério Público".

III – ocupantes de cargos ou funções de direção em órgãos da Administração Pública direta ou indireta, em suas fundações e em suas empresas controladas ou concessionárias de serviço público;

A incompatibilidade mencionada nesse inciso abrange as autoridades que podem exercer relevante decisão sobre interesses de terceiro, proferindo o ato decisório final, ainda que dele caiba recurso.

O § 2º, desse mesmo artigo, assim define:

"Não se incluem nas hipóteses do inciso III os que não detenham poder de decisão relevante sobre interesses de terceiro, a juízo do Conselho competente da OAB, bem como a administração acadêmica diretamente relacionada ao magistério jurídico."

IV – ocupantes de cargos ou funções vinculados direta ou indiretamente a qualquer órgão do Poder Judiciário e os que exercem serviços notariais e de registro;

Todos os integrantes do Poder Judiciário são atingidos pela incompatibilidade deste inciso, até mesmo aqueles que desempenham funções auxiliares, tais como os leiloeiros públicos oficiais. O mesmo se pode dizer quanto aos que exerçam serviços notariais e de registro, que se encontram definidos pela Lei 8.935/1994, que assim prevê:

"Art. 25. O exercício da atividade notarial e de registro é incompatível com o da advocacia, o da intermediação de seus serviços ou o de qualquer cargo, emprego ou função públicos, ainda que em comissão."

V – ocupantes de cargos ou funções vinculados direta ou indiretamente a atividade policial de qualquer natureza;

Aqui se inserem as atividades policiais de qualquer natureza, ou seja, os policiais federais, civis, rodoviários, militares, bombeiros, guardas municipais e, até mesmo para os peritos vinculados às atividades policiais.

Importante: Com relação ao despachante de trânsito, o Órgão Especial do Conselho Pleno do Conselho Federal da OAB, ao editar a Súmula 03/2009, assim dispôs:
"O Órgão Especial do Conselho Pleno do Conselho Federal da OAB, no uso das atribuições conferidas no art. 86 do Regulamento Geral do Estatuto da Advocacia e da OAB (Lei nº 8.906/94), considerando o julgamento da Consulta 0012/2003/OEP, decidiu, por unanimidade, em sessão realizada no dia 5 de dezembro de 2009, editar a Súmula 03/2009, com o seguinte enunciado: "O exercício da atividade de despachante de trânsito é compatível com a advocacia, não incidindo a hipótese do art. 28, V, do Estatuto da Advocacia e da OAB."

VI – militares de qualquer natureza, na ativa;

Esse inciso se refere aos militares integrantes das forças armadas, ou seja, do Exército, Marinha e Aeronáutica. Aqui, vemos que o legislador enfatizou que a incompatibilidade é exclusiva aos "militares", ou seja, não abrangeu os civis que trabalham em atividades administrativas.

Referido dispositivo legal também não abrangeu os militares que não estão mais na ativa, ou seja, aqueles que se encontram na reserva remunerada.

VII – ocupantes de cargos ou funções que tenham competência de lançamento, arrecadação ou fiscalização de tributos e contribuições parafiscais;

Nesse inciso, estarão abrangidas aquelas pessoas que ocupam cargos ou funções que tenham competência de lançamento, arrecadação ou fiscalização de tributos e contribuições parafiscais, pois representam os poderes do Estado e fazem uso de poderes administrativos conferidos por lei. Tais pessoas possuem informações tributárias privilegiadas, tais como, por exemplo: os auditores e fiscais de tributos estaduais e municipais, técnicos e fiscais da Receita Federal, auditores do INSS etc.

VIII – ocupantes de funções de direção e gerência em instituições financeiras, inclusive privadas.

Aqui, de uma forma genérica, o legislador destacou, como sendo incompatível com a advocacia, os ocupantes de funções de direção e gerência em instituições financeiras, inclusive privadas.

Todavia, há que se ressaltar que, com relação às funções de diretoria e gerência jurídica de uma instituição financeira, estas deverão ser realizadas por advogados, por ser uma atividade privativa de tais profissionais, conforme prevê o art. 1º, II, do Estatuto da Advocacia.

Nesse mesmo sentido, dispõe o Regulamento Geral da OAB:

"Art. 7º A função de diretoria e gerência jurídicas em qualquer empresa pública, privada ou paraestatal, inclusive em instituições financeiras, é privativa de advogado, não podendo ser exercida por quem não se encontre inscrito regularmente na OAB."

Ressaltamos, que, conforme o § 1º, do art. 28, do Estatuto da Advocacia, a incompatibilidade permanece mesmo que o ocupante do cargo ou função deixe de exercê-lo temporariamente.

5.2. Dos impedimentos para o exercício da advocacia

Impedimento significa uma restrição parcial para o exercício da advocacia, ao contrário da incompatibilidade, que traz consigo uma proibição total.

No art. 29, do Estatuto da Advocacia, temos, que: os Procuradores-Gerais, Advogados-Gerais, Defensores-Gerais e dirigentes de órgãos jurídicos da Administração Pública direta, indireta e fundacional são exclusivamente legitimados para o exercício da advocacia vinculada à função que exerçam, durante o período da investidura.

Essa é a primeira hipótese de impedimento, pois restringe o exercício da advocacia às finalidades dos órgãos que estejam vinculados.

No art. 30, do Estatuto da Advocacia, vemos, que o legislador inseriu, como impedidos para o exercício da advocacia:

I – os servidores da administração direta, indireta ou fundacional, contra a Fazenda Pública que os remunere ou à qual seja vinculada a entidade empregadora;

> Segundo HÉLIO VIEIRA e ZÊNIA CERNOV: *"Os servidores públicos da administração direta, indireta e funcional, que não exerçam funções consideradas incompatíveis (art. 28), são admitidos à advocacia, mas com o impedimento de que não podem advogar contra a Fazenda Pública que os remunere. (...) Igual impedimento ocorre em relação à Fazenda Pública à qual esteja vinculada a entidade empregadora, de tal forma que, por exemplo, o servidor de uma autarquia federal fica igualmente impedido de advogar contra a União."*

II – os membros do Poder Legislativo, em seus diferentes níveis, contra ou a favor das pessoas jurídicas de direito público, empresas públicas, sociedades de economia mista, fundações públicas, entidades paraestatais ou empresas concessionárias ou permissionárias de serviço público.

> *Parágrafo único. Não se incluem nas hipóteses do inciso I os docentes dos cursos jurídicos.*

Nesse inciso, estarão abrangidos os Deputados Federais e Estaduais, Senadores e os Vereadores, mas ressaltamos que, no caso dos membros **integrantes da Mesa do Poder Legislativo**, haverá a incompatibilidade com o exercício da advocacia.

> **Importante: Não há impedimento para docentes de cursos jurídicos, admitindo-se, a estes, o direito de postular contra a Fazenda Pública a qual esteja vinculada a sua empregadora.**

6. DO ADVOGADO EMPREGADO

6.1. Dos direitos aplicáveis ao advogado empregado

De início, reforçamos que o advogado empregado possui isenção técnica e independência profissional, o que não pode ser negado, mesmo quando diante de uma relação empregatícia.

Por essa independência funcional e isenção técnica, foi garantido, ao advogado, o direito de recusar o patro-

cínio de causa e de manifestação, no âmbito consultivo, de pretensão concernente a direito que também lhe seja aplicável ou contrarie orientação que tenha manifestado anteriormente, conforme disposto no art. 4º, do Código de Ética e Disciplina.

De igual forma, também será legítima a recusa do advogado em atender uma causa de interesse pessoal do seu empregador, mas, se o profissional quiser fazê-lo, a decisão será única e exclusivamente sua.

Quando falamos em empregado, devemos ter em mente aquela pessoa que preenche os requisitos legais do art. 3º, da CLT e que tem direito ao pagamento de salário. Nesse sentido, é direito do advogado empregado o pagamento de salário mínimo profissional, conforme dispõe o art. 19, do Estatuto da Advocacia, senão veja-se:

> *"Art. 19. O salário mínimo profissional do advogado será fixado em sentença normativa, salvo se ajustado em acordo ou convenção coletiva de trabalho."*

Aqui chamamos a atenção para o fato de que, se houver acordo ou convenção coletiva, estas serão a forma de fixação do salário mínimo do advogado e, caso não haja ajuste neste sentido, daí seria o caso de fixação por intermédio de sentença normativa, posto que haveria provocação do Poder Judiciário para emanar tal pronunciamento jurisdicional. Portanto, o candidato deve tomar especial cuidado com a expressão "salvo", constante do artigo legal supracitado.

Para melhor compreensão do tema, destacaremos, no quadro abaixo, importantes considerações acerca da jornada de trabalho e adicionais previstos no Estatuto da Advocacia.

> Jornada de trabalho do advogado empregado: quatro horas contínuas e vinte horas semanais, salvo acordo ou convenção coletiva ou em caso de dedicação exclusiva previsto em contrato individual de trabalho.
> Adicional de horas extras: as horas excedentes serão remuneradas por um adicional não inferior a 100% (cem por cento) sobre o valor da hora normal, mesmo havendo contrato escrito.
> Jornada noturna e adicional aplicável: serão consideradas como noturnas, as horas trabalhadas das 20h de um dia até as 05h do dia seguinte, as quais deverão ser acrescidas de adicional de 25% (vinte e cinco por cento).
> Importante: Em caso de dedicação exclusiva, serão remuneradas como extraordinárias as horas trabalhadas que excederem a jornada normal de oito horas diárias.

No que diz respeito aos honorários de sucumbência, o art. 21, do Estatuto da Advocacia, assim definiu:

> *"Art. 21. Nas causas em que for parte o empregador, ou pessoa por este representada, os honorários de sucumbência são devidos aos advogados empregados.*
>
> *Parágrafo único. Os honorários de sucumbência, percebidos por advogado empregado de sociedade de advogados são partilhados entre ele e a empregadora, na forma estabelecida em acordo."*

Todavia, merece ser frisado que o STF, quando do julgamento da ADI 1.194, declarou que "O art. 21 e seu parágrafo único da Lei 8.906/1994 deve ser interpretado no sentido da preservação da liberdade contratual quanto à destinação dos honorários de sucumbência fixados judicialmente."

ÉTICA

Assim, será lícito o contrato, acordo ou convenção coletiva de trabalho que disponham de forma contrária a regra contida no artigo acima destacado.

7. DA SOCIEDADE DE ADVOGADOS

7.1. Das questões aplicáveis à sociedade de advogados

Atualmente, com o advento da Lei 13.247/2016, foi regulamentada a previsão de constituição de sociedade "unipessoal" de advocacia, ao contrário do modelo existente anteriormente, que era somente o de sociedade "pluripessoal" de advogados.

Portanto, hoje serão admissíveis a registro ambos os tipos de sociedade, as quais irão adquirir suas respectivas personalidades jurídicas com o registro dos seus atos constitutivos no Conselho Seccional da OAB em cuja base territorial tiverem sede, sendo proibido o registro nos cartórios de registro civil de pessoas jurídicas e nas juntas comerciais de sociedade que inclua, entre outras finalidades, a atividade de advocacia.

A mesma vedação anteriormente existente para as sociedades pluripessoais de advogados, hoje também se aplica às sociedades unipessoais, no sentido de que nenhum advogado poderá integrar mais de uma sociedade de advogados, constituir mais de uma sociedade unipessoal de advocacia, ou integrar, simultaneamente, uma sociedade de advogados e uma sociedade unipessoal de advocacia, com sede ou filial na mesma área territorial do respectivo Conselho Seccional.

A razão social deve ter, obrigatoriamente, o nome de pelo menos um advogado responsável pela sociedade e, se for sociedade unipessoal, deve ser obrigatoriamente formada pelo nome do seu titular, completo ou parcial, com a expressão "Sociedade Individual de Advocacia".

Conforme o art. 16, CAPUT, do Estatuto da Advocacia, não são admitidas a registro nem podem funcionar todas as espécies de sociedades de advogados que apresentem forma ou características de sociedade empresária, que adotem denominação de fantasia, que realizem atividades estranhas à advocacia, que incluam como sócio ou titular de sociedade unipessoal de advocacia pessoa não inscrita como advogado ou totalmente proibida de advogar.

De qualquer forma, a razão social deverá ter o nome de pelo menos um advogado responsável pela sociedade, sendo permitida a manutenção do nome de sócio já falecido, se prevista esta possibilidade no ato constitutivo. Claro que, aqui, nos referimos à sociedade pluripessoal, pois, no caso de sociedade unipessoal, o nome deverá ser o do único sócio que a compõe.

Convém destacarmos que os advogados, quando sócios de uma mesma sociedade profissional, não poderão representar em juízo clientes de interesses opostos. Exemplo: sociedade contratada para defender os interesses de determinada empresa e que aceita ajuizar demanda de terceiro contra a sua cliente.

Isso não se aplicará, porém, se o advogado estiver representando ambas as partes num divórcio consensual, face a inexistência de conflito de interesses entre os seus constituintes. Caso sobrevenha conflito e a causa se torne litigiosa, deverá

o advogado renunciar um dos mandatos e preservar o sigilo da parte que não mais representará.

No caso de ação ou omissão no exercício da advocacia, além da sociedade, o sócio e o titular da sociedade individual de advocacia respondem subsidiária e ilimitadamente pelos danos causados aos clientes, o que não o prejudica a responsabilidade disciplinar destes perante a OAB, se for o caso.

Nesse mesmo sentido, dispõe o Regulamento Geral da OAB:

> "Art. 40. Os advogados sócios e os associados respondem subsidiária e ilimitadamente pelos danos causados diretamente ao cliente, nas hipóteses de dolo ou culpa e por ação ou omissão, no exercício dos atos privativos da advocacia, sem prejuízo da responsabilidade disciplinar em que possam incorrer."

O advogado não deve prestar serviços de assessoria e consultoria jurídicas para terceiros, em sociedades que não possam ser registradas na OAB.

Importante: Conforme § 3º, do art. 15, do Estatuto da Advocacia, *"as procurações devem ser outorgadas individualmente aos advogados e indicar a sociedade de que façam parte."* **Isso merece especial atenção, pois, muitas vezes, na prática, o cliente assina uma única procuração contendo o nome de todos os sócios do escritório contratado. Todavia, para a prova, é recomendável aplicarmos o que dispõe o texto legal acima mencionado, por entendermos que o conhecimento que deve ser avaliado no exame é o de ordem teórica.**

---

8. DOS HONORÁRIOS ADVOCATÍCIOS

8.1. Dos tipos de honorários

Segundo dispõe o Estatuto da Advocacia, o advogado tem direito ao recebimento dos honorários convencionados, fixados por arbitramento e aos de sucumbência (art. 22).

Quanto aos honorários convencionados, devemos entender como sendo aqueles devidamente ajustados entre o advogado e o seu cliente, o que, preferencialmente, deverá ocorrer por escrito, conforme determina o art. 48, do Código de Ética e Disciplina, que assim prevê:

> "Art. 48. A prestação de serviços profissionais por advogado, individualmente ou integrado em sociedades, será contratada, preferentemente, por escrito.
>
> § 1º O contrato de prestação de serviços de advocacia não exige forma especial, devendo estabelecer, porém, com clareza e precisão, o seu objeto, os honorários ajustados, a forma de pagamento, a extensão do patrocínio, esclarecendo se este abrangerá todos os atos do processo ou limitar-se-á a determinado grau de jurisdição, além de dispor sobre a hipótese de a causa encerrar-se mediante transação ou acordo."

O Código de Ética recomendou, de forma preferencial, a adoção de contrato escrito para os honorários advocatícios do profissional para com o seu cliente, sendo recomendável constar a possibilidade de contratação de profissionais para serviços auxiliares (assistentes técnicos, por exemplo), podendo

547

o advogado reter valores, caso tenha adiantado despesas em prol do cliente, desde que as comprove documentalmente.

De acordo com o § 1º, do art. 48, do Código de Ética e Disciplina:

"§ 1º O contrato de prestação de serviços de advocacia não exige forma especial, devendo estabelecer, porém, com clareza e precisão, o seu objeto, os honorários ajustados, a forma de pagamento, a extensão do patrocínio, esclarecendo se este abrangerá todos os atos do processo ou limitar-se-á a determinado grau de jurisdição, além de dispor sobre a hipótese de a causa encerrar-se mediante transação ou acordo."

Convém destacar, que, caso inexista o contrato escrito de prestação de serviços, ainda assim terá o advogado o direito ao recebimento dos honorários advocatícios, mas, em caso de controvérsia com o seu cliente, dependerá do arbitramento judicial para fixá-lo, o que será feito de acordo com o seu trabalho, o valor econômico da questão e em valor não inferior ao estabelecido pela tabela de honorários do Conselho Seccional da OAB.

Porém, se o advogado e o cliente não ajustarem a forma de pagamento dos honorários, terá que ser aplicado o que determina o § 3º, do art. 22, do Estatuto da Advocacia, que assim determina:

"§ 3º Salvo estipulação em contrário, um terço dos honorários é devido no início do serviço, outro terço até a decisão de primeira instância e o restante no final."

É de se observar que o próprio Supremo Tribunal Federal reconheceu a importância dos honorários advocatícios, pois, ao editar a Súmula Vinculante 47, assim fez constar:

"Os honorários advocatícios incluídos na condenação ou destacados do montante principal devido ao credor consubstanciam verba de natureza alimentar cuja satisfação ocorrerá com a expedição de precatório ou requisição de pequeno valor, observada ordem especial restrita aos créditos dessa natureza."

O advogado deverá sempre respeitar os parâmetros da tabela da OAB do Conselho Seccional de onde se der a sua atuação, a qual prevê os importes mínimos e razoáveis para cada intervenção do profissional. Destacamos que cada Conselho Seccional fixa a sua própria tabela de honorários, ou seja, se um advogado atua em SP, deverá observar a tabela de tal estado e por aí em diante.

No entanto, isso não quer dizer que o advogado não poderá cobrar valor acima daquele constante na tabela de honorários do Conselho Seccional. O próprio Código de Ética e Disciplina delimitou os critérios que o profissional deverá obedecer para a estipulação dos seus honorários, sendo:

"Art. 49. Os honorários profissionais devem ser fixados com moderação, atendidos os elementos seguintes:

I - a relevância, o vulto, a complexidade e a dificuldade das questões versadas;

II - o trabalho e o tempo a ser empregados;

III - a possibilidade de ficar o advogado impedido de intervir em outros casos, ou de se desavir com outros clientes ou terceiros;

IV - o valor da causa, a condição econômica do cliente e o proveito para este resultante do serviço profissional;

V - o caráter da intervenção, conforme se trate de serviço a cliente eventual, frequente ou constante; "

VI - o lugar da prestação dos serviços, conforme se trate do domicílio do advogado ou de outro;

VII - a competência do profissional;

VIII - a praxe do foro sobre trabalhos análogos."

Com o advento do Código de Ética de 2015, restou vedada a diminuição dos honorários contratados em decorrência da solução do litígio por qualquer mecanismo adequado de solução extrajudicial.

Referido Código de Ética foi atualizado e acompanhou as necessidades do mundo moderno, pois também autorizou ao advogado ou à sociedade de advogados empregar, para o recebimento de honorários, sistema de cartão de crédito, mediante credenciamento junto a empresa operadora do ramo.

Também devemos considerar a preocupação com as questões sociais trazidas pelo Código, pois em seu contexto vemos a possibilidade de o advogado exercer a advocacia *pro bono*, ou seja, pelo bem do público. Em tal modalidade de atuação, a prestação do serviço profissional será gratuita, eventual e voluntária, podendo ser realizada em favor de instituições sociais sem fins econômicos e aos seus assistidos, sempre que os beneficiários não dispuserem de recursos para a contratação de profissional.

Da mesma forma, a advocacia *pro bono* pode ser exercida em favor de pessoas naturais que, igualmente, não dispuserem de recursos para, sem prejuízo do próprio sustento, contratar advogado.

> **Importante: De acordo com o § 3º, do art. 30, do Código de Ética e Disciplina:** *"A advocacia pro bono não pode ser utilizada para fins político-partidários ou eleitorais, nem beneficiar instituições que visem a tais objetivos, ou como instrumento de publicidade para captação de clientela."*

8.2. Dos honorários de sucumbência

Os honorários de sucumbência, além de constarem do Estatuto da Advocacia e Código de Ética e Disciplina, possuem previsibilidade mais ampla no Código de Processo Civil, que, em seu art. 85, assim define: "A sentença condenará o vencido a pagar honorários ao advogado do vencedor".

Com relação ao tema, o CPC traz a seguinte regra:

Art. 85 ...

(...)

§ 2º Os honorários serão fixados entre o mínimo de dez e o máximo de vinte por cento sobre o valor da condenação, do proveito econômico obtido ou, não sendo possível mensurá-lo, sobre o valor atualizado da causa, atendidos:

I - o grau de zelo do profissional;

II - o lugar de prestação do serviço;

III - a natureza e a importância da causa;

IV - o trabalho realizado pelo advogado e o tempo exigido para o seu serviço.

§ 3º Nas causas em que a Fazenda Pública for parte, a fixação dos honorários observará os critérios estabelecidos nos incisos I a IV do § 2º e os seguintes percentuais:

I - mínimo de dez e máximo de vinte por cento sobre o valor da condenação ou do proveito econômico obtido até 200 (duzentos) salários-mínimos;

II - mínimo de oito e máximo de dez por cento sobre o valor da condenação ou do proveito econômico obtido acima de 200 (duzentos) salários-mínimos até 2.000 (dois mil) salários-mínimos;

III - mínimo de cinco e máximo de oito por cento sobre o valor da condenação ou do proveito econômico obtido acima de 2.000 (dois mil) salários-mínimos até 20.000 (vinte mil) salários-mínimos;

IV - mínimo de três e máximo de cinco por cento sobre o valor da condenação ou do proveito econômico obtido acima de 20.000 (vinte mil) salários-mínimos até 100.000 (cem mil) salários-mínimos;

V - mínimo de um e máximo de três por cento sobre o valor da condenação ou do proveito econômico obtido acima de 100.000 (cem mil) salários-mínimos.

Os honorários de sucumbência possuem natureza diversa dos honorários contratados, razão pela qual será permitida a acumulação. Portanto, o advogado terá o direito de receber os honorários contratuais e sucumbenciais e, se necessitar executá-los, deverá, preferencialmente, destacar a execução dos honorários contratuais ou sucumbenciais.

No caso de substabelecimento de poderes, os honorários de sucumbência serão repartidos entre o substabelecente e o substabelecido, proporcionalmente à atuação de cada um no processo ou conforme haja sido entre eles ajustado, conforme dispõe o § 1º, do art. 51, do Código de Ética e Disciplina.

8.3. Da cláusula quota litis

O advogado, quando convencionar seus honorários, poderá condicionar sua remuneração ou parte dela, vinculando-se ao resultado da demanda, tal como ocorre, por exemplo, em causas que envolvem indenização por danos morais, em reclamações trabalhistas etc.

O advogado pode ajustar, no seu contrato, a parcela correspondente à sua atuação na causa, além de parcela vinculada ao êxito, caso existente. A cláusula quota litis é, pois, um verdadeiro contrato de risco estabelecido entre o advogado e o seu cliente, eis que sua remuneração ou parte dela, ficará diretamente vinculada ao eventual ganho da causa.

Segundo o EAOAB, no caso de adoção de cláusula quota litis, os honorários do profissional devem ser necessariamente representados por pecúnia e, quando acrescidos dos honorários de sucumbência, não poderão superar às vantagens advindas a favor do cliente.

> *Importante: O advogado também poderá receber seus honorários em bens particulares do cliente, desde que este não tenha condições de satisfazer o pagamento de outra forma e, desde que isso esteja ajustado no contrato de honorários.*

9. DOS ÓRGÃOS DA OAB

9.1. Da Ordem dos Advogados do Brasil

O EAOAB estabeleceu que a OAB é um serviço público que não possui vínculo funcional ou hierárquico com órgãos da Administração Pública. Definida como serviço público, a OAB é dotada de personalidade jurídica e forma federativa, tendo por finalidade defender a Constituição, a ordem jurídica do Estado democrático de direito, os direitos humanos, a justiça social, e pugnar pela boa aplicação das leis, pela rápida administração da justiça e pelo aperfeiçoamento da cultura e das instituições jurídicas.

A OAB possui, como órgãos:

I – o Conselho Federal;

II – os Conselhos Seccionais;

III – as Subseções;

IV – as Caixas de Assistência dos Advogados.

Por constituir serviço público, goza de imunidade tributária total em relação a seus bens, rendas e serviços.

9.2. Do Conselho Federal da OAB

O Conselho Federal é o órgão máximo da OAB, sendo o responsável por defender os interesses da advocacia nacional e dar efetividade às suas finalidades legalmente estabelecidas.

Ele é composto pelos conselheiros federais, integrantes das delegações de cada unidade federativa e dos seus ex-presidentes, na qualidade de membros honorários vitalícios.

O Conselho Federal possui competência para:

I – dar cumprimento efetivo às finalidades da OAB;

II – representar, em juízo ou fora dele, os interesses coletivos ou individuais dos advogados;

III – velar pela dignidade, independência, prerrogativas e valorização da advocacia;

IV – representar, com exclusividade, os advogados brasileiros nos órgãos e eventos internacionais da advocacia;

V – editar e alterar o Regulamento Geral, o Código de Ética e Disciplina, e os Provimentos que julgar necessários;

VI – adotar medidas para assegurar o regular funcionamento dos Conselhos Seccionais;

VII – intervir nos Conselhos Seccionais, onde e quando constatar grave violação desta Lei ou do Regulamento Geral. A intervenção dependerá de prévia aprovação por dois terços das delegações, garantido o amplo direito de defesa do Conselho Seccional respectivo, nomeando-se diretoria provisória para o prazo que se fixar.

VIII – cassar ou modificar, de ofício ou mediante representação, qualquer ato, de órgão ou autoridade da OAB, contrário a esta Lei, ao Regulamento Geral, ao Código de Ética e Disciplina, e aos Provimentos, ouvida a autoridade ou o órgão em causa;

IX – julgar, em grau de recurso, as questões decididas pelos Conselhos Seccionais, nos casos previstos neste Estatuto e no Regulamento Geral;

X – dispor sobre a identificação dos inscritos na OAB e sobre os respectivos símbolos privativos;

XI – apreciar o relatório anual e deliberar sobre o balanço e as contas de sua diretoria;

XII – homologar ou mandar suprir relatório anual, o balanço e as contas dos Conselhos Seccionais;

XIII – elaborar as listas constitucionalmente previstas, para o preenchimento dos cargos nos tribunais judiciários de âmbito nacional ou interestadual, com advogados que estejam em pleno exercício da profissão, vedada a inclusão de nome de membro do próprio Conselho ou de outro órgão da OAB;

XIV – ajuizar ação direta de inconstitucionalidade de normas legais e atos normativos, ação civil pública, mandado de segurança coletivo, mandado de injunção e demais ações cuja legitimação lhe seja outorgada por lei;

XV – colaborar com o aperfeiçoamento dos cursos jurídicos, e opinar, previamente, nos pedidos apresentados aos órgãos competentes para criação, reconhecimento ou credenciamento desses cursos;

XVI – autorizar, pela maioria absoluta das delegações, a oneração ou alienação de seus bens imóveis;

XVII – participar de concursos públicos, nos casos previstos na Constituição e na lei, em todas as suas fases, quando tiverem abrangência nacional ou interestadual;

XVIII – resolver os casos omissos neste Estatuto.

O Conselho Federal é formado por delegações e não turmas, sendo que cada delegação é composta por três membros ou conselheiros.

Mediante provimento, elabora listas constitucionalmente previstas para preenchimento dos cargos nos tribunais.

> **Importante:** *Para as grandes personalidades da advocacia brasileira, o Conselho Federal poderá conferir um prêmio, que é a "Medalha Rui Barbosa", sendo esta a comenda máxima conferida por tal órgão. Referida Medalha só poderá ser concedida uma vez, no prazo do mandato do Conselho, e será entregue ao homenageado em sessão solene. Destacamos, ainda, que com o advento do atual Código de Ética e Disciplina, estabeleceu-se a previsão de que a representação contra advogados detentores da Medalha Rui Barbosa, será processada e julgada pelo Conselho Pleno no Conselho Federal (§ 5º, do art. 58).*

Nas lições de PAULO LÔBO: *"O voto é por delegação e não individual. Em caso de divergência entre membros da delegação prevalece o voto da maioria; estando presentes apenas dois membros e havendo divergência, o voto é invalidado."*

Nesse sentido, dispõe o Regulamento Geral da OAB:

Art. 77. O voto da delegação é o de sua maioria, havendo divergência entre seus membros, considerando-se invalidado em caso de empate.

Lembramos que as delegações serão compostas por três conselheiros federais e que não poderão votar nas matérias de interesse da unidade que representam.

Caberá ao presidente exercer apenas o voto unipessoal de qualidade, eis que não integra qualquer delegação. Além desse voto de qualidade, o presidente tem legitimidade para um especial recurso, que é o de embargar uma decisão, quando não unânime, obrigando o Conselho a reapreciar a matéria, em outra sessão.

Quanto aos demais membros da diretoria (vice-presidente, secretário-geral, secretário-geral adjunto e tesoureiro), votarão em conjunto com suas delegações.

No que diz respeito aos ex-presidentes, terão direito a voz. Exceção: salvo os que exerceram mandato antes de 05 de julho de 1994 ou em exercício nesta data (§ 1º, do art. 62, do Regulamento Geral da OAB).

Os ex-presidentes são membros honorários vitalícios, pois a OAB considera de fundamental importância a experiência que possuem tais pessoas, as quais certamente podem auxiliar na tomada de posição da entidade.

Também existe a possibilidade do Presidente do Conselho Seccional participar das sessões do Conselho Federal, ocasião em que terá direito a voz.

O Conselho Federal possui competência para resolver todos os casos omissos no estatuto.

Para alterar ou editar o Regulamento Geral, Código de Ética e Disciplina e os provimentos, e para intervir nos Conselhos Seccionais, é necessário o quórum de 2/3 das delegações.

O Conselho Federal possui comissão de ensino jurídico, que pode opinar nos pedidos para criação, reconhecimento e credenciamento de cursos jurídicos.

Uma questão muito exigida em exames de ordem está relacionada com a competência de punição ao advogado que comete uma infração ética. Em regra, esta será do Conselho Seccional do local da infração, mas, de forma excepcional, o Conselho Federal vai punir nas seguintes hipóteses:

I – quando o advogado representado for membro do Conselho Federal da OAB.

II - quando o advogado representado for membro da diretoria do Conselho Federal, Membro Honorário Vitalício ou detentor da Medalha Rui Barbosa.

III – quando o advogado representado for presidente de um Conselho Seccional da OAB. Nesse caso, a competência é da Segunda Câmara do Conselho Federal da OAB;

IV – quando a falta for cometida perante o Conselho Federal. Nessa hipótese, devemos considerar qualquer advogado, independentemente se este possui ou não algum cargo junto à OAB, conforme previsto no art. 70, CAPUT, do EAOAB.

9.3. Dos órgãos do Conselho Federal

O Conselho Federal da OAB atua mediante os seguintes órgãos:

I – Conselho Pleno;

II – Órgão Especial do Conselho Pleno;

III – Primeira, Segunda e Terceira Câmaras;

IV – Diretoria;

V – Presidente.

9.4. Do Conselho Pleno

O Conselho Pleno é formado pelos Conselheiros Federais de cada delegação e pelos ex-presidentes, sendo presidido pelo Presidente do Conselho Federal e secretariado pelo Secretário-Geral.

Ele delibera, em caráter nacional, sobre:

ÉTICA

I - propostas e indicações relacionadas às finalidades institucionais da OAB (art. 44, I, do Estatuto); e

II - sobre as demais atribuições previstas no art. 54 do Estatuto, respeitadas as competências privativas dos demais órgãos deliberativos do Conselho Federal.

Também cabe ao Conselho Pleno:

I – eleger o sucessor dos membros da Diretoria do Conselho Federal, em caso de vacância;

II – regular, mediante resolução, matérias de sua competência que não exijam edição de Provimento;

III – instituir, mediante Provimento, comissões permanentes para assessorar o Conselho Federal e a Diretoria.

O Conselho Pleno também pode decidir sobre todas as matérias privativas de seu órgão Especial, quando o Presidente atribuir-lhes caráter de urgência e grande relevância.

> *Importante: De acordo com o art. 63, do Regulamento Geral da OAB: "O Presidente do Instituto dos Advogados Brasileiros e os agraciados com a "Medalha Rui Barbosa" podem participar das sessões do Conselho Pleno, com direito a voz."*

9.5. Do Órgão Especial do Conselho Pleno

O Órgão Especial é composto por um Conselheiro Federal integrante de cada delegação, o que não impede a sua participação no Conselho Pleno, e pelos ex-Presidentes. Tal órgão é presidido pelo Vice-Presidente e secretariado pelo Secretário-Geral Adjunto.

No que diz respeito ao voto do Presidente do Órgão Especial, este, além de votar por sua delegação, tem o voto de qualidade, no caso de empate.

Referido Órgão Especial tem competência para deliberar, privativamente e em caráter irrecorrível, sobre:

I – recurso contra decisões das Câmaras, quando não tenham sido unânimes ou, sendo unânimes, contrariem a Constituição, as leis, o Estatuto, decisões do Conselho Federal, este Regulamento Geral, o Código de Ética e Disciplina ou os Provimentos;

II – recurso contra decisões unânimes das Turmas, quando estas contrariarem a Constituição, as leis, o Estatuto, decisões do Conselho Federal, este Regulamento Geral, o Código de Ética e Disciplina ou os Provimentos;

III – recurso contra decisões do Presidente ou da Diretoria do Conselho Federal e do Presidente do Órgão Especial;

IV – consultas escritas, formuladas em tese, relativas às matérias de competência das Câmaras especializadas ou à interpretação do Estatuto, deste Regulamento Geral, do Código de Ética e Disciplina e dos Provimentos, devendo todos os Conselhos Seccionais ser cientificados do conteúdo das respostas;

V – conflitos ou divergências entre órgãos da OAB;

VI – determinação ao Conselho Seccional competente para instaurar processo, quando, em autos ou peças submetidos ao conhecimento do Conselho Federal, encontrar fato que constitua infração disciplinar.

> *Importante: De acordo com o art. 86, do Regulamento Geral da OAB: "A decisão do Órgão Especial constitui orientação dominante da OAB sobre a matéria, quando consolidada em súmula publicada na imprensa oficial."*

9.6. Da Primeira Câmara

A Primeira Câmara é presidida pelo secretário-geral. Ela possui competência para:

I – decidir os recursos sobre:

a) atividade de advocacia e direitos e prerrogativas dos advogados e estagiários;

b) inscrição nos quadros da OAB;

c) incompatibilidades e impedimentos.

II – expedir resoluções regulamentando o Exame de Ordem, para garantir sua eficiência e padronização nacional, ouvida a Comissão Nacional de Exame de Ordem;

III – julgar as representações sobre as matérias de sua competência;

IV – propor, instruir e julgar os incidentes de uniformização de decisões de sua competência.

V – determinar ao Conselho Seccional competente a instauração de processo quando, em autos ou peças submetidas ao seu julgamento, tomar conhecimento de fato que constitua infração disciplinar;

VI – julgar os recursos interpostos contra decisões de seu Presidente.

9.7. Da Segunda Câmara

Presidida pelo secretário-geral adjunto, possui competência para:

I – decidir os recursos sobre ética e deveres do advogado, infrações e sanções disciplinares;

II – promover em âmbito nacional a ética do advogado, juntamente com os Tribunais de Ética e Disciplina, editando resoluções regulamentares ao Código de Ética e Disciplina;

III – julgar as representações sobre as matérias de sua competência;

IV – propor, instruir e julgar os incidentes de uniformização de decisões de sua competência;

V – determinar ao Conselho Seccional competente a instauração de processo quando, em autos ou peças submetidas ao seu julgamento, tomar conhecimento de fato que constitua infração disciplinar;

VI – julgar os recursos interpostos contra decisões de seu Presidente;

VII – eleger, dentre seus integrantes, os membros da Corregedoria do Processo Disciplinar, em número máximo de três, com atribuição, em caráter nacional, de orientar e fiscalizar a tramitação dos processos disciplinares de competência da OAB, podendo, para tanto, requerer informações e realizar diligências, elaborando relatório anual dos processos em trâmite no Conselho Federal e nos Conselhos Seccionais e Subseções.

9.8. Da Terceira Câmara

É presidida pelo tesoureiro e possui competência para:

I – decidir os recursos relativos à estrutura, aos órgãos e ao processo eleitoral da OAB;

II – decidir os recursos sobre sociedades de advogados, advogados associados e advogados empregados;

III – apreciar os relatórios anuais e deliberar sobre o balanço e as contas da Diretoria do Conselho Federal e dos Conselhos Seccionais;

IV – suprir as omissões ou regulamentar as normas aplicáveis às Caixas de Assistência dos Advogados, inclusive mediante resoluções;

V – modificar ou cancelar, de ofício ou a pedido de qualquer pessoa, dispositivo do Regimento Interno do Conselho Seccional que contrarie o Estatuto ou este Regulamento Geral;

VI – julgar as representações sobre as matérias de sua competência;

VII – propor, instruir e julgar os incidentes de uniformização de decisões de sua competência;

VIII – determinar ao Conselho Seccional competente a instauração de processo quando, em autos ou peças submetidas ao seu julgamento, tomar conhecimento de fato que constitua infração disciplinar;

IX – julgar os recursos interpostos contra decisões de seu Presidente.

9.9. Da Diretoria e do Presidente

Compõem a Diretoria do Conselho Federal: a) o Presidente; b) o Vice-Presidente; c) o secretário-geral; d) o secretário-geral adjunto; e) o tesoureiro.

O Presidente será substituído em suas faltas, licenças e impedimentos pelo Vice-Presidente, pelo Secretário-Geral, pelo Secretário-Geral Adjunto e pelo Tesoureiro, sucessivamente.

> Importante: De acordo com o § 1º, do art. 98, do Regulamento Geral da OAB: *"O Vice-Presidente, o Secretário-Geral, o Secretário-Geral Adjunto e o Tesoureiro substituem-se nessa ordem, em suas faltas e impedimentos ocasionais, sendo o último substituído pelo Conselheiro Federal mais antigo e, havendo coincidência de mandatos, pelo de inscrição mais antiga."*

A Diretoria tem competência coletiva para:

I – dar execução às deliberações dos órgãos deliberativos do Conselho;

II – elaborar e submeter à Terceira Câmara, na forma e prazo estabelecidos neste Regulamento Geral, o orçamento anual da receita e da despesa, o relatório anual, o balanço e as contas;

III – elaborar estatística anual dos trabalhos e julgados do Conselho;

IV – distribuir e redistribuir as atribuições e competências entre os seus membros;

V – elaborar e aprovar o plano de cargos e salários e a política de administração de pessoal do Conselho, propostos pelo Secretário-Geral;

VI – promover assistência financeira aos órgãos da OAB, em caso de necessidade comprovada e de acordo com previsão orçamentária;

VII – definir critérios para despesas com transporte e hospedagem dos Conselheiros, membros das comissões e convidados;

VIII – alienar ou onerar bens móveis;

IX – resolver os casos omissos no Estatuto e no Regulamento Geral, *ad referendum* do Conselho Pleno.

Ao Presidente, compete:

I – representar a OAB em geral e os advogados brasileiros, no país e no exterior, em juízo ou fora dele;

II – representar o Conselho Federal, em juízo ou fora dele;

III – convocar e presidir o Conselho Federal e executar suas decisões;

IV – adquirir, onerar e alienar bens imóveis, quando autorizado, e administrar o patrimônio do Conselho Federal, juntamente com o Tesoureiro;

V – aplicar penas disciplinares, no caso de infração cometida no âmbito do Conselho Federal;

VI – assinar, com o Tesoureiro, cheques e ordens de pagamento;

VII – executar e fazer executar o Estatuto e a legislação complementar.

9.10. Do Conselho Seccional

A diretoria do Conselho Seccional tem composição idêntica e atribuições equivalentes às do Conselho Federal, ou seja, possui Presidente, Vice, secretário-geral, secretário-geral adjunto e tesoureiro.

> Importante: **O Conselho Seccional é o órgão da OAB que representa o estado/território, possuindo autonomia para editar seu regimento interno sem necessidade de submetê-lo ao Conselho Federal. Todavia, este último poderá invalidá-lo, se considerar que houve violação ao Estatuto da Advocacia, a legislação regulamentar ou que excedeu da competência do Conselho Seccional.**

De acordo com o Estatuto da Advocacia:

Art. 56. O Conselho Seccional compõe-se de conselheiros em número proporcional ao de seus inscritos, segundo critérios estabelecidos no Regulamento Geral.

§ 1º São membros honorários vitalícios os seus ex-presidentes, somente com direito a voz em suas sessões.

§ 2º O Presidente do Instituto dos Advogados local é membro honorário, somente com direito a voz nas sessões do Conselho.

§ 3º Quando presentes às sessões do Conselho Seccional, o Presidente do Conselho Federal, os Conselheiros Federais integrantes da respectiva delegação, o Presidente da Caixa de Assistência dos Advogados e os Presidentes das Subseções, têm direito a voz.

O Conselho Seccional possui competência privativa para:

I – editar seu Regimento Interno e Resoluções;

II – criar as Subseções e a Caixa de Assistência dos Advogados;

ÉTICA

III – julgar, em grau de recurso, as questões decididas por seu Presidente, por sua diretoria, pelo Tribunal de Ética e Disciplina, pelas diretorias das Subseções e da Caixa de Assistência dos Advogados;

IV – fiscalizar a aplicação da receita, apreciar o relatório anual e deliberar sobre o balanço e as contas de sua diretoria, das diretorias das Subseções e da Caixa de Assistência dos Advogados;

V – fixar a tabela de honorários, válida para todo o território estadual;

VI – realizar o Exame de Ordem;

VII – decidir os pedidos de inscrição nos quadros de advogados e estagiários;

VIII – manter cadastro de seus inscritos;

IX – fixar, alterar e receber contribuições obrigatórias, preços de serviços e multas;

X – participar da elaboração dos concursos públicos, em todas as suas fases, nos casos previstos na Constituição e nas leis, no âmbito do seu território;

XI – determinar, com exclusividade, critérios para o traje dos advogados, no exercício profissional;

XII – aprovar e modificar seu orçamento anual;

XIII – definir a composição e o funcionamento do Tribunal de Ética e Disciplina, e escolher seus membros;

XIV – eleger as listas, constitucionalmente previstas, para preenchimento dos cargos nos tribunais judiciários, no âmbito de sua competência e na forma do Provimento do Conselho Federal, vedada a inclusão de membros do próprio Conselho e de qualquer órgão da OAB;

XV – intervir nas Subseções e na Caixa de Assistência dos Advogados;

XVI – desempenhar outras atribuições previstas no Regulamento Geral.

No que diz respeito ao número de conselheiros que um Conselho Seccional poderá contar em sua composição, define o Regulamento Geral da OAB:

Art. 106. Os Conselhos Seccionais são compostos de conselheiros eleitos, incluindo os membros da Diretoria, proporcionalmente ao número de advogados com inscrição concedida, observados os seguintes critérios:

I – abaixo de 3.000 (três mil) inscritos, até 30 (trinta) membros;

II – a partir de 3.000 (três mil) inscritos, mais um membro por grupo completo de 3.000 (três mil) inscritos, até o total de 80 (oitenta) membros.

9.11. Dos tribunais de ética

De acordo com o disposto no Código de Ética e Disciplina:

Art. 71. Compete aos Tribunais de Ética e Disciplina:

I - julgar, em primeiro grau, os processos ético-disciplinares;

II - responder a consultas formuladas, em tese, sobre matéria ético - disciplinar;

III - exercer as competências que lhe sejam conferidas pelo Regimento Interno da Seccional ou por este Código

para a instauração, instrução e julgamento de processos ético-disciplinares;

IV - suspender, preventivamente, o acusado, em caso de conduta suscetível de acarretar repercussão prejudicial à advocacia, nos termos do Estatuto da Advocacia e da Ordem dos Advogados do Brasil;

V - organizar, promover e ministrar cursos, palestras, seminários e outros eventos da mesma natureza acerca da ética profissional do advogado ou estabelecer parcerias com as Escolas de Advocacia, com o mesmo objetivo;

VI - atuar como órgão mediador ou conciliador nas questões que envolvam:

a) dúvidas e pendências entre advogados;

b) partilha de honorários contratados em conjunto ou decorrentes de

substabelecimento, bem como os que resultem de sucumbência, nas mesmas hipóteses;

c) controvérsias surgidas quando da dissolução de sociedade de advogados.

9.12. Da subseção

O Conselho Seccional poderá criar as subseções, fixando sua área territorial e seus limites de competência e autonomia.

Importante: As subseções **não possuem personalidade jurídica própria** e, quanto à área territorial da Subseção, pode abranger um ou mais municípios, ou parte de município, inclusive da capital do Estado, contando com um mínimo de quinze advogados, nela profissionalmente domiciliados. Importante frisarmos que, se houver mais de cem advogados, a Subseção pode ser integrada, também, por um Conselho em número de membros fixado pelo Conselho Seccional.

Se a Subseção dispuser de Conselho, este atuará paralelamente com a Diretoria mas não em grau hierarquicamente superior à esta, conforme dispor o Regimento Interno do Conselho Seccional. Também será de competência deste Conselho a competência para instaurar e instruir processos disciplinares que serão decididos pelo Tribunal de Ética e Disciplina.

Vale frisarmos que a Subseção é parte autônoma do Conselho Seccional, com jurisdição sobre determinado espaço.

A Subseção é administrada por uma diretoria, com atribuições e composição equivalentes às da diretoria do Conselho Seccional, ou seja, também possui Presidente, Vice-Presidente, Secretário Geral, Secretário Geral Adjunto e Tesoureiro.

Ao Conselho da Subseção, quando houver, compete exercer as funções e atribuições do Conselho Seccional, na forma do Regimento Interno deste, e ainda:

a) editar seu Regimento Interno, a ser referendado pelo Conselho Seccional;

b) editar resoluções, no âmbito de sua competência;

c) instaurar e instruir processos disciplinares, para julgamento pelo Tribunal de Ética e Disciplina;

d) receber pedido de inscrição nos quadros de advogado e estagiário, instruindo e emitindo parecer prévio, para decisão do Conselho Seccional.

9.13. Da caixa de assistência dos advogados

A Caixa de Assistência dos Advogados, possui personalidade jurídica própria e destina-se a prestar assistência aos inscritos no Conselho Seccional a que se vincule.

É um órgão assistencial da OAB, vinculado ao Conselho Seccional e sendo por ele criada, quando contar com mais de mil e quinhentos inscritos, conforme § 4º, do art. 45, do EAOAB.

Quanto à verba para manutenção da Caixa, caberá a esta a metade da receita das anuidades recebidas pelo Conselho Seccional, considerado o valor resultante após as deduções regulamentares obrigatórias

A Caixa pode, em benefício dos advogados, promover a seguridade complementar, conforme § 2º, do art. 62, do EAOAB.

Quanto a diretoria da Caixa, será composta de cinco membros, com atribuições definidas no seu Regimento Interno.

> Importante: O Conselho Seccional, mediante voto de dois terços de seus membros, pode intervir na Caixa de Assistência dos Advogados, no caso de descumprimento de suas finalidades, designando diretoria provisória, enquanto durar a intervenção.

10. DAS ELEIÇÕES NA OAB

10.1. Das eleições e mandatos

A eleição dos membros de todos os órgãos da OAB será realizada na segunda quinzena do mês de novembro, do último ano de mandato, mediante cédula única e votação direta dos advogados regularmente inscritos, conforme art. 63, *caput*, do EAOAB.

O voto é obrigatório e secreto, ou seja, caso o advogado não vote ou não justifique, será penalizado com multa de 20% (vinte por cento) do valor de uma anuidade. Se o advogado justificar sua ausência por escrito, está será apreciada pela Diretoria do Conselho Seccional.

Será de três anos o mandato dos membros eleitos, sendo que os advogados candidatos necessitam comprovar que exercem a profissão há mais de cinco anos, **estando excluído o período de estágio.**

> Importante: Quanto ao período de cinco anos, ressaltamos que somente será considerado o período ininterrupto, ou seja, não será admitida a soma de períodos descontínuos.

Outros requisitos necessários ao candidato:

estar em dia com o pagamento das contribuições obrigatórias da OAB;

não poderá estar no exercício de cargo incompatível (permanente ou temporário) ou em situação de descumprimento a qualquer determinação da OAB e nem condenado disciplinarmente, salvo se reabilitado;

não poderá ocupar cargo exonerável *ad nutum*.

Quanto ao cargo exonerável *ad nutum*, vemos, nas lições de Paulo Lôbo: "Consideram-se tais os cargos de provimento em comissão, de funções de confiança ou administração na Administração Pública direta ou indireta (autarquias, fundações públicas, empresas de economia mista ou públicas".

Os eleitos iniciam seus mandatos no dia 1º de janeiro do ano seguinte ao da eleição, excetuando o Conselho Federal, que iniciará seus mandatos em 1º de fevereiro do ano seguinte ao da eleição, posto que este necessita escolher sua diretoria, pelos próprios conselheiros federais eleitos.

Nesses termos, define o Regulamento Geral da OAB:

Art. 137 - A. A eleição dos membros da Diretoria do Conselho Federal será realizada às 19 horas do dia 31 de janeiro do ano seguinte ao da eleição nas Seccionais.

Quanto as hipóteses de extinção do mandato, o EAOAB assim prevê:

Art. 66. Extingue - se o mandato automaticamente, antes do seu término, quando:

I – ocorrer qualquer hipótese de cancelamento de inscrição ou de licenciamento do profissional;

II – o titular sofrer condenação disciplinar;

III – o titular faltar, sem motivo justificado, a três reuniões ordinárias consecutivas de cada órgão deliberativo do Conselho ou da diretoria da Subseção ou da Caixa de Assistência dos Advogados, não podendo ser reconduzido no mesmo período de mandato.

11. DO PROCESSO DISCIPLINAR

11.1. Síntese dos procedimentos e fases

O processo disciplinar se encontra elencado nos arts. 55 a 69, do Código de Ética e Disciplina e, nos arts. 70 a 74, do EAOAB.

Trata-se, pois, do procedimento administrativo que visa à apuração e possível aplicação da sanção correspondente, sendo que a pretensão da punibilidade das infrações disciplinares prescreve em cinco anos, contados da data da constatação oficial do fato.

Ele se instaura de ofício ou mediante representação de qualquer pessoa, sendo que de ofício será instaurado quando do conhecimento do fato obtido por fonte idônea ou em virtude de comunicação de autoridade competente, não sendo admitida a denúncia anônima.

O Código de Ética e Disciplina dispôs que o processo disciplinar pode ter caráter virtual, ou seja, que poderá tramitar eletronicamente, o que já é uma realidade em muitos órgãos da Administração Pública e do Poder Judiciário.

Vale destacar que a representação pode ser formulada ao Presidente do Conselho Seccional ou ao Presidente da Subseção, de forma escrita ou verbal, sendo que, nessa última hipótese, deverá ser reduzida a termo.

Importante: O Código de Ética e Disciplina trouxe importante inovação ao permitir que a representação também se inicie perante os Tribunais de Ética e Disciplina, nas Seccionais em que o Regimento Interno lhe atribuírem tal competência. Nesse caso, a representação será dirigida ao Presidente do TED ou a ele encaminhada pelo Presidente do Conselho Seccional ou pelo Presidente da Subseção.

ÉTICA

A representação contra um advogado deve possuir a identificação e qualificação do representante, a narração dos fatos, os documentos que possam instruí-la, a indicação provas e, sendo o caso, o rol de até cinco testemunhas. Deverá, ainda, conter a assinatura do representante ou a certificação de quem tomou a representação por termo.

Uma vez recebida a representação por qualquer dos órgãos da OAB acima mencionados, deverá ser nomeado um relator para presidir a instrução processual e, antes dos autos serem encaminhados ao referido relator, deverão ser juntadas a ficha cadastral do representado e certidão negativa ou positiva de punições anteriores, assim como certidão sobre a existência ou não de representações em andamento.

Reforça-se, que referido relator possui papel de extrema importância no processo disciplinar, cabendo-lhe determinar as diligências que reputar convenientes, assim como indeferir meios de provas ilícitos, impertinentes ou protelatórios.

Superada essa fase, o relator deverá emitir parecer de admissibilidade propondo a instauração do processo disciplinar ou o seu arquivamento, o que deverá ocorrer no prazo de 30 dias, sob pena de redistribuição do feito para outro relator, que terá o mesmo prazo para se manifestar acerca do prosseguimento ou não do processo disciplinar.

Concluído o parecer, o Presidente do Conselho competente ou, se for o caso, do TED, proferirá despacho declarando instaurado o processo disciplinar ou determinando o arquivamento da representação, segundo os critérios que adotar.

Uma vez prosseguindo o processo disciplinar, caberá ao relator determinar a notificação do interessado para prestar esclarecimentos e a do representado, para apresentar defesa prévia, no prazo de 15 dias, sendo que, se não localizado este último, ser-lhe-á nomeado um defensor dativo.

Apresentada a defesa prévia, será proferido o despacho saneador e, se for o caso, poderá ser designada audiência para oitiva do representante, do representado e das testemunhas arroladas, ressalvada a hipótese do § 2º, do art. 73, do EAOAB, posto que o relator também poderá se manifestar pelo indeferimento liminar da representação após a defesa prévia.

Concluída a instrução, o relator profere parecer preliminar a ser submetido ao TED, onde deverá constar o enquadramento legal dos fatos imputados ao representado e, em seguida, será aberto o prazo de 15 dias para apresentação de razões finais.

Após o recebimento do processo pelo Presidente do TED, será, por sorteio, designado **novo relator para proferir voto**. Assim que distribuído ao relator, o processo será incluído em pauta na primeira sessão de julgamento, sendo que o representante e o representado serão notificados, pela Secretaria do Tribunal, com 15 dias de antecedência para comparecerem à sessão de julgamento.

Na sessão de julgamento, **após o voto do relator**, será facultada a sustentação oral por 15 minutos, primeiro pelo representante e, depois, pelo representado.

> Importante: Observamos que caso o processo já esteja tramitando perante o TED o relator não será o mesmo da fase de instrução.

Será permitida a revisão do processo disciplinar quando houver erro no julgamento ou condenação baseada em falsa prova. Referido pedido de revisão terá autuação própria e correrá apensado ao processo disciplinar a que se refira e não suspenderá os efeitos da decisão condenatória, salvo se o relator conceder tutela cautelar para suspender a execução.

Convém destacarmos que será aplicada a prescrição a todo processo disciplinar paralisado por mais de três anos, pendente de despacho ou julgamento, devendo ser arquivado de ofício, ou a requerimento da parte interessada, sem prejuízo de serem apuradas as responsabilidades pela paralisação. Entretanto, o § 2º, do art. 43, do EAOAB, prevê que a prescrição será interrompida:

"I – pela instauração de processo disciplinar ou pela notificação válida feita diretamente ao representado;

II – pela decisão condenatória recorrível de qualquer órgão julgador da OAB."

Quanto aos recursos, dispõem os arts. 75 a 77, do EAOAB:

"Art. 75. Cabe recurso ao Conselho Federal de todas as decisões definitivas proferidas pelo Conselho Seccional, quando não tenham sido unânimes ou, sendo unânimes, contrariem esta Lei, decisão do Conselho Federal ou de outro Conselho Seccional e, ainda, o Regulamento Geral, o Código de Ética e Disciplina e os Provimentos.

Parágrafo único. Além dos interessados, o Presidente do Conselho Seccional é legitimado a interpor o recurso referido neste artigo.

Art. 76. Cabe recurso ao Conselho Seccional de todas as decisões proferidas por seu Presidente, pelo Tribunal de Ética e Disciplina, ou pela diretoria da Subseção ou da Caixa de Assistência dos Advogados.

Art. 77. Todos os recursos têm efeito suspensivo, exceto quando tratarem de eleições (Arts. 63 e seguintes), de suspensão preventiva decidida pelo Tribunal de Ética e Disciplina, e de cancelamento da inscrição obtida com falsa prova.

Parágrafo único. O Regulamento Geral disciplina o cabimento de recursos específicos, no âmbito de cada órgão julgador."

11.2. Da competência para punir disciplinarmente

De acordo com o Estatuto da Advocacia:

Art. 70. O poder de punir disciplinarmente os inscritos na OAB compete exclusivamente ao Conselho Seccional em cuja base territorial tenha ocorrido a infração, salvo se a falta for cometida perante o Conselho Federal.

Somente em algumas hipóteses essa regra será excepcionada e a competência passará para o Conselho Federal da OAB, sendo:

I – quando o advogado representado for membro do Conselho Federal da OAB. Nesse caso, a competência é da Segunda Câmara do Conselho Federal da OAB;

II - quando o advogado representado for membro da diretoria do Conselho Federal, Membro Honorário Vitalício ou detentor da Medalha Rui Barbosa. Nesse caso, a competência é do Conselho Pleno do Conselho Federal da OAB.

555

III – quando o advogado representado for presidente de um Conselho Seccional da OAB. Nesse caso, a competência é da Segunda Câmara do Conselho Federal da OAB;

IV – quando a falta for cometida perante o Conselho Federal. Nessa hipótese, devemos considerar qualquer advogado, independentemente se este possui ou não algum cargo junto à OAB, conforme previsto no art. 70, CAPUT, do EAOAB.

Essas quatro exceções acima destacadas podem ser alvo de inúmeras indagações em exames de ordem, razão pela qual indicamos a especial atenção do candidato nesse ponto.

12. DAS INFRAÇÕES E SANÇÕES

12.1. Das penalidades aplicáveis aos inscritos na OAB

Quando pensamos em infrações e sanções, devemos ter em mente que a OAB somente poderá punir os seus inscritos, sejam eles advogados ou estagiários.

Relevante dizer, também, que as atitudes indevidas praticadas por advogados ou estagiários não excluirão outras penalidades, que poderão advir de demandas judiciais, tais como, responsabilização por eventuais crimes e/ou perdas e danos.

O Estatuto da Advocacia trata a matéria em seu art. 34, que comentaremos para melhor elucidação das hipóteses nele tratadas.

Art. 34. Constitui infração disciplinar:

I – exercer a profissão, quando impedido de fazê-lo, ou facilitar, por qualquer meio, o seu exercício aos não inscritos, proibidos ou impedidos;

O impedimento referido neste inciso envolve tanto a proibição total de advogar (incompatibilidade) quanto as causas de impedimento parcial, como, por exemplo, advogar contra a Fazenda Pública que o remunere.

Aqui também se insere o exercício da advocacia por advogado suspenso, uma vez que, estando em tal condição, não poderia fazê-lo.

Se o advogado facilitar o exercício da profissão para os não inscritos, impedidos ou proibidos, também incidirá na hipótese.

A sanção correspondente para essa infração será a censura.

II – manter sociedade profissional fora das normas e preceitos estabelecidos nesta Lei;

O Estatuto da Advocacia estabelece as regras para constituição de uma sociedade de advogados, conforme vemos nos arts. 15 e 16. Caso o advogado mantenha uma sociedade profissional fora das normas estabelecidas ou sem regular registro perante a OAB, incidirá em tal infração.

A sanção correspondente para essa infração será a censura.

III – valer-se de agenciador de causas, mediante participação nos honorários a receber;

Incide na hipótese o advogado que se utiliza de terceiros para captar causas em seu favor, mediante participação nos honorários.

Infelizmente, essa prática se mostra costumeira, especialmente nos grandes centros comerciais e próximo aos fóruns.

A sanção correspondente para essa infração será a censura.

IV – angariar ou captar causas, com ou sem a intervenção de terceiros;

Essa hipótese se mostra como uma complementação à anterior, pois, de forma geral, veda quaisquer formas que sejam utilizadas para angariar ou captar causas.

O advogado tem direito de fazer sua publicidade, mas desde que o faça de forma discreta e moderada, ou seja, sem a intenção de promover captação de causas.

A sanção correspondente para essa infração será a censura.

V – assinar qualquer escrito destinado a processo judicial ou para fim extrajudicial que não tenha feito, ou em que não tenha colaborado;

Aqui, a OAB vedou que o advogado assine peças processuais elaboradas por bacharéis não inscritos, ou até mesmo por terceiros, como contadores, peritos etc. Incide, pois, na hipótese, o advogado que simplesmente assina uma ação na qual não tenha participado.

A sanção correspondente para essa infração será a censura.

VI – advogar contra literal disposição de lei, presumindo-se a boa-fé quando fundamentado na inconstitucionalidade, na injustiça da lei ou em pronunciamento judicial anterior;

Cabe, ao advogado, sempre agir com prudência e boa-fé. Porém, em muitos casos, vemos que o profissional cobra seus honorários, mesmo sabendo que aquela causa será infrutífera, posto que pleiteará situação proibida por lei.

> **Importante:** Não é admissível ao advogado ingressar com "aventuras judiciais", mesmo quando o cliente insista em sentido contrário.

Merece ser destacado, no entanto, que haverá a presunção da boa-fé, quando o advogado ingressar com demanda fundamentando-a na inconstitucionalidade, na injustiça da lei ou em pronunciamento judicial anterior.

A sanção correspondente para essa infração será a censura.

VII – violar, sem justa causa, sigilo profissional;

O sigilo profissional é uma obrigação, que deve acompanhar o advogado durante todo o exercício profissional. Ele é de ordem pública, independendo de solicitação de reserva que lhe seja feita pelo cliente.

Atualmente, o Código de Ética e Disciplina destacou que o sigilo profissional também abrange os fatos de que o advogado tenha tido conhecimento em virtude de funções desempenhadas na Ordem dos Advogados do Brasil (art. 35, parágrafo único). De igual forma, contemplou, que o sigilo também se estenderá aos advogados que exercerem funções de mediadores, conciliadores e árbitros (art. 36, § 2º).

ÉTICA

Importante: O Código de Ética e Disciplina consagra uma hipótese excepcional, na qual o advogado poderá quebrar o sigilo profissional. Nesse sentido, dispõe o art. 37: *"O sigilo profissional cederá em face de circunstâncias excepcionais que configurem justa causa, como nos casos de grave ameaça ao direito à vida e à honra ou que envolvam defesa própria."*

A sanção correspondente para essa infração será a censura.

VIII – estabelecer entendimento com a parte adversa sem autorização do cliente ou ciência do advogado contrário;

Esse dispositivo visou a proteger o cliente do advogado, assim como, o advogado que patrocina os interesses da parte contrária, pois, tal profissional possui o conhecimento técnico para avaliar todas as questões da causa e, além disso, por ter este o direito à verba honorária que porventura lhe seja devida.

Portanto, todo e qualquer entendimento com a parte contrária deve ter a participação do seu advogado e o efetivo consentimento do cliente.

Devemos ter em mente que o cliente é o efetivo titular do direito, cabendo a este avaliar as propostas de conciliação, caso existentes.

O advogado deve ponderar os riscos da demanda, mas, sempre caberá ao cliente decidir por eventual composição ou não.

A sanção correspondente para essa infração será a censura.

IX – prejudicar, por culpa grave, interesse confiado ao seu patrocínio;

Nas lições de HÉLIO VIEIRA e ZÊNIA CERNOV: "Desta feita, enquadram-se nessa hipótese o advogado que sem justo motivo deixa transcorrer prazo para interpor recurso (quando a parte tinha interesse em recorrer e esse era útil", demora para protocolar medida judicial cabível (deixando operar-se a prescrição), deixa de comparecer injustificadamente em audiência, elabora petições completamente ineptas, etc. Para a configuração da faltam exige-se a culpa grave do advogado e o prejuízo aos interesses do cliente.

A sanção correspondente para essa infração será a censura.

X – acarretar, conscientemente, por ato próprio, a anulação ou a nulidade do processo em que funcione;

Essa hipótese encontra amparo quando houver a invalidação do processo por ato cometido pelo advogado.

A sanção correspondente para essa infração será a censura.

XI – abandonar a causa sem justo motivo ou antes de decorridos dez dias da comunicação da renúncia;

Como já vimos anteriormente, o advogado que pretende renunciar ao patrocínio de uma demanda, deve aguardar o prazo legal de dez dias. Porém, se for substituído antes de decorrido referido prazo, não incorrerá na infração acima mencionada.

Também devemos considerar que o abandono ocorre quando o advogado é intimado para impulsionar o processo e, mesmo assim, não o faz.

Em ambas as modalidades acima destacadas, haverá o cometimento de infração ética por parte do advogado.

A sanção correspondente para essa infração será a censura.

XII – recusar-se a prestar, sem justo motivo, assistência jurídica, quando nomeado em virtude de impossibilidade da Defensoria Pública;

Para que seja caracterizada a infração acima mencionada deverá ocorrer a recusa imotivada do advogado à designação da OAB para prestar assistência.

Importante: Caberá à própria OAB considerar, em caso de recusa do advogado, se a sua justificativa é ou não relevante.

A sanção correspondente para essa infração será a censura.

XIII – fazer publicar na imprensa, desnecessária e habitualmente, alegações forenses ou relativas a causas pendentes;

Nas lições de PAULO LÔBO: *"Por essa razão, a hipótese somente se concretiza quando houver habitualidade (mais de uma vez, notadamente nos mesmos órgãos de imprensa) ou quando não se configurar o interesse público."*

A sanção correspondente para essa infração será a censura.

XIV – deturpar o teor de dispositivo de lei, de citação doutrinária e de julgado, bem como de depoimentos, documentos e alegações da parte contrária, para confundir o adversário ou iludir o juiz da causa;

Comete essa infração o advogado que tem a intenção de deturpar o texto para confundir o julgador ou a parte contrária. Haverá, pois, a violação da boa-fé que deve sempre existir na atuação do profissional.

A sanção correspondente para essa infração será a censura.

XV – fazer, em nome do constituinte, sem autorização escrita deste, imputação a terceiro de fato definido como crime;

Para caracterização dessa infração, deverão estar presentes os seguintes requisitos: a) a imputação de fato a terceiro, incluindo a parte contrária; b) que o fato imputado seja qualificado como crime; c) fazê-lo em nome do cliente, sem autorização escrita deste.

A sanção correspondente para essa infração será a censura.

XVI – deixar de cumprir, no prazo estabelecido, determinação emanada do órgão ou autoridade da Ordem, em matéria da competência desta, depois de regularmente notificado;

Esse dispositivo se aplica ao advogado que deixar de cumprir determinação de caráter mandamental da OAB.

A sanção correspondente para essa infração será a censura.

XVII – prestar concurso a clientes ou a terceiros para realização de ato contrário à lei ou destinado a fraudá-la;

Caso o advogado, em conjunto com cliente ou terceiros, praticar ato ilegal ou fraudulento, incidirá na hipótese acima destacada.

O advogado deve ter ciência da ilegalidade ou da fraude, mas não deverá responder se o ato for praticado pelo seu cliente, sem a sua participação.

A sanção correspondente para essa infração será a suspensão.

XVIII – solicitar ou receber de constituinte qualquer importância para aplicação ilícita ou desonesta;

Embora o dispositivo legal disponha sobre a conduta do advogado em "solicitar" ou "receber", devemos ter em mente que **a simples solicitação** já configurará a infração, mesmo que o advogado não tenha recebido qualquer importância.

A sanção correspondente para essa infração será a suspensão.

XIX – receber valores, da parte contrária ou de terceiro, relacionados com o objeto do mandato, sem expressa autorização do constituinte;

Uma vez sendo o cliente o titular do direito, caberá a este, de forma expressa, autorizar, ao advogado, o recebimento de quaisquer valores que tenham relação com o mandato.

Aqui o Estatuto da Advocacia buscou vedar ao advogado que receba valores para si em detrimento dos interesses que representa.

A sanção correspondente para essa infração será a suspensão.

XX – locupletar-se, por qualquer forma, à custa do cliente ou da parte adversa, por si ou interposta pessoa;

O locupletamento ocorre, por exemplo, quando o advogado obtém ganhos desproporcionais com os serviços prestados, quando, quando recebe honorários para ingressar com uma ação e não o faz, quando cobra honorários abusivos ou em percentual exorbitante, obtém vantagens excedentes e não previstas no contrato de honorários etc.

A sanção correspondente para essa infração será a suspensão.

XXI – recusar-se, injustificadamente, a prestar contas ao cliente de quantias recebidas dele ou de terceiros por conta dele;

O advogado tem o dever de prestar contas ao cliente, inclusive no que diz respeito à comprovação das despesas que realizou para o atendimento da demanda.

Nesse mesmo sentido, dispõe o Código de Ética e Disciplina:

"Art. 12. A conclusão ou desistência da causa, tenha havido, ou não, extinção do mandato, obriga o advogado a devolver ao cliente bens, valores e documentos que lhe hajam sido confiados e ainda estejam em seu poder, bem como a prestar-lhe contas, pormenorizadamente, sem prejuízo de esclarecimentos complementares que se mostrem pertinentes e necessários.

Parágrafo único. A parcela dos honorários paga pelos serviços até então prestados não se inclui entre os valores a ser devolvidos."

Caso o advogado não haja dessa forma, incorrerá na infração acima elencada.

De acordo com o § 2º, do art. 37, do EAOAB:

"§ 2º Nas hipóteses dos incisos XXI e XXIII do art. 34, a suspensão perdura até que satisfaça integralmente a dívida, inclusive com a correção monetária."

A sanção correspondente para essa infração será a suspensão.

XXII – reter, abusivamente, ou extraviar autos recebidos com vista ou em confiança;

Aqui, vemos que a conduta do advogado será apenada **tanto no que diz respeito à retenção abusiva dos auto**s, como no extravio destes.

Portanto, se o advogado devolver autos faltando peças, incidirá na hipótese acima elencada.

> **Importante: A abusividade é caracterizada quando o advogado é intimado para devolver os autos e não o faz no prazo consignado.**

A sanção correspondente para essa infração será a suspensão.

XXIII – deixar de pagar as contribuições, multas e preços de serviços devidos à OAB, depois de regularmente notificado a fazê-lo;

Uma vez estando inscrito na OAB, o profissional assume obrigações financeiras junto a esta, tais como: anuidades, multas (como, por exemplo, quando não votar nas eleições do órgão) ou quanto aos pagamentos de serviços que contratar (como, por exemplo no caso de utilização das colônias de férias da OAB) etc.

De acordo com o § 2º, do art. 37, do EAOAB:

"§ 2º Nas hipóteses dos incisos XXI e XXIII do art. 34, a suspensão perdura até que satisfaça integralmente a dívida, inclusive com a correção monetária."

A sanção correspondente para essa infração será a suspensão.

XXIV – incidir em erros reiterados que evidenciem inépcia profissional;

Caso o advogado, no exercício da profissão, cometa **erros grosseiros e reiterados**, seja no emprego da linguagem ou, no que diz respeito à técnica jurídica adotada, incorrerá na infração elencada no inciso acima mencionado.

Vemos que a lei dispôs a prática de "erros reiterados", no plural. Nesse mesmo sentido, decidiu o Conselho Federal da OAB:

> ***"Ementa 112/2002/SCA. Inépcia profissional exige erros reiterados para configuração, em diferentes processos e por período continuado. Análise de único processo torna insuficiente o exame. Recurso conhecido e provido. (Recurso nº 2360/2001/SCA-SP. Relator: Conselheiro Roberto Gonçalves de Freitas Filho (PI), julgamento: 09.12.2002, por unanimidade, DJ 20.12.2002, p. 61, S1)"***

> **Importante: Se o advogado for suspenso por este motivo, isso perdurará até que seja aprovado em exames de habilitação junto à OAB, envolvendo técnica jurídica e linguagem.**

De acordo com o § 3º, do art. 37, do EAOAB:

"§ 3º Na hipótese do inciso XXIV do art. 34, a suspensão perdura até que preste novas provas de habilitação."

A sanção correspondente para essa infração será a suspensão.

XXV – manter conduta incompatível com a advocacia;

Conduta incompatível deve ser interpretada como aquela que causa prejuízo à reputação e dignidade da advocacia.

Como o Estatuto não definiu, caberá à OAB interpretar os atos do advogado que podem se enquadrar nessa infração disciplinar.

Todavia, devemos reforçar que o parágrafo único, do art. 34, do EAOAB, elencou algumas hipóteses que serão, pela OAB, consideradas como incompatíveis com a advocacia, sendo:

"Parágrafo único. Inclui-se na conduta incompatível:

a) prática reiterada de jogo de azar, não autorizado por lei;

b) incontinência pública e escandalosa;

c) embriaguez ou toxicomania habituais."

A sanção correspondente para essa infração será a suspensão.

XXVI – fazer falsa prova de qualquer dos requisitos para inscrição na OAB;

Como vimos anteriormente, a OAB avalia o preenchimento de todos os requisitos do art. 8º, do EAOAB, para decidir acerca do deferimento ou não do pedido de inscrição em seu quadro de advogados.

Caso seja constatado que o advogado falsificou quaisquer dos requisitos de tal artigo, incidirá na hipótese mencionada. Como exemplo, podemos citar a pessoa que se inscreveu fazendo uso de diploma falso e que veio a ser descoberto no futuro.

A sanção correspondente para essa infração será a exclusão.

XXVII – tornar-se moralmente inidôneo para o exercício da advocacia;

A idoneidade é avaliada no momento em que solicitada a inscrição na OAB, art. 8º, VI, do EAOAB, assim como durante todo o exercício da profissão.

Sobre o assunto, remetemos o leitor aos comentários do art. 8º, VI, no capítulo 3 dessa obra.

A sanção correspondente para essa infração será a exclusão.

XXVIII – praticar crime infamante;

As questões relacionadas a prática de crime infamante também são avaliadas quando do pedido de inscrição perante a OAB, assim como após o deferimento desta.

Para melhor compreensão do assunto, recomendamos a leitura dos comentários ao inciso VI, do art. 8º (capítulo 3), e ao inciso II, do art. 11 (capítulo 3.3), ambos do EAOAB.

A sanção correspondente para essa infração será a exclusão.

XXIX – praticar, o estagiário, ato excedente de sua habilitação.

Conforme dispõe o art. 3º, § 2º, do EAOAB: "O estagiário de advocacia, regularmente inscrito, pode praticar os atos previstos no art. 1º, na forma do Regulamento Geral, em conjunto com advogado e sob responsabilidade deste.

Isoladamente, o estagiário poderá praticar os seguintes atos: "realização de cargas de processos, assinar petições de juntada e obtenção de certidões de peças ou de processos findos ou em curso, conforme definido pelo art. 29, § 1º, do Regulamento Geral da OAB".

Quando do exercício de atos extrajudiciais, o estagiário poderá comparecer isoladamente, se houver o substabelecimento ou autorização do advogado.

Portanto, incorrerá na hipótese o estagiário que sair do contexto acima narrado.

A sanção correspondente para essa infração será a censura.

Portanto, temos que o EAOAB instituiu a possibilidade de se aplicar ao advogado quatro sanções distintas, que são a censura, a suspensão, a exclusão e a multa, as quais deverão constar dos assentamentos do inscrito, após o trânsito em julgado da decisão, não podendo ser objeto da publicidade a de censura.

Além dos dispositivos já mencionados, é certo dizer que a censura também será aplicada quando houver violação a preceito do Código de Ética e Disciplina ou a preceito do EAOAB, quando para a infração não se tenha estabelecido sanção mais grave.

> **Importante:** *De acordo com o parágrafo único, do art. 36, do EAOAB: "A censura pode ser convertida em advertência, em ofício reservado, sem registro nos assentamentos do inscrito, quando presente circunstância atenuante."*

Quanto à suspensão, fora as hipóteses acima comentadas, também será aplicável nos casos em que houver reincidência em infração disciplinar.

De acordo com o § 1º, do art. 37, do EAOAB:

§ 1º A suspensão acarreta ao infrator a interdição do exercício profissional, em todo o território nacional, pelo prazo de trinta dias a doze meses, de acordo com os critérios de individualização previstos neste capítulo.

Há ainda uma hipótese excepcional de suspensão, denominada como "preventiva", onde o Tribunal de Ética e Disciplina do Conselho em que o advogado acusado tenha inscrição principal poderá suspendê-lo preventivamente, caso o profissional cometa um ato que ocasione repercussão prejudicial à dignidade da advocacia, sendo que, neste caso, o processo disciplinar deve ser concluído no prazo máximo de noventa dias, conforme § 3º, do art. 70, do EAOAB.

Quanto à exclusão, fora as hipóteses já comentadas, também terá cabimento nos casos em que houver a aplicação, por três vezes, de suspensão ao advogado.

Todavia, para aplicação desta sanção disciplinar, é necessária a manifestação favorável de dois terços dos membros do Conselho Seccional competente.

No que diz respeito a multa, será variável entre o mínimo correspondente ao valor de uma anuidade e o máximo de seu décuplo e será aplicada cumulativamente com a censura ou a suspensão, havendo circunstâncias agravantes

13. DA PUBLICIDADE

13.1. Da publicidade na advocacia

Quando pensamos em publicidade, devemos ter em mente que o advogado poderá fazê-la, mas, para tanto, deverá empregar meios discretos e moderados, ou seja, sem a intenção de captação de clientela.

São exemplos que ensejam captação de clientela, vedados pelo Código de Ética:

I - a veiculação da publicidade por meio de rádio, cinema e televisão;

II - o uso de outdoors, painéis luminosos ou formas assemelhadas de publicidade;

III - as inscrições e m muros, paredes, veículos, elevadores ou em qualquer espaço público;

IV - a divulgação de serviços de advocacia juntamente com a de outras atividades ou a indicação de vínculos entre uns e outras;

V - o fornecimento de dados de contato, como endereço e telefone, em colunas ou artigos literários, culturais, acadêmicos ou jurídicos, publicados na imprensa, bem assim quando de eventual participação em programas de rádio ou televisão, ou em veiculação de matérias pela internet, sendo permitida a referência a e-mail;

VI - a utilização de mala direta, a distribuição de panfletos ou formas assemelhadas de publicidade, com o intuito de captação de clientela.

Apesar de ser uma prática um tanto quanto comum, especialmente nos grandes centros comerciais ou próximo aos fóruns, é vedado ao advogado utilizar-se de serviços de panfletagem para oferecer seus serviços, por ensejar a captação de clientela.

Da mesma forma, é vedado ao advogado a utilização de anúncios feitos em programas de rádio e televisão, prometendo reduzir juros de financiamento de veículos ou imóveis.

No anúncio profissional, o advogado poderá mencionar seus títulos acadêmicos e as distinções honoríficas relacionadas à vida profissional, bem como as instituições jurídicas de que faça parte, e as especialidades a que se dedicar, o endereço, e-mail, site, página eletrônica, *QR code*, logotipo e a fotografia do escritório, o horário de atendimento e os idiomas em que o cliente poderá ser atendido.

> Importante: O cartão de visita do advogado não poderá conter fotografias pessoais ou de terceiros, assim como será vedada a menção de qualquer emprego, cargo ou função ocupado, em qualquer órgão ou instituição, salvo o de professor universitário

Com o advento do novo Código de Ética e Disciplina, foi permitido ao advogado utilizar-se da telefonia e internet como veículo de publicidade, inclusive para o envio de mensagens a destinatários certos, desde que estas não impliquem o oferecimento de serviços ou representem forma de captação de clientela.

No que diz respeito à participação do advogado em programa de televisão, rádio, entrevista na imprensa, reportagem televisionada, certo é que deverá visar a objetivos exclusivamente ilustrativos, educacionais e instrutivos, sem propósito de promoção pessoal ou profissional, vedados pronunciamentos sobre métodos de trabalho usados por seus colegas de profissão.

O advogado também deve evitar insinuações com o sentido de promoção pessoal ou profissional, bem como o debate de caráter sensacionalista.

De forma sucinta, a nossa dica para resolução de questões envolvendo publicidade é: "se a situação proposta tem o foco de captação de clientela, o advogado estará proibido de fazê-la.

14. REFERÊNCIAS BIBLIOGRÁFICAS

VIEIRA, Hélio, CERNOV, Zênia. Estatuto da OAB, Regulamento Geral e Código de Ética, Interpretados artigo por artigo. 1 ed. São Paulo: LTR, 2016.

LÔBO, Paulo. Comentários ao Estatuto da Advocacia e da OAB. 9 ed. São Paulo: Saraiva, 2016.

JURISPRUDÊNCIA. Tribunal Regional Federal da 1ª Região, disponível no site: www.trf1.jus.br

PROVIMENTOS. Conselho Federal da OAB.Disponível no site: www.oab.obr.br

RESOLUÇÕES. Diretoria do Conselho Federal da OAB. Disponível no site: www.oab.obr.br

15. QUESTÕES

1. (Exame I 2010.1)

Mário, advogado regularmente inscrito na OAB, foi condenado pela prática de crime hediondo e, após a sentença penal transitada em julgado, respondeu a processo disciplinar, tendo sofrido, como consequência, penalidade de exclusão da Ordem. Considerando a situação hipotética apresentada e o Estatuto da Advocacia e da OAB, assinale a opção correta.

(A) Ainda que se reabilite criminalmente, Mário não poderá mais se inscrever na OAB, visto que não preenche o requisito de idoneidade moral.

(B) Serão considerados inexistentes os atos privativos de advogado praticados por Mário após a exclusão, dado o impedimento do exercício do mandato em razão da sanção disciplinar aplicada.

(C) A penalidade de exclusão somente poderia ter sido aplicada caso Mário tivesse recebido três suspensões.

(D) Supondo-se que o processo disciplinar tenha ficado paralisado por mais de três anos, aguardando o julgamento, a pretensão à punibilidade de Mário estaria prescrita e ele não poderia ser excluído da Ordem.

COMENTÁRIOS: **A**: Incorreta. Mesmo no caso em apreço, ele poderá se inscrever novamente, caso tenha havido a reabilitação criminal e a administrativa, perante a OAB; **B**: Incorreta. Os atos serão considerados nulos, conforme art. 4º, do EAOAB; **C**: Incorreta. O EAOAB contempla hipóteses que, por si só, já autorizam a aplicação da penalidade de exclusão. No caso em tela, como houve a prática de crime infamante, isso encontra respaldo no art. 34, XXVIII c/c 38, II, do EAOAB; **D**: Correta. De acordo com o § 1º, do art. 43, do EAOAB: "Aplica-se a prescrição a todo processo disciplinar paralisado por mais de três anos, pendente de despacho ou julgamento, devendo ser arquivado de ofício, ou a requerimento da parte interessada, sem prejuízo de serem apuradas as responsabilidades pela paralisação." Necessário destacar, também, que caso o advogado tivesse de fato sido excluído, seria permitido que requeresse, um ano após seu cumprimento, a reabilitação, em face de provas efetivas de bom comportamento e, como no caso narrado a sanção disciplinar estaria pautada na prática de crime, o pedido de reabilitação dependeria também da correspondente reabilitação criminal.

Gabarito "D".

ÉTICA

2.(Exame I 2010.1)

Assinale a opção correta de acordo com as disposições do Regulamento Geral do Estatuto da Advocacia e da OAB.

(A) O compromisso que o requerente à inscrição nos quadros da OAB deve fazer perante o conselho seccional, a diretoria ou o conselho da subseção é indelegável, haja vista sua natureza solene e personalíssima.

(B) Toda vez que figurar como indiciado em inquérito policial, por qualquer espécie de infração, o advogado deve ser assistido por um representante da OAB, sem prejuízo da atuação de seu defensor.

(C) É vedado ao requerente pleitear inscrição nos quadros da OAB sem ter, regularmente registrado, diploma de bacharel em direito, não suprindo sua falta nenhum outro documento.

(D) O estagiário inscrito na OAB pode praticar, isoladamente, todos os atos próprios de advogado, desde que sua inscrição esteja regular.

CONSIDERAÇÕES: **A:** Correta. De acordo com o § 1º, do art. 20, do Regulamento Geral da OAB, o compromisso é indelegável, por sua natureza solene e personalíssima. Portanto, se o requerente não conseguir comparecer no dia do seu compromisso perante a OAB, jamais poderá outorgar uma procuração para alguém fazê-lo em seu lugar. Neste caso, caberá aguardar uma próxima solenidade e comparecer pessoalmente, para firmar o seguinte compromisso: "Prometo exercer a advocacia com dignidade e independência, observar a ética, os deveres e prerrogativas profissionais e defender a Constituição, a ordem jurídica do Estado Democrático, os direitos humanos, a justiça social, a boa aplicação das leis, a rápida administração da justiça e o aperfeiçoamento da cultura e das instituições jurídicas."; **B:** Incorreta. O advogado terá direito à assistência de representante da OAB nos inquéritos policiais ou nas ações penais em que figurar como indiciado, acusado ou ofendido, sempre que o fato a ele imputado decorrer do exercício da profissão ou a este vincular-se, conforme art. 16, do Regulamento Geral da OAB. **C:** Incorreta. Na falta de diploma, o requerente poderá apresentar certidão de graduação em direito, acompanhada de cópia autenticada do respectivo histórico escolar, conforme art. 23, do Regulamento Geral da OAB; **D:** Incorreta. Isoladamente, o estagiário inscrito na OAB pode: a) retirar e devolver autos em cartório, assinando a respectiva carga; b) obter junto aos escrivães e chefes de secretarias certidões de peças ou autos de processos em curso ou findos; c) assinar petições de juntada de documentos a processos judiciais ou administrativos. Em atos extrajudiciais o estagiário também pode comparecer isoladamente, quando receber autorização ou substabelecimento do advogado, conforme art. 29, do Regulamento Geral da OAB.
Gabarito "A".

3. (Exame I 2010.1)

Acerca das infrações e sanções disciplinares, assinale a opção correta.

(A) Considere que uma advogada inscrita na OAB receba, adiantadamente, honorários contratuais de seu cliente, mas não preste o serviço jurídico contratado. Nessa situação hipotética, a advogada tem direito à quantia recebida, visto que sua conduta não configura locupletamento à custa do cliente.

(B) Cometerá infração disciplinar o advogado que receber dinheiro de cliente para pagar parcelas de financiamento e proceder, sem autorização, à compensação com honorários que ele alegue devidos.

(C) Considere que um advogado, após ser notificado pelo juiz para devolver os autos que retenha além do prazo, não atenda ao mandado, tampouco ao de busca e apreensão. Nessa situação hipotética, embora não incida em nenhuma infração disciplinar perante a OAB, deverá o advogado arcar com o ônus processual de sua conduta.

(D) O advogado que esteja em débito com plurais contribuições e multas perante a OAB e que, mesmo regularmente intimado, mantenha-se inadimplente, deverá responder por infração disciplinar e pelo crime de charlatanismo.

COMENTÁRIOS: **A:** Incorreta. A conduta configura locupletamento à custa do cliente, conforme art. 34, XX, do EAOAB; **B:** Correta. A hipótese apresentada é de infração disciplinar pois, de acordo com o §2º, do art. 48, do CED: "*A compensação de créditos, pelo advogado, de importâncias devidas ao cliente, somente será admissível quando o contrato de prestação de serviços a autorizar ou quando houver autorização especial do cliente para esse fim, por este firmada.*"; **C:** Incorreta. A retenção de autos da forma como narrada, configura infração ética disposta no art. 34, XXII, do EAOAB; **D:** Incorreta. No caso apontado, o advogado responderá disciplinarmente, perante a OAB, por ter incidido na hipótese constante no art. 34, XXIII, do EAOAB. Não se trata, pois, de charlatanismo.
Gabarito "B".

4. (Exame XII. 2013.3)

O advogado João foi contratado por José para atuar em determinada ação indenizatória. Ao ter vista dos autos em cartório, percebeu que José já estava representado por outro advogado na causa. Mesmo assim, considerando que já havia celebrado contrato com José, mas sem contatar o advogado que se encontrava até então constituído, apresentou petição requerendo juntada da procuração pela qual José lhe outorgara poderes para atuar na causa, bem como a retirada dos autos em carga, para que pudesse examiná-los com profundidade em seu escritório. Com base no caso apresentado, assinale a afirmativa correta.

(A) O advogado João não cometeu infração disciplinar, pois apenas requereu a juntada de procuração e realizou carga dos autos do processo, sem apresentar petição com conteúdo relevante para o deslinde da controvérsia.

(B) O advogado João cometeu infração disciplinar, não por ter requerido a juntada de procuração nos autos, mas sim por ter realizado carga dos autos do processo em que já havia advogado constituído.

(C) O advogado João não cometeu infração disciplinar, pois, ao requerer a juntada da procuração nos autos, já havia celebrado contrato com José.

(D) O advogado João cometeu infração disciplinar prevista no Código de Ética e Disciplina da OAB, pois não pode aceitar procuração de quem já tenha patrono constituído, sem prévio conhecimento do mesmo.

COMENTÁRIOS: **A:** Incorreta. O advogado João, ao constatar que já havia outro patrono constituído na causa, não deveria juntar a procuração que lhe fora outorgada por José, salvo se tivesse o consentimento daquele patrono; **B:** Incorreta. A infração se configura pela própria juntada de procuração na causa onde já existe patrono anterior representando aquele cliente; **C:** Incorreta. Mesmo havendo contrato de prestação de serviços advocatícios, incumbe ao advogado declinar o patrocínio se constatar que exista outro patrono na causa; **D:** Correta. O advogado não deve aceitar procuração de quem já tenha patrono constituído, sem prévio conhecimento deste, salvo por motivo plenamente justificável ou para adoção de medidas judiciais urgentes e inadiáveis (art. 14, do CED). Certamente que o legislador, ao criar o art. 11, do CED, pretendeu dar segurança jurídica ao advogado anteriormente contratado por seu cliente, delimitando claramente em quais hipóteses seria possível outro advogado ingressar na causa sob seus cuidados. Vale lembrar que a lei ainda confere a possibilidade de ingresso de novo patrono numa causa sem necessidade de prévio conhecimento do patrono responsável, se houver justo motivo (ex.: advogado que não atende mais o cliente) ou para adoção de medidas judiciais urgentes e inadiáveis (ex.: advogado sofreu um acidente no dia da audiência e o cliente consegue outro advogado somente para suprir esse ato).
Gabarito "D".

5. (Exame XII. 2013.3)

Ângelo, comandante das Forças Especiais do Estado "B", é curioso em relação às normas jurídicas, cuja aplicação acompanha na seara castrense, já tendo atuado em órgãos julgadores na sua esfera de atuação. Mantendo a sua atividade militar, obtém autorização especial para realizar curso de Direito, no turno da noite, em universidade pública, à qual teve acesso pelo processo seletivo regular de provas. Ângelo consegue obter avaliação favorável em todas as disciplinas até alcançar o período em que o estágio é permitido. Ele pleiteia sua inscrição no quadro de estagiários da OAB e que o mesmo seja realizado na Justiça Militar. Com base no caso narrado, nos termos do Estatuto da Advocacia, assinale a afirmativa correta.

(A) O estágio é permitido, desde que ocorra perante a Justiça Militar especializada.

(B) O estágio é permitido, mas, por tratar-se de função incompatível, é vedada a inscrição na OAB.

(C) O estágio poderá ocorrer, mediante autorização especial da Força Armada respectiva.

(D) O estágio possui uma categoria especial que limita a atuação em determinados processos.

COMENTÁRIOS: **A:** Incorreta. Em que pese o fato de Ângelo exercer função incompatível com a advocacia (art. 28, VI, do EAOAB), não há qualquer imposição legal para que o estágio por ele almejado seja feito exclusivamente perante a Justiça Militar; **B:** Correta. Os exercentes de funções incompatíveis elencadas no art. 28, do EAOAB, podem fazer o curso de direito e até mesmo desempenharem as atividades de estagiário. Porém, não poderão requerer suas inscrições na OAB

561

LEONARDO CREMASCO

como estagiário (art. 9º, I, EAOAB c/c art. 8º, V, do EAOAB. Aqueles que exerçam alguma função incompatível descrita no art. 28, do EAOAB, podem realizar o curso de direito e prestar a prova da Ordem normalmente. Somente não poderão se inscrever como advogado ou estagiário, enquanto perdurar essa incompatibilidade. Inclusive, no que se diz respeito ao aluno de curso jurídico que exerça função incompatível, como nessa questão, o estágio deve ser realizado na instituição de ensino superior, para fins específicos de aprendizagem (art. 9, § 3º, do EAOAB); **C:** Incorreta. O EAOAB delimita as condições para realização de estágio profissional não competindo às Forças Armadas intervir nessa questão; **D:** Incorreta. Não há limitação para que o estagiário atue somente em determinados processos, sendo que a restrição, nesse caso, está atrelada somente à sua inscrição no quadro de estagiários da OAB.

Gabarito "B".

6. (Exame XII. 2013.3)

Fernanda, advogada regularmente inscrita nos quadros da OAB, atua, individualmente, sem sócios, em seu escritório situado no centro da cidade "Z", onde recebe os seus clientes para atividades de assessoria e consultoria, atuando também no contencioso cível, administrativo e trabalhista. Em visita de cortesia, recebe sua prima Giselda que, estudando Economia, tem acesso a várias pessoas de prestígio social, econômico e financeiro, em razão da sua atividade como assessora da diretoria de associação empresarial. Por força desses vínculos, sua prima começa a indicar clientes para a advogada, que amplia o seu escritório e passa a realizar parcerias com outros colegas, diante do aumento das causas a defender. Não existe qualquer acordo financeiro entre a advogada e a economista. Com base na situação descrita, nos termos do Estatuto da Advocacia, assinale a afirmativa correta.

(A) Constitui atividade infracional disciplinar receber clientes de pessoa com relação de parentesco e prestígio social.

(B) Constitui atividade corriqueira, não infracional, o relacionamento social com parentes ou não.

(C) Constitui atividade ilícita por valer-se de parentes para obtenção de clientela, mesmo gratuitamente.

(D) Constitui atividade vedada, uma vez que a clientela deve ser formada espontaneamente pelo advogado.

COMENTÁRIOS: **A:** Incorreta. Não há qualquer infração em receber clientes indicados por terceira pessoa, mesmo tendo relação de parentesco ou prestígio social; **B:** Correta. Segundo as normas de publicidade aplicáveis aos advogados, não há qualquer restrição envolvendo relacionamento social com parentes ou não. Inclusive, no caso proposto, os clientes foram indicados para a advogada, não tendo esta última adotado nenhuma forma de captação de clientela, conforme art. 34, IV, do EAOAB. Embora não exista qualquer óbice para que o advogado receba indicações de clientes de qualquer pessoa, não pode ele próprio querer promover o agenciamento de causas combinando o pagamento de verba honorária para quem lhe indicar o cliente (art. 34, III, do EAOAB). O advogado também não pode angariar ou captar causas, com ou sem a intervenção de terceiros (art. 34, IV, do EAOAB). No caso aqui proposto, a iniciativa de indicar partiu da prima da advogada, ou seja, esta última não demonstrou a sua intenção de captar causas, mas tão somente de atender aquelas que lhe eram indicadas, bem como não houve nenhum ajuste financeiro entre as partes, o que torna a situação plenamente aceitável; **C:** Incorreta. No caso em tela, os clientes eram indicados por livre e espontânea vontade da prima da advogada, sem qualquer promessa de acerto financeiro, não havendo qualquer óbice em nosso ordenamento jurídico para este tipo de situação; **D:** Incorreta. Embora as regras de publicidade imponham várias restrições aos advogados, inexiste vedação no caso do profissional receber indicações de clientes, seja de quem for.

Gabarito "B".

7. (Exame XIII. 2014.1)

Valdir representa os interesses de André em ação de divórcio em que estão em discussão diversas questões relevantes, inclusive de cunho financeiro, como, por exemplo, o pensionamento e a partilha de bens. Irritado com as exigências de sua ex-esposa, André revela a Valdir que pretende contratar alguém para assassiná-la. Deve Valdir comunicar o segredo revelado por seu cliente às autoridades competentes?

(A) Valdir não pode revelar o segredo que lhe foi confiado por André, pois o advogado deve sempre guardar sigilo sobre o que saiba em razão do seu ofício.

(B) Valdir poderia revelar o segredo que lhe foi confiado por André, mas apenas no caso de ser intimado como testemunha em ação penal eventualmente deflagrada para a apuração do homicídio que

viesse a ser efetivamente praticado.

(C) Valdir pode revelar o segredo que lhe foi confiado por André, em razão de estar a vida da ex-esposa deste último em risco.

(D) Valdir não pode revelar o segredo que lhe foi confiado por André, mas tem obrigação legal de impedir que o homicídio seja praticado, sob pena de se tornar partícipe do crime.

COMENTÁRIOS: **A:** Incorreta. O dever de resguardar o sigilo comporta exceções, como nesse caso, onde há grave ameaça a vida de alguém; **B:** Incorreta. A lei confere ao advogado o direito de revelar segredo profissional em caso de ameaça; **C:** Correta. Uma vez que existe grave ameaça a terceira pessoa, podemos aplicar, por analogia, o art. 37, do CED, possibilitando, assim, que o advogado revele segredo profissional para tentar preservar a integridade da pessoa ameaçada. O sigilo é uma obrigação que independe de contratação, ou seja, deve ser resguardado mesmo no caso do advogado ter dado somente uma consulta para um cliente. Contudo, o advogado poderá quebrar o sigilo se houver grave ameaça ao direito à vida e à honra ou que envolvam defesa própria (art. 37, do CED). Nessa mesma esteira de raciocínio, o advogado também pode quebrar o sigilo para defender terceira pessoa, se esta também estiver sob ameaça; **D:** Incorreta. Não é da função do advogado se expor e tentar impedir a prática de um crime por iniciativa própria, posto que isso é atribuição das autoridades competentes.

Gabarito "C".

8. (Exame XIV. 2014.2)

Ao requerer sua inscrição nos quadros da OAB, Maria assinou e apresentou declaração em que afirmava não exercer cargo incompatível com a advocacia. No entanto, exercia ela ainda o cargo de Oficial de Justiça no Tribunal de Justiça do seu Estado. Pouco tempo depois, já bem-sucedida como advogada, pediu exoneração do referido cargo. No entanto, um desafeto seu, tendo descoberto que Maria, ao ingressar nos quadros da OAB, ainda exercia o cargo de Oficial de Justiça, comunicou o fato à entidade, que abriu processo disciplinar para apuração da conduta de Maria, tendo ela sido punida por ter feito falsa prova de um dos requisitos para a inscrição na OAB. De acordo com o EAOAB, assinale a opção que indica a penalidade que deve ser aplicada a Maria.

(A) Maria não deve ser punida porque, ao tempo em que os fatos foram levados ao conhecimento da OAB, ela já não mais exercia cargo incompatível com a advocacia.

(B) Maria não deve ser punida porque o cargo de Oficial de Justiça não é incompatível com o exercício da advocacia, não tendo Maria, portanto, feito prova falsa de requisito para inscrição na OAB.

(C) Maria deve ser punida com a pena de suspensão, pelo prazo de trinta dias.

(D) Maria deve ser punida com a pena de exclusão dos quadros da OAB.

COMENTÁRIOS: **A:** Incorreta. Não, pois houve fraude por parte de Maria, que deveria, desde o início, ter mencionado sobre a função incompatível que exercia; **B:** Incorreta. O cargo é incompatível, conforme art. 28, IV, do EAOAB; **C:** Incorreta. Não, pois Maria fraudou um dos requisitos para se inscrever, uma vez que estava proibida de fazê-lo, conforme art. 8º, V, do EAOAB; **D:** Correta. Sim, pois Maria fez falsa prova de requisito para se inscrever na OAB, o que lhe acarreta a pena de exclusão, conforme arts. 34, XXVI c/c art. 38, I, do EAOAB. Uma vez ocorrendo essa situação, haverá a perda de um dos requisitos para inscrição, conforme prevê o art. 8º, V, do EAOAB, o que acarretará, ainda, no cancelamento da inscrição da advogada, conforme art. 11, V, do EAOAB.

Gabarito "D".

9. (Exame XIV. 2014.2)

O estagiário Marcos trabalha em determinado escritório de advocacia e participou ativamente da elaboração de determinada peça processual que estava para ser analisada pelo magistrado da Vara em que o processo tramitava, assinando, ao final, a petição, em conjunto com alguns advogados do escritório. Como conhecia muito bem a causa, resolveu falar com o magistrado com o objetivo de ressaltar, de viva voz, alguns detalhes relevantes. Quando o magistrado percebeu que estava recebendo o estagiário do escritório, e não um dos advogados que atuava na causa, informou ao estagiário que não poderia tratar com ele sobre o processo, solicitando que os advogados viessem em seu lugar, se entendessem necessário. Marcos, muito aborrecido, afirmou que faria uma representação contra o magistrado, por entender que

ÉTICA

suas prerrogativas profissionais foram violadas. A respeito da conduta de Marcos, assinale a opção correta.

(A) Marcos teve sua prerrogativa profissional violada, pois é direito do advogado e do estagiário inscrito na OAB dirigir-se diretamente ao magistrado nas salas e gabinetes de trabalho, independentemente de horário previamente marcado, observando-se a ordem de chegada.

(B) Marcos não teve sua prerrogativa profissional violada, pois apenas deve dirigir-se diretamente ao magistrado quando os advogados que atuam na causa estiverem impossibilitados de fazê-lo, sendo a atuação do estagiário subsidiária em relação à atuação do advogado.

(C) Marcos não teve sua prerrogativa profissional violada, pois apenas o advogado tem direito de dirigir-se diretamente ao magistrado nas salas e gabinetes de trabalho, independentemente de horário previamente marcado, observando-se a ordem de chegada. Ao contrário, Marcos praticou ato excedente à sua habilitação e, em razão disso, ficará impedido, posteriormente, de obter sua inscrição definitiva como advogado.

(D) Marcos não teve sua prerrogativa profissional violada, pois apenas o advogado tem direito de dirigir-se diretamente ao magistrado nas salas e gabinetes de trabalho, independentemente de horário previamente marcado, observando-se a ordem de chegada. Ao contrário, Marcos praticou ato excedente à sua habilitação e deve ser punido com pena de censura.

COMENTÁRIOS: **A:** Incorreta. Não, pois o direito em questão assiste aos advogados; **B:** Incorreta. A prerrogativa profissional é dos advogados, não havendo previsibilidade para que o estagiário, de forma isolada, possa dirigir-se diretamente ao magistrado; **C:** Incorreta. O estagiário responderá disciplinarmente, mas não ficará impedido de obter sua inscrição definitiva por conta deste fato; **D:** Correta. É direito do advogado dirigir-se diretamente aos magistrados nas salas e gabinetes de trabalho, independentemente de horário previamente marcado ou outra condição, observando-se a ordem de chegada, conforme art. 7º, VIII, do EAOAB. Isoladamente, o estagiário inscrito na OAB pode: a) retirar e devolver autos em cartório, assinando a respectiva carga; b) obter junto aos escrivães e chefes de secretarias certidões de peças ou autos de processos em curso ou findos; c) assinar petições de juntada de documentos a processos judiciais ou administrativos. Em

atos extrajudiciais o estagiário também pode comparecer isoladamente, quando receber autorização ou substabelecimento do advogado, conforme art. 29, do Regulamento Geral da OAB. Portanto, como a atuação do estagiário não se amolda em tais atos, ele responderá por ato excedente à sua habilitação.

Gabarito "D"

10. (Exame XVI. 2015.1)

Epitácio é defendido pelo advogado Anderson em relacionado à dissolução de sua sociedade conjugal. Posteriormente, Epitácio vem a se envolver em processo de natureza societária e contrata novo advogado especialista na matéria. Designada audiência para a oitiva de testemunhas, a defesa de Epitácio arrola como testemunha o advogado Anderson, diante do seu conhecimento de fatos decorrentes do litígio de família, obtidos exclusivamente diante do seu exercício profissional e relevantes para o desfecho do litígio empresarial. Consoante o Estatuto da Advocacia, o advogado deve

(A) atuar como testemunha em qualquer situação.

(B) depor, porém sem revelar fatos ligados ao sigilo profissional.

(C) resguardar-se e requerer autorização escrita do cliente.

(D) buscar suprimento judicial para depor em Juízo.

COMENTÁRIOS: **A:** Incorreta. Não, pois o advogado tem o direito de recusar-se; **B:** Correta. Embora a OAB tenha apresentado essa opção como correta, firmamos o entendimento de que a questão deveria ser anulada. Do jeito como constou, deu a entender que o advogado "deveria" depor. Contudo, entendemos que essa será uma faculdade do profissional, ante o disposto no art. 7º, XIX, do EAOAB, que dispõe, como direito do advogado: "recusar-se a depor como testemunha em processo no qual funcionou ou deva funcionar, ou sobre fato relacionado com pessoa de quem seja ou foi advogado, mesmo quando autorizado ou solicitado pelo constituinte, bem como sobre fato que constitua sigilo profissional;". No mesmo sentido, reforça o CED: "Art. 38. O advogado não é obrigado a depor, em processo ou procedimento judicial, administrativo ou arbitral, sobre fatos a cujo respeito deva guardar sigilo profissional."; **C:** Incorreta. Pelos dispositivos acima narrados, o advogado terá a liberdade de decidir se prestará ou não o depoimento, ainda que autorizado pelo cliente; **D:** Incorreta. Reportamos o leitor aos comentários anteriores.

Gabarito "B"

563

DIREITOS HUMANOS

Fabiano Melo[1]

1. TEORIA GERAL DOS DIREITOS HUMANOS

1.1. Terminologias

A denominação *"direitos humanos"* compreende os direitos constantes nos documentos internacionais adotados na estrutura do sistema global de direitos humanos das Nações Unidas e nos sistemas regionais de direitos humanos (interamericano, europeu, africano). Portanto, *direitos humanos* é expressão afeta ao âmbito internacional e que relaciona os direitos suprapositivados ou supranacionais.

Já a expressão *"direitos fundamentais"* designa aqueles positivados e reconhecidos na ordem constitucional estatal, em um determinado tempo e espaço (MELO, 2016). Por exemplo, os consignados na Constituição Federal de 1988, em especial em seu art. 5º, dos direitos e garantias fundamentais.

1.2. Fundamento

O *fundamento* dos direitos humanos é a *dignidade da pessoa humana;* que, aliás, é um dos fundamentos da República Federativa do Brasil (art. 1º, III, CF/88).

1.3. Teoria das Gerações/Dimensões de Direitos Humanos

A *teoria das gerações de direitos humanos* é uma das principais classificações sobre o processo histórico de afirmação dos direitos humanos, com a seguinte divisão:

(a) Direitos humanos de primeira geração: são os direitos de liberdade (direitos de defesa), consistentes nos direitos civis e políticos.

(b) Direitos humanos de segunda geração: são os direitos de igualdade (direitos de prestação), compreendidos os direitos econômicos, sociais e culturais.

(c) Direitos humanos de terceira geração: são os direitos da solidariedade, como o direito ao meio ambiente, direito à paz, à autodeterminação dos povos, ao desenvolvimento etc.

Diante das críticas à classificação de direitos em gerações, uma parcela considerável da doutrina optou pelo uso da expressão *"dimensões"* de direitos humanos. Ao se utilizar *"dimensão de direitos humanos"* evita-se a falsa impressão de substituição gradativa de uma geração de direitos por outra. Uma geração não substitui outra geração, ao reverso, são gerações complementares (MELO, 2016).

---

1. **Fabiano Melo** é professor de Direitos Humanos e Fundamentais dos cursos de graduação e pós-graduação em Direito e Administração da Pontifícia Universidade Católica de Minas Gerais (PUC/Minas) e da Rede LFG. Redes Sociais: fabianomelooficial.

1.4. Características dos Direitos Humanos

Direitos Humanos são universais, para todas as pessoas. Isto é, a *universalidade* é o reconhecimento que a dignidade e a capacidade para o exercício de direitos são inerentes a todos que compõem a família humana, sem distinções que possam convergir em discriminações, limitações, reducionismos ou perseguições por elementos como sexo, raça, origem nacional, procedência ética, religiosa ou qualquer outra condição.

A *indivisibilidade* pressupõe a compreensão integral dos direitos humanos, não podendo dissociar os direitos civis e políticos dos direitos econômicos, sociais e culturais. Ambos os direitos merecem a mesma importância e proteção.

A *historicidade* reconhece que os direitos humanos não nascem todos em um determinado momento, mas são fruto de um longo processo histórico de avanços e retrocessos em seu reconhecimento e proteção. Nas palavras de Norberto Bobbio, "os direitos do homem, por mais fundamentais que sejam, são direitos históricos, ou seja, nascidos em certas circunstâncias, caracterizadas por lutas em defesa de novas liberdades contra velhos poderes, e nascidos de modo gradual, não todos de uma vez e nem de uma vez por todas".

A *inalienabilidade* é a impossibilidade de transacionar ou comercializar direitos (humanos, fundamentais) a outrem, uma vez que não possuem conteúdo econômico.

Direitos humanos são *irrenunciáveis*, não podendo ser abdicados, recusados ou rejeitados.

2. DIREITO INTERNACIONAL DOS DIREITOS HUMANOS

2.1 Precedentes no processo de internacionalização dos direitos humanos

Apesar da internacionalização dos direitos humanos ter ocorrido após o término da Segunda Guerra Mundial, a doutrina relaciona três precedentes que anteciparam a generalização desses direitos no contexto internacional: (a) Direito Internacional Humanitário (século XIX); (b) Sociedade ou Liga das Nações (1919); (c) Organização Internacional do Trabalho (1919).

Conforme Melo (2016, p. 52), "são eles os primeiros esboços de proteção internacional da pessoa humana, por meio dos direitos e garantias das pessoas em conflitos armados (Direito Internacional Humanitário), das normas de proteção ao trabalho (OIT) e da proteção inicial aos refugiados (Liga das Nações)".

2.2. Internacionalização dos Direitos Humanos

A internacionalização dos direitos humanos é um fenômeno do século XX. Em aspectos fundamentais, o processo de

FABIANO MELO

internacionalização dos direitos humanos possui como marco histórico o término da Segunda Guerra Mundial. No plano político-institucional, registra-se a criação *da Organização das Nações Unidas* (ONU) em 1945, por meio da Carta de São Francisco. No plano normativo, o marco fundamental é a edição da *Declaração Universal dos Direitos Humanos*, em 1948. A partir dela, tem-se a edição de vários documentos (convenções e declarações) no sistema global de direitos humanos, da ONU (MELO, 2016).

2.3. Sistemas de Direitos Humanos

A proteção aos direitos humanos conta com dois sistemas: (a) Sistema Global de Direitos Humanos, no âmbito da ONU; (b) Sistemas Regionais de Direitos Humanos: o Europeu, o Interamericano e o Africano.

O sistema global ou universal é o estabelecido nos documentos e mecanismos protetivos sob os auspícios das Nações Unidas e, a partir dele, surgem os sistemas regionais nos continentes europeu, americano e africano.

Para efeitos da prova da OAB, o sistema interamericano de direitos humanos é um dos tópicos mais suscitados pelo examinador e será objeto de análise no item 5.

2.4. Carta Internacional dos Direitos Humanos

A *Carta Internacional dos Direitos Humanos* ou *Internacional Bill of Rights* é composta por três documentos: (i) A Declaração Universal dos Direitos Humanos (1948); (ii) o Pacto Internacional sobre Direitos Civis e Políticos (1966); e (iii) o Pacto Internacional sobre Direitos Econômicos, Sociais e Culturais (1966).

2.5. As três vertentes da proteção internacional da pessoa humana

As três grandes vertentes de proteção da pessoa humana na esfera internacional são:

1. Direito Internacional Humanitário;
2. Direito Internacional dos Refugiados;
3. Direito Internacional dos Direitos Humanos.

O *Direito Internacional Humanitário* "destina-se a regulamentar a proteção de pessoas submetidas aos conflitos armados internacionais e não internacionais. Atualmente o arcabouço protetivo são as quatro convenções de Genebra (1949) e os dois Protocolos Facultativos (1977)" (MELO, 2016).

O *Direito Internacional dos Refugiados* "destina-se à proteção dos direitos essenciais das pessoas ausentes de seus países de origem por perseguições de várias espécies. Surge no início do século XX, com a Liga das Nações, mas a sua expansão ocorrerá com a Convenção de Refugiados de 1951 e o seu Protocolo de 1967" (MELO, 2016). O Brasil possui um diploma próprio de proteção aos refugiados, a Lei 9.474/1997, que definiu os mecanismos para a implementação do Estatuto dos Refugiados de 1951.

O *Direito Internacional dos Direitos Humanos* tem como objetivo e finalidade a proteção do ser humano em sentido amplo, em todas as situações e lugares (MELO, 2016).

As três vertentes de proteção da pessoa humana são complementares, isto é, uma não exclui a possibilidade de

aplicação das normas de cada um desses sub-ramos do Direito Internacional Público.

3. DECLARAÇÃO UNIVERSAL DOS DIREITOS HUMANOS

A *Declaração Universal dos Direitos do Homem* é o principal documento do mundo contemporâneo. Foi aprovada pela Resolução 217-A (III), da Assembleia Geral das Nações Unidas, em 10 de dezembro de 1948, em Paris, na França. Foi aprovada com 48 votos favoráveis e 8 abstenções, notadamente dos países do antigo bloco comunista (União Soviética, Bielo-Rússia, Polônia, Checoslováquia, Iugoslávia e Ucrânia) e de países como a Arábia Saudita e a África do Sul.

A *Declaração Universal dos Direitos Humanos* é composta por 30 (trinta) artigos e abrange em seu conteúdo: (i) *os direitos civis e políticos* (art. 3º ao art. 21); e (ii) os *direitos econômicos, sociais e culturais* (art. 22 ao art. 27), consagrando os elementos da universalidade, da indivisibilidade e da interdependência dos direitos humanos.

São *direitos* previstos na *Declaração Universal dos Direitos Humanos*:

Art. 1º. Universalidade de direitos para todas as pessoas;

Art. 2º. Não discriminação;

Art. 3º. Direito à vida;

Art. 4º. Proibição da escravidão;

Art. 5º. Proibição da tortura;

Art. 6º. Respeito aos direitos da pessoa humana;

Art. 7º. Igualdade perante a lei;

Art. 8º. Proteção aos direitos humanos pelos tribunais;

Art. 9º. Ninguém será arbitrariamente preso, detido ou exilado;

Art. 10. Direito a um julgamento justo em um tribunal imparcial;

Art. 11. Presunção de inocência;

Art. 12. Direito à intimidade;

Art. 13. Liberdade de locomoção;

Art. 14. Direito de asilo;

Art. 15. Direito a uma nacionalidade;

Art. 16. Direito de constituir uma família;

Art. 17. Direito de propriedade;

Art. 18. Direito à liberdade de pensamento, consciência e religião;

Art. 19. Direito à liberdade de opinião e expressão;

Art. 20. Direito à liberdade de reunião e associação pacífica;

Art. 21. Direito à democracia;

Art. 22. Direito à segurança social;

Art. 23. Direito ao trabalho;

Art. 24. Direito ao repouso e ao lazer;

Art. 25. Direito à proteção e ao cuidado;

Art. 26. Direito à educação;

Art. 27. Direito de participar livremente da vida cultural;

Art. 28. Direito a uma ordem social e internacional em que os direitos e liberdades estabelecidos na presente Declaração possam ser plenamente realizados;

Art. 29. Deveres para com a comunidade, na qual o livre e pleno desenvolvimento de sua personalidade é possível;

Art. 30. Impossibilidade de qualquer ato destinado à destruição de quaisquer dos direitos e liberdades estabelecidos na Declaração Universal dos Direitos Humanos.

4. PACTOS INTERNACIONAIS DE DIREITOS CIVIS E POLÍTICOS E DE DIREITOS ECONÔMICOS, SOCIAIS E CULTURAIS

4.1. Pacto internacional de Direitos Civis e Políticos

O **Pacto internacional de Direitos Civis e Políticos** foi aprovado pela XXI Sessão da Assembleia Geral das Nações Unidas (ONU), em 16 de dezembro de 1966 e com vigência internacional em 1976. Foi incorporado no ordenamento jurídico brasileiro mediante o Decreto 592/1992.

O Pacto Internacional relaciona *os direitos civis e políticos endereçados aos indivíduos dos Estados-partes.* Os signatários devem consagrar, assegurar e proteger o exercício dos direitos civis e políticos daqueles que se encontrem em seu território e sob sua jurisdição.

O *Pacto Internacional sobre Direitos Civis e Políticos* possui *dois protocolos:* (i) *Primeiro Protocolo Facultativo,* que dispõe sobre comunicações (petições) individuais; (ii) *Segundo Protocolo Facultativo,* que dispõe sobre a Abolição da Pena de Morte.

4.1.1. Suspensão de direitos no Pacto Internacional de Direitos Civis e Políticos

É possível, em *situações excepcionais* que ameacem a existência da nação e sejam proclamadas oficialmente, a *suspensão dos direitos consignados no Pacto Internacional sobre Direitos Civis e Políticos,* desde que em consonância com as regras de Direito Internacional e não acarrete discriminação de nenhuma espécie. Contudo, alguns direitos não estão sujeitos à suspensão. Trata-se do *núcleo inderrogável de direitos* do Pacto Internacional. São direitos que em nenhuma hipótese ou circunstância podem ser suspensos pelo Estado-parte, pela essencialidade no contexto de proteção aos direitos civis e políticos. São eles: direito à vida; proibição de tortura, penas ou tratamento cruéis, desumanos ou degradantes; proibição de escravidão e servidão; que ninguém poderá ser preso apenas por não poder cumprir com uma obrigação contratual; que ninguém poderá ser condenado por atos ou omissões que não constituam delito de acordo com o direito nacional ou internacional, no momento em que foram cometidos e que tampouco poder-se-á impor pena mais grave do que a aplicável no momento da ocorrência do delito; reconhecimento de sua personalidade jurídica; o direito à liberdade de pensamento, de consciência e de religião.

4.1.2. Comitê de Direitos Humanos

O *Comitê de Direitos Humanos é o órgão criado pelo Pacto Internacional* para efetuar o monitoramento e fiscalização dos direitos nele consignados, com os seguintes sistemas de controle: (i) Relatórios Periódicos; (ii) Comunicações Interestatais; (iii) Comunicações (petições) individuais.

As *comunicações interestatais* estão dispostas em cláusula facultativa. Já o sistema de comunicações (petições) individuais consiste na possibilidade de particulares de um Estado-parte apresentar uma petição junto ao Comitê de Direitos Humanos para responsabilizar o seu Estado pelo descumprimento de direitos civis e políticos. Esse procedimento está regulamentado no *Primeiro Protocolo Facultativo* do Pacto Internacional sobre Direitos Civis e Políticos.

4.1.3. Segundo Protocolo Facultativo ao Pacto Internacional sobre Direitos Civis e Políticos

O *Segundo Protocolo Facultativo ao Pacto Internacional sobre Direitos Civis e Políticos* tem como objetivo a abolição da pena de morte e não admite reservas, exceto aquela formulada no momento da ratificação ou adesão que preveja a aplicação da pena de morte em tempo de guerra em virtude de condenação por infração penal de natureza militar de gravidade extrema cometida em tempo de guerra.

4.2. Pacto Internacional de Direitos Econômicos, Sociais e Culturais

O *Pacto Internacional de Direitos Econômicos, Sociais e Culturais* foi adotado pela Resolução 2.200-A, na XXI Sessão da Assembleia Geral das Nações Unidas (ONU), em 19 de dezembro de 1966 e entrou em vigor internacional em 03 de janeiro de 1976. Foi incorporado no ordenamento jurídico brasileiro mediante o Decreto 591/1992.

É endereçado ao reconhecimento e proteção dos direitos econômicos, sociais e culturais pelos Estados. São direitos que demandam a ação estatal para a sua efetivação. Por isso, o Pacto Internacional prevê a *cláusula de progressiva realização ou de progressividade,* isto é, trata-se do compromisso do Estado de realizar progressivamente, por esforço próprio ou por cooperação internacional, até o máximo de seus recursos disponíveis, a efetivação dos direitos econômicos, sociais e culturais (MELO, 2016).

O monitoramento e supervisão do Pacto Internacional ocorre por meio do sistema de *relatórios periódicos.* O *Pacto Internacional de Direitos Econômicos, Sociais e Culturais* possui um *Protocolo Adicional,* adotado pela Assembleia Geral das Nações Unidas a 10 de dezembro de 2008 por meio da Resolução A/RES/63/117 e entrou em vigor na ordem internacional em 05 de maio de 2013. O Brasil ainda não incorporou o Protocolo em seu ordenamento jurídico.

5. SISTEMA INTERAMERICANO DE DIREITOS HUMANOS

O sistema interamericano é o sistema regional de proteção aos direitos humanos no âmbito da Organização dos Estados Americanos (OEA).

5.1. Pacto de São José da Costa Rica

A Convenção Americana sobre Direitos Humanos, também conhecida como *Pacto de São José da Costa Rica,* é o principal documento do sistema interamericano de direitos humanos. Foi aprovada em 22 de novembro de 1969 e entrou em vigor em 18 julho de 1978. Foi incorporado no ordenamento jurídico brasileiro mediante o Decreto 678/1992.

O *Pacto de São José da Costa Rica* tem como *objeto* a previsão e proteção aos *direitos civis e políticos*. Há menção aos direitos econômicos, sociais e culturais no art. 26 do Pacto de São José da Costa Rica, sobre a progressividade desses direitos, de forma genérica. A previsão e disciplina desses direitos encontra-se *no Protocolo de San Salvador em Matéria de Direitos Econômicos, Sociais e Culturais (Protocolo de San Salvador)*.

O *Pacto de São José da Costa Rica* possui *dois protocolos adicionais*: (a) Protocolo Adicional à Convenção Americana sobre Direitos Humanos em Matéria de Direitos Econômicos, Sociais e Culturais (*Protocolo de San Salvador*); (b) Protocolo à Convenção Americana sobre Direitos Humanos referente à Abolição da Pena de Morte.

O *Pacto de São José da Costa Rica* consagra os seguintes direitos de natureza *civil* e *política*:

✓ Direito à personalidade jurídica;

✓ Direito à vida;

✓ Direito à integridade pessoal, incluindo a proibição da tortura e das penas ou tratamentos cruéis, desumanos ou degradantes;

✓ Proibição da escravatura, da servidão e do trabalho forçado ou obrigatório;

✓ Direito à liberdade e à segurança pessoais, incluindo a proibição da prisão ou detenção arbitrárias;

✓ Garantias judiciais;

✓ Direito à indenização em caso de erro judiciário;

✓ Direito à privacidade;

✓ Liberdade de consciência e de religião;

✓ Liberdade de pensamento e expressão;

✓ Direito de resposta em caso de difusão de informações inexatas ou ofensivas;

✓ Direito de reunião;

✓ Direito à liberdade de associação;

✓ Proteção da família;

✓ Direito a um nome;

✓ Direitos da criança;

✓ Direito à nacionalidade;

✓ Direito de propriedade;

✓ Liberdade de circulação e de residência;

✓ Direitos políticos e de participar na direção dos assuntos públicos;

✓ Direito à igualdade perante a lei;

✓ Direito à proteção judicial.

5.2. Suspensão de direitos no Pacto de São José da Costa Rica

É *possível a suspensão de garantias previstas no Pacto de São José da Costa Rica*, nas seguintes situações: "em caso de guerra, de perigo público, ou de outra emergência que ameace a independência ou segurança do Estado-parte, este poderá adotar as disposições que, na medida e pelo tempo estritamente limitados às exigências da situação, suspendam as obrigações contraídas em virtude desta Convenção, desde que tais disposições não sejam incompatíveis com as demais obrigações que lhe impõe o Direito Internacional e não encerrem discriminação alguma fundada em motivos de raça, cor, sexo, idioma, religião ou origem social" (art. 27, inciso 1). Todavia, há um *núcleo inderrogável de direitos*. Isto é, direitos que mesmo em caso de guerra, perigo público ou outra emergência não estão sujeitos a suspensão. O art. 27, inciso 2, do Pacto de São José relaciona os artigos (e respectivos direitos) que *não estão sujeitos à suspensão*.

Direitos que não estão sujeitos à suspensão, conforme o Pacto de São José da Costa Rica
Art. 3º: direito ao reconhecimento da personalidade jurídica; Art. 4º: direito à vida; Art. 5º: direito à integridade pessoal; Art. 6º: proibição da escravidão e da servidão; Art. 9º: princípio da legalidade e da retroatividade; Art. 12: liberdade de consciência e religião; Art. 17: proteção da família; Art. 18: direito ao nome; Art. 19: direitos da criança; Art. 20: direito à nacionalidade; Art. 23: direitos políticos; e Art. 25: garantias indispensáveis para a proteção de tais direitos.

5.3. Órgãos de Proteção

Para *a proteção dos direitos* consignados no Pacto de São José da Costa Rica e em seus protocolos, *dois são os órgãos protetivos*:

(i) Comissão Interamericana de Direitos Humanos;

(ii) Corte Interamericana de Direitos Humanos.

5.3.1. *Comissão Interamericana de Direitos Humanos*

A *Comissão Interamericana de Direitos Humanos* tem como *função principal* promover a observância e a defesa dos direitos humanos no hemisfério americano. Como órgão do sistema interamericano para conhecer de assuntos relacionados com o cumprimento dos compromissos assumidos pelos Estados-partes, a Comissão Interamericana *recebe petições com denúncias ou queixas por possíveis violações de direitos humanos.*

A *legitimidade* para apresentar uma petição que contenha denúncias ou queixas de violação do Pacto de São José da Costa Rica por um Estado-parte é de qualquer pessoa ou grupo de pessoas, ou entidade não governamental legalmente reconhecida em um ou mais Estados-membros da OEA (art. 44, do Pacto de São José da Costa Rica).

Podem peticionar à Comissão Interamericana	Qualquer pessoa
	Grupos de Pessoas
	Entidade não governamental legalmente reconhecida em um ou mais Estados-membros da OEA.

É imprescindível que esses legitimados observem os seguintes *requisitos para o encaminhamento de uma petição com denúncia ou queixas* de forma regular (art. 46, do Pacto de São José da Costa Rica): (a) Que hajam sido *interpostos e esgotados os recursos da jurisdição interna*, de acordo com os princípios de direito internacional geralmente reconhecidos; (b) Que seja apresentada dentro do *prazo de 6 meses*, a partir da data em que o presumido prejudicado em seus direitos tenha sido notificado da decisão definitiva; (c) Que a matéria da petição ou comunicação não esteja pendente de outro processo de solução internacional; e (d) Que a petição contenha o nome, a nacionalidade, a profissão, o domicílio e a assinatura da pessoa ou pessoas ou do representante legal da entidade que submeter a petição.

As disposições concernentes ao (i) esgotamento dos recursos da jurisdição interna e de que (ii) a petição seja apresentada dentro do prazo de 6 meses, a partir da data em que o presumido prejudicado em seus direitos tenha sido notificado da decisão definitiva, *podem ser flexibilizadas*. Dessa forma, *não se faz obrigatória a observância desses requisitos* nas seguintes hipóteses: (a) não existir, na legislação interna do Estado de que se tratar, o devido processo legal para a proteção do direito ou direitos que se alegue tenham sido violados; (b) não se houver permitido ao presumido prejudicado em seus direitos o acesso aos recursos da jurisdição interna, ou houver sido ele impedido de esgotá-los; e (c) houver demora injustificada na decisão sobre os mencionados recursos.

Requisitos para petições com denúncias ou queixas à Comissão Interamericana de Direitos Humanos
Esgotamento da jurisdição interna; Prazo de 6 meses da notificação da decisão definitiva; Ausência de litispendência internacional; Cumprimento dos requisitos formais (nome, a nacionalidade, a profissão, o domicílio e a assinatura da pessoa ou pessoas ou do representante legal da entidade).

Situações que ensejam a flexibilização do esgotamento da jurisdição interna e do prazo de 6 meses
Não existir, na legislação interna do Estado de que se tratar, o devido processo legal para a proteção do direito ou direitos que se alegue tenham sido violados; Não se houver permitido ao presumido prejudicado em seus direitos o acesso aos recursos da jurisdição interna, ou houver sido ele impedido de esgotá-los; e Houver demora injustificada na decisão sobre os mencionados recursos.

5.3.2. Corte Interamericana de Direitos Humanos

A *Corte Interamericana de Direitos Humanos* é o *órgão jurisdicional autônomo* do sistema interamericano de direitos humanos. Possui *função contenciosa e consultiva*.

A *função contenciosa* é somente para os Estados que reconhecem a jurisdição da Corte Interamericana, como o Brasil, que promulgou a Declaração de Reconhecimento da Competência Obrigatória da Corte Interamericana de Direitos Humanos, *sob reserva de reciprocidade e para fatos posteriores a 10 de dezembro de 1998*, mediante o Decreto 4.463, de 08 de novembro de 2002.

A Corte Interamericana julga casos que envolvem a violação de direitos humanos pelos Estados-partes e profere a sua sentença de responsabilização internacional. *A Corte Interamericana não julga pessoas, somente os Estados-membros que reconhecem a sua competência.*

A *função consultiva*, por sua vez, é uma atribuição que pode ser suscitada por todos os Estados-membros da OEA, para que a Corte Interamericana emita uma opinião consultiva sobre a interpretação de dispositivos do Pacto de São José da Costa Rica.

No que se refere ao acesso à Corte Interamericana, a legitimidade para acessar e submeter um caso à decisão da Corte Interamericana de Direitos Humanos está restrita aos *Estados-partes* e à *Comissão Interamericana de Direitos Humanos* (art. 61, inciso 1, do Pacto de São José da Costa Rica).

Não se reconhece a possibilidade de indivíduos postularem diretamente junto à Corte Interamericana de Direitos Humanos, ou seja, o *jus standi* (o acesso direto aos tribunais internacionais). Se o caso se encontre em análise na Corte Interamericana de Direitos Humanos, é possível o *locus standi*, que consiste na participação autonomamente nos procedimentos do caso em tramitação (diretamente pela vítima ou por seus representantes legais). Essa hipótese não é prevista na Convenção Americana, mas no Regulamento da Corte Interamericana de Direitos Humanos (MELO, 2016).

A *sentença* da Corte Interamericana deve ser *fundamentada* e é *definitiva e inapelável*.

A Corte Interamericana de Direitos Humanos, *quando decidir que houve violação de um direito ou liberdade protegidos* no Pacto de São José da Costa Rica, em sua *sentença*: (a) Determinará que se assegure ao prejudicado o gozo do seu direito ou liberdade violados; (b) Poderá determinar, igualmente, se procedente, que sejam reparadas as consequências da medida ou situação que haja configurado a violação desses direitos; (c) Poderá determinar, se procedente, o pagamento de indenização justa à parte lesada.

Por fim, *em caso de divergência sobre o sentido ou alcance da sentença*, a Corte interpretá-la-á, a pedido de qualquer das partes, desde que o pedido seja apresentado dentro de noventa dias a partir da data da notificação da sentença.

SENTENÇAS DE CONDENAÇÃO DO BRASIL POR VIOLAÇÕES DE DIREITOS HUMANOS PELA CORTE INTERAMERICANA DE DIREITOS HUMANOS
O Brasil foi condenado por violações de direitos humanos pela Corte Interamericana de Direitos Humanos nos seguintes casos: 1. **Caso Ximenes Lopes vs. Brasil**, sentença de 4 de julho de 2006; 2. **Caso Escher e outros vs. Brasil**, sentença de 6 de julho de 2009; 3. **Caso Garibaldi vs. Brasil**, sentença de 23 de setembro de 2009; 4. **Caso Gomes Lund e outros (Guerrilha do Araguaia) vs. Brasil**, sentença de 24 de novembro de 2010; 5. **Caso Fazenda Brasil Verde vs. Brasil**, sentença de 20 de outubro de 2016; 6. **Caso Favela Nova Brasília vs. Brasil**, sentença de 16 de fevereiro de 2017. 7. Caso Povo Indígena Xucuru vs. Brasil, sentença de 05 de fevereiro de 2018.

5.4. Medidas Provisórias

No âmbito do Sistema Interamericano de direitos humanos existem as chamadas *medidas provisórias,* que "são uma espécie de tutela preventiva, de urgência, outorgadas pela Corte Interamericana de Direitos Humanos em casos submetidos ou não à sua análise" (MELO, 2016). Nos termos do art. 63, inciso 2 do Pacto de São José da Costa Rica, "em casos de extrema gravidade e urgência, e quando se fizer necessário evitar danos irreparáveis às pessoas, a Corte, nos assuntos de que estiver conhecendo, poderá tomar as medidas provisórias que considerar pertinentes. Se se tratar de assuntos que ainda não estiverem submetidos ao seu conhecimento, poderá atuar a pedido da Comissão". Para a concessão de medida provisória é necessária a observância dos seguintes requisitos: (i) extrema gravidade; (ii) urgência; e (iii) para evitar danos irreparáveis às pessoas.

As *medidas provisórias* são suscitadas pela própria Corte Interamericana, de ofício; ou pela Comissão Interamericana de Direitos Humanos. Se o *caso está em análise na Corte Interamericana*, ela própria determinará as medidas provisórias pertinentes, de ofício, em qualquer fase do processo. Por seu turno, *se o caso ainda não está em análise na Corte Interamericana*, poderá a Comissão Interamericana suscitar a medida provisória.

Além das hipóteses elencadas no Pacto de São José da Costa Rica, o Regulamento da Corte Interamericana de Direitos Humanos dispõe acerca de *uma outra possibilidade de suscitar uma medida provisória*: "nos casos contenciosos que se encontrem em conhecimento da Corte, as vítimas ou as supostas vítimas, ou seus representantes, poderão apresentar diretamente àquela uma petição de medidas provisórias, as quais deverão ter relação com o objeto do caso" (art. 27, inciso 3). Em síntese, "se o caso está em análise na Corte, ela poderá decretar as medidas provisórias *ex officio* ou a pedido das vítimas, ou de seus representantes. Se não estiver em análise, poderão ser decretadas medidas provisórias a partir de solicitação da Comissão Interamericana de Direitos Humanos" (MELO, 2016).

MEDIDAS PROVISÓRIAS (MELO, 2016).	
Quem emite:	**Corte Interamericana de Direitos Humanos**
Quem requer:	**Se o caso está em análise na Corte:** a própria, de ofício, em qualquer fase do processo ou as vítimas ou as supostas vítimas, ou seus representantes. **Se o caso ainda não está em análise na Corte Interamericana:** a Comissão Interamericana de Direitos Humanos.
Requisitos para a concessão:	Extrema gravidade; Urgência; e Para evitar danos irreparáveis às pessoas.

5.5. Protocolo de San Salvador

Um dos complementos do Pacto de São José da Costa Rica é o *Protocolo de San Salvador*, aprovado em 1988 e com vigência internacional em 1999. Possui como conteúdo os *direitos econômicos, sociais e culturais*.

Aplica-se ao *Protocolo de San Salvador* **a cláusula de progressiva realização dos direitos econômicos, sociais e culturais**, pelo qual os Estados-partes "comprometem-se a adotar as medidas necessárias, tanto de ordem interna como por meio da cooperação entre os Estados, especialmente econômica e técnica, até o máximo dos recursos disponíveis e levando em conta seu grau de desenvolvimento, a fim de conseguir, progressivamente e de acordo com a legislação interna, a plena efetividade dos direitos reconhecidos neste Protocolo".

No âmbito do sistema interamericano de direitos humanos, o *Protocolo de San Salvador* é o primeiro instrumento a consagrar, de forma vinculante, o direito ao meio ambiente sadio (art. 11).

O Protocolo de San Salvador prevê a possibilidade de *petições individuais* pela violação dos direitos sindicais (art. 8, alínea "a") e dos direitos à educação (art. 13), quando perpetrados por ação imputável diretamente a um Estado-parte signatário do Protocolo de San Salvador. A violação desses direitos enseja a possibilidade da suposta vítima apresentar *petição individual* perante a Comissão Interamericana de Direitos Humanos.

6. CONSTITUIÇÃO E DIREITOS HUMANOS

A proteção aos direitos humanos está presente em importantes dispositivos da Constituição Federal de 1988, sendo que um dos *fundamentos* da República Federativa do Brasil é justamente a *dignidade da pessoa humana*.

6.1. Prevalência dos Direitos Humanos

Consoante o art. 4º da Constituição de 1988, entre os princípios que norteiam a ação da República Federativa do Brasil em suas *relações internacionais*, está a *prevalência dos direitos humanos*.

6.2. Incidente de Deslocamento de Competência

Um dos mecanismos de proteção aos direitos humanos é o **Incidente de Deslocamento de Competência (IDC),** conhecido como *federalização dos crimes de direitos humanos*, introduzido pela Emenda Constitucional 45/2004.

Constitui instrumento político-jurídico para assegurar o cumprimento das obrigações internacionais que o Estado brasileiro assume na proteção e garantia dos direitos humanos.

O *IDC* encontra-se previsto no art. 109, § 5º, da Constituição de 1988, *in verbis*: "Nas hipóteses de grave violação de direitos humanos, o Procurador-Geral da República, com a finalidade de assegurar o cumprimento de obrigações decorrentes de tratados internacionais de direitos humanos dos quais o Brasil seja parte, poderá suscitar, perante o Superior Tribunal de Justiça, em qualquer fase do inquérito ou processo, incidente de deslocamento de competência para a Justiça Federal".

Até o início do ano de 2018, o STJ analisou a proposição de cinco IDC`s: (i) IDC 1, versou sobre o assassinato da freira católica norte-americana Dorothy Stang; (ii) IDC 2, analisou o instituto em face do assassinato do advogado e vereador Manoel Bezerra de Mattos Neto; (iii) IDC 3, relacionado às práticas de violência policial e atuação de grupos de extermínio no Estado de Goiás desde o ano de 2000; (iv) IDC 4, suscitado por terceiro em face de ato do Tribunal de Contas do Estado de Pernambuco, sendo negado sua apreciação por não ter sido proposto pelo Procurador-Geral da República; (v) IDC 5, acerca do assassinato do promotor de justiça Tiago Faria Soares. Somente os IDC`s 2 e 5 foram procedentes e o IDC 3 parcialmente procedente.

6.3. Hierarquia dos Tratados e Convenções Internacionais de Direitos Humanos

A hierarquia dos tratados e convenções internacionais de direitos humanos é um dos temas mais cobrados em provas e concursos.

Em linhas gerais, quatro são as principais correntes para definir a hierarquia dos tratados de direitos humanos: (a) *supraconstitucional:* que defende que os tratados de direitos humanos estão em posição acima da Constituição; (b) *constitucional:* pela qual os tratados de direitos humanos são equivalente às normas constitucionais; (c) *supralegal:* em que os tratados de direitos humanos estão acima da lei mas abaixo da Constituição; (d) *legal:* os tratados de direitos humanos são equivalentes às leis ordinárias federais (MELO, 2016). Exceto pela tese supraconstitucional, que o Brasil nunca adotou, as demais se inserem na evolução jurisprudencial do *status* dos tratados de direitos humanos. Antes do advento da EC 45, de 2004, o entendimento do STF, expresso no RE 80.004, do ano de 1977, era que os tratados internacionais, incluindo os de direitos humanos, tinham equivalência à lei ordinária federal.

Com a adesão do Brasil ao Pacto de São José da Costa Rica, em 1992, novas discussões foram suscitadas sobre o *status* dos tratados de direitos humanos. Isso porque a Constituição Brasileira estabelece a possibilidade da prisão do depositário infiel (art. 5º, LXVII, da CF/1988), ao passo que o Pacto de São José da Costa Rica restringe a prisão civil somente para o descumprimento das obrigações alimentares (art. 7, inciso 7, do Pacto de São José da Costa Rica). A questão da prisão do depositário infiel suscitou intensos debates doutrinários e jurisprudenciais (MELO, 2016).

Com a promulgação da EC 45/2004 foi introduzido o § 3º no art. 5º da Constituição de 1988, a saber: "Os tratados e convenções internacionais sobre direitos humanos que forem aprovados, em cada Casa do Congresso Nacional, em dois turnos, por três quintos dos votos dos respectivos membros, serão equivalentes às emendas constitucionais".

Ao se reconhecer que os tratados aprovados na sistemática do § 3º do art. 5º são equivalentes às **emendas constitucionais** (possuem *status* constitucional), surgiu a necessidade de se perquirir sobre o *status* dos tratados de direitos humanos aprovados antes e mesmo aqueles que forem aprovados após a promulgação da EC 45/2004 sem a observância desse rito especial. Essa discussão foi objeto do RE 466.343/SP, de 2008, em uma decisão que teve como objeto a possibilidade de prisão do depositário infiel, em que o STF conferiu uma nova interpretação e adotou a *teoria do duplo status* dos tratados e convenções internacionais de direitos humanos, a saber: (a) *status* constitucional; (b) *status* supralegal.

O status constitucional é aplicável aos tratados de direitos humanos que se submetem ao rito do § 3º do art. 5º, da CF/1988. Já o *status supralegal* significa que os tratados de direitos humanos aprovados antes da EC 45 e mesmos os posteriores que não observarem o rito do § 3º do art. 5º da CF/1988, estão abaixo da Constituição, porém acima da legislação interna.

Tratado aprovado com o quórum de emenda constitucional	*Status* constitucional	Art. 5º, § 3º, CF/88
Tratados e convenções anteriores à EC 45/04	*Status* supralegal	*RE 349.703-RS* STF
Tratados comuns, de outras temáticas	Lei ordinária	RE 80.004 STF

À guia final, no que tange ao depositário infiel, o STF editou a *Súmula Vinculante 25, in verbis*: "É ilícita a prisão civil de depositário infiel, qualquer que seja a modalidade de depósito".

7. PESSOAS COM DEFICIÊNCIA

Dois diplomas são fundamentais para a proteção das pessoas com deficiência: (a) *Convenção sobre os Direitos das Pessoas com Deficiência e seu Protocolo Facultativo*; (b) *Estatuto da Pessoa com Deficiência*.

7.1. Convenção sobre os Direitos das Pessoas com Deficiência

A *Convenção sobre os Direitos das Pessoas com Deficiência e seu Protocolo Facultativo* foram aprovados em Nova York em 2007 no âmbito do sistema global de direitos humanos (ONU). A incorporação no ordenamento jurídico brasileiro deu-se em consonância com o procedimento do § 3º do art. 5º, da Constituição de 1988, isto é, **com *status* de emenda constitucional**.

7.1.1. Propósito

A *Convenção sobre os Direitos das Pessoas com Deficiência tem como propósito*: "promover, proteger e assegurar o exercício pleno e equitativo de todos os direitos humanos e liberdades fundamentais por todas as pessoas com deficiência e promover o respeito pela sua dignidade inerente".

7.1.2. Pessoa com deficiência

Para a *Convenção Internacional*, considera-se *pessoas com deficiência*: "aquelas que têm impedimentos de longo prazo de natureza física, mental, intelectual ou sensorial, os quais, em interação com diversas barreiras, podem obstruir sua participação plena e efetiva na sociedade em igualdades de condições com as demais pessoas".

7.1.3. Discriminação por motivo de deficiência

Por *discriminação por motivo de deficiência* entende-se "qualquer diferenciação, exclusão ou restrição baseada em deficiência, com o propósito ou efeito de impedir ou impossibilitar o reconhecimento, o desfrute ou o exercício, em igualdade de oportunidades com as demais pessoas, de todos os direitos humanos e liberdades fundamentais nos âmbitos político, econômico, social, cultural, civil ou qualquer outro. Abrange todas as formas de discriminação, inclusive a recusa de adaptação razoável". A *recusa de adaptação razoável,* por sua vez, "significa as modificações e os ajustes necessários e adequados que não acarretem ônus desproporcional ou indevido, quando requeridos em cada caso, a fim de assegurar que as pessoas com deficiência possam gozar ou exercer, em igualdade de oportunidades com as demais pessoas, todos os direitos humanos e liberdades fundamentais".

7.1.4. Desenho universal

Para a Convenção Internacional, *desenho universal* "significa a concepção de produtos, ambientes, programas e serviços a serem usados, na maior medida possível, por todas as pessoas, sem necessidade de adaptação ou projeto específico. O desenho universal não excluirá as ajudas técnicas para grupos específicos de pessoas com deficiência, quando necessárias".

7.1.5. Acessibilidade

Conceito de *acessibilidade*: "A fim de possibilitar às pessoas com deficiência viver de forma independente e participar plenamente de todos os aspectos da vida, os Estados-partes tomarão as medidas apropriadas para assegurar às pessoas com deficiência o acesso, em igualdade de oportunidades com as demais pessoas, ao meio físico, ao transporte, à informação e comunicação, inclusive aos sistemas e tecnologias da informação e comunicação, bem como a outros serviços e instalações abertos ao público ou de uso público, tanto na zona urbana como na rural. Para tanto, serão adotadas as medidas necessárias para a identificação e a eliminação de obstáculos e barreiras à acessibilidade e serão aplicadas, entre outros, nos seguintes aspectos: (a) Edifícios, rodovias, meios de transporte e outras instalações internas e externas, inclusive escolas, residências, instalações médicas e local de trabalho; (b) Informações, comunicações e outros serviços, inclusive serviços eletrônicos e serviços de emergência".

7.2. Estatuto da pessoa com deficiência

A Lei 13.146/2015 instituiu o *Estatuto da Pessoa com Deficiência*, com fundamentação direta na Convenção Internacional sobre os Direitos das Pessoas com Deficiência e seu Protocolo Facultativo.

7.2.1. Destinação

O *Estatuto da Pessoa com Deficiência* destina-se "a assegurar e a promover, em condições de igualdade, o exercício dos direitos e das liberdades fundamentais por pessoa com deficiência, visando à sua inclusão social e cidadania" (art. 1º).

7.2.2. Pessoa com deficiência

Considera-se *pessoa com deficiência* aquela que tem impedimento de *longo prazo* de natureza física, mental, intelectual ou sensorial, o qual, em interação com uma ou mais barreiras, pode obstruir sua participação plena e efetiva na sociedade em igualdade de condições com as demais pessoas" (art. 2º, *caput*). A pessoa com deficiência para o Estatuto é aquela com impedimento de longo prazo, consoante o mesmo entendimento da Convenção Internacional sobre os Direitos das Pessoas com Deficiência.

Quando necessário, será efetuada a *avaliação da pessoa para caracterizar a deficiência*. Essa avaliação será *biopsicossocial*, isto é, não exclusivamente uma perspectiva médica, mas uma visão que congregue as dimensões física, psicológica e social. A avaliação será realizada por equipe multiprofissional e interdisciplinar e deverá considerar os seguintes pontos (art. 2º, § 1º):

✓ os impedimentos nas funções e nas estruturas do corpo;

✓ os fatores socioambientais, psicológicos e pessoais;

✓ a limitação no desempenho de atividades; e

✓ a restrição de participação.

Caberá ao Poder Executivo estabelecer os instrumentos para a avaliação correspondente (art. 2º, § 2º).

7.2.3. Superação das barreiras

Para o exercício pleno dos direitos fundamentais pelas pessoas com deficiência se faz necessária a superação das "barreiras".

Para tanto, entende-se por *barreiras* "qualquer entrave, obstáculo, atitude ou comportamento que limite ou impeça a participação social da pessoa, bem como o gozo, a fruição e o exercício de seus direitos à acessibilidade, à liberdade de movimento e de expressão, à comunicação, ao acesso à informação, à compreensão, à circulação com segurança, entre outros" (art. 3º, IV).

Essas *barreiras* podem ser:

a) *barreiras urbanísticas:* as existentes nas vias e nos espaços públicos e privados abertos ao público ou de uso coletivo;

b) *barreiras arquitetônicas:* as existentes nos edifícios públicos e privados;

c) *barreiras nos transportes*: as existentes nos sistemas e meios de transportes;

d) *barreiras nas comunicações e na informação*: qualquer entrave, obstáculo, atitude ou comportamento que dificulte ou impossibilite a expressão ou o recebimento de mensagens e de informações por intermédio de sistemas de comunicação e de tecnologia da informação;

e) *barreiras atitudinais:* atitudes ou comportamentos que impeçam ou prejudiquem a participação social da pessoa com deficiência em igualdade de condições e oportunidades com as demais pessoas;

f) *barreiras tecnológicas:* as que dificultam ou impedem o acesso da pessoa com deficiência às tecnologias.

Assim, por intermédio de seus instrumentos e iniciativas, o Estatuto pretende superar o conjunto de barreiras que impedem a pessoa com deficiência de exercer sua participação plena e efetiva em igualdade de condições com as demais pessoas.

7.2.4. Da Igualdade e da não discriminação

Consoante o Estatuto, "Toda pessoa com deficiência tem direito à igualdade de oportunidades com as demais pessoas e não sofrerá nenhuma espécie de discriminação" (art. 4º).

Com efeito, considera-se *discriminação em razão da deficiência* "toda forma de distinção, restrição ou exclusão,

DIREITOS HUMANOS

por ação ou omissão, que tenha o propósito ou o efeito de prejudicar, impedir ou anular o reconhecimento ou o exercício dos direitos e das liberdades fundamentais de pessoa com deficiência, incluindo a recusa de adaptações razoáveis e de fornecimento de tecnologias assistivas" (art. 4º, § 1º).

Insere-se como *discriminação* a recusa de adaptações razoáveis e de fornecimento de tecnologias assistivas.

Entende-se, para o Estatuto, como *adaptações razoáveis*, "adaptações, modificações e ajustes necessários e adequados que não acarretem ônus desproporcional e indevido, quando requeridos em cada caso, a fim de assegurar que a pessoa com deficiência possa gozar ou exercer, em igualdade de condições e oportunidades com as demais pessoas, todos os direitos e liberdades fundamentais" (art. 3º, VI).

Tecnologia assistida ou ajuda técnica, por sua vez, são "produtos, equipamentos, dispositivos, recursos, metodologias, estratégias, práticas e serviços que objetivem promover a funcionalidade, relacionada à atividade e à participação da pessoa com deficiência ou com mobilidade reduzida, visando à sua autonomia, independência, qualidade de vida e inclusão social" (art. 3º, III).

Quando exigidas pelo Estatuto e legislação correlata, a recusa de adaptação razoável ou do fornecimento de tecnologia assistida configuram condutas que se enquadram como discriminatórias.

O Estatuto relaciona que *a pessoa com deficiência não está obrigada à fruição de benefícios decorrentes de ação afirmativa* (art. 4º, § 2º).

O Estatuto contempla ainda que "a pessoa com deficiência será protegida de toda forma de negligência, discriminação, exploração, violência, tortura, crueldade, opressão e tratamento desumano ou degradante" (art. 5º), em especial os considerados vulneráveis: a criança, o adolescente, a mulher e o idoso, com deficiência (art. 5º, parágrafo único). Ademais, "é dever de todos comunicar à autoridade competente qualquer forma de ameaça ou de violação aos direitos da pessoa com deficiência" (art. 7º); e "se, no exercício de suas funções, os juízes e os tribunais tiverem conhecimento de fatos que caracterizem as violações previstas nesta Lei, devem remeter peças ao Ministério Público para as providências cabíveis" (art. 7º, parágrafo único).

7.2.5. Deficiência e capacidade civil

A deficiência não afeta a plena capacidade civil da pessoa, inclusive para (art. 6º):

1. Casar-se e constituir união estável;

2. Exercer direitos sexuais e reprodutivos;

3. Exercer o direito de decidir sobre o número de filhos e de ter acesso a informações adequadas sobre reprodução e planejamento familiar;

4. Conservar sua fertilidade, sendo vedada a esterilização compulsória;

5. Exercer o direito à família e à convivência familiar e comunitária; e

6. Exercer o direito à guarda, à tutela, à curatela e à adoção, como adotante ou adotando, em igualdade de oportunidades com as demais pessoas.

Dessa forma, "É dever do Estado, da sociedade e da família assegurar à pessoa com deficiência, com prioridade, a efetivação dos direitos referentes à vida, à saúde, à sexualidade, à paternidade e à maternidade, à alimentação, à habitação, à educação, à profissionalização, ao trabalho, à previdência social, à habilitação e à reabilitação, ao transporte, à acessibilidade, à cultura, ao desporto, ao turismo, ao lazer, à informação, à comunicação, aos avanços científicos e tecnológicos, à dignidade, ao respeito, à liberdade, à convivência familiar e comunitária, entre outros decorrentes da Constituição Federal, da Convenção sobre os Direitos das Pessoas com Deficiência e seu Protocolo Facultativo e das leis e de outras normas que garantam seu bem-estar pessoal, social e econômico" (art. 8º).

7.2.6. Atendimento prioritário

A pessoa com deficiência tem direito a receber *atendimento prioritário,* sobretudo com a finalidade de (art. 9º):

✓ Proteção e socorro em quaisquer circunstâncias;

✓ Atendimento em todas as instituições e serviços de atendimento ao público;

✓ Disponibilização de recursos, tanto humanos quanto tecnológicos, que garantam atendimento em igualdade de condições com as demais pessoas;

✓ Disponibilização de pontos de parada, estações e terminais acessíveis de transporte coletivo de passageiros e garantia de segurança no embarque e no desembarque;

✓ Acesso a informações e disponibilização de recursos de comunicação acessíveis;

✓ Recebimento de restituição de imposto de renda;

✓ Tramitação processual e procedimentos judiciais e administrativos em que for parte ou interessada, em todos os atos e diligências.

Esses direitos *são extensivos ao acompanhante da pessoa com deficiência ou ao seu atendente pessoal*, exceto quanto ao recebimento de restituição de imposto de renda e a tramitação processual e procedimentos judiciais e administrativos em que for parte ou interessada, em todos os atos e diligências (art. 9º, § 1º).

Quanto aos serviços de emergência públicos e privados, a prioridade conferida pelo Estatuto da Pessoa com Deficiência é condicionada aos protocolos de atendimento médico (art. 9º, § 2º).

7.2.7. Acessibilidade

Para o Estatuto da Pessoa com Deficiência, considera-se *acessibilidade* a "possibilidade e condição de alcance para utilização, com segurança e autonomia, de espaços, mobiliários, equipamentos urbanos, edificações, transportes, informação e comunicação, inclusive seus sistemas e tecnologias, bem como de outros serviços e instalações abertos ao público, de uso público ou privados de uso coletivo, tanto na zona urbana como na rural, por pessoa com deficiência ou com mobilidade reduzida" (art. 3º, I).

A *acessibilidade* "é direito que garante à pessoa com deficiência ou com mobilidade reduzida viver de forma independente e exercer seus direitos de cidadania e de participação social" (art. 53). Em outras palavras, conforme

Fabiano Melo (2016), "a acessibilidade é um direito sem o qual não é possível o exercício de outros direitos e, portanto, constitui elemento inescusável de qualquer política de promoção e proteção à cidadania e de participação social da pessoa com deficiência".

Quanto ao campo de observância e cumprimento das disposições concernentes à acessibilidade, prevista no Estatuto e outras leis correlatas, sempre que houver interação com a matéria regulada, a saber (art. 54):

(a) a aprovação de projeto arquitetônico e urbanístico ou de comunicação e informação, a fabricação de veículos de transporte coletivo, a prestação do respectivo serviço e a execução de qualquer tipo de obra, quando tenham destinação pública ou coletiva;

(b) a outorga ou a renovação de concessão, permissão, autorização ou habilitação de qualquer natureza;

(c) a aprovação de financiamento de projeto com utilização de recursos públicos, por meio de renúncia ou de incentivo fiscal, contrato, convênio ou instrumento congênere; e

(d) a concessão de aval da União para obtenção de empréstimo e de financiamento internacionais por entes públicos ou privados.

Um dos conceitos fundamentais para a acessibilidade é o *desenho universal,* que é a "concepção de produtos, ambientes, programas e serviços a serem usados por todas as pessoas, sem necessidade de adaptação ou de projeto específico, incluindo os recursos de tecnologia assistiva" (art. 3º, II).

Nesse sentido, "a concepção e a implantação de projetos que tratem do meio físico, de transporte, de informação e comunicação, inclusive de sistemas e tecnologias da informação e comunicação, e de outros serviços, equipamentos e instalações abertos ao público, de uso público ou privado de uso coletivo, tanto na zona urbana como na rural, devem atender aos princípios do desenho universal, tendo como referência as normas de acessibilidade" (art. 55, *caput*).

É dizer, para a efetividade do direito à acessibilidade, a adoção do desenho universal é um ponto indissociável (MELO, 2016).

Assim, o *desenho universal será sempre tomado como regra de caráter geral* (art. 55, § 1º). A propósito, desde a etapa de concepção, as políticas públicas deverão considerar a adoção do desenho universal (art. 55, § 5º).

Somente nas hipóteses em que comprovadamente o desenho universal não possa ser empreendido, deve ser adotada adaptação razoável (art. 55, § 2º).

Para o Estatuto da Pessoa com Deficiência, entende-se como *adaptações razoáveis*, "adaptações, modificações e ajustes necessários e adequados que não acarretem ônus desproporcional e indevido, quando requeridos em cada caso, a fim de assegurar que a pessoa com deficiência possa gozar ou exercer, em igualdade de condições e oportunidades com as demais pessoas, todos os direitos e liberdades fundamentais" (art. 3º, VI).

8. CONVENÇÃO INTERNACIONAL SOBRE A ELIMINAÇÃO DE TODAS AS FORMAS DE DISCRIMINAÇÃO RACIAL

A Convenção Internacional sobre a Eliminação de Todas as Formas de Discriminação Racial foi aprovada na cidade de Nova York em 21 de dezembro de 1965, pela Assembleia Geral das Nações Unidas (ONU).

8.1. Conceito de discriminação racial

Para a *Convenção Internacional,* "a expressão discriminação racial significará qualquer distinção, exclusão, restrição ou preferência baseada em raça, cor, descendência ou origem nacional ou étnica que tem por objetivo ou efeito anular ou restringir o reconhecimento, gozo ou exercício num mesmo plano (em igualdade de condição) de direitos humanos e liberdades fundamentais no domínio político econômico, social, cultural ou em qualquer outro domínio de sua vida".

8.2. Ações afirmativas

Um dos *objetivos* da *Convenção Internacional* é a adoção de *ações afirmativas*, a saber: "não serão consideradas discriminações racial as medidas especiais tomadas com o único objetivo de assegurar progresso adequado de certos grupos raciais ou étnicos ou indivíduos que necessitem da proteção que possa ser necessária para proporcionar a tais grupos ou indivíduos igual gozo ou exercício de direitos humanos e liberdades fundamentais, contanto que tais medidas não conduzam, em consequência, à manutenção de direitos separados para diferentes grupos raciais e não prossigam após terem sidos alcançados os seus objetivos".

8.3. Segregação racial e do Apartheid

A *Convenção Internacional* pretende *combater as práticas de segregação racial e do apartheid*, as quais os Estados-partes comprometem-se a proibir e a eliminar nos territórios sob sua jurisdição. Ademais, a *proibição de propagandas de superioridade racial,* ao impor aos signatários o dever de proibir que instituições, grupos ou indivíduos divulguem e propaguem ideias racistas, como a de superioridade racial.

9. CONVENÇÃO INTERNACIONAL CONTRA A TORTURA E OUTROS TRATAMENTOS OU PENAS CRUÉIS, DESUMANOS OU DEGRADANTES

A *Convenção Contra a Tortura e Outros Tratamentos ou Penas Cruéis, Desumanos ou Degradantes* foi adotada pela Assembleia Geral das Nações Unidas (ONU) em 10 de dezembro de 1984. A promulgação no direito pátrio deu-se mediante o Decreto 40/1991.

9.1. Conceito de tortura

Para a *Convenção Internacional,* "o termo *tortura* designa qualquer ato pelo qual dores ou sofrimentos agudos, físicos ou mentais, são infligidos intencionalmente a uma pessoa a fim de obter, dela ou de uma terceira pessoa, informações ou confissões; de castigá-la por ato que ela ou uma terceira pessoa tenha cometido ou seja suspeita de ter cometido; de intimidar ou coagir esta pessoa ou outras pessoas; ou por qualquer motivo baseado em discriminação de qualquer natureza; quando tais dores ou sofrimentos são infligidos por um funcionário público ou outra pessoa no exercício de funções públicas, ou por sua instigação, ou com o seu consentimento ou aquiescência". Enquanto para a Convenção Internacional a tortura é *crime próprio*, a legislação brasileira consigna a tortura como *crime comum* (Lei 9.455/1997).

9.2. Caráter inderrogável da proibição da tortura

Relaciona-se que *não é possível derrogar a proibição da tortura*. Conforme a *Convenção Internacional*, "em nenhum caso poderão invocar-se circunstâncias excepcionais, como ameaça ou estado de guerra, instabilidade política interna ou qualquer outra emergência pública, como justificativa para a tortura".

9.3. Vedação do uso da prova obtida mediante tortura

Aspecto de relevância na *Convenção contra a Tortura* é a *vedação do uso da prova obtida mediante tortura*, nos seguintes termos: "nenhuma declaração que se demonstre ter sido prestada como resultado de tortura possa ser invocada como prova em qualquer processo, salvo contra uma pessoa acusada de tortura como prova de que a declaração foi prestada".

9.4. Medidas para impedir a prática da tortura

A *Convenção contra a Tortura* relaciona que cada Estado-parte deve adotar medidas eficazes de caráter legislativo, administrativo, judicial ou de outra natureza, a fim de impedir a prática de atos de tortura em qualquer território sob sua jurisdição. Cabe ao Estado-parte assegurar sejam considerados crimes segundo a sua legislação penal: (i) a prática da tortura; (ii) a tentativa de tortura; (iii) todo ato de qualquer pessoa que constitua cumplicidade ou participação na tortura.

9.5. Direito à reparação e indenização

Cada Estado-parte assegurará, em seu sistema jurídico, à vítima de um ato de tortura, o direito à reparação e a uma indenização justa e adequada, incluídos os meios necessários para a mais completa reabilitação possível. Em caso de morte da vítima como resultado de um ato de tortura, seus dependentes terão direito à indenização.

9.6. Protocolo Facultativo à Convenção contra a Tortura e Outros Tratamentos ou Penas Cruéis, Desumanos ou Degradantes

O Protocolo Facultativo à Convenção contra a Tortura e Outros Tratamentos ou Penas Cruéis, Desumanos ou Degradantes foi adotado em Nova York em 18 de dezembro de 2002. O Brasil o promulgou mediante o Decreto 6.085/2002. Em 02 de agosto de 2013 o Brasil aprovou a Lei 12.847, que institui o Sistema Nacional de Prevenção e Combate à Tortura e criou (i) o Comitê Nacional de Prevenção e Combate à Tortura e (ii) o Mecanismo Nacional de Prevenção e Combate à Tortura.

10. CONVENÇÃO INTERNACIONAL SOBRE A ELIMINAÇÃO DE TODAS AS FORMAS DE DISCRIMINAÇÃO CONTRA A MULHER

A Convenção sobre a Eliminação de Todas as Formas de Discriminação contra a Mulher foi aprovada pela Resolução 34/180 da Assembleia Geral das Nações Unidas (ONU), em 18 de dezembro de 1979.

10.1. Discriminação contra a mulher

Para a *Convenção Internacional*, considera-se *discriminação contra a mulher* "toda a distinção, exclusão ou restrição baseada no sexo e que tenha por objeto ou resultado prejudicar ou anular o reconhecimento, gozo ou exercício pela mulher, independentemente de seu estado civil, com base na igualdade do homem e da mulher, dos direitos humanos e liberdades fundamentais nos campos político, econômico, social, cultural e civil ou em qualquer outro campo".

10.2. Medidas afirmativas

Para assegurar a igualdade de gênero, a *Convenção Internacional* prevê a adoção de *medidas afirmativas,* nos seguintes termos: "a adoção pelos Estados-partes de medidas especiais de caráter temporário destinadas a acelerar a igualdade de fato entre o homem e a mulher não se considerará discriminação na forma definida nesta Convenção, mas de nenhuma maneira implicará, como consequência, a manutenção de normas desiguais ou separadas; essas medidas cessarão quando os objetivos de igualdade de oportunidade e tratamento houverem sido alcançados".

10.3. Proibição do tráfico de mulheres

A *Convenção Internacional* proíbe o tráfico de mulheres e a prostituição, a saber: "os Estados-partes tomarão as medidas apropriadas, inclusive de caráter legislativo, para suprimir todas as formas de tráfico de mulheres e exploração de prostituição da mulher".

11. CONVENÇÃO INTERNACIONAL SOBRE OS DIREITOS DAS CRIANÇAS

A *Convenção Internacional sobre os Direitos das Crianças* foi aprovada pelas Nações Unidas (ONU) em 1989.

11.1. Conceito de criança

Para a *Convenção Internacional*, "considera-se *criança* todo ser humano com menos de 18 anos de idade, a não ser que, em conformidade com a lei aplicável à criança, a maioridade seja alcançada antes". É dizer, criança é aquele que possui até 18 anos, sem prejuízo de leis com redução da maioridade nos países signatários da *Convenção Internacional*. No Brasil, consoante o Estatuto da Criança e do Adolescente (Lei 8.069/1990), a infância é dividida em dois períodos: (i) infância, até 12 anos incompletos; (ii) adolescência, de 12 anos a 18 anos incompletos.

11.2. Não discriminação

Um dos objetivos da *Convenção Internacional* é a *não discriminação* e, para tal, cabe aos Estados-partes o respeito aos direitos enunciados na *Convenção Internacional da Criança* e assegurar "a sua aplicação a cada criança sujeita à

FABIANO MELO

sua jurisdição, sem distinção alguma, independentemente de raça, cor, sexo, idioma, crença, opinião política ou de outra índole, origem nacional, étnica ou social, posição econômica, deficiências físicas, nascimento ou qualquer outra condição da criança, de seus pais ou de seus representantes legais".

11.3. Protocolo facultativo

Relaciona-se ainda, no âmbito da *Convenção Internacional, o Protocolo Facultativo à Convenção sobre os Direitos da Criança referente à venda de crianças, à prostituição infantil e à pornografia infantil*. Seus propósitos são a proibição da venda de crianças; a proibição da prostituição infantil; a proibição da pornografia infantil.

12. INDÍGENAS

Dois documentos internacionais são importantes para a proteção dos índios: (i) Declaração das Nações Unidas sobre os Direitos dos Povos Indígenas; (ii) Convenção 169 da Organização Internacional do Trabalho (OIT).

12.1. Declaração das Nações Unidas sobre os Direitos dos Povos Indígenas

A Declaração das Nações Unidas sobre os Direitos dos Povos Indígenas foi aprovada pela Assembleia Geral da ONU em 07 de setembro de 2007. Não possui força jurídica vinculante.

12.2. Convenção 169 da OIT

A Convenção 169 foi adotada em Genebra, Suíça, em 27 de junho de 1989, na 76ª Conferência Internacional do Trabalho da (OIT) e dispõe sobre as Populações Indígenas e Tribais, sendo que a promulgação no Brasil ocorreu com a edição do Decreto 5.051, de 19 de abril de 2004.

A Convenção 169 da OIT aplica-se aos povos tribais e indígenas, nesses termos: (a) Aos povos tribais em países independentes, cujas condições sociais, culturais e econômicas os distingam de outros setores da coletividade nacional, e que estejam regidos, total ou parcialmente, por seus próprios costumes ou tradições ou por legislação especial; (b) Aos povos em países independentes, considerados indígenas pelo fato de descenderem de populações que habitavam o país ou uma região geográfica pertencente ao país na época da conquista ou da colonização ou do estabelecimento das atuais fronteiras estatais e que, seja qual for sua situação jurídica, conservam todas as suas próprias instituições sociais, econômicas, culturais e políticas, ou parte delas.

O termo *"povos"* na Convenção 169 "não deverá ser interpretado no sentido de ter implicação alguma no que se refere aos direitos que possam ser conferidos a esse termo no direito internacional".

A Convenção 169 prevê que os povos indígenas e tribais devem gozar plenamente dos direitos humanos e liberdades fundamentais, sem obstáculos nem discriminação, inclusive entre homens e mulheres desses povos. Para tanto, "não deverá ser empregada nenhuma forma de força ou de coerção que viole os direitos humanos e as liberdades fundamentais dos povos interessados, inclusive os direitos contidos na presente Convenção".

12.3. Constituição Federal e os Indígenas

A Constituição de 1988 conferiu um capítulo especial para a proteção aos índios, composto pelos artigos 231 e 232. Essa proteção foi denominada pelo STF como um capítulo avançado do constitucionalismo fraternal ou solidário (MELO, 2016).

Compete à União legislar privativamente sobre populações indígenas (art. 22, XIV, da CF/88). Além de legislar, cabe à União a proteção e a tutela dos índios. Para tanto, foi criado a Fundação Nacional do Índio (FUNAI), órgão oficial da política indigenista brasileira, ligado ao Ministério da Justiça.

A Constituição de 1988 reconheceu aos índios sua organização social, costumes, línguas, crenças e tradições, e os direitos originários sobre as terras que tradicionalmente ocupam, competindo à União demarcá-las, proteger e fazer respeitar todos os seus bens (art. 231, *caput*, CF/88).

A Constituição de 1988 delimita as terras tradicionalmente ocupadas pelos índios aquelas "por eles habitadas em caráter permanente, as utilizadas para suas atividades produtivas, as imprescindíveis à preservação dos recursos ambientais necessários a seu bem-estar e as necessárias a sua reprodução física e cultural, segundo seus usos, costumes e tradições (art. 231, § 1º)".

As terras tradicionalmente ocupadas pelos índios destinam-se a sua posse permanente, cabendo-lhes o usufruto exclusivo das riquezas do solo, dos rios e dos lagos nelas existentes (art. 231, § 2º). Ademais, são inalienáveis e indisponíveis, e os direitos sobre elas, imprescritíveis (art. 231, § 4º). Ressalta-se que essas terras são bens da União (art. 20, IX, CF/88) e são considerados bens de uso especial.

Em regra, é vedada a remoção dos grupos indígenas de suas terras (art. 231, § 5º). Contudo, *"ad referendum"* do Congresso Nacional, será autorizada em caso de (i) catástrofe ou (ii) epidemia que ponha em risco sua população, ou (iii) no interesse da soberania do país, após deliberação do Congresso Nacional. Em qualquer dessas hipóteses, é garantido o retorno imediato dos grupos indígenas logo que cesse o risco que ensejou a remoção temporária.

Conforme o art. 231, § 3º, da CF/88, "O aproveitamento dos recursos hídricos, incluídos os potenciais energéticos, a pesquisa e a lavra das riquezas minerais em terras indígenas só podem ser efetivados com autorização do Congresso Nacional, ouvidas as comunidades afetadas, ficando-lhes assegurada participação nos resultados da lavra, na forma da lei".

Consoante o art. 232 da Constituição, "Os índios, suas comunidades e organizações são partes legítimas para ingressar em juízo em defesa de seus direitos e interesses, intervindo o Ministério Público em todos os atos do processo".

13. DESAPARECIMENTO FORÇADO

Dois são os documentos internacionais sobre a proibição do desaparecimento forçado, a saber:

(a) Convenção Internacional para a Proteção de Todas as Pessoas contra o Desaparecimento Forçado (ONU);

(b) Convenção Interamericana sobre o Desaparecimento Forçado de Pessoas.

13.1. Convenção Internacional Para A Proteção de Todas as Pessoas contra o Desaparecimento Forçado

A Convenção Internacional para a Proteção de Todas as Pessoas contra o Desaparecimento Forçado foi editada pela ONU e promulgada pelo Brasil por meio do Decreto 8.767/2016.

13.1.1. Conceito de desaparecimento Forçado

Para os efeitos da Convenção Internacional, entende-se por "*desaparecimento forçado*" a prisão, a detenção, o sequestro ou qualquer outra forma de privação de liberdade que seja perpetrada por agentes do Estado ou por pessoas ou grupos de pessoas agindo com a autorização, apoio ou aquiescência do Estado, e a subsequente recusa em admitir a privação de liberdade ou a ocultação do destino ou do paradeiro da pessoa desaparecida, privando-a assim da proteção da lei.

13.1.2. Caráter inderrogável da proibição do desaparecimento forçado

Nenhuma pessoa será submetida a desaparecimento forçado. No mesmo sentido, nenhuma circunstância excepcional, seja estado de guerra ou ameaça de guerra, instabilidade política interna ou qualquer outra emergência pública, poderá ser invocada como justificativa para o desaparecimento forçado.

13.1.3. Medidas de investigação

Cada Estado-parte adotará as medidas apropriadas para investigar os atos definidos por "desaparecimento forçado", cometidos por pessoas ou grupos de pessoas que atuem sem a autorização, o apoio ou a aquiescência do Estado, e levar os responsáveis à justiça.

13.1.4. Tipificação do desaparecimento forçado

Cada Estado-parte tomará as medidas necessárias para assegurar que o desaparecimento forçado constitua crime em conformidade com o seu direito penal.

13.1.5. Prática generalizada ou sistemática de desaparecimento forçado

A prática generalizada ou sistemática de desaparecimento forçado constitui *crime contra a humanidade,* tal como define o direito internacional aplicável, e estará sujeito às consequências previstas no direito internacional aplicável. Dessa forma, cada Estado-parte tomará as medidas necessárias para responsabilizar penalmente, ao menos:

(a) toda pessoa que cometa, ordene, solicite ou induza a prática de um desaparecimento forçado, tente praticá-lo, seja cúmplice ou partícipe do ato;

(b) o superior que: (i) tiver conhecimento de que os subordinados sob sua autoridade e controle efetivos estavam cometendo ou se preparavam para cometer um crime de desaparecimento forçado, ou que tiver conscientemente omitido informação que o indicasse claramente; (ii) tiver exercido sua responsabilidade e controle efetivos sobre as atividades relacionadas com o crime de desaparecimento forçado; e (iii) tiver deixado de tomar todas as medidas necessárias e razoáveis a seu alcance para prevenir ou reprimir a prática de um desaparecimento forçado, ou de levar o assunto ao conhecimento das autoridades competentes para fins de investigação e julgamento;

(c) o inciso "*b*" acima não deve ser entendido de maneira a prejudicar normas superiores de responsabilidade aplicáveis em conformidade com o direito internacional a um comandante militar ou a pessoa que efetivamente atue como um comandante militar.

Nenhuma ordem ou instrução de uma autoridade pública, seja ela civil, militar ou de outra natureza, poderá ser invocada para justificar um crime de desaparecimento forçado.

Nenhum Estado-parte expulsará, devolverá, entregará ou extraditará uma pessoa a outro Estado onde haja razões fundadas para crer que a pessoa correria o risco de ser vítima de desaparecimento forçado. Para fins de determinar se essas razões existem, as autoridades competentes levarão em conta todas as considerações pertinentes, inclusive, se couber, a existência no Estado em questão de um padrão de violações sistemáticas, graves, flagrantes e maciças dos direitos humanos ou graves violações do direito internacional humanitário.

13.2. A Convenção Interamericana sobre o Desaparecimento Forçado

A *Convenção Interamericana sobre o Desaparecimento Forçado* foi editada pela Organização dos Estados Americanos (OEA) e promulgada pelo Brasil pelo Decreto 8.766/2016.

13.2.1. Conceito de desaparecimento forçado

Para os efeitos da Convenção Interamericana, "entende-se por desaparecimento forçado a privação de liberdade de uma pessoa ou mais pessoas, seja de que forma for, praticada por agentes do Estado ou por pessoas ou grupos de pessoas que atuem com autorização, apoio ou consentimento do Estado, seguida de falta de informação ou da recusa a reconhecer a privação de liberdade ou a informar sobre o paradeiro da pessoa, impedindo assim o exercício dos recursos legais e das garantias processuais pertinentes".

13.2.2. Compromisso dos Estados-partes

Os Estados-partes na *Convenção Interamericana sobre o Desaparecimento Forçado* comprometem-se a:

(a) não praticar, nem permitir, nem tolerar o desaparecimento forçado de pessoas, nem mesmo em estado de emergência, exceção ou suspensão de garantias individuais;

(b) punir, no âmbito de sua jurisdição, os autores, cúmplices e encobridores do delito do desaparecimento forçado de pessoas, bem como da tentativa de prática do citado crime;

(c) cooperar entre si a fim de contribuir para a prevenção, punição e erradicação do desaparecimento forçado de pessoas; e

(d) tomar as medidas de caráter legislativo, administrativo, judicial ou de qualquer outra natureza que sejam necessárias para cumprir os compromissos assumidos nesta Convenção.

13.2.3. Tipificação penal

Consoante a Convenção Interamericana, "Os Estados Partes comprometem-se a adotar, de acordo com seus procedimentos constitucionais, as medidas legislativas que forem necessárias para tipificar como delito o desaparecimento forçado de pessoas e a impor-lhe a pena apropriada que leve em conta sua extrema gravidade. Esse delito será considerado continuado ou permanente, enquanto não se estabelecer o destino ou paradeiro da vítima". Além disso, "Os Estados Partes poderão estabelecer circunstâncias atenuantes para aqueles que tiverem participado de atos que constituam desaparecimento forçado, quando contribuam para o aparecimento com vida da vítima ou forneçam informações que permitam esclarecer o desaparecimento forçado de uma pessoa".

Nesse sentido, os atos constitutivos do desaparecimento forçado de pessoas serão considerados delitos em qualquer Estado-parte. Em consequência, cada Estado-parte adotará as medidas para estabelecer sua jurisdição sobre a causa nos seguintes casos:

(a) quando o desaparecimento forçado de pessoas ou qualquer de seus atos constitutivos tiverem sido perpetrados no âmbito de sua jurisdição;

(b) quando o acusado for nacional desse Estado;

(c) quando a vítima for nacional desse Estado e este o considerar apropriado.

Todo Estado-parte tomará também as medidas necessárias para estabelecer sua jurisdição sobre o delito descrito nesta Convenção, quando o suspeito se encontrar no seu território e o Estado não o extraditar.

Esta Convenção não faculta um Estado-parte a empreender no território de outro Estado Parte o exercício da jurisdição nem o desempenho das funções reservadas exclusivamente às autoridades da outra parte por sua legislação interna.

13.2.4. Imprescritibilidade da ação penal

A ação penal decorrente do desaparecimento forçado de pessoas e a pena que for imposta judicialmente ao responsável por ela *não estarão sujeitas* à *prescrição*.

No entanto, quando existir uma norma de caráter fundamental que impeça a aplicação do estipulado no parágrafo anterior, o prazo da prescrição deverá ser igual ao do delito mais grave na legislação interna do respectivo Estado-parte.

13.2.5. Impossibilidade de se alegar o cumprimento de ordens superiores

Não se admitirá como causa dirimente a obediência devida a ordens ou instruções superiores que disponham, autorizem ou incentivem o desaparecimento forçado. *Toda pessoa que receber tais ordens tem o direito e o dever de não obedecê-las*. Os Estados-partes velarão também para que, na formação do pessoal ou dos funcionários públicos encarregados da aplicação da lei, seja ministrada a educação necessária sobre o delito de desaparecimento forçado de pessoas.

13.2.6. Impossibilidade de jurisdição especial para o julgamento

Segundo a Convenção Interamericana, "os suspeitos dos atos constitutivos do delito do desaparecimento forçado de pessoas só poderão ser julgados pelas jurisdições de direito comum competentes, em cada Estado, com exclusão de qualquer outra jurisdição especial, particularmente a militar". Ademais, "os atos constitutivos do desaparecimento forçado não poderão ser considerados como cometidos no exercício das funções militares". Por fim, "não serão admitidos privilégios, imunidades nem dispensas especiais nesses processos, sem prejuízo das disposições que figuram na Convenção de Viena sobre Relações Diplomáticas".

13.2.7. Caráter inderrogável da proibição do desaparecimento forçado

Destaca-se o caráter inderrogável da proibição do desaparecimento forçado. Com efeito, "em nenhum caso poderão ser invocadas circunstâncias excepcionais, tais como estado de guerra ou ameaça de guerra, instabilidade política interna ou qualquer outra emergência pública, para justificar o desaparecimento forçado de pessoas. Nesses casos, será mantido o direito a procedimentos ou recursos judiciais rápidos e eficazes, como meio de determinar o paradeiro das pessoas privadas de liberdade ou seu estado de saúde, ou de identificar a autoridade que ordenou a privação de liberdade ou a tornou efetiva".

Por fim, "na tramitação desses procedimentos ou recursos e de conformidade com o direito interno respectivo, as autoridades judiciárias competentes terão livre e imediato acesso a todo centro de detenção e a cada uma de suas dependências, bem como a todo lugar onde houver motivo para crer que se possa encontrar a pessoa desaparecida, inclusive lugares sujeitos à jurisdição militar".

14. IDOSOS

O Estatuto do Idoso (Lei 10.741/2003) destina-se a regular os direitos assegurados às pessoas com *idade igual ou superior a 60 (sessenta) anos*.

14.1. Direitos fundamentais

O idoso goza de todos os direitos fundamentais inerentes à pessoa humana, sem prejuízo da proteção integral de que trata o Estatuto, assegurando-se-lhe, por lei ou por outros meios, todas as oportunidades e facilidades, para preservação de sua saúde física e mental e seu aperfeiçoamento moral, intelectual, espiritual e social, em condições de liberdade e dignidade.

14.2. Obrigações com o idoso

É obrigação da família, da comunidade, da sociedade e do Poder Público assegurar ao idoso, com absoluta prioridade, a efetivação do direito à vida, à saúde, à alimentação, à educação, à cultura, ao esporte, ao lazer, ao trabalho, à cidadania, à liberdade, à dignidade, ao respeito e à convivência familiar e comunitária.

14.3. Garantia de prioridade

A *garantia de prioridade* para os idosos compreende: (i) atendimento preferencial imediato e individualizado junto aos órgãos públicos e privados prestadores de serviços à população; (ii) preferência na formulação e na execução de políticas sociais públicas específicas; (iii) destinação privilegiada de recursos públicos nas áreas relacionadas com a proteção ao idoso; (iv) viabilização de formas alternativas de participação, ocupação e convívio do idoso com as demais gerações; (v) priorização do atendimento do idoso por sua própria família, em detrimento do atendimento asilar, exceto dos que não a possuam ou careçam de condições de manutenção da própria sobrevivência; (vi) capacitação e reciclagem dos recursos humanos nas áreas de geriatria e gerontologia e na prestação de serviços aos idosos; (vii) estabelecimento de mecanismos que favoreçam a divulgação de informações de caráter educativo sobre os aspectos biopsicossociais de envelhecimento; (viii) garantia de acesso à rede de serviços de saúde e de assistência social locais; (ix) prioridade no recebimento da restituição do Imposto de Renda.

14.4. Proteção ao idoso

Nenhum idoso será objeto de qualquer tipo de negligência, discriminação, violência, crueldade ou opressão, e todo atentado aos seus direitos, por ação ou omissão, será punido na forma da lei. Portanto, é dever de todos prevenir a ameaça ou violação aos direitos do idoso. Além disso, todo cidadão tem o dever de comunicar à autoridade competente qualquer forma de violação do Estatuto que tenha testemunhado ou de que tenha conhecimento.

15. TRIBUNAL PENAL INTERNACIONAL

O Tribunal Penal Internacional (TPI) é uma instituição permanente, com jurisdição sobre as pessoas responsáveis pelos crimes de maior gravidade com alcance internacional, com sede em Haia, Países Baixos. Suas disposições são regidas pelo Estatuto de Roma, que o Brasil promulgou por meio do Decreto 4.388/2002.

O Tribunal terá personalidade jurídica internacional. Possui, igualmente, a capacidade jurídica necessária ao desempenho das suas funções e à prossecução dos seus objetivos.

O TPI não se vincula à Organização das Nações Unidas ou ao seu Conselho de Segurança, o que há entre eles é cooperação.

Princípio da complementariedade: o TPI será complementar às jurisdições penais nacionais.

A competência do Tribunal restringir-se-á aos crimes mais graves, que afetam a comunidade internacional no seu conjunto e terá competência para julgar os seguintes crimes: (a) O crime de genocídio; (b) Crimes contra a humanidade; (c) Crimes de guerra; (d) O crime de agressão.

No que tange à competência *ratione temporis*, a jurisdição do TPI incide apenas em relação aos fatos praticados após a vigência do Estatuto de Roma (art. 11). Obs.: os Estados que ratificarem o tratado após a entrada em vigor do Estatuto (1º/7/2002), somente estarão submetidos à jurisdição do TPI após a data da assinatura, salvo declaração expressa em contrário.

16. BIBLIOGRAFIA

MELO, Fabiano. **Direitos Humanos**. São Paulo: Método, 2016.

MELO, Fabiano. **Direito Ambiental**. 2ª. ed. São Paulo: Método, 2017.

17. QUESTÕES

IX Exame Unificado (Ipatinga-MG) Considere como se fosse verdadeira a seguinte narrativa: foi constatado este ano que na Penitenciária Anhanguera os presos estão sofrendo diversas formas de maus tratos – incluindo violência física. Você foi procurado por um grupo de familiares que lhe disse ter boas razões para achar que medidas judiciais no Brasil podem ser inócuas no prazo desejado e, por isso, consultaram-no sobre a possibilidade de submeter o caso à Comissão Interamericana de Direitos Humanos (CIDH). Considerando as regras de funcionamento desta Comissão, você deve informá-los de que

(A) a CIDH não é competente para receber esta denúncia uma vez que a violação de normas jurídicas, tal qual a Convenção Interamericana para Prevenir e Punir a Tortura (ratificada pelo Brasil em 1989), deve ser julgada diretamente pela Corte Interamericana de Justiça.

(B) a CIDH pode receber a denúncia, mas apenas se forem feitas petições individualizadas, relatando a violação sofrida por cada uma das vítimas e relacionando-as com os direitos previstos na Convenção Americana.

(C) a CIDH pode receber a denúncia e, se considerar que há situação de gravidade e urgência, pode instaurar de ofício um procedimento no qual pode solicitar que um estado adote medidas cautelares de natureza coletiva para evitar danos irreparáveis às pessoas.

(D) a CIDH pode receber a denúncia e, se considerar que há situação de gravidade e urgência, pode encaminhar diretamente o caso à Corte Interamericana de Justiça que poderá ordenar a medida provisória que julgar necessária à cessação da violação.

COMENTÁRIO: **A:** Incorreta. A CIDH é sim competente para receber essa denúncia, conforme expressa o art. 44 do Pacto de San Jose da Costa Rica; **B:** Incorreta. A CIDH pode receber a denúncia, mesmo que não sejam feitas petições individualizadas, relatando a violação sofrida por cada uma das vítimas e relacionando-as com os direitos previstos na Convenção Americana de Direitos Humanos; **C:** Correta. Em casos graves e urgentes, a CIDH pode realizar uma investigação, mediante prévio consentimento do Estado em cujo território se alegue houver sido cometida a violação de direitos previstos na Convenção (art. 48.2). Já no tocante à competência da Corte, em casos de extrema gravidade e urgência, e quando se fizer necessário evitar danos irreparáveis às pessoas, ela, nos assuntos de que estiver conhecendo, poderá tomar as medidas provisórias que considerar pertinentes (art. 63.2 da Convenção); **D:** Incorreta. Conforme mencionado acima, em casos graves e urgentes, a CIDH pode realizar uma investigação, mediante prévio consentimento do Estado em cujo território se alegue houver sido cometida a violação de direitos previstos na Convenção (artigo 48.2).
Gabarito "C".

(XVIII Exame Unificado) No Caso Damião Ximenes (primeiro caso do Brasil na Corte Interamericana de Direitos Humanos), o Brasil foi condenado a investigar e sancionar os responsáveis pela morte de Damião Ximenes, a desenvolver um programa de formação e capacitação para as pessoas vinculadas ao atendimento de saúde mental e a reparação pecuniária da família. Damião Ximenes foi morto, sob tortura, em uma clínica psiquiátrica particular na cidade de Sobral, no Ceará. A condenação recaiu sobre a Federação (União) e não sobre o estado do Ceará ou sobre o município de Sobral, embora ambos tenham algum tipo de responsabilidade sobre o funcionamento da clínica. A responsabilização do governo federal (e não do estadual ou do municipal) aconteceu porque

(A) estado e município não possuem capacidade jurídica para responder pela violação de direitos humanos praticados por seus agentes.

(B) o Brasil é um estado federativo e, nesses casos, cabe ao governo nacional cumprir todas as disposições da Convenção Americana sobre Direitos Humanos, relacionadas com as matérias sobre as quais exerce competência legislativa e judicial.

FABIANO MELO

(C) o falecimento de Damião Ximenes aconteceu em uma clínica particular e cabe ao SUS, que é federal, a regulamentação e supervisão do funcionamento de todas as casas de saúde.

(D) a Corte Interamericana de Direitos Humanos possui jurisdição internacional e para que a condenação recaísse sobre um estado ou um município seria necessária a homologação da decisão da Corte pelo Tribunal de Justiça do Ceará.

COMENTÁRIO: **A**: Incorreta. A responsabilidade internacional é do Estado-parte, cumprindo ao governo nacional cumprir todas as disposições da Convenção; **B**: Correta. Deve-se conhecer a regra contida no art. 28 da Convenção Americana de Direitos Humanos, denominada de cláusula federal. Esse dispositivo transmite a ideia de que os Estados-partes constituídos em forma de federação (como o Brasil) não podem alegar o descumprimento das disposições do Pacto de San José da Costa Rica sob o argumento de que internamente essa competência é do ente federado. De fato, a vinculação ao Pacto é do Estado Federal, uma vez que possui personalidade internacional. Assim, se determinado direito previsto no Pacto for de responsabilidade de um Estado Federado, ao Estado Federal compete o dever de adotar as medidas cabíveis para que o Estado Federado proceda à implementação interna do direito; **C**: Incorreta. A responsabilidade internacional é do Estado-parte, e não de qualquer entidade da Administração direta ou indireta, cumprindo ao governo nacional cumprir todas as disposições da Convenção; **D**: Incorreta. As decisões da Corte Interamericana de Direitos Humanos, por óbvio, não se submetem à homologação de qualquer Tribunal de Justiça local.

Gabarito "B".

(**XXIV Exame Unificado**) Há cerca de três meses, foi verificado que os presos da Penitenciária Quebrantar estavam sofrendo diversas formas de maus tratos, incluindo violência física. Você foi contratado(a) por familiares dos presos, que lhe disseram ter elementos suficientes para acreditar que qualquer medida judicial no Brasil seria ineficaz no prazo desejado. Por isso, eles o(a) consultaram sobre a possibilidade de submeter o caso à Comissão Interamericana de Direitos Humanos (CIDH).

Considerando as regras de funcionamento dessa Comissão, você deve informá-los de que a CIDH pode receber a denúncia:

(A) caso sejam feitas petições individualizadas, uma vez que os casos de violação de direitos previstos no Pacto de São José da Costa Rica devem ser julgados diretamente pela Corte Interamericana de Justiça.

(B) caso sejam feitas petições individualizadas relatando a violação sofrida por cada uma das vítimas e as relacionando aos direitos previstos na Convenção Americana; assim, a CIDH poderá adotar as medidas que julgar necessárias para a cessação da violação.

(C) caso entenda haver situação de gravidade e urgência. Assim, a CIDH poderá instaurar de ofício um procedimento no qual solicita que o Estado brasileiro adote medidas cautelares de natureza coletiva para evitar danos irreparáveis aos presos.

(D) caso entenda haver situação de gravidade e urgência. Assim, a CIDH deve encaminhar diretamente o caso à Corte Interamericana de Justiça, que poderá ordenar a medida provisória que julgar necessária à cessação da violação.

COMENTÁRIO: O candidato deveria assinar a seguinte assertiva: "caso entenda haver situação de gravidade e urgência. Assim, a CIDH poderá instaurar de ofício um procedimento no qual solicita que o Estado brasileiro adote medidas cautelares de natureza coletiva para evitar danos irreparáveis aos presos". Trata-se de uma discussão acerca das medidas cautelares da Comissão Interamericana de Direitos Humanos (CIDH). Com efeito, "o mecanismo de medidas cautelares encontra-se previsto no artigo 25 do Regulamento da CIDH. Conforme o que estabelece o Regulamento, em situações de gravidade ou urgência, a Comissão poderá, por iniciativa própria ou a pedido da parte, requerer que o Estado adote medidas cautelares para prevenir danos irreparáveis às pessoas ou ao objeto do processo com base em uma petição ou caso pendente, assim como, às pessoas que se encontrem sob sua jurisdição, independentemente de qualquer petição ou caso pendente. Estas medidas poderão ser de natureza coletiva com o fim de prevenir um dano irreparável às pessoas em razão de vínculo com uma organização, grupo ou comunidade de pessoas determinadas ou determináveis" (MELO, Fabiano. *Direitos Humanos*. São Paulo: Método, 2016, p. 241).

Gabarito "C".

(**XXI Exame Unificado**) Você, na condição de advogado(a) comprometido com os Direitos Humanos, foi procurado por José, que é paraplégico e candidato a vereador. A partir de denúncia feita por ele, você constatou que um outro candidato e desafeto de José, tem afirmado, em programa de rádio local, que, não obstante José ser boa pessoa, o fato de ser deficiente o impede de exercer o mandato de forma plena, razão pela qual ele nem deveria ter a candidatura homologada pelo TRE.

Com base na hipótese apresentada, assinale a opção que apresenta a resposta que,

juridicamente, melhor caracteriza a situação.

(A) O problema é político e não jurídico. José deve ser aconselhado a reforçar sua campanha, a apresentar suas propostas aos eleitores e mostrar que sempre foi um cidadão ativo, de maneira a demonstrar que tem plena condição para o exercício de um eventual mandato, apesar de sua deficiência.

(B) A análise jurídica revela um problema restrito ao campo do Direito Civil. O fato é que o desafeto de José não o impediu de candidatar-se, assim não houve discriminação. O procedimento deve ser caracterizado apenas como dano moral, uma vez que José teve sua dignidade atacada.

(C) O fato evidencia crime de incitação à discriminação de pessoa em razão de deficiência, com o agravante de ter sido cometido em meio de comunicação, independentemente da caracterização ou não de dano moral.

(D) O caso é típico de colisão de princípios em que, de um lado, está o princípio da dignidade da pessoa humana e, do outro, o princípio da liberdade de expressão. Mas não há caracterização de ilícito civil nem de ilícito penal.

COMENTÁRIO: **A**: Incorreta. José nada tem a provar acerca de sua plena condição para exercício de mandato. O fato de ser paraplégico não afeta a sua capacidade civil, tampouco as suas condições de elegibilidade. A propósito, a Lei Brasileira de Inclusão, também chamada de Estatuto da Pessoa com Deficiência (Lei 13.146/2015), dispõe que "toda pessoa com deficiência tem direito à igualdade de oportunidades com as demais pessoas e não sofrerá nenhuma espécie de discriminação (art. 4º, *caput*)". A propósito, é importante relacionar o conceito de discriminação em razão da deficiência, a saber: "toda forma de distinção, restrição ou exclusão, por ação ou omissão, que tenha o propósito ou o efeito de prejudicar, impedir ou anular o reconhecimento ou o exercício dos direitos e das liberdades fundamentais de pessoa com deficiência, incluindo a recusa de adaptações razoáveis e de fornecimento de tecnologias assistivas (art. 4º,§ 1º)"; **B**: Incorreta. O problema não é restrito à seara do direito civil. A Lei 13.146/2015, em consonância com a Convenção Internacional dos Direitos das Pessoas com Deficiência, abarca normas de ordem pública, destinadas a assegurar e a promover, em condições de igualdade, o exercício dos direitos e das liberdades fundamentais por pessoa com deficiência, visando à sua inclusão social e cidadania; **C**: Correta. Nos moldes do art. 88, § 2º da Lei 13.146/2015, trata-se de crime apenado com reclusão de dois a cinco anos, e multa, a conduta de incitar discriminação de pessoa em razão de sua deficiência por intermédio de qualquer meio de comunicação ou de publicação; **D**: Incorreta. No caso proposto pelo examinador não há que se falar em colisão de princípios, mas tão somente de prática discriminatória de pessoa em razão de sua deficiência.

Gabarito "C".

(**XX Exame Unificado**) Considere o seguinte caso: Em um Estado do norte do Brasil está havendo uma disputa que envolve a exploração de recursos naturais em terras indígenas. Esta disputa envolve diferentes comunidades indígenas e uma mineradora privada. Como advogado que atua na área dos Direitos Humanos, foi-lhe solicitado elaborar um parecer. Nesse caso, é imprescindível se ter em conta a Convenção 169 da OIT, que foi ratificada pelo Brasil, em 2002. De acordo com o Art. 2º desta Convenção, os governos deverão assumir a responsabilidade de desenvolver, com a participação dos povos interessados, uma ação coordenada e sistemática com vistas a proteger os direitos desses povos e a garantir o respeito pela sua integridade.

Levando-se em consideração esta Convenção e em relação ao que se refere aos recursos naturais eventualmente existentes em terras indígenas, assinale a afirmativa correta.

DIREITOS HUMANOS

(A) Os povos indígenas que ocupam terras onde haja a exploração de suas riquezas minerais e do subsolo têm direito ao recebimento de parte dos recursos auferidos, mas não possuem direito a participar da utilização, administração e conservação dos recursos mencionados.

(B) Em caso de a propriedade dos minérios ou dos recursos do subsolo pertencer ao Estado, o governo deverá estabelecer ou manter consultas dos povos interessados, a fim de determinar se os interesses desses povos seriam prejudicados, antes de empreender ou autorizar qualquer programa de prospecção ou exploração dos recursos existentes.

(C) A exploração de riquezas minerais e do subsolo em terras ocupadas por povos indígenas é aceitável e prescinde de consulta prévia desde que se cumpram os seguintes requisitos: preservação da identidade cultural dos povos ocupantes da terra, pagamento de royalties em função dos transtornos causados e autorização por meio de decreto legislativo.

(D) Em nenhuma hipótese pode haver a exploração de riquezas minerais e do subsolo em terras ocupadas por populações indígenas.

COMENTÁRIO: **A:** Incorreta. É assegurado aos povos indígenas, conforme a Convenção 169 da Organização Internacional do Trabalho (OIT), o direito de participarem da utilização, administração e conservação dos recursos existentes em suas terras (artigo 15.1); **B:** Correta. É exatamente o que dispõe o artigo 15.2 da Convenção 169 da OIT, o qual, em complemento, assevera que os povos interessados deverão participar sempre que for possível dos benefícios que essas atividades produzam, e receber indenização equitativa por qualquer dano que possam sofrer como resultado dessas atividades; **C:** Incorreta. A exploração de riquezas minerais em terras ocupadas por povos indígenas não prescinde de consulta prévia (artigo 17.2); **D:** Incorreta. A Convenção 169 da OIT prevê a possibilidade de exploração de riquezas em terras ocupadas por povos indígenas, mas desde que a tais povos sejam assegurados os direitos de participarem da utilização, administração e conservação dos recursos mencionados (artigo 15.1).

Gabarito "B"

DIREITO AMBIENTAL

Fabiano Melo[1]

1. NOÇÕES INTRODUTÓRIAS

1.1 Conceito jurídico de meio ambiente

A Lei 6.938/1981 considera o meio ambiente como "o conjunto de condições, leis, influências e interações de ordem física, química e biológica, que permite, abriga e rege a vida em todas as suas formas" (art. 3º, I). O conceito jurídico de meio ambiente é totalizante, com abrangência dos elementos bióticos (seres vivos) e abióticos (não vivos) que permitem a vida em todas as suas formas (não exclusivamente a vida humana) (MELO, 2017).

1.2 Classificação de meio ambiente

O **meio ambiente é uno, indivisível** e como tal não há que falar em fragmentação ou divisão.

Todavia, para *fins didáticos*, a classificação de meio ambiente proposta por José Afonso da Silva tornou-se uma referência albergada tanto pela doutrina quanto pelos tribunais. Contribui na compreensão da abrangência do ambiente, que não se restringe ao natural, mas inclui os elementos culturais, artificiais e do trabalho.

Nesse sentido, a classificação de meio ambiente, em sentido amplo e para fins eminentemente didáticos, congrega quatro componentes:

a) meio ambiente físico ou natural;

b) meio ambiente cultural;

c) meio ambiente artificial;

d) meio ambiente do trabalho.

Entende-se como **meio ambiente físico** ou **natural** aquele integrado pela flora, fauna, os recursos hídricos, a atmosfera, os estuários, o mar territorial, o solo, o subsolo, os elementos da biosfera.

O **meio ambiente cultural**, por sua vez, constitui-se do patrimônio cultural, artístico, arqueológico, paisagístico, etnográfico, manifestações culturais, folclóricas e populares brasileiras. O meio ambiente cultural é composto tanto pelo patrimônio cultural **material** quanto pelo patrimônio cultural **imaterial**. Considera-se patrimônio cultural material aqueles bens móveis e imóveis relevantes no processo cultural, como imóveis tombados, obras de artes etc. Já o patrimônio cultural **imaterial** é constituído pelos saberes, lugares, celebrações e formas de expressão.

O **meio ambiente artificial** é aquele decorrente das intervenções antrópicas, ao contrário do meio ambiente natural, que existe por si só. O artificial é o espaço urbano, as cidades com os seus espaços *abertos*, com ruas, praças e parques; e os espaços *fechados*, com as edificações e os equipamentos públicos urbanos, como de abastecimento de água, serviços de esgotos, energia elétrica, coletas de águas pluviais, rede telefônica e gás canalizado. Atenção com as edificações, uma vez que, se forem destinadas às manifestações artístico-culturais ou forem objeto de tombamento, a melhor classificação é como meio ambiente cultural (MELO, 2017).

O **meio ambiente do trabalho** possui vinculação com a saúde e a segurança do trabalhador. O art. 200 da CF cuida das competências do Sistema Único de Saúde, dentre as quais a de "colaborar na proteção do meio ambiente, nele compreendido o do trabalho" (inciso VIII). Além disso, o inciso XXII do art. 7º da CF dispõe sobre a "redução dos riscos inerentes ao trabalho, por meio de normas de saúde, higiene e segurança". O meio ambiente do trabalho preocupa-se, assim, com o obreiro em seu local de trabalho, por intermédio de prescrições de saúde, salubridade, condições atmosféricas, ergonomia etc.

CLASSIFICAÇÃO DE MEIO AMBIENTE PARA FINS DIDÁTICOS

Meio Ambiente	
	• Natural – art. 225 da CF
	• Cultural – arts. 215 e 216, da CF
	• Artificial – art. 182 da CF
	• do Trabalho – art. 200, VIII, da CF

2. DIREITO AMBIENTAL INTERNACIONAL

O estudo do Direito Ambiental Internacional impõe a análise das conferências sobre o meio ambiente no âmbito da Organização das Nações Unidas (ONU) e documentos decorrentes.

Da primeira conferência em 1972 até os dias atuais, a ONU promoveu quatro conferências mundiais, decisivas para que temáticas como meio ambiente ecologicamente equilibrado, desenvolvimento sustentável, mudanças climáticas, entre outros, assumissem centralidade na agenda global.

As quatro conferências da ONU são as seguintes:

✓ Conferência das Nações Unidas sobre o Meio Ambiente Humano (1972);

✓ Conferência das Nações Unidas sobre Meio Ambiente e Desenvolvimento (1992);

✓ Cúpula Mundial sobre Desenvolvimento Sustentável – Rio+10 (2002);

✓ Conferência das Nações Unidas sobre Desenvolvimento Sustentável – Rio+20 (2012).

2.1. Conferência de Estocolmo

A **Conferência das Nações Unidas sobre o Meio Ambiente Humano**, realizada em 1972 na cidade de Estocolmo, Suécia, é o marco do direito ambiental internacional.

---

1. Fabiano Melo é professor de Direito Ambiental da Rede LFG. Docente dos cursos de graduação e pós-graduação em Direito e Administração da Pontifícia Universidade Católica de Minas Gerais (PUC/Minas). Facebook e Instagram: fabianomelooficial.

Ao seu término, foi editada a **Declaração de Estocolmo sobre Meio Ambiente Humano,** com 26 princípios. O Princípio 1 da Declaração reconhece o direito do homem de viver em um meio ambiente com qualidade, como se vê: "O homem tem o direito fundamental à liberdade, à igualdade e ao desfrute de condições de vida adequadas, em um meio ambiente de qualidade tal que lhe permita levar uma vida digna, gozar de bem-estar e é portador solene de obrigação de proteger e melhorar o meio ambiente, para as gerações presentes e futuras".

2.2. Relatório Nosso Futuro Comum

Mais de uma década após a realização da Conferência de Estocolmo sobre o Meio Ambiente Humano, a ONU criou, em 1983 ,a Comissão Mundial sobre Meio Ambiente e Desenvolvimento, que após um longo processo de audiências e discussões com líderes políticos e organizações em todo o planeta apresentou, em 1987, gerou como conclusão de suas atividades o **Relatório Nosso Futuro Comum**, também conhecido como "**Relatório Brundtland**" – em homenagem à senhora Gro Harlen Brundtland, ex-primeira ministra da Noruega, que presidiu os trabalhos dessa Comissão Mundial.

O Relatório Brundtland definiu os contornos do conceito clássico de desenvolvimento sustentável, como aquele "**que atende às necessidades das gerações atuais sem comprometer a capacidade de as futuras gerações terem suas próprias necessidades atendidas".**

2.3. Rio/92

A **Conferência do Rio de Janeiro sobre Meio Ambiente e Desenvolvimento (Rio/92),** realizada em 1992, na cidade do Rio de Janeiro, também conhecida como "Cúpula da Terra", teve como resultado a edição de cinco documentos:

a) Declaração do Rio sobre Meio Ambiente e Desenvolvimento;

b) Agenda 21;

c) Convenção-Quadro sobre Mudanças do Clima;

d) Convenção sobre Diversidade Biológica ou da Biodiversidade;

e) Declaração de Princípios sobre Florestas.

A **Declaração do Rio** é composta de 27 princípios que desempenham um papel fundamental para a compreensão do direito ambiental.

A **Agenda 21** é um plano de ação com uma série de instrumentos e iniciativas para a proteção do meio ambiente no âmbito internacional, nacional, regional e local.

Adotada em Nova York em 09 de maio de 1992 e aberta para assinatura em junho de 1992, durante a Rio/92, com entrada em vigor em 21 de março de 1994, a **Convenção-Quadro das Nações Unidas sobre Mudança do Clima** possui como **objetivo** a estabilização das concentrações de gases de efeito estufa na atmosfera num nível que impeça uma interferência antrópica perigosa no sistema climático.

> **Acordo de Paris:** estabelecido durante a 21ª Conferência das Partes (COP 21) da Convenção-Quadro sobre Mudanças do Clima, realizada no mês de dezembro de 2015, em Paris, França, pretende reforçar a resposta mundial às ameaças que representam as mudanças climáticas no contexto do desenvolvimento sustentável e os esforços para erradicar a pobreza e tem como **objetivos centrais:** (a) manter o aumento da temperatura média global bem abaixo dos 2°C acima dos níveis pré-industriais e buscar esforços para limitar o aumento da temperatura a 1,5°C acima dos níveis pré-industriais, reconhecendo que isso reduziria significativamente os riscos e impactos das mudanças climáticas; (b) aumentar a capacidade de adaptar-se aos impactos adversos das mudanças climáticas e fomentar a resiliência ao clima e o desenvolvimento de baixas emissões de gases de efeito estufa, de uma forma que não ameace a produção de alimentos; (c) promover fluxos financeiros consistentes com um caminho de baixas emissões de gases de efeito estufa e de desenvolvimento resiliente ao clima.

A **Convenção sobre Biodiversidade** objetiva a conservação da diversidade biológica e o uso sustentável dos recursos biológicos.

2.4. Cúpula Mundial sobre Desenvolvimento Sustentável (Rio+10)

Em 2002, dez anos após a realização da Conferência do Rio de Janeiro, realizou-se, em Johanesburgo, na África do Sul, a **Cúpula Mundial sobre Desenvolvimento Sustentável,** também conhecida como Rio+10. O nome Rio+10 demonstra a importância da Rio/92 como a principal conferência ambiental realizada.

2.5. Conferência das Nações Unidas sobre Desenvolvimento Sustentável (Rio+20)

A **Conferência das Nações Unidas sobre Desenvolvimento Sustentável (Rio+20)** foi realizada em junho de 2012 na cidade do Rio de Janeiro. A Rio+20 teve dois temas principais: a) a economia verde no contexto do desenvolvimento sustentável e da erradicação da pobreza; e b) a estrutura institucional para o desenvolvimento sustentável.

O documento final da Conferência das Nações Unidas sobre Desenvolvimento Sustentável é denominado "**O Futuro que Queremos**", que contém 283 tópicos que, em linhas gerais, relacionam a renovação dos compromissos políticos das Conferências anteriores (Estocolmo/1972, Rio/1992 e Joanesburgo/2002) e consignam proposições genéricas sobre a economia verde, o quadro institucional para o desenvolvimento sustentável e os meios de implementação.

3. PRINCÍPIOS DO DIREITO AMBIENTAL

3.1. Princípio do meio ambiente ecologicamente equilibrado como direito fundamental

Trata-se de princípio previsto no *caput* do art. 225 da Constituição Federal, ao dispor que "todos têm direito ao meio ambiente ecologicamente equilibrado, bem de uso comum do povo e essencial à sadia qualidade de vida".

Constitui-se no princípio matriz do direito ambiental, que se irradia no âmbito constitucional e infraconstitucional como norteador de todo o arcabouço ambiental (MELO, 2017).

O Supremo Tribunal Federal, na ADI 3.540, dispôs: "todos têm direito ao meio ambiente ecologicamente equilibrado. Trata-se de um típico direito de terceira geração (ou de novíssima dimensão), que assiste a todo o gênero humano. Incumbe, ao Estado e à própria coletividade, a especial obrigação de defender e preservar, em benefício das presentes e futuras gerações, esse direito de titularidade coletiva e de caráter transindividual".

3.2. Princípio do desenvolvimento sustentável

O desenvolvimento sustentável, no conceito clássico do Relatório Nosso Futuro Comum (Relatório Brundtland), é "aquele que atende às necessidades do presente sem comprometer a possibilidade de as gerações futuras atenderem às suas próprias necessidades". A compreensão de desenvolvimento sustentável no contexto internacional é mais ampla e integra o conceito de solidariedade intergeracional.

Para o Supremo Tribunal Federal, "o princípio do desenvolvimento sustentável, além de impregnado de caráter eminentemente constitucional, encontra suporte legitimador em compromissos internacionais assumidos pelo Estado brasileiro e representa fator de obtenção do justo equilíbrio entre as exigências da economia e as da ecologia, subordinada, no entanto, a invocação desse postulado, quando ocorrente situação de conflito entre valores constitucionais relevantes, a uma condição inafastável, cuja observância não comprometa nem esvazie o conteúdo essencial de um dos mais significativos direitos fundamentais: o direito à preservação do meio ambiente, que traduz bem de uso comum da generalidade das pessoas, a ser resguardado em favor das presentes e futuras gerações" (ADI 3.540).

A Constituição de 1988, em seu art. 170, disciplina que a ordem econômica é fundada na valorização do trabalho e na livre-iniciativa e visa a assegurar uma existência digna para todos conforme os ditames da justiça social, com a observância, entre outros, dos princípios da função social da propriedade (inciso III) e da defesa do meio ambiente (inciso VI). Por função social (art. 170, III) entende-se que o exercício do direito de propriedade deve observar e respeitar as normas ambientais. Além disso, a defesa do meio ambiente (art. 170, VI) nas atividades econômicas ocorre mediante tratamento diferenciado conforme o impacto ambiental dos produtos e serviços e de seus processos de elaboração e prestação.

Na interpretação do princípio do desenvolvimento sustentável é necessário conjugar o art. 170 com o art. 225, ambos da Constituição. Não obstante, há uma constante tensão entre as atividades econômicas e as normas protetivas do meio ambiente. Na impossibilidade de compatibilizá-los, há de se indagar sobre qual será a prevalência: as atividades econômicas ou o meio ambiente. A resposta é que pela sistemática constitucional as atividades econômicas não podem ser exercidas em desarmonia com os princípios destinados a tornar efetiva a proteção ao meio ambiente. Esse é o entendimento do Supremo Tribunal Federal (ADI 3.540), a saber: "a atividade econômica não pode ser exercida em desarmonia com os princípios destinados a tornar efetiva a proteção ao meio ambiente. A incolumidade do meio ambiente não pode ser comprometida por interesses empresariais nem ficar dependente de motivações de índole meramente econômica, ainda mais se se tiver presente que a atividade econômica, considerada a disciplina constitucional que a rege, está subordinada, dentre outros princípios gerais, àquele que privilegia a 'defesa do meio ambiente, inclusive mediante tratamento diferenciado conforme o impacto ambiental dos produtos e serviços e de seus processos de elaboração e prestação' (art. 170, VI, CF)".

3.3. Princípio da solidariedade intergeracional

Esse princípio decorre do conceito de desenvolvimento sustentável consignado no Relatório "Nosso Futuro Comum" (Relatório Brundtland).

Com efeito, o *caput* do art. 225 da Constituição Federal relaciona o dever de defender e preservar o meio ambiente "para as presentes e futuras gerações". Esse é um dos mais significativos conteúdos do texto constitucional, pois estabelece uma responsabilidade ética intergeracional. A importância da solidariedade intergeracional se reflete em temáticas como as mudanças climáticas, a imprescritibilidade da reparação do dano ambiental, entre outras.

3.4. Princípio da função socioambiental da propriedade

O regime jurídico da propriedade foi publicizado com a Constituição de 1988. Isto é, os princípios de direito público norteiam a concepção e o conteúdo do direito de propriedade no ordenamento jurídico brasileiro. Garante-se o direito de propriedade (art. 5º, XXII, da CF), mas este somente será legitimado ao atender a sua função social (art. 5º, XXIII, da CF).

É necessário consignar que a função social não limita o direito de propriedade. Ao reverso, a função social é elemento essencial interno da propriedade, um conteúdo do direito de propriedade. Só se deve falar em propriedade no ordenamento jurídico com função social (MELO, 2017).

A expressão "função socioambiental" nada mais é que a função social da propriedade com ênfase em seu aspecto ambiental.

A função socioambiental da **propriedade urbana** no bojo constitucional assenta-se no § 2º do art. 182 da CF, enquanto a função socioambiental da **propriedade rural** é estabelecida no art. 186 da CF.

A **propriedade urbana** cumpre sua função social quando atende às exigências fundamentais de ordenação da cidade expressas no **plano diretor** (art. 182, § 2º, da CF). O *plano diretor* é o instrumento básico da política de desenvolvimento e de expansão urbana. Na leitura constitucional, a obrigatoriedade é somente para as cidades com mais de 20 mil habitantes (art. 182, § 1º, CF). Não obstante, a Lei 10.257/2001, que disciplina o Estatuto da Cidade, dispõe de um rol mais amplo de cidades que devem discutir e aprovar o seu *plano diretor*. Nesse sentido, **o** *plano diretor* **é obrigatório para cidades** (art. 41):

a) com mais de vinte mil habitantes;

b) integrantes de regiões metropolitanas e aglomerações urbanas;

c) onde o Poder Público municipal pretenda utilizar os instrumentos previstos no § 4º do art. 182 da Constituição Federal;

d) integrantes de áreas de especial interesse turístico;

e) inseridas na área de influência de empreendimentos ou atividades com significativo impacto ambiental de âmbito regional ou nacional;

f) incluídas no cadastro nacional de Municípios com áreas suscetíveis à ocorrência de deslizamentos de grande impacto, inundações bruscas ou processos geológicos ou hidrológicos correlatos.

Por sua vez, o cumprimento da função socioambiental da **propriedade rural** impõe a observância do art. 186 da CF:

A função social é cumprida quando a propriedade rural atende, simultaneamente, segundo critérios e graus de exigência estabelecidos em lei, aos seguintes requisitos:

I – aproveitamento racional e adequado;

II – utilização adequada dos recursos naturais disponíveis e preservação do meio ambiente;

III – observância das disposições que regulam as relações de trabalho;

IV – exploração que favoreça o bem-estar dos proprietários e dos trabalhadores.

A leitura do art. 186 da Constituição destaca três aspectos para o cumprimento da função social da propriedade rural (MELO, 2017):

a) o aspecto econômico, com o aproveitamento racional e adequado (inciso I);

b) o aspecto ambiental, pela utilização adequada dos recursos naturais disponíveis e a preservação do meio ambiente (inciso II);

c) o aspecto social, com observância das disposições que regulam as relações de trabalho e a exploração que favoreça o bem-estar dos proprietários e dos trabalhadores (incisos III e IV).

Não se trata de cumprir um ou outro desses aspectos. Ao reverso, a função social da propriedade rural é satisfeita com a observância conjunta e indissociável desses três componentes. A propósito, o eventual descumprimento da função social da propriedade rural enseja que União proceda à desapropriação por interesse social, para fins de reforma agrária, nos moldes do art. 184 da CF.

São exemplos da **preservação do meio ambiente e da utilização adequada dos recursos naturais** a manutenção na propriedade rural da vegetação de possível área de preservação permanente, a instituição e manutenção da reserva legal, a não contaminação dos lençóis freáticos, entre outros.

Já na seara infraconstitucional, o Código Civil, em seu art. 1.228, § 1º, dispõe sobre a função social: "o direito de propriedade deve ser exercido em consonância com as suas finalidades econômicas e sociais e de modo que sejam preservados, de conformidade com o estabelecido em lei especial,

a flora, a fauna, as belezas naturais, o equilíbrio ecológico e o patrimônio histórico e artístico, bem como evitada a poluição do ar e das águas".

3.5. Princípio da prevenção

O vocábulo prevenção, do verbo prevenir, significa agir antecipadamente. Essa é, em essência, a conduta inescusável em qualquer política, programa ou atuação que albergue as questões ambientais.

Não é possível conceber o direito ambiental sob uma ótica meramente reparadora, que o tornaria inócuo, já que os danos ambientais, em regra, são praticamente irreversíveis, como se vê no desmatamento de uma floresta centenária ou na extinção de uma espécie da fauna ou da flora. Sem uma atuação antecipatória não há como evitar a ocorrência de danos ambientais. Por essa razão o direito ambiental é eminentemente preventivo (MELO, 2017).

O princípio da prevenção é aplicável ao **risco conhecido**.

Entende-se por **risco conhecido** aquele identificado por meio de pesquisas, dados e informações ambientais ou ainda porque os impactos são conhecidos em decorrência dos resultados de intervenções anteriores, por exemplo, a degradação ambiental causada pela mineração, em que as consequências para o meio ambiente são de conhecimento geral. É a partir do **risco ou perigo conhecido** que se procura adotar medidas antecipatórias de mitigação dos possíveis impactos ambientais.

São **exemplos** de aplicação do princípio da prevenção:

✓ Estudo Prévio de Impacto Ambiental (EIA);

✓ Licenciamento Ambiental;

✓ Poder de Polícia Ambiental;

✓ Auditorias Ambientais.

3.5. Princípio da precaução

O princípio da precaução encontra-se previsto no Princípio 15 da Declaração do Rio (1992), que assim postula: "Quando houver ameaça de danos graves ou irreversíveis, a ausência de certeza científica absoluta não será utilizada como razão para o adiamento de medidas economicamente viáveis para prevenir a degradação ambiental".

Esse é um princípio atrelado à **incerteza científica**.

No princípio da precaução o que se configura é a ausência de informações ou pesquisas científicas conclusivas sobre a potencialidade e os efeitos de determinada intervenção sobre o meio ambiente e a saúde humana. Ele atua como um mecanismo de gerenciamento de riscos ambientais, notadamente para as atividades e empreendimentos marcados pela ausência de estudos e pesquisas objetivas sobre as consequências para o meio ambiente e a saúde humana.

Como exemplos de aplicabilidade do princípio da precaução, podemos enumerar a necessidade de sua observância no plantio de organismos geneticamente modificados (OGMs) ou ainda na gestão dos riscos decorrentes das intervenções antrópicas que contribuem para a majoração da intensidade dos efeitos do aquecimento global. Não há, como se sabe, estudos conclusivos sobre as consequências de OGMs para a saúde humana e o meio ambiente e, como tal, faz-se necessária a observância do princípio da precaução.

A ausência de estudos e certezas científicas conclusivas não é um permissivo para que se procedam intervenções no meio ambiente. Em termos objetivos, não se admite o plantio de uma espécie de OGM ou o desenvolvimento de pesquisas genéticas sob a alegação de que não há provas ou estudos objetivos sobre eventuais danos ao meio ambiente ou riscos à saúde humana. É justamente a ausência ou a incompletude de provas e elementos sobre a potencialidade dos impactos que justifica a adoção do princípio da precaução, que visa à espera da informação, ou seja, até que estudos e pesquisas sejam realizados para autorizar eventual intervenção ou procedimento. Enfim, *in dubio pro ambiente*. Na dúvida, não faça intervenções.

3.6. Princípio do poluidor-pagador

Conforme Melo (2017), trata-se de "um princípio de natureza econômica, cautelar e preventiva, que compreende a internalização dos custos ambientais, que devem ser suportados pelo empreendedor, afastando-os da coletividade".

Conforme o Princípio 16 da Declaração do Rio (1992), "as autoridades nacionais devem procurar promover a internalização dos custos ambientais e o uso de instrumentos econômicos, tendo em vista a abordagem segundo a qual o poluidor deve, em princípio, arcar com o custo da poluição, com a devida atenção ao interesse público e sem provocar distorções no comércio e nos investimentos internacionais".

Na legislação infraconstitucional, o princípio está expresso no inciso VII do art. 4º da Lei 6.938/1981, ao se afigurar na Política Nacional do Meio Ambiente como objetivo que vise "à imposição, ao poluidor e ao predador, da obrigação de recuperar e/ou indenizar os danos causados (...)".

O princípio do poluidor-pagador possui duas feições (MELO, 2017):

a) o caráter preventivo, ao buscar evitar a ocorrência de danos ambientais;

b) a natureza repressiva, já que, com a ocorrência do dano, faz-se necessária a reparação.

No **aspecto preventivo,** o princípio do poluidor-pagador obriga à internalização das externalidades ambientais negativas. Entende-se por "**internalização**" o processo produtivo e por "**externalidades ambientais negativas**" tudo aquilo que se encontra fora do processo de produção (função de custo e de demanda) como, por exemplo, a poluição (os gases emitidos na atmosfera, os efluentes líquidos e gasosos, os rejeitos etc.).

A fim de evitar que as **externalidades ambientais negativas** sejam suportadas pela comunidade (como no caso de um rio que abastece os moradores de uma cidade e é poluído por determinada empresa), impõe-se ao empreendedor a adoção de medidas preventivas, tais como a instalação de filtros de limpeza de gases, estações de tratamentos de efluentes, destinação dos resíduos e disposição dos rejeitos etc.

Ainda assim, mesmo que as medidas preventivas sejam adotadas, com a eventual verificação da ocorrência de ônus ambientais, o empreendedor não se elide da obrigação de reparação, decorrência da responsabilidade consignada no § 3º do art. 225 da CF e no § 1º do art. 14 da Lei 6.938/1981, que dispõem sobre a responsabilidade civil objetiva. Em outras palavras, esse é o **aspecto repressivo** do princípio do poluidor-pagador, denominado por alguns doutrinadores como princípio da responsabilidade, já que a ocorrência do dano ambiental necessariamente implica a reparação, pois a responsabilidade civil ambiental é objetiva (art. 14, § 1º, Lei 6.938/1981).

3.7. Princípio do usuário-pagador

Trata-se de princípio complementar ao do poluidor--pagador, a ponto de alguns doutrinadores estudá-los como um princípio único. Inobstante, a opção é pela abordagem particular de cada um deles.

Está previsto no inciso VII do art. 4º da Lei 6.938/1981 como um dos objetivos da Política Nacional do Meio Ambiente, com a imposição "(...) ao usuário, da contribuição pela utilização de recursos ambientais com fins econômicos".

O princípio do usuário-pagador é decorrente da necessidade de valoração econômica dos recursos naturais, de quantificá-los economicamente, evitando o que se denomina como "custo zero", que é a ausência de cobrança pela sua utilização. O "custo zero" conduz à hiperexploração de um bem ambiental o que, por consequência, leva à sua escassez. Como exemplo, ao não se valorar o custo pela utilização da água, sua exploração e utilização será inevitavelmente feita de forma excessiva, com a diminuição da disponibilidade desse bem fundamental para a vida.

3.8. Princípio do protetor-recebedor

O **protetor-recebedor** foi positivado com a Lei 12.305/2010, que o cristalizou como um dos princípios da Política Nacional de Resíduos Sólidos.

Segundo Melo (2017), "enquanto o princípio do usuário--pagador estabelece o pagamento pelo uso dos recursos naturais com fins econômicos, o princípio do protetor-recebedor concede aos agentes que optam por medidas de proteção ao meio ambiente benefícios econômicos, fiscais ou tributários".

Graças à adoção de práticas de preservação ambiental, esses agentes, sejam pessoas físicas ou jurídicas, renunciam ao uso dos recursos naturais em benefício de toda a coletividade. Por essa razão, estabeleceu-se a compensação econômica.

O princípio do protetor-recebedor atua por meio de instrumentos e medidas de incentivo econômico para a proteção aos recursos naturais como alternativa às exigências legais, visto que estas nem sempre são cumpridas pelos atores sociais e econômicos. Estas medidas de justiça econômica fornecem aos pequenos produtores rurais e populações tradicionais uma maior efetividade na proteção ambiental mediante incentivos fiscais, tributários e econômicos do que a aplicação de sanções legais, como a imposição de multas ou o enquadramento nas tipificações penais. Nesse caso, nada mais justo, uma vez que aquele que protege ou renuncia à exploração de recursos naturais em prol da coletividade deve ser contemplado com os incentivos decorrentes do princípio do protetor-recebedor.

3.9. Outros princípios

• **Princípio da informação ambiental:** é direito da população receber e ter acesso às informações sobre todos os procedimentos, públicos ou privados, que intervenham no meio ambiente. Assim, a população tem o direito de ser informada sobre a qualidade dos bens ambientais, sobre a realização de obras e atividades efetiva e potencialmente poluidoras que afetem a saúde humana e o meio ambiente.

• **Princípio da participação comunitária:** é por meio desse princípio que a população: (a) participa das políticas públicas ambientais na esfera administrativa (audiências, consultas públicas e recursos administrativos); (b) propõe ações judiciais no Poder Judiciário; ou (c) vota, por meio dos mecanismos legislativos (plebiscito, referendo e iniciativa popular de lei).

• **Princípio da cooperação:** cooperar significa agir em conjunto, e, para o direito ambiental, a cooperação ocorre na esfera internacional e nacional. Na esfera internacional a proteção ao meio ambiente é uma obrigação conjunta dos Estados, que atuam para a redução da pobreza e para o desenvolvimento sustentável. No âmbito interno, o Brasil adotou o federalismo cooperativo, de partilha de responsabilidades entre os entes federativos (União, Estados, Distrito Federal e Municípios) na proteção ao meio ambiente. Além disso, o *caput* do art. 225 coloca a proteção ao meio ambiente como dever do Estado e da coletividade, assim como também obrigação comum entre entes políticos e a sociedade civil.

• **Princípio da natureza pública da proteção ambiental:** a natureza pública que qualifica o interesse na tutela do ambiente como bem de uso comum do povo torna-o indisponível.

• **Princípio da vedação ao retrocesso:** não é admissível o recuo para níveis de proteção inferiores em matéria de proteção ambiental. O que se pretende é a proteção contra os retrocessos e flexibilizações na legislação ambiental.

4. A CONSTITUIÇÃO E O MEIO AMBIENTE

4.1. O art. 225 da CF

A Constituição de 1988 previu um capítulo para a proteção ambiental, consistente no art. 225, cujo *caput* apresenta a seguinte redação: "Todos têm direito ao meio ambiente ecologicamente equilibrado, bem de uso comum do povo e essencial à sadia qualidade de vida, impondo-se ao Poder Público e à coletividade o dever de defendê-lo e preservá-lo para as presentes e futuras gerações".

Para a **efetividade do meio ambiente ecologicamente equilibrado**, cabe ao Poder Público (art. 225, § 1º, da CF):

I – preservar e restaurar os processos ecológicos essenciais e prover o manejo ecológico das espécies e ecossistemas;

II – preservar a diversidade e a integridade do patrimônio genético do país e fiscalizar as entidades dedicadas à pesquisa e manipulação de material genético;

III – definir, em todas as unidades da Federação, espaços territoriais e seus componentes a serem especialmente protegidos, sendo a alteração e a supressão permitidas somente através de lei, vedada qualquer utilização que comprometa a integridade dos atributos que justifiquem sua proteção;

IV – exigir, na forma da lei, para instalação de obra ou atividade potencialmente causadora de significativa degradação do meio ambiente, estudo prévio de impacto ambiental, a que se dará publicidade;

V – controlar a produção, a comercialização e o emprego de técnicas, métodos e substâncias que comportem risco para a vida, a qualidade de vida e o meio ambiente;

VI – promover a educação ambiental em todos os níveis de ensino e a conscientização pública para a preservação do meio ambiente;

VII – proteger a fauna e a flora, vedadas, na forma da lei, as práticas que coloquem em risco sua função ecológica, provoquem a extinção de espécies ou submetam os animais a crueldade.

Por fim, o art. 225 apresenta **determinações específicas**, a saber:

§ 2º aquele que explorar recursos minerais fica obrigado a recuperar o meio ambiente degradado, de acordo com solução técnica exigida pelo órgão público competente;

§ 3º as condutas e atividades consideradas lesivas ao meio ambiente sujeitarão os infratores, pessoas físicas ou jurídicas, a sanções penais e administrativas, independentemente da obrigação de reparar os danos causados;

§ 4º a Floresta Amazônica brasileira, a Mata Atlântica, a Serra do Mar, o Pantanal Mato-Grossense e a Zona Costeira são patrimônio nacional, e sua utilização far-se-á, na forma da lei, dentro de condições que assegurem a preservação do meio ambiente, inclusive quanto ao uso dos recursos naturais;

§ 5º são indisponíveis as terras devolutas ou arrecadadas pelos estados, por ações discriminatórias, necessárias à proteção dos ecossistemas naturais;

§ 6º as usinas que operem com reator nuclear deverão ter sua localização definida em lei federal, sem o que não poderão ser instaladas.

§ 7º Para fins do disposto na parte final do inciso VII do § 1º deste artigo, não se consideram cruéis as práticas desportivas que utilizem animais, desde que sejam manifestações culturais, conforme o § 1º do art. 215 desta Constituição Federal, registradas como bem de natureza imaterial integrante do patrimônio cultural brasileiro, devendo ser regulamentadas por lei específica que assegure o bem-estar dos animais envolvidos.

> **DICA**
>
> São considerados **patrimônio nacional** a Floresta Amazônica brasileira, a Mata Atlântica, a Serra do Mar, o Pantanal Mato--Grossense e a Zona Costeira. Outras áreas importantes, como o cerrado, a caatinga, os campos sulinos etc. não estão inseridas no conceito.

4.2. A Proteção ao Patrimônio Cultural

Outro aspecto que merece atenção é a leitura do art. 216 da Constituição, que disciplina o patrimônio cultural. Com efeito, "constituem patrimônio cultural brasileiro os bens de natureza material e imaterial, tomados individualmente ou em conjunto, portadores de referência à identidade, à ação, à memória dos diferentes grupos formadores da sociedade brasileira, nos quais se incluem:

DIREITO AMBIENTAL

I – as formas de expressão;

II – os modos de criar, fazer e viver;

III – as criações científicas, artísticas e tecnológicas;

IV – as obras, objetos, documentos, edificações e demais espaços destinados às manifestações artístico-culturais;

V – os conjuntos urbanos e sítios de valor histórico, paisagístico, artístico, arqueológico, paleontológico, ecológico e científico".

Entre os **instrumentos**, destaca-se que "o Poder Público, com a colaboração da comunidade, promoverá e protegerá o patrimônio cultural brasileiro, *por meio de inventários, registros, vigilância, tombamento e desapropriação, e de outras formas de acautelamento e preservação*" (art. 216, § 1º, da CF). A Constituição consigna, além disso, que a lei estabelecerá incentivos para a produção e o conhecimento de bens e valores culturais; que os danos e ameaças ao patrimônio cultural serão punidos, na forma da lei; e que ficam tombados todos os documentos e os sítios detentores de reminiscências históricas dos antigos quilombos. Por fim, relaciona que "é facultado aos estados e ao Distrito Federal vincular a fundo estadual de fomento à cultura até cinco décimos por cento de sua receita tributária líquida, para o financiamento de programas e projetos culturais, vedada a aplicação desses recursos no pagamento de: (I) despesas com pessoal e encargos sociais; (II) serviço da dívida; (III) qualquer outra despesa corrente não vinculada diretamente aos investimentos ou ações apoiados" (art. 216, § 6º, III, da CF).

Meio Ambiente na Constituição – Art. 225	
Norma-matriz: *caput* **do art. 225**	a) todos: todos os brasileiros e estrangeiros residentes no país; b) todos têm direito: criou um direito público subjetivo, oponível contra todos (Estado, particulares); c) meio ambiente ecologicamente equilibrado: é um meio ambiente sem poluição; d) bem de uso comum do povo: é um bem jurídico autônomo, de titularidade difusa; e) sadia qualidade de vida: só pode ser alcançada com o meio ambiente ecologicamente equilibrado; f) Poder Público: entes federativos e os seus poderes (Executivo, Legislativo e Judiciário); g) presentes e futuras gerações: criou a responsabilidade entre gerações, para que as futuras recebam o meio ambiente ecologicamente equilibrado.
Instrumentos de garantia de efetividade do *caput:* **§ 1º do art. 225**	a) preservar e restaurar os processos ecológicos essenciais e prover o manejo ecológico das espécies e ecossistemas; b) preservar a diversidade e a integridade do patrimônio genético do país e fiscalizar as entidades dedicadas à pesquisa e manipulação de material genético; c) definir, em todas as unidades da Federação, espaços territoriais e seus componentes a serem especialmente protegidos, sendo a alteração e a supressão permitidas somente através de lei, vedada qualquer utilização que comprometa a integridade dos atributos que justifiquem sua proteção; d) exigir, para instalação de obra ou atividade potencialmente causadora de significativa degradação do meio ambiente, estudo prévio de impacto ambiental, a que se dará publicidade; e) controlar a produção, a comercialização e o emprego de técnicas, métodos e substâncias que comportem risco para a vida, a qualidade de vida e o meio ambiente; f) promover a educação ambiental em todos os níveis de ensino e a conscientização pública para a preservação do meio ambiente; g) proteger a fauna e a flora, vedadas as práticas que coloquem em risco sua função ecológica, provoquem a extinção de espécies ou submetam os animais a crueldade.
Determinações particulares: §§ 2º a .º do art. 225	a) aquele que explorar recursos minerais fica obrigado a recuperar o meio ambiente degradado, de acordo com solução técnica exigida pelo órgão público competente; b) as condutas e atividades consideradas lesivas ao meio ambiente sujeitarão os infratores, pessoas físicas ou jurídicas, a sanções penais e administrativas, independentemente da obrigação de reparar os danos causados; c) a Floresta Amazônica brasileira, a Mata Atlântica, a Serra do Mar, o Pantanal Mato-Grossense e a Zona Costeira são patrimônio nacional, e sua utilização far-se-á dentro de condições que assegurem a preservação do meio ambiente, inclusive quanto ao uso dos recursos naturais; d) são indisponíveis as terras devolutas ou arrecadadas pelos Estados, por ações discriminatórias, necessárias à proteção dos ecossistemas naturais; e) as usinas que operem com reator nuclear deverão ter sua localização definida em lei federal, sem o que não poderão ser instaladas; f) para fins do disposto na parte final do inciso VII do § 1º deste artigo, não se consideram cruéis as práticas desportivas que utilizem animais, desde que sejam manifestações culturais, conforme o § 1º do art. 215 desta Constituição Federal, registradas como bem de natureza imaterial integrante do patrimônio cultural brasileiro, devendo ser regulamentadas por lei específica que assegure o bem-estar dos animais envolvidos.

589

5. COMPETÊNCIAS CONSTITUCIONAIS EM MATÉRIA AMBIENTAL

5.1. Divisão de competências

As competências constitucionais em matéria ambiental estão disciplinadas entre os arts. 21 a 25 e no art. 30 da Constituição de 1988.

No sistema de repartição de competências constitucionais, duas são as divisões fundamentais:

✓ **Competência Administrativa**

✓ **Competência Legislativa**

Entende-se por **competência administrativa ou material**, aquela que determina o campo de atuação político-administrativa de cada ente federativo. Em outras palavras, **no âmbito ambiental** a competência administrativa é representada, por exemplo, pelo poder de polícia ambiental, pelo licenciamento ambiental etc.

A **competência legislativa, formal** ou **legiferante**, exercida pelo Poder Legislativo, é a capacidade de editar leis.

No direito ambiental as discussões mais significativas versam sobre a competência material **comum** da União, Estados, Distrito Federal e Municípios (art. 23) e a competência legislativa **concorrente** da União, Estados e Distrito Federal (art. 24).

No que se refere à **competência material** ou **administrativa comum**, assim dispõe a Constituição Federal, a saber: "art. 23. É competência comum da União, dos Estados, do Distrito Federal e dos municípios: (...) III – proteger os documentos, as obras e outros bens de valor histórico, artístico e cultural, os monumentos, as paisagens naturais notáveis e os sítios arqueológicos; IV – impedir a evasão, a destruição e a descaracterização de obras de arte e de outros bens de valor histórico, artístico ou cultural; (...) VI – proteger o meio ambiente e combater a poluição em qualquer de suas formas; VII – preservar as florestas, a fauna e a flora; XI – registrar, acompanhar e fiscalizar as concessões de direitos de pesquisa e exploração de recursos hídricos e minerais em seus territórios". Segundo o parágrafo único do art. 23 da CF: "leis complementares fixarão normas para a cooperação entre a União e os estados, o Distrito Federal e os municípios, tendo em vista o equilíbrio do desenvolvimento e do bem-estar em âmbito nacional". Nesse sentido, a primeira das leis complementares foi a LC 140/2011, que regulamentou o art. 23, incisos III, VI, VII e parágrafo único, da Constituição Federal – que será objeto de tópico próprio.

A **competência legislativa concorrente** está prevista no art. 24, a saber: "compete à União, aos estados e ao Distrito Federal legislar concorrentemente sobre: (...) VI – florestas, caça, pesca, fauna, conservação da natureza, defesa do solo e dos recursos naturais, proteção do meio ambiente e controle da poluição; VII – proteção ao patrimônio histórico, cultural, artístico, turístico e paisagístico; VIII – responsabilidade por dano ao meio ambiente, ao consumidor, a bens e direitos de valor artístico, estético, histórico, turístico e paisagístico".

No âmbito da *legislação concorrente*, a competência da União limitar-se-á a estabelecer *normas gerais* e não exclui a competência suplementar dos Estados.

> **Atenção**
> Inexistindo lei federal sobre normas gerais, os Estados exercerão a **competência legislativa plena** para atender a suas peculiaridades.
> A **superveniência de lei federal** sobre normas gerais **suspende a eficácia da lei estadual**, no que lhe for contrário.

Competências constitucionais em matéria ambiental (MELO, 2017)		
União	**Competência legislativa exclusiva (art. 22)**	a) legislar sobre águas, energia, informática, telecomunicações e radiodifusão (inc. IV); b) legislar sobre jazidas, minas, outros recursos minerais e metalurgia (inc. XII); c) legislar sobre atividades nucleares de qualquer natureza (inc. XXVI).
	Competência administrativa exclusiva (art. 21)	a) planejar e promover a defesa permanente contra as calamidades públicas, especialmente as secas e as inundações (inc. XVIII); b) instituir sistema nacional de gerenciamento de recursos hídricos e definir critérios de outorga de direitos de seu uso (inc. XIX); c) instituir diretrizes para o desenvolvimento urbano, inclusive habitação, saneamento básico e transportes urbanos (inc. XX); d) explorar os serviços e instalações nucleares de qualquer natureza e exercer monopólio estatal sobre a pesquisa, a lavra, o enriquecimento e reprocessamento, a industrialização e o comércio de minérios nucleares e seus derivados, atendidos os seguintes princípios e condições: a responsabilidade civil por danos nucleares independe da existência de culpa (inc. XXIII, *d*).
Estados e Distrito Federal	**Competência legislativa (art. 25, § 3º)**	Os estados poderão, mediante lei complementar, instituir regiões metropolitanas, aglomerações urbanas e microrregiões, constituídas por agrupamentos de municípios limítrofes, para integrar a organização, o planejamento e a execução de funções públicas de interesse comum.
	Competência administrativa (art. 25, § 1º)	São reservadas aos estados as competências que não lhes sejam vedadas por esta Constituição.

	Competências legislativas (art. 30)	a) legislar sobre assuntos de interesse local (inc. I); b) suplementar a legislação federal e a estadual no que couber (inc. II).
Municípios	Competência administrativa (art. 30)	a) promover, no que couber, adequado ordenamento territorial, mediante planejamento e controle do uso, do parcelamento e da ocupação do solo urbano (inc. VIII); b) promover a proteção do patrimônio histórico-cultural local, observadas a legislação e a ação fiscalizadora federal e estadual (inc. IX).
União, estados, Distrito Federal e municípios	Competência administrativa *comum* (art. 23)	a) proteger os documentos, as obras e outros bens de valor histórico, artístico e cultural, os monumentos, as paisagens naturais notáveis e os sítios arqueológicos (inc. III); b) impedir a evasão, a destruição e a descaracterização de obras de arte e de outros bens de valor histórico, artístico e cultural (inc. IV); c) proteger o meio ambiente e combater a poluição em qualquer de suas formas (inc. VI); d) preservar as florestas, a fauna e a flora (inc. VII); e) registrar, acompanhar e fiscalizar as concessões de direitos de pesquisa e exploração de recursos hídricos e minerais em seus territórios (inc. XI).
União, estados e Distrito Federal	Competência legislativa *concorrente* (art. 24)	a) legislar concorrentemente sobre florestas, caça, pesca, fauna, conservação da natureza, defesa do solo e dos recursos naturais, proteção do meio ambiente e controle da poluição (inc. VI); b) legislar concorrentemente sobre proteção ao patrimônio histórico, cultural, artístico, turístico e paisagístico (inc. VII); c) legislar concorrentemente sobre responsabilidade por dano ao meio ambiente, ao consumidor, a bens e direitos de valor artístico, estético, histórico, turístico e paisagístico (inc. VIII).

6. SISTEMA NACIONAL DO MEIO AMBIENTE (SISNAMA)

O **Sistema Nacional do Meio Ambiente (SISNAMA)** é o conjunto de entes e órgãos da União, Estados, Distrito Federal, Municípios e suas respectivas administrações indiretas, responsáveis pela proteção, controle, monitoramento e melhoria da qualidade e da política ambiental no país. O SISNAMA é uma criação da Política Nacional do Meio Ambiente (art. 6º da Lei 6.938/1981), regulamentado pelo Decreto 99.274/1990.

Estrutura-se em 06 (seis) níveis fundamentais:

Órgão Superior: o **Conselho de Governo**, com função de assessorar o Presidente da República na formulação da política nacional e nas diretrizes para o meio ambiente e os recursos ambientais.

Órgão Consultivo e Deliberativo: o **Conselho Nacional do Meio Ambiente (Conama)**, com a finalidade assessorar, estudar e propor ao Conselho de Governo, diretrizes de políticas governamentais para o meio ambiente e os recursos naturais e deliberar, no âmbito de sua competência, sobre normas e padrões compatíveis com o meio ambiente ecologicamente equilibrado e essencial à sadia qualidade de vida. Possui poder regulamentar no âmbito federal.

Órgão Central: **o Ministério do Meio Ambiente (MMA)**, com a finalidade de planejar, coordenar, supervisionar e controlar, como órgão federal, a política nacional e as diretrizes governamentais fixadas para o meio ambiente. **Atenção**: o art. 6º, III, da Lei 6.938/1981 consigna como órgão central do Sisnama a *Secretaria do Meio Ambiente da Presidência da República*. Contudo, as funções de órgão central são exercidas pelo Ministério do Meio Ambiente, isso porque a Secretaria do Meio Ambiente da Presidência da República foi transformada em Ministério do Meio Ambiente pela Lei 8.490/1992.

É necessário atenção porque em provas de concursos o examinador já optou pela literalidade.

Órgãos executores: o **Instituto Brasileiro do Meio Ambiente e dos Recursos Naturais Renováveis – IBAMA e o Instituto Chico Mendes de Conservação da Biodiversidade – Instituto Chico Mendes**, com a finalidade de executar e fazer executar a política e as diretrizes governamentais fixadas para o meio ambiente, de acordo com as respectivas competências.

Órgãos **seccionais:** os órgãos ou entidades estaduais responsáveis pela execução de programas, projetos e pelo controle e fiscalização de atividades capazes de provocar a degradação ambiental.

Órgãos **locais:** os órgãos ou entidades municipais, responsáveis pelo controle e fiscalização dessas atividades, nas suas respectivas jurisdições.

Estrutura do Sistema Nacional do Meio Ambiente – SISNAMA	
Órgão Superior	**Conselho de Governo**
Órgão Consultivo e Deliberativo	**Conselho Nacional do Meio Ambiente (Conama)**
Órgão Central	**Ministério do Meio Ambiente**
	1) Instituto Brasileiro do Meio Ambiente e dos Recursos Naturais Renováveis – IBAMA 2) o Instituto Chico Mendes de Conservação da Biodiversidade – Instituto Chico Mendes
Órgãos Seccionais	**Os órgãos ou entidades estaduais**
Órgãos Locais	**Os órgãos ou entidades municipais**

7. POLÍTICA NACIONAL DE MEIO AMBIENTE

A Lei 6.938/1981 instituiu a **Política Nacional do Meio Ambiente**.

A Política Nacional do Meio Ambiente tem por objetivo a preservação, melhoria e recuperação da qualidade ambiental propícia à vida, visando a assegurar, no país, condições ao desenvolvimento socioeconômico, aos interesses da segurança nacional e à proteção da dignidade da vida humana.

São **instrumentos** da Política Nacional do Meio Ambiente:

a) o estabelecimento de padrões de qualidade ambiental;
b) o zoneamento ambiental;
c) a avaliação de impactos ambientais;
d) o licenciamento e a revisão de atividades efetiva ou potencialmente poluidoras;
e) os incentivos à produção e instalação de equipamentos e a criação ou absorção de tecnologia, voltados para a melhoria da qualidade ambiental;
f) a criação de espaços territoriais especialmente protegidos pelos Poderes Públicos federal, estadual e municipal, tais como áreas de proteção ambiental, de relevante interesse ecológico e reservas extrativistas;
g) o sistema nacional de informações sobre o meio ambiente;
h) o Cadastro Técnico Federal de Atividades e Instrumentos de Defesa Ambiental;
i) as penalidades disciplinares ou compensatórias ao não cumprimento das medidas necessárias à preservação ou correção da degradação ambiental;
j) a instituição do Relatório de Qualidade do Meio Ambiente, a ser divulgado anualmente pelo Instituto Brasileiro do Meio Ambiente e Recursos Naturais Renováveis (Ibama);
k) a garantia da prestação de informações relativas ao meio ambiente, obrigando-se o Poder Público a produzi-las, quando inexistentes;
l) o Cadastro Técnico Federal de atividades potencialmente poluidoras e/ou utilizadoras dos recursos ambientais;
m) instrumentos econômicos, como concessão florestal, servidão ambiental, seguro ambiental e outros.

8. LICENCIAMENTO AMBIENTAL

O licenciamento ambiental é um procedimento administrativo de avaliação dos possíveis impactos ambientais de uma obra ou atividade efetiva ou potencialmente poluidora ou causadora de degradação ambiental. Assenta-se, em aspectos fundamentais, no princípio da prevenção.

Os diplomas que abordam o licenciamento ambiental são:

(a) art. 10 da Lei 6.938/1981;
(b) Lei Complementar 140/2011;
(c) Resolução Conama 01/1986, que disciplina o Estudo Prévio de Impacto Ambiental (EIA/Rima); e
(d) Resolução Conama 237/1997, que aborda o licenciamento ambiental ordinário.

Nesse sentido, "a construção, instalação, ampliação e funcionamento de estabelecimentos e atividades utilizadores de recursos ambientais, efetiva ou potencialmente poluidores ou capazes, sob qualquer forma, de causar degradação ambiental dependerão de prévio licenciamento ambiental" (art. 10, Lei 6.938/1981).

Segundo a LC 140/2011, **licenciamento ambiental** é "o procedimento administrativo destinado a licenciar atividades ou empreendimentos utilizadores de recursos ambientais, efetiva ou potencialmente poluidores ou capazes, sob qualquer forma, de causar degradação ambiental".

As atividades e empreendimentos com **significativo** impacto ambiental devem, obrigatoriamente, submeter-se ao **Estudo Prévio de Impacto Ambiental e seu respectivo Relatório de Impacto Ambiental (EIA/Rima),** conforme prescreve o art. 225, § 1º, IV, da Constituição Federal, a saber: "exigir, na forma da lei, para instalação de obra ou atividade potencialmente causadora de significativa degradação do meio ambiente, estudo prévio de impacto ambiental, a que se dará publicidade".

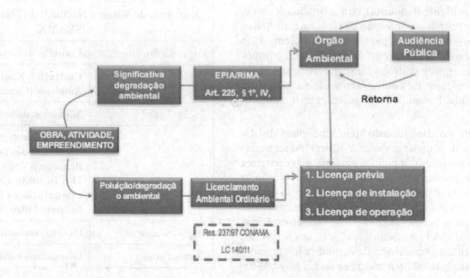

Como procedimento, o licenciamento ambiental é a sucessão de atos que visam à obtenção sequencial de três licenças: (a) licença prévia; (b) licença de instalação; (c) licença de operação.

No licenciamento ambiental ordinário (Resolução Conama 237/1997), o empreendedor deve obter três licenças ambientais, a saber:

a) **Licença Prévia** – aprova a localização e a concepção do projeto, além de verificar a sua viabilidade ambiental.

b) **Licença de Instalação** – aprova a instalação, com as medidas ambientais e suas condicionantes.

c) **Licença de Operação** – autoriza a instalação da atividade ou empreendimento, desde que observadas as condicionantes ambientais anteriores.

DICA

A **renovação de licenças ambientais** deve ser requerida *com antecedência mínima de 120 (cento e vinte) dias da expiração de seu prazo de validade*, fixado na respectiva licença, ficando este automaticamente prorrogado até a manifestação definitiva do órgão ambiental competente.

Todos os entes federativos podem efetuar o licenciamento ambiental, a teor da competência administrativa comum do art. 23 da Constituição Federal. Contudo, é necessário que observem dois requisitos: (a) a existência de órgão ambiental capacitado; e (b) possuir conselho de meio ambiente.

Os empreendimentos e atividades são licenciados ou autorizados, ambientalmente, **por um único ente federativo**, em conformidade com as atribuições estabelecidas nos termos da LC 140/2011.

Os demais entes federativos interessados podem manifestar-se ao órgão responsável pela licença ou autorização, **de maneira não vinculante**, respeitados os prazos e procedimentos do licenciamento ambiental.

COMPETÊNCIAS PARA O LICENCIAMENTO AMBIENTAL CONFORME A LC 140/2011 (MELO, 2017)	
Licenciamento de atividades e empreendimentos de competência da União	a) localizados ou desenvolvidos conjuntamente no Brasil e em país limítrofe; b) localizados ou desenvolvidos no mar territorial, na plataforma continental ou na zona econômica exclusiva; c) localizados ou desenvolvidos em terras indígenas; d) localizados ou desenvolvidos em unidades de conservação instituídas pela União, exceto em Áreas de Proteção Ambiental (APAs); e) localizados ou desenvolvidos em dois ou mais estados; f) de caráter militar, excetuando-se do licenciamento ambiental, nos termos de ato do Poder Executivo, aqueles previstos no preparo e emprego das Forças Armadas, conforme disposto na Lei Complementar 97, de 9 de junho de 1999; g) destinados a pesquisar, lavrar, produzir, beneficiar, transportar, armazenar e dispor material radioativo, em qualquer estágio, ou que utilizem energia nuclear em qualquer de suas formas e aplicações, mediante parecer da Comissão Nacional de Energia Nuclear (Cnen); ou h) que atendam tipologia estabelecida por ato do Poder Executivo, a partir de proposição da Comissão Tripartite Nacional, assegurada a participação de um membro do Conselho Nacional do Meio Ambiente (Conama), e considerados os critérios de porte, potencial poluidor e natureza da atividade ou empreendimento. – O licenciamento dos empreendimentos cuja localização compreenda concomitantemente áreas das faixas terrestre e marítima da zona costeira será de atribuição da União exclusivamente nos casos previstos em tipologia estabelecida por ato do Poder Executivo, a partir de proposição da Comissão Tripartite Nacional, assegurada a participação de um membro do Conselho Nacional do Meio Ambiente (Conama) e considerados os critérios de porte, potencial poluidor e natureza da atividade ou empreendimento.
Licenciamento de atividades e empreendimentos de competência dos estados	(a) promover o licenciamento ambiental de atividades ou empreendimentos utilizadores de recursos ambientais, efetiva ou potencialmente poluidores ou capazes, sob qualquer forma, de causar degradação ambiental, ressalvado o disposto para a União e os municípios. (b) promover o licenciamento ambiental de atividades ou empreendimentos localizados ou desenvolvidos em unidades de conservação instituídas pelo Estado, exceto em Áreas de Proteção Ambiental (APAs).
Licenciamento de atividades e empreendimentos de competência dos municípios	a) que causem ou possam causar impacto ambiental de âmbito local, conforme tipologia definida pelos respectivos Conselhos Estaduais de Meio Ambiente, considerados os critérios de porte, potencial poluidor e natureza da atividade; ou b) localizados em unidades de conservação instituídas pelo município, exceto em Áreas de Proteção Ambiental (APAs).
Licenciamento de atividades e empreendimentos do Distrito Federal	No que tange ao licenciamento ambiental no Distrito Federal, como de resto o conjunto de ações administrativas, são aplicáveis as disposições concernentes aos estados e aos municípios.

COMPETÊNCIAS PARA O LICENCIAMENTO AMBIENTAL CONFORME A LC 140/2011 (MELO, 2017)		
Licenciamento ambiental de atividades e empreendimentos em áreas de proteção ambiental (APAs)	União	a) localizados ou desenvolvidos conjuntamente no Brasil e em país limítrofe; b) localizados ou desenvolvidos no mar territorial, na plataforma continental ou na zona econômica exclusiva; c) localizados ou desenvolvidos em dois ou mais estados; d) de caráter militar, excetuando-se do licenciamento ambiental, nos termos de ato do Poder Executivo, aqueles previstos no preparo e emprego das Forças Armadas, conforme disposto na **Lei Complementar 97, de 9 de junho de 1999**; e) que atendam tipologia estabelecida por ato do Poder Executivo, a partir de proposição da Comissão Tripartite Nacional, assegurada a participação de um membro do Conselho Nacional do Meio Ambiente (Conama), e considerados os critérios de porte, potencial poluidor e natureza da atividade ou empreendimento.
	Estados	Quantos aos estados, compete a promoção do licenciamento ambiental de atividades ou empreendimentos utilizadores de recursos ambientais, efetiva ou potencialmente poluidores ou capazes, sob qualquer forma, de causar degradação ambiental, ressalvada as disposições concernentes à União e aos municípios. Ou seja, o estado promoverá o licenciamento ambiental de atividades que não estejam afetas às hipóteses elencadas pela LC 140/2011 à União e aos municípios – inclusive no que se refere às APAs.
	Municípios	Serão licenciadas pelos municípios as APAs que se enquadrem no conceito de impacto ambiental de âmbito local, conforme a redação da alínea *a* do inciso XIV do art. 9º da LC 140/2011, que dispõe que os municípios devem promover o licenciamento ambiental de atividades e empreendimentos "que causem ou possam causar impacto ambiental de âmbito local, conforme tipologia definida pelos respectivos Conselhos Estaduais de Meio Ambiente, considerados os critérios de porte, potencial poluidor e natureza da atividade".

9. LEI COMPLEMENTAR 140/2011

A Lei Complementar 140/2001 fixa atribuições nos termos dos incisos III, VI e VII *do caput* e do parágrafo único do art. 23 da Constituição Federal, **para a cooperação entre a União, os estados, o Distrito Federal e os municípios nas ações administrativas decorrentes do exercício da competência comum** relativas à proteção das paisagens naturais notáveis, à proteção do meio ambiente, ao combate à poluição em qualquer de suas formas e à preservação das florestas, da fauna e da flora.

Segundo o art. 3º da LC 140/2011, constituem **objetivos fundamentais** da União, dos Estados, do Distrito Federal e dos municípios, **no exercício da competência comum** desta Lei Complementar: "I – proteger, defender e conservar o meio ambiente ecologicamente equilibrado, promovendo gestão descentralizada, democrática e eficiente; II – garantir o equilíbrio do desenvolvimento socioeconômico com a proteção do meio ambiente, observando a dignidade da pessoa humana, a erradicação da pobreza e a redução das desigualdades sociais e regionais; III – harmonizar as políticas e ações administrativas para evitar a sobreposição de atuação entre os entes federativos, de forma a evitar conflitos de atribuições e garantir uma atuação administrativa eficiente; IV – garantir a uniformidade da política ambiental para todo o país, respeitadas as peculiaridades regionais e locais."

Para a consecução dos **objetivos** da LC 140/2011, os entes federativos podem valer-se, entre outros, dos seguintes **instrumentos de cooperação institucional (art. 4º):** "I – consórcios públicos, nos termos da legislação em vigor; II – convênios, acordos de cooperação técnica e outros instrumentos similares com órgãos e entidades do Poder Público, respeitado o art. 241 da Constituição Federal; III – Comissão Tripartite Nacional, Comissões Tripartites Estaduais e Comissão Bipartite do Distrito Federal; IV – fundos públicos e privados e outros instrumentos econômicos; V – delegação de atribuições de um ente federativo a outro, respeitados os requisitos previstos na LC 140/2011; IV – delegação da execução de ações administrativas de um ente federativo a outro, respeitados os requisitos previstos na LC 140/2011."

Desses instrumentos, um dos destaques são as Comissões Tripartites.

Nesse sentido, a **Comissão Tripartite Nacional** será formada, paritariamente, por representantes dos Poderes Executivos da União, dos estados, do Distrito Federal e dos municípios, com o objetivo de fomentar a gestão ambiental compartilhada e descentralizada entre os entes federativos.

As **Comissões Tripartites Estaduais**, por sua vez, serão formadas, paritariamente, por representantes dos Poderes Executivos da União, dos estados e dos municípios, com o objetivo de fomentar a gestão ambiental compartilhada e descentralizada entre os entes federativos.

Por fim, a **Comissão Bipartite do Distrito Federal** será formada, paritariamente, por representantes dos Poderes Executivos da União e do Distrito Federal, com o objetivo de fomentar a gestão ambiental compartilhada e descentralizada entre esses entes federativos.

A **organização e funcionamento** das Comissões Tripartites e a Comissão Bipartite do Distrito Federal serão regidos pelos seus regimentos internos.

DIREITO AMBIENTAL

> **DICA**
>
> Aspecto que merece atenção é a **delegação da execução de ações administrativas**. Nesse sentido, o ente federativo poderá **delegar**, mediante convênio, a execução de ações administrativas a ele atribuídas na LC 140/2011, desde que o ente destinatário da delegação disponha de órgão ambiental capacitado a executar as ações administrativas a serem delegadas e de conselho de meio ambiente. Para os fins de delegação que se relacionou, considera-se órgão ambiental capacitado aquele que possui técnicos próprios ou em consórcio, devidamente habilitados e em número compatível com a demanda das ações administrativas a serem delegadas.

Não obstante o conjunto de objetivos, instrumentos e a distribuição de competências entre os entes federativos, o tema central da LC 140/2011 é, sem dúvida, o **licenciamento ambiental**. E nele dois aspectos são fundamentais, a saber: (a) atuação supletiva; (b) atuação subsidiária.

Entende-se por **atuação supletiva** a ação do ente da Federação que se substitui ao ente federativo originariamente detentor das atribuições, nas hipóteses definidas na LC 140/2011. Os entes federativos **devem atuar em caráter supletivo nas ações administrativas de licenciamento e na autorização ambiental**, nas seguintes hipóteses (art. 15): "I – inexistindo órgão ambiental capacitado ou conselho de meio ambiente no estado ou no Distrito Federal, a União deve desempenhar as ações administrativas estaduais ou distritais até a sua criação; II – inexistindo órgão ambiental capacitado ou conselho de meio ambiente no município, o estado deve desempenhar as ações administrativas municipais até a sua criação; e III – inexistindo órgão ambiental capacitado ou conselho de meio ambiente no estado e no município, a União deve desempenhar as ações administrativas até a sua criação em um daqueles entes federativos." Outra hipótese é o decurso dos prazos de licenciamento, sem a emissão da licença ambiental, que não implica emissão tácita nem autoriza a prática de ato que dela dependa ou decorra, mas instaura a competência supletiva (art. 14, § 3º, LC 140/2011).

Atuação subsidiária, por sua vez, é a ação do ente da Federação que visa a auxiliar no desempenho das atribuições decorrentes das competências comuns, quando solicitado pelo ente federativo originariamente detentor das atribuições definidas na LC 140/2011. Assim, "**a ação administrativa subsidiária** dos entes federativos dar-se-á por meio de apoio técnico, científico, administrativo ou financeiro, sem prejuízo de outras formas de cooperação. A ação subsidiária deve ser solicitada pelo ente originariamente detentor da atribuição nos termos" da LC 140/2011 (art. 16).

Por fim, a LC 140/2011 disciplina a **fiscalização de obras e atividades licenciadas** pelos entes federativos.

Nesse sentido, compete ao órgão responsável pelo licenciamento ou autorização, conforme o caso, de um empreendimento ou atividade, lavrar auto de infração ambiental e instaurar processo administrativo para a apuração de infrações à legislação ambiental cometidas pelo empreendimento ou atividade licenciada ou autorizada. De forma direta, **quem licenciar a obra, deve fiscalizá-la.**

Todavia, nos *casos de iminência ou ocorrência de degradação da qualidade ambiental*, o ente federativo que tiver conhecimento do fato deverá determinar medidas para evitá-lo, fazer cessá-lo ou mitigá-lo, comunicando imediatamente o órgão competente para as providências cabíveis.

> **DICA**
>
> O fato de "quem licencia, fiscaliza" não impede o exercício pelos entes federativos da atribuição comum de fiscalização da conformidade de empreendimentos e atividades efetiva ou potencialmente poluidores ou utilizadores de recursos naturais com a legislação ambiental em vigor, prevalecendo, contudo, o auto de infração ambiental lavrado por órgão que detenha a atribuição de licenciamento ou autorização (ou seja, quem licenciou ou autorizou).

10. RESPONSABILIDADE CIVIL AMBIENTAL

10.1 Introdução

Conforme o art. 225, § 3º, da CF, "as condutas e atividades consideradas lesivas ao meio ambiente sujeitarão os infratores, pessoas físicas ou jurídicas, a sanções penais e administrativas, independentemente da obrigação de reparar os danos causados". Configura-se, assim, a tríplice responsabilidade em matéria ambiental: civil, administrativa e penal.

Com efeito, não é despiciendo reiterar que a proteção ambiental é, em essência, de índole preventiva, até mesmo pela impossibilidade ou óbices de retorno ao *status quo*. Não obstante, ao se verificar a ocorrência de dano ao meio ambiente, surge a responsabilidade civil, consistente na obrigação de sua reparação pelo responsável, pessoa física ou pessoa jurídica, de direito público ou privado. Desde a edição da Lei 6.938/1981, o sistema jurídico brasileiro adota a **responsabilidade objetiva**, sem culpa, fundada no nexo de causalidade, impondo a obrigatoriedade de reparar e/ou indenizar pelos danos causados.

Em aspectos fundamentais, a responsabilidade civil ambiental norteia-se pelos princípios da prevenção, do poluidor-pagador, da solidariedade intergeracional e da reparação integral.

10.2. Conceito de dano ambiental

Para discutir a responsabilidade civil em matéria ambiental, é necessário o conceito de dano ambiental.

Para José Rubens Morato Leite, "dano ambiental deve ser compreendido como toda lesão intolerável causada por qualquer ação humana (culposa ou não) ao meio ambiente, diretamente, como macrobem de interesse da coletividade, em uma concepção totalizante, e, indiretamente, a terceiros, tendo em vista interesses próprios e individualizáveis e que refletem no macrobem" (*Dano ambiental*, p. 104). Édis Milaré, por sua vez, define dano ambiental como "a lesão aos recursos ambientais, com consequente degradação (alteração adversa) do equilíbrio ecológico e da qualidade de vida" (*Direito do ambiente*, p. 810).

10.3. Classificação do dano ambiental

Entre as classificações possíveis para o dano ambiental, destacam-se:

✓ **Quanto à extensão do dano:**

595

a) Dano Patrimonial: é o que diz respeito à perda material do bem atingido. É o dano físico, material.

b) Dano Extrapatrimonial ou "Moral Ambiental": é a lesão que atinge valores imateriais, reduzindo o bem-estar, a qualidade de vida do indivíduo ou da coletividade ou mesmo atingindo o valor intrínseco do bem.

✓ **Quanto à extensão do bem protegido:**

a) Dano Ambiental (*lato sensu*): é o dano que atinge o meio ambiente em sentido amplo.

b) Dano ecológico puro: é aquele que atinge exclusivamente os ecossistemas, os próprios bens da natureza – restrito, portanto, ao meio ambiente natural. Segundo o STJ, o dano ecológico puro é caracterizado por afligir a natureza em si mesma, como bem inapropriado ou inapropriável (REsp 1.145.083/MG, DJe 04.09.2012).

c) Dano ambiental individual ou ambiental reflexo: trata-se do desequilíbrio no ecossistema que provoca danos ao indivíduo, afetando a saúde, os bens ou a atividade econômica.

10.4. Reparação do dano ambiental

No que tange à reparação do dano ambiental, necessário consignar que a reparação dos danos ambientais deve ser integral.

São **formas de reparação**:

(a) reparação/restauração específica (*in natura*);

(b) compensação ambiental;

(c) indenização pecuniária.

Essas modalidades não estão em pé de igualdade, o que significa dizer que é necessário buscar sempre que possível a reparação/restauração específica, e, na impossibilidade, as outras formas de reparação.

Uma indagação importante é sobre a possibilidade de cumulação de pedidos em uma ação civil pública ambiental. Isso porque o art. 3º da Lei 7.347/1985 (Lei da Ação Civil Pública) dispõe que: "a ação civil poderá ter por objeto a condenação em dinheiro ou o cumprimento de obrigação de fazer ou não fazer". Consoante o STJ: "a exegese do art. 3º da Lei 7.347/1985 ('A ação civil poderá ter por objeto a condenação em dinheiro ou o cumprimento de obrigação de fazer ou não fazer'), a conjunção 'ou' deve ser considerada com o sentido de adição (permitindo, com a cumulação dos pedidos, a tutela integral do meio ambiente) e não o de alternativa excludente (o que tornaria a ação civil pública instrumento inadequado a seus fins) (AgRg no REsp 1.170.532/MG, DJe 06.10.2010)." No mesmo sentido, "a jurisprudência do STJ está firmada no sentido de que, nas demandas ambientais, por força dos princípios do poluidor-pagador e da reparação *in integrum*, admite-se a condenação, simultânea e cumulativa, em obrigação de fazer, não fazer e indenizar. Assim, na interpretação do art. 3º da Lei 7.347/1985, a conjunção "ou" opera com valor aditivo, não introduz alternativa excludente (REsp 1.145.083/MG, DJe 04.09.2012)". Portanto, é possível, quando necessário, a cumulação de pedidos em uma ação civil pública ambiental.

> **Dica**
>
> A ação de reparação de danos ambientais difusos é imprescritível, segundo julgados do Superior Tribunal de Justiça (STJ).

10.5. Poluidor

A Lei 6.938/1981 conceitua o **poluidor** como "a pessoa física ou jurídica, de direito público ou privado, responsável, direta ou indiretamente, por atividade causadora de degradação ambiental" (art. 3º, IV). Portanto, o poluidor pode ser **direto** ou **indireto**.

10.6. Responsabilidade do Estado por Danos Ambientais

No que se refere à responsabilidade do Estado por danos ambientais, quando o dano ambiental é provocado pelo próprio Poder Público ou por meio de concessionária de serviço público, **a responsabilidade é objetiva**, com fulcro no art. 37, § 6º, da Constituição Federal. Contudo, quando o dano ambiental é decorrente de omissão do Poder Público no exercício do poder de polícia, a doutrina e os tribunais se dividem entre a responsabilidade subjetiva (REsp 647.493/SC) e a responsabilidade objetiva (REsp 1.071.741/SP). Apesar de decisões mais recentes do STJ se pautarem pela responsabilidade objetiva, trata-se de tema ainda controverso.

11. RESPONSABILIDADE PENAL AMBIENTAL

As discussões sobre a responsabilidade penal ambiental encontram-se na Lei 9.605/1998.

No que se refere à responsabilidade penal da pessoa jurídica, serão responsabilizadas penalmente nos casos em que a infração seja cometida por decisão de seu representante legal ou contratual, ou de seu órgão colegiado, no interesse ou benefício da sua entidade.

As penas aplicadas às pessoas físicas são: (a) privativa de liberdade; (b) multa; (c) restritivas de direitos.

As penas privativas de liberdade podem ser substituídas por penas restritivas de direitos, quando (art. 7º da Lei 9.605/1998):

I – tratar-se de crime culposo ou for aplicada a pena privativa de liberdade inferior a quatro anos;

II – a culpabilidade, os antecedentes, a conduta social e a personalidade do condenado, bem como os motivos e as circunstâncias do crime indicarem que a substituição seja suficiente para efeitos de reprovação e prevenção do crime.

A multa será calculada segundo os critérios do Código Penal; se revelar-se ineficaz, ainda que aplicada no valor máximo, poderá ser aumentada até três vezes, tendo em vista o valor da vantagem econômica auferida.

As **penas restritivas de direito aplicáveis às pessoas físicas** são (art. 8º):

(a) prestação de serviços à comunidade;

(b) interdição temporária de direitos;

(c) suspensão parcial ou total de atividades;

(d) prestação pecuniária;

(e) recolhimento domiciliar.

As penas aplicáveis isolada, cumulativa ou alternativamente às **pessoas jurídicas** são: (a) multa; (b) restritivas de direitos; (c) prestação de serviços à comunidade.

As **penas restritivas de direitos da pessoa jurídica** são (art. 22): (a) suspensão parcial ou total de atividades; (b) interdição temporária de estabelecimento, obra ou atividade; (c) proibição de contratar com o Poder Público, bem como dele obter subsídios, subvenções ou doações.

A **prestação de serviços à comunidade pela pessoa jurídica consistirá** em (art. 23): (a) custeio de programas e de projetos ambientais; (b) execução de obras de recuperação de áreas degradadas; (c) manutenção de espaços públicos; (d) contribuições a entidades ambientais ou culturais públicas.

A pessoa jurídica constituída ou utilizada, preponderantemente, com o fim de permitir, facilitar ou ocultar a prática de crime definido na Lei de Crimes Ambientais (Lei 9.605/1998) terá decretada sua **liquidação forçada**, e seu patrimônio será considerado instrumento do crime e, como tal, perdido em favor do Fundo Penitenciário Nacional.

A **ação penal é pública incondicionada**.

DICA

Nos **crimes ambientais de menor potencial ofensivo**, a proposta de aplicação imediata de pena restritiva de direitos ou multa, prevista no art. 76 da Lei 9.099, de 26 de setembro de 1995, somente poderá ser formulada desde que tenha havido a prévia composição do dano ambiental de que trata o art. 74 da mesma lei, salvo em caso de comprovada impossibilidade.

Nos crimes da Lei de Crimes Ambientais, a **suspensão condicional da pena** pode ser aplicada nos casos de **condenação a pena privativa de liberdade não superior a três anos**.

---

12. RESPONSABILIDADE ADMINISTRATIVA AMBIENTAL

12.1. Infração administrativa ambiental

A base legal da responsabilidade administrativa ambiental é a Lei 9.605/1998 (arts. 70 ao 76) e o Decreto 6.514/2008.

Considera-se **infração administrativa ambiental** toda ação ou omissão que viole as regras jurídicas de uso, gozo, promoção, proteção e recuperação do meio ambiente.

12.2. Autoridades competentes para lavrar auto de infração ambiental e instaurar processo administrativo

São autoridades competentes para **lavrar auto de infração ambiental e instaurar processo administrativo** os funcionários de órgãos ambientais integrantes do Sistema Nacional de Meio Ambiente (Sisnama), designados para as atividades de fiscalização, bem como os agentes das Capitanias dos Portos da Marinha.

Qualquer pessoa, constatando infração ambiental, poderá dirigir representação às autoridades relacionadas no parágrafo anterior, para efeito do exercício do seu poder de polícia.

A autoridade ambiental que tiver conhecimento de infração ambiental é obrigada a promover sua apuração imediata, mediante processo administrativo próprio, sob pena de corresponsabilidade.

12.3. Processo Administrativo Ambiental

O **processo administrativo** para apuração de infração ambiental deve observar os seguintes prazos máximos (art. 71 da Lei 9.605/1998):

I – 20 **(vinte) dias** para o infrator oferecer **defesa ou impugnação** contra o auto de infração, contados da data da ciência da autuação;

II – 30 **(trinta) dias** para a autoridade competente **julgar o auto de infração**, contados da data da sua lavratura, apresentada ou não a defesa ou impugnação;

III – 20 **(vinte) dias para o infrator recorrer** da decisão condenatória à instância superior do Sistema Nacional do Meio Ambiente (Sisnama), ou à Diretoria de Portos e Costas, do Ministério da Marinha, de acordo com o tipo de autuação;

IV – 05 **(cinco) dias** para o **pagamento de multa**, contados da data do recebimento da notificação.

12.4. Sanções Administrativas Ambientais

São sanções administrativas em espécie:

(a) advertência;

(b) multa;

(c) multa diária;

(d) apreensão de animais, produtos e subprodutos da flora e da fauna;

(e) destruição ou inutilização do produto;

(f) suspensão de venda e fabricação do produto;

(g) embargo de obra ou atividade;

(h) demolição de obra;

(i) suspensão parcial ou total de atividades;

(j) restritiva de direitos.

A **advertência** será aplicada pela inobservância das disposições da Lei 9.605/1998 e da legislação em vigor, ou de preceitos regulamentares, sem prejuízo das demais sanções.

A **multa simples** será aplicada sempre que o agente, por negligência ou dolo: I – advertido por irregularidades que tenham sido praticadas, deixar de saná-las, no prazo assinalado por órgão competente do Sisnama ou pela Capitania dos Portos, do Ministério da Marinha; II – opuser embaraço à fiscalização dos órgãos do Sisnama ou da Capitania dos Portos, do Ministério da Marinha (art. 72, § 3º).

A **multa diária** será aplicada sempre que o cometimento da infração se prolongar no tempo.

A **multa** terá por base a unidade, hectare, metro cúbico, quilograma ou outra medida pertinente, de acordo com o objeto jurídico lesado.

As **sanções restritivas de direitos** são (art. 72, § 8º): I – suspensão de registro, licença ou autorização; II – cancelamento de registro, licença ou autorização; III – perda ou restrição de incentivos e benefícios fiscais; IV – perda ou suspensão da participação em linhas de financiamento em estabelecimentos oficiais de crédito; V – proibição de contratar com a Administração Pública, pelo período de até três anos.

O **valor da multa** é de, no mínimo, R$ 50,00 (cinquenta reais) e no máximo R$ 50.000.000,00 (cinquenta milhões de reais) – art. 75.

12.5. Reincidência

A **reincidência** é prevista nas infrações administrativas ambientais. Nesse sentido, o cometimento de nova infração ambiental pelo mesmo infrator, no período de **cinco anos**, contados da lavratura de auto de infração anterior devidamente confirmado em julgamento, implica:

(a) aplicação da **multa em triplo**, no caso de cometimento da *mesma infração*; ou

(b) aplicação da **multa em dobro**, no caso de cometimento de *infração distinta*.

DICA

Ao contrário da responsabilidade civil ambiental, o instituto da **prescrição** é aplicável na responsabilidade administrativa. Dessa forma, **prescreve em cinco anos** a ação da Administração objetivando apurar a prática de infrações contra o meio ambiente, contada da data da prática do ato, ou, no caso de infração permanente ou continuada, do dia em que esta tiver cessado. Incide **a prescrição no procedimento de apuração do auto de infração paralisado por mais de três anos**, pendente de julgamento ou despacho, cujos autos serão arquivados de ofício ou mediante requerimento da parte interessada, sem prejuízo da apuração da responsabilidade funcional decorrente da paralisação. **Trata-se de prescrição intercorrente.**

Quando **o fato objeto da infração também constituir crime**, a prescrição na esfera administrativa reger-se-á pelo prazo previsto na lei penal. Em outras palavras, se a conduta é ao mesmo tempo infração administrativa e crime ambiental, o prazo prescricional deve seguir a lei penal.

Por fim, a prescrição da pretensão punitiva da Administração **não elide a obrigação de reparar o dano ambiental.**

---

13. CÓDIGO FLORESTAL

13.1. Introdução

A Lei 12.651/2012 revogou a Lei 4.771/1965 e instituiu um novo Código Florestal no país, que possui como **objetivo** o desenvolvimento sustentável.

Segundo o Código Florestal, "as florestas existentes no território nacional e as demais formas de vegetação nativa, reconhecidas de utilidade às terras que revestem, **são bens de interesse comum a todos os habitantes do país,** exercendo-se os direitos de propriedade com as limitações que a legislação em geral e especialmente esta Lei estabelecem" (art. 2º).

Além disso, na utilização e exploração da vegetação, **as ações ou omissões contrárias às disposições desta Lei são consideradas uso irregular da propriedade**.

DICA

As obrigações previstas no Código Florestal **têm natureza real e são transmitidas ao sucessor**, de qualquer natureza, no caso de transferência de domínio ou posse do **imóvel rural**.

Das áreas previstas no Código Florestal duas merecem destaque: **Áreas de Preservação Permanente (APP) e Reserva Legal.**

13.2. Área de Preservação Permanente (APP)

Conceito de Área de Preservação Permanente (APP): área protegida, coberta ou não por vegetação nativa, com a função ambiental de preservar os recursos hídricos, a paisagem, a estabilidade geológica e a biodiversidade, facilitar o fluxo gênico de fauna e flora, proteger o solo e assegurar o bem-estar das populações humanas.

Há **duas espécies** de Áreas de Preservação Permanente:

(a) as instituídas **por força de lei**, pela sua simples localização, conforme as hipóteses previstas no art. 4º do Código Florestal;

(b) as **declaradas de interesse social por ato do Chefe do Poder Executivo**, consoante as hipóteses relacionadas no art. 6º do Código Florestal.

APP
Faixas marginais de qualquer curso d'água natural perene e intermitente, excluídos os efêmeros, desde a borda da calha do leito regular, conforme o art. 4º, I, do Código Florestal

LARGURA DO CURSO D'ÁGUA	FAIXA MARGINAL DE PROTEÇÃO APP
menos de 10 m	30 m
de 10 a 50 m	50 m
de 50 a 200 m	100 m
de 200 a 600 m	200 m
mais de 600 m	500 m

Consideram-se, ainda, de preservação permanente, quando declaradas de interesse social por ato do Chefe do Poder Executivo, as áreas cobertas com florestas ou outras formas de vegetação destinadas a uma ou mais das seguintes finalidades (art. 6º):

1. conter a erosão do solo e mitigar riscos de enchentes e deslizamentos de terra e de rocha;

2. proteger as restingas ou veredas;

3. proteger várzeas;

4. abrigar exemplares da fauna ou da flora ameaçados de extinção;

5. proteger sítios de excepcional beleza ou de valor científico, cultural ou histórico;

6. formar faixas de proteção ao longo de rodovias e ferrovias;

7. assegurar condições de bem-estar público;

8. auxiliar a defesa do território nacional, a critério das autoridades militares;

9. proteger áreas úmidas, especialmente as de importância internacional.

A **vegetação situada** em Área de Preservação Permanente **deverá ser mantida** pelo proprietário da área, possuidor ou ocupante a qualquer título, pessoa física ou jurídica, de direito público ou privado.

> **DICA**
> Tendo ocorrido **supressão de vegetação situada em Área de Preservação Permanente**, o proprietário da área, possuidor ou ocupante a qualquer título é obrigado a promover a recomposição da vegetação, ressalvados os usos autorizados previstos no Código Florestal. **Essa obrigação tem natureza real e é transmitida ao sucessor no caso de transferência de domínio ou posse do imóvel rural.**

13.2.1. Intervenção em Área de Preservação Permanente

A **intervenção ou a supressão de vegetação nativa em Área de Preservação Permanente** somente ocorrerá nas hipóteses de *utilidade pública, de interesse social ou de baixo impacto ambiental* previstas no Código Florestal (art. 8º).

Além disso:

✓ A supressão de vegetação nativa protetora de nascentes, dunas e restingas **somente poderá ser autorizada em caso de utilidade pública.**

✓ A **intervenção ou a supressão de vegetação nativa em Área de Preservação Permanente** de que tratam os incisos VI e VII do *caput* do art. 4º (as restingas, como fixadoras de dunas ou estabilizadoras de mangues, e os manguezais, em toda sua extensão) poderá ser autorizada, excepcionalmente, em locais onde a função ecológica do manguezal esteja comprometida, para execução de obras habitacionais e de urbanização, inseridas em projetos de regularização fundiária de interesse social, em áreas urbanas consolidadas ocupadas por população de baixa renda.

✓ É dispensada a autorização do órgão ambiental competente para a execução, em caráter de urgência, de atividades de segurança nacional e obras de interesse da defesa civil destinadas à prevenção e mitigação de acidentes em áreas urbanas.

Por fim, é **permitido o acesso de pessoas e animais às Áreas de Preservação Permanente** para obtenção de água e para realização de atividades de baixo impacto ambiental" (art. 9º).

13.3. Reserva Legal

Outro espaço ambientalmente protegido do Código Florestal é a **Reserva Legal**.

Considera-se **Reserva Legal** a "área localizada no interior de uma propriedade ou posse rural, delimitada nos termos do art. 12 do Código Florestal, com a função de assegurar o uso econômico de modo sustentável dos recursos naturais do imóvel rural, auxiliar a conservação e a reabilitação dos processos ecológicos e promover a conservação da biodiversidade, bem como o abrigo e a proteção de fauna silvestre e da flora nativa".

Todo imóvel rural deve manter área com cobertura de vegetação nativa, a título de Reserva Legal, sem prejuízo da aplicação das normas sobre as Áreas de Preservação Permanente, observados os seguintes percentuais mínimos em relação à área do imóvel, excetuados os casos previstos no art. 68 do Código Florestal (art. 12):

(i) **localizado na Amazônia Legal:** (a) 80% (oitenta por cento), no imóvel situado em área de florestas; (b) 35% (trinta e cinco por cento), no imóvel situado em área de cerrado; (c) 20% (vinte por cento), no imóvel situado em área de campos gerais;

(ii) **localizado nas demais regiões do país:** 20% (vinte por cento)."

RESERVA LEGAL (Art. 12 da Lei 12.651/2012)		
Imóvel rural na Amazônia Legal em área com	Florestas:	80% do imóvel rural
	Cerrados:	35% do imóvel rural
	Campos Gerais	20% do imóvel rural
Imóvel rural localizado nas demais regiões do país	20% do imóvel rural	

Em algumas situações **não será necessária a constituição da Reserva Legal**, a saber:

(a) Os empreendimentos de abastecimento público de água e tratamento de esgoto **não estão sujeitos à constituição de Reserva Legal**.

(b) **Não será exigida Reserva Legal** relativa às áreas adquiridas ou desapropriadas por detentor de concessão, permissão ou autorização para exploração de potencial de energia hidráulica, nas quais funcionem empreendimentos de geração de energia elétrica, subestações ou sejam instaladas linhas de transmissão e de distribuição de energia elétrica.

(c) **Não será exigida Reserva Legal** relativa às áreas adquiridas ou desapropriadas com o objetivo de implantação e ampliação de capacidade de rodovias e ferrovias.

A **localização da área de Reserva Legal no imóvel rural** deverá levar em consideração os seguintes estudos e critérios:

(i) o plano de bacia hidrográfica;

(ii) o Zoneamento Ecológico-Econômico;

(iii) a formação de corredores ecológicos com outra Reserva Legal, com Área de Preservação Permanente, com Unidade de Conservação ou com outra área legalmente protegida;

(iv) as áreas de maior importância para a conservação da biodiversidade; e

(v) as áreas de maior fragilidade ambiental.

> **DICA**
> **Qual órgão ambiental aprova a localização da Reserva Legal?**
> O órgão estadual integrante do Sisnama ou instituição por ele habilitada deverá aprovar a localização da Reserva Legal após a inclusão do imóvel no Cadastro Ambiental Rural (CAR), conforme o art. 29 do Código Florestal.

CADASTRO AMBIENTAL RURAL (CAR)

É criado o Cadastro Ambiental Rural (CAR), no âmbito do Sistema Nacional de Informação sobre Meio Ambiente (Sinima), registro público eletrônico de âmbito nacional, obrigatório para todos os imóveis rurais, com a finalidade de integrar as informações ambientais das propriedades e posses rurais, compondo base de dados para controle, monitoramento, planejamento ambiental e econômico e combate ao desmatamento (art. 29).

Será admitido **o cômputo das Áreas de Preservação Permanente no cálculo do percentual da Reserva Legal do imóvel**, desde que: (I) o benefício previsto neste artigo não implique a conversão de novas áreas para o uso alternativo do solo; (II) a área a ser computada esteja conservada ou em processo de recuperação, conforme comprovação do proprietário ao órgão estadual integrante do Sisnama; e (III) o proprietário ou possuidor tenha requerido inclusão do imóvel no Cadastro Ambiental Rural (CAR), nos termos do Código Florestal. O regime de proteção da Área de Preservação Permanente não se altera na hipótese ora relacionada.

Poderá ser instituída Reserva Legal em regime de condomínio ou coletiva entre propriedades rurais, respeitado o percentual previsto no art. 12 (quadro anterior) em relação a cada imóvel.

A **Reserva Legal deve ser conservada com cobertura de vegetação nativa pelo proprietário do imóvel rural**, possuidor ou ocupante a qualquer título, pessoa física ou jurídica, de direito público ou privado.

Admite-se **a exploração econômica da Reserva Legal** mediante manejo sustentável, previamente aprovado pelo órgão competente do Sisnama, de acordo com as modalidades previstas no art. 20 e seguintes do Código Florestal.

É obrigatória a suspensão imediata das atividades em área de Reserva Legal desmatada irregularmente após 22 de julho de 2008.

A área de Reserva Legal deverá ser registrada no órgão ambiental competente por meio de inscrição no Cadastro Ambiental Rural (CAR) de que trata o art. 29, sendo vedada a alteração de sua destinação, nos casos de transmissão, a qualquer título, ou de desmembramento, com as exceções previstas no Código Florestal.

Na **posse**, a área de Reserva Legal é assegurada por termo de compromisso firmado pelo possuidor com o órgão competente do Sisnama, com força de título executivo extrajudicial, que explicite, no mínimo, a localização da área de Reserva Legal e as obrigações assumidas pelo possuidor por força do previsto no Código Florestal.

O proprietário ou possuidor de imóvel rural que detinha, em 22 de julho de 2008, área de Reserva Legal em extensão inferior ao estabelecido no art. 12 (vide quadro), poderá regularizar sua situação, independentemente da adesão ao Programa de Regularização Ambiental, adotando as seguintes alternativas, isolada ou conjuntamente (art. 66, Lei 12.651/2012): I – recompor a Reserva Legal; II – permitir a regeneração natural da vegetação na área de Reserva Legal; III – compensar a Reserva Legal.

A obrigação em questão tem *natureza real* e é transmitida ao sucessor no caso de transferência de domínio ou posse do imóvel rural.

DICA

1. Nos imóveis rurais que detinham, em 22 de julho de 2008, área de até 4 (quatro) módulos fiscais e que possuam remanescente de vegetação nativa em percentuais inferiores ao previsto no art. 12, a Reserva Legal será constituída com a área ocupada com a vegetação nativa existente em 22 de julho de 2008, vedadas novas conversões para uso alternativo do solo (art. 67, Lei 12.651/2012).

2. Os proprietários ou possuidores de imóveis rurais que realizaram supressão de vegetação nativa respeitando os percentuais de Reserva Legal previstos pela legislação em vigor na época em que ocorreu a supressão são dispensados de promover a recomposição, compensação ou regeneração para os percentuais exigidos no Código Florestal (art. 68, Lei 12.651/2012).

14. SISTEMA NACIONAL DE UNIDADES DE CONSERVAÇÃO

14.1. Introdução

A Lei 9.985/2000 instituiu o Sistema Nacional de Unidades de Conservação (Snuc).

Considera-se **Unidade de Conservação** o "espaço territorial e seus recursos ambientais, incluindo as águas jurisdicionais, com características naturais relevantes, legalmente instituído pelo Poder Público, com objetivos de conservação e limites definidos, sob regime especial de administração, ao qual se aplicam garantias adequadas de proteção" (art. 2º, I).

14.2. Sistema Nacional de Unidades de Conservação

São órgãos do Sistema Nacional de Unidades de Conservação (Snuc):

I – Órgão Consultivo e Deliberativo: Conama, com as atribuições de acompanhar a implementação do Sistema;

II – Órgão Central: Ministério do Meio Ambiente, com a finalidade de coordenar o Sistema;

III – Órgãos Executores: Instituto Chico Mendes e o Ibama, em caráter supletivo, os órgãos estaduais e municipais, com a função de implementar o Snuc, subsidiar as propostas de criação e administrar as unidades de conservação federais, estaduais e municipais, nas respectivas esferas de atuação.

14.3. Grupos de Unidades de Conservação

As unidades de conservação se dividem em **dois grupos**, cada qual com características próprias, a saber:

✓ **Unidades de Proteção Integral** – o *objetivo básico* é preservar a natureza, sendo admitido apenas o uso indireto dos seus recursos naturais, com exceção dos casos previstos na Lei 9.985/2000.

✓ **Unidades de Uso Sustentável** – o *objetivo básico* é compatibilizar a conservação da natureza com o uso sustentável de parcela dos seus recursos naturais.

UNIDADES DE PROTEÇÃO INTEGRAL	UNIDADES DE USO SUSTENTÁVEL
Estação Ecológica	Área de Proteção Ambiental
Reserva Biológica	Área de Relevante Interesse Ecológico
Parque Nacional	Floresta Nacional
Refúgio de Vida Silvestre	Reserva Extrativista
Monumento Natural	Reserva de Fauna
	Reserva de Desenvolvimento Sustentável
	Reserva Particular do Patrimônio Natural

14.4. Criação de uma Unidade de Conservação

Na **Teoria Geral das Unidades de Conservação**, alguns tópicos merecem destaque, a saber:

a) As Unidades de Conservação são criadas por ato do Poder Público.

b) A criação de uma unidade de conservação deve ser precedida de **estudos técnicos** e de **consulta pública** que permitam identificar a localização, a dimensão e os limites mais adequados para a unidade.

c) A consulta pública **não é obrigatória** na criação de uma Estação Ecológica ou de uma Reserva Biológica.

d) As unidades de conservação do grupo de Uso Sustentável podem ser transformadas total ou parcialmente em unidades do grupo de Proteção Integral, por instrumento normativo do mesmo nível hierárquico do que criou a unidade (se a unidade foi criada por decreto, a ampliação/transformação pode ocorrer com a edição de outro decreto), desde que obedecidos os procedimentos de consulta estabelecidos na letra "b".

e) A ampliação dos limites de uma unidade de conservação, sem modificação dos seus limites originais, exceto pelo acréscimo proposto, pode ser feita por instrumento normativo do mesmo nível hierárquico do que criou a unidade, desde que obedecidos os procedimentos de consulta estabelecidos na letra "b".

f) A desafetação ou redução dos limites de uma unidade de conservação só pode ser realizada mediante **lei específica**.

14.5. Zona de Amortecimento

Considera-se **zona de amortecimento** o entorno de uma unidade de conservação, onde as atividades humanas estão sujeitas a normas e restrições específicas, com o propósito de minimizar os impactos negativos sobre a unidade.

As unidades de conservação, **exceto Área de Proteção Ambiental e Reserva Particular do Patrimônio Natural**, devem possuir uma *zona de amortecimento*

14.6. Plano de Manejo

Toda unidade de conservação deve possuir o seu **Plano de Manejo**, que deve ser elaborado no prazo de até *cinco anos* de sua criação.

Plano de Manejo é o documento técnico mediante o qual, com fundamento nos objetivos gerais de uma unidade de conservação, estabelece-se o seu zoneamento e as normas que devem presidir o uso da área e o manejo dos recursos naturais, inclusive a implantação das estruturas físicas necessárias à gestão da unidade.

O conteúdo de um **Plano de Manejo** deve abranger a área da unidade de conservação, sua zona de amortecimento e os corredores ecológicos (quando convenientes), incluindo medidas com o fim de promover sua integração à vida econômica e social das comunidades vizinhas.

O **Plano de Manejo** poderá dispor sobre as atividades de **liberação planejada e cultivo de organismos geneticamente modificados** nas Áreas de Proteção Ambiental e nas zonas de amortecimento das demais categorias de unidade de conservação, observadas as informações contidas na decisão técnica da Comissão Técnica Nacional de Biossegurança (CTNBio) sobre: (I) o registro de ocorrência de ancestrais diretos e parentes silvestres; (II) as características de reprodução, dispersão e sobrevivência do organismo geneticamente modificado; (III) o isolamento reprodutivo do organismo geneticamente modificado em relação aos seus ancestrais diretos e parentes silvestres; e (IV) situações de risco do organismo geneticamente modificado à biodiversidade.

As unidades de conservação podem ser geridas por organizações da sociedade civil de interesse público com objetivos afins aos da unidade, mediante instrumento a ser firmado com o órgão responsável por sua gestão.

ESPÉCIES DE UNIDADE DE CONSERVAÇÃO (MELO, 2017)

ESTAÇÃO ECOLÓGICA

OBJETIVO	Preservação da natureza e a realização de pesquisas científicas.
DOMÍNIO	Posse e domínio públicos, sendo que as áreas particulares incluídas em seus limites serão desapropriadas.
VISITAÇÃO PÚBLICA	Proibida a visitação pública, exceto quando com objetivo educacional, de acordo com o que dispuser o Plano de Manejo da unidade ou regulamento específico.
PESQUISA CIENTÍFICA	A pesquisa científica depende de autorização prévia do órgão responsável pela administração da unidade e está sujeita às condições e restrições por este estabelecidas, bem como àquelas previstas em regulamento.
CARACTERÍSTICAS	Na Estação Ecológica só podem ser permitidas alterações dos ecossistemas no caso de (1) medidas que visem à restauração de ecossistemas modificados; (2) manejo de espécies com o fim de preservar a diversidade biológica; (3) coleta de componentes dos ecossistemas com finalidades científicas; (4) pesquisas científicas cujo impacto sobre o ambiente seja maior do que aquele causado pela simples observação ou pela coleta controlada de componentes dos ecossistemas, em uma área correspondente a no máximo três por cento da extensão total da unidade e até o limite de um mil e quinhentos hectares.

RESERVA BIOLÓGICA

OBJETIVO	Preservação integral da biota e demais atributos naturais existentes em seus limites, sem interferência humana direta ou modificações ambientais, excetuando-se as medidas de recuperação de seus ecossistemas alterados e as ações de manejo necessárias para recuperar e preservar o equilíbrio natural, a diversidade biológica e os processos ecológicos naturais.
DOMÍNIO	Posse e domínio públicos, sendo que as áreas particulares incluídas em seus limites serão desapropriadas, de acordo com o que dispõe a lei.
CARACTERÍSTICAS	1) É proibida a visitação pública, exceto aquela com objetivo educacional, de acordo com regulamento específico; 2) A pesquisa científica depende de autorização prévia do órgão responsável pela administração da unidade e está sujeita às condições e restrições por este estabelecidas, bem como àquelas previstas em regulamento.

PARQUE NACIONAL

OBJETIVO	Preservação de ecossistemas naturais de grande relevância ecológica e beleza cênica, possibilitando a realização de pesquisas científicas e o desenvolvimento de atividades de educação e interpretação ambiental, de recreação em contato com a natureza e de turismo ecológico.
DOMÍNIO	Posse e domínio públicos, sendo que as áreas particulares incluídas em seus limites serão desapropriadas, de acordo com o que dispõe a lei.
VISITAÇÃO PÚBLICA	A visitação pública está sujeita às normas e restrições estabelecidas no Plano de Manejo da unidade, às normas estabelecidas pelo órgão responsável por sua administração, e àquelas previstas em regulamento.
PESQUISA CIENTÍFICA	A pesquisa científica depende de autorização prévia do órgão responsável pela administração da unidade e está sujeita às condições e restrições por este estabelecidas, bem como àquelas previstas em regulamento.
CARACTERÍSTICAS	As unidades dessa categoria, quando criadas pelo Estado ou Município, serão denominadas, respectivamente, Parque Estadual e Parque Natural Municipal.

DIREITO AMBIENTAL

MONUMENTO NATURAL	
OBJETIVO	Preservação de ambientes naturais raros, singulares e de grande beleza cênica.
DOMÍNIO	Pode ser constituído por áreas particulares, desde que seja possível compatibilizar os objetivos da unidade com a utilização da terra e dos recursos naturais do local pelos proprietários. Todavia, havendo incompatibilidade entre os objetivos da área e as atividades privadas ou não havendo aquiescência do proprietário às condições propostas pelo órgão responsável pela administração da unidade para a coexistência do Monumento Natural com o uso da propriedade, a área deve ser desapropriada, de acordo com o que dispõe a lei.
VISITAÇÃO PÚBLICA	Está sujeita às condições e restrições estabelecidas no Plano de Manejo da unidade, às normas estabelecidas pelo órgão responsável por sua administração e àquelas previstas em regulamento.

REFÚGIO DE VIDA SILVESTRE	
OBJETIVO	Preservação de ambientes naturais onde se asseguram condições para a existência ou reprodução de espécies ou comunidades da flora local e da fauna residente ou migratória.
DOMÍNIO	Pode ser constituído por áreas particulares, desde que seja possível compatibilizar os objetivos da unidade com a utilização da terra e dos recursos naturais do local pelos proprietários. Contudo, havendo incompatibilidade entre os objetivos da área e as atividades privadas ou não havendo aquiescência do proprietário às condições propostas pelo órgão responsável pela administração da unidade para a coexistência do Refúgio de Vida Silvestre com o uso da propriedade, a área deve ser desapropriada, de acordo com o que dispõe a lei.
VISITAÇÃO PÚBLICA	Está sujeita às normas e restrições estabelecidas no Plano de Manejo da unidade, às normas estabelecidas pelo órgão responsável por sua administração, e àquelas previstas em regulamento.
PESQUISA CIENTÍFICA	Depende de autorização prévia do órgão responsável pela administração da unidade e está sujeita às condições e restrições por este estabelecidas, bem como àquelas previstas em regulamento.

ÁREA DE PROTEÇÃO AMBIENTAL	
OBJETIVO	Proteger a diversidade biológica, disciplinar o processo de ocupação e assegurar a sustentabilidade do uso dos recursos naturais.
DOMÍNIO	É constituída por terras públicas ou privadas.
VISITAÇÃO PÚBLICA	As condições para a visitação pública nas áreas sob domínio público serão estabelecidas pelo órgão gestor da unidade. Nas áreas sob propriedade privada, cabe ao proprietário estabelecer as condições para a visitação pelo público, observadas as exigências e restrições legais.
PESQUISA CIENTÍFICA	As condições para a realização de pesquisa científica nas áreas sob domínio público serão estabelecidas pelo órgão gestor da unidade. Nas áreas sob propriedade privada, cabe ao proprietário estabelecer as condições para pesquisa observadas as exigências e restrições legais.
CARACTERÍSTICAS	1) É uma área em geral extensa, com certo grau de ocupação humana, dotada de atributos abióticos, bióticos, estéticos ou culturais especialmente importantes para a qualidade de vida e o bem-estar das populações humanas. 2) Respeitados os limites constitucionais, podem ser estabelecidas normas e restrições para a utilização de uma propriedade privada localizada em uma Área de Proteção Ambiental.

ÁREA DE RELEVANTE INTERESSE ECOLÓGICO	
OBJETIVO	Manter os ecossistemas naturais de importância regional ou local e regular o uso admissível dessas áreas, de modo a compatibilizá-lo com os objetivos de conservação da natureza.
DOMÍNIO	Constituída por terras públicas ou privadas.
CARACTERÍSTICAS	Respeitados os limites constitucionais, podem ser estabelecidas normas e restrições para a utilização de uma propriedade privada localizada em uma Área de Relevante Interesse Ecológico.

FLORESTA NACIONAL	
OBJETIVO	É uma área com cobertura florestal de espécies predominantemente nativas e tem como objetivo básico o uso múltiplo sustentável dos recursos florestais e a pesquisa científica, com ênfase em métodos para exploração sustentável de florestas nativas.
DOMÍNIO	Posse e domínio públicos, sendo que as áreas particulares incluídas em seus limites devem ser desapropriadas de acordo com o que dispõe a lei.
VISITAÇÃO PÚBLICA	É permitida, condicionada às normas estabelecidas para o manejo da unidade pelo órgão responsável por sua administração.
PESQUISA CIENTÍFICA	É permitida e incentivada, sujeitando-se à prévia autorização do órgão responsável pela administração da unidade, às condições e restrições por este estabelecidas e àquelas previstas em regulamento.
CARACTERÍSTICAS	1) Nas Florestas Nacionais é admitida a permanência de populações tradicionais que a habitam quando de sua criação, em conformidade com o disposto em regulamento e no Plano de Manejo da unidade. 2) A unidade desta categoria, quando criada pelo Estado ou Município, será denominada, respectivamente, Floresta Estadual e Floresta Municipal.

RESERVA EXTRATIVISTA	
OBJETIVO	É uma área utilizada por populações extrativistas tradicionais, cuja subsistência baseia-se no extrativismo e, complementarmente, na agricultura de subsistência e na criação de animais de pequeno porte, e tem como objetivos básicos proteger os meios de vida e a cultura dessas populações, e assegurar o uso sustentável dos recursos naturais da unidade.
DOMÍNIO	É de domínio público, com uso concedido às populações extrativistas tradicionais conforme o disposto no art. 23 da Lei 9.985/2000 e em regulamentação específica, sendo que as áreas particulares incluídas em seus limites devem ser desapropriadas, de acordo com o que dispõe a lei.
VISITAÇÃO PÚBLICA	É permitida, desde que compatível com os interesses locais e de acordo com o disposto no Plano de Manejo da área.
PESQUISA CIENTÍFICA	É permitida e incentivada, sujeitando-se à prévia autorização do órgão responsável pela administração da unidade, às condições e restrições por este estabelecidas e às normas previstas em regulamento.
CARACTERÍSTICAS	1) São proibidas a exploração de recursos minerais e a caça amadorística ou profissional. 2) A exploração comercial de recursos madeireiros só será admitida em bases sustentáveis e em situações especiais e complementares às demais atividades desenvolvidas na Reserva Extrativista, conforme o disposto em regulamento e no Plano de Manejo da unidade.

RESERVA DE FAUNA	
OBJETIVO	É uma área natural com populações animais de espécies nativas, terrestres ou aquáticas, residentes ou migratórias, adequadas para estudos técnico-científicos sobre o manejo econômico sustentável de recursos faunísticos.
DOMÍNIO	É de posse e domínio públicos, sendo que as áreas particulares incluídas em seus limites devem ser desapropriadas de acordo com o que dispõe a lei.
VISITAÇÃO PÚBLICA	Pode ser permitida, desde que compatível com o manejo da unidade e de acordo com as normas estabelecidas pelo órgão responsável por sua administração.
CARACTERÍSTICAS	1) É proibido o exercício da caça amadorística ou profissional. 2) A comercialização dos produtos e subprodutos resultantes das pesquisas obedecerá ao disposto nas leis sobre fauna e regulamentos.

DIREITO AMBIENTAL

RESERVA DE DESENVOLVIMENTO SUSTENTÁVEL	
OBJETIVO	Tem como objetivo básico preservar a natureza e, ao mesmo tempo, assegurar as condições e os meios necessários para a reprodução e a melhoria dos modos e da qualidade de vida e exploração dos recursos naturais das populações tradicionais, bem como valorizar, conservar e aperfeiçoar o conhecimento e as técnicas de manejo do ambiente, desenvolvido por essas populações.
DOMÍNIO	É de domínio público, sendo que as áreas particulares incluídas em seus limites devem ser, quando necessário, desapropriadas, de acordo com o que dispõe a lei. O uso das áreas ocupadas pelas populações tradicionais será regulado de acordo com o disposto no art. 23 da Lei 9.985/2000 e em regulamentação específica.
VISITAÇÃO PÚBLICA	É permitida e incentivada, desde que compatível com os interesses locais e de acordo com o disposto no Plano de Manejo da área.
PESQUISA CIENTÍFICA	É permitida e incentivada a pesquisa científica voltada à conservação da natureza, à melhor relação das populações residentes com seu meio e à educação ambiental, sujeitando-se à prévia autorização do órgão responsável pela administração da unidade, às condições e restrições por este estabelecidas e às normas previstas em regulamento.

RESERVA PARTICULAR DO PATRIMÔNIO NATURAL	
OBJETIVO	É uma área privada, gravada com perpetuidade, com o objetivo de conservar a diversidade biológica.
DOMÍNIO	Privado.
VISITAÇÃO PÚBLICA	Permitida com objetivos turísticos, recreativos e educacionais.
PESQUISA CIENTÍFICA	Permitida.
CARACTERÍSTICAS	Só poderá ser permitida, conforme se dispuser em regulamento: (1) a pesquisa científica; (2) a visitação com objetivos turísticos, recreativos e educacionais.

15. POLÍTICA NACIONAL DE RESÍDUOS SÓLIDOS

15.1. Introdução

A Lei 12.305/2012 institui a **Política Nacional de Resíduos Sólidos**, dispondo sobre seus princípios, objetivos e instrumentos, bem como sobre as diretrizes relativas à gestão integrada e ao gerenciamento de resíduos sólidos, incluídos os perigosos, às responsabilidades dos geradores e do poder público e aos instrumentos econômicos aplicáveis.

O objeto da Política Nacional de Resíduos Sólidos (PNRS) **é a gestão integrada e o gerenciamento de resíduos sólidos**.

Entende-se por **resíduos sólidos** o "material, substância, objeto ou bem descartado resultante de atividades humanas em sociedade, a cuja destinação final se procede, se propõe proceder ou se está obrigado a proceder, nos estados sólido ou semissólido, bem como gases contidos em recipientes e líquidos cujas particularidades tornem inviável o seu lançamento na rede pública de esgotos ou em corpos d'água, ou exijam para isso soluções técnica ou economicamente inviáveis em face da melhor tecnologia disponível".

Já os **rejeitos** são "resíduos sólidos que, depois de esgotadas todas as possibilidades de tratamento e recuperação por processos tecnológicos disponíveis e economicamente viáveis, não apresentem outra possibilidade que não a disposição final ambientalmente adequada".

> **DICA**
> As expressões *resíduos sólidos* e *rejeitos* demandam atenção.
> **Resíduos Sólidos:** é um conceito mais amplo e inclui os rejeitos.
> **Rejeitos:** resíduos sólidos que, depois de esgotadas todas as possibilidades de tratamento e recuperação, não apresentem outra possibilidade que não a disposição final ambientalmente adequada. Ou seja, são inviáveis o seu tratamento e recuperação.

15.2. Princípios da Política Nacional de Resíduos Sólidos

PRINCÍPIOS DA POLÍTICA NACIONAL DE RESÍDUOS SÓLIDOS:
A prevenção e a precaução;
O poluidor-pagador e o protetor-recebedor;
A visão sistêmica, na gestão dos resíduos sólidos, que considere as variáveis ambiental, social, cultural, econômica, tecnológica e de saúde pública;
O desenvolvimento sustentável;
A ecoeficiência;
A cooperação entre as diferentes esferas do poder público, o setor empresarial e demais segmentos da sociedade;
A responsabilidade compartilhada pelo ciclo de vida dos produtos;

O reconhecimento do resíduo sólido reutilizável e reciclável como um bem econômico e de valor social, gerador de trabalho e renda e promotor de cidadania;
O respeito às diversidades locais e regionais;
O direito da sociedade à informação e ao controle social;
A razoabilidade e a proporcionalidade.

15.3. Ordem de Prioridade na Gestão e Gerenciamento de Resíduos

Na gestão e gerenciamento de resíduos sólidos, deve ser observada a seguinte ordem de prioridade: não geração, redução, reutilização, reciclagem, tratamento dos resíduos sólidos e disposição final ambientalmente adequada dos rejeitos (art. 9º, *caput*).

Ordem de Prioridade na Gestão e Gerenciamento de Resíduos
Não geração > Redução > Reutilização > Reciclagem > Tratamento dos resíduos sólidos > Disposição final ambientalmente adequada dos rejeitos.

15.4. Responsabilidade Compartilhada

Considera-se **responsabilidade compartilhada pelo ciclo de vida dos produtos** o conjunto de atribuições individualizadas e encadeadas dos fabricantes, importadores, distribuidores e comerciantes, dos consumidores e dos titulares dos serviços públicos de limpeza urbana e de manejo dos resíduos sólidos, para minimizar o volume de resíduos sólidos e rejeitos gerados, bem como para reduzir os impactos causados à saúde humana e à qualidade ambiental decorrentes do ciclo de vida dos produtos, nos termos da Lei da PNRS (art. 3º, XVII).

Conforme o art. 30 da PNRS, "é instituída a responsabilidade compartilhada pelo ciclo de vida dos produtos, a ser implementada de forma individualizada e encadeada, abrangendo os fabricantes, importadores, distribuidores e comerciantes, os consumidores e os titulares dos serviços públicos de limpeza urbana e de manejo de resíduos sólidos, consoante as atribuições e procedimentos previstos nesta Seção".

15.5. Logística reversa

15.5.1. Conceito

Entende-se por **logística reversa** o "instrumento de desenvolvimento econômico e social caracterizado por um conjunto de ações, procedimentos e meios destinados a viabilizar a coleta e a restituição dos resíduos sólidos ao setor empresarial, para reaproveitamento, em seu ciclo ou em outros ciclos produtivos, ou outra destinação final ambientalmente adequada (art. 3º, XII)".

Após o uso pelo consumidor, o produto (resíduo sólido) deve retornar para o setor empresarial para o reaproveitamento ou outra destinação final ambientalmente adequada.

Exemplo de sistema de logística reversa é o que ocorre nos locais de devolução de pilhas e baterias em shopping centers em algumas cidades. Caberá ao consumidor depositar suas pilhas e baterias no local indicado.

15.5.2. Obrigatoriedade

Segundo o art. 33, da PNRS, são **obrigados** a estruturar e implementar sistemas de logística reversa, mediante retorno dos produtos após o uso pelo consumidor, de forma independente do serviço público de limpeza urbana e de manejo dos resíduos sólidos, **os fabricantes, importadores, distribuidores e comerciantes** de:

✓ Agrotóxicos, seus resíduos e embalagens, assim como outros produtos cuja embalagem, após o uso, constitua resíduo perigoso, observadas as regras de gerenciamento de resíduos perigosos previstas em lei ou regulamento, em normas estabelecidas pelos órgãos do Sisnama, do SNVS e do Suasa, ou em normas técnicas;

✓ Pilhas e baterias;

✓ Pneus;

✓ Óleos lubrificantes, seus resíduos e embalagens;

✓ Lâmpadas fluorescentes, de vapor de sódio e mercúrio e de luz mista;

✓ Produtos eletroeletrônicos e seus componentes.

PRODUTOS OBRIGADOS À LOGÍSTICA REVERSA – ART. 33 DA PNRS
Agrotóxicos, seus resíduos e embalagens, assim como outros produtos cuja embalagem, após o uso, constitua resíduo perigoso;
Pilhas e baterias;
Pneus;
Óleos lubrificantes, seus resíduos e embalagens;
Lâmpadas fluorescentes, de vapor de sódio e mercúrio e de luz mista;
Produtos eletroeletrônicos e seus componentes.

A obrigatoriedade de estruturar e implementar os sistemas de logística reversa é para **os fabricantes, importadores, distribuidores e comerciantes** desses produtos. Significa dizer, não inclui o gerador de resíduos domiciliares, cuja obrigação é disponibilizar adequadamente os resíduos sólidos reutilizáveis e recicláveis para a devolução nos sistemas de logística reversa.

A **logística reversa relativa às lâmpadas** fluorescentes, de vapor de sódio e mercúrio e de luz mista e de **produtos eletroeletrônicos** e seus componentes será implementada progressivamente segundo cronograma estabelecido em regulamento.

O sistema de **logística reversa de agrotóxicos**, seus resíduos e embalagens, seguirá o disposto na Lei 7.802/1989 (Lei de Agrotóxicos) e no Decreto 4.074/2002 (Destino Final de Embalagens de Agrotóxicos).

Além da obrigatoriedade para os produtos elencados no art. 33, *caput*, da PNRS, como se viu, é possível ampliar a logística reversa para outros produtos, como por exemplo aqueles comercializados em embalagens plásticas, metálicas ou de vidro. Nesse sentido o § 1º do art. 33 da Lei da PNRS, *in verbis*: "na forma do disposto em regulamento ou em acordos setoriais e termos de compromisso firmados entre o poder público e o setor empresarial, os sistemas previstos no caput **serão estendidos a produtos comercializados em embalagens plásticas, metálicas ou de vidro, e aos demais produtos e embalagens**, considerando, prioritariamente, o grau e a extensão do impacto à saúde pública e ao meio ambiente dos resíduos gerados".

Para tanto, a definição dos produtos e embalagens relacionados considerará a viabilidade técnica e econômica da logística reversa, bem como o grau e a extensão do impacto à saúde pública e ao meio ambiente dos resíduos gerados (art. 33, § 2º).

16. POLÍTICA NACIONAL DE RECURSOS HÍDRICOS

A Lei 9.433/1997 instituiu a Política Nacional de Recursos Hídricos, disciplinando um dos bens ambientais mais vulneráveis: a água. Em linhas gerais, esse diploma traz os fundamentos, objetivos e instrumentos para o uso dos recursos hídricos no Brasil. Além disso, regulamentou o inciso XIX do art. 21 da Constituição de 1988, ao instituir o Sistema Nacional de Gerenciamento de Recursos Hídricos e definir critérios de outorga de direitos de seu uso.

16.1. Fundamentos

São fundamentos da Política Nacional de Recursos Hídricos:

(a) a água é um bem de domínio público;

(b) a água é um recurso natural limitado, dotado de valor econômico;

(c) em situações de escassez, o uso prioritário dos recursos hídricos é o consumo humano e a dessedentação de animais;

(d) a gestão dos recursos hídricos deve sempre proporcionar o uso múltiplo das águas;

(e) a bacia hidrográfica é a unidade territorial para implementação da Política Nacional de Recursos Hídricos e atuação do Sistema Nacional de Gerenciamento de Recursos Hídricos;

(f) a gestão dos recursos hídricos deve ser descentralizada e contar com a participação do Poder Público, dos usuários e das comunidades.

16.2. Objetivos

São objetivos da Política Nacional de Recursos Hídricos:

(a) assegurar à atual e às futuras gerações a necessária disponibilidade de água, em padrões de qualidade adequados aos respectivos usos;

(b) a utilização racional e integrada dos recursos hídricos, incluindo o transporte aquaviário, com vistas ao desenvolvimento sustentável;

(c) a prevenção e a defesa contra eventos hidrológicos críticos de origem natural ou decorrentes do uso inadequado dos recursos naturais;

(d) incentivar e promover a captação, a preservação e o aproveitamento de águas pluviais.

16.3. Instrumentos da Política Nacional de Recursos Hídricos

São instrumentos da Política Nacional de Recursos Hídricos:

(a) os Planos de Recursos Hídricos;

(b) o enquadramento dos corpos de água em classes, segundo os usos preponderantes da água;

(c) a outorga dos direitos de uso de recursos hídricos;

(d) a cobrança pelo uso de recursos hídricos;

(e) a compensação a municípios;

(f) o Sistema de Informações sobre Recursos Hídricos.

16.4. Planos de recursos hídricos

Os planos de recursos hídricos são planos diretores que visam fundamentar e orientar a implementação da Política Nacional de Recursos Hídricos e o gerenciamento dos recursos hídricos. São planos de longo prazo, com horizonte de planejamento compatível com o período de implantação de seus programas e projetos, e serão elaborados por bacia hidrográfica, por Estado e para o país.

16.5. Enquadramento dos corpos de água em classes

O enquadramento dos corpos de água em classes visa: (a) a assegurar às águas qualidade compatível com os usos mais exigentes a que forem destinadas; e (b) a diminuir os custos de combate à poluição das águas, mediante ações preventivas permanentes.

16.6. Outorga dos direitos de uso dos recursos hídricos

A outorga dos direitos de uso dos recursos hídricos constitui manifestação do exercício do poder de polícia e sua natureza jurídica é de autorização administrativa. A outorga não implica a alienação parcial das águas, que são inalienáveis, mas o simples direito de seu uso. O regime de outorga de direitos de uso de recursos hídricos tem como objetivos assegurar o controle quantitativo e qualitativo dos usos da água e o efetivo exercício dos direitos de acesso à água (art. 11 da Lei 9.433/1997).

Usos de recursos hídricos que se sujeitam a outorga:

(a) derivação ou captação de parcela da água existente em um corpo de água para consumo final, inclusive abastecimento público, ou insumo de processo produtivo;

(b) extração de água de aquífero subterrâneo para consumo final ou insumo de processo produtivo;

(c) lançamento em corpo de água de esgotos e demais resíduos líquidos ou gasosos, tratados ou não, com o fim de sua diluição, transporte ou disposição final;

(d) aproveitamento dos potenciais hidrelétricos;

(e) outros usos que alterem o regime, a quantidade ou a qualidade da água existente em um corpo de água.

O prazo da outorga é não excedente a 35 (trinta e cinco) anos, renovável.

É preciso relacionar que há hipóteses de uso de recursos hídricos que **independem de outorga**, a saber:

(a) o uso de recursos hídricos para a satisfação das necessidades de pequenos núcleos populacionais, distribuídos no meio rural;

(b) as derivações, captações e lançamentos considerados insignificantes;

(c) as acumulações de volumes de água consideradas insignificantes.

É possível a suspensão, total ou parcial, por prazo determinado ou indeterminado, da outorga, nos seguintes casos:

(a) não cumprimento pelo outorgado dos termos da outorga;

(b) ausência de uso por três anos consecutivos;

(c) necessidade premente de água para atender a situações de calamidade, inclusive as decorrentes de condições climáticas adversas;

(d) necessidade de prevenir ou reverter grave degradação ambiental;

(e) necessidade de atender a usos prioritários, de interesse coletivo, para os quais não se disponham de fontes alternativas;

(f) necessidade de serem mantidas as características de navegabilidade do corpo de água.

16.7. Cobrança pelo uso dos recursos hídricos

A cobrança pelo uso de recursos hídricos **objetiva:**

(a) reconhecer a água como bem econômico e dar ao usuário uma indicação de seu real valor;

(b) incentivar a racionalização do uso da água;

(c) obter recursos financeiros para o financiamento dos programas e intervenções contemplados nos planos de recursos hídricos.

Destinação dos valores da cobrança pelo uso dos recursos hídricos:

(a) financiamento de estudos, programas, projetos e obras incluídos nos Planos de Recursos Hídricos;

(b) pagamento de despesas de implantação e custeio administrativo dos órgãos e entidades integrantes do Sistema Nacional de Gerenciamento de Recursos Hídricos (limitados a 7,5% do total arrecadado).

16.8. Sistema de Informações sobre Recursos Hídricos

O Sistema de Informações sobre Recursos Hídricos é um sistema de coleta, tratamento, armazenamento e recuperação de informações sobre recursos hídricos e fatores intervenientes em sua gestão. Os dados gerados pelos órgãos integrantes do Sistema Nacional de Gerenciamento de Recursos Hídricos serão incorporados ao Sistema Nacional de Informações sobre Recursos Hídricos.

São princípios básicos para o funcionamento do Sistema de Informações sobre Recursos Hídricos: (a) descentralização da obtenção e produção de dados e informações; (b) coordenação unificada do sistema; (c) acesso aos dados e informações garantido à toda a sociedade.

São objetivos do Sistema Nacional de Informações sobre Recursos Hídricos: (a) reunir, dar consistência e divulgar os dados e informações sobre a situação qualitativa e quantitativa dos recursos hídricos no Brasil; (b) atualizar permanentemente as informações sobre disponibilidade e demanda de recursos hídricos em todo o território nacional; (c) fornecer subsídios para a elaboração dos Planos de Recursos Hídricos.

17. BIBLIOGRAFIA

LEITE, José Rubens Morato e AYALA, Patryck de Araújo. *Dano ambiental: do individual ao coletivo extrapatrimonial*. 5 ed. São Paulo: RT, 2012.

MELO, Fabiano. *Direito ambiental*. 2 ed. São Paulo: Método, 2017.

_____. *Direitos Humanos*. São Paulo: Método, 2016.

MILARÉ, Édis. *Direito do ambiente: doutrina, prática, jurisprudência, glossário*. 6 ed. São Paulo: RT, 2009.

OLIVEIRA, Fabiano Melo Gonçalves de; SILVA, Telma Bartholomeu. *Direitos difusos e coletivos: Direito ambiental*. Coleção Saberes do Direito, vol. 39. São Paulo: Saraiva, 2012.

18. QUESTÕES

(XXIV Exame de Ordem Unificado - FGV) Bolão Ltda., sociedade empresária, pretende iniciar atividade de distribuição de pneus no mercado brasileiro. Para isso, contrata uma consultoria para, dentre outros elementos, avaliar sua responsabilidade pela destinação final dos pneus que pretende comercializar.

Sobre o caso, assinale a afirmativa correta.

(A) A destinação final dos pneus será de responsabilidade do consumidor final, no âmbito do serviço de regular limpeza urbana.

(B) A sociedade empresária será responsável pelo retorno dos produtos após o uso pelo consumidor, de forma independente do serviço público de limpeza urbana.

(C) A destinação final dos pneus, de responsabilidade solidária do distribuidor e do consumidor final, se dará no âmbito do serviço público de limpeza urbana.

(D) Previamente à distribuição de pneus, a sociedade empresária deve celebrar convênio com o produtor, para estabelecer, proporcionalmente, as responsabilidades na destinação final dos pneus.

COMENTÁRIO: A alternativa "B" é a correta. O candidato deveria assinar a seguinte assertiva: "A sociedade empresária será responsável pelo retorno dos produtos após o uso pelo consumidor, de forma independente do serviço público de limpeza urbana". Trata-se de uma discussão sobre a logística reversa, prevista na Lei 12.305/2010, que institui a Política Nacional de Resíduos Sólidos (PNRS). Com efeito, considera-se logística reversa o instrumento de desenvolvimento econômico e social caracterizado por um conjunto de ações, procedimentos e meios destinados a viabilizar a coleta e a restituição dos resíduos sólidos ao setor empresarial, para reaproveitamento, em seu ciclo ou em outros ciclos produtivos, ou outra destinação final ambientalmente adequada. Segundo o art. 33 da PNRS, são obrigados a estruturar e implementar sistemas de logística reversa, mediante retorno dos produtos após o uso pelo consumidor, de forma independente do serviço público de limpeza urbana e de manejo dos resíduos sólidos, os fabricantes, importadores, distribuidores e comerciantes de: (I) agrotóxicos, seus resíduos e embalagens, assim como outros produtos cuja embalagem, após o uso, constitua resíduo perigoso, observadas as regras de gerenciamento de resíduos perigosos previstas em lei ou regulamento, em normas estabelecidas pelos órgãos do Sisnama, do SNVS e do Suasa, ou em normas técnicas; (II) pilhas e baterias; (III) pneus; (IV) óleos lubrificantes, seus resíduos e embalagens; (V) lâmpadas fluorescentes, de vapor de sódio e mercúrio e de luz mista; (VI) produtos eletroeletrônicos e seus componentes.

Gabarito "B".

(XV Exame de Ordem Unificado – FGV) Antes de dar início à instalação de unidade industrial de produção de roupas no Município X, Júlio Cesar consulta seu advogado acerca dos procedimentos prévios ao começo da construção e produção. Considerando a hipótese, assinale a afirmativa correta.

(A) Caso a unidade industrial esteja localizada em terras indígenas, ela não poderá ser instalada.

DIREITO AMBIENTAL

(B) Caso a unidade industrial esteja localizada e desenvolvida em dois estados da federação, ambos terão competência para o licenciamento ambiental.

(C) Caso inserida em qualquer Unidade de Conservação, a competência para o licenciamento será do IBAMA.

(D) Caso o impacto seja de âmbito local, a competência para o licenciamento ambiental será do Município.

COMENTÁRIO: A questão discorre sobre as competências dos entes federativos no licenciamento ambiental. Trata-se de temática disciplinada pela Lei Complementar 140/2011.
A: Incorreta. O fato de estar em terras indígenas não impede um possível licenciamento ambiental na área. Nesse caso, o licenciamento caberá à União (art. 7º, XIV, "c", LC 140/2011); **B:** Incorreta. Em caso de unidade industrial que esteja localizada e desenvolvida em dois estados da federação, o licenciamento ambiental caberá à União, conforme o art. 7º, XIV, "e", da LC 140/2011; **C:** Incorreta. Em regra, o licenciamento ambiental em unidade de conservação compete ao ente federativo instituidor, salvo nas "áreas de proteção ambiental "(art. 12, LC 140/2011). Por exemplo, em unidade de conservação instituída pela União, cabe a ela o licenciamento correspondente; **D:** Correta. Conforme a LC 140/2011, relaciona-se entre as ações administrativas dos Municípios, entre outras, promover o licenciamento ambiental das atividades ou empreendimentos que causem ou possam causar impacto ambiental de âmbito local, conforme tipologia definida pelos respectivos Conselhos Estaduais de Meio Ambiente, considerados os critérios de porte, potencial poluidor e natureza da atividade.
Gabarito "D"

(XVII Exame Unificado – FGV) O Município Z deseja implementar política pública ambiental, no sentido de combater a poluição das vias públicas. Sobre as competências ambientais distribuídas pela Constituição, assinale a afirmativa correta.

(A) União, Estados, Distrito Federal e Municípios têm competência material ambiental comum, devendo leis complementares fixar normas de cooperação entre os entes.

(B) Em relação à competência material ambiental, em não sendo exercida pela União e nem pelo Estado, o Município pode exercê-la plenamente.

(C) O Município só pode exercer sua competência material ambiental nos limites das normas estaduais sobre o tema.

(D) O Município não tem competência material em direito ambiental, por falta de previsão constitucional, podendo, porém, praticar atos por delegação da União ou do Estado.

COMENTÁRIO: A alternativa "**A**" está correta. De fato, consoante o art. 23 da Constituição de 1988, a competência material em matéria ambiental é comum entre todos os entes federativos. A lei complementar a que a assertiva faz menção é a LC 140/2011.
A alternativa "**B**", "**C**" e "**D**" estão incorretas. Como se mencionou, conforme o art. 23 da Constituição de 1988, a competência material em matéria ambiental é comum entre todos os entes federativos.
Gabarito "A"

(XXII Exame de Ordem Unificado – FGV) A sociedade empresária Asfalto Joia S/A, vencedora de licitação realizada pela União irá construir uma rodovia com quatro pistas de rolamento, ligando cinco estados da Federação.

Sobre o licenciamento ambiental e o estudo de impacto ambiental dessa obra, assinale a afirmativa correta.

(A) Em caso de instalação de obra ou atividade potencialmente causadora de significativa degradação do meio ambiente, é exigível a realização de Estudo prévio de Impacto Ambiental (EIA), sem o qual não é possível se licenciar nesta hipótese.

(B) O licenciamento ambiental dessa obra é facultativo, podendo ser realizado com outros estudos ambientais diferentes do Estudo prévio de Impacto Ambiental (EIA), visto que ela se realiza em mais de uma unidade da Federação.

(C) O Relatório de Impacto Ambiental (RIMA), gerado no âmbito do Estudo prévio de Impacto Ambiental (EIA), deve ser apresentado com rigor científico e linguagem técnica, a fim de permitir, quando da sua divulgação, a informação adequada para o público externo.

(D) Qualquer atividade ou obra, para ser instalada, dependerá da realização de Estudo prévio de Impacto Ambiental (EIA), ainda que não seja potencialmente causadora de significativa degradação ambiental.

COMENTÁRIO: **A:** Correta. O EIA/RIMA é exigido para as atividades e empreendimentos que possam causar significativo impacto ambiental, ao teor do art. 225, § 1º, da CF, como no caso em questão. Além disso, a Resolução Conama 01/86 relaciona as estradas com duas mais pistas de rolamento como sujeitas à confecção do EIA/RIMA; B: Incorreta. Nesse caso, consoante o art. 2º da Resolução Conama 01/86, o EIA/RIMA é obrigatório; C: Incorreta. O Relatório de Impacto Ambiental (RIMA), gerado no âmbito do Estudo prévio de Impacto Ambiental (EIA), deve ser apresentado em linguagem didática e compreensível para o público; D: Incorreta. Somente as atividades ou obras potencialmente causadoras de significativa degradação ambiental estão sujeitos ao EIA/RIMA.
Gabarito "A"

(XX Exame de Ordem Unificado - FGV) O prefeito do Município Alfa, que conta hoje com 30 (trinta) mil habitantes e tem mais de 30% de sua área constituída por cobertura vegetal, consulta o Procurador Geral do Município para verificar a necessidade de edição de Plano Diretor, em atendimento às disposições constitucionais e ao Estatuto da Cidade (Lei nº 10.257/01).

Sobre o caso, assinale a afirmativa correta.

(A) O Plano Diretor não é necessário, tendo em vista a área de cobertura vegetal existente no Município Alfa, devendo este ser substituído por Estudo Prévio de Impacto Ambiental (EIA).

(B))O Plano Diretor não será necessário, tendo em vista que todos os municípios com mais de 20 (vinte) mil habitantes estão automaticamente inseridos em "aglomerações urbanas", que, por previsão legal, são excluídas da necessidade de elaboração de Plano Diretor.

(C) Será necessária a edição de Plano Diretor, aprovado por lei municipal, que abrangerá todo o território do Município Alfa, em razão do seu número de habitantes.

(D) O Plano Diretor será necessário na abrangência da região urbana do município, regendo, no que tange à área de cobertura vegetal, as normas da Política Nacional do Meio Ambiente.

COMENTÁRIO: **A:** Incorreta. Não se confunde Plano Diretor com EIA/RIMA. São instrumentos distintos. Os pressupostos para a realização do EIA são os empreendimentos e as atividades potencialmente causadores de significativa degradação do meio ambiente. O Plano Diretor, por sua vez, aprovado pela Câmara Municipal, obrigatório para cidades com mais de vinte mil habitantes, é o instrumento básico da política de desenvolvimento e expansão urbana; **B:** Incorreta. Todo município com mais de 20 mil habitantes deve elaborar o seu plano diretor e, ao contrário da assertiva, não estão automaticamente inseridos em "aglomerações urbanas"; **C:** Correta. Conforme o art. 182, § 1º, da CF/88, "O plano diretor, aprovado pela Câmara Municipal, obrigatório para cidades com mais de vinte mil habitantes, é o instrumento básico da política de desenvolvimento e de expansão urbana"; **D:** Incorreta. O Plano Diretor abrange as áreas urbanas e rurais de um município.
Gabarito "C"

DIREITO TRIBUTÁRIO

Pedro Bonifácio

1. CONCEITO DE TRIBUTO

Para iniciar o estudo do Direito Tributário, é muito importante que se compreenda o que é um tributo. O conceito de tributo está prescrito no art. 3º do Código Tributário Nacional, que assim determina:

Artigo 3º: *"Tributo é toda prestação pecuniária compulsória, em moeda ou cujo valor nela se possa exprimir, que não constitua sanção de ato ilícito, instituída em lei e cobrada mediante atividade administrativa plenamente vinculada".*

Vamos entender, agora, os principais conceitos alcançados por essa norma:

Prestação Pecuniária: Quando o art. 3º menciona que a obrigação tributária é uma prestação pecuniária, ele, na verdade, está determinando a natureza jurídica dessa obrigação, ou seja, quando praticamos um fato gerador, qual a expectativa do ente público? Exemplo: quando você adquire um veículo automotor, figurando como proprietário, vincula-se à obrigação tributária do IPVA (imposto sobre a propriedade de veículos automotores). Neste ato, qual a expectativa do respectivo Estado detentor do direito de te cobrar? Que você faça algo, ou pague algo? A resposta correta é que você pague algo, e por isso, temos que a obrigação tributária principal é uma obrigação de DAR, e dar dinheiro.

Você sabe o que é Fato Gerador?

Praticamos durante a nossa vida diversos atos entre os sujeitos, o que chamamos de relações intersubjetivas. Nesse passo, o legislador, ao observar nossas práticas, elegeu, escolheu algumas para que, se praticadas, possam gerar a obrigação tributária de pagar tributos (obrigação de dar). Quando o legislador escolhe essa situação praticada no mundo real, e as separa para que possam ser tributadas, chamamos essa situação prevista em lei de *Hipótese de Incidência.* Temos que a Hipótese de Incidência (HI) é uma norma *geral*, pois alcança a todos, e *abstrata*, pois não foi ainda realizada por nenhum sujeito. Exemplos de Hipóteses de Incidência: prestar serviço, ser proprietário de imóvel urbano, auferir renda. Todas essas práticas realizadas diariamente podem ser passíveis de tributação. Quando efetivamos a realização de uma Hipótese de Incidência, como, por exemplo, auferir renda, dizemos então que praticamos o *Fato Gerador* do tributo, o que, neste caso, faz nascer a obrigação tributária

Concluímos, portanto, que a **HI** é apenas uma situação prevista em lei, que pode ser praticada por algum(ns) sujeito(s). Ao ser praticada, deixa de ser uma norma geral e abstrata, e passam a ser uma normal individual e concreta, pois, de fato, foi realizada, e fez nascer o Fato Gerador (FG) do tributo.

Importante: apesar de falarmos apenas em "obrigação", no singular, a relação jurídica tributária em regra contempla duas obrigações: a principal e a acessória. Abordaremos as distinções de tais obrigações em momento próprio, contudo estão definidas no art. 113 do Código Tributário Nacional. A obrigação a que se refere este artigo que estamos estudando trata especificamente da obrigação principal.

Continuando no estudo do art. 3º, além de ser uma obrigação de DAR dinheiro, o artigo menciona que a prestação é:

Compulsória: Se você realiza o fato previsto na norma (HI), será obrigado a pagar tributo (pois fez nascer a obrigação tributária, com a prática do Fato Gerador). Não é uma escolha, é uma obrigação. Esse "dever compulsório" é tanto para quem tem o dever de pagar, como para quem tem o dever de cobrar. Na leitura do art. 142, parágrafo único do CTN, temos que *a atividade administrativa de lançamento é vinculada e obrigatória, sob pena de responsabilidade funcional".*

Com isso, concluímos que caso o ente público, se "esqueça" de realizar a cobrança do tributo, poderá responder por essa inércia. Fique atento, pois a compulsoriedade de cobrar e pagar uma dívida tributária é para os dois sujeitos envolvidos na relação, ou seja, para o credor e para o devedor.

A obrigação tributária, sendo esta de DAR, em dinheiro de forma obrigatória, pode ser paga em:

Moeda/Cujo Valor nela se possa exprimir = a quitação comum do pagamento de um tributo é em dinheiro, contudo existe uma exceção de quitar um tributo por meio da *Dação de um bem imóvel*, prevista no art. 156, XI, do CTN.

Dação em Pagamento: implica a entrega de bem pelo contribuinte para a quitação do tributo. Como a obrigação é em dinheiro, faz-se a avaliação do bem para fins de imputação na dívida do contribuinte. Lembrando que conforme própria determinação do dispositivo legal é necessário que exista uma lei do tributo que autorize a quitação nessa modalidade, ou seja, o contribuinte (devedor) só poderá fazer opção pela dação de bem imóvel caso a **LEI** do tributo contemple essa possibilidade.

Em 2016 tivemos a edição da Lei 13.259/2016 que, dentre os temas, regula no art. 4º a extinção por essa modalidade de tributos federais, determinando:

Art. 4º A extinção do crédito tributário pela dação em pagamento em imóveis, na forma do inciso XI do art. 156 da Lei nº 5.172, de 25 de outubro de 1966 - Código Tributário Nacional, atenderá às seguintes condições:

I - será precedida de avaliação judicial do bem ou bens ofertados, segundo critérios de mercado;

II - deverá abranger a totalidade do débito ou débitos que se pretende liquidar com atualização, juros, multa e encargos, sem desconto de qualquer natureza, assegurando-se ao devedor a possibilidade de complementação em dinheiro de eventual diferença entre os valores da dívida e o valor do bem ou bens ofertados em dação.

Atenção: o rol do art. 156 do CTN que menciona as modalidades de extinção do crédito tributário é taxativo, e, por isso, só é autorizada a dação de bem imóvel, sob pena de ofensa à exigência constitucional de licitação para aquisição de mercadorias pela Administração Pública Direta e Indireta (art. 37, XXI da CF).

A conclusão de que o art. 156 do CTN apresenta um rol taxativo é em virtude da leitura do art. 141 do mesmo código, que determina: *"O crédito tributário regularmente constituído somente se modifica ou extingue, ou tem sua exigibilidade suspensa ou excluída, nos casos previstos nesta lei..."*

A obrigação de dar, que deve ser quitada em dinheiro (salvo a exceção acima detalhada), deve respeitar o comando que diz que a situação escolhida pelo legislador para que possa fazer nascer a obrigação tributária:

Não Constitua Sanção de Ato Ilícito: não pode ser tributado um fato gerador que seja ilícito, como, por exemplo: tráfico de drogas, roubar veículos, jogo de azar (proibidos no Brasil, como, por exemplo, bingo). Quando o legislador observar essas práticas, condutas realizadas entre os sujeitos, não poderá escolher para finalidade tributária uma prática que seja ilícita. Só podem ser tributados fatos lícitos.

Contudo, não confunda um ponto muito importante. O Fato Gerador da obrigação tributária não pode ser oriundo de um ato ilícito, mas os frutos de um trabalho ilícito podem e devem ser tributados. O art. 118, I do CTN diz que para análise do **FG** abstrai-se a validade do negócio jurídico.

Exemplo: auferiu renda em virtude de um trabalho ilícito, deve pagar o Imposto sobre a Renda. O STF no HC 77.530 imputou ser devido o pagamento, em homenagem ao Princípio da *Capacidade Contributiva* (art. 145, § 1º, CF), e até mesmo ao Princípio da *Isonomia* (art. 150, II, CF). Não seria justo que um trabalhador que auferiu renda pela prática de um ato lícito seja obrigado a recolher o IR sobre seu acréscimo de patrimônio, enquanto o traficante de drogas, que também auferiu renda, não o fizesse. Importante aqui ressaltar que a tributação de frutos de atos ilícitos homenageia também o Princípio da *Pecúnia Non Olet* – que determina que "o dinheiro não tem cheiro". Não importa de onde veio o dinheiro. O que importa é que a renda foi auferida. Outro exemplo é quando temos a prática de uma atividade por um sujeito não habilitado. Exemplo de um médico que pratica atividades de medicina com o registro do seu CRM (Conselho Regional de Medicina) cassado. O art. 126 do CTN determina que a capacidade tributária independe de achar--se a pessoa natural sujeita a medidas que importe privação ou limitação do exercício de atividades profissionais de seus bens ou negócios. Com isso, se o médico presta serviços de medicina, deve recolher o respectivo imposto, que neste caso seria o ISS. Repare que aqui o que está sendo tributado é o ato de prestar serviço, sem levar em consideração a validade do negócio jurídico praticado, conforme prevê o art. 118, I do CTN que determina a análise do fato gerador, abstraindo--se a validade do negócio jurídico. Lembre-se para o Direito Tributário importa que você pratique o fato previsto na norma – art. 114 do CTN.

Todas as situações que o legislador escolher para que possam ser tributadas devem, necessariamente, conforme prevê o conceito de tributo, ser instituídas em LEI.

Instituído em Lei: Somente a lei pode trazer a Hipótese de Incidência de um tributo, nem uma outra norma é autorizada para isso. O art. 150, I da CF inclusive determina que a instituição de tributos só possa ser exercida por meio de LEI. Este é um dos princípios que reforça o poder democrático de um país, afinal a lei é criada por representantes do povo. Só eles têm poderes de trazer ao ordenamento jurídico uma nova prática que poderá gerar a obrigação de pagar algum tributo. Nem mesmo convenções particulares, como um contrato, por exemplo, podem alterar a sujeição passiva de uma relação tributária, conforme o art. 123 do CTN.

Para finalizarmos a interpretação do art. 3º do CTN, importante a leitura da parte final, que determina que o a obrigação tributária é:

Cobrada Mediante Atividade Administrativa Plenamente Vinculada: ocorrido o Fato Gerador da obrigação tributária, a autoridade administrativa tem o dever de cobrar. O art. 142, parágrafo único do CTN diz que compete privativamente à autoridade administrativa a constituição do Crédito Tributário, sendo ela vinculada e obrigatória, sob pena de responsabilidade funcional.

Já trabalhamos esse conceito quando estudamos a compulsoriedade do tributo. Quando o CTN menciona que a cobrança é vinculada, devemos entender que deve seguir todos os requisitos que a lei determina, não cabendo ao ente público qualquer margem de conveniência ou oportunidade.

A forma como o ente público cobra o contribuinte normalmente se dá pela emissão de um Lançamento, ou Auto de Infração e Imposição de Multa (AIIM), ou até mesmo Notificação. Todos esses termos são sinônimos para o nosso estudo.

Resumindo: a obrigação tributária é uma obrigação de dar dinheiro em moeda, ou por meio da entrega de um bem imóvel, caso a lei do tributo assim a permita, sendo obrigatória a sua cobrança e seu pagamento, que nasceu da LEI, e deve ser cobrada por meio de um lançamento tributário conforme os rigores e requisitos trazidos pela lei em vigor à época da prática do fato gerador.

2. ESPÉCIES TRIBUTÁRIAS

Agora que já sabemos como identificar o que é um tributo, a pergunta que se faz é: **quantas e quais são as espécies tributárias?**

O CTN traz três espécies: Impostos, Taxas e Contribuição de Melhoria – art. 5º do CTN.

A Constituição Federal além de trazer essas três espécies em seu art. 145, traz também os Empréstimos Compulsórios (art. 148, CF) e as Contribuições Especiais (art. 149, CF).

Antes de sabermos quem são os Entes Federativos que podem cobrar esses tributos (estudo da competência tributária), vamos de forma resumida detalhar a Hipótese de Incidência de cada espécie tributária acima mencionada.

Taxas – Atualmente temos em nosso ordenamento jurídico duas modalidades de taxas:

A) *Taxa de Polícia* – Cobrada em razão do exercício regular do poder de polícia. Pense que sempre que você precisar exercer um direito seu, e que, para tanto, se fizer necessária a autorização do ente público, e que para esta autorização seja necessário o pagamento de um determinado valor, estamos diante da natureza jurídica de uma taxa de polícia. Exemplo: caso você pretenda abrir uma padaria, será necessário a autorização da prefeitura local. Essa autorização conhecida como alvará terá um custo. Qual a natureza jurídica dessa cobrança? Taxa de polícia – arts. 77 e 78 do CTN.

B) *Taxa de Serviço* – a taxa de serviço pode ser cobrada mediante a prestação de um serviço público, específico e divisível pela Administração Pública a um usuário efetivo ou em potencial. Diferente da taxa de polícia, que para ser cobrada é necessário estar submetido ao poder de fiscalização, na taxa de serviço você poderá ser um usuário que efetivamente utiliza ou aquele que tem apenas o serviço a sua disposição – arts. 77 e 79 do CTN.

Importante: o STF em diversos julgados já definiu a constitucionalidade ou não de algumas taxas, por isso, fique atento, pois as mais cobradas em prova, são essas:

Súmula Vinculante 12 - A cobrança de taxa de matrícula nas universidades públicas viola o disposto no art. 206, IV, da Constituição Federal.

Súmula Vinculante 19: A taxa cobrada exclusivamente em razão dos serviços públicos de coleta, remoção e tratamento ou destinação de lixo ou resíduos provenientes de imóveis, não viola o art. 145, II, da Constituição Federal.

Súmula Vinculante 41 - O serviço de iluminação pública não pode ser remunerado mediante taxa

Contribuição de Melhoria – A contribuição de melhoria poderá ser cobrada para fazer face ao custo de obras públicas de que decorra valorização imobiliária, tendo como limite total a despesa realizada na obra, e como limite individual o acréscimo de valor que da obra resultar para cada imóvel beneficiado – art. 81 do CTN.

Por isso, para que a cobrança da Contribuição de Melhoria aconteça, será necessária a realização de uma obra pública, que por consequência gere a valorização de alguns imóveis.

Empréstimos Compulsórios – Os empréstimos compulsórios poderão ser instituídos para atender às despesas extraordinárias, decorrentes de calamidade pública, de guerra externa ou sua iminência, ou no caso de investimento público de caráter urgente e de relevante interesse nacional. A aplicação dos recursos provenientes de empréstimo compulsório será vinculada à despesa que fundamentou sua instituição.

Importante reforçar que o CTN em seu art. 15 além das hipóteses já mencionadas, trazia também que os empréstimos compulsórios poderiam ser criados em razão de uma conjuntura que exija a absorção temporária de poder aquisitivo. Tal hipótese não fora recepcionada pela Constituição de 1988.

Contribuições Especiais – Atualmente temos quatro espécies de contribuições especiais, e o critério para distinguir uma das outras é a destinação do produto arrecadado:

A) *Contribuições Sociais* – Para o custeio da Previdência e Assistência Social, Saúde, e demais áreas, como educação.

B) *Contribuição de Intervenção no Domínio Econômico (CIDE)* – Propõe-se a custear as despesas que a União suporta quanto atua desenvolvendo intervenções no domínio econômico. No caso da CIDE Combustível, por exemplo,

a Constituição determinou que a arrecadação deverá ser destinada para projetos ambientais, especialmente ligados a questões conexas com a exploração do petróleo e gás, além do fortalecimento da política nacional de transportes – art. 177, § 4º da Constituição Federal.

C) *Contribuição de Interesse das Categorias Profissionais ou Econômicas* – São contribuições que se destinam a custear a manutenção e a atividade das Entidades de Classe, como o CRM (Conselho Regional de Medicina), CRO (Conselho Regional de Odontologia), etc. O STF entende que a contribuição paga pelos advogados a OAB não se equipararia às demais contribuições pagas pelos demais profissionais as suas entidades de classes, firmando que a contribuição da OAB não tem natureza tributária.

D) *COSIP* – Para o custeio da Iluminação Pública, que terá como Fato Gerador o consumo de energia elétrica, logo a conduta que gera a obrigação de pagar a COSIP quando praticada é consumir a energia elétrica. O Município formaliza um convênio com a concessionária prestadora do serviço de fornecimento de energia elétrica, que, na conta de luz, cobra o mencionado tributo – art. 149-A da Constituição Federal

Quanto aos impostos serão tratados no tema da Competência Tributária.

3. COMPETÊNCIA TRIBUTÁRIA

A expressão competência designa a titularidade plena que certo ente federativo possui sobre o tributo. Ter competência tributária significa ser titular de certos tributos, tendo a permissão constitucional para exercer todas as faculdades a eles inerentes, ou seja, **Instituir**, **Legislar**, **Fiscalizar** e **Arrecadar** tributos.

Somente quatro sujeitos são titulares de competência tributária: União, Estados, Distrito Federal e Municípios – art. 145 da Constituição Federal.

Distribuição da Competência

A distribuição da competência tributária em regra está disposta nos arts. 145 a 162 da CF, e em artigos esparsos que fixam a competência sobre as contribuições, como, por exemplo, o art. 177, § 4º, CF que trata sobre a CIDE.

Temos cinco espécies tributárias: art. 145, CF e art. 5º CTN:

I – Impostos

II – Taxas

III – Contribuições de Melhoria

E além dessas:

IV – Empréstimos Compulsórios – art. 148, CF

V – Contribuições – art. 149, CF

Importante

✓ Duas dessas cinco espécies são de **competência comum**, ou seja, todos os quatro entes podem instituir: Taxas e Contribuições de Melhoria.

✓ Outras duas são de competência **EXCLUSIVA** da União: Empréstimos Compulsórios e Contribuições.

Importante ressaltar que quanto à competência exclusiva, temos duas exceções que estão abrangidas dentro da espécie contribuições:

Art. 149 – A, CF: A COSIP será de competência municipal ou do Distrito Federal.

Art. 149, § 1º, CF - A contribuição previdenciária dos servidores públicos será de competência, quanto à instituição, do ente político ao qual o servidor está ligado, ou seja, se da União, será de competência da União, se do Estado será de competência do Estado, por sua vez se do Município, será de competência deste. Esta regra se aplica aos entes públicos que possuam regime próprio de previdência para seus servidores públicos.

Quanto aos impostos temos três classificações:

Impostos Ordinários cada ente federativo possui competência privativa para os seus. **União: art. 153; Estados e DF: art. 155; Municípios: art. 156** da Constituição Federal.

Impostos Residuais competência exclusiva da **União – art. 154, I, CF.** O que são impostos residuais? São impostos não previstos na Constituição, desde que **sejam não cumulativos e não tenham fato gerador ou base de cálculo próprios dos impostos que já existem.**

Impostos Extraordinários de Guerra: competência exclusiva da **União: art. 154, II.**

Dica: Guardar os impostos ordinários dos Estados e Municípios. O restante é tudo da União, incluindo os residuais e os de Guerra.

União (art. 153)	Estados/DF (art. 155)	Municípios (art. 156)
II	IPVA	IPTU
IE	ITCMD	ITBI
IR	ICMS	ISS
IPI		
IOF		
ITR		
IGF		

O **art. 147, CF** institui o que chamamos de competência cumulativa, autorizando o Distrito Federal a cumular os impostos municipais e estaduais.

Importante é não confundir competência com Capacidade Tributária Ativa (arts. 7º e 8º do CTN)

Competência	Capacidade
Poder Político: Instituir, Legislar, Fiscalizar e Arrecadar.	Poder Administrativo: Arrecadar e Fiscalizar
CF	Lei
Indelegável	Delegável
Irrevogável (art. 8º do CTN)	Revogável, por ato unilateral (art. 7º, § 2º, CTN)

Exemplo típico de Capacidade Tributária é o que ocorre com as contribuições profissionais, exemplo: CRM, CREA, CRP. Essas autarquias ficam responsáveis pela arrecadação e fiscalização, mesmo sendo a União competente para tal.

Outro exemplo é no caso de ITR, em que a CF, no art. 153, § 4º, III, prevê essa delegação, e que caso aconteça, o Município poderá ficar com até 100% do valor arrecadado (art. 158, II – EC 42/2002).

Toda vez que existir o fenômeno da delegação da capacidade tributária ativa, teremos o que chamamos de PARAFISCALIDADE, onde o ente arrecadador é diverso do competente.

Outro cuidado importante que devemos ter quando tratamos da competência tributária é com a chamada competência para legislar em matéria tributária, ou seja, editar leis envolvendo assuntos tributários. A Constituição Federal determina em seu art. 24, I, que compete à União, aos Estados e ao Distrito Federal legislar concorrentemente sobre direito tributário, por isso, afirmamos que a competência para legislar em direito tributário é concorrente. Contudo, para evitar possíveis conflitos normativos, a Constituição impõe algumas regras para isso (art. 24, §§ 1º a 4º):

1 – No âmbito da legislação concorrente, a competência da União limitar-se-á a estabelecer normas gerais.

2 – A competência da União para legislar sobre normas gerais não exclui a competência suplementar dos Estados.

3 – Inexistindo lei federal sobre normas gerais, os Estados exercerão a competência legislativa plena, para atender a suas peculiaridades.

4 – A superveniência de lei federal sobre normas gerais suspende a eficácia da lei estadual, no que lhe for contrário.

Para exemplificar as regras expostas acima, vamos tomar como base o IPVA (imposto sobre veículo automotor) de competência estadual.

O ente público que possui poder para criar normas gerais sobre o IPVA é a União, conforme determina a regra 1. Contudo, até hoje a União não realizou tal comando, e por isso, o Estado poderá exercer a competência legislativa plena, para atender suas peculiaridades, ou seja, criar suas normas gerais "locais" sobre o imposto. Feito isso, caso no futuro se realize a criação de uma norma geral de âmbito federal envolvendo o IPVA, todos os artigos das normas locais dos estados que forem contrários à norma federal, terão sua eficácia suspensa, conforme determina a regra de número 4.

Importante: Quanto ao Município, apesar de não estar de forma taxativa previsto nessas regras, a conjugação do art. 30, I da Constituição Federal que determina que cabe aos Municípios legislar sobre assuntos de interesse local, nos leva a concluir que tal ente também deve seguir os ditames constitucionais acima expostos.

O quadro a seguir, resumirá de forma mais sucinta as regras com relação a competência tributária:

DIREITO TRIBUTÁRIO

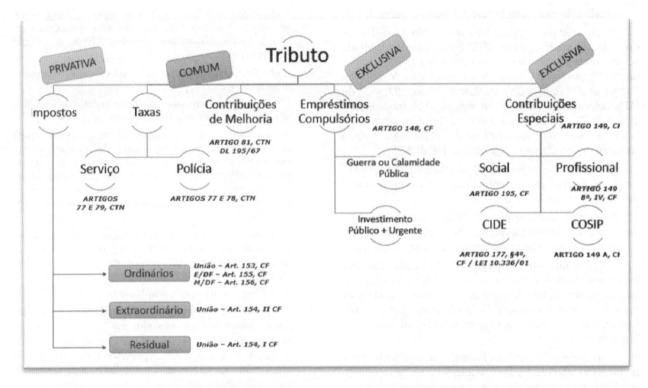

Esse "Poder de Tributar" concedido pela Constituição aos entes públicos não é ilimitado, ou seja, apesar de haver uma supremacia do Poder Público para tributar a nós, a Carta Magna se preocupou em garantir algumas regras e limites que o Fisco precisa respeitar. A tais regras e limitações, chamaremos de **Princípios Tributários**.

4. PRINCÍPIOS TRIBUTÁRIOS

A maioria das limitações ao Poder de Tributar (princípios) estão reunidas no art. 150 da Constituição Federal. Vamos estudar os principais:

4.1. Principio da Legalidade: art. 150, I, CF

É vedado aos entes públicos exigir ou aumentar tributo sem lei que a estabeleça. Comando que se revela como instrumento concretizador da democracia como regime de governo, com a ideia de que somente o povo pode legitimar os atos da administração.

Tal comando também tem previsão no art. **97 do CTN**. Como regra, basta lei ordinária para instituição e majoração de tributos. Apenas quatro casos exigem lei complementar para criar tributo:

✓ IGF – *art. 153, CF*

✓ Empréstimos Compulsórios – *art. 148, CF*

✓ Contribuições Residuais de Seguridade Social – *art. 195, § 4º, CF*

✓ Impostos Residuais – *art. 154, I da CF.*

É possível medida provisória para criar ou majorar tributos?

O art. 62, § 1º, III, da CF veda a utilização de medida provisória apenas nas matérias restritas a Lei Complementar, como o caso das quatro espécies acima citadas.

Sendo assim, com a interpretação do art. 62 § 2º da mesma norma é possível a edição de tal expediente para criação de impostos e demais espécies tributárias, exceto as de reserva de lei complementar.

Existem quatro impostos que podem ter suas alíquotas majoradas e reduzidas por decreto executivo. Ou seja, não é necessária lei para majorar os chamados impostos reguladores de mercados: **II, IE, IOF e IPI**. Esses tributos ostentam uma função que vai além do caráter arrecadatório (fiscal), mas como função de atuarem como instrumentos de intervenção e regulação de segmentos estratégicos da ordem econômica. Por isso precisam ter celeridade no processo de majoração e redução de suas alíquotas. E a celeridade é incompatível com a morosidade do processo legislativo. Tais exceções estão previstas no art. **153, § 1º da CF**.

Muito cuidado, pois a Constituição Federal no art. **177, § 4º, I, "b"** determina que para as Contribuições de Intervenção no Domínio Econômico (CIDE) relacionada a combustível, suas alíquotas podem ser reduzidas ou restabelecidas por ato do Poder Executivo, por isso não estamos falando de aumento, mas sim de restabelecimento.

Modificar a data de recolhimento dos tributos precisa de lei? Resp. 34.709/SP do STJ

O STJ e o STF já se manifestaram sobre esse tema reforçando que a simples alteração da data de vencimento de um tributo não é tema exclusivo de lei. Nesse caso, o prazo do pagamento pode ser fixado por todas as fontes da legislação tributária (**art. 96**, CTN cita que a legislação tributária compreende as leis, os tratados e as convenções internacionais, decretos e as normas complementares) como portarias e normas complementares, conforme **art. 160 CTN**.

Portanto, uma lei como qualquer outra fonte do direito tributário poderá regular a questão.

615

Atualização monetária da Base de Cálculo depende de Lei?

Atualização não significa uma majoração, e é o clássico exemplo das atualizações do IPTU que se fazem toda virada de ano, onde um simples decreto executivo aplica o índice de atualização anual e promove a readequação do valor do imóvel, atualizando a Base de Cálculo. O **art. 97, § 2º do CTN** determina: *"Não constitui majoração de tributos para os fins do disposto no inciso II deste artigo, a atualização do valor monetário da respectiva base de cálculo."* Este mesmo comando foi proclamado pela súmula 160 do STJ.

Súmula 160: É defeso, ao Município, atualizar o IPTU, mediante decreto, em percentual superior ao índice oficial de correção monetária.

Importante ressaltar que quando falamos de correção monetária, esta só ocorre com a alteração da Base de Cálculo e não com sua alíquota, pois se alterar a alíquota será sempre majoração.

Antes de finalizarmos o Princípio da Legalidade, cabe aqui tratar quais os temas que somente a Lei Complementar poderá regular. Já dito acima que quatro tributos só podem ser instituídos e majorados por Lei Complementar (GECI): **I**GF, **E**mpréstimo Compulsório, **C**ontribuição Social Residual, e **I**mposto Residual.

O art. 146 da Constituição Federal relaciona quais temas também são reservados a Lei Complementar, e vale o reforço que Medida Provisória, portanto, não poderá regulá-los:

Art. 146, CF: Cabe a Lei Complementar:

I – dispor sobre conflitos de competência, em matéria tributária, entre a União, os Estados, o Distrito Federal, e os Municípios;

II – regular as limitações constitucionais ao poder de tributar;

III – estabelecer normas gerais em matéria de legislação tributária, especialmente sobre:

a) definição de tributos e de suas espécies, bem como, em relação aos impostos, discriminados nesta Constituição, a dos respectivos fatos geradores, bases de cálculo e contribuintes;

b) obrigação, lançamento, crédito, prescrição e decadência tributários;

c) adequado tratamento tributário ao ato cooperativo praticado pelas sociedades cooperativas;

d) definição de tratamento diferenciado e favorecido para as microempresas e para as empresas de pequeno porte, inclusive regimes especiais ou simplificados no caso do imposto previsto no art. 155, II (ICMS), das contribuições previstas no art. 195, I e §12 e 13 (contribuições previdenciárias), e da contribuição a que se refere o art. 239 (PIS/PASEP).

Parágrafo Único: A lei complementar de que trata o inciso III, d, também poderá instituir um regime único de arrecadação dos impostos e contribuições da União, dos Estados, do Distrito Federal e dos Municípios, observado que:

I – será opcional para o contribuinte;

II – poderão ser estabelecidas condições de enquadramento diferenciadas por Estado;

III – o recolhimento será unificado e centralizado e a distribuição da parcela de recursos pertencentes aos respectivos entes federados será imediata, vedada qualquer retenção ou condicionamento;

IV – a arrecadação, a fiscalização e a cobrança poderão ser compartilhadas pelos entes federados, adotado cadastro nacional único de contribuintes.

Qualquer tributo que for instituído, majorado, extinto ou reduzido sem respeitar as regras aqui delineadas poderá ser declarado inconstitucional.

Este é um dos princípios mais cobrados em prova, por isso, vamos resumir os principais pontos:

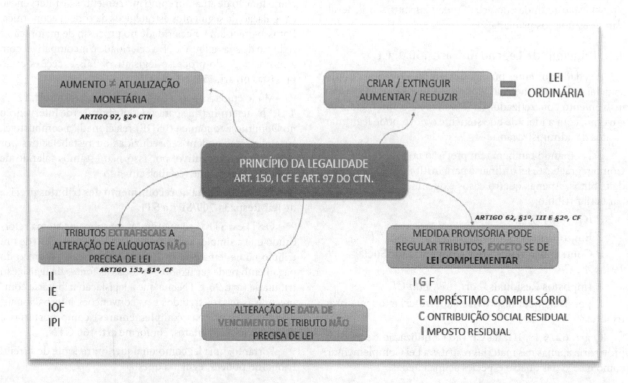

4.2. Principio da Isonomia: art. 150, II, CF

É vedado instituir tratamento desigual entre contribuintes que se encontrem em situação equivalente, sendo proibida qualquer distinção em razão de ocupação profissional ou função por ele exercida, independentemente da denominação jurídica dos rendimentos, títulos ou direitos.

Ser idêntico é diferente de ser igual e esse princípio vem preservar a igualdade tributária. Não somos idênticos, mas podemos eleger um critério de comparação que pode nos tornarmos iguais. Exemplo: podemos afirmar que todos nós somos iguais porque temos uma formação em direito? Esse grupo "formados em direito" que foi diferenciado dos demais contribuintes por um critério de comparação deve ter o mesmo tratamento tributário.

Exemplos de normas que respeitam a igualdade: as isenções e benefícios fiscais que são concedidos a determinadas regiões ou produtos, e conforme o art. 150 § 6º da CF basta que uma lei específica trate sobre o tema.

Cuidado: O **art. 151, I da CF** que traz o conhecido **Princípio da Uniformidade Geográfica** diz que é vedado à **União** instituir tributo que não seja uniforme em todo território nacional, **salvo se for para promover o equilíbrio socioeconômico entre as regiões do país.**

Portanto, caso seja criado um benefício fiscal, sem considerar a regra acima, este terá sua vigência e aplicação prejudicada pelo descumprimento ao comando constitucional.

O **art. 152 da CF** proclama que os Estados, DF e Municípios não podem tributar de forma diferenciada em razão da sua procedência ou destino.

Ao ler esse princípio, conhecido como **Princípio da Não Discriminação**, se um ente público utilizar como critério a procedência ou destino de um produto para diferenciar em sua tributação, descumprirá a regra determinada na Constituição. Exemplo: aplicação de IPVA com alíquotas diferenciadas em razão do carro ser nacional ou importado.

Muito cuidado com esta última regra, pois a União não foi incluída nessa limitação, por isso ela pode promover tributação distinta utilizando como critério a procedência ou destino.

4.3. Principio da Irretroatividade: art. 150, III, alínea "a", CF e art. 144 do CTN

É vedado cobrar tributos em relação a fatos geradores ocorridos antes do início da vigência da lei que os houver instituído ou aumentado.

A lei tributária não afeta fatos passados, pretéritos, apenas produz efeitos para frente. Na Constituição Federal não temos nenhuma exceção a esse comando.

É um princípio geral de direito, que se aplica em diferentes ramos do ordenamento, como no Direito Penal, Civil e Tributário. O comando determina a proibição de que uma nova lei tributária gravosa, criadora ou majorada de tributo, possa retroagir para tributar fatos que tenham ocorrido antes de sua vigência.

Em regra, o **Princípio da Irretroatividade** veda que leis criadoras e majoradoras de tributos retroajam para alcançar fatos ocorridos antes de sua vigência.

Existem três exceções ao princípio da Irretroatividade que o STF já as reconheceu como recepcionadas pela Constituição Federal:

Art. 106 do CTN:

A lei aplicase a ato ou fato pretérito:

A) Leis que forem expressamente interpretativas. Ela não inova no mundo jurídico. Define o conteúdo e o alcance de uma lei anterior. Há grande divergência da doutrina quanto ao conceito de uma lei "interpretativa". Em prova de OAB o enunciado terá que ser claro em dizer se tal norma é ou não interpretativa. Atenção, pois não basta a lei se intitular "interpretativa". Na prática ela não pode alterar conceitos, ou inovar no mundo jurídico, como assim fez a Lei Complementar 118/2005, que tentou ser recepcionada no ordenamento como uma norma "interpretativa" para que assim seus efeitos fossem aplicados a Fatos Geradores já praticados. Contudo, o STF determinou que a lei não era interpretativa e, assim, aplicou a regra geral da irretroatividade.

Caso realmente a norma seja meramente interpretativa, essa poderá retroagir a ato jurídico ainda não julgado.

B) Leis benéficas em penalidade. Muito cuidado na leitura desse preceito, pois aqui a possibilidade para retroação da norma será apenas quando uma lei nova trouxer PENALIDADE mais benéfica, ou seja, multa. Imagine uma situação em que no ano de 2015 uma lei previa penalidade de 30% em razão da prática de certa infração, cometida por Fulano. Em 2016 é editada nova lei que determina para a mesma infração uma penalidade mais branda, como, por exemplo, 20%. Em 2017 Fulano é autuado pela infração praticada em 2015 e a autoridade lança a multa no valor de 30%. Essa aplicação da penalidade está correta?

A resposta é **Não**. A multa correta deveria ser de 20%, já que em 2016 foi editada lei mais benéfica, a qual retroage para alcançar situações que não foram encerradas pela coisa julgada ou pelo pagamento. Desse modo em 2017 a autoridade lançadora deveria ter cobrado a multa de 20%, face à aplicação retroativa da lei benéfica de 2016, que alcança a infração praticada em 2015.

As leis benéficas em penalidades não retroagirão se já houver pagamento ou coisa julgada. Ou seja, a garantia de retroação de lei benéfica não ultrapassa os limites da coisa julgada e nem do ato jurídico perfeito, somente alcançando atos não definitivamente julgados e evidentemente desde que não tenha ocorrido o pagamento.

A retroatividade só é válida para as penalidades. Uma lei que reduz uma alíquota não pode retroagir, ainda que aparentemente pareça ser benéfica ao contribuinte, já que reduz a carga tributária. Essa regra é muito questionada em prova!

C) O art. 144 do CTN permite a possibilidade de retroatividade da lei que altera aspectos meramente formais do lançamento (critérios de apuração, ou processos de fiscalização, ampliando os poderes de investigação).

Com base nisso, se uma nova lei traz novas regras para aumentar seus poderes de fiscalização, esta poderá ser aplicada a fatos já praticados.

Este é um dos princípios mais cobrados em prova, por isso, vamos resumir os principais pontos:

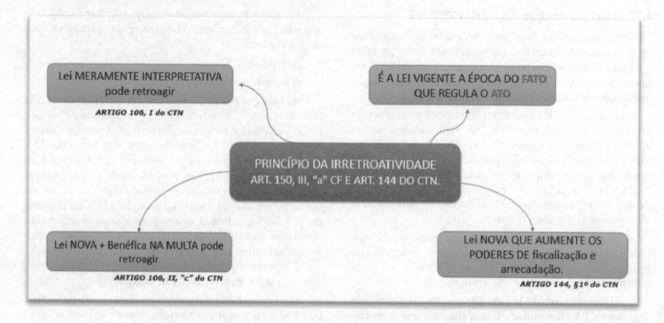

4.4. Princípio da Anterioridade: art. 150, III, alíneas "b" e "c"

Clássico comando tributário visando à segurança jurídica nas relações tributárias entre o Estado e o cidadão. Protege-nos contra surpresas fiscais lesivas, fazendo valer a máxima da não surpresa fiscal. Nenhuma pessoa será submetida a uma nova lei de tributação no mesmo ano que ela seja publicada, bem como sem que se passem no mínimo 90 dias a contar da informação da data da publicação. Esse princípio nos garante que se for criado ou majorado um tributo, seja qual for o dia do ano, sua aplicabilidade só poderá ocorrer no próximo ano, e ainda tendo que respeitar um intervalo obrigatório de no mínimo 90 dias a contar da data de publicação da lei. Pela regra, tem que se respeitar os dois prazos.

Se uma lei cria um tributo no dia 29 de Novembro, durante aquele ano ela não é aplicável, pois vale a garantia da alínea "b" do "exercício financeiro seguinte". No dia 1 de janeiro de 2010 ainda não será viável aplicar a nova tributação, pois entre os dias 29.11 a 01.01 não estará vencido o prazo mínimo de 90 dias, garantia essa assegurada na alínea "c" – EC 42/2003. Nesse caso, somente no final de fevereiro é que a lei será aplicada.

Se o ISS de um determinado Município vem sendo aplicado com alíquota de 3% e no meio do ano uma nova lei determina alíquota de 5%, o contribuinte poderá continuar recolhendo com a alíquota menor. Apenas no início do ano seguinte passará a valer a nova alíquota.

Atenção: o STF adotava uma postura de não aplicar o princípio em caso de revogação de isenção, contudo recentes julgados demonstram uma mudança importante no Supremo Tribunal Federal que agora vem aplicando o princípio mencionado também aos casos de revogação de isenção. Transcrevo abaixo um recente julgado sobre o tema:

ICMS: revogação de benefício fiscal e princípio da anterioridade tributária

"Configura aumento indireto de tributos e, portanto, está sujeita ao princípio da anterioridade tributária, a norma que implica revogação de benefício fiscal anteriormente concedido. A Turma afirmou que os mencionados atos normativos teriam reduzido benefício fiscal vigente e, em consequência, aumentado indiretamente o aludido imposto, o que atrairia a aplicação do princípio da anterioridade. Frisou que a concepção mais adequada de anterioridade seria aquela que afetasse o conteúdo teleológico da garantia. Ponderou que o mencionado princípio visaria garantir que o contribuinte não fosse surpreendido com aumentos súbitos do encargo fiscal, o que propiciaria um direito implícito e inafastável ao planejamento. Ressaltou, por fim, que toda a alteração do critério quantitativo do consequente da regra matriz de incidência deveria ser entendida como majoração de tributo. Assim, tanto o aumento de alíquota, quanto a redução de benefício, apontariam para o mesmo resultado, qual seja, o agravamento do encargo." Informativo 757 – STF Brasília – 5.09.2014

A Modificação da data de recolhimento de tributo respeita o Princípio da Anterioridade? (Resp. 34.709/SP)– Súmula 669 do STF e Súmula Vinculante 50.

Em situações em que se altera o prazo de vencimento da obrigação tributária, não é necessário esperar o ano seguinte. O STF entendeu que o princípio da anterioridade não se aplica nas situações de modificação do prazo para recolhimento do tributo, já que não se trata de criação e nem de majoração de tributo.

Assim como os demais princípios, o da Anterioridade também possui exceções, conforme demonstrado no quadro abaixo.

Incidência Imediata	Só Espera a Noventena (mitigada)	Só Espera o Próximo Exercício Financeiro
Tributos destinados a custear catástrofes: 1) Empréstimos Compulsórios para Guerra Externa e Calamidade 2) Imposto Extraordinário de Guerra 3) II 4) IE 5) IOF. Art. 150, paragrafo 1 CF. **Importante:** Os empréstimos compulsórios para custeio de investimento publico previsto no art. 148, II respeitam a anterioridade completa.	1) IPI. 2) Contribuições de Seguridade Social (art. 195, § 6º) 3) Restabelecimento de alíquotas do ICMS (art. 155, §4º, IV, alínea "c" 4) Restabelecimento da CIDE Combustível art. 177, §4º, I, alínea "b". Restabelecimento: Voltar ao patamar que estava anteriormente.	1) IR, Alteração na Base de Cálculo: 2) IPVA 3) IPTU Quanto ao IPVA e IPTU, só será exceção quando a majoração for realizada pela Base de Cálculo, pois se for pela alíquota espera a anterioridade completa.

Importante

Em regra, nos casos de majoração a contagem dos dois prazos são simultâneos, ou seja, começa a contar da data da publicação da norma.

Contudo, quando estudamos o princípio da legalidade visualizamos o art. 62, § 2º da CF que permite a majoração de impostos por medida provisória. Nestes casos, a contagem da anterioridade é diferente.

O entendimento do STF é que nos casos de majoração por medida provisória o próximo exercício só passa a contar após a conversão em lei. Já a contagem dos 90 dias será da data da publicação da medida provisória, desde que, na conversão em lei não houver nenhuma alteração substancial.

Por isso, uma medida provisória publicada em agosto, e convertida em lei em novembro, já poderá ser cobrada a partir do dia 01.01, veja abaixo:

Próximo exercício financeiro – contagem a partir da data de conversão em lei.

90 dias – contagem a partir da data da publicação da medida provisória, e não da conversão em lei. Essa regra só é válida se na conversão em lei não tiverem sido alterados os valores e regras fixadas pela medida provisória.

Este é um dos princípios mais cobrados em prova, por isso, vamos resumir os principais pontos:

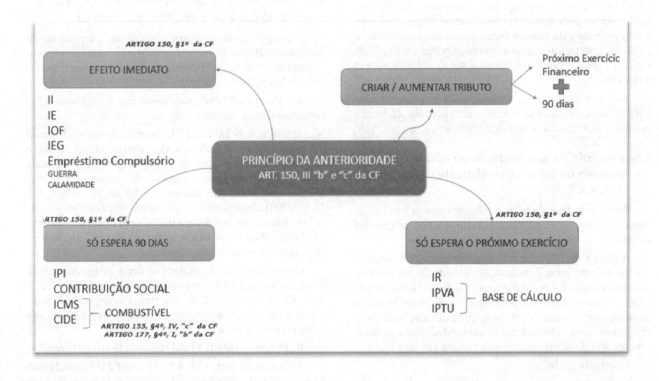

4.5. Principio do Não Confisco: art. 150, IV, CF

Evita que o ato de tributação possa ser estabelecido e praticado em intensidade desarrazoada, modulado em excessiva intensidade, de modo que gere uma tributação insuportável, colidindo com os limites da capacidade contributiva (art. 145, § 1°) dos contribuintes.

Como regra, o maior cuidado que o legislador deverá ter é na fixação do elemento quantitativo da alíquota para não ferir o direito de propriedade garantido pela Constituição no art. 5°, XXII da CF. O STF sumulou tal entendimento nas súmulas 323 e 70.

Importante comentar que não existe um conceito objetivo do que é tributo confiscatório, não existe um limite.

A finalidade da cobrança do tributo não é extorquir toda a riqueza de uma pessoa. A finalidade é permitir que o Estado, possa captar recursos, para viabilizar sua atividade fim. Se a norma legal tributária for considerada como norma confiscatória, a lei que a veicula deve ser considerada inconstitucional. Há de ser interpretado também esse princípio para resguardar que o titular de uma riqueza não pode sofrer o confisco de seus bens por força do ato de tributação.

Os impostos reguladores de mercado possuem um caráter de regular o mercado. Possui um interesse coletivo, um bem maior. Aos tributos seletivos, o ICMS e o IPI, aplica-se também a mesma regra, por isso não é ilícito que no caso do IPI seja aplicada uma alíquota de 330% para o cigarro. Não poderá ser alegada aqui a tributação confiscatória.

Os tributos em que se verifica a progressividade nos casos da não realização da função social da terra, ou seja, para o IPTU e o ITR, também não correspondem a alíquota confiscatória, pois aqui existe um objetivo maior, qual seja, o cumprimento da função social. Atualmente o Estatuto da Cidade, determina uma alíquota máxima de IPTU de 15% e para o ITR uma progressividade de até 20% na Lei 9393/1996.

Na CF, o artigo limita a aplicação do princípio apenas para tributo, contudo o STF tem interpretado de forma extensiva alcançando as multas tributárias.

4.6. Princípio da não limitação ao trânsito de pessoas ou bens – Liberdade de tráfego: art. 150, V, CF

Preza pela liberdade de deslocamento, o direito de transitar livremente sem ser restringido por exigências estatais.

A ideia é de que ninguém será tributado pelo simples ir e vir ou pelo mero fato de deslocar bens de um ponto a outro no espaço. Essas condutas não são Fatos Geradores de relação tributária. Por isso, por exemplo, o Superior Tribunal de Justiça sabiamente determinou que a circulação de uma mercadoria sem a efetiva troca de titularidade não é passível a incidência do ICMS, conforme a súmula 166 do STJ.

E pedágio pode?

Nada colide o princípio com o lícito direito de se cobrar pedágio, por rodovias conservadas por certa concessionária ou pelo próprio poder público. Pedágio pode ser considerado preço público ou pode ser tributo.

Preço Publico (Pedágio – Tarifa): Quando a manutenção for realizada pela entidade privada, a concessionária, ou seja, uma Pessoa Jurídica de Direito Privado.

Tributo: Quando a manutenção da estrada for realizada pelo poder público. Neste caso seria a espécie de Taxa de Serviço, pois a rodovia é administrada por uma Pessoa Jurídica de Direito Publico, por isso, a receita arrecadada pertenceria aos cofres públicos, por meio de uma arrecadação secundária.

4.7. Principio da Seletividade: art. 155, § 2°, III e art. 153, § 3°, I da CF

Seletividade representa a técnica de fixação de alíquotas aplicada em impostos que incidem na relação de consumo, **ICMS e IPI**. As alíquotas são fixadas de acordo com a **essencialidade** dos bens de consumo que estão comercializados. Logo, quanto mais essencial, menor a alíquota.

Um exemplo da aplicação deste princípio são os alimentos da "cesta básica", que, por serem muito essenciais, possuem uma baixa alíquota. Já o cigarro, por exemplo, por não ser essencial, poderá ter uma alíquota alta.

Há uma distinção muito importante quanto à aplicação deste princípio para o IPI e ao ICMS, pois enquanto para o primeiro a Constituição determina que SERÁ seletivo, trazendo aqui um caráter de obrigatoriedade, para o ICMS determinou que PODERÁ ser seletivo, com uma interpretação de facultatividade. Por isso, caso o legislador do ICMS venha fixar suas alíquotas sem seguir esse critério, não terá descumprido a regra constitucional.

4.8. Princípio da Progressividade: art. 153, § 4°, I; art. 182, § 4°, II e art. 153, § 2°, I da CF

A progressividade regula uma técnica específica de variação de alíquotas, ou seja, aqui para o mesmo imposto as alíquotas podem ser distintas, de acordo com os critérios permitidos pela CF, a saber:

A - Progressividade sancionatória (recriminar uma conduta/postura mal vista pelo ordenamento).

Aplica-se ao IPTU e ao ITR, em razão do uso inadequado das propriedades imobiliárias. Quem tiver imóvel urbano e não der a ele função social, ficará sujeito a pagar **IPTU mais caro**, mediante alíquotas progressivas, conforme **art. 182, § 4°, II da CF/88**. Atualmente o Estatuto da Cidade, Lei 10.257/2001, determina as regras aplicáveis a essa progressividade, fixando inclusive uma alíquota máxima de 15% sobre o valor venal da propriedade, podendo como consequência mais gravosa, gerar a desapropriação.

Quem tiver imóvel rural e não der a ele produtividade ficará sujeito ao **ITR** progressivo, nos termos do **art. 153, § 4°, I, CF**. A Lei 9.393/2996 determina as regras aplicáveis a essa progressividade, prevendo alíquota máxima de 20% sobre o valor da terra nua.

B) Progressividade Fiscal (finalidade arrecadatória)

Apenas o IR (art. 153, § 2°, I) e o IPTU (Súmula 668 STF – após a EC 29/00) podem ter alíquotas progressivas em razão do valor da riqueza.

Recentemente, o STF entendeu que o ITCMD também poderá ter alíquotas progressivas. Apesar de não termos

DIREITO TRIBUTÁRIO

nenhum comando constitucional autorizando, a jurisprudência é válida e vem se aplicando. Abaixo a transcrição do acórdão julgado:

EMENTA: RECURSO EXTRAORDINÁRIO. CONSTITUCIONAL. TRIBUTÁRIO. LEI ESTADUAL: PROGRESSIVIDADE DE ALÍQUOTA DE IMPOSTO SOBRE TRANSMISSÃO CAUSA MORTIS E DOAÇÃO DE BENS E DIREITOS. CONSTITUCIONALIDADE. ART. 145, § 1º, DA CONSTITUIÇÃO DA REPÚBLICA. PRINCÍPIO DA IGUALDADE MATERIAL TRIBUTÁRIA. OBSERVÂNCIA DA CAPACIDADE CONTRIBUTIVA. RECURSO EXTRAORDINÁRIO PROVIDO. – RE. 562.045

Com esse recente entendimento, vale lembrar que o conteúdo da súmula **656** do STF, apesar de válido, apresenta uma divergência, vejamos: "É inconstitucional a Lei que estabelece alíquotas progressivas para o imposto de transmissão "inter vivos" de bem imóveis – ITBI com base no valor venal do imóvel."

Se para o ITCMD foi autorizada a aplicação de alíquotas progressivas, verdadeiro seria também reconhecer para o ITBI a mesma regra jurídica. Contudo, como a súmula não foi cancelada pelo STF, ela ainda é válida.

Temos casos também de alíquotas **diferenciadas**, mas não em virtude da seletividade ou progressividade:

Art. 156, § 1°, II – **IPTU** poderá ter alíquotas diferenciadas **em razão do local e da utilização do imóvel.**

Art. 155, § 6º, II – **IPVA** poderá ter alíquotas diferenciadas em **razão do tipo e utilização do veículo.**

4.9. Principio da Capacidade Contributiva: art. 145, § 1º, CF

A capacidade nasceu como princípio norte dos impostos, porém ela pode ser utilizada nas taxas e contribuições. Quem revela mais riqueza paga mais, quem revela menos riqueza paga menos. Lembre-se sempre que pagamos tributos para custear a manutenção da máquina pública, que, por essência, existe para prover os meios necessários à prestação dos serviços constitucionais, como saúde, educação e segurança. Com base nisso, nada mais justo, que aqueles que possuem maior patrimônio, por isso, demonstram mais capacidade, possam contribuir mais do que quando comparado àqueles que possuem menor potencial econômico.

Cuidado: a literalidade da Constituição Federal fala apenas em impostos, porém muito se discute na doutrina se este princípio pode ser estendido para outros tributos. A doutrina majoritária diz que deve ser observado de todas as espécies, sob pena de violar o princípio da isonomia.

Temos casos de imunidade de taxas para os reconhecidamente pobres para emissão de Taxas de Certidão de Óbito e Nascimento (emolumentos cartorários) – **art. 5º LXXVI** – e imunidade de contribuições sociais para as entidades beneficentes de assistência social – **art. 195, § 7º**, que demonstra que o contribuinte poderia ou não ter capacidade para pagamento. O STF entende desta forma.

Nos tributos indiretos (aqueles que comportam, em regra, o repasse do encargo financeiro para o próximo da cadeia) não se consegue ter a ideia de capacidade contributiva.

Por isso, será sempre que possível.

4.10. Princípio da Vedação de Isenção Heterônoma: art. 151, III, CF

É vedado à União conceder isenções de tributos dos Estados, Distrito Federal e Municípios. Na verdade, não é apenas a União, mas qualquer ente que deseje isentar tributo de outro ente. A ideia deste princípio é preservar o pacto federativo (cláusula pétrea), preservando a repartição de competência realizada pela Constituição.

A essa regra temos duas exceções importantes:

A) Art. 156, § 3º, II, CF – o ISS que incide sobre serviços destinados ao exterior terá sua isenção regulamentada por meio de Lei Complementar Federal.

B) **STF RE 229096 e art. 98 do CTN** - os tratados internacionais podem isentar o tributo estadual ou municipal. A vedação só é aplicável em âmbito nacional, e não internacional. O Presidente da República, ao atuar como Chefe de Estado, representa os interesses de toda a federação, e não apenas da União.

4.11. Princípio da Uniformidade Geográfica: art. 151, I, CF

É vedado à União instituir tributo que não seja uniforme em todo o território nacional ou que implique distinção ou preferência em relação à Estado, ao Distrito Federal ou a Município, em detrimento de outro, admitida a concessão de incentivos fiscais destinados a promover o equilíbrio do desenvolvimento socioeconômico entre as diferentes regiões do País.

A finalidade deste princípio é evitar que a União possa discriminar certo ente em relação a outro.

Só são possíveis incentivos fiscais de caráter regional para promover o equilíbrio socioeconômico da região.

4.12. Princípio da Não Discriminação: art. 152, CF

Vedado aos Estados, DF e Municípios estabelecer diferença tributária entre bens e serviços de qualquer natureza, em razão da sua procedência ou destino.

Relembre o que tratamos no princípio da isonomia. Se o Estado pretende aplicar regime tributário distinto para os veículos nacionais e internacionais fere a ordem constitucional.

Com muita frequência em nossa prova temos o questionamento dos princípios tributários. Não esqueça de fazer os exercícios disponíveis ao final do conteúdo de direito material.

5. IMUNIDADES TRIBUTÁRIAS

Quando falamos em imunidade fiscal, é o mais elevado benefício fiscal que existe no ordenamento jurídico, e decorre sempre da Constituição Federal. Este comando proíbe o exercício da competência tributária vedando que certo ente utilize determinado tributo de sua titularidade em alguma situação específica. São limitações constitucionais ao poder de tributar, ou seja, uma dispensa constitucional ao pagamento do tributo.

621

Mesmo que na Constituição Federal diga que é isenção, interpretamos como uma atecnia do legislador, como, por exemplo, art. **195, § 7º da CF** – entidades de assistência social sem fins lucrativos são isentas da Contribuição Social. Na verdade são imunes.

Antes de continuarmos a estudar o instituto da imunidade, vamos traçar um paralelo de distinção entre isenção e imunidade.

Imunidade	Isenção – Dispensa Legal
CF – Dispensa Constitucional	Lei – Dispensa Legal
Irrevogável	Revogável – art. 178, CTN
Todos os métodos de intepretação	Art. 111 CTN – Interpretação literal da norma – exatamente como está na lei, nada de aplicação restritiva e nem extensiva.

Outro tema do direito tributário que provoca confusão é a não incidência tributária.

Não incidência – situações que não foram eleitas pelo legislador como passíveis de tributação. São situações que não são alcançadas pela norma da Hipótese de Incidência. Exemplo: não incide IPVA na propriedade de bicicletas. O motivo é que esta situação está sob o alcance da Não incidência tributária.

As imunidades se dividem em:

5.1) Imunidades Específicas – específica de algum tributo. Pode atingir qualquer espécie tributária, desde que esteja na Constituição Federal. Alguns exemplos:

Taxas: *art. 5º, XXXIV, CF* – são a todos assegurados, independentemente do pagamento de taxas:

a) o direito de petição aos Poderes Públicos em defesa de direitos ou contra ilegalidade ou abuso de poder;

b) a obtenção de certidões em repartições públicas, para defesa de direitos e esclarecimento de situações de interesse pessoal.

Art. 5º, LXXVI, CF – são gratuitos para os reconhecidamente pobres, na forma da lei:

a) o registro civil de nascimento;

b) a certidão de óbito

Art. 5º, LXXVII, CF – são gratuitas as ações de "habeas corpus" e "habeas data", e, na forma da lei, os atos necessários ao exercício da cidadania.

Contribuições: *art. 195, II, CF* – não incide Contribuição Social sobre a aposentadoria e pensão concedida pelo regime de previdência social.

Art. 195, § 7º, CF - entidades Beneficentes de assistência social não pagam contribuição social.

Art. 149, § 2º, I, CF – não incide a CIDE e as Contribuições Sociais sobre as receitas decorrentes da exportação.

5.2) Imunidade Genéricas – Alcança unicamente a espécie tributária imposto. Apesar da Constituição Federal determinar as espécies de impostos, sendo, patrimônio, renda e serviços, o STF em diversas decisões entende que são as imunidades se aplicam para todos os impostos. Para se ter imunidade genérica, basta ter SORTE:

Subjetiva – art. 150, VI, "c", CF

Objetiva – art. 159, VI, "d", CF

Recíproca – art. 150, VI, "a", CF

TEmplos de qualquer culto – art. 150, VI, "b", CF

Em 15 de outubro de 2013, em razão da Emenda Constitucional 75, surgiu uma nova espécie de Imunidade Genérica, que vem sendo reconhecida como a imunidade **musical** – *art. 150, VI, "e", CF*.

Vamos agora abordar detalhadamente cada imunidade genérica:

A) Art. 150, VI, "a", CF – Imunidade Recíproca

Conforme o comando constitucional, os entes federativos, União, Estados, Distrito Federal e Municípios, não podem cobrar impostos uns dos outros sobre seus patrimônios, rendas e serviços. Conforme dito anteriormente, o STF entende que nenhum imposto deve incidir, visto que os entes não revelam riqueza. Toda a receita pertencente a esses entes é angariada por meio da tributação sobre os contribuintes.

Eles possuem capacidade econômica, mas não tem capacidade contributiva. *Principio do Pacto Federativo e Capacidade Contributiva*.

Esta imunidade continua restrita apenas aos impostos. Com relação as demais espécies, como taxa, e empréstimo compulsório, não há qualquer vedação para a cobrança.

Temos mais duas pessoas alcançadas por essa imunidade que estão no **art. 150,** § 2º **e §3**, que são as autarquias e as fundações públicas. Para que elas tenham essa imunidade, não basta ser autarquia ou uma fundação pública, elas terão que cumprir necessariamente quatro requisitos:

1) Cumprir suas finalidades essenciais;

2) Sejam instituídas e mantidas pelo poder público;

3) Não podem cobrar preços nem tarifas para realização de suas contraprestações;

4) Não explorarem atividades econômicas regidas pelas normas aplicáveis a empreendimentos privados.

A parte final do art. **150,** § 3º **da CF** ainda determina que a imunidade não exonera o promitente comprador da obrigação de pagar imposto relativamente ao bem imóvel. Quanto a essa determinação, temos a súmula **583 do STF** que determina que: "Promitente comprador de imóvel residencial transcrito em nome de autarquia é contribuinte do Imposto Predial Territorial Urbano".

Em face disto, temos que se um prédio, até então público, estiver sendo adquirido por uma pessoa física ou jurídica (não imune), este promitente comprador já poderá ser contribuinte dos impostos inerentes àquela propriedade que está sendo adquirida.

É comum surgir o questionamento a respeito da extensão da imunidade genérica recíproca às empresas públicas e sociedades de economia mista, que em geral são prestadoras de atividade econômica e não de serviço exclusivo do Estado. Nesse sentido, temos a determinação constitucional em seu art. **173,** § 2º **da CF**, que diz: *"As empresas públicas e as*

DIREITO TRIBUTÁRIO

sociedades de economia mista não poderão gozar de privilégios fiscais não extensivos às do setor privado".

Podemos afirmar, portanto, que tais entidades não gozam da imunidade, visto que a Constituição expressamente vedou qualquer tipo de benefício fiscal que não fosse oferecido a empresas privadas concorrentes. Quando pensamos na Caixa Econômica Federal, por exemplo, ela deve recolher regularmente seus impostos, pois concorre com entidades bancárias privadas.

Somente em casos excepcionais é que temos estatais atuando no campo típico da Administração Pública, e, por isso, por prestarem serviço público, de caráter obrigatório, e sob o regime de monopólio, o STF sabiamente determinou o alcance da imunidade recíproca a esses entes.

O STF reconhece a imunidade dessas pessoas sob a alegação de que elas não atuam no mundo econômico, logo, não competem com particulares.

Todo o patrimônio da ECT, Infraero (empresas públicas) e CAERD (sociedade de economia mista) que seja utilizado para atividade típica do Estado estará imune.

Empresas que obtiveram imunidade:

1) ECT;

2) Infraero;

3) CAERD;

4) Casa da Moeda;

5) CODESP – Companhia Docas do Estado de SP – executa serviços de administração de porto marítimo.

Fique atento a essas exceções, pois com frequência estão sendo cobradas em nossas provas. Importante frisar que a imunidade recíproca só pode ser revelada caso o ente praticante do Fato Gerador seja o próprio ente imune. Exemplo: quando um ente público adquire uma TV em uma loja, não é ela quem está praticando o fato gerador tributário, por isso, deverá arcar com o ônus tributário, caso assim deseje a loja em questão. Trata-se apenas de uma repercussão econômica conforme determina o art. 166 do CTN. Veja abaixo como o tema foi cobrado em nossa prova:

Questão 28 (Prova – Caderno 1 Prova Branca – Exame IX OAB-FGV)

O procurador do município Gama decide contestar judicialmente a cobrança do ICMS discriminada na fatura da conta de luz do imóvel onde funciona a sede da prefeitura, alegando a condição de ente político para livrar-se da exação. A demanda da municipalidade deverá ser

(A) acolhida, em razão da imunidade recíproca, que impede que os entes da federação instituam impostos sobre bens e serviços uns dos outros.

(B) rejeitada, pois na situação apresentada o município se apresenta na condição de contribuinte de direito do ICMS.

(C) acolhida, pois a empresa concessionária prestadora do serviço de fornecimento de energia não tem competência para cobrar ICMS.

(D) rejeitada, pois o município não goza de imunidade com relação a imposto que incide apenas indiretamente sobre seus bens e serviços.

Veja que neste caso, a alternativa considerada correta é a letra "d", pois no caso a administração pública age unicamente como contribuinte de fato, ou seja, não pratica o chamado Fato Gerador, apenas assumindo a repercussão econômica do tributo.

Art. 150, VI, "b", CF – Imunidade Religiosa

O Brasil, apesar de não assumir nenhuma religião oficial, incentiva e valoriza as práticas religiosas (art. 5º, VI da CF). Tanto é que livrou essas instituições de qualquer carga tributária correspondente a impostos. Tudo o que estiver em nome da igreja desde que cumpram suas finalidades estará imune, conforme assim determina o art. **150, §4º da CF**.

Neste sentido, toda renda, por exemplo, auferida pelos dízimos e ofertas dos seus fiéis, não sofre a incidência do IR. O mesmo acontecerá com a venda das mercadorias realizada em bazares da igreja, desde que todo o valor arrecadado seja utilizado para o custeio das práticas religiosas.

O STF pacificou por meio da Súmula 724 e da Súmula Vinculante 52 que mesmo imóveis alugados em que a propriedade seja da igreja é possível a aplicação da imunidade, mas deve haver a reversão integral do valor arrecadado para o propósito religioso. Em decisões recentes, o STF ainda afirma que prédios imunes vazios não configuram necessariamente a ausência do requisito "finalidade essencial", por isso, imóvel temporariamente vago poderá ter a imunidade, cabendo ao Fisco comprovar o contrário. Segue abaixo a Ementa sobre o tema:

Recurso extraordinário. Repercussão geral. 2. Imunidade tributária. Instituições de educação e de assistência social, sem fins lucrativos, atendidos os requisitos da lei. 3. IPTU. Lote vago. Não incidência. 4. A imunidade tributária, prevista no art. 150, VI, c, da CF/88, aplica-se aos bens imóveis, temporariamente ociosos, de propriedade das instituições de educação e de assistência social sem fins lucrativos que atendam os requisitos legais. Precedentes. 5. Recurso não provido. Reafirmação de jurisprudência. – Recurso Extraordinário 767.332/MG

Em 2012, no Recurso Extraordinário 562.351 do Rio Grande do Sul sob a relatoria do Ministro Ricardo Lewandowksi, referente a uma loja maçônica que pe, adia imunidade tributária, o Supremo por maioria de votos, entendeu que quando a Constituição conferiu imunidade tributária aos "templos de qualquer culto". Este benefício fiscal estava circunscrito aos cultos religiosos. No site da referida loja informa: "...não é religião com teologia, mas adota templos onde desenvolve conjunto variável de cerimônias, que se assemelha a um culto, dando feições a diferentes ritos. Como associação privada e discreta ensina a busca da Verdade e da Justiça". Por isso, o Supremo entendeu que a própria entidade declara enfaticamente não ser uma religião e, por tal razão pareceu a eles irretocável a decisão que negou a imunidade, determinando que a prática Maçom é uma ideologia de vida, e não uma religião.

Art. 150, VI, "c", CF – Imunidade Subjetiva

A Constituição, assim como fez com os entes públicos e com as entidades religiosas, dispensou alguns sujeitos da obrigação do pagamento de impostos. Os sujeitos protegidos, estão elencados no art. 150, VI, "c" da CF, sendo:

A) Partidos políticos, inclusive suas fundações;

B) Entidades Sindicais dos Trabalhadores;

C) Instituições de Educação sem fins lucrativos;

D) Instituições de Assistência Social sem fins lucrativos.

623

Aqui cabe alertar que o § 4º do mesmo artigo determina também que é necessário atender suas finalidades essenciais. Essa imunidade subjetiva é condicionada ao preenchimento de três requisitos, que conforme determinação da Constituição serão definidas em lei. Os requisitos estão assim definidos no art. 14 do CTN, a saber:

I – Não distribuírem qualquer parcela de seu patrimônio ou de suas rendas a qualquer título;

II – Aplicarem integralmente, no País, os seus recursos na manutenção dos seus objetivos institucionais;

III – Manterem escrituração de suas receitas e despesas em livros revestidos de formalidade capazes de assegurar sua exatidão.

Com essa determinação, o preenchimento dos requisitos deve se dar de forma cumulativa, ou seja, a ausência de quaisquer dessas obrigações autoriza a autoridade competente a suspender a aplicação do benefício, conforme determinação do § 1º do mesmo artigo.

Há algumas "pegadinhas" de prova para as quais precisamos estar atentos: as partidos políticos conforme determina o art. 17, § 2º da CF, após adquirirem personalidade jurídica, na forma de lei civil, registrarão seus estatutos no Tribunal Superior Eleitoral (TSE). Eles também não podem atentar contra a ordem e os bons costumes, e os princípios do nosso ordenamento jurídico. Com relação aos sindicatos, a Constituição foi taxativa ao atribuir imunidade apenas aos sindicatos dos empregados, ou seja, sindicatos patronais (empregador) não possuem qualquer imunidade.

As entidades de assistência social, além da imunidade ao pagamento dos impostos, são imunes também da contribuição para a seguridade social, conforme art. 195, § 7º, CF. Atenção apenas para a Súmula **730 do STF**, que afirma que as entidades fechadas de previdência social privada só poderão gozar deste benefício se não houver contribuição dos beneficiários: "*A imunidade tributária conferida a instituições de assistência social sem fins lucrativos pelo art. 150, VI, "c", da Constituição, somente alcança as entidades fechadas de previdência social privada se não houver contribuição dos beneficiá*rios".

Art. 150, VI, "d", CF – Imunidade Objetiva

Nesta imunidade não são os sujeitos que possuem a imunidade, mas sim os objetos por eles comercializados/produzidos.

A Constituição, ao propor essa imunidade, tem por escopo evitar embaraços ao exercício da liberdade de expressão intelectual, artística, científica e de comunicação, consagrada no inciso IX do seu art. 5º. Visa s facilitar o acesso da população à cultura, à informação e à educação, com a redução do preço final. Com isso determinou que três veículos de pensamento e uma matéria-prima serão imunes ao pagamento de impostos:

a) Livros (digital ou impresso);

b) Jornais;

c) Periódicos;

d) Papel destinado a sua impressão.

Quanto aos periódicos, no RE 221.239, com a relatoria da Ministra Ellen Grace, ao interpretar o conceito da imunidade, o STF determinou que o constituinte não fez ressalvas quanto ao valor artístico ou didático, à relevância das informações divulgadas ou à qualidade cultural de uma publicação. Com isso, não caberia ao aplicador da norma constitucional afastar o benefício fiscal ao Álbum de Figurinha, por força de um juízo subjetivo a cerca da qualidade cultural ou do valor pedagógico de uma publicação destinada ao público infanto-juvenil. Portanto, é imune o álbum de figurinha da copa, ou qualquer outro.

Ainda sobre os periódicos, no RE 134.071, de relatoria do Ministro Ilmar Galvão, o STF determinou que é de se entender que não estão excluídos da imunidade os periódicos que cuidam apenas e tão somente de informações genéricas ou específicas, sem caráter noticioso, discursivo, literário, poético ou filosófico, mas de inegável utilidade pública, como é o caso das listas telefônicas. Portanto, as listas telefônicas, pelo papel indispensável que possuem, são alcançados pela imunidade tributária.

Portanto, esses objetos não devem sofrer a incidência de ICMS, por exemplo. No que tange aos insumos, pela interpretação expressa da Constituição, apenas o papel está imune, sendo a tinta, por exemplo, devidamente tributada, bem como as máquinas utilizadas para impressão destes veículos citados.

No RE 202.149, a Primeira Turma do Supremo reconheceu ser ampla a imunidade tributária, alcançando as peças sobressalentes para equipamentos de preparo e acabamento de chapas de impressão offset para jornais. Por fim, a súmula **657 do STF** determina: "A imunidade prevista no art. 150, VI, "d" da Constituição Federal abrange os filmes e papéis fotográficos necessários à publicação de jornais e periódicos".

Importante: recentemente o STF determinou que as prestadoras de serviços de composição gráfica, que realizam serviços por encomendas de empresas jornalísticas ou editoras de livros, não estão abrangidas pela imunidade tributária prevista no art. 150, VI, d, CF. Com base nessa orientação, a 2ª Turma, em conclusão de julgamento e por maioria, negou provimento a agravo regimental em recurso extraordinário em que se discutia a exigibilidade do ISS relativamente a confecção/impressão de jornais para terceiros. A turma destacou que a garantia da imunidade estabelecida pela Constituição, em favor dos livros, dos jornais e dos periódicos e do papel destinado à sua impressão revestir-se-ia de significativa importância, destinada a preservar e a assegurar o próprio exercício das liberdades de manifestação do pensamento e de informação jornalística. Frisou que, no ponto, os serviços de composição gráfica realizados por empresas contratadas para realizar esses trabalhos seriam meros prestadores de serviços e, por isso, a eles não se aplicaria a imunidade tributária.

A imunidade cultural possui natureza objetiva, ou seja, incide sobre os próprios livros, jornais, periódicos e papel. Já os serviços de composição gráfica envolvem prestação de serviços, o que gera a não incidência, portanto, da referida imunidade.

Em 2017 o STF pacificou, por meio do Recurso Extraordinário 595.676, que a imunidade alcança inclusive os componentes eletrônicos destinados, exclusivamente, a integrar a unidade didática com fascículos.

Art. 150, VI, "e", CF – Imunidade Musical

Com a EC 75 de 2013, publicada em 15 de outubro de 2013, tivemos a inclusão de uma nova alínea no art. 150, VI, que vem sendo reconhecida pela doutrina como uma imunidade Musical.

Conforme determina a Constituição, são imunes os fonogramas e videofonogramas musicais produzidos no Brasil contendo obras musicais ou literomusicais de autores brasileiros e/ou obras em geral interpretadas por artistas brasileiros, bem como os suportes materiais ou arquivos digitais que os contenham, salvo na etapa de replicação industrial de mídias ópticas de leitura a lazer.

Fonogramas são as próprias músicas e os videofonogramas são os vídeos que possuem sons musicais. Logo, a produção brasileira de CD e DVD que contenha obras musicais de autores brasileiros fica protegida da cobrança de impostos.

Cuidado com a ressalva que o CD ou DVD virgem será tributado, apenas os que têm a musica ou vídeo já inserido é que não será tributado. Não paga ICMS, ISS, e até mesmo IOF nas aquisições virtuais.

Vale lembrar que aquele que incorre com o intuito de lucro direto ou indireto, distribui, vende, expõe a venda, aluga, introduz no país, adquire, oculta, tem em depósito, original ou cópia de obra intelectual ou fonograma reproduzido com violação do direito de autor, do direito de artista, intérprete ou executante ou do direito do produtor de fonograma, ou, ainda, aluga original ou cópia de obra intelectual ou fonograma, sem a expressa autorização dos titulares dos direitos ou de quem os represente, comete crime de pirataria exposta no art. 184, § 2º do Código Penal.

A Súmula **502 do STJ** assim determina: "Presentes a materialidade e a autoria afigura-se típica, em relação ao crime previsto no art. 184, § 2º do Código Penal, a conduta de expor à venda de CDs e DVDs piratas."

Vamos resumir as Imunidades mais importantes:

6. LEGISLAÇÃO TRIBUTÁRIA – ART. 96 A 112 CTN

Outro tema comumente cobrado em nossas provas é o tema da Legislação Tributária. Como o próprio CTN assim define, a expressão Legislação Tributária compreende as leis, os tratados e convenções internacionais, os decretos e as normas complementares que versem, no todo ou em parte, sobre tributos e relações jurídicas a eles pertinentes.

Na ausência de disposição expressa, o CTN permite a integração dessas fontes da legislação tributária, podendo em caso de lacunas a autoridade competente se utilizar sucessivamente na ordem indicada das seguintes outras fontes:

I) Analogia;

II) Princípios Gerais do Direito Tributário;

III) Princípios Gerais do Direito Público;

IV) Equidade (senso de justiça).

Tal determinação está desenhada no art. 108 do CTN, que ainda determina que o emprego da analogia não poderá resultar na exigência de tributo não previsto em lei. Não se esqueça que o dever de pagar tributo sempre deve nascer da Lei, em homenagem ao Princípio da Legalidade já estudado. O emprego da equidade não poderá resultar na dispensa do pagamento de tributo devido.

Para se interpretar uma norma que outorgue a isenção de um tributo, esta será literalmente interpretada, por isso, para que alguém seja isento, faz-se necessária a expressão previsão em lei.

Já estudamos que o dever de pagar tributo nasce da prática de uma situação prevista em lei, ou seja, a Hipótese de Incidência, convertido em Fato Gerador, faz nascer a obrigação tributária.

7. OBRIGAÇÃO TRIBUTÁRIA – ARTS. 113 AO 138, CTN

A Obrigação Tributária, conforme determina o CTN, poderá ser de duas formas:

1) Obrigação Principal – art. 113, § 1º do CTN – A obrigação principal surge com a ocorrência do fato gerador, tem por objeto o pagamento de tributo ou penalidade pecuniária e extingue-se juntamente com o crédito dela decorrente.

Quando iniciamos com o conceito de tributo definido no art. 3º do CTN, visualizamos que a natureza jurídica da obrigação é de "Dar", ou seja, a expectativa principal do Fisco quando se pratica um fato gerador é que o contribuinte realizará o pagamento correspondente à obrigação ora assumida. A Obrigação Tributária principal sempre nascerá da exigência prevista em LEI em sentido estrito.

2) Obrigação Acessória – art. 113, § 2º do CTN. – A obrigação acessória decorre da legislação tributária e tem por objeto as prestações, positivas ou negativas, nela previstas no interesse da arrecadação ou da fiscalização dos tributos, ou seja, são meros deveres formais do sujeito passivo a fim de facilitar a arrecadação e a fiscalização dos tributos. Temos aqui duas diferenças principais entre a primeira obrigação, tida como principal, e esta que estamos visualizando agora. A primeira é uma obrigação de Dar, enquanto que a segunda é uma obrigação de Fazer. A segunda diferença está na norma que poderá regular tais obrigações. Enquanto a primeira só poderá vir por lei, o CTN no § 2º do art. 113 utilizou a expressão "Legislação Tributária", ou seja, qualquer uma das normas relacionadas no artigo 96 do CTN pode regular a obrigação acessória. Assim, uma portaria, um decreto, uma resolução, podem trazer regras correspondentes a obrigação acessória.

Frise-se que embora os entes possuam benefício fiscal, o cumprimento da obrigação acessória não se dispensa. O art. 175 do CTN em seu parágrafo único determina: *"A exclusão do crédito tributário não dispensa o cumprimento das obrigações acessórias dependentes da obrigação principal cujo crédito seja excluído ou dela consequente."*

Quando estudamos as exceções quanto à irretroatividade da lei, o art. 144 do CTN em seu § 1º, determina que aplica-se ao lançamento a legislação que, posteriormente à ocorrência do fato gerador da obrigação, tenha instituído novos critérios de apuração ou processos de fiscalização, ampliando os poderes de investigação das autoridades administrativas, ou seja, que tragam novas regras ao cumprimento da obrigação acessória.

A obrigação acessória, pelo simples fato da sua inobservância, converte-se em obrigação principal relativamente à penalidade pecuniária, ou seja, em caso de inadimplemento da obrigação de fazer ela se converterá em multa, e será então uma obrigação de dar dinheiro.

8. SUJEITOS DA RELAÇÃO JURÍDICO TRIBUTÁRIA

8.1. Sujeito Ativo – art. 119, CTN

Quando praticamos o fato gerador descrito na norma, de acordo com o CTN dois sujeitos se vinculam ao cumprimento da obrigação tributária. Um será chamado de Sujeito Ativo e o outro de Sujeito Passivo.

O Sujeito Ativo é a pessoa jurídica de direito publico que tem a competência de exigir o cumprimento da Obrigação Tributária – **art. 119, CTN**.

Pode ocorrer de o sujeito ativo da relação tributária que detém a competência delegar as funções de arrecadação e fiscalização, e por isso, nestes casos, teremos a capacidade tributária ativa. Cuidado, pois só temos a delegação de capacidade tributária quando outro ente público a exerce, conforme própria definição legal estampada no art. 7º do CTN.

O outro sujeito da relação tributária conhecida como Sujeito Passivo tem sua definição no art. 121, do CTN, e é a pessoa obrigada ao pagamento de tributo ou penalidade pecuniária. O sujeito passivo da obrigação principal, poderá ser:

8.2. Sujeito Passivo – art. 121, CTN

A) Contribuinte (I) – Aquele que tem relação direta e pessoal com a situação que constitua o FG, ou seja, ele pratica o fato que fez nascer a obrigação tributária.

B) Responsável (II) – Ele não pratica o FG, mas possui relação indireta com a situação que constitua o FG, e a LEI expressamente impõe a ele o dever de pagar o tributo.

Não é qualquer pessoal que é o Responsável, mas somente quem tiver relação indireta com a situação que constitua o FG. E somente a LEI determina a responsabilidade.

Exemplo: o Imposto de Renda do funcionário. O empregador ao realizar o pagamento do salário R$10.000,00 com alíquota de 27%, apenas realizou a retenção do imposto na fonte, mas quem praticou o Fato Gerador foi o empregado.

A legislação do IR determina que o próprio empregador faça a retenção do IR já no salário do empregado, e ele, empregador, já recolhe o respectivo imposto. O empregado ao receber o salário já o recebe com o desconto.

Cuidado com aquela situação frequente em que os locadores inserem nos contratos de locação que o inquilino será responsável em pagar o IPTU. Se o locatário não pagar, quem responderá será o proprietário do imóvel e não o inquilino. O art. 123 do CTN determina que, salvo disposição de lei em contrário, as convenções particulares não podem ser opostas perante o fisco para mudar a sujeição passiva.

E com base nisso, o STJ já determinou que a legitimidade ativa para recolhimento de um IPTU a maior pelo inquilino não dá a ele legitimidade para requerer a devolução. Segue abaixo trecho da decisão:

TRIBUTÁRIO. IPTU. RESPONSABILIDADE. CONTRATO DE LOCAÇÃO FIRMADO COM A ADMINISTRAÇÃO PÚBLICA MUNICIPAL. OPOSIÇÃO. IMPOSSIBILIDADE. PRESCRIÇÃO. REEXAME DE PROVAS. 1. Por força do art. 123 do CTN, "salvo disposições de lei em contrário, as convenções particulares, relativas à responsabilidade pelo pagamento de tributos, não podem ser opostas à Fazenda Pública, para modificar a definição legal do sujeito passivo das obrigações tributárias correspondentes". 2. Em razão da natureza contratual da locação firmada entre o particular e a Administração Pública, deve-se observar a norma do art. 123 do CTN, ainda que se revele contrário à boa prática da moralidade o não cumprimento da obrigação contratual pela municipalidade e sua posterior exigência do particular, em execução fiscal. AgInt no RECURSO ESPECIAL Nº 1.384.263 - SC

Em uma relação tributária, figurando como sujeito passivo, ou você é contribuinte, ou responsável.

O sujeito passivo pode ser solidário na obrigação tributária, o que poderá acarretar uma série de efeitos. A solidariedade tributária poderá nascer em razão:

i) das pessoas terem interesse comum na situação que constitua o fato gerador da obrigação principal – exemplo dessa espécie de solidariedade é quando temos um casal que em conjunto adquire um imóvel. Neste caso, os dois por terem interesse em comum são solidários no cumprimento da obrigação, não comportando benefíc, io de ordem.

ii) das pessoas estarem expressamente designadas por lei – visualizamos essa hipótese de solidariedade quando temos um sócio com relação às obrigações da sociedade.

O art. 125 do CTN determina que, salvo disposição de lei com contrário, os efeitos da solidariedade são:

I – o pagamento efetuado por um dos obrigados aproveita aos demais;

II – a isenção ou remissão de crédito exonera todos os obrigados, salvo se outorgada pessoalmente a um deles, subsistindo, nesse caso, a solidariedade quanto aos demais pelo saldo;

III – a interrupção da prescrição, em favor ou contra um dos obrigados, favorece ou prejudica aos demais.

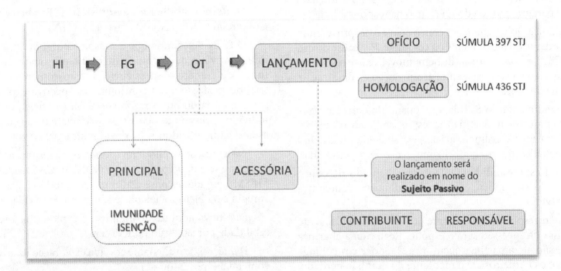

Estudamos que a responsabilidade tributária ocorre quando, mesmo não praticando o Fato Gerador, por haver relação indireta com quem praticou, a Lei assim determina que este indivíduo realize o pagamento.

O art. 128 do CTN ao definir a responsabilidade determina: "Sem prejuízo do disposto neste capítulo, a lei pode atribuir de modo expresso a responsabilidade pelo crédito tributário a terceira pessoa, vinculada ao fato gerador da respectiva obrigação, excluindo a responsabilidade do contribuinte ou atribuindo-a este em caráter supletivo do cumprimento total ou parcial da referida obrigação."

9. RESPONSABILIDADE TRIBUTÁRIA

Vamos estudar cada espécie de responsabilidade trazida pelo CTN, a iniciar com a responsabilidade dos **sucessores**:

9.1. Responsabilidade por Sucessão

A) Responsabilidade Sobre Aquisição de Bem Imóvel – art. 130, CTN.

O adquirente do bem imóvel pagará as dívidas do bem imóvel, cujo FG sejam sobre:

- Impostos sobre a Propriedade (IPTU e ITR);
- Contribuições de Melhoria;
- Taxas em razão de serviços prestados ao bem imóvel.

Se tiver provas de quitação não deverá pagar o tributo. Deve-se ir até a autoridade administrativa e pede uma Certidão Negativa de Débito (CND). Esta é a prova de quitação.

Se verificado depois que havia dívida tributária, o adquirente não será responsável por pagar as dívidas.

Nos casos de arrematação em hasta pública, a sub-rogação ocorre sobre o respectivo preço, ou seja, o valor arrematado deve ser utilizado para quitação dos tributos que o imóvel possa ter, inclusive o ITBI.

O arrematante não responde pela dívida tributária, pois conforme entendimento do STJ a arrematação corresponde à aquisição originária de propriedade, portanto o imóvel deve vir livre de tributos.

B) Responsabilidade Pessoal de outros bens – art. 131, CTN.

I – Responsabilidade do adquirente ou a remissão de um bem: responde pelos devidos tributos do bem adquirido e remido.

O adquirente de um bem responde pela dívida do bem móvel: se vier com dívida, ele terá que pagar essas dívidas, como, por exemplo, dívidas de um veículo automotor.

Apesar do CTN mencionar a responsabilidade do remitente, não temos mais remição, que era quando cônjuge, descendente ou ascendente adquiria o bem que havia sido levado a execução. Agora existe a adjudicação, na qual, além das outras pessoas já mencionadas, o próprio credor pode ficar com o bem do devedor que tenha sido levado para execução, por meio do leilão.

A adjudicação substitui a remição. O adjudicante responde pelas dívidas tributárias deste bem. Quando o credor, ascendente, descendente ou o conjunge fica com o bem, ela será responsável pelas dívidas tributárias.

Fique atento à distinção:

Arrematação => Bem levado a leilão ou hasta publica, e um terceiro fica com o bem. Na arrematação, por força do art. 130 paragrafo único do CTN, não há responsabilidade.

Adjudicação => quem fica com o bem é o próprio credor, ou ascendente ou descendente ou conjunge. Por causa do art. 130, I, CTN mesmo que seja de bem imóvel, existe responsabilidade. Não há confusão entre arrematação e adjudicação, conforme decisões do STJ.

Entendimento do STJ diz que quando há arrematação, seja bem móvel ou imóvel, não há responsabilidade tributária. A ministra Eliana Calmon aplica, pela analogia do art. 130 paragrafo único, que diz que bem imóvel não vem com dívidas.

II – Responsabilidade quanto aos bens do de cujus. Quando a pessoa morre com dívidas tributárias, quem fica responsável?

Quem responderá, conforme art. 131, III do CTN, até a abertura da sucessão será o espólio. Realizada a abertura da sucessão até a partilha quem irá responder é o cônjuge meeiro, e os herdeiros até o montante do quinhão herdado, limitada esta responsabilidade ao montante do quinhão do legado ou da meação.

Quando a pessoa está viva, ela é contribuinte de seus tributos. Quando ela falece, ela tem um responsável. Até a abertura da sucessão, quem será responsável pelo pagamento será o espólio. Após, até a partilha dos bens (durante o inventário), serão o cônjuge e os herdeiros.

C) Responsabilidade nas Operações Societárias - art. 132, CTN

Conforme estabelece o CTN, a pessoa jurídica de direito privado que resultar de fusão, transformação ou incorporação de outra ou em outra é responsável pelos tributos devidos até a data do ato pelas pessoas jurídicas de direito privado fusionadas, transformadas ou incorporadas.

Com isso, basta olhar para a operação realizada, e a empresa sobrevivente é que ficará responsável pelas dívidas tributárias da outra.

Vamos entender cada espécie de operação societária citada no CTN:

i) *Fusão:* Quando duas ou mais pessoas jurídicas se unem, criando uma nova pessoa jurídica.

Exemplo: empresa "**A**" e empresa "**B**" realizam fusão, criando uma nova empresa "**C**".

A responsabilidade pelas dívidas tributárias da empresa "A" e/ou empresa "B" será a nova empresa, ou seja, a "C".

ii) Na *incorporação*, as empresas se incorporam ao patrimônio de outra, subsistindo apenas uma delas.

Exemplo: empresa "A" e empresa "B" praticam incorporação, onde o patrimônio da empresa "B" se incorpora ao patrimônio da empresa "A", subsistindo apenas esta.

Neste caso a responsabilidade pelas dívidas tributárias da empresa "B" será da empresa "A", pois ela foi quem "sobreviveu" após a operação.

Paragrafo Único: Empresa "C" foi extinta e o sócio remanescente ou herdeiro abre uma nova sociedade para exercer a MESMA atividade, eles terão responsabilidade tributária.

O sócio da empresa "A" abriu uma nova empresa para a mesma atividade. Se a empresa "C" for extinta, o sócio remanescente que deu continuidade, terá que responder.

D) Responsabilidade na Aquisição de Estabelecimento Comercial (TRESPASSE) – art. 133, CTN.

O CTN determina que a pessoa natural ou jurídica de direito privado que adquirir de outra, por qualquer título, fundo de comércio ou estabelecimento comercial, industrial ou profissional, e continuar a respectiva exploração, sob a mesma ou outra razão social ou sob firma ou nome individual, responde pelos tributos, relativos ao fundo ou estabelecimento adquirido, devidos até a data do ato.

Na leitura do trecho acima, temos que a responsabilidade só ocorre se o novo proprietário CONTINUAR a explorar a MESMA atividade comercial ainda que mude a razão social. A regra é o objeto social, ou seja, o ramo de atividade.

Se o novo adquirente mantiver a exploração, a responsabilidade por sucessão poderá ser:

i) *Integral:* se o alienante cessar a exploração da atividade comercial (aposentou-se).

ii) *Subsidiária*: se o alienante continuar ou iniciar DENTRO de 6 meses QUALQUER atividade comercial.

Após os 6 meses, a responsabilidade será integral do adquirente.

O art. 133, § 1º, CTN diz que:

Quando o estabelecimento for adquirido em <u>processo de falência</u> ou <u>recuperação judicial</u>, não há responsabilidade para o adquirente (LC 118/2005) para prestigiar a função social da empresa.

Cuidado: O § 2º do CTN determina que essa exceção não se aplica se quem adquirir for um ex-sócio da empresa falida ou em recuperação judicial, um parente em linha reta ou colateral até o 4º grau ou representante da empresa falida ou em recuperação, pois neste caso a regra será a do *caput* do artigo.

A pessoa que não adquire o estabelecimento, mas apenas faz a locação do estabelecimento, ainda que continue exercendo a mesma atividade, não responde pelas dívidas, pois o art. 133 traz a responsabilidade nos casos de aquisição. E nos termos do art. 110 do CTN, não é permitido que se mude conceito e definição do direito privado: *"A lei tributária não pode alterar a definição, o conteúdo e o alcance de institutos, conceitos e formas de direito privado, utilizados, expressa ou* _implicitamente, pela Constituição Federal, pelas Constituições dos Estados, ou pelas Leis Orgânicas do Distrito Federal ou dos Municípios, para definir ou limitar competências tributárias"._

Em virtude dos arts. 132 e 133 do CTN, o adquirente responde por todas as penalidades, ou seja, responde pelos juros e multas em decorrência da mora e da penalidade.

O comum é que a responsabilidade não decorra de penas, apenas a pena moratória, em decorrência do atraso, pois conforme o art. 1**34, paragrafo único** a penalidade não se transfere. Contudo nos casos dos art. 132 e 133 do CTN a nova sociedade e os novos adquirentes de estabelecimento comerciais pagam todas as dívidas, por ser em decorrência de aquisição de patrimônio, conforme entendimento do STJ.

Os casos de responsabilidade estudados até agora se referem à responsabilidade por sucessão.

Ocorre que nos casos de impossibilidade de exigência do cumprimento da obrigação principal pelo contribuinte, respondem solidariamente com este nos atos em que intervierem ou pelas omissões de que forem responsáveis, na relação.

9.2. Responsabilidade de Terceiros

A) Responsabilidade Subsidiária - art. 134, do CTN.

Apesar do CTN utilizar em seu _caput_ a expressão "solidária", é uníssono o entendimento que se trata de uma responsabilidade subsidiária. Nos casos, portanto, da impossibilidade de exigência do cumprimento da obrigação principal do contribuinte, responderão pelas dívidas:

I – os pais, pelos tributos devidos por seus filhos menores;

II – os tutores e curadores, pelos tributos devidos por seus tutelados ou curatelados;

III – os administradores de bens de terceiros, pelos tributos devidos por estes;

IV – o inventariante, pelos tributos devidos pelo espólio;

VI – os tabeliães, escrivães e demais serventuários de ofício, pelos tributos devidos sobre os atos praticados por eles, ou perante eles, em razão do seu ofício.

VII – os sócios, no caso de liquidação de sociedade de pessoas.

9.3. Responsabilidade Pessoal

Essa espécie de responsabilidade determina que o patrimônio pessoal poderá responder pelos créditos correspondentes a obrigações tributárias resultantes de atos praticados.

A) Responsabilidade do Sócio Gerente – art. 135 do CTN

Refere-se a uma responsabilidade PESSOAL, significa dizer que as pessoas que estão descritas no rol dos incisos do artigo 135 responderão sozinhas pelo pagamento do tributo. Mas para que elas respondam PESSOALMENTE, devem incorrer, em uma das três hipóteses do artigo:

I – Excesso de poderes;

II – Infração a lei;

III – Infração a contrato social ou estatuto social.

Se elas deram causa ao crédito tributário em decorrência de umas das três hipóteses narradas acima, será da seguinte forma:

1) Primeiramente serão responsabilizadas as pessoas do art. 134 do CTN. Se a responsabilidade naquele caso é subsidiária, se agirem com uma dessas três causas será vertida em pessoal.

2) Mandatários, empregados e prepostos. O empregado pode vir a responder pessoalmente pelos créditos tributários da empresa quando, por exemplo, o funcionário adultera uma nota fiscal. Neste caso teremos uma infração à lei.

3) Diretores, gerentes e representantes das pessoas jurídicas de direito privado.

Não é o sócio que responde, mas sim o sócio gerente, sócio diretor. Aquele que possui poderes de Administração.

A **Súmula 430 do STJ** determina que o mero inadimplemento da Obrigação Tributária, por si só, não se considera infração à lei. Por isso, caso a empresa deixe de recolher o tributo em razão de não ter dinheiro em caixa, essa conduta não gera a responsabilidade pessoal autorizando o redirecionamento da execução fiscal à pessoa do sócio.

Se caso o inadimplemento ocorra em razão de uma adulteração de nota fiscal, ou uma omissão de receitas, teremos neste caso uma infração a lei, conforme determina a Lei 8.137/1990 que trata dos crimes contra a ordem tributária.

Ultima responsabilidade importante que será estudada para nossa prova, será a:

9.4. Responsabilidade por Infrações

Conforme determina o CTN, salvo disposição de lei em contrário, a responsabilidade por infrações da legislação tributária independe da intenção do agente ou do responsável e da efetividade, natureza e extensão dos efeitos do ato.

A) Denúncia Espontânea – art. 138, CTN

Um determinado contribuinte que não realiza o pagamento do tributo, poderá ter a responsabilidade excluída pela denúncia espontânea da infração, acompanhada, se for o caso, do pagamento do tributo devido e dos juros de mora, ou do depósito da importância arbitrada pela autoridade administrativa, quando o montante do tributo depende de apuração.

Para que seja considerada uma denúncia espontânea, esta deve vir acompanhada do pagamento do tributo e juros e ANTES de qualquer procedimento administrativo, conforme determina o parágrafo único do art. 138 do CTN.

O STJ determina que a denúncia espontânea somente poderá ser requerida se o pagamento da respectiva obrigação for à vista, ou seja, caso o contribuinte necessite do parcelamento da dívida, a multa pelo atraso não será excluída.

O instituto da denúncia espontânea poderá ser utilizado para qualquer espécie de lançamento. A súmula **360 do STJ** determina tão somente que tributos por homologação regularmente declarados, mas pagos fora do prazo, não poderão se valer da aplicação do instituto da Denúncia Espontânea. Portanto, se o tributo não foi declarado, e por consequência não houve o pagamento, nesta hipótese poderá se aplicar o instituto da denúncia espontânea.

Dentre as espécies de responsabilidade mais recorrente em prova, faremos um quadro para que se possa identificar com mais facilidade as regras jurídicas:

10. CRÉDITO TRIBUTÁRIO

Apesar da obrigação tributária ter o seu nascimento com a prática do fato gerador, é necessário que o crédito tributário seja constituído por meio do lançamento tributário, conforme determina o art. 142 do CTN.

O Crédito Tributário poderá ser constituído por meio de três modalidades:

1) Lançamento de Ofício – art. 149, CTN

A autoridade é quem verifica a ocorrência do Fato, calcula o tributo, identifica o sujeito, e envia o tributo para o contribuinte efetuar o pagamento.

Exemplo: IPTU, IPVA, Taxas, Contribuição de Melhoria.

O entendimento sumulado do STJ é que o contribuinte passa a ser notificado do lançamento pelo envio do carnê ao seu endereço – **Súmula 397**.

Sobre este tema temos o julgamento do Resp 1.111.124/PR em que o STJ firmou a compreensão no sentido de que a remessa ao endereço do contribuinte do carnê do pagamento é ato suficiente para a notificação do lançamento tributário e que milita em favor do fisco a presunção de que a notificação foi entregue ao contribuinte.

2) Lançamento por Declaração – art. 147, CTN

A autoridade precisa receber informações do sujeito passivo da obrigação sobre a ocorrência do Fato Gerador.

Exemplo: ITBI (quem recolhe é o comprador do imóvel). O ITCMD em muitos estados é por declaração. Em outros estados já tem sido feito na modalidade por homologação, como, por exemplo os estados do PR, SP e SC.

3) Lançamento por Homologação – art. 150, CTN

A lei determina que o próprio contribuinte verifique a ocorrência do Fato Gerador, calcule e faça o pagamento. Ele antecipa o pagamento, e a autoridade em até 5 anos homologa ou não o lançamento. Essa modalidade de lançamento representa para a autoridade competente um menor custo na arrecadação e fiscalização do ônus tributário.

De acordo com o CTN a homologação pode ser feita de forma expressa ou tácita:

i) Expressa: ocorrerá nos casos em que até 5 anos a contar da ocorrência do fato gerador o fisco se manifesta homologando o mencionado tributo.

ii) Tácita: expirado esse prazo sem que a Fazenda Pública se tenha pronunciado, considera-se homologado o lançamento e definitivamente extinto o crédito tributário, salvo se comprovada a ocorrência de dolo, fraude ou simulação.

Exemplo: IPI, ICMS, PIS, COFINS, IR, ITR, ITCMD.

Importante reforçar o conteúdo da **Súmula 436 do STJ** que determina: "a entrega de declaração pelo contribuinte reconhecendo débito fiscal constitui o crédito tributário, dispensada qualquer outra providência por parte do fisco".

Depois da constituição do crédito, é possível a modificação do lançamento tributário?

O **art. 145, CTN** determina que depois de notificado o sujeito passivo, o crédito tributário pode ser alterado por três motivos:

1) Impugnação do Sujeito Passivo.

Exemplo: Contribuinte recebe um lançamento em que o valor atribuído ao fato gerador, não corresponde a verdade. Nesta hipótese o contribuinte dentro do prazo legal poderá impugnar o lançamento. A administração pública ao identificar o erro, poderá corrigir o lançamento, sem a necessidade de editar um novo ato.

2) Recurso de Ofício da Autoridade Administrativa;

Exemplo: contribuinte recebeu uma decisão favorável a ele, e o fisco quer recorrer. Ele reclama para a 2ª instância administrativa.

3) De ofício pela Autoridade Administrativa, quando ocorrer um dos casos do art. 149, CTN.

Ao observar o art. 149 do CTN, temos que a autoridade administrativa poderá de ofício rever o lançamento quando a LEI autorizar (inciso I), ou SEMPRE que houver fraude, dolo ou simulação (incisos II a IX) seja qual for a modalidade.

A revisão do lançamento só pode ser iniciada enquanto não estiver extinto o direito da Fazenda Pública em constituir o crédito, que será de 5 anos (prazo decadencial), conforme determinação do parágrafo único do art. 149 do CTN.

11. DECADÊNCIA E PRESCRIÇÃO

Decadência é o instituto jurídico que demarca a perda do direito subjetivo de constituição do crédito tributário pelo lançamento. O STJ possui entendimento que temos dois prazos para contagem da decadência, a depender da espécie de lançamento:

Tributos por homologação na sua forma típica seguem a regra do art. **150, § 4º do CTN**: 5 anos a contar da data do Fato Gerador.

As demais espécies de lançamento, ou seja, ofício, declaração e homologação na sua forma atípica, seguem a regra do art. **173, I do CTN**: 5 do primeiro dia do exercício seguinte àquele em que o lançamento poderia ter sido efetuado.

Prescrição é o instituto jurídico que demarca a perda do direito a pretensão executória. Ocorrendo a prescrição, o crédito tributário estará extinto, em razão da perda da força executória do Estado. Conforme determina o art. **174 do CTN**, a ação prescreve em 5 anos contados da data da sua constituição definitiva.

Veja o quadro abaixo para entender melhor o momento que estamos nos referindo ao prazo decadencial ou prescricional.

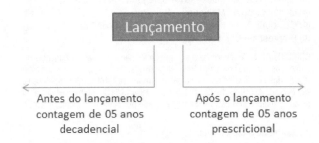

12. SUSPENSÃO, EXTINÇÃO E EXCLUSÃO DO CRÉDITO TRIBUTÁRIO

O CTN revela um rol taxativo, dos casos que suspendem a exigibilidade do crédito, extinguem ou excluem. Na prova de OAB de 1ª fase, com frequência, se questiona essas hipóteses que podem gerar um desses efeitos. Abaixo, um quadro para memorizar tais institutos:

Suspensão – art. 151, CTN	Extinção – art. 156, CTN	Exclusão – art. 175, CTN
-**MO**ratória -**De**pósito do montante integral -**Re**clamações/recursos administrativo -**CO**ncessão de medida liminar ou tutela antecipada -**PA**rcelamento	-Pagamento -Compensação -Transação -Remissão -Prescrição e Decadência -Conversão do depósito em renda -Pagamento antecipado e homologação -Consignação em Pagamento -Decisão Administrativa irreformável ou judicial passada em julgado -Dação em pagamento de bens Imóveis	-**AN**istia -**IS**enção

Nossa sugestão é que você grave o **MODERECOPA** que suspende o crédito e o **ANIS** que exclui o crédito. As demais hipóteses serão de extinção.

PEDRO BONIFÁCIO

13. QUESTÕES

XIII EXAME DE ORDEM UNIFICADO

3- José recebeu auto de infração pelo inadimplemento de determinado tributo instituído por lei ordinária. José contesta a exigência fiscal sob o argumento, correto, de que o tributo em questão deveria ter sido instituído por lei complementar. A partir da hipótese apresentada, assinale a opção que indica o tributo exigido no referido auto de infração.

(A) Contribuição de Interesse de Categoria Profissional.
(B) Contribuição de Melhoria.
(C) Contribuição de Intervenção no Domínio Econômico.
(D) Empréstimo Compulsório.

COMENTÁRIOS: A: Incorreta. O art. 149 da CF não estabelece a exigência de lei complementar para criar este tributo; B: Incorreta. O art. 145, III da CF não estabelece a exigência de lei complementar; C: Incorreta. O art. 149 da CF não estabelece a exigência de lei complementar; D: Correta. O art. 148 da CF estabelece que o tributo de competência da União só poderá ser criado por meio de lei complementar.
Gabarito "D".

XIV EXAME DE ORDEM UNIFICADO

1- Visando a proteger a indústria de tecnologia da informação, o governo federal baixou medida, mediante decreto, em que majora de 15% para 20% a alíquota do Imposto sobre a Importação de Produtos Estrangeiros para monitores de vídeo procedentes do exterior, limites esses que foram previstos em lei. A respeito da modificação de alíquota do Imposto de Importação, assinale a afirmativa correta.

(A) Deve observar a reserva de lei complementar.
(B) Deve ser promovida por lei ordinária.
(C) Deve observar o princípio da irretroatividade.
(D) Deve observar o princípio da anterioridade.

COMENTÁRIOS: A: Incorreta. Por se tratar de um tributo extrafiscal, a CF estabelece no art. 153, §1º que a alteração de alíquotas pode ser feita por ato do Poder Executivo; B: Incorreta. A regra deveria ser lei ordinária, contudo o tributo em questão é exceção ao Princípio da Legalidade, por força do art. 153, §1º da CF; C: Correta. O princípio da irretroatividade não comporta exceção, por isso, todos os tributos devem seguir esse comando constitucional estabelecido no art. 150, III, alínea "a" da CF; D: Incorreta. Por ser reconhecido como tributo extrafiscal, a CF estabelece que o Imposto de importação é uma exceção ao princípio da anterioridade, conforme o artigo 150, §1º da CF.
Gabarito "C".

3- Lei municipal que dispõe sobre o Imposto sobre a Propriedade Predial e Territorial Urbana – IPTU – estabelece a solidariedade entre os proprietários de um mesmo imóvel. Os efeitos da solidariedade estão listados nas opções a seguir, à exceção de uma. Assinale-a.

(A) A interrupção da decadência, em favor ou contra um dos obrigados, favorece ou prejudica os demais.
(B) A interrupção da prescrição, em favor ou contra um dos obrigados, favorece ou prejudica aos demais.
(C) O pagamento efetuado por um dos obrigados aproveita os demais.
(D) A isenção ou remissão de crédito exonera todos os obrigados, salvo se outorgada pessoalmente a um deles, subsistindo, nesse caso, a solidariedade quanto aos demais pelo saldo.

COMENTÁRIOS: A: Correta. O art. 125, III do CTN estabelece expressamente que a interrupção da prescrição prejudica ou favorece, e não da decadência; B: Incorreta.

O art. 125, III do CTN narra expressamente esse efeito, portanto, como a questão pede a incorreta, essa não deve ser marcada; C: Incorreta. Este efeito também está expressamente previsto no art. 125, I do CTN; D: Incorreta. Este efeito está previsto no art. 125, II do CTN.
Gabarito "A".

XV EXAME DE ORDEM UNIFICADO

1- O Fisco do estado "X" lavrou auto de infração contra a pessoa jurídica "Y" para cobrar ICMS sobre a remessa de mercadorias entre a matriz e a filial dessa empresa, ambas referido estado. A empresa "Y" impetrou, então, mandado de segurança objetivando ver reconhecido seu direito líquido e certo ao não recolhimento do ICMS naquela operação. Pleiteou também medida liminar. Assinale a opção que pode, validamente, ser objeto do pedido de liminar formulado pela pessoa jurídica Y.

(A) Extinção do crédito tributário.
(B) Exclusão de crédito tributário.
(C) Constituição do crédito tributário.
(D) Suspensão da exigibilidade do crédito tributário

COMENTÁRIOS: A: Incorreta. O rol de situações que extinguem o crédito está determinado no art. 156 do CTN; B: Incorreta. O rol de situações que excluem o crédito está determinado no art. 175 do CTN; C: Incorreta. O ato que constitui o crédito tributário é o lançamento, por força normativa do art. 142 do CTN; D: Correta. A medida liminar está prevista no art. 151, IV do CTN cujo o efeito é o de suspensão da exigibilidade do crédito tributário.
Gabarito "D".

XVII EXAME DE ORDEM UNIFICADO

2- A União ajuizou execução fiscal em face da pessoa jurídica XYZ Ltda., devedora de tributos federais. No curso da execução fiscal, a falência da pessoa jurídica foi decretada. Após requerimento da União, deferido pelo Juízo, Francisco, sócio da pessoa jurídica XYZ Ltda., é incluído no polo passivo da execução fiscal, em razão da decretação de falência. Sobre a hipótese, é possível afirmar que

(A) a decretação de falência autoriza o redirecionamento da execução fiscal para Francisco, por ser considerada hipótese de infração à lei, que enseja responsabilidade tributária.
(B) o fato de Francisco ser sócio da XYZ Ltda. acarreta, por si só, responsabilidade pessoal pelos créditos correspondentes a obrigações tributárias da pessoa jurídica.
(C) Francisco não poderia ser incluído no polo passivo, ainda que fosse administrador da XYZ Ltda. e tivesse encerrado ilegalmente as atividades da pessoa jurídica.
(D) Francisco não poderia, unicamente em razão da decretação de falência de XYZ Ltda., ser incluído no polo passivo da execução fiscal.

COMENTÁRIOS: A: Incorreta. O redirecionamento da dívida para o sócio não pode ser decretado pela mera falência, pois a súmula 435 do STJ só reconhece legítima a inclusão do sócio no caso de dissolução irregular, e a falência não se enquadra nessa hipótese; B: Incorreta. O sócio só responderia nessa hipótese em caso de liquidação da pessoa jurídica, conforme estabelece o art. 134, VII do CTN; C: Incorreta. O redirecionamento em caso de dissolução irregular é permitido, conforme entendimento jurisprudencial editado na súmula 435 do STJ; D: Correta. As hipóteses de redirecionamento do sócio estabelecido no art. 135 do CTN não preveem que com a mera falência pode ser alcançado o patrimônio do sócio.
Gabarito "D".

632

Anotações